GERO VON WILPERT

DEUTSCHES
DICHTERLEXIKON

Biographisch-bibliographisches Handwörterbuch
zur deutschen Literaturgeschichte

Dritte, erweiterte Auflage

ALFRED KRÖNER VERLAG STUTTGART

Wilpert, Gero von
Deutsches Dichterlexikon: biograph.-bibliograph. Handwörterbuch zur dt. Literaturgeschichte.
(Kröners Taschenausgabe; Bd. 288)
ISBN 3–520–28803–6

VORWORT

Das vorliegende ›Deutsche Dichterlexikon‹ bildet einen vollständigen, durch Neuaufnahmen erweiterten Auszug der deutsche Autoren und Werke betreffenden Artikel aus dem vom Verfasser herausgegebenen ›Lexikon der Weltliteratur‹, Bd. I: Autoren ([3]1988) und entstand auf die Anregung zahlreicher Freunde und Kollegen, die deutschen Beiträge separat auch solchen Interessenten zugänglich zu machen, denen das oben genannte größere Werk oder andere größere deutsche Literaturlexika nicht erreichbar sind. Der Verfasser hat die Anregung zu diesem Werk um so bereitwilliger aufgenommen, als ein einbändiges Lexikon der deutschen Dichter aller Epochen auf dem jüngsten Stand tatsächlich ein dringendes Desiderat ist und zumal ihm der Neuabdruck seiner Artikel die Möglichkeit bot, rd. 50 Artikel über weitere deutsche Autoren neu aufzunehmen, die, wenn auch nicht zur Weltliteratur gehörig, doch innerhalb der deutschen Literatur ihren festen Platz einnehmen.

Der Titel ›Deutsches Dichterlexikon‹ umreißt den Charakter dieses Werkes als Verfasserlexikon der schönen Literatur deutscher Sprache oder Herkunft; er möge nicht dahingehend mißverstanden werden, als liege ihm die subjektive Auffassung des Verfassers über die Zugehörigkeit eines Schriftstellers zur höheren ›Dichtung‹ gewissermaßen als Auswahlkriterium zugrunde. Der Verfasser ist sich vielmehr dessen bewußt, daß der Begriff ›Dichter‹, der heute aus der literarischen Gesamtsituation heraus oder aus einem gewissen Unbehagen vor dem anspruchsvollen Titel für eine mehr schriftstellerisch aufgefaßte literarische Produktion gern vermieden wird, in der Praxis für einen schöngeistigen Schriftsteller gehobenen künstlerischen Anspruchs nicht ersetzbar ist. Die im Einzelfall oft umstrittene Abgrenzung zwischen Dichter und Schriftsteller wird mithin für dieses Buch als nicht existent betrachtet.

Die *Auswahl* des Gebotenen und ihrer Abstimmung auf das allgemeine Nachschlagebedürfnis bestimmten den Gebrauchswert eines Lexikons, das ja niemals als Kanon etwa gar des Bleibenden aufgefaßt sein will; mithin mußte dieses Buch innerhalb der Grenzen der sog. schönen Literatur neben dem literarischen Wert auch der Bekanntheit oder Aktualität eines Namens Rechnung tragen.

Das vorliegende Lexikon verzeichnet demnach in rd. 2950 Artikeln:

1. die bedeutenderen oder bekannteren Dichter und schöngeistigen Schriftsteller deutscher Sprache von den Anfängen der deutschen Dichtung bis zur Gegenwart, wobei auch heute großenteils vergessene Autoren berücksichtigt wurden, die für das literarische Gesicht ihrer Zeit von Bedeutung waren, und dem Orientierungsbedürfnis des modernen Lesers durch eine breitere Einbeziehung aktueller Autoren

des 20. Jahrhunderts Rechnung getragen wurde. Ob sich dabei die getroffene Abgrenzung gegen die bloße Tagesliteratur als zutreffend erweist, wird erst die Zukunft entscheiden. Nur dagegen muß sich der Verfasser verwahren, daß sein sorgfältiges Bemühen, aus der fließenden Fülle der Gegenwartsliteratur die geläufigeren und vielleicht bleibenden Namen herauszuheben, dahingehend umgedeutet wird, daß die Nichtaufnahme eines zeitgenössischen Autors gleichbedeutend sei mit dessen Wertunterschätzung.

2. Dichter und Schriftsteller des deutschsprachigen Raumes oder deutscher Herkunft, die ihre Werke z. T. oder ausschließlich in fremden Sprachen verfaßt haben, wie mittel- und neulateinische Dichter oder Exilschriftsteller,

3. Dichter und Schriftsteller nichtdeutscher Volkszugehörigkeit, die ihre Werke großenteils in deutscher Sprache verfaßt haben,

4. anonyme Werke der deutschen Literatur, unter ihrem Titel in der gebräuchlichsten Form aufgeführt, in der alphabetischen Einordnung unter Weglassung des Artikels.

Im Interesse einer möglichst umfassenden Dokumentation auf dem schöngeistigen Bereich wurden solche Autoren, deren Werke nicht zur schönen Literatur im eigentlichen Sinne gehören bzw. nicht sprachkünstlerischen Ansprüchen Rechnung tragen, wie Gelehrte, Philosophen, Historiker, Literarhistoriker, Fachschriftsteller, Essayisten und Herausgeber, nur dann aufgenommen, wenn sie nebenher auch auf dichterischem Gebiet in Erscheinung traten.

Die Auswahlkriterien wurden auch als Maßstäbe den *Proportionen* der einzelnen Artikel zugrundegelegt, ohne daß deswegen umgekehrt der Schluß vom Umfang eines Artikels auf die Bedeutung des betreffenden Autors zulässig wäre: Die Darstellung eines Dichters, dessen äußeres Leben ohne größere Wechselfälle verlief, dessen einheitlich geartetes, vielleicht gar auf eine einzige Gattung beschränktes Schaffen schnell auf einen Nenner gebracht ist und dessen Oeuvrekatalog nur wenig Titel umfaßt, muß beim Streben nach knapper Diktion kürzer ausfallen als die Darstellung eines weniger bedeutenden Autors mit bewegtem Lebenslauf, vielseitigem Schaffen in verschiedenen Werkrichtungen und umfangreicher Titelzahl. Hinzu kommt, daß auch bei den Autoren des 20. Jahrhunderts entsprechend dem größeren Orientierungsbedürfnis und der Unmöglichkeit endgültig verbindlicher Werturteile die Maßstäbe erweitert werden mußten.

Bei der *alphabetischen Anordnung* wurden Autoren, die unter einem Pseudonym bekannter sind als unter ihrem bürgerlichen Namen, unter dem Pseudonym aufgeführt. Umlaute gelten als ae, oe und ue. Präpositionen wurden bei der Einordnung nur dann berücksichtigt, wenn sie mit dem Artikel verbunden sind.

Beim *Aufbau* der einzelnen Artikel galt im Interesse eines möglichst faktenreichen Textes die äußerste Konzentration des Tatsachenmaterials in z. T. stichwortartiger Prägnanz als oberstes Gebot. Auf eine konzise Biographie des Autors mit allen nötigen Daten folgt die Beschreibung, literarische Einordnung und Würdigung des Werkes

nach seiner Stilrichtung und seinen formalen wie inhaltlichen Grund-
zügen. Daß diese in erster Linie auf Fakten, Anknüpfung an Bekannte-
res und Hervorhebung der persönlichen Eigenarten bedachte Charakteristik im engsten Raum oft nur ein erstes und mitunter fast klischeehaft vereinfachendes Bild des Werkes zu geben vermag, liegt in der
Natur der Dinge und möge mit dem Goethewort entschuldigt werden:
›Wenn einem Autor ein Lexikon nachkommen kann, so taugt er
nichts‹.

Das *Werkverzeichnis* bietet in chronologischer Folge die Hauptwerke des
Autors je nach dessen Bedeutung mehr oder minder vollständig, bei
kleineren Autoren in der Auswahl des Wesentlichen, und zwar jeweils
mit der Gattungsbezeichnung, soweit diese nicht aus dem Titel selbst
oder aus dem Artikel allgemein hervorgeht. Die Jahreszahlen bezeichnen das Datum der ersten Buchausgabe, vor der Buchdruckzeit das Jahr
der Fertigstellung. Bei ungedruckten oder nicht separat erschienenen
Werken, besonders Dramen, steht das Jahr der Fertigstellung bzw. der
Uraufführung in Klammern, um dem Benutzer die Suche nach nicht
existenten Buchausgaben zu ersparen. Von späteren Neuausgaben älterer Werke werden gemeinhin nur solche mit wissenschaftlichem
Anspruch zitiert. Bei der Aufzählung der Gesamtausgaben oder Aus-
wahlausgaben am Schluß des Werkregisters wurde von mehreren vor-
handenen gegebenenfalls die maßgebliche oder historisch-kritische
genannt und auf die Zitierung populärer Leseausgaben zumeist verzichtet, da man bei der Suche nach solchen doch in erster Linie die örtlich
gerade greifbaren bevorzugen wird.

Die Angaben von *Sekundärliteratur* über die betreffenden Autoren, die ja
über die eigene Beschäftigung mit dem Werk selbst den Weg zu
intensiverem Studium weisen wollen, beschränken sich im allgemeinen
auf Buchveröffentlichungen, insbesondere Standard-Monographien
und Gesamtdarstellungen sowie Bibliographien (diese stets am Schluß
des Absatzes). In Fällen, wo umfassende Monographien fehlen, wie z. B.
bei jüngeren Autoren, wurden zur Spiegelung des Forschungsstandes
gelegentlich auch thematisch umfassendere (auch maschinenschriftli-
che) Dissertationen angeführt, ebenso bei solchen Autoren, über die
keine Monographien jüngeren Datums vorliegen. Dagegen wurde auf
die Nennung von Lexika mit größeren, selbständigen Artikeln über den
betreffenden Autor und von Literaturgeschichten aus Raumgründen
grundsätzlich verzichtet, da diese sich dem flüchtigere Auskunft
Suchenden vielfach von selbst anbieten. Die bibliographischen Angaben wurden aus Gründen der Raumersparnis auf Verfasser und Jahreszahl eingeschränkt, sobald der Titel im wesentlichen nur aus dem
Namen des Autors besteht. Druckorte wurden nur bei der Sekundärliteratur und auch hier nur dann angegeben, wenn sie nicht im deutschen
Sprachraum liegen und ihre Ermittlung daher schwerfällt.

Die vorliegende 3. Auflage des Lexikons ist gegenüber der 2. Auflage
von 1976 um über 200 Artikel vermehrt und in allen Angaben auf den
jüngsten erreichbaren Stand gebracht worden. Wenn sich die räumliche
Distanz dabei nicht nachhaltig ausgewirkt hat, verdanke ich dies vor
allem Frau Beate Mnich vom Alfred Kröner Verlag und ihren aktuellen
Ergänzungen. Mein Dank gebührt ebenso zahlreichen weiteren Förde-

rern und Ratgebern für das freundliche Verständnis und die liebenswürdige Hilfsbereitschaft, die ich bei meiner Arbeit und bei meinen Nachforschungen allerseits erfahren habe.

Wenn sich trotz größter Sorgfalt und Gewissenhaftigkeit kleine Irrtümer und Unrichtigkeiten eingeschlichen haben sollten oder wenn auch dieses Lexikon das Schicksal aller Nachschlagewerke teilen sollte, daß man gerade das Gesuchte oft nicht findet, so bitte ich, dies zum Anlaß für Verbesserungs- oder Ergänzungsvorschläge an den Verlag zu nehmen.

Sydney, Frühjahr 1988 *Gero von Wilpert*

ABKÜRZUNGEN UND ZEICHEN

Nicht aufgeführt werden alle Abkürzungen, die durch Weglassung der Adjektivendung -isch, -ich gebildet werden. Hochgestellte Zahlen vor der Jahreszahl bezeichnen die Auflage, römische Ziffern die Bandzahl.

→ = siehe (Verweispfeil)
★ = geboren
† = gestorben
⚭ = Eheschließung mit, verh. mit; heiratet
o/o = geschieden
A. = Ausgabe(n)
Abh. = Abhandlung(en)
ahd. = althochdeutsch
Akad. = Akademie
allg. = allgemein
Alm. = Almanach
am. = amerikanisch
Anm. = Anmerkungen
Anth. = Anthologie
Aphor. = Aphorismen
AT. = Altes Testament
Aufs. = Aufsatz
Ausw. = Auswahl
Ausz. = Auszug
Aut. = Autobiographie, Erinnerungen, autobiogr. Schrift
AW = Ausgewählte Werke
B. = Biographie
Ball. = Ballade(n)
Bb. = Bildband
Bd. = Band
Ber. = Bericht
bes. = besonders
Bibl. = Bibliographie
Bll. = Blätter
Bln. = Berlin
BLV. = Bibliothek des literarischen Vereins in Stuttgart
Br. = Briefe
ders. = derselbe
dgl. = dergleichen
d. h. = das heißt
Dial. = Dialog(e)
Dicht. = Dichtung(en)

dies. = dieselbe
Diss. = Dissertation
DLE. = Deutsche Literatur in Entwicklungsreihen
DNL. = Deutsche Nationalliteratur, hg. J. Kürschner
Dok. = Dokumentation
Dr. = Doktor, Drama
Drr. = Dramen
dt. (auch: d.) = deutsch
Dtl. = Deutschland
DTM. = Deutsche Texte des Mittelalters
e. = ein, eine, eines usw.
E(n). = Erzählung(en)
ebda. = ebenda
eig. = eigentlich
Einl. = Einleitung
enth. = enthält
Ep. = Epos
erg. = ergänzt
Erinn. = Erinnerungen
Erl. = Erlangen
erw. = erweitert
Es(s). = Essay(s)
ev. = evangelisch
f. = für
f., ff. = folgende(s)
Faks. = Faksimile
Feuill. = Feuilletons
Ffm. = Frankfurt/Main
Forts. = Fortsetzung
Fragm. = Fragment
franz. = französisch
Freib. = Freiburg/Breisgau
Fs. = Festschrift
Fsp. = Festspiel
FSsp. = Fernsehspiel
G. = Gedicht(e)
geh. = geheim

gen. = genannt
ges. = gesammelt(e)
Gesch(n). = Geschichte(n)
Gött. = Göttingen
GS = Gesammelte Schriften
GW = Gesammelte Werke
Gymnas. = Gymnasium
H. = Hörspiel
Hbg. = Hamburg
Hdb. = Handbuch
Hdlbg. = Heidelberg
Hdwb. = Handwörterbuch
hebr. = hebräisch
hg. = herausgegeben (von)
hist. = historisch
hkA. = hist.-krit. Ausgabe
Hrsg. = Herausgeber, Herausgabe
Hs(s). = Handschrift(en)
insbes. = insbesondere
ital. = italienisch
jap. = japanisch
Jb. = Jahrbuch
Jg. = Jahrgang
Jgb. = Jugendbuch
Jh(h). = Jahrhundert(e)
K. = Komödie
Kal. = Kalender
kath. = katholisch
Kdb. = Kinderbuch
Kg(n). = Kurzgeschichte(n)
kgl. = königlich
Komm. = Kommentar
komm. = kommentiert
Koph. = Kopenhagen
L. = Literaturangaben (Sekundär-
    literatur)
lat. = lateinisch
Leg. = Legende
Lex. = Lexikon
Libr. = Libretto
Lit. = Literatur
lit. = literarisch
Lpz. = Leipzig
Lsp. = Lustspiel
M. = Märchen
m. = mit
MA. = Mittelalter
ma. = mittelalterlich
Marb. = Marburg
Mchn. = München

Mem. = Memoiren
MF. = Minnesangs Frühling, hg.
    C. v. Kraus
mhd. = mittelhochdeutsch
Mitgl. = Mitglied
mod. = modern
Mon. = Monographie
Mon. Germ. Hist. = Monumenta
    Germaniae Historica
Mschr. = Monatsschrift
Msp. = Märchenspiel
MV. = Mitverfasser
N(n). = Novelle(n)
n. = neu herausgegeben
NdL. = Neudrucke deutscher Li-
    teraturwerke des 16. und 17.
    Jahrhunderts
N. F. = neue Folge
nhd. = neuhochdeutsch
Nl. = Nachlaß
NT. = Neues Testament
N.Y. = New York
o. J. = ohne Jahresangabe
österr. = österreichisch
Op. = Operntext
Opte. = Operettentext
Orat. = Oratorium
Philol. = Philologie
Philos., philos. = Philosophie,
    philosophisch
Pred. = Predigt
Prof. = Professor
Progr. = Programm
Ps. = Pseudonym
R. = Roman
Rd(n). = Rede(n)
Reiseb. = Reisebuch
relig. = religiös
Rep. = Reportage
Rev. = Revue
Rhe. = Reihe
Rost. = Rostock
S. = Seite
s. = sein(e), usw.
Sat. = Satire
Sb. = Sachbuch
Sch. = Schauspiel
Schr. = Schrift
Schw. = Schwank
Sgsp. = Singspiel

Sk. = Skizze(n)
Slg(g). = Sammlung(en)
sog. = sogenannte(r, s)
Son. = Sonette
Sp. = Spiel
Spr. = Sprüche
St. = Studie
-st. = -stück
Stud. = Studium, Student
Suppl. = Supplement
SW = Sämtliche Werke
Sz. = Szene
Tg. = Tagebuch
TH = Technische Hochschule
Tr. = Tragödie
Tril. = Trilogie
Tüb. = Tübingen
u. = und
u. a. = unter anderem
u. a. m. = und anderes mehr
u. d. T. = unter dem Titel

u. ö. = und öfters
üb. = über
Übs. = Übersetzer, -ung
Univ. = Universität
Unters(s). = Untersuchung(en)
urspr. = ursprünglich
usw. = und so weiter
V. = Verse
Verf., Vf. = Verfasser(in)
versch. = verschieden(e)
Vortr. = Vortrag, -träge
Vst. = Volksstück
W = Werke
Wiss. = Wissenschaft(en)
wiss. = wissenschaftlich
Würzb. = Würzburg
z. B. = zum Beispiel
Zs(s). = Zeitschrift(en)
Zt. = Zeitung
z. T. = zum Teil
z. Z. = zur Zeit

Aal, Johannes, um 1500 Bremgarten/Aargau – 28. 5. 1551 Solothurn; durch die Reformation aus der Heimat vertrieben, 1536 Stud. in Freiburg/Br. bei Glarean, 1538 Stiftsprediger, 1544 Probst in Solothurn. – Vf. e. derbrealist., psycholog. unterbauten ›Tragoedia Johannis des Täufers‹ von 1549, für 2tägige Aufführung.

A: NdL 263–267, 1929.
L: L. Gombert, J. A.s Spiel v. Joh. d. Täufer, 1908, n. 1977.

Abel, Kaspar, 14. 7. 1676 Hindenburg/Altmark – 11. 1. 1763 Westdorf b. Aschersleben; Predigerausbildung in Braunschweig und Helmstedt, 1696 Rektor in Osterburg, 1698 in Helmstedt, 1718 Prediger in Westdorf b. Aschersleben. – Übs. von Ovid ›Heroides‹ (1704), Horaz, Vergil und Boileau (1689–1732), Vf. z. T. plattdt. Satiren und Historiker.

W: Auserlesene satirische Gedichte, 1714.

Abele von und zu Lilienberg, Matthias, 17. 2. 1616 oder 1618 Steyr – 14. 11. 1677 ebda. Stud. in Graz 1637, Wien 1639; 1641–44 am Stadtgericht ebda., 1645 Stadtschreiber von Krems und Stein, 1648 Sekretär der Innerberger Eisengewerkschaft, 1671 Kaiserl. Rat und Hofhistoriograph; seit 1652 Mitgl. der Fruchtbringenden Gesellschaft. – Vf. von Gerichtsgeschichten und -anekdoten.

W: Sterbebüchlein, 1650; Metamorphosis telae judiciariae, Das ist Seltzame Gerichtshändel, III 1651 f.; Vivat Unordnung!, V. 1669–75; Fiscologia, 1672.
L: H. Halm, 1912, n. 1978.

Abraham a Sancta Clara (eig. Johann Ulrich Megerle), 2. 7. 1644 Kreenheinstetten/Hegau – 1. 12. 1709 Wien; 8. Kind e. leibeigenen Wirtes; Lateinschule Meßkirch, Jesuitengymnasium Ingolstadt und nach dem Tod des Vaters 1656 Benediktineruniv. Salzburg. Seit 1662 Augustiner-Barfüßer in Mariabrunn b. Wien; theol. Stud. in Prag und Ferrara, 1665 wieder Wien, 1668 Priesterweihe ebda., 1670 Wallfahrtsprediger in Taxa/Augsburg, 1672 Bußprediger in Wien, 1677 Subprior und Kaiserl. Hofprediger, 1680 Prior ebda., 1683 Sonntagsprediger in Graz, 1686/1689/1692 in Rom, seit 1695 in Wien als Prokurator und 1697 Definitor der deutschböhm. Ordensprovinz. – Aus dem Erlebnis der Pest (1679) und des Sittenverfalls heraus zum sprachgewaltigsten Kanzelredner der dt. Lit. geworden, fabulierfreudiger Satiriker und Parodist, als Virtuose des oft auch volkstüml.-derben, aber stets lebendigen Wortwitzes Vorbild Schillers für die Kapuzinerpredigt in ›Wallensteins Lager‹ (nach ›Auff, auff ihr Christen‹). Als moralisierender Volksschriftsteller von weiterer Wirkung als s. Vorbilder Geiler und Murner durch die fesselnde Kraft. s. Darstellung und die Fülle überraschender Beispiele, seit s. Mahnrufen zur Pest (›Mercks Wienn‹…) und zur Türkengefahr (›Auff, auff ihr Christen‹) satir. Sittenschilderer in humanist. Geist. Das Hauptwerk, die kultur-satir. Legendenerz. ›Judas der Ertz-Schelm‹, leidet unter der Überfülle von Einfällen und Episoden.

W: Epitome Elogiorum, 1670; Astriacus Austriacus, 1673: Neuerwählte Paradeiß-Blum, 1675; Soldaten Glory, 1676; Prophetischer Wilkomm, 1676; Die Heilige Hof-Art, 1677; Novenaria Septennii transactio, 1678; Mercks Wienn, 1680 (n. 1983); Zeugnuß und Verzeichnuß, 1680; Danck- und Denck-Zahl, 1680; Oesterreichisches Deo Gratias, 1680; Corona gloriae, 1680; Lösch Wienn, 1680; Grosse Todten-Bruderschaft, 1680; Epitaphium, 1683; Auff, auff ihr Christen, 1683 (n. 1883); Wohlriechender Spica-Nardt, 1683; Stella ex Jacob orta Maria, 1684; Der klare Sonnen-Schein, 1684; Reimb Dich oder Ich Liß Dich, Slg. 1684; Gack, Gack, Gack, Gack à Ga, 1685; Judas der Ertz-Schelm, IV 1686–95 (n. Ausw. DNL 40, 1884); Applausus sine Grano Salis Ausus, 1687; Divinae sapientae domus, 1690; Grammatica Religiosa, 1691; Augustini Feurigs Hertz, 1693; Kurtze Lob-Verfassung, 1695; Lob und Prob Der Herrlichen Tugenden, 1696, Frag und Antwortt, 1697; Die verblümblete Wahrheit, 1697; Brunnst zu Wien, 1697; Baare Bezahlung, 1697; Aller Freud und Fried ... ist Ursach Maria, 1698; Patrocinium, 1699; Etwas für Alle, III 1699–1711 (n. 1905); Geflügleter Mercurius, II 1701–1702 (n. 1922); Klägliches Auff und Ab, 1702; Wunderlicher Traum Von einem großen Narren-Nest, 1703 (n. 1969); Drey Buchstaben W. W. W., 1703; Ein Karn voller Narrn, 1704; Heilsames Gemisch Gemasch, 1704; Ein Redliche Red, 1705; Huy! und Pfuy!, 1707; Kurtze Lob-Verfassung Deß Heiligen Ignatii, 1707; Der Namhaffte, Und Mannhaffte Held, 1707; Geistlicher Schutz-Mantel, 1707; Centifolium Stultorum, 1707 (n. 1925); Wohl angefüllter Wein-Keller, 1710; Geistlicher Kramer-Laden, III 1710–19; Besonders meublirt – und gezierte Todten-Capelle, 1710 (n. 1926); Mala Gallina, 1713; Abrahamisches Bescheid-Essen, 1717; Abrahamische Lauber-Hütt III 1721–23; Abrahamisches Gehab dich wohl!, 1729; Mercurialis, 1733. – SW XXI 1835–54 (unvollst., z. T. unecht); Ausw., hg. H. Strigl VI 1904–06; Werke, hg. K. Bertsche III 1943–45; Neue Predigten, hg. ders. 1932, n. 1975; Ausw. hg. J. v. Hollander 1963, hg. G. Fritzsche, E. Weber 1969.
L: Th. v. Karajan, 1867; K. Bertsche, ²1922; Bibl. ders. 1922, ²1961; A. a. S. C., Ausstellungskatalog Karlsr. 1982.

Abschatz, Hans Assmann Freiherr von, 4. 2. 1646 Breslau – 22. 4. 1699 Liegnitz; mit 13 Jahren Vollwaise, Gymnas. Liegnitz, Jura-Stud. in Straßburg und Leyden, 1666 Bildungsreisen nach Paris, Rom und Norditalien; nach der Rückkehr 1669 Heirat und Verwaltung der Familiengüter; seit 1675 Landesbestallter des Herzogtums Liegnitz und 1679 Ordinärdeputierter an den Breslauer Fürstentagen. – Schles. Barocklyriker, Übs. von Guarinis ›Pastor fido‹ (um 1672–78) und Adimaris ›Scherzsonetten‹ unter Stileinfluß Lohensteins; in den eigenen formgewandten Liebesgedichten volkstüml.-schlicht und frei vom Marinismus: Vorklang der Aufklärung.

W: Poetische Übersetzungen und Gedichte, hg. Chr. Gryphius, 1704 (n. 1970); Ausw. DNL 36, 1885 u. NdL 274–77, 1929; Gedichte, Ausw. hg. E. A. Metzger 1973.
L: C. H. Wegener, 1910, n. 1978.

Achleitner, Arthur, 16. 8. 1858 Straubing – 29. 9. 1927 München; Sohn e. Chorleiters; Redakteur süddt. Zeitungen, dann freier Schriftsteller in München. – Vf. seinerzeit vielgelesener Unterhaltungsromane und -erzählungen, bes. Heimat-, Alpen- und Jagdgeschichten, und belangloser Gesellschaftsromane.

W: Geschichten aus den Bergen, En. V 1889–95; Aus dem Hochland, En. 1892; Bilder aus den deutschen Alpen, En. 1892; Der Forstmessias, R. 1897; Bayern, wie es war und ist, En. IV 1898–1900; Das Postfräulein, R. 1900; Im Gebiet des Großglockners, En. 1900; Stöffele, B. 1904; Exzellenz Pokrok, R. 1905; Der wilde Jäger, E. 1911; Büchsenspanner, Mem. 1922.

Achleitner, Friedrich, ★ 23. 5. 1930 Schalchen/Oberösterr., Stud. Architektur und Bühnenbild Wien 1950–53, 1953–58 Architekt ebda., stieß 1955 zur ›Wiener Gruppe‹, 1958 Schriftsteller, 1963 Dozent für Geschichte der Architektur Kunstakad. Wien. – Experimenteller Schriftsteller der ›Wiener Gruppe‹ unter Einfluß Gomringers mit stark konstruktivistisch bestimmter, auf visuelle Wirkung, Vergegenständlichung und Montage angelegter Konkreter Dichtung; am besten in oberösterr. Dialektgedichten.

W: hosn rosn baa, G. 1959 (m. H. C. Artmann u. G. Rühm); schwer schwarz, G. 1960; der rote reiter, G. 1967; Prosa, Konstellationen, Montagen, Dialektgedichte, Studien, Ausw. 1970; Quadratroman, 1973; Nieder mit Fischer von Erlach, Slg. 1986.
L: D. Wiener Gruppe, hg. G. Rühm 1967.

Achternbusch, Herbert, ∗ 23. 11. 1938 München; Schule und Akademie Nürnberg; Schriftsteller, Regisseur, Produzent und Schauspieler in Starnberg, dann Buchenhof b. München. – Dramatiker und unprätentiöser Erzähler der Realitätsschwierigkeiten in mißvergnügten, oft willkürlich durchbrochenen inneren Monologen und ehrlichen Gedankenassoziationen in kunstloser Prosa, in provokanter Selbstinszenierung zwischen Groteske und Kalauer, Stumpfsinn und Sendungsbewußtsein schwankend.

W: Hülle, En. 1969; Das Kamel, Prosa 1970; Die Macht des Löwengebrülls, E. 1970; Die Alexanderschlacht, Prosa 1971; Absalom, H. (1971); L'Etat c'est moi, E. 1972; Der Tag wird kommen, R. 1973; Die Stunde des Todes, R. 1975; Das Andechser Gefühl, Film 1975; Land in Sicht, R. 1977; Bierkampf, Film (1977); Servus Bayern, Filmb. 1977; Ella, Dr. (1978); 1969/Die Alexanderschlacht/Die Atlantikschwimmer, GW III 1978; Der junge Mönch, Film (1978); Der Komantsche, Film (1979); Susn/Kuschwarda City, Drr. (1979); Es ist ein leichtes beim Gehen den Boden zu berühren, Prosa 1980; Der Neger Erwin, Filmb. 1981; Das Haus am Nil, Prosa 1981; Die Olympiasiegerin, Filmb. 1982; Der Frosch, Dr. (1982); Das letzte Loch, Filmb. 1982; Das Gespenst, Film (1982); Revolten, Prosa 1982; Plattling, Dr. (1982); Der Depp, Filmb. 1983; Wellen, Prosa 1983; Gust, Dr. (1984); Sintflut, Dr. (1984); Wanderkrebs, Film (1984); Mein Herbert, Dr. (1984); Weg, Dr. 1985; Föhnforscher, Film (1985); Breitenbach, Prosa 1986; Linz, Dr. (1987); Weißer Stier, Dr. (1987); Das Ambacher Exil, Prosa 1987; An der Donau, Libr. (1987); Die blaue Blume, Prosa 1987.
L: H. A., hg. J. Drews 1982 (m. Bibl.); H. Schödel u. a., 1984.

Ackermann aus Böhmen → Johannes von Tepl

Acklin, Jürg, ∗ 20. 2. 1945 Zürich. Stud. Jura. Lehrer. – Schweizer Lyriker und Erzähler der Oltener Gruppe mit Themen der Identitätssuche.

W: Der einsame Träumer, G. 1967; Michael Häuptli, R. 1969; alias, Prosa 1971; Das Überhandnehmen, Sat. 1973; Der Aufstieg des Fesselballons, R. 1980.

Adler, Friedrich, 13. 2. 1857 Amschelberg/Böhmen – 2. 2. 1938 Prag; Stud. Jura in Prag, 1891–96 Rechtsanwalt ebda., dann Sekretär der Handelskammer und freier Schriftsteller, 1918 Dolmetscher der Nationalversammlung ebda. – Formgewandter Lyriker und Dramatiker, Übs. von T. de Iriarte (1888), Breton (1891), Fusinato (1891) und J. Vrchlický (1895) und Bearbeiter span. Dramen.

W: Gedichte, 1893; Neue Gedichte, 1899; Moderne Lyrik, Es. 1899; Sport, Dr. 1899; Zwei Eisen im Feuer, Lsp. n. Calderón 1900; Don Gil, Kom. n. Tirso de Molina 1902; Freiheit (Freiheit, Der Prophet Elias, Karneval), 3 Einakter 1904; Vom goldenen Kragen, satir. Son. 1907; Der gläserne Magister, Dr. 1910.

Adler, Hans Günther, ∗ 2. 7. 1910 Prag; Stud. Philos. ebda. (Dr. phil.), Sekretär und Lehrer an e. Volkshochschule in Prag, 1941–45 in versch. KZs (Theresienstadt, Auschwitz), 1945 Rückkehr nach Prag, seit 1947 freier Schriftsteller in London. – Erzähler aus dem Erlebnis jüd. Zeitschicksals in traditionellen Formen von betonter Distanz; auch Kleinprosa, Skizzen, Parabeln, Visionen.

W: Theresienstadt 1941–1945, Schr. 1955; Die verheimlichte Wahrheit, Schr. 1958; Der Kampf gegen die ›Endlösung der Judenfrage‹, Schr. 1958; Die Juden in Deutschland, Schr. 1960; Unser Georg, En. 1961; Eine Reise, E. 1962; Der Fürst des Segens, Sk. 1964; Die Erfahrung der Ohnmacht, Schr. 1964; Sodoms Untergang, Sk. 1965; Panorama, R. 1968; Ereignisse, En. 1969; Der verwaltete Mensch, St. 1974; Die Freiheit des Menschen,

Ess. 1976; Stimme und Zuruf, G. 1980; Blikke, G. 1980.
L: W. P. Eckert, W. Unger 1975.

Adler, Paul, 3. 4. 1878 Prag – 8. 6. 1946 Zbraslav b. Prag; Jurastud. Prag (Dr. jur.), kurz Richter in Wien, einige Jahre im Ausland (Paris, Pola, Florenz), 1912–33 meist in der Künstlerkolonie Hellerau b. Dresden, 1933–38 in Prag und zuletzt gelähmt in Zbraslav. – Vielseitig gebildeter expressionist. Lyriker und Erzähler, Journalist und Übersetzer (Unamuno, Claudel).

W: Elohim, Dicht. 1914; Nämlich, Dicht. 1915; Die Zauberflöte, R. 1916; Vom Geist der Volkswirtschaft, Schr. 1917.
L: L. Abicht, 1972.

Adler, Peter, ★ 4. 5. 1923 Dresden, Jugend in Berlin, 4 Jahre Soldat, Stud. Philol. Mainz und Tübingen, 1950 Dr. phil., seither Mitarbeiter am Rundfunk. – Vf. zeitkrit. Hör- und Fernsehspiele bes. um das Schicksal der Juden in Dtl.

W: Der Frieden unserer Stadt, H. (1959); Die Vergessenen, H.e 1959; Die Leute von Beersheba, Ber. 1961; Al Capone im deutschen Wald, FSsp. (1969); Das Haus Lunjowo, FSsp. (1970); Die Rote Kapelle, FSsp. (1972).

Adlersfeld-Ballestrem, Eufemia von, 18. 8. 1854 Ratibor – 21. 4. 1941 München, geb. Gräfin Ballestrem, ⚭ 1884 Rittmeister Joseph v. A., wohnte bes. in Vevey, Karlsruhe, Rom und München. – Vielgelesene leichte Unterhaltungsschriftstellerin, bes. Gesellschaftsromane.

W: Haideröslein, R. 1880; Die Falkner vom Falkenhof, R. II 1890; Komtesse Käthe, R. 1894; Die weißen Rosen von Ravensberg, R. II 1896; Pension Malepartus, R. 1901; Weiße Tauben, R. 1912; Das wogende Licht, R. 1914; Ave, R. 1917; Der Amönenhof, R. 1918; Die Fliege im Bernstein, R. 1919; Das Rosazimmer, R. 1920; Schwarze Opale, R. 1938.

Adolph, Karl, 19. 5. 1869 Wien – 22. 11. 1931 ebda., Handwerker und Spitalsbeamter. – Vf. von Romanen und Skizzen aus dem Proletarierleben der Wiener Vorstädte in behagl. Naturalismus.

W: Lyrisches, 1897; Haus Nr. 37, R. 1908; Schackerl, R. 1912; Töchter, R. 1914; Am 1. Mai, Tragikom. 1919; Von früher und heute, Sk. 1924.
L: E. Harrer, Diss. Wien 1949.

Agricola (eig. Schnitter), Johannes, 20. 4. 1494 Eisleben – 22. 9. 1566 Berlin. Stud. in Wittenberg, Luthers Tischgenosse und Begleiter zur Leipziger Disputation mit Eck 1519, Freund Melanchthons, errichtete 1525 in Frankfurt a. M. evangel. Gottesdienst, 1526 Rektor und Prediger in Eisleben, 1529/1530 auf den Reichstagen in Speyer und Augsburg; Ende 1536 Universitätslehrer in Wittenberg, theol. Streit mit Melanchthon, 1540 Hofprediger Joachims II. von Brandenburg und später Generalsuperintendent in Berlin; geriet wegen theol. Streitigkeiten und Mitarbeit am Augsburger Interim 1548 mit den Reformatoren in Zwist. – Vf. oft benutzter kommentierter Sprichwörtersammlungen und e. polem. Reformationsdramas, das Luthers Tadel fand. Auch Kirchenlieddichter (›Ich ruf zu Dir Herr Jesu Christ‹) und Terenz-Übs. (›Andria‹, 1543).

W: Dre hundert Gemener Sprickwörde, nddt. 1528, hdt. 1529; Sybenhundert vnd fünfftzig Teutscher Sprichwörter, 1534 (n. DNL 25, 1887, hg. M. Hain 1970); Tragedia Johannis Huss, 1537. – Die Sprichwörterslgn., hg. S. L. Gilman II 1971.
L: G. Kawerau, 1881, n. 1977; J. Rogge, J. A.s Lutherverständnis, 1961; H.-D. Grau, D. Leistg. J. A.s als Sprichwortsammler, Diss. Tüb. 1968.

Ahlsen, Leopold (eig. Helmut Alzmann), ★ 12. 1. 1927 München; Luftwaffenhelfer und Soldat, 1945 Stud. Germanistik, Theaterwiss. und Philosophie in München, 1947–49 Schauspieler und Regisseur, 1949–60 Hörspiellektor am Bayr. Rundfunk, dann freier Schriftsteller in München. – Bedeutender Bühnenautor, Hörspiel- und Fernsehautor mit spannenden, lebensvollen Zeitstücken von traditioneller Form um Grundprobleme menschl. Existenz. Auch histor. Stoffe und Dramen aus dem Stoffkreis der russ. Revolution sowie Fernsehbearbeitungen von Weltlit.

W: Die Zeit und Herr Adolar Lehmann, H. (1951); Niki und das Paradies in Gelb, H. (1952); Pflicht zur Sünde, Dr. 1952; Zwischen den Ufern, Dr. 1952; Wolfszeit, Dr. 1954; Philemon und Baukis (= Die Bäume stehen draußen), Dr. 1956; Raskolnikoff, Dr. (1960, nach Dostoevskij); Alle Macht der Erde, H. (1961); Sie werden sterben, Sire (= Tod eines Königs), Dr. (1964); Der arme Mann Luther, Dr. 1965; Fettaugen, H. (1969); Denkzettel, H. (1970); Hörspiele, 1971; Ein Wochenende des Alfred Berger, FSsp. (1972); Die merkwürdige Lebensgeschichte des Friedrich Freiherrn von der Trenck, FS-Serie (1973); Strychnin und saure Drops, FSsp. (1974); Möwengeschrei, FSsp. (1977); Der arme Mann von Paris, FSsp. (1981); Der Gockel vom goldenen Sporn, R. 1981; Defekte, FSsp. (1982); Die Wiesingers, R. 1984; Die Wiesingers in stürmischer Zeit, R. 1987.

Aichbichler, Wilhelmine → Vieser, Dolores

Aichinger, Ilse, *1. 11. 1921 Wien; Jugend in Linz und Wien, Gymnas. Wien; nach dem Anschluß Österr.s verfolgt, im Kriege dienstverpflichtet; seit 1945 5 Semester Medizinstud., 1949/50 Verlagslektorin bei S. Fischer Wien; Volkshochschule Ulm; ⚭ Günter Eich, Mitglied der ›Gruppe 47‹, wohnte in Lenggries/Obb., Großgmain b. Salzburg, Frankfurt. – Hervorragende Erzählerin der Gegenwart, anfangs an Kafka geschult, gestaltet in knapper, symbolisch überhöhter

realist. Prosa Vorgänge aus dem Zwischenreich von Wachen und Traum, Wirklichkeit und Überwirklichkeit. Bes. Kurzerzz. und szen. Skizzen, auch Hörspiele.

W: Die größere Hoffnung, R. 1948; Rede unter dem Galgen, En. 1952 (in Dtl.: Der Gefesselte, En. 1953); Knöpfe, H. (1953); Zu keiner Stunde, Szenen, 1957; Besuch im Pfarrhaus, H. und Dial. 1961; Wo ich wohne, En., Dial., G. 1963; Eliza Eliza, En. 1965; Nachmittag in Ostende, H. (1968); Die Schwestern Jouet, H. (1969); Auckland, H. e 1969; Nachricht vom Tag, En. 1970; Schlechte Wörter, En. 1976; Verschenkter Rat, G. 1978; Meine Sprache und ich, En. 1978.
L: A. Pollazzi, D. En. v. I. A., Diss. Mail. 1965; J. C. Alldridge, Lond. 1969; D. Lorenz, 1981; C. Kleiber, 1984; G. Lindemann, 1987.

Aist, Dietmar von → Dietmar von Aist

Akunian, Ilse → Frapan(-Akunian), Ilse

Albert von Augsburg, um 1200, Augsburger Benediktiner. – Vf. e. Reimpaar-Legende des Hl. Ulrich nach der lat. Vita von Berno von Reichenau.

A: J. A. Schmeller 1844; K.-E. Geith 1971.

Albert von Stade, um 1200–1261, Magister, Prior und 1232–1240 Abt des Benediktinerklosters Stade, nach vergeblichen Reformversuchen Übertritt ins Franziskanerkloster ebda. – Vf. e. Weltchronik von Anbeginn bis 1256, e. lat. Trojanerkrieg-Epos ›Troilus‹ u. a. verlorener Versdichtungen.

A: Chronik J. M. Lappenberg, Mon. Germ. Hist., Scriptores XVI, 1859; Troilus: T. Merzdorf 1875.

Albert, Heinrich, 8. 7. 1604 Lobenstein/Vogtl. – 6. 10. 1651 Königsberg; 1619–22 Gymnas. Gera, Musik-Stud. bei s. Onkel Heinrich Schütz in Dresden, 1623–26 Jura-Stud. in Leipzig, Juli 1626 nach Königsberg, 1630 Domorganist als Nachfolger s. Lehrers Stobäus. – Als Liederkomponist und Lyriker Mitgl. des Königsberger Dichterkreises um Dach und Roberthin, deren geistl. und weltl. Lieder A. vertonte und zusammen mit eigenen Liedern (›Gott des Himmels und der Erden‹ u. a.) herausgab, daher evtl. Vf. des Liedes ›Anke von Tharau‹.

W: Arien, VIII 1638–50 (n. NdL 44–48); Musicalische Kürbis-Hütte, 1641; Arien, II 1657. *L:* Fs. z. Ehrg. v. H. A., hg. G. Kraft 1954.

Albert, Michael, 21. 10. 1836 Trappold/Siebenbürgen – 21. 4. 1893 Schäßburg/Siebenbürgen; Bauernsohn, Stud. Jena, Berlin und Wien, seit 1861 Gymnasialprof. in Schäßburg. – Lyriker in der Heine-Nachfolge; Vf. realist. Heimaterzählungen und histor. Dramen z. T. aus der Geschichte Siebenbürgens; Operettenlibrettist.

W: Die Dorfschule, N. 1866; Die Candidaten, N. 1872; Traugott, N. 1874; Die Flandrer am Alt, Dr. 1883; Hasteneck, Tr. 1886; Altes und Neues, En. 1890; Gedichte, 1893; Ulrich von Hutten, Dr. 1893; Sezia, Opte. 1894.

Alberti (eig. Sittenfeld), Konrad, 9. 7. 1862 Breslau – 24. 6. 1918 Berlin; Gymnas. Breslau, Stud. Lit. und Kulturgesch. Breslau und Berlin, Kaufmann, zeitweilig Schauspieler, Sekretär im Berliner Zentraltheater, dann Abschluß der Studien und Journalist, seit 1900 Chefredakteur der ›Berliner Morgenpost‹, größere Reisen bis nach Ostafrika. – Kultur- und Literaturkritiker (in der Zs. ›Die Gesellschaft‹), Mitbegründer der ›Deutschen Bühne‹ Berlin (1890) mit K. Bleibtreu, Vf. naturalist. Streitschriften, Dramen und Tendenzromane aus dem mod. Berlin; 1890 in den Leipziger Realistenprozeß verwickelt; Haupt-

werk: Romanserie ›Der Kampf ums Dasein‹ VI 1888–95.

W: Herr L'Arronge und das Deutsche Theater, Schr. 1884; G. Freytag, B. 1884; B. v. Arnim, B. 1885; L. Börne, B. 1886; Riesen und Zwerge, Nn. 1886; Ohne Schminke, Wahrheiten über das moderne Theater, 1887; Plebs, Nn. 1887; Was erwartet die dt. Kunst von Kaiser Wilhelm II.?, Es. 1888; Wer ist der Stärkere, R. 1888; Brot, Dr. 1888 (1902 u. d. T. Thomas Münzer); Eine wie Tausend, R. (nach Eça de Queiroz) 1889; Die Alten und die Jungen, R. 1889; Der moderne Realismus, Es. 1889; Natur und Kunst, Ess. 1890; Die Schule des Redners, Hdb. 1890; Im Suff, Dr. 1890; Federspiel, Nn. 1890 (1896 u. d. T. Harmlose Geschichten); Das Recht auf Liebe, R. 1890; Bei Freund und Feind, Kulturbilder, 1891; Schröter & Co., R. 1892; Mode, R. 1893; Ein Vorurtheil, Dr. 1893; Bluff, Lsp. (1893); Die Französin, Lsp. (1894); Maschinen, R. 1895; Fahrende Frau, R. 1895; Der goldene Käfig, Dr. (1896); Die Rose von Hildesheim, R. 1896; Die Büßerin, Dr. 1896; Die schöne Theotaki, R. 1899; Groß-Berlin, Bb. 1904; Der eigene Herd, Dr. 1905; Der Weg der Menschheit, IV 1906–12; Ablösung vor, R. 1911.

Albertinus, Ägidius, um 1560 Deventer/Holland – 9. 3. 1620 München; Jesuitenzögling, seit 1593 Hofkanzlist Herzog Wilhelms des Frommen von Bayern in München, 1596 Hofsekretär und seit 1604 nebenher Bibliothekar Herzog Maximilians I. von Bayern, seit 1618 Hof- und geistl. Ratssekretär, verheiratet mit der Schwester des Abts von Oberaltaich. – Vf. zahlreicher geistl. Moral- u. Erbauungsschriften, meist Bearbeitungen nach span., franz. u. ital. Vorlagen bes. des Antonio de Guevara, den er in Dtl. einführte. Durch s. Bearbeitung des ›Guzmán de Alfarache‹ von Mateo Alemán Begründer des dt. Abenteuer- und Schelmenromans und Vorläufer Grimmelshausens.

W: Deß jrrenden Ritters Reise, Übs. des Jean de Cartheny 1594; De Convivijs et Compotationibus, 1598 (n. 1983); Verachtung des Hoflebens, Übs. 1598 (n. 1987); Die güldenen Sendbriefe, III 1598–1600; Von der Beschwerligkeit, 1599; Der Fürsten und Potentaten Sterbkunst, 1599; Der geistliche Wettlauffer, 1599; Der geistliche Spiegel, 1599;

Triumpf über die Welt, 1600; Institutiones vitae alicae oder Hofschul, 1600 (n. 1978); Berg Calvariae, 1600; Fons vitae et Consolationis, 1600; Der Kriegsleut Weckuhr, 1601; Haußpolicey, 1602; Der Zeitkürtzer, 1603; Büchlein von dem dreyfachen Stand der H. Mariae Magdalenae, 1604; Geistliche Vermählung, 1605; Weiblicher Lustgarten, 1605; Der Geistliche Seraphin, 1608; Der Teutschen Recreation oder Lusthauß, 1612; Himmlisch Frawenzimmer, 1611; Der Welt Tummel- und Schaw-Platz 1612; Triumph Christi, 1613; Der Welt Thurnierplatz 1614; Cortegiano, 1614; Der Landstörtzer Gusman von Alfarache oder Picaro genannt, 1615 (n. 1975); Lucifers Königreich und Seelengejaidt: Oder Narrenhatz, 1616 (n. DNL 26, 1884); Unser lieben Frawen Triumph, 1617; Christi unsers Herrn Königreich und Seelengejaidt, 1618 (n. 1983); Newes zuvor unerhörtes Closter- und Hofleben, 1618; Hirnschleiffer, 1618 (n. 1977); Fürstlicher Lustgarten und Weckuhr, 1619; Himmlische Cammerherrn, 1645.
L: G. van Gemert, D. Wke d. A. A., Amsterd. 1979.

Alberus, Erasmus, um 1500 Bruchenbrücken/Wetterau – 5. 5. 1553 Neubrandenburg. Schule in Nidda, Staden und Mainz, 1518 Stud. Theol. Wittenberg, Freundschaft mit Luther und Melanchthon, 1524 Lehrer in Eisenach, 1525 in Oberursel, 1527 in Heldenbergen; 1528 von Landgraf Philipp von Hessen zum Prediger in Sprendlingen ernannt, wo er die Reformation einführt, 1539/40 Hofprediger in Berlin, 1541 Oberpfarrer in Brandenburg, 1542 in Staden, 1544 in Babenhausen, 1548–51 in Magdeburg und nach mehreren Verfolgungen 1552 Generalsuperintendent in Neubrandenburg. – Feuriger Anhänger Luthers, schon als Student Vf. zahlr. polem. Streitschriften und Spottgedichte gegen Emser, z. T. in Kirchenliedform, ferner von 16 Kirchenliedern (n. 1857) und e. mehrfach überarbeiteten Sammlung breit ausmalender, humorvoll belebter gereimter Fabeln, z. T. ebenfalls mit satir. Bezug gegen die päpstl. Kirche (Reliquienkult, Heiligenverehrung,

Ablaß) nach der lat. Fabelsammlung des Martin Dorp (1513).
W: Etliche Fabel Esopi, 1534; Eyn gut buch von der Ehe, 1536; Novum dictionarii genus, Wb. 1540 (n. 1975); Der Barfuser Münche Eulenspiegel und Alcoran, 1542; Ein Dialogus ... vom Interim, 1546; Das buch von der Tugent und Weißheit nemlich 49 Fabeln, 1550 (n. W. Braune, 1892, NdL 104/07); Vom Wintervogel Halcyon, 1552; Jesus-Büchlein, 1559. – Ausw. H. Bode 1978.
L: F. Schnorr von Carolsfeld, 1893; E. Körner, 1910.

Albinus, Johann, Georg, 6. 3. 1624 Unternessa b. Weißenfels – 25. 5. 1679 Naumburg; 1645–53 Stud. Theol. Leipzig, 1652 Rektor der Domschule Naumburg, 1657 Prediger zu St. Othmar ebda. Als ›Der Blühende‹ Mitgl. der ›Deutschgesinnten‹ Genossenschaft‹. – Vf. spätbarocker Schäfer- und Kirchenlieder (›Alle Menschen müssen sterben‹, ›Welt, ade, ich bin Dein müde‹) im Anschluß an ausländ. Vorbilder.
W: Trauriger Cypressen Krantz, 1650; Salomonis Engeddisches Gartenlied, 1652; Jüngstes Gerichte, Qual der Verdammten, Freude des ewigen Lebens, G. 1653; Eumelio, Dr. 1657; Geistliche und weltliche Gedichte, 1659; Himmelflammende Seelen Lust, Übs. (v. Hugons ›Pia desideria‹) 1675.

Albrecht, Dichter des ›Jüngeren Titurel‹ → Albrecht von Scharfenberg

Albrecht von Eyb, 24. 8. 1420 Schloß Sommersdorf b. Ansbach – 24. 7. 1475 Eichstätt. Stud. 1436 Erfurt, 1444–59 Rechte Bologna, Padua und Pavia, 1459 ebda. Doctor utriusque iuris, Archidiakon in Würzburg, Kammerherr Papst Pius’ II. und Domherr in Bamberg und Eichstätt. – Frühhumanist. Dichter und Übs. von renaissancehafter Weltfreude, gewandter Stilkunst und großer Gelehrsamkeit; Nähe zu Enea Silvio.

W: Margarita poetica, Slg. rhetor. Zitate röm. Autoren, 1459 (Druck 1472); Ehebüchlein: Ob einem manne sey zu nemen ein eelichs weyb oder nicht (mit Übs. von Boccaccios ›Guiscardo und Ghismonda‹ u. der ›Marina‹-Nov. der ›Gesta Romanorum‹) 1472 (Faks. 1966, n. 1982); Spiegel der Sitten (mit Übs. von Plautus' ›Menaechmi‹ und ›Bacchides‹ und U. Pisanis ›Philogenia‹) 1511. – Dt. Schriften, hg. M. Hermann, II 1890.
L: M. Herrmann, 1893; J. A. Hiller, Washington 1939.

Albrecht von Halberstadt, um 1180 – nach 1251, 1217 und 1231 als Magister im Kloster Jechaburg b. Sondershausen erwähnt, übersetzte um 1210–17 im Auftrag Hermanns von Thüringen mit wenig Erfolg nach dem lat. Text Ovids ›Metamorphosen‹ in thüring. Dialekt in dt. Reimverse; nur in Bruchstücken und in Jörg Wickrams Überarbeitung von 1545 erhalten.
A: K. Bartsch 1861, n. 1965.
L: K. Ludwig, Unters. z. Chronologie A.s, 1915; G. Heinzmann, Diss. Mchn. 1969.

Albrecht von Johan(n)sdorf, ostbayr. Minnesänger, 1185–1209 urkundl. als Ministeriale der Bischöfe von Passau nachgewiesen und vermutl. Fahrtgenosse Hartmanns von Aue beim Kreuzzug von 1197. Erster Vertreter des vollhöf. Minnesangs im östl. Oberdeutschland, Vf. eth.-frommer Minne- und Kreuzzugslieder.
A: MF; Minnelieder, hg. D. Sudermann 1976.
L: R. Bergmann, Diss. Freib. 1963; H. Bekker, Leiden 1978.

Albrecht (Alberich) von Kemenaten, um 1230–40, Schwabe, mhd. Epiker, Vf. des nur in e. Bruchstück von 10 Strophen erhaltenen Gedichts ›Goldemar‹ aus dem Kreis der Dietrichepen (Dietrich befreit e. Jungfrau aus der Gefangenschaft beim Zwergenkönig Goldemar und nimmt sie zur Gattin).
A: J. Zupitza, Dt. Heldenbuch V, 1870.

Albrecht von Scharfenberg, mhd. Epiker unbekannter Herkunft um 1280, Vf. der Versepen ›Merlin‹ nach dem franz. Gralsroman von Robert de Boron und ›Seifrid de Ardemont‹, die nur in der Umarbeitung in Ulrich Füetrers ›Buch der Abenteuer‹ von 1490 erhalten sind. Wird neuerdings nach Zeugnis Ulrich Füetrers wieder identifiziert mit dem Dichter des ›Jüngeren Titurel‹, 1270–78, e. Vorgeschichte und Fortsetzung zu Wolframs ›Parzival‹ (Geschichte des Gralsgeschlechts und Schionatulanders) in 6207 erweiterten Titurelstrophen unter Verwertung von Wolframs ›Titurel‹-Fragment, die wegen der gesuchten Dunkelheit des Stils das ganze MA. hindurch als Werk Wolframs galt.
A: Merlin u. Seifrid de Ardemont, hg. F. Panzer, BLV 1902; Jüngerer Titurel, hg. K. Hahn, 1842; W. Wolf, 1955 ff.
L: C. Müller, Stud. z. ›J. T.‹, Diss. Tüb. 1958; W. Röll, Stud. z. Text u. Überlieferg. d. sog. ›J. T.‹, 1964; H. Brode, Unters. z. Sprach- u. Werkstil d. ›J. T.‹, Diss. Freib. 1966; K. Nyholm, A. v. S. Merlin, Åbo 1967; G. Trendelenburg, 1973; A. G. Thornton, Weltgesch. u. Heilsgesch. i. A.s ›J. T.‹, 1977; D. Huschenbett, A.s ›J. T.‹, 1979; W. Schröder, Wolfram-Nachfolge i. ›J. T.‹, 1982.

Alexander, Der wilde, oder Meister A., fahrender Spruchdichter und Minnesänger aus Schwaben in der 2. Hälfte des 13. Jh.
A: C. v. Kraus, Dt. Liederdichter d. 13. Jh., 1952.
L: R. Haller, 1935; J. Biehl, Diss. Hbg. 1970.

Alexander, Straßburger, metr. geglättete, auf das 5fache erweiterte und ins Höf. übertragene Bearbeitung des ›Alexanderliedes‹ vom Pfaffen Lamprecht durch e. ungenannten rheinfränk. Geistl. um 1160/70 mit Fortsetzung der Schicksale Alexanders beim Orientzug (Wunder Indiens) und dem Zug nach dem Paradies bis zu s. Ende.

A: K. Kinzel 1884.

Alexis, Willibald (eig. Georg Wilhelm Heinrich Häring), 29. 6. 1798 Breslau – 16. 12. 1871 Arnstadt; Sohn e. Kanzleidirektors, zog nach frühem Tod des Vaters (1802) mit der Mutter 1806 nach Berlin, nahm als Primaner des Friedrichswerder Gymnasiums 1815 am Frankreichfeldzug teil, dann Stud. Rechte Berlin und Breslau seit 1817, 1820–24 Referendar im Kriminalsenat des Kammergerichts Berlin, dann freier Schriftsteller; seit 1827 mit F. Förster Redakteur des ›Berliner Konversationsblattes‹ und 1830–35 des damit vereinigten ›Freimütigen‹, seit 1842 mit J. E. Hitzig Hrsg. des ›Neuen Pitaval‹ (XXX 1842–62), e. Slg. von Kriminalfällen. Zeitweise Aufgabe der Schriftstellerei als Spekulant, Grundstücksmakler, Gründer von Lesekabinetten und Buchhandlungen; 1847/48 Reise nach Italien, 1849 für wenige Monate Redakteur der ›Vossischen Zeitung‹, 1852 vorübergehend, 1856 nach schwerem Gehirnschlag gänzlich nach Arnstadt übergesiedelt, Lebensabend in Gedächtnisschwund, Blindheit und Geisteszerrüttung. – Nach anfänglicher Nachahmung W. Scotts, als dessen Werke A.s erste Romane erschienen, Begründer des großen hist. Romans nicht um Einzelpersönlichkeiten und große Ereignisse, sondern aus dem Leben e. Geschlechts mit kulturhist. Detail. Romane über die märk. Heimat und brandenburg.-preuß. Geschichte von starker Anschaulichkeit, ep. Breite, getragen von vaterländ. Begeisterung, feinem Humor und bürgerl. Liberalis-

mus; in Dialoggestaltung und Gesellschaftsschilderung Vorläufer Fontanes. Übs. a. d. Engl. (W. Scott u. a.).

W: Die Treibjagd, Ep. 1820; Die Schlacht bei Torgau u. Der Schatz der Tempelherren, Nn. 1823; Walladmor, R. III 1824; Die Geächteten, N. 1825; Schloß Avalon, R. III 1827; Die Sonette, Lsp. 1827; Herbstreise durch Scandinavien, II 1828; Wanderungen im Süden, 1828; Ännchen von Tharau, Dr. 1829; Gesammelte Novellen, IV 1830f.; Cabanis, R. VI 1832; Wiener Bilder, 1833; Schattenrisse aus Süddeutschland, 1834; Das Haus Düsterweg, R. II 1835; Balladen, 1836; Neue Novellen, II 1836; Zwölf Nächte, R. III 1838; Der Roland von Berlin, R. III 1840; Der verwunschene Schneidergesell, Schw. 1841; Der falsche Woldemar, R. III 1842; Der Prinz von Pisa, Lsp. 1843; Urban Grandier, R. II 1843; Warren Hastings, 1844; Die Hosen des Herrn von Bredow, R. II 1846; Excellenz, Lsp. 1848; Der Wärwolf, R. III 1848; Der Salzdirektor, Lsp. 1851; Der Zauberer Virgilius, M. 1851; Ruhe ist die erste Bürgerpflicht, R. V 1852 (n. 1969); Isegrimm, R. III 1854; Oberpräsident Vincke, 1855; Friedrich Perthes, 1855; Joachim Nettelbeck, 1855; Dorothea, R. III 1856; Ja in Neapel, N. 1860. – GW, XVIII 1861–66, XX ²1874; Erinnerungen, ²1905.

L: H. A. Korff, Scott u. A., Diss. Hdlbg. 1907; P. K. Richter, W. A. als Lit.- u. Theaterkritiker 1931; L. H. C. Thomas, Oxf. 1964; W. Gast, Diss. Hdlbg. 1972.

Allmers, Hermann, 11. 2. 1821 Rechtenfleth b. Bremen – 9. 3. 1902 ebda.; aus altem Friesengeschlecht, Landwirt und Gemeindevorsteher s. Heimatdorfes, daneben wiss. und künstler. Studien u. häufige Reisen nach Süddtl. (München), Berlin und Italien (1858/59); Freund von Haeckel, Riehl, Geibel, Heyse, Vischer; Förderer der Heimatpflege, lebte auf s. zum Künstlerheim erweiterten Marschenhof in Rechtenfleth. – Heimat- und Marschendichter, Mitbegründer der Heimatkunst, Vf. lyr. Stimmungsbilder, Balladen und Studentenlieder (›Dort Saaleck, hier die Rudelsburg‹, ›Feldeinsamkeit‹, ›Friesenlied‹), Reisebücher und Landschaftsschilderungen, weniger erfolgreich als Epiker und epigonaler Dramatiker.

W: Reisebriefe, 1856; Marschenbuch, 1858; Dichtungen, 1860; Unserer Kirche, Schr. 1865; Römische Schlendertage, En. 1869; Die altchristliche Basilika, 1870; Prolog, Dr. 1871; Elektra, Dr. 1872; Die Pflege des Volksgesangs, Schr. 1878; Hauptmann Böse, E. 1882; Fromm und Frei, G. 1889; Herz und Politik, Dr. 1895; Aus längst und jüngst vergangener Zeit, Drr. u. En. 1896. – SW, VI 1891–96; Werke, hg. K. Schulz 1965; Briefe, hg. K. Schulz 1939 u. 1968; Briefw. m. Haekkel, 1941; Briefw. m. D. Detlefsen, hg. R. Koop 1959.
L: Th. Siebs, 1915; B. U. Hucker, 1981 (m. Bibl.).

Aloni, Jenny, geb. Rosenbaum, *7. 9. 1917 Paderborn, Kaufmannstochter, Gymnas. ebda. und 1936 Berlin, 1939 Abitur und Auswanderung nach Palästina, Stud. Jerusalem, 1942–46 in der brit. Armee, 1948–50 Jugendfürsorgerin in Palästina, seither verheiratet in e. israel. Dorf. – Lyrikerin und Erzählerin verhaltener, teils autobiograph. Problemromane um jüdisches Schicksal in Nazizeit, Krieg und die neue Heimat Israel.
W: Gedichte, 1956; Zypressen zerbrechen nicht, R. 1961; Jenseits der Wüste, E. 1963; Der blühende Busch, R. 1964; Die silbernen Vögel, En. 1968; Der Wartesaal, R. 1969.

Alpharts Tod, um 1250 entstandenes und fragmentar. erhaltenes anonymes mhd. Heldengedicht e. nordbayr. Vf. in Nibelungenstrophen aus dem Bereich der Dietrichsage. Berichtet vom heldenhaften Kampf Alpharts, dem Neffen Hildebrands und Kampfgenossen Dietrichs von Bern, gegen Ermanarichs Recken Witege und Heime, in dessen Verlauf Alphart fällt.
A: E. Martin, Dt. Heldenbuch II, 1866; U. Zimmer, 1972.
L: H. Vogelsang, Stud. z. Entwicklungsgesch. v. A. T., 1949; U. Zimmer, Diss. Marb. 1972.

Alscher, Otto, 8. 1. 1880 Perlasz a. d. Theiß – 1. 1. 1945 Têrgu/Jiu; Unteroffizierssohn, 1898 Photographenlehre Wien, 1902 Journalist ebda. und Budapest, seit 1905 Landwirt und Schriftsteller in Orsova. – Erzähler aus dem naturnahen Banater Zigeuner- und Hirtenleben und Tierschilderer aus der Karpatenwelt.
W: Ich bin ein Flüchtling, R. 1909; Mühselige und Beladene, Nn. 1910; Gogan und das Tier, R. 1912; Zigeuner, Nn. 1914; Wie wir leben und lebten, En. 1915; Die Kluft, En. 1917; Tier und Mensch, En. 1928.

Altenberg, Peter (eig. Richard Engländer), 9. 3. 1859 Wien – 8. 1. 1919 ebda. Stud. Jura u. Medizin ebda., Buchhändler, freier Schriftsteller, Kaffeehausliterat und Bohemien auf dem Semmering. – E. Hauptvertreter des Wiener Impressionismus, Meister der sprachl. und gedankl. gedrängten, aphorist. Prosaskizze mit Augenblickseindrücken aus dem Alltagsleben, der Stimmungsbilder aus der überfeinerten Nervosität der mod. Großstadt und kulturkrit. Aphoristik, anfangs genußfroh, später skept. und iron., z. T. manieriert.
W: Wie ich es sehe, 1896; Ashantee, 1897; Was der Tag mir zuträgt, 1901; Prodromos, 1906; Märchen des Lebens, 1908; Die Auswahl aus meinen Büchern, 1908; Bilderbögen des kleinen Lebens, 1909; Neues Altes, 1911; Semmering 1912; 1913; Fechsung, 1915; Nachfechsung, 1916; Vita ipsa, 1918; Mein Lebensabend, 1919; Nachlaß, 1925; Nachlese, 1930. Ausw. G. Martin 1960; W. Kraus, 1961; E. Randak, 1961; K. Kraus, ²1963; W. J. Schweiger, 1977; AW, II 1980; Briefe, hg. F. Glück 1947.
L: E. Friedell, Ecce poeta, 1912; K. Kraus, 1919; E. Friedell, Das P. A.-Buch, 1922; E. Prohaska, Diss. Wien 1949; H. Malmberg, Widerhall des Herzens, 1961; P. Wagner, Diss. Münster 1965; G. v. Wysocki, 1979; C. Schaefer, ²1980; H. C. Kosler, 1981; M. Gelsi, Rom 1982; I. Köwer, 1987.

Altendorf, Wolfgang, *23. 3. 1921 Mainz, Anwaltssohn, als Soldat in Rußland mehrfach verwundet; versch. Berufe, Journalist und Laienspielverleger, seit 1950 freier Schriftsteller in Kyllburg/Eifel, später Pfalzgrafenweiler/Schwarzw., jetzt Wittlensweiler b. Freudenstadt. – Lyriker, humorist. Erzähler und experimenteller Dramatiker von zeitnahem Gehalt und realist. Hintergründigkeit. Zahlr. Hörspiele.

W: Der arme Mensch, Dr. (1952); Die Mücke und der Elefant, Dr. (1953); Die Feuer verlöschen, Dr. (1953); Schlagwetter, Dr. (1955); Fahrerflucht, E. 1955; Der Drache des Herrn Spiering, E. 1955; Landhausberichte, G. 1955; Jean Merlin und sein Mädchen, E. 1955 (u. d. T. Hiob im Weinberg, 1962); Thomas Adamsohn, Dr. (1956); Das Dunkel, Dr. (1956); Leichtbau, G. 1956; Landhausnovelle, E. 1957 (u. d. T. Haus am Hang, 1966); Odyssee zu zweit, R. 1957; Schleuse, Dr. (1958); Der Transport, R. 1959; Das dunkle Wasser, En. 1959; Die geheime Jagdgesellschaft, R. 1961; Schallgrenze, E. 1961; Katzenholz, E. 1963; Gedichte zum Vorlesen, 1964; Hauptquartier, Ber. 1964; Deutsche Vision, Feature 1964; Reden ist Gold, H. (1964); Morgenrot der Partisanen, R. 1967; Ein Topf ohne Boden, R. 1967; Spiel und Feuer, Dr. (1967); Gesicht am Fenster, H. (1967); Gewitterwochen, H. (1967); Prosa. Lyrik. Hörspiel. Drama. Grafik I, Slg. 1971; Vom Koch, der sich selbst zubereitete, En. 1973; Engel an meiner Seite, R. 1973; Weinstraße, G. 1979; Poesie, G. 1980.

Althaus, Peter Paul, 28. 7. 1892 Münster/Westf. bis 16. 9. 1965 München; Apothekerssohn, Weltkriegsteilnehmer, 1918 Stud. phil., Zeitschriftenhrsg., Schauspieler, Regisseur, seit 1921 in München, Mitarbeiter am ›Simplizissimus‹, seit 1927 am Rundfunk, 1939–41 Chefdramaturg am Deutschlandsender. – Schwabinger Kabarettist, Lyriker von verspielter Grazie, hintersinnigem Humor und skurrilen Zügen; Übs. und Hörspiele.

W: Das vierte Reich, G. 1929; Liebe, Musik und Tod des J. S. Bach, Dicht. 1933; Der Zauber der Stimme, K. 1935; Schaut her, ich bin's, Dicht. 1936; In der Traumstadt, G. 1951; Dr. Enzian, G. 1952; Flower Tales, G. 1953; Wir sanften Irren, G. 1956; Der richtige Benimm, 1959; Seelenwandertouren, G.

1961; PPA läßt nochmals grüßen, G. 1966; Unveröffentlichtes, 1968; Traumstadt und Umgebung, sämtl. G. 1975.

Altswert, Meister, Ps. für e. sonst unbekannten bürgerl. Elsässer, der um 1380 4 didakt. Minneallegorien im Zeitstil mit viel Gelehrsamkeit und Klagen um den Sittenverfall schrieb: ›Das alte Schwert‹ (Widmungsged.?), ›Der Kittel‹, ›Der Tugenden Schatz‹ und ›Der Spiegel‹.

A: W. Holland, A. Keller 1850.
L: K. Meyer, Diss. Gött. 1889.

Alverdes, Paul, 6. 5. 1897 Straßburg – 28. 2. 1979 München. Offizierssohn, Schulzeit in Düsseldorf, Jugendbewegung, mit 17 Jahren Kriegsfreiwilliger, 1915 schwere Kehlkopfverletzung an der Westfront, 1 Jahr Lazarett, Stud. Jura Jena, Germanistik und Kunstgesch. München (Dr. phil. 1921); seit 1922 freier Schriftsteller in München, 1934–43 Hrsg. der Zs. ›Das innere Reich‹ (mit K. B. v. Mechow). – Lyriker und Erzähler von gepflegter Sprache; bestimmt durch Jugendbewegung und Fronterlebnis; fand aus der Untergangsstimmung der Nachkriegszeit im Anschluß an die Leitbilder Claudius, Hölderlin, Kleist zur schicksalhaften Deutung des Erlebten und zu eigenen Tönen herv-verhaltener Leidenschaft, zarter Schilderung seel. Vorgänge und schlichter Wirklichkeitsdarstellung, die auch im Unscheinbar-Zufälligen das Bedeutende erkennt. Dichter e. stillen Seelenreiches; auch Kindermärchen.

W: Der mystische Eros in der geistlichen Lyrik des Pietismus. Diss. 1922; Kilian, E. 1922; Die Nördlichen G. 1922; Die ewige Weihnacht, Krippensp. (m. A. Happ) 1922; Novellen, 1923 (erw. u. d. T. Die Flucht, 1935); Die feindlichen Brüder, Tr. 1923; Die Flucht. Erlösung, En. 1924; Über R. G. Binding, Es. 1925; Deutsches Anekdotenbuch

(m. 80 eig. Nacherzz., hg. m. H. Rinn) 1927; Die Pfeiferstube, N. 1929; Reinhold oder die Verwandelten, Nn. 1931 (einzeln: Der Kriegsfreiwillige Reinhold, E. 1933; Reinhold im Dienst, E. 1936; Die Verwandelten, En. 1938); Kleine Reise, Tg. 1933; Die Freiwilligen, H. 1934; Das Winterlager, H. 1935; Vergeblicher Fischzug, Aut. u. En. 1937 (u. d. T. Die Geleitsbriefe, 1951); Das Zwiegesicht, E. 1937; Das Männlein Mittenzwei, M. 1937; Das Schlaftürlein, M. 1938; Gespräch über Goethes Harzreise im Winter, 1938; Dank und Dienst, Rd. u. Aufs. 1939; Dem Andenken Mozarts, Rd. 1941 (u. d. T. Mozart, 1949); Jette im Wald, E. 1942; Eine Infanterie-Division bricht durch, E. 1943; Siebensohn, M. 1948; Amundsens Fahrt an den Südpol, Ber. 1949; Stiefelmanns Kinder, M. 1949; Grimbarts Haus, E. 1949; Die Grotte der Egeria, Tg. 1950; Das Zirflein, M. 1951; Von Unzerstörbaren, Es. 1952; Legende vom Christ-Esel, E. 1953; Die Hirtin auf dem Felde, E. 1954; Timpu, E. 1955; Das Traum-Pferdchen, M. 1957; Vom dicken, fetten Pfannkuchen, M. 1960; Rabe, Fuchs und Löwe, Fabeln 1962; List gegen List, En. 1963 (Ausw. u. d. T. Ein Wort gibt das andere, 1968); Dezember – Der Christmonat, En. 1964; Vom Schlaraffenland, M. 1965.

Alxinger, Johann Baptist Edler von, 24. 1. 1755 Wien – 1. 5. 1797 ebda., Juristensohn, Ausbildung durch Jesuiten, Stud. Philosophie und Jura Wien bis 1780 (Dr. phil.), kaiserl. Hofagent, 1784 als Freimaurer Reise nach Leipzig, Berlin und Weimar (Besuch bei Wieland), 1794 geadelt, 1794 Sekretär des Wiener Hoftheaters, Hrsg. der ›Österreichischen Monatsschrift‹ (1793/94) und des ›Wiener Musenalmanachs‹ (mit Blumauer), Verkehr mit Denis, briefl. mit Wieland, Uz, Geßner, Ramler, Gleim u. a. – Lyriker im Stil der josefin. Aufklärung, bekannt durch s. ma. Rittergedichte in Stanzen als Nachahmung von Wielands ›Oberon‹, ohne dessen Anmut und Ironie, Spiegel für den Sittenverfall der Zeit.

W: Gedichte, 1780; Sämmtl. poet. Schriften, 1784; Eduard der Dritte, Tr. 1784 (nach Gresset); Doolin von Maynz, Ep. 1787; Sämmtl. Gedichte, II 1788; Bliomberis, Ep. 1791; Numa Pompilius, R. (nach J. P. Florian übs.) 1792; Neueste Gedichte, 1794. – SW, X 1812;

Briefe, hg. G. Wilhelm 1899; Ausw. H. Pröhle, 1888 (DNL).
L: K. Bulling, Diss. Lpz. 1914; E. F. Ritter, 1970.

Amann, Jürg * 2. 7. 1947 Winterthur. Stud. Germanistik Zürich und Berlin, Dr. phil.; 1974–76 Dramaturg in Zürich. – Schweizer Erzähler und Dramatiker vorwiegend mit Montagen um Schriftsteller und lit. Figuren.

W: Das Symbol Kafka, Es. 1974; Das Ende von Venedig, Dr. (1976); Hardenberg, E. 1978; Verirren oder das plötzliche Schweigen des Robert Walser, R. 1978; Die Kunst des wirkungsvollen Abgangs, En. 1979; Die Korrektur, Dr. (1980); Die Baumschule, Nn. 1982; Die deutsche Nacht, Dr. (1982); Nachgerufen, En. 1983; Büchners Lenz, Dr. (1984); Patagonien, Prosa 1985; Robert Walser, Ess. 1985.

Amanshauser, Gerhard, * 2. 1. 1928 Salzburg. Stud. Germanistik Wien und Marburg, Lehrer in Wien, seit 1953 Salzburg. – Formkonservativer Lyriker und Erzähler e. distanzierten Abgründigkeit um menschl. Entfremdung und falsche Selbstsicherheit.

W: Aus dem Leben der Quaden, Sat. 1968; Der Deserteur, En. 1970; Satz und Gegensatz, Ess. 1972; Ärgernisse eines Zauberers, Sat. 1973; Schloß mit späten Gästen, R. 1975; Grenzen, Prosa 1977; Aufzeichnungen einer Sonde, Parod. 1979; Gedichte, 1986.
L: C. Reichholf, 1986.

Ambesser (eig. Oesterreich), Axel von, * 22. 6. 1910 Hamburg, Kaufmannssohn; Gymnas., seit 1930 Schauspieler und Regisseur in Hamburg, München, Berlin, Wien, seit 1945 München. – Funk-, Bühnen- und Filmautor seit 1935; Vf. erfolgreicher leichter Lustspiele.

W: Die Globus AG zeigt: Ein Künstlerleben, K. (1940); Der Hut, K. (1940); Wie führe ich eine Ehe, K. (1940); Lebensmut zu hohen Preisen, K. (1943); Das Abgründige in Herrn Gerstenberg, K. (1946); Der Fall der Witwe von Ephesus, K. (1949); Frauen ohne Männer, R. (1951); Mirakel im Müll, K. (1960);

Der Reisebegleiter, K. (1967); Max Mahnke
als Mensch, K. (1971); Nimm einen Namen
mit A, Aut. 1985.

Amery, Carl (eig. Christian
Mayer), ★9. 4. 1922 München;
Jugend ebda., Freising und Passau, 1940 Abitur, 1941 Kriegsdienst, 1943–46 amerikan. Gefangenschaft, seit 1950 freier Schriftsteller in München, 1967–70 Direktor der städt. Büchereien ebda.,
Mitglied der ›Gruppe 47‹, 1976
Vorsitzender des Verbandes dt.
Schriftsteller. – Erzähler von
Kurzgeschichten und satir. Zeitromanen, Hörspielautor und
linkskathol. Essayist.

W: Der Wettbewerb, R. 1954; Die große
deutsche Tour, R. 1958; Die Kapitulation
oder Deutscher Katholizismus heute, Schr.
1963; Ich stehe zur Verfügung, H. (1966, Dr.
1967); Fragen an Kirche und Welt, Ess. 1967;
Das Ende der Vorsehung, Schr. 1973; Das
Königsprojekt, R. 1974; Der Untergang der
Stadt Passau, R. 1975; Natur als Politik, Ess.
1976; An den Feuern der Leyermark, R. 1979;
Die starke Position, Sat. 1985; Die Wallfah-
rer, R. 1986.

Amis, Pfaffe → Stricker, Der

Ammenhausen, Konrad von →
Konrad von Ammenhausen

Anders, Günther (eig. Günther
Stern), ★12. 7. 1902 Breslau; Professorensohn, Stud. Philos., Psychol. und Kunstgesch. Hamburg,
Freiburg/Br. und Berlin, 1925
Dr. phil., 1926 Kulturkorrespon-
dent der ›Vossischen Zeitung‹ in
Paris, 1933 Emigration nach Paris, 1936 New York und Los Angeles (Holzarbeiter bis Univ.-Do-
zent), seit 1950 in Wien. Reisen in
Osteuropa, Japan, Mexiko. – Erzähler, Lyriker, Fabeldichter, kulturphilos. und zeitkrit. Essayist
des Industrie- und Atomzeital-
ters.

W: Über das Haben, Schr. 1928; Der Hunger-
marsch, N. 1936; Pathologie de la liberté, Es.

1936; Kafka – pro und contra, Es. 1951; Die
Antiquiertheit des Menschen, Ess. 1956; Der
Mann auf der Brücke, Tg. 1959; Off limits für
das Gewissen, Briefw. (m. C. R. Eatherly)
1961; G. Grosz, Es. 1961; B. Brecht, Gespr.
1962; Wir Eichmannsöhne, Br. 1964; Philo-
sophische Stenogramme, Aphor. 1965; Die
Toten, Rd. 1966; Die Schrift an der Wand,
Tg. 1967; Der Blick vom Turm, Fabeln 1968;
Visit beautiful Vietnam, Schr. 1968; Der
Blick vom Mond, Es. 1970; Endzeit und Zei-
tenende, Es. 1972; Kosmologische Humoresken, En. 1978 (n. d. T. Erzählungen. Fröhliche Philosophie, 1983); Besuch im Hades,
Ess. 1979; Hiroshima ist überall, Ausw. 1982;
Ketzereien, Aufz. 1982; Mensch ohne Welt,
Ess. 1984; G. A.–Lesebuch, hg. B. Lassahn
1984; Tagebücher und Gedichte, 1985; Lieben
gestern, Es. 1986; G. A. antwortet, Interviews hg. E. Schubert 1987; Gewalt, ja oder
nein, Schr. 1987.

Andersch, Alfred, 4. 2. 1914
München – 21. 2. 1980 Berzona/
Schweiz, Offizierssohn; Gymnas.
und Buchhändlerlehre ebda.; 1933
als kommunist. Jugendleiter ½
Jahr KZ Dachau, Lösung von der
KPD, dann Industrieangestellter,
Wehrdienst bis zur Desertion Juni
1944 in Italien, Kriegsgefangenschaft in den USA; nach der
Rückkehr Zeitschriftenredakteur
(›Der Ruf‹ 1946–48, ›studio frankfurt‹ 1952–54, ›Texte und Zeichen‹ 1955–57), Rundfunkarbeit
in Frankfurt und Stuttgart, Mitglied der ›Gruppe 47‹. Wohnte seit
1958 in Berzona b. Locarno. –
Intellektueller, neoverist. Erzähler der 2. Nachkriegsgeneration
mit klarer Prosa von schlichter
Unaufdringlichkeit als Ausdruck
der mod. Wirklichkeit, z. T. zeitkrit. Stellungnahme; Thema: die
Freiheitssehnsucht des Menschen.
Zahlr. Hörspiele und Reisebilder.

W: Deutsche Literatur in der Entscheidung,
Es. 1948; Die Kirschen der Freiheit, Aut.
1952; Piazza San Gaetano, E. 1957; Sansibar
oder der letzte Grund, R. 1957; Fahrerflucht,
H. 1958; Geister und Leute, En. 1958; Der
Tod des James Dean, H. 1960; Der Albino,
H. (1960); Von Ratten und Evangelisten, H.
(1960); In der Nacht der Giraffe, H. (1960);
Die Rote, R. 1960; Biologie und Tennis, Sp.
(1961); Russisches Roulette, H. (1961); Wan-

derungen im Norden, Reiseb. 1962; Ein Liebhaber des Halbschattens, En. 1963; Fahrerflucht, 4 H.e 1965; Die Blindheit des Kunstwerks. Ess. 1965; Aus einem römischen Winter, Reiseb. 1966; Efraim, R. 1967; Hohe Breitengrade, Reiseb. 1969; Tochter, E. 1970; Ges. En., 1971; Mein Verschwinden in Providence, En. 1971; Norden Süden rechts und links, Prosa 1972; Hörspiele, 1973; Winterspelt, R. 1974; Öffentlicher Brief an einen sowjetischen Schriftsteller, 1977; Einige Zeichnungen, Es. 1977; Empört euch der Himmel ist blau, G. 1977; Der Vater eines Mörders, E. 1980; Flucht in Etrurien, En. 1981; Einmal wirklich leben, Tg. 1986; Erinnerte Gestalten, Frühe En. 1986. – Studienausg., XI 1979; Sämtl. En., 1983; Briefw. m. A. Schmidt, hg. B. Rauschenbach 1985.
L: W. Weber, 1968 (m. Bibl.); L. Z. Wittmann, 1971; A. Bühlmann, i. d. Faszination d. Freiheit, 1973; Über A., A., hg. G. Haffmans 1974 (m. Bibl.), erw. 1980; E. Schütz, 1980; V. Wehdeking, 1983; ders., Interpretationen zu A. A., 1984; I. Heidelberger-Leonard, 1986; U. Reinhold, 1987.

Andreae, Illa (eig. Aloysia Elisabeth A., geb. Lackmann), ∗ 8. 2. 1902 Wolbeck/Westf., Arzttochter aus alt-westfäl. Familie; Stud. Geschichte, Recht und Musik Münster und München, viele Auslandsreisen, 1928 ⚭ Prof. W. A. (Volkswirtschaft) in Graz. Lebt in Gießen. – Kathol. Erzählerin mit psycholog. u. kulturhist. Familien- u. Generationsromanen u. Novellen aus der westfäl. Heimat.
W: Der sterbende Kurfürst, En. 1942 (erw. Das versunkene Reich, 1952); Hellerinkloh, R. 1942 (u. d. T. Der griechische Traum, 1943); Die Väter, R. 1944; Elisabeth Telgenbrook, R. 1947; Das Geheimnis der Unruhe, R. 1947; Das Friedensmahl, E. 1948; Die Hamerincks, R. 1950 (u. d. T. Glück und Verhängnis der Hamerincks, 1959); Hille von Hamerinck, 1951; Das goldene Haus, N. 1951; Wo aber Gefahr ist, R. 1951; Mein ist die Rache, R. 1953; Unstet und flüchtig, R. 1954; Eva und Elisabeth, R. 1955; Nelly, M. 1958; Die Kunst der guten Lebensart, Schr. 1961; Der wunderliche Spielgefährte, M. 1969; Tüsken Angel un Deergaoren, R. 1979.

Andreae, Johann Valentin, 17. 8. 1586 Herrenberg/Württ. – 27. 6. 1654 Stuttgart, Pfarrerssohn. 1604–06 Stud. Philologie, Theologie, Mathematik, 1605 Magi-

ster, 1607–14 Reisen nach Frankreich, Schweiz, Österreich, Italien, danach Abkehr von seiner Verbindung mit den Rosenkreuzern, 1614 Diakonus in Vaihingen, 1620 Stadtpfarrer in Calw, 1639 Konsistorialrat und Hofprediger in Stuttgart, 1646 Mitglied der Fruchtbringenden Gesellschaft als ›der Mürbe‹; 1650 Generalsuperintendent von Bebenhausen und 1654 Abt von Adelberg. – Prediger und religiös-didakt. Dichter in der volkstüml. Tradition des 16. Jh. fern der verspotteten Kunstlyrik; Vorläufer des Pietismus in der Nachfolge J. Arndts, trat mit lat. und dt. Schriften, eingekleidet in Elemente aus Mystik und Okkultismus, Antike und Humanismus, gegenüber den dogmat. Streitigkeiten der Zeit und der Erstarrung des Protestantismus für die Erneuerung werktätigen Christentums ein, schuf in allegor. Idealromanen Musterbilder des christl. Gemeinwesens (›Reipublicae . . .‹, ›Christenburg‹) und des Pansophen und verspottete Torheiten und Laster der Zeit in lat. Dialogen und Parabeln. Wegen s. ›Chymischen Hochzeit‹ fälschl. als Begründer der Rosenkreuzer angesehen.
W: Esther, K. 1602; Hyazinth, K. 1603; Christlich Gemäl, G. 1612; Fama Fraternitatis, R. 1615 (n. 1973); Hercules Christianus, Schr. 1615; Chymische Hochzeit Christiani Rosenkreutz, R. 1616 (n. 1913, 1973); Turbo, K. 1616 (d. 1907); Menippus, Dial. 1617; Mythologia christiana, M. 1619; Reipublicae Christianopolitanae descriptio, R. 1619 (n. 1972 m. Übs.); Geistliche Kurtzweil, G. 1619; Adenlicher Zucht Ehrenspiegel, Schr. 1623; Christenburg, Ep. 1626 (n. Zs. f. hist. Theol. 1836); Threni Calvenses, G. 1635; Kirchengeschichte, II 1628–30; Theophilus, Dial. 1649 (d. 1878, lat./dt. 1973); Vita ab ipso conscripta, Aut. 1642 (n. 1849; d. 1799). – AW, hg. R. van Dülmen III 1973; Ausw., hg. G. Wehr 1980.
L: W. Hoßbach, 1819; J. P. Glöckler, 1886; R. Kienast, 1926; W. E. Peuckert, D. Rosenkreuzer, 1928; J. Keuler, Diss. Tüb. 1934; W. Raberger, Diss. Wien 1966; Schwäb. Lebens-

läufe Bd. V, 1970; R. van Dülmen, D. Utopie e. christl. Ges., 1978; R. Edighoffer, Rose-Croix et société idéale, Neuilly II 1982 ff.

Andreas-Salomé, Lou (Ps. Henry Lou), 12. 2. 1861 Petersburg – 5. 2. 1937 Göttingen. Tochter des dt. Generals hugenott. Abstammung in russ. Diensten v. Salomé, Jugend in Petersburg, Stud. Theologie Zürich, April–November 1882 Freundin Nietzsches, aus dessen Bann sie sich später löst, seit 1897 Vertraute Rilkes, mit ihm 1899 und 1900 zwei Reisen nach Rußland, ∞ 1887 den Göttinger Orientalisten F. C. Andreas; seit 1911 (Kongreß in Weimar) Beziehungen zu den Wiener Psychoanalytikern um Freud, 1912/13 Stud. bei ihm und Adler, später psychoanalyt. Praxis. – Intellektuelle Essayistin und feinsinnige Erzählerin; Darstellung psycholog. interessanter Naturen von krankhaft gesteigertem Gefühlsleben bes. in Übergangsstadien (Reifezeit, Traumwirklichkeit) und problemat. Kulturmenschen in seel. Einsamkeit; Romane aus der Weite russ. Lebens.

W: Im Kampf um Gott, R. 1885; H. Ibsens Frauengestalten, Es. 1892; F. Nietzsche in seinen Werken, B. 1894 (n. 1983); Ruth, E. 1895; Aus fremder Seele, E. 1896; Fenitschka. Eine Ausschweifung, En. 1898 (n. 1983); Menschenkinder, En. 1899; Ma, R. 1901; Im Zwischenland, En. 1902; Die Erotik, Es. 1910; Drei Briefe an einen Knaben, En. 1917; Das Haus, R. 1921; Der Teufel und seine Großmutter, Sp. 1922; Die Stunde ohne Gott, En. 1922; Rodinka, E. 1923; R. M. Rilke, Gedenkbuch 1928 (n. 1987); Mein Dank an Freud, Aut. 1931; Lebensrückblick, Aut. 1951; In der Schule bei Freud, Tg. 1958, Briefwechsel mit Rilke, 1952; Briefw. m. Freud, 1966; Drei Dichtungen, 1981; Eintragungen. Letzte Jahre, 1982.
L: I. Schmidt-Mackey, Paris 1956; H. J. Bab, Diss. Bln. 1955; H. F. Peters, 1964 (m. Bibl.); R. Binion, Princeton 1968; F. Nietzsche/P. Réel/L. v. S., hg. E. Pfeiffer 1971; L. Müller-Loreck, 1976; C. Koepcke, 1982; A. Livingstone, 1984; U. Welsch, M. Wiesner, hg. 1987.

Andres, Stefan, 26. 6. 1906 Breitwies b. Dhrönchen Kr. Trier – 29. 6. 1970 Rom; 9. Kind e. früh verstorbenen Müllers, zum Priester bestimmt; Klosterschule, Krankenpflegerkandidat in Klöstern, Stud. Theol., Kunstgeschichte, Philosophie und bes. Germanistik Köln, Jena, Berlin; Reisen nach Italien, Ägypten, Griechenland, zeitweilig in München; wohnte 1927–49 in Positano b. Salerno, dann in Unkel a. Rh., seit 1961 Rom. – Überaus fruchtbarer u. phantasiereicher realist. Erzähler von urwüchsigem Temperament, leidenschaftlicher Vitalität und kräftiger, anschaulicher und bildsicherer Sprache, z. T. mundartl.-volkstüml.; Meister der kleinen Form von künstlerischer Geschlossenheit und auch in den Romanen ausgesprochener Novellist mit kunstvoller, z. T. konstruierter Verknotung; farbenfroher Gestalter der ›Fruchtbarkeit und Schönheit, Freudenfülle und Todesbedrohtheit, Schuld und Entsühnbarkeit‹ des Menschenlebens, der Erfahrung des Dämonischen in Welt und Mensch, zumal im personzerstörenden Kollektivismus der Diktatur, und der Verwirklichung des Christl.-Humanen im Sinne kathol. Weltordnung trotz aller Gefährdungen. Thematisch bestimmt von der Begegnung des modernen Menschen mit den unverbrauchten Kräften der Natur in der moselländ. Heimat und dem Erlebnis des sinnenhaft-antikischen Südens; Lösung verworrener Verhältnisse zur Ordnung des Lebens. Lyriker von eigenem Klang in freirhythm. Odenformen mit barocken Anklängen und Dramatiker.

W: Bruder Lucifer, R. 1932; Die Löwenkanzel, G. 1933; Eberhard im Kontrapunkt, R.

1933; Die unsichtbare Mauer, R. 1934; Der ewige Strom, Oratorium, 1935; El Greco malt den Großinquisitor, N. 1936; Vom heiligen Pfäfflein Domenico, En. 1936; Utz, der Nachfahr, N. 1936; Moselländische Novellen, Nn. 1937 (u. d. T. Gäste im Paradies, 1949); Schwarze Strahlen, Dr. (1938); Der Mann von Asteri, R. 1939; Das Grab des Neides, Nn. 1940; Der gefrorene Dionysos, R. 1943 (u. d. T. Die Liebesschaukel, 1951); Wir sind Utopia, N. 1943 (als Dr. Gottes Utopia, 1950); Wirtshaus zur weiten Welt, Nn. 1943; Das goldene Gitter, Nn. 1943; Ein Herz we man's braucht, Dr. (1946); Die Söhne Platons, K. (1946, u. d. T. Touristen, 1955); Die Hochzeit der Feinde, R. 1947; Ritter der Gerechtigkeit, R. 1948; Requiem für ein Kind, G. 1948; Tanz durchs Labyrinth, Dr. 1949; Die Sintflut I: Das Tier aus der Tiefe, R. 1949; Der Granatapfel, G. 1950; Die Häuser auf der Wolke, M. 1950; Die Sintflut II: Die Arche, R. 1951; Das Antlitz, N. 1951; Main nahezu rheinahrisches saarpfalz-mosel-lahnisches Weinpilgerbuch, En. 1951; Der Reporter Gottes, H. 1952; Der Knabe im Brunnen, R. 1953; Die Rache der Schmetterlinge, Leg. 1953; Die Reise nach Portiuncula, R. 1954; Das Lied vom roten Mantel, H. (1956); Roma secunda, H. (1956); Und Zeus lächelt, K. (1957); Positano, En. 1957; Sperrzonen, Tr. (1958); Die Sintflut III: Der graue Regenbogen, R. 1959; Die großen Weine Deutschlands, 1960; Die Verteidigung der Xanthippe, En. 1961; Novellen und Erzählungen, II 1962–64; Schwestern, Dr. (1962); Der Mann im Fisch, R. 1963; Die Biblische Geschichte, E. 1965; Die italienischen Romane, 1965; Der Taubenturm, R. 1966; Gedichte, 1966; Ägyptisches Tagebuch, Reiseb. 1967; Noah und seine Kinder, Leg. 1968; Die Dumme, R. 1969; Die Versuchung des Synesios, R. 1971; Das Fest der Fischer, En. 1973; Die große Lüge, En. 1973; Der Dichter in dieser Zeit, Ess. 1974; Lieber Freund, lieber Denunziant, Br. 1977.
L: F. Piedmont, Unters. z. Lyrik S. A.', Diss. Bonn 1953; C. André, 1960; E. Baum, Sprach- u. Stilstud. z. dichter. Prosawerk v. S. A., Diss. Bonn 1960; S. A., e. Einführung, 1962; P. Vanderschaeghe, Brügge 1962; Utopia und Welterfahrung, 1972 (m. Bibl.); H. Wagener, 1974; W. Grosse, hg. 1980.

Andrian-Werburg, Leopold Freiherr von, 9. 5. 1875 Berlin – 19. 11. 1951 Fribourg/Schweiz, Sohn e. Anthropologen, Enkel von Meyerbeer, Stud. Rechte in Wien (Dr. jur.), 1899 österr. Diplomat in Rio de Janeiro, Petersburg, Athen (1908 Geschäftsträger) und Warschau (Legationsrat und Generalkonsul), 1915 Generalgouverneur von Polen, 1918 Gesandter und Generalintendant der Hoftheater in Wien; Freundeskreis um Bahr und Hofmannsthal; nach dem Umsturz 1919 in Alt-Aussee zurückgezogen, 1938 Emigration in die Schweiz, Nizza und Brasilien. – Lyriker und Erzähler der feinnervigen, impressionist. österreich. Dekadenz von sparsamem Schaffen, bekannt durch seine psychopath. Wiener Jugenderzählung und Jugendgedichte, die 1894–1901 in den ›Blättern für die Kunst‹ s. Freundes George erschienen; 1898 als Dichter verstummt; später Zuwendung zum kathol. Weltbild.
W: Der Garten der Erkenntnis, N. 1895 (hg. W. H. Perl 1970; erw. um die Jugendgedd. u. d. T. Das Fest der Jugend, 1919); Die Ständeordnung des Alls. Rationales Weltbild e. kathol. Dichters, 1930; Österreich im Prisma der Idee, Schr. 1937; Briefw. m. Hofmannsthal, hg. W. H. Perl 1968; Frühe Gedichte, hg. W. H. Perl 1972.
L: W. H. Perl, 1960; H. Schumacher, 1967; G. Napoli Rovagnati, Mail. 1985.

Anegenge (= Anfang, Ursprung), frühmhd. theol.-dogmat. Reimpaargedicht e. unbekannten österr. Geistlichen um 1160–70, erklärt dem Laien nach der Bibel und Hugos von St. Viktor ›De sacramentis‹ in lehrhafter Sprache, z. T. Gesprächsform und spekulativer Auslegung die Glaubenslehren vom Wesen Gottes, Trinität, Schöpfung, Sündenfall, Erbsünde und Erlösung; Versuch e. dt. ›Summa‹, Einbruch dozierender Scholastik in die religiöse Dichtung.
A: D. Neuschäfer ²1969.
L: E. Schröder, 1881; H. Rupp, Dt. relig. Dichtg. d. 11. u. 12. Jh., 1958.

Angelus Silesius (lat. = Schlesischer Bote; eig. Johann Scheffler), Dez. 1624 (getauft 25. 12.) Breslau – 9. 7. 1677 ebda., Sohn e. wegen ev. Glaubens aus Krakau/

Polen ausgewanderten Gutsbesitzers, mit 15 Jahren Vollwaise; 1639–43 Gymnas. Breslau, Ausbildung der Dichtergabe durch den Opitzbiographen Prof. Chr. Colerus, Schulfreund des bald konvertierten Andreas Scultetus, mit dem er lat. Gelegenheitsgedichte drucken ließ; 4. 5. 1643 Stud. Medizin in Straßburg, 6. 9. 1644 bis Herbst 1647 in Leiden, dort Bekanntschaft mit den Schriften Böhmes und der Mystiker, 25. 9. 1647 in Padua immatrikuliert, 9. 7. 1648 Dr. med. et phil. ebda., Frühjahr 1649 Rückkehr nach Schlesien, 3. 11. 1649 Leibarzt des Herzogs Sylvius Nimrod zu Oels, Verkehr mit den benachbarten Mystikerkreisen um A. von Franckenberg und D. von Czepko, nach Franckenbergs Tod und wegen Streit mit dem intoleranten Oelser Hofprediger den Abschied genommen und Rückkehr nach Breslau Ende 1652. 12. 6. 1653 in der Matthiaskirche Breslau Übertritt zur kath. Kirche, wohl in der Hoffnung, beim Katholizismus mehr Nahrung für seine mystischen Ansichten zu finden. Firmungsname Angelus nach dem span. Mystiker Johannes de Angelis. 24. 3. 1654 Titel e. Kaiserl. Hofmedikus Ferdinands III.; Laie und Mitglied der Rosenkranzbruderschaft, 27. 2. 1661 Minorit in Breslau, 21. 5. 1661 Priesterweihe in Neiße; 1. 6. 1664–66 Rat und Hofmarschall des Fürstbischofs von Breslau Sebastian von Rostock, Haupt der schles. Gegenreformation; seit 1667 zurückgezogenes Leben im Kreuzherrenstift St. Matthias in Breslau, Tod durch Schwindsucht. – Vollender und größter religiöser Dichter der dt. Barockmystik von tiefem Gefühl und feiner Symbolik; theosoph.-pan-

theist.-myst. Gottsuchertum unter Einfluß von V. Weigel, Tauler, Eckhart, Seuse, Ruysbroek und der span. Mystiker. Hauptwerk das gefühlsinnige, ideenund symbolreiche Spruchbüchlein ›Der Cherubinische Wandersmann‹ um die Polarität von Gott und Welt, Verbindung von Begrifflichem und Gefühlsmäßigem im rationalen, epigrammat. zugespitzten Alexandrinerpaar, virtuose rhetor. Formung von Lesefrüchten und Erkenntnissen bis zu Paradoxie und Doppelsinn, entstanden aus der suchenden Versenkung in Gott und Natur, schwankend zwischen Glaubensinbrunst und pantheist. Ichstolz. Sodann z. T. noch heute lebendige volkstüml. Kirchenlieder aus s. protestant. und kath. Zeit: ›Ich will dich lieben, meine Stärke‹, ›Liebe, die du mich zum Bilde‹, ›Mir nach, spricht Christus‹ u. a. neben bukol., spieler. übersteigerten Schmuckformen in der vom Hohen Lied beeinflußten, leidenschaftl. ›Heiligen Seelenlust‹: Christus und die menschl. Seele als Bräutigam und Braut. Zuletzt unter s. bürgerl. Namen 1663–75 insges. 55 religiöse Streit- und Schmähschriften zur Bekämpfung des Protestantismus, mit Konvertitenfanatismus geführte, intolerante Glaubenspolemik ohne rationale Beweisführung. – Wirkung auf Pietismus, Romantik und Neuromantik.

W: Kristliches Ehrengedächtniß des Herrn Abraham von Franckenberg, G. 1652; Geistreiche Sinn- und Schlußreime, G. 1657 (erw. um e. 6. Buch u. d. T. Cherubinischer Wandersmann, 1675; n. G. Ellinger 1895, NdL. 135–138, W. Peuckert 1956, L. Gnädinger 1984); Heilige Seelen-Lust, G. 1657; erw. 1668 (n. G. Ellinger 1901, NdL. 177–181); Sinnliche Beschreibung der vier letzten Dinge, G. 1675; Ecclesiologia, Slg. von 39 Streitschr. 1677. – Sämtl. poet. Wke. u. Ausw. d. Streitschr., hg. G. Ellinger II 1924;

Sämtl. poet. Wke., hg. H. L. Held, III m. Biogr. ³1949–52.
L: A. Kahlert, 1853; C. Seltmann, 1896; G. Ellinger, 1927; L. Vincenti, Torino 1932; R. Neuwinger, D. dt. Mystik, Diss. Lpz. 1937; E. Spoerri, D. Cherub. Wandersm. als Kunstwk., 1947; H. Althaus, J. Schefflers Cherub. Wandersm., 1956; W. Nigg, 1959; E. Susini, Paris II 1964; E. O. Reichert, J. Scheffler als Streittheologe, 1967; J. L. Sammons, N. Y. 1967; H. Föllmi, Czepko u. Scheffler, 1968; G. Wehr, 1977; H.-J. Pagel, 1985.

Angely, Louis, 31. 1. 1787 Leipzig – 16. 11. 1835 Berlin, ging früh zum Theater, 1808 Schauspieler in Stettin, bis 1820 in Petersburg, seit 1822 Schauspieler und Regisseur am Königstädtischen Theater Berlin, besonders seit 1828 als erfolgreicher Komiker; verließ 1830 das Theater und gründete e. dank s. Originalität vielbesuchten Gasthof in Berlin. – Ungemein fruchtbarer Theaterdichter mit über 100 z. T. ungedruckten Stücken, zumeist Einaktern nach franz. Vorlagen (Vaudevilles) und eigenen Schwänken, Sing- und Lustspielen, die sich wegen Theatergewandtheit und guter Laune jahrzehntelang auf den Bühnen hielten, z. T. drast.-wirklichkeitsnah, aber ohne soziale Problematik und mit reichlich Mundart: Frühformen der Berliner Lokalposse; am bekanntesten ›Das Fest der Handwerker‹ (1828), ›Sieben Mädchen in Uniform‹ (1825), ›Die Reise auf gemeinschaftliche Kosten‹ (1843), ›Paris in Pommern‹ (1840).

A: Vaudevilles und Lustspiele, III 1828–34; Neuestes komisches Theater, III 1836–41.

Annolied, frühmhd. Legende in Reimpaaren (878 Verse) und moselfränk. Mundart, verfaßt zwischen 1080 und 1110, wohl um 1080–1085, von e. Kölner Geistlichen oder e. Mönch des Klosters Siegburg auf Grundlage der lat. ›Vita Annonis‹ (1105) e. Siegburger Mönchs oder deren unbekannter Quelle. Lobdichtung auf den Hl. Anno, Erzbischof von Köln (1010–75), Entführer und Erzieher Heinrichs IV., an dessen Ruhestätte in dem von ihm gegr. Kloster Siegburg sich zahlr. Wunder knüpften, in stark idealisierender Form, einfacher, lebendiger und kräftiger Sprache und freiem Versbau. Erstes zeitgeschichtl. und zeitbiograph. Werk in dt. Sprache, mit breitem hist. Unterbau: Welt- und Heilsgeschichte in augustin. Auffassung und viele Exkurse (u. a. Vorgeschichte der dt. Stämme) ordnen das Wirken des Helden als idealer Geistlicher und Fürst in den christl. Heilsplan ein: weltl. Herrschaftsanspruch der Kirche. Trotz weltverneinender Haltung und der Tendenz, den zerstörenden Taten der Heiden und Welthelden die rettenden Taten der Heiligen durch Gott entgegenzustellen, Vorliebe für Kampfschilderungen (Vorbereitung des weltl. Epos; Quelle der Kaiserchronik). Die einzige, M. Opitz für s. Ausgabe (1639, n. W. Bulst ²1961) vorliegende Hs. wurde nach dessen Tod wegen Pestgefahr verbrannt.

A: M. Rödiger (Mon. Germ. Hist., Chron. I) 1895; K. Meisen 1946; W. Bulst ³1974; E. Nellmann 1975 (m. Übs. u. Komm.). – Übs.: R. Benz, 1924.
L: E. Kettner, Diss. Halle 1878; G. Gigglberger, Diss. Würzb. 1954; K. Fritschi, 1957; D. Knab, 1962; S. Solf, 1975; A. Haverkamp, Typik u. Politik i. A., 1979.

Antichristspiel → Ludus de Antichristo

Anton Ulrich, Herzog von Baunschweig-Wolfenbüttel, 4. 10. 1633 Hitzacker – 27. 3. 1714 Salzdahlum, Sohn Herzog Ernst Augusts, Begründer der Wolfen-

ber, aber malerischer Bühnenwirkung, geschicktem, z. T. lässigem dramat. Aufbau, von prachtvollem Humor und bunter Situationskomik, um die Abgründe der bäuerl. Seele und aus sittl.-religiösen Konflikten hervorbrechende Leidenschaften. Barockes Erbe in den Coupleteinlagen. Weniger erfolgreich mit hohen Gesellschaftsdramen. Als Erzähler von Kalendergeschichten und Dorfromanen mit erzieher. Momenten schlicht, naturnah und lebenswahr, ohne Sentimentalität und billige Effekte.

W: Der Pfarrer von Kirchfeld, Vst. 1871; Der Meineidbauer, Tr. 1871; Die Kreuzelschreiber, K. 1872; Elfriede, Dr. 1873; Die Tochter des Wucherers, Dr. 1873; Der G'wissenswurm, K. 1874; Hand und Herz, Tr. 1875; Doppelselbstmord, K. 1876; Der ledige Hof, Dr. 1877; Der Schandfleck, R. 1877 (2. Fassg. 1884); Das vierte Gebot, Dr. 1878; Alte Wiener, Vst. 1879; Die umkehrte Freit', Vst. 1879; Dorfgänge, En. II 1879; Aus'm gewohnten Gleis, Dr. 1880; Bekannte von der Straße, En. 1881; Feldrain und Waldweg, En. 1882; Launiger Zuspruch und ernste Red', En. 1882; Allerhand Humore, En. 1883; Die Kameradin, E. 1883; Kleiner Markt, En. u. G. 1883; Der Sternsteinhof, R. II 1885; Heimg'funden, K. 1885; Stahl und Stein, Vst. 1887; Wolken und Sunn'schein, En. 1888; Der Fleck auf der Ehr', Vst. 1889; Brave Leut' vom Grund, Vst. 1892; Letzte Dorfgänge, En. 1894; Ein Geschworener, Dr. 1918; Briefe, II 1902. SW, hkA R. Latzke, O. Rommel XVII 1920–22; W, hkA E. Castle VII 1921. *L:* A. Bettelheim, ²1898; K. H. Strobl, 1920; A. Kleinberg, 1921; L. Koessler, Le théâtre d'A., Paris 1943.

Apel, Johann August, 17. 9. 1771 Leipzig – 9. 8. 1816 ebda., altes Kaufmannsgeschlecht, Sohn des Leipziger Bürgermeisters, 1789–93 Stud. Jura, Naturwiss., Philos. Leipzig und Wittenberg, 1795 Dr. jur., 1796 Anwalt in Leipzig, 1801 Senator, auch Bibliothekar. – Anfangs Nachahmer der dt. Klassiker in epigonalen Dramen, dann pseudoromant. Erzähler von Gespenster- und Schauergeschichten (›Die Jägerbraut‹ in ›Gespen-

sterbuch‹ I Quelle zum ›Freischütz‹).

W: Polyidos, Tr. 1805; Die Aitolier, Tr. 1806; Kallirhoë, Tr. 1806; Kunz von Kauffungen, Tr. 1809; Cicaden, G. u. En. III 1810f.; Gespensterbuch, En. IV 1810–12 (daraus einzeln: Der Freischütz, E. 1823); Metrik, II 1814–16; Wunderbuch, En. III 1815–17; Zeitlosen, En. u. G. 1817.
L: O. E. Schmidt, Fouqué, A., Miltitz, 1908; H. Ziemke, Diss. Greifsw. 1933.

Apel, Paul, 2. 8. 1872 Berlin – 9. 10. 1946 ebda., Stud. Philos. Berlin, ging zur Bühne, wohnte in der Schweiz, Köln (Rundfunksprecher) und Berlin. Selbstmord wegen Nervenzerrüttung (Sprung aus dem Haus der Entnazifizierungskommission). – Anfangs Vf. populärphilos. Schriften, dann neuromant. Dramatiker mit feinem Humor; auch Hörspiele.

W: Geist und Materie, Schr. II (Bd. 2: Ich und das All) 1904–07; Der Materialismus, Dial. 1906 (u. d. T. Die Überwindung des Materialismus, 1910); Wie adeln wir unsere Seele, Br. 1907 (u. d. T. Das innere Glück, 1909); Liebe, Dr. 1908; Johannes Cantor, Dr. (1908); Hans Sonnenstößers Höllenfahrt, Dr. 1911; Gertrud, Tr. 1913; Der Häuptling, Satyrsp. 1917; Hansjörgs Erwachen, Dr. 1918; Der goldene Dolch, Dr. 1944.

Apitz, Bruno, 28. 4. 1900 Leipzig – 7. 4. 1979 Berlin; Arbeitersohn, Mitgl. der sozialist. Arbeiterjugend; Lehre als Stempelschneider, Antiquitariatsgehilfe, Schauspieler in Leipzig. 1927 Mitgl. der KPD, 1937–45 im KZ Buchenwald, dann Journalist und Intendant in Leipzig, Filmdramaturg. Seit 1955 freier Schriftsteller in Ostberlin – Sozialist. Erzähler; erfolgreich mit s. tendenziösen KZ-Roman um trag. Konflikte des dt. Widerstands. Auch Hörfolgen.

W: Nackt unter Wölfen, R. 1958; Der Regenbogen, R. 1976.

Arand, Charlotte → Sacher-Masoch, Leopold Ritter von

Arberg, Peter von → Peter von Arberg

Archipoeta (lat. = Erzpoet), vermutl. Ps. oder Ehrentitel für e. mittellat. Dichter der 2. Hälfte des 12. Jh., * um 1130/40, umstrittener Herkunft (Lombarde, Provenzale, Rheinländer, Kölner?) aus ritterl. Geschlecht, theolog. und klass. Schulung (Kenntnis von Horaz, Vergil, Ovid), Vagant. Wanderungen durch Italien, Frankreich, Deutschland, zeitweilig in Köln und evtl. Stud. Medizin in Salerno. Zugehörig zur weiteren Hofhaltung Friedrich Barbarossas und dessen Kanzlers Reinald von Dassel, Erzbischof von Köln, s. Gönner. – Typischer und bedeutendster Vertreter der mittellat. Vagantendichtung mit ihrer Leichtlebigkeit, optimist. Diesseitsstimmung und individuellen Prägung; von genialem Humor, geistvoll abgeklärter Ironie, graziöser Leichtigkeit der Form, Musikalität und Lebensnähe. 10 Gedichte aus der Zeit 1159–67 erhalten: Zech- und Bettellieder, am bekanntesten die Vagantenbeichte, enthaltend ›Meum est propositum‹, auch e. staufisch-imperiale Huldigung an den Kaiser im Auftrag Reinalds.

A: M. Manitius ²1929; H. Watenphul, H. Krefeld 1958 (m. Kommentar). – *Übs.:* B. Schmeidler, 1911, K. Wolfskehl, 1921, W. Stapel, 1927; G. Luhde, 1932; K. Langosch, 1965; J. Eberle, 1966.
L: W. Meyer, 1914.

Arendt, Erich, 15. 4. 1903 Neuruppin – 25. 9. 1984 Ostberlin; Sohn armer Eltern; Lehrerstud.; Theatermaler, Hilfsredakteur, Bankangestellter, Pädagoge an e. Versuchsschule; Wanderungen durch Dtl., Schweiz, Frankreich, Italien; 1926 KPD-Mitglied

und Erstveröffentlichungen im ›Sturm‹; 1933 Emigration in die Schweiz, 1936–39 Rotspanienkämpfer; 1939–1941 in Frankreich, 1941–50 Kolumbien, seit 1950 in Ostberlin. – Lyriker von starker Bildkraft und Naturnähe; polit. Dichtung aus dem Erlebnis von Emigration u. Spanienkrieg; Nachdichtungen südamerikan. Lyrik u. eigene hymn.-eleg. Schöpfungen aus dem Zauber der Südwelt; Übs. v. P. Neruda, R. Alberti, V. Aleixandre, M. Hernandez u. N. Guillén.

W: Trug doch die Nacht den Albatros, G. 1951 (Ausz. u. d. T. Tolú, 1956); Bergwindballade, G. 1952; Tropenland Kolumbien, Bb. 1954; Gesang der sieben Inseln, G. 1957; Über Asche und Zeit, G. 1957; Flug-Oden, G. 1959; Griechische Inselwelt, Bb. 1962; Unter den Hufen des Winds, Ausw. 1966; Ägäis, G. 1967; Aus 5 Jahrzehnten, Ges. Ged. 1968; Feuerhalm, G. 1973; Gedichte, 1976; Memento und Bild, G. 1976; Zeitsaum, G. 1977; Starrend von Zeit und Helle, G. 1980; Das zweifingrige Lachen, Ausw. 1981; Spanien-Akte A., 1986.
L: Der zerstückte Traum, hg. G. Laschen 1978; H. L. Arnold, hg. 1984.

Armand → Strubberg, Friedrich Armand

Armbruster, Johann → Hausenstein, Wilhelm

Armer Hartmann → Hartmann, der arme

Arnau, Frank (eig. Heinrich Schmitt), Ps. Don Urana, 9. 3. 1894 Wien – 11. 2. 1976 München, Hotelierssohn, Stud. Jura, Medizin, Physik und Chemie. Journalist in Dtl., 1933 Frankreich, 1934 Spanien, 1939–55 Brasilien, seither in München und Ruvigliana/ Tessin. – Kriminalschriftsteller, der engagiert für e. gewissenhafte Rechtspflege und Wahrung der Menschenwürde eintritt; auch Bühnen- und Sachbuchautor.

W: Der geschlossene Ring, R. 1929; Gesetz, das tötet, R. 1930; Das Antlitz der Macht, R. 1930; Kämpfer im Dunkel, R. 1930; Lautlos wie ein Schatten, R. 1931; Der Mann ohne Gegenwart, R. 1932; Männer der Tat, R. 1933; Die Maske mit den Silberstreifen, R. 1944; Auch Sie kannten Felix Umballer, R. 1953; Pekari Nr. 7, R. 1956; Der verchromte Urwald, Ber. 1956; Mordkommission Hollywood, R. 1957; Heißes Pflaster Rio, R. 1958; Kunst der Fälscher, Fälscher der Kunst, Sb. 1959; Der perfekte Mord, R. 1960; Das andere Gesicht, R. 1960; Macht und Geheimnis der Magie, 1965; Jenseits der Gesetze, Sb. 1966; Menschenraub, Sb. 1968; Die vorletzte Instanz, R. 1969; Tatmotiv Leidenschaft, Sb. 1971; Gelebt, geliebt, gehaßt, Aut. 1972; Watergate, Sb. 1974.
L: F. A. 65 Jahre, 1959; F. A. 70 Jahre, 1964.

Arnd(t), Johann, 27. 12. 1555 Edderitz b. Ballenstedt/Anhalt – 11. 5. 1621 Celle, Sohn des Stadtpfarrers von Ballenstedt, Schule Aschersleben, Halberstadt, Magdeburg; seit 1576 Stud. Theol. Helmstedt, Wittenberg, Basel und Straßburg, 1581 Diakonus in Ballenstedt, 1583 Pfarrer in Badeborn, wegen Widerstand gegen die kalvinist. Neigungen Herzog Johann Georgs 1590 amtsenthoben und Adjunkt, bald Pfarrer in Quedlinburg; 1599 Pfarrer in Braunschweig, wegen myst. Neigungen viele Anfeindungen von Orthodoxen, daher 1608 Pfarrer in Halberstadt, 1609 in Eisleben, 1611 Generalsuperintendent in Celle. – Kirchenlieddichter und Erbauungsschriftsteller im Sinne e. religiösen Erneuerung und Verinnerlichung des erstarrten Glaubenslebens aus dem Geist ma. Mystik von warmer, feiner Sprache, volkstüml.-schlichter Gesinnung und edler Haltung. Im Eintreten für ein ›Leben in Christo‹ weitanhaltende Wirkung, bes. Vorläufer des Pietismus, der die myst. Frömmigkeit ins Luthertum einschmolz.
W: Vier Bücher vom wahren Christentum, 1605–09; Paradiesgärtlein aller christlichen Tugenden, G. 1612; Postille, Schr. 1615;

Auslegung des Katechismus Lutheri, Schr. 1617; Werke, III 1734–36; Ausw., W. Koepp, 1912.
L: F. J. Winter, 1911; W. Koepp, 1912; ders., 1959.

Arndt, Ernst Moritz, 26. 12. 1769 Groß-Schoritz/Rügen – 29. 1. 1860 Bonn, Sohn e. früher leibeigenen Pächters; Ostern 1791–93 Stud. ev. Theol. und Geschichte Greifswald, Ostern 1793 – Herbst 1794 Jena unter Fichtes Einfluß; 1796–98 Hauslehrer; Verzicht auf den geistl. Stand. Frühjahr 1798/99 Fußwanderungen durch Dtl., Österreich, Ungarn, Frankreich und Belgien: Volkstumserlebnis. Winter 1800 Habilitation als Privatdozent für Geschichte und Philol. an der damals schwed. Univ. Greifswald, 1801 Adjunkt der philos. Fakultät; Herbst 1803/04 Reise durch Schweden; 1805 ao. Prof. Greifswald, erreicht 1806 durch s. Schrift Aufhebung der Leibeigenschaft in Pommern und Rügen; Dez. 1806 als Angestellter der schwed. Kanzlei wegen s. antinapoleonischen ›Geist der Zeit‹ I vor den Franzosen nach Stockholm geflüchtet; schwed. Staatskanzlei ebda. Rief 1808 in der Monatsschrift ›Nordischer Kontrolleur‹ die Völker Europas zur Erhebung gegen Napoleon auf; 1809 als Sprachmeister Allmann in Berlin: persönl. Fühlungnahme mit den Patrioten und Bekehrung zur anfangs als friderizianisch abgelehnten preuß. Sache. Ostern 1810 wieder Prof. im schwed. Greifswald, 1811 Niederlegung der Professur, Januar 1812 Reise nach Petersburg, als Privatsekretär Steins dort für die Erhebung Preußens tätig, seit 1813 auch in Dtl., begeisterte mit Freiheits- und Vaterlandsliedern und e. Fülle patriot. Schriften zum Volksaufbruch: dichterischer Höhepunkt. 1815/16 Hrsg. der polit. Zs. ›Der Wächter‹; ⚭ 1817 in 2. Ehe Hanna Maria Schleiermacher; 1818 Prof. der neueren Geschichte an der neugegr. Univ. Bonn; nach Kotzebues Ermordung November 1820 vom Amt suspendiert, Februar 1821 Kriminaluntersuchung wegen angebl. demagog. Tendenzen und Teilnahme an der Burschenschaftsbewegung, ohne Ergebnis. Rehabilitation durch Friedrich Wilhelm IV. 1840. 1848 Mitgl. der Nationalversammlung. Nach Scheitern s. Bemühungen um e. Erbkaisertum unter preuß. Führung 30. 5. 1849 Austritt aus der Nationalversammlung und wieder Prof. in Bonn, ab 1854 im Ruhestand. – Dichter und Historiker der Befreiungskriege von großer patriot. Wirkung im Kampf um äußere und innere Freiheit. Als Dichter urspr. Nähe zu Klopstock und dem Hainbund, antiromant., aus der Not der Zeit zum mannhaft-kernigen und kraftvoll-feurigen, volkstüml. patriot. Lyriker von schlagkräftigem Ausdruck, nationalem Ethos und christl. Gesinnung geworden, dessen Lieder als wuchtiger Ausdruck gemeinsamen Fühlens und Wollens von Mund zu Mund gingen: ›Was ist des Deutschen Vaterland‹, ›Der Gott, der Eisen wachsen ließ‹, ›Was blasen die Trompeten‹, Balladen auf Freiheitskämpfer, auch geistl. Lieder: ›O lieber heilger frommer Christ‹, ›Ich weiß, woran ich glaube‹, ›Wer ist ein Mann?‹. Fruchtbarer und bedeutsamer Publizist und Historiker mit überschauendem Blick, frischer Auffassungs- und Schilderungsgabe und eindringl. lebendiger Beredsamkeit, Eintreten für reines Volks- und Brauchtum in Sprache und Sitte, für die Rechte des Volkes und die polit.

Einigung der Deutschen im sozialen Ständestaat. – A.-Museum und Archiv in Bonn.

W: Reisen, Aut. VI 1801–03; Versuch einer Geschichte der Leibeigenschaft in Pommern und Rügen, Schr. 1803; Gedichte, 1803; Der Storch und seine Familie, Tr. 1804; Fragmente über Menschenbildung, Schr. III 1805–19; Geist der Zeit, Schr. IV 1806–18 (n. 1908); Kurzer Katechismus für teutsche Soldaten, Schr. 1812; Lieder für Teutsche, G. 1813 (n. 1913); Bannergesänge und Wehrlieder, G. 1813; Der Rhein, Teutschlands Strom, aber nicht Teutschlands Gränze, Schr. 1813 (n. 1921); Ansichten und Aussichten der teutschen Geschichte, Schr. 1814; Über künftige ständische Verfassungen in Teutschland, Schr. 1814; Geschichte der Veränderungen der bäuerlichen und herrschaftlichen Verhältnisse ... in Pommern und Rügen, Schr. 1817; Gedichte, II 1818; Märchen und Jugenderinnerungen, II 1818–43 (n. II 1913); Erinnerungen aus dem äußeren Leben, Aut. 1840 (n. 1917); Versuch in vergleichender Völkergeschichte, Schr. 1843; Schriften für und an seine lieben Deutschen, ges. polit. Schr. IV 1845–55; Nothgedrungener Bericht aus seinem Leben, Aut. II 1847; Geistliche Lieder, G. 1855; Meine Wanderungen und Wandelungen mit dem Reichsfreiherrn H. K. F. v. Stein, Aut. 1858 (n. 1957); Gedichte, Vollst. Slg. II 1860; Spät erblüht, G. 1889. – SW, hg. H. Rösch, H. Meisner (unvollst.) VI 1892–1903; Ausw. H. Meisner, R. Geerds XVI 1908, A. Leffson, W. Steffens XII 1913; G. Erdmann 1969; Lebensbild in Briefen, hg. H. Meisner, R. Geerds 1898; Briefe, hg. A. Dühr III 1972–75.

L: G. Lange, D. Dichter A., 1910; P. Meinhold, 1910; E. Müsebeck, Der junge A., 1914; H. Kern, 1930; J. Kulp, 1937; U. Willers, Stockh. 1945; G. Ott, 1966; J. Pad, 1972; G. Erdmann 1970; K. H. Schäfer, 1974; G. Sichelschmidt, 1981. Bibl.: H. Meisner (Zs. f. Bücherfreunde 1897), G. Lohn, 1969; K.-H. Schäfer u. J. Schawe, 1971.

Arndt, Helene → Böhlau, Helene

Arnim, Achim (eig. Ludwig Joachim) von, 26. 1. 1781 Berlin – 21. 1. 1831 Wiepersdorf, Sohn e. Edelmanns im preuß. Staatsdienst. Erziehung durch die Großmutter in Berlin; Ostern 1798/99 Stud. Naturwiss., bes. Physik Halle. In Giebichenstein bei Reichardt Bekanntschaft mit Tieck, mit dem er Leipzig besucht; Ostern 1800/01 Stud. in

Göttingen, Frühjahr 1801 Beginn der lebenslangen Freundschaft mit C. Brentano. 1801 – Aug. 1804 Reisen: durch Süddtl., 1802 bei Brentanos in Frankfurt: Bekanntschaft mit Bettina und berühmte Rheinreise mit Clemens bis Düsseldorf, Sammlung mündl. Volksüberlieferung, anschließend in die Schweiz; 1. Halbjahr 1803 in Paris, Juli 1803 – Sommer 1804 in England und Schottland, Aug. 1804 – Mai 1805 mit Brentano in Berlin. Mai 1805 nach Heidelberg zu Brentano, Arbeit am ›Wunderhorn‹ I. Sommer 1806 bei Kriegsausbruch in Göttingen, nach der Schlacht bei Jena über Berlin und s. Güter nach Königsberg. Nach Friedensschluß Oktober 1807 nach Kassel zur Zusammenstellung des ›Wunderhorns‹ II–III mit Brentano, Jan. 1808 zur Drucküberwachung nach Heidelberg, Höhepunkt der Heidelberger Romantik und Herausgabe der ›Zeitung für Einsiedler‹ mit Brentano, Görres, Grimms, Tieck, Runge, Kerner u. a. Dez. 1808–12 in Berlin, wohin Herbst 1809 Brentano und 1810 Savigny und Bettina nachkommen; Dez. 1810 Verlobung, 11. 3. 1811 ⚭ Bettina Brentano. Jan. 1811 Gründung der Christlich-deutschen Tischgesellschaft mit Brentano, Kleist, A. Müller, Chamisso, Fouqué u. a. Herbst 1811 – Febr. 1812 mit Bettina in Weimar. Im Freiheitskrieg 1813 Hauptmann e. Landsturmbataillons, Okt. 1813 – Jan. 1814 Redakteur des ›Preußischen Korrespondenten‹. 1814 Rückzug ins Privatleben als Landwirt und Schriftsteller auf s. Gut Wiepersdorf bei Dahme; nur gelegentl. Reisen, längere Aufenthalte in Berlin. Tod durch Nervenschlag nach e. Jagd. – Neben Eichendorff

bedeutendster Vertreter der dt. Hochromantik, verband ererbten, sittlich festen Konservatismus mit romantisch-phantastischem Lebensgefühl und erstrebte die Erneuerung dt. Wesens durch vertiefte Auffassung von Religion, Vaterland und nationaler Vergangenheit. Trotz großer dichter. Kraft und Überfülle an Bildern und Einfällen Mangel an Gestaltungskraft und wirkungszerstörende, breite Formlosigkeit. Begann mit Romanen in der Werthernachfolge (›Hollin's Liebeleben‹), wurde mit dem romant. Zeit- und Eheroman ›Dolores‹ bedeutsam für romant. Kunst- und Weltanschauung und leitete mit den unvollendeten ›Kronenwächtern‹ den modernen dichter. dt. Geschichtsroman ein: glänzendes Menschen- und Kulturbild aus dem Leben der dt. Reichsstädte des 16. Jh. Am erfolgreichsten mit phantast.-hist., formgewandten Erzählungen und Künstlernovellen, z. T. von grotesk-mag. Stimmung. Pietätvoller Bearbeiter alter Stoffe des 15.–17. Jh. in Novellen (›Wintergarten‹) wie auch im Drama, während der phantasiereich-gehaltvollen eigenen Dramatik mangels fester Formgebung die Bühnenwirkung versagt bleibt. Verdienstvoll bes. um die Wiederbelebung und Sammlung von Volksliedern in der Nachfolge Herders und im Zuge der deutschnationalen Bewegung als eig. Herausgeber des ›Wunderhorns‹ (mit C. Brentano), das nicht philolog. Gelehrtenarbeit, sondern freie Bearbeitung und Umdichtung ist.

W: Hollin's Liebeleben, R. 1802 (n. 1986); Ariel's Offenbarungen, R. 1804 (n. 1912); Des Knaben Wunderhorn. Alte deutsche Lieder, Slg. (m. C. Brentano) III 1806–08 (n. 1962); Kriegslieder, G. 1806; Trösteinsam-

keit, Zs. (Buchausg. der ›Zeitung für Einsiedler‹) 1808 (n. 1962); Der Wintergarten, Nn.
1809; Armuth, Reichthum, Schuld und Buße
der Gräfin Dolores, R. II 1810; Halle und
Jerusalem, Dr. 1811; Isabella von Ägypten, 4
Nn. 1812; Schaubühne, Drr. 1813; Die Kronenwächter. I, R. 1817 (II a. d. Nl. 1854); Die
Gleichen, Dr. 1819; Landhausleben, En.
1826; Sechs Erzählungen, Nn. 1835. – SW,
hg. W. Grimm XXII ²1853–56 (unvollst., n.
XI 1982, Bd. 22 n. 1970, Bd. 23: 1975); Ausw.
M. Jacobs, IV 1908; R. Steig, III 1911; M.
Morris, IV ²1916; Sämtl. Romane u. Erzäh-
lungen, hg. W. Migge, III 1962–65; A. u.
Bettina i. ihren Briefen, hg. W. Vordtriede, II
1961 (n. 1985); Unbekannte Briefe, hg. H. F.
Weiss 1986.
L: R. Steig, III 1894–1913 (m. Briefen, n.
1970); F. Gundolf, 1929; I. Seidel, 1944; R.
Guignard, Paris ²1953; G. Rudolph, Stud. z.
dichter. Welt A. v. A.s, 1958; G. Falkner, D.
Dramen A. v. A.s, 1962; K. Kratzsch, Diss.
Jena 1968; L. Ehrlich, A. als Dramatiker,
Diss. Halle 1970; B. Haustein, 1973; J.
Knaack, 1976; H. M. K. Riley, L. A. v. A.s
Jugend- u. Reisejahre, 1978; dies., 1979; T.
Sternberg, D. Lyrik A. v. A.s, 1983; Bibl.: O.
Mallon, ²1965.

Arnim, Bettina (eig. Elisabeth)
von, 4. 4. 1785 Frankfurt/M. – 20.
1. 1859 Berlin, Tochter des Großkaufmanns Peter Anton Brentano
und der früher mit Goethe befreundeten Maximiliane von La
Roche, Schwester von C. Brentano und Enkelin der S. von La
Roche; nach Tod der Eltern Erziehung im Kloster Fritzlar, dann in
Frankfurt und Offenbach bei S.
von La Roche, beim Schwager Savigny in Marburg – dort Bekanntschaft mit der Günderode –, in
Frankfurt und am Rhein. 1806 Bekanntschaft mit Frau Rat Goethe:
Niederschrift von deren Gesprächen und Erinnerungen über ihren Sohn. Unter Jérôme in Kassel;
auf der Rückreise von Berlin nach
Frankfurt 23. 4. 1807 Begegnung
mit Goethe in Weimar (weitere
1810, 1811, 1824). Seit 1808
Freundschaft mit A. v. Arnim;
Herbst 1808–10 mit Savignys in
Landshut und München; 1810 in
Wien (Bekanntschaft mit Beethoven) und Berlin; Dez. 1810 Verlo-

bung, 11. 3. 1811 ⚭ Achim v. A.
(7 Kinder), bis zu dessen Tod 1831
glückl. Ehe in Berlin und Wiepersdorf. September 1811 Zer-
würfnis mit Goethe (wegen Christiane), der ihrer schwärmer. Verehrung freundl., aber nicht ernst
aufnimmt. 1831 Umzug nach
Berlin, Umgang mit F. H. Jacobi,
Tieck, Schleiermacher, Grimms,
Humboldts und Pückler-Muskau
und Beginn der lit. Arbeit; se-
gensreiche soziale Tätigkeit, seit
der Julirevolution Annäherung an
den freisinnigen Sozialismus. –
Einfühlsame und leidenschaftl.-
kapriziöse Dichterin und Anrege-
rin der Romantik von begeiste-
rungsvoller Hingabe, hoher
Empfindungskraft und geistiger
Selbständigkeit, wählte als ihrem
Innenleben gemäße künstler. Formen das schwärmer. Erinnerungsbuch und den z. T. erdichte-
ten Briefroman, der durch Zuga-
ben zum subjektiv echten Persön-
lichkeitsbild wird. Eintreten für
die geistige und polit. Emanzipation der Frau und einen humanitä-
ren Sozialismus. Mitarbeit an den
Märchen ihrer Tochter Gisela,
verh. Grimm. Auch Künstlerin
(Entwurf e. Goethe-Denkmals). –
B. v. A.-Archiv der Dt. Akademie der Künste in Berlin.

W: Goethes Briefwechsel mit einem Kinde,
Br. III 1835; Die Günderode, Br. II 1840; Dies
Buch gehört dem König, Br. 1843; Clemens
Brentanos Frühlingskranz, Br. 1844; Ilius
Pamphilius und die Ambrosia, Briefw. (mit
Phil. Nathusius) II 1848; An die aufgelöste
Preußische National-Versammlung, Schr.
1849 (n. U. Püschel 1954); Gespräche mit
Dämonen. Des Königsbuches 2. Band, Dial.
1852; Das Leben der Hochgräfin Gritta von
Rattenzuhausbeiuns, M. (m. Gisela v. A.)
1926; Märchen der B., Armgart u. Gisela v.
A., hg. G. Konrad 1965; Das Armenbuch,
hg. W. Vordtriede 1969. – SW, XI 1853; SW,
hg. W. Oehlke VII 1920–22, SW, hg. G.
Konrad V 1959–63; Wke u. Briefe, hg. W.
Schmitz, S. v. Steinsdorff III 1986–88; B. v.
A. u. Friedrich Wilhelm IV., Briefe hg. L.
Geiger 1902; Briefwechsel mit A. v. Arnim,

hg. R. Steig 1913; mit Goethe, hg. F. Bergemann 1927, G. Konrad 1960; mit Rud. Baier,
hg. K. Gassen 1937; mit M. P. von Freyberg,
hg. S. v. Steinsdorff 1972; m. Brüdern
Grimm, hg. H. Schultz, 1984; Die Andacht
zum Menschenbild, unbekannte Br., hg. W.
Schellberg, F. Fuchs 1942 (n. 1970); Achim u.
B. in ihren Briefen, hg. W. Vordtriede, II
1961 (n. 1985).

L: W. Oehlke, B. v. A.s Briefromane, 1905;
K. Escher, B.s Weg zu Goethe, 1922; K. H.
Strobl, ²1926; H. Wyss, B. v. A.s Stellg. zw.
d. Romantikern u. d. Jg. Dtl. 1935, n. 1970;
A. Germain, B. et Goethe, Paris 1939; I.
Seidel, 1944; H. Lilienfein, ²1952; C. Kahn-
Wallerstein, 1952; A. Helps, E. J. Howard,
N. Y. 1957; M. J. Zimmermann, Diss. Basel
1958; K.-H. Hahn, B. v. A. i. ihrem Verh. z.
Staat u. Politik, 1959; G. Meyer-Hepner, D.
Magistratsprozeß d. B. v. A., 1960; H. v.
Arnim 1963; U. Püschel, B. v. A.s polit.
Schrr., Diss. Bln. 1965; W. Milch, D. jge. B.,
1968; I. Drewitz, 1969; G. Dischner, 1977; G.
Mander, 1982; H. Härtl, 1985; K. Bäumer,
1986; H. Hirsch, 1987; B. Weissenborn, B. v.
A. u. Goethe, 1987; Bibl.: O. Mallon (Impri-
matur 4, 1933).

Arnold, Priester, vermutl. aus
der Steiermark, verfaßte um 1130
ein gelehrt-spekulatives dogmat.
Lehrgedicht ›Von der Siebenzahl‹,
kunstlose Verbindung zahlr. Sie-
benzahlen als Lobpreis auf den Hl.
Geist, umfänglichstes und bedeutendstes Werk der dt.-ma. Zah-
lenmystik mit vielen Exkursen;
Quelle der Kaiserchronik. – A.
wird gelegentlich identifiziert mit
dem Vf. der Legende ›St. Juliana‹
(um 1150), der 1158–63 Probst
von Schäftlarn war.

A: H. Polzer van Kol 1913, n. 1970; (›Juliana‹:
K.-E. Geith, Diss. Freib. 1965).
L: K.-E. Geith, P. A.s Leg. v. d. hl. Juliana,
Diss. Freib. 1965.

Arnold, Franz, 28. 4. 1879 Znin –
29. 9. 1960 London. Lebte bis
1936 in Berlin, dann Emigrant in
London. Vf. erfolgreicher leichter, anspruchsloser Bühnen-
schwänke und Musicals, meist in
Zusammenarbeit mit Ernst Bach
(1876–1929).

W: Die spanische Fliege, Schw. (1913); Der
keusche Lebemann, Schw. (1921); Der kühne

Schwimmer, Schw. (1922); Der wahre Jakob,
Schw. (1924); Hurra, ein Junge, Schw.
(1927); Weekend im Paradies, Schw. (1928)
u. a.

Arnold, Gottfried, 5. 9. 1666 Annaberg – 30. 5. 1714 Perleberg,
Lehrerssohn, Schule Annaberg,
1682 Gymnas. Jena, 1685–88
Stud. Theologie und Philos. Wittenberg, 1689 Hofmeister in
Dresden, dort durch Bekanntschaft mit Spener pietist. angeregt; Druckereikorrektor in
Frankfurt a. M.; 1693–1700 Hofmeister in Quedlinburg, dazwischen 1697/98 Prof. für Geschichte Gießen (Vorlesung über Kirchengeschichte), aus religiösen
Gründen zurückgetreten und wieder myst. und pietist. Studien in
Quedlinburg; 1700 ⚭, 1700–04
Hofprediger der verwitweten
Herzogin von Sachsen-Eisenach
in Allstedt; 1702 Titel e. preuß.
Historiographen, 1704 Pfarrer in
Werben/Altmark, 1707 Inspektor
in Perleberg. – Wirkungsreicher
pietist. Theologe und ausdrucks-
fähiger myst. Kirchenlieddichter;
erfaßte in s. bis auf Thomasius
und Goethe fortwirkenden Kirchengeschichte, dem ersten folge-
richtig aufgebauten dt. Ge-
schichtswerk, die Verkirchli-
chung der Religion als Erstarrung
und wurde im Kampf gegen die
Orthodoxie für Toleranz und Gewissensfreiheit zum Verteidiger
aller Ketzer als wahrer, weil individueller Christen.

W: Die erste Liebe, Schr. 1696; Göttliche
Liebes-Funken, G. II 1698; Unpartheyische
Kirchen- und Ketzerhistorie, III 1699–1715
(n. IV 1967); Das Geheimniß der göttlichen
Sophia, Schr. 1700 (Faks. 1963); Poetische
Lob- und Liebessprüche, G. 1700; Wahre Ab-
bildung des inwendigen Christentums, Schr.
1709. – Geistl. Lieder, hg. A. Knapp 1845; C.
C. E. Ehmann II 1856; Ausw. hg. E. Seeberg
1934.
L: F. Dibelius, 1873 (m. Bibl.); W. v. Schrö-
der, 1917; H. Dörries, Geist u. Gesch. b. G.
A., 1963; E. Seeberg, ²1964; T. Stählin, G.

A.s geistl. Dichtg., 1966 (m. Bibl.); R. Friedrich, Stud. z. Lyrik G. A.s, 1969.

Arnold, Johann Georg Daniel, 18. 2. 1780 Straßburg – 18. 2. 1829 ebda., Sohn e. Küfermeisters, Gymnas. Straßburg, 1795 Schreiber im Kriegsbüro. Revolutionserlebnis. 1798 Stud. Geschichte und Jura ebda., 1801–03 Göttingen; auf der Heimreise über Weimar August 1803 von Schiller an Goethe empfohlen. Reisen nach Frankreich/Paris 1803 und Italien 1804. April 1806 Professor für Zivilrecht Rechtsschule Koblenz; 1809 Professor der Geschichte, 1811 des röm. Rechts Straßburg; 1818 Englandreise; 1820 Mitglied des Direktoriums der Augsburger Konfession und zeitweilig Präfekturrat. – Elsäß. Dialektdichter mit dem von Goethe (›Kunst und Altertum‹, 1820) gerühmten Lustspiel in Straßburger Mundart ›Der Pfingstmontag‹; auch Lyrik und jurist. Werke.

W: Elementa iuris civilis, 1812; Der Pfingstmontag, Lsp. 1816 (²1850 m. Gedichten u. Biogr.).

Arp, Hans (Jean), 16. 9. 1886 Straßburg – 7. 6. 1966 Basel; 1904 Kunstgewerbeschule Straßburg, 1905–07 Kunstschule Weimar, 1908 Académie Julian Paris, 1909–14 in Weggis/Schweiz, 1911 Mitbegr. des Malerkreises ›Der moderne Bund‹ in Luzern; in München 1912 Anschluß an den ›Blauen Reiter‹, 1913 Mitarbeiter der Zs. ›Der Sturm‹, 1914/15 in Paris, Sommer 1915–19 Zürich, Febr. 1916 Mitbegründer des Dadaismus im Züricher ›Cabaret Voltaire‹ mit R. Huelsenbeck, H. Ball, T. Tzara, M. Janco u. a., 1919/20 in Köln, dann Tirol, 1922 ∞ Sophie Taeuber, Malerin († 1943), 1925 Anschluß an die Surrealisten, seit 1926 in Meudon b. Paris, 1940–42 Flucht nach Südfrankreich (Grasse), 1942–46 in der Schweiz, seit 1946 wieder in Meudon, abwechselnd auch Solduno-Locarno und Basel; 1949, 1950 und 1958 Reisen nach Amerika, 1952 und 1955 Reisen nach Griechenland, 1960 Ägypten. – Abstrakter Maler, Bildhauer und Dichter; dadaist. und surrealist. Lyrik mit sinnfreiem Schalten von Klang, Bild und Zusammenhang, reich an Phantastik und Humor, später mit trag. Grundzug, in franz. und dt. Sprache. Bedeutendster der Dadaisten durch hohen künstler. Rang, Melodik und Konsequenz s. Werkes.

W: der vogel selbdritt, G. 1920; die wolkenpumpe, G. 1920; Der Pyramidenrock, G. 1924; Die Kunstismen, Schr. (m. El Lissitzky) 1925; Weißt du schwarzt du, G. 1930; Konfiguration, G. Paris 1930; Tres imensas novelas, En. (m. V. Huidobro) Santiago 1935 (Drei und drei surreale Geschichten, d. 1963); Des taches de le vide, G. Paris 1937; Sciure de gamme, G. Paris 1938; Muscheln und Schirme, G. Meudon 1939; Poèmes sans prénoms, G. Grasse 1941; Rire de coquille, G. Amsterdam 1944; 1924–1925–1926–1943, G. 1944; Le Blanc aux pieds de nègre, Nn. Paris 1945; Le Siège de l'air, G. Paris 1946; On My Way, G. u. Ess. New York 1948; Onze peintres vus par Arp, Ess. 1949; Auch ist nur eine Wolke, Prosa 1951; Wegweiser – Jalons, Prosa 1951; Dreams and Projects, G. New York 1952; Die Engelschrift, G. 1952; Behaarte Herzen. Könige vor der Sintflut, G. 1953; Wortträume und schwarze Sterne, G. (Ausw.) 1953; Auf einem Bein, G. 1955; Unsern täglichen Traum, G. u. Aut. 1955; Worte mit und ohne Anker, G. 1957; Le voilier dans la forêt, G. 1957; Mondsand, G. 1959; Zweiklang, Selbstzeugnisse (m. S. Taeuber) 1960; Sinnende Flammen, G. 1961; Vers le blanc infini, G. 1961; Logbuch des Traumkapitäns, G. 1965; Jours effeuillés, G. u. Prosa 1966. – Ges. Gedichte, III 1963–82.

L: C. Giedion-Welcker, 1957 (m. Bibl.); J. T. Soby, N. Y. 1958; G. Marchiori, Mail. 1964; F. Usinger, D. dichter. Welt H. a.s, 1965; R. Döhl, D. lit. Werk H. a.s, 1967, H. Read, Lond. 1968; R. W. Last, Lond. 1969; F. Usinger, 1981; H. L. Arnold, hg. 1986; Bibl.: A. Bleikasten, Lond. 1981.

Arronge, Adolf L' → L'Arronge, Adolf

Artmann, Hans Carl (Ps. Ib Hansen), * 12. 6. 1921 Wien-Breitensee; vergleichende Sprachstudien, freier Schriftsteller ebda., Bohemienleben und ausgedehnte Reisen; lebte in Berlin, – dann Malmö/Schweden und Salzburg. Bis 1958 Mitgl. der ›Wiener Gruppe‹. – Experimenteller Dichter mit Vorliebe für das Preziöse, Unmoderne, Abwegige und Makabre. Begann mit surrealer Lyrik, erreichte seine größten Erfolge mit parodist. Wiener Mundartgedichten in selbsterfundener Lautschrift von saloppem Sprachstil, aber eigenem Melos und phantastischer Kurzprosa in barocker Sprachform und nutzte sein stupendes Nachahmungstalent zu lit. Mimikry, e. Spiel mit Stilen, Gattungen und Epochen und mit Banalitäten, Klischees, Versatzstücken und Figuren aus der Trivialit. aller Zeiten vom Kinderlied bis zum Horrorroman, die er in raffinierter Kombinatorik mit modernem Großstadtjargon durchsetzt. Surrealer Manierismus von kauziger Künstlichkeit auch in Libretti, Kasperlespielen und Volksstücken in der Wiener Tradition. Übs. von Quevedo (1963), E. Lear (1964), Linné (1964), Villon (1965) u. a.

W: Med ana schwoazzn dintn, G. 1958; hosn, rosn, baa, G. 1959 (m. F. Achleitner u. G. Rühm); Von denen Husaren und anderen Seiltänzern, En. 1959; Der Schlüssel des Heiligen Patrick, Übs. 1959; Das Donauweibchen, Sp. (1961); Kein Pfeffer für Czermak, Dr. (1961); Das Suchen nach dem gestrigen Tag, Prosa 1964; Drakula, Drakula, Prosa 1966; Verbarium, G. 1966; Der Landgraf zu Camprodon, Prosa 1966; Strip, Op. (1967); Allerleirausch, G. 1967; Grünverschlossene Botschaft, Prosa 1967; Die Moritat vom Räuberhauptmann Grasel, Sp. (1967, m. F. Polakovics); Fleiß und Industrie, Prosa 1967; tõk ph'rong süleng, R. 1967; Die Anfangsbuchstaben der Flagge, En. 1968; Herzlose Reime für herzlose Heime, G. 1968 (m. H. Graham); Ein lilienweißer Brief aus Lincolnshire, Ges.

G. 1969; Frankenstein in Sussex, E. 1969; Die Fahrt zur Insel Nantucket, Spp. 1969; Mein Erbteil von Vater und Mutter, En. 1969; Das im Walde verlorene Totem, Prosa 1970; The Best of H. C. A., Ausw. 1970; Am wunderschönen Flusse Pruth, H. (1971); How much, Schatzi?, En. 1971; Die Jagd nach Dr. Unspeakable, R. 1971; Märchen 1972; Von der Wiener Seite, En. 1972; Der aeronautische Sindtbart, E. 1972; Unter der Bedeckung eines Hutes, Prosa 1974; Ompül, Kdb. 1974; Aus meiner Botanisiertrommel, G. 1975; Gedichte über die Liebe und über die Lasterhaftigkeit, 1975; Die Jagd nach Dr. U., E. 1977; Nachrichten aus Nord und Süd, Pros. 1978; Grammatik der Rosen, Ges. Prosa III 1979; Die Sonne war ein grünes Ei, M. 1982; Im Schatten der Burenwurst, Sk. 1983. *L:* Über H. C. A., hg. G. Bisinger 1972 (m. Bibl.); P. Pabisch, 1978; J. Donnenberg, hg. 1981; J. Jung, hg. 1986.

Arx, Caesar von, 23. 5. 1895 Basel – 14. 7. 1949 Nieder-Erlinsbach b. Aarau/Schweiz; alte Solothurner Familie, Stud. Germanistik Basel, Inspizient am Stadttheater ebda., 1919–23 Dramaturg und Schauspielregisseur Stadttheater Leipzig, 1924 Oberregisseur Schauspielhaus Zürich; seit 1925 freier Schriftsteller in Lugano, seit 1929 in Nieder-Erlinsbach; Selbstmord knapp nach dem Tod s. Frau. – Bedeutendster Schweizer Dramatiker der 1. Jahrhunderthälfte mit sprachl. und szen. starken Dramen, Volksstücken und Festspielen aus der Schweizer Geschichte und bühnensicheren Gegenwartsdramen.

W: Laupen, Dr. 1914; Schweizer Legendenspiele, Dr. (1919); Die Rot Schwizerin, Dr. 1921; Solothurner Festspiel (1922); Die Schweizer, Fsp. 1924; Die Burleske vom Tode, Mimus (1924); Das Berner-Oberland-Spiel, Dr. (1926); Die Brücke, Fsp. (1927); Schweizerfestspiel Luzern (1928); Moritat, K. (1928); Die Geschichte vom General Johann August Suter, Dr. 1929; Opernball 13 (= Spionage), Dr. 1932; Vogel friß oder stirb, K. 1932; Hörspiel zum Jubiläum der Gotthardbahn, 1932; Der Verrat von Novara, Dr. 1934; Das Drama vom verlornen Sohn (nach Hans Salat), Dr. 1934; Von fünferlei Betrachtnis, Totentanzspiel (nach Joh. Kolros) 1934; Der heilige Held, Dr. 1936; Dreikampf, Dr. 1937; Der kleine Sündenfall, Dr. 1939;

Romanze in Plüsch, Dr. 1940; Das Bundesfeierspiel, Fsp. 1941; Land ohne Himmel, Dr. 1943; Brüder in Christo, Dr. 1947; Festakt zur Enthüllung des Schlachtdenkmals in Dornach, Fsp. 1949; Das Solothurner Gedenkspiel, Fsp. 1949. – Wke, IV 1986 ff.; Briefe an den Vater, hg. A. Arnold 1982; Briefw. m. W. R. Ammann, 1985, m. P. Etter, 1985.
L: H. Kägi, 1945; E. Prodolliet, 1953; J. Moser, Stud. z. Dramentheorie v. C. v. A., Diss. Fribourg 1956; R. Röthlisberger, D. Festspiele, 1984.

Asmodi, Herbert, ★ 30. 3. 1923 Heilbronn, 1942–1945 Soldat, bis 1947 Kriegsgefangenschaft, 1947–1952 Stud. Germanistik, Kunstgesch., Philos. Heidelberg, seit 1952 freier Schriftsteller in München. – Zeitkrit.-iron. Dramatiker der Gegenwart aus der Thematik der Nachkriegsjahre mit Komödien traditioneller Form um groteske Handlungen, z. T. mit kolportagehaften Zügen, und Fernsehbearbeitungen von Schauerromanen. Auch Lyriker und Kinderbuchautor.
W: Jenseits vom Paradies, Dr. 1954; Pardon wird nicht gegeben (= Schuwaloff und der Weltfrieden), K. (1958); Tigerjagd, Dr. (1958); Nachsaison, K. (1959); Die Menschenfresser, K. (1961); Mohrenwäsche, K. 1964; Stirb und werde, K. 1967; Räuber und Gendarm, Kdb. 1968; Palace-Hotel, FSsp. (1969); Wer ist der Nächste, FSsp. (1970); Die Marquise von B., FSsp. (1970); Eine unwürdige Existenz, FSsp. (1971); Nasrin oder Die Kunst zu träumen, FSsp. (1972); Jokers Gala, G. 1975; Jokers Farewell, G. 1977 (zus. 1981); Geld, K. (1977); Nachsaison, Kgn. 1977; Das Lächeln der Harpyen, Kgn. 1987.

Asmus → Claudius, Matthias

Assmann von Abschatz, Hans → Abschatz, Hans Assmann von

Astel, Arnfrid, 9. 7. 1933 München; Jugend in Weimar und Windsbach/Mittelfranken, Stud. Biologie u. Lit. Freiburg/Brsg. und Heidelberg, 8 Jahre Internatslehrer ebda., 1966 Verlagslektor in Köln, seit 1967 Leiter der Literaturabteilung des Saarländ.

Rundfunks Saarbrücken; Hrsg. der ›Lyrischen Hefte‹ (1959 ff.). – Lyriker und Vf. zeitkrit.-polit. Epigramme und Kurzgedichte zwischen Pointe, Wortspiel und Kalauer. Literaturkritik.
W: Notstand, Epigr. 1968; Kläranlage, Epigr. 1970; Zwischen den Stühlen sitzt der Liberale auf seinem Sessel, Epigr. 1974; Neues (und altes) vom Rechtsstaat und von mir, Ges. Epigr. 1978; Die Faust meines Großvaters, G. 1979; Die Amsel fliegt auf, G. 1982.

Atabay, Cyrus, ★ 6. 9. 1929 Teheran, Perser, Enkel e. Schahs, seit 1937 Schulbesuch in Berlin, nach Kriegsende Iran und Schweiz, seit 1951 wieder in Dtl., Stud. Germanistik München, dann in London, 1983 wieder München. – Neuklassischer Lyriker von metaphernreicher, geschmeidiger Sprache und männl.-aristokrat. Haltung. Übs. oriental. Lyrik.
W: Einige Schatten, G. 1956; An- und Abflüge, G. 1958; Meditation am Webstuhl, G. 1960; Gegenüber der Sonne, G. u. Prosa 1964; Hafis: Liebesgedichte, Übs. 1965; Gesänge von morgen, Übs. 1968; Doppelte Wahrheit, G. u. Prosa 1970; Die Worte der Ameisen, Übs. 1971; An diesem Tage lasen wir keine Zeile mehr, G. 1974; Das Auftauchen an einem anderen Ort, G. 1977; Die Leidenschaft der Neugierde, G. 1981; Salut den Tieren, Prosa 1983; Stadtplan von Samarkand, Sk. u. G. 1983; Prosperos Tagebuch, G. 1985; Die Linien des Lebens, G. 1986.

Athis und Prophilias, in Bruchstücken erhaltenes antikisierendes Ritterepos wohl e. hess. Dichters aus der Veldekeschule um 1215; freie, künstler. gehobene Nachdichtung der franz. ›Estoire d' Athènes‹ von Alexandre de Bernai, hochwertige, gewandte Darstellung, bes. in Ausmalung der Gemütszustände, des im MA. vielfach behandelten, urspr. wohl oriental. Stoffes der Freundschaftssage: der Athener A. überläßt dem liebeskranken röm. Freund P. die Braut, wird verstoßen, unter Mordverdacht zum Tod verurteilt, von P. durch Selbstbezichtigung gerettet und heiratet nach Offenbarung von beider Unschuld dessen Schwester. Derselbe Stoff bei P. Alfonsi, ›Disciplina clericalis‹, ›Gesta Romanorum‹ (Kap. 171, Boccaccio ›Decamerone‹ X, 8, Steinhöwels ›Esopus‹, Dramen von H. Sachs 1546 und M. Montanus um 1550.

A: C. v. Kraus, Mhd. Übungsbuch, ²1926. *L:* R. Mertz, Diss. Straßb. 1914.

Auburtin, Victor, 5. 9. 1870 Berlin – 28. 6. 1928 Garmisch-Partenkirchen; Schauspielersohn; Stud. Germanistik, Kunst- und Literaturgesch. Bonn, Berlin, Tübingen (Dr. phil.); Journalist an der ›Berliner Börsenzeitung‹, ›Simplizissimus‹ und seit rd. 1905 am ›Berliner Tageblatt‹; als dessen Auslandkorrespondent 1911–14 in Paris, 1914–17 auf Korsika interniert, 1918 wieder in Berlin, Auslandsreisen, 2 Jahre Spanien, Wien und (1928) Rom. – Erzähler und Dramatiker, vor allem Meister des lit. Feuilletons.

W: Die goldene Kette, N. 1910; Der Ring der Wahrheit, Msp. 1910; Das Ende, Dr. 1910; Die Onyxschale, N. 1911; Die Kunst stirbt, Ess. 1911; Was ich in Frankreich erlebte, Aut. 1918; Pfauenfedern, En. 1921; Ein Glas mit Goldfischen, Sk. 1922; Nach Delphi, Reiseb. 1924; Einer bläst die Hirtenflöte, Sk. 1928; Kristalle und Kiesel, Sk. 1930; Schalmei, E. 1948; Federleichtes, Sk. 1953; Seifenblasen, Sk. 1956; Von der Seite gesehen, Ausw. 1957; 70 Feuilletons, Ausw. 1966; Sündenfälle, Ausw. 1970.

Audorf, Jakob, 1. 8. 1835 Hamburg – 20. 6. 1898 ebda., Webersohn, Schlosser- und Maschinenbaulehre, Wanderjahre in der Schweiz (1857–60), Frankreich (1861/62) und England (1863). Anschluß an die Arbeiterbewegung unter F. Lassalle, 1858/59 Präsident des Arbeitervereins Winterthur, 1863 Delegierter zur Gründung des Allg. Dt. Arbeitervereins in Leipzig und dessen Vorstandsmitglied; 1868–75, 1877–81 und 1881–87 Rußlandaufenthalte, zuletzt als Fabrikleiter. 1875–77 Redakteur des ›Hamburg-Altonaer Volksfreundes‹, 1888–98 des ›Hamburger Echos‹. – Kämpferisch-sozialist. Arbeiterdichter, Vf. der sog. ›Arbeitermarseillaise‹ (›Lied der dt. Arbeiter‹, 1864 zur Totenfeier Lassalles).

A: Gedichte (Dt. Arbeiter-Dichtung Bd. II, 1893)

Aue, Hartmann von → Hartmann von Aue

Aue, Walter, * 8. 7. 1930 Schönbach/Tschechoslowakei. Designer, Grafiker, Mitarbeiter von Kunstverlagen; lebt in Leichlingen, dann Berlin. – Experimenteller Lyriker, bevorzugt Wortwiederholungen, Assoziationen, Montagen und Bildbeschreibungen. Hörspielautor.

W: worte die worte die bilder, G. 1963; Einbrüche, G. 1964; Chronik des Galilei, G. 1965; Memorandum, G. 1967; P. C. A., Projecte, Concepte & Actionen, Bb. 1971; Rom z. B., Prosa 1972; typos 1: Zeit/Beispiele 1972; Lecki oder Der Krieg ist härter geworden, Prosa 1973; Metaphysik der Orte, Pros. 1978.

Auerbach, Berthold (eig. Moses Baruch Auerbacher; Ps. Theobald Chauber), 28. 2. 1812 Nordstetten/Schwarzw. – 8. 2. 1882 Cannes; 9. Kind e. kinderreichen, verarmten jüd. Kaufmanns; 1825 Talmudschule Hechingen, 1827 Rabbinerschule Karlsruhe zu israelit.-theol. Stud.; Bestimmung zum Rabbiner, seit Aug. 1830 Gymnas. Stuttgart, klass. Studien, 1832 Stud. erst Jura, dann Theol. (veranlaßt durch D. F. Strauß) Tübingen, 1833 München; als Radikal-Liberaler und

Mitgl. der verfolgten Burschenschaften von der Münchner Universität verwiesen und 1837 2monatige Haft auf dem Hohenasperg. Abschluß des Stud. in Heidelberg; Bekanntschaft mit Gutzkow; aus Not Schriftsteller geworden. Frühj. 1838 als Mitarbeiter an Lewalds ›Europa‹ nach Frankfurt/M., 1840 nach Bonn und 1841–45 Kalenderredakteur in Karlsruhe. Nach Erfolg der ›Schwarzwälder Dorfgeschn.‹ freier Schriftsteller, 1845 in Weimar, dann Berlin, Keipzig, Dresden, 1847 Breslau, 1847/48 Heidelberg, 1848 Wien, seit 1848 Dresden, seit 1859 Berlin: lebhafter Verkehr mit Künstlern und Dichtern. 1866–69 in Bingen, 1872 Schloß Ebnet b. Freiburg, dann meist winters in Berlin. Ende 1881 zur Genesung nach Cannes. – Populärster dt. Schriftsteller s. Zeit, begann als Historiker, kämpfte als Jungdeutscher gegen W. Menzel und trat in ersten Romanen für liberale Ideen, geistige Emanzipation und Kulturbewußtsein des Judentums ein. Europ. Erfolg mit Dorfgeschichten aus der Kindheitserinnerung in klug stilisierter Verbindung von schlichter, realist. Heimatkunst, sentimentaler Gefühlsidyllik und moralisierender, weltverbessernder Tendenz: Gegenüberstellung von natürl. Landleben und verbildetem Städtertum entsprechend dem Zeitbedürfnis. Am wertvollsten in den schlichten, an Hebel gemahnenden Anfängen; späterhin durch weltanschaul. Thematik, größere Konflikte und z. T. kriminelle Charaktere zu stark gedankl. belastet und Gefahr der Unechtheit und lit. Schönfärberei des Bauernlebens (›Barfüßele‹). Verdrängte als ›Klassiker der Dorfgeschichte‹ seinerzeit Gotthelf und Immermann, Einfluß auf Keller und Tolstoj, der ihn besuchte. Weniger erfolgr. als allzu reflexiver liberaler Zeit- und Gesellschaftsromancier und Dramatiker ohne Strenge der Komposition. Übs. Spinozas (V 1841). Kalender-Hrsg.

W: Das Judentum und die neueste Literatur, Ess. 1836; Spinoza, R. II 1837; Dichter und Kaufmann, R. II 1840; Schwarzwälder Dorfgeschichten, En. IV 1843–54; Andree Hofer, Tr. 1850; Deutsche Abende, Rdn. 1851; Neues Leben, R. III 1852; Barfüßele, R. 1856; Volkskalender, IX 1858–68; Der Wahrspruch, Dr. 1859; Joseph im Schnee, E. 1860; Auf der Höhe, R. III 1865; Deutsche Abende, N. F. Rdn. 1867; Das Landhaus am Rhein, R. V 1869; Zur guten Stunde, En. II 1871 f.; Walfried, R. III 1874; Drei einzige Töchter, Nn. 1875; Tausend Gedanken des Collaborators, Aphor. 1876; Nach dreißig Jahren. Neue Dorfgeschn. III 1876; Landolin von Reutershöfen, R. 1878; Der Forstmeister, R. II 1879; Unterwegs, En. u. Lspe. 1879; Brigitta, R. 1880. – Schriften, XVIII ³1893–95; Ausw. hg. A. Bettelheim, XV 1913; Briefe an s. Freund J. A., II 1884.

L: A. Bettelheim, 1907; M. J. Kill, Diss. Bonn 1924.

Auernheimer, Raoul (Ps. R. Heimern, R. Othmar), 15. 4. 1876 Wien – 6. 1. 1948 Oakland/Kalifornien, Kaufmannssohn, Neffe Th. Herzls, 1894–1900 Stud. Rechte Wien, Dr. jur., Kadett der Tiroler Kaiserjäger, Gerichtsreferendar, Übergang zur Presse: Burgtheater-Kritiker, Feuilletonist und Schriftleiter der ›Neuen Freien Presse‹ Wien, 1938 KZ Dachau, 1939 Flucht über Venedig nach New York. – Vf. amüsanter, fesselnder Erzählungen und Skizzen meist aus der mondänen Gesellschaft und vielgespielter, liebenswürdig-iron. Gesellschaftskomödien unter Einfluß Maupassants und Schnitzlers. Feuilleton, Essay, Übs. (P. Geraldy, Mérimée, Molière.)

W: Rosen, die wir nicht erreichen, En. 1901; Renée, En. 1902 (u. d. T. Renée und die Männer 1910); Die Verliebten, N. 1903; Lebemänner, Nr. 1903; Die große Leidenschaft,

Lsp. 1905; Die Dame mit der Maske. En. 1905; Die ängstliche Dodo, Nn. 1907; Der gute König, Lsp. 1908; Die man nicht heiratet, N. 1909; Die glücklichste Zeit, Lsp. 1909; Gesellschaft, Sk. 1910; Der gußeiserne Herrgott, N. 1911; Das Paar nach der Mode, Lsp. 1913; Laurenz Hallers Praterfahrt, E. 1913; Die verbündeten Mächte, Lsp. 1915; Das wahre Gesicht, Nn. 1916; Frau Magda im Schnee, E. 1919; Maskenball, Nn. 1920; Lustspielnovellen, 1922; Das Kapital, R. 1923; Casanova in Wien, Lsp. 1924; Die linke und die rechte Hand, R. 1927 (n. 1985); Der gefährliche Augenblick, En. 1932; Gottlieb Weniger dient der Gerechtigkeit, R. 1934; Metternich, R. engl. 1940, dt. 1947; Das Wirtshaus zur verlorenen Zeit, Aut. 1948; F. Grillparzer, B. 1948; Briefw. m. A. Schnitzler, hg. D. G. Daviau u. J. B. Johns, Chapel Hill 1972.

Auersperg, Anton Alexander Graf von → Grün, Anastasius

Auffenberg, Joseph Freiherr von, 25. 8. 1798 Freiburg/Br. – 25. 12. 1857 ebda., Sohn e. Fürstenbergischen Hofmarschalls, Stud. Rechte und Lit. Freiburg, 1815 Philhellene, 1815 in österr. Militärdienst, 1816 bad. Gardeleutnant in Karlsruhe, 1817 in Wien von Schreyvogel zu dramat. Schaffen angeregt, 1822–31 Mitglied, bald Vorsitzender des Karlsruher Theaterkomitees; 1832 abenteuerl. Reise nach Spanien, 1839 bad. Hofmarschall, 1842–49 Intendant des Hoftheaters Karlsruhe. – Stofflich an Scott, formal an Schiller geschulter Dramatiker mit pathet.-deklamator. Versdramen.

W: Die Flibustier, Tr. 1819; Wallas, Tr. 1819; Die Bartholomäus-Nacht, Tr. 1819; Berthold der Zähringer, Op. 1819; Die Syrakuser, Tr. 1820; König Erich, Tr. 1820; Die Verbrannten, Dr. 1821; Das Opfer des Themistokles, Tr. 1821; Victorin und Luitgarde, Tr. 1821; Pizarro, Tr. 1822; Viola, Tr. 1824; Die Schwestern von Amiens, Tr. 1827; Fergus Mac Ivor, Tr. 1827; Ludwig XI. in Peronne, Dr. 1827; Der Löwe von Kurdistan, Dr. 1828; Das Nordlicht von Kasan, Tr. 1828; Alhambra, Dr. III 1829 f., Der Renegat von Granada, Dr. 1830; Die Furie von Toledo, R. II 1832; Das böse Haus, Dr. 1834; Humoristische Pilgerfahrt nach Granada und Cordova,

Aut. 1835. – SW, XXII 1843–47, ³1855. *L:* E. L. Stahl, 1910, n. 1978.

Augsburg, David von →David von Augsburg

Augustin, Ernst, * 31. 10. 1927 Hirschberg/Schles.; Jugend in Schwerin. Stud. Medizin Berlin, Arzt ebda.; Reisen: Pakistan, Indien, Türkei, Rußland. Leiter e. Wüstenkrankenhauses in Afghanistan. Medizin. Gutachter in München. – Eigenwilliger Erzähler, mit surrealist.-phantasievollen Romanen der Ichspaltung an Kafka anknüpfend.

W: Der Kopf, R. 1962; Das Badehaus, R. 1963; Mamma, R. 1970; Raumlicht, R. 1976; Eastend, R. 1982.

Augustiny, Waldemar, 19. 5. 1897 Schleswig – 26. 1. 1979 Worpswede; alte Pastorenfamilie; Jugend auf Alsen, Schule Schleswig, Weltkriegsteilnehmer, Stud. Germanistik. Philos., Kunstgesch. Kiel, Hamburg, Berlin als Werkstudent, Arbeiter, Angestellter, Buchhändler, 1925–32 Verlagsredakteur Leipzig, Stuttgart, Bonn, seither freier Schriftsteller in Worpswede b. Bremen. – Heimatverbundener norddt. Erzähler mit spannungsvollen kulturhist. Romanen und Novellen aus norddt.-fries. Leben, setzt der Unrast und Entwurzelung der Zeit reines Menschentum und Gemeinschaft in christl. Geist entgegen.

W: Die Fischer von Jarsholm, R. 1934; Dronning Marie, R. 1935; Der Ring aus Jade, E. 1936; Die Tochter Tromsees, R. 1938; Die Schwarze Gret, En. 1941; Die Braut des Admirals, E. 1942; Die große Flut, R. 1943; Bei Nacht erzählt, Nn. 1947; Die Wiederkehr des Novalis, R. 1948; Tod und Wiedergeburt des Dichters, Ess. 1949; Aber es bleibet die Liebe, R. 1952; Albert Schweitzer und Du. B. 1954; Der Glanz Gottes, Nn. 1956; Paula Modersohn-Becker, Rd. 1958; Die Frauen von La Rochelle, En. 1959; Gehet hin in alle Welt, Schr. 1962; Alle unsere Tage, Eheb. 1963 (m.

A. Goes); Maria Rubens, E. 1963; Franz Radziwill, B. 1964; Otto Modersohn, B. 1967; Ein Mann wie Simson, R. 1968; Elise und Christine, B. 1971; R. A. Schröder, Es. 1978.

Aurbacher, Ludwig, 26. 8. 1784 Türkheim/Schwaben – 25. 5. 1847 München; Vater Nagelschmied, Schule Landsberg, 1793 Chorknabe in Dießen/Ammersee, 1795/96 Benediktinerseminar München, 1797 Stift Ottobeuren, seit 1801 nach Gymnasialabschluß als Novize, 1803 nach Säkularisation der Klöster im österr. Wiblingen, Austritt aus dem Orden wegen zerrütteter Gesundheit; 1804–08 Hofmeister beim Stiftskanzler von Weckbecker in Ottobeuren, 1809–34 Prof. für dt. Stil und Ästhetik am Kadettenkorps München, im Ruhestand weiter lit. tätig; Verkehr mit den Spätromantikern. – Gemütvoll-schlichter Volksschriftsteller und Erneuerer alten Volksgutes vor allem im ›Volksbüchlein‹; auch pädagog. und philolog. Schriften sowie Schulbücher (Poetik, Rhetorik, Stilistik).

W: Mein Ausflug an den Ammersee, Br. 1813; Erinnerungen aus dem Leben einer frommen Mutter, E. 1816; Perlenschnüre, Sprüche 1823; Erinnerungen an Gastein, G. 1824; Dramatische Versuche, Drr. 1826; Ein Volksbüchlein, En. II 1827–29 (daraus einzeln: Die Geschichte von den sieben Schwaben, E. 1832); Berlenburger Fibel, En. 1830; Kunz von Rosen, E. 1841; Schriftproben in oberschwäbischer Mundart, G. 1841; Aus dem Leben und den Schriften des Magisters Herle und seines Freundes Mänle, En. 1842; Gesammelte größere Erzählungen, 1881; Historia von den Ottenburgern, 1889; Kleinere Erzählungen und Schwänke, 1903; Jugenderinnerungen und Briefe, hg. W. Kosch 1914; Die Abenteuer der sieben Schwaben, Ausw. hg. F. Seebaß 1962; Schwäbische Odyssee, Ausw. hg. C. Visel 1965.
L: J. Sarreiter, 1880.

Ausländer, Rose (eig. Rosalie Scherzer-Ausländer), 11. 5. 1907 Czernowitz/Bukowina – 3. 1. 1988 Düsseldorf, erlebte Ghet-to und Verfolgung, emigrierte 1946 in die USA, Mitarbeiterin an Zss. und Rundfunk, 1965 Rückkehr nach Dtl., lebte in Düsseldorf. – Lyrikerin mit eleg., präzisen Bildern aus Leid und Verfolgung von melodiöser Schwermut. Nähe zu P. Celan und N. Sachs.

W: Der Regenbogen, G. 1939; Blinder Sommer, G. 1965; 36 Gerechte, G. 1967; Inventar, G. 1972; Ohne Visum, G. u. Prosa 1974; Andere Zeichen, G. 1975; Ges. Gedichte, 1976; Noch ist Raum, G. 1976; Es ist alles anders, G. 1977; Doppelspiel, G. 1977; Mutterland, G. 1978; Aschensommer, Ausw. 1978; Es bleibt noch viel zu sagen, G. 1978; Ein Stück weiter, G. 1979; Einverständnis, G. 1980; Mein Atem heißt jetzt, G. 1981; Mein Venedig versinkt nicht, G. 1982; So sicher atmet nur der Tod, G. 1983; Südlich wartet ein wärmeres Land, G. 1983; Festtag in Manhattan, G. 1985; Ich zähl die Sterne meiner Worte, G. 1985; Ich spiele noch, G. 1987. – GW, VII 1984ff.
L: H. Braun, hg. 1985.

Ava, Frau, vielleicht aus Kärnten oder Steiermark stammend und ident. mit e. am 7. 2. 1127 bei Melk/Donau verstorbenen Klausnerin A. – Erste namentl. bekannte Dichterin in dt. Sprache, verfaßte um 1120/25 unter Benutzung der Evangelien, Apokryphen, Hugos von St. Viktor u. a. zeitgenöss. Bearbeitungen und unter Mitarbeit ihrer beiden geistl. Söhne, die ihr Stoff und geistl. Auslegung vermittelten, e. an vornehme Kreise gerichtete Bearbeitung der Heilsgeschichte in meist assonierenden Reimversen mit den Teilen ›Johannes der Täufer‹, ›Das Leben Jesu‹, Von den 7 Gaben des Hl. Geistes‹, ›Der Antichrist‹ und ›Das jüngste Gericht‹. Einfacher Stil persönl. Laienfrömmigkeit ohne Rhetorik und theol. Gelehrsamkeit, von warmherziger Teilnahme zumal in Frauenszenen, z. T. nach dem Grundriß lat. Osterspiele gebaut und wohl unter deren Eindruck

entstanden. Erster myst. Einschlag in dt. Literatur.

A: F. Maurer, D. rel. Dichtgn. d. 11. u. 12.
Jh. II, 1965 u. sep. 1966.
L: A. Langguth, Unters. üb. d. Gedd. d. Frau
A., 1880; H. de Boor, Frühmhd. Studien,
1926; G. Wesenick, Frühmhd. Dichtg. d. 12.
Jh. a. d. Wachau, Diss. Wien 1964.

Avancini, Nicolaus von, 1. 12.
1611 Brez b. Trient – 6. 12. 1686
Rom, Südtiroler Adliger, Jesuitenschule Graz, 1627 Eintritt in
den Jesuitenorden, bis 1629 Noviziat in Leoben, 1629/30 Gymnasialabschluß in Graz, 1630–33
Stud. Philos. ebda., Gymnasiallehrer 1633/34 in Trient, 1635/36
in Agram und 1636/37 in Laibach.
Bis 1640 Stud. Theologie Wien,
Prof. der Rhetorik, später Philos.
und ab 1646 Theologie ebda.,
Rektor in Passau (1665/66), Wien
und Graz, dann österr. Provinzial
und Visitator in Böhmen, enge
Beziehungen zum Wiener Hof
Leopolds I., seit 1682 Assistent
des Ordensgenerals in Rom. – Erfolgreichster Dramatiker des lat.
Jesuitendramas, schrieb 1633–73
neben einfachen Schuldramen 33
hochbarocke allegor. Festspiele
zur Verherrlichung der Habsbur-
gerdynastie (ludi Caesarei) nach
bibl. (Joseph, Susanna, David),
legendären (Genoveva), heidn.-
antiken (Jason, Cyrus, Semiramis) und christl. Stoffen (Felicia-
nus, Theodosius) unter Einfluß
der ital. Oper, konzipiert nicht
aus Konflikten oder seel. Problematik, sondern nach der Möglichkeit außerordentl. theatral.
Prunkentfaltung in der Vereinigung von Wort, Bild und Ton:
Festzüge, Schlachtenszenen, Be-
leuchtungseffekte, Kulissen- und
Dekorationszauber, Musik und
Ballett zur Aufführung im Wiener
Jesuitentheater in Gegenwart des
Hofes. Höhepunkt: ›Pietas victrix‹ 1659 vor Kaiser Leopold I.
(n. DLE Rhe. Barockdrama 2,
1930). Auch Historiker und Lyriker mit höf. Oden in horaz. Ma-
ßen zum Preis des Herrscher-
hauses.

W: Poesis dramatica, Drr. V 1655–75; Orationes, Rdn. III 1656–60; Poesis lyrica, G.
1659; Vita et doctrina Jesu Christi, Schr.
1665.
L: N. Scheid, 1899 u. 1913.

Avenarius, Ferdinand, 20. 12.
1856 Berlin – 22. 9. 1923 Kampen/
Sylt, Buchhändlerssohn, Bruder
des Philosophen Richard A., Neffe R. Wagners; Gymnas. Berlin,
seit 1871 Dresden, später wegen
Krankheit Autodidakt, Stud.
1877 Leipzig und seit 1878 Zürich
erst Naturwiss., dann Philos.,
Lit.- und Kunstgesch.; Wanderungen durch Alpen und Nordital-
lien, 1881/82 in Rom, Neapel, Sizilien. Gründete 1887 in Dresden
die Halbmonatsschrift ›Der
Kunstwart‹ und 1903 den ›Dürerbund‹ zur Erziehung weiter Kreise zu echtem Geschmack, Kunst-
verständnis und ästhet. Kultur.
Dr. phil. h. c. und 1917 Prof.-
Titel. – Kulturpädagog. Schriftsteller, Vorbereiter der Heimatkunst und Vorkämpfer für Mörike, Keller und Hebbel; als Dichter
von der Kunstwartgemeinde
überschätzt, anfangs im Banne
Heines, später eklekt., reflexiv,
kühl ästhet., z. T. schulmeisterl.,
Stilmischung ohne eigene Ursprünglichkeit. Die Erfindung der
›großen lyr. Form‹ in ›Lebe!‹
(Verhalten der Menschenseele als
innere statt äußere Handlung) war
nicht lebensfähig. Später abstrakte Weltanschauungsdramen, von
denen Teil IV ›Julian Apostata‹
unvollendet blieb. Breitenwirkung bes. durch Anthologien
(›Dt. Lyrik d. Gegenwart‹ 1882,
›Hausbuch dt. Lyrik‹ 1902, ›Balla-

denbuch‹ 1907, ›Das fröhliche Buch‹ 1909).

W: Wandern und Werden, G. 1881; Vom Lande der Sonne, G. u. Prosa 1885; Neue Gedichte, G. 1885; Die Kinder von Wohldorf, Ep. 1887; Lebe!, Dicht. 1893; Max Klingers Griffelkunst, Es. 1895; Stimmen und Bilder, G. 1898; Avenarius-Buch, G. u. Prosa 1916; M. Klinger als Poet, Es. 1917; Faust, Dr. 1919; Baal, Dr. 1920; Jesus, Dr. 1921; Gedichte, 1923.
L: H. Wegener, 1908; L. Avenarius, Avenarian. Chronik, 1912; G. Kratzsch, Kunstwart u. Dürerbund, 1969.

Ayrenhoff, Cornelius Hermann von, 28. 5. 1733 Wien – 15. 8. 1819 ebda., Jesuitenkolleg, 1751 österr. Fähnrich, 1769 Major, 1776 Oberst, 1783 Generalmajor, Generaldirektor sämtl. Invalidenkorps, 1794 Feldmarschalleutnant, 1803 fast taub und blind pensioniert. – Dramatiker in der Nachfolge des franz. Klassizismus (Racine, Boileau, den er übersetzt) und Gottscheds mit künstler. mäßigen, rhetor. Alexandrinertragödien (später Blankvers) und vielgespielten Lustspielen, von denen ›Der Postzug‹ von Friedrich II. von Preußen in ›De la littérature allemande‹ gerühmt wurde. Gegner des Sturm und Drang, Shakespeares und der Weimaraner.

W: Aurelius, Tr. 1766; Hermann und Thusnelde, Tr. 1768 (u. d. T. Hermanns Tod, 1769); Der Postzug, Lsp. 1769; Tumelicus oder der gerächte Hermann, Tr. 1770; Die große Batterie, Lsp. 1770; Dramatische Unterhaltungen eines k.k. Offiziers, Drr. 1772; Antiope, Tr. 1772; Die gelehrte Frau, Lsp. 1775; Die Liebe in Pannonien, Tr. 1777; Hermanns Traum, Tr. 1178; Virginia, Tr. (1778); Alte Liebe rostet wohl, Lsp. 1780; Irene, Tr. 1781; Das Reich der Mode, K. 1781; Schreiben eines aufrichtigen Mannes an seinen Freund, 1781; Alceste, Übs. 1782; Die Freundschaft der Weiber nach der Mode, Lsp. 1782; Kleopatra und Antonius, Tr. 1783; Erziehung macht den Menschen, Lsp. 1785; Das neue Theater der Deutschen, 1804; Der Fasching-Sonntag, Dr. 1807; Kaufmann von Triest, Dr. (1807); Kleine Gedichte, G. 1810. – SW, VI ³1814.
L: K. Berndt, 1852; W. Montag, 1908.

Ayrer, Jakob, 1543 Nürnberg – 26. 3. 1605 ebda., aus ärml. Verhältnissen, Eisenhändler in Nürnberg, 1570 nach Bamberg, dort wohl Stud. Theologie und Jura, Hof- und Stadtgerichtsprokurator ebda.; als Protestant 1593 zurück nach Nürnberg, Kaiserl. Notar- und Gerichtsprokurator. – Nach H. Sachs bedeutendster und fruchtbarster dt. Dramatiker des 16. Jh.; verknüpft in s. um 1592–1602 entstandenen 106 Tragödien, Dramen, Fastnachts- und Singspielen die Nürnberger Spieltradition mit dem Stil der Engl. Komödianten, von denen er die komische Person entlehnt. Im Gegensatz zum sonst meist episierenden dt. Theaterstil reich an überraschenden, eindrucksvollen Begebenheiten und Zufällen, Steigerung bis zu grellen Bühneneffekten und Freude an Derbgemeinen. Bei aller guten Laune Verrohung und Vergröberung der Vorlagen. Stoffe aus röm. Geschichte, dt. Heldensage (Hugdietrich, Wolfdietrich, Ortnit), griech. Sage (Theseus), Volksbüchern (Melusine), Schwanksammlungen, aber auch Nachbildungen nach Frischlin (Julius Redivivus), H. Sachs, Kyds ›Spanish Tragedy‹ und Shakespeare (›Sidea‹ = Sturm, ›Phänicia‹ = Viel Lärm um Nichts). Schablonenhafte Charakteristik, Vorliebe für starke Kontraste, naturalist. Gebaren und prunkvolle Ausstattung (erstmals genaue Bühnenanweisungen!) mit vielen Figuren; wohl wenig gespielt. Für die Zwischenakte erstmals dt. Singspiele als Nachbildung der engl. Jigs, mit stroph. Rollenverteilung wie beim Meistersang, in den Fastnachtsspielen, die die Entwicklung bis zum Sturm und Drang abschließen, stets Knittelverse. 69

Stücke erhalten; Nachwirkung bei Tieck (›Dt. Theater‹) und Arnim (›Janns erster Dienst‹). Unbedeutend als Vf. einer ungedruckten stroph. Psalmenbearbeitung von 1594 und einer Reimchronik der Stadt Bamberg 900–1599 (hg. J. Heller, 1838).

A: Opus Theatricum, Drr. VI 1618; Dramen hg. A. v. Keller, V 1864 f. (n. 1973).
L: W. Wodick, A.s Dramen, 1912; G. Höfer, D. Bildung J. A.s, 1929.

Babo, Joseph Marius von, 14. 1. 1756 Ehrenbreitstein – 5. 2. 1822 München. Stud. Ästhetik, 1774 Geh. Sekretär Mannheim, 1778 Intendant der kurfürstl. Theatergesellschaft in Mannheim, später München (1792–1810); 1789 Studiendirektor der Militärakademie und 1799 kurfürstl. Bücherzensurrat in München. – E. der bedeutendsten Ritterdramatiker in der Nachfolge von Goethes ›Götz‹, von bildkräftiger Sprache, bühnenwirksam und vielgespielt auch s. bürgerl. Lustspiele aus dem Gegensatz von biederem Bürger und charakterlosem Adligen.

W: Arno, Dr. 1776; Das Winterquartier in Amerika, Lsp. 1778; Dagobert der Franken König, Tr. 1779; Die Römer in Teutschland, Dr. 1780; Cora und Alonzo, Melodr. 1780; Reinhold und Armida, Op. 1780; Otto von Wittelsbach, Tr. 1782 (n. DNL 138, 1891); Die Maler, Lsp. 1782; Oda, die Frau von zween Männern, Tr. 1782; Das Fräulein Wohlerzogen, Lsp. 1783; Das Lustlager, Sgsp. 1783; Gemälde aus dem Leben der Menschen, En, 1784; Die Strelitzen, Dr. 1790; Bürgerglück, Lsp. 1792; Der Frühling, Fsp. (1799); Neue Schauspiele, 1804; Albrechts Rache für Agnes (Forts. von Törrings ›Agnes Bernauer‹ nach Babo von T. F. von Ehrimfeld), Dr. 1808.
L: L. Pfeuffer, II 1913–22.

Bach, Ernst → Arnold, Franz

Bach, Rudolf, 14. 9. 1901 München – 23. 3. 1957 ebda., Drama-

turg in Hannover, Düsseldorf und Berlin, lebte länger in Augsburg, zuletzt Chefdramaturg des Bayr. Staatsschauspiels München. – Essayist und Lyriker mit weltfrommen Natur- und Zeitgedichten, Nachdichtungen und Übersetzungen in humanist. Geist und persönl. Erleben, Nähe zu Carossa; auch Roman und Bühnendichtung.

W: Das Mary Wigman-Werk, Es. 1933; Reich der Kindheit, R. 1936; Die Frau als Schauspielerin, Es. 1937; Tragik und Größe der deutschen Romantik, Ess. 1938 (u. d. T. Deutsche Romantik, 1948); Der Aufbruch des deutschen Geistes, Ess. 1939; Ein Jahreskreis, G. 1941; Odysseus, Op. 1942; Sizilische Tage, Tgb. 1946; Aufgaben und Ziele des heutigen Theaters, Rd. 1946; Der Taugenichts, Op. (1947); Bild und Gedanke, G. u. Prosa 1947; Klage und Lob, G. 1948; Leben mit Goethe, Ess. 1960.

Bachér, Ingrid (eig. I. Schwarze, verh. Erben), * 24. 9. 1930 Rostock, hanseat.-schwed. Herkunft, Urenkelin Th. Storms; Jugend in Berlin, Stud. Hochschule für Musik und Theater Hamburg, lebte in Krefeld, München, Rom; längere Mittelamerikareise, 1960 Stipendiatin der Villa Massimo, Rom u. a.; lebt in Düsseldorf. – Erzählerin poet.-symbol. Prosa aus dem Zwischenreich von Traum, Vision und Wirklichkeit mit reichen Zwischentönen, knappen Dialogen und eindrucksstarken Naturschilderungen. Auch Hörspiele, Märchenspiele, Kinderbuch.

W: Ein Weihnachtsabend, Dr. (1957, nach Dickens); Lasse Lar oder Die Kinderinsel, E. 1958; Schöner Vogel Quetzal, R. 1959; Karibische Fahrt, Reiseb. 1961; Das Karussell des Einhorns, H. (1962); Um fünf, wenn der Klavierspieler kam, H. (1964); Ich und Ich, E. 1964; Die Ausgrabung, H. (1965); Das Kinderhaus, Kdb. 1965; Ein Tag Rückkehr, H. (1968); Verletzung, FSsp. (1972); Das Paar, R. 1980; Woldsen, R. 1982; Die Tarotspieler, R. 1986.

Bachmann, Guido, * 28. 1. 1940 Luzern; Schauspieler und Musiker in Bern, dann Basel. – Erzähler unter Einfluß H. H. Jahnns mit vorwiegend homoerot. Motiven.

W: Gilgamesch, R. 1966; Wannsee, Prosa 1967; Die Klarinette, N. 1969; Gloria/Wannsee, En. 1971; Zeit und Ewigkeit, R. III 1977–82; Echnaton, R. 1982; Die Kriminalnovellen, 1984; Der Basilisk, N. 1987.

Bachmann, Ingeborg, 25. 6. 1926 Klagenfurt – 16. 10. 1973 Rom, Jugend im Kärntner Gailtal, plante Musikstud., Stud. 1945–50 Philos. Graz, Innsbruck, Wien; 1950 Dr. phil. ebda. mit e. Diss. über die Rezeption M. Heideggers; 1950 Aufenthalt in Paris, 1951–53 Redakteurin der Sendergruppe Rot-Weiß-Rot in Wien; seit 1953 freie Schriftstellerin und Mitglied der ›Gruppe 47‹, zog 1953 nach Rom, 1957 nach München, 1958–62 mit Max Frisch in Zürich und Rom, 1963 nach Berlin, dann Uetikon/Schweiz und wieder Rom. 1955 Amerikareise. 1959/60 Dozentin für Poetik in Frankfurt. – Mehrfach ausgezeichnete Lyrikerin mit zumeist freirhythm., stark intellektuell-abstrakter Gedankenlyrik; differenzierte und nicht immer überzeugende Symbolik mit Neigung zu einer bizarren Eigenwelt der Bilder, kühl und hart im bewußt modernen Klang, eindringl. in natürl. Sprachmelodie und zwingender Wortgebärde. In lyr. getönten Hörspielen neue experimentelle Formen. Lyr.-monolog. Erzählungen von der Befreiung des Menschen aus der Unverbindlichkeit des Lebens zur wahren Existenz. Opernlibretti für H. W. Henze; Essays, Übs. Ungarettis (1961).

W: Die kritische Aufnahme der Existenzphilosophie M. Heideggers, Diss. 1949 (n. 1985); Die gestundete Zeit, G. 1953; Zikaden, H. (Hörspielbuch VI, 1955); Anrufung des Großen Bären, G. 1956; Der gute Gott von Manhattan, H. 1958; Der Prinz von Homburg, Op. 1960 (n. H. v. Kleist); Das dreißigste Jahr, En. 1961; Gedichte, Erzählungen, Hörspiele, Essays, Ausw. 1964; Ein Ort für Zufälle, Prosa 1965; Der junge Lord, Op. 1965 (n. W. Hauff); Malina, R. 1971; Simultan, En. 1972; Die Hörspiele, 1976; Wir müssen wahre Sätze finden, Interviews 1983. – Wke, IV 1978; Sämtl. Gedd., 1983.

L: I. B., hg. H. L. Arnold (Text u. Kritik 6, 1964); I. B., Eine Einf., ²1969 (m. Bibl.); H.-G. Funke, Zwei Hörspiele, 1969; B. Angst-Hürlimann, Diss. Zürich 1971; U. Thiem, D. Bildspr. d. Lyrik I. B.s, Diss. Köln 1972; H. Pausch, 1975; Interpretationen zu I. B., 1976; E. Summerfield, 1976; T. Mechtenberg, Utopie als ästh. Kategorie, 1978; M. Jurgensen, 1981; A. Hapkemeyer, 1982; Der dunkle Schatten, hg. H. Höller 1982; I. B., hg. H. Hapkemeyer 1983; A. Klaubert, Symbol. Strukturen b. I. B., 1983; M. Jakubowicz-Pisarek, Stand der Forschung z. Wk. v. I. B., 1984; I. B., 1984 (Text u. Kritik); I. B., Nantes, 1986; S. Bothner, 1986; H. Höller, 1987; Bibl.: O. Bareiss, F. Ohloff 1978.

Bachmann, Luise George, * 20. 8. 1903 Wien, Beamtentochter aus Bauerngeschlecht, Stud. Musikwiss. und Kunstgesch. Lehrerbildungsanstalt und Musikhochschule Wien, Sängerin und Organistin, bis 1938 Prof. für Musikgesch. Pädagog. Institut Wien, seither freie Schriftstellerin in Salzburg, 1945 St. Florian b. Linz und Wien. – Erfolgreiche und beliebte Erzählerin einfühlsamer hist. Künstlerromane und -novellen, auch Märchen, Lustspiele und zahlr. Hörspiele.

W: Der Thomaskantor, R. 1937; Meister, Bürger und Rebell, R. 1937; Bruckner, R. 1938; Musikantengeschichten, En. 1939; Die andere Schöpfung, R. 1940; Wirrwarr in Weimar, N. (1941); Die Entführung aus dem Auge Gottes, Ssp. (1941); Der beste, liebste Papa, N. 1941; Das Wasser rauscht, N. 1946; A. Bruckners Schweizerreise, E. 1947; Drei Kronen eines Lebens, R. 1947; Wilbing, R. 1948; Singen und Sagen, R. 1948; Goldsucher, R. 1951; Der sechsfarbige Strahl, R. 1953; Historie einer schönen Frau, N. 1954; Das Experiment, R. 1957; Die Siegerin, R. 1958; Das reiche Fräulein Jaricot, B. 1961; Beethoven contra Beethoven, Sb. 1963.

Bacmeister, Ernst, 12. 11. 1874 Bielefeld – 11. 3. 1971 Singen/Hohentwiel; Sohn e. holstein.

Verlegers und Schriftstellers in Bielefeld, Gymnas. ebda.; Stud. neuere Philol. Leipzig, Dr. phil. ebda. 1896; folklorist. Studienreise in Universitätsauftrag nach Rumänien und Ungarn, Wanderjahre als Hauslehrer in Berlin, München, Zürich, seit 1907 freier Schriftsteller in Wangen/Bodensee. – Dramatiker, feinsinniger Lyriker und Essayist, wandte sich als ›Bekenner des Geistes mit den Mitteln der Dichtung‹ gegen die Psychologisierung des Menschen und erneuerte das hist. Ideendrama um relig.-sittl. Konflikte im Sinne Hebbels und P. Ernsts: geistige Gegensätze an weltgeschichtl. Wendepunkten, Figuren als Exponenten der Idee, zumeist im Zusammenstoß zwischen persönl. Freiheit und verbindl. Gesetz, dogmat. und dogmenfreier Kirche u. ä. Neigung zu geistigen Konstruktionen und gedankl. Überlastung mit geistigen statt sinnlichen Erlebnissen, daher trotz wiederholter Aufführungsversuche nicht bühnenfähig. Beachtlich in der Auseinandersetzung um das Tragische durch s. kunst-theoret. Forderung e. Tragödie ohne Schuld und Sühne.

W: Die Rheintochter, Dr. 1897; Der Graf von Gleichen, Tr. 1898; Der Primus, Dr. 1903; Des Fliegers Traum, Lsp. 1912; Der Phantast, Tr. 1913; Barbara Stoßin, K. 1917; Gudulinde, Tr. 1918; Lazarus Schwendi, Dr. 1922; Innenmächte, 4 Drr. 1922; Überstandene Probleme, Es. 1923; Arete, Tr. 1925; Erlebnisse der Stille, En. 1927; Maheli wider Moses, Tr. 1932; Die Schlange, Lsp. 1932; Hauptmann Geutebrück, Dr. 1933; Der Kaiser und sein Antichrist, Tr. 1934; Siegfried, Dr. (1935); Kaiser Konstantins Taufe, Tr. 1937; Der Größere, Tr. 1938; Schöpferische Weltbetrachtung, Es. 1938; Wuchs und Werk, Aut. 1939; Der teure Tanz, Lsp. 1940; Theseus, Tr. 1940; Die Tragödie ohne Schuld und Sühne, Rd. 1940; Die Spur, G. 1942; Schau und Gedanke in Baden-Baden, Sk. 1943; Lyrik im Lichte, G. 1943; Vom Naturgöttlichen zum Geistgöttlichen, Rd. 1943; Der deutsche Typus der Tragödie, Es. 1943; Der indische Kaiser, Tr. 1944; Intuitionen,

Es. 1947; Essays, 1948; Die Bewertung der Maschine in der Weltschau des Geistes, Rd. 1950; Lionardo da Vinci, Tr. 1950; Innenernte des Lebens, Rdn. 1952; Der lichte Sieg, Brevier 1964; Innenmächte, Ausgew. Drr. 1966. *L:* E. Kliemke, Form u. Wesen d. Dtg. E. B.s, 1941; E. Bidschof, Diss. Wien 1942; H. Walchshöfer, Diss. Erl. 1959.

Bächler, Wolfgang (Ps. Wolfgang Born), * 22. 3. 1925 Augsburg; Sohn e. Staatsanwalts, Schulbesuch Augsburg, Bamberg, München und Memmingen; 1943–45 Kriegsdienst in Frankreich und Italien; Stud. Lit.wiss. München, 1948 Journalist und Kritiker für Funk und Presse in Hamburg, Stuttgart und Berlin, 1956 Auslandskorrespondent in Paris, seit 1959 in Blotzheim/Elsaß, Westheim und München. – Lyriker und Erzähler von eigener Form – mit Anklängen an Trakl –, persönl. Erleben und gottsucherischer Hoffnung in schlichten Versen. Übs. von A. Morriën.

W: Der nächtliche Gast, R. 1950; Die Zisterne, G. 1950; Lichtwechsel, G. 1955; Lichtwechsel II, G. 1960; Türklingel, G. 1962; Türen aus Rauch, G. 1963; Traumprotokolle, Prosa 1972; Ausbrechen, Ges. G. 1976; Stadtbesetzung, Prosa 1979; Nachtleben, G. 1982; Die Erde bebt noch, G. 1982.

Bäte, Ludwig, 22. 6. 1892 Osnabrück – 30. 4. 1977 ebda.; Lehrer, 1928 Mittelschulleiter in Osnabrück, seit 1945 Kulturdezernent und Stadtarchivar ebda. Freund von J. Schlaf. – Erzähler mit Vorliebe für das Idyllisch-Kleinstädtische, Lyriker, Essayist: Schriften zur Literatur-, Kunst- und Kulturgesch., Herausgeber und Übersetzer.

W: Weisen im Walkranz, G. 1915; Sommerfahrten, G. 1916; Feldeinsamkeit, G. 1917; Mondschein und Giebeldächer, G. u. Prosa 1919; Rast auf Wanderung, G. 1921; Das ewige Vaterland, En. 1922; Die Amsel, G. 1922; Die Reise nach Göttingen, E. 1922; Im alten Zimmer, En. 1923; Mond über Nippenburg, G. 1924; Aus goldenen Gassen, En.

1925; Weg durch Wiesen, G. 1926; Gang ins Gestern, N. 1927; Verschollenes Schicksal, En. 1927; Verklungene Stunden, En. u. G. 1928; Novellen um Osnabrück, 1930; Lied nach Süden, G. 1931; Der Brand in Berka, En. 1932; Der Friede, R. 1934; Worpswede, G. 1934; Der Schoner ›Johanna‹, R. 1936; Herz in Holland, E. 1936; Die Blume von Isenheim, Nn. 1937; Bühne im Morgenrot, R. 1938; Fenster nach Norden, En. 1939; Vergiß nicht, daß du Flügel hast, G. 1941; Schwegerhoff, E. 1944; Legende von den vier Frauen, E. 1944; Der Weg zu ihr, B. 1946; Der trunkene Tod, N. 1947; Begegnungen, Aut. 1947; Weg und Ziel, G. 1947; Johanneslegende, 1947; Amore Pacis, Dicht. 1948; Der Friedensreiter, E. 1948 (u. d. T. Der Kurier der Königin, 1955); Der Morgenstern, G. 1948; Herrn Lichtenbergs Irrtum, E. 1950; Alles ist Wiederkehr, G. 1952; Weimar, Schr. 1956; Rosen nach Lidice, E. 1956; Flechte enger den Ring, G. 1957; Meisenheimer Novelle, Dicht. 1958; J. Moser, B. 1961; Weimarer Elegie, G. 1961; Gustav Adolfs Sohn, B. 1962; Goethe und die Osnabrücker, Schr. 1970.
L: L. B., hg. B. Haller 1978.

Bäuerle, Adolf (eig. Johann Andreas B., Ps.: Otto Horn, J. H. Fels), 9. 4. 1786 Wien – 19. 9. 1859 Basel; Fabrikantensohn, Praktikant (Beamter) bei der Bankaladministration, seit 1810 freier Journalist, gründete 1806 die ›Wiener Theater-Zeitung‹, nebenher 1809–28 Sekretär des Leopoldstädter Theaters, 1848 Gründer und Redakteur der ›Geißel‹ und des ›Österr. Volksboten‹; flüchtete wegen hoher Schulden 1859 in die Schweiz. – Meister der Wiener Lokalposse u. bedeutendster Vorläufer Raimunds mit über 80 meist ungedruckten Zauber- und Lustspielen von schlagendem Witz und Humor, satir. Sitten- und Kulturkritik und z. T. seichter Gemütlichkeit, am erfolgreichsten: ›Der Fiaker als Marquis‹ (1816), ›Der verwunschene Prinz‹ (1818), ›Der Freund in der Not‹ (1818), ›Die falsche Primadonna‹ (1818), ›Aline‹ (1822), ›Wien, Paris, London und Constantinopel‹ (1823), ›Die schlimme Liesel‹

(1823) und ›Lindane‹ (1824). Schuf 1813 in ›Die Bürger in Wien‹ die typ. wiener. Bühnenfigur des Parapluiemachers Staberl. Vf. der Lieder ›Kommt a Vogerl geflogen‹ und ›Ja, 's gibt nur a Kaiserstadt‹. Auch Theaterromane.
W: Komisches Theater, VI 1820–26; Therese Krones, R. V 1854; F. Raimund, R. III 1855; Ausw. O. Rommel II 1909–11; DLE Rhe. Barocktradition Bd. 3–4, 1937–39.
L: R. Fürst, Raimunds Vorgänger, 1907.

Bäumer, Gertrud, 12. 9. 1873 Hohenlimburg/Westf. – 25. 3. 1954 Bethel. b. Bielefeld, Tochter e. Theologen, später Kreisschulinspektors; Schule Halle und Magdeburg, 6 Jahre Volksschullehrerin, 1898–1904 Stud. Germanistik, Philos. und Sozialwiss. Berlin, Dr. phil. 1904; seit 1899 Hausgenossin von Helene Lange, mit ihr und F. Naumann führend in der Frauenbewegung. 1912 Mitarbeiterin von F. Naumann und Th. Heuss an der Zs. ›Die Hilfe‹, später an der Zs. ›Die Frau‹, 1910 Vorsitzende des Bundes dt. Frauenvereine, im 1. Weltkrieg Schöpferin des Nationalen Frauendienstes, 1916–20 Leiterin des Sozialpädagog. Instituts Hamburg, 1920–33 als Abgeordnete der Demokrat. Partei Mitgl. des Reichstags u. Ministerialrätin im Reichsinnenministerium, schulpolit. Abt.; nach 1933 Schriftstellerin, Vortragsreisen, wohnt in Berlin, später Bad Godesberg. – Sozial- und kulturpolitische Schriftstellerin im Dienste der Frauenbewegung, Vf. kultivierter hist. Romane aus dem dt. MA. in neuromant. Geist ohne dichter. Ansprüche.
W: Handbuch der Frauenbewegung (m. Helene Lange), V 1901–06; Sonntag mit Silvia Monika, E. 1933; Ich kreise um Gott. Der Beter R. M. Rilke, Schr. 1935; Adelheid, Mutter der Königreiche, R. 1936–37; Der

Park, R. 1937; Krone und Kreuz, 1938; Der Berg des Königs R. 1938; Gestalt und Wandel, B.n 1939 (erw. II 1958 f.); Die Macht der Liebe, Dante-B. 1942; Der Jüngling im Sternenmantel. Größe und Tragik Ottos III., B. 1947; Der Dichter Fritz Usinger, B. 1947; Eine Woche im Mai, E. 1947; Frau Rath Goethe, B. 1949; Ricarda Huch, B. 1949; Die drei göttlichen Komödien des Abendlandes, Schr. 1949; Das königliche Haupt, E. 1951; Im Licht der Erinnerung, Aut. 1953; Des Lebens wie der Liebe Band, Br. 1956.
L: W. Goetz, Gabe f. G. B., 1931.

Baggesen, Jens Immanuel, dän. Dichter, 15. 2. 1764 Korsør/Seeland – 3. 10. 1826 Hamburg, Sohn e. Kornschreibers, selbst Schreiber, Stud. seit 1785 in ärml. Verhältnissen in Kopenhagen, erhielt für s. ›Komischen Erzählungen‹ e. Reisestipendium, reiste Mai 1789 mit Friederike Brun u. F. Cramer durch Dtl., Schweiz u. Frankreich; Bekanntschaft mit den bedeutendsten dt. Schriftstellern: Voß, Klopstock, Gerstenberg, Knigge, Wieland, Reinhold, Schiller (dem er 1791 das dän. Stipendium vermittelte), ⚭ 1790 Sophie Haller, Enkelin des Dichters, wohnte dann in Kopenhagen, ging aus Gesundheitsrücksichten auf s. Frau und 2 Kinder 1793 nach Bern und reiste von dort mit Fernow nach Rom, erhielt 1796 einträgl. Ämter in Kopenhagen; nach Tod der Frau 1797 häufige Reisen nach Paris (Revolution, Napoleon), 1799 kurz Mitdirektor des Kgl. Theaters Kopenhagen, nach Mißerfolg s. Oper ›Holger Danske‹ und polit. Anfeindungen 1800 nach Paris; 1811–14 nominell Prof. der dän. Sprache in Kiel, 1812 Justizrat in Kopenhagen, lit. Fehde mit der dän. Romantik u. Öhlenschläger, lebte abwechselnd in Kopenhagen und Paris, seit 1825 krank in den Bädern Karlsbad, Teplitz, Marienbad und Dresden und starb auf der Heimreise nach Dänemark. – Schrieb in dän. und dt. Sprache, Wortführer des Klassizismus gegen die Romantik, starkes kom. und satir. Talent von Eleganz des Stils und Glätte der Form unter Einfluß von Klopstock, Wieland und Voltaire, zumal in den kom. Epen.

W: Comiske Fortællinger, En. 1785 (Comische Erzählungen, d. 1792); Ungdomsarbeider, G. II 1791; Holger Danske, Op. 1790; Labyrinten, Reiseb. II 1792 f. (Das Labyrinth, d. V. 1793–95, n. 1986, u. d. T. Humoristische Reise, 1801); Halleluja der Schöpfung, G. 1798: An Bonaparte, G. 1800; Gedichte, II 1803; Parthenais, kom. Ep. 1804; Skiemtsomme Riimbreve, G. 1806; Giengangeren og ham selv, G. 1807; Nye blandede Digte, 1807; Heideblumen, G. 1808; Der Karfunkeloder Klingklingel-Almanach, Parodie 1809 (n. G. Schulz 1978); Poetiske Epistler, 1814; Der Himmelruf an die Griechen, G. 1826; Adam und Eva, kom. Ep. 1826; Poetiske Werke, V 1836; Briefwechsel mit Reinhold und Jacobi, II 1831; Fragmente, 1855; Philosophischer Nachlaß, II 1858–63; Blätter aus dem Stammbuch, 1893. – Danske Værker, XII ²1845–47; Poetiske Skrifter, V 1889–1903.
L: A. Baggesen, IV Koph. 1843–56; K. Arentzen, B. og Oehlenschläger, VIII Koph. 1870–78; J. Clausen, 1895; K. Tiander, 1913; O. E. Hesse, B. u. d. dt. Philos., Diss. Lpz. 1914; E. Reumert, Elskovs labyrinther, Koph. 1926; Å. Henriksen, Den rejsende, Koph. 1961; C. Dumreicher, Koph. 1964; L. L. Albertsen, Odins mjød, Aarhus 1969; Bibl.: K. F. Plesner, Koph. 1943.

Bahl, Franz, ⭑ 1. 10. 1926 Čib/Jugoslawien; Lehrer in Frankfurt/M. – Erzähler aus der Welt der Donauschwaben in Kriegs- und Nachkriegszeit.
W: Schwarze Vögel, E. 1957; Patrouillen der Nacht, R. 1960; Spuren im Wind, En. 1960; Die Donau, Bb. 1961.

Bahr, Hermann, 19. 7. 1863 Linz/Donau – 15. 1. 1934 München, Notarssohn; 1881 Stud. klass. Philologie, Jura und bes. Nationalökonomie Wien, Graz, Czernowitz und Berlin, 1884–87 in Berlin Fühlungsnahme mit dem Naturalisten A. Holz und Kretzer, 1888 in Paris Erwachen zum Künstlertum; Reise durch Frankreich, Spanien und Marokko;

1889 von O. Brahm zum Mitleiter des Zs. ›Die Freie Bühne‹ nach Berlin berufen, Lektor des S. Fischer Verlags, Freund von A. Holz und J. Kainz, Reisen durch Rußland (1891 Petersburg) und Schweiz; seit 1891 freier Schriftsteller und Kritiker in Wien, seit 1. 10. 1894 Mithrsg. der liberalen Wochenschrift ›Die Zeit‹, seit 1898 Theaterkritiker am freisinnigen ›Neuen Wiener Tagblatt‹, 1906/07 Regisseur unter Reinhardt am ›Dt. Theater‹ Berlin, ⚭ 1909 die Wagner-Interpretin und Wiener Hofopernsängerin Anna von Mildenburg; 1912 Übersiedlung nach Salzburg, 1916 Wiederbekehrung zum kath. Glauben, 1918 1. Dramaturg am Burgtheater Wien, dann wieder in Salzburg, 1922 dauernde Niederlassung in München. – Geistreich anregender Essayist und Kritiker von ungewöhnl. Empfänglichkeit für das Aktuelle und Mondäne und proteusartiger Wandlungsfähigkeit, daher als Interpret der wechselnden lit. Richtungen 1890–1920 nie bei der Modeströmung verweilend, sondern immer schon das Künftige vorwegnehmend und in allen Stilarten experimentierend: Wandlung vom Naturalismus zum Dekadent, Neuromantiker, Impressionisten und Expressionisten, vom freisinnigen deutschnationalen Burschenschaftler zum kath. österr. Patrioten. Einfluß auf die bildende Kunst. Erzähler psycholog. interessanter Gesellschaftsromane zumeist aus der Theaterwelt; von e. geplanten Zyklus von 12 Kulturromanen der österr. Vor- und Nachkriegszeit nur 7 vollendet. Erfolgr. Dramatiker von reicher szen. Erfindungsgabe, geschickter Bühnentechnik, anmutiger Dialogführung und iron.-satir.

Dialektik zumal in der Wiener Gesellschaftskomödie als Nachfolger Bauernfelds, stofflich um das Verhältnis der Geschlechter und die innere Freiheit des Menschen kreisend, am erfolgreichsten ›Das Konzert‹.

W: Die neuen Menschen, Dr. 1887; Zur Kritik der Moderne, Es. 1890; Die Überwindung des Naturalismus, Es. 1891; Die Mutter, Dr. 1891; Theater, R. 1897; Das Tschaperl, Dr. 1898; Josephine, Dr. 1899; Der Franzl, Dr. 1900; Der Krampus, Lsp. 1902; Wirkung in die Ferne u. a., Nn. 1902; Der Meister, K. 1904; Dialog vom Marsyas, 1905; Ringelspiel, K. 1907; Die Rahl, R. 1908; Das Konzert, Lsp. 1909; Stimmen des Blutes, Nn. 1909; Drut, R. 1909; O Mensch, R. 1910; Die Kinder, K. 1911; Das Prinzip, Lsp. 1912; Inventur, Es. 1912; Das H.-B.-Buch, Es. 1913; Expressionismus, Es. 1916; Himmelfahrt, R. 1916; Die Stimme, Dr. 1916; Die Rotte Korahs, R. 1919; Burgtheater, Es. 1920; Selbstbildnis, Aut. 1923; Sendung des Künstlers, En. 1923; Liebe der Lebenden, Tg. III 1924; Der inwendige Garten, R. 1927; Österreich in Ewigkeit, R. 1929; Meister und Meisterbriefe um H. B., 1947; Essays und Kritiken, hg. H. Kindermann II 1962f.; Zur Überwindung des Naturalismus, Ess.-Ausw. hg. G. Wunberg 1968; Briefw. m. s. Vater, hg. A. Schmidt 1971; m. J. Redlich, hg. F. Fellner 1980.

L: W. Handl, 1913; W. Meridies, 1927; P. Wagner, D. junge H. B., Diss. Gießen 1937; H. Kindermann, 1954 (m. Bibl.); C. Prodinger, Diss. Innsbr. 1963; E. Widder, 1963; K. Nirschl, 1964; E. Chastel, Paris II 1977; D. G. Daviau, Der Mann von Übermorgen, 1984; ders., Boston 1985.

Baierl, Helmut, * 23. 12. 1926 Rumburg/Tschechoslowakei; Stud. 1949–51 Slawistik Halle; Russisch-Dozent; 1955–57 am Lit.-Institut ›J. R. Becher‹ Leipzig, dann Verlagslektor in Leipzig, seit 1959–67 Mitarbeiter und Dramaturg des Berliner Ensembles, dann freier Schriftsteller in Berlin. – Laienspielautor und Dramatiker mit naiven sozialist. Agitations- und Besserungsstücken aus der DDR-Gegenwart im Anschluß an Brechts Lehrstücke, doch ohne dessen sprachliche Prägnanz, und Volkskomödien.

W: Die Feststellung, Dr. (1958); Frau Flinz, K. 1961; Mysterium buffo, Bearb. (1967, n. Majakovskij); Johanna von Döbeln, Dr. 1969; Schlag 13, Dr. (1971); Die Lachtaube, K. 1974; Die Köpfe oder Das noch kleinere Organon, En. 1974; Der Sommerbürger, K. (1976); Kirschenpflücken, K. (1979).

Bakos, Eva, * 26. 8. 1929 Wien; Journalistin ebda. – Erzählerin amüsant-iron. Wiener Frauenromane.
W: Witwe à la carte, R. 1973; Heirate nur keine Wienerin, En. 1975; Ein wunderbarer Wüstling, En. 1977; Das gläserne Wappen, R. 1980; Die silberne Brücke, R. 1982.

Balde, Jakob, 4. 1. 1604 Ensisheim/Elsaß – 9. 8. 1668 Neuburg/Do., seit 1615 Jesuitengymnas. Ensisheim, 1620 Jesuitenschule Molsheim, seit Einfall der Mansfeldischen Truppen im Elsaß 1622–26 Stud. Rechte Ingolstadt; 1624 Eintritt in den Jesuitenorden. 1626–28 Lehrer am Gymnas. München, 1627 erstes Auftreten als Dramatiker, Oktober 1628 – Herbst 1630 Prof. der Rhetorik Gymnas. Innsbruck. Herbst 1630 Theologiestud. in Ingolstadt, 1633 Priesterweihe, 1635 Prof. der Rhetorik ebda., 1637 am Gymnas. München, 1638 Hofprediger und bayr. Prinzenerzieher, 1646 Aufgabe der Ämter aus gesundheitl. Gründen, bis 1648 Bayr. Hofhistoriograph. 1650–53 Kanzelredner in Landshut, 1653/ 54 in Amberg, seit 1654 pfalzgräfl. Hofprediger in Neuburg/Do. – Bedeutender neulat. Dichter: Epiker, Dramatiker, Satiriker und bes. Lyriker, der in horazischen Strophenformen und Motiven und gebändigter Rhetorik christl. Stoizismus und barockes Lebensgefühl einfängt. Selbständige Erfassung der antiken Vorbilder mit Gedankentiefe, feiner Einfühlung und religiöser Innerlichkeit des kath. Glaubens. Oden voll Gemütsinnigkeit, Naturfreude und echter seel. Erschütterung (dt. in Herders ›Terpsichore‹ 1795) neben bildungshaften moral. Begriffsgedichten; Jagdlieder, persönl. Marienoden von ekstat. Glut und männl. Pathos, polit. Zeitgedichte aus nationaler Gesinnung und Begeisterung für Deutschlands Größe voll Jammer über den Niedergang durch Kriegsverwüstungen, Satiren auf Laster und Krankheiten. Jesuitendramen. Am wenigsten wertvoll die ungelenken dt. Gedichte in quantitativer Metrik. Einfluß auf Gryphius und Herder (›Terpsichore‹, 1795), die B. übersetzten.
W: Batrachomyomachia, Ep. 1637; Poema de vanitate mundi, G. 1638; Opera poetica, G. II 1640; Lyricorum libri IV, Epodon liber I, G. 1643; Sylvae lyricae, G. II 1643–46; Agathyrsus und Ehrenpreiß Mariae, G. 1647; Medicinae gloria, G. 1651; Jephtias, Tr. 1654; Antagathyrsus, G. 1658; Poemata, G. IV 1660; Solatium podagricorum, G. 1661; Urania victrix, G. 1663; Expeditio Polemica-Poetica, Satire 1664. – Opera poetica omnia, VIII 1729; Carmina lyrica, hg. F. Hipler 1856, hg. B. Müller 1884; Ausgew. Dichtgn., dt. hg. M. Schleich, J. Schrott 1870; Interpretatio Somnii de cursu Historiae Bavariae, hg. J. Bach 1904; Via crucis, dt. v. Kühlwein 1918; Dichtgn., lat. u. dt. hg. M. Wehrli 1963; Dt Dichtungen, hg. R. Berger 1983.
L: G. Westermayer, 1868; J. Bach, 1904; A. Henrich, D. lyr. Dichter. J. Baldes, 1915; M. H. Müller, Parodia christiana, 1964; J. B.-Fs., 1968; R. Berger, 1972; J. Galle, D. lat. Lyr. J. B.s, 1973; U. Herzog, Divina Poesis, 1976; J. B. u. s. Zeit, 1986.

Ball, Hugo, 22. 2. 1886 Pirmasens – 14. 9. 1927 Sant' Abbondio/ Tessin, Sohn e. Schuhwarenfabrikanten, nach Schulbesuch kaufm. Lehrling in e. Ledergeschäft. Gymnas. Zweibrücken, 1906 Stud. Philos. und Soziologie München, Heidelberg und Basel ohne Abschluß, 1910 Regieausbildung im Reinhardt-Seminar Berlin, dann Dramaturg in Plauen u. a., 1913 Dramaturg der Kammerspiele München, Wegbereiter des expressionist. Theaters; Verkehr im Kreis des ›Blauen Reiters‹. 1914 auf dem Kriegsschauplatz in Belgien zum erbitterten Kriegsgegner geworden, 1915 Emigration in die Schweiz mit Emmy Hennings. 1916 in Zürich (›Cabaret Voltaire‹) Mitbegründer des Dadaismus, eigene Lautgedichte. 1917 Aufenthalt im Tessin und Abwendung vom Dadaismus, 1917–19 Redakteur der ›Freien Zeitung‹ in Bern, als Journalist unter Einfluß Bakunins. ⊙ 21. 2. 1920 Emmy Hennings, Deutschlandreise, Konversion zur kath. Kirche, seither zurückgezogen in Agnuzzo/Tessin; 1924/25 in Italien und Rom. Freund H. Hesses. – Unruhiger, wandlungsfähiger Dramatiker, Erzähler, Essayist und scharfer Zeitkritiker, kam aus dem Lebensgefühl der Bohème zur Ablehnung des Protestantismus, myst. Frömmigkeit und leidenschaftl. Unduldsamkeit.

W: Die Nase des Michelangelo, Tragikom. 1911; Der Henker von Brescia, Dr. 1914; Flametti oder vom Dandysmus der Armen, R. 1918 (n. 1975); Almanach der Freien Zeitung 1917/18 (hg.), 1918; Zur Kritik der deutschen Intelligenz, Ess. 1919 (n. 1970, Ausz. u. d. T. Die Folgen der Reformation, 1924); Byzantinisches Christentum, Schr. 1923; Die Flucht aus der Zeit, Tgb. 1927 (Ausz. u. d. T. Die Kulisse, 1971); H. Hesse, B. 1927; Briefe 1911–1927, 1957 (m. Bibl.); Ges. Ged. 1963; Tenderenda der Phantast, R. 1967; Der Künstler und die Zeitkrankheit, Ess. 1984; Nero, Tr. 1985. – Damals in Zürich, Br. 1978.
L: E. Ball-Hennings, 1929 u. 1931; dies., Ruf u. Echo, 1953; E. Egger, 1951; G. E. Steinke, Haag 1967; G. Stein, D. Inflation d. Sprache, 1975; H. B.-Almanach, 1977 ff.; E. Teubner, hg. 1986.

Ballestrem → Adlersfeld-Ballestrem, Eufemia von

Ball-Hennings, Emmy, 17. 1. 1885 Flensburg – 10. 8. 1948 Sorengo b. Lugano; geb. Cordsen,

Kleinbürgerfamilie, 1902 ⊙ Schriftsetzer Hennings, unbürgl. Leben: Dienstmädchen, Schauspielerin und Vortragskünstlerin e. Wanderbühne (Berlin, Budapest, München), zeitweilig Arbeiterin in e. Zigarettenfabrik; lernte 1912 im Münchner ›Simplizissimus‹ H. Ball kennen, folgte ihm 1915 in die Emigration nach Zürich (Auftreten im ›Cabaret Voltaire‹), nach Heirat 1920 im Tessin (Agnuzzo und Magliaso), dort Vortrags- und Kunstreisen nach Dtl. und Italien. – Lyrikerin und Erzählerin; autobiograph. Werke und Biographien ihres Gatten.

W: Die letzte Freude, G. 1913: Gefängnis, R. 1919 (n. 1985); Das Brandmal, R. 1920; Helle Nacht, G. 1922; Das ewige Lied, Dicht. 1923; Der Gang zur Liebe, Schr. 1926; Hugo Ball, Ausw. 1929; H. Balls Weg zu Gott, B. 1931; Die Geburt Jesu, E. 1932; Blume und Flamme, E. 1938 (n. 1987); Der Kranz, G. 1939; Das flüchtige Spiel, B. 1940; Märchen am Kamin, En. 1943; Das irdische Paradies, Leg. 1945; Ruf und Echo, Aut. 1953; Briefe an H. Hesse, 1956; Damals in Zürich, Br. 1978.

Bamberg, Egen von → Egen von Bamberg

Bamberger, Ludwig → Berger, Ludwig

Bamm, Peter (eig. Curt Emmrich), 20. 10. 1897 Hochneukirch b. Mönchengladbach – 30. 3. 1975 Zürich; Kriegsfreiwilliger, Stud. Medizin und Sinologie München, Göttingen, Freiburg, Dr. med., Chirurg. Weltreisen als Schiffsarzt: 1926–34 China-Mexiko-Westafrika, Firmenvertreter in China, Facharzt für Chirurgie in Berlin-Wedding, seit 1932 freier Schriftsteller, im 2. Weltkrieg Stabsarzt an der Ostfront, danach in Königssee/Obb., 1952–57 Studienreisen in vorderen und mittl. Orient und Griechenland. Lebte danach in Baden-Baden, dann in Zollikon b. Zürich. – Begann als geistreich-tiefsinn. Plauderer mit heiter-iron. Feuilletons um unscheinbare Tagesereignisse in der ›Deutschen Allgemeinen Zeitung‹ und ›Deutschen Zukunft‹, Diagnostiker des Allzumenschlichen, und ließ Essays, Kriegserinnerungen und kurzweilige kulturhist. Reiseberichte folgen.

W: Die kleine Weltlaterne, Feuilletons 1935; Der i-Punkt, Feuilletons 1937; Der Hahnenschwanz, Feuilletons 1939; Ex ovo, Essays über die Medizin, Feuilletons (4. erw. 1956); Feuilletons, Ausw. 1949 (u. d. T. Die kleine Weltlaterne, 1953); Die unsichtbare Flagge, Ber. 1952; Frühe Stätten der Christenheit, Ber. 1955 (II: Bb. 1958); Wiege unserer Welt, Bb. 1958; Welten des Glaubens, Bb. 1959; An den Küsten des Lichts, Reiseb. 1961; Anarchie mit Liebe, Feuilletons 1962; Alexander oder Die Verwandlung der Welt, B. 1965; Alexander der Große, Bb. 1968; Adam und der Affe, Ess. 1969; Eines Menschen Zeit, Erinn. 1972; Am Rande der Schöpfung, Feuilletons 1974; Ein Leben lang, Feuilletons 1976; Eines Menschen Einfälle, Feuilletons 1977. – Wke, II 1967; SW, V 1976.

Barlach, Ernst, 2. 1. 1870 Wedel/ Holst. – 24. 10. 1938 Rostock, Arztsohn aus holstein. Schneider- und Pastorenfamilie; Jugend bis 1883 in Ratzeburg, 1884 Realschule Schönberg, 1888 Kunstgewerbeschule Hamburg, 1891–95 Dresdener Akademie, 1895 Akademie Julien in Paris, 1897 in Friedrichsroda, Paris und Altona, 1899–1901 in Berlin, 1901–04 in Wedel; 1900 und 1904 erste Ausstellungen in Berlin. 1904/05 Lehrer der Keramikfachschule Höhr. 1906 zweimonatige Rußlandreise, entscheidend für die Erkenntnis des eigenen, der südl. Formenwelt fernstehenden Kunstwollens. 1906–09 in Berlin, 1909 Florenz, seit 1910 fester Wohnsitz in Güstrow/Meckl., 1911 Hollandreise, 1912 Besuch Däublers, 1914 Helfer im Kinderhort. 1919 Mitgl. der Berliner, 1925 der Münchner Akademie der Künste, 1924 Kleistpreis, 1933 Orden Pour le mérite, danach Bücherverbrennung, Aufführungsverbot und zunehmende Verfemung wegen ›ostischer Kulturgesinnung‹, Entfernung s. Bildwerke aus Kirchen und Museen. Begräbnis in Ratzeburg. – Bedeutender Bildhauer, bes. Holzbildschnitzer, und Graphiker, bes. Holzschnitte. Schwer zugängl. eigenwilliger niederdt. Dichter von ekstat. Gefühl, visionärer Bildkraft, hohem Ethos und bilderreich-dunklem Stil in schwerfällig-gehämmertem Rhythmus. Aus der norddt.-protestant. Mystik erwachsener Dramatiker des ruhelosen Gottsuchertums, der Erdenschwere im Zwiespalt zwischen Stoff und Geist und der religiösen Wiedergeburt des Menschen als Selbstbefreiung aus der Trägheit des Stofflichen. Symbol. Gestaltung äußerer und innerer Vorgänge in trag.-grotesken, ausdrucksstarken Situationen an der Grenze von Realität und gespenstigem Traumspiel: expressionist. Bilderfolgen ohne traditionellen Handlungsaufbau und dramat. Gegeneinander als qualvoll-mühsame Dialoge der ringenden, aus den Abgründen aufstrebenden Seelen, eig. monolog. Seelenvorgänge. Trotz der gewichtigen Thematik – innere Leere e. gottlosen Zeitalters, Verwandlung alles Menschlichen und Lösung aus der Erdenschwere – gelegentlich kauzig-hintergründiger Humor und aus religiösen Quellen gespeiste Ironie. Die tiefgründighumorvollen erzähler. Werke fast durchweg Fragmente; sonstige Prosa mehr private Aufzeichnungen mit Tagebuchcharakter. B.-Museum Hamburg und Güstrow/ Meckl.

W: Der tote Tag, Dr. 1912; Der arme Vetter, Dr. 1918; Die echten Sedemunds, Dr. 1920; Der Findling, Dr. 1922; Die Sündflut, Dr. 1924; Der blaue Boll, Dr. 1926; Ein selbsterzähltes Leben, Aut. 1928; Die gute Zeit, Dr. 1929; Fragmente aus sehr früher Zeit, Prosa 1939; Rundfunkrede, 1947; Aus seinen Briefen, 1947; Der gestohlene Mond, R. 1948; Seespeck, R. 1948; Sechs frühe Fragmente, 1948; In eigener Sache, Schr. 1949; Sechs kleine Schriften zu besonderen Gelegenheiten, 1950; Güstrower Fragmente, Prosa 1951; Drei Pariser Fragmente, 1952; Leben und Werk in seinen Briefen, 1952; Kunst im Krieg, Schr. 1953; Zehn Briefe an einen jungen Dichter, 1954. – Das dichterische Werk, III 1956–59; Frühe und späte Briefe, 1962; Die Briefe, II 1968 f.
L: F. Schult, B. im Gespräch, ³1948; P. Fechter, 1957; H. Dohle, 1957; W. Muschg, 1957; W. Flemming, 1958; P. Schurek, Begegnungen m. E. B., ³1959; ders. Bb. 1961; H. Franck, 1961; Zugang zu E. B., 1961; A. Muschg, Diss. Zürich 1961; G. Bevilacqua, Urbino 1961; H. Meier, D. verborgene Gott, 1963; A. Werner, N. Y. 1966; G. Gloede, 1966; E. M. Chick, N. Y. 1967; H. Gross, Z. Seinserfahrg. b. E. B., 1967; C. D. Carls, *1969; K. Graucob, E. B.s Dramen, 1969; E. B.-Werk u. Wirkung, hg. E. Jansen 1972; H. Schindler, hg. 1972; E. B.-Leben im Werk, hg. N. Jackson-Groves 1972; H. Kaiser, D. Dramatiker E. B., 1973; H. Falkenstein, 1978; E. Piper, E. B. u. d. nat.-soz. Kunstpolitik, 1983; C. Krahmer, 1984; M. Heukäufer, Spr. u. Ges. i. dram. Wk. E. B.s, 1985; T. Creppon, 1987; Bibl.: W. Gielow, 1954; Werkverzeichn.: F. Schult, III 1960–71.

Baroth, Hans Dieter (eig. Dieter Schmidt), *12. 2. 1937 Oer-Erkenschwick; Bergarbeiter, Gewerkschaftsfunktionär, Journalist in Düsseldorf. – Erzähler kunstloser Prosa aus der Arbeitswelt.

W: Aber es waren schöne Zeiten, R. 1978; Streuselkuchen in Ickern, R. 1980; Gebeutelt, aber nicht gebeugt, E. 1981; Das Gras wuchs ja umsonst, R. 1983; Das Revierbuch, Prosa 1985.

Bartels, Adolf, 15. 11. 1862 Wesselburen/Dithm. – 7. 3. 1945 Weimar; Schlossersohn, 1877–82 Gymnas. Meldorf, wegen Geldmangel abgebrochen, Privatlehrer in Hamburg, 1883 Schreiber und 1884/85 Vortragsredner in Wesselburen; Stud. Geschichte, Philos., Lit.- und Kunstgesch.

1885 Leipzig, 1887 Berlin, freier Schriftsteller ebda., 1889 Redakteur in Frankfurt, seit 1895 Schriftsteller in Weimar, 1905 Professorentitel. – Schriftsteller und Kulturpolitiker, als Dramatiker, Lyriker und Erzähler in nüchtern-realist. und lehrhaftem Stil Programmatiker der von ihm mitbegründeten Heimatkunst aus der Verbindung von Historie und Landschaft mit national-völk. Tendenz. Als tendenziös antisemit. Literarhistoriker ohne fachl. Vorbildung sowie als Kulturpolitiker Verfechter des Rassenprinzips. Später Verbindung zum Nationalsozialismus.

W: Ausgewählte Dichtungen, 1887; J. Chr. Günther, Tr. 1889; Gedichte, 1889; Dichterleben, Drr. 1890; Der dumme Teufel, Ep. 1896; Aus der meerumschlungenen Heimat, G. 1896; Die deutsche Dichtung der Gegenwart, 1897; Die Dithmarscher, R. 1898; Dietrich Sebrandt, R. 1899; Der junge Luther, Dr. 1900; Geschichte der deutschen Literatur, II 1901 f.; Martin Luther, Dr.-Trilogie 1903; Lyrische Gedichte, 1904; Römische Tragödien, Drr. 1905; Wilde Zeiten, R. 1905; H. Heine, B. 1906; Handbuch zur Geschichte der deutschen Literatur, 1906; Chronik des Weimarischen Hoftheaters, 1908; Einführung in die Weltliteratur, III 1913; Deutschvölkische Gedichte, G. 1914; Kinderland, Aut. 1914; Weltliteratur, III 1918 f.; Neue Gedichte, 1921; Die deutsche Dichtung von Hebbel bis zur Gegenwart, III 1922; Der letzte Obervollmacht, R. 1931; Johann Fehring, E. 1935; Geschichte der thüringischen Literatur, 1938. L: L. Lorenz, 1908; D. Cölln, 1937; Bibl.: W. Loose, 1942.

Barth, Emil, 6. 7. 1900 Haan/Rhld. – 14. 7. 1958 Düsseldorf, Sohn e. schles. Buchbinders aus alter Handwerkerfamilie, Bruder des Malers Carl B.; Buchdrucker, Verlagsangestellter, in beiden Weltkriegen kurzfristig Soldat, seit 1924 freier Schriftsteller; wohnte 10 Jahre in München, seit 1932 in Düsseldorf und Xanten, seit 1943 in Haan und 1955 in Düsseldorf. Starb nach Rückkehr aus e. Sanatorium in USA. – Niederrhein. Lyriker, Erzähler und Essayist von klass. Formgefühl und strenger sprachl. Zucht, Neigung zur Feierlichkeit (Ode, Hymne, Elegie) in gegenwartsnaher, musikal. und edler Sprache und traditionellen Vers- und Strophenformen. Abgewogene lyr. Kunstprosa und Naturlyrik im abgeschirmten Bereich unversehrter Schönheit: Trost, Hoffnung, Glaube, Zuversicht, doch auch gleichnishafte Zeitkritik und mod. Lebensproblematik. Autobiogr. Romane in Nähe zu Carossa von intensiver Feinheit als Verquickung inneren und äußeren Geschehens.

W: Totenfeier, G. 1928; Ex voto, Son. 1933; Das verlorene Haus, R. 1936; Georg Trakl, Es. 1937; Lebensabriß des Uhrmachers Hieronymus Rauch, E. 1938; Gedichte, 1938 (erw. 1942); Der Wandelstern, R. 1939; Das Lorbeerufer, R. 1943; Lemuria, Tg. 1947; Gruß an Theo Champion, 1947; Verzauberungen, En. 1948; Xantener Hymnen, G. 1948; Gedichte und Gedichte in Prosa, 1950; Enkel des Odysseus, R. 1951; Nachtschatten, G. in Prosa 1952; Linien des Lebens, En. 1953; Bei den Tempeln von Paestum, 1955; Im Zauber von Paris, Prosa 1955; Tigermuschel, G. 1956; Meerzauber, G. 1961. – GW, hg. F. N. Mennemeier II 1960; Briefe aus den Jahren 1939–1958, 1968.

Barthel, Kurt → Kuba

Barthel, Ludwig Friedrich, 12. 6. 1898 Marktbreit/Main – 14. 2. 1962 München; Stud. Germanistik Würzburg, Teilnahme an beiden Weltkriegen, Dr. phil. 1921; Ausbildung für den höh. Archivdienst in München, seit 1930 Staatsarchivrat ebda., Freund R. G. Bindings. – Lyriker von hoher Musikalität, Bildhaftigkeit und Formkunst in meist reimlosen Versen und Hymnen in Hölderlins Spätstil voll Naturliebe und ungebrochener Daseinsfreude; nach 1933 zeitweilig polit. Dichter, im Alter von zarter Melancholie und tiefer Religiosität. No-

vellen und stark lyr. Romane aus Kindheits-, Liebes- und Kriegserleben. Essayist und Übs. Sophokles' (1926).

W: Gedichte der Landschaft, 1932; Gedichte der Versöhnung, 1932; Dem inneren Vaterlande, G. 1933; Das Leben ruft, En. 1935; Die goldenen Spiele, R. 1936; Komme, o Tag!, G. 1937; Dom aller Deutschen, G. 1938; Inmitten, G. 1939; Das Mädchen Phöbe, E. 1940; Vom Eigentum der Seele, Ess. 1941; Liebe, du große Gefährtin, G. 1944; Kelter des Friedens, G. 1952; Runkula, E. 1954; In die Weite, G. 1957; Die Auferstandenen, G. 1958; Das Frühlingsgedicht, 1960; Sonne, Nebel, Finsternis, G. 1961; Hol über, E. 1961; Kniend in Gärten von Dasein, G.-Ausw. 1963; Ausklang, G. 1967; Am Fenster der Welt, Aphor. 1968; Denn wer die Freude nicht liebt, Ausgew. G. 1978.

L: E. Jockers, 1960

Barthel, Max, 17. 11. 1893 Dresden-Loschwitz – 17. 6. 1975 Waldbröl; Maurersohn; Volksschule, ungelernter Fabrikarbeiter, Mitgl. d. sozialist. Jugendbewegung. Durchwanderte Deutschland, Niederlande, Belgien, Österreich, Schweiz und bes. Italien. 1914–18 Musketier an der Westfront. 1919 wegen Teilnahme an den Straßenkämpfen der Nachkriegsrevolution 5 Monate Haft in Berlin, durch Fürbitte von Zech, Bröger u. a. befreit. 1920/21 und 1923 Rußlandreisen bis Sibirien und Astrachan. Wohnte seither in Berlin, seit 1938 als freier Schriftsteller und Schriftleiter in Dresden, seit 1951 in Niederbreisig a. Rh. – Fand im Krieg zum eigenen lyr. Klang und rief in an Klassik und Volkslied geschulten Formen und hartem Rhythmus nach Freiheit und Frieden. Begann als stark revolutionär-sozialer Arbeiterdichter und Klassenkämpfer mit pazifist.-kommunist. Tendenz in Versen aus Stadt, Fabrik, Gefängnis und Revolution, näherte sich nach der Gleichschaltung der Arbeiterbewegung 1933 vorübergehend

dem Nationalsozialismus, blieb
jedoch Dichter e. weltverbundenen Menschlichkeit in Natur- und
Liebeslyrik von Landstraße und
Wanderschaft, sozial gestimmten
Reiseschilderungen, heimatl.-
landschaftl. Erzählungen, Romanen und Kinderbüchern.

W: Verse aus den Argonnen, G. 1916; Freiheit!, G. 1917; Arbeiterseele, G. 1920; Die
Faust, Dicht. 1920; Lasset uns die Welt gewinnen, G. 1920; Utopia, G. 1920; Das vergitterte Land, Nn. 1922; Überfluß des Herzens, G. 1924; Der Weg ins Freie, E. 1924;
Das Spiel mit der Puppe, R. 1925; Botschaft
und Befehl, G. 1926; Der Mensch am Kreuz,
R. 1927; Die Mühle zum toten Mann, E.
1927; Das Gesicht der Medusa, R. 1931; Der
große Fischzug, R. 1931; Sonne, Mond und
Sterne, G. 1933; Schulter an Schulter, G. 1934
(m. K. Bröger, H. Lersch); Sturm im Argonner Wald, E. 1936; Danksagung, G. 1938;
Hochzeit in Peschawar, E. 1938; Das Land auf
den Bergen, R. 1939; Die Straße der ewigen
Sehnsucht, R. 1941; Das Haus an der Landstraße, R. 1942; Kein Bedarf an Weltgeschichte, Aut. 1950.
L: M. B., hg. H. Hüser 1959.

Bartsch, Kurt, * 10. 7. 1937 Berlin; Lagerarbeiter, Büroangestellter, Lektoratsassistent, 1965/66
Lit.-Stud. Leipzig, freier Schriftsteller in Ostberlin, 1979 Ausschluß aus dem Schriftstellerverband der DDR, seit 1980 in Westberlin. – An Brecht geschulter Lyriker mit frechwitzigen, dekurrierenden Kabarettsongs voller Galgenhumor und lit. Parodien; auch
Komödie und Roman.

W: Zugluft, G. 1968; Die Lachmaschine, G.
1971; Kalte Küche, Parodien 1974; Kaderakte, G. u. Prosa 1979; Wadzek, R. 1980; Hedwig, K. (1983); Die Hölderlinie, Parodien
1983; Checkpoint Charlie, Dr. (1984); Weihnacht ist und Wotan reitet, G. 1985.

Bartsch, Rudolf Hans, 11. 2.
1873 Graz – 7. 2. 1952 St. Peter b.
Graz, Offizierssohn, 1895–1911
Oberleutnant beim k. u. k.
Kriegsarchiv Wien und zugleich
1900–02 beim Institut für österr.
Geschichtsforschung, seit 1911
Hauptmann a. D. in Graz. –

Überaus fruchtbarer, unkrit. Erzähler aus dem alten Österreich
mit gefühlsselig-liebenswürd.
Romanen und Novellen, herzigen
und bittersüßen Liebesgeschichten von spieler. Leichtlebigkeit.
Stimmungskunst und empfindungsreiche Landschaftsschilderung. Am besten in knappen, anekdot. zugespitzten und stimmungsvollen Erzählungen von
episod. Aufbau; in Großformen
zerfahrene Komposition. Zuletzt
sentimental verkitschte Unterhaltungslit., Anekdote und Essay.

W: Als Österreich zerfiel . . . 1848, R. 1905 (u.
d. T. Der letzte Student, 1913); Zwölf aus der
Steiermark, R. 1908; Elisabeth Kött, R. 1909;
Vom sterbenden Rokoko, Nn. 1909; Bittersüße Liebesgeschichten, En. 1910; Schwammerl, Schubert-R. 1912; Die Geschichte von
der Hannerl und ihren Liebhabern, R. 1913;
Frau Utta und der Jäger, R. 1914; Ein Landstreicher, R. 1921; Grenzen der Menschheit,
R.-Trill. III 1923; Die Salige, R. 1924; Die
Verliebten und ihre Stadt, R. 1928; Der große
und der kleine Klaus, R. 1931; Das Lächeln
der Marie Antoinette, R. 1932; Ausgewählte
Prosa, VI 1933; Lumpazivagabundus, R.
1936; Wenn Majestäten lieben, R. 1949; Renés Carriere, E. 1950.
L: R. Hohlbaum, 1923; Th. Lessing, 1927; S.
Rahaberger, D. rel. Problem b. R. H. B.,
Diss. Graz 1961; H. Dolf, 1964.

Baruch, Löb → Börne, Ludwig

Bary, Erica de, * 4. 1. 1917
Frankfurt/M.; ausgedehnte Reisen in Kleinasien und Nordafrika;
lebt in Frankfurt/M. – Lyrikerin
und Reiseschriftstellerin; Übs.
(Adamov, Ionesco).

W: Ein Kind und die Welt, G. 1947; Chimären der dämmernden Stadt, R. 1947; Perkeo,
M. 1948; Ghadames Ghadames, Reiseb. 1961;
Im Oasenkreis, Reiseb. 1963; Die Flammenbäume, En. 1966; Wanderungen im Tassili,
Reiseb. 1971; Im Bauch des Sandes, Reiseb.
1973.

Basil, Otto (Ps. Markus Hörmann), 24. 12. 1901 Wien – 19. 2.
1983 ebda.; Stud. Germanistik
und Paläontol. Wien und München, Barpianist, Bankbeamter,

1923–28 Mitarbeiter an Zeitungen und Zss., Dramaturg, 1938–45 Schreibverbot, 1945–47 Pressereferent und Dramaturg Volkstheater Wien, Redakteur, Verlagslektor, Kritiker ebda.; 1945–48 Hrsg. der avantgardist. Zs. ›Plan‹. – Lyriker und Erzähler zwischen Expressionismus und Surrealismus; stark intellektuelle formbeherrschte Lyrik; feinfühlige Übs. aus dem Franz.

W: Zynische Sonette, G. 1919; Sonette an einen Freund, G. 1925; Benja, E. 1930; Der Umkreis, R. 1933; Freund des Orients, G. 1940; Sternbild der Waage, G. 1945; Apokalyptischer Vers, G. 1948; Das große Erbe, Es. 1962; Anruf ins Ungewisse, Ess. u. G. 1963; G. Trakl, B. 1965; Wenn das der Führer wüßte, R. 1966.

Bastian, Heiner, * 8. 6. 1942 Rantau/Ostsee; lebte 1964/65 in Süd- und Ostafrika, 1966–68 in San Francisco, dann Berlin und Italien. – Lyriker eines im Gedicht reflektierten Sprachzweifels.

W: Beobachtungen im Luftmeer, G. 1968; Die Bilder sind vor allem nur wie du das Rot empfindest, G. 1970; Tod im Leben, G. 1972.

Baudissin, Wolf Heinrich Graf von, 30. 1. 1789 Kopenhagen – 4. 4. 1878 Dresden, nach Stud. Legationssekretär in dän. Diensten, Missionen in Stockholm, Wien und Paris 1810–14; nach weiten Reisen (Italien, Frankreich, Griechenland) seit 1827 Wohnsitz in Dresden, dort Freundschaft mit Tieck. – Feinfühliger Übs., übersetzte unter Tiecks Anleitung mit dessen Tochter Dorothea 13 Dramen Shakespeares für die Schlegel-Tiecksche Übs., ferner franz., ital. und mhd. Dichter.

W. Vier historische Schauspiele Shakespeares, Übs. 1836; Ben Jonson und seine Schule, Übs. II 1836; Hartmann von Aue: Iwein, Übers. 1845; Wirnt von Gravenberg: Wigalois, Übs. 1848; Molière: Sämtliche Lustspiele, Übs. IV 1865–67; F. v. Coppée: Zwei dramatische Dichtungen, Übs. 1874; Carmontel u. Leclercq: Dramatische Sprichwörter, Übs. 1875; Italienisches Theater, Übs. (Gozzi, Goldoni) 1877.

L: B. Goldmann, 1981.

Bauer, Josef Martin, 11. 3. 1901 Taufkirchen a. d. Vils – 16. 3. 1970 Dorfen/Obb.; Bäckersohn aus Bauerngeschlecht; Lateinschule Scheyern, Gymnas. Freising (Abitur 1920); zum Priester bestimmt, verließ das Seminar; Land- und Fabrikarbeiter, kaufm. Angestellter; 1927 Redakteur der Lokalzeitung in Dorfen/Obb., seit 1935 freier Schriftsteller ebda. In beiden Weltkriegen Soldat (August 1942 Elbrus-Besteigung). – Realist. Erzähler aus der bäuerl. Welt des bayr. Voralpenlandes, von herber, kerniger und breiter Sprache und starker eth. Bindung. Romane aus dem Gemeinschaftserleben von Mensch und Erde, Kriegs- und Alltagsleben und bewältigter Zeitgeschichte. Bedeutender Hörspieldichter.

W: Achtsiedel, R. 1931; Die Notthafften, R. 1931; Die Salzstraße, R. 1932; Bäuerliche Anabasis, E. 1933; Simon und die Pferde, E. 1934; Das Haus am Fohlenmarkt, R. 1936; Der Doppelgänger, Nn. 1938; Die barocke Kerze, N. 1938; Das Mädchen auf Stachet, R. 1940; Die Kraniche der Nogaia, Tgb. 1942; Am anderen Morgen, R. 1949; Die Leute von Oberwasser, H. (1952); So weit die Füße tragen, R. 1955; Der Sonntagslügner, R. 1957; Kranich mit dem Stein, R. 1958; Der Abhang, R. 1960; Opa, du bist mein Freund, E. 1961; Mensch an der Wand, En. 1962; Siebentens Die Gottesfurcht, R. 1964; Das Kind zu suchen, En. 1965; Es blieb nur eine Spur im Schnee, En. 1965; Kleine Liebesleute oder Die schönen Torheiten, R. 1967; Auf gut bayerisch, Schr. 1969; Das Mondschiff, E. 1969; Die Reise nach Steiermark, FSsp. (1971).

Bauer, Ludwig Amandus, 15. 10. 1803 Orendelsall/Württ. – 22. 5. 1846 Stuttgart; Stud. Theologie Tübingen, 1821 Freundschaft mit Mörike und Waiblinger; 1825 Pfarrer in Ernsbach/Kocher, 1831 Lehrer in Stetten/Rems, dann am

Katharinenstift Stuttgart, 1838 Gymnasialprof. ebda. als Nachfolger Schwabs. – Dramatiker und Romancier der Schwäbischen Romantik. Übs. lat. Klassiker.

W: Der heimliche Maluff, Dr. 1828; Alexander der Große, Dr. 1836; Die Überschwänglichen, R. II 1836; Allgemeine Weltgeschichte, VI 1836–39; Kaiser Barbarossa, Dr. 1842; – Schriften, 1847; GW, III 1925–28; Briefe an E. Mörike, hg. B. Zeller 1976.
L: A. Depiny, 1911; G. Storz, Schwäb. Romantik, 1967.

Bauer, Walter, 4. 11. 1904 Merseburg – 23. 12. 1976 Toronto/Kanada; Arbeitersohn. Lehrerseminar, Wanderungen durch Österreich und Italien (1925) und versch. Berufe. 1929–39 Volksschullehrer in Halle u. a. mitteldt. Orten; seit 1940 Kriegsteilnehmer, 1 Jahr brit. Kriegsgefangenschaft, dann freier Schriftsteller in Stuttgart. 1952 Auswanderung nach Kanada; Arbeiter, Packer und Tellerwäscher in Toronto; Stud. Dt., Franz. und Ital. ebda.; 1957 Bakkalaureus, dann Prof. für Germanistik ebda. – Lyriker und Erzähler mit dem Streben nach Vermenschlichung der Welt und ihrer Veränderung aus seel. Bereichen her. Begann als Lyriker mit hymn. Versen von sozialer Aufgeschlossenheit für Arbeiterprobleme und Kriegsgegnerschaft in bilderreicher, wohllautender und schwermütiger Sprache, als Erzähler mit z. T. autobiograph. Romanen aus der Arbeitswelt und Gegenwart sowie vielgelesenen Reise- und Kriegstagebüchern und war bes. mit s. hingebungsvoll nachgezeichneten Künstler- und Entdeckerromanen erfolgreich. Ferner eindrucksvolle Kurzgeschichten in prägnanter Sprache, Jugendschriften und zahlr. Hörspiele.

W: Kameraden, zu euch spreche ich, G. 1929; Stimme aus dem Leunawerk, G. u. Prosa 1930; Ein Mann zog in die Stadt, R. 1931; Das Herz der Erde, R. 1933; Die größere Welt, En. 1936; Der Lichtstrahl, R. 1937; Die Reise eines jeden Tages, G. u. Prosa 1938; Die zweite Mutter, E. 1942; Gast auf Erden, G. 1943; Das Lied der Freiheit, En. 1948; Der Gesang vom Sturmvogel, Es. 1949; Besser zu zweit als allein, R. 1950; Die Sonne von Arles, B. 1951; Mein blaues Oktavheft, G. 1953; Die langen Reisen, B. 1956; Folge dem Pfeil, B. 1956; Nachtwachen des Tellerwäschers, G. 1957; Die Tränen eines Mannes, En. 1958; Der weiße Indianer, E. 1960; Die Stimme, E. 1961; Klopfzeichen, G. 1962; Fremd in Toronto, Aut. 1963; Fragment vom Hahnenschrei, G. 1966; Ein Jahr, Tg. 1967; Die Kinder und die Armen, B. 1969; Lebenslauf, G. 1975; Die Geburt des Poeten, Aut. 1980. – Briefe aus Kanada 1962–1976, hg. O. Röders 1984.

Bauer, Wolfgang, *18. 3. 1941 Graz; Stud. Theaterwiss., Romanistik, Jura und Philosophie, gehörte dem Grazer ›Forum Stadtpark‹ an; lebt in Graz und Wien, 1970 Stipendiat in Berlin. – Experimenteller Lyriker, Dramatiker und Erzähler. Zeichnet in s. erfolgreichen Dramen mit Sinn für groteske szen. Wirkungen in e. Mischung von Banalität und Klamauk, Brutalität und Sadismus die Verhaltensweisen makabrer menschlicher Grenzfälle bes. der Beat- und Underground-Generation und den Leerlauf einer ideenlosen Jugend im naturalistisch gezeichneten Bohème-Milieu, in dem Langeweile und Inhaltslosigkeit in Brutalität umschlagen. In der moralfreien Haltung Nähe zu Horváth und E. Bond. Verwendung österr. Dialekts.

W: Mikro-Dramen, 1964; Der Fieberkopf, Dr. 1967; Katharina Doppelkopf, Dr. (1967); Das stille Schilf, G. 1969; Romeo und Julia, Mikrodr. 1969; Magic Afternoon. Change. Party for six. Drei Stücke, 1969; Gespenster, Silvester, Film und Frau, Drei Stücke, 1974; Nur ein toter Kollege ist ein guter Kollege, Dr. (1974); Magnetküsse, Dr. (1976); Die Sumpftänzer, Ausw. 1978; Memory Hotel, Dr. (1980); Pfnacht, K. 1980; Das Herz, G. 1981; Batyscaphe, Dr. (1982); Woher kommen wir …, Drr. u. Prosa 1982; Ein fröhlicher Morgen beim Friseur, Dr. (1983); Das kurze Leben der Schneewolken, Dr. (1983);

Das stille Schilf, G. 1985; Herr Faust spielt
Roulette, Dr. (1987). – Wke, VII 1986 ff.
L: W. B. 1978 (Text u. Kritik); G. Melzer,
1981.

Bauernfeld, Eduard von, 13. 1.
1802 Wien – 9. 8. 1890 ebda.,
Schottengymnas. Wien; Stud.
1819–21 Philos., 1821–25 Rechte
ebda.; Freund M. v. Schwinds
und F. Schuberts, 1826 Bekanntschaft Grillparzers. 1826 Konzeptspraktikant bei der niederösterr. Regierung, 1827 beim
Kreisamt unter dem Wienerwald,
1830 bei der Hofkammer, 1843
Konzipist bei der Lottodirektion;
1845 Reise Paris-London, Erfahrung liberalen Staatslebens; 1848
Mitgl. der Akad. der Wiss. 1848
Teilnahme an der polit. Bewegung als Liberaler; Ende 1849
Entlassung aus dem Staatsdienst,
freier Schriftsteller in Wien, sommers Ischl; 1872 persönl. geadelt;
Freund von Grillparzer, Feuchtersleben, Castelli, Grün, Lenau
und Seidl. – Fruchtbarer und außerordentl. erfolgr. Lustspieldichter des österr. Biedermeier
mit bühnensicheren, liebenswür-
dig-unterhaltsamen Salonkomö-
dien nach franz. Muster um harmlose Ehe- und Liebeskonflikte im
gehobenen Bürgertum. Sauber
gebaute, doch handlungsarme
Konversationsstücke von lebendigem, feinem Dialog in Mischung von Ernst mit überlegenem Humor und feiner Gesell-
schaftssatire; z. T. liberale Tendenz und Eintreten für großdt.
Einheit. Weniger erfolgr. mit polit., histor. und Märchen-Stoffen.
Auch Lyriker, Epigrammatiker,
Erzähler, Feuilletonist und Kritiker.

W: Der Magnetiseur, Lsp. 1823; Lustspiele,
1833; Das letzte Abenteuer, Lsp. 1834; Die
Bekenntnisse, Lsp. (1834, m. F. Grillparzer);
Bürgerlich und romantisch, Lsp. (1835);
Theater, II 1835–37; Ein Besuch in St. Cyr,

Op. 1840; Zwei Familien, Dr. 1840; Die Geschwister von Nürnberg, Lsp. 1840; Der
Selbstquäler, Dr. 1840; Der Vater, Lsp. 1840;
Industrie und Herz, Lsp. 1842; Pia Desideria,
1842; Ernst und Humor, Lsp. 1842; Großjäh-
rig, Lsp. 1846; Die Republik der Thiere, Dr.
1848; Franz von Sickingen, Dr. 1849; Der
kategorische Imperativ, Lsp. 1851; Wiener
Einfälle und Ausfälle, 1852; Gedichte, 1852;
Krisen, Dr. 1852; Fata Morgana, Lsp. 1855;
Die Zugvögel, Lsp. 1855; Excellenz, Lsp.
1865; Frauenfreundschaft, Lsp. 1865; Aus der
Gesellschaft, Dr. 1867; Moderne Jugend,
Lsp. 1869; Die Freigelassenen, R. II 1875; Die
reiche Erbin, Lsp. 1876; Die Verlassenen,
Lsp. 1878; Dramat. Nachlaß, 1893. – GS, XII
1871–73; Tagebücher, II 1895 f.; Ges. Aufsät-
ze, 1905 (n. 1975); AW, IV 1905.
L: B. Stern, ⁴1891; E. Horner 1900; W. Zent-
ner, Stud. z. Dramaturgie B.s, 1922, n. 1978;
A. Artaker, Diss. Wien 1942.

Baum, Vicki, 24. 1. 1888 Wien –
29. 8. 1960 Hollywood, Beamtenfamilie; besuchte 6 Jahre das Konservatorium Wien, 1916 Harfeni-
stin in Darmstadt, ⚭ Generalmu-
sikdirektor Dr. R. Lert; 1926 Zeit-
schriftenredakteurin am Ullstein-
Verlag Berlin, ging 1931 zur Ver-
filmung von ›Menschen im Hotel‹
nach Hollywood und blieb dort,
1938 naturalisiert, bis auf weite
Reisen nach Mexiko, Ostasien,
Indonesien und Europa. Schrieb
seit 1937 engl. – Vf. spannender
Unterhaltungsromane und -no-
vellen aufgrund genauer Milieustudien: Lösung z. T. aktueller
Probleme des gesellschaftl., polit.
und wirtschaftl. Lebens vom
Menschlichen her durch Liebe
und Güte. Erstdrucke zumeist in
der ›Berliner Illustrirten Zeitung‹;
weltweite Wirkung. Auch Bühnenstücke und Drehbücher. Im 3.
Reich verboten.

W: Frühe Schatten, R. 1919; Der Eingang zur
Bühne, R. 1920; Schloßtheater, Nn. 1920;
Die Tänze der Ina Raffay, R. 1921; Welt ohne
Sünde. R. 1922; Die andern Tage, Nn. 1922;
Bubenreise, N. 1923; Ulle, der Zwerg, R.
1924; Das Christsternlein, Märchensp. 1924;
Der Weg, N. 1925; Tanzpause, N. 1925; Fe-
me, R. 1926; Miniaturen, N. 1926; Hell in
Frauensee, R. 1927; Stud. chem. Helene Will-
füer, R. 1929; Menschen im Hotel, R. 1929;

Zwischenfall in Lohwinkel, R. 1930; Pariser Platz 13, Lsp. 1931; Leben ohne Geheimnis, R. 1932; Jape im Warenhaus, N. 1935; Das große Einmaleins, R. 1935 (u. d. T. Rendezvous in Paris, 1951); Die Karriere der Doris Hart, R. 1936; Der große Ausverkauf, R. 1937; Liebe und Tod auf Bali, R. 1937; Hotel Shanghai, R. 1939; Die große Pause, R. 1941 (u. d. T. Grand Opéra, 1950); Marion lebt, R. 1941; Das weinende Land, R. 1943; Kautschuk, R. 1944 (u. d. T. Cahuchu, 1952); Hier stand ein Hotel, R. 1944; Schicksalsflug, R. 1947; Clarinda, R. 1949; Vor Rehen wird gewarnt, R. 1952; Die Strandwache, Nn. 1953; Kristall im Lehm, R. 1953; Flut und Flamme, R. 1956; Einsamer Weg, H. (1958); Die goldenen Schuhe, R. 1958; Es war alles ganz anders, Aut. 1962; Verpfändetes Leben, R. 1963.

Baumann, Erna → Kay, Juliane

Baumann, Hans, ⋆ 22. 4. 1914 Amberg/Oberpfalz, Lehrer, Holzschnitzer, Referent der Reichsjugendführung Berlin, Soldat an der Ostfront, wohnte in Penzberg, Staltach/Obb., jetzt Murnau. – Anfangs aus der HJ hervorgegangener Lyriker mit Kantaten, Balladen, Chordichtungen und sangbaren, z. T. von B. selbst vertonten Liedern aus Chauvinismus und Kameradschaftsgeist (›Es zittern die morschen Knochen‹) und Dramatiker der Gefolgschaftstreue; nach innerer Wandlung Vf. abenteuerl. Jugendromane und -stücke, die histor. und Sachbelehrung einarbeiten, auch im Ausland übs. Kinderbücher und Märchen. Übs. aus dem Russ.

W: Macht keinen Lärm, G. 1933; 3 Kleine Spiele, 1934; Unser Trommelbube, G. 1934; Der Hampelmann, Sp. 1934; Das heimliche Haus, G. 1935; Hans Helk und seine Kameraden, En. 1935; Trommel der Rebellen, G. 1935; Bergbauernweihnacht, G. 1935; Feuer, steh auf dieser Erde, G. 1935; Der große Sturm, Sp. 1935; Horch auf Kamerad, G. 1936; Bauernlieder, G. 1936; Wir zünden das Feuer an, G. 1936; Der helle Tag, G. 1938; Kampf um die Karawanken, Dr. 1938; Rüdiger von Bechelaren, Dr. 1938; Die Morgenfrühe, G. 1939; Alexander, Dr. 1941; Vaterland, wir kommen!, G. 1941; Der Turm Nehaj, Dr. 1941; Der Strom, G. 1941; Konradin,

Dr. 1941; Der Wandler Krieg, G. 1942; Keiner durchschreite die Glut ohne Verwandlung, G. 1942; Ermanerich, Tr. 1944; Der Kreterkönig, Dr. 1944; Das Kind und die Tiere, Leg. 1949; Die helle Flöte, G. 1950; Gedichte, 1950; Weihnachtliches Land, G. 1950; Der Sohn des Columbus, Jgb. 1951; Der rote Pull, Jgb. 1951. Der bekränzte Spiegel, Dr. 1951; Das Karussel zur weiten Welt, Jgb. 1952; Die Höhlen der großen Jäger, Jgb. 1953; Steppensöhne, R. 1954; Der Mutter zulieb, G. 1954; Die Brücke der Götter, E. 1955; Die Barke der Brüder, E. 1956; Hänschen in der Grube, Jgb. 1956; Kleine Schwester Schwalbe, Jgb. 1958; Das Einhorn und der Löwe, E. 1959; Die Welt der Pharaonen, E. 1959; Das gekränkte Krokodil, E. 1959; Im Zeichen der Fische, Dr. 1960; Der Bär und seine Brüder, Jgb. 1961; Das Karussell auf dem Dach, Jgb. 1961; Brennende Quellen, Jgb. 1961; Gold und Götter von Peru, Jgb. 1963; Boote für morgen, G. 1963; 3×13 kleine Fische, G. 1964; Kasperle hat viele Freunde, Kdb. 1965; Wer Flügel hat, kann fliegen, G. 1966; Löwentor und Labyrinth, Jgb. 1966; A Türl zum Nachbarn, G. 1967; Der große Alexanderzug, Jgb. 1967; Der Kindermond, G. 1968; Wolkenreise für den König, Kdb. 1968; Einem Tisch fällt was ein, Kdb. 1968; Im Lande Ur, Jgb. 1968; Redleg, der Piratenjunge im Schottenrock, Jgb. 1969; Igel haben Vorfahrt, Kdb. 1970; Dimitri und die falschen Zaren, Jgb. 1970; Reisepaß, G. 1978; Vorstoß zum Pazifik, R. 1980; Kinderlieder, 1982; Das Liederboot, Kinderlieder 1984.

Baumbach, Rudolf (Ps. Paul Bach), 28. 9. 1840 Kranichfeld/Ilm – 21. 9. 1905 Meiningen; Arztsohn, Vater Hofmedikus des Herzogs von Meiningen; 1850–60 Gymnas. Meiningen, 1860–64 Stud. Botanik Leipzig, Würzburg, Heidelberg, 1864 Dr. phil., Fortsetzung der Stud. in Freiburg/Br. und Wien zwecks Habilitation durch Vermögensverlust unterbrochen; Haus- und Schullehrer in Wien, Graz, Brünn, Görz, Pisa, Triest; gab dort auf Drängen s. Freunde 3 Bde. ›Enzian‹ mit eigenen Beiträgen heraus und wurde freier Schriftsteller, seit 1885 in Meiningen, 1888 Hofratstitel; Lebensende nach schwerer Krankheit. – Neben J. Wolff Vertreter der von den Naturalisten verspotteten ›Butzenscheibenlyrik‹ in verwässernder Nachfolge Scheffels, innerlich unwahrer, liebenswürdig-oberflächl. Lyrik und epigonaler Versepik von reimgewandter, melod. und rhythm. glatter Form und z. T. burschikosem Humor; am volkstümlichsten die ›Lindenwirtin‹ u. a. Studentenlieder.

W: Samiel hilf!, Aut. 1867; Zlatorog, Alpensage 1877; Lieder eines fahrenden Gesellen, G. 1878; Trug-Gold, E. 1878; Horand und Hilde, Ep. 1878; Neue Lieder eines fahrenden Gesellen, G. 1880; Frau Holde, Ep. 1880; Sommermärchen, 1881; Von der Landstraße, G. 1882; Spielmannslieder, 1882; Mein Frühjahr, G. 1882; Abenteuer und Schwänke, En. 1883; Wanderlieder aus den Alpen, G. 1883; Das Lied vom Hütes, 1883; Der Pathe des Todes, Ep. 1884; Erzählungen und Märchen, 1885; Krug und Tintenfaß, G. 1887; Kaiser Max und seine Jäger, Ep. 1888; Es war einmal, M. 1889; Thüringer Lieder, 1891; Der Gesangverein Brüllaria und sein Stiftungsfest, E. 1893; Neue Märchen, 1894; Aus der Jugendzeit, En. 1895; Bunte Blätter, G. 1897. *L:* A. Selka 1924; E. Diez 1933.

Baumgart, Reinhard, ∗7. 7. 1929 Breslau-Lissa, Arztsohn, ab 1941 in Königshütte/Oberschles., Jan.-Mai 1945 Flucht ins bayr. Allgäu, Land- und Fabrikarbeit, Gymnas. Mindelheim, 1947 Abitur; Verlagsvolontär in München, 1948–53 Stud. Geschichte, dt. und engl. Lit. München, Freiburg/Br. und Glasgow, 1953, Dr. phil.; dt. Lektor in Manchester; Heirat und Versuch e. Chemiestud.; 1955–62 Verlagslektor bei Piper in München, dann freier Schriftsteller und Literaturkritiker ebda.; 1967 Gastdozent für Poetik der Univ. Frankfurt/M. – Zeitkrit.-iron. Erzähler in graziösem und anschaulichem Stil insbes. um die Konfrontation von heutiger dt. Gesellschaft und NS-Vergangenheit. Dramatisierung von Romanen.

W: Der Löwengarten, R. 1961; Hausmusik, R. 1962; Das Ironische und die Ironie in den Werken Th. Manns, Diss. 1964; Literatur für Zeitgenossen, Ess. 1966; Panzerkreuzer Pot-jomkin, En. 1967; Aussichten des Romans, Ess. 1968; Horizonte und Fassaden, Ess. 1973; Die verdrängte Phantasie, Ess. 1974; Jettchen Gebert, Dr. (1978, n. G. Hermann); Wahlverwandtschaften, Dr. (1980, n. Goethe); Wahnfried, Szen. 1985; Glücksgeist und Jammerseele, Ess. 1986; Lesefreuden, Ess. 1986.

Bayer, Konrad, 17. 12. 1932 Wien – 10. 10. 1964 Schloß Hagenberg/Niederösterr. (Selbstmord); Stud. Psychologie, Bankangestellter, Jazzmusiker, Galerieleiter und führende Figur der Literaturbohème Wiens; Experimentalfilm-Darsteller, 1958/59 Mitarbeiter lit. Kabaretts, 1962 Redakteur der kurzlebigen Avantgarde-Zs. ›edition 62‹, Veranstalter avantgardist. Ausstellungen, Aufführungen und Happenings. 1952 Mitgründer und Haupt der ›Wiener Gruppe‹. – Eigenwilliger experimenteller und konkreter Lyriker, Dramatiker und Prosatexter auf ständiger Suche nach neuen Ausdrucksmitteln mit Vorliebe für schwarzen Humor und surrealist. Montage. Vf. von Einaktern, Kabarettsketches, Lautgedichten, kombinator. Sprachspielen und skelettierter Prosa.

W: Der fliegende Holländer, 1960 (m. G. Rühm); Starker Toback, 1962 (m. O. Wiener); Der Stein der Weisen, Prosa 1963; Der Kopf des Vitus Bering, E. 1965; Der sechste Sinn, Ausw. hg. G. Rühm 1966 (daraus einzeln Der sechste Sinn, R. 1969); Die Boxer, Sp. (1971) – Das Gesamtwerk, hg. G. Rühm 1977; SW, hg. ders. II 1985. *L:* K. B., hg. G. Rühm 1981; U. Janetzki, Alphabet u. Welt, 1982; K. Strasser, Experimentelle Literaturansätze i. Nachkriegs-Wien, 1986.

Bayr, Rudolf, ∗ 22. 5. 1919 Linz/Do.; Gymnas. ebda., 1937–43 Stud. Ästhetik, Philol., Germanistik u. Musik Wien, Dr. phil., 1938–41 wiss. Hilfskraft am Psycholog. Institut der Univ.; Theater- und Literaturkritiker, freier Schriftsteller, 1948–51 Hrsg. des

›Wiener Lit. Echo‹, seit 1955 Leiter der Lit.-Abt., später Intendant von Radio Salzburg; Italienreisen. – Formstrenger, an der griech. Antike geschulter Lyriker, Dramatiker (auch Hörspiel), Erzähler, Essayist und Nachdichter. Wiederbelebung antiker Dramenstoffe.

W: Zur Psychologie des dichter. Schaffens, Es. 1945; Das ungewisse Haus, En. 1946; Sophokles: Ödipus auf Kolonos, Übs. 1946; Essays über Dichtung, 1947; K. H. Waggerl, B. 1947; Agamemnon, Nachdicht. 1948; O Attika, Nachdicht. 1948; Der Dekalog, E. 1951; Sappho und Alkaios, Dr. (1952); König Ödipus, Tr. nach Sophokles (1960); Antigone, Tr. nach Sophokles 1960; Der Zehrpfennig, E. 1961; Die Teestunde, Dr. (1962); Stille Nacht, heilige Nacht, E. 1962; Elektra, Tr. nach Sophokles 1963; Salzburg. Die Stadt, Bb. 1963; Der Wolkenfisch, G. 1964; Salzburg. Das Land, Bb. 1965; Delphischer Apollon, Übss. nach Sophokles 1966; Menschenliebe, Drr. 1969; Momente und Reflexe, Aphor. 1971; Anfangsschwierigkeiten einer Kurs, E. 1973; Die Schattenuhr, En. 1976; Der Betrachter, R. 1978; Ein Loch im Lehm, E. 1981; Die Eiben von Sammezzano, Ess. 1984.

Beauclair, Gotthard, de, * 24. 7. 1907 Ascona/Schweiz, Sohn e. Malers, typograph. Ausbildung in Offenbach und Leipzig; Buchgestalter in Leipzig und Krefeld, bis 1962 als künstler. Leiter des Insel-Verlags in Frankfurt/Main, dann Verleger (1951 Trajanus-Presse, 1966 Ars librorum) ebda. und Freiburg i. Br., seit 1972 Südfrankreich. – Lyriker mit eigenwilligen musikal. und bildhaften Mitteln; Hauptthemen Hinwendung zum Du, Geheimnis des Daseins und Feier der Natur; formstrenge Zeit-, Gedanken- und Kurzgedichte; Übs. (J. Moréas u. a.)

W: In uns die Welt, G. 1932; Der Sonnenbogen, G. 1937; Bild und Inbild, G. 1942; Das verborgene Heil, G. 1946; Die Rast des Pirols, G. 1948; Auch das Vergessene lebt, G. 1949; Das Buch Sesam, G. 1951; Blühendes Moos, G. 1953; Sinnend auf Stufen der Zeit, G. 1956; Zeit, Überzeit, G. 1977; Lichtgewinn, G. 1980; Sang im Gegenwind, G. 1983. *L:* J. A. Kruse, hg. 1977 (m. Bibl.).

Bebel, Heinrich, 1472 Ingstetten b. Justingen/Württ. – 1518 Tübingen, Bauernsohn, Stud. Krakau und Basel, 1497 Prof. der Poesie u. Eloquenz Tübingen, e. der gelehrtesten Latinisten s. Zeit; 1501 von Maximilian I. in Innsbruck zum poeta laureatus gekrönt. – Streitbarer Humanist im Kampf gegen die Scholastik; scharfer Satiriker und gewandter lat. Schwankdichter, fußend auf volkstüml. Überlieferung, Predigtmärlein und selbsterlebtem Volksleben; Vorliebe für die Schlagfertigkeit des einfachen Mannes. Mündl. Volksgut wird im eleganten Humanistenlatein und der knappen, fast epigrammat. Kurzform Poggios zum lit. Meisterwerk voll Humor und Ironie. Weite Wirkung auf dt. Schwanksammlungen, bes. Kirchhoffs ›Wendunmuth‹. Ferner lat. Lieder, Hymnen, Elegien und Schriften zur Poetik und Rhetorik.

W: Comedia de optimo studio invenum K. 1501 (n. 1984 m. Übs.); Triumphus Veneris, Sat. 1509; Proverbia Germanica, Slg. 1508 (hg. W. H. D. Suringar 1879); Libri facetiarum iucundissimi, 1509–14 (hkA. G. Bebermeyer, BLV 276, 1931, ²1967, d. A. Wesselski II 1907); Opuscula, II 1513–16. – *Übs.:* Von argen Weibern und gewitzten Tölpeln, Schwänke (Ausw.) 1972. *L:* G. W. Zapf, 1802, n. 1973; G. Bebermeyer, Tübinger Dichterhumanisten, 1927.

Becher, Johannes Robert, 22. 5. 1891 München – 11. 10. 1958 Berlin, Sohn e. Amtsrichters, Stud. München, Jena u. Berlin Philosophie u. Medizin, 1917 Mitglied der Unabh. Sozialdemokraten, 1919 der KPD, 1927 Besuch der UdSSR, 1933 Emigration, 1935–45 in der UdSSR, Chefredakteur der Zs. ›Internationale Literatur, Deutsche Blätter‹, Juni

1945 Rückkehr nach Berlin, bis 1958 Präsident des Kulturbundes zur demokrat. Erneuerung Dtls., 1953 Präsident der Dt. Akademie der Künste, 1954 Minister für Kultur. – Lyriker, Erzähler, Dramatiker und Essayist, begann als e. der führenden Expressionisten, kämpferisch-sprachgewaltiger Ankläger s. Zeit, Künder der welterlösenden Aufgabe des Proletariats und der Weltbrüderschaft. Zerstörung der traditionellen Sprache und Syntax als Symbol des Zusammenbruchs der bürgerlichen Welt, ekstatisch sich überschlagende Wortkaskaden neben geschliffenen Formulierungen. Vorliebe für Grelles und Krasses in der Schilderung e. zerfallenden Großstadtwelt; Ringen um Mensch und Gott, Hymnen auf die Revolution und deren Führer. In der Emigration Wandlung zu volkstüml.-konventioneller Schlichtheit bis zur didakt. Banalität und friedl. Stoffen im Interesse wirkungsvollen Appells an die Masse, polit.-sozialist. Zweckdichtung, menschl. vertieft durch das Ideal der Gemeinschaft. Anerkannter Repräsentant des sozialist. Realismus in dt. Lit.

W: Der Ringende, G. 1911; Erde, R. 1912; De Profundis Domine, Dicht. 1913; Verfall und Triumph, Dicht. II 1914; An Europa, G. 1916; Verbrüderung, G. 1916; Päan gegen die Zeit, G. 1918; Die heilige Schar, G. 1918; Gedichte für ein Volk, 1919; An Alle!, G. 1919; Ewig im Aufruhr, G. 1920; Zion, G. 1920; Um Gott, G. 1921; Arbeiter Bauern Soldaten, Dr. 1921; Am Grabe Lenins, Dicht. 1924; Hymnen, 1924; Vorwärts, du rote Front, Ess. 1924; (CH Cl = CH)₃ As Levisite oder Der einzig gerechte Krieg, R. 1926; Der Bankier reitet über das Schlachtfeld, E. 1926; Maschinenrhythmen, G. 1926; Ein Mensch unserer Zeit, Ausgew. G. 1929; Der große Plan, Ep. 1931; Deutscher Totentanz 1933, G. 1933; Deutschland, Ep. 1934; Der Glücksucher und die sieben Lasten, G. 1938; Die Bauern von Unterpeißenberg, G. 1938; Abschied, R. 1940; Dank an Stalingrad, Dicht. 1943; Die Hohe Warte, Dicht. 1944; Ausgewählte Dichtung aus der Zeit der Verban-

nung, 1945; Deutsches Bekenntnis, Rdn. 1945; Romane in Versen, 1946; Erziehung zur Freiheit, Ess. 1946; München in meinem Gedicht, 1946; Heimkehr, G. 1946; Wir – unsere Zeit, Ausw. 1947; Vom Willen zum Frieden, Rdn. 1947; Lob des Schwabenlandes, G. 1947; Wiedergeburt, Son. 1947; Volk im Dunkel wandelnd, G. 1948; Nationalhymne, 1949; Vollendung träumend, Ausw. 1950; Glück der Ferne, leuchtend nah, G. 1951; Sterne unendliches Glühen, G. 1951; Auf andere Art so große Hoffnung, Tgb. 1951; Verteidigung der Poesie, Aphor. 1952; Schöne deutsche Heimat, G. 1952; Deutsche Sonette, 1952; Winterschlacht, Tr. 1953; Der Weg nach Füssen. Dr. 1953 (auch u. d. T. Das Führerbild); Poetische Konfession, Aphor. 1954; Macht der Poesie, Aphor. 1955; Sonett-Werk 1913–55, 1956; Wir, unsere Zeit, das 20. Jahrhundert, G. 1956; Das poetische Prinzip, Aphor. 1957; Liebe ohne Ruh, G. 1957; Walter Ulbricht, B. 1958; Schritt der Jahrhundertmitte, Dicht. 1958; Du bist für alle Zeit geliebt, G.-Ausw. 1960; Über Literatur und Kunst, Ess. 1962; Gedichte 1911–1918, hg. P. Raabe 1973. – Auswahl in 6 Bdn., 1952; GW, XX 1966ff.; Wke., Ausw. III 1971; B. u. d. Insel, Br. hg. R. Harder 1981; Briefw. m. H. F. S. Bachmair 1914–1920, hg. M. Kühn-Ludewig 1987.

L: Dem Dichter des Friedens, J. R. B., 1951; A. Abusch, 1953; J. R. B.-Sonderheft v. ›Sinn und Form‹, 1959 (m. Bibl.); L. Becher u. G. Prokop, Bb. 1962; E. M. Herden, Diss. Hdlbg. 1962; H. Haase, Dichten u. Denken, 1966; J. R. B., ²1967; Erinnerungen an J. R. B., 1968; N. Hopster, D. Frühwerk J. R. B.s, 1969; E. Weiss, 1971; S. Barck, J. R. B.s Publizistik i. d. S.U., 1976; M. Rohrwasser, D. Weg nach oben, 1980; H. Haase, 1981; A. Abusch, 1981; D. poet. Prinzip J. R. B.s, 1981.

Becher, Martin Roda, * 21. 10. 1944 New York; Sohn von Ulrich B. und Enkel von Roda Roda, seit 1948 in Europa; Gymnas. Wien, München, Basel; 3 Jahre Bühnenstudio Zürich; Regieassistent, jetzt Schriftsteller und Drehbuchautor in Basel. – Vf. von grotesken Erzählungen von makabrem Zynismus, von Romanen um Probleme Jugendlicher mit Neigung zu Pop-Effekten und von phantast. Erzählungen z. T. nach fremden Vorbildern.

W: Das wahre Leben, G. 1953; Chronik eines feuchten Abends, En. 1965; Flippern, R. 1968; Saison für Helden, R. 1970; Die rosa Ziege, R. 1975; Im Windkanal der Geschichte, En. 1981; An den Grenzen des Staunens, Ess. 1983; Der rauschende Garten, En. 1983; Hinter dem Rücken, En. 1984; Unruhe unter den Fahrgästen, Aufz. 1986.

Becher, Ulrich, ⋆2. 1. 1910 Berlin, Anwaltssohn, Gymnas. Berlin und Wickersdorf, Graphikschüler von Georg Grosz, 1928 Stud. Jura Berlin und Genf; 1933 Emigration nach Wien, dort Schwiegersohn Roda Rodas, 1938 Schweiz, 1941 über Frankreich–Spanien nach Brasilien (Farm bei Rio de Janeiro), 1944 nach New York, 1948 nach Wien, z. Z. Basel. – Iron.-humoriger Dramatiker und spannender Erzähler von Hemingwayscher Lebensfülle und Abenteuerlichkeit; atmosphär. Realismus. Vorliebe für Unbürgerliche, Halbweltexistenzen u. Enterbte in satir. Possen u. parabelhaft ins Ethische mündenden Zeitbildern von z. T. saloppdrast. Sprache.

W: Männer machen Fehler, En. 1932, erw. 1958; Niemand, Dr. 1934; Die Eroberer, Nn. 1936; Das Märchen vom Räuber, der Schutzmann wurde, Moritat 1943; Reise zum blauen Tag, G. 1946; Der Bockerer, Posse (m. P. Preses) 1946; Der Pfeifer von Wien, K. 1949; Nachtigall will zum Vater fliegen, Nn. 1950 (u. d. T. Die ganze Nacht, 1955, u. d. T. New Yorker Novellen, 1969); Das Spiel vom lieben Augustin, Posse (m. P. Preses), (1950); Brasilianischer Romanzero, Ball. 1950; Samba, Dr. (1950); Feuerwasser, Tr. (1951); Mademoiselle Löwenzorn, K. (1953); Die Kleinen und die Großen, Posse (1955); Spiele der Zeit, Drr. II 1957–68; Kurz nach 4, R. 1957; Der Herr kommt aus Bahia, Dr. (1958, u. d. T. Makumba, 1965); Das Herz des Hais, E. 1960; Murmeljagd, R. 1969; Der schwarze Hut, E. 1972; Das Profil, R. 1973; William's Ex-Casino, R. 1973; Biene gib mir Honig, K. 1974; Vom Unzulänglichen der Wirklichkeit, En.-Ausw. 1983.
L: N. A. McClure Zeller, 1983.

Bechstein, Ludwig, 24. 11. 1801 Weimar – 14. 5. 1860 Meiningen, früh verwaist, 1818 Apothekerlehrling in Arnstadt, Meiningen und Salzungen, 1828 Stipendium des Herzogs Bernhard von Sachsen-Meiningen für s. ›Sonetten-

kränze‹. 1829 Stud. Philosophie, Geschichte und Literatur Leipzig, 1830 München, hier Verkehr mit Spindler, Pocci, Chezy, Duller und Maßmann. 1831 herzogl. Kabinettsbibliothekar in Meiningen, 1831 1. Bibliothekar der öff. Bibliothek, 1840 Hofrat, seit 1844 am hennebergischen Gesamtarchiv, 1848 Archivar ebda. – Leidenschaftsloser, z. T. trivialer Lyriker u. Erzähler aus Thüringens Land u. Geschichte; breite, spannungsarme hist. Romane; später Massenproduktion. Bedeutend als Sammler heim. Märchen und Sagen in echtem Märchenton und als Hrsg.

W: Mährchenbilder und Erzählungen, 1829; Die Haimons-Kinder, G. 1830; Erzählungen und Phantasiestücke, IV 1831; Arabesken, Nn. 1832; Novellen und Phantasiegemälde, II 1832; Grimmenthal, R. 1833; Der Fürstentag, R. II 1834; Novellen und Phantasieblüthen, II 1835; Der Sagenschatz und die Sagenkreise des Thüringerlandes, IV 1835–38; Gedichte, 1836; Fahrten eines Musikanten, Nn. III 1836f.; Grumbach, R. 1839; Aus Heimat und Fremde, En. II 1839; Clarinette, R. III 1840; Deutsches Märchenbuch, 1845; Berthold der Student, R. II 1850; Deutsches Sagenbuch, 1853; Hainsterne, En. IV 1853; Der Dunkelgraf, R. II 1854; Neues deutsches Märchenbuch, 1856; Thüringer Sagenbuch, II 1858; Thüringens Königshaus, Ep. 1860. – Sämtl. Märchen, 1965, 1979 u. ö.
L: T. Linschmann, 1907; K. Boost, Diss. Würzb. 1925.

Beck, Karl Isidor, 1. 5. 1817 Baja/Ungarn – 9. 4. 1879 Währing b. Wien; jüd. Kaufmannssohn, 1833 Stud. Medizin Wien, 1835 im väterl. Geschäft in Pest, 1836 Stud. in Leipzig, 1842/43 Pest, 1843 in Wien, 1844 Berlin, 1848 Schweiz, 1849 Wien und wieder poet. Wanderleben. – Lyriker des Jungen Deutschland von zeitgebundener Wirkung durch Bilderprunk, wildenergische Rhythmen, rhetor. Kraft u. Virtuosität; nach Enttäuschung durch die Revolution von 1848 friedlichere Töne.

W: Nächte. Gepanzerte Lieder, G. 1838; Janko, der ungarische Roßhirt, Ep. 1841; Saul, Tr. 1841; Gedichte, 1844; Monatsrosen, G. II 1848; Juniuslieder, G. 1853; Jadwiga, Ep. 1863.
L: E. Fechtner, 1912.

Beckelmann, Jürgen, ✶ 30. 1. 1933 Magdeburg; Gymnas. Gardelegen, Stud. Theaterwiss. Ostberlin, dann polit. Wiss. Westberlin, Journalist in Berlin und München. – Lyriker und Erzähler stark autobiograph. zeitkrit. Romane aus der dt. Gegenwart und jüngster Vergangenheit.
W: Der Wanderwolf, G. 1959; Das Ende der Moderne, Abh. 1959; Der goldene Sturm, R. 1961 (u. d. T. Aufzeichnungen eines jungen Mannes aus besserer Familie, 1965); Das gläserne Reh, En. 1965; Lachender Abschied, R. 1969; Herrn Meiers Entzücken an der Demokratie, R. 1970.

Becker, Jürgen, ✶ 10. 7. 1932 Köln; 1953 1 Jahr Germanistikstud.; versch. Berufe, 1959–64 freier Schriftsteller, 1964 Verlagslektor bei Rowohlt, 1965/66 Stipendiat in Rom, seither Schriftsteller, Kritiker und Funkautor in Köln. 1973 Leiter des Suhrkamp-Theaterverlags, 1974 Hörspielredakteur im Deutschlandfunk. – Gestaltet in s. offenen Prosa ein Bewußtseinskontinuum, das die Erfahrung der Wirklichkeit und ihre Grenzen beschreibt und reflektiert; in s. handlungslosen Hörspielen verselbständigt sich das Bewußtsein in freischwebenden Stimmen.
W: Phasen, Texte und Typogramme, 1960 (m. W. Vostell); Felder, Prosa 1964; Ränder, Prosa 1968; Bilder. Häuser. Hausfreunde, H.e 1969; Umgebungen, Prosa 1970; Eine Zeit ohne Wörter, Bb. 1971; Die Wirklichkeit der Landkartenzeichen, H. (1971); Die Zeit nach Harrimann, Dr. (1973); Das Ende der Landschaftsmalerei, G. 1974; Erzähl mir nichts vom Krieg, G. 1977; In der verbleibenden Zeit, G. 1979; Erzählen bis Ostende, En. 1981; Gedichte 1965–1980, 1981; Versuchtes Verschwinden, H. (1981); Fenster und Stimmen, G. 1982; Die Türe zum Meer, Prosa 1983; Eigentlich bin ich stumm, H. (1983);

Die Abwesenden, H.e 1983; Odenthals Küste, G. 1986.
L: Über J. B., hg. L. Kreutzer 1972; D. Janshen, Opfer u. Subjekt des Alltägl., 1976; H.-U. Müller-Schwefe, Schreib' alles auf, 1977.

Becker, Jurek, ✶ 30. 9. 1937 Lodz/Polen; poln.-jüd. Eltern; Kindheit in Gettos und KZ, seit 1945 in Berlin; Stud. Philos. in DDR, seit 1960 freier Schriftsteller in Ostberlin. Nach Protest gegen die Biermann-Ausbürgerung 1976 SED-Ausschluß; 1977 Austritt aus dem Schriftstellerverband der DDR, Dez. 1977 mit DDR-Visum nach West-Berlin. Humorvoller Erzähler mit dialekt. Stoffen um jüd. Schickal, DDR- und Eheprobleme.
W: Jakob der Lügner, R. 1970; Irreführung der Behörden, R. 1973; Der Boxer, R. 1976; Schlaflose Tage, R. 1978; Das Versteck, Drehb. (1979); Nach der ersten Zukunft, En. 1980; Aller Welt Freund, R. 1982; Bronsteins Kinder, R. 1986.

Becker, Nikolaus, 8. 10. 1809 Bonn – 28. 8. 1845 Hünshoven b. Geilenkirchen, Kaufmannssohn, 1833 Stud. Jura Bonn, 1838 Auskultator Landgericht Köln, 1840 dass. in Geilenkirchen, zuletzt Aktuar beim Friedensgericht Köln. – Nationaler Lieddichter unter s. ›Rheinlied‹ (Sie sollen ihn nicht haben), das ihm Erwiderungen von Lamartine und Musset einbrachte und den sonst Unbedeutenden kurze Zeit zum Nationaldichter machte.
W: Gedichte, 1841.
L: L. Waeles, 1896; K. Jünger, 1906.

Beer, Johann (Ps. Jan Rebhu u. a.), 28. 2. 1655 St. Georgen/Attergau – 6. 8. 1700 Weißenfels, protestant. Gastwirtsfamilie, 1670 um des Glaubens willen Emigration mit den Eltern nach Regensburg, 1675 Stud. Altdorf, 1676 Stud. Theol. Leipzig, 1677 Sänger, ab 1685 Konzertmeister des Herzogs von Weißenfels, Musiktheoretiker, Komponist. Tod durch Unfall beim Vogelschießen. – Bedeutendster volkstüml. Erzähler des dt. Barock nach Grimmelshausen, doch unproblematischer, realistischer, welthafter und sinnenfroher, ohne übergeordnetes Weltbild und mit Freude an drast. Sinnlichkeit, bis zum Rohen u. Unflätig-Gemeinen. Frische Erzählbegabung ohne Einengung durch Regelzwang oder didakt. Absicht; Reihung von Anekdoten und Episoden. Ritter- und Schelmenromane in e. Mischung von Phantasie und Realistik unter Benutzung mündl. Volksguts u. der Volksbücher.

W: Der Symplicianische Welt-Kucker, R. IV 1677–79; Der Abentheuerliche wunderbare und unerhörte Ritter Hopffen-Sack, R. 1678 (n. 1984); Printz Adimantus, R. 1678 (n. 1967); Ritter Spiridon aus Perusina, R. 1679; Die vollkommene Comische Geschicht des Corylo, R. II 1679 f.; Artlicher Pokazi, R. II 1679 f.; Wolausgepolirte Weiber-Hächel, R. 1680; Jucundi Jucundissimi Wunderliche Lebens-Beschreibung, R. 1680 (n. 1984); Die mit kurtzen Umständen entworffene Bestia Civitatis, R. 1681; Der neu-ausgefertigte Jungfer-Hobel, R. 1681 (n. 1968); Der berühmte Narren-Spital, R. 1681 (n. zus. m. Juc. Jucundissimi 1957); Der Politische Feuermäuer-kehrer, R. 1682; Der Politische Bratenwender, R. 1682 (n. 1984); Der verliebte Europeer, R. 1682; Teutsche Winternächte, R. 1682 (n. 1943); Die kurtzweiligen Sommer-Täge, R. 1683 (n. 1958; beide zus. hg. R. Alewyn 1963, n. 1985); Die Andere Ausfertigung Neugefangener Politischer Maul-Affen, R. 1683; Der Deutsche Kleider-Affe, R. 1685; Die Geschicht und Histori von Land-Graff Ludwig dem Springer, B. 1698 (n. 1967); Der verkehrte Staats-Mann, R. 1700 (n. 1970); Der kurzweilige Bruder Blaumantel, R. 1700 (n. 1978); Der Verliebte Österreicher, R. 1704 (n. 1978); Musicalische Discurse, Schr. 1719; Sein Leben, von ihm selbst erzählt, hg. A. Schmiedecke 1965. – SW, hg. F. van Ingen, H.-G. Roloff XIII 1981 ff.; Ausw. F. Habeck, 1961.

L: R. Alewyn, 1932; M. Kremer, D. Satire b. J. B., Diss. Köln 1964; J. J. Müller, Stud. z. d. Willenhag-Romanen J.B.s, 1965; M. Roger, 1973; Bibl.: J. Hardin, 1983.

Beer, Michael, 19. 8. 1800 Berlin – 22. 3. 1833 München, Bankierssohn, Bruder des Komponisten Jakob B. (Meyerbeer), Stud. Geschichte und Philosophie Berlin, häufige Reisen, später zumeist in München. – Empfindungsreicher Dramatiker in klass. und romant. Stil mit Neigung zum Humanitätsideal der Klassik; weckte früh große Hoffnungen, die s. späteres Werk bis auf ›Struensee‹ enttäuschte.

W: Klytemnestra, Tr. 1823; Die Bräute von Arragonien, Tr. 1823; Der Paria, Tr. 1826; Raphaels Schatten, 1827; Struensee, Tr. 1829 (n. DNL 161, 1899); Laura Grimaldi, Tr. 1835. – SW, hg. E. v. Schenk 1835; Briefwechsel, hg. ders. 1837.

L: G. F. Manz, M. B.s Jugend, Diss. Freibg. 1891; M. Barcinski, M.B.s Struensee, Diss. Lpz. 1907.

Beer, Otto F(ritz) (Ps. Erik Ronnert), *8. 9. 1910 Wien; Stud. Musik und Lit. Wien, 1932 Dr. phil., Schriftsteller und Journalist ebda., 1939–45 Soldat, dann Journalist und Kritiker in Salzburg, Wien, Meran und seit 1952 wieder Wien. – Kultivierter, geistreich und charmant plaudernder Romancier und Dramatiker mit operettenhaften Lustspielen.

W: Kulissen der Welt, R. 1938; Stadttheater, E. 1946; Hotel Zugvogel, R. 1948; Zehnte Symphonie, R. 1952; Wiedersehen in Meran, R. 1952; Man ist nur zweimal jung, K. (1956, m. P. Preses); Die Eintagsfliege, K. (1961, m. P. Preses); Ich-Rodolfo-Magier, R. 1965; Christin-Theres, R. 1967 (als Dr. 1967); Der Fenstergucker, En. 1974.

Beer-Hofmann, Richard, 11. 7. 1866 Rodaun b. Wien – 26. 9. 1945 New York, Advokatensohn, adoptiert von s. Onkel Alois Hofmann, 1883–90 Stud. Rechte Wien, 1890 Dr. jur., lebte als materiell unabh. freier Schriftsteller, 1939 Emigration nach USA. – Nach s. Freunden Hofmannsthal und Schnitzler bedeutendster Dramatiker, Lyriker und Erzähler des ästhet. verfeinerten Wiener Spätimpressionismus und der

Neuromantik, von hohem Sprach- und Formbewußtsein und prunkvoll-melod., gedankenreich verinnerlichter Sprache: kostbar-dekoratives Spiel wunderbar klangvoller Worte u. stimmungskräftiger dichter. Bilder, unerhört langsam geschaffen. Wurde vom schwermütig-neuroman. Erzähler (Einfluß Maupassants, Flauberts, Schnitzlers und der Psychoanalyse) mit gefühlsreichen Novellen zum Förderer der zionist. Bewegung mit relig. Symboldramen um den Mythos des jüd. Volkes von uneinheitl. Handlungsführung (Motivspaltung) aber gedankl. und lyr. Reichtum und gelangte trotz Verwurzelung im Biblischen und Verklärung des jüd. Stammesbewußtseins zu e. allg. ästhet. Religiosität und dem Versuch, der Existenz des seinen Quellen entfremdeten Menschen e. überpersönl. und überzeitl. Sinn zu geben. Unvollendete Trilogie: ›Die Historie vom König David‹ (Vorsp.: 1918, I: 1933, II: König David, III: Davids Tod).

W: Novellen, 1893; Der Tod Georgs, E. 1900; Der Graf von Charolais, Tr. (nach Massinger/Field: The fatal dowry, 1632) 1904; Gedenkrede auf W. A. Mozart, 1906; Jaákobs Traum, Dr. 1918; Schlaflied für Mirjam, G. 1919; Der junge David, Dr. 1933; Vorspiel auf dem Theater zu König David, 1936; Verse, G. 1941; Paula, aut. Fragm. 1949. – GW, 1963; Briefw. m. H. v. Hofmannsthal, 1972.
L: T. Reik, 1919; A. Werner, 1936; S. Liptzin, N. Y. 1936; O. Oberholzer, 1947 (m. Bibl.); H.-G. Neumann, 1972; E. N. Elstun, Pennsylv. 1983; R. Hank, Mortifikation u. Beschwörung, 1984.

Beheim, Michael, 27. 9. 1416 Sulzbach/Württ. – nach 1474 ebda., dem väterl. Weberhandwerk durch Konrad von Weinsberg als Dichter und Söldner in den 40er Jahren entzogen, nach 1448 im Dienst versch. Herren viel umhergetrieben, als Schult-

heiß von Sulzbach ermordet. – Nach Kunstauffassung und Technik Meistersinger, obwohl keiner Zunft angehörig, doch mehr kulturhist. als künstler. bedeutender Vielschreiber mit Streitgedichten, Fabeln, geistl. Liedern und Reimchroniken als charakterlose Lobhudelei des jeweiligen Herren. Viel Persönliches, Derb-Volkstüml. im Ausdruck, willkürl. Sprachbehandlung. Bedeutend als Komponist eig. Melodien.

W: Buch von den Wienern (1462, hg. T. v. Karajan 1843, Ausz. DNL 11, 1887); Leben des Pfalzgrafen Friedrich I. (1469, nach Matthias von Kemnat, hg. C. Hofmann 1863); Von der Stadt Triest (hg. H. Oertel 1916); Zehn Meisterlieder (hg. J. Bolte, Fs. f. Kelle I, 1908). – Die Gedichte, hg. H. Gille, I. Spriewald III 1968–72.

Beheim-Schwarzbach, Martin, 27. 4. 1900 London – 7. 5. 1985 Hamburg; Arztsohn, Jugend in Hamburg, 1918 Soldat, dann Kaufmann, Filmjournalist, Schriftsteller in Hamburg, 1939–46 Fabrikarbeit u. Rundfunktätigkeit in London, dann Journalist und Redakteur in Hamburg. – Erzähler, Lyriker und Essayist von erstaunl. Vielseitigkeit und spielfreudiger, gedankenreicher Fabulierkunst auf spirituellrelig. Hintergrund fernab mod. Strömungen; Märchenhaftes und myst. Erlebniswelt neben realem Alltagsleben einbeziehend.

W: Die Runen Gottes, En. 1927; Lorenz Schaarmanns unzulängliche Buße, N. 1928; Der kleine Moltke und die Rapierkunst, E. 1929; Die Michaelskinder, R. 1930; Die Herren der Erde, R. 1931; Das verschlossene Land, E. 1932; Der Gläubiger, R. 1934; Das Buch vom Schach, 1934; Die Todestrommel, N. 1935; Die Krypta, G. 1935; Die Verstoßene, R. 1938; Der Schwerttanz, N. 1938 (n. 1987); Novalis, B. 1939; Paulus, B. 1940; Der magische Kreis, En. 1940; Vom leibhaftigen Schmerz, Es. 1946; Von den Büchern, Ess. 1946; Der Deutsche Krieg, Ep. 1948; Der Unheilige oder Die diebischen Freuden des Herrn von Fißwange-Haschececk, R. 1948; Gleichnisse, En. 1948; Die Geschichten der

Bibel, 1952; Der geölte Blitz, E. 1953; Die Insel Matupi, R. 1955; Die Sagen der Griechen, 1957; Knut Hamsun, B. 1958; Die großen Hirten der Menschheit, Bb. 1958; Das kleine Fabulatorium, En. 1959; Das Gnadengesuch, E. 1960; Der Stern von Burgund, Nibelungen-R. 1961; Der Mitwisser, R. 1961; Der arme Heinrich, H. (1962); Grübchen und Grimassen, Feuill. 1963; Chr. Morgenstern, B. 1964; Bergedorfer Offensive, Schr. 1966; Lächeln überm Schachbrett, Anekdoten 1967; Schatzinseln – Zauberberge, En. 1970; Die Fußspur, En. 1971; Der Liebestrank, G. 1975; Das Mirakel, En. 1980; und du hast doch gelacht, En. 1981; Soso, spricht der liebe Gott, Nn. 1983; Der Paradiesvogel, En. 1987.
L: Bibl. v. M. Wienges, 1968.

Behrens, Franz Richard, 5. 3. 1895 Brachnitz b. Halle – 30. 4. 1977 Ost-Berlin; Journalist, Filmautor und Sportreporter in Berlin. – Expressionist. Lyriker, in s. Wortkunst-Theorie, Ein-Wort-Lyrik und Montagetechnik Nähe zu A. Stramm.
W: Blutblüte, G. 1917. – Blutblüte. Die ges. G., hg. G. Rühm II 1979ff.

Behrens, Katja, ★18. 12. 1942 Berlin; Verlagslektorin und lit. Übersetzerin (Burroughs, Patchen, H. Miller). – Erzählerin stimmungsstarker Frauenschicksale in aussparend-fragmentar. Stil.
W: Die weiße Frau, En. 1978; Jonas, En. 1981; Die dreizehnte Fee, R. 1983.

Belzner, Emil, 13. 6. 1901 Bruchsal/Bad. – 8. 8. 1980 Heidelberg; Bauern- und Handwerkerfamilie; Gymnas.; Journalist seit 1924 in Karlsruhe, Mannheim, Köln, Stuttgart, 1946–69 stellv. Chefredakteur in Heidelberg. – Romant. getönter Versepiker und hist. sowie gegenwartsnaher Erzähler von großer Gestaltenfülle und meisterl. Sprachkunst.
W: Letzte Fahrt, G. 1918; Heimatlieder, G. 1918; Die Hörner des Potiphar, Ep. 1924; Iwan der Pelzhändler, Ep. 1929; Marschieren – nicht träumen, R. 1931; Kolumbus vor der

Landung, R. 1934 (vollst. u. d. T. Juanas großer Seemann, 1956); Ich bin der König, R. 1940; Der Safranfresser, R. 1953; Die Fahrt in die Revolution, B. 1969; Glück mit Fanny, Ein Katzenbuch 1973.

Ben-Gabrī'ēl, Moše Ja'aqōb → Ben-gavriêl, Moscheh Ya'akov

Bendemann, Margarete von → Susmann, Margarete

Bender, Hans, ★ 1. 7. 1919 Mühlhausen/Kraichgau, Gastwirtssohn, Stud. Lit.- und Kunstgesch. Erlangen und Heidelberg, 1940–45 Soldat, bis 1949 sowjet. Kriegsgefangenschaft, Fortsetzung des Stud., Herausgebertätigkeit (1952–54 ›Konturen‹, 1954–80 ›Akzente‹, ›Junge Lyrik‹): Feuilletonchef der ›Deutschen Zeitung‹, 1963–54 Chefredakteur von ›magnum‹ in Köln; Reisen in die UdSSR, Europa, Australien und Orient. 1969/70 und 1979 Gastdozent in Austin/Texas, 1982 Poetik-Dozentur Mainz. – Unpathet. Lyriker und zuchtvoll verhaltener Erzähler e. mit knappsten Mitteln arbeitenden, subtilen Prosa von klarer Ehrlichkeit und verschwiegener Herzlichkeit; Stoffe aus Krieg, Gefangenschaft und Nachkriegszeit.
W: Fremde soll vorüber sein, G. 1951; Die Hostie, En. 1953; Eine Sache wie die Liebe, R. 1954; Wölfe und Tauben, En. 1957; Wunschkost, R. 1959; Das wiegende Haus, En. 1961; Mit dem Postschiff, En. 1962; Programm und Prosa der jungen deutschen Schriftsteller, Abh. 1967; Die halbe Sonne, En. 1968; Worte, Bilder, Menschen, Ausw. 1969; Einer von ihnen, Aufz. 1979; Der Mund von Torcello, En. 1984; Briefe an H. B., hg. V. Neuhaus, 1984; Bruderherz, En. 1987.

Benedix, Julius Roderich, 21. 1. 1811 Leipzig – 26. 9. 1873 ebda., Thomasschule ebda., dann Theatersänger, seit 1831 Schauspieler an versch. Orten ohne bes. Erfolg, seit 1838 in Wesel, dort 1841 Schriftsteller, Zeitungsredakteur, 1842 nach Köln, 1844 techn. Theaterleiter in Elberfeld, 1847 Theaterleiter und anschl. Lehrer an der Musikschule Hillers in Köln, 1855–59 Intendant in Frankfurt/M., zog 1861 von Köln nach Leipzig. – Vf. anspruchsloser, humorvoller und bühnenwirksamer Lustspiele (rd. 100) aus anfangs liberaler, später hausbakken bürgerl. Perspektive mit geschicktem Aufbau, volkstüml. Situationskomik (bes. Verwechslungen), aber schwacher Charakteristik und hölzernem Dialog, am besten ›Das bemooste Haupt‹ (1841), ›Dr. Wespe‹ (1843), ›Die Hochzeitsreise‹ (1849), ›Das Gefängnis‹ (1859), ›Der Störenfried‹ (1841), ›Die Dienstboten‹ (1865) und ›Die zärtlichen Verwandten‹ (1866). Ferner Volksschriften, Erzählungen.

W: Johanna Sebus, Dr. 1835; Deutsche Volkssagen, VI 1839ff.; Bilder aus dem Schauspielerleben, R. II 1847; Der mündliche Vortrag, III 1860; Das Wesen des deutschen Rhythmus, 1862; Haustheater, Drr. II 1862; Der Landstreicher, R. III 1867; Die Mutter, G. 1867; Katechismus der Redekunst, 1870; Soldatenlieder, 1870; Die Shakespearomanie, Schr. 1873. – Ges. dram. Wke., XXVII 1846–74; Volkstheater, Ausw. XXII 1882–94.
L: W. Schenkel, Diss. Ffm. 1916.

Benedix, Lena → Christ, Lena

Ben-gavriêl, Moscheh Ya'akov (eig. Mošě Ja'aqōb Ben-Gabrī'ēl; früher Eugen Hoeflich), 15. 9. 1891 Wien – 17. 9. 1965 Jerusalem; Arztsohn, Stud. Handelsakad. Wien, Versichungsangestellter ebda.; im 1. Weltkrieg österr. Offizier; 1917 Kommandant d. österr. Besatzungstruppe im damals türk. Jerusalem; Journalist in Wien; ging 1927 nach Jerusalem; Berufsoffizier in Israel, seit 1948 Auslandskorrespondent in Jerusa-

lem. – Anschaul., packender, stilsicherer und fabulierfreudiger Erzähler von Romanen und Novellen bes. aus dem vorderen Orient mit e. hinter Ironie und Humor trag. Grundton. S. Roman ›Das Haus in der Karpfengasse‹ gibt e. erschütterndes Bild der Schicksale mehrerer Bewohner e. großen Hauses der Prager Altstadt z. Z. der nationalsozialist. Herrschaft. Auch Lyriker, Feuilletonist und Hörspielautor.

W: Der Weg ins Land, Sk. 1919; Der rote Mond, Sk. 1920; Pforte des Ostens, Abh. 1923; Frieden und Krieg des Bürgers Mahaschavi, R. 1952; Kumsits, En. 1956; Das anstößige Leben des großen Osman, R. 1956; Das Haus in der Karpfengasse, R. 1958; Der Mann im Stadttor, R. 1960; Die sieben Einfälle der Thamar Dor, R. 1962; Traktate über ganz gewöhnliche Dinge, Ess. 1962; Die Flucht nach Tarschisch, Aut. 1963; Ein Weg beginnt mit dem ersten Schritt, En. 1963; Die Gedichte, 1964; Kamele trinken auch aus trüben Brunnen, R. 1965; Ein Löwe hat den Mond verschluckt, N. 1965.
L: J. Schmidt, D. Unterh.-schriftsteller M. Y. B., 1979 (m. Bibl.).

Benn, Gottfried, 2. 5. 1886 Mansfeld/Westpriegnitz – 7. 7. 1956 Berlin, Pfarrerssohn, Stud. Philol. und Theol. Marburg, dann Medizin Berlin, Dr. med., in beiden Weltkriegen Militärarzt, zuletzt Oberstarzt, nach 1918 Facharzt für Haut- und Geschlechtskrankheiten in Berlin, begrüßte den Nationalsozialismus 1932–34 als Überwindung von Stagnation und Nihilismus durch imperatives Weltbild, nach Erkenntnis des Irrtums schweigend und 1936 vom Regime angeprangert. Ab 1948 neue Schaffensperiode. – Lyriker, Dramatiker, Erzähler und Essayist von eigenwilliger, radikal mod. Problemstellung und erregender Wirkung auf intellektuelle Kreise und die junge Lyrik. Begann als expressionist. Lyriker von eruptiver Sprachkraft mit gefühlskalt-zyn. registrierten

Visionen von Verfall, Krankheit und Verwesung und zeigte mit der krassen, unerbittl. radikalen Sachlichkeit des Arztes und der Technik des sezierenden Chirurgen ungeschminkt das Ekelerregende hinter der Maske der Gesellschaft: Schockwirkung durch brutale, grauenhafte und widerl. Stoffe; Wertzertrümmerung des Lebens auf s. Endlichkeit neben e. durch starken Zynismus verdeckten romant. Sehnsucht nach Reinheit; bildhafte, einprägsame Sprache in substantiv. Stil: assoziative Reihung, Montage, Staccato; Fremdwörter, medizin. und wiss. Terminologie neben Straßenjargon, poet. Bezeichnungen aus klass.-romant. Tradition kraß neben radikal mod. Prägungen. Im Spätwerk gleiche Sprachartistik, doch ohne das Zynische und Grelle, formvollendete stat. Gedichte als Selbstsetzung des Ich als Inhalt, Überwindung von Grauen, Ekel, Chaos und Nihilismus durch das bannende Wort. Philos. Novellen von knappem Erzählstil. Illusions- und ideologiefeindliche, provozierende Prosaschriften als monolog. Kunst. Sinngebung e. gottleeren Daseins durch Formsetzung trotz aller Resignation (schöpferischer Nihilismus), Verbindung von Wiss. und Kunst, Probleme des Künstlerischen und bes. der Lyrik. Kulturpessimist. Essays über den Niedergang der weißen Rasse durch Verhirnung.

W: Morgue, G. 1912; Söhne, G. 1913; Gehirne, Nn. 1916; Fleisch, G. 1917; Diesterweg, N. 1918; Etappe, Dr. 1919; Ithaka, Dr. 1919; Der Vermessungsdirigent, Dr. 1919; Das moderne Ich, Ess. 1919; Die gesammelten Schriften, 1922; Schutt, G. 1924; Spaltung, G. 1925; Gesammelte Gedichte, 1927; Gesammelte Prosa, 1928; Fazit der Perspektiven, Ess. 1930; Das Unaufhörliche, Oratorium 1931; Nach dem Nihilismus, Ess. 1932; Der neue Staat und die Intellektuellen, Ess.

1933; Kunst und Macht, Ess. 1934; Ausgewählte Gedichte, 1936; Statische Gedichte, 1948; Ausdruckswelt, Ess. 1949; Trunkene Flut, G. 1949; Drei alte Männer, Dial. 1949; Der Ptolemäer, En. 1949; Doppelleben, Aut. 1950; Frühe Prosa und Reden, 1950; Essays, 1951; Fragmente, G. 1951; Probleme der Lyrik, Es. 1951; Frühe Lyrik und Dramen, 1952; Die Stimme hinter dem Vorhang, H. 1952; Destillationen, G. 1953; Aprèslude, G. 1955; Gesammelte Gedichte, 1956; Ausgewählte Briefe, 1957; Primäre Tage, G. u. Fragm. 1958. – GW, hg. D. Wellershoff IV 1958–61, ³1977, VIII 1976, IV 1980; Medizin. Schr. 1965; Den Traum alleine tragen, Neue Texte 1966; Sämtl. Erzählungen, 1970; SW, hg. G. Schuster V 1986 ff.; Briefe an F. W. Oelze, III 1977–80; Briefe an T. Wedekind, 1986; Briefw. m. P. Hindemith, 1978; Briefw. m. M. Rychner, 1986.
L: T. Koch, 1957; K. Schümann, 1957; E. Nef, 1958; D. Wellershof, 1958; ders., 1986; G. Klemm, 1958; R. Garnier, Paris 1959; N. P. Soerensen, Mein Vater G. B., 1960; E. Lohner, Passion und Intellekt 1961; G. Loose, D. Ästhetik G. B.s, 1961; E. Buddeberg, 1961; H. Uhlig, 1961; W. Lennig, 1962; B. Allemann, 1962; R. Grimm, ³1962; E. Buddeberg, Probleme um G. B., 1962; Die Kunst im Schatten Gottes, hg. R. Grimm u. W.-D. Marsch 1962; J. P. Wallmann, 1965; M. Niedermayer, Das G. B.-Buch, 1968; B. Bleinagel, Absolute Prosa, 1969; E. Lohner, G. B. (über s. Dichtungen), 1969; H.-D. Balser, D. Probl. d. Nihilismus i. Werk G. B.s, ²1970; H. Steinhagen, D. stat. Gedd. v. G. B., 1970; F. W. Wodtke, ²1970; U. Wirtz, D. Sprachstruktur G. B.s, 1971; P.-U. Hohendahl, B. – Wirkg. wider Willen, 1971; E. Oehlenschläger, Provokation u. Vergegenwärtigg., 1971; Denken i. Widersprüchen, hg. W. Preitz 1972; J. M. Ritchie, Lond. 1972; H. O. Horch, 1975; R. Alter, 1976; A. Christiansen, 1976; P. Schünemann, 1977; J. Schröder, 1978; H. Brode, B.-Chronik, 1978; G. B., hg. B. Hillebrand 1979; J. Vahland, 1979; D. Liewerscheidt, G. B.s Lyrik, 1980; W. Kaussen, Spaltungen, 1981; J. Østhø, Expressionismus und Montage, Oslo 1981; R. Rumbold, G. B. u. d. Expressionismus, 1982; S. Ray, 1982; R. Weber, 1983; H. L. Arnold, hg. ²1985; H. E. Holthusen, 1986; J. Schröder, 1986; B. Hillebrand, 1986; J. Matoni, Logik d. Interpretation, 1986; Bibl.: E. Lohner, ²1960.

Benrath, Henry (eig. Albert Henry Rausch), 5. 5. 1882 Friedberg/Hessen – 11. 10. 1949 Magreglio/Comer See, Stud. Geschichte, Philol. Gießen, Genf, Berlin, Paris, lebte finanziell unabhängig in Italien und Frank-

reich, seit 1940 in Oberitalien, wo
er s. Krankheit (perniziöse Anä-
mie) die Vollendung des Werkes
abrang. – Von der Formkunst Platens u. des George-Kreises bestimmter, formbemühter Lyriker
mit meist zykl. Dichtungen von
Klarheit, Versstrenge und fugen-
hafter Komposition. Haupterfol-
ge mit Geschichtsromanen aus
spätantiker und ma.-dt. Geschichte um Bildnisse bedeutender Frauen. Auch sprühende gesellschaftskrit. und satir. Romane. In esoter. Prosaschriften Synthese westl.-griech. und östl.-ind.
Geistigkeit.

W: Der Traum der Treue, G. 1907; Die Urnen, G. 1908; Das Buch für Tristan, G. 1909;
Nachklänge, Inschriften, Botschaften, G.
1910; Flutungen, Nn. 1910; Vigilien, G. 1911;
Das Buch der Trauer, G. 1911; Sonette, 1912;
Südliche Reise, Prosa, 1914; Jonathan. Patro-
klos, Nn. 1916; Kassiopeia, G. 1919; Pirol, R.
1921; Ephebische Trilogie, Nn. 1924; Vor-
spiel und Fuge, R. 1925; Eros Anadyomenos,
E. 1927; Atmende Ewigkeit, G. 1928; Die
Welt der Rose, Prosa 1928; Ball auf Schloß
Kobolnow, R. 1932; Stoa, G. 1933; Die Mut-
ter der Weisheit, R. 1933; Die Kaiserin Kon-
stanze, R. 1935; Stefan George, Schr. (franz.)
1936; Die Kaiserin Galla Placidia, R. 1937;
Dank an Apollon, G.-Slg. 1937; Welt in
Bläue, Reiseber. 1938; Die Stimme Delphis,
Ess. 1939; Paris, Nn. 1939; Erinnerung an
Frauen, En. 1940; Die Kaiserin Theophano,
R. 1940; Der Gong, G. 1949; Unendlichkeit,
Prosa 1949; Der Kaiser Otto III., R. 1951; Die
Geschenke der Liebe, R. 1952; Im Schatten
von Notre Dame. En. 1952; Geschichten
vom Mittelmeer, En. 1952; Traum der Land-
schaft, Prosa 1952; Erinnerung an die Erde;
G. 1953, Liebe, G. 1955.
L: H. B. in memoriam, hg. R. Italiaander,
1954; R. Scherzer, Diss. Innsbr. 1970; S. Ha-
gen, 1978.

Bentlage, Margarete → Zur
Bentlage, Margarete

Bentz, Hans G(eorg), 5. 9. 1902
Berlin – 30. 12. 1968 Chieming;
Journalist in Berlin, 1920 Volon-
tär der ›Vossischen Zeitung‹, Res-
sortchef, später Chefredakteur im
Ullsteinverlag, seit 1952 freier
Schriftsteller in Prien/Chiemsee.

– Vf. humorvoll-einfühlsamer
Tiergeschichten und heiterer Gesellschaftsromane aus wilhelmin.
Zeit und Gegenwart. Auch Kriminalromane.

W: Der Bund der Drei, E. 1952; Gute Nacht –
Jakob, R. 1954; Hasso, R. 1954; Alle lieben
Peter, R. 1956; Ein Herz und eine Seele,
Hundeb. 1958; Licht von jenseits der Straße,
R. 1958; Schneller als der Tod, R. 1960; Tom-
my, En. 1960; Zwei Töchter auf Pump, R.
1961; Alle meine Autos, Erinn. 1961; Zwei
Töchter und drei Hunde, R. 1964; Na so ein
Esel, R. 1965; Die Hexe aus dem Paradies, R.
1965; Zwei gegen fünf, R. 1967; Puck, R.
1967; Das fremde Gesicht, R. 1969.

Beradt, Martin, 26. 8. 1881 Magdeburg – 26. 11. 1949 New York;
Rechtsanwalt in Berlin-Charlottenburg, emigrierte 1939 nach
England, 1940 nach New York. –
Erzähler psycholog. Romane aus
dem 20. Jahrhundert.

W: Go, R. 1909; Der Richter, Es. 1909 (u. d.
T. Der deutsche Richter, 1930, n. 1979); Ehe-
leute, R. 1910; Das Kind, R. 1911; Erdarbei-
ter, R. 1919 (u. d. T. Schipper an der Front,
1929; n. 1985); Die Verfolgten, N. 1919 (n.
1979); Leidenschaft und List, R. 1928; Die
Straße der kleinen Ewigkeit, R. 1965.

Berens-Totenohl, Josefa, * 30.
3. 1891 Grevenstein/Sauerld.,
Tochter e. Schmieds, 1911 Lehrerinnenseminar Arnsberg, 1914
Lehrerin im Weserland; Malerin
in Düsseldorf und seit 1923 Höxter; 1925 im Totenohl a. d. Lenne/
Sauerld., später Gleierbrück, seit
Erfolg erster Romane freie
Schriftstellerin. – Erzählerin und
Lyrikerin der sauerländ. Heimat
mit bäuerl. Sippenromanen im
Saga- und Edda-Stil um die Kräfte
des Blutes, Schicksal und Erb-
schuld.

W: Der Femhof, R. 1934; Frau Magdlene, R.
1935 (beide zus. u. d. T. Die Leute vom
Femhof); Das schlafende Brot, G. 1936; Einer
Sippe Gesicht, Ep. 1941; Der Fels, R. 1943;
Im Moor, R. 1944; Die Stumme, R. 1949;
Der Alte hinterm Turm, En. 1949; Die Liebe
des Michael Rother, E. 1953; Das Gesicht, N.
1955; Die heimliche Schuld, R. 1960.

Bergengruen, Werner, 16. 9. 1892 Riga – 4. 9. 1964 Baden-Baden; Arztsohn, Stud. Marburg, München, Berlin, Teilnehmer am Weltkrieg und Baltikumskämpfen, Journalist, Übs. russ. Lit., dann freier Schriftsteller, 1927–36 in Berlin, 1936 Konversion, 1936–42 Solln b. München, 1942–46 Achenkirch/Tirol, 1946–58 Zürich, seit 1958 Baden-Baden. – Formvollendeter Erzähler mit gedankl. Tiefe und eth.-christl. Einschlag, auch in Romanen auf e. einzige Geschehenslinie konzentrierte Novellentechnik. Verbindung von romant. Phantasie mit Realismus und Psychologie. Musterhafte Novellistik in ungewöhnl. Begebenheiten u. Grenzsituationen, die selbst in extremen Sonderfällen gleichnishaft den Blick in die Gesetze des Daseins freigeben (metaphys. Pointe): Offenbarmachen ewiger Ordnungen, Sinngebung des Geschehens vom Unendlichen her. Im Spätwerk zur Anekdote neigende Fabulierfreude. Als Lyriker Verkünder e. im Glauben heilen Welt mit realist., expressionist. und neubarocken Stilelementen, Reisebücher, Spukgeschichten, Jugendbuch und Märchen.

W: Das Gesetz des Atum, R. 1923; Rosen am Galgenholz, Nn. 1923; Schimmelreuter hat mich gossen, Nn. 1923; Das Brauthemd, Nn. 1925; Das große Alkahest, R. 1926 (z. d. T. Der Starost 1938); Das Kaiserreich in Trümmern, R. 1927; Das Buch Rodenstein, En. 1927, erw. 1950; Capri, G. 1930; Herzog Karl der Kühne, R. 1930; Der tolle Mönch, Nn. 1930; Die Woche im Labyrinth, R. 1930; Der goldene Griffel, R. 1931; Baedeker des Herzens, Reiseb. 1932; Der Wanderbaum, G. 1932; Die Feuerprobe, N. 1933; Die Ostergnade, Nn. 1933; Der Teufel im Winterpalais, Nn. 1933; Deutsche Reise, Reiseb. 1934; Der Großtyrann und das Gericht, R. 1935; Die Schnur um den Hals, Nn. 1935; Die Rose von Jericho, G. 1936; Die drei Falken, N. 1937; Der ewige Kaiser. G. 1937; Die verborgene Frucht, Die. E. T. A. Hoffmann, B. 1939; Der Tod von Reval, En. 1939; Am Himmel wie auf Erden, R. 1940; Der spani-

sche Rosenstock, N. 1941; Das Hornunger Heimweh, R. 1942; Schatzgräbergeschichte, N. 1942; Dies irae, G. 1945; Das Beichtsiegel, N. 1946; Lobgesang, G. 1946; Der hohe Sommer, G. 1946; Die Sultansrose, Nn. 1946; Jungfräulichkeit, N. 1947; Pelageja, E. 1947; Sternenstand, Nn. 1947; Römisches Erinnerungsbuch, Prosa 1949; Das Feuerzeichen, R. 1949; Das Tempelchen, E. 1950; Die heile Welt, G. 1950; Lombardische Elegie, G. 1951; Erlebnis auf einer Insel, N. 1952; Das Geheimnis verbleibt, Prosa 1952; Der Pfauenstrauch, N. 1952; Der letzte Rittmeister, Nn. 1952; Die Flamme im Säulenholz, Nn. 1953; Die Sterntaler, N. 1953; Die Rittmeisterin, R. 1954; Die Kunst, sich zu vereinigen, E. 1956; Das Netz, N. 1956; Mit tausend Ranken, G. 1956; Figur und Schatten, G. 1958; Bärengeschichten, En. 1959; Der Herzog und der Bär, E. 1960; Zorn, Zeit und Ewigkeit, En. 1960; Titulus, Schr. 1960; Schreibtischerinnerungen, 1961; Der dritte Kranz, R. 1962; Die Schwestern aus dem Mohrenland, E. 1963; Mündlich gesprochen, Rdn. 1963; Räuberwunder, En. 1964; Herbstlicher Aufbruch, G. 1965; Dichtergehäuse, Aut. 1966; Der Kranke, G. 1969; Gesammelte Gedichte, II 1969; Geliebte Siebendinge, Nl. 1972. – Briefw. m. R. Schneider, 1966.

L: T. Kampmann, 1952; P. Baumann, D. Romane W. B.s, Diss. Zürich 1954; M. W. Weber, Zur Lyrik B.s, Diss. Zürich 1958; H. Kunisch, 1958; G. Klemm, ³1961; E. Sobota, D. Menschenbild b. B., 1962; Dank an W. B., hg. P. Schifferli 1962; P. Meier, D. Romane W. B.s, 1967; W. Wilk, 1968; C. J. Burckhardt, 1968; H. Bänziger, ⁴1983; A. J. Hofstetter, W. B. i. 3. Reich, Diss. Freib. 1968; T. Kampmann, D. verhüllte Dreigestirn, 1973; P. A. MacKenzie, Die heile Welt, 1980; Bibl.: W. B.: Privilegien d. Dichters, ²1957.

Berger, Alfred Freiherr von, 30. 4. 1853 Wien – 24. 8. 1912 ebda.; Ministersohn; Stud. Philos. und Jura; 1876 Dr. phil.; 1887 Theatersekretär; 1896 Prof. für Ästhetik; 1899 Leiter des Dt. Schauspielhauses Hamburg; 1909 Direktor des Wiener Hofburgtheaters. – Vielseit. österr. Erzähler, Dramatiker und Lyriker. Als Dramaturg von großer Bedeutung.

W: Gedichte, 1878; Dramaturgische Vorträge, 1890; Gesammelte Gedichte, 1891; Im Vaterhaus, Aut. 1901 (m. Wilhelm Berger); Hofrat Eysenhardt, N. 1911. – GS. hg. A. Bettelheim u. K. Glossy, III 1913.

Berger, Ludwig (eig. Ludwig Bamberger), 6. 1. 1892 Mainz –

18. 5. 1969 Schlangenbad; Sohn
e. Handelskammerpräsidenten;
Stud. Kunstgeschichte, Dr. phil.
1913; Regisseur in Mainz, Hamburg und ab 1919 in Berlin bei M.
Reinhardt und am Staatstheater;
dann Filmregisseur bei der Ufa;
1928–29 in Hollywood; emigrierte 1933 über Frankreich, Niederlande und England nach den
USA; seit 1947 wieder in Dtl.; seit
1952 Regisseur in Schlangenbad
im Taunus. – Gewandter Erzähler, bes. aus der Geschichte und
aus der Welt der Musik. Shake-
speareforscher. Vf. vieler Hör-
und Fernsehspiele. Auch Drehbuchautor.

W: Wir sind vom gleichen Stoff, aus dem die
Träume sind, Aut. 1954; Die unverhoffte Lebensreise der Constanze Mozart, E. 1955;
Wenn die Musik der Liebe Nahrung ist, Sk.
1957; Vom Menschen Johannes Brahms, B.
1959; Arabella Stuart, R. 1960; Hermann und
Dorothea, Dr. (1961, n. Goethe); Theater-
menschen, Ess. 1962; Ottiliens Torheiten, K.
(1964); Der Walzerkönig, Opte. (1965).
L: L. B., hg. W. Heist 1966.

Berger, Raimund, 31. 3. 1917
Hall/Tirol – 21. 1. 1954 Innsbruck; Notarssohn, seit 1932
durch Unfall gelähmt; fand 1939
zur Literatur. Hörspiellektor und
Rundfunkautor. – Trat als Dramatiker und Hörspielautor für ein
ideologiefreies ›Theater des
Menschlichen‹ ein.

W: Ein Papierblumenfrühling, Dr. (1949);
Zeitgenossen, Dr. (1951); Jupiter und Jo, Dr.
(1952); Das Reich der Melonen, Dr. (1955);
Die Ballade vom nackten Mann, Dr. 1965;
Ausgewählte Stücke, Drr. 1965.
L: O. Breicha, Diss. Wien 1960.

Berger, Uwe, *29. 9. 1928
Eschwege/Hessen; Sohn e. Bankbeamten, Jugend in Emden,
Augsburg, Berlin, Stud. Germanistik und Kunstwiss. ebda.,
1949–55 Verlagslektor ebda., seither freier Schriftsteller in Berlin-
Ost. – Sozialist. Lyriker und Er-

zähler gesellschaftsgebundener
Themen in zunehmend realist.,
traditioneller Form. Auch Herausgeber.

W: Die Einwilligung, En. 1955; Straße der
Heimat, G. 1955; Der Dorn in dir, G. 1958;
Der Erde Herz, G. 1960; Hütten am Strom,
G. 1961; Rote Sonne, Skn. 1963; Mittagsland,
G. 1965; Gesichter, G. 1968; Die Chance der
Lyrik, Ess. 1971; Bilder der Verwandlung, G.
1971; Arbeitstage, Tg. 1973; Feuerstein, G.
1974; Backsteintor und Spreewaldkahn, Prosa 1975; Lächeln im Flug, G. 1975; Zeitge-
richt, G. 1977; Nebelmeer und Wermutstrep-
pe, Prosa 1977; Leise Worte, G. 1978; Auszug
aus der Stille, G. 1982; Das Verhängnis, R.
1983; Die Neigung, R. 1985; In deinen Augen
dieses Widerscheinen, G. 1985; Woher und
Wohin, Ess. 1986; Weg in den Herbst, Aut.
1987.

Bergius, C. C. (eig. Egon-Maria
Zimmer), *2. 7. 1910 Buer/West-
falen; Flugkapitän, Fluglehrer,
Kunstflieger, nach 1945 Schriftsteller in Liechtenstein. – Vf.
spannender exot. Abenteuerromane und Bestseller z. T. aus der
Welt der Flieger.

W: Blut und Blüten für Dschingis-Chan, R.
1951; Die Straße der Piloten, Sb. 1959; Vier
unter Millionen, R. 1960 (auch u. d. T. Bluejeans und Petticoats); Der Fälscher, R. 1961;
Heißer Sand, R. 1961; Sand in Gottes Mühlen, R. II 1963f.; Das weiße Krokodil, R.
1965; Der Tag des Zorns, R. 1967; Roter
Lampion, R. 1969; Das Medaillon, R. 1971;
Oleander, Oleander, R. 1975; Schakale Gottes, R. 1978; La Baronessa, R. 1978; Söhne
des Ikarus, R. 1979; Der Feuergott, R. 1980;
Spanisches Roulette, R. 1982; Endstation Ti-
bet, R. 1984; El Comandante, R. 1987.

Berlichingen, Götz (Gottfried)
von, 1480 Burg Jagsthausen/
Württ. – 23. 7. 1562 Schloß Hornberg a. Neckar; Ritter; verlor im
Landshuter Erbfolgekrieg 1504 s.
rechte Hand, die durch e. eiserne
ersetzt wurde; kämpfte 1519 für
Herzog Ulrich von Württemberg
gegen den Schwäbischen Bund;
übernahm 1525 gezwungen die
Führung der aufständ. Bauern;
wurde darum 1528–30 in Augsburg gefangengehalten; focht
1542 im Dienste Karls V. gegen

die Türken, 1544 gegen Frankreich; verbrachte den Rest s. Lebens auf s. Burg Hornberg. – S. zwar unbeholfen dargestellte, aber lebendige und die Sitten s. Zeit, bes. des Adels, treu wiedergebende ›Lebensbeschreibung‹ (Druck 1731) veranlaßte Goethe zu s. Drama.

A: R. Kohlrausch 1910; A. Leitzmann 1916; nhd. K. Müller 1962.
L: H. Ulmschneider, 1974.

Bernardon → Kurz, (Felix) Joseph von

Bernger von Horheim (bei Frankfurt oder im Enzgau), frühhöf. Minnesänger des ausgehenden 12. Jh., urkundl. 1196 in Italien nachgewiesen als Teilnehmer am Apulienzug Heinrichs VI. (1195/96), wohl württemberg. Ministeriale. Bezeugt sich in den 6 erhaltenen Liedern als Schüler Friedrichs von Hausen, doch ohne dessen Ernst, als leichtes Talent Neigung zu formal glattem Virtuosentum und effektvollem Spiel der Aussagen, dabei warmherzige Persönlichkeit. Verwendung daktyl. Verse.

A: MF.

Bernhard, Fritz → Skowronnek, Fritz

Bernhard, Thomas, * 10. 2. 1931 Kloster Heerlen b. Maastricht, Jugend in Österreich, ab 1945 Salzburg; kaufmänn. Lehrzeit als Lebensmittelhändler, dann 4 Jahre Gerichtsreporter und Bibliothekar in London, 1951–54 Stud. Musik Salzburg u. Wien, 1957 Stud. Regie und Dramaturgie Salzburg, lebte in Kärnten, jetzt Ohlsdorf/Oberösterreich. – Anfangs Trakl verwandter Lyriker der dunklen Farben, reichen Metaphern, leicht surrealist. Effekte und monoman. Sprachwirbel. Ungebärdige Verse von dämon. Schönheit voll Schmerz, Melancholie, verzweifelter Hoffnung und Erlösungssehnsucht. In s. Prosa monomanisch reflektierte Auseinandersetzung e. melanchol. Erzähler-Ichs mit e. mit Ekel, Verachtung und Aggressivität betrachteter Wirklichkeit, Darstellung von Zuständen und psych. Prozessen des Schmerzes, der Krankheit und der Verzweiflung und von menschl. Außenseitern in bitteren Monologen aus eigener Verzweiflung und Menschenverachtung. In iron., satir. und bitterbösen Dramen, mehr stat. Ritualen als Handlung, zwischen kom. und manieriertem Weltschmerz, Verfallspsychose und zyn. Parodie der Kulturszene wechselnd.

W: Auf der Erde und in der Hölle, G. 1957; In hora mortis, G. 1958; Unter dem Eisen des Mondes, G. 1958; Die Rosen der Einöde, Dial. 1959; Frost, R. 1963; Amras, E. 1964; Prosa, 1967; Verstörung, R. 1967; Ungenach, E. 1968; An der Baumgrenze, En. 1969; Watten, E. 1969; Ereignisse, Prosa 1969; Ein Fest für Boris, Dr. 1970; Das Kalkwerk, R. 1970; Midland in Stilfs, En. 1971; Der Italiener, Prosa 1971; Gehen, E. 1971; Der Ignorant und der Wahnsinnige, Dr. 1972; Die Jagdgesellschaft, Dr. 1973; Die Macht der Gewohnheit, K. 1974; Der Kulterer, E. 1974; Korrektur, R. 1975; Der Präsident, Dr. 1975; Die Salzburger Stücke, 1975; Die Ursache, E. 1975; Die Berühmten, Dr. 1976; Der Keller, E. 1976; Minetti, Dr. 1977; Immanuel Kant, K. 1978; Der Atem, E. 1978; Ja, E. 1978; Der Stimmenimitator, En. 1978; Der Weltverbesserer, Dr. 1979; Vor dem Ruhestand, K. 1979; Die Erzählungen, 1979; Die Billigesser, E. 1980; Die Kälte, E. 1981; Über allen Gipfeln ist Ruh, K. 1981; Am Ziel, Dr. 1981; Ave Vergil, G. 1981; Ein Kind, E. 1982; Wittgensteins Neffe, E. 1982; Beton, E. 1982; Die Stücke, 1983; Der Schein trügt, Dr. 1983; Der Untergeher, R. 1983; Der Theatermacher, Dr. 1984; Holzfällen, R. 1984; Ritter, Dene, Voss, Dr. 1984; Alte Meister, K. 1985; Auslöschung, R. 1986; Einfach kompliziert, Dr. 1986; Elisabeth II., Dr. 1987.
L: Über T. B., hg. A. Botond 1970; J. B. (Text u. Kritik) 1974; E. Jooß, Aspekte der Beziehungslosigkeit 1976; B. Sorg, 1977; H.

Gamper, 1977; H. Höller, Kritik e. lit. Form 1978; R. Endres, Am Ende angekommen 1980; M. Jurgensen, 1981; U. Bugmann, Bewältigungsversuch 1981; K. Bartsch u. a., 1983; J. König, Nichts als e. Totenmaskenball 1983; N. J. Meyerhofer, 1985; V. Struck, Menschenlos, 1985; V. Finnern, D. Mythos d. Alleinseins, 1987; Bibl.: J. Dittmar, 1981.

Bernoulli, Karl Albrecht (Ps. Ernst Kilchner), 10. 1. 1868 Basel – 13. 2. 1937 Arlesheim b. Basel; Stud. ev. Theologie Neuenburg, Basel, Straßburg und Marburg; 1895–97 Privatdozent für Kirchengeschichte in Basel; reiste 1898–1906 nach Paris, London und Berlin; ab 1922 wieder Lehrtätigkeit in Basel. – Schweizer Dramatiker und Erzähler, Kulturphilosoph und Lyriker, bes. mit hist. Themen.

W: Lukas Heland, R. 1897; Wahn und Ahnung, G. 1901; Der Sonderbündler, R. 1904; Zum Gesundgarten, R. 1906; Overbeck und Nietzsche, II 1907; Der Meisterschütze Dr. 1915; Königin Christine, Dr. (1916); Preis Jesu, G. 1918; Bürgerziel, R. 1920; Ull, der zu frühe Führer, R. 1932; Der Papst, Dr. 1934.

Bernstein, Aaron (Ps. A. Rebenstein), 6. 4. 1812 Danzig – 12. 2. 1884 Berlin-Lichterfelde, zum Rabbiner bestimmt, Stud. jüd. Theol. 1825–30 Talmudschule Fordon, 1830–32 Danzig, 1832 zur Erweiterung seines Wissens nach Berlin, dort naturwiss. Stud., wurde Schriftsteller und Journalist, 1849 Gründer der demokrat. ›Urwählerzeitung‹ (seit 1853 ›Volkszeitung‹) und Vorkämpfer der Judenemanzipation, Vf. zahlr. populärwiss. naturwiss. und zeitgeschichtl. Schriften. – Erzähler z. T. humorist. gefärbter Genrestücke aus dem Ghettoleben des jüd. Kleinbürgertums von starker Eindringlichkeit.

W: Novellen und Lebensbilder, 1838; Vögele der Maggid, N. 1860; Mendel Gibbor, N. 1860.

Bernstein, Elsa → Rosmer, Ernst

Bernus, Alexander von, 6. 2. 1880 Aeschach b. Lindau/Bodensee – 6. 3. 1965 Schloß Donaumünster; Kindheit in England, ab 1886 in Heidelberg, ab 1889 Stift Neuburg b. Heidelberg; 1898–1902 Dragonerleutnant, Stud. Philos. und Literaturgesch. München, seit 1908 winters in München (1912–16 Stud. Medizin), sommers in Stift Neuburg mit Freunden. 1926 Verkauf des Stifts, Wohnsitz in Schloß Eschenau b. Weinsberg und seit 1939 Schloß Donaumünster b. Donauwörth. – Der Romantik, dem engl. Symbolismus, der Pansophie des 17. Jh. und dem Übersinnlichen verhafteter Dichter und Denker mit Neigung zu myth. Weltverdeutlichung. Als Lyriker in liedhaften Strophen Verwalter des romant. Erbes von strenger Selbstkritik, vollendeter Sprache und gedankl. Tiefe; Vers-Puppenspiele als poetischste Form des Dramas; Erzähler e. mag. Welt; Nachschöpfer engl. und lat. Lyrik.

W: Aus Rauch und Raum, G. 1903; Leben, Traum und Tod, G. 1904; Maria im Rosenhag, G. 1909; Sieben Schattenspiele, 1910; Der Tod des Jason, Mysteriensp. 1912; Liebesgarten, G. u. Sp. 1913; Gesang zum Krieg, 1914; Guingamor. Der getreue Eckart, Sp. 1918; Die gesammelten Gedichte, 1918; Gesang an Luzifer, G. 1923; Christspiel, 1929; Versspiele, 1930; Gold um Mitternacht, G. 1930 (erw. als Ausw. 1902–47; 1948); Ewige Ausfahrt, G. 1934; Alchymie und Heilkunst, Ess. 1936; Mythos der Menschheit, Ep. 1938 (u. d. T. Weltgesang, 1948); Spiel um Till Eulenspiegel, 1941; Wachsen am Wunder, Aut. 1943; Das goldene Vlies, G. 1946; Schloßlegende, E. 1949; Die Blumen des Magiers, E. 1950; Nächtlicher Besuch. Hexenfieber, En. 1951; Der Gartengott, 1955; Das Geheimnis des Adepten, Ess. 1956; Sieben Mysterienspiele, 1957; In der Zahl der Tage, G., Sp., Prosa 1960; Alles Schöne ist traurig, Dr. 1961; Leben, Traum und Tod, G.-Ausw. 1962; Wega, die himmlische Leier, G. u. Drr. 1963; Novellen, 1984.

L: G. Kars, Diss. Wien 1937; Worte der Freundschaft für A. v. B., 1949 (m. Bibl.); In memoriam A. v. B., hg. O. Heuschele 1966 (m. Bibl.); F. A. Schmitt, 1971; M. Sladek, 1981.

Berthold → Steinmar von Klingenau, Berthold

Berthold von Holle, 13. Jh. (1251–70 urkundl. belegt), aus altem Adelsgeschlecht der Gegend von Hildesheim. – Epigone des höf. Epos in Nachahmung der Wolframschule und Rudolfs von Ems, dichtete für s. Gönner Herzog Johann von Braunschweig-Lüneburg um 1250/60 drei Ritterromane in mitteldt. Literatursprache mit stark niederdt. Einschlag, wenig originell aus den übl. und bekannten Motiven des höf. Epos zusammengesetzt und erweitert, doch von guter Komposition und Schlichtheit der Darstellung, ohne Einschlag des Wunderbaren. Das Hauptwerk ›Crâne‹, Loblied aller Formen der Treue, lebte im 15. Jh. als Fastnachtsspiel (Lübeck 1444) und Prosaroman fort.

W: Demantin, um 1250 (hg. K. Bartsch, BLV 123, 1875); Crâne, um 1250–60; Darifant, um 1250–60, Fragm. (beide hg. ders. 1858, n. 1967).
L: E. Laurenze, Diss. Gött. 1932; G. v. Malsen-Tilborch, Repräsentation und Reduktion, 1973.

Berthold von Regensburg, um 1210 Regensburg – 14. 12. 1272 ebda., Franziskanerminorit, Stud. Theol. Magdeburg um 1234/35, Schüler und Begleiter Davids von Augsburg, seit 1240 Wander-Bußprediger in ganz Ober- und Mitteldtl.: Bayern, Rheinland, Elsaß, Schweiz, Schlesien, Österreich, Böhmen, Mähren, Thüringen, unter stärkstem Zulauf, meist im Freien predigend, seltener Klosterpredigten vor geistl. Zuhörern. Zahlr. Legenden um die ungeheuer mitreißende Kraft s. Wortes. Später vorwiegend in Regensburg tätig. – Bedeutendster dt. Prediger des MA., Mahn- und Bußprediger von überwältigender Beredsamkeit, volkstüml.-lebendigem, treffsicherem Stil, kraftvollen Bildern und oft dramat. zugespitzter Sprache; bot keine theolog. Traktate, sondern erstrebte prakt. sittl. Wirkung durch Schilderung der Zeitlaster aller Art, nicht in allgemeinem Moralisieren, sondern in scharfem persönl. Angriff, voll drast. Ausdrücke, innerer Spannung und ausschmückender Beispiele; Mitbegründer der dt. Prosa. Durch soziales Ethos des aufsteigenden Bürgertums wichtig für die Kultur- und Sozialgeschichte der Zeit. Die dt. gehaltenen Predigten wurden von Zuhörern teils dt. (71), teils lat. (258) in freier Nachschrift aufgezeichnet und von B. um 1250 in drei lat. ›Landprediger‹-Slgg. redigiert, geben aber nur e. unvollkommenes Bild.

A: Pred., hg. F. Pfeiffer, J. Strobl II 1862–80, n. 1965; Dt. Pred., Gruppe Z., hg. D. Richter 1968. – *Übs.:* O. H. Brandt 1924; F. Göbel ⁵1929.
L: A. E. Schönbach, Stud. z. Gesch. d. altdt. Predigt (Sitzgsber. d. Wiener Akad. d. Wiss.) 1899–1907; K. Rieder, Diss. Freib. 1901; H. Mertens, Diss. Bonn 1936; G. Witt, Diss. Kgsb. 1942; W. Stammler, 1949; D. Richter, D. dt. Überlieferg. d. Pred. B.s v. R., 1969; H. Stahleder, D. Weltbild B. s. v. R., (ZfBLG) 1974.

Bertololy, Paul, 12. 2. 1892 Frankenthal/Pfalz – 28. 11. 1972 Lembach/Elsaß; Arztsohn, Stud. Medizin Heidelberg und Straßburg, Dr. med., seit 1919 Landarzt in Lembach/Elsaß. – Formal und gehaltlich konservativer Erzähler von Romanen und Novellen.

W: Eine Frau geht vorbei, R. 1931; Dora Holdenrieth, R. 1933; Die Verfemten, N.

1947; Die Tat des Emil Thomann, R. 1949;
Im Angesicht des Menschen, Aut. 1956;
Maiana, R. 1964; Wohin gehst du, Maja, R.
1967; Das Leben ist ein Ringelspiel, En. 1972;
Der Venuswagen des Doktor Raley, R. 1974;
Die Katze, die Frau und der Mörder, H. 1978.

Bertram, Ernst, 27. 7. 1884 Elberfeld – 2. 5. 1957 Köln, Stud.
Bonn, München, Berlin, Dr. phil.
1907; 1919 Habilitation in Bonn,
1922 Prof. für neuere dt. Sprache
und Lit. Köln, 1946 amtsenthoben, 1950 emeritiert. – Aus dem
George-Kreis hervorgegangener
Lyriker der knappen Formstrenge, gedankl. Spruchdichtung als
symbol. Wesensschau und Deutung geistiger Mächte, Meister
des Aphorismus; Streben nach
Monumentalität und Mythenbil-
dung: Mythos als Eindringen in
die tieferen Seinsschichten geschichtl. Vorgänge und geistiger
Gestalten. Auch Literarhistoriker
und Essayist.

W: Studien zu A. Stifters Novellentechnik,
Diss. 1907; Gedichte, 1913; Nietzsche, 1918;
Das Gedichtwerk, III 1922; Der Rhein, Ge-
denkb. 1922; Rheingenius und Génie du
Rhin, Schr. 1922; Wartburg, G. 1933; Grie-
cheneiland, G. 1934; Deutsche Gestalten,
Rdn. 1934; Michaelsberg, E. 1935; Von der
Freiheit des Wortes, Schr. 1936; Von den
Möglichkeiten, Es. 1938; Sprüche aus dem
Buch Arja, 1938; Worte in einer Werkstatt,
Es. 1938; Die Fenster von Chartres, G. 1940;
Patenkinderbuch, G. 1949; Aus den Auf-
zeichnungen des Herzogs von Malebolge,
Aphor. 1950; Konradstein, E. 1951; Die
Sprüche von den edlen Steinen, 1951; Mosel-
villa, Aphor. 1951; Das Zedernzimmer, Dial.
1957; Möglichkeiten, Ess. 1958 (m. Bibl.);
Dichtung als Zeugnis, Aufs. 1967.
L: H. Jappe, 1969.

Bertuch, Friedrich Justin, 30. 9.
1747 Weimar – 3. 4. 1822 ebda.,
1765–69 Stud. Theol. und Rechte
Jena, Lehrer, 1775 Kabinettssekretär, 1776 Rat, 1785 Legationsrat in Weimar, 1786 im Ruhestand. Begründer des Landesin-
dustriecomptoirs und des Geograph. Instituts Weimar, Mitbe-

gründer der ›Allg. Literaturzeitung‹, Herausgeber. Freund
Schillers. – Weniger bedeutend
durch eigene Werke (Dramen,
Opterntexte, Märchen) als durch
s. anregenden Übss. und Bearbeitungen.

W: Copien für meine Freunde, G. 1770; Wie-
genliederchen, 1772; Das Märchen vom Bil-
boquet, 1772; Das große Loos, Op. 1774;
Elfriede, Tr. 1775; Polyxena, Monodr. 1775;
Bilderbuch für Kinder, XXX 1790–1822.
L: W. Feldmann, Diss. 1902; J. H. Eckardt,
1905; F. Fink, 1934; A. v. Heinemann, 1955;
G. Bohadti, 1970.

Besser, Johann (von), 8. 5. 1654
Frauenburg/Kurld. – 10. 2. 1729
Dresden, Pfarrerssohn, Stud.
Theol. Königsberg, 1675 als Hofmeister nach Leipzig, Stud. Rechte ebda., mit Empfehlung des
Fürsten von Dessau an den Berliner Hof, dort 1681 Legationsrat,
1684/85 Resident in London, 1690
Zeremonienmeister und geadelt,
1701 Geh. Rat und Oberzeremonienmeister; bei Regierungsan-
tritt Friedrich Wilhelms I. 1713
amtsenthoben, 1717 Geh. Kriegsrat und Zeremonienmeister Augusts II. in Dresden. – Galant-
lasziver Hofdichter von schwül-
stig-pikantem Stil, schrieb Lob-
und Heldengedichte auf Fürsten,
erlebte Liebes- u. Studentenlieder, Festgedichte, Singspiele (sog.
Tafelmusiken), Texte von Mas-
kenfesten (sog. Wirtschaften) und
Epigramme.

A: Schrifften, 1711; m. Biogr. v. J. U. König,
II 1732; Preußische Krönungsgeschichte,
1712 (n. 1901).
L: W. Haertel, 1910, n. 1977.

Beste, Konrad, 15. 4. 1890 Wendeburg b. Braunschweig – 24. 12.
1958 Stadtoldendorf, Pfarrerssohn, Jugend in Stadtoldendorf,
Stud. Philos. München, Berlin
und Heidelberg (Dr. phil.),
Kriegsteilnehmer 1914–18, zog

1931 nach Hamburg-Wandsbek, 1938 nach Stadtoldendorf/Weserbergland. – Erzähler und Dramatiker der niedersächs. Heimat und zumal des Kontrasts zwischen Land-/Kleinstadtleben und großstädt. Betriebsamkeit, von derbkraftvollem, tiefem Humor, fröhlich-liebenswürdigem Stil und e. Raabeschen Vorliebe für schrullige Käuze.

W: Grummet, R. 1923; Der Preisroman, R. 1927; März, R. 1929; Schleiflack, K. 1930; Glück im Haus, K. 1932; Das heidnische Dorf, R. 1932; Bauer, Tod und Teufel, Vst. 1933; Das vergnügliche Leben der Doktorin Löhnefink, R. 1934; Gesine und die Bostelmänner, R. 1936; Seine Wenigkeit, K. 1936; Die drei Esel der Doktorin Löhnefink, R. 1937; Große Pause, K. 1938; Das Land der Zwerge, R. 1939; Herrn Buses absonderliche Brautfahrt, R. 1943; Löhnefinks leben noch, R. 1950.

Bethge, Friedrich, 24. 5. 1891 Berlin – 17. 9. 1963 Bad Homburg; Lehrersohn aus altem ostpreuß. Pastorengeschlecht, im 1. Weltkrieg (ab 1916 Offizier) 5mal verwundet, städt. Beamter in Berlin, beteiligt bei der Abwehr des Spartakusaufstandes, 1933 Reichskultursenator und Chefdramaturg, später Generalintendant der Bühnen Frankfurt/M.; in der NS-Zeit zahlr. Preise und Ehrungen als ›Dramatiker der Frontgeneration‹, 1945 kriegsgefangen. – Lyriker, Erzähler und bes. Dramatiker, begann mit balladeskheroischen Dramen um das Fronterleben im expressionist. Stil Barlachs und vertrat später, an Schiller geschult, allzu bewußt nationale Pathetik und volkhaften Bühnenstil.

W: Gedichte, 1917; Pfarr Peder, Dr. 1924; Pierre und Jeanette, N. 1926; Reims, Dr. 1930; Die Blutprobe, K. 1931; Marsch der Veteranen, Dr. 1934; Das triumphierende Herz, Nn. 1937; Heinrich von Plauen, Dr. 1938; Rebellion um Preußen?, Tr. 1939; Anke von Skoepen, Dr. 1940; Copernicus, Dr. 1942.

Bethge, Hans, 9. 1. 1876 Dessau – 1. 2. 1946 Kirchheim/Teck, Landwirtssohn, Stud. Philos. und Philol. Halle, Erlangen, Genf (Dr. phil.), Spanienreisen, freier Schriftsteller in Berlin. – Neuromant. Lyriker, Dramatiker und Erzähler von Novellen mit exot. Kolorit, Essayist und Hrsg. von Lyrik-Anthologien, bedeutend als formvollendeter Nachdichter und Übs. oriental. Lyrik, z. T. nach engl. und franz. Prosatexten.

W: Die stillen Inseln, G. 1898; Mein Sylt, Tgb. 1900; Sonnenuntergang, Dr. 1900; Die Feste der Jugend, G. 1901; Der gelbe Kater, Nn. 1902; Bei sinkendem Licht, Dial. 1903; Totenspiele in Versen, 1904; Die chinesische Flöte, Übs. 1907; Saitenspiel, G. 1909; Don Juan, K. 1910; Hafis, Übs. 1910; Lieder an eine Kunstreiterin, G. 1910; Die Courtisane Jamaica, Nn. 1911; Japanischer Frühling, Übs. 1911; Arabische Nächte, Übs. 1912; Das türkische Liederbuch, Übs. 1913; Die indische Harfe, Übs. 1914; Pfirsichblüten aus China, Übs. 1920; Die armenische Nachtigall, Übs. 1924; Die Treulose, Nn. 1927; Annabella, R. 1935; Unter Stierkämpfern, Nn. 1937; Der asiatische Liebestempel, Übs. 1941; Kleine Komödien, Anekdot. 1943; Heitere Miniaturen, En. 1944.
L: E. Bethge, 1975.

Betulius, Sigmund → Birken, Sigmund von

Betulius, Xystus → Birck, Sixtus

Betzner, Anton, 13. 1. 1895 Köln – 18. 2. 1976 Puerto de Mazarron, Murica/Span.; Heimat Pfungstadt b. Darmstadt, Stud. Musik, Journalist, Reporter, Rundfunkmitarbeiter, nach 1945 Chefredakteur der Zs. ›Das goldene Tor‹ und Mitarbeiter am Südwestfunk Baden-Baden. – Erzähler und Hörspielautor anfangs revolutionärer Haltung, später von herber Sprache, sachl. Darstellung und rel. Innerlichkeit.

W: Antäus, R. 1929; Die Gebundenen, R. 1930; Er macht das Rennen, Vst. 1931; Deutschherrenland, Ber. 1940; Basalt, R. 1942; Die Michaelsblume, R. 1947; Der vielgeliebte Sohn, R. 1952; Die schwarze Mitgift, R. 1956; Der gerettete Ikarus, R. 1960; Der Mann hieß Lazarus, R. 1960.

Beumelburg, Werner, 19. 2. 1899 Traben-Trarbach/Mosel – 9. 3. 1963 Würzburg; Pfarrerssohn, 1916 Fahnenjunker, 1917 Offizier, 1918 Stud. Staatswiss. Köln, 1921 Redakteur und Schriftleiter in Berlin, 1924 in Düsseldorf, seit 1926 freier Schriftsteller, ab 1932 in Berlin, im 2. Weltkrieg Luftwaffenmajor, seit 1945 in Würzburg. – Erzähler u. Publizist; erste Erfolge durch Kriegsbücher und Romane aus dem 1. Weltkrieg, nach 1932 vielgelesene hist. Romane um den Reichsgedanken; in späteren hist. und gesellschaftskrit. Erzählwerken tritt das Menschliche in den Vordergrund.
W: Douaumont, Ber. 1925; Ypern, Ber. 1925; Loretto, Ber. 1925; Der Strom, Nn. 1925; Flandern 1917, Ber. 1927; Sperrfeuer um Deutschland, R. 1929; Gruppe Bosemüller, R. 1930; Deutschland in Ketten, R. 1931; Bismarck gründet das Reich, R. 1932; Bismarck greift zum Steuer, R. 1932; Wen die Götter lieben, Nn. 1933; Das eherne Gesetz, R. 1934; Preußische Novelle, N. 1935; Erlebnis am Meer, E. 1935; Die Hengstwiese, E. 1935; Kaiser und Herzog, R. 1936; Mont Royal, R. 1936; Reich und Rom, R. 1937; Der König und die Kaiserin, R. 1937; 100 Jahre sind wie ein Tag, R. 1950; Nur Gast auf dunkler Erde, R. 1951; Jahre ohne Gnade, Ber. 1952; Das Kamel und das Nadelöhr, R. 1957; . . . und einer blieb am Leben, R. 1958.

Beyerlein, Franz Adam, 22. 3. 1871 Meißen – 27. 2. 1949 Leipzig, Stud. Rechts- und Staatswiss., Gesch. u. Philos. Freiburg/Br. und seit 1891 Leipzig, freier Schriftsteller ebda. – Erzähler und Dramatiker, begann als Naturalist in der Nachfolge von Hartleben mit sensationell erfolgr. Romanen und Dramen über die Mißstände beim Vorkriegsmilitär mit antimilitarist. Tendenz; künstler. z. T. wertvollere Spätwerke weniger erfolgreich.

W: Das graue Leben, R. 1902; Jena oder Sedan, R. 1903; Zapfenstreich, Dr. 1903; Similde Hegewalt, R. 1904; Der Großknecht, Dr. 1905; Ein Winterlager, E. 1906; Stirb und werde, R. 1910; Das Wunder des Hl. Terenz, K. 1911; Frauen, Dr. 1913; Friedrich der Große, R. III 1922–24; Der Siebenschläfer, E. 1924; Kain und Abel, R. 1926; Der Brückenkopf, R. 1927; Sommer in Tirol, Lsp. 1933; Land will leben, R. 1933; Der Ring des Lebens, R. 1938; Die Haselnuß, R. 1941; Johanna Rosina, R. 1942.

Bezzel, Chris(toph), *18. 1. 1937 Wetzhausen/Unterfranken; Jugend in Kitzingen und Nürnberg, 1956–62 Stud. Germanistik und Altphilol. Freiburg, Berlin und Erlangen, Dr. phil., Referendar in München, 1965–67 Verlagslektor in Frankfurt/M., lebte in London, Birmingham, seit 1973 in Hannover. – Experimenteller Lyriker mit strukturellen Modellen aus selbstentfremdeten Metaphern; Collagen-Prosa menschl. Entfremdung.
W: Natur bei Kafka, Diss. 1964; Grundrisse, G. 1968; Karin, Prosa 1971; Kerbtierfresser, G. 1972; Die Freude Kafkas beim Bügeln, Prosa 1972; Kafka-Chronik, 1975; Weißverlassen steinig, Prosa 1984.

Bichsel, Peter, *24. 3. 1935 Luzern, Jugend in Olten, Volksschullehrer in Zuchwil/Kanton Solothurn, Schriftsteller in Bellach. 1983 Gastdozent für Poetik Frankfurt a. M. – Vf. von Romanen und Erzählungen mit hintergründigen Genrebildern aus dem Alltagsleben, aus deren minuziöser Schilderung unvermutet die Pointen aufbrechen.
W: Eigentlich möchte Frau Blum den Milchmann kennenlernen, En. 1964; Das Gästehaus, R. 1965 (mit anderen); Die Jahreszeiten, R. 1967; Des Schweizers Schweiz, Ess. 1969; Kindergeschichten, En. 1969; Stockwerke, ausgew. En. 1974; Geschichten zur falschen Zeit, En. 1979; Der Leser. Das Erzählen, Vorlesg. 1982; Schulmeistereien, Ess. u. En. 1985; Der Busant, En. 1985; Irgendwo anderswo, Ess. 1986.
L: H. Hoven, hg. 1984; H. Bänziger, 1984.

Bickel, Konrad → Celtis, Konrad

Bidermann, Jakob, 1578 Ehingen b. Ulm – 20. 8. 1639 Rom, Schüler des Jakob Pontanus in Augsburg, 1594 Novize der Jesuiten in Landsberg, 1597–1600 Stud. Philos. Ingolstadt unter Einfluß Gretsers und erste dichter. Versuche; 1600–02 Lehrer in Augsburg, 1603–06 Stud. Theol. Ingolstadt, 1606–1614 Lehrer (Prof. der Rhetorik) am Jesuitenkolleg München, Leitung des Schultheaters, 1615 in Dillingen Prof. der Philos., ab 1620 der Theol.; 1622 oder 1624 Assistent des Ordensgenerals und Zensor in Rom, Aufgabe der lit. Laufbahn zugunsten der Theologie. – Bedeutendster Vertreter des neulat. barocken Jesuitendramas in Deutschland, bahnbrechend in Thematik (Widerspruch von Schein und Sein, Glück und Elend, Leben als Traum, Märtyrertum, Weltflucht), Bühnenstil (im Anschluß an Plautus und Terenz, Vorliebe für burleske und kom. Szenen neben ernsten) und Dramentechnik (ungeheure Bewegtheit, häufige Szenenwechsel). Setzt in s. Bearbeitungen bibl., geschichtl. und legendärer Stoffe e. kompromißlose sittl. Ordnung nach dem Gesetz von unerbittl. Gerechtigkeit und Sühne und fordert eine unbedingte Entscheidung für die Unterordnung alles Irdischen in den Dienst Gottes, kleidet aber die asket. Grundgedanken in sinnl. Farbenfülle. Hauptwerk der zeitlose ›Cenodoxus‹ nach der Legende des hl. Bruno von Köln um den verfehlten Ehrgeiz nach Ansehen in der vergängl. Welt und Erhöhung des Ich (Jedermann- und Faust-Thema; Hofmannsthal plante e. Bear-

beitung) von erschütterndem Erfolg, den das mehr eleg. Spätwerk nicht mehr erreicht. Auch Lyriker, Epiker u. Epigrammatiker.

W: Cenodoxus, Tr. (1602, n. DLE Rhe. Barockdr. 2, 1930, R. Tarot 1963 NdL; d. J. Meichel 1635, n. 1958, 1965); Belisarius, Tr. (1607, n. H. Burger 1966); Macarius, K. (1613); Josephus, K. (1615); Jacobus Usurarius, Tragikom. (um 1617); Joannes Calybita, Tr. (1618); Philemon Martyr, K. (1618; lat.-dt. hg. M. Wehrli 1960); Josaphatus, K. (1619); Stertinius, K. (1620); Cosmarchia, Sgsp. (um 1620); Himmelsglöcklein, Liedersg. 1620; Epigrammata, 1620; Heroidas, Ep. 1622; Heroum et heroidum epistolae, Br. 1633; Utopia, R. 1644 (d. C. A. Hörl u. d. T. Bacchusia, 1677; beide n. M. Schuster II 1984); Ludi theatrales, Drr.-Ausg. II 1666 (n. R. Tarot 1967).
L: M. Sadil, 1910; D. G. Dyer, Diss. Cambridge 1950; T. W. Best, Boston 1975; P. P. Lenhard, Relig. Weltanschaug. u. Didaktik i. Jesuitendr., 1976.

Bieler, Manfred, *3. 7. 1934 Zerbst/Anhalt; 1952–56 Stud. Germanistik Ost-Berlin; versch. Berufe, Reisen durch Europa und als Matrose bis Kanada, seit 1957 freier Schriftsteller; zog 1964 nach offizieller Rüge e. Romans nach Prag, 1967 tschech. Staatsbürger, floh 1968 über Wien nach München. – Vf. zeitsatir. und unterhaltender Romane, Erzählungen, Hörspiele und Dramen um Generationskonflikte, soziale Konflikte, Nazizeit und das geteilte Deutschland mit skurrilen Zügen.

W: Der Schuß auf die Kanzel, Parod. 1958; Hochzeitsreise, H. (1959); Ich bin nicht mein Bruder, H. (1960); Die achte Trübsal, H. (1960); Die kleine Freiheit, H. (1961); Die linke Wand, H. (1962); Karriere eines Klaviers, H. (1962); Bonifaz oder Der Matrose in der Flasche, R. 1963; Nachtwache, H. (1963); Das Hemd und der Rock, H. (1964); Ich frage, H. (1965); Märchen und Zeitungen, En. 1966; Dieser Herr da, H. (1966); Die Elefanteninsel, H. (1967); Der junge Roth, En. 1968; Maria Morzeck oder Das Kaninchen bin ich, R. 1969; Feuerzeug, H. (1969); ... tot in Kanapu, FSsp. (1969); Zaza, Vst. (1969); Jana, FSsp. (1970); Drei Rosen aus Papier, Hspp. 1970; Willy und Lilly, FSsp. (1971); Der Passagier, E. 1971; Das provisorische Leben, H. (1971); Wenn alle fehlen, FSsp. (1973); Zeit bringt Rosen, FSsp. (1973);

Einladung zur Enthauptung, FSsp. (n. V. Nabokov, 1973); Der Hausaufsatz, H. 1974; Der Mädchenkrieg, R. 1975; Der Kanal, R. 1978; Ewig und drei Tage, R. 1980; Preußische Nacht, Drehb. 1981; Der Bär, R. 1983.

Bienek, Horst, ★ 7. 5. 1930 Gleiwitz/Schles.; seit 1946 in Potsdam und Ost-Berlin; nach kurzem Stud. bei B. Brecht 1951 in Berlin verhaftet, bis Ende 1955 im Zwangsarbeitslager Workuta in Sibirien interniert, seit 1956 in der BR, 1957–61 Redakteur beim Hess. Rundfunk Frankfurt/M., 1959–61 Mithrsg. der Zs.›blätter +bilder‹, seit 1961 Lektor am Dt. Taschenbuch-Verlag, dann freier Schriftsteller in München. – Lyriker und Prosaist von bewußt einfacher, knapper und pathosloser Sprache um das Thema der Bewahrung unzerstörbarer menschl. Substanz und innerer Freiheit in äußerer Bedrohung. Erfolgr. Gleiwitzer Heimatroman – Tetralogie.

W: Traumbuch eines Gefangenen, G. u. Prosa 1957; Nachtstücke, En. 1959; Sechs Gramm Caratillo, H. (1961); Werkstattgespräche mit Schriftstellern, 1962; Borges, Bulatović, Canetti, Dial. 1965; Was war was ist, G. 1966; Die Zelle, R. 1968; Vorgefundene Gedichte, Slg. 1969; Bakunin, eine Invention, Prosa 1970; Solschenizyn und andere, Ess. 1972; Die Zeit danach, G. 1974; Die erste Polka, R. 1975; Gleiwitzer Kindheit, G. 1976; Septemberlicht, R. 1977; Zeit ohne Glocken, R. 1979; Der Freitag der kleinen Freuden, En. 1981; Erde und Feuer, R. 1982; Beschreibung einer Provinz, Ess. 1983; Königswald, E. 1984; Der Blinde in der Bibliothek, Ess. 1986; Das allmähliche Ersticken von Schreien, Vorlesg. 1987.
L: M. Krüger, hg. 1980.

Bierbaum, Otto Julius (Ps. Martin Möbius), 28. 6. 1865 Grünberg/Schles. – 1. 2. 1910 Kötzschenbroda/Dresden, Stud. Philos., Jura und Chinesisch (für geplante Konsulatslaufbahn in China) in Zürich, Leipzig, München und Berlin, seit 1887 Journalist, Kritiker und Schriftsteller, 1891 in

München, Hrsg. des ›Modernen Musenalmanachs‹ (1891–94); 1893 nach Berlin und Redakteur der naturalist. Zs. ›Die freie Bühne‹, 1894 Gründer der Zs. ›Pan‹, 1899 Mithrsg. der Zs. ›Die Insel‹, seit 1898 meist in München und auf Reisen (Neapel); durch s. Roman ›Stilpe‹ Anreger zur Gründung des ›Überbrettls‹ E. v. Wolzogens; Anreger und Förderer der Buchkunst und Bibliophilie. – Zwischen Naturalismus, Impressionismus und Dekadenz wechselnder und lit. Bohème angehöriger Schriftsteller auf allen Gebieten, vielseitig und regsam als lit. Vermittler auch vergangener Stilformen. Als Lyriker in den Masken von Minnesang, Rokoko, Anakreontik, Biedermeier, Romantik und Volkslied erfolgr. Synthese impressionist. Nuancierung mit traditionellen Formen und Themen der Liebes- und Naturlyrik, galant und melodiös tändelndes Spiel; impressionist. Wortlockerung im liedhaften Stil Liliencrons, doch anspruchsloser (bis zum Bierulk), daher eingängiger. Auch sentimental-humorist. Chansons. Als Erzähler anfangs naturalist. Skizzen, dann leichter, z. T. gesucht kom. Erzählungen und grotesk-satir., iron. Zeitromane aktuelle Wirkung gegen das Philistertum. Ferner Singspiele, Dramen, Reiseberichte und Künstlerbiographien.

W: Erlebte Gedichte, 1892; D. v. Liliencron, Es. 1892; Studentenbeichten, En. II 1892–97; F. Stuck, Es. 1893; Nemt, Frouwe, disen Kranz, G. 1894; Lobetanz, Sgsp. 1895; Pankrazius Graunzer, R. 1895; Die Schlangendame, N. 1896; Stilpe, R. 1897; Kaktus und andere Künstlergeschichten, En. 1898; Das schöne Mädchen von Pao, R. 1899; Gugeline, Sp. 1899; Pan im Busch, Ballett 1900; Irrgarten der Liebe, G. 1901; Stella und Antonie, Dr. 1902; Eine empfindsame Reise im Automobil, Reiseber. 1903 (n. 1979, u. d. T. Mit der Kraft Automobilia, 1906); Der Bräutigam wider Willen, K. 1906; Prinz Kuckuck, R. III

1906–07; Der Musenkrieg, K. 1907; Maultrommel und Flöte, G. 1907; Sonderbare Geschichten, En. III 1908; Yankeedoodlefahrt, Reiseber. 1909. – GW, hg. M. G. Conrad, H. Brandenburg, VII (von X), 1912–17.
L: E. Schick, 1903; M. G. Conrad, 1912; F. Droop, 1912; K. P. Muschol, O. J. B.s dramat. Werk, Diss. Mchn. 1961; D. Stankovich, 1971; R. L. Ackerman, Bildung und Verbildung, 1974; W. H. Wilkening, 1977; Bibl.: A. v. Klement, 1956.

Biermann, Wolf, * 15. 11. 1936 Hamburg; Sohn e. als Kommunist 1943 in Auschwitz ermordeten Werftschlossers, Gymnas. Hamburg, übersiedelte 1953 in die DDR. Stud. polit. Ökonomie, 1959–63 Philos. und Mathematik Ost-Berlin, 1957–1959 Regieassistent des Berliner Ensembles; 1963 aus der SED ausgeschlossen, erhielt 1965 Veröffentlichungs- und Auftrittsverbot. Nach e. Konzert in Köln am 13. 11. 1976 wegen Verunglimpfung der DDR von ihr ausgebürgert, was zu Protesten und Frontbildung in der DDR-Lit. führte. Seither im Westen. – Als Lyriker und Politsänger, Vortragender eigener Lieder, in der Nachfolge F. Villons scharfer und polem. Kritiker des sozialist. Alltags mit e. eigenen Mischung von Frivolität und Pessimismus; dennoch überzeugter Kommunist.
W: Die Drahtharfe, G. 1965; Mit Marx- und Engelszungen, G. 1968; Der Dra-Dra, Dr. 1970; Für meine Genossen, G. 1973; Deutschland. Ein Wintermärchen, G. 1973; Nachlaß I, Slg. 1977; Preußischer Ikarus, G. u. Prosa 1978; Verdrehte Welt – das seh ich gerne, G. u. Prosa 1982; Affenfels und Barrikade, G., Lieder, Ball. 1986.
L: H. L. Arnold, hg. 1975, ²1980 (m. Bibl.); T. Rothschild, hg. 1976; P. Roos, hg., Exil – D. Ausbürgerg. W. B.s, 1977.

Billinger, Richard, 20. 7. 1890 St. Marienkirchen b. Schärding/ Innviertel – 7. 6. 1965 Linz; Bauernsohn, zum Priester bestimmt, Stud. Philos. und Lit. Innsbruck, Kiel und Wien; wohnte in Berlin, München, dann Niederpöcking/ Starnberger See. – Naturverbundener, in Volksgut und Brauchtum s. bäuerl. Heimat verwurzelter Dichter von urwüchsiger Kraft und vitaler Sprache von barocker Bildkraft, Mischung zwischen hintergründigem Naturalismus und mod. Psychologie. Grundthema der Antithetik von dämon. Sinnenhaftigkeit und religiöser Entrücktheit. Vorliebe für urtüml. dumpfe Geschehnisse auch in den Vorgängen s. dunkelumwitterten Dramen in der Tradition des österr. Bauern- und Barockspiels, von z. T. gewollt unorgan. Aufbau. Am stärksten im lyr. Bereich des Stimmungsmäßigen. Gedichte aus dem Bauernleben von naturnaher Sprache bis zum kühn barockisierenden Wortprunk.
W: Über die Äcker, G. 1923; Das Perchtenspiel, Dr. 1928; Gedichte, 1929; Die Asche des Fegefeuers, Aut. 1931; Rosse. Rauhnacht, Drr. 1931; Stille am Himmel, G. 1931; Zwei Spiele, Spiel vom Knechte, Reise nach Ursprung, Drr. 1932; Lied vom Glück, K. (1933); Lob des Landes, K. 1933; Der Pfeil im Wappen, G. 1933; Das Verlöbnis, Dr. 1933; Stille Gäste, K. 1934; Das Schutzengelhaus, R. 1934; Die Hexe von Passau, Dr. 1935; Lehen aus Gottes Hand, R. 1935; Nachtwache, G. 1935; Der Gigant, Dr. 1937; Das verschenkte Leben, R. 1937; Die Windsbraut, Op. 1941; Drei Dramen. Gabriele Dambrone, Melusine. Die Fuchsfalle, 1942; Holder Morgen, G. 1942; Paracelsus, Fsp. 1943; Das Spiel vom Erasmus Grasser, Dr. 1943; Der Zentaur, Dr. (1948); Der Galgenvogel, K. (1948); Das Haus, Dr. (1949); Palast der Jugend, 1949; Traube in der Kelter, Dr. (1951); Ein Tag wie alle, Dr. (1952); Das nackte Leben, Dr. 1953; Lobgesang, G. 1953; Der Plumpsack, Dr. (1954); Ein Strauß Rosen, E. 1954; Das Augsburger Jahrtausendspiel, Dr. 1955; Donauballade, Dr. (1959); Würfelspiel, Ausw. 1960 (m. Bibl.); Bauernpassion, Dr. 1960. – GW, XII 1955–60.
L: H. Gerstinger, Diss. Wien 1947.

Binding, Rudolf G(eorg), 13. 8. 1867 Basel – 4. 8. 1938 Starnberg, Jugend in Freiburg/Br., Straßburg, Leipzig, Frankfurt/M.;

Stud. Jura und Medizin ohne Abschluß, Pferdezucht, Rennreiter; für s. Schaffen bestimmendes Kunsterlebnis einer Italien-Griechenlandreise. Im 1. Weltkrieg Rittmeister und Stabsoffizier; freier Schriftsteller in Frankfurt/M., z. T. in Buchschlag b. Frankfurt/M., 1935 Übersiedlung nach Starnberg. – Lyriker und Erzähler von unbedingtem Willen zur streng gebändigten Form und männl. Sprachzucht. Grundhaltung e. männl.-soldat. Geistes von diesseitiger Frömmigkeit, heroischer Gesinnung und opferbereiter Selbstzucht. Formstrenge, vom Eros durchglühte Lyrik in harmon., musikal. Sprache. Klar gegliederte, von zartem Humor durchtränkte Prosa. Thematik um Jugend, Liebe, Natur, Landschaft, Krieg und Ehre, bes. Bewährung oder Untergang gegenüber Gefahr, Schicksal oder Schuld. Legenden als anmutiges artist. Spiel ohne relig. Voraussetzungen. Bekenntnis- und Kriegsbücher suchen die menschheitsgültige Bedeutung des individuellen Erlebens, Kunst und Form als Zuflucht in e. brüchigen Welt.

W: Legenden der Zeit, En. 1909; Die Geige, Nn. 1911; Gedichte, 1913; Keuschheitslegende, E. 1919; Stolz und Trauer, G. 1922; Unsterblichkeit, N. 1922; Reitvorschrift für eine Geliebte, 1924; Tage, G. 1924; Aus dem Kriege, Br. u. Tgb. 1925; Erlebtes Leben, Aut. 1928; Rufe und Reden, 1928; Ausgewählte und neue Gedichte, 1930; Moselfahrt aus Liebeskummer, N. 1932; Die Spiegelgespräche, Dial. 1932; Die Geliebten, G. 1935; Wir fordern Reims zur Übergabe auf, E. 1935; Die Gedichte, Gesamtausg. 1937; Sieg des Herzens, G. 1937; Die Perle, En. 1938; Der Wingult. Der Durchlöcherte, En. 1938; Dies war das Maß, Dicht. u. Tgb. 1939; Natur und Kunst, Ess. 1939; An eine Geliebte. Briefe für Joie, 1950; Rufe und Reden, M. 1950; Das Märchen vom Walfisch, M. 1951; Die Geschichte vom Zopf in Rothenburg, E. 1952. – GW, IV 1927, V 1937, II 1954; Briefe 1957.
L: T. Stenner, 1938; L. F. Barthel, 1955; R. L. Cole, The ethical foundations of R. B.s gentleman-concept, Haag 1966; B. Martin, Dichtg. u. Ideologie, 1986.

Bingel, Horst, * 6. 10. 1933 Korbach/Hessen; Jugend in Gelsenkirchen-Buer und Langensalza/Thüringen, ab 1948 Hessen, Buchhandelslehre, Stud. Malerei und Bildhauerei, 1956/57 Redakteur des ›Dt. Büchermarkts‹, seit 1957 der ›Streit-Zeitschrift‹, Hrsg., Kritiker und freier Schriftsteller in Frankfurt/M., 1969 Geschäftsführer des Streit-Zeit-Verlags ebda.; 1965 Gründer des ›Frankfurter Forums für Literatur‹ mit öffentl. Veranstaltungen. 1974–76 Vorsitzender des Verbands dt. Schriftsteller. Lyriker und Erzähler aus e. skurril verfremdeten Phantasiewirklichkeit in lapidarer, knapper Sprache; später zunehmend gesellschaftskrit.-provozierende Zeitgedichte im Bemühen um Bewußtseinsveränderung.

W: Kleiner Napoleon, G. 1956; Auf der Ankerwinde zu Gast, G. 1960; Die Koffer des Felix Lumpach, En. 1962; Elefantisches, En. 1963; Wir suchen Hitler, G. 1965; Herr Sylvester wohnt unter dem Dach, En. 1967; Lied für Zement, G. 1975.

Bingen, Hildegard von → Hildegard von Bingen

Birch-Pfeiffer, Charlotte, 23. 6. 1800 Stuttgart – 25. 8. 1868 Berlin, seit 1806 in München, seit 1813 Schauspielerin Hoftheater München, 1818 trag. Liebhaberin ebda.; 1822/23 größere Kunstreisen durch Dtl., 1823 Bekanntschaft mit dem dän. Schriftsteller Dr. Christian Birch, ⚭ 1825, seit 1826 Kunstreisen bis Ungarn, Rußland, Holland, 1837–43 Leiterin des Stadttheaters Zürich, 1844 Hofschauspielerin in Berlin. – Rührselig-triviale Erzählerin und Bühnenschriftstellerin, deren Dramatisierungen jeweils gerade beliebter Romane und Erzählungen als geschickte Mache und ef-

fektvolles Rollenmaterial seinerzeit als lit. Tagesware viel gespielt
wurden. Einige ihrer 74 Stücke
erlebten noch im 20. Jh. Aufführungen; am bekanntesten ›Hinko‹
(1829, nach L. Storchs ›Freiknecht‹), ›Pfeffer-Rösel‹ (1833,
nach G. Dörings ›Sonnenberg‹),
›Der Glöckner von Notre Dame‹
(1837, nach V. Hugo), ›Dorf und
Stadt‹ (1847, nach B. Auerbachs
›Die Frau Professor‹), ›Die Waise
von Lowood‹ (1855, nach Ch.
Brontës ›Jane Eyre‹) und ›Die
Grille‹ (1857, nach G. Sands ›Peti-
te Fadette‹).

W: Trudchen, E. II 1825; Erzählungen, 1830;
Burton Castle, R. II 1834; Romantische Erzählungen, 1836; Ges. Novellen u. Erzählungen, III 1863–65; Ges. dramat. Werke, XXIII
1863–80.
L: E. Hes, 1914; G. Meske, D. Schicksalsko-
mödie, Diss. Köln 1972.

Birck, Sixt(us) (Ps. Xystus Betulius od. Betulejus), 24. 2. 1501
Augsburg – 19. 6. 1554 ebda.,
Weberssohn, Stud. Erfurt, Tübingen u. seit 1523 Basel, dort seit
1530 Schulleiter, 1536 Rektor in
Augsburg. – Kirchenlieddichter
und bes. dt.-lat. protestant.
Schuldramatiker mit Stoffen aus
AT und Legende, doch weniger
dogmat. als pädagog. Tendenz:
soziale, polit.-staatl. und jurist.
Fragen der Erziehung zum Staatsbürger. Formal Verschmelzung
des ma. volkstüml. Spiels mit humanist. Schuldrama.

W: Susanna, Dr. dt. 1532 (n. J. Bächtold,
Schweizer Schauspiele 2, 1891), lat. 1537 (n.
J. Bolte 1893); Judith, Dr. dt. 1532 (n. M.
Sommerfeld, Judithdramen, 1933), lat. 1539
(n. J. Bolte 1894); Beel, Dr. 1535; Wider die
Abgötterei, Tr. 1535; Zorobabel, Dr. 1538;
Ezechias, Dr. 1538; Joseph, Dr. 1539; Sapien-
tia Salomonis, Dr. lat. 1547 (n. E. R. Payne
1938); Eva, Dr.; Herodes, Dr. – Sämtl. Drr.,
hg. M. Brauneck IV 1969ff.
L: E. Messerschmidt, Diss. Erl. 1923; H.
Levinger, Augsburger Schultheater unter S.
B., 1931.

Birk, Sixt → Birck, Sixt

Birken, Sigmund von (eig. Betulius), 5. 5. 1626 Wildenstein b.
Eger – 12. 6. 1681 Nürnberg,
Pfarrerssohn, kam 1629 aus
Kriegs- und Glaubensgründen
nach Nürnberg, 1643–45 Stud.
erst Rechte, dann Theol. und
Sprachen Jena, Frühj. 1645 zurück
nach Nürnberg, Mitglied des
Pegnes. Blumenordens. 1645–47
Erzieher der Prinzen Anton Ulrich und Ferdinand Albrecht von
Braunschweig-Lüneburg in Wolfenbüttel, Umgang mit Schottel.
Reise durch Norddtl., Bekanntschaft mit Rist und Zesen in Hamburg; 1648 zurück nach Nürnberg, 1650 Leiter der dortigen
Spiele zur Feier des Westfäl. Friedens, von Kaiser Ferdinand III.
1655 geadelt und seither von Birken genannt; 1662 Oberhirt des
Pegnes. Blumenordens, 1670–72
Reise durch Holland und England. – Prunkhafter barocker Ge-
legenheits- und Hofdichter von
virtuoser Sprachgewandtheit,
Vers- und Formkunst, Bildkraft
und Klangmalerei; spielende Anmut und Grazie der Schäferdichtung neben dekorativ und reprä-
sentativ nuancenreich durchgebil-
deter Kunstprosa mit Neigung zu
geistreichem mytholog. und ge-
nealog. Bildungsprunk. Natur-
und Schäferlyrik, höfisch-allegor.
Festspiele von zeremoniellem
Pomp in antikisierender oder ar-
kad. Einkleidung mit monologi-
sierenden Figuren; Hauptgebiet
die Geschichtsschrift als panegyr.
Verherrlichung von Herrscher-
häusern in Gestalt e. monumentalen Heldensaales. Auch Gebete,
Andachten, geistl. Lieder und e.
Poetik. Bindeglied zwischen
süddt. und norddt. Barock.

W: Krieges- und Friedensbildung, G. 1649;
Teutscher Kriegs Ab- und Friedens Einzug,
Fsp. 1650; Die Friederfreute Teutonie, G.

1652; Geistliche Weihrauchkörner, G. 1652; Androfilo, Dr. 1656; Ostländischer Lorbeerhayn, Dicht. 1657; Pegnesische Gesprächspiel-Gesellschaft, 1665; Spiegel der Ehren des Höchstlöblichsten k. u. k. Erzhauses Österreich, Dicht. 1668; Guelfis oder Nidersächsischer Lorbeerhayn, Dicht. 1669; Hochfürstlicher Brandenburgischer Ulysses, Dicht. 1669; Pegnesis, G. II 1673–79; Der Norische Parnaß, 1677; Chur- und Fürstlicher Sächsischer Helden-saal, Dicht. 1677; Teutsche Rede-bind- und Dicht-kunst, 1679 (n. 1973); Margenis, Dr. 1679; Heiliger Sonntags-Handel und Kirchen-Wandel, G. 1681. – Wke und Korrespondenz, hg. F. van Ingen u. a. XXI 1987 ff.; Tagebücher, hg. J. Kröll II 1971 ff.

L: R. Mai, D. geistl. Lied S. v. B.s, Diss. Mchn. 1968; Bibl.: ders. (Jb. d. dt. Schiller-Ges. 13, 1969).

Birkenfeld, Günther, 9. 3. 1901 Cottbus – 22. 8. 1966 Berlin; Stud. Lit., Kunstgesch. Berlin (Dr. phil.), 1927–30 Generalsekretär des Reichsverbandes dt. Schriftsteller, Lektor, 1941 Kriegsteilnehmer, 1945 Mitbegründer des Kampfbundes gegen Unmenschlichkeit, 1945–48 Hrsg. der Jugendzs. ›Horizont‹, dann freier Schriftsteller in Berlin. – Vielseitiger Erzähler, Biograph und Essayist; Übs. und Hrsg., bekannt durch s. sozialkrit. Roman ›Dritter Hof links‹.

W: Andreas, N. 1927; Dritter Hof links, R. 1929; Liebesferne, R. 1930; Augustus, R. 1934 (u. d. T. Die Ohnmacht des Mächtigen, 1962); Die Schwarze Kunst, R. 1936; Die Versöhnung, R. 1938; Gutenberg, Dr. 1938; Gutenberg und seine Erfindung, Schr. 1939; Wolke, Orkan und Staub, R. 1955.

Birkner, Andreas, ★15. 8. 1911 Kleinschenk/Siebenbürgen; Gymnas. und Seminar Hermannstadt, Lehrer und ev. Geistlicher in Siebenbürgen, 1959–64 Zwangsarbeit, 1966 in die BR, Krankenhausseelsorger in Freiburg i. B. – Vf. angestrengt heiterer Unterhaltungsromane aus siebenbürg. Milieu.

W: Tatarenpredigt, R. 1973; Das Meerauge, R. 1976; Heinrich, der Wagen bricht, R. 1976; Spiele mit Nausikaa, R. 1981.

Bischoff, Friedrich (bis 1933 Fritz Walter B.), 26. 1. 1896 Neumarkt/Schles. – 21. 5. 1976 Großweiler b. Achern; 1914–18 Soldat; Stud. Germanistik und Philos. Breslau, 1923–25 Chefdramaturg Breslau, 1925–1933 Intendant des Breslauer Rundfunks, maßgebl. Mitarbeit an der Entwicklung der Formen Hörspiele und Hörfolge. 1946–65 Intendant des Südwestfunks Baden-Baden; lebte in Steinebach a. Wörthsee. – Erzähler und Lyriker e. typ. schles. myst.-romant. Innenschau, der die äußere Welt als geheimnisvolle Offenbarung jenseitiger, irrationaler Kräfte aus den Naturtiefen e. ungreifbaren Hintergrundes erscheint; Märchentum der schles. Landschaft.

W: Gottwanderer, G. 1921; Ohnegesicht, R. 1922; Die Gezeiten, G. 1925; Alter, R. 1925; Die goldenen Schlösser, R. 1935; Schlesischer Psalter, G. 1936; Der Wassermann, R. 1937; Rübezahls Grab, En. 1937; Himmel und Hölle, En. 1938; Das Füllhorn, G. 1939; Der Fluß, G. 1942; Sternbild der Heimat, G. u. En. 1943; Gold über Danae, En. 1953; Sei uns Erde wohlgesinnt, G. 1955; Der Rosenzauber, En. 1964.

L: Linien des Lebens, hg. E. Johann, 1956 (m. Bibl.).

Bisinger, Gerald, ★8. 6. 1936 Wien; Stud. Psychol. und Romanistik, Lyrikredakteur der Zs. ›Neue Wege‹; weite Reisen, 1964 in Berlin, dann Wien. – Vf. bildstarker poet. Prosadichtungen und publikumsbezogener Gedichte von österr. Urbanität.

W: Zikaden und Genever, Prosa 1963; 7 Gedichte zum Vorlesen, G. 1968; 7 neue Gedichte, G. 1972; Poema ex Ponto, G. III 1977–82; Auf Leben und Tod, G. 1983.

Biterolf, sonst unbekannter mhd. Epiker des 13. Jh., der nach Zeugnis Rudolfs von Ems e. (verlorenes) Alexanderepos schrieb, vielleicht aus dem Umkreis des Thüringer Hofes und identisch mit dem im ›Sängerkrieg auf der Wartburg‹ auftretenden B., der in Stilla geboren war und in e. Herrn von Henneberg e. Gönner fand.

Biterolf und Dietleib, zwischen 1254 und 1268 von unbekanntem Verfasser, wohl e. Steiermärker, gedichtetes und nur in der Ambraser Handschrift erhaltenes mhd. Heldenepos in Reimpaaren (13 510 Verse), kompiliert unter Einfluß des Nibelungenliedes, des Liedes von Walther und Hildegunde und des höf. Artusromans bekannte Sagenmotive aus dem Nibelungen- und dem Dietrich-Kreis: die niederdt. Dietleibsage und den unentschiedenen Zweikampf zwischen Dietrich und Siegfried. Die Abenteuer des jungen Dietleib auf der Suche nach s. Vater Biterolf, s. Kampf mit Gunther, Gernot und Hagen, s. Aufenthalt am Etzelhof, wo er s. Vater findet, und der Rachezug mit den Hunnen an den Rhein verbinden Burgunder- und Etzelkreis und fast alle bekannten Helden ohne tieferen Sinn.

A: O. Jänicke, Dt. Heldenbuch I, 1866; A. Schnyder, 1980.

Bitzius, Albert → Gotthelf, Jeremias

Blaich, Hans Erich → Owlglaß, Doktor

Blasius → Sommer, Siegfried

Blaß, Ernst (Ps. Daniel Stäbler, Erich Sternow), 17. 10. 1890 Berlin – 23. 1. 1939 ebda.; Fabrikantensohn, Stud. Jura Berlin, Freiburg und Heidelberg, 1915–20 Bankbeamter, 1920 Journalist, 1924 Lektor bei Cassirer; 1914/15 Hrsg. der Zs. ›Die Argonauten‹ in Heidelberg, dann Kritiker und

Schriftsteller in Berlin im Kreis um den ›Neuen Club‹ von K. Hiller und J. v. Hoddis; seit 1930 augenleidend, fast erblindet, 1933 verboten; Tod an Tuberkulose. – Dem Expressionismus/Aktivismus nahestehender formstrenger ›Gehirnlyriker‹; Verbindung intellektueller und dichter. Elemente im Nervenerlebnis (Nähe zu Benn), von verträumter Traurigkeit. Sonette, Essays.

W: Die Straßen komme ich entlang geweht, G. 1912 (n. 1975); Die Gedichte von Trennung und Licht, G. 1915; Die Gedichte von Sommer und Tod, G. 1918; Über den Stil St. Georges, Es. 1920; Das Wesen der neuen Tanzkunst, Es. 1921; Der offene Strom, G. 1921; Die Straßen komme ich entlang geweht, Sämtl. G., hg. T. B. Schumann 1980.

Blatter, Silvio, *25. 1. 1946 Bremgarten/Schweiz; Schriftsteller in Zürich, 1984 Präsident des Schweizer PEN. – Schweizer Erzähler mit Themen der Jahrhundertmitte: Arbeitswelt, Entfremdung, Terrorismus.

W: Schaltfehler, En. 1972; Mary Long, R. 1973; Genormte Tage, verschüttete Zeit, E. 1976; Zunehmendes Heimweh, R. 1978; Love Me Tender, E. 1980; Die Schneefalle, R. 1981; Kein schöner Land, R. 1983; Wassermann, R. 1986.

Blau, Sebastian → Eberle, Josef

Blei, Franz, 18. 1. 1871 Wien – 10. 7. 1942 Westbury, N. Y.; Stud. Philos. Wien, Paris, Bern, Zürich (Dr. phil.), lebte seit 1900 in München, seit 1925 in Berlin; 1933 Emigration nach Mallorca, 1941 New York. Bibliophile, Begründer bzw. Hrsg. der lit.-bibliophilen Zss. ›Der Amethyst‹ (1906), ›Die Opale‹ (1907), ›Hyperion‹ (m. C. Sternheim, 1908–09), ›Zwiebelfisch‹ (1909), ›Summa‹ (m. M. Scheler, 1917) und ›Rettung‹ (m. A. P. Gütersloh, 1918). – Novellist mit amourösen Erzählungen aus der galanten Zeit, Porträts berühmter Frauen; als Lustspieldichter Causeur, geistreicher und vielseitiger Essayist über zeitkrit. Themen, populäre sitten- und kulturgeschichtl. Werke und Studien über die Erotik, doch bedeutsam weniger durch eigene Schöpfungen denn als Kritiker, Anreger, Vermittler, Förderer junger Talente, Hrsg. und Übs. (Claudel, Gide).

W: Die rechtschaffene Frau, Dr. 1893; Thea, K. 1895; Die Sehnsucht, K. 1900; Prinz Hippolyt, Ess. 1903; Die galante Zeit, Ess. 1904; Von amoureusen Freuen, Ess. 1906; Der dunkle Weg, Tr. 1906; Die Puderquaste, Ess. 1909; Vermischte Schriften, VI 1911–13; Landfahrer und Abenteurer, Nn. 1913; Logik des Herzens, Lsp. 1916; Das große Bestiarium der modernen Literatur, Sat. (Ps. Peregrinus Steinhövel) 1920 (n. 1982); Der Knabe Ganymed, N. 1923; Der Geist des Rokoko, Es. 1923 (n. 1977); Das Kuriositätenkabinett der Literatur, Anthol. 1924; Glanz und Elend berühmter Frauen, Ess. 1927; Frauen und Männer der Renaissance, Ess. 1927; Das Erotische, Es. 1927; Himmlische und irdische Liebe in Frauenschicksalen, 1928; Formen der Liebe, 1930; Männer und Masken, Ess. 1930; Erzählung eines Lebens, Aut. 1930; Talleyrand, B. 1932 (n. 1984); Zeitgenössische Bildnisse, Ess. 1940. – Schriften in Auswahl, hg. A. P. Gütersloh 1960 (m. Bibl.).
L: D. Steffen, Diss. Gött. 1966.

Bleibtreu, Karl, 13. 1. 1859 Berlin – 30. 1. 1928 Locarno, Sohn des Schlachtenmalers Georg B., Stud. Berlin, größere Reisen, dann freier Schriftsteller in Berlin-Charlottenburg, zeitweilig München, 1890 Mitbegründer der ›Deutschen Bühne‹ Berlin; lebte seit 1908 in Zürich. – Kritiker, Dramatiker u. Erzähler des Naturalismus, kraftgenial. Sturm- und-Drang-Natur, doch ohne Kraft zur Ausführung s. gewaltigen Vorsätze. Vorkämpfer des Naturalismus, forderte in der programmat. Kampfbroschüre ›Revolution der Lit.‹ e. aktive Stellung der Dichtung im öffentl. Leben, Behandlung von Zeitproblemen und soz. Fragen in extremem

Realismus. Als Dramatiker meist hist. Stoffe wenig erfolgreich. Erzähler naturalist. Novellen und Romane aus Berliner Großstadtwelt und Bohème in stark vernachlässigter Prosa. Bedeutend als Schlachtenschilderer.

W: Dies irae, R. 1882; Der Nibelunge Not, E. 1884; Schlechte Gesellschaft, Nn. 1885; Lord Byron, Drr. 1886; Revolution der Literatur, Schr. 1886; (n. J. Braakenburg, 1973); Größenwahn, R. II 1888; Schicksal, Dr. 1888; Weltgericht, Tr. 1888; Ein Faust der That, Tr. 1889; Die Propaganda der That, R. 1890; Weltbrand, R. Die Herzogin, Dr. 1913.
L: O. Stauf v. d. March, 1920 (m. Bibl.); F. Harnack, D. Dramen K. B.s, 1938.

Bligger von Steinach (d. i. Neckarsteinach), urkundl. belegt zwischen 1165 und 1209, 1194/95 Teilnehmer an der Heerfahrt Heinrichs VI. nach Apulien. – Reimgewandter Minnesänger aus der Schule Friedrichs von Hausen, wohl identisch mit e. Epiker gleichen Namens, dessen (heute verlorenes) Werk Gottfried von Straßburg u. Rudolf von Ems mit e. ›umbehanc‹ (Vorhang, Wandteppich) vergleichen und als hohe Formkunst preisen.

A: MF.

Bloem, Walter, 20. 6. 1868 Wuppertal-Elberfeld – 19. 8. 1951 Lübeck, Dr. jur., 1895 Rechtsanwalt in Barmen, 1904–11 freier Schriftsteller in Berlin, 1911–14 Dramaturg Stuttgart, im 1. Weltkrieg, dann auf Burg Rieneck/Unterfranken, seit 1929 in Berlin, im 2. Weltkrieg Stabsoffizier, 1945 Gefangenschaft, nach Freilassung in Lübeck-Travemünde. – Anfangs Dramatiker, ab 1906 Romane; Massenerfolge durch Ansprechen e. naiven nationalen Selbstgefühls.

W: Caub, Dr. 1897; Heinrich von Plauen, Tr. 1902; Schnapphähne, Dr. 1902; Der krasse Fuchs, R. 1906; Das eiserne Jahr, R. 1911; Volk wider Volk, R. 1912; Die Schmiede der

Zukunft, R. 1913; Das verlorene Vaterland, R. 1914; Vormarsch, Ber. 1916; Dreiklang des Krieges, Dr. 1918; Sturmsignal, Ber. 1919; Gottesferne, R. II 1920; Das Land unserer Liebe, R. 1924; Romane, X 1927; Der Volkstribun, R. 1937.

Bloesch, Hans, 26. 12. 1878 Bern – 28. 4. 1945 ebda.; Sohn e. Universitätsprof.; Bibliothekar in Bern. – Anschaul. Schweizer Erzähler, Reiseschriftsteller und Kulturhistoriker. Mithrsg. der hist.-krit. J. Gotthelf-Ausgabe (1911 ff.).

W. Tunis, Reiseb. 1916; Römisches Fieber, E. 1918; Kulturgeschichtliche Miniaturen aus dem alten Bern, 1923; Hellas, Reiseb. 1926; 700 Jahre Bern, 1931.

Blondel vom Rosenhag → Lippl, Alois Johannes

Blum, Adolph → Gleich, Joseph

Blumauer, Aloys (Ps. Obermayer u. Auer), 21. 12. 1755 Steyr/ Oberösterr. – 16. 3. 1798 Wien, 1772 Jesuiten-Novize in Wien, 1773 Privatlehrer, 1781–93 Hofzensor, 1793 bis kurz vor s. Tod Leiter der Buchhandlung Gräffer in Wien. 1781–94 Hrsg. des ›Wienerischen Musenalmanachs‹, 1782–84 Schriftleiter der ›Realzeitung‹. – Dichter der Aufklärung; Ritterdramatiker, Lyriker und Balladendichter; bes. bekannt durch s. teils witzige, teils trivialplumpe Aeneis-Travesti in Reimversen, die das Geschehen zu e. Verherrlichung Josephs II. umwandelt und im Sinne des josephin. Kulturkampfes gegen Papst, Hierarchie der Geistlichkeit und falsche Frömmigkeit wendet; Komik durch Kontrast von Altem und Neuem.

W: Erwine von Steinheim, Tr. 1780; Glaubensbekenntniß eines nach Wahrheit Ringenden, 1782; Gedichte, 1782 (Anhang 1783; erw. II 1787); Die Wiener Büchl-Schreiber, 1783; Abentheuer des frommen Helden Aeneas, oder Virgils Aeneis travestiert, 1783 (vollst. IV 1784–94, Bd. 4 von Schaber); Freymaurergedichte, 1786. – SW, VIII 1801–03; GS, III 1862, IV 1884/85.

L: P. v. Hofmann-Wellenhof, 1885; B. Bekker-Cantarino, 1973; E. Rosenstrauch-Königsberg, Freimaurerei im Josephin. Wien, 1975.

Blumenhagen, Wilhelm, 15. 2. 1781 Hannover – 6. 5. 1839 ebda.; Sohn e. Kammerschreibers; Arzt in Hannover. – Gewandter u. geschickt auf volkstüml. Breitenwirkung bedachter Erzähler; schrieb bes. für Taschenbücher. Auch Lyriker u. Dramatiker.

W: Freia, Dicht. 1805; Gedichte, 1817; Der Mann und sein Schutzengel, R. 1823; Novellen und Erzählungen, IV 1826 f. – GW, XXV 1837–40.

Blumenthal, Oskar, 13. 3. 1852 Berlin – 24. 4. 1917 ebda., Kaufmannssohn, Stud. Philol. Berlin und 1869–72 Leipzig (Dr. phil.), Redakteur in Leipzig, Dresden, zog 1875 nach Berlin, dort 1875–1887 Feuilletonredakteur am ›Berliner Tageblatt‹, 1888–97 Begründer u. Leiter des Lessing-Theaters. – Verfasser leichter, effektsicherer und s. Z. vielgespielter Lustspiele zumeist in Zusammenarbeit mit G. Kadelburg, witziger Epigrammatiker, polem. scharfer Theaterkritiker und Satiriker.

W: Der Probepfeil, Lsp. 1882; Die große Glocke, Lsp. 1885; Ein Tropfen Gift, Dr. 1886; Der schwarze Schleier, Dr. 1887; Gesammelte Epigramme, 1890; Frau Venus, Lsp. (m. E. Pasqué) 1893; Im weißen Rössl, Lsp. (m. G. Kadelburg) 1898; Die Fee Caprice, Lsp. 1901; Als ich wiederkam, Lsp. (m. G. Kadelburg) 1902; Das Theaterdorf, Lsp. (m. dems. 1902); Der blinde Passagier, Lsp. (m. dems. 1902); Klingende Pfeile, Lsp. 1904; Der Schwur der Treue, Lsp. 1905; Großstadtluft, Lsp. (m. G. Kadelburg) 1905; Hans Huckebein, Lsp. (m. dems.) 1905; Die Orientreise, Lsp. (m. dems.) 1905; Das Glashaus, Lsp. 1906; Der letzte Funke, Lsp. (m. G. Kadelburg 1907); Die feste Firma, Lsp. (m. dems. 1908); Der schlechte Ruf, Lsp. 1910; Die drei Grazien, Lsp. (m. R. Lothar) 1910; Die große Pause, Lsp. (m. M. Bernstein 1915).

Blunck, Hans Friedrich, 3. 9. 1888 Altona – 25. 4. 1961 Hamburg, Lehrerssohn, Stud. Rechte Kiel und Heidelberg, Dr. jur., 1910 Referendar, 1915 Assessor, im 1. Weltkrieg Ordonnanzoffizier, dann Finanzbeamter, 1920 Regierungsrat in Hamburg, 1925–28 Syndikus der Univ. ebda., seither freier Schriftsteller; Reisen nach Amerika, Afrika, Mittelmeerländer, Balkan, 1933–35 Präsident der Reichsschrifttumskammer, wohnte auf s. Gut Mölenhoff b. Grebin/Holst., später in Hamburg-Großflottbeck. – Lyriker, Dramatiker und bes. fruchtbarer Erzähler: vorgeschichtl., histor. und zeitgenöss. Romane, Sagas, Märchen, Spukgeschichten, Schwänke, Sagenbearbeiter, Reisebuch, Autobiographie. Der niederdt. Volkstumsbewegung verbundene Heimatdichtung, zeitweilig durch national-völk. und nord. Tendenz zeitbedingt überschätzt; Erneuerung des alten Sagastils.

W: Nordmark, Ball. 1912; Totentanz, R. 1916; Peter Ohles Schatten, R. 1919; Die Frau im Tal, Dr. 1920; Der Wanderer, G. 1920 (erw. 1925); Märchen von der Niederelbe, 1923; Hein Hoyer, R. 1922; Berend Fock, R. 1923; Stelling Rotkinnsohn, R. 1924 (3 zus. u. d. T. Die Urvätersaga, 1934); Streit mit den Göttern, R. 1925; Kampf der Gestirne, R. 1926; Gewalt über das Feuer, R. 1928 (3 zus. u. d. T. Werdendes Volk, 1934); Die Weibsmühle, R. 1927; Land der Vulkane, E. 1929; Erwartung, G. 1930; Volkswende, R. 1930; Neue Balladen, 1931; Sprung über die Schwelle, M. 1931; Die Verschwörung, Lsp. (1932); Die große Fahrt, R. 1935; Die Lügenwette, Lsp. 1935; König Geiserich, R. 1936; Balladen und Gedichte, 1937; Wolter von Plettenberg, R. 1938; Heinrich von Lützelburg, Dr. 1940; Die Jägerin, R. 1940; Kampf um Neu-York, Dr. 1940 (als R. 1951); Die kleine fremde Stadt, E. 1940; Die Sage vom Reich, Ep. 1941; Neue Märchen, 1951; Märchen, 1952; Die Sardens und die Besessene, R. 1952; Unwegsame Zeiten, Aut. I 1952; Licht auf den Zügeln, Aut. II 1953; Novellen, III 1953–54; Das Londoner Frühstück, K. (1955). – GW, X 1937; AW, IV 1941; Briefw. m. Th. Mann 1969.
L: O. E. Hesse, 1929; A. Dreyer, ²1938;

Demut vor Gott . . ., Fs. 1938 (m. Bibl.); Ch. Jenssen, ²1942 (m. Bibl.); H. F. B.-Jb., 1963; Bibl.: J. Blunck, 1981.

Bobrowski, Johannes, 9. 4. 1917 Tilsit – 2. 9. 1965 Berlin; Sohn e. Eisenbahnbeamten poln. Herkunft, in der Kindheit oft bei den Großeltern in Mozischken/Litauen, 1928 Gymnas. Königsberg, 1937 Stud. Kunstgesch. Berlin, 1937 Arbeitsdienst, 1939 Soldat im Osten, 1945–49 russ. Kriegsgefangenschaft an Don und Wolga, 1950 Lektor, 1959 Cheflektor des Union-Verlags in Ost-Berlin. – Als Lyriker und Erzähler sensibler Gestalter der weitläufigen osteurop. Landschaft und ihrer einfachen, schwermütigen Menschen im Grenzbereich dt. und slaw. Kulturen aus der Erinnerung und dem Bewußtsein e. schuldgetrübten Vergangenheit; Nähe zu volkstüml. Überlieferungen, Mythen, Bildern und visionären Symbolen.

W: Hans Clauert, der Märkische Eulenspiegel, Jgb. 1956; Sarmatische Zeit, G. 1961; Schattenland Ströme, G. 1962 (beide zus. u. d. T. Das Land Sarmatien, 1966); Levins Mühle, R. 1964; Böhlendorff und Mäusefest, En. 1965; Litauische Claviere, R. 1966; Wetterzeichen, G. 1966; Der Mahner, En. 1967; Nachbarschaft, G. u. En. 1967; Selbstzeugnisse und Beiträge über sein Werk, 1967, veränd. 1975 (m. Bibl.); Im Windgesträuch, G. 1970; Lipmanns Leib, En. 1973; Literarisches Klima, Epigr. 1978. – GW, IV 1987.
L: S. Hoefert, West-Östliches in d. Lyrik J. B.s, 1966; G. Wolf, 1967, ³1983; R. Bohren, 1968; W. Mauser, Beschwörg. u. Reflexion, 1970; B. Keith-Smith, Lond. 1970; G. Wolf, Beschreibg. e. Zimmers, 1971; C. Grützmacher, 1973 (m. Bibl.); D. Deskau, D. aufgelöste Widerspruch, 1975; B. Gajek u. a., 1977; A. Behrmann, Facetten, 1977; F. Minde, J. B.s Lyrik u. d. Tradition, 1981; B. Leistner, 1981; W. Schulz, D. aufgehobene Zeit, 1983; Bibl.: C. Grützmacher, 1974.

Bock, Alfred, 14. 10. 1859 Gießen – 6. 3. 1932 ebda., außer Reisen in Dtl., Dänemark, Schweiz, Italien ebda. ansässig, Dr. h. c., Vater von W. Bock. – Kühl-sachl.

hess. Heimaterzähler mit sorgfältiger Beobachtung und feiner Individualisierung, z. T. durch allzugroße Unbekümmertheit überladene Wiedergabe volksmäßiger Alltagssorgen. Begann als Lyriker und Lustspieldichter.

W: Gedichte, 1889; Die alte Jungfer, Lsp. (m. C. Heine) 1890; Der Gymnasialdirektor, Dr. (m. E. Zabel) 1895; Aus einer kleinen Universitätsstadt, En. 1896; Der Flurschütz, R. 1901; Kinder des Volkes, R. 1902; Der Kuppelhof, R. 1905; Hessenluft, Nn. 1907; Die Oberwälder, R. 1912; Die harte Scholle, R. e u. Nn.-Ausw. 1913; Grete Fillunger, R. 1918; Der Schlund, R. 1918; Der Elfenbeiner, R. 1922; Das fünfte Element, R. 1924; Tagebücher, Ausw. hg. W. Bock 1959.

Bock, Werner, 14. 10. 1893 Gießen – 3. 2. 1962 Zürich; Sohn von Alfred B., Stud. Gießen u. München (Dr. phil. 1919), 1939 Emigration nach Buenos Aires, 1946–49 Prof. für dt. Lit. und Philos. Univ. Montevideo/Uruguay, 1949 Vorsitzender der argentin.-urug. Landesgruppe der Goethe-Gesellschaft, 1958 Wohnsitz in Losone/Ascona. – Literarhistoriker, Essayist; formstreng verhaltene Natur- und Liebeslyrik, gedanklich prägnante Prosa.

W: Das ewige Du, G. 1930; El Eterno Tú, En. (span.) 1943; Der Pudel der Frau Barboni, R. 1944; Morir es Nacer, En. (span.) 1947; Blüte am Abgrund, Prosa 1951; Tröstung, G. 1951; Idea y Amor, Ess. (span.) 1952; Poesías Selectas, G. (span.) 1955; Wenn ich Staub bin, G. 1956; Momento y eternidad, Ess. 1957; Ausgewählte Gedichte, 1958; Blüte am Abgrund, En. 1961.
L: Lenz im Herbst, Fs. 1954 (m. Bibl.).

Bockemühl, Erich (Ps. Eberhard Büren), 12. 6. 1885 Bickenbach b. Köln – 12. 5. 1968 Schermbeck, Lehrerssohn, Lehrer in Barmen, 27 Jahre in Drevenack b. Wesel, seit 1941 in Mönchen-Gladbach, dann Rheydt-Odenkirchen. – Dem Charon-Kreis um Otto zur Linde zugehöriger rhein. Lyriker und Erzähler: Jugendbuch, Biographie, Naturbeschreibung, Sze-

nen, Weihnachts- u. Osterspiele, volkskundl. Arbeiten und Sammlungen. Religiös verinnerlichte Lyrik und lyr. Prosa um das Erlebnis von Volk, Heimat, Landschaft und Natur.

W: So still in mir, G. 1911; Worte mit Gott, G. 1913; Mutter, Sk. 1920; Die Jahreszeiten, G. u. Pros. 1921; Musik der Träume, G. 1922; Weihnachtsspiele, 1924; Das Kindergärtchen, En. 1927; Im Spiegel der Heimat, En. 1928; Die unvergängliche Weihnacht, En. 1928; Das ewige Rauschen, G. u. Sk. 1930; Wiesen und Wege im Kinderland, Aut. 1930; Die Ebene, G. 1932; Aus deinen Tiefen, G. 1935; Jahr des Sommer, G. 1937; Der alte Lindenbaum, En. 1937; Dies ist das Land, En. u. Sk. 1942; Es wird kein Ende sein, En. u. Sk. 1942; Stille Nacht im Kreis der Wälder, 1950; Die Amsel sang, G. 1952; Gedichte, Ausw. 1955.
L: E. B., hg. H. Burhenne, Ch. Jenssen, 1935.

Bodenstedt, Friedrich von, 22. 4. 1819 Peine/Hann. – 18. 4. 1892 Wiesbaden; Kaufmannslehrling, Stud. Göttingen, München, Berlin, 1840–44 Erzieher in Moskau, 1844/45 Gymnasiallehrer in Tiflis, durch s. Kollegen Mirza Schaffy in tatar., pers., georg. und armen. Sprachen eingeführt; 1846/47 Rückkehr, Journalist, 1854 von König Maximilian II. nach München berufen, Prof. für slaw. Philol., 1859 Prof. für Altengl., 1867–69 Intendant des Hoftheaters Meiningen, geadelt, seit 1878 Wiesbaden, 1880 Amerikareise, 1881–88 Hrsg. der ›Täglichen Rundschau‹. – Epigonal romantisierender, formgewandter Lyriker von liebenswürdiger Grazie, Witz und z. T. lehrhaftem Charakter; Kunstgewerbe ohne Tiefe und Kraft. Riesenerfolge mit den pseudooriental. ›Liedern des Mirza Schaffy‹, deren Autorschaft erst 1874 gelüftet. Als Epiker und Dramatiker unbedeutend; wichtig als Reiseschriftsteller, Vermittler östl. Dichtung und Übs. (Puškin, Lermontov, Turgenev, Shakespeare und Zeitgenossen, Hāfez, 'Omar Chay-yām).

W: Die poetische Ukraine, Übs. 1845; Die Völker des Kaukasus und ihre Freiheitskämpfe gegen die Russen, Reiseb. 1848; Tausend und Ein Tag im Orient, Reiseb. II 1849/50; Die Lieder des Mirza Schaffy, G. 1851; Gedichte, 1852; Ada die Lesghierin, Ep. 1853; Demetrius, Tr. 1856; Aus der Heimat und Fremde, G. II 1857–59; König Authari's Brautfahrt, Dr. 1860; Epische Dichtungen, 1862; Gesammelte Schriften, XII 1865–69; Erzählungen und Romane, VII 1871–72; Aus dem Nachlasse Mirza Schaffys, G. 1874; Alexander in Korinth, Dr. 1876; Einkehr und Umschau, Dicht. 1876; Theater, Drr. 1876; Aus meinem Leben, Aut. 1879; Vom Atlantischen zum Stillen Ozean, Reiseb. 1882; Sakuntala, Dicht. 1887; Erinnerungen aus meinem Leben, II 1888–90.
L: G. Schenck 1893; H. Rappich, F. B. u. s. Verh. z. Rußld., Diss. Bln. 1963; R. Gregor, B. als Vermittler russ. Lit. i. Dtl., Diss. Lpz. 1965.

Bodmer, Emanuel Freiherr von und zu, 23. 1. 1874 Friedrichshafen – 21. 5. 1946 Gottlieben b. Konstanz, aus alter bad. Adels- und Diplomatenfamilie, Stud. München, Zürich und Berlin, lebte auf s. Besitz Gottlieben. – Dem Neuklassizismus und der Neuromantik nahestehender Lyriker, Erzähler und Dramatiker. Stimmungsreiche leise und zarte Lyrik, aus persönl. Erlebnis ins Allgemeine erhoben und in strenger Form gebändigt. Volkstüml. Erzählungen und psycholog. feinsinnige Novellen. Dramen um ideelle Konflikte in klass. reinem Stil.

W: Stufen, G. 1894; Erde, G. 1896; Jakob Schläpfle, En. 1901; Neue Lieder, G. 1902; Die Krone, Dr. 1904; Erwachen, N. 1906; Donatello, Tr. 1907; Der Fremdling von Murten, Tr. 1907; Der Wandrer und der Weg, G. 1907; Die heimliche Krone, Tr. 1909; Mein Vaterland, G. 1914; Das hohe Seil, Nn. 1915; Die gesamten Werke, X 1951–60.
L: C. v. Bodman u. H. Reinhart, 1947; D. Larese, 1975.

Bodmer, Johann Jacob, 19. 7. 1698 Greifensee – 2. 1. 1783 Gut Schönenberg b. Zürich, Predigerssohn, Stud. Theol. Zürich, Kaufmannsausbildung in Genf und Bergamo/Italien, Neigung zu lit. Stud., bereitete sich seit 1717 in der Heimat, durch Privatstud. auf öffentl. Lehramt vor, 1720 Staatsschreiber der Züricher Kanzlei 1725–75 Prof. für vaterländ. Geschichte und Politik am Gymnas. Zürich, gleichzeitig Miteigentümer e. Buchhandlung und Druckerei, 1737 Mitgl. des Großen Rats in Zürich, nahm 1750/51 Klopstock, 1752–54 Wieland auf; 1775 und 1779 Besuche von Goethe. Seit 1775 auf s. Landgut Schönenberg b. Zürich. – Für die Poetik des 18. Jh. höchst bedeutender Kritiker und Ästhet, verfocht in krit. Arbeiten meist mit J. J. Breitinger zusammen in s. Streit mit Gottsched (1740–60) das Recht der schöpfer. Phantasie, des Emotionalen und des Wunderbaren als poet. Grundkräfte, betonte die Gemütswirkung der Dichtung aus innere Anschauung durch malerisches Bild und erkannte durch das Erlebnis Miltons die Sonderart der engl. Lit. gegenüber den von Gottsched vertretenen klass. Normen der franz. Lit. Bedeutsam auch als Wiederentdecker und Erneuerer ma. Dichtungen (Minnesang, Nibelungenlied, Boner), als Übs. (Milton) und Historiker. In eigenen Werken, angeregt durch Erlebnis Miltons und Klopstocks, schwächlich und langatmig: Patriarchaden als ep. Behandlung zahlloser Bibelstoffe in Hexametern, polit. Dramen und erfolglose Satiren gegen die jüngere Dichtergeneration. Mitbegründer der Zs. ›Discourse der Mahlern‹ (m. J. J. Breitinger, 1721–23, n. Th. Vetter 1891, 1969).

W: Von dem Einfluß und Gebrauche Der Einbildungs-Krafft, Schr. 1727; J. Miltons

Verlust des Paradieses, Übs. 1732 (nach d. Ausg. 1742 n. 1965); Brief-Wechsel von der Natur des poetischen Geschmackes, 1736 (n. 1966); Critische Abhandlung von dem Wunderbaren in der Poesie, 1740; Critische Betrachtungen über die Poetischen Gemählde Der Dichter, 1741 (n. 1966); Noah ein Heldengedicht, Ep. 1750 (vollst. 1752, u. d. T. Die Noachide, 1765); Jacob und Joseph, Ep. 1751; Die Synd-Flut, Ep. 1751 (vollst. 1753); Jacob und Rachel, Ep. 1752; Die Colombona, Ep. 1753; Joseph und Zulika, Ep. 1753; Der erkannte Joseph und der keusche Joseph, 2 Tr. 1754; Electra, Tr. 1760; Ulysses, Tr. 1760; Drey neue Trauerspiele, 1761; Julius Caesar, Tr. 1763; Gottsched, Tr. 1765; Calliope, Epn. II 1767; Conradin von Schwaben, Ep. 1771; Schweizerische Schauspiele, 1775; Der Tod des Ersten Menschen, Dr. 1776; Der Vater der Gläubigen, Dr. 1778; Patroclus, Tr. 1778. – Ausw.: F. Ernst, 1938; V. Meid, 1980. *L:* J. J. B., Denkschr. z. 200. Geburtstag, 1900 (m. Bibl.); G. de Reynold, 1912; M. Wehrli, B. u. d. Gesch. d. Lit., 1937; W. Bender, J. J. B./J. J. Breitinger, 1973.

Bodmershof, Imma von, 10. 8. 1895 Graz – 31. 8. 1982 Gföhl/ Krems, Niederösterreich; Tochter des Prager Philosophen Christian Frhr. von Ehrenfels, Stud. Kunstgesch., Philos., Graphologie Prag und München, Umgang mit Norbert von Hellingrath, Rilke, dem George-Kreis und L. Klages; viele Reisen; ⚭ 1925 Dr. Wilhelm v. B., mit dem sie dessen Gut Schloß Rastbach b. Gföhl/ Niederösterreich bewirtschaftete. – Erzählerin von starker poet. Kraft, dramat. inneren Spannungen und spröder, plast. Wortkunst, zumal in Natur- u. Landschaftsschilderungen; Romane aus bäuerl. Leben und um einfache, im Natürlichen und Kreatürlichen verwurzelte Menschen. *W:* Der zweite Sommer, R. 1937; Die Stadt in Flandern, R. 1939 (u. d. T. Das verlorene Meer, 1952); Die Rosse des Urban Roithner, R. 1950; Solange es Tag ist, Nn. 1953; Sieben Handvoll Salz, R. 1958; Haiku, G. 1962; Die Bartabnahme, R. 1966; Sonnenuhr, G. 1973. – GW, 1982ff.

Boeck, Johann A(dolf), 15. 6. 1917 Wien – 6. 1. 1980 ebda.; Journalist ebda. – Romancier,

Dramatiker mit Stoffen aus KZ und Widerstand, Hörspielautor. *W:* Eines Mächtigen Wild, R. 1960; Das Nest, Tr. (1962); Jeanne 44, Dr. (1966); Procryl für Rosenbach, FSsp. (1972).

Böhlau, Helene, 22. 11. 1856 Weimar – 26. 3. 1940 Widdersberg b. München, Verlegerstochter; frühe Neigung zu dem russ. Arzt Dr. Friedrich Arndt, der mit ihr in die Türkei geht, dort als Omar al Raschid Bey vom Judentum zum Islam übertritt und sich 1886 in Konstantinopel mit ihr trauen läßt. Nach dessen Tod (1910) in Ingolstadt und München. – Naturalist. Erzählerin, begann mit idyll. Erzählungen aus der Backfischwelt Alt-Weimars z. Z. Goethes. Trat dann unter Einfluß des Naturalismus mit realist. Sozialromanen gegen die Versklavung des Weibes ein. Im Spätwerk harmon. Weltanschauung gültigen Verstehens. *W:* Novellen, 1882; Der schöne Valentin. Die alten Leutchen, Nn. 1886; Reines Herzens schuldig, R. 1888; Herzenswahn, R. 1888; Ratsmädelgeschichten, En. 1888; In frischem Wasser, R. II 1891; Der Rangierbahnhof, R. 1895; Das Recht der Mutter, R. 1896; Neue Ratsmädel- und Altweimarische Geschichten, Nn. 1897; Halbtier, R. 1899; Die Kristallkugel, E. 1903; Sommerbuch, En. 1903; Das Haus zur Flamm, R. 1907; Isebies, R. 1911; Der gewürzige Hund, R. 1916; Im Garten der Frau Maria Storm, R. 1922; Die leichtsinnige Eheliebste, R. 1925; Föhn, R. 1931; Die drei Herrinnen, R. 1937. – GW, IX 1929.

Boehlendorff, Casimir Ulrich, 16. 5. (?) 1775 Mitau/Kurl. – 22. 4. 1825 Gut Markgrafen/Kurl.; 1793–97 Stud. Jura Mitau und Jena bei Fichte; Hauslehrer und Schriftsteller 1797–99 in Bern, Lausanne, 1799 Homburg (Freund Hölderlins), Bremen, 1802 Berlin, 1803 Riga; Wanderleben in Kurland und Livland, seel. Zusammenbruch und Selbstmord. – Klassizist. Lyriker und Dramatiker.

W: Ugolino Gherardesco, Tr. 1801; Fernando oder die Kunstweihe, Dr. 1802.
L: A. Neubrunn, 1911; K. Freye, 1913.

Böhme, Jakob, 1575 Altseidenberg/Lausitz – 17. 11. 1624 Görlitz, Sohn e. armen Bauern; Schuhmacherlehrling, 1595–99 auf Wanderschaft durch Dtl., autodidakt. Stud. der Bibel, Paracelsus, myst., alchemist. und astrolog. Schriften; 1599 Schuhmachermeister in Görlitz, lebte ab 1613 nach Verkauf des Geschäftes vom Garnhandel, begann 1612 mit Aufzeichnungen, die wegen ihrer theosoph. und myst. Anschauungen vom Pfarrer G. Richter erbittert verfolgt wurden. 1624 nach Druck e. Schrift durch neue Verfolgung zur Flucht nach Dresden gezwungen, wo er Aussicht auf Unterstützung beim Superintendenten erhält; wegen Erkrankung Rückkehr nach Görlitz. – Frühbarocker Mystiker und Theosoph, ›Philosophus teutonicus‹ genannt, vereinigte Elemente des ma. Spiritualismus, der Mystik und der neueren Naturphilos. (Paracelsus, Weigel, Tauler, Agrippa von Nettesheim, C. Schwenckfeld) zu e. eig. tiefsinnigen Kosmogonie: der sittl. Gegensatz von Gut und Böse als Grundgegensatz allen Seins ist auch in der Gottheit vorhanden, die nicht in ewiger Stille, sondern in steter dynam. Erneuerung und immerwährendem Kampf zu höherem Dasein führt. Traumhaft ringender, gedankenreicher, aber ungeschulter Denker, der durch visionäre innere Anschauung und bildl. Denken über die bloße Vernunft hinausgreift und zwischen Mythos und Begriff, Dichtung und Philosophie steht. Dunkle, rätselhafte, bilderreiche Sprache. Wirkung bes. auf barocke Mystik u. die Romantik.

W: Aurora oder Morgenröthe im Aufgang (1612, Teildruck 1634); Beschreibung der drei Prinzipien göttlichen Wesens (1618/19); Epistolae theosophicae (1618–24); Vom dreifachen Leben des Menschen (1619, n. 1924); Sechs theosophische Punkte (1620); Sechs mystische Punkte (1620); Psychologia vera (1620); Vom himmlischen und irdischen Mysterio (1620); De signatura rerum (1622); Mysterium magnum oder Erklärung über das erste Buch Mosis (1623); Weg zu Christo, 1623; Questiones theosophicae (1624); Tabulae principiorum (1624); Clavis (1624); Alle Theosophische Wercken, XXIV 1682. – Alle göttliche Schrifften, XV 1730–31 (Faks. hg. A. Faust, W. E. Peuckert XI 1955–61); Die Urschriften, hg. W. Buddecke II 1963–66; Aurora, kom. G. Wehr 1977; Christosophia, kom. ders. 1979; Theosophische Sendbriefe, kom. ders. II 1979; Mysterium Pansophicum, kom. ders. 1980; Schriften, hg. H. Kayser ²1980.
L: A. Koyré, Paris 1929; E. Benz, Der vollkommene Mensch nach J. B., 1937; W. E. Peuckert, ²1940; H. Grunsky, 1956; E. Benz, 1959; P. Hankamer, ²1960; G. Wehr, 1971; H. Tesch, 1971; K. E. Kocher, Glauben, Erkennen, Wissen, 1975; E. Lemper, 1976; G. Wehr, 1979; Bibl.: W. Buddecke, 1934, 1937–57.

Böll, Heinrich, 21. 12. 1917 Köln – 16. 7. 1985 Bornheim b. Köln; Sohn e. Bildhauers und Schreinermeisters, Abitur, 1937 Buchhandelslehrling, 1938/39 Arbeitsdienst, 1939–1945 Infanterist, amerikan. Gefangenschaft, Ende 1945 Rückkehr nach Köln, Stud. Germanistik, Hilfsschreiner, Behördenangestellter, seit 1951 freier Schriftsteller in Köln, 1955 Irlandaufenthalt, 1961 Romstipendium, 1962, 1966 und 1972 Rußlandreisen, 1964 Gastdozent für Poetik der Univ. Frankfurt, 1968 in Prag, 1969 in Israel, 1970 Präsident des dt., 1971–74 des internationalen PEN-Clubs; aktiv im Verband dt. Schriftsteller und im SPD-Wahlkampf, 1972 Lit.-Nobelpreis, 1982 Professorentitel. – Erzähler der Nachkriegszeit von herber Sachlichkeit der Sprache, Neigung zur Manier minuziöser Wiedergabe der Außenwelt, atmosphär. Dichte in der

Schilderung unerbittl. Alltags-
wirklichkeit. Begann mit satir.
Anklagen gegen den Widersinn
des Krieges und akuten menschl.
und sozialen Problemen und wurde zum iron. Kritiker und kath.-
relig. Moralisten gegen Heuchelei
der Gesellschaft und Entwürdi-
gung des Menschen; wohlwollen-
de Satire durch Vereinfachung ins
Phantastische; im Spätwerk zunehmende Politisierung und Verbitterung. Übs. von Shaw, Hor-
gan, Behan, Salinger, Synge, Ma-
lamud u. a. B.-Archiv der Stadt
Köln.

W: Der Zug war pünktlich, E. 1949; Wanderer, kommst du nach Spa . . ., En. 1950; Wo
warst du, Adam, R. 1951; Die schwarzen
Schafe, E. 1951; Nicht nur zur Weihnachts-
zeit, Sat. 1952; Und sagte kein einziges Wort,
R. 1953; Haus ohne Hüter, R. 1954; Das Brot
der frühen Jahre, E. 1955; So ward Abend und
Morgen, En. 1955; Unberechenbare Gäste,
En. 1956; Im Tal der donnernden Hufe, E.
1957; Irisches Tagebuch, Reiseb. 1957; Die
Spurlosen, H. 1957; Doktor Murkes gesam-
meltes Schweigen, Sat. 1958; Erzählungen,
1958; Billard um halbzehn, R. 1959; Erzäh-
lungen, Hörspiele, Aufsätze, Ausw. 1961;
Brief an einen jungen Katholiken, 1961; Ein
Schluck Erde, Dr. 1962; Als der Krieg aus-
brach. Als der Krieg zu Ende war, En. 1962;
Hierzulande, Ess. 1963; Ansichten eines
Clowns, R. 1963; 1947 bis 1951, Ges. En.
1963; Entfernung von der Truppe, E. 1964;
Ende einer Dienstfahrt, R. 1966; Frankfurter
Vorlesungen, 1966; Die Freiheit der Kunst,
Rd. 1966; Wo warst du, Adam? und Erzählungen, III 1967; Aufsätze, Kritik, Reden,
1967; G. Büchners Gegenwärtigkeit, Rd.
1967; Hausfriedensbruch, Aussatz, Drr.
1969; Geschichten aus zwölf Jahren, Ausw.
1969; Leben im Zustand des Frevels, Rd.
1969; Gruppenbild mit Dame, R. 1971; Erzählungen 1950–1970, 1972; Gedichte, 1972;
Neue politische und literarische Schriften,
1973; Politische Meditationen zu Glück und
Vergeblichkeit (m. D. Sölle u. L. M. Böhmer), 1973; Die verlorene Ehre der Katharina
Blum, E. 1974; Berichte zur Gesinnungslage
der Nation, Sat. 1975; Gedichte, 1975; Drei
Tage im März, Gespr. 1975; Einmischung
erwünscht, Ess. 1977; Eine deutsche Erinnerung, Interview 1979; Du fährst zu oft nach
Heidelberg, En. 1979; Fürsorgliche Belagerung, R. 1979; Was soll aus dem Jungen bloß
werden? Aut. 1981; Warum haben wir aufeinander geschossen? Dial. (m. L. Kopelew)
1981; Vermintes Gelände, Es. 1982; Das Vermächtnis, R. 1982; Die Verwundung, En.

1983; Ein- und Zusprüche, Schrr. u. Rd.
1984; Frauen vor Flußlandschaft, R. 1985; Die
Fähigkeit zu trauern, Schr. 1986; Wir kom-
men weit her, G. 1987; Rom auf den ersten
Blick, Reiseb. 1987. – Wke, X 1979.
L: P. Vanderschaeghe, Breda 1961; A. Bek-
kel, Mensch, Gesellschaft, Kirche b. H. B.,
1966; G. Wirth, 1967; K. Jeziorkowski,
Rhythmus und Figur, 1968; E. Macpherson,
A. stud. guide to H. B., Lond. 1972; H. J.
Bernhard, ²1973; L. Hoffmann, ²1973; W. J.
Schwarz, ³1973; J. H. Reid, Lond. 1973; H.
Moling, 1974; H. Stresau, ⁶1974; M. Jurgen-
sen, hg. 1975; R. Matthaei, hg., D. subversi-
ve Madonna, 1975; R. Nägele, 1976; B. Bal-
zer, 1977; C. G. Hoffmann, 1977, erw. 1986;
M. Reich-Ranicki, In Sachen B., ⁴1977; ders.,
Mehr als ein Dichter, 1986; Der Schriftsteller
H. B., ⁵1977 (m. Bibl.); J. Vogt, 1978, ²1987;
Ch. Linder, 1978, ²1986; I. Prodaniuk, The
imagery in B's novels, 1979; L. Borghese,
Maild. 1980; H. Beth, hg. ²1980; R. Fried-
richsmeyer, D. satir. Kurzprosa H. B.s, 1981;
R. C. Conrad, Boston 1981; K. Schröter,
1982; J. Förster, H. B. als polit. Publizist,
1983; E. Lehnhardt, Urchristentum u. Wohl-
standsges., 1984; J. Martin, L'œuvre radio-
phonique de H. B., Nancy 1984; H. B. als
Lyriker, hg. G. Rademacher 1985; Bibl.: W.
Martin, 1975.

Bölsche, Wilhelm, 2. 1. 1861
Köln – 31. 8. 1939 Schreiberhau/
Schles., 1883–85 Stud. Philol. und
Kunstgesch. Bonn, dann Paris,
seit 1887 in Berlin, Mitgl. des
Friedrichshagener Naturalistenkreises, 1890 Mitbegründer der
›Freien Volksbühne‹, 1892/1893
Redakteur der Zs. ›Freie Bühne‹.
– Popularisator naturwiss. For-
schungsergebnisse für weite Kreise in lit. Plauderton. Fordert die
Annäherung des Dichters an naturwiss. Forschungsmethoden
und Ergebnisse im Sinne von Zolas Experimentalroman. Wenige
eigene Romane mit stimmungsvollen Naturschilderungen. W.
B.-Archiv München.

W: Paulus, R. 1885; Die naturwissenschaftli-
chen Grundlagen der Poesie, 1887 (n. J. J.
Braakenburg 1976, m. Bibl.); Der Zauber des
Königs Arpus, R. 1887; H. Heine, Schr. 1888;
Die Mittagsgöttin, R. 1891; Hinter der
Weltstadt, Ess. 1901; Ausgewählte Schriften,
II 1922; Der singende Baum, En. 1924; Von
Drachen und Zauberkünsten, En. 1925. –
AW, VI 1930.
L: R. Magnus, 1909.

Böni, Franz, * 17. 6. 1952 Winterthur; 1974 ›freier Händler‹ in Zug, dann Zürich. – Vf. kafkaesker, realist. – alptraumhafter Erzählungen in kunstlos-lakon. Stil über Außenseiter und ihre Sehnsucht nach Geborgenheit.

W: Ein Wanderer im Alpenregen, En. 1979; Schlatt, R. 1979; Der Knochensammler, En. 1980; Hospiz, E. 1980; Die Wanderarbeiter, R. 1981; Alvier, En. 1982; Sagen aus dem Schächental, Ausw. 1982; Die Alpen, E. 1983; Der Johanniterlauf, Prosa 1984; Alle Züge fahren nach Salem, Prosa 1984; Die Fronfastenkinder, Ess. 1985; Das Zentrum der Welt, Aufz. 1987.

Börne, Ludwig (eig. Löb Baruch), 6. 5. 1786 Frankfurt/M. – 12. 2. 1837 Paris, Stud. Medizin Berlin (Verkehr in den Salons von Rahel Varnhagen und Henriette Herz) und Halle, dann Rechts- und Staatswissenschaft 1807 Heidelberg, 1808 Gießen, 1811 Polizeiaktuar in Frankfurt, 1814 als Jude entlassen; 5. 6. 1818 Übertritt zum Protestantismus als L. B.; seither Publizist und Journalist, 1818 Gründer der 1821 wegen Angriffen auf Metternich verbotenen Zs. ›Die Wage‹, 1819 Redakteur der ›Zeitschwingen‹, 1820 vorübergehend in Paris, März 1820 bei Demagogenjagd 14 Tage in Haft, dann freigesprochen; 1822/23 2. Pariser Reise, 1824 Rückkehr nach Frankfurt, Berlin und Hamburg; seit Sept. 1830 dauernd als Publizist in Paris, s. radikalen ›Briefe aus Paris‹ wurden durch Verbot des Bundestags populär; Tod durch Schwindsucht. – Schriftsteller des Jungen Deutschland; in krit.-polem. Stellungnahmen zu aktuellen Tagesereignissen radikaler Vorkämpfer für die geistige und soziale Freiheit, leidenschaftl. subjektiv bis zur Einseitigkeit, trotz stilist. Meisterschaft mehr Journalist, dem die Kunst des Worts

Mittel im polit. Kampf ist, als Dichter, mehr Politiker als Ästhet. Auch in Aufsätzen zu lit., dramaturg. und kulturellen Fragen, Theaterkritiken und Feuilletons stets polit. Agigator. S. als Zeitdokument wichtigen ›Briefe aus Paris‹ über polit., wiss., kulturelle Fragen sind temperamentvolle Angriffe auf dt. Zustände und Persönlichkeiten. Daneben geistreiche Aphorismen und Plaudereien von Jean Paulschem Humor.

W: Denkrede auf Jean Paul, 1826; Gesammelte Schriften, VIII 1829–34; Briefe aus Paris, VI 1832–34; Menzel, der Franzosenfresser, 1837 (n. 1969); Nachgelassene Schriften, VI 1844–50; Französische Schriften, 1847; Briefe des jungen B. an H. Herz, 1861 (n. 1905); Etudes sur l'histoire et les hommes de la révolution française, 1952. – GS, hg. A. Klaar, VIII 1899; hkA, hg. L. Geiger, VI (von XII) 1911–19; Wke., hg. H. Bock, W. Dietze II 1959, ³1986; Sämtl. Schriften, hg. I. u. P. Rippmann V 1964–68; Krit. Schr., hg. E. Schumacher 1964.

L: H. Heine, 1840; M. Holzmann, 1888; A. Kuh, 1922; W. Humm, B. als Journalist, Diss. Zürich 1937; L. Menter, 1954; H. Bock, 1962; L. Marcuse, ³1977; W. Labuhn, Lit. u. Öffentlichkeit i. Vormärz, 1980; I. Rippmann, B.-Index, II 1985; L. B. u. H. Heine, hg. H. M. Enzensberger 1986.

Boesch, Hans, * 13. 3. 1926 Frümsen/Schweiz, Stud. Technikum Winterthur, Bauführer in Straßburg und in elsäß. Kaliminen, 1955 Tiefbautechniker für Straßenbau und Verkehrsplaner, lebt in Frümsen. – Schweizer Lyriker und Erzähler von bildhafter, teils poetisierter und z. T. stark mundartl. Sprache aus der Welt der Arbeit.

W: Oleander, der Jüngling, G. 1951; Seligkeit, G. 1953; Pan, G. 1955; Der junge Os, R. 1957; Das Gerüst, R. 1960; Die Fliegenfalle, R. 1968; Ein David, G. 1970; Der Kiosk, R. 1978; Das Unternehmen Normkopf, R. 1985.

Böse Frau, Die (›Von dem übeln wibe‹), um 1250 in Tirol entstandene anonyme ma. Schwankdichtung von 820 Versen um die Leiden e. Mannes durch s. streitsüchtige und gewalttätige Ehefrau; übermütig-groteske Icherzählung; Komik des naturalist. Inhalts (Prügelszenen) gesteigert durch höf. Ton der Sprache.

A: E. Schröder, Zwei altdt. Schwänke, ²1919; K. Helm 1955.
L: F. Brietzmann, 1912.

Böttcher, Maximilian, 20. 6. 1872 Schönwalde/Mark – 16. 5. 1950 Eisenach, Militärlaufbahn, Stud. Landwirtschaft, Journalist, seit 1930 freier Schriftsteller in Eisenach. – Äußerst produktiver Erzähler und Dramatiker sozialvolkstüml., patriot. und hist. Stoffe, erfolgr. bes. mit Berliner Volksstücken und feinsinnigen Tiergeschichten. Drehbücher.

W: Waldkinder, R. 1903; Schlagende Wetter, Dr. 1906; Die Jagd nach dem Mann, R. 1908; Heim zur Scholle, R. 1909; Der Weg zum Erfolg, Lsp. (1911); Tauroggen, Dr. (1913); Rings ums Jagdjahr, En. 1929; Mann im Herbst, K. 1933; Hochzeit im Moor, E. 1933; Krach im Hinterhaus, K. 1934; Krach im Vorderhaus, R. 1940.

Bötticher, Hans → Ringelnatz, Joachim

Bötticher, Paul Anton → Lagarde, Paul Anton de

Böttner, Karl → Hirsch, Karl Jakob

Bogen, Alexander → Scholtis, August

Bohse, August (Ps. Talander), 2. 4. 1661 Halle – 1742 Liegnitz, 1679 Stud. Rechte; Hofmeister, 1685–88 Vorlesungen über Jura und Rhetorik in Hamburg, 1691 Sekretär des Herzogs von Weißenfels, Prof. in Erfurt, 1708 Prof. der Ritterakademie Liegnitz. – Schöpfer des dt. galanten

Romans als Vorbild für die Liebespolitik im Hofleben mit Liebesintrigen und eingelegten Musterbriefen.

W: Der Liebe Irregarten, 1684; Liebes-Cabinet der Damen, 1685; Amor am Hofe, 1689; Der getreuen Bellamira wohlbelohnte Liebesprobe, 1692; Die Durchlauchtigste Olorena, 1694; Die getreue Sclavin Doris, 1696.
L: E. Schubert, 1911; O. Heinlein, Diss. Greifsw. 1939; E. Brewer, The novel of entertainment during the gallant era, 1983.

Boie, Heinrich Christian, 19. 7. 1744 Meldorf/Dithmarschen – 3. 3. 1806 ebda., Predigerssohn, Stud. 1764–67 zuerst Theol., dann Rechte Jena, seit 1769 Göttingen, dort Hofmeister junger Engländer, Freundschaft mit Bürger, Hölty, Voß u. a. Mitgl. des Hainbundes, 1770 Mitbegründer (m. Gotter), 1771–75 Alleinhrsg. des 1. dt. ›Musenalmanachs‹, 1776 Stabssekretär des Feldmarschall von Sporken in Hannover, Hrsg. der angesehenen Zs. ›Deutsches Museum‹ (1776–88, 1789–91 u. d. T. ›Neues Dt. Museum‹); 1781 Landvogt von Süderdithmarschen in Meldorf, 1790 dän. Etatsrat. – Als Lyriker im Volksliedstil (in Musenalmanachen und Zss.) wenig schöpferisch; formgewandter Nachbilder und Übs.; wichtiger lit. Anreger und Vermittler von starkem Einfluß.

A: Briefw. m. Luise Mejer, hg. I. Schreiber ²1963; Briefe aus Berlin, hg. G. Hay 1970.
L: K. Weinhold, 1868, n. 1970; W. Hofstaetter, D. Dt. Museum, 1908.

Boie, Margarete, 22. 10. 1880 Berlin – 4. 2. 1946 Lüneburg, Offizierstochter, Museumsangestellte in Danzig, dann in versch. Gegenden Norddtls., 1919–29 auf Sylt, 1929 nach Berlin. – Erzählerin kulturhist. Romane und Novellen, Biographien und Sagen; wirklichkeitsnahe Schilderung ihrer Sylter Wahlheimat.

W: Das köstliche Leben, R. 1918; Schwestern, E. 1921; Der Auftakt, R. 1922; Die treue Ose, Sage 1922; Bo, der Riese, Sage 1923; Der Sylter Hahn, R. 1925; Moiken Peter Ohm, R. 1926; Dammbau, R. 1930; Eine Wandlung, E. 1932; Die Müllerin von Tholensdeich, E. 1933; Die Tagfahrt der Preußen, En. 1942; Übers Jahr, E. 1944.

Boldt, Paul, 1885 Christfelde/ Westpr. – 1921 Freiburg i. Br.; Gymnas. Schwetz, Stud. Philol. München, Marburg, Berlin, dann Medizin. Frühe Gedichte in Pfemferts ›Aktion‹. – Lyriker des Expressionismus.

W: Junge Pferde! Junge Pferde!, G. 1914; Das Gesamtwerk, hg. W. Minaty 1979.
L: W. Minaty, 1976.

Bombastus von Hohenheim → Paracelsus

Bonaventura, Die Nachtwachen von → Klingemann, Ernst August Friedrich, → Wetzel, Karl Friedrich Gottlob

Boner, Ulrich, 1324–49 urkundl. nachweisbarer Berner Dominikaner aus angesehener Berner Familie. – Schrieb um 1349/50, dem Minnesänger Johann von Rinkenberg gewidmet, 100 gereimte Fabeln nach lat. Quellen (Aesop, d. h. Anonymus Neveleti, Avian, Etienne de Besançon, Petrus Alphonsi, Jacobus de Cessolis) u. d. T. ›Der Edelstein‹; meist Tier- und Pflanzenfabeln, gut und schlicht-volkstüml. nacherzählt, klar und anschaulich, mit z. T. leichtem Humor, in der Berner Kanzleisprache, mit angehängter bürgerl. Moral nach der prakt. weltl. Ethik des frommen Bürgertums; z. B. ›Stadtmaus und Feldmaus‹, ›Fuchs und Rebe‹ u. a. Wegen moral. Nutzanwendung und volkstüml. Spruchweisheit sehr beliebt und in zahlr. Hss. verbreitet; 1461 als e. der ersten dt.

Bücher von A. Pfister in Bamberg gedruckt; von J. J. Breitinger 1757 wiederentdeckt u. Lessings Interesse erregend.
A: F. Pfeiffer 1844; Faks. d. Erstdrucks: P. Kristeller 1908; D. Fouquet, II 1972. – *Übs.:* M. Oberbreyer 1881, K. Pannier 1895.
L: R. Gottschick, Diss. Halle 1879; C. Waas, Diss. Gießen 1897; F. Babsiger, Diss. Bonn 1904; R.-H. Blaser, Genf 1949.

Bongartz, Heinz → Thorwald, Jürgen

Bongs, Rolf, 5. 6. 1907 Düsseldorf – 20. 11. 1981 ebda.; Stud. Germanistik, Kunstgesch., Philos. München, Berlin, Marburg, Dr. phil. 1934; freier Schriftsteller in Berlin, Köln, Düsseldorf, 1938 kaufm. Angestellter, wiss. Hilfsarbeiter, 1941/42 Leiter des Handschriftenarchivs der rhein. Dichter, im 2. Weltkrieg Soldat und Kriegsberichterstatter, Kriegsgefangenschaft, 1945 Journalist und Kritiker, seit 1955 freier Schriftsteller in Düsseldorf, 1971 Gastprof. in Amherst, Mass. – Lyriker, Essayist, Dramatiker und Erzähler von sprachl. Dichte mit meist zeitnahen Stoffen aus Krieg und Nachkriegszeit; Betonung des Menschlichen.
W: Lyrik, 1932; Das Hirtenlied, Dicht. 1933; Der Läufer, Dicht. 1933; Die Verwandlung, Dicht. 1934; Gedichte, 1935; Schüsse 1811, Kleist-Dr. 1939; Tränen und Lächeln, Lorbeer und Dorn, G. 1942; Venedig, Dicht. 1948; Flug durch die Nacht, G. 1951; Das Antlitz A. Gides, Ess. 1953; Die feurige Säule, R. 1953; Hahnenschrei, G. 1955; Herz und Zeit, En. 1956; Eine Fußspur in Taranowka, E. 1957; Im Tal der Flugschneise, G. 1957; Absturz, Dr. 1958; Monolog eines Betroffenen, E. 1961; Die großen Augen Griechenlands, Reiseb. 1962; Rechenschaft, G. 1964; Poèmes de Grèce, G. 1964; Vierundachtzig, H. (1966); Urteil über einen gemeinen Soldaten, En. 1966; Das Londoner Manuskript, R. 1969; Malgré tout, G. 1969; Morgen in Opatija, G. 1970; A bis plus minus Zett, G. 1973; Das amerikanische Mädchen, R. 1980; Ich sah, daß die Bäume zu gehen begannen, G. 1984.
L: Begegnungen m. R. B., 1967; W. Paulsen, 1974; Bibl.: R. B., 1972.

Bonsels, Waldemar, 21. 2. 1880
Ahrensburg b. Hamburg – 31. 7.
1952 Ambach/Starnberger See,
mit 17 Jahren Wanderungen und
Reisen in Europa, Indien, Ägypten, Kalifornien, Brasilien, wohnte seit 1919 in Ambach/Starnberger See. – Der Neuromantik nahestehender Lyriker, Erzähler
und Dramatiker. Tier- und Pflanzengeschichten als träumer. andächtiges Erfühlen der Urkräfte
der Natur und der Schöpfungswunder; Naturmystik aus Sehnsucht nach der verlorenen Unschuld und träumer. Rückkehr in
e. glückhaftes Einsgefühl. Später
zu bewußter Weltanschauungsdichtung übergehend. Millionenerfolg der ›Biene Maja‹ in vielen
Sprachen.

W: Ave vita, morituri te salutant, E. 1906;
Mare, R. 1907; Frühling, Dr. 1908; Blut, R.
1909; Don Juans Tod, Ep. 1909; Die Toten
des ewigen Kriegs, R. 1911 (u. d. T. Wartalun, 1920); Der tiefste Traum, E. 1911; Die
Biene Maja und ihre Abenteuer, R. 1912; Das
Anjekind, R. 1913; Himmelsvolk, R. 1915;
Indienfahrt, R. 1916; Menschenwege, R.
1918; Eros und die Evangelien, R. 1921;
Weihnachtsspiel, Dtg. 1922 (u. d. T. Der
ewige Weg, 1934); Narren und Helden, R.
1923 (zus. m. Menschenwege u. Eros u. d. T.
Notizen eines Vagabunden, III 1925); Mario
und die Tiere, E. 1927; Mario und Gisela, E.
1930; Tage der Kindheit, Aut. 1931; Der Reiter in der Wüste, Reiseb. 1935; Marios Heimkehr, R. 1937; Die Reise um das Herz, E.
1938; Mario. Ein Leben im Walde, R. 1939;
Die klingende Schale, M. 1940; Begegnungen, En. 1940; Mortimer. Der Getriebene der
dunklen Pflicht, R. 1946; Dositos, R. 1949 (u.
d. T. Das vergessene Licht, 1951) Wanderschaft zwischen Staub und Sternen, Gesamtwk., hg. R.-M. Bonsels X 1980.
L: F. Adler, 1925; K. Rheinfurth, D. neue
Mythos, ⁴1930; R. Bulgrin, 1941; W. B.-Archiv, X 1978 (m. Bibl.).

Bonstetten, Karl Viktor von, 3.
9. 1745 Bern – 3. 2. 1832 Genf,
Stud. Genf und Leiden, seit 1770
in der Regierung Berns, 1775 im
Großen Rat, dann Landvogt im
Saanental und 1787 im Nyon/
Waadt, Verkehr mit Matthisson,

J. v. Müller und Friederike Brun,
1798–1801 Emigrant in Kopenhagen, seit 1803 in Genf, Verkehr
mit Mme. de Staël. – Nationalpolit. und popularphilos. Schriftsteller und Essayist in dt. und franz.
Sprache zumal über Bildungsfragen und Kulturgesch. der
Schweiz.

W: Briefe über ein schweizerisches Hirtenland, 1782; Über die Erziehung der
bernerschen Patrizier, 1785; Schriften, 1793
und 1824; Neue Schriften, IV 1799–1801;
Briefe eines jungen Gelehrten an seinen
Freund, 1802; Über Nationalbildung, II 1802;
L'homme du midi et l'homme du nord, 1824;
La Scandinavie et les Alpes, 1826; Briefe an F.
Matthisson, 1827; Briefe an F. Brun, II 1829;
Briefe und Jugenderinnerungen, hg. W. Klinke 1945.
L: K. Morell, 1861; M. L. Herking, Lausanne
1921; G. L. Boursiac, Diss. Montpellier 1940.

Boppe, Meister, nachweisbar
1275–85, alemann. fahrender
Spruchdichter, hatte Beziehungen
zu Straßburger Bischöfen und
bad. Markgrafen. – Als Spruchdichter von weitschweifiger,
trockener Gelehrsamkeit (Aufzählungen) ohne Schwung, galt
später als e. der zwölf alten Meister. Überliefert in den Liederhss.

A: G. Tolle, Progr. Sondershausen 1894.
L: G. Tolle, Diss. Gött. 1887.

Borah, Timm → Zech, Paul

Borchardt, Georg → Hermann,
Georg

Borchardt, Rudolf, 9. 6. 1877
Königsberg – 10. 1. 1945 Trins/
Brenner, Kindheit in Moskau, Jugend in Berlin, 1895–1900 Stud.
erst Theol., dann klass. Philol.
und Archäologie Berlin, Bonn,
Göttingen, seit Winter 1903/04
mit Unterbrechungen meist in
Italien/Toskana, in e. Villa bei
Lucca und Pistoia, zuletzt Saltoccio-Lucca, im 1. Weltkrieg dt. Infanterieoffizier, später im Gene-

ralstab, seit 1922 wieder in Italien; August 1944 mit s. Frau von der SS verhaftet, freigelassen, dann in Tirol versteckt; Tod durch Schlaganfall. Urspr. dem Georgekreis verbunden, von dem er sich später abwandte; Freund R. A. Schröders und Hofmannsthals. – Der Neuromantik zugehöriger Dichter und Schriftsteller von strengem künstler. Formwillen und vielseitiger, stilist. Begabung, heimisch in versch. Epochen und Stilen. Lyriker von vielstimmiger Musikalität in streng stroph. Gefügen und traditionellen Formen, starke Gefühlshaltigkeit und Gedanklichkeit. Erzähler in straffer, dramat. Verdichtung und klar stilisierter Prosa. Versepik und Drama. Geistreicher Essayist und Redner, Bewahrer der geistig-kulturellen Traditionen Europas als geschichtl. Bildungsmächte: Wiedererwecker großer Vergangenheit als Nachdichter, Übs. (bes. Dantes) u. gelehrter Interpret. R.-B.-Gesellschaft in Bremen.

W: Geschichte des Heimkehrenden (Das Buch Joram), 1905; Rede über Hofmannsthal, 1905; Villa, Prosa 1908; Jugendgedichte, 1913; Der Krieg und die deutsche Selbsteinkehr, Rd. 1915; Der Krieg und die deutsche Verantwortung, Rd. 1916; Der Durant, Ep. 1920; Die Päpstin Jutta, Dr. 1920; Schriften, 1920; Poetische Erzählungen, 1923; Die geliebte Kleinigkeit, Sp. 1923; Die Schöpfung aus Liebe, G. 1923; Über den Dichter und das Dichterische, Rd. 1924; Vermischte Gedichte, 1924; AW, 1925; Handlungen und Abhandlungen, 1928; Das hoffnungslose Geschlecht, En. 1929; Deutsche Reisende, deutsches Schicksal, Es. 1932; Pamela, K. 1934; Schriften, II 1934f.; Vereinigung durch den Feind hindurch, Rd. 1937; Pisa, Es. 1938; Der leidenschaftliche Gärtner, Schr. 1951; Kindheit und Jugend, Aut. 1966; Jamben, G. 1966. – GW, XIII 1955ff.; Ausw. H. Hennecke 1954, H. Heissenbüttel 1968, Th. Adorno 1968; Ges. En., II 1977; Briefw. m. Hofmannsthal, 1954; Vivian, Br. 1985.
L: A. W. Beerbaum, Diss. N. Y. 1952; H. Uhde-Bernays, 1954; S. Rizzi, Diss. Zürich 1958 (m. Bibl.); M. Marianelli, Catania 1960; W. Kraft, 1961; J. Prohl, 1973; H. Arbogast,

hg. 1977; F. Wagner, R. B. and the middle ages, 1981; J. Grange, 1983; H. Hummel, 1983; H. A. Glaser, hg. 1987.

Borchers, Elisabeth, * 27. 2. 1926 Homberg/Niederrhein; Jugend im Elsaß, Aufenthalte in Frankreich und USA, 1959 an der Hochschule für Gestaltung in Ulm, 1960 Lektorin des Luchterhand Verlags, ab 1971 des Suhrkamp Verlags. – Lyrikerin mit Neigung zu bewußter Poetisierung, zarter Schönheit und dunkler Metaphorik; Hörspiel- und Kinderbuchautorin, Hrsg. und Übs.

W: Gedichte, 1961; Bi Be Bo Ba Bu die Igelkinder, Kdb. 1963; Das alte Auto, Kdb. 1965; Und oben schwimmt die Sonne davon, Kdb. 1965; Nacht aus Eis, Spp. 1965; Rue des Pompiers, H. (1965); Feierabend, H. (1965); Der Tisch an dem wir sitzen, G. 1967; Anton S. oder Die Möglichkeiten, H. (1967); Ist die Stadt denn verschlossen, H. (1967); Die Geschichte von einem Feuer, Op. 1968; Eine glückliche Familie, En. 1970; Gedichte, Ausw. 1976; Lektüre zwischen den Jahren, Es. 1982; Wer lebt, G. 1986.

Borchert, Wolfgang, 20. 5. 1921 Hamburg – 20. 11. 1947 Basel, Buchhandelslehrling, Schauspieler in Lüneburg, 1941 Soldat, 1942 schwer verwundet, 1942 und 1944 wegen unbedachter Äußerungen im Gefängnis; Todesurteil, Bewährung an Ostfront, wegen Krankheit 1943 entlassen, Kabarettist in Hamburg; erneut wegen Wehrkraftzersetzung verhaftet und verurteilt, 1945 Regieassistent am Hamburger Schauspielhaus, Kabarettleiter, Regisseur in Westerland; starb während e. von Freunden ermöglichten Kuraufenthalts in der Schweiz. – Frühvollendeter Dichter der entwurzelten und bindungslosen, betrogenen und um alles beraubten jungen Kriegsgeneration, die zu Ruinen heimkehrt. Schwermütiger Lyriker, dynam. Erzähler. S. im

Stil expressionist., zwischen Sachlichkeit und Symbolvorgängen und Sinnbildfiguren wechselndes Drama ist ekstat. Aufschrei und Anklage e. verratenen Jugend zugleich; Erfolgsstück fast aller dt. Bühnen.

W: Laterne, Nacht und Sterne, G. 1946; An diesem Dienstag, En. 1947; Die Hundeblume, En. 1947; Draußen vor der Tür, H. u. Dr. 1947; Das Gesamtwerk, 1949; Die traurigen Geranien, En. a. d. Nl. 1962.
L: W. Heering, Gedanken üb. W. B., 1952; G. B. Fuchs, D. verratene Messias, 1953; A. Darboven, 1957; H. E. O. Hartmann, 1960; P. Rühmkorf, 1961 (m. Bibl.); H. Gumtau, 1969; Interpretationen zu W. B., ²1969; M. Schmidt, ²1974; A. Schmidt, 1975; K. J. Fikkert, Signs and portents, Fredericton 1980; R. Wolff, 1984; C. B. Schröder, 1985; G. J. A. Burgess, 1985 (m. Bibl.).

Borck, Caspar Wilhelm von, 30. 8. 1704 Gersdorf/Pommern – 8. 3. 1747 Berlin, Stud. Rechte Greifswald und Berlin, preuß. Gesandter in London, Kuratur der Berliner Akad. der Wiss. – Vf. der ersten textgetreuen dt. Shakespeare-Übs.: ›Julius Caesar‹, zwar in gereimten Alexandrinern, doch frisch und einfühlsam.

W: Versuch einer gebundenen Übersetzung des Trauerspiels vom Tode des Julius Caesar, 1741 (n. 1929).

Borée, Karl Friedrich, 29. 1. 1886 Görlitz – 28. 7. 1964 Darmstadt; Stud. Rechte Berlin, Dr. jur., 1913 Assistent, im Weltkrieg, 1919 Kommunalbeamter in Berlin, 1920–24 Stadtrat in Königsberg, dann Anwalt in Berlin, seit 1934 freier Schriftsteller, 1952 Sekretär der Dt. Akademie für Sprache u. Dichtung Darmstadt. – Skept.-realist. Erzähler und Essayist im Kampf gegen konventionelle Vorurteile, schrieb Liebes- und Eheromane von kultiviertem Charme und realist.-antimilitarist. Kriegsromane.

W: Dor und der September, R. 1930; Quartier an der Mosel, R. 1936; Kurze Reise auf einen anderen Stern, E. 1937; Die Geschichte eines Unbekannten, R. 1938; Maria Nehls, E. 1939; Diesseits von Gott, Schr. 1941; Die Brieftasche, E. 1946; Heilung, E. 1948; Die halbvollendete Schöpfung, Dial. 1948; Federübungen, En. 1948; Ein Abschied, R. 1951; Ich fahre in ein anderes Land, E. 1952; Frühling 45, R. 1954; Semiten und Antisemiten, Schr. 1960; Spielereien und Spiegelungen, En. 1961; Erlebnisse, En. 1964.

Borkenstein, Hinrich, 21. 10. 1705 Hamburg – 29. 11. 1777 ebda., Buchhalter u. Kaufmann ebda. – Hamburger Dialektdichter, schrieb 1741 die erste Hamburger Lokalposse, ein derbsatir., oft aufgeführtes und nachgeahmtes Sittenstück in lehrhaft realist. Stil unter Einfluß Holbergs.

W: Der Bookesbeutel, K. 1742 (n. 1896, 1968).

Born, Nicolas, 31. 12. 1937 Duisburg – 7. 12. 1979 Breese b. Dannenberg; Chemigraph in Essen, 1965 Berlin und Dannenberg; 1972/73 Villa Massimo, Rom, 1978 Frankfurt a. M. – Lyriker und Erzähler eines metaphernscheuen neuen Realismus im Sinne der sog. Kölner Gruppe mit Stoffen aus der Alltags- und Arbeitswelt; Erfahrungen eines intellektuellen Individualisten im Vorbereich der Utopie, auch Kritik, Essay und Hörspiel.

W: Der zweite Tag, R. 1965; Schnee, H. (1966); Marktlage, G. 1967; Zerstörung eines Hauses, H. (1969); Wo mir der Kopf steht, G. 1970; Übungen in einer Fremdsprache, H. (1971); Das Auge des Entdeckers, G. 1972; Die erdabgewandte Seite der Geschichte, R. 1976; Die Fälschung, R. 1979; Die Welt der Maschine, Ess. 1980; Täterskizzen, En. 1983; Gedichte 1967–78, 1983.

Bornemann, Johann Wilhelm Jakob, 2. 2. 1766 Gardelegen/Altmark – 23. 5. 1851 Berlin, Stud. Theol. Halle, Aufgabe der theol. Laufbahn und 1794 Lotteriesekretär, später Generaldirektor der preuß. Lotterie, 1849 pensioniert. – Erster bedeutender plattdt.

Dichter nach Voß, schrieb plattdt. lyr. und erzählende Gedichte aus der Naturliebe des Städters. Volkstüml. durch s. Lied ›Im Wald und auf der Heide‹.

W: Plattdeutsche Gedichte, 1810 (II 1816, u. d. T. Gedichte in plattdeutscher Mundart, 1827); Natur- und Jagdgemälde, 1827; Das Waidmännische St. Hubertusfest, 1829; Hymens Jubelklänge, G. 1841; Humoristische Jagdgedichte, 1855.

Borrmann, Martin A. (Ps. Matthias Born), 10. 9. 1895 Rössel/ Ostpreußen – 30. 11. 1974 Berlin; Stud. Medizin und Philos. Königsberg, Berlin, München; Sumatrareise, bis 1933 Dramaturg am Schauspielhaus Königsberg. Lebte in Berlin. – Erzähler früher expressionist. Novellen und e. späten iron. Romans, Hörspielautor und Hrsg.

W: Venus mit dem Orgelspieler, E. 1922; Sunda, Reiseb. 1925; Der Don Juan der halben Dinge, N. 1925; Frühe Schuld, E. 1926; Trampedank oder Das Glück der Pechvögel, R. 1960.

Bosper, Albert, * 16. 3. 1913 Lindau/Bodensee, Beamtensohn, Kaufmannslehrling, Schauspieler in München, im 2. Weltkrieg Soldat im Osten, dann versch. Berufe; lebt in München. – Dramatiker u. Erzähler mit z. T. surrealist. Elementen; farbige, humorvoll unterhaltende Kriegs- u. Generationsromane.

W: Die schiefen Häuser, R. 1952; Der Onkel und die Bande, E. 1955; Der Hiwi Borchowitsch, R. 1958; Kein Deutschland ohne Ferdinand, R. 1959; Belinda oder das große Rennen, R. 1960.

Boßdorf, Hermann, 29. 10. 1877 Wiesenburg b. Belzig – 24. 9. 1921 Hamburg, bis zum Nervenzusammenbruch 1915 Telegraphenangestellter. – Plattdt. Dramatiker und Balladendichter, mit Stavenhagen Begründer des plattdt. Dramas, Symbolismus mit express. Elementen, unter Einfluß Strindbergs. Bedeutende Volkskomödien, Humoresken.

W: De Fährkrog, Dr. 1919; Bahnmeester Dood, Dr. 1919; Eichen im Sturm, Ball. 1919; Ole Klocken, Ball. 1919; De verhexte Karnickelbuck, En. 1919; Dat Schattenspel, K. 1920; Simson und die Philister, Dr. 1920; Kramer Kray, K. 1921; Der Postinspektor, En. 1920; Der Schädel vom Grasbrook, En. 1920; Rode Ucht, En. 1921; De rode Ünnerrock, K. 1921; Letzte Ernte, N. 1922; Klaus Störtebeker, Dr.-Fragm. (in Niedersachsenbuch, 1928). – GW, hg. W. Krogmann, XI 1953–57.

L: A. Janssen, 1927; C. Budich, Diss. Hbg. 1928; H. Detjen, Diss. Hbg. 1936; W. Krogmann, 1948 u. 1950; F. W. Michelsen, hg. 1977; Bibl.: O. Specht (Mitt. Quickborn 30) 1937.

Boßhart, Jakob, 7. 8. 1862 Stürzikon b. Zürich – 18. 2. 1924 Clavadel b. Davos, Stud. Philol. und Philos. Heidelberg und Zürich, 1899–1914 Gymnasiallehrer und -direktor in Zürich. – Formvollendeter herbrealist. Erzähler impressionist. Schilderungen aus dem Schweizer Dorfleben und unsentimentaler Novellen um die Problematik des bodenständigbäuerl. Menschen in e. bodenentwurzelten, nivellierenden Zivilisation.

W: Im Nebel, En. 1898; Das Bergdorf, E. 1900; Die Barettlitochter, N. 1902; Durch Schmerzen empor, Nn. 1903; Früh vollendet, Nn. 1910; Erdschollen, Nn. 1913; Erzählungen, VI 1913ff.; Irrlichter, Nn. 1918; Ein Rufer in der Wüste, R. 1923; Neben der Heerstraße, En. 1923; Gedichte, 1924; Die Entscheidung, En. 1925; Auf der Römerstraße, Aut. u. En. 1926. – Werke, VI 1950/ 51.

L: J. Job, Diss. Zürich 1924; P. Suter, 1924; B. Huber-Bindschedler, 1929; M. Konzelmann, 1929; K. Fehr, 1964.

Bote, Hermann, um 1460 – um 1520 Braunschweig; Sohn e. Schmieds und Ratsmanns, Zollschreiber in Braunschweig, als solcher mehrfach in Kämpfe zwischen Gilden und Rat verwickelt, amtsenthoben zeitweilig Gastwirt. – Bedeutendster niederdt. Autor s. Zeit; Chronist, Lehr-

und Spruchdichter. B. wird neuerdings wieder zugeschrieben die Braunschweigische Urfassung des ›Till → Eulenspiegel‹.

W: Boek van veleme rade, um 1490; Weltchronik, 1493–1518; Schichtbok, um 1510/14; Koker, vor 1520 (hg. G. Cordes 1963). – Ausw., hg. G. Cordes 1948.
L: P. Honegger, Ulenspiegel, 1973; H. Blume, W. Wunderlich, hg. 1982 (m. Bibl.).

Botenlauben, Otto von → Otto von Botenlauben

Boy-Ed, Ida, 17. 4. 1852 Bergedorf b. Hamburg – 13. 6. 1928 Travemünde; seit 1865 in Lübeck, ∞ 1870 Großkaufmann C. J. Boy, weite Reisen. – Schrieb gute Unterhaltungsromane und -novellen aus Lübeck und der holstein. Landschaft, mit sozialkrit.-psycholog. Haltung und z. T. frauenrechtler. Tendenz. Auch Biographin.

W: Getrübtes Glück, Nn. 1884; Männer der Zeit, R. III 1885; Seine Schuld, R. II 1885; Dornenkronen, R. 1886; Abgründe des Lebens, Nn. 1887; Fanny Förster, R. 1889; Aus Tantalus' Geschlecht, R. II 1891; Empor, R. 1892; Sieben Schwerter, R. 1894; Die große Stimme, Nn. 1903; Heimkehrfieber, R. 1904; Geschichten aus der Hansestadt, 1909; Ein königlicher Kaufmann, R. 1910; Brosamen, Nn. 1922. – Ausw., hg. P. de Mendelssohn 1975.

Brachmann, Luise, 9. 2. 1777 Rochlitz – 17. 9. 1822 Halle, seit 1787 Weißenfels, wurde durch Novalis zum Dichten angeregt u. mit Schiller bekannt, zur Mitarbeit an ›Horen‹ und ›Musenalmanach‹ herangezogen; Selbstmord nach Liebeskummer und Melancholie durch Tod in der Saale. – Mehr nachempfindende als eigenständige Lyrikerin und Erzählerin der Pseudoromantik.

W: Gedichte, 1808; Romantische Blüthen, Nn. 1817; Das Gottesurteil, Ep. 1818; Novellen, 1819 u. 1822; Romantische Blätter, Nn. 1823; Auserlesene Dichtungen, VI 1824–26.

Brachvogel, Albert Emil, 29. 4. 1824 Breslau – 27. 11. 1878 Berlin, Bildhauerlehre; 1845 Schauspieler, 1846–48 Stud. Breslau, 1848 Schriftsteller in Berlin; nach Vermögensverlust 1854 Sekretär; 1856 freier Schriftsteller in Berlin, Eisenach, Weißenfels und seit 1871 wieder Berlin. – Dramatiker und Erzähler in der Nachfolge der Jungdeutschen, erfolgreicher Unterhaltungsschriftsteller von reicher Phantasie, doch unkünstler. Effekthascherei ohne harmon. Durchbildung.

W: Narziß, Tr. 1857; Adalbert vom Babenberge, Tr. 1858; Friedemann Bach, R. III 1858; Der Usurpator, Dr. 1860; Lieder und lyrische Dichtungen, 1861; Schubart und seine Zeitgenossen, R. IV 1864; Beaumarchais, R. IV 1865; Ausgewählte Werke, IV 1873/74. – Ges. Romane, Novellen u. Dramen, X 1879–83.
L: F. Mittelmann, B. u. s. Dramen, 1910.

Bräker, Ulrich, gen. der arme Mann im Toggenburg, 22. 12. 1735 Näbis im Toggenburg/Schweiz – 11. 9. 1798 Wattwil/Kanton St. Gallen, Kleinbauernsohn, ärml. Jugend als Geißhirt und Knecht, Salpetersieder, 1756 Diener e. preuß. Werbeoffiziers in Schaffhausen, Rottweil, Berlin, hier unfreiwillig Rekrut des 7jähr. Krieges, desertierte bei Lobositz, dann Garnhändler u. Baumwollweber im Toggenburg, lieblose Ehe mit e. bäuerl. Mädchen ohne Verständnis für s. lit. Interessen; Autodidakt. – Schildert in s. naturfrischen, unbefangenen Lebensbeschreibung lebendig, mit ergreifend schlichter Menschlichkeit, in z. T. dialektisch gefärbter Sprache, s. Schicksal u. die Lebens- u. Gedankenwelt einfacher Leute aus unmittelbarer Beobachtung: e. der bedeutendsten dt. Autobiographien, von kulturhist. Wert. Auch ergreifende Tageb. u. Gedanken über Shakespeare.

W: Lebensgeschichte und natürliche Eben-
theuer des Armen Mannes im Tockenburg,
1789; Sämmtliche Schriften, II 1789–92; Etwas über W. Shakespeares Schauspiele, hg.
W. Muschg 1942 – SW, hg. S. Voellmy III
1945; Ausw. II 1978.
L: S. Voellmy, 1923; H. Graber, Chronik,
1984; H. Böning, 1985.

Bräunig, Werner, 12. 5. 1934
Chemnitz – 14. 8. 1976 Halle;
Kraftfahrerssohn, Schlosserlehre,
versch. Berufe, 1951/52 Gelegen-
heitsarbeiter in der BRD, Berg-
mann in der DDR, bei der Wis-
mut-AG, Journalist, 1958–61
Stud. am Literaturinstitut ›J. R.
Becher‹ in Leipzig, Assistent,
dann Dozent ebda., freier
Schriftsteller in Halle. – Erzähler,
Lyriker und Hörspielautor der
DDR aus der Reihe schreibender
Arbeiter mit Themen bes. um
Konflikte beim Aufbau des Sozia-
lismus.
W: Waffenbrüder, E. 1959; Für eine Minute,
G. 1960 (m. H. Salomon); In diesem Som-
mer, En. 1960; Prosa schreiben, Ess. 1968;
Gewöhnliche Leute, En. 1968; Ein Kranich
am Himmel (Ausw.), 1981.

Brambach, Rainer, 22. 1. 1917
Basel – 13. 8. 1983 ebda.; versch.
Handwerksberufe: Flachmaler,
Torfstecher, Landarbeiter, 4 Jahre
Werbetexter e. graph. Betriebs,
1950 Gartenbauarbeiter, seit 1959
freier Schriftsteller in Basel. – Lyriker mit einfachen, klaren, bildhaften Gedichten von scheuer Naturnähe, auch Erzähler.
W: 7, G. 1947; Tagwerk, G. 1959; Wahrneh-
mungen, Prosa 1961; Marco Polos Koffer, G.
1968 (m. J. Federspiel); Ich fand keinen Namen dafür, G. 1969; Für sechs Tassen Kaffee,
En. 1972; Kneipenlieder, 1974 (m. F. Geerk);
Wirf eine Münze auf, Ges. G. 1977; Auch im
April, G. 1983.

Brandanuslegende, mittelfrän-
kische Verslegende um 1150 (mitteldt. Fassung des 13./14. Jh. erhalten) von der abenteuerl.-mär-
chenhaften Seefahrt des ir. Hl.

Brandan oder Brendan und dessen
9jähr. Suche nach den Wundern
des Meeres; ma. Odyssee und Jen-
seitsvision; gelangte im 12. Jh. aus
Irland, auch in lat. Fassung, nach
Dtl.; auch engl., franz. und im
15.-17. Jh. als Prosavolksbuch
(Hartlieb, Rollenhagen) in vielen
Fassungen verbreitet.
A: C. Schröder 1871; M. Draak, B. Aafjes
1949.
L: W. Meyer, Diss. Gött. 1918; E. G. R.
Waters, 1928; G. Schreiber, (Dornseiff-Fs.)
1953; T. Dahlberg, Brandaniana, Stockh.
1958.

Brandenburg, Hans, 18. 10.
1885 Barmen – 8. 5. 1968 Bingen;
Stud. München, 1914–16 Kriegsfreiwilliger, dann freier Schriftsteller in München, 1945 ausge-
bombt, seither in Böbing b. Weil-
heim/Obb., seit 1960 wieder
München. – Behagl.-humoriger
Erzähler lyr.-romant. Lebensbilder, breit schildernder Generationsromane, Liebes- und Eheromane; traditionsbewußte Lyrik
um Landschaft, Liebe und Natur;
kult.-chor. Dramen. Auch Essayist, Biograph, Literarhistoriker und Theaterkritiker.
W: In Jugend und Sonne, G. 1904; Einsamkeiten, G. 1906; Chloe oder die Liebenden, R.
1909; Gesang über den Saaten, G. 1912; Das
Zimmer der Jugend, R. 1920; J. v. Eichendorff, B. 1922; Graf Gleichen, Tr. 1924; Vom
schaffenden Leben, Ess. II. 1924f.; F. Hölderlin, B. 1924; Pankraz der Hirtenbub, E. 1924;
Traumroman, 1926; Das neue Theater, Schr.
1926; Weihe des Hauses, G. 1930 (erw. 1960);
Schicksalsreigen, En. 1933; Gedichte, Ges.-
Ausg. 1935; Vater Öllendahl, R. 1938; Die
Kunst der Erzählung, Es. 1938; Der armen
Schönheit Lebenslauf, R. 1942; Gipfelrast, G.
1947; Gottes Tochter, R. 1949; München
leuchtete, Aut. 1953; Trost in Tränen, G.
1955; Im Feuer unserer Liebe, Aut. 1956;
Alles um Liebe, En. 1965.

Brandner, Uwe, * 23. 5. 1941
Reichenberg/Böhmen, seit 1945
in Bayreuth; Abitur, Journalist,
Jazzmusiker, Wehrdienst, Stud.
Theaterwiss., Germanistik und

Philos. München. Dokumentar-
und Spielfilmautor, Mitbegründer des ›Filmverlags der Autoren‹
und Schriftsteller in München. –
Ironischer Erzähler zwischen
Pop, Comics, Nonsens auf der
Suche nach unbedingt originellen
Ausdrucksformen und mit betonter Reflexion auf den Schreibvorgang.

W: Innerungen, R. 1968; Am elften Tag,
Prosa 1968; Drei Uhr Angst, R. 1969; Supernova, H. (1970); Mutanten Milieu, Prosa
1971; Ich liebe dich, ich töte dich, Film 1971;
Kopf oder Zahl, Film 1972; Das Horoskop
der Faust, Film 1972; Im Zeichen der Kälte,
Film 1974.

Brandstetter, Alois, * 5. 12.
1938 Pichl/Oberösterr.; Müllerssohn; Gymnas. Wels; Stud. Germanistik Wien, 1962 Dr. phil.,
1963 Assistent, 1970 Privatdozent, 1972 Prof. in Saarbrücken,
1974 Prof. in Klagenfurt. – Erzähler humorist. – satir. Prosa voll
Sprachkomik und karikierender
Kritik des Stereotypen; Parodie
des Österreichertums mit liebevoller Bosheit.

W: Überwindung der Blitzangst, Prosa 1971;
Stille Größe, Prosa 1971; Ausfälle, En. 1972;
Zu Lasten der Briefträger, R. 1974; Der Leumund des Löwen, En. 1976; Die Abtei, R.
1977; Vom Schnee der vergangenen Jahre,
En. 1979; Von den Halbschuhen der Flachländer, Prosa 1980; Die Mühle, R. 1981; Über
den grünen Klee der Kindheit, En. 1982;
Altenehrung, R. 1983; Die Burg, R. 1986;
Kleine Menschenkunde, Slg. 1987.

Brant, Sebastian, 1458 Straßburg
– 10. 5. 1521 ebda., Sohn e. Gastwirts und Ratsherrn, Privatunterricht, frühe Beziehungen zum
Oberrhein. Humanistenkreis
(Wimpheling), 1475 Stud. Rechte
Basel, 1477 Baccalaureus, 1484
Lizentiat des kanon. Rechts, 1489
Dr. beider Rechte, bereits früher
Dozent des röm. und kanon.
Rechts, 1492 Dekan der jurist. Fakultät, aber erst 1496 besoldeter
Prof.; nebenher Hrsg. und Kor-

rektor versch. Basler Verlage;
1500 Übersiedlung nach Straßburg, Stadtsyndikus, 1503 Stadtschreiber; erregte als solcher Aufmerksamkeit Kaiser Maximilians I.: Titel e. Kaiserl. Rats und
Pfalzgrafen. Konservative Übergangsfigur zwischen MA. und
Humanismus, Rationalist und
Moralist, kaisertreuer und frommer, von reformator. Bestrebungen unberührter Katholik. – Gewandter lat. Dichter und Übs.,
schrieb dt. u. lat. Marien- und
Heiligengedichte mit didakt. Absicht, polit.-hist. Gedichte, jurist.
Arbeiten, Bearbeiter, Übs. u.
Hrsg. moralisierender Spruchsammlungen aus Antike und MA.
Hauptwerk die kulturhist. wertvolle und lit. epochemachende
Zeit- und Ständesatire ›Das Narrenschiff‹ in Reimpaaren, zur Geißelung menschl. Torheiten und
Schwächen in moral.-iron. Strafpredigten: Laster, Sünde und Frevel als Torheit, die durch krit.
Lachen geheilt wird. Dank volkstüml. einfacher Sprache, Verwendung von Sprichwörtern und
Holzschnitten europ. Erfolg. Beginn der Narrenlit. des 16./17.
Jh., großer Einfluß auf H. Sachs,
Geiler von Kaisersberg (1498
Predigten im Straßburger Münster); Erfinder des von Dedekind
und Scheidt verwerteten Grobianus.

W: In laudem B. V. Mariae multorumque
sanctorum carmina, G. 1494; Das Narrenschiff, 1494 (n. F. Zarncke 1854 u. 1964, M.
Lemmer ⁵1985, NdL; nhd. F. Hirtler 1944,
M. Richter 1958, H. A. Junghans/H.-J. Mähl
1964, Faks. d. Erstdrucks F. Schultz 1913);
Liber faceti, Übs. 1496; Cato, Übs. 1498;
Varia carmina, G. 1498; Liber Moreti, Forts.
d. Facetus 1499; Der Heiligen Leben, 1502;
Der Freidank, Bearb. 1508; Tugent Spyl
(1512, n. H.-G. Roloff 1968); Flugblätter des
S. B., hg. P. Heitz 1915.
L: P. Claus, 1911; M. Rajewski, 1944; U.
Gaier, Stud. z. S. B.s Narrenschiff, 1966; B.
Könnecker, S. B.: D. Narrenschiff, 1966; E.

H. Zeydel, N. Y. 1967; W. G. Heberer, S. B.s Narrenschiff, Diss. Gött. 1969; K. Manger, D. Narrenschiff, 1983.

Brasch, Thomas, * 19. 2. 1945 Westow/England; Sohn e. dt.-jüd. Emigranten, späteren hohen SED-Politikers, seit 1947 in der DDR, 1956–60 Kadettenschule der Volksarmee, 1964 Univ. Leipzig; 1967–68 Filmhochschule Potsdam; wegen Protest Gefängnis, Bewährung als Fabrikarbeiter; 1972 freier Schriftsteller; nach Publikationsschwierigkeiten seit Dez. 1976 in West-Berlin. – Gestaltet in Dramen und Prosa Ausbruchversuche aus Rollenzwängen und Revolten gegen Autoritätsansprüche.
W: Der Papiertiger, Dr. (1976); Vor den Vätern sterben die Söhne, Prosa 1977; Kargo, G. u. Prosa 1977; Lovely Rita, Dr. (1977); Die argentinische Nacht, Dr. (1977); Rotter, Dr. 1977; Lieber Georg, Dr. (1980); Der schöne 27. September, G. 1980; Engel aus Eisen, Film 1981; Domino, Film 1982; Mercedes, Dr. (1983); Vom Sterben des Musikers Jack Tiergarten, Dr. (1984); Frauen. Krieg. Lustspiel, Dr. 1987.
L: R. Weber u. M. Häßel, hg. 1986.

Braumann, Franz, * 2. 12. 1910 Huttich b. Salzburg, Bauernknecht, Lehrerausbildung, Oberlehrer Großköstendorf/Salzburg. – Lyriker von echtem Naturempfinden und alpenländ. Erzähler von Bauern- u. Heimatromanen, Abenteurererzählungen, Jugendbüchern, Sagen und Märchen.
W: Friedl und Vroni, R. 1932; Gesang über den Äckern, G. 1933; Das Haus zu den vier Winden, En. 1936; Das schwere Jahr der Spaunbergerin, R. 1938; Peter Rosenstatter, R. 1946; Die Blutsbrüder, R. 1958; Tal der Verheißung, R. 1960; Der weiße Tiger, En. 1972.
L: G. Nemetz, Diss. Innsbr. 1966; A. Zieser, 1963.

Braun, Felix, 4. 11. 1885 Wien – 29. 11. 1973 Klosterneuburg b. Wien, Stud. Germanistik, Kunstgesch. Wien, 1908 Dr. phil., freier Schriftsteller ebda., Freund Hofmannsthals, 1928–37 Prof. für dt. Lit. Palermo, 1938 Padua, 1939–51 Emigrant in England, 1951 Dozent am Reinhardt-Seminar, Wien. – Von Antike, Christentum und Humanismus geprägter Dichter, letzter Vertreter des Wiener Impressionismus und der Neuromantik neben M. Mell. Lyrik von hoher Sprachkultur und relig. Grundgefühl zwischen Wehmut und Heiterkeit. Erzähler von Romanen, Novellen und Legenden mit zarten Konturen, Mischung von Realem mit Legende, Märchen und Mythos zu symbol. Sinngebung. Zeit- und Seelenromane der untergehenden Donaumonarchie (›Agnes Altkirchner‹). Lyr. Versdramen mit Auflösung der Handlung in Bilder und christl. Verklärung. Als Essayist, Hrsg. und Übs. feinsinniger Deuter und Wahrer unvergängl. österr.-abendländ. Erbes.
W: Gedichte, 1909; Novellen und Legenden, 1910; Der Schatten des Todes, R. 1910; Das neue Leben, G. 1913; Tantalos, Tr. 1917; Das Haar der Berenike, G. 1919; Die Taten des Herakles, R. 1921; Der unsichtbare Gast, R. 1924; Das innere Leben, G. 1926; Agnes Altkirchner, R. 1927 (erw. u. d. T. Herbst des Reiches, 1957); Laterna magica, En. u. Leg. 1932; Ein indisches Märchenspiel, Dr. 1935; Kaiser Karl V., Tr. 1936; Der Stachel in der Seele, R. 1948; Das Licht der Welt, Aut. 1949; Briefe in das Jenseits, E. 1952; Viola d'amore, G. 1953; Ausgewählte Dramen, II 1955–60; Die Eisblume, Ess. 1955; Der Liebeshimmel, En. 1959; Imaginäre Gespräche, Dial. 1960; Zeitgefährten, Aut. 1963; Das Nelkenbeet, G. 1965; Anrufe des Geistes, Ess. 1965; Frühe und späte Dramen, 1971; Gastgeschenke, Übss. 1973.
L: F. B. z. 80. Geburtstag, 1965; G. Mühlberger, Diss. Innsbr. 1972.

Braun, Lily, verw. von Gizycki, geb. von Kretschman, 2. 7. 1865 Halberstadt – 7. 8. 1916 Berlin-Zehlendorf, Offizierstochter, Enkelin der Freundin Goethes Jenny von Gustedt, Privatunterricht, ab 1890 in Berlin, ⚭ 1893 Prof. von

Gizycki († 1895), von ihm in die Ideen der Frauenbewegung und des Sozialismus eingeführt, trat 1895 offen zur sozialdemokrat. Partei über, ⚭ 1896 den sozialdemokrat. Publizisten Dr. H. Braun, Mitarbeiterin sozialdemokrat. Zss. – Sozialist. Schriftstellerin: Roman, Drama, wichtige Memoiren unter Verwertung der Erinnerung ihrer Großmutter.

W: Deutsche Fürstinnen, 1893; Im Schatten der Titanen, Mem., 1908; Memoiren einer Sozialistin, II 1909–11 (n. 1985); Die Liebesbriefe der Marquise, R. 1912; Mutter Maria, Tr. 1913; Lebenssucher, R. 1915. – GW, V 1923.
L: J. Vogelstein, 1922; G. Gärtler, Diss. Hdlb. 1935; D. Borkowski, 1984.

Braun, Mattias, * 4. 1. 1933 Köln, Kindheit in Süddeutschland, seit 1945 in Köln, dann bei Salzburg. Reisen durch Mittelmeerländer und Westeuropa. – Erzähler, Lyriker und Dramatiker von spröder und kühner Sprache; oratorische Dramen in Nähe zu B. Brecht; zeitgemäße Nachdichtung antiker Dramen mit pazifist. Tendenz.

W: Ein Haus unter der Sonne, Dr. (1954); Die Frau des Generals, Dr. (1954); Plädoyer, Dr. (1954); Die Troerinnen, Medea, Drr. (nach Euripides) 1959; Die Perser, Dr. 1961 (nach Aischylos); Unkenpfuhl, K. (1962); Berliner Kantate, G. 1962; Reineke Fuchs, K. (1965); Elektras Tod, Dr. (1970); Elisabeth Tudor, Dr. 1972.

Braun, Volker, * 7. 5. 1939 Dresden; Abitur, Druckereiarbeiter, 1958 Tiefbauarbeiter, Maschinist im Tagebau, 1960–65 Stud. Philos. Leipzig, dann Assistent beim Berliner Ensemble in Ost-Berlin. – Frisch-jugendlicher Lyriker und Dramatiker der DDR mit parteikonformen zeit- und gesellschaftspolitischen Themen in der Nachfolge Majakovskijs und Brechts, in seinem aggressiven, saloppen Vokabular jedoch mehr modisch als provokativ.

W: Provokation für mich, G. 1965; Vorläufiges, G. 1966; Kipper Paul Bauch, Dr. (1966, 1972 u. d. T. Die Kipper); Kriegserklärung, G. 1967; Hans Faust, Dr. (1968); Wir und nicht sie, G. 1969; Das ungezwungene Leben Kasts, En. 1972; Gegen die symmetrische Welt, G. 1974; Stücke, III 1975–88; Es genügt nicht die einfache Wahrheit, Es. 1975; Unvollendete Geschichte, E. 1977; Der Stoff zum Leben, 1977; Guevara oder Der Sonnenstaat, Dr. (1977); Im Querschnitt, Ausw. 1978; Training des aufrechten Gangs, G. 1979; Großer Frieden, Dr. (1979); Gedichte, 1979; Dmitri, Dr. (1982); Berichte von Hinze und Kunze, Kgn. 1983; Hinze-Kunze-Roman, 1985; Die Übergangsgesellschaft, Dr. (1987); Langsamer knirschender Morgen, G. 1987; Verheerende Folgen mangelnden Anscheins innerbetrieblicher Demokratie, Schr. 1988.
L: V. B. (Text u. Kritik), 1977 (m. Bibl.); J. Rossellini, 1983; C. Cosentino, W. Ertl, Zur Lyrik V. B.s, 1984; U. Profitlich, 1985; I. Wallace, 1986.

Braunschweig → Heinrich Julius von Braunschweig, → Anton Ulrich von Braunschweig

Brautlacht, Erich, 5. 8. 1902 Rheinberg/Niederrhein – 28. 12. 1957 Kleve, westfäl. Herkunft, Stud. Jura Münster, München, Tübingen, Dr. jur., Justizbeamter, Amtsrichter, ab 1953 Amtsgerichtsdirektor in Kleve. – Herzhaft-humorvoller Erzähler aus dem Kleinstadtmilieu der niederrhein. Heimat und ihrer Menschen um das Thema von Erprobung, Schuld u. Sühne vor dem Hintergrund des Glaubens; z. T. Gerichtsfälle.

W: Der Werkstudent, E. 1924; Die Pöppelswycker, Nn. 1928; Einsaat, R. 1933; Das Testament einer Liebe, R. 1936 (u. d. T. Das Vermächtnis einer Liebe, 1940); Magda und Michael, R. 1937; Meister Schure, R. 1939; Der Spiegel der Gerechtigkeit, En. 1942; Ignoto, En. 1947; Der Sohn, R. 1949; Das Beichtgeheimnis, R. 1956; Versuchung in Indien, R. 1958; Der Bältermann, E. 1962.

Brawe, Joachim Wilhelm Freiherr von, 4. 2. 1738 Weißenfels – 7. 4. 1758 Dresden, 1755 Stud. Rechte Leipzig, Verkehr mit Gellert, Lessing, Weiße, E. v. Kleist.

– Von Lessing geförderter Dramatiker; s. ›Brutus‹ (1757) ist das 1. dt. Drama im reimlosen Blankvers.

W: Der Freygeist, Tr. 1758; Trauerspiele, 1768.
L: A. Sauer, 1878.

Brazil, Felix → Klemm, Wilhelm

Brechbühl, Beat, * 28. 7. 1939 Opplingen b. Bern; Schriftsetzerlehre in Bern, 1959–60 Drucker in Genf, 1961–65 im Clou-Verlag Egnach, 1966 in Berlin, seit 1967 Verlagshersteller in Zürich, lebt in Rapperswil. – Lyriker bes. mit Prosagedichten und Gedichten auf Bilder; Erzähler mit Zeitthemen; Jugendbücher.

W: Spiele um Pan, G. 1962; Lakonische Reden, G. 1965; Gesunde Predigt eines Dorfbewohners, G. 1966; Die Bilder und ich, G. 1969; Die Litanei von den Bremsklötzen, G. 1969; Auf der Suche nach den Enden des Regenbogens, G. 1970; Kneuss, R. 1970; Der geschlagene Hund pißt an die Säulen des Tempels, G. 1972; Meine Füße lauf ich ab bis an die Knie, G. 1973; Branchenbuch, Prosa 1974; Nora und der Kümmerer, R. 1974; Die Schrittmacher, G. 1974; Geschichten vom Schnüff, Jgb. 1976; Mörmann und die Ängste des Genies, R. 1976; Traumhämmer, G. 1977; Schnüff, Herr Knopf und andere Freunde, Jgb. 1977; Temperatursturz, G. 1984; Die Glasfrau, En. 1985; Dschingis, Bommel und Tobias, Kdb. 1986.

Brecht, Arnolt → Müller, Artur

Brecht, Bert(olt), 10. 2. 1898 Augsburg – 14. 8. 1956 Berlin, Vater Direktor e. Papierfabrik; 1917 Stud. Naturwiss. u. Medizin München, Herbst 1918 Sanitätssoldat im Militärlazarett; 1919 Stud., dann 1920 Dramaturg der Münchner Kammerspiele; 1924 Übersiedlung nach Berlin, zeitweilig Dramaturg bei Max Reinhardt am Dt. Theater Berlin. 1928/29 Besuch der Marxistischen Arbeiterschule und Stud. des Marxismus. Floh 1933 über Prag nach Wien, dann über Schweiz u. Frankreich nach Dänemark (Svendborg). 1936–39 Mithrsg. der in Moskau erscheinenden Zs. ›Das Wort‹ mit L. Feuchtwanger und W. Bredel; schrieb gleichzeitig 1934–39 satir. Gedichte für den Dt. Freiheitssender. 1940 Flucht über Schweden nach Finnland, 1941 über Moskau u. Wladiwostok nach Kalifornien/USA. Zog 1947 nach Zürich, 1948 nach Berlin (Ost), dort Regisseur und Begründer des von s. Frau Helene Weigel geleiteten ›Berliner Ensembles‹ (Brecht-Ensembles). – Bedeutender sozialist. Dramatiker und Lyriker des 20. Jh.; Vertreter e. engagierten Dichtung als Sprachrohr kommunist. Gesellschaftskritik u. Meinungsschulung. Zugleich Parodist und Satiriker bestehender Gesellschafts- und Dichtungsformen. Vertritt das von ihm entwickelte ›epische Theater‹, das nicht e. Handlung illusionistisch vortäuschen, sondern erzählen, den Zuschauern zum aktiven Betrachter machen, ihm statt Suggestion Argumente bieten und Entscheidungen abverlangen soll, anstatt Gefühle zu wecken. Hauptmovens des ep. Theaters ist neben der Einführung von Chören, Sprechern und Songs die sog. ›Verfremdung‹ (V-Effekt): e. sachlichnüchterne, den Intellekt ansprechende und die Selbstinterpretation und Belehrung fördernde Atmosphäre. Begann als anarchist.-nihilist., antibürgerl. Expressionist in e. Stilmischung naturalist. und expressionist. Elemente und Balladentechnik. Ging rasch zu extremer Neuer Sachlichkeit über, in der für B. typ. Verbindung von grausig-groteskem Spaß und sozialer Anklage, Sentimentalität und Sarkasmus. Wurde jedoch immer mehr zum Vf. kommunist. Lehr- und Parabelstücke. Freizügige Verwendung und Bearbeitung von Stoffen der gesamten Weltlit.; Vorliebe für exot., weil leichter verfremdbares Milieu; starke Sprach- u. Bildkraft bes. durch epigrammat. Pointen und Paradoxien, aber auch durch echtes soziales Mitleid. Als Lyriker bes. spruchhaftdidakt., vor allem Songs u. Bänkelsangballaden im Stil von Kollektivliedern, aber auch bewußte Anleihen bei Villon, Rimbaud, Kipling, Wedekind.

W: Baal, Dr. 1922; Trommeln in der Nacht, Dr. 1922; Im Dickicht der Städte, Dr. (1924); Leben Eduards II. von England, Dr. 1924 (m. Feuchtwanger, nach Marlowe); Mann ist Mann, Dr. 1927; Hauspostille, G. 1927; Dreigroschenoper, Op. (1928, nach J. Gay); Aufstieg und Fall der Stadt Mahagonny, Op. 1929 (n. 1987); Der Jasager und Der Neinsager, Lehrst. (1930); Die heilige Johanna der Schlachthöfe, Dr. (1932); Dreigroschenroman, 1934; Die Gewehre der Frau Carrar, Dr. 1937; Svendborger Gedichte, 1939; Das Verhör des Lukullus, H. (1939), als Op., 1951)(2. Fassg. u. d. T. Die Verurteilung des Lukullus, 1951); Mutter Courage und ihre Kinder, Tr. (1941); Der aufhaltsame Aufstieg des Arturo Ui, Dr. (1941); Leben des Galilei, Dr. (1943); Der gute Mensch von Sezuan, Lehrst. (1942); Die Gesichte der Simone Machard, Dr. (1943, m. L. Feuchtwanger); Schweyk im zweiten Weltkrieg, K. (1944); Furcht und Elend des Dritten Reiches, Sz. 1945; Herr Puntila und sein Knecht Matti, Dr. 1948; Der kaukasische Kreidekreis, Dr. (1949); Die Tage der Kommune, Dr. (1949); Kalendergeschichten, 1949; Hundert Gedichte, 1951; Gedichte, Ausw. 1955; Gedichte und Lieder, 1956; Die Geschäfte des Herrn Julius Cäsar, R. 1957; Lieder und Gesänge, 1957; Schriften zum Theater, 1957; Geschichten von Herrn Keuner, En. 1958; Flüchtlingsgespräche, Dial. 1961; Geschichten 1963; – Stücke, XIV 1953–67; Versuche, XV 1930–57; Gedichte, IX 1961–65; Schriften zum Theater, VII 1963ff.; Prosa, V 1965; Texte für Filme, II 1969; Werke, VIII bzw. XX 1967, XXX 1987ff.; Arbeitsjournal 1938–55, II 1973; Tagebücher 1920–1922, Autobiographische Aufzeichnungen 1920–1954, 1975; Briefe, II 1981; Gedichte aus dem Nachlaß, 1982; B. im Gespräch, hg. W. Hecht ²1979.

L: E. Schumacher, D. dramat. Versuche B.s, 1955; O. Mann, 1958; W. Haas, 1958; R. Grimm, B. u. d. Weltlit., 1961; ders., ³1971; ders., ⁴1973; W. Weideli, Paris 1961; D. Är-

gernis B., 1961; R. Gray, Edinb. 1961; P. Chiarini, Bari 1961; H. Mayer, B. u. d. Tradition, 1961; H. Hultberg, D. ästhet. Anschauungen B. B.s, Koph, 1962; M. Esslin, 1962; H. Kaufmann, 1962; W. Hecht, B. B.s Weg z. ep. Theater, 1962; B., hg. P. Demetz 1962; K. Faßmann, Bb. ³1963; J. Desuché, Paris 1963; R. Wintzen, Paris 1963; J. Willet, D. Theater B. B.s, 1964; H. Rischbieter, II 1966; D. Schmidt, Baal u. d. jg. B., 1966; K. Rülicke-Weiler, D. Dramaturgie B.s, 1966; C. Demangé, Paris 1967; H. Mayer, Anmerkungen z. B., ²1967; V. Klotz, ³1967; M. Spalter, B.'s tradition, Baltimore 1967; B. Dort, Paris ²1967; A. Hüfner, B. i. Frankr. 1930–63, 1968; M. Kesting, ¹²1968; F. Ewen, 1970; K. Birkenhauer, D. eigenrhythm. Lyrik B. B.s, 1971; J. Fuegi, The essential B., Los Angeles 1972; K.-D. Müller, D. Funktion d. Gesch. i. Wk. B. B.s, ²1972; W. Hecht, 1972; J. Knopf, 1973; K. Völker, B.-Chronik, ²1973; H. Brüggemann, Lit. Technik u. soz. Revolution, 1973; F. Buono, Z. Prosa B.s, 1973; H. Jendreiek, ²1973; J. Milfull, From Baal to Keuner, 1974; P. C. Giese, Das Gesellsch.-Komische, 1974; E. Marsch, B.-Komm. z. lyr. Wk, 1974; C. Pietzcker, D. Lyr. d. jg. B., 1974; K. Schuhmann, D. Lyriker B. B., ²1974; O. Keller, B. u. d. mod. Roman, 1975; K. H. Ludwig, 1975; K. Völker, 1976; R. Gray, Cambr. 1976; R. Steinweg, D. Lehrstück, ³1976; W. Gersch, Film b. B., 1976; H. Claas, D. polit. Ästhetik B. B.s, 1976; A. Christiansen, 1976; B.s Modell d. Lehrstücke, hg. R. Steinweg 1976; I. Fradkin, ³1977; W. Hinck, D. Dramaturgie d. späten B., ⁴1977; B. i. d. Kritik, hg. M. Wyss 1977; G. Seidel, 1977; K. H. Schoeps, N. Y. 1977; M. Voigts, B.s Bühnenkonzeption, 1977; W. Mittenzwei, ⁴1977; ders., II 1987; M. Morley, Lond. 1977; K. Schuhmann, Unters. z. Lyrik B.s, ³1977; W. Hecht u. a., hg., Bb. 1978; ders., hg., B.s Theorie d. Theaters, 1986; C. Hill, 1978; E. Schumacher, Bb. 1978; K. Boie-Grotz, B. B., d. unbek. Erzähler, 1978; H. Karasek, 1978; A.-D. White, B. B.s Great Plays, Lond. 1978; K. A. Dickson, Towards Utopia, Oxf. 1978; G. Koller, D. mitspielende Zuschauer, 1979; P. P. Schwarz, B.s frühe Lyrik, ²1980; J. Knopf, B.-Handbuch, II 1980–84; K. D. Müller, B.-Komm. z. erz. Prosa, 1980; ders. u. a., hg. 1985; B. N. Weber, H. Heinen, hg., Manchester 1980; I. Vinçon, D. Einakter B.s, 1980; K. Kocks, B.s lit. Evolution, 1981; J. Needle, P. Thomson, Chic. 1981; O. F. Best, 1982; G. Bartram, A. Waine, Lond. 1982; F. N. Mennemeier, B. B.s Lyrik, 1982; Ch. Bohnert, B.s Lyrik i. Kontext, 1982; R. Speirs, B's Early Plays, Lond. 1982; Ch. Hartinger, 1982; K. Völker, B.-Komm. z. dramat. Wk., 1983; J. K. Lyon, B. B. in Amerika, 1984; W. Jeske, B. B.s Poetik d. Romans, 1984; ders., hg., B.s Romane, 1984; W. Hinderer, B.s Dramen, 1984; A. Dümling, Laßt euch nicht verführen, 1985; R. Hayman, 1985; P.

Whitaker, B.s Poetry, 1985; E. Licher, Z. Lyr. B.s, 1984; K. D. Müller, hg. 1985; B.s Theorie d. Theaters, hg. W. Hecht 1986; J. K. Lyon, B. B.s Gedd. 1986; W. Mittenzwei, II 1986; R. Speirs, Lond. 1986; J. Knopf, B.s Lyrik, 1986; J. Fuegi, Lond. 1987; Bibl.: W. Nubel (Sinn u. Form, 2. Sonderheft B. B., 1957); K.-D. Petersen, 1968; G. Seidel, 1975; S. Bock, 1979; B.-Jahrb. 1971 ff.

Bredel, Willi, 2. 5. 1901 Hamburg – 27. 10. 1964 Ost-Berlin; Arbeitersohn, Metalldreher, 1923 Mitglied der KPD, Redakteur kommunist. Zss., 1933–1934 KZ, floh 1934 nach Prag, 1935 nach Moskau, 1936 Mithrsg. der Zs. ›Das Wort‹, 1937–39 Internationale Brigade in Spanien, 1939 nach Moskau, ab Mai 1945 in Dtl., 1949 Ost-Berlin; 1952–57 Chefredakteur der Zs. ›Neue Deutsche Literatur‹. – Erzähler des sozialist. Realismus mit Romanen und Erzählungen aus der sozialist. Bewegung, Proletarierleben, KZ, Krieg und Untergrundbewegung; große polit. Gesellschaftsromane.

W: Maschinenfabrik N. & K., R. 1930; Rosenhofstraße, R. 1931; Die Prüfung, R. 1934; Der Spitzel, En. 1936; Dein unbekannter Bruder, R. 1937; Begegnung am Ebro, Ber. 1939; Der Kommissar am Rhein, En. 1940; Pater Brakel, En. 1940; Das Vermächtnis des Frontsoldaten, N. 1942; Verwandte und Bekannte, R. I: Die Väter, 1943, II: Die Söhne, 1949, III: Die Enkel, 1953; Der Sonderführer, E. 1943; Ernst Thälmann, B. 1948; Das schweigende Dorf, En. 1949; Die Vitalienbrüder, R. 1950; Vom Ebro zur Wolga, Ber. 1954; Das Gastmahl im Dattelgarten, Ber. 1956; Auf den Heerstraßen der Zeit, En. 1957; Ein neues Kapitel, R. III 1959–64 (Bd. I Neufassg. 1961); Unter Türmen und Masten, Schr. 1960. – GW, XIV 1961–68.
L: W. B. Dokumente s. Lebens, 1961; Sonderheft ›Sinn u. Form‹ 1965; L. Bock, ³1973; K.-H. Höfer, 1976.

Breden, Christiane von → Christen, Ada

Brehm, Bruno, 23. 7. 1892 Laibach/Krain – 5. 6. 1974 Alt-Aussee/Steiermark; Offiziersfamilie, militär. Ausbildung, 1913 Artillerieoffizier, 1914 in russ. Gefangenschaft, 1916 ausgetauscht, 1918 Stud. Kunstgesch. Wien, 1922 Dr. phil.; seit 1927 freier Schriftsteller ebda., 1941–44 Ordonnanzoffizier, danach in Alt-Aussee/Steiermark. – Erzähler von gelöst-heiteren Romanen, schlichten Kurzgeschichten aus froher Kindheit, Weltkriegserleben und Auslanddeutschtum, am bekanntesten s. romanhaften Reportagen als Aktualisierung des hist. Romans, z. T. mit nationalpolit. Aspekt, so die Trilogie ›Die Throne stürzen‹ vom Untergang der Donaumonarchie und die umstrittene NS-Trilogie ›Das zwölfjährige Reich‹.

W: Der lachende Gott, R. 1928; Susanne und Marie, R. 1929 (u. d. T. Auf Wiedersehen, Susanne, 1939); Ein Graf spielt Theater, R. 1930 (u. d. T. Ein Schloß in Böhmen, 1942); Das gelbe Ahornblatt, En. 1931; Apis und Este, R. 1931; Das war das Ende, R. 1932; Weder Kaiser noch König, R. 1933 (alle drei u. d. T. Die Throne stürzen, 1951); Die schrecklichen Pferde, R. 1934; Zu früh und zu spät, R. 1936; Die weiße Adlerfeder, En. 1937; Die sanfte Gewalt, R. 1940; Der Lügner, R. 1949; Schatten der Macht, Dok. 1949; Am Rande des Abgrunds, Dok. 1950; Ein Leben in Geschichten, En. 1951; Aus der Reitschul'!, En. 1951; Das Ebenbild, Schr. 1954; Dann müssen Frauen streiken, R. 1957; Der Traum vom gerechten Regiment, En. 1959; Das zwölfjährige Reich, I: Der Trommler, R. 1960, II: Der böhmische Gefreite, R. 1960, III: Wehe den Besiegten allen, R. 1961; Warum wir sie lieben, Ess. 1963; Am Ende stand Königsgrätz, R. 1964; Der Weg zum Roten Oktober, Schr. 1967.

Breitbach, Joseph (Ps. J. S. Saleck), 20. 9. 1903 Koblenz – 9. 5. 1980 München; Sohn e. Lothringers und e. Tirolerin, aus begütertem Hause, Jugend im Rheinland, 1920–28 KP-Mitglied; Kaufmann in großen Handelshäusern; seit 1929 in Paris, freier Schriftsteller und Journalist, bemüht um dt.-franz. Verständigung. S. Bibliothek mit wertvollen Manuskripten fiel 1940 in Paris der Gestapo zum Opfer. Freund J. Schlumbergers. – Dramatiker und Erzähler in dt. und franz. Sprache. S. Dramen behandeln weltanschaul. und polit. Fragen. Makelloser Stilist und ideologiefeindlicher Mittler zwischen Klassen und Kulturen. ›Bericht über Bruno‹ ist e. polit. Roman von den Spielregeln der Macht.

W: Rot gegen Rot, En. 1929; Die Wandlung der Susanne Dasseldorf, R. 1933 (n. 1981); Fräulein Schmidt, K. (1932); Le liftier amoureux, N. 1948; Jean Schlumberger, Es. 1954; Das Jubiläum, K. 1960 (u. d. T. Die Jubilarin, 1968); Bericht über Bruno, R. 1962; Clemens, R.-Fragm. 1963; Genosse Veygond, K. 1970; Die Jubilarin/Genosse Veygond/Requiem für die Kirche, Drr. 1972; Die Rabenschlacht, En. 1973; Das blaue Bidet, R. 1978; Feuilletons zur Literatur und Politik, 1978. *L:* Wechselrede, hg. J. H. Freund, W. Mettmann 1978 (m. Bibl.).

Breitinger, Johann Jakob, 1. 3. 1701 Zürich – 13. 12. 1776 ebda., Stud. Theol. und Philol., 1731 Prof. für hebr. und griech. Sprache am Gymnasium Zürich, zeitlebens ebda. – Freund und Mitarbeiter J. J. → Bodmers bei dessen krit., editor. und publizist. Unternehmungen, in s. Ansichten von diesem nicht zu trennen, doch weniger einfallsreich und originell, mehr der tiefgründige, systemat. Gelehrte von engerem Blickfeld, ausschl. Theoretiker, Ästhetiker und Kritiker, überließ Bodmer die Exemplifizierung der Theorien und hielt sich von dessen Polemik zurück. Rechtfertigt in s. gegen Gottsched gerichteten ›Crit. Dichtkunst‹, dem Hauptwerk der Schweizer Ästhetik, die Einbildungskraft und das Wunderbare in der Dichtung; Ablehnung des Reimes. Hrsg. von Persius, Opitz (1745) und der Züricher Bibelrevision (1772), Mithrsg. der ›Discourse der Mahlern‹ (1721–23) und mhd. Dichtungen, ferner Arbeiten zur Schweizer Geschichte und Altertumskunde.

W: Critische Abhandlung Von der Natur den Absichten und dem Gebrauche der Gleichnisse, 1740 (Faks. 1967); Critische Dichtkunst, II 1740 (Faks. II 1966); Vertheidigung der Schweitzerischen Muse Herrn D. A. Hallers, 1744. – Ausw., hg. V. Meid 1980. *L:* F. Braitmaier, Gesch. d. poet. Theorie u. Kritik, II 1888f., H. Bodmer, 1897; S. Bing, D. Naturnachahmungstheorie, 1934; W. Bender, J. J. Bodmer/J. J. B., 1973.

Bremer, Claus, *11. 7. 1924 Hamburg, 1945–49 Stud. Philos. und Philol. Freiburg/Br., 1947–49 Schauspielerausbildung ebda., 1952–61 Regieassistent, Regisseur, Chefdramaturg Landestheater Darmstadt, 1960–62 Chefdramaturg Bern, 1962–66 stellv. Intendant Stadttheater Ulm, Dozent der Hochschule für Gestaltung ebda., 1970 kurzfristig Chefdramaturg Schauspielhaus Zürich, 1972–74 künstler. Berater am Schauspielhaus Düsseldorf, dann wieder Zürich. – Praktiker, Theoretiker und Kommentator der konkreten und insbes. visuellen Poesie; Dramatiker mit handlungsarmen Alltagsstücken in banaler Umgangssprache. Bearbeiter antiker und elisabethan. Stükke, Essayist, Übs. von Ionesco, Audiberti, Gatti u. a.

W: Poesie, G. 1954: Tabellen und Variationen, G. 1960; Theater ohne Vorhang, Ess. 1962; Ideogramme, G. 1964; Das aktuelle Theater, Es. 1966; Hände weg von meinem Ferrari, Dr. (1967); Immer schön in der Reihe bleiben, Texte 1968; Thema Theater, Ess. 1969; Anlässe, G. 1970; Farbe bekennen, Ess. 1983; Man trägt keine Mützen nach Athen, G. 1984.

Brennenberg, Reinmar von → Reinmar von Brennenberg

Brenner, Hans Georg (Ps. Reinhold Th. Grabe), 13. 2. 1903 Barranowen/Ostpr. – 10. 8. 1961 Hamburg, Pfarrerssohn, Gymnas., Stud. Philos., Lit.- und

Theatergesch., bis 1943 in Berlin, bis 1945 Gefangenschaft, dann in Rottach-Egern/Obb., 1952 Chefredakteur in Stuttgart, seit 1953 Lektor, Schriftsteller und Übs. in Hamburg. – Erzähler, Lyriker und Dramatiker der Gegenwart mit gesellschaftskrit. Stoffen um Befreiung von der Vergangenheit, Schuld und Sühne, meist aus s. masur. Heimat. Übs. von Balzac, Sartre, Camus u. a.

W: Fahrt über den See, R. 1934; Der Hundertguldentanz, E. 1939; Nachtwachen, R. 1940; Drei Abenteuer Don Juans, Nn. 1941; Sonette eines Sommers, G. 1943; Das ehrsame Sodom, R. 1950; Treppen, En. u. H. 1962.

Brennglas, Adolf → Glassbrenner, Adolf

Brentano, Bernard von, 15. 10. 1901 Offenbach/M. – 29. 12. 1964 Wiesbaden, aus der romant. Dichterfamilie; Stud. Freiburg, München, Berlin, 1925–30 Berlin-Korrespondent der ›Frankfurter Zeitung‹, Wendung zum Sozialismus; ging 1933 nach Zürich, 1934–49 in Küsnacht b. Zürich, seit 1949 Wiesbaden. – Lyriker, Dramatiker, Essayist und Biograph, bes. aber Romancier mit Liebes- und polit. Romanen; analysiert die Fragwürdigkeit der modernen gesellschaftl. Lebensformen und den Zusammenstoß konservativ-reaktionärer und fortschrittl. Tendenzen. Stilist. Nähe zum Gesprächsroman des späten Fontane.

W: Der Beginn der Barbarei in Deutschland, Schr. 1932; Berliner Novellen, 1934 (n. 1979); Theodor Chindler, R. 1936 (n. 1979); Prozeß ohne Richter, R. 1937 (n. 1978); Die ewigen Gefühle, R. 1939 (n. 1983); Tagebuch mit Büchern, Ess. 1943; A. W. Schlegel, B. 1943; Franziska Scheler, R. 1945; Die Schwestern Usedom, R. 1948; Du Land der Liebe, Aut. 1952; Schöne Literatur und öffentliche Meinung, Ess. 1962; Erzählungen, 1965; Drei Prälaten, Ess. 1974; Wo in Europa ist Berlin?, Feuill. 1981.
L: U. Hessler, 1984.

Brentano, Bettina → Arnim, Bettina von

Brentano, Clemens (Ps. Maria), 8. 9. 1778 Ehrenbreitstein – 28. 7. 1842 Aschaffenburg, Sohn des ital. Kaufmanns Pietro Antonio B. und der Jugendfreundin Goethes Maximiliane von La Roche, Bruder von Bettina v. Arnim. Jugend in Frankfurt und Koblenz, 1793 Studienaufenthalt in Bonn; trat 1794, vom Vater gegen s. Neigung zum Kaufmann bestimmt, in dessen Geschäft ein, nach Fehlschlag 1797 Stud. Berg- und Kameralwiss. Halle, 1798–1800 Jena, meist lit. Neigungen lebend, Verkehr mit Wieland, Herder, Goethe, Savigny, Schlegels, Fichte, Tieck, Beziehungen zu Sophie Mereau geb. Schubert. 1801 nach Göttingen, hier Freundschaft mit A. v. Arnim, 1802 Rheinreise mit Arnim, 21. 11. 1803 ⚭ Sophie Mereau in Marburg, 1804 nach Heidelberg, hier mit Arnim und Görres Blütezeit der Heidelberger Romantik, Mitarbeit an Arnims ›Zeitung für Einsiedler‹ und ›Des Knaben Wunderhorn‹, 31. 10. 1806 Sophie B. †; 21. 8. 1807 unglückliche, bald wieder getrennte Ehe mit Augusta Busmann, 1808–1818 meist in Berlin, Mitglied der Christlich-dt. Tischgesellschaft, Verkehr mit Kleist und Eichendorff; 1811 auf dem Familiengut Bukowan/Böhmen und in Prag; 1813–1814 in Wien, Verkehr mit A. Müller, F. Schlegel, Eichendorff, C. Pichler, patriotisch begeistert. Herbst 1814 nach Berlin. 1816 Bekanntschaft mit Luise Hensel; unter Einfluß der von ihm vergeblich Umworbenen am 27. 2. 1817 Generalbeichte, Rückkehr zum kathol. Glauben und Verzicht auf weltl. Dichtertum, 1819–1824 bei der stigmatisierten Nonne Anna Katharina Emmerick in Dülmen/Westf., deren Visionen er aufzeichnet und lit. frei bearbeitet. Nach ihrem Tod unstet, seit 1829 in Frankfurt, seit Okt. 1833 in München, mündl. und schriftl. Verkehr mit den kathol. Spätromantikern, Liebe zur Malerin Emilie Linder; todkrank Mai 1842 vom Bruder nach Aschaffenburg abgeholt. – E. der bedeutendsten Spätromantiker von überflutender Schöpferkraft, aber zerrissen, ruhelos und exzentrisch: unstillbare Sehnsucht neben Schwermut und Weltschmerz, Zauber sinnl. Glut neben strenger Religiosität; bewußt durchlittene Daseinsproblematik. Nur in Kurzformen vollendet, bei größeren Gestaltungen wie dem ›verwilderten Roman‹ ›Godwi‹ formloses Überfließen. Am bedeutendsten als Lyriker von unmittelbarer persönl. Ausdruckskraft und einer in dt. Lit. einmaligen Fülle und Musikalität der Sprachgebung: suggestive Klangwirkungen in Reim und Assonanz. Ihm glückt das Volkslied (›Lore Lay‹, ›Es leben die Soldaten‹) ebenso wie das gemütvolle geistl. Lied, der naive Chronikstil (›Chronika‹) wie lit. Satire, wortwitzige Parodie oder heiter gelöstes Lustspiel. Märchen von jugendl. Frische, schwebend zwischen Heiterkeit und Ernst.

W: Gustav Wasa, 1800; Godwi, R. II 1801; Die lustigen Musikanten, Sgsp. 1803; Ponce de Leon, Lsp. 1804; Des Knaben Wunderhorn, hg. (m. A. v. Arnim) III 1806–08; Wunderbare Geschichte von BOGS dem Uhrmacher (m. J. Görres) 1807; Die Gründung Prags, Dr. 1815; Victoria und ihre Geschwister, Dr. 1817; Die mehreren Wehmüller, E. 1833; Die drei Nüsse, M. 1834; Geschichte vom braven Kasperl und dem schönen Annerl, E. 1838; Gockel, Hinkel, Gakeleja, M. 1838; Legende von der hl. Marina, G. 1841; Die Märchen, 1846f.; Gedichte, 1854; Romanzen vom Rosenkranz, vollst. 1912. –

GS, IX 1852–59 (n. 1970ff.); SW, hkA v. A. Schüddekopf u. a. IX von XVIII, 1909–17 (unvollst.); GW, hg. H. Amelung, K. Viëtor, IV 1923; Werke, hg. F. Kemp IV 1963–68; SW u. Briefe, hkA, hg. J. Behrens u. a. 1975ff.; Briefe, hg. F. Seebaß, II 1951; Briefwechsel m. S. Mereau, hg. H. Amelung ²1939, hg. D. v. Gersdorff 1981; m. H. R. Sauerländer, hg. A. Krättli 1962; m. Ph. O. Runge, hg. K. Feilchenfeldt 1974; Briefe an E. Linder, hg. W. Frühwald 1969.
L: H. Jaeger, C. B.s Frühlyrik, 1926; R. Guignard, Paris 1933; W. Kosch, 1943; I. Seidel, 1944; O. Forst de Battaglia, 1945; W. Pfeiffer-Belli, 1947; H. M. Enzensberger, B.s Poetik, 1961; W. Hoffmann, 1966; W. Migge, 1968; C. B. (üb. s. Dichtungen), 1970; J. F. Fetzer, Romantic Orpheus, Berkeley 1974; W. Frühwald, D. Spätwerk C. B.s, 1977; E. Tunner, Paris 1977; K. Feilchenfeldt, B.-Chronik, 1978; S. Mittag, 1978; D. Lüders, hg. 1980; J. F. Fetzer, Boston 1981; H. M. Kastinger-Riley, 1985; G. Brandstetter, Erotik u. Religiosität, 1986; Bibl.: O. Mallon, 1926, n. 1965.

Brentano, Sophie → Mereau, Sophie

Brězan, Jurij, sorb.-dt. Schriftsteller, ∗9. 6. 1916 Räckelwitz, Kreis Kamenz, Sohn e. Steinbruch- und Landarbeiters, nach 1933 im Widerstand, 1937/38 Exil in Prag und Polen, nach Rückkehr 1938/39 Haft in Dresden, zwangsweiser Wehrdienst, nach 1945 Jugendfunktionär, seit 1949 freier Schriftsteller in Bautzen. – Als Erzähler, Lyriker und Dramatiker in dt. und sorb. Sprache Hauptvertreter der staatl. geförderten mod. sorb. Literatur mit Stoffen aus dem Leben der sorb. Bevölkerung. In der DDR weit verbreitet s. Hanusch-Trilogie.

W (dt): Auf dem Rain wächst Korn, En. u. G. 1951; 52 Wochen sind ein Jahr, R. 1953; Hochzeitsreise in die Heimat, Ber. 1953; Christa, E. 1957; Das Haus an der Grenze, E. 1957; Hanusch-Trilogie, I: Der Gymnasiast, R. 1958, II: Semester der verlorenen Zeit, R. 1960, III: Mannesjahre, R. 1964; Das Mädchen Trix und der Ochse Esau, E. 1959; Borbass und die Rute Gottes, En. 1959; Eine Liebesgeschichte, E. 1962; Der Elefant und die Pilze, Kdb. 1964; Reise nach Krakau, E. 1966; Der Mäuseturm, En. 1971; Ansichten und Einsichten, Prosa 1976; Krabat oder Die

Verwandlung der Welt, R. 1976; Der Braut-
schmuck, En. 1979; Bild des Vaters, R. 1983.
L: Beobachtungen z. Wk. J. B.s, hg. J. Keil
1976 (m. Bibl.).

Briefe der Dunkelmänner →
Epistulae obscurorum virorum

Brincken, Gertrud von den, 18.
4. 1892 Gut Brinck-Pedwahlen b.
Mitau/Lettl. – 11. 11. 1982 Regensburg; 1925 ⊙ Prof. Walther
Schmied-Kowarzik, seit 1927 in
Dtl., Regensburg. – Bedeutendste
dt.-balt. Dichterin der Gegenwart: Lyrik, lyr. Balladen, Entwicklungsromane und Heimaterzählungen von verhaltener Leidenschaft.

W: Wer nicht das Dunkel kennt, G. 1911;
Lieder und Balladen, 1918; Aus Tag und
Traum, G. 1920; Schritte, G. 1924; Das
Heimwehbuch, En. 1926; März, R. 1937;
Herbst auf Herrenhöfen, R. 1939; Unsterbli-
che Wälder, R. 1941; Unterwegs, G. 1942;
Niemand, R. 1943; Stimme im Dunkel, G.
1949; Aina, E. 1959; Ismael, Fragm. 1971;
Judas Ischarioth, G. 1974; Daß wir uns tren-
nen mußten, G. 1975; Land unter, Aut. 1976;
Wellenbrecher, G. 1976; Wasser der Wüste,
Dr. 1977; Die Sintflut steigt, Dr. 1977; Eine
Handvoll Alltäglichkeiten, En. 1979; Nächte,
R. 1980.

Brinckman, John, 3. 7. 1814 Rostock – 20. 9. 1870 Güstrow, Sohn
e. Kaufmanns und Reeders
(† 1824), schwed. Mutter; Gymnas. Rostock, 1834–1837 Stud.
Rechte, dann Philol. ebda., 1838
wegen polit. Verbindungen angeklagt, daher 1839–42 über England nach New York zu s. Bruder,
1842 Rückkehr aus Gesundheitsgründen, Hauslehrer auf mecklenb. Gütern. 1846 Leiter e. Privatschule in Goldberg, 1849 Lehrer der Realschule Güstrow. –
Plattdt. Lyriker und Erzähler, neben Reuter bedeutendster Vertreter der mecklenb. Lit., an dichter.
Kraft, Stimmungsechtheit und
Atmosphäre ihm wie Groth überlegen. Volksnahe lyr. Kleinbilder

und Kinderreime unter Einfluß
Groths, Seelieder und Romanzen.
Humorist.-gemütl. Seemanns-
garn aus dem Leben der Fischer,
See- und Kaufleute in Schnurren
und Rahmenerzählungen von
kraftvoller Prosa; Tiergeschichte
und Fabel; weniger wirkungsvoll
mit hochdt. Versuchen.

W: Der heilige Damm, Leg. 1839; Aus dem
Volk für das Volk, En. II 1854f. (I: Dat
Brüden geiht üm, II: Kasper-Ohm un ick,
erw. 1868); Vagel Grip, G. 1859; Festrede zu
Schillers Säcularfeier, 1859; Peter Lurenz bi
Abukir, E. 1869; Uns Herrgott up Reisen, R.
1870; Die Tochter Shakespeares, Ep. 1881;
Ausgew. plattdt. Erzählungen, III 1877–86. –
SW, hg. O. Weltzien, V 1903; Nachlaß, hg.
A. Römer, VI 1904–08; Plattdr. Schr., krit.
hg. H. Teuchert u. a. VII 1924ff.; Werke, hg.
K. Batt, II ⁴1976.
L: A. Römer, 1907; W. Rust, 1913; W.
Schmidt, 1914; Fs. z. 150 Geburtstag, 1964.

Brinitzer, Carl, 30. 1. 1907 Riga
– 27. 10. 1974 London, Jugend in
Hamburg, Stud. Jura Genf, Berlin, München, Hamburg, Kiel
(Dr. jur.), 1933 Emigration nach
Italien, 1936 nach England,
1938–67 beim Londoner Rundfunk, zuletzt Programmleiter des
dt. sprachigen Dienstes der BBC.
– Feuilletonist und amüsant plaudernder Biograph.

W: Lichtenberg, B. 1956; H. Heine, B. 1960;
Das streitbare Leben des Verlegers Julius
Campe, B. 1962; Deutsche Dichter führen
nach Italien, Hb. 1964; Liebeskunst ganz prosaisch, Feuill. 1966; Liebeskunst ganz ritter-
lich, Feuill. 1968; Hier spricht London, Mem.
1969; Zwei Löffel Goethe – eine Prise Shaw,
Feuill. 1969; Dr. Johnson und Boswell, B.
1969; Lichtenberg und Chodowiecki, B.
1971.

Brinkmann, Rolf Dieter, 16. 4.
1940 Vechta – 23. 4. 1975 London
(Unfall); Sohn e. Angestellten,
Gymnas., 1959–62 Buchhandelslehre in Essen, 1963–65 Stud. Pädagogik Köln, freier Schriftsteller
ebda. – Erzähler und Lyriker des
Kölner Neuen Realismus unter
Einfluß des Nouveau Roman;
spürt in registrierender Darstel-

lung dem Fragwürdigen in menschl. Alltagsbeziehungen nach. In der Lyrik vielfach Pop-Art aus Comics-, Film- und Reklamewelt. Hrsg. und Interpret mod. amerikan. Lit.

W: Ihr nennt es Sprache, G. 1962; Le chant du monde, G. 1964; Die Umarmung, En. 1965; Raupenbahn, En. 1966; Was fraglich ist wofür, G. 1967; Keiner weiß mehr, R. 1968; Die Piloten, G. 1968; Omnibus, Prosa 1969; Gras, G. 1970; Auf der Schwelle, H. (1971); Westwärts 1 & 2, G. 1975; Rom, Blicke, Tg. 1979; Standphotos, Ges. G. 1962–70; 1980; Der Film in Worten, Prosa, En., Ess., H.e 1982; Erkundungen, Prosa 1982; Eiswasser an der Guadelupe Str., G. 1985; Erzählungen, 1985; Erkundungen für die Präzisierung des Gefühls für einen Aufstand, Tg. 1987.
L: H. L. Arnold, hg. 1981; G. W. Lampe, Ohne Subjektivität, 1983; H. Richter, Ästhetik der Ambivalenz, 1983.

Britting, Georg, 17. 2. 1891 Regensburg – 27. 4. 1964 München, Beamtensohn, Stud. Regensburg, 1914 Kriegsfreiwilliger, seit 1920 freier Schriftsteller in München. – Lyriker und Erzähler von bizarrer Phantastik und tiefsinnigem Humor, mit kräftiger, mundartl. beeinflußter Barocksprache von starker Bildhaftigkeit. Sinnenhafte Weltfreude, die sich dem dämon. Untergrund des Lebens nicht verschließt. Gedichte von verhaltener Sprödigkeit und eigenwüchsig knapper Sprache; zumeist Naturlyrik liedhafter Art, doch auch Hymne, Sonett und schlichte Spruchdichtung. Novellen und Kurzgeschichten in e. bewußt gepflegten, der natürl. mündl. Sprechweise abgelauschten Sprachform, das Geschehen einverwoben in Stimmung und Atmosphäre, Offenbarung der schicksalhaft-dämon. Verflochtenheit des Daseins. Im Roman Neigung zu iron. Humor und Groteske.

W: Der verlachte Hiob, N. 1921; Gedichte, 1931; Lebenslauf eines dicken Mannes, der Hamlet hieß, R. 1932 (n. 1983); Die kleine

Welt am Strom, Nn. 1933; Das treue Eheweib, En. 1933; Der irdische Tag, G. 1935; Der bekränzte Weiher, En. 1937; Das gerettete Bild, En. 1938; Rabe, Roß und Hahn, G. 1939; Der Schneckenweg, En. 1941; Lob des Weines, G. 1944; Die Begegnung, G. 1947; Der Eisläufer, En. u. G. 1948; Unter hohen Bäumen, G. 1951; Afrikanische Elegie, E. 1953; Geschichten und Gedichte, 1955; Der unverstörte Kalender, G. 1965; Anfang und Ende, En. u. Drr. 1967. – Gesamtausgabe in Einzelbänden, VIII 1957–67.
L: D. Bode, 1962; Interpretationen zu G. B., 1974.

Broch, Hermann, 1, 11. 1886 Wien – 30. 5. 1951 New Haven, Sohn e. Textilfabrikanten; Stud. Textiltechnologie und Versicherungs-Mathematik Wien und 1906–07 Mülhausen/Elsaß; 1908 Eintritt in die väterl. Firma, 1916–27 deren Leiter, Vorstandsmitgl. des Österr. Industriellenverbandes, 1927 Aufgabe der geschäftl. Verpflichtungen, 1928–31 Stud. Mathematik, Philosophie und Psychologie Univ. Wien, um 1935 zurückgezogenes Leben als Schriftsteller in Mösern/Tirol und Alt-Aussee; 1938 bei der Besetzung Österreichs verhaftet, Juli 1938 Emigration über London und Schottland Okt. 1938 nach New York, von Stiftungen unterstützt 1942–1948 massenpsycholog. Studien Univ. Princeton, 1950 Honorary Lecturer für dt. Lit. Yale-Univ. New Haven/Connecticut. – Bedeutender Erzähler, Kulturphilosoph und Essayist in eigentüml. Verbindung von wiss. Erkenntnis und dichter. Gestaltung. Skept. Zeitbewertung mit positiven Ausblicken. Zeitkrit. Romane vom Verfall der Werte in e. sich auflösenden bürgerl. Gesellschaft (›Die Schlafwandler‹, ›Die Schuldlosen‹) und vom modernen Massenwahn in e. heilen Gemeinschaft (›Der Versucher‹) von mag.-metaphys. Realismus unter Verwendung radikal neuer Erzählformen: innerer Monolog, Auflösung der Erzählhandlung durch eingefügte Essays, Wechsel der Stilformen je nach Gegenstand, Einbeziehung von Erkenntnistheorie, Tiefenpsychologie, Mathematik, Soziologie, Mythologie und Symbolforschung in die Erzählung als Vergeistigung und Ausweitung der Dichtung zu Totalitätserfassung, bewußter Verzicht auf selbstgenügsames Erzählen. – In s. Hauptwerk ›Der Tod des Vergil‹ lyr. Dauermonolog von mag. Sprachkraft, Wortwerdung des Unaussprechlichen bis an die Grenze des Todes. Bedeutende Essays über die Kulturkrise der Gegenwart, Hofmannsthal, Joyce u. a.; wesentl. Beiträge zur mod. Dichtungsästhetik und Kunsttheorie. Umfangr. Studien über Massenpsychologie.

W: Die Schlafwandler, R. III 1931–32 (n. 1987); Die unbekannte Größe, R. 1933; Die Entsühnung, Dr. (1934, auch als Denn sie wissen nicht, was sie tun; i. d. Hörspielfassung v. E. Schönwiese n. 1961); James Joyce und die Gegenwart, Es. 1936; Der Tod des Vergil, R. 1945; Die Schuldlosen, R. 1950; Der Versucher, R. 1953 (u. d. T. Demeter, 1967; alle drei Fassungen u. d. T. Bergroman, IV 1969); Zur Universitätsreform, Ess. 1969; Barbara und andere Novellen, hg. P. M. Lützeler 1973; Hofmannsthal und seine Zeit, St. 1974. – GW, X 1952–61; Kommentierte Werkausg., hg. P. M. Lützeler XIII in XVI 1974–81; Briefw. m. D. Brody, 1970 (m. Bibl.); m. V. von Zühlsdorff, 1986.

L: J. Boyer, Paris 1954; ›Dichter wider Willen‹, 1958; K. R. Mandelkow, H. B.s Romantrilogie, 1962, ²1975; E. Kahler, D. Philos. v. H. B., 1962; Th. Ziolkowski, N. Y. 1964; Th. Koebner, 1965 (m. Bibl.); W. Somm, 1965; L. Kreutzer, Erkenntnistheorie u. Prophetie, 1966; M. Durzak, 1966, 1967, 1968; H. Steinecke, H. B. u. d. polyhistor. Roman, 1968; L. Forte, Romanzo e utopia, Florenz 1970; K. Menges, Krit. Stud. z. Wertphilos. H. B.s, 1970; E. Schlant, D. Philos. H. B.s, 1971; B. Loos, Mythos, Zeit u. Tod, 1971; H. Krapoth, Dichtg. u. Philos., 1971; M. Durzak, hg. 1972; H. Reinhardt, Erweiterter Naturalismus, 1972; P. M. Lützeler, 1973; G. Schiavoni, Florenz 1976; M. R. Simpson, The novels of M. B., 1977; W. Frese, K. Menges, B.-Forschg. 1977; M. Durzak, 1978;

E. Schlant, Boston 1978; J. Strelka, hg. 1978; B. E. Walther, 1980; S. Schmid-Bartenschlager, 1980; S. Dahl, Relativität u. Absolutheit, 1980; H. Venzlaff, 1981; E. Kiss, hg. 1985; F. Vollhardt, H. B.s gesch. Stellg., 1985; P. M. Lützeler, 1985; R. Koester, 1987.

Brock, Bazon, ★ 2. 6. 1936 Stolp/ Pommern; 1945–48 Internierungslager, 1956–64 Stud. Philos., Literaturwiss., Kunstgesch. und Soziologie Hamburg, Zürich, Frankfurt/M., 1958/59 Regieassistent in Darmstadt, 1960/ 61 Chefdramaturg in Luzern; seit 1965 Dozent (seit 1969 Prof.) für Neuere Ästhetik an der Hochschule für bildende Künste Hamburg, 1978 Hochschule für Gestaltung, Wien, dann Wuppertal. – Avantgardistischer Vertreter der provokativen offenen Formen: Aktion, Happening, Montage u. ä.; auch kunsttheoret. Essays, Hörspiel, Funkerzählung, Bühnenstück.

W: Kotflügel, 1957; Das Erschrecken am S., 1960; Das Kaisers kleinste Größe, H. (1966); Button College, 1968; Bazon Brock, was machen Sie jetzt so?, 1968; Brust raus oder Die befreite Brust, 1968; Unterstzuoberst, Dr. (1969); Pfingstpredigt (1971); Ästhetik in der Alltagswelt, Es. 1973; Kunstpensionäre, Film (1974); Ästhetik als Vermittlung, 1977; Fünftausend und ein Tag, R. 1983.

Brockes, Barthold, Hinrich, 22. 9. 1680 Hamburg – 16. 1. 1747 ebda., reiche Kaufmannsfamilie, 1700–02 Stud. Jura Halle, 1702 am Reichskammergericht Wetzlar, Bildungsreise durch Dtl., Italien, Schweiz, Frankreich, Holland und England, 1704 Lizentiat der Rechte in Leiden und Rückkehr nach Hamburg; 1714 Gründer der ›Teutschübenden Gesellschaft‹, ab 1716 ›Patriotischen Gesellschaft‹. 1724–26 Hrsg. der moral. Wochenschrift ›Der Patriot‹, 1720 Senator, diplomat. Missionen nach Wien, Kopenhagen, Berlin und Hannover, 1730 kaiserl.

Pfalzgraf, 1735 Amtmann in Ritzebüttel, 1741 wieder in Hamburg. – Lyriker und Epiker zwischen Barock und Aufklärung; Jugendgedichte in der Nachfolge des galanten Marinismus; unter Einfluß von Pope und Thomson, die B. übersetzt (1740, 1745), Streben nach Einfachheit und Klarheit: formal und sprachl. Übergang vom ital. zum franz.-engl. Vorbild. Mit s. ›Irdischen Vergnügen in Gott‹ Initiator der religiös-philos. Naturdichtung der Frühaufklärung. Trotz Lehrhaftigkeit, hausbackenem Nützlichkeitsdenken und e. z. T. naivkom. Auffassung der teleolog. Ordnung, die die Weisheit des Schöpfers in der Schönheit, Zweckmäßigkeit der Natur und ihrer Brauchbarkeit für den Menschen sieht, echtes, sinnenhaftes Naturgefühl.

W: Der für die Sünden der Welt gemarterte und sterbende Jesus, Orat. (Musik v. Händel) 1712; Irdisches Vergnügen in Gott, G. IX 1721–48 (Faks. IX 1970; Ausz. 1738, Faks. 1965); Schwanengesang, 1747. – Werke, V 1800.
L: A. Brandl, 1878; F. v. Manikowski, Diss. Greifsw. 1914; K. Lohmeyer, 1935; G. Guntermann, B. H. B.s ›Ird. Vergn.‹, 1980; H.-D. Loose, hg. 1980.

Brod, Max, 27. 5. 1884 Prag – 20. 12. 1968 Tel Aviv; Stud. Rechte, Dr. jur., Justiz-, Versicherungs-, Finanz- und Postbeamter, zeitweilig am tschechoslowak. Ministerratspräsidium, dann Theater- und Musikkritiker des ›Prager Tagblatts‹, Freund Werfels und Kafkas, dessen Werk er rettete und edierte, schloß sich 1913 dem Zionismus an, 1939 Emigration nach Palästina, Dramaturg des ›Habimah‹-Theaters Tel Aviv. – Vielseitiger Schriftsteller. Kulturphilosoph. Essayist, geistiger Vorkämpfer des Judentums. Als Erzähler auf e. bewußt österr.

Tradition zustrebend, doch unausgeglichen und unterschiedl. im Wert: von echten Prosadichtungen voll tiefem Gottsuchertum über hist. Romane, oft im jüd. Milieu, und z. T. autobiograph. Novellen aus dem alten Prag bis zu Zugeständnissen an Unterhaltungsgeschmack in erot.-hedonist. Liebesromanen um den Widerstreit von Geist und Trieb. Geistige Wandlung vom Indifferentismus zu relig. Weltsicht. Biograph und Deuter Kafkas.

W: Der Weg des Verliebten, G. 1907; Schloß Nornepygge, R. 1908; Ein tschechisches Dienstmädchen, R. 1909; Die Erziehung zur Hetäre, Nn. 1909; Jüdinnen, R. 1911; Arnold Beer, R. 1912; Weiberwirtschaft, En. 1913; Über die Schönheit häßlicher Bilder, Ess. 1913; Tycho Brahes Weg zu Gott, R. 1916; Eine Königin Esther, Dr. 1918; Ausgewählte Romane und Novellen, VI 1919 (darin: Das große Wagnis, R.); Die Fälscher, Dr. 1920; Heidentum, Christentum, Judentum, Schr. II 1921; Franzi oder Eine Liebe zweiten Ranges, R. 1922; Klarissas halbes Herz, Lsp. 1923; Sternenhimmel, Ess. 1923 (u. d. T. Prager Sternenhimmel, 1966); Leben mit einer Göttin, R. 1923; Rëubeni, Fürst der Juden, R. 1925; Die Frau, nach der man sich sehnt, R. 1927; Das Zauberreich der Liebe, R. 1928; Lord Byron kommt aus der Mode, Dr. 1929; Stefan Rott, R. 1931; Die Frau, die nicht enttäuscht, R. 1933; H. Heine, B. 1934; Novellen aus Böhmen, 1936; Annerl, R. 1937; F. Kafka, B. 1937; Diesseits und Jenseits, Schr. II 1947; Galilei in Gefangenschaft, R. 1948; Der Meister, R. 1952; Armer Cicero, R. 1955; Rebellische Herzen, R. 1957 (u. d. T. Prager Tagblatt, 1968); Mira, R. 1958; Jugend im Nebel, E. 1959; Streitbares Leben, Aut. 1960 (erw. 1969); Die Rosenkoralle, E. 1961; Die verkaufte Braut, R. 1962; Durchbruch ins Wunder, En. 1962; Das Schloß, Dr. 1964 (n. Kafka); J. Reuchlin und sein Kampf, B. 1965; Gesang einer Giftschlange, G. 1966; Der Prager Kreis, Mem. 1966; Das Unzerstörbare, Ess. 1968; Von der Unsterblichkeit der Seele, Es. 1969. – Briefw. m. H.-J. Schoeps, hg. J. H. Schoeps 1985.
L: Ein Kampf um Wahrheit, Fs. 1949; M. B., hg. H. Gold, Tel Aviv 1969 (m. Bibl.); B. W. Wessling, 1969, ²1984; M. Pazi, 1970; A. M. Dorn, Leiden als Gottesproblem, 1981; Bibl.: W. Kayser u. a. 1972.

Bröger, Karl, 10. 3. 1886 Nürnberg – 4. 5. 1944 Erlangen, Arbeiterfamilie, harte Kindheit, vom proletar. Arbeiter zum Kaufmannslehrling; sozialdemokrat. Journalist und Redakteur; im 1. Weltkrieg schwer verwundet; Führer in der Jugendbewegung, in der Weimarer Republik linksgerichtet, dann Wandel zum sozialist. Pazifismus mit Betonung des Nationalen. Als Sozialdemokrat 1933 drei Monate im KZ Dachau, anschließend unter Polizeiaufsicht. Blieb trotz Kompromissen mit dem NS-Regime, das B.s Gedichte für s. weltanschaul. Zwecke in Anspruch nahm, dem sozialdemokrat. Gedanken treu. – Pathosferner Arbeiterdichter, fand aus dem Kriegserleben und dem Leid der Nachkriegszeit zum eigenen Ton; Lyriker und Erzähler aus Arbeitertum und Kameradschaftserleben des Krieges; einfache und melodiöse Lyrik von männl. Haltung und stark suggestiver Wirkung; biograph. Roman s. Aufstiegs aus dem Proletariat ›Der Held im Schatten‹, Legende und Erzählung.

W: Kamerad, als wir marschiert, G. 1916; Der unbekannte Soldat, E. 1917; Soldaten der Erde, G. 1918; Der Held im Schatten, R. 1919; Flamme, G. 1920; Die 14 Nothelfer, Leg. 1920; Deutschland, G. 1923; Tod an der Wolga, 1923; Jakob auf der Himmelsleiter, E. 1925; Unsere Straßen klingen, G. 1925; Das Buch vom Eppele, E. 1926; Rote Erde, Sp. 1928; Bunker 17, R. 1929; Guldenschuh, R. 1934; Nürnberg, R. 1935; Licht auf Lindenfeld, R. 1937; Vater und ihr Vater, E. 1937; Geschichten vom Reservisten Anzinger, 1939; Schicksal aus dem Hut, En. 1941; Sturz und Erhebung, Ges. G. 1944.

L: W. G. Oschilewski, 1961 (m. Bibl.); G. Becker, 1977; G. Müller, Für Vaterland u. Republik, 1986.

Bronikowski, Friedrich von Oppeln → Oppeln-Bronikowski, Friedrich von

Bronnen, Arnolt (eig. A. Bronner; Ps. A. H. Schelle-Noetzel), 19. 8. 1895 Wien – 12. 10. 1959 Berlin, Stud. Wien, Kriegsteil-

nehmer, Warenhausangestellter in Wien, dann zus. mit Brecht und Bruckner lit. Bühnenavantgardist in Berlin mit heftig umstrittenen Bühnenexperimenten und Vorliebe für lit. Skandale; 1929 Umschwung vom linksradikalen Snob zur extremen Rechten, 1928–1933 bei der Dramat. Funkstunde, Berlin, 1933/34 Dramaturg bei der Reichsrundfunkgesellschaft, 1936–40 Programmleiter beim Fernsehsender, nach Kriegsende 1945 Bürgermeister von Goisern/O.-Österr., 1945–50 Kulturredakteur der ›Neuen Zeit‹ Linz, 1951 stellv. Direktor und Dramaturg Neues Theater in der Scala, Wien, 1955 Theaterkritiker in Ost-Berlin. – Erzähler und Dramatiker von effektsicherer Sprache, reicher Phantasie und Experimentierfreude. Dramen zwischen Expressionismus u. Neonaturalismus in überhitzter Sprache und krass-erot. Theatereffekten um die brutale Rebellion des jugendl. Eros, Ekstasen, greller Triebhaftigkeit.

W: Vatermord, Dr. 1920 (n. 1985); Die Geburt der Jugend, Dr. 1922; Die Septembernovelle, N. 1923; Die Exzesse, Lsp. 1923; Anarchie in Sillian, Dr. 1924; Napoleons Fall, N. 1924; Katalaunische Schlacht, Dr. 1924; Rheinische Rebellen, Dr. 1925; Ostpolzug, Dr. 1926; Film und Leben Barbara La Marr, R. 1928; O. S., R. 1929; Sonnenberg, H. 1934; Kampf im Äther, R. 1935; A. B. gibt zu Protokoll, Aut. 1954; Aisopos, R. 1956; Viergespann, Drr. 1958; Tage mit B. Brecht, Erinn. 1960; Begegnungen mit Schauspielern, Mem. 1967; Stücke, 1977.

L: U. Münch, 1985; Bibl.: E. Klingner, 1974.

Bronnen, Barbara, *19. 8. 1938 Berlin, Tochter von Arnolt B., Dr. phil., Ehe mit Manfred Grunert; Schriftstellerin in München. – Erzählerin mod. Frauenprobleme, z. T. autobiographisch.

W: Mütter ohne Männer, Sb. 1978; Die Tochter, R. 1980; Die Diebin, R. 1982; Die

Überzählige, R. 1984; Die Briefstellerin, R. 1986.

Bronner, Franz Xaver, 23. 12. 1758 Hochstädt – 12. 8. 1850 Aarau, 1769 Jesuitenkollegium, Benediktinernovize, 1785 Flucht nach Zürich, Sekretär beim Ministerium für Künste und Wissenschaften, 1804 Prof. der Naturwissenschaften Aarau, 1810–17 Prof. in Kasan/Rußld., wieder Lehrer in Aarau, 1827 Kantonsbibliothekar, 1829 Staatsarchivar des Kantons Aargau. – Empfindsam-klassizist. Idyllendichter der Aufklärungszeit aus dem Fischerleben. Kulturhist. wichtige Autobiographie.

W: Fischergedichte und Erzählungen, 1787; Neue Fischergedichte und Erzählungen, II 1794; Schriften, III 1794; Leben von ihm selbst beschrieben, III 1795–97 (n. gekürzt 1912); Lustfahrten ins Idyllenland, II 1833.
L: H. Radspieler, Diss. Erl. 1963; ders. (Argovia 77/78, 1967).

Bruckner, Ferdinand (eig. Theodor Tagger), 26. 8. 1891 Wien – 5. 12. 1958 Berlin, Stud. Philos., Musik, Medizin und Jura Wien und Paris, 1923–28 Gründer und Leiter des Renaissance-Theaters Berlin, gleichzeitig unter s. Pseudonym sensationelle Bühnenerfolge; 1933 Emigration über Österreich, Schweiz, Frankreich 1936 nach USA, 1951 Rückkehr nach Berlin, 1953 Dramaturg am Schiller- und Schloßpark-Theater. – Erfolgr., bühnensicherer Dramatiker der desillusionierten nachexpressionist. Generation von verist.-pessimist. Weltbild mit Überbetonung des Negativen, auch neuromant. Lyriker und Erzähler. Begann mit expressionist. Dramen, dann radikaler Vertreter der Neuen Sachlichkeit von krassestem Naturalismus mit reißerischen gesellschaftskrit. Zeitstücken unter Einfluß von

Freuds Psychopathologie um aktuelle Probleme wie erot. Konflikte der Jugend, Justizirrtümer und Ausgeliefertsein des Menschen in individualpsycholog. Durchleuchtung, Darsteller der geistig-seel. Verirrungen des Nachkriegsjahrzehnts mit effektvoll konstruierten Bühnenwirkungen (Simultanbühne mit ep. Nebeneinander, Filmtechnik, Montage). 1930 Wendung zur anti-idealist. Demaskierung hist. Stoffe in psychoanalyt. Methode (›Elisabeth‹), dann Appell an das Ethische (›Bolivar‹). Im Spätwerk polit. Zeitstücke um weltanschaul. Verführung und Ausweglosigkeit der Jugend; schließl. Wendung zum streng geformten, klassizist. geschlossenen Versdrama mit z. T. antiken Stoffen.

W: Der Herr in den Nebeln, G. 1917; Die Vollendung eines Herzens, N. 1917; Der zerstörte Tasso, G. 1919; 1920 oder die Komödie vom Untergang der Welt, K.n 1920; Auf der Straße, E. 1920; Kapitän Christoph, Dr. (1921); Krankheit der Jugend, Dr. 1928; Die Verbrecher, Dr. 1929; Die Kreatur, Dr. 1930; Elisabeth von England, Dr. 1930; Timon, Tr. 1932; Die Marquise von O., Dr. 1933; Die Rassen, Dr. 1933; Mussia, E. 1935; Napoleon I., K. (1936); Dramen unserer Zeit (Die Befreiten; Denn seine Zeit ist kurz), Dr. II 1945; Simon Bolivar, Dr. 1945; Jugend zweier Kriege, Drr. 1947; Fährten, Drr. 1948 (auch u. d. T. Spreu im Wind); Pyrrhus und Andromache, Dr. (1951); Früchte des Nichts, Dr. (1952); Heroische Komödie, 1955; Zwei Tragödien (Der Tod einer Puppe; Der Kampf mit dem Engel), 1956; Schauspiele nach historischen Stoffen, 1956; Clarisse, Tr. (1956); Das irdene Wägelchen, Dr. (1957).
L: E. Rieder-Laska, Diss. Wien 1950; C. Lehfeldt, D. Dramatiker F. B., 1975.

Bruder Rausch, ›Broder Rusche‹, niederdt. Satire auf das Mönchsleben in Form e. Teufelslegende, wohl aus dieser entwickelt: der Teufel als B. R. verdingt sich im Kloster, fördert die Sittenlosigkeit der Mönche und treibt bis zur Entlarvung s. Spott mit ihnen. 1. niederdt. Druck 1488

mit 428 locker gebauten Versen, hochdt. 1508 u. ö., auch in Skandinavien, Holland und England verbreitet; 1882 von W. Hertz als Verserzählung behandelt.

A: H. Anz, (Niederdt. Jb. 24) 1898; R. Priebsch, 1919 (Faks. u. Bibl.).

Bruder Wernher → Wernher, Bruder

Brückner, Christine, *10. 12. 1921 Schmillinghausen/Waldeck, Kirchenratstochter, 1946 Volksbibliothekarin, 1947–50 Stud. Marburg, 1951 Redakteurin in Nürnberg, später Düsseldorf, Kassel, ∞ Otto Heinrich Kühner. – Erfolgreiche Erzählerin traditioneller, z. T. psycholog. differenzierter Unterhaltungsromane um zeitgenöss. Frauenschicksale und leicht iron. Familienromane. Auch Hörspiele.

W: Ehe die Spuren verwehen, R. 1954; Katharina und der Zaungast, R. 1957; Ein Frühling im Tessin, R. 1960; Die Zeit danach, R. 1961; Bella Vista, En. 1963; Letztes Jahr auf Ischia, R. 1964; Der Kokon, R. 1966; Das glückliche Buch der a. p., R. 1970; Wie Sommer und Winter, R. 1971; Überlebensgeschichten, En. 1973; Jauche und Levkojen, R. 1975; Die Mädchen aus meiner Klasse, R. 1975; Nirgendwo ist Poenichen, R. 1977; Das eine sein, das andere lieben, R. 1981; Mein schwarzes Sofa, Aufz. 1981; Wenn du geredet hättest, Desdemona, Prosa 1983; Was ist schon ein Jahr, 1984; Die Quints, R. 1985.

Brües, Otto, 1. 5. 1897 Krefeld – 18. 4. 1967 ebda.; seit 1922 Feuilletonredakteur in Köln, dann Schriftsteller in Au b. Aibling/Obb., Redakteur in Düsseldorf, wohnte in Krefeld. – Erzähler unterhaltsamer Romane um Menschen, Geschichte und Landschaft des Niederrheins; volkstüml.-histor. u. christl. Dramen.

W: Die Heilandsflur, Tr. 1923; Heilige, Helden, Narren und Musikanten, En. 1923; Der Prophet von Lochau, Dr. 1923; Rheinische Sonette, G. 1924; Gedichte, 1926; Jupp Brand, R. 1927; Der Walfisch im Rhein, R. 1931; Die Wiederkehr, R. 1932; Das Mädchen

von Utrecht, R. 1933; Der alte Wrangel, Dr. 1935; Der schlaue Herr Vaz, R. 1937; Marie im neuen Land, R. 1938; Die Affen des großen Friedrich, R. 1939; Mutter Annens Sohn, R. 1948; Die Brunnenstube, G. 1948; Der Silberkelch, R. II 1948; Simon im Glück, R. 1949; Don Juan und der Abt, N. 1957; Nansen, Dr. (1960); Gut gebrüllt, Löwe, Ess. 1967; Und immer sang die Lerche, Aut. 1967. *L:* J. Cladders, Diss. Bonn 1955 (m. Bibl.).

Brühl, Friedrich Aloysius, auch Alois Friedrich, Graf von, 31. 7. 1739 Dresden – 30. 1. 1793 Berlin; Sohn des berühmten sächs. Ministers, Stud. Leipzig und Leiden, Offizier, poln. Kronfeldzeugmeister und bis 1785 Gouverneur von Warschau. Unterhielt auf s. Gut Pförten/Niederlausitz e. Privattheater, für das er Komödien nach franz. Vorbild verfaßte.

W: Theatralische Belustigungen, V 1785–90.

Brun, Friederike, 3. 6. 1765 Gräfentonna/Thür. – 25. 3. 1835 Kopenhagen; Tochter des Pfarrerdichters Balthasar Münter, Jugend in Kopenhagen, 1893 ∞ Konstantin Brun, dän. Kaufmann, Konsul und Konferenzrat, 1784 nach Kopenhagen; Reisen durch Frankreich, Schweiz (Umgang mit Matthisson und Bonstetten) und Italien, ab 1810 in Kopenhagen und Sophienholm, 1795 Begegnung mit Goethe in Karlsbad. – Als Lyrikerin angeregt durch die empfindsamen Klopstock-Freunde in Kopenhagen und Matthissons Klassizismus. Goethe bearbeitete ihr Gedicht ›Nähe des Geliebten‹. Kulturhistor. interessante Reisebeschreibungen.

W: Gedichte, 1795; Prosaische Schriften, IV 1799–1801; Episoden aus Reisen, IV 1808–18; Neue Gedichte, 1812; Briefe aus Rom, 1816; Neueste Gedichte, 1820; Römisches Leben, Rb. II 1833; Briefw. m. C. von Humboldt, hg. I. Foerst-Crato 1975. *L:* L. Bobé, Diss. Koph. 1910; R. Olbrich, Diss. Breslau 1932.

Brun, Vincent → Flesch-Brunningen, Hans

Brunk, Sigrid, ＊14. 9. 1937 Braunschweig; Grafikerin in Braunschweig. – Erzählerin lakon. blasser Zustandsberichte und Sozialstudien aus dem Alltag von Frauen. Fernsehspiele.

W: Ledig, ein Kind, R. 1972; Das Nest, R. 1975; Der Besiegte, R. 1977; Der Magier, R. 1979; Flammen, En. 1981.

Brunngraber, Rudolf, 20. 9. 1901 Wien – 5. 4. 1960 ebda., 1915–20 Landeslehrerseminar Wien, 1926–30 Akademie für angewandte Kunst Wien; freier Schriftsteller in Wien. – Kultur- und gesellschaftskrit. Erzähler; zeigte in s. von reichem hist.-polit., techn. und soziolog. Wissen zeugenden Tatsachenromanen die Wirtschaft als treibende Kraft der Handlung.

W: Karl und das 20. Jahrhundert, R. 1933; Radium, R. 1936; Die Engel in Atlantis, R. 1938; Opiumkrieg, R. 1939; Zucker aus Cuba, R. 1941; Der Weg durch das Labyrinth, R. 1949; Der tönende Erdkreis, R. 1951; Heroin, R. 1951; Die Schlange im Paradies, R. 1958.

Bruns, Max, 13. 7. 1876 Minden – 23. 7. 1945 ebda., Verlegerssohn, Buchdruckerlehre, Druckerei- und Verlagsleiter in Minden, ⚭ Margarete Sieckmann, Lyrikerin und Übersetzerin. – Lyriker, Essayist, Übersetzer (Baudelaire, Verlaine, Mallarmé) unter Einfluß des Symbolismus, Dehmels und Georges.

W: Der Täufer, Ep. 1896; Aus meinem Blute, G. 1897; Andachten, V. 1899–1901; Laterna Magica, G. 1901; Gedichte, 1908; Feuer, R. 1913; Die Lieder des Abends, G. 1916; Nacht-Sonette, G. 1919; Die Arche, E. 1920; Garten der Ghaselen, G. 1925; Selige Reise, G. 1926. *L:* F. Droop u. a., 1926.

Brust, Alfred, 15. 6. 1891 Insterburg/Ostpr. – 18. 9. 1934 Cranz/Ostpr., lebte in Heydekrug, Kö-

nigsberg und Cranz. – Expressionist. Lyriker, Dramatiker und Erzähler um den Dualismus von Körper und Seele, fleischl. Sinnenlust und entkörperter relig. Ekstase. Verband in Dramen von barocker Lebenskraft Triebhaft-Dämonisches, dumpfe Erdhaftigkeit mit myst. Innenschau. Gleiche Thematik von geistiger Sehnsucht und triebhafter Sinnlichkeit im Erzählwerk.

W: Der ewige Mensch, Dr. 1919; Die Schlacht der Heilande, Dr. 1920; Spiele, Drr. 1920; Der singende Fisch, Dr. (1921); Der Tag des Zorns, Tr. 1921; Tolkening, Dr.-Trilogie 1921–24; Himmelsstraßen, En. 1923; Die verlorene Erde, R. 1926; Cordatus, Dr. 1927; Ich bin, G. 1929; Eisbrand. Die Kinder der Allmacht, R. 1933. – Dramen, 1971.

Bruyn, Günter de, ＊1. 11. 1926 Berlin, als Abiturient Flakhelfer und Soldat, 1945 kurze Kriegsgefangenschaft, Landarbeiter, 1946 Lehrer in Brandenburg, 1949–53 Bilibothekarschule Berlin, 1953–1961 wiss. Mitarbeiter im Zentralinstitut für Bibliothekswesen, seit 1963 freier Schriftsteller in Ost-Berlin. – Erzähler der jüngeren DDR-Generation mit Stoffen aus eigenem Erleben und (z. T. privaten) Problemen der Nachkriegsgesellschaft.

W: Wiedersehen an der Spree, E. 1960; Hochzeit in Weltzow, E. 1960; Ein schwarzer, abgrundtiefer See, En. 1962; Der Hohlweg, R. 1963; Maskeraden, Parod. 1966; Buridans Esel, R. 1969; Preisverleihung, R. 1972; Tristan und Isolde, R. 1975; Das Leben des Jean Paul Friedrich Richter, B. 1975; Märkische Forschungen, E. 1978; Im Querschnitt, Ausw. 1979; Neue Herrlichkeit, R. 1984; Lesefreuden, Ess. 1986; Babylon, En. 1986; Frauendienst, En. u. Ess. 1986. *L:* K. Hirdina, 1983.

Buber, Martin, 8. 2. 1878 Wien – 13. 6. 1965 Jerusalem; aus galiz. Gelehrtenfamilie; Jugend in Lemberg; Stud. Wien, Berlin, Leipzig und Zürich; Dr. phil.; gab 1901 in Wien die Zs. ›Die Welt‹, 1916–24 in Berlin ›Der Jude‹ und 1926–30 mit V. v. Weizsäcker und J. Wittig ›Die Kreatur‹ heraus; bis 1933 Prof. für Allg. Religionswiss. Frankfurt/M.; seit 1938 Ordinarius für Sozialphilos. Jerusalem; Dr. h. c. mehrerer ausländ. Univ.; nach s. Emeritierung in Talbiyeh/Jerusalem. Gehörte zu den wenigen ehemals dt. Juden, die nach dem 2. Weltkrieg in der Öffentlichkeit wieder e. Brücke zu Deutschland zu schlagen suchten. – Schloß sich früh dem Zionismus an, der für ihn e. Synthese zwischen der nationalen und sozial.-relig. Idee des Judentums ist. Steht zwar der jüd. Orthodoxie fern, übte aber auf das jüd. wie auch auf das nichtjüd. Denken e. großen erzieher. Einfluß aus. S. Name bleibt eng mit der Interpretation und lit. Nachschöpfung des in Westeuropa fast völlig unbekannten Chassidismus verknüpft. Von großer Bedeutung sind daneben s. zahlr. religionswiss. Studien und exeget. Werke. In s. Roman ›Gog und Magog‹ aus der ostjüd. Glaubenswelt Erzähler von mag. Sprachgewalt. Gemeinsam mit F. Rosenzweig übersetzte er das Alte Testament (›Die Schrift‹, 1925 ff. n. 1954 ff.).

W: Die Geschichte des Rabbi Nachman, 1906; Die Legende des Ballschem, 1908; Ekstatische Konfessionen, 1909; Drei Reden über das Judentum, 1911; Daniel, 1913; Vom Geist des Judentums, 1916; Die jüdische Bewegung, II 1916–20; Die Rede, die Lehre und das Lied, 1917; Ereignisse und Begegnungen, Ess. 1917; Mein Weg zum Chassidismus, 1918; Der heilige Weg, 1919; Worte an die Zeit, II 1919; Cheruth, Rd. 1919; Der große Maggid, 1921; Ich und Du, 1923; Reden über das Judentum, Ges.-Ausg. 1923; Das verborgene Licht, 1924; Rede über das Erzieherische, 1926; Die chassidischen Bücher, 1928; Zwiesprache, 1930; Königtum Gottes, 1932; Kampf um Israel, 1933; Deutung des Chassidismus, 1935; Die Stunde und die Erkenntnis, 1936; Die Frage an den Einzelnen, 1936; Worte an die Jugend, 1938; Chassidismus, 1945; Dialogisches Leben, Ges.philos. und pädag. Schriften, 1947; Moses, 1948; Das Problem des Menschen, 1948; Der Weg des Menschen,

1948; Gog und Magog, R. 1949; Der Glaube der Propheten, 1950; Zwei Glaubensweisen, 1950; Die Erzählungen der Chassidim, 1950; Israel und Palästina, 1950; Pfade in Utopia, 1950; Urdistanz und Beziehung, 1951; Zwischen Gesellschaft und Staat, 1952; Eclipse of God, New York 1952; Die chassidische Botschaft, 1952; An der Wende, Rd. 1952; Bilder von Gut und Böse, 1952; Gottesfinsternis, 1953; Reden über Erziehung, 1953; Einsichten, 1953; Hinweise, Ess. 1953; Die Schriften über das dialogische Prinzip, 1954; Sehertum, 1955; Der Mensch und sein Gebild, 1955; Schuld und Schuldgefühle, 1958; Begegnung, Aut. 1961; Logos, Rd. 1962; Der Jude und sein Judentum, Ess. 1964; Nachlese, 1965; Briefw. aus 7 Jahrzehnten, III 1972 f.; Ein Land und zwei Völker, Schr. 1983. – Werke, III 1962 f.

L: A. Paquet, 1918; W. Michel, 1926; W. Nigg, 1940; H. Levin-Goldschmidt, 1946; H. J. Oldham, 1947; W. Goldstein, III 1952–56; P. E. Pfuetze, 1954; M. Friedman, Lond. 1955; A. A. Cohen, Lond. 1957; H.-U. v. Balthasar, Einsame Zwiesprache, 1958; M. L. Diamond, New York 1960; H. Kohn, ²1961 (m. Bibl.); M. B., hg. P. A. Schilpp, M. S. Friedman 1963 (m. Bibl.); A. Anzenbacher, D. Philos. M. B.s, 1965; G. Schaeder, 1966; W. Kraft, Gespräche m. M. B., 1966; Sch. Ben-Chorin, Zwiespr. m. M. B., 1966; N. P. Levinson, 1966; W. Faber, D. dialog. Prinzip, M. B.s, ²1967; R. Oliver, 1968; G. Wehr, 1968 n. 1977; Bibl.: M. Catanne, Jerusalem 1961; M. Cohn, 1980.

Buber, Paula → Munk, Georg

Buch von Bern → Heinrich der Vogler

Buch der Väter → Väterbuch

Buch, Hans Christoph, * 13. 4. 1944 Wetzlar, Stud. Germanistik und Slawistik Bonn und Berlin (1971 Dr. phil.), lebte in Wiesbaden, Bonn, Marseille und Berlin. Mithrsg. des ›Literaturmagazins‹, Hrsg. des ›Tintenfisch‹. – Als Erzähler iron. Inszenator distanziert berichteter grotesker oder verblüffender Ereignisse von parabelhafter Hintergründigkeit; zunehmende Politisierung in Reportagen.

W: Unerhörte Begebenheiten, En. 1966; Das große Abenteuer, R. 1970; Kritische Wälder, Ess. 1972; Ut pictura poesis, St. 1973; Aus der

Neuen Welt, En. 1975; Die Scheidung von Santo Domingo, St. 1976; Das Hervortreten des Ichs aus den Wörtern, Ess. 1978; Bericht aus dem Inneren der Unruhe, Tg. 1979; Zumwalds Beschwerden, E. 1980; Jammerschoner, En. 1982; Die Hochzeit von Portau-Prince, R. 1984; Karibische Kaltluft, Rep. 1985; Der Herbst des großen Kommunikators, Tg. 1986; Das Fenster der Verwundbarkeit, Ess. 1987.

Buchholtz, Andreas Heinrich, 25. 11. 1607 Schöningen/Braunschw. – 20. 5. 1671 Braunschweig, 1627 Stud. Theol. Wittenberg, 1632–34 Konrektor in Hameln, 1634 Philos.-Dozent Rostock, 1637 Gymnasialrektor in Lemgo, 1639 Flucht nach Rinteln, 1641 ebda. Prof. der Philos., 1645 auch der Theol., 1647 Koadjutor in Braunschweig, 1664 Superintendent ebda. – Dt. Barockdichter, geistl. Lyriker, Andachtsbücher, Übs.; bedeutend als Vf. des 1. selbständigen dt. höf. Romans in heroisch-galantem Stil, doch mit moral.-erbaul. Tendenz zur Verdrängung der unchristl. Amadis-Lit., deren Erzähltechnik er nachahmt: abenteuerreiche, unübersichtl. Handlung, Bekehrungen und theol. Exkurse.

W: Andächtige Christ-Gedancken und Weyhnacht-Freude, G. 1639; Adventsgesang, G. 1640; Geistliche Teutsche Poemata, G. 1651; Des Christlichen Teutschen Groß-Fürsten Herkules Und Der Böhmischen Königlichen Fräulein Valiska Wunder-Geschichte, R. II 1659 f.; Christliche Gottselige Hauß-Andachten, 1663; Der Christlichen Königlichen Fürsten Herkuliskus und Herkuladisla . . . Wunder-Geschichte, 1665 (n. U. Maché 1982); Häusliche Sabbathsandachten, 1665.
L: F. Stöffler, D. Romane d. A. H. B., Diss. Marb. 1918.

Buchner, August, 2. 11. 1591 Dresden – 12. 2. 1661 Wittenberg, 1610 Stud. Rechte, dann Lit. Wittenberg, 1616 Prof. der Poesie, ab 1631 auch der Rhetorik ebda. – Als Lyriker wie Poetiker treuer Schüler und Fortsetzer s. Freun-

des Opitz, doch Eintreten für Daktylus und Anapäst, die er zumal in s. Oper ›Orpheus‹ (1638) verwendet.

W: Nachtmal des Herrn, G. 1628; Weynacht-Gedancken, G. 1638; Kurzer Weg-Weiser zur Deutschen Tichtkunst, 1663; Poet, Schr. 1665 (n. 1966); Anleitung zur deutschen Poeterey, 1665 (n. 1966); Orationes, 1668; Epistolae, II 1680, III 1720.
L: H. H. Borcherdt, 1919.

Budich, Carl, 5. 2. 1904 Reinfeld/Holst. – 14. 1. 1982 Lübeck; Kaufmannslehre, Stud. Philol. Hamburg, Dr. phil., Lehrer in Lübeck. – Plattdt. Lyriker, Balladendichter, Dramatiker, Erzähler und Hörspielautor.

W: Wind üm de Ohrn, K. 1934; Leben in de Bood, K. 1936; Jörgen Wullenwever, Tr. (1937); En gefährlichen Gast, K. 1939; Die tanzenden Fische, N. 1943; Hinnerk ut Amerika, K. 1947; Larm up Lammershoff, K. 1950; Ut Dag und Droom, G. 1950.

Büchler, Franz, *10. 2. 1904 Straßburg, Stud. Heidelberg, Dr. phil., Studienrat, dann freier Schriftsteller in Oberkirch/Baden, Straßburg, seit 1952 Baden-Baden. – Konservativer Dramatiker mit moralist. Verstragödien; melodiös-knappe Lyrik und Essays.

W: Licht von innen, G. 1934; August der Starke, Tr. 1937; Herzog Bernhard, Tr. 1939; Über das Tragische, Ess. 1942; Sunanda, Tr. 1942; Theseus, Tr. 1952; Ananias, Tr. 1953; Balk, Tr. 1953; Dramen der Zeit, 1960; Erde und Salz, G. 1960; Wasserscheide zweier Zeitalter, Ess. 1970; Schizoid, En. u. Texte 1972; Strandgut, G. 1972; Stück-Werk, Drr. 1972; Der Niemandsweg, R. 1976; Das geistige Jahr, G. 1982.
L: I. Wurth, Die Gezeichneten, 1977; dies., Geist u. Form, 1977.

Büchner, Georg, 17. 10. 1813 Goddelau b. Darmstadt – 19. 2. 1837 Zürich, Arztsohn, Bruder der ebenfalls schriftsteller. tätigen Alexander, Ludwig und Luise B.; Gymnas. Darmstadt, seit Ende 1831 Stud. Medizin und Naturwiss. Straßburg, Verlobung mit

Wilhelmine Jaegle; seit Okt. 1833 Fortsetzung des Stud., dazu Geschichte und Philos., in Gießen, hier Teilnahme an der radikal-polit. Freiheitsbewegung, Anfang 1834 Begründer der geheimen ›Gesellschaft für Menschenrechte‹, Anschluß an die hess. Liberalen mit dem Bestreben e. Revolution der drückend reaktionären gesellschaftl. Verhältnisse im Großherzogtum Hessen durch Aufwiegelung der Massen mittels Flugschriften. Im Juli 1834 verfaßt B. die erste solche sozialist. Kampfschrift, den ›Hessischen Landboten‹ (mit dem Motto ›Friede den Hütten, Kampf den Palästen‹), zusammen mit dem Butzbacher Rektor F. L. Weidig; wegen Polizeiaktion gegen deren Urheber seit August 1834 im Vaterhaus in Darmstadt, Arbeit an ›Dantons Tod‹ als Überwindung des polit. Erlebens; März 1835 nach Erhalt e. gerichtl. Vorladung Flucht nach Straßburg, Rückzug von der Politik zur Fortsetzung des philos. und naturwiss. Stud. Von hier aus Erwerb des Dr. phil. der Univ. Zürich für s. Abhandlung ›Sur le système nerveux du barbeau‹; Nov. 1836 Habilitation als Privatdozent für vergl. Anatomie in Zürich ›Über Schädelnerven‹. Durch Typhus innerhalb 17 Tagen dahingerafft. – Bedeutendster und eigenschöpferischster Dramatiker zwischen Romantik und Realismus, verband die geläuterten Formtendenzen des Sturm und Drang (Lenz) mit dem psycholog. Realismus des 19. Jh.; entscheidender Durchbruch durch die klassizist. Formtradition unter Vorwegnahme naturalist. und expressionist. Elemente: Bilderfolge, Milieudarstellung als Ausschnitt aus der naturalist. gesehenen Wirklichkeit, Einbeziehung des Häßlichen und Geringen in künstler. Darstellung; kühne formale Neuerungen: Verbindung ungeschminkter Wirklichkeit mit metaphys. Fragen nach dem Sinn menschl. Existenz in der Welt, Auflösung des klass. Dialogs zu Monologfetzen einsamer Figuren, Isolierung des Wortes in konfuser Rede als Ausdruck e. sich selbst unbegreiflichen Seele; trag.-pessimist. Weltschau. B.s umfangmäßig geringes Werk gehört zu den bedeutendsten Schöpfungen des 19. Jh., wurde aber erst im 20. Jh. gebührend gewürdigt: das hist. Revolutionsdrama ›Dantons Tod‹ als antiidealist. Geschichtsbild reiner Illusionslosigkeit, das durch e. Preisausschreiben Cottas veranlaßte zeitsatir. Lustspiel der höheren Langeweile ›Leonce u. Lena‹, das Dramenfragment ›Woyzeck‹ vom Schicksal e. dumpfen, durch Liebe und Eifersucht gefühlsverwirrten kleinen Mannes, und das Novellenfragment über den B. geistesverwandten Sturm- und Drang-Dichter ›Lenz‹. Ferner Übs. V. Hugos (1835).

W: Der Hessische Landbote, Flugschr. 1834 (hg. u. komm. H. M. Enzensberger, 1965); Dantons Tod, Dr. 1835; Nachgelassene Schriften, hg. L. B., 1850; Sämtl. Werke und hs. Nachlaß, hg. K. E. Franzos, 1879. – Werke und Briefe, hg. F. Bergemann, 1922, ¹³1979; SW u. Briefe, hkA hg. W. R. Lehmann IV 1967 ff.; GW in Faks., X 1986.
L: A. Pfeiffer, 1934; E. Diehm, 1946; L. Büttner, 1948; K. Viëtor, 1949; ders., B. als Politiker, ²1950; H. Oppel, D. trag. Dichtg. B.s, 1951; A. H. J. Knight, Oxf. 1951; H. Mayer, B. u. s. Zeit, ²1959; G. Dolfini, Il teatro di G. B., Mail. 1961; H. Lindenberger, Carbondale 1964; G. Penzoldt, 1965; L. Zagari, Turin 1965; L. Büttner, B.s Bild v. Menschen, 1967; R. Majut, ²1967; E. Johann, ⁶1969; G. B. hg. W. Martens ³1969; H. Krapp, D. Dialog b. B., ²1970; H. Mayer, 1972; Dichter über B., hg. W. Schlick 1973; E. Kobel, 1974; R. Hauser, N. Y. 1974; H. Anton, B.s Dramen, 1975; G. P. Knapp, 1975; H. Fischer, ²1975; D. Goltschnigg, Rezeptions- u. Wirkungsgesch. G. B.s, 1975; H. Bräuning-Oktavio, 1976; R. S. Zons, 1976;

G. Baumann, ²1976; M. B. Benn, The drama of revolt, Cambr. 1976; W. Hinderer, B.-Komm., 1977; D. G. Richards, N. Y. 1977; W. Wittkowski, 1978; L. Fischer, hg., Zeitgenosse B., 1979; G. Jancke, ³1979; W. C. Reeve, N. Y. 1979; J. Hilton, N. Y., 1982; H. Poschmann, 1983; A. Meier, G. B.s Ästhetik, 1983; G. P. Knapp, ²1984; J.-C. Hauschildt, 1985; W. Schmitz, hg. 1985; R. Grimm, Love, Lust and Rebellion, Madison 1985; T. M. Mayer, hg. 1985, erw. 1987; Der widerständige Klassiker, hg. B. Dedner 1987; Bibl.: W. Schlick, 1968; G. B.-Jb. 1981 ff.

Bühel, Büheler, Hans von → Hans von Bühel

Bührer, Jakob, 8. 11. 1882 Zürich – 22. 11. 1975 Locarno; ärml. Jugend, Kaufmannslehre, Stud. Berlin, Zürich, Florenz, Journalist in der Schweiz und Ausland, freier Schriftsteller in Verscio/Tessin. – Erzähler und Dramatiker mit sozialist. Kritik an der bürgerl. Welt u. Zeitsatire auf die Schweizer Selbstzufriedenheit.

W: Das Volk der Hirten, Spp. 1918/19; Kilian, R. 1922; Ein neues Tellenspiel, 1923; Die Pfahlbauer, Tragikom. 1932; Galileo Galilei, Dr. 1933; Perikles, Dr. (1940); Im roten Feld, R. III 1935–51; Judas Ischariot, Dr. (1944); Die rote Mimmi, K. 1946; J. B. – Lesebuch, 1977. – Werkausg., hg. D. Zeller 1975 ff.
L: D. Zeller, hg. 1975.

Bülow, Eduard von, 17. 11. 1803 Schloß Berg b. Eilenburg – 16. 9. 1853 Schloß Ötlishausen/Thurgau, Stud. klass. Philol. Leipzig, lebte seit 1828 in Dresden, seit 1842 vielfach bei Tieck in Berlin, seit 1849 in der Schweiz, wo er 1850 Schloß Ötlishausen erwarb. Freundschaft mit L. Tieck und E. von der Recke. – Erzähler, Bearbeiter ital., franz. und span. Novellen, Übs. A. Manzonis (1827).

W: Das Novellenbuch, IV 1834–36; Novellen, III 1846–48; v. Kleists Leben und Briefe, 1848.

Bürger, Gottfried August, 31. 12. 1747 Molmerswende/Harz – 8. 6. 1794 Göttingen, Pastorssohn, 1760–63 Pädagogium Halle, 1764 Stud. Theol. ebda., 1768 Stud. Jura und Philos. Göttingen, Freundschaft mit J. Chr. Boie, Voß, Hölty und Stolbergs, 1772 Amtmann in Altengleichen, wohnte in versch. Orten s. Gerichtsbezirks. 22. 11. 1774 ⚭ Dorette Leonhart: unglückl. Ehe infolge Doppelliebe auch zu deren Schwester Auguste, gen. Molly. 1779–94 Redakteur des ›Deutschen Musenalmanachs‹, nach Verlust des Vermögens und Tod Dorettes Niederlegung des Amts, 1784 Privatdozent in Göttingen, 27. 7. 1785 ⚭ Molly († 9. 1. 1786); 1789 unbesoldeter a. o. Prof. für Ästhetik. Herbst 1790 3. Ehe mit dem Schwabenmädchen Elise Hahn, die sich ihm poetisch als Gattin anträgt, 31. 3. 1792 nach tiefen Zerwürfnissen geschieden. – Lyriker und Balladendichter des Sturm und Drang, Begründer der dt. Kunstballade unter Einfluß Herders und Percys, voll starker Bewegung, Leidenschaft, dramat. Kraft, Tiefe und Ursprünglichkeit, meisterhafte Spannungserregung, Steigerung und Stimmungsmalerei durch energ. Rhythmus, kühne Lautmalerei, Vorliebe für Wiederholungen, Kehrreime, Ausrufe und volkstüml. Wendungen (›Lenore‹, ›Der wilde Jäger‹, ›Das Lied vom braven Mann‹, ›Des Pfarrers Tochter von Taubenhain‹). Lyrik als Bekenntnis innerer Kämpfe, zumal in den ›Molly-Liedern‹ von dämon. Sinnlichkeit: Schillers Rezension von 1791 tadelt vom klass. Kunstidealismus her das allzu Persönliche, Undistanzierte. Übs. von Homer, Shakespeare (›Macbeth‹, 1783), B. Franklin (1792) u. a.; gab den Münchhausen-Erzählungen aus dem Engl. von R. E. Raspe durch Übs. und

Erweiterung (1786, 1788) ihre heutige Form.
W: Gedichte, 1778; Gedichte, II 1789; Bürgers Ehestands-Geschichte, 1812 (Autorschaft fragl.); Lehrbuch der Ästhetik, Vorlesg. II 1825; Lehrbuch des Dt. Styles, Vorlesg. 1826. – SW, hg. W. v. Wurzbach 1904, hg. G. u. H. Hätzschel 1987; Gedichte, hg. E. Consentius, II ²1912; Briefe von und an B., IV 1874, n. 1970.
L: W. v. Wurzbach, 1900; R. Riemann, 1904; L. Filippi, La poesia di B., Florenz 1920; E. S. Blenkinsop, B.'s originality, Oxf. 1936; L. Kaim-Kloock, 1963; W. A. Little, N. Y. 1974; B.s Liebe, hg. H. Kinder 1981.

Bürki, Pierre (Ps. Peter Bandi), * 6. 4. 1915 Bern, Handelslehre, Stud. Volkswirtschaft, Kaufmann, Theaterredakteur und Schriftsteller in Bern. – Schweizer Romancier und Boulevard-Dramatiker.
W: Bezaubernde Mama, K. (1956); Blumen für Miß Wings, K. (1967); Die Mondfrau, K. (1969); Die Intrigantin, K. (1970); Mörderische Liebe, K. (1980).

Bütow, Hans, * 27. 11. 1900 Osnabrück; Offizierssohn; Landwirtschaftseleve, 1928–30 Buchhändler, 1930–34 Stud. Anglistik, Kunstgeschichte und Archäologie Frankfurt u. Hamburg; Dr. phil.; 1935–53 Redakteur versch. Zeitungen; 1953–57 Direktor der Staatl. Pressestelle Hamburg; 1957 Persönlicher Referent des Ersten Bürgermeisters in Hamburg, 1962 Geschäftsführer des Übersee-Clubs ebda. – Heiterhintersinn. Erzähler und Essayist von prägnantem Stil. Auch Übs. a. d. Engl. und Hrsg.
W: Aus dem Tagebuch eines Reservisten, E. 1940; Herzklopfen, En. 1942; Schlafende Gorgo, En. 1947; Spur von Erdentagen, Sk. 1958; Hans Bütow erzählt, En. 1960; Hände über die See, Aut. 1961; Alle Träume dieser Welt, R. 1969; Rede, mein Gedächtnis, rede, Aufz. 1977; Die Harfe im grünen Feld, R. 1978; Am Fuße des Leuchtturms ist es dunkel, En. 1980; Willkommen und Abschied, Aufz. 1982.
L: Bibl.: H. B., 1974.

Büttner, od. Bütner, Wolfgang, um 1530 Ölsnitz/Vogtld. – vor 1596 Wolferstedt/Thür., lebte in Eger, Magdeburg, Stud. Theol. Wittenberg, dann Pfarrer 1548 in Umpferstedt, 1563 in Wolferstedt. – Volksschriftsteller, bedeutend als Sammler und Vf. der Schwänke über den sächs. Hofnarren Claus Narr.
W: 627 Historien von Claus Narren, 1572 (n. DNL 11, 1884, H.-G. Schmitz 1986); Der Kleine Catechismus, G. 1572; Dialectica deutsch, Schr. 1576; Epitome Historiarum, hg. 1576.
L: H.-G. Schmitz, D. Hist. v. Claus Narr, 1986.

Buk, Petr → Weiskopf, Franz Carl

Bulla, Hans Georg, * 20. 6. 1949 Dülmen/Westf., Dr. rer. soc.; Schriftsteller am Bodensee. – Vf. skept.-iron. Naturgedichte, privates Neobiedermeier.
W: Kleinigkeiten, G. 1975; Rückwärts einparken, Prosa 1977; Landschaft mit langen Schatten, G. 1978; Weitergehen, G. 1980; Der Schwimmer, G. 1982; Kindheit und Kreide, G. 1986.

Bullinger, Heinrich, 18. 7. 1504 Bremgarten/Aargau – 17. 9. 1575 Zürich, Priesterssohn, Ausbildung seit 1519 in Köln, dort für Luther gewonnen; Lehrer in Kappel, 1528 Begleiter Zwinglis beim Berner Religionsgespräch, 1529–31 Pfarrer in Bremgarten, dann Nachfolger Zwinglis als Pfarrer und Leiter des Zürcher Kirchenwesens, bemüht um die Einheit des Schweizer Protestantismus und Ausweitung der Reformation, bes. durch umfangr. Briefwechsel und Predigten. – Dramatiker und Prediger.
W: Reformationsgeschichte, hg. J. Hottinger, H. Vögeli III 1838–40; Diarium, Aut. hg. E. Egli 1904; Korrespondenz mit den Graubündnern, hg. T. Schieß II 1904/05; Ein schön spil von der . . . Edlen Römerin Lucre-

tiae, Dr. 1533 (n. J. Bächtold, Schweiz. Schausp. I, 1890). – Wke, 1973ff.
L: G. Schulthess-Rechberg, 1904; A. Bouvier, Paris 1940; F. Blanke, D. jge. B., 1942; W. Hollweg, B.s Hausbuch, 1956; Bibl.: J. Staedke, 1972.

Bunje, Karl, * 8. 11. 1897 Neuenburg/Oldenburg; Vater Malermeister; 1914–37 Verwaltungsbeamter, dann freier Schriftsteller, seit 1953 in Sandkrug/Oldenburg. – Plattdt. Erzähler und Dramatiker mit Volksstücken und Schwänken.
W: Desertörs, Dr. (1934); De Etappenhaas, K. 1935; Familjenansluß, K. 1938; De Jungfernkrieg, Vst. 1939; Peper und Solt, Vst. 1944; Up Düvels Schuvkaar, K. 1947; Blinnekoh, K. 1950; Dat Höhrrohr, K. 1955.

Burchard von Hohenfels → Burkart von Hohenfels

Burckhardt, Carl Jacob, 10. 9. 1891 Basel – 3. 3. 1974 Genf; Studium Philosophie, Geschichte, Kunstgesch. Basel, München, Göttingen und Zürich, Dr. phil. 1922, 1918–21 Schweizer Gesandtschaftsattaché in Wien, Freundschaft mit H. v. Hofmannsthal; 1923 Rotkreuz-Kommissar auf e. Expedition in Kleinasien; nach Habilitation 1927 Privatdozent, 1929 Prof. der Geschichte Univ. Zürich, 1932 der Univ. Genf; 1934 Reise durch Indien, China, Japan. 1937–39 Hoher Kommissar des Völkerbundes in Danzig, 1944–48 Präsident des Internationalen Roten Kreuzes, 1945–49 Schweizer Gesandter in Paris. Lebte in Vinzel, Kanton Waadt. – Erzähler, Essayist, Historiker und Biograph aus humanist. Tradition und universalweltoffenem Kulturbegriff in geschliffener, kultivierter Prosa.
W: Kleinasiatische Reise, E. 1925; Maria Theresia, B. 1932; Richelieu, B. IV 1935–67; Gestalten und Mächte, Ess. 1941; Gespräche in Peking, Ess. 1942; Erinnerungen an Hofmannsthal, 1943; Ein Vormittag beim Buchhändler, Es. 1943; Rodin, Rd. 1950; Reden und Aufzeichnungen, 1952; Drei Erzählungen, 1952; Vier historische Betrachtungen, 1953; Gedanken über Karl V., 1954; Bilder aus der Vergangenheit, Ess. 1956; Begegnungen, Ess. 1958; Bildnisse, Ess. 1958; Meine Danziger Mission 1937–1939; Aut. 1960; Die Episode Randa, N. 1961; Betrachtungen und Berichte, Ess. 1964; Musik, Es. 1969; Jugendfreundschaften, Aut. 1969; Wolfsjagd, En. 1970; Memorabilien, Aut. 1977. – GW, VI 1971; Briefe, 1985; Briefw. m. Hofmannsthal, 1956, ²1966, m. M. Rychner, 1970.
L: A. Frisé, 1950; W. Schmid, 1960; Dauer im Wandel, Fs. 1961; E. W. Blättler, Worte müssen leise Zeichen bleiben, 1979.

Burger, Hermann, * 10. 7. 1942 Burg/Schweiz; Stud. Germanistik, Dr. phil., 1975 Privatdozent für dt. Lit. ETH Zürich, 1985/86 Poetik-Dozent Frankfurt/M. – Iron. Erzähler von menschlichen Absonderheiten und absurden Wirklichkeiten hinter dem banalen Alltag in anspielungsreichem, artist. Stil.
W: Rauchsignale, G. 1967; Bork, Prosa 1970; Paul Celan, St. 1974; Schilten, R. 1976; Diabelli, En. 1979; Kirchberger Idyllen, G. 1980; Die künstliche Mutter, R. 1982; Ein Mann aus Wörtern, Ess. 1983; Blankenburg, En. 1986; Die allmähliche Verfertigung der Idee beim Schreiben, Vorlesg. 1986.

Burggraf, Waldfried → Forster, Friedrich

Burkart von Hohenfels, Ministeriale am Überlinger See, 1212–42 urkundl. belegt, bis 1228 zeitweilig im Gefolge Kaiser Heinrichs VII. – Bedeutender Minnesänger; erhalten 15 frische Minnelieder von starker Bildhaftigkeit in der höf. Tradition, sowie 3 lebensfroh-realist. Tanzweisen im Stil Neidharts höf. Dorfpoesie, doch ohne dessen Bauernspott.
A: C. v. Kraus, Dr. Liederdichter d. 13. Jh., 1952.
L: M. Sydow, 1901; H. Kuhn, Minnesangs Wende, 1952; H. Jaehrling, 1970.

Burkart, Erika (eig. E. Halter), *8. 2. 1922 Aarau, 1938–42 Lehrerseminar Aarau, 1946–56 Volksschullehrerin; Reisen; lebte in Weiningen und seit 1966 als freie Schriftstellerin in Althäusern/Aargau, ∞ J. Erényi. – Lyrikerin und Erzählerin von herber Melancholie in unpathet., traditionellen Formen.

W: Der dunkle Vogel, G. 1953; Sterngefährten, G. 1955; Bann und Flug, G. 1956; Geist der Fluren, G. 1958; Die gerettete Erde, G. 1960; Mit den Augen der Kore, G. 1962; Ich lebe, G. 1964; Die weichenden Ufer, G. 1967; Moräne, R. 1970; Fernkristall, G. 1972; Die Transparenz der Scherben, G. 1973; Rufweite, Prosa 1975; Das Licht im Kahlschlag, G. 1977; Augenzeuge, G. 1978; Der Weg zu den Schafen, R. 1979; Sternbild des Kindes, G. 1984; Die Spiele der Erkenntnis, R. 1985.
L: F. Vogt-Baumann, V. d. Landschaft z. Sprache, 1977; D. Rudin-Lange, Diss. Zürich 1979.

Burkhardt, Joachim, *21. 1. 1933 Borna b. Leipzig, Vater Richter, Jugend in Meissen und Leipzig, Stud. Theol. und Philol. Leipzig, Basel, Berlin, Dr. phil., Rundfunkredakteur und Journalist in Berlin, dann Köln. – Traditioneller Erzähler und Dramatiker aus christl. Geist.

W: Wie ein bitterer Kern, R. 1960; Wer sammelt die Stunden, En. 1961; Die neue Robinsonade, Dr. (1964); Zum Beispiel im Juni, R. 1965; Der Komödiant, E. 1969; Lassalle, Dr. (1978).

Burkhart, Johannes → Kalenter, Ossip

Burte, Hermann (eig. H. Strübe), 15. 2. 1879 Maulburg/Bad. – 21. 3. 1960 Lörrach/Bad., Sohn des Dialektdichters Friedr. Strübe, Kunstgewerbeschule und Akad. der bild. Künste Karlsruhe, 1904–08 in London, Oxford und Paris als Maler, 1906 unerwartete Wandlung zum Dichter, seit 1908 als Maler und Schriftsteller in Lörrach, 1945 Efringen-Kirchen,

1958 Maulburg; 1924 Dr. h. c. – Dramatiker, Lyriker und Erzähler von dem richterl. Pathos des Frühexpressionismus. Bewußt völk. Dichter e. germ. Sendungsbewußtseins, in s. Problemdramen um die Unterordnung des einzelnen unter den Staatsgedanken. Im von Nietzsche beeinflußten antisemit. Weltanschauungsroman ›Wiltfeber‹ Kritik an Entartungserscheinungen des 20. Jh. Am dauerhaftesten wohl s. formal konservative Natur-, Landschafts- und Liebeslyrik von erot. Sonetten im Shakespearestil bis zu sinnenfrohen alemann. Mundartgedichten und Sprüchen. Übs. franz. Lyrik (1949) und der Gedichte Voltaires (1935).

W: Drei Einakter, Drr. 1909; Patricia, Son. 1910; Wiltfeber der ewige Deutsche, R. 1912; Die Flügelspielerin, Son. 1913 (erw. u. d. T. Die Flügelspielerin und ihr Tod, 1921); Herzog Utz, Dr. 1913; Katte, Dr. 1914; Simson, Dr. 1917; Der letzte Zeuge, Dr. 1921; Madlee, alem. G. 1923; Apollon und Kassandra, Dr. 1926; Krist vor Gericht, Dr. 1930; Ursula, G. 1930; Prometheus, Dr. 1932; Der besiegte Lurch, E. 1933; Warbeck, Dr. 1935; Anker am Rhein, G. 1938; Die Seele des Maien, G. 1950; Das Heil im Geiste, 1953; Psalter um Krist, G. 1953; Stirn unter Sternen, G. 1957.
L: H. Knudsen, 1918; M. Dufner-Greif, 1939; H. B. 80 Jahre, hg. F. Burda, 1959.

Busch, Wilhelm, 15. 4. 1832 Wiedensahl/Hann. – 9. 1. 1908 Mechtshausen/Harz, 1847–51 Stud. Maschinenbau Hannover, dann Malerei, 1851 Kunstakad. Düsseldorf, 1852 Antwerpen, 1854–64 München, 1859–71 Mitarbeiter der ›Fliegenden Blätter‹ und ›Münchener Bilderbogen‹, durch s. Bildgeschichten weltberühmt. 1864 nach Wiedensahl, 1899 nach Mechtshausen, bis auf gelegentl. Reisen zurückgezogen. – Humorist.-satir. Dichter u. Zeichner, durch Ausdruckseinheit von karikierendem Bild und epigrammat. knappem, humorvollem Wort im simplen Knittelreimvers von weltweiter Wirkung. Unbestechl. Kritiker aller Diskrepanz von Schein und Sein in Staat, Kirche und bes. im bürgerl. Spießertum s. Zeit, dessen enger Scheinwelt und satter Selbstzufriedenheit. Lachen über eigene Unvollkommenheiten auf dem Grunde e. schopenhauerschen Pessimismus, der an e. Verbesserung der Zustände zweifelt und nur durch Humor überwunden wird. Fülle von Sentenzen u. geheimer Tiefsinn auch des grotesken und scheinbar trivialen Spiels. Scharfer Spott durch eigenartige Ausdrucksweise, verblüffend pointierten Witz, treffsichere Charakterparodie und groteske Situationskomik; in den Kinderschnurren gelegentl. Grausamkeit; in Kulturkampfsatiren zeitbedingte Tendenz. Schöpfer unsterbl. kom. Typen, bedeutendster und volkstümlichster dt. Humorist und letzter großer Vertreter des kom. Heldengedichts. Daneben reine, verinnerlichte Gedankenlyrik von tiefer Lebensweisheit und grüblerisch-iron. Prosa. W.-B.-Museum Hannover.

W: Bilderpossen, 1864; Max und Moritz, 1865; Der heilige Antonius von Padua, 1870; Hans Huckebein, 1870; Pater Filucius, 1872; Die Fromme Helene, 1872; Kritik des Herzens, 1874; Abenteuer eines Junggesellen, 1875; Herr und Frau Knopp, 1876; Julchen, 1877; Fipps der Affe, 1879; Plisch und Plum, 1882; Balduin Bählamm, 1883; Maler Klecksel, 1884; Eduards Traum, Prosa 1891; Der Schmetterling, Prosa 1895; Zu guter Letzt, G. 1904; Hernach, G. 1908; Schein und Sein, G. 1909. – SW, hg. O. Nöldeke, VIII 1943; SW, hkA hg. F. Bohne, IV 1959, hg. H. Werner VI 1961–63; Briefe, hg. O. Nöldeke 1935; Sämtl. Briefe, hg. F. Bohne II 1968f., n. 1982; Selbstzeugnisse, hg. H. Balzer 1956.
L: H. A. u. O. Nöldeke, 1909; O. F. Volkmann, 1910, n. 1973; R. Dangers, 1930; F. Bohne, 1931; H. Balzer, 1941; F. Bohne, 1958; J. Ehrlich, W. B. der Pessimist, 1962; P. Marxer, 1967; J. Kraus, 1970; P. Bonati, D.

Darstellg. d. Bösen i. Wk. W. B.s, 1973; G. Ueding, 1977; W. Pape, 1977; P. Rades, Hintergründiges i. d. Bildergeschn. W. B.s, 1977; D. P. Lotze, Boston 1979; ders., 1982; P. Haage, 1980; U. Mihr, 1983; Bibl.: A. Vanselow, 1913; W. B.-Jhrb.

Busche, Hermann von dem, gen. Pasiphilus, um 1468 Schloß Sassenberg/Westf. – April 1534 Dülmen, Stud. bei R. v. Langen in Münster, Hegius in Deventer und Rudolf Agricola in Heidelberg, wurde nach Reisen durch Frankreich und Italien humanist. Wanderlehrer in Norddtl., 1502 erster Lehrer für Beredsamkeit und Poesie in Wittenberg, 1503 in Leipzig, 1516/17 Schulleiter in Wesel, 1523 Prof. für röm. Lit. in Heidelberg, 1527 für Geschichte in Marburg. Anhänger Luthers und Mitstreiter Reuchlins. – Humanist. Verteidiger der klass. Studien in Kommentaren und Programmschriften. Lat. Lyrik und Gelegenheitsdichtung mit religiösen und landschaftl. Zügen. Mitvf. der → ›Epistulae obscurorum virorum‹.

W: Epigrammata, G. IV 1491–1506; Hecatostichon, G. 1503; Vallum humanitatis, Schr. 1518; Hypanticon, Ep. 1520.
L: H. J. Liessem, Progr. Köln 1884–1909; H. Weinrich, Diss. Hdlbg. 1923; Bibl.: H. J. Liessem, 1887.

Busse, Carl (Ps. Fritz Döring), 12. 11. 1872 Lindenstadt b. Birnbaum/Posen – 3. 12. 1918 Berlin, 1891/92 Journalist in Augsburg, Stud. Philol. Berlin und Rostock, Dr. phil. 1898; seit 1893 meist in Berlin. – Neuromant. Eklektiker, als Lyriker von Storm und Liliencron angeregt und traditionsbelastet: formglatt, unproblemat. und optimist., später herber. Kulturhist. schätzbare Romane und Erzählungen aus Ostelbien. Als Kritiker und Literarhistoriker dem Naturalismus abhold.

W: Gedichte, 1892; Ich weiß es nicht, Aut. 1892; In junger Sonne, Nn. 1892; Stille Geschichten, Nn. 1894; Träume, Nn. 1895; Neue Gedichte, 1896; Jugendstürme, R. 1896; Höhenfrost, R. II 1897; Jadwiga, R. II 1899; Die Schüler von Polajewo, Nn. 1901; Vagabunden, G. 1901; Federspiel, Sk. 1903; Im polnischen Wind, Nn. 1906; Die Referendarin, R. II 1906; Das Gymnasium zu Lengowo, R. II 1907; Geschichte der Weltliteratur, II 1910–13;Heilige Not, G. 1910; Lena Küppers, R. II 1910; Flugbeute, En. 1914; Sturmvogel, En. 1917; Aus verklungenen Stunden, Sk. 1920.

Busse, Hermann Eris, 9. 3. 1891 Freiburg/Br. – 15. 8. 1947 ebda.; Volksschullehrer, Wanderjahre, Kriegsteilnehmer, seit 1922 Vorsitzender des Landesvereins Badische Heimat und führend in bad. Volkstumsforschung; 1930 Professortitel. Auch Komponist. – Volkskundler und volkstüml. Erzähler s. bad. Heimat um Schwarzwald und Oberrhein mit Bauern-, Heimat- und Landschaftsromanen in markant-kräftiger Sprache. Erstrebte die oberrhein. Volkssaga. Am bedeutendsten die ›Bauernadel‹-Trilogie vom Einbruch der Technik in altes Brauchtum.

W: Peter Brunnkant, R. 1927; Tulipan und die Frauen, R. 1927; Die kleine Frau Welt, R. 1928; Das schlafende Feuer, R. 1929; Markus und Sixta, R. 1929; Der letzte Bauer, R. 1930 (3 zus. u. d. T. Bauernadel, 1933); Hans Fram, R. 1932; Die Leute von Burgstetten, R. 1934; Mein Leben, Aut. 1935; Heiner und Barbara, R. 1936; Der Tauträger, R. 1938; Der Erdgeist, Saga 1939; Alemannische Geschichten, En. 1941; Girlegig, R. 1941; Hauptmann Behr, En. 1942; Spiel des Lebens, En. 1944.

Busta, Christine, 23. 4. 1915 Wien – 3. 12. 1987 ebda.; schwere Jugend, Stud. Germanistik und Anglistik Wien, aus materiellen Gründen abgebrochen, 1940 ⚭ Maximilian Dimt (1944 in Rußland vermißt). Hilfs- und Hauslehrerin; 1945/46 Dolmetscherin und Hotelleiterin, 1947 Hauslehrerin, seit 1950 Bibliothekarin der Wiener Städt. Büchereien. – Lyrikerin von selbstverständl., tradi-

tionsverbundenem Formgefühl und volksliedhaft einfacher Sprache, verknüpft in ihren melodiösen Naturgedichten gefühlstiefes Erleben mit schlichter Religiosität und echter, leiderfahrener Menschlichkeit.

W: Jahr um Jahr, G. 1950; Der Regenbaum, G. 1951; Lampe und Delphin, G. 1955; Die Scheune der Vögel, G. 1958; Das andere Schaf, En. u. G. 1959; Die Sternenmühle, G. 1959; Unterwegs zu älteren Feuern, G. 1965; Salzgärten, G. 1975; Der Regenengel, G. u. En. 1978; Wenn du das Wappen der Liebe malst, G. 1981; Inmitten aller Vergänglichkeit, G. 1985.
L: I. Hatzenbichler, Diss. Graz 1979.

Butzbach, Johannes, gen. Piemontanus, 1477 Miltenberg – 29. 12. 1526 Kloster Maria Laach, Weberssohn, fahrender Schüler, Diener in Böhmen, Schneiderlehrling in Aschaffenburg, Klosterschneider in Johannisberg, 1498–1500 Stud. in Deventer, Novize, später Prior der Benediktiner in Maria Laach. – Tiefreligiöser und kunstbegeisterter Humanist, schrieb neben lat. Gedichten als 1. dt. Kunstgeschichtler e. ›Libellus de praeclaris picturae professoribus‹ (1505), e. ›Auctarium de scriptoribus ecclesiasticis‹ (1508–13) mit 1155 Biographien berühmter Persönlichkeiten; berühmt durch s. 1505 für s. Bruder lat. geschriebene gemütvollschlichte Schilderung s. Jugend- und Wanderjahre bis zum Eintritt ins Kloster, ›Hodoeporicon‹.

Übs.: Chronica e. fahrenden Schülers oder Wanderbüchlein des J. B., d. D. J. Becker, 1869 (n. 1912); Von den berühmten Malern, d. O. Pelka 1925.

Caesarius von Heisterbach, um 1180 Köln – nach 1240 Kloster Heisterbach b. Königswinter, in Köln aufgewachsen und erzogen, seit 1199 Mönch der Zisterzien-

serabtei Heisterbach, Novizenmeister, später Prior. – Latein.
theolog. und Predigtschriftsteller
(Sermones und Homilien), Historiker (›Catalogus archepiscopor-
um Coloniensium‹ der Zeit
1167–1238, Biographie des Erzbischofs Engelbert von Köln und
1236/37 Leben der Hl. Elisabeth
von Thüringen), vor allem aber
Exempla-Erzähler, sammelte
geistl. Anekdoten und Novellen
aus Lit. und rhein. Volksmund
1219–23 im ›Dialogus magnus visionum atque miraculorum‹ und
1225/26 in ›Libri VIII miracolur-
um‹ (nur II abgeschlossen), für
moral. und dogmat. Belehrung
der Novizen bestimmt und nach
geistl. Themen wie Bekehrung,
Beichte, Versuchung, Reue u. ä.
geordnet in Form von Zwiege-
sprächen zwischen Mönch und
Novize. Trotz Mönchsethos unmittelbare Erzählfreude und daher weite Verbreitung; bedeutsam
für Kultur- und Sittengesch. der
Zeit.

A: A. Hilka, I u. III, 1933–37; J. Strange II
1851. – *Übs.:* A. Kaufmann, II 1888–91;
Ausw. E. Müller-Holm 1910, 1968, O. Hel-
linghaus 1925; Leben des Hl. Engelbert: K.
Langosch 1955.
L: A. Kaufmann, ²1862.

Calé, Walter, 8. 12. 1881 Berlin –
3. 11. 1904 Freiburg/Br., Kaufmannssohn, Stud. erst Jura, dann
Philos. Berlin und Freiburg, beging nach Vernichtung aller Manuskripte (außer denen in Freun-
deshänden) Selbstmord aus Melancholie über ein ziel- und sinnlo-
ses Dasein. – Hochbegabter, hoff-
nungsreicher u. eigenartiger impressionist. Lyriker von kraftvollem Eigenklang in Nähe zu Rilke
und Novalis; virtuoser Sprach-
und Stimmungskünstler von weicher, schmiegsamer Sprache und
inniger Einfalt des Herzens neben

durchdringendem Intellekt. Gedichte, Romanfragmente, Teile e.
philos. Tagebuchs, am bedeutendsten das Dramenfragment
›Franziskus‹.

A: Nachgelassene Schriften, 1907.

Camenzind, Josef Maria (Ps. Rigisepp), * 27. 2. 1904 Gersau/
Schweiz, aus armer Familie;
Gymnas. Immensee, Fabrikarbeiter, Stud. Theol. Luzern, Schriftleiter, Religionslehrer, 1943 Regens des Priesterseminars Schö-
neck/Nidwalden, 1947 Assistent
des Generalobern der Missionsge-
sellschaft Bethlehem, Immensee/
Schweiz, 1957 Religionslehrer ebda.; 1936 Ostasienreise. – Kath.
Volksschriftsteller mit breiten,
kernigen, unkomplizierten Volksromanen aus Kindheit und heimatl. Bergwelt.

W: Mein Dorf am See, En. 1934; Die Stimme
des Berges, E. 1936; Ein Stubenhocker fährt
nach Asien, Aut. 1939; Jugend am See, E.
1940; Schiffmeister Balz, R. 1941; Die Brüder
Sagenmatt, E. 1943 (neubearb. u. d. T. Das
Jahr ohne Mutter, 1958); Europa im Dorf,
En. 1951; Der Sohn des Vagabunden, E.
1951; Majestäten und Vaganten, En. 1953;
Der Marzelli und die Königin von Holland,
E. 1953; Der Allora, E. 1956; Marcel und
Michael, E. 1959; Da-Kai, R. 1959; Der Kur-
gast aus Berlin, En. 1964.

Campe, Joachim Heinrich, 29. 6.
1746 Deensen b. Braunschweig –
22. 10. 1818 Braunschweig, Stud.
Theol. Helmstedt und Halle, 1769
Hauslehrer bei Humboldts auf
Schloß Tegel b. Berlin, 1773 Feldprediger, 1776 Direktor des Phil-
anthropinums Dessau, 1777
Schuldirektor in Hamburg,
1786–1805 Schulrat in Braunschweig. – Eifriger Aufklärungs-
pädagoge, Sprachforscher, Purist
und Jugendschriftsteller, nüch-
tern-lehrhafter Satiriker; bekannt
durch s. erzieherische Bearbeitung von D. Defoes, ›Robinson

Crusoe‹, die in fast alle Kultursprachen übersetzt wurde.

W: Das Testament, Sat. 1766; Satyren, 1768; Der Candidat, Ep. 1769; Robinson der Jüngere, II 1779–80 (n. 1977, 1981); Briefe aus Paris, 1790 (n. 1977); Wörterbuch der deutschen Sprache, V 1807–11; Sämtliche Kinder- und Jugendschriften, XXXVII 1807–14.
L: C. Cassau, 1889; J. Leyser, II ²1896; K. Arnold, Diss. Lpz. 1905; L. Fertig, C.s polit. Erziehg., 1977.

Canetti, Elias, * 25. 7. 1905 Rustschuk/Bulgarien; Kind span.-jüd. Eltern; übersiedelte 1911 mit der Familie nach Manchester, 1913 nach Tod des Vaters nach Wien, besuchte 1916–21 Schulen in Zürich, 1921–24 in Frankfurt/M. 1924–29 Stud. Naturwiss. Wien (Dr. phil.); 1938 Emigration über Paris nach (1939) London, seitdem ebda. Nobelpreis 1981. – Satir., prägnanter Erzähler und Dramatiker, zumeist mit tiefsinnigen Grotesken um psych. in Gefahr oder Untergang stehende Menschengruppen. S. als akust. Hörmasken verstandenen Dramen schildern weniger Charaktere und Abläufe als Endzustände. Auch Autobiograph, Essayist und Aphoristiker.

W: Die Blendung, R. 1936; Komödie der Eitelkeit, Dr. 1950; Masse und Macht, Schr. 1960; Welt im Kopf, Ausw. 1962; Dramen, 1964; Hochzeit, Dr. 1964; Die Befristeten, Dr. 1964; Aufzeichnungen 1942–48, Aphor. 1965; Die Stimmen von Marrakesch, Reiseb. 1968; Der andere Prozeß. Kafkas Briefe an Felice, Es. 1969; Alle vergeudete Verehrung, Aufz. 1970; Die gespaltene Zukunft, Aufs. u. Gesprr. 1972; Macht und Überleben, Ess. 1972; Die Provinz des Menschen, Aufz. 1942–72, 1973; Der Ohrenzeuge, Ess. 1974; Das Gewissen der Worte, Ess. 1975; Der Beruf des Dichters, Es. 1976; Die gerettete Zunge, Aut. 1977; Die Fackel im Ohr, Aut. 1980; Das Augenspiel, Aut. 1985; Das Geheimherz der Uhr, Aufz. 1973–85, 1987.
L: A. M. Bischoff, 1974; H. G. Göpfert, hg. 1975 (m. Bibl.); D. Barnouw, 1979; H. Feth, E. C.s Dramen, 1980; M. Durzak, hg. 1983; E. Piel, 1984; L. Henninghaus, Tod u. Verwandlg., 1984; E. C.s Anthropologie u. Poetik, hg. S. H. Kaszyński 1985; Hüter der Verwandlung, Fs. 1985; F. Aspetsberger u. a., hg. 1985; K. Bartsch u. a., hg. 1985.

Canitz, Friedrich Rudolf Ludwig Freiherr von, 27. 11. 1654 Berlin – 11. 8. 1699 ebda., 1671–75 Stud. Jura Leiden und Leipzig, Bildungsreise, 1677 Kammerjunker des Kurfürsten Friedrich Wilhelm von Brandenburg, 1680 Amtshauptmann, 1681 Hof- und Legationsrat, diplomat. Missionen; 1697 Geh. Staatsrat, 1698 baronisiert. – Lyriker und Satiriker an der Wende vom Barock zum aufklärer. Klassizismus nach franz. Vorbild Boileaus; Kritik am hochbarocken Überschwang, metrisch glatte, nüchterne Bildungsdichtung von schlichter Klarheit, höf. korrekter Steifheit und lehrhaftem Witz: Oden, Satiren, Elegien, relig. Hymnen, Idylle. Vorbild der übrigen Hofdichter.

W: Neben-Stunden unterschiedener Gedichte, hg. J. Lange 1700, hg. U. König 1727 (m. Biogr., n. J. Stenzel 1982 NdL), hg. J. J. Bodmer 1773; Ausw.: DNL 39.
L: V. Lutz, Diss. Hdbg. 1887.

Carmen Sylva (eig. Elisabeth von Rumänien), 29. 12. 1843 Schloß Monrepos b. Neuwied – 2. 3. 1916 Bukarest, Tochter des Fürsten Hermann zu Wied-Neuwied, ⚭ 15. 11. 1869 Karl von Hohenzollern, ab 1881 König Carol I. von Rumänien († 1914), lebte meist in Bukarest; nach Tod e. Tochter Maria kinderlos, aktiv tätig in sozialer Fürsorge. – Geistund phantasievolle Dichterin in neuromant. impressionist. Stil; schwermütige Lyrik, Erzählung, Drama, symbol. Märchen, Volksballaden, Erinnerungen; mit Mite Kremnitz auch Unterhaltungsromane und Übss. aus dem Rumän. Am erfolgreichsten ihre aus rumän. Landschaft, Brauchtum u. Volksüberlieferung gespeisten Dichtungen.

W: Rumänische Dichtungen, Übs. 1881;

Stürme, Dicht. 1881; Ein Gebet, N. 1882; Die
Hexe, E. 1882; Jehovah, G. 1882; Leidens
Erdengang, M. 1882; Aus C. S.s Königreich,
M. II 1883–87; Handzeichnungen, E. 1884;
Mein Rhein, Dicht. 1884; Meine Ruh, G.
1884; Aus zwei Welten, R. 1884; Deficit, R.
1890; Frauenmuth, Drr. 1890; Heimath!, G.
1891; Meerlieder, G. 1891; Meister Manole,
Tr. 1892; Thau, G. 1900; Märchen einer Kö-
nigin, M. 1901; Unter der Blume, G. 1903;
Geflüsterte Worte, Ess. V 1903–12; In der
Lunca, G. 1904; Mein Penatenwinkel, Aut.
1908; Briefe, 1916, 1920.
L: N. v. Stackelberg, ⁵1888; M. Kremnitz,
²1903; G. Bengesco, Brüssel 1904; E. Wolbe,
1933; E. Burgoyne, Lond. 1940.

Carmina burana, 1803 entdeckte
Sammelhs. von 250 lat. und 55 dt.
und dt.-lat. Gedichten und Ge-
dichtanfängen der ma. Vaganten-
lyrik aus dem Kloster Benedikt-
beuren/Obb. (jetzt München,
Staatsbibl., Faks. II 1967), nach
1230 anhand kleinerer älterer Vorlagen wohl in Bayern zusammen-
gestellt. Bedeutendste und größte
Sammlung der anonymen Lieder
ma. Vaganten, d. h. fahrender
Schüler und Geistlicher engl.,
franz. und dt. Herkunft (am interessantesten die Gedichte des →
Archipoeta), enthält: 1. Didaktik:
Moral.-satir. Dichtungen, polit.
Lyrik und Spruchdichtung,
Kreuzzugslyrik, bes. aber relig.
Gedichte von bemerkenswertem
Freisinn gegen kirchl. Einrichtun-
gen: Satire und Parodie auf Habsucht, Sittenlosigkeit und Sünd-
haftigkeit des Klerus vom Priester
bis zum Papst in Rom, doch trotz
aller Frivolität und Blasphemie
getragen von tiefer Frömmigkeit.
2. Weltl. Lyrik: Liebes-, Trink-
und (Würfel-)Spiellieder in derb-
sinnl., antikheidn. Ton nach Vorbild von Ovid, Horaz, Vergil und
Catull; reizvolle Mischung volkstüml. und antiker, weltl. und
geistl. Elemente, Moral und Vergnügen; formal als Sequenzen
oder stroph. Lieder in der Vagan-
tenzeile; dt. Strophen meist im

Anschluß an das lat. Gedicht als
Abwandlung von dessen Inhalt
oder als Beispiel für Metrik und
Musik beigegeben. Am reizvoll-
sten das Streitgedicht ›De Phyllide
et Flora‹ über die Vorzüge des
Klerikers als Geliebtem gegenüber dem Ritter. 3. Das Benedikt-
beurer Weihnachts- und Osterspiel. – Als Chorwerk vertont von
C. Orff 1937.

A: hkA. hg. A. Hilka, O. Schumann III
1930–70; J. A. Schmeller ⁴1927; C. Fischer
1974 (m. Übs.); B. K. Vollmann 1987 (m.
Übs.). – *Übs.:* R. Ulich, M. Manitius, 1927;
L. Laistner, ⁵1974.

Carossa, Hans, 15. 12. 1878 Bad
Tölz/Obb. – 12. 9. 1956 Rittsteig
b. Passau, Sohn e. Landarztes,
Stud. Medizin München, Würzburg und Leipzig, Dr. med., 1903
Arzt in Passau, später Nürnberg,
ab 1914 München, schließlich
Seestetten an d. Donau. 1916–18
Bataillonsarzt. Lehnte 1933 die
Wahl in die nazist. Preuß. Dichterakademie ab, wurde jedoch
1941 wider Willen Präsident des
faschist. Europ. Schriftstellerverbands. – Als Lyriker und Erzähler
Vertreter der klass. abendländ.
Tradition des Maßes und der Mitte in formaler und inhaltl. Anlehnung anfangs an Dehmel, George
u. Rilke, später an Goethe u. Stifter, abseits lit. Modeströmungen.
Verhalten-schlichte und besinnl.
reife Sprache von großer Klarheit,
Selbstzucht und innerer Reinheit.
Dichten als Offenbarmachen der
göttl. Ordnungen in der scheinbar
wirren Unordnung des Lebens,
Ehrfurcht vor den Geheimnissen
des Lebens, vor dem Brudermen-
schen und den Spuren Gottes in
der Schöpfung. Als Lyriker von
dichter. Tiefe und Formsicherheit
Wahrer echten Menschentums.
Meister der dichter. verklärten
Autobiographie von lyr. Grund-

gefühl, ep. Ruhe und Heiterkeit; schöpfer. Verwandlung des Erlebens ins Symbol des Weltgeschehens; Andacht und Meditation des aus der Seele heraus reifenden Menschen. Wichtige, humanitäre Kriegsbücher von der inneren Überwindung des Krieges.

W: Stella mystica, G. 1907; Gedichte, 1910; Doktor Bürgers Ende, E. 1913 (u. d. T. Die Schicksale Dr. Bürgers, 1930); Die Flucht, G. 1916; Ostern, G. 1920; Eine Kindheit, Aut. 1922 (1. Fassg. u. d. T. Vorspiele, 1984); Rumänisches Tagebuch, (Aut. u. d. T. Tagebuch im Kriege, 1934); Verwandlungen unter Jugend, Aut. 1928; Der Arzt Gion, R. 1931; Gedichte, 1932; Führung und Geleit, Aut. 1933; Geheimnisse des reifen Lebens, R. 1936; Wirkungen Goethes in der Gegenwart, Es. 1938; Das Jahr der schönen Täuschungen, Aut. 1941; Aufzeichnungen aus Italien, 1946; Stern über der Lichtung, G. 1946; GW, II 1949f.; Ungleiche Welten; Aut. 1951; Der Tag des jungen Arztes, Aut. 1955; Der alte Taschenspieler, Sp. 1956; Die Frau vom guten Rat, N. 1956; Der Zauberer, E. 1960. – SW, II 1962, V 1978; Tagebücher 1910–18, 1986; Briefe, III 1978–81.

L: A. Haueis, 1935; Gruß der Insel an H. C., 1948; H. Bender, Diss. Freib. 1949; L. Rohner, 1957; R. Ibel, Mensch der Mitte, 1962; H. Schlegel, D. Lyrik C.s, Diss. Zürich 1963; G. Wünsche Hale, C.s Weg z. Schulderlösg., 1974; Z. Geb.tag v. H. C., hg. E. Kampmann-C., 1977; H. C., hg. dies., Bb. 1978; W. Vogt, H. C. i. uns. Zt., 1978; A. Langen, ²1979; V. Michiels, hg. 1979; H. Falkenstein, 1983; Bibl.: K. H. Silomon u. a., 1948; W. Kopplin (Antiquariat 21, 1971).

Casper von Lohenstein → Lohenstein, Daniel Casper von

Castelli, Ignaz Franz (Ps. Kosmas, Rosenfeld, C. A. Stille, Bruder Fatalis u. a.), 6. 3. 1781 Wien – 5. 2. 1862 ebda., Stud. Jura Wien, 1801 Praktikant bei der landständ. Buchhaltung, 1805 Etappenkommissar in Purkersdorf, 1809 wegen s. ›Kriegsliedes‹ u. s. Aufrufe vom Pariser ›Moniteur‹ geächtet, 1811–1814 Hoftheaterdichter des Kärntnertortheaters; 1814 österr. Gouvernementssekretär in Frankreich, 1833 Landschaftssekretär und ständ. Bibliothekar; seit 1841 im Ruhestand. Reisen in Ungarn, Frankreich, Oberitalien, Dtl. 1820–26 mit Grillparzer Mitgl. der ›Ludlamshöhle‹. – Erfolgr., doch künstler. bedeutungsloser Theaterdichter mit an 200 Unterhaltungs- und Volksstücken, z. T. Bearbeitungen franz. Modestükke. Parodie ›Der Schicksalsstrumpf‹ auf Müllners Schicksalsdrama ›Die Schuld‹. Fruchtbarer Erzähler von behäb. Humor, ferner wichtige Memoiren. Bedeutend als Begründer der niederösterr. Dialektdichtung.

W: Poetische Versuche, G. 1805; Kriegslied für die österr. Armee, 1809; Poetische Kleinigkeiten, V 1816–26; Der Schicksalsstrumpf, Parod. 1818; Bären, Anekdot. XII 1825–32; Gedichte in niederösterr. Mundart, 1828; SW, XXII 1844–59; Memoiren meines Lebens, IV 1861 (n. II 1914, Ausw. 1969).

L: W. Martinez, Diss. Wien 1932.

Castonier, Elisabeth, 6. 3. 1894 Dresden – 24. 9. 1975 München, Tochter des Kunstmalers F. Borchardt aus Berliner Bankiersfamilie; Jugend in Paris, England, Berlin, ab 1912 Oberbayern, 1919 Journalistin und Lektorin, 1923 ⚭ dän. Tenor C., o/o, 1934 Emigration nach Wien, 1938/39 über Italien, Frankreich, Dänemark nach England, dort Landarbeiterin, Journalistin, Farmerin. – Erzählerin weltläufiger, z. T. autobiograph. Unterhaltungsromane; auch engl. Kinderbücher.

W: Drei taube Tanten, E. 1957; Mill Farm, E. 1959; Das vergessene Haus, R. 1959; Die Herzogin Nana, E. 1960; Noella, R. 1962; Stürmisch bis heiter, Aut. 1964; Die Vogelscheuche, En. 1964; Etwas laute Nacht, E. 1966; Magd in England, R. 1967; Seltsames Muster, Aut. 1971; Unwahrscheinliche Wahrheiten, Erinn. 1975.

Celadon → Greflinger, Georg

Celan, Paul (eig. Paul Anczel), 23. 11. 1920 Czernowitz/Bukowina – Ende April 1970 Paris

(Freitod in der Seine); dt. Eltern, 1938 Stud. Medizin Paris bzw. Tours, 1939 Stud. Romanistik Czernowitz, 1942/43 Arbeitslager in Rumänien, 1945 Verlagslektor in Bukarest, 1947 Flucht nach Wien, 1948 nach Paris, Stud. Germanistik und Sprachwiss.; ebda. Sprachlehrer und Übs.; 1959 Dozent der Ecole Normale Supérieure ebda., litt später an einer schweren psych. Krankheit. – Bedeutender Lyriker der Nachkriegszeit unter Einfluß des franz. Symbolismus und Surrealismus; streng gefeilte, assoziations- und bilderreiche Verse von suggestivem Klang und schwermütiger Melodie; kühnvisionäre, alogische Metaphernkombinationen von eindrucksvoller Bildkraft bis zur abstrakt-akust., sinndunklen Wortmusik der poésie pure. Seit 1955 zunehmende Verknappung und Verrätselung der Sprache. Meisterhafter Übs. (Cocteau, 1949; Blok, 1958; Rimbaud, 1958; Mandelstam, 1959; Char, 1959; J. Cayrol, 1960; P. Valéry, 1960; S. Esenin, 1961; H. Michaux, 1966; Shakespeare-Sonette, 1967; Ungaretti, 1968 u. a.).

W: Der Sand aus den Urnen, G. 1948; Mohn und Gedächtnis, G. 1952; Von Schwelle zu Schwelle, G. 1955; Sprachgitter, G. 1959; Der Meridian, Rd. 1961; Gedichte, Ausw. 1962; Die Niemandsrose, G. 1963; Atemwende, G. 1967; Fadensonnen, G. 1968; Ausgew. Gedd., 1968 u. 1970; Lichtzwang, G. 1970; Schneepart, G. 1970; Gedichte, II 1975; Zeitgehöft, G. Nl. 1976; Gedichte 1938–1944, II 1985. – GW, V 1983.
L: J. Firges, Diss. Köln 1960; P. H. Neumann, Z. Lyrik P. C., 1968; ders., Wortkonkordanz, 1969; K. Weissenberger, D. Elegie b. P. C., 1969; D. Kim, Diss. Zürich 1969; D. Meinecke, Wort u. Name b. P. C., 1970; P. Szondi, C.-Studien, 1972; H.-G. Gadamer, 1973; D. Meinecke, hg. ²1973; J. Glenn, N. Y. 1973; H. Burger, 1974; K. Voswinckel, 1974; A. Rexheuser, Sinnsuche u. Zeichen-Setzg., 1974; J. Schulze, C. u. d. Mystiker, 1976; G. Buhr, C.s Poetik, 1976; H. Beese, Nachdichtg. als Erinn., 1976; I. Chalfen, 1979; H. M. Krämer, E. Sprache d. Leidens,

1979; W. Menninghaus, 1980; H. Pausch, 1981; J. K. Lyon, hg. Kansas 1983; H. L. Arnold, hg. ²1984 (m. Bibl.); M. Janz, Vom Engagement absoluter Poesie, ²1984; W. H. Ahlbrecht, C.s späte Gedd., 1984; B. Wiedemann-Wolf, 1985; G. Baumann, Erinnerungen an P.C., 1986; O. Pöggeler, Spur des Worts, 1986; Argumentum e Silentio, hg. A. D. Colin 1986; I. E. Kummer, Unlesbarkeit dieser Welt, 1986; Psalm u. Hawdalah, hg. J. P. Strelka 1987; Datum u. Zitat b. P. C., hg. Ch. Shoham 1987; W. Hamacher, W. Menninghaus, hg. 1987.

Celtis oder Celtes, Konrad (eig. Bickel oder Pickel), 1. 2. 1459 Wipfeld b. Schweinfurt – 4. 2. 1508 Wien, 1477 Stud. in Köln, 1484 in Heidelberg unter Rudolf Agricola für den Humanismus gewonnen, dann Wanderleben, über Rostock und Erfurt nach Leipzig, 1486/87 Magister ebda. 1487 als erster dt. Dichter von Kaiser Friedrich III. in Nürnberg zum Dichter gekrönt, dann 2 Jahre in Italien bei den dortigen Humanisten: Platon. Akademie des Pomponius Laetus in Rom. Rückkehr über Venedig nach Krakau, dort 1489–91 Gründer der wiss. Gesellschaften nach Muster der ital. Akademien; in Ungarn Gründer der ›Sodalitas literaria Hungarorum‹ (seit Verlegung nach Wien 1497 ›Sodalitas Danubiana‹), von Mainz aus Stiftung der Heidelberger ›Sodalitas literaria Rhenana‹ 1491; 1492 Dozent für Rhetorik und Poetik in Ingolstadt, dann Vorlesungen in Wien und Regensburg; 1494 o. Prof. Ingolstadt, 1496 Prinzenerzieher ·in Heidelberg, 1497 1. selbständiger Prof. für Poetik und Rhetorik in Wien. Inszenierungen dramat. Aufführungen am Kaiserhof. – Dt. ›Erzhumanist‹ und Wanderlehrer, dichter. bedeutendster und organisator. erfolgreichster dt. Humanist, bedeutend weniger durch wiss. Leistungen und textsichere Ausgaben denn als genialer und vielseitiger Anreger von starker persönl. Ausstrahlung. Als neulat. Lyriker in freier Anlehnung an Horaz und Ovid Sänger des sinnl. Liebeserlebnisses, wie sinnl.-leidenschaftl. Oden als 1. dt. Nachahmung des Horaz. Vorbild für die ganze neulat. Lyrik. Trotz lat. Sprache volksnah, lebensvoll und weltfroh. Prunkvolle höf.-allegor. lat. Festspiele als Huldigung an den Kaiserhof. Hrsg. von Seneca (1487), Tacitus' ›Germania‹ (1500), der neuentdeckten Werke Hrotsviths (1501) und des ›Ligurinus‹ von Gunther von Pairis (1507).

W: Ars versificandi et carminum, Poetik 1486; Ludus Dianae, Dr. 1501; Quattuor libri amorum, G. 1502 (hg. F. Pindter 1934); Libri odarum quattuor, G. 1513 (hg. F. Pindter 1937); Fünf Bücher Epigramme, hg. K. Hartfelder, 1881 (n. 1963); Oratio, hg. H. Rupprich 1932; Briefwechsel, hg. ders. 1934. – *Übs.:* Poeta laureatus, Ausw. 1960.
L: F. v. Bezold (in: Aus MA u. Renaiss. 1918); A. Jelicz, Warschau 1956; L. W. Spitz, Cambridge 1957.

Cersne, Eberhard von → Eberhard von Cersne

Cetto, Gitta von, ✱ 6. 2. 1908 Landsberg/Lech, 1940 ⚭ Seuffert. Journalistin. – Feuilletonistin und Verfasserin heiterer, leichter Frauen- und Unterhaltungsromane; Jugendbücher.

W: Er, Feuill. 1944; Zwei um Pepitta, R. 1949; Bäume wachsen nicht in den Himmel, R. 1957; Stefanie, R. 1957; Geliebter Alltag, Feuill. 1958; Ehe man Ehemann wird, R. 1958; Mann mit Anhang, R. 1959; Gabriella, R. 1961; Wer liebt, hat Ärger, R. 1962; Mädchen mit Knacks, R. 1966; Ein Herz bricht selten allein, R. 1968; Spätere Heirat nicht ausgeschlossen, R. 1975; Schwarzes Schaf mit hellen Flecken, R. 1975.

Chamisso, Adelbert von (eig. Louis Charles Adelaide de Ch. de Boncourt), 30. 1. 1781 Schloß Boncourt/Champagne – 21. 8. 1838 Berlin. Offizierssohn, alte lothring. Adelsfamilie; floh 1790 mit den nach Konfiskation verarmten Eltern vor der Revolution nach Lüttich, Den Haag, Düsseldorf, Bayreuth und Juli 1796 nach Berlin; hier Page der Königin Luise, 1798 Fähnrich, 1801 Leutnant, Beschäftigung mit dt. Sprache und Lit. im Freundeskreis (›Nordsternbund‹) von Hitzig, Varnhagen, W. Neumann, Koreff und Fouqué. Dichtete zuerst franz., seit 1803 dt. 1804–06 Mitherausgeber des sog. ›Grünen Musenalmanachs‹. Nach Kapitulation von Hameln Nov. 1806 entlassen. Jan. 1810 wegen Aussicht auf Anstellung als Prof. am Lyzeum Napoléonville Reise nach Paris; vergebens. Verkehr mit H. v. Chézy, Bekanntschaft mit Uhland und durch A. W. Schlegel mit Mme de Staël; bei ihr in Chaumont und Fossé b. Blois und April 1811 bis Aug. 1812 in Coppet b. Genf. 1812–15 Stud. Medizin und Botanik Berlin, während der Freiheitskriege 1813 in Kunersdorf, wo ›Peter Schlemihl‹ entsteht. 1815–18 Naturforscher der russ. wissensch. Expedition auf dem ›Rurik‹. 1819 Dr. phil. h. c., Adjunkt später Kustos beim Botan. Garten Berlin. Mitglied der Christl.-dt. Tischgesellschaft, seit 1827 steigende dichter. Produktivität; 1832–39 Mitherausgeber des ›Dt. Musenalmanachs‹ mit G. Schwab. Freund von E. T. A. Hoffmann. – Lyriker und Erzähler zwischen Spätromantik und Frührealismus, von biedermeierl. Formfeinheit, doch ohne starke individuelle Züge. Ging trotz nie vollkommener Beherrschung des Dt. ganz in dt. Geist auf. Lyrik mit Neigung zum Süßlichen und z. T. exot. Motiven, später liberal. Volkstüml. als Sänger der Liebe und Ehe in schwärmerisch-sentimentalen Gedichtzyklen und mit Balladen in Nachfolge Bérangers, den er übersetzt, schwankend zwischen kindl., schalkhafthumorist., sozialen und grausamunheiml. Tönen. In Verserzählungen Meister der Terzine. Tiefsinnige Kunstmärchen und die symbol. Erzählung vom verlorenen Schatten ›Peter Schlemihl‹ als Verklärung eig. Schicksals zwischen zwei Vaterländern. – Wichtiges und wiss. bedeutendes Reisewerk.

W: Peter Schlemihls wundersame Geschichte, E. 1814 (Urfassg. hg. H. Rogge 1919); Bemerkungen und Ansichten auf einer Entdeckungsreise, Ber. 1921; Gedichte, 1831; Werke, VI 1836–39; Fortunati Glückseckel und Wunschhütlein 1895. – SW, VI 1836–39, hg. M. Sydow V 1907, hkA hg. H. Tardel III 1907, hg. V. Hoffmann II 1975; hg. W. Feudel, C. Laufer II 1982; Naturwiss. Schrr., hg. R. Schneebeli-Graf 1984; L. Geiger, Aus Ch.s Frühzeit, Br. 1905; Correspondance, Paris 1934.
L: K. Fulda, 1881; R. Riegel, II Paris 1934; U. Baumgartner, Ch.s Peter Schlemihl, Diss. Zürich 1944; N. R. Schweizer, A poet among explorers, 1973; W. Feudel, ²1980; C. Sainte-Menehould, 1982; P. Lahnstein, 1984; Bibl.: Ph. Rath, Bibliotheca Schlemihliana, 1919; G. Schmid, Ch. als Naturforscher, 1942.

Chézy, Helmina von (eig. Wilhelmine Christiane, geb. von Klencke), 26. 1. 1738 Berlin – 28. 1. 1856 Genf; Enkelin der Karschin, lebte 1801–10 in Paris, dann Heidelberg, 1812–17 Köln, 1817–23 Dresden, 1923–31 Wien, dann in München. – Epigonal spätromant. Memoirenschriftstellerin, Übersetzerin und Erzählerin, bekannt als Verfasserin des Liedes ›Ach wie ist's möglich dann‹ und des Librettos zu C. M. v. Webers ›Euryanthe‹.

W: Gedichte, II 1812; Neue Auserlesene Schriften, II 1817; Aurikeln, 1818; Erzählungen und Novellen, II 1822; Euryanthe, Op. 1824.
L: E. Reitz, Diss. Ffm. 1923.

Chiavacci, Vincenz, 15. 6. 1847 Wien – 2. 2. 1916 ebda., 1868–86 Eisenbahnbeamter in Ungarn, 1887–91 und seit 1893 Feuilletonredakteur ›Neues Wiener Tagblatt‹, Freund Anzengrubers. – Wiener Lokal- und Bühnenschriftsteller, gemütvolle Schilderungen aus Wiener Volksleben in mundartl. gefärbten Skizzen. Vertreter des Altwiener Humors und Schöpfer typ. Gestalten.

W: Aus dem Kleinleben der Großstadt, Sk. 1884; Einer vom alten Schlag, Vst. (m. C. Karlweis, 1886); Wiener vom Grund, Sk. 1887; Frau Sopherl vom Naschmarkt, Posse (1890); Einer von der Burgmusik, Posse (1892); Der letzte Kreuzer, Posse (m. F. v. Schönthan, 1893); Klein-Bürger von Groß-Wien, Sk. 1893; Wiener Typen, Sk. 1894; Wiener vom alten Schlag, Sk. 1895.

Chlumberg, Hans von (eig. Hans Bardach Edler von Ch.), 30. 6. 1897 Wien – 25. 10. 1930 Leipzig, Offizierssohn, selbst österr. Offizier, trag. Tod durch Sturz bei Bühnenprobe. – Erfolgr. Dramatiker unter Einfluß Ibsens, Pirandellos und des Expressionismus. Die visionäre dramat. Bilderfolge ›Wunder um Verdun‹ bringt die Abrechnung der Toten des 1. Weltkriegs mit den Überlebenden.

W: Eines Tages, Dr. (1926); Das Blaue vom Himmel, Lsp. (1929); Wunder um Verdun, Dr. 1931.

Chodziesner, Gertrud → Kolmar, Gertrud

Chotjewitz, Peter O., *14. 6. 1934 Berlin; Malerlehre, Abendabitur, Stud. Musik, Philos., Geschichte, Jura, Publizistik Frankfurt/M., München, Berlin. 1964 Stipendiat des Dramatikerkollegs am Literarischen Colloquium Berlin, 1967/68 in der Villa Massimo in Rom, seither in Hessen. – Als Erzähler der offenen Formen Experimentator mit Erzählstrukturen und posenhafter Rollenprosa, Dokumentartexten, Kontrafakturen und Slogans; experimenteller Hörspielautor mit gesellschaftskrit.-agitator. Themen.

W: Hommage à Frantek, R. 1965; Ulmer Brettspiele, G. 1965; Zwei Sterne im Pulver, H. (1967); Die Insel, En. 1968; Roman. Ein Anpassungsmuster, 1968; Vom Leben und Lernen, Texte 1969; Die Falle, H. (1969); Abschied von Michalek, En. 1969; ; Supermenschen in Paranoia, H. (1969); Die vier Johannen, H. (1970); Weltmeisterschaft im Klassenkampf, Dr. (1971, nach Majakovskij); Der Tod der Minjotta, H. (1971); Die Trauer im Auge des Ochsen, En. 1972; Malavita, St. 1973; Reden ist tödlich, schweigen auch, E. 1974; Durch Schaden wird man dumm, En. 1976; Der dreißigjährige Friede, R. 1977; Die Herren des Morgengrauens, R. 1978; Saumlos, R. 1979; Mein Mann ist verhindert – Ein Anfall, E. 1985; Tod durch Leere, Sk. 1986.

Christ, Lena (eig. Lena Benedix, geb. Christ), 30. 10. 1881 Glonn/Obb. – 30. 6. 1920 München; schwere Jugend, Serviererin, Klosterfrau, ∞ Peter Benedix, Schriftsteller, der sie zum Schreiben anhielt; starb in den Inflationswirren durch Selbstmord. – Bayr. Heimatdichterin von echter und ursprüngl. Kraft. Thema der Aufstieg der Besitzlosen zu Besitz und Ansehen.

W: Erinnerungen einer Überflüssigen, Aut. 1912; Lausdirndlgeschichten, En. 1913; Unsere Bayern anno 14/15, En. III 1914 f.; Mathias Bichler, R. 1914; Die Rumplhanni, R. 1916; Bauern, En. 1919; Madame Bäurin, R. 1920. – GW, 1970, 1981.
L: P. Benedix, D. Weg d. L. C., 1940; G. Goepfert, D. Schicksal d. L. Ch., 1971.

Christaller, Helene, geb. Heyer, 31. 1. 1872 Darmstadt – 24. 5. 1953 Jugenheim, Anwaltstochter, Jugend in Darmstadt, 1900 ∞ Erdmann Gottreich Ch., anfangs im Schwarzwald, seit 1903 Jugenheim/Bergstr. – Gewandte Unterhaltungsschriftstellerin mit relig. gestimmten Frauen- und Eheromanen meist aus Pastorenhäusern, Novellen aus dem Schwarzwald, Erinnerungen und Jugendschriften.

W: Frauen, Nn. 1904; Magda, R. 1905; Meine Waldhäuser, En. 1906; Gottfried Erdmann und seine Frau, R. 1907; Aus niederen Hütten, En. 1908; Ruths Ehe, R. 1910; Heilige Liebe, R. 1911; Hier darf gebettelt werden, R. 1932; Christine, R. 1942.

Christen, Ada (eig. Christiane von Breden, geb. Friderik), 6. 3. 1844 Wien – 19. 5. 1901 ebda. Harte Jugend, seit 1859 Schauspielerin e. Wandertruppe, ∞ 1864 ungar. Stuhlrichter Siegmund von Neupaur in St. Gotthard/Ungarn, nach dessen Tod in bitterster Armut in Wien; von F. v. Saar als lyr. Begabung gefördert; ∞ 1873 Rittmeister a. D. Adalmar von Breden, geselliges Leben als Mittelpunkt e. Schriftstellerkreises, Verkehr mit Anzengruber u. a. – Als Lyrikerin wie als Erzählerin Vorbotin des Naturalismus und der Proletarierdichtung. Unkonventionelle erot. und soziale Lyrik von glühender Leidenschaft und selbstentblößendem Wahrheitsfanatismus. Gelangte als Erzählerin nach dem wild-ungeläuterten Schauspielerin-Roman ›Ella‹ über die kleine Prosaform der realist.-sozialkrit. Sittenbilder zu e. lit. Impressionismus.

W: Lieder einer Verlorenen, G. 1868; Ella, R. 1869; Aus der Asche, G. 1870; Faustina, Dr. (1871); Schatten, G. 1872; Vom Wege, Nn. 1874; Aus dem Leben, Sk. 1876; Aus der Tiefe, G. 1878; Unsere Nachbarn, Sk. 1884; Als sie starb, Sk. 1888; Jungfer Mutter, R. 1892 (als Dr. u. d. T. Wiener Leut', 1893); Hypnotisiert, Lsp. 1898; Fräulein Pascha, Lsp. 1899; AW, 1911.
L: H. Gronemann, 1947.

Christoff, Daniel, ∗ 31. 10. 1926 Bonn, Stud. Berlin, seit 1950 Grafiker. – Dramatiker, bes. Fernsehund Hörspielautor, greift z. T. mit skurriler Ironie in grotesk-allegor. Stoffen oder dokumentar. Milieus Verhaltensweise in der Gesellschaft, bes. Anpassung des einzelnen und Massenwahn, auf.

W: Noah ist tot, K. (1961); Exilregierung, Dr. (1963); Rückkehr von Elba, K. (1963); Schaukelstühle, R. 1964; Passagiere für Garganos, Dr. (1965); Kille Kille Kill, Dr. (1970).

Christus und die Samariterin, fragmentar. erhaltenes ahd. ep. Gedicht, um 900 (908?) aus der Reichenau, von knappem, ungleichstroph. Bau, mit volkstüml. Wendungen; behandelt als bibl. Einzelszene Joh. 4,6ff. nach der Vulgata in lebendiger Darstellung mit Wechselrede.

A: E. Steinmeyer, D. kl. ahd. Sprachdenkmäler, 1916; W. Braune, Ahd. Lesebuch ¹⁵1968.

Cibulka, Hanns, * 20. 9. 1920 Jägerndorf/Mähren; Handelslehre, Soldat, Kriegsgefangener in Sizilien, Bibliothekarslehre, Bibliothekar in Gotha. – Lyriker mit Landschaftsgedichten und sozialist. Aufbaugedichten in klassizist. Form; Erzähler aus dem Erleben der Kriegsgefangenschaft.

W: Märzlicht, G. 1954; Zwei Silben, G. 1959; Sizilianisches Tagebuch, Tg. 1960; Arioso, G. 1962; Umbrische Tage, G. 1963; Windrose, G. 1968; Lichtschwalben, G. 1974; Tagebücher, 1976; Lebensbaum, G. 1977; Das Buch Ruth, E. 1978; Der Rebstock, G. 1980; Swantow, E. 1983.

Circlaere, Thomasin von → Thomasin von Zerklaere

Cisek, Oscar Walter, 6. 12. 1897 Bukarest – 30. 5. 1966 ebda.; rumäniendt. Kaufmannssohn, Stud. Germanistik und Kunstgesch. München, rumän. Diplomat in Wien, Prag, Berlin, Generalkonsul in Bern; 1948 interniert, dann rehabilitiert. – Erzähler aus dem kreatürlich einfachen, erdnahen Leben Südosteuropas in breit ep. Landschafts- und Gesellschaftsschilderungen.

W: Die Tataren, E. 1929; Unbequeme Liebe, R. 1932; Die andere Stimme, G. 1934; Der Strom ohne Ende, R. 1937; Vor den Toren,

R. 1950; Am neuen Ufer, En. 1956; Reisigfeuer, R. II 1960–63.

Clajus der Jüngere → Klaj, Johann

Claudius, Eduard (eig. Eduard Schmidt, Ps. Edy Brendt), 29. 7. 1911 Buer b. Gelsenkirchen – 13. 12. 1976 Potsdam; Arbeitersohn, Maurerlehre, 1927 Gewerkschaftsfunktionär, 1929–32 Wanderung durch Südeuropa, 1932 Mitgl. der KPD, 1933 verhaftet, 1934 Emigration in die Schweiz, 1936–38 Rotspanienkämpfer, 1939–1945 in Schweizer Internierungslagern, 1945 Pressechef der bayr. Entnazifizierungsbehörde, zog 1947 vom Ruhrgebiet nach Potsdam, 1956 Generalkonsul in Syrien, 1959–61 Botschafter in Hanoi/Vietnam. – Derbrealist. Erzähler des sozialist. Weltbildes; auch Drama und journalist. Reportage.

W: Grüne Oliven und nackte Berge, R. 1945; Haß, E. 1947; Gewitter, En. 1948; Notizen nebenbei, Rep. 1948; Salz der Erde, R. 1948; Zu Anbeginn, E. 1950; Vom schweren Anfang, E. 1950; Erzählungen, 1951; Menschen an unserer Seite, R. 1951; Früchte der harten Zeit, En. 1953; Die Nacht des Käuzchens, E. 1955; Von der Liebe soll man nicht nur sprechen, R. 1957; Als die Fische Sterne schluckten, M. 1961; Das Mädchen Sanfte Wolke, En. 1962; Wintermärchen aus Rügen, E. 1965; Ruhelose Jahre, Aut. 1968; Hochzeit in den Alawitenbergen, En. 1975. – GW, 1974ff.
L: G. Piltz, 1952.

Claudius, Hermann, 19. (amtl.: 24.) 10. 1878 Langenfelde b. Altona – 8. 9. 1980 Grönwohld b. Hamburg; Sohn e. Bahnmeisters, Urenkel von Matthias C.; seit 1885 in Hamburg, 1900 Volksschullehrer, 1934 infolge Schwerhörigkeit pensioniert, seit 1940 in Hummelsbüttel b. Hamburg, seit 1960 in Grönwohld/Holst. – Niederdt. Lyriker und Erzähler von ergreifender Einfachheit, verträumter Innerlichkeit. Begann als erster mit plattdt. Großstadtlyrik und galt wegen sozialer Verse zunächst als Arbeiterdichter, wurde jedoch über den Heimatdichter hinaus zum volksliednahen Lyriker schlechthin, der sich in echter Herzenseinfalt s. heitere Natürlichkeit und Weltfrömmigkeit bewahrt hat und in den natürl. Bindungen lebt. Am glücklichsten in herzensnahen plattdt. Gedichten aus Natur und Kinderleben von inniger Melodienfülle und herber, versponnener Heiterkeit auf dunklem Hintergrund. In hist. und oft autobiograph. Erzählungen gleiche lyr. Grundhaltung. Auch Epos, Märchen, Kinderlied, Biographie, Übs., Drama, Hörspiel.

W: Mank Muern, G. 1912; Hörst Du nicht den Eisenschritt, G. 1914; Lieder der Unruh, G. 1920; Das Silberschiff, R. 1923; Heimkehr, G. 1925; Meister Bertram van Mynden, R. 1927; Armantje, En. 1935; Daß dein Herz fest sei, G. 1935; Wie ich den lieben Gott suchte, En. 1935; M. Claudius, B. 1938; Jeden Morgen auf die Sonne auf, G. 1938; Mein Vetter Emil, En. 1938; Zuhause, G. 1940; Eschenhuser Elegie, G. 1942; Aldebaran, Son. 1944; Der Garten Lusam, G. 1947; Nur die Seele, G. 1947; Ulenbütteler Idylle, G. 1948; Das Wolkenbüchlein, G. 1948; Und dennoch Melodie, Son. 1955; Min Weg na Huus, G. 1958; Karge reiche Kinderzeit, En. 1960; Der Rosenbusch, G.-Ausw. 1961; Skizzenbuch meiner Begegnungen, Aut. 1966; Töricht und weise, G. 1968; Meine Laterna magica, En. 1973. – GW, II 1957, III 1978. *L:* N. Numsen, 1938; C. Jenssen, hg. 1978.

Claudius, Matthias (Ps. Asmus, Wandsbecker Bote), 15. 8. 1740 Reinfeld/Holst. – 21. 1. 1815 Hamburg, Pfarrerssohn, 1755 Gelehrtenschule Plön, 1759–63 Stud. erst Theol., dann Jura und Staatswiss. Jena, 1764/65 Sekretär des Grafen Holstein in Kopenhagen, 1768–70 Mitarbeiter der ›Hamburgischen Neuen Zeitung‹ und der ›Adreß-Comptoir-Nachrichten‹. 1770–75 Hrsg. des ›Wandsbecker Boten‹ zur christl.-sittl. Bildung in volkstüml.-naiver Prosa; 1776/77 auf Herders Empfehlung Oberlandeskommissar in Darmstadt; seit 1777 freier Schriftsteller in Wandsbek und Erzieher der Söhne F. H. Jacobis. 1785 Jahresgehalt vom dän. Kronprinzen, 1788 Revisor der Holstein. Bank Altona, Winter 1814 Übersiedlung zu s. Schwiegersohn Perthes nach Hamburg. Bescheidenes, von Frömmigkeit erfülltes Leben. Freund von Lavater, Herder, Hamann, F. L. Stolberg, Boie, Voß u. a. Mitgliedern des Hainbundes. – Volkstüml. Lyriker und Prosaschriftsteller, origjnaler Denker und Dichter der absoluten naiven Einfachheit und tiefen Innigkeit. Anfangs im anakreont. Stil Gerstenbergs, dann ursprüngl., liedhafte Lyrik ohne künstl. lit. Absicht aus der Einfalt e. gläubigen Herzens und ergreifender Andacht zum Kleinen als Spiegel des Großen und Ewigen (›Der Mond ist aufgegangen‹, ›Rheinweinlied‹, ›Der Tod und das Mädchen‹, vertont von Schubert). Kritiker jeder verstiegenen Überschwenglichkeit. Gespräche, Briefe, Besprechungen, Fabeln und Sprüche in naiv-volkstüml. Plauderton.

W: Tändeleyen und Erzählungen, 1763; Asmus omnia sua secum portans, oder Sämtliche Werke des Wandsbecker Bothen, VIII 1775–1812. – Werke, hkA G. Behrmann, ²1924; C. Redlich II 1902; H. L. Geiger, 1958, 1973; U. Roedl, ⁴1965, 1978; J. Perfahl, 1968, 1984; Jugendbriefe hg. C. Redlich 1881; Briefe hg. H. Jessen, F. Schröder, II 1937–1940 (Bd. I ²1965), H.-J. Schulz, 1957. *L:* W. Stammler, 1915; H. Claudius, ⁰¹1942; J. Pfeiffer, 1949; I. Rüttenauer, ²1952; U. Roedl, ³1969; P. Berglar, 1972; A. Kranefuss, D. Gedd. d. Wandsbecker Boten, 1973; B. König, 1976; R. Görisch, M. C. u. D. Sturm u. Drang, 1981; W. Hehl, 1981.

Clauert, Hans → Krüger, Bartholomäus

Clauren, Heinrich (eig. Karl Gottlieb Samuel Heun), 20. 3. 1771 Dobrilugk/N.-Lausitz – 2. 8. 1854 Berlin; Stud. Jura Leipzig und Göttingen, Buchhändler, Sekretär, Hofrat. – Vielgelesener Unterhaltungsschriftsteller s. Zeit, traf mit sentimentallüsternen, pseudoromant. Erzählungen wie ›Mimili‹ (1816, n. 1984) den Geschmack des breiten, verborgen lüsternen Biedermeierpublikums. Prozeß mit W. Hauff, der den ›Mann im Mond‹ unter C.s Pseudonym als Satire geschrieben haben wollte.

W: Gesammelte Schriften, XXV 1851.
L: H. Liebing, D. En. C.s, Diss. Halle 1931.

Clemens, Bruno → Brehm, Bruno

Cochem, Martin von → Kochem, Martin von

Cohn, Emil → Ludwig, Emil

Cohn-Viebig, Clara → Viebig, Clara

Čokorač-Kamare, Stephan von → Kamare, Stephan von

Colerus (von Geldern), Egmont, 12. 5. 1888 Linz/Donau – 8. 4. 1939 Wien, Stud. Wien; versch. Berufe, 1913–23 Dozent an e. privaten Rechtsschule, dann Vizesekretär im österr. Bundesamt für Statistik. – Erzähler und Dramatiker; Gegenwartsromane um erot. Probleme, hist. Romanbiographien; daneben Einführungen in die Mathematik.

W: Antarktis, R. 1920; Sodom, R. 1920; Der dritte Weg, R. 1921; Weiße Magier, R. 1922; Pythagoras, R. 1924; Wieder wandert Behemoth, R. 1924; Die Nacht des Tiberius, N. 1926; Zwei Welten, R. 1926 (u. d. T. Marco Polo, 1935); Politik, Dr. 1927; Die neue Rasse, R. 1928; Kaufherr und Krämer, R. 1929;

Vom Einmaleins zum Integral, Schr. 1934; Leibniz, R. 1934; Vom Punkt zur 4. Dimension, Schr. 1935; Geheimnis um Casanova, N. 1936; Von Pythagoras bis Hilbert, Schr. 1937; Archimedes in Alexandrien, E. 1939.

Collin, Heinrich Joseph von, 26. 12. 1771 Wien – 28. 7. 1811 ebda., Arztsohn, 1790–94 Stud. Rechte ebda., 1795 Praktikant bei der Hofkanzlei, 1803 geadelt, 1809 Sekretär der Kredit-Hofkommission und Hofrat, kämpfte 1809 als Landwehroffizier und mit Wehrmannsliedern gegen Napoleon. Tod durch Nervenfieber aus Überarbeitung. – Franz. beeinflußter klassizist. Dramatiker von stark rhetor. Pathos. Kraftvoller patriot. Lyriker und Balladendichter.

W: Regulus, Tr. 1802; Coriolan, Tr. 1804; Polyxena, Tr. 1804; Balboa, Tr. 1806; Bianca della Porta, Tr. 1808; Lieder österreichischer Wehrmänner, G. 1809; Mäon, Tr. 1809; Gedichte, 1812; SW, VI 1812–14; Ausw. 1967.
L: F. Laban, 1879; M. Lederer (Archiv für österr. Gesch. 109) 1921.

Collin, Matthäus Casimir von, 3. 3. 1779 Wien – 23. 11. 1824 ebda., 1799–1804 Stud. Jura, Philos. und Geschichte Wien, 1804 Dr. jur., 1808 Prof. für Ästhetik und Geschichte der Philos. Krakau, 1810 Hofkonzipist Wien, 1812 Prof. für Geschichte und Philos. ebda., seit 1815 Erzieher des Herzogs von Reichstadt. – Als patriot. Dramatiker und Lyriker im Schatten s. Bruders; als Ästhetiker und Literaturkritiker Wegbereiter der Romantik in Wien.

W: Belas Krieg mit dem Vater, Dr. 1808; Die Befreyung von Jerusalem, Orat. 1812 (m. H. J. v. C.); Dramatische Dichtungen, II 1813; IV 1815–17; Die Rückkehr, Dr. 1814; Cyrus und Astyages, Op. 1818; Nachgelassene Gedichte, II 1827.
L: J. Wihan (Euphorion 5, Erg. Heft) 1901; R. Wehowsky, Diss. Bresl. 1938.

Communis, Meta → Seidl, Johann Gabriel

Conrad, Michael Georg, 5. 4. 1846 Gnodstadt/Franken – 20. 12. 1927 München, Bauernsohn, 1864–68 Stud. Neuphilol., Pädagogik und Philos. Genf, Neapel und Paris, 1868–70 Lehrer in Genf, 1871–76 in Neapel, 1878 Journalist in Paris, Bekanntschaft mit Zola; 1882 Rückkehr nach München, 1885–1901 Gründer und Hrsg. der Zs. ›Die Gesellschaft‹, Hauptorgan des Frühnaturalismus; 1893–98 Reichstagsabgeordneter. – Frühnaturalist. Kritiker und Erzähler, wurde durch s. enthusiast. Zola-Essays zum Wegbereiter des dt. Naturalismus. Breitangelegte, kompositionslose Romane in Zolas Milieutechnik; wirres Durcheinander der Szenen, Ereignisse, Briefe, Reden und Betrachtungen als Wiedergabe des ungeordneten Lebens; stilist. mehr biedermeierl.-realist. als naturalist. Später Einfluß Nietzsches (im Zukunftsroman ›In purpurner Finsternis‹).

W: Parisiana, Ess. 1880; Madame Lutetia, Ess. 1883; Lutetias Töchter, En. 1883; Totentanz der Liebe, Nn. 1885; Was die Isar rauscht, R. II 1888; Fantasio, En. 1889; Die klugen Jungfrauen, R. III 1889; Erlösung, Nn. 1891; Die Beichte des Narren, R. 1893; Raubzeug, Nn. 1893; In purpurner Finsternis, R. 1895; Salve Regina, G. 1899; Majestät, R. 1902; Von E. Zola bis G. Hauptmann, Ess. 1902; Der Herrgott am Grenzstein, R. II 1904; E. Zola, B. 1906.
L: H. Stümcke, 1893; O. Stauf v. d. March, 1925; H. Reisinger, Diss. Mchn. 1939; G. Stumpf, 1986.

Conradi, Hermann, 12. 7. 1862 Jeßnitz/Anhalt – 8. 3. 1890 Würzburg, Sohn e. Kaufmanns, Stud. Philos., Germanistik, mod. Sprachen und Nationalökonomie 1884–86 Berlin, 1886 Leipzig, 1887 München, 1889 Würzburg; nach Beschlagnahme von ›Adam Mensch‹ wegen Verstoß gegen die Sittlichkeit in den Realistenprozeß verwickelt (postum freigesprochen); nach Verbrennung aller Manuskripte Tod durch Lungenentzündung. – Als Lyriker und Erzähler e. der begabtesten und radikalsten Vorkämpfer des Naturalismus; leidenschaftl. unfertige, zerrissene Sturm-und-Drang-Natur unter Einfluß von Zola, Dostoevskij und Nietzsche. Lyriker von zyn. Selbstentblößung, z. T. stark rhetorisch. Romane als Gestaltung der inneren Zerrissenheit des patholog. Übergangsmenschen. Brutalität der Wahrheit im Angriff auf das Bürgertum: Frühexpressionismus. Auflösung der Erzählform in Szenen und Bruchstücke, interessant durch individuelle Sprachgebung der Figuren. Mithrsg. der ›Modernen Dichtercharaktere‹ (1885).

W: Brutalitäten, En. 1886; Lieder eines Sünders, G. 1887; Phrasen, R. 1887; Adam Mensch, R. 1889. – GS, III 1911 (m. Biogr.); Ausw. 1983.
L: K. Apfel, Diss. Mchn. 1922; K. Witt, Diss. Kiel 1932; W. Poscharnigg, Diss. Graz 1980.

Conta, Manfred von, * 30. 12. 1931 München, Gymnas. ebda., Volontär bei der ›Frankfurter Rundschau‹, Stud. Jura, Volkswirtschaft, Philos. und Psychol. Heidelberg; Journalist, polit. Korrespondent der ›Süddt. Zeitung‹ 1962 in Wien, 1969 in Madrid, dann in Rio de Janeiro. – Erzähler um psycholog. Konflikte wie Identitätsprobleme, Ichzerfall, Vereinsamung und Verfall des Menschen.

W: Der Totmacher, R. 1969; Schloßgeschichten, En. 1970.

Contessa (Salice-Contessa), Karl Wilhelm, 19. 8. 1777 Hirschberg – 2. 6. 1825 Berlin, Pädagogium Halle/S., Freundschaft mit Houwald; 1798 Stud. Jura Erlangen und Halle, 1800 in Paris, 1802/03 Privatgelehrter in Weimar,

1805–16 Berlin, 1816–24 bei Houwald in Sellendorf, dann Neuhaus b. Lübben, 1824 in Berlin. Mitglied der Serapionsbrüder (Urbild des Sylvester in E. T. A. Hoffmanns ›Serapionsbrüdern‹). Auch Landschaftsmaler. – Novellist im märchenhaften, dämon.-realist. Stil E. T. A. Hoffmanns mit dessen Mischung von Tragik und Groteske; Märchendichter; Alexandriner- und Prosa-Lustspiele, z. T. nach dem Franz.

W: Das Räthsel, Lsp. 1808; Dramatische Spiele und Erzählungen, II 1812–14; Erzählungen, II 1819; Sämmtliche Schriften, hg. E. v. Houwald IX 1826.
L: H. Meyer, D. Brüder C., 1906.

Conz, Karl Philipp, 28. 10. 1762 Lorch/Württ. – 20. 6. 1827 Tübingen, Sohn e. Amtsschreibers, Jugendfreund Schillers, 1780–83 Stud. Theol. Tübingen, 1789 Repetent ebda., 1790 Prediger in Stuttgart, 1793 Diakonus in Vaihingen/Enz und 1798 Ludwigsburg; 1804 Prof. der klass. Philol. und 1812 der Rhetorik in Tübingen. Lehrer Hölderlins. – Klassizist. Lyriker und Dramatiker von geringer schöpfer. Eigenkraft; bedeutend als Übersetzer (Aischylos, Euripides, Aristophanes, Lucretius, Seneca).

W.: Conradin von Schwaben, Dr. 1782; Gedichte, 1792; Timoleons Rückkehr nach Korinth, Dr. 1801; Kleinere prosaische Schriften, II 1821.
L: G. Cleß, Diss. Tüb. 1913; R. Lamrani, Diss. Lpz. 1982.

Cordan, Wolfgang (eig. Heinrich Horn), 3. 4. 1909 Berlin – 29. 1. 1966 Guatemala; Schulpforta, Stud. Altphilol., Philos. Musikwiss.; ging 1933–45 ins Exil nach Holland (Widerstandskämpfer), 1945 in die Schweiz, lange Reisen und Aufenthalte im Mittelmeerraum, seit 1953 in Mexiko und Guatemala auf Entdeckungsfahr-

ten, 1954 Prof. für Archäologie der Univ. Mérida/Yucatán. – Lyriker von Georgescher Formstrenge, Essayist, Verfasser hist. Romane, kulturgeschichtl. Bildbände und Erlebnisberichte. Übs. niederländ.-fläm. Dichtung.

W: Verwandlungen, G. 1947; Julian der Erleuchtete, R. 1950; Ernte am Mittag, G. 1951; Medea oder das Grenzenlose, R. 1952; Geheimnis im Urwald, Ber. 1959; Mayakreuz und rote Erde, E. 1960; Tod auf Tahiti, E. 1961; Tigerspur, Reiseb. 1964; Mexiko, Reiseb. 1967; Jahre der Freundschaft, G. 1982.

Cordus, Euricius (eig. Heinrich Ritze Solden gen. Korte), um 1486 Simtshausen/Hessen – 24. 12. 1535 Bremen, Stud. Erfurt, dem Humanistenkreis um Eobanus Hessus und Mutianus Rufus angehörig, 1516 Rektor der Stiftsschule ebda., 1523–27 Stadtarzt in Braunschweig, 1527 Prof. der Medizin Marburg, 1534/35 Stadtarzt und Prof. am Gymnas. Bremen. Schloß sich 1520 Luther an. – Humanist, Botaniker und neulat. Dichter: Lyrik, Satire, Epigramm, an Persius und Martial geschulte, scharf pointierte Epigramme als Höhepunkt dieser Gattung in neulat. Dichtung, von Lessing geschätzt und benutzt. Satiren gegen Eck und Emser.

W: Bucolicon, G. 1514; Epigrammata, 1520 (n. K. Krause 1892); Botanologicon, Dial. 1534; Opera poetica omnia, 1614.
L: H. Vogel, Diss. Greifsw. 1932; G. Wegemann, 1943.

Cornelius, Peter, 24. 12. 1824 Mainz – 26. 10. 1874 ebda., Sohn e. Schauspielers, Neffe des Malers, Schauspieler, 1845–49 Stud. Musik Berlin, 1852–58 als Protegé von F. Liszt in Weimar, 1860–64 mit R. Wagner in Wien, folgte ihm nach München, 1864 Theorielehrer der Musikhochschule ebda. – Dichterkomponist; Librettist s. eigenen Opern, Lieddichter und Lyriker.

W: Der Barbier von Bagdad, Op. 1856; Ein Sonettenkranz für Frau Rosa von Milde, G. 1859; Lieder, G. 1861; Der Cid, Dr. 1865; Gunlöd, Op. 1875; Gedichte, hg. A. Stern 1890; Literar. Werke, IV 1904 f., n. 1970. *L:* M. Hasse, II 1922 f., n. 1972; C. M. Cornelius, II 1925; H. Federhofer, K. Dehl, hg. 1976.

Corrinth, Curt, 20. 2. 1894 Lennep/Rheinland – 27. 8. 1960 Berlin, Sohn e. Prokuristen, Stud. Jura Paris und Marburg, 1915–17 Kriegsteilnehmer, 1917–28 Presseredakteur in Berlin, dann freier Schriftsteller, 1933 Verbot s. Werke, 1934–36 Redakteur, 1939/40 Dramaturg der Ufa, 1945 Buchhändler in Leichlingen, ab 1955 in Ost-Berlin. – Als Lyriker, Erzähler und Dramatiker von Menschheitspathos des Expressionismus ausgehend; daneben später Kriminal- und Kolportageromane.

W: Tat, Tod, Liebe, G. 1915; Troubadour auf Feldwacht, G. 1917; Der König von Trinador, Dr. 1918; Das große Gebet, G. 1919; Auferstehung, R. 1919; Potsdamer Platz, R. 1919; Trieb, R. 1919; Bordell, R. 1919; Liljol, R. 1921; Mord, R. 1922; Gift, R. 1923; Grauen, R. 1926; Trojaner, Dr. 1929; Die Sache mit Päker, R. 1956; Die Getreuen von Berneburg, R. 1957.

Corrodi, Wilhelm August, 27. 2. 1826 Zürich – 16. 8. 1885 ebda., Stud. Theol. Zürich und Basel. 1847–51 Kunstakademie München, 1862–81 Zeichenlehrer Winterthur, schließl. Zürich. – Schweizer Mundartdichter und Idylliker, anspruchslose Lieder. Erfolgreiche Dialektidyllen vor behagl. Humor, breite und handlungsarme Schilderungen bürgerl.-ländl. Lebens. Auch Dialektdramen sowie Übs. ins Schweizerdeutsch. Jugendschriftsteller mit romant. Märchen und Kindergeschichten mit eig. Illustrationen.

W: Lieder, 1853; Ein Buch ohne Titel, M. 1855; Dur und Moll, M. 1855; Waldleben, R.

1856; De Herr Professer, Idylle 1858; De Herr Vikari, Idylle 1858; Ernste Absichten, N. 1860; Der Herr Doktor, Idylle 1850; R. Burns Lieder, Übs. 1870; Blühendes Leben, R. 1870; De Ritchnecht, Lsp. 1873; De Maler, Lsp. 1875; Geschichten I, 1881; De Gast, Lsp. 1885; Ausw., hg. O. v. Greyerz 1922.
L: R. Hunziker, P. Schaffner, 1930.

Corte, Antonio → Habe, Hans

Corti, Egon Caesar Conte C. alle Catene, 2. 4. 1886 Agram – 17. 9. 1953 Klagenfurt, lombard. Uradel, Generalstabsoffizier im 1. Weltkrieg, Stud. Gesch. Wien (Dr. phil.), freier Schriftsteller ebda. – Vf. volkstüml., hist. Biographien interessanter Gestalten aus österr. Geschichte und jüngster Erinnerung. Auch Anekdoten.

W: Maximilian und Charlotte von Mexiko, B. II 1924; Das Haus Rothschild, B. II 1927 f.; Elisabeth, die seltsame Frau, B. 1934; Unter Zaren und gekrönten Frauen, Bn. 1936; Ludwig I. von Bayern, B. 1937; Die Kaiserin, Anek. 1940; Untergang und Auferstehung von Pompeji und Herculaneum, Schr. 1940; Der edle Ritter, Anek. 1941; Nelsons Kampf um Lady Hamilton, Stud. 1947; Metternich und die Frauen, II 1948 f.; Vom König zum Kaiser / Mensch und Herrscher / Der alte Kaiser. Franz-Joseph I. – B., III 1950, 1952, 1955; Wenn, B. 1954.
L: F. Wallisch, 1957 (m. Bibl.).

Corvinus, Jakob → Raabe, Wilhelm

Coryllis, Peter (eig. Walter Auerbach), *19. 7. 1909 Hainichen/Sachsen, Kaufmannslehre, seit 1955 Wirtschaftsberater und Steuerbevollmächtigter in Dülmen/Westf. – Als Lyriker Moralist und aggressiv-zyn. Kritiker von Staat und Gesellschaft in leichtverständl. Form.

W: Mit spitzem Griffel, G. Ess. 1960; Mensch, o gedenke, G. u. Prosa 1961; Kleine Blütenlese, G. 1961; Rost auf Gottes Geboten, G. 1961; Der Himmel hat keine Gewehre, G. 1962; Menschen, Gesichter, Stationen, G. 1965; Unkenruf und rote Korallen, G. 1966; Am Tag wird gesteinigt, G. 1968; Unterwegs, G. 1969; Fresken, G. 1971; Noch im

Zenit der Mitternacht, G. 1973; Signale zwischen Gestern und Morgen, Ausw. 1979.
L: W. Bortenschlager, Zwischen Stille und Lärm, 1979 (m. Bibl.).

Coubier, Heinz (eig. Kuhbier, Ps. H. Legendre), * 25. 5. 1905 Duisburg, Regisseur und Dramaturg in Gladbach-Rheydt, Regensburg, Köln und meist Berlin bis 1935, ⊙ Marianne Langewiesche, Erzählerin, wohnt in Ebenhausen b. München. – Vf. kultiviert-geistreicher Komödien; Dramen; wirkungsvoller psycholog. Roman in disziplinierter glasklarer Sprache. Übss.

W: Aimée oder Der gesunde Menschenverstand, K. 1938; Die Schiffe brennen, Dr. 1938; Ivar Kreuger, Tr. (1939); 100 000 000 Dollar oder Der Zauber der Propaganda, K. (1940, auch u. d. T. Bluff); Die Nacht in San Raffaele, N. 1940; Piratenkomödie, K. (1941); Mohammed oder die Konjunktur, K. 1945; Francisquita oder die Weltgeschichte, K. (1950); Morgen ist auch ein Tag, K. (1951); Fräulein Blaubart, K. (1955); Leb wohl!, H. (1956); Die Lorbeermaske oder Penelope, K. (1957); Belle Mère oder Lob der Schwiegermutter, K. 1958; Der Kommandant, Dr. 1959; Der falsche Zar, R. 1959; Die Passagiere, H. (1961); Gesang der Raben, Dr. (1962); Das nackte Leben, H. (1963); Was tun mit diesem Cäsar, Dr. (1971).

Courths-Mahler, Hedwig, geb. Mahler (Ps. Relham, Hedwig Brand), 18. 2. 1867 Nebra/Thür. – 26. 11. 1950 Rottach-Egern/ Obb.; lebte in Chemnitz, bis zum 2. Weltkrieg in Berlin, dann Rottach-Egern a. Tegernsee. – Seit 17. Lebensjahr Unterhaltungsschriftstellerin, schrieb 207 Romane (Gesamtauflage über 30 Mill.), innerlich unwahre und lit. wertlose Massenware, die den lit. Werten nicht zugängl. Schichten mit billigen Mitteln (Spannung, Schwarz-Weiß-Zeichnung, Belohnung der Tugend) und klischeehafter Gleichförmigkeit die Erfüllung ihrer Wunschträume in e. höheren Gesellschaft vorführt. Grenzenlos verkitschte, auf ver-

meintl. Vornehmheit stilisierte Sprache, oft parodiert.

L: W. Krieg, Unser Weg ging hinauf, 1954 (m. Bibl.); G. Sichelschmidt, 1967; C. Riess, Kein Traum blieb ungeträumt, 1974.

Cramer, Heinz Tilden von, * 12. 7. 1924 Stettin, Sohn e. balt. Gutsbesitzers, Jugend in Potsdam, Gymnas. Berlin, 1938–43 ebda. Stud. Musiktheorie b. B. Blacher, entzog sich 1944 der Einberufung; Musik- und Theaterkritiker in Berlin, 1947 Dramaturg, Funkregisseur in Berlin, seit 1953 freier Schriftsteller auf der Insel Procida b. Neapel, dann in Rom. – Dichter und Musiker, Opernlibrettist für B. Blacher und H. W. Henze, Essayist, Hörspielautor, zeitkrit. Romancier von mutiger Satire, übt als Moralist engagierte Kritik an der polit. und geist. Situation der dt. Gesellschaft. Wendung zu Science Fiction und Pop-Roman. Übs. aus dem Ital.

W: Die Flut, Op. (Musik B. Blacher) 1947; Swing-Sonette, 1949; Preußisches Märchen, Op. (Musik B. Blacher) 1950; Der Prozeß, Op. (m. B. Blacher, Musik: G. v. Einem) 1953; San Silverio, R. 1955; König Hirsch, Op. (Musik H. W. Henze, 1956); Major Skillgud übernimmt die Untersuchung, H. (1956); Die Kunstfigur, R. 1958; Die Ohrfeige, H. (1959); Der Familienausflug, H. (1960); Die Konzessionen des Himmels, R. 1961; Leben wie im Paradies, En. 1964; Die Reise nach Italien, H. (1965); Zwischenfälle bei einer Notlandung, Op. (Musik B. Blacher) 1965; Der Paralleldenker, R. 1968.

Cramer, Johann Andreas, 27. 1. 1723 Jöhstadt/Erzgeb. – 12. 6. 1788 Kiel, 1742–45 Stud. Theol. Leipzig, Mitarbeiter an ›Bremer Beiträgen‹, Freund Gellerts und Klopstocks; 1748 Prediger in Kröllwitz b. Lützen, 1750 Oberhofprediger Quedlinburg, 1754 dt. Hofprediger u. 1765 Prof. der Theol. Kopenhagen, 1771 Superintendent in Lübeck, 1774 Prof. für Theol. Kiel. Vater von K. F.

Cramer. – Predigtschriftsteller, Psalmenübersetzer und -bearbeiter, Lyriker mit geistlichen Oden und Kirchenliedern. Hrsg. der moral. Wochenschrift ›Der Nordische Aufseher‹ (1758–61).

W: Poetische Übersetzung der Psalmen, IV 1755–64; Neue geistliche Oden und Lieder, 1766–75; Sämmtliche Gedichte, III 1782f.; Hinterlassene Gedichte, III 1791.
L: G. Stoltenberg, 1935.

Cramer, Karl Friedrich, 7. 3. 1752 Quedlinburg – 8. 12. 1807 Paris, Sohn von J. A. Cramer, 1772–74 Stud. Theol. Göttingen (Mitglied des Hainbundes, Freund Bürgers), dann Leipzig, 1775 Prof. für griech. und oriental. Sprachen Kiel; 1794 als Anhänger der Franz. Revolution amtsenthoben, 1796 Buchhändler in Paris. – Lyriker, Biograph (bes. Klopstocks), Memoirenschreiber, Reiseschriftsteller und bes. Übs. aus dem Franz.

W: Von den Barden, Schr. 1770; Klopstock, 1777; Klopstock, er und über ihn, B. III 1780–82; Über mein Schicksal, Aut. 1794; Tagebuch aus Paris, II 1799f.
L: K. Krähe, 1907.

Craon, Moriz von → Moriz von Craon

Craûn, Moriz von → Moriz von Craon

Creutz, Friedrich Karl Kasimir Freiherr von, 24. 11. 1724 Bad Homburg – 6. 9. 1770 ebda., Autodidakt, 1746 hess.-homburg. Hofrat, Staatsrat, 1764 Reichshofrat. – Dichterphilosoph der Aufklärung. S. von A. v. Haller und Young beeinflußten Oden und Lieder überwinden die rationalist.-didakt. Haltung der Aufklärung zugunsten jenseitsbezogener Empfindung und innerer Erfahrung.

W: Versuche philosophischer Gedichte, G. 1742; Ode zum Lob der Gottheit, G. 1749; Oden und andere Gedichte, 1750; Versuch über die Seele, II 1753f.; Seneca, Tr. 1754; Die Gräber, G. 1760.
L: U. Bürgel, Diss. Marb. 1950.

Croissant (-Rust), Anna, 10. 12. 1860 Bad Dürkheim – 30. 7. 1943 München-Pasing; 1866–76 Klosterschule Amberg, 1886 Privatlehrerin in München, 1888 ⚭ H. Croissant, Ingenieur, Mitglied des Münchner Naturalistenkreises; lebte 1895–1904 in Ludwigshafen, dann Pasing. – Naturalist. Erzählerin mit z. T. humorvollen Darstellungen aus Bauernmilieu und Kleinstadtleben.

W: Feierabend, En. 1893; Gedichte in Prosa, 1893; Lebensstücke, En. 1893; Der Kakadu und Prinzessin auf der Erbse, Nn. 1896; Der standhafte Zinnsoldat, Dr. 1896; Der Bua, Dr. 1897; Pimpernellche, En. 1901; Aus unseres Herrgotts Tiergarten, En. 1906; Die Nann, R. 1906; Winkelquartett, R. 1908; Felsenbrunnerhof, R. 1910; Arche Noah, En. 1911; Kaleidoskop, Nn. 1921; Unkebunk, R. 1921.

Cronegk, Johann Friedrich Reichsfreiherr von, 2. 9. 1731 Ansbach – 1. 1. 1758 Nürnberg, Sohn e. Generalfeldmarschalleutnants, Stud. Jura 1749 Halle, 1750–52 Leipzig, Verkehr mit Gellert, Rabener, Weiße, Kästner, Gärtner, Zachariae, Ebert und Giseke. 1752 Bildungsreise nach Italien (Rom) und Frankreich (Paris), 1752 Kammerjunker in Ansbach, 1754 Hof-, Regierungs- und Justizrat ebda. – Dramatiker der Aufklärungszeit; anfangs Lustspielversuche nach franz. Muster, dann klassizist.-rhetor. Alexandrinertragödien von stoischem Heldentum, kaltem Patriotismus und Märtyrertum, ›Codrus‹ postum von F. Nicolai preisgekrönt, das Märtyrerstück ›Olint und Sophronia‹ (unvoll. a. d. Nl., ergänzt von C. A. v. Roschmann-

Hörburg) 1767 zur Eröffnung des Hamburger Nationaltheaters aufgeführt und in Lessings ›Hamburg. Dramaturgie‹ besprochen. Sprachgewandte Oden und Lehrgedichte. Mit J. P. Uz Hrsg. der moral. Wochenschrift ›Der Freund‹ (1754–56).

W: Der Krieg, Ode 1756; Einsamkeiten, G. 1758; Codrus, Tr. 1760; Schriften, hg. J. P. Uz II 1760f. (darin Olint u. Soph., n. DNL 72; Der Mißtrauische, n. 1969); Blüthen des Geistes, Lspp. 1775.

L: W. Gensel, 1894; H. Potter, Diss. Zürich 1950; S. Roth, D. Dramen J. F. v. C.s, Diss. Ffm. 1964.

Crotus Rubeanus od. Rubianus (eig. Johann Jäger, Ps. Venator, Venatius), um 1480 Dornheim b. Arnstadt/Thür. – um 1545 Halberstadt; seit 1498 in Erfurt, zum dortigen Humanistenkreis um Mutianus Rufus gehörig, 1505 in Fulda Freundschaft mit U. v. Hutten, 1510–16 Leiter der Klosterschule Fulda, 1517–20 in Italien, 1520/21 Rektor der Univ. Erfurt, Anschluß an die Reformation, Freund Luthers und Huttens; 1524–30 am Hof Albrechts von Brandenburg in Königsberg; 1530 Rückkehr zur kath. Kirche, in e. ›Apologia‹ 1531 verteidigt, Bruch mit Luther; 1531 vom Mainzer Erzbischof zum Kanonikus von Halle ernannt, um 1537 Domherr ebda. – Dt. Humanist, neben Hutten bedeutendster Mitarbeiter und Hauptverfasser des 1. Teils der → ›Epistulae obscurorum virorum‹, von großem satir. Talent.

L: F. W. Kampschulte, 1862; C. Diesch (Altpreuß. Biogr. I), 1941.

Csokor, Franz Theodor, 6. 9. 1885 Wien – 5. 1. 1969 ebda., Stud. Kunstgesch. Wien, 1915–18 Offizier, Reisen in Rußland, Polen, Italien, Frankreich, 1913/14 Dramaturg in Petersburg,

1923–27 Dramaturg und Regisseur am Raimund-Th. und Dt. Volkstheater Wien; nach Protest gegen die NS-Bücherverbrennungen in Dtl. 1933 verboten; 1938 beim Einmarsch in Österreich freiwillige Emigration nach Polen, 1939 Rumänien, 1941 Jugoslawien, Internierung auf der Insel Korčula; 1944 an der BBC Rom; 1946 Rückkehr nach Wien, 1947 Präsident des Österr. PEN-Clubs, Freund Werfels, Musils, Brochs u. a. – Bedeutendster Dramatiker des Expressionismus in Österreich, begann mit balladesken, ekstat. Spielen aus der Erregung des Weltkriegs in leidenschaftl. expressiver Gestaltung und pazifist. Haltung unter Einfluß Strindbergs. Erhöhung realist. Zeitgeschehens ins Symbolische. Sprengung des realen Bühnengeschehens ins Traumspiel; lose Bilderfolgen als Stationen e. Passion, Typen anstatt Personen. In der späteren Trilogie der Weltwende um Chr. Geb. z. T. Auflösung der Handlung in Standpunktdiskussionen und gedankl. Vertiefung auf Kosten dramat. Kraft. Männl. knappe Lyrik, Balladen, Erzählungen, Roman, Memoiren, Übersetzung (N. Evreinoff, 1919) und Bühnenbearbeitung (G. Büchners ›Woyzeck‹, 1927; Spiel von den 10 Jungfrauen, 1933; Z. Krasiński ›Die ungöttl. Komödie‹, 1936). Im Gesamtwerk Verkünder e. neuen, weltweiten Humanität.

W: Die Gewalten, Ball. 1912; Der große Kampf, Sp. 1915; Der Dolch und die Wunde, G. 1918; Die rote Straße, Dr. 1918; Die Sünde wider den Geist, Tr. 1918; Der Baum der Erkenntnis, Dr. 1919; Ewiger Aufbruch, Ball. 1926; Ballade von der Stadt, Dr. 1928; Gesellschaft der Menschenrechte, Dr. 1929; Besetztes Gebiet, Dr. 1930; Die Weibermühle, K. 1932; Gewesene Menschen, Dr. 1932; 3. November 1918, Tr. 1936; Über die Schwelle, En. 1937; Gottes General, Dr.

1939; Als Zivilist im poln. Krieg, Aut. 1940; Das schwarze Schiff, G. 1944; Kalypso, Dr. 1946; Der verlorene Sohn, Tr. 1947; Als Zivilist im Balkankrieg, Aut. 1947; Immer ist Anfang, G. 1952; Europäische Trilogie, Drr. 1952; Olymp und Golgatha, Dr.-Tril. 1954; Der Schlüssel zum Abgrund, R. 1955; Auf fremden Straßen, Aut. 1955; Hebt den Stein ab, Dr. 1957; Treibholz, Dr. 1959; Der zweite Hahnenschrei, En. 1959; Die Erweckung des Zosimir, Dr. 1960; Das Zeichen an der Wand, Dr. 1962; Der Mensch und die Macht, Drr. 1963; Zeuge einer Zeit, Br. 1964; Ein paar Schaufeln Erde, En. 1965; Die Kaiser zwischen den Zeiten, Dr. 1965; Alexander, Dr. 1969; Zwischen den Zeiten, Drr. Ausw. 1969.
L: L. Adler, Diss. Wien 1950; P. Wimmer, 1981.

Cube, Hellmut von, 31. 12. 1907 Stuttgart – 29. 9. 1979 München; Arztsohn, Stud. Germanistik Berlin und München, 1932 freier Schriftsteller, Feuilletonist, Presse- und Rundfunkkritiker, lebte in Holland, Italien, Frankreich, Schweiz, Estland, Oberbayern, zuletzt München. – Lyriker, Erzähler, Hörspiel- und Kinderbuchautor mit phantasiereich verspielten kleinen Formen und zuchtvoller Sprache, leicht surreale, charmante Kunstprosa und Nonsensgedichte.
W: Tierskizzenbüchlein, Pros. 1935; Das Spiegelbild, E. 1936; Bestiarium humanum, G. 1948; Der Lebenskrug, G. 1948; Reisen auf dem Atlas, G. 1950; Flügel trugen uns davon, E. 1957; Bratäpfel-Dezember, G. 1958; Pilzsammelsurium, Schr. 1960; Mein Leben bei den Trollen, E. 1961; Mürßl-Gedichte, G. 1967; Das Spiegelbild/Geschichten von Herrn Polder/Mitleid mit den Dingen, Ausw. III 1982.

Czechowski, Heinz, *7. 2. 1935 Dresden, Beamtensohn, Graphiker, 1958–61 Stud. Lit. Leipzig, 1961–65 Verlagslektor in Halle, dann freier Schriftsteller. – Sozialist. Lyriker mit Liebes- und Weltanschauungsgedichten aus melanchol. Lebensgefühl.
W: Nachmittag eines Liebespaares, G. 1962; Wasserfahrt, G. 1968; Schafe und Sterne, G. 1974; Spruch und Widerspruch, Ess. 1974; Was mich betrifft, G. 1981; Ich, beispielsweise, G. 1982; An Freund und Feind, G. 1983; Ich und die Folgen, G. 1987.

Czepko, Daniel von, 23. 9. 1605 Koischwitz b. Liegnitz – 8. 9. 1660 Wohlau, Pfarrerssohn aus mähr., protestant. Geschlecht, ab 1606 in Schweidnitz, bis 1623 Lateinschule ebda., Stud. Medizin Leipzig, Jura Straßburg im relig.-undogmat. Kreis von M. Bernegger und Chr. Köler, im Dienste des Markgrafen Christoph von Baden, Bildungsreise durch Frankreich und Italien, Praxis als Jurist am Kammergericht Speyer, 1629 Landwirt bei Schweidnitz, durch Protestantenverfolgung Dohnas nach Oberschlesien vertrieben, dort Hauslehrer und Gesellschafter des Freiherrn von Czigan in Dobroslawitz/Cosel; 1634 zurück nach Schweidnitz, ⚭ 1636 Anna Katharina Heintze, reiche Arzttochter, lebte der Verwaltung s. Güter und der Lit.; nach Tod s. Frau 1658 Regierungsrat der Herzöge von Brieg in Ohlau, Landtagsvorsitzender, Kaiserl. Rat und Diplomat; 1656 als C. von Reigersfeld geadelt; Tod auf e. Dienstreise. – Barocker Lyriker, Epigrammatiker und Dramatiker in der Opitz-Nachfolge; geistl. und Liebeslyrik, Lehrgedicht (›Corydon und Phyllis‹), Sonette, Psalmenparaphrase. Bes. myst.-theosoph. Epigrammatiker, der das relig. Gedankengut um die unio mystica in prägnanten Alexandrinerpaaren ohne die zugespitzte Paradoxie und ohne Ekstase in ruhiger Bewußtheit als Sinnspruch faßt; Vorbild und formale Vorstufe für Angelus Silesius' ›Cherubin. Wandersmann‹, der C.s ›Sexcenta monodisticha sapientium‹ (entst. 1640–47) benutzt. C.s Dichtungen wurden bis auf geringe Nebenwerke, lat. und dt. Gelegenheitsgedichte, nur hs. verbreitet; geringe Breitenwirkung.

A: Geistl. Schriften, hg. W. Milch 1930 (n. 1963); Weltl. Dichtungen, hg. ders. 1932 (n. 1963); SW, hg. M. Szyrocki, H. G. Roloff VII 1980ff.

L: K. T. Strasser, D. jge. C., 1913; W. Milch, 1934; H. Föllmi, C. u. Scheffler, Diss. Zürich 1968; A. Meier, D. C. als geistl. Dichter, 1975.

Czibulka, Alfons Freiherr von, 28. 6. 1888 Schloß Radboř b. Prag – 22. 10. 1969 München, 1907–10 Militärakademie Wiener Neustadt, 1910 österr. Dragoner-Rittmeister; 1912–14 Kunstakad. Breslau, 1918 Kunstakad. München, seither dort ansässig; Maler, dann freier Schriftsteller, Teilnahme am 2. Weltkrieg. – Erzähler meist hist. Stoffe aus der altösterr. Welt von liebenswürdig-besinnl. Humor; erfolgr. Unterhaltungslit.

W: Der Rosenschelm, N. 1926; Prinz Eugen von Savoyen, B. 1927; Die Handschuhe der Kaiserin, Nn. 1931; Der Tanz vor dem Buddha, R. 1934; Der Münzturm, R. 1936; Der Henker von Bernau, R. 1937; Der Kerzelmacher von Sankt Stephan, R. 1937; Würfelspiel, Nn. 1938; Das Abschiedskonzert, R. 1944; Die heilig-unheiligen Frauen vom Berge Ventoux, En. 1948; Die Brautfahrt nach Ungarn, R. 1953; Reich mir die Hand, mein Leben, R. 1956; Der Tanz ums Leben, En. 1958; Mozart in Wien, B. 1962.

Dach, Simon, 29. 7. 1605 Memel – 15. 4. 1659 Königsberg, 1619 Domschule Königsberg, 1621 Famulus e. Theologen in Wittenberg, Stadtschule ebda., ab 1624 Stadtschule Magdeburg, 1625 nach Königsberg, 1626 Stud. Theol. und Philos. ebda., Hauslehrer, 1633 Kollaborator der Domschule, 1636–39 deren Konrektor, Mitgl. des Königsberger Dichterkreises, 1639 Prof. der Poesie Univ. Königsberg, 1656

deren Rektor; 29. 7. 1641 ∞ Regina Pohl; 9. 5. 1645 Aufführung s. Singspiels ›Prussarchia‹ vor dem Hofe. Seit 1654 schwere Krankheit. 1658 Erhalt e. 10 Hufen großen Landguts als Geschenk des Kurfürsten. – Schlicht-volkstüml. Barocklyriker anfangs unter Einfluß von Opitz, doch innerlicher als der schles. Barock, modefern, einfach und gemütvoll in Sprache und Form, zarte, gedämpfte und leicht melanchol. Töne, idyll. Naturfreude und erlebnisnahe, durchaus persönl. empfundene Stimmungen. Trotz z. T. kunstvoller Strophik sangbare Lieder, z. T. von H. Albert vertont. Tauf-, Hochzeits-, Leichen- und Trostcarmina; vielgesungene Kirchenlieder aus ergebenem Gottvertrauen und e. frommen Lebensfreude, mehr in der Tradition des Reformationszeitalters; heiter genügsame Gesellschaftslieder als bürgerl. Heimatkunst, festl. Erhöhung des alltägl. Gemeinschaftslebens. Das D. früher zugeschriebene Lied ›Anke von Tharau‹ stammt von H. Albert.

W: Chur-Brandenburgische Rose, G. 1661. – Poet. Werke, 1696 (n. 1970); Wke, hg. H. Oesterley 1876 (n. 1977); Gedichte, hg. W. Ziesemer, IV 1936–38.

L: H. Stiehler, 1896; W. Ziesemer (Altpreuß. Forschgn. I) 1924; F. Dostal, Diss. Wien 1958; A. Schöne, Kürbishütte u. Königsberg, ²1982; S. D. und der Königsberger Dichterkreis, hg. A. Kelletat 1986.

Däubler, Theodor, 17. 8. 1876 Triest – 13. 6. 1934 St. Blasien/ Schwarzwald, Jugend in Triest und Venedig, zweisprachig erzogen, 15jährig Schiffsjunge, Einjähriger in Wien, 1898 Beginn des unsteten Wanderlebens in Neapel, Berlin, Wien und mehrere Jahre Venedig und Rom; 1903 Paris, Bekanntschaft mit mod. Malerei, Abstecher nach Florenz, 1910

Übersiedlung dorthin; bis 1914 Wanderungen durch Italien und Sizilien, 1914 nach Dresden, 1916 Kunstkritiker in Berlin, 1919 Genf; 1921 Einladung nach Griechenland, Reisen in Ägypten, Nubien, Palästina, Syrien, Türkei; 1926 schwerkrank nach Berlin, dann Neapel und Capri; Vortrags- und Künstlerfahrten in ganz Dtl., Skandinavien, England, Frankreich, Balkan, Präsident des dt. PEN-Clubs, 1928 Mitgl. der Akad. der Künste; 1931 wieder in Griechenland; 1932 an Tuberkulose erkrankt; 1933 Schlaganfall, seither Sanatorium St. Blasien. – Rhapsode von pathet.-hymn., gedankenschwerer und sich selbst dichtender Sprache mit rauschhaft-visionären Bildern in urtüml., z. T. ungebändigter Gewalt. Zart-traumhafte Lyrik, z. T. in strengen roman. Formen. Impressionist. Klangfülle, Musikalität und Reimtechnik als Verbindung nord. Fühlens mit roman. Formkunst. Schwer zugängl. ep.-lyr. Monumentalschöpfungen von kosm. Pathos, bes. im ›Nordlicht‹, e. zykl. Kosmogonie von über 30 000 hymn. Versen als wuchtige Sinfonie e. neuen, myth.-pantheist. Weltgefühls: Sehnsucht der Erde zur Sonne, des Menschen zum Licht und zu Gott, Bejahung des durchseelten Kosmos. Verbindung heidn.-dionys. und apollin.-christl. Elemente in e. ungleichwertigen Flut teils banaler, teils ahnungstiefer Gesichte, Bilder und Gedanken. Erzählende Werke um Diskrepanz von Natur und Zivilisation in der mod. Welt. Reisebücher. Als Essayist um das Verständnis der expressionist. Kunst bemüht.

W: Das Nordlicht, Ep. III 1910, II 1921; Ode und Gesänge, 1913; Wir wollen nicht verwei-

len, Aut. 1914; Hesperien, G. 1915; Der sternhelle Weg, G. 1915; Hymne an Italien, G. 1916; Mit silberner Sichel, Prosa 1916; Der neue Standpunkt, Ess. 1916; Das Sternenkind, G.-Ausw. 1916; Lucidarium in arte musicae, Es. 1917; Im Kampf um die moderne Kunst, Ess. 1919; Die Treppe zum Nordlicht, G. 1920; Der heilige Berg Athos, Prosa 1923; Sparta, Prosa 1923; Päan und Dithyrambos, G. 1924; Attische Sonette, 1924; Bestrickungen, Nn. 1927; L'Africana, R. 1928; Der Fischzug, Reiseb. 1930; Der Marmorbruch, E. 1930; Die Göttin mit der Fackel, R. 1931; Can Grande della Scala, Dr.-Fragm. 1932; Griechenland, Reiseb. 1946. – Dichtungen und Schriften, hg. F. Kemp 1956; Ausw., hg. H. Kaas 1985 (m. Bibl.).

L: C. Schmitt, D.s Nordlicht, 1916; E. Buschbeck, 1920; H. Ulbricht, 1951 (m. Ausw.); H. Wegener, Diss. Köln 1962; H. Wehinger, Diss. Innsbr. 1973.

Dahn, Felix, 9. 2. 1834 Hamburg – 3. 1. 1912 Breslau, Sohn des Schauspielerpaares Friedrich und Constanze D., ab März 1834 München, 1850–55 Stud. Rechte, Philos. und Gesch. ebda., 1852/53 Berlin (Teilnahme am ›Tunnel über der Spree‹), 1855 Dr. jur., 1857 Habilitation für dt. Recht und Rechtsgesch. München, Verkehr mit Geibel, Heyse, Scheffel u. a., 1858–63 Mitgl. der Dichtergesellschaft ›Das Krokodil‹; 1862 ao. Prof. für dt. Rechtsgesch. München; 1863 ao., 1865 o. Prof. für dt. Recht, Völkerrecht und Rechtsphilos. in Würzburg, 1872 Prof. in Königsberg, ⚭ Therese Freiin von Droste-Hülshoff, 1888–1910 Prof. in Breslau. – Als Historiker, Jurist und Dichter pathet. Verherrlicher der altdt. Vergangenheit zur Stärkung des Nationalbewußtseins. Lyriker des Münchner Kreises, blutleere Formkunst, kraftvoller in Balladen mit german.-nord. Stoffen. Als Dramatiker mit hist. Stoffen wenig erfolgreich. Epiker von unerschöpfl. Fruchtbarkeit mit hist. Romanen von antiquar.-patriot. Tendenz aus german. Altertum und Völkerwanderungszeit; Professorenromane aufgrund umfangreicher hist. Kenntnisse ohne künstler. Werte und von rein stoffl. Interesse. Völk. Pathos und gelehrtes kulturgeschichtl. Detail ohne seel. Vertiefung, hohle Menschengestaltung u. tendenziöse Schwarzweißzeichnung mit theatral. Spannungsmomenten. Riesenerfolg von ›Ein Kampf um Rom‹ vom Untergang des Ostgotenreichs. Dichterisch wertvoller die kleineren Erzählungen. Auch wiss. Werke u. Abhandlungen über dt. Recht, Rechtsgesch. und german. Gesch.

W: Harald und Theano, Ep. 1855; Gedichte, 1857; Deutsche Treue, Dr. 1871; Gedichte, 2. Slg. II 1873; Sind Götter?, E. 1874; Zwölf Balladen, 1875; König Roderich, Tr. 1875; Markgraf Rüdeger von Bechelaren, Tr. 1875; Die Amalungen, Ep. 1876; Ein Kampf um Rom, R. IV 1876; Die Staatskunst der Frau'n, Lsp. 1877; Balladen und Lieder, 1878; Kämpfende Herzen, En. 1878; Odhin's Trost, R. 1880; Kleine Romane aus der Völkerwanderung, XIII 1882–1901; Die Kreuzfahrer, E. II 1884; Skirnir, E. 1889; Erinnerungen, V 1890–95; Odhins Rache, E. 1891; Julian der Abtrünnige, R. III 1893. – GW, X 1921–24. *L:* H. Meyer, 1913; H. Tepper, D.s Balladenkunst, Diss. Bresl. 1930.

Daiber, Hans, ✱ 9. 5. 1927 Breslau, Stud. Philos., Philol., Gesch. und Kunstgesch. Jena, Berlin und Heidelberg; 1951 Hörfunkredakteur in Stuttgart, 1959 Fernsehdramaturg in Bremen, Feuilletonchef und Literaturkritiker in Köln. – Iron.-zyn. Erzähler und Hörspielautor.

W: Das Kummerbuch, H. (1964); Theater – eine Bilanz, Schr. 1965; Argumente für Lazarus, En. 1966; Vor Deutschland wird gewarnt, B.n 1967; Doppelspiel, R. 1969; G. Hauptmann, B. 1971; Deutsches Theater um 1945, St. 1976.

Dalberg, Wolfgang Heribert Reichsfreiherr von, 13. 11. 1750 Schloß Hernsheim b. Worms – 27. 9. 1806 Mannheim, Stud. Jura Heidelberg, Geheimrat, Kämmerer, 1791 kurpfälz. Hofkammer-

und Oberappellationsgerichtspräsident, 1778–1803 Intendant, ab 1780 auch künstler. Leiter des Nationaltheaters Mannheim. Ab 1803 in bad. Diensten Oberhofmeister, dann Staatsminister. – Als Dramatiker unbedeutend; Bühnenbearbeitungen engl. und franz. Dramen. Verdient um Schillers Erstlingsdramen wie um Hebung der dt. Bühne.

W: Walwais und Adelaide, Dr. 1778; Kora, Dr. 1780; Elektra, Dr. 1780; Der weibliche Ehescheue, Lsp. 1787; Montesquieu, Dr. 1787. *L:* J. H. Meyer, Diss. Hdlbg. 1902; F. Alafberg, 1907; H. Stubenrauch, 1957.

Damen, Hermann, 13. Jh., aus märk.-niederlausitz. Geschlecht in Dahme/Brandenb., 1302 und 1307 urkundl. in Rostock, letzte Lebensjahre am Niederrhein. – Norddt. bürgerl. Spruchdichter, Zeitgenosse Konrads von Würzburg und des Meißners, Lehrer Frauenlobs, Sprüche über Kunst in blumigem Stil; relig. Leich in der Tradition Walthers; relig. Sprüche von ernster Einfachheit.

A: P. Schlupkoten 1913 (m. Unters.). *L:* H. Onnes, Diss. Groningen 1913.

Danella, Utta (eig. Utta Schneider geb. Dennerler, Ps. Sylvia Groth, Stephan Dohl), gebürtige Berlinerin, lebt in München. – Unterhaltungsschriftstellerin mit breitangelegten Frauen- und Familienromanen mit stereotypen Figuren und sprachl. Klischees.

W: Alle Sterne vom Himmel, R. 1956; Regina auf den Stufen, R. 1957; Die Frauen der Talliens, R. 1958; Alles Töchter aus guter Familie, R. 1958; Die Reise nach Venedig, R. 1959; Stella Termogen, R. 1960; Tanz auf dem Regenbogen, R. 1962; Der Sommer des glücklichen Narren, R. 1963; Der Maulbeerbaum, R. 1964; Der Mond im See, R. 1965; Vergiß, wenn du leben willst, R. 1966; Quartett im September, R. 1967; Unter dem Zauberdach, R. 1967; Jovana, R. 1969; Niemandsland, R. 1970; Gestern oder Die Stunde nach Mitternacht, R. 1971; Der Schatten des Adlers, R. 1971; Der blaue Vogel, R. 1973;

Die Hochzeit auf dem Lande, R. 1975; Gespräch mit Janos, Plaud. 1975; Der dunkle Strom, R. 1977; Flutwelle, R. 1980; Eine Heimat hat der Mensch, R. 1981; Jacobs Frauen, R. 1983; Die Jungfrau im Lavendel, R. 1984; Die Unbesiegte, R. 1986.

Dangkrotzheim, Konrad, um 1372 Hagenau/Elsaß – Febr. 1444 ebda., Handwerkerssohn aus Hagenau, Schullehrer, 1402 Schöffe ebda., verfaßte 1435 als Schulbuch für Kinder das ›Heilige Namenbuch‹ von 556 Versen in einfacher, nicht ungewandter Sprache, e. versifiziertes Verzeichnis der Monatstage der Heiligen (Cisiojanus) mit eingeflochtenen Wetter- und Gesundheitsregeln.

A: K. Pichel, 1878.

Daniel von Soest (eig. Gervin Haverland), um 1490 – nach 1539, westfäl. Minorit, Ordensprovinzial in Köln, Guardian im Konvent von Soest. – Frischer, streitbarer kathol. Polemiker und Satiriker der Reformationszeit in Nähe zu Murner. Derbsaftige, z. T. bittere Sprache der zornigen Anklage, doch ohne allzubreite Tendenz und volkstüml. Form.

W: Ketterspegel, 1533; Dialogon, 1539; Apologeticon, 1539; Eine gemeyne Bicht oder Bekennung der Predikanten to Soest, Sat. 1539 (n. DLE Rhe. Reformation Bd. 3, 1933). *L:* F. Jostes, 1888.

Dannenberger, Hermann → Reger, Erik

Danszky, Eduard Paul, 14. 2. 1884 Wien – 4. 11. 1971 ebda.; Kulturredakteur und Schriftsteller in Wien. – Vf. histor. Romane und Novellen aus der österr. Geschichte.

W: Die neue Judith, R. 1919; Verkleidungen und Visionen, G. 1920; Gottlieb Straube und die Jugend, R. 1935; Frau Chef, R. 1936; Da leg ich meinen Hobel hin, R. 1939; Trabant der großen Sterne, R. 1948; Pater Fabelhans, R. 1950; Krone und Herz, R. II 1952f.; Die Gallmeyer, R. 1953; Sternkreuz, R. 1957.

Danziger, Carl-Jacob (eig. Joachim Schwarz), ★7. 11. 1909 Berlin; 1934–50 in Palästina, versch. Berufe, ging 1950 in die DDR. – Vf. systemkonformer Betriebsromane, mehr romanhafter Reportagen, und e. krit. Autobiographie.

W: Der neue Direktor, R. 1961; Ungewöhnliche Kirmes, R. 1961; Die Jubiläumsuhr, R. 1962; Das gespaltene Herz, R. 1962; Die sechste Kolonne, R. 1963; Die Partei hat immer recht, Aut. 1976; Falscher Salut, Aut. 1978; Kein Talent für Israel, Aut. 1980.

Daumann, Rudolf Heinrich (Ps. Haerd), 2. 11. 1896 Groß-Gohlau b. Neumarkt – 30. 11. 1957 Potsdam, Bauernsohn, bis 1933 Volksschullehrer, KP-Mitglied und 1944/45 Widerstandskämpfer in Österreich, 1946 Sendeleiter in Potsdam. – Jugendbuchautor mit histor., Science Fiction- und Abenteuerromanen.

W: Der Streik, R. 1932 (u. d. T. Das schwarze Jahr, 1949); Dünn wie eine Eierschale, R. 1936; Macht aus der Sonne, R. 1937; Gefahr aus dem Weltall, R. 1938; Protuberanzen, R. 1940; Herzen im Sturm, R. 1954; Die Marwitz-Kosaken, R. 1954; Stürmische Tage am Rhein, R. 1955; Tatanka – Yotanka, R. 1955 (u. d. T. Sitting Bull, 1958); Die vier Pfeile der Cheyenne, R. 1957; Der Untergang der Dakota, R. 1958.

Daumer, Georg Friedrich (Ps. Eusebius Emmeran), 5. 3. 1800 Nürnberg – 13. 12. 1875 Würzburg, 1817 zum Theologiestud. Erlangen, Stud. Philos. ebda. u. Leipzig; 1822 Lehrer der Lateinschule Nürnberg, 1827 Prof. am Gymnas. ebda., 1830 zurückgezogen zu philos.-relig. Schriftstellerei; in den 50er Jahren nach Frankfurt, 1858 Übertritt zur kath. Kirche, dann in Würzburg. Eintreten für Kaspar Hauser. – Religionsphilosoph, Dichter und Übs. Erst Pietist, dann philos. Gegner des Christentums als e. lebensfeindl. Vernichtungsrelig.;

schließl. Vorkämpfer des ultramontanen Katholizismus. Lyriker und Erzähler von oriental. beeinflußter Formkunst, doch mehr reflexiv als empfunden.

W: Bettina, G. 1837; Die Glorie der hl. Jungfrau Maria, Leg. 1841; Der Feuer- und Molochdienst der alten Hebräer, 1842; Hafis, G. II 1846–52; Die Geheimnisse des christl. Altertums, II 1847; Mahomed und sein Werk, G. 1848; Die Religion des neuen Weltalters, Schr. III 1850; Polydora, G. 1855; Meine Conversion, 1859; Enthüllungen über Kaspar Hauser, Schr. 1859; Schöne Seelen, Nn. 1862; Das Christentum und seine Urheber, 1864; Ges. poet. Werke I, hg. 1924. *L:* H. Effelberger, Diss. Marb. 1920; K. Kluncker, 1984.

Dauthendey, Max(imilian), 25. 7. 1867 Würzburg – 29. 8. 1918 Malang/Java, Sohn e. Photographen, wollte Kunstmaler werden, auf Wunsch des Vaters 1886–89 in dessen Photoatelier, 1891 Schriftsteller in Berlin, seither unstetes Wanderleben, 1893 Bekanntschaft mit Dehmel und George, 1893/94 meist in Schweden, 1894 in London; seit Febr. 1896 Paris, 5. 5. 1896 ebda. ⚭ Annie Johanson, 1897/98 mit Frau nach New York und Mexiko, 1898 in Griechenland, 1899–1905 in Paris, 1905/06 Reise Ägypten, Indien, China, Japan, Hawaii, USA; tiefe Eindrücke ostasiat. Lebens- u. Kunstauffassung. 1914 neue Weltreise, Arabien, Java, Neuguinea; vom Weltkrieg überrascht, vergebl. Heimkehrversuche, starb tropen- und heimwehkrank in Internierung. – Sinnenhaft-impressionist. Dichter, romant. Monist, Verkünder e. leidenschaftl. Schönheitskultes und e. ›Weltfestlichkeitsgefühls‹. Romant. Fernweh und Heimweh bestimmen Stoff und Atmosphäre s. Werkes. Lyriker von außerordentlicher Empfänglichkeit für sinnl. Reize und starker sinnl. Anschaulichkeit und Musikalität der Sprache: Umsetzung impressionist. Gemälde in Wortkunst; ausgeprägter Sinn für Synästhesien. Hauptthemen: Liebe, Natur, Schönheit. Anfangs formstrenge Lyrik unter Einfluß Georges, dann impressionist. aufgelockerte, rhythmisierte Prosa; Erzähler exot. Novellen in lyr. Prosa, oft erot. Inhalt in zarten Pastelltönen; bühnenschwache Dramen. M. D.-Gesellschaft Würzburg.

W: Ultra-Violett, G. 1893; Reliquien, G. 1899; Die ewige Hochzeit, G. 1905; Singsangbuch, G. 1907; Lingam, Nn. 1909; Lusamgärtlein, G. 1909; Die geflügelte Erde, G. 1910; Die Spielereien einer Kaiserin, Dr. 1910; Die acht Gesichter am Biwasee, Nn. 1911; Raubmenschen, R. 1911; Der Geist meines Vaters, B. 1912; Gedankengut aus meinen Wanderjahren, Aut. II 1913; Geschichten aus den vier Winden, Nn. 1915; Erlebnisse auf Java, Tgb. 1924; Letzte Reise, Tgb., Br. 1925; Sieben Meere nahmen mich auf, Ein Lebensbild, 1957; Frühe Prosa, 1957. – GW, VI 1925. *L:* H. G. Wendt, N. Y. 1936 (m. Bibl.); W. Kraemer, Diss. Gießen 1937; H. Gerstner, M. D. u. Franken, 1958; K. Seyfarth, Diss. Marb. 1960.

Davi, Hans Leopold, *10. 1. 1928 Santa Cruz de Tenerife/Kanarische Inseln, zweisprachig aufgewachsen, Buchhandelslehre in Zürich, zwei Jahre in Paris, seit 1953 Buchhändler in Luzern. – Lyriker von schlichter Volkstümlichkeit. Übs. aus dem Span.

W: Gedichte einer Jugend, 1952; Spuren am Strand, G. 1956; Kinderlieder, G. 1959; Stein und Wolke, G. 1961; Distel- und Mistelworte, Aphor. 1971; Der Herzmaler, En. 1982; Neue Distel- und Mistelworte, Aphor. 1984.

David von Augsburg, um 1200 Augsburg (?) – 15. 11. 1272 ebda.; 1221 Franziskanernovize in Augsburg, um 1230–40 Novizenmeister und Prof. der Theol. Regensburg, hier Lehrer Bertholds von Regensburg, den D. später auf s. Predigtreisen begleitete, dann Haupttätigkeit in Augsburg. – Bedeutender Prediger, theologischer Schriftsteller und Mystiker des 13. Jh., Vf. von meist lat. Traktaten über relig.-sittl., gottgefällige Lebensführung. Gemütstiefe, milde, zur Mystik neigende Frömmigkeit. Dt. Predigten nicht überliefert. Weitreichender Einfluß bis zum ›Schwabenspiegel‹.

W: De exterioris et interioris hominis compositione (n. 1899, d. T. Villanova 1902); De Inquisitione (n. W. Preger, Abh. Bayr. Akad. d. Wiss. 14, 1878); Dt. Schriften (hg. F. Pfeiffer, Dt. Mystiker I, ²1962); Die sieben Staffeln des Gebetes, hg. K. Ruh 1965. *L:* D. Stöckerl, 1918; H. Lehmann, Diss. Lpz. 1922; F. M. Schwab, 1971.

David, Jakob Julius, 6. 2. 1859 Mährisch-Weißkirchen – 20. 11. 1906 Wien, 1877 Stud. Philol. und Philos. Wien, daneben als Broterwerb Journalist und Hauslehrer, 1889 Dr. phil., wegen Schwerhörigkeit fürs Lehramt untauglich, daher Journalist, 1891 Redakteur und freier Schriftsteller in Wien. – Schwermütiger, herber Erzähler in der Nachfolge des Realismus mit Romanen von starkem sozialem Mitleidsethos für das geistige Proletariat in Wiener Mietskasernen und für im Lebenskampf resignierende und leidtragende Existenzen; hist. Novellen; stilreine Erzählungen aus der mähr. Heimat in melanchol. gedämpften Farben. Pessimist. trübe Gedichte; Dramen in der Anzengruber-Nachfolge; Essays.

W: Das Höfe-Recht, R. 1890; Die Wiedergeborenen, E. 1890; Das Blut, R. 1891; Hagars Sohn, Dr. 1891; Gedichte, 1892; Probleme, En. 1892; Frühschein, En. 1896; Ein Regentag, Dr. 1896; Neigung, Dr. 1898; Am Wege sterben, R. 1900; Die Troika, En. 1901; Der Übergang, R. 1903; Die Hanna, En. 1904; Stimmen der Dämmerung, En. 1908 (m. Bibl.). – GW, VII 1908 f. *L:* A. Caspary, 1908; E. Spiero, 1920 (m. Bibl.); H. Groeneweg, 1929; H. Kloos, Diss. Freib. 1930.

Davidsohn, Hans → Hoddis, Jakob van

Dedekind, Friedrich, um 1525 Neustadt a. R. – 27. 2. 1598 Lüneburg. 1543 Stud. Theol. Wittenberg, 1551 Pastor in Neustadt a. R., 1575 in Lüneburg, zuletzt Superintendent. – Satiriker, dichtete als Student in glatten lat. Distichen die Satire ›Grobianus‹ als iron. Anleitung zu unflätigem Benehmen bei Tisch und in Gesellschaft. Wegen s. burschikosen Witzes viel gelesen, 1551 von Kaspar → Scheidt in freier, erweiterter dt. Versbearbeitung vergrößert und sehr populär, in viele Sprachen übs., 1552 von D. um das weibl. Gegenstück der Grobiana erweitert und 1554 nach Scheidts Version in 3 Büchern neu bearbeitet. Tendenziöse Reformationsdramen zur Bekämpfung der Gegenreformation.

W: Grobianus, 1549 (n. A. Bömer 1903, Übs. K. Scheidt 1551, n. 1966, 1979); erw. als: Grobianus et Grobiana, 1554; Der christliche Ritter, Dr. 1576; Papista conversus, Dr. 1596. *L:* F. Bergmeier, D.s Grobianus in Engl., Diss. Greifsw. 1903.

Degener, Volker W., *12. 6. 1941 Berlin; Polizeikommissar in Bochum. – Erzähler realist.-iron. Schilderungen aus der Welt der Jugendlichen; auch Kinderbücher.

W: Du Rollmops, R. 1971; Kehrseiten und andere Ansichten, G. u. Prosa 1973; Heimsuchung, R. 1976; Einfach nur so leben, En. 1978; Geht's uns was an?, E. 1981.

Degenhardt, Franz Josef, *3. 12. 1931 Schwelm/Westf., Stud. Jura Freiburg und Köln, 1966 Dr. jur., 1961–69 Assistent der Univ. Saarbrücken, seit 1969 Rechtsanwalt in Hamburg. – Anfangs Vf. und Sänger iron.-makabrer Chansons und krit., doch unideolog. und vorurteilsloser Bänkellieder auf allg. menschliche Schwächen, die dt. Gesellschaft der Gegenwart und ihre Tabus, die in Melancholie ausklangen; ab 1967 aggressivere agitator. Protestsongs gegen das kapitalist. System mit plakativen Vereinfachungen.

W: Spiel nicht mit den Schmuddelkindern, Ball. u. Chansons, 1967; Da habt ihr es!, Stücke u. Lieder 1968 (m. W. Neuß, H.-D. Hüsch, D. Süverkrüp); Im Jahr der Schweine, Chansons 1970; Zündschnüre, R. 1973; Laßt nicht die roten Hähne flattern, Lieder 1974; Brandstellen, R. 1975; Die Mißhandlung, R. 1979; Kommt an den Tisch unter Pflaumenbäumen, Lieder 1981; Der Liedermacher, R. 1982; Die Abholzung, R. 1985.
L: H. L. Arnold, hg. 1972, 1975 (m. Bibl.); A. u. U. Maske, Das werden wir schon ändern, 1977.

De Heinrico, anonymes, zwischen 996 und 1002 im nördl. Thüringen entstandenes Gedicht; schildert den Empfang Herzog Heinrichs II. von Bayern durch Kaiser Otto III. beim Hoftag zu Magdeburg 995 als Propaganda für die Kaiserwahl Heinrichs II. Langzeilenstrophen in lat.-dt. Mischsprache; einfache, kunstlose Sprache und trockene, realist. Darstellung. Einziges erhaltenes ahd. polit.-hist. Zeitgedicht.

A: E. Steinmeyer, D. kl. ahd. Sprachdenkmäler, ²1916; W. Braune, Ahd. Lesebuch, ¹⁵1968.

Dehmel, Richard, 18. 11. 1863 Wendisch-Hermsdorf/Spreewald – 8. 2. 1920 Blankenese b. Hamburg, Sohne e. Revierförsters schles. Herkunft, 1882–87 Stud. Naturwiss., Volkswirtschaft, Soziologie und Philos. Berlin und Leipzig; 1884 zeitweilig Redakteur; 1887 Dr. phil.; 1887–95 Sekretär des Verbandes Dt. Versicherungen Berlin. Verkehr mit Brüdern Hart, O. E. Hartleben, A. Strindberg und A. Holz. ∞ 1889 Paula Oppenheimer. 1891 Beginn der lebenslangen Freundschaft mit Liliencron; seit 1895 freier Schriftsteller; 1899 Scheidung, ∞ Ida Auerbach;

1899–1902 mit ihr auf Reisen: Italien, Griechenland, Schweiz, Holland, England. 1902 in Blankenese ansässig. 1914 Kriegsfreiwilliger, Leutnant. Tod durch Thrombose. Förderer G. Engelkes. – Bedeutender revolutionärer Lyriker zwischen sozialem Naturalismus, dem vitalen Impressionismus Liliencrons und geistbetontem Expressionismus, Einfluß Nietzsche, Holz, Whitman. Mischung von bohrender Geistigkeit und leidenschaftl. Trieblseligkeit. Ablehnung klass.-romant. Tradition, meist gereimte oder ungereimte freie Rhythmen, starke Melodie und Bildkraft von liedhaft schlichter Lyrik bis metaphys. Spekulation. Hauptthema Macht des Eros, Widerstreit von Trieb und Vernunft; Liebe als kosm. Geheimnis und Erhöhung des Menschen, über die Vereinzelung des Ich. Panerotiker, antibürgerl. Sexual- und Sozialreformer, in der Bekämpfung der verlogenen bürgerl. Sexualmoral Nähe zu Wedekind. Hauptwerk der Romanzenzyklus ›Zwei Menschen‹, ins Komische gewandte Liebesgeschichte, Synthese phys. u. geistiger Elemente in der Liebe. Starkes Sozialgefühl in volkstüml. Liedern (›Der Arbeitsmann‹, ›Erntelied‹). Gefahr gedankl. Überfrachtung. Lit.geschichtl. bedeutend durch große Wirkung auf zeitgenöss. Lyrik, heute z. T. überholt, da s. Weltanschauungsdichtung gegenstandslos. Weltanschaul. aufschlußreiche Dramen.

W: Erlösungen, G. 1891; Aber die Liebe, G. u. En. 1893; Lebensblätter, G. u. Nn. 1895; Der Mitmensch, Dr. 1895; Weib und Welt, G. 1896; Zwei Menschen, Ep. 1903; Die Verwandlungen der Venus, G. 1907; Betrachtungen über Kunst, Gott und die Welt, Ess. 1909; Michel Michael, K. 1911; Schöne wilde Welt, G. 1913; Die Menschenfreunde, Dr. 1917; Zwischen Volk und Menschheit, Tg. 1919;

Die Götterfamilie, K. 1921; Ausgew. Briefe, II 1922f.; Mein Leben, 1922; Bekenntnisse, 1926. – GW, X 1906–09, III 1913; Ausw. 1963.
L: J. Bab, 1926; H. Slochower, 1928; P. v. Hagen, 1932; W. Lorenz, D. relig. Lebensform D.s, 1932; G. Schiefler, 1961; H. Fritz, Lit. Jugendstil u. Expressionismus, 1969.

Deichsel, Wolfgang, * 20. 3. 1939 Wiesbaden; Stud. Germanistik Mainz, Wien, Marburg, lebte in Berlin, dann Wiesbaden, zeitweilig Mitdirektor des Theaters am Turm in Frankfurt/M. – Dramatiker mit drast.-grotesken, hintergründigen Volksstücken in hess. Dialekt mit Schwanksituationen aus dem Kleinbürgerleben, die falsche Verhaltensweisen und die Fremdbestimmung des Menschen durch äußere Kräfte enthüllen. Molière-Bearbeitungen.
W: Agent Bernd Etzel, 2 Possen (1968); Bleiwe losse, FSsp. u. Dr. (1969); Frankenstein I, Dr. (1970); Kopf ab, Kopf an, Kopf aus, Dr. (1971); Frankenstein 2, Dr. 1972; Zelle des Schreckens, Sch. (1974); Loch im Kopp, Dr. (1976); Zappzarapp, Dr. (1982); Midas, Dr. (1987).

Deicke, Günther, * 21. 10. 1922 Hildburghausen; 1941–45 Marineoffizier, 1947 Landarbeiter, dann Kulturredakteur, seit 1951 Verlagslektor und Redakteur in Berlin. – Sozialist. Lyriker mit schlichten, traditionellen Formen bes. in stimmungshaften Landschaftsgedichten. Auch Opern- und Musicallibrettist, Literaturkritiker, Hrsg.
W: Liebe in unseren Tagen, G. 1954; Traum vom glücklichen Jahr, G. 1959; Du und dein Land und die Liebe, G. u. Tg. 1959; Die Wolken, G. 1964; Reiter der Nacht, Libr. (1973).

Deinhardstein, Johann Ludwig (Ps. Dr. Römer), 21. 6. 1794 Wien – 12. 7. 1859 ebda., Stud. Jura Wien, 1825 Lehrer am Theresianum, 1827 Prof. für Ästhetik und klass. Lit., 1829 Bücherzensor,

1832–41 Vizedirektor am Hofburgtheater. – Lyriker, Dramatiker, Erzähler und Übs. Komödien von geschickter Bühnentechnik, doch oberflächl. u. ohne künstler. Ansprüche; Hauptbegründer des sog. Künstlerdramas.
W: Hans Sachs, Dr. 1829; Garrick in Bristol, Lsp. 1832; Gedichte, 1844; Ges. dramat. Werke, VII 1848–57.

Deissinger, Hans * 19. 7. 1890 Mies/Böhmen, sudetendt. Schulmeisterfamilie; Gymnas. Mies, Stud. dt. und klass. Philol. Wien, Dr. phil. Supplent Staatsgymnas. Asch und Salzburg, 1920–36 Prof. Staatsgewerbeschule Salzburg, 1936 frühzeitiger Ruhestand als freier Schriftsteller in Anthering b. Salzburg. – Vielgestaltiger, leidenschaftl. Lyriker von starker Bildkraft, barocker Bewegtheit und Musikalität, Liebe zu Landschaft und Natur; Erzähler spannender Heimatromane aus dramat. Elementen und z. T. myst.-myth. Hintergrund; Novelle und Drama.
W: F. Sauter, B. 1926 (m. O. Pfeiffer); Erde, wir lassen dich nicht!, G. 1932; Geschwister, Dr. 1936; Das ewige Antlitz, R. 1937; Alpennovelle, N. 1939 (Neufassg. 1950); Der Menschenhai, R. 1939; Der dritte Weg, Dr. (1951); Das Zaubermal, R. 1952; Die sechs denkwürdigen Nächte des Sixtus Agostini, N. 1961; Zeichen im Abend, G. 1961.

De la Motte Fouqué, Friedrich → Fouqué, Friedrich Baron de la Motte

De la Roche, Sophie → La Roche, Sophie von

Delius, Friedrich Christian, * 13. 2. 1943 Rom, Jugend in Wehrda/Hessen, 1963–70 Stud. Germanistik Berlin. – Gesellschafts- und tagespolitisch engagierter Lyriker mit lakon. knappen, parabel- und sentenzhaften Versen und

Spruchgedichten von gelassener
Ironie; später zeitgesch. Roman.

W: Kerbholz, G. 1965; Wir Unternehmer,
Montage-Sat. 1966; Wenn wir, bei Rot, G.
1969; Der Held und sein Wetter, Abh. 1971;
Unsere Siemens-Welt, Sat. 1972; Ein Bankier
auf der Flucht, G. 1975; Die unsichtbaren
Blitze, G. 1981; Ein Held der inneren Sicherheit, R. 1981; Adenauerplatz, R. 1984; Einige
Argumente zur Verteidigung der Gemüse-
esser, Sat. 1985; Mogadischu Fensterplatz, R.
1987.

Dellarosa, Ludwig → Gleich, Joseph Alois

Delle Grazie, Marie Eugenie,
14. 8. 1864 Weißkirchen/Banat –
19. 2. 1931 Wien, Tochter e.
Bergbaudirektors aus altvenetian.
Familie; Jugend i. Bersaska/Ba-
nat, 1872 nach Wien, Lehrerinnenseminar ebda., freie Schriftstellerin in Wien. – Dichterin der
Jahrhundertwende; anfangs realist. Lyrikerin u. rhetor. Epike-
rin, dann gesellschaftskrit. Na-
turalistin mit Eintreten für Monismus, Frauenemanzipation,
schließl. christl. Bekehrungsromane aus tiefer Gläubigkeit.

W: Gedichte, 1882; Hermann, Ep. 1883; Saul,
Tr. 1885; Robespierre, Ep. 1894; Moralische
Walpurgisnacht, Sat. 1896; Schlagende Wetter, Dr. 1899; Narren der Liebe, Lsp. 1904;
Ver sacrum, Dr. 1906; Heilige und Menschen, R. 1909; Vor dem Sturm, R. 1910; O
Jugend!, R. 1917; Homo, R. 1919; Der Liebe
und des Ruhmes Kränze, R. II 1920; Die
weißen Schmetterlinge von Clairvaux, N.
1925; Unsichtbare Straße, R. 1927. – SW, IX
1903 f.
L: B. Münz, 1902; H. Widmann, 1903; F.
Milleker, 1922; A. Wengraf, 1932.

Demski, Eva, * 12. 5. 1944 Regensburg; Stud. Mainz und Freiburg; Journalistin in Frankfurt
a. M. – Erzählerin zeitgenöss.
Entwicklungsromane.

W: Goldkind, R. 1979; Karneval, R. 1981;
Scheintod, R. 1984; Hotel Hölle, guten Tag,
R. 1987.

Denck (Denk), Hans, um 1495
Habach/Oberfranken – 15.(?) 11.

1527 Basel, Humanist und Wiedertäufer, 1523 Rektor der Sebal-
dusschule Nürnberg, 1524 ausgewiesen, 1526 in Straßburg bei s.
Gesinnungsgenossen Hätzer, unstet in Süddtl. und Schweiz, Aufnahme in Basel. – Als theolog.
Schriftsteller und in Streitschriften gegen die Reformatoren den
Wiedertäufern nahestehend.
Übersetzte 1527 mit Hätzer die
Propheten aus dem Urtext in
kräftiger, eindringl. Sprache; von
Luther anerkannt (sog. ›Wormser
Propheten‹, Worms 1527 gedr.).

A: Schriften, hg. W. Fellmann III 1955–57.
L: L. Keller, E. Apostel der Wiedertäufer,
1881; A. M. Schwindt, 1924; O. E. Vittali, D.
Theologie d. Wiedertäufers H. D., Diss.
Freib. 1933; Bibl.: G. Baring, 1955.

Denis, Johann Nepomuk Cosmas Michael (Ps. Sined der Barde), 27. 9. 1729 Schärding a. Inn –
29. 9. 1800 Wien, Herbst 1747
Jesuit in Wien, Stud. ebda.; 1757
Priesterweihe, 1759 Prof. für
schöne Wissenschaften Theresianum Wien; 1773 Aufseher der
k. k. Garellischen Bibliothek,
1785 2. und 1791 1. Kustos der
Wiener Hofbibliothek. – Anfangs
lat. Jesuitendramatiker, dt. und
neulat. relig. Lyriker. Bedeutend
als Übs. Ossians (in Hexametern!)
und Chorführer der patriot. Bardendichtung in Österreich. Gelegenheitsgedichte in altgerman.
Kostüm: Bardendichtung als höf.
Huldigung. Wichtige biblio-
thekswiss. und bibliograph. Arbeiten.

W: Poetische Bilder, G. 1760; Die Gedichte
Ossians, Übs. III 1768 f.; Die Lieder Sineds
des Barden, G. 1772; Ossians und Sineds
Lieder, VI 1784; Literarischer Nachlaß, II
1801 f.
L: P. Hofmann v. Wellenhof, 1881; E. Ehr-
mann v. Falkenau, Diss. Innsbr. 1948; F.
Reisinger, Diss. Wien 1963.

Denk, Hans → Denck, Hans

Derleth, Ludwig, 3. 11. 1870 Gerolzhofen/Unterfranken – 13. 1. 1948 San Pietro di Stabio/Tessin, Stud. Altphilol., Lit., Philos., später Psychiatrie München; 12 Jahre Gymnasiallehrer, Plan der Gründung e. hierarch. gegliederten relig. kämpferischen Laienordens; lebte 20 Jahre in München, Verkehr mit St. George und s. Kreis; 1925 Übersiedlung nach Rom, dann Basel, 1928–35 Perchtoldsdorf b. Wien; ab 1935 ständig in San Pietro di Stabio. – Relig.philos. Lyriker und Epiker von militanter kathol. Grundhaltung im Kampf um e. reines neues Christentum; prophet. Sendungsbewußtsein und priesterl. Haltung für e. imperator. Christus. D.s Hauptwerk, das myst. Seelengedicht ›Der Fränk. Koran‹ (15 000 Verse), und die weiteren Teile besingen in barocker Sprach- und Bildfülle und unerschöpfl. Formenreichtum die Pilgerfahrt der Menschenseele aus der Gottheit durch die Erdentrunkenheit zu Gott.

W: Proklamationen, 1904 (erw. 1919); Der Fränkische Koran, Ep. 1933 (daraus: Die Lebensalter, G. 1937); Seraphinische Hochzeit, Forts. 1939; Der Tod des Thanatos, Forts. 1945; Advent, Ep.-Fragm. 1968; Ausw., 1964. – Das Werk, VI 1971 f.
L: F. v. Dauber, Diss. Wien 1946; L. D.-Gedenkbuch, Amsterd. 1958 (m. Bibl.); D. Jost, 1965; ders., D. Dichtg. L. D.s, 1975.

Desberry, Lawrence H. → Zur Mühlen, Hermynia

Deschner, Karlheinz, *23. 5. 1924 Bamberg, Försterssohn, im 2. Weltkrieg Soldat in Frankreich, Holland, Italien, dann Stud. erst Forstwiss., Jura, schließl. Philos. und Lit.gesch., 1951 Dr. phil. Vortragstätigkeit, Rundfunkmitarbeiter; wohnte in Tretzendorf b. Eltmann/M., jetzt Haßfurt. – Konventionsfeindl. Essayist,

Pamphletist und Literaturkritiker. Avantgardist. Erzähler von gewagten, z. T. iron., stark autobiograph. Romanen in innerem Monolog u. e. teils durch Schnoddrigkeit schockierenden, teils preziös bemühten Sprache. Später krit.-unkrit. Auseinandersetzung mit der Kirche und theol. Fragen.

W: Die Nacht steht um mein Haus, R. 1956; Kitsch, Konvention und Kunst, Streitschr. 1957; Florenz ohne Sonne, E. 1958; Abermals krähte der Hahn, Kirchengesch. 1962; Talente, Dichter, Dilettanten, Streitschr. 1964; Mit Gott und den Faschisten, Schr. 1965; Kirche und Faschismus, Schr. 1968; Das Kreuz mit der Kirche, Schr. 1974; Ein Jahrhundert Heilsgeschichte, Schr. II 1982–84; Nur Lebendiges schwimmt gegen den Strom, Aphor. 1985; Kriminalgeschichte des Christentums, Schr. 1986.

Detmold, Johann Hermann, 24. 7. 1807 Hannover – 17. 3. 1856 ebda., Arztsohn, Stud. Jura Göttingen und Heidelberg, 1830 Rechtsanwalt in Hannover, daneben Journalist und 1835/36 Mithrsg. der ›Hannöverschen Kunstblätter‹; Besuch bei Heine in Paris; 1837–39 Deputierter der Stadt Münden, 1848–50 konservativer Abgeordneter der Frankfurter Nationalversammlung, 1849 rechtsextremer Reichsminister für Justiz, dann bis 1851 Gesandter Hannovers am Bundestag. – Polit. Satiriker des Vormärz, karikiert und ironisiert typ. Vertreter der dt. Gesellschaft der Zeit.

W: Anleitung zur Kunstkennerschaft, Sat. 1834 (n. 1954); Randzeichnungen, Sat. 1843; Die tote Tante, Sat. 1845; Taten und Meinungen des Herrn Piepmeyer, Sat. 1849 (n. 1961); Das schwierige Problem, Humoreske 1852. – Satiren, hg. H. M. Elster 1926.

Deutsch, Nikolaus → Manuel, Nikolaus

Deutsche Theologie → Frankfurter, Der

Devrient, Eduard, 11. 8. 1801 Berlin – 4. 10. 1877 Karlsruhe, Kaufmannssohn; ging trotz Widerstand s. Eltern zur Bühne; 1819 Bariton der Berliner Oper, dann Schauspieler, bis 1841 Charakterspieler am Kgl. Schauspielhaus Berlin, 1839 Reise nach Paris; 1844 Schauspieler und bis 1846 Oberregisseur am Hoftheater Dresden; 1852–70 Direktor am Hoftheater Karlsruhe. – Verdient als Theaterleiter und Theaterhistoriker; eigene Dramen trotz guter Bühnentechnik ohne Bedeutung.

W: Hans Heiling, Op. (1827, Musik H. Marschner); Die Kirmess, Op. 1832; Der Zigeuner, Op. 1834; Die Gunst des Augenblicks, Dr. 1836; Verirrungen, Dr. 1837; Über Theaterschule, Schr. 1840; Briefe aus Paris, 1840; Treue Liebe, Dr. 1841; Dramatische und dramaturgische Schriften, X 1846–74; Geschichte der dt. Schauspielkunst, V 1848–74 (n. II 1967); Das Nationaltheater des neuen Deutschland, Schr. 1849; Das Passionsspiel in Oberammergau, Schr. 1851; Aus seinen Tagebüchern, hg. R. Kabel II 1964.
L: R. K. Goldschmit, D.s Bühnenreform, 1921; F. Rein, Diss. Erl. 1930; J. Bab, Die D.s, 1932.

Diebold, Bernhard, 6. 1. 1886 Zürich – 9. 8. 1945 ebda., Stud. Zürich, Wien, Berlin, Dr. phil., Schauspieler, dann Dramaturg und Regisseur in Wien und 1913–16 am Münchner Schauspielhaus, 1917–1933 Redakteur und Kritiker der ›Frankfurter Zeitung‹, 1934 Exil in der Schweiz. – Ursprünglich Theaterkritiker, später Erzähler.

W: Das Rollenfach im deutschen Theaterbetrieb des 18. Jh., Abh. 1912; Anarchie im Drama, Abh. 1920; Der Denkspieler G. Kaiser, B. 1923; Das Reich ohne Mitte, R. 1939; Der letzte Großvater, E. 1939; Italienische Suite, En. 1939.

Diederichs, Helene → Voigt-Diederichs, Helene

Diederichs, Luise → Strauß und Torney, Lulu von

Diesel, Eugen, 3. 5. 1889 Paris – 22. 9. 1970 Rosenheim, Sohn von Rudolf D.; seit 1890 Berlin, seit 1895 München; Stud. Maschinenbau TH München und Geologie Berlin (1915 Dr. phil.), zahlr. Reisen; 1913 nach Tod des Vaters ohne Vermögen, 1914 Militärdienst, 1919–24 techn. Kaufmann in Stockholm und New York, 1925 freier Schriftsteller in Potsdam, ab 1939 Brannenburg am Inn, dann Degerndorf. – Hellsichtiger kulturphilos. Schriftsteller über Grundfragen von Kultur, Politik und Geistesleben im techn. Zeitalter; Essayist, Biograph, auch Erzähler und Dramatiker.

W: Pan im Geist, E. 1922; Der Weg durch das Wirrsal, 1926; Die deutsche Wandlung, 1929; Vom Verhängnis der Völker, 1934; Diesel, B. 1937; Das Pergament aus Norica, K. (1937); Das Phänomen der Technik, 1939; Die Macht des Vertrauens, 1946; Jahrhundertwende, 1949; Das gefährliche Jahrhundert, 1950; Philosophie am Steuer, Reiseb. 1952; Menschheit im Katarakt, Abh. 1963.

Dietmar von Aist, urkundl. 1139 bis 1171 bezeugt, Österreicher aus freiherrl. Geschlecht mit Stammburg bei Mauthausen. Möglicherweise enthält die unter D.s Namen überlieferte heterogene Sammlung auch Lieder e. jüngeren, nicht bezeugten Namensvetters und gewiß einige untergeschobene ältere und modernere Lieder. – E. der ältesten dt. Minnesänger; zeigt in s. altertüml. Frühwerken die Entwicklungsstufe e. eigenständigen dt. Liebeslyrik und dann die Entfaltung von frühen volksliedhaften Anfängen zur formalen Vervollkommnung des Minnesangs nach roman. Vorbild. Erst volkstüml. Lieder in einfachen Reimpaaren ohne lit. Konvention, die Frau als gleichgeordneter Liebespartner; spätere Lieder, kunstvoller und vielseitig in Metrum und Strophenbau, deuten die Auffassung vom höf. Minnedienst des Mannes an. Zarte Empfindung und z. T. echtes Naturgefühl. Verbindung von Natur und Liebe im Natureingang. Schilderung der Stimmung Liebender aus e. bestimmten Situation heraus. Einstrophige Lieder oder kunstvolle Wechsel, die die Empfindungen der Liebenden gegenüberstellen. Aus der ep. Situation entfaltet D. v. A. die ersten dt. Tagelieder.

A: MF.
L: H. K. Rathke, 1932.

Dietrich von Freiberg, um 1250 Freiberg/Sa. – nach 1310, Dominikaner in Freiberg, 1276 zur Ausbildung nach Paris, 1285 Prior in Würzburg, 1293–1296 Provinzial des Dominikanerordens in Dtl.; 1297 Magister theol. in Paris, Vorlesungen ebda.; 1298–1303 Prior in Würzburg, 1304 in Südfrankreich, dann myst. Prediger in Nonnenklöstern, 1310 Vikar der dt. Ordensprovinz. – Vf. von 35 naturwiss., naturphilos., philos. und theolog. Traktaten in lat. Sprache; wendet sich gegen Thomismus und vertritt die Bedeutung des Experiments in der Naturwiss. Durch s. neuplaton. Anschauungen von großem Einfluß auf die dt. Mystik. Bedeutender dt. Prediger der Mystik und Lehrer myst. Betrachtung.

A: E. Krebs, J. Würschmidt, A. Birkenmaier (in Beitr. z. Gesch. d. Philos. d. MA. 5, 12 u. 20) 1906, 1914, 1922; Opera omina, hg. K. Flasch IV 1977 ff.
L: E. Krebs, Diss. Freib. 1903; L. Sturlese, Dok. u. Forschgn. z. Leben u. Wk. D.s v. F., 1984; V. Meister D. zu Meister Eckhart, hg. K. Flasch, 1984.

Dietrich und seine Gesellen, Bearbeitung des → Virginal

Dietrichs erste Ausfahrt, Bearbeitung des → Virginal

Dietrichs Flucht → Heinrich der Vogler

Diettrich, Fritz, 28. 1. 1902 Dresden – 19. 3. 1964 Kassel, Kaufmannssohn, Stud. Theaterwiss., Germanistik, Philos.; Reisen nach Frankreich, Italien, Ungarn, Schweiz, um 1930 Mitglied des Dresdner Dichterkreises ›Die Kolonne‹. 1941 Sanitäter, 1945 – Sept. 1947 in russ. Gefangenschaft, dann Kassel. – Als Lyriker, Dramatiker, Essayist, Erzähler, Übs. und Nachdichter Bewahrer der abendländ. Tradition von Antike und Christentum; naturnahe Bildungsdichtung bes. in Liedern, Verslegenden u. sprachmächtigen Hymnen.

W: Gedichte, 1930; Stern überm Haus, G. u. Leg., 1932; Der attische Bogen, G. 1934; Mythische Landschaft, G. 1936; Das Gastgeschenk, G.-Ausw. 1937; Güter der Erde, G. 1940; Hirtenflöte, G. 1940; Die Flügel des Daidalos, Tr. 1941; Aus wachsamem Herzen, G. 1948; Sonette, 1948; Zug der Musen, G. 1948; Gesänge der Einkehr, G. 1949; Philemon und Baucis, Ep. 1950; Denkzettel, Aphor. 1953; Im glücklichen Dresden, Aut. 1962. – Werke, III 1963–66.
L: Stimmen der Freunde, 1952.

Dietz, Gertrud → Fussenegger, Gertrud

Dietzenschmidt, Anton Franz (eig. Schmidt, seit 1926 amtl. D.), 21. 12. 1893 Teplitz-Schönau – 17. 1. 1955 Eßlingen/N., 1910 Vollwaise, 1914 Stud. Berlin, seither dort wohnhaft; 1916 durch S. Jacobsohn entdeckt, durch C. Sonnenschein religiös erweckt; seit 1941 in Bonndorf/Schwarzwald, 1953 Eßlingen. – Erzähler und bes. Dramatiker, anfangs um erot. Probleme in expressionist. übersteigertem Strindbergstil, dann Übergang zu bibl. und relig. Themen, christl.-kathol. Legenden- und Laienspiele von ma.

Gläubigkeit; Auflösung der Realität ins Traumhafte. Auch Volksstück und Lustspiel.

W: Die Vertreibung der Hagar, Dr. (1916); Kleine Sklavin, Tragikom. 1918; König Tod, Nn. u. Leg. 1918; Jeruschalajims Königin, Tr. 1919; Christofer, Leg.sp. (1920); Die Sanct Jacobsfahrt, Leg.sp 1920; Die Nächte des Bruder Vitalis, Dr. 1922; Regiswindis, Sp. 1924; Verfolgung, Dr. 1924; Vom lieben Augustin, Vst. 1925; Der Verräter Gottes, Dr. (1930); Die Flucht. Kinderkreuzzug, Nn. 1932; Hodie scietis, quia veniet Dominus!, Fsp. 1934.
L: J. Tschech, 1934 (m. Bibl.); E. Schneider, Diss. Wien 1935; G. Schönig, Diss. Wien 1939; D., hg. J. Tschech 1959.

Diggelmann, Walter Matthias, 5. 7. 1927 – 29. 11. 1979 Zürich; Mönchaltdorf, außerehel. Sohn e. Magd, Kindheit in Heimen und bei Pflegeeltern, ab 1933 bei der verheirateten Mutter in Rhäzüns/ Graubünden; Hilfsarbeiter, kurze Uhrmacherlehre, 1944 Flucht nach Italien, von dort als ›Fremdarbeiter‹ nach Dresden gebracht, nach erneuter Flucht Dezember 1944 Verhaftung in Nürnberg und bis Kriegsende in dt. Gefängnissen Crailsheim und Ansbach. 1945 Rückkehr in die Schweiz, erneut Gefängnis, dann 6 Monate Irrenanstalt. Bauarbeiter, Fabrikarbeiter, Hotelbursche, Redakteur, Journalist, Funkautor, Regieassistent in Zürich, 1956–58 Dramaturg bei Radio Zürich, 1959 Werbeagent, 1960 bei der Züricher ‹Weltwoche›, 1960 Werbetexter, schließlich freier Schriftsteller in Herrliberg b. Zürich. – Schweizer Erzähler, der in schlichten Stoffen aus der Wirklichkeit Probleme von Schein und Sein aufgreift und hinter alltägl. Begebenheiten nüchtern trag. Grundstrukturen von Selbstbetrug und Fehleinschätzung enthüllt.

W: Mit F-51 überfällig, R. 1954; Drei Väter, zwei Söhne, Dr. (1958); Die Jungen von Grande Dixence, Jgb. 1959; Geschichten um Abel, R. 1960; Jeder findet seinen Brutus, Dr. (1960); Männer gegen den Tod, Jgb. 1961; Das Verhör des Harry Wind, R. 1962; Die Rechnung, En. 1963; Sie kennen unsere Methoden nicht, H. (1964); Der Pilot, Dr. (1964); Sandra, H. (1964); Vorbereitungen zum Hochzeitsfest, FSsp. (1965); Ein Hauch von Zweifel, H. (1965); Die Hinterlassenschaft, R. 1965; Machenschaften, FSsp. (1965); Freispruch für Isidor Ruge, R. 1967; Als Zeugin der Verteidigung, H. (1967); Die Vergnügungsfahrt, R. 1969 (als FSsp. u. d. T. Oliver 1971); Hexenprozeß, Ber. 1869; Ich und das Dorf, En. 1972; Ich heiße Thomy, R. 1973; Reise durch Transdanubien, En. 1974; Menschen glücklich machen, K. (1974); Aber den Kirschbaum, den gibt es, R. 1975; Die letzte Adresse, Dr. (1976); Der Reiche stirbt, R. 1977; Filippinis Garten, R. 1978; Schatten, Tg. 1979; Spaziergänge auf der Margareteninsel, En. 1980; Tage von süßlicher Wärme, En. 1982.

Dimt, Christine → Busta, Christine

Dingelstedt, Franz Freiherr von, 30. 6. 1814 Halsdorf b. Kassel – 15. 5. 1881 Wien, 1831–34 Stud. Theol. und Philol. Marburg, Lehrer am engl. Erziehungsinstitut Ricklingen b. Hannover; 1836–38 Lehrer am Lyzeum Kassel, wegen freimütiger Äußerungen im jungdeutschen Sinn Strafversetzung: 1838–41 Gymnas. Fulda. Nahm 1841 wegen weiterer Differenzen mit der reaktionären Regierung s. Abschied; Redakteur von Cottas ›Augsburger Allgemeiner Zeitung‹ in Augsburg, dann deren Korrespondent in Paris und London; hier polit. Wendung nach rechts; 1842 Korrespondent in Wien, ⚭ Jenny Lutzer, Sängerin. 1843 Vorleser u. Kabinettsbibliothekar beim König von Württemberg, 1846 Dramaturg des Stuttgarter Hoftheaters; 1851 Intendant am Hof- und Nationaltheater München; 1857 entlassen. Herbst 1857 Generalintendant der Großherzogl. Hofbühne Weimar. 1. 10. 1867 artist. Direktor des Wiener Hofoperntheaters, Ende 1870 des Burgtheaters, 1875 Generaldirektor beider Wiener Hoftheater, 1876 in Freiherrnstand erhoben; 1880 Leitung des Hofoperntheaters niedergelegt. – Polit. Lyriker und Satiriker des Vormärz mit iron. Stil, scharfem Blick für die Nachtseiten des zeitgenöss. Lebens und konkret-plast. Bildhaftigkeit; ausgesprochen elegantes Formtalent. S. ›Lieder e. kosmopolit. Nachtwächters‹ ironisieren die polit. und unpolit. Torheiten des dt. Kleinbürgers. Später Abkehr von sozialkrit.-revolutionären Tendenzen. Bürgerl.-liberaler Erzähler und Dramatiker. Als Dramaturg und Theaterleiter Verdienste um das Verständnis Shakespeares, Grillparzers und Hebbels. Bedeutender Shakespeare-Übs. und Bearbeiter.

W: Frauenspiegel, Nn. u. G. 1838; Gedichte, 1838; Licht und Schatten in der Liebe, Nn. 1838; Die neuen Argonauten, R. 1839 (n. 1931); Wanderbuch, Nn. II 1839f.; Das Gespenst der Ehre, Dr. 1840; Unter der Erde, R. II 1840; Lieder eines kosmopolitischen Nachtwächters, G. 1841 (n. 1978); Heptameron, Nn. II 1841; Sieben friedliche Erzählungen, III 1844; Gedichte, 1845; Jusqu'à la mer, Reiseb. 1847; Das Haus der Barneveldt, Dr. 1850; Nacht und Morgen, G. 1851; Novellenbuch, 1856; Studien und Copien nach Shakespeare, Abh. 1858; Die Amazone, R. II 1868; Eine Faust-Trilogie, Stud. 1876; Münchner Bilderbogen, Aut. 1879; Blätter aus seinem Nachlaß, hg. J. Rodenberg II 1891. – SW, XII 1877.

L: O. Mayr, D.'Prosadichtung D.s, Diss. Mchn. 1926; H. Sperling, D.s Lyrik, Diss. Münster 1928; H. Knudsen, Aus F. D.s hess. Jugendzeit 1964; E. Sindermann, hg. 1981.

Dittberner, Hugo, * 16. 11. 1944 Gieboldehausen b. Duderstadt; Stud. Germanistik, 1972 Dr. phil. – Erzähler stilist. anspruchsloser, genauer Sozialporträts.

W: H. Mann, Abh. 1974; Das Internat, R. 1974; Kurzurlaub, E. 1976; Draußen im Dorf, En. 1978; Jacobs Sieg, R. 1979; Ruhe hinter Gardinen, G. 1980; Die gebratenen Tauben, En. 1981; Drei Tage Unordnung, En. 1983; Wie man Provinzen erobert, En. 1986.

Ditzen, Rudolf → Fallada, Hans

Djacenko, Boris (Ps. Peter Addams), 10. 9. 1917 Riga – 17. 4. 1975 Ost-Berlin, lett. Herkunft, früh polit. tätig, Gymnasiast, Seemann, Stud. Philos. Riga, exmatrikuliert, Wanderschaft durch Europa und Nordafrika, in Paris wegen Verteilung kommunist. Flugblätter verhaftet, in Le Vernet interniert, als Fremdarbeiter nach Dtl. gebracht; Kellner, Koch, Bühnenarbeiter, 1945 kommissar. Bürgermeister in Töplitz, freier Schriftsteller in Ost-Berlin. – Phantasiereicher sozialist. Erzähler und Bühnenautor von großer Spannweite zwischen Realem und Irrealem, zarter Verhaltenheit und Derbheit.

W: Menschen an der Grenze, Dr. (1950); Dschungel, Dr. (1951); Wie der Mensch Gesicht bekam, Nn. 1952; Das gelbe Kreuz, Nn. 1953; Herz und Asche, R. 1954; Doch unterm Rock der Teufel, E. 1962 (als Dr. 1966); Nacht über Paris, R. 1965.

Doderer, Heimito von, 5. 9. 1896 Weidlingau b. Wien – 23. 12. 1966 Wien, Sohn e. Architekten, Jugend in Wien, Stud. Jura ebda., im 1. Weltkrieg Dragoneroffizier, 1916–20 russ. Kriegsgefangenschaft in Sibirien; 1921–25 Stud. Geschichtswiss. Wien, 1925 Dr. phil., Wendung zum Schriftsteller, Freundschaft mit A. P. Gütersloh, 1940 konvertiert; 1940–45 Luftwaffenhauptmann, seit 1946 freier Schriftsteller, Gelehrter und Verlagslektor in Wien und seit 2. Ehe 1952 teils in Landshut; Vortragsreisen durch England und Frankreich. – E. der bedeutendsten zeitgenöss. Erzähler Österreichs. Anfangs psycholog. Studien vo dämon. Getriebenheit und Schicksalsverflochtenheit; satir.-iron. Fabulierkunst mit makabrem Humor und Neigung zur Groteske. Fordert für den mod. Roman Wiedereroberung der Außenwelt und neue Universalität. In s. beiden handlungsreichen Hauptwerken (›Strudlhofstiege‹, ›Dämonen‹) realist.-symbol. Schilderer Österreichs in den 20er Jahren, von barocker Fülle und Vielschichtigkeit an Personen und Ereignissen in der Kompositionskunst des Nebeneinander; breitperspektiv. Zeitpanorama vom Ausbruch dämon. Kräfte im Aufkommen des Massenzeitalters und von der Menschwerdung des Individuums. Der 2., unvollendete Romanzyklus greift auf die österr. Geschichte seit 1880 zurück. Sprachlich prägnante Novellen, Anekdoten u. Kürzestgeschichten. Lyrik als autobiograph. Aussage. Epigramme.

W: Gassen und Landschaft, G. 1923; Die Bresche, R. 1924; Das Geheimnis des Reichs, R. 1930; Der Fall Gütersloh, Es. 1930; Ein Mord, den jeder begeht, R. 1938; Ein Umweg, R. 1940; Die erleuchteten Fenster, R. 1950; Die Strudlhofstiege, R. 1951; Das letzte Abenteuer, E. 1953; Die Dämonen, R. 1956; Ein Weg im Dunkeln, G. 1957; Die Posaunen von Jericho, E. 1958; Grundlagen und Funktion des Romans, Es. 1959; Die Peinigung der Lederbeutelchen, En. 1959; Die Merowinger, R. 1962; Roman No 7, I: Die Wasserfälle von Slunj, R. 1963; Tangenten, Tg. 1964; Unter schwarzen Sternen, En. 1966; Meine neunzehn Lebensläufe, En. 1966; Roman No 7, II: Der Grenzwald, Fragm. 1967; Frühe Prosa, 1968; Repertorium, Aufz. 1969; Die Wiederkehr der Drachen, Ess. 1970; Die Erzählungen, hg. W. Schmidt-Dengler 1972; Commentarii, Tg. II 1976–86; Briefw. m. A. P. Gütersloh 1928–62, 1986.
L: D. Weber, 1963 (m. Bibl.); E. Stengel, Diss. Wien 1963; F. Trommler, Roman u. Wirklichkeit, 1966; H. Rieser, Üb. D. u. Gütersloh, Diss. Salzb. 1968; X. Schaffgotsch, hg. 1972; A. Reininger, D. Erlösg. d. Bürgers, 1975; H.-J. Schröder, Apperzeption u. Vorurteil, 1976; H. v. D-Symposium, 1976; G. Schmid, 1978; M. Bachem, Boston 1980; M. Horowitz, hg., Begegng. m. H. v. D., 1983; L'actualité de D., hg. P. Grappin, Paris 1986; D. Weber, 1986.

Döbler, Hannsferdinand (Ps. Peter Baraban), * 29. 6. 1919 Berlin, Offizier, 4 Jahre russ. Kriegsgefangenschaft, Dipl.-Volksbibliothekar in Essen. – Zeitkrit.-psy-

cholog. Erzähler in spannender und effektvoller Prosa.

W: Ein Achtel Salz, R. 1955; gez. Coriolan, R. 1956; Keine Anhaltspunkte, R. 1958; Der Preisträger, R. 1962; Kultur- und Sittengeschichte der Welt, X 1971 ff.; Die Germanen, Lex. 1975; Hexenwahn, St. 1977; Kein Alibi, R. 1980.

Döblin, Alfred (Ps. Linke Poot), 10. 8. 1878 Stettin – 26. 6. 1957 Emmendingen b. Freiburg/Br.; jüd. Kaufmannsfamilie; 1888 Übersiedlung nach Berlin; Stud. Medizin Berlin, Freiburg, 1905 Dr. med. ebda. Seit 1911 Nervenspezialist u. Kassenarzt in Berlin-O. 1910 Mitbegründer und Mitarbeiter der Expressionistenzs. ›Der Sturm‹. Ende 1914 Militärarzt. 1918 Sozialdemokrat, 1924 Polenreise. 1933 Flucht über Zürich nach Paris, 1936 naturalisiert, bei Kriegsausbruch Mitgl. des franz. Informationsministeriums. 1940 Flucht über Südfrankreich (Juli 1940 in Mende: Konversion), Spanien, Portugal nach New York, später Los Angeles; Mexikoreise. Seit Nov. 1945 als Chef des lit. Büros der Direction de l'Education publique in Baden-Baden, später Mainz; 1946–51 Hrsg. der Literaturzs. ›Das goldene Tor‹; 1949 Mitbegründer der Mainzer Akademie; fand sich als Dichter in Dtl. vergessen und isoliert, 1951 Rückkehr nach Paris; seit März 1956 in Sanatorien bei Freiburg/Br. – Phantasiereicher und origineller Erzähler, Dramatiker und Essayist von starker sprachl. und visionärer Kraft und scharfem Intellekt. Anfangs bedeutendster Erzähler des Expressionismus, den er in s. Frühwerken vorwegnimmt, später Übergang zu sachl. präzisem Realismus; im schwächeren Spätwerk Neigung zu kathol. Weltanschauung. Durch s. lit. Formexperimente bedeutsamer Anreger für die Erneuerung des Romans unter Einfluß von Joyce und Dos Passos. Hauptthemen: der Eingriff überindividueller Kräfte in Leben und Denken des einzelnen und die Manifestationen der Gruppenseele in relig., wirtschaftl., militär. und techn. Machtkämpfen. Hauptwerk der naturalist. Reportageroman ›Berlin Alexanderplatz‹ in Simultantechnik und innerem Monolog, bedeutendster dt. Großstadtroman, ferner exot., hist., utop., zeitkrit. und kraßrealist. Romane, psychoanalyt. und sozialkrit. Dramen, naturwiss.-philos. und relig. Essays.

W: Die Ermordung einer Butterblume, En. 1913; Die drei Sprünge des Wanglun, R. 1915; Wadzeks Kampf mit der Dampfturbine, R. 1918; Der schwarze Vorhang, R. 1919; Wallenstein, R. II 1920; Berge, Meere und Giganten, R. 1924; Die beiden Freundinnen und ihr Giftmord, E. 1925; Reise in Polen, Reiseb. 1926; Manas, Ep. 1927; Berlin Alexanderplatz, R. 1929; Die Ehe, Dr. 1931; Unser Dasein, Schr. 1933; Babylonische Wandrung, R. 1934; Pardon wird nicht gegeben, R. 1935; Das Land ohne Tod, R. III 1937–48 (u. d. T. Amazonas, 1963); Der unsterbliche Mensch, Dial. 1946; Der Oberst und der Dichter, E. 1946; November 1918, R. III 1948–50; Schicksalsreise, Aut. 1949; Hamlet, R. 1956; Die Zeitlupe, Ess. 1962. – AW, XXV 1960 ff.; Werkausg., XXXIII 1987 ff. Ges. Erzählungen, 1971; Ausw., VII 1977.

L: A. D. z. 70. Geburtstag, hg. P. E. Lüth, 1948; R. Links, 1965, ³1976; D., 1966 (Text u. Kritik 13/14, m. Bibl.); E. Ribbat, D. Wahrheit d. Lebens i. frühen Werk A. D.s, 1970; L. Kreutzer, 1970; M. Weyembergh-Boussart, 1970; W. Kort, 1970; K. Müller-Salget, 1972 (m. Bibl.); M. Prangel, 1973, ²1987; A. D. i. Spiegel d. zeitgen. Kritik, hg. I. Schuster 1973; M. Auer, D. Exil vor d. Vertreibg., 1977; L. Huguet, Paris 1978; A. D. Katalog, hg. J. Meyer 1978; K. Schröter, 1978; A. Wichert, A. D.s hist. Denken, 1978; H. T. Tewarson, 1979; O. Keller, D.s Montageroman, 1980; I. Schuster, hg. 1980; R. Links, 1981; E. Kobel, 1985; H. Kiesel, Literarische Trauerarbeit, 1986; Internat. A. D. – Kolloquien, hg. W. Stauffacher 1986; Bibl.: G. Küntzel (Jb. d. Akad. d. Wiss. u. d. Lit., 1957); W. Peitz, 1968; L. Huguet, 1972.

Döhl, Reinhard, *16. 9. 1934 Wattenscheid, Stud. Germani

stik, Philos., Geschichte und Politikwiss. Göttingen und Stuttgart, 1965 Dr. phil., wiss. Assistent, 1969 Akadem. Rat am Institut für Literaturwiss. der Univ. Stuttgart. – In Vers und Prosa Vertreter der Konkreten Dichtung; unterlegt spielerisch-schöpferischen Experimenten mit dem sinn- und syntaxfreien, z. T. graphisch aufgefaßten Sprachmaterial linguist. und ästhet. Texttheorien. Auch experimentelle und stereophone Hörspiele, Zitatmontagen und lit. Essays.

W: Missa profana, G. 1962; Fingerübungen, G. 1962; 4 Texte, 1965; Prosa zum Beispiel, Texte 1965; Es Anna, Prosa 1966; Das literarische Werk H. Arps 1903–1930, Abh. 1967; Herr Fischer und seine Frau. H. (1967); Bedepequ, 1967; Poem structures in the looking glass, 1969 (m. K. Burkhardt).

Doerdelmann, Bernhard (Ps. Cornelius Streiter), *18. 1. 1930 Recklinghausen, 1961 Verlagsdirektor in Rothenburg. – Lyriker aus humanitärem Impetus mit engagiert krit., satir. und Landschaftsgedichten, surrealist. Erzähler, Dramatiker.

W: Perspektiven, G. 1955; Und aus allem wird Seife gemacht, E. 1960; Es segelt der Mond durch die rötlichen Wolken, G. 1960; Ladung zum Verhör, Dr. (1964); Gültig bis auf Widerruf, G. 1966; Druckfehlerberichtigung und andere Korrekturen, G. 1972; Winkelried, E. 1973; Kurz vor meinem ersten Tod, G. 1981.

Dörfler, Anton, 2. 8. 1890 München – 12. 3. 1981 Seeshaupt/ Oberbayern; Brauerssohn, Handwerkerfamilie; ab 1900 in Würzburg; Lehrerseminar Würzburg, Lehrer, Schauspieler, Zeichner, Theaterkritiker, 1913 Soldat, 1915 nach schwerer Verwundung entlassen, 1918 Schriftleiter der Zs. ›Die Lese‹ in Stuttgart, nach 1924 Lehrer in Schweinfurt, Hauptschullehrer Nürnberg; seit 1941 freier Schriftsteller in Seeshaupt/Starnberger See. – Erzähler heimatverbundener Entwicklungs-, Familien- und Eheromane aus Mainfranken in der realist. Tradition des 19. Jh. (Stifter, Keller, Raabe), bes. Handwerkerromane. Auch Lyrik, Drama, Erinnerungen, Landschafts- und Jugendbücher.

W: Gedichte, 1925; Der Weg aus der Brunnenstube, R. 1927; Der tausendjährige Krug, R. 1935; Der Ruf aus dem Garten, E. 1936; Die ewige Brücke, R. 1937; Sieben Spiegel der Liebe, En. 1938; Wendelin, R. 1939; Die schöne Würzburgerin, R. 1941; Regine Amthor, R. 1941; Herz im Spiegel, G. 1942; Musik in heller Nacht, E. 1943; Morgenwind rüttelt am Fenster, Aut. 1943; Rast und Gnade, G. 1948; Das Christusbild, E. 1948; Die Stunde der frühen Sterne, En. 1948; Geheimnis der Myrte, R. 1949; Niemandsland der Ehe, R. 1949; Geliebtes Würzburg, E. 1961.

Dörfler, Peter, 29. 4. 1878 Unter-Germaringen b. Kaufbeuren – 10. 11. 1955 München, Stud. Theol. u. Archäol. München, Kaplan, Religionslehrer; 2jähr. archäolog. Stud.-Stipendium Rom; 1909 Dr. theol. München; kathol. Priester im Allgäu und Schwaben, ab 1915 Leiter e. Waisenhauses in München, nebenher Reisen durch Griechenland, Ägypten, Palästina, Türkei. – Kathol. Volksschriftsteller von ursprüngl. Erzählbegabung, am echtesten in gemütvollen, heimatverbundenen Romanen aus der schwäb. Dorfwelt, mit realist. Schilderung bäuerl. Umwelt und Brauchtums, z. T. mit geschichtl. Hintergrund, und in volkstüml. Kalendererzählungen; schwächer in großen hist. Romanen aus Frühchristentum u. Byzanz um den weltanschaul. Umbruch durch das Christentum. Verbindung von Realismus, barockem Lebensgefühl, echter Frömmigkeit u. Humor, konservativ kath. Gesinnung. Auch Dramen (Weihnachtsspiele u. ä.), histor. u. ar-

chäolog. Schriften, im Spätwerk hagio- u. biograph. Stoffe.

W: Der Kinderkreuzzug, Dr. 1905; Im Hungerjahr, Vst. 1909; Als Mutter noch lebte, E. 1912; La Perniziosa, R. 1914 (u. d. T. Die Verderberin, 1919); Der Weltkrieg im schwäb. Himmelreich, R. 1915; Judith Finsterwalderin, R. 1916; Der Roßbub, E. 1917; Neue Götter, R. II 1920; Der ungerechte Heller, R. 1922; Die Papstfahrt durch Schwaben, R. 1923; Siegfried im Allgäu, E. 1924 (u. d. T. Minne dem heiligen Mang, 1950); Die Braut des Alexius, N. 1926; Am Eichentisch, En. 1927 (verm. u. d. T. Des Vaters Hände, 1931); Die Schmach des Kreuzes, R. II 1927f. (u. d. T. Heraklius, 1950); Der junge Don Bosco, B. 1930; Die Apollonia-Trilogie: Die Lampe der törichten Jungfrau, R. 1930, Apollonias Sommer, R. 1931, Um das kommende Geschlecht, R. 1932; Der Bubenkönig, B. 1931; Jakobäas Sühne, En. 1933; Die Allgäu-Trilogie: Der Notwender, R. 1934, Der Zwingherr, R. 1935, Der Alpkönig, R. 1936; Das Gesicht im Nebel, E. 1936; Auferstehung, R. 1938; Albertus Magnus, B. 1940; Die Wessobrunner, R. 1941; Die gute Heirat, E. 1943; Die alte Heimat, R. 1944; Das Osterlamm, E. 1946; Die Begegnung, E. 1947; Severin, der Seher von Norikum, B. 1947; Der Sohn des Malefizschenk, R. 1947; Der Urmeier, R. 1948; Die Gesicke der Jungfer Michline, R. 1953; Nikolaus von Flüe, B. 1953; Erzählungen, 1955; St. Ulrich, B. 1955. *L:* P. D. z. 50. Geburtstag, 1928; Bibl.: D. Neue Lit. 35, 1934 u. Jhrb. d. Dt. Akad. f. Sprache u. Dichtg. 1955.

Döring, Fritz → Busse, Carl

Dohm, Ernst (eig. Elias Levy), 24. 5. 1819 Breslau – 5. 2. 1883 Berlin, Stud. Theol. Philos. Halle, Hauslehrer, 1849–82 Redakteur des polit.-satir. Blattes ›Kladderadatsch‹, 1868–70 in Weimar. – Schlagfertiger polit. Satiriker, Übs. von J. Offenbachs ›Die schöne Helena‹ (1864) und Fabeln Lafontaines (1877).

W: Der Aufwiegler in der Westentasche, Sat. 1849; Wenn Leute Geld haben, G. 1850; Der trojanische Krieg, K. 1864; Sekundenbilder, 1879.

Domanig, Karl, 3. 4. 1851 Sterzing – 9. 12. 1913 St. Michael-Eppan b. Bozen, Stud. Kunstgesch., Jura und Philol. Innsbruck, Straßburg und Rom, Dr.

phil.; seit 1881 Numismatiker in Wien, zeitweilig Erzieher im Kaiserhaus, 1881 Kustos, 1910 Direktor der Münzsammlung im Kunsthist. Hofmuseum. – Kath.-christl. und patriot. Dramatiker und Epiker, Tiroler Heimatdichter. Zeitkrit. Romane und Dramen; Verserzählung.

W: Der Tyroler Freiheitskampf, Dr.-Trilogie III 1885–97; Der Abt von Fiecht, Verserz. 1887; Der Gutsverkauf, Dr. 1890; Die Fremden, R. 1898. – GW, V 1914.

L: A. Dörrer, 1914; M. Domanig u. E. M. Hamann, 1924.

Domin, Hilde, *27. 7. 1912 Köln, Stud. Volkswirtschaft, Soziologie, Philos. Heidelberg, Berlin, Rom, Florenz (1935 Dr. rer. pol.); nach Emigration 1932–39 in Italien, Lehrerin in England, Lektorin in Santo Domingo und USA; 1954 nach 22jähriger Abwesenheit Rückkehr nach Dtl., lebt seit 1961 in Heidelberg; ∞ E. W. Palm, Kunsthistoriker. – Lyrikerin der Gegenwart mit schwerelosen, sensiblen, knappen Versen von zarter, bewußt einfacher und klarer, eindringl. Sprache und Reduzierung auf direkte Erkenntnisse aus der Erfahrung der Zeit, anfangs bis zur Gefahr des Banalen; flüchtige Gebilde voll Melancholie, Skepsis und dennoch gläubigen Staunens und Wunderns. Autobiograph. Roman in Montageform. Auch Essays, Übs. und Hrsg.

W: Nur eine Rose als Stütze, G. 1959; Rückkehr der Schiffe, G. 1962; Hier, G. 1964; Wozu Lyrik heute, Ess. 1966; Doppelinterpretationen, hg. 1966; Das zweite Paradies, R. 1968; Höhlenbilder, G. 1968; Ich will dich, G. 1970; Die andalusische Katze, E. 1971; Von der Natur nicht vorgesehen, aut. Schrr. 1974; Aber die Hoffnung, Aut. 1982. – Ges. Gedd., 1987.

L: D. C. Stern, 1979; Heimkehr ins Wort, hg. B. v. Wangenheim 1982 (m. Bibl.).

Dominik, Hans, 15. 11. 1872 Zwickau – 9. 12. 1945 Berlin,

Stud. Maschinenbau und Elektrotechnik TH ebda., ab 1898 Elektroingenieur bei versch. Großfirmen, ab 1904 selbständ. Ing. und Schriftsteller, im 1. Weltkrieg in der Rüstungsindustrie, seit 1924 freier techn. Schriftsteller, Journalist und Redakteur in Berlin. Reisen in Nordamerika, Skandinavien, England, Italien. – Erfolgr. Verfasser populärwiss. Bücher, techn. Zukunftsromane aus den Möglichkeiten moderner Physik in der Nachfolge Jules Vernes, mit klischeehaftem Reporterstil und übertreibenden Bildern (Auflage über 2,5 Mill.) und Jugendbücher.

W: Die Spur des Dschingis-Khan, R. 1923; Atlantis, R. 1925; Der Brand der Cheopspyramide, R. 1926; König Laurins Mantel, R. 1928; Das Erbe der Uraniden, R. 1928; Kautschuk, R. 1930; Atomgewicht 500, R. 1935; Treibstoff SR, R. 1940; Vom Schraubstock zum Schreibtisch, Aut. 1942.

Donaueschinger Passionsspiel, in e. Donaueschinger Hs. 2. Hälfte 16. Jh. erhaltenes, wohl 1485 in Villingen aufgeführtes Passionsspiel der niederalemann. Gruppe für 2 Spieltage (4177 Verse) mit Anklängen an das Luzerner Urspiel. Reicht von den Magdalenenszenen bis zum Emmausgang. Naturalist. breite u. volkstüml. Darstellung; tekton. Bau.

A: E. Hartl (DLE, Rhe. Drama d. MA. 4) 1942; A. H. Touber 1985.

L: G. Dinges, Unters. z. D. P., 1910.

Donrath, Michael → Horbach, Michael

Dor, Milo (eig. Milutin Doroslovac), *7. 3. 1923 Budapest, serb. Arztsohn, Jugend in Belgrad, 1942 als Widerstandskämpfer verhaftet, 1943 Zwangsarbeit in Wien, 1944 Stud. Theaterwiss. ebda., Journalist und freier Schriftsteller in Wien und Dtl. –

Dt. schreibender Erzähler, Dramatiker, Film- und Hörspielautor, z. T. in Zusammenarbeit mit Reinhard Federmann. Anfangs kraßrealist. Zeitromane und -stücke aus Terror, Krieg und Besatzungszeit, schließlich melanchol. Erinnerungsbild aus serb. Heimat und Jugend. Übs. aus dem Serb. u. a. (I. Andrić 1957, 1959, I. Babel, 1960) und Hrsg.

W: Unterwegs, En. 1947; Der vergessene Bahnhof, Dr. (1948); Der Selbstmörder, Dr. (1952); Tote auf Urlaub, R. 1952; Der unterirdische Strom, Ess. 1953; Internationale Zone, R. 1953 (m. R. F.); Romeo und Julia in Wien, R. 1954 (m. R. F.); Othello von Salerno, R. 1956 (m. R. F.); Nichts als Erinnerung, R. 1959 (als FSsp. 1973); Salto mortale, Nn. 1960; Die weiße Stadt, R. 1969; Der Tote vom Pont Neuf, FSsp (1973); Meine Reisen nach Wien, Feuill. 1974; Alle meine Brüder, R. 1978; Der letzte Sonntag, R. 1982.

Dorfferer, Filidor → Stieler, Kaspar

Dorn, Gertrud → Fussenegger, Gertrud

Dorpat, Draginja (eig. Sophia Ruth Knaak), ✷ 21. 9. 1931 Ravensburg, Lehrerstochter, Stud. Politik, Philos. und Gesch. in Tübingen; lebt verheiratet in Reutlingen. – Gesellschaftskrit. Erzählerin um das Thema erot. Vereinzelung und Frustration.

W: Ellenbogenspiele, R. 1966; Junge Knaben beim Spiel, E. 1969; Salve Fuerzas, Dr. (1971).

Dorst, Tankred, ✷ 19. 12. 1925 Sonneberg/Thür., 1942 Soldat, 1944–47 Gefangenschaft in Belgien, England, USA; Stud. Germanistik, Theaterwiss., Kunstgesch. München; Gründer e. Marionettenbühne in München-Schwabing, 1962 Stipendiat der Villa Massimo in Rom, freier Schriftsteller in München. – Vielseitiger Dramatiker, experimen-

tierte anfangs mit den verschiedensten dramat. Stilarten von der Commedia dell'arte und dem Marionettenspiel über romant. Ironie bis zur surrealen Groteske und schrieb poet. offene, bühnengerechte Spieltexte, fand dann über e. Reihe freier Bühnenbearbeitungen mit ›Toller‹ zu e. eigenen, halbdokumentar. Spieltext-Stil und wandte sich weniger e. unterhaltenden als beunruhigenden und zur Kritik aufrufenden Dramenform zu, die das Bemühen um Veränderung der bestehenden Verhältnisse an histor. Beispielen erläutert.

W: Das Geheimnis der Marionette, Es. 1957; Gesellschaft im Herbst, K. (1960); La Buffonata, Op. 1961; Die Kurve, K. 1962; Freiheit für Clemens, Dr. 1962; Große Schmährede an der Stadtmauer, Dr. 1962; Der gestiefelte Kater, K. 1963 (nach Tieck); Die Mohrin, Dr. 1964; Yolimba, Op. 1965; Der Richter von London, Dr. (1966, nach Th. Dekker); Wittek geht um, Dr. (1967); Toller, Dr. 1968; Rotmord, FSsp. 1969; Dem Gegner den Daumen aufs Auge und das Knie auf die Brust, Dr. (1969); Der Anteil der Arbeit an der Menschwerdung des Affen, Dr. (1970); Sand, FSsp. 1971; Kleiner Mann, was nun, Dr. 1972 (nach H. Fallada); Eiszeit, Dr. 1973; Auf dem Chimborazo, Sch. 1975; Dorothea Merz, R. 1976; Goncourt oder Die Abschaffung des Todes, Dr. (1977, m. H. Laube); Klaras Mutter, R. 1978; Die Villa, Dr. 1980; Mosch, FSp. (1980); Merlin oder Das wüste Land, Dr. 1981; Ameley, Dr. (1982); Eisenhans, Film 1982; Der verbotene Garten, Dr. 1983; Die Reise nach Stettin, Dr. 1984; Der nackte Mann, Dr. 1985; Heinrich oder Die Schmerzen der Phantasie, Dr. (1985); Grindkopf, Dr. 1986; Ich, Feuerbach, Dr. 1986; Das Weltkind an der Mitten, Dr. (1987). – Stücke, II 1978; Werkausg., IV 1985–87.

L: Werkbuch über T. D., hg. H. Laube 1974; G. Erken, 1986.

Doutiné, Heike, ✷ 3. 8. 1945 Zeulenroda/Thür., lebt seit 1948 in Hamburg; Reporterin, Reisen, 1967 Stud. Geschichte Hamburg, 1966 ∞ M. Scholz; 1972/73 Villa Massimo-Stipendium, Rom. – Kritisch-skept. Lyrikerin und Erzählerin, bevorzugt sicher gehandhabte herkömml. Formen für stark reflexive, metaphernreiche Aussagen in z. T. bemühter Poetisierung und Neigung zum Prätentiösen.

W: In tiefer Trauer, G. u. Prosa 1965; Das Herz auf der Lanze, Notizen u. G. 1967; Wanke nicht, mein Vaterland, R. 1970; Deutscher Alltag, En. 1972; Berta, R. 1974; Wir zwei, R. 1976; Die Meute, R. 1979; Der Hit, R. 1982; Blumen begießen, bevor es regnet, G. 1986.

Drach, Albert, * 17. 12. 1902 Wien, Sohne e. jüd. Mathematikprofessors, Stud. Jura Wien, 1926 Dr. jur., Rechtsanwalt in Wien, 1938 Emigration über Paris nach Nizza, mehrfach verhaftet, entkam der Auslieferung; seit 1947 Rechtsanwalt in Mödling b. Wien. – Als Erzähler von Gerichtsfällen im umständlichen Amtsdeutsch des trockenen Kanzleistils, der zugleich parodiert wird und die Schicksale der Larmoyanz enthebt, zugleich Kafka und Herzmanovsky-Orlando verwandt. Dramen mit Karikaturen zeitgeschichtl. Ereignisse und menschl. Schwächen in der Tradition des Wiener Volkstheaters und Nestroys.

W: Kinder der Träume, G. 1919; GW, I: Das große Protokoll gegen Zwetschkenbaum, R. 1964; II: Das Spiel vom Meister Siebentot, Drr. 1965; III: Die kleinen Protokolle, En. 1965; IV: Das Aneinandervorbeispiel, Drr. 1966; V: Unsentimentale Reise, Aut. 1966; VI: Z. Z. – das ist die Zwischenzeit, Aut. 1968; VIII: Untersuchung an Mädeln, R. 1971; VII: Gottes Tod ein Unfall, Drr. u. G. 1972; In Sachen de Sade, B. 1974.

Dranmor (eig. Ludwig Ferdinand von Schmid), 22. 7. 1823 Muri b. Bern – 17. 3. 1888 Bern; 1843 Exportkaufmann in Brasilien, 1852 österr.-ungar. Generalkonsul in Rio de Janeiro, nach Verlust s. Vermögens Journalist ebda. u. in Paris, 1887 Rückkehr nach Bern. – Lyriker von eleg. Grundhaltung aus dem Gefühl der Heimatlosigkeit.

W: Poetische Fragmente, 1860; Kaiser Maximilian, G. 1968; Requiem, Dicht. 1869; Ges. Dichtungen, 1873, Ausw. 1924.

Draws-Tychsen, Hellmut, 18. 10. 1904 Elbing – 7. 1. 1973 Gabersee, Gem. Attel; 1924–31 Stud. Völkerkunde und Reisen, 1938 Prof. für Musikethnologie Budapest, 1942–45 KZ Sachsenhausen und Mauthausen; lebte in Pappenheim/Mittelfranken. – Lyriker, Erzähler und Dramatiker zwischen Expressionismus und Realismus.

W: Mein Westpreußenland, G. 1929; Nordische Gedichte, 1932; Westpreußische Originale, En. 1936; Sprenkeln auf der Iris, N. 1942; Meer-Gedichte, G. 1948; Calabobos, G. 1954.

Drewitz, Ingeborg, 10. 1. 1923 Berlin – 26. 11. 1986 ebda. Stud. Lit.-Gesch. Philos. Berlin (Dr. phil. 1945), ⊕ 1946 Bernhard D., lebte in Berlin. – Dramatikerin, Hörspieldichterin und zeitkrit. Erzählerin bes. um die Kontaktlosigkeit des Großstadtmenschen.

W: Moses, Dr. (1954); Die Stadt ohne Brükke, Dr. (1955); Und hatte keinen Menschen, En. 1955; Die Macht der Hölle, Dr. (1956); Flamingos, Dr. (1956); Der Anstoß, R. 1958; Das Karussell, R. 1962; Im Zeichen der Wölfe, En. 1963; Berliner Salons, Abh. 1965; Eine fremde Braut, En. 1968; Bettine von Arnim, B. 1968; Oktoberlicht, R. 1969; Wer verteidigt Katrin Lambert?, R. 1974; Das Hochhaus, R. 1975; Der eine, der andere, En. 1976; Hörspiele, 1977; Gestern war Heute, R. 1978; Zeitverdichtung, Ess. 1980; Die zerstörte Kontinuität, Ess. 1981; Kurz vor 1984, Ess. 1981; Schrittweise Erkundung der Welt, Ess. 1982; Eis auf der Elbe, R. 1982; Mein indisches Tagebuch, 1983; 1984, Ess. 1984; Unter meiner Zeitlupe, Ess. 1984; Hinterm Fenster die Stadt, Aut. 1985; Eingeschlossen, R. 1986.
L: T. Häussermann, hg. 1983.

Dreyer, Max, 25. 9. 1862 Rostock – 27. 11. 1946 Göhren auf Rügen, Lehrerssohn, 1880–84 Stud. anfangs Theol., dann Philol., Germanistik und Gesch. Rostock und Leipzig, 1884 Dr. phil.; 1885 Probejahr Realgymnas.

Malchin/Meckl., 1886–88 wiss. Hilfslehrer Bockenheim b. Frankfurt/M.; aus Enttäuschung über geistige Enge des Erziehungssystems Ostern 1888 Berufsaufgabe; bis 1898 Redakteur der ›Tägl. Rundschau‹ Berlin, seither freier Schriftsteller ebda., später auf s. Besitz auf Rügen. – Anfangs erfolgr. naturalist. Dramatiker unter Einfluß Ibsens und G. Hauptmanns mit bissig-satir. Zeit- und Tendenzstücken (bes. ›Der Probekandidat‹ gegen geist. Unfreiheit) um aktuelle Moral-, Liebes-, Ehe- und Erziehungsprobleme von wuchernder Stimmungsmalerei und scharf zugespitzten Konflikten, doch grober Charakterzeichnung und Neigung zu theatral. Effekthascherei: routinierter Theatraliker ohne tieferen Gehalt, außerordentl. vielseitig in Stilen, Formen und Stimmungen. Später meist leichte Dramen, Komödien und liebenswürdige bis burleske Schwänke oft um erot. oder frivol-pikante Themen (›Das Tal des Lebens‹). In Romanen und Novellen gemütvoller, heimatgebundener Realist aus norddt. Landschaft mit humorist. Einschlag. Auch plattdt. Lyrik.

W: Drei, Dr. 1894; Winterschlaf, Dr. 1895; Eine, K. 1896; In Behandlung, K. 1897; Hans, Dr. 1898; Lautes und Leises, En. 1898; Liebesträume, K. 1898; Der Probekandidat, Dr. 1899; Der Sieger, Dr. 1901; Das Tal des Lebens, K. 1902; Nah Hus, G. 1904; Die Siebzehnjährigen, Dr. 1904; Die Hochzeitsfackel, Dr. 1907; Ohm Peter, R. 1908; Strand, Nn. 1910; Die Siedler von Hohenmoor, R. 1922; Das Gymnasium von St. Jürgen, R. 1925; Das Riesenspielzeug, N. 1926; Das Sympathiemittel, N. 1927 (als Dr. 1937); Erdkraft, R. 1941. *L:* H. Zerkaulen, 1932; P. Babendererde, 1942.

Drollinger, Karl Friedrich, 26. 12. 1688 Durlach – 1. 6. 1742 Basel, Sohn e. Rechnungsrats, 1705–10 Stud. Jura Basel, 1710 Dr. jur., Registrator, 1712 Biblio-

thekar in Durlach, 1722 Hofrat, 1726 Geh. Archivrat, 1733 Flucht nach Basel, dort Mitgl. der Kantonsregierung. – Lyriker der frühen Aufklärung anfangs im Gefolge der Hofdichter, mit s. philos.-relig. Lehrgedichten, Verserzählungen und Fabeln Nachfolger Brockes' und Vorläufer Hallers.

W: Gedichte, 1743 (n. 1972).
L: K. Rosenfelder, Diss. Mchn. 1923.

Dronke, Ernst, 17. 8. 1822 Koblenz – 3. 2. 1891 Liverpool, Sohn e. Gymnasiallehrers, 1839 Stud. Jura Bonn und Marburg, Dr. jur., 1843–45 Journalist in Berlin, nach Ausweisung in Frankfurt/M., 2 Jahre Gefängnis wegen kommunist. Tendenz, 1848 Flucht nach Belgien, 1849–53 in London, Verbindung mit Marx und Engels, 1857 Kaufmann in Glasgow, 1860 Liverpool. – Sozialer Lyriker des Vormärz; mit stilist. schwachen, epigonalen Sozialreportagen Wegbereiter der sozialen Novelle.

W: Armensünderstimmen, G. 1845; Der Ausgewiesene, R. 1846; Aus dem Volke, En. 1846; Polizeigeschichten, En. 1846 (n. 1968); Die Maikönigin, E. 1846; Berlin, Rep. II 1846 (n. 1974).

Droste-Hülshoff, Annette Freiin von, 10. 1. 1797 Schloß Hülshoff b. Münster – 24. 5. 1848 Meersburg/Bodensee, altwestfäl. Geschlecht. Kränkl. Jugend, ausgezeichnete Bildung; vom einstigen Hainbündler Prof. Anton Matthias Sprickmann in die Dichtung eingeführt. 1820 Liebe zum Göttinger Studenten H. Straube und dessen Freund A. v. Arnswaldt. 1825 erste Rheinreise. Bekanntschaft mit A. W. Schlegel, K. Simrock, Adele Schopenhauer. 1826 Tod des Vaters, Übersiedlung mit der Mutter auf den Witwensitz Rüschhaus b. Münster, 1828 und 1830 wieder am

Rhein. 1835 mit der Mutter nach Eppishausen/Thurgau zur Schwester Jenny, die 1834 den Germanisten J. Frhr. v. Laßberg geheiratet hatte. 1837 Rückkehr ins Rüschhaus, Verkehr mit Schlüter, Junkmann und L. Schücking. 1841 – Herbst 1844 meist am Bodensee, auf dem 1838 von Laßberg erworbenen Schloß Meersburg; hier Bekanntschaft mit Uhland, G. Schwab, A. v. Keller u. a. Nachsommerl., halbmütterl. Liebe zum 17 Jahre jüngeren L. Schücking, der 1841 – Ostern 1842 Bibliothekar auf der Meersburg ist; 1841–42 Entstehungszeit der meisten Naturgedichte. Nach Schückings Weggang, s. Verlobung (1843) und s. Roman ›Die Ritterbürtigen‹ 1846 schmerzl. Entfremdung. 1844 Erwerb des Fürstenhäuschens b. Meersburg. 1845/46 kurzer Besuch in Westfalen, Sept. 1846 wieder nach Meersburg. Tod durch Herzschlag. – Bedeutendste dt. Lyrikerin von männl., kraftvoller Herbheit; geprägt vom westfäl. Volksstamm, Erlebnis der schwermütig-ernsten Heimatlandschaft, feudal-kathol. Weltanschauung und e. tiefen Religiosität. Eigenwillig herbe, auf jede Schönheit zugunsten des Charakteristischen verzichtende Sprache mit kraftvollem, sprödem Rhythmus voll düsterer Visionen, Bilder und untergründigen Ahnungen. Durch starke sinnl. Erlebniskraft und scharfe Beobachtungsgabe geprägte realist. Kleinmalerei. Selbstaussprache der Natur als vielstimmige und vielgestalte Wirklichkeit in Atmosphäre, Bild, Farbe und Klang. Aufgeschlossen für die übernatürl., myth.-dämon. Urkräfte und die heiml. Stimmen in Natur und Landschaft, entdeckt sie die Hei-

de- und Moorlandschaft für die Dichtung. Anfangs herbe Verserzählungen unter Einfluß von Scott und Byron aus der Verwobenheit von Geschichte, Landschaft und Schicksal; düstere Balladen, später mehr Natur- und Landschaftsgedichte, Bekenntnisse und geistl. Lieder e. trotz aller nicht verschwiegenen Zweifel tief bejahten Glaubensbindung. Als Erzählerin bes. der von psycholog. vertiefter Dorfgeschichte zur myth. Schicksalstragödie umschlagenden ›Judenbuche‹ Nähe zu Kleist. Ferner treffend charakterisierende Heimatbilder. Romanfragmente und dramat. Versuche.

W: Gedichte, 1838; Die Judenbuche, N. (1842, komm. H. Rölleke 1970); Gedichte, 1844; Das geistliche Jahr, G. 1851 (hkA K. Schulte-Kemminghausen u. W. Woesler II 1971); Letzte Gaben, Nl. 1860. – SW hkA, hg. K. Schulte-Kemminghausen IV 1925–30; SW, hg. C. Heselhaus, ⁵1966, hg. G. Weydt u. W. Woesler, II 1973–78; Wke, Briefw., hkA. hg. W. Woesler 1978ff. (Bd. XIV, 1983: Bibl.); Briefe, II 1944, ²1968.
L: L. Schücking, 1862, ⁴1953; H. Hüffer, ³1911; F. Gundolf, 1931; Jhrb. d. D.-Ges., 1947ff.; W. Rink, 1948; M. Lavater-Sloman, Einsamkeit, ²1957; K. Schulte-Kemminghausen, A. v. D., Leben i. Bildern, ³1959; M. Mare, Lincoln 1965; D. Iehl, Le monde réel. et poét. d'A. v. D., Paris 1966; J. Nettesheim, 1967; dies., 1973; E. Staiger, ³1967; P. Berglar, 1967; C. Heselhaus, 1971; G. Cusatelli, Bologna 1971; S. Bonati-Richner, Der Feuermensch, 1972; R. Schneider, Realismus u. Restauration, 1976; ders., 1977; C. Heselhaus, ⁵1979; W. Woesler, Modellfall d. Rezeptionsforschg., III 1980; M. Morgan, 1981; D. Maurer, 1982; W. Gössmann, 1985; H. Kraft, Mein Indien liegt in Rüschhaus, 1987. Bibl.: E. Arens, K. Schulte-Kemminghausen, 1932; H. Thiekötter, ²1968.

Dürbach, Anna Luise → Karsch(in), Anna Luise

Dürrenmatt, Friedrich, ✳5. 1. 1921 Konolfingen b. Bern, Pfarrerssohn, Gymnasium Bern, Stud. Philos., Theol. u. Germanistik Bern und Zürich; Zeichner,

Graphiker, Illustrator, 1951–53 Theaterkritiker der ›Weltwoche‹ (Zürich), freier Schriftsteller in Neuchâtel. 1967–69 künstler. Berater, Direktionsmitgl. und Regisseur am Basler Stadttheater, 1970–72 Berater des Züricher Schauspielhauses; 1969 Mithrsg. und Miteigentümer der Wochenzeitung ›Sonntagsjournal‹. Zürcher Woche‹. – Erzähler, Hörspieldichter und Dramatiker, e. der stärksten, eigenwilligsten und unkonventionellsten Begabungen des heutigen dt. Theaters von vitalem Spieltemperament und überquellender, effektsicherer szen. Phantasie; ausgehend von Aristophanes, Nestroy, Wedekind und dem Expressionismus. Skurriler, leidenschaftl. Moralist und amüsant-makabrer Satiriker von bohrendem Intellekt mit Neigung zur grotesken Verzerrung, bizarren Situationsspannungen mit surrealist. Elementen, zyn. Humor und aggressivem Sarkasmus in s. zeitkrit. Experimentalstücken und einfallsreichen, sketchartigen Komödien zur Standortbestimmung des Menschen: Travestie der bürgerl. Idole, Enthüllung des doppelten Bodens in den menschl. Umweltbeziehungen. Energ. Anpacken der Probleme mit sokrat. Ironie: Nähe zum Lehrstück. Vorliebe für schockierende Einfälle und kriminalist. Stoffe mit schreiend direkter Symbolik, die durch Verfremdung das Publikum zur krit. Stellungnahme in eigener Sache zwingt. Bedenkenlos in der rational-thesenhaften, z. T. gewollt geistreichen Sprachgestaltung.

W: Es steht geschrieben, Tragikom. 1947 (Neufassg. u. d. T. Die Wiedertäufer, 1967); Pilatus, E. 1949; Der Nihilist, E. 1950; Die Ehe des Herrn Mississippi, K. 1952 (3. Fassg. 1966); Die Stadt, Prosa I–IV 1952 (daraus: Der Tunnel, 1964; Die Falle, 1966); Der Rich-

ter und sein Henker, R. 1952; Der Verdacht, R. 1953; Ein Engel kommt nach Babylon, K. 1954 (2. Fassg. 1957); Herkules und der Stall des Augias, K. 1954 (als Dr. 1963); Theaterprobleme, Vortr. 1955; Grieche sucht Griechin, R. 1955; Der Besuch der alten Dame, K. 1956; Die Panne, H. 1956; Nächtliches Gespräch mit einem verachteten Menschen, Dr. 1957; Herr Korbes empfängt, K. 1957; Romulus der Große, K. 1958 (3. Fassg. 1961); Das Versprechen, R. 1958; Der Prozeß um des Esels Schatten, H. 1958; Das Unternehmen der Wega, H. 1958; Abendstunde im Spätherbst, H. 1959; Stranitzki und der Nationalheld, H. 1959; Der Doppelgänger, Sp. 1960; Frank V., Oper einer Privatbank, K. 1960 (2. Fassg. 1964); F. Schiller, Rd. 1960; Der Blinde, Dr. 1960; Gesammelte Hörspiele, 1961; Die Physiker, Dr. 1962; Die Heimat im Plakat, Kdb. 1963; Der Meteor, Dr. 1966; Theater-Schriften und Reden, II 1966–72; Das Bild des Sisyphos, E. 1968; König Johann, Dr. 1968 (nach Shakespeare); Play Strindberg, Bearb. 1969; Titus Andronicus, Dr. 1970 (nach Shakespeare); Monstervortrag über Gerechtigkeit und Recht, Es. 1970; Sätze aus Amerika, Aufz. 1970; Porträt eines Planeten, Dr. 1971; Der Sturz, E. 1971; Der Mitmacher, K. 1973; Gespräch mit H. L. Arnold, 1976; Zusammenhänge, Ess. 1976; Die Frist, K. 1977; A. Einstein, Rd. 1979; Die Panne, K. 1979; Stoffe I–III, En. 1981; Achterloo, K. 1983; Kunst und Wissenschaft, Rd. 1985; Minotaurus, Ball. 1985; Justiz, R. 1985; Der Auftrag, N. 1986; Die Welt als Labyrinth, Gespr. 1986; Rollenspiele, 1986 (m. Ch. Kerr). – Wke, XXX 1980; Komödien, III 1957–71.

L: J. Strelka, Brecht, Horvath, D., 1962; Der unbequeme D., 1962; H.-J. Syberberg, Z. Drama F. D.s, Diss. Mchn. 1963; Ch. Jauslin, Diss. Zürich 1964; H. Mayer, D. u. Frisch, ²1965; U. Jenny, 1965; G. Neumann u. a., D., Frisch, Weiss, 1969; M. B. Peppard, N. Y. 1969; L. Bänziger, Frisch u. D., ⁴1971; H. Hartmann, Diss. Marb. 1971; P. Spycher, 1972; U. Profitlich, 1973; G. P. Knapp, 1971; K. J. Fickert, To heaven and back, Lexington 1972; E. Brock-Sulzer, 1973 u. ⁴1973; G. P. Knapp, hg. 1976; M. Colpaert, Amsterd. 1976; T. Tiusanen, Princeton 1977; A. Arnold, ⁴1979; G. P. Knapp, 1980; K. S. Whitton, The theatre of F. D., Lond. 1980; J. Knopf, ³1980; D. Keel, hg. 1980; F. D., ²1980 (Text u. Kritik); A. Arnold, hg. 1982; F. Sotiraki, 1983; H. Gertner, D. Komische i. Wk. F. D.s, 1984; V. Schulte, D. Gesicht e. gesichtslosen Welt, 1987; H. Bänziger, Frisch u. D., 1987; Bibl.: J. Hansel, 1968.

Dukus Horant, Fragmente e. Brautwerbungsepos des 14. Jh. in ostmitteldt. Dialekt von ca. 280 Zeilen in hebräischer Schrift, da-

tiert 1382; Hauptteil e. Lieder-
Slg., die 1896 aus der Esra-Syn-
agoge in Kairo zus. mit rd.
100 000 Hss. nach Cambridge gebracht u. dort 1953 entdeckt wurde. Vf. unbekannt, wahrscheinl.
bürgerl., nichtjüd. Herkunft. –
Mit Motiven aus Hilde-Kudrun-
Sage, König Rother u. Þiðreks saga Verbindung höfischer u. spielmänn. Züge; formale Nähe zum
Rabenschlacht-Epos; ungewand-
te Strophenform, einfacher Wortschatz. Vorlage war vermutl. e.
rheinfränk. (?) Kurzepos des 13.
Jh. Durch Niederschrift im ostjüd. Sprachraum gleichzeitig ältestes Zeugnis jidd. Lit.

A: L. Fuks, The oldest known literary docu-
ments of Yiddish literature, Leiden II 1957; P.
F. Ganz, F. Norman, W. Schwarz, 1964.
L: M. Caliebe, 1973.

Duller, Eduard, 9. 11. 1809 Wien
– 24. 7. 1853 Wiesbaden, Stud.
Philos. und Jura Wien, ging 1830
wegen der Zensur nach München,
1832 nach Trier als Journalist,
1834 Gründer der Zs. ›Phönix‹ in
Frankfurt/M., 1836 nach Darmstadt, dort Gründer der Zs. ›Das
Vaterland‹, 1846 Konversion,
1851 Prediger der dt.-kathol. Gemeinde Mainz. Freund Grabbes. –
Jungdeutscher Lyriker, Dramatiker und Erzähler; Publizist und
populärer Historiker des Vormärz.

W: Meister Pilgram, Dr. 1829; Der Rache
Schwanenlied, Tr. 1834; Loyola, R. III 1836;
Erzählungen, II 1838; Kaiser und Papst, R. IV
1838; Die Geschichte des deutschen Volkes,
Abh. 1840; Der Fürst der Liebe, G. 1842;
Gedichte, 1845; Vaterländische Geschichte,
Abh. II 1852 f.
L: E. Swoboda, Diss. Wien 1948.

Dunkelmännerbriefe → Epistulae obscurorum virorum

Durne, Reinbot von → Reinbot
von Durne

Dwinger, Edwin Erich, 23. 4.
1898 Kiel – 17. 12. 1981 Gmund a.
Tegernsee; 1914 Kriegsfreiwilliger; 1915 als Dragoner-Fähnrich
schwerverwundet; russ. Gefangenschaft in Moskau und Sibirien,
bei Fluchtversuch in die Revolu-
tionskämpfe geraten, Teilnahme
an den Kämpfen der Weißen Armee Koltschaks und deren Flucht
nach Sibirien, neue Gefangenschaft und Flucht; 1921 Heimkehr, magen- und lungenkrank,
Siedler in Tanneck b. Weiler, Erb-
hofbauer, Reichskultursenator,
im 2. Weltkrieg Kriegsberichterstatter e. Panzerdivision, seither
Guts- und Reitschulbesitzer Hed-
wigshof b. Seeg/Allgäu. – Erzähler, begann wenig erfolgr. mit
Romanen ohne echte Konflikt-
und Handlungsgestaltung und erlangte Riesenerfolge (2 Mill.
Aufl.) als Chronist s. Zeit mit auf
eigenem Erleben beruhenden, reportagehaften Tatsachenberichten aus dem 1. Weltkrieg, russ.
Gefangenschaft u. Revolution,
Spanienkrieg, 2. Weltkrieg, Zusammenbruch des 3. Reiches und
Flucht, mit erschütternden Szenen vom Grauen und Elend des
Kriegs, im Stil journalist. Reportage, später zu breiter gedankl.-
krit. Auseinandersetzung ausgrei-
fend. Stark antibolschewist., zeitweise faschist. Tendenz, heroischer Schicksalsglaube. Eigene
Dramatisierung s. Reportagen.

W: Korsakoff, R. 1926 (u. d. T. Hanka,
1953); Das letzte Opfer, R. 1928; Die deutsche Passion: Die Armee hinter Stacheldraht,
Ber. 1929; Zwischen Weiß und Rot, Ber.
1930 (beide u. d. T. Sibirisches Tagebuch,
1965); Die zwölf Räuber, R. 1931 (u. d. T.
Marita, 1954); Wir rufen Deutschland, Ber.
1932; Die letzten Reiter, R. 1935; Und Gott
schweigt, Ber. 1936; Spanische Silhouetten,
Ber. 1937; Auf halbem Wege, R. 1939; Der
Tod in Polen, Ber. 1940; Wenn die Dämme
brechen, R. 1950; General Wlassow, B. 1951;
Sie suchten die Freiheit, Ber. 1952; Die verlorenen Söhne, Rep. 1956; Das Glück der Erde,

Schr. 1957; Die 12 Gespräche 1933–1945, Aut. 1966.

Dymion, N. → Hartung, Hugo

Eberhard von Cersne, 1408 als Kanonikus in Minden belegt. – Schrieb nach 1404 frei nach dem lat. ›Tractatus de amore‹ d. Andreas Capellanus die Minneallegorie ›Der Minne Regel‹, e. Slg. von Richtlinien und Geboten für das Verhalten Liebender. Auch 20 verstandesmäßige Minnelieder in kunstvollem Strophenbau.

A: F. X. Wöber 1861; D. Buschinger 1981.
L: E. Bachmann, Diss. Bln. 1891.

Eberhard von Gandersheim, 1204 und 1207 urkundl. Diakon und Notar in Gandersheim, schrieb 1216–18 nach lat. Quellen in niederdt. Sprache die ›Gandersheimer Reimchronik‹ (1955 Verse), die propagandist., alte Rechte des Klosters behauptet.

A: L. Wolff ²1969.

Eberle, Josef (Ps. Sebastian Blau), 8. 9. 1901 Rottenburg/Neckar – 20. 9. 1986 Stuttgart. Gymnasium ebda., Buchhändler, Journalist. 1927–33 Leiter der Vortragsabteilung des Süddt. Rundfunks, 1936 Schreibverbot, Angestellter beim amerikan. Konsulat Stuttgart, 1945–71 Hrsg. der ›Stuttgarter Zeitung‹, Dr. phil. h. c., Prof. h. c. – Schwäb. Mundartlyriker u. Erzähler; Essayist mit bes. Affinität zur röm. Antike. Neulat. Lyrik, Epigramme und Gelegenheitsgedichte von kunstvoller sprachl. Harmonie und Reimwirkung, iron. Heiterkeit und leiser Melancholie. Auch Übs. und Hrsg. lat., mlat. und neulat. Lyrik.

W.: Mild und bekömmlich, G. 1928; Kugelfuhr, G. 1933; Feierobed, G. 1934; Gold am Pazifik, E. 1935; Schwäbisch, Schr. 1936 (u. d. T. Ob denn die Schwaben nicht auch Leut' wären?, 1961); Niedernauer Idylle, G. 1941; Rottenburger Bilderbogen, G. 1943; Die schwäbischen Gedichte, 1946; Rottenburger Hauspostille, 1946; Wir reisen, Schr. 1946; Die Reise nach Amerika, Ber. 1949; Mit spitzer Feder, 1950; Horae, G. 1954; Imagines, G. 1955; Interview mit Cicero, Ess. 1956; Von des ehrbahrn Schäffer-Pahrs Phyliss und Philander Tächtel-Mächtel, 1957; Laudes, G. 1959; Stunden mit Ovid, Es. 1959; Amores, G. 1962; Cave canem – Vorsicht, beißt!, Epigr. 1962; L. Uhland, Rd. 1963; Sal niger, Epigr. 1964; Lateinische Nächte, Ess. 1966; Echo perennis, G. 1970; Schwäbischer Herbst, G. 1973; Hier irrt Goethe, Spr. 1973; Aller Tage Morgen, Erinn. 1974; Die trauten Laute, G. 1975; Caesars Glatze, Ess. 1977; Mandarintänze, G. 1979; Auf der Schiffschaukel, Sat. u. Epigr. 1985.

Eberlin von Günzburg, Johann, um 1470 Kleinkötz b. Günzburg – 13. 10. 1533 Leutershausen b. Ansbach, Stud. Ingolstadt, Basel, Freiburg; Franziskaner, 1519 Prediger in Tübingen, wurde 1521 in Ulm Protestant, 1521 Flucht in die Schweiz, Wanderprediger, 1522 Stud. Theol. Wittenberg, 1523 Basel und Rheinfelden, 1525–30 geistl. Beirat des Grafen Georg II. von Wertheim. – Prediger, Pamphletist und Satiriker der Reformation von werbekräftiger Wortgewandtheit, auch derb volkstüml. In s. Reformations-Flugschriften, bes. ›Die 15 Bundesgenossen‹ (1521–23), Satiren gegen Klosterwesen, Fasten- und Opfermißbrauch, Heiligenverehrung, Eintreten für Rechts-, Staats- und Sozialreform und Verinnerlichung kirchl. Lebens.

A: Sämtl. Schriften, hg. L. Enders III 1896–1902 (NdL).
L: B. Riggenbach, 1874:; J. Werner, ²1905; K. Wulkau, Diss. Hdlb. 1921; K. Stöckl, Diss. Mchn. 1952; L. Noack, Diss. Lpz. 1983.

Ebermayer, Erich, 14. 9. 1900 Bamberg – 22. 9. 1970 Terracina b. Rom, Juristenfamilie, Stud. Jura München, Heidelberg, Leipzig, 1922 Dr. jur., 1926 Rechtsanwalt, 1933/34 Dramaturg und Regisseur Schauspielhaus Leipzig; 1934 Entlassung, Verbot e. Teils s. Bücher, 1935 Streichung von der Anwaltsliste; in Berlin und bis 1945 auf dem 1939 erworbenen Schloß Kaibitz b. Kemnath/Oberpfalz, literarisch tätig, bis 1955 wieder Rechtsanwalt ebda. – Erzähler bes. kultivierter Unterhaltungsromane um menschl. Gewissenskonflikte u. Gemeinschaftsgedanken, Erziehungs-, Künstler-, Arzt- und Justizromane, Novellen, Schauspiele, Fernsehspiele, Dramatisierungen zahlr. Filmdrehbücher, persönl.-polit. Tagebuch. Herausgeber.

W: Doktor Angelo, Nn. 1924; Sieg des Lebens, R. 1925; Kaspar Hauser, Dr. 1926; Kampf um Odilienberg, R. 1929; Nacht in Warschau, N. 1929; Die große Kluft, R. 1931; Werkzeug in Gottes Hand, R. 1933 (u. d. T. Schloß Egers, 1959); Fall Claasen, R. 1935; Befreite Hände, R. 1938; Unter anderem Himmel, R. 1941; Der Schrei der Hirsche, R. II, 1944–49; Meister Sebastian, R. 1950; Der letzte Sommer, R. 1952; Die goldene Stimme, R. 1958; Ohne Ansehen der Person, R. 1958; Später Frühling, R. 1958; Denn heute gehört uns Deutschland, Tgb. 1959; Der Knabe und die Schaukel, R. 1960; Der blaue Nachtfalter, R. 1960; Alles Licht auf Gloria, R. 1961; Im Zwielicht des Ruhms, R. 1961; Sie sind allzumal Sünder, R. 1962; Verzeih, wenn du kannst, R. 1964; ... und morgen die ganze Welt, Tgb. 1966; Zwei ahnungslose Engel, K. (1967).

L: E. E., Buch der Freunde, 1960 (m. Bibl.).

Ebernand von Erfurt, Anfang 13. Jh., evtl. 1212 und 1217 als Erfurter Bürger urkundl. – Verfaßte nach 1201 (um 1202?) e. mhd. Verslegende ›Kaiser und Kaiserin‹ bzw. ›Heinrich und Kunigunde‹ von Heinrich II. und s. Gemahlin Kunigunde, wohl zu propagandist. Zwecken kurz nach Heiligsprechung des Paares (1201). Sklav. Nachdichtung nach lat. Viten.

A: R. Bechstein 1860 (n. Amsterdam 1968).
L: G. M. Priest, Diss. Jena 1907; H.-J. Schröpfer, Heinr. u. Kunigunde, 1969.

Ebers, Georg Moritz, 1. 3. 1837 Berlin – 7. 8. 1898 Tutzing/Obb., 1856 Stud. Jura Göttingen, 1859 Sprachwiss. und Archäologie, bes. Ägyptologie in Berlin; 1865 Privatdozent Jena, 1868 ao. Prof. ebda., 1869/70 Reise durch Südwesteuropa, Ägypten, Nubien, Arabien; 1870 Prof., 1875 ord. Prof. für Ägyptologie Leipzig; Herbst 1872/73 neue Ägyptenreise für Baedeker, in Theben Entdeckung des sog. Papyrus E., 1889 vorzeitiger Ruhestand durch Krankheit, seither in München und Tutzing Schriftsteller. – Typ. Vertreter des archäolog. oder Professorenromans: Zusammenfassung kulturhist. und archäolog. Kenntnisse in spannenden, konfliktreichen Romanen von derzeit großer Beliebtheit. Oberfläch. Historizismus, der Menschen mod. Prägung e. hist. Kostüm umhängt. Stoffe aus ägypt. und altdt. Leben.

W: Eine ägyptische Königstochter, R. III 1864; Uarda, R. III 1877; Homo sum, R. 1878; Die Schwestern, R. 1880; Der Kaiser, R. II 1881; Die Frau Bürgermeisterin, R. 1882; Die Nilbraut, R. III 1887; Die Gred, R. II 1889; Josua, E. 1890; Per aspera, R. II 1892; Die Geschichte meines Lebens, Aut. 1893; Kleopatra, R. 1894; Barbara Blomberg, R. II 1896. – GW, XXXII 1893–97.

L: R. Gosche, 1887; R. v. Gottschall, 1898; E. Müller, Diss. Mchn. 1951.

Ebert, Johann Arnold, 18. 2. 1723 Hamburg – 19. 3. 1795 Braunschweig, Stud. 1743–47 Theologie, dann Humaniora Leipzig, Verkehr mit Gellert, A. A. Schlegel, Zachariae, Cronegk, Mitarbeit an den ›Bremer Beiträgen‹ und am ›Jüngling‹; 1748 Lehrer am Carolinum Braunschweig, Verkehr mit Lessing; 1753 Prof., 1775 Kanonikus des Cyriacus-

stifts, 1780 Hofrat. – Dichter und
Übs., weniger bedeutend mit s.
eigenen teils empfindsamen, teils
rokokohaft anakreont. Lyrik in
Klopstocks Versmaßen als durch
wichtige Übs., bes. von E. Young (1751, 1763, 1777).

W: Christliche Gedanken, 1742; Episteln und
vermischte Gedichte, II 1789–95; Briefw. m.
G. E. Lessing, hg. P. Raabe 1970.
L: R. Dorn, Diss. Heidelb. 1919.

Ebner, Christine, 26. 3. 1277
Nürnberg – 27. 12. 1356 Engeltal
b. Nürnberg; Patriziergeschlecht,
1289 Dominikanerin in Kloster
Engeltal, 1345 Priorin. – Mystikerin, hatte Visionen als Zwiegespräche Christi mit ihrer Seele, die
sie ab 1317 aufzeichnete. Das ihr
oft zugeschriebene ›Büchlein von
der Gnaden Überlast‹ (vor 1346)
enthält erbaul. Lebensbeschreibungen und Visionen ihrer Mit-
schwestern.

A: Visionen: G. Lochner 1872; Büchlein: K.
Schröder 1871. – *Übs.*: W. Oehl, 1926.

Ebner, Jeannie, verh. Allinger,
* 17. 11. 1918 Sydney/Australien,
Jugend in Wiener Neustadt, 1938
Stud. Bildhauerei Akad. Wien,
seit 1950 freie Schriftstellerin ebda., 1965–78 Redakteurin der Zs.
›Literatur und Kritik‹. – Lyrikerin
u. Erzählerin, anfangs Neigung
zum Mythologisch-Allegori-
schen und zum Surrealen wie bei
Kafka oder Kasack, dann lyr.-ro-
mant. Prosa in der Verbindung
von Traum, Hoffnung, Bewußtsein und Wirklichkeit. Übs.

W: Gesang an das Heute, G. 1952; Sie warten
auf Antwort, R. 1954; Die Wildnis früher
Sommer, R. 1958; Der Königstiger, E. 1959;
Die Götter reden nicht, Nn. 1961; Figuren in
Schwarz und Weiß, R. 1964; Gedichte, 1965;
Prosadichtungen, 1973; Protokoll aus einem
Zwischenreich, En. 1975; Gedichte und Me-
ditationen, 1978; Sag ich, G. 1978; Erfrorene
Rosen, En. 1979; Drei Flötentöne, R. 1981;
Aktäon, N. 1983.
L: C. Kleiber, 1985; Bibl.: Mod. Austr. Lit.
12, 1979.

Ebner, Margarethe, um 1291
Donauwörth – 20. 6. 1351 Kloster
Medingen b. Dillingen, 1306 Dominikanerin in Medingen, er-
wachte 1311 zum myst. Leben;
1332 Freundschaft mit Heinrich
von Nördlingen. Ab 1338 lebhafter Briefwechsel mit ihm. – Dt.
Mystikerin, begann 1344 auf
Wunsch Heinrichs mit Aufzeichnung ihrer Offenbarungen e.
myst. Jesusminne aus den Jahren
1312–48 in ungewandter, gelegentl. reimender Sprache, doch
von großer Wahrheitsliebe. Ihr
kulturgesch. u. kirchenpolit. bedeutsamer Briefwechsel mit
Heinrich ist die 1. erhaltene dt.
Briefsammlung.

A: P. Strauch 1882 (n. Amsterdam 1966); W.
Oehl, Dt. Mystikerbriefe, 1931. – *Übs.*: H.
Wilms 1928; J. Prestel 1939.
L: J. Traber, D. Herkunft der M. E., 1910; L.
Zoepf, 1914; Schauenberg, 1914.

Ebner-Eschenbach, Marie Freifrau von, geb. Gräfin Dubsky, 13.
9. 1830 Schloß Zdislavic b. Krem-
sier/Mähren. – 12. 3. 1916 Wien,
tschech. Adelsgeschlecht; im
Geist der dt. Klassik erzogen und
zu eig. Schaffen angeregt. Aufenthalt sommers auf dem mähr. Gut,
winters in Wien, 1848 ⚭ Moritz
Freiherr von Ebner-Eschenbach
(† 1898), Physiker, Geniehaupt-
mann, zuletzt Feldmarschall-
Leutnant, ihrem Vetter. Harmon., aber kinderlose Ehe, zuerst
in Wien, 1851–63 Klosterbruck b.
Znaim/Mähren, seit 1863 bis auf
mehrere Reisen meist in Wien;
Verkehr mit Devrient, Laube,
Halm, Hebbel, Grillparzer, v.
Saar und E. v. Handel-Mazzetti. –
Bedeutendste dt. Erzählerin des
19. Jh. Begann mit epigonenhaf-
ten Dramen, hist. Tragödien und
Lustspielen und fand erst unter
Einfluß Turgenevs die ihr gemäße
Form der anschaulich-realist., so-

zial-psycholog. Gesellschafter-
zählung aus dem Leben des österr.
Adels in Wien, auf dem mähr.
Landsitzen, des Kleinbürgertums
und der bäuerl. Dorfwelt. Dorf-
u. Schloßgeschichten im weitesten Sinne, getragen von tiefem
sozialem, allerdings aristokrat.-
patriarchal. Verantwortungsgefühl, Mitleid mit den Armen, liebevollem Verständnis für soziale
Nöte und Sonderlinge, großer
Menschenkenntnis und liebens-
würdig-gütigem, verklärendem
Humor. Milde, Nachsicht und
der Glaube an menschl. Güte verbinden sich auch dem volkserzieher. Anliegen: Erziehung zur Einordnung ins Sozialgefüge, zur absoluten Pflichterfüllung und Humanität. Scharfe Beobachtungs-
und Einfühlungsgabe, schlichte,
pathosferne Sprache. Geistvolle
Aphorismen.

W: Erzählungen, 1875; Božena, R. 1876;
Aphorismen, 1880; Neue Erzählungen, 1881;
Dorf- und Schloßgeschichten, 1883; Zwei
Komtessen, En. 1885; Neue Dorf- und
Schloßgeschichten, 1886; Das Gemeinde-
kind, R. II 1887; Miterlebtes, En. 1889; Un-
sühnbar, R. 1890; Drei Novellen, 1892; Parabeln, Märchen und Gedichte, 1892; Glau-
benslos?, E. 1893; GS, X 1893–1911; Das
Schädliche. Die Todtenwacht, En. 1894;
Rittmeister Brand. Bertram Vogelweid, En.
1896; Alte Schule, En. 1897; Aus Spätherbst-
tagen, En. II 1901; Agave, R. 1903; Die arme
Kleine, E. 1903; Meine Kinderjahre, Aut.
1906; Altweibersommer, En. u. Sk., 1909;
Genrebilder, En. 1910; Stille Welt, En. 1915;
Meine Erinnerungen an Grillparzer, Aut.
1916. – SW, VI 1920; SW, XII 1928; GW, III
1956–58, IX 1961; Krit. Texte u. Deutungen,
hg. K. K. Polheim III 1978–82.
L: A. Bettelheim, 1900; G. Reuter, 1905; A.
Bettelheim, 1920; H. A. Koller, Diss. Zür.
1920; E. M. O'Conner, Lond. 1928; J. Mühlberger, 1930; H. Wallach, Diss. Wien 1950;
G. Fussenegger, 1967; M. Grundner, Diss.
Graz 1971; A. Unterholzner, Diss. Innsbr.
1978.

Ecbasis captivi, eig. ›Ecbasis cu-
iusdam captivi per tropologiam‹,
ältestes Tierepos der dt. Lit., satir.
Allegorie in 1229 leonin. Hexa-

metern und lat. Sprache, wohl
von e. lothring. Geistlichen des
Klosters St. Aper (St. Evre) in
Toul um 1043–46 verfaßt. Doppelte Rahmengeschichte mit allegor. Verherrlichung von Weltflucht und Askese: e. von s. Herde
getrenntes Kalb (der unerfahrene
junge Mönch) gerät in die Gewalt
des Wolfes (Böses, Weltlust),
wird ihm von der übrigen Herde
(Ordensbrüder) entrissen und
kehrt zur Mutter (Kloster, Heils-
weg) zurück. Als Innenfabel die
äsop. Fabel von der Heilung des
Löwen. Reiche, oft dramat. be-
lebte Ausmalung der Szenen und
leiser Humor; Überfülle von Zitaten aus Horaz, Vergil, Ovid, Pru-
dentius u. a.

A: K. Strecker ³1977; W. Trillitzsch 1964; E.
H. Zeydel, Chapel Hill 1964. – *Übs.:* E. Greß-
ler, 1910; W. Trillitzsch, 1969.
L: A. Michel, Mchn. Akad. 1957.

Eccius dedolatus → Gerbel, Nikolaus

Eckart, Dietrich, 23. 3. 1868
Neumarkt/Oberpfalz – 26. 12.
1923 Berchtesgaden, Notarssohn,
Stud. Erlangen und Berlin, Journalist und Kritiker in Berlin, dann
München; 1921 1. Hauptschrift-
leiter des ›Völkischen Beobachters‹. – Pathet. polit. Lyriker
(›Deutschland erwache!‹), Dramatiker und Publizist. Mitarbeiter A. Hitlers, radikaler Antisemit, im 3. Reich als großer ›völk.
Dichter‹ gepriesen.

W: In der Fremde, G. 1893; Tannhäuser auf
Urlaub, K. 1895; Parsifal, Dr. 1899; Fami-
lienväter, K. 1904; Der Erbgraf, Dr. 1907;
Heinrich der Hohenstaufe, Dr. 1915; Loren-
zaccio, Dr. (1918); Totengräber Rußlands, G.
1921; D. E. Ein Vermächtnis, hg. A. Rosen-
berg, 1928.
L: A. Reich, 1933; R. Euringer, 1935; M.
Plewnia, Auf dem Weg zu Hitler, 1970; P. W.
Becker, Diss. Köln 1970.

Eckbrecht, Andreas → Kaus,
Gina

Eckehart, Meister → Eckhart,
Meister

Eckenlied oder ›Ecken-Aus-
fahrt‹, mhd. Heldenepos aus dem
Kreis der Dietrichsage. Urlied
wohl um 1200 in Tirol entstanden, um 1250 am Rhein zum Epos
ausgebildet, verritterlicht und
schließlich nach Tirol zurückge-
kehrt. Ecke sucht den Zweikampf
mit Dietrich von Bern; dieser er-
schlägt ihn und gewinnt dessen
Schwert Eckesachs. Dietrichs
weitere Kämpfe mit zahlr. Un-
holden. Bernerton, kunstvolle
Sprache, Mischung held., höf.
und burlesker Züge.

A: J. Zupitza, Dt. Heldenbuch 5, 1870; C. v.
Kraus, Abh. Bayr. Akad. 32, 1926; M. Wier-
schin, 1974.

Eckermann, Johann Peter, 21. 9.
1792 Winsen/Luhe – 3. 12. 1854
Weimar, Sohn e. Hausierers, 1812
Mairie-Sekretär in Bevensen,
1813/14 freiwill. Jäger, 1815 Anstellung Hannover, 1817 Gymna-
sialbildung in Göttingen nachge-
holt, 1821–23 Stud. Lit. und Ästhetik ebda. Erregte 1822 durch
Übersendung s. ›Beyträge zur
Poesie‹ die Aufmerksamkeit Goethes, der E. 1823 als freiwilligen
Sekretär in s. Haus zog. 1829–39
zeitweilig Prinzenerzieher, 1830
mit August von Goethe in Italien;
1836 großherzogl. Bibliothekar. –
Bedeutend durch s. Aufzeichnung
von Goethes Gesprächen 1823–32
unter Verwendung der Notizen
Sorets, z. T. frei und eigenwillig,
im Ganzen jedoch verläßl., Annäherung an die Ausdrucksweise des
alten Goethe. Eigene Gedichte
ohne Belang, z. T. Gelegenheitsdichtungen.

W.: Gedichte, 1821; Beyträge zur Poesie mit
besonderer Hinweisung auf Goethe, 1823 (n.
1911); Gespräche mit Goethe in den letzten
Jahren seines Lebens, III 1836–48 (n. E. Cast-

le, II 1917; E. Beutler, 1948; F. Bergemann,
1955; H. H. Houben, 1959); Gedichte 1838;
Aphorismen, hg. S. L. Gilman 1984.
L: J. Petersen, D. Entstehung der E.-schen
Gespräche m. G. und ihre Glaubwürdigkeit,
³1973; H. H. Houben, II 1925–28, n. 1975; E.
Lüth, 1978.

Eckhardt, Fritz (Ps. F. E. Normann, Franz Paul), ✶30. 11. 1907
Linz, Schauspieler und seit 1933
auch Schriftsteller, 1945 Direktor
e. Wiener Kleinkunstbühne,
1946–48 des Künstlertheaters ebda. – Vf. bühnensicherer Unter-
haltungslustspiele und beliebter
Fernsehserien (›Schwäbische Geschichten‹, ›Inspektor Marek‹,
›Wenn der Vater mit dem Sohne‹,
›Hallo – Hotel Sacher ... Portier!‹).

W: Edelweiß, Opte. (1934); Das Fräulein mit
dem Koffer, K. (1942); Das andere Gesicht,
Dr. (1946); Rendezvous in Wien, K. 1955;
Rendezvous in Moskau, K. (1956); Ihr Bräutigam, K. (1958, auch u. d. T. Die Glashaus-
komödie); Bei Tag und bei Nacht, K. (1968);
Die Weltreise, K. (1976).

Eckhart, Meister, um 1260
Hochheim b. Gotha – vor 30. 4.
1328 Avignon, aus adl. Thüring.
Geschlecht, Dominikaner in Erfurt, 1293/94 Lector in Paris, vor
1298 Prior in Erfurt, Provinzialvi-
kar, 1302 Magister in Paris;
1303–11 Ordensprovinzial für
Sachsen und seit 1307 auch Gene-
ralvikar für Böhmen, 1311–13
wieder Lehrer in Paris, 1314–22
Prof. der Theol. und Prediger in
Straßburg; um 1323–26 Lesemeister in Köln, Lehrer Taulers und
Seuses. 1326 Inquisitionsprozeß
wegen ketzer. Lehren; Febr. 1327
Reise nach Avignon zur persönl.
Verteidigung. 27. 3. 1329 Verurteilung von 28 s. Sätze als Irrleh-
ren. – Zentralgestalt der dt. Mystik, durch s. dt. und lat. Predigten und Traktate und die Verbreitung s. Lehren bei Ruysbroeck,
Tauler und Seuse von großem

Einfluß auf die relig. Lit. Kanon der echten Werke noch nicht endgültig festgestellt, da die meisten s. dt. Predigten nur in unzulängl. Nachschriften der Zuhörer erhalten. Fußt in s. lat. Schriften (›Opus tripartitum‹, nur z. T. erh.) auf Scholastik, Albertus Magnus und Thomas von Aquin. Kommentare zu Genesis, Sapientia, Exodus und Paternoster. In dt. Laienpredigten Darstellung des myst. Grunderlebnisses der Einswerdung der Seele mit Gott, ohne Ekstase; Verbindung myst. Ergriffenheit mit spekulativem Geist in Bahnen des Neuplatonismus. Im Zustand der Abgeschiedenheit von Zeit und Raum wird das Fünklein Seele bloßgelegt, das wesensgleich mit göttl. Licht ist. Das Universum als Emanation göttl. Wesens kehrt durch Entwerden zum Sein in Gott zurück. Großartiger Sprachschöpfer, Bereicherung der dt. Prosa durch Neubildung, Metaphern, Antithesen und Paradoxien für Abstraktes. Schöpfer der dt. philos. Begriffssprache.

A: Dt. Predigten hg. F. Pfeiffer, ⁴1924; Opera latina, hg. G. Théry, R. Klibansky, III 1934–36; Die dt. u. lat. Werke, hg. J. Quint u. J. Koch, 1936ff. – *Übs.:* F. Schulze-Maizier, ²1934; J. Quint, 1955, ⁷1985; H. Büttner, 1959; E. K. Pohl, 1959; H. Giesecke, 1964. *L:* J. Quint, D. Überlieferung, d. dt. Pred. M. E.s, 1932; E. Seeberg, 1934; H. Ebeling, M. E.s Mystik, 1941; H. Piesch, 1946; M. A. Lücker, M. E. u. d. devotio moderna, Leiden 1950; B. Schmoldt, D. dt. Begriffssprache M. E.s, 1954; J. Ancelet-Hustache, Paris 1956; K. Oltmanns, ²1957; A. Dempf, ²1960; M. E. der Prediger, hg. U. M. Nix, R. Öchslin 1960; H. Fischer, 1971; ders., 1974; E. v. Bracken, 1972; E. Soudek, 1973; R. Schürmann, Bloomington 1978; E. Waldschütz, 1978; G. Wehr, 1979; B. Welte, 1979; A. M. Haas, 1979; W. M. Fues, Mystik als Erkenntnis?, 1981; K. Ruh, 1985; F. Tobin, Lond. 1986.

Eckstein, Ernst, 6. 2. 1845 Gießen – 18. 11. 1900 Dresden, Stud. Philol., Philos. und Gesch. Gie-

ßen, Bonn, Marburg (Dr. phil.); 1868 Korrespondent in Paris, 1870 Schweiz, 1871 Italien, Spanien, Salzburg, 1872–74 Redakteur der ›Neuen Freien Presse‹ Wien, 1974–82 der ›Dt. Dichterhalle‹ und 1879–82 des Witzblatts ›Schalk‹ in Leipzig; ab 1885 Schriftsteller in Dresden. – Gewandter, vielseitiger und oberfläch. Modeschriftsteller des 19. Jh., am wirkungsvollsten als Humorist in Rom. Epen und als Schöpfer der Gymnasialhumoreske; dem Zeitgeschmack folgend archäolog. Romane um sensationelle, hist. frei behandelte Stoffe aus der röm. Dekadenz (Christenverfolgung, Sklavenaufstand) und schließl. nüchtern realist. Romane aus der Gegenwart.

W: Aus Secunda und Prima, Humoresk. 1875 (daraus: Der Besuch im Carcer, 1875); Exercitium Salamandris, G. 1876; Initium fidelitatis, G. 1876; Lisa Toscanella, N. 1876; Sturmnacht, Nn. II 1878; Murillo, G. 1880; Die Claudier, R. III 1881; Prusias, R. III 1884; Aphrodite, R. 1886; Nero, R. III 1889; Familie Hartwig, R. 1894; Ausgewählte Romane, VI 1910.

Edschmid, Kasimir (eig. Eduard Schmid, seit 1947 amtl. E.), 5. 10. 1890 Darmstadt – 31. 8. 1966 Vulpera/Engadin; Sohn e. Gymnasialprof.; Stud. Romanistik München, Genf, Gießen, Paris, Straßburg; seit 1913 lit. Referent der ›Frankfurter Zeitung‹, franz., belg. und ital. Zeitungen, freier Schriftsteller in Darmstadt, 1918–22 Hrsg. der ›Tribüne für Kunst und Zeit‹; Reisen in West- und Südeuropa, Mittelmeerländern, Afrika, Kleinasien, Südamerika und Skandinavien. 1933 Rede- und Rundfunkverbot, 1941–45 Schreibverbot, seit 1933 meist in Italien, Südtirol und Darmstadt, 1950–57 Generalsekretär, dann Vize-, zuletzt Ehrenpräsident des PEN-Zentrums

Bundesrep. und der Dt. Akademie für Sprache und Dichtung. – Lit. Wortführer, Programmatiker und Vorkämpfer des dt. Expressionismus; nahm in der intellektuell dämonisierten Prosa s. frühen Novellen die krampfhaft übersteigerte, überhitzte und virtuos ekstat. Stilkonzentration des Expressionismus vorweg. Verkünder e. ekstat.-leidenschaftl. Lebens. Anwendung expressionist. Stilprinzipien auf den Roman. Essays und wichtige Manifeste über Kunsttheorie. Nach dem Durchgangsstadium des Expressionismus Wendung zu sachgebundenen, außerordentl. handlungsreichen Romanen im gedämpften Realismus. Später tatsachenreiche hist. und psycholog. Künstler-Biographik (Byron, Büchner, Bolivar), elegant spannende Unterhaltungsromane. Kosmopolit. Reisebücher zur Darstellung von Land und Volk, Sitten, Kultur und Geschichte. Tagebuch. Herausgeber.

W: Die sechs Mündungen, Nn. 1915; Das rasende Leben, Nn. 1916; Timur, Nn. 1916 (alle drei n. 1966); Über den Expressionismus in der Literatur und die neue Dichtung, Ess. 1919; Die achatnen Kugeln, R. 1920; Die doppelköpfige Nymphe, Ess. 1920; Kean, Dr. 1921; Frauen, Nn. 1922; Das Bücher-Dekameron, Ess. 1923; Die Engel mit dem Spleen, R. 1923; Basken, Stiere, Araber, Reiseb. 1927; Die gespenstigen Abenteuer des Hofrats Brüstlein, R. 1927 (u. d. T. Pourtalès Abenteuer, 1947); Lord Byron, R. 1928; Sport um Gagaly, R. 1928; Afrika nackt und angezogen, Reiseb. 1929; Hallo Welt!, En. 1930; Feine Leute oder die Großen dieser Erde, R. 1931; Glanz und Elend Süd-Amerikas, R. 1931; Zauber und Größe des Mittelmeers, Reiseb. 1932 (erw. u. d. T. Stille und Stürme am Mittelmeer, 1959); Deutsches Schicksal, R. 1932; Im Spiegel des Rheins, Reiseb. 1933; Das Südreich, R. 1933; Italien, V 1935–48 (III 1955–57, I 1968); Das Drama von Panama, E. 1936; Der Liebesengel, R. 1937; Das gute Recht, R. 1946; Italienische Gesänge, G. 1947; Bunte Erde, Reiseb. 1948 (u. d. T. Europäisches Reisebuch, 1953); Im Diamantenland, En. 1949; Der Zauberfaden, R. 1949; Wenn es Rosen sind, werden sie blühen, R. 1950 (u. d. T. Georg Büchner,

1966); Der Bauchtanz, Nn. 1952; Der Marschall und die Gnade, R. 1954 (u. d. T. Bolivar, 1965); Drei Häuser am Meer, R. 1958; Drei Kronen für Rico, R. 1958; Tagebuch 1958–60, 1960; Lebendiger Expressionismus, Ess. 1961; Portraits und Denksteine, Ess. 1962; Vom Bodensee zur Nordsee, Reiseb. 1963; Whisky für Algerien?, R. 1963; Frühe Schriften, 1970.

L: Buch der Freunde, hg. G. Schab 1950; L. Weltmann, 1955; K. E. Z. Gedenken, 1970; Bibl.: U. G. Brammer, 1970.

Egen von Bamberg, Meister, Ostfranke, wohl aus Bamberg, 1320–40 tätig. – Vf. zweier Minnereden: ›Die clage der minne‹ und ›Das herze‹. Höhepunkt und übertriebenste Manier des ›geblümten Stils‹ in gesuchter Wortkünstelei; krause Effekte durch seltene Wörter und ungewöhnl. Bilder.

A: O. Mordhorst 1911.

Egenolf von Staufenberg, bad. Adliger auf Burg Staufenberg in der Ortenau, 1273 – vor 1324 urkundl. bezeugt. – Vf. der trag. Versnovelle ›Peter von Staufenberg‹ (um 1310) von der heiml. Liebe des Helden zu e. Fee. Melusinenmotiv mit relig. Einschlag (Teufelsglaube) und ritterl. Moralauffassung. Stileinfluß Konrads von Würzburg; mundartl. Elemente.

A: E. Schröder, Zwei altdt. Rittermären, ²1920; E. Grunewald 1979.
L: P. Jäckel, Diss. Marb. 1898; O. Dinges, Diss. Münster 1948; R. E. Walker, 1980.

Eggebrecht, Axel, *10. 1. 1899 Leipzig, 1917/18 Kriegsteilnehmer, schwer verwundet, 1919/20 Stud. Germanistik und Philos. Kiel und Leipzig, 1920–25 KP-Mitgl., 1923/24 in Moskau, seit 1925 Regieassistent, Filmdramaturg und freier Schriftsteller in Berlin, 1933 KZ, bis 1935 Schreibverbot, 1935–45 Mitarbeit an Drehbüchern; 1945–49 Abteilungsleiter NWDR Hamburg,

1946–48 Mithrsg. der ›Nordwestdeutschen Hefte‹, 1949 freier Schriftsteller ebda. – Humanitär engagierter Erzähler, Essayist, Kritiker, Film-, Fernseh- und Hörspielautor, Reportage und journalist. Zeitgeschichte.

W: Katzen, En. u. Ess. 1927; Leben einer Prinzessin, R. 1929 (2. Fassg. 1968); Junge Mädchen, En. u. Ess. 1932; Weltliteratur, Abh. 1948; Volk ans Gewehr, Chronik 1959; Epochen der Weltliteratur, Abh. 1964; Bangemachen gilt nicht, Ess. 1969; Der halbe Weg, Aut. 1975.
L: Bibl.: I. Lehmkuhl, 1969.

Eggebrecht, Jürgen, 17. 11. 1898 Baben b. Stendal – 19. 4. 1982 München; Pfarrerssohn, im 1. Weltkrieg verwundet, Stud. Jura (Dr. jur.), Verlagslektor, 1949 lit. Leiter des Senders Hannover, lebte in München. – Lyriker aus dem Erlebnis der heimatl. Landschaft, Erzähler und Hörspielautor.

W: Die Vogelkoje, G. 1949; Schwalbensturz, G. 1956; Zeichen der Nacht, G. 1962; Vaters Haus, En. 1971; Splitterlicht, G. 1975.

Eggimann, Ernst, *23. 4. 1936 Bern, Stud. Bern; Sekundarlehrer in Langnau/Emmental. – Schweizer Lyriker und Erzähler, begann mit monologisierend gottsucherischen Versen und fand s. eigenen Ton in Berner Dialektgedichten mit Nähe zur Konkreten Lyrik. Auch Drama.

W: Psalmen, G. 1967; Henusode, G. 1968; Vor dem jüngsten Jahr, En. 1969; Heikermänt, G. 1971; Die Couch, Dr. (1979).

Ehlers, Edith → Mikeleitis, Edith

Ehrenstein, Albert, 23. 12. 1886 Wien – 8. 4. 1950 New York, Stud. Geschichte, Philol. und Philos. Wien, 1910 Dr. phil. Freier Schriftsteller und Literaturkritiker in Berlin, große Reisen durch Europa, Afrika, Asien bes. China), Ende 1932 Emigration nach Zürich, 1941 nach New York, 1945 kurzfristig wieder in der Schweiz. Starb verbittert im Armenspital. – Eigenwilliger expressionist. Lyriker mit pathet. Hymnen in freien Rhythmen, gepflegtem Stil, z. T. gesuchten Wortzusammensetzungen u. -neubildungen, Vorliebe für Gleichklänge und Alliteration. Nihilist.-zyn. Grundhaltung: dunkle Melancholie, bis zu wilder Verzweiflung gesteigerte Resignation und bitterer Sarkasmus angesichts der kommunikationslosen Einsamkeit des Ich, erbitterte Anklagen über die Unmöglichkeit reinen Wollens und die zerstörende Macht des Krieges wie der Großstadtzivilisation. Nach 1923 Beruhigung und Anlehnung an fernöstl. Lehren. Iron.-satir. und groteske Erzählungen, schwebende Gebilde aus e. Traumreich; scharfe kulturkrit. Essays.

W: Tubutsch, E. 1911; Der Selbstmord eines Katers, E. 1912 (u. d. T. Bericht aus einem Tollhaus, 1919); Die weiße Zeit, G. 1914; Der Mensch schreit, G. 1916; Nicht da, nicht dort, Sk. 1916 (u. d. T. Zaubermärchen, 1919); Die rote Zeit, G. 1917; Den ermordeten Brüdern. Es. 1919; Die Gedichte, 1920; K. Kraus, Streitschr. 1920; Die Nacht wird, G. u. Nn. 1920; Die Heimkehr des Falken, 1921; Dem ewigen Olymp, Nn. u. G. 1921; Wien, G. 1921; Briefe an Gott, G. 1922 (n. 1979); Schi-king, Übs. 1922; Herbst, G. 1923; Pe-Lo-Thien, Übs. 1923; China klagt, Übs. 1924; Po-Chü-J, Übs. 1924; Lukian, Übs. 1925; Menschen und Affen, Es. 1926; Ritter des Todes, En. 1926; Räuber und Soldaten, Übs. 1927; Mörder aus Gerechtigkeit, R. 1931 (als H. 1959); Mein Lied, G. 1932; Das gelbe Lied, Übs. 1934. – Gedichte u. Prosa, hg. K. Otten 1961; Ausgew. Aufsätze, hg. M. Y. Bengavriël 1961; G.-Ausw., hg. J. Drews 1977; Wo ich leben werde, wissen die Götter, Br. 1987.
L: G. Beck, Diss. Freib./Schweiz 1969; J. Drews, Diss. Mchn. 1969; A. Beigel, Erlebnis u. Flucht i. Wk. A. E.s, 1972; K.-M. Gauß, Wann endet d. Nacht, 1986; U. Laugwitz, 1987.

Ehrismann, Albert, *20. 9. 1908 Zürich, Buchhalter, seit 1929 freier Schriftsteller ebda. – Lyriker, schlichte Verse von verzaubernder Melodik, gemütvoller Erzähler. Hauptthema soziale und Großstadtprobleme der Gegenwart. Auch Essay, Drama und Hörspiel.

W: Lächeln auf dem Asphalt, G. 1930; schiffern und kapitänen, G. 1932; Der neue Kolumbus, Dr. 1939 (m. K. Früh); Sterne un unten, G. 1939; In dieser Nacht, G. 1946; Der letzte Brief, En. 1948; Kolumbus kehrt zurück, Dr. 1948; Das Stundenglas, G. 1948; Magie der Schiene, Bb. 1949; Das Traubenjahr, G. 1950; Morgenmond, G. (1951); Tag- und Nachtgleiche, G. 1952; Das Wunderbare, M. 1952; Mein kleines Spittelbuch, G. 1953; Ein ganz gewöhnlicher Tag, G. 1954; Himmelspost, G. 1956; Das Kirschenläuten, G. 1956; Der wunderbare Brotbaum, G. u. En. 1958; Riesenrad der Sterne, G. 1960; Wir haben Flügel heut, G. 1962; Nachricht von den Wollenwebern, G. 1964; Wetterhahn, altmodisch, G. 1968; Eine Art Bilanz, G. 1973; Inseln sind keine Luftgespinste, G. 1977; Schmelzwasser, G. 1978.

Ehrke, Hans, 10. 4. 1898 Demnin/Pommern – 29. 10. 1975 Kiel; seit Kindheit in Holstein, Lehrer in Kiel, 1924–33 Dramaturg der Niederdt. Bühne ebda., 1933–45 Landesleiter der Reichsschrifttumskammer. – Lyriker, Erzähler und bes. Dramatiker in hoch- und niederdt. Sprache.

W: Frühlicht, G. 1921; Der Rufer, G. 1922; Schummertied, En. 1922; Dat Pastür, K. 1924; Narrenspegel, K. 1924; Füer, Dr. 1927; Der Flederwisch, E. 1929; November, Dr. 1929; Hans Brüggemann, Tr. 1930; Ose von Sylt, Dr. 1932; Der Stumme, E. 1936; Makedonka, R. 1938; Dat Has un Swinegel-Spill, K. 1948; Gahn un Kamen, G. 1956; Gegen Abend, G. 1968.

Ehrler, Hans Heinrich, 7. 7. 1872 Mergentheim – 14. 6. 1951 Liebenau/Waldenbuch b. Stuttgart, Stud. Jura Würzburg und München, seit 1911 schriftstellernd, 13 Jahre Redakteur, ab 1926 freier Schriftsteller in Waldenbuch. – Schwäb. Lyriker und Erzähler von grübler., tiefer kath. Religiosität, romant. Heimat- und Naturliebe, christl.-platon. Humani-

tät und zarter, naturnaher Innerlichkeit. In Romanen und Erzählungen überwiegt die innere Handlung äußere Ereignisse. Auch Essays, Betrachtungen, Kulturphilosophie und Anthologien.

W: Briefe vom Land, R. 1911; Lieder an ein Mädchen, G. 1912; Frühlingslieder, G. 1913; Die Reise ins Pfarrhaus, R. 1913; Die Liebe leidet keinen Tod, G. 1915; Der Hof des Patrizierhauses, En. 1918; Gedichte, 1920; Briefe aus meinem Kloster, R. 1922; Wolfgang, Das Jahr eines Jünglings, R. 1925; Die Reise in die Heimat, R. 1926; Gesicht und Antlitz, G. 1928; Meine Fahrt nach Berlin, Es. 1929; Die Frist, R. 1930; Die Lichter schwinden im Licht, G. 1932; Die drei Begegnungen des Baumeisters Wilhelm, R. 1935; Unter dem Abendstern, G. 1937; Charlotte, R. 1946; Gedichte, 1951 (m. Bibl.); Gedichte. Briefe vom Land, 1972.

L: H. Herbert, 1942 (m. Bibl.).

Eich, Günter, 1. 2. 1907 Lebus/Oder – 20. 12. 1972 Salzburg, Jugend in Kirchhain, Finsterwalde, Berlin und Leipzig, Stud. Jura und Sinologie Berlin, Leipzig, Paris; seit 1932 freier Schriftsteller in Berlin und Dresden, 1939–45 Soldat, amerikan. Gefangenschaft, lebte 1945–52 in Geisenhausen b. Landshut, 1953 ⊙ Ilse Aichinger, dann in Lenggries/Obb. – Lyriker von spröder Eigenart und schwermüt. Pessimismus mit liedhafter Naturlyrik und Beschreibung einfacher, alltägl. Dinge. Eigenwillig neue, zurückhaltende Bildwahl; prägnant zuchtvolle Sprache; Chiffren für die Beziehungen ins Unbestimmte; Kunst des Weglassens und des Unausgesprochenen, der verhaltenen Andeutung. Bedeutendster dt. Hörspieldichter, gab dem dt. Hörspiel die dichter. Sprache und erweiterte die Möglichkeiten der Gattung um den Eigenwert des Akustischen: Konfrontierung von Traumwelt und Wirklichkeit, Behandlung der sichtbaren Wirklichkeit als fragwürdig gewordene Trugwelt und

Durchbrechung der Traumwelt durch reale Ereignisse. Im Spätwerk melanchol., bitter-kom. Prosa, die im Wortwitz hintersinnige Wahrheiten sagt.

W: Gedichte, 1930; Die Glücksritter, Lsp. (1933); Das festliche Jahr, H. 1936; Katharina, E. 1936; Abgelegene Gehöfte, G. 1948; Untergrundbahn, G. 1949; Träume, H. 1953; Botschaften des Regens, G. 1955; Zinngeschrei, H. 1955; Die Brandung von Setúbal, H. 1957; Allah hat hundert Namen, H. 1958; Stimmen, H.e 1958 (daraus einzeln: Die Mädchen von Viterbo, 1961; Festianus, Märtyrer, 1967); Ausgewählte Gedichte, 1960; In anderen Sprachen, H.e 1964; Unter Wasser, Spp., 1964; Zu den Akten, G. 1964; Anlässe und Steingärten, G. 1966; Fünfzehn Hörspiele, 1966; Maulwürfe, Prosa 1968; Kulka, Hilpert, Elefanten, En. 1968; Ein Tibeter in meinem Büro, Prosa 1970; G. E., Ein Lesebuch, Ausw. 1972; Gesammelte Maulwürfe, Prosa 1972; Nach Seumes Papieren, G. 1972; Gedichte, hg. I. Aichinger 1973. – GW, hg. S. Müller-Hanpft u. a. IV 1973.

L: A. Zimmermann, Diss. Erl. 1965; Über G. E., hg. S. Müller-Hanpft 1970; Dies., Lyrik u. Rezeption, 1972; E. Krispyn, N. Y. 1971; G. E. zum Gedächtnis, hg. S. Unseld 1973; P. Märki, G. E. u. s. Hörspielkunst, 1974; H. F. Schafroth, 1976; K. D. Post, 1977; R. Lieberherr-Kübler, V. d. Wortmystik z. Sprachskepsis, 1978; H. G. Briner, Naturmystik, 1978; P. H. Neumann, D. Rettg. d. Poesie i. Unsinn, 1981; M. Kohlenbach, G. E.s späte Prosa, 1982; L. L. Richardson, Committed aestheticism, 1983.

Eichendorff, Joseph Freiherr von, 10. 3. 1788 Schloß Lubowitz/Oberschles. – 26. 11. 1857 Neiße, Sohn e. preuß. Offiziers und Landedelmanns; aristokrat.-kathol. Erziehung durch geistl. Hauslehrer. Okt. 1801 mit s. Bruder Wilhelm im Josef-Konvikt Breslau, Besuch des kathol. Matthias-Gymn.; Aug. 1804 Gymnasialabschluß; Winter 1804/05 Stud. Breslau. Frühj. 1805 nach Halle, Stud. Jura und Philos. ebda. (bei Wolf, Schleiermacher, Steffens u. a.); erste Begegnung mit romant. Dichtungen wie des Novalis u. a.; Herbst 1805 Fußreise: Thüringen, Harz, Hamburg, Lübeck, Halle; bis 1. 8. 1806 ebda., ab Mai 1807 in Heidelberg

(Görres, Creuzer, Gries, Graf Loeben). April 1808 Reise nach Paris. Juni 1808 nach Heidelberg, hier erste Begegnung mit Arnim und Brentano, dann Heimreise; 1809/10 mit Bewirtschaftung der Güter beschäftigt. Herbst 1809 zu Loeben nach Berlin, hier nähere Verbindung mit Arnim, Brentano und A. Müller. Vorlesungen Fichtes. 1810 Rückkehr nach Lubowitz. Okt. 1810 zum Abschluß des Jurastud. nach Wien; Verkehr mit Friedrich und Dorothea Schlegel, Freundschaft mit deren Sohn Ph. Veit, und mit Th. Körner. 10. 4. 1813 beim Lützowschen Freikorps, dann Leutnant beim 17. schles. Landwehrregiment; Juni 1814 Entlassung, Juli 1814 in Lubowitz, Jahresende in Berlin; 7. 4. 1815 ⚭ Luise von Larisch; Frühj. 1815 Kriegsdienst in Aachen, 7. 7. 1815 beim 2. Einzug in Paris; Jan. 1816 Heimkehr nach Schlesien. Dez. 1816 Eintritt in den Staatsdienst als Referendar der Regierung in Breslau; Verkehr mit Raumer und Holtei. 1819 Regierungsassessor; Hilfsarbeiter im Kultusministerium Berlin. Dez. 1820 kathol. Schulrat der Regierung Danzig und Marienwerder. Sept. 1821 Regierungsrat, kommissar. Konsistorial- und Schulrat für Westpreußen und Danzig; Plan zur Wiederherstellung der Marienburg; Winter 1823/24 stellv. Rat im Kultusministerium Berlin. Sept. 1824–31 Oberpräsidialrat und Mitglied der ostpreuß. Regierung Königsberg. 1831–44 Beamter in der Abteilung für kathol. Kirchen- und Schulwesen im Kultusministerium Berlin. Verkehr mit Savigny, Raumer, Chamisso, Hitzig, F. Kugler u. a. 1840 Konflikt mit dem Minister Eichhorn, Entlassungsgesuch; Staatsauftrag zur

Abfassung e. ›Geschichte der Wiederherstellung der Marienburg‹ 1843. 20. 6. 1844 Entlassung aus dem Staatsdienst; bis Herbst 1846 in Danzig, 1846/47 in Wien, Winter 1847 in Berlin, 1848 nach Köthen, dann Dresden. Nov. 1850–55 wieder in Berlin. 1855 Übersiedlung nach Neiße, zeitweilig Gast des Fürstbischofs von Breslau auf Schloß Johannisberg/ Schles. – Bedeutendster Dichter der dt. Hochromantik. Volkstüml., oft vertonter Lyriker mit geringem Motivvorrat und meist betont einfachen Formen von großer Musikalität der Sprache, Leichtigkeit des andeutenden Ausdrucks und völliger Übereinstimmung von Form und Gehalt. Vom Volkslied beeinflußte individuelle Seelenlieder aus romant. Stimmung, hingebungsvoller, naturbeseelender Weltfreude und schlichter Innigkeit, doch ohne romant. Zerrissenheit, da das Naturgefühl zur Gewißheit der Gottnähe führt. Mit s. Gedichten starker Einfluß auf die Entwicklung der dt. Lyrik. Auch Versepik. Romantisch zerflossener Zeit- und Bildungsroman ›Ahnung und Gegenwart‹, novellenhafte Anhäufung von Abenteuern und Zufällen. In lyr. Novellen Verbindung von romant. Stimmungen, die in lyr. Einlagen gipfeln, mit fabulierendem Humor und später iron.-satir. Zügen: Überwindung der Romantik im ›Taugenichts‹. Undramat. Tragödien, Komödien und parodist.-iron. Satiren auf Zeiterscheinungen erfolglos bis auf das graziös-heitere Lustspiel ›Die Freier‹. Im Alter Übersetzer und kathol. Literarhistoriker.

W: Ahnung und Gegenwart, R. 1815; Krieg den Philistern, Dr. 1824; Aus dem Leben eines Taugenichts und Das Marmorbild, Nn. 1826; Ezelin von Romano, Tr. 1828; Meierbeths Glück und Ende, Tr. 1828; Der letzte Held von Marienburg, Tr. 1830; Die Freier, Lsp. 1833; Viel Lärmen um nichts, N. 1833; Dichter u. ihre Gesellen, R. 1834; Gedichte, 1837; Über die ethische und religiöse Bedeutung der neueren romantischen Poesie in Deutschland, Abh. 1847; Der deutsche Roman des 18. Jh., Abh. 1851; Julian, Ep. 1853; Zur Geschichte des Dramas, Abh. 1854; Robert und Guiskard, Ep. 1855; Geschichte der poetischen Literatur Deutschlands, II 1857; Lucius, Ep. 1857; Aus dem literarischen Nachlasse, 1866; Vermischte Schriften, V 1867; Gedichte aus dem Nachlaß, 1888; Das Incognito, Sp. 1901; Jugendgedichte, 1906. – SW, hkA XXV, 1908 ff.; Werke und Schriften, hg. G. Baumann, IV 1957–60; SW, hg. J. Perfahl, V 1970 ff.; Ausw. W. Rasch ⁴1971. *L:* J. Nadler, E.s Lyrik, 1908; H. Brandenburg, 1922; R. Schneider, D. Pilger, 1940; J. Kunz, 1951; W. Köhler, 1957; G. Möbus, D. andere E., 1960; E. heute, hg. P. Stöcklein 1960; R. Haller, E.s Balladenwerk, 1962; P. Stöcklein, 1963; O. Seidlin, Versuche üb. E., 1965; A. v. Bormann, Natura loquitur, 1968; P. Krüger, E.s polit. Denken, 1969; A. Schau, Märchenformen b. E., 1970; L. Radner, Lafayette 1970; A. Hillach, K.-D. Krabiel, E.-Komm. II 1971 f.; E. Schwarz, N. Y. 1972; K.-D. Krabiel, Tradition u. Bewegung, 1973; M. Wettstein, D. Prosaspr. E.s, 1975; W. Paulsen, E. u. s. Taugenichts, 1976; W. Frühwald, E.-Chronik, 1977; M. Naumann, Fabula docet, 1979; C. Wetzel, 1982; H. Ohff, 1983; E. u. d. Spätromantik, hg. H.-G. Pott 1985; D. Kunisch, 1985; J. Purver, Hindeutung auf das Höhere, 1986; H. Korte, D. Ende d. Morgenröte, 1987; W. Frühwald u. a., hg. 1988; Bibl.: SW, Bd. 22, 1924; K. D. Krabiel 1971; Aurora, E.-Almanach, 1929 ff.

Eichrodt, Ludwig (Ps. Rudolf Rodt), 2. 2. 1827 Durlach/Bad. – 2. 2. 1892 Lahr, 1845 Stud. Jura Heidelberg und Freiburg/Br., Burschenschaftler, Genosse Scheffels, 1851 Aktuar in Achern, Durlach, Bruchsal, 1855 Referendar in Stockach, 1864 Amtsrichter in Bühl, 1871 Oberamtsrichter in Lahr. – Humorist.-burschikoser Lyriker, Mundartdichter und Satiriker. Prägte in s. ›Gedichten des schwäb. Schullehrers Gottlieb Biedermaier und s. Freundes Horatius Treuherz‹ in den ›Fliegenden Blättern‹ 1855–57 die spätere Epochenbezeichnung Biedermeier.

W: Gedichte in allerlei Humoren, 1853;

Schneiderbüchlein, Sat. 1853 (m. H. Goll);
Leben und Liebe, G. 1857; Die Pfalzgrafen,
Dr. 1859; Lyrische Karikaturen, G. 1869; Ly-
rischer Kehraus, G. II 1869; Reinschwäbische
Gedichte in mittelbadischer Sprechweise,
1869; Melodieen, G. 1875; Gesammelte Dich-
tungen, II 1890.
L: A. Kennel, 1895; A. Michlůsowa, Diss.
Hdlbg. 1945.

Eichthal, Rudolf von (eig. Rudolf Pfersmann v. E.), 18. 3. 1877
Mährisch-Trübau – 17. 8. 1974
Wien; Militärakademie Wiener
Neustadt, Offizier, im 1. Weltkrieg Oberst und Generalstabschef der Tiroler Landesverteidi-
gung, seither in Wien. – Erzähler
behagl. Romane und Novellen
aus der k. u. k. Armee.
W: Der Kreuzberg, R. 1928; Miczike, Nn.
1931; Gloria Viktoria, En. 1935; Die Teufels-
fuge, En. 1936; Der göttliche Funke, R. 1937;
Die goldene Spange, R. 1941; Die Wunder-
kur, En. 1943; Pförtnerin Maria, R. 1946; Der
grüne Federbusch, R. 1951; Der Marschallstab, R. 1952; Lang, lang ist's her, En. 1956;
Das Ehrenwort, R. 1957; K. u. K., En. 1958.

Eike von Repgow, um 1180/90
– nach 1233, urkundl. 1209–33,
edelfreier Sachse aus Reppichau b.
Dessau, freier Vasall des Grafen
Hoyer von Falkenstein. – Begründer der mittelniederdt. Prosalit.
mit 2 Werken: 1. ›Sachsenspiegel‹, um 1221–35. Zusammenfassung des Land- und Lehnsrechts
auf Grund des ostsächs. Gewohn-
heitsrechts   einflußreichstes
Rechtsbuch des MA in dt. Sprache, klar, wohlgeordnet, syste-
matisch, bemüht um histor. und
sachl. Erklärung der aufgezeich-
neten Rechtsvorschriften. Quelle
für ›Deutschenspiegel‹ (um 1260)
und   ›Schwabenspiegel‹   (um
1270). 2. ›Sächsische Weltchronik‹, 1. histor. Werk in dt. Prosa,
nach 1225, schildert die Weltgesch. von der Schöpfung zur dt.
Gesch. anhand zahlr. Quellen mit
histor. Sinn im höf. Geist;
sprachl. Einfluß höf. Epik.

A: Sachsensp.: K. A. Eckhardt, 1935, II 1955/
56, I ³1973, Faks. 1970 (d. H. C. Hirsch, II
1936–39, R. Schmidt-Wiegand, C. Schott
1984); Weltchron.: L. Weiland (Mon. Germ.
Hist., Dt. Chron. II), 1877.
L: W. Möllenberg, 1934; P. Heck, 1939; h.
Herkommer, Überlieferungsgesch. d. Sächs.
Weltchron. 1972.

Eilhart von Oberg(e), 2. Hälfte
12. Jh., aus dem im Dorf Oberg b.
Braunschweig ansässigen Ministerialengeschlecht, von dem e.
Vertreter E. (ob der Dichter?)
1189–1207 als Dienstmann Heinrichs des Löwen und s. Söhne,
1209/27 des Grafen Siegfried II.
von Blankenburg bezeugt ist. –
Mhd. Epiker, dichtete um 1170
oder 1180 – ob vor oder nach
Heinrich von Veldeke, ist umstritten – nach franz. Vorbild die
älteste dt. Bearbeitung der Tri-
stan-Sage. ›Tristrant und Isalde‹.
Höf. Epos in vorhöf. Stil, auf
Spielmannsvortrag abgestimmt.
Altertüml.-volkstüml. Stilmittel
neben äußerl. übernommenen
modernen Formen. Lit. Wertung
erst nach Klärung des zeitl. Ver-
hältnisses zu Heinrich von Veldeke möglich. Original nur in 3
Bruchstücken, rd. 1000 Verse, erhalten. Vorlage für die Fortsetzer
Gottfrieds, Ulrich von Türheim
und Heinrich von Freiberg, für
das spätere Volksbuch (Druck
1484) und H. Sachs (1553).
A: F. Lichtenstein 1877, n. 1973; K. Wagner
1924; H. Bussmann 1969; D. Buschinger
1976, ²1986; nhd. D. Buschinger, W. Spiewok 1986.
L: E. Gierach, Z. Sprache v. E.s T., 1908; G.
Schöpperle, T. u. I., II 1913; J. v. Dam, Z.
Vorgesch. d. höf. Ep., 1923; F. Ranke, T. u.
I., 1925; J. Gombert, E. u. Gottfried, 1927; G.
Cordes, Z. Sprache E.s, 1939; H. Stolte, E. u.
Gottfried 1941; B. Mergell, T. u. I., 1949; F.
Barteau, Les romans de Tristan et Iseut, 1972.

Einhard, um 770 Maingau – 14.
3. 840 Seligenstadt, aus adl. fränk.
Geschlecht, im Kloster Fulda erzogen, um 794 an den Hof Karls

d. Gr. gesandt, Oberaufseher der kaiserl. Bauten; 814 Vertrauter Ludwigs d. Frommen, Laienabt mehrerer Klöster, Landgut bei Michelstadt/Odenw., wo E. e. Kirche stiftete, die 828 als Abtei Seligenstadt nach Mühlheim/Main verlegt wurde. 817 Beirat des jungen Kaisers Lothar, 830 Vermittler im Konflikt Ludwigs mit s. Söhnen, schied 830 aus s. Ämtern und zog sich nach Seligenstadt zurück. – Diplomat und Schriftsteller, bedeutendster Historiker s. Zeit in s. um 830 verfaßten ›Vita Caroli Magni‹, Verbindung eig. Erfahrung und korrekter Angaben mit konventionellen Zügen im Anschluß an das biograph. Schema Suetons, berühmteste ma. Biographie und Hauptwerk der karoling. Renaissance. E.s Verfasserschaft der ›Annales, qui dicuntur Einhardi‹ wird abgelehnt.

W: Vita Caroli Magni, B. (hg. G. H. Pertz, G. Waitz bzw. O. Holder-Egger ⁷1927; n. 1965; d. M. Tangl 1920 m. Briefen, J. Bühler 1924, K. Esselborn, dt.-lat. m. Briefen 1948, O. Abel, 1965, E. S. Coleman, dt.-lat. 1968). *L:* F. Kurze, 1899; M. Buchner, 1922; A. Kleinclausz, 1942; H. Beumann, Ideengesch. Stud. z. E., 1963.

Einsiedel, Friedrich Hildebrand Freiherr von, 30. 4. 1750 Lumpzig bei Altenburg/Thür. – 9. 7. 1828 Jena, Stud. Jura Jena und Leipzig, 1775 Hofrat in Weimar, mit Goethe und Herzog Karl August befreundet, 1776 Kammerherr der Herzogin, 1807 Oberhofmeister, 1817 Präsident des Oberappellationsgerichts in Jena. – Gelegenheitsdichter des Weimarer Kreises mit Märchen, Erzählungen, Stükken für die Weimarer Liebhaberbühne und gewandter Übs. u. a. von Plautus und Terenz.

W: Neueste vermischte Schriften, II 1783f.; Grundlinien zu einer Theorie der Schauspielkunst, 1797 (n. 1908).

Einstein, Carl, 26. 4. 1885 Neuwied – 5. 7. 1940 b. Pau. 1904 Stud. Kunstgesch. Berlin, bis 1928 meist ebda., Mitarbeiter expressionist. Zss. (›Die Aktion‹, ›Die Weißen Blätter‹), Freund von G. Benn, F. Blei, C. Sternheim, L. Rubiner u. G. Grosz. 1914–18 Soldat, 1918 im Brüsseler Soldatenrat, in Berlin Mitgl. des Spartakus, 1928 nach e. Gotteslästerungsprozeß in Paris, 1937 in Spanien auf republikan. Seite kämpfend, zuletzt bei Mönchen in Gurs; Freitod vor Einzug dt. Truppen. – Expressionist. Erzähler und Dramatiker, dessen unharmon. zersplitternder Stil surrealist. Elemente vorwegnimmt. Auch Kunsthistoriker (bes. Negerkunst).

W: Bebuquin, R. 1912; Negerplastik, Schr. 1915; Anmerkungen, Ess. 1916; Der unentwegte Platoniker, R. 1918; Die schlimme Botschaft, Sz. 1921; Die Kunst des 20. Jahrhunderts, Abh. 1926; Laurenz, E. 1971. – GW, hg. E. Nef 1962; hg. S. Penkert, IV 1973ff.; Wke, V 1980ff. *L:* S. Penkert, 1969 u. 1970; H. Oehm, D. Kunsttheorie C. E.s, 1976; H. J. Dethlefs, 1985; A. Pais, Raffiniert ist der Herrgott, 1986; K. H. Kiefer, Avantgarde, Weltkrieg, Exil, 1986.

Einstein, Siegfried, 30. 11. 1919 Laupheim/Württ. – 25. 4. 1983 Mannheim; bis 1940 Handelshochschule St. Gallen, Sprachstud., bis 1945 Arbeitslager in der Schweiz, seither freier Schriftsteller, bis 1953 in St. Gallen, dann Lampertheim/Hessen, und Mannheim. – Lyriker, Erzähler und Essayist.

W: Melodien in Dur und Moll, G. 1946; Sirda, N. 1948; Thomas und Angelina, E. 1949; Das Schilfbuch, E. 1949; Das Wolkenschiff, G. 1950; Legenden, 1951; Eichmann, Schr. 1961.

Eipper, Paul, 10. 7. 1891 Stuttgart – 22. 7. 1964 Lochham b. München, Kunstmaler in München, Graphiker, Verlagshersteiller, Buchhändler, Verleger, ab 1926 Schriftsteller, auch Kulturfilm-, Funk- und Fernseharbeit. Wohnte in Berlin, Nesselwang/Allg., zuletzt Lochham b. München. – Vf. erfolgr., lebendig und sorgfältig beobachteter, tiefsinniger Tiergeschichten, Bildbände.

W: Tiere sehen dich an, 1928; Menschenkinder, 1929; Tierkinder, 1929; Zirkus, 1930; Freundschaft mit Katzen, 1931; Die Nacht des Vogelsangs, E. 1931; Dein Wald, 1932; Liebe zum Tier, 1933; Prangender Sommer im dt. Wald, 1933; Die gelbe Dogge Senta, E. 1936; Das Haustierbuch, 1938; Blick in meine Welt, 1939; Tierkreis der Liebe, 1943; Dich ruft Pan, E. 1951; Du schöner Wald, 1954; Hundert Tage in den Rocky Mountains, Reiseb. 1958; Die geschmiedete Rose, Aut. 1961. – Die schönsten Tiergeschichten, II 1963–66.

Eisendle, Helmut, * 12. 1. 1939 Graz; Stud. Psychologie Graz, 1970 Dr. phil., Schriftsteller in Graz, Triest u. a.; Mitglied des Grazer ›Forum Stadtpark‹. – Als Erzähler Demonstrator psycholog. Modellfälle und testbarer Verhaltensweisen mit Persiflage, Ironie und schwarzem Humor; Dialogromane.

W: A Violation Study, Dr. (1972); Walder, R. 1972; Handbuch zum ordentlichen Leben, Prosa 1973; Salongespräch, Dr. (1976); Jenseits der Vernunft, R. 1976; Exil oder der braune Salon, R. 1977; Das nachtländische Reich des Dr. Lipsky, En. 1979; Billard, Dr. (1979); Das Verbot ist der Motor der Lust, Ess. 1980; Der Narr auf dem Hügel, Prosa 1981; Die Frau an der Grenze, R. 1984; Das Geschenk der Anna O., Dr. (1985); Anrufe, En. 1985.

Eisenreich, Herbert, 7. 2. 1925 Linz/Österr. – 6. 6. 1986 Wien; Jugend in Oberösterr., Wien, ab 1939 Linz, 1943–45 Soldat und Gefangenschaft, 1946 Stud. Germanistik Wien ohne Abschluß, daneben versch. Berufe. 1952 bis 1954 freier Schriftsteller in Hamburg, 1954–56 Stuttgart, 1956/57 Wien, ab 1958 Sandl b. Freistadt/Ob.-Österr., seit 1967 wieder Wien. – Lyriker, Essayist, Erzähler und Hörspielautor von scharfem Intellekt und sezierendem Moralismus in der Analyse menschl. Zwiespältigkeit und Denaturierung. Zielsichere, psycholog. vertiefte, objektivierte Erzählkunst in expressivem, symbolstarkem Stil. Provozierende Zeit- und Literaturkritik aus konservativer Sicht.

W: Einladung, deutlich zu leben, E. 1951; Auch in ihrer Sünde, R. 1953; Böse schöne Welt, En. 1957; Wovon wir leben und woran wir sterben, H. 1958; Carnuntum, Es. 1960; Eheliches Spiel, H. (1960); Große Welt auf kleinen Schienen, Sb. 1963; Der Urgroßvater, E. 1964; Reaktionen, Ess. 1964; Sozusagen Liebesgeschichten, En. 1965; Ich im Auto, Sb. 1966; Sebastian. Die Ketzer, Dial. 1966; Die Freunde meiner Frau, En. 1966; Das kleine Stifterbuch, Sb. 1967; Ein schöner Sieg und 21 andere Mißverständnisse, En. 1973; Thesen für ein neues Heer, Schr. 1974; Verlorene Funde, G. 1976; Die blaue Distel der Romantik, En. 1976; Das Leben als Freizeit, Ess. 1976; Die abgelegte Zeit, R.-Fragm. 1985.

Eisler von Terramare, Georg → Terramare, Georg

Eist, Dietmar von → Dietmar von Aist

Ekert-Rotholz, Alice (Maria), * 5. 9. 1900 Hamburg, lebte seit 1933 mit ihrem Mann, e. dt. Zahnarzt, in England, 1939–45 in Bangkok, Reisen im Fernen Osten, dann wieder Hamburg, 1959 London. – Erfolgr. Vf. spannender Gesellschafts- und Familienromane um das Schicksal der Europäer in fernöstl. Welt. Auch Hörfolgen.

W: Siam hinter der Bambuswand, Reiseb. 1953; Reis aus Silberschalen, R. 1954; Wo Tränen verboten sind, R. 1956; Strafende Sonne – lockender Mond, R. 1959; Mohn in den Bergen, R. 1961; Die Pilger und die Reisenden, R. 1964; Elfenbein aus Peking, En. 1966; Der Juwelenbaum, R. 1968; Fünf Uhr Nachmittag, R. 1971; Füchse in Kamakura, En. 1975; Gastspiel am Rialto, R. 1978; Flucht aus den Bambusgärten, R. 1981; Nur eine Tasse Tee, R. 1984; Furcht und Mitleid, R. 1987.

Ekkehard I., um 900/10 bei St. Gallen. – 14. 1. 973 St. Gallen, aus vornehmem alemann. Geschlecht, jung Mitgl. des Stifts St. Gallen und früh angesehener Mönch, später Dekan, lehnte 958 die Abtwürde ab. – Vf. geistl. Hymnen, Sequenzen und Antiphonien in lat. Sprache auf die Dreifaltigkeit, Johannes den Täufer, Paulus, hl. Benedikt u. a., die ihn als Schüler Notkers des Stammlers ausweisen. E.s Verfasserschaft des → ›Waltharius manu fortis‹ ist von moderner Forschung z. T. aufgegeben. V. Scheffels Roman ›E.‹ (1855) vermischt E. I. mit E. II. († 990), dem Lehrer Hadwigs.

A: J. Kehrein, Lat. Sequenzen, 1873.
L: S. Singer, D. Dichterschule St. Gallen, 1922; W. v. d. Steinen, Notker, 1948; → Waltharius.

Ekkehard IV., um 980 Elsaß (?) – 21. 10. um 1057–60 St. Gallen, Kloster St. Gallen, Lieblingsschüler Notkers d. Dt., Lehrer der Klosterschule; um 1025–1031 Leiter der Klosterschule Mainz, 1031 Rückkehr nach St. Gallen, Vorsteher der Klosterschule ebda. – Philologe, lat. Lyriker und Chronist. Sammlung s. lat. Gedichte ›Liber benedictionum‹ (um 1030) als Muster für den Schulgebrauch, lat. Übs. von Ratperts Galluslied. Fortsetzer der Klosterchronik ›Casus St. Galli‹ für die Zeit 860–971 ohne histor. Genauigkeit, mit Neigung zum Anekdotischen, kulturgeschichtl. interessant.

A: Liber: J. Egli, 1909; Casus: G. Meyer v. Knonau, 1877. – Übs.: ders. ²1925, H. Helbling 1958.
L: G. Meyer von Knonau, 1881; S. Singer 1922.

Elbertzhagen, Theodor Walter, 9. 12. 1888 Pleschen b. Posen – 27. 6. 1967 Neresheim; berufstätig in Berlin, ab 1943 Überlingen/Bodensee, dann Aalen/Württ. – Dramatiker und Erzähler von zuchtvoller Sprache, bes. Musikerromane und -novellen sowie hist. und musikdeutende Stoffe.

W: Der Pflummern, R. 1924; Amfortas, R. 1932; Die Neunte, Leg. 1933; Die große Kraft, R. 1934; Trotz Tod und Teufel immer treu, Dr. 1935; Die Brückensymphonie, R. 1941; Tu', wozu dein Herz dich treibt, R. 1950.

Eleonore von Österreich, 1433 Schottland – 20. 11. 1480 Innsbruck, Tochter König Jakobs I. von Schottland (Stuart), ⚭ 1449 Herzog Siegmund von Tirol und Vorderösterreich; eifriges Mäzenatentum am Innsbrucker Hof. – Für die Entwicklung des dt. Prosaromans bedeutsame Übersetzerin, übertrug um 1449–56 aus e. Hs. den franz. Ritter- und Abenteuerroman ›Pontus et la belle Sidonie‹ als ›Pontus und Sidonia‹, nach 1. Druck (Augsburg 1483) bis Ende 17. Jh. weitverbreitet.

A: H. Kindermann (DLE, Rhe. Volksbücher I) 1928.
L: P. Wüst, Diss. Marb. 1903; M. Köfler, Diss. Innsbr. 1968.

Elisabeth, Königin von Rumänien → Carmen Sylva

Elisabeth von Nassau-Saarbrücken, 1394 Vezelise (?) – 17. 1. 1456 Saarbrücken, Tochter des Herzogs Friedrich von Lothringen und s. Gattin Margarete von Vaudémont, franz. erzogen; ⚭ 1412 Philipp I. Graf von Nassau-Saarbrücken; regierte nach dessen Tod bis zur Volljährigkeit des Sohnes 1429–38 selbst. – Übersetzte vor 1437 in vorlagegetreuen Prosabearbeitungen 4 im Spät-MA. beliebte chansons de geste aus der franz. Karlssage: ›Herpin‹ (Druck Straßb. 1514), ›Sibille‹ (ungedruckt), ›Loher und Maller‹

von Karls Sohn Chlotar (Druck Straßb. 1513) und ›Huge Scheppel‹ (Druck Straßb. 1500 als ›Hug Schapler‹) vom Sohn e. Metzgerstochter und späteren König Hugo Capet. Große Verbreitung und Beliebtheit, ab 16. Jh. als Volksbücher. Bedeutsam für den Durchbruch der ersten dt. Prosaromane nach dem ›Lanzelot‹ des 13. Jh.

A: Herpin: K. Simrock, D. dt. Volksbücher, 11, 1865, H. Kindermann, 1932; Loher u. M.: K. Simrock, 1868; Huge Scheppel: H. Urtel, 1905; Hug Schapler: H. Kindermann (DLE Rhe. Volksbücher I), 1928; Sibille: H. Tiemann, 1977.
L: W. Liepe, 1920; H. Enninghorst, Diss. Bonn 1957.

Elisabeth von Schönau, um 1129 – 18. 6. 1164 Schönau b. St. Goarshausen, kam 12jährig ins Benediktinerinnenkloster, 1157 Meisterin ihres Konvents. – Mystikerin, zeichnete mit Hilfe ihres Bruders Ekbert, Abt von Schönau, 1152 bis 1160 ihre Visionen in lat. Sprache auf (›Liber visionum‹), ließ Ermahnungen an versch. Stände, ›Liber viarum Dei‹ (1160–63) folgen und gab e. phantast.-visionäre Ausgestaltung der Ursulalegende, ›Liber Revelationum‹, die der ›Legenda Aurea‹ und späteren Bearbeitungen als Quelle diente.

A: F. W. E. Roth 1884.
L: K. Köster, 1952.

Elisabeth Charlotte, Herzogin von Orléans → Liselotte von der Pfalz

Ellert, Gerhart (eig. Gertrud Schmierger), 26. 1. 1900 Wolfsberg/Kärnten – 7. 5. 1975 ebda. Stud. in Wien, Reisen durch Mittelmeerländer, lebte als Obstgut- und Baumschulbesitzerin in Wolfsberg. – Vf. einfühlsamer Geschichtsdramen und hist.

Volksromane um Persönlichkeiten aus Übergangszeiten mit breitem kulturgesch. Epochenbild. Knappe Sprache, dramat. Bewegtheit und vereinfachende Charakterisierung. Auch Jugendbuch.

W: Der Zauberer, R. 1933; Attila, R. 1934; Karl V., R. 1935; Der Doge Foscari, Dr. 1936; Der König, E. 1936; Wallenstein, R. 1937; Mohammed, R. 1938; Nach der Sühne, R. 1940; Michelangelo, R. 1942; Es war Ihr Wunsch, Majestät, K. 1946; Die Johanniter, R. 1947; Richelieu, R. 1948; Paulus aus Tarsos, R. 1951; Ich, Judith, bekenne R. 1952; Das Tor ist nie verschlossen, R. 1954; Jacobe Oderkamp, R. 1958; Alexander der Große, R. 1959; Gregor der Große, R. 1961; Die Katze der Herzogin, E. 1961; Mahmud II., Sohn der Französin, R. 1963; Das Abenteuer des Forschens, Jgb. 1963; Die schweigenden Jahrhunderte, Abh. 1965; Der blinde Löwe von San Marco, R. 1966; Columban der Ire, R. 1968; Europas verlorene Küste, Schr. 1970.

Elsner, Gisela, * 2. 5. 1937 Nürnberg, Gymnas. Nürnberg, 1957/ 58 Stud. Germanistik, Philos. und Theaterwiss. Wien, lebte in Rom, London, seit 1970 Paris, jetzt München. – Betreibt als antibürgerl. Erzählerin die sarkast. Bloßstellung der makabren Spießbürgerwelt in provokativ bitterer Existenz- und Gesellschaftskritik an e. monströsen Welt, die aus ungewöhnlicher Perspektive grotesk verzerrt und voll von Häßlichkeiten, Verfallserscheinungen und Atavismen erscheint, in kaltem, hartnäckig beschreibendem, z. T. manieriertem Stil.

W: Die Riesenzwerge, En. 1964; Der Knopf, H. (1965); Der Nachwuchs, R. 1968; Das Berührungsverbot, R. 1970; Herr Leiselheimer und weitere Versuche, die Wirklichkeit zu bewältigen, En. 1973; Der Punktsieg, R. 1977; Die Zerreißprobe, En. 1980; Abseits, R. 1982; Die Zähmung, R. 1984; Das Windei, R. 1987.

Elwenspoek, Curt (Ps. Christoph Erik Ganter), 28. 5. 1884 Königsberg – 13. 4. 1959 Tübingen, Stud. Königsberg, Berlin,

München, Tübingen, 1908 Dr. jur., dann Schauspieler, 1914 Oberregisseur in Mainz, 1914–18 Kriegsteilnehmer, 1918–19 Spielleiter in Wiesbaden, 1919–22 in Mainz, 1922–23 Intendant in Kiel, 1923–24 Oberspielleiter und Dramaturg am Schauspielhaus München, 1924–30 Chefdramaturg und Spielleiter Staatstheater Stuttgart, 1930–38 Lit. Leiter und Chefdramaturg am Stuttgarter Rundfunk, dann freier Funkmitarbeiter. – Vf. hist.-biograph. Romane, Reportagen, Essays, Plaudereien, auch Dramen und Hörspiele.

W: Ein Mädchen ohne Mutter, R. 1935; Der höllische Krischan, Grabbe-R. 1936 (u. d. T. Und nichts ist ihm geblieben, 1956); Die Glückssträhne, R. 1937; Die roten Lotosblüten, R. 1941; Panama, R. 1942; Dynamit, R. 1949; Hauspostille des Herzens, III 1956–59; Die Schwalbe und die Nachtigall, R. 1959.

Emmrich, Curt → Bamm, Peter

Ems, Rudolf von → Rudolf von Ems

Ende, Michael, * 12. 11. 1929 Garmisch; Sohn e. Malers; Bühnenversuche, dann freier Schriftsteller, lebt seit 1971 bei Rom. – Anfangs Kinderbuchautor; auch bei Erwachsenen beliebte lit. Kunstmärchen, die gegen Intellektualismus und Technokratie im Zeichen der Romantik das Reich der Phantasie und die Ganzheit des Menschen fordern.

W: Jim Knopf, Kdb. 1960; Die Spielverderber, Dr. (1967); Momo, Kdb. 1973; Die unendliche Geschichte, R. 1981; Das Gauklermärchen, Dr. (1983); Der Spiegel im Spiegel, En. 1984; Trödelmarkt der Träume, Lied. u. Ball. 1986.
L: J. Weitbrecht, hg. 1979.

Enders, Horst, * 23. 10. 1921 Beiersdorf b. Werdau/Sachsen, Vater Textilkaufmann; Ingenieurschule, 1940 Soldat, 1944–47

Kriegsgefangenschaft, 1951 Textilingenieur, Fachlehrer, 1959 Dramaturg Volkstheater Rostock, 1963 beim Dt. Fernsehfunk. – Realist. Dramatiker der DDR mit Themen aus dem Kriegserleben. Fernsehspiele.

W: Victory Day, Dr. (1957); Stützpunkt Trufanowa, Dr. (1958); Haus im Schatten, Dr. (1960); Warschauer Konzert, Dr. (1967); Dissonanzen, Dr. (1970).

Endrikat, Fred, 7. 6. 1890 Nakel a. d. Netze – 12. 8. 1942 München, lebte lange in Berlin, zuletzt Leoni am Starnberger See. – Vf. weitverbreiteter Brettl-Lieder und witzig- spött. Weisheiten fürs lit. Kabarett.

W: Die lustige Arche, G. 1935; Liederliches und Lyrisches, G. 1940; Höchst weltliche Sündenfibel, G. 1940; Der fröhliche Diogenes, G. 1942; Verse und Lieder, Ausw. 1949; Sündenfallobst, G. 1953; Auswahl, 1960.

Enenkel, Johann → Jans, Jansen Enikel

Engasser, Quirin, * 4. 11. 1907 Neubreisach/Elsaß, Bauernsohn, Stud. Gesch. und Philos. Freiburg, Heidelberg und München, 1940–45 Wehrdienst, lebte in Osternach b. Prien, Rimsting/Chiemsee und Bernau. – Als Dramatiker und Erzähler der Heimat und der Geschichte verbunden.

W: Die erste Linie, Dr. 1936; Stephan Fadinger, Dr. 1937; Moosbart und Sternenkind, Dr. 1938; Schabernack, Dr. 1939; Der Ursächer, R. 1939; Francesco Borri, Nn. 1941; Auf der Brücke, R. 1949; Suez, R. 1956; Das Steinhuber-Marterl, R. 1957; Falschspiel um den Grootehof, R. 1961; Zu spät, R. 1964; Gegen die Stimme des Herzens, R. 1965; Tage und Nächte, G. 1968; Das Geheimnis der drei Rosen, R. 1980.

Engel, Georg. 29. 10. 1866 Greifswald – 19. 10. 1931 Berlin, 1887–90 Stud. Philos. und Philol. Berlin, dann Redakteur, Kunst- und Theaterkritiker am ›Berliner Tagblatt‹, schließl. freier Schriftsteller ebda. – Vielseitiger natura-

list. Erzähler und Dramatiker;
nach naturalist. Tendenzdramen
und Großstadtroman bes. Heimatromane aus dem Dorf- und
Fischerleben der pommerschen
Küste.

W: Das Hungerdorf, Nn. 1893; Zauberin
Circe, R. 1894; Die Last, R. 1898; Der Aus-
flug ins Sittliche, K. 1900; Hann Klüth, der
Philosoph, R. 1905; Der Reiter auf dem Re-
genbogen R. 1908; Der scharfe Junker, K.
1910; Die Leute von Moorluke, Nn. 1910;
Claus Störtebecker, R. II 1920; Uhlenspiegel,
R. 1927.

Engel, Johann Jakob, 11. 9. 1741
Parchim/Meckl. – 28. 6. 1802 ebda., Predigerssohn, Stud.
1759–61 Theol. Rostock, 1761–63
(Promotion) Philos., Mathematik
und Naturwiss. Bützow/Meckl.,
seit 1765 Griech. und neuere Sprachen Leipzig; 1776 Prof. der Moralphilos. und der schönen Wiss.
am Joachimsthaler Gymnas. Berlin, Mitgl. der Akademie d.
Wiss., Prinzenerzieher (u. a.
Friedrich Wilhelm III.); 1786–94
mit Ramler Oberdirektor des
Hof- und Nationaltheaters Berlin.
– Moralisierend rationalist. Popularphilosoph, Ästhetiker und Kritiker, Dramatiker nach Vorbild
Lessings, mit pädagog. Absicht.
Erzähler von nüchtern klarer Prosa im vielbeachteten Zeitroman
›Herr Lorenz Stark‹ um e. Vater-
Sohn-Konflikt im Kaufmannsmi-
lieu.

W: Der dankbare Sohn, K. 1771; Der Dia-
mant, K. 1772; Der Edelknabe, Dr. 1774;
Über Handlung, Gespräch und Erzählung,
Abh. (1774, n. 1965); Der Philosoph für die
Welt, Schr. IV 1775–1803; Anfangsgründe
einer Theorie der Dichtungsarten, Abh. 1783
(n. 1970); Ideen zu einer Mimik, II 1785 f.;
Der Fürstenspiegel, 1798 (n. 1908); Herr Lo-
renz Stark, R. 1801. – Sämtliche Schriften,
XII 1801–06, XIV 1851.
L: K. Schröder, 1897; H. Daffis, 1899; E.
Hammer, Diss. Münst. 1942; E. Wagner,
Diss. Mchn. 1954.

Engelke, Gerrit, 21. 10. 1890
Hannover – 13. 10. 1918 in engl.

Lazarett b. Cambrai; Arbeitersohn, wollte Kunstmaler oder
Musiker werden; Malerlehrling
und -geselle, winters Besuch der
Kunstgewerbeschule Hannover;
autodidakt. Bildung; 1912 Mitarbeit am ›Hannoverschen Courier‹. Übergab Frühj. 1913 s. Gedichte R. Dehmel in Blankenese,
von ihm an P. Zech (›Das neue
Pathos‹ 1913) und auf die ›Werkleute auf Haus Nyland‹ (Vershofen, Kneip, Winckler) verwiesen;
Frühj. 1914 bei Kneip in Oranien-
stein; vorübergehend in Dänemark; 1914–18 Soldat im Westen;
Winter 1917 Freundschaft mit
Lersch. Unmittelbar vor Waffen-
stillstand Okt. 1918 schwerverwundet. – Sprachgewaltiger Lyriker, bedeutendster dt. Arbeiterdichter neben Lersch, frühvollendeter Expressionist wie Heym
und Trakl. Schrieb in selbständiger Weiterbildung von W. Whitmans pathet. Sprachgebärde und
Welteinigungsethos und unter
Einfluß Dehmels jugendl. über-
strömende Hymnen von kosm.
Klang in vielfältigen, ausdrucksstarken Rhythmen: Arbeitslieder,
Themen aus der Welt der Technik
und Industrie, Großstadthymnen,
Epigramme und Liebesgedichte.
Beseelung von Industrie und
Technik als myth. Lebewesen und
deren Einbeziehung in e. kosm.
Weltbild. Einsamkeit, Leid und
Gottverlangen; Verkündigung e.
neuen Menschen auf den Ruinen
Europas.

W: Schulter an Schulter, G. 1916 (m. H.
Lersch, K. Zielke); Rhythmus des neuen Eu-
ropa, G. 1921; Briefe der Liebe, G. 1926;
Gesang der Welt, G., Tgb., Br. 1927; Ver-
mächtnis, Nl., hg. J. Kneip 1937; Das Ge-
samtwerk, 1960, n. 1980.
L: J. Boyer, Toulouse 1938; G. E., hg. F.
Hüser, 1958 (m. Bibl.); G. Schwarzenau,
Diss. Kiel 1966; K. Morawietz, Mich aber
schone, Tod, 1980.

Engländer, Richard → Altenberg, Peter

Enikel, Johann → Jans, Jansen Enikel

Enking, Ottomar, 28. 9. 1867 Kiel – 13. 2. 1945 Dresden, Redakteur 1895–97 in Kiel, 1897–99 in Köln, Wismar, seit 1904 Dresden, ab 1906 freier Schriftsteller, ab 1919 Dozent für Lit. Staatl. Akad. für Kunstgewerbe ebda. – Erzähler der norddt. Heimatkunst mit psycholog. vertieften Romanen, Novellen und Idyllen aus dem Kleinstadtmilieu um die Jahrhundertwende; gelungene Schilderung kleinstädt. Originale. Dramatiker. Auch Lyriker, Essayist und Übs. (J. P. Jacobsen, 1925).

W: Familie P. C. Behm, R. 1903; Wie Truges seine Mutter suchte, R. 1908; Das Kind, K. 1909; Kantor Liebe, R. 1910; Momm Lebensknecht, R. 1911; Matthias Tedebus, R. 1913; Claus Jesup, R. 1919.
L: O. Hachtmann, 1917; W. Sichler, Du bist mir wert, mein Tag, 1937.

Enzensberger, Christian, * 24. 12. 1931 Nürnberg, Bruder von Hans Magnus E., Stud. Anglistik, Dr. phil., 1968 Privatdozent, dann Prof. für engl. Lit. Univ. München. – Als Essayist bemüht um Auflösung der autoritär verhärteten Gattung. Literarhistoriker und Übs. (L. Carroll, G. Seferis).

W: Größerer Versuch über den Schmutz, Es. 1968; Viktorianische Lyrik, Abh. 1969; Literatur und Interesse, Abh. II 1977; Was ist was, R. 1987.

Enzensberger, Hans Magnus, * 11. 11. 1929 Kaufbeuren/Allgäu, Kindheit in Nürnberg, 1944/45 Volkssturm, 1948 Abitur, 1949–54 Stud. Germanistik, Literaturwiss. und Philos. Erlangen, Hamburg, Freiburg/Br. und Paris, 1955 Dr. phil., dann Theaterarbeit, Reisen, 1955–57 Rundfunkredakteur in Stuttgart und Gastdozent der Hochschule für Gestaltung Ulm. Kulturkrit. Essays in zahlr. Zeitschriften; seit Sommer 1957 in Stranda/Norwegen, 1959 in Rom, 1960/61 Verlagslektor bei Suhrkamp in Frankfurt/M., 1962 in Tjöme/Norwegen; 1964/1965 Gastdozent für Poetik Frankfurt/M., 1967/68 Gastdozent der Wesleyan Univ. Middleton, Conn., dann in Cuba, 1967 ⊙ Maria Makarova. Weltweite Reisen (1957 u. ö. USA, 1963 u. ö. UdSSR, 1964 Naher Osten, 1965 Argentinien, 1967 Indien), lebt in West-Berlin. – Aggressiver polit. Lyriker der Gegenwart in Nähe zum jungen Brecht, Zeit- und Gesellschaftskritiker; eiskalter Zynismus und Satire gegen Zeitgeist, Konvention und Pathos, scharfe Angriffe gegen den Durchschnittsmenschen. Pathos des Ekels gegen die oberflächliche Saturiertheit der Gegenwart. Kunstvolle, harte Konstruktionen in Montage- und intellektuellem Plakatstil mit Phrasen, Werbeslogans und überzogenen Metaphern. Auch zartlyr. Gedichte von kühler Schönheit; in späterer Lyrik zunehmend stillebenhafte Beruhigung in Dinggedichten; bei fortwirkendem Engagement Dämpfung von Aggression und Pathos. Als Hrsg. des ›Kursbuchs‹ (1965 ff.) von meinungsbildendem Einfluß auf die junge und radikal progressive dt. Intelligenzschicht bis zur prinzipiellen Infragestellung der Existenzberechtigung von Literatur. Übs. von J. Gay, Audiberti, W. C. Williams, C. Vallejo, K. Vennberg, L. Gustafson, P. Neruda u. a.

W: Verteidigung der Wölfe, G. 1957; Zupp,

Kdb. 1959; Landessprache, G. 1960; Pupetta, H. 1960); Aus dem italienischen Pitaval, H. (1960); Museum der modernen Poesie, hg. 1960; Nacht über Dublin, H. (1961); Allerleirauh, hg. 1961; Dunkle Erbschaft, tiefer Bajou, H. (1961); Brentanos Poetik, Diss. 1961; Einzelheiten, Ess. 1962; Gedichte. Die Entstehung eines Gedichts, Ausw. 1963; Blindenschrift, G. 1964; Politik und Verbrechen, Ess. 1964; Politische Kolportagen, Ess. 1966; Deutschland, Deutschland unter anderm, Ess. 1967; Staatsgefährdende Umtriebe, Schr. 1968; Rachels Lied, H. (1969); Das Verhör von Habana, Dr. 1970; Gedichte 1955–70, Ausw. 1971; Der kurze Sommer der Anarchie. R. 1972; Gespräche mit Marx und Engels, hg. 1973; Palaver, Ess. 1974; Mausoleum, Ball. 1975; La Cubana, Libr. (1975); Der Untergang der Titanic, Poem 1978; Die Furie des Verschwindens, G. 1980; Politische Brosamen, Ess. 1982; Die Gedichte, 1983; Der Menschenfreund, K. 1984 (n. Molière); Gedichte 1950–85, 1986; Ach Europa!, Rep. 1987.
L: Üb. H. M. E., hg. J. Schickel 1970 (m. Bibl.); H. M. Kepplinger, Rechte Leute von links, 1970; H. L. Arnold, hg. 1976; B. Gutzat, Bewußtseinsinhalte krit. Lyrik, 1977; A. Zimmermann, 1977; H. Falkenstein, 1977; R. Grimm, hg. 1984; ders., Texturen, 1984; F. Dietschreit, B. Heinze-Dietschreit 1986.

Eobanus Hessus → Hessus, Helius Eobanus

Epistulae obscurorum virorum, Dunkelmännerbriefe, bedeutendste Satire des dt. Humanismus in der Auseinandersetzung mit ma. Scholastik, hervorgegangen aus dem Streit Reuchlins mit den Theologen d. Kölner Universität. Fiktive Briefe der Kölner Partei an ihren Wortführer Ortvinus Gratius. Die Satire nimmt die Maske der Verspotteten an und karikiert in dem barbar. Küchenlatein wie in der fingierten inneren Haltung, Scheinheiligkeit, Engstirnigkeit, Unbildung, Frömmelei, Unehrlichkeit und Unmoral der Schreiber. 1. Teil (Hagenau Herbst 1515) von Crotus Rubeanus, Hutten und N. Gerbel, gemäßigte, launig-liebenswürdige Verspottung, 2. Teil (Basel 1517) von Ulrich von Hutten, Herman v. d. Busche, N.

Gerbel, schärfer und kämpferischer. Weitere Mitarbeiter wohl Mutianus Rufes und Eobanus Hessus. Ungeheurer Erfolg. Zahlr. Entgegnungen.
A: A. Römer, II 1924. – *Übs.:* O. J. Plassmann, ²1942; W. Binder, ³1964.
L: W. Brecht, D. Verfasser d. E. o. v., 1904; R. P. Becker, A War of Fools, 1981.

Epp, Jovita (eig. Edwiges Eleonora Epp de Hary), * 22. 12. 1909 Meran, Lyzeum München, 1931 ⚭ E. C. Hary, lebt in San José, Argentinien und Buenos Aires. – Erzählerin konventioneller Unterhaltungsromane aus der Atmosphäre Südamerikas.
W: Die Frau des Fremden, N. 1951; Amado mio, R. 1955; Die argentinische Heirat, R. 1960; Auf den Boulevards der Pampa, R. 1970; Die brasilianischen Blätter, R. 1973; Santa Maria der guten Lüfte, R. 1978.

Eraclius → Otte, Meister

Erasmus von Rotterdam, Desiderius (eig. Gerard Gerads), 28. 10. 1469 (1465, 1466?) Rotterdam – 12. 7. 1536 Basel, unehel. Sohn e. Geistlichen Gerhard de Praet; 1479–84 Schule der Brüder vom gemeinsamen Leben in Deventer; 3 Jahre im Bruderhaus s'Hertogenbosch; Begegnung mit der devotio moderna und klass. Stud. 1487 Augustinerkloster Steyn b. Gouda, 1492 Priesterweihe, 1493 Sekretär des Bischofs von Cambrai. Herbst 1495–99 Stud. in Paris. 1499–1500 Aufenthalt in England; Freundschaft mit Thomas Morus; entscheidende Anregungen durch Joh. Colet. Wanderjahre in Orleans, Niederlanden, Köln, 1502 Löwen, Antwerpen, Paris; 1506–09 in Italien: Turin (1506 Dr. theol.), Bologna, 1506–09 in Italien: Turin (1506 Dr. theol.), Bologna, 1506/07 Griechischstud. ebda., 1508 in Venedig, Freundschaft mit Aldus

Manutius, Padua, Rom, Neapel. Rückreise nach London, wo 1509 das ›Lob der Torheit‹ entsteht, bis 1514 in England, 1511 Griechischlehrer in Cambridge, 1514 nach Basel, 1516 Antwerpen, London; 1517 päpstl. Dispens vom Klostergelübde, längerer Aufenthalt in Brüssel, königl. Rat Karls V.; in Löwen Einrichtung des Studienprogramms für das neugegr. Dreisprachenkolleg, wiederholte Aufenthalte in Basel. Nach Anfeindungen durch die Löwener Dominikaner wegen s. Haltung zu Luther 15. 11. 1521 Eintreffen in Basel, Verkehr und Beatus Rhenanus, Streit mit Hutten 1523, 1524–26 Auseinandersetzung mit Luther über die Willensfreiheit, Bruch mit der Reformation; nach deren Übergreifen auf Basel 1529 Übersiedlung nach Freiburg/Br.; Mai 1535 Rückkehr nach Basel. – Hauptgestalt des dt. Humanismus, Gelehrter von universaler Bildung; mit s. lat. Schriften weitwirkender Anreger. Bildungsaristokrat und Ästhet, nicht Tatmensch. Durch s. Kritik des Papsttums anfangs Vorläufer und Förderer der Reformation, doch Gegner der Glaubensspaltung. Eintreten gegen kirchl. Mißstände, Veräußerlichung der Religion und Dogmenzwang, für relig. Reformen ohne Bruch mit der Kirche, für eth. Vertiefung e. schlichten, dogmenfreien, humanen und toleranten Christentums; Anwalt e. christl. Humanismus als Erneuerung abendländ. Lebens aus antiker Form mit christl. Ethos. Bedeutender Philologe; krit. Ausgaben zahlr. antiker Klassiker und Kirchenväter, bes. des NT, ferner Paraphrasen und Kommentare. Grundlegende philolog. Schriften. Durch s. Sprichwörtersamm-

lungen von großem Einfluß auf die Rezeption antiker Lit. In den Colloquia geschliffene lat. Dialoge über alle mögl. Fragen des Lebens, der Kunst und Wissenschaft. Zur Weltlit. gehörig s. ›Lob der Torheit‹, e. feinsinnige allegor. Satire auf eingewurzelte Irrtümer, rückständige Scholastik und kirchl. Mißstände in Form e. iron. Lobrede des Lasters. Rd. 3000 Briefe spiegeln E.' internat. Bedeutung.

W: Collectanea adagiorum, Sprichw. 1500 (n. S. S. Menchi, Turin 1980, d. T. Knecht 1984); Enchiridion militis christiani, 1503 (d. H. Schiel 1952, W. Welzig 1961); Enkomion morias seu laus stultitiae, Sat. 1511 (Faks. d. Ausg. 1515 m. Handzeichn. H. Holbeins d. J., hg. H. A. Schmid, II 1931; d. A. Hartmann ⁵1960, U. Schultz 1966); Institutio principis christiani, 1516 (d. A. Gail 1968); Querela pacis, 1517 (Faks. 1961, d. A. v. Arx 1945); Colloquia familiaria, Dial. 1518 ff. (d. Ausw. H. Trog, ²1936, H. Schiel 1947); Antibarbari, 1520 (n. A. Hyma 1930); De libero arbitrio, 1524 (n. J. v. Walther ²1935; d. O. Schumacher ⁴1979); Apophthegmata, Spr. 1531. – Opera omnia, hg. J. Clericus, X 1703–06 (n. 1961 ff.); AW, hg. H. Holborn ²1964; Ausgew. Schriften, lat. dt., hg. W. Welzig VIII 1967–75; Opuscula, hg. K. W. Ferguson, Haag 1933; The Poems, hg. C. Reedijk 1956; Opus epistolarum, hg. P. S. u. H. M. Allen, H. W. Garrod, XII Oxf. 1906–47 (d. Ausw. W. Köhler ³1956). – *Übs.:* Ausw. W. Köhler, 1917, A. Gail, 1948, Pädagog. Schriften, hg. A. Gail 1963; Collected Works, engl. Toronto 1978 ff.

L: P. S. Allen, Oxf. 1914; P. Smith, N. Y. 1923, n. 1961; J. B. Pineau, Paris 1924; A. Renaudet, Paris 1926; K. Schlechta, 1940; R. Newald, 1947; K. A. Meissinger, ²1948; J. Huizinga, ⁴1951; A. Flitner, E. i. Urteil s. Nachwelt, 1952; W. P. Eckert, II 1967; A. Hyma, The youth of E., N. Y. ²1968; R. H. Brainton, 1972; G. Faludy, 1973; A. Gail, 1974; R. Stupperich, 1977; R. Padberg, 1978; R. L. Demolen, hg. N. Y. 1978; J. C. Olin, hg. N. Y. 1979; B. Mansfield, Phoenix of his age, Toronto 1979; C. Augustijn, 1986; Bibl.: F. v. d. Haeghen, V Gent 1893–1907, n. 1961; Rotterd. 1937; J. C. Margolin, 1963.

Erath, Vinzenz, 31. 3. 1906 Waldmössingen/Schwarzwald – 10. 11. 1976 Vaihingen/Enz; Bauernsohn, theolog. Seminar, Stud. Philos. und Philologie München, Sprachlehrer, 1939 Kriegsteilnehmer, russ. Gefangenschaft, lebte in Altheim/Schwäb. Alb, seit 1963 Stuttgart. – Erzähler in der traditionellen Form des Entwicklungsromans aus kathol. Bauernleben mit autobiograph. Hintergrund.

W: Größer als des Menschen Herz, R. 1951; Das blinde Spiel, R. 1954; So zünden die Väter das Feuer an, R. 1956; So hoch der Himmel, R. 1962; Zwischen Staub und Sternen, R. 1966.

Erb, Elke (eig. Elke Endler), ★ 18. 2. 1938 Scherbach/Eifel; seit 1949 in der DDR, 1957–63 Stud. Germanistik Halle; Verlagslektorin, 1966 freie Schriftstellerin in Ost-Berlin. – Vf. z. T. gekünstelter Alltagsimpressionen in Vers und Prosa.

W: Gutachten, G. u. Prosa 1975; Einer schreit: Nicht!, G. u. Prosa 1976; Faden der Geduld, G. u. Prosa 1978; Trost, G. u. Prosa 1982; Vexierbild, Prosa 1984; Kastanienallee, Prosa 1986.

Erfurt, Ebernand von → Ebernand von Erfurt

Erhardt, Heinz, 20. 2. 1909 Riga – 5. 6. 1979 Hamburg; Pianist, Kabarettist in Breslau und am ›Kabarett der Komiker‹ Berlin, nach dem 2. Weltkrieg beliebter und erfolgreicher Conférencier, Bühnen- und Filmkomiker; lebte in Hamburg. – Populärster Vertreter der dt. Nonsensdichtung, Routinier des Blödelns und der Wortakrobatik in heiter-iron. und sinnlos-grotesken Versen.

W: Tierisches – Satirisches, G. 1949; Gereimtes und andere Ungereimtheiten, G. 1956 (beide zus. u. d. T. Gesammelte Ungereimtheiten, 1959); Noch 'n Gedicht, G. 1961 (erw. 1964); Noch 'n Buch, G. 1964; Noch 'n Heinz Erhardt, G. 1966; Und viertens, G. 1968; Das große H.-E.-Buch, 1970.

Erich, Otto → Hartleben, Otto Erich

Erlösung, Die, in zahlr. Hss. erhaltene geistl. Dichtung e. unbekannten hess. Geistlichen Anfang 14. Jh.; schildert in 6593 Versen auf Grund der Vulgata mit allegor. Einleitung die ganze Heilsgeschichte vom Sündenfall bis zum Jüngsten Gericht, bes. ausführlich die Passion. Ausgebreitetes gelehrtes und lit. Wissen; glückl. Verbindung von Erzählung, theolog. Sinndeutung und dogmat. Erörterung; eindrucksstarke Szenen und lebendige Dialoge. Stileinfluß Gottfrieds von Straßburg. Große Bedeutung als Quelle für ganze Gruppen von Passionsspielen und e. Weihnachtsspiel des 14. Jh.

A: K. Bartsch 1858 (n. 1966), F. Maurer (DLE Rhe. Geistl. Dicht. 6) 1934 (n. 1964). *L:* C. Schmidt, Diss. Marb. 1911; G. K. Bauer, Diss. Würzb. 1929.

Erné, Nino (eig. Giovanni Bruno E.), ★ 31. 10. 1921 Berlin, Vater Triestiner, Mutter Hamburgerin, Stud. Anglistik München und Berlin, 1964 Dr. phil.; Dramaturg Bayer. Staatstheater München, Lehrer an der Schauspielschule ebda.; dann Redakteur und Verlagslektor in Frankfurt a. M., Universitätslektor in Aix, Zss.- und Fernsehredakteur in Hamburg, Rom und Mainz. – Lyriker, Novellist, Essayist über lit. Themen, Hörspiel und Feuilleton, auch Übs. und Hrsg.

W: Der sinnende Bettler, G. 1946; Kunst der Novelle, Ess. 1956; Junger Mann in der Stadtbahn, En. 1959; Das Ideal und das Leben, Bn. 1960; Monolog des Froschkönigs, N. 1967; Murmelpoeme, G. 1967; Nachruf auf Othello, R. 1976; Kellerkneipe und Elfenbeinturm, R. 1979; Fahrgäste, En. 1981; Rom – ein Tag, eine Nacht, R. 1983; Vorschlag zur Güte, Prosa 1984; Kinder des Saturn, Nn. 1987.

Ernst, Herzog → Herzog Ernst

Ernst, Fritz → Unruh, Fritz von

Ernst, Otto (eig. Otto Ernst Schmidt), 7. 10. 1862 Ottensen/Holst. – 5. 3. 1926 Groß-Flottbek b. Hamburg, Sohn e. Zigarrenarbeiters, 1877–80 Präparandenanstalt, 1880–83 Lehrerseminar Hamburg, 1883–1900 Volksschullehrer ebda., seit 1901 freier Schriftsteller in Eimsbüttel, ab 1903 Groß-Flottbek. – Kleinbürgerl.-liberaler Dramatiker, Erzähler, Essayist u. Lyriker. Anfangs erfolgr. mit naturalist. getönten gesellschaftssatir. Dramen und Komödien; geschickt gemachte, stark karikierte und innerl. hohle Tendenzdramen. Breite autobiograph. Semper-Romane als Bildungsromane aus kleinbürgerl. Beschaulichkeit, ohne hohe Ansprüche, humorist. Erzählungen und Genrebilder im Plauderton. Gemütvolle Kindergeschichten.

W: Gedichte, 1889; Offenes Visier!, Ess. 1890; Aus verborgenen Tiefen, Nn. 1891; Die größte Sünde, Dr. 1895; Der süße Willy, E. 1895; Karthäusergeschichten, Nn. 1896; Jugend von heute, K. 1899; Ein frohes Farbenspiel, En. 1900; Flachsmann als Erzieher, K. 1901; Stimmen des Mittags, G. 1901; Die Gerechtigkeit, K. 1902; Vom geruhigen Leben, Plaud. 1903; Bannermann, Dr. 1905; Asmus Sempers Jugendland, R. 1905; Das Jubiläum, K. 1906; Ortrun und Ilsebill, Msp. 1906; Appelschnut, En. 1907; Semper der Jüngling, R. 1908; Vom Strande des Lebens, Nn. 1908; Tartüff, der Patriot, K. 1909; Die Liebe höret nimmer auf, Tragikom. 1911; Semper der Mann, R. 1916; Hermannsland, R. 1921; Die hohe Menagerie, K. 1922; Heidede!, E. 1923; Buzi oder Morgenstunden einer Künstchenseele, E. 1925; Niederdeutsche Miniaturen, En. 1925. – GW, XII 1922f.
L: J. Schumann, 1903; O. Enking, 1912; A. Volquardsen, 1927.

Ernst, (Karl Friedrich) Paul, 7. 3. 1866 Elbingerode/Harz – 13. 5. 1933 St. Georgen a. d. Stiefing/Steiermark, Sohn e. Bergmanns, 1885 Stud. Theol. und Philos. Göttingen und Tübingen, Herbst 1886 Berlin, Beitritt in den Verein ›Durch‹; Anschluß an die Arbei-

terbewegung, sozialdemokrat. Schriftleiter und Volksredner, Stud. Geschichte, Lit. und Nationalökonomie Berlin und Bern, 1892 Dr. phil. ebda.; 1895 freier Schriftsteller, 1895–97 in Berlin, Zusammenarbeit mit A. Holz, Verkehr mit B. Wille, R. Dehmel, J. Schlaf. 1900 1. Italienreise bringt Klärung s. Kunstvorstellungen. Seit 1903–04 in Weimar, 1904/05 Dramaturg in Düsseldorf; 1914 wieder in Berlin, 1918–25 auf s. Hof Sonnenhofen/Obb.; seit 1925 in St. Georgen. – Bedeutendster Vertreter der dt. Neuklassik. Begann mit naturalist. Einaktern, ging um 1900 zu seelenanalyt. Neuromantik über und wurde nach 1900 zum Anreger der Neuklassik: Verbindung streng klass. Formkunst mit sittl.-nationalem Verantwortungsbewußtsein. Streben nach absoluten sittl. Werten als Voraussetzung des Kunstschaffens. – Mehr klärender abstrakter Denker als vitaler Dichter. Rückgriff im Drama auf den französischen Klassizismus, Schiller und Hebbel, zur strengen Kunstform, in der Novelle auf altital. und franz. Muster, Ablehnung des modernen Psychologismus und weltanschaul.-sittl. Relativismus, um trag. und kom. Elemente rein herauszuarbeiten. Seine bühnenfernen, weil allzu gedankenschweren Dramen sind stark konstruktiv, blutleer und von der Idee, nicht vom Menschen her konzipiert. Stoffe aus Antike, Heldensage, ma. Reichs- und preuß. Geschichte. Würdige Jambentragödien hohen Stils um große Menschen heroischen Lebensgefühls in Konflikten mit dem absoluten Sittengesetz oder zwischen 2 eth. Notwendigkeiten. In späteren ›Erlösungsdramen‹ (ab 1912) Bevorzugung metatrag. Lösungen. Erfolgreicher und gültiger als Wiederbeleber der klass. Novelle mit konziser Form, strenger Handlungsführung und wohlverteilten Wendepunkten in dramat., auf den Bericht konzentrierter Komposition. Heitere Spitzbubengeschichten von leichtem, schelm. Humor. Volkserzieherische und z. T. autobiograph. Romane von bewußt schlichter Sprache als Halbkunst gewertet. Versuche zur Wiederbelebung des großen Epos: ›Das Kaiserbuch‹ versifizierte dt. Geschichte 919–1250 in über 90000 Versen. Eigene Form der gedankl. Auseinandersetzung in den ›Erdachten Gesprächen‹. Ferner autobiographische Schriften, Essays, Übs. und Hrsg.

W: Lumpenbagasch. Im Chambre séparée, Drr. 1898; Polymeter, G. 1898; Sechs Geschichten, Nn. 1900; Wenn die Blätter fallen. Der Tod, Trr. 1900; Die Prinzessin des Ostens, Nn. 1903; Der schmale Weg zum Glück, R. 1904; Demetrios, Tr. 1905; Eine Nacht in Florenz, Lsp. 1905; Das Gold, Tr. 1906; Der Hulla, Lsp. 1906; Ritter Lanval, Lsp. 1906; Der Weg zur Form, Ess. 1906; Canossa, Tr. 1908; Brunhild, Tr. 1909; Die selige Insel, R. 1909; Über alle Narrheit Liebe, Lsp. 1909; Ninon de Lenclos, Tr. 1910; Ariadne auf Naxos, Dr. 1912; Der Tod des Cosimo, Nn. 1912; Ein Credo, Ess. II 1912; Die Hochzeit, Nn. 1913; Kassandra, Dr. (1915); Preußengeist, Dr. 1915; Saat auf Hoffnung, R. 1916; Die Taufe, Nn. 1916; Der Nobelpreis, Nn. 1919; Der Zusammenbruch des Idealismus, Ess. 1919; Der Zusammenbruch des Marxismus, Ess. 1919; Komödiantengeschichten, Nn. 1920; Spitzbubengeschichten, Nn. 1920; Erdachte Gespräche, 1921; Das Kaiserbuch, Ep. III 1922–28; Der Schatz im Morgenbrotstal, R. 1926; Der Heiland, Ep. 1930; Jugenderinnerungen, Aut. 1929; Jünglingsjahre, Aut. 1931; Das Glück vom Lautenthal, R. 1933; Pêle-Mêle, E. hg. K. A. Kutzbach 1970; Acht Einakter, hg. ders. 1977. – GW, XXI 1927–41; P. E. in St. Georgen, Br. 1966; Briefw. m. G. Lukács, hg. K. A. Kutzbach 1974.

L: R. Faesi, 1913; W. Mahrholz, 1916; H. G. Göpfert, 1932; A. Potthoff, 1935; W. Westekker, 1938; H. Hugelmann, 1939; R. Lange, Diss. Gött. 1948; H. Überhorst, Diss. Bonn 1953; K. A. Kutzbach, VIII 1966ff.; N. Fuerst, Ideologie und Literatur, 1976; P. E.

heute, 1980; E. Härlen, Unterschiedl. Versuche, 1982; N. Fuerst, 1985.

Erpenbeck, Fritz, 6. 4. 1897 Mainz – 8. 1. 1975 Ost-Berlin, Vater Elektromonteur, Jugend in Mannheim und Osnabrück, Schlosserlehre, 1915–18 Soldat, dann Schauspielunterricht in Osnabrück, Schauspieler, Dramaturg und Regisseur u. a. am Lessingtheater Berlin und bei Piscator, 1927 KPD-Mitgl., 1929 Journalist, 1931–33 Hrsg. der satir. Zs. ›Roter Pfeffer‹, 1933 Emigration nach Prag, 1935 mit s. Frau Hedda Zinner nach Moskau, Redakteur dt. Zss., 1945 Rückkehr nach Berlin mit Gruppe W. Ulbricht, Chefredakteur versch. Zeitungen und Zss., Theaterkritiker und Hrsg. von Theater-Zss. ›Theater der Zeit‹ u. a., 1959–62 Chefdramaturg der Volksbühne Berlin, dann freier Schriftsteller ebda. – Erzähler des sozialist. Realismus, später Abenteuer-, Kriminalromane und Theateranekdoten.

W: Aber ich wollte nicht feige sein, En. 1936; Musketier Peters, E. 1936; Heimkehr, N. 1938; Emigranten, R. 1939; Deutsche Schicksale, En. 1939; Gründer, R. II 1940–65; Kleines Mädel im großen Krieg, E. 1940; Lebendiges Theater, Ess. 1949; W. Pieck, B. 1951; Aus dem Theaterleben, Ess. 1959; Vorhang auf, Anek. 1964; Künstlerpension Boulanka, R. 1964; Tödliche Bilanz, R. 1965; Aus dem Hinterhalt, R. 1967; Der Tüchtige, R. 1978.

Ertl, Emil, 11. 3. 1860 Wien – 8. 5. 1935 Graz, aus altem Seidenwebergeschlecht, 1880 Offiziersprüfung, Stud. Jura und Philos. Wien und Graz, Dr. phil., 1889 Bibliothekar, 1898–1922 Bibliotheksdirektor der TH Graz, seit 1927 in Wien. Freund P. Roseggers. – Erzähler der österr. Heimatkunst mit Wiener Heimat-, Geschichts- und Sozialromanen im kleinbürgerl. Raum. Stoffreiche Tetralogie ›Ein Volk an der Arbeit‹ zur

Verherrlichung ehrl. Arbeit und der Bürgertugenden im Sinne G. Freytags. Ferner psycholog. vertiefte Bauernromane und formstrenge Novellen aus Österreichs Geschichte und Gegenwart mit z. T. gemütvollem Humor.

W: Abdêwa, M. 1884; Liebesmärchen, M. 1886; Opfer der Zeit, Nn. 1895; Miß Grant, Nn. 1896; Die Perlenschnur, N. 1896; Mistral, Nn. 1901; Feuertaufe, Nn. 1905; Ein Volk an der Arbeit, R.-Tetral.: I Die Leute vom blauen Guguckhaus, 1906; II Freiheit, die ich meine, 1909; III Auf der Wegwacht, 1911; IV Im Haus zum Seidenbaum, 1926; Gesprengte Ketten, Nn. 1909; Nachdenkliches Bilderbuch, En. II 1911 f.; Der Neuhäuselhof, R. 1913; Der Anlaßstein, R. 1917; Das Trauderl, N. 1918; Der Berg der Läuterung, N. 1922; Der Handschuh, N. 1922; Peter Rosegger, Erinn. 1923; Karthago, R. 1924; Teufelchen Kupido, En. 1925; Das Lattacherkind, R. 1929; Eingeschneit auf Korneliagrube, R. 1931; Lebensfrühling, Aut. 1932.
L: A. Walheim, 1912; E. E., Festschr., 1930.

Ertler, Bruno, 29. 1. 1889 Pernitz/Niederösterr. – 10. 12. 1927 Graz, Stud. Germanistik und Kunstgesch. Graz, Journalist und Redakteur ebda. – Impressionist. Lyriker, gedankenreicher, doch volkstüml. Dramatiker, formstrenger Novellist von scharfer Charakterisierung.

W: Der Glücksbecher, Dr. 1911; Heimkehr, Dr. 1917; Eva-Lilith, G. 1919; Anna Iwanowna, Dr. 1920; Die Königin von Tasmanien, Nn. 1921; Venus, die Feindin, N. 1921; Venus im Morgen, Nn. 1921; Wenn zwei das gleiche tun, Drr. 1921; Das Spiel vom Doktor Faust, 1923; Belian und Marpalye, Dr. 1924. – Novellen, II 1946; Dram. Werke, 1957.
L: M. T. Hofbauer, Diss. Wien 1948, K. Kaschnitz, Diss. Graz 1949.

Erwin, Franz Theodor → Kugler, Franz Theodor

Erzpoet → Archipoeta

Eschen, Mathilde von → Eschstruth, Nataly von

Eschenbach → Ulrich von Etzenbach, → Wolfram von Eschenbach

Eschenburg, Johann Joachim, 7. 12. 1743 Hamburg – 29. 2. 1820 Braunschweig, Stud. Theol. und Philos. 1764–67 Leipzig (Freundschaft mit Weiße, Engel, Garve, Michaelis u. a.) und 1767 Göttingen, 1767 Hofmeister in Braunschweig, 1768 am Carolineum ebda., 1773 Prof. der Schönen Lit., 1814 Mitdirektor ebda., Freundschaft mit Lessing, 1786 Hofrat, 1787 Direktor des braunschw. Intelligenzwesens. – Ästhetiker und Literarhistoriker, Vermittler der engl. Ästhetik des 18. Jh. für Dtl.; bedeutender Übersetzer: 1. vollst. Shakespeare-Übs. nach Wieland (XIII, 1775–82). Eigene Versuche unbedeutend, Hrsg.

W: Lucas und Hannchen, Opte. 1768; Comala, Dr. 1769; Die Wahl des Herkules, Dr. 1773; Das gute Mädchen, Opte. 1778; Handbuch der klass. Literatur, 1783.
L: F. Meyen, 1957; M. Pirscher, Diss. Münster 1959.

Eschmann, Ernst Wilhelm, 16. 8. 1904 Berlin – 22. 2. 1987 München, Stud. Staatswiss., Soziologie und Geistesgesch. Berlin, Heidelberg, London, Königsberg, Zürich, Dr. phil., Dozent, später Prof. in Berlin, 1961 Prof. für Kulturphilos. Münster; lebte in München und Golino/Schweiz. – Erzähler nach klass. Vorbildern in klarer, zuchtvoller Sprache und Form, ferner Lyrik, Versdramen als Aktualisierung antiker Stoffe, Essay, Aphorismen und Reisebuch sowie polit.-historische Schriften.

W (außer wiss.): Vom Sinn der Revolution, Ess. 1933; Griechisches Tagebuch, Reiseb. 1936; Erdachte Briefe, 1938; Ariadne, Tr. 1939; Aus dem Punktbuch, Aphor. 1942; Der Besuch in Fischern, En. 1948; Tessiner Episteln, G. 1949; Alkestis, Dr. 1950; Das Doppelzeichen, En. 1951; Vorstadtecho, G. 1952; Die Tanne, R. 1953; Im Amerika der Griechen. Ess. 1961; Notizen im Tal, Dicht. 1962; Der Tischler und die Wilden, En. 1964; Einträge, Aphor. 1967; Ein Gott steigt herab, En. 1968; Luther findet J. C., Dr. 1975.

Eschstruth, Nataly von, 17. 5. 1860 Hofgeismar – 1. 12. 1939 Schwerin, Offizierstochter, ab 1860 Merseburg, ab 1872 Berlin, 1875 Töchterpensionat Neufchâtel/Schweiz, große Auslandreisen, 1885 nach Berlin, 1890 ⚭ F. v. Knobelsdorff-Brenkenhoff, Offizier, ab 1891 in Celle, 1892 Wiesbaden, seit 1893 Schwerin. – Schrieb anfangs Lustspiele, dann weitverbreitete, lit. wertlose, sentimentale Unterhaltungsromane aus dem Blickwinkel des sich nach feiner Gesellschaft sehnenden Backfischs.

W: In des Königs Rock, Dr. (1882); Gänseliesel, R. II 1886; Polnisch Blut, R. II 1887; Hazard, R. II 1888; Hofluft, R. II 1889; Im Schellenhemd, R. II 1890; Sturmnixe, Drr. IV 1885; Illustrierte Romane und Novellen, LIII 1899–1909; Die Bären von Hohen-Esp. R. II 1902; Die Roggenmuhme, R. 1910.

Essig, Hermann, 28. 8. 1878 Truchtelfingen/Württ. – 20. 6. 1918 Berlin-Lichterfelde, Pfarrerssohn, Stud. TH Stuttgart, in Berlin Freundschaft mit H. Walden, Mitarbeit am ›Sturm‹, von dem E. sich später distanziert. Im 1. Weltkrieg Soldat. – Dramatiker in der Wedekind-Nachfolge. Am besten s. gesellschaftssatir. Komödien mit stark karikierten Figuren aus Dorf- und Kleinstadtleben. Rücksichtslose Aufdeckung verborgener Instinkte und Leidenschaften ohne versöhnenden Humor.

W: Mariä Heimsuchung, Tr. 1909; Die Weiber von Weinsberg, K. 1909; Die Glückskuh, K. 1910; Der Frauenmut, K. 1912; Ihr stilles Glück!, Dr. 1912; Der Held vom Wald, Dr. 1912; Napoleons Aufstieg, Dr. 1912; Überteufel, Tr. 1912; Der Schweinepriester, K. 1915; Des Kaisers Soldaten, Dr. 1915; Der Taifun, R. 1919.
L: A. Pinto, 1977.

Eßlingen, Schulmeister von → Schulmeister von Eßlingen

Ettighoffer, Paul Cölestin, 14. 4. 1896 Kolmar – 15. 10. 1975 Zülpich; Journalist und Schriftsteller im Rheinland. – Vf. seinerzeit vielgelesener Zeit- und Kriegsromane im Reportagestil.

W: Gespenster am Toten Mann, R. 1931; Verdun, das große Gericht, Ber. 1936; Eine Armee meutert, Ber. 1937; Nacht über Sibirien, R. 1937; Tannenberg, Ber. 1939; Atomstadt, R. 1949; Das Mädchen ohne Stern, R. 1951; Mein amerikanischer Bruder, R. 1963.

Ettlinger, Karl (Ps. Karlchen, Helios, Bim u. a.), 22. 1. 1882 Frankfurt/M. – 8. 5. 1946 Berlin, Kaufmannssohn, humanist. Gymnas., 1902 Redakteur der Zs. ›Jugend‹ in München, später Egern/Tegernsee. – Vf. von Novellen, liebenswürdiger Humoresken, leichten Lustspielen, witzigen Plaudereien und parodist.-satir. Gedichten. Freie Nachdichtung von Martial, Juvenal und Ovid.

W: Das Tagebuch eines Glücklich-Verheirateten, 1906; Unsere Donna, 1907; In Freiheit dressiert, Hum. 1908; Fräulein Tugendschön, Hum. 1909; Streifzüge eines Kreuzvergnügten, Hum. 1910; Die Hydra, Lsp. 1911; Marquis Bonvivant, K. 1913; Scherzo, Drr. 1913; Mister Galgenstrick, Hum. 1915; Benno Stehkragen, Hum. 1917; Karlchen-Album, Ausw. 1923; Der ewige Lausbub, Ausw. 1931.

Etzenbach, Ulrich von → Ulrich von Etzenbach

Eulenberg, Herbert, 25. 1. 1876 Köln-Mülheim – 4. 9. 1949 Kaiserswerth, 1897 Stud. Jura und Philos. Berlin, München, Leipzig und Bonn (Dr. jur.), Referendar in Düsseldorf, ⚭ Hedda Moeller van den Bruck, Dramaturg Dt. Theater Berlin, 1906–09 Schauspielhaus Düsseldorf bei Louise Dumont, Amerikareise, dann freier Schriftsteller, seit 1910 in Kaiserswerth a. Rh.; im 3. Reich ignoriert und vergessen. Freund

G. Hauptmanns und Th. Manns.
– Äußerst produktiver, doch dif-
fuser, neuromant. Dramatiker,
Erzähler, Lyriker und Essayist.
Eintreten für die Freiheit der
Phantasie und des Gefühls in der
Dichtung; antibürgerl. Haltung.
Zu Anfang des 20. Jh. vielgespielte balladesk-lyr. Bühnenspiele
unter Einfluß Shakespeares. Große Stoffe von äußerster Subjektivität und überstarker Gefühlsbe-
tonung führen trotz ergreifender
Figuren und stimmungsvoller
Szenen zu keinen geschlossenen
dramat. Formen. Betonung des
Dunklen, Rätselhaft-Dämoni-
schen, der Traumwelt und tiefer
Blutgeheimnisse; Verherrlichung
der alles überwindenden Freiheit
des Gefühls oder sein Zerbrechen
im Zusammenstoß mit spießbür-
gerl. Moralwelt. Nach verheißungsvollen Anfangsleistungen
zunehmende Subjektivität und
ungewöhnl. Stilisierung der Sprache ins Dekorative. An Metaphern und Bildern überreiche
Sprache. Skurrile gesellschaftskrit., leichte lyr. und märchenhaf-
te Komödien und Tragikomödien
und Schwänke. Romant. Erzählungen und Romane, Skizzen und
Anekdoten. ›Schattenbilder‹ als
seel. Momentaufnahmen großer
Persönlichkeiten in wesenserhel-
lenden Situationen.

W: Dogenglück, Tr. 1899; Anna Walewska,
Tr. 1899; Münchhausen, Dr. 1900; Leiden-
schaft, Tr. 1901; Ein halber Held, Tr. 1903;
Kassandra, Dr. 1903; Ritter Blaubart, Dr.
1905; Ulrich, Fürst von Waldeck, Dr. 1907;
Du darfst ehebrechen, E. 1909; Der natürliche
Vater, Lsp. 1909; Alles um Liebe, K. 1910;
Schattenbilder, Bn. 1910; Simson, Tr. 1910;
Deutsche Sonette, 1910; Sonderbare Ge-
schichten, En. 1911; Katinka die Fliege, R.
1911; Neue Bilder, Ess. 1912; Belinde, Dr.
1913; Zeitwende, Dr. 1914; Letzte Bilder,
Ess. 1915; Komödien der Ehe, Drr. 1918; Die
Insel, Dr. 1918; Der Bankrott Europas, En.
1919; Der Guckkasten, Ess. 1921; Liebesge-
schichten, 1922; Mückentanz, Sp. 1922; Der
Übergang, Tr. 1922; Wir Zugvögel, R. 1923;

Ein rheinisches Dichterleben, Aut. 1927
(Neufassg.: So war mein Leben, 1948); Um
den Rhein, R. 1927; Schubert und die Frauen,
R. 1928; Thomas Münzer, Dr. (1932); Deut-
sche Geister und Meister, Ess. 1934; Nanna
und Feuerbach, B. 1946; H. Heine, B. 1947;
F. Freiligrath, B. 1948; Mungo und Bungalo,
R. 1948. – AW, V. 1925.
L: P. Hamacher, 1911; G. Hecht, 1912; J. G.
Hagens, 1913; R. v. Endt, 1946; H. Smola,
Diss. Wien 1951; H. Bruhns, 1974.

Eulenspiegel, Till, dt. Volksbuch, um 1478 niederdt. gedruckt
(verloren). 1. erhaltener Druck
anonym Straßb. 1510/11 in hochdt. Sprache, zahlr. Nachdrucke
und Übs. in fast alle europ. Sprachen, wichtigster niederdt. Beitrag zur Weltlit. Schwanksammlung in Rahmenerzählung um T.
E., Bauernsohn aus Kneitlingen/
Braunschw., † 1350 Mölln/Holst.
1500 teils wohl echte, teils erfundene oder übertragene roh-unflä-
tige Possen, meist um die wörtl.
Ausführung e. bildl. Redensart.
Rache des verachteten und verspotteten Bauerntums an bürgerl.
Ständen, Triumph bäuerl.
Schlauheit über städt. Handwerker. Als Vf. wird neuerdings H.
→ Bote genannt. Weitere Bearbeitungen des Stoffes von H.
Sachs 1553, J. Fischart 1572, J.
Nestroy 1845, F. Wedekind 1916,
G. Hauptmann 1927, G. Weisen-
born 1949, W. v. Niebelschütz
1950, ähnl. Ch. de Coster 1868.

A: H. Knust 1884 (NdL 55/56); R. Benz
°1924; W. Lindow 1966; Rekonstruktion d.
niederdt. Fassg. v. W. Krogmann 1952;
Faks.: E. Schroeder 1911.
L: F. W. D. Brie, E. i. Engl., 1903; H.
Lemcke, D. hd. E., Diss. Freib. 1908; E.
Kadlec, Diss. Prag 1916; W. Splittgerber, D.
franz. Nachahmungen d. E., Diss. Greifsw.
1920; W. Hilsberg, D. Aufbau des E.-
Volksb., Diss. Hbg. 1933; E. A. Roloff, Ewi-
ger E., 1940; I. Bostelmann, D. niederdt. i. E.
s. Entw. i. d. Niederl., Diss. Hbg. 1941; P.
Honegger, Ulenspiegel, 1973; D. Arendt,
1978; T. E. in Gesch. u. Gegenw., hg. T.
Cramer 1978; E.-Interpretationen, hg. W.
Wunderlich, 1979; D. Wandlgn. d. T. E., hg.
S. H. Sichtermann 1982; W. Wunderlich,

1984; G. Bollenbeck, 1985; E. Schröder, Unters. z. Volksbuch v. E., 1987.

Euricius Cordus → Cordus, Euricius

Euringer, Richard, 4. 4. 1891 Augsburg – 29. 8. 1953 Essen, Musikstud., 1913 Fahnenjunker, 1913 Flieger, 1914–16 Flugzeugführer im Westen, 1916 in Syrien, 1917 Chef der Fliegerschule 4 auf dem Lechfeld, 1919 Stud. Kunstgesch. und Volkswirtschaft München, in Inflationszeit verschiedene Berufe, 1925 in Stadtlohn/ Westf., stieß früh zum Nationalsozialismus, 1933 Leiter der Stadtbücherei Essen, Reichskultursenator u. a., ab 1936 freier Schriftsteller in Asental b. Bad Salzuflen. – Dramatiker (bibl. Drama, Mysterienspiel, Kammerspiel, Komödie), Erzähler (Roman, Novelle, Märchen, Bericht, Kurzgeschichte, bes. aus Kriegserlebnis und Arbeitslosenzeit), dunkler Lyriker, Hörspielautor, Kritiker und Kulturpolitiker des 3. Reiches.

W: Der neue Midas, Dr. 1920; Das Kreuz im Kreise, R. 1921; Vagel Bunt. Schwänke 1923; Fliegerschule 4, R. 1929; Die Arbeitslosen, R. 1930; Deutsche Passion, 1933; H. 1933; Die Fürsten fallen, R. 1935; Totentanz, Sp. 1935; Chronik einer deutschen Wandlung 1925–35, 1936; Fahrten und Fernen, Reiseb. 1936; Öhme Örgelkösters Kindheit, E. 1936; Die Gedichte, 1937; Vortrupp Pascha, R. 1937; Der Zug durch die Wüste, R. 1938; Die letzte Mühle, En. 1939; Der Serasker, B. 1939; Die Weltreise des Marco Polo, Ber. 1954.

Everling, Fredrich → Schlehdorn

Everwyn, Klas Ewert, *10. 3. 1930 Köln, Stadtinspektor in Neuß, Mitglied der ›Gruppe 61‹; freier Schriftsteller in Düsseldorf. – Eigenwilliger Erzähler aus dem Alltag unbürgerlicher, asozialer Menschen und Jugendlicher; Hörspielautor.

W: Die Leute vom Kral, R. 1961; Die Hinterlassenschaft, R. 1962; Platzverweis, R. 1969; Die Stadtväter, R. 1980; Achtung Baustelle, R. 1982; Land unter bleiernem Himmel, R. 1983; Für fremde Kaiser und kein Vaterland, E. 1986.

Ewers, Hanns Heinz, 3. 11. 1871 Düsseldorf – 12. 6. 1943 Berlin, Sohn e. Kunstmalers, Stud. Jura Bonn, Berlin, Genf (Dr. jur.), seit 1897 freier Schriftsteller, 1900/01 am ›Überbrettl‹; Weltreisen, 1914–21 in USA interniert, dann abwechselnd Düsseldorf und Berlin. Näherte sich später dem Nationalsozialismus, fiel jedoch 1935 in Ungnade und wurde verboten. – Erzähler, Lyriker, Dramatiker und Essayist, begann mit satir.-phantast. Märchen, dann unter Einfluß von E. A. Poe, Erzähler grotesker Schauerromane in kühlsachl. Darstellung mit grellen, phantast. Effekten; Verbindung fesselnder Sensationen mit grausigen, erot.-sexuellen, exot., exzentr., sadist. und okkultist. Elementen. Trotz symbol. Ansprüche weniger seel. Vertiefung als raffinierte Routine e. Sensationsschriftstellers, der auf Nervenerregung der Masse spekuliert.

W: Der gekreuzigte Tannhäuser, E. 1901; E. A. Poe, Es. 1906; Das Grauen, En. 1908; Mit meinen Augen, Reiseb. 1909; Die Besessenen, En. 1909; Der Zauberlehrling, R. 1909; Grotesken, 1910; Alraune, R. 1911; Indien und ich, Reiseb. 1911; Das Mädchen von Shalott, Drr. 1921; Vampir, R. 1921; Nachtmahr, En. 1922; Ameisen, Plaud. 1925; Fundvogel, R. 1928; Reiter in deutscher Nacht, R. 1932; Horst Wessel, R. 1932; Die schönsten Hände der Welt, En. 1943; Die Spinne, Ausw. 1964.
L: H. Krüger-Welf, 1922; M. Sennewald, 1974; R. Keiner, H. H. E. u. d. phantast. Film, 1986.

Ewige Jude, Der, 1602 in Leiden gedrucktes dt. Volksbuch um die seit dem 13. Jh. lit. Legende vom jüd. Schuster Ahasver, der Jesus auf s. Weg nach Golgatha nicht an s. Haus ausruhen ließ und dafür zu ewiger Wanderschaft bis zum Jüngsten Gericht verdammt wurde. Fortleben des Stoffes als Symbol bei Schubart, Goethe, Arnim, Lenau, Sue, Aurbacher, Hamerling u. a. m.

L: A. Schmidt, 1927; W. Zirus, 1928 u. 1930.

Eyb, Albrecht von → Albrecht von Eyb

Eyke von Repgow (Repechouwe) → Eike von Repgow

Eyth, Max (seit 1896) von, 6. 5. 1836 Kirchheim u. Teck – 25. 8. 1906 Ulm, Stud. Philol. Schöntal, dann Mechanik und Maschinenbau TH Stuttgart, 1860 Paris, 1861 Maschineningenieur der Dampfpflugfirma Fowler in Leeds/Engl., schuf wesentl. Verbesserungen des Dampfpflugs; 1862–82 als Ingenieur der Firma in Europa, 1863–66 Ägypten, dann 2 Jahre Nordamerika, Westindien und Peru; 1882 Rückkehr nach Dtl., Bonn, 1884–96 Gründer und Leiter der Dt. Landwirtschaftsgesellschaft in Berlin, 1896 Rückkehr nach Ulm. – Volkstüml., humor- und gemütvoller Erzähler, erschloß neben H. Seidel der dt. Dichtung die Welt der Technik, noch mit leicht romant. Lebensauffassung und naiver Fortschrittsgläubigkeit.

W: Wanderbuch eines Ingenieurs, Aut. VI 1871–84; Hinter Pflug und Schraubstock, Aut. II 1899; Der Kampf um die Cheopspyramide, R. II 1902; Der Schneider von Ulm, R. II 1906. – GS, VI 1909f., ²1927.
L: T. Ebner, 1906; H. Holzinger, 1906; L. du Bois-Reymond, 1931; W. Metzger, ²1947; A. Reitz, 1956.

Ezzo, Bamberger Priester und Kanoniker des 11. Jh., begleitete 1064/65 den Bischof Gunther von Bamberg beim Kreuzzug und dichtete vermutl. um 1060/63 auf dessen Veranlassung die ›Cantile-

na de miraculis Christi‹, das sog. Ezzolied, in die Form des Hymnus gekleidete Heilsgeschichte von der Schöpfung bis zum Erlösungswerk Christi. Ruhige Erhabenheit und gelassene Freudigkeit des Stils, feierl. knappe Sprache unter Einfluß lat. Hymnik. Von Wille, später Abt von Michelsberg, komponiert und auf dem Kreuzzug gesungen. Starke Wirkung bis ins 12. Jh. Erstes Denkmal frühmhd. Dichtung.

A: E. Steinmeyer, Denkmäler, ³1892; A. Waag, Kl. dt. Gedd., ²1916; W. Braune, Ahd. Leseb., ¹⁴1965; F. Maurer, D. rel. Dichtgn. d. 11 u. 12. Jh., 1964. – *Übs.:* K. Wolfskehl, F. v. d. Leyen, Älteste dt. Dichtungen, ³1964.
L: W. Wilmanns, 1887; G. Schweikle, Diss. Tüb. 1956.

Faecke, Peter, ＊3. 11. 1940 Grunwald/Schlesien, seit 1945 in Hannoversch-Münden, Stud. Germanistik und Romanistik Göttingen, 1962 Berlin, 1963 Paris; 1965 Rundfunkredakteur in Köln. – Eigenwilliger sozialkrit. und experimenteller Erzähler.

W: Die Brandstifter, R. 1963; Der rote Milan, R. 1965; Das unaufhaltsame Glück der Kowalskis, R. 1982.

Faerber, Gottlieb → Tieck, Ludwig

Faesi, Robert, 10. 4. 1883 Zürich – 18. 9. 1972 Zollikon/Zürich, Stud. Germanistik Berlin, Lausanne, Zürich, Dr. phil., Reisen: Paris, London, Moskau, Rom; 1911 Privatdozent, 1922–53 Prof. für neuere dt. Lit. Zürich, lebte zuletzt in Zollikon. Freund Th. Manns. – Literarhistoriker mit Arbeiten zur Schweizer Geistesgesch.; Essayist; Erzähler von Romanen, Novellen, Idyllen aus der Schweizer und bes. Züricher Geschichte; formkonservative Lyrik

von Hymnen über Zeitgedichte
bis zu Scherzgedichten; Dramatiker mit Gesellschaftskomödien,
klassizist. Formen und Mysterienspiel.

W: Zürcher Idylle, E. 1908 (Neufassg. 1950);
Odysseus und Nausikaa, Tr. 1911; Die offe-
nen Türen, K. 1912; Das poetische Zürich,
En. 1913 (m. E. Korrodi); Aus der Brandung,
G. 1917; Füselier Wipf, E. 1917; Opferspiel,
Dr. 1925; Der brennende Busch, G. 1926;
Vom Menuett zur Marseillaise, N. 1930; Das
Antlitz der Erde, G. 1936; Der Magier, Sp.
1938; Die Stadt der Väter, R. 1941 (I); Die
Stadt der Freiheit, R. 1944 (II); Über den
Dächern, G. 1946; Ungereimte Welt gereimt,
G. 1946; Die Stadt des Friedens, R. 1952 (III);
Die Gedichte, 1955; Alles Korn meinet Wei-
zen, R. 1961; Erlebnisse – Ergebnisse, Aut.
1963; Diodor, E. 1968. – Briefw. m. Th.
Mann, 1962.

Falk, Johann(es) Daniel, 28. 10.
1768 Danzig – 14. 2. 1826 Weimar, Sohn e. Perückenmachers,
1792 Stud. Theol. und alte Sprachen Halle, seit 1797 Schriftsteller
und Privatgelehrter in Weimar,
Verkehr mit Wieland und (nach
anfänglicher Gegnerschaft) mit
Goethe, 1803 in Dresden Bekanntschaft mit H. v. Kleist, 1806
wegen humanitärer Verdienste
Legationsrat, 1813 Gründer einer
Erziehungsanstalt für verwahrlo-
ste Kinder. – Satiriker von ge-
mütl. Allgemeinheit, pädagog.
und philanthrop. Schriftsteller,
Liederdichter (›O du fröhliche‹)
und Dramatiker, dessen ›Amphitruon‹ H. v. Kleists Stück beeinflußte.

W: Die heiligen Gräber zu Kom und die
Gebete, 1796; Satiren, III 1800; Kleine Abhandlungen die Poesie und Kunst betreffend,
1803; Prometheus, Dr. 1803; Amphitruon,
Dr. 1804 (n. H. Sembdner 1969); Neueste
Sammlung kleiner Satyren, Gedichte und Erzählungen, 1804; Grotesken, Satyren und
Naivitäten, II 1806 f.; Satirische Werke, VII
1817; Auserlesene Werke, III 1819; Goethe
aus näherm persönlichen Umgange dargestellt, 1832 (n. 1977); Erinnerungsblätter,
1868; Geheimes Tagebuch, II 1898–1900
(erw. 1964).
L: J. Metzler, 1882; A. Stein, ²1912; G.
Schnaubert, 1912; H. Diersch, 1926; W. Teufel, 1949; E. Schering, 1961.

Falke, Gustav, 11. 1. 1853 Lübeck – 8. 2. 1916 Großborstel/
Hamburg, 7 Jahre Buchhändler;
Musikstud. Hamburg; 1877–1903
Klavierlehrer ebda., von Liliencron entdeckt und gefördert; ab
1903 Ehrenpension des Hamburger Senats. – Erzähler und Lyriker
unter Einfluß von Mörike, C. F.
Meyer, Storm und bes. Liliencron, mit schlichten, melod., am
Volkslied geschulten Versen von
warmem Naturgefühl und idyll.
Häuslichkeit, Dichter zarter Ge-
mütserlebnisse und stiller Lebens-
kunst mit milder Heiterkeit. Auch
Jugendschriften, Mundart- u.
Kinderverse. Erzähler anfangs
mit naturalist. Zeitromanen, später bürgerl. Jugend- und Bildungsromane und Novellen.

W: Mynheer der Tod u. a. G., 1892; Aus dem
Durchschnitt, R. 1892; Tanz und Andacht,
G. 1893; Harmlose Humoresken, 1894; Zwi-
schen zwei Nächten, G. 1894; Landen und
Stranden, R. II 1895; Neue Fahrt, G. 1897;
Mit dem Leben, G. 1899; Der Mann im Ne-
bel, R. 1899; Hohe Sommertage, G. 1902; En
Handvull Appeln, G. 1906; Frohe Fracht, G.
1907; Die Kinder aus Ohlsens Gang, R. 1908;
Geelgösch, Nn. 1910; Der Spanier, N. 1910;
Die Stadt mit den goldenen Türmen, Aut.
1912. – Gesammelte Dichtungen, V 1912.
L: O. L. Brandt, 1917; H. Spiero, 1928.

Falke, Konrad (eig. Karl Frey),
19. 3. 1880 Aarau – 28. 4. 1942
Eustis, Florida, Stud. Philol.
Neuenburg, Heidelberg und Zürich, 1906–13 Dozent für Literaturgesch. TH Zürich. – Dramatiker, Erzähler und Lyriker; vereinigt in s. Tragödien großen Stils
aus Renaissance und ma. Glaubenswelt klass. Bestände mit modernen Gedanken und edlem Stil
von roman. Formgefühl im Sinne
C. F. Meyers mit dessen Hang
zum Monumentalen, daher z. T.
überladen und unaufführbar. Kulturphilosoph, Essayist, Biograph
und Übs. Dantes, Hrsg. von ›Ra-
schers Jahrbuch‹ (1910–19) und

der Zs. ›Maß und Wert‹ (1937–40, m. Th. Mann).

W: Dichtungen, 1904; Francesca da Rimini, Tr. 1904; Frau Minne, N. 1905; Im Banne der Jungfrau, E. 1909; Die ewige Tragödie, Drr. 1909; Carmina Romana, G. 1910; Caesar Imperator, Tr. 1911; Kainz als Hamlet, Schr. 1911; Astorre, Tr. 1912; Dante: La divina commedia, Übs. 1921; Dante, B. 1922; Der Kinderkreuzzug, R. 1924; Machtwille und Menschenwürde, Schr. 1927; Dramatische Werke, V 1930–33; Jesus von Nazareth, R. II 1950.

L: Inderbitzin, 1958.

Fallada, Hans (eig. Rudolf Ditzen), 21. 7. 1893 Greifswald – 5. 2. 1947 Berlin, Sohn e. Landrichters; Stud. Landwirtschaft, zeitweilig Wirtschaftsinspektor, versch. Berufe, schließl. Journalist und Schriftsteller in Berlin; erwarb 1930 den Landsitz Carwitz/Meckl., den er mit s. Familie bearbeitete; im 2. Weltkrieg Sonderführer; 1944 Trinkerheilanstalt Strelitz, 1945 Bürgermeister von Feldberg; 1945 Rückkehr nach Berlin. Starb durch Übermaß von Betäubungsmitteln nach schwerer Krankheit. – Erzähler der Neuen Sachlichkeit, bedeutender Milieuschilderer von genialer Beobachtungsgabe und subtilem Humor in reportagehaftem, bewußt trivialem und vordergründ. Stil. Riesenerfolg mit s. polit.-soz. Zeitromanen aus der Alltagswelt der kleinen Leute, um moral., wirtschaftl. und soziale Probleme der Nachkriegszeit. Optimist. Glaube an die Lebenskraft des Volkes. Durch Übernahme von Kolportageelementen Nähe zum Unterhaltungsroman; trotz Willens zu harter Wirklichkeitsschilderung Gefahr der Verniedlichung, Idyllik u. anekdot. Auswüchse. Auch Märchen, Erinnerung, Übs. (C. Day).

W: Der junge Goedeschall, R. 1920; Anton und Gerda, R. 1923; Bauern, Bonzen und Bomben, R. 1931; Kleiner Mann – was nun?,

R. 1932; Wer einmal aus dem Blechnapf frißt, R. 1934; Wir hatten mal ein Kind, R. 1934; Altes Herz geht auf die Reise, R. 1936; Wolf unter Wölfen, R. II 1937; Der eiserne Gustav, R. 1938; Geschichten aus der Murkelei, M. 1938; Kleiner Mann, großer Mann – alles vertauscht, R. 1940; Der ungeliebte Mann, R. 1940; Damals bei uns daheim, Aut. 1941; Heute bei uns zu Haus, Aut. 1943; Der Alpdruck, R. 1947; Jeder stirbt für sich allein, R. 1947; Der Trinker, R. 1950; Ein Mann will hinauf, R. 1953; Zwei zarte Lämmchen, weiß wie Schnee, R. 1953; Die Stunde, eh du schlafen gehst, R. 1954; Fridolin, der freche Dachs, E. 1955; Junger Herr – ganz groß, R. 1965; Ges. En., 1967. – AW, X 1962ff.

L: T. Lemmer, Diss. Fribourg 1961; H. J. Schueler, Den Haag 1970; A. Gessler, 1972; A. Gessler, 1976; J. Manthey, ²1976; T. Crepon, Leben u. Tode F., 1978; W. Liersch, 1981; R. Wolff, hg. 1983.

Fallersleben, August Heinrich Hoffmann von → Hoffmann von Fallersleben, August Heinrich

Fallmerayer, Jakob Philipp, 10. 12. 1790 bei Tschötsch bei Brixen – 25./26. 4. 1861 München; Taglöhnerssohn, 1803 Domschule Brixen, 1803 nach Salzburg entlaufen, Stud. kathol. Theol., semit. Sprachen und Gesch. ebda., dann klass. Philol., Philos. und Linguistik Landshut; 1813 Unterleutnant der Bayr. Infanterie, 1818 Abschied, Lehrer in Augsburg, 1821 Progymnas. Landshut; 1826 Prof. Lyzeum Landshut; 1831 Orientreise als Begleiter des russ. Generals Graf Ostermann-Tolstoj; 1835 Mitgl. der Bayr. Akad. der Wiss.; 1836 Reise Südfrankreich, Italien, Paris, dann länger in Genf; 1840–42 2. Orientreise; 1847 Palästina, Syrien, Kleinasien; 1848 Prof. für Geschichte München, Mitgl. des Frankfurter Parlaments und des Stuttgarter Rumpfparlaments, daher 1849 entlassen, polit. Flüchtling in Appenzell und St. Gallen; nach Amnestie April 1850 wieder in München. – Reiseschriftsteller und Historiker von sprachkünstler. Bedeutung durch den glänzenden Stil s. Schilderungen; Meister des Fragments und des Feuilletons. Zerstörte den philhellen. Glauben von der klass. Abkunft der Neugriechen durch s. These von ihrer slav. Abstammung und sagte den Aufstieg des Slaventums zur Weltmacht voraus.

W: Geschichte des Kaiserthums von Trapezunt, 1827; Geschichte der Halbinsel Morea während des Mittelalters, II 1830–36 (n. 1965); Abhandlung über die Entstehung der Neugriechen, 1835; Fragmente aus dem Orient, II 1845 (n. 1963); Das albanesische Element in Griechenland, III 1857–60 (n. 1970). – GW, hg. G. M. Thomas III 1861; Schriften und Tagebücher, Ausw. hg. H. Feigl, E. Molden II 1913.
L: O. Eberl, Diss. Kiel 1930; H. Seidler (Abh. Bayr. Akad. N. F. 26), 1947; E. Antonopulo, Diss. Wien 1948; P. H. Appel, Diss. Erl. 1952; K. Steinmair, J. P. F.s hist. Kunst, Diss. Wien 1975.

Fankhauser, Alfred, 4. 11. 1890 Gysenstein b. Bern – 22. 2. 1973 Liebefeld b. Bern; Dr. phil., Schriftsteller und Übs. im Kanton Bern. – Lyriker, Dramatiker und Erzähler um relig., soziale und jugendpsycholog. Themen; Essays über Astrologie und Magie.

W: Peter der Tor und seine Liebe, R. 1919; Der Gotteskranke, R. 1921; Vorfrühling, R. 1924; Die Brüder der Flamme, R. 1925; Der König dieser Welt, Tr. 1925; Der Herr der inneren Ringe, R. 1929; Das wahre Gesicht der Astrologie, Schr. 1932; Horoskopie, Schr. 1939; Der Messias, R. 1940; Wahlenwart, R. 1944; Denn sie werden das Erdreich besitzen, R. 1947; Lied und Gleichnis, G. 1948; Die Allmend, R. 1952.

Fassbind, Franz, * 7. 3. 1919 Unteriberg/Schwyz, Radiokritiker der ›Neuen Zürcher Zeitung‹, freier Schriftsteller in Adliswil b. Zürich. – Lyriker, Erzähler (gesellschaftskrit. und Jugend-Romane), Dramatiker und Hörspielautor.

W: Gedichte 1937; Zeitloses Leben, R. 1941; Dramaturgie des Hörspiels, 1943; Atombombe, Orat. 1945; Eine kleine Schöpfungs-

geschichte, G. 1946; Die hohe Messe, G. 1948; Von aller Welt geehrt, R. 1948; Der Mann, R. 1950; Das Buch der Geheimnisse, R. 1954; Valentin, R. 1958; I. Seefried, W. Schneiderhan, B. 1960; Stereotypien, G. 1977; Vorfälle, En. 1979; Poverello, Dr. 1980; Zeichen im Sand, G. 1982.
L: Der Schriftsteller F. F., 1981.

Fassbinder, Rainer Werner, 31. 5. 1946 Bad Wörishofen – 10. 6. 1982 München; Arztsohn, 1964–66 Schauspielschule München, Filmschauspieler, Statist, Mitglied des ›Action-Theaters‹, 1967 Leiter, Regisseur und Autor des kommuneartig organisierten, anti-illusionistischen ›antiteaters‹ in München, das zugunsten e. Subkultur-Touchs radikal auf Perfektion verzichtete, mit zunehmender Professionalisierung jedoch, anfangs als Alibifunktion, in den bürgerlichen Kulturbetrieb eingegliedert wurde. 1974–75 Künstler. Leiter des Theaters am Turm Frankfurt/M. Eigene Filmproduktion. – Produktiver Dramatiker und Drehbuchautor mit rasch hingeworfenen Stücken von der harten sozialkrit. Pseudodokumentation bis zur Gangsteridylle. Erstrebt in Stücken und Inszenierungen, die durch lange Auftritte, Zerdehnungen und unmotivierte Beharrlichkeit auffallen, mit Banalitäten und Klischees arbeiten, durch Statik und Phlegma Langeweile erzeugen, die Darstellung menschlicher Indifferenz, des Unbeteiligtseins an jeder sozialen Bindung zugunsten e. anarchischen Gesellschaft. F.s Filme leben vielfach von zitathaft verwendeten Klischees und Reminiszenzen aus 2. Hand.

W: Katzelmacher, Dr. (1968); Der amerikanische Soldat, Dr. (1968); Pre-Paradise sorry now, Dr. (1969); Anarchie in Bayern, Dr. (1969); Liebe ist kälter als der Tod, Film (1969); Das Kaffeehaus, Bearb. (1969, nach C. Goldoni); Der Werwolf, Dr. (1969, m. H. Bär); Götter der Pest, Film (1970); Warum

läuft Herr R. Amok?, Film (1970, m. M. Fengler); Die Niklashauser Fart, Dr. (1970, m. M. Fengler); Ganz in weiß, H. (1970); Das brennende Dorf, Bearb. (1970, nach Lope de Vega); Antiteater, Drr. II 1970–72; Die Bettleroper, Bearb. (1971, nach J. Gay); Rio das Mortes, Sp. (1971); Blut am Hals der Katze, Dr. (1971); Die bitteren Tränen der Petra von Kant, Dr. (1971); Whity, Film (1971); Bremer Freiheit, Dr. (1971); Warnung vor einer heiligen Nutte, Film (1971); Händler der vier Jahreszeiten, Film (1972); Acht Stunden sind kein Tag, FSpe. (1972/73); Welt am Draht, Film (1973); Zärtlichkeit der Wölfe, Film (1973); Martha, FSsp. (1974); Angst essen Seele auf, Film (1974); Effi Briest, Film (1974); Faustrecht der Freiheit, Film (1975); Mutter Küsters Fahrt zum Himmel, Film (1975); Angst vor der Angst, Film (1975); Der Müll, die Stadt und der Tod, Film (1976); Satansbraten, Film (1976); Ich will doch nur, daß ihr mich liebt, Film (1976); Bolwieser, Film (1977); Ein Jahr mit 13 Monden, Film (1978); Die Ehe der Maria Braun, Film (1978); Chinesisches Roulett, Film (1978); Die 3. Generation, Film (1979); Berlin Alexanderplatz, FS-Film (1980, n. A. Döblin); Lili Marleen, Film (1981); Lola, Film (1981); Querelle, Film (1982); Die Sehnsucht der Veronika Voss, Film (1982); Kamikaze 1989, Film (1982); Filme befreien den Kopf, Ess. 1984; Antiteater, Drr. 1986. – Die Kinofilme I, Drehbb. 1986.
L: P. W. Jansen u. W. Schütte, 1974; W. Wiegand u. a., 1974; R. Hayman, 1984; R. Katz, P. Berling, Love is Colder than Death, Lond. 1987.

Fastenrath, Johannes, 3. 5. 1839 Remscheid – 16. 3. 1908 Köln, ab 1847 in Köln, 1856–60 Stud. Jura. Dr. jur., ab 1862 freier Schriftsteller in Köln; mehrere Spanienreisen. Förderer der dt.-span. Literaturbeziehungen durch Übss. und Literaturpreise, 1899 Gründer der Kölner Blumenspiele. – Lyriker mit Romanzen und Balladen aus span. Geist; Übs. span. Dichtung.
W: Klänge aus Andalusien, G. 1866; Ein spanischer Romanzenstrauß, G. 1866; Hesperische Blüthen, G. 1869; Immortellen aus Toledo, G. 1869; Calderón in Spanien, Abh. 1882; Granadinische Elegien, G. 1885; Catalanische Troubadoure der Gegenwart, Übs. 1890; Christoph Columbus, Abh. 1895.
L: F. Lejeune, 1917.

Fauser, Jörg, 16. 7. 1944 Bad Schwalbach – 17. 7. 1987 Feldkirchen (Unfalltod); lebte in München. – Realist.-skurriler Erzähler aus dem Subkultur-Milieu der Außenseiter, Gestrandeten und Randgruppen der Großstadt.
W: Trotzki, Goethe und das Glück, G. 1979; Alles wird gut, R. 1979; Der Schneemann, R. 1981; Mann und Maus, En. 1982; Rohstoff, R. 1984; Das Schlangenmaul, R. 1985.

Faustbuch, Volksbuch vom Dr. Johann Faust (um 1480 Knittlingen/Württ. – um 1540 Staufen/Breisg.), dem Magier, Alchemisten, Nekromanten, Astrologen, Scharlatan u. Marktschreier. Kompilation aus vielen ma. Zauber- und Teufelssagen um e. hist. Gestalt; Karikatur renaissancehaften Individualismus. Von unbekanntem Verfasser wohl um 1570 zuerst als lat. Unterhaltungsroman zusammengetragen u. um 1575 ins Dt. übersetzt (Wolfenbüttler Hs., hg. G. Milchsack, 1892, H. G. Haile, 1963). 1. erhaltene gedruckte Fassung die ›Historia von D. Johann Fausten‹, Frankfurt/M., Johann Spies, 1587 (Faks. W. Scherer 1884, n. R. Petsch [2]1911, H. Wiemken, 1961, H. Henning, 1963, P. Boerner, 1978, R. Noll-Wiemann, 1981), aus dem Geist orthodoxen Luthertums als warnendes Beispiel und rel.-moral. Verdammung unnützer Wissenschaft. Zahlr. Neudrucke, 1588 auch in Reimen, 1589 erweitert, Übs. ins Niederdt. 1588, Franz., Engl. (1589), Holländ. (1592). Breit moralisierende, antipapist. Bearbeitung durch Georg Rudolf Widmann 1599 (hg. J. Scheible, D. Kloster II 1846). Geschickter die vereinheitlichende Überarbeitung von Johann Nikolaus Pfitzer 1674, erstmals mit Gretchenmotiv (hg. A. v. Keller 1880); ein volkstüml. Auszug daraus durch den sog. ›Christlich Meynenden‹ (wohl

Christoph Miethen, Dresden) von 1725 (hg. S. Szamatolski 1891, G. Mahal 1983) wurde Grundlage der zahlr. Jahrmarktsdrucke des 18. Jh., die Goethe kennenlernte. Das Volksschauspiel vom Dr. Faust geht auf die Dramatisierung durch Christopher Marlowe 1588 zurück und wurde seit 1608 durch die Engl. Komödianten, später durch Puppenspiele (hg. K. Simrock 1846) volkstüml. Wichtigste weitere Bearbeitungen des Stoffes: Lessing 1759, Maler Müller 1778, Klinger 1791, Chamisso 1804, Goethe 1808–32, Grabbe 1829, Lenau 1836, Heine 1851, P. Valéry 1946 und Th. Mann 1947.

Bibl.: K. Engel, ²1885 (n. 1970); H. Henning, III 1966–76.
L: O. Schade, 1912; C. Kiesewetter, ²1921 (n. 1963); G. Milchsack, 1922; P. M. Palmer, R. P. More, The Sources of Faust tradition, N. Y. 1936; K. Theens, 1948; C. Dédéyan, Le thème de F., IV Paris 1954–61; G. Bianquis, F. à travers 4 siècles, Paris ²1955; H. Schwerte, F. u. d. Faustische, 1962; H. Henning, Faust i. 5 Jhh., 1963; A. Dobezies, Visages de F. au XXe siècle, 1967; P. A. Bates, N. Y. 1969; U. Adel, D. F. dichtg. i. Österr., 1971; H. Häuser, 1973; H. W. Geißler, Gestaltungen des Faust, III ²1974; R. Dorner, 1976; H. Hartmann, 1979; F. Baron, Faustus, 1982; G. Mahal, Abc um Faust, 1986.

Fechter, Paul, 14. 9. 1880 Elbing – 9. 1. 1958 Berlin, Stud. Architektur TH Dresden und Charlottenburg, dann Philos., Mathematik und Lit. Berlin, 1906 Dr. phil. Erlangen, 1905–11 Volontär, später Feuilletonredakteur der ›Dresdner Neuesten Nachrichten‹, 1911–15 der ›Vossischen Zeitung‹, 1915–18 Landsturmmann (1916–18 Feuilletonredakteur der ›Wilnaer Zeitung‹), 1918–33 bei der ›Dt. Allg. Zeitung‹ Berlin, 1933–40 Mitbegründer, Mithrsg., Theaterkritiker und Kunstreferent der Wochenzeitung ›Dt. Zukunft‹; 1933–42 Mithrsg. der ›Dt. Rundschau‹, 1937–39 Feuilleton-

redakteur des ›Berliner Tageblatt‹, 1939–45 der ›Dt. Allg. Zeitung‹; 1954–56 Mithrsg. der ›Neuen Dt. Hefte‹. – Theater-, Kunst- und Lit.-kritiker, Literarhistoriker und Biograph, trat erst nach versch. krit. Arbeiten als Erzähler und Dramatiker hervor; iron.-humorist. Berliner Romane aus Nachkriegs- und Inflationszeit, autobiograph. Entwicklungsroman aus der westpreuß. Heimat, e. polit.-satir. Zukunftsroman, Reisebuch und aufschlußreiche Memoiren.

W: Der Expressionismus, Es. 1914; F. Wedekind, B. 1920; Die Tragödie der Architektur, Es. 1921; G. Hauptmann, B. 1922; Die Kletterstange, R. 1924; Der Ruck im Fahrstuhl, R. 1926; Die Rückkehr zur Natur, R. 1929; Das wartende Land, R. 1931; Dichtung der Deutschen, Schr. 1932 (veränd. 1941 u. d. T. Geschichte der dt. Literatur); Die Fahrt nach der Ahnfrau, E. 1935; Sechs Wochen Deutschland, Reiseb. 1936; Die Gärten des Lebens, R. 1939; Der Herr Ober, R. 1940; Der Zauberer Gottes, K. 1940; Die Berlinerin, Es. 1943; Menschen und Zeiten, Mem. 1948; An der Wende der Zeit, Mem. 1949; Alle Macht den Frauen, R. 1950; Geschichte der dt. Literatur, 1952; Zwischen Haff und Weichsel, Erinn. 1954; Menschen auf meinen Wegen, Mem. 1955; Das europäische Drama, Abh. III 1956–58; E. Barlach, B. 1957.
L: P. F.s Geburtstagstisch, hg. R. Pechel 1940; M. Csögl, Diss. Wien 1942; Dank und Erkenntnis, hg. J. Günther 1955; G. Renken, Diss. Bln. 1970.

Feddersen, Helga, *14. 3. 1930 Hamburg, Tochter e. Schiffsausrüsters, Schauspielerin in Hamburg, ⊙ Goetz Kozwszek, Dramaturg. – Vf. realist. Volksstücke für das Fernsehen aus dem Leben der Küstenschiffer an der Waterkant mit alltägl. Problemen und Figuren.

W: Vier Stunden von Elbe 1, Sp. (1968); Gezeiten, Sp. (1970); Sparks in Neu-Grönland, Sp. (1971); Im Fahrwasser, Sp. (1971); Bismarck von hinten, Sp. (1974); Ab in den Süden, Sp. (1982).

Federer, Heinrich, 7. 10. 1866 Brienz, Kanton Bern – 29. 4. 1928 Zürich, Sohn e. Musikers, Malers

und Bildhauers; Benediktiner-
gymnas. Sarnen, Stud. kathol.
Theol. Eichstätt, Freiburg und St.
Gallen, 1893 Priesterweihe, 7 Jahre Kaplan in Jonschwil/Toggen-
burg, wegen Asthma Berufsaufgabe, ab 1900 Journalist, Redakteur der ›Zürcher Nachrichten‹,
ab 1907 freier Schriftsteller in Zürich; Italienwanderungen. – Realist. Schweizer Heimaterzähler
mit vielgelesenen bodenständ.
und volksverbundenen Romanen
und Erzählungen. In frühen Berg-
romanen Volksschriftsteller auf
dem Unterhaltungsniveau; dann
Heimatkunst mit relig. Einschlag.
Verbindung kathol. Religiosität
mit naturfrischem Erzähltalent,
alemann. Wirklichkeitsfreude,
schwermüt. schalkhaftem Humor
und verborgener volkserzieher.
Absicht. Gemütstiefe, Menschenkenntnis und verstehende Güte
verklären die kleine Welt des Mit-
telstandes und des Bauernalltags,
die beide von den geist. Fragen
und Problemen der Zeit unbe-
rührt sind. Lit. bedeutsamer die
an C. F. Meyer geschulten ital.-
hist. Novellen von südl. Farbigkeit und sicherer Formglätte: ge-
drängte, dramat. zugespitzte Vorgänge führen zu letzten Entscheidungen.

W: Berge und Menschen, R. 1911; Lachwei-
ler Geschichten, En. 1911; Pilatus, R. 1913;
Sisto e Sesto, E. 1913; Jungfer Therese, E.
1913; Das letzte Stündlein des Papstes, E.
1914; Das Mätteliseppi, R. 1916; Patria, E.
1916; Gebt mir meine Wildnis wieder, E.
1918; Der Fürchtemacher, E. 1919; Das Wun-
der in Holzschuhen, En. 1919; Spitzbube über
Spitzbube, E. 1921; Papst und Kaiser im
Dorf, E. 1924; Wander- und Wunder-Ge-
schichten aus dem Süden, En. 1924; Regina
Lob, R. 1925; Unter südlichen Sonnen und
Menschen, En. 1926; Am Fenster, Aut. 1927;
Aus jungen Tagen, Aut. 1928; Ich lösche das
Licht, G. 1930. – GW, IX 1931–34; XVI
1947–66; Briefe, 1963; Ausw., 1966 (m.
Bibl.).
L: E. Aellen, ²1928; H. Oser, 1928; G. H.
Heer, D. Naturerlebnis F.s 1930; F. Wagner,

Diss. Münster 1931; O. Floeck, 1938; S.
Frick, 1960 (m. Bibl.); P. Cattani, Gespräche
H. F.s, 1967; H. Krähenmann, Das Gegen-
sätzliche in H. F.s Leben u. Werk, 1982.

Federmann, Reinhard (Ps. Ran-
dolph Mills), * 12. 2. 1923 Wien –
29. 1. 1976 ebda., Sohn e. Richters, 1942 Soldat an der Ostfront,
1944–45 russ. Gefangenschaft,
seit 1947 freier Schriftsteller in
Wien. – Lyriker, Erzähler u. Dramatiker mit zeitkrit. Themen:
Frage nach Schuld und Verhängnis der Gegenwart. Zusammenarbeit mit M. → Dor. Übs. und
Hrsg.

W: Die Straße nach El Silencio, R. 1950; Es
kann nicht ganz gelogen sein. En. 1951; Der
unterirdische Strom, Es. 1953 (m. M. Dor);
Und einer folgt dem andern, R. 1953 (m. M.
Dor); Internationale Zone, R. 1953 (m. M.
Dor); Romeo und Julia in Wien, R. 1954 (m.
M. Dor); Othello von Salerno, R. 1956 (m.
M. Dor); Napoleon war ein kleiner Mann, R.
1957; Das Himmelreich der Lügner, R. 1959;
Sacher-Masoch, B. u. Ausw. 1961; Popen
und Bojaren, Ber. 1962; Die königliche
Kunst, Sb. 1964; Botschaft aus dem Jenseits,
Sb. 1968; Wiener G'schichten – Geschichte
Wiens, En. 1968; Herr Felix Austria und seine
Wohltäter, R. 1970; Die Chinesen kommen,
R. 1972; Barrikaden, R. 1973.

Federspiel, Jürg, * 28. 6. 1931
Zürich, Jugend in Davos, 1952
Journalist, Reporter und Filmkritiker in Basel, Aufenthalte in Berlin, Paris, 1968/69 New York,
freier Schriftsteller in Zürich. –
Schweizer Erzähler und Hörspielautor, der in knappen, sachl. Erzählungen aus dem Alltagsleben
von Außenseitern Kritik an bürgerl. Daseinsformen übt und die
Kunst des Aussparens beherrscht.

W: Orangen und Tode, En. 1961; Massaker
im Mond, R. 1963; Der Mann, der Glück
brachte, En. 1966; Marco Polos Koffer, G.
1968 (m. R. Brambach); Museum des Hasses.
Tage in Manhattan, Reiseb. 1969; Die Mär-
chentante, R. 1971; Träume aus Plastic, Ess.
1972; Paratuga kehrt zurück, En. 1973; Die
beste Stadt für Blinde, Ber. 1980; Die Ballade
von der Typhoid Mary, R. 1982; Wahn und
Müll, Ber. u. G. 1983; Die Liebe ist eine
Himmelsmacht, Fabeln 1985.

Fehrs, Johann Hinrich, 10. 4. 1838 Mühlenbarbeck/Holst. – 17. 8. 1916 Itzehoe, Sohn e. Tierarztes, Hütejunge, Nebenschullehrer, Präparand, 1859 Seminar Ekkernförde, 1862 Hilfslehrer in Reinfeld b. Lübeck, 1863–65 Waisenlehrer in Itzehoe, 1865–1903 Leiter e. Privattöchterschule ebda. – Bedeutender niederdt. Lyriker und Erzähler des Realismus; begann erfolglos mit hochdt. Verserzählungen und an Storm geschulter Lyrik, fand dann s. eig. Begabung zur volkstüml. schlichten plattdt. Dorferzählung mit lyr. beseelter Landschaft, scharf profilierten, psycholog. vertieften Figuren und lebensvoll-realist. Darstellung. Steigerung bis zum Zeit- und Dorfroman ›Maren‹.

W: Krieg und Hütte, Ep. 1872; Eigene Wege, Ep. 1873; In der Wurfschaufel, Ep. 1877; Lütj Hinnerk, E. 1878; Zwischen Hecken und Halmen, G. 1886; Allerhand Slag Lüd, En. II 1887–91; Ettgrön, En. 1901; Ut Ilenbeck, En. 1901; Maren, R. 1907; Holstenart, Ausw. 1913; Gesammelte Dichtungen, IV 1913; VI 1923; AW, III 1957; Briefe an H. Hansen, 1929.
L: C. Boeck, 1908; J. Bödewadt, ²1922; J. Speck, 1940; G. Hoffmann, D. Weltanschauung b. F., 1957; L. Foerste, F.s künstler. Leistung, 1957; C. Boeck, Erinn. an F., 1959; L. Foerste, Idee als Gestalt in F.'Kunst, 1962; K. Dohnke, 1982.

Fehse, Willi, 16. 5. 1906 Kassieck/Altmark – 2. 3. 1977 Göttingen; Bauernsohn, 1926 Stud. Philos. Berlin, Lehrer in Magdeburg und Wernigerode, 1947 Schulrektor in Göttingen; Theaterkritiker. Weite Reisen. – Lyriker, Erzähler, Essayist, Hörspiel- und Jugendbuchautor, Hrsg. von Anekdoten und Anthologien.

W: Frührot, G. 1925; Der blühende Lorbeer, Anekdoten 1953; Die große Stunde, Jgb. 1958; Von Goethe bis Grass, Ess. 1963; Romeo im Tingeltangel, R. 1964; Liebeserklärung an Europa, Ess. 1969; Die Hausmedizin, En. 1971; Das Herbstlicht, G. 1972; Das Fliegerspiel, Prosa 1973; Der Sonnenjüngling, R. 1976.

Felder, Franz Michael, 13. 5. 1839 Schoppernau b. Bregenz – 26. 4. 1869 Bregenz, Kleinbauernsohn, selbst Bauer, Selbststudium; von der ultramontanorthodoxen heimisch. Geistlichkeit verfolgt, 1867 vorübergehend geflüchtet. – Volkserzähler aus dem bäuerl. Leben, schrieb, angeregt von Auerbachs und später Gotthelfs Dorfgeschichten, urwüchs., derbrealist. Erzählungen von starken Naturgefühl und sozialer Haltung in schlicht-volkstüml. Sprache.

W: Nümmamüllers und das Schwarzokaspale, E. 1863; Sonderlinge, En. II 1867; Reich und Arm, R. 1868; Aus meinem Leben, 1904 (n. 1985). – SW, IV 1910–13.
L: H. Sander, ²1876.

Felmayer, Rudolf, 24. 12. 1897 Wien – 27. 1. 1970 ebda., Handelsakademie ebda., Bankbeamter, freier Schriftsteller, seit 1945 Lektor des Amts für Kultur und der Städt. Büchereien Wien, 1958 Prof. h. c. – Lyriker in klass. Formen und bilderreicher, Reales, Visionäres und Surreales vereinigender Sprache.

W: Die stillen Götter, G. 1936 (erw. 1946); Östliche Seele im Tode, G. 1945; Gesicht des Menschen, G. 1948; Der Spielzeughändler aus dem Osten, G. 1958; Der Wiener und sein Tod, G. 1968; Landschaft des Alters, G. 1970.

Fels, Ludwig, *27. 11. 1946 Treuchtlingen; Volksschule; Malerlehre, 1964 Gelegenheitsarbeiter in Nürnberg, 1973 freier Schriftsteller in Fürth, dann Nürnberg. – Arbeiterdichter, dem Schreiben Selbstbefreiung wird. In Lyrik, Prosa und Drama überrealist. – unsentimental-zyn. Darstellung der dumpfen Kleinbürgerwelt und der Asozialen.

W: Anläufe, G. 1973; Platzangst, En. 1974; Ernüchterung, G. 1975; Die Sünden der Armut, R. 1976; Alles geht weiter, G. 1977; Mein Land, En. 1978; Ich war nicht in Amerika, G. 1978; Vom Gesang der Bäuche, G.

1980; Ein Unding der Liebe, R. 1981; Kanakenfauna, Ber. 1982; Lämmermann, Dr. 1983; Betonmärchen, Prosa 1983; Der Anfang der Vergangenheit, G. 1984; Der Affenmörder, Dr. 1985; Die Eroberung der Liebe, Prosa 1985; Lieblieb, Dr. (1986).

Fenis, Rudolf von → Rudolf von Fenis

Ferber, Christian (auch Simon Glas, eig. Georg Heinrich Balthasar Seidel), *31. 10. 1919 Eberswalde, Sohn von Heinrich Wolfgang und Ina Seidel, Stud. München, Lektor ebda., Journalist und Kritiker in Hamburg und Garbek. – Erzähler, Feuilletonist, Essayist, Satiriker und Hörspielautor.

W: Das Netz, R. 1951; Die schwachen Punkte, R. 1953; Jeder wie er kann, N. 1956 (H. 1962); Der Chef kommt um sechs, H. (1960); Gäste aus Deutschland, H. (1962); Flohmarkt, Ess. 1963; Das war's, Sat. 1965; Die Moritat vom Eigenheim, Sat. 1967; Die Seidels, B. 1979.

Ferdinand II. von Tirol, Erzherzog von Österreich, 14. 6. 1529 Linz – 24. 1. 1595 Innsbruck, 2. Sohn Kaiser Ferdinands I., 1557 ⊙ Philippine Welser, 1547–66 Statthalter in Böhmen, dann Regent auf Schloß Ambras b. Innsbruck, kunstliebender Sammler. – Dramatiker, schrieb 1583 e. humanist. ›Gespräch‹ für s. Parktheater, 1584 e. revueart. allegor. Moralität ›Speculum vitae humanae‹ (n. NdL 79/80, 1889) in volkstüml. Sprache mit Zügen des frühen Jesuitendramas, 1. dt. Prosadrama.

L: J. Hirn, II 1885–87.

Fernau, Joachim (Ps. John Forster), *11. 9. 1909 Bromberg, Stud. Berlin ohne Abschluß, 1939–45 Soldat und SS-Kriegsberichterstatter, seit 1952 freier Schriftsteller in München und Florenz. – In s. Schriften Aufbereiter der Historie in saloppem,

schnoddrigem, witzig-sein-sollendem Feuilletonstil mit schalen Witzeleien, geschmacklosen Anachronismen und billigen Simplifizierungen, dessen hemdsärmeliger Bierulk auch in s. nationalist. Vorurteilen und der Einbeziehung des vermeintlich Frivolen Breitenwirkung erstrebt.

W: Deutschland, Deutschland über alles, 1952; Abschied von den Genies, 1953 (u. d. T. Die Genies der Deutschen, 1968); Bericht von der Fruchtbarkeit und Größe der Männer, Ber. 1954; Und sie schämeten sich nicht, Sittengesch. 1958; Knaurs Lexikon alter Malerei, 1958; Die jungen Männer, R. 1960; Rosen für Apoll, 1961; Suite Nr. 1, G. 1961; Weinsberg, E. 1962; Disteln für Hagen, 1966; Wie es euch gefällt, Stilgesch. 1969; Brötchenarbeit, Feuill. 1970; Cäsar läßt grüßen, 1971; Ein Frühling in Florenz, R. 1973; Die treue Dakerin, En. 1974; Ein wunderbares Leben, R. 1975; Die Gretchenfrage, Prosa 1979; Sprechen wir über Preußen, Schr. 1981; Guten Abend, Herr Fernau, Dial. 1984; Sappho, R. 1986.

Ferolli, Beatrice, *18. 9. 1932 Wien; Schauspielerin, ⊙ Adolf Böhmer. – Vf. erfolgreicher leichter Lustspiele und Trivialromane.

W: Alphabet in der Ewigkeit, K. (1960); Wunschträume, K. (1961); Der Wackelkontakt, K. (1963); Das Haus der guten Söhne, K. (1964); Fetzenflug, K. (1975); Sommerinsel, R. 1976; Fährt ein Schiff nach Apulien, R. 1981; Die Kürbisflöte, R. 1983; September Song, R. 1985.

Feuchtersleben, Ernst Freiherr von, 29. 4. 1806 Wien – 3. 9. 1849 ebda.; 1812–25 Theresian. Ritterakad.; 1825–33 Stud. Medizin, Philos., Ästhetik, Lit. und Kunst Wien, 1833 Dr. Med., Arzt und Psychiater, 1840 Sekretär der Gesellschaft Wiener Ärzte, 1844 Dozent für ärztl. Seelenkunde; 1847 Vizedirektor der medizin.-chirurg. Studien, Juli bis Dez. 1848 Unterstaatssekretär im Unterrichtsministerium. Freund Grillparzers, Verkehr mit Schubert, Bauernfeld, Stifter, Schwind u. a. – Popularphilosoph. Essayist u.

Lyriker des österr. Biedermeier; lehrte in s. erfolgreichen ›Diätetik d. Seele‹ die Gesunderhaltung des Körpers durch die Willens- u. Geisteskraft. Krit.-polemische Aufsätze; formgewandte Aphorismen; stark reflexiv-didakt. Lyrik, doch gelegentl. auch Volkston (›Es ist bestimmt in Gottes Rat‹, vertont von Mendelssohn).

W: Gedichte, 1836; Beiträge zur Literatur, Kunst- und Lebenstheorie, Ess. II 1837–41; Zur Diätetik der Seele, Abh. 1838 (n. 1947); Almanach von Radierungen (M. v. Schwinds), G. 1843; Geist dt. Klassiker, Anthol. X 1851. – SW, hg. F. Hebbel VII 1851–53; AW, hg. R. Guttmann V 1907; Aus F.s Briefen, hg. A. F. Seligmann 1909; Pädagog. Schr., hg. K. G. Fischer 1963; SW u. Briefe, hg. H. Seidler, H. Heger VI 1987ff. L: E. Schramm, Diss. Hgb. 1956; L. Eltz-Hoffmann, 1956; F. Pospisil, Diss. Wien 1958; H. Seidler, 1970; P. Gorceix, Paris 1976.

Feuchtwanger, Lion (Ps. J. L. Wetcheek), 7. 7. 1884 München – 21. 12. 1958 Los Angeles, Sohn e. Fabrikanten; Gymnas. München; Stud. Philol. und Philos. ebda. und Berlin; 1907 Dr. phil.; Theaterkritiker; viel im Ausland, meist Italien; 1914 bei Kriegsausbruch in Tunis interniert; Flucht nach Dtl., 1 Halbjahr Militärdienst, Teilnahme an der Revolution in Berlin; 1927 Übersiedlung von München nach Berlin; 1933 während e. Vortragsreise in USA Verbrennung s. Bücher in Dtl., Aberkennung des Doktortitels und Ausbürgerung; 1933–40 Exil in Sanary/Var (Frankr.); 1936/37 Rußlandreise, Mithrsg. der Zs. ›Das Wort‹. 1940 von der Vichy-Regierung ins Konzentrationslager Les Milles b. Aix-en-Provence gesperrt; 1940 Flucht über Spanien und Portugal nach USA; lebte seit 1941 in Pacific Palisades/Kalif. in guten Verhältnissen. – Pazifist.-sozialist. Dramatiker und Erzähler mit zeitkrit.-polit.

Anliegen. Begann mit modernisierenden Nachdichtungen dramat. Weltlit. Bedeutende Erfolge als Erneuerer des histor.-kulturhistor. Romans um jüd. und dt. Geschichte durch moderne psycholog. Durchleuchtung und zeitpolit. Aktualisierung. Trotz genauer Detailstud. u. virtuosem Darstellungsvermögen motivisch wenig originell und ohne Begeisterungsfähigkeit. Einfluß von H. Mann und Döblin. Dramat.-szenenhaft gebaute Romane, auch zeit- und gesellschaftskrit. Gegenwartsstoffe vom Aufkommen des Nazismus. Auch in romanhaften Dramen Bevorzugung histor. Themen und polit. Menschen; Nähe zum ep. Theater, z. T. Zusammenarbeit mit Brecht. F.-Archiv der Dt. Akad. der Künste Berlin.

W: Kleine Dramen, II 1905f.; Der tönerne Gott, R. 1910; Warren Hastings, Dr. 1916; Die Kriegsgefangenen, Dr. 1919; Thomas Wendt, Dr. 1920; Die häßliche Herzogin Margarete Maultasch, R. 1923; Der holländische Kaufmann, Dr. 1923; Leben Eduards II. von England, Dr. 1924 (nach Marlowe, m. B. Brecht); Jud Süß, R. 1925; Drei angelsächsische Stücke (Die Petroleuminseln; Kalkutta, 4. Mai; Wird Hill amnestiert?), Drr. 1927; Erfolg, R. II 1930; Der jüdische Krieg, R. 1932; Die Geschwister Oppenheim, R. 1933; Die Söhne, R. 1935; Der falsche Nero, R. 1936; Moskau 1937; Reiseb. 1937; Exil, R. 1940; Unholdes Frankreich, Aut. 1942 (u. d. T. Der Teufel in Frankreich, 1954); Die Brüder Lautensack, R. 1944; Simone, R. 1944; Der Tag wird kommen, R. 1945 (u. d. T. Das gelobte Land, 1952); Waffen für Amerika, R. II 1947f. (auch u. d. T. Die Füchse im Weinberg); Wahn oder Der Teufel in Boston, Dr. 1948; Goya, R. 1951; Narrenweisheit oder Tod und Verklärung des J. J. Rousseau, R. 1952; Spanische Ballade, R. 1955 (auch u. d. T. Die Jüdin von Toledo); Die Witwe Capet, Dr. 1956; Centum opuscula, Ess. 1956 (u. d. T. Ein Buch nur für meine Freunde, 1984); Jefta und seine Tochter, R. 1957; Das Haus der Desdemona, Abh. 1961. – GW, XI (von XVIII) 1933–48; GW, XX 1959ff.; Briefw. m. A. Zweig, hg. H. v. Hofe II 1984.

L: W. Jahn, D. Geschichtsauffassg. F.s, 1954; L. F. z. 70. Geburtstag, 1954 (m. Bibl.); L. F. z. Gedenken, hg. K. Dietz 1959; L. F., hg. K. Böttcher u. a. ⁴1960; H. Leupold, 1967; L. F., hg. J. M. Spalek, Los Angeles 1972; L. Kahn, Insight and action, Madison 1975; W. A. Berendsohn, Stockh. 1976; H. Leupold, 1975; K. Modick, 1981; H. L. Arnold, hg. 1983; W. Köpke, 1983; J. Pischel, 1984; W. Jeske, P. Zahn, 1984; W. v. Sternburg, 1984; V. Skierka, S. Jaeger, 1984; R. Jaretzky, 1984; R. Wolff, hg. 1984.

Fichte, Hubert, 21. 3. 1935 Perleberg/Westprignitz – 8. 3. 1986 Hamburg, Jugend in Hamburg, Oberbayern und Schlesien, ab 1946 Statist an Hamburger Bühnen, 1951 Schauspielausbildung, 1952–54 in Frankreich, 1955–57 Landwirtschaftslehre in Dithmarschen, Praktikant in Niedersachsen und Schweden, 1959–1962 Hirt in der Provence, seit 1963 freier Schriftsteller in Hamburg, 1966/67 Villa-Massimo-Stipendiat in Rom, Reisen in Südamerika, Afrika, Mittelamerika, 1972/73 Haiti, 1974/75 Trinidad zu ethnol.-relig. Studien. – Erzähler bes. aus der Welt der Halbwüchsigen und ihrem Zusammenstoß mit der Erwachsenenwelt und aus der Hamburger Gammlerwelt mit genauer Milieuschilderung und knapper, authent. Sprache.

W: Der Aufbruch nach Turku, En. 1963; Das Waisenhaus, R. 1965; Die Palette, R. 1968; Detlevs Imitationen ›Grünspan‹, R. 1971; Interviews aus dem Palais d' Amour etc., 1972; Versuch über die Pubertät, R. 1974; Xango, St. 1976; Wolli Indienfahrer, Interview 1978; Lohensteins Agrippina, Bearb. 1978; Petersilie, St. 1980; Psyche, St. 1980; Jean Genet, Dial. 1981; Deiner Umarmung süße Sehnsucht, Prosa 1985; Lazarus und die Waschmaschine, Schr. 1985.
L: W. v. Wangenheim, 1980; H. L. Arnold, hg. 1981 (m. Bibl.); T. Beckermann, hg. 1984; S. Röhr, 1985.

Filidor der Dorfferer → Stieler, Kaspar

Finck, Werner, 2. 5. 1902 Görlitz – 31. 7. 1978 München; Apothekerssohn, Schauspieler in Darmstadt, dann beim Kabarett ›Larifari‹ in Berlin, 1929–35 ebda. Leiter des (von der Gestapo geschlossenen) Kabaretts ›Die Katakombe‹; Konzentrationslager, teilweise Berufsverbot, dann im ›Kabarett der Komiker‹, 1939–45 Soldat, Gründer des Kabaretts ›Die Mausefalle‹ 1948 in Stuttgart, 1951 in Hamburg, – dann seit 1954 in München. – Als Kabarettist Meister des hintergründigen Sich-Versprechens, der skurrilen Halbsätze und der linkisch vorgebrachten oder verschwiegenen Pointe; auch in s. humorist.-iron. und geistvoll satir. Prosa und Versen Wortartist, der alle Register der Bedeutungen und Nuancen zieht und im Doppelsinn heimtückische Pointen verbirgt.

W: Neue Herzlichkeit, G. 1931; Das Kautschbrevier, G. 1938; Aus der Schublade, G. 1948; Finckenschläge, G. u. Prosa, 1953; W. F. in Amerika, Reiseb. 1966; Witz als Schicksal – Schicksal als Witz, Prosa 1966; Alter Narr, was nun?, G. u. Prosa 1972; Zwischendurch, Slg. 1975; Heiter – auf verlorenem Posten, Nl. 1977.
L: H. Heiber, D. Katakombe wird geschlossen, 1966.

Finckelthaus, Gottfried (Ps. Gregor Federfechter von Lützen), 23. 2. 1614 Leipzig – 4. 8. 1648 Bautzen, Studienfreund P. Flemings in Leipzig, 1633 Magister, reiste 1639 über die Niederlande und Frankreich nach Brasilien, kehrte 1641 zurück; später Kammerprokurator in Bautzen. – Student.-burschikoser Barocklyriker mit heiteren, z. T. iron. Trink-, Liebes- und Tanzliedern von frischem, realist. Ton; Parodie der Schäferei.

W: Deutsche Gesänge, G. 1640; Dreißig teutsche Gesänge, G. 1642; Deutsche Lieder, G. 1644; Lustige Lieder, G. 1645.

Finckenstein, Ottfried Graf, *18. 4. 1901 Schönberg b. Marienwerder, altostpreuß. Diplomaten- und Offiziersfamilie, Jugend auf dem Lande, 1917 Kriegs-

freiwilliger im Südosten und We-
sten, dann Stud. Volkswirtschaft
(Dr. rer. pol. Jena), 1922–31
Banktätigkeit in Berlin, Schweiz,
Holland, USA, seit 1931 freier
Schriftsteller; Fischerhof in Buch-
felde/Westpr.; im 2. Weltkrieg
Offizier, dann in Geschendorf/
Holst. wohnhaft; 1950–1954 Lei-
ter des Landeskulturverbandes
Schleswig-Holst., dann in Bonn
seßhaft, zuletzt Valparaiso/Chile.
– Erzähler s. ostpreuß. Heimat,
ihrer Menschen und Schicksale in
herber, naturverbundener Dar-
stellung. Bes. Darstellung der
Adelskreise. Auch Lyrik und
Hörspiel.
W: Fünfkirchen, R. 1936; Männer am Brun-
nen, E. 1936; Der Kranichschrei, N. 1937;
Das harte Frühjahr, En. 1937; Die Mutter, R.
1938; Von den Quellen des Lebens, G. 1938;
Dämmerung, R. 1942; Liebende, Nn. 1949;
Die Nonne, N. 1949; Schwanengesang, R.
1950.

Finckh, Ludwig, 21. 3. 1876
Reutlingen – 8. 3. 1964 Gaienho-
fen/Bodensee; 1894–99 Stud. Jura
Tübingen (Freundschaft m. H.
Hesse), München, Leipzig;
1900–04 Stud. Medizin Freiburg/
Br. und Berlin. Dr. med. 1904;
seit 1905 Arzt und Schriftsteller in
Gaienhofen b. Radolfzell/Boden-
see; im 1. Weltkrieg Lazarettarzt;
nach 1924 Vortragsreisen zu Aus-
landsdeutschen in Sudeten, Ungarn, Rumänien, Serbien. – Naturverbundener Lyriker und Erzähler aus schwäb. Landschaft
und Geschichte, mit schlichter
Sprache und behagl. Humor.
Neigung zu froher Lebensbejahung, Romantik und Idylle. Als
Vorkämpfer der Ahnen- und Sip-
penforschung und durch s. Eintreten für Erneuerung dt. Volkstums im 3. Reich genehm.
W: Fraue du, du Süße, G. 1900; Rosen, G.
1906; Der Rosendoktor, R. 1906; Rapunzel,
E. 1909; Die Reise nach Tripstrill, R. 1911;

Der Bodenseher, R. 1914; Mutter Erde, G.
1917; Die Jakobsleiter, R. 1920 (u. d. T. Der
Wolkenreiter, 1943); Der Vogel Rock, R.
1923; Bricklebritt, R. 1926; Urlaub von Gott,
E. 1930; Stern und Schicksal, Kepler-R. 1931;
Der göttliche Ruf, R. Mayer-R. 1932; Ein
starkes Leben, R. 1936; Zaubervogel, En.
1936; Herzog und Vogt, R. 1940; Das golde-
ne Erbe, R. 1943; Der Goldmacher, E. 1953;
Rosengarten, G. 1953; Himmel und Erde,
Aut. 1961; ... daß alle Harmonien leis erklin-
gen ..., G. u. Prosa 1966. – Das dichter.
Werk, VII 1926; AW, II 1956; Aus s. Freun-
desbriefen, 1973.
L: G. Fink, 1936; G. Wurster, 1941; W. Dürr,
L.-F.-Brevier, 1958 (m. Bibl.); L. F. z. 100.
Geb.tag, 1976.

Findeisen, Kurt Arnold (Ps.
Wendelin Dudelsack), 15. 10.
1883 Zwickau/Sa. – 18. 11. 1963
Dresden, Lehrerseminar, Stud.
Jena, Lehrer in Plauen und Dres-
den, 1915–18 Krankenpfleger;
1925–33 Schulfunkleiter, dann
freier Schriftsteller in Dresden. –
Lyriker, Erzähler, Bühnen- und
Hörspielautor; Vertreter sächs.
Heimatdichtung; volkstüml. bes.
mit s. einfühlsamen Musikerromanen.
W: Mutterland, G. 1914; Aus der Armutei,
G. 1919; Klaviergeschichten, 1920; Der Da-
vidsbündler, Schumann-R. II 1921–24; Sach-
sen II: Ahnenland, G., Ball. u. Leg., 1922;
Der Sohn der Wälder, R. 1922; Dom zu
Naumburg, G. 1927; Dudelsack, Ball. u. G.
1929; Volksliedgeschichten, 1932; Ein deut-
sches Herz, Sp. 1933; Lied des Schicksals,
Brahms-R. 1933; Gottes Orgel, Bach-Hän-
del-R. 1935; Die Melodie der Freude, En.
1937; J. G. Seume, B. 1938; Der östliche
Traum, R. 1940; Das Leben ein Tanz, der
Tanz ein Leben, Strauß-B. 1941; Eisvogel,
Seume-R. 1953; Der goldene Reiter und sein
Verhängnis, R. 1954; Flügel der Morgenröte,
R. 1956; Schatten im Sonnenschein, En. 1960;
Der Perlenwagen, Aut. 1962; Abglanz des
Lebens, En. 1963.
L: Heimat und Volkstum, hg. H. C. Kaergel
1933; K. A. F., hg. E. Lehmann 1937.

Fink, Humbert, * 13. 8. 1933 Sa-
lerno/Italien, Kindheit in Kärnten, oft in Italien, freier Schriftsteller ebda. und 10 Jahre in Wien,
dann Kärnten, bis 1966 Hrsg. der
Kulturzs. ›Wort in der Zeit‹. –
Realist.-surrealist. Lyriker und

Erzähler psycholog. Gegenwartsstoffe in novellist. Prosa. Später Reisebuch und Biographie.

W: Verse aus Aquafredda, G. 1953; Die engen Mauern, R. 1958; Die Absage, E. 1960; Stadtgeschichten, Ess. 1971; Adriatische Ufer, 1978; Süditalien, 1979; Franz von Assisi, B. 1981; M. Luther, B. 1982; Die Botschafter Gottes, St. 1983; Der Weg nach Jerusalem, St. 1984; Land der Deutschen, Rep. 1985; Ich bin der Herr der Welt, B. 1986.

Finkenritter, Der, angebl. von Lorenz von Lauterbach, Notar in Neustadt, verfaßtes und Straßburg 1560 gedrucktes Volksbuch, Zusammenziehung aller mögl. Lügengeschichten, Münchhauseniaden u. Aufschneidereien auf e. Ritter Polykarp von Kirrlarissa.

A: Faks. O. Clemen 1913.

Fischart, Johann (gen. Mentzer, d. h. Mainzer), 1546 Straßburg – 1590 Forbach b. Saarbrücken; Gymnas. Straßburg, 1563–65 humanist. Unterricht bei s. Paten Kaspar Scheidt in Worms; Reisen in den Niederlanden, England, Frankreich, Italien; Stud. Jura Siena; 1570–81 in Straßburg, Mitarbeiter und Korrektor s. Schwagers Jobin, Drucker ebda.; 1574 Dr. jur. Basel; 1581–83 Advokat am Reichskammergericht Speyer; 11. 11. 1583 ⚭ Anna Elisabeth Herzog, Wörth; 1583 Amtmann in Forbach. – Bedeutendster dt. Dichter des späten 16. Jh., gewandtester protestant. Satiriker und Polemiker der Lutherzeit. Fanat. Bekämpfer der Jesuiten. Vereint unabh. Geist, humanist. Bildung und große Kenntnis alter und neuer Sprachen mit calvinist.-bürgerl. Ethos, und derbvolkstüml. Humor. Kompilator von Stoffen und Motiven; da wenig erfindungsreich, fast stets auf Vorlagen angewiesen. Aus strengem Verantwortungsbewußtsein iron.-satir. Kritiker der Verirrungen s. Zeit, pädagog. Humorist. Moralsatir. Volksschriftsteller, Sprachschöpfer und -virtuose von dämon. Wortgewalt in Klangspielen, z. T. gewaltsamen Wortspielen und -verdrehungen, synonymen Häufungen, Volksetymologien bis zu barockem Überschwang, daher formlos. In s. Bemühungen um e. neuen dt. Prosastil ohne Nachfolge, doch für Bereicherung und Auflockerung der dt. Sprache. Am volkstümlichsten das ›Glückhafft Schiff‹ von der Schiffahrt der Zürcher nach Straßburg mit e. heißen Hirsebrei. Hauptwerk die auf dreifachen Umfang erweiterte formlose Paraphrase des 1. Buches von Rabelais' ›Gargantua‹ mit moralsatir. Zusätzen gegen Sittenverfall und Grobianismus.

W: Aller Practick Großmutter, Sat. 1572 (n. 1876); Flöh Hatz, Weiber Tratz, Sat. 1573 (n. 1877); Affenteurliche und Ungeheurliche Geschichtschrift, 1575 (Faks. 1926; u. d. T. Affentheurlich Naupengeheurliche Geschichtklitterung ... 1582, n. 1891, 1963, alle 3 Fassgn. n. II 1969); Das Glückhafft Schiff von Zürich, G. 1576 (n. ²1957; Faks. 1926); Podagrammisch Trostbüchlin, 1577; Das Philosophisch Ehzuchtbüchlin, 1578; Binenkorb Des Heyl. Römischen Imenschwarms, Sat. 1579; Die Legend und Beschreibung Des Vierhörnigen Hütleins, Sat. 1580. – Sämtl. Dichtungen, hg. H. Kurz III 1866 f.; Dichtungen, hg. K. Goedecke 1880, n. 1974; Werke, hg. A. Hauffen III 1892–95.

L: A. Hauffen, II 1921 f.; A. Leitzmann, 1924; H. Sommerhalder, 1960; G. Kocks, Diss. Köln 1965; W. E. Spengler, 1969.

Fischer, Ernst, 3. 7. 1899 Komotau/Böhmen – 1. 8. 1972 b. Graz, Sohn e. k. u. k. Obersten, Gymnas. Graz, Weltkriegsteilnehmer, 1918 Soldatenrat, Philosophiestud. Graz ohne Abschluß, Hilfsarbeiter, 1920–34 Mitgl. der SPÖ, Redakteur in Graz, 1927–34 der ›Arbeiterzeitung‹ Wien, 1934 Mitgl. der KPÖ und Emigration nach Prag, 1939–45 Exil in Moskau, Radiokommentator ebda.,

1945 Rückkehr nach Wien, Mitgl. des Österr. Nationalrats 1945–59 und 1945 erster österr. Unterrichtsminister, Chefredakteur der Zeitung ›Neues Österreich‹, Mithrsg. der Zs. ›Tagebuch‹, nach Protesten gegen die russ. Reaktion auf den ungar. Aufstand und den Prager Frühling 1969 aus der KPÖ ausgeschlossen. – Marxist. Essayist, Ästhetiker und Literaturtheoretiker, anfangs doktrinär-linientreuer Stalinist, nach 1956 Wandlung zum undogmat. Kommunisten auf der Suche nach e. freiheitl.-demokrat. Sozialismus. Als Dichter mit epigonaler Lyrik und teils polit. Dramen in der Nachfolge des Expressionismus stehend.

W: Vogel Sehnsucht, G. 1920; Das Schwert des Attila, Dr. (1924); Der ewige Rebell, Dr. (1925); Lenin, Dr. (1931); Das Fanal, Abh. 1946; Herz und Fahne, G. 1948; Kunst und Menschheit, Ess. 1949; Der große Verrat, Dr. 1950; Denn wir sind Liebende, G. 1952; Dichtung und Deutung, Ess. 1953; Die Brücken von Breisau, K. (1953); Prinz Eugen, R. 1955 (m. Louise Eisler-F.); Von der Notwendigkeit der Kunst, Es. 1959; Von Grillparzer zu Kafka, Ess. 1962; Elegien aus dem Nachlaß des Ovid, G. 1963; Kunst und Koexistenz, Ess. 1966; Auf den Spuren der Wirklichkeit, Ess. 1968; Erinnerungen und Reflexionen, Aut. 1969; Überlegungen zur Situation der Kunst, Ess. 1971; Das Ende einer Illusion, Erinn. 1973.
L: A. Kosing, 1970; Sonderh. E. F. Austriaca 11, 1985.

Fischer, Johann Georg (seit 1885) von, 25. 10. 1816 Groß-Süßen/ Württ. – 4. 5. 1897 Stuttgart, 1831–33 Lehrerseminar Eßlingen, dann Schulgehilfe, 1841–43 Stud. Reallehrerseminar Tübingen, 1843 in städt. Schuldienst, 1845 Elementarschule Stuttgart, 1858–66 deren Leiter, daneben 1862–85 Prof. der Oberrealschule ebda.; 1887 pensioniert. Freund Mörikes. – Kleinerer Lyriker der Schwäb. Schule von tiefem Naturempfinden. Scharfer Beobach-

ter des Naturlebens. In stark rhetor. Geschichtsdramen ohne dramat. Kraft und Wirkung.

W: Gedichte, 1838; Dichtungen, G. 1841; Gedichte, 1854; Saul, Dr. 1862; Friedrich II. von Hohenstaufen, Tr. 1863; Neue Gedichte, 1865; Florian Geyer, Tr. 1866; Kaiser Maximilian von Mexiko, Tr. 1868; Den deutschen Frauen, G. 1869; Aus frischer Luft, G. 1872; Neue Lieder, 1876; Merlin, Zykl. 1877; Der glückliche Knecht, Idyll 1881; Auf dem Heimweg, G. 1891; Mit 80 Jahren, G. u. Epigr. 1896; Gedichte, Ausw. hg. E. Lissauer 1923.
L: E. Nägele, 1913.

Fischer(-Graz), Wilhelm, 18. 4. 1846 Csakathurn a. d. Mur (Čakovec) – 30. 5. 1932 Graz, 1865–70 Stud. erst Medizin und Naturwiss., dann Philol. und Gesch. Graz, 1870 Dr. phil., 1870 Beamter der Steir. Landesbibliothek Graz, 1901–19 deren Direktor. – Gemütvoll-romant. Erzähler und Lyriker im Gefolge des poet. Realismus mit Neigung zum Impressionismus. Begann mit Epen und kam zum eigenen Stil mit s. Grazer Novellen, histor. Novellen und Romanen aus ital. Renaissance und steir. Gesch. und Erziehungsromanen; weniger glückl. mit Gegenwartsromanen. Formbedachter Erzähler mit bürgerl.-behäb. Gesinnung und schlichtem, leicht altertümelndem Stil. Weniger erfolgr. als Dramatiker.

W: Atlantis, Ep. 1880; Sommernachtserzählungen, 1882; Anakreon, Idylle 1883; Lieder und Romanzen, 1884; Unter altem Himmel, En. 1891; Der Mediceer, Nn. 1894; Grazer Novellen, 1894; Die Freude am Licht, R. 1902; Poetenphilosophie, Schr. 1904; Hans Heinzlin, E. 1905; Lebensmorgen, En. 1906; Sonne und Wolken, Aphor. 1907; Murwellen, En. 1910; Der Traum vom Golde, R. 1911; Aus der Tiefe, E. 1912; Die Fahrt der Liebesgöttin, R. 1914; Das Geheimnis des Weltalls, En. 1921; Tragik des Glücks, R. 1922; Das Licht im Schatten, R. 1925; Meisternovellen, 1948.
L: H. Schüller, Diss. Wien 1938.

Fischer, Wolfgang Georg, *24. 10. 1933 Wien, mußte 1938 mit der Familie nach England emigrieren, Stud. Kunstgesch. Wien, Freiburg, Paris, Dr. phil., Galerist in London. – Lyriker und Erzähler, versucht in s. handlungslosen Dingromanen ein Zeitgemälde anhand detaillierter Interieurschilderungen.

W: Wohnungen, R. 1969; Möblierte Zimmer, R. 1972.

Fischer-Colbrie, Arthur, 25. 7. 1895 Linz/Do. – 30. 12. 1968 ebda., 1916–18 Fähnrich, 1921–26 Bankbeamter, 1926–30 freier Schriftsteller, seit 1930 Beamter der oberösterr. Landesregierung Linz, 1955 Prof. h. c. – Lyriker von starkem Naturempfinden, liedhafter Musikalität und Symbolkraft. Auch Erzähler, Essayist, Kritiker, Funkautor und Dramatiker.

W: Musik der Jahreszeiten, G. 1928; Die Wälder atmen und die Sterne leuchten, G. 1939; Unterm Sternbild der Leier, G. 1941; Der ewige Klang, G. 1945; Oberösterreich in Wort und Bild, 1948; Orgel der Seele, G. 1953; Der Tag ein Leben, G. 1955; Johannes Kepler, Dr. 1960; Gleichenberger Elegien, G. 1962; Farbenfuge, Ausw. 1962.
L: H. Jocher, Diss. Wien 1953.

Fischer-Graz, Wilhelm → Fischer, Wilhelm

Flaischlen, Cäsar (Ps. Cäsar Stuart, C. F. Stuart), 12. 5. 1864 Stuttgart – 16. 10. 1920 Gundelsheim/Neckar; 1883 Buchhandelslehre Brüssel, 1885 Bern, seit Okt. 1886 Stud. Philos. und Philol. Berlin, Heidelberg und 1888/89 Leipzig, 1889 Dr. phil.; seit 1890 in Berlin wohnhaft; 1895–1900 Schriftleiter der Zs. ›Pan‹. – Schwäb. Lyriker, Erzähler und Dramatiker, begann mit Prosagedichten, schwäb. Dialektgedichten und naturalist. Dramen, fand dann zum Impressionismus und wurde durch leicht-

flüssige Sprachgestalt und gefühlvolle Stimmung zum schlichten Idylliker mit starkem, doch nicht immer tiefem eth. Gehalt (volkstüml. ›Hab Sonne im Herzen‹). Gedichte in frei wechselnder rhythm. Prosa im Stil von Whitman und A. Holz, doch daneben auch traditionelle Metrik und Reime. Im Entwicklungsroman ›Jost Seyfried‹ und im theolog. Gedankendrama ›Martin Lehnhardt‹ lyr. und aphorist., offene Formen. Auch Lit.-historiker.

W: Nachtschatten, G. 1884; Graf Lothar, Dr. 1886; Toni Stürmer, Dr. 1891; Vom Haselnußroi, G. 1892; Martin Lehnhardt, Dr. 1895; Professor Hardmuth. Flügelmüde, En. 1897; Von Alltag und Sonne, G. 1898; Aus den Lehr- und Wanderjahren des Lebens, G. 1900; Jost Seyfried, R. II 1905; Neujahrsbuch, G. 1907; Zwischenklänge, G. 1909; Mandolinchen, Leierkastenmann und Kuckuck, G. 1921; Von Derhoim ond Drauße, G. 1924. – Gesammelte Dichtungen, VI 1921.
L: G. Muschner-Niederführ, 1903; F. Thieß, 1914; E. Geisser, 1920; A. Böck, Diss. Wien 1921; E. Roth, 1924; G. Stecher, 1924.

Flake, Otto (Ps. Leo F. Kotta), 29. 10. 1880 Metz – 10. 11. 1963 Baden-Baden, Gymnas. Kolmar, Stud. Germanistik, Philos. und Kunstgesch. Straßburg, im 1. Weltkrieg in Brüssel, Zürich 1918, 1920 Partenkirchen, Berlin; Reisen durch Rußland, England, Frankreich; 1927 auf dem Ritten b. Bozen wegen Eintretens für Südtirol ausgewiesen, seit 1928 in Baden-Baden. – Als weltoffener und kultivierter Erzähler, Essayist, Kulturphilosoph u. -kritiker individualist. Kosmopolit, Vorkämpfer e. geistbewußten, unvölk. Europäertums aus der Verbindung franz. Bewußtseinshelle mit dt. denker. Tiefenschau zu e. männl., rationalen, ›neuantiken‹ Lebensphilos. In erzählenden Werken Vorliebe für Themen aus den polit.-kulturellen Beziehungen und Gegensätzen zwischen

Dtl. und Frankreich und erot. Konflikte. Stilstreben nach Klarheit, Sachlichkeit, Gelassenheit, Sinnlichkeit und geist. Intensität. Begann mit impressionist. Erzählfreude u. männl.-erot. Psychologie; dann expressionist. beeinflußte, stark intellektualist. Romane; Übergang zu großen realist. kulturgeschichtl. Gesellschafts- und Sittenromanen in traditionellem Erzählstil; im Alterswerk Bildungsromane.

W: Schritt für Schritt, R. 1912; Freitagskind, R. 1913 (u. d. T. Eine Kindheit, 1928); Horns Ring, R. 1916; Das Logbuch, Prosa 1917 (erw. 1970); Die Stadt des Hirns, R. 1919; Nein und Ja, R. 1920; Die moralische Idee, Abh. 1921; Pandämonium, Es. 1921; Ruland, R. 1922; Die Unvollendbarkeit der Welt, Abh. 1923; Zum guten Europäer, Ess. 1924 (n. 1959); Die Romane um Ruland, V 1926–28; Sommerroman, R. 1927; Es ist Zeit, R. 1929; Marquis de Sade, Es. 1930; Montijo oder Die Suche nach der Nation, R. 1931; Die französische Revolution, Es. 1932; Hortense, R. 1933; Badische Chronik 1: Die junge Monthiver, R. 1934, 2: Anselm und Verena, R. 1935 (zus. u. d. T. Die Monthivermädchen, 1952); Die Töchter Noras, R. 1934 (u. d. T. Kamilla, 1948); Scherzo, R. 1936; Türkenlouis, B. 1937; Personen und Persönchen, R. 1938; Große Damen des Barock, Bn. 1939; Das Quintett, R. 1943; Die Deutschen, Ess. 1946; Fortunat, R. II 1946; Forts.: Ein Mann von Welt, II 1947; Die Erzählungen, II 1947; Old Man, R. 1947; Der Handelsherr, E. 1948; Kaspar Hauser, Ber. 1950; Die Sanduhr, R. 1950; Schloß Ortenau, R. 1955; Es wird Abend, Aut. 1960; Der letzte Gott, Schr. 1961; Spiel und Nachspiel, R.e 1962; Finnische Nächte, Ges. En. 1966; Die Verurteilung des Sokrates, Ess. 1971. – Werke, V 1973–76. *L:* E. Möwe, 1931; O. F. z. 70. Geburtstag, 1950.

Flatow, Curth, ★ 9. 1. 1920 Berlin, lebt ebda. – Erfolgr. Vf. leichter, komödiantischer Volksstücke und Schwänke mit witzigen Dialogen; auch Hörspiele, Fernsehspiele, Filmdrehbücher, Kabarettexte.

W: Das Fenster zum Flur, K. (1960, m. H. Pillau); Vater einer Tochter, K. (1965); Das Geld liegt auf der Bank, K. (1968); Boeing-Boeing Jumbo Jet, Music. (1970); Der Mann, der sich nicht traut, K. (1973); Striptease im Löwenkäfig, G. 1974; Durchreise, K. (1982);

Ich heirate eine Familie, R. 1984; Romeo mit grauen Schläfen, K. (1985).

Fleck, Konrad, Alemanne, wohl aus der Gegend von Basel; dichtete um 1220 nach franz. Quelle e. höf. Epos der Kinderminne ›Floire und Blanscheflur‹ um Trennung und Wiedervereinigung zweier junger Liebender, reine und empfindsame Liebe und unwandelbare Treue; zarte, anmutige Darstellung plantonisierender Liebe, stilist. Anlehnung an Hartmann von Aue, inhaltl. an Gottfried von Straßburg. Etwa 8000 Verse; geradlinige Handlungsführung ohne abenteuerl. Episoden, doch breite Dialoge und Ausmalung seel. Einzelheiten. Rudolf von Ems schreibt F. auch e. ›Clîes‹ (nach Crestiens verlorenem ›Cligés‹?) zu, den Ulrich von Türheim fortsetzte.

A: E. Sommer 1846; Ausw. W. Golther (DNL 4), 1888; Bruchstücke, hg. C. H. Rischen 1913. – *Übs.:* J. Ninck, 1924. *L:* E. Schad, Diss. Marb. 1941; K. B. Hupfeld, Diss. Hbg. 1967.

Fleißer, Marieluise, 23. 11. 1901 Ingolstadt – 2. 2. 1974 ebda.; Stud. Germanistik und Theatergesch. München, Bekanntschaft mit L. Feuchtwanger und B. Brecht; bis 1933 freie Schriftstellerin in Berlin, dann nach Schreibverbot zurückgezogen in Ingolstadt, 1935 ⊙ Josef Haindl; Auslandsreisen in Schweden, Frankreich, Spanien; im 3. Reich unerwünscht. – Realist. Dramatikerin und Erzählerin der Neuen Sachlichkeit mit psycholog. geschickten Charakter- und Milieukomödien aus bayr. Volksleben unter Einfluß Brechts; sachl. schlichte, sprachl. urwüchsige Erzählungen von starker Einfühlung; Liebe zu Armen und Unterdrückten, sparsame Sprache; auch grotesk-iron.

Plaudereien und Reisebilder. Erregte mit ihren ersten Stücken Theaterskandale; in den sechziger Jahren wiederentdeckt.

W: Fegefeuer, Dr. (1926); Pioniere in Ingolstadt, K. (1929); Ein Pfund Orangen, En. 1929; Mehlreisende Frieda Geier, R. 1931 (auch u. d. T. Eine Zierde für den Verein); Andorranische Abenteuer, En. 1932; Der starke Stamm, K. (1946); Karl Stuart, Tr. (1946); Avantgarde, En. 1963; Abenteuer aus dem Englischen Garten, En. 1969. – GW, hg. G. Rühle, III 1972.
L: G. Rühle, hg. 1973; H. L. Arnold, hg. 1979; G. Lutz, D. Stellg. M. F.s i. d. bayer. Lit. d. 20. Jh., 1979; A. Spindler, Diss. Wien 1980; F. Kraft, hg. 1981; S. Tax, 1984; G. Rühle, hg. 1986; M. McGowan, 1987.

Fleming, Paul, 5. 10. 1609 Hartenstein/Erzgeb. – 2. 4. 1640 Hamburg, Sohn e. luther. Pfarrers, seit 1623 Thomasschule Leipzig; 1629–33 Stud. Medizin ebda., durch den Musikunterricht J. J. Scheins u. s. Freund G. Gloger von lat. zu dt. Dichtung geführt, durch die Bekanntschaft mit Opitz (1630) und Olearius zum Schaffen angeregt, 1631 zum Dichter gekrönt, 1633 Magister artium. 1633 durch Krieg und Pest nach Salitz vertrieben, Hofjunker und Truchseß der Gesandtschaft Herzog Friedrichs III. von Holstein-Gottorp nach Rußland und Persien. 1633 Antritt der Reise von Hamburg nach Moskau (Aug. 1634). 1635 in Reval, Verkehr im Haus des Kaufmanns Niehusen. März 1636 Antritt der gefahrvollen 2. Reise nach Isfahan/Persien (Aug. 1637), dort längerer Aufenthalt zur Anknüpfung von Handelsbeziehungen, 1639 zurück in Reval, Verlobung mit Anna Niehusen, 1639 über Hamburg nach Leiden; am 23. 1. 1640 Dr. med. ebda.; Rückkehr nach Hamburg, wo er sich als Arzt niederlassen wollte. Tod nach kurzer Krankheit. – Bedeutendster Opitz-Schüler und per-

sönlichster dt. Barocklyriker in dt. und lat. Sprache. Schrieb zuerst galante Lyrik im Zeichen des Petrarkismus; durchbrach dann als kraftvolle, unmittelbare lyr. Begabung die kühl distanzierte pathet. Gedanklichkeit Opitz' durch e. – trotz korrekter Formbindung – persönl., gefühlsmäßigen Unterton. Dem gesellschaftl. Opitz-Stil überlegen an dichter. Kraft, Frische, Lebensnähe und e. zukunftweisenden Persönlichkeitsbewußtsein. Gleichgewicht von Verstand und Gefühl. In der Erlebnisnähe bes. s. Liebeslyrik Vorläufer J. Chr. Günthers. Weltl. Gedichte: liedhafte Sonette, Epigramme, Liebes- und Trinklieder, Freundschafts- und Vaterlandsoden, Fest- und Gelegenheitsdichtungen und Bekenntnisgedichte von männl. Lebenshaltung; geistl. Lieder von schlichter, gottergebener Frömmigkeit und christl. Stoizismus (›In allen meinen Taten‹).

W: Davids, Des Hebreischen Königs und Propheten Bußpsalme, Und Manasse, des Königs Juda Gebet, Übs. 1631; Klagegedichte Über das unschüldigst Leiden und Todt unsers Erlösers Jesu Christi, 1632; Poetischer Gedichten ... Prodromus, 1641; Teutsche Poemata, 1642 (n. 1969; u. d. T. Geist- und Weltliche Poemata, 1651 u. ö.). – Dt. und Lat. Gedichte, hg. J. M. Lappenberg III 1863–65 (BLV, n. 1965–69); Ausw. J. Tittmann, 1870; Ausgew. lat. Gedichte, d. C. Kirchner 1901.
L: G. Ruegenberg, Diss. Köln 1939; K. A. Findeisen, 1939; L. Beck-Supersaxo, D. Sonette P. F.s, 1956; H. Pyritz, P. F.s Liebeslyrik, ³1963; E. Dürrenfeld, P. F. u. J. Ch. Günther, Diss. Tüb. 1964; A. M. Carpi, Mail. 1973.

Flesch-Brunningen, Hans (eig. Johannes Evangelista Luitpold Flesch Edler von Brunningen, Ps. Vincent Brun), 5. 2. 1895 Brünn – 1. 8. 1981 Bad Ischl; Jugend in Wien, Dr. jur., im 1. Weltkrieg Artillerist, dann in Italien, Frankreich, 1928 Berlin, 1934 Emigration über Amsterdam nach London, Rundfunkkommentator ebda., 1963 Rückkehr nach Wien. – Weltläufiger österr. Lyriker und bes. Erzähler im Gefolge des Expressionismus.

W: Das zerstörte Idyll, Nn. 1917; Die Amazone, R. 1930; Vertriebene, Sb. 1933; Alcibiades, R. 1935; Perlen und schwarze Tränen, R. 1948; Die Teile und das Ganze, R. 1969; Die Frumm, R. 1979.

Flex, Walter, 6. 7. 1887 Eisenach – 15. 10. 1917 Insel Oesel, Sohn e. Gymnasialprof., 1906 Stud. Germanistik und Philos. Erlangen und Straßburg; Dr. phil., 1910 Hauslehrer des Enkels von Bismarck, 1914 Kriegsfreiwilliger, fiel als Kompanieführer bei Erstürmung der Insel Oesel. – Vertreter der idealist. Kriegsfreiwilligen des 1. Weltkrieges; epigonaler Neuromantiker, bedeutender als Erzähler, weniger mit an Schiller geschulten hist. Dramen und mit Kriegsgedichten im Stile Th. Körners und Arndts. Verbindung von kompromißlosem Idealismus mit hohem Patriotismus. Ideal e. neuen Menschen, der aus Vereinzelung zur neuen Gemeinschaft findet. Die Übereinstimmung von Leben und Werk, F.' sittl. Unbedingtheit und menschl. Lauterkeit haben den Frühvollendeten zum Leitbild der Jugendbewegung und Wandervogel gemacht und s. Werk e. Widerhall bereitet, der in keinem Verhältnis zum lit. Wert steht. F.' Bekenntnisbuch ›Der Wanderer zwischen beiden Welten‹ wurde zum Brevier der idealist. Jugend nach dem 1. Weltkrieg.

W: Demetrius, Tr. 1909; Im Wechsel, G. 1910; Klaus von Bismarck, Tr. 1913; Zwölf Bismarcks, Nn. 1913; Vom großen Abendmahl, G. 1915; Sonne und Schild, G. 1915; Im Felde zwischen Nacht und Tag, G. 1917; Der Wanderer zwischen beiden Welten, Schr. 1917; Wallensteins Antlitz, Nn. 1918; Wolf Eschenlohr, R.-Fragm. 1919; Lothar, Dr. 1920. – GW, II 1925; Briefe, 1927.
L: J. Klein, 1928; R. Zimprich, 1933; K. Flex, ²1940; E. G. Zwahlen, 1941.

Flügel, Heinz (Karl Ernst), * 16. 3. 1907 São Paulo/Brasil., Jugend in Helsinki und Berlin, 1926–1932 Stud. Philos. Berlin, Kiel; Verlagslektor, seit 1932 freier Schriftsteller, 1946 Redakteur am ›Hochland‹, 1949 Studienleiter Evangel. Akad. Tutzing, 1951–60 Hrsg. des ›Eckart‹. – Lyriker, Erzähler, Essayist und bes. Dramatiker und Hörspielautor aus evangel.-christl. Geist; Verschmelzung szen. Effekte mit theolog. Reflexion ohne klerikales Pathos.

W: Verzauberte Welt, Nn. 1937; Wölund, Tr. 1938; Albwin und Rosimund, Tr. 1939; Finnische Reise, Ess. 1939; Ein Feuer auf Erden, Ess. 1941 (u. d. T. Mensch und Menschensohn, 1947); Tragik und Christentum, Ess. 1941; Geschichte und Geschicke, Ess. 1946; Schalom, Dr. 1953; Gestalten der Passion, H. 1958; Im Vorfeld des Heils, H. 1960; Der Hahnenschrei, H. 1962; Herausforderung durch das Wort, Ess. 1962; Konturen des Tragischen, Ess. 1965; An Gott gescheitert, Spp. 1967; Die Botschaft des Partisanen, Ess. 1969; Grenzüberschreitungen, Ess. 1971; Bekenntnis zum Exodus, Ess. 1983; Zwischen den Linien, Aufz. 1987.
L: Benennen u. Bekennen, Fs. H. F., 1972 (m. Bibl.).

Fock, Gorch (eig. Hans Kinau), 22. 8. 1880 Finkenwerder bei Hamburg – 31. 5. 1916 in der Skagerrak-Seeschlacht, Sohn e. Hochseefischers; Kaufmannslehre, Gehilfe in Geestemünde, dann Bremerhaven, Buchhalter in Meiningen, Bremen, Halle, seit 1906 Buchhalter der Hamburg-Amerika-Linie Hamburg, 1914 Kriegsfreiwilliger, März 1916 Matrose auf Kreuzer ›Wiesbaden‹. – Lyriker, Dramatiker und bes. realist. Heimaterzähler der ›Waterkant‹, der Atmosphäre von Seefahrt, Fischerleben und Hafenwelt und insbes. des Meeres, das den Menschen zum Schicksal

wird. Teils heiterer, teils dunkel-
schwermüt. Ton; gemütvoll-der-
ber Humor und Gedankentiefe
(Tagebücher), sparsame Sprache
und knappe Gestaltung. Hochdt.
Erzählwerke mit meist plattdt.
Dialogen.

W: Schullengrieper und Tungenknieper, En.
1911; Hein Godenwind, E. 1912; Seefahrt ist
not!, R. 1913; Fahrensleute, En. 1914; Ham-
borger Janmooten, En. 1914; Cili Cohrs, Sp.
1914; Sterne überm Meer, Tg. u. G. 1917; Ein
Schiff! Ein Schwert! Ein Segel!, Tg. 1934. –
SW, V 1925, ²1936; Briefe an A. Bussmann,
hg. H. Sieker 1971.
L: O. Riedrich, 1934; J. Kinau, 1935.

Förster, Karl August, 3. 4. 1784
Naumburg – 18. 12. 1841 Dres-
den, Pfarrerssohn, 1800–03 Stud.
Leipzig, 1807 Prof. der dt. Spra-
che und Lit. Kadettenhaus Dres-
den, Mitgl. des Dresdner Lieder-
kreises, Freundschaft mit L.
Tieck. – E. der selbständigsten
Lyriker des Dresdner Kreises.
Wertvolle Übs. aus dem Ital.: Pe-
trarca 1818 f., Tasso 1821, Dantes
›Neues Leben‹ 1841.

W: Rafael, G. 1827; Gedichte, hg. L. Tieck II
1843.
L: L. Förster, Erinn. an K. A. F., 1875.

Folz, Hans, um 1440 Worms –
Januar 1513 Nürnberg, Barbier,
zuerst in Worms, ab 1479 in
Nürnberg, wo er evtl. e. eigene
Druckerei für s. Werke besaß. –
Bedeutender Reformator des
Meistersangs durch die Neue-
rung, daß man neben den Tönen
der 12 alten Meister auch neue
erfinden durfte (später Voraussetzung für den Meistertitel), erfand
selbst 27 Töne. Meistersinger von
großer Gelehrsamkeit, stoffl.-
techn. Anreger für H. Sachs.
Strenge Meisterlieder vorwiegend relig. Inhalts: Marienkult
und theolog. Fragen; weltl. nur
über Formprobleme des Meistersangs. Spruchgedichte meist lehr-

haft-moral., teils relig., teils
prakt.-alltägl. Inhalts bis zur gereimten ärztl. Fachschrift.
Schwänke von derbdrast. Realismus und volkstüml. Ton, z. T.
Verreimung bekannter Motive,
mit Schlußmoral in Form e. Allegorie. In den 7–8 ihm zuzuschrei-
benden Fastnachtsspielen lebendi-
gere Fortsetzung der Tradition
von Rosenplüt in gewandterem
Aufbau, glatterer Sprach-, Vers-
und Dialogtechnik. Sinn für
Wort- und Situationskomik;
derbsatir. Schilderung des üppigen Lebens s. Zeit aus freier Aufgeschlossenheit gegenüber dem
Volksleben.

A: A. v. Keller, Fastnachtsspiele, IV 1853–58;
bes., Erzählungen, 1855; Von der Pestilenz,
hg. E. Martin 1879; Von allen paden, Faks. P.
Heitz 1896; Meisterlieder, hg. A. L. Mayer
1908 (n. 1970); Die Reimpaarsprüche, hg. H.
Fischer 1962.
L: W. Hofmann, 1933; R. Henss, 1934; F.
Langensiepen, Tradition u. Vermittlung,
1980.

Fontana, Oskar Maurus, 13. 4.
1889 Wien – 4. 5. 1969 ebda.,
Sohn e. Dalmatiners, Kindheit in
Knin/Dalmat., dreisprach. Erziehung, Stud. Wien, im 1. Weltkrieg Offizier, dann Journalist,
Theaterkritiker und freier
Schriftsteller, nach 1945 Chefredakteur versch. Wiener Tageszei-
tungen, Prof. h. c., Univ. Lektor,
Leiter der ›Österr. Buchgemein-
schaft‹. – Begann mit neuromant., dann expressionist. Bühnendichtungen, wurde mit s. Anthologie ›Aussaat‹ (1916) Sammelpunkt des Wiener Expressionismus, ging dann als Erzähler
zum Realismus über.

W: Das Märchen der Stille, Dr. 1910; Die
Milchbrüder, K. 1913; Erweckung, R. 1918
(u. d. T. Die Türme des Beg Begouja, 1946);
Marc, Dr. 1918; Empörer, Nn. 1920;
Triumph der Freude, Dr. 1920; Insel Ele-
phantine, R. 1924 (u. d. T. Katastrophe am
Nil, 1947); Hiob der Verschwender, K. 1925;

Gefangene der Erde, R. 1928; Gefährlicher Sommer, Nn. 1932; Der Weg durch den Berg, R. 1936; Sie suchten den Hafen, En. 1946; Wiener Schauspieler, Es. 1948; Der Engel der Barmherzigkeit, R. 1950; Der Atem des Feuers, R. 1954; Mit der Stimme der Sibylle, En. 1958; A. Skoda, B. 1962; H. Moser, B. 1965.

Fontane, Theodor, 30. 12. 1819 Neuruppin – 20. 9. 1898 Berlin, Apothekerssohn aus e. in Preußen einheim. gewordenen Hugenottenfamilie: 1827, im achten Lebensjahr, Übersiedlung mit den Eltern nach Swinemünde; April 1832 Gymnas. Neuruppin, Herbst 1833 Gewerbeschule Berlin, Wohnung beim leichtsinnigen Stiefonkel; Ostern 1836 – Herbst 1840 Apothekerlehrling Berlin, Dez. 1839 Gehilfenprüfung ebda., dann Gehilfe: 1840 Burg a. d. Ihle, 1841 in Leipzig (erste Beziehungen zur Lit.), 1842 in Dresden, 1843 wieder in Leipzig. 1844 Dienstzeit bei den Kaiser-Franz-Grenadieren Berlin, Sommer 1844 2wöch. Urlaubsreise in England, dann Apotheker in Berlin. 1844 in den von Saphir gegr. Dichterkreis ›Tunnel über der Spree‹ eingeführt. 1847 Pharmazeutenexamen, 1848–49 Pharmazie-Ausbilder für 2 Krankenschwestern. Aufgabe des Apothekerberufs Okt. 1849. Diätar im lit. Büro e. Ministeriums (mit Unterbrechungen bis 1859), harte Arbeit und ständige wirtschaftl. Schwierigkeiten. 16. 10. 1850 ⚭ Emilie Rouanet-Kummer; Verkehr bei F. Kugler. 1852 als Berichterstatter für die ›Preuß. Zeitung‹ in London, Balladenstud.; 1855–59 3. Englandaufenthalt als Berichterstatter Manteuffels und Leiter von dessen dt.-engl. Korrespondenz, Herbst 1858 Schottlandreise. 1860–70 Redakteur des engl. Teils der konservativen ›Kreuz-Zeitung‹ Berlin. Ab. 1862

Mark-Wanderungen; Kriegsberichter der Feldzüge von 1864, 1866 und 1870/71. 1870 durch Freischärler beim Besuch der Jeanne d'Arc-Stätte Domremy als mutmaßl. Spion gefangengenommen, Haft in Besançon und Insel Oléron, durch Intervention Bismarcks freigelassen. 1870 – Ende 1889 Theaterkritiker für das Kgl. Schauspielhaus bei der ›Vossischen Zeitung‹ Berlin. 1871 2. Frankreichreise. Herbst 1874 und 1875 Italienreise ohne tiefere Eindrücke. 1876 Sekretär der Akad. der Künste Berlin, dann freier Schriftsteller. 1894 Dr. phil. h. c. Berlin. Bis ins hohe Alter produktiv. – Als urbaner Erzähler und Balladendichter Vollender des dt. Spätrealismus. Begann mit wehmütiger Lyrik und errang Erfolge mit s. herb-volkstüml. Balladen nach schott.-engl. Vorbild aus schott.-engl. Gesch. und Gegenwart oder um preuß.-heimatl. Gestalten in herzhaftem lakon. Stil. Betonung seel. Spannungen. Gab anmutig plaudernde Wanderbücher aus Verbindung von Menschen- u. Landschaftsschilderung mit Gesch. und Volkskunde; Entdecker der Schönheit der Mark. Wandte sich erst mit dem reifen Verständnis des 60jährigen dem Roman zu; zuerst hist. Romane unter Einfluß Scotts und Alexis', fand mit 70 Jahren zu s. eigentl. Domäne des realist. Gesellschaftsromans aus Berliner und märk. Umwelt (Adel und Bürgertum) um Liebes- und Eheproblematik, Ehrbegriffe und soziale Fragen. Diesseitsgläubige, illusionslose und gänzl. unpathet. Wirklichkeitsdarstellung; Ausweichen vor großen Stoffen und großem Stil. Scharfe Beobachtung und fein abgestufte Menschendarstellung; trockener Hu-

mor, weise Ironie und skept. Resignation neben echter, verste-
hender Güte für die menschl.
Schwäche bis zu e. eth. Nihilismus. Meister der Milieudarstellung und der indirekten Charakteristik im geistreich bewegten, in-
dividuell nuancierten Dialog; inneres Geschehen überwiegt äußere Handlung. Trotz scheinbarer
Natürlichkeit gepflegte Prosa und
kunstvolle Komposition. Im reifen, abgeklärten Altersstil Vorliebe für Reflexion und Maximen;
Handlung fast nur Anlaß zu Gesprächen (›Stechlin‹). Starker Einfluß auf Th. Mann. Als Theaterkritiker aufgeschlossen für moderne Strömungen; Eintreten für
Ibsen und Hauptmann. F.-Archiv
Potsdam.

W: Männer und Helden, G. 1850; Romanzen
von der schönen Rosamunde, G. 1850; Gedichte, 1851; Ein Sommer in London, Reiseb.
1854; Aus England, St. 1860; Jenseits des
Tweed, Reiseb. 1860; Balladen, 1861; Wanderungen durch die Mark Brandenburg, IV
1862 bis 1882; Vor dem Sturm, R. IV 1878;
Grete Minde, R. 1880; Ellernklipp, R. 1881;
L'Adultera, N. 1882; Schach von Wuthenow,
E. 1883; Graf Petöfy, R. 1884; Unterm Birn-
baum, R. 1885; Cécile, R. 1887; Irrungen
Wirrungen, R. 1888; Stine, R. 1890; Quitt, R.
1891; Unwiederbringlich, R. 1891; Frau Jenny Treibel, R. 1892; Meine Kinderjahre, Aut.
1894; Effi Briest, R. 1895; Die Poggenpuhls,
R. 1896; Von Zwanzig bis Dreißig, Aut.
1898; Der Stechlin, R. 1899. – Wke, Schriften
u. Briefe, hg. W. Keitel XX 1961–84; SW,
XXXIX 1959 ff.; GW, XXII 1905–11; Briefe
an s. Familie, II 1905; an seine Freunde, II
²1925; Briefw. m. P. Heyse, 1929; m. B.
Lepel, hg. J. Petersen II, 1940; Briefe an die
Freunde, 1943; Briefw. m. Th. Storm, hg. E.
Gülzow 1948, hg. J. Steiner 1981; Briefe an G.
Friedländer, hg. K. Schreinert 1954; Briefe,
hg. K. Schreinert IV 1968–72; Briefe an Rodenberg, hg. H.-H. Reuter 1969, an H. Klet-
ke, hg. H. Nürnberger 1969, an W. u. H.
Hertz, 1972; Reisebriefe vom Kriegsschauplatz Böhmen 1866, hg. Ch. Andree 1973; D.
Fontanes u. d. Merckels, Br., hg. G. Erler II
1986; D. Briefe F.s, Register, hg. W. Müller-
Seidel u. a. 1987.
L: C. Wandrey, 1919 (m. Bibl.); H. Maync,
1920; K. Hayens, Lond. 1920; G. Kricker,
1921, u. 1973; M. Krammer, 1922; H. Spiero,
1928; H. W. Seidel, 1941; H. Ritscher, 1953;
H. Fricke, F.-Chronik, 1960; J. Schillemeit,

1961; H. Roch, 1962, ²1985; ; J. Remak, Syra-
cuse, 1964; K. Richter, Resignation, 1966; V.
J. Günther, D. Symbol i. erz. Werk F.s, 1967;
J. Thanner, D. Stilistik T. F.s, Haag 1967; H.
Nürnberger, 1968; H. Ohl, Bild u. Wirklich-
keit, 1968; H.-C. Sasse, Oxf. 1968; H.-H.
Reuter, II 1968; Ders., 1969; K. Attwood, F.
u. d. Preußentum, 1970; I. Mittenzwei, D.
Sprache als Thema, 1970; F.s Realismus, hg.
H.-E. Teitge 1972; P. Demetz, Formen des
Realismus: T. F., ³1973; K. Mommsen, Ge-
sellschaftskritik bei F. und T. Mann, 1973; T.
F. (üb. s. Dichtgn.), hg. R. Brinkmann II
1973; U. Kahrmann, Idyll i. Roman, 1973; T.
F., hg. W. Preisendanz 1973; H. Greter, F.s
Poetik, 1973; F. Aust. 1974; H. Nürnberger,
D. frühe F., ²1975; B. Neumeister-Taroni,
1976; A. R. Robinson, Cardiff 1976; R.
Brinkmann, ²1977; U. Tontsch, D. Klassiker
F., 1977; H. Scholz, 1978; K.-H. Gärtner,
1978; U. Hass, 1979; K. Schober, 1980; H.
Garland, The Berlin novels of T. F., Oxf.
1980; E. Verchau, 1980; H. Aust. hg. 1980;
Ch. Grawe, Führer durch d. Romane F.s,
1980; W. Müller-Seidel, ²1980; A. Bance,
Cambr. 1982; C. Jolles, F. u. d. Politik, 1983;
dies., ³1983; H. Ahrens, 1985; G. Sichel-
schmidt, 1986; G. Loster-Schneider, 1986;
H.-J. Schmelzer, D. junge F., 1987.

Forbes-Mosse, Irene, 5. 8. 1864
Baden-Baden – 26. 12. 1946 Ville-
neuve/Genfer See, Tochter Graf
Flemmings, Enkelin der Bettina
von Arnim, ⚭ 1884 R. Graf Orio-
la, ⚭ 1896 engl. Major F.-M.,
1904 verwitwet. Lebte bis 1913 in
Dtl., 1914 Maiano b. Florenz,
dann am Chiemsee und ab 1931
am Genfer See. – Gefühlvolle,
vornehme Erzählerin und Lyrikerin der Neuromatik mit Vorliebe
für zarte Stimmen und feine seel.
Zwischentöne.

W: Mezzavoce, G. 1901; Peregrina's Sommerabende, G. 1904; Das Rosenthor, G.
1905; Berberitzen, En. 1910; Der kleine Tod,
Sk. 1912; Die Leuchter der Königin, En.
1913; Laubstreu, G. 1923; Gabriele Alwey-
den, R. 1924; Ausgewählte alte und neue
Gedichte, 1926; Don Juans Töchter, Nn.
1928; Kathinka Plüsch, R. 1930; Das werbende Herz, Nn. 1934; Ferne Häuser, En. 1953.
L: I. Zeggert, Diss. Freib./Br. 1955.

Forestier, George → Krämer,
Karl Emerich

Forster, Friedrich (eig. Waldfried
Burggraf), 11. 8. 1895 Bremen –

1. 3. 1958 ebda., Schauspieler 1913 bis 1917 Meiningen, 1918–21 Würzburg, 1922–27 Spielleiter und Dramaturg Nürnberg, 1933–37 Schauspieldirektor München, seit 1938 freier Schriftsteller in Schlehdorf/Kochelsee. – Bühnenpraktiker mit Schauspielen von flüssigem Dialog, gekonnter dramaturg. Technik und Bühnenwirkung mit ergiebigen Schauspielerrollen. Anfangserfolge mit der Schülertragödie ›Der Graue‹ und dem Volksstück ›Robinson‹, später Märchenspiele, hist. Dramen, Lustspiele, Bearbeitungen älterer Stoffe und zeitkrit. Stücke.

W: Prinzessin Turandot, Opte. 1925; Sermon der alten Weiber, Sp. 1928; Der Graue, Dr. 1931; Robinson soll nicht sterben, Vst. 1932; Alle gegen Einen, Einer für alle, Wasa-Dr. 1933; Die Weiber von Redditz, Lsp. 1935; Ariela, Lsp, 1940; Gastspiel in Kopenhagen, Dr. 1940; Die Liebende, Medea-Dr. (1949).

Forster, Georg, um 1514 Amberg – 12. 11. 1568 Nürnberg, Arzt ebda. – Hrsg. e. Sammlung von Volks- und Gesellschaftsliedern s. Zeit in 5 Bänden ›Frische teutsche Liedlein‹ 1539–56 (n. NdL 1903) zur Hebung des Volksgesangs. Bedeutendstes Sammelwerk des älteren dt. Volksliedes, Quelle des ›Wunderhorns‹.

L: H. Kallenbach, 1931; K. Harpprecht, 1987.

Forster, Johann Georg(e) Adam, 27. 11. 1754 Nassenhuben b. Danzig – 10. 1. 1794 Paris, Sohn des Pfarrers und späteren Naturforschers Johann Reinhold F., Reise mit ihm 1765 nach Rußland, dann in London Sprachlehrer, Übersetzer und Tuchhandelslehrling; 1772–75 als Begleiter s. Vaters Teilnehmer der 2. Weltreise Cooks, 1777 Besuch in Paris, 1778 über Holland nach Dtl.; 1778 Prof. für Naturgesch. Kassel;

1784–87 Prof. in Wilna, ⚭ 1785 Therese Heyne; 1788 Bibliothekar in Mainz; 1790 Reise mit A. v. Humboldt: Belgien, Holland, England, Paris. Begeisterter Anhänger der franz. Revolution, 1792 Anschluß an den revolutionären Mainzer Jakobinerklub, 1. 1. 1793 dessen Präsident, Vizepräsident der provis. Administration. 1793 verläßt ihn s. Frau. März 1793 Mainzer Abgesandter im rhein.-dt. Nationalkonvent, dessen Abgesandter in Paris, wo er vor der Nationalversammlung den Anschluß des linken Rheinufers an Frankreich fordert; in Dtl. als Landesverräter geächtet. Tod in Armut. – Reiseschriftsteller in klass. Prosa; Schöpfer der dt. Landschaftsschilderung mit lebendiger Darstellungskunst, frischer Erlebniskraft und scharfer Beobachtung von Landschaft, Kunst und Volksleben. Verschmelzung von Herders Ideen und romant. Gedankengut; sicherer Blick für den Kulturstand der Naturvölker. Durch s. ›Reise um die Welt‹ mit Darstellung der Primitivvölker wie s. ›Ansichten vom Niederrhein‹ mit Eintreten für got. Baukunst Anreger für Kulturgesch., Geographie und Anthropologie.

W: A voyage towards the South Pole and round the world, II 1777 (J. R. Forsters und G. F.s Reise um die Welt, d. II 1778–80); Kleine Schriften, VI 1789–97; Ansichten vom Niederrhein, III 1791–94. – Sämtl. Schriften, IX 1843; Sämtl. Schriften, Tagebücher, Briefe, XX 1958ff.; Werke, IV 1968–71; Werke, II 1968; Briefwechsel, II 1829; Tagebücher, hg. P. Zincke, A. Leitzmann 1914.

L: W. Langewiesche, 1923; P. Zincke, 1926, n. 1974; H. Reintjes, Weltreise n. Dtl., 1953; H. M. Thoma, 1954; K. Kersten, Der Weltumsegler, 1957; W. Rödel, F. u. Lichtenberg, 1960; H. Miethke, 1961; L. Uhlig, 1965; R. R. Wuthenow, Vernunft u. Republik, 1970; T. P. Saine, N. Y. 1972; E. Schirok, G. F. u. d. Franz. Revolution, 1972; M. Gilli, Paris 1975; G. Steiner, 1977; U. Enzensberger, 1979; H. Hübner, hg. 1981; G. Pickerodt, hg. 1982; D. Rasmussen, D. Stil G. F.s, 1984.

Forster-Burggraf, Friedrich →
Forster, Friedrich

Fort, Gertrud von Le → Le Fort,
Gertrud von

Forte, Dieter, *14. 6. 1935 Düsseldorf, Fernsehmitarbeiter, -lek-
tor und Regieassistent, dann freier
Schriftsteller in Düsseldorf und
Basel als Mitarbeiter des Theaters
ebda. – Dramatiker, der in histor.
Stoffen mit Theatersinn und treffsicherer Pointierung den Problemen von Kapitalismus und Macht
nachgeht: Aktualisierung und
Verzerrung der Historie zum sozialen Lehrstück.

W: Die Wand, H. (1965); Porträt eines Nach-
mittags, H. (1967); Der Wächter des Wales,
H. (1969); Nachbarn, FS-Sp. (1970); Martin
Luther und Thomas Münzer, Dr. 1971; Wei-
ße Teufel, Dr. (1972, nach J. Webster); Ceno-
doxus, Dr. (1972, n. J. Bidermann); Die
Durchführung der Buchhaltung, Dr. (1974);
Jean Henri Dunant, Dr. 1978; Kaspar Hausers
Tod, Dr. 1979; Fluchtversuche, FSspp. 1980;
Das Labyrinth der Träume, Dr. 1983.

Fortunatus, dt. Volksbuch, um
1480 wohl von e. Augsburger
Kaufmann aus allerlei Motiven
bewußt gestaltet, Erstdruck
Augsburg 1509 (Faks. 1974).
Bunte Stoffülle von abenteuerl.
Reiseerlebnissen mit alten
Schwank- und Zaubermotiven:
Segen und Verderb des nie versie-
genden Glückssäckels und des an
jeden beliebigen Ort versetzenden
Wunschhütleins, die F. Glück, s.
Söhnen Unglück bringen. Bürgerl.-kaufmänn. Moral: Warnung
vor Zauberei und Überheblich-
keit. Fortleben des Stoffes bei H.
Sachs 1553, Th. Dekker 1600 (danach engl. Komödianten und
Puppenspiele), A. W. Schlegel
1800, Chamisso 1806, Tieck
(›Phantasus‹ III) 1815 f., Uhland
1820, F. Hebbel 1832, Bauernfeld
1935, O. Flake 1946 ff.

A: H. Günther 1915 (NdL 240 f.); F. Podleis-
zek (DLE Rhe. Volksbücher 7, 1933); H.-G.
Roloff 1981; nhd. G. Schneider, E. Arndt
1963.
L: B. Lazár, 1897; F. Gundelfinger, 1903; H.
Günther, Diss. Freib. 1914; S. Sachse, Diss.
Würzb. 1955; R. Wiemann, 1971; W. Raitz,
1973 u. 1984.

Fouqué, Friedrich Baron de la
Motte (Ps. Pellegrin), 12. 2. 1777
Brandenburg/Havel – 23. 1. 1843
Berlin, altadl. hugenott. Ge-
schlecht; Kindheit ab 1781 in Sa-
crow b. Potsdam, ab 1788 Ritter-
gut Lenzke b. Fehrbellin; 1794
preuß. Kornett im Rheinfeldzug;
1795 Bekanntschaft mit H. v.
Kleist. 9. 1. 1803 ⚭ Karoline von
Briest, gesch. von Rochow, Erzählerin, dann auf Karolines Gut
Nennhausen b. Rathenow, oft in
Berlin, Mitgl. des Nordsternbun-
des und 1811 der Christl.-dt.-
Tischgesellschaft. 1813 Leutnant,
dann Rittmeister der freiw. Jäger,
Teilnahme an zahlr. Schlachten;
reichte auf dringendes Anraten s.
Arztes vor Einzug in Frankreich s.
Abschied ein. Ab 1831 Privatvor-
lesungen über Gesch. der Zeit und
Poesie in Halle; nach Tod Karolines (1831) ⚭ 1832 Albertine Tode, Erzählerin; 1840 von Friedrich
Wilhelm IV. nach Berlin berufen,
ebda. mit L. v. Alvensleben Hrsg.
der ›Zeitung für den dt. Adel‹
(1840–42). – Romant. Erzähler,
Dramatiker und Lyriker, Erneuerer altdt. Kulturguts, altnord.
Mythologie und ma. Rittertums.
Verherrlichte aus romant.-heroi-
scher und sentimental-idyll. Perspektive german. Altertum, ritterl. Standestugenden, Heldentum und romant. Wundersucht.
Erzähler von Ritterromanen in
rein stoffl. Auffassung des Romantischen; ging durch Vielschreiberei in Trivialisierung unter; dichter. Stimmung nur in s.
naturphilos. Kunstmärchen (›Un-

dine‹, Oper von E. T. A. Hoffmann 1816, A. Lortzing 1845, W. Fortner 1966, Ballett von H. W. Henze 1966); Mythisierung des ma. Europa im ›Zauberring‹. Dramen aus german.-dt. Sagenstoffen nach Vorbild der griech. Tragödie: ›Der Held des Nordens‹ 1. Dramatisierung der Nibelungensage nach H. Sachs, durch Rückgriff auf nord. Überlieferung Vorbild R. Wagners. Relig. Gedichte. Volkstüml. das Soldatenlied ›Frisch auf zum fröhl. Jagen‹.

W: Dramatische Spiele, 1804; Ritter Galmy, R. II 1806; Sigurd, der Schlangentödter, Dr. 1808; Der Held des Nordens, Dr.-Tril. 1810; Eginhard und Emma, Dr. 1811; Undine, E. 1811; Dramatische Dichtungen für Deutsche, 1813; Der Zauberring, R. III 1813 (n. 1984); Corona, Ep. 1814; Kleine Romane, VI 1814–19; Sintram und seine Gefährten, E. 1815; Die Fahrten Thiodolfs des Isländers, R. II 1815; Gedichte, V 1816–27; Heldenspiele, 1818; Die Sage von dem Gunlaugur, E. 1826; Mandragora, N. 1827; Lebensgeschichte, Aut. 1840 (n. 1930); Abfall und Buße, R. III 1844; Geistliche Gedichte, 1846. – Ausw., XII 1841; Werke, Ausw., hg. W. Ziesemer 1908, n. 1973; hg. C. G. v. Maaßen, II 1922; Romant. En., hg. G. Schulz 1977; Sämtl. Romane u. Novellenbücher, hg. W. Möhrig XV 1985ff.; Briefe an F., 1848 (n. 1968).
L: L. Jeuthe, F. als Erzähler, Diss. Bresl. 1910; A. Schmidt, ²1960, n. 1975; F. R. Max, D. Wald d. Welt, 1980; E. C. Seibicke, 1985.

Francé-Harrar, Annie (eig. A. Francé), 2. 12. 1886 München – 23. 1. 1971 Hallein/Österr., Tochter e. poln., nach Sibirien verbannten Malers, Stud. Medizin und Biologie München, ⚭ 1924 den Biologen Raoul Francé, weite Reisen in alle Kontinente, wohnte in Dinkelsbühl, Salzburg, Graz, im 2. Weltkrieg in Ungarn und Dubrovnik/Dalmat., nach 1945 Seewalchen/Attersee, dann Mexiko, zuletzt Hall/Salzburg. Mitarbeiterin am naturphilos. Lebenswerk ihres Gatten. – Vf. von popularwiss. Werken über naturwiss.-kulturgesch. Grenzgebiete,

biolog. Studien, Lyrik, Romanen, Novellen, Dramen und Reisebüchern.

W: Die Kette, G. 1912; Land der Schatten, R. 1913; Die Hölle der Verlorenen, R. 1915; Die Feuerseelen, R. 1920; Das Goldtier R. 1922; Die Hand hinter der Welt, R. 1923; Schattentanz, Nn. 1923; Die Tragödie des Paracelsus, Abh. 1924; Haifische um May Lou, R. 1929; Schweighausen, R. 1935; Der Wunderbaum, Ess. 1937; Der Hof im Moor, R. 1939; Und eines Tages, R. 1940; Der gläserne Regen, R. 1948; Mensch G.m.b.H., E. 1949; So war's um 1900, Erinn. 1962; Ich, das Tier, lebe so, Sk. 1966; Frag nicht, woher die Liebe kommt, R. 1967.

Franchy, Franz Karl, 21. 9. 1896 Bistritz/Siebenbürgen – 20. 2. 1972 Wien; 1915–18 Reserveoffizier, Stud. Germanistik Klausenburg und Debreczin, dann 1922–28 Mittelschullehrer, 1929–30 Journalist, seit 1931 freier Schriftsteller in Wien. – Dramatiker mit hist. und Gegenwartsdramen aus der Alpenwelt; später mehr Romane von eth. Gehalt mit dramat. Konflikten.

W: Die Mafta, E. 1940; Maurus und sein Turm, R. II 1941; Spießer und Spielmann, R. 1948; Abel schlägt Kain, R. 1951; Ankläger Mitmann, R. 1952; Berufene und Verstoßene, R. 1952; Die vielen Tage der Ehe, R. 1953; Die Brandgasse, R. 1964.

Franck, Hans, 30. 7. 1879 Wittenburg/Meckl. – 11. 4. 1964 Frankenhorst/Meckl., 1901–11 Volksschullehrer in Hamburg, dann Schriftsteller, 1914–21 Dramaturg bei Louise Dumont in Düsseldorf, Leiter der Hochschule für Bühnenkunst und Hrsg. der Theater-Zs. ›Masken‹ ebda. Seit 1922 freier Schriftsteller auf s. Gut Frankenhorst b. Wickendorf am Ziegelsee. – Begann unter Eindruck Hebbels mit neuklass. Ideendramen und entwickelte sich in Nachfolge W. Schäfers zum Meister der Anekdote, Kurzgeschichte und Novelle in straff durchkomponierter Form; Fülle der Motive bes. um das Verhältnis der Geschlechter und um Verwirrung der Gefühle; prägnant zugespitzte, z. T. konstruierte Fälle; Verbindung psycholog. Einfühlung und e. bohrenden Rationalismus mit myst. Gefühlskomplexen: Pantheismus. Lösung des Widerspruchs von Mensch und Welt durch Liebe, Gottsuche als Selbstverwirklichung. Im Spätwerk vielgelesene, durchschnittl. Romane, bes. freie Romanbiographien bedeutender Persönlichkeiten. Stark gedankl., sprachl. spröde Lyrik.

W: Der Herzog von Reichstadt, Tr. (1910); Thieß und Peter, R. 1910 (u. d. T. Tor der Freundschaft, 1929); Herzog Heinrichs Heimkehr, Dr. 1911; Godiva, Dr. 1919; Freie Knechte, Dr. 1919; Das Pentagramm der Liebe, Nn. 1919; Siderische Sonette, 1920; Opfernacht, Dr. 1921; Das dritte Reich, R. 1922 (u. d. T. Die Stadt des Elias Holl, 1938); Die Südseeinsel, N. 1923; Gottgesänge, G. 1924; Meta Koggenpoord, P.–Modersohn-R. 1925; Kanzler und König, Struensee-Tr. 1926; Klaus Michel, Dr. 1926; Minnermann, R. 1926; Septakkord, Nn. 1926; Der Regenbogen, En. 1927; Recht ist Unrecht, Nn. 1928; Zeitenprisma, Nn. 1932; Eigene Erde, R. 1933; Die richtige Mutter, R. 1933; Reise in die Ewigkeit, Hamann-R. 1934; Der Kreis, G. 1935; Die Pilgerfahrt nach Lübeck, Bach-N. 1935; Die Geschichte von den beiden gleichen Brüdern, R. 1936; Annette, Droste-R. 1937; Die Krone des Lebens, R. 1939; Der Wald ohne Ende, R. 1941; Sebastian, Franck-R. 1949; Marianne, Goethe-R. 1953; Gedichte, 1954; Letzte Liebe, Goethe-R. 1958; Cantate, Bach-B. 1960; Ein Dichterleben in 111 Anekdoten, Aut. 1961; E. Barlach, B. 1961; Frühe Glocken, En. 1962; Der Scheideweg, R. 1963; Der Trompetenstoß, En. 1963; Friedemann, Bach-R. 1964; Du holde Kunst, En. 1964; Enden ist Beginn, G. 1964. – AW, II 1959.

Franck (von Wörd), Sebastian, 20. 1. 1499 Donauwörth – Herbst 1542 Basel, Stud. Theol. Ingolstadt und Heidelberg, 1524 kurzfristig kathol. Priester in Augsburg, 1527–29 evangel. Prediger in Gustenfelden b. Nürnberg, 1528 wegen s. undogmat. Christentums Bruch mit Luther,

Wendung zu Wiedertäufern, Schwenckfeld, Servet u. a. Sektierern; Niederlegung s. Predigtamtes, Herbst 1529 Schriftsteller in Straßburg, dort wegen s. Angriffe auf Fürsten, Adel und Staat in der ›Chronica‹ 1531 ausgewiesen; 1532 Seifensieder in Eßlingen; 1533–39 Buchdrucker und ab Herbst 1535 Verleger in Ulm, 1539 wegen urchristl. Bibelauslegung Ausweisung und Schriftenverbot; ab 1539 in Basel. – Moral-, Religions- und Geschichtsphilosoph der Reformationszeit unter Einfluß des spätma. Mystik. Verfechter e. freien, undogmat. und überkonfessionellen christlichen Frömmigkeit aufgrund seiner Anschauung von der unmittelbaren, individuellen Gotteserkenntnis, der Erleuchtung durch den Hl. Geist. Eintreten für Toleranz, gegen Erbsündenlehre, Standesunterschiede, Fürstenwillkür, Staatsgewalt, Krieg, Judenverfolgung. Als einsamer Denker und furchtloser Wahrheitssucher s. Zeit voraus und daher viel angefeindet. Als Historiker, Geograph und Sammler mehr genialer Kompilator als quellenkrit. Humanist, bezog die geschichtl. Ereignisse symbolisch auf Gott und Bibelwort und suchte in ihnen die Erscheinung Gottes. Durch s. persönl., ausdrucksvollen und lebendigen Predigtstil und volkstüml. Beredsamkeit e. der bedeutendsten dt. Prosaisten der Zeit. 1. Sammlung hoch- und niederdt. Sprichwörter; Übs. von Erasmus' ›Lob der Torheit‹ (1534, n. 1884).

W: Von dem greuwlichen laster der trunckenhait, Schr. 1528; Chronica unnd beschreibung der Türckey, 1530; Chronica Zeytbuch und geschycht bibel, III 1531; Weltbuch, 1534; Paradoxa, 1534 (n. H. Ziegler 1909, S. Wollgast 1966); Germaniae Chronicon, 1538; Die Guldin Arch, 1538; Das

Kriegs-Büchlein des Friedes, 1539 (n. H. Klink 1929, n. 1975); Sprichwörter, II 1541 (n. F. Latendorf 1876, n. 1970, n. W. Mieder 1987).
L: E. Tausch, Diss. Halle 1893; A. Reimann, 1921; H. Körner, 1934; W. E. Peuckert, 1943; M. Barbers, Toleranz b. S. F., 1964; H. Weigelt, 1972; C. Dejung, Wahrheit u. Häresie, 1980; Bibl.: K. Kaczerowsky, 1976.

Franckenberg, Abraham von, 24. 6. 1593 Ludwigsdorf b. Oels – 25. 6. 1652 ebda., Stud. Leipzig, Wittenberg, Jena, Frankfurt, dann zurückgezogenes Leben auf s. Gütern; ging 1642 nach Danzig, 1643 nach Holland, wieder Danzig, 1649 zurück nach Ludwigsdorf. – Myst. Erbauungsschriftsteller unter Einfluß J. Böhmes, dessen Popularisator, Hrsg. und Biograph. Alchemist., kabbalist., spekulative Schriften und schlichte Andachtsbücher; Kirchenlieder. Lehrer Angelus Silesius'. Freund Czepkos.
W: Andächtige Beht-Gesänglein, 1633; Gründlicher ... Bericht von dem Leben ... des J. Böhme, 1651; Via veterum sapientium, 1675; Mir Nach, 1675; Raphael oder Arzt-Engel, 1676 (n. 1924, Faks. 1926).
L: H. Schrade, Diss. Hdlbg. 1922; W. E. Peuckert, Diss. Bresl. 1926.

François, (Marie) Louise von, 27. 6. 1817 Herzberg/Sachsen – 25. 9. 1893 Weißenberg/Sachsen, Hugenottenfamilie, Tochter e. preuß. Majors, nach dem Tode ihres Vaters (1818) durch Konkurs des leichtsinnigen Vormundes um ihr Vermögen gebracht und vom Stiefvater nur mangelhaft unterrichtet; autodidakt. Bildung und frühe lit. Interessen. Zeitlebens in ärml. Verhältnissen. In Weißenfels Verkehr mit A. Müllner und der Schriftstellerin Fanny Tarnow, in deren Haus Bekanntschaft mit dem Offizier Graf Alfred von Görtz, mit dem die Verlobung (1834) jedoch nach endgültigem Vermögensverlust gelöst wird. 1848–55 im Hause

ihres Onkels General Karl v. F. in Minden, Halberstadt und Potsdam, nach dessen Tod 1855 zur Pflege der nervenkranken Mutter und des erblindenden Stiefvaters in Weißenfels, wo sie zur Linderung der Not ihr erzähler. Talent entfaltet, zunächst in Zss.-Novellen, dann in Romanen. Briefwechsel mit M. v. Ebner-Eschenbach (seit 1880) und C. F. Meyer (seit 1881). Seit 1883 Reisen, u. a. zu C. F. Meyer, nach Wiesbaden, Berlin, an den Rhein und Genfer See. – Bedeutende spätrealist. Erzählerin meist hist. Stoffe in herbmännl., ruhigem Stil und christl.-moral. Gesinnung; echte Schicksals- und Charaktergestaltung und scharfe Beobachtung mit kaum merkl. Standesbedingtheit, menschl. Wärme und Sympathie mit jeder Form sozialen Elends. In ihren Zeitgemälden des 19. Jh. Nähe zu Fontane, doch stärker in der klass. Erzähltradition des 18. Jh. wurzelnd. Durch G. Freytag breiteren Kreisen bekanntgeworden.
W: Ausgewählte Novellen, II 1868 (daraus: Judith die Kluswirthin, 1883); Die letzte Rekkenburgerin, R. 1871; Erzählungen, II 1871; Frau Erdmuthens Zwillingssöhne, R. II 1873; Geschichte der preuß. Befreiungskriege in den Jahren 1813–15, 1813; Hellstädt, En. III 1874 (daraus: Eine Formalität, 1884); Natur und Gnade, En. III 1876; Stufenjahre eines Glücklichen, R. 1877; Der Katzenjunker, R. 1879; Phosphorus Hollunder. Zu Füßen des Monarchen, En. 1881; Der Posten der Frau, Lsp. 1882; Das Jubiläum, En. 1886. – GW, V 1918; Briefw. m. C. F. Meyer, ²1920.
L: E. Schröter, 1917; H. Enz, 1918; S. Meinecke, Diss. Hbg. 1948; W. Reichle, Diss. Freib. 1952; T. Urech, Diss. Zürich 1955; U. Scheidemann, 1987; Bibl.: F. Oeding, 1937.

Frank, Bruno, 13. 6. 1887 Stuttgart – 20. 6. 1945 Beverly Hills/Kaliforn., Stud. Jura Tübingen, München, Straßburg, Heidelberg, doch Dr. phil. Tübingen; Reisen durch Frankreich, Italien, Spanien, im 1. Weltkrieg in Flandern und Polen, lebte 8 Jahre auf dem oberbayr. Land; bis 1933 freier Schriftsteller in München, Nachbar und Freund von Th. Mann; 1933 Emigration über Österreich, Schweiz, Frankreich und England, 1939 nach Kalifornien. – Begann mit Reflexionslyrik in der Rilke-Nachfolge und fand um 1920 zum eigenen Stil. Als Erzähler von spannenden, phantasievollen und handlungsreichen Romanen und Novellen formal der klass. Tradition des 19. Jh., Turgenev und Th. Mann verpflichtet; Stoffe um modern psychologisierte hist. oder schwach verhüllte zeitgenöss. Persönlichkeiten. Erfolgreicher und bühnenwirksamer Dramatiker mit volksstückhaften Lustspielen von gemütvollem Humor und hist.-polit. Zeitstücken.

W: Aus der goldenen Schale, G. 1905; Die Schatten der Dinge, G. 1912; Requiem, G. 1913; Die Fürstin, R. 1915; Die Schwestern und der Fremde, Dr. 1918; Gesichter, Nn. 1920; Der Kelter, G. 1920; Bigram, En. 1921; Tage des Königs, Nn. 1924 (n. 1975); Trenck, R. 1926 (n. 1977); Zwölftausend, Dr. 1927; Politische Novelle, 1928 (n. 1982); Perlenkomödie, K. 1928; Der Magier, N. 1929; Sturm im Wasserglas, K. 1930; Nina, K. 1931; Cervantes, R. 1934 (n. 1978); Die Monduhr, En. 1935 (n. 1979); Der Reisepaß, R. 1937 (n. 1975); 16000 Francs, E. 1940; Die Tochter, R. 1943 (n. 1985). – AW, 1957.

Frank, Elisabeth → Zinner, Hedda

Frank, Leonhard, 4. 9. 1882 Würzburg – 18. 8. 1961 München, Schreinerssohn, Fahrradmechaniker, Fabrikarbeiter, Chauffeur, Anstreicher, Krankenhausdiener, 1904–10 in München (Stud. Malerei, Graphiker), 1910 Übersiedlung nach Berlin, 1915 Flucht in die Schweiz, 1918 Rückkehr nach München, 1920–33 freier Schriftsteller in Berlin. Frühj. 1933 Flucht nach Zürich, 1937 nach Paris,

1939/40 in Frankreich mehrfach interniert, Flucht nach Lissabon, Okt. 1940 nach USA, Hollywood, ab 1945 New York, 1950 Rückkehr nach München. – Sozialist.-pazifist. Erzähler zwischen Expressionismus und Sachlichkeit mit Neigung zu psychoanalyt. Darstellung. Bis zur Kargheit sparsamer, einfacher Tatsachenstil, von prakt. Sinn geleitete straffe Handlungsführung, novellist. Komposition nach Höhepunkten. Begann mit e. frisch erzählten Jugendroman unter Einbeziehung der fränk. Landschaft, wandte sich 1915 expressionist. Gehalten zu mit sozialrevolutionären Tendenzwerken gegen Krieg, Massenmord und Todesstrafe im Predigtton, wurde zum Verkünder der klassenlosen Gesellschaft, Brüderlichkeit und Revolution. Trotz linkssozialist. Einstellung individualist. Dimension. Im Spätwerk Vorliebe für psycholog. Darstellung. erot. Spannungen und Situationen in fatal flüssigem Stil, bes. Frauenromane. Auch Drama und Hörspiel.

W: Die Räuberbande, R. 1914; Die Ursache, E. 1915 (als Dr. 1929); Der Mensch ist gut, Nn. 1918; Der Bürger, R. 1924; An der Landstraße, E. 1925; Die Schicksalsbrücke, En. 1925; Im letzten Wagen, N. 1925 (u. d. T. Absturz, 1929); Karl und Anna, R. 1927 (als Dr. 1929); Das Ochsenfurter Männerquartett, R. 1927; Bruder und Schwester, R. 1929; Hufnägel, Dr. 1930; Von drei Millionen drei, R. 1932; Traumgefährten, R. 1936; Der Außenseiter, K. (1937, u. d. T. Die Kurve, 1955); Mathilde, R. 1948; Die Jünger Jesu, R. 1949; Links, wo das Herz ist, Aut. 1952; Deutsche Novelle, E. 1954; Schauspiele, 1959. – GW, V 1936; GW, VI 1957–59.

L: Ch. Frank u. H. Jobst, 1962 (m. Bibl.); M. Glaubrecht, Stud. z. Frühwerk L. F.s, 1965; Bibl.: M. Rost u. a., 1981.

Franke, Manfred, *1930 Haan/ Rheinld., Stud. Germanistik, Philos. und Gesch. Marburg und Frankfurt/M., 1957 Dr. phil., 1963 Redakteur beim Deutschlandfunk. – Erzähler zeitgenöss. Stoffe in knapper, protokollartig beschreibender Sprache.

W: Ein Leben auf Probe, E. 1967; Bis der Feind kommt, R. 1970; Mordverläufe, R. 1973; A. L. Schlageter, St. 1980; Schinderhannes, Prosa 1984.

Frankfurter, Der, dt. Mystiker Ende 14. Jh., Priester und Custos des Deutschherrenhauses in Frankfurt/M. (Johannes von Franckfurt?), verfaßte Ende 14. Jh. oder später e. von Meister Eckhart beeinflußte myst. Lehre vom vollkommenen Leben mit betont prakt. Wendung: Liebe, geistl. Armut, Selbstlosigkeit und Ergebenheit in Gottes Willen anstelle spekulativer Erkenntnis. Ungeregelter Aufbau. Einzige Hs. von 1497 (verschollen); von Luther 1516 z. T., 1518 vollst. gedruckt (›Eyn deutsch Theologia‹), dann in zahlr. Drucken verbreitet, 1597 von J. Arndt übs. Bedeutsam für Vermittlung myst. Gedankenguts in die Neuzeit.

A: F. Pfeiffer ⁵1923; W. Uhl ²1926; G. Siedel 1929; K. F. Riedler II 1947 m. Übs. u. Komm.; W. v. Hinten 1982. – *Übs.:* J. Bernhart, 1920.
L: W. Uhl, Diss. Greifsw. 1912; J. Paquier, Un mystique allemand, Paris 1922; R. Haubst (Scholastik 33), 1958.

Frankfurter, Philipp, zwischen 1420 und 1490 Wien, theolog. gebildet. – Wiener Schwankdichter, schrieb um 1450/70 die gereimte Schwanksammlung in Form e. Rahmenerzählung ›Der Pfaffe von Kalenberg‹ um die histor. Figur des Gundaker von Thernberg, in lebendiger Sprache und gewandtem, unbeschwertem Erzählton, als Spott auf die Bauern (ihre witzige Überlistung durch den Pfarrer), Satire auf die Unsittlichkeit der (bes. Passauer) Geistlichen und Belustigung des Hofes.

Derbe, z. T. zotige Komik des SpätMA. Keine Hs., nur alte Drucke erhalten (Erstdruck Augsburg 1473, Faks. K. Schorbach 1905); zur Reformationszeit viel zitiert und bis 1620 wiederholt gedruckt, auch niederdt., niederländ. und engl.

A: V. Dollmayr, 1906 (NdL 212–14).

Franzos, Karl Emil, 25. 10. 1848 Czortków/Galizien – 28. 1. 1904 Berlin, Sohn e. jüd. Bezirksarztes; Klosterschule Czortków, Gymnas. Czernowitz. 1867–71 Stud. Jura Wien und Graz; trotz guter Staatsexamen als dt.-nationaler Burschenschafter vom Staatsdienst ausgeschlossen, daher Schriftstellerlaufbahn, Journalist in Wien, ab 1874 freier Schriftsteller, 1874–76 große Reisen durch Europa, Rußland, Orient, Ägypten, 1877–86 Wien, 1884–86 Redakteur der ›Neuen Illustrierten Zeitung‹ ebda., seit 1887 Redakteur der von ihm 1886 gegr. Zs. ›Dt. Dichtung‹ in Berlin. – Erzähler des Spätrealismus von sicherer Stilform und packender Charakterschilderung mit kulturgeschichtl. wertvollen Genrebildern, Novellen und episodenreichen Romanen aus dem jüd. Milieu des galiz.-ost-europ. Raums. Soziolog. Analyse der Assimilierung des Judentums, Eintreten für die dt. Bildungswelt. Bedeutend als Wiederentdecker u. 1. krit. Hrsg. G. Büchners (1879).

W: Aus Halb-Asien, Sk. II 1876; Die Juden von Barnow, Nn. 1877; Vom Don zur Donau, Sk. II 1878 (n. 1970); Moschko von Parma, R. 1880 (n. 1972); Ein Kampf ums Recht, R. II 1881 (n. 1955); Tragische Novellen, 1886; Judith Trachtenberg, E. 1891; Der Wahrheitsucher, R. II 1893; Der Pojaz, R. 1905 (n. 1980).
L: F. Sommer, Halb-Asien, 1984; S. Hubach, Galizische Träume, 1986.

Frapan (-Akunian), Ilse (eig. Elisa Therese Levien), 3. 2. 1852

Hamburg – 2. 12. 1908 Genf, Volksschullehrerin in Hamburg, 1883–87 Stud. bei F. Th. Vischer in Stuttgart, 1887–90 in München, 1892 Stud. Medizin und Naturwiss. Zürich, 1898 ⚭ H. Akunian, armen. Schriftsteller, später in Hamburg. – Naturalist. Erzählerin mit soz. Romanen zur Frauenbewegung, psycholog. Themen, humorigen Skizzen aus dem Hamburger Leben.

W: Hamburger Novellen, Nn. 1886; Zwischen Elbe und Alster, Nn. 1890; Bittersüß, Nn. 1891; Bekannte Gesichter, Nn. 1893; Zu Wasser und zu Lande, Nn. 1894; In der Stille, Nn. 1895; Die Betrogenen, R. 1898; Wir Frauen haben kein Vaterland, R. 1899; Wehrlose, Nn. 1900; Schreie, Nn. 1901; Arbeit, R. 1903; Erich Hetebrink, R. II 1907.
L: C. Kraft-Schwenk, 1986.

Frau Jutten, Spiel von → Schernberg, Dietrich

Frauenlob (eig. Heinrich von Meißen, wegen s. Preislieds auf Maria F. genannt), um 1250 Meißen (?) – 29. 11. 1318 Mainz, wohl in Meißen ausgebildet, bürgerl. Fahrender, ab 1275 Dichter und Sänger an vielen Höfen im nördl. und östl. Dtl., ab 1312 in Mainz ansässig; Grab im Mainzer Dom. – Mhd. Lyriker, von rhetor. überkünsteltem und verstandesmäßigen Stil, dichtete 3 Leiche, 13 Minnelieder und 448 Spruchstrophen, Streitgedichte und Preisgedichte in der Tradition der höf. Lyrik von virtuoser Form und prunkender Gelehrsamkeit mit zahlreichen z. T. dunklen Bildern, Gleichnissen und Anspielungen. Von den Meistersängern als einer der 12 Alten Meister anerkannt; die Gründung einer Mainzer Singschule durch F. ist jedoch Legende.

A: L. Ettmüller, 1843 (n. 1966); C. v. Kraus, Dt. Liederdichter d. 13. Jh., 1951; K. Stackmann, K. Bertau II 1981; Ausw. m. Übs. B. Nagel, 1951.

L: H. Kissling, D. Ethik F.s, Diss. Lpz. 1926; H. Kretschmann, D. Stil F.s, 1933; B. Peter, D. theol.-philos. Gedankenwelt F.s, 1957; R. Krayer, F. u. d. Natur-Allegorese, 1960; J. Schaefer, Walther v. d. V. und F., 1966; H. Bühler, F.-Index, 1986.

Freiberg, → Dietrich von Freiberg, → Heinrich von Freiberg

Freiberg, Siegfried, 18. 5. 1901 Wien – 4. 6. 1985 ebda., Stud. Wien, Dr. phil., 1926–47 Bibliothekar der Hochschule für Welthandel ebda., 1947–50 Bibliothekar der Akademiebibliothek, 1950–64 Direktor des Kupferstichkabinetts und der Bibliothek der Akad. der bildenden Künste Wien, Prof. h. c. – Begann mit Gedankenlyrik im Zeichen Rilkes, wurde bekannt als Erzähler realist. Zeit- und Sozialromane aus dem alten Österreich mit autobiograph. Elementen um sozial benachteiligte einfache Menschen; später sensible Seelenschilderungen. Dramatiker mit allegor. Zeitstücken und Hörspielen.

W: Die vierte Tafel, Son. 1928; Elegien und Oden, 1935; Salz und Brot, R. 1935; Die harte Freude, R. 1938; Die Liebe, die nicht brennt, R. 1940; Nebuk, R. 1942; Vom Morgen zum Abend, N. 1943; Wo der Engel stehen sollte, R. 1948; Félice, N. 1948; Sage des Herzens, G. 1951; Das kleine Weltwirtshaus, Dr. 1951; Adieu, Nicolette, En. 1958; Geborgenheit, R. 1960; Ihr werdet sehen . . ., R. 1967; Tage wie Ferien, R. 1972; Zwischen Freiheit und Jenseits, Drr. 1973; Die Maultasch, Dr. 1975.

Freidank (Vrîdanc, Frîgedanc), Ende 12. Jh. – 1233 (?) Abtei Kaisheim b. Donauwörth (?), wohl bürgerl. fahrender Dichter aus Schwaben. Aufenthalt in Rom; 1228/29 Teilnahme am Kreuzzug Friedrichs II., Parteigänger des Kaisers gegen den Papst. – Glückl. Neuformer alter Spruchweisheit in s. volkstüml. mhd. Spruchsammlung ›Bescheidenheit‹ (Unterscheidungs- und Urteilsvermögen), um 1215–30.

Sammlung von knappen, schlagkräftig geformten und schlicht einprägsamen Kernsprüchen und epigrammat. Denksprüchen in Reimpaaren; Erfahrungssätze über relig. und moral. Erkenntnisse. Entstanden aus eigenen Gedanken, Lesefrüchten und Volksweisheit und ohne feste Komposition aneinandergefügt. Allgemeingültige, überständ. Lebens- und Tugendlehre aus einheitl. Geist, bis ins 16. Jh. weit verbreitet; 1508 von S. Brant gedruckt.

A: H. E. Bezzenberger 1872 n. 1962. – *Übs.:* K. Simrock, 1867; K. Pannier, 1878.
L: A. Leitzmann, 1950; G. Eifler, D. eth. Anschauungen in F.s ›B.‹, 1969.

Freier, Gustav → Lafontaine, August Heinrich Julius

Freiligrath, Ferdinand, 17. 6. 1810 Detmold – 18. 3. 1876 Cannstatt; Gymnas. Detmold; 1825–31 Kaufmannslehrling in Soest, lernte Engl. und Franz. im Selbststud. 1832 – Sommer 1836 Buchhalter in Amsterdam; erste Lyrik 1834 in Schwabs Musenalmanach u. Cottas Morgenblatt. 1837 Kontorist e. Handelshauses in Barmen. Nach Erfolg s. Gedichte 1839 freier Schriftsteller, Herbst 1839 in Unkel/Rh. Mai 1841 ⚭ Ida Melos, wohnte in Darmstadt. Erhielt 1842 auf Empfehlung A. v. Humboldts jährl. 300 Taler Ehrengehalt von Friedrich Wilhelm IV., zog 1842 nach St. Goar/ Rh. Unter Einfluß Hoffmanns von Fallersleben Jan. 1844 Übergang zum radikal-polit. Dichter der Liberalen, Verzicht auf kgl. Pension. 1845 Flucht nach Brüssel (Verkehr m. K. Marx), März 1845 nach Rapperswyl/Schweiz, dann Hottingen b. Zürich (Verkehr mit G. Keller). 1846 Handelskorrespondent in London. 1848 Rückkehr nach Düsseldorf, Beitritt zum Kommunistenbund. 29. 8. 1848 wegen Aufreizung zum Umsturz verhaftet, 3. 10. freigesprochen. Mit K. Marx Redakteur der ›Neuen Rhein. Zeitung‹ Köln bis zu deren Verbot am 19. 5. 1849; Flucht nach Holland, dort ausgewiesen. 1851 Bilk b. Düsseldorf; wegen neuer Verdächtigungen Mai 1851 nach London, dort Buchhalter, 1856–65 Leiter der Schweizer Generalbank bis zu deren Auflösung, daneben Übs. Nach Amnestie und Erhalt e. Ehrengeschenks von 60 000 Talern aus Nationalsammlung Juni 1868 Rückkehr nach Cannstatt, 1868 nach Stuttgart, ab 1874 wieder Cannstatt. – Lyriker des Vormärz. Begann unter Einfluß von V. Hugos Orientpoesie, e. von Reisebeschreibungen entzündeten üppigen Phantasie und spätromant. Fernsehnsucht mit pathet. exot. Balladen von schwelger. Farbenpracht, greller Abenteuerlichkeit und exzentr. Theatralik und brachte mit s. glutvollen ›Wüsten- und Löwenpoesie‹ durch pittoreske Stoffe neue interessante Elemente in die zahme Gefühlsinnerlichkeit der dt. Lyrik. Gab dann als revolut.-polit. und sozialer Lyriker s. Enttäuschung über Freiheitsbewegung in feurigen Liedern leidenschaftl. Ausdruck; wurde zum Märtyrer s. demokrat. Überzeugung. Daneben auch Lyrik in schlicht-innigem Volkston (›O lieb, so lang du lieben kannst‹) und patriot. Gedichte des Feldzugs 1870/71 (›Die Trompete von Gravelotte‹). Markige, z. T. jedoch unausgeglichene Sprache mit kühner Rhetorik, weiten Rhythmen, verwegenen Reimbildungen. Einbeziehung der Technik in die Lyrik. Übs. von Molière, Hugo, Musset, Manzoni, Shakespeare, Byron, Burns, Th.

Moore, W. Scott, Southey, Long-fellow, B. Harte und erstmalig Whitman.

W: Gedichte, 1838; Ein Glaubensbekenntnis, G. 1844; Ça ira!, G. 1846; Neuere politische und soziale Gedichte, II 1849–51; Zwischen den Garben, G. 1849; Neue Gedichte, 1877; Nachgelassenes, 1883. – Gesammelte Dichtungen, VI 1870f.; SW, hg. L. Schröder X 1907; Ausw. J. Schwering II 1909, n. 1974, P. Zaunert II 1912, W. Irlberg 1962; Briefe, hg. W. Buchner II 1881, L. Wiens 1910; Briefw. m. Marx u. Engels, hg. M. Häckel II ²1976. *L*: P. Besson, Paris 1899; L. Schröder, 1907; E. G. Gudde, 1922; M. F. Liddell, Lond. 1930; H. Eulenberg, 1948; J. Ruland, hg. 1976; K.-A. Hellfaier, hg. 1976; W. E. Hartkopf, Diss. Düsseld. 1977.

Freising, Otto von → Otto von Freising

Frenssen, Gustav, 19. 10. 1863 Barlt/Dithmarschen – 11. 4. 1945 ebda., Stud. Theologie Tübingen, Berlin und Kiel, dann Pfarrer 1890–92 in Hennstedt und 1892–1902 in Hemme/Dithmarschen. Nach dem Erfolg des ›Jörn Uhl‹ 1902 freier Schriftsteller in Meldorf, 1906–12 Blankenese, seit 1916 Barlt. – Dithmarscher Erzähler der Heimatkunstbewegung mit heute unfaßbaren Riesenerfolgen s. Heimat- und Bildungsromane um die Jahrhundertwende. Nach Anfangserfolgen zunehmender Manierismus im Predigerton; in geschickter Anpassung an polit. Zeitströmungen Wandlung von s. vielumstrittenen rationalist., germanisierten Christusdeutung in ›Hilligenlei‹ zu freidenker. Ablehnung des Christentums zugunsten e. german.-völk. Lebens- u. Schicksalsglaubens. Verbindung von holsteinischer Heimatdichtung, schwerblüt. Grüblertum, Weltanschauungslehre und bedenklichem Aktualitätsstreben. Unterhaltungslit. mit volkspädagog. Absicht. In Hauptwerken

trotz z. T. sentimentaler Verzerrung kraftvolle Schilderung norddt. Landschaft und lebendige Charakterisierung erdnah-bäuerl. norddt. Menschen in ihrer Vergrübeltheit und versponnenen Sinnlichkeit; am gelungensten in tendenzfreien, schlicht anschaul. Berichten; bei längeren Romanen formloser Aufbau durch anekdot.-episod. Wucherungen.

W: Die Sandgräfin, R. 1896; Die drei Getreuen, R. 1898; Jörn Uhl, R. 1901; Hilligenlei, R. 1905; Peter Moors Fahrt nach Südwest, R. 1906; Klaus Hinrich Baas, R. 1909; Der Untergang der Anna Hollmann, E. 1911; Die Brüder, R. 1917; Der Pastor von Poggsee, R. 1921; Lütte Witt, R. 1924; Otto Babendiek, R. 1926; Meino der Prahler, R. 1933; Die Witwe von Husum, E. 1935; Der Glaube der Nordmark, Bekenntn. 1936; Lebensbericht, Aut. 1940. – GW, I. Serie, VI 1943. *L*: W. Alberts, 1922; F. Hintze, Diss. Hbg. 1924; O. Hauser, Diss. Kiel 1936; T. Bohner, Freundschaft m. F., 1938; F. X. Braun, Diss. Michigan, Ann Arbor 1946; Bibl.: O. Jordan, 1978.

Frenzel, Karl, 6. 12. 1827 Berlin – 10. 6. 1914 ebda., Stud. Philos. und Gesch., 1852 Dr. phil., Reallehrer, 1852 freier Schriftsteller und Journalist, 1861–1905 Feuilletonredakteur und Theaterkritiker der ›Nationalzeitung‹ Berlin. – Geistreicher Essayist und bedeutender Kritiker s. Zeit; realist. Erzähler hist. Romane und Novellen und von Gesellschaftsromanen aus s. Zeit.

A: GW, VI 1890–92. *L*: E. Wechsler, 1891.

Freudenleere, Der → Meerfahrt, Die Wiener

Freumbichler, Johannes, 22. 10. 1881 Henndorf b. Salzburg – 11. 2. 1949 Salzburg, Bauernsohn, Dorf- und Mittelschule, Wanderschaft in vielen Berufen, dann lit. Erfolg, freier Schriftsteller in Salzburg. – Realist. Erzähler gestaltenreicher Bauern- und Entwicklungsromane aus der Salzburger Heimat von unsentimentaler, frischer Naturhaftigkeit.

W: Philomena Ellenhub, R. 1937; Atahuala oder die Suche nach einem Verschollenen, R. 1938; Geschichten aus dem Salzburgischen, Nn. 1938; Auszug und Heimkehr des Jodok Fink, R. 1942; Die Reise nach Waldprechting, E. 1942; Rosmarin und Nelken, G. 1952. *L:* G. Unterberger, Diss. Salzb. 1977.

Frey, Adolf, 18. 2. 1855 Küttigen b. Aarau – 12. 2. 1920 Zürich, Sohn des Schriftstellers Jakob F., Gymnas. Aarau, 1875–78 Stud. Philol., Lit., Gesch. und Kunstgesch. Bern und Zürich, 1878 Dr. phil., 1878/79 Gymnasiallehrer in Zürich, m. G. Keller und bes. C. F. Meyer eng befreundet; Fortsetzung seines Studiums 1879–81 in Leipzig, 1881 in Berlin, hier kurzfristig Redakteur von Schorers ›Dt. Familienblatt‹. 1882–98 Gymnasialprofessor Aarau, seit 1898 Prof. für Lit.gesch. Univ. Zürich. – Schweizer Lyriker mit hochdt. Gedichten von weicher Innigkeit und zuchtvoller Kraft, am besten in Mundartliedern; Erzähler realist. Romane aus schweizer. Geschichte unter Einfluß Kellers und Meyers; weniger erfolgreich als Dramatiker. Bedeutender Literarhistoriker, Biograph und Hrsg.

W: A. v. Haller, B. 1879; Schweizerdegen, 1881; Erzählungen aus Sage und Geschichte, 1883; Gedichte, 1886; Die helvetische Armee und ihr Generalstabschef J. G. v. Salis-Seewis i. J. 1799, Abh. 1888; J. G. v. Salis-Seewis, B. 1889; Duss und underm Rafe, G. 1891; Festspiele zur Bundesfeier, 1891; Erinnerungen an G. Keller, 1892; Erni Winkelried, Tr. 1893; Totentanz, G. 1895; J. Frey, B. 1897; C. F. Meyer, B. 1899; Zürcher Festspiel, 1901; A. Böcklin in Zürich, Abh. 1902; A. Böcklin, B. 1903; Die Kunstform des Lessingschen Laokoon, Abh. 1905; Der Tiermaler R. Koller, B. 1906; Sinn der Weltgeschichte, Es. 1910; Die Jungfer von Wattenwil, R. 1912; Neue Gedichte, 1913; Schweizer Dichter, Ess. 1914; Festkantate zur Universitätsweihe, 1914; Blumen, G. 1916; Bernhard Hirzel, R. II 1918; A. Welti, B. 1918; Der Fürst der Hulden, Dr. 1919; Stundenschläge, G. 1920;

A. F.-Buch, hg. C. F. Wiegand 1920; F. Hodler, B. 1922; Aus versunkenen Gärten, G. 1932; Aus Literatur und Kunst, Nl. 1933. – Lieder und Gesichte, Ausw. 1922; Ausgew. Gedichte, 1938; Briefw. m. C. Spitteler, hg. L. Frey 1933. *L:* L. Frey, II 1923–25 (m. Bibl.).

Frey, Alexander Moritz, 29. 3. 1881 München – 24. 1. 1957 Zürich, Sohn e. Malers, später Galeriedirektors in Mannheim, Stud. Jura und Philos. Heidelberg, Freiburg/Br. und München ohne Abschluß, nach langer Unentschlossenheit lit. tätig, im 1. Weltkrieg Sanitäter im gleichen Regiment wie Hitler, seit 1918 freier Schriftsteller in München, emigrierte 1933 nach Salzburg, 1938 nach Basel. – Erzähler zwischen Expressionismus und Surrealismus mit grotesk-bizarren, burlesken und schwermütig-unheiml. Romanen, Novellen, Märchen und Spukgeschichten im Sinne Meyrinks von kühn fabulierender Phantastik, hintergründiger Komik und scharf intellektueller sozialer und polit. Satire, Parodie selbstgefälligen Spießbürgertums und seel. Verkrümmtheiten.

W: Dunkle Gänge, En. 1913; Solneman der Unsichtbare, R. 1914 (n. 1984); Kastan u. die Dirnen, R. 1918; Spuk des Alltags, En. 1920; Sprünge, Grotesken 1922; Phantastische Orgie, En. 1924; Robinsonade zu Zwölft, R. 1925; Die Pflasterkästen, R. 1929 (n. 1986); Das abenteuerliche Dasein, R. 1930; Birl, die kühne Katze, M. 1945; Verteufeltes Theater, R. 1957. *L:* K. Hoffmann-Walbeck, 1984.

Frey, Friedrich Hermann → Greif, Martin

Frey, Jakob, vor 1520 Straßburg (?) – 1562 (?) ebda. (?), Stadtschreiber in Maursmünster/Elsaß. – Dramatiker mit bibl. Komödien und e. Fastnachtsspiel ohne Anschaulichkeit und Wärme; bekannt durch s. weitverbreitete Schwanksammlung ›Gartenge-

sellschaft‹ mit 127 Schwänken
nach humanist. Facetien, Boccaccio, Poggio, Bebel, Pauli u. a. in
alemann. Dialekt und elsäss./
schweizer. Lokalkolorit; genre-
haft, realist., derb-humorvoll bis
zur Zote.

W: Abraham und Isaak, Dr. o. J.; Von dem
armen Lazaro, Dr. 1533; Von einem Krämer
oder Triackersmann, Dr. 1533; Salomon, Dr.
1541; Gartengesellschaft, Schwankslg., 1556
(n. J. Bolte 1896 BLV); Judith, Dr. 1564.

Frey, Jakob, 13. 5. 1824 Gonten-
schwyl/Aargau – 30. 12. 1875
Bern, Bauernsohn, Kantonschule
Aarau, Stud. Gesch., Philos. und
Philol. 1845–50 Tübingen, Mün-
chen, Zürich, Dr. phil., Journalist
und Redakteur 1851–56 des
›Schweizerboten‹ Aarau, 1855
Mitgl. und Sekretär des Großen
Rats, 1856–61 Redakteur der
›Berner Zeitung‹ Bern, dann des
›Volks-Novellist‹ Basel, 1865–68
der ›Schweizer. Illustr. Zs.‹ Bern,
1868 Schriftsteller in Aarau, 1874
am ›Sonntagsblatt‹ Bern. – Be-
gabter Schweizer Erzähler des
Realismus mit gepflegten Novel-
len u. Dorfgeschichten aus dem
Schweizer Volksleben mit aus
Zeitdruck oft schablonisierten
Handlungsschemen.

W: Zwischen Jura und Alpen, En. II 1858; Die
Waise von Holligen, R. 1863; Schweizerbil-
der, En. II 1864; Die Alpen im Lichte verschiedener Zeitalter, Rd. 1877; Neue Schwei-
zerbilder, En. 1877; Der Alpenwald, En.
1885; Erzählungen aus der Schweiz, 1885. –
Ges. Erzählungen, hg. A. Frey, V 1896f.;
Ausgew. Erzählungen, III 1906.
L: A. Frey, 1897 (m. Bibl.).

Frey, Karl → Falke, Konrad

Freytag, Gustav, 13. 7. 1816
Kreuzburg/Schles. – 30. 4. 1895
Wiesbaden, 1835–38 Stud. german. Philol. Breslau und Berlin,
1838 Dr. phil., 1839 Privatdozent;
stellte 1844 Vorlesungen ein; zunehmend schriftsteller. Tätigkeit;

1847 Übersiedl. nach Dresden.
Ab 1848 in Leipzig, 1. 7. 1848–70
mit J. Schmidt Redakteur des Zs.
›Die Grenzboten‹ ebda., einflußreichstes Blatt des nationalliberalen Bürgertums; ab 1851 sommers
auf s. Besitz Siebleben b. Gotha,
1854 Hofrat (1893 Exzellenz).
1867–70 thüring. Abgeordneter
der nationalliberalen Partei im
Norddt. Reichstag. Juli 1870 bis
1871 auf Wunsch des preuß.
Kronprinzen in dessen Hauptquartier im Frankreichfeldzug,
dann wieder Leipzig, seit 1879
winters in Wiesbaden. – Schriftsteller des bürgerl. Realismus, Repräsentant des aufstrebenden, be-
güterten und gebildeten liberalen
Mittelstands, dessen Alltag er
sachl., ohne dichter. Schwung,
doch gemütvoll verklärend schildert, nicht ohne sentimentale Zu-
gaben und volkspädagog. Absichten (Hebung des dt. Selbstbe-
wußtseins). Begann mit nüchternen Gedichten und Dramen im
Konversationsstil, von denen sich
nur ›Die Journalisten‹ gehalten
hat. Vollzog die Wendung zum
gutgebauten, mod. realist. Zeitroman nach Vorbild Dickens' mit
›Soll und Haben‹ als Verherrlichung des dt. Kaufmannsstandes
voll Arbeitsethos und Fort-
schrittsglaube, überzeugt von der
hist. Sendung des dt. Bürgertums
als Grundlage des neuen Staates.
Wurde dank leichtfaßl. Darstellung, lebend. Charakterisierung,
behäb. Humor und klarem Stil
Lieblingsautor im dt. Bürgerhaus
des 19. Jh. Ging dann zur kulturhist. Darstellung über und brachte
selbst die populäre Verarbeitung
der Kulturgesch. im Romanzyklus ›Die Ahnen‹, allerdings infolge erlahmender Stilkraft nahe
zum Professorenroman. Einflußreich als Theoretiker des Dramas,

der Handwerksregeln für den Aufbau e. bühnensicheren Dramas gibt.

W: Die Brautfahrt, Lsp. 1844; In Breslau, G. 1845; Die Valentine, Dr. 1847; Graf Waldemar, Dr. 1850; Die Journalisten, Lsp. 1854 (n. 1966); Soll und Haben, R. III 1855; Die Fabier, Tr. 1859; Bilder aus der deutschen Vergangenheit, Schr. V 1859–67; Die Technik des Dramas, Abh. 1863 (n. 1965); Die verlorene Handschrift, R. 1864; Die Ahnen, R. VI 1873–81; Erinnerungen aus meinem Leben, 1887; Vermischte Aufsätze, hg. E. Elster II 1901–03. – GW, XXII 1886–88, hg. H. M. Elster XII 1926; Briefw. m. H. v. Treitschke, 1900; m. Herzog Ernst von Coburg, 1904; Briefe an s. Gattin, 1912; an A. v. Stosch, 1913.
L: F. Seiler, 1898; H. Lindau, 1907; J. Hofmann, 1922; H. Zuchold, 1926; P. Ostwald, 1927; G. Büchler-Hauschild, Erzählte Arbeit, 1986; Bibl.: P. Klemenz (Der Oberschlesier 18), 1936.

Frick, Hans (Joe), * 3. 8. 1930 Frankfurt/M.; Autodidakt, versch. Berufe. – Erzähler zeitkrit., künstler. z. T. unausgeglichener Romane bes. um Themen der Vergangenheitsbewältigung. Hörspielautor.

W: Breinitzer oder die andere Schuld, R. 1965; Der Plan des Stefan Kaminsky, R. 1967; Das Verhör, H. e. 1969; Henri, Prosa 1970; Mulligans Rückkehr, R. 1972; Tagebuch einer Entziehung, 1973; Dannys Traum, R. 1975; Die blaue Stunde, R. 1977; Die Flucht nach Casablanca, R. 1980.

Frick, Wilhelm → Schussen, Wilhelm

Friderik, Christiane → Christen, Ada

Frieberger, Kurt, 4. 4. 1883 Wien – 19. 11. 1970 ebda., aus alter österr. Beamten- und Offiziersfamilie, Jugend in Wien, Stud. Jura, Dr. jur., ab 1909 im Staatsdienst, 1929–38 Presseattaché und Hofrat an der österr. Gesandtschaft in Rom, 1938 amtsenthoben, 1945 als Sektionschef mit der Einrichtung e. Ministeriums betraut, 1946–53 Senatsprä-

sident beim österr. Verwaltungsgerichtshof, dann Prof. für Verwaltungs-, Verfassungs- und Staatsrecht Wien; zahlreiche Präsidien und Ehrenämter. – Kultivierter Impressionist; farbenreiche und schwermüt. Lyrik mit Anklängen zum Barock, impressionist. Dramen und Gesellschaftsstücke, Novellen, Gesellschafts- u. hist. Romane; Bühnenbearbeitungen von Kotzebue (1942), Übs. von Goldoni (1943) u. a.; Essays und Feuilleton.

W: Barocke Monologe, G. 1907; Das Glück der Vernünftigen, K. (1907); Hendrickje, Dr. 1908; Gloria, K. (1910); Barocke Balladen, 1919; Sieveringer Sonette, 1919; Alle Wege zu dir selber, Nn. 1920; Danaë, R. 1921; Die spanische Hofreitschule, Es. 1921; Die Braut und das scharlachrote Tier, K. (1924, u. d. T. Hochwild, 1945); Die Scherben des Glücks, R. 1928; Bahnbrecher, R. 1946; Kampf mit dem Jenseits, R. 1949; Montmartre triumphiert, R. 1950; Der Fischer Simon Petrus, R. 1953; Spiegel eines Lebens, G. 1960.

Fried, Erich, * 6. 5. 1921 Wien, seit 1938 als Emigrant in London; Hilfsarbeiter, Milchchemiker, Bibliothekar, Glasarbeiter, seit 1946 freier Schriftsteller, 1952–68 (Ausscheiden wegen gewandelter Überzeugung) Mitarbeiter am dt. Dienst der BBC. – Moderner Lyriker mit Vorliebe für archetyp. Motive und Urworte, verwegene Klang- und Wortspielereien und -assoziationen, breite Metaphorik, Groteske und Kinderreime. Seit 1964/65 Übergang zu kritischerer Weltsicht und realist. verkleideten, grotesken Parabeln des Daseins bei virtuoser Ausnutzung der sprachl. Mittel, schließl. zu offener polit. Lyrik mit aggressiv humanist. Engagement gegen polit. Zeitübel und soziale Mißstände bis zur Aufhebung der Lyrik im Agitprop-Gebrauchstext. Symbolhafte, stark gedankl. Erzählprosa in der Kafka-Nachfolge. Hörspielautor. Übs. von T. S.

Eliot, D. Thomas, G. Greene, Synge und bes. W. Shakespeare.

W: Deutschland, G. 1944; Österreich, G. 1945 (beide zus. u. d. T. Frühe Gedd., 1986); Genügung, G. 1947; Gedichte, 1958; Ein Soldat und ein Mädchen, R. 1960; Izanagi und Izanami, H. (1960); Die Expedition, H. (1962); Reich der Steine, G. 1963; Warngedichte, G. 1964; Überlegungen, G. 1964; Kinder und Narren, Prosa 1965; und Vietnam und, G. 1966; Indizienbeweis, H. (1966); Arden muß sterben, Op. (1967); Anfechtungen, G. 1967; Befreiung von der Flucht, G. 1968; Zeitfragen, G. 1968; Die Beine der größeren Lügen, G. 1969; Unter Nebenfeinden, G. 1970; Die Freiheit, den Mund aufzumachen, G. 1972; Gegengift, G. 1974; Höre, Israel!, G. 1974; Fast alles Mögliche, En. 1975; So kam ich unter die Deutschen, G. 1977; Die bunten Getüme, G. 1977; 100 Gedichte ohne Vaterland, G. 1978; Liebesgedichte, G. 1979; Lebensschatten, G. 1981; Zur Zeit zur Unzeit, G. 1981; Das Unmaß aller Dinge, En. 1982; Das Nahe suchen, G. 1982; Angst und Trost, En. u. G. 1983; Es ist, was es ist, G. 1983; Reich der Steine, G. 1984; Beunruhigungen, G. 1984; In die Sinne einradiert, G. 1985; Um Klarheit, G. 1985; Wächst das Rettende auch?, G. 1986; Mitunter sogar Lachen, Erinn. 1986; Von Bis nach Seit, G. 1986; Am Rand unserer Lebenszeit, G. 1987; Vorübungen für Wunder, G.-Ausw. 1987.
L: R. Wolff, hg. 1984; H. L. Arnold, hg. 1986 (m. Bibl.); M. Lewin, 1987 (m. Bibl.).

Friedell, Egon, 21. 1. 1878 Wien – 16. 3. 1938 ebda., Stud. Philos. und Germanistik Heidelberg und Wien, 1904 Dr. phil.; 1908–10 Artist. Leiter des Kabaretts ›Fledermaus‹ Wien, dann des Avantgardetheaters F. Fischers ebda., Freundschaft mit Peter Altenberg u. Alfred Polgar; 1919–22 Theaterkritiker, 1922–27 Chargenspieler der Reinhardtbühnen Berlin und Wien, dann freier Schriftsteller. Freitod beim Einzug der Hitlertruppen in Wien. – Dramatiker, geistreich-amüsanter Essayist; origineller, feuilletonist. Kulturhistoriker; bedeutende Aphorismen.

W: Novalis als Philosoph, Diss. 1904; Ecce poeta, Es. 1912; Von Dante zu D'Annunzio, Ess. 1915; Die Judastragödie, Tr. 1920; Das Jesusproblem, Schr. 1921; Steinbruch, Aphor. 1922; Kulturgesch. der Neuzeit, III 1927–1931; Kulturgesch. des Altertums, II

1936–49; Die Reise mit der Zeitmaschine, N. 1946; F.-Brevier, 1947; Das Altertum war nicht antik, Ess. 1950; Kleine Porträtgalerie, Ess. 1953; Briefe, 1959; Wozu das Theater, Ausw. 1965; Konversationslexikon, Aphor. 1974; Meine Doppelseele, Krit. 1985. – Ausw., hg. H. Illig II 1982f.
L: P. Haage, 1971; K. P. Dencker, D. jge. F., 1977.

Friedenthal, Richard, 9. 6. 1896 München – 19. 10. 1979 Kiel; Stud. Lit., Kunstgesch., Philos. Jena und München, 1922 Dr. phil., freier Schriftsteller, 1928 Lektor, 1930–36 Direktor bei Knaur, 1938 Emigration nach London; 1943–51 BBC-Mitarbeiter, 1945–50 Redakteur der ›Neuen Rundschau‹, 1942–50 Sekretär und Präsident des dt. PEN-Clubs ebda.; 1951–54 Verlagsleiter bei Droemer. Freier Schriftsteller in London, 1957 Vizepräsident des PEN-Zentrums BR. – Lyriker, formvoller, disziplinierter Erzähler weltmänn. Reisebücher, durch entmythologisierende Darstellung Aufsehen erregender Biograph; Essayist, Lexikograph (›Knaurs Lexikon‹, 1931), Hrsg. s. Freundes St. Zweig.

W: Tanz und Tod, G. 1918; Demeter, Son. 1924; Der Fächer mit der goldenen Schnur, N. 1924; Der Heuschober, N. 1925; Marie Rebscheider, Nn. 1927; Der Eroberer, Cortez-R. 1929; Brot und Salz, G. 1943; Das Erbe des Kolumbus, Nn. 1950; Die Welt in der Nußschale, R. 1956; Die Party bei Herrn Tokaido, Reiseb. 1958; G. F. Händel, B. 1959; Leonardo, Bb. 1950; London zwischen gestern und morgen, Ber. 1960; Goethe, B. 1963; Luther, B. 1967; Entdecker des Ich, Bn. 1969; Ketzer und Rebell, Hus-B. 1972.
L: K. Piper, hg. 1976.

Friedlaender, Salomo (Ps. Mynona, Umkehrung von anonym), 4. 5. 1871 Gollantsch/Prov. Posen – 9. 9. 1946 Paris; Arztsohn, Stud. Medizin, dann Philos. München, Berlin, Jena, 1902 Dr. phil., freier Schriftsteller in Berlin, 1933 Emigration nach Paris, dort zurückgezogen und vereinsamt. – Als phi-

losoph. Schriftsteller Neukantia-
ner. Bekannt durch s. Grotesken
von schwarzem Humor, die das
Widersinnige als selbstverständ-
lich darstellen, und satir.-phan-
tast. Erzählungen mit Nähe zu P.
Scheerbart. Randerscheinung des
Expressionismus und Vorgriff
des Absurden.

W: Durch blaue Schleier, En. 1908; Rosa, die
schöne Schutzmannsfrau, En. 1913;
Schwarz-Weiß-Rot, En. 1916; Schöpferische
Indifferenz, Abh. 1918; Hundert Bonbons,
Son. 1918; Die Bank der Spötter, En. 1919;
Der Schöpfer, E. 1920; Unterm Leichentuch,
E. 1920; Mein Papa und die Jungfrau von
Orléans, En. 1921; Das widerspenstige
Brautbett, En. 1921; Graue Magie, R. 1922;
G. Grosz, Mon. 1922; Das Eisenbahnunglück
oder der Anti-Freud, En. 1925; Katechismus
der Magie, 1926; Mein 100. Geburtstag, En.
1928; Hat E. M. Remarque wirklich gelebt?,
Sat. 1929; Der lachende Hiob, En. 1935. –
Rosa, die schöne Schutzmannsfrau, Ausw.
hg. E. Otten 1965; Der verliebte Leichnam,
Ausw. hg. K. Konz 1985; Briefe a. d. Exil,
hg. H. Geerken 1982; Briefw. m. A. Kubin,
hg. ders. u. S. Hauff 1986.
L: S. F., Katalog, 1972.

Friedrich von Hausen, um 1150
wohl Hausen b. Kreuznach – 6. 5.
1190 Philomelium/Kleinasien,
aus mächtigem freiherrl. Geschlecht, am Hofe Friedrichs I.
und Heinrichs VI.; mehrfach in
Italien. 1189/90 Teilnehmer am
Kreuzzug Barbarossas; in der
Schlacht von Philomelium Tod
durch Sturz vom Pferd. – Rheinpfälz. Minnesänger, stark von der
provenzal. Dichtung beeinflußt
und neben Heinrich von Veldeke
I. direkter Nachahmer der Romanen; nach anfängl. Anknüpfen an
heim. Tradition Begründer der
hochhöf. dt. Lyrik um Hohe Minne in sorgfält. Komposition, gepflegter, spieler. beherrschter
Formkunst und verinnerl. Minneanschauung. Neigung zu Minne-
dialektik und Reflexionen, Analyse der Empfindungen; bes. in den
Kreuzzugsliedern   persönliche

Note und tiefes relig. Gefühl: Unterordnung der Frauenminne unter Gottesminne.

A: MF; komm. D. G. Mowatt, Cambr. 1971;
m. Übs. hg. G. Schweikle 1984.
L: H. Brinkmann, 1948; D. G. Mowatt, Diss.
Lond. 1963; H. Bekker, Chapel Hill 1977.

Friedrich von Schwaben, Vers-
Ritterroman der 1. Hälfte des 14.
Jh. (nach 1314) aus dem östl.
Schwaben, um 1350 von 2. Hand
durch Interpolation e. Zwergen-
märchens unorgan. erweitert und
so erhalten; phantast.-abenteuerl.
Liebesgesch. mit Verzauberungen, Verwandlungen, Reiseaben-
teuern und Erlösung, an hist. Helden angeknüpft zum Lobpreis des
schwäb. Herzogshauses. Älterer
Teil nüchtern-unbeholfen, jüngerer weitschweifig mit Anlehnung
an Willehalmdichtungen Wolframs, Ulrichs von dem Türlin
und Rudolfs von Ems.

A: M. H. Jellinek, 1904.
L: H. Wegener, Diss. Kiel 1935.

Friedrich von Sonnenburg
(Sunnenburg, Suonenburg), fahrender dt. Spruchdichter (Meister) und Minnesänger aus Sonnenburg im Pustertal/Tirol, 2.
Hälfte 13. Jh., dichtete zwischen
1247 und 1275 unter Einfluß Reinmars von Zweter Sprüche über
Religion, Tugendlehre und Politik (Papstanhänger). Galt als e. der
12 alten Meister.

A: O. Zingerle 1878; A. Masser 1979.

Fries, Fritz Rudolf, ∗ 19. 5. 1935
Bilbao/Spanien, span. Mutter,
seit 1942 in Dtl., Stud. Germani-
stik, Anglistik, Romanistik Leip-
zig, Übs. und Dolmetscher in
Leipzig, dann Berlin, 1962–66 As-
sistent der Dt. Akademie der
Wiss., dann freier Schriftsteller in
Petershagen b. Berlin/DDR. –
Erzähler zwischen subtiler realist.

Prosa und skurril-heiteren Schelmenromanen, die Schwierigkeiten mit der Wirklichkeit humorvoll überspielen. Übs. span. und südam. Lit.

W: Der Weg nach Oobliadooh, R. 1966; Der Fernsehkrieg, En. 1968; Leipzig am Herzen, Ber. 1969; Seestücke, Skn. 1970; Das Luftschiff, R. 1974; Der Seeweg nach Indien, En. 1978 (BR u. d. T. Das nackte Mädchen auf der Straße, 1980); Alle meine Hotel Leben, Reiseb. 1981; Schumann, China und der Zwickauer See, E. 1982; Alexanders neue Welten, R. 1983; Verlegung eines mittleren Reiches, R. 1984.
L: H. Böttiger, 1986.

Friesel, Uwe, *10. 2. 1939 Braunschweig, Stud. Germanistik, Anglistik, Philos., freier Schriftsteller, Hörspiellektor und Übs. in Hamburg, 1969 Villa-Massimo-Stipendiat. – Lyriker, Vf. poet. Funkspiele und Erzähler sprachl. salopper gesellschaftskrit. Romane.

W: Linien in die Zeit, G. 1963; Sonnenflecke, R. 1965; Noch ist Deutschland nicht verloren, Abh. 1970 (m. W. Grab); Am falschen Ort, En. 1978; Sein erster freier Fall, R. 1983; Aufrecht Fluß abwärts, G. 1984; Das Ewige an Rom, En. 1985.

Fringeli, Dieter, *17. 7. 1942 Basel; Lehrersohn; Stud. Germanistik, Gesch., Kunstgesch. Basel, Fribourg, Tübingen und Hamburg; Dr. phil.; Publizist, 1976 Feuilletonchef in Basel. – Lyriker von konziser, knapper Sprache (Kurzlyrik) und skept., entlarvender, verunsichernder Sprachkritik, z. T. in Mundart. Auch Kritiker und Hrsg.

W: Zwischen den Orten, G. 1965; Was auf der Hand lag, G. 1968; Das Nahe suchen, G. 1969; Das Wort reden, G. 1971; Durchaus, G. 1975; Ich bin nicht mehr zählbar, G. 1978; Ohnmachtwechsel, G. 1981.

Frisch, Max, *15. 5. 1911 Zürich, Architektensohn, Stud. Germanistik Zürich 1931–33, Journalist, schrieb Reiseberichte aus Balkanstaaten und Türkei; 1936 Stud. Architektur TH Zürich, 1940–55 Architektenbüro ebda. 1939 im Grenzdienst, nach Kriegsende Reisen in Polen, Dtl., Italien, Frankreich; 1951–52 Studienreise in Amerika und Mexiko, seit 1955 freier Schriftsteller bis 1961 in Zürich, bis 1965 Rom, dann Berzona/Tessin und Küsnacht. 1969 ⊙ Marianne Oellers, jetzt New York. – Schweizer Dramatiker und Erzähler, dessen variantenreiches zeitkrit. Werk desillusionierend die geist. Krise der Gegenwart, die Gespaltenheit und Widersprüchlichkeit der Existenz, das Rätselhafte, Unversicherte menschl. Seins und den Zweifel an herkömml. Ordnungen gestaltet und auf individuellprivater oder allegor. Ebene mit modernen Stilmitteln gleichnishaft allg.-menschl. Zeitprobleme aufzeigt. Moralist mit wachem krit. Bewußtsein; als Realist Gegner aller Ideologien und widersinniger, künstl. erhaltener Gesellschaftsordnungen, dem e. neues Menschentum nur im kompromißlosen Wissen um die Gespaltenheit der Welt möglich erscheint. Von Brecht und Th. Wilder beeinflußte desillusionsreiche und verfremdende Dramatik von dialekt. offenem Bau mit Vorliebe für Farce, Moritat, Groteske und Balladenform, in denen die reiche intellektuelle Phantasie dennoch die Problemstellung überspielt. Dichte, klare, ausdrucksscharfe und wohlproportionierte Prosa; Ich-Romane mit fingierten Erzählern um die Frage nach Schuld und Identität des Menschen. Auch Tagebuch, Essay, Hörspiel.

W: Jürg Reinhart, R. 1934; Antwort aus der Stille, E. 1937; Blätter aus dem Brotsack, Tg. 1940; J'adore ce qui me brûle oder Die Schwierigen, R. 1943 (u. d. T. Die Schwierigen, 1957); Bin oder Die Reise nach Peking, E., 1945; Nun singen sie wieder, Dr. 1946;

Die chinesische Mauer, Dr. 1947 (Neufassg. 1955); Santa Cruz, Dr. 1947; Tagebuch mit Marion, 1947; Als der Krieg zu Ende war, Dr. 1949; Tagebuch 1946–1949, 1950; Graf Öderland, Dr. 1951 (Neufassg. 1961); Rip van Winkle, H. (1953); Don Juan oder Die Liebe zur Geometrie, K. 1953; Stiller, R. 1954; Herr Biedermann und die Brandstifter, H. 1956; Homo Faber, R. 1957; Die große Wut des Philipp Hotz, Sp. 1958; Schinz, E. 1959; Die Erzählungen des Anatol Ludwig Stiller, En. 1961; Ausgewählte Prosa, 1961; Andorra, Dr. 1961; Mein Name sei Gantenbein, R. 1964; Zürich-Transit, Drehb. 1966; Biographie, Dr. 1967 (Neufassg. 1984); Öffentlichkeit als Partner, Rdn. u. Ess. 1967; Erinnerungen an Brecht, 1968; Dramaturgisches, Br. 1969; Wilhelm Tell für die Schule, E. 1971; Tagebuch 1966–71, 1972; Dienstbüchlein, Prosa 1974; Montauk, E. 1975; Triptychon, Szen. 1978; Der Mensch erscheint im Holozän, E. 1979; Blaurt, E. 1982; Forderungen des Tages, Ess. u. Rdn. 1983; Die Tagebücher, 1983. – Stücke, II 1962; GW, VII bzw. XIII 1976–86.

L: U. Weisstein, N. Y. 1967; W. Schenker, D. Sprache M. F.s, 1969; A. Weise, Unters. z. Thematik u. Struktur d. Drr. v. M. F., 1969; E. Stäuble, [4]1971; Über M. F., hg. T. Beckermann 1971 (m. Bibl.); H. Bänziger, [4]1971; Beiträge zu e. Wirkungsgesch., hg. A. Schau 1971; K. Schismansky, Diss. Lpz. 1972; M. Durzak, Dürrenmatt, F., Weiss, 1972; H. Geisser, D. Entstehg. v. M. F.s Dramaturgie, 1973; H. Steinmetz, 1973; E. Stäuble, [3]1974; A. Schnetzler-Suter, 1974; M. Biedermann, D. polit. Theater M. F.s, 1974; H. L. Arnold, hg. 1975 (m. Bibl.); H. Bänziger, Zw. Protest u. Traditionsbewußtsein, 1975; M. Jurgensen, II [2]1976; W. Schmitz, hg. 1976 (m. Bibl.); W. Butler, The Novels of M. F., Lond. 1976; T. Hanhart, 1976; H. Karasek, [6]1976; G. Lusser-Mertelsmann, 1976; H. Bänziger u. Dürrenmatt, [7]1976; M. Jurgensen, hg. 1977; G. B. Pickar, 1977; J. H. Petersen, 1978; D. J. Kiernap, Existentiale Themen b. M. F., 1978; G. P. Knapp, hg. II 1978f; M. Pender, 1979; C. Petersen, [2]1980; Begegnungen, Fs. 1981; A. Zimmermann, hg. 1981; G. Probst u. a., Perspectives on M. F., Lexington 1982; A. Stephan, 1983; V. Hage, 1983; M. Schwenke, Leben u. Schreiben, 1983; M. Butler, The Plays of M. F., Lond. 1985; J. Ellerbrock, Identität u. Rechtfertigung, 1985; W. Schmitz, M. F.: D. Werk 1931–61, 1985; ders., M. F., D. Spätwerk, 1985; R. Egger, D. Leser im Dilemma, 1986; Bibl.: E. Wilbert-Collins, 1967.

Frischauer, Paul, 25. 5. 1898 Wien – 7. 5. 1977 ebda.; Journalist, Mitarbeiter am ›Berliner Tagblatt‹ und ›Voss. Zeitung‹, 1934 Übersiedlung nach England, Chefberater der Auslandsabt. des BBC, 1940–45 in Brasilien; diplomat. Berater, Schriftsteller in Wien. – Dramatiker und Erzähler von Romanbiographien und histor. Unterhaltungsromanen.

W: Dürer, R. 1925; Ravaillac, Dr. 1926; Das Herz im Ausverkauf, Nn. 1929; Der Gewinn, R. 1932; Prinz Eugen, B. 1933; Garibaldi, B. 1934; Beaumarchais, B. 1935; A great Lord, R. Lond. 1937; (Ein großer Herr, d. 1948); So great a Queen, R. N. Y. 1950 (Die fremde Königin, d. 1959); Die Habsburger, Schr. 1961; Der Mensch macht seine Welt, Schr. 1962; Der Sieger, R. 1963; Die Welt der Bühne als Bühne der Welt, Schr. II 1967; Knaurs Sittengeschichte der Welt, III 1969f.; Wirf deinen Schatten, Sonne, R. 1974; Finale in Wien, R. 1978.

Frischlin, Philipp Nikodemus, 22. 9. 1547 Erzingen b. Balingen – 29. 11. 1590 Feste Hohenurach, Predigerssohn, 1563 Stud. Philol. und Poesie Tübingen, 1565–67 Stud. Theol. ebda.; 1568 Prof. für Poetik und Gesch. ebda., ⚭ Margarete Brenz, erregte durch Leichtlebigkeit und Anmaßung Anstoß bei Kollegen, fand jedoch die Gunst des Herzogs Ludwig von Württ. und Kaiser Ferdinands, der ihn 1576 zum Dichter krönte. 1582–84 Rektor Laibach; 1584 Rückkehr nach Tübingen; entzog sich 1586 e. Gerichtsverfahren wegen Ehebruchs durch Flucht; unstetes Wanderleben in Prag, Wittenberg u. a., wegen s. überschäumenden Temperaments und s. Angriffs- und Spottlust dauernde Händel. 1588/89 Leiter der Lateinschule Braunschweig, 1590 in Mainz wegen Beleidigung württ. Räte festgenommen und an Württemberg ausgeliefert; zerschellte bei e. Fluchtversuch aus der Feste Hohenurach. – Streitbarer Späthumanist, Philologe und neulat. Dichter von natürl., derbem Humor, aristophan. Witz und glänzender mim.-satir. Begabung, bedeutendster dt. Dramatiker s. Zeit von gebändigter Fülle, erstaunl. Vielseitigkeit und gewandtem Lat. Mischung von Satire und Moral, Ernst und Komik, Unterhaltung und pädagog. Tendenz. Verbindung antiker Vorbilder des lehrhaften lat. Schuldramas mit dem protestant. Volksschauspiel zugunsten lebhafter Charakteristik, realist. Anschaulichkeit, wirklichkeitsnaher Gestalten und psycholog. Motivierung. Erhöhung der Haupthandlung durch kontrastierende derbrealist. Nebenhandlung. Bibl. Dramen und hist. Stoffe, Satire auf das barbar. Latein der Gelehrten und Verherrlichung reinen Luthertums, dialogisierte Paraphrasen Vergils. Hauptwerk der ›Julius redivivus‹ als Verherrlichung dt. wiss. Errungenschaften und zugleich Tadel dt. Nationallaster. Als einziges erhaltenes dt. Drama das Heimkehrerstück ›Fraw Wendelgard‹. Weniger bedeutsam mit lat. Oden, Elegien, Epen, Satiren, Epigrammen, Facetien und Gelegenheitsschriften.

W: Rebecca, Dr. 1576; Susanna, Dr. 1578; Priscianus vapulans, K. 1578; Hildegardis magna, Dr. 1579; Fraw Wendelgard, Dr. 1579 (n. A. Kuhn, E. Wiedmann 1908); Dido, Tr. 1581; Venus, Tr. 1584; Julius redivivus, K. 1584 (n. W. Janell 1912); Helvetiogermani, Dr. 1589; Phasma, K. 1592. – Opera poetica, IV 1585–1602; Dt. Dichtungen, hg. D. F. Strauß 1857, n. 1969.
L: D. F. Strauß, 1856; G. Bebermeyer, Tübinger Dichterhumanisten, ²1967.

Frischmuth, Barbara, ★ 5. 7. 1941 Altaussee/Salzkammergut, Klosterschule, Stud. Orientalistik Graz, Erzerum/Türkei, Debrecen/Ungarn und Wien, Schriftstellerin in Oberweiden/Niederösterr., dann Wien. – Erzählerin anfangs mit satir.-makabren Stoffen aus der Welt der Kinder und Jugendlichen, dann Erweiterung der Wirklichkeit um die Phantasie- und Märchenwelt der Träume und Wünsche zu e. neuen Ganzheit.

W: Die Klosterschule, Prosa 1968; Die amoralische Kinderklapper, En. 1969; Der Pluderich, Kdb. 1969; Geschichten für Stanek, M. 1969; Tage und Jahre, Prosa 1971; Rückkehr zum vorläufigen Ausgangspunkt, En. 1973; Das Verschwinden des Schattens in der Sonne, R. 1973; Die Prinzessin in der Zwirnspule, Puppenspiele 1973; Haschen nach Wind, En. 1974; Die Mystifikationen der Sophie Silber, R. 1976; Amy oder die Metamorphose, R., 1978; Kai und die Liebe zu den Modellen, R. 1979; Bindungen, E. 1980; Die Ferienfamilie, R. 1981; Die Frau im Mond, R. 1982; Daphne und Io, Dr. (1982); Traumgrenze, En. 1983; Kopftänzer, R. 1984; Herrin der Tiere, E. 1986.
L: Bibl.: J. B. Johns (Mod. Austrian Lit. 14, 1981).

Fritsch, Gerhard, 28. 3. 1924 Wien – 22. 3. 1969 ebda. (Freitod); Lehrerssohn, im 2. Weltkrieg Transportflieger, 1946 Werkstud. (Germanistik, Gesch.) Wien, 1951–58 Volksbibliothekar in Wien, 1958–62 Verlagslektor, 1962–65 Redakteur der Zs. ›Wort in der Zeit‹, 1966 Hrsg. der Zs. ›Literatur und Kritik‹ und freier Schriftsteller. – Schwermüt.-melanchol. Lyriker im musikal. Stil Trakls, sensibler Erzähler bes. dichter. Natur- und Landschaftsschilderungen und engagierter Gesellschaftskritiker im Protest gegen die polit. Restauration in Österr.; Hörspielautor und Essayist.

W: Zwischen Kirkenes und Bari, G. 1952; Lehm und Gestalt, G. 1954; Dieses Dunkel heißt Nacht, G. 1955; Moos auf den Steinen, R. 1956; Der Geisterkrug, G. 1958; Paschas und Pest, Ber. 1962; Der Kastellan, H. (1963); Nachtfahrt, H. (1966); Fasching, R. 1967; Katzenmusik, Prosa 1974; Ges. Ged., 1978.
L: K. Schimpfl, Weiterführung u. Problematisierung, 1982.

Fritz, Marianne, ★ 14. 12. 1948 Weiz/Steiermark; Bürolehre, dank Stipendien freie Schriftstellerin in Wien. – Vf. kunstvollunbeholfener, z. T. mythisierender österr. Heimatromane.

W: Die Schwerkraft der Verhältnisse, R. 1978; Das Kind der Gewalt und die Sterne der Romani, R. 1980; Dessen Sprache du nicht verstehst, R. III 1985.

Fritz, Walter Helmut, * 26. 8. 1929 Karlsruhe, Stud. Lit. und Neuphilol. Heidelberg; Studienrat, Univ.-Dozent, freier Schriftsteller in Karlsruhe, 1963/ 64 Villa-Massimo-Stipendium Rom. – Lyriker mit Natur- und Landschaftsgedichten von strenger, knapper Sprache; kühle, graphisch klare, unauffällige Prosa von genauer Beobachtung; monologische Romane aus dem Alltag unter Einfluß des Nouveau Roman. Übs. franz. Lyrik.

W: Achtsam sein, G. 1956; Bild und Zeichen, G. 1958; Veränderte Jahre, G. 1962; Umwege, Prosa 1964; Grenzland, G. 1964; Treibholz, G. 1964; Zwischenbemerkungen, Aphor. 1964; Abweichung, R. 1965; Die Zuverlässigkeit der Unruhe, G. 1966; Bemerkungen zu einer Gegend, Prosa 1969; Die Verwechslung, R. 1970; Die Besucher, Dr. (1971); Aus der Nähe, G. 1972; Die Beschaffenheit solcher Tage, R. 1972; Bevor uns Hören und Sehen vergeht, R. 1975; Schwierige Überfahrt, G. 1976; Sehnsucht, G. 1978; Ges. Gedichte, 1979; Auch jetzt und morgen, G. 1979; Wunschtraum Alptraum, G. 1981; Werkzeuge der Freiheit, G. 1983; Cornelias Traum, Prosa 1985; Immer einfacher, immer schwieriger, G. 1987.

Fritzlar, Herbort von → Herbort von Fritzlar

Fröhlich, Hans Jürgen, 4. 8. 1932 Hannover – 15. 11. 1986 Dannenberg b. München; Stud. Musik bei W. Fortner, Buchhändler, seit 1957 in Hamburg, 1961 Journalist, Rundfunkmitarbeiter und Literaturkritiker, 1963 freier Schriftsteller ebda., Norditalien und München. – Fabulierfreudiger Romancier mit humorvollen Romanen, Rollenprosa und experimenteller Prosa auf der Suche

nach der sprachl. Darstellbarkeit von Wirklichkeit. Hörspielautor.

W: Aber egal, R. 1963; Engführung, H. (1964); Der englische Mantel, H. (1964); Weltniveau, H. (1966); Tandelkeller, R. 1967; Siebenerlei Fisch, H. (1968, m. U. Herms); Engels Kopf, R. 1971; Peng-Päng, Dr. (1971, m. W. E. Richartz); Anhand meines Bruders, R. 1974; Im Garten der Gefühle, R. 1975; Schubert, B. 1978; Einschüchterungsversuche, En. 1979; Mit Feuer und Flamme, R. 1982; Das Haus der Väter, E. 1987.

Fromm, Leberecht → Streckfuß, Karl

Frommel, Emil, 5. 1. 1828 Karlsruhe – 9. 11. 1896 Plön; Sohn e. Kunstmalers; Stud. Theol., 1859 Stadtpfarrer in Karlsruhe, 1864 in Barmen, 1869 Garnisonsprediger in Berlin, 1872 Hofprediger, 1889 Militäroberpfarrer und Prinzenerzieher in Plön. – Ev. Volksschriftsteller nach Vorbild P. Hebels mit humorvollen, volkstüml.-christl. Erzählungen.

W: Heinerle von Lindenbronn, E. 1869; Erzählungen für das Volk, X 1873–94; Erzählungen, III 1877; Aus Lenz und Herbst, Mem. 1893. – GS, XI 1873–97.
L: F.-Gedenkw., II 1900f.; O. Frommel, 1938; T. Kappstein, ³1915.

Froumund von Tegernsee, um 960 – 20. 10. 1008 (?), früh Mönch in Tegernsee, zeitweilig zu Stud. in Köln, um 993–995 zur Erneuerung des Klosters in Feuchtwangen, dann Lehrer und Priester in Tegernsee. – Mittellat. Schriftsteller, schrieb e. lat. Boethiuskommentar und sammelte in e. ›Codex epistolaris‹ 40 eigene lat. Gedichte sowie 16 eigene und 77 von ihm redigierte lat. Briefe als Stilmuster; kulturhistor. wichtig. Galt früher lange als Vf. des ›Ruodlieb‹.

A: K. Strecker, Mon. Germ. Hist. Epist. III, 1925, n. 1978.
L: J. Kempf, 1900.

Fuchs, Gerd, * 14. 9. 1932 Nonnweiler/Saar; Stud. Germanistik und Anglistik Köln, München und London, 1967 Dr. phil.; 1964 Redakteur, 1967 freier Schriftsteller in Hamburg. – Vf. von Romanen um Probleme der Selbstfindung, der gesellschaftlichen Integration und der Vergangenheitsbewältigung.

W: Landru und andere, En. 1966; Beringer und die lange Wut, R. 1973; Ein Mann fürs Leben, E. 1978; Stunde Null, R. 1981; Schinderhannes, R. 1986.

Fuchs, Günter Bruno, 3. 7. 1928 Berlin – 19. 4. 1977 ebda. Sohn e. Kellners, 1942 Luftwaffenhelfer, belg. Gefangenschaft, Hilfsarbeiter, Stud. Graph. Meisterschule und Hochschule für Bildende Künste Berlin, 1948–1950 Schulhelfer in Ostberlin, Zechenarbeiter in Herne, 1952–57 Graphiker in Reutlingen, seit 1958 Galerist, Graphiker und Schriftsteller in Berlin, 1963 Hrsg. der ›Rixdorfer Drucke‹. – Verspielt-phantasievoller Großstadt-Lyriker; Essayist und zeitkrit. Erzähler in schlichter, unaufdringl., knapper Prosa. Großstadtromantiker und Schmunzelpoet mit Prosa, Gedichten und Chansons im Brettlton voll Sprachwitz, Clownerie und Augenblickseinfällen. Hörspielautor.

W: Der verratene Messias, Borchert-Es. 1953; Der Morgen, G. 1954; Die Wiederkehr des Hl. Franz, Leg. 1954; Zigeunertrommel, G. 1956; Nach der Haussuchung, G. 1957; Ratten werden verschenkt, E. 1958; Polizeistunde, E. 1959; Brevier eines Degenschluckers, G. u. Prosa 1960; Trinkermeditationen, G. 1962; Krümelnehmer, E. 1963; Pennergesang, G. 1965; Herrn Eules Kreuzberger Kneipentraum, Prosa 1966; Blätter eines Hofpoeten, G. 1967; Ein dicker Mann wandert, Kdb. 1967; Zwischen Kopf und Kragen, Skn. 1967; Bericht eines Bremer Stadtmusikanten, R. 1968; Landwehrkanal, H. (1968); Unsere gute Sache, H. (1969); Fibelgeschichten, Skn. 1969; Handbuch für Einwohner, G. u. Prosa, 1970; Das Lesebuch des G. B. F., G. u. Prosa 1970; Neue Fibelgeschichten, Skn. 1971; Der Bahnwärter Sandomir, R. 1971; Reiseplan für Westberliner anläßlich einer Reise nach Mos-

kau und zurück, Prosa 1973; Der Hundeplanet, R. 1973; Die Ankunft des Großen Unordentlichen, Ausw. 1977; Ges. Fibelgeschichten, 1978; Gemütlich summt das Vaterland, Ausw. 1984.

L: T. Propp, Ordnung muß sein, 1985.

Fuchs, Ruth → Schaumann, Ruth

Fuchsmund, Ferdinand → Gregorovius, Ferdinand

Füetrer, Ulrich, 1. Hälfte 15. Jh. Landshut – zwischen 1493 und 1502; Malerausbildung; seit 60er Jahren Beziehungen zum bayr. Hof in München. – Spätma. Kompilator u. Wolframnachahmer ohne eigenschöpferische Begabung. S. ›Buch der Abenteuer‹, in den Hauptteilen zwischen 1473 und 1478 im Auftrag Albrechts III. von Bayern geschrieben, schweißt unter rein stoffl.-sachl. Interesse in rd. 41 500 Versen (Titurelstrophen) die bekannten Grals- und Artusepen mit Konrads von Würzburg ›Trojanerkrieg‹ im Rahmen des ›Jüngeren Titurel‹ zusammen. Ferner Vf. e. unkrit.-stoffreichen ›Baierischen Chronik‹ (1478–81 im Auftrag Albrechts IV.) in Prosa, e. Prosalanzelot und e. Versbearbeitung in Titurelstrophen.

A: Buch d. A.: (Merlin) F. Panzer 1902, (Poytislier) F. Weber 1960, (Persibein) R. Munz 1964, (Gralapen) K. Nyholm 1974, (Trojanerkrieg) E. G. Fichtner 1968, (Wigoleis) H. A. Hilgers 1975; Prosalanzelot: A. Peter 1885; Baier, Chr.: R. Spiller 1909.
L: P. Hamburger, Diss. Straßb. 1882; A. Carlson, Diss. Mchn. 1927; J. Boyd, Oxf. 1936; H. Zoder, Diss. Bln. 1939.

Fühmann, Franz, 15. 1. 1922 Rochlitz/Riesengebirge – 8. 7. 1984 Ost-Berlin; Apothekerssohn, Soldat, in russ. Gefangenschaft vom Nazi zum Marxismus bekehrt, ab 1949 Kulturpolitiker, Journalist und Schriftsteller in Ost-Berlin. – Leidenschaftl. und schlichter Lyriker mit Vorliebe für Aktualisierung von Märchen- und Sagenmotiven; Erzähler von echt novellist. Formen in traditionellem Stil um die Auseinandersetzung mit dem NS-Staat und dem Kriegserlebnis. Nach e. Krise um 1968 Übergang vom agitator. Bekenntnis zum soz. Realismus zu e. krit. Selbstbewußtsein und Wendung zum Mythischen.

W: Die Wiedergeburt unserer nationalen Kultur, Rd. 1952; Die Fahrt nach Stalingrad, Dicht. 1953; Die Nelke Nikos, G. 1953; Die Literatur der Kesselrings, Streitschr. 1954; Kameraden, N. 1955; Aber die Schöpfung soll dauern, G. 1957; Vom Moritz, der kein Schmutzkind mehr sein wollte, M. 1959; Stürzende Schatten, Nn. 1959; Fronten, En. 1960; Die Suche nach dem wunderbunten Vögelchen, M. 1960; Die heute vierzig sind, E. 1961; Kabelkran und Blauer Peter, Rep. 1961; Spuk, E. 1961; Galina Ulanowa, B. 1961; Böhmen am Meer, E. 1962; Das Judenauto, E. 1962; Die Richtung der Märchen, G. 1962; Reineke Fuchs, Kdb. 1965; Androklus und der Löwe, Kdb. 1966; König Ödipus, En. 1966 (Ausz. u. d. T. Die Elite, 1970); Das hölzerne Pferd, Kdb. 1968; Der Jongleur im Kino, En. 1970; 22 Tage oder Die Hälfte des Lebens, Erinn. 1973; Erfahrungen und Widersprüche, Ess. 1975; Der Geliebte der Morgenröte, En. 1978; Bagatelle, rundum positiv, En. 1978; Fräulein Veronika Paulmann, Ess. 1980; Sansibar-Fiktschen, En. 1981; Der Sturz des Engels, Ess. 1982; Den Katzenartigen wollen wir verbrennen, Ausw. 1983; Die dampfenden Hälse der Pferde im Turm von Babel, Schr. 1984; Wandlung. Wahrheit. Würde, Ess. 1985; Das Ohr des Dionysios, En. 1985; Dreizehn Träume, En. 1985; Die Schatten, En. 1986. – AW, III 1977–80.
L: F. F. z. 50. Geburtstag. 1972 (traject 5); E. Loest, Bruder Franz, 1986; Zwischen Erzählen und Schweigen, hg. H. Simon 1987.

Fürnberg, Louis (Ps. Nuntius), 24. 5. 1909 Iglau/Mähren – 23. 6. 1957 Weimar, 1928 Mitgl. der Kommunist. Partei; 1933–36 Gründer u. Regisseur der Theatergruppe ›Echo von links‹. 1939 bei Besetzung der Tschechoslowakei verhaftet, nach Freilassung Emigration nach Italien, Jugoslawien, 1941–1946 Palästina; 1946 Rückkehr nach Prag; 1949–52 1. Botschaftsrat der Tschechoslowa-

kei in Berlin, 1954 Stellv. Direktor der Nationalen Forschungs- und Gedenkstätten Weimar; 1955 Mitbegründer der Zs. ›Weimarer Beiträge‹. – Dramatiker mit kommunist. Laienspielen, Festspielen und Kantaten. Später schlichte Lyrik und hist. Novellen von zuchtvoller Prosa.

W: Lieder, Songs und Moritaten, G. 1936; Das Fest des Lebens, E. 1939; Hölle, Haß und Liebe, G. 1943; Mozart-Novelle, 1947; Der Bruder Namenlos, G. 1947; Die spanische Hochzeit, G.1948; Wanderer in den Morgen, G. 1951; Die Begegnung in Weimar, Nn. 1952; Das wunderbare Gesetz, G. 1956; Das Jahr des vierblättrigen Klees, Sk. 1959; El Shatt, G. 1960; Der Urlaub, R.-Fragm. 1962; Lebenslied, G. 1963; Heimat, die ich immer meinte, G. 1964. – GW, VI 1964ff.; Briefe, II 1986; Briefw. m. A. Zweig, 1978.
L: L. F., E. Buch d. Gedenkens, 1959; G. Wolf, 1961; H. Richter, 1966; G. Deicke u. a., 1976; H. Poschmann, ²1977; E. Taparelli, Trento 1977.

Fulda, Ludwig, 15. 7. 1862 Frankfurt/M. – 30. 3. 1939 Berlin, 1874 Gymnas. Frankfurt, 1880–83 Stud. Philos. und Germanistik Heidelberg, Berlin und Leipzig, 1883 Dr. phil., übersiedelte 1884 nach München (Einfluß P. Heyses), 1887 Frankfurt, 1888 Berlin, 1894 wieder München, ab März 1896 dauernd in Berlin. 1906 Amerikareise. Vom NS-Regime in den Selbstmord getrieben. – Erfolgr. Lustspieldichter und Übs. der Jahrhundertwende. Anfangs gemäßigt naturalist. Sozialdramen unter Einfluß Ibsens (F. war 1889 Mitbegründer der ›Freien Bühne‹); mit s. Erneuerung des Vers-Märchendramas Übergang zur Neuromantik, schließl. kultivierte, harmlose Unterhaltungs-Lustspiele um alte und neue Stoffe in traditioneller Form, geschickter Technik und roman. Geist, leichte und gefällige Konversations- und Repertoirestücke ohne Tiefe. Dank stilist. Gewandtheit und flüss. Verskunst bleibendere Leistungen als Übs.

W: Unter vier Augen, K. 1887; Das Recht der Frau, K. 1888; Das verlorene Paradies, Dr. 1892; Die Sklavin, Dr. 1892; Der Talisman, Dr. 1893; Die Kameraden, K. 1895; Jugendfreunde, K. 1898; Die Zwillingsschwester, K. 1901; Maskerade, Dr. 1904; Des Esels Schatten, K. 1921; Die Durchgängerin, K. 1926; Filmromantik, K. 1928; Fräulein Frau, K. (1930); Der neue Harem K., 1932.
L: A. Klaar, 1922.

Fuß, Karl → Überzwerch, Wendelin

Fussenegger, Gertrud (eig. Gertrud Dietz), ⋆ 8. 5. 1912 Pilsen, Kindheit in Böhmen, 1921 mit den Eltern nach Telfs/Tirol, nach Tod der Mutter bei den Großeltern in Pilsen, Gymnas. ebda.; 1930 Stud. Gesch., Kunstgesch. und Philos. München und Innsbruck, 1934 Dr. phil., lebte in München, seit 1944 Hall/Tirol, ∞ Aloys Dorn, Bildhauer, seit 1960 Leonding b. Linz. – Bedeutende und tiefgründige, realist. Erzählerin in traditionellen Formen und männl.-herber Sprache mit symbol. Vertiefung. Begann mit breitangelegten Geschichtsromanen von seel. Intensität, formstrengen Novellen und Legenden; seit 1951 bes. figurenreiche Gesellschafts-, Frauen- und Zeitromane um menschl. Grundprobleme von Schicksal, Schuld, Leiden und Überwindung; Vorliebe für die Berührung bäuerl. u. städt., dt. und slaw. Welt. Gelungene Natur- und Landschaftsschilderungen. Auch Lyrik und Drama.

W: Geschlecht im Advent, 1937; Mohrenlegende, E. 1937; Der Brautraub, En. 1939; Eines Menschen Sohn, E. 1939; Die Leute auf Falbeson, E. 1940; Böhmische Verzauberungen, Reiseb. 1944; Die Brüder von Lasawa, R. 1948; Wie gleichst du dem Wasser, En. 1949; Falkenberg, Dr. (1949); Das Haus der dunklen Krüge, R. 1951; Die Legende von den drei heiligen Frauen, E. 1952; In deine Hand gegeben, R. 1954; Das verschüttete Antlitz, R. 1957; Zeit des Raben, Zeit der Taube, R. 1960; Der Tabakgarten, E.1961; Die Reise nach Amalfi, H. 1963; Die Nachtwache am Weiher, En. 1963; Die Pulvermühle, R. 1968; M. v. Ebner-Eschenbach, Es. 1968; Bibelgeschichten, 1973; Widerstand gegen Wetterhähne, Prosa 1974; Eines langen Stromes Reise, Reiseb. 1976; Der Große Obelisk, Ess. 1977; Pilatus. Szen. 1979; Ein Spiegelbild mit Feuersäule, Aut. 1979; Maria Theresia, B. 1980; Das verwandelte Christkind, E. 1981; Kaiser, König, Kellerhals, En. 1981; Echolot, Ess. 1982; Sie waren Zeitgenossen, R. 1983; Uns hebt die Welle, Es. 1984; Gegenruf, Ges. G. 1987; Nur ein Regenbogen, En. 1987.
L: C. E. Winkler, Diss. Wien 1973.

Fußesbrunnen, Konrad von → Konrad von Fußesbrunnen

Gabele, Anton, 28. 7. 1890 Buffenhofen b. Sigmaringen – 16. 1. 1967 Koblenz, Stud. neuere Sprachen Straßburg, München, Genf, Halle, Berlin und Bonn, 1913 Studienrat in Koblenz; bei Verdun verwundet, 1920 Dr. phil., wieder Studienrat in Koblenz. – Stiller, heimatverbundener Erzähler aus dem oberschwäb. Land- und Kleinstadtleben, schreibt erlebte, realist.-anschau. Volksromane aus der harten bäuerl. Welt in schlichter Sprache ohne romant. Verbrämung, doch z. T. Nähe zum Nationalsozialismus.

W: Im Schatten des Schicksals, R. 1930 (u. d. T. Die Zwillingsbrüder, 1938); Der arme Mann, R. 1931; Talisman, Aut. 1932; Pfingsten, R. 1934; Mittsommer, En. 1935; In einem kühlen Grunde, R. 1939; Das Nachtlager, En. 1940; Der Freund des Paracelsus, En. 1942; Wenn die Wasser verrinnen, R. 1949; Der Prozeß Sokrates, E. 1950; Haus zur Sonne, Aut. 1953; Die Reise nach Bernkastel, R. 1954; Der Wundermann vom Bodensee, Mesmer-R. 1956; Am Strande der Gezeiten, En. 1960; Blinde Passagiere, En. 1961; Das Reiterlied vom Prinzen Eugen, Jgb. 1964.

Gabelentz, Georg H. C. von der, 1. 3. 1868 Lemnitz/Thür. – 16. 11. 1940 Münchenbernsdorf/Thür.,

Stud. Jura Lausanne und Leipzig, Offizier und Militär-Attaché, 1914–16 Adjutant im sächs. Kriegsministerium, 1916–18 stellv. Generaldirektor des Sächs. Hoftheaters Dresden. – Phantasievoller Erzähler mit Neigung zu Mystik und Spiritismus; psycholog. Romane und Erzählungen um phantast. und übersinnl. Begebenheiten.

W: Das weiße Tier, Nn. 1904; Das Glück der Jahnings, R. 1905; Verflogene Vögel, Nn. 1905; Gewalten der Liebe, Nn. 1907; Um eine Krone, R. 1908; Das Auge des Schlafenden, R. 1910; Judas, Dr. 1911; Tage des Teufels, Nn. 1911; Das glückhafte Schiff, R. 1912; Der große Kavalier, R. 1913; Von Heiligen und Sündern, En. 1917; Die Verführerin, R. 1920; Masken Satans, R. 1925; Das Teufelsei, En. 1931; Drei Nächte, En. 1935.

Gärtner, Karl Christian, 24. 11. 1712 Freiberg/Sa. – 14. 2. 1791 Braunschweig, auf Fürstenschule Meißen Freundschaft mit Gellert u. Rabener, Stud. Philos. und Lit. Leipzig bei Gottsched. Anreger und Hrsg. der ›Neuen Beyträge zum Vergnügen des Verstandes und Witzes‹ (IV, 1744–48, sog. Bremer Beiträge). 1745 Hofmeister in Braunschweig, 1748 Prof. für Moral und Eloquenz am Carolinum ebda., 1780 Hofrat. – Als Anreger und Übs. wichtiger durch s. Schäferspiel.

W: Die geprüfte Treue, Sp. 1744; Die schöne Rosette, Lsp. 1782 (nach LeGrand).
L: F. Meyen, Bremer Beiträger a. Coll. Carol. i. Braunschw., 1962 (m. Bibl.).

Gagern, Friedrich Freiherr von, 26. 6. 1882 Schloß Mokritz/Krain – 14. 11. 1947 Geigenberg b. St. Leonhard am Forst/Niederösterr., Offizierssohn aus Uradelsgeschlecht; Stud. 1901–06 Philos., Geschichte, Kunstgesch. u. Lit. Wien; 1906–14 Redakteur von Hugos Jagdzeitung; lebte auf s. Gütern in Krain, Thurn/Hardt, Thüringen, Gotha, Schlesien, viel auf Reisen in Afrika und Amerika; seit 1927 zurückgezogenes Leben als Schloß- und Jagdherr in Geigenberg. – Erzähler von unsentimentalen Tier- und Jagdgeschichten, exot. Romanen und kulturhist.-folklorist. Novellen und Romanen aus Kärnten und Krain, im Alter Vorliebe für Übersinnliches. Kulturkrit. Grundthema: Zerstörung von ursprüngl. Natur, ungebrochenem, reinem, kraftvollem Leben und gewachsener Kultur durch den Einbruch der Zivilisation. Naturnaher, männl. Stil von dichter Atmosphäre und Stimmung.

W: Im Büchsenlicht, En. 1908; Wundfährten, Nn. 1910; Kolk der Rabe, En. 1911 (m. v. Kapherr); Der böse Geist, R. 1913; Das Geheimnis, R. 1915; Die Wundmale, R. II 1919; Ozean, Dr. 1921; Das nackte Leben, R. 1923; Ein Volk, R. 1924; Birschen und Böcke, Nn. 1925; Der Marterpfahl, N. 1925; Das Grenzerbuch, R. 1927; Der tote Mann, R. 1927; Die Straße, R. 1929; Geister, Gänger, Gesichte, Gewalten, En. 1932; Schwerter und Spindeln. Ahnen des Abendlandes, 1939; Der Jäger und sein Schatten, Nn. 1940; Grüne Chronik, R. 1948; Der Retter von Mauthausen, N. 1948.
L: F. Mayrhofer, Diss. Wien 1939; E. Haag, Diss. Innsbr. 1957; K. Cajka, Wandel u. Wechsel, 1962.

Gail, Hermann, *8. 9. 1939 Pöggstall/Niederösterr.; Sohn e. Gefängniswärters, 1959–71 wegen Mordes im Gefängnis, dann in Pöggstall und Wien. – Erzähler stark autobiographischer Prosa um Selbstfindung und Selbstbefreiung.

W: Gitter, R. 1971; Liaisons, En. 1974; Prater, R. 1976; Leben mit dem Kopf nach unten, R. 1978.

Gaiser, Gerd, 15. 9. 1908 Oberriexingen/Enz (Württ.) – 9. 6. 1976 Reutlingen; Pfarrerssohn, theolog. Seminar Schöntal und Urach, Stud. Malerei Kunstakad. Stuttgart und Königsberg; Lehr- und Wanderjahre in Europa (Ostpreußen, Baltikum, Donauländer, Niederlande, Frankreich, Italien, Spanien), Stud. Kunstgesch. Dresden u. Tübingen, 1934 Dr. phil., 1935 Zeichenlehrer, 1939–45 Jagdflieger, zuletzt Kriegsgefangener in Italien, 1949 Studienrat (Zeichenlehrer) in Reutlingen, 1962 Dozent der Pädagog. Hochschule ebda. – Bedeutender Erzähler, behandelt in e. Art mag. Realismus zeit- und gesellschaftskrit. Probleme der Gegenwart, Fragen nach der Bewältigung des Lebens und der Vergangenheit in allg.-gültiger, z. T. typenhafter Form und eigenwillig-karger, männl. spröder, bildgesättigter Sprache. Selbstkritik der dt. Gegenwart anhand mittelmäßiger Alltagsschicksale in romant.-völk., antizivilisator. Betrachtungsweise: Heimkehrerschicksal, Kriegsverbrechen, Wirtschaftswunder-Moral. Geglückte hintergründige Erzählungen und Novellen von geschlossener Form. Zuletzt Übergang in e. unwirklich zerfließenden und traumhaft-unverbindl. Surrealismus von rätselhafter Symbolik.

W: Reiter am Himmel, G. 1941; Zwischenland, En. 1949; Eine Stimme hebt an, R. 1950; Die sterbende Jagd, R. 1953; Das Schiff im Berg, R. 1955; Einmal und oft, En. 1956 (daraus: Gianna aus dem Schatten, 1957; Aniela, 1958); Schlußball, R. 1958; Gib nicht in Domokosch, En. 1959; Sizilianische Notizen, Prosa 1959; Am Paß Nascondo, En. 1960; Aktuelle Malerei, Abh. 1963; Moderne Malerei, Abh. 1963; Gazelle, grün, En. u. Aufz. 1965; Der Mensch, den ich erlegt hatte, Ausw. 1965; Vergeblicher Gang, En. 1967; Merkwürdiges Hammelessen, En. 1971; Umgang mit Kunst, Es. 1974; Ortskunde, Prosa 1977; Mittagsgesicht, En. 1983.
L: C. Hohoff, 1962; K. Bullivant, Between chaos and order, 1980; G. G. z. Gedenken, 1983.

Gan, Peter (eig. Richard Moering), 4. 2. 1894 Hamburg – 7. 3. 1974 ebda.; im 1. Weltkrieg Leutnant, 1919 Stud. Jura Marburg,

Bonn und Hamburg, 1924 Dr. jur., dann Stud. Philos. und Anglistik; 1927–29 freier Schriftsteller in Paris, 1929–38 Verlagslektor in Berlin, 1938 Emigration nach Paris, inhaftiert, 1942–46 in Madrid, dann in Paris, seit 1958 Hamburg. – Lyriker, Essayist und Feuilletonist von graziöser Sprache, hintergründig-romant. Ironie und skept.-melanchol. Weltweisheit. Spielerisch leichte und übermütig-kecke Gedankenlyrik mit Sprachspielereien und eleganten Pointen. Tiefsinnige Essays und Prosa von skurrilem Humor. Wichtig als Übs.

W: Von Gott und der Welt, Ess. 1935; Die Windrose, G. 1935; Ausgewählte Gedichte, 1936; Die Holunderflöte, G. 1949; Preis der Dinge, G.-Ausw. 1956; Schachmatt, G. 1956; Die Neige, G. 1961; Das alte Spiel, G. 1965; Soliloquia, G. 1970; Herbstzeitlose, G. 1975.
L: W. Kayser, 1974 (m. Bibl.).

Gandersheim, Hrotsvith von → Hrotsvith von Gandersheim

Ganghofer, Ludwig Albert, 7. 7. 1855 Kaufbeuren – 24. 7. 1920 Tegernsee, Sohn e. Forstbeamten; Herbst 1872 Volontär in e. Maschinenfabrik Augsburg, 1873 Entschluß zum Schriftsteller, Stud. Philos. und Philol. 1874–77 München, 1878–79 Berlin, 1879 Dr. phil. Leipzig; seit 1880 in Wien. 1881 Dramaturg des Ringtheaters ebda., 1886–92 Feuilletonredakteur am ›Neuen Wiener Tagblatt‹, dann freier Schriftsteller, 1895 Übersiedlung nach München, teils in Tegernsee. Freundschaft mit L. Thoma. – Produktiver und außerordentl. erfolgr. Unterhaltungsschriftsteller mit sentimental romantisierenden Volksromanen und ›Hochlandgeschichten‹ aus der bayr. Alpenwelt von idyllisierendem Realismus, oft mit hist. Hintergrund, anfangs unter Einfluß Anzengrubers, dann zusehends routinierte Klischees mit aufdringl. flachem Optimismus. Effektvolle Volksstücke; auch Lyrik, Erinnerungen und Kriegsberichte.

W: Der Herrgottschnitzer von Ammergau, Vst. 1880 (m. H. Neuert); Der Jäger von Fall, E. 1883; Edelweißkönig, R. II 1886; Oberland, En. 1887; Der Klosterjäger, R. 1892; Die Martinsklause, R. II 1894; Schloß Hubertus, R. 1895; Der laufende Berg, R. 1897; Das Gotteslehen, R. 1899; Das Schweigen im Walde, R. II 1899; Der Dorfapostel, R. 1900; Der Hohe Schein, R. II 1904; Der Mann im Salz, R. II 1906; Lebenslauf eines Optimisten, Aut. III 1909–11; Der Ochsenkrieg, R. 1914. – Gesammelte Schriften, XL 1906–21; Ausgew. R.e u. En., IV 1982.
L: V. Chiavacci, ²1920; P. Mettenleiter, Destruktion d. Heimatdichtg., 1974; R. Stephan, G.s Romane, Diss. Bonn 1981; M. Prangel, Die Pragmatizität ›Fiktionaler‹ Lit., Amsterd. 1986.

Ganz, Raffael, * 2. 4. 1923 St. Margarethen/Schweiz; Journalist und Diplomat, lebte 1952–55 in Marokko, dann in Washington, jetzt in Ringwil/Schweiz. – Erzähler um das Thema von Bewährung und Versagen des Menschen in exot. Umwelt.

W: Orangentraum, En. 1961; Abend der Alligatoren, En. 1962; Schabir, R. 1966; Im Zementgarten, En. 1971; Sandkorn im Wind, En. 1980.

Garbe, Robert, 16. 1. 1878 Hamburg – 21. 2. 1927 ebda., Lehrer ebda., trat für die Pflege des Niederdt. ein, 1906 Gründer der ›Nedderdüütsch Sellschopp‹. – Niederdt. Lyriker von eleganter Form mit metaphys. Gehalt.

W: Görnriek, G. 1906; Upkwalm, G. 1921; O Seel vull Lengen, Ausw. 1938.

Gart, Thiebolt, 16. Jh., Bürger in Schlettstadt/Els. – Ev. Dramatiker, Vf. e. 1540 in Schlettstadt aufgeführten bibl. Komödie ›Joseph‹ nach dem lat. Schuldrama des C. Crocus, stilist. dem schweizer. Volksschauspiel verwandt, dank lebensvoller Charakteristik und Darstellung seel. Vorgänge e. der bedeutendsten dt. Dramen des 16. Jh.; großer Einfluß auf J. Frey u. a.

W: Joseph, K. 1540 (n. E. Schmidt 1880 u. DLE, Rhe. Reformation 6, 1936).
L: M. Kleinvogel, Diss. Gießen 1932.

Gassner, Joe → Hirsch, Karl Jakob

Gatterburg, Juliana Gräfin von → Stockhausen, Juliana von

Gaudy, Franz Freiherr von, 19. 4. 1800 Frankfurt/O. – 5. 2. 1840 Berlin, Sohn e. Majors, schott. Abkunft, wechselnde Garnisonen, seit 1810, als der Vater Kronprinzenerzieher geworden, Französ. Gymnas. Berlin, Jugendkamerad Friedrich Wilhelms IV.; 1815 Schulpforta; 1818 Eintritt ins 1. Garderegiment Potsdam, 1819 Leutnant, 1821 nach Breslau versetzt, Verkehr mit Holtei, 1825 nach Glogau, 1830 nach Posen; 1833 Abschied, seither freier Schriftsteller in Berlin, Verkehr mit Chamisso, Alexis, Kopisch, Kugler, Eichendorff u. a.; 1835 mit Kugler in Italien; 1837 Wanderung durch Schwäb. Alb, Bekanntschaft Kerners und Schwabs; Juli 1838 – Sommer 1839 1 Jahr in Italien; 1839 Mithrsg. Chamissos am ›Dt. Musenalmanach‹. – Epigonaler Spätromantiker in der Nachfolge Bérangers, Heines, Eichendorffs und Jean Pauls; konventionelle Lyrik mit ernsten, humorist. und mutwillig-iron. Tönen, später gelegentl. realist. Züge; feuilletonist. und humorist.-satir. Erzählungen, Reisenovellen und Genrebilder. Gewandter Übs. (Niemcewicz 1833, Béranger 1838).

W: Erato, G. 1829; Gedanken-Sprünge eines der Cholera Entronnenen, Ess. 1832; Kaiser-

Lieder, 1835; Mein Römerzug, Prosa 1836; Aus dem Tagebuch eines wandernden Schneidergesellen. Die Lebensüberdrüssigen, Nn. 1836; Lieder und Romanzen, 1837; Noveletten, 1837; Venetianische Novellen, 1838; Novellen und Skizzen, 1839. – SW, hg. A. Müller XXIV 1844; VIII 1853 f.; AW, III 1896, II 1901.
L: J. Reiske, 1911.

Geerk, Frank, *17. 1. 1946 Kiel; Stud. Philos. Basel, Schriftsteller ebda., 1980 Gastdozent Austin/ Texas. – Aggressiver linksradikaler Agitationslyriker und polit. Dramatiker mit Polit-Farcen.

W: Gewitterbäume, R. 1968; Notwehr, G. 1975; Schwärmer, Dr. (1976); Senfbäder sollen noch helfen, Dr. (1977); König Hohn, Dr. (1978); Komödie der Macht, Dr. (1979); Eine fast unglaubliche Geschichte, Dr. (1981); Handbuch für Lebenswillige, G. 1983; Der Reichstagsbrand, Dr. 1983; Herz der Überlebenden, R. 1984; Lob des Menschen, G. 1986.

Gehörnter Siegfried → Hürnen Seyfrid

Geibel, Emanuel, 17. 10. 1815 Lübeck – 6. 4. 1884 ebda., Sohn e. Pfarrers; 1824–35 Katharineum Lübeck; April 1835 Stud. Theol. und Philol. Bonn, Ostern 1836 Stud. Berlin, Verkehr mit Schack, F. Kugler, Hitzig, Chamisso, Eichendorff, Alexis, Bettina v. Arnim, Mai 1838 – April 1840 durch Vermittlung Bettinas und Savignys Hofmeister beim russ. Gesandten in Athen, bestimmend für klassizist. Richtung; 1839 Ägäisreise mit E. Curtius; 1841/42 auf Schloß Escheberg b. Kassel. 1842 Erhalt e. jährl. preuß. Pension von 300 Talern durch Friedrich Wilhelm IV. 1843 bei Freiligrath in St. Goar, Weinsberg bei J. Kerner, Winter 1843 in Stuttgart; bis 1852 Wanderleben mit Lübeck als Stützpunkt, 1848/49 Lehrer am Gymnas. Lübeck. Jan. 1852 Ruf nach München als Vorleser Maximilians II. und Honorarprof. für dt. Lit. und Metrik. 26. 8. 1852 ⊙

Amanda Trummer; Okt. 1852 Umzug nach München; Verkehr mit Heyse und Riehl, Mittelpunkt des Münchner Dichterkreises ›Krokodil‹ und der kgl. Tafelrunde. Nach dem Tod Maximilians (1864) und vielfachen Angriffen wegen preuß. Gesinnung 1868 Entzug der bayr. Pension, 24. 10. 1868 Wegzug nach Lübeck, Erhalt e. preuß. Pension von 1000 Talern. Im Alter Vereinsamung und schweres Magenleiden. – Epigonal-eklekt. Spätromantiker mit ästhet. Formvirtuosität, musikal. Wohllaut, gefälliger und korrekter klassizist. Glätte und wirklichkeitsfernem Schönheitskult ohne gehaltl. Originalität oder unmittelbare Gefühlstiefe: bürgerl. Spätklassizismus mit traditionellen Formen und Requisiten; romant.-idealist. Nationalbegeisterung, doch konservative Haltung. Begründete s. Erfolg mit volkstüml. Liedern und Gedichten (›Der Mai ist gekommen‹) von sentimental-weichl. Tönen; polit.-patriot. Lyrik von deklamator. Pathos; bühnenferne und bildungsbeladene Jambentragödien. Verdient als Übs. franz. und span. Lyrik mit starkem Formtalent. Vom Naturalismus heftig angefeindet.

W: Gedichte, 1840; Zeitstimmen, G. 1841; Volkslieder und Romanzen der Spanier, Übs. 1843; König Roderich, Tr. 1844; König Sigurds Brautfahrt, Ep. 1846; Zwölf Sonette, 1846; Juniuslieder, G. 1848; Spanisches Liederbuch, Übs. 1852 (m. P. Heyse); Meister Andrea, Lsp. 1855; Neue Gedichte, 1856; Brunhild, Tr. 1857; Romanzero der Spanier und Portugiesen, Übs. 1860 (m. Graf Schack); Fünf Bücher franz. Lyrik, Übs. 1862 (m. H. Leuthold); Gedichte u. Gedenkblätter, 1864; Sophonisbe, Tr. 1868; Heroldsrufe, G. 1871; Classisches Liederbuch, Übs. 1875; Spätherbstblätter, G. 1877; Gedichte, Nl. 1896. – GW, VIII 1883; AW, IV 1915, III 1920; Briefe an K. v. d. Malsburg, 1885; Jugendbriefe, 1909; Briefw. m. P. Heyse, 1922; Briefe an H. Nölting, 1963.
L: C. Leimbach, ²1894; K. Th. Gaedertz, 1897; A. Kohut, 1915.

Geiger, Benno, 21. 2. 1882 Rodaun b. Wien – 26. 7. 1965 Terra-
glio b. Venedig, Dr. phil. Kunsthistoriker und Schriftsteller,
gründete 1899 mit A. W. Heymel
u. R. A. Schröder den Insel-Verlag in Leipzig. Freundschaft mit
Rilke, Zweig, Holz u. Hofmannsthal; lebte in Venedig. – Klassizist.-formbedachter Lyriker; vorwiegend Oden u. Sonette; Essayist und bedeutender Übs. aus
dem Ital. (Petrarca).

W: Ein Sommeridyll, G. 1904; Gesammelte
Gedichte, 1914; Sämtliche Gedichte, 1923;
Die drei Furien, G. 1931; Der fünfzigste Geburtstag, G. 1932; Idyllen, G. 1937; Also
sprach. Gedichte aus den Jahren des Scheuels,
1947; Die Ferienreise, G. 1952. – Gesamtausgabe der Gedichte, III 1958.

Geiler von Kaisersberg, Johann, 16. 3. 1445 Schaffhausen –
10. 3. 1510 Straßburg, nach Tod
des Vaters (1447) vom Großvater
in Kaisersberg/Els. erzogen, 1460
Stud. Freiburg/Br., 1469/70 Dekan der artist. Fakultät ebda.,
1470 Übersiedlung nach Basel,
dort 1475 Dr. theol.; 1476/77
Rektor der Univ. Freiburg; seit
1478 Prediger in Straßburg, ab
1486 Münsterprediger ebda.
Freund von Brant und Wimpfeling. – Bedeutendster dt. Kanzelredner und geistl. Volksschriftsteller des 15. Jh., von gewaltiger
Wirkung mit Predigten in der
volkstüml. Tradition zwischen
Berthold von Regensburg und
Abraham a Sancta Clara, doch
mehr Verstandesmensch, ohne ei-
genschöpfer. dichter. Phantasie
nach zahlr. Quellen und Vorbildern arbeitend. Eindrucksvoll
durch bewußt erstrebte Komik
und lebendige Sprache mit einprägsamen Bildern und Gleichnissen, eingestreuten schlagkräftigen Anekdoten, Schwänken, Predigtmärlein, Sprichwörtern, Fabeln und Wortspielen wie derb-

drast. Witzen und kom. Vergleichen. Freimütiger, leidenschaftl.
Moralprediger und Ständekritiker
bes. gegen kirchl. Mißstände wie
Sittenverderbnis der Ordensgeist-
lichen auf dem Boden der Scholastik. Berühmt durch s. Predigtse-
rien über e. bestimmtes Thema
wie 1498/99 über Brants ›Narrenschiff‹. Predigten meist lat. ent-
worfen, frei dt. gehalten, von Hö-
rern mitgeschrieben bzw. repro-
duziert und von J. Pauli u. a. in
Druck gegeben; Überlieferung
daher unzulängl. und Autorschaft
fraglich. Reiche Quelle für Volkskunde, Kultur- und Sittengesch.
s. Zeit.

W: Der Bilger, 1494; Predigen teutsch, 1508;
Der Seelen Paradiß, 1510 (n. F. X. Zacher
1922); Das Buch Granatapfel, 1510; Das irrig
Schaf, 1510; Navicula sive speculum fatuor-
um, 1510 (Das Narrenschiff, d. 1520); Navi-
cula poenitentiae, 1511 (d. 1514); Christenlich
Bilgerschaft, 1512; Der Passion, 1514 (n. R.
Zoozmann 1905); Das Evangelibuch, 1515;
Emeis, 1516; Postill, 1522. – D. ältest. Schrif-
ten, hg. L. Dacheux II 1877–82, n. 1965;
Ausgew. Schr., hg. P. de Lorenzi IV
1881–83.
L: L. Dacheux, 1876, Ausz. v. W. Linde-
mann, 1877; E. Roeder von Diersburg, 1921;
H. Koepke, Diss. Bresl. 1927.

Geilinger, Max, 30. 8. 1884 Zürich – 11. 6. 1948 St. Maurice/
Wallis, Stud. Rechte Kiel und Zürich, kurz Anwalt, dann Staatsbeamter, seit 1930 freier Schriftsteller. – Lyriker, Dramatiker und
Übs., bilderreiche, schwungvolle
Lyrik, besonders Naturgedichte
von dithyramb. Stimmung. Nähe
zu Whitmans Hymnenstil.

W: Der Weg ins Weite, G. 1919; Der große
Rhythmus, G. 1923; Sonette der goldenen
Rose, 1932; Klassischer Frühling, G. 1934;
Heiden und Helden, Dr. 1937; Wanderglau-
be, G. 1937; Der vergessne Garten, G. 1943;
Genesung, G. 1948; Von lyrischer Dicht-
kunst, Ess. 1951. – M. G., Leben u. Werk,
hg. A. A. Häsler II 1967.

Geiser, Christoph, *3. 8. 1949
Basel; Journalist in Bern. – Lyri-

ker und Erzähler behutsamer, stimmungshafter Prosa um menschl. Beziehungen.

W: Hier steht alles unter Denkmalschutz, En. 1972; Warnung für Tiefflieger, G. u. Prosa 1974; Grünsee, R. 1978; Brachland, R. 1980; Disziplinen, Prosa 1982; Wüstenfahrt, R. 1984.

Geissler, Christian, * 25. 12. 1928 Arnsburg b. Hamburg; 1944/45 Flakhelfer, 1949/50 Stud. Theol. Hamburg; kaufmänn. Lehrling, länger in England, Stud. Philos., versch. Berufe, dann freier Schriftsteller in München und Hamburg; 1965–68 Mithrsg. der Zs. ›Kürbiskern‹, 1972–74 Dozent der Film- und Fernsehakademie Berlin. – Engagierter, aggressiv-zeitkrit. Erzähler und Dramatiker, Hör- und Fernsehspielautor. Erreichte mit s. leidenschaftl. polem. ›Anfrage‹ um die unbewältigte Vergangenheit weites Aufsehen. Weitere Werke beleuchten krit. die Sozialstruktur der Bundesrepublik und deren Auswüchse.

W: Anfrage, R. 1960; Schlachtvieh, FSsp., 1963; Wilhelmsburger Freitag, FSsp. (1964); Kalte Zeiten, E. 1965; Ende der Anfrage, Ess. u. Hspp., 1967; Kopfstand, Madame, Filmdrehb. (1967); Jahrestag eines Mordes, H. (1968); Altersgenossen, FSsp. (1969); Das Brot mit der Feile, R. 1973; Wird Zeit, daß wir leben, R. 1976; Im Vorfeld der Schußverletzung, G. 1980; Spiel auf ungeheuer, G. 1983.

Geißler, Horst Wolfram, 30. 6. 1893 Wachwitz b. Dresden – 20. 4. 1983 München Sohn des Erzählers Max G., Gymnas. Weimar, Stud. Kiel und 1912 München, Dr. phil., freier Schriftsteller in München, jetzt in Hechendorf am Pilsensee/Obb. – Erzähler heiterbeschwingter und liebenswürdigunbeschwerter Unterhaltungsromane von behagl. Herzlichkeit und musikal. Stimmung, bes. aus dem graziösen Rokoko, Emp-

findsamkeit, Romantik und idyll. Biedermeier.

W: Der letzte Biedermeier, R. 1916; Der ewige Hochzeiter, R. 1917; Der liebe Augustin, R. 1921; Die sieben Sonderbaren, R. 1926; Der Puppenspieler, R. 1929; Weiß man denn, wohin man fährt?, R. 1930; Die Dame mit dem Samtvisier, R. 1931; Das glückselige Flötenspiel, Nn. 1934; Die Glasharmonika, R. 1936; Der unheilige Florian, R. 1939; Das Wunschhütlein, R. 1939; Menuett im Park, R. 1940; Frau Mette, R. 1940; Wovon du träumst, R. 1942; Nymphenburg, R. 1947; Odysseus und die Frauen, R. 1947; Das Schiff Mahayana, R. 1951 (u. d. T. Die Frau, die man liebt, 1959); Alles kommt zu seiner Zeit, R. 1953; In einer langen Nacht, R. 1954; Frag nicht zuviel, R. 1955; Der seidene Faden, R. 1957; Das Mädchen im Schnee, R. 1957; Lady Margarets Haus, R. 1959; Schlafittchen, Jgb. 1959; Sternsaphir, R. 1961; Die Dame mit dem Vogel, R. 1962; Königinnen sind so selten, R. 1963; Stilles Farbenspiel, Erinn. 1963 (m. Bibl.); Wo schläft Kleopatra, R. 1965; Ein schwarzes und ein weißes, R. 1968; Odysseus und Penelope, R. 1970; Über die Erde hin, R. 1971; Der Geburtstag, R. 1973; Nebenbei bemerkt, Ausw. 1973; Die Marquise von Manzera, En. 1976; Das Orakel, E. 1977.

Geldern, Egmont von → Colerus (von Geldern), Egmont

Gellert, Christian Fürchtegott, 4. 7. 1715 Hainichen/Erzgeb. – 13. 12. 1769 Leipzig, Pfarrerssohn, 1729–34 in der Fürstenschule Meißen, Freundschaft mit Gärtner und Rabener; 1734–38 Stud. Theol., Philos. und Lit. Leipzig, anfangs Anschluß an Gottsched. 1739 Hofmeister bei Dresden, 1740 Unterricht e. Neffen, den er 1741 auf die Univ. Leipzig begleitet; dort Philos.-Stud., täglich Umgang mit J. E. Schlegel, Anschluß an die Bremer Beiträger; 1743 Magister, 1744 Privatdozent, 1751 ao. Prof. für Poesie, Rhetorik, später auch Moral; litt seit 1752 unter e. seltsamen Hypochondrie. – Außerordentl. beliebter Volksschriftsteller der Aufklärungszeit; verband in s. formal und sprachl. gewandten, doch vom Lehrhaften überwucherten

Dichtungen pietist. gefärbte Frömmigkeit mit Sittenlehre und Idealen des aufgeklärten, kultivierten Bürgertums s. Zeit. Höhepunkt der dt. Fabeldichtung, dessen flüssige, leichtverständl. und anschaul. Fabeln in der Umgangssprache Belehrung und Unterhaltung, behagl. Humor und Moral verbinden und durch ihre Lebensweisheit und einleuchtende moral. Nutzanwendung das Tugendideal der Zeit verbreiteten. Als Dramatiker Vertreter des handlungsarmen weinerl. Lustspiels oder Rührstücks; Familiengemälde mit lehrhaft-rührender Tendenz. Begründer des empfindsam-moral. Familienromans in der dt. Lit. aus Verschmelzung von Richardsons und Prevosts Familienromanen mit der Tradition des Abenteuerromans und psycholog. Durchdringung. Erbaul. geistl. Lieder im Ton rationaler Frömmigkeit (›Die Himmel rühmen‹). Einfluß auf alle Stände als prakt. Lebenslehrer, infolge s. gütigen und lauteren Charakters in vielen Lebensnöten um Rat gefragt (enorme Korrespondenz), von Friedrich II. sehr geschätzt.

W: Lieder, 1743; Die Betschwester, Lsp. 1745 (n. komm. W. Martens 1962); Fabeln und Erzählungen, II 1746–48; Das Loos in der Lotterie, Lsp. 1746; Leben der schwedischen Gräfin von G. . . ., II 1747 f. (n. DLE Rhe. Aufkl. Bd. 5, 1933); Lustspiele, 1747 (Faks. hg. H. Steinmetz 1966); Briefe, nebst einer praktischen Abhandlung von dem guten Geschmacke in Briefen, 1751 (n. 1921); Lehrgedichte und Erzählungen, 1754; Geistliche Oden und Lieder, 1757; Moralische Vorlesungen, 1770. – Sämtl. Schriften, X 1769–74 (n. 1967), hg. J. L. Klee 1839, n. 1867; Sämtl. Fabeln u. Erzn. Geistl. Oden u. Lieder, 1965; Fabeln u. Erzn., hkA S. Scheibe 1966; Schriften z. Theorie u. Gesch. d. Fabel, hkA ders. 1966; Die epistolograph. Schriften, Faks. R. M. G. Nickisch 1971; Wke, II 1979; Ges. Schr., hg. B. Witte VI 1987 ff.; Briefe III 1774; Briefw., hg. J. F. Reynolds V 1983 ff.

L: G. Ellinger, 1895; J. Coym, G.s Lustspiele, 1899, n. 1967; K. May, D. Weltbild i. G.s Dichtg., 1928; M. Durach, 1938; C. Schlingmann, 1967.

Gemmingen-Hornberg, Otto Heinrich Freiherr von, 8. 11. 1755 Heilbronn – 15. 3. 1836 Heidelberg, Stud. Jura Heidelberg, 1777 kurpfälz. Hofkammerrat in Mannheim und Mitgl. der Kurpfälz. Dt. Gesellschaft; starkes Theaterinteresse, Freundschaft mit Dalberg; seit 1782 als Privatmann, Hrsg. von Zss., dann im Staatsdienst. Rückkehr auf s. bad. Güter, 1799–1805 bad. Gesandter in Wien, seither auf s. Gütern und in Heidelberg. – Dramatiker der Geniezeit, begründete mit s. ›Dt. Hausvater‹ nach Diderots ›Père de famille‹ das dt. moralisierende bürgerl. Familien-Rührstück nach engl.-franz. Vorbild unter oberflächl. Verwendung von Motiven des Sturm und Drang. Einfluß auf Schillers ›Kabale und Liebe‹ und das bürgerl. Drama ›Der Iffland und Kotzebue‹. Auch Übs.

W: Sidney und Silly, Dr. 1777; Rousseau: Pygmalion, Bearb. 1778; Die Erbschaft, Lsp. 1779; Mannheimer Dramaturgie, 1780; Der teutsche Hausvater, Dr. 1780 (umgearb. 1790; n. DNL 139, I 1891); Milton: Allegro u. Penseroso, Übs. 1782 (n. 1921); Shakespeare: Richard II., Bearb. 1782.
L: C. Flaischlen, 1890.

Genazino, Wilhelm (Theodor), ★ 22. 1. 1943 Mannheim, Journalist, Redakteur (›Pardon‹), freier Schriftsteller in Frankfurt, dann Gengenbach. – Ursprünglich Hörspielautor, dann Romane über die Deformation des Menschen in der Bürowelt.

W: Laslinstraße, R. 1965; Abschaffel, R. 1977; Die Vernichtung der Sorgen, R. 1978; Falsche Jahre, R. 1979; Die Ausschweifung, R. 1981; Beruf: Künstler, Sb. 1983; Fremde Kämpfe, R. 1984.

Genée, Rudolf (Ps. P. P. Hamlet), 12. 12. 1824 Berlin – 19. 1. 1914 ebda., Sohn e. Schauspielers und Regisseurs, Gymnas. Berlin, Holzschnittschüler bei Gubitz, Kunstakad., nach Verkehr in Literatenkreisen Bühnenschriftsteller und Journalist, 1859–1861 Redakteur der ›Danziger Zeitung‹ Danzig, seit 1861 der ›Koburger Zeitung‹ Koburg, seit 1860 auch Vortragskünstler, 1865 große Erfolge s. öffentl. Shakespeare-Vorlesungen in Dtl. und Baltikum. Seit 1867 in Dresden, seit 1879 Berlin; 1895 Prof.-Titel. – Theaterschriftsteller mit Lustspielen und Possen, theaterhist., dramaturg. und ästhet.-krit. Werken. Auch Roman und Lyrik.

W: Faustin I., Posse 1850; Müller und Schultze, Posse 1851; Kreuz und Schwert, Tr. 1853; Lustspiele I, 1853; Das Wunder, K. 1854; Der Geiger aus Tyrol, Op. 1857; Vor den Kanonen, Lsp. 1857; Ein neuer Timon, Lsp. 1857; Die Geburt des Dichters, Fsp. 1859; Das jüngste Gericht, Es. 1859; Ein Narrentraum, Posse 1861; Große und kleine Welt, 1861; Frauenkranz, Ess. 1862; Stadt und Veste Coburg, Schr. 1866; Geschichte der Shakespeare'schen Dramen in Dtl., Schr. 1870; Deutsche Sturm-Lieder gegen die Franzosen, G. 1870; Kleist: Die Hermannsschlacht, Bearb. 1871; Shakespeares Leben und Werke, B. 1872; Poetische Abende, Es. 1874; Schleicher und Genossen, Lsp. 1875 (nach Sheridan); Die englischen Mirakelspiele und Moralitäten als Vorläufer des engl. Dramas, Es. 1878; Das dt. Theater und die Reformfrage, Schr. 1878; Gesammelte Komödien I, 1879; Lehr- und Wanderjahre des dt. Schauspiels, Schr. 1882; Klassische Frauenbilder, Ess. 1884; Gastrecht, Dr. 1884; Marienburg, R. 1884; Die Klausnerin, Dr. 1885; 100 Jahre des Kgl. Schauspiels in Berlin, 1886; H. Sachs, B. u. Ausw. 1888; Die Entwicklung des szenischen Theaters und die Bühnenreform in München, Schr. 1889; Die Bismarckide für's dt. Volk, Schr. 1891; Bei Roßbach, Sp. 1892; H. Sachs, Fsp. 1894; H. Sachs und seine Zeit, B. 1894; Der Tod eines Unsterblichen, Mozart-Es. 1895; Ifflands Berliner Theaterleitung 1796–1814, Schr. 1896; Das Goethe-Geheimnis, Schr. 1897; Zeiten und Menschen, Aut. 1897; H. v. Kleist, Es. 1902; A. W. Schlegel und Shakespeare, Es. 1904; Promemoria für meine Freunde, Bibl. 1904; W. Shakespeare, B. 1905; Gräfin Katharina, Dr. 1906.

Gengenbach, Pamphilus, um 1480 Basel – 1524/25 ebda. Buchdruckerlehrling in Nürnberg, um 1500 wieder in Basel als selbständiger Buchdrucker, Buchhändler und Schriftsteller, Autodidakt. –

Dramatiker und Satiriker der Reformationszeit in der Nachfolge S. Brants, kämpfer. Moralist. Benutzte bei s. Fastnachtsspielen die handlungsarme altertüml. Revuetechnik (Bilderfolgen im Totentanzstil mit gesprochener Bilderläuterung), später mit bewegterer Handlung. Geschichtl. bedeutsam als Bahnbrecher des ernsten, moral.-lehrhaften allegor. Fastnachtsspiels in Oberdtl.: Satire der menschl. Schwächen und Laster zu moral. Nutzen. Ferner Meisterlieder und Verserzählungen z. T. um hist. Stoffe im Stil des H. Sachs, Beschreibungen von Zeitereignissen, Kriegszügen, gereimte Flugschriften im Ton der Meistersinger. Verfasserschaft nicht überall gesichert.

W: Der welsch Fluß, G. 1513; Der alt Eydgenoß, Dial. 1514; Der Bundschuch, Schr. 1514; Die zehn Alter dieser Welt, Sp. 1515; Der Nollhart, Sp. 1517 (hg. V. Uffer 1977); Die Gouchmat der Buhler, Sp. 1521; Die Totenfresser, Sat. 1521 (n. 1969); Novella, Sat. 1523. – Werke, hg. K. Goedeke 1856, n. 1966.
L: K. Lendi, 1925, n. 1970; R. Raillard, Diss. Zürich 1936.

George, Stefan, 12. 7. 1868 Büdesheim/Hess. – 4. 12. 1933 Minusio b. Locarno, Sohn e. Weinhändlers u. Gastwirts, seit 1873 in Bingen. 1881–88 Gymnas. Darmstadt; von vornherein zu e. Berufswahl nicht genötigt. Seit 1888 Reisen in ganz Europa (Schweiz, Italien, Frankreich, Spanien, Niederlande, Belgien, England, Dänemark) ohne festen Wohnsitz, Stud. Philol., Philos. und Kunstgesch. Paris, Berlin, München und Wien. 1888 Sprachstud. in franz. Schweiz und Norditalien; Frühj. – Sommer 1889 in Paris im Kreis um Mallarmé, Bekanntschaft mit Verlaine, Régnier, Rodin, Teilnahme an der ›Pléiade des Symbolistes‹. Aug. – Sept. 1889

Spanien; Okt. 1889 Stud. Berlin. 1890 Geistesfreundschaft mit Ida Coblenz, späterer Frau Dehmels. Dez. 1891 in Wien kurze Freundschaft mit Hofmannsthal. In Belgien Bekanntschaft mit Verwey, Verhaeren, van Leberghe, in England Begegnung mit den Praeraffaeliten, Swinburne, E. Dowson u. a. Seit 1900 streng abgeschlossene Lebensführung mehr im dt. Raum, München, Nordsee od. Alpen, Bingen, Berlin, dazwischen Heidelberg, Basel, Würzburg, Marburg. 1903 in München eigentüml. relig. Erlebnis durch die Begegnung mit dem 15jähr. Maximilian Kronberger († 1904), in dem G.e. echte Inkarnation des Göttlichen sieht. Seit Gründung der ›Blätter für die Kunst‹ (mit C. A. Klein, 1892, n. 1967) bewußte Gruppenbildung mit e. geist. Elite von Gelehrten, Dichtern und Künstlern auf der Grundlage der Männerfreundschaft und e. bis zur Narzißhaftigkeit gesteigerten Ichkults und fast sakraler Verehrung s. Person und s. Werkes: Simmel, Klages, Wolfskehl, Gundolf, Bauer, Lechter, Lepsius, Wolters, Bertram, Kantorowicz, Kommerell, Salin, Hildebrandt; weiterer Einfluß auf Verwey, Kloos, Verhaeren, Vollmöller, Hofmannsthal, Dauthendey u. a. Ging 1933 aus Protest gegen die nazist. Umdeutung s. Werkes in die Schweiz. – Hauptvertreter der dt. Neuromantik. Verband aristokrat. Lebensgefühl und den Willen zu heroischer Größe mit antikisch-renaissancehaftem Schönheitskult, zuchtvoll strenger Kunstauffassung und e. hohen Auffassung von der göttl. Sendung des Dichters zu e. esoter., weltfernen, leidenschaftslosen Ästhetentum von kult. Abgeschlossenheit. Bewußter Verzicht auf Breitenwirkung durch esoter. Form: eigentüml. Schrift, Fehlen von Großbuchstaben und Interpunktion. Trat in s. formalist. Epoche 1890–95 mit dem Streben nach Wiedergeburt des edlen Wortes nach Maß, Bändigung und Formstrenge in der Dichtung und mit s. Feindschaft gegenüber allem Konventionellen, Grellen und Gemeinen gegen die Sprachverwilderung des Naturalismus auf; schloß sich eng an den franz. Symbolismus mit s. auf e. Abstraktes gerichteten, zweck- und moralfreien Kunstideal des l'art pour l'art an: Unsangbare, spröde Formen, erlesene, bis zur Steifheit feierl. Sprache, bedachtsam gewählte Worte und Wortstellungen, edle Bilder, neue, reiche Klangwirkungen und impressionist. Gefühlsausdruck, bei dem das ursprüngl. Erlebnis vor dem Formerlebnis verblaßt, geben e. kühles, formstrenges Artistentum. Streng symmetr. gegliederte Gedichtzyklen von gemeißelten, kristallklaren Versen. Nach der mehr melanchol. und monolog. Zeitspanne 1897–99 Übergang zur klass. Epoche (1903 ff.) durch das relig. überbaute Maximin-Erlebnis: Ausbruch aus dem Elfenbeinturm zu metaphys. Wirklichkeiten und reformator. Werk. Entwicklung zum myst. Denker und hymn. Künder e. neuen Bildungsreligion und e. neuen ästhet. begründeten Ethos und zum Richter über den Ungeist der Zeit. Zugleich größere Freiheit und Beweglichkeit des bisher gedämpften Tones, gelöstere, sparsamere und schlichtere Formen. Im Spätwerk zunehmendes Hinausstreben an die Öffentlichkeit als der weihevolle Prophet und Seher-Dichter von geistigem Führungsanspruch, Verkünder e.

neuen geist. Reiches, dessen ins Monumentale stilisierte Visionen und prophet. Mahnreden von der Propaganda des Nationalsozialismus als Prophezeiung des 3. Reichs umgedeutet wurden; als Haupt e. Dichterschule und über s. Jünger an den Univ. von großem Einfluß auf die dt. Geisteswiss. der Zeit 1914–33. Übs. und dichter. Nachbildungen bes. der franz. Symbolisten, engl. Praeraffaeliten, Shakespeares und Dantes.

W: Hymnen, 1890; Pilgerfahrten, 1891; Algabal, G. 1892; Die Bücher der Hirten- und Preisgedichte der Sagen und Sänge und der hängenden Gärten, G. 1895; Das Jahr der Seele, G. 1897; Der Teppich des Lebens, G. 1900; Die Fibel, G. 1901; Tage und Taten, Prosa 1903; Maximin. Ein Gedenkbuch, 1907; Der siebente Ring, G. 1907; Der Stern des Bundes, G. 1914; Das neue Reich, G. 1928. – Gesamt-Ausg. der Werke, XVIII 1927–34; SW, XVIII 1982ff. Werke, II 1958, IV 1983; Briefw. m. Hofmannsthal, hg. R. Boehringer ²1953, m. F. Gundolf, hg. ders. 1962, m. I. Coblenz, hg. G. P. Landmann 1983.
L: F. Gundolf, ²1930; F. Wolters, 1930; S. Lepsius 1935; E. Morwitz, ²1948; E. Salin, ²1954; K. Hildebrandt, 1960; E. Morwitz, Kommentar z. W. St. G.s, 1960; F. Schonauer, 1960; H. Linke, D. Kultische i. d. Dicht. St. G.s, II 1960; M. Pensa, Bologna 1961; P. G. Klussmann, 1961; M. Gerhard, 1962; L. Thormaehlen, Erinn. an St. G., 1962; E. Landmann, Gespr. m. St. G., 1963; K. Hildebrandt, Erinn. an St. G., 1965; G.-Kreis, hg. G. P. Landmann 1966; C. David, 1967; H. Arbogast, D. Erneuerg. d. dt. Dichterspr. i. d. Frühwerken St. G.s, 1967; H. S. Schultz, Stud. z. Dichtg. St. G.s, 1967; R. Boehringer, Mein Bild v. St. G., ²1968; E. Heftrich, 1968; M. Durzak, D. junge St. G., 1968; St. G., hg. B. Zeller 1968; G. Mattenklott, Bilderdienst, 1970; St. G.-Kolloquium, hg. E. Heftrich 1971; V. A. Schmitz, Bilder u. Motive i. d. Dichtg. St. G.s, 1971; E. Glöckner, Begegng. m. St. G., 1972; M. M. u. E. A. Metzger, N. Y. 1972; M. Winkler, G.-Kreis, 1972; H. J. Seekamp u. a., St. G. Zeittafel, 1972; P. W. Guenther, St. G. u. d. bildenden Künste, 1973; M. Durzak, 1974; K. Landfried, St. G. – Politik d. Unpolitischen, 1975; J. Aler, Symbol u. Verkündung, 1976; W. Strodthoff, 1976; B. Würffel, Wirkungswille u. Prophetie, 1978; Das S. G.-Seminar, hg. P. L. Lehmann 1979; W. Kraft, 1980; C. Petersen, 1980; S. G. in s. Zeit, hg. R.-R. Wuthenow 1980; ders., hg. S. G. u. d. Nachwelt 1981; G.

Heinzt, 1986; G. Zöfel, D. Wirkg. d. Dichters, 1987; Bibl.: G. P. Landsmann, ²1976.

Georgslied, wohl 896 in Reichenau gedichtete älteste erhaltene dt. Legendendichtung; fragmentar. erhalten. Hymn. Lobgesang auf den Hl. Georg, im Stil lat. Hymnen, doch wohl als christl. Volkslied gedacht. Regelmäßige vierhebige Reimverse, durch refrainartige Zeilen strophisch gegliedert; alemann. Mundart.

A: W. Braune, Ahd. Leseb., ¹³1969; E. Steinmeyer, D. kl. ahd. Sprachdenkmäler, 1916.
L: W. Haubrichs, G. u. Georgslegende i. frühen MA., 1980.

Geraldus, 9. oder Ende 10. Jh., Presbyter in Straßburg (oder Domkanoniker in Eichstätt?). – Dichter des Widmungsprologs zum → Waltharius und evtl. auch des Epos selbst.

Gerbel(ius), Nikolaus, um 1485 Pforzheim – 1560, Schüler Reuchlins, Stud. Wien, Köln, Tübingen, Dr. iur, Bologna. Hutten und anfangs auch Erasmus nahestehend. Advokat am Oberrhein, 1541–48 Lehrer der Akad. Straßburg. – Starke satir. Begabung, trat in Nachfolge Huttens mit Broschüren und Dialogen für die Reformation und Reuchlin ein. Mitarbeiter der ›Epistolae obscurorum virorum‹. Vermutl. Vf. mehrerer pseudo- od. anonymer lat. Streitschriften gegen Murner und Dr. J. Eck, evtl. auch des ›Eccius dedolatus‹, e. volkstüml. und dramat. bewegten Dialogszene von starkem Einfluß auf die spätere Dialoglit.

W: Eccius dedolatus, 1520 (n. S. Szamatólski, 1891); Dialogi septem, 1520; Icones Imperatorum, 1544; Descriptio Graeciae, 1554.
L: P. Merker, D. Vf. d. Eccius ded., 1923; H. Rupprich, D. Eccius ded. u. s. Vf., 1931.

Gerhard, Adele, geb. de Jonge, 8. 6. 1868 Köln – 10. 5. 1956 ebda., ⚭ 1889 Justizrat G. in Berlin; 1938 Emigration nach USA, zuletzt Springfield, Ohio. – Begann mit sozialpolit. Schriften, dann naturalist. Erzählungen, z. T. autobiogr. Frauenromane um Sozialreform, Geschlechtsethik und Emanzipation; psycholog. Entwicklungs- u. Großstadtthemen. 1918 Nähe zum expressionist. Stil und freiere symbol. Gestaltung.

W: Die Geschichte der Antonie van Heese, R. 1906; Die Familie Vanderhouten, R. 1909; Vom Sinken und Werden, E. 1912; Am alten Graben, R. 1918; Sprache der Erde, Nn. 1918; Lorelyn, R. 1920; Pflüger, R. 1925; Via sacra, R. 1928; Das Bild meines Lebens, Aut. 1948. *L:* P. Hamecher, 1918; M. Corssen, 1922; M. Gerhard, 1963.

Gerhardt, Paul, 12. 3. 1607 Gräfenhainichen/Sa. – 27. 5. 1676 Lübben/Spree, Sohn e. Gastwirts und Bürgermeisters, 1622–27 Fürstenschule Grimma, seit 1628 Stud. Theol. Wittenberg (Einfluß Buchners), 1624–51 Hauslehrer u. a. in Berlin beim Kammergerichtsadvokaten A. Barthold; Nov. 1651 Pfarrer (Probst) in Mittenwalde/Mark; 11. 2. 1655 ⚭ Anna Maria Barthold, Tochter s. früheren Brotherrn († 1668); Mai 1657 Diakonus der Nikolaikirche Berlin; verweigerte 1664 die Unterzeichnung des Toleranzedikts (Verbot antireformierter Polemik) des Großen Kurfürsten, daher 1666 suspendiert, auf Bitten des Magistrats und der Stände 1667 wieder zum Amt zugelassen, dem er aus Gewissensgründen entsagt, 2 Jahre Privatlehrer in Berlin, 1669 Archidiakonus in Lübben. – Bedeutendster dt. protestant. Kirchenlieddichter des 17. Jh. und nach Luther übh., dessen 134 teils neugeschaffene, teils nach Psalmen und ma. Hymnen gedichtete Lieder für die Wendung des ev. Kirchenliedes vom Bekenntnislied zum persönl. Andachts- und Erbauungslied bestimmend wurden und dank ihres überzeitl. Charakters fern lit. Mode noch heute den wertvollsten Bestandteil des ev. Gesangbuchs bilden: Nun ruhen alle Wälder, 1648; Befiehl du deine Wege, 1656; O Haupt voll Blut und Wunden, 1656; Geh aus mein Herz, 1656; Die güldne Sonne, 1667 u. a. m. Zarte, liedhafte Sprache, volkstüml. Schlichtheit, inniges Gottvertrauen und warme Herzlichkeit verbunden mit persönl. Ton männl. Gelassenheit und e. naiven Welt- und Naturfreude, die alles ird. Erleben in e. einfache Zweckbeziehung zur relig. Erbauung stellt. G. findet fern von Subjektivismus und spekulierendem Grüblertum die echte Ausgewogenheit zwischen Forderungen des Gemeindegesangs und persönl. Aussprache.

A: Geistliche Andachten, XII 1666f., n. 1975. – Geistliche Lieder, hkA. J. F. Bachmann ²1877 (n. 1974); Gedichte, hg. K. Goedeke 1877; Dichtungen und Schriften, hg. E. v. Cranach-Sichart 1957. *L:* R. Eckardt, 1909; H. Petrich, ³1914; T. B. Hewitt, Lond. 1918; F. Seebaß, 1951; K. Ihlenfeld, ²1957; J. Erb, 1974; M. Jenny, hg. 1976; H. Hoffmann, hg. 1978 (m. Bibl.); K. Hesselbacher, ⁶1980; G. Röding, 1981; Bibl.: R. Eckardt, 1908.

Gerhart, Herrmann → Mostar, Gerhart Herrmann

Gerhoh von Reichersberg, 1093 Polling/Obb. – 27. 6. 1169 Reichersberg/Inn; Schulbesuch in Freising, Moosburg und Hildesheim, Magister der Domschule Augsburg, 1119 Domherr ebda., im Investiturstreit erst kaiserl., dann päpstl. gesinnt; 1123 Berater s. Bischofs Herrmann auf dem Laterankonzil, nach Wandlung zu Weltfeindlichkeit 1124 Augustinerchorherr in Rottenbuch b. Oberammergau, wohin G. schon

1121 wegen s. streng kirchl. Haltung geflüchtet war; strenge Durchführung der alten Augustinerregel; 1126 Priester in Cham, vertrieben; nach 1132 mehrfach Gesandter des Fürstbischofs von Salzburg in Rom, seit 1132 Probst des Augustiner-Chorherrenstifts Reichersberg/Inn, das durch s. strenge Zucht den Ruf e. ›Dt. Cluny‹ erlangte. – Fruchtbarer und vielseit. kirchl. Schriftsteller des MA., der in Streitschriften, Abhandlungen und Dialogen zu allen aktuellen Fragen der Religion und Politik s. Zeit polem. Stellung bezog; furchtloser Kritiker von Kirche und Staat, behandelte kirchenpolit. Fragen und wies auf Mißstände und die Notwendigkeit innerer Reformen der Kirche hin; erstrebte die Versöhnung von Kaiser- und Papsttum. Christolog. Streitschrift geg. Abälard. Schwerfällige, mit Reimen durchsetzte lat. Prosa.

W: Opusculum de edificio dei, um 1126–32; Dialogus de differencia inter clericum secularem et regularem, 1131; Liber de Simoniacis, 1133–35; Libellus de ordine donorum s. spiritus, um 1142; Liber de novitatibus huius temporis, um 1156; De investigacione Antichristi, 1161/62 (n. F. Scheibelberger 1875); Opusculum de gloria et honore filii hominis, 1163; Opusculum ad Cardinales, um 1167; De quarta vigilia noctis, 1167; Opusculum de sensu verborum S. Athanasii in symbolo, 1167; Psalmenkommentar, 1137–67. – A: Migne, Patrologia lat. Bd. 193/194; Mon. Germ. Hist., Libelli de lite Bd. 3, Script. Bd. 17.
L: J. Günster, Diss. Münster 1940; I. Ott, Diss. Marb. 1942; D. v. d. Eynde, Rom 1957; E. Meuthen, Kirche und Heilsgesch. b. G., 1959; P. Classen, 1960.

Gerlach, Heinrich, * 18. 8. 1908 Königsberg; Oberleutnant in Stalingrad, bis 1950 Kriegsgefangenschaft; Studienrat in Brake/Unterweser. – Vf. erfolgr., realist. Kriegsromane um Stalingrad.

W: Die verratene Armee, R. 1957; Odyssee in Rot, R. 1966.

Gerlach, Jens, * 30. 1. 1926 Hamburg; 1943 Kriegsdienst, Bewährungstruppe, Gefangenschaft, verschiedene Berufe; 1947–51 Stud. Malerei und Kunstgesch., 1951 freier Schriftsteller, ging 1953 in die DDR; Publizist. Filmautor und Kritiker in Berlin, 1967 Cheflektor beim DDR-Rundfunk. – Lyriker mit Songs, Chansons und Agitpropliedern voll Polemik und Satire gegen die Bundesrepublik; gelungener s. emotionalen Jazz-Gedichte.

W: Der Gang zum Ehrenmal, G. 1953; Ich will deine Stimme sein, G. 1953; Das Licht und die Finsternis, G. 1963; Okzidentale Snapshots, G. 1965; Jazz, G. 1966; Dorotheenstädtische Monologe, Porträts 1972; Der See, G. 1974; Spiegelbild, G. 1983.

Gernhardt, Robert, * 13. 12. 1937 Reval/Estl.; Stud. Malerei und, Germanistik Stuttgart und Berlin; seit 1964 Autor, Texter und Zeichner in Frankfurt, Mitarb. satir. Magazine. – Parodist.-satir. Erzähler absurder Konstellationen.

W: Die Blusen des Böhmen, G. 1977; Wörtersee, G. 1981; Ich Ich Ich, R. 1982; Gernhardts Erzählungen, Bb. 1983; Letzte Ölung, Sat. 1984; Kippfigur, En. 1986; Die Toscana-Therapie, Dr. (1987); Es gibt kein richtiges Leben im valschen, En. 1987.

Gerok, Friedrich Karl von, 30. 1. 1815 Vaihingen/Enz – 14. 1. 1890 Stuttgart, Predigersohn, 1832–36 Stud. Theol. Tübingen, 1839 Hilfsprediger in Stuttgart, 1840–44 Repetent am Tübinger Stift, 1844 Diakonus in Böblingen; 1849 Helfer in Stuttgart; 1853 Oberhelfer u. Amtsdekan, 1862 Stadtdekan; 1868 Oberkonsistorialrat, Oberhofprediger und Prälat. – Geistl. Dichter u. Erbauungsschriftsteller. In s. formgewandten geistl. Liedern im melod.-rhetor. Stil des Münchner Kreises Betonung eth. Werte.

W: Palmblätter, G. 1857; Pfingstrosen, G. 1864; Blumen und Sterne, G. 1868; Deutsche

Ostern, G. 1871; Jugenderinnerungen, 1876; Palmblätter. Neue Folge, G. 1878; Der letzte Strauß, G. 1885; Unter dem Abendstern, G. 1886; Ausgewählte Dichtungen, 1907.
L: R. Braun, 1891; G. Gerok, 1892; A. Otto, 1898.

Gerstäcker, Friedrich, 10. 5. 1816 Hamburg – 31. 5. 1872 Braunschweig, Sohn e. Bühnentenors, Kaufmannslehrling in Kassel, lernte 1835–37 Landwirtschaft in Döben b. Grimma, wanderte 1837 nach Nordamerika aus, dort abenteuerl. Leben als Matrose, Heizer, Jäger, Farmer, Koch, Silberschmied, Holzfäller, Fabrikant und Hotelier. 1843 Rückkehr nach Dtl.; 1849–52 Reise nach Südamerika, Kalifornien, Hawaii, Gesellschaftsinseln und Australien. Nach Rückkehr in Plagwitz b. Leipzig; 1860/61 wieder in Südamerika, 1862 mit dem Herzog von Sachsen-Koburg-Gotha in Ägypten und Abessinien; 1867/68 in Nord- und Mittelamerika, seither Schriftsteller abwechselnd in Dresden und Braunschweig. – Vf. von farbenprächtigen Reisebeschreibungen und spannenden exot. Reise- und Abenteuerromanen in altmod. Stil und konventioneller Technik unter Verwendung eigener Kenntnisse, Erlebnisse und Eindrücke mit lebendiger Landschafts- und Kulturschilderung. Unterhaltungsschriftsteller, der weder das künstler. Niveau s. Anfänge hielt noch die psycholog. Darstellungstiefe Sealsfields erreichte. F. G. – Ges. Braunschweig.

W: Streif- und Jagdzüge durch die Vereinigten Staaten, Tg. 1844; Die Regulatoren in Arkansas, R. III 1845; Die Flußpiraten des Mississippi, R. III 1848; Die beiden Sträflinge, R. III 1856; Gold, R. III 1858; Unter dem Äquator, R. III 1861; Unter Palmen und Buchen, En. III 1865–67; Unter den Penchuenchen, R. III 1867; In Mexico, IV 1871. – GS, XLIV 1872–79; GW XVIII 1937; AW, XI 1977; Briefe an A. H. Schultz, 1982.

L: B. Jacobstroer, Diss. Greifsw. 1914; E. Seyfarth, 1931; A. J. Prahl, Diss. Baltimore 1938; T. Ostwald, 1976 (m. Bibl.).

Gerstenberg, Heinrich Wilhelm von, 3. 1. 1737 Tondern/Schleswig – 1. 11. 1823 Altona, Sohn e. dän. Rittmeisters, 1757–59 Stud. Rechte Jena, Mitgl. der Dt. Gesellschaft ebda., Besuche bei Gellert und Weiße in Leipzig. 1760 dän. Heeresdienst, 1763 Leutnant im russ.-dän. Krieg, 1765 in Kopenhagen, Verkehr im Kreis um Graf Bernstorff, mit Klopstock, Cramer, Sturz u. a. 1771 Abschied als Rittmeister, Zivildienst, 1775–83 dän. Konsul in Lübeck, 2 Jahre privatisierend in Eutin, Freundschaft mit J. H. Voß, zog 1786 nach Altona, 1789–1812 Justizdirektor des Lottos ebda. Zeitlebens durch Finanzsorgen in s. Schaffenskraft gehemmt, unruhig-hypochondr. und zwiespält. Charakter. – Vielseit., eigenwill. Dichter zwischen Aufklärung, Empfindsamkeit und Sturm und Drang, Vorbereiter des Irrationalismus. Begann mit anakreont. Kleinkunst u. Kriegsliedern im Stil Gleims, wurde zum Anreger und Begründer der Bardendichtung. Versuchte sich im lyr. Melodrama und gab im ›Ugolino‹ das 1. dt. Drama im Stil des shakespearisierenden Sturm und Drang von krassem, pathet. Naturalismus. Als Kritiker und Theoretiker Wegbereiter des Sturm und Drang, stellte die Grundforderungen der neuen Poetik auf: Genie, Originalität, kraftvolle Empfindung und Leidenschaft im Sinne Shakespeares gegen den franz. Klassizismus.

W: Prosaische Gedichte, 1759 (n. 1925); Tändeleyen, G. 1759 (³1765 n. A. Anger 1966); Kriegslieder e. königl. dän. Grenadiers, 1762; Briefe über Merkwürdigkeiten der Literatur, III 1766–70 (n. A. v. Weilen 1888 f.); Gedicht

eines Skalden, 1766; Ariadne auf Naxos, Dr. 1767; Ugolino, Tr. 1768 (n. 1966); Minona, Dr. 1785; Vermischte Schriften, III 1815f. (Faks. 1971); Rezensionen in der Hamburg. Neuen Zeitung 1767–71, hg. O. Fischer 1904 (n. 1968).
L: A. M. Wagner, II 1920–24; K. Gerth, Stud. z. G.s Poetik, 1960.

Gertrud von Helfta, gen. die Große, 6. 1. 1256 Thüringen – 1302(?) Helfta, seit 1261 im Kloster Helfta b. Eisleben Zisterzienser-Nonne. – Mystikerin in lat. Sprache, begann 1289 mit den Aufzeichnungen ihres myst. Umgangs mit Christus ›Legatus divinae pietatis‹ und schrieb e. Erbauungsbuch ›Exercitia spiritualia septem‹. Als Vertreterin der Herz-Jesu Mystik großer Einfluß auf franz. Barockmystik. Das Gnadenleben der Hl. Mechthild ›Liber specialis gratiae‹ wird neuerdings Gertrud v. Hackeborn zugeschrieben.
A: Relevationes Gertrudianae et Mechthildianae, II Paris 1875–77. – *Übs.:* J. Weißbrodt, [1]1958.
L: G. Ledos, 1904; M. Wolter, [8]1917; D. G. Dolan, 1922; M. Molenar, Amsterdam 1926; A. Volmer, 1937; W. Lampen, Hilversum 1939; O. Wieland, 1973.

Geßner, Salomon, 1. 4. 1730 Zürich – 2. 3. 1788 ebda., Sohn e. Buchhändlers, 1749 Lehrstelle in der Spenerschen Buchhandlung Berlin, die G. bald verließ, um sich ganz der Landschaftsmalerei und Kupferstecherei zu widmen. Verkehr mit Ramler und E. v. Kleist. 1750 über Hamburg zurück nach Zürich, hier anfangs nur dichtend, Verkehr mit E. v. Kleist, Wieland, Bodmer, Breitinger. 1761 ∞ Judith Heidegger, seither als Kupferstecher, Landschafts- und Porzellanmaler in Zürich, übernahm 1775 nach Tod des Vaters das väterl. Geschäft. 1765 Mitgl. des Großen Rats, 1767 des Kleinen Rats, 1781

Oberaufseher der kantonalen Walddomänen. – Schweizer Idylliker, Meister der antikisierenden Idylle in rhythm. Prosa; empfindsam-graziöse Schäferdichtung im Zeitgeschmack nach Vorbild Theokrits. Verband anmutige antikische Mythologie mit der Sehnsucht s. Zeit nach Natürlichkeit und Einfachheit, nach e. gefühlvollen, glücksel. und zeitlos idealisierten Leben in Frieden, Seelenruhe, Tugend und Zufriedenheit. Mischung von Naivität und Sentimentalität, homerischer Gemütseinfalt mit schon stark empfindsam getönten bürgerl. Rokokostimmungen zu leichtschwebenden, zarten und galantgenüßl. Gebilden von anmutigweichl. Konturen in glücklicher Harmonie. Später kräftigere, realistischere Umrisse. Großer Zeiterfolg in ganz Europa, bes. in Frankreich. Illustrierte s. Schriften selbst.
W: Daphnis, R. 1754; Idyllen, 1756; Der Tod Abels, Prosa-Ep. 1758; Gedichte, 1762; Schriften, IV 1762 (Faks. M. Bircher III 1972ff.); Idyllen, V 1772 (n. E. T. Voss 1973). – Schriften, IV 1762 (n. 1976); II 1777f., hg. J. L. Klee 1841; Sämtl. Schriften, hg. M. Bircher III 1972–74. Ausw. J. Frey 1884 (DNL 41), H. Hesse II 1922.
L: H. Wölfflin, 1889; S.-G.-Gedenkbuch, 1930; P. Leemann-van Elck, 1930 (m. Bibl.); R. Strasser, Diss. Heidelb. 1936; H. Kesselmann, D. Idyllen G.s, 1976; J. Hibberd, Lond. 1977; B. Burk, Elemente idyll. Lebens, 1981; M. Bircher, B. Weber, 1982.

Gfeller, Simon, 8. 4. 1868 Zugut/Kanton Bern – 8. 1. 1943 Lützelflüh; Bauernsohn, Lehrerseminar, Lehrer im Emmental. – Erzähler bes. in Emmentaler Mundart; Bühnenbearbeitungen von Werken Gotthelfs.
W: Heimisbach, R. 1911; Emmentaler Geschichten, En. 1914; Ämmegrund, E. 1927; Erzählungen, 1944. – Briefw. m. O. v. Greyerz, 1957.
L: H. Baumgartner, 1938; G. Hess, 1946; V. Binggeli, 1968.

Gillhoff, Johannes, 24. 5. 1861 Glaisin/Meckl. – 16. 1. 1930 Parchim/Meckl. Seminarlehrer. – Erzähler und Folklorist, bekannt durch s. humorvollen Auswandererroman.

W: Bilder aus dem Dorfleben, 1905; Jürnjakob Swehn, der Amerikafahrer, R. 1917.
L: F. Griese, 1940; G. Lüpke, Jürnjakobs Vater, 1974; J. Borchert, 1981.

Gilm zu Rosenegg, Hermann von, 1. 11. 1812 Innsbruck – 31. 5. 1864 Linz/Do., Sohn e. Gerichtsassessors, Gymnas. Feldkirch und Innsbruck, 1830 Stud. Jura ebda., 1836 Rechtspraktikant im Staatsdienst, an verschiedenen Tiroler Kreisämtern: 1840 Schwaz/Inn, 1843 Bruneck, 1845 Rovereto; 1847 Konzeptspraktikant der Hofkanzlei Wien, 1850 im Innenministerium, 1854 Statthaltereisekretär in Linz, 1856 Leiter des Präsidialbüros ebda. – Lyriker mit volksnaher, sentimental-eleg. Natur- und zarter Liebeslyrik (›Stell auf den Tisch die duftenden Reseden‹), oft weich und empfindsam-melancholisch; dagegen scharfe, schwungvolle polit. Gedichte; zog sich wegen s. antiklerikal. ›Jesuitenlieder‹ Verfolgungen zu. Auch Dramatiker, geistreicher Plauderer und Theaterkritiker.

W: Tiroler Schützenleben, G. 1863; Gedichte, II 1864 f. (Nachtrag 1868); Ausgewählte Dichtungen, hg. A. v. d. Passer 1889; Gedichte, Gesamtausg. hg. R. Greinz 1895; Familien- und Freundesbriefe, hg. M. Necker 1912.
L: H. Greinz, 1895; A. Sonntag, 1904; S. Prem, ³1898; A. Dörrer, 1924.

Ginzkey, Franz Karl, 8. 9. 1871 Pola/Istrien – 11. 4. 1963 Wien; sudetendt. Herkunft; Marineakad. Fiume, Kadettenschule Triest, 1891 Fähnrich in Salzburg und Braunau, 1893 Leutnant in Pola und Triest, 1897–1914 Offizier und techn. Rat am Militärgeograph. Institut Wien; durch Rosegger lit. gefördert; 1914 Kriegsberichter, dann am Kriegsarchiv Wien, seit 1920 als freier Schriftsteller abwechselnd in Salzburg und Wien, 1934–38 Mitgl. des Staatsrats, seit 1944 Seewalchen/Attersee und Wien. Dr. phil. h. c. Wien 1932, Prof. h. c. 1951. – Österr. Neuromantiker, nach Form, Sprache und Stoff in der altösterr. Tradition wurzelnd u. getragen von romant. Ritterlichkeit und leichtbeschwingter Grazie; verhalten-verfeinerte, etwas blutleere und stille Kunst. Romant.-liedhafte, stimmungsreiche Lyrik von gemütvoll weichem Ton, daneben Balladen. Auch in feinfühligen erzähler. Frühwerken lyr. weich und voll träumer. Harmoniesehnsucht, leiser Melancholie und Resignation; dann humordurchsetzte hist./kulturhist. Romane und Novellen aus Altösterreich wie biograph. Künstlerromane. In den 20er Jahren vorübergehende Annäherung an surrealist. Tendenzen. Heimatbücher und Kinderbücher.

W: Ergebnisse, G. 1901; Das heimliche Läuten, G. 1906; Jakobus und die Frauen, R. 1908; Geschichte einer stillen Frau, R. 1909; Balladen und neue Lieder, 1910; Der von der Vogelweide, R. 1912; Der Wiesenzaun, E. 1913; Der Gaukler von Bologna, R. 1916; Befreite Stunde, G. 1917; Die einzige Sünde, E. 1920; Vom Gastmahl des Lebens, G. 1921; Rosita, E. 1921; Es war einmal, Ball. 1922; Von wunderlichen Wegen, En. 1922; Balladen aus dem alten Wien, 1923; Die Reise nach Komakuku, Aut. 1923; Der Weg zu Oswalda, E. 1924; Der seltsame Soldat, Aut. 1925; Der Kater Ypsilon, E. 1926; Der Gott und die Schauspielerin, R. 1928; Der Wundervogel, R. 1929; Balladenbuch, 1931; Prinz Tunora, R. 1934; Liselotte und ihr Ritter, R. 1936; Sternengast, G. 1937; Vom tieferen Leben, G.-Ausw. 1938; Der selige Brunnen, N. 1940; Erschaffung der Eva, Ep. 1941; Zeit und Menschen meiner Jugend, Aut. 1942; Der Heimatsucher, Aut. 1948; Nachdenklicher Tierkreis, 1951; Seitensprung ins Wun-

derliche, G. 1953; Altwiener Balladen, 1955.
– AW, IV 1960.
L: R. Hohlbaum, 1921; H. Richter, Diss.
Wien 1944; K. Vancsa, 1948; H. Mitteregger,
Diss. Innsbr. 1952.

Gisander → Schnabel, Johann
Gottfried

Giseke, Nikolaus Dietrich, 2. 4.
1724 Nemes-Cso b. Güns/Ungarn – 23. 2. 1765 Sondershausen,
Sohn e. ev. Pfarrers, in Hamburg
erzogen, Johanneum ebda.
1745–48 Stud. Theol. Leipzig,
Anschluß an die Bremer Beiträger; 1748 Erzieher in Hannover,
dann Braunschweig, 1753 Prediger in Trautenstein/Harz, 1754
Oberhofprediger in Quedlinburg, 1760 Superintendent in
Sondershausen. – Lyriker und Didaktiker aus dem Kreis der Bremer Beiträger, schrieb geistl. Lieder, Oden, Fabeln, Episteln, ep.
und didakt. Gedichte in flüssigem, schlichtem, empfindsamem
Stil mit Anregungen von Hagedorn, Gellert und Klopstock.
W: Poetische Werke, hg. C. C. Gärtner 1767;
Das Glück der Liebe, Lehrged. 1769; Predigten, hg. J. A. Schlegel 1780.
L: W. Lippert, Diss. Greifsw. 1915.

Glaeser, Ernst, 29. 7. 1902 Butzbach – 8. 2. 1963 Mainz, Stud.
Freiburg u. München; Dramaturg
am Neuen Theater Frankfurt/M.,
Mitarbeiter der ›Frankfurter Zeitung‹; 1933 Emigration nach Locarno, dann Zürich; Mai 1939
Rückkehr nach Dtl. 1941 Redakteur der Frontzeitung ›Adler im
Süden‹ in Sizilien, wohnte nach
1945 in Heidelberg, Stuttgart,
Bensheim und Wiesbaden. – Erfolgreicher Erzähler, Dramatiker
und kulturkrit. Essayist, schrieb
spannende realist. Romane in traditioneller Erzählform als Zeitbilder im Schicksal einzelner u. ganzer Generationen; Zeitgeschichte

in Romanform als sachl. Darstellung, doch mit Neigung zu Verallgemeinerungen. Bekannt
durch s. ›Jahrgang 1902‹ von der
inneren Haltlosigkeit u. geist.
Heimatlosigkeit der Weltkriegsjugend.
W: Seele über Bord, Dr. (1926); Jahrgang
1902, R. 1928 (n. 1978); Fazit, 1929; Frieden,
R. 1930 (u. d. T. Die zerstörte Illusion, 1960);
Das Gut im Elsaß, R. 1932; Der letzte Zivilist,
R. 1935; Das Unvergängliche, En. 1936; Die
deutsche Libertät, Dr. 1948; Köpfe und Profile, Ber. 1952; Das Kirschenfest, En. 1953;
Glanz und Elend der Deutschen, R. 1960.

Glas, Simon → Ferber, Christian

Glassbrenner, Adolf (Ps. Adolf
Brennglas), 27. 3. 1810 Berlin –
25. 9. 1876 ebda., 1824 Kaufmannslehrling, seit 1830 Schriftsteller, liberaler Journalist an
versch. Orten, ab 1841 Neustrelitz, 1848 Führer der Demokrat.
Partei ebda., 1850 als polit. unbequem des Landes verwiesen, 1850
nach Hamburg, 1858 wieder Berlin, Redakteur ebda. – Berliner
Lokalhumorist und Satiriker von
schlagfertigem Witz, iron.
Sprachgewandtheit und scharfer
Beobachtungsgabe für humorige
Genrebilder aus dem Berliner
Volksleben in Dialekt und drast.
Umgangssprache.
W: Berlin, wie es ist – und trinkt, 32 Hefte
1832–50 (n. II 1987); Aus den Papieren eines
Hingerichteten, 1834; Leben und Treiben der
feinen Welt, 1834; Bilder und Träume aus
Wien, II 1836; Buntes Berlin, 15 Hefte
1837–41; Herr Buffey in der Berliner Kunstausstellung, IV 1838 f.; Verbotene Lieder, G.
1844; Neuer Reineke Fuchs, Ep. 1846; Komischer Volkskalender, XX 1846–67; Kaspar
der Mensch, K. 1850; Die Insel Marzipan, M.
1851; Komische 1001 Nacht, 1852; Humoristische Table d'hôte, En. 1859. – AW u. Br.,
hg. H. Denkler u. a. III 1981; AW, hg. G.
Ueding 1985; *Ausw.:* Amor als Ochse, 1960;
Berliner Leben, 1963; Der politisierende Eckensteher, 1969; . . .ne scheene Jejend is det
hier, 1976.
L: R. Rodenhauser, 1912; W. Finger, ²1952;
P. P. Rohrlach, 1976; H. Bulmahn, Amsterd.
1978; I. Heinrich-Jost, Lit. Publizistik A. G.s,
1980; dies., 1981.

Glauser, Friedrich, 4. 2. 1896 Wien – 8. 12. 1938 Nervi b. Genua, Gymnas. und 1 Semester Chemiestud. Zürich, Flucht aus dem Elternhaus, 1921–23 Fremdenlegionär. Versch. Berufe in Frankreich, Belgien, Schweiz, mehrfach als Morphinist interniert. – Vf. eigenwilliger Kriminal- und Abenteuergeschichten mit gesellschaftskritischem Akzent mit Anklängen an G. Simenons Maigret in s. Wachtmeister Studer.

W: Wachtmeister Studer, R. 1936; Matto regiert, R. 1936; Im Dunkel, E. 1937; Die Fieberkurve, R. 1938; Der Chinese, R. 1939; Gourrama, R. 1940; Der Tee der drei alten Damen, R. 1940; Krock & Co., R. 1941; Beichte in der Nacht, Kgn. 1941; Dada, Ascona, Erinn. 1976; Morphium, Aut. 1980. – GW, IV 1969–74.

L: E. Jacksch, 1976; E. Ruoss, 1979; G. Saner, II 1979.

Gleich, Joseph Alois (Ps. Adolph Blum, Ludwig Dellarosa, Heinrich Walden), 14. 9. 1772 Wien – 10. 2. 1841 ebda.; 1790–1831 Subalternbeamter in Wien, daneben 1814–16 Vizedirektor des Theaters in der Josephstadt, Theaterdichter dieses und des Leopoldstädter Theaters; starb in Armut und Schulden. Schwiegervater Raimunds. – Wiener Lokalschriftsteller, schrieb zahllose Schauerromane, Ritter- und Räubergeschichten. Übertrug die Phantastik s. Geistergeschichten unter reicher Benutzung der Bühnenmaschinerien auf die Bühne und wurde mit an 300 Dramen zum bedeutendsten Volksstückautor s. Zeit neben Bäuerle und Meisl und zum Vorläufer Raimunds.

W: Fridolin von Eichenfels, R. 1876; Die Todtenfackel, R. 1798; Der rote Turm in Wien, Dr. 1805; Die Löwenritter, Dr. 1807; Der Lohn der Nachwelt, Dr. 1807; Kunz von Kauffungen, Dr. 1808; Die Musikanten am Hohenmarkt, Dr. 1816; Herr Adam Kratzerl von Kratzerlfeld, Dr. 1816; Komische Theaterstücke, 1820; Herr Josef und Frau Baberl, Dr. 1840. – AW, hg. O. Rommel 1910; Ausw. R. Fürst, Raimunds Vorgänger, 1907. *L:* G. Krauß, Diss. Wien 1932.

Gleim, Johann Wilhelm Ludwig, 2. 4. 1719 Ermsleben b. Halberstadt – 18. 2. 1803 Halberstadt, Sohn e. Obersteuereinnehmers, 1731 Lyzeum Wernigerode, 1738–40 Stud. Jura und Philos. Halle, gründete mit seinen Freunden Uz und Götz den anakreontischen Halleschen Dichterkreis; 1740 Hauslehrer in Potsdam, dann Stabssekretär des Prinzen Wilhelm von Brandenburg-Schwedt in Berlin; mit ihm 1744 im 2. Schles. Krieg; 1747–91 Sekretär des Domkapitels in Halberstadt. Versammelte den nicht dauerhaften Halberstädter Dichterkreis um sich. In letzten Lebensjahren erblindet. Als ›Vater G.‹ beliebt und verehrt. – Lyriker der Aufklärung, Mittelpunkt zweier Dichterkreise und führender Vertreter der dt. Anakreontik mit oberflächl., doch melodiösen Wein- und Liebesliedern von weichl. und verspielter Haltung mit geringer gehaltl. Breite: unbeschwertes Tändeln mit Liebe, gefühlvoll zartes Spiel der Sinnlichkeit. Volkstümlicher in s. Fabeln und Romanzen; durch 3 burleskkom. Romanzen nach Moncrif Erneuerer der dt. Bänkelsangballade. Erreichte echte Volkstümlichkeit in s. Kriegsliedern: Beginn e. neuen polit. Lyrik. Spruchdichtung, Epigramme, Moralsatiren, Episteln und Zeitgedichte, auch Übs. mhd. Minnesänger u. a. Literarhist. bedeutend als selbstloser Helfer junger Talente; weitverzweigter Briefwechsel mit den meisten Dichtern s. Zeit. – Gleimhaus in Halberstadt.

W: Versuch in Scherzhaften Liedern, G. II 1744f. (n. A. Anger 1964); Der Blöde Schäfer, Lsp. 1745; Freundschaftliche Briefe, 1746; Lieder, II 1749 (n. A. Anger 1964); Fabeln, II 1756f.; Romanzen, 1756; Preußische Kriegslieder, G. 1758; Lieder, Fabeln, Romanzen 1758; Petrarchische Gedichte, Übs. 1764; Lob des Landlebens, G. 1764; Lieder nach dem Anakreon, 1766; Oden nach dem Horatz, 1769; Alexis und Elise, Ep. 1771; Lieder für das Volk, 1772; Gedichte nach den Minnesingern, Übs. 1773; Halladat, Spruchdicht. 1774; Preußische Volkslieder, 1800. – SW, hg. W. Körte VIII 1811–13 u. 1841; Briefw. m. Heinse u. J. v. Müller, hg. W. Körte III 1804–06; m. Heinse, hg. C. Schüddekopf II 1894f.; m. Uz, hg. ders. 1899; m. Ramler, hg. ders. II 1906f.
L: K. Becker, 1919; K. Baer, Diss. Erl. 1924; Fs. f. G., 1969.

Glîchezaere, Heinrich der → Heinrich der Glîchezaere

Gluchowski, Bruno (Ps. Robert Paulsen), ∗ 17. 2. 1900 Berlin, Maurersohn, Konditorlehre, 1919 Bergmann im Ruhrgebiet. Lebt in Dortmund. Mitgl. der ›Gruppe 61‹. – Arbeiterdichter, behandelt in Erzählungen und Dramen soziale Probleme und die menschl. Not der Arbeiter. Auch Hörspiele.
W: Der Durchbruch, Dr. 1937 (als R. 1964); Das größere Gesetz, Dr. 1946; Der Honigkotten, R. 1965; Blutiger Stahl, R. 1969; Werkmeister Lorenz, H. 1974; Die letzte Schicht, En. 1981; Die Dörings, R. 1985.
L: H. Gunnemann, hg. 1980 (m. Bibl.).

Glück, Barbara Elisabeth → Paoli, Betty

Gluth, Oskar, 16. 9. 1887 München – 5. 10. 1955 Prien/Chiemsee; Sohn e. Komponisten, Schauspielunterricht, Stud. Germanistik, 1912 Dr. phil., Feuilletonredakteur in München, 1919 Kleinbauer, später in Prien. – Vf. heiterer Unterhaltungsromane bes. aus dem Münchner Biedermeier; auch Künstlerromane und Dramen.

W: Der verhexte Spitzweg, R. 1928; Seine schönste Münchnerin, R. 1931; Bayerische Himmelfahrt, R. 1933; Sonne über München, R. 1935; Dieter und Yvonne, R. 1935; Das höllische Paradies, R. 1949; Das stärkere Leben, R. 1952; Berg der Gnade, R. 1953.

Gmelin, Otto, 17. 9. 1886 Karlsruhe – 22. 11. 1940 Bensberg b. Köln, Gymnas. Karlsruhe; Stud. Mathematik, Naturwiss., Philos. TH Karlsruhe und Heidelberg (Promotion ebda. 1917); 1912–14 Studienaufenthalt in Mexiko, 1914 Kriegsfreiwilliger, 1917–36 Studienrat in Solingen-Wald; zuletzt freier Schriftsteller in Bensberg. – Erzähler bes. hist. Romane und Novellen aus MA. und Völkerwanderungszeit als Verklärung großer Gestalten der Vergangenheit im Sinne e. dt. Reichsdichtung. Balladeske Darstellung unter Einbeziehung von Sagen- und Märchenmotiven. In Erzählungen aus der Gegenwart um Jugend und Liebe subtile Seelenanalyse.
W: Der Homunkulus, En. 1923; Temudschin, der Herr der Erde, R. 1925 (u. d. T. Dschinghis Khan, der Herr der Erde, 1930); Das Angesicht des Kaisers, R. 1927; Naturgeschichte des Bürgers, Ess. 1929; Das Neue Reich, R. 1930; Das Mädchen von Zacatlan, E. 1931; Sommer mit Cordelia, E. 1932; Konradin reitet, E. 1933; Prohn kämpft für sein Volk, E. 1933; Die Gralsburg, E. 1935; Jugend stürmt Kremzin, E. 1935; Die junge Königin, E. 1936; Der Ruf zum Reich, R. 1936 (u. d. T. Die Krone im Süden, 1937); Das Haus der Träume, R. 1937; Die Fahrt nach Montsalvatsch, E. 1939.

Godescalc → Gottschalk von Orbais

Goeckingk, Leopold Friedrich Günther (ab 1789:) von, 13. 7. 1748 Gröningen b. Halberstadt – 18. 2. 1828 Wartenberg/Schles.; Gutsbesitzerssohn; Domschule Halberstadt, Pädagogium Halle, 1765 Stud. Jura Halle; seit 1768 preuß. Verwaltungsbeamter:

1768 Referendar in Halberstadt, Freundschaft mit Gleim, Heinse, Jacobi; 1770–86 Kanzleidirektor in Ellrich/Harz; 1786–88 Kriegs- und Domänenrat in Magdeburg; 1788–93 Land- und Steuerrat in Wernigerode/Harz; 1793–1806 Geheimer Ober-Finanzrat in Berlin; 1803/04 Leiter der Verwaltungsreformen in Fulda; seit 1806 im Ruhestand in Berlin und auf s. Gütern. – Dichter des Rokoko, dem Göttinger Hain nahestehend und vom Sturm und Drang beeinflußt. Mitgl. des Halberstädter Dichterkreises. Bes. geistvolle Episteln und schlagkräftige Epigramme; in s. Gedichten durch Gefühlsinnigkeit über das anakreont. Spiel hinausweisend.

W: Sinngedichte, II 1772; Lieder zweier Liebenden, G. 1777 (n. 1920); Sinngedichte, 1778; Gedichte, III 1780–82; Prosaische Schriften I, 1784. – Gedichte, IV 1821 (n. V. Stadler 1923).
L: F. Kasch, 1909; F. Lampe, Diss. Freib. 1928.

Görg, Hanns → Schlegel, Johann Adolf

Goering, Reinhard, 23. 6. 1887 Schloß Bieberstein b. Fulda – 4. 11. 1936 (in Flur Bucha bei Jena tot aufgefunden, Selbstmord). Stud. Medizin 1905–1914 Jena, München, Berlin, Bonn. Reisen in England, Frankreich, Schweiz, 1914 4 Wochen Feldarzt, nach Tbc-Infektion 1914–18 in Davos, später unstetes Leben. 1926 Dr. med. Versuche zur Einrichtung e. Arztpraxis in Berlin und 1931 Freiburg. – Einflußreicher Dramatiker des Expressionismus, schuf aus der Erschütterung des Krieges seine balladesk-stimmungshaften Schicksalstragödien mit symbol. Typisierung um den Heroismus der Schicksalsüberwindung. Durch s. unpathet.,

klare Sprache Vorwegnahme der Neuen Sachlichkeit, zu der das Spätwerk tendiert. Auch Roman und Lyrik (›Fluggedichte‹).

W: Jung Schuk, R. 1913; Seeschlacht, Tr. 1917; Der Erste, Dr. 1918; Die Retter, Tr. 1919; Scapa Flow, Dr. 1919; Der Zweite, Tr. 1919; Die Südpolexpedition des Kapitäns Scott, Sp. 1930 (als Oper v. W. Zillig: Das Opfer, 1937). – Prosa, Dramen, Verse, hg. D. Hoffmann 1961.
L: G. Capell, Diss. Bonn 1967; J. L. Solomon, D. Kriegsdramen R. G.s, 1984; R. C. Davis, Final Mutiny, Stanford 1986.

Görres, Johann Joseph von, 25. 1. 1776 Koblenz – 29. 1. 1848 München, Sohn e. Floßhändlers und Italienerin, am Gymnas. Koblenz Mitschüler Brentanos, seit 1793 Selbststud. in Bonn. Anhänger der Franz. Revolution, Wortführer der rhein. Republikaner, 1799–1800 an der Spitze von deren Deputation in Paris; änderte nach Enttäuschung durch die Realität s. polit. Ansichten. 1801 Prof. der Naturgesch. und Physik Sekundärschule Koblenz; ⚭ Katharina v. Lasaulx; 1806 venia legendi in Heidelberg, Vorlesungen über Naturphilos., Lit. und Ästhetik, u. a. über altdt. Dichtung. Teilnahme am Heidelberger Romantikerkreis und Mitarbeit an Arnim/Brentanos ›Zeitung für Einsiedler‹. 1808 Rückkehr nach Koblenz, Publizist im Dienst der Befreiungskriege; 1814–16 Hrsg. des ›Rheinischen Merkur‹, der führenden polit. Kampfzeitung gegen Napoleon, zugleich 1814–16 Generaldirektor des öffentl. Unterrichts in den Provinzen des linken Rheinufers. Jan. 1816 Verbot des ›Rhein. Merkur‹ wegen liberaler Haltung und Entlassung. Zunächst in Heidelberg, 1817 wieder Koblenz. 1819 Flucht vor e. preuß. Haftbefehl wegen s. Schrift ›Teutschland und die Revolution‹ nach Straßburg, Frühj.

1820 in die Schweiz, Okt. 1821 wieder in Straßburg, dort um 1822 Rückkehr zur kath. Kirche. 1826 von Ludwig I. als Prof. für Geschichte an die Univ. München berufen, wo s. Haus e. Sammelpunkt der kath. Spätromantik (Brentano, Sailer, Cornelius u. a.) bildete. Wurde hier zum Führer der kath. Publizistik. 1831 Dr. phil. h. c., 1839 geadelt. – Publizist, Gelehrter und Politiker der Romantik. Vielseitiger, ideenreicher, streitbarer und temperamentvoller universeller Geist und vitaler Prosaist mit feuriger Sprachgewalt, starker Bildkraft und außerordentl. Breitenwirkung. Als Gelehrter bes. Mythologe und romant. Entdecker und Hrsg. der dt. Lit. des MA. Im Alter unter starkem Einfluß der kath. Mystik und einseit. Vorkämpfer des Katholizismus. Die 1876 in Koblenz gegr. G.-Gesellsch. unterstützt die katholisierende Wissenschaft.

W: Der allgemeine Friede, 1798; Aphorismen über Kunst, 1802; Glauben und Wissen, 1805; Exposition der Physiologie, 1805; Des Murmachers BOGS wunderbare Geschichte, E. 1807 (m. C. Brentano); Die teutschen Volksbücher, Abh. 1807; Mythengeschichte der asiatischen Welt, II 1810; Altteutsche Volks- und Meisterlieder, hg. 1817 (n. 1967); Teutschland und die Revolution, 1819; Europa und die Revolution, 1821; Über Grundlage, Gliederung und Zeitenfolge der Weltgeschichte, 1830; Die christliche Mystik, IV 1836–42 (n. 1960; Ausw. J. Bernhart 1927); Athanasius, Streitschr. 1838; – GS, IX 1854–74 (Briefe ebda, Bd. 7–9); GS, hg. W. Schellberg u. a., XVI 1926 ff.; Ausw. W. Schellberg, II 1911, H. Raab 1978; AW, hg. W. Frühwald II 1978.
L: J. N. Sepp, 1876 u. 1896; F. Schultz, 1902, n. 1967; M. Berger, G. als polit. Publ., 1921; W. Schellberg, ²1926 (m. Bibl.); A. Dempf, ²1936; F. Hirth, D.jge. G., 1948; R. Saitschick, 1953; G. Bürke, V. Mythos z. Mystik, 1958; R. Habel, 1960; H. Raab, hg. 1985.

Goes, Albrecht, *22. 3. 1908 Langenbeutingen/Württ., alte schwäb. Pfarrersfamilie, Seminar

Schöntal und Urach, Stud. Theologie am Tübinger Stift und in Berlin; 1930 Pfarrer in Unterbalzheim/Württ.; 1938 Pfarrer in Gerbersheim b. Stuttgart; 1940–45 Lazarettgeistlicher an der Südost- und Ostfront, 1953 zugunsten s. Schriftstellertätigkeit vom Amt beurlaubt, seit 1955 freier Schriftsteller, nur mit e. Predigtauftrag betraut, in Stuttgart-Rohr. – Christl.-humanist. Dichter der Gegenwart, getragen von ausgeprägtem Verantwortungsgefühl für das Wort. Reine und stille Lyrik in der schwäb. klass.-romant. Tradition (Mörike-Nachfolge) mit z. T. volksliedhaft-besinnl. Grundton, Wissen um die chaot. Urgründe des Daseins und die Geborgenheit des Menschen. Kultivierter Novellist, hinter dessen schlicht-realist. Aussage e. verborgenes humanitäres Pathos steht. Feinsinniger Essayist, Interpret und Biograph. Ferner volkstüml. Laienspiele nach bibl. Stoffen, Reden, gegenwartsnahe Predigten, Traktate und Herausgabe.

W: Die Hirtin, Sp. 1934; Der Hirte, G. 1934; Heimat ist gut, G. 1935; Die Roggenfuhre, Sp. 1936; Lob des Lebens, Prosa u. G. 1936; Vergebung, Sp. 1937; Über das Gespräch, Es. 1938; Mörike, B. 1938; Begegnungen, En. 1939; Der Nachbar, G. 1940; Die guten Gefährten, Ess. 1942 (erw. 1961); Schwäbische Herzensreise, Es. 1946; Rede auf Hermann Hesse, 1946; Die Herberge, G. 1947; Von Mensch zu Mensch, Ess. 1949; Unruhige Nacht, E. 1950; Gedichte 1930–1950, 1950; Freude am Gedicht, Ess. 1952; Vertrauen in das Wort, Rdn. 1953; Das Brandopfer, E. 1954; Worte zum Sonntag, Rd. 1955; Ruf und Echo, Prosa 1956; Hagar am Brunnen, Predigten 1958; Das St. Galler Spiel von der Kindheit Jesu, erneuert, 1959; Stunden mit Bach, Es. 1959; Worte zum Fest, Pred. 1959; Goethes Mutter, B. 1960; Ravenna, Es. 1960; Die Weihnacht der Bedrängten, Ess. u. G., 1962; Aber im Winde das Wort, Prosa u. G. 1963; Das Löffelchen, E. 1965; Im Weitergehen, Ess. 1965; Dichter und Gedicht, Ess. 1966; Der Knecht macht keinen Lärm, Pred. 1968; Kanzelholz, Pred. 1971; Dunkler Tag, heller Tag, Prosa 1973; Ein Winter mit Paul

Gerhardt, Ess. 1976; Tagwerk, G. u. Prosa 1976; Lichtschatten du, G. 1978; Besonderer Tage eingedenk, Rd. 1979; Erwägungen, En. 1983.
L: W. Janzen, Diss. Winnipeg 1961; R. Wentorf, 1968; A. G., 1968 (m. Bibl.).

Goethe, Johann Wolfgang (seit 1782) von, 28. 8. 1749 Frankfurt/ M. – 22. 3. 1832 Weimar; Sohn des kaiserl. Rats Johann Caspar G. (29. 7. 1710 Frankfurt/M. – 25. 3. 1782 ebda.) aus thüring. Handwerkerfamilie, e. ernsten, grundsatzstrengen Charakters, und der Katharina Elisabeth G. geb. Textor (19. 2. 1731 Frankfurt/M. – 13. 9. 1808 ebda.), der phantasiebegabten Tochter des Frankfurter Stadtschultheißen aus Patrizier- und Akademikergeschlecht. Kindheit und Jugend in Frankfurt mit der Schwester Cornelia (1750–1777). Haupterlebnisse: der elterl. Hausumbau am Hirschgraben 1755, Einquartierung des franz. Königsleutnants Thoranc 1759, Gretchen-Erlebnis 1763/64, Krönung Josephs II. 1764. Frankfurter Jugendgedichte, Josephsepos. Herbst 1765 – Aug. 1768 Stud. Jura Leipzig, u. a. auch bei Gottsched und Gellert; Zeichenunterricht bei Oeser; Liebe zu Käthchen Schönkopf; Leipziger Rokokodichtung: Liederbuch ›Annette‹, Anakreontik und Schäferspiele. Nach schwerer körperl. u. seel. Erkrankung 1768/69 langsame Genesung in Frankfurt/M. unter pietist.-herrnhuter. und myst.-naturphilos. Einflüssen (Susanne von Klettenberg). April 1770 – Aug. 1771 zum Abschluß des Stud. in Straßburg (auch medizin. Vorlesungen); Erlebnis der Gotik, Umgang mit Jung-Stilling, H. L. Wagner, Herder und J. M. Lenz; Liebe zur Pfarrerstochter Friederike Brion in Sesenheim; Begegnung mit elsäss. Volkslie-

dern, die G. für Herder sammelt. Frühe Einflüsse zum Sturm und Drang, Lektüre von Shakespeare, Homer und Ossian. Dr. jur. 1771–75 Vorbereitung auf den Anwaltsberuf in Frankfurt/M., Mai-Sept. 1772 auch kurz am Reichskammergericht in Wetzlar (Leidenschaft zu Charlotte Buff, Selbstmord des K. W. Jerusalem); anfangs Umgang im Kreis der Darmstädter Empfindsamen um J. H. Merck. Entstehung des ›Götz‹ und der Wanderer-Lieder, 1773 der dramat.-satir. Frühwerke, frühen Oden, Hymnen und 1774 des ›Werther‹ und ›Clavigo‹. 1774 Lahn-Rhein-Reise bis Düsseldorf mit Lavater (F. H. Jacobi, Heinse). Dez. 1774 Besuch des Prinzen Carl August von Weimar in Frankfurt. 1775 Verlobung mit Lili Schönemann (Herbst 1775 gelöst). Mai 1775 1. Schweizer Reise mit den Grafen Stolberg (Lavater, Bodmer). Arbeit an Singspielen, ›Egmont‹ und ›Urfaust‹. Nov. 1775 Übersiedlung nach Weimar auf Einladung Herzog Carl Augusts. Genietreiben; Bekanntschaft mit Charlotte von Stein, Wieland, Bertuch, Musäus u. a., 1776 Geh. Legationsrat in weimar. Dienst, Wohnung im Gartenhaus am Stern. Erste naturwiss. Studien. Mit zunehmender Verantwortung durch Verwaltungsaufgaben, bes. seit 1779, wachsende Selbstdisziplin und vielseitige Ausbildung s. Wissensbereiche und Fähigkeiten: Fürstenerzieher, Staatsrat, Minister. Dez. 1777 Harzreise, 1778 in Berlin. 1779 weimar. Kriegskommissär, Direktor des Wegebaus und Geh. Rat. 1779/80 2. Schweizer Reise mit Carl August über Frankfurt/M. und Elsaß. Prosafassung der ›Iphigenie‹. 1782 geadelt; Leiter der obersten Finanzbehörde; Wohnung im Haus am Frauenplan. 1783 2. Harzreise, auch nach Göttingen und Kassel (Besuche bei Gleim und Lichtenberg); 1784 3. Harzreise. Entdekkung des Zwischenkieferknochens; botan. Stud. 1785 in Karlsbad; Abschluß von ›W. Meisters theatral. Sendung‹. 1786–88 1. fluchtartige Italienreise: Karlsbad, Brenner, Verona, Vicenza, Padua, Venedig, Bologna, Rom (J. H. W. Tischbein, H. Meyer, K. Ph. Moritz), Neapel, Paestum, Sizilien, Florenz. Bedeutender Wendepunkt als Beginn der klass. Epoche unter dem Eindruck südl. und antiker Formenwelt: Versfassung der ›Iphigenie‹, Abschluß des ›Egmont‹. Nach s. Rückkehr Hausgemeinschaft mit Christiane Vulpius, Bruch mit Ch. von Stein. 1788 Begegnung mit Schiller in Rudolstadt. Entbindung von allen Amtspflichten. Seither auf der Höhe s. dichter. Schaffens (›Faust‹, ›Tasso‹, ›Röm. Elegien‹) umgeben von Nachahmern, geehrt und besucht von den bedeutendsten europ. Dichtern, Gelehrten und Künstlern s. Zeit, doch in menschl. und künstler. Einsamkeit. 1790 2. Italienreise nach Venedig (›Venezian. Epigramme‹); naturwiss. Stud. im Riesengebirge. 1791–1817 Direktor des Weimarer Hoftheaters. 1792/93 beim Feldzug nach Frankreich (Kanonade von Valmy; Belagerung von Mainz). Seit Juli 1794 Freundschaft mit Schiller, der G. zu neuem dichter. Schaffen (›Faust‹, ›Wilhelm Meister‹) anspornte und ihn aus der Vereinzelung löste; Mitarbeiter an den ›Horen‹; gemeinsam entstanden 1796 die ›Xenien‹; zugleich Balladenjahr. Juli-Nov. 1797 3. Schweizer Reise. 1798–1800 Herausgeber der Kunstzs. ›Die Propyläen‹,

1804–07 der ›Jenaer Literaturzeitung‹. 1803/04 Besuch v. Mme de Staël in Weimar; Wirklicher Geh. Rat. Arbeit an der ›Farbenlehre‹. 1806 Plünderung Weimars durch die Franzosen. 19. 10. 1806 ⚭ Christiane Vulpius (†6. 6. 1816). 1807 Neigung zu Minchen Herzlieb in Jena. 1808 Begegnung mit Napoleon, 1812 mit Beethoven. 1814 in Frankfurt und Wiesbaden (St. Rochus-Fest bei Bingen), 1814/15 Neigung zu Marianne von Willemer (Suleika), 1815 in Wiesbaden, Köln und Heidelberg. 1815 Staatsminister. 1818–20 sommers in Karlsbad, 1821–23 in Marienbad; Neigung zu Ulrike von Levetzov (›Marienbader Elegie‹). Bekanntschaft Eckermanns, der bei G. bleibt. Besuche Emersons und Heines, 1826 Grillparzers und Turgenevs, 1830 Thackerays. 1828 auf Schloß Dornburg. 1830 Tod s. Sohnes August in Rom. 1830 Abschluß von ›Faust II‹, 1831 von ›Dichtung und Wahrheit‹, 26. 3. 1832 in der Weimarer Fürstengruft beigesetzt. – Größter dt. Dichter und Haupt der dt. Klassik, zugleich in der vielseitigen Ausbildung s. Interessen universeller, maßgebl. Denker von stärkstem Einfluß auf die europ. Lit. und Geistesgesch. der Neuzeit. Fand die unmittelbarste Selbstaussprache in s. erlebnishaften Lyrik von urspr. dichter. Kraft und symbol. Überhöhung. Begann mit den geistreich-eleganten Leipziger Gedichten und Schäferspielen im Stil des Rokoko, fand dann e. ihm angemessenen gefühlsbetonten Ausdruck in dem emphat. Irrationalismus und der unmittelbaren Gefühlsaussage des Sturm und Drang mit Betonung des Individuums. Gab der dt. Dichtung eine neue Erlebnistiefe und dynamische Aussagekraft in freirhythm.-hymn. Lyrik, Drama (›Götz‹, ›Urfaust‹) und unter Einbeziehung empfindsamer Elemente im Roman (›Werther‹). In der vom Erlebnis der Antike ausgehenden klass. Epoche formstrenge, überpersönl. und harmon. Dichtungen von geläuterter, streng stilisierter Sprache bes. um das Verhältnis des einzelnen zur Gesellschaft in Seelendramen und gleichnishafter Epik ins Zeitlose idealisierte Vertreter hohen Menschentums (›Tasso‹, ›Iphigenie‹, ›Hermann und Dorothea‹, ›Wilhelm Meisters Lehrjahre‹). Schließl. zunehmendes Eindringen romant. Elemente in die immer stärker vom Gedankl. her geprägten, locker komponierten Spätwerke in e. mehr stat. Sprache (›Wanderjahre‹, ›Faust‹), die anstelle der harmon. Selbstausbildung und Selbsterfüllung als Ideal das prakt. Wirken zum Nutzen der Gemeinschaft aufstellen, wegweisend zugleich für die soziale und psycholog. (›Wahlverwandtschaften‹) Problemstellung der Folgezeit. Neben der Dichtung – ›Bruchstücke einer großen Konfession‹ – und umfangr. autobiograph. Schriften (›Dichtung und Wahrheit‹) naturwiss. Studien und Entdeckungen zur Botanik, Anatomie, Zoologie, Mineralogie, Meteorologie, Optik und Farbenlehre auf der Suche nach den Gesetzen der organ. Entwicklung in morpholog. Betrachtungsweise. Als Weimarer Theaterleiter Initiator e. klassizist.-deklamator. Bühnenstils. Auch Zeichner und Maler. Museen in Weimar, Frankfurt und Düsseldorf.

W: Annette, G. (1767); Satyros, Dr. (1770); Neue Lieder, 1770; Von deutscher Baukunst, Es. 1773; Götz von Berlichingen mit der ei-

sernen Hand, Dr. 1773; Götter, Helden und Wieland, Farce 1774; Clavigo, Tr. 1774; Die Leiden des jungen Werthers, R. II 1774 (Neufassg. 1787); Claudine von Villa Bella, Sch. 1776; Stella, Sch. 1776; Iphigenie auf Tauris, Sch. (1779; endgült. Ausg. 1787); Die Fischerinn, Sgsp. 1782; Der Triumph der Empfindsamkeit, Sp. 1787; Egmont, Tr. 1788; Faust, Ein Fragment, Dr. 1790; Torquato Tasso, Sch. 1790; Versuch, die Metamorphose der Pflanzen zu erklären, Abh. 1790; Beyträge zur Optik, II 1791 f.; Der Bürgergeneral, Lsp. 1793; Reineke Fuchs, Ep. (1794); Römische Elegien, G. (1795); Unterhaltungen deutscher Ausgewanderten, Nn. (1795); Wilhelm Meisters Lehrjahre, R. IV 1795 f.; Hermann und Dorothea, Ep. 1798; Mahomet, Tr. 1802 (nach Voltaire); Tancred, Tr. 1802 (nach Voltaire); Die natürliche Tochter, Tr. (1804); Winkelmann und sein Jahrhundert, hg. 1805; Faust, Tr. 1808 (komm. E. Beutler 1939; H. Trunz ⁵1959, T. Friedrich, L. J. Scheithauer 1959); Pandora, Fsp. (1808); Die Wahlverwandtschaften, R. II 1809; Zur Farbenlehre, II 1810; Aus meinem Leben, Dichtung und Wahrheit, VI 1811–22; Des Epimenides Erwachen, Fsp. 1815; Über Kunst und Altertum, Zs. VI 1816–32; Zur Naturwissenschaft überhaupt, besonders zur Morphologie, Abh. II 1817–24; West-oestlicher Divan, G. 1819 (komm. E. Beutler 1943, H. A. Maier II 1965); Wilhelm Meisters Wanderjahre oder Die Entsagenden, R. 1821; Annalen (1830); Faust, 2. Teil, 1833; Wilhelm Meisters theatralische Sendung, hg. H. Maync 1911. – Werke, Vollst. Ausg. letzter Hand, LX 1827–42; Weimarer Ausg. (Sophienausg.) CXLIII 1887–1920 (m. Briefen u. Tgb., n. 1987); Jubiläumsausg., hg. E. v. d. Hellen, XL 1902–12; Propyläen-Ausg., XLIX 1909–32; Hamburger Ausg., hg. E. Trunz, XIV 1948–60, n. 1981 u. IV (Briefausw., hg. K. R. Mandelkow) 1961–67; Gedenkausg., hg. E. Beutler XXIV u. III 1948–71; Werke, hg. Dt. Akad. d. Wiss. Bln. 1952 ff.; SW, hg. K. Richter u. a. XXVI 1985 ff.; SW, Br., Tgbb. u. Gespr., hg. H. Birus u. a. XL 1985 ff.; Die Schriften zur Naturwissenschaft, XII 1947 ff.; Amtliche Schriften, hg. W. Flach VIII 1951 ff. Briefe an Ch. v. Stein, hg. J. Petersen IV 1923; an Cornelia, hg. A. Banuls 1986; Briefwechsel mit Knebel, II 1851; W. u. A. v. Humboldt, hg. L. Geiger 1909; Schiller, hg. H. G. Gräf u. A. Leitzmann III 1912; Zelter, hg. M. Hecker III 1913–18; Carl August, hg. H. Wahl III 1915–18; s. Frau, hg. H. G. Gräf II 1916; Marianne von Willemer, hg. H.-J. Weitz 1962; B. v. Arnim, hg. R. Steig 1922, ²1927; Ch. G. Voigt, IV 1949–62; Reinhard, 1958; Cotta, III 1979–83. – Gespräche, hg. W. v. Biedermann V ²1909–11, hg. W. Herwig IV 1965–72; Begegnungen u. Gespr., hg. E. u. R. Grumach XII 1965 ff.; Gespräche mit Eckermann, hg. F. Bergemann 1955; Unterhaltungen mit Kanzler F. v. Müller, hg. E. Grumach 1959; F. Soret, 1905.

L: A. Bielschowsky, II 1896–1903 (n. W. Linden 1928); H. G. Gräf, G. über s. Dichtungen, IX 1902–14 (n. 1967f.); F. Neubert, G. u. s. Kreis, Bb. 1919; H. A. Korff, Geist der G.-Zeit, IV 1923ff.; F. Gundolf, ¹²1925 (n. 1963); E. Kühnemann, II 1930; H. Baumgart, G.s lyr. Dichtung, III 1931–39; P. Wittkopp, 1931; H. Wahl u. A. Kippenberg, Bb. 1932; K. May, Faust II, i. d. Sprachform gedeutet, 1936 (n. 1962); J. F. Angelloz, 1949; H. Lichtenberger, 1949; R. Buchwald, G.-Zeit u. Gegenwart, 1949; W. Flemming, G.s Gestaltung des klass. Theaters, 1949; R. Ibel, Der junge G., 1949; H. Knudsen, G.s Welt des Theaters, 1949; K. Viëtor, 1949; ders., Der junge G., 1950; H. Böhm, ⁴1951; B. Croce, 1951; H. M. Wolff, G.s Weg zur Humanität, 1951; ders., G. i. d. Periode d. Wahlverwandtschaften, 1952; B. Fairley, 1953; F.-J. v. Rintelen, D. Rang d. Geistes, 1955; G.-Handbuch, hg. A. Zastrau ²1955ff.; H. J. Schrimpf, D. Weltbild d. späten G., 1956; F. Strich, G. u. d. Weltlit., ²1957; W. Flitner, G. im Spätwerk, ²1957; F. Götting, Chronik von G.s Leben, ²1957; E. Beutler, Essays um G., ⁵1957; E. Staiger, III ²1957–59; W. Mommsen, D. Entstehung von G.s Werken in Dokumenten, VI 1958ff.; H. A. Korff, G. im Bildwandel s. Lyrik, II 1958; R. Peacock, G.s Major Plays, Manchester 1959; H. Schmitz, G.s Altersdenken, 1959; P. Stöcklein, Wege zum späten G., ²1960; W. Leppmann, G. u. d. Deutschen, 1962; H. Reiss, G.s Romane, 1962; E. M. Wilkinson, L. A. Willoughby, Lond. 1962 (d. 1972); W. Schadewaldt, 1963; R. Friedenthal, 1963; D. jge. G., hg. H. Fischer-Lamberg VI 1963–74; P. Boerner, 1964; W. Emrich, D. Symbolik v. Faust II, ³1964; R. Buchwald, Führer durch G.s Faustdicht., ⁷1964; G.s Leben u. Wk. i. Daten u. Bildern, hg. B. Gajek 1966; R. Gray, Cambr. 1967; H. Meyer, ²1967; G. i. 20. Jh., hg. H. Mayer 1967; A. Fuchs, G.-Stud. 1968; B. Fairley, 1968; G. Müller, ⁵1969; W. Ch. Zimmermann, D. Weltbild d. jg. G., II 1969–79; E. Trunz, Stud. z. G.s Alterswerken, 1971; P. Eichhorn, Idee u. Erfahrg. i. Spätw. G.s, 1971; P. Requadt, G.s Faust I, Leitmotivik u. Architektur, 1972; G. u. d. Tradition, hg. H. Reiss 1972; H. J. Geerdts, 1972; E. Bahr, D. Ironie i. Spätwerk G.s, 1972; H. B. Nisbet, G. and the Scientific Tradition, Lond. 1972; H. Mayer, 1973; K. Ziegler, Gedanken zu Faust II, ²1973; L. Dieckmann, N. Y. 1974; G. i. Urteil s. Kritiker, hg. K. R. Mandelkow IV 1975–84; E. A. Blackall, G. and the novel, Ithaca 1976; G. Baumann, 1977; H. Nicolai, Zeittaf. z. G.s Leben u. Wk., 1977; I. Graham, 1977; S. Blessin, D. Romane G.s, 1979; G.s Dramen, hg. W. Hinderer 1980; K. R. Mandelkow, G. i. Dtl., II. 1980ff.; J. Göres, 1981; H. H. Reuter, ²1982; M. Brion, 1982; W. Hinck, G. – Mann d. Theaters, 1982; K. A. Conrady, II 1982–85; R. Steiger, G.s Leben v. Tag z. Tag, VII 1982ff.; K. R. Eissler, II 1983–85; W. Wittkowski, G. i. Kontext, 1983; G.s Erzählwerk, hg. P. M. Lützeler 1985. Konkordanz: A. Märkisch 1973; Lex.: G.-Wortschatz, hg. P. Fischer ²1968; G.-Wb., 1966ff.; Bibl.: K. Goedeke, Grundriß z. Gesch. d. dt. Dichtung, Bd. IV, ³1913; R. Buchwald u. R. Sierks, 1951; H. Pyritz, 1955–65; W. Hagen, D. Gesamt- und Einzeldrucke von G.s Werken, 1956, ²1983; K. Diesch u. P. Schlager, G.-Bibl. 1912–50, 1957ff.

Gött, Emil,

13. 5. 1864 Jechtingen am Kaiserstuhl – 13. 4. 1908 Freiburg/Br., Stud. Philos., Philol. und Nationalökonomie Freiburg und Berlin; 1887 Rückkehr nach Freiburg, Beschäftigung mit sozialen und wirtschaftl. Verbesserungsplänen; dann Wanderleben mit E. Strauß als Landarbeiter und Handwerksbursche in der Schweiz, Oberitalien und Tirol; 1894 Landwirt in Zähringen b. Freiburg/Br. – Neuromant. Dichterphilosoph, der schmerzhaft um die geistige und erlebnismäßige Verbindung von Tolstoj und Nietzsche im eigenen Leben ringt, immer wieder Reflexion und Dichtung gegenüber tätigem Handeln abwertend. Am erfolgreichsten als Dramatiker mit anmut. Verslustspielen von anziehender und bühnensicherer Gestaltung und feinem Humor in der klass. span. Tradition (Stoffe nach Cervantes u. Lope de Vega), Nähe zu Grillparzer, später Ibsen. Krit. Selbstanalysen und lyr. Diskussionen von dichter. Rang und Gedankentiefe wie spannungsreicher sozialer Problematik. Ferner Erzählungen, Lyrik, Spruchdichtung, Aphorismen und Tagebücher.

W: Verbotene Früchte, K. 1894 (u. d. T. Der Schwarzkünstler, 1911); Edelwild, Dr. 1901; Mauserung, Lsp. 1908; Freund Heißsporn, Lsp. (1911); Nachdenkliche Geschichten, 1923. – GW, hg. R. Woerner III 1911, erw. 1943; Tagebücher und Briefe, hg. R. Woerner III 1914, erw. 1943; Briefe an einen Freund, hg. G. Manz 1919.
L: F. Droop, 1917; M. U. Gött, 1921; W.

Bühler, Diss. Freib. 1951; H. Laber, Diss. Mchn. 1952.

Götz von Berlichingen → Berlichingen, Götz von

Goetz, Bruno, 6. 11. 1885 Riga – 20. 3. 1954 Zürich, Sohn e. Kapitäns, Stud. Wien und München, lebte in Berlin, Zürich, bes. Italien, 1923 freier Schriftsteller in Überlingen, 1946 Zürich. – Erzähler, Lyriker, Dramatiker, Essayist, Kritiker, Übersetzer (russ., ital.) und Hrsg. in traditionellen Formen mit Nähe zum George-Kreis.

W: Gauner und Sklaven, Dr. 1918; Das Reich ohne Raum, R. 1919 (erw. 1925); Der letzte und der erste Tag, G. 1926; Das göttliche Gesicht, R. 1927; Der Lobgesang, Dr. 1927; Neuer Adel, Ess. 1930; Deutsche Dichtung, Es. 1935; Das heile Wort, G. 1935; Das Flügelroß, G. 1938; Die Pferde gehen durch, Nn. 1938; Der siebenköpfige Drache, Nn. 1948; Der Punkt zwischen den Augen, Nn. 1948; Der Gott und die Schlange, Ball. 1949; Götterlieder, G. 1952; Der Gefangene und der Flötenbläser, G. 1960.

Goetz, Curt, 17. 11. 1888 Mainz – 12. 9. 1960 Grabs b. St. Gallen; schweiz.-ital. Herkunft, Jugend in Binningen; Gymn. Halle, 1907 Schauspieler in Rostock, 1909–11 Nürnberg, ab 1911 Berlin, ⚭ 1923 Valerie von Martens, mit der er seit 1925 Gastspielreisen mit eigenen Stücken unternahm, emigrierte 1939 nach Hollywood, 7 Jahre Besitzer e. Hühnerfarm bei Los Angeles, 1945 über New York in die Schweiz, wohnte in Merligen/Thuner See. – Vielgespielter dt. Lustspielautor mit theatersicheren, amüsanten Komödien und Grotesken von geistreich pointiertem Dialog, effektvoll ausgenutzter Situationskomik, liebenswürdigem Humor und der graziösen Leichtigkeit des internationalen Boulevard-Stils. Vorliebe für Rahmenstücke und desillusionierende Effekte. Ver-

band als Erzähler Detektiv- und erot. Roman.

W: Menagerie, Drr. 1920; Ingeborg, K. 1921; Nachtbeleuchtung, Drr. 1921; Der Lampenschirm, Lsp. 1923; Die tote Tante, Lspp. 1924; Hokuspokus, Lsp. 1928 (Neufassg. 1953); Der Lügner und die Nonne, Lsp. 1929; Dr. med. Hiob Prätorius, K. 1934 (Neufassg. 1953); GW, III 1937; Tatjana, N. 1946; Die Tote von Beverly Hills, R. 1951; Gesammelte Bühnenwerke, 1952; Das Haus in Montevideo, K. 1953; Nichts Neues aus Hollywood, K. (1956); Miniaturen, 1958; Die Memoiren des Peterhans von Binningen / Die Verwandlung des Peterhans von Binningen / Wir wandern, wir wandern, Aut. III 1960–63 (m. V. v. Martens, u. d. T. Memoiren, 1969); Dreimal täglich, Aphor, 1964; Carneval in Paris, Drehb. 1966; Napoleon ist an allem schuld, K. 1967; Viermal täglich, Aphor. 1968. – Sämtliche Bühnenwerke, 1963; Das erzähler. Wk, 1977.

L: V. v. Martens, D. gr. C. G.-Album, 1968.

Götz, Johann Nikolaus, 9. 7. 1721 Worms – 4. 11. 1781 Winterburg b. Kreuznach, Predigerssohn, Gymnas. Worms, 1739–42 Stud. Theol. Halle, von Gleim und Uz im Halleschen Dichterkreis poetisch angeregt, 1742 Hauslehrer in Emden, 1744 Hofmeister in Forbach/Lothr., 1748 Feldprediger e. franz. Regiments; 1751 Pfarrer in Hornbach/Pfalz, 1754 Oberpfarrer in Meisenheim, 1761 Konsistorialrat in Winterburg, 1776 Superintendent. – Anakreont. Lyriker des Halleschen Kreises mit anmutig-graziösen, zierlichen, leichten und melodiösen Versen ohne tieferen persönl. Gehalt, z. T. etwas heikel oder gehaltloses Spiel. Geschätzter Übs. franz. (Gresset 1750) und antiker Autoren wie des Pseudo-Anakreon.

W: Versuch eines Wormsers in Gedichten, 1745; Die Oden Anakreons in reimlosen Versen, Übs. 1746 (m. J. P. Uz); Die Gedichte Anakreons und der Sappho Oden, Übs. 1760 (n. H. Zeman 1970); Die Mädchen-Insel, G. 1773; Vermischte Gedichte, hg. (u. bearb.) K. W. Ramler 1785; Gedichte aus den Jahren 1745–65, hg. C. Schüddekopf 1893; Briefe von und an G., hg. ders. 1893.

L: H. Hahn, 1889.

Goetz, Wolfgang, 10. 11. 1885 Leipzig – 3. 11. 1955 Berlin, Gymnas. Leipzig, Stud. Germanistik und Geschichte ebda. und seit 1905 in Berlin; weite Reisen; 1920–29 Regierungsrat bei der Filmprüfstelle Berlin, 1936–40 Präsident der Gesellschaft für Theatergeschichte; 1946–49 Hrsg. der ›Berliner Hefte für geistiges Leben‹. – Als Dramatiker bedeutsam für die Erneuerung des hist. Dramas nach dem Expressionismus; gute Charakterisierung und witziger Dialog. Erzähler von Novellen, volkstüml. Romanen und e. satir. Zeitromans. Auch Kritiker, Essayist, Biograph, Historiker, Hrsg. W. G.-Archiv der Akad. d. Künste Berlin.

W: Kreuzerhöhung. Der böse Herzog, Drr. 1911; Die Reise ins Blaue, E. 1920; Neidhardt von Gneisenau, Dr. 1925; Von Zauberern und Soldaten, En. 1926; Das Gralswunder, R. 1926; Robert Emmet, Dr. 1928; Kavaliere, K. (1930); Franz Hofdemel, N. 1932; Der Mönch von Heisterbach, R. 1935; Der Ministerpräsident, Dr. 1936; Kampf ums Reich, Dr. (1939); Ergoetzliches, Prosa 1940; Der Herr Geheime Rat, En. 1941; Du und die Literatur, Schr. 1951; W. Krauss, B. 1954; Das Glück sitzt an der nächsten Ecke, En. 1958; Begegnungen und Bekenntnisse, Ess. 1964; Damals in Berlin, Erinn. 1970.

Golaw, Salomon von → Logau, Friedrich Frh. von

Goll, Claire (eig. Clarisse Liliane, geb. Aischmann), 29. 10. 1891 Nürnberg – 30. 5. 1977 Paris; unglückl. Jugend in München, lebte nach der Heirat mit Heinrich Studer in der Schweiz, Freundschaft mit R. M. Rilke; lernte 1917 Yvan Goll kennen, den sie 1921 heiratete; 1919–39 mit ihm in Paris, Freundschaft mit surrealist. Malern und Dichtern von Rang, dann in New York, seit 1947 wieder in Paris. Herausgeberin und Nach-

laßverwalterin ihres Gatten. – Erzählerin und Lyrikerin im Gefolge des Surrealismus, z. T. in Zusammenarbeit mit ihrem Gatten; eigene Arbeiten in dt. und franz. Sprache. Memoiren als Klatschgeschichte.

W: (außer franz. und mit Yvan → Goll): Mitwelt, G. 1918; Die Frauen erwachen, Nn. 1918; Der gläserne Garten, Nn. 1919; Lyrische Films, G. 1922; Der Neger Jupiter raubt Europa, R. 1925; Eine Deutsche in Paris, R. 1927; Ein Mensch ertrinkt, R. 1931; Arsenik, R. 1933 (u. d. T. Jedes Opfer tötet seinen Mörder, 1977); Tagebuch eines Pferdes, E. 1950; Die Taubenwitwe, E. 1952; Versteinerte Tränen, G. 1952; Chinesische Wäscherei, E. 1953; Das tätowierte Herz, G. 1957; Klage um Ivan, G. 1960; Der gestohlene Himmel, E. 1962; Memoiren eines Spatzen des Jahrhunderts, E. 1969; Traumtänzerin, Aut. 1971; Zirkus des Lebens, En. 1976; Ich verzeihe keinem, Mem. 1978. – Briefw. m. Yvan G., 1966.

L: C. G., Paris 1967.

Goll, Ernst, 14. 3. 1887 Windischgrätz/Steiermark – 13. 7. 1912 Graz, Stud. Philos. Graz, stürzte sich aus Liebeskummer und Verzweiflung über den Sinn e. fragwürdigen Daseins aus einem Fenster der Grazer Univ. – Österr. Frühexpressionist mit Hölderlin, Lenau und H. Wolf verwandter kostbarer und reiner Lyrik von schwermüt. Gedankentiefe.

W: Im bitteren Menschenland, G., hg. J.-F. Schütz 1912; Gedichte, 1943, erw. 1947.

Goll, Yvan (eig. Isaac Lang, Ps. Iwan Lassang, Tristan Torsi, Johannes Thor, Tristan Thor), 29. 3. 1891 Saint-Dié/Frankr. – 27. 2. 1950 Paris, Sohn e. Elsässers und e. Lothringerin, Gymnas. Metz; Stud. 1912–14 Straßburg und 1915–18 Lausanne, Dr. jur. u. phil. 1914–18 in der Schweiz im pazifist. Kreis um R. Rolland, ⚭ Claire Studer, Lyrikerin und Übs., ging 1919 nach Paris, verkehrte im Surrealistenkreis um G. Apollinaire mit A. Bréton, Eluard, Chagall; Freundschaft mit J. Joyce, St. Zweig, H. Arp und Paula Ludwig; förderte den Surrealismus, schrieb ab 1933 meist franz. 1939 Flucht nach New York, 1943–46 Hrsg. der lit. Zs. ›Hemisphères‹. 1947 Rückkehr nach Paris; seit 1948 an Leukämie erkrankt. – Bilderreicher Lyriker des Expressionismus mit Übergang zum sinnbildhaften Surrealismus; begann mit expressionist. Dithyramben voll Menschheitsglaube und Friedenssehnsucht, bediente sich dann des Surrealismus und gelangte in den 20er Jahren zu e. neuen Sachlichkeit der Aussage und außerordentl. dichten Bildern durch Symbolverschränkung mit disparaten Elementen: schwermüt. Traumgeschichte mit myth. Bildern, im Spätwerk mit mag. alchimist. und kabbalist. Metaphorik. Vf. teils kolportagenaher zeitkrit.-satir. Schlüsselromane, grotesk-absurder Dramen und Essayist. Viele Gedichte in Zusammenarbeit mit s. Frau.

W: Lothringische Volkslieder, 1912; Der Panamakanal, G. 1912; Elégies internationales, G. 1915; Requiem pour les morts de l'Europe, 1916, d. 1917; Dithyramben, G. 1918; Der neue Orpheus, G. 1918; Der Torso, G. 1918; Die drei guten Geister Frankreichs, Ess. 1919; Die Unterwelt, G. 1919; Astral, G. 1920; Die Chaplinade, Dicht. 1920; Die Unsterblichen, 2 Possen, 1920; Paris brennt, Dicht. 1921; Methusalem oder der ewige Bürger, Dr. 1922 (hg. R. Grimm, V. Žmegač 1966); Der Eiffelturm, ges. Dicht. 1924; Der Stall des Augias, Dr. 1924; Germaine Berton, Ber. 1925; Poèmes d'amour, G. 1925; Poèmes de jalousie, G. 1926; Poèmes de la vie et de la Mort, G. 1926 (alle 3 m. Claire G.); Le Microbe de l'Or, R. 1927; A bas l'Europe, R. 1928; Die siebente Rose, G. 1928; Die Eurokokke, R. 1928; Der Mitropäer, R. 1928; Agnus Dei, R. 1929; Noemi, G. 1929; Pascin, Es. 1929; Royal Palace, Op. 1929; Sodome et Berlin, R. 1929 (d. 1985); Deux chansons de la Seine, G. 1930; Chansons malaises, G. 1934 (d. 1967); Lucifer vieillissant, R. 1934; La Chanson de Jean sans Terre, G. III 1936–39 (krit. hg. F. J. Carmo-

dy, Berkeley 1962); Métro de la mort, G. 1936; Fruit from Saturn, G. 1945; Le mythe de la roche percé, G. 1945 (d. 1956); Atom Elegy, G. 1946; Love Poems, G. 1947 (m. Claire G.); Le char triomphal de l'Antimoine, G. 1949; Elégie d'Ihpétonga, G. 1949; Dix mille aubes, G. 1951, d. 1954 (m. Claire G.); Les géorgiques parisiennes, G. 1951 (d. 1956); Traumkraut, G. 1951; Neue Blümlein des hl. Franziskus, E. 1952 (m. Claire, G.); Abendgesang, G. 1954; Melusine, Dr. (1956); Multiple femme, G. 1956; Duo d'amour, G. 1959 (m. Claire G.); L'Antirose, G. 1965, d. 1967 (m. Claire G.). – Ausw., 1956; Dichtungen, 1960; Gedichte, hg. R. A. Strasser 1968; Briefw. m. C. Goll, 1966.

L: F. J. Carmody, The Poetry of I. G., Paris 1956; G. Müller, 1962; D. Schaefer, D. frühe Lyrik I. G.s, Diss. Kiel 1965 (m. Bibl.); W. Hauck, D. Bildwelt b. I. G., Diss. Mchn. 1965; V. Perkins, 1970; K. Spriegel, Unters. z. dram. Werk Y. G.s, Diss. Salzb. 1970; V. P. Profit, Interpretations of I. G.s late poetry, 1977; M. A. Parmée, 1981.

Goltz, Bogumil, 20. 3. 1801 Warschau – 12. 11. 1870 Thorn, Sohn e. preuß. Stadtgerichtsdirektors und Gutsbesitzers; Gymnas. Königsberg und Marienwerder, 1817–21 Landwirtschaftslehre bei Thorn, 1821–23 Stud. Philosophie und Theologie Breslau; seit 1823 ohne Erfolg Landwirt, seit 1830 in Gollub; seit 1847 freier Schriftsteller in Thorn; große Reisen u. a. nach Ägypten und Algerien. – Prosaist mit geistreich-paradoxem, an Jean Paul geschultem Stil, originellen Gedankenblitzen, herzhaftem Humor und scharfem Zynismus; am wirkungsvollsten in erzähler. Partien aus Kindheitserleben, Genrebildern und Kleinmalerei. Kritiker der aufgeklärten modernen Hyperkultur und Mahner zu naturhafter Lebensform, zur Selbstbehauptung in e. Massenwelt. Reisebücher von prächtigem Humor. Gewollt genialer lit. Sonderling jenseits der Gattungen.

W: Buch der Kindheit, 1847; Das Menschen-Dasein, II 1850; Ein Jugendleben, III 1852; Ein Kleinstädter in Ägypten, 1853; Der Mensch und die Leute, V 1858; Exakte Menschenkenntnis, IV 1859f.; Typen der Gesell-

schaft, II 1860; Feigenblätter, III 1862–64; Die Bildung und die Gebildeten, II 1864; Die Weltklugheit und die Lebens-Weisheit, II 1869.
L: T. Kuttenkeuler, 1913; R. Trenkel, hg. 1978.

Goltz, Joachim Freiherr von der, 19. 3. 1892 Westerburg i. Westerwald – 1. 4. 1972 Obersasbach/ Baden. Jugend in Baden-Baden, seit 1909 Stud. Jura, Volkswirtschaft, Philos. und Geschichte London, Lausanne, Genf, Paris, Freiburg/Br., Heidelberg, Berlin und Greifswald; 1914 Dr. jur., Referendar in Königswusterhausen; 3 Jahre Frontoffizier, zuletzt Kriegsberichterstatter; längere Krankheit mit Landaufenthalt im bad. Schwarzwald, nebenbei Dramaturg Stadttheater Baden-Baden. Seit 1919 Landwirt und freier Schriftsteller in Obersasbach b. Achern/Bad. – Nationaler Dramatiker mit bühnensicheren Festspielen, hist. Tragödien und Komödien um eth. Entscheidungen; Erzähler mit Romanen, Novellen und Kriegstagebüchern um menschl. Bewährung des einzelnen. Auch Lyrik, Kriegslyrik, Kinderbuch und Übs.

W: Deutsche Sonette, G. 1916; Die Leuchtkugel, Dr. 1920; Vater und Sohn, Dr. 1921; Der Stein im Schwarzwald, Fsp. 1924; Der Wein ist wahr, En. 1928; Der Rattenfänger von Hameln, Dr. 1932; Der Baum von Cléry, R. 1934; Von mancherlei Hölle und Seligkeit, En. 1936; Das Meistermädchen, K. 1938; Der Steinbruch, R. 1938; Die Marcellusflut, E. 1939; Ewig wiederkehrt die Freude, G. 1942; Junge Freundschaft, E. 1948; Die Ergriffenen, En. 1948; Mensch und Widersacher, Sp. 1949; Peter Hunold, K. 1949; Mich hält so viel mit Liebesbanden, G. 1951.

Gomringer, Eugen, * 20. 1. 1925 Cachuela Esperanza/Bolivien; in der Schweiz erzogen, Stud. 1944–52 Kunstgesch. Bern und Rom, 1954–58 Sekretär von Max Bill an der Ulmer Hochschule für Gestaltung; 1952 Mitbegründer der Kunstzs. ›Spirale‹, 1960 der Eugen Gomringer Press in Frauenfeld/Schweiz und der Schriftenreihe ›Konkrete Poesie‹; 1959 Werbechef in der Industrie, 1962 Geschäftsführer des Schweizer Werkbundes, 1966 Redakteur e. Fachzs., 1967 Kulturbeauftragter der Fa. Rosenthal in Selb/Oberfranken. – Begründer und maßgebl. Vertreter der Konkreten Lyrik mit s. Konstellationen, die neben der Reduktion der Metapher aufs Wort durch Kombinationen mit dem übrigen schmalen Wortmaterial, Wiederholung und Wechsel neue Zusammenhänge zwischen den Wörtern erhellen. Schreibt auch span., engl., franz. und schweizerdt.

W: Konstellationen, G. 1953; 33 Konstellationen, G. 1960; 5 mal 1 Konstellation, G. 1960; Die Konstellationen, G. 1964; Das Stundenbuch, G. 1965; Manifeste und Darstellungen der konkreten Poesie 1954–66, 1966; Josef Albers, Mon. 1968; Camille Graeser, Mon. 1968; Worte sind Schatten, Ausw. 1969; E. G. 1970–72, G. 1973; Konstellationen, Ideogramme, Stundenbuch, Slg. 1977 (m. Bibl.).

Gordon, Glenn → Habeck, Fritz

Gotfrid usw. → Gottfried

Gotsche, Otto, 3. 7. 1904 Wolferode b. Eisleben – 17. 12. 1985 Ostberlin; Bergarbeiterssohn, 1918–21 Klempnerlehre, sozialist. und kommunist. Jugendarbeit, 1923 wegen Hochverrats im Gefängnis, dann KPD-Funktionär und Arbeiterkorrespondent, 1924 in Hannover, 1926 Schneverdingen, dann Harburg, Stadtverordneter ebda., 1933/34 KZ Sonnenburg, dann Industriearbeit und Widerstand, 1945 Landrat in Eisleben, 1946 Bezirkspräsident in Halle-Merseburg, Ministerialdirektor der Landesregierung Sachsen-Anhalt, 1949 persönl. Referent W. Ulbrichts in Berlin,

1960–71 Sekretär des Staatsrats
der DDR, 1966 Mitgl. des Zentralkomitees der SED. – Erzähler
des sozialist. Realismus mit
sprachl. farblosen und reportagehaften, typenhaft vorgeprägten
Romanen aus Arbeiterbewegung
und Bodenreform.

W: Märzstürme, R. II 1933 (2. Fassg.
1953)–71; Tiefe Furchen, R. 1949; Zwischen
Nacht und Morgen, R. 1950; Auf Straßen, die
wir selber bauten, Rep. 1959; Die Fahne von
Kriwoj Rog, R. 1959; Unser kleiner Trompe-
ter, R. 1961; Gefahren und Gefährten, Skn. II
1966–72; Stärker ist das Leben, R. 1967; Im
Mittelmeer, Reiseb. 1973; Sturmsirenen über
Hamburg, En. 1973; Mein Dorf, En. 1974;
Und haben nur den Zorn, R. 1975; Die seltsa-
me Belagerung von Saint Nazaire, R. 1979;
Die Hemmingstedter Schlacht, R. 1982. –
GW, 1972ff.
L: W. Friedrich, 1960.

Gotter, Friedrich Wilhelm, 3. 9.
1746 Gotha – 18. 3. 1797 ebda.,
1763–66 Stud. Rechte Göttingen;
Beziehungen zu Ekhof. 1766 Geheimer Archivar in Gotha,
1767–68 Legationssekretär in
Wetzlar, 1769 Mitbegründer des
Göttinger Musenalmanachs mit
Boie; 1770–72 als Legationssekretär in Wetzlar Verbindung mit
Goethe; 1772 Geheimer Sekretär
in Gotha, Förderer des Gothaer
Theaters; 1774 Reise nach Südfrankreich und Schweiz, seither
Schriftsteller in Gotha. – Klassizist. Dramatiker und Lyriker.
Gegner des Sturm und Drang und
Verfechter des regelmäß. Dramas
nach franz. Vorbild; formglatt,
witzig, nüchtern; eigene Melo-
dramen wie s. Lyrik heute vergessen.

W: Tom Jones, Opte. 1772; Die Dorfgala,
Lsp. 1774; Merope, Tr. 1774 (nach Voltaire);
Orest und Elektra, Tr. 1774 (nach Voltaire);
Medea, 1775; Mariane, Tr. 1776 (nach La
Harpe); Singspiele I, 1779; Gedichte, III 1787
bis 1802 (n. 1971); Die Erbschleicher, Lsp.
1789; Schauspiele, 1795; Die Geisterinsel,
Singsp. 1799 (nach Shakespeare).
L: R. Schlösser, 1894, n. 1977; J. M. Küm-
mel, Diss. Halle 1952.

Gottfried von Neifen, urkundl.
1234–55, aus dem Freiherrngeschlecht mit Stammburg Hohen-
neuffen b. Urach. – Schwäb.
Minnesänger des ritterl. Kreises
um Heinrich VII., schrieb formvollendete höf. Minnelieder von
virtuoser Sprachbeherrschung
mit Klang- und Reimkünsten,
doch inhaltl. ohne Originalität;
traditionelle, schablonenhafte
Minneklagen mit Natureingang
als Gesellschaftsdichtung mit
volksliedhaften Anklängen (höf.
Überarbeitung volkstüml. Motive?). Daneben genrehaft-paro-
dist. Lieder der niederen Minne
sowie Tanz-, Wiegen- und Arbeitslieder in der Nachfolge Walthers, Neidharts und der franz. Pa-
stourelle, z. T. vielleicht unecht.

A: M. Haupt, E. Schröder ²1932; C. v. Kraus,
Dt. Liederdichter d. 13. Jh., 1952f.
L: C. M. de Jong, Diss. Amsterdam 1923 (m.
Text); H. Kuhn, Minnesangs Wende, 1952.

Gottfried von Straßburg, 2.
Hälfte 12. – Anfang 13. Jh., wohl
kein Ritter, sondern auf e. Klo-
ster- oder Domschule gebildeter
nichtadliger Stadtbürger (›Meister‹ genannt), auf der Höhe zeitgenöss. lat.-theolog. und höf.-
franz. Bildung und Gelehrsamkeit, vermutlich in irgendeiner
Beziehung zum bischöfl. Hof und
der vornehmen Gesellschaft
Straßburgs; sonstige Lebensum-
stände völlig unbekannt. – Dritter
großer mhd. Epiker neben Hartmann von Aue und Wolfram von
Eschenbach, schrieb zwischen
1205 und 1215 anonym (sein Name nur aus späteren 2. Quellen
überliefert) das durch s. Tod unvollendet gebliebene höf. Epos
›Tristan und Isolde‹ (19 552 Verse)
in strenger inhaltl. und komposi-
tor. Anlehnung an die 1. höf. Fassung des Stoffs durch den anglo-

normann. Thomas von Britanje und mit der künstler. Absicht der Veredelung (Beseitigung von Derbheiten und Widersprüchen, klare Gliederung), Vergeistigung und Verfeinerung s. Vorlage (bes. hinsichtl. e. Vertiefung der Liebesauffassung zu e. absoluten Wert): Tristans Geburt und Jugend, s. Kampf mit dem Riesen Morolt, dessen Schwester s. Wunde heilt; s. 2. Irlandfahrt als Brautwerber s. Oheims König Marke um die junge Isolde, die Verwechslung des für die Hochzeit bestimmten Liebestranks, der Tristan und Isolde in unwiderstehl. Minne zueinander treibt, Entdeckung und Verbannung der Liebenden vom Hofe, Flucht in die Minnegrotte, Aussöhnung und erneute Verbannung; bei der Begegnung Tristans mit Isolde Weißhand bricht das Werk ab. Fortsetzungen gaben Ulrich von Türheim und Heinrich von Freiberg. Grundthema des Werkes und der zahlreichen Exkurse ist die alle Ordnungen sprengende Allgewalt der Minne, die den Menschen willenlos beherrscht und ihn jenseits von Gut und Böse stellt; Absage an die gesellschaftl. Minne zugunsten e. sinnenbejahenden Liebe, die G. kühn mit e. Kraft religiöser Mystik (unio mystica) erfüllt und als höchsten und ausschließl. Sinn des Daseins, Quelle allen Glücks und Leids, zu religiöser Bedeutung erhebt. Zugleich Abwertung des abenteuerl. Waffenrittertums gegen künstler. und geist. Bildung, Geschmack und höf. Kultur, die Tristan vertritt. Elegante Formkunst durch virtuose Beherrschung aller Mittel und große musikal. Begabung: wohllautende, ganz vom Klang her bestimmte Sprache, glatte und flüssige Verse mit geringer Aus-

nutzung der Füllungsfreiheit und anmutiger rhythm. Bewegtheit und eigenart. klarer und geschmückter Stil mit reichen Antithesen, Wort- und Klangwiederholungen, geistreichen Wortspielen und kühnen Neubildungen, in der Stilnachahmung d. G.-Schule (Konrad von Würzburg, Rudolf von Ems) zur Manier entwickelt. Als G.s Werk gelten ferner 2 Sprüche unter Einfluß Walthers (›Das gläserne Glück‹ und ›Mein und Dein‹); andere Zuschreibungen, bes. e. Marienlied, sind unecht. Der berühmte literarkrit. Exkurs (Vers 4587 ff.) zeigt G.s Gegensatz zu Wolfram, den er wegen der Dunkelheit s. schwerfälligen Stils tadelt, während er Hartmanns Sprachkunst als musterhaft preist.

A: R. Bechstein II 1869 f., hg. P. Ganz II 1978; K. Marold 1906, ⁴1977; A. Closs, Oxf. ²1947; F. Ranke ⁴1959 (nhd. Übs. K. Simrock ²1875; W. Hertz ⁷1927; G. Kramer 1966; G. Weber 1967; X. v. Ertzdorff 1979, H. Kurz/W. Mohr 1979, R. Krohn III 1980); Reimwörterb.: E. Schlageter 1926; Wortindex: M. E. Valk, Madison 1958.

L: W. Golther, T. u. I., 1907 u. 1929; G. Schöpperle, T. u. I., 1913; J. Kelemina, Gesch. d. Tristansage, 1923; F. Ranke, T. u. I., 1925; E. Nickel, Stud. z. Liebesproblem b. G., 1927; K. H. Halbach, G. u. Konr. v. Würzb., 1930; S. Sawicki, G. u. d. Poetik d. MA., 1932; G. V. Amoretti, Il Tristan b., Pisa 1934; H. Scharschuch, 1938; B. Mergell, T. u. I., 1949; G. Weber, II 1953; M. Pensa, Il Tristano di G. v. S., Bologna 1963; R. N. Combridge, D. Recht i. Tristanage, 1964, ²1964; G. Hollandt, D. Hauptgestalten i. G.s Tristan, 1966; W. T. H. Jackson, The anatomy of love, N. Y. 1971; N. S. Batts, N. Y. 1971; W. P. Tax, Wort, Sinnbild, Zahl i. Tristanroman, ²1971; G. v. S., hg. A. Wolf 1973; R. G. Kunzer, The Tristan of G., Berkeley 1973; R. Dietz, D. Tristan G.s, 1974; W. Christ, Rhetorik u. Roman, 1977; G. Weber u. W. Hoffmann, ⁵1981; M. Huby, Prolegomena z. e. Unters. v. G.s Tristan, II 1984; L. Okken, Komm. z. Tristan, Amsterd. II 1984 f.; Ch. Huber, G. v. S., Tristan, 1986; Bibl.: H.-H. Steinhoff, II 1970–84; H. Küpper, Bibl. z. Tristansage, 1941.

Gotthelf, Jeremias (eig. Albert Bitzius), 4. 10. 1797 Murten/Kanton Fribourg – 22. 10. 1854 Lützelflüh b. Bern, Berner Patrizierfamilie, Vater Pfarrer, seit 1804 in Utzenstorf, seit 1812 Literarschule Bern, 1814–20 Studium Theologie an der Akad. Bern, daneben auch Mathematik, Physik, später auch Geschichte und Philos.; Einfluß von Herders ›Ideen‹. Sommer 1820 Vikar s. Vaters in Utzenstorf; 1821/22 Stud. 2 Semester Göttingen Geschichte und Ästhetik; größere Wanderungen und Norddtl.-Reise; bis zum Tod des Vaters (1824) wieder dessen Vikar; 1824–29 Vikar in Herzogenbuchsee, wegen Streit mit der Behörde Mai 1829 nach Bern versetzt. Neujahr 1831 Vikar in Lützelflüh/Emmental, Mai 1832 Pfarrer ebda., 1833 ⚭ Henriette Elisabeth Zeender; 1835–45 Schulkommissär s. Bezirks, Gründer e. Erziehungsanstalt für arme Knaben. Trat 1836 überraschend erstmals als Schriftsteller auf und wählte s. Pseudonym nach dem Helden s. 1. Romans. In 50er Jahren Hals- und Herzleiden, Wassersucht und Schlagfluß. – Großer Schweizer Erzähler des Realismus, Bahnbrecher und Klassiker des Bauernromans und der Dorfgesch. mit lebensvoller, breiter und unsentimental-illusionsloser Schilderung des Bauernlebens; plast. Menschengestaltung in ungekünstelter, kräftiger Holzschnittechnik und anschaul.-bildkräftiger Sprache von monumentaler Gebärde, gelegentl. überhöht mit eth. Symbolen vom Kampf göttl. und dämon. Gewalten in den myth.-archaischen Unterschichten des Daseins. Lit. unbeschwerte Naturbegabung jenseits lit. Vorbilder, ohne Beeinflussung durch zeitgenöss. Literaturströmungen und allen ästhet. Theorien abgeneigt. Schrieb

urspr. nur als Volksschriftsteller mit pädagog. Absicht und eth.-moral. Tendenz, um s. Bauern Musterbeispiele vom Aufstieg bzw. Verfall tücht. bzw. untücht. Menschen zu geben; daher sorglose Komposition und häufige moral-erbaul. und polit. Erörterungen. Wurde jedoch trotz s. prophet. Predigteifers zum Schöpfer e. einheitl. Menschenbildes und durch s. glänzende, urwüchs. Erzählbegabung homer. Einfalt und Größe gewissermaßen nebenher zum großen Volksdarsteller s. Zeit und e. der gewaltigsten Erzähler des 19. Jh., dessen Breitenwirkung nur durch die Einmischung schweizer. Mundart beschränkt wird. Neben großen Romanen konzentriert dichterische kleine Erzählungen und Novellen. Ehrliche konservative Gesinnung, christl.-orthodoxes Ethos von alttestamentar. Patriarchalismus, sozialem Kampfeifer und natürl. Humor; Anschauung vom Bauernleben als schöpfungsgemäßem Kulturzustand; Argwohn gegen die Wurzellosigkeit städt. Zivilisation.

W: Der Bauernspiegel, R. 1837; Leiden und Freuden eines Schulmeisters, R. II 1838 f.; Wie fünf Mädchen im Branntwein jämmerlich umkommen, E. 1838; Dursli der Branntweinsäufer, E. 1839; Wie Uli der Knecht glücklich wird, R. 1841 (u. d. T. Uli der Knecht, 1846); Bilder und Sagen aus der Schweiz, VI 1842–46; Ein Sylvester-Traum, E. 1842; Wie Anne Bäbi Jowäger haushaltet und wie es mit dem Doktern geht, R. II 1843 f.; Geld und Geist, R. III 1844; Der Geltstag, R. 1846; Jakobs des Handwerksgesellen Wanderungen durch die Schweiz, II 1846 f.; Der Knabe des Tell, E. 1846; Käthi, die Großmutter, R. II 1847; Hans Joggeli der Erbvetter, En. 1848; Doktor Dorbach, der Wühler, E. 1849; Uli der Pächter, R. 1849; Erzählungen und Bilder aus dem Volksleben der Schweiz, V 1850–55; Die Käserei in der Vehfreude, R. 1850; Die Erbbase, E. 1851; Hans Jacob und Heiri, E. 1851; Zeitgeist und Berner Geist, R. II 1852; Erlebnisse eines Schuldenbauers, R. 1854. – SW, hkA, hg. R. Hunziker, H. Bloesch u. a. XXIV + XVIII

1911–77; Werke, XX 1948–53; Hauptwerke, XVIII 1959ff.; Werke, IX 1962–66; AW, XII 1978; Briefe an Amtsrichter Burkhalter, hg. G. Joss 1897; Briefw. m. K. R. Hagenach, hg. T. Vetter 1910; Familienbriefe, hg. H. Wäber 1928; J. G.s Persönlichkeit, hg. W. Muschg 1944.
L: G. Muret, Paris 1913; R. Huch, 1917; R. Hunziker, 1927; K. Guggisberg, 1939; H. M. Waidson, Oxf. 1953; K. Fehr, D. Bild d. Menschen b. J. G., 1954; W. Günther, ²1954; ders., Neue G.-Stud., 1958; W. Muschg, ²1960; W. H. Strasser, J. G. als Satiriker, 1960; W. Muschg, ²1967; A. Reber, Stil u. Bedeutg. d. Gesprächs i. Wk. J. G.s, 1967; E. Gallati, J. G.s Gesellschaftskritik, 1970; W. Bauer, 1975; U. Jaussi, D. Dichter als Lehrer, 1978; H. P. Holl, G. im Zeitgeflecht, 1985; K. Fehr, ²1985; Bibl.: E. Arm, 1970; B. Juker, G. Martorelli, 1986.

Gottschalk (Godescalc) von Orbais, G. der Sachse, um 803–869 Hautvillers b. Epernay; Sächs. Grafensohn; Klosterschule Fulda (Schüler von Hrabanus Maurus) und Reichenau (mit Walahfrid Strabo), Priester und Lehrer in Orbais. Wegen s. Lehre von der zweifachen Prädestination 848 in Mainz verurteilt und ins Kloster Hautvillers verbannt. – Vf. theolog. Traktate und eigenwilliger, tiefrelig. lat. Hymnen in klass. Versmaßen, z. T. mit Reim, evtl. auch der ›Ecloga Theoduli‹.
A: L. Traube, (Mon. Germ. Hist., Poet. Lat. Aevi Carol. III, 2, ²1963); K. Strecker, ebda. IV, 1923; N. Fickermann, ebda. VI, 1951; Œuvres théol. et grammat., hg. D. C. Lambot, Löwen 1945.
L: K. Vielhaber, 1956.

Gottschall, Rudolf von (Ps. Carl Rudolf), 30. 9. 1823 Breslau – 21. 3. 1909 Leipzig, 1841 Stud. Jura und Philos. Königsberg, Breslau, Berlin, 1847 Dramaturg Königsberg, 1849 Hamburg; 1852 Breslau, seit 1865 Hrsg. der ›Blätter für lit. Unterhaltung‹ (bis 1888) in Leipzig, von maßgebl. Einfluß aufs lit. Leben. – Lyriker des Jungen Dtl. mit revolutionärpathet. Gedichten; später national-konservative Haltung. Dramatiker

mit pomphaften Historienstücken und Erzähler von Gesellschafts- und Zeitromanen.
W: Lieder der Gegenwart, G. 1842; Robespierre, Dr. 1845; Lambertine von Méricourt, Tr. 1850; Die Göttin, Ep. 1853; Pitt und Fox, Lsp. 1854; Neue Gedichte, 1858; Dramatische Werke, XII 1865–80; Im Banne des Schwarzen Adlers, R. III 1876; Das goldene Kalb, R. III 1880; Die Erbschaft des Blutes, R. III 1882; Späte Lieder, G. 1906.
L: M. Brasch, 1892.

Gottsched, Johann Christoph, 2. 2. 1700 Judittenkirchen b. Königsberg – 12. 12. 1766 Leipzig, Predigerssohn, 1714 Univ. Königsberg, Stud. erst Theol., dann Philos. u. Philol.; 1723 Magister; floh Anfang 1724 wegen s. Körpergröße aus Furcht vor den Werbern des preuß. Soldatenkönigs nach Leipzig, dort Privatlehrer; Sommer 1725 Habilitation, seither Vorlesungen als Privatdozent über Schöne Wiss. und Wolffs Philos. 1726 Senior der ›Deutschübenden poetischen Gesellschaft‹, die G. 1727 zur ›Dt. Gesellschaft‹ umbildet. 1729 Bekanntschaft mit Luise Adelgunde Victorie Kulmus in Danzig, die er 19. 4. 1735 in Königsberg ⚭. 1730 ao. Prof. der Poesie Leipzig, 1734 o. Prof. der Logik und Metaphysik ebda., Senior der philos. Fakultät, 1739 erstmals Rektor. Nach Tod der Gattin 1762 neue Ehe mit Ernestine von Neunes. – Einflußreicher Literaturreformer, -theoretiker und Kritiker der Frühaufklärung unter dem Einfluß des franz. Klassizismus und der Wolffschen Philos.; erstrebte in s. Poetik die Übernahme franz. Regeln und Normen nach Boileau zur Schaffung e. ebenbürt. dt. Lit.: ordnende Klarheit des Stils, gesunde Vernunft, Geschmack und Witz, Naturnachahmung, moral. Nutzen zur sittl. Vervollkommnung des Bürgertums, 3

Einheiten im Drama, – gegen Regellosigkeit, Wunderbares, Irrationales, Phantasie, Extemporieren und Volkstümliches, daher Ablehnung von Haupt- und Staatsaktionen, Oper und Harlekinade, von Shakespeare, Milton und Klopstock. Bes. Bemühungen um künstler. und sittl. Hebung der dt. Bühne über das Niveau der zeitgen. Wandertruppen, 1727–41 im Bündnis mit der Neuberin; gab zwar durch Verbannung des Hanswurst (1737) und Ablehnung des Stegreifspiels viel volkstüml. Spielgut zu Unrecht preis, legte aber durch s. Einführung des klassizist. franz. Schauspielstils den Grund zu e. neuen, das Dichterwort achtenden Bildungstheater. Lieferte selbst eigene Alexandrinertragödien und Schäferspiele als Muster für das neue dramat. Schaffen und bestritt in der ›Dt. Schaubühne‹ Übss., Nachahmungen franz. Stücke und Originalwerke als Repertoire zur Verfügung. In s. ›Sprachkunst‹ Eintreten für log. Stil und die Meißner Sprache als dt. Hochsprache. Beherrschte die dt. Lit. 1730–40, brachte sich jedoch durch s. pedant. Intoleranz und s. starren Dogmatismus gegenüber organ. Weiterentwicklung, vor allem durch s. Kampf gegen den aufkommenden Irrationalismus, schließl. selbst um s. tonangebende Stellung und war nach der Fehde mit den Schweizern Bodmer und Breitinger und bes. seit Lessing als hohler Pedant unterschätzt. S. geistesgeschichtl. Bedeutung als Kämpfer gegen Formlosigkeit, Manierismus, Verwilderung der Schriftsprache und als Wegbereiter Lessings und der dt. Klassik wurde erst um 1900 erkannt. Ferner Wiederentdecker und Hrsg. ma. dt. Dich-

tungen, Hrsg. der moral. Wochenschriften ›Die vernünftigen Tadlerinnen‹ (1725 f.) und ›Der Biedermann‹ (1727–29, Faks. 1975), zahlr. Lit.-Zss. und Übss. von Fontenelle, Bayle, Racine, Leibniz u. a. m.

W: Redekunst, 1728; Versuch einer Critischen Dichtkunst vor die Deutschen, 1730 (⁴1751, n. 1984); Sterbender Cato, Tr. 1732 (n. H. Steinmetz 1964); Erste Gründe Der gesammten Weltweisheit, 1734 (n. 1964); Gedichte, 1736; Deutsche Schaubühne, hg. VI 1740–45 (n. 1972); Grundlegung einer Deutschen Sprachkunst, 1748; Neueste Gedichte, 1750; Nöthiger Vorrath zur Geschichte der deutschen Dramatischen Dichtkunst, Bibl. II 1757–65. – GS, hg. E. Reichel VI 1930 ff.; AW, hg. J. Birke u. P. M. Mitchell XII 1968–87 (m. Bibl.).

L: E. Wolff, II 1895–97; G. Waniek, 1897; E. Reichel, II 1908–12; G. Schimansky, 1939; J. H. Tisch, Hobart 1966; W. Rieck, 1972; H. Freier, Kritische Poetik, 1973; E. Gühne, G.s Lit. Kritik, 1978.

Gottsched, Luise Adelgunde Victorie, gen. Gottschedin, 11. 4. 1713 Danzig – 26. 6. 1762 Leipzig, Tochter e. Danziger Arztes Kulmus, lernte 1729 auf e. Reise J. Chr. Gottsched kennen, ⚭ ihn 19. 4. 1735, kinderlose Ehe, musterhafte Gehilfin ihres Gatten und Mitarbeiterin an dessen Zss. – Unterstützte die lit. Bestrebungen und Theaterreformen ihres Gatten durch Übss. franz. Komödien (Molière, Destouches) in der ›Deutschen Schaubühne‹ (1740–45) mit nach Dtl. verlegter Handlung, sowie durch eigene derbrealist. und moralsatir. Gesellschaftskomödien nach Formvorbild der Franzosen und Holbergs. War ihrem Gatten an dichter. Fähigkeiten, Geist und Gemüt überlegen, ordnete sich jedoch s. Zielen unter. Wichtig auch als Übs. von Addisons Zss. (›Der Zuschauer‹ 1739–43; ›Der Aufseher‹ 1745) und Popes ›Lockenraub‹ (1744).

W: Die Pietisterey im Fischbein-Rocke, Lsp.

1736 (n. W. Martens 1968); Triumph der Weltweisheit, Sat. 1739; Sämmtliche Kleinere Gedichte, 1763; Briefe, III 1771 f.; Der Witzling, K. (n. W. Hecht 1962). – Die Lustspiele, hg. R. Buchwald, A. Köster II 1908 f. *L:* V. C. Richel, 1973.

Grabbe, Christian Dietrich, 11. 12. 1801 Detmold – 12. 9. 1836 ebda., Sohn e. Zuchthausverwalters, ärml. Jugend, Gymnas. Detmold, 1820 Stud. Jura Leipzig, zunehmend zügellose, ungebundene Lebensführung, als deren Folge Not und Mangel, 1822 Stud. Berlin, Verkehr mit Heine, Üchtritz, A. L. Robert u. a., Vernachlässigung des Stud. zugunsten lit. Schaffens, Plan e. Theaterlaufbahn als Schauspieler, Dramaturg, Regisseur o. ä., vergebl. Versuche in Leipzig, März–Juni 1823 in Dresden auf Einladung von Tieck, in Braunschweig, Hannover und Bremen. Aug. 1823 Rückkehr nach Detmold; Abschluß des Jurastud., 2. 6. 1824 Advokatenexamen und Beginn e. Praxis in Detmold, 1826 Auditor-Stellvertreter und 1827 Militärauditor ebda. Trotz auskömml. Verhältnisse mit s. Beamtenberuf unzufrieden, verfiel er ab 1829 zunehmend dem Trunk. Verkehr mit A. Lortzing. 6. 5. 1833 Ehe mit der Tochter s. Gönners Luise Clostermeier, unglückl. und rasch zerrüttet. Nach Ablehnung s. Antrags auf Beförderung wegen Vernachlässigung s. Amtspflichten nahm G. 6 Monate Urlaub, nach dessen Ablauf er Sept. 1834 halb freiwillig aus dem Amt schied. 4. 10. 1834 Flucht aus Detmold nach Frankfurt zu s. Verleger Kettembeil, mit dem G. sich überwirft; Verkehr mit E. Duller. Nov. 1834 Abreise nach Düsseldorf auf Einladung Immermanns, der ihm e. bescheidene Existenz als Dramaturg und Kritiker er-

möglichte, bis sich G. auch hier gesellschaftl. unmöglich machte. 22. 5. 1836 Rückkehr nach Detmold, völlige Vereinsamung, rascher körperl. und geist. Verfall durch Rückenmarkschwindsucht. – Dramatiker des Frührealismus, anfangs unter Einfluß Shakespeares und der Sturm und Drang, unruhiger, kraftgenial. Sonderling von disharmon. Gespaltenheit zwischen Gefühl und Intellekt, Originalitätssucht und Maßlosigkeit. Neben G. Büchner bedeutendster dt. Anreger des realist. Dramas im 19. Jh., stellt der harmon. Form- und Bildungswelt des klassizist.-idealist. Dramas als Gegenstück e. dramaturg. unausgeglichene, gedanklich konfuse, kurzatmig episierende Bilderfolge gegenüber. Bühnentechn. Willkür, doch illusionslose Wirklichkeitsnähe unter Ausschaltung transzendenter Werte. Erstmals Einbeziehung der Volksmassen in wirksam gestalteten, doch die Bühnenmöglichkeiten s. Zeit sprengenden Massenszenen: anstelle des isolierenden Geniekults tritt die Erkenntnis von der Bedingtheit auch des Großen durch Gegebenheiten der Zeit und Umwelt. Revolution des epigonalen Geschichtsdramas durch Anerkennung der anonymen Geschichtsmächte, denen die Helden einsam zum Opfer fallen. Schrieb anfangs unbändige romant. Tragödien, dann e. bissige, satir. Literaturkomödie mit skurriler und burlesker Komik und grotesk-sarkast. Verspottung zeitgenöss. Geisteslebens. In Charaktertragödien und hist.-polit. Dramen Scheitern des durch Charakter und Schicksal bestimmten Helden an e. unentrinnbaren Wirklichkeit fern jeder idealist. Erlösungshoffnung. G.-

Archiv der Lipp. Landesbibliothek Detmold, G.-Gesellsch. ebda. (Jhrb. 1939ff.).

W: Dramatische Dichtungen, II 1827 (Herzog Theodor von Gothland; Scherz, Satire, Ironie und tiefere Bedeutung; Nanette und Marie; Marius und Sulla; Über die Shakespearomanie); Don Juan und Faust, Tr. 1829; Die Hohenstaufen: I Kaiser Friedrich Barbarossa, Tr. 1829, II Kaiser Heinrich der Sechste, Tr. 1830; Napoleon oder Die hundert Tage, Dr. 1831; Aschenbrödel, Msp. 1835; Hannibal, Tr. 1835; Das Theater zu Düsseldorf, Schr. 1835; Die Hermannsschlacht, Dr. 1838. – SW, hg. S. Wukadinović VI 1912; Werke und Briefe, hkA hg. A. Bergmann VI 1960–73; Wke, hg. R. C. Cowen III 1975–77.

L: O. Nieten, 1908, n. 1978; J. F. Schneider, 1934; E. Diekmann, 1936; A. Bergmann, 1936; ders., G., Chronik s. Lebens, 1954; G.s Werke i. d. zeitgenöss. Kritik, hg. A. Bergmann VI 1958–66; F. Böttger, 1963; W. Steffens, 1966; G. in Berichten s. Zeitgenossen, hg. A. Bergmann 1968; R. A. Nichols, The dramas of C. D. G., Haag 1969; W. Hegele, G.s Dramenform, 1970; H.-W. Nieschmidt, Deutg. v. Dokumentation, 1973; G. Schneilin, Le théâtre de G., Diss. Paris III 1976; A. Bergmann, G.-Stud., 1977; L. Ehrlich, Rezeption u. Wirkg. G.s, Diss. Halle 1980; D. Kopp, Gesch. u. Gesch. i. d. Drr. G.s, 1982; M. Vogt, Literaturrezeption u. Krisenerfahrg., 1983; L. Ehrlich, 1983 u. 1986; W. Broer u. a., hg. 1987; Bibl.: A. Bergmann, Amsterd. 1973.

Grabenhorst, Georg, *21. 2. 1899 Neustadt a. R., 1917 Kriegsfreiwilliger, 1918 schwere Verwundung, Augenleiden, Ausbildung in Landwirtschaft und Bankwesen, 1918–22 Stud. Marburg und Kiel, 1922 Dr. phil. 1924–29 freier Schriftsteller, 1930 Referent für Kulturpflege in der Hannoverschen Provinzverwaltung, dann in gleicher Eigenschaft Regierungsdirektor im Niedersächs. Kultusministerium. – Lyriker und Erzähler von hoher Sprachkultur um Heimkehrer- und Frauenschicksale im Geist der Freundschaft und Völkerverständigung. Auch kunst- und kulturgeschichtl. Essayist.

W: Fahnenjunker Volkenborn, R. 1925; Die Gestirne wechseln, R. 1929; Merve, R. 1932; Der ferne Ruf, En. 1933; Regimentstag, E.

1937; Unbegreifliches Herz, E. 1937; Späte Heimkehr, En. 1938; Die Reise nach Luzern, E. 1939; Einkehr am Greifenstein, E. 1949; Aus meiner kleinen Welt, En. 1951; Ein Sommer geht zu Ende, E. 1952; Blätter im Wind, G. 1953; Das Mädchen von Meaux, E. 1961; Auf alten Spuren, Skn. 1964; Abschied und Hoffnung, En. 1966; Abenteuer der Jugend, En. 1969; Hall und Widerhall, Mem. 1974; Herberge der Träume, G. 1977; Wege und Umwege, Aut. II 1979.

L: G. G., hg. M. Jahn 1959.

Grabner, Hasso, 21. 10. 1911 Leipzig – 3. 4. 1976 Potsdam; Arbeitersohn, Buchhändler, 1930 KP-Mitglied, nach 1933 9 Jahre Zuchthaus, KZ Buchenwald und Strafbataillon, nach 1945 Rundfunkintendant und Wirtschaftsfunktionär in der DDR, seit 1958 freier Schriftsteller. – Sozialist. Lyriker mit teils reportagehaften Versen zur Tagespolitik (Agitprop), für Klassenkampf und neues sozialist. Bewußtsein.

W: Die Sieger, Dr. 1958; Der Takt liegt auf dem linken Fuß, G. 1958; Fünfzehn Schritte gradaus, G. 1959; Am Baugerüst der Welt, G. 1960; Die Zelle, R. 1969.

Graedener, Hermann, 29. 4. 1878 Wien – 24. 2. 1956 Altmünster, Ober-Österr., Stud. Wien und München, freier Schriftsteller in Wien, zuletzt Traunkirchen. – Erzähler, Dramatiker, Lyriker und Essayist mit eigenwill., vom Expressionismus beeinflußter Sprache und Neigung zum Mythischen. Eintreten für dt. Volkstum.

W: Utz Urbach, R. 1913; Neues Reich, Sikkingen-Tr. 1931; Der Esel. Sancho Pansas letztes Abenteuer, Nn. 1935; Traum von Blücher, York, Stein, B. 1936; Das H.-G.-Buch, hg. W. Pollak 1938.

Graetz, Wolfgang, *7. 1. 1926 Berlin; unglückl. Jugend, versch. Internate, Soldat, 1945 Schwarzhändler, versch. Gelegenheitsberufe: Schildermaler, Graphiker, Dekorateur, Nachtportier, Barbesitzer; wegen Betrugs, Dieb-

stahls und Unterschlagung mehrfach im Gefängnis und 1955–61
und 1962–65 im Zuchthaus. – Gesellschaftskrit. Hörspielautor mit
realist. Stoffen bes. aus der Welt
der Asozialen und Dramatiker; erregte Aufsehen mit s. umstrittenen Pseudo-Dokumentarstück
›Die Verschwörer‹ über den 20.
Juli 1944.

W: Der große Bruder, H. 1961; Fantasie um
Mitternacht, H. (1961); Die Nacht allein, H.
(1962); Niemand zu Hause, H. (1963); Der
Simulant, H. (1964); Die Verschwörer, Dr.
1965; Geständnisse, H. (1965); Das Gesellschaftsspiel. Der Luftballon, H.e 1965; Hölle
auf Sparflamme, H. (1966); Die Welt von
unten, Aut. 1966; Der Rückfall, H. (1981);
1000 Jahre nischt wie Ärjer, Aufz. 1986.

Graf Rudolf, frühmhd. höf.
Verserzählung, um 1170 in Thüringen entstanden und nur in
Bruchstücken erhalten; berichtet
z. T. nach franz. Quellen von den
Kreuzzugsabenteuern und Liebes-
erlebnissen des Grafen mit e.
heidn. Prinzessin in Palästina.

A: W. Grimm, ²1844; C. v. Kraus, Mhd.
Übungsbuch, 1912; P. F. Ganz, 1964.
L: G. Holz, 1894; J. Bethmann, 1904; L.
Kramp, Diss. Bonn 1916; E. Tertsch, Diss.
Wien 1928.

Graf, Oskar Maria, 22. 7. 1894
Berg/Starnberger See – 28. 6.
1967 New York; Sohn e. Bäckermeisters; Bäckerlehrling, 1911
Flucht nach München, dort Bohemien, Plakatausträger, Liftboy u.
a. Berufe; 1915 Kriegsdienst in
Rußland; Fabrikarbeiter, Schreiber, Posthelfer, Beteiligung am
Munitionsarbeiterstreik Jan.
1918, Anschluß an die revolutionären Kreis um Eisner, Teilnahme an Novemberrevolution und
bayr. Räterepublik; Dramaturg
der Münchner Arbeiterbühne,
dann freier Schriftsteller. Ging
1933 nach Wien; 1934 in Moskau,
dann in Brünn und Prag, 1938
Flucht nach USA, seither in New

York ansässig. – Sozialist.-pazi-
fist. Erzähler der Gegenwart, begann mit revolutionärer Lyrik,
gab dann autobiograph. Schriften, soziale Novellen und fand
schließl. zu s. eigentl. Gebiet in
schlicht-volkstüml. Kalender-
geschn. aus der bayr. Welt, oft
mit Dialekt, und bayr. Bauernromanen mit derb-drast. Lebensfülle, derbem Naturalismus von
schonungsloser Offenheit und vitalem, kräft. Humor. Später auch
polit. Zeit- und Zukunftsromane.
Urwüchs. Erzähltalent ähnl. L.
Christ und L. Thoma.

W: Die Revolutionäre, G. 1918; Frühzeit,
Aut. 1920; Bayrisches Lesebücherl, En. 1924;
Die Chronik von Flechting, R. 1925; Wunderbare Menschen, Aut. 1927; Wir sind Gefangene, Aut. 1927; Das bayrische Dekame-
ron, En. 1927; Die Heimsuchung, R. 1928;
Kalender-Geschichten, II 1929 (erw. 1957);
Bolwieser, R. 1931; Dorfbanditen, Aut.
1932; Einer gegen alle, R. 1932; Notizbuch
des Provinzschriftstellers O. M. G., Sat.
1932; Der harte Handel, R. 1935; Der Abgrund, R. 1936; Anton Sittinger, R. 1937;
Der Quasterl, E. 1938; Das Leben meiner
Mutter, 1940; Unruhe um einen Friedferti-
gen, R. 1947; Die Eroberung der Welt, R.
1949 (u. d. T. Die Erben des Untergangs,
1959); Die Flucht ins Mittelmäßige, R. 1959;
An manchen Tagen, Ess. 1961; Der große
Bauernspiegel, En. 1962; Altmodische Gedichte eines Dutzendmenschen, 1962; Größtenteils schimpflich, R. 1962; Gelächter von
außen, Aut. 1966; Reise in die Sowjetunion
1934, Reiseb. 1974; Die gezählten Jahre, R.
1976. – GW, 1978ff.; AW, VII 1982; O. M.
G. in s. Briefen, 1984.
L: H. Swarowsky, Diss. Potsd. 1962; O. M.
G., hg. W. Dietz u. H. F. Pfanner 1974; R.
Recknagel, E. Bayer in Amerika, ²1977; S.
Johnson, 1979; G. Bollenbeck, 1985; H.
L.Arnold, hg. 1986; G. Bauer, 1987; Bibl.: H.
F. Pfanner, 1976.

Grafe, Felix, 9. 7. 1888 Wien – 18.
12. 1942 ebda., als Mitglied der
Widerstandsbewegung hingerichtet. – Von K. Kraus entdeck-
ter feinsinniger Lyriker, 1. Gedichte in der ›Fackel‹. Übs. Wilde,
Swinburne, Shakespeare, Baudelaire, Verlaine u. a.

W: Idris, G. 1915; Ruit hora, G. 1916; Dichtungen, hg. J. Strelka 1961.

Grafenberg, Wirnt von → Wirnt von Grafenberg

Graff, Jörg, um 1475–80 Nürnberg – nach 1542 ebda. Landsknecht im Dienst Maximilians I. in Norditalien, Burgund, Champagne und Schweiz. Ab 1517 erblindet in Nürnberg nachweisbar, Liedersänger ebda., von W. Pirckheimer unterstützt. Erschlug 1518 s. Hauswirt; 1519 1 Jahr in Turmhaft, dann unstet in Südbayern, 1524 am Rhein, gelegentlich wieder in Nürnberg; zum Bänkelsänger- und Marketendermilieu abgesunken. – Meistersänger und Spruchdichter. Vf. volkstüml., in zahlr. Einzeldrucken weitverbreiteter histor. Volks- u. Kirchenlieder. Sänger d. Landsknechttums.

A: O. Schade (Weimar. Jb. 4, 1856); P. Wackernagel, D. dt. Kirchenlied, V 1864–77; R. v. Liliencron, D. histor. Volkslieder d. Dt., III 1867; F. Böhme, Altdt. Liederbuch, 1867; A. Götze (Zs. f. dt. Unterr. 27, 1913).

Grass, Günter, * 16. 10. 1927 Danzig; poln.-dt. Eltern, Gymnas. Danzig, 1944/45 Luftwaffenhelfer und Soldat, 1945 verwundet, am. Gefangenschaft, Mai 1946 entlassen; Landarbeiter, Arbeiter in e. Kalibergwerk, Jazzmusiker, 1947 Steinmetzlehre in Düsseldorf, 1949–52 Bildhauerstud. Kunstakad. Düsseldorf, 1953 Hochschule für Bildende Künste Berlin. 1951 Italien-, 1952 Frankreich-, 1955 Spanienreise, 1954 ⚭ Anna Schwarz; 1956–60 Bildhauer, Graphiker und Schriftsteller in Paris, 1955 Mitgl. der ›Gruppe 47‹, 1958 und 1959 Polenreisen; seit 1960 in West-Berlin, später auch Wewelsfleth/Holst., 1963 Mitgl. der Akad. der Künste ebda., 1983–86 deren Präsident, Vortragsreisen in fast alle Erdteile; 1986 zeitweilig in Indien.

Starke Anteilnahme am polit. Leben der Bundesrepublik im Sinne sozialer Demokratie; 1965, 1969 u. 1976 im Bundestagswahlkampf privater Wahlredner für die SPD; 1969/70 Berater der Städt. Bühnen Frankfurt/M. Verstärkte Hinwendung zur Graphik. – Bedeutendster Autor der 2. dt. Nachkriegsgeneration. Begann mit eigenwilliger, verschlüsselter und verspielter Lyrik voll Ironie und Witz mit phantast. Wortspielen und skurrilen Metaphern, später stärker indirekt polit. engagiert. Daneben Kurzdramen, Farcen, Burlesken und Ballettlibretti zwischen Absurdität und Ulk, teils von makabrem Humor; später engagierte polit. Stücke als Auseinandersetzung mit Zeitströmungen und um den Konflikt des einzelnen mit dem Massengewissen. In außerordentl. vitalen Romanen skurrile Gesellschaftskritik und Bürgerschreck mit rabelaisscher Stoffülle, schonungsloser Offenheit, vorurteilsfreier Realistik und groteske Komik in der Tradition des burlesk desillusionierenden barocken Schelmenromans, angesiedelt im Kleinbürgertum Danzigs, bildkräftig durch teils mundartl. angereicherte, vielerlei Sprechweisen parodierende Sprache und überrealistisch durch mag.-folklorist. Motive und Assoziationen. Auch in polit. Reden effektbewußter Stilist.

W: Die Vorzüge der Windhühner, G. u. Prosa 1956; Onkel, Onkel, Dr. (1957, 2. Fassg. 1965); Die bösen Köche, Dr. (1957, als Ballett u. d. T. Fünf Köche, 1959); Noch zehn Minuten bis Buffalo, Dr. (1957); Beritten hin und zurück, Dr. (1958); 32 Zähne, Farce (1958); Stoffreste, Ballett (1959); Die Blechtrommel, R. 1959; Gleisdreieck, G. 1960; Katz und Maus, N. 1961; Die Ballerina, Es. 1963; Hundejahre, R. 1963 (daraus: Eine öffentliche Diskussion, H. 1963, Goldmäulchen, Dr. 1964); Hochwasser, Dr. 1963; Es steht zur Wahl, Rd. 1965; Ich klage an, Rd. 1965; Des

Kaisers neue Kleider, Rd. 1965; Loblied auf Willy, Rd. 1965; Das ist des Deutschen Vaterland, Rd. 1965; Die Plebejer proben den Aufstand, Dr. 1966; Ausgefragt, G. 1967; Über das Selbstverständliche, Rdn. 1968; Über meinen Lehrer Döblin, Ess. 1968; Briefe über die Grenze, Br. 1968 (m. P. Kohout); Örtlich betäubt, R. 1969; Davor, Dr. (1969); Die Vogelscheuchen, Ballett (1970); Theaterspiele, Drr. 1970; Gesammelte Gedichte, 1971; Aus dem Tagebuch einer Schnecke, Prosa 1972; Mariazuehren, G. und Graphiken, 1973; Der Bürger und seine Stimme, Schr. 1974; Der Butt, R. 1977; Denkzettel, Rdn. 1978; Das Treffen von Teltge, E. 1979; Kopfgeburten oder Die Deutschen sterben aus, Prosa 1980; Aufsätze zur Literatur, 1980; Widerstand lernen, Rdn. 1984; Die Rättin, R. 1986; Mit Sophie in die Pilze gegangen, G. u. Lithographien 1987.

L: G. Loschütz, V. Buch z. Buch, 1968; T. Wieser, 1968; W. G. Cunliffe, N. Y. 1969; H. L. Arnold, G. G. Dokumente s. polit. Wirkg., 1971; G. G. Symposium, hg. A. L. Wilson, Austin 1971; G., hg. M. Jurgensen 1973; ders., Über G. G., 1974; I. Leonard, Edinb. 1974; K. L. Tank, ⁵1974; A. L. Mason, The Sceptical Muse, 1974; J. Reddick, The Danzig Trilogy, Lond. 1975; W. J. Schwarz, D. Erzähler G. G., ⁵1975; K. Miles, Lond. 1975; G. Cepl-Kaufmann, 1975; R. Geißler, hg. 1976; J. Rothenberg, 1976; H. Brode, Zeitgesch. i. erz. Wk. v. G. G., 1977; F. Richter, D. zerschlagene Wirklichkeit; 1978; H. R. Müller-Schwefe, Sprachgrenzen, 1978; F. J. Görtz, 1978; H. L. Arnold, hg. ⁵1978; V. Neuhaus, 1979; H. Brode, 1979; F.-R. Richter, 1979; S. Jendrowiak, G. G. u. d. Hybris d. Kleinbürgers, 1979; R. Gerstenberg, Z. Erzähltechnik v. G. G., 1980; M. Hollington, Lond. 1980; G. Schiavoni, Florenz 1980; N. Thomas, The Narrative Works of G. G., Amsterd. 1982; F. J. Görtz, 1984; R. Hayman, Lond. 1985; R. H. Lawson, N. Y. 1985; M. Durzak, hg. 1985; H. Vormweg, 1986; R. Wolff, hg. 1986; Bibl.: G. A. Everett, N. Y. 1974; P. O'Neill, Toronto 1976.

Grasshoff, Fritz, *9. 12. 1913

Quedlinburg/Harz; Sohn e. Kapitäns, Maler und freier Schriftsteller in Celle, dann Zwingenberg/Bergstr. – Lyriker mit derben Balladen, satir. Chansons, Songs und Brettlliedern in der Tradition von Villon, Brecht, Kästner und Ringelnatz; Kabarettautor.

W: Das Gemeindebrett, Ball. 1952; Im Flug zerfallen die Wege der Vögel, G. 1956; Und ab mit ihr nach Tintagel, G. 1958; Halunkenpostille, G. 1959; Die klassische Halunkenpostille. Umdicht. 1964; G.s unverblümtes Lieder- und Lästerbuch, G. 1965; Bilderreiches Heupt- und (G)liederbuch, G. 1970; Seeräuberreport, G. 1972; Der blaue Heinrich, R. 1980; Neue große Halunkenpostille, G. 1981.

Grau, Franz → Gurk, Paul

Gravenberg, Wirnt von → Wirnt von Grafenberg

Grazie, Marie Eugenie → Delle Grazie, Marie Eugenie

Greflinger, Georg (Ps. Seladon, Celadon), um 1620 bei Regensburg – um 1677 Hamburg, Bauernsohn, verlor früh Eltern und Geschwister, Gymnas. Regensburg, 1632 nach Nürnberg, Stud. Jura, dann an versch. Orten, um 1640–42 Danzig, 1643–44 in Frankfurt/M., 1644 kurz im Kriegsdienst, bis 1646 wieder Danzig, 1647 Frankfurt, Herbst 1647 über Bremen nach Hamburg, dort 30 Jahre lang Notar und Hrsg. des ›Nordischen Merkur‹. Freund Rists, der ihn als ›Seladon‹ in den Elbschwanenorden aufnahm und 1653 zum Poeta laureatus krönte. – Dt. Barockdichter, Lyrik in kunstvoller Form bei volkstüml. Inhalt; wirklichkeitsnahe und erlebte, sangbare Gesellschafts- und Liebeslieder; Befreiung von bukol. Konvention zugunsten persönl. Stils. Epigrammatiker, Epiker, Historiker.

W: David Virtuosus, Fürstenspiegel 1643; Ferrando Dorinde, Dr. 1644; Seladons Beständtige Liebe, G. 1644; Deutscher Epigrammatum Erstes Hundert, 1645; Lieder über die jährlichen Evangelien, G. 1648; Seladons Weltliche Lieder, 1651; Poetische Rosen und Dörner, Hülsen und Körner, G. 1655; Der Deutschen Dreyßig-Jähriger Krieg, Ep. 1657; Celadonische Musa, Epigr. 1663.
L: W. v. Oettingen, 1882.

Gregor, Joseph, 26. 10. 1888

Czernowitz/Bukowina – 12. 10. 1960 Wien; Sohn e. Architekten; Oberrealschule Czernowitz;

Stud. Philol. und Theaterwiss. Wien, Berlin und München; Dr. phil.; 1918 an der Österr. Nationalbibliothek in Wien; Leiter von deren Theatersammlung und Generalstaatsbibliothekar; Reisen nach Italien, Spanien, Rußland und Amerika; ab 1937 Hrsg. der Zs. ›Theater der Welt‹; Dozent an der Wiener Univ. und am Reinhardt-Seminar; Prof. für Gesch. der szen. Kunst an der Akad. der Bildenden Künste ebda.; Hofrat. – Österr. Erzähler, Dramatiker und Lyriker; bedeutender Theater- und Kulturhistoriker. Vf. von Opernlibretti für R. Strauß.

W: Isabella von Orta, R. 1920; Nacht, E. 1920; Von der Leidenschaft und vom Sterben, En. 1920; Tanz, E. 1920; Erben, R. 1921; Gedichte, III 1921–34; Welt und Gott, Dr. 1923; Brand, Nn. 1923; Die Schwestern von Prag, Nn. 1929; Weltgeschichte des Theaters, 1933; Shakespeare, 1935; Das spanische Welttheater, 1937; Perikles, B. 1938; Daphne, Op. 1938; Friedenstag, Op. 1938; R. Strauß, B. 1939; Alexander d. Gr., B. 1940; Kulturgeschichte der Oper, 1941; Das Theater des Volkes in der Ostmark, 1943 (u. d. T. Geschichte des österr. Theaters, 1946); Die Liebe der Danaë, Op. 1944; Kulturgeschichte des Balletts, 1946; Casanova in Petersburg, En. 1947; G. Hauptmann, Mon. 1951; Europa, Schr. 1957. – Briefw. m. R. Strauß, 1955.

Gregor, Manfred (eig. Gregor Dorfmeister), * 7. 3. 1929 Tailfingen/Württ., Redakteur in Bad Tölz. – Vf. zeitkrit. Romane mit großer Breitenwirkung.

W: Die Brücke, R. 1958; Das Urteil, R. 1960; Die Straße, R. 1961.

Gregor-Dellin, Martin, * 3. 6. 1926 Naumburg/Saale; 1944 Soldat, bis 1946 am. Kriegsgefangenschaft; versch. Berufe; 1951–58 Verlagslektor in Halle; Mai 1958 Flucht nach Westdtl., 1958–61 freier Schriftsteller u. Kritiker in Bayreuth, 1961/62 Funkredakteur u. Kritiker in Frankfurt/M., 1962 Verlagslektor in München, 1967 freier Schriftsteller und Kritiker

ebda., 1982 Präsident des PEN (BR). – Erzähler verhaltener, sachl.-reflexiver Zeitromane bes. um menschl. Probleme des zweigeteilten Dtl., später skurrile Erzählungen und Musikerbiographien. Hörspielautor und Hrsg.

W: Cathérine, E. 1954; Jüdisches Largo, R. 1956 (u. d. T. Jakob Haferglanz, 1963); Der Mann mit der Stoppuhr, Sk. 1957; Der Nullpunkt, R. 1959; Der Kandelaber, R. 1962; Blumen oder keine, H. (1962); Möglichkeiten einer Fahrt, En. 1964; Einer, R. 1965; Markwerben, H. (1965); Geordnete Verhältnisse, H. (1967); Aufbruch ins Ungewisse, En. 1969; Unsichere Zeiten, En. 1969; Das kleine Wagner-Buch, Es. 1969; Wagner-Chronik, 1972; Richard Wagner – Die Revolution als Oper, Es. u. Aufs. 1973; Föhn, R. 1974; Das Riesenrad, En. 1976; Im Zeitalter Kafkas, Ess. 1979; R. Wagner, B. 1980; Schlabrendorff oder Die Republik, R. 1982; H. Schütz, B. 1984; Was ist Größe, Ess. 1985; Italienisches Traumbuch, Prosa 1986.
L: Pathos u. Ironie, hg. E. Endres 1986 (m. Bibl.).

Gregorovius, Ferdinand Adolf (Ps. Ferdinand Fuchsmund), 19. 1. 1821 Neidenburg/Ostpr. – 1. 5. 1891 München, Sohn e. Kreisgerichtsdirigenten, 1832 Gymnas. Gumbinnen, 1838–43 Stud. erst Philos. und Theol., dann Lit. und Geschichte Königsberg, 1843 Dr. phil., Hauslehrer, dann Leiter e. Mädchenschule, 1846 Journalist und Schriftsteller in Königsberg, 1848–50 Redakteur der ›Neuen Königsberger Zeitung‹; Frühj. 1852–74 in Rom, von dort aus Italien durchwandernd, 1876 Ehrenbürger Roms, seit 1874 Hauptwohnsitz München, bis 1879 noch jährl. in Rom, daneben 1878 Frankreich, 1880 Griechenland, 1882 Orient, Palästina, Ägypten. – Begann im Sinne des Jungen Dtl. mit Satiren, Epen, Dramen, Romanen und Lyrik, auch Übs., ohne Wirkung und wurde bekannt als Kulturhistoriker mit lebendiger, künstler. Darstellung, bedeutender Schilderer hist. Mittelmeerlandschaften und bes. vorzügl. Kenner Italiens.

W: Werdomar und Wladislaw, R. II 1845; Goethes Wilhelm Meister in seinen sozialist. Elementen, Abh. 1849; Polen- und Magyarenlieder, G. 1849; Geschichte des röm. Kaisers Hadrian und seiner Zeit, 1851; Der Tod des Tiberius, Tr. 1851; Corsica, Reiseb. II 1854 (n. 1975); Wanderjahre in Italien, V 1856–80 (n. 1978); Euphorion, Ep. 1858; Geschichte der Stadt Rom im Mittelalter, VIII 1859–72 (n. 1978); Die Insel Capri, Reiseb. 1868; Lucrezia Borgia, Abh. II 1874 (n. 1982); Athenais, Schr. 1882; Geschichte der Stadt Athen im Mittelalter, II 1889 (n. 1980); Gedichte, hg. Graf Schack 1892; Römische Tagebücher, 1892.
L: F. J. Hönig, G. als Dichter, 1914; ders., G., ²1944.

Greif, Andreas → Gryphius, Andreas

Greif, Martin (eig. Friedrich Hermann Frey), 18. 6. 1839 Speyer – 1. 4. 1911 Kufstein; Gymnas. Speyer und München; 1857 Kadett, 1859 Artillerie-Leutnant der bayr. Armee, nahm 1867 s. Abschied, seither freier Schriftsteller meist in München, längere Reisen (England, Holland, Spanien, Dänemark, Italien) und bes. 1869–80 oft in Wien. Freund der Maler Thoma und W. Trübner; von Mörike und Laube gefördert. – Eklekt. Dichter zwischen Münchner Kreis und Realismus. Mit s. hist.–patriot. Dramen rhetor. Epigone der Klassiker, Lokalerfolg allein mit ›Ludwig der Bayer‹. Bedeutsamer als traditionalist., formglatter Naturlyriker in Anlehnung an Volkslied, Goethe, Lenau, Mörike und Uhland, der in s. besten Versen stimmungsgerechte impressionist. Naturbilder in knapper, schlichter, scheinbar kunstlos-volksliedhafter Formung und symbol. Vertiefung gibt.

W: Hans Sachs, Dr. 1866 (Neufassg. 1894); Gedichte, 1868; Corfiz Ulfeldt, Tr. 1873; Deutsche Gedenkblätter, Ep. 1875; Nero, Tr. 1877; Marino Falieri, Tr. 1879; Prinz Eugen, Dr. 1880; Heinrich der Löwe, Dr. 1887; Ludwig der Bayer, Dr. 1891; Francesca da Rimini, Tr. 1892; Agnes Bernauer, Tr. 1894; General Yorck, Dr. 1899; Neue Lieder und Mären, G. 1902. – GW, III 1895 f., V ²1909–12; Nachgelassene Schriften, hg. W. Kosch 1912.
L.: A. v. Geelen, 1934; W. Kosch, ³1941; Bibl.: F. Kastner, 1959.

Greiffenberg, Catharina Regina von, geb. Freiin von Seyssenegg, 7. 9. 1633 Schloß Seyssenegg b. Amstetten/Niederösterr. – 10. 4. 1694 Nürnberg. 1664 ⚭ Onkel Hans Rudolf v. G.; unter Druck der Gegenreformation mehrmals länger in Nürnberg. Durch Birken in die Literatur eingeführt; 1676 Obervorsitzerin der Lilienzunft in Zesens ›Teutschgesinnter Genossenschaft‹. Wollte durch ihr Werk Kaiser Leopold I. zum Protestantismus bekehren. – Relig. Lyrikerin des Barock mit Vorliebe für strenge Verskunst, bes. Sonette. Relig. Lieder in eindringl. Sprache als Ausdruck e. starken, gefühlstiefen Glaubens mit myst. Einschlag. Vorklang e. neuen Naturgefühls. Später Erbauungsschriften.

W: Geistliche Sonette, Lieder und Gedichte, 1662 (Faks. 1967); Sieges-Seule der Buße, G. 1672; Nichts als Jesus, Betracht. 1672. – SW, X 1983; Ausw. H. Gersch 1964; Gelegenheit u. Geständnis. Unveröff. G., hg. I. Black u. P. M. Daly, 1971.
L: H. Uhde-Bernays, 1903; L. Villiger, 1953; P. M. Daly, D. Metaphorik i. d. Son. C. R. v. G.s, 1964; H. Frank, 1967; F. Kimmich, Sonnets of C. R. v. G., Chapel Hill 1975; P. M. Daly, Dichtg. u. Emblematik b. C. R. v. G., 1976; R. Liwerski, D. Wörterwerk d. C. R. v. G., II 1978; E. B. Siekhaus, D. lyr. Sonette d. C. R. v. G., 1983.

Greiner, Leo, 1. 4. 1876 Brünn/Mähren – 22. 8. 1928 Berlin. Jugend in Kronstadt/Siebenbürgen; 1901 Stud. Lit. und Ästhetik München, Anschluß an d. Kreis um Wedekind, Mitbegründer und künstl. Leiter des Kabaretts ›Die 11 Scharfrichter‹, später Dramaturg in Berlin. – Neuromant. Lyriker und Dramatiker; unruhvoll-wehmüt. Lyrik mit Nähe zu Le-nau und lyrisch-episch überwu-cherte Dramatik in ornamental-artist. Stil; Nähe zur Neuklassik P. Ernsts.

W: Das Jahrtausend, Dicht. 1900; Lenau, B. 1904; Der Liebeskönig, Dr. 1906; Das Tage-buch, G. 1906; Herzog Boccaneras Ende, Dr. 1908; Lysistrata, K. 1908 (nach Aristopha-nes); Arbaces und Panthea, Dr. 1911 (nach Beaumont).

Greiner, Peter, * 20. 4. 1939 Ru-dolstadt/Thür.; Jugend in Thü-ringen, 1957 BR, Stud. Chemie Freiburg, 1963–66 Chemie und Mathematik Hamburg; 1970 freier Schriftsteller in Hamburg und Lüneburg. – Vf. von Trivial-tragödien aus dem Außenseiter-, Zuhälter- und Ganovenmilieu in unausgeglichener Sprache.

W: Kiez, Dr. (1974); Orpheus, Dr. (1977); Roll over Beethoven, Dr. (1977); Lady Liljas Hauer, Dr. (1978); Fast ein Prolet, Dr. (1978); Vier-Jahreszeiten-Blues, Dr. (1980); Fast ein Prolet, Drr. 1980; Stillgelegt, Dr. (1982); Die Torffahrer, Dr. (1985); Wie Bombenleger-Charly leben . . ., En. 1986.

Greinz, Rudolf, 16. 8. 1866 Pradl b. Innsbruck – 16. 8. 1942 Inns-bruck, 1884–87 Stud. Germani-stik, Philos. und Kunstgesch. Graz und Innsbruck, 1889 freier Schriftsteller in Meran, später Innsbruck, ab 1911 München, seit 1933 Aldrans b. Innsbruck. – Ti-roler Heimaterzähler und Mund-artdichter mit heiteren Geschich-ten aus dem Tiroler Volksleben und lit. anspruchslosen Liebes- und Eheromanen.

W: Das goldene Kegelspiel, En. 1905; Berg-bauern, En. 1906; Im Herrgottswinkel, En. 1906; Das Haus Michael Senn, R. 1909; Aller-seelen, R. 1911; Hin ist hin, G. 1912; Gertraud Sonnweber, R. 1912; Äbtissin Verena, R. 1915; Die Stadt am Inn, R. 1917; Der Garten Gottes, R. 1919; Das fröhliche Dorf, En. 1932. – Gedächtnisausgabe, III 1946 f. *L:* P. Rossi, 1926.

Grengg, Maria, 26. 2. 1889 Stein/ Do. – 8. 10. 1963 Rodaun; Inge-

nieurstochter, Lyzeum und Kunstgewerbeschule Wien, seit-her Graphikerin und Illustratorin in Perchtoldsdorf b. Wien und Rodaun b. Wien. – Erzählerin stark bewegter, bodenständiger Heimatromane und -novellen um die Schicksale eigenwilliger, bes. leidenschaftl. oder mütterl. Cha-raktere in österr. Landschaft. Ba-rocke Phantasie und mundartl. gefärbte, anschaul. Sprache. Fer-ner Märchen, Jugendbuch, Hör-spiel, Essay und Kinderbuch-Illu-strationen.

W: Wie Christkindlein den Kindern half, M. 1929; Die Flucht zum grünen Herrgott, R. 1930; Peterl, R. 1932; Die Liebesinsel, R. 1934; Das Feuermandl, R. 1935; Der murren-de Berg, E. 1936; Starke Herzen, Nn. V 1937; Der Nußkern, E. 1937; Die Kindlmutter, R. 1938; Die Tulipan, N. 1938; Zeit der Besin-nung, Andachtsb. 1939; Lebensbaum, R. 1944; Die letzte Liebe des Giacomo Casano-va, Nn. 1948; Das Hanswurstenhaus, R. 1951. *L:* H. Thalhammer, 1933.

Gressieker, Hermann, * 10. 2. 1903 Magdeburg, Stud. Lit.- und Theaterwiss. München, Dr. phil., Dramaturg und Regisseur 1926/ 27 Dessau, 1929/30 Braun-schweig, 1934–36 Dt. Theater Berlin, 1938 bis 1945 Dozent der Filmakad. Babelsberg. – Drama-tiker und Hörspielautor mit teils papierenen Stücken nach hist. Stoffen.

W: Baron Trenck, Dr. (1930); Die Regenbo-gen, K. (1947); Seneca und die goldenen Jah-re, Tr. (1951); Heinrich VIII. und seine Frau-en, Dr. (1957).

Gretser, Jakob (eig. Gretscher), 27. 3. 1562 Markdorf/Schwaben – 29. 1. 1625 Ingolstadt; Stud. 1576–78 Innsbruck (wurde dort 1578 Jesuit), 1578–1579 Lands-berg, 1579–80 München; 1584 Prof. in Freiburg/Schweiz, 1588 Prof. der Philos. Ingolstadt, 1592–1616 Prof. der Theol. ebda.;

im Alter nur noch (über 300) fachtheol. Schriften. – Größter Jesuitendramatiker vor Bidermann im Übergang vom Humanismus zum Frühbarock, schrieb 23 lat. Dramen, davon 12 hs. erhalten. Anfangs Anknüpfen an humanist. Überlieferung, dann bibl. Stoffe und Legendenspiele, zeitweilig erfolgr. Anschluß an Stoffe des schweizer. Volksschauspiels und ortsgebundene Überlieferung.

W: Comoedia de Timone (1584); Comoedia de caeco illuminato (1584); Comoedia de Lazaro resuscitato (1584); Dialogus de regno humanitatis (1585, 2. Fassg. 1587, hg. A. Dürrwächter 1898, 3. Fassg. 1588); Dialogus de Salomonis iudicio (1586); Dialogus de Nicolao Myrensi episcopo (1586); Comoedia de Nicolao Unterwaldio (1586, Bruder-Klausen-Spiel, hg. E. Scherer 1928); Comoedia de Itha Doggia (1587); Dialogus de Udone Archiepiscopo (1587, 2. Fassg. 1598, n. U. Herzog 1970); Comoedia secunda de regno humanitatis (1590); Comoedia tertia de regno humanitatis (1598, hg. A. Dürrwächter, 1912, s. u.); Opera omnia, XVII 1737–41 (außer Dramen).
L: A. Dürrwächter, 1912.

Griechen-Müller → Müller, Wilhelm

Gries, Johann Diederich, 7. 2. 1775 Hamburg – 9. 2. 1842 ebda., Sohn e. Senators und Kaufmanns, kam 1787 zu e. Prediger nach Stade, dann aufs Johanneum Hamburg, wurde 1792 Kaufmann, 1795 Stud. Jura Jena, Bekanntschaft mit Schiller, Herder, Goethe, Fichte, Steffens, Novalis und bes. dem Schlegelschen Kreis, später auch Tieck und Savigny, besuchte in Hamburg Reimarus und F. H. Jacobi, in Dresden Schelling. 1799 Stud. in Göttingen, 1800 Dr. jur., vorübergehend in Frankfurt (Brentanos) und Wetzlar, dann wieder bis 1837 Jena mit Unterbrechungen: 1806 Heidelberg, 1808–10 Schweiz u. Oberitalien, 1824–27 Stuttgart (Freundschaft mit

schwäbischen Dichtern); seit 1837 leidend bei seinem Bruder in Hamburg, preuß. Pension. – Lyriker und bes. bedeutender romant. Übs. von roman. Klassikern mit z. T. bleibendem Wert.

W: Tassos Befreytes Jerusalem, Übs. IV 1800–03; Ariostos Rasender Roland, Übs. IV 1804–08; Calderons Schauspiele, Übs. VII 1815–42; Gedichte und poetische Übersetzungen, II 1829; Fortiguerras Richardett, Übs. III 1831–33; Bojardos Verliebter Roland, Übs. IV 1835–1839.
L: (E. Campe), Aus d. Leben J. D. G., 1855.

Griese, Friedrich, 2. 10. 1890 Lehsten b. Waren/Mecklenb. – 1. 6. 1975 Lübeck; Vater Kleinbauer, Lehrerseminar, 1911 Haus- und Schullehrer, 1913–26 in Stralendorf b. Parchim; 1915/16 Kriegsfreiwilliger, nach Verschlimmerung s. Gehörleidens 1916 entlassen; 1926–31 Volksschullehrer, 1931 Rektor in Kiel, 1935 Rückkehr nach Mecklenburg auf Rethus b. Parchim. 1945/46 interniert; 27. 7. 1947 Flucht nach Velgen b. Uelzen, seit 1955 in Lübeck, dann Bevensen. – Schwerblüt. Erzähler von Heimatromanen und -novellen aus dem mecklenburg. Bauernleben unter Einfluß Hamsuns und der Sagas in schlichter, herbkraftvoller Sprache und sachl., doch atmosphär. dichtem Bericht. Erhebung der Heimatkunst über die Darstellung des Dorflebens zum kosm. Mythos von den dumpfen Urgewalten des Seins und den Naturkräften in der Heimaterde, von der Erdverbundenheit und Naturbezogenheit s. Menschen. Aus ursprüngl. Erleben auf die NS-Mythologie von Blut und Boden angelegt, doch nie Parteidichter. Sentimentale Vereinfachung des Natur- und Landschaftserlebnisses fern jeder psycholog. Analyse bis zur symbolhaften Überhöhung.

W: Feuer, R. 1921; Ur, R. 1922; Das Korn rauscht, En. 1923; Alte Glocken, E. 1925; Die letzte Garbe, Nn. 1927; Winter, R. 1927; Die Flucht, E. 1928; Sohn seiner Mutter, R. 1929; Tal der Armen, E. 1929; Der ewige Acker, R. 1930; Der Herzog, R. 1931; Mensch, aus Erde gemacht, Dr. 1932; Der Saatgang, En. 1932; Das Dorf der Mädchen, R. 1932; Das letzte Gesicht, R. 1934 (zus. m. Der ewige Acker neugefaßt u. d. T. So lange die Erde steht, 1965); Mein Leben, Aut. 1934; Die Wagenburg, R. 1935; Die Prinzessin von Grabow, N. 1936; Bäume im Wind, R. 1937; Das Kind des Torfmachers, E. 1937; F. Reuter, B. 1938; Der heimliche König, Dr. 1939; Die Weißköpfe, R. 1939; Der Zug der großen Vögel, R. 1951; Der Wind weht nicht, wohin er will, Aut. 1960; Das nie vergessene Gesicht, R. 1962; In dieser Nacht, En. 1964; Leben in dieser Zeit, Aut. 1970; Eure guten Jahre, Betr. 1974.

L: K. Melcher, 1936; E. Darge, 1940; A. Nivelle, Paris 1951.

Grillparzer, Franz, 15. 1. 1791 Wien – 21. 1. 1872 ebda., Sohn des Hof- und Gerichtsadvokaten Dr. Wenzel G. und der musikalischen Anna Marie Sonnleithner, die 1819 in religiösem Wahn Selbstmord beging. 1801–04 St. Anna-Gymnas. Wien, 1804–07 philos. Obergymnasialkurs an der Univ. ebda., Stud. 1808–11 Rechts- und Staatswiss. ebda.; mußte nach dem Tod des Vaters (10. 11. 1809) zum Unterhalt beitragen, war Hauslehrer, 1812 Hofmeister bei Graf Seilern. Seit 1813 unbesoldeter Praktikant bei der Hofbibliothek, 20. 12. 1813 Konzeptspraktikant im Staatsdienst, ab 1815 bei der Hofkammer (dem späteren Finanzministerium). Von seinem Gönner Finanzminister Graf Stadion 1818–23 nebenher zum Theaterdichter des Burgtheaters ernannt. Nach Selbstmord der Mutter 1819 Italienreise: Triest, Venedig, Ferrara, Rom, Neapel, Florenz; erregte durch s. Gedicht ›Die Ruinen des Campo vaccino‹ Anstoß in Hofkreisen; seither dauernde Zensur-Schwierigkeiten. 1821 Bekanntschaft mit Katharina Fröhlich, die G. trotz lebenslanger gegenseitiger Zuneigung nie heiratet. 1823 Konzipist der allg. Hofkammer, 1832 Archivdirektor; 1826 Dtl.-Reise: Prag, Teplitz, Dresden (Tieck), Leipzig, Berlin (Fouqué, Chamisso, Varnhagen), Weimar (von Goethe günstig aufgenommen) und München; 1836 in Paris (Heine, Börne) und London, Rückkehr über Stuttgart (Uhland, Schwab). Nach Ablehnung des mißverstandenen ›Weh dem, der lügt‹ (1838) Verzicht auf Veröffentlichung s. weiteren Dramen. 1843 Reise nach Konstantinopel und Athen, 1847 2. Dtl.-Reise, 1847 Mitgl. der Wiener Akad. d. Wiss.; 1856 mit dem Titel Hofrat pensioniert, 1861 Mitgl. des Herrenhauses. Sensibler, hypochondr., reizbarer u. selbstquälerisch-zwiespält. Charakter aus dem Widerstreit zwischen fiebernder Phantasie und kaltem Verstand; litt an Melancholie und bedrohl. Depressionen. – Bedeutendster österr. Dramatiker, vereinigt Formelemente aus österr. und spanisch-kath. Barocktheater, spielfreudigem Wiener Volkstheater und der Romantik unter starker Einwirkung Shakespeares, Lopes u. Calderóns mit klassizist. Dramenbau und klass. Geist zu e. eigentüml. individualisierenden Stil, der den Anschluß Österreichs an die Weimarer Klassik bedeutet. Spätromant.-biedermeierliches Lebensgefühl voll Melancholie und Weltschmerz angesichts e. untergehenden Humanitätsideals; bohrende Psychologie als zukunftweisend. Die Tragik s. Figuren entsteht aus dem Zwiespalt zwischen Handelnmüssen aus innerem Erlebnisdrang oder äußerer Berufung und Nichthandelnkön-

nen, weil jeder Schritt ins aktive
Leben schuldig macht: Ideal e. tat-
losen Quietismus. Begann mit e.
Schicksalstragödie und Märchenspielen, fand dann zu klass. Stoffen, gab in Dramen aus der österr.
Geschichte zunehmend realist.
Charakteristik und Motivierung
und schließl. unter Einfluß Lopes
locker episierende Komposition
mit starker seel. Differenzierung
von fast impressionist. Zügen.
Bildhaft-gegenständl. Sprache
mit musikal. Versen von lyr.
Glanz; stets sicherer Bühnenin-
stinkt. Ferner bedeutende Erzählungen, spröde Gedankenlyrik
und bissige Epigramme von
schlagkräft., bittersarkast. Witz;
auch Kritik, Tagebuch und Autobiographie. G.-Gesellsch. in Wien
(Jhrb. seit 1891).

W: Die Ahnfrau, Tr. 1817; Sappho, Tr. 1819;
Das goldene Vließ, Tr.-Trilogie (Der Gast-
freund; Die Argonauten; Medea) 1822; König
Ottokar's Glück und Ende, Tr. 1825; Ein
treuer Diener seines Herrn, Tr. 1830; Melusi-
na, Op. 1833; Der Traum ein Leben, Dr.
1840; Weh' dem, der lügt, Lsp. 1840; Des
Meeres und der Liebe Wellen, Tr. 1840; Ge-
dichte, 1872; Libussa, Tr. 1872; Ein Bruder-
zwist in Habsburg, Tr. 1872; Die Jüdin von
Toledo, Tr. 1873. – SW, X 1872, XX 1892;
IV 1960ff.; hkA. hg. A. Sauer, R. Backmann
XLII 1909–48, n. 1972; SW, hg. P. Frank, K.
Pörnbacher IV 1961–65; AW, hg. O. Rom-
mel X 1919, E. Castle VI 1924f., E. Rollet, A.
Sauer IX 1924f.; Wke, hg. H. Bachmaier VI
1986ff.; Gespräche und Charakteristiken, hg.
A. Sauer VII 1904–16 u. 1941, n. 1974.
L: E. Alker, 1930; E. Reich, G.s Dramen,
⁴1938; K. Vancsa, 1941; J. Nadler, ²1952; N.
Fürst, G. auf d. Bühne, 1958; L. Vicenti,
Milano 1958; U. Helmensdorfer, G.s Büh-
nenkunst, 1960; W. Paulsen, D. Ahnfrau,
1962; J. Kaiser, G.s dramat. Stil, 1962; D.
Yates, Oxf. ²1964; P. v. Matt, D. Grundr. v.
G.s Bühnenkunst, 1965; B. Breitenbruch,
Ethik u. Ethos b. G., 1965; G. Baumann,
²1966; U. Fülleborn, D. dramat. Geschehen i.
Wk. F. G.s, 1966; J. Müller, ²1966; W. Nau-
mann, ²1967; G. Schäble, 1967; G. A. Wells.
The plays of G., Oxf. 1969; G. Baumann, Zu
F. G., 1969; H. Seidler, Stud. z. G. u. Stifter,
1970; K. Pörnbacher, G. (üb. s. Dichtgn.),
1970; H. Politzer, 1972; D. G. – Bild d. 20.
Jh., hg. H. Kindermann 1972; W. E. Yates,
Cambr. 1972; R. Auernheimer, 1972; A. Vi-
viani, G.-Kommentar, II 1972f.; R. Pichl,

Dualismus u. Ambivalenz, 1973; F. Kainz, G.
als Denker, 1975; Z. Škreb, 1976; B. Thomp-
son, A sense of irony, 1976; G. Schäble, 1977;
F. Strich, G.s Ästhetik, ²1977; W. N. B.
Mullan, G.s aesthetic theory, 1979; B.
Thompson, Boston 1981; D. Lorenz, G.,
Dichter des sozialen Konflikts, 1986;
H. Bachmaier, 1986; Bibl.: K. Vancsa,
1937.

Grimm, Hans, 22. 3. 1875 Wiesbaden – 27. 9. 1959 Lippoldsberg/
Weser, 1895 Stud. Lausanne,
dann Volontär in Nottingham,
1896 kaufm. Angestellter in London, 1897 in Port Elizabeth/Kap-
land, 1901 selbständ. Kaufmann
in East London, 1910 Rückkehr
nach Dtl. Seit 1911 freier Schriftsteller, ⚭. 1911–15 Stud. Staatswiss. Universität München und
Kolonialinstitut Hamburg; 1916
Artillerist an der Front, dann Dolmetscher, 1917 Schriftsteller am
Kolonialamt; seit 1918 auf s. Besitz Klosterhaus Lippoldsberg/
Weser; 1927/28 in Südwestafrika,
seit 1928 ständig in Lippoldsberg.
– Polit.-nationaler Dichter und
Essayist, Begründer der dt. Kolo-
nialerzählung. Am gelungensten
s. knappen, schicksalsträcht. Novellen aus afrikan. Steppe in an
Kipling und den Sagas geschultem, betont herbem und straffem
Stil und künstler. geschlossener
Form. Realist. Erfassung von Atmosphäre, Landschaft und Lebensform der Kolonialgebiete mit
ihren unerbittl. Rassen-, Exi-
stenz- und Geschäftskämpfen. In
s. als völk.-polit. Erziehungsroman mit bewußter Tendenz geschriebenen ›Volk ohne Raum‹,
dessen Titel das Schlagwort für
den NS-Imperialismus bot, dagegen schleppend, weitschweifig
und von ep. zerfließender Breite.
Ferner dramat. Versuche, in nationalem Ressentiment verhaftete
zeit- und kulturpolit. Schriften
(Eintreten für dt.-angelsächs.

Verständigung), Reden und Abhandlungen.

W: Südafrikanische Novellen, 1913; Der Gang durch den Sand, Nn. 1916; Der Ölsucher von Duala, Tg. 1918; Die Olewagen-Saga, E. 1918; Volk ohne Raum, R. II 1926; Das deutsche Südwester-Buch, B.n 1929; Der Richter in der Karu, Nn. 1930; Der Schriftsteller und die Zeit, Ess. 1931; Lüderitzland, Nn. 1934; Englische Rede, 1938; Die Erzbischofschrift, Streitschr. 1950; Rückblick, Aut. 1950; Leben in Erwartung, Aut. 1952; Suchen und Hoffen, Aut. 1960. – Gesamtausg., XXXVI 1969ff.
L: E. Kirsch, 1938; S. Hajek, 1941; O. Bekker, Diss. Marb. 1955; B. Jungwirth, Diss. Innsbr. 1972.

Grimm, Jacob Ludwig Karl, 4. 1. 1785 Hanau – 20. 9. 1863 Berlin, Juristensohn, Bruder Wilhelm G.s, ab 1791 in Steinau. 1789 Lyzeum Kassel, nach Tod des Vaters (1796) schwere Jugend mit Geldsorgen. Frühj. 1802 Stud. Jura Marburg bes. bei Savigny, 1805 Mitarbeiter Savignys in Paris, Rückkehr nach Kassel. 1806 Kriegssekretariatsakzessist ebda., nahm Ende 1806 s. Entlassung; 1808 Privatbibliothekar des Königs Jérôme in Wilhelmshöhe b. Kassel, 1809 nebenher Staatsratsauditor. Nach Befreiungskriegen Jan. 1814 Legationssekretär im Hauptquartier der Verbündeten und Paris, hier bei der Kommission zur Rückforderung geraubter dt. Lit.-Schätze; 1814–15 Legationsrat am Wiener Kongreß, 1815 zur Rückbeförderung preuß. Hss. in Paris. 1816 2. Bibliothekar in Kassel; Ende 1829 Ruf als Prof. für dt. Altertumswiss. und Bibliothekar nach Göttingen, dort Ende 1837 wegen Teilnahme am Protest der ›Göttinger Sieben‹ gegen den Verfassungsbruch des hannoveran. Königs amtsentsetzt und des Landes verwiesen; 1837 nach Kassel. 1840 von Friedrich Wilhelm IV. als Mitgl. der Akad. d. Wiss. und Prof. nach Berlin berufen. 1848 Abgeordneter im Frankfurter Parlament. – Begründer der modernen Germanistik durch s. Forschungen und Standardwerke über Rechtsaltertümer, Grammatik, Lit.- und Sprachgesch., Altertumskunde, Mythologie, Märchen, Sagen und das ›Dt. Wörterbuch‹, getragen vom Geist der jüngeren Heidelberger Romantik. Wandte die hist. Methode auf Lit. und Sprache an, schuf den Begriff der Volksdichtung aus der romant., heute aufgegebenen Vorstellung e. dichtenden Volksgeistes, erkannte die Gesetzmäßigkeit des Lautwechsels und prägte e. Fülle sprachwiss. Begriffe. Gemeinschaftsarbeit mit s. Bruder Wilhelm G. Brüder G.-Gesellsch. und -Museum Kassel.

W: Über den altdt. Meistergesang, 1811; Kinder- und Hausmärchen, II 1812–15, III ²1819–22 (m. W. G.; n. F. Panzer 1955, F. v. d. Leyen II 1962, H. Rölleke II 1982; Märchen a. d. Nl., hg. ders. ²1979); Deutsche Sagen, II 1816–18 (m. W. G.; n. 1975); Deutsche Grammatik, IV 1819–37 (n. 1967); Deutsche Rechts-Alterthümer, 1828 (n. 1974); Deutsche Mythologie, 1835 (n. 1953); Geschichte der deutschen Sprache, II 1848; Deutsches Wörterbuch, hg. XXXII 1852–1961 (mit W. G., n. 1984); Kleinere Schriften, VIII 1864–90 (Bd. 5: Bibl.) (n. 1965 f.); Reden und Aufsätze, hg. W. Schoof 1966. – Briefe der Brüder, hg. H. Gürtler 1923; Briefwechsel m. Dahlmann u. Gervinus, hg. E. Ippel II 1885 f. (n. 1973), m. K. Lachmann, hg. A. Leitzmann II 1925–27, m. Savigny, hg. W. Schoof 1953, m. Simrocks, hg. W. Ottendorff-Simrock 1966, m. B. v. Arnims, hg. H. Schultz 1985; Unbekannte Briefe, hg. W. Schoof u. J. Göres 1960; Briefw. zw. J. u. W. G., ²1963.
L: A. Duncker, D. Brüder, G., 1884; H. Gerstner, 1952 u. 1970 (m. Bibl.); W. Schoof, 1961; Brüder G. Gedenken, hg. L. Denecke V 1963–85; K. Schulte-Kemminghausen, L. Denecke, Bb. 1963; G. Ginschel, D. jge. J. G., 1968; L. Denecke, 1971; R. Geiger, Mit Märchen im Gespräch, 1972; G. Marini, Neapel 1972; H. Gerstner, 1973; U. Wyss, D. wilde Philologie, 1979; G. Seitz, 1984; W. Scherer, ³1985; H. Scurla, D. Brüder G., 1985; D. Brüder G., hg. A. Stedje, Stockh. 1985.

Grimm, Wilhelm Karl, 24. 2. 1786 Hanau – 16. 12. 1859 Berlin,

Bruder Jacob → Grimms, gemeinsame Jugend in Steinau, 1798 Lyzeum Kassel, Frühj. 1803–06 Stud. Jura Kassel, Privatgelehrter ebda., stets kränklich. 1814–29 Bibliothekssekretär in Kassel; 15. 5. 1825 ⚭ Dorothea Wild; lebte weiterhin mit s. Bruder Jacob in gemeinsamem Haushalt; Vater des Kunsthistorikers Hermann Grimm. 1830 Unterbibliothekar in Göttingen, 1831 ao., 1835 o. Prof. ebda., 1837 wie s. Bruder amtsentsetzt, Okt. 1838 nach Kassel; 1841 Mitgl. der Akad. d. Wiss. Berlin. – Geistesverwandter und vertrauter Mitarbeiter s. Bruders in inniger Arbeits- und Lebensgemeinschaft, jedoch geselliger, weniger schöpfer. als didaktisch und künstler. Sammler und Schriftsteller auf engerem Arbeitsgebiet. Hauptsammler und eigentl. Redaktor der Märchen, deren naiven Erzählstil er vorzügl. trifft; Sagenforscher und krit. Hrsg. mhd. Dichtungen mit wertvollen Einleitungen. Arnim-Hrsg.

W: (Gemeinschaftsarbeiten mit Jacob G. s.d.) Altdänische Heldenlieder, Balladen und Märchen, hg. 1811; Über dt. Runen, 1821; Die deutsche Heldensage, 1829 (³1889, n. 1966); Zur Geschichte des Reims, 1852; Kleinere Schriften, hg. G. Hinrichs IV 1881–87 (Bd. 4: Bibl.); Briefwechsel m. J. v. Droste-Hülshoff, 1929 (n. 1978).
L: W. Schoof, 1960; s. a. Jacob G.

Grimmelshausen, Hans Jakob Christoffel von (Ps. German Schleifheim von Sulsfort, Samuel Greifenson von Hirschfeld u. a. m.), um 1622 Gelnhausen/Hessen – 17. 8. 1676 Renchen/Bad., Sohn e. Gastwirts und Bäckers aus einfachen protestant. Bürgerkreisen, geriet 1635 in den Strudel des Krieges, wurde von hess. Soldaten gefangen und nach Kassel gebracht, dann wechselnde Erlebnisse als Troßbube und später Sol-

dat der kaiserl. Armee in den verschiedensten Gegenden Dtls., 1636–38 bei der schwed. Armee in Westfalen, 1638 in der Armee des Grafen v. Götz am Oberrhein, 1639–48 beim Regiment des Freiherrn H. R. v. Schauenburg in Offenburg/Bad., etwa ab 1643 Regimentsschreiber ebda., 1648–49 Regimentssekretär des bayr. Oberst Elter, vor Kriegsende konvertiert. 30. 8. 1649 ⚭ Katharina Henninger in Offenburg, seither Verwalter der Schauenburg. Güter in Gaisbach/Renchtal, 1662–65 Burgvogt des Straßburger Arztes Dr. J. Küffer auf Schloß Ullenburg b. Gaisbach, 1665–67 Gastwirt zum ›Silbernen Stern‹ in Gaisbach; seit 1667 bischöfl.-straßburg. Schultheiß in Renchen/Bad. – Bedeutendster dt. Erzähler des 17. Jh. Urwüchsiges, realist. Erzähltalent fern der kunstmäßigen Lit. des höf.-galanten Moderomans, zu dem er nur mit 2 weniger gelungenen Werken beiträgt, Volksschriftsteller von realist. Anschaulichkeit, gütig-überlegenem, hintergründ. Humor und urwüchsig-kräft. Volkssprache, z. T. Mundart. Schuf in Anlehnung an das Muster volkstüml.-satir. span. Schelmenromane in Ichform, volksläufige Schwankstoffe, Novellenmotive und eig. Erlebnen im Krieg aus unmittelbarer Lebensnähe den umfassenden, abenteuerl.-derbdrast. Zeitroman aus den Wirren des 30jährigen Krieges ›Simplicissimus‹, 1. dt. Prosaroman von Weltrang. Psycholog. meisterhafte und kulturhist. wichtige Darstellung e. Menschen in den chaot. Wirren e. aus den Fugen geratenen Welt, dessen eingeborenes Streben nach sittl. Lauterkeit und gottgefälligem Wandel immer wieder durch äußere

Schicksale und s. eig. Charakter durchkreuzt wird, bis er zur Weltverachtung findet. Die barocke Antithese von Weltfreude und Seelenheil gibt dem Werk e. religiösen Akzent und führt über den Schelmenroman hinaus. Um das Hauptwerk ranken sich als organ. Ausweitungen des Zeitbildes die lit. weniger bedeutsamen, derbrealist. Simplizianischen Schriften, ferner Moralsatiren, Streitschriften, Anekdoten- und Kalenderbücher.

W: Satyrischer Pilgram, En. 1666; Histori vom keuschen Joseph, R. 1667 (erw. 1670); Der stoltze Melcher, Schr. 1667 (n. 1924); Der Abentheurliche Simplicissimus Teutsch, R. 1669 (Forts.: Continuatio, 1669; erw.: 1669; n. ²1984) Der erste Bärnhäuter, E. 1670 (n. 1922); Ewig währender Calender, 1670 (n. 1967); Dietwalts und Amelinden anmuthige Lieb- und Leids-Beschreibung, R. 1670; Deß Weltberuffenen Simplicissimi Pralerey und Gepräng mit seinem Teutschen Michel, 1670 (n. 1976); Simplicianischer Zweyköpffiger Ratio Status, 1670; Der seltzame Springinsfeld, E. 1670; Trutz Simplex: Oder . . . Lebensbeschreibung der Ertzbetrügerin und Landstörtzerin Courasche, R. 1670; Des Durchleuchtigen Printzen Proximi, und Seiner ohnvergleichlichen Lympidae Liebs-Geschicht-Erzehlung, R. 1672; Rathstübel Plutonis, 1672 (n. 1975); Das wunderbarliche Vogel-Nest, E. II 1672f.; Simplicissimi Galgen-Männlin, 1673; Verkehrte Welt, 1673; GW, III 1683f. – W., hg. H. H. Borcherdt IV 1922; hg. J. H. Scholte VI 1923–43 (NdL); hg. S. Streller IV 1964; GW, hg. R. Tarot XIV 1967ff.

L: A. Bechtold, ²1919; E. Ermatinger, 1925; G. Könnecke, II 1926–28, n. 1977; K. C. Hayens, Oxf. 1932; J. Alt, 1936; J. H. Scholte, D. ›Simpl.‹ u. s. Dichter, 1950; G. Herbst, D. Entwicklg. d. G.-bildes, 1957; S. Streller, G.s Simplizian. Schriften, 1957; G. Rohrbach, Figur u. Charakter, 1959; W. Welzig, Beispielhafte Figuren, 1963; M. Koschlig, G. u. s. Verleger, ²1967; G. Weydt, Nachahmg. u. Schöpfg. i. Barock, 1968; D. ›Simpl.‹dichter u. s. Werk, hg. ders. 1969; K. Haberkamm, Sensus astrologicus, 1972; K. Negus, N. Y. 1974; C. Stoll, 1976; M. Koschlig, D. Ingenium G. u. d. Kollektiv, 1977; C. Hohoff, 1978; G. Weydt, ²1979; R. P. T. Aylett, The nature of realism, 1982; V. Meid, 1984; Bibl.: I. M. Battafarano, Neapel 1975.

Grisebach, Eduard, 9. 10. 1845 Göttingen – 22. 3. 1906 Charlot-

tenburg, 1864–68 Stud. Jura Leipzig, Berlin, Göttingen, Referendar Berlin. 1870/71 Feldauditor, 1871 Italienreise, 1872 Beginn der Diplomatenlaufbahn in Rom und 1873 Konstantinopel, 1875 Konsulatsverweser in Smyrna, 1876 Sekretär beim Auswärt. Amt Berlin, 1878 Vizekonsul in Jassy, 1880 Konsul in Bukarest, 1881 Petersburg, 1883 Mailand, 1886 Port-au Prince/Haiti; seit 1889 Ruhestand in Berlin. – Epigonaler Epiker mit formgewandten Verserzählungen von schwüler Sinnlichkeit, verbindet Heines Verskunst und Schopenhauers Pessimismus. Bedeutender als Übs., Hrsg., Bibliophile und Kenner der Weltlit.

W: Der neue Tanhäuser, Ep. 1869; Die treulose Witwe, St. 1873 (erw. 1886); Tanhäuser in Rom, Ep. 1875; Schopenhauer, B. 1897. *L:* H. Henning, 1905; H. v. Müller, 1910; Bibl.: A. v. Klement, 1955.

Grob, Johannes (Ps. Reinhold von Freienthal u. Ernst Warnmund von Freyenthal), 16. 9. 1643 Enzenschwyl/Toggenburg – 1. 4. 1697 Herisau, Stud. Zürich, 1661–64 Musketier in der Leibgarde Kurfürst Johann Georgs II. von Sachsen, Bildungsreise Paris, Bremen, Hamburg, London, Niederlande, dann wie s. Vater Leinwandhändler erst in Lichtensteig, dann Enzenschwyl, 1670 Landeskommissär; wegen Religionsstreitigkeiten 1675 Übersiedlung nach Herisau; 1690 appenzell. Gesandter zu Kaiser Leopold I. nach Regensburg, 1688 geadelt; Mitgl. des Großen Rats zu Herisau. – Moralsatir. Epigrammatiker der Barockzeit mit allg. Sittensprüchen und Satiren auf Übelstände des Gemeinschaftslebens.

W: Dichterische Versuchsgabe, Epigr. 1678; Treugemeinter Eydgenöszischer Aufwecker,

Streitschr. 1689; Poetisches Spazierwäldlein, Epigr. 1700. – Epigramme, hg. A. Lindqvist 1929.
L: E. Zschokke, Diss. Zürich 1890.

Grobianus → Dedekind, Friedrich, → Scheidt, Kaspar

Groddeck, Georg, 13. 10. 1866 Kösen – 10. 6. 1934 Zürich; Stud. Medizin; Arzt und Psychoanalytiker, Leiter e. Sanatoriums in Baden-Baden. Freund S. Freuds und Mitbegründer der Psychosomatik; Hrsg. der Zs. ›Die Arche‹. – Als psychoanalyt. Erzähler und Essayist von Einfluß auf H. Miller, W. H. Auden und L. Durrell.

W: Der Seelensucher, R. 1921 (n. 1971); Das Buch vom Es, Schr. 1923 (n. 1961); Psychoanalytische Schriften zur Literatur und Kunst, 1964; Psychoanalytische Schriften zur Psychosomatik, 1966; Der Mensch und sein Es, Br. u. Ess. 1971; Die Natur heilt, Ausw. 1976; Der Pfarrer von Langewiesche, N. 1981; Krankheit als Symbol, Ausw. 1983; Dokumente u. Schriften, hg. O. Jägersberg 1984. – Briefw. m. S. Freud, 1985; m. S. Ferenczi 1986.
L: L. Durrell, 1961; C. M. Grossman, The Wild Analyst, N. Y. 1965; H. Will, D. Geburt d. Psychosomatik, 1984; G. Almanach, hg. H. Siefert u. a. 1986.

Grogger, Paula, 12. 7. 1892 Öblarn/Steiermark – 1. 1. 1984 ebda., Kaufmannstochter, 1907–12 Lehrerinnenbildungsanstalt der Ursulinen in Salzburg; 1912–28 Dorfschullehrerin versch. Orte im Ennstal, seit 1929 mit Ehrensold im Geburtsort pensioniert. – Steir. Heimatdichterin, wurzelnd in Volkstum, Sprache u. Stoffen ihrer Heimat und kath. Glaubenswelt, beeinflußt von E. v. Handel-Mazzetti. Herbe, barocke, z. T. altertüml. Sprache mit urwüchs. Verwendung der Mundart und bildstarken Gleichnissen aus Volksmund; verbindet im Hauptwerk ›Grimmingtor‹ heidn.-christl. Bauernleben, Geschichte, Sage und Legende im

Chronikstil. Ferner Legenden, Volks- und Laienspiele, hochdt. und mundartl. Lyrik im Kalenderton, Spruchweisheit.

W: Das Grimmingtor, R. 1926; Die Sternsinger, Leg. 1927; Das Gleichnis von der Weberin, E. 1929; Die Räuberlegende, Legg. 1929; Das Röcklein des Jesukindes, Leg. 1932; Das Spiel von Sonne, Mond und Sternen, 1933; Der Lobenstock, E. 1935; Die Hochzeit, Dr. 1937; Unser Herr Pfarrer, E. 1946; Bauernjahr, G. 1947; Der Antichrist und Unsere liebe Frau, Leg. 1949; Gedichte, 1954; Die Mutter, E. 1958; Die Reise nach Salzburg, E. 1958; Späte Matura, Aut. 1975; Die Räuberlegende, R. 1977; Der Paradeisgarten, Aut. 1980; Die Reise nach Brixen, Nl. 1987.
L: H. Vogelsang, 1952.

Grombeck, Ernst Ludwig → Rubiner, Ludwig

Gross, Walter, *12. 10. 1924 Winterthur; Buchbinder ebda. – Lyriker mit Gedichten von verhaltener. mod. Sprache aus südl. Landschaft.

W: Die Taube, G. 1956; Botschaften noch im Staub, G. 1957; Antworten, G. 1964.

Grosse, Julius Waldemar, 25. 4. 1828 Erfurt – 9. 5. 1902 Torbole a. Gardasee, Sohn e. Militärpredigers, Gymnas. Magdeburg; 1846–49 Geometer, 1849–52 Stud. Jura Halle, 1852 Stud. Malerei München, trat dem Münchner Dichterkreis (Geibel, Heyse, Bodenstedt) nahe und wurde 1855 Feuilletonredakteur der ›Neuen Münchner Zeitung‹, Mai–Juli 1861 der ›Leipziger Illustrierten Zeitung‹, 1862–67 der ›Bayrischen Zeitung‹ in München. Seit 1870 Generalsekretär der Dt. Schillerstiftung in Weimar, 1875 Dresden, 1880 Weimar, 1885 München und 1890 wieder Weimar. 1856 u. 1880 Italienreisen. – Klassizist.-epigonaler Dichter des Münchner Kreises. Eklekt.-formstrenge Lyrik mit Nähe zu Geibel, z. T. volksnah; schwache Jambendramen; am erfolgreichsten mit Versepen, Novellen und Romanen z. T. um hist. Stoffe.

W: Cola di Rienzi, Tr. 1851; Gedichte, 1857; Novellen, III 1862–64; Gundel vom Königssee, Ep. 1864; Gesammelte dramatische Werke, VII 1870; Der Wasunger Not, Ep. 1872; Erzählende Dichtungen, IV 1873; Neue Erzählungen, III 1875; Tiberius, Tr. 1876; Gedichte, 1882; Der getreue Eckart, R. II 1885; Das Bürgerweib von Weimar, R. II 1887; Der Spion, R. II 1887; Das Volkramslied, Ep. 1889; Ursachen und Wirkungen, Aut. 1896. – AW, III 1909.
L: H. Gerstner, 1928; A. Nägel, Diss. Mchn. 1938.

Groth, Klaus Johann, 24. 4. 1819 Heide/Holst. – 1. 6. 1899 Kiel, Sohn e. Müllers und kleinen Landwirts; 1834 Kirchspielvogtsschreiber in Heide, autodidakt. Bildung; 1838–41 Lehrerseminar Tondern, 1841–47 Mädchenschullehrer in Heide, daneben umfangr. naturwiss., philos. und neusprachl. Privatstud., mußte sich 1847–53 in Fehmarn erholen, wo der ›Quickborn‹ entstand; Aug. 1853 in Kiel, mit K. Müllenhoff Ausarbeitung e. plattdt. Orthographie. Febr. 1855 mit dän. Stipendium Reise nach Bonn, dort bis 1857, Verkehr mit O. Jahn, Arndt, Simrock, Dahlmann u. a.; März 1856 Dr. phil. h. c.; Frühj. 1857 über Leizpig (G. Freytag), Dresden (Auerbach, O. Ludwig, L. Richter) und Weimar zurück nach Kiel. 1858 ⚭ Doris Finke aus Bremen, Privatdozent für dt. Lit. und Sprache Kiel, 1866 Prof. ebda. Reisen nach England und Holland (1872/1873), Wien und Italien. – Bedeutendster niederdt. Lyriker und eigentl. Begründer der norddt. Mundartdichtung durch die erstmalige Gestaltung ernster, gemühafter Themen statt der bisherigen Komik; führte das Plattdt. als Literatursprache ein und gab selbst die besten Beispiele für dichter. Aus-

drucksmöglichkeiten u. schlichten Stimmungsgehalt echt niederdt. Formen, doch in Reim, Flexion und Syntax gelegentl. Anlehnung ans Hochdt. Zarte, melodiöse und stark gemühafte Lyrik nach Anregungen von Burns, Hebel und Volksliedern mit gefühlsinnigen, behagl.-treuherzigen, z. T. eleg. verhaltenen u. schwermütigen Tönen; Verbindung sentimentaler spätromant. Subjektivität mit impressionist. Tendenzien; sprachl. Ausgewogenheit und durch den niederdt. Vokalreichtum geförderte Sangbarkeit (Vertonungen u. a. von Brahms, Nietzsche). Ferner gemütvoll plaudernde Idyllen mit liebevoller Umweltschilderung, heitere und schaurige Verserzählungen und Balladen, Rollenlieder, Natur- und Tiergedichte, Liebes- und schalkhafte Kinderlieder. Auch in Prosaerzählungen, bes. Dorfgeschn., Vorherrschen des Stimmungsmäßigen.

W: Quickborn, G. 1852; Hundert Blätter, hochdt. G. 1854; Vertelln, En. II 1855–59; Briefe über Hochdeutsch und Plattdeutsch, Schr. 1858; Vaer de Goern, Kdb. 1858; Rothgeter Meister Lamp un sin Dochder, Idyllen 1862; Quickborn, 2. Teil, G. u. En. 1871; Über Mundarten und mundartige Dichtung, Schr. 1876; Ut min Jungsparadies, En. 1876; Lebenserinnerungen, hg. E. Wolff 1891. – GW, IV 1893; SW, VIII 1952–65, VI 1981; Briefe an s. Braut D. Finke, hg. H. Krumm 1910; Briefw. zw. K. G. u. K. Müllenhoff, hg. V. Pauls 1938.
L: H. Siercks, 1899; G. Seelig, 1924; A. Bartels, ²1943; K. G.-Ges., Jahresgabe 1961 ff.

Groth, Sylvia → Danella, Utta

Gruber, Reinhard P(eter), *20. 1. 1947 Fohnsdorf; 1966–73 Stud. Theol. Wien, dann Journalist und freier Schriftsteller in Graz, seit 1979 Kothvogel b. Stainz/Steiermark. – Iron.-satir. Erzähler zwischen parodiertem Heimatroman und krit. Entwicklungsroman.

W: Alles über Windmühlen, Ess. 1971; Aus dem Leben Hödlmosers, R. 1973; Im Namen des Vaters, R. 1979; Die grüne Madonna, R. 1982; Vom Dach der Welt, Nn. 1987.

Grübel, Johannes Konrad, 3. 6. 1736 Nürnberg – 8. 3. 1809 ebda., wie s. Vater Flaschner ebda., gelangte durch mechan. Kunstfertigkeit zu Wohlstand; 1808 in Pegnes. Blumenorden aufgenommen. – Nürnberger Dialektdichter mit scharf beobachteten poet. Erzählungen und treuen Genrebildern aus dem bürgerl. Leben, die Goethes Anerkennung fanden.

W: Gedichte in Nürnberger Mundart, IV 1798–1812; Correspondenz, 1806. – SW, III 1835, hg. G. K. Frommann ITh 1857.
L: J. Priem, *1914; F. Bock, 1936.

Grün, Anastasius (eig. Anton Alexander Graf Auersperg), 11. 4. 1806 Laibach/Krain – 12. 9. 1876 Graz; Kindheit auf Stammschloß Thurn am Hart, 1813 theresian. Ritterakad. Wien, 1815–18 Ingenieurakad. ebda., durch s. Hofmeister, den sloven. Dichter Franz Prešeren, lit. gefördert; 1824–26 Stud. Philos. und Jura Graz und Wien; Freundschaft mit Lenau und Bauernfeld, 1830 Besuch bei schwäb. Dichtern; übernahm 1831 Verwaltung s. Grafschaft Thurn a. Hart, 1834/35 Italien; 1837/38 Frankreich, Belgien und England; 1839 ∞ Gräfin Marie von Attems, seither meist auf Schloß Thurn. 1848 liberaler Abgeordneter im Frankfurter Vorparlament und der Nationalversammlung, 1860 Reichsratsmitgl. für Krain, ab 1861 Mitgl. des Herrenhauses; 1861–67 im Krainer, 1867 im Steiermärker Landtag kräftiges Eintreten fürs Deutschtum, 1868 Präsident der österr. Reichsratsdelegation, aktives Eintreten für Reichseinheit, Reform-

gesetzgebung und Liberalismus. 1863 Geh. Rat und Exzellenz, 1864 Ehrenbürger Wiens, 1865 Dr. h. c. Wien. – Erster polit. Lyriker des Vormärz, trat in allzu bilder- und farbenfreud. Epigonenlyrik von schwungvoller Rhetorik und gesuchten Gleichnissen als freisinn. Kritiker des Metternich-Systems auf, wurde zum Wortführer e. optimist. Liberalismus und Vorbild der zeitgenöss. polit. Lyrik des Jungen Dtl. Auch polem.-humorist. Epiker, Übs. sloven. Lieder und altengl. Balladen und Hrsg. Lenaus.

W: Blätter der Liebe, G. 1829; Der letzte Ritter, Ep. 1830; Spaziergänge eines Wiener Poeten, G. 1831 (n. 1959); Schutt, Ep. 1835; Gedichte, 1837; Nibelungen im Frack, Ep. 1843; Der Pfaff vom Kahlenberg, Ep. 1850; Volkslieder aus Krain, Übs. 1850; Robin Hood, Übs. 1864; In der Veranda, G. 1876. – GW, hg. L. A. Frankl V 1877; SW, hg. A. Schlossar X 1907; Werke, hg. E. Castle VI 1909.
L: F. Riedl, 1909; R. Wächter, 1933.

Grün, Max von der, * 25. 5. 1926 Bayreuth; Schuhmacherssohn, Gymnas., Handelsschule, Kaufmannslehre, im 2. Weltkrieg Soldat, bis 1947 am. Kriegsgefangenschaft in Louisiana, Texas und New Mexico, 1948–51 im Baugewerbe, 1951–63 Bergarbeiter, später Grubenlokführer im Ruhrgebiet, dann freier Schriftsteller in Heeren b. Unna, 1961 Mitbegründer der ›Gruppe 61‹ zur lit. Auseinandersetzung mit der industriellen Arbeitswelt. Vortragsreisen in die DDR, Schweden und Rußland. – Erzähler und Dramatiker der neuen Arbeiterdichtung mit Milieustudien und Situationsschilderungen aus der Arbeitswelt in Auseinandersetzung mit der kapitalist. Industriegesellschaft. Formal konventioneller Realismus mit drast. Effekten, kräftiger Schwarzweißzeichnung, unbekümmert um ästhet. Werte und stilist. Mängel.

W: Männer in zweifacher Nacht, R. 1962; Irrlicht und Feuer, R. 1963; Fahrtunterbrechung, En. 1965; Smog, H. (1966); Zwei Briefe an Pospischiel, R. 1968; Feierabend, FSsp. 1968; Schichtwechsel, FSsp. (1968); Notstand, Dr. (1969); Urlaub am Plattensee, E. 1970; Aufstiegschancen, FSsp. (1971); Am Tresen gehn die Lichter aus, En. 1972; Stenogramm, En. 1972; Menschen in Deutschland, Prosa 1973; Stellenweise Glatteis, R. 1973; Ein Tag wie jeder andere, Prosa 1973, Wenn der tote Rabe vom Baum fällt, R. 1975; Leben im gelobten Land, Sk. 1975; Reisen in die Gegenwart, En. 1976; Wie war das eigentlich?, Jgb. 1979; Flächenbrand, R. 1979; Unterwegs in Deutschland, Rep. 1979; Etwas außerhalb der Legalität, En. 1980; Klassengespräche, Ess. 1981; Späte Liebe, E. 1982; Friedrich und Friederike, En. 1983; Die Lawine, R. 1986.

L: H. L. Arnold, hg. 1975; F. Schonauer, 1978; S. Reinhardt, hg. 1978 u. 1986.

Grünberg, Karl, 5. 11. 1891 Berlin-Pankow – 1. 2. 1972 Ostberlin. Schumacherssohn, ungelernter Arbeiter, 1912–14 Chemielaborant, 1915–17 Soldat im Osten, 1919 Revolutionskämpfer, 1920 KP-Mitgl., Journalist, 1928 Mitbegründer des Bundes proletar.-revolutionärer Schriftsteller, 1929 und 1931 UdSSR-Reisen, 1933 KZ Sonnenburg, dann Widerstandskämpfer, 1945 Amtsgerichtsdirektor in Pankow, Journalist und freier Schriftsteller. – Sozialist.-realist. Erzähler und Dramatiker mit Agitationsromanen und Agitprop-Stücken in unkomplizierter Sprache und reportagehafter Form.

W: Brennende Ruhr, R. 1929; Das Schattenquartett, R. 1948; Hitlerjunge Burscheidt, E. 1948; Die Flucht aus dem Eden, R. 1949; Golden fließt der Stahl, Dr. (1950); Es begann im Eden, Nn. 1951; Gloria Victoria, R. 1960. – Wke in Einzelausg., 1975 ff.

Grunert, Manfred, * 18. 2. 1934 Altenburg/Thür., Stud. Germanistik und Slavistik Leipzig, 1955 Übersiedlung in die BR, Gießereiarbeiter, Lexikonredakteur,

Feuilletonredakteur und Filmregisseur in München. – Vf. zeit- und gesellschaftskrit. Romane.

W: Die Verhältnisse der Alpha C., R. 1968; Die verkommenen Engel, R. 1970; Liebe ist deine Liebe nicht, Aufz. 1972 (m. Barbara G.).

Grunwald, Henning, * 9. 1. 1942 Bremen; Stud. Philos. Berlin. Schriftsteller in Bremen. – Vf. planvoll kalkulierter Unsinnsprosa zwischen Wirklichkeit und Imagination, Utopie und Narzißmus.

W: Neue Beschreibung der Eingeborenen, Prosa 1978; Die Versager, R. 1979; Das Wort hat der Ichkönig, G. 1981; Der Narr wird's schon reimen, G. 1982.

Gryphius, Andreas (eig. Greif), 2. 10. 1616 Glogau/Schles. – 16. 7. 1664 ebda., Sohn e. ev. Archidiakons. Schwere, von Krieg, Religionsverfolgungen und Katastrophen wie schwacher Gesundheit verdüsterte Jugend. Schule in Glogau, 1631 Gymnas. Görlitz, 1632 Gymnas. Fraustadt, 1634 akadem. Gymnas. Danzig, nebenher Privatlehrer. 1636 Hauslehrer beim Hofpfalzgrafen Georg Schönborner in Schönborn b. Freistadt, der ihn 1637 zum Dichter krönt, zum Magister der Philos. ernennt und adelt. Mai 1638 nach Leyden, stud. dort alte und neue Weltsprachen (beherrschte rd. 10 Sprachen) und hielt seit 1639 Vorlesungen über Philos., Naturwiss. und Geschichte. 1643 kurz in Glogau; 1644 Reise nach Den Haag, Paris, Marseille, Florenz, Rom, Venedig und 1646–1647 Straßburg, kehrte Nov. 1647 nach Fraustadt zurück, ⚭ Januar 1649 Rosina Deutschländer, lehnte Berufungen als Prof. nach Frankfurt/O., Uppsala und Heidelberg ab, war seit 1650 Syndikus der Stände des Fürstentums Glogau, seit 1662 Mitgl. der Fruchtbringenden Gesellschaft als ›Der Unsterbliche‹. – Bedeutendster Dichter des dt. Hochbarock, geprägt von e. tiefen Pessimismus und vom Grunderlebnis der Vanitas. Vereinigt als Dramatiker Formeinflüsse des antiken (Seneca), holländ. (P. C. Hooft, J. v. d. Vondel) Dramas, des Jesuitentheaters, Shakespeares und der Wanderbühnen, wahrte die klassizist. 3 Einheiten, litt aber in s. Wirkung unter dem Fehlen e. stehenden Bühne. In s. polit.-heroischen Trauerspielen Verschmelzung stoischer Entsagung u. christl. Opferbereitschaft zur affektreichen Märtyrertragödie. Vorliebe für grelle Effekte. Die possenhaften Lustspiele und ›Cardenio und Celinde‹ (1. dt. bürgerl. Trauerspiel) kreisen um die Diskrepanz von Illusion und Wirklichkeit. In der Schäferkomödie realist. Bauernszenen und Mundart. Bedeutender Lyriker mit formvollendeten pindar. Oden, antithet. Sonetten und geistl. Liedern von ergreifendem Pathos und düsterem Ernst; gespeist von der relig. Erschütterung s. leidgeprüften Zeit. Lat. Epik der Frühzeit ohne Nachwirkungen.

W: Fewrige Freystadt, Ber. 1637; Son- undt Feyrtags-Sonnete, 1639 (n. NdL 37f., 1883); Epigrammata, 1643; Oden, 1643; Sonnete, 1643; Olivetum, Ep. 1646; Teutsche Reim-Gedichte, 1650 (enth. u. a. Leo Armenius, Tr.); Deutscher Gedichte Erster Theil, 1657 (enth.: Leo Armenius, Tr.; Catharina von Georgien, Tr. (n. *1968); Ermordete Majestät. Oder Carolus Stuardus, Tr. (n. 1955); Beständige Mutter, Tr.; Cardenio und Celinde, Tr.; Majuma, Fsp.; Kirchhoffs-Gedanken; Oden; Sonnete); Absurda Comica. Oder Herr Peter Squentz, K. 1658; Großmüttiger Rechts-Gelehrter, Oder Sterbender Aemilius Paulus Papinianus, Tr. 1659; Verlibtes Gespenste, Die gelibte Dornrose, Spp. 1661 (n. E. Mannack 1962); Epigrammata Oder Bey-Schrifften, 1663; Freuden und Trauer-Spiele auch Oden und Sonnette, 1663; Horribilicribrifax, K. 1663; Seug-Amme, K. 1663; Teutsche Gedichte, hg. Chr. G. 1698. –

Lustspiele, Trauerspiele, Lyrische Gedichte, hg. H. Palm III 1878–84 (n. 1961); Lat. u. dt. Jugenddichtungen, hg. F. W. Wentzlaff-Eggebert 1938 (m. Bibl.) (n. 1961); Gesamtausg., hg. M. Szyrocki, H. Powell X 1963ff.; Ausw. M. Szyrocki 1963, K. O. Conrady 1968.

L: V. Manheiner, D. Lyrik d. A. G., 1904; W. Flemming, A. G. u. d. Bühne, 1921; A. Strutz, 1931; G. Fricke, 1933; M. Szyrocki, D.jge, G., 1959 (m. Bibl.); ders., 1964; W. Flemming, 1965; F. W. Wentzlaff-Eggebert, ²1966; D. W. Jöns, D. Sinnenbild, 1966; W. Eggers, Wirklichkeit u. Wahrh. i. Trauersp. v. A. G., 1967; D. Drr. d. A. G., hg. G. Kaiser 1968; M. S. Schindler, The Sonnets of A. G., Gainesville 1971; P. Schütt, D. Drr. d. A. G., 1971; H. Bekker, 1973; H.-H. Krummacher, D. jge. G. u. d. Tradition, 1976; W. Mauser, Dichtg., Religion u. Gesellsch. i. 17. Jh., 1976; H. Steinhagen, Wirklichkeit u. Handeln i. barocken Dr., 1977; E. u. F. W. Wentzlaff-Eggebert, 1983; K.-H. Habersetzer, Polit. Typologie u. dram. Exemplum, 1985; J. G. Stackhouse, The Constructive Art of G's Hist. Tragedies, 1986; E. Mannack, ²1986.

Gsteiger, Manfred, ∗ 7. 6. 1930 Twann/Schweiz, Stud. Romanistik Bern und Paris, Dr. phil., Rundfunkmitarbeiter, 1967 Dozent für vgl. Lit.wiss. Univ. Neuchâtel. – Lyriker im Anschluß an roman. Vorbilder; Essayist.

W: Flammen am Weg, G. 1953; Inselfahrt, G. 1955; Spuren der Zeit, G. 1959; Zwischenfrage, G. 1962; Literatur des Übergangs, Ess. 1963; Poesie und Kritik, Ess. 1966; Ausblikke, G. 1966; Westwind, Ess. 1969; Wandlungen Werthers, Ess. 1980; Einstellungen, Feuill. 1982.

Gudrun → Kudrun

Güll, Friedrich Wilhelm, 1. 4. 1812 Ansbach – 23. 12. 1879 München, Volksschullehrer 1833 in Ansbach, 1842 in München, 1844–76 Privatschulleiter ebda. – Kinderliederdichter, dessen Verse pädagog. und lyr. Talent vereinen und z. T. bis ins 20. Jh. lebendig blieben (›Wer will unter die Soldaten‹; ›Vom Büblein auf dem Eis‹ u. a.)

W: Kinderheimat in Bildern und Liedern, III 1836; 1859, 1875 (zus. 1875, Ausw. 1978); Weihnachtsbilder, G. 1840; Neue Bilder für

Kinder, 1848; Lieder und Sprüche, G. 1863; Leitsterne auf der Lebensfahrt, 1881. – Ausgew. Gedd., 1980.
L: F. Gärtner, 1890; H. Diterich, 1962; K. Kramer, 1980.

Günderode, Karoline von (Ps. Tian), 11. 2. 1780 Karlsruhe – 26. 7. 1806 Winkel a. Rh., Tochter des Bad. Regierungsrats und Kammerherrn Hofrat Hektor v. G., in Hanau aufgewachsen, 1797–99 Stiftsdame im Cronstetten-Hynspergischen ev. Damenstift in Frankfurt/M. Lernte Juli 1799 Savigny kennen, Frühj. 1804 in Heidelberg den Mythologen und Symboliker Prof. F. Creuzer, der sich ihretwegen von s. Frau scheiden lassen wollte, doch 1806, nachdem diese ihn bei e. lebensgefährl. Erkrankung gepflegt hatte, s. Liebe opferte. Als K. v. G. davon erfuhr, erdolchte sie sich auf dem Friedhof zu Winkel a. Rh. Freundin von Clemens und Bettina Brentano. – Phantasiereiche romant. Schwärmerin von empfindsamen, stark melanchol. Zügen; schrieb romant.-klassizist. Lyrik, exaltierte Phantasien und ekstat. Dramen aus überschätzten, nicht zur Klarheit geläuterten Eingebungen.
W: Gedichte und Phantasien, 1804; Poetische Fragmente, 1805; Melete von Ion, G. 1806. – GW, hg. L. Hirschberg III 1920–22, n. 1971; Ausw., hg. C. Wolf 1979; F. J. Görtz 1985.
L: L. Geiger, 1895; G. Bianquis, Paris, 1910; M. Mattheis, 1934; R. Wilhelm, 1938, n. 1975; M. Lazarowicz, 1986.

Günther, Agnes, geb. Breuning, 21. 7. 1863 Stuttgart – 16. 2. 1911 Marburg, ⚭ Theologieprof. Rudolf G., starb an Lungenleiden. – Erreichte mit ihrem postum veröffentl. Romanwerk Riesenerfolge bei sentimentalen Leserinnen durch Verbindung alter Märchenmotive, -requisiten und -effekte mit Mädchenträumen und inniger Frömmigkeit zu e. schwärmer.-romant., redseligen Seelengesch. e. Frau.
W: Die Heilige und ihr Narr, R. II 1913f.; Von der Hexe, die eine Heilige war, E. 1913.
L: K. J. Friedrich, ²1918, R. Günther, Unter dem Schleier der Gisela, 1936; G. Günther, Ich denke der alten Zeit, 1972.

Günther, Herbert, 26. 3. 1906 Berlin – 19. 3. 1978 München; Stud. Lit.-, Kunst- und Theaterwiss., 1928–29 Schauspieler, 1931 freier Schriftsteller in Berlin, 1940 Soldat, 1946 in München, 1948–61 in Paris, dann München. – Lyriker, Erzähler und Essayist; Biograph, Kritiker und Reisebuchautor.
W: Franken und die bayrische Ostmark, Reiseb. 1936; Künstlerische Doppelbegabungen, Schr. 1938 (erw. 1960); Glückliche Reise, Reiseb. 1939; Magisches Schicksal, En. 1942; Der Funke, G. 1953; Drehbühne der Zeit, Mem. 1957; J. Ringelnatz, B. 1964; J. W. Goethe, Ess. 1966; Lebenskreise, Ausw. 1967; Fuge, G. 1969; Akkorde der Palette, Ess. 1972; Verkündigung, G. 1976; Deutsche Dichter erleben Paris, Ber. 1979.
L: R. Mühlher, 1977 (m. Bibl.).

Günther, Johann Christian, 8. 4. 1695 Striegau/Schles. – 15. 3. 1723 Jena, Jan. 1710 – Herbst 1715 Gymnas. Schweidnitz. Liebe zu Leonore Jachmann. 11. 11. 1715 Immatrikulation als Stud. med. Frankfurt/O., dann 25. 11. 1715 – Juni 1717 Wittenberg, ließ sich 1716 zum poeta laureatus krönen, war, als der Vater sich wegen satir. Gedichte von ihm lossagte, aller Mittel beraubt; lebte von Gelegenheitsdichtungen. Ging Juni 1717 nach Leipzig, dort Förderung durch Prof. J. B. Mencke. Bemühte sich um Anstellung als Hofdichter Augusts des Starken in Dresden, wurde aber abgelehnt. Herbst 1719 nach Breslau, dort weitere vergebl. Bemühungen um bürgerl. Beruf und Aussöhnung mit dem Vater. Jan. 1720 schwere Erkrankung in Lauban, Juli 1720 letztes Wiedersehen mit Leonore, der er ihr Wort zurückgibt, um sie nicht an sein Unglück zu binden. Okt. 1720 Eröffnung e. Praxis in Kreuzburg/Schles., Verlobung mit der Pfarrerstochter Littmann in Bischdorf, deren Vater aber als Bedingung für die Eheschließung die Aussöhnung G.s mit s. Vater stellt, die jedoch scheitert. Juni 1721 Aufbruch nach Leipzig, Nov. 1722 wieder in Jena, wo s. Kräfte rasch abnahmen. – Bedeutender Lyriker zwischen Barock und Sturm und Drang, fand aus barock-rhetor. Neigungen rasch zur eigenen, vollkommen unzeitgemäßen Form e. ursprüngl., individuellen Erlebnis- und Bekenntnislyrik als unmittelbarer Ausdruck des Empfindens e. genialen, weltoffenen Persönlichkeit mit allen Abgründen und Seligkeiten in unbedenkl., unkonventioneller Offenheit: Überwindung des Barockstils aus der Übermacht des Gefühls. Weites Spannfeld an Stimmungen und Formen: in Wittenberg fröhl.-derbe Studenten- u. Trinklieder (›Brüder, laßt uns lustig sein‹), in Leipzig tändelndgalante Anakreontik, Liebeslyrik von starker Leidenschaftlichkeit, daneben geistl. Lieder mit Anklängen an die Seelenaussprache des Pietismus, wechselnd zwischen gläubiger Hingabe, Zweifel und Auflehnung; ferner heroische Oden, schwungvolle Huldigungsgedichte u. scharfe Satiren. Dichter. am stärksten in den Versen aus innerster Ergriffenheit über sein Schicksal und Klagegedichten. Trag. Existenz, die in der ihr vollkommen unangemessenen Lebensform s. Zeit keinen Raum zur Entfaltung ihrer eigenwill. Individualität fand.

W: Die von Theodosio bereuete Eifersucht, Tr. 1715 (n. 1968); Deutsche und lateinische Gedichte, IV 1724–35 (verm. 1735 u. 1764). – SW, hkA hg. W. Krämer VI 1930–37 (n. 1964); Ausw. H. Dahlke ³1977; H. Heckmann 1981.
L: A. Heyer, A. Hoffmann, 1909; C. Wittig, 1909; F. Delbono, Turin 1959; H. Dahlke, 1960; W. Krämer, ²1980; R. Bölhoff, III 1980–83; H. Bütler-Schön, Dichtgsverständnis u. Selbstdarstellg. b. J. C. G., 1981; H. L. Arnold, hg. 1982; Bibl.: A. Hoffmann, 1929 (n. 1965).

Guenther, Johannes von, 26. 5. 1886 Mitau/Lettl. – 28. 5. 1973 München, dt.-balt. Familie; seit 1908 viel in Petersburg, 1909–13 dt. Redakteur der lit. Monatsschrift ›Apollon‹ ebda. Seit April 1914 in Dtl., ausgedehnte Reisen, seit 1916 in München, 1916–18 Leiter des Georg Müller-Verlags, 1919 Gründer des Musarion-Verlags, 1920 freier Schriftsteller, 1923–27 in Bichl/Bayern, 1927–29 Verlagsredakteur bei Grethlein in Leipzig, 1930–40 in Berlin zuerst Verleger, seit 1934 wieder freier Schriftsteller; 1940–53 in Kochel/Obb., zuletzt Seeshaupt/Starnb. See. – Vielseit. Lyriker, Erzähler u. Dramatiker mit hist. Romanen, Neufassungen und Bearbeitungen älterer Dramen und Lustspiele der Weltlit. Bedeutend als Nachdichter und Übs. von großem Formempfinden und Einfühlungsvermögen, übertrug allein fast die gesamte klass. russ. Dichtung.

W: Schatten und Helle, G. 1906; Tannhäuser, Tr. (1914); Fahrt nach Thule, G. 1916; Der Magier, Sp. 1916; Martinian sucht den Teufel, R. 1916; Der liebste Gast, Singsp. (1917); Don Gil mit den grünen Hosen, Lsp. 1918 (nach Tirso de Molina); Der weiße Vogel, G. 1920; Reineke, Lsp. 1925 (m. P. Baudisch); Cagliostro, R. 1927; Rasputin, R. 1939; Der Kreidekreis, Sp. 1942; Vasantasena, Dr. 1942; Sonetten-Garten, G. 1946; Nachmittag, G. 1948; Von Rußland will ich erzählen, St. 1968; Ein Leben im Ostwind, Mem. 1969. *L:* Festgabe f. J. v. G., 1966 (m. Bibl.).

Günzburg, Johann Eberlin von → Eberlin von Günzburg, Johann

Guesmer, Carl, ✶ 14. 5. 1929
Kirch-Grambow/Meckl.;   seit
1951 Bibliothekar in Marburg. –
Vf. impressionist. Gedichte, Genrebilder und lyr. Prosa in verhaltener, bilder- und metaphernreicher Sprache.

W: Frühling des Augenblicks, G. 1954; Ereignis und Einsamkeit, G. 1955; Von Minuten
beschattet, G. 1957; Alltag in Zirrusschrift,
G. 1960; Zeitverwehung, G. 1965; Geschehen
und Landschaft, Prosa 1967; Dächerherbst,
G. 1970; Abziehendes Tief, G. 1974.
L: Landschaft und Augenblick, Fs. 1979.

Gütersloh, Albert Paris von (eig.
Albert Conrad Kiehtreiber), 5. 2.
1887 Wien – 16. 5. 1973 Baden b.
Wien, Gymnas. Melk und Bozen,
Schauspielunterricht, Malunter-
richt bei Klimt; anfangs Schau-
spieler, dann Maler und Schrift-
steller, 1911–13 Korrespondent in
Paris; im 1. Weltkrieg im Kriegspressequartier Bekanntschaft mit
R. Musil, H. v. Hofmannsthal, F.
Blei, H. Bahr; 1918/19 Hrsg. der
Zs. ›Die Rettung‹ mit F. Blei in
Wien, Bühnenbildner und Regisseur ebda. Lebte 1919–21 in München, dann Wien, Reisen in
Frankreich und Italien, 1930–38
Lehrer an der Kunstgewerbeschule Wien, 1938 nach Berufsverbot
Hilfsarbeiter und Bürokraft, seit
1945 Prof. Akad. der Bildenden
Künste ebda., 1953–55 deren Rektor. – Österr. Maler, Lyriker, Erzähler und Essayist. Anfangs radikaler Expressionist mit lyr. ver-
dichteter, stark abstrakter Sprache, dann Verschmelzung von
Heidentum und Katholizismus zu
e. eigenwill., antikisch-sinnen-
freud. Geisteshaltung, barock-
spieler. und schmuckreiche Sprache; Nähe zur Thematik Musils.

W: Die tanzende Törin, R. 1910; E. Schiele,
Es. 1911; Die Vision vom Alten und vom
Neuen, E. 1921; Der Lügner unter Bürgern,
R. 1922; Innozenz oder Sinn und Fluch der
Unschuld, R. 1922; Die Rede über Blei, Es.

1922; Kain und Abel, Leg. 1924; Bekenntnisse eines modernen Malers, 1926; Eine sagen-
hafte Figur, R. 1946; Die Fabeln vom Eros,
Nn. 1947; Musik zu einem Lebenslauf, G.
1957; Sonne und Mond, R. 1962; Laßt uns
den Menschen machen, En. 1962; Zur Situation der modernen Kunst, Ess. 1963; Der
innere Erdteil, Ess. 1966; Die Fabel von der
Freundschaft, R. 1969; Miniaturen der
Schöpfung, Feuill. 1970; Treppe ohne Haus,
G. 1974; Beispiele, Schr. z. Kunst, Bilder
1977; Briefe an Milena, 1980; Reden u. Schriften z. bild. Kunst, 1985; Allegorie und Eros,
Texte 1986; Briefw. m. H. v. Doderer, hg. R.
Treml 1986.
L: H. v. Doderer, ²1960; A. P. G., 1962; F.
Thurner, 1970.

Guggenheim, Kurt, 14. 1. 1896
Zürich – 5. 12. 1983 ebda.; Kolo-
nialwarengroßhändler,   1920–25
in Frankreich, England und Holland, 1930 Redakteur, Buch- und
Kunstantiquar, seit 1935 freier
Schriftsteller in Stäfa/Zürichsee,
zuletzt Oberengstringen b. Zürich und im Tessin. – Schweizer
Erzähler von schlichter, gepflegter Prosa mit Stoffen aus bürgerl.
Gemeinschaft und psycholog.
Romane von Ausbruchsversuchen aus dem Bürgertum. Auch
Dramatiker.

W: Entfesselung, R. 1935; Sieben Tage, R.
1936; Riedland, R. 1938; Wilder Urlaub, R.
1941; Die heimliche Reise, R. 1945; Wir waren unser vier, R. 1949; Alles in Allem, R. IV
1952–55; Der Friede des Herzens, R. 1956;
Sandkorn für Sandkorn, Erinn. an J.-H. Fa-
bre, 1959; Die frühen Jahre, Aut. 1962; Heimat
oder Domizil, Rd. 1962; Tagebuch am
Schanzengraben, Aufz. 1963; Salz des Meeres, Salz der Tränen, Aut. 1964; Das Ende
von Seldwyla, G. Keller-Buch 1965; Der goldene Würfel, R. 1967; Minute des Lebens, R.
1969; Der heilige Komödiant, E. 1972; Geru-
fen und nicht gefunden, R. 1973; Nachher,
En. 1974; Der labyrinthische Spazierweg, St.
1975; Das Zusammensetzapiel, R. 1977; Einmal nur, Tgb. III 1981–84.
L: A. Hauswirth, 1971.

Gumpert, Martin, 13. 11. 1897
Berlin – 18. 4. 1955 New York,
Arztsohn, 1914 Kriegssanitäter,
1919 Stud. Medizin Heidelberg u.
Berlin, Dr. med., Dermatologe in
Paris, 1927–33 Direktor der Städt.

Klinik für Haut- und Geschlechtskrankheiten in Berlin, 1936 nach
New York emigriert, Praxis ebda. Freund Th. Manns. – Begann
als expressionist. Lyriker; später
Dokumentarromane aus der Me-
dizingeschichte, Lyrik und Prosa
aus dem Erlebnis des Exils.

W: Verkettung, G. 1917; Heimkehr des Her-
zens, G. 1921; Hahnemann, B. 1934; Das
Leben für die Idee, B.n. 1935; Berichte aus der
Fremde, G. 1937; Dunant, R. 1938; Hölle im
Paradies, Aut. 1939 (n. 1983); First Papers,
1941; Der Geburtstag, R. 1948.

Gumppenberg, Hanns Freiherr
von (Ps. Jodok u. Immanuel Tief-
bohrer), 4. 12. 1866 Landshut –
29. 3. 1928 München, Gymnas.
München, Stud. Philos. und Lit.
ebda., seither freier Schriftsteller
ebda., 1896/97 Redakteur am
›Hannoverschen Kurier‹, seit 1898
München; 1901 Theaterkritiker
der ›Münchner Neuesten Nachrichten‹, Mitgl. und Mitbegründer der ›11 Scharfrichter‹. – Dramatiker mit Weltanschauungsdramen, hist. Tragödien und
Lustspielen, Gedankenlyriker; genialer Parodist mod. Auswüchse
und Manieren dt. Lyriker s. Zeit
mit feinem Stilgefühl.

W: Thorwald, Tr. 1888; Apollo, K. 1890; Der
Messias, Tr. 1891; Alles und Nichts, Dr.
1894; Die Minnekönigin, K. 1894; Der fünfte
Prophet, R. 1895; Der erste Hofnarr, Dr.
1899; Das teutsche Dichterroß, Parod. 1901;
Die Verdammten, Dr. 1901; Überdramen, III
1902; König Heinrich I., Dr. 1904; König
Konrad I., Dr. 1904; Die Einzige, Dr. 1905;
Aus meinem lyrischen Tagebuch, G. 1906;
Schauen und Sinnen, G. 1913; Der Pinsel
Ying's, K. 1914; Philosophie und Okkultis-
mus, Abh. 1921; Lebenserinnerungen, Aut.
1930.
L: K.-W. v. Wintzingerode-Knorr, Diss.
Mchn. 1960.

Gundacker von Judenburg,
Ende 13. Jh., wohl steir. Geistlicher. – Vf. e. Legendengedichts
von 5320 Versen ›Christi Hort‹ als
knappe, sachl. Schilderung von

Leben, Passion und Auferstehung
Jesu nach dem Evangelium Nico-
demi, anschließend Veronika-
und Pilatuslegende.
A: J. Jaschke 1910.
L: K. Stübiger, 1922.

Gunther von Bamberg → Ezzo

Gurk, Paul (Ps. Franz Grau), 26.
4. 1880 Frankfurt/O. – 12. 8. 1953
Berlin, in Berlin aufgewachsen,
bis 1900 Lehrerseminar, dann jedoch Bürogehilfe, später Stadt-
obersekretär beim Berliner Magistrat, gab 1924 s. Amt auf, 1934
pensioniert, lebte ganz s. Schaffen. – Eigenwillig-grübler. Dichter abseits lit. Strömungen, doch
mit surrealist. Elementen und
skurrilem Humor. Ruheloser
Gottsucher und Frager nach e.
Sinn der menschl. Existenz. Su-
cherromane, aber auch Seinsdeu-
tung und Zeitkritik selbst in Utopie und Kriminalroman. Meisterhafte Großstadtromane, 40 gedankenreiche, doch z. T. bühnenferne Dramen. Auch Lyrik,
Aphorismus und Spruchdichtung.

W: Thomas Münzer, Tr. 1922; Persephone,
Dr. (1922); Die Wege des teelschen Hans, R.
1922; Bruder Franziskus, Dr. (1923); Meister
Eckehart, R. 1925; Die Sprüche des Fu-
Kiang, Spr. 1927; Wallenstein und Ferdinand
II., Tr. 1927; Palang, R. 1930; Judas, R. 1931;
Berlin, R. 1934; Die bunten Schleier, Fabeln,
M., Leg., 1935; Tresoreinbruch, R. 1935;
Tuzub 37, R. 1935; Wendezeiten, R.e III
1940f.; Iskander, R. 1944; Magister Tinius,
Dr. 1946; Seltsame Menschen, En. 1958.

Gutenburg, Ulrich von → Ulrich von Gutenburg

Gutermann (La Roche), Sophie
von → La Roche, Sophie von

Guttenbrunner, Michael, *7. 9.
1919 Althofen/Kärnten, Sohn e.
Knechts, harte Jugend, Graph.
Lehre, in der Nazizeit mehrfach

polit. Haft; Todesurteil mit Bewährung als Soldat, dann freier Schriftsteller in Wien. – Lyriker mit formal schlichten, symbol- und zitatreichen Gedichten unter Einfluß G. Trakls; Strophen voll Zorn und Mitleid, geprägt von den Schrecken des Kriegs und vom Protest gegen die Weltordnung.

W: Schwarze Ruten, G. 1947; Spuren und Überbleibsel, Prosa 1948; Opferholz, G. 1954; Ungereimte Gedichte, G. 1959; Die lange Zeit, G. 1965; Der Abstieg, G. 1975; Im Machtgehege, Prosa 1976; Gesang der Schiffe, G. 1980.

Gutzkow, Karl Ferdinand, 17. 3. 1811 Berlin – 16. 12. 1878 Sachsenhausen b. Frankfurt/M. Sohn e. Bereiters, 1821 Friedrichswerdersches Gymnas., 1829 Stud. Theol. und Philos. Berlin; wandte sich Aug. 1830 unterm Eindruck der franz. Julirevolution urplötzl. der Politik zu, wurde radikal-liberaler Publizist. 1831/32 W. Menzels Mitarbeiter an dessen ›Literaturblatt‹ in Stuttgart, dann Stud. Berlin, Heidelberg, 1833 München. 1833 Reise mit Laube: Oberitalien, Wien, Prag, Dresden, dann Berlin; 1834 in Leipzig, Hamburg und Stuttgart; 1835 Redakteur des Literaturblattes zu Dullers ›Phönix‹ in Frankfurt a. M. Plante Hrsg. e. ›Deutschen Revue‹, als auf Menzels Kritik hin G.s ›Wally‹ am 24. 9. verboten wurde, der Bundestag daraufhin am 10. 12. die Werke aller ›jungdeutschen‹ Autoren (G., Laube, Wienbarg, Mundt, Heine) verbot; 30. 11. in Mannheim wegen Gotteslästerung und unzüchtiger Schriften vor Gericht gestellt und am 13. 1. 1836 zu 1 Monat Gefängnis verurteilt. ⚭ 18. 7. 1836 Amalie Klönne in Frankfurt; 1. 9. 1836 Redakteur der ›Frankfurter Börsenzeitung‹, Jan. 1837 (bis 1843) des ›Telegraph für Dtl.‹, Ende 1837 Übersiedlung nach Hamburg, 1842 in Paris; 1842–46 ständig in Frankfurt, 1846 wieder Paris; 1846–49 Dramaturg des Hoftheaters Dresden, dann bis 1861 freier Schriftsteller ebda. Während der 48er Revolution in Berlin, wo s. Frau stirbt. 19. 9. 1849 2. Ehe mit Berta Meidinger. 1852–62 Hrsg. der wöchentl. ›Unterhaltungen am häuslichen Herd‹. 1855 Mitbegründer der dt. Schillerstiftung, 1861–64 deren Generalsekretär in Weimar, litt unter zunehmendem Nervenleiden, am 14. 1. 1865 in Friedberg/ Hess. Selbstmordversuch aus Verfolgungswahn; 1866 Heilanstalt St. Gilgenberg, dann 1 Jahr in Vevey/Genfer See, 1867–69 Kesselstadt b. Hanau, 1869 Berlin, 1874 Wieblingen b. Heidelberg, 1875 Heidelberg, Herbst 1877 Sachsenhausen b. Frankfurt/M., wo er bei e. Zimmerbrand an Kohlenoxydvergiftung starb. – Außerordentl. produktiver Dramatiker und Erzähler des Jungen Dtl. mit Witterung für das Aktuelle. Sprachrohr fortschrittl.-freisinniger Gedanken und Programmatiker des polit.-liberalen Jungen Dtl. Kam von der Publizistik zur Lit. und schrieb nach ›Wally‹ hist. Dramen und gesellschaftskrit. Familienstücke, dann gegenwartsbezogene hist. Lustspiele in der Technik der Scribe und Sardou mit Erörterung aktueller sozialer Probleme. Gab dann weitschweifige Zeitromane mit realist. Darstellung, z. T. satir. und im Stil an Jean Paul gemahnend, und schließl., angeregt von Sue und Immermann, die großen Romane des Nebeneinander, die in Simultantechnik e. pessimist. Zeit- und Kulturbild des modernen Gesellschaftslebens in s. ganzen Breite, Vielschichtigkeit und wechselseitigen Verflochtenheit bieten sollen. Förderer Büchners.

W: Maha Guru, R. II 1833; Nero, Tr. 1835; Wally, die Zweiflerin, R. 1835 (n. 1965); Blasedow und seine Söhne, R. III 1838; König Saul, Tr. 1839; Richard Savage, Tr. 1839; Börne's Leben, B. 1840; Werner oder Herz und Welt, Dr. (1840); Die Schule der Reichen, Dr. (1841); Zopf und Schwert, Lsp. (1844); Das Urbild des Tartüffe, Lsp. 1844; Gesammelte Werke, XIII 1845–52; Uriel Acosta, Tr. 1847; Wullenweber, Dr. 1847; Deutschland am Vorabend seines Falles oder seiner Größe, Schr. 1848 (n. 1969); Die Ritter vom Geiste, R. IX 1850 f.; Aus der Knabenzeit, Aut. 1852; Der Königsleutnant, Lsp. 1852; Der Zauberer von Rom. R. IX 1859–61; Dramatische Werke, XX 1862 f.; Hohenschwangau, R. V 1867–69; Vom Baum der Erkenntnis, Aphor. 1868; Die schöneren Stunden, Aut. 1869; Lebensbilder, III 1870 f.; Die Söhne Pestalozzis, R. III 1870; Fritz Ellrodt, R. II 1872; Rückblicke auf mein Leben, Aut. 1875; Die neuen Serapionsbrüder, R. III 1877. – GW, XII 1873–76; Ausw., hg. H. H. Houben XII 1908, hg. R. Gensel VII 1912, n. 1974; Liberale Energie, hg. P. Demetz 1974; Briefw. m. Th. v. Bacheracht, hg. W. Vordtriede 1971, m. d. Verlag F. A. Brockhaus, hg. G. K. Friesen 1987.

L: J. Dresch, Paris 1904; K. Glossy, 1933; H. Gerig, 1954; E. W. Dobert, 1968; P. Bürgel, D. Briefe d. frühen G., 1975; R. Funke, Beharrung u. Umbruch, 1984.

Gwerder, Alexander Xaver, 11. 3. 1923 Thalwil/Schweiz – 14. 9. 1952 Arles/Provence (Freitod), Offset-Kopist in Zürich. – Frühvollendeter Lyriker expressionist. Stils in der Benn-Nachfolge mit nüchternen u. melanchol. Todesstimmungen. Auch impressionist. Prosa von düsterer Verzweiflung.

W: Blauer Eisenhut, G. 1951; Monologe, 1952 (m. R. Scharpf); Dämmerklee, G. 1955; Möglich, daß es gewittern wird, Prosa 1957; Land über Dächer, G. 1959; Maschenriß, Dial. 1969.

L: D. Fringeli, D. Optik d. Trauer, 1970; ders., Dichter im Abseits, 1974.

Habe, Hans (eig. János Békessy, Ps. Antonio Corte, Frank Richard, Hans Wolfgang), 12. 2. 1911 Budapest/Ungarn – 29. 9. 1977 Locarno; seit 1919 Wien, Stud. Jura und Germanistik ebda. und Heidelberg, seit 1929 Journalist, 1935–38 Völkerbundskorrespondent in Genf, ging 1939 in die franz. Armee, 1940 dt. Gefangenschaft und Flucht nach USA, Offizier der am. Armee, 1945/46 Chefredakteur der ›Neuen Zeitung‹ München, 4 Jahre Hollywood, 1949–52 Chefredakteur in München, seither freier Schriftsteller in St. Wolfgang, dann Ascona. Streitbarer konservativer Publizist. – Erfolgreicher Unterhaltungsschriftsteller mit lit. belanglosen, breitangelegten Gesellschafts- und Familienromanen und zeitgeschichtl. Reportagen zu weltpolit. und sensationellen Themen.

W: Drei über die Grenze, R. 1937; Eine Zeit bricht zusammen, R. 1938; Zu spät, R. 1940; Ob tausend fallen, R. 1943; Wohin wir gehören, R. 1948; Weg ins Dunkel, R. 1951; Ich stelle mich, Aut. 1954; Off limits, R. 1955; Im Namen des Teufels, R. 1956; Die rote Sichel, R. 1959; Ilona, R. 1960; Die Tarnowska, R. 1962; Der Tod in Texas, Ber. 1964; Meine Herren Geschworenen, En. 1964; Die Mission, R. 1965; Christoph und sein Vater, R. 1966; Im Jahre Null, Ber. 1966; Das Netz, R. 1969; Wien, so wie es war, Bb. 1969; Wie einst David, Ber. 1971; Erfahrungen, Aut. 1973; Palazzo, R. 1975; Leben für den Journalismus, Aufss. IV 1976. – GW, 1974 ff.

Habeck, Fritz (Ps. Glenn Gordon), ✱ 8. 9. 1916 Neulengbach/Niederösterreich, 1935–37 Stud. Jura Wien, 1937–46 Soldat, am. Gefangenschaft. 1946 Rückkehr nach Wien, Regieassistent, 1947/48 Dramaturg ebda. Abschluß seiner Stud. (1950 Dr. jur.). 1953 Leiter des Rundfunkstudios, dann freier Schriftsteller in Wien. – Zeitkrit. Erzähler der Gegenwart mit biograph.-histor. und gegenwartsnahen Zeitromanen. Auch gesellschaftskrit. Dramatiker, Hörspiel- und Filmautor, Jugendschriftsteller und Übs. franz. Dramatiker (Anouilh, Cocteau, Puget, Giraudoux, Achard, Salacrou).

W: Der Scholar vom linken Galgen, Villon-R. 1941; Verlorene Wege, En. 1947; Der Floh und die Jungfrau, K. (1948); Zwei und zwei ist vier, Dr. (1948); Baisers mit Schlag, K. (1950); Der Tanz der sieben Teufel, R. 1950; Das Boot kommt nach Mitternacht, R. 1951; Das zerbrochene Dreieck, R. 1953; Marschall Ney, Tr. (1954); Ronan Gobain, R. 1956; Der Ritt auf dem Tiger, R. 1958; Der Kampf um Barbacane, Jgb. 1960; Der verliebte Österreicher oder J. Beer, B. 1961; Der Piber, R. 1965; Der Salzburg-Spiegel, E. 1967; Villon, B. 1969; Schwarzer Hund im goldenen Feld, R. 1973; Der schwarze Mantel meines Vaters, R. 1976; Wind von Südost, R. 1979; Der Gobelin, R. 1982; Der General und die Distel, R. 1985; Die drei Kalender, R. 1986.

Habernig, Christine → Lavant, Christine

Hackländer, Friedrich Wilhelm Ritter von, 1. 11. 1816 Burtscheid b. Aachen – 6. 7. 1877 Leoni/Starnberger See, Lehrerssohn, mit 12 Jahren Vollwaise; 1830 Kaufmannslehrling in Elberfeld, 1832 bei der preuß. Artillerie, wieder Kaufmann, ab 1841 Schriftsteller in Stuttgart. 1842 Reisebegleiter in den Orient, dann Volontär an der Hofkammer, Herbst 1843–49 württ. Hofrat und Sekretär des Kronprinzen, dessen Reisebegleiter, 1849 entlassen; als Berichterstatter beim Feldzug gegen Piemont, dann im bad. Feldzug; 1855 Gründer der Zs. ›Hausblätter‹ (m. E. Höfer), 1858 der Zs. ›Über Land und Meer‹ (m. E. Zoller). 1859–64 Direktor der königl. Bauten und Gärten in Stuttgart. 1861 Erhebung in den Ritterstand. Seit 1864 freier Schriftsteller in Stuttgart und s. Villa am Starnberger See. – Seinerzeit vielgelesener Unterhaltungsschriftsteller; Begründer der derbhumoristischen Soldatengesch. Ferner humorist. Sittenro-

mane als unterhaltende Verwässerung sozialer Themen, Reisebücher, Komödien.

W: Bilder aus dem Soldatenleben im Frieden, En. 1841; Wachtstubenabenteuer, En. 1845; Handel und Wandel, R. II 1850; Der geheime Agent, Lsp. 1851; Namenlose Geschichten, En. III 1851; Eugen Stillfried, R. III 1852; Magnetische Kuren, Lsp. 1853; Europäisches Sclavenleben, R. IV 1854; Fürst und Kavalier, R. 1865; Künstlerroman, R. V 1866; Neue Geschichten, II 1867; Der letzte Bombardier, R. IV 1870; Der Sturmvogel, R. IV 1871; Nullen, R. III 1874; Der Roman meines Lebens, Aut. II 1878. – Werke, LX 1860–73 AW, XX 1881f.
L: Ch. Pech, Diss. Kiel 1932; M. Altner, Diss. Jena 1968.

Hacks, Peter, *21. 3. 1928 Breslau, Anwaltssohn, ab 1946 in Dachau, Stud. Soziol., Philos., Germanistik und Theaterwiss. München, 1951 Dr. phil., Arbeit für Theater und Funk, 1955 nach Ostberlin, dort am Berliner Ensemble, dann bis 1963 Dramaturg am ›Deutschen Theater‹ in Ost-Berlin. – Realist. dt. Nachkriegsdramatiker mit hist. eingekleideten Zeitstücken u. Komödien von stark gesellschaftskrit. Haltung in marxist. Uminterpretation der Gesch., dramaturg. und sprachl. in direkter Brecht-Nachfolge. Auch Kinderbuch, Märchenspiel, Hör- und Fernsehspiel, poetolog.-dramaturg. Essays, Übs. und Nachdichtungen.

W: Eröffnung des indischen Zeitalters, Dr. 1955; Das Volksbuch vom Herzog Ernst, Dr. (1955); Die Schlacht bei Lobositz, K. (1956); Das Windloch, En. 1956; Theaterstücke, 1957; Der Müller von Sanssouci, K. (1958); Die Sorgen und die Macht, Dr. (1962); Das Turmverlies, Kdb. 1962; Zwei Bearbeitungen, Drr. 1963 (Der Frieden nach Aristophanes, die Kindermörderin nach H. L. Wagner); Der Flohmarkt, Kdb. 1965; Stücke nach Stücken, Drr. 1965 (Polly nach J. Gay, Die schöne Helena n. J. Offenbach); Fünf Stücke, Drr. 1965; Moritz Tassow, Dr. (1965); Der Schuhu und die fliegende Prinzessin, Dr. (1965); Margarete in Aix, Dr. (1967); Lieder zu Stücken, G. 1967; Kasimir der Kinderdieb, Dr. (1967); Amphitryon, K. 1968; Omphale, K. (1970); Vier Komödien, Drr. 1971; Das Poetische, Ess. 1972; Noch einen Löffel Gift,

Liebling, Opte. (1972, nach S. O'Hara); Lieder, Briefe, Gedichte, 1974; Adam und Eva, K. 1976; Oper, Librr. 1976; Das Jahrmarktsfest zu Plundersweilern/Rosie träumt, Dr. 1976 (n. Goethe u. Hrotsvith); Die Maßgaben der Kunst, Ess. 1977; Ein Gespräch im Hause Stein, Dr. (1977); Die Fische, Dr. (1978); Stücke, 1978; Sechs Dramen, 1978; Musen, Dr. (1979); Senecas Tod, Dr. (1980); Pandora, Dr. 1981 (n. Goethe); Essais, 1984; Die Binsen. Fredegunde, Drr. 1985; Stücke nach Stücken II, 1985; Historien und Romanzen, Ball. 1986. – Ausgew. Drr. III 1972–81.

L: H. Laube, ²1976; P. Schütze, 1976; W. Schleyer, D. Stücke v. P. H., 1976; J. R. Scheid, Enfant terrible, 1977; C. Trilse, 1980; G. Schmidt, P. H. in BRD u. DDR, 1980; R. Heite, 1984; A. Jäger, 1987.

Hadamar von Laber, um 1300 Oberpfalz – um 1360, aus oberpfälz. Rittergeschlecht, Gefolgsmann Ludwigs des Bayern. – Minnesänger und Epiker, verfaßte um 1335/40 e. Minneallegorie ›Die Jagd‹ in Titurelstrophen mit der Jagd als Sinnbild für Liebeswerben. Geblümter, dunkler Stil mit zahlreichen Einschüben. Als erste bedeutendere Jagdallegorie vielfach nachgeahmt.

A: J. Schmeller 1850 (n. 1968); K. Stejskal 1880.
L: E. Bethke, Diss. Bln. 1892; E. E. Hese, D. Jagd, 1936.

Hadlaub (Hadloub), Johannes, Ende 13. Jh. – an e. 16. 3. vor 1340, wohlhabender Bürger in Zürich. Verkehrte mit den Zürcher Ratsherrn und Liedersammlern Rüdiger Manesse (Vater und Sohn), deren Sammlung er rühmt. – Epigonaler Minnesänger. 54 konventionelle Gedichte erhalten. Meist autobiograph., sentimentale Liebeslieder in ep. Form mit meistersängerl. Einschlag; Lieder sowohl der hohen Minne in höf. Stil (Reinmar, Walther), als auch der niederen Minne in derberem, realist. Stil (Neidhart, Steinmar) mit einfachvolksliedhaften Tönen; ferner Eheklagen, Dorfszenen, Herbst-

und Erntelieder sowie 3 Leiche. Über s. geringe lit. Bedeutung hinaus bekannt durch G. Kellers Novelle.

A: K. Bartsch, Schweiz. Minnesänger, 1886; mhd./nhd. M. Schiendorfer 1986.
L: J. A. Schleicher, Diss. Lpz. 1888; R. Sillib, 1922; H. Lang, 1959; R. Leppin, Diss. Hbg. 1961.

Hadwiger, Viktor, 6. 12. 1878 Prag – 4. 10. 1911 Berlin. – Lyriker und Erzähler. Vorläufer des Expressionismus aus dem Prager Dichterkreis.

W: Gedichte, 1900; Ich bin, G. 1903; Blanche. Des Affen Jogo Liebe und Hochzeit, En. 1911; Der Empfangstag, N. 1911; Abraham Abt, R. 1912 (n. 1984); Wenn unter uns ein Wandrer ist, G. a. d. Nl. hg. A. Ruest 1912; Il Pantegan, R. 1919 (n. 1984).
L: F. J. Schneider, 1921.

Haecker, Hans-Joachim, * 25. 3. 1910 Königsberg, 1929–34 Stud., bis 1939 Studienrat in Königsberg, Kriegsteilnehmer, 1944–48 engl. Gefangenschaft, Studienrat in Wilhelmshaven, ab 1955 Hannover. – Lyriker und Dramatiker unter Einfluß Strindbergs u. Kafkas, bemüht um die Gestaltung der metaphys. Situation des Menschen in abstrakt-surrealist. doppelbödigen Dramen.

W: Hiob, Sp. 1937; Die Stadt, Dr. (1938); Segler gegen Westen, Dr. 1941; Die Insel Leben, G. 1943; Teppich der Gesichte, Son. 1947; Leopard und Taube, Dr. (1948); Der Tod des Odysseus, Tr. 1948; David vor Saul, Tr. (1951); Nicht im Hause, nicht auf der Straße, Dr. (1953); Dreht euch nicht um, Dr. (1961); Gedenktag, Dr. (1961); Der Briefträger kommt, Dr. (1962); Gesetzt den Fall, G. 1967; Begegnung, G. 1978.

Hädecke, Wolfgang, * 22. 4. 1929 Weißenfels/Saale; Stud. Germanistik und Anglistik Halle, dann freier Schriftsteller in Bielefeld. 1972 Rußlandreise. – Polit. Lyriker und zeitkrit. Erzähler; Reisebuch, Kritik.

W: Uns stehn die Fragen auf, G. 1958; Leuchtspur im Schnee, G. 1963; Die Steine von Kidron, Reiseb. 1970; Eine Rußlandreise, Reiseb. 1974; Die Leute von Gomorrha, R. 1977.

Hämmerle → Thomas von Kempen

Haensel, Carl, 12. 11. 1889 Frankfurt/M. – 25. 4. 1968 Winterthur, Stud. Jura, 1912 Dr. jur., Staatsanwalt, 1920 Rechtsanwalt in Berlin, 1945 in Freiburg/Br., Verteidiger bei den Nürnberger Prozessen 1946–49, seit 1950 Justitiar des Südwestfunks Baden-Baden, 1952 Prof. für Rundfunk- und Urheberrecht in Tübingen; wohnte in Überlingen/Bodensee und Baden-Baden. – Anfangs Dramatiker, dann bes. Vf. von Tatsachenromanen u. Biographien.

W: Das Grauen, Dr. 1919; Der Kampf ums Matterhorn, R. 1928; Die letzten Hunde Dschingis Khans, R. 1929; Zwiemann, R. 1930; Das war Münchhausen, R. 1933; Der Mann, den der Berg verschenkte, N. 1937; Der Bankherr und die Genien der Liebe, R. 1938; Über den Irrtum, Es. 1941; Das Gericht vertagt sich, Tg. 1950; Kennwort Opernball 13, R. 1953; Die Zeugin in den Wolken, R. 1964.

Häring, Wilhelm → Alexis, Willibald

Härtling, Peter, * 13. 11. 1933 Chemnitz, ab 1942 in Olmütz, 1945 Gymnas. Nürtingen/Württ., Journalist. Ausbildung, 1959–62 Feuilletonredakteur der ›Dt. Zeitung‹ in Stuttgart und Köln; 1962 Redakteur, 1964–69 Mithg. der Zs. ›Der Monat‹ in Westberlin; 1967 Cheflektor, 1968–73 Geschäftsführer S. Fischer Verlag Frankfurt/M., 1974 freier Schriftsteller in Walldorf/Hessen, 1984 Poetikdozent Frankfurt. – Lyriker, Erzähler und Essayist der Gegenwart mit verhaltenen Klängen und zarten, eleg. Tönen. In scheinbar naiver, teils grotesker Lyrik musikal. Spiel mit Masken und lit. Figuren mit Nähe zum Kinderreim; in Romanen lyr. Rollenprosa, Dichterporträts und Experimente mit Zeit und Erinnerung. Kinderbuch.

W: Poeme und Songs, G. 1953; Yamins Stationen, G. 1955; In Zeilen zuhaus, Ess. 1957; Unter den Brunnen, G. 1958; Im Schein des Kometen, R. 1959; Palmström grüßt Anna Blume, Ess. 1961; Spielgeist – Spiegelgeist, G. 1962; Niembsch oder Der Stillstand, R. 1964; Vergessene Bücher, Ess. 1966; Janek, R. 1966; Das Ende der Geschichte, Ess. 1968; Das Familienfest, R. 1969; Und das ist die ganze Familie, Kdb. 1970; Gilles, Dr. 1970; Ein Abend, eine Nacht, ein Morgen, E. 1971; Das war der Hirbel, Kdb. 1973; Zwettl. Nachprüfung einer Erinnerung, Aut. 1973; Eine Frau, R. 1974; Hölderlin, R. 1976; Anreden, G. 1977; Hubert oder Die Rückkehr nach Casablanca, R. 1978; Ausgew. Gedd. 1979; Nachgetragene Liebe, Erin. 1980; Meine Lektüre, Ess. 1981; Die dreifache Maria, E. 1982; Vorwarnung, G. 1983; Das Windrad, R. 1983; Der spanische Soldat, Ess. 1984; Und hören voneinander, Rdn. 1984; Felix Guttmann, R. 1985; Brief an meine Kinder 1986; Krücke, R. 1986; Die Mörsinger Pappel, G. 1987; Waiblingers Augen, E. 1987. *L:* E. u. R. Hackenbracht, 1979; B. Dücker, 1983; M. Lüdke, hg. 1987.

Hafner, Philipp, 27. 9. 1735 Wien – 30. 7. 1764 ebda., Sohn e. Kanzleidieners, Jesuitenschule, Stud. Jura; Assessor beim Stadtgericht Wien, dann Schauspieler und Bühnendichter; starb an Schwindsucht. Freund Prehausers. Originelle, rasch sich verschwendende Künstlernatur. – Begründer des Wiener Volksstücks, lehnte sich anfangs an die improvisierende Wiener Hanswurstkomödie an, wandte sich dann gegen diese derbe und schablonenhaft erstarrte Stegreifkomödie und hob sie unter Wahrung der volksnahen Elemente zur lit. fixierten Form mit durchgebildetem, mundartl. gefärbtem Dialog. Zugleich stärkere Realistik durch Beobachtung des Alltags und Sittenschilderung mit echt

Wiener Komik und Zurückdrängung der Hanswurstderbheiten. S. Lokalpossen und Singspiele hielten sich, von Perinet modernisiert, bis zu Raimund und Nestroy.

W: Die bürgerliche Dame, K. 1763; Megära, die förchterliche Hexe, K. 1764f.; Evakathel und Schnudi, K. 1765; Scherz und Ernst in Liedern, II 1770 (n. E. K. Blümml 1922); Die reisenden Comödianten, Lsp. 1774; Der Furchtsame, Lsp. 1774; Songes Hanswurstiques, 1790 (n. 1974); – GS, III 1812; hg. E. Baum, II 1914f.
L: E. Alker, 1923.

Hagedorn, Friedrich von, 23. 4. 1708 Hamburg – 28. 10. 1754 ebda., Sohn e. dän. Staats- und Konferenzrats; 1726/27 Stud. Jura Jena, 1727 Rückkehr nach Hamburg; 1729–31 Privatsekretär des dän. Gesandten in London, dort Stud. der engl. Lit.; Herbst 1731 Rückkehr nach Hamburg; seit 1733 Sekretär der engl. Kaufmannsgesellschaft ›English Court‹ in Hamburg; sorgenfreies und mußereiches Leben für die Dichtung. – Anakreont. Lyriker und Fabeldichter von weitem, weltmänn. Geist; schloß sich eng an s. antiken (Horaz), anfangs engl. (Prior. Gay), später mehr franz. Vorbilder (bes. La Fontaine) an und erreichte mit s. spielerisch-eleganten, anmutig zarten poésie fugitive voll Freude am sinnl.-heiteren, weisen und kultivierten Lebensgenuß in unbeschwerter, vernünftiger Weltbejahung eine bisher in Dtl. unbekannte stilist. Geschmeidigkeit, spieler. Leichtigkeit und natürl. lockere Anmut der Sprache im Gegensatz zum galanten Spätbarock. Vorliebe für kleine Formen, Idyllik und zarte Zwischentöne, zierliche Einfälle, epigrammat.-satir. Pointen und witzige Sentenzen bis zur Gefahr der Verniedlichung. Neben formenreicher Ly-

rik, flüssigen Verserzählungen, Epigrammen auf Sitten und lit. Zeitgenossen sowie zahlr. auch gedruckten Gelegenheitsgedichten bes. Verdienste um die Neubelebung der pointierten, humorist. Tierfabel. Auch populärphilosophische Abhandlung mit überhaupt Neigung zu liebenswürdiger Belehrung und epigrammat. formulierter Lebensklugheit. Infolge zahlr. Nachahmer Vorläufer der dt. Anakreontik. Einfluß bis auf Lessing und den jungen Goethe.

W: Versuch einiger Gedichte, G. 1729 (n. A. Sauer 1883); Versuch in poetischen Fabeln und Erzählungen, 1738 (n. 1974); Sammlung Neuer Oden und Lieder, III 1742–52; Oden und Lieder, G. 1747; Moralische Gedichte, 1750. – Poetische Werke, III 1757, hg. J. J. Eschenburg V 1800; Ausw. A. Anger 1968; SW, 1968.
L: H. Stierling, 1911; K. Epting, D. Stil i. d. lyr. u. didakt. Gedichten H.s, 1929; G. Stix, Rom 1961.

Hagelstange, Rudolf, 14. 1. 1912 Nordhausen/Harz – 5. 8. 1984 Hanau; 1931–33 Stud. Germanistik Berlin, 1933–36 in Italien und Balkan, 1936 Volontär, 1939 Feuilletonredakteur der ›Nordhäuser Zeitung‹; 1940–45 Soldat in Frankr. und Italien. 1945 am. Gefangenschaft; 1945 freier Schriftsteller in Nordhausen, 1946 Hemer/Westf., 1948 Unteruhldingen/Bodensee. 1954 Amerikareise. – Lyriker, Erzähler und Essayist, der s. strenge Formkunst in den Dienst eth. Ideale stellt und inmitten der Erschütterungen s. Zeit nach dem Unvergängl. sucht: Zeitanklage, Leiden an der Welt, christl. Grundhaltung und tiefes Verantwortungsbewußtsein sind die Grundzüge s. formenreichen, bildkräftigen und großrhythm. Lyrik. Auch als Erzähler verborgener Zeitkritiker, doch mit leichteren, heiteren Zügen bis zum Unterhaltungsroman. Übs. aus dem Ital. (Poliziano, Boccaccio).

W: Ich bin die Mutter Cornelias, E. 1939; Venezianisches Credo, G. 1945; Strom der Zeit, G. 1948; Meersburger Elegie, G. 1950; Balthasar, E. 1951; Ballade vom verschütteten Leben, G. 1952; Es steht in unserer Macht, Ess. 1953; Zwischen Stern und Staub, G. 1953; Die Beichte des Don Juan, Dicht. 1954; How do you like America?, Reiseb. 1957; Das Lied der Muschel, Reiseb. 1958 (u. d. T. Ägäischer Sommer, 1968); Offen gesagt, Ess. u. Reden 1958; Wo bleibst du, Trost, E. 1958; Spielball der Götter, R. 1959; Huldigung, Ess. 1960; Viel Vergnügen, En. 1960; Römisches Olympia, Ber. 1961; Lied der Jahre, G. 1961 (erw. 1964); Die Puppen in der Puppe, Reiseb. 1962; Corazón, G. 1963; Zeit für ein Lächeln, Prosa 1966; Der schielende Löwe, Reiseb. 1967; Der Krak in Prag, G. 1969; Altherrensommer, R. 1969; Alleingang, En. 1970; Es war im Wal zu Askalon, Leg. 1971; Ein Gespräch über Bäume, 1971; Fünf Ringe, St. 1972; Venus im Mars, En. 1972; Gast der Elemente, G. 1972; Der General und das Kind, R. 1974; Der große Filou, R. 1976; Tränen gelacht, Aut. 1977; Ausgew. Gedd., 1978; Der sächsische Großvater, E. 1979; Menschen und Gesichter, Ess. 1981; Die letzten Nächte, E. 1981; Das Haus, R. 1981; Der Niedergang, R. 1983.

Hagenau, Reinmar von → Reinmar von Hagenau

Hahn, Ulla, * 30. 4. 1946 Brachthausen/Sauerland; 1965 Stud. Germanistik Köln und Hamburg, Dr. phil.; Lehrbeauftragte in Hamburg, Bremen, Oldenburg, 1979 Kulturredakteurin Radio Bremen. 1982 Villa Massimo, Rom. – Lyrikerin, die Wünsche und Ängste der Gegenwart in poet.-artist. Sprache z. T. mit Ironie gestaltet.

W: Literatur in der Aktion, Schr. 1978; Günter Wallraff, Stud. 1979; Herz über Kopf, G. 1981; Spielende, G. 1983; Freudenfeuer, G. 1985.

Hahn-Hahn, Ida Gräfin von, 22. 6. 1805 Tressow/Mecklenburg – 12. 1. 1880 Mainz, Tochter des ›Theatergrafen‹ Karl Friedrich von Hahn-Neuhaus; ⚭ 1826 den reichen Vetter Graf Adolf v. Hahn-Basedow; 1829 geschieden; führte e. großes Haus in Berlin, Wien, Dresden und bereiste die Schweiz, Österr., Italien, Spanien, Frankr., Schweden u. Syrien-Palästina. Konvertierte 1850 zum Katholizismus. 1852 Novizin im Mutterhaus des Ordens vom ›Guten Hirten‹ in Angers, gründete 1854 e. Kloster dess. Ordens in Mainz und lebte ebda. – Begann mit aristokrat. Gesellschaftsromanen von manierierter Sprache und überspitztem Esprit unter jungdt. Einfluß als Vorkämpferin für die Emanzipation der Frau. Schrieb nach der Konversion sentimentale kath. Bekehrungsromane mit rasch sinkendem Niveau, geistl. Lyrik und Memoiren.

W: Gedichte, 1835; Aus der Gesellschaft, N. 1838; Der Rechte, R. 1839; Gräfin Faustine, R. 1841 (n. 1986); Ulrich, R. II 1841; Sigismund Forster, R. 1843; Cecil, R. II 1844; Sibylle, Aut. II 1846; Von Babylon nach Jerusalem, Aut. 1851; Unsrer Lieben Frau, G. 1851; Maria Regina, R. II 1860; Doralice, R. II 1861; Peregrin, R. II 1864; Die Glöcknerstochter, R. II 1871. – GS (aus protestant. Zeit), XXI 1851; GW (aus kath. Zeit), hg. O. v. Schaching XLV 1902–05.
L: H. Keiter, 1880; P. Haffner, 1880; E. I. Schmid-Jürgens, 1933 (n. 1967); A. Töpker, Diss. Münster 1937; G. Lüpke, 1975; G. Oberembt, 1980; G. M. Geiger, D. befreite Psyche, 1986.

Haimonskinder, ›Von den vier Haimonskindern‹, dt. Volksbuch, schildert die Vasallenkämpfe der 4 Söhne des Graf Aimon von Dordogne gegen Karl d. Gr. und das Martyrium des Hl. Reinalt in Köln wie s. Beisetzung in Dortmund. Entstanden aus franz. Chansons de geste der Karlssage (›Les quatre fils Aymon‹ oder ›Renaut de Montauban‹) und e. niederländ. Gedicht. Hochdt. zuerst 1531, 1. Druck 1535. Als Volksbuch zuerst durch die Neuübs. aus dem Niederl. von Paul van der Aelst (Köln 1604).

A: F. Pfaff 1887; A. Bachmann 1895. *L:* L. Jordan, 1905; E. K. Korte, Diss. Greifsw. 1914.

Hajek, Egon (Ps. Eugen Hain), 6. 11. 1888 Kronstadt/Siebenbürgen – 15. 5. 1963 Wien; Stud. Musik, Germanistik. Philos. und Theol. Berlin, 1913 Dr. phil., Gymnasiallehrer und 1925 ev. Pfarrer in Kronstadt, 1927 Pfarrer in Wien, 1938 Prof. der Hymnologie Musikhochschule ebda., 1946 Dozent für ev. Theol. Akad. ebda. – Erzähler und Dramatiker mit Stoffen aus der siebenbürg. Heimat, Gesch. und Musikgesch. Auch geistl. Spiele, Hörspiele und Lyrik.

W: Das Tor der Zukunft, G. 1919; Der tolle Bruß, En. 1923; Balladen und Lieder, 1926; Das Kreuz im Osten, Dr. 1930; Bakfark, R. 1932; Aller Welt Not, Sp. 1933; Das Reich muß uns doch bleiben, Sp. 1934; Leuchter von oben, G. 1935; Du sollst mein Zeuge sein, R. 1938 (u. d. T. Zwischen zwei Welten, 1942); Meister Johannes, R 1939; König Lautenschläger, R. 1940; Sturm und Stille, G. 1944; Vettern auf Kornegg, R. 1948; Der Zaubertrank, Dr. 1952; Neue Gedichte, 1953; Der Gefangene seines Herzens, Lenau-R. 1954; Gustaf Adolf in Mainz, Sp. 1956; Wanderung unter Sternen, Aut. 1958; Alles nur nach seinem Willen, J. S. Bach-R. 1963.

Hakel, Hermann, 12. 8. 1911 Wien – 25. 12. 1987 ebda.; ab 1931 freier Schriftsteller; 1939 Emigration nach Mailand, 1940–44 in versch. ital. KZs interniert, 1945–47 in Israel; seit 1947 wieder in Wien; 1948–50 Vorstandsmitgl. des österr. PEN-Clubs, Gründer e. PEN-Aktion zur Förderung junger Autoren. – Lyriker von realist. u. zugleich visionär beschwörender Ausdruckskraft; realist.-impressionist. Erzähler mit von Kafka beeinflußten Skizzen. Essayist; Hrsg. jidd. Erzählungen und wiener. Anekdoten.

W: Ein Kunstkalender in Gedichten, G. 1936;

Und Bild wird Wort, G. 1947; An Bord der Erde, G. 1948; Zwischenstation, En. 1949; 1938–1945. Ein Totentanz, G. 1950; Hier und dort, G. 1955.

Halbe, Max, 4. 10. 1865 Güttland b. Danzig – 30. 11. 1944 Burg b. Neuötting/Obb., Gutsbesitzerssohn, 1875–83 Gymnas. Marienburg, 1883 Stud. d. Rechte Heidelberg, dann Germanistik und Gesch. 1884 München, 1885–87 Berlin; 1888 Dr. phil. München, seit 1888 freier Schriftsteller in Berlin; 1894/95 in Kreuzlingen a. Bodensee/Schweiz; seit 1895 ständig in München, Freundschaft mit Wedekind, Hartleben, Keyserling und Thoma. – Bedeutender naturalist. Dramatiker, begann unter Einfluß von Ibsen, Hauptmann und Sudermann mit stark gedankl. sozialen Dramen und erreichte mit der volksliedhaft lyr. Stimmungskunst s. Pubertätsdramas ›Jugend‹ e. der größten Theatererfolge s. Zeit durch naturalist. Milieuerfassung, Einbeziehung der Umgangssprache, Bodenständigkeit und e. bald zu heimatgebundenem Realismus führende, intuitiv sichere Gestaltung von Landschaft und Menschen s. westpreuß. Heimat, konnte aber in späteren, technisch geschickteren Werken diesen Erfolg nie mehr erreichen. Blieb am wirkungsvollsten mit realist. Heimatstücken aus dem Weichselland. Gab später noch wenig beachtete allegor.-symbol. Stücke, Literatursatiren und -komödien und romant. Historiendramen in Versen. Wandte sich seit 1910 mehr der realist. Epik zu: psycholog. Romane um Ehe, Liebe u. dunkle Schicksale sowie mehrere für die Lit.-gesch. des Naturalismus bedeutsame Autobiographien. M. H.-Archiv in München.

W: Ein Emporkömmling, Tr. 1889; Freie Liebe, Dr. 1890; Eisgang, Dr. 1892; Jugend, Dr. 1893; Der Amerikafahrer, K. 1894; Lebenswende, K. 1896; Mutter Erde, Dr. 1897; Frau Meseck, N. 1897; Der Eroberer, Tr. 1899; Die Heimatlosen, Dr. 1899; Das tausendjährige Reich, Dr. 1900; Haus Rosenhagen, Dr. 1901; Der Strom, Dr. 1904; Die Insel der Seligen, K. 1906; Das wahre Gesicht, Dr. 1907; Blaue Berge, K. 1909; Der Ring des Lebens, Nn. 1909; Der Ring des Gauklers, Dr. 1911; Die Tat des Dietrich Stobäus, R. 1911; Freiheit, Dr. 1913; Jo, R. 1917; Hortense Ruland, Tr. 1917; Schloß Zeitvorbei, Dr. 1917; Kikeriki, K. 1921; Der Frühlingsgarten, E. 1922; Die Auferstehungsnacht des Doktor Adalbert, N. 1928; Die Traumgesichte des Adam Thor, Dr. 1929; Ginevra oder Der Ziegelstein, K. 1931; Generalkonsul Stenzel und sein gefährliches Ich, R. 1931; Heinrich von Plauen, Dr. 1933; Scholle und Schicksal, Aut. 1933; Jahrhundertwende, Aut. 1935; Die Elixiere des Glücks, R. 1936; Erntefest, Dr. 1936; Kaiser Friedrich II., Dr. 1940. – SW, XIV 1945–50.
L: H. Weder, Diss. Halle 1932; W. Kleine, Diss. Mchn. 1937; H. Kindermann, H. u. d. dt. Osten, 1941; E. Silzer, Diss. Wien 1949; F. Zillmann, 1959; M. H. z. 100. Geb., 1965.

Halberstadt, Albrecht von → Albrecht von Halberstadt

Haller, Albrecht von, 16. 10. 1708 Bern – 12. 12. 1777 ebda., Patrizierfamilie, 1721 Gymnas. Bern, 1722 zur prakt. Lehre b. e. Arzt in Biel, 1723 Stud. Medizin Tübingen, 1725–26 bes. Anatomie, Botanik und Physiologie in Leiden; 1727 Dr. med. in Leiden, 1727 Studienreise an Krankenhäuser in London und Paris. Sommer 1728 Stud. Mathematik in Basel bei J. Bernoulli; botan. Wanderung durch die Alpen. 1729 prakt. Arzt in Bern, 1734 Stadtarzt, 1735 Stadtbibliothekar. 1736–53 Prof. für Medizin, Anatomie, Chirurgie und Botanik an der neugegr. Univ. Göttingen, Gründer e. Anatomie, e. botan. Gartens, e. Entbindungsanstalt (1751) und einer Zeichenakademie; Gründer und lebenslängl. Präsident der ›Sozietät der Wissenschaften ebda., 1749 von Kaiser Franz I. geadelt. 1753 Rückkehr nach Bern aus Gesundheitsgründen, ebda. wiss. und polit. Wirken als Rathaus-Amman, 1758–64 Direktor der Salzwerke in Roche. Ab 1773 im Ruhestand. Autorität als Anatom. Physiologe, Botaniker und Universalgelehrter von europ. Ruf. Begründer der experimentellen Physiologie. – Betrachtend-philos. Lehrdichter der Aufklärungszeit, Auffassung von der Dichtung als Vermittlung philos. und moralischer Wahrheiten. Trotz vorherrschend. Vernunft z. T. nicht ohne innerl. Ergriffenheit und lyr. Empfindung. H.s philos. Lehrgedicht ›Die Alpen‹ verbindet großartige ep. Naturschilderung mit ernstem sittl. Anliegen: Lob der Liebe Gottes, der Weisheit der Schöpfung und der moral. Weltordnung, Gegenüberstellung idyll. Naturvölker mit der Stadtzivilisation s. Zeit. Trotz Negierung des Seelischen bedeutsam für den Wandel des Naturgefühls im 18. Jh. und für die dt. Lyrik bis Klopstock. Schrieb im Alter Staatsromane um die Frage nach der besten Verfassung, bei der es nicht auf die Form, sondern auf die Handhabung ankam. Heute als universeller Geist s. Zeit interessanter denn als Dichter.
W (außer wiss.): Versuch Schweizerischer Gedichten, 1732 (n. 1969; darin: Die Alpen, n. H. Betteridge 1959); Usong, R. 1771; Alfred, König der Angelsachsen, R. 1773; Fabius und Cato, R. 1774; Tagebuch, hg. J. G. Heinzmann II 1787; Tagebücher seiner Reisen, hg. L. Hirzel 1883, E. Hintzsche ²1971. – Gedichte, hg. L. Hirzel 1882, Ausw. H. Maync 1923; Lit.-kritik, hg. K. S. Guthke 1970; Briefe an A. Tissot, 1977; Briefw. m. A. E. v. Gemmingen, 1899 (n. 1979).
L: A. Frey, 1879; O. v. Greyerz, F. Vetter, D. junge H., 1909; St. d'Irsay, 1930 (m. Bibl.); A. Haller, Hmt. K. S. Guthke, H. u. d. Lit., 1962; G. Tonelli, Turin ²1965; Ch. Siegrist, 1967; J. Helbling, 1970; R. Toellner, 1971; H. Balmer, 1977; A. v. H. z. 200. Todestag, 1977; A. v. H., 1977; F. R. Kempf, A. v. H.s Ruhm als Dichter, 1986. Bibl.: S. Lundgaard, Hansen, v. Fischer, 1959.

Hallmann, Johann Christian, um 1640 Breslau – 1704 ebda., Sohn e. Verwaltungsbeamten; Magdalenengymnas. Breslau; 1663–66 Stud. Jura Jena, 1668 Rechtsanwalt am Oberamt Breslau; konvertierte zum Katholizismus, lebte als Schauspieler, später Leiter e. Studentenbühne in Breslau. – Dramatiker des schlesischen Spätbarock in der Nachfolge von Lohenstein mit Anklängen an Gryphius und das Jesuitendrama. Schrieb übersteigerte, handlungsreiche Tyrannen- und Märtyrerstücke voll Blut-, Folter- und Greuelszenen, Schäfer- und Festspiele nach ital. Muster und später mehr opernhafte Dramen im Zeitgeschmack. Stoische Grundhaltung in rhetor. Intrigenstücken.

W: Siegprangende Tugend, Lsp. 1667; Mariamne, Tr. 1670 (n. 1973); Sophia, Tr. 1671; Schlesische Adlersflügel, G. 1762; Trauer-, Freuden- und Schäfer-Spiele, Drr. 1672. – SW, hg. G. Spellerberg VIII 1975ff.
L: H. Steger, Diss. Lpz. 1909; K. Kolitz, 1911; E. G. Billmann, Diss. Bln. 1942.

Halm, Friedrich (eig. Eligius Franz Joseph Reichsfreiherr von Münch-Bellinghausen), 2. 4. 1806 Krakau – 22. 5. 1871 Wien, Sohn e. Appellationsgerichtsrats, 1811 nach Wien, 1814 Stiftsgymnas. Melk, 1816 Schottengymnas. Wien, Stud. Philos., ab 1822 Jura ebda.; Verkehr mit Lenau, Bauernfeld, Seidl u. a.; 1826 ⚭ Sophie von Schloissnigg; Staatsdienst: 1826 Konzeptspraktikant, 1828 Kreiskommissär, 1831 Regierungssekretär. Verkehr mit Enk v. d. Burg und der Burgschauspielerin Julie Rettich-Oley. 1840 Regierungsrat. 1842 Süddtl.-Reise. 1844 Kustos der Hofbibliothek und Hofrat, 1861 Herrenhaus-Mitgl. 1867 Präfekt der Hofbibliothek, gleichzeitig Generalintendant beider Hoftheater (Anlaß zum Rücktritt des Direktors H. Laube). Nov. 1870 wegen Kränklichkeit pensioniert. – Epigonaler Schriftsteller des 19. Jh., vereinte äußere Formbegabung, unechte Romantik, theatral. Rhetorik, Kulturpessimismus und Zerrissenheit mit konservativer Haltung. Stellte mit den Erfolgen s. bühnengewandten, leidenschaftl.-farbigen Theaterstücke in Nachfolge Schillers und der Spanier Grillparzer in den Schatten. Fatalist. Problemdramen ohne wirkl. Charaktere. Bedeutender und einheitlicher mit s. erst postum erschienenen realist. Novellen um Abgründe des menschl. Herzens im gedrängten Erzählstil Kleists. Formgewandte Lyrik, bes. Sonette.

W: Griseldis, Dr. 1837; Der Adept, Tr. 1838; Camoëns, Dr. 1838; König und Bauer, Lsp. 1842; Imelda Lambertazzi, Tr. 1842; Der Sohn der Wildnis, Dr. 1843; Gedichte, 1850; Der Fechter von Ravenna, Tr. 1856; Sampiero, Tr. 1857; Ein mildes Urteil, Tr. 1857; Verbot und Befehl, Lsp. 1857; Neue Gedichte, 1864; Iphigenie in Delphi, Dr. 1864; Wildfeuer, Dr. 1864. – Werke (u. Nachl.), XII 1856–72; AW, hg. A. Schlossar IV 1904, hg. O. Rommel IV 1909–14, hg. R. Fürst II 1910; Briefw. m. Enk. v. d. Burg, hg. R. Schachinger 1890.
L: H. Schneider, 1909; G. Boden, Diss. Greifw. 1911; R. Peltz, H. u. d. Bühne, Diss. Münst. 1925; H. Pothorn, Diss. Prag 1925; K. Vancsa, Diss. Wien 1927; D. Arendt, Diss. Marb. 1953.

Halvid, Einar → Helwig, Werner

Hamann, Johann Georg, 27. 8. 1730 Königsberg – 21. 6. 1788 Münster, Sohn e. Wundarztes; 1746 Stud. erst Theol. dann Jura Königsberg. 1751 Hauslehrer in Riga, 1752 auf balt. Gütern in Livland, 1753 in Riga, dann bei Mitau; seit 1755 in Handelsgeschäften tätig. 1756 handelspolit. Reise nach London; nach ausschweifendem Leben in Amster-

dam u. London 1758 Erwek-
kungserlebnis u. innere Einkehr;
1758 nach Riga zurück, Hauslehrer ebda. 1759 von s. Vater nach
Königsberg zurückgerufen, Stud.
Lit. und oriental. Sprachen ebda.,
1763 Kopist bei der Kriegs- und
Domänenkammer; 1764 Redakteur der ›Königsberger Zeitung‹;
1766 durch Vermittlung Kants
Sekretär bei der Akziseregie,
1777–87 Packhofverwalter bei der
preuß. Zollverwaltung; dürftige
Verhältnisse; 1787 pensioniert.
Starb auf e. Reise zum Besuch s.
Freunde Jacobi in Düsseldorf und
der Fürstin Gallitzin in Münster. –
Philos. Schriftsteller des 18. Jh.,
bekämpfte den reinen Rationalismus der Aufklärung zugunsten e.
Irrationalismus, der Ahnung, Gemüt und Empfindung als eigentli-
che Organe menschl. Einsicht erkennt, und schuf die Lehre von
der sinnl.-geistig-seel. Einheit des
Menschen. Sinnbild der Einheit
von Geist und Sinnlichkeit ist ihm
die Sprache; sie ist göttl. Ursprungs, und ihr Gebrauch macht
den Menschen zum Schöpfer;
Sprache ist die Mutter der Vernunft, und Poesie die Muttersprache des Menschengeschlechts. In
s. eigenen, ungeordneten Schriften nicht Systematiker, sondern
Fragmentist mit schwer zugängl.
Bildern und Metaphern in orakel-
haft dunklem Stil (daher Magus
des Nordens gen.). Große Nachwirkung als e. der bedeutendsten
geistesgeschichtl. Anreger des 18.
Jh., Begründer des dt. Irrationalismus, Förderer des Geniekults
durch s. Eintreten für e. Dichtung
fern äußerl. Regeln und Sprachphilos. Einfluß u. a. auf Herder,
Lenz, Goethe, Sturm und Drang
und Romantik.

W: Sokratische Denkwürdigkeiten, 1759
(komm. J. C. O'Flaherty, Baltimore 1967, S.

A. Jørgensen 1968); Wolken, 1761; Kreuzzü-
ge des Philologen, 1762; Des Ritters von Ro-
sencreuz letzte Willensmeynung, 1772; Golgatha und Scheblimini, 1784. – SW, hkA. hg.
J. Nadler VI 1949–57; Briefwechsel, hg. W.
Ziesemer, A. Henkel VII 1955–79; Hauptschriften, erklärt, hg. F. Blanke, L. Schreiner
VIII 1956ff.; Ausw. M. Seils 1963, K. Wid-
maier ²1980.
L: R. Unger, H. u. die Aufklärung, II 1911,
⁴1968 (m. Bibl.); J. Blum, Paris 1912; E.
Metzke, H.s Stellung i. d. Philos. d. 18. Jh.,
1934; J. Nadler, 1949; F. Blanke, H.-Stud.,
1956; H. A. Salmony, H.s metakrit. Philos., I
1958; W. Leibrecht, Gott u. Welt b. H., 1958;
R. G. Smith, Lond. 1960; R. Knoll, J. G. H.
u. F. H. Jacobi, 1963; W. Koepp, D. Magier
unter d. Masken, 1965; W. M. Alexander,
Den Haag 1966; B. Gajek, Sprache b. jg. H.,
1967; G. Baudler, Im Worte sehen, 1970; H.-
M. Lumpp, Philologia crucis, 1970; H. Herde, 1971; V. Hoffmann, J. G. H.s Philologie,
1972; G. Nebel, 1973; S.-A. Jørgensen, 1976;
R. Wild, hg. 1978; B. Gajek, hg. 1979; J. C.
O'Flaherty, Boston 1979.

Hamerling, Robert (eig. Rupert
Johann Hammerling), 24. 3. 1830
Kirchberg am Walde/Nieder-
österr. – 13. 7. 1889 im Stifting-
haus b. Graz, Sohn e. armen Webers; 1840 Untergymnas. des Zi-
sterzienserstifts Zwettl, 1844
Schottengymnas. Wien, 1848
Stud. Sprachen, Philos., Gesch.
und Medizin ebda.; diente bei der
Revolution 1848 in der ›Akadem.
Legion‹; Aushilfslehrer für klass.
Sprachen 1852 in Wien, 1853 in
Graz; 1854 Prof. am Gymnas. Cilli, 1855–66 in Triest; Herbst 1866
wegen chron. Magen- und Darm-
leiden pensioniert, seither in Graz.
– Klassizist. Epigone von zeitbedingter Wirkung durch den farbenprächtigen Sensualismus und
die pomphafte Rhetorik s. Sprache. In Akademismus, Formstre-
ben und Schönheitstrunkenheit
dem Münchner Kreis und der
Kunst H. Makarts nahestehend,
doch stärker von Antithesen geprägt und zur Dekadenz neigend.
Theatral.-phantasiereiche Versepik mit philos.-grübler. Zügen,
doch leidenschaftl., überhitztem

und unwahrem Pathos. Dekorativ-sentimentale Bildungs- und Gedankenlyrik. Professorenroman. Dramen und nationale Satiren wirkungslos. Übs. aus dem Ital. (Leopardi 1866).

W: Venus im Exil, G. 1858; Ein Schwanenlied der Romantik, G. 1862; Die sieben Todsünden, Orat. 1863; Ahasverus in Rom, Ep. 1866 (n. 1967); Der König von Sion, E. 1869; Danton und Robespierre, Tr. 1871; Aspasia, R. III 1876; Amor und Psyche, Ep. 1881; Homunculus, Ep. 1888; Stationen meiner Lebenspilgerschaft, Aut. 1889. – SW, hg. M. M. Rabenlechner XVI 1911; Ungedruckte Briefe, hg. J. Böck-Gnadenau IV 1897–1901. *L:* M. Rabenlechner, H.s Jugend, 1896; ders., H. der Nationale, ²1899; P. Besson, Grenoble 1906; J. Allram, H. u. s. Heimat, ²1915; P. Klimm, Zw. Epigonentum u. Realismus, 1974; Bibl.: W. Ritzer (Biblos 7, 1958).

Hamlet, P. P. → Genée, Rudolf

Hammel, Claus, *4. 12. 1932 Parchim/Mecklenburg, seit 1949 in Berlin; Gesangstudium, FDJ-Arbeit, Journalist, 1955–57 Theaterkritiker (›Neues Dtl.‹), 1957/58 Redakteur (›Neue dt. Lit.‹), bis 1968 Mitarbeiter am ›Sonntag‹. – Sozialist. Dramatiker, der in pointensicheren Komödie Verfallserscheinungen der bürgerl. Gesellschaft ironisiert, teils in Anlehnung an fremde Stoffe.

W: Frau Jenny Treibel, K. (1964, nach Fontane); Um neun an der Achterbahn, Dr. (1964); Ein Yankee an König Artus' Hof, K. (1967, nach Mark Twain); Morgen kommt der Schornsteinfeger, K. (1967); Le Faiseur oder Warten auf Godeau, K. (1970, nach Balzac); Rom oder die Zweite Erschaffung der Welt, K. (1974); Überlegungen zu Feliks D., Sp. 1979; Humboldt und Bolivar, Dr. (1980); Die Preußen kommen, K. (1981). – Komödien, 1969.

Hammer, Friedrich Julius, 7. 6. 1810 Dresden – 23. 8. 1862 Pillnitz b. Dresden, 1831–34 Stud. Jura, Philos., Gesch. und Lit. Leipzig, 1834–37 Schriftsteller in Dresden, 1837–45 in Leipzig, wieder Dresden, 1851–59 Feuilletonredakteur ebda., 1859–62 in Nürnberg. –

Didakt. Lyriker mit erbaul.-beschaul. Spruchdichtung im Stil Rückerts. Schwach als Erzähler, Dramatiker und Lyriker.

W: Das seltsame Frühstück, Lsp. (1834); Adelig und bürgerlich, N. 1838; Leben und Traum, Nn. II 1839; Stadt- und Landgeschichten, Nn. II 1845; Schau um dich und schau in dich, Spr. 1851; Zu allen guten Stunden, Spr. 1854; Einkehr und Umkehr, R. II 1856; Fester Grund, Spr. 1859; Auf stillen Wegen, Spr. 1859; Lerne, liebe, lebe, Spr. 1862. *L:* E. Am Ende, 1872.

Hammer-Purgstall, Joseph Freiherr von, 9. 6. 1774 Graz – 23. 11. 1856 Wien, Stud. 1788–97 Oriental. Akad. Wien; 1802 österr. Legationsrat in Konstantinopel, 1806 Konsularagent in Jassy, 1807 Hofdolmetscher der Hof- und Staatskanzlei Wien. 1811 Wirkl. Staatskanzleirat, 1817–47 Hofrat. 1847 bis 1849 I. Präsident der Akad. d. Wiss. Wien. – Orientalist, bedeutend als Vermittler islam. Dichtung und Wiss. fürs Abendland und Initiator e. neuen orientalisierenden Dichtung, der seine eigenen Epen und Dramen angehören. Übs. islam. Dichter. Seine Hafis-Übs. von Goethe benutzt.

W: Die Befreyung von Akri, Ep. 1799; Fundgruben des Orients, VI 1809–18; Schirin, Ep. II 1809; Hafis, Übs. II 1812f.; Dschafer, Tr. 1813; Rosenöl, II 1813; Mohammed, Dr. 1823; Baki, Übs. 1825; Geschichte des osmanischen Reiches, X 1827–32 (n. 1963); Italia, G. 1830; Geschichte der osmanischen Dichtkunst, IV 1836–38; Die Gallerinn auf der Rieggers, R. III 1845; Literaturgeschichte der Araber, VII 1850–56; Erinnerungen, 1940. *L:* W. Bietak, Gottes ist der Orient, 1948; Ch. Bucher, Diss. Wien 1949; I. Solbrig, H. u. Goethe, 1973; B. M. Elgohary, 1979.

Hammerling, Rupert → Hamerling, Robert

Hammerstein (-Equord), Hans August Freiherr von, 5. 10. 1881 Schloß Sitzenthal/Niederösterr. – 9. 8. 1947 Gut Pernlehen b. Micheldorf/Oberösterr., mütterlicherseits Urenkel von Leopold Graf zu Stolberg; Stud. Jura Marburg und Wien, seit 1908 im Staatsdienst, 1914–18 im Felde, dann Oberregierungsrat, 1923 Bezirkshauptmann in Braunau/Inn. Sicherheitsdirektor für Oberösterr., Sektionschef, Justizminister, Staatssekretär für Kulturpropaganda in Wien. 1938 pensioniert, 27. 7. 1944 verhaftet und beim Einmarsch der Amerikaner aus KZ Mauthausen befreit. – Österr. Lyriker und Erzähler von starker Eigenart und kath. Weltanschauung, der in s. naturverbundenen Lyrik wie in s. hist. Romanen mit gelungenem Zeitkolorit, myth. Epen u. Märchennovellen von der romant. Bekenntnisdichtung ausgeht.

W: Die blaue Blume, M. 1911; Roland und Rotraut, R. 1913; Februar, R. 1916; Walburga, Leg. 1917; Schloß Rendevouz, E. 1918; Zwischen Traum und Tagen, G. 1919; Der Glassturz, M. 1920; Das Tagebuch der Natur, G. 1920; Ritter, Tod und Teufel, R. 1921; Mangold von Eberstein, R. 1922; Wald, E. 1923 (erw. als R. 1937); Die Ungarn, E. 1925; Die Asen, Ep. 1928; Die schöne Akelei, M. 1932; Die finnischen Reiter, R. 1933; Frauenschuh, M. 1936; Die gelbe Mauer, R. 1936; Der Wanderer im Abend, G. 1936.
L: E. Schiffkorn, Diss. Innsbr. 1982.

Handel-Mazzetti, Enrica Freiin von, 10. 1. 1871 Wien – 8. 4. 1955 Linz, Tochter e. kath. Generalstabshauptmanns und e. protestant. ungar. Adligen. 1886/87 im Institut der Engl. Fräulein St. Pölten. 1887 Rückkehr zur Mutter nach Wien; schriftsteller. Tätigkeit; seit 1905 in Steyr a. d. Enns, seit 1911 in Linz/Do. ansässig. – Bedeutende neuromant. Erzählerin aus dem Geist des österr.-kath. Barock. Fand nach unbedeutenden Anfängen zu der ihr eigenen Form breitausladender, stoffreicher, auf hist. Stud. und genauer Zeitkenntnis beruhender kultur-

hist. Romanwerke aus der österr. Gesch., bes. aus Barock und Gegenreformation u. a. Umbruchszeiten mit Zuspitzung auf den konfessionellen Gegensatz und Glaubenskämpfe. Trotz streng kath. Haltung bemüht um konfessionelle Verständigung und die reine christl. Humanität dem Glaubensfanatismus überordnend. Antithet. Komposition und bildhaft-plast., geballte, z. T. mundartl. und archaisierende Sprache in knappen Sätzen und mit beherrschenden Dialogen; barock auch in der Mischung von relig. Innigkeit mit krassem Naturalismus (Folterszenen). Bedeutend für die Erneuerung der kath. Dichtung und des Geschichtsromans überhaupt. Im Spätwerk schwächere Erzählwerke aus der Gegenwart. Auch Volkserzählung, Novelle, Lyrik, Ballade und Drama.

W: Nicht umsonst, Dr. 1892; Pegasus im Joch, Lsp. 1895; Meinrad Helmpergers denkwürdiges Jahr, R. 1900; Der Verräter, Nn. 1902; Erzählungen, II 1903; Jesse und Marie, R. II 1906; Historische Novellen, 1906; Deutsches Recht u. a. Gedichte, 1908; Acht geistliche Lieder, 1908; Die arme Margaret, R. 1910; Geistige Werdejahre, Drr. u. Ep. II 1911f.; Stephana Schwertner, R. III 1912–14; Brüderlein und Schwesterlein, R. 1913; Ritas Briefe, R. V 1915–21; Ilko Smutniak, R. 1917; Der deutsche Held, R. 1920; Ritas Vermächtnis, R. 1922; Das Rosenwunder, Karl Sand-R. III 1924–26; Johann Christian Günther, R. 1927; Frau Maria, R. III 1929–31; Christiane Kotzebue, N. 1934; Die Waxenbergerin, R. 1934; Graf Reichard, R. II 1939f.
L: E. Korrodi, 1909; H. Brecka, 1923; P. Siebertz, 1931; H. Schnee, 1934; M. Freylinger, 1954; K. Vancsa, 1955; B. Doppler, Kath. Lit. u. Lit.-politik, 1980.

Handke, Peter, * 6. 12. 1942 Griffen/Kärnten, Sohn e. Bankbeamten, lebte 1944–48 in Berlin; 1954–59 Gymnas. Klagenfurt u. a., 1961–65 Stud. Jura Graz, Mitgl. der Grazer Autorengruppe und Teilnahme am ›Forum Stadtpark‹ ebda.; zog 1965 nach Düsseldorf, 1968 nach Berlin, 1973–78 Paris, 1979 Salzburg. – E. der erfolgreichsten dt.sprachigen Autoren der Nachkriegsgeneration, aufsehenerregend durch s. nicht immer gerechtfertigten aggressiven Nonkonformismus und s. nur scheinbare absolute Originalität. Grundprobleme s. dialog. Sprachspiele sind Sprachprobleme und der Zusammenhang von gesellschaftl. Realität und sprachl. Aussageklischees. In handlungs- und szenenlosen Sprechstücken, litaneiartig nach rhythm. Klangelementen des Beat aufgebaut, Zerstörung der Theaterillusion; in größeren Stücken, Romanen und Prosa Aufdeckung von Formeln des Bewußtseins. Bei aller Betonung der Eigenständigkeit vielfach geschickte Anverwandlung zeitgenöss. Strömungen.

W: Die Hornissen, R. 1966; Publikumsbeschimpfung, Weissagung, Selbstbezichtigung, Drr. 1966; Der Hausierer, R. 1967; Hilferufe, Dr. (1967); Begrüßung des Aufsichtsrats, Prosa 1967; Kaspar, Dr. 1968; Hörspiel, H. (1968); Hörspiel Nr. 2, H. (1969); Prosa, Gedichte, Theaterstücke, Hörspiel, Aufsätze, Ausw. 1969; Geräusch eines Geräuschs, H. (1969); Die Innenwelt der Außenwelt der Innenwelt, G. 1969; Das Mündel will Vormund sein, Dr. (1969); Die Angst des Tormanns beim Elfmeter, R. 1970; Quodlibet, Dr. (1970); Wind und Meer, H.e 1970; Der Ritt über den Bodensee, Dr. 1971; Chronik der laufenden Ereignisse, Drehb. 1971; Der kurze Brief zum langen Abschied, R. 1972; Stücke, II 1972f.; Wunschloses Unglück, E. 1972; Ich bin ein Bewohner des Elfenbeinturms, Ess. 1972; Die Unvernünftigen sterben aus, Dr. 1973; Als das Wünschen noch geholfen hat, G., Prosa 1974; Die Stunde der wahren Empfindung, E. 1975; Falsche Bewegung, E. 1975; Die linkshändige Frau, E. 1976; Das Ende des Flanierens, G. u. Ess. 1977; Das Gewicht der Welt, Tgb. 1977; Langsame Heimkehr, E. 1979; Die Lehre der Sainte-Victoire, Prosa 1980; Kindergeschichte, E. 1981; Über die Dörfer, Dr. 1981; Die Geschichte des Bleistifts, Aufz. 1982; Der Chinese des Schmerzes, E. 1983; Phantasien der Wiederholung, Prosa 1983; Die Wiederholung, R. 1986; Gedicht an die Dauer, Poem 1986; Nachmittag eines Schriftstellers, E. 1987; Die Abwesenheit, M. 1987; Aber ich lebe nur von den Zwischenräumen, Gespr. 1987.

L: P. H. (Text u. Kritik 24, 1969); G. Heintz, 1971; N. Hern, Lond. 1971; Üb. P. H., hg. M. Scharang 1972 (m. Bibl.); U. Schultz, 1973; H. Falkenstein, 1974; G. Heintz, 1974; M. Mixner, 1977; R. Nägele, R. Voris, 1978; H. König, 1978; G. Segooris, P. H. u. d. Spr., 1979; M. Jurgensen, hg. 1979; R. Fellinger, hg. 1981 u. 1985; J. Schlueter, Pittsburgh 1981; P. Pütz, 1982; M. Durzak, 1982; N. Honsza, hg. 1982; N. Gabriel, P. H. u. Österr., 1983; P. H., Rouen 1983; R. G. Renner, 1985; G. Melzer, J. Tükel, hg. 1985.

Hannsmann, Margarete, * 10. 2. 1921 Heidenheim/Württ., Schauspielstud., Fronttheater, Buchhändlerin, versch. Berufe, Schriftstellerin in Stuttgart. – Lyrikerin mit unsentimentalen, persönl. Versen von krit. Bewußtheit; Roman e. Vergangenheitsbewältigung. Hörspiel, Reisebuch.

W: Tauch in den Stein, G. 1964; Drei Tage in C., R. 1965; Maquis im Nirgendwo, G. 1966; Zerbrich die Sonnenschaufel, G. 1968; Grob, fein & göttlich, G. 1970; Zwischen Urne und Stier, G. 1971; Das andere Ufer vor Augen, G. 1972; Fernsehabsage, G. 1974; Blei im Gefieder, G. 1975; Aufzeichnungen über Buchenwald, 1978; Landkarten, G. 1980; Der helle Tag bricht an, E. 1982; Du bist in allem, G. 1983; Drachmentage, G. 1986; Pfauenschrei, B. 1986; Rabenflug, G. 1987.

Hans (von Kleve), Bruder, um 1400, aus der Gegend zwischen Köln und Kleve, trennte sich von s. Familie und wurde Klosterbruder. – Niederrhein. Mystiker, schrieb um 1400 (nach 1391) 7 Marienlieder meist in Titurelstrophen in niederrhein. Dialekt mit Annäherung an Hochdt.

A: R. Minzloff 1863 (n. 1967); M. S. Batts 1963.
L: M. S. Batts, 1964.

Hans von Bühel, um 1360 – zwischen 1429 und 1444, aus südbad. Ministerialengeschlecht mit Sitz in Bühl bei Rastatt; um 1401 Dienstmann des Kölner Erzbischofs auf Schloß Poppelsdorf, ab 1414 nachgewiesen als Ministeriale des Markgrafen von Hachberg östl. Basel. – Mhd. Epiker in der Nachfolge Konrads von Würzburg, von stark bürgerl. Lebensauffassung und einfacher Sprache, schrieb 2 Versnovellen mit vielbehandelten Stoffen.

W: Die Königstochter von Frankreich, 1401 (hg. Th. Merzdorf 1867); Dyocletians Leben, 1412 (hg. A. Keller 1841).
L: F. Seelig. Diss. Straßb. 1887; K. Büschgens, Diss. Bonn 1921.

Hans der Büheler → Hans von Bühel

Hans Clauert → Krüger, Bartholomäus

Hans Folz → Folz, Hans

Hans am See → Hansjakob, Heinrich

Hansjakob, Heinrich (Ps. Hans am See), 19. 8. 1837 Haslach/Kinzig – 23. 6. 1916 ebda., Bäckerssohn, Stud. Theol. und klass. Philol., 1863 kath. Priester, 1864 Dr. phil. Gymnasiallehrer in Donaueschingen, 1865–69 Waldshut, wegen Beteiligung am Kulturkampf entlassen. 1869–84 Pfarrer in Hagnau/Bodensee, 1871–81 bad. Landtagsabgeordneter, 1884–1913 Stadtpfarrer in Freiburg/Br. – Beliebter kath. Volksschriftsteller, schildert in volkstüml.-urwüchsigem Stil mit erzieher. Tendenz bäuerl. Menschen und Landschaft des Schwarzwaldes.

W: Auf der Festung, Aut. 1870; In Frankreich, Reiseb. 1874; Im Gefängnisse, Aut. 1874; In Italien, Reiseb. II 1877; In der Residenz, Mem. 1878 (n. 1967); Aus meiner Jugendzeit, Aut. 1880 (n. 1960); In den Niederlanden, Reiseb. 1881; Aus meiner Studienzeit, Aut. 1885 (n. 1966); Wilde Kirschen, En. 1888 (n. 1968); Dürre Blätter, En. II 1889 f.; Schneeballen, En. III 1892–94 (n. 1964–69; daraus: Der Vogt auf Mühlstein, 1895); Bauernblut, En. 1896; Der Leutnant von Hasle, E. 1896; Erinnerungen einer alten Schwarzwälderin, 1897; Der steinerne Mann von Has-

le, E. 1897; Im Paradies, Tg. 1897; Waldleute, En. 1897; Erzbauern, En. 1898; Abendläuten, Tg. 1899. – Ausgewählte Schriften, VIII 1895 f., X 1910 f.; Briefw. m. J. Dieterle, 1964.
L: J. K. Kempf, 1917; O. Floeck, 1922; H. Auer, 1939 (m. Bibl.); M.-P. Stintzi, 1966; H.-Jb., 1969 ff.; H. H., hg. M. Weber 1970; K. Klein, ²1980; H. Eimann, 1981 (m. Bibl.); A. J. Hofmann, 1981; Bibl.: B. Kremann, 1961.

Happel, Eberhard Werner, 12. 8. 1647 Kirchhain/Hessen – 15. 5. 1690 Hamburg, Predigerssohn, seit 1663 Stud. Mathematik und Medizin Marburg; Lehrer, zuletzt in Hamburg. – Mode- und Unterhaltungsschriftsteller des Spätbarock, verfaßte sog. Geschichtsromane, die in Verbindung von aktueller Berichterstattung, Anekdotischem u. Geographischem jeweils interessante Ereignisse des Vorjahrs in verschiedenen Erdteilen zu e. ›Liebes- und Heldengeschichte‹ ausschlachten.

W: Der Asiatische Onogambo, R. 1673; Der Insulanische Mandorell, R. 1682; Der Italianische Spinelli, R. IV 1685 f.; Der Spanische Quintana, R. IV 1686 f.; Der afrikanische Tarnolast, R. 1689 (n. IV 1982 f.); Der Academische Roman, R. 1690 (n. 1962).
L: Th. Schuwirth, Diss. Marb. 1909; G. Lock, 1939.

Hardekopf, Ferdinand (Ps. Stefan Wronski), 15. 12. 1876 Varel/Oldenburg – 24. 3. 1954 Burghözli/Zürich; Sohn e. Schmieds. Parlamentsstenograph und Journalist, 1910–16 Berlin, ab 1916 Bern und Zürich, 1921/22 in Berlin, ∞ die Schauspielerin Sita Staub, Aufenthalt in Paris, 11 Jahre an der Riviera, wieder in Paris und im 2. Weltkrieg in der Schweiz. Verfiel den Drogen und starb in der Irrenanstalt. – Früher Expressionist aus dem Kreis der ›Aktion‹ mit formvollendeten, preziösen Gedichten und geistvollen Essays. Übs. zeitgenöss. franz. Lit. (Mérimée, Gide, Cocteau, Malraux u. a.).

W: Der Abend, Dial. 1913; Lesestücke, 1916; Privatgedichte, 1921. – Gesammelte Dichtungen, 1963; Dichtungen, hg. I. Heinrich-Jost 1987.

Harden, Maximilian (eig. Maximilian Felix Ernst Witkowski, Ps. auch Apostata), 20. 10. 1861 Berlin – 30. 10. 1927 Montana/Wallis, Kaufmannssohn, Schauspieler, Mitbegründer der ›Freien Bühne‹, gründete 1892 die polit. Wochenschrift ›Die Zukunft‹ (1892–1922), führte scharfe Fehden gegen die Politik Wilhelms II., errang sich e. bes. von Nationalisten stark angefeindete Stellung in der Öffentlichkeit, gab 1923 nach e. mißglückten Attentat die Publizistik auf und zog in die Schweiz. – Geistvoller jüd. Publizist, Essayist, Kritiker und Satiriker von wirkungsbedachtem, gespreiztem, später manieriertem Stil. Als linksgerichteter Gesellschaftskritiker stets in Opposition. Eintreten für den Naturalismus, Ibsen, Strindberg, Tolstoj, Dostoevskij und Maeterlinck.

W: Berlin als Theaterhauptstadt, 1888; Apostata, Ess. II 1892; Literatur und Theater, Ess. 1896; Kampfgenosse Sudermann, Schr. 1903; Köpfe, Ess. IV 1910–24 (Bd. 3 auch u. d. T. Prozesse, 1913); Krieg und Friede, Ess. II 1918; Deutschland, Frankreich, England, Schr. 1923; Von Versailles nach Versailles, Aut. 1927; M. H.-Brevier, hg. E. Schmaltz 1947; Köpfe, Ausw. hg. H.-J. Fröhlich 1963; Kaiser-Panorama, hg. R. Greuner 1983; Briefw. m. W. Rathenau, hg. D. Hellige 1983; m. B. Björnson, hg. A. Keel 1984.
L: B. U. Weller, 1970; H. F. Young, 1971.

Hardenberg, Georg Philipp Friedrich Freiherr von → Novalis

Hardt, Ernst, 9. 5. 1876 Graudenz/Westpr. – 3. 1. 1947 Ichenhausen b. Augsburg, Offizierssohn, Reisen 1893/94 in Griechenland, 1896/97 in Spanien und Portugal; 1898 Redakteur der ›Dresdner Zeitung‹, freier Schriftsteller

in Berlin, 1907 Weimar, 1919–24 Generalintendant des Dt. Nationaltheaters ebda., 1925 Intendant der Kölner Schauspielbühne, 1926–33 Leiter des Westdt. Rundfunks Köln, nach 1933 amtsenthoben und zeitweilig in Haft. – Neuromant. Dichter, der in gepflegt stilisierter Sprache an Stoffen aus Gesch. und Sage die Lebensmächte Liebe, Schönheit und Tod gestaltet. Prosadramen dem franz. Symbolismus, Lyrik dem Georgekreis nahestehend; dann Wendung zum lyr. Drama nach Vorbild des jungen Hofmannsthal, doch dessen zuchtvolle Ausgewogenheit durch gespreizten Wortprunk und schwelger. Bilderfülle ersetzend. Vorliebe für nervös verfeinerte Psychologie. Bühnenerfolg mit der Tristan-Episode ›Tantris der Narr‹. Als Erzähler anfangs kunstvoll stilisierte Novellen, nach 1945 realist.-schwermütiger um Zeitprobleme. Übs. aus dem Franz. (Zola, Taine, Balzac, Flaubert, La Rochefoucauld, Vauvenargues, Rousseau, Voltaire, Claudel, Maupassant).

W: Priester des Todes, Nn. 1898; Tote Zeit, Dr. 1898; Bunt ist das Leben, Nn. 1902; Der Kampf ums Rosenrote, Dr. 1903; Aus den Tagen des Knaben, G. 1904; An den Toren des Lebens, N. 1904; Ninon de Lenclos, Dr. 1905; Tantris der Narr, Dr. 1907; Gesammelte Erzählungen, 1909; Gudrun, Tr. 1911; Schirin und Gertraude, Lsp. 1913; König Salomo, Dr. 1915; Don Hjalmar, E. 1947. – Briefe an E. H., 1975.
L: H. Schumann, 1913; O. Nieten, 1914; F. Adler, Diss. Greifsw. 1921; W. Schulze-Reimpell, 1976.

Harig, Ludwig, *18. 7. 1927 Sulzbach/Saar, Lehrerseminar, 1949/50 Assistent am Collège moderne Lyon, 1950–70 Volksschullehrer in Dudweiler/Saar, dann freier Schriftsteller in Sulzbach, 1982 Gastdozent Austin, Texas, 1987 Gastdozent für Poetik Frankfurt. – Experimenteller Autor mit stereophonen Hörspielen, Funkcollagen und konkreter Poesie im Umkreis der Stuttgarter Gruppe; in s. Erzählprosa amüsante und erhellende Sprachspielereien und iron.-satir. Plaudereien. Übs. R. Queneaus.

W: Haiku Hiroshima, H. 1961; Das Fußballspiel, H. (1962); Zustand und Veränderungen, Texte 1963; Das Geräusch, H. 1965; Reise nach Bordeaux, R. 1965; Les domoiselles d'Avignon, H. (1967); Starallüren, H. (1967); Ein Blumenstück, H.e 1969; Immensee, Prosa 1969; Staatsbegräbnisse, H. (1971); Wir beginnen am Leben, Dr. (1971); Sprechstunden für die deutsch-französische Verständigung, R. 1971; Allseitige Beschreibung der Welt, Schr. 1974; Die saarländische Freude, Schr. 1977; Rousseau, R. 1978; Heimweh, Reiseb. 1979; Der kleine Brixius, N. 1980; Heilige Kühe der Deutschen, Feuill. 1981; Trierer Spaziergänge, Reiseb. 1983; Zum Schauen bestellt, Tg. 1984; Das Rauschen des 6. Sinnes, Rdn. 1985; Ordnung ist das ganze Leben, R. 1986; Die Laren der Villa Massimo, Tg. 1986.
L.: G. Sauder u. a., hg. 1987.

Haringer, (Jan) Jakob, 16. 3. 1898 Dresden – 3. 4. 1948 Zürich, Jugend in Salzburg, 1919 als Mitgründer der Münchner Räterepublik inhaftiert, seit rd. 1930 Schriftsteller und Hrsg. in Aigen b. Salzburg, 1938 über Prag und Frankreich Emigration in die Schweiz, lebte in großer Dürftigkeit mit Unterstützung von Freunden in Köniz b. Bern. Unsteter dichtender Vagabund, von Weltschmerz zerrissene neurot. Einzelgänger. – Expressionist. Lyriker und Prosaist, sprunghaft und unausgeglichen im Stil; neben volksliedhaft schlichten Tönen bombast. Wortorgien. Auch Erzähler, Dramatiker, Essayist und Übs. chines. und franz. Lyrik.

W: Hain des Vergessens, G. 1919; Abendbergwerk, Prosa 1920; Die Kammer, G. 1921; Die Dichtungen, 1925; Das Räubermärchen, E. 1925; Weihnacht im Armenhaus, E. 1925; Kind im grauen Haar, 1926; Heimweh, G. 1928; Abschied, G. 1930; Der Reisende oder die Träne, E. 1932; Andenken,

1934; Vermischte Schriften, 1935; Das Fenster, G. 1946; Der Orgelspieler, G. 1955; Lieder eines Lumpen, G. 1962; Das Schnarchen Gottes, Ausw. J. Serke 1979.
L: P. Heinzelmann, ²1963; W. Amstad, Diss. Fribourg 1967.

Harsdörffer, Georg Philipp, 1. 11. 1607 Nürnberg – 22. 9. 1658 ebda., Stud. 1623–26 Jura in Altdorf, 1626 auch Philos., Gesch. und neuere Sprachen in Straßburg, dann europ. Bildungsreise, 1631 zurück in Nürnberg, ⚭ 1634 Susanna Fürer von Haimendorf, 1637 Assessor am Untergericht, später Stadtgericht Nürnberg; 1655 Mitgl. des Hohen Rats. 1642 Mitglied der Fruchtbringenden Gesellschaft, 1643 von Zesens Teutschgesinnter Genossenschaft, 1644 Stifter und Vorsitzender des Pegnesischen Hirten- und Blumenordens (mit Klaj) als Strephon. – Bedeutender Dichter, Mäzen, Lit.-Organisator und -Theoretiker des Barock; Verfechter e. neuen, gesellschaftl.-galanten Bildungsideals. Als Lyriker Meister der Klangmalerei und der Bilderlyrik. In s. ›Gesprächsspielen‹ Erneuerer der Renaissance-Dialogform. Vorliebe für Schäferidylle und -roman als allegor. Einkleidung und geselliges Spiel. Erörtert in s. Poetik bes. die dekorative Formkunst der Bilder und Klänge in der Dichtung. Als Übs. aus dem Franz., Ital., Span. Mittler roman. Lit.; daneben Eintreten für die Erforschung und Pflege dt. Sprache und Sitte.

W: Frauenzimmer-Gesprechspiele, VIII 1641–49 (n. I. Böttcher IX 1968 f.); Pegnesisches Schäfergedicht, 1641 (m. Klaj); Fortsetzung der Pegnitz-Schäferey, 1645 (m. Klaj, beide zus. n. K. Garber 1966); Poetischer Trichter, III 1647–53 (n. R. Maquier 1939, 1975); Hertzbewegliche Sonntagsandachten, II 1649–51; Der Große Schauplatz Lust- und Lehrreicher Geschichte, II 1650 f. (n. II 1978); Der Große Schauplatz Jämerlicher Mordgeschichte, VIII 1650–52 (n. 1975); Nathan und Jotham, G. II 1650 f.; Hundert Andachtsgemälde, 1656. – Ausw., hg. W. Müller 1826. *L:* W. Kayser, D. Klangmalerei b. H., ²1962; S. Ferschmann, D. Poetik G. P. H.s, Diss. Wien 1964; R. Zeller, Spiel u. Konversation i. Barock, 1974; J.-D. Krebs, II 1983; Bibl.: H. Zirnbauer (Philobiblon 5, 1961).

Hart, Heinrich, 30. 12. 1855 Wesel – 11. 6. 1906 Tecklenburg/ Westf., Gymnas. Münster, 1875 Stud. Gesch., Philos. u. neuere Sprachen Halle, München und Münster; Journalist in Bremen; seit Herbst 1877 in Berlin; 1878/79 mit s. Bruder Julius H. Hrsg. der ›Deutschen Monatsblätter‹, 1879–82 des ›Deutschen Literatur-Kalenders‹, 1882–84 in den ›Kritischen Waffengängen‹ Vorkämpfer des Naturalismus, 1886 Mitgl. des Vereins ›Durch‹; 1888–90 Leiter des ›Kritischen Jahrbuchs‹, 1887–1900 Theaterkritiker der ›Tägl. Rundschau‹, seit 1901 am ›Tag‹. – Schriftsteller und Theoretiker des Naturalismus; maßgebl. für die Bildung e. naturalist. Ästhetik. Eigene Dichtungen heute nur noch von hist. Interesse. Monist von pantheist. Lebensbejahung; in Lyrik wie Drama jedoch stark rhetor. Sein auf 24 Bde. angelegtes Versepos ›Lied der Menschheit‹, kulturphilos. Darstellung der Menschheitsentwicklung, blieb Fragment.

W: Weltpfingsten, G. 1872; Sedan, Tr. 1882; Kritische Waffengänge, Krit. VI 1882–84 (m. Julius H., n. 1969); Das Lied der Menschheit, Ep. III 1888–96 (I: Tul und Nahila, II: Nimrod, III: Mose); Das Reich der Erfüllung, Schr. II 1900f. (m. Julius H.). – GW, hg. J. Hart IV 1907f.
L: L. H. Wolf, Diss. Bern 1922; K. Tillmann, D. Zss. d. Gebr. H., Diss. Mchn. 1923.

Hart, Julius, 9. 4. 1859 Münster – 7. 7. 1930 Berlin, Gymnas. Münster, Herbst 1877 Stud. Jura Berlin, 1878 Theaterkritiker in Bremen, seit 1881 wieder in Berlin, Mitarbeiter s. Bruders Heinrich H. bei dessen Zeitschriften, 1887

Kritiker der ›Täglichen Rundschau‹, 1900 am ›Tag‹; Mitgl. des Vereins ›Durch‹ und des Friedrichshagener Kreises; Gründer e. freireligiösen ›Neuen Gemeinschaft‹. – Dichter und Kritiker des Naturalismus, stärkere dichter. Begabung als s. Bruder. In eigenen Dichtungen vorwiegend weltanschaul. Lyriker eines Naturpantheismus; Beginn der Großstadtlyrik; später Übergang zum Symbolismus und Expressionismus. Als Dramatiker erfolglos. Auch Literaturgeschichte.

W (vgl. auch Heinrich H.): Sansara, G. 1879; Don Juan Tenorio, Tr. 1881; Der Rächer, Tr. 1884; Die Schauspielerin, Tr. (1884); Sumpf, Dr. (1886); Fünf Novellen, 1888; Die Richterin, Dr. (1888); Homo sum, G. 1890; Sehnsucht, Prosa 1893; Geschichte der Weltliteratur, II 1894–96; Stimmen in der Nacht, Prosa 1898; Triumph des Lebens, G. 1898; Zukunftsland, Prosa II 1899–1902; Träume der Mittsommernacht, Prosa 1905; Revolution der Ästhetik, Schr. 1909.
L: L. H. Wolf, Diss. Bern 1922; K. Tillmann, D. Zss. d. Gebr. H., Diss. Mchn. 1923; I. Jürgen, D. Theaterkritiker J. H., Diss. Bln. 1956.

Hartlaub, Felix, 17. 6. 1913 Bremen – Ende April 1945 Berlin, Sohn des Kunsthistorikers G. F. H.; 1928–32 Odenwaldschule; 1934–39 Stud. Romanistik und neuere Gesch. Heidelberg und Berlin, 1939 Dr. phil.; 1939 eingezogen, 1941 Archivar in Paris, dann bei der kriegsgeschichtl. Abt. des OKW Berlin, 1942 hist. Sachbearbeiter bei der Abt. Kriegstagebuch im Führerhauptquartier (Winniza, Rastenburg, Berchtesgaden). April 1945 nach Versetzung zur Infanterie in Berlin verschollen. Auch Zeichner im Stil Kubins. – Realist. Erzähler, Dramatiker, Essayist, bes. aber Tagebuchschreiber mit atmosphär. dichter., formelhaft knapper, streng sachl. und zuchtvoller

Prosa. Streben nach unpersönl.
Objektivität aus dem Erlebnis
menschl. Vereinsamung.

W: Von unten gesehen, Ausw. 1950; Parthe-
nope, E. 1951; Im Sperrkreis, Aufz. 1955; Das
Gesamtwerk, 1955; F. H. in seinen Briefen,
1958.
L: Ch. Wilke, D. letzten Aufz. F. H.s, 1967
(m. Bibl.).

Hartlaub, Geno(veva), *★7. 6.
1915 Mannheim, Schwester von
Felix H.; Odenwaldschule, kaufmänn. Lehre, Auslandskorrespondentin in Frankfurt/M.;
1 Jahr freies Stud. in Italien; 1939
Dienstverpflichtung zur Wehr-
macht, 1945 Kriegsgefangenschaft. 1945–48 Lektorin in Heidelberg; ab 1949 Verlagslektorin,
seit 1956 Redakteurin des ›Sonntagsblatt‹ in Hamburg. – Erzählerin von gepflegtem, ausgewoge-
nem Stil in der Kafka-Nachfolge
um Immoralität und Orientie-
rungslosigkeit der Gegenwart.
Auch Essay und Hörspiel.

W: Die Entführung, E. 1941; Noch im
Traum, R. 1943; Anselm, der Lehrling, R.
1947; Die Kindsräuberin, N. 1947; Die Tau-
ben von San Marco, R. 1953; Der große
Wagen, R. 1954; Windstille vor Concador, R.
1958; Gefangene der Nacht, R. 1961; Der
Mond hat Durst, E. 1963; Die Schafe der
Königin, R. 1964; Unterwegs nach Sanan-
kand, Reiseb. 1965; Nicht jeder ist Odysseus,
R. 1967; Rot heißt auch schön, En. 1969;
Lokaltermin Feenteich, R. 1972; Wer die Erde
küßt, Aut. 1975; Das Gör, R. 1980; Muriel,
R. 1985; Die Uhr der Träume, Ausgew. En.
1986.

Hartleben, Otto Erich (Ps. Henrik Ipse, Otto Erich), 3. 6. 1864
Clausthal/Harz – 11. 2. 1905 Salò/
Gardasee; 1886 Stud. Jura Berlin
und Leipzig; 1889 Referendar in
Stolberg/Harz und Magdeburg;
verließ 1890 den Staatsdienst, seither freier Schriftsteller in Berlin,
ab 1901 meist in München und aus
Gesundheitsgründen in s. Villa
Halkyone b. Salò/Gardasee. Typ
des leichtlebigen Bohemien von

großer Begabung, doch ohne
Energie. – Dichter des Naturalismus mit Nähe zu Bierbaum;
geistreich-witziger Verspotter der
Philistermoral, die er durch s.
iron.-satir., freimütig erot. Plän-
keleien reizte und neckte, anfangs
mit echter gesellschaftskrit. Tendenz, später besinnl.-humorist.
H.s Dramen verwenden Ibsens
Handlungsaufbau und treffsichere
Dialogführung, doch ohne Kraft
und Geschlossenheit, bei s. größten Bühnenerfolg ›Rosenmontag‹
u. a. auch sentimentale Effekte.
Unter s. humorvollen, gelegentl.
satir.-zyn. Novellen und burlesken erot. Schwänken Meisterwer-
ke von graziös-liebenswürdiger
Form. Die Lyrik bevorzugt die
klare Formstrenge und klass. Ruhe antiker Oden und musikal. Sonette, erlesene Bilder und klang-
volle Worte.

W: Angele, K. 1891; Die Erziehung zur Ehe,
K. 1893; Hanna Jagert, K. 1893; Die Ge-
schichte vom abgerissenen Knopfe, En. 1893;
Vom gastfreien Pastor, En 1895; Meine Ver-
se, G. 1895; Die sittliche Forderung, K. 1897;
Der römische Maler, En. 1898; Rosenmon-
tag, Tr. 1900; Von reifen Früchten, G. 1902;
Meine Verse, Gesamtausg. 1902; Liebe kleine
Mama, En. 1904; Tagebuch, 1906; Aphoris-
men, 1920. – AW, hg. F. F. Heitmüller Tl
1909; Briefe, hg. dies. II 1908–12; Briefe an
seine Freundin, hg. F. B. Hardt 1910.
L: S. Hartleben, 1910; F. Hock, 1931; H.
Lücke, 1941; G. de Reese, Diss. Jena 1957; H.
Reif, Diss. Wien 1963; Bibl.: A. v. Klement,
1951.

Hartlieb, Johannes, um 1400
Neuburg a. d. Donau (?) – 18. 5.
(?) 1468; Stud. Medizin Wien,
knüpfte Beziehungen zum Wiener
Hof; 1433 Magister und Dr., 1440
herzogl. Leibarzt Albrechts III.
und später Sigismunds von Bayern in München; ⚭ Sibylle, Tochter Albrechts III. und der Agnes
Bernauerin. – In s. zahlr. Übss.
aus dem Lat. bedeutender Prosa-
Stilist mit Streben nach glattem

dt. Erzählstil, dramat. Ausgestalten und umständl. Verdeutlichung. In s. wiss. Werken durch Streben nach Universalität Vorläufer der Humanisten.

W: Alexander, Übs. v. Leos Historia de preliis, 1444 (n. R. Benz 1924, R. Lechner-Petri 1980); Chiromantia, Abh. 1448, gedr. 1473 (Faks. E. Weil 1923); Buch aller verbotenen Kunst, 1456 (n. D. Ulm 1914); Caesarius von Heisterbach: Dialogus miraculorum, Übs. um 1460 (n. K. Drescher 1929).

Hartmann, der arme, Mitte 12. Jh., Deckname e. wohl adligen rhein. oder thüring. Laienbruders. – Vf. e. 3800 Reimpaarverse umfassenden frühmhd. Dichtung ›Rede vom Glauben‹ (um 1140/ 50) im Anschluß an das Glaubensbekenntnis als Ausdruck kraftvoller Frömmigkeit und asket. Bußpredigt für e. gottgefälliges Leben ritterl.-adliger Kreise.

A: F. v. d. Leyden 1897, n. 1977; F. Maurer, Dt. relig. Dichtungen d. 11. u. 12. Jh., 1965.

Hartmann von Aue (Ouwe), um 1165 – um 1215, alemann. Herkunft, besuchte e. Klosterschule, zeigt gelehrte Bildung, lat. und franz. Sprachkenntnisse und reiche Belesenheit in klass. und geistl. Lit. Ministeriale e. schwäb. Freiherrngeschlechts von Ouwe. Erhielt die Ritterwürde und nahm am Kreuzzug 1189–91 teil. – Alemann. Minnesänger und der erste und vielleicht bezeichnendste der 3 großen mhd. Epiker neben Wolfram und Gottfried, maßgebl. für das entstehende Ritterideal der mhd. Dichtung. Ernste, distanzierte Minnelieder ohne bes. Eigenart (1180 ff.), inniger einige Kreuzlieder (um 1187–89). Jugendwerk nach franz. Quelle ist ›Das Büchlein‹ (um 1180–85), ritterl. Minnelehre als Streitgespräch zwischen Herz und Leib. In s. beiden höf. Epen mit Stoffen aus dem Artussagenkreis nach

Chrétien de Troyes und s. zwei im Stil des höf. Epos gehaltenen geistl. Legendendichtungen behandelt H. ritterl. Probleme in klarem eth.-moral. Sinne und schafft ideale Rittertypen. Gepflegte, klare und schwerelose Sprache und Reimkunst. Ideal der mâze auch in der Stoffbehandlung. Gegenüber den Quellen psycholog. Verfeinerung, seel. Ausdeutung und idealist. Stilisierung der Charaktere und Motive, Erweiterung des Milieus. ›Erec‹ (um 1185) ist der 1. erhaltene dt. Ritterroman aus dem Artuskreis und klass. Ausprägung der ritterl.-höf. Lebensidee: Erec überwindet die Gefahr, in glückl. Eheleben s. Ritterpflichten zu vernachlässigen durch e. Reihe beschwerl. Abenteuer. ›Gregorius‹ (um 1187–89) ist die Legende des aus e. Geschwisterehe hervorgegangenen Ritters, der e. unwissentlich mit s. Mutter begangene Blutschande sühnt und dann von Gott zum Papst berufen wird. Die legendenhafte Versnovelle ›Der arme Heinrich‹ (um 1195) ist wohl e. Geschlechtssage s. Dienstherren, in der e. Aussatzbefallener das Opfer e. reinen Mädchens ablehnt und dafür geheilt wird. ›Iwein‹ (um 1202) kehrt das Verhältnis von Frauenliebe und Ritterpflicht des ›Erec‹ um und läßt den Helden über ritterl. Tatendrang und freiem Abenteuerleben den Minnedienst vergessen.

A: Wke, hg. F. Bech ³1934, hg. E. Schwarz II 1967 (m. Übs.), nhd. Prosaübs. R. Fink, 1939; Lieder: MF; Büchlein: M. Haupt, E. Martin ²1881, H. Zutt 1968, P. W. Tax 1979; Erec: M. Haupt ²1871, A. Leitzmann, ⁶1985; Gregorius: H. Paul, L. Wolff ¹³1984; F. Neumann ³1968 m. Kommentar, nhd. B. Kippenberg, 1959, W. Mohr 1980; Armer Heinrich: E. Gierach ²1925, H. Paul, L. Wolff ¹⁵1984, nhd. R. Borchardt 1925; Iwein: G. F. Benecke, K. Lachmann, L. Wolff II ⁷1968, m. Übs. Th. Cramer ³1981.

L: A. E. Schönbach, 1894; H. Sparnaay, II

1933–38, n. 1975; B. Nagel, D. arme Heinrich, 1952; H. Eggers, Symmetrie und Proportion ep. Erzählens, 1955; C. Cormeau, 1966; H. Linke, 1968; E. Blattmann, D. Lieder H.s, 1968; H. v. A., hg. H. Kuhn 1973; G. Kaiser, Textauslegg. u. gesellsch. Selbstdeutg., ²1978; U. Kuttner, D. Erzählen des Erzählten, 1978; H. Bayer, 1978; P. Wapnewski, ⁷1979; C. Cormeau, W. Störmer, 1984; Bibl.: I. Klemt, 1968, E. Neubuhr, 1977.

Hartmann, Lukas (eig. Hans-Rudolf Lehmann), * 29. 8. 1944 Bern, Rundfunkredakteur in Bern. – Schweizer Erzähler und Hörspielautor.

W: Ausbruch, R. 1970; Mozart im Hurenhaus, En. 1976; Pestalozzis Berg, R. 1978; Aus dem Inneren des Mediums, R. 1985.

Hartmann, Moritz, 15. 10. 1821 Duschnik b. Přibram/Böhmen – 13. 5. 1872 Oberdöbling b. Wien. Stud. Philos. und Lit.; Hauslehrer; ging 1844 nach Berlin, Leipzig, Brüssel, Paris (Verkehr mit Heine, Béranger, Musset), 1846 nach Berlin, Ende 1847 nach Prag; Mitgl. des Frankfurter Parlaments in der demokrat. Linken, Okt. 1848 Teilnahme an der Revolution in Wien, am Bad. Aufstand und 1849 Flucht in die Schweiz; 1850 Reisen durch Frankreich, England, Irland, Niederlande; 1854 Korrespondent beim Krimkrieg, 1860 Prof. für dt. Lit. Genf; 1862 Schriftleiter in Stuttgart. 1868 Rückkehr nach Wien als Feuilletonredakteur der ›Neuen Freien Presse‹. – Polit. Lyriker und Publizist, ging nach scharfem Freiheitspathos bald zur unpolit. Idyllik über, gab e. Satire der Schwächen des Frankfurter Parlaments (›Reimchronik‹), ferner Versepik, Romane, polit. Novellen, interessante Reisebeschreibungen und Übss.

W: Kelch und Schwert, G. 1845; Neuere Gedichte, 1846; Reimchronik des Pfaffen Mauritius, Sat. 1849; Der Krieg um den Wald, R. 1850; Erzählungen eines Unstäten, Nn. II

1858; Novellen, III 1863; Nach der Natur, Nn. III 1866; Die Diamanten der Baronin, R. II 1868. – GW, X 1873f.; AW, hg. O. Rommel 1910; Briefe, Ausw. R. Wolkan 1921. *L:* O. Wittner, II 1906f.; H. Laß, Diss. Hbg. 1963.

Hartung, Harald, * 29. 10. 1932 Herne; Germanist, Dozent Pädag. Institut Berlin, Prof. Techn. Univ. ebda., 1983–85 Leiter des Literar. Colloquium ebda. – Kritiker und Lyriker mit persönl., aussparenden Versen von musikal. Rhythmik.

W: Hase und Hegel, G. 1970; Reichsbahngelände, G. 1974; Experimentelle Literatur und konkrete Poesie, St. 1975; Das gewöhnliche Licht, G. 1976; Augenzeit, G. 1978; Traum im Deutschen Museum, Ges. G. 1986.

Hartung, Hugo (Ps. N. Dymion), 17. 9. 1902 Netzschkau/Vogtl. – 2. 5. 1972 München, Stud. Theaterwiss., Kunst- und Lit.gesch. Leipzig, Wien und München, 1928–31 Dramaturg München, 1931–36 Rundfunktätigkeit; 1936 Dramaturg in Oldenburg, 1940 in Breslau, seither freier Schriftsteller in Berlin, seit 1960 auch München. – Fabulierfreudiger Erzähler, der in anspruchsvollen Unterhaltungsromanen ernsthafte Zeitprobleme, Zeitkritik und -satire verbirgt. Auch Hörspiele.

W: Die große belmontische Musik, E. 1948 (u. d. T. Der Deserteur, 1951); Der Himmel war unten, R. 1951; Aber Anne hieß Marie, R. 1952; Gewiegt von Regen und Wind, R. 1954; Ich denke oft an Piroschka, R. 1954; Wir Wunderkinder, R. 1957; Stern unter Sternen, R. 1958; Die goldenen Gnaden, En. 1960; Ein Prosit der Unsterblichkeit, R. 1960; König Bogumil König, R. 1961; Die Braut von Bregenz, R. 1961; Timpe gegen alle, R. 1962; Die glitzernde Marietta, En. 1962; Die stillen Abenteuer, Erinn. 1963; Ihr Mann ist tot und läßt Sie grüßen, R. 1965; Kindheit ist kein Kinderspiel, Jgb. 1968; Keine Nachtigallen im Ölbaumwald, En. 1969; Wir Meisegeiers, R. 1972; Die Potsdamerin, R. 1979. – Gesamtausg., VIII 1982.

Hase, Friedrich Traugott, 16. 2. 1754 Steinbach/Sachsen – 9. 2.

1823 Dresden; Geh. Kabinettssekretär ebda. 1776–78 Hrsg. des
Leipziger Musenalmanachs. – Vf.
e. gesellschaftskrit. Entwicklungsromans, der e. ep. Geschehen in dramat. Dialog mit
Szenenanweisung transponiert,
um durch scheinbare Eliminie-
rung des Autors Objektivität zu
erreichen.

W: Gustav Aldermann, R. II 1779 (n. 1964);
Geschichte eines Genies, R. 1780; Friedrich
Mahler, R. II 1781.

Hasenclever, Walter, 8. 7. 1890
Aachen – 21. 6. 1940 Les Milles/
Frankr., Sohn e. Sanitätsrats,
Stud. Literaturgesch., Philos. und
Gesch. 1908 Oxford, 1909 Lausanne und Herbst 1909 Leipzig;
Freundschaft mit K. Pinthus, K.
Wolff und F. Werfel, Italienreise;
1914–16 Kriegsfreiwilliger im
Westen und Mazedonien, dann
1 Jahr im Lazarett bei Dresden;
wurde Pazifist. Nach dem Krieg
in Dresden, dann Berlin, 1924–30
als Korrespondent in Paris, dann
Hollywood und wieder Berlin.
1933 ausgebürgert, emigrierte H.
nach Südfrankreich, 1935 bei Du-
brovnik, Ende 1935 – April 1936
London, 1936/37 Nizza, 1937–39
bei Florenz, wieder nach London,
dann Cagnes-sur-Mer/Süd-
frankr., dort zweimal interniert,
Mai 1940 im Lager Les Milles, wo
er bei Annäherung dt. Truppen
den Freitod wählte. – Expressionist. Lyriker und Dramatiker,
dessen revolutionärer ›Sohn‹ 1916
erstmals den expressionist. Bühnenstil und dessen typ. Themen-
kreise (Generationskonflikt,
Menschheitsverbrüderung) auf
die Bühne brachte, Selbstdarstellung der ungebärdigen, weltoffenen, gegen erstarrte Autorität re-
bellierenden Jugend. Gute, dichte
Szenentechnik, plakathafter Stil

mit knapper und wesentlicher
Sprache bis zur pathet.-ekstat.
Beschwörung und zum ver-
krampften Schrei. In weiteren
Werken Revolutionär und Pazifist
von ekstat. Menschheitspathos
und bissiger Zeitsatire. In s. stark
intellektuell betonten Lyrik Eintreten für die Politisierung des
Geistes. Zeitweilig Neigung zum
Okkultismus. Ende der 20er Jahre
zeittyp. Wendung zur Unterhal-
tungskomödie voll sprühenden
Humors und geistreicher Ironie in
traditionellen Formen.

W: Der Jüngling, G. 1913; Der Sohn, Dr.
1914; Antigone, Tr. 1917; Tod und Auferste-
hung, G. 1917; Die Menschen, Dr. 1918; Die
Entscheidung, K. 1919; Der Retter, Dr. 1919;
Jenseits, Dr. 1920; Gedichte an Frauen, 1922;
Gobseck, Dr. 1922; Mord, Dr. 1926; Ein
besserer Herr, Lsp. 1927; Ehen werden im
Himmel geschlossen, K. 1929; Napoleon
greift ein, K. 1930; Münchhausen, Dr. (1934);
Irrtum und Leidenschaft, R. 1969. – Gedich-
te, Dramen, Prosa, hg. K. Pinthus 1963.
L: P. J. Cremers, O. Brües 1922; E. Zeltner,
Diss. Wien 1961; H. M. Raggam, 1973 (m.
Bibl.); A. Hoelzel, W. H.s humanitarianism,
1983; A. Wilder, D. Komödien W. H.s, 1983.

Hasenkamp, Gottfried, * 12. 3.
1902 Bremen, Stud. Gesch.,
Kunstgesch. u. Philos. Münster,
Tübingen und Bonn, 1923 Dr.
phil.; Schriftleiter des ›Münsteri-
schen Anzeigers‹; 1933–45 behin-
dert, seit 1946 Verlagsleiter der
›Westfäl. Nachrichten‹ in Münster, Konvertit. – Niederdt. Lyriker, Dramatiker und Essayist aus
bewußt kath. Glaubenshaltung.
In s. hymn. und eleg. Lyrik zuerst
von Hölderlin und Vergil, dann in
s. Mysterienspielen von der kath.
Liturgie und Claudel beeinflußt.

W: Die Magd, Sp. (1923); Hymnen, 1924;
Sponsa Christi, Sp. 1924; Winter-Sonnen-
wende, Sp. 1924; Salzburger Elegie, G. 1931;
Der Königsstuhl von Aachen, G. 1932; Das
Meer, G. 1938; Carmina in nocte, G. 1946;
Das brennende Licht, G. 1946; Münsterisches
Dombauspiel, 1947; Wie dieser Ring ist ganz
in sich vollendet, G. 1947; Das Totenopfer,
G. 1948; Der Brautbecher, Sp. 1952; Das

Morgentor, G. 1956; Die Jugend, die wir finden, altert nicht, Son. 1968.

Hassencamp, Oliver, * 10. 5. 1921 Rastatt; Soldat, Stud. Jura, Kunstgesch., Psychologie; Kabarettist, Schauspieler, dann Schriftsteller in München. – Vf. amüsant-frivoler, iron. Unterhaltungsromane mit heiterer Gesellschaftskritik; auch Jugendbuch, Hörspiel und Filmdrehbuch.

W: Bekenntnisse eines möblierten Herrn, R. 1960; Das Recht auf den anderen, R. 1962; Ich liebe mich, R. 1967; Lebensregeln, Op. 1972; Erkenntnisse eines etablierten Herrn, R. 1972; Die Frühstücksfreundin, R. 1975; Sage und schreibe, Sat. 1976; Klipp und klar, Aphor. 1977; Geständnisse eines graumelierten Herrn, R. 1982.

Hatry, Michael, * 12. 12. 1940 Hamburg, seit 1954 Mannheim, 1960–65 Stud. Theaterwiss., Germanistik, Publizistik Berlin, Dr. phil., 1967–69 Dramaturg in Ulm, dann München. – Vf. halbdokumentar. Stücke in der Nachfolge von P. Weiß um Jugendprobleme und Generationskonflikte.

W: Besuch für Kalinke, H. (1966); Hans der Träumer, H. (1966); Die Notstandsübung, Dr. (1968); Brüderlein und Schwesterlein, Dr. (1969); Frontstadttheater, Dr. (1969); Spanien im Winter, Dr. (1970); Aus lauter Liebe, En. 1971; Milch und Honig, Dr. (1974); Verdunkelungsgefahr, Dr. (1979).

Hatzfeld, Adolf von, 3. 9. 1892 Olpe/Westf. – 25. 7. 1957 Bad Godesberg. Kaufmänn. Lehre in Hamburg, Fahnenjunker; Kriegsschule Potsdam. 1913 bei e. Selbstmordversuch erblindet. Stud. Lit.-wiss. und Philos. Münster, Freiburg/Br., Marburg und München; 1919 Dr. phil. Weite Reisen. Seit 1925 freier Schriftsteller in Godesberg. – Naturlyriker, Erzähler expressionist. Bekenntnisromane und Novellen, Dramatiker und Essayist von sinnenfroher farbenreicher Darstel-

lung, tiefer Verbundenheit mit s. westfäl. Heimat und relig. Haltung.

W: Gedichte, 1916; Franziskus, R. 1918; An Gott, G. 1919; Jugendgedichte, 1923; Die Lemminge, R. 1923; Positano Reiseb. 1925; Das zerbrochene Herz, Tr. 1926 (nach J. Ford); Ländlicher Sommer, G. 1926; Das glückhafte Schiff, R. 1931; Gedichte des Landes, 1936; Der Flug nach Moskau, E. 1942; Melodie des Herzens, Ges. G. 1951; Zwischenfälle, En. 1952.
L: I. Seifert, Diss. Bonn 1938; H. v. Aubel, Diss. Bonn 1949; A. v. H., 1959 (m. Bibl.).

Hauff, Wilhelm, 29. 11. 1802 Stuttgart – 18. 11. 1827 ebda.; Sohn e. Regierungssekretärs, nach Tod des Vaters mit der Mutter nach Tübingen; 1817 Klosterschule Blaubeuren, 1820–25 Stud. Theol. u. Philos. am Tübinger Stift, Burschenschafter; 1825 Dr. phil.; 1824–26 Hauslehrer in Stuttgart. Preßprozeß wegen Benutzung von K. Heuns Pseudonym Clauren im ›Mann im Mond‹. 1826 Reise durch Frankreich, Niederlande und Norddtl. 1827 Redakteur von Cottas ›Morgenblatt‹, 13. 2. 1827 ⊕ Luise Hauff. 1827 Tirol-Reise. Früher Tod durch Nervenfieber. – Volkstüml.-eklekt. Erzähler zwischen Spätromantik u. Frührealismus, vielseitiges Talent von erstaunl. Fruchtbarkeit und formaler Leichtigkeit, da unoriginell und unreif, jeweils versch. Vorbildern folgend, so daß s. früher Tod versch. Theorien über s. künftige Entwicklung zuläßt. Bekannt durch s. in oriental. Manier durch Rahmenerzählungen zusammengefaßten Märchen, die fern romant. Phantastik die verstandesmäßige Tradition des 18. Jh. aufgreifen und die lyr. Stimmung vor der anschaul.-realen Handlung zurücktreten lassen. Auch in s. Novellen Einbettung romant.-phantast. Erscheinungen in die reale Welt; launig-graziöse Phantasien und Zeitsatiren mit Anregungen von Jean Paul, E. T. A. Hoffmann, Tieck und Brentano. Mit ›Lichtenstein‹ Begründer des hist. Romans in Dtl. nach Vorbild W. Scotts. Gelungene Nachahmung (oder Parodie?) des sinnl.-süßl. Stils der Modelit. s. Zeit unter dem Namen des Unterhaltungsschriftstellers H. Clauren im ›Mann im Mond‹. Von s. Liedern sind volkstüml. ›Steh ich in finstrer Mitternacht‹ und ›Morgenrot‹.

W: Lichtenstein, R. III 1826; Maehrchenalmanach auf das Jahr 1826(–1828), III 1826–28; Der Mann im Mond, R. II 1826; Mittheilungen aus den Memoiren des Satan, E. II 1826f.; Controvers-Predigt, Schr. 1827; Phantasien im Bremer Rathskeller, E. 1827; Novellen, III 1828; Phantasien und Skizzen, 1828. – Sämtliche Schriften, hg. G. Schwab XXXVI 1830; SW, hg. C. G. v. Maassen V 1923, hg. H. Engelhard II 1961f., hg. H. Koopmann III 1970, ²1983; Wke, hg. B. Zeller II 1969.
L: H. Hofmann, 1902; W. Scheller, 1927; K. Stenzel, 1938; E. Martinet, Florenz 1966; I. Otto, Diss. Mchn. 1967; S. Beckmann, 1976; F. Pfäfflin, 1981.

Haufs, Rolf, ⋆ 31. 12. 1935 Düsseldorf, Jugend in Rheydt, seit 1960 freier Schriftsteller und Rundfunkmitarbeiter in Berlin, 1970 Rom-Stipendium. – Zeitkrit.-iron. Lyriker von sachl. knapper Sprache; skurrile Erzählungen und Hörspiele.

W: Straße nach Kohlhasenbrück, G. 1962; Sonntage in Moabit, G. 1964; Vorstadtbeichte, G. 1967; Das Dorf S., En. 1968; Der Linkshänder, R. 1970; Die Geschwindigkeit eines einzigen Tages, G. 1976; Größer werdende Entfernung, G. 1979; Juniabschied, G. 1984; Felderland, G. 1986.

Haug, Johann Christoph Friedrich, (Ps. Friedrich Hophthalmos, Frauenlob d. J.), 9. 3. 1761 Niederstotzingen/Württ. – 30. 1. 1829 Stuttgart, ab 1776 Karlsschule Stuttgart, Mitschüler Schillers, Jurist, 1784 Kabinettsse-

kretär, 1807–17 Redakteur am ›Morgenblatt‹, 1816 Bibliothekar und Hofrat in Stuttgart. – Seinerzeit durch witzige Übertreibungen berühmter Epigrammatiker. Unbedeutend mit Lyrik, Fabeln, Balladen und Erzählungen.

W: Sinngedichte, 1791; Epigramme und vermischte Gedichte, II 1805; Epigrammatische Spiele, 1807; Magische Laterne, G. u. En. II 1820; Spiele der Laune und des Witzes, Epigr. 1826; Gedichte, II 1827; Fabeln, 1828.
L: H. Fischer, 1891; E. Steiner, Diss. Tüb. 1907.

Haugwitz, August Adolf von, 1645 Übigau/Oberlausitz – 1707 ebda., Stud. Wittenberg; Landesbestallter der Oberlausitz. Adliger Dilettant mit Interesse an Theater und Gesch. – Epigonaler Lyriker und Dramatiker des schles. Hochbarock mit Anklängen an Gryphius u. Lohenstein. Verzichtet in s. Märtyrertrag. ›Maria Stuarda‹ auf die Erörterung der Schuldfrage.

W: Schuldige Unschuld, Oder Maria Stuarda, Tr. 1683 (n. 1974); Obsiegende Tugend oder der Betörte und doch wieder Bekehrte Soliman, Dr. 1684; Flora, Ballett 1684; Prodromus Poeticus, G. u. Drr., 1684 (n. 1984).
L: B. Hübner, Progr. Trarbach 1885 u. Neuwied 1893; O. Neumann, Diss. Greifsw. 1937; E. Lunding, D. schles. Kunstdrama, Kopenh. 1940.

Hauptmann, Carl, 11. 5. 1858 Ober-Salzbrunn/Schles. – 4. 2. 1921 Schreiberhau/Riesengebirge, älterer Bruder von Gerhart H., Stud. Naturwiss. und Philos. 1879–83 in Jena, 1884–89 in Zürich, 1883 Dr. phil., 6. 10. 1884 ⚭ Martha Thienemann. 1889 Übersiedlung nach Berlin. Ab 1891 freier Schriftsteller in Schreiberhau, 1908 2. Ehe mit Maria Rohne; 1909 Vortragsreise nach Amerika. – Gedankentiefer schles. Dramatiker, Erzähler und Lyriker; stark bestimmt durch Landschaft, Volkstum, Märchen und

Sagen s. schles. Heimat. Begann mit naturalist. Dramen aus dem schles. Bauernmilieu in schles. Mundart; wandte sich um 1900 unter dem Eindruck schles. Mystik, die s. von der Wirklichkeit unbefriedigten, nach letzter Welt- und Gotteserkenntnis strebenden Grüblertum entgegenkam, zur impressionist.-neuromant. Welt der Ahnungen, Visionen und Symbole und fand schließlich um 1912 zu expressiver Haltung. Als Dramatiker weniger erfolgreich denn als Erzähler mit farbiger Sprache, anschaul. Darstellung und scharfer Psychologie von der Novelle bis zum großen Frauen- (›Mathilde‹) u. Künstlerroman (›Einhart‹). Auch zartinnige, impressionist. Naturlyrik, Sprüche und Prosa.

W: Marianne, Dr. 1894; Waldleute, Dr. 1896; Sonnenwanderer, En. 1897; Ephraims Breite, Dr. 1900 (u. d. T. Ephraims Tochter, 1920); Aus meinem Tagebuch, G. u. Aphor. 1900; Die Bergschmiede, Dr. 1902; Aus Hütten am Hange, En. 1902; Mathilde, R. 1902; Des Königs Harfe, Dr. 1903; Die Austreibung, Tr. 1905; Miniaturen, En. 1905; Moses, Dr. 1906; Einhart der Lächler, R. II 1907; Panspiele, Drr. 1909; Napoleon Bonaparte, Dr. II 1911; Nächte, Nn. 1912; Die armseligen Besenbinder, Dr. 1913; Ismael Friedmann, R. 1913; Die lange Jule, Dr. 1913; Krieg, Ein Tedeum, Dr. 1914; Aus dem großen Kriege, Dr. 1915; Rübezahlbuch, En. 1915; Die goldenen Straßen, Dr.-Trilog. 1918; Der abtrünnige Zar, Dr. 1919; Tantaliden, R.-Fragm. 1927. – Leben mit Freunden, Ges. Briefe, hg. W.-E. Peuckert 1928.
L: C. H., hg. H. H. Borcherdt 1911; H. Razinger, 1928; W. Goldstein, II 1931; C. H., hg. T. Duglor 1958; A. Stroka, Bresl. 1965; J. Jofen, Das letzte Geheimnis, 1972; H. Minden, 1976; W. B. Goldstein, 1978.

Hauptmann, Gerhart, 15. 11. 1862 Ober-Salzbrunn/Schles. – 6. 6. 1946 Agnetendorf/Schles., Sohn e. Gasthofbesitzers und jüngerer Bruder von Carl H.; 1874–78 Realschule am Zwinger Breslau (bis Quarta), 1877 zunehmende Verarmung der Eltern;

1878/79 Landwirtschaftseleve in Lederose b. Striegau, herrnhut. Einflüsse. 6. 10. 1880 Eintritt in die Bildhauerklasse der Kgl. Kunstschule Breslau, Schüler Robert Härtels. Nov. 1882–März 1883 Stud. Naturwiss., Philos. und Gesch. Jena (Eucken, Haekkel), März 1883 über Berlin nach Hamburg zu den Eltern; 7. 4. 1883 Seereise Hamburg-Barcelona-Marseille-Genua-Neapel, Aufenthalt in Capri und Rom, Juni 1883 Rückkehr. Okt. 1883 – 25. 3. 1884 Bildhauer in Rom, Heimkehr wegen Typhus. Sommer 1884 in der Zeichenklasse der Kunstakad. Dresden. Nov. 1884 2 Semester hist. Stud. Berlin, daneben Schauspiel-Unterricht. 5. 5. 1885 ⚭ Marie Thienemann, Großkaufmannstochter, deren Besitz H. wirtschaftl. unabhängig macht. 1885–88 in Erkner b. Berlin freier Schriftsteller, Anschluß an die lit. Verein ›Durch‹ (Wille, Bölsche, Hart, Bleibtreu, Kretzer u. a.), Verkehr mit Dehmel und Hartleben. Sommer 1888 in Zürich; Herbst 1888 – Sept. 1889 wieder in Erkner, Verkehr im Friedrichshagener Kreis, bes. mit A. Holz und J. Schlaf. 1889 Übersiedlung nach Charlottenburg, Bekanntschaft M. Halbes; 1891 Erwerb e. Hauses in Schreiberhau/Schlesien, seither abwechselnd ebda. und Berlin. 1894 erste Amerikareise. Wechselnd in Berlin, Dresden, Italien, Hiddensee und Schreiberhau, seit Aug. 1901 Hauptwohnsitz das ›Haus Wiesenstein‹ in Agnetendorf. 22. 6. 1904 Ehescheidung, 18. 9. 1904 ⚭ Margarete Marschalk. März–Mai 1907 Griechenlandreise. Febr.–März 1932 zweite Amerikareise. Vom Hitler-Regime nicht gebilligt, aber geachtet. Blieb unter poln. Verwaltung in Agnetendorf und starb kurz vor der geplanten Übersiedlung nach Berlin. 28. 7. 1946 Beisetzung in Kloster/Hiddensee. 1912 Nobelpreis, mehrfacher Dr. h. c. – Bedeutendster und vielseitigster dt. Dichter des 20. Jh. und größter dt. Dramatiker der letzten 100 Jahre. Schuf aus e. naiven, elementar-sinnl., weniger durch formale Kunstbesinnung und geistige Deutung als durch vitale Phantasie bedingten Grundhaltung heraus ein vielgestaltiges Werk mit wechselnden Themen und Stilrichtungen. Grundthemen sind die Not des einzelnen oder proletar. Massen, die relig. Urfrage, soziales Mitleid, der Zerfall der Kleinbürgerwelt, der Hochmut der Bürokratie und die Leiden und Problematik des Künstlertums, im Vordergrund stets der unterdrückte und trostlose, an s. eigenen Triebhaftigkeit und der Teilnahmslosigkeit der Umwelt zugrunde gehende Mensch (passiver Held). Am bedeutendsten als Dramatiker mit treffender Milieu- und Charakterschilderung, Schöpfer e. Fülle plast. Figuren. Hauptvertreter des dt. naturalist. Dramas unter Einfluß von Zola, Ibsen und Tolstoj; überwand zugleich den doktrinären naturalist. Materialismus u. Determinismus durch s. Erfüllung mit echtem menschl. und dichter. Gehalt. Proletarier- und Massendrama ›Die Weber‹ das Hauptwerk des dt. Naturalismus. Obwohl naturalist. Züge auch späterhin auftauchen, überwand H. den Naturalismus zugunsten von neuromant. Sagen-, Mythen- und Märchenspielen in Versen mit lyr.-symbol. Zügen, Traumvisionen und relig. Naturmystik. Weniger erfolgreich, da unkrit. schaffend, mit e. Reihe hist. Dramen aus dt. und ma. Gesch., Re-

pliken und Bearbeitungen vorgeprägter Stoffe. Wandte sich schließlich unter Umgehung des s. objektnahen Weltverständnis fernen Expressionismus e. symbol. Realismus und der klassizist.-symbol. Verstragödie mit düsteren, um chthon. Urmächte bereicherten antiken Stoffen zu. Als Erzähler nicht immer gleichwertig. In Romanen und Novellen um die Probleme des Eros und der absoluten Triebverfallenheit wie in Märchen und Traumgeschichten Vorliebe für natur-mag.-phantast. Elemente und reiche Verwendung persönl. Erlebnisse bis zu Mischformen von Dichtung und Autobiographie. Relig.-myst. und utop. Romane einer Welterneuerungssehnsucht. Wenig erfolgr. Versepik. Ferner Autobiographie, Reisebuch, Rede, Essay, Aphorismus und formal schwache Lyrik. Umfangr. Nachlaß noch unveröffentlicht. G. H.-Archiv in Ronco/Tessin.

W: Promethidenloos, Ep. 1885; Vor Sonnenaufgang, Dr. 1889; Das Friedensfest, Tr. 1890; Einsame Menschen, Dr. 1891; Der Apostel. Bahnwärter Thiel, Nn. 1892; College Crampton, K. 1892; De Waber, Dr. 1892 (hochdt. Die Weber, 1892); Der Biberpelz, K. 1893; Hannele, Dr. 1894 (u. d. T. Hanneles Himmelfahrt, 1896); Florian Geyer, Dr. 1896; Die versunkene Glocke, Dr. 1897; Fuhrmann Henschel, Dr. 1899; Michael Kramer, Dr. 1900; Schluck und Jau, K. 1900; Der rote Hahn, Tragikom. 1901; Der arme Heinrich, Dr. 1902; Rose Bernd, Dr. 1903; Elga, Dr. 1905; Und Pippa tanzt, Dr. 1906; Die Jungfern vom Bischofsberg, Lsp. 1907; Griechischer Frühling, Tg. 1908; Kaiser Karls Geisel, Sp. 1908; Griselda, Dr. 1909; Der Narr in Christo Emanuel Quint, R. 1910; Die Ratten, Tragikom. 1911; Atlantis, R. 1912; Gabriel Schillings Flucht, Dr. 1912; Festspiel in deutschen Reimen, 1913; Der Bogen des Odysseus, Dr. 1914; Winterballade, Dr. 1917; Der Ketzer von Soana, N. 1918; Der weiße Heiland, Dr. 1920; Indipohdi, Dr. 1920; Anna, Ep. 1921; Peter Brauer, Tragikom. 1921; Das Hirtenlied, Dr.-Fragm. 1921 (vollst. 1935); Phantom, R. 1923; Die Insel der großen Mutter, R. 1925; Fasching, N. 1925; Veland, Tr. 1925; Dorothea Angermann, Tr. 1926; Des großen Kampffliegers

Till Eulenspiegel Abenteuer, Ep. 1928; Wanda, R. 1928; Spuk. Die schwarze Maske. Hexenritt, Drr. 1929; Buch der Leidenschaft, Aut. II 1930; Die Hochzeit auf Buchenhorst, E. 1932; Vor Sonnenuntergang, Dr. 1932; Die goldene Harfe, Dr. 1933; Das Meerwunder, E. 1934; Hamlet in Wittenberg, Dr. 1935; Im Wirbel der Berufung, Aut. 1936; Das Abenteuer meiner Jugend, Aut. II 1937; Die Tochter der Kathedrale, Dr. 1939; Ulrich von Lichtenstein, K. 1939; Iphigenie in Delphi, Tr. 1941; Magnus Garbe, Tr. 1942; Der große Traum, Dicht. 1942 (erw. 1956); Der Schuß im Park, N. 1942; Der neue Christophorus, Fragm. 1943; Iphigenie in Aulis, Tr. 1944; Neue Gedichte, 1946; Die Finsternisse, Dr. 1947; Mignon, N. 1947; Agamemnons Tod. Elektra, Trr. 1948; Herbert Engelmann, Dr. (ergänzt v. C. Zuckmayer) 1952; Winckelmann. Das Verhängnis, R. (vollendet F. Thieß) 1954; Die großen Beichten, Aut. 1966; Italienische Reise, Tg. 1976; Diarium 1917–1933, 1980; Notizkalender 1889–1891, 1982; Tagebuch 1892–1894, 1985. – Das gesammelte Werk Abt. I, XVII 1942; SW, hg. H.-E. Hass XI 1962–73; Briefw. m. L. von Hofmann, 1983, m. O. Brahm, hg. P. Sprengel 1985.
L: P. Schlenther, ¹³1922; P. Fechter, 1922; H. v. Hülsen, 1927 u. 1932; W. Milch, 1932; E. Sulger-Gebing, ⁴1932; G. H., Stud. z. Werk u. Persönlichk., 1942; W. Ziegenfuß, 1948; C. F. W. Behl, 1948; J. Gregor, 1951; F. A. Voigt, ³1953; H. F. Garten, Cambr. 1954; R. Fiedler, D. späten Drr. H.s, 1954; M. Sinden, G. H., The Prose Plays, Toronto 1957; C. F. W. Behl, F. A. Voigt, Chronik v. H.s Leben u. Schaffen, ²1957; K. L. Tank, 1959; P. Fechter, 1961; F. W. J. Heuser, 1961; R. Michaelis, D. schwarze Zeus, 1962; E. Ebermayer, Bb. 1962; J. Seyppel, 1962; J. Améry, 1963; N. E. Alexander, Stud. z. Stilwandel i. dram. Wk. G. H.s, 1964; F. A. Voigt, G. H. u. d. Antike, 1965; Z. Zygulski, Bresl. 1968; H. Daiber, 1971; J. Jofen, Das letzte Geheimnis, 1972; H. J. Schrimpf, hg. 1976; H. v. Brescius, ²1977; H. Mayer, ²1977; A. Lubos, 1978; K. S. Guthke, ²1980; R. C. Cowen, H.-Komm., II 1980 f.; S. Hoefert, ²1982; W. R. Maurer, Boston 1982; A. Marshall, The German Naturalists and G. H., 1982; P. Sprengel, D. Wirklichkeit d. Mythen, 1982; ders., 1984; R. Mittler, Theorie u. Praxis d. soz. Dr.s b. G. H., 1985; W. Leppmann, 1986; H. D. Tschörtner, 1986; P. Sprengel u. a., hg. 1986; E. Hilscher, ⁴1987; Bibl.: W. Requardt, III 1931; V. Ludwig, 1932; W. A. Reichart, 1969; H. D. Tschörtner, ²1972; S. Hoefert, II 1986 ff.

Hauptmann, Helmut, *12. 3. 1928 Berlin, Arbeitersohn, Magistratsangestellter in Berlin, Redakteur, Lektor und Journalist in

Berlin. – Vf. von Erzählungen und Reportagen vom ›sozialist. Aufbau‹ in der DDR.
W: Das Geheimnis von Sosa, Rep. 1950; Der Unsichtbare mit dem roten Hut, B. 1958; Die Karriere des Hans-Dietrich Borssdorf alias Jakow, E. 1958; Der Kreis der Familie, E. 1964; Blauer Himmel, blaue Helme, Reiseb. 1965; Ivi, N. 1969; Das unteilbare Leben, En. 1972.

Hausen, Friedrich von → Friedrich von Hausen

Hausenstein, Wilhelm (Ps. Johann Armbruster), 17. 6. 1882 Hornberg/Schwarzw. – 3. 6. 1957 München; Beamtensohn, Gymnas. Karlsruhe, Stud. Gesch., Paläographie, Soziologie Heidelberg, Tübingen und München, 1905 Dr. phil., dann Stud. Kunstgesch. ebda. Reisen durch ganz Europa. 1917–1943 ständ. Mitarbeiter der ›Frankfurter Zeitung‹, 1934–43 Leiter der Lit.-Beilage; seit 1932 meist in Tutzing ansässig; 1936 Verbot von Buchveröffentlichungen. 1950 Generalkonsul, 1953–55 dt. Botschafter in Paris, ab 1956 in München. – Kunstgelehrter und Essayist, Vf. von Reise- und Wanderbüchern, Erzählungen und dichter. Autobiographien. Übs. franz. Lyrik.
W: Rokoko, Abh. 1912; Vom Geist des Barock, Abh. 1920 (u. d. T. Vom Genie des Barock, 1956); Die Kunst in diesem Augenblick, Ess. 1920; Zeiten und Bilder, Ess. 1920; Das Gastgeschenk, En. 1923; Kannitverstan, Reiseb. 1924; Drinnen und Draußen, Tg. 1930; Meister und Werke, Ess. 1930; Das Land der Griechen, Reiseb. 1934; Wanderungen, Reiseb. 1935 (u. d. T. Besinnliche Wanderfahrten, 1955); Buch einer Kindheit, En. 1936; Herbstlaub, En. 1947; Lux Perpetua, Aut. 1947; Abendländische Wanderungen, Reiseb. 1951; Der Traum vom Zwerg, En. 1957; Onkel Vere, der Douglas, E. 1957; Pariser Erinnerungen, Aut. 1961; Reisetagebuch eines Europäers, 1964; Licht unter dem Horizont, Tg. 1967; Impressionen und Analysen, Tg. 1969.
L: Festgabe f. W. H., 1952; W. H., Wege e. Europäers, 1967 (m. Bibl.); D. Sulzer, D. Nachlaß W. H., 1982.

Hauser, Harald, *17. 2. 1912 Lörrach/Baden, Professorensohn, Stud. Jura Freiburg und Berlin, 1932 KPD-Mitgl., 1933 Emigration, Freiwilliger bei der franz. Armee und Résistance, 1945 Redakteur, dann freier Schriftsteller in Ost-Berlin, 1966 Theaterleiter ebda. – Sozialist. Dramatiker mit vielfach undramat. Thesenstücken zur Selbstrechtfertigung der DDR.

W: Wo Deutschland lag, R. 1947; Prozeß Wedding, Dr. (1951); Im himmlischen Garten, Dr. 1958; Weißes Blut, Dr. 1959; Am Ende der Nacht, Dr. 1959; Nightstep, K. (1961); Nitschewo, K. (1961); Barbara, Dr. (1963); Im Schatten des Turmes, Dr. (1977).

Hauser, Heinrich, 27. 8. 1901 Berlin – 25. 3. 1955 Diessen/Ammersee, Arztsohn, 1918 Seekadett, Leichtmatrose, Weltumsegler, Journalist, 1938–48 als Nazigegner in den USA, Farmer. 1948 Chefredakteur des ›Stern‹, wohnte in Auerbach/Bergstr., Hamburg, zuletzt Diessen. – Schriftsteller der Neuen Sachlichkeit mit realist. Seeromanen, Reise- und Erlebnisberichten, Reportagen und Essays.

W: Brackwasser, R. 1928; Donner überm Meer, R. 1929; Die letzten Segelschiffe, Ber. 1930; Feldwege nach Chicago, Ber. 1931; Noch nicht, R. 1932; Kampf, Aut. 1934; Männer an Bord, En. 1936; Notre Dame von den Wogen, R. 1937; Nitschewo Armada, R. 1949; Gigant Hirn, R. 1958.

Haushofer, Albrecht (Ps. Jürgen Werdenfels), 7. 1. 1903 München – 23. 4. 1945 Berlin-Moabit, Sohn des Geopolitikers Karl H.; Stud. München, 1924 Dr. phil., 1925–37 weite Reisen, 1933 Habilitation, 1940 Prof. für polit. Geographie und Geopolitik Berlin. Bis 1941 Mitarbeiter des Auswärtigen Amts, dann kurze Verhaftung, Amtsentlassung und Redeverbot. Wegen Teilnahme an der Verschwörung vom 20. Juli 1944 verurteilt, von der Gestapo getötet als e. der letzten Opfer des Naziregimes. – Lyriker und Dramatiker, gab in klassizist. Römerdramen verschlüsselte Zeitkritik und schuf in den sprachl. strengen Moabiter Sonetten das dichter. bedeutendste Zeugnis des Widerstandes gegen den Nationalsozialismus.

W: Abend im Herbst, Dr. 1927; Und so wird Pandurien regiert, K. 1932; Scipio, Dr. 1934; Sulla, Dr. 1938; Augustus, Dr. 1939; Moabiter Sonette, G. 1946; Chinesische Legende, Dr. 1949.

L: A. Grimm u. a., In memoriam A. H., 1948; E. Preiß, Diss. Wien 1957; U. Laack-Michel, 1971 u. 1974.

Haushofer, Marlen, 11. 4. 1920 Frauenstein/Oberösterr. – 21. 3. 1970 Wien; Arztgattin in Steyr. – Thema ihrer Romane und Erzählungen sind Liebessehnsucht und Einsamkeit der Frau in der mod. Gesellschaft. Auch Hörspiel und Jugendbuch.

W: Das fünfte Jahr, E. 1951; Eine Handvoll Leben, R. 1955; Die Vergißmeinnichtquelle, En. 1956; Die Tapetentür, R. 1957; Die Wand, R. 1963; Himmel, der nirgendwo endet, R. 1966; Schreckliche Treue, En. 1968; Die Mansarde, R. 1969; Ges. En., II 1985f.

L.: A. Duden u. a., Oder war da manchmal noch etwas anderes?, 1986.

Hausmann, Manfred, 10. 9. 1898 Kassel – 6. 8. 1986 Bremen, Fabrikantensohn, 1916 Kriegsteilnehmer, 1918 verwundet, Stud. Philol., Philos. und Kunstgeschichte Göttingen und München, 1922 Dr. phil., dann Dramaturg auf dem Hohentwiel, 1923 Kaufmannslehre in Bremen, 1924/25 Feuilletonredakteur der ›Weserzeitung‹ ebda., seit 1927 freier Schriftsteller; 1929 Amerikareise, dann jahrelang in Worpswede, 1939/40 Soldat, 1945–52 wieder Schriftleiter am ›Weser-Kurier‹ Bremen; freier Schriftsteller in

Bremen-Rönnebeck. – Lyriker, Erzähler und Dramatiker. Begann mit Erzählungen von schwärmerisch-schwermütiger Vagabundenromantik voll inniger Naturseligkeit und zarter, verhalten angedeuteter Stimmungserlebnisse aus der norddt. Atmosphäre. Um 1946 unter Einfluß von Kierkegaard und Karl Barth Wendung zu e. Art christl. Existentialismus; schuf christl. Legendenspiele. Liedhafte und schlicht spruchartige Lyrik von sprachl. Strenge; formgewandte Nachdichtungen griech., chines. und japan. Lyrik. Auch Essays.

W: Die Frühlingsfeier, Nn. 1924 (erw. 1932); Jahreszeiten, G. 1924; Orgelkaporgel, En. 1925; Marienkind, Sp. 1927; Die Verirrten, Nn. 1927 (daraus: Ontje Arps, 1934); Lampioon küßt Mädchen und kleine Birken, R. 1928; Lilofee, Dr. 1929; Salut gen Himmel, R. 1929; Kleine Liebe zu Amerika, Reiseb. 1931; Abel mit der Mundharmonika, R. 1932; Die Begegnung, En. 1936; Abschied von der Jugend, R. 1937; Demeter, En. 1937; Jahre des Lebens, G. 1938; Einer muß wachen, Es. 1940; Geheimnis einer Landschaft. Worpswede, Es. 1940; Alte Musik, G. 1941; Quartier bei Magelone, E. 1941; Das Worpsweder Hirtenspiel, Dr. 1946; Füreinander, G. 1946; Vorspiel, Ess. 1947; Die Gedichte, 1949; Martin, En. 1949; Der dunkle Reigen, Sp. 1951; Der Überfall, ges. En. 1952; Isabel, E. 1953; Liebende leben von der Vergebung, R. 1953; Hafenbar, K. 1954; Die Entscheidung, Es. 1955; Der Fischbecker Wandteppich, Sp. 1955; Was dir nicht angehört, E. 1956; Andreas, En. 1957; Aufruhr in der Marktkirche, Sp. 1957; Die Zauberin von Buxtehude, Dr. 1959; Tröstliche Zeichen, Rdn. u. Ess. 1959; Irrsal der Liebe, G. 1960; Heute noch, E. 1962; Die Bremer Stadtmusikanten, G. 1962; Kleiner Stern im dunklen Strom, R. 1963; Und wie Musik in der Nacht, Ausw. 1965; Licht vom unerschöpften Lichte, Ess. 1966; Unvernunft zu dritt, En. 1968; Kreise um eine Mitte, Ess. 1968 (erw. 1973); Wort vom Wort, Pred. 1968; Der golddurchwirkte Schleier, G. 1969; Kleine Begegnungen mit großen Leuten, Erinn. 1973; Im Spiegel der Erinnerung, Aut. 1974; Die Nienburger Revolution, Dr. 1975. – GS in Einzelausg., XI 1949–63; Fünf Romane, 1961; GW, XII 1983, IV 1985.
L: S. Hajek, 1953; C. P. Fröhling, Diss. Bonn 1964; M. H. z. 70. Geb., hg. K. Schauder 1968 (m. Bibl.); K. Schauder, ²1979; D. Larese, 1982.

Hausmann, Raoul, 12. 7. 1886 Wien – 1. 2. 1971 Limoges; Stud. Malerei und Bildhauerei Berlin, Maler und Erfinder der Photomontage, 1918 Mitbegründer des Club Dada, 1919 Hrsg. der Zs. ›Dada‹; 1933 Emigration nach Spanien (Ibiza), 1936 Schweiz, 1937 Tschechoslowakei, 1938 Paris, floh vor dt. Besetzung nach Limoges, dort ab 1940. – Vertreter des Berliner Dadaismus in Lyrik (Lautgedichte), Roman, Groteske, Satire und Essays; begründete 1917 mit K. Schwitters die Lautdichtung (Lettristik) und 1918 das (sinnfreie) Plakatgedicht. Im Roman Nähe zum Expressionismus.

W: Hurrah, Hurrah, Hurrah, Sat. 1921; Courier Dada, St. 1958; Pin, G. 1962; Hyle, R. 1969; Am Anfang war Dada, Mem. 1972; Texte bis 1933, hg. M. Erlhoff II 1982.
L: M. Erlhoff, 1982.

Haverland, Gervin → Daniel von Soest

Hawel, Rudolf, 19. 4. 1860 Wien – 25. 11. 1923 ebda., schwere Jugend; Volksschullehrer in Wien. – Volkstüml. Dramatiker und Erzähler. Verbindet Humor, Satire und Sozialkritik. Realist. Schilderungen des proletar. Alltags neben idyll. Skizzen des Kleinbürgerlebens.

W: Märchen für große Kinder, 1900; Mutter Sorge, Vst. 1902; Kleine Leute, R. 1904; Die Politiker, K. 1904; Fremde Leut', Vst. (1905); Erben des Elends, R. 1906; Der Naturpark, Vst. (1906); Heimchen im Hause, Vst. (1907); Im Reiche der Homunkuliden, R. 1910.

Hay, Gyula (Julius), 5. 5. 1900 Abony/Ungarn – 7. 5. 1975 Intragna/Tessin. Stud. Architektur Budapest, in der Räterepublik 1918/19 Jugendpropagandist, nach 1919 Bühnenbildner in Dresden, Berlin, Ungarn, ab 1929 freier Schriftsteller in Berlin, ging

1933 nach Wien, 1934 beim Februar-Umsturz verhaftet, emigrierte 1934 über Zürich 1935 nach Moskau, lebte ab 1945 in Budapest und war am Aufstand von 1956 beteiligt, dann bis 1960 im Gefängnis. Ab 1965 in Ascona/Schweiz. – Dt.-ungar. Dramatiker, dessen Dramen mit radikal marxist. Tendenz Anfang der 30er Jahre und nach 1945 bes. in Berlin gespielt wurden. S. hist. Stoffe, Allegorien und Satiren fanden im Westen Beifall. Auch Erzähler.

W: Gott, Kaiser und Bauer, Dr. 1935; Haben, Dr. 1938; Das neue Paradies, K. 1938; Gerichtstag, Dr. 1946; Der Putenhirt, Dr. (1948); Begegnung, Dr. (1953); Gaspar Varros Recht, Dr. (1955); Das Pferd, K. (1964); Der Barbar, Dr. (1965); Appassionata, H. (1966); Attilas Nächte, Tr. (1966); Der Großinquisitor, Dr. (1968); Geboren 1900, Aut. 1971. – Dramen, II 1951–53, II 1964–66.

Haymonskinder → Haimonskinder

Hebbel, Christian Friedrich, 18. 3. 1813 Wesselburen/Dithmarschen – 13. 12. 1863 Wien, Sohn e. tagelöhnernden Maurers; dürftige Jugend, 1819 Volksschule, kurz Maurerlehrling, nach Tod des Vaters Schreiber des Kirchspielvogts Mohr; zufällige autodidakt. Bildung durch dessen Bibliothek. Bekanntschaft mit Amalie Schoppe, Schriftstellerin und Hrsg. der ›Neuen Pariser Modeblätter‹ in Hamburg, die ihn mit Unterstützung anderer Gönner fördert: ab 14. 2. 1835 in Hamburg zur Vorbereitung auf die Univ. Verhältnis zur 8 Jahre älteren Putzmacherin und Näherin Elise Lensing, die ihn in mühsamer Arbeit unterstützt. 27. 3. 1836 Stud. erst Jura, dann Gesch., Lit. und Philos. Heidelberg, dann ab 29. 9. 1836 in München. Nach Verbrauch aller Mittel 11.–31. 3. 1839 Fußreise

nach Hamburg; in äußerster Not Unterstützung durch E. Lensing, die Mutter s. beiden unehel., frühverstorbenen Kinder wird. Beginn des dramat. Schaffens. 14. 11. 1842–27. 4. 1843 in Kopenhagen, Bekanntschaft mit Oehlenschläger, Thorwaldsen und Andersen; Erhalt e. zweijähr. Reisestipendiums durch Christian VIII. 4. 9. 1843 Abreise von Hamburg nach Paris, dort 12. 9. 1843–26. 9. 1844, Bekanntschaft mit Heine, entbehrungsreiches Leben. Sept. 1844 nach Rom (3. 10.), Neapel (19. 6. 1845), wieder Rom; ital. Aufenthalt ohne Bedeutung für die dichter. Entwicklung. 15. 10. 1845 Abreise nach Wien (4. 11. 1845). Dort Bekanntschaft und 26. 5. 1846 ⚭ Christine Enghaus (1817–1910), Burgschauspielerin, die ihm für seine weitere Laufbahn materielle Sicherung bietet. Zuvor schroffer Bruch mit E. Lensing, später Ausgleich. Verkehr in Literatenkreisen. Reiche Schaffenszeit trotz häufiger Reisen. Frühj. 1861 zur Aufführung der ›Nibelungen‹ in Weimar, 1862 Paris und London. 1848 erfolglose Kandidatur für das Frankfurter Parlament; Nov. 1849 Feuilletonredakteur der ›Österr. Reichszeitung‹; 1855 Erwerb eines Sommerhäuschens in Orth bei Gmunden/Traunsee. – Stark gedanklich-spekulativ ausgerichteter Dichter auf der Schwelle zwischen Idealismus einerseits und dem Realismus, Psychologismus und Determinismus des 19. Jh. andererseits. Größter dt. Tragiker des 19. Jh. und Theoretiker des Tragischen von pantrag. Weltanschauung ohne metaphys. Trost, im Anschluß an Hegels Dialektik: Tragik gründet mit determinist. Zwangsläufigkeit in der Existenz des Individuums, sie entsteht aus dessen unvermeidl. Konflikt mit dem allg. Weltwillen und wurzelt bereits in der Individuation überhaupt. Schon der Wille stört das Gleichgewicht der Welt. Das überragende, hist. bedeutsame Individuum wird als Werkzeug im weltgeschichtl. Prozeß zur Überwindung überalterter Vorstellungen nach Erreichung s. Zieles zum Ausgleich vernichtet u. führt damit im Untergang der Person bei Wirkung der Idee e. Art geschichtsmetaphys. Versöhnung herbei. In s. formal an Antike, Shakespeare und Kleist geschulten, sprachlich kühlen Ideendramen aus hist. Übergangszeiten überwiegen die zugespitzte Bewußtheit u. grübler. Gedanklichkeit die eigentl. dichter. Gestaltung und die Gefühlskomponente. Hauptthemen sind das Verhältnis von Ich und Welt, Gefühlskrisen, Geschlechterkampf und seel. Einsamkeit. In ›Maria Magdalene‹ Wiederaufnahme des bürgerlichen Trauerspiels in Prosa und Durchbruch des mod. realist. Dramas. Erneuerung des Nibelungenepos in heroischem Geist. Grüblerische, herbe Gedankenlyrik mit erlebnishafter Grundlage, anfangs auch handlungsreiche Balladen und Romanzen nach Vorbild Uhlands. Realist. Erzählungen von skurrilem Humor mit Anklängen an E. T. A. Hoffmann und Jean Paul; sie wie die Verslustspiele leiden unter der radikal gedanklichen Konstruktion. Gelungen dagegen das von häusl. Glück genährte idyll. Hexameterepos ›Mutter und Kind‹. Interessanter und eigenwilliger Denker in s. scharfsinnigen Epigrammen und Kritiken; in s. grübler. Tagebüchern voll scharfer Selbstkritik dokumentiert sich die geistige Auseinandersetzung in der Welt- und Kunstauffassung des 19. Jh. Nachwirkung in der dt. Neuklassik, H.-Museen Kiel und Wesselburen.

W: Judith, Tr. 1841; Gedichte, 1842; Genoveva, Tr. 1843; Maria Magdalene, Tr. 1844; Der Diamant, K. 1847; Neue Gedichte, 1848; Herodes und Mariamne, Tr. 1850; Schnock, E. 1850; Julia, Tr. 1851; Der Rubin, K. 1851; Ein Trauerspiel in Sizilien, Tragikom. 1851; Agnes Bernauer, Tr. 1855; Erzählungen und Novellen, 1855; Michel Angelo, Dr. 1855; Gyges und sein Ring, Tr. 1856; Gedichte, Gesamt-Ausg. 1857; Mutter und Kind, Ep. 1859; Die Nibelungen, Tr. II 1862; Demetrius, Tr. 1864. – SW, hkA. hg. R. M. Werner XXIV 1901–07, XXVII ³1911–20 (m. Briefen und Tg.); Werke, hg. G. Fricke u. a. V 1963–67; Neue H.-Briefe, hg. A. Meetz 1963; Briefe, hg. U. H. Gerlach 1975, 1978: Dokumente: P. Bornstein, H.s Persönlichkeit, II 1924; ders., D. junge H., II 1925.
L: E. Kuh, ³1912; R. M. Werner, ²1913; L. Brun, 1922; O. Walzel, ³1927; K. Ziegler, Mensch u. Welt i. d. Trag. H.s, 1938 (n. 1966); J. Müller, D. Weltbild H.s, 1955; H. Kreuzer, D. Trag. F. H.s, Diss. Tüb. 1957; H. Frisch, Symbolik u. Tragik u. H.s Dramen, ²1963; H. Stolte, 1965; W. Wittkowski, D. jge. H., 1968; S. G. Flygt, N. Y. 1968; H. i. neuer Sicht, hg. H. Kreuzer ²1969; E. Purdie, Oxf. ³1969; H. Kraft, Poesie d. Idee, 1971; A. Meetz, ³1973; W. Ritter, H.s Psychologie u. dramat. Charaktergestaltg. 1973; M. Garland, H's Prose Tragedies, Cambr. 1973; N. Müller, Der Rechtsdenker F. H., 1974; M. Schaub, ²1976; L. Lütkehaus, 1976; H. Stolte, 1977; B. Fenner, 1979; H. Matthiesen, ²1979; H. Grundmann, hg. 1982; H. Kaiser, 1983; Bibl.: H. Wütschke, 1910; U. H. Gerlach, 1973; H.-Jhrb. 1939ff.

Hebel, Johann Peter, 10. 5. 1760 Basel – 22. 9. 1826 Schwetzingen, Sohn des Johann Jakob H. aus Simmern/Hunsrück und s. Frau Ursula geb. Örtlin, die sommers als Bedienstete der Patrizier Iselin in Basel, winters in Hausen b. Schopfheim wohnten. 1761 Tod des Vaters. Dorfschule Hausen, Stadtschule und 1772 Gymnas. Basel, Lateinschule Schopfheim. 16. 10. 1773 Tod der Mutter. Pädagogium Lörrach, dann 1774 Gymnas. Karlsruhe. Ostern 1778 – Herbst 1780 Stud. Tehol. Erlangen, Predigtamtsexamen in

Karlsruhe 1780. 1780 Hauslehrer und Vikar in Hertingen. März 1783–91 Präzeptoratsvikar (Seminarlehrer) am Pädagogium Lörrach, hier dichter. Anfänge. Herbst 1791 Lehrer am Gymnas. Karlsruhe und Subdiakonus der Hofkirche ebda. 1798 Prof. der Dogmatik und hebr. Sprache am Gymnas. 1808–14 Direktor des Gymnas., 1809 Mitgl. der ev. Kirchen- und Schulprüfungskommission, 1814 Mitgl. des Konsistoriums. 1819 evangel. Prälat und als solcher 1819–21 im bad. Landtag. Auf einer Dienstreise erkrankt und in Schwetzingen gestorben; Grab ebda. – Bedeutendster und bahnbrechender alemann. Mundartdichter, dessen aus dem Heimweh nach der Schwarzwaldheimat entstandene Verse in echter Einfachheit idyllische Szenen und Erinnerungen aus Volksleben, Jugend, Familie, Natur und Landschaft besingen. Von Goethe und Jean Paul gelobt. Wurde zum Vorbild für die Mundartdichtung des 19. Jh. überhaupt und für das Schaffen von K. Groth. In seinen schlichten, gemütstief-humoristischen Kalendergeschichten, treuherzigen Kurzerzählungen und meisterlich schwankhaften Anekdoten v. dichter.-realist. Prosa volkstümlicher Erzähler, der wegen seiner klassischen Schlichtheit, Frömmigkeit u. Grundeinfalt Weltruhm errang. Zugleich unaufdringl. Volkserzieher, der in e. ihm eigenen Mischung von Scherz und Ernst den einfachen Mann im Volke ansprach und ihm aus s. Blickwinkel heraus im Unscheinbaren den Anhauch Gottes aufzeigte. Als Volksdichter außerhalb der lit. Strömungen.

W: Alemannische Gedichte, 1803 (nhd. R. Gäng 1960 u. a.); Der Rheinländische Hausfreund, hg. IV 1808–11; Schatzkästlein des rheinischen Hausfreundes, En. 1811 (komm. H. Schlaffer 1986; Faks. 1981); Rheinischer Hausfreund, hg. IV 1813–15, 1819 (Faks. 1981). – Werke hg. A. Sütterlin IV 1911; hg. W. Zentner III 1923f., IV 1959–72; hg. W. Altwegg II ²1958; GW, hg. E. Meckel II 1958, II 1968; Briefe, Gesamtausg., hg. W. Zentner II ²1958.
L: H. Bürgisser, H. als Erzähler, 1929; W. Altwegg, 1935 (m. Bibl.); S. Löffler, 1944; J. P. H. u. s. Zeit, hg. W. Zentner 1960; H.-Dank, hg. H. Uhl 1964; Üb. J. P. H., 1964; M. Lutz, D. Erzieher J. P. H., 1964; W. Zentner, ²1965; U. Däster, 1968; L. Wittmann, J. P. H.s Spiegel d. Welt, 1969; R. M. Kully, 1969; J. Knopf, Geschichten zur Geschichte, 1973; U. Däster, 1973; R. Kawa, hg. 1981; R. Feger, Annäherg. an e. Prälaten, 1983.

Heckmann, Herbert, * 25. 9. 1930 Frankfurt/M., Stud. Germanistik Frankfurt, 1957 Dr. phil., 1958 Assistent am Dt. Seminar der Univ. Münster, 1959–63 Univ. Heidelberg, 1965–67 Gastdozent in Evanston, Ill.; 1963 Mithrsg. der ›Neuen Rundschau‹. Präs. der Dt. Akad. für Sprache u. Dichtg. Lebt in Gronau b. Bad Vilbel. – Fabulierfreudiger Erzähler virtuoser Skizzen aus versch. Wirklichkeitsebenen und e. humorvollen Schelmen- und Bildungsromans. Kinderbuch, Kulturgeschichte und brillante Aphorismen.

W: Das Portrait, En. 1958; Elemente des barocken Trauerspiels, Abh. 1959; Benjamin und seine Väter, R. 1962; Schwarze Geschichten, Kgn. 1964; Der kleine Fritz, Kdb. 1968; Geschichten vom Löffelchen, Kdb. 1970; Der große Knock-out in sieben Runden, R. 1972; Der Sägmehlstreuer, Kdb. 1973; Ubuville, Sat. 1973; Gastronomische Fragmente, 1975; Der große O., E. 1977; Die Freud des Essens, 1979; Ein Bauer wechselt die Kleidung und verliert sein Leben, En. 1980; Die andere Schöpfung, Stud. 1982; Die Blechbüchse, Kdb. 1985.

Heer, Gottlieb Heinrich, 2. 2. 1903 Ronchi/Ital. – 23. 10. 1967 Zürich; Neffe von Jak. Chr. H.; Stud. Zürich und Bern, 1930 Dr. phil.; freier Schriftsteller 1932–36 in Ermatingen/Bodensee,

1936–47 Rüschlikon/Zürichsee, seit 1947 Zürich. – Erzähler von handlungsreichen Romanen und Novellen aus der Schweizer Landschaft und Geschichte.

W: Der Getreue, Nn. 1927; Die Königin und der Landammann, R. 1936; Der Lausbub, N. 1936; Thomas Platter, R. 1937; Fest im Grünen, Nn. 1939; Junker Diethelm und die Obristin, R. 1942; Verlorene Söhne, R. 1951; Bergland Graubünden, Schr. 1960; Am Saum der Schweiz, Schr. 1962; Die rote Mütze, En. 1963.

Heer, Jakob Christoph, 17. 7. 1859 Töß b. Winterthur – 20. 8. 1925 Rüschlikon b. Zürich, 1875–79 Lehrerseminar Küßnacht, 1880–87 Lehrer in Oberdürnten Kt. Zürich, Frühj. 1887–90 Lehrer in Zürich-Außersihl, 1892–99 Feuilletonredakteur der ›Neuen Zürcher Zeitung‹, 1899–1902 Schriftleiter der ›Gartenlaube‹ in Stuttgart, schließl. Rüschlikon am Zürichsee. – Vielgelesener Schweizer Erzähler, am erfolgreichsten mit s. bewegten Unterhaltungsromanen aus der Schweizer Hochgebirgswelt, die echtes Gefühl mit sentimental-romant. Verstiegenheiten mischen. Mit anderen Themen weniger glücklich, rasch zu Unterhaltungslit. abfallend. Auch Lyrik und Reisebücher.

W: Ferien an der Adria, Reiseb. 1888; Blumen aus der Heimat, G. 1890; An heiligen Wassern, R. 1898; Der König der Bernina, R. 1900; Felix Notvest, R. 1901; Der Spruch der Fee, N. 1901; Joggeli, R. 1902; Der Wetterwart, R. 1905; Laubgewind, R. 1908; Da träumen sie von Lieb' und Glück, Nn. 1911; Die Luftfahrten des Herrn Walter Meiß, Nn. 1912; Gedichte, 1913; Der lange Balthasar, R. 1915; Heinrichs Romfahrt, R. 1915; Was die Schwalbe sang, En. 1916; Tobias Heider, R. 1922. – Romane und Novellen, X 1927.
L: G. H. Heer, 1927; M. M. Kulda, Diss. Wien 1957.

Heermann, Johannes, 11. 10. 1585 Raudten/Schles. – 27. 2. 1647 Lissa, Stud. 1609 in Leipzig, Jena und Straßburg Theol., 1612

Pfarrer zu Köben; 1638 Aufgabe des Amts, zog sich vor den Kriegsunruhen nach Lissa zurück. – Ev. Kirchenlieddichter mit sensualist. Schilderung der Leiden Jesu und Neigung zu Passionsmystik; öffnete das Kirchenlied der Opitz-Reform. Am bekanntesten ›Herzliebster Jesu, was hast du verbrochen‹, ›O Gott, du frommer Gott‹ und ›Frühmorgens, da die Sonn aufgeht‹.

W: Andächtige Kirchseufftzer, Gebete 1616 (veränd. 1932); Exercitium Pietatis, G. 1630 (n. 1886); Devoti Musica Cordis, G. 1630; Sonntags- und Fest-Evangelia, 1936; Zwölff Geistliche Lieder, 1639; Poetische Erquickstunden, II 1656. – Geistliche Lieder, hg. P. Wackernagel 1856; Ausw. hg. R. A. Schröder 1936.
L: K. Hitzeroth, 1907; A. Wiesenhütter, 1935; G. Wagner, D. Sänger von Köben, 1954; H.-P. Adolf, D. Kirchenlied J. H.s, Diss. Tüb. 1957; C.-A. Zell, 1971.

Hege, Heinrich → Ginzkey, Franz Karl

Hegeler, Wilhelm, 25. 2. 1870 Varel/Oldenb. – 8. 10. 1943 Irschenhausen, Stud. Jura München, Genf und Berlin, 1895 freier Schriftsteller in München, 1897 Berlin, ab 1906 Weimar. – Naturalist. Erzähler, schuf den naturalist. Charakterroman in düsteren Bildern von bohrender Psychologie. In s. späteren Werken durchschnittl. Unterhaltungslit.

W: Mutter Bertha, R. 1893; Sonnige Tage, R. 1898; Nellys Millionen, R. 1899; Ingenieur Horstmann, R. 1900; Pastor Klinghammer, R. 1903; Pietro der Korsar und die Jüdin Cheirinca, R. 1906; Das Ärgernis, R. 1908; Die zwei Frauen des Valentin Key, R. 1927; Der Zinsgroschen, R. 1928.
L: H. Festner, Diss. Fribourg 1954.

Hegner, Johann Ulrich, 7. 2. 1759 Winterthur – 3. 1. 1840 ebda., Stud. Medizin Straßburg, 1786 Landschreiber der Grafschaft Kiburg. 1798 Kantonsrichter in

Zürich, 1803 Bezirksrichter, später Friedensrichter in Winterthur, 1813 freier Schriftsteller. – Schweizer Volksschriftsteller von klass. Prosa mit scharf realist. Beobachtung des äußeren Lebens.

W: Die Molkenkur, R. 1812 (n. 1983); Saly's Revoluzionstage, R. 1814; Suschen's Hochzeit, R. II 1819. – GS, V 1828–30.
L: H. Waser, 1901.

Heiberg, Hermann, 17. 11. 1840 Schleswig – 16. 2. 1910 ebda., 1857 Buchhändler, dann geschäftl. Direktor großer Berliner Blätter: 1870 ›Norddt. Allg. Zeitung‹, 1872 ›Spenersche Zeitung‹, ab 1881 Schriftsteller und Journalist, ab 1892 in Schleswig. – Naturalist. Erzähler, nach verheißungsvollen Anfängen mit Milieuschilderungen kleinstädt. Enge rasch auf das Niveau durchschnittl. Unterhaltungslit. absinkend.

W: Acht Novellen, 1882; Ausgetobt, R. II 1883; Ernsthafte Geschichten, 1883; Apotheker Heinrich, R. 1885; Esthers Ehe, R. 1887; Der Januskopf, R. II 1887; Menschen untereinander, R. 1888; Kays Töchter, R. 1889; Dunst aus der Tiefe, R. II 1890; Zwischen engen Gassen, R. 1896. – Schriften, XII 1885–88; GW, XVIII 1894–96.

Heidenreich, Gert, ∗ 30. 3. 1944 Eberswalde; Schriftsteller in Wessling. – Dramatiker und Erzähler mit zeitpolit. Themen.

W: Aufstand der Kardinäle, Dr. (1971); Rechtschreibung, G. 1971; Siegfried, Dr. (1980); Der Ausstieg, R. 1982; Die Steinesammlerin, R. 1984; Der Wetterpilot. Strafmündig, Drr. 1984; Rampe, Dr. (1985); Die Gnade der späten Geburt, En. 1986; Eisenväter, G. 1987.

Heiduczek, Werner, ∗ 24. 11. 1926 Hindenburg/Oberschlesien; Soldat. Kriegsgefangener, versch. Berufe. Lehrer, Kreisschulrat, 1961–64 Lehrer in Bulgarien, seit 1965 freier Schriftsteller in Halle. – Vf. von Kinderbüchern, Jugendschauspielen, Hörspielen

und Bestseller-Zeitromanen aus der sozialist. Gesellschaft.

W: Abschied von den Engeln, R. 1968 (als Dr. Die Marulas, 1969); Mark Aurel oder ein Semester Zärtlichkeit, R. 1971; Die seltsamen Abenteuer des Parzival, Nacherz. 1974; Tod am Meer, R. 1977; Der Schatten des Sijawusch, Leg. 1986; Reise nach Beirut, Nn. 1986.

Heilborn, Ernst, 10. 6. 1867 Berlin – 16. 5. 1942 ebda., Stud. Germanistik, Philos. und Gesch. Jena und Berlin, Dr. phil., 1892 Journalist in Berlin, 1901 Berliner Theaterkritiker der ›Frankfurter Zeitung‹, 1911–33 Herausgeber des ›Literar. Echo‹ (ab 1924 ›Die Literatur‹) in Berlin. – Erzähler von realist. Novellen und Berliner Romanen um bürgerliche Charakter- und Entwicklungsprobleme.

W: Kleefeld, R. 1900; Novalis, B. 1901; Der Samariter, R. 1901; Josua Kersten, R. 1908; Die steile Stufe, R. 1910; Zwischen zwei Revolutionen, Schr. II 1927–29.

Heilbut, Iven George, 15. 7. 1898 Hamburg – 15. 4. 1972 Bonn; Journalist und Kritiker in Berlin; expressionist. Gedichte in der Zs. ›Sturm‹, 1933 Emigration, Korrespondent e. Schweizer Zeitung in Paris, dann über Spanien und Portugal 1940 nach New York, Lektor am Hunter College ebda.; 1950 Rückkehr nach Berlin, dann Journalist in München. – Formal konservativer, fabulierfreudiger Erzähler von poet. Wirklichkeitsbetrachtung auf dem Hintergrund des Dämonischen. Schwermütige Lyrik.

W: Triumpf der Frau, R. 1929; Kampf um Freiheit, R. 1930; Frühling in Berlin, R. 1932; Meine Wanderungen, G. 1942; Birds of Passage, R. 1943; Liebhaber des Lebens, R. 1949; Anrufe, G. 1962; Höher als Mauern, Kgn. 1965.

Heimann, Moritz, 19. 7. 1868 Werder, Kr. Niederbarnim – 22.

9. 1925 Berlin; 1886–90 Stud. Philos. und Lit. Berlin; seit 1896 Lektor des S. Fischer Verlags, scharfsichtiger Entdecker junger Talente. – Errang mit eigenen Dichtungen, psycholog. Novellen von präzisem Stil und Lesedramen nur Achtungserfolge. Bedeutung als geistreicher Essayist wie durch s. treffsicheren Aphorismen.

W: Der Weiberschreck, Lsp. 1896; Gleichnisse, Nn. 1905; Die Liebesschule, Dr. 1905; Joachim von Brandt, K. 1908; Der Feind und der Bruder, Tr. 1911; Prosaische Schriften, III 1918; Armand Carrel, Dr. 1920; Wintergespinst, Nn. 1921; Das Weib des Akiba, Dr. 1922; Nachgelassene Schriften, hg. O. Loerke 1926; Ausw., hg. W. Lehmann 1960 (m. Einf. u. Bibl.); Die Wahrheit liegt nicht in der Mitte, Ess. hg. W. Lehmann 1966; Kritische Schriften, hg. H. Prang 1969 (m. Bibl.); Was ist das: ein Gedanke?, Ess. hg. G. Mattenklott 1986.

Heimburg, Wilhelmine (eig. Bertha Behrens), 7. 9. 1850 Thale – 9. 9. 1912 Kötzschenbroda. – Vielgelesene Unterhaltungsschriftstellerin des 19. Jh. im Stil der Marlitt; Mitarbeiterin der ›Gartenlaube‹.

A: Ges. Romane u. Novellen, X 1890–93, N. F. V 1896–98.

Heimeran, Ernst, 19. 6. 1902 Helmbrechts/Oberfranken – 31. 5. 1955 Starnberg, Sohn e. Webereidirektors, ab 1912 München, Stud. Philos. u. Kunstgeschichte München, Dr. phil., bis 1933 Journalist, nebenher aus Liebhaberei ab 1922 Verlagsleiter des H.-Verlags. – Erzähler, Plauderer, Essayist, Feuilletonist und Hrsg. Vertreter e. heiter-iron. Lebensphilos. mit nie verletzendem Spott, am erfolgreichsten seine Familienplaudereien und Schulgeschichten.

W: Das stillvergnügte Streichquartett, 1936 (m. B. Aulich); Die lieben Verwandten, 1936; Der Vater und sein erstes Kind, 1938; Christiane und Till, 1944; Gute Besserung, 1946; Grundstück gesucht, 1946; Büchermachen,

Aut. 1947; Frühlingssonate, E. 1949; Frühling, Sommer, Herbst und Winter, En. 1950; Die Ahnenbilder, En. 1954; Lehrer, die wir hatten, En. 1954; Sonntagsgespräche mit Nele, 1955; Der schwarze Schimmel, 1956; Der Kellner Fritz, E. 1965; Lauter wahre Geschichten, Ausw. 1969; Von Büchern und vom Büchermachen, Ausw. 1969; Die fürchterlichste Klasse, En. 1971; Himmelblaues Stümperle, En. 1972.

Heimesfurt, Konrad von → Konrad von Heimesfurt

Heimonskinder → Haimonskinder

Hein, Christoph, *8. 4. 1944 Heinzendorf/Schles.; Stud. Philos., Schriftsteller in Ost-Berlin. – Dramatiker und Erzähler aus sozialist. Sicht.

W: Lassalle fragt Herrn Herbert nach Sonja, Dr. (1980); Cromwell, Drr. 1981; Nachtfahrt und früher Morgen, En. 1982; Der fremde Freund, N. 1982; Drachenblut, N. 1983; Die wahre Geschichte des Ah Q, Dr. 1984; Horns Ende, R. 1985; Schlötel oder Was soll's, Drr. u. Ess. 1986; Öffentlich arbeiten, Ess. 1987.

Hein, Manfred Peter, *25. 5. 1931 Darkehmen/Ostpr., Stud. Germanistik und Geschichte München und Göttingen bis 1958, lebt seither in Helsinki/Finnland. – Lyriker von spröder, knapper Sprache in scharf konturierten Gedichten aus der Verbindung von Natur und Mythos. Auch Kritiker, Essayist und Übs.

W: Ohne Geleit, G. 1960; Taggefälle, G. 1962; Moderne finnische Lyrik, Übs. 1962; Gegenzeichnung, G. 1974, erw. 1983; Zwischen Winter und Winter, G. 1987.

Heine, Heinrich, 13. 12. 1797 Düsseldorf – 17. 2. 1856 Paris, Sohn des jüd. Schnittwarenhändlers Samson H. und der Peire (gen. Betty) van Geldern, Ostern 1810–14 Lyzeum Düsseldorf, Anfang 1815 kaufm. Lehrling in Frankfurt/M., ab Sommer 1816 im Bankhaus s. Onkels Salomon H. in Hamburg, der ihm 1818 ein

Manufakturwarengeschäft Harry H. & Co. einrichtete, das Frühj. 1819 liquidiert wurde. Unerwiderte Liebe zu s. Kusine Amalie H. Beginn des Jurastud. mit Hilfe s. Onkels in Bonn; Burschenschafter; hörte Vorlesungen bei Arndt und A. W. Schlegel. Sept. 1820 nach Göttingen, dort wegen e. Duellvergehens 23. 1. 1821 relegiert. April 1821 – Mai 1823 Fortsetzung des Stud. in Berlin, doch mehr Philos. (bei Hegel) als Lit. als Jura. Verkehr im Salon Rahel Varnhagens. Mai 1823 zu den Eltern nach Lüneburg, Aufenthalte in Cuxhaven, Helgoland und Hamburg. Jan. 1824 nach Göttingen, Sept. 1824 Fußreise durch den Harz nach Thüringen, Besuch bei Goethe. 3. 5. 1825 jurist. Examen in Göttingen. 28. 6. 1825 in Heiligenstadt Übertritt zum protestant. Christentum. 20. 7. 1825 Promotion zum Dr. jur. in Göttingen. Lebte in Lüneburg und Hamburg, Unglückl. Liebe zu s. Kusine Therese H. April 1827 Reise nach London. Herbst 1827 nach München, dort Nov. 1827–28 mit F. Lindner, Mitredakteur von Cottas ›Neuen allg. polit. Annalen‹, vergebl. Bemühungen um e. Professur. Juli-–Nov. 1828 in Italien, Hamburg, dann Berlin und Potsdam, wieder Hamburg, Wandsbek und Helgoland. 1. 4. 1831 Reise nach Paris zu endgültigem Aufenthalt ebda. Dort Korrespondent der Augsburger ›Allg. Zeitung‹. Bemühte sich als Mittler zwischen Dtl. und Frankr. Verkehr mit Meyerbeer, V. Hugo, Dumas, Börne, Béranger, G. Sand und Balzac; Anschluß an die Saint-Simonisten. Verbot s. Schriften in Dtl. durch den Bundestagsbeschluß gegen das Junge Dtl. 1835. Seit 1834 Beziehungen zu Créscence Eugenie

Mirat (Mathilde), die er am 31. 8. 1841 heiratete. Seit 1837 Augenleiden, seit 1848 durch e. langsam tötende Rückenmarksdarre dauernd ans Krankenlager gefesselt. Letzte Liebe zu der jungen Elise Krinitz (›Mouche‹). Grab auf dem Montmartre-Friedhof. – Bedeutendster dt. Lyriker zwischen Romantik und Realismus, Typ des Zerrissenen in e. Übergangszeit, der die eth. und metaphys. Bindungen des Idealismus schwanden. Verbindung von romant. Schwermut, Weltschmerz und Sentimentalität mit geistreichem Spiel und Spott. Durchbruch e. nicht mehr romant. Ironie durch die kunstvoll geschaffene Gemütslage, die mutwillig zerstört wird. Das Unvermögen, sich e. Empfindung noch rein hinzugeben, und die Aufrichtigkeit, die e. nicht vorhandene Unschuld des Gefühls nicht vortäuschen mag, leiten zur Ironie als der desillusionierenden Erhebung über den eig. Standort. Neben reiner Stimmungslyrik und vielfach vertonten bildstarken Liedern im Volksliedstil (›Loreley‹) ferner Liebeslyrik, Sonette, freirhythm. Gedichte, meisterhafte Balladen (›Belsazar‹) und satir. Versepik. Später im Gefolge des Jungen Dtl. auch zeitkrit. und polit. Gedichte von schonungsloser Satire. In s. Prosa Verbindung impressionist. Augenblickskunst, scharfer Natur- und Lebensbeobachtung mit unerschöpflich spöttelndem Witz. Schöpfer des mod. subjektiven Feuilletons und 1. bedeutender dt. Journalist. Fragmentar. Reisebilder in sprunghaft-impressionist. Plauderstil. Weniger erfolgreich mit novellist. Fragmenten und Tragödien. In der raffinierten Technik s. musikal. Sprachgestaltung wie in s. metr. Lässigkeit weiteste Nachwirkung bis zur Gegenwart. H.-Gesellschaft und H.-Archiv Düsseldorf.

W: Gedichte, 1822; Tragödien, nebst einem lyrischen Intermezzo, 1823; Reisebilder, IV 1826–31; Buch der Lieder, 1827; Zur Geschichte der neueren schönen Literatur in Deutschland, Schr. II 1833 (u. d. T. Die romantische Schule, 1836); Französische Zustände, Ess. 1833; Der Salon, Schr. IV 1834–40; Über Ludwig Börne, Schr. 1840; Deutschland. Ein Wintermärchen, 1844; Neue Gedichte, 1844; Atta Troll, Ep. 1847; Der Doctor Faust. Ein Tanzpoem, 1851; Romanzero, G. 1851; Les Dieux en exil, Schr. 1853 (d. Die verbannten Götter, 1853): Die Harzreise, 1853; Vermischte Schriften, III 1854; Letzte Gedichte und Gedanken, 1869. – SW, hkA. hg. E. Elster VII 1887–90, hg. O. Walzel XI 1910–20, hg. F. Strich XI 1925–30; Werke u. Briefe, hg. H. Kaufmann X 1961–64 bzw. XIV 1963–65; Sämtl. Schriften, hg. K. Briegleb VI 1968ff.; Säkularausg., 50 Bde. 1970ff.; hkA. hg. M. Windfuhr XVI 1972ff.; Ausw., hg. u. komm. S. Atkins II 1973f.; Briefwechsel, hg. F. Hirth III 1914–20; Briefe, 1. Gesamtausg., hg. ders. VI 1950/57, II 1973f.; Gespräche, hg. H. H. Houben, ²1948.

L: J. Legras, Paris 1897; H. Lichtenberger, 1905; W. Fürst, 1910; M. J. Wolff, 1922; V. Bernard, Paris 1946; Ch. Andler, La poesie de H., Paris 1948; F. Hirth, 1950; B. Fairley, Oxf. 1954; M. Brod, ⁸1956; E. M. Butler, Lond. 1956; C. C. Lehrmann, 1957; L. Marcuse, 1960; S. S. Prawer, Cambr. 1961; W. Rose, The early love poetry of H. H., Oxf. 1962; B. Fairley, 1965; L. Hofrichter, 1966; L. Marcuse, ³1970; A. Betz, Ästhetik u. Politik. H. H.s Prosa, 1971; E. Galley, ³1971; G. Storz, H. H.s lyr. Dicht., 1971; H. H. (üb.s Dicht.), hg. N. Altenhofer III 1971; K.-H. Fingerhut, Standortbestimmungen, 1971; G. Oesterle, Integration und Konflikt, 1972; Begegnungen mit H., hg. M. Werner II 1973; H. Hengst, Idee u. Ideologienverdacht, 1973; L. Rosenthal, H. H. als Jude, 1973; H.-Studien, hg. M. Windfuhr 1973; D. Möller, 1973; H. Kircher, H. H. u. d. Judentum, 1974; W. Wadepuhl, 1974; H. Hultberg, Koph. 1974; N. Reeves, Lond. 1974; J. Müller, H.s Prosakunst, 1975; E. Loeb, 1975; S. Grubačić, H.s Erzählprosa, 1975; J. Hermand, Streitobjekt H., 1975; H. Koopmann, hg. 1975; D. Sternberger, ²1976; M. Windfuhr, ²1976; B. v. Wiese, Signaturen, 1976; W. Kuttenkeuler, 1977; F. J. Raddatz, 1977; J. L. Sammons, Priceton 1979; J. Brummack, hg. 1980; F. Mende, H.-Chronik, ²1981; H. Spencer, Boston 1982; W. Grab, 1982; J. A. Kruse, 1983; F. Mende, 1983; W. Kraft, 1983; S. S. Prawer, H's Jewish Comedy, Oxf. 1983; W. Preisendanz, ²1983; C. Trilse, Bb. 1984; H. Kaufmann, ⁴1984; K. Briegleb, 1985; W. Hädecke, 1985; F. Futterknecht, 1985; S. B.

Würffel, D. produktive Widerspruch, 1986; G. Höhn, H.-Handbuch, 1987; Bibl.: G. Wilhelm, III 1960 bis 1968; J. L. Sammons, N. Y. 1982; S. Seifert, A. A. Volgina, 1985; H.-Jb. 1962ff.

Heinrich VI. von Hohenstaufen, dt. Kaiser, 1165 Nymwegen – 28. 9. 1197 Messina, Sohn Friedrichs I. Barbarossa, wurde 1169 zum dt. König gewählt, 1184 in Mainz zum Ritter geschlagen, 1186 bei s. Vermählung mit der sizil. Prinzessin Konstanze in Mailand zum König der Lombardei, 15. 4. 1191 zum Kaiser gekrönt. – Minnesänger; unter s. Namen sind 3 Minnelieder überliefert, die wohl vor s. Regentschaft verfaßt wurden: e. Wechsel und e. Tagelied in Langzeilenstrophen sind vorhöf., e. Kanzone in provenzal. Troubadourstil zeigt zum erstenmal dt. Daktylen.

A: MF.
L: J. Haller, 1915.

Heinrich von Eßlingen → Schulmeister von Eßlingen

Heinrich von Freiberg, urkundl. 1278–1329, wohl aus Freiberg/Sa. – Mhd. bürgerl. Epiker, schrieb um 1286/90 am Hof König Wenzels II. von Böhmen aufgrund der Werke Eilharts von Oberge und Ulrichs von Türheim e. Fortsetzung von Gottfrieds ›Tristan‹ in vollendeter Nachahmung von Geist und Stil Gottfrieds. Ferner evtl. auch Vf. e. ›Legende vom Hl. Kreuz‹ nach lat. Vorlage, der Wappendichtung ›Ritterfahrt Johanns von Michelsberg‹ (um 1297) und des Schwanks ›Das Schretel und der Wasserbär‹.

A: R. Bechstein 1877, n. 1966; A. Bernt 1906, n. 1978; Tristan, hg. D. Buschinger 1982.
L: C. v. Kraus, 1941; M. Müller, Diss. Mchn. 1950; M. Sedlmeyer, H.s v. F. Tristanforts., 1976.

Heinrich der Glîchezaere (d. h. Gleißner, was jetzt meist auf den Fuchs bezogen wird), elsäss. Kleriker oder Spielmann der 2. Hälfte des 12. Jh., dichtete um 1185 e. nur fragmentarisch (700 Verse) und in e. nicht tiefgreifenden Bearbeitung von Anfang 14. Jh. erhaltenes Tierepos um Wolf und Fuchs von rd. 2000 Zeilen ›Reinhart Fuchs‹ oder (als Parodie des Nibelungentitels) ›Isengrînes nôt‹. Freie, kunstlose, doch anschaul. Verarbeitung einer nicht erhaltenen Vorform des franz. ›Roman de Renart‹ in Stil und Versbau des vorhöf. Epos mit starken Zügen sozialer, polit. und zeitgeschichtl. Satire u. a. gegen Geistlichkeit und Hohenstaufen. Obwohl e. der seltenen dt. Tierepen, wenig erfolgreich und für die weitere Ausbildung des Reineke Fuchs-Stoffes durch das Volksbuch ohne Bedeutung.

A: K. Reißenberger ²1908; G. Baesecke 1925, ²1952 (nhd. ders. 1926); K. H. Göttert 1976 (m. Übs.), W. Spiewok 1977 (m. Übs.); K. Düwel 1984.
L: G. Mausch, Diss. Hbg. 1921; A. Graf, Diss. Würzb. 1922; K.-H. Göttert, Tugendbegriff u. ep. Struktur, 1971.

Heinrich von Halle → Mechthild von Magdeburg

Heinrich von Hesler, um 1270 – um 1340, wohl aus thüring. Adelsgeschlecht bei Naumburg, Deutschordensritter, vermutl. ident. mit e. 1333 oder 1341/42 bezeugten Propst und Komtur in Zschillen b. Rochlitz a. d. Mulde. – Ältester Deutschordensdichter, schrieb um 1300/10 e. ›Evangelium Nicodemi‹ (Versparaphrase der vier Evangelien und bes. des apokryphen Evangelium Nicodemi, gerahmt von e. Lehrgespräch, 27 000 Verse), e. ›Apokalypse‹ (Exegese der Offenbarung Johan-

nis für Laien) und ›Die Erlösung‹ (fragmentar. erhaltenes Gedicht vom Sturz Luzifers und vom Sündenfall der Engel).

A: Ev. Nic.: K. Helm 1902; Apok.: ders. 1907; Erlösg.: O. v. Heinemann u. E. Steinmeyer (Zs. f. dt. Altertum 32, 1888).
L: P. Wiedmer, Sündenfall u. Erlösg. b. H. v. H., 1977.

Heinrich von Laufenberg, um 1390 Rapperswil/Schweiz od. Freiburg/Br. – 31. 3. 1460 Straßburg, seit 1429 Priester in Freiburg, um 1433 Dekan des Kollegiatstifts Zofingen, 1441 Münsterkaplan in Freiburg, seit 1445 Mönch des Johanniter-Klosters in Straßburg. – Bedeutendster dt. geistl. Lieddichter des 15. Jh., verfaßte rd. 90 myst. geistl. Lieder, wertvolle Übss. lat. Hymnen und Sequenzen, Kontrafakturen und dt.-lat. Mischtexte. Ferner Bearbeitung größerer lat. Werke in dt. Reimform: ›Regimen sanitatis‹ (1429, gedr. 1491), e. astrolog.-medizin. Hausbuch, ›Speculum humanae salvationis‹ (1437) als ›Spiegel menschlichen Heils‹ und ein ›Buch der Figuren‹ (1441), d. h. der Präfigurationen Mariae, wohl nach Konrads von Alzey ›Opus figurarum‹.

A: (Lieder) Ph. Wackernagel, D. dt. Kirchenlied II, 1867.
L: E. R. Müller, Diss. Straßb. 1888; L. Boll, Diss. Köln 1934.

Heinrich von Meißen → Frauenlob

Heinrich von Melk, 12. Jh., wohl Laienbruder im Kloster Melk/Niederösterr. – Frühmhd. Dichter, Sittenprediger und 1. dt. Satiriker. Verfaßte um 1160 2 längere Sittenbilder in Reimversen zum Kampf gegen Hoffart, Sittenverderbnis und Laster einzelner Stände und die Weltfreude des aufkommenden Rittertums als

Ermahnung an die Vergänglichkeit alles Irdischen: ›Von des tôdes gehugede‹ (= Erinnerung an den Tod) entwirft e. allg. Sittenspiegel, ›Priesterleben‹ den des entarteten Weltklerus. Beide Werke sind wertvollste kulturgeschichtl. Dokumente (u. a. 1. Beleg des dt. Minnesangs!).

A: R. Heinzel 1867, n. 1983; R. Kienast ²1960. *L:* W. Wilmanns, 1885; O. Lorenz, 1886; E. Schweigert, Diss. Mchn. 1952; P.-E. Neuser, 1973.

Heinrich von Morungen, um 1150 Burg Morungen b. Sangerhausen/Thür. – 1222 Leipzig; dort seit 1213 als ›miles emeritus‹ bezeugt; vermachte ebda. s. Besitzungen dem neugegründeten Thomaskloster, in das er selbst 1217 eingetreten war; längere Zeit Ministeriale des Markgrafen Dietrich IV. von Meißen. Ob H. 1197 ins Heilige Land zog und von da aus auch Indien (oder Persien?) besuchte, steht nicht fest. – Minnesänger der romanisierenden Richtung in der Nachfolge Heinrichs von Veldeke, übte selbst Einfluß auf Walther von der Vogelweide und Ulrich von Lichtenstein aus. S. Verbindung zu anderen Dichtern, die Reinheit s. Reime und der Grad des provenzal. Einflusses auf s. Dichtung weisen s. Werk in das letzte Jahrzehnt des 12. Jh. Benutzt Wechselstrophen, Refrain und Antithetik. Gibt e. große Fülle von kühnen Bildern und Vergleichen trotz beschränktem Stoff- und Motivkreis. Daneben starke musikal. Wirkung s. Reime. S. Lyrik ist echter hoher Minnesang, zeigt das für diesen Frühstufe typ. Dienst- und Vasallenverhältnis des Liebenden zu s. Dame. Für ihn ist die Minne e. mag. Macht, die ihn blendet und s. Sinne beraubt, sie führt bis zu Krankheit, Wahnsinn und Tod, in positivem Sinne aber auch bis zum höchsten Liebesjubel. Bezieht in s. Liebesempfinden auch das Naturleben mit ein, dabei bisweilen auch Berührung mit der relig. Sphäre. Held des Spielmannslieds ›Vom edelen Möringer‹.

A: MF; C. v. Kraus ²1950 (m. Übs. u. Komm.); nhd. K. Heß 1923; H. Tervooren 1975. *L:* F. Michel, 1880; C. von Kraus, 1916; K. H. Halbach, 1929; O. Restrup, Kopenh. 1938; C. Grünanger, 1948; J. Kibelka, Diss. Tüb. 1949; D. Fortmann, Diss. Tüb. 1966.

Heinrich von Mügeln, um 1320 Mügeln b. Pirna – 1372, gelehrter Bürger, e. Art Hofdichter zuerst Johanns von Böhmen, seit 1346 am Hof Karls IV. in Prag, dann 1352/53 bei Ludwig I. von Ungarn und 1358–65 bei Rudolf IV. von Österr., schließl. bei Hertnit von Pettau. – Allegor.-gelehrter Dichter des MA. Vf. e. allegor. Reimpaargedichts ›Der Meide Kranz‹ (nach 1355) vom Wettstreit der 12 Künste und 12 Tugenden. Ferner gelehrte und geistl. Sangsprüche, schlichte Fabeln, 7 Minnelieder im geblümten Stil und Übss.: Valerius Maximus (1369), Psalmen (um 1370), Ungarnchronik in lat. Reimversen (1352f., Fragment) und e. Ungarnchronik in dt. Prosa (um 1360). Galt den Meistersängern als e. der ersten 12 Meister.

A: Die kleineren Dichtungen, hg. K. Stackmann III 1958f.; Meide Kranz, hg. W. Jahr, Diss. Lpz. 1909. *L:* U. Kube, Diss. Marb. 1932; K. Stackmann, D. Spruchdichter H. v. M., 1958; J. Kibelka, 1963; J. Hennig, Chronologie d. Wke. H.s v. M., 1972.

Heinrich von Neustadt, Ende 13./Anf. 14. Jh., gelehrter Arzt aus Wiener Neustadt, 1312 als Arzt in Wien bezeugt. – Ma. Epiker von kunstlos-realist. Stil und guter Verstechnik, Vf. des ›Apollonius von Tyrland‹ (vor 1291 oder nach 1312), der 1. dt. Bearbeitung des spätantiken Liebes- und Abenteuerromans ›Historia Apollonii regis Tyrii‹ mit starker Erweiterung des Abenteuerlichen unter Einfluß von Motiven aus Byzanz und dem Artuskreis (20 640 Verse); Vf. ferner e. myst.-allegor. geistl. Epos ›Von Gottes Zukunft‹ (d. h. Herabkunft, 8129 Verse) von der dreimaligen Herabkunft Christi auf die Erde; an deren Schluß die Übs. des lat. Streitgesprächs zwischen Seele und Leib ›Visio Philiberti‹.

A: S. Singer 1906 (DTM 7, n. 1967).
L: A. Bockhoff, S. Singer, H.s v. N. ‹A. ‹ u. s. Quellen, 1911; W. Schürenberg, Apoll. v. Tyrl., Diss. Gött. 1934.

Heinrich von Nördlingen, 1. Hälfte 14. Jh. († 1379 Pillenreuth b. Nördlingen), Weltpriester und myst. Wanderprediger in Nördlingen, floh 1335 nach Avignon, kehrte 1337 zurück, ging 1338/39 nach Basel, dort Mittelpunkt der Schweizer Gottesfreunde. Kehrte nach mehrfachen Reisen 1349 in die Heimat zurück. – Unterhielt e. Briefwechsel mit Margarete Ebner, die 1. echte Sammlung dt. Briefe, und übs. Mechthild von Magdeburg ins Oberdt.

A: Ph. Strauch, M. Ebner u. H. v. N., 1882 (n. 1966). – *Übs.:* H. Wilms 1928, J. Prestel 1939.

Heinrich von Ofterdingen, sagenhafter dt. Minnesänger der Zeit um 1200, der bei e. legendären Sängerwettstreit als Gegner Wolframs von Eschenbach und Walthers von der Vogelweide aufgetreten sein soll und dem spätere Quellen Bearbeitung oder Verfasserschaft des → ›Laurin‹ unterschieben. Hist. nicht nachweisbar. Von den Meistersängern

als e. der ersten Meister gefeiert. Romanfigur bei Novalis u. a.
A u. L: F. Mess, 1963.

Heinrich von Rugge, 2. Hälfte 12. Jh., aus e. schwäb. Ministerialengeschlecht des Pfalzgrafen von Tübingen in Blaubeuren mit Stammburg auf dem Berg Ruck b. Blaubeuren; urkundl. 1175–78; wohl Teilnehmer des Kreuzzuges von 1191. – Frühhöf. Minnesänger, verband in s. (hinsichtl. ihrer Echtheit z. T. noch umstrittenen) Liedern altertüml. Elemente mit mod. Minnekonvention; Neigung zu Spruchlyrik, Lehrhaftigkeit und Sentenz. Dichtete nach dem Tod Friedrichs I. Barbarossas (1190) den 1. erhaltenen dt. Kreuzleich als Aufruf zur Unterstützung des Kreuzheeres.

A: MF.
L: F. J. Paus, Diss. Freib. 1964.

Heinrich der Teichner, um 1310 – um 1375, österr. Dichter, vermutl. wohlhabender Bürger ohne gelehrte Schulbildung aus Kärnten oder Steiermark. Lebte zeitweilig in Wien. – Mhd. Spruchdichter, schrieb zwischen 1350 und 1370 729 didakt. Reimreden mit insges. um 70 000 Versen in schmuckloser Sprache, meist mit e. Frage, kurzen Erzählung oder Legende beginnend und e. allg. Lebensregel daraus ableitend. Ernster, friedfertiger, z. T. pessimist. Grübler und Moralist; preist e. gutbürgerl. Leben in Rechtschaffenheit und verurteilt jede Unsittlichkeit als Verstoß gegen die von Gott gesetzte Ordnung, so bes. Auswüchse des Geldwesens und des Rittertums. Weite Nachwirkung auf die bürgerl. Spruchdichtung.

A: H. Niewöhner III 1953–56.
L: P. Nics, Diss. Wien 1967; C.-M. König,

Diss. Freib. 1967; E. Lämmert, Reimsprecherkunst im SpätMA., 1970; K. O. Seidel, 1973; H. Bögl, Soz. Anschauungen b. H. d. T., 1975.

Heinrich von dem Türlin,

Anfang 13. Jh., Kärntner aus bürgerl. Geschlecht. – Mhd. Epiker der Spätzeit, schrieb 2 Versromane: 1. ›Der Mantel‹ (nach 1205), fragmentar. Anfang e. verlorenen großen Lanzelotromans; 2. ›Der Aventiure Crône‹ (um 1215/30) mit 30 000 Versen, e. recht unübersichtl., triviale Stoffhäufung von Abenteuerepisoden der Artussage aus versch. Quellen mit Gawan im Mittelpunkt. Epigonale, rein äußerl. Stilnachahmung der Klassik.

A: Mantel: O. Warnatsch 1883, n. 1977; Crône: G. H. F. Scholl 1852 (BLV, n. 1966). L: E. Gülzow, 1914; I. Klarmann, Diss. Tüb. 1944; L. Jillings, Diu crône, 1980.

Heinrich von Veldeke,

um 1140/50 – vor 1210 aus niederländ. Ministerialengeschlecht, das sich nach dem Dorf Veldeke b. Maastricht nannte; Ministeriale der Grafen von Loon; geistl. gebildet (Lat. und Franz.); mit der älteren dt. Lit. vertraut; nahm 1184 in Mainz an Barbarossas Hoftag teil; lit. Beziehungen zum Hofe Hermanns von Thüringen. – Mhd. Epiker und Lyriker der höf. Klassik, Begründer des neuen höf. Romans. Begann um 1170 als relig. Dichter mit der gereimten Heiligenlegende ›Servatius‹ um den Patron s. Heimat, Bischof Servatius von Tongern, geschrieben in limburg. Mundart, breite Erweiterung e. lat. Prosa-Legende. Begann kurz darauf seinen Äneas-Roman. Die teilweise fertige Hs. lieh H. e. Gräfin von Cleve, der sie 1174 entwendet und nach Thüringen gebracht wurde. Von dort gab man sie erst 1183 zurück; H. überarbeitete sie dar-

auf auf der Wartburg und schloß sie 1189 ab. Dieses Hauptwerk H.s, die Verserzählung ›Eneide‹, stellt e. Umarbeitung des antiken Stoffs Vergils auf der Grundlage des altfranz. ›Roman d'Eneas‹ im höf.-ritterl. Sinn dar. Mythologie und Heroismus treten zurück, die Minne wird bes. hervorgehoben, die Handlung verfeinert und den Zeitverhältnissen angepaßt. Der Stil gleicht sich im Gegensatz zum ›Servatius‹ der hochdeutschen Dichtersprache an. H.s lebensnahe Minnelyrik mit volkstüml. Zügen steht unter dem Einfluß der Troubadourdichtung.

A: Servatius, hg. G. A. van Es 1950, Th. Frings u. G. Schieb 1956; Eneit, hg. E. Ettmüller 1852; O. Behaghel 1882 (n. 1970), G. Schieb, Th. Frings III 1964–70, mhd./nhd. D. Kartschoke 1986; Lyrik in MF.
L: C. v. Kraus, 1899; B. Fairley, Die Eneide H.s v. V. und der Roman d'Eneas, 1910; F. Wilhelm, St. Servatius, 1910; J. van Dam, Das V.-Problem, 1924; J. Schwietering, Servatius und Eneide, 1927; J. van Mierlo, 1929; W. Wittkopp, Die Eneide des H. v. V. und der Roman d'Eneas, Diss. Lpz. 1929; G. Jungbluth, 1937; C. Minis, Der Roman d'Eneas und H. v. V., Diss. Lüttich 1946; E. Comhaire, Der Aufbau von V.s Eneit, Diss. Hbg. 1947; Th. Frings u. G. Schieb, III 1947–52; dies., Drei V.-Studien, 1949; J. v. Mierlo, De oplossing van het V. probleem, Antwerpen 1952; G. Schieb, Die hs. Überlieferung der Eneide H.s v. V. und das limburg. Original, 1960; G. Schieb, 1965; M.-L. Dittrich, D. Eneide H.s v. V., 1966; W. Schröder, V.-Stud., 1969; H. u. V.-Symposium, Utrecht 1971; J. R. Sinnema, N. Y. 1972; G. Weindt, D. Lieder H.s, Diss. Gießen 1975.

Heinrich der Vogler,

Tiroler Fahrender Ende 13. Jh., galt früher als Vf. zweier mhd. Epen: ›Dietrichs Flucht‹ und ›Rabenschlacht‹, dann nur als Vf. des ersten, heute nur noch als Bearbeiter e. Teils dieser Dichtung auf der Grundlage e. verlorenen Fluchtepos.

A: E. Martin, Dt. Heldenbuch II, 1866.
L: Th. Steche, Das Rabenschlachtgedicht, 1939; R. v. Premerstein, Dietrichs Flucht, 1957.

Heinrich Julius, Herzog von Braunschweig-Wolfenbüttel, 15. 10. 1564 Schloß Hessen in Braunschweig – 20. 7. 1613 Prag, gelehrt erzogen, bereits 1575 Rektor von Helmstedt, 1578 Verwaltung des Bistums Halberstadt, 1581–85 Bischof von Minden; 3. 5. 1589 regierender Herzog von Braunschweig; ∞ 1590 in 2. Ehe Elisabeth von Dänemark; rief Herbst 1592 Engl. Komödianten nach Wolfenbüttel und behielt 1593–98 Th. Sackville als Leiter e. eigenen Truppe am Hof. Seit 1607 Vertrauter Kaiser Rudolfs II.; meist am Kaiserhof in Prag. – Vorbarocker Dramatiker, anfangs Nachahmer Frischlins, dann unter Einfluß der Engl. Komödianten. Schrieb zur Aufführung vor der Hofgesellschaft s. Prosa-Tragödien, Tragikomödien und Komödien mit krassen theatral. Effekten, Musik, Tanz und Narrenfiguren, aber frischer Charakteristik, lebendiger schauspielerischer Entfaltung und schwungvollem Ausdruck, in realist. Szenen aus dem Alltagsleben des gemeinen Mannes auch Mundart. Moralerzieherische Absicht. Bedeutend für die Entwicklung einer festen dt. Bühne mit lebendigem Repertoire.

W: Von der Susanna, Dr. 1593 (2. Fassg. 1593); Von einem Fleischhawer, K. (1593); Von einem Buler und Bulerin, Tr. 1593; Von einem Weibe, K. 1593; Von einem Wirthe, K. 1593 (n. 1967); Von einem Ungeratenen Sohn, Tr. 1594; Von einer Ehebrecherin, Tr. 1594; Von einem Wirthe oder Gastgeber, Dr. 1594; Von einem Edelman, K. 1594; Von Vincentio Ladislao Scrapa von Mantua, K. 1594 (n. 1967). – Die Schauspiele, hg. W. L. Holland 1855 (BLV, n. 1967); hg. J. Tittmann 1880.
L: R. Friedenthal, Diss. Mchn. 1924; F. Brüggemann, Versuch e. Zeitfolge d. Dramen H.s, 1926; W. Pfützenreuter, Diss. Münster 1936; A. H. J. Knight, Oxf. 1948; C. Emmrich, Habil. Jena 1964; I. Werner, 1976.

Heinrich Wittenweiler → Wittenweiler, Heinrich

Heinrich, Willi, ⋆ 9. 8. 1920 Heidelberg; kaufmänn. Angestellter, Soldat im Osten, seit 1954 freier Schriftsteller in Baden-Baden. – Anfangs Erzähler von spannenden, nüchtern-realist. Kriegsromanen mit Nähe zu N. Mailer und gesellschaftskrit. Heimkerreromanen, dann Übergang zum pseudoerot. Unterhaltungsroman.

W: Das geduldige Fleisch, R. 1955; Der goldene Tisch R. 1956 (u. d. T. In stolzer Trauer, 1970); Die Gezeichneten, R. 1958; Alte Häuser sterben nicht, R. 1960; Gottes zweite Garnitur, R. 1962; Ferien im Jenseits, R. 1964; Maiglöckchen oder ähnlich, R. 1965; Mittlere Reife, R. 1966; Geometrie einer Ehe, R. 1967; Schmetterlinge weinen nicht, R. 1969; Jahre wie Tau, R. 1971; So long, Archie, R. 1972; Liebe und was sonst noch zählt, R. 1974; Eine Handvoll Himmel, R. 1976; Ein Mann ist immer unterwegs, R. 1978; In einem Schloß zu wohnen, R. 1978; Herzbube und Mädchen, R. 1980; Vermögen vorhanden, R. 1982; Traumvogel, R. 1983.
L: H. Puknus, hg. 1977.

Heinrico, de → De Heinrico

Heinse, (Johann Jakob) Wilhelm (eig. Heintze), 15. 2. 1746 Langewiesen b. Ilmenau/Thür. – 22. 6. 1803 Aschaffenburg, Sohn e. Stadtschreibers, Gymnas. Schleusingen; 1766–68 Stud. Ästhetik bei F. J. Riedel in Jena und Erfurt, von Wieland und Gleim unterstützt; 1771 Reisebegleiter eines preuß. Hauptmanns, 1772 Hauslehrer in Quedlinburg, dann März 1773 – Frühj. 1774 bei Gleim in Halberstadt, ging April 1774 mit J. G. Jacobi als Mitarbeiter an dessen ›Iris‹ nach Düsseldorf. Juni 1780 mit Unterstützung Gleims und Jacobis Italienreise: Venedig, 1781 Florenz, länger in Rom (Verkehr mit Maler Müller), 1782 Neapel. Sept. 1783 Rückkehr nach Düsseldorf, Konversion zum Katholizismus, 1. 10. 1786 Vorleser beim Kurfürsten in Mainz; 1788 kurfürstl. Hofrat und

Privatbibliothekar in Mainz, 1792 Flucht nach Düsseldorf, 1794 mit der Bibliothek nach Aschaffenburg. – Erzähler und Kunstschriftsteller der Sturm und Drang-Zeit, Verfechter e. schrankenlosen ›ästhet. Immoralismus‹ als sinnenfroher hellen.-renaissancehafter Schönheitskult, naturhafte Sinnlichkeit und leidenschaftl.-bacchant. Genußstreben, bes. in ›Ardinghello‹, dem 1. dt. Künstlerroman und zugleich e. Utopie naturhafter menschl. Gemeinschaft auf der Grundlage von Freiheit, Schönheit und Kraft. Verbindung von Wielands graziöser Erotik mit Rousseauismus; leidenschaftl. bewegter, glutvoller, doch undisziplinierter Stil s. Briefromane. Im Spätwerk überwiegt die Musik- und Schachtheorie die Handlung. Gab als Kunstschriftsteller bahnbrechende Gemäldebeschreibungen und förderte die Wiederentdeckung von Rubens. Übs. von Petronius (1773), Tasso (1781) und Ariost (1782 f.); Tagebuch und philos. Aphorismen. Einfluß auf Hölderlin; Vorläufer der Romantik.

W: Sinngedichte, 1771; Die Kirschen, G. 1773 (nach Dorat); Laidion oder die Eleusinischen Geheimnisse, R. 1774; Ardinghello und die glückseligen Inseln, R. II 1787 (n. 1975); Hildegard von Hohenthal, R. III 1795–96; Anastasia und das Schachspiel, R. II 1803. – SW, hkA. hg. K. Schüddekopf X 1902–25, n. 1977; Briefw. m. Gleim u. J. v. Müller, hg. W. Körte II 1806–08; Briefw. m. Gleim, hg. K. Schüddekopf II 1894 f.
L: J. Schober, 1882, E. Sulger-Gebing, 1903; A. Schurig, D. jge H., Diss. Lpz. 1910; W. Brecht, H. u. d. ästhet. Immoralismus, 1911; A. Jolivet, Paris 1922; A. Leitzmann, H. i. Zeugnissen s. Zeitgenossen, 1938; M. L. Baeumer, D. Dionysische i. d. Wken. H.s, 1964; ders., H.-Stud. 1966 (m. Bibl.); E. M. Moore, D. Tgb. W. H.s, 1967; C. Magris, Udine 1968; H. Mohr, 1971; R. Terras, W. H.s Ästhetik, 1972; O. Keller, W. H.s Entw. z. Humanität, 1972; M. Dick, D. jge. H., 1980; J. Schramke, W. H. u. d. Frz. Revolution, 1986.

Heinzelin von Konstanz, um 1320, Küchenmeister des Konstanzer Domherrn Graf Albrecht V. von Hohenberg, späteren Bischofs von Würzburg. – Mhd. Lehrdichter unter Stileinfluß Konrads von Würzburg, verfaßte gegen 1320 zwei Streitgedichte; ›Von dem Ritter und von dem Pfaffen‹, um deren Vorzüge als Liebhaber und ›Von den zwei Sanct Johansen‹ über den Rangstreit des Täufers und des Evangelisten.

A: F. Pfeiffer 1852.
L: T. Cramer, D. kl. Liederdichter d. 14. u. 15. Jh., 1977.

Heise, Hans-Jürgen, ★ 6. 7. 1930 Bublitz/Pommern, 1949/50 Redakteur der Ostberliner Zs. ›Sonntag‹, 1950 Journalist in Westberlin, 1958 Archivlektor am Institut für Weltwirtschaft Kiel. – Skeptische Lyrik als kühle, formelhaft knappe Standortbestimmung von lakon. Kürze; z. T. Nähe zum Surrealismus. Auch Reisebuch, Kritik, Übs.

W: Vorboten einer neuen Steppe, G. 1961; Wegloser Traum, G. 1964; Beschwörender Rückspiegel, G. 1965; Worte aus der Zentrifuge, G. 1966; Ein bewohnbares Haus, G. 1968; Uhrenvergleich, G. 1971; Drehtür, Prosa 1972; Besitzungen in Untersee, G. 1973; Das Profil unter der Maske, Ess. 1974; Vom Landurlaub zurück, G. 1975; Die zwei Flüsse von Granada, Reiseb. 1976 (m. A. Zornack); Der lange Flintenlauf zum kurzen Western, Sat. 1977; Nachruf auf eine schöne Gegend, G. u. Prosa 1977; Ariels Einbürgerung im Lande der Schwerkraft, Ess. 1978; Ausgew. Gedd., 1979; In schönster Tieffluglaune, G. 1980; Meine kleine Freundin Schizophrenia, G. 1981; Natur als Erlebnisraum der Dichtung, Ess. 1981; Der Phantasie Segel setzen, Ges. G. 1983; Der Zug nach Gramenz, G. 1985; Einen Galgen für den Dichter, Ess. 1986.

Heiseler, Bernt von, 14. 6. 1907 Brannenburg/Inn – 24. 8. 1969 Vorderleiten, Sohn des Dichters Henry v. H.; Gymnas. Rosenheim (J. Hofmiller als Lehrer),

Stud. München und Tübingen, dann freier Schriftsteller in Brannenburg. – Dichter von starker Bindung an die abendländ. Tradition bei zuchtvoller Sprachgestaltung; geprägt vom humanist. Bildungserbe, christl. Ethos und konservativ-vaterländ. Gesinnung. Begann als Dramatiker mit christl. Laien- und Volksspielen, gab dann neuromant. Historiendramen, ferner klassizist. kühle, bühnenferne Gedankendramen und glückl. Bearbeitungen von Dramenstoffen der Weltlit. Erzähler von Zeit- und Generationsromanen, Entwicklungsromanen, formstrengen Novellen und Liebesgeschichten. Relig. Natur-, Liebes- und Gedankenlyrik, Essays; Dichterbiograph und Hrsg. (Zs. ›Corona‹ 1943 f., Jhrb. ›Der Kranich‹ 1959 ff.).

W: Wanderndes Hoffen, G. 1935; Stefan George, B. 1936; Die Unverständigen, En. 1936; Das laute Geheimnis, Lsp. 1937 (nach Calderón); Schill, Dr. 1937; Des Königs Schatten, K. 1938; Die gute Welt, R. 1938; Ahnung und Aussage, Ess. 1939; Kleist, Es. 1939; Apollonia, E. 1940; Gedichte, Kleines Theater, 1940; Cäsar, Tr. 1942; Erzählungen, 1943; Der Bettler unter der Treppe, Dr. 1947; Gespräche über Kunst, Ess. 1947; De profundis, G. 1947; Hohenstaufentrilogie, Dr.-Tril. 1948; Philoktet, Dr. 1948 (nach Sophokles); Semiramis, Tr. 1948 (nach Calderón), Das Stephanus-Spiel, 1948; Schauspiele, III 1949–51; Vera Holm, N. 1950; Spiegel im dunklen Wort, G. 1950; Versöhnung, R. 1953; Das Haller Spiel von der Passion, 1954; Tage, Aut. 1954; Allerleihrauh, Ball. 1955; Der Tag beginnt um Mitternacht, E. 1956; Gedichte, 1957; Die Malteser, Dr. 1957 (nach Schiller); Lebenswege der Dichter, Bn. 1958; Philemon, K. 1958 (nach J. Bidermann); Sinn und Widersinn, Nn. 1958; Schiller, B. 1959; Sieben Spiegel, En. 1962; Stundenbuch für Christenmenschen, 1962; Till Eulenspiegel und die Wahrheit, Sp. 1963; Vom Schicksal der Kreatur, En. u. G. 1963; Das verschwiegene Wort, R. 1964; Evangelisches Marienlob, G. 1966; Gesammelte Essays, II 1966 f.; Bühnenstücke, III 1968–70; Haus Vorderleiten, Aut. 1971. – Briefw. m. R. Schneider, 1965.

Heiseler, Henry von, 23. 12. 1875 Petersburg – 25. 11. 1928

Vorderleiten b. Brannenburg/ Inn, aus dt.-russ. Familie, kam 1898 nach München; Anschluß an den George-Kreis; Mitarbeiter der ›Blätter für die Kunst‹; seit 1908 in s. Bauernhaus in Vorderleiten; 1914 in Petersburg vom Weltkrieg überrascht, mußte im russ. Heer, dann in der Roten Armee dienen und konnte erst 1922 fliehen. Konvertit. Vater von Bernt v. H. – Neuklass. Dichter mit zuchtvoller Sprache. In Wortgebung und Tonfall s. Lyrik anfangs ganz von George abhängig, später schlichter. Versdramen von klass. Form mit Stoffen aus der russ. Gesch. um das Zentralmotiv des Todes. Formstrenge Novellen. Große Verdienste durch meisterhafte Übss. russ. Dichtung (Puškin, Leskov, Dostoevskij, Ivanov, Turgenev, Tolstoj, Sologub u. a.).

W: Peter und Alexej, Tr. 1912; Der Begleiter, E. 1919; Die magische Laterne, Lsp. 1919; Grischa, Tr. 1919; Die drei Engel, G. 1926; Die Nacht des Hirten, Sp. 1927; Der junge Parzival, Sp. 1927; Aus dem Nachlaß, 1929 (daraus: Wawas Ende, E. 1933; Die Kinder Godunofs, Tr. 1938); Die Rückkehr der Alkestis, Dr. (1929, nach Euripides); Die jungen Ritter vor Sempach, Dr. 1930; Die Legenden der Seele, G. 1933. – GW, hg. B. v. H. III 1937/38; AW, hg. ders. 1949; SW, 1965; Briefe, 1969.
L: B. v. Heiseler, 1932; A. v. Gronicka, N. Y. 1944; H. Fleiß, Diss. Graz 1970.

Heißenbüttel, Helmut, ★ 21. 6. 1921 Rüstringen b. Wilhelmshaven, 1933–40 in Papenburg, 1941 schwere Kriegsverwundung, 1942–45 Stud. Architektur, Germanistik, Kunstgesch. Dresden und Leipzig, ab 1945 in Hamburg, 1955–57 Lektor und Werbeleiter des Claassen Verlags in Hamburg, 1959–81 Rundfunkredakteur in Stuttgart. 1963 Gastdozent für Poetik in Frankfurt/M. Lebt in Glückstadt/Stör. Avantgardist. Lyriker und Essayist von experimentierender Sprachgestaltung, bemüht um Reduzierung des emotionellen Wortgehalts bis zu e. Art skelettierter, fast abstrakt sinnfreier Sprache. Sprachkombinatorik, Phrasenparodie und spielerische Provokation im Grenzgebiet von Wirklichkeit und Nonsens; im Roman Zitatenkollage; daneben lit. krit. und -theoret. Essays.

W: Kombinationen, G. 1954; Topographien, G. 1956; Texte ohne Komma, 1960; Textbuch 1–6, G. u. Prosa VI 1960–67 (zus. u. d. T. Das Textbuch, 1970); M. McCarthy, Es. 1964; Über Literatur, Ess. 1966; Briefwechsel über Literatur, 1969 (m. H. Vormweg); Was sollen wir überhaupt senden, H. (1970); Zwei oder drei Porträts, H. (1970); D'Alemberts Ende, R. 1970; Marlowes Ende, H. (1971); Zur Tradition der Moderne, Ess. 1972; Gelegenheitsgedichte und Klappentexte, G. u. Prosa 1973; Das Durchhauen des Kohlhaupts, G. 1974; Eichendorffs Untergang, En. 1979; Wenn Adolf Hitler den Krieg nicht gewonnen hätte, Nn. 1979; Das Ende der Alternative, En. 1980; Die goldene Kuppel des Comes Arbogast, E. 1980; Ödipuskomplex made in Germany, G. 1981; Von fliegenden Fröschen . . ., Ess. 1982; Mehr ist dazu nicht zu sagen, Kgn. 1983; Franz-Ottokar Mürbekapsels Glück und ein Ende, Ausgew. En. 1985; Textbuch 8, 1985; Textbuch 9, 1986; Textbuch 10. Von Liebeskunst, 1986; Textbuch 11, 1987.
L: R. Rumold, Sprachl. Experiment u. lit. Tradition, 1975; K. H. Köhler, Reduktion als Erzählverfahren, 1978; H. Klocke, Text u. Theorie b. H., 1980; H. L. Arnold, hg. 1981 (Text u. Kritik 69/70); Aus Wörtern eine Welt, 1981.

Heisterbach, Caesarius von → Caesarius von Heisterbach

Heitmann, Hans, 5. 1. 1904 Großflintbek b. Kiel – 4. 9. 1970 Lübeck, Lehrer in Holstein, seit 1934 Sonderschullehrer in Lübeck. – Niederdt. Erzähler, Dramatiker und Hörspielautor mit teils hist. Stoffen aus s. niederdt. Heimat in hoch- und niederdt. Sprache.

W: Grise Wulf, Dr. 1937; Carsten Wulf, R. 1938; Swarten Meelbüdel, K. 1938; Schimmelrieder, Dr. 1938; Staan un strieden, Ball. 1939; Die Fehde, N. 1939; Th. Storm, B. 1940; Fockenstedt, K. 1940; Die Flut, R. 1942; Beenholm und Bostel, E. 1942; Isern Hinnerk, R. 1947; Olenklinten, R. 1948; Oprümen, Dr. 1948; Blauen Maandag, E. 1952; Rode Hahn, E. 1960; Swart Schaap, E. 1968.

Helbling, Seifried → Seifried Helbling

Helfta, Gertrud von → Gertrud von Helfta

Heliand (= Heiland), seit der 1. Ausgabe durch J. A. Schmeller Bezeichnung für e. ohne Titel überliefertes Epos aus der Zeit um 830. Bedeutendstes Denkmal des Altsächs., behandelt Christi Leben und Leiden in fast 6000 alliterierenden Langzeilen mit sog. Schwellversen; nach angelsächs. Vorbildern auf Grund der Evangelienharmonie Tatians, die erhebl. gekürzt wurde, und unter Benutzung der Kommentare des Hrabanus Maurus, Alcuin und Beda. Nach e. lat. Vorrede des Humanisten Flacius Illyricus regte Ludwig der Fromme die Abfassung des das AT. und das NT. behandelnden Werks an, doch blieb nur die Bearbeitung des NT. als Ganzheit erhalten. Dem Dichter, e. unbekannten Geistlichen, vermutl. aus dem Kloster Werden an der Ruhr, wurde früher auch die in Bruchstücken erhaltene altsächs. ›Genesis‹ zugeschrieben. In weitschweifigem, breitausladendem Stil erfuhr die bibl. Vorlage e. Heroisierung und Germanisierung. Christus erscheint als mächtiger german. Volkskönig, s. Jünger als edle Gefolgsmannen. Trotz der germanischen Vorstellungsweise des Dichters bleibt das Gedankengut dennoch christl. Im Mittelpunkt der Dichtung steht die Bergpredigt. Bereicherung durch wirkungsvolle Naturschilderungen.

A: E. Sievers IV 1878; M. Heyne ⁴1905; O. Behaghel ⁹1984 – *Übs.:* F. Genzmer ²1961; W. Stapel 1953; K. Simrock ⁵1960. – Wörterb. v. E. H. Sehrt ²1966; S. Berr 1971.
L: E. Sievers, D. H. u. d. angelsächs. Genesis, 1875; O. Behaghel, 1902; E. A. Lehrt, 1925; A. Bretschneider, Die H.-Heimat, 1934; H. Preisker, 1934; W. Krogmann, Die Heimatfrage des H., 1937; G. Berron, Der H. als Kunstwerk, Diss. Tüb. 1940; J. Rathofer, 1962; W. Krogmann, Absicht u. Willkür i. Aufb. d. H., 1964; W. Simon, Z. Sprachmischg. i. H., 1965; Der H., hg. J. Eichoff u. J. Rauch 1973; R. Zanni, H., Genesis u. d. Altengl., 1980; B. Sowinski, Darstellungsstil u. Sprachstil i. H., 1985.

Heller, André (eig. Franz), ★22. 3. 1946 Wien; Schauspielschüler, Diskjockey beim Österr. Rundfunk, Liedermacher, Fernsehshowmaster, 1976 kurzfristig Mitbegründer des ›Zirkus Roncalli‹, 1981 des Varietés ›Flic Flac‹ in Wien. – In melanchol. Liedern, Aphorismen, Prosa und Spielen in erster Linie Selbstdarstellung, Originalitätssucht, Poetisierung der Wirklichkeit und Persiflage des Wienertums in einer Sprache zwischen Manierismus und Provokation, Schnulze und Reklamegag.
W: King-Kong-King, Dr. (1970); Sie nennen mich den Messerwerfer, G. 1974; Die Ernte der Schlaflosigkeit in Wien, Prosa 1975; Auf und davon, En. 1979; Die Sprache der Salamander, G. 1981; Flic Flac, Texte 1982; Die Trilogie der möglichen Wunder, 1983; Schattentaucher, R. 1987.

Helmbrecht, Meier → Wernher der Gartenaere

Helmer, Eduard → Koch, Ernst

Helwig, Werner (Ps. Einar Halvid), 14. 1. 1905 Berlin-Friedenau – 4. 2. 1985 Genf; Sohn e. Malers, Jugendbewegung; lernte Landwirtschaft in Mecklenburg, Stud. Ethnologie Hamburg, seither freier Schriftsteller auf unstetem Wanderleben: Lappland, Schottland, Irland, Island, Schweden,

Norwegen, nach 1933 jahrelang unter griech. Bauern und Fischern; später in Frankreich, Italien, Schweiz und Spanien. Im 2. Weltkrieg in Liechtenstein, zuletzt Genf. – An der Jugendbewegung orientierter Erzähler von Schönheit und farbigem Reichtum e. Abenteuerlebens. In Reisebüchern, Romanen, Novellen und Lyrik Verbindung urmyth. Motive mit e. romant. gesehenen Frühzeit, aber auch Gleichnissen zur Gegenwart. Nachdichter fernöstl. Lyrik.
W: Die Ätnaballade, N. 1934; Nordsüdliche Hymnen, G. 1935; Strandgut, Nn. 1935; Raubfischen in Hellas, R. 1939 (Neufassg. 1960); Der gefangene Vogel, N. 1940 (u. d. T. Der siebente Sohn, 1959); Im Dickicht des Pelion, R. 1941; Gegenwind, R. 1945; Wortblätter im Winde, Übs. 1945; Gezeiten der Liebe, Nn. 1946; Trinakria, R. 1946; Das Wagnis, R. 1948; Isländisches Kajütenbuch, R. 1950; Auf der Knabenfährte, Aut. 1951; Die Widergänger, R. 1952 (u. d. T. Die Gesetzlosen, 1964); Reise ohne Heimkehr, R. 1953; Waldregenworte, G. 1955; Das Steppenverhör, R. 1957; Die Waldschlacht, E. 1959; Der smaragdgrüne Drache, R. 1960; Capri, Schr. 1960; Die Blaue Blume des Wandervogels, St. 1960; Erzählungen der Windrose, 1971; Lapplandstory, R. 1961; Der Gerechtigkeitssattel, E. 1962; Das Paradies der Hölle, R. 1965; Klänge und Schatten, Übs. 1972; Capri – magische Insel, Erinn. 1973; Die Parabel vom gestörten Kristall, Erinn. 1977; Totenklage, Prosa 1984; Letzte Gedichte, 1986.
L. W. H.-Sonderh. (Das Lagerfeuer 22), 1953.

Hemerken, Thomas → Thomas von Kempen

Henckell, Karl Friedrich, 17. 4. 1864 Hannover – 30. 7. 1929 Lindau, Stud. Philos., Philol. und Nationalökonomie Berlin, Heidelberg, München (Verkehr mit M. G. Conrad; M. Greif u. a. Mithrsg. der ›Modernen Dichtercharaktere‹ 1885) und Zürich; längere Zeit in Mailand, Wien, Brüssel, ab 1890 wieder Zürich, 1895 Verlagsbuchhändler ebda.,

∞ 1897 Anny Haaf-Haller. Zog 1902 nach Berlin-Charlottenburg, 1908 nach München, zuletzt Muri b. Bern. – Sozialrevolutionärer Lyriker und Vorkämpfer des Naturalismus. Verkündete in pathet. Anklagelyrik die proletarische Freiheit und den Untergang der bestehenden Gesellschaft. In der oberflächl. Rhetorik und dem pompösen Wortprunk Verherrlicher der Unterdrückten. Am besten in Naturschilderungen. Später Wendung zum Impressionismus mit schlichter Natur- und Liebeslyrik in echteren Tönen.

W: Umsonst, G. 1884; Poetisches Skizzenbuch, G. 1885; Strophen, G. 1887; Amselrufe, G. 1888; Diorama, G. 1890; Trutznachtigall, G. 1891; Aus meinem Liederbuch, G. 1892; Zwischenspiel, G. 1894; Gedichte, 1898; Neues Leben, G. 1900; Gipfel und Gründe, G. 1904; Schwingungen, G. 1906; Weltlyrik, Nachdicht. 1910; Ein Lebenslied, G. 1911; Im Weitergehn, G. 1911; Weltmusik, G. 1918; An die Jugend, G. 1923. – GW, V ²1923.

L: M. Janssen, 1911; K. F. Schmid, 1931.

Henisch, Peter, ∗ 27. 8. 1943 Wien; Stud. Psychol., Philos., Gesch. und Germanistik; Journalist, Liedermacher, Bluessänger und Schriftsteller in Wien. – In montagehaften Romanen ges. krit. Auseinandersetzung mit NS., Vätergeneration, jüngster Vergangenheit und Wienertum.

W: Hamlet bleibt, Prosa 1971; Vom Baronkarl, Prosa 1972; Die kleine Figur meines Vaters, E. 1975; Wiener Fleisch und Blut, Lieder 1975; Der Mai ist vorbei, R. 1978; Vagabundengeschichten, En. 1980; Bali oder Swoboda steigt aus, R. 1981; Hoffmanns Erzählungen, R. 1983; Pepi Prohaska Prophet, R. 1986; Paff, der Kater oder Wenn wir lieben, E. 1987.

Henkel, Heinrich, ∗ 12. 4. 1937 Koblenz, Malerlehre, seit 1964 Malergeselle in Basel. – Dramatiker mit Stoffen aus der Arbeitswelt in unideolog. sachl. präziser Milieuschilderung.

W: Eisenwichser, Dr. 1970; Spiele um Geld, Dr. 1971; Olaf und Albert, Dr. (1973); Die Betriebsschließung, Dr. (1975); Still, Bonnie, Dr. 1981; Frühstückspause, Dr. (1982); Altrosa, Dr. (1982); Drei Stücke, 1983; Zweifel, Dr. (1985).

Henneberg, Claus, ∗ 16. 7. 1928 Hof, Stud. Jura München, Buchhändler in Hof, 1952/53 Hrsg. der Zs. ›Ophir‹, 1966–70 Veranstalter der ›Tage für neue Literatur‹ in Hof, 1970 Verlagsgründer. – Experimenteller Lyriker, Erzähler und Hörspielautor. Bevorzugt geistreiche poet. Arrangements von Monologen und Zitaten.

W: Texte und Notizen, G. u. Prosa 1962; Monologe, Prosa 1963; Dreieck, H. (1967); Hauptbuch, Slg. 1983.

Hennings, Emmy → Ball-Hennings, Emmy

Henscheid, Eckhard, ∗ 14. 9. 1941 Amberg/Oberpfalz; Stud. München, Redakteur, Schriftsteller in Amberg. – Satir. Erzähler aus der provinziellen bundesdt. Wirklichkeit der 70er Jahre und der Banalität des Alltagsmilieus z. T. im gravität. Stil des 19. Jh.

W: Die Vollidioten, R. 1973; Geht in Ordnung, R. 1977; Die Mätresse des Bischofs, R. 1978; Ein charmanter Bauer, En. 1980; Rossmann, Rossmann, En. 1982; Dolce Madonna Bionda, R. 1983; Frau Killermann greift ein, En. 1985; Helmut Kohl, B. 1985.

Henschke, Alfred → Klabund

Hensel, Luise, 30. 3. 1798 Linum/Brandenburg – 18. 12. 1876 Paderborn, Pfarrerstochter, 1809 in Berlin, 1817 Erzieherin, konvertierte 8. 12. 1818 zum Katholizismus; Einfluß auf C. Brentano und dessen relig. Wende. 1819 Gesellschafterin in München und Düsseldorf, 1820 Erzieherin in Brauna und Sondermühlen; 1823 in Wiedenbrück, 1824 Krankenpflegerin in Koblenz, 1827 Lehrerin in Marienberg b. Boppard und

Aachen, 1833 Berlin, 1842–49 Erzieherin in Köln, dann Wiedenbrück, ab 1874 in e. Kloster in Paderborn. – Dichterin schlichtfrommer und gemütstiefer geistl. Lieder im Stil der Spätromantik (›Müde bin ich‹).

W: Gedichte, 1858; Lieder, 1869; Briefe, 1978; Aufzeichnungen und Briefe, hg. H. Cardauns 1916; Lieder, hg. ders. 1923; Briefw. m. Ch. B. Schlüter, hg. J. Nettesheim 1962.
L: F. Binder, ²1904; F. Spieker, 1936; A. di Rocca, 1957; W. Freund, Müde bin ich, 1984.

Henz, Rudolf (Ps. R. Miles), 10. 5. 1897 Göpfritz/Waldviertel – 12. 2. 1987 Wien, Lehrerssohn, 1915–18 Kriegsfreiwilliger, später Oberleutnant, 1919–24 Stud. Germanistik und Kunstgesch. Wien, 1923 Dr. phil., Schriftsteller und Redakteur in Wien, 1925–31 Leiter der Volksbildungsstelle des Volksbundes der Katholiken Österreichs, 1931–38 wissensch. Leiter und Programmdirektor des Österr. Rundfunks, 1938 beim Einmarsch Hitlers entlassen, dann freier Schriftsteller, Glasmaler und Restaurator alter Kirchenfenster. Ab Mai 1945 wieder Radiosendeleiter in Wien, 1946 Professorentitel, Mai 1954–57 Programmdirektor des Österr. Rundfunks. – Vielseitiger österr. Dichter von christl.-kath. Grundhaltung und starker Heimatverbundenheit. Nach expressiven Anfängen meist relig. Gedankenlyrik um die soziale, relig. und geistige Zeitlage. Monumentales Terzinenepos ›Der Turm der Welt‹. Romane u. Erzählungen aus Gesch. und Gegenwart mit relig. Grundgefühl, bes. Künstler- und hist. Romane. Geschichtsdramen, Laien- und Volksschauspiele um das relig. Erleben im Alltag in der Nachfolge M. Mells.

W: Lieder eines Heimkehrers, G. 1920; Unter Brüdern und Bäumen, G. 1929; Das Wächterspiel, 1931; Die Gaukler, R. 1932; Die Heimkehr des Erstgeborenen, Sp. 1933; Dennoch Mensch, R. 1935; Döblinger Hymnen, G. 1935; Kaiser Joseph II., Tr. 1937; Begegnung im September, R. 1939; Die Hundsmühle, R. 1939; Der Kurier des Kaisers, R. 1941; Ein Bauer greift an die Sterne, R. 1943 (u. d. T. Peter Anich, 1946); Der große Sturm, R. 1943; Wort in der Zeit, G.-Ausw. 1945; Die Erlösung, Sp. 1949; Österreichische Trilogie, G. 1950; Der Turm der Welt, Ep. 1951; Die große Entscheidung, Dr. 1954; Das Land der singenden Hügel, R. 1954; Die Nachzügler, R. 1961; Fügung und Widerstand, Aut. 1963, erw. 1981; Der geschlossene Kreis, G. 1964; Der Kartonismus, R. 1965; Tollhaus Welt, Drr. 1970; Neue Gedichte, 1972; Unternehmen Leonardo, R. 1973; Wohin mit den Scherben, R. 1979; Dennoch Brüder, G. 1981; Die Gedichte, 1984; Die Geprüften, R. 1985. – AW, 1979 ff.
L: J. Eschbach, Diss. Bonn 1945; F. Suchy, hg. 1977.

Herberger, Valerius, 21. 4. 1562 Fraustadt/Polen – 18. 5. 1627 ebda., Lehrer und Prediger in Fraustadt. – Geistl. Liederdichter von starker Innerlichkeit (u. a. ›Valet will ich dir geben‹), Prediger und Erbauungsschriftsteller.

W: Magnalia Dei, XII 1601–18 (n. 1854); Himmlisches Jerusalem, Pred. 1609 (n. 1858); Passionsanzeiger, Pred. 1611 (n. 1854); Trauerbinden, Pred. VII 1611–21; Evangelische Herzpostille, 1613 (n. 1853); Ausgew. Predigten, hg. H. Orphal 1892.
L: S. F. Lauterbach, 1708; G. Pfeiffer, 1877; A. Henschel, 1889.

Herbort von Fritzlar, * um 1180 Fritzlar/Hessen, Klosterschule, Stud. wohl in Paris, dann Geistlicher am Hofe des Landgrafen Hermann von Thüringen. – Mhd. Epiker, schrieb zwischen 1210 und 1217 (oder 1190–1200?) im Auftrag Hermanns von Thüringen und gedacht als Vorgesch. zu Heinrichs von Veldeke ›Eneit‹ e. Epos ›Liet von Troye‹ in 18 458 Versen als freie, verkürzende Übertragung des ›Roman de Troie‹ (1165) von Benoît de Sainte-Maure. Älteste bekannte

dt. Bearbeitung der Trojasage.
Vf. e. ›Pilatus‹-Legende.

A: G. K. Frommann, 1837 (n. 1966).
L: W. Reuss, Diss. Gießen 1896; A. Rausch, Diss. Kgsbg. 1922; H. Lengenfelder, 1975.

Herburger, Günter, * 6. 4. 1932 Isny/Allgäu, Stud. Lit., Theaterwiss., Philos., Soziologie und Sanskrit München und Paris; Sekretär in Frankreich, Straßenarbeiter in Nordafrika, Portier in München, Journalist, Fernsehredakteur, Schriftsteller in Stuttgart, dann München – Erzähler schwergewichtiger Zeitromane, Hörspiel- und Fernsehspielautor mit realist. Skizzen aus dem mod. Alltagsmilieu und der Arbeitswelt in ihrer banalen Mittelmäßigkeit und Detailfülle ohne satir. oder iron. Absicht. Auch in Gedichten Prosabilder des Lebens. Kinderbücher und Filme.

W: Gespräch am Nachmittag, H. (1961); Bekehrung I, Dr. (1962); Der Reklameverteiler, H. (1963); Eine gleichmäßige Landschaft, En. 1964; Tanker, Dr. (1965); Die Ordentlichen, H. (1965); Wohnungen, H. (1965); Der Topf, H. (1965); Ventile, G. 1966; Der Beginn, FSsp. (1966); Abschied, FSsp. (1966); Tag der offenen Tür, H. (1966); Blick aus dem Paradies, H. (1966); Tätowierung, Film (1967); Das Bild, FSsp. (1967); Die Söhne, FSsp. (1968); Bekehrung II, Dr. (1968); Die Messe, R. 1969; Das Geschäft, H. (1970); Training, G. 1970; Jesus in Osaka, R. 1971; Birne kann alles, Kdb. 1971; Birne kann noch mehr, Kdb. 1971; Die Eroberung der Zitadelle, En. 1972; Die amerikanische Tochter, G., H.e, Aufss. 1973; Operette, G. 1977; Orchidee, G. 1979; Schöner kochen, G. 1974; Birne brennt durch, En. 1975; Hauptlehrer Hofer, En. 1975; Flug ins Herz, R. II 1977; Ziele, G. 1977; Die Augen des Kämpfers, R. II 1980–83; Blick aus dem Paradies, Spp. 1981; Makadam, G. 1982; Das Flackern des Feuers im Land, Ess. 1983; Capri, E. 1984; Das Lager, G. 1984; Kinderreich Passmoré, G. 1986.

Herdan, Johannes → König, Alma Johanna

Herder, Johann Gottfried, 25. 8. 1744 Mohrungen/Ostpr. – 18. 12. 1803 Weimar; Sohn e. pietist. Kantors und Volksschullehrers; ärml. Jugend; Lateinschule, 1760 Kopist relig. Erbauungsschriften beim Diakon Trescho; autodidakt. Bildung durch die Pfarrbibliothek. 1762–64 Stud. Medizin, Theol. und Philos. Königsberg; Einfluß von Kant und Hamann; auf dessen Empfehlung 1764–69 Lehrer an der Domschule Riga und ab 1765 auch Prediger ebda. Früher Autorenruhm durch s. krit. Schriften. Mai 1769 nach e. Streit mit Klotz und Aufgabe seiner Ämter. Seereise nach Nantes (während dieser nach Ausweis s. ›Journals‹ Wendung von der Aufklärung zum Sturm und Drang), Nov. 1769 nach Paris, 1770 Rückkehr über Amsterdam und Hamburg (Bekanntschaft mit Lessing und Claudius) nach Eutin. Juni 1770 Aufbruch als Reisebegleiter und Kabinettsprediger des Prinzen von Holstein-Eutin nach Italien; In Darmstadt Bekanntschaft mit Merck und Verlobung mit Caroline Flachsland, in Karlsruhe Trennung von der Reisegesellschaft; zur (erfolglosen) Behandlung e. langwierigen Augenleidens 1770/71 in Straßburg. Dort Sept. 1770 Zusammentreffen mit Goethe, den er zum Volkslied und zu Shakespeare führte; von größtem Einfluß auf dessen Frühwerk. April 1771 lipp. Hofprediger und Konsistorialrat in Bückeburg, 1775 Superintendent ebda. 2. 5. 1773 ⚭ Caroline Flachsland. Ab Okt. 1776 auf Goethes Veranlassung Hofprediger, Oberkonsistorialrat und Generalsuperintendent in Weimar; auch Schulaufseher. Freundschaft mit Wieland, Knebel und Jean Paul, allmähl. abgekühltes Verhältnis zu Goethe (1795 Bruch, später Ausgleich). 1788/89 Italienreise mit Anna Amalia. 1801 Präsident des Oberkonsistoriums, 1802 geadelt. Im Alter krank, mißverstanden, verbittert und vereinsamt. – Bedeutender Dichter, Übs., Denker, Geschichtsphilosoph, Theologe, Psychologe, Lit.-Kritiker und Ästhetiker des dt. Irrationalismus von breiter lit. Bildung und großem Einfluß auf s. Zeitgenossen, bes. auch bei den slaw. Völkern. Intuitiver, impressionist.-rhapsod. Stil. Genialer Anreger des Sturm und Drang; Eintreten für das ursprüngl., kräftige Volkslied, Ossian und Shakespeare. Künder e. neuen, vom Entwicklungsgedanken beherrschten Lebensgefühls und schöpfer. Interpret von Sprache, Dichtung und Kultur e. Volkes aus ihren hist. Voraussetzungen und ihrer Bedingtheit durch Volkscharakter, Klima und Landschaft. Mit s. Auffassung von der Geschichte als e. dem organ. Wachstum gleichenden genet. Prozeß Begründer der neueren dt. Geschichtsphilos. Im Alter gereizte Polemik gegen Kant. Als Dichter selbst mit stark orator. lyr. Dramen im Stil Klopstocks (›Brutus‹) weniger bedeutend denn als Anreger. Übs. des Hohenliedes, des ›Cid‹, J. Baldes u. griech. u. oriental. Dichtung.

W: Über die neuere Deutsche Litteratur, III 1766 f.; Über Thomas Abbts Schriften, 1768; Kritische Wälder, III 1769; Abhandlung über den Ursprung der Sprache, 1772 (n. C. Träger 1959); Von deutscher Art und Kunst, 1773 (darin: Auszug aus einem Briefwechsel über Ossian, 1773); Brutus, Dr. 1774; Auch eine Philosophie der Geschichte zur Bildung der Menschheit, 1774 (n. 1967); Älteste Urkunde des Menschengeschlechts, II 1774–76; Alte Volkslieder, 1774; Ursachen des gesunknen Geschmacks bei den verschiednen Völkern, 1775; Lieder der Liebe, Übs. 1778; Volkslieder, II 1778 f. (u. d. T. Stimmen der Völker in Liedern, ²1807); Vom Geist der Ebräischen Poesie, II 1782 f.; Ideen zur Philosophie der Geschichte der Menschheit, IV 1784–91 (n. 1965 f.); Gott, 1787; Briefe zu Beförderung der Humanität, X 1793–97; Christliche Schriften, V 1794–98; Verstand und Erfahrung. – Vernunft und Sprache, II

1799; Kalligone, III 1800 (n. H. Begenau 1955); Adrastea, VI 1801–03; Der Cid. Übs. 1805. – Sämtliche Werke, XLV 1805–20, hg. B. Suphan XXXIII 1877–1909 (n. 1978 f.); Werke, hg. W. Dobbek V ⁴1969, hg. K. G. Gerold II 1953, hg. W. Proß III 1984, hg. M. Bollacher u. a. X 1985 ff.; Sprachphilos. Schriften, hg. E. Heintel 1960; Briefe, Gesamtausg. hg. K.-H. Hahn VIII 1977–83; Ausw. R. Otto ²1983; Briefw. m. C. Flachsland, hg. H. Schauer II 1926–28; Briefw. m. Jean Paul, hg. P. Stapf 1959.
L: R. Haym, II 1880–85 (n. 1978); C. Siegel, H. als Philosoph, 1907; A. Bossert, Paris 1916; G. Weber, H. u. d. Drama, 1922; E. Kühnemann, ³1927; R. Stadelmann, D. hist. Sinn b. H., 1928; W. Rasch, 1938; F. McEachran, Lond. 1939; B. v. Wiese, 1939; M. Rouché, La philos. de l'hist. de H., Paris 1940; H. Reisiger, 1942, n. 1970; L. Bäte, 1948; W. Dobbek, 1950; Im Geiste H.s, hg. E. Keyser 1953; A. Gillies, 1953; R. T. Clark, Berkeley 1955; E. Baur, 1960; H.-Studien, hg. W. Wiora u. H. D. Irmscher, 1960; W. Dobbek, H.s Jugendzeit, 1961; V. Schirmunski, 1963; F. M. Barnard, Zwischen Aufkl. u. polit. Romantik, 1964; E. Adler, H. u. d. dt. Aufkl., 1968; A. Kathan, H.s Lit.kritik, 1969; W. Dobbek, H.s Weltbild, 1969; F. W. Kantzenbach, 1970; H. B. Nisbet, H. and the Philos. and Hist. of Science, Cambr. 1970; ders., H. and Scientific Thought, Cambr. 1970; H. i. Spiegel s. Zeitgen., hg. L. Richter 1978; A. Gulgya, 1978; W. Köpke, hg. 1982; W. Dietze, ²1983; Bibl.: G. Günther u. a., 1978.

Herger, auch Kerling oder Älterer Spervogel gen., um 1150 – um 1180, weitgereister Fahrender wohl mittelrhein. oder schwäb. Herkunft. – Frühmhd. Spruchdichter von altertüml. einfacher Sprache und Form. 28 Spruchstrophen – Gönnersprüche, geistl. Sprüche und Sittensprüche – sind z. T. unter dem Namen Spervogel überliefert.

A: MF (als Spervogel, VI, 25, 13 ff.).
L: S. Anholt, D. sog. Spervogelsprüche, Diss. Utrecht 1937; M. Liechtenhan, D. Strophengruppen H.s, 1980.

Herhaus, Ernst (Ps. Clemens Fettmilch, Eugenio Benedetti), ⋆ 6. 2. 1932 Ründeroth b. Köln; Kommunallehre; länger in Paris, Wien, Zürich, Verlagsangestellter, seit 1965 in Frankfurt/M. – Gesellschaftskrit.-iron. Erzähler,

ging nach s. einfallsreichen, bur-
lesk-phantast. Erstling mit kabarettist. Witz und vitaler Sprache
bald zu langatmiger Wortakrobatik über. Schilderer des Nach-
kriegs-Frankfurt und s. eigenen
Alkoholismus. Unter Ps. Porno-
graphie.

W: Die homburgische Hochzeit, R. 1967;
Roman eines Bürgers, R. 1968; Bestattungs-
probe, H. (1969); Die Eiszeit, R. 1970; Noti-
zen während der Abschaffung des Denkens,
Schr. 1970; Siegfried, Ber. 1972 (m. J. Schrö-
der); Kapitulation, R. 1977; Der zerbrochene
Schlaf, R. 1978; Gebete in die Gottesferne,
Prosa 1979; Der Wolfsmantel, R. 1983.

Herholz, Norbert, * 24. 11. 1932
Danzig, 1945–47 nach der Flucht
in Dänemark interniert; Handelsschule, Kaufmannslehre, Journalist. 1952 Stud. Soziologie Heidelberg, abgebrochen. Verlagsver-
treter. 1963 Rundfunkpraktikum,
freier Schriftsteller in Hamburg. –
Stellt in s. Dramen autoritäre Personen, die Macht über Mitmenschen ausüben, als das Böse dar.

W: Die schwarzen Hunde, H. (1963); Eller,
H. (1965); Die schwarzen Hunde, R. 1968;
Böse Tierchen, Dr. (1968); An der Kette, Dr.
(1970); Die Fusion, H. (1970); Der goldene
Fisch, R. 1978.

Herman(n), Nikolaus, um 1480
Altdorf – 3. 5. 1561 Joachimsthal;
1518–47 Lehrer und Kantor an der
Lateinschule Joachimsthal. – Musiker und ev. Kirchenlieddichter
nach eig. Melodien (›Wenn mein
Stündlein vorhanden ist‹ u. a.).

W: Sonntags-Evangelia, G. 1560 (n. R.
Wolkan 1895).

Hermann der Damen, Ende 13.
Jh., norddt. Spruchdichter aus
brandenburg. Rittergeschlecht,
u. a. Vf. e. Marienleichs.

A: P. Schlupkoten 1914.

Hermann von Sachsenheim,
1363 (oder 1365) – 29. 5. 1458, aus
schwäbischem Adelsgeschlecht

mit Stammburg Sachsenheim a.
d. Enz, verkehrte im Kreis
Mechthilds v. d. Pfalz, war zeitweilig in Bregenz und Bozen,
dann Vogt zu Neuenburg, württ.
Rat und Lehensrichter, erhielt
1431 das Familienlehen Sachsenheim. – Typ. Vertreter der epigonalen spätma. Ritterdichtung in z.
T. geblümtem Stil und höf. Auf-
machung ohne höf. Geist, schrieb
6 allegor. und satir. Gedichte auch
relig. Inhalts: ›Des Spiegels Abenteuer‹ (1451), allegor. Minnedichtung von der Untreue des Mannes
(2300 V.), ›Die Mörin‹ (1453),
Liebesallegorie in Form e. Prozes-
ses wegen Untreue (6081 V.),
›Der goldene Tempel‹ (1455), allegor. Ausdeutung e. Marientem-
pels in Anlehnung an Konrads
von Würzburg ›Goldene Schmiede‹ (1321 V.), ›Jesus der Arzt‹,
relig. Strophengedicht gegen die
Sünde, ›Das Schleiertüchlein‹
(Sleigertüechlin), e. empfindsame
Liebesgeschichte (1984 V.) und
›Von der Grasmetzen‹, Parodie
des Minnewesens (308 V.).

A: Spiegel u. Schleiert.: Meister Altswert,
hg. L. Holland, A. v. Keller 1850 (BLV 21);
Spiegel, hg. T. Kerth, 1986; Grasmetze: Liederbuch d. Klara Hätzlerin, hg. C. Halthaus
1840; Mörin: H. D. Schlosser 1974; Schleiertüchlein: D. K. Rosenberg 1980; Übrige: E.
Martin 1878 (BLV 137).
L: W. Brauns, Diss. Bln. 1937; L. Dietrich,
Diss. Mchn. 1948; D. Huschenbett, 1962.

Hermann von Salzburg, auch
Johann von S. oder Mönch von S.
genannt, Ende 14. Jh., evtl. der
1424 urkundl. Prior des Benediktinerstifts St. Peter in Salzburg. –
Dt. Liederdichter, schrieb über 40
geistl. Lieder in Anlehnung an lat.
Hymnen und fast 60 weltl. Gedichte in Formen späthöf. Dichtung. Zahlr. wertvolle Melodien
erhalten.

A: F. A. Mayer, H. Rietsch, D. Mondsee-
Wiener Liederhs. u. d. Mönch v. S., 1896; F.

V. Spechtler, D. geistl. Lieder d. Mönchs v.
S., 1972; Nhd. M. Korth 1980.
L: N. R. Wolf, Diss. Innsbr. 1966.

Hermann, Georg (eig. G. H.
Borchardt), 7. 10. 1871 Berlin –
19. 11. 1943 Auschwitz; Sohn e.
jüd. Kaufmanns; Stud. Kunstgesch. Berlin, Kunstkritiker und
Journalist, seit 1933 als Emigrant
in Holland (Laren und Hilversum)
lebend, nach der dt. Besetzung
deportiert u. ermordet. – Berliner
Erzähler u. Dramatiker von gedämpfter Kleinmalerei. Bekannt
durch s. Familienromane aus der
alten, jüd.-Berliner Biedermeier-
welt, friderizian. Zeit und seiner
Zeit.

W: Spielkinder, R. 1897; Modelle, Sk. 1897;
Die Zukunftsfrohen, Sk. 1898; Aus dem letz-
ten Hause, Nn. 1900; Jettchen Geberts Ge-
schichte, I: Jettchen Gebert, R. 1906, II: Hen-
riette Jacoby, R. 1908; Kubinke, R. 1910; Die
Nacht des Dr. Herzfeld, R. 1912; Das Bieder-
meier im Spiegel seiner Zeit, Slg. 1913; Hein-
rich Schön jr., R. 1915; Schnee, R. 1921;
Tränen um Modesta Zamboni, R. 1927;
Träume der Ellen Stein, R. 1928; November
Achtzehn, R. 1930; Grenadier Wordelmann,
R. 1930; Ruths schwere Stunde, R. 1934; Eine
Zeit stirbt, R. 1934; Rosenemil, R. 1935; B.
M., der unbekannte Fußgänger, R. 1935; Der
etruskische Spiegel, R. 1936. – GW, V 1922;
AW, VI 1963–70.
L: C. G. van Lieres, Amsterd. 1974.

Hermann, Nikolaus → Herman,
Nikolaus

Hermes, Johann Timotheus (Ps.
Heinrich Meister, T. S. Jemehr),
31. 5. 1738 Petznick b. Stargard/
Pomm. – 24. 7. 1821 Breslau,
Pfarrerssohn, 1756 Stud. Theol.
Königsberg, Schriftsteller in Danzig und Berlin, Lehrer der Ritterakad. Brandenburg, Dragoner-
Feldprediger in Lüben/Schles.;
Anhalt-Köthenscher Hofprediger
in Pleß, Schulinspektor ebda.,
1772 Probst und Prediger an der
Maria-Magdalenen-Kirche Breslau, Prof. und Inspektor des Realgymnas. ebda., 1791 Pastor pri-

marius, 1808 Superintendent,
Oberkonsistorialrat und 1. Prof.
der Theol. ebda. – Roman-
schriftsteller der Aufklärungszeit,
führte den breit moralisierenden
engl. Familien- und Gesellschaftsroman in Nachahmung von Richardson, Fielding und Sterne in
Dtl. ein. Gute Milieuschilderung
und kulturgeschichtl. Details.
Trotz breiter Moralreflexionen
und lehrhafter Erörterungen mit
sentimentalem Einschlag war ›Sophiens Reise‹ e. der meistgelesenen Werke des Jh.

W: Geschichte der Miß Fanny Wilkes, R. II
1766; Sophiens Reise von Memel nach Sachsen, R. V 1769–73; Für Töchter edler Herkunft, R. III 1787; Manch Hermäon, R. II
1788; Für Eltern und Ehelustige, R. V 1789;
Zween litterarische Märtyrer und deren Frau-
en, R. II 1789; Anna Winterfeld, R. 1801;
Verheimlichung und Eil, R. II 1802; Mutter,
Amme und Kind, in der Geschichte Herrn
Leopold Kerkers, R. II 1809.
L: G. Hoffmann, 1911; K. Muskalla, D. Romane v. H., 1912.

Hermlin, Stephan (eig. Rudolf
Leder), * 13. 4. 1915 Chemnitz;
Gymnas. Berlin, 1931 Kommu-
nist. Jugendverband, 1933–36 an-
tifaschist. Widerstandsbewegung
Berlin, 1936 Emigration: Ägyp-
ten, Palästina, England, Teilnahme am Span. Bürgerkrieg gegen
Franco, dann in Frankreich; während des 2. Weltkriegs in der
Schweiz; 1945–47 in Frankfurt am
Main; 1947 Übersiedlung nach
Ostberlin. 1961–63 Sekretär der
Sektion für Dichtkunst der Ost-
berliner Akad. der Künste; nach
Kritik von diesem Posten abge-
löst. Bekannte sich 1976 als Spät-
bürger, protestierte gegen die
Ausbürgerung Biermanns und
organisierte 1981 e. Friedenskon-
greß dt. Schriftsteller aus Ost u.
West in Ost-Berlin. – Begann mit
polit. Lyrik unter Einfluß der
franz. Surrealisten und Brechts,
wurde von der DDR-Kritik des

Formalismus, Intellektualismus und unverständl. Symbolik geziehen und fand über Auftragsdichtungen zum sozialist. Realismus. Bedeutender Nachdichter.

W: Wir verstummen nicht, G. 1945; Zwölf Balladen von den großen Städten, G. 1945; Der Leutnant York von Wartenburg, N. 1946; 22 Balladen, G. 1947; Reise eines Malers in Paris, N. 1947; Die Straßen der Furcht, G. 1947; Mansfelder Oratorium, 1950; Die Zeit der Gemeinsamkeit, En. 1950; Die erste Reihe, En. 1951; Der Flug der Taube, G. 1952; Die Sache des Friedens, Ess. 1953; Ferne Nähe, Reiseb. 1954; Dichtungen, 1956; Nachdichtungen, 1957; Begegnungen, Erinn. 1960; Balladen, 1965; Gedichte und Prosa, 1965; In einer dunklen Welt, E. 1966; Die Städte, G. 1966; Erzählungen, 1966; Lektüre 1960–71, 1974; Ges. Gedichte 1979; Abendlicht, Erinn. 1979; Lebensfrist, Ges. En. 1980; Aufsätze, 1980; Äußerungen 1944–82, 1983; Mein Friede, Aut. 1985; Bestimmungsorte, En. 1985; Traum der Gemeinsamkeit, Ausw. 1985.
L: W. Ertl, 1977; S. Schlenstedt, 1985; M. Rost u. a., II 1985 (m. Bibl.).

Herrand von Wildonie, 2. Hälfte 13. Jh., urkundl. 1248–78 belegt, aus vornehmem steir. Ministerialengeschlecht. Schwiegersohn Ulrichs von Lichtenstein. – Mhd. Dichter, schrieb in anmutiger Form und sicherer Technik vier kurze lehrhafte Verserzählungen und lebendige Minnelieder mit konventionellem Inhalt unter Einfluß Walthers.

A: K. F. Kummer 1880; C. v. Kraus, Dt. Liederdichter d. 13. Jh., 1952; H. Fischer ³1985.

Herrmann, Gerhart → Mostar, Gerhart Herrmann

Herrmann, Klaus, 4. 8. 1903 Guben – 22. 4. 1972 Weimar; Fabrikantenfamilie, Stud. Geschichte, Germanistik, Soziologie Jena und Berlin; Verlagsleiter, Redakteur der linken Lit.-Zs. ›Die Neue Bücherschau‹, 1929 freier Schriftsteller in Berlin, München, 1949 Weimar. 1959 Generalsekretär der dt. Schiller-Stiftung ebda. – Begann

als Dramatiker mit witzigen Komödien; in der Nachkriegszeit bes. histor. Romane mit e. Mischung von Exotik und Sozialkritik.

W: Die Götterwitwe, K. (1947); Babylonischer Sommer, R. 1948; Jörg der Katenjunge, E. 1952; Die ägyptische Hochzeit, R. 1953; Der Brand von Byzanz, R. 1955; Die Zauberin von Ravenna, R. 1957; Die guten Jahre, R. 1963; Kreuzfahrt ins Ungewisse, R. 1964; Entscheidung in Paris, R. 1967; Ankunft der Sieger, R. 1970; Die Stunde des Mars, R. 1970.

Herrmann-Neiße, Max (eig. Max Herrmann), 23. 5. 1886 Neiße/Schlesien – 8. 4. 1941 London, Stud. Lit.- und Kunstwiss. München und Breslau, 1909 freier Schriftsteller und Journalist in Neiße, Zss.-Mitarbeiter (›Aktion‹, ›Pan‹, ›Die Weißen Blätter‹ u. a.). 1917 freier Schriftsteller, Theater- und Kabarettkritiker in Berlin. Frühjahr 1933 freiwillige Emigration in die Schweiz, über Holland und Frankreich nach London, dort einsam und zurückgezogen. – Sozialer Lyriker des Expressionismus; Aufrufe zur Überwindung der menschl. Einsamkeit und Menschheitsverbrüderung, Eintreten für die Unterdrückten. Sanfte, melod. Gedichte im Ton schwermüt. Trauer und Klage, nach Sprache und Form konservativ. Gab in s. Exil dem Emigrantenschicksal ergreifenden Ausdruck. Weniger erfolgreich mit farcenhaften Komödien und sozialkrit. Romanen und Novellen.

W: Ein kleines Leben, G. u. Sk. 1906; Das Buch Franziskus, G. 1911; Porträte des Provinz-Theaters, Son. 1913; Sie und die Stadt, G. 1914; Empörung, Andacht, Ewigkeit, G. 1917; Joseph der Sieger, Dr. 1919; Die Laube der Seligen, K. 1919; Die Preisgabe, G. 1919; Verbannung, G. 1919; Cajetan Schaltermann, R. 1920; Hilflose Augen, Nn. 1920; Der Flüchtling, R. 1921; Der letzte Mensch, K. 1922; Im Stern des Schmerzes, G. 1924; Die Begegnung, En. 1925; Einsame Stimme, G. 1927; Der Todeskandidat, E. 1927; Ab-

schied, G. 1928; Musik der Nacht, G. 1932;
Um uns die Fremde, G. 1936; Letzte Gedich-
te, 1941; Mir bleibt mein Lied, G. 1942; Hei-
matfern, G. 1945; Erinnerung und Exil, G.
1946. – Auswahl, hg. F. Grieger 1951, B.
Jentzsch 1979, H. Bemmann 1984; GW, hg.
K. Völker VIII 1986.
L: R. Lorenz, 1966 (m. Bibl.).

Hertz, Wilhelm, 24. 9. 1835
Stuttgart – 7. 1. 1902 München,
1855–58 Stud. Philos. und
Sprachwiss. Tübingen unter starkem Einfluß Uhlands, Dr. phil.
ebda., Herbst 1858 in München,
Anschluß an Geibel, Heyse,
Lingg und das ›Krokodil‹; Reisen
in England, Schottland, Frankr.,
1861 Privatdozent für german.
Altertumskunde München; Ita-
lienreise; 1869 ao., 1878 o. Prof.
für dt. Lit.-gesch. Techn. Hoch-
schule München. – Lyriker und
Versepiker, epigonal-romant.
Eklektiker des Münchner Kreises.
Lebensfreudig-sinnl. Gedichte
und Balladen. Versepen aus der
Verbindung ma. Stoffe mit mod.
Lebensgefühl. Am bekanntesten
durch s. Übs. mhd. und altfranz.
Dichter.

W: Gedichte, 1859; Lanzelot und Ginevra,
Ep. 1860; Das Rolandslied, Übs. 1861; Marie
de France, Übs. 1862; Hugdietrichs Braut-
fahrt, Ep. 1863; Aucassin und Nicolette, Übs.
1865; Heinrich von Schwaben, Ep. 1867;
Gottfried v. Straßburg, Übs. 1877; Bruder
Rausch, Ep. 1882 (n. 1967); Spielmannsbuch,
Übs. 1886; Gesammelte Dichtungen, 1900;
Gesammelte Abhandlungen, hg. F. v. d. Ley-
en 1905.
L: E. Weltrich, 1902; K. v. Sutterheim, Diss.
Tüb. 1914; E. Müller, Diss. Mchn. 1924.

Herwegh, Georg, 31. 5. 1817
Stuttgart – 7. 4. 1875 Lichtenthal/
Baden-Baden, Gastwirtssohn.
Seminar Maulbronn, 1835 Stud.
Theol. am Tübinger Stift, 1836
nach Stuttgart als freier Schriftsteller. 1837 Mitarbeiter an Lewalds ›Europa‹ ebda. Floh 1839
wegen e. Ehrenhandels aus dem
Militärdienst in die Schweiz. In
Emmishofen, dann Zürich, wo
die ›Lieder e. Lebendigen‹ entstanden und H. mit einem Schlag
berühmt machten. 1842 in Paris,
1842 Reise durch Dtl. 1842 Au-
dienz bei König Friedrich Wilhelm IV. in Berlin. Nach e. über-
hebl. Brief an diesen aus Preußen
ausgewiesen. Asyl in der
Schweiz. 1843 ⬤ Emma Siegmund, Tochter e. reichen jüd.
Bankiers aus Berlin; durch die
Mittel zu luxuriösem Leben erlag
H. dem Reichtum. 1844–48 in Paris, April 1848 an der Spitze e. dt.-
franz. Proletariergruppe beim
Bad. Aufstand, bei der Niederlage
von Schopfheim 27. 4. 1848
Flucht in die Schweiz, dann in
Bern, Paris, Genf, Nizza, 1851–56
Zürich und Liestal. Nach der Amnestie von 1866 in Lichtenthal/Ba-
den-Baden wohnhaft. Grab in
Liestal. – Polit.-revolut. Lyriker
im Gefolge des Jungen Dtl., durch
s. formal an Platen und Béranger
geschulten, polem. aufreizenden
Gedichte von leidenschaftl. revolut. Pathos, rhythm. Schwung
und frischem Ton Wegbereiter
der Revolution von 1848. Beherrschung der rhetor.-dialekt. Effekte: hinreißender Rhythmus, stei-
gender Kehrreim, schillernde
Wortspiele und Sarkasmen, über-
raschende Reimeffekte und sen-
tenzhafte Wiederholung. Er-
schöpft s. rhetor. Formbegabung mit dem 1. Werk. Unter den
wenigen nichtpolit. Gedichten
schwermütige Verse von stiller
Innerlichkeit. Übs. von Lamartine und Shakespeare. H.-Archiv
Liestal.

W: Gedichte eines Lebendigen, II 1841–43; 21
Bogen aus der Schweiz, 1843; Gedichte
und kritische Aufsätze, 1845; Neue Gedichte,
1877. – Werke, hg. H. Tardel III 1909; Ausw.
H.-G. Werner 1967, K. Mommsen 1969, P.
Hasubek 1976; Über Literatur u. Gesellschaft, hg. A. Ziegengeist 1971; Frühe Publi-

zistik, hg. B. Kaiser 1971; Briefe, hg. M. H. 1896; Briefw. m. s. Braut, hg. M. H. 1906; Briefw. m. Marie d'Agoult, hg. M. H., Paris 1929.
L: V. Fleury, Paris 1911; K. Hensold, Diss. Mchn. 1916; E. Baldinger, 1917, n. 1970; B. Kaiser, 1948; W. Büttner, ²1976; P. Kleiss, H.s Lit.kritik, 1982; S. Peuckert, Freiheitsträume, 1985.

Herwig, Franz, 20. 3. 1880 Magdeburg – 15. 8. 1931 Weimar, Journalist, Buchhändler, Verlagslektor, zuerst länger in Berlin (dort Freundschaft mit dem Sozialpriester Carl Sonnenschein), seit 1912 in Weimar. – Kath. Erzähler und Dramatiker; anfangs vaterländ.-nationale und hist. Unterhaltungslit.; bedeutend durch s. lebensnahen sozialen Romane aus dem Großstadtproletariat mit Verknüpfung von Realistik und Mythischem.
W: Herzog Heinrich, Dr. 1904; Die letzten Zielinskis, R. 1906; Wunder der Welt, R. 1810; Die Stunde kommt, R. 1911; Jan von Werth, R. 1913; Dunkel über Preußen, R. 1920; Das Sextett im Himmelreich, R. 1921; St. Sebastian vom Wedding, R. 1921; Das märkische Herz, R. 1923; Die Eingeengten, R. 1926; Hoffnung auf Licht, R. 1929; Der große Bischof, Ketteler-R. 1930; Fluchtversuche, R. 1930.
L: A. F. Binz, ²1923; L. Lawnik, 1933; H. Spee, 1938.

Herzfelde, Wieland, ★ 11. 4. 1896 Weggis/Schweiz, Stud. Germanistik Berlin, 1914–18 Soldat im Westen; Hrsg. lit. Zss., 1917 Mitbegr. und Leiter des Malik-Verlags Berlin; 1919 KP-Mitgl., 1933 Emigration nach Prag, dort Wiederaufbau des Malik-Verlags; 1939 nach USA, Buchhändler in New York, 1944 Leiter des Aurora-Verlags. 1949 Rückkehr nach Dtl., Prof. für Soziologie der neueren Lit. Leipzig, dann Ost-Berlin. – Kommunist. Schriftsteller, Lyriker, Erzähler, Essayist, Kritiker und Hrsg.
W: Sulamith, G. 1917; Schutzhaft, Ber. 1919; Tragigrotesken der Nacht, En. 1920; Gesellschaft, Künstler und Kommunismus, Ess. 1921; Die Kunst ist in Gefahr, Ess. 1925 (m. G. Grosz); Immergrün, Aut. 1949; Das Steinerne Meer, En. 1955; Im Gehen geschrieben, G. 1956; Unterwegs, Erinn. u. Tg. 1961; John Heartfield, B. 1962; Der Malik-Verlag, St. 1966; Blau und Rot, G. 1971; Zur Sache, Prosa 1976; Briefw. m. A. Seghers, 1986.

Herzl, Theodor, 2. 5. 1860 Budapest – 3. 7. 1904 Edlach/Niederösterr., ungar. Jude, seit 1878 in Wien, Stud. Jura ebda., 1884 Dr. jur., Referendar in Wien und Salzburg, dann Feuilletonist für Wiener Zeitungen. 1891–95 Pariser Korrespondent, ab 1896 Feuilletonredakteur der ›Neuen Freien Presse‹ Wien. Begründer des Zionismus, organisierte Zionisten-Weltkongresse, Fonds usw. und gewann Monarchen und Diplomaten für seinen Plan einer jüd. Staatsgründung in Palästina. – Wiener Feuilletonist, berühmt durch s. Salonskizzen, auch Dramatiker mit sozialen Lustspielen und phantast.-abenteuerl. Erzählungen. Begründete mit s. Schrift ›Der Judenstaat‹ theoret. den Zionismus und entwarf in ›Altneuland‹ e. Zukunftsbild dieses Staates.
W: Buch der Narrheit, Feuill. 1888; Der Judenstaat, Abh. 1895; Das neue Ghetto, Dr. 1897; Philosophische Erzählungen, 1900; Altneuland, R. 1902 (n. 1962); Zionist. Schriften, hg. L. Kellner II 1905; Tagebücher, III 1922f.; Gesammelte zionist. Werke, V 1934f.; Briefe, hg. M. Georg 1935; Briefe u. Tagebücher, hg. A. Bein u. a. VII 1983ff.; Ausw., hg. K. Dethloff 1986.
L: A. Friedemann, ²1919; J. de Haas, N. Y. 1927; M. Georg, 1932; A. Bein, 1934, N. Y. ²1940; I. Cohen, N. Y. 1959; A. Chouraqui, Paris 1960; M. Hofmann, 1966; D. Stewart, N. Y. 1974; A. Elon, 1975; R. Kallner, H. u. Rathenau, 1976; E. P. Blumenthal, 1977; A. Bein, 1983.

Herzmanovsky-Orlando, Fritz Ritter von, 30. 4. 1877 Wien – 27. 5. 1954 Schloß Rametz b. Meran; Stud. Architektur Wien, wegen Lungenleiden 1917 freier Schriftsteller und Graphiker auf s.

Schloß Rametz. – Origineller
österr. Erzähler und Dramatiker
von verspielter Fabulierfreude
und skurrilem Humor mit Stoffen
aus e. parodierten k. u. k. Monarchie. Vorliebe für barocke
Schnörkel, phantast.-groteske
Einfälle ohne künstler. Ökonomie, die s. Werk erst dem Hrsg.
verdankt.

W: Der Kommandant von Kalymnos, Dr.
1926; Der Gaulschreck im Rosennetz, R. 1928
(auch u. d. T. Der letzte Hofzwerg); GW, hg.
F. Torberg IV 1957–62, II 1971; Das Gesamtwerk, hg. ders. 1975; SW, hg. W. Methlagl
u. a. X 1983ff. Zeichnungen, 1965.
L: B. Bronnen, Diss. Mchn. 1965; F. Bartho-
fer, Diss. Wien 1965; J. Ties, Diss. Innsbr.
1966; M. v. Gagern, Diss. Mchn. 1972.

Herzog Ernst, um 1180 entstandenes, fragmentar. erhaltenes
vorhöf. Heldenepos e. unbekannten mittelfränk. Dichters in Bayern. Verschmilzt die hist. Kämpfe
Ernsts II. von Schwaben gegen s.
Stiefvater Kaiser Konrad II. mit
der Empörung Liudolfs von
Schwaben gegen s. Vater Kaiser
Otto I. Im phantast. 2. Teil wu-
chern anläßl. e. Kreuzfahrt Ernsts
oriental.-abenteuerl. Elemente.
Die sehr beliebte Verbindung rief
mehrfache Bearbeitungen der Ur-
form (A) hervor, so e. rheinfränk.
um 1220 (B), e. durch Ulrich von
Eschenbach um 1280 (D), e. Stro-
phenlied Anfang 14. Jh. (G), e. lat.
Hexameterform von Odo von
Magdeburg von 1206 (E), die lat.
Prosabearbeitung e. Geistlichen
Ende 13. Jh. (C) und deren dt.
Übs. als Prosaroman Anfang 15.
Jh. (F).

A: A. Bartsch 1869, n. 1969 (A, B, F, G); K.
C. King 1959 (G); nhd. B. Sowinski 1970.
L: K. Sonneborn, D. Gestaltg. d. Sage v. H.
E. i. d. altdt. Lit., Diss. Gött. 1914; H. F.
Rosenfeld, H. E. u. Ulr. v. Eschenb., 1929;
M. Wetter, Quellen u. Werk d. E.-Dichters,
1941; G. Boensel, Stud. z. Vorgesch. d.
Dicht. v. H. E., Diss. Tüb. 1944; E. Ring-
handt, Das H. E.-Epos, Vgl. d. dt. Fassgn.,
Diss. Bln. 1955; J. Carles, Paris 1964; H.-J.
Behr, 1979; D. Blamires, Manchester 1979.

Herzog, Rudolf, 6. 12. 1869 Barmen – 3. 2. 1943 Rheinbreitbach,
Kaufmannslehrling und Farben-
techniker in Düsseldorf und Elberfeld, 1890 nach Berlin, Stud.
1891–93 Philosophie ebda., dann
Journalist in Darmstadt, Frank-
furt/M., 1897–99 Hamburg,
1899–1905 Berlin. Seit 1908 auf
der Oberen Burg in Rheinbreitbach. – Erfolgreicher Unterhaltungsschriftsteller der Jh.wende,
verherrlicht in s. Romanen die
Tüchtigkeit, nationale Gesinnung
und eth. Haltung der großbürgerl. Gesellschaft wilhelmin.
Zeit. Auch Drama, rhetor. Lyrik,
Erinnerungen und Reisebücher.

W: Vagantenblut, G. 1892; Protektion, Dr.
(1893); Nur eine Schauspielerin, R. 1897; Der
Graf von Gleichen, R. 1901; Die vom Niederrhein, R. 1903; Gedichte, 1903; Das Lebenslied, R. 1904; Die Wiskottens, R. 1905;
Der Abenteurer, R. 1907; Hanseaten, R.
1909; Die Burgkinder, R. 1911; Das große
Heimweh, R. 1914; Die Stoltenkamps und
ihre Frauen, R. 1917. – GW, XVIII 1920–25.
L: J. G. Sprengel, 1919; F. L. Goeckeritz,
1919.

Hesse, Hermann (Ps. Emil Sinclair), 2. 7. 1877 Calw/Württ. – 9.
8. 1962 Montagnola/Schweiz;
Sohn e. dt.-balt. Missionspredi-
gers und e. schwäb.-schweizer.,
in Indien geborenen Missionars-
tochter. Jugend in Calw, 1881–86
in Basel; 1890 Lateinschule Göppingen, 1891 Landexamen. Zum
Theologen bestimmt. Herbst
1891 ev.-theol. Seminar Maulbronn, aus dem er Frühjahr 1892
entfloh. 1892 Gymnas. Cannstatt,
dann kurz Buchhändlerlehrling in
Eßlingen, zeitweilig Gehilfe s.
Vaters, Mechanikerlehre in e.
Calwer Turmuhrenwerkstatt. Ab
Okt. 1895 Buchhandelslehre in
Tübingen, ab 1899 Buchhändler
und Antiquar in Basel. Ab 1904
nach ersten lit. Erfolgen freier
Schriftsteller in Gaienhofen/Bo-

densee; Freundschaft mit L. Finckh; 1904 ∞ e. Schweizerin. 1907–12 Mithrsg. der Zs. ›März‹. 1911 Indienreise. Ab 1912 in Ostermundigen b. Bern; Reisen durch Europa. Im 1. Weltkrieg Helfer des Roten Kreuzes und der dt. Kriegsgefangenenfürsorge in Bern, Leiter e. Gefangenenbücherei und e. -sonntagsbl. 1919 o/o. Seit 1919 in Montagnola b. Lugano ansässig, ab 1923 schweizer. Staatsangehöriger, 1919–23 Mitherausgeber der Zs. ›Vivos voco‹. 1946 Nobelpreis für Lit. – Lyriker und Erzähler. Bedeutendster Vertreter der traditionellen Erzählkunst in der dt. Lit. des 20. Jh. S. stark von der Romantik her bestimmten Prosawerke mit lyr. Grundton sind bekenntnishaftautobiograph. angelegt und spiegeln die vielfachen inneren Wandlungen, Probleme u. Krisen aus den Reifejahren des sensiblen Dichters, bes. den Zwiespalt zwischen Geist und Sinnlichkeit, Verstand und Gefühl, die er in versch. Charakteren verkörpert und in deren Bezogenheit aufeinander das Streben nach Harmonie enthüllt. Anfangs neuromant. verträumte Naturseligkeit, wehmütig-sehnsuchtsvolle Landschaftspoesie und impressionist. zarte psycholog. Einfühlung auf dem Weg nach innen. Künstler- und Landstreicherromane; Traumund Märchenmotive neben ind. Weisheit. Nach dem 1. Weltkrieg und e. psychoanalyt. Zwischenspiel (›Steppenwolf‹) Ausweitung der Problemstellung unter dem Eindruck der Erschütterung und Krise des abendländ. Geistes bei zunehmender Objektivierung. Gegenüberstellung von eth. und ästhet. Menschen, Denker und Künstler in ›Narziß und Goldmund‹. Höhepunkt s. Schaffens

ist das westöstl. Weisheit vereinende Alterswerk ›Das Glasperlenspiel‹ mit dem Ideal e. Synthese von Geistes- und Naturwiss. und Kunst in e. universellen geistigen Gemeinschaft. Lyriker von schlichter, musikal. Sprache und volksliednaher Eindringlichkeit. Auch Zeichner und Maler, Illustrator eigener Werke.

W: Romantische Lieder, G. 1899; Eine Stunde hinter Mitternacht, En. 1899; Hinterlassene Schriften und Gedichte von Hermann Lauscher, 1901; Gedichte, 1902; Boccaccio, B. 1904; Peter Camenzind, R. 1904; Franz von Assisi, B. 1904; Unterm Rad, R. 1906; Diesseits, En. 1907; Nachbarn, En. 1908; Gertrud, R. 1910; Unterwegs, G. 1911; Umwege, En. 1912; Aus Indien, Reiseb. 1913; Roßhalde, R. 1914; In der alten Sonne, E. 1914; Knulp, R. 1915; Musik des Einsamen, G. 1915; Am Weg, En. 1915; Brief ins Feld, 1916; Schön ist die Jugend, En. 1916; Demian, E. 1919; Kleiner Garten, Prosa 1919; Märchen, 1919; Zarathustras Wiederkehr, En. 1919; Gedichte des Malers, G. 1920; Klingsors letzter Sommer, En. 1920; Wanderung, Prosa 1920; Blick ins Chaos, Aufss. 1921; Ausgewählte Gedichte, 1921; Siddharta, Dicht. 1922; Italien, G. 1923; Sinclairs Notizbuch, 1923; Kurgast, Prosa 1925; Piktors Verwandlungen, M. 1925; Bilderbuch, En. 1926; Die Nürnberger Reise, Prosa 1927; Der Steppenwolf, R. 1927; Betrachtungen, 1928; Krisis. Tg. 1928; Eine Bibliothek der Weltliteratur, 1929; Trost der Nacht, G. 1929; Diesseits, En. 1930; Narziß und Goldmund, E. 1930; Weg nach Innen, En. 1931 (n. 1973); Die Morgenlandfahrt, E. 1932; Kleine Welt, En. 1933; Fabulierbuch, En. 1935; Das Haus der Träume, Dicht. 1936; Stunden im Garten, Idylle, 1936; Gedenkblätter, 1937 (erw. 1945, 1950, 1962); Neue Gedichte, 1937; Orgelspiel, Dicht. 1937; Die Gedichte, 1942; Das Glasperlenspiel, R. 1943; Berthold, R. 1945; Der Pfirsichbaum, En. 1945; Traumfährte, En. 1945; Der Europäer, Aufss. 1946; Krieg und Frieden, Aufss. 1946; Frühe Prosa, 1948; Späte Prosa, 1951; Zwei Idyllen, 1952; Engadiner Erlebnisse, Prosa 1953; Beschwörungen, Prosa 1955; Aus einem Tagebuch des Jahres 1920, Tg. 1960; Prosa aus dem Nachlaß, 1965; Neue deutsche Bücher, Krit. 1966; Kindheit und Jugend vor 1900, Br. u. Dokumente, 1966; Politische Betrachtungen, 1970; Politik des Gewissens, II ²1981. – Gesammelte Dichtungen, VI 1952; GS, VII 1957; GW, XII 1970 u. 1987; Briefe, 1951 (erw. 1959, 1965); Ges. Briefe, IV 1973–85; Briefe an Freunde, 1977; Briefw. m. R. Rolland, 1954, n. Paris 1972; m. Th. Mann, ²1975; m. P. Suhrkamp, 1969; m. H. Voigt-Diederichs, 1971; m. K. Kerényi, 1972; m. R. J. Humm, 1977; m. H. Wiegand,

1978; m. H. Morgenthaler, 1983; m. H. Stur-
zenegger, 1984.
L: M. Schmid, 1947 (m. Bibl.); O. Engel,
1947; H. Bode, 1948; H. Huber, 1948; R. B.
Matzig, 1949; H. Levander, Stockh. 1949;
Dank an H. H., 1952; E. Gnefkow, 1952; S.
Unseld, D. Werk v. H. H., ²1955; W. Dürr,
1957; R. Pannwitz, H. H.s westöstl. Dich-
tung, 1957; J. Mileck, H. H. and his Critics,
Chapel Hill 1958 (m. Bibl.); F. Baumer, 1959;
B. Zeller, H. H., Eine Chronik in Bildern,
1960; E. Rose, Faith from the Abyss, N. Y.
1965; T. Ziolkowsky, The Novels of H. H.,
Princeton 1965; M. Boulby, Ithaca 1967; H.
Ball, ⁴1967; B. Zeller, ⁵1967; H. J. Lüthi,
1970; G. Hafner, ³1970; H. Stolte, 1971; S.
Unseld, H. H. – e. Werkgeschichte, 1973; H.
H., Bb. hg. V. Michels 1973; H. H. i. Spiegel
d. zeitgenöss. Kritik, hg. A. Hsia 1974; W.
Sorell, Lond. 1974; R. Koester, 1975; V. Michels, hg. II 1976 ff.; J. Liebmann, hg. N. Y.
1977; G. W. Field, H. H.-Komm. 1977; A.
Otten, H.-companion, Albuquerque 1977;
H. H.s weltweite Wirkg., hg. M. Pfeifer II
1977–79; A. Khera, H.s Romane d. Krisen-
zeit, 1978; J. Mileck, 1979; T. Ziolkowski,
1979; M. Ponzi, Florenz 1980; B. Zeller,
1980; M. Pfeifer, H.-Komm. 1980; A. Hsia,
hg. 1980; F. Böttger, ⁴1980; E. Middel, ²1982;
K. v. Seckendorff, H. H.s propagandist. Prosa, 1982; R. Freedman, 1982; H. H. Rezeption
1978–83, hg. V. Michels 1984; S. Unseld, H.
H. Werk u. Wirkungsgesch., 1985; S. Bauschinger, hg. 1986; Wie gut, ihn erlebt zu
haben!, hg. V. Michels 1987; Bibl.: H. Klie-
mann u. K. Silomon, 1947 (Nachtrag 1948);
O. Bareiss, II 1962–64; H. Waibler, 1962; M.
Pfeifer, 1973; J. Mileck, Berkeley II 1977.

Hesse, Max René, 17. 7. 1885
Wittlich – 15. 12. 1952 Buenos
Aires, Stud. Medizin und Jura,
lebte in Köln und Berlin, 1910–27
Arzt in Argentinien, Großwildjä-
ger, seit 1927 wieder Dtl., später
Wien, 1943 Korrespondent in
Madrid, 1944 Südamerika. – Er-
zähler männl.-welterfahrener
Entwicklungs- und Gesellschafts-
romane um den Lebenskampf ak-
tiver junger Menschen in e. mor-
biden, korrupten Gesellschaft.
Psycholog. vertiefte Sachlichkeit
mit skeptizist. Grundhaltung.
W: Partenau, R. 1929; Morath schlägt sich
durch, R. 1933; Morath verwirklicht einen
Traum, R. 1933; Der unzulängliche Idealist,
R. 1935; Dietrich und der Herr der Welt, R.
1937; Jugend ohne Stern, R. 1943; Überreife
Zeit, R. 1950 (alle 3 zus. u. d. T. Dietrich

Kattenburg, III 1949 f.); Liebe und Lüge, R.
1950; Die Erbschaft, R. 1984.

Hesse, Otto Ernst (Ps. Michael
Gesell), 20. 1. 1891 Jeßnitz/Anhalt
– 16. 5. 1946 Berlin, Stud. Philos.,
Gesch., Lit. und Rhetorik Frei-
burg/Br., München und Leipzig;
1915 Dozent für Vortrags- und
Redekunst Univ. Königsberg,
1917 Feuilletonredakteur der ›Königsberger Allg. Zeitung‹, 1925
der ›Voßischen Zeitung‹ Berlin,
1932 Feuilletonchef und Theaterkritiker der ›B. Z. am Mittag‹, seit
1941 freier Schriftsteller in Berlin.
– Dramatiker, bes. Komödienautor, Erzähler, Lyriker und Theaterkritiker.
W: Mörderin und Mutter Zeit, G. 1915;
Zweisamkeit, G. 1918; Elegien der Gelassenheit, G. 1920; Kämpfe mit Gott, Son. 1920;
Das Privileg, K. 1921; B. G. B. § 1312, K.
1923; Regina spielt Fagott, Nn. 1942; Die
schöne Jugend und die späte Zeit, Nn. 1942;
Die Panne, E. 1943.

Hessel, Franz, 21. 11. 1880 Stettin
– 6. 1. 1941 Sanary, Stud. Frei-
burg/Br., Berlin, München, Paris, 1924–33 Verlagslektor bei Rowohlt, 1933 Schreibverbot, 1938
Emigration nach Paris, nach der
dt. Besetzung Frankreichs im KZ.
– Bohèmehaft-nonchalanter Lyriker, Erzähler nuancierter iron.
Skizzen, Übs. von Proust.
W: Verlorene Gespielen, G. 1905; Laura
Wunderl, Nn. 1908; Der Kramladen des
Glücks, R. 1913; Pariser Romanze, E. 1920;
Von den Irrtümern der Liebenden, Nn. 1922
(n. 1969); Teigwaren leicht gefärbt, E. 1926;
Heimliches Berlin, R. 1927; Nachfeier, N.
1929; Spazieren in Berlin, Prosa 1929; Er-
munterungen zum Genuß, N. 1933; Der Al-
te, R.-Fragm. 1986.

Hessus, Helius Eobanus (eig.
Eoban Koch), 6. 1. 1488 Halge-
hausen b. Frankenberg/Hessen –
4. 10. 1540 Marburg, Sohn eines
Bauern, Stud. 1504–09 in Erfurt,
im Erfurter Humanistenkreis
Freund Reuchlins und Huttens;

1509–13 im Dienst des Bischofs Hiob von Dobeneck in Riesenburg/Ordensland, dann polit. Wirken in Westpreußen und Frankfurt/O. Wieder in Erfurt, 1517 auf Anregung s. Freunde Prof. für lat. Sprache ebda., 1526–33 an der Ägidienschule Nürnberg, 1533 wieder Erfurt, 1536 in Marburg als Prof. – Dichterkönig des Erfurter Humanistenkreises und größter neulat. Lyriker s. Zeit. Meister der Ekloge und Heroide. Am vorzüglichsten in Gelegenheitsdichtungen wie Trauergedichten auf Hutten, Dürer u. a. oder Lob- und Zeitgedichten wie Städtegedichten.

W: Bucolicon, G. 1509; Heroides christianae, G. 1514 (vollst. 1532); Noriberga illustrata, G. 1532 (n. J. Neff, 1896); Sylvae, G. 1539; Epistolae familiares, 1543. – Opera, 1539.
L: C. Krause, II 1879.

Hetmann, Frederik → Kirsch, Hans-Christian

Heun, Karl → Clauren, Heinrich

Heuschele, Otto Hermann, * 8. 5. 1900 Schramberg/Württ., Gärtnerssohn, 1919–24 Stud. Lit., Kunstgesch. und Philos. Tübingen und Berlin; seit 1925 freier Schriftsteller in Waiblingen b. Stuttgart. – Schwäb. Dichter aus dem geistigen Erbe s. Heimat und der dichter. Tradition der dt. Klassik und Romantik, bes. unter Einfluß von Hölderlin, George und Hofmannsthal. Feinsinniger Lyriker, leicht romantisierender Erzähler bes. kleinerer Formen, besinnl. Essayist, Kritiker und Hrsg.

W: Briefe aus Einsamkeit, 1924; Im Wandel der Landschaft, Fs. 1927; Geist und Gestalt, Ess. 1927; Der weiße Weg, G. 1929; Der Weg wider den Tod, R. 1929; H. v. Hofmannsthal, Es. 1930 (erw. 1949); Licht übers Land, G. 1931; Das Opfer, E. 1932; Groß war die Nacht, G. 1935; Kleines Tagebuch, 1936; Scharnhorsts letzte Fahrt, E. 1937; Die Sturmgeborenen, R. 1938; Leonore, E. 1939; Geist und Nation, Ess. 1940; Feuer des Himmels, G. 1941; Die Fürstin, En. 1945; Die Wandlung, E. 1945; Manchmal muß du stille sein, G. 1945; Begegnung im Sommer, E. 1948; Ins neue Leben, E. 1949; Dank an das Leben, Ausw. 1950 (m. Bibl.); Der Knabe und die Wolke, E. 1951; Gaben der Gnade, G. 1954; Musik durchbricht die Nacht, En. 1956; Die Gaben des Lebens, Aut. 1957; Weg und Ziel, Ess. 1958; Am Abgrund, R. 1961; Das Mädchen Marianne, E. 1962; Sternbruder, G. 1963; Essays, 1964; Inseln im Strom, En. 1965; Glückhafte Reise, Reiseb. 1965; Wegmarken, G. 1967; Augenblicke des Lebens, Aphor. 1968; Prisma, G. 1970; Das Unzerstörbare, Ess. 1971; Umgang mit dem Genius, Ess. 1974; Immer sind wir Suchende, En. 1975; Unsagbares, G. 1976; Signale, Aphor. 1977; Heimat des Lebens, Ess. 1978; Gespräche zwischen den Generationen, 1979; Ein Leben mit Goethe, Ess. 1980; Blumenglück, Ess. 1982; Begegnungen und Fügungen, Ess. 1984.
L: Überlieferung u. Auftrag, 1950; O. H., hg. H. Helmerking 1959 (m. Bibl.); W. Mönch, 1960; D. Larese, 1965; Von der Beständigkeit, hg. H. Schumacher 1970; Bibl.: O. H., 1972.

Hey, Johann Wilhelm, 26. 5. 1789 Leina b. Gotha – 19. 5. 1854 Ichtershausen b. Arnstadt, Pfarrerssohn, Stud. Theol. Jena und Göttingen, 1818 Pfarrer, Hofprediger in Gotha, 1832 Superintendent in Ichtershausen. – Vf. geistl. Lieder; bekannt durch s. von O. Speckter illustrierten, im 19. Jh. weitverbreiteten Fabeln für Kinder.

W: Gedichte, 1816; 50 Fabeln für Kinder, 1833; Noch 50 Fabeln für Kinder, 1837; Bilder und Reime für Kinder, 1859.
L: J. Bonnet, 1885; T. Hansen, 1886; A. Bülow, 1889; N. Knauf, 1889.

Hey, Richard, * 15. 5. 1926 Bonn, Stud. Musik, Theaterwiss. und Philos. Frankfurt/M. 1947/48 Film-Regieassistent, 1949–51 Musikkritiker und Journalist; seit 1952 Rundfunkarbeit in Berlin und Hamburg; 1975–77 Dramaturg in Wuppertal. – Dramatiker und Hörspielautor mit Neigung zu e. symbol. Realismus mit surrealist. Zügen und kabarettist. Effekten in meist tragikom. Stükken. Später dokumentar. und experimentelle Hörspiele, Kriminalromane und Science Fiction.

W: Revolutionäre, Dr. (1953); Lysiane, K. (1955); Thymian und Drachentod, Dr. 1956; Der Fisch mit dem goldenen Dolch, K. (1957); Margaret oder das wahre Leben, Dr. (1958); Kein Lorbeer für Augusto, H. 1961; Weh dem, der nicht lügt, K. 1962; Nachtprogramm, H. (1964); Hochzeitsreport, H. (1965); Ergänzungsbericht, H. (1966); Szenen um Elsbet, H. (1969); Ein permanenter Dämmerschoppen, Dr. (1969); Kandid, Dr. (1972); Ein Mord am Lietzensee, R. 1973; Engelmacher & Co., R. 1975; Das Ende des friedlichen Lebens der Else Reber, Drr. 1976; Ohne Geld singt der Blinde nicht, R. 1980; Feuer unter den Füßen, R. 1981; Im Jahr 95 nach Hiroshima, R. 1982.

Heyden, Friedrich August von, 3. 9. 1789 Gut Nerfken b. Heilsberg/Ostpr. – 5. 11. 1851 Breslau; Gymnas. Königsberg, Stud. Jura ebda., Berlin und Göttingen. 1813–15 freiw. Jäger, 1815 Regierungsreferendar in Königsberg, Assessor in Oppeln, ⚭ 1826 Friederike von Hippel, 1826 Regierungsrat in Breslau, 1851 Oberregierungsrat ebda. – Formgewandter, epigonaler Dramatiker und Epiker in der Platen-Nachfolge mit modernen und hist. Tendenzdramen, Novellen und Romanen sowie vielgelesenen Verserzählungen.

W: Die Gallione, Ep. 1825; Reginald, Ep. 1831; Die Intriguanten, R. II 1840; Theater, III 1842; Das Wort der Frau, Ep. 1843; Der Schuster zu Ispahan, Ep. 1850; Gedichte, hg. T. Mundt 1852.
L: A. Gabriel, Diss. Bresl. 1900; W. Müller, Diss. Bresl. 1920; F. Buch, Diss. Bresl. 1921.

Heyking, Elisabeth Freifrau von, 10. 12. 1861 Karlsruhe – 5. 1. 1925 Berlin, Tochter des Grafen Albert Flemming, Enkelin A. v. Arnims und Schwester der Irene Forbes-Mosse; 2. Ehe mit dem Diplomaten Edmund Freiherr von H.; begleitete ihren Gatten auf weiten Reisen: Nordamerika, Mexiko, Chile, Indien, Ägypten, China

und Serbien. – Erzählerin von Romanen und Novellen aus der adligen und diplomat. Gesellschaft auf dem Hintergrund ferner Länder. Ihr erster Briefroman, in fast alle Kultursprachen übs., wurde Erfolgsbuch e. Jahrzehnts.

W: Briefe, die ihn nicht erreichten, R. 1903; Der Tag Anderer, R. 1905; Ille mihi, R. II 1912; Tschun, R. 1914; Das vollkommene Glück, E. 1920; Tagebücher aus vier Weltteilen, hg. G. Litzmann 1926.

Heym, Georg, 30. 10. 1887 Hirschberg/Schles. – 16. 1. 1912 Berlin, Sohn e. Militäranwalts aus begüterter Beamten- und Pfarrersfamilie; engbürgerl.-fromme, gefühlskalte Eltern. Kindheit in Hirschberg, ab 1900 Berlin, 1905–07 Gymnas. Neuruppin. 1907–10 Stud. Jura in Würzburg, Berlin, Jena als Korpsstudent. In Berlin Mitgl. des ›Neopathetischen Cabarets‹, 6. 7. 1910 1. Vorlesung ebda. 1911 jurist. Staatsexamen, Referendarzeit in Wusterhausen, Ende 1911 Dr. jur. Rostock. Mit s. Freund Ernst Balcke beim Eislauf auf der Havel zwischen Lindwerder und Schwanenwerder ertrunken. – Neben Stadler und Trakl bedeutendster Lyriker des Frühexpressionismus unter Einfluß von Baudelaire, Verlaine, Rimbaud, Hölderlin und George, stoffl. und stilist. den Expressionismus vorwegnehmend und von außerordentl. Einfluß auf diesen. Beschwört als sprachgewalt. Lyriker bei äußerster Formstrenge (Sonett) in gespenst.-düsteren oder grellen Farben und dämon. Bildern von atemberaubendem Grausen mit dem Pathos der Ekstase apokalypt. Visionen von den kommenden Kulturkatastrophen der Kriegs- und Nachkriegszeit, von Dämonie und Gnadelosigkeit der Großstadt, von der fürchterl. Einsamkeit des Menschen in der Volksmasse und Steinwüste der Großstadt, von Verfall, Tod und Sinnlosigkeit des Daseins. Auch Novellist und Dramatiker.

W: Der Athener Ausfahrt, Tr. 1907; Der ewige Tag, G. 1911; Atalanta, Tr. (1911); Umbra vitae, G. 1912; Der Dieb, Nn. 1913; Marathon, Son. 1914 (vollst. hg. K. L. Schneider 1956); Dichtungen, hg. K. Pinthus, E. Loewenson 1922; Gesammelte Gedichte, hg. C. Seelig 1947. – Dichtungen und Schriften, hg. K. L. Schneider IV 1960–68.

L: H. Greulich, 1931; K. L. Schneider, D. bildhafte Ausdruck i. d. Dichtgn. G. H.s, G. Trakls u. E. Stadlers, 1954; E. Loewenson, 1962; C. Grote, Diss. Mchn. 1962; R. Schweitzer, Diss. Graz 1962; G. Schwarz, 1963; C. Eykmann, D. Funktion d. Häßlichen i. d. Lyrik G. H.s, 1965; E. Krispyn, Gainesville 1968; K. Mautz, Mythologie u. Gesellsch. i. Express., ²1972; R. Salter, G. H.s Lyrik, 1972; B. W. Seiler, D. hist. Dichtgn. G. H.s, 1972; H. Korte, 1982; P. Schünemann, 1986.

Heym, Stefan (eig. Hellmuth Fliegel), * 10. 4. 1913 Chemnitz, Stud. Philos. u. Germanistik Berlin, 1933 Emigration, Tschechoslowakei, dann USA, Studium in Chicago, 1937–39 Chefredakteur der Wochenzeitung ›Dt. Volksecho‹ in New York, 1943 am. Soldat, 1944 beim Einmarsch Sergeant. Mitbegr. der ›Neuen Zeitung‹ in München, wegen prokommunist. Haltung nach USA zurückversetzt; 1953 freier Schriftsteller in Ost-Berlin. Publiziert seit s. Protest gegen die Ausbürgerung Biermanns 1976 fast nur in der BR; 1979 Ausschluß aus dem DDR-Schriftstellerverband. – Vf. von Romanen, Reportagen und Essays mit starkem, z. T. negativ-krit. polit.-sozialem Fanatismus; nach Schwierigkeiten mit aktuellen Themen Hinwendung zum aktualisierten hist. Roman. Schreibt engl. und dt.

W: Hostages, R. 1942 (Der Fall Glasenapp, d. 1958); The Crusaders, R. 1948 (Kreuzfahrer von heute, d. 1950, auch u. d. T. Der bittere Lorbeer); The Eyes of Reason, R. 1951 (Die Augen der Vernunft, d. 1955); Die Kannibalen, En. 1953; Offene Worte, Ess. 1953; Goldsborough, R. 1953 (d. 1954); Im Kopf sauber, Ess. 1954; Offen gesagt, Ess. 1957; Schatten und Licht, En. 1960; The Lenz Papers, R. 1963 (Die Papiere des Andreas Lenz, d. 1963, u. d. T. Lenz, 1965); Uncertain Friend, R. 1968 (Lassalle, d. 1969); Die Schmähschrift, E. 1970; Der König David Bericht, R. 1972; 5 Tage im Juni, R. 1974; Die richtige Einstellung, En. 1976; Collin, R. 1979; Wege und Umwege, Ess. 1980; Ahasver, R. 1981; Schwarzenberg, R. 1984; Reden an den Feind, Ausw. 1986.

L: Beiträge z. e. Biogr., 1973; R. K. Zachau, 1982.

Heymel, Alfred Walter, 6. 3. 1878 Dresden – 26. 11. 1914 Berlin, wohlhabender Patrizier, Stud. Philos. und Kunstgesch. München. 1899 Mitbegr. der Zs. ›Die Insel‹ mit Bierbaum und R. A. Schröder in München, 1900 des Inselverlags in Leipzig. Lebte in Bremen, ab 1909 München; 1907 geadelt. – Lyriker, Erzähler und Dramatiker, bedeutender als Förderer der modernen Lit., Buchkunst und Graphik.

W: In der Frühe, G. 1898; Die Fischer, G. 1899; Ritter Ungestüm, E. 1900; Der Tod des Narcissus, Dr. 1901; Zwölf Lieder, 1905; Zeiten, G. 1907; Spiegel, Freundschaft, Spiele, St. 1908; Ges. Gedichte, 1914.

L: R. Scharffenberg, Diss. Marb. 1948.

Heymonskinder → Haimonskinder

Heynicke, Kurt, 20. 9. 1891 Liegnitz/Schles. – 18. 3. 1985 Merzhausen b. Freiburg; Arbeitersohn, Volksschule; Büroangestellter, 1914–18 Soldat, wieder Büroangestellter, Bankangestellter. 1923 Dramaturg am Schauspielhaus Düsseldorf, 1924 ⚭ Grete Löschhorn; 1926–28 Dramaturg und Spielleiter am Stadttheater Düsseldorf. Ab 1932 in Berlin, Mitarbeiter der Ufa. Seit 1943 freier Schriftsteller in Merzhausen/Freiburg/Br. – Anfangs

expressionist. Lyriker im
›Sturm‹-Kreis mit kosm. orientierter Lyrik von schlichter Innerlichkeit. Später mehr Bühnenspiele, hist. Dramen, Komödien
und Freilichtspiele; schließlich
heiter-besinnliche Unterhaltungsromane. Zahlr. Hörspiele,
Fernsehspiele und Filmdrehbücher.

W: Rings fallen Sterne, G. 1917; Gottes Geigen, G. 1918; Das namenlose Angesicht, G.
1919; Die Hohe Ebene, G. 1921; Der Weg
zum Ich, Ess. 1922; Eros inmitten, En. 1925;
Sturm im Blut, E. 1925; Kampf um Preußen,
Dr. 1926; Fortunata zieht in die Welt, R. 1929;
Herz, wo liegst du im Quartier, R. 1938; Der
Baum, der in den Himmel wächst, R. 1940;
Rosen blühen auch im Herbst, R. 1942; Es ist
schon nicht mehr wahr, R. 1948; Der Hellse-
her, R. 1951; Die Partei der Anständigen/Das
Lächeln der Apostel, H.e 1968; Alle Finster-
nisse sind schlafendes Licht, G. 1969; Am
Anfang stehen die Träume, R. 1978. – Das
lyr. Wk., III 1974.
L: K. H., 1966 (m. Bibl.); Alles Gelebte ist
Leihgab, Fs. 1981.

Heyse, Paul 15. 3. 1830 Berlin –
2. 4. 1914 München, Sohn des
Sprachforschers Karl Wilh.
Ludw. H., 1838–47 Gymnas. in
Berlin, 1847–49 Stud. Klass. Phi-
lol. ebda. Von Geibel 1846 in den
Kreis um Kugler und 1848 in den
›Tunnel über der Spree‹ (Kugler,
Eichendorff, Burckhardt, Fonta-
ne, Menzel) eingeführt und dort
zu eig. Schaffen angeregt. Frühj.
1849–51 Stud. Romanistik und
Kunstgesch. Bonn, 1852 Dr. phil.
Berlin. Sept. 1852 – Aug. 1853
Italienaufenthalt zum Stud. pro-
venzal. Hss. in Rom, Florenz,
Modena und Venedig. 1853 über
Dürkheim nach Berlin, Privatge-
lehrter ebda. Mai 1854 ⚭ Margarethe Kugler († 30. 9. 1862). Mai
1854 von Maximilian II. von Bayern mit e. Jahrgeld ohne weitere
Verpflichtung nach München berufen, neben Geibel Haupt des
Münchner Kreises. 1867 2. Ehe
mit Anna Schubart. Verzichtete

1868 auf s. bayr. Pension. Seither
winters meist in Gardone a. Gardasee. 1910 geadelt und Nobelpreis. Freundschaft mit Storm,
Scheffel und H. Kurz. – Überaus
fruchtbarer Epigone der klassizist.-romant. Bildungstradition,
die er um moderne Themen bes.
moral. Art erweiterte. Leichte,
vielseitige Sprach- und Formbegabung; liebenswürd. Stil von roman. Glätte; klare Komposition
bei ausgeprägter Tendenz zu Idea-
lisierung und Schönheitskult bis
zu Ablehnung alles Gewöhnl.; daher befangen in e. ästhet. Scheinwelt ohne dichter. Gefühlstiefe
und echte menschl. Tragik. Atheist von eudämonist. Weltanschauung. Am bedeutendsten mit s. rd.
120 Novellen von strengem Bau
um psycholog. Probleme der Liebe, vorwiegend aus ital. Milieu
oder Künstlerkreisen. Durch s.
Falkentheorie 1. wichtiger Theoretiker der Novellenform. Konventionelle Lyrik ohne eigenen
Ton. Dem Dramatiker versagt die
Gestaltungskraft, daher mehr lyr.
Lesedramen, erfolgreich nur mit
nationalpatriot. Stoffen. Ferner
lyr. getönte Versepik, Zeitromane und Memoiren. Wegen außerordentl. Sprachbegabung gebore-
ner Übs. aus dem Ital. (Alfieri,
Manzoni, Leopardi, Giusti u. a.).
Durch s. Frontstellung gegen
Realismus, Naturalismus und Impressionismus im Alter überholt,
zwar vom zeitgenöss. gebildeten
Bürgertum hochgeschätzt, von
der naturalist. Generation aber
verspottet. 1. deutscher Nobel-
preisträger (1910).

W: Der Jungbrunnen, M. 1850; Franzeska
von Rimini, Tr. 1850; Spanisches Liederbuch, hg. 1852 (m. E. Geibel); Hermen, N.
1854; Meleager, Tr. 1854; Novellen, 1855
(enth. u. a. L'Arrabbiata); Die Braut von
Cypern, N. 1856; Neue Novellen, 1858; Vier
neue Novellen 1859; Die Sabinerinnen, Tr.

1859; Italienisches Liederbuch, Übs. 1860;
Ludwig der Bayer, Dr. 1862; Neue Novellen,
1862; Elisabeth Charlotte, Dr. 1864; Gesam-
melte Novellen, in Versen, 1864; Meraner
Novellen, 1864; Hadrian, Dr. 1865; Maria
Moroni, Dr. 1865; Hans Lange, Dr. 1866;
Fünf neue Novellen, 1866; Novellen und Ter-
zinen, 1867; Colberg, Dr. 1868; Moralische
Novellen, 1869; Die Göttin der Vernunft, Dr.
1870; Ein neues Novellenbuch, 1871; Gedich-
te, 1872; Kinder der Welt, R. III 1873; Neue
Novellen, 1875; Im Paradiese, R. III 1875;
Elfride, Tr. 1877; Graf Königsmark, Tr.
1877; Skizzenbuch, G. 1877; Neue moralische
Novellen, 1878; Das Ding an sich, Nn. 1879;
Verse aus Italien, Sk. 1880; Frau von F., Nn.
1881; Die Weiber von Schorndorf, Dr. 1881;
Alkibiades, Tr. 1883; Unvergeßbare Worte,
Nn. 1883; Himmlische und irdische Liebe,
Nn. 1886; Der Roman der Stiftsdame, R.
1887; Merlin, R. III 1892; Über allen Gipfeln,
R. 1895; Maria von Magdala, Dr. 1899; Ju-
genderinnerungen und Bekenntnisse, 1900;
Novellen vom Gardasee, 1902; Crone Stäud-
lin, R. 1905; Gegen den Strom, R. 1907; Die
Geburt der Venus, R. 1909. – GW, XLII
1901 ff., XV 1924; Dramatische Dichtungen,
XXXVIII 1864–1905; Romane und Novellen, 3 Serien XII, XXIV, V 1902–12; Wke, II
1980; Briefw. m. J. Burckhardt, hg. E. Petzet
1916; m. Th. Storm, hg. G. J. Plotke II 1917/
18, hg. C. A. Bernd III 1969 f.; m. O. Keller,
hg. M. Kalbeck 1919; m. E. Geibel, hg. E.
Petzet 1922; m. Th. Fontane, hg. ders. 1929.
L: E. Petzet, H. als Dramatiker, 1904; V.
Klemperer, 1907; H. Raff, 1910; H. Spiero,
1910; A. Farinelli, 1913; P. Zincke, H.s Novellentechnik, 1928; L. Ferrari, Diss. Bonn
1939; M. Schunicht, Diss. Münst. 1957; M.
Krausnick, 1974; S. v. Moisy, 1981; Bibl.: W.
Martin, 1978.

Hiesel, Franz, * 11. 4. 1921 Wien,
Drogistenlehre, Soldat, 1945–51
Straßenbahnschaffner, 1951
Stadtbibliothekar in Wien;
1960–67 Hörspieldramaturg in
Hamburg, dann freier Schriftsteller Wien. – Dramatiker, Hörspieldichter und Erzähler mit sozialen,
z. T. zeitsatir. Stoffen.

W: Die Bahnhofshalle, Dr. (1950); Die enge
Gasse, Dr. (1951); Die Dschungel der Welt,
H. 1956; Auf einem Maulwurfshügel, H.
1960; Ich kenne den Geruch der wilden Ka-
mille, Ausw. hg. G. Fritsch 1961; An der
schönen blauen Donau, FSsp. (1965); Die
Heimkehr aus St. Pölten, H. (1967); Der
Streckengeher, H. (1970); in allerhöchster
Not: Elias Dersch, H. (1974); Die gar köstli-
chen Folgen einer mißglückten Belagerung,
H. 1978.

Hilbig, Wolfgang, * 31. 8. 1941
Meuselwitz/Thür.; Arbeiterfami-
lie, Volksschule, wechselnde Be-
rufe, u. a. Heizer; Literaturinstitut
Leipzig; lebt in Ost-Berlin, dann
Leipzig. – Als Lyriker und Erzäh-
ler an Rimbaud, G. Heym und
Kafka geschult.

W: Abwesenheit, G. 1979; Unterm Neo-
mond, En. 1981; Der Brief, En. 1985; die
versprengung, G. 1986.

Hildebrandslied, als Bruchstück
in der ursprüngl. Form erhaltenes
ältestes dt., einziges german. Heldenlied in ahd. Sprache, vermutl.
in der 2. Hälfte des 8. Jh. entstanden; von 2 Schreibern, wohl
Mönchen des Klosters Fulda, um
810 auf das erste und letzte Blatt e.
theolog. Hs. in 53 Zeilen nieder-
geschrieben, umfaßt 68 stabrei-
mende Langverse von kurzem,
prägnantem Stil. Wahrscheinl.
oberdt. (bayr.?) Ursprungs (Urfassung evtl. langobard.), bei der
Niederschrift durch Niederdeutsche Vermengung von ober- und
niederdt. Dialektbestandteilen.
Gegenstand ist das indogerman.,
hier in der Dietrichsage angesie-
delte Motiv des Vater-Sohn-
Kampfes: Hildebrand, Waffenmeister Dietrichs von Bern, und
s. Sohn Hadubrand, die lange Zeit
getrennt waren und einander daher nicht erkennen, treffen als Angehörige feindl. Heere zusammen. Vor dem Zweikampf fragt
Hildebrand den Gegner nach Namen und Abkunft. Obwohl so ihre Verwandtschaft deutl. wird,
weist Hadubrand Hildebrand zurück, da er s. Vater für tot und den
feindl. Ritter für e. Betrüger hält.
Es kommt nach e. Hohnrede Ha-
dubrands doch zum Kampf. Hier
bricht die Dichtung ab, der trag.
Ausgang ist unbezweifelbar. E.
andere Quelle, ›Hildibrands Ster-

belied‹, berichtet, daß der Vater
den Sohn erschlug. Das ›Jüngere
Hildebrandslied‹ des 13. Jh. gibt
dagegen e. versöhnl. Abschluß.

A: K. Müllenhoff und W. Scherer, Denkmä-
ler dt. Poesie und Prosa, ³1892 (Jüngeres H.);
G. Baesecke 1945 (m. Übs.); W. Braune u. K.
Helm, Ahd. Lesebuch, ¹⁵1968; W. Krogmann
1959 (Rekonstruktion d. langobard. Urfas-
sung). – Übs.: K. Wolfskehl u. F. von der
Leyen, Älteste dt. Dichtungen, ³1924; W.
Grothe 1938 (Faks.).
L: H. Pongs, Diss. Marburg 1913; F. Saran,
1915; W. Grothe, 1938; G. Baesecke, 1940 u.
1945; W. Krogmann, 1954; H. v. d. Kolk,
Amsterd. 1967; U. Schwab, Arbeo laosa,
1972; S. Gutenbrunner, V. Hildebrand u.
Hadubrand, 1976; R. Lühr, Stud. z. Spr. d.
H., 1982.

Hildegard von Bingen, Mystikerin, 1098 Bermersheim b. Alzey – 17. 9. 1179 Kloster Rupertsberg b. Bingen; Tochter Hilde-
berts, e. Ministerialen des Hoch-
stifts Speyer; im Benediktinerstift
Disibodenberg a. d. Nahe bei der
Reklusin Jutta von Spanheim erzogen; hatte schon in der Kindheit
Visionen; nach Juttas Tod 1136
›Meisterin‹ des Klosters; bewirkte
1147 bei Erzbischof Heinrich I.
von Mainz e. Verlegung ihres
Klosters auf den Rupertsberg und
die Erhebung zur Abtei. Schrieb
1141–53 mit Hilfe der Nonne Ri-
chardis und des Mönchs Volmar
von Disibodenberg ihre Geschichte und visionären Gespräche mit Christus, bes. über die
christl. Glaubenslehren, nieder; so
entstand der ›Liber Scivias‹ (Wisse
die Wege!) in dramat. Sprache,
mit Lob- und Wechselgesängen
und prophet. Ankündigungen. Es
fand päpstl. Anerkennung, löste
unter H.s Zeitgenossen e. gewal-
tiges Echo aus und führte zu e.
regen Briefwechsel mit den bedeutendsten Persönlichkeiten. Als
weitere myst. Werke entstanden
1158–63 ›Liber vitae meritorum‹,
e. Lehrbuch der christl. Sittenleh-

re, dargestellt in prophet. Bildern,
und 1163–70 ›Liber divinorum
operum‹ über die Schöpfung und
Erlösung der Welt. H. schrieb
auch 70 geistl. Lieder, die sie
selbst vertonte, daneben zahlr.
homilet.-exeget., naturwiss., medizin. und hagiograph. Werke.

A: Briefe, hg. L. Clarus 1854; Myst. Tier-
und Artzeneyenbuch, hg. A. Huber 1923;
Reigen der Tugenden, Sgsp. 1927; Wisse die
Wege, hg. u. dt. M. Böckeler ³1955, A. Führ-
kötter 1978. – Opera omnia, hg. J. P. Migne,
Patrol, lat. 197, 1855; Analecta Sacra, hg. J.
B. Pitra Bd. 8, Paris 1891; Werke, hg. J.
Bühler 1922, n. 1980, hg. M. L. Lasear 1929.
– Übs.: Lieder, M. David-Windstoßer 1928;
Heilkunde, H. Schipperges 1956; Geheimnis
der Liebe, Ausw. ders. 1957; Gott ist am
Werk, ders. 1958; Naturkunde, P. Riethe
1959; Welt und Mensch, H. Schipperges
1965; Briefwechsel, A. Führkötter 1965; Lie-
der, P. Barth 1969; Der Mensch in der Ver-
antwortung, H. Schipperges 1972; Myst.
Texte, ders. 1978.
L: J. May, ²1929; H. Liebeschütz, D. allegor.
Weltbild d. hl. H. v. B., 1930 (n. 1964); L.
Sternberg, 1934; A. Rozumek, D. sittl. Welt-
anschauung d. hl. H. v. B., Diss. Bonn 1934;
M. Ungnad, D. metaphys. Anthropologie
der hl. H. v. B., 1938; M. Schrader, Heimat
u. Sippe d. hl. H., 1941; M. Schrader u. A.
Führkötter, Die Echtheit des Schrifttums der
hl. H. v. B., 1956; H. Schipperges, D. Men-
schenbild H.s v. B., 1962; M. zu Eltz, 1963;
A. Führkötter, 1972; H. v. B., Fs. 1979; Bibl.:
W. Lauter, II 1970–84.

Hildesheimer, Wolfgang, * 9.
12. 1916 Hamburg, Frensham
Heights School in England.
1933–36 Möbeltischler und Innenarchitekt in Palästina, 1937
Bühnenbildnerkurs in Salzburg,
1937–39 Stud. Malerei und Graphik London. 1939–45 engl. In-
formationsoffizier in Palästina,
1946–49 Simultandolmetscher
beim Nürnberger Prozeß, dann
Maler in Ambach/Starnberger
See, seit 1950 freier Schriftsteller.
Wohnt in Poschiavo/Graubün-
den. Mitgl. der ›Gruppe 47‹. 1967
Gastdozent für Poetik Frankfurt/
M. – Erzähler, Dramatiker und
Hörspielautor, dessen Werke der
Entlarvung gesellschaftl. Kli-

schees dienen, daher iron.-satir.
und grotesk-surrealist. Elemente
mit skurriler Phantasie vereinen.
Am erfolgreichsten s. geistreichen
absurden Dramen mit Nähe zu
Pirandello, Beckett und Ionesco
und fiktive Biographien. Übs. D.
Barnes, G. B. Shaw, Bearbeiter
von Goldoni und Sheridan.

W: Lieblose Legenden, En. 1952; Das Ende
einer Welt, Op. 1953 (m. H. W. Henze);
Paradies der falschen Vögel, R. 1953; Der
Drachenthron, K. 1955 (2. Fassg. u. d. T. Die
Eroberung der Prinzessin Turandot, 1960);
Das Atelierfest, H. (1955); Das Opfer Helena,
H. u. K. (1955); Ich trage eine Eule nach
Athen, E. 1956; Begegnung im Balkanex-
preß, H. 1956; Der schiefe Turm von Pisa, H.
(1958); Spiele, in denen es dunkel wird, Drr.
1958; Herrn Walsers Raben, H. 1960; Nocturno im Grandhotel, H. (1960); Die Verspä-
tung, Dr. 1961; Rivalen, Dr. (1961); Vergeb-
liche Aufzeichnungen/Nachtstück, Prosa
1963; Betrachtungen über Mozart, Es. 1963;
Herrn Walsers Raben/Unter der Erde, H.e
1964; Das Opfer Helena/Monolog, H.e 1965;
Tynset, R. 1965; Wer war Mozart, Ess. 1966;
Begegnung im Balkanexpreß/An den Ufern
der Plotinitza, H.e 1968; Interpretationen,
Ess. 1969; Maxine, H. (1969); Mary auf dem
Block, H. (1971); Zeiten in Cornwall, Prosa,
1971; Mary Stuart, Dr. 1971; Masante, R.
1973; Hauskauf, H. 1974; Hörspiele, 1976;
Theaterstücke, 1976; Mozart, St. 1977; Bio-
sphärenklänge, H. 1977; Exerzitien mit Papst
Johannes, Prosa 1979; Marbot, R. 1981; Mitteilungen an Max, Prosa 1983; Das Ende der
Fiktionen, Rdn. 1984; Endlich allein, Collagen 1984; In Erwartung der Nacht, Collagen
1986; Nachlese, Prosa 1987.
L: Üb. W. H., 1971 (m. Bibl.); B. Dücker,
1976; H. Puknus, 1978; H. L. Arnold, hg.
1986 (m. Bibl.); Bibl.: V. Jehle, 1984.

Hillard, Gustav (eig. Gustav
Steinbömer), 24. 2. 1881 Amsterdam – 3. 7. 1972 Lübeck, Jugend
in Lübeck, in der Kadettenzeit
Mitschüler und Freund des preuß.
Kronprinzen; lebte am Kaiserhof,
1913–18 Generalstabsoffizier,
Major a. D., dann Stud. Kunstgesch., Philos. und Germanistik,
1918–21 Dramaturg bei M. Reinhardt am Dt. Theater Berlin,
freier Schriftsteller und Kulturkritiker ebda., ab 1944 in Lübeck. –
Erzähler von Romanen, klass.

Novellen und Memoiren in kulti-
vierter Sprache, kreisend um den
Einbruch des Elementaren in das
auf Zucht und Form gerichtete
Dasein. Konservativer kulturkrit.
Essayist.

W: Spiel mit der Wirklichkeit, R. 1938; Die
Nacht des Dr. Selbende, N. 1942; Der Smaragd, N. 1948; Der Brand im Dornenstrauch,
R. 1948; Herren und Narren der Welt, Aut.
1954; Gespräch im Speisesaal, N. 1957; Kaisers Geburtstag, R. 1959; Wert der Dauer,
Ess. 1961; Anruf des Lebens, En. 1963; Recht
auf Vergangenheit, Ess. 1966.
L: Hesperus, Fs. 1971; Bibl.: K. Matthias
u. a. 1971.

Hille, Peter, 11. 9. 1854 Erwitzen
b. Driburg/Westf. – 7. 5. 1904
Großlichterfelde b. Berlin, auf
dem Gymnas. Münster Freundschaft mit den Brüdern Hart. Gerichtsschreiber in Höxter; Stud.
Philos. und Lit. Leipzig; freier
Schriftsteller ebda., 1878 Journalist in Bremen. 1880–82 in London, Rotterdam und Amsterdam.
Wanderfahrten als Vagant und
Bohemien (›Literaturzigeuner‹).
1885–89 in Bad Pyrmont,
1889–91 in Italien. Ab 1891 vorwiegend in Berlin. Anschluß an
die Brüder Hart. Starb nach e.
Unglücksfall im Krankenhaus.
Freund von E. Lasker-Schüler,
Bierbaum und Liliencron. Vagan-
tenleben, übernachtete oft im
Freien und führte s. Aufzeichnungen in e. großen Sack mit sich. –
Lyriker, Erzähler und Dramatiker
des Impressionismus unter Einfluß Nietzsches, verband myst.
Naturanbetung mit sozialist.
Utopien. Sprachschöpfer. Lyriker, der die seel. Augenblicksein-
drücke unmittelbar festhält. Fragmentist, Meister des kurzen Na-
tur- und Stimmungsgedichts und
des geistreichen Aphorismus. Bei
größeren Formen ohne Plan,
Komposition und Entwicklung.

W: Die Sozialisten, R. 1886; Des Platonikers

Sohn, Tr. 1896; Semiramis, R. 1902; Cleopatra, R. 1905; Das Mysterium Jesu 1921. – GW, hg. J. Hart IV 1904f., I ³1916, hg. F. Kienecker VI 1984–87.
L: H. Hart, 1904; E. Lasker-Schüler, 1906; G. Weigert, 1931; E. Timmermann, Diss. Köln 1939; A. Vogedes, 1947; T. Brinkmann, Diss. Marb. 1948; H. D. Schwarze, Heimweh nach den Weiten, 1957; F. Glunz, 1976; H. C. Müller, hg. 1979; B. Pohlmann, Spontaneität u. Form, 1985; F. Kienecker, hg. 1986.

Hiller, Kurt, 17. 8. 1885 Berlin – 1. 10. 1972 Hamburg, Stud. Jura und Philos. Berlin und Freiburg/ Br., 1907 Dr. jur. Heidelberg; Assistent, Journalist, freier Schriftsteller in Berlin, 1914 Mitbegründer des Aktivismus, 1916–24 Hrsg. des Jahrbuchs ›Das Ziel‹, Mitarbeiter expressionist. Zss., 1920 Mitgl. der Dt. Friedensgesellschaft, 1926 Präsident der Gruppe revolutionärer Pazifisten; 1933/34 in Haft und KZ, 1934 Flucht nach Prag, 1938 nach London, 1939–46 Vorsitzender der Gruppe unabhängiger dt. Autoren, ab 1955 in Hamburg, dort 1956 Gründer des Neusozialist. Bundes. – Eigenwilliger sozialist. Idealist; trat in schlagkräftig-iron. formulierten, provozierenden Schriften (Reden, Aufrufen, Manifesten, Pamphleten und Polemik) für die Verwirklichung s. Ideen und e. geistige Erneuerung der Gesellschaft mit Hilfe e. aktiv ins Leben eingreifenden Lit. ein. Kulturkritiker, Polit. Essayist und Lyriker.
W: Die Weisheit der Langenweile, Schr. II 1913; Unnennbar Brudertum, G. 1918; Geist werde Herr, Schr. 1920; Aufbruch zum Paradies, Schr. 1922 (erw. 1952); Verwirklichung des Geistes im Staat, Schr. 1925; Der Sprung ins Helle, Rdn. 1932; Profile, Ess. 1938; Köpfe und Tröpfe, Ess. 1950; Rote Ritter, Schr. 1951; Ratioaktiv, Rdn. 1966; Leben gegen die Zeit, Aut. II: 1. Logos, 1969, 2. Eros, 1973; Politische Publizistik, 1983.
L: J. Habereder, 1981; Bibl.: H. H. W. Müller, 1969.

Hilsenrath, Edgar, ✶2. 4. 1926 Leipzig, aus jüd. Kaufmannsfami-

lie, Jugend in Leipzig und Halle, 1938 Rumänien, 1941–44 ukrain. Getto; Rumänien, Emigration über Palästina 1951 in die USA, seit 1975 Schriftsteller in West-Berlin. – Erzähler schonungslos monströser Romane aus jüd. Zeitschicksal.
W: Nacht, R. 1964; Der Nazi und der Friseur, R. 1977; Gib acht, Genosse Mandelbaum, R. 1979; Bronskys Geständnis, R. 1980; Zibulsky oder Antenne im Bauch, En. 1983.

Hiltbrunner, Hermann, 24. 11. 1893 Biel-Benken b. Basel – 11. 5. 1961 Uerikon/Zürichsee, 1913–16 Volksschullehrer, Stud. 1914–18 Bern und 1918–20 Zürich Naturwiss., Philos. und Germanistik; 1920–32 freier Schriftsteller in Zürich, ab 1935 Uerikon. – Schweizer Lyriker und Erzähler in traditionellen Formen. Stark gedankl., in der Sprache schlichte Lyrik. Reise-, Natur- und Landschaftsbücher, Essays und Betrachtungen.
W: Von Euch zu mir, G. 1923; Heiliger Rausch, G. 1939; Fallender Stern, G. 1941; Heimwärts, G. 1943; Trost der Natur, Ess. 1943; Geistliche Lieder, 1945; Jahr um Jahr, G. 1946; Glanz des Todes, G. 1948; Wenn es Abend wird, G. 1955; Alles Gelingen ist Gnade, Tg. 1958; Spätherbst, G. 1958; Und das Licht gewinnt, G. 1960; Wege zur Stille, Ess. 1961; Schattenwürfe, G. 1962; Letztes Tagebuch, 1963.

Hilty, Hans Rudolf, ✶5. 12. 1925 St. Gallen; Stud. Zürich und Basel; freier Schriftsteller und Publizist in St. Gallen, dann Zürich; seit 1951 Hrsg. der Zs. ›hortulus‹, seit 1959 der ›Quadrat-Bücher‹. – Erstrebt als Lyriker und Erzähler die Objektivierung des Bekenntnishaften.
W: Nachtgesang, G. 1948; Die Entsagenden, Nn. 1951; C. Hilty, B. 1953; Eingebrannt in den Schnee, G. 1956; Daß die Erde uns leicht sei, G. 1959; Jeanne d'Arc bei Schiller und Anouilh, Es. 1960; Parsifal, R. 1962; Zu erfahren, G. 1969; Risse, En. 1977; Bruder Klaus, R. 1981.

Hinrichs, August, 18. 4. 1879 Oldenburg – 20. 6. 1956 Huntlosen b. Oldenburg, Schreinerssohn, Tischlerlehre, zog als Handwerksbursche durch Dtl., Kriegsteilnehmer, dann selbständiger Tischlermeister in Oldenburg, ab 1929 freier Schriftsteller in Huntlosen b. Oldenburg. – Norddt. Erzähler und Dramatiker in hoch- und niederdt. Sprache (z. T. Doppelfassungen). Mit s. realist. Volksstücken aus dem heutigen Dorfleben voll kraftvollen Humors, klarer Handlungsführung, treffsicherer Charaktere und lebendiger Szenengestaltung unter Verwendung drast. traditioneller Schwankelemente e. der erfolgreichsten plattdt. Dramatiker. Erzählungen und Romane aus dem Bauernleben mit herben Charakteren und schlichter Sprache.

W: Das Licht der Heimat, R. 1920; Der Wanderer ohne Weg, R. 1921; Die Hartjes, R. 1924; Das Volk am Meer, R. 1929; Swinskomödi, K. 1930 (hochdt. u. d. T. Krach um Jolanthe); Wenn de Hahn kreiht, K. 1932; Die Stedinger, Sp. 1934; För de Katt, K. 1938; Mein ernstes Buch, 1941; Mein heiteres Buch, 1941; Der Musterbauer, K. (1941); Siebzehn und zwei, K. 1955; Schwarzbrot, En.-Ausw. 1959.
L: W. Purnhagen, ³1979.

Hinterberger, Ernst, ★17. 10. 1931 Wien; Hilfsarbeiter und Angestellter in Wien. – Erzähler unreflektierter Milieustudien aus dem Arbeitsleben.

W: Beweisaufnahme, R. 1965; Salz der Erde, R. 1966; Aus, Dr. (1973); Wer fragt nach uns, En. 1975; Das Abbruchhaus, R. 1977.

Hippel, Theodor Gottlieb von, 31. 1. 1741 Gerdauen/Ostpr. – 23. 4. 1796 Königsberg, Sohn e. Schulrektors, Stud. 1756–60 Theol. Königsberg; 1760 Reisebegleiter e. russ. Offiziers nach Petersburg, Hauslehrer in Königsberg; 1762–65 Stud. der Rechte Königsberg. 1765 Advokat, 1772 Stadtrat und Kriminaldirektor, 1780 dirigierender 1. Bürgermeister und Polizeidirektor, 1786 Geh. Kriegsrat und Stadtpräsident. Freund Kants. Publizierte in strenger Anonymität. – Satir.-humorist. Schriftsteller der späten Aufklärungszeit, verband in s. Werk die lehrhaft-national-philos. und die pietist.-empfindsamlyr. Elemente s. Wesens und gewann dadurch e. weitläufig verschnörkelten Stil als Vorläufer Jean Pauls. Am erfolgreichsten als humorist. Erzähler unter Einfluß des engl. Familienromans (Sterne). Ferner Lustspiele, geistl. Lieder, Freimaurerreden, popularphilos., moral. und psycholog. Abhandlungen.

W: Der Mann nach der Uhr, K. 1765 (n. 1928); Freimäurerreden, 1768; Die ungewöhnlichen Nebenbuhler, K. 1768; Geistliche Lieder, 1772; Über die Ehe, Schr. 1774 (n. 1972); Lebensläufe nach aufsteigender Linie, R. IV 1778–81; Handzeichnungen nach der Natur, 1790; Über die bürgerliche Verbesserung der Weiber, Abh. 1792 (n. 1977); Kreuz- und Querzüge des Ritters A bis Z., R. II 1793f. – SW, XIV 1828–39, n. 1978; Romane, VI 1846–60.
L: T. Hönes, Diss. Bonn 1910; F. J. Schneider, Prag 1911; M. Greiner, 1958; J. Kohnen, II 1983; H. H. Beck, The Elusive I in the Novel, 1987.

Hirche, Peter, ★2. 6. 1923 Görlitz/Schles.; 1941–45 Soldat, dann Kabarettist, Bauarbeiter, Nachtwächter, seit 1949 freier Schriftsteller in Berlin. – Dramatiker und Hörspielautor mit sozial- und zeitkrit. Themen; vollendete Beherrschung e. musikal. orientierten Funkdramaturgie.

W: Die seltsamste Liebesgeschichte der Welt, H. (1953); Triumph in 1000 Jahren, Dr. (1955); Heimkehr, H. (1955); Während des Todes, H. 1958; Die Söhne des Proteus, Dr. (1961); Der Unvollendete, H. (1962); Der Verlorene, H. (1963); Miserere, H. (1965); Gemischte Gefühle, H. (1966); Die Krankheit und die Arznei, H. (1967).

Hirsch, Karl Jakob (Ps. Karl Böttner, Joe Gassner), 13. 11. 1892 Hannover – 8. 7. 1952 München, Sohn e. jüd. Arztes, Stud. Malerei München; Maler und Graphiker, teils in Worpswede, 1916–18 bei der Fliegertruppe, 1918–22 Bühnenbildner der Berliner Volksbühne, ab 1926 der Jungen Bühne im Lessingtheater. 1933 wurden s. Schriften verboten und verbrannt; 1934 Exil in Dänemark, Schweiz, 1935 USA, 1945 Rückkehr nach München. – Essayist und Kunstkritiker. Als Erzähler erst Kritiker der wilhelmin. und Weimarer Zeit, dann Abrechnung mit dem Faschismus. K. J. H.-Archiv der Akad. d. Künste Berlin.

W: Kaiserwetter, R. 1931 (n. 1971); Felix und Felicia, R. 1933; Hochzeitsmarsch in Moll, R. (1938; n. 1986); Gestern und Morgen, R. (1939); Tagebuch aus dem 3. Reich, (1941); Heimkehr zu Gott, Aut. 1946.
L: H. H. Stuckenschmidt, 1967.

Hirschfeld, Georg, 11. 2. 1873 Berlin – 17. 1. 1942 München, Fabrikantensohn, 1890–93 Kaufmannslehrling, dann Stud. Philos. und Lit. 1893–94 München, 1894/95 Berlin. Freier Schriftsteller in Berlin, ab 1905 Dachau, ab 1916 München-Großhadern, von Brahm, G. Hauptmann und Fontane gefördert. – Naturalist. Dramatiker und Erzähler mit stimmungsstarken naturalist. Berliner Milieudramen in der Nachfolge G. Hauptmanns, schließlich Komödien und Volksstücke. Psycholog. Erzähler in Fontanestil, später Unterhaltungsromane.

W: Dämon Kleist, Nn. 1895; Der Bergsee, N. 1896; Zu Hause, Dr. 1896; Die Mütter, Dr. 1896; Agnes Jordan, Dr. 1897; Pauline, K. 1899; Der junge Goldner, K. 1901; Der Weg zum Licht, Msp. 1902; Nebeneinander, Dr. 1904; Mieze und Maria, K. 1907; Das zweite Leben, Dr. 1910; Der Kampf der weißen und der roten Rose, R. 1912; Die Belowsche Ekke, R. 1914; Das hohe Ziel, Tr. 1920; Otto

Brahm, B. 1925; Der Mann im Morgendämmer, R. 1925; Die Frau mit den hundert Masken, R. 1931.
L: R. Stiglitz, Diss. Wien 1958.

Historia von D. Johann Fausten → Faustbuch

Hochhuth, Rolf, *1. 4. 1931 Eschwege, Sohn e. Schuhfabrikanten, 1948 Buchhandelslehre, 1951–55 Gasthörer Univ. Heidelberg und München, 1955–63 Verlagslektor bei Bertelsmann in Gütersloh, seit 1963 freier Schriftsteller in Riehen b. Basel. – Vertreter des dokumentar. Dramas und Moralist, dem das zeitgeschichtl. Problem über der künstler. Form steht. Löste mit s. ›christl. Trauerspiel‹ in Vers und Prosa ›Der Stellvertreter‹ um die evtl. Mitschuld des Papstes Pius XII. und der kathol. Kirche an der Judenausrottung durch bewußtes Zulassen und Verschweigen weltweite heftige Diskussion aus. Weitere Stücke aktualisieren Probleme und Stoffe aus der NS-Zeit im Sinne idealist. Tragödien oder belehrender Komödien. Auch Erzähler, Essayist und Hrsg. bes. O. Flakes.

W: Der Stellvertreter, Dr. 1963; Die Berliner Antigone, N. 1964; Soldaten, Dr. 1967; Guerillas, Dr. 1970; Krieg und Klassenkrieg, St. 1971; Die Hebamme: Komödie, Erzählung, Essays, Ausw. 1971; Dramen, 1972; Lysistrate und die Nato, K. 1973; Zwischenspiel in Baden-Baden, N. 1974; Tod eines Jägers, Dr. 1976; Eine Liebe in Deutschland, R. 1978; Tell 38, Rd. 1979; Juristen, Dr. 1979; Ärztinnen, Dr. 1980; Nur die Spitze des Eisbergs, Ausw. 1982; Räuber-Rede, Rdn. 1982; Judith, Tr. 1984; Atlantik-Novelle, En. 1985; Schwarze Segel, Ess. 1986; Alan Turing, Ess. 1987; Täter und Denker, Ess. 1987; War hier Europa?, Rdn. u. Ess. 1987.
L: Summa iniuria, hg. F. J. Raddatz 1963; W. Adolph, Verfälschte Geschichte, 1963; J. Günther u. a., Der Streit um H.s Stellv., 1963; The ›Deputy‹ Reader, hg. D. B. Smith, N. Y. 1965; S. Melchinger, 1967; R. Taeni, 1977; M. E. Ward, Boston 1977; H. L. Arnold, hg. 1978 (Text u. Kritik 58), R. Hoffmeister, hg. 1980; W. Hinck, hg. 1981.

Hochwälder, Fritz, 28. 5. 1911 Wien – 20. 10. 1986 Zürich, Handwerker: Tischler, Tapezierermeister, Gewerkschaftssekretär. 18. 8. 1938 Emigration nach Zürich. Beginn des dramat. Schaffens, gefördert durch die Freundschaft mit G. Kaiser (1944). Blieb nach Kriegsende als österr. Staatsbürger in Zürich, ⊙ Ursula Büchi. – Einer der erfolgreichsten österr. Dramatiker der Gegenwart. Vertreter des streng gefügten idealist. Dramas in der traditionellen Form und der Komödie unter Einfluß des Wiener Volkstheaters. Bühnenwirksame Dramen um hist. oder weltanschaul. Stoffe mit aktualisierender Tendenz, später Themen der Vergangenheitsbewältigung.

W: Jehr, Dr. (1932); Liebe in Florenz, K. (1936); Esther, Dr. (1940); Die verschleierte Frau, K. (1946); Meier Helmbrecht, Dr. (1946); Das heilige Experiment, Dr. 1947; Der Füchtling, Dr. 1948 (nach Entwurf v. G. Kaiser, Neuf. 1955); Der Unschuldige, K. (1949, Neuf. 1956); Virginia, Dr. (1951); Donadieu, Dr. 1953; Der öffentliche Ankläger, Dr. 1954; Hôtel du Commerce, K. 1954 (nach Maupassant); Die Herberge, Dr. 1956; Donnerstag, Sp. (1959); 1003, Dr. (1964); Der Himbeerpflücker, K. 1965; Der Befehl, Dr. 1967; Lazaretti oder Der Säbeltiger, Dr. 1975; Im Wechsel der Zeit, Ess. 1980; Die Prinzessin von Chimary, Dr. (1982). – Dramen, II 1959–64, IV 1975–85.
L: H. M. Féret, Paris 1953; W. Bortenschlager, 1979.

Hochzeit, Die, in e. Millstätter Hs. erhaltenes oberdt. Gedicht von der Mitte des 12. Jh., deutet die ird. Hochzeit nach Vorbild des Hohenliedes allegor. als Vereinigung der Seele (= Braut) mit Gott. In der Darstellungsweise dem Gedicht ›Vom Rechte‹ nahestehend.

A: A. Waag, Kl. dt. Gedd. d. 12./13. Jh., ²1916.
L: C. v. Kraus (Sitzgsber. d. Wiener Akad. d. Wiss. 123, 4), 1891.

Hoddis, Jakob van (eig. Hans Davidsohn), 16. 5. 1887 Berlin –

30. 4. 1942 bei Koblenz auf Deportation. 1906–12 Stud. Architektur München, dann klass. Philol. und Philos. Jena und Berlin. 1909 Mitbegr. des ›Neuen Clubs‹ und des ›Neopathetischen Cabarets‹, an dem u. a. G. Heym, K. Hiller und E. Loewenson teilnahmen. Seit 1912 zunehmend geisteskrank; nach vorübergehender Besserung 1912/13 in München (Freundschaft mit Lotte Pritzel und Emmy Hennings), Wanderleben zwischen Paris, Berlin und München. Seit 1914 in Heilbehandlung, ab 1915 Privatpflege in Jena, Frankenhain und Tübingen, zuletzt seit 1933 Heilanstalt Bendorf-Sayn b. Koblenz, dort als Jude abtransportiert und getötet. – Einflußreicher, frühvollendeter Lyriker des Frühexpressionismus mit teils prophet.-visionären und schwermüt., teils sarkast.-iron. Gedichten vom Weltende.

W: Weltende, G. 1918; Weltende, Ges. Dichtungen, hg. P. Pörtner 1958 (m. Bibl.); Dichtungen u. Briefe, hg. R. Nörtemann 1987.
L: H. Schneider, 1967; U. Reiter, 1970; H. Hornbogen, 1986; J. Seim, hg. 1987.

Höck (Hock), Theobald, 10. 8. 1573 Limbach (?)/Pfalz – nach 1618. Humanist. gebildet, als Vagant oder Soldat an den Hof Kaiser Rudolf II. nach Böhmen verschlagen, 1601 Sekretär des böhm. Adligen Peter Wok von Rosenberg in Wittingau, 1602 geadelt. Wegen Begünstigung der Ev. Union des Hochverrats angeklagt und zum Tode verurteilt, durch den Prager Aufstand von 1618 befreit, als Oberst in der Armee verschollen. – Vorbarocker weltl. Lyriker mit bekenntnishaft moralisierenden, betrachtenden Gedichten in Formen des 16. Jh. mit roher Metrik, wenig geschmeidiger, volkstüml. Sprache und reicher Verwendung sprich-

wörtl. Redensarten. Im Bemühen
um e. Reform der dt. Dichtung
Vorläufer von Weckherlin und
Opitz.

W: Schönes Blumenfeldt, G. 1601 (n. M.
Koch 1899 NdL; K. Hanson 1975).
L: K. Fleischmann, 1937; K. H. Senger, Diss.
Hbg. 1939.

Höcker, Karla Alexandra (Ps.
Christiane Rautter), *1. 9. 1901
Berlin, Tochter des Romanciers
Paul Oskar H., Stud. 1923–27
Musikhochschule Berlin; 1927–37
Bratschistin des Bruinier-Quar-
tetts; Europareisen; Dramaturgin
der Berliner Kammeroper, dann
freie Schriftstellerin in Berlin. –
Erzählerin von Musikerromanen;
auch Drama, Hörspiel und Essay.

W: Clara Schumann, B. 1938; Wege zu Schubert, B. 1940; Der Hochzeitszug, N. 1941;
Erlebnis in Florenz, E. 1943; Die Unvergeßli-
chen, Ess. 1943; Mehr als ein Leben, R. 1953;
Sinfonische Reise, Ber. 1954; Die Mauern
standen noch, R. 1955; Begegnung mit Furtwängler, Erinn. 1956; Ein Tag im April, R.
1958; W. Furtwängler, B. 1961; Dieses Mädchen, R. 1962; Das Leben des W. A. Mozart,
B. 1973; Das Leben von C. Schumann, B.
1975; Ein Kind von damals, Erinn. 1977; Die
schöne unvergeßliche Zeit, Schubert-B.
1978; Die nie vergessenen Klänge, Erinn.
1979.

Höcker, Paul Oskar, 7. 12. 1865
Meiningen – 6. 5. 1944 Rastatt,
1885–88 Stud. Musikhochschule
Berlin, kurz Kapellmeister, dann
freier Schriftsteller ebda., 1906
Hrsg. von Velhagen & Klasings
›Monatsheften‹. – Vf. bürgerl.
optimist. Gesellschafts-, Sport-,
Künstler- und Kriminalromane.
Auch Drama, Memoiren, Lyrik
und Schwänke.

W: Dem Glücke nach, R. 1893; Der Olym-
pier, E. 1894; König Attila, E. 1896; Fräulein
Doktor, R. 1898; Feenhände, R. 1898; Die
Frau Rat, R. 1898; Väterchen, R. 1900; Weiße
Seele, R. 1901; Dodi, R. 1906; Die lachende
Maske, R. 1911; Fasching, R. 1912; Die junge
Exzellenz, R. 1913; Ein Liller Roman, R.
1916; Hans im Glück, R. 1921; Die blonde
Gefahr, R. 1923; Die Meisterspionin, R.
1929; Die verbotene Liebe, R. 1935; Königin

von Hamburg, R. 1937; Ich liebe dich, R.
1940; Der Kapellmeister, R. 1944.

Höfler, Peter Karl → Thoor,
Jesse

Hoeflich, Eugen → Ben-gavriêl,
Moscheh Ya'akov

Hölderlin, Johann Christian
Friedrich, 20. 3. 1770 Lauffen a.
Neckar – 7. 6. 1843 Tübingen;
Sohn e. Klosterhofmeisters, verlor früh s. Vater u. Stiefvater. Bis
1784 Nürtingen, Schulen Nürtingen und Denkendorf; zum Theologen bestimmt, Seminar Maulbronn, 1788–93 Stud. am theolog.
Seminar Tübingen. Freundschaft
mit Hegel, Conz, Neuffer, Schel-
ling u. a. Frühe schwärmer. Liebe
zur Dichtung. Innere Entfrem-
dung vom Christentum und Ab-
neigung gegen den Pfarrerberuf.
Auf Schillers Empfehlung Okt.
1793/94 Lehrer im Hause der
Charlotte von Kalb in Walters-
hausen/Thür. Hörte in Jena bei
Fichte und Niethammer, 1795 bei
Schiller in Jena als Privatgelehrter;
kurz in Nürtingen, dann 1796
Hauslehrer beim Frankfurter
Bankier Gontard; schwärmer.
Liebe zu dessen Gattin Susette
(›Diotima‹, 1769–1802), die s.
Neigung erwiderte. Begleitete die
Familie nach Kassel, lernte dort
Heinse, 1797 in Frankfurt Goethe
kennen. Verließ die Stelle Sept.
1798 nach e. Streit. 1798–1800 in
Homburg bei s. Freund I. v. Sin-
clair. Vergebl. Versuche, e. Zs. zu
gründen u. sich als freier Schrift-
steller niederzulassen. 1800 wie-
der in Stuttgart und Nürtingen.
Wachsende innere Vereinsa-
mung, 1801 Hauslehrer in Haupt-
wil b. St. Gallen/Schweiz, 1802 in
Bordeaux. Juni 1802–04 innerl.
gebrochen und geistesgestört in
Nürtingen bei der Mutter, nach

Genesung 1804 auf Betreiben Sinclairs zum Schein Anstellung als Bibliothekar in Homburg. Ab 1806 geisteskrank in der Heilanstalt Tübingen, seit 1808 unheilbar in geistiger Umnachtung. Seit 1807 in Pflege beim Tischlerehepaar Zimmer am Neckar wohnhaft. – Bedeutender Dichter des dt. Idealismus von durchaus eigener Prägung zwischen Klassik und Romantik. Maßgebl. geprägt vom Erlebnis des Griechentums, des klass. Ideals und der antiken Mythologie, Schöpfer e. neuen, nicht mehr verklärten, sondern auch das Leid und das Tragische mit einbeziehenden Griechenbildes von hoher Gesinnung. Als Lyriker Anverwandler antiker Maße an neuen Gehalt; anfangs alkäische oder asklepiadeische Odenmaße in persönl. stimmungsgetragenen Natur-, Landschaftsund Liebesgedichten, dann Hexameter in Elegien, der Klage um das versunkene Goldene Zeitalter, der Enttäuschung an der Wirklichkeit und der Hoffnung auf e. geistige Erneuerung der Menschheit, schließlich pindar. freirhythm. Hymnen von seher. Intuition und dunkler, myth. Symbolsprache um die Geheimnisse von Leben, Tod und Göttern; schließl. ›abendländ. Wendung‹ zu Christentum und Heimat. Der lyr. Briefroman ›Hyperion‹ in rhythm. Prosa, Seelenroman e. großgesinnten Griechenjünglings, und das fragmentar. philos. Versdrama ›Empedokles‹ von relig. motivierten Opfertod des Philosophen im Ätna sind ebenfalls im Grunde lyr. Dichtungen von höchster Sprach- und Bildkraft, gedankl. Gewalt, Tiefe und Zucht. Auch Übss. und Nachdichtungen der Hymnen Pindars und von 2 Dramen des Sophokles

(›Ödipus‹, ›Antigone‹). Die meisten Dichtungen H.s wurden erst postum bekannt und fanden erst mit der H.-Renaissance vor dem 1. Weltkrieg tieferes Verständnis. H.-Museum Tübingen, H.-Archiv Bebenhausen.

W: Hyperion oder der Eremit in Griechenland, R. II 1797–99; Der Tod des Empedokles, Dr.-Fragm. (1798f.); Sophokles: Die Trauerspiele, Übss. II 1804; Gedichte, 1826. – SW, hg. C. T. Schwab II 1846, N. v. Hellingrath VI 1913–23, F. Zinkernagel V 1914–26; Große Stuttgarter Ausg. hkA., hg. F. Beißner VIII 1943ff. (m. Briefen); SW, hg. ders. I 1961; SW u. Briefe, hg. Mieth II 1970; SW, Frankfurter Ausg. hg. D. E. Sattler XX 1975ff.
L: C. Viëtor, D. Lyrik H.s 1922; O. Güntter, D. Bildnisse H.s 1928; W. Böhm, II 1928–30; H. Neunheuser, D. geist. Entwicklg. H.s, 1929; P. Böckmann, H. u. s. Götter, 1935; P. Bertaux, Paris 1936; E. K. Fischer, 1938; R. Peacock, Lond. 1938; K. Hildebrandt, ³1940; E. Müller, 1944; A. Stansfield, Manchester 1944; F. Tonnelat, Paris 1950; M. Heidegger, Erläuterungen z. H.s Dichtungen, ²1951; R. Th. Stoll, H.s Christushymnen, 1952; B. Allemann, H. u. Heidegger, 1954; W. Hof, H.s Stil, 1954; R. Guardini, ²1955; U. Häussermann, Friedensfeier, 1959; ders. 1961; F. Beißner, H.s Übss. a. d. Griech. ²1961; A. Kelletat (hg.) 1961; W. de Boer, H.s Deutung d. Daseins, 1961; U. Gaier, D. gesetzliche Kalkül, 1962; J. Rosteuscher, 1962; P. Raabe, D. Briefe H.s, 1963; A. Pellegrini, 1965; A. Bennholt-Thomsen, Stern u. Blume, 1966; W. Michel, ³1967; L. Ryan, ²1967; M. Konrad, H.s Philos. i. Grundriß, 1967; P. Szondi, 1967; A. Beck, P. Raabe, H.-Chronik, 1969; J. Schmidt, hg. 1969; F. Beißner, ²1969; W. Binder, 1970; M. Heidegger, Erläuterungen z. H.s Dichtgn., ⁴1971; R. C. Shelton, The Young H., 1973; H. ohne Mythos, hg. I. Riedel 1973; R. B. Harrison, H. and Greek Lit., Oxf. 1975; R. Unger, H's Major Poetry, Bloomington 1975; P. Bertaux, 1978 u. Paris 1983; G. Mieth, 1978; R. Nägele, Lit. u. Utopie, 1978; A. Beck, H.s Weg zu Dtl., 1982; P. Bertaux, H.-Variationen, 1984; S. Wackwitz, 1985; R. Treichler, 1987; Bibl.: F. Seebass, 1922; M. Kohler u. A. Kelletat, 1953; M. Kohler, 1984; H.-Jb., 1944ff.

Höllerer, Walter, * 19. 12. 1922 Sulzbach-Rosenberg/Oberpf.; Soldat, Stud. Theol., Philos., Germanistik, Gesch. und vergleichende Lit.-wiss. Erlangen, Göttingen und Heidelberg, 1949 Dr. phil.; 1956 Privatdozent für dt.

Lit. Frankfurt/M.; Amerikareisen; 1959 o. Prof. Techn. Univ. Berlin, daneben 1963 Gründer und Leiter des ›Lit. Colloquiums Berlin‹ und 1965 Leiter des Instituts für Sprache im techn. Zeitalter. – Experimenteller, stark intellektueller Lyriker mit Gedichten in klass. Versen und freien Rhythmen von intensiver Bildhaftigkeit, später Hinwendung zum Experiment. Auch Erzähler und Essayist. Hrsg. der Zss. ›Akzente‹ (1954–67 m. H. Bender) und ›Sprache im technischen Zeitalter‹ (1961 ff.) sowie zahlr. Sammelbände und Buchreihen.

W: Der andere Gast, G. 1952; Transit, Anth., hg. 1956; Zwischen Klassik und Moderne, Ess. 1958; Gedichte. Wie ein Gedicht entsteht, 1964; Theorie der modernen Lyrik, Ausw. 1965; Außerhalb der Saison, G. 1967; Systeme, G. 1969; Die Elephantenuhr, R. 1973; Alle Vögel alle, K. 1978; Gedichte 1952–82, 1982.

Hölty, Ludwig Christoph Heinrich, 21. 12. 1748 Mariensee b. Hannover – 1. 9. 1776 Hannover, Predigersohn, 1765 Gymnas. Celle, Ostern 1769 Stud. Theol. Göttingen, daneben neuere Sprachen. Durch Bürger in den Kreis um Boie eingeführt, Mitbegründer des ›Göttinger Hain‹ und Mitarbeiter am Göttinger Musenalmanach, verkehrte mit Voß, Miller, Leisewitz und den Stolbergs, lebte nach Abschluß s. Stud. als Privatlehrer und Übs. in Göttingen. Aug. 1775 zu Klopstock, Voß und Claudius nach Hamburg und Wandsbek, wo er sich niederlassen wollte, ging Herbst 1775 zu e. erfolglosen Tbc-Behandlung nach Hannover. – Bedeutendster Lyriker des Göttinger Hain, zwischen Anakreontik und Sturm und Drang, trotz s. themat. Enge neben Bürger. Schrieb nach anakreont. Anfängen von beschaul. Lebensfreude eleg., zarte, weiche

und seelenvolle Lyrik im Stil Klopstocks, überschattet von der leisen Schwermut des Scheidenmüssens und e. melanchol. verinnerlichten Liebe zur Schönheit des Daseins, gelegentl. auch volkstüml.-naive Frische (›Üb' immer Treu und Redlichkeit‹) und burleske Romanzen im Stil Gleims. Neben Bürger unter Einfluß Percys e. der ersten dt. Balladendichter, mit bes. Vorliebe für Gespensterballaden. Anmutig-harmon. Sprache; gereimte, reimlose Lieder klass. Odenformen und unter dem Eindruck des Minnesangs Volksliedstrophen. Übs. aus dem Engl. (Shaftesbury 1776).

W: Sämtlich hinterlaßne Gedichte, hg. A. F. Geißler II m. Anh. 1782–84; Gedichte, hg. L. zu Stolberg u. J. H. Voß 1783. – SW, hkA. hg. W. Michael II 1914–18 (m. Briefen, n. 1969); Werke u. Briefe, hg. U. Berger 1966. *L:* H. Ruete, 1883; W. Michael, Diss. Halle 1909; E. Albert, D. Naturgefühl H.s, 1910, n. 1978; Th. Simon, Diss. Münster 1923; T. Oberlin-Kaiser, 1964; E. Müller, 1986.

Hölzer, Max, * 8. 9. 1915 Graz, Dr. jur.; Richter in Klagenfurt, Schriftsteller in Paris. – Lyriker in der Tradition des franz. Surrealismus; Essayist und Übs. franz. Surrealisten.

W: Entstehung eines Sternbilds, G. 1958; Der Doppelgänger, G. 1959; Nigredo, G. 1962; Gesicht ohne Gesicht, G. 1968; Mare Occidentis, G. 1976. *L:* G. Grabher, 1982.

Hömberg, Hans (Ps. J. R. George), 14. 12. 1903 Berlin-Charlottenburg – 4. 7. 1982 Wörgl/Tirol; Stud. Berlin, Journalist in Berlin-Lichterfelde; Reise in Mittelmeerländer, Amerika und Vorderasien; später in Imst/Tirol, Kiefersfelden/Obb., Wörgl/Tirol. – Dramatiker mit spritzigen, theatersicheren Komödien, Filmdrehbüchern und Hörspielen; Erzähler von Unterhaltungsromanen.

W: Kirschen für Rom, K. (1940, Buch: 1950); Der tapfere Herr S., K. (1942); Minifie, K. (1942); Ein jeder lebt's, K. (1945); Schnee fällt auf den schwarzen Harnisch, R. 1947; Die Memoiren des Herkules, R. 1950; Hauptmann a. D., K. (1951); Die chines. Witwe, K. (1955); Der Gaukler unserer lieben Frau, E. 1961; Das Roß der fröhlichen Lerche, E. 1962; Mein Innsbruck lob ich mir, Sb. 1962; Spaß am Glas, Sb. 1964; Unsterblichkeit mit Marschmusik, Sp. (1965).

Hörmann, Markus → Basil, Otto

Hörnen Seifried → Hürnen Seyfrid

Hoerner, Herbert von, 9. 8. 1884 Gut Ihlen/Kurland – Mai 1950 Torgau/Sa., Stud. Kunstakad. Breslau, München und Rom; Porträtmaler in Freiburg; 1914 als russ. Reserveoffizier interniert, 1916 entlassen; Maler in Loschwitz b. Dresden, auf e. Gutshof in Kurland; kämpfte in der Balt. Landeswehr bis 1921. Nach Verlust s. Besitzes 1921 Gelegenheitsmaler, 1928–39 Zeichenlehrer Gymnas. Görlitz. Nach der russ. Besetzung im Untersuchungsgefängnis Bautzen; starb in russ. Haft. – Formsicherer balt. Erzähler. Meister der dramat. zugespitzten Novelle mit atmosphär. Dichte, deren Geschehnisse durchsichtig werden für das Hintergründige. Auch Lyriker und Übs. aus dem Russ. (Puškin, Gogol', Turgenev, Tolstoj).

W: Villa Gudrun, En. u. G. 1922; Die Kutscherin des Zaren, E. 1936; Die letzte Kugel, E. 1937; Der große Baum, E. 1938; Der graue Reiter, R. 1940; Die Welle, G. 1942; Die grüne Limonade, E. 1952.

Hoerschelmann, Fred von, 16. 11. 1901 Hapsal/Estl. – 2. 6. 1976 Tübingen; Stud. Dorpat und München, vielfache Reisen, 1927–36 freier Schriftsteller in Berlin, Emigration nach Estland,

1939 Umsiedlung nach Polen, 1942–45 Soldat, dann freier Schriftsteller in Tübingen. – Dramatiker und Hörspielautor; einfallsreicher und hintergründ. Erzähler.

W: Die Flucht vor der Freiheit, H. (1932); Das Rote Wams, K. (1935); Die Zehnte Symphonie, Dr. (1940); Wendische Nacht, Dr. (1942); Die Stadt Tondi, En. 1950; Das Schiff Esperanza, H. (1953); Der Palast der Armen, H. (1956); Die verschlossene Tür, H. 1958; Dichter Nebel, H. (1960); Das Fenster, FSsp. (1961); Der Käfig, H. (1962); Caro, H. (1964); Die Blaue Küste, H. (1970).

Hofer, Fridolin, 26. 10. 1861 Meggen b. Luzern – 16. 3. 1940 Römerswil b. Luzern, Lehrer und Organist in der Schweiz, Italien, Frankreich, Dtl. – Traditioneller Lyriker in der Nachfolge Mörikes und Eichendorffs.

W: Stimmen aus der Stille, G. 1907; Im Feld und Firnelicht, G. 1914; Daheim, G. 1918; Neue Gedichte, 1924; Festlicher Alltag, G. 1930.
L: F. Bachmann, Diss. Freib./Schweiz 1947.

Hoff, Kay ∗15. 8. 1924 Neustadt/Holstein, Stud. Germanistik, Kunstgesch., Psychol. und Gesch. Kiel, 1949 Dr. phil., 1950–52 Bibliothekar in Düsseldorf, 1952–62 freier Schriftsteller und Journalist ebda., ab 1962 in Bergisch Gladbach, 1970–73 Leiter des Dt. Kulturzentrums und der Dt. Bibliothek in Tel Aviv. Lebt in Lübeck. – Lyriker mit knappen, präzisen Versen als Umriß mod. Bewußtseinsinhalte. Als Erzähler Meister der Pastiche, der in der Nachbildung gängiger Trivialfloskeln und Denkschemata satir. Niveaulosigkeit und Banalität entlarvt. Hörspielautor.

W: In Babel zuhaus, G. 1958; Zeitzeichen, G. 1962; Alarm, H. (1963); Nachtfahrt, H. (1963); Ein Unfall, H. (1964); Die Chance, H. (1964); Skeptische Psalmen, G. 1965; Bödelstedt, R. 1966; Ein ehrlicher Mensch, R. 1967; Netzwerk, G. 1969; Drei, R. 1970; Wir reisen nach Jerusalem, R. 1976; Bestandsaufnahme,

G. 1977; Hörte ich recht?, H.e 1980; Janus, R. 1984.

Hoffer, Klaus, *27. 12. 1942 Graz; Stud. Germanistik, Anglistik ebda., 1970 Dr. phil.; Lehrer ebda. – Erzähler e. kafkaesken Initiationsromans mit Freude am Unernst.
W: Halbwegs. Bei den Bieresch I, R. 1979; Am Magnetberg, E. 1982; Der große Potlatsch. Bei den Bieresch II, R. 1983; Methoden der Verwirrung, Es. 1986.

Hoffmann, Dieter, *2. 8. 1934 Dresden, bis 1957 in Sachsen, dann Feuilletonredakteur in Stuttgart und Frankfurt/M.; Villa Massimo-Stipendium. – Lyriker mit knappen, surrealist. Versen von kühner, grotesker Metaphorik und hintergründiger Ironie.
W: Eros im Steinlaub, G. 1961; Ziselierte Blutbahn, G. 1964; Veduten, G. 1969; Lebende Bilder, G. 1971; Gedichte aus der Augustäischen DDR, G. 1977; Engel am Pflug, G. 1980; Farbige Kreiden, G. 1984.

Hoffmann, Elisabeth → Langgässer, Elisabeth

Hoffmann, Ernst Theodor Amadeus (eig. Wilhelm, nannte sich Mozart zuliebe A.), 24. 1. 1776 Königsberg – 25. 6. 1822 Berlin; Sohn e. Advokaten am Königsberger Hofgericht, lebte nach Scheidung s. Eltern bei Verwandten s. Mutter. Gymnas. Königsberg (mit T. G. Hippel), 1792–95 Stud. Jura Königsberg. 1796 Auskultator in Glogau, 1798 Kammergerichtsreferendar in Berlin. Verlobung mit s. Base Minna Doerffer. 1800 Assessor in Posen, jedoch 1802 aufgrund s. Karikaturen nach Plozk/Polen strafversetzt. ⚭ die Polin Maria Thekla Michalina Rohrer. Kam 1804 nach Warschau. Umgang mit Z. Werner. Verlor bei der Besetzung der Stadt durch die Fran-

zosen s. Amt und ging nach Berlin zurück. Erwarb s. Lebensunterhalt als Musiker, Zeichner und Literat, u. a. Mitarbeiter an Kotzebues Zs. ›Der Freimütige‹. 1808 Kapellmeister, Regisseur, Dekorationsmaler und Maschinenmeister in Bamberg. Bis 1813 als Musiklehrer und Komponist ebda., auch Musikkritiker, der früh auf Beethoven hinwies; endgültiger Durchbruch der schriftsteller. Begabung. Unglückl. Liebe zur 16jähr. Julia Mark. 1813 Musikdirektor bei Secondas Schauspieltruppe in Leipzig und Dresden. Nach Kriegsende 1814 wieder in Berlin, 1816 Regierungsrat am Kammergericht in Berlin, als Richter an den Demagogenprozessen gegen burschenschaftl. Umtriebe beteiligt. In Berlin bis zu s. Tod führende lit. Persönlichkeit in der Tafelrunde der Serapionsbrüder bei Lutter und Wegner und im Kreise von L. Devrient, J. E. Hitzig, Brentano, Chamisso, Fouqué u. a. – Außerordentl. phantasiebegabter Erzähler zwischen Spätromantik u. Frührealismus. S. romant. Kunstmärchen, mag.-spukhaften Novellen und z. T. grotesk-bizarren Erzählungen bewegen sich teils in e. mit allem Realismus und peinl. genauer Beobachtung wiedergegebenen Wirklichkeit und schlagen unvermittelt in e. hintergründig-dämon. Spukwelt von grotesker Phantastik um, die jenseits der sinnl. Erfahrung liegt. (Einfluß von Gotthilf Heinrich Schuberts ›Ansichten von der Nachtseite der Naturwissenschaft‹). Vorliebe für musikal. Motive (Musik als Sprache e. Geisterreichs), Leiden an der Wirklichkeit; wilde Leidenschaften, Grauen, Fluch, Bewußtseinsspaltung und Doppelgängertum: Verbindung romant., phantast. und psychopathologischer Züge mit iron. Humor. Die einzelnen Erzählungen in Sammlungen und Rahmen eingeordnet, so die musikal. Schriften und Märchen (›Ritter Gluck‹, ›Don Juan‹, ›Der goldene Topf‹) in den ›Fantasiestücken‹, bizarr-phantast. Erzählungen in den ›Nachtstücken‹, realist. Stoffe mit übersinnl. Zügen (›Die Bergwerke zu Falun‹, ›Das Frl. von Scudéry‹, ›Meister Martin der Küfer‹) in den ›Serapionsbrüdern‹. Der kuriose ›Kater Murr‹ mischt in romant.-iron. Weise die Biographie des Kapellmeisters Kreisler (H.s zweites Ich) und s. Katers. Schöpfer e. neuen Erzählform, deren Spukmotive und grotesk-übersinnl. Züge auf die ganze Weltlit. wirken: Musset, Balzac, Baudelaire, Byron, Scott, Poe, Dickens, Wagner, Wilde, Meyrinck, Hofmannsthal u. a. m. Auch Librettist, Komponist (u. a. Opern), Musikschriftsteller, Maler und Zeichner.

W: Undine, Op. III 1812–14 (nach Fouqué); Fantasiestücke in Callot's Manier, En. IV 1814f.; Die Elixiere des Teufels, R. II 1815f.; Nachtstücke, II 1817; Seltsame Leiden eines Theater-Direktors, En. 1819; Klein Zaches genannt Zinnober, M. 1819; Die Serapions-Brüder, En. IV 1819–21; Lebens-Ansichten des Katers Murr nebst fragmentarischer Biographie des Kapellmeisters Johannes Kreisler, II 1820–22; Prinzessin Brambilla, E. 1821; Meister Floh, M. 1822; Die Maske, Sgsp. 1923. – SW, hkA. hg. C. G. v. Maassen IX 1908–28 (unvollst.); SW, Serapions-Ausg. XIV 1922; Dichtungen und Schriften, Briefe und Tagebücher, hg. W. Harich XV 1924; SW, hg. G. Ellinger XV ²1927; Poetische Werke, XII 1957–62, VI 1958; SW, hg. W. Müller-Seidel V 1960–65; hg. W. Segebrecht, H. Steinecke VI 1985ff.; Briefe, hg. H. v. Müller II 1912, ders. u. F. Schnapp III 1967–69; Tagebücher, hg. H. v. Müller 1915, F. Schnapp 1971; Juristische Arbeiten, hg. F. Schnapp 1973; Schriften z. Musik, hg. ders. 1977; Die Zeichnungen, hg. L. Hirschberg 1921, W. Steffen u. H. v. Müller 1925.
L: G. Ellinger, 1894; A. Sakheim, 1908; W. Harich, II 1922; W. H. Schollenheber, H.s Persönlichkeit, 1922; R. v. Schaukal, 1923 (m. Bibl.); V. Ljungdorff, Lund 1925; E.

Heilborn 1926; C. G. v. Maassen, H. als Maler, 1926; G. Egli, 1927; J. Mistler, 1927; K. Ochsner, H. als Dichter des Unbewußten, 1936; K. Willimczik, 1939; E. v. Schenk, 1939; J. F. A. Ricci, Paris 1947; H. W. Hewett-Thayer, Princeton 1948; W. Bergengruen, ³1948; P. Greeff, E. T. A. H. als Musiker, 1948; R. Bottacchiari, ²1951; J. Mistler, H. le fantastique, Paris 1951; T. Piana, E. T. A. H. als bildender Künstler, 1954; R. Taylor, Lond. 1963; L. Köhn, Vieldeutige Welt, 1966; W. Segebrecht, Autobiographie u. Dichtg., 1967; G. Wittkop-Ménardeau, 1968; dies., ³1970; Th. Cramer, D. Groteske b. E. T. A. H., ²1970; H.-G. Werner, ²1971; P. v. Matt, D. Augen des Automaten, 1971; E. T. A. H. (üb. s. Wk), hg. F. Schnapp 1974; E. T. A. H. im Aufz. s. Freunde, hg. ders. 1974; H. v. Müller, 1974; C. M. Beardsley, 1975; W. Günzel, 1976; H. Prang, hg. 1976; M. Schneider, Paris 1979; C. Magris, D. andere Vernunft, 1980; W. Ettelt, 1981; C. Wetzel, 1981; J. Mistler, Paris 1982; E. Roters, 1984; R. Safranski, 1984; B. Feldges, U. Stadler, 1986; L. Pikulik, H. als Erz., 1987; Bibl.: G. Salomon, ²1927, n. 1963; J. Voerster, 160 Jahre E. T. A. H.-Forschg., 1967.

Hoffmann, Heinrich, 13. 6. 1809 Frankfurt/M. – 20. 9. 1894 ebda., Stud. Medizin Heidelberg und Halle, Ausbildung in Paris, 1833 Dr. med., Arzt in Frankfurt/M., 1851–88 Direktor der städt. Irrenanstalt. – Lyriker, Humorist u. Satiriker, bekannt durch s. selbst illustrierten Kinderbücher, von denen ›Der Struwwelpeter‹ weltberühmt, vielfach nachgeahmt und übersetzt wurde.

W: Gedichte, 1842; Lustige Geschichten und drollige Bilder, 1846 (u. d. T. Der Struwwelpeter, 1847); Humoristische Studien, 1847; König Nußknacker und der arme Reinhold, 1851; Das Breviarium der Ehe, 1853; Im Himmel und auf der Erde, 1858 (Faks. 1967); Struwwelpeter-Hoffmann erzählt sein Leben, hg. E. Hessenberg 1926, u. d. T. Lebenserinnerungen, 1982; Ges. Gedd., Zeichnungen u. Karikaturen, 1987. – Wke, IX 1982ff.
L: G. A. E. Bogeng, 1939; M.-L. Könneker, H. H.s Struwwelpeter, 1977; G. H. Herzog, hg. 1978.

Hoffmann, Ruth, 19. 7. 1893 Breslau – 10. 5. 1974 Berlin. Kunstakad. Breslau, dann Malerin und Graphikerin, ⚭ 1929 Erich Scheye in Berlin, der 1943 in

Auschwitz als Jude umgebracht wurde; wegen ihrer Mischehe 1936–45 Publikationsverbot. – Lyrikerin und Erzählerin von volkstüml., fraulich warmen Romanen und Novellen aus dem Leben einfacher Menschen, bes. Frauen.

W: Pauline aus Kreuzburg, R. 1935; Dunkler Engel, G. 1946; Das goldene Seil, G. 1946; Meine Freunde aus Davids Geschlecht, En. 1947; Franziska Lauterbach, R. 1947; Der verlorene Schuh, R. 1949; Die Zeitenspindel, Nn. 1949; Die schlesische Barmherzigkeit, R. 1950; Abersee, R. 1953; Ich kam zu Johnny Giovanni, R. 1954; Zwölf Weihnachtsgeschichten, 1954; Der Zwillingsweg, Prosa 1954; Die tanzende Sonne, En. 1956; Der Wolf und die Trappe, R. 1963; Der Mohr und der Stern, En. 1966; Die Häuser, in denen ich lebte, Erinn. 1971.

Hoffmann, Walter → Kolbenhoff, Walter

Hoffmann (gen.) **von Fallersleben,** August Heinrich, 2. 4. 1798 Fallersleben b. Lüneburg – 19. 1. 1874 Corvey/Weser; Kaufmannssohn; 1812 Pädagogium Helmstedt, 1814 Gymnas. Braunschweig; 1816 Stud. Theol., Philol. und Archäologie Göttingen und 1819–21 Bonn, in Kassel Bekanntschaft mit J. Grimm; Reisen in die Niederlande, eifrige Forscher- u. Sammlertätigkeit, 1823–39 Kustos der Univ.-Bibliothek Breslau, 1827 Reise nach Österreich, 1830 ao., 1835 o. Prof. für dt. Sprache und Lit. Breslau, 1842 aufgrund der ›Unpolit. Lieder‹ suspendiert und landesverwiesen; jahrelang unstet in Dtl., ab 1845 in Mecklenburg; 1848 rehabilitiert. 1849 ⚭ s. Nichte Ida zum Berge; 1860 Bibliothekar des Herzogs von Ratibor auf Schloß Corvey. – Bedeutender, außerordentl. fruchtbarer freiheitl.-patriot. Lyriker des Vormärz mit frischen, sangbaren volksliedhaften und volkstüml.

Trink-, Liebes- u. Kinderliedern (›Kuckuck‹, ›Winter ade‹, ›Alle Vögel sind schon da‹) sowie polit.-satir. Zeitgedichten. Schrieb am 26. 8. 1841 auf Helgoland das Deutschlandlied. Als Germanist und Literarhistoriker u. a. Entdecker Otfrieds und des Ludwigsliedes.

W: Deutsche Lieder, 1815; Bonner Burschenlieder, 1819; Die Schöneberger Nachtigall, G. 1822; Die Schlesische Nachtigall, G. 1825; Allemannische Lieder, 1826 (n. 1976); Kirchhofslieder, 1827; Jägerlieder, 1828; Horae belgicae, St. XII 1830–62; Buch der Liebe, G. 1836; Die deutsche Philologie im Grundriß, Schr. 1836; Unpolitische Lieder, II 1840 f. (n. 1976); Deutsche Gassenlieder, 1843; Fünfzig Kinderlieder, 1843 (n. 1976); Maitrank, G. 1844; Hoffmann'sche Tropfen, G. 1844; Diavolini, G. 1848; 37 Lieder für das junge Deutschland, 1848; Soldatenlieder, 1851; Die Kinderwelt in Liedern, 1853; Lieder für Schleswig-Holstein, VI 1863; Mein Leben, Erinn. VI 1868; Lieder der Landsknechte, 1868; Vaterlandslieder, 1871. – GW, hg. H. Gerstenberg VIII 1890–93; AW, hg. H. Benzmann IV 1905; Gedichte und Lieder, 1974; An meine Freunde, Briefe, hg. H. Gerstenberg 1907; Germanistenbriefe, hg. F. Behrend 1917.
L: T. Neef, Diss. Münster 1912; H. Gerstenberg, 1916; H. Reuter, 1921; W. Marquardt, 1941; F. Andrée, ²1972; H. v. H., 1974; R. Schlink, 1981; I. Heinrich-Jost, 1982; R. Pozorny, 1982.

Hofmann, Gert, * 29. 1. 1931 Limbach/Sachsen, Dr. phil., Dozent für Germanistik in Bristol, Edinburgh, Yale, Berkeley, 1971–81 Lubljana und Klagenfurt, seither in München. – Dramatiker, Hörspiel- und Fernsehspielautor mit zeitkrit. Stoffen in grotesk-satir. Übersteigerung; Nähe zum ep. und absurden Theater. Als Erzähler Vorliebe für das Befremdliche, Beunruhigende und Unheimliche im Sinne der Schwarzen Romantik.

W: Die beiden aus Verona, H. (1960); Leute in Violett, H. (1961); Der Bürgermeister, Dr. 1963; Der Sohn, Dr. (1965); Unser Mann in Madras, H. (1967); Hochzeitsnacht, FSsp. (1967); Bericht über die Pest in London, H. (1968); Ferien in Florida, H. (1968); Kündigungen, Drr. 1969; Kleine Satzzeichenlehre,

367 **Hofmannsthal**

H. (1971); Tod in Miami, Dr. (1974); Richthofen, H. 1978; Die Denunziation, N. 1979; Die Fistelstimme, R. 1980; Bakunins Leiche, Dr. 1980; Gespräch über Balzacs Pferde, Nn. 1981; Die Überflutung, H.e 1981; Auf dem Turm, R. 1982; Der Austritt des Dichters R. Walser aus dem literarischen Verein, Dr. (1983); Unsere Eroberung, R. 1984; Der Blindensturz, E. 1985; Veilchenfeld, E. 1986; Die Weltmaschine, E. 1986; Unsere Vergeßlichkeit, R. 1987.
L: H. C. Kosler, hg. 1987.

Hofmann von Hofmannswaldau, Christian, 25. 12. 1616 Breslau – 18. 4. 1679 ebda., Sohn eines kaiserl. Kammerrats, Gymnas. Breslau und Danzig, dort von Opitz zu Dichtversuchen angeregt und gefördert. 1637 Stud. Jura Leiden. Bildungsreise durch die Niederlande, England, Frankreich und Italien. Seit 1642 wieder in Breslau, 1643 ⚭; 1646 Ratsherr ebda.; als polit. Gesandter der Stadt mehrfach am Wiener Hof. 1657 Titel e. Kaiserl. Rats, 1677 Präsident des Breslauer Ratskollegiums. Weltmänn. Bildung und breite Kenntnis der europ. Lit. – Formgewandter Lyriker und Epigrammatiker, Haupt der früher sog. 2. Schles. Schule und Wegbereiter des dt. Marinismus. Geistreicher, rein intellektueller Formvirtuose mit glatt u. elegant fließenden Versen, melod. und musikal. Wohlklang nach ital. Vorbild und pathet., farbigem, artist. überfeinertem Stil; Streben nach überspitzten, ausgeklügelten Wortspielen, blumig schwelgenden und gelehrten Metaphern, neuart. Beiwörtern und feiner gedankl. Pointierung. Frivoles sprachl. Umspielen der erot. Sphäre und üppige, laszive Sinnlichkeit als wohlkalkulierte Effekte. Nur gelegentl. schlichter Volkston. Weltl. und geistl. Lieder, Oden, galante Lieder, Heldenbriefe im Stil Ovids und Dray-

tons. Übs. von Guarinis ›Pastor fido‹ (1678).
W: Hundert in kurtz-langmäßigen Vierzeiligen Reimen bestehende Grabschrifften, 1663; Deutsche Übersetzungen und Getichte, 1673 (erw. 1679ff., n. IV 1984ff.); Herrn von H. u. a. Deutschen auserlesene und bißher ungedruckte Gedichte, hg. B. Neukirch VII 1695–1727 (n. 1961ff. NdL.). – GW, hg. F. Heiduk V 1984ff.; Ausw. F. Bobertag (DNL 36), F. P. Greve, 1907, J. Hübner, 1962, M. Windfuhr, 1964, H. Heißenbüttel, 1968; Sinnreiche Heldenbriefe, hg. F. Kemp 1963.
L: J. Ettlinger, 1891; R. Ibel, 1928; E. Rotermund, 1963 u. 1972; F. G. Cohen, Columbia 1986.

Hofmannsthal, Hugo von (Ps. Theophil Morren, Loris Melikow), 1. 2. 1874 Wien – 15. 7. 1929 Rodaun; Sohn e. Juristen und Bankdirektors jüd.-böhm. Herkunft u. e. sudetendt. Mutter; Enkel einer Mailänderin. Gymnas. Wien; frühreifes Wunderkind; schrieb 16jähr. s. erstes Gedicht (›frühgereift und zart und traurig‹). Stud. Jura bis zur ersten Staatsprüfung, dann Romanistik; 1898 Dr. phil. Plan einer Habilitation an der Univ. Wien; ⚭ Gerty Schlesinger, ab 1901 zurückgezogen als freier Schriftsteller in Rodaun b. Wien. Zahlr. Reisen, meist in die Mittelmeerländer und nach Frankreich. Im 1. Weltkrieg Reserveoffizier in Istrien, dann im Kriegsarchiv und Pressehauptquartier, 1916 Reisen in polit. Mission nach Skandinavien und in die Schweiz. Zeitweilig Mithrsg. der Zs. ›Der Morgen‹. Begründer und Hrsg. der ›Österreichischen Bibliothek‹. Vorübergehend Freundschaft mit S. George, der ihn vergebl. in s. Kreis zu ziehen hoffte; dauernde Schaffensgemeinschaft mit R. Strauss. – Bedeutender österr. Lyriker, Dramatiker, Erzähler und Essayist der Jh.-Wende aus dem Erbe der abendländ. Überlieferung und dem Traditionsbewußtsein der

Donaumonarchie. In s. frühen, von franz. Symbolismus beeinflußten Lyrik und kurzen lyr. Dramen Schöpfer erlesener, höchst verfeinerter und melod. Wortkunst aus der Verbindung von dekadentem Todeswissen, verklärter slaw. bestimmter Schwermut und Zivilisationsmüdigkeit mit roman. Formgefühl: impressionist.-neuromant. Kunst der Bilder, Farben und Klänge in e. nicht zu überbietenden Verfeinerung, so daß für die Fortsetzung s. dichter. Schaffens, die von der Kritik stets an der von H. als ›praeexistent‹ bezeichneten Jugenddichtung gemessen wurde, e. Krise (um 1900) und e. eth. engagierter Neuansatz notwendig war. In s. späteren Dramatik genialer Anverwandler und Neuinterpret der antiken Tragödie im Sinne des Dionysischen Nietzsches, der ma. Volksbühne, des geistl. Mysterienspiels, des österr. Barocktheaters und des Altwiener Lustspiels. Im Zusammenwirken mit R. Strauss Schöpfer e. neuen Form des Musiktheaters mit lit. anspruchsvollen, auch für sich bestehenden Libretti. Die schwerer zugängl. symboltiefen Spätdramen geben in der Vielseitigkeit ihrer Bezüge immer neuen Interpretationen Raum. Meister der durchsichtigen, stimmungshaften Prosa in formvollendeten Novellen, e. Romanfragment und zahlr. kulturkrit. und kulturerzieher. Essays bes. über Kunst und Lit. Förderer des Festspielgedankens (Salzburg) und Hrsg. österr. Dichtung u. persönl. Anthologien.

W: Gestern, Dr. 1891; Theater in Versen, Drr. 1899 (enth. die Frau im Fenster. Die Hochzeit der Sobeide. Der Abenteurer und die Sängerin); Der Kaiser und die Hexe, Dr. 1900; Der Thor und der Tod, Dr. 1900 (Hs.-Faks. 1949); Studie über die Entwicklung des Dichters Victor Hugo, Diss. 1901; Der Tod des Tizian, Dr. 1902; Der Schüler, Pantomime 1903; Ausgewählte Gedichte, 1903; Das kleine Welttheater oder die Glücklichen, Dr. 1903; Elektra, Dr. 1904; Unterhaltung über literarische Gegenstände, Es. 1904; Das Märchen der 672. Nacht u. a. Erzählungen, 1905; Das gerettete Venedig, Dr. 1905 (nach T. Otway); Ödipus und die Sphinx, Dr. 1906; Kleine Dramen, 1906 (erw. II 1907); Der weiße Fächer, Dr. 1907; Vorspiele, 1908; Elektra, Libr. 1909; Cristinas Heimreise, K. 1910; Der Rosenkavalier, K. 1911 (alle Fassgn. hg. W. Schuh 1971); Alkestis, Dr. 1911; Die Gedichte und kleinen Dramen, 1911; Jedermann, Sp. 1911; Ariadne auf Naxos, Op. 1912; Die Frau ohne Schatten, E. 1919; Reitergeschichte, E. 1920; Reden und Aufsätze, 1921; Die Salzburger Festspiele, Schr. 1921; Der Schwierige, Lsp. 1921; Buch der Freunde, Tg. 1922; Das Salzburger große Welttheater, Sp. 1922; Florindo, K. 1923; Der Unbestechliche, K. 1923; Augenblicke in Griechenland, Ess. 1924; Ein Brief des Philipp Lord Chandos an Francis Bacon, 1925; Der Turm, Dr. 1925; Früheste Prosastücke, 1926; Das Schrifttum als geistiger Raum der Nation, Rd. 1927; Die ägyptische Helena, Op. 1928; Berührung der Sphären, Rd. u. Ess. 1931; Andreas oder die Vereinigten, R.-Fragm. 1932; Arabella, Dr. 1933; Das Bergwerk von Falun, Dr. 1933; Nachlese der Gedichte, 1934; Dramatische Entwürfe aus dem Nachlaß, 1935; Danae oder die Vernunftheirat, Szenar. 1952. – Die prosaischen Schriften, III 1907–17; Ges. Gedichte, 1907; GW, VI 1924; hg. H. Steiner XV 1946–60; AW, II 1957; SW, hkA. XXXVIII 1976 ff.; GW, X 1979 f.; Briefe 1880–1909, II 1935–37; Briefw. m. S. George, ²1953, m. A. Wildgans, 1953, m. E. v. Bodenhausen, 1953, m. R. Strauss, ⁴1970, m. R. Borchardt, 1954, m. C. J. Burckhardt, 1956, m. A. Schnitzler, 1964, m. H. v. Nostitz, 1965, m. E. Karg v. Bebenburg, 1966; m. M. Herzfeld, 1967, m. H. Graf Kessler, 1968, m. L. v. Andrian, 1968, m. W. Haas, 1969, m. J. Redlich, 1971, m. R. Beer-Hofmann, 1972, m. Ottonie Gräfin Degenfeld, 1974, erw. 1986, m. R. M. Rilke, 1978, m. R. Schmujlow-Claassen, 1982, m. M. Mell, 1982, m. P. Zifferer, 1984; m. d. Insel-Verlag, 1985.

L: M. Kommerell, 1930; H. Temborius, 1932; G. Schaeder, 1933; W. Perl, D. lyr. Jugendwerk H.s, 1936; K. J. Naef, 1938 (m. Bibl.); C. J. Burckhardt, Erinnerungen an H., 1943; E. Brecht, Erinnerungen an H., 1946; W. Huber, D. erz. Werke H. v. H.s, 1947; E. Alewyn, H.s Wandlung, 1949; W. Jens, H. u. d. Griechen, 1955; H. Hammelmann, Lond. 1957; E. Hederer, 1960; B. Coghlan, H's Festival Dramas, Cambr. 1963; E. Rösch, Komödien H.s, 1963; H. A. Fiechtner, hg. ²1963; W. Haas, 1964; M. Hamburger, 1964; G. Wunberg, D. frühe H., 1965; O. Heuschele, 1965; W. Nehring, D. Tat b.

H., 1966; W. Volke, 1967; G. Erken, H.s dramat. Stil, 1967; R. Alewyn, '1967; R. Goldschmid, 1968; G. Pickeroth, H.s Dramen, 1968; S. Bauer, hg. 1968; E. Kobel, 1970; R. Tarot, 1970; H. Rudolph, Kulturkritik. u. konservat. Revolution, 1971; B. Rech, H.s Komödie, 1971; H. im Urteil s. Kritiker, hg. G. Wunberg 1972; J. Prohl, H. v. H. u. R. Borchardt, 1973; J. Haupt, Konstellationen H. v. H.s, 1973; W. Mauser, 1977; L. A. Bangerter, N. Y. 1975; K. Csuri, D. frühen En. H.s, 1978; H. u. d. Theater, hg. W. Mauser 1981; T. A. Kovach, H. and Symbolism, 1985; K. Mommsen, H. u. Fontane, 1986; D. C. van Handle, D. Spiel vor d. Menge, 1986; Bibl.: K. Jacoby, 1936; H. Weber, II 1966–72; H.-A. Koch, 1976.

Hofmannswaldau,   Christian Hofmann von → Hofmann von Hofmannswaldau, Christian

Hofmiller, Josef, 26. 4. 1872 Kranzegg/Allgäu – 11. 10. 1933 Rosenheim; Stud. Philol. München; Dr. phil.; Gymnasiallehrer in Freiburg und München, zuletzt Oberstudienrat am Gymnas. Rosenheim. Mithrsg. der ›Süddeutschen Monatshefte‹. – Übs. und Hrsg., urbaner Essayist und feinsinniger Kritiker, Verwalter des klass.-romant. Erbes, beeinflußt von franz. Lit.

W: Versuche, Ess. 1909; Zeitgenossen, Ess. 1910; Über den Umgang mit Büchern, Ess. 1927; Franzosen, Ess. 1928; Wanderungen in Bayern und Tirol, Ess. 1928; Pilgerfahrten, Ess. 1932; Nordische Märchen, 1933; Friedrich Nietzsche, B. 1933; Letzte Versuche, hg. H. Hofmiller u. H. Steiner 1935. – Schriften, hg. H. Hofmiller VI 1938–41; AW, 1975; Briefe, II 1941; Ausgew. Briefe, hg. H. Hofmiller 1955.

Hohberg, Wolfgang Helmhard Freiherr von, 20. 10. 1612 Ober-Thumritz/Österr. – 1688 Regensburg, Landadeliger, 1632–43 in der kaiserl. Armee in Böhmen, Sachsen, Pommern und Mecklenburg, dann auf s. Gütern. 1652 Mitgl. der Fruchtbringenden Gesellschaft als ›Der Sinnreiche‹. Verkaufte 1664 s. Besitz als Protestant und ließ sich 1665 in Regens-

burg nieder. – Österr. Barocklyriker und -epiker. Gab im ›Habspurgischen Ottobert‹ in Nachahmung Vergils und Ariostos e. der wenigen dt. Barockepen. Ferner Hirtenlieder und Enzyklopädien der Landwirtschaft, Pferdezucht/Reitkunst und Jagd sowie e. Erdbeschreibung.

W: Hirten-Lieder, 1661; Die unvergnügte Proserpina, Ep. 1661; Der Habspurgische Ottobert, Ep. III 1663 f.; Lust- und Artzeney-Garten des Kgl. Propheten Davids, Übs. u. G. 1675 (n. 1969); Georgica Curiosa, Abh. II 1682.
L: I. Jerschke, Diss. Mchn. 1936; O. Brunner, Adeliges Landleben, 1949.

Hohenfels, Burkart von → Burkart von Hohenfels

Hohenheim, Philipp Theophrast von → Paracelsus, Aureolus Bombastus

Hohenthal, Karl → May, Karl

Hohl, Ludwig, 9. 4. 1904 Netstal/Schweiz – 3. 11. 1980 Genf; Pfarrerssohn, 1924–34 Paris, 1934–36 Holland, seit 1937 freier Schriftsteller in Genf. – Erzähler von Prosaskizzen und Beschreibungen, Essayist und Aphoristiker von leiser Melancholie in der zeitlosen schweiz. Tradition.

W: Nuancen und Details, Ess. III 1939–42; Nächtlicher Weg, En. 1943; Die Notizen, Ess. II 1944–54 (n. 1984); Vernunft und Güte, E. 1956; Daß fast alles anders ist, Prosa 1967; Drei alte Weiber in einem Bergdorf, E. 1970; Bergfahrt, Prosa 1975; Varia, Prosa 1977; Das Wort faßt nicht jeden, Ess. 1980; Von den hereinbrechenden Rändern, Nachnotizen II 1986.
L: X. Kronig, 1972; A. E. Bänninger, Diss. Zürich 1973; J. Beringer, hg. 1981.

Hohlbaum, Robert, 28. 8. 1886 Jägerndorf (i. damals österr. Schles.) – 4. 2. 1955 Graz, Sohn e. Fabrikvorstehers, Stud. Germanistik und Lit.gesch. Graz und Wien, 1910 Dr. phil., 1913 Univ.-

Hohler

bibliothekar Wien. Im 1. Weltkrieg 3 Jahre Reserveoffizier.
1937–42 Direktor der Stadtbücherei Duisburg, 1942–45 der Thür.
Landesbibliothek Weimar, dann
Henndorf b. Salzburg und Graz. –
Nationalvölk. Erzähler mit kulturpolit.-großdt. Tendenz in hist.
u. zeitgeschichtl. Romanen, Tri-
logien und Novellen aus dt.,
österr., franz. und antiker Gesch.,
Künstlerromanen und -novellen,
bes. Musikerromanen. Auch Lyrik, Drama, Essay und Hrsg.

W: Aus Sturm- und Sonnentagen, G. 1908;
Der ewige Lenzkampf, En. 1913 (u. d. T. Die
Prager, 1936); Österreicher, R. 1914; Un-
sterbliche, Nn. 1919; Der wilde Christian, R.
1921; Grenzland, R. 1921; Deutschland, Son.
1923; Himmlisches Orchester, Nn. 1923;
Frühlingssturm, R.-Tril. I: Die deutsche Pas-
sion, 1924; II: Der Weg nach Emmaus, 1925;
III: Die Pfingsten von Weimar, 1926; Der
Frühlingswalzer, E. 1924; Die Herrgotts-
Symphonie, Bruckner-N. 1925; Vaterland,
Ball. 1925; Die Raben des Kyffhäuser, R.
1927; Volk und Mann, R.-Tril. I: König
Volk, 1931; II: Der Mann aus dem Chaos,
Napoleon-R. 1933 (u. d. T. Finale in Mos-
kau, 1952), III: Stein, 1935; Die Flucht in den
Krieg, E. 1935; Getrennt marschieren, E.
1935; Mein Leben. Aut. 1936; Zweikampf
um Deutschland, R. 1936; Die stumme
Schlacht, R. 1939; Helles Abendlied, G. 1941;
Heroische Rheinreise, N. 1941; Die Königs-
parade, En. 1942; Von den kleinen Dingen,
Son. 1943; Das letzte Gefecht, R. 1943; Te-
deum, Bruckner-R. 1950; Hellas, R. 1951;
Sonnenspektrum, Goethe-R. 1951.

Hohler, Franz, ∗ 1. 3. 1943 Biel;
Lehrersohn, Stud. Germanistik,
Romanistik Zürich. Kabarettist
und Schriftsteller in Zürich, weite
Gastspielreisen. – Vf. kauziger,
surreal-grotesker Erzählungen,
Hörspiele, Theaterstücke und
Kinderbücher; gelassener Spott
auf menschl. Schwächen und den
Fortschrittsglauben.

W: Das verlorene Gähnen, E. 1967; Bosco
schweigt, K. (1968); Idyllen, Kgn. 1970; Der
Rand von Ostermundingen, En. 1973; Weg-
werfgeschichten, 1974; Wo?, Prosa 1976;
Darf ich Ihnen etwas vorlesen, Dial. 1978; Ein
eigenartiger Tag, Prosa 1979; Die Rückeroberung, En. 1982; Hin- und Hergeschich-

ten, En. 1986 (m. J. Schubiger); Das Kaba-
rettbuch, Prosa 1987.

Hohoff, Curt, ∗ 18. 3. 1913 Emden, 1932–36 Stud. erst. Medizin,
dann Germanistik, Gesch. und
Philos. Münster, Berlin, München und Cambridge; 1936 Dr.
phil., dann freier Schriftsteller in
München. Reisen in England, Italien, Frankreich, 1939–45 Soldat,
zuletzt Leutnant, 1948–50 Feuilletonchef des ›Rhein. Merkur‹ und
1949 Lit.-Redakteur der ›Süddt.
Zeitung‹ München, 1963 wieder
freier Schriftsteller in München. –
Erzähler, Essayist und Kritiker
von christl. Grundhaltung. Verbindet in s. Romanen um aktuelle,
zeitkrit., relig. oder allegor. Stoffe Realistik mit utop. und parabelhaften Elementen. Literaturwiss.
Essays, Übs. und Hrsg.

W: Komik und Humor bei H. v. Kleist, Diss.
1937; Der Hopfentreter, En. 1941; Hochwas-
ser, En. 1948; A. Stifter, Abh. 1949; Woina,
Woina, Tg. 1951; Feuermohn im Weizen, R.
1953; Geist und Ursprung, Ess. 1954; Paulus
in Babylon, R. 1956; H. v. Kleist, B. 1958;
Die verbotene Stadt, E. 1958; Soergel: Dich-
tung und Dichter der Zeit, bearb. II 1961 f.;
G. Gaiser, B. 1962; Schnittpunkte, Ess. 1963;
Gefährlicher Übergang, En. 1964; Die März-
hasen, R. 1966; Was ist christliche Literatur,
Ess. 1966; München, St. 1970; Gegen die
Zeit, Ess. 1970; Die Nachtigall, R. 1975; J. M.
R. Lenz, B. 1977; Grimmelshausen, B. 1978;
Unter den Fischen, Erinn. 1982; Venus im
September, R. 1984.

Holgersen, Alma, geb. Hofla-
cher, 27. 4. 1899 Innsbruck – 18.
2. 1976 ebda.; Tochter e. Hofrats.
Jugend in Wien, Musikakad. ebda., Pianistin. Freie Schriftstellerin in Wien, abwechselnd mit
Alpbach/Tirol. – Erzählerin sozialer, zeitgeschichtl. und relig.
Romane als Aufruf zu Menschlichkeit, Güte u. sozialer Gerechtigkeit. Einfühlung in kindl. Seelenleben. Auch Kinderbücher,
Dramen und Lyrik.

W: Der Aufstand der Kinder, E. 1935; Der
Wundertäter, R. 1936; Du hast deinen Knecht

nicht aus den Augen verloren, R. 1938 (beide zus. u. d. T. Franziskus, 1951); Kinderkreuzzug, R. 1940; Großstadtlegende, R. 1946; Geleitet sie, Engel!, E. 1948; O Mensch wohin?, R. 1948; Es brausen Himmel und Wälder, R. 1949; Sursum corda, G. 1949; Berghotel, R. 1951; Gesang der Quelle, R. 1953; Das Buch von Fatima, R. 1954; Die Reichen hungern, R. 1955; Das Buch von La Salette, R. 1956; Dino und der Engel, E. 1962; Weiße Taube in der Nacht, R. 1963; Junges Gras im Schnee, R. 1963.

Holitscher, Arthur, 22. 8. 1869 Budapest – 14. 10. 1941 Genf, Kaufmann und Bankbeamter in Budapest, Fiume und Wien, 1895 Journalist in Paris, 1897 in München, 1907 Lektor in Berlin; weite Weltreisen; 1933 verboten; starb im Exil. – Impressionist. Erzähler und Dramatiker, psycholog. Romane der Dekadenz; später Aktivist und gläubiger Verfechter des Kommunismus. Essays.

W: Leidende Menschen, Nn. 1893; Weiße Liebe, R. 1896; An die Schönheit, Tr. 1897; Der vergiftete Brunnen, R. 1900; Der Golem, Dr. 1908; Worauf wartest du?, R. 1910; Geschichten aus zwei Welten, En. 1914; Bruder Wurm, R. 1918; Schlafwandler, E. 1919; Adela Bourkes Begegnung, R. 1920; Reise durch das jüdische Palästina, Ber. 1922; Lebensgeschichte eines Rebellen, II 1924–28; Es geschah in Moskau, R. 1929; Es geschieht in Berlin, R. 1931; Ein Mensch ganz frei, R. 1931; Ansichten, Ess. 1979.
L: M. Bruchmann, Diss. Graz 1972.

Hollaender, Felix, 1. 11. 1867 Leobschütz/Schles. – 29. 5. 1931 Berlin. Stud. Germanistik, Philos. und Volkswirtschaft ebda., 1892 Reisen nach Italien, Belgien, Österreich, Skandinavien, seit 1894 in Berlin. 1908–13 Dramaturg am Dt. Theater Berlin, Mitarbeiter M. Reinhardts, 1913 Intendant am Schauspielhaus Frankfurt/M., 1914 Amerikareise, 1920 Leiter des Großen Schauspielhauses Berlin, schließl. Theaterkritiker und Redakteur. – Naturalist. Erzähler, begann mit sozialist. Zeitromanen u. erot. Sittengemälden aus der Berliner Gesell-

schaft. Nach dem Versuch e. naturalist.-sozialist. Weltanschauungsromans in ›Thomas Truck‹ Abstieg zur Unterhaltungslit. Auch Dramatiker.

W: Jesus und Judas, R. 1891; Magdalena Dornis, R. 1892; Frau Ellin Röte, R. 1893; Das letzte Glück, R. 1896; Sturmwind im Westen, R. 1896; Erlösung, R. 1899; Der Weg des Thomas Truck, R. II 1902; Der Baumeister, R. 1904; Traum und Tag, R. 1905; Unser Haus, R. 1911; Der Eid des Stephan Huller, R. 1912; Der Tänzer, R. 1918; Der Demütige und die Sängerin, R. 1925. – GW, VI 1926.
L: R. Novak, Diss. Wien 1970.

Hollander, Walther von, 29. 1. 1892 Blankenburg/Harz – 30. 9. 1973 Ratzeburg/Holst., 1910–14 Stud. Philos., Soziologie, Lit.-wiss., 1914 Dr. phil., 1914–18 freiw. Infanterist und Offizier, 1918–20 Verlagslektor und Theaterkritiker in München, 1920–22 Besitzer einer Handpresse in Worpswede; darauf 1922–24 Antiquariatsbuchhändler in Berlin, dann bis 1939 freier Schriftsteller ebda.; viel auf Reisen; Kolumnist und 1952–71 Lebensberater beim Rundfunk. Zuletzt Niendorf/Holst. – Erzähler gepflegter Zeit- und Unterhaltungsromane, bes. psycholog. Romane um Frauen-, Liebes- und Eheprobleme. Auch Novellen, Essays, Schriften über prakt. Lebensführung, Hörspiele und Filmdrehbücher.

W: Grenze der Erfüllung, Nn. 1920; Legenden vom Mann, Nn. 1923; Gegen Morgen, R. 1924; Das fiebernde Haus, R. 1926; Schicksale gebündelt, Nn. 1928; Zehn Jahre – zehn Tage, R. 1930; Komödie der Liebe, R. 1931; Schattenfänger, R. 1932; Alle Straßen führen nach Haus, R. 1933; Vorbei, R. 1936; Licht im dunklen Haus, E. 1937; Oktober, R. 1937; Der Mensch über Vierzig, Schr. 1938; Therese Larotta, R. 1939; Das Leben zu zweien, Schr. 1940; Der Gott zwischen den Schlachten, R. 1942; Es wächst schon Gras darüber, E. 1947; Als wäre nichts geschehen, R. 1951; Bunt wie Herbstlaub, R. 1955 (u. d. T. Lucia Bernhöven, 1965); Es brennt der Stern, En. 1956; Die geschenkten Jahre, Es. 1957; Psychologie des Ehemannes, Schr. 1961; Der Granatapfelbaum, R. 1961; Psy-

chologie der Ehefrau, Schr. 1962; Perlhuhn-
federn, En. 1966.

Holle, Berthold von → Berthold
von Holle

Hollonius (Holle), Ludwig, um
1570–1621, Schüler von Chytra-
eus, Pastor in Pölitz/Pommern. –
Vorbarocker Dramatiker, bearbeitete den Stoff vom träumenden
Bauern (der König wird: Leben
ein Traum) als Allegorie menschl.
Lebens.

W: Freimut, Das ist Vom Verlornen Sohn,
Dr. 1603; Somnium vitae humanae, Dr. 1605
(n. 1891, NdL. 95, u. 1970).

Holm, Korfiz, 21. 8. 1872 Riga –
5. 8. 1942 München; Jugend in
Moskau und Riga, 1894 Stud. Jura
Berlin und München; 1898 Chefredakteur des ›Simplicissimus‹ in
München; lit. Leiter, 1918 Mitbe-
sitzer, 1931 Geschäftsführer des
Albert Langen Verlags ebda. – Vf.
konventioneller, humorvoller
Romane und Novellen, Lustspiele
und aufschlußreicher Memoiren;
auch Übs.

W: Arbeit, Dr. 1900; Mesalliancen, En. 1901;
Die Sünden der Väter, En. 1905; Thomas
Kerkhoven, R. 1906; Die Tochter, R. 1911;
Hundstage, K. 1911; Marys großes Herz, K.
1913; Herz ist Trumpf, R. 1917; Ich – kleinge-
schrieben, Mem. 1932 (daraus: Farbiger Abglanz, 1940).

Holmsen, Bjarne P. → Holz, Arno, → Schlaf, Johannes

Holtei, Karl von, 24. 1. 1798
Breslau – 12. 2. 1880 ebda., Sohn
eines österr. Rittmeisters, Gymnas. Breslau, frühe Theaterleidenschaft, Landwirtschaftseleve in
Obernigk, 1815 freiw. Jäger,
1816–19 Stud. Jura Breslau. Gab
1819 die jurist. Laufbahn auf und
debütierte im Stadttheater Breslau. Nach geringen Erfolgen,
auch in Dresden unter Tieck,
Rückkehr nach Obernigk. 4. 2.

1821 ⚭ Schauspielerin Luise Ro-
gée (†28. 1. 1825). Theaterdichter, -sekretär und Schauspieler in
Breslau. 1823 Übersiedlung nach
Berlin, 1825–28 Direktionssekre-
tär, Bühnendichter, Spielleiter
beim Königsstädt. Theater ebda.
Seit 1828 Shakespeare-Rezitator.
1829 2. Ehe mit der Schauspielerin
Julie Holzbecher (†20. 12. 1838).
Regisseur und Theaterdichter am
Darmstädter Hoftheater, ab 1831
wieder Berlin, seit 1833 Schau-
spieler-Wanderleben, 1837–39
Theaterdirektor in Riga. Wanderleben als Shakespeare-Rezitator.
Ab 1847 bei e. Tochter in Graz, ab
1864 in Breslau, wo er, obwohl
Protestant, 1876 ins Kloster der
Barmherzigen Brüder eintrat. –
Außerordentl. produktiver Dramatiker des 19. Jh. von empfängl.
Talent für alle Formen und Richtungen. Vorliebe für volkstümli-
che Wirkungen. Schöpfer des dt.
Liederspiels entsprechend den
franz. Vaudevilles. Schauspiel
›Lenore‹ mit dem berühmten
Mantellied (›Schier dreißig Jahre
bist du alt‹). In s. schles. Mundartgedichten lit. Entdecker des
schles. Dialekts. Im Alter Romane bes. aus der Theaterwelt in
flüchtig-lockerer Komposition,
zeit- und kulturgeschichtl. interessant. H.s Autobiographie ist e.
Fundgrube für Theater- und Lit.-
gesch. s. Zeit.

W: Erinnerungen, Slg. 1822; Festspiele, Pro-
loge und Theaterreden, 1823; Die Berliner in
Wien, Lsp. 1825; Gedichte, 1827; Farben,
Sterne, Blumen, Drr. 1828; Lenore, Sp. 1829;
Schlesische Gedichte, 1830; Erzählungen,
1833; Deutsche Lieder, 1834; Almanach für
Privatbühnen, Drr. 1839; Lorbeerbaum und
Bettelstab, Dr. 1840; Vierzig Jahre, Aut. VIII
1843–50; Theater, 1845; Stimmen des Waldes, G. 1848; Die Vagabunden, R. IV 1852;
Christian Lammfell, R. V 1853; Ein Schneider, R. III 1854; Noblesse oblige, R. III 1857;
Die Eselsfresser, R. III 1860; Der letzte Ko-
mödiant, R. III 1863; Noch ein Jahr in Schlesien, Aut. II 1864; Haus Treustein, R. III

1866; Erlebnisse eines Livreedieners, R. 1868;
Eine alte Jungfer, R. 1869; Nachlese, En. III
1870f. – Erzählende Schriften, XLI 1861–66;
Theater, VI 1867.
L: P. Landau, H.s Romane, 1904; A. Mosch-
ner, H. als Dramatiker, 1911; E. Pribik, Diss.
Wien 1947.

Holthusen, Hans Egon, ★ 15. 4.
1913 Rendsburg, Sohn eines Pfarrers, 1931–37 Stud. Germanistik,
Gesch. und Philos. Tübingen,
Berlin und München, ebda. seit
1933 ansässig; 1937 Dr. phil.,
1937–39 Verlagslektor und Privatlehrer ebda. 1939–45 Soldat,
bes. 3 Jahre Rußland, 1945 bei der
›Freiheitsaktion Bayern‹ gegen
das NS-Regime. Seit 1945 freier
Schriftsteller in München, Vortragsreisen nach Amerika (mehrfach als Gastprof.), England, Irland, Frankreich u. a. 1961–64
Programmgestalter am Goethe-
Haus New York; 1968–74 Präsident der Bayer. Akad. der Künste. – Lyriker und Essayist der
Nachkriegszeit, unter Einfluß
von Rilke, T. S. Eliot und W. H.
Auden. Bewältigte in s. frühen
Gedichten die Betroffenheit und
Erschütterung des Menschen
durch gebändigte Form. Überwiegen des Gedankl. auch im lyr.
und ep. Bereich. Vertreter e. illusionslosen christl. Existenzialis-
mus. Später mehr konservativer
Essayist von kultivierter Sprache.
W: Rilkes Sonette an Orpheus, Diss. 1937;
Klage um den Bruder, Son. 1947; Hier in der
Zeit, G. 1949; Der späte Rilke, Es. 1949; Die
Welt ohne Transzendenz, St. 1949; Der unbe-
hauste Mensch, Ess. 1951 (erw. 1955); Laby-
rinthische Jahre, G. 1952; Ja und Nein, Ess.
1954; Das Schiff, R. 1956; R. M. Rilke, B.
1958; Das Schöne und das Wahre, Ess. 1958;
Kritisches Verstehen, Ess. 1961; Avantgar-
dismus und die Zukunft der modernen
Kunst, Es. 1964; Plädoyer für den Einzelnen,
Ess. 1968; Indiana Campus, Tg. 1969; E.
Mörike, B. 1971; Kreiselkompaß, Ess. 1976;
Chicago, Mon. 1981; Sartre in Stammheim,
Ess. 1982; Opus 19, Rdn. 1983.

Holz, Arno (Ps. Bjarne P. Holmsen), 26. 4. 1863 Rastenburg/

Ostpr. – 26. 10. 1929 Berlin; Apo-
thekerssohn, seit 1875 in Berlin,
Gymnas. ebda.; lit. Studien; kleinere Reisen (Holland, Paris); 1881
Redakteur, freier Schriftsteller in
Niederschönhausen b. Berlin, oft
in materiell ungesicherten Verhältnissen, bestritt notdürftig s.
Unterhalt durch Erfindung von
Spielsachen usw. Mitgl. des Na-
turalistenvereins ›Durch‹, 1.
Schriftleiter der neugegründeten
›Freien Bühne‹ (später ›Neue
Rundschau‹). 1888/89 Freundschaft und lit. Zusammenarbeit
mit J. Schlaf, den er nach dem
Bruch mit blindem Haß verfolgte. – Begründer und erster bedeutender dt. Dichter und Theoretiker des konsequenten Naturalismus unter Einfluß Zolas, von
bahnbrechender Wirkung (bes.
auf G. Hauptmann) für die naturalist. Kunstauffassung, die
Einbeziehung der Umgangssprache und neuer Stoffbereiche
(Großstadt) in die Lit., doch infolge dogm. Starre und Selbstüber-
schätzung wenig populär; viele
lit. Fehden. In s. frühen dramat.
Skizzen und Dramen Techniker
des Sekundenstils mit erschöp-
fend-detaillierten Regieanweisungen; überdauernd nur s. lit. Komödien und s. Lyrik, die er nach
von Geibel beeinflußten Anfängen formal durch Gruppierung
reimloser, prosanaher freier
Rhythmen (natürl. Sprechrhyth-
mus) um e. gedachte Mittelachse
zu erneuern und vom Formzwang
zu befreien suchte (›Phantasus‹).
Sprachvirtuose von bes. Vorliebe
zu barockem Wort- und Satz-
prunk (Imitator barocker Liebeslyrik in ›Daphnis‹), im Grunde jedoch als Gestalter von äußeren
und Phantasie-Eindrücken bereits
lyr. Impressionist.
W: Klinginsherz, G. 1883; Deutsche Weisen,

G. 1884 (m. O. Jerschke); Das Buch der Zeit, G. 1886 (erw. 1905 und 1924); Papa Hamlet, Nn. 1889 (m. J. Schlaf, n. 1972); Familie Selicke, Dr. 1890 (m. J. Schlaf, n. 1966); Die Kunst, ihr Wesen und ihre Gesetze, Schr. II 1891 f.; Neue Gleise, Dr. 1892 (m. J. Schlaf); Der geschundene Pegasus, G. 1892 (m. J. Schlaf); Socialaristokraten, K. 1896; Phantasus, G. II 1898 f. (Faks. 1968, erw. 1916, 1924); Revolution der Lyrik, Schr. 1899; Die Blechschmiede, Dicht. 1902; Lieder auf einer alten Laute, G. 1903 (verm. u. d. T. Dafnis, 1904, vollst. 1924, n. 1963); Traumulus, K. 1904 (m. O. Jerschke); Frei, K. 1907 (m. O. Jerschke); Sonnenfinsternis, Tr. 1908; Ignorabimus, Tr. 1913; Kindheitsparadies, Erinn. 1924. – Das Werk, X 1924 f., XII 1926; Werke, VII 1961–64; Briefe, hg. Anita H. und M. Wagner 1949.
L: F. Avenarius u. a., 1923; H. W. Fischer, 1924; O. Schär, 1926; W. Milch, 1933; K. Turley, Diss. Breslau 1935; A. Döblin, 1951; H. Motekat, 1953; D. Schickling, Diss. Tüb. 1965; H. J. Scheuer, 1971; G. Schulz, 1974; H. G. Brands, Theorie u. Stil d. sog. konseq. Naturalism., 1978; H. Möbius, D. Positivismus i. d. Lit. d. Naturalism., 1980; R. Burns, The Quest for Modernity, 1981; R. Oeste, 1982.

Holzamer, Wilhelm, 28. 3. 1870 Nieder-Olm b. Mainz – 28. 8. 1907 Berlin, Realschullehrer in Heppenheim/Bergstr., 1901 Kabinettsbibliothekar des Großherzogs von Hessen, dann freier Schriftsteller 1902–05 in Paris, dann Berlin. – Erzähler der Jh.-wende von herber Sprache und sozialist., antiklerikaler Haltung. Heimat- und Entwicklungsromane bes. um weich-resignierende Charaktere, Sonderlinge oder Tatmenschen. Lyrik unter Einfluß G. Falkes. Auch Drama, Essay, Biographie.
W: Meine Lieder, G. 1892; Zum Licht, G. 1897; Auf staubigen Straßen, Sk. 1897; Im Dorf und draußen, Nn. 1901; Carnesie Colonna, G. 1902; Der arme Lukas, R. 1902; Peter Nockler, R. 1902; Der heilige Sebastian, R. 1902; Die Sturmfrau, N. 1902; Inge, R. 1903; Ellida Solstratten, R. 1904; Am Fenster, En. 1906; Um die Zukunft, Dr. 1906; Vor Jahr und Tag, R. 1908; Der Entgleiste, R. II 1910; Pariser Erzählungen, Nn. 1912; Gedichte, Nl. 1912; Pendelschläge, Nn. 1912.
L: A. Schmidt, E. unbekannter Großer, 1927; G. Heinemann, Diss. Mainz 1956.

Holzer, Rudolf, 28. 7. 1875 Wien – 17. 7. 1965 ebda., Urgroßneffe Bauernfelds, Stud. Maschinenbau Wien, dann Philos., Germanistik und Kunstgesch. ebda. 1901 Redakteur, 1924–33 Chefredakteur der ›Wiener Zeitung‹, 1924 Hofrat. Nach 1945 Feuilletonredakteur der ›Presse‹, Prof. h. c., Präsident des Schriftstellervereins ›Concordia‹. – Dramatiker aus österr. Tradition, Novellist, Essayist, Kritiker, Feuilletonist und Hrsg.
W: Frühling, Dr. 1901; Hans Kohlhase, Tr. 1905 (u. d. T. Justitia, 1941); Gute Mütter, K. 1913; Das Ende vom Lied, Dr. (1917); Unsterblicher Bauer, Dr. (1933); Das Feuerchen des häuslichen Herds, Nn. 1937; Wiener Volks-Humor, hg. III 1947 ff.; Der Himmel voller Geigen, Dr. 1948; Die Wiener Vorstadtbühnen, Schr. 1951.

Homann, Ludwig, * 5. 2. 1942 Glaserdorf/Schles., 1959 Polizist in e. norddt. Kleinstadt, 1965 freier Schriftsteller bei Frankfurt/M., 1970 Entwicklungshelfer in Tunesien, dann Lehrer in Lienen. – Erzähler realist.-unidyll. Milieustudien aus der norddt. Provinz.
W: Geschichten aus der Provinz, En. 1968; Der schwarze Hinnerich von Sünning und sein Nachtgänger, E. 1971; Jenseits von Lalligalli, R. 1973.

Honegger, Arthur, * 27. 9. 1924 St. Gallen; Knecht, Kellner, Schreiber, Boulevardredakteur, freier Schriftsteller in Krummenau/Schweiz. – Erzähler schlichter, z. T. klischeehafter, halb autobiograph. Romane aus dem Leben Unterdrückter.
W: Die Fertigmacher, R. 1974; Freitag oder die Angst vor dem Zahltag, R. 1976; Wenn sie morgen kommen, R. 1977; Der Schulpfleger, R. 1978; Der Ehemalige, R. 1979; Der Nationalrat, R. 1980; Alpträume, R. 1981; Der Schneekönig, En. 1982; Wegmacher, R. 1982; Der Weg des Thomas J., R. 1983; Ein Flecken Erde, R. 1984.

Hopfen, Hans (seit 1888) von, 3. 1. 1835 München – 19. 11. 1904 Groß-Lichterfelde b. Berlin; Stud. 1853–58 Jura München u. Tübingen, 2 Jahre Gerichtspraxis, dann Wendung zur Lit. 1862 durch Geibel in den Münchner Dichterkreis eingeführt. Reisen in Italien, Frankreich, 1864 Wien; 1865/66 Generalsekretär der Dt. Schillerstiftung ebda., seither in Wien. – Begann mit Versepik, formglatter Lyrik und Balladen, ging später zu Dorfgesch., Novelle und Roman über; Vorliebe für Künstler- und Studentenschicksale. Abstieg zu Unterhaltungsschrifttum. Als Dramatiker unbedeutend.

W: Peregretta, R. 1864; Der Pinsel Mings, Vers.-N. 1868; Verdorben zu Paris, R. II 1868; Arge Sitten, R. II 1869; Juschu, R. 1875; Bayrische Dorfgeschichten, En. 1878; Die Geschichten des Majors, En. 1879; Gedichte, 1883; Robert Leichtfuß, R. II 1888; Theater, 1889; Neues Theater, Drr. III 1892f.
L: H. Habersbrunner, Diss. Mchn. 1925.

Horant, Dukus → Dukus Horant

Horbach, Michael (Ps. Michael Donrath), 13. 12. 1924 Aachen – 1. 11. 1986 Châteauneuf-du-Pape/Frankr. Kriegsteilnehmer, Redakteur in Bonn, Journalist in Hamburg, freier Schriftsteller und Drehbuchautor in Köln, Aachen und Châteauneuf-du-Pape. – Erzähler realist.-unpathet. zeitkrit. Romane um Probleme der unbewältigten Vergangenheit.

W: Die verratenen Söhne, R. 1957; Gestern war der jüngste Tag, R. 1960 (beide zus. u. d. T. Gesicht einer Generation, 1968); Bevor die Nacht begann, R. 1960; Liebe in Babylon, R. 1961; Wenige, Sb. 1964; Die Titanen, R. 1970; Der Kampf um die letzten Tier-Paradiese in Afrika, Sb. 1972; Nächstes Jahr in Jerusalem, R. 1973; Die Kanzlerreise, R. 1974; Die Löwin, R. 1976; Allah ist groß, R. 1977; Das deutsche Herz, R. 1978; Der gestohlene Traum, R. 1982; Kaninchen am Potsdamer Platz, R. 1984.

Horváth, Ödön von, 9. 12. 1901 Fiume – 1. 6. 1938 Paris, Diplomatensohn aus ungar. Kleinadel, Stud. Philos., Germanistik, Theaterwiss. München, 1923 freier Schriftsteller in Murnau/Staffelsee, emigrierte 1934 nach Wien und Henndorf b. Salzburg, 1938 nach Paris; auf den Champs Elysées von stürzendem Ast erschlagen. – Gesellschafts- und moralkrit. Dramatiker und Erzähler vom realist. Stil mit e. zwischen aufgelockertem Humor, moral. Ernst und bitterer Satire spielenden Grundstimmung. Pädagog. aufklärer. Zeit- und Volksstücke aus dem Alltagsleben einfacher Leute demaskieren falsches Bewußtsein, moral. Fehlhaltungen und hintergründige Bösartigkeit des Kleinbürgertums in scharf gezeichneten Figuren innerhalb e. fast naturalist. Milieus bis hin zur tragikom. Groteske. Romane um das Wesen der Diktatur.

W: Buch der Tänze, Pantomine 1922; Revolte auf Côte 3018, Dr. (1927, u. d. T. Die Bergbahn, 1928); Sladek, der schwarze Reichswehrmann, Dr. (1930); Der ewige Spießer, R. 1930; Rund um den Kongreß, Dr. (1930); Don Juan kommt aus dem Krieg, Dr. (1930); Geschichten aus dem Wienerwald, Vst. 1931; Italienische Nacht, Vst. 1931; Glaube, Liebe, Hoffnung, Dr. (1932); Kasimir und Karoline, Vst. (1932); Hin und Her, Posse (1933); Die Unbekannte aus der Seine, K. (1933); Figaro läßt sich scheiden, K. (1934, Buch: 1959); Ein Dorf ohne Männer, Dr. (1937); Der jüngste Tag, Dr. (1938 Buch: 1955); Jugend ohne Gott, R. 1938; Ein Kind unserer Zeit, R. 1938 (beide zus. u. d. T. Zeitalter der Fische, II 1953); Rechts und links. Sportmärchen, 1969 u. ¹1972; Von Spießern, Kleinbürgern und Angestellten, Prosa 1971. – Stücke, hg. T. Krischke 1961; GW, IV 1970f., VIII 1972; GW in Einzelausg., 1983ff.
L: J. Krammer, 1969; R. Hummel, D. Volksstücke Ö. v. H.s, 1970; Materialien zu Ö. v. H., hg. T. Krischke 1970; Über Ö. v. H., hg. D. Hildebrandt u. T. Krischke, 1972; A. Fritz, Ö. v. H. als Kritiker s. Zeit, 1973; H. Kurzenberger, H.s Volksstücke, 1974; M. Walder, D. Uneigentlichk. d. Bewußtseins, 1974; A. Steets, D. Prosawke. H.s, 1975; D. Hildebrandt, 1975; K. Bartsch, hg. 1976; K. Kahl, ¹1976; W. Nolting, D. totale Jargon,

1976; T. Krischke, H. E. Prokop, ²1977; S. Kienzle, 1977; K. Winston, 1977; J.-C. François, Hist. et fiction dans le théâtre d'Ö. v. H., Grenoble 1978; B. Schulte, 1980; I. Huish, Lond. 1980; T. Krischke, 1980; T. Scamardi, Bari 1980; T. Krischke, hg. 1981; H. Gamper, H.s komplexe Textur, 1987; J. Bossinade, V. Kleinbürger z. Menschen, 1987.

Houwald, Ernst Christoph Freiherr von, 29. 11. 1778 Straupitz/Niederlausitz – 28. 1. 1845 Lübben, Sohn e. Landgerichtspräsidenten; Pädagogium Halle, hier Freundschaft mit W. Salice-Contessa; 1799–1802 Studium Jura Halle, bewirtschaftete die väterl. Güter, zog 1821, zum Landsyndikus für Niederlausitz gewählt, nach Neuhaus b. Lübben. – Hauptvertreter der romant. Schicksalstragödie neben Müllner, Pseudoromant. Erzähler und Jugendschriftsteller.

W: Romantische Akkorde, En. 1817; Erzählungen, 1819; Das Bild, Tr. 1821; Fluch und Segen, Dr. 1821; Der Leuchtturm. Die Heimkehr, Drr. 1821; Der Fürst und der Bürger, Dr. 1823; Die Feinde, Tr. 1825; Vermischte Schriften, II 1825; Bilder für die Jugend, III 1829–33; Die Seeräuber, Tr. 1831. – SW, V 1851.
L: O. Schmidtborn, 1909, n. 1968.

Hrabanus Maurus, um 780 Mainz – 4. 2. 850 Winkel/Rhein; seit 788 im Benediktinerkloster Fulda erzogen, Mönch, Schüler von Alkuin in Tours, 801 Diakon und Klosterlehrer in Fulda, 803 Leiter der Klosterschule ebda.; 23. 12. 814 Priesterweihe, dann 822–42 Abt in Fulda, das er zur berühmtesten Klosterschule Dtl.s machte. Lehrer Walahfrid Strabos, Otfrids und des Heliand-Dichters. 842 Rücktritt, seither auf dem Petersberg b. Fulda, ab 847 Erzbischof von Mainz. – Gelehrter und Theologe mit universalen Interessen, verdient um Unterricht und Wiss. in Dtl. (›praeceptor Germaniae‹). Scholast.

Neigung zu systemat. Ordnung, Pflege der Überlieferung und theolog. Auslegung der Tradition. Vf. von Bibelkommentaren, theolog. Schriften, Predigten, Glossen, Enzyklopädien (›De rerum naturis seu De universo‹, nach 842) und theolog. Kompendien (›De institutione clericorum‹, 817ff.). Als Dichter mittelmäßig; gekünstelte Figurengedichte in ›De laudibus Sanctae Crucis‹. Die Hymne ›Veni creator spiritus‹ wird H. ohne Sicherheit zugeschrieben. Anreger e. Reihe führender dt. Schriftwerke: Tatian-Übs., Heliand, Altsächs. Genesis.

A: Migne, Patrologia latina 107–112, 1851ff.; E. Dümmler, Mon. Germ. Hist., Poetae lat. aevi Carolini Bd. 2, 1884 u. Epistulae, Bd. 5, 1899; De institutione: hg. A. Knöpfler 1901.
L: E. Dümmler, H.-Stud. (Sitzgsber. Berl. Akad.), 1898; D. Türnau, 1900; M. Heushaw, Diss. Chicago 1936; W. Middel, Diss. Bln. 1943; H. M. u. s. Schule, hg. W. Böhne 1980; R. Kottje, hg. 1982; Bibl.: H. Spelsberg, 1984.

Hrotsvith von Gandersheim, um 935 – nach 973, aus niedersächs. Adel, Kanonisse (Stiftsdame) im sächs. Stift Gandersheim b. Braunschweig. – Dt. Dichterin in mittellat. Sprache. Schrieb als christl. Gegenstück und Ersatz der sittl. anstößigen heidn. Schullektüre die Terenz nach dessen Vorbild 6 lat. Legendendramen (960–970) in rhythm. oder Reimprosa, in denen die Immoralität des Terenz durch Darstellung christl. Moral, vorbildl. Keuschheit sowie christl. Wunder und Gnade ersetzt wird. Zwar dichter. mit lebendigem Dialog, doch eigtl. dialogisierte Legenden ohne Aktaufbau. Einzigart. frühe Versuche e. christl. Dramas im MA., nachfolgelos bis zum Humanismus. Vf. ferner von 8 ep. Legenden und 2 hist. Gedichten: e. lat. Epos über die Gründung ihres

Stifts und e. Epos über die Taten Ottos I. (vor 968). Wiederbelebung durch C. Celtis, der e. Hs. aus St. Emmeram 1501 herausgab.

W: Dramen: Gallicanus, Dulcitius, Callimachus, Abraham, Pafnutius, Sapientia. Legenden: Maria, De ascensione Domini, Gongolfus, Pelagius, Theophilus, Basilius, Dionysius, Agnes. Epen: Primordia conoebii Gandeshemensis, Gesta Oddonis I. imperatoris. – Opera, hg. P. v. Winterfeld 1902, n. 1978; K. Strecker, ²1930; H. Homeyer, 1970. – *Übs.:* H. Homeyer, 1936 (SW); O. Piltz, F. Preissl, 1942 (Drr.); K. Langosch, 1975 (2 Drr.); Legenden: H. Knauer 1964; Sämtl. Dichtgn.: O. Baumhauer u. a. 1966; Briefe: K. Kronenberg, 1978.

L: R. Köpke, 1869; F. Preissl, Diss. Erl. 1939; R. H. Fife, N. Y. 1947; M. M. Butler, N. Y. 1960; B. Nagel, 1965; A. L. Haight, N. Y. 1965; K. Kronenberg, ⁴1978.

Hubalek, Claus, * 18. 3. 1926 Berlin, Soldat, Kriegsgefangenschaft; Stud. Philol.; Lehrer, 1949–52 Redakteur, Dramaturg bei Brecht, seit 1952 freier Schriftsteller in Berlin, 1963–66 Chefdramaturg beim Fernsehen Hamburg. – Dramatiker, Erzähler, Fernseh- und Hörspielautor mit stark zeitkrit. Kriegs- und Nachkriegsstücken. Zahlr. Fernsehbearbeitungen ep. Stoffe.

W: Der Hauptmann und sein Held, K. (1954); Keine Fallen für die Füchse, K. (1957); Die Festung, Dr. (1958); Die Stunde der Antigone, Dr. (1960); Ein gefährlicher Mensch, FSsp. (1960); Stalingrad, Dr. (1961); Die Ausweisung, R. 1962; In einem Garten in Aviamo, FSsp. (1964); Der 21. Juli, FSsp. (1972); Ein deutsches Attentat, FSsp. 1975.

Hubatius-Himmelstjerna, Ingeborg von (eig. Ingeborg von Hubatius-Kottnow, geb. von Samson-Himmelstjerna), 24. 5. 1889 Warbus/Livland – 16. 9. 1964 Eßlingen; 1915–18 in den Ural verbannt; Flucht in den Westen. 1927 Journalistin in München, dann freie Schriftstellerin; 1941–45 Landwirtin in Westpreußen; dann in Eßlingen. – Volkstüml. balt. Erzählerin und Jugendschriftstellerin mit Stoffen bes. aus der balt. und russ. Geschichte u. aus eigenem Erleben.

W: Das Tagebuch der Baltin, Jgb. 1935; Die baltischen Brüder, E. 1938; Juliane, Jgb. 1938; Nehamed, der Jäger, E. 1949; Fröhlicher Abschied, Jgb. 1949; Die junge Droste, Jgb. 1952; Flucht in den Ural, Jgb. 1954; Daisy, E. 1957; Hochzeitsreise im Baschkirenland, Aut. 1958; Das Lied vom schönen Freiersmann, E. 1960; Duschenka, R. 1961; Anna Pawlowa, R. 1962.

Huber, (Maria) Therese, 7. 5. 1764 Göttingen – 15. 6. 1829 Augsburg. Tochter des Philologen Ch. G. Heyne, ⚭ 1784 Georg Forster, nach dessen Tod 1794 ⚭ Ludwig Ferdinand Huber, Schriftsteller. Journalistin, seit 1807 Mitarbeiterin, 1817 Schriftleiterin von Cottas ›Morgenblatt für gebildete Stände‹ in Stuttgart, ab 1823 in Augsburg. – Vf. zeitgebundener Erzählungen und Romane, bis 1804 unter dem Namen L. F. Hubers veröffentlicht. Übs.

W: Die Familie Seeldorf, R. II 1795 f.; Erzählungen, III 1801 f.; Ellen Percy, R. II 1822; Die Ehelosen, R. II 1829; Erzählungen, VI 1830–33.

L: L. Geiger, 1901.

Huch, Felix, 6. 9. 1880 Braunschweig – 6. 7. 1952 Tutzing, Notarssohn, Bruder von Friedrich H., Vetter von Ricarda H. Jugend in Dresden, Dr. med., Arzt, 3 Jahre in Südamerika, dann Würzburg und Bad Godesberg. – Vf. fundierter biograph. Musikerromane.

W: Der junge Beethoven, R. 1927; Beethovens Vollendung, R. 1931; Mozart, R. 1941; Mozart in Wien, R. 1948; Dresdner Capriccio, Gerstäcker-R. 1948; Der Kaiser von Mexiko, R. 1949.

Huch, Friedrich, 19. 6. 1873 Braunschweig – 12. 5. 1913 München, Notarssohn, Bruder von Felix H., Vetter von Ricarda und Rudolf H., mütterlicherseits Enkel Gerstäckers. Seit 1893 Stud.

Philol. und Philos. München, Berlin und Paris, dann Erzieher in Hamburg und bei Lodz/Polen. Seit 1903 als freier Schriftsteller in München ansässig, Verkehr mit L. Klages, St. George, Th. Mann. – Psycholog. Erzähler des Impressionismus von zuchtvoller Sprache und schlichtem Handlungsaufbau. Verbindet Stilelemente von Realismus und Neuromantik. Vorliebe für die verhaltene und psycholog. einfühlsame Darstellung feinnerviger, sensibler Naturen einmal im zarten, verinnerlichten Seelen- und Traumleben des Kindes und Jugendlichen, zum anderen in dekadenten Charakteren des verfallenden Bürgertums und überfeinerten Künstlerseelen. Daneben Werke iron.-grotesker Komik in Satiren auf dt. Spießertum.

W: Peter Michel, R. 1901; Geschwister, R. 1903; Träume, En. 1904; Wandlungen, R. 1905; Mao, R. 1907; Pitt und Fox, R. 1909; Enzio, R. 1911; Drei groteske Komödien, 1911; Erzählungen, 1914. – GW, IV 1925.
L: H. Hartung, H.s ep. Stil, Diss. Mchn. 1929; N. Jollos, 1930; R. Denecke, F. H. u. d. Problematik d. bürgerl. Welt, 1937; H. Mojsisovics, Diss. Wien 1943; M. Kaderschafka, D. Träumer F. H., Diss. Wien 1948; H. Schöffler, Diss. Münster 1948; T. Moulton, Diss. Tüb. 1959; H. Huller, Diss. Mchn. 1974; W. Wucherpfennig, Kindheitskult u. Irrationalismus, 1980.

Huch, Ricarda (Ps. Richard Hugo), 18. 7. 1864 Braunschweig – 17. 11. 1947 Schönberg im Taunus; aus niedersächs. Patrizierfamilie, Schwester von Rudolf H., Kusine von Friedrich und Felix H.; Schulbesuch in Braunschweig; 1888–91 Stud. Gesch., Philos. und Philol. Zürich, Dr. phil. (als d. der ersten Frauen), 1891–97 Sekretärin an der Zentralbibliothek Zürich, dann Lehrerin ebda. und in Bremen, 1898 ∞ Zahnarzt Ermanno Ceconi in Wien, lebte bis 1900 in Triest, bis 1907 in München, ab 1907 in Braunschweig, 1906 o/o, 1907 ∞ ihren Vetter Rechtsanwalt Richard H. (1910 o/o). Zahlr. längere Aufenthalte in Italien. Seit 1929 Berlin, seit 1932 Heidelberg, Freiburg, Jena; kurz vor ihrem Tod nach Frankfurt/M. übergesiedelt. – Neuromant. Erzählerin und Lyrikerin in traditionellen Formen und bedeutende Kultur- und Literarhistorikerin und Biographin von plast., aristokrat.-zurückhaltender Sprache, sicherer, klarer Gestaltung und feiner psycholog. Einfühlung unter Einfluß Kellers und C. F. Meyers. Gelangt von lyr.-gefühlsstarkem neuromant. Subjektivismus und Ästhetizismus mit den Grundthemen Tod und Vergänglichkeit zur Darstellung objektiver Geschichtswelt als e. überpersönl., organ. Daseinsform, von iron. Agnostizismus zu e. starken Protestantismus. Ep.-hist. Großwerke zur dt. Gesch., Wiederentdeckung der Romantik, Biographien trag.-hist. Gestalten, im Spätwerk religiös-weltanschauliche Schriften.

W: Gedichte, 1891; Evoe, Dr. 1892; Erinnerungen von Ludolf Ursleu dem Jüngeren, R. 1893; Gedichte, 1894; Der Mondreigen von Schlaraffis, E. 1896; Erzählungen, III 1897; Fra Celeste, En. 1899; Blütezeit der Romantik, St. 1899; Ausbreitung und Verfall der Romantik, St. 1902 (zus. u. d. T. Die Romantik, II 1908); Aus der Triumphgasse, Sk. 1902; Vita somnium breve, R. 1903 (u. d. T. Michael Unger, 1913); Gottfried Keller, B. 1904; Von den Königen und der Krone, Schr. 1904; Seifenblasen, En. 1905 (daraus: Lebenslauf des heiligen Wonnebald Pück, 1913); Die Geschichte von Garibaldi, II 1906 f.; Neue Gedichte, 1907; Risorgimento, Schr. 1908; Das Leben des Grafen Federigo Confalonieri, B. 1910; Der Hahn von Quakenbrück, Nn. 1910; Der letzte Sommer, E. 1910; Der große Krieg in Deutschland, III 1912–14 (u. d. T. Der dreißigjährige Krieg, 1937); Natur und Geist, St. 1914; Wallenstein, B. 1915; Luthers Glaube, Schr. 1916; Der Fall Deruga, R. 1917; Der Sinn der Heiligen Schrift, 1919; Entpersönlichung, Schr. 1921; Michael Bakunin und die Anarchie, St. 1923; Freiherr vom Stein, B. 1925; Der wiederkehrende Christus, E. 1926;

Im alten Reich, Ess. 1927; Gesammelte Gedichte, 1929; Alte und neue Götter, Schr. 1930 (u. d. T. Die Revolution des 19. Jahrhunderts in Deutschland, 1948); Deutsche Geschichte, III 1934–49; Quellen des Lebens, Schr. 1935; Frühling in der Schweiz, Erinn. 1938; Weiße Nächte, N. 1943; Herbstfeuer, G. 1944; Urphänomene, Schr. 1946; Der falsche Großvater, E. 1947; Der lautlose Aufstand, Ber. 1953. – Ges. Erzählungen, 1962; Ges. Schriften, 1964; GW, XI 1966–73; Briefe an die Freunde, 1955, ³1986.
L: G. Grote, 1941, n. 1971; R. H.s Persönlichkeit und Werk, 1934 (m. Bibl.); R. Coletti, Rom 1941; E. Hoppe, ²1951; G. Bäumer, ²1954; M. Baum, ²1964; G. H. Hertling, Wandlg. d. Werte i. dichter. Werke d. R. H., 1966; H. Baumgarten, ²1968; H.-H. Kappel, Ep. Gestaltg. b. R. H., 1976; J. Bernstein, Bewußtseinug i. Romanwerk d. R. H., 1977; H.-W. Peter, hg. 1985; Bibl.: B. Weber, 1964.

Huch, Rudolf (Ps. A. Schuster), 28. 2. 1862 Porto Alegre/Brasilien – 12. 1. 1943 Bad Harzburg, älterer Bruder von Ricarda H., 1880–83 Stud. Jura Heidelberg und Göttingen, Herbst 1888 Rechtsanwalt, später auch Notar in Wolfenbüttel, 1897–1915 dass. in Bad Harzburg, 1915–20 in Helmstedt, seit 1920 wieder in Bad Harzburg. Ab 1910 Justizrat. – Erzähler und kulturkrit. Essayist, suchte den Anschluß klass. Bildungstradition von Goethe, Keller und bes. Raabe. Schildert in s. Romanen und Erzählungen satir.-humorist. den Weg des spießer. dt. Kleinstadtbürgertums vor dem 1. Weltkrieg zur Bourgeoisie. Daneben psycholog. Bildungs- und Entwicklungsromane und e. Schelmenroman. Auch Lustspiele.
W: Aus dem Tagebuch eines Höhlenmolches, R. 1896; Mehr Goethe, Es. 1899; Der Kirchenbau, Lsp. 1900; Hans der Träumer, R. 1903; Der Frauen wunderlich Wesen, R. 1905; Komödianten des Lebens, R. 1906; Die beiden Ritterhelm, R. 1908; Die Familie Hellmann, R. 1909; Die Rübenstedter, R. 1910; Wilhelm Brinkmeyers Abenteuer, R. 1911; Dies und Das und Anderes, Ess. 1912; Junker Ottos Romfahrt, R. 1914; Der tolle Halberstädter, En. 1918; Das Lied der Parzen, R. 1920; Altmännersommer, R. 1925; Spiel am

Ufer, R. 1927; Anno 1922, R. 1929; Zwiegespräche, 1935; Humoristische Erzählungen, 1936; Mein Weg, Aut. 1947.
L: E. Sander, 1922; Gruß an R. H., hg. E. Lüpke 1942; D. Glaser, Diss. Wien 1942; Ch. Janssen, 1943; H. Roth, Diss. Jena 1967.

Huchel, Peter, 3. 4. 1903 Berlin-Lichterfelde – 30. 4. 1981 Staufen/Breisgau; Jugend auf dem Hof s. Großvaters in Alt-Langerwisch/Mark, Stud. Philos. und Lit. Berlin, Freiburg/Br. und Wien; mehrere Jahre Übs. und Landarbeiter in Frankreich, auf dem Balkan und in der Türkei; seit 1925 freier Schriftsteller in Berlin, seit 1928 Alt-Langerwisch; 1940–45 Soldat, 1945 russ. Kriegsgefangenschaft; 1945–48 künstler. Direktor des Ostberliner Rundfunks, Mai 1948–62 Hrsg. der Zs. ›Sinn und Form‹ in Potsdam; fiel 1962 in Ungnade, lebte zurückgezogen, durfte 1971 aus der DDR ausreisen, ging über München nach Rom (Villa Massimo-Gast), lebte ab 1972 in Staufen/Breisgau. – In seinem schmalen Werk Landschafts-, Naturlyriker und Idylliker s. märk. Heimat mit knapppräziser, schlichter Sprache, einprägsam-kraftvollen Bildern und eleg.-kontemplativen wie feierl. Tönen. Funkdichtungen.
W: Der Knabenteich, G. 1932; Dr. Faustens Teufelspakt und Höllenfahrt, H. (1933); Die Magd und das Kind, H. (1935); Der Bernsteinwald, H. (1935); Gedichte, 1948; Chausseen Chausseen, G. 1963; Die Sternenreuse, G. 1967; Gezählte Tage, G. 1972; Ausgew. Gedichte, 1973; Die neunte Stunde, G. 1977; Margarete Minde, H. 1984. – GW, II 1984; Briefw. m. H. H. Jahnn, 1974.
L: E. Zak, 1953; Hommage f. P. H., hg. O. F. Best 1968 (m. Bibl.); Über P. H., hg. H. Mayer 1973 (m. Bibl.); A. Vieregg, D. Lyrik P. H.s, 1976; ders., hg. 1985.

Hueck-Dehio, Else, 31. 12. 1897 Dorpat/Estl. – 30. 6. 1976 Murnau/Obb.; Arzttochter, Schwesternausbildung, 1920 ∞ R. Hueck, Fabrikant. Lebte lange in

Lüdenscheid, dann in Murnau/Obb. – Erzählerin bes. von volkstüml. Kurzromanen und Novellen aus ihrer balt. Heimat und dem Frühchristentum.

W: Die Hochzeit auf Sandnes, R. 1934; Der Kampf um Torge, R. 1938; Ja, damals, En. 1953; Die Brunnenstube, E. 1954; Liebe Renata, R. 1955; Er aber zog seine Straße, E. 1958; Tipsys sonderliche Liebesgeschichte, E. 1959; Nikolaus-Legende, 1960; Die Magd im Vorhof, E. 1962; Indiansommer, Jgb. 1965.

Hülsen, Hans von, 5. 4. 1890 Warlubien b. Danzig – 14. 4. 1968 Rom, Stud. Philos., Gesch. und Lit. München, Lausanne, Berlin und Breslau. Journalist, Redakteur; 1919–33 Korrespondent ausländ. Zeitungen in Berlin. Seit 1933 freier Schriftsteller in Breitenau b. Kiefersfelden/Obb., seit 1945 Rundfunkkorrespondent in Rom. Freund und Biograph G. Hauptmanns. – Erzähler hist. und biograph. Stoffe in e. an der Tradition geschulten Sprache. Auch Lyrik, Essay, kulturhist. Monographien.

W: Das aufsteigende Leben, R. 1911; Den alten Göttern zu, Platen-R. 1918; Der Kelch und die Brüder, R. 1925; Der Schatz im Akker, R. 1929 (u. d. T. Die drei Papen, 1943); Ein Haus der Dämonen, R. 1932 (u. d. T. August und Ottilie, 1941); Torlonia, R. 1940 (u. d. T. Krösus von Rom, 1961); Die Wendeltreppe, Aut. 1941; Villa Paolina, Schr. 1943; Der Kinderschrank, Erinn. 1946; Zwillings-Seele, Aut. II 1947; Römische Funde, Schr. 1960; Funde in der Magna Graecia, Schr. 1962; Zeus, St. 1967.

Hülsen, Ilse von → Reicke, Ilse

Huelsenbeck, Richard, 23. 4. 1892 Frankenau/Hessen – 20. 4. 1974 Minusio/Schweiz, Apothekerssohn, aufgewachsen im Ruhrgebiet, Stud. Medizin, dt. Philol., Philos. u. Kunstgeschichte. Ging 1916 nach Zürich, dort Mitbegründer des Dadaismus im ›Cabaret Voltaire‹ mit H. Ball, H. Arp, T. Tzara u. M. Janco. Kehrte

Jan. 1917 nach Berlin zurück und begründete die dortige Dada-Bewegung. Schiffsarzt; Auslandskorrespondent; Schriftsteller in Berlin. Mußte 1936 emigrieren, lebte bis 1970 in New York als Arzt u. Psychoanalytiker, dann Rückkehr in die Schweiz. – Dramatiker, Lyriker, Erzähler und Essayist mit Sprachexperimenten im Stil des Dadaismus und Surrealismus; später Reiseberichte und -romane sowie dadaist. Schriften.

W: Schalaben, Schalomai, Schalamezomai, G. 1916; Phantastische Gebete, G. 1916; Azteken oder Die Knallbude, N. 1918; Verwandlungen, N. 1918; En avant Dada, Schr. 1920; Dada siegt, Schr. 1920; Doctor Billig am Ende, R. 1921; Afrika in Sicht, Ber. 1928; Der Sprung nach Osten, Ber. 1928; China frißt Menschen, R. 1930; Der Traum vom großen Glück, R. 1933; Die New Yorker Kantaten, G. 1952; Die Antwort der Tiefe, G. 1954; Mit Witz, Licht und Grütze, Erinn. 1957; Sexualität und Persönlichkeit, Schr. 1959; Reise bis ans Ende der Freiheit, Aut. 1984.
L: R. Sheppard, hg. 1982 (m. Bibl.); K. Füllner, 1983.

Hülsmanns, Dieter, 11. 11. 1941 Düsseldorf – 2. 5. 1981 ebda.; Feuilletonredakteur in Düsseldorf, Mitinhaber der Eremitenpresse Stierstadt/Taunus. – In metaphernreichen Texten schonungsloser Enthüller vermeintl. unterdrückter Triebe: Grausamkeit, Bestialität, Perversion.

W: Hommage, 1961; Les braguettes de la crapaudine, 1962; Paroxysmus, 1963; Bourreau de la communauté, 1964; Poesie der Grausamkeit, 1964; Wider das Böse, E. 1965; Das Werden eines Garis, 1965; Juspa und Simone, R. 1966; Erinnerung eines Erotomanen, 1966; Vakher, R. 1966; Karl Karla, Prosa 1982.

Hürlimann, Thomas, * 21. 12. 1950 Zug/Schweiz, lebt seit 1974 in West-Berlin. – Dramatiker und Erzähler von sparsamer, verhaltener Prosa.

W: Großvater und Halbbruder, Dr. (1981); Die Tessinerin, En. 1981; Stichtag, Dr. 1984.

Hürnen Seyfrid (oder Sewfrid), Lied vom, anonymes Epos im Hildebrandston über Siegfrieds Jugendabenteuer und die Befreiung Krimhilds aus dem Drachenstein als Ergänzung des Nibelungenliedes. Aufgrund zweier Lieder des 13. Jh. wohl gegen Ende des 15. Jh. entstanden, jedoch im hsl. Original verloren und nur in Drucken (zuerst Nürnberg um 1527) und dem darauf beruhenden ›Volksbuch vom gehörnten Siegfried‹ (Druck 1726) erhalten.

A: W. Golther ²1911; K. C. King, Manchester, 1958; Faks.: O. Clemen 1911. – Ubs.: K. Pannier, 1913.
L: E. Bernhöft, Diss. Rost, 1910; H. W. J. Kroes, Diss. Groningen 1924; V.-J. Kreyher, 1986.

Hüsch, Hanns, Dieter, * 6. 5. 1925 Moers; Stud. Mainz, 1947/ 48 Kabarettist, 1956 Gründer des Kabaretts ›arche nova‹ (bis 1962), dann Kabarettist, Sprecher, Schauspieler, Rundfunk- und Fernsehmitarbeiter in Mainz; auch Maler. – In Chansons, Satiren und Prosa Verspotter der Bildungsbürger und provinzieller Enge.

W: Carmina urana, G. 1964; Archeblues, Sat. 1968; Den möcht' ich sehn, Slg. 1978; Hagenbuch, Prosa 1979; Am Niederrhein, Prosa 1984.
L: E. Frühling, 1983; B. Schroeder, hg. 1985.

Hüttenegger, Bernhard, * 27. 8. 1948 Rottenmann/Steiermark; Lehrerbildungsanstalt, Stud. Germanistik und Geschichte Graz, Mitglied des Grazer ›Forum Stadtpark‹, lebt in Launsdorf/ Kärnten. – Erzähler absurd-grotesker Alltagsereignisse in verfremdendem, bewußt unangemessenem Stil.

W: Beobachtungen eines Blindläufers, Prosa 1975; Die sibirische Freundlichkeit, E. 1977; Reise über das Eis, R. 1979; Ein Tag ohne Geschichte, En. 1980; Die sanften Wölfe, R. 1982; Der Glaskäfig, E. 1985.

Hufnagel, Karl Günther, * 21. 7. 1928 München; Schule ebda.; im Krieg Flakhelfer; Stud. Philos. und Psychologie München, Hamburg und Freiburg. Freier Schriftsteller in München. – Erzähler und Hörspielautor von kargem. an Hemingway geschultem Registrierstil mit dem Grundthema von der Kontaktlosigkeit, Gleichgültigkeit und Unsicherheit des mod. Menschen; Bewußtseinsströme reduzierter Menschlichkeit.

W: Die Parasiten-Provinz, R. 1960; Worte über Straßen, En. 1961; Die Liebe wird nicht geliebt, R. 1979; Draußen im Tag, R. 1979; Auf offener Straße, R. 1980.

Hufnagl, Max → Spindler, Karl

Hugdietrich, anonyme mhd. Novellendichtung des 13. Jh. um H., den Vater Wolfdietrichs, seine Brautfahrt zu Hiltburg, der Tochter Walgunts von Salnecke (Saloniki), in deren Turm er in Weiberkleidung eindringt und mit der er Wolfdietrich zeugt. Romantisierung e. verlorenen Liebe des 10./ 12. Jh. Im 15. Jh. gedruckt.

A: F. F. Öchsle 1834; O. Jänicke in Dt. Heldenbuch III 1871. – Ubs.: K. Simrock, D. kleine Heldenbuch, 1895 u. ö.

Huggenberger, Alfred, 26. 12. 1867 Bewangen b. Winterthur – 14. 2. 1960 Gerlikon b. Frauenfeld; ärml. Jugend, früh Bauernarbeit. Übernahm 1896 den väterl. Hof u. tauschte ihn 1908 gegen e. Hof in Gerlikon ein. Blieb zeitlebens Bauer. – Schweizer. Bauerndichter. Begann mit schlichter Lyrik und Balladen, auch in Mundart, sowie Bauernkomödien und hist. Schauspielen. Fand s. eigenen Bereich in realist. Novellen, Romanen und Dorfgeschichten von herber Sprache und gelassenem Humor.

W: Lieder und Balladen, 1896; Hinterm Pflug, G. 1908; Von den kleinen Leuten, En. 1910; Das Ebenhöch, En. 1912; Die Bauern von Steig, R. 1913; Die Stille der Felder, G. 1913; Die Geschichte des Heinrich Lentz, R. 1916; Die heimliche Macht, En. 1919; Öppis us em Gwunderchratte, G. 1923; Die Frauen von Siebenacker, R. 1925; Der Kampf mit dem Leben, En. 1926; Die Brunnen der Heimat, Erinn. 1927; Stachelbeeri, G. 1927; Liebe Frauen, En. 1929; Der wunderliche Berg Höchst und sein Anhang, R. 1932; Die Schicksalswiese, R. 1937; Erntedank, G. 1939; Bauernbrot, En. 1941; Liebe auf dem Land, En. 1943; Abendwanderung, G. 1946; Der Ruf der Heimat, En. 1948.
L: K. H. Maurer, 1917; R. Hägni, 1927; H. Kägi, 1937.

Hugo von Langenstein, urkundl. 1257–1298, schwäb. Edelmann aus der Bodenseegegend (Mainau). 1282 Deutschordensritter, 1287 Komtur. – Vf. e. breiten (um 33 000 Verse), bilderreichen Legende der hl. Martina (um 1293) in Reimversen mit allegor. und lehrhaften Einlagen (Medizin, Astronomie).
A: A. v. Keller 1856 (BLV 38, n. 1978).
L: P. Dold, Diss. Straßb. 1912; E. Wiegmann, Diss. Halle 1919.

Hugo von Montfort, 1357 – 4. 4. 1423; vorarlberg. Adelsgeschlecht mit Ländereien in Vorarlberg, Schweiz und Steiermark, 1377 Teilnehmer an e. Kreuzzug gegen Preußen im Dienst Albrechts II. von Österreich, 1381/82 an der Eroberung von Terris/Italien als österr. Kriegshauptmann. 1388 österr. Landvogt in Aargau und Thurgau, 1413–16 Landeshauptmann der Steiermark. – E. der letzten Vertreter des dt. Minnesangs; nüchterner Dilettant ohne formalen Ehrgeiz. In s. Liedern realist. Wendung vom konventionellen Minnedienst zum Erlebnishaften: Huldigung der Gattin. Ferner Spruchgedichte sowie polit., autobiogr. und kulturhist. interessante stroph. Briefe an s. Frau. Verto-

nung der Lieder durch H.s Knappen Burk Mangolt.
A: K. Bartsch 1879 (BLV 143); J. E. Wackernell 1881; P. Runge 1906 (m. Melod.); E. Turnher IV 1978–81; nhd. *Übs.:* W. Weinzierl, 1971.
L: H. Walther, Diss. Marb. 1936; A. Kayser-Petersen, Diss. Mchn. 1960; G. Moczygemba, 1967.

Hugo von Trimberg, um 1230 Werna bei Würzburg – nach 1313, Ostfranke, Klosterschule. 1260–1309 Schulmeister, später Schulrektor am Kollegiatstift St. Gangolf in der Bamberger Vorstadt Teuerstadt. – Mhd. Lehrdichter von enger bürgerl.-christlicher Weltanschauung, schlichter Bibelfrömmigkeit und pessimist. Grundzug. Schrieb 1290–1300 ein formloses, nüchtern-hausbackenes Lehrgedicht von 24 600 Versen ›Der Renner‹, bürgerl.-moral. Sittenspiegel und Enzyklopädie s. Zeit in allegor. Darstellung. H. schrieb ferner lat. Lehr- und Erbauungsbücher: e. ›Registrum multorum auctorum‹ (um 1280), e. lat. Literaturgesch., e. ›Laurea Sanctorum‹, Biographien von 200 Kalenderheiligen, und e. Slg. von 166 Predigtmärlein ›Solsequium‹.
A: Renner: G. Ehrismann IV 1908–11, n. 1970; Registrum: K. Langosch 1942, n. 1969; Laurea: H. Grotefend (Anz. f. Kunde d. dt. Vorzeit 8–10) 1970; Solsequium: E. Seemann 1914.
L: L. Behrendt, The Ethical Teaching of H. v. T., Cath. Univ. of America 1926; F. Götting, D. ›R.‹, 1932; F. Vomhof, D. ›R.‹, Diss. Köln 1959.

Humboldt, Wilhelm Freiherr von, 22. 6. 1767 Potsdam – 8. 4. 1835 Tegel b. Berlin, Stud. seit 1787 mit s. Bruder Alexander v. H. Jura Frankfurt/Oder, seit 1789 Göttingen; Reisen nach Frankreich und in die Schweiz, dann in Erfurt und Weimar, vorübergehend bis 1791 in diplomat. Dienst in Berlin, ⚭ 1791 Karoline von

Dacheröden († 1829). Ab 1794 Privatgelehrter in Jena, Verkehr mit Schiller, Goethe, Dalberg, den Schlegels u. a., 1797–99 in Paris, dann Spanien; 1801–08 preuß. Ministerresident, dann Gesandter in Rom, 1809–19 Leiter des preuß. Kultus- und Unterrichtswesens im Innenministerium, 1810 Gründer der Berliner Univ., 1810 Gesandter in Österreich, 1814/15 auf dem Wiener Kongreß, 1816/17 Mitgl. der dt. Territorialkommission in Frankfurt/M. 1817 Gesandter in London. 1819 Minister für ständ. und kommunale Angelegenheiten, 1819 Rücktritt; lebte seither ganz seinen sprachwiss. Arbeiten auf Schloß Tegel. – Universaler Gelehrter, Philologe, Sprachphilosoph, Ästhetiker, Staatsmann, Kulturpolitiker und Bildungstheoretiker des dt. Idealismus. Schrieb auch Gedichte, Übs. und lit.-krit. Arbeiten, Verfechter der freien, umfassenden Persönlichkeitsbildung mit dem Ziel e. sittl. Individualität im Sinne e. kosmopolit. Neuhumanismus, der gegenüber er die Rechte des Staates einschränkt. Schloß in s. organ. Betrachtung der Sprache als geistiger Kraft von der ›inneren Sprachform‹ auf das seel. Erleben der Völker.

W: Ästhetische Versuche I, 1799; Prüfung der Untersuchungen über die Urbewohner Hispaniens vermittelst der Vaskischen Sprache, 1821; Über die Aufgabe des Geschichtsschreibers, 1822; Briefwechsel zwischen Schiller und W. v. H. Mit einer Voreinnerung über Schiller und den Gang seiner Geistesentwicklung, 1830 (n. 1952); Über die Verschiedenheit des menschlichen Sprachbaues und ihren Einfluß auf die geistige Entwicklung des Menschengeschlechts, 1836 (Faks. ²1968); Ideen zu einem Versuch, die Gränzen der Wirksamkeit des Staats zu bestimmen, 1851 (n. 1967); Tagebuch von seiner Reise nach Norddeutschland, hg. A. Leitzmann, 1894 (n. 1970). – GW, hg. C. Brandes VII 1841–52 (n. 1987); GS, hg. A. Leitzmann XVII 1903–36 (n. 1968); Werke, hg. A. Flitner u. K. Giel V 1960 ff.; Studienausgabe, hg. K. Mül-

ler-Vollmer III 1971 ff.; Schriften zur Sprache, hg. M. Böhler 1973; Briefe, Ausw. W. Rössle, 1952; Briefe an e. Freundin (Ch. Diede), II 1847 (n. H. Meisner 1925); Briefw. mit Schiller, hg. A. Leitzmann 1900, S. Seidel II 1962; Caroliner v. H., hg. A. v. Sydow VII 1906–16, A. W. Schlegel, hg. A. Leitzmann 1908, Goethe, hg. L. Geiger 1909, C. Reinhard-Reimarus, hg. A. Schreiber 1956.
L: R. Haym, 1856; A. Leitzmann, 1919; E. Spranger, W. v. H. und die Humanitätsidee, ²1928; W. Schultz, Die Religion W. v. H.s, 1932; K. Grube, W. v. H.s Bildungsphilos., 1935; J. A. v. Rantzau, 1939; E. Howald, 1944; F. Schaffstein, 1952; R. Freese, hg. 1955; P. B. Stadler, W. v. H.s Bild d. Antike, 1959; S. A. Kaehler, W. v. H. u. d. Staat, ²1963; E. Spranger, W. v. H. u. d. Reform d. Bildungswesens, ³1965; C. Menze, W. v. H.s Lehre u. Bild v. Menschen, 1965; W. v. H., 1967; E. Kessel, 1967; K. Müller-Vollmer, Poesie u. Einbildungskraft, 1967; J. Knoll u. H. Siebert, 1969; P. Berglar, 1970; W. Richter, D. Wandel d. Bildungsgedanken, 1971; R. A. Novak, W. v. H. as a Lit. Critic, 1972; H. Scurla, 1976; P. R. Sweet, Columbus 1978–80; T. Borsche, Sprachansichten, 1981.

Huna, Ludwig, 18. 1. 1872 Wien – 28. 11. 1945 St. Gallen/Steiermark, Offizierssohn, bis 1905 Offizier in Wien, seither freier Schriftsteller, ab 1913 in St. Gallen/Steiermark. – Vf. effektvoller hist. Unterhaltungsromane aus MA. und Renaissance.

W: Die Stiere von Rom, R. 1920; Der Stern des Orsini, R. 1921; Das Mädchen von Nettuno, R. 1922 (alle 3 u. d. T. Borgia-Trilogie, 1928); Christus-Trilogie, I: Ein Stern geht auf, R. 1938, II: Das hohe Leuchten, R. 1938, III: Golgatha, R. 1939; Die Kardinäle, R. 1939.

Hunnius, Monika, 14. 7. 1858 Narva – 31. 12. 1934 Riga; Sängerin, Gesangs- und Deklamationslehrerin in Riga, im Alter schwer leidend. – Balt. Schriftstellerin von streng christl., kunstgläubiger Grundhaltung. Kulturhist. wertvolle Memoiren und Lebensbilder.

W: Bilder aus der Zeit der Bolschewikenherrschaft in Riga, 1921; Mein Onkel Hermann, Erinn. 1922; Menschen, die ich erlebte, 1922; Meine Weihnachten, E. 1922; Mein Weg zur Kunst, Aut. 1925; Baltische Häuser und Gestalten, 1926; Aus Heimat und Fremde, 1928;

Baltische Frauen von einem Stamm, 1930;
Das Lied von der Heimkehr, 1932; Mein Elternhaus, 1935; Briefwechsel mit einem Freunde, 1935; Wenn die Zeit erfüllet ist, Br. u. Tg. 1937.

Hunold, Christian Friedrich (Ps. Menantes), 29. 9. 1681 Wandersleben b. Neudietendorf – 16. 8. 1721 Halle; 1697 Stud. Jura Jena, 1700 Schriftsteller in Hamburg (floh 1706 wegen e. Skandals), 1707 Arnstadt, 1708 Dozent in Halle. – Lyriker und Erzähler galanter, höf.-histor. und satir. Romane, Mischung von Abenteuer-, Liebesroman, Klatsch und Erotik, z. T. Schlüsselromane. Auch Anstandsbücher, Briefsteller, Libretti.

W: Die Verliebte und Galante Welt, R. 1700; Die Edle Bemühung, G. II 1702; Die Liebens-Würdige Adalie, R. 1702; Salomon, Sp. 1704; Galante … Gedichte, II 1704; Der Thörichte Pritsch-Meister, Sat. 1704; Der Europäischen Höfe Liebes- und Helden-Geschichte, R. 1705 (n. 1978); Satyrischer Roman, R. II 1706 (n. 1973); Academische Nebenstunden, G. 1713; Auserlesene und noch nie gedruckte Gedichte, 1718.
L: H. Vogel, 1898; H. Singer, D. galante Roman, ²1966.

Hutten, Ulrich von, 21. 4. 1488 Burg Steckelberg b. Fulda – 29. 8. (9.?) 1523 Insel Ufenau. Aus altem fränk. Rittergeschlecht; 1499 Klosterschule Fulda, 1505 Flucht nach Köln, Stud. ebda., Greifswald und Erfurt, Anschluß an humanist. Kreise, 1506 Magister in Frankfurt/O. und Leipzig, ab 1509 Wanderleben als Humanist und Dichter; Fehde gegen Herzog Ulrich von Württ., der s. Vetter Hans v. H. hatte ermorden lassen; 1519 an dessen Vertreibung beteiligt. 1512 Stud. Jura Pavia und Bologna, 1513 Landsknecht vor Padua, nach s. Rückkehr 1517/18 im Dienst des Erzbischofs Albrecht von Mainz, mit ihm auf dem Reichstag zu Augsburg, hier von Maximilian I. als Dichter gekrönt und zum Ritter geschlagen. Auf e. 2. Italienreise Stud. Jura Bologna, besuchte Venedig, trat seit 1519 als Anhänger Luthers auf, floh vor s. Gegner zu dem geächteten Franz v. Sickingen auf die Eberburg und nach Landstuhl (worauf Luther und Erasmus von ihm abrückten), zog nach dessen Tod 1522 nach Basel und fand schließlich durch Zwingli e. Asyl auf der Ufenau im Zürcher See, wo er verlassen und syphiliskrank starb. – Nationaler Dichter des dt. Humanismus, Vf. von meist lat., ab 1521 z. T. von ihm selbst dt. übs. Dialogen nach Muster Lukians, die mit z. T. allegor. Gestalten in lebendiger, dramat. Sprache von rhetor. Schwung, Humor und scharfer aggressiver Satire in Art der Flugschriften aktuelle Fragen s. Zeit mit dem Ziel der öffentl. Meinungsbeeinflussung breiterer Kreise behandeln. Leidenschaftl.-kämpfer. Stellungnahme für Freiheit, Menschlichkeit und gegen Fürstenwillkür, für die Reformation und gegen Papsttum, reaktionäre Geistlichkeit und kath. Dogmatik, für e. starkes, auf die Ritterschaft gestütztes dt. Kaisertum und nationale Einigkeit gegen die Feinde des Dt. Reiches. Führte den Dialog in die dt. Flugschriftenlit. ein. Auch Liederdichter (›Ich hab's gewagt mit Sinnen‹, 1521) sowie vermutl. Mitvf. des 2. Teils der → ›Epistolae obscurorum virorum‹ (1517). Als idealist. nationaler Kämpfer und humanist. gebildeter Vertreter standesbewußten Rittertums mehrfach Gegenstand späterer Dichtungen (C. F. Meyer 1871 u. a.).

W: Querelae, G. 1510; Exhortatio, G. 1512; Phalarismus, Dial. 1517; Nemo, G. 1518; Aula, Dial. 1518; Fortuna, Dial. 1519; Febris,

Dial. 1519; Inspicientes, Dial. 1520; Vadiscus, Trias Romana, Dial. 1520; Gesprächbüchlein, 1521 (hg. R. Zoozmann ²1908); Die Klag und Vermahnung gegen dem Gewalt des Bapstes, 1521; Arminius, Dial. 1529 (hg. P. Sparmberg 1920). – Opera, hg. E. Böcking VII 1859–70 (I–V n. 1963); Jugenddichtungen, hg. u. d. E. Münch ²1850; Gespräche, erl. D. F. Strauß 1858–60; D. dt. Dichtungen, hg. D. Balke 1890 (n. 1974); Deutsche Schriften, hg. S. Szamatolski 1891, hg. P. Ukena 1970, hg. H. Mettke II 1972ff.

L: D. F. Strauß, 1858 (hg. O. Clemen ³1938); P. Kalkoff, U. v. H. u. d. Reformation, 1920; ders., H.s Vagantenzeit und Untergang, 1925; O. Flake, 1929; H. Röhr, Diss. Hdlbg. 1936; H. Grimm, H.s Lehrjahre a. d. Univ. Frankfurt a. d. O. u. s. Jugenddichtungen, 1938; G. Ritter, 1941; H. Drewinc, Vier Gestalten a. d. Zeitalter d. Humanismus, 1946; L. Quattrocchi, Rom 1963; H. Holborn, ²1968; T. W. Best, Chapel Hill 1969; H. Grimm, 1971; F. Rueb, 1981; B. H. Bonsels, Feder u. Schwert, 1983; W. Kreutz, D. Deutschen u. U. v. H., 1985; Bibl.: E. Böcking, 1868; J. Benzing, U. v. H. u. s. Drucker. 1956.

Iffland, August Wilhelm, 19. 4. 1759 Hannover – 22. 9. 1814 Berlin; aus wohlhabendem Elternhaus, zum Theologen bestimmt, entfloh 1777 und ging zur Bühne, zuerst an das Gothaer Hoftheater unter Ekhof, nach dessen Tod 1779 mit s. Freunden Beil und Beck auf e. Ruf Dalbergs ans Mannheimer Nationaltheater, wo er als Charakterdarsteller bes. in kom. und rührseligen Rollen (auch erster Franz Moor) s. Ruhm begründete. Ab 1796 Direktor des Kgl. Preuß. Nationaltheaters in Berlin, 1811 Generaldirektor der Kgl. Schauspiele. Förderte als Theaterleiter entgegen der deklamator. Weimarer Richtung e. möglichst natürl., lebensnahes Spiel; verdient um Aufführungen Shakespeares, Schillers und Z. Werners. – Nach Kotzebue meistgespielter Bühnenschriftsteller s. Zeit mit 65 geschickt und theaterwirksam aufgebauten Rühr- und

Familienstücken aus dem Leben des dt. Kleinbürgertums. Mischung von aufklär. moral. Pathos, rührseliger Handlung u. einfachen Spannungseffekten im Zeitgeschmack. Auch schauspieltheoret. Schriften.

W: Albert von Thurneisen, Tr. 1781; Verbrechen aus Ehrsucht, Tr. 1784; Fragmente über Menschendarstellung auf den deutschen Bühnen, Schr. 1785; Die Jäger, Dr. 1785; Liebe um Liebe, Dr. 1785; Bewustseyn, Dr. 1787; Der Magnetismus, Dr. 1787; Reue versöhnt, Dr. 1789; Figaro in Deutschland, Lsp. 1790; Elise von Valberg, Dr. 1792; Die Hagestolzen, Lsp. 1793; Meine theatralische Laufbahn, 1798 (n. 1968); Der Spieler, Dr. 1798; Der Oheim, Lsp. 1807. – Dramatische Werke, XVII 1798–1807; Theorie der Schauspielkunst für ausübende Schauspieler und Kunstfreunde, hg. C. G. Flittner II 1815; Theater, XXIV 1843; Briefe, hg. L. Geiger II 1904f.

L: C. Duncker, 1859; A. Stiehler, Das I.sche Rührstück, 1898, n. 1978; B. Kipfmüller, Das I.sche Lustspiel, Diss. Hdlbg. 1899; K. Lampe, Stud. üb. I., 1899; E. Kliewer, 1937; K. H. Klingenberg, I. u. Kotzebue als Dramatiker, 1962.

Ihlenfeld, Kurt, 26. 5. 1901 Kolmar/Els. – 25. 8. 1972 Berlin, Jugend in Bromberg, Stud. Theologie und Kunstwiss. Halle und Greifswald, 1923 Dr. phil., Pfarrer in Schlesien; 1933–43 Redakteur der Lit.-Zs. ›Eckart‹, lit. Leiter des Eckart-Verlags und Gründer des Eckart-Kreises junger christl. Autoren. 1945–49 Pfarrer in Dresden, ab 1950 freier Schriftsteller in Berlin, 1951–62 Hrsg. des Jahrbuchs ›Eckart‹. – Erzähler, Essayist, Lyriker und lit. Kritiker aus der Grundhaltung des mod. Protestantismus. Erzählkunst um Zeitthemen (bes. Flucht und Kriegsende im dt. Osten).

W: Der Schmerzensmann, E. 1949; Poeten und Propheten, Ess. 1951; Wintergewitter, R. 1951; Kommt wieder, Menschenkinder, R. 1954; Eseleien auf Elba, En. 1955; Rosa und der General, Dr. 1957; Freundschaft mit J. Klepper, Schr. 1958; Unter dem einfachen Himmel, G. 1959; Der Kandidat, R. 1959; Zeitgesicht, Ess. 1960; Die Nacht von der man spricht, Spp. 1961; Gregors vergebliche

Reise, R. 1962; Stadtmitte, Tg. 1964; Noch spricht das Land, Schr. 1966; Angst vor Luther?, Ess. 1967; Loses Blatt Berlin, Ess. 1968; Das Fest der Frauen, Sk. 1971.

Ilg, Paul, 14. 3. 1875 Salenstein/ Thurgau – 15. 6. 1957 Uttwil/ Schweiz, anfangs Kaufmann, 1900–02 Redakteur der ›Woche‹ in Berlin, seit 1903 freier Schriftsteller in Uttwil/Thurgau. – Naturalist.-spröder Schweizer Erzähler von gesellschaftskrit. Entwicklungs- u. Zeitromanen. Hartrealist. Heimatdichtung mit sozialem und tendenziösem Einschlag, anschaul. Charakteristik, doch rein stoffl. Wirkung in der Tradition des 19. Jh. Ferner volksliednahe Lyrik, Romanzen und Drama.

W: Skizzen und Gedichte, 1902; Lebensdrang, R. 1906; Gedichte, 1907; Der Landstörtzer, R. 1909; Die Brüder Moor, R. 1912; Das Menschlein Matthias, R. 1913; Was mein einst war, En. 1915; Der starke Mann, R. 1917; Der Führer, Dr. 1919; Probus, R. 1922; Mann Gottes, Tragikom. 1924; Der rebellische Kopf, Sk. u. Sat. 1927; Sommer auf Salagnon, R. 1937; Der Erde treu, G.-Ausw. 1943; Grausames Leben, R. 1944.

L: F. Larese, 1943.

Immermann, Karl Leberecht, 24. 4. 1796 Magdeburg – 25. 8. 1840 Düsseldorf; Sohn e. Kriegs- und Domänenrats aus alter preuß. Beamtenfamilie; Gymnas. Magdeburg, 1813–17 Stud. Halle, Freiwilliger in den Befreiungskriegen, jedoch wegen Nervenfieber nicht im Feld; 1815 Teilnehmer am 2. Feldzug, in der Schlacht bei Belle-Alliance und in Paris; als Offizier entlassen. Führer im Kampf gegen die unduldsamen Burschenschaften. Seit 1817 im preuß. Staatsdienst; bis 1819 Auskultator und Referendar in Magdeburg, dann Divisionsauditeur in Münster (Freundschaft mit der Gräfin Elisa von Lützow, geb. Ahlefeldt, die ihm nach Düsseldorf folgte); 1824 Kriminalrichter

in Magdeburg, 1827 Landgerichtsrat in Düsseldorf, 1832 Gründer e. Theatervereins und 1835–37 Leiter des Theaters ebda.; beschäftigte zeitweilig Grabbe als Dramaturgen. S. erfolgr. Bemühungen um Hebung der Theaterkultur und e. lit. beachtl. Spielplan fanden kaum öffentl. Unterstützung. 1839 ⨯ Marianne Niemeyer. – Bedeutender Dichter an der Scheide zwischen Idealismus und Realismus, erlebte sich bewußt als Epigonen der dt. Klassik und Romantik (bes. Goethes, Schillers, Kleists und Tiecks) in e. durch die Entwicklung von Technik und Industrie wie durch die polit.-soziale Umschichtung veränderten Welt und rang im Bewußtsein dieser Zwiespältigkeit um e. neuen, zeitgemäßen Inhalt und Ausdruck s. Dichtung. Als Dramatiker mit s. Lustspielen, hist. Dramen und dem myth.-allegor., faustischen Weltanschauungsdrama ›Merlin‹ wie in s. Lyrik und dem zeitsatir. kom. Epos ›Tulifäntchen‹ noch ganz von klass.-romant. Vorbildern abhängig und wenig erfolgr. Zukunftweisend als Erzähler von klarem Ausdruck und scharfer Beobachtung mit s. beiden gesellschaftskrit. Zeitromanen, von denen ›Die Epigonen‹ mit romant. Technik (Anlehnung an ›Wilhelm Meister‹) die Auflösung der überkommenen Sozialordnung darstellt, während der satir. ›Münchhausen‹ die Lügenwelt e. sich auflösenden Gesellschaft im Gegensatz zum westfäl. Bauerntum der kapitelweise eingeschobenen realist. ›Oberhof‹-Dorfgeschichte sieht.

W: Die Prinzen von Syrakus, Lsp. 1821; Gedichte, 1822; Trauerspiele, 1822; König Periander und sein Haus, Tr. 1823; Das Auge der Liebe, Lsp. 1824; Cardenio und Celinde, Tr. 1826; Kaiser Friedrich der Zweite, Tr.

1828; Das Trauerspiel in Tyrol, Dr. 1828 (u.
d. T. Andreas Hofer, 1834); Der im Irrgarten
der Metrik umhertaumelnde Cavalier, Sat.
1829; Die Schule der Frommen, Lsp. 1829;
Gedichte, N. F. 1830; Tulifäntchen, Ep. 1830
(n. 1968); Alexis, Dr.-Tril. 1832; Merlin, Dr.
1832; Reisejournal, 1833; Die Epigonen, R.
III 1836 (n. 1984); Münchhausen, R. IV
1838f. (n. 1977); Memorabilien, Aut. III
1840–43 (n. 1966); Tristan und Isolde, Ep.
1841. – Werke, hg. R. Boxberger XX 1883;
hg. H. Maync V 1906; hg. W. Deetjen VI
1911, ²1923; hg. B. v. Wiese V 1971–77;
Briefe, hg. P. Hasubek III 1978–84; Tagebücher 1831–40, hg. ders. 1984.
L: G. zu Putlitz, II 1870; W. Deetjen, I.s
Jugenddramen, 1904; S. v. Lempicki, I.s
Weltanschauung, 1910; W. E. Thormann, I.
u. d. Düsseldorfer Musterbühne, 1920; H.
Maync, 1921; E. Guzinski, I. als Zeitkritiker,
Diss. Köln 1937; W. Fehse, 1940; I. Mees,
Diss. Bonn 1948; M. Windfuhr, I.s erz.
Werk, 1957; A. W. Porterfield, N. Y. ²1966;
B. v. Wiese, 1969; S. Kohlhammer, Resigna-
tion u. Revolte, 1973.

Inglin, Meinrad, 28. 7. 1893
Schwyz – 4. 12. 1971 ebda., Sohn
e. Goldschmieds u. Jägers, mit 15
Jahren Vollwaise; Uhrmacher-
und Kellnerlehrling, Gymnas.,
dann Stud. Lit. geschichte und
Psychologie Neuenburg, Genf
und Bern; Zeitungsredakteur, im
1. (und 2.) Weltkrieg Offizier im
Grenzdienst, 1 Jahr in Berlin, ab
1923 freier Schriftsteller in
Schwyz. 1948 Dr. phil. h. c. Zürich, zahlr. Preise. – Nach Stoff-
wahl und Geisteshaltung spezi-
fisch schweizer. Erzähler der Gegenwart in der Schweizer realist.
Tradition; unsentimentale Romane und Erzählungen aus dem
Schweizer Volksleben mit dem
charakterist. Gegenüber von urwüchsigem Bauertum und wur-
zelloser Zivilisation, und bes. aus
der Schweizer Geschichte. Auch
autobiograph. Entwicklungsromane. Stets durch Aufdeckung
seel. Hintergründe über die Heimatdichtung hinausführend.
W: Die Welt in Ingoldau, R. 1922; Über den
Wassern, En. 1925; Wendel von Euw, R.
1925; Grand Hotel Excelsior, R. 1928; Lob
der Heimat, Es. 1928; Jugend eines Volkes,

En. 1933; Die graue March, R. 1935; Schwei-
zerspiegel, R. 1938; Güldramont, En. 1943;
Die Lawine, En. 1947; Werner Amberg, R.
1949; Ehrenhafter Untergang, E. 1952; Ur-
wang, R. 1954; Verhexte Welt, En. 1958;
Besuch aus dem Jenseits, En. 1961; Erlenbuel,
R. 1965; Erzählungen, II 1968f.; Notizen des
Jägers, Ess. 1973. – Werkausg., VIII 1981.
L: P. Zürrer, Diss. Zürich 1955; E. Wilhelm,
1957 (m. Bibl.); M. I, 1974; B. von Matt,
1976, 1985.

Ingold, Felix Philipp, * 25. 7.
1942 Basel; Stud. Basel, Paris,
Moskau, Dr. phil.; Prof. für Sla-
wistik Hochschule St. Gallen. –
Vf. intellektuell kalkulierter, iron.
verspielter, hermet. Prosatexte;
auch Lyrik und Übs.
W: Literatur und Aviatik, Schr. 1978; Leben
Lamberts, Prosa 1979; Unzeit, G. 1981;
Haupts Werk. Das Leben, Prosa 1984;
Fremdsprache, G. 1985; Mit andern Worten,
Prosa 1986; Letzte Liebe, R. 1987.

Ingrisch, Lotte (Ps. Tessa Tüvari), * 20. 7. 1930 Wien, ∞ Gottfried von Einem, lebt in Wien. –
Vf. leicht hintergründiger unterhaltungsromane, dann unterhalt-
sam-makabrer Komödien aus der
Wiener Plüschzeit voll enttäuschter Illusionen und schwarzem Humor in der Nachfolge von Horváth, Herzmanovsky-Orlando
und Dürrenmatt. Auch Hör- und
Fernsehspiele.
W: Verliebter September, R. 1958; Das En-
gelfernrohr, R. 1960; Das Fest der Hungrigen
Geister, R. 1961; Vanillikipferln, K. (1964);
Ein Abend zu dritt, K. (1965); Die Witwe, K.
(1965); Donau so blau, K. (1965); Alle Vöglein, alle, H. (1965); Eine leidenschaftliche
Verwechslung, H. (1966); Der Bräutigam,
H. (1967); Die Wirklichkeit als was man
dagegen tut, Dr. (1968); Der Affe des Engels;
K. (1971); Letzte Rose, K. (1971); Der Hut-
macher, FSsp. (1972); Geisterstunde, K.
(1973); Damenbekanntschaften, Kn. 1973;
Kybernetische Hochzeit, K. (1974); Die fünfte Jahreszeit, K. (1978); Lambert Veigerl
macht sein Testament, K. (1980); Jesu Hochzeit, Libr. (1980); Wiener Totentanz, Dr.
1985; Amour noir, R. 1985; Schmetterlings-
schule, Leseb. 1986.

Innerhofer, Franz, * 2. 5. 1944
Krimml/Salzburg;   Sohne   e.

Landarbeiterin, Schmiedelehre, Abendgymnas., Stud. Germanistik Anglistik Salzburg. Lebt in Graz. – Erzählt in autobiogr. Romanen Fortschritt und Desillusionen des eigenen Bildungsaufstiegs.

W: Schöne Tage, R. 1974; Schattseite, R. 1975; Innenansichten eines beginnenden Arbeitstages, E. 1976; Die großen Wörter, R. 1977; Der Emporkömmling, E. 1982.

Ipse, Henrik → Hartleben, Otto Erich

Isidorus Orientalis → Loeben, Otto Heinrich Graf von

Jacob, Heinrich Eduard, 7. 10. 1889 Berlin – 25. 10. 1967 Salzburg, Sohn e. Ägyptologen, Stud. Gesch., Lit. und Musik Berlin (Dr. phil.), Freund G. Heyms, 1921–24 Hrsg. der Zs. ›Der Feuerreiter‹, Feuilletonredakteur und Reiseberichterstatter, 1926–1933 Chefkorrespondent des ›Berliner Tageblatts‹ in Wien, 1938/39 KZ, 1940 Emigration nach USA, bes. New York, dann wieder Hamburg. – Vorwiegend Erzähler, beleuchtet in s. frühen Novellen und Romanen die Problematik der Jugend und der Zeitsituation nach dem 1. Weltkrieg; später kulturgeschichtl. ›Tatsachenromane‹ sowie Musikerbiographien. Auch Dramatiker, Lyriker und Essayist.

W: Das Leichenbegängnis der Gemma Ebria, Nn. 1912; Reise durch den belgischen Krieg, Tgb. 1915; Der Zwanzigjährige, R. 1918; Beaumarchais und Sonnenfels, Dr. 1919; Die Physiker von Syrakus, Dial. 1920; Der Tulpenfrevel, Dr. 1920; Das Flötenkonzert der Vernunft, Nn. 1923; Jacqueline und die Japaner, R. 1928; Blut und Zelluloid, R. 1930 (n. 1986); Die Magd von Aachen, R. 1931; Liebe in Üsküb, R. 1932; Sage und Siegeszug des Kaffees, Schr. 1934; Der Grinzinger Taugenichts, R. 1935; J. Strauß, B. 1937; Six thou-

sand years of bread, Schr. 1944 (6000 Jahre Brot, d. 1954); J. Haydn, B. 1950 (d. 1952); Estrangeiro, R. 1951; Mozart, B. 1955; F. Mendelssohn, B. 1959.

Jacobi, Friedrich Heinrich, 25. 1. 1743 Düsseldorf – 10. 3. 1819 München; Kaufmannssohn, jüngerer Bruder von Johann Georg J.; sollte Kaufmann werden, 1759–63 Lehre und philos. Stud. in Genf; übernahm 1764 das Geschäft s. Vaters, ⚭ Betty von Clermont († 1784), durch diese 1774 Bekanntschaft mit Goethe, seit 1770 auch mit Wieland, ferner mit Hamann, Herder, Heinse u. a., 1772 Aufgabe des Kaufmannsberufs, Rat bei der jül.-berg.-Hofkammer, Leiter des Zollwesens, 1779 Geh.-Rat und Ministerialreferent für Zoll- und Kommerzwesen in München, fiel in Ungnade, kehrte 1779 auf s. Landsitz Pempelfort b. Düsseldorf zurück, flüchtete vor der Franz. Revolution 1794 nach Eutin, Wandsbek und Hamburg. 1805 Präsident der Akad. der Wiss. in München, Prof. für Philos. ebda.; 1813 im Ruhestand. – Schriftsteller und Philosoph im Gefolge des Sturm und Drang, Vf. zweier philos. Briefromane um den subjektiven Genieglauben Goethes. Vollzog als Denker die Wendung von Kants Vernunftlehre und Fichtes Idealismus zu e. das Gefühl und die Wirklichkeit anerkennenden, realist.-christl. Gefühlsphilos. Sah die Entwicklung zum Nihilismus (e. Begriffsprägung J.s) voraus. Vorläufer Kierkegaards, Nietzsches und der Existenzphilos.

W: Woldemar, R. 1779 (Faks. hg. H. Nicolai 1969; erw. II 1794); Über die Lehre des Spinoza in Briefen an den Herrn Moses Mendelssohn, 1785; David Hume über den Glauben oder Idealismus und Realismus. Ein Gespräch, 1787; Eduard Allwill's Briefsammlung, R. 1792 (hg. J. U. Terpstra, Groningen

1957; Faks. des Erstdrucks im ›Teutschen Merkur‹ von 1776, hg. H. Nicolai 1962); Von den Göttlichen Dingen und ihrer Offenbarung, 1811. – Werke, VI 1812–25 (n. 1976); A. d. Nachlaß, II 1869; Briefwechsel, Gesamtausg., hg. M. Brüggen, S. Sudhof XV 1981 ff.; Auserlesener Briefwechsel, II 1825–27 (n. 1970); Briefe hg. R. Zoeppritz II 1869; Schriften, Ausw. hg. L. Matthias 1926. *L:* E. Zirngiebel, 1867; L. Lévy-Bruhl, La philos. de J., Paris 1894; R. Kuhlmann, D. Erkenntnislehre J.s, 1906; F. A. Schmid, 1908; O. Heraeus, F. J. u. d. Sturm u. Drang, 1928; V. Verra, Turin 1963; H. Nicolai, Goethe u. J., 1965; O. F. Bollnow, D. Lebensphilos. J.s, ²1966; G. Baum, Vernunft u. Erkenntnis, 1968; K. Hammacher, D. Philos. F. H. J.s, 1969; F. H. J., hg. K. Hammacher 1971; K. Homann, F. H. J.s Philos. d. Freiheit, 1973.

Jacobi, Johann Georg, 2. 9. 1740 Düsseldorf – 4. 1. 1814 Freiburg/Br., Bruder von Friedrich Heinrich J., 1758 Stud. Theol. Göttingen, 1761 Jura und Philol. Helmstedt, Marburg, Leipzig und Jena, dann Philos. Göttingen, 1766 Prof. der Philos. in Halle, seit 1768 durch Gleim Kanonikus in Halberstadt. 1774–77 Hrsg. der Zs. ›Iris‹, zu der Goethe beitrug, 1795–1813 der ›Taschenbücher‹ (ab 1803 ›Iris‹). 1784 Prof. der schönen Wiss. in Freiburg/Br. Konvertierte zum Katholizismus. – Anakreont. Lyriker mit anmutig-leichter, tändelnder poésie fugitive nach franz. Muster von echter poet. Stimmung; Nähe zu Gleim und Wieland. Von Nicolai (als ›Herr von Säugling‹ in ›Sebaldus Nothanker‹) wie von den Stürmern und Drängern verspottet.
W: Poetische Versuche, 1764; Abschied an den Amor, G. 1769; Die Winterreise, G. 1769; Die Sommerreise, G. 1770. – SW, III 1770–74; Theatralische Schriften, 1792; SW, VIII 1807–22; AW, III 1854; Ungedruckte Briefe von und an G. J., hg. E. Martin 1874. *L:* U. Schober, 1938.

Jacobowski, Ludwig, 21. 1. 1868 Strelno/Posen – 2. 12. 1900 Berlin, Kaufmannssohn, ab 1886 in Berlin, 1887–90 Stud. Lit. ebda. und Freiburg/Br., Dr. phil., 1890 mit R. Zoozmann Gründer der Zs. ›Der Zeitgenosse‹, 1898 Schriftleiter der Zs. ›Die Gesellschaft‹ in Berlin. – Volksnaher Lyriker, Erzähler um dt.-jüd. Problematik, Essayist, Feuilletonist, Kritiker und wichtiger lit. Vermittler der Berliner Moderne.
W: Aus bewegten Stunden, G. 1888; Funken, G. 1890; Werther der Jude, R. 1892; Aus Tag und Traum, G. 1895; Diyab, der Narr, K. 1895; Anne-Marie, N. 1895; Satan lachte, En. 1898; Loki, R. 1898; Leuchtende Tage, G. 1900. – Auftakt zur Lit. des 20. Jh., Br. hg. F. B. Stern II 1974.
L: O. Reuter, 1900; H. Friedrich, 1901; W. Stoll, Diss. Wien 1953; F. B. Stern, 1967.

Jacques, Norbert, 6. 6. 1880 Luxemburg – 15. 5. 1954 Koblenz, Stud. Bonn. Journalist in Hamburg, Berlin; seit 1906 Weltreisen, dann freier Schriftsteller auf s. Gut Adelinenhof b. Lindau, ab 1945 Hamburg-Großflottbeck. – Verfasser von spannenden Romanen in exot. Landschaft, ferner Novellen, Reisebücher.
W: Funchal, R. 1909; Der Hafen, R. 1910; Heiße Städte, Reiseber. 1911; Piraths Insel, R. 1917; Landmann Hal, R. 1919; Siebenschmerz, R. 1919; Auf dem chinesischen Fluß, Reiseber. 1921; Dr. Mabuse, der Spieler, R. 1921; Der Kaufherr von Shanghai, R. 1925; Die Limmburger Flöte, R. 1929; Der Bundschuh-Hauptmann Joss, R. 1936; Leidenschaft, Schiller-R. 1939; Am Rande der Welt, R. 1947; Mit Lust gelebt, Aut. 1950. *L:* G. Scholdt, D. Fall N. J., 1976.

Jaeckle, Erwin, *12. 8. 1909 Zürich, Dr. phil., 1942–50 Gemeinderat in Zürich, 1947–62 im Nationalrat; 1943–71 Chefredakteur der Zürcher Tageszeitung ›Die Tat‹. – Neuromant. Lyriker; s. vom Erleben ausgehenden, sprachl. kühnen Natur-, Landschafts- und Liebesgedichte mythisieren die Natur und machen im Gegenwärtigen Vergangenes sichtbar. Konservativer Essayist.

W: Die Kelter des Herzens, G. 1943; Bürgen des Menschlichen, Ess. 1945; Schattenlos, G. 1947; Gedichte aus allen Winden, G. 1956; Glück im Glas, G. 1957; Die Elfenspur, Ess. 1958; Die goldene Flaute, Tg. 1958; Aber von Thymian duftet der Honig, G. 1961; Das himmlische Gelächter, G. 1962; Die Botschaft der Sternstraßen, Ess. 1966; Der Ochsenritt, G. 1967; Zirkelschlag der Lyrik, Ess. 1967; Nachricht von den Fischen, G. 1969; Signatur der Herrlichkeit, Ess. 1970; Evolution der Lyrik, Ess. 1972; Dichter und Droge, Es. 1973; Meine Alamannische Geschichte, Schr. II 1976; Baumeister der unsichtbaren Kirche, Ess. 1977; Schattenpfad, Erinn. I. 1978; Niemandsland der Dreißigerjahre, Erinn. II 1979; Vom sichtbaren Geist, Abh. 1984.

Jaeger, Henry (eig. Karl-Heinz J.), * 13. 9. 1927 Frankfurt/M., Sohn e. Kupferschmieds, 1943 Flakhelfer, Arbeitsdienst, Militär (Fallschirmspringer), 1945 in engl. Kriegsgefangenschaft; Hospitallaborant, plante Medizinstud., in versch. Berufen gescheitert, dann Chef e. Gangsterbande (Raubüberfälle, Einbrüche), 1955 verhaftet, 1956 zu 12 Jahren Zuchthaus verurteilt, dank lit. Erfolge 1963 Strafaussetzung zur Bewährung; Zeitungsvolontär in Frankfurt/M., dann freier Schriftsteller in Ascona. – Vf. sozialkrit. Romane aus der Welt der Entwurzelten, Deklassierten und Außenseiter (Häftlinge, Zuchthäusler, Prostituierte) mit kolportagehaften Elementen in knapper, sachl. unterkühlter Sprache; Anklage gegen die Methoden des Strafvollzugs und gesellschaftl. Heuchelei.

W: Die Festung, R. 1962; Rebellion der Verlorenen, R. 1963; Die bestrafte Zeit, R. 1964; Jeden Tag Geburtstag, En. 1966; Das Freudenhaus, R. 1966; Der Club, R. 1969; Die Schwestern, R. 1971; Jakob auf der Leiter, R. 1973; Nachruf auf ein Dutzend Gauner, R. 1975; Hellseher wider Willen, R. 1977; Ein Mann für eine Stunde, R. 1979; Amoklauf, R. 1982; Kein Erbarmen mit den Männern, R. 1986.

Jäger, Johann → Crotus Rubeanus

Jägersberg, Otto, * 19. 5. 1942 Hiltrup/Westfalen, 1957–59 Buchhandelslehre, bis 1963 Buchhändler, 1965–68 Rundfunkredakteur in Köln, dann freier Schriftsteller in Baden-Baden. – In s. vordergründigen Heimaterzählungen bes. aus Westfalen schelm. Satiriker der bundesdt. Wirklichkeit und der Leute in der Provinz anhand exakter Alltagsschilderungen. Sozialkrit. Hörspiele und Fernseh-Lehrstücke.

W: Weihrauch und Pumpernickel, R. 1964; Nette Leute, R. 1967; Der Waldläufer Jürgen, E. 1969; Der große Schrecken Elfriede, Kdb. 1969; Cosa nostra, Drr. 1971; Land, FSsp. 1972; Das Kindergasthaus, Kdb. 1973; Immobilien, FSsp. (1973); Klarwäsche, FSsp. (1973); He, he, ihr Mädchen und Frauen, H. (1973); Verurteilt, FSsp. (1973); Seniorenschweiz, Rep. 1976; Der industrialisierte Romantiker, Rep. 1976; Der letzte Biß, En. 1977; Herr der Regeln, R. 1983; Vom Handel mit Ideen, En. 1984; Wein, Liebe, Vaterland, Ges. G. 1985.

Jaeggi, Urs, * 23. 6. 1931 Solothurn, Bankkaufmann, Stud. Volkswirtschaft und Soziologie Genf, Bern, Berlin, 1958 Dr. rer. pol., Univ.-Dozent in Bern, 1965 Prof. der Soziologie Bochum, 1970/71 Gastdozent New York, 1972 Prof. F. U. Berlin. – Phantasievoller Schweizer Erzähler von scharfer Beobachtung und skurril-hintergründigem Humor. Später Aussteigerromane und Romane der Studentenrevolte.

W: Die Wohltaten des Mondes, En. 1963; Die Komplicen, R. 1964; Ein Mann geht vorbei, R. 1968; Ordnung und Chaos, Es. 1968; Literatur und Politik, Es. 1968; Literatur und Politik, Es. 1972; Geschichten über uns, En. 1973; Brandeis, R. 1978; Grundrisse, R. 1981; Versuch über den Verrat, Schr. 1984; Fazil und Johanna, En. 1985.

Jahn, Moritz, 27. 3. 1884 Lilienthal b. Bremen – 19. 1. 1979 Göttingen, Sohn e. Seemanns und Beamten, Jugend in Hannover-Linden; Lehrerseminar Hannover,

1906–21 Lehrer an Volksschulen und Lehrerbildungsanstalten (Aurich/Friesl., Melle/Hann.), 1921 Rektor in Geismar, 1921–25 nebenher Stud. Germanistik und Kunstgesch. Göttingen. Von B. Frhr. v. Münchhausen in die Lit. eingeführt. 1943 pensioniert, lebte in Geismar. 1944 Dr. phil. h. c. Göttingen; zahr. Preise. – Grüblerischer niederdt. Dichter von herber Eigenart mit trag. wie humorvoll-satir. und derbkom. Zügen und Vorliebe für tiefere Probleme. Vorzügl. Dialektlyrik, Naturgedichte und histor. Balladen, ganz von der plattdt. Sprache geprägt; daneben grotesk-satir. Gedichte. Erzählungen aus Volksüberlieferung, Märchen u. Sagen der Heimat od. auf dem kulturhistor. Hintergrund d. norddt. MA.

W: Boleke Roleffs, E. 1930; Unkepunz. Ein dt. Gesicht, G. 1931; Frangula, E. 1933; Ulenspegel un Jan Dood, G. u. Ball. 1933; Die Geschichte von den Leuten an der Außenföhrde, N. 1936; Im weiten Land, En. 1938; Die Gleichen, N. 1939; Das Denkmal des Junggesellen, N. 1942; De Moorfro, N. 1950; Luzifer, E. 1956. – GW, III 1963f.

L: M. J. Freundesgabe, hg. W. Jantzen 1959; dass., hg. H. Blome 1974; Stud. z. M. J., hg. D. Stellmacher 1986.

Jahnn, Hans Henny, 17. 12. 1894 Hamburg-Stellingen – 29. 11. 1959 Hamburg, Schiffbauerfamilie, bis 1914 Oberrealschule. 1915–18 als Kriegsgegner in Norwegen, Beschäftigung mit Orgelbau; nach der Rückkehr in Eckel b. Klecken und Hamburg; 1920 Stifter e. neuheidn.-musikal. ›Glaubensgemeinde Ugrino‹ und 1921–33 mit G. Harms Leiter des Ugrino-Musikverlags; seit 1922 Orgelbauer, Experte für alten Orgelbau. 1926 ⚭ Ellinor Philips; 1933 nach Verbot s. Bücher Emigration in die Schweiz, 1934–45 Besitzer des Hofes Bondegaard auf Bornholm, Landwirt, Pferde-

züchter, Hormonforscher. 1945 als dt. Staatsangehöriger enteignet; 1946 wieder Lizenzträger des Ugrino-Verlags Hamburg, wohin er 1950 endgültig übersiedelt. 1950 Präsident der Freien Akademie der Künste ebda. – Einer der bedeutendsten, eigenwilligsten und umstrittensten dt. Dichter des 20. Jh., Dramatiker, Erzähler und Essayist von niederdt. Schwere und naturhaft-heidn. Symbolik mit musikal., log. scharfer und sinn.-anschaul. Sprache; stilist. von Joyce und vom Expressionismus beeinflußter Formexperimentator mit symphon. Bauformen. S. vielschichtigen, grübler. Romane und Dramen umkreisen in monoman. Wiederholung die Stellung schwerblütiger Menschen zwischen den (von J. vorbehaltlos bejahten und provozierend dargestellten) dämon. Triebmächten des Fleisches bis zum Abnormen und Exzessiven einerseits und der geistigen Sehnsucht nach Erlösung aus der Triebgebundenheit andererseits. Aus vordergründiger Realistik, e. sprachl. Konventionen bewußt durchbrechenden Psychoanalyse u. pan.-kreatürl. Elementarsymbolen entsteht e. rein biolog. begründetes, anarchist. und unchristl. Bild des Menschen. Auch musiktheoret. Schriften.

W: Pastor Ephraim Magnus, Dr. 1919; Die Krönung Richards III., Tr. 1921; Der Arzt, sein Weib, sein Sohn, Dr. 1922; Der gestohlene Gott, Tr. 1924; Medea, Tr. 1926; Perrudja, R. 1929; Straßenecke, Dr. 1931; Armut, Reichtum, Mensch und Tier, Dr. 1948; Fluß ohne Ufer, R. I: Das Holzschiff, 1949, II: Die Niederschrift des Gustav Anias Horn, II 1949f., III: Epilog, 1961; Spur des dunklen Engels, Dr. 1952; Neuer Lübecker Totentanz, 1954; Thomas Chatterton, Tr. 1955; Die Nacht aus Blei, R. 1956; Eine Auswahl, hg. W. Muschg 1959; Aufzeichnungen eines Einzelgängers, Ess. 1959; Die Trümmer des Gewissens. Der staubige Regenbogen, Dr.

1961; 13 nicht geheure Geschichten, En. 1963; Dramen, II 1963–65; Über den Anlaß, Ess. 1964; Ugrino und Ingrabanien, R.-Fragm. 1968; Perrudja II, R.-Fragm. 1968; Jeden ereilt es, R.-Fragm. 1968. – Werke und Tagebücher, VII 1974; Wke, XI 1985 ff.; Briefw. m. P. Huchel, hg. B. Goldmann 1975.
L: W. Helwig, H. H. J., Briefe um e. Werk, 1959; H. H. J., Buch der Freunde, hg. R. Italiaander 1961; S. Kienzle, Diss. Wien 1963; H. H. J., ³1980 (Text u. Kritik 2/3); H. Wolffheim, 1966; W. Muschg, Gespräche m. H. H. J., 1967; W. Emrich, D. Problem d. Form i. H. H. J.s Dichtgn., 1968; P. Kobbe, Mythos und Modernität, 1973; B. Goldmann, H. H. J. (Ausstellungskatalog) 1973; H. J. Eichhorn, Diss. Zürich 1973; H. H. J. – Woche, hg. B. Goldmann 1981; M. Maurenbrecher, Subjekt u. Körper, 1983; T. Freeman, 1986; Bibl.: J. Meyer, 1967.

Jakobs, Karl-Heinz, ⋆ 20. 4. 1929 Kiauken/Ostpreußen, Jugend in Ostpreußen, 1945 Soldat, versch. Berufe; Handelsschule, Kaufmann; 1948 Maurerlehre, dann versch. Berufe in Wirtschaft und Presse, 1956 Stud. Literaturinstitut ›J. R. Becher‹ Leipzig, 1958 Journalist, dann Schriftsteller Ost-Berlin. 1979 nach Biermann-Protest Ausschluß aus dem Schriftstellerverband der DDR, seit 1981 in der BR. – Erzähler aus der sozialist. Arbeitswelt von drast.-saloppem Reportagestil; krit. Betrachtung des sozialist. Aufbaus.
W: Guten Morgen, Vaterlandsverräter, G. 1959; Die Welt vor meinem Fenster, En. 1960; Beschreibung eines Sommers, R. 1961; Das grüne Land, E. 1961; Merkwürdige Landschaften, En. 1964; Eine Pyramide für mich, R. 1971; Die Interviewer, R. 1974; Tanja, Taschka u. s. w., R. 1975; Wüste, kehr wieder, R. 1977; Wilhelmsburg, R. 1979; Die Frau im Strom, R. 1982; Das endlose Jahr, Ber. 1983.

Jandl, Ernst, ⋆ 1. 8. 1925 Wien, Kriegsdienst, 1946 Stud. Germanistik und Anglistik Wien, 1950 Dr. phil.; Gymnasiallehrer in Wien; Vortragender eigener Gedichte, 1984 Gastdozent für Poetik Frankfurt/M. – Vf. experimenteller Sprechgedichte mit Be-

tonung des klangl. Elements im Anschluß an den Dadaismus sowie konkreter Poesie in Parallele zu G. Rühm; Nähe zur Wiener Gruppe. In s. Sprachspielereien bemüht um witzigkom. Wirkungen und Assoziationen durch Ablösung des Klangbildes vom Schriftbild. Ähnl. experimentelle Sprachbehandlung und Geräuschpoesie im Hörspiel und Drama.
W: Andere Augen, G. 1956; Lange Gedichte, 1964; Klare gerührt, G. 1964; Mai hart lieb zapfen eibe hold, G. 1965; Laut und Luise, G. 1966; Sprechblasen, G. 1968; Fünf Mann Menschen, H. (1968, m. F. Mayröcker); Der Gigant, H. (1969, m. ders.); Der künstliche Baum, G. 1970; Spaltungen, H. (1970); Die Auswanderer, H. (1970); Das Röcheln der Mona Lisa, H. (1970); Flöda und der schwan, Texte 1971; Der Uhrensklave, H. (1971); Dingfest, G. 1973; Die Männer, Prosa 1973; für alle, Ausw. 1974; serienfuß, G. 1974; Der versteckte Hirte, G. 1975; Die schöne Kunst des Schreibens, Rdn. 1976; Die Humanisten, Dr. 1976; Die Bearbeitung der Mütze, G. 1978; Aus der Fremde, Dr. 1980; Der gelbe Hund, G. 1980; Selbstporträt des Schachspielers als trinkende Uhr, G. 1983; Das Öffnen und das Schließen des Mundes, Vorlesg. 1985. – GW, III 1985.
L: W. Schmidt-Dengler, hg. 1982 (m. Bibl.); K. Pfoser-Schewig, hg. 1985.

Janitschek, Maria (Ps. Marius Stein), geb. Fölk, 23. 7. 1859 Mödling b. Wien – 28. 4. 1927 München; ⊕ 1892 Prof. Hubert J. in Straßburg, 1892 Leipzig, ab 1893 als Witwe in Berlin, dann München. – Naturalist. Lyrikerin und Erzählerin mit Themen um das Seelen- und Liebesleben der Frau; später Unterhaltungsromane.
W: Legenden und Geschichten, 1885; Irdische und unirdische Träume, G. 1889; Lichthungrige Leute, Nn. 1892; Pfadsucher, Nn. 1894; Lilienzauber, N. 1895; Ins Leben verirrt, R. 1898; Die neue Eva, R. 1902; Mimikry, R. 1903; Im Finstern, R. 1910.
L: I. Wernbacher, Diss. Wien 1950; M. Volsansky, Diss. Wien 1951.

Janker, Josef W., ⋆ 7. 8. 1922 Wolfegg b. Ravensburg, Zimmermannslehre in Ravensburg,

1941 Soldat im Osten, kehrte als Schwerkriegsbeschädigter aus Gefangenschaft zurück, länger in Sanatorien; versch. Gelegenheitsberufe bis zum Kino-Platzanweiser; Reisen, seit 1960 schriftstellerisch tätig, 1969 Villa-Massimo-Stipendium; lebt in Ravensburg. – Erzähler bes. aus Kriegserleben und Nachkriegszeit in eigenwillig spröder Sprache.

W: Zwischen den Feuern, R. 1960; Mit dem Rücken zur Wand, En. 1964; Aufenthalte, Reiseb. 1967; Der Umschuler, Prosa 1971.

Jans, Jansen Enikel (= Johannes, verkürzt Jans, Enkel e. Herrn Jans oder der Jansen Enkel), um 1230/40 – um 1280, lebte als Bürger, vielleicht wohlhabender Kaufmann, in Wien. – Mhd. Dichter, verfaßte um 1280 zwei unselbständige und redselige Reimchroniken: e. ›Weltchronik‹ (rd. 30 000 Verse) in Anlehnung an die ›Kaiserchronik‹ als unkrit., volkstüml. Anekdotenslg. zur Unterhaltung des Bürgertums, sowie ein unvollendetes ›Fürstenbuch von Österreich‹ (4258 Verse).

A: Ph. Strauch, (Mon. Germ. Hist., Dt. Chron. III, 1–2) 1891 u. 1900.

Jansen, Erich, 30. 10. 1897 Stadtlohn/Westf. – 28. 8. 1968 ebda., Soldat im 1. Weltkrieg, Stud. Pharmazie Berlin und Braunschweig, Apotheker in Stadtlohn. – Lyriker e. heimatverbundenen Surrealismus, angeregt von M. Chagall, E. Munch, S. Esenin und A. Breton.

W: Die grüne Stunde, En. 1937; Aus den Briefen eines Königs, G. 1963; Die nie gezeigten Zimmer, G. u. Prosa 1968.

Jean Paul (eig. Johann Paul Friedrich Richter), 21. 3. 1763 Wunsiedel/Fichtelgeb. – 14. 11. 1825 Bayreuth; aus mittelloser Predigerfamilie; Vater Lehrer,

Organist und später Pfarrer (†1779). Dürftige Kindheit ab 1765 in Joditz und ab 1776 in Schwarzenbach. 1779 Gymnas. Hof, lebte bei den Großeltern. Ab 1781 durch Privatunterricht finanziertes Stud. Theologie, dann Philos. Leipzig, wegen völliger Mittellosigkeit 1784 aufgegeben, lebte 1784–86 bei s. Mutter in Hof, dann Hauslehrer auf Schloß Töpen b. Hof. Umfangr. Lektüre. Gründete 1790 e. Elementarschule in Schwarzenbach, die er bis 1794 leitete, zog dann wieder zu s. Mutter, die 1797 starb. Dann in Leipzig, 1796 auf Einladung der Ch. von Kalb und 1798–1800 in Weimar; Freundschaft mit Herder; von Goethe und Schiller mit Distanz behandelt; seit 1800 in Berlin (1801 ⊙ Karoline Mayer), bis 1803 in Meiningen (1799 Titel e. herzogl. Legationsrats), dann Coburg, ab 1804 ständig in Bayreuth, ab 1808 Jahresgehalt von Fürstprimas Karl Theodor von Dalberg, später von der bayr. Regierung. Seit 1824 erblindet. – Bedeutender Erzähler des dt. Idealismus in e. weder der Klassik noch der Romantik zugehörigen, durchaus eigenartigen, unwiederholbaren Stilform und Stimmungsreichtum, der Elemente des engl. humorist. Romans (Sterne, Fielding) mit Zügen des bürgerl. Rokoko u. der Empfindsamkeit, klass. Humanitätsideale und Bildungsbegriffe mit romant.-träumer. Phantasien von äußerstem Subjektivismus verbindet. Charakteristische Ingredienzien s. auf der Diskrepanz zwischen Idealität und Realität aufbauenden, die äußere Handlung zugunsten e. Betonung des Seelischen vernachlässigenden Erzählkunst sind heiter fabulierende Phantasie mit Neigung zum

Skurrilen, Grotesk-komischen und Vorliebe für extreme Charaktere: seltsame Käuze, Sonderlinge, zerrissene, idyllische Schwärmer und Entsagende, liebevoller Humor, später mit den trag. Zügen e. Lächelns unter Tränen über die Begrenztheit menschl. Seins, ständiger Wechsel zwischen Sentimentalität und Satire sowie das freie Spiel mit den Möglichkeiten der Sprache, der Komposition und der Form bis hin zu Abschweifungen, Exkursen, Einschüben, Zwischen-, Vor- und Nachreden, ausgebreiteter Belehrung aus s. umfangr. Zettelkatalog und iron. Fußnotenspiel, gehalten in schnörkelig-launigem, blumigem Stil. Die Spannweite s. Schaffens nach den gekünstelten rationalist. Satiren des Anfangs reicht vom großen Bildungs- und Seelenroman (›Flegeljahre‹) mit offenem, z. T. fragmentar., dem Zug der Einfälle folgendem und daher teils unübersichtlichem Bau bis zur humorvollen Idylle aus kleinbürgerl. Zopfwelt.

W: Grönländische Prozesse oder Satirische Skizzen, II 1783 f.; Auswahl aus des Teufels Papieren, R. 1789; Leben des vergnügten Schulmeisterlein Maria Wuz, E. (1790); Die unsichtbare Loge, R. II 1793; Hesperus, R. IV 1795; Blumen-, Frucht- und Dornenstücke oder Ehestand, Tod und Hochzeit des Armenadvokaten F. St. Siebenkäs, R. III 1796 f.; Leben des Quintus Fixlein, R. 1796; Das Kampaner Thal, Schr. 1797; Palingenesien, II 1798; Titan, R. IV 1800–03; Flegeljahre, R. IV 1804 f.; Vorschule der Aesthetik, Abh. III 1804 (n. 1963); Levana, oder Erziehungslehre, Abh. III 1807 (n. 1963); Dr. Katzenbergers Badereise, E. II 1809; Des Feldpredigers Schmelzle Reise nach Flätz, E. 1809; Leben Fibels, R. 1812; Der Komet, E. III 1820–22; Selina oder Über die Unsterblichkeit der Seele, II 1827. – SW, hkA., hg. E. Berend, XXXI 1927–60 (m. Briefen); Werke, VI 1960–63, Suppl. IV 1974–84; Ausw. III 1969; Briefw. m. Herder, hg. P. Stapf 1959.

L: F. J. Schneider, J. P.s Jugend, 1905; E. Berend, J. P.s Ästhetik, 1909, n. 1978; J. Müller, ²1923; W. Harich 1925; J. Alt, 1925; W. Meier, 1926; F. Burschell, 1926; F. Bac, 1927; W. Schmitz, Die Empfindsamkeit J.

P.s, 1930; H. Folwartschny, J. P.s Persönlichkeit und Weltanschauung nach s. Briefen, 1933; G. Voigt, Die humorist. Figur bei J. P., 1934; K. Berger, 1939; E. Winkel, D. epov. Charaktergestaltung b. J. P., 1940; M. Riedtmann, J. P.s Briefe, 1949; J. P.s Persönlichkeit, hg. E. Berend 1956; M. Kommerell, ³1957; E. Endres, 1961; W. Rasch, D. Erzählweise, J. P.s, 1961; J. P., hg. F. Kemp 1963; J. W. Smeed, J. P.s Dreams, Lond. 1966; G. Baumann, 1967; U. Profitlich, D. seel. Leser, 1968; W. Harich, J. P.s Kritik d. philos. Egoismus, 1968; G. W. Fieguth, J. P. als Aphoristiker, 1969; E. Baratta, Surrealist. Züge i. Wk. J. P.s, 1971; R. Scholz, Welt u. Form d. Romans b. J. P., 1973; W. Harich, J. P.s Revolutionsdichtg., 1974; M. Bade, J. P.s polit. Schrr., 1974; E. Bernhardi, Mail. 1974; U. Schweikert, hg. 1974; ders. u. a., J. P.-Chronik, 1975; W. Pross, J. P.s gesch. Stellg., 1975; G. de Bruyn, 1975; P. Sprengel, Innerlichkeit, 1977; W. Köpke, Erfolglosigkeit, 1977; H. Vinçon, J. P. ein Klassiker?, 1978; R. Vollmann, Das Tolle neben dem Schönen, ³1978; W. Wiethölter, Witzige Illumination, 1979; J. P. i. Urteil s. Kritiker, hg. P. Sprengel 1980; G. Müller, J. P.s Ästhetik u. Naturphilos., 1983; H.-J. Ortheil, 1984; P.-M. Oschatz, J. P'scher Humor, 1985; Bibl.: E. Berend, ²1963; J. P.-Blätter, 1926–44, u. d. T. Hesperus 1951 ff.; Jb. d. J. P.-Ges., 1966 ff.

Jegerlehner, Johannes, 9. 4. 1871 Thun im Berner Oberland – 17. 3. 1937 Grindelwald/Schweiz; Stud. Philol. Bern; Dr. phil.; Gymnasiallehrer in Bern; im ersten Weltkrieg Kommandeur e. Schweizer Regiments, als Kriegskorrespondent an der dt. Front und in Kriegsgefangenenlagern. – Gewandter Schweizer Erzähler aus s. Bergheimat. Auch Folklorist und Jugendschriftsteller.

W: Was die Sennen erzählen, M. 1907; An den Gletscherbächen, En. 1911; Marignano, R. 1911; Petronella, R. 1912; Bergluft, En. 1919; Unter den roten Fluh, R. 1923; Märchen und Sagen aus den Alpen, 1933; Die Rottalherren, R. 1934.

Jelinek, Elfriede, * 20. 10. 1946 Mürzzuschlag/Steiermark, Stud. Theaterwiss., Kunst u. Musik Wien. – Erzählerin sarkast. kühler Romane um mod. Frauenschicksale mit aggressivem sozialkrit.

Engagement. Auch Drama und Hörspiel.

W: Wir sind Lockvögel, Baby, R. 1970; Michael, R. 1972; Die Liebhaberinnen, R. 1975; Bukolit, R. 1979; Was geschah, nachdem Nora ihren Mann verlassen hatte, Dr. (1979); Die Ausgesperrten, R. 1980; Clara S., Dr. (1982); Die Klavierspielerin, R. 1983; Oh Wildnis, oh Schutz vor ihr, E. 1985; Burgtheater, Dr. (1985); Krankheit, Dr. (1987); Theaterstücke, Drr. 1987.

Jellinek, Oskar, 22. 1. 1886 Brünn – 12. 10. 1949 Los Angeles, Stud. Jura Wien (Dr. jur.), Richter ebda., im 1. Weltkrieg Offizier, wieder Richter, 1924 freier Schriftsteller. 1938 Emigration über Brünn, Prag, Paris, New York 1943 nach Los Angeles. – Erzähler formstrenger psycholog. Novellen aus dem mähr. Dorfleben; auch konservativer Lyriker und Dramatiker.

W: Der Bauernrichter, N. 1925; Die Mutter der Neun, N. 1926; Das ganze Dorf war in Aufruhr, Nn. 1930; Die Seherin von Daroschitz, N. 1933; Gesammelte Novellen, 1950; Gedichte und kleine Erzählungen, 1952. *L:* M. Stornigg, Diss. Wien 1956; K. Krejči, Brünn 1967 (m. Bibl.); A. Nowotny, D. Novellen O. J.s, Diss. Wien 1972.

Jelusich, Mirko, 12. 12. 1886 Semil/Böhmen – 22. 6. 1969 Wien, Sohn e. kroat. Eisenbahners, sudetendt. Mutter; ab 1888 Kindheit und Jugend in Wien, Stud. Jura ebda., 1912 Dr. jur., 1914–16 Artillerieoffizier, 1916 invalide, dann Filmdramaturg, Bankbeamter, Journalist, 1923 Theaterkritiker, nach Einzug Hitlers 1938 kurz kommissar. Leiter des Burgtheaters, nach Kriegsende 5 Jahre interniert, dann freier Schriftsteller in Wien. – Begann mit Lyrik, Balladen aus österr. Geschichte und wenig erfolgr. expressiven Dramen und fand s. eigene Form in biograph.-histor. Romanen um große Einzelpersönlichkeiten der Geschichte mit knapper Sprache,

strenger Konzentration und dramat. Wirkung, doch mit bewußter, unbedenkl. Unterstellung mod. Vorstellungen (Übermenschentum), Handlungsmotive, Denkweisen und Sprache: Erlebnisnähe auf Kosten histor. Illusion.

W: Das große Spiel, Dr. (1912); Abisag von Sunem, Dr. (1915); Die Prinzessin von Lu, Dr. (1916); Der gläserne Berg, Dr. 1917; Don Juan, Tr. (1918); Der Thyosstab, R. 1920; Die schöne Dame ohne Dank, K. (1921); Caesar, R. 1929; Don Juan, R. 1931; Cromwell, R. 1933 (als Dr. 1934); Hannibal, R. 1934; Der Löwe, R. 1936; Der Ritter, Sickingen-R. 1937; Der Soldat, R. 1939 (u. d. T. Scharnhorst, 1953); Der Traum vom Reich, Prinz-Eugen-R. 1940; Eherne Harfe, G. 1942; Margreth und der Fremde, E. 1942; Samurai, Dr. 1943; Die Wahrheit und das Leben, Jesus-R. 1949; Talleyrand, R. 1954; Der Stein der Macht, R. 1958; Schatten und Sterne, B.n 1961; Asa von Agder, R. 1965. *L:* J. Sachslehner, Führerwort u. Führerblick, 1985.

Jemehr, T. S. →Hermes, Johann Timotheus

Jendryschik, Manfred, *28. 1. 1943 Dessau; Transportarbeiter, Buchhändler, 1962–67 Stud. Germanistik Rostock, dann Verlagslektor in Halle. – Erzähler lakon., sprachexperimenteller Beschreibungen aus dem DDR-Alltag und Lyriker in der Brecht-Nachfolge.

W: Glas und Ahorn, Kgn. 1967; Die Fackel und der Bart, En. 1971; Johanna, R. 1973; Lokaltermine, Ess. 1974; Jo, mitten im Paradies, En. 1974; Aufstieg nach Verigovo, En. 1975; Ein Sommer mit Wanda, E. 1976; Die Ebene, G. 1980; Der feurige Gaukler auf dem Eis, Prosa 1981, Anna, das zweite Leben, Prosa 1984; Zwischen New York und Honolulu, Reiseb. 1986.

Jens, Walter (Ps. Walter Freiburger, Momos), *8. 3. 1923 Hamburg, Johanneum ebda., 1941–45 Stud. klass. Philologie ebda. und Freiburg/Br., 1944 Dr. phil., Assistent Univ. Hamburg; 1949 Dozent, 1956 apl. Prof. für klass. Philologie. 1963 ao. Prof. für klass. Philologie und allgemeine Rhetorik, 1965 o. Prof. für Rhetorik in Tübingen. Mitgl. der ›Gruppe 47‹, 1976–82 Präsident des PEN-Clubs der BR. – Erzähler der Gegenwart von rational-kühlem, fast abstraktem Stil, fordert den ›intellekten‹ Roman als mod. Synthese von Dichtung, Wissenschaft und Philosophie. Begann in der Kafka-Nachfolge mit e. Utopie des totalitären Staates und fand dann zum eig. Thema der Gestaltung e. zerrissenen Wirklichkeit und e. sich wandelnden Welt. Auch Hörspiele, Fernsehspiele, Essays, Literaturgesch., Erneuerung, und Übs. antiker Stoffe; Neuübs. der Bibel; einflußreicher Lit.- und Fernsehkritiker.

W: Das weiße Taschentuch, N. 1947; Nein. Die Welt der Angeklagten, R. 1950; Der Blinde, E. 1951; Vergessene Gesichter, R. 1952; Hofmannsthal und die Griechen, Abh. 1955; Der Mann, der nicht alt werden wollte, R. 1955; Statt einer Literaturgeschichte, Ess. 1957; Das Testament des Odysseus, E. 1957; Moderne Literatur – moderne Wirklichkeit, Es. 1958; Die Götter sind sterblich, Ess. 1959; Deutsche Literatur der Gegenwart, Abh. 1961; Zueignungen, Ess. 1962; Herr Meister, R. 1963; Literatur und Politik, Rdn. 1963; Melancholie und Moral, Rd. 1963; Euripides – Büchner, Ess. 1964; Von deutscher Rede, Rd. 1966; Die rote Rosa, FSsp. (1966); Von deutscher Rede, Ess. 1969; Die Verschwörung, FSsp. 1969, Dr. 1973; Fernsehen, Krit. 1973; Der Fall Judas, E. 1975; Der tödliche Schlag, FSsp. (1975); Der Ausbruch, Libr. 1975; Republikanische Reden, Rdn. 1976; Eine deutsche Universität, Schr. 1977; Zur Antike, Ess. 1978; Ort der Handlung ist Deutschland, Rdn. 1981; Der Untergang, Dr. 1982 (n. Euripides); Momos am Bildschirm, Krit. 1984; Kanzel und Katheder, Rdn. 1984; Dichtung und Religion, Ess. 1985 (m. H. Küng); Die Friedensfrau, Dr. 1986 (n. Aristophanes).
L: W. J. – e. Einf., 1965; H. Kraft, 1975 (m. Bibl.); M. Lauffs, 1980; Lit. i. d. Demokratie, Fs. 1983; U. Berls, 1984.

Jensen, Wilhelm, 15. 2. 1837 Heiligenhafen/Holst. – 24. 11. 1911 München; 1856–60 Stud. erst Medizin, dann Philos. und Lit. Kiel,

Würzburg und Breslau; 1860–63 in Kiel, 1863–65 in München, Verkehr im Kreis um Geibel, 1865–69 in Stuttgart, mit W. Raabe befreundet, 1868 Redakteur ebda., 1869–72 in Flensburg; 1872 freier Schriftsteller in Kiel, 1876 Freiburg/Br.; ab 1888 winters in München, sommers Prien/Chiemsee. – Seinerzeit vielgelesener außerordentl. fruchtbarer, aber ungleicher Erzähler des 19. Jh., schrieb bes. histor. Romane aus s. holst. Heimat und dem europ. MA. Stimmungsvolle, wenig formbewußte Lyrik; am wenigsten erfolgreich im Drama.

W: Magister Timotheus, N. 1866; Unter heißerer Sonne, N. 1869; Eddystone, N. 1872; Nordlicht, Nn. III 1872 (daraus: Karin von Schweden, 1878); Nirwana, R. IV 1877; Aus den Tagen der Hansa, Nn. III 1885; Am Ausgang des Reiches, R. II 1886.
L: G. A. Erdmann, 1907; W. Arminius, 1908; W. Barchfeld, Diss. Münster 1913; O. Fraas, 1913; K. Schorn, Diss. Bonn 1923.

Jentzsch, Bernd, * 27. 1. 1940 Plauen, 1960–65 Stud. Germanistik u. Kunstgesch.; Verlagslektor in Ost-Berlin; lebt seit s. Biermann-Protest 1976, in Küsnacht/Schweiz. – Subtiler Lyriker mit meist individuell-unpolit. Versen, diskreter Erzähler, Kinderbuchautor und Anthologie-Hrsg.

W: Alphabet des Morgens, G. 1961; Jungfer im Grünen, En. 1973; Ratsch und ade! Jgb. 1975; In stärkerem Maße, G. 1977; Quartiermachen, G. 1978; Prosa, Ges. En. 1978; Berliner Dichtergarten, E. 1979; R. Luenhard, B. 1984.

Jeroschin, Nikolaus von → Nikolaus von Jeroschin

Jerschke, Oskar, 17. 7. 1861 Lähn/Schles. – 24. 8. 1928 Berlin, bis 1918 Rechtsanwalt in Straßburg, Freiburg, Berlin. – Jugendfreund und Mitarbeiter von Arno Holz (s. d.) bes. bei dessen leichte-

ren Bühnenstücken. Mithrsg. der
›dt. Dichtercharaktere‹ (1885).

W: Mein deutsches Vaterland, Dr. 1916;
Deutsche Bühnenspiele, 1922 (m. A. H.).

Jirgal, Ernst, 18. 1. 1905 Stockerau b. Wien – 17. 8. 1956 Wien,
Stud. Wien, Dr. phil., 1930–34
Prof. an der Bundeserziehungsan-
stalt Wiener Neustadt, Wien,
Linz, Baden b. Wien, 1954 Mittel-
schulprof. in Wien. – Scharf profi-
lierter Lyriker, Erzähler, Dramatiker und Essayist von sprödem
Stil mit surrealist. Elementen.

W: Landschaften, G. 1937; Sonette an die
Zeit, G. 1946; Tantalos, Dr. 1946; Roggen-
prosa, Dicht. 1946; Erinnertes Jahr, E. 1947;
Theseus, En. 1950; Etüden, G. 1953; Schlichte Kreise, G. 1955.

Jodok → Gumppenberg, Hanns
Freiherr von

Johann von Konstanz, 13./14.
Jh., Laie wohl am Hof e. Litera-
turmäzens (?) – Vf. e. früher Heinzelin von Konstanz zugeschriebe-
nen, unbeholfenen, doch persönl.
Minnelehre ›Der werden Minne
Lehre‹ (spätes 13./frühes 14. Jh.),
die in 5 Hss. erhalten.

A: F. E. Sweet 1933; Faks. K. Löffler 1927.
L: K. Mertens, 1935 (n. 1967).

Johann von Neumarkt → Johannes von Neumarkt

Johann von Saaz → Johannes
von Tepl

Johann von Salzburg → Hermann von Salzburg

Johann von Soest, auch Johann
Steinwert, 1448 Unna/Westf. – 2.
5. 1506 Frankfurt/M., Sohn des
Steinmetzmeisters, in der Kapelle
Herzog Johanns I. von Cleve zum
Sänger ausgebildet, Mitgl. der
Kapelle in Aardenburg b. Brügge,
in Maastricht, am Hof des Land-

grafen von Hessen-Kassel, 1472
Sängermeister des Kurfürsten
Friedrich I. in Heidelberg. Dr.
med. in Pavia, Stadtarzt in
Worms, Oppenheim, Frankfurt/
M. – Arzt und Dichter, Sänger,
Musiker und Musiktheoretiker.
Verf. e. abenteuerl. Ritter- und
Liebesromans von rd. 25 000 Ver-
sen ›Die Kinder von Limburg‹
(1480) nach mittelniederländ.
Vorlage des Heinric van Aken,
kleinerer Dichtungen und e. kul-
turgeschichtl. wertvollen Selbst-
biographie.

W: Die Kinder von Limburg, Ep. (1480, hg.
M. Klett 1975); Dy gemein bicht (1483); Wie
men eyn statt regyrn sol, Schr. (1494); Selbst-
biographie 1504).
L: W. R. Zülch, 1920; W. Wirth, Diss.
Hdlbg. 1928; L. Swennen, Diss. Wien 1978.

Johann von Tepl → Johannes
von Tepl

Johann von Würzburg, Ende
13./Anfang 14. Jh., wohl bürgerl.
Dichter aus Würzburg im Dienst
der Grafen von Hohenberg-Hai-
gerloch in Württemberg. – Epigonaler späthöf. Epiker von geblümtem Stil, schrieb in e. Mischung von pseudohistor. Fakten
mit romant. Abenteuern und traditionellen Motiven den mhd.
Versroman ›Wilhelm von Österreich‹ (beendet 1314) von der Kin-
derliebe zweier Fürstenkinder, die
nach mannigfachen Abenteuern
zueinander finden. Der Stoff blieb
bis ins 16. Jh. sehr beliebt: Druck
e. Prosaauflösung (1481).

A: E. Regel 1906 (DTM 3), n. 1970; Prosa,
hg. F. Podleiszek 1936 (DLE).
L: E. Frenzel, 1930; n. 1967; E. Mayser, 1931,
n. 1967; H.-J. Bierbaum, D. Stil J.s v. W.,
Diss. Marb. 1953.

Johannes Hadlaub → Hadlaub,
Johannes

Johannes von Neumarkt, um
1310 Hohenmaut/Böhmen – 24.

12. 1380 Leitomischl/Böhmen; geistl. Ausbildung; 1340 Hofnotar in Münsterberg, 1341 Kanonikus in Breslau, 1342 Protonotar, 1344 Pfarrer von Neumarkt b. Breslau, 1347 Hofkaplan, Sekretär und Notar Karls IV. in Prag, 1352 Protonotar und Bischof von Naumburg, 1353 von Leitomischl, 1353–74 Hofkanzler Karls IV. Beziehungen zu Cola di Rienzo und Petrarca. Okt. 1354 – Juni 1355 und Frühj. 1367 – Juli 1369 Begleiter Karls IV. in Italien. 1364 Bischof von Olmütz. Seit 1373 Rückzug vom Hofleben. 1380 Bischof von Breslau. – 1. Humanist nördl. der Alpen. Zentrum des böhm. Humanistenkreises. Nicht eig. schöpferischer, doch lit. anregender Geist, von Bedeutung für die Entwicklung der nhd. Schriftsprache durch Übss. der pseudo-augustin. ›Soliloquia animae ad Deum‹ (1355), e. ›Leben des Hl. Hieronymus‹ (1364) und des ›Stimulus amoris‹ des Joh. Mediolanensis. Eintreten für humanist. Sprachpflege und e. neuen Kanzleistil im blütenreichen Latein der ital. Frühhumanisten durch s. Formelbücher für mod. Briefstil ›Cancellaria‹ und ›Summa cancellariae Caroli IV‹. Vf. e. Sammlung dt. Gebete in hymn. Prosastil. Lehrer des Johannes von Tepl.

A: Schriften, hg. J. Klapper IV 1930–39; Briefe, hg. P. Piur 1937.
L: J. Klapper, 1964.

Johannes von Saaz → Johannes von Tepl

Johannes von Tepl, früher auch Johannes von Saaz gen., um 1350 Tepl – um 1414 Prag. Vornehmer Bürger, Lateinschule, Univ. Prag, umfassende Bildung, Magister, Schüler des Johannes von

Neumarkt, um 1378–1411 Stadtschreiber und Notar, später auch Schulrektor in Saaz/Böhmen, verlor s. 1. Frau am 1. 8. 1400 im Kindbett. 1411 Protonotar der Neustadt Prag. – Vf. e. dt. Streitgesprächs über den Sinn von Leben und Tod zwischen e. Bauern und dem Tod, der ihm s. Weib im Kindbett geraubt hat: ›Der Ackermann aus Böhmen‹ (1400). 1. und einzig bedeutende und eigenständige Dichtung des dt. Frühhumanismus und 1. nhd. Prosadichtung.

A: L. L. Hammerich, G. Jungbluth, Koph. 1951; M. O' C. Walshe, Lond. ²1982; W. Krogmann ⁴1978; A. Hübner ³1965; L. Quattrocchi, Rom 1965; G. Jungbluth, II 1969–83 (m. Komm.); H. H. Menge 1975. – *Übs.:* H. Kunisch, ²1954; H. Franck, 1955; F. Genzmer, ²1956; W. Krogmann, 1957.
L: K. Burdach, V. MA, z. Reformation III, 2 1926–36, n. 1968; L. L. Hammerich, D. Text des ›A.‹, Koph. 1938; J. Weber, Diss. Gött. 1949; G. Hahn, D. Einheit d. A., 1963; Der A. a. B., hg. E. Schwarz 1968; K. Brandmeyer, Rhetorisches im A., Diss. Hbg. 1970; A. Hrubý, D. ›A.‹ u. s. Vorlage, 1971; G. Sichel, D. ›A. a. B.‹, Florenz 1971; R. Natt, D. A. a. B. d. J. v. T., 1977; G. Hahn, 1984.

Johannes von Winterthur (latinis. Vitoduranus), lat. Geschichtsschreiber, Anf. 14. Jh. – nach 1348; Angehöriger des Minoritenordens, lebte in Basel, Schaffhausen, Villingen, Lindau und Zürich. – Vf. e. unkrit., für die oberdt. Geschichte aber sehr wertvollen Chronik von Kaiser Friedrich II. bis 1348, die er mit e. großen Anzahl von Anekdoten bereicherte.

A: F. Baethgen, in Mon. Germ. Hist., Script. 3, 1924.
L: G. Meyer von Knonau, 1911.

Johannes von Würzburg → Johann von Würzburg

Johannsdorf, Albrecht von → Albrecht von Johannsdorf

Johansen, Hanna (eig. Hanna Margarete Muschg), * 17. 6. 1939 Bremen, ⊚ Adolf Muschg, lebt in Kilchberg b. Zürich. – Erzählerin handlungsloser, halb surrealist. Traumerfahrungen in präziser Prosa. Auch Kinderbuch.

W: Die stehende Uhr, R. 1978; Trocadero, R. 1980; Die Analphabetin, E. 1982; Auf dem Lande, H. (1982); Über den Wunsch, sich wohlzufühlen, En. 1985; Zurück nach Oraibi, R. 1986.

John, Eugenie → Marlitt, Eugenie

Johnson, Uwe, 20. 7. 1934 Cammin/Pommern – 23. 2. 1984 Sheerness-on-Sea/Engl.; Jugend in Anklam, 1944/45 NS-Internat Posen, 1946–52 Schule Güstrow/ Meckl., 1952–56 Stud. Germanistik in Rostock und Leipzig; 1956–59 lit. Gelegenheitsarbeiten; 1959 Übersiedlung nach West-Berlin. 1961 USA-Reise, 1962 Villa Massimo-Stipendium Rom, 1966–68 in New York, dann wieder Berlin, seit e. Krise 1974 in Sheerness-on-Sea, England; 1979 Gastdozent für Poetik Frankfurt/ M. Mitgl. der ›Gruppe 47‹. – Bedeutender Erzähler von experimenteller Prosa im labyrinthischen, andeutenden Stil Faulkners mit Vorliebe für exakte Detailbeschreibungen bei weitgehender Dunkelheit des nur mutmaßlichen Wirklichkeitszusammenhangs. Thematisch auf die Situation des geteilten Dtl. bezogen und die Undurchschaubarkeit und Unsicherheit der Verhältnisse auch in der Sprachunfähigkeit und anhand der Verständigungsschwierigkeiten reflektierend. Später Abkehr vom Sprachexperiment, Einbeziehung histor. Problematik. Übs. aus dem Engl.

W: Mutmaßungen über Jakob, R. 1959; Das dritte Buch über Achim, R. 1961; Karsch und andere Prosa, 1964; Zwei Ansichten, R. 1965; Jahrestage, R. IV 1970–83; Eine Reise nach Klagenfurt, Ber. 1974 Berliner Sachen, Ess. 1975; Begleitumstände, Ess. 1980; Skizze eines Verunglückten, E. 1982; Heute Neunzig Jahr, R. 1984; Der 5. Kanal, Krit. 1985; Ingrid Babendererde: Reifeprüfung 1953, R. 1985.
L: Üb. U. J., hg. R. Baumgart 1970; W. J. Schwarz, D. Erzähler U. J., ²1973; E. Wünderich, 1973; M. Boulby, N. Y. 1974; R. Post-Adams, 1977; B. Neumann, Utopie u. Mimesis, 1978; R. Gerlach, M. Richter, hg. 1984; H. L. Arnold, hg. 1984; W. Schmitz, 1984; N. Riedel, Unters. z. Gesch. d. internat. Rezeption U. J.s, 1985; N. Riedel, U. J.s Frühwerk, 1987; K. J. Fickert, Neither Left nor Right, 1987; Bibl.: N. Riedel II 1976–78, ²1981.

Joho, Wolfgang, * 6. 3. 1908 Karlsruhe, Sohn e. Redakteurs, 1926–31 Stud. Medizin, Gesch., Staatswiss. Freiburg/Br., Heidelberg und Berlin, 1931 Dr. phil., 1929 KP-Mitgl., Redakteur, 1937 von der Gestapo verhaftet, 1938 zu 3 Jahren Zuchthaus wegen Vorbereitung zum Hochverrat verurteilt, Berufsverbot; kaufmänn. Angestellter, 1943–45 im Strafbataillon 999, bis 1946 engl. Kriegsgefangenschaft, 1947–54 Redakteur der Zs. ›Sonntag‹, 1954 freier Schriftsteller in Kleinmachnow, 1960–66 Chefredakteur des Zs. ›Neue Deutsche Literatur‹, nach Kritik entlassen. – Erzähler und Literaturkritiker der DDR, Vf. wenig origineller, sprachl. blasser Romane von der Wandlung bürgerl. Menschen zu Kommunisten.

W: Die Hirtenflöte, E. 1948; Die Verwandlungen des Dr. Brad, 1949; Jeanne Peyrouton, R. 1949; Aller Gefangenschaft Ende, E. 1949; Ein Dutzend und zwei, R. 1950; Der Weg aus der Einsamkeit, R. 1953; Zwischen Bonn und Magdeburg, Rep. 1954; Wandlungen, En. 1955; Traum von der Gerechtigkeit, E. 1956; Die Nacht der Erinnerung, En. 1957; Die Wendemarke, R. 1957; Korea trocknet die Tränen, Rep. 1959; Es gibt kein Erbarmen, R. 1962; Aufstand der Träumer, R. 1966; Das Klassentreffen, R. 1968; Die Kastanie, R. 1969; Abschied von Parler, E. 1972; Der Sohn, R. 1974.

Johst, Hanns, 8. 7. 1890 Seershausen b. Oschatz/Sa. – 23. 11. 1978 Ruhpolding, Jugend und Gymnas. Leipzig. 1907 Pfleger in der Bodelschwinghschen Anstalt in Bethel. Stud. Medizin Leipzig, dann Philol. und Kunstwiss. München, Wien und Berlin; Schauspieler, 1914 Kriegsfreiwilliger; seit 1918 freier Schriftsteller in Oberallmannshausen/Starnberger See; 1933 vorübergehend Dramaturg Schauspielhaus Berlin, Preuß. Staatsrat; 1935–45 Präsident der Reichsschrifttumskammer und der Dt. Akademie der Dichtung. SS-Brigadeführer. Nach 1945 interniert; dann in Oberallmannshausen/Starnberger See. – Begann als expressionist. Dramatiker mit stark monolog. Stücken von der Ekstase des jungen Menschen in der Strindberg-Wedekind-Nachfolge mit Stationentechnik; ließ dann histor. Ideendramen vom Untergang großer Einzelgänger an e. vernunftlos-zerstörer. Kollektiv folgen; verengte sich auf e. naives völk. Pathos und wurde zum repräsentativen Dramatiker des Nationalsozialismus. Nach 1933 polit. Propagandaarbeiten. Auch Komödien, schlicht-unproblemat. Lyrik und stark dialog. Romane und Erzählungen.

W: Die Stunde der Sterbenden, Dr. 1914; Der Ausländer, K. 1916; Der junge Mensch, Dr. 1916; Stroh, K. 1916; Wegwärts, G. 1916; Der Anfang, R. 1917; Der Einsame, Grabbe-Dr. 1917; Rolandsruf, G. 1919; Der König, Dr. 1920; Mutter, G. 1921; Kreuzweg, R. 1922; Propheten, Dr. 1923; Wechsler und Händler, K. 1923; Die fröhliche Stadt, Dr. 1925; Thomas Paine, Dr. 1927; Ich glaube!, Prosa 1928; So gehen sie hin, R. 1930; Schlageter, Dr. 1933; Maske und Gesicht, Reiseber. 1935; Erzählungen, 1944; Gesegnete Vergänglichkeit, R. 1955.
L: C. Hotzel, 1933; S. Casper, 1935 u. 1940; H. F. Pfanner, Den Haag 1970.

Jokostra, Peter, * 5. 5. 1912 Dresden, Stud. Philos., Kunst-

gesch. und Lit. Frankfurt/M., München und Berlin. Nach 1933 Landwirt in Masuren und Mecklenburg; Wehrdienst; Lehrer, Kritiker, Lektor in Chemnitz. Nach Flucht aus der DDR 1958 in Südfrankreich und im Rheinland. Seit 1961 Lektor und Redakteur in München, dann freier Schriftsteller in Linz a. Rh. – Lyriker mit Vorliebe für Natursymbolik und -mythologie und bombast. Metaphern; realist. zeitkrit. Erzähler und Essayist; Hrsg. von Anthologien.

W: An der besonnten Mauer, G. 1958; Magische Straße, G. 1960; Herzinfarkt, R. 1961; Hinab zu den Sternen, G. 1961; Die Zeit hat keine Ufer, Tg. 1963; Einladung nach Südfrankreich, Reiseb. 1966; Die gewendete Haut, G. 1967; Bobrowski und andere, Aut. 1967; Als die Tuilerien brannten. Der Aufstand der Pariser Kommune, St. 1971; Das große Gelächter, R. 1974; Feuerzonen, G. 1976; Heimweh nach Masuren, Aut. 1982.

Jonke, Gert Friedrich, * 8. 2. 1946 Klagenfurt; Stud. Akad. für Film und Fernsehen Wien; weite Reisen in Asien und Südamerika; lebte in Berlin, London, Wien und Klagenfurt. – Phantasievoller mod. Erzähler schwarzer, surrealist. Dorfidyllen in stilist. Nähe zu Handke und Th. Bernhard mit bes. Betonung der Sprachsituation und iron. Auflösung der Handlung in Perspektiven; zeitferne, seltsame Kunstgebilde der Realitätsskepsis nach musikal. Komposition. Auch Hörspiele.

W: Geometrischer Heimatroman, R. 1969; Glashausbesichtigung, R. 1970; Beginn einer Verzweiflung, En. 1970; Musikgesichte, En. 1970; Die Vermehrung der Leuchttürme, En. 1971; Die Magnetnadel zeigt nach Süden, R. 1972; Die Hinterhältigkeit der Windmaschinen, Prosa, Dr. 1974; Im Inland und im Ausland auch, Prosa, G., H. 1974; Schule der Geläufigkeit, E. 1977; Der ferne Klang, R. 1979; Die erste Reise zum unerforschten Grund des stillen Horizonts, Prosa 1980; Erwachen zum großen Schlafkrieg, E. 1982; Entflieht auf leichten Kähnen, E. 1983.

Jordan, Wilhelm, 8. 2. 1819 Insterburg – 25. 6. 1904 Frankfurt/ M.; 1838–42 Stud. Königsberg erst Theologie, dann Philos. und Naturwiss. Dr. phil., 1845 Schriftsteller in Leipzig, wegen Preßvergehens 1846 ausgewiesen. 1846–48 Schriftsteller in Bremen. 1848 Korrespondent in Paris, ab April Berlin. Abgeordneter im Frankfurter Parlament. Ministerialrat in der Marineabteilung des Handelsministeriums. Vortragsreisen mit eigenen Dichtungen durch Europa und 1871 Amerika. – Weltanschauungsdichter des 19. Jh., Sprachrohr des optimist.-selbstbewußten Bürgertums der Bismarckzeit, suchte in s. stark reflexiven Werken e. Verbindung von antiker und german. Tradition, wiss. Materialismus, modernem Darwinismus zu e. neuen, zeitgemäßen Mythos. Erstrebte in s. Stabreimdichtung ›Nibelunge‹ die Wiedergeburt ma. Mythenstoffe und Dichtformen mit modernem, nationalem Gehalt. Übs. von G. Sand (1845 ff.), Shakespeare (1861 ff.), Sophokles (1862), Homer (1875, 1881) und Edda (1889).

W: Glocke und Kanone, G. 1841; Irdische Phantasien, G. 1842; Schaum, Dicht. 1846; Demiurgos, Ep. III 1852–1854; Die Liebesleugner, Lsp. 1855; Die Wittwe des Agis, Tr. 1858; Nibelunge, 1. Sigfridsage, 2. Hildebrants Heimkehr, Ep. II 1867–74; Der epische Vers der Germanen und sein Stabreim, Abh. 1867; Das Kunstgesetz Homers und die Rhapsodik, Abh. 1869; Durchs Ohr, Lsp. 1870; Strophen und Stäbe, G. 1871; Epische Briefe, Abh. 1876; Die Sebalds, R. II 1885; Zwei Wiegen, R. II 1887; Feli Dora, Ep. 1889; Deutsche Hiebe, G. 1891; In Talar und Harnisch, G. 1899.

L: H. Spiero, 1906; M. R. v. Stern, ²1911.

Judenburg, Gundacker von → Gundacker von Judenburg

Judith, Ältere, frühmhd. Bibeldichtung, von e. rheinfränk.

Geistlichen im 1. Drittel des 12. Jh. frei nach dem apokryphen Buch Judith in volkstüml. Balladenstil und unter Anlehnung an spielmänn. Lieder verfaßt. Belebung durch dt. Kolorit und Dialoge; ohne relig. oder gedankl. Vertiefung.

A: A. Waag, Kleinere dt. Gedd. d. 11. u. 12. Jh., ²1916.

L: W. Schröder, 1976.

Judith, Jüngere, breites geistl. Epos (1800 V.) e. niederösterr. Geistlichen um 1140. Unbedeutende, in Sprache und Metrik unbeholfene, eindeutschende Nacherzählung des Buches Judith ohne bes. Gelehrsamkeit.

A: J. Diemer, Dt. Gedd. d. 11. u. 12. Jh., 1849; H. Monecke 1964.

Jünger, Ernst, * 29. 3. 1895 Heidelberg, Sohn e. Apothekers, Bruder von Friedrich Georg J.; Jugend in Hannover und am Steinhuder Meer, entkam 1913 als Gymnasiast zur franz. Fremdenlegion, zog, zurückgeholt, 1914 freiwillig in den 1. Weltkrieg, wurde Leutnant an der Westfront, 14mal verwundet und mit dem ›Pour le mérite‹ ausgezeichnet, blieb 1919–23 in der Reichswehr, stud. bis 1925 Naturwiss. und Philos. in Leipzig und Neapel, ⚭ 1925, seither freier Schriftsteller in Berlin, Goslar, Überlingen, Kirchhorst/Hann., Ravensburg und Wilfingen üb. Riedlingen/Württ. Im 2. Weltkrieg zuerst Hauptmann in Frankreich, seit 1941 im Stab des dt. Militärbefehlshabers von Paris, 1944 wegen Wehrunwürdigkeit entlassen; erhielt 1945 kurzfristig Publikationsverbot. 1959–71 Mithrsg. der Zs. ›Antaios‹. – Wegen s. wechselnden geistigen Haltung heftig umstrittener dt. Erzähler und Essayist; Vertreter e. ›mag. Realismus‹. Stellte in s. frühen, ganz vom ›heroischen Nihilismus‹ des Weltkriegserlebens bestimmten, soldat. Werken den Kampf als Bewährung dar und begrüßte die Ich-Aufhebung durch Krieg, Technik und Kollektiv im Zeitalter der totalitären Macht (revolutionärer Nationalismus), suchte in s. mittleren Schaffensperiode nach Auffangformen für den total entbundenen Menschen und wandte sich schließlich vom eth.-humanitären Standpunkt gegen das drohende Ende des Individualismus, gegen Macht, Gewalt und Krieg, spiegelt somit in s. Schaffen die geistige Wandlung Dtl.s. Hervorragender Stilist von glasklarer, geschmeidiger und virtuos gestalteter Prosa, von sachl. Präzision und kühler Distanz; Neigung zu stark symbol. Überhöhung bis zur Manier; dadurch Entwicklung von ungeschminkter Sachlichkeit zu metaphys. Transparenz und visionär-myth. Untergründigkeit in Traumallegorien und schließlich in den Essays zu e. von scharfem Intellekt getragenen, unerschrockenen geistigen Kombinatorik, kühner Begriffssymbolik und ahnender Zusammenschau. Begann als Erzähler mit Tatsachenberichten und Tagebuchaufzeichnungen aus dem 1. Weltkrieg und erreichte s. großen Erfolge mit symbol. Romanen wie den mystifizierenden ›Marmorklippen‹ und der Utopie ›Heliopolis‹.

W: In Stahlgewittern, Tgb. 1920; Der Kampf als inneres Erlebnis, Es. 1922; Das Wäldchen 125, Ber. 1925; Feuer und Blut, E. 1925; Das abenteuerliche Herz, Ess. 1929 (Neufassg. 1938); Die totale Mobilmachung, Es. 1931; Der Arbeiter, Herrschaft und Gestalt, Abh. 1932; Blätter und Steine, Ess. 1934; Afrikanische Spiele, E. 1936; Auf den Marmorklippen, R. 1939; Gärten und Straßen, Tgb. 1942;

Myrdun. Briefe aus Norwegen, 1943; Der Friede, Schr. 1945; Atlantische Fahrt, Tgb. 1947; Sprache und Körperbau, Es. 1947; Ein Inselfrühling, Tgb. 1948; Heliopolis, R. 1949; Strahlungen, Tgb. 1949; Über die Linie, Schr. 1950; Der Waldgang, Schr. 1951; Besuch auf Godenholm, E. 1952; Der Gordische Knoten, Schr. 1953; Das Sanduhrbuch, Ess. 1954; Am Sarazenenturm, Tgb. 1955; Rivarol, Abh. 1956; Gläserne Bienen, R. 1957; Jahre der Okkupation, Tgb. 1958; An der Zeitmauer, Schr. 1959; Sgraffiti, Aphor. 1960; Der Weltstaat, Abh. 1960; Geheimnisse der Sprache, Ess. 1963; Typus, Name, Gestalt, Ess. 1963; Grenzgänge, Ess. 1966; Subtile Jagden, Aufz. 1967; Federbälle, Es. 1969; Annäherungen. Drogen und Rausch, Schr. 1970; Ad hoc, Rdn. u. Ess. 1970; Sinn und Bedeutung, Ess. 1971; Die Zwille, R. 1973; Zahlen und Götter – Philemon und Baucis, Ess. 1974; Eumeswil, R. 1977; Siebzig verweht, Tgb. II 1980f.; Aladins Problem, E. 1983; Maxima, Minima, Not. 1983; Autor und Autorschaft, Aphor. 1984; Aus der goldenen Muschel, Prosa 1984; Eine gefährliche Begegnung, E. 1985; Zwei Mal Halley, Tgb. 1987. – Werke, X 1960–65; SW, XVIII 1978–83; Briefw. m. A. Kubin, 1975.
L: E. Brock, D. Weltbild E. J.s, 1945; K. O. Paetel, ²1948; G. Nebel, 1949; J. P. Stern, Lond. 1953; Freundschaftliche Begegnungen, 1955; G. Loose, 1957; K. O. Paetel, 1962; H.-P. Schwarz, D. konservative Anarchist, 1962; Wandlung und Wiederkehr, hg. H. L. Arnold 1965; H. L. Arnold, 1966; F. Baumer, 1967; G. Kranz, 1968; U. Böhme, Fassgn. b. J., 1972; V. Katzmann, E. J.s mag. Realism., 1975; G. Laffly, hg. Paris 1976; G. Liebchen, 1977; K. H. Bohrer, D. Ästhetik d. Schrekkens, 1978; W. Kaempfer, 1981; E. Woods, 1982; Bibl.: K. O. Paetel, 1953; H. P. des Coudres, 1970, ²1985.

Jünger, Friedrich Georg, 1. 9. 1898 Hannover – 20. 7. 1977 Überlingen; Apothekerssohn, jüngerer Bruder von Ernst J.; Jugend in Hannover und am Steinhuder Meer; ging vom Gymnas. in den 1. Weltkrieg; in Flandern schwer verwundet; bis 1920 Leutnant der Reichswehr, dann Stud. Jura Leipzig und Halle, Dr. jur., Gerichtspraxis und Rechtsanwalt, ab 1926 freier Schriftsteller und Publizist in Berlin; 1928–35 Beziehungen zum Widerstandskreis um E. Niekisch; 1936 Übersiedlung nach Überlingen/Bodensee. 1958 Dr. h. c. Freiburg/Br. –

Dichter der Gegenwart von starkem Traditionsbewußtsein, mag. Naturanschauung, Verbundenheit mit antikem Form- und Lebensgefühl und der dt. Klassik. Als Lyriker an der klass. Antike, Klopstock, Hölderlin und George geschult; feinsinniger Essayist aus humanist. Geisteshaltung um ästhet., zeitkrit. und kulturphilos. Fragen; lehnt das technische Denken als inhuman ab. Seit 1950 zunehmend Erzähler mit kultivierter, stark reflexiver Prosa und essayist. Einschlag; auch Autobiographie, Aphorismus und Lustspiel.

W: Gedichte, 1934; Über das Komische, Abh. 1936; Der Taurus, G. 1937; Der Missouri, G. 1940; Griechische Götter, Ess. 1943; Über die Perfektion der Technik, Es. 1944 (zerbombt, Erstaufl. u. d. T. Die Perfektion der Technik, 1946); Die Titanen, Ess. 1944; Der Westwind, G. 1946; Griechische Mythen, Ess. 1947; Die Perlenschnur, G. 1947; Die Silberdistelklause, G. 1947; Das Weinberghaus, G. 1947; Orient und Okzident, Ess. 1948 (erw. 1966); Gedanken und Merkzeichen, Aphor. II 1949–54; Gedichte, 1949; Maschine und Eigentum, Abh. 1949; Nietzsche, Es. 1949; Dalmatinische Nacht, En. 1950; Grüne Zweige, Aut. 1951; Iris im Wind, G. 1952; Die Pfauen, En. 1952; Rhythmus und Sprache im deutschen Gedicht, Abh. 1952; Die Spiele, Abh. 1953; Der erste Gang, R. 1954; Ring der Jahre, G. 1954; Schwarzer Fluß und windweißer Wald, G. 1955; Zwei Schwestern, R. 1956; Spiegel der Jahre, Aut. 1958; Kreuzwege, En. 1960; Gärten im Abend- und Morgenland, Bb. 1960; Sprache und Denken, Schr. 1962; Wiederkehr, En. 1965; Gesammelte Erzählungen, 1967; Es pocht an die Tür, G. 1968; Die vollkommene Schöpfung, Schr. 1969; Laura, En. 1970; Sämtliche Gedichte, 1974; Erzählungen, III 1978; Heinrich March, R. 1981; Im tiefen Granit, Nachgel. G. 1983. – Wke, hg. C. Jünger X 1985 ff.

L: F. G. J. zum 60. Geburtstag, 1958 (m. Bibl.); F. Ogrisek, Diss. Innsbr. 1967; D. Larese, 1968; A. H. Richter, 1982. Bibl.: H.-P. Des Coudres (Philobiblon VII, 3, 1963).

Jünger, Johann Friedrich, 15. 2. 1759 Leipzig – 25. 2. 1797 Wien; Kaufmannssohn; zuerst kurze Zeit Kaufmann in Chemnitz; dann Stud. Jura und Lit. Leipzig; wurde Prinzenerzieher; lernte über den Buchhändler Göschen 1785 Schiller kennen, war mit ihm zusammen in Gohlis; dann als freier Schriftsteller in Weimar; ging 1787 nach Wien; dort Dramaturg, 1789 Hoftheaterdichter; 1794 entlassen; zuletzt schweres Gemütsleiden. – Fruchtbarer, natürlicher und gewandter Lustspieldichter der Aufklärung. Themat. Nachahmer von Destouches, Molière und Marivaux. S. Romane und Gedichte sind unbedeutend.

W: Huldreich Wurmsamen von Wurmfeld, R. III 1781–87; Die Badekur, Lsp. 1782; Der blinde Ehemann, Opte. 1784; Lustspiele, V 1785–89; Der Schein betrügt, R. II 1787–89; Ehestandsgemälde, 1790; Comisches Theater, III 1792–95; Wilhelmine, R. II 1795f.; Fritz, R. IV 1796f., Prinz Amaranth mit der großen Nase, E. 1799; Theatralischer Nachlaß, II 1803f.

L: B. Wedekind, Diss. Lpz. 1921.

Jüngerer Titurel → Albrecht von Scharfenberg

Jung, Franz, 26. 11. 1888 Neiße/ Schles. – 21. 1. 1963 Stuttgart. Stud. 1907–11 Jura und Volkswirtschaft Breslau, Jena, Berlin und München; seit 1912 freier Schriftsteller in Berlin, Mitarbeiter von Pfemferts ›Aktion‹. 1915 Kriegsteilnehmer, desertiert, Revolutionsteilnehmer, mehrfach verhaftet. Seit 1920 mehrere Rußlandreisen. Blieb trotz Schreibverbot bis 1937 in Berlin; 1938 Flucht über Prag, Wien nach Budapest, dort Widerstandskämpfer, Anfang 1945 verhaftet, von den Amerikanern aus dem KZ befreit, 1945–48 in Italien, 1948 nach USA, Dramatur in New York, dann San Francisco, Los Angeles, 1960 BRD und Paris – Frühexpressionist. Prosadichter, Erzähler und Dramatiker. Anfangs Darstellung der Geschlechterkonflikte, dann 1920–27 linksradikale, sozialkrit. Werke im Dienst des Klassenkampfes und der Revolution.

W: Das Trottelbuch, E. 1912; Kameraden, R. 1913; Sophie, E. 1915; Opferung, R. 1916; Saul, Dr. 1916; Der Sprung aus der Welt, R. 1918; Gnadenreiche, unsere Königin, En. 1918; Der Fall Groß, N. 1921; Proletarier, E. 1921; Die Technik des Glücks, Es. II 1921–23; Der Weg nach unten, Aut. 1961 (u. d. T. Der Torpedokäfer, 1972); Die roten Jahre, Ausw., hg. W. Fähnders u. a. II 1972–73 (m. Bibl.). – Wke, X 1981 ff.; Schriften u. Briefe, II 1981; Ausw. 1976 u. 1981.
L: A. Imhof, 1974; W. Rieger, 1987 (m. Bibl.).

Jung-Stilling (eig. Jung), Johann Heinrich, 12. 9. 1740 Grund b. Hilchenbach/Westf. – 2. 4. 1817 Karlsruhe; aus alter Bauernfamilie; Vater Schneider und Lehrer; streng pietist. erzogen. Schneiderlehre; Autodidakt, las früh G. Arnold und J. Böhme. 1755 Lehrer in Zellberg b. Grund, dann Landwirt in Stade, wieder Schneider, dann Hauslehrer bei e. Kaufmann in Rade. E. kath. Geistlicher vertraute ihm s. Geheimmittel gegen Augenkrankheiten an, und mit ihnen erwarb sich J. die Mittel zum Stud. 1769–72 Stud. Medizin Straßburg, lernte dort Herder und Goethe kennen, der den 1. Band s. Lebensgeschichte drucken ließ. 1772 Arzt in Elberfeld, bald bekannter Staroperateur. 1778 Prof. für Ökonomie und Kameralwiss. an der Kameralschule Kaiserslautern, 1784 Prof. der Landwirtschaft in Heidelberg, 1787 Prof. für Finanz- und Kameralwiss. in Marburg, 1803 o. Prof. der Staatswiss. in Heidelberg, Geh. Hofrat. Lebte ab 1806 in Karlsruhe von e. Pension des Kurfürsten als freier Schriftsteller. – Vorwiegend autobiograph. Schriftsteller des dt. Pietismus. S. empfindsame, im kindl.-gefühlsinnigen Ton pietist.

Gottvertrauens verfaßte Jugendgeschichte verbindet tiefes Gemüt mit der echten Aufrichtigkeit und frischen Ursprünglichkeit des Sturm und Drang und gibt über die anschaul.-realist. und idyll. Kleinmalerei aus dem Dorfleben wie dem Bürgerleben des 18. Jh. hinaus in der Darstellung des Innenlebens die Ergebnisse ehrl. psycholog. Selbsterforschung. Sie wurde damit wegweisend für die seel. Vertiefung des dt. Entwicklungs- und Bildungsromans. Auch geistl. Liederdichter. S. späteren stark myst.-pietist. Romane und lehrhaften spiritist. Schriften sind belanglos.

W: Henrich Stillings Jugend. Eine wahrhafte Geschichte, 1777; Henrich Stillings Jünglings-Jahre, 1778; Henrich Stillings Wanderschaft, 1778; Die Geschichte des Herrn von Morgenthau, R. II 1779; Die Geschichte Florentins von Fahlendorn, III 1781–83 (n. 1948); Lebensgeschichte der Theodore von der Linden, II 1783; Theobald oder die Schwärmer, R. II 1784; Henrich Stillings häusliches Leben, 1789; Das Heimweh, Schr. IV 1794–96; Scenen aus dem Geisterreiche, 1795, III 1797–1801; Henrich Stillings Lehr-Jahre, 1804; Henrich Stillings Leben, V 1806 (n. II 1913; 1976; 1983); Theorie der Geister-Kunde, 1808; Erzählungen, III 1814f.; Henrich Stillings Alter, 1817; Gedichte, hg. W. E. Schwarz 1821. – Sämmtliche Schriften, XIV 1835–38, n. 1979; Werke, XII 1914f.; Briefe an seine Freunde, 1905; an Verwandte, 1978.
L: G. Stecher, 1913, n. 1967; R. Morax, Paris 1914; H. Grellmann, D. Technik d. empfinds. Erziehgs.-rom. J.s, Diss. Greifsw. 1924; H. Müller, 1941; H. R. G. Günther, ²1948; M. Spörlin, 1950; M. Geiger, Aufklärung u. Erweckung, 1963; A. Willert, Relig. Existenz u. lit. Produktion, 1982; A. M. Stenner-Pagenstecher, D. Wunderbare b. J.-S., 1985.

Jungnickel, Max, 27. 10. 1890 Saxdorf, Kr. Liebenwerda/Sa. – 13. 1. 1945 Velun/Polen (gefallen); 1904–06 Lehrerausbildung Delitzsch, seit 1907 in Berlin, seit 1908 freier Schriftsteller; 1915–18 Soldat, dann wieder Schriftsteller in Berlin. NS-Bewegung. – Liebenswürdiger Idylliker und romant. gestimmter Fabulierer mit einfachen Märchen, Novellen, Romanen, Skizzen, Plaudereien und Idyllen, auch Lyrik, Bühnendichtung und Jugendbuch.

W: Der Himmelschneider, Msp. 1913; Trotz Tod und Tränen, E. 1915; Ins Blaue hinein, R. 1917; Peter Himmelhoch, R. 1917; Jakob Heidebuckel, E. 1918; Der Wolkenschulze, E. 1919; Brennende Sense, R. 1928; Der Sturz aus dem Kalender, R. 1932; Gesichter am Wege, Aut. 1937.

Jura → Soyfer, Jura

Kadelburg, Gustav, 26. 7. 1851 Budapest – 11. 9. 1925 Berlin, Schauspieler, seit 1871 Bonvivant Berlin, 1884–94 am Dt. Theater ebda., seither freier Schriftsteller ebda. – Lustspieldichter, schrieb, meist in Zusammenarbeit mit O. Blumenthal oder F. v. Schönthan, Schwänke und Operettentexte.

W: Goldfische, K. 1886 (m. Sch.); Großstadtluft, K. (1891, m. Bl.); in Civil, Schw. 1893; Der Herr Senator, K. (1894, m. Sch.); Im weißen Rößl, Lsp. 1898 (m. Bl.); Dramatische Werke, IV 1899 (m. Sch.); Das schwache Geschlecht, Schw. 1903; Das Pulverfaß, Schw. 1903; Hans Huckebein, Schw. 1905 (m. Bl.); Die Orientreise, Schw. 1905 (m. Bl.); Zwei Wappen, Schw. 1905 (m. Bl.); Der Familientag, K. 1906; Familie Schimek, Schw. 1915; Husarenfieber, K. 1929 (m. R. Skowronek).

Kaergel, Hans Christoph, 6. 2. 1889 Striegau/Schles. – 9. 5. 1946 Breslau. Lehrerseminar Bunzlau, 1910–21 Volksschullehrer in Weißwasser/Oberlausitz; 1920/21 Propagandatätigkeit in Oberschlesien, 1921 Organisator und Leiter des Bühnenvolksbundes für Sachsen in Dresden. Seit 1936 freier Schriftsteller in Hain/Riesengeb. NS-Bewegung. – Schles. Heimaterzähler und -dramatiker, geprägt von grübler. Gottsuchertum, Grenzlanderlebnis.

W: Des Heilands zweites Gesicht, R. 1919; Heinrich Budschigk, R. 1925; Zingel gibt ein Zeichen, R. 1928; Ein Mann stellt sich dem Schicksal, R. 1929; Bauer unterm Hammer, Dr. 1932; Atem der Berge, R. 1933; Hockewanzel, Vst. 1934; Die Berge warten, E. 1935; Einer unter Millionen, R. 1936; Hans von Schweinichen, Vst. 1937; Gottstein und sein Himmelreich, R. 1938; Freude, R. 1942; Der Kurier des Königs, Dr. 1942.

Kaeser, Hermann → Kesser, Hermann

Kästner, Abraham Gotthelf, 27. 9. 1719 Leipzig – 20. 6. 1800 Göttingen, Stud. 1731–36 Jura, Philos., bes. Mathematik und Physik Leipzig. 1739 Privatdozent für Mathematik Leipzig, 1746 ao. Prof. ebda., 1756 o. Prof. der Mathematik und Physik Göttingen, 1763 auch Leiter der Sternwarte ebda., 1765 Hofrat. Lehrer von Lessing und Lichtenberg, Freund Gottscheds. – Schriftsteller der dt. Aufklärung, Aphoristiker und Epigrammatiker mit aggressiven Sinngedichten gegen die Torheiten der Zeit sowie satir. Glossen üb. lit. Moden. Sonst nüchtern abhandelnde Lyrik.

W: Vermischte Schriften, II 1755–72; Neueste großentheils noch undruckte Sinngedichte und Einfälle, 1781; 30 Briefe und mehrere Sinngedichte, 1810; Gesammelte Poetische und Prosaische Schönwissenschaftliche Werke, IV 1841; Briefe, hg. W. Schumann 1912. *L:* C. Becker, K.s Epigramme, 1911, n. 1973.

Kästner, Erhart, 14. 3. 1904 Augsburg – 3. 2. 1974 Staufen b. Freiburg, Gymnasium Augsburg, Stud. Freiburg und Leipzig (Dr. phil.), 1927 Bibliothekar der Staatsbibliothek Dresden, Leiter der bibliophilen Sammlungen ebda., 1936–38 Sekretär Gerhart Hauptmanns; seit 1939 Soldat in Griechenland und Kreta, 2 Jahre Kriegsgefangenschaft in Ägypten; Journalist, 1950–68 Direktor der Herzog August-Bibliothek Wolfenbüttel. – Vf. erlebnishaf-

ter, persönl. Reise- und Erinnerungsbücher aus Griechenland
und afrikan. Gefangenschaft in
schlichter, unpathet. Sprache, geprägt vom Erlebnis der klass. Antike und der heutigen Mittelmeer-
landschaft.

W: Griechenland, Reiseber. 1942 (veränd. u.
d. T. Ölberge, Weinberge, 1953); Kreta, Rei-
seber. 1946; Zeltbuch von Tumilad, Erinn.
1949; Die Stundentrommel vom heiligen
Berg Athos, Ber. 1956; Die Lerchenschule,
Prosa 1964; Das Malerbuch des 20. Jahrhun-
derts, St. 1968; Offener Brief an die Königin
von Griechenland, Prosa 1973; Aufstand der
Dinge, Prosa 1973; Der Hund in der Sonne,
Nl. 1975. – Briefe, 1984; Briefw. m. M.
Heidegger, 1986.
L: A. u. R. Kästner, 1980.

Kästner, Erich (Ps. Robert Neu-
ner, Melchior Kurtz u. a.) 23. 2.
1899 Dresden – 29. 7. 1974 München. Sohn e. Sattlermeisters;
Lehrerseminar, 1917 Soldat,
kehrte schwer herzleidend zurück; Bankbeamter und Redakteur, später Stud. Germanistik
Berlin, Rostock, Leipzig, 1925
Dr. phil.; 1927 freier Schriftsteller in Berlin; 1933 Verbot und
Verbrennung s. Bücher; publizierte seither im Ausland. 1945–48
Feuilletonredakteur der ›Neuen
Zeitung‹ in München, 1946 Gründer und Hrsg. der Jugendzs. ›Der
Pinguin‹, Mitwirkender am
Münchner Kabarett ›Die Schau-
bude‹, Präsident des dt. PEN-
Zentrums; lebte in München. –
Lyriker und Erzähler im Gefolge
der Neuen Sachlichkeit. Begann
mit leichter, satir. Gebrauchslyrik
und aggressiv-sarkast. Kabarett-
gedichten gegen Heuchelei, falsches Pathos, Spießermoral, Militarismus und Faschismus in glatter, traditioneller Form und nüch-
tern-iron., bewußt die saloppe
Umgangssprache und die Schlag-
wörter und Alltagsphrasen persi-
flierendem Stil, hinter deren treffsicherem Humor sich das zeikrit.,

pädagog. und humanitäre Anliegen e. echten Moralisten verbirgt.
Epigrammatiker von geistreicher
Dialektik und treffsicherer Prägnanz. Erfolgr. Vf. unterhaltender Romane und phantasievoll-
spannender, unmerkl. moraler-
zieher. Kinderbücher. Auch Dramatiker und Drehbuchautor.

W: Herz auf Taille, G. 1928; Lärm im Spiegel,
G. 1929; Emil und die Detektive, Kdb. 1929;
Ein Mann gibt Auskunft, G. 1930; Pünktchen
und Anton, Kdb. 1930; Fabian, R. 1931; Gesang zwischen den Stühlen, G. 1932; Das
fliegende Klassenzimmer, Kdb. 1933; Drei
Männer im Schnee, R. 1934; Das lebensläng-
liche Kind, K. (1934); Emil und die drei Zwillinge, Kdb. 1935; Lyrische Hausapotheke, G.
1935; Die verschwundene Miniatur, R. 1936;
Bei Durchsicht meiner Bücher, G. 1946; Zu
treuen Händen, Lsp. 1948; Der tägliche
Kram, G. 1948; Das doppelte Lottchen, Kdb.
1949; Die Schule der Diktatoren, K. (1949);
Der kleine Grenzverkehr, R. 1949; Die Kon-
ferenz der Tiere, Kdb. 1950; Kurz und bün-
dig, Epigr. 1950; Die kleine Freiheit, G. 1952;
Die 13 Monate, G. 1955; Als ich ein kleiner
Junge war, Erinn. 1957; Notabene 45, Tg.
1961; Das Schwein beim Frisör, Kdb. 1962;
Der kleine Mann, Kdb. 1963; Friedrich d. Gr.
und die deutsche Literatur, Diss. 1972; Der
Zauberlehrling, R.-Fragm. 1974. – GS, VII
1959; VIII 1969; Briefe a. d. Tessin, 1977;
Mein liebes, gutes Muttchen, Br. 1981.
L: J. Winkelman, Social criticism in the early
works of E. K., Columbia 1953; ders., The
poetic style of E. K., Lincoln 1957; R. Boss-
mann, 1955; L. Enderle, Bb. 1960 u. 1966; K.
Beutler, 1967; H. Wagener, 1973; R. W. Last,
Lond. 1974; R. Benson, ²1976; W. Dirk, Zeit-
kritik u. Idyllensehnsucht, 1977; H. Kiesel,
1981; D. Mank, E. K. im nat. soz. Dtl., 1981;
W. Schneyder, 1982; R. Wolff, hg. 1983; H.
Bemmann, 1983.

Kafka, Franz, 3. 7. 1883 Prag – 3.
6. 1924 Sanatorium Kierling b.
Wien; Sohn e. jüd. Kaufmanns,
aus später wohlhabender böhm.
Familie, stand zeitlebens unter
dem Eindruck e. gefürchteten Vaters. 1901–06 Stud. Germanistik
und bes. als Brotberuf Jura Dt.
Univ. Prag, 1906 Dr. jur., 1906/
1907 Gerichtspraxis, 1908–22 Angestellter e. Arbeiter-Unfall-Ver-
sicherung, 1. 7. 1922 aus Krank-
heitsgründen pensioniert. Einsa-

mer, unverstandener Einzelgänger. Freundschaft mit M. Brod, F. Werfel u. a., Umgang mit M. Buber und J. Urzidil. 1910–12 sommers Reisen und Kuraufenthalt in Italien (Riva), Frankreich, Dtl., Ungarn und der Schweiz. E. zweimal eingegangenes Verlöbnis hat er beide Male gelöst (1914). Seit 1917 tuberkulosekrank; Kuraufenthalte in Zürau, Schelesen, 1920 Meran, 1922 Spindlermühle, 1923 Müritz/Ostsee. 1920–22 Liebe zu Milena Jesenská, seit 1923 Zusammenleben mit Dora Diamant. Freier Schriftsteller in Berlin, Wien, dann im Sanatorium Kierling b. Wien. Starb an Kehlkopftuberkulose. S. lit. Nachlaß, den er testamentar. zur Verbrennung bestimmt hatte, wurde postum gegen s. Willen und philolog. unzulängl. von M. Brod veröffentlicht – E. der bedeutendsten österr. Erzähler des 20. Jh., von weltweiter Wirkung nach dem 2. Weltkrieg mit s. formal wie inhaltl. einzigartigen, keiner lit. Strömung einzuordnenden, doch dem Expressionismus nahen Prosa, die persönl. Welterleben und allg. Daseinserfahrung s. Zeit in gültigen Parabeln der Gottferne, der menschl. Beziehungslosigkeit, des gebrochenen Weltverständnisses, der Paradoxie des Daseins und der relig. Verzweiflung faßt. S. Grundthema ist der aussichtslose Kampf des Individuums gegen verborgene, doch allgegenwärtige anonyme Mächte, die sich ihm entgegenstellen. Verbindung realist. klarer, präziser Beschreibung, überbelichteter banaler Wirklichkeiten mit e. Atmosphäre des Traumhaften, Geheimnisvoll-Hintergründigen, Grotesken und Visionär-Phantastischen als dichter. Gestaltung der aus dem Alltagsleben heraus aufbrechenden Existenzangst und e. ungewissen, unterschwelligen Grauens, etwa vor dem seelenlosen autoritären Staatsmechanismus. Schöpfer e. völlig neuartigen, poet. Gleichnis- und Bilderwelt von mag. Wirkung, die sich jedoch erst in ihrem Bezug zum Sinnganzen erschließt. Die Vieldeutigkeit s. Parabeln verschließt sich definitiver rationalist. Deutung und läßt je nach philos.-weltanschaul. Standpunkt des Betrachters der existentialist. Auslegung ebenso Spielraum wie der metaphys. Interpretation als myst. Gottsuchertum oder Auseinandersetzung mit jüd. relig. Überlieferung.

W: Betrachtung, En. 1913; Der Heizer, E.-Fragm. 1913; Die Verwandlung, E. 1916; Das Urteil, E. 1916; In der Strafkolonie, E. 1919; Ein Landarzt, En. 1919; Ein Hungerkünstler, En. 1924; Der Prozeß, R. 1925; Das Schloß, R. 1926; Amerika, R.-Fragm. 1927; Beim Bau der Chinesischen Mauer, En. 1931; Hochzeitsvorbereitungen auf dem Lande und andere Prosa aus dem Nachlaß, 1953. – GS., hg. M. Brod VI 1935-37; GW, X 1946–1954, IX 1950–58; SW, VII 1976; Schriften, Tgbb., Briefe, krit. Ausg. 1982 ff.; Die Romane, 1965; Sämtliche Erzählungen, 1969; Tagebücher 1910–23, 1951; Briefe an Milena, hg. W. Haas 1952; Briefe 1902–24, hg. M. Brod 1958; Briefe an Felice, hg. E. Heller u. J. Born 1967; Briefe an Ottla u. d. Familie, hg. H. Binder u. K. Wagenbach 1974; Brief an den Vater, Faks. hg. J. Unseld 1986; Amtliche Schr., 1985.

L: M. Robert, Introduction à la lecture de K., 1946; R. Rochefort, 1948 (d. 1955); M. Brod, F. K.s Glauben und Lehre, 1948; G. Boden, 1948; C. Neider, K., His mind and art, 1949; M. Brod, K. F. als wegweisende Gestalt, 1951; F. Beissner, Der Erzähler F. K., 1952; M. Bense, Die Theorie K.s, 1952; H. S. Reiss, 1952; M. Brod, ³1954; R. Gray, K.s Castle, Lond. 1956; F. Weltsch, Religion u. Humor i. Leben u. Werk F. K.s, 1957; K. Wagenbach, 1958; F. Beissner, K. der Dichter, 1958; A. Flores u. H. Swander, F. K. Today, Madison 1958; M. Brod, Verzweiflung und Erlösung im Werk F. K.s, 1959; H. Pongs, 1960; M. Robert, Paris 1960; R. M. Albérès u. P. de Boisdeffre, Paris 1960; F. Baumer, 1960; A. Borchardt, K.s zweites Gesicht, 1960; M. Walser, Beschreibung e. Form, F. K., 1961; M. Dentan, Humour et création litt. dans l'œvre de K., Paris 1961; H. Richter, 1962; K., hg. R. Gray, N. Y. 1962; The K. Problem, hg. A. Flores, N. Y. 1963; K. Weinberg, K.s Dichtungen, 1963; W. H. Sokel, 1964; D. Hasselblatt, Zauber u. Logik, 1964; K. Wagenbach, 1964; K.-Symposion, 1965; H. Politzer, Ithaca [2]1966 (d. [2]1978); M. Brod, Üb. F. K., 1966; H. Binder, Motiv u. Gestaltg. b. K., 1966; F. K. aus Prager Sicht, hg. E. Goldstücker 1966; A. P. Foulkes, The reluctant pessimst, Haag 1967; W. Rohner, 1967; M. Greenberg, The terror of art, N. Y. 1968; G. Janouch, Gespr. m. K., [2]1968; G. Loose, F. K. u. Amerika, 1968; W. Kraft, 1968; N. Kassel, D. Groteske b. F. K., 1969; F. K. (üb. s. Dichtgn.), hg. E. Heller u. J. Beug 1969; J. Kobs, 1970; E. Frey, K.s Erzählstil, 1970; A. Thorlby, Lond. 1972; G. Anders, [4]1972; R. Gray, Cambr. 1973; F. K., hg. H. Politzer 1973; H. Hillmann, [2]1973; Ch. Bezzel, Natur b. K., [2]1973; D. Krusche, K. u. K.-Deutung, 1973; B. Beutner, D. Bildspr. F. K.s, 1973; B. Nagel, 1974; P. U. Beicken, 1974; B. Nagel, 1974; D. Nunes, Rio 1974; Ch. Bezzel, Kafka-Chronik, 1975; H. Binder, K.-Komm. II 1975 f.; L. Deitz, 1975; P. Richter, Variation als Prinzip, 1975; H. Binder, K. in neuer Sicht, 1976; E. Heller, 1976; M. Spann, Lond. 1976; A. Flores, hg. N. Y. 1977; K. Hermsdorff, [3]1978; L. Caputo-Mayr, hg. 1978; J. Born, hg. II 1979–83; K.-Hdb., hg. H. Binder II 1979; G. Heintz, hg. 1979; C. David, hg. 1980; G. Kurz, Traum-Schrecken, 1980; J. P. Stern, hg. N. Y. 1980; W. Emrich, [9]1981; R. Pascal, K.s narrators, Cambr. 1952; H. Binder, J. Parik, Bb. 1982; H. Kraft, 1983; K. Eßler, 1983; J. Amann, [2]1983; B. Flach, K.s Erzz., 1983; B. Nagel, F. K. u. d. Weltlit., 1983; K. Wagenbach, Bb. 1983; H. Binder, 1983; R. Hayman, 1983, d. 1986; D. jge. K., hg. G. Kurz 1984; J. Unseld, [2]1984 (m. Bibl.); R. Meurer, F. K. Erzz., 1984; E. Pawel, Lond. 1984, d. 1986; K. oggi, hg. A. Gargani Neapel 1985; K.-Symposium 1983, hg. W. Emrich 1985; B. Elling, hg. 1985; R. Robertson, Oxf. 1985; W. Ries, 1987; Bibl.: R. Hemmerle, 1958; H. Järv, Malmö 1961; A. Flores, N. Y. 1976; M. L. Caputo-Mayr, J. M. Herz, 1982; L. Dietz, 1982.

Kahlau, Heinz, ★ 6. 2. 1931 Drewitz b. Potsdam, ungelernter Arbeiter, 1948 Traktorist, FDJ-Funktionär, 1953 Meisterschüler Brechts, dann freier Schriftsteller in Ost-Berlin. – Sozialist. Lyriker mit Gebrauchslyrik, Agitprop und Balladen in der Brecht-Nachfolge und später mehr reflexiven Versen und Parabeln ohne Ansprüche an Niveau und Form. Auch als Dramatiker mit Fernsehspielen, Filmdrehbüchern und Laienspielen ohne lit. Ambitionen.

W: Hoffnung lebt in den Zweigen der Caiba, G. 1954; Probe, G. 1956; Die Maisfibel, G. 1960; Jones' Family, Dr. (1962); Der Fluß der Dinge, G. 1964; Mikrophon und Leier, G. 1964; Ein Krug mit Oliven, Sp. (1966); Musterschüler, Dr. (1970); Balladen, 1971; Die kluge Susanne, Msp.e 1972; Flugbett für Engel, G. 1974; Der Vers, der Reim, die Zeile, Prosa 1974; Lob des Sisyphos, G. 1980; Bögen, G. 1981; Fundsachen, G. 1984.

Kahle, Maria, 3. 8. 1891 Wesel/Niederrh. – 15. 8. 1975 Olsberg/Westf.; Vater Eisenbahnbeamter; Handelsschule u. Privatunterricht, 1913–20 in Brasilien, Auslandskorrespondentin in Rio de Janeiro u. Sao Paulo, 1924–26 Schriftleiterin der Tageszeitung ›Der Jungdeutsche‹ Kassel, 1929 Fabrikarbeiterin. Vortragsreisen in Europa und Südamerika, lebte in Olsberg/Westf. – Lyrikerin und Erzählerin, in ihrem publizist. Werk vom Erlebnis des Auslanddeutschtums bestimmt.

W: Liebe und Heimat, G. 1916; Urwaldblumen, G. 1921; Ruhrland, G. 1923; Deutsches Volk in der Fremde, Ess. 1933; Deutsche jenseits der Grenze, Jgb. 1934; Die deutsche Frau und ihr Volk, G. Ess. 1934; Siedler am Itajahy, E. 1939; Umweg über Brasilien, E. 1942; Was die Schildkröte erzählte, M. 1950; Herz der Frau, G. 1959.

Kaiser, Georg, 25. 11. 1878 Magdeburg – 4. 6. 1945 Ascona/Schweiz; Sohn e. Kaufmanns, Kaufmannslehre; 3 Jahre als Kaufmann in Südamerika (Buenos Aires), Spanien und Italien, an Malaria erkrankt. Nach s. Rückkehr nach Dtl. freier Schriftsteller meist in Magdeburg. 1921–38 in Grünheide/Meckl. und Berlin, erhielt 1933 Aufführungsverbot. 1938 Emigration über Holland in die Schweiz (Engelberg, Zürich, St. Moritz), wo er vergessen und fast mittellos starb. – Bedeutendster und fruchtbarster Dramatiker des dt. Expressionismus, schrieb rd. 70 Dramen mit Stoffen aus allen Bereichen und Zeiten, versch. Stilformen von Revue, Ballett, Posse und Komödie bis zur mod. und klass. Tragödie unter Einfluß Strindbergs, Wedekinds und Sternheims, doch von ausgeprägter Eigenart als e. mit Sprache und Form experimentierender ›Denkspieler‹, Schöpfer fast mathemat. konstruierter, erklügelter Stücke von visionärer Ekstatik und zugleich höchster intellektueller Bewußtheit mit abstrahierten, z. T. namenlosen oder typhaften Figuren (Spieler und Gegenspieler) und e. abstrahierenden, äußerst konzentrierten dramat. Sprache im scharf pointierten, explosiven Dialog wie auch den Regieanweisungen; später Erstarrung zur rhetor. Manier. Virtuoser, außerordentl. bühnenwirksamer Aufbau in szen. Bilderbogen von atemloser dynam. Spannung und betonter Dialektik. Grundthemen s. inhaltl. typ. expressionist. Werke, die Sozialkritik mit menschheitl. Anliegen verbinden, sind die Mechanisierung und Technisierung des Lebens, die chaot. Wirren der Zeit, die Entpersönlichung des Menschen durch Kapital und Industrie und s. Kampf gegen die Unterjochung durch die techn. Zivilisation, für e. Erneuerung des freien, natürl. und friedesuchenden Menschentums. Nach 1918 und in den 20er Jahren Beherrscher der dt. Bühnen. S. den Expressionismus überwindendes, z. T. relig. Spätwerk aus dem Schweizer Exil blieb fast erfolglos. Einfluß auf das Lehrstück B. Brechts. Auch Romancier und Lyriker. G. K.-Archiv der Akad. der Künste Berlin.

W: Die jüdische Witwe, Dr. 1911; König Hahnrei, Dr. 1913; Die Bürger von Calais, Dr. 1914; Rektor Kleist, Dr. 1914; Von Morgens bis Mitternachts, Dr. 1916; Der Zentaur, Lsp. 1916 (u. d. T. Konstantin Strobel, 1920); Die Koralle, Dr. 1917; Das Frauenopfer, Dr. 1918; Gas I, Dr. 1918; Der Brand im Opernhaus, Dr. 1919; Der gerettete Alkibiades, Dr. 1920; Gas II, Dr. 1920; Kanzlist Krehler, Dr. 1922; Gilles und Jeanne, Dr. 1923; Nebeneinander, Vst. 1923; Die Flucht nach Venedig, Dr. 1923; Der Geist der Antike, Dr. 1923; Kolportage, K. 1924; Gats, Dr. 1925; Zweimal Oliver, Dr. 1926; Papiermühle, Lsp. 1927; Der Präsident, K. 1927; Die Lederköpfe, Dr. 1928; Oktobertag, Dr. 1928; Mississippi, Dr. 1930; Zwei Krawatten, K. 1930; Es ist genug, R. 1932; Der Silbersee, Msp. 1933; Adrienne Ambrossat, Dr. (1935); Der Gärtner von Toulouse, Dr. 1938; Der Schuß in die Öffentlichkeit, Dr. 1939; Rosamunde Floris, Dr. 1940; Villa Aurea, R. 1940; Der englische Sender, Dr. (1940); Alain und Elise, Dr. 1940; Der Soldat Tanaka, Dr. 1940; Napoleon in New Orleans, Dr. (1941); Die Spieldose, Dr. (1942); Das Floß der Medusa, Dr. 1942; Griechische Dramen (Zweimal Amphitryon, Pygmalion, Bellerophon), 1948. – GW, III 1928–31; Stücke, Erzählungen, Aufsätze, Gedichte, 1966; Werke, hg. W. Huder VI 1971 f.; Briefe, hg. G. M. Valk 1980.

L: W. Omankowski, 1922; B. Diebold, Der Denkspieler G. K., 1924; M. Freyhan, G. K.s Werk, 1926; H. F. Königsgarten, 1928 (m. Bibl.); E. A. Fivian, 1947; A. Schütz, Der Nachlaß G. K.s, Diss. Bern 1949; V. Fürdauer, G. K.s dramat. Gesamtwerk, Diss. Wien 1950; P. v. Wiese, Diss. Köln 1955; H. H. Fritze, Diss. Freib. 1955 (m. Bibl.); B. J. Kenworthy, Oxf. 1957 (m. Bibl.); W. Paulsen, 1960 (m. Bibl.); W. Steffens, 1969; E. Schürer, G. K. u. B. Brecht, N. Y. 1971; M. Kuxdorf, D. Suche n. d. Menschen i. Dr. G. K.s, 1971; K. Petersen, 1976; R. Bußmann, Einzelner u. Masse, 1978; A. Arnold, hg. 1980 (m. Bibl.); H. A. Pausch u. a., hg. 1980; K. P. Tyson, The Reception of G. K., 1984.

Kaiserchronik, um 1140–47 in Regensburg entstandenes mhd. Epos von über 17 000 Versen, 1. dt. Reimchronik, vermutl. von mehreren geistl. Vf. In der Folgezeit mehrere Umarbeitungen (Kürzung, Glättung und Fortsetzung bis um 1275) und Prosaübss. 1. große Geschichtsquelle in dt. Sprache. Schlichte novellist. Darstellung in freier, gelöster Form mit eingestreuten Legenden u. Sagen. Besteht aus e. Reihe von Biographien der röm. und der dt.

Kaiser von der Gründung Roms bis Konrad III. Zwischen dem letzten röm. Kaiser Theodosius und Karl d. Gr. bleibt die Lücke unausgefüllt. Hauptquelle ist die spätröm. Kaisergesch., für die dt. Gesch. die lat. Weltchronik Ekkehards, das ›Chronicon Wirzeburgense‹ u. das Annolied. Betonung der Frühgesch. des Christentums. Alle angeführten Kaiser unterliegen e. sittl. Urteil nach ihrem Verhalten gegenüber Kirche und Christentum. Grundlage späterer Weltchroniken.

A: E. Schröder, Mon. Germ. Hist., Dt. Chroniken, I, 1, 1892, n. 1964; Faks. d. Vorauer Hs., 1953.
L: H. Welzhofer, 1874; C. Röhrscheidt, Diss. Gött. 1907; M. M. Helff, Stud. z. K., 1930, n. 1972; R. G. Crossley, Diss. Freib. 1939; E. F. Ohly, Sage u. Legende i. d. K., 1940, n. 1968; Ch. Gellinek, 1971; H. Eilers, 1972; J. Burgstaller, 1974.

Kalckreuth, Friedrich Ernst Adolf Karl Graf von (Ps. Felix Marius), 15. 3. 1790 Pasewalk – 19. 11. 1847 Berlin; Sohn des preuß. Feldmarschalls Friedrich Adolf Graf von K.; Stud. Jura und Philol. Berlin; nahm 1813–15 an den Befreiungskriegen teil; bereiste 1817/18 Italien; Freundschaft mit W. Müller und Graf O. Loeben; 1818–25 Aufenthalt im Plauenschen Grund bei Dresden, Freund und Schüler Tiecks; geriet in Armut, lebte dann an versch. Orten, zuletzt in Berlin. – Pseudo-romant. Lyriker und Dramatiker.

W: Die Ahnen von Brandenburg, G. 1813; Bundesblüthen, G. 1816 (m. W. Müller, W. Hensel u. a.); Dramatische Dichtungen, II 1824; Unterstützung der Griechen, 1826; Ephemeren, G. 1843.

Kalckreuth, Wolf Graf von, 9. 6. 1887 Weimar – 9. 10. 1906 Bad Cannstatt, Sohn des Malers Leopold v. K., aus Offiziersfamilie; Gymnas. Karlsruhe und Stutt-gart, Freitod als Artillerist (vgl. Rilkes ›Requiem für W. Graf v. K.‹). – Pessimist. Lyriker; beherrschte mit spieler. Leichtigkeit auch strenge Versformen (Sonett); Übs. Verlaines (1906) und Baudelaires (1907).

W: Gedichte, 1908; Gedichte und Übertragungen, 1962.
L: H. Kurse, 1949.

Kaléko, Mascha, 7. 6. 1912 Schidlow/Polen – 21. 1. 1975 Zürich, aus russ.-jüd. Familie, Sekretärin, Jugend in Berlin, Mitarb. versch. Ztt. ebda.; 1938 Emigration nach USA, ab 1966 in Jerusalem, ⚭ Chemjo Vinaver, Komponist. – Lyrikerin mit zyn.-spött. Gebrauchs- und Zeitgedichten im Stil Heines und Kästners.

W: Das lyrische Stenogrammheft, G. 1932; Kleines Lesebuch für Große, G. 1934; Verse für Zeitgenossen, G. 1945 (erw. 1958); Der Papagei, die Mamagei, G. 1961; Verse in Dur und Moll, G. 1967; Das himmelgraue Poesie-Album, G. 1968; Wie's auf dem Mond zugeht, G. 1971; Hat alles seine zwei Schattenseiten, G. 1973; In meinen Träumen läutet es Sturm, G. Nl. 1977; Der Gott der kleinen Webfehler, Prosa, 1977; Heute ist morgen schon gestern, G. 1980; Tag und Nacht, Notizen 1981; Ich bin von anno dazumal, Ausw. 1984; Der Stern, auf dem wir leben, G. 1984.
L: I. A. Wellershoff, Diss. Aachen 1982; G. Zoch-Westphal, 1987.

Kalenberg, Pfaffe von → Frankfurter, Philipp

Kalenter, Ossip (eig. Johannes Burkhardt), 15. 11. 1900 Dresden – 14. 1. 1976 Zürich; Stud. Germanistik und Kunstgeschichte Heidelberg und Leipzig; Mitarbeiter und Korrespondent versch. Zss.; lebte ab 1924 in Italien; ab 1934 in Prag; ab 1939 in Zürich. – Expressionist. Lyriker, humorist. phantasievoller Erzähler, Essayist und Übs. aus dem Franz. und Engl. Meister der kleinen Prosa.

In s. Erzählungen Anklänge an Maupassant und Čechov.

W: Der seriöse Spaziergang, G. 1920; Sanatorium, G. 1922; Herbstliche Stanzen, G. 1923; Die Abetiner, E. 1950; Soli für Füllfeder, En. 1951; Ein gelungener Abend, En. 1955; Die Liebschaften der Colombina, E. 1956; Rendezvous um Mitternacht, En. 1958; Olivenland, Sk. 1960.

Kalisch, David, 23. 2. 1820 Breslau – 21. 8. 1872 Berlin, Kaufmannslehrling, Filialleiter, 1844–46 Kaufmann und Korrespondent in Paris (Bekanntschaft mit H. Heine); 1848 Mitbegründer der satir. Zs. ›Kladderadatsch‹ in Berlin. – Vf. polit.-humorist. Couplets, Possen und Schwänke; Vertreter der Berliner Lokalposse.

W: Berliner Leierkasten, III 1857–66; Berliner Volksbühne, IV 1864; Lustige Werke, V 1870f.

Kaltneker (von Wahlkampf), Hans, 2. 2. 1895 Temesvar/Banat – 29. 9. 1919 Gutenstein/Niederösterr., Offizierssohn, an Lungenleiden gestorben. – Expressionist. Dramatiker und Erzähler um die Themen Liebe und Erlösung.

W: Die Opferung, Tr. 1918; Das Bergwerk, Tr. 1921; Die Schwester, Mysterium 1924; Dichtungen u. Dramen. 1925; Die drei Erzählungen, 1929. – Gerichtet! Gerettet!, Ausw. 1959.
L: N. Britz, D. Expressionismus u. H. K., 1975.

Kamare (eig. Čokarač-Kamare), Stephan von, 22. 6. 1880 Wien – 7. 4. 1945 Wien-Hadersdorf; Stud. Jura Wien; Dr. jur.; Direktor e. Industriekonzerns; lebte in Wien. – Erfolgr. Dramatiker; bes. mit s. Lustspiel ›Leinen aus Irland‹.

W: Die Fremden, Dr. (1917); Leinen aus Irland, Lsp. 1929; Knorpernato, Sch. (1930); Der junge Baron Neuhaus, Lsp. 1933; Kühe am Bach, Dr. (1940).

Kamphoevener, Elsa Sophia Baronin von, 14. 6. 1878 Hameln

– 27. 7. 1968 Traunstein/Obb.; Tochter des Marschalls v. K.-Pascha; Privatunterricht; über 40 Jahre in der Türkei; dann in Marquartstein/Obb. – Erzählerin mehrerer Romane; Essayistin u. Übersetzerin. Durch ihre türk. Märchen bedeutendste dt. Märchenerzählerin der Gegenwart.

W: Der Smaragd des Scheich, R. 1916; Die Pharaonin, R. 1926; Flammen über Bagdad, R. 1934; An Nachtfeuern der Karawan-Serail, M. II 1956f.; Am alten Brunnen der Bedesten, M. 1958; Damals im Reiche der Osmanen, B. 1959; Anatolische Hirtenerzählungen, M. 1960; Der Zedernbaum, Ausw. 1966; Mohammed, Leg. 1968.
L: I. Wilbrandt, 1969.

Kannegießer, Karl Friedrich Ludwig, 9. 5. 1781 Wendemark b. Werben (Altmark) – 14. 9. 1861 Berlin, Predigerssohn, Stud. Philos. u. Theologie Halle, 1806 in Weimar u. Lauchstädt, 1807 Lehrer in Berlin, seit 1814 Gymnasialdirektor in Prenzlau, seit 1822 Breslau, 1823–43 Dozent für neuere Lit. ebda., zog 1844 nach Berlin. – Dramatiker und bes. Übs. von Chaucer, Byron, Leopardi, Beaumont und Fletcher, Dante, Horaz u. a.

W: Dramatische Spiele, 1810 (m. A. Bode); Mirza, Dr. 1818; Amor und Hymnen, G. 1818; Gedichte, 1824; Der arme Heinrich, Dr. 1836; Isenbart, Dr. 1843; Iphigenia in Delphi, Dr. 1843; Schauspiele für die Jugend, XII 1844–49; Telemachos und Nausikaa, Ep. 1846.

Kant, Hermann, * 14. 6. 1926 Hamburg, Elektriker, Soldat, 1945–49 in poln. Kriegsgefangenschaft, 1949–52 Stud. Arbeiter- und Bauernfakultät Greifswald, 1952–56 Stud. Germanistik Berlin, wiss. Assistent der Humboldt-Univ. ebda., Journalist und Redakteur, 1962 freier Schriftsteller in Ost-Berlin, 1969 Vizepräs., 1978–84 Präs. des Schriftstellerverbandes der DDR, 1981 Abgeordneter der Volkskammer. Zuverlässiger Verfechter der DDR-Kulturpolitik. – Humorvoller Erzähler aus dem Leben der DDR mit Verwendung mod. Erzähltechnik; erfolgr. mit s. fabulierfreudigen iron.-satir. Roman ›Die Aula‹ von sozialist. Bildungsversuchen trotz vordergründigen und gelegentl. gesuchten Jugendbuchhumors und Abgleitens in plaudernde Anekdotenhaftigkeit und unverbindl. Wortreichtum.

W: Ein bißchen Südsee, En. 1962; Die Aula, R. 1965; Das Impressum, R. 1972; Eine Übertretung, En. 1975; Der Aufenthalt, R. 1977; Der dritte Nagel, En. 1981; Zu den Unterlagen, Rdn. u. Ess. 1981; Bronzezeit, En. 1986.
L: L. Kreuzlin, 1980.

Kantor-Berg, Friedrich → Torberg, Friedrich

Kapherr, Egon Georg Freiherr von, 30. 10. 1877 Schloß Bärenklause b. Dresden – 12. 9. 1935 Greifswald; Reisen in Rußland, Sibirien, Ostasien; Oberförster in Manytsch am Don/Südrußland, dann in Hagenshöhe/Vorpommern. – Vf. zahlr. Tier- und Jagdgeschichten; auch Reiseberichte.

W: In russischer Wildnis, Mem. 1910; Kolk, der Rabe, En. 1911 (m. F. v. Gagern); Scheitàn, En. 1911; Im Lande der Finsternis, Nn. 1919; Im Netz der Kreuzspinne, R. 1921; Der Weg zum Abgrund, R. 1922; Das Weidmannsjahr in Urwald und Heide, Mem. 1923; Vom Bären und anderem hohen Wilde, Mem. II 1923f.; Möff Pürzelmann, E. 1926; Aus Herrgotts Tiergarten, En. II 1926f.; Radha, der Sohn des Dschungels, R. 1929; Murf Tatzelbrumm, R. 1930.

Kapp, (Johann) Gottfried, 27. 3. 1897 Mönchengladbach – 21. 11. 1938 Frankfurt/M., Arbeitersohn, Autodidakt, lebte in Lippstadt, Berlin, Italien (Florenz, Rom, Capri), dann Kronberg/Taunus. Wegen s. ablehnenden Haltung gegenüber dem Nationalsozialismus verhaftet; bei der Vernehmung durch die Gestapo ermordet. – Als Lyriker, Erzähler und Dramatiker Arbeiterdichter ohne polit. Tendenz. Traditionsverbundene Verse und eigenwillig-herbe, zuchtvolle Prosa e. geradlinigen, innerl. gefestigten Persönlichkeit.

W: Melkisedek, E. 1928; Das Loch im Wasser, R. 1929; Die Mutter vom Berge, E. 1956; Peter van Laac, R. 1960; Wandellose Götter, En. u. Tagebuch aus Italien, 1960; Gedichte, 1961; Briefe, 1963; Kain, Dr. 1964.
L: L. Kapp, In deinem Namen, 1960 (m. Bibl.).

Kappacher, Walter, * 24. 10. 1938 Salzburg; Volks- und Mittelschule, Kfz-Mechaniker, seit 1961 versch. Berufe, dann freier Schriftsteller in Salzburg. – Realist. Erzähler aus dem Berufsalltag der Arbeiter und Angestellten in schlichter Sprache. Hörspiele um soz. Themen.

W: Nur Fliegen ist schöner, En. 1973; Morgen, R. 1975; Die Werkstatt, R. 1975 (2. Fassg. 1981); Rosina, E. 1978; Die irdische Liebe, En. 1979; Der lange Brief, R. 1982.

Kappus, Franz Xaver, 17. 5. 1883 Temesvár/Banat – 9. 10. 1966 Berlin; Militärakademie Wiener Neustadt, 1903 Leutnant in Wien, Preßburg und 1908/09 Süddalmatien. Hauptmann im Kriegsministerium Wien, 1914–18 Kriegsberichterstatter; 1919–24 Journalist in Brünn, Temesvár; 1925 Berlin. – Unterhaltungsschriftsteller. Führte 1903–08 e. Briefwechsel mit R. M. Rilke (›Briefe an e. jungen Dichter‹, hg. 1929) um eig. lyr. Versuche, mißachtete Rilkes Rat und schrieb Satiren, Militärhumoresken, Komödien, schließlich Unterhaltungsromane aus der Großen Welt.

W: Die lebenden Vierzehn, R. 1918; Der Mann mit den zwei Seelen, R. 1924; Das vertauschte Gesicht, R. 1926; Ball im Netz, R. 1927; Der Hamlet von Laibach, R. 1931; Flammende Schatten, R. 1941.

Karel ende Elegast, mittelniederländ. höf. Epos aus der 1. Hälfte des 12. Jh. Berichtet von Kaiser
Karl dem Großen, der auf Geheiß
e. Engels nächtl. auf Diebstahl
ausgehen muß und sich dabei mit
dem geächteten Ritter E. zusam-
menfindet. Durch dieses Treiben
gegen s. eigenen Willen erfährt
Karl die Treue Elegasts und den
geplanten Verrat s. eigenen
Schwagers, den E. im Zweikampf
überwinden kann und dafür zu
hohen Ehren kommt. E. getreue,
sprachl. oft derbe Übs. ins Mhd.,
›Karl und Elegast‹, entstand um
1320, sie wurde e. Bestandteil des
→ ›Karlmeinet‹; e. von ihr abweichende Version liegt in e. rheinfränk. Gedicht des 14. Jh. vor.

A: J. Bergsma 1926; R. Roemans 1945; G. G.
Kloeke 1949; A. M. Duinhoven II 1969. –
Neuniederländ. Bearb.: F. Timmermans,
1921; A. Heyting, 1930. – Mhd. *Übs.:* A. von
Keller, 1858 (BLV 45); J. Quindt, 1927.
L: E. L. Wilke, 1969.

Karl und Elegast → Karel ende
Elegast

Karlmeinet, um 1320 entstandene mhd. Kompilation von 6 einzelnen, untereinander lose verbundenen Epen in mittelfränk.
Sprache um das Leben Karls d.
Gr., hauptsächl. nach niederländ.
u. franz. Quellen, durch s. oft derben, rohen Ton von der dt. höf.
Epik deutl. abgehoben. Titel nach
dem 1. Teil über Karls Jugend
(Carolus Magnitus). Neben dieser
Gesch. der Abenteuer und Liebe
des jungen Karl stehen 3 Kern-
punkte des K.: die Gesch. um
›Morant und Galïe‹ von der unschuldig verleumdeten Gemahlin
Karls, Karls Abenteuer mit e. räuber. Ritter und dessen spätere Bewährung in → ›Karel ende Elegast‹ und die ›Ronceval-Schlacht‹
Karls gegen die span. Sarazenen

nach dem ›Rolandslied‹ des Pfaffen Konrad. Zwischen ›Morant‹
und ›Elegast‹ schob der Kompilator e. eigene dürft. Zusammenstellung der siegr. Feldzüge Karls,
an den Schluß des K. setzte er e.
Bericht über Karls Tod; beide
schließen sich an das ›Speculum
historiale‹ des Vincenz von Beau-
vais an.

A: A. v. Keller 1858 (BLV 45), n. 1971;
Morant u. Galïe, hg. E. Kalisch 1921, T.
Frings, E. Linke 1976.
L: E. Müller, Stilunters. des K., Diss. Bonn
1930; J. Akkermann, Diss. Amsterdam 1937;
M. A. Holmberg, K.-Stud., Kopenh. 1954;
E. Rooth, Z. Spr. d. K., 1976; Bibl.: C.
Minis, Amsterdam 1971.

Karlweis, C. (eig. Karl Weiß),
23. 11. 1850 Wien – 27. 10. 1901
ebda., nach Besuch der Oberrealschule 1868 Beamter der Staatsei-
senbahn, seit 1891 Inspektor. –
Erzähler und Dramatiker, schrieb
seit 1876 für das Wiener Volkstheater Schwänke, Komödien
und polit. Satiren; leichte unterhaltende Prosa mit Wiener Lokalkolorit.

W: Cousine Melanie, Lsp. 1879; Einer vom
alten Schlag, Vst. 1868 (m. A. Chiavacci);
Wiener Kinder, R. 1887; Geschichten aus
Stadt und Dorf, Nn. 1889; Ein Sohn seiner
Zeit, R. 1892; Aus der Vorstadt, Vst. 1893
(m. H. Bahr); der kleine Mann, Schw. 1894;
Adieu Papa, En. 1898; Das grobe Hemd, Vst.
1901; Martins Ehe, N. 1901.

Karrillon, Adam, 12. 5. 1853
Waldmichelbach/Odenw. – 14. 9.
1938 Wiesbaden, Lehrerssohn,
Stud. Medizin Gießen, Würzburg
und Freiburg/Br., Dr. med., Arzt
in Weinheim, Schliersee, Witten,
ab 1919 Wiesbaden. – Vf. von
Heimatromanen aus dem Odenwald.

W: Michael Hely, R. 1901; Die Mühle zu
Husterloh, R. 1906; O domina mea, R. 1909;
Adams Großvater, R. 1917; Sechs Schwaben
und ein halber, R. 1919; Erlebnisse eines Er-
denbummlers, Aut. 1923; Meine Argonautenfahrt, R. 1930.
L: K. Esselborn, 1923; R. Deschler, 1978.

Karsch(in), Anna Luise, geb. Dürbach, 1. 12. 1722 Meierhof ›Auf dem Hammer‹ zwischen Züllichau und Crossen/Od. – 12. 10. 1791 Berlin. Ärmlichste Jugend. Nach Tod des Vaters 1728–32 bei ihrem Großoheim, in Tirschtiegel erzogen, als Kuhmagd verdingt. ∞ 1738 16jährig den Tuchweber Hirsekorn in Schwiebus, der sie mißhandelt; 1748 geschieden; ∞ 1749 Schneider Karsch in Fraustadt, e. Trunkenbold, von dem sie sich trennte. Übersiedelte 1755 nach Glogau. 1760 durch Baron v. Kottwitz entdeckt, unterstützt und 1761 zur weiteren Ausbildung nach Berlin gebracht, wo sie von Sulzer, Ramler, Mendelssohn und Lessing gefördert wurde. Winter 1761/62 in Magdeburg und bei Gleim in Halberstadt, der e. 1. Slg. ihrer Gedichte herausgab. Dann wieder Berlin. 1789 schenkte Friedrich Wilhelm II. ihr e. Haus in Berlin. Mutter der Schriftstellerin Karoline Luise von Klencke, Großmutter der Helmina v. Chezy. – Vers- und reimgewandte Gelegenheitsdichterin im preuß.-patriot. Kreis um Gleim und Ramler; in ihren Poemen und pathet.-rhetor. Oden ohne Formzucht und künstler. Tiefe von anakreont. Vorbildern abhängig. Am besten in zwanglosen Improvisationen mit echtem Naturgefühl. Von den Zeitgenossen als ›dt. Sappho‹ sehr überschätzt.

W: Auserlesene Gedichte, hg. J. W. L. Gleim 1764 (Faks. 1966); Poetische Einfälle, G. 1764; Neue Gedichte, 1772; Gedichte, hg. K. L. v. Klencke 1792. – Gedichte, hg. H. Menzel 1938; Ausw. G. Wolf 1981; Die K., E. Leben in Briefen, hg. E. Hausmann 1933, ern. B. Beuys 1981.
L: T. Heinze, 1866; A. Kohut, D. dt. Sappho, 1887.

Karsthans → Vadianus, Joachim

Karsunke, Yaak, ★ 4. 6. 1934 Berlin, Stud. Jura, dann Schauspiel, 1955–57 Max Reinhardt-Schule; Gelegenheitsarbeiten; Mitbegründer und 1965–68 Chefredakteur der linksradikalen lit.-polit. Zs. ›Kürbiskern‹; Journalist. – Polit. Lyriker mit zweckbestimmten, sachl., leichtverständl. Agitationsversen nach Formvorbild Brechts. Librettist und Dramatiker, z. T. nach fremden Vorlagen.

W: Kilroy & andere, G. 1967; reden & ausreden, G. 1969; Piagasus, Ballett (1970); Schwanensee AG., Ballett (1971); Germinal, Dr. (1974, nach Zola); Josef Bachmann/Sonny Liston, Prosa 1974; Bauernoper/Ruhrkampfrevue, Drr. 1976; Unser schönes Amerika, Revue (1976); Da zwischen, G. Dr. 1979; Auf die Gefahr hin, G. 1982; Großer Bahnhof, Dr. (1983).

Kasack, Hermann, 24. 7. 1896 Potsdam – 10. 1. 1966 Stuttgart, Arztsohn; humanist. Gymnas., 1914 aus gesundheitl. Gründen nur kurz Soldat, 1915 Stud. Germanistik und Nationalökonomie Berlin u. München. 1920–25 zuerst Lektor, schließlich Direktor des Kiepenheuer Verlags in Potsdam, 1926–27 im S. Fischer-Verlag Berlin, danach freier Schriftsteller und Rundfunkautor; 1933 Verbot der Vortragstätigkeit; 1941–49 Lektor im Suhrkamp-Verlag als Nachfolger O. Loerkes; Reisen nach Belgien, England, Schweiz, Italien, Finnland und Rußland. 1948 Mitbegründer des dt. PEN-Zentrums; seit 1949 freier Schriftsteller in Stuttgart; 1953–63 Präsident der Dt. Akad. für Sprache und Dichtung in Darmstadt, 1956 Prof.-Titel. – Begann als expressionist. Lyriker mit ekstat. Gedichten; in s. späteren, themat. vielseitigen unpathet. Lyrik Übergang zu klass. Harmonie und plast. Bildern. Im stark gedankl. Erzählwerk realist.

Vordergründigkeit mit umfassenden sinnbildhaften Bezügen unter Einfluß Kafkas und des Surrealismus und gedankl. Verarbeitung des Existentialismus, buddhist.-fernöstl. Weisheit und der Philos. Schopenhauers, so im ep. Hauptwerk, dem Roman ›Die Stadt hinter dem Strom‹, der beklemmenden Vision e. schattenhaften Zwischenreichs zwischen Leben und Nichts, als Sinnbild e. seelenlos mechanisierten Totalitarismus, e. der meistdiskutierten dt. Bücher der Nachkriegszeit. Weitere groteske und utop. Romane und Erzählungen sind zeitsatir. Persiflagen auf die Bürokratie und das Ausgesetztsein des Menschen gegenüber den Organisationen. Auch Dramatiker (lyr. Tragödien), Essayist und Hrsg. O. Loerkes.

W: Der Mensch, G. 1918; Das schöne Fräulein, Dr. (1918); Die Heimsuchung, E. 1919; Die Insel, G. 1920; Die tragische Sendung, Dr. 1920; Die Schwester, Dr. 1920; Vincent, Dr. 1924; Echo, G. 1933; Tull, der Meisterspringer, Jgb. 1935; Das ewige Dasein, G. 1943; Die Stadt hinter dem Strom, R. 1947 (als Op. 1955); Der Webstuhl, E. 1949 (erw. um Das Birkenwäldchen, 1958); Oskar Loerke, Es. 1951; Das große Netz, R. 1952; Fälschungen, E. 1953; Aus dem chinesischen Bilderbuch, G. 1955; Mosaiksteine, Ess. 1956; Das unbekannte Ziel, Ausw. 1963; Wasserzeichen, G. 1964.
L: Leben u. Wk. v. H. K., hg. W. Kasack 1966; H. Schütz, 1972; R. Tgahrt, hg. 1976.

Kaschnitz, Marie Luise Freifrau von, geb. von Holzing-Berstett, 31. 1. 1901 Karlsruhe – 10. 10. 1974 Rom. Offizierstochter aus elsässichem Adelsgeschlecht; 1922–24 Buchhandelslehre Weimar und München, seit 1924 Buchhändlerin in Rom; ⚭ 1925 Guido Freiherrn v. K.-Weinberg, Archäologieprof. († 1958 als Direktor des Dt. Archäolog. Instituts Rom), folgte ihm 1932 nach Königsberg, 1937 nach Marburg,

1941 nach Frankfurt/M. 1960 Gastdozentin für Poetik ebda., 1967 USA-Reise. – Dt. Dichterin der Gegenwart, die in ihrem an traditionellen Formen geschulten Werk e. auf antikem und christl. Erbe erwachsene Humanität mit modernen Problemen verbindet. Lyrikerin von intuitiver Sprachkraft und sicherem, klass. Formgefühl und melod. Reichtum. Erzählerin anspruchsvoller Prosa mit Vorliebe für Zwischentöne und Übergänge. Ferner Essay, Autobiogr., Bühnenwerk und zahlr. Hörspiele.

W: Liebe beginnt, R. 1933; Elissa, R. 1937; Griechische Mythen, Ess. 1943 (n. 1972) Menschen und Dinge, Ess. 1946; Gedichte, 1947; Totentanz und Gedichte zur Zeit, 1947; Gustave Courbet, R.-B. 1949 (u. d. T. Die Wahrheit, nicht der Traum, 1967); Zukunftsmusik, G. 1950; Das dicke Kind, En. 1952; Ewige Stadt, G. 1952; Engelsbrücke, Erinn. 1955; Das Haus der Kindheit, Aut. 1956; Neue Gedichte, 1957; Lange Schatten, En. 1960; Hörspiele, 1962; Dein Schweigen – meine Stimme, G. 1962; Wohin denn ich, Aufz. 1963; Ein Wort weiter, G. 1965; Überallnie, G. 1965; Beschreibung eines Dorfes, Sk. 1966; Ferngespräche, En. 1966; Tage, Tage, Jahre, Aufz. 1968; Vogel Rock, En. 1969; Steht noch dahin, Skn. 1970; Zwischen Immer und Nie, Ess. 1971; Gespräche im All, H.e 1971; Nicht nur von hier und von heute, Ausw. 1971; Kein Zauberspruch, G. 1972; Eisbären, En. 1972; Orte, Aufz. 1973; Das alte Thema, G. 1973; Hörspiele, 1974; Gesang vom Menschenleben, G. 1974; Florens, Es. 1974; Der alte Garten, M. 1975; Gedichte, Ausw. 1975. – GW, VII 1981 ff.
L: S. Jauker, Diss. Graz 1967; Interpretationen zu M. L. K.'Erzn., 1969; Insel-Almanach, 1971; A. Baus, Standortbestimmung als Prozeß. Untersuchgn. z. Prosa d. M. L. K., 1974; A. Strack-Richter, Öffentlichk. u. priv. Engagement, 1979; E. Pulver, 1984; U. Schweikert, hg. 1984; J. C. Reichardt, 1984. Bibl.: E. Linpinsel, 1971.

Kasper, Hans (eig. Dietrich Huber), *24. 5. 1916 Berlin; Stud. polit. Wiss. Berlin und Lausanne, seit 1946 Journalist in Berlin, dann Frankfurt/M. – Geistreicher zeitsatir. Aphoristiker von scharfsinniger Ironie. Erzähler und Hörspielautor.

W: Berlin, Schr. 1948; Nachrichten und Notizen, 1957; Das Blumenmädchen, E. 1958; Zeit ohne Atem, Aphor. 1961; Abel gib acht, Aphor. 1962; Die Flöte von Jericho, K. (1963); Geh David helfen, H. 1963; Expedition nach innen, Aphor. 1965; Wolken sind fliehende Wasser, R. 1970; Mitteilungen über den Menschen, Aphor. 1978.

Kassner, Rudolf, 11. 9. 1873 Groß-Pawlowitz/Mähren – 1. 4. 1959 Siders/Wallis; Sohn e. Fabrik- und Gutsbesitzers aus schles. Gelehrten-, Beamten- und Gutsbesitzersfamilie, durch Kinderlähmung körperbehindert; trotzdem Stud. Philol., Gesch. u. Philos. Wien und Berlin; Dr. phil.; weite Reisen in England, Frankreich, Afrika, Indien, Turkestan. Privatgelehrter in Wien, seit 1946 in Siders/Schweiz. Freund von Hofmannsthal, E. v. Keyserling, Rilke, O. Wilde, P. Valéry u. a. – Bedeutender österr. Kulturphilosoph, Essayist, Aphoristiker und Erzähler von universaler Weite des Geistes, profundem kulturgeschichtlichem Wissen und e. weniger systemat.-begriffl. als bildhaft erschauten und in dichter. Gleichnissen sich spiegelnden ›physiognom. Weltbild‹, das s. z. T. schwer zugängl., anfangs von Nietzsche und später von Kierkegaard beeinflußten Schriften zugrunde liegt. Sieht die Menschheitsentwicklung gleich der Individualentwicklung als e. regional abgestuften Übergang vom mag. Raumerleben der Jugend zum individuellen Zeiterleben des Alters. Bemüht um e. physiognom. Deutung der äußeren Erscheinungen als Ausdruck des Geistes und die Klärung der Relationen zwischen Körper und Seele. Vertreter e. esoter., undogmat. und kirchenfernen Christentums. In s. lit. Essays anfangs Fürsprecher e. ästhet. Neuromantik. Auch Übs.

von Platon, L. Sterne, Gogol', Puškin, Tolstoj, Dostoevskij, Gide u. Newman.

W: Die Mystik, die Künstler und das Leben, 1900; Der Tod und die Maske, 1902; Der indische Idealismus, 1903; Die Moral der Musik, 1905; Motive, 1906; Melancholią, 1908; Von den Elementen der menschlichen Größe, 1911; Der indische Gedanke, 1913; Die Chimäre, 1914; Zahl und Gesicht, 1919; Die Grundlagen der Physiognomik, 1922; Die Verwandlung, 1925; Die Mythen der Seele, 1927; Das physiognomische Weltbild, 1930; Buch der Erinnerung, 1938; Der Gottmensch, 1938; Die zweite Fahrt, Mem. 1946; Transfiguration, 1946; Das neunzehnte Jahrhundert, 1947; Umgang der Jahre, Mem. 1949; Die Geburt Christi, 1951; Das inwendige Reich, 1953; Der goldene Drachen, 1957. – SW, X 1969ff.; Briefe an Tetzel, 1979.
L: T. Wieser, D. Einbildungskraft b. R. K., 1949; Gedenkbuch z. 80. Geb.tag, 1953; Gespräche m. R. K., hg. A. C. Kensik 1960; G. Mayer, Rilke u. K., 1960; H. Paeschke, 1963; G. Baumann, R. K.-H. v. Hofmannsthal, 1964; E. Acquistapace, Person u. Weltdeutg., 1971.

Katz, Richard, 21. 10. 1888 Prag – 8. 11. 1968 Locarno; Stud. Prag, Jurist, dann Journalist, Prager Korrespondent der ›Vossischen Zeitung‹, 1924–1926 Verlagsdirektor der Leipziger Verlagsdruckerei, 1928–30 Prokurist der Ullstein-AG, Berlin, Sonderberichterstatter für Ostasien. Emigrierte 1933 in die Schweiz, 1941 nach Brasilien, zuletzt in Locarno-Monti/Schweiz. – Autor vielgelesener Reisebücher.

W: Ein Bummel um die Welt, Reiseb. 1927; Heitere Tage mit braunen Menschen, Reiseb. 1930; Drei Gesichter Luzifers, Reiseb. 1934; Leid in der Stadt, E. 1938; Begegnungen in Rio, Ess. 1945; Auf dem Amazonas, Reiseb. 1946; Mein Inselbuch, Aut. 1950; Wandernde Welt, Nn. 1950; Von Hund zu Hund, En. 1956; Gruß aus der Hängematte, Mem. 1958; Übern Gartenhag, Plaud. 1961; Steckenpferde, Aut. 1967.

Kauer, Walther, 4. 9. 1935 Bern – 27. 4. 1987 Galmitz (Unfall); Journalist in Murten. – Schweizer Erzähler sozialkrit. Heimatromane um histor. und mod. Klassen-

kämpfe aus sozialist. Sicht in unprätentiöser Sprache.

W: Schachteltraum, R. 1974; Spätholz, R.
1976; Abseitsfalle, R. 1977; Tellereisen, R.
1979; Schwelbrände, R. 1983; Bittersalz, R.
1984; Gastlosen, R. 1986.

Kauffmann, Fritz Alexander, 26.
6. 1891 Denkendorf/Württ. – 19.
5. 1945 b. Ebersbach/Fils; Sohn
eines Fabrikanten; schwäb.-bad.
Familie; Stud. Romanistik, Anglistik und Kunstgesch. Tübingen, Paris und London; Teilnehmer am 1. Weltkrieg; Lehrer an
höheren Schulen; 1931 Prof. für
Kunst- und Zeichenunterricht
Pädagog. Akad. Halle; 1933 aus
dem Staatsdienst entlassen; lebte
zurückgezogen als freier Schriftsteller in Ebersbach; kam bei e.
Autounfall ums Leben. – Feinsinniger Kunstschriftsteller, bekannt
vor allem aber durch sein sprachl.
Meisterwerk ›Leonhard‹, die an
Proust erinnernde Gesch. s. eigenen Kindheit.

W: Die Woge des Hokusai, Ess. 1938; Roms
ewiges Antlitz, Schr. 1940; Kirchen und Klöster des oberschwäbischen Barock, Mon.
1947; Leonhard, Chronik e. Kindheit, 1956.

Kaufringer, Heinrich, um 1400,
aus der Gegend von Landsberg a.
Lech. – Spätma. volkstüml., teils
lehrhafter, teils derber Spruch-
und Schwankdichter. S. Spruchgedichte mit stilist. Anlehnung an
Heinrich den Teichner und Konrad von Würzburg dienen bes. der
relig. Ermahnung; Einfluß Seuses. Bei den Schwänken überwiegen grobsinnenfrohe naturalist.
Anekdoten; daneben einige lehr-
haft-erbaul. Legenden.

A: K. Euling 1888 (BLV 182); Inedita, hg. H.
Schmidt-Wartenberg 1897; Werke, hg. P.
Sappler II 1972–74.
L: K. Euling, 1900 u. 1901, n. 1977.

Kaus, Gina (eig. Zinner-Kranz,
Ps. Andreas Eckbrecht) 21. 10.

1894 Wien – 23. 12. 85 Los Angeles; ⚭ Essayist Otto Kaus, bis
1938 Wien, emigrierte nach Paris,
1940 Hollywood, dann Los Ange-
les/Kalifornien. – Dramatikerin
und Erzählerin psycholog. Gesellschaftsromane und Biographien.

W: Diebe im Haus, Lsp. 1919; Die Verliebten, R. 1928; Die Überfahrt, R. 1931; Die
Schwestern Kleh, R. 1933; Katharina die
Große, R. 1935; Josephine und Madame Tal-
lien, R. 1936; Luxusdampfer, R. 1937; Der
Teufel nebenan, R. 1939; Teufel in Seide, R.
1956; Und was für ein Leben, Aut. 1979.

Kautsky, Minna (Ps. Eckert), 11.
6. 1837 Graz – 20. 12. 1912 Berlin,
Tochter e. Dekorationsmalers, ⚭
1854 Theatermaler Johann K., bis
1862 Schauspielerin; 1863–1904
Schriftstellerin in Wien, dann
Berlin. Mutter des sozialdemokrat. Theoretikers Karl K. – Vf.
sozialist. Trivial- und Kolportageromane um Arbeiterbewegung
und Klassenkampf.

W: Madame Roland, Dr. 1878; Stefan vom
Grillenhof, R. II 1881; Herrschen oder die-
nen, R. II 1882; Die Alten und die Neuen, R.
II 1885; Victoria, R. 1889; Helene, R. 1894. –
Ges. Romane u. Erzählungen, II 1914; Ausw.
1965 (m. Bibl.).
L: C. Friedrich-Stratmann, Diss. Halle 1963.

Kay, Juliane (eig. Erna Baumann), 9. 1. 1899 Wien – 8. 9.
1968 ebda.; Schauspielerausbildung; Schauspielerin, Regisseurin
und freie Schriftstellerin in München, dann Wien. – Vf. erfolgr.
Komödien und Schauspiele; auch
Romane und Drehbücher.

W: Silhouetten in Farben, En. 1923; Abenteuer im Sommer, R. 1927; Das Dorf und die
Menschheit, Sch. 1934; Der Schneider treibt
den Teufel aus, K. 1936; Der Zauberer, K.
1938; Vagabunden, K. 1942; Die Frauen vom
Orlog, N. 1943; Meine Schwester oder Meine Frau, R. 1954; Zwei in Italien, R. 1957;
Kulissen, Peter und Marie, R. 1958; Die Erinnerungen der Köchin Therese Galassler, R.
1961; Mein Sohn Wolfgang Amadeus, R.
1965.

Kayssler, Friedrich, 7. 4. 1874
Neurode/Schles. – 24. 4. 1945

Klein-Machnow b. Berlin, 1893/
94 Stud. Philos. Breslau und
München, Schauspieler, seit 1898
Dt. Theater Berlin, zuletzt Staatl.
Schauspielhaus. – Impressionist.
Dramatiker mit Märchendramen
und Lustspielen, zarter Gedan-
kenlyrik, Aphorismen, Essays.

W: Simplicius, Tr. 1905; Sagen aus Mijn-
hejm, 1909; Schauspielernotizen, II 1910–14;
Jan der Wunderbare, Lsp. 1917; Zwischen Tal
und Berg der Welle, G. 1917; Besinnungen,
Aphor. 1921; Stunden in Jahren, G. 1924. –
Gesammelte Schriften, III 1929.
L: J. Bab, 1920.

Keckeis, Gustav (Ps. Johannes
Muron), 27. 3. 1884 Basel – 10. 3.
1967 ebda., Stud. Germanistik
und Geschichte Basel, Lausanne,
Leipzig, Bonn, Zürich, Berlin
und Bern; Dr. phil.; Buchhändler
in Leipzig, München, London
und Freiburg/Br.; 1919–31 Hrsg.
der Monatsschrift ›Literar. Hand-
weiser‹, 1926–34 Verlagsdirektor
bei Herder in Freiburg, Hrsg. der
4. Aufl. des ›Großen Herder‹, ab
1935 Leiter des Benziger-Verlags
Einsiedeln. – Realist. Erzähler
bes. mit exot. Stoffen, Essayist
und Kritiker, Vertreter e. weltoffenen Katholizismus.

W: Von jungen Menschen, E. 1906; Der Vetter, E. 1922; Die spanische Insel, Kolumbus-
R., II 1926–28 (2. Fassg. 1961); Himmel
überm wandernden Sand, Schr. 1931; Das
kleine Volk, R. 1939; Die fremde Zeit, R.
1947; Fedor, R. 1957.
L: Fs. z. 70. Geb.tag, hg. B. Mariacher, 1954.

Keilson, Hans, * 12. 12. 1909
Bad Freienwalde/Oder; ab 1928
Stud. Medizin; 1934 ärztl. Staats-
xamen; Lehrer an Privatschulen;
1936 Emigration in die Niederlande; Arzt für die niederländ. Widerstandsbewegung; 1951 Nervenarzt in Naarden-Bussum b.
Amsterdam. – Lyriker und Erzähler autobiogr. Romane um jüd.
Schicksal in der NS-Zeit.

W: Das Leben geht weiter, R. 1933; Gedichte,

1938 (holländ.); Komödie in Moll, E. 1947;
Der Tod des Widersachers, R. 1959; Sprach-
wuzellos, G.-Ausw. 1987.

Keim, Franz, 28. 12. 1840 Alt-
Lambach/Ober-Österr. – 26. 6.
1918 Brunn a. G./Nd.-Österr.
Schule des Benediktinerstifts
Kremsmünster. Stud. Philol. und
Geschichte Wien u. Zürich (bei F.
Th. Vischer), 1875–98 Gymna-
sialprofessor in St. Pölten, 1902
Übersiedlung nach Wien. – Epi-
gonaler Epiker und Dramatiker in
der Nachfolge Hebbels und An-
zengrubers, Vertreter der österr.
Tradition, in s. Lyrik Scheffel na-
hestehend.

W: Sulamith, Tr. 1875; Stefan Fadinger, Ep.
1885; Aus dem Sturmgesang des Lebens, Ges.
Dicht. 1887; Die Spinnerin am Kreuz, Dr.
1892; Der Schenk von Dürnstein, Dr. 1892;
Der Schelm vom Kahlenberg, Lsp. 1894. –
GW, V 1912 f.
L: A. Draxler, 1916; G. Ressel, Diss. Prag
1926; O. Scholz, Diss. Wien 1928.

Keller, Gottfried, 19. 7. 1819 Zürich – 15. 7. 1890 ebda.; Sohn e.
Drechslers aus Glattfelden; Jugend in kleinbürgerl. Verhältnissen, 1824 Tod des Vaters; 1825–31
Armenschule, 1831 Landknaben-
institut von Stüßihofstätt, 1833
kantonale Industrieschule, von
der er 1834 verwiesen wurde, arbeitete bei dem Maler Peter Steiger, dann bei Rudolf Meyer,
1840–42 zu weiterer Ausbildung
als Landschaftsmaler in München,
dort in wirtschaftl. Not und unter
großen Entbehrungen. 1842
Rückkehr nach Zürich, ernste
Zweifel an s. Malerberuf und Erkenntnis seiner schriftsteller. Begabung. 1844/45 Teilnehmer an
der Freischärlerbewegung gegen
Luzern, Umgang mit Freiligrath,
Herwegh u. a. dt. polit. Flüchtlin-
gen. Im Herbst 1848 mit e. Stipendium des Kantons Zürich
Stud. Gesch., Philos. und Lit.

Heidelberg; Bekanntschaft mit dem Literaturhistoriker H. Hettner und L. Feuerbach, 1850–55 in Berlin, entscheidende Jahre der lit. Entwicklung (nach erfolglosen dramat. Versuchen ›Der grüne Heinrich‹), 1855 wieder in Zürich als freier Schriftsteller, 1861–76 erster Staatsschreiber in Zürich, außerordentl. gewissenhaft in s. Amt; dann wieder dichter. Arbeiten. Freundschaft mit J. Burckhardt, A. Böcklin und C. F. Meyer, Briefwechsel mit Storm und Heyse. – Bedeutendster schweizer. Erzähler des bürgerl. Realismus. In s. Jenseitsglauben durch A. Feuerbachs Atheismus innerl. erschüttert, wandte er sich von romant. Subjektivität e. keineswegs rein materialist. Diesseitsglauben u. e. voll sinnenhaften Erfassung der ird. Wirklichkeit in ihrer einmaligen, weil unwiederbringl. Fülle, Schönheit und Tiefe zu, die er mit Ernst, der bildstarken Anschaulichkeit e. Malerauges, Vorliebe fürs Unverbildet-Natürl., aber auch überlegenem, kauzigem Humor, Freude am Absonderl., liebevollem Spott und heiterer Ironie darstellt. Neben tragikom. und echten trag. Zügen hier fabulierendes Spiel der Phantasie und Neigung zu seltsam-barocker Verbrämung. Stark ausgeprägter bürgerl. Gemeinsinn, polit. Freiheitsdenken und bewußte moral. u. sozialpädagog. Wirkung: Erziehung zu sozialem Verantwortungsgefühl. Während der (später umgearbeitete) psycholog. Bildungsroman mit starken autobiograph. Zügen, ›Der grüne Heinrich‹ an das Vorbild von Goethes ›Wilhelm Meister‹ anknüpft, erreicht K.s plast. Erzählkunst ihre höchste Entfaltung in den locker verbundenen Zyklen von stark verdichteten

trag. oder heiteren Novellen und grazilen, märchenhaft-diesseitigen Legenden. In s. Lyrik überwiegen gedankl.-betrachter. Züge; anfangs auch radikal liberale polit. Gedichte.

W: Gedichte, 1846; Neuere Gedichte, 1851; Der grüne Heinrich, R. IV 1854f. (Neufassg. IV 1879f.); Die Leute von Seldwyla, En. 1856 (erw. IV 1874); Sieben Legenden, En. 1872; Züricher Novellen, II 1878; Das Sinngedicht, Nn. 1882; Gesammelte Gedichte, 1883; Martin Salander, R. 1886. – GW, X 1889; Nachgelassene Schriften und Dichtungen, 1893; SW, hg. J. Fränkel u. C. Helbling XXIV 1926–49; SW u. ausgewählte Briefe, hg. C. Heselhaus III ²1964; SW, VIII 1958; VI 1984; hg. T. Böning, g. Kaiser V 1985ff.; Ges. Briefe, hg. C. Helbling IV 1950–54; Briefw. m. P. Heyse, hg. M. Kalbeck 1919; m. J. V. Widmann, hg. M. Widmann 1922; m. Th. Storm, hg. A. Köster ⁴1924, hg. P. Goldammer 1960; m. H. Hettner, hg. J. Jahn 1964, m. M. u. A. Exner, hg. I. Smidt 1981; m. W. Petersen, hg. dies. 1984. Briefe an Vieweg, hg. J. Fränkel 1938.

L: J. Baechtold, III 1894–97 (n. E. Ermatinger ⁸1950); F. Baldensperger, 1899; R. Huch, 1904; A. Frey, Erinn. an G. K., ³1919; H. Maync, 1923; E. Korrodi, G. K.s Lebensraum, Bb. 1930; T. Roffler, 1931; E. Howald, N. Y. 1933; H. Demeter, K.s Humor, 1938; P. Schaffner, G. K. als Maler, 1942; R. Faesi, 1942; P. Rilla, 1944; F. Burri, G. K.s Glaube, 1944; G. Lukács, ²1947; H. Boeschenstein, 1947; A. Zäch, G. K. im Spiegel s. Zeit, 1951; R. Drews, 1953; W. Zollinger-Wells, G. K.s Religiosität, 1954; A. Hauser, 1959; H. Richter, G. K.s frühe Novellen, 1960; E. Ackerknecht, ⁴1961; R. Wildbolz, G. K.s Menschenbild, 1964; L. Gessler, Lebendig begraben, 1964; M. Kaiser, Lit.soziol. Stud. z. G. K.s Dichtg., 1965; M. Wehrli, G. K.s Verh. z. eig. Schaffen, 1965; L. Wiesmann, 1967; B. Breitenbruch, 1968; G. Lindsay, Lond. 1968; G. K. (üb. s. Dichtgn.), hg. K. Jeziorkowski 1969; R. Luck, G. K. als Lit.kritiker, 1970; K. T. Locher, 1970; C. Winter, 1971; K. Fehr, 1972; G. Imboden, K.s Ästhetik, 1975; H. Richartz, Lit.kritik u. Ges.kritik, 1975; J. Rothenberg, 1976; A. Muschg, 1977; H. Boechenstein, ²1977; F. Hildt, 1978; K. Jerziorkowski, Literatur u. Historismus, 1979; G. Kaiser, 1981; B. Neumann, 1982; W. Menninghaus, Artist. Schrift, 1982; H. Steinecke, hg. 1984; G. Kaiser, 1985; K. T. Locher, 1986; W. Baumann, 1986; Bibl.: J. Baechtold, 1897; C. C. Zippermann, 1935.

Keller, Hans Peter, ★ 11. 3. 1915 Roselerheide b. Neuß/Rh., Stud. Philos. Löwen, Köln, Innsbruck,

Verlagslektor in Basel und Thun, 1955–83 Lit.lehrer für Buchhandelsfachklassen; wohnt in Büttgen b. Neuß. – Lyriker, schrieb knappe, mag.-myth. Gedichte von schwelender Traurigkeit mit Nähe zu E. Barth, später unterkühlt-sarkast., knappe Zeitgedichte und Aphorismen von pessimist. Grundton.

W: Die schmale Furt, G. 1938; Zelt am Strom, G. 1943; Der Schierlingsbecher, G. 1947; Die Opfergrube, G. 1953; Die wankende Stunde, G. 1958; Die nackten Fenster, G. 1960; Herbstauge, G. 1961; Auch Gold rostet, G. 1962; Grundwasser, G. 1965; Panoptikum aus dem Augenwinkel, Aphor. 1967; Stichwörter, Flickwörter, G. 1969; Kauderwelsch, Aphor. 1971; Extrakt um 18 Uhr, G. u. Prosa 1975.

Keller, Paul, 6. 7. 1873 Arnsdorf b. Schweidnitz/Schles. – 20. 8. 1932 Breslau, Volksschullehrer in Jauer, Schweidnitz und 1898–1908 Breslau, dann freier Schriftsteller ebda., 1912 Gründer und Hrsg. der Monatsschrift ›Die Bergstadt‹. – Schles. Heimaterzähler und Volksschriftsteller; konfessionell-kath. Grundhaltung. Anfangs träumerisch, gemütvoll, später mehr süßlich.

W: Waldwinter, R. 1902; Die Heimat, R. 1903; In deiner Kammer, En. 1903; Das letzte Märchen, Idyll 1905; Der Sohn der Hagar, R. 1907; Die alte Krone, R. 1909; Stille Straßen, Ess. 1912; Die Insel der Einsamen, R. 1913; Ferien vom Ich, R. 1915; Hubertus, R. 1918; In fremden Spiegeln, R. 1920; Die vier Einsiedler, R. 1923; Drei Brüder suchen das Glück, R. 1929; Ulrichshof, R. 1929. – W, XIV 1922–25.
L: J. Eckardt, 1908; H. H. Borcherdt, 1910; G. W. Eberlein, 1922; H. Wentzig, 1954.

Keller, Paul Anton, 11. 1. 1907 Radkersburg/Steiermark – 22. 10. 1976 Hart; Schauspielerssohn; Jugend in Graz, freier Schriftsteller in Schloß Flamhof/Steiermark, dann Hart-St. Peter bei Graz. 1961 Prof. h. c. – Steir. Lyriker und Erzähler anfangs aus dem bäuerl. Leben s. Heimat in mundartnaher Sprache. Vorliebe für Kleinformen und Neigung zu Spukhaftem. Frühe Lyrik im Stil der Neuromantik.

W: Gesang vor den Toren der Welt, G. 1931; Der klingende Brunn, G. 1938; Die freiherrlichen Hosen, Anek. 1939; Die Garbe fällt, En. 1941; Jahre, die gleich Wolken wandern, En. 1948; Der Mann im Moor. En. 1953; Du holde Frühe, G. 1954; Gast der Erde, Mem. 1957 (m. Bibl.); Dreigestirn, Erinn. 1963; Salvatore und sein Hund, R. 1966.
L: B. J. Ortner, Diss. Graz 1979.

Kellermann, Bernhard, 4. 3. 1879 Fürth – 17. 10. 1951 Klein-Glienicke b. Potsdam; fränk. Beamtensohn, Jugend in Ansbach, Nürnberg und München; Stud. Germanistik und Malerei TH ebda. Lebte 1904/05 in Rom, 1906–09 Grünwald b. München, seit 1909 Schöneberg b. Berlin, dann Werder a. d. Havel. Langjähr. Reisen durch England, Frankreich, USA, Asien und 5mal Sowjetunion. Im 1. Weltkrieg Zeitungskorrespondent. 1933 boykottiert. 1945 Mitbegründer und Vizepräsident des ›Kulturbundes zur demokrat. Erneuerung Dtl.s‹; 1949 Volkskammerabgeordneter und Prof.-titel. Zuletzt als freier Schriftsteller in und bei Potsdam. – Impressionist. Erzähler, begann mit neuromant.-lyr. Romanen im Stil Hamsuns und Jacobsens um dekadente, skept. melanchol. Gestalten mit gefühl- und stimmungsvollen Naturbildern und sensibler Seelenmalerei, z. T. nachempfundener Naivität. Ging dann zu sensationellen techn.-utop. Romanen in flüssigem, doch farblosem Stil über. Daneben exot. Reisebücher und zeitkrit. Gegenwartsromane, Essays und Dramen.

W: Yester und Li, R. 1904; Ingeborg R. 1906; Der Tor, R. 1909; Das Meer, R. 1910; Der Tunnel, R. 1913; Der 9. November, R. 1920; Schwedenklees Erlebnis, E. 1923; Die Brüder Schellenberg, R. 1925; Die Wiedertäufer von

Münster, Dr. 1925; Die Stadt Anatol, R. 1932; Das Blaue Band, R. 1938; Totentanz, R. 1948. – AW, VIII 1958–79.

L: B. K. z. Gedenken, 1952; W. Ilberg, 1959; G. Wenzel, Diss. Halle 1964; G. J. Bergel'son, Moskau 1965.

Kelling, Gerhard, * 14. 1. 1942 Bremen, Stud. Soziologie und Politik Frankfurt, Schauspielschule Salzburg, Regieassistent in Stuttgart und Hamburg, freier Schriftsteller ebda. – Vf. sozialist. Lehrstücke bes. über Gewerkschaften und Mitbestimmung.

W: Arbeitgeber, Dr. (1970), Die Auseinandersetzung, Dr. (1971); Die Massen von Hsunhi, Dr. (1972); Der Bär geht auf den Försterball, Dr. (1973); LKW, Dr. (1975); Scheiden tut weh, Dr. (1980); Heinrich, Dr. (1981).

Kemenaten, Albrecht von → Albrecht von Kemenaten

Kempen (Kempis), Thomas von → Thomas von Kempen

Kempner, Alfred → Kerr, Alfred

Kempner, Friederike, 25. 6. 1836 Opatow/Posen – 23. 2. 1904 Friederikenhof b. Reichthal/Breslau, Tochter e. Gutspächters, widmete sich der sozialen Fürsorge. – Vf. von Novellen, Dramen u. Gedichten, die, obwohl ernst gemeint, dank ihrer unfreiwillig kom. Wirkung mehrere Auflagen erreichten.

W: Berenice, Dr. 1860; Novellen, 1861; Gedichte, 1873 (n. 1931); Jahel, Dr. 1886. – F. K., hg. H. Mostar 1953; Die sämtl. Gedichte, hg. P. H. Neumann 1964.

Kempowski, Walter, * 29. 4. 1929 Rostock, Sohn e. Reeders, 1944 Flakhelfer, Druckerlehre, ging 1947 in den Westen, 1948 bei e. Besuch in Rostock verhaftet, 1948–56 wegen angebl. Spionage im Zuchthaus Bautzen, dann Stud. Pädagogik Göttingen;

1965–80 Volksschullehrer in Nartum b. Rotenburg und Zeven, 1980 Lehrbeauftragter der Univ. Oldenburg, lebt in Nartum. – Erzähler zeitgeschichtl. Panoramen aus der Mittelschicht unter Nationalsozialismus, Krieg und Nachkriegszeit in detailreicher, exakter, aphorist. zugespitzter Prosa. Auch Hörspiel und Kinderbuch.

W: Im Block, Ber. 1969; Tadellöser & Wolff, R. 1971; Uns geht's ja noch gold, R. 1972; Haben Sie Hitler gesehen? Prosa 1973; Immer so durchgemogelt, Interviews 1974; Ein Kapitel für sich, R. 1975; Wer will unter die Soldaten, Bb. 1976; Aus großer Zeit, R. 1978; Haben Sie davon gewußt?, Interviews 1979; Schöne Aussicht, R. 1981; Einfache Fibel, 1981; Beethovens Fünfte; Moin Vaddr läbt, Hspp. 1982; Herzlich willkommen, R. 1984; Haumiblau, Kdb. 1986.

L: M. Neumann, 1980; M. Dierks, 1981 u. 1984.

Kerckhoff, Susanne, 5. 2. 1918 Berlin – 15. 3. 1950 ebda. Tochter des Literarhistorikers und Schriftstellers W. Harich, Stud. Berlin. Dem Sozialismus nahestehend, unterstützte die unter Hitler rass. und polit. Verfolgten. – Vf. von Frauenromanen; auch Lyrik und Essays.

W: Tochter aus gutem Hause, R. 1940; Das zaubervolle Jahr, R. 1941; In der goldenen Kugel, R. 1944 ; Das innere Antlitz, G. 1946; Die verlorenen Stürme, R. 1947; Menschliches Brevier, G. 1948; Berliner Briefe, Ess. 1948.

Kerling → Herger

Kerndl, Rainer, * 27. 11. 1928 Bad Frankenhausen; Lebte nach 1939 in Polen, Arbeitsdienst, Soldat, Gefangenschaft, Redakteur, FDJ-Sekretär, Theaterkritiker am ›Neuen Deutschland‹, Dramaturg des Maxim Gorki-Theaters in Berlin. – Sozialist. Dramatiker mit stark typisiert-didakt. Stoffen aus der DDR-Gegenwart; neben Problemstücken um menschl.-polit. Entscheidungen in Komödien auch offene Lösungen.

W: Und keiner bleibt zurück, Jgb. 1953; Ein Wiedersehen, En. 1956; Schatten eines Mädchens, Dr. 1961; Seine Kinder, Dr. (1963); Plädoyer für die Suchenden, Dr. (1966); Der verratene Rebell, Dr. (1967); Die seltsame Reise des Alois Fingerlein, Dr. 1967; Zwei in einer kleinen Stadt, FSsp. (1968); Ich bin einem Mädchen begegnet, K. (1970); Wann kommt Ehrlicher?, K. (1971); Winterromanze, FSsp. (1971); Jarash, ein Tag im September, Dr. (1974); Der 14. Sommer, Dr. (1977); Die lange Ankunft des Alois Fingerlein, Dr. (1979); Eine undurchsichtige Affäre, Dr. (1981). – Stücke, 1972, 1984.

Kerner, Justinus Andreas Christian, 18. 9. 1786 Ludwigsburg – 21. 2. 1862 Weinsberg; Oberamtmannssohn; kam 1795 nach Maulbronn; nach dem Tode s. Vaters 1799 Rückkehr nach Ludwigsburg, dort Unterricht bei Ph. Conz, dann Tuchmacherlehrling; 1804–08 Stud. Medizin Tübingen, bes. bei Gmelin und Autenrieth; hatte hier Hölderlin zu behandeln; Freundschaft mit L. Uhland, K. Mayer, G. Schwab u. a.; 1808 Dr. med. 1809 Reise nach Frankfurt, Hamburg, Berlin und Dresden; Verkehr mit Chamisso und Fouqué; bis 1810 in Wiener medizin. Anstalten tätig; Rückreise nach Ludwigsburg; 1810 prakt. Arzt in Dürrmenz b. Mühlacker, 1811 in Wildbad; 1812 in Welzheim; ⚭ dort 1813 Friederike Ehmann (Rickele, † 1854); 1815 Oberamtsarzt in Gaildorf; 1819 in Weinsberg; hier neben medizin. u. naturwiss. Untersuchungen bes. Forschungen über Spiritismus, Okkultismus u. Somnambulismus; nahm Friederike Hauffe, die ›Seherin von Prevorst‹, zur Beobachtung und Pflege bei sich auf; machte sich um die Erhaltung der Burgruine Weibertreu b. Weinsberg verdient; baute 1822 das berühmte ›Kernerhaus‹, in dem sich bald e. großer Freundeskreis um ihn scharte und in das zahlr. Fürsten, Dichter und ande-

re bedeutende Persönlichkeiten kamen; mußte 1851 s. Amt wegen teilweiser Erblindung aufgeben; reiste noch zum Freiherrn von Laßberg an den Bodensee; lebte bis zu s. Tode, von s. Töchtern gepflegt, in Weinsberg. – Tiefempfindender spätromant. Lyriker, Balladendichter und stimmungsvoller Erzähler. Mittelpunkt der Schwäb. Dichterschule. S. volksliedhafte romant. Stimmungslyrik ist bisweilen frisch-humorvoll, oft aber wehmütig, auch vom Mystischen, Okkulten bestimmt. Durch das ›Wunderhorn‹ zum innigschlichten Volksliedton angeregt. S. genialste Dichtung ist der satir. Roman ›Reiseschatten‹, e. anmut. Schilderung s. Kindheit das ›Bilderbuch aus meiner Knabenzeit‹. Auch medizin. und okkultist. Schriften.

W: Reiseschatten, R. 1811; Gedichte, 1826; Die Seherin von Prevorst, R. II 1829 (n. 1960); Geschichten Besessener neuerer Zeit, 1834; Der Bärenhäuter im Salzbade, Schattensp. 1837; Die lyrischen Gedichte, 1847; Das Bilderbuch aus meiner Knabenzeit, Aut. 1849; Der letzte Blüthenstrauß, G. 1852; Winterblüthen, G. 1859; Kleksographien, 1890. – Die Dichtungen, 1834 (verm. II 1841); SW, hg. W. Heichen VIII 1903; Sämtl. poet. Werke, hg. J. Gaismaier, IV 1905; R. Pissin, VI 1914, n. II 1974; AW, hg. G. Grimm 1981; Briefe und Klecksographien, hg. A. Berger-Fix 1986; Briefwechsel, II 1897; J. K. u. O. Wildermuth: Briefwechsel 1853–62, hg. A. Wildermuth ²1960.
L: W. German, 1898; J. Richert, Gesch. d. Lyrik K.s, 1909; F. Heinzmann, 1918; M. Wanach, Diss. Berlin, 1921; H. Straumann, K. u. d. Okkultismus, 1928; F. Kretschmar, 1930; B. Groll, Diss. Würzburg, 1939; H. Büttiker, Diss. Zürich 1952; D. Leben d. J. K., hg. K. Pörnbacher 1967; H. Fröschle, J. K. u. L. Uhland, 1972; L. B. Jennings, J. K.s Weg n. Weinsberg, Columbia 1982; F. Pfäfflin u. a., 1986; O.-J. Grüsser, 1987.

Kerner, Theobald, 14. 6. 1817 Gaildorf – 11. 8. 1907 Weinsberg; Sohn Justinus K.s, 1835 Stud. Medizin Tübingen, München, Wien, Breslau und Würzburg;

Arzt in Weinsberg, 1848 Flucht nach Straßburg, 1850/51 Festungshaft auf Hohenasperg, dann begnadigt, gründete 1852 in Stuttgart e. galvan.-magnet. Heilanstalt, 1856–63 in Cannstatt, ab 1863 wieder Arzt in Weinsberg. – Schrieb Gedichte, weitgehend im Ton s. Vaters, Novellen und Kinderbücher.

W: Gedichte, 1845; Prinzessin Klatschrose, Kdb. 1851; Dichtungen, 1879; Der neue Ahasver, Lsp. 1885; Pastor Staber, Lsp. 1888; Das Kernerhaus und seine Gäste, 1894 (n. 1978); Altes und Neues, Dicht. 1902.

Kernstock, Ottokar, 25. 7. 1848 Marburg a. d. Drau – 4. 11. 1928 Festenburg; Stud. Germanistik, dann Theologie Graz; 1871 Priesterweihe, seit 1867 Chorherr des Stiftes Vorau, Bibliothekar und Archivar ebda., später Pfarrvikar auf der Festenburg/Oststeiermark. – Neben hist.-theolog. und archäolog. Schriften vor allem Vf. zahlreicher lyr. Gedichte und patriot. Lieder im Stil der Spätromantik unter Einfluß mhd. Lyrik u. V. v. Scheffels.

W: Verloren und wiedergefunden, M. 1894; Die wehrhafte Nachtigall, G. 1900; Aus dem Zwingergärtlein, G. 1901; Unter der Linde, G. 1905; Turmschwalben, D. 1908; Aus der Festenburg, Aufs. 1911; Tageweisen, G. 1912; Schwertlilien aus dem Zwingergärtlein, G. 1915; Der redende Born, G. 1922; Christkindleins Trost, Sp. 1928.
L: O. Floeck, [2]1923.

Kerr, Alfred (eig. Alfred Kempner), 25. 12. 1867 Breslau – 12. 10. 1948 Hamburg, Stud. Philos. und Germanistik Breslau und Berlin, wohnte seither ebda. Weltreisen in 4 Erdteile. 1895 Kritiker, 1900–19 Theaterkritiker in ›Tag‹, Berlin, seit 1920 am ›Berliner Tageblatt‹. 1933 Emigration über die Schweiz nach Paris, 1935 nach London. – Bis 1920 einflußreichster und maßgebender Theaterkritiker Berlins; bedeutsam für das lit. Leben der Jh.-wende. Erstrebt die Kritik zu e. eigenen Kunstform zu erheben durch prägnante Darstellung des Augenblickseindrucks in virutosem, manieriertem Stil mit geistreichen Pointen. Erkenntnisse aus genialer Intuition und zergliederndem Intellekt. Fortschrittsgläubig-sozialist. Grundhaltung. Gedichte im Stil Heines und impressionist. farbige Reisebilder. A. K.-Archiv der Akademie der Künste Berlin.

W: Godwi, Diss. 1898; Herr Sudermann, der D.. Di.. Dichter, Schr. 1903; Schauspielkunst, Schr. 1904; Das neue Drama, Schr. 1905; Die Harfe, G. 1917; Die Welt im Drama, Krit. V 1917 (Ausw. [2]1964); Die Welt im Licht, Krit. II 1920 (Ausw. 1961); Newyork und London, Reiseb. 1923; O Spanien!, Reiseb. 1924; Yankee-Land, Reiseb. 1925; Caprichos, G. 1926; Es sei wie es wolle, es war doch so schön, Reiseb. 1928; Die Diktatur des Hausknechts, G.u. Ess. 1934 (n. 1981); Melodien, G. 1938 (n. 1981); Gedichte, 1955; Theaterkritiken, Ausw. 1971; Sätze meines Lebens, Ess. 1978; Ich kam nach England, Tgb. 1979; Mit Schleuder und Harfe, Krit. 1981.
L: J. Chapiro, 1928; T. Schöllmann, 1977; H. Schneider, A. K. als Theaterkritiker, II 1984.

Kersten, Paul, * 23. 6. 1943 Brakel; Sohn e. Bahnangestellten, Jugend in Holzminden, Stud. Germanistik Hamburg, 1970 Dr. phil., 1970–72 Lehrbeauftragter ebda., 1973 Fernsehredakteur ebda. – Lyriker und Erzähler sensibler Prosa der Selbstanalyse.

W: Steinlaub, 1963; Der alltägliche Tod meines Vaters, E. 1978; Absprung, R. 1979; Die toten Schwestern, E. 1982; Die Verwechslung der Jahreszeiten, G. 1983; Briefe eines Menschenfressers, R. 1987.

Kessel, Martin, * 14. 4. 1901 Plauen/Vogtland, Stud. Germanistik, Philos., Musik- und Kunstwiss. Berlin, München, Frankfurt/M. Dr. phil. Seit 1923 freier Schriftsteller in Berlin-Wilmersdorf. – Zeitkrit. Schriftsteller und Moralist, Erzähler, Lyriker und Meister der Kleinformen Es-

say und Aphorismus von ausgeprägtem Kunstverstand, geschliffener, geistreicher Sprache in spie-
lerisch-iron., z. T. auch satir.-sar-
kast. Prosa mit verborgenem Humor. Erstrebt in kraßrealist. Erzählungen die Korrektur der Illusion durch die Wirklichkeit. Vorliebe für das romant. Wechselspiel
von Gefühl und Bewußtsein,
Idealität und Komik, Realität und
Vorstellung in ›Märchen der
Wirklichkeit‹. Zunehmende Neigung zum esoter. Aphorismus.

W: Gebändigte Kurven, G. 1925; Betriebsamkeit, Nn. 1927 (Ausw. u. d. T. Eine Frau
ohne Reiz, 1929); Herrn Brechers Fiasko, R.
1932; Romantische Liebhabereien, Ess. 1938
(erw. u. d. T. Essays und Miniaturen, 1947);
Die Schwester des Don Quijote, R. 1938;
Erwachen und Wiedersehn, G. 1940; Aphorismen, 1948; Gesammelte Gedichte, 1951; In
Wirklichkeit aber . . ., Prosa 1955; Eskapa-
den, En. 1959; Gegengabe, Aphor. 1960;
Kopf und Herz, Sprüche 1963; Lydia Faude,
R. 1965; Ironische Miniaturen, 1970; Alles
lebt nur, wenn es leuchtet, G. 1971; Ehrfurcht
und Gelächter, Ess. 1974.

Kesser, Hermann (eig. Hermann
Kaeser-Kesser), 4. 8. 1880 München – 5. 4. 1952 Basel, Stud.
Zürich, 1903 Dr. phil., Journalist
in Berlin, Rom und Wiesbaden,
seit 1913 freier Schriftsteller, 1933
Emigration in die Schweiz,
1938–45 USA, dann Basel. – Erzähler, Dramatiker und Essayist,
vom Expressionismus ausgehend. Kämpfer für pazifist. Ideen.

W: Lukas Langkofler, En. 1912; Die Stunde
des Martin Jochner, R. 1917; Die Peitsche, N.
1919; Summa Summarum, Tragikom. 1920;
Musik in der Pension, R. 1928; Schwester
Henriette, H. (1930); Rotation, Dr. (1931);
Talleyrand und Napoleon, Dr. 1938; Die
Stunde des Martin Jochner. Erzählungen,
Ausw. 1975; Das Verbrechen der Elise Geit-
ler, En. Ausw. 1981.
L: W. Behrend, 1920.

Kesten, Hermann, * 28. 1. 1900
Nürnberg, Sohn e. ostjüd. Kaufmanns, Stud. erst Jura und Volkswirtschaft, dann Gesch., Philos.

und Germanistik Erlangen und
Frankfurt/M.; Reisen in Europa
und Afrika. 1927–33 erst Lektor,
dann lit. Leiter des linksdemo-
krat. Kiepenheuer-Verlags Berlin. März 1933 Emigration nach
Paris, Brüssel, Nizza, London
und Amsterdam, 1933–40 Leiter
des A. de Lange-Verlags für Emi-
grantenlit. in Amsterdam. Seit
Mai 1940 New York, 1957–62
freier Schriftsteller in Rom, dann
wieder New York. 1972–76 Präsident des PEN-Zentrums der
BRD. – Zeitsatir.-gesellschafts-
krit. Erzähler der Neuen Sachlichkeit, mit s. iron.-pessimist. Zeit-
diagnose und s. rationalist. Spott
über Moralbegriffe des Bürgertums Nähe zu H. Mann. Kom-
promißloses, leidensch. Eintreten
für Freiheit, Toleranz, Gerechtigkeit und Humanität, gegen jede
Art von Gewalt. In Roman, Drama und Biographie z. T. histor.
versteckte Gesellschaftskritik mit
burlesken und trag. Elementen.
Auch Essay, Übs., Kritik und
Hrsg. (bes. Anthologien).

W: Josef sucht die Freiheit, R. 1927; Admet,
Dr. 1929; Die Liebes-Ehe, Nn. 1929; Ein
ausschweifender Mensch, R. 1929; Glückliche Menschen, R. 1931; Der Scharlatan, R.
1932; Der Gerechte, R. 1934; Ferdinand und
Isabella, R. 1936 (u. d. T. Sieg der Dämonen,
1953); König Philipp II., R. 1938 (u. d. T. Ich
der König, 1950); Die Kinder von Gernika,
R. 1939; Die Zwillinge von Nürnberg, R.
1947; Copernicus, B. 1948; Die fremden Göt-
ter, R. 1949; Um die Krone, R. 1952; Casanova, B. 1952; Meine Freunde, die Poeten,
Erinn. 1953 (erw. 1959); Ein Sohn des
Glücks, R. 1955; Dichter im Café, Schr. 1959;
Der Geist der Unruhe, Ess. 1959; Die Aben-
teuer eines Moralisten, R. 1961; Filialen des
Parnaß, Ess. 1961; Die 30 Erzählungen, 1962;
Lauter Literaten, Ess. 1963; Die Zeit der Nar-
ren, R. 1966; Die Lust am Leben, Ess. 1968;
Ein Optimist, Ess. 1970; Ein Mann von 60
Jahren, R. 1972; Revolutionäre mit Geduld,
Ess. 1973; Ich bin der ich bin, Ess. 1974; Wit-
wen der Revolution, Es. 1974. – AW, XX
1980–84.
L: H. K., e. Buch d. Freunde, 1960; A. Wink-
ler, H. K. i. Exil, 1977; H. K., 1977 (m.
Bibl.).

Kestner, René → Rehfisch, Hans José

Keun, Irmgard, 6. 2. 1910 Berlin – 5. 5. 1982 Köln; Schauspielerin und freie Schriftstellerin, emigrierte 1935 nach Belgien, Holland, USA, 1940–45 illegal wieder in Dtl., zuletzt in Köln. – Vf. vielgelesener, humorvoller Unterhaltungsromane, teils mit scharf satir. Zeit- und Gesellschaftskritik.

W: Gilgi – eine von uns, R. 1931; Das kunstseidene Mädchen, R. 1932; Das Mädchen mit dem die Kinder nicht verkehren durften, R. 1936; Nach Mitternacht, R. 1937; D-Zug dritter Klasse, R. 1938; Kind aller Länder, R. 1938; Bilder und Gedichte aus der Emigration, 1947; Ferdinand, der Mann mit dem freundlichen Herzen, R. 1950; Wenn wir alle gut wären, En. 1957; Blühende Neurosen, Sat. 1962.

Keyserling, Eduard Graf von, 15. 5. 1855 Schloß Paddern/Kurland – 29. 9. 1918 München. Kindheit und Jugend auf dem väterl. Gut; Gymnas. Hasenpoth, 1875–77 Stud. Jura, Philos. und Kunstgesch. Dorpat; freier Schriftsteller in Wien, kurz in der Verwaltung s. Gutes Paddern, dann lange in Italien, seit 1899 in München, verlor 1907 durch e. Rückenmarksleiden s. Augenlicht und starb vereinsamt. – Erzähler und Dramatiker des konsequenten Impressionismus, gab nach naturalist. Anfängen hochkultivierte, zarte u. anschaul. Schilderungen der balt. Adelswelt und ihrer erot. Konflikte in psycholog. Romanen und Novellen von wehmütig-resignierender Atmosphäre. Aristokrat.-zuchtvolle lyr. Stimmungskunst e. müden und versinkenden Welt voll Daseinsangst und Todessehnsucht mit skept. u. leicht iron. Zügen. Anklänge an J. P. Jacobsen und H. Bang.

W: Fräulein Rosa Herz, E. 1887 (n. 1986); Die dritte Stiege, R. 1892 (n. 1985); Ein Frühlingsopfer, Dr. 1900; Der dumme Hans, Dr. 1901; Beate und Mareile, E. 1903; Peter Hawel, Dr. 1904; Benignens Erlebnis, Dr. 1906; Schwüle Tage, Nn. 1906 (n. 1954); Dumala, R. 1908; Bunte Herzen, Nn. 1909; Wellen, R. 1911; Abendliche Häuser, R. 1914; Am Südhang, E. 1916; Fürstinnen, E. 1917; Im stillen Winkel, En. 1918; Feiertagskinder, R. 1919. – Ges. Erzählungen, hg. E. Heilborn IV 1922, II 1933; Wke., hg. R. Gruenter 1973.

L: F. Löffler, D. ep. Schaffen E. v. K.s, Diss. Mchn. 1928; K. Knoop, D. Erzählungen E. v. K.s, 1929; D. Buch der K.e, 1937; D. Brand, D. Erzählform b. E. v. K., Diss. Bonn 1950; H. Kalckhoff, D. Dekadenz i. Werk E. v. K.s, Diss. Freib. 1951; W. Wonderley, A Study of the Works of E. v. K., 1959; I. Sauter, Menschenbild u. Natursicht i. d. En. E. v. K.s, Diss. Freib. 1960; H. Baumann, E. v. K.s Erzählungen, 1967; A. W. Wonderley, hg. Lexington 1974; R. Steinhibler, 1977.

Khuen (Kuen), Johannes, 1606 Moosach b. München – 15. 11. 1675 München, Bauernsohn, Jesuitenzögling, 1630 Priester, 1634 Benefiziat bei St. Peter in München, Freund Jakob Baldes, den er zu Lyrik in dt. Sprache anregte. – Geistl. Lieddichter des Barock mit flüssigen, bildstarken, volksliedhaften Liedern inniger Jesus- und Marienminne in volkstüml., dem bayr. Dialekt nahestehender und von der Opitz-Reform unberührter Sprache. Auch Komponist.

W: Epithalamium Marianum, G. 1636; Die geistlich Turteltaub, G. 1639; Cor Contritum Et humiliatum, G. 1640; Tabernacula Pastorum, G. 1650; Munera Pastorum, G. 1651; Gaudia Pastorum, G. 1655; Paradisus Adami Secundi, G. 1660; Refrigerium Animae Peregrinantis, G. 1674; Fuga Triumphans, G. 1674; Charismata Meliora G. 1674. – Ausw. hg. R. Hirschenauer u. H. Graßl 1961.

Kiaulehn, Walther (Ps. Lehnau), 4. 7. 1900 Berlin – 7. 12. 1968 München; Elektromonteur, dann Journalist, 1924 beim ›Berliner Tageblatt‹, 1930–33 bei der ›BZ am Mittag‹, 1939–45 Wehrdienst, 1945 bei der ›Neuen Zeitung‹ in München, 1946 Schauspieler und freier Schriftsteller, seit 1950 am

›Münchner Merkur‹. – Feuilletonist, Kritiker und Vf. populärer, lebendig und flüssig geschriebener kulturhist. Monographien.

W: Lehnaus Trostfibel und Gelächterbuch 1932; Die eisernen Engel, Schr. 1934; Lesebuch für Lächler, Ess. 1938; Feuerwerk bei Tage, 1948; Berlin, Schicksal einer Weltstadt, Schr. 1958; Rüdesheimer Fragmente, Reiseb. 1960; Mein Freund, der Verleger, B. 1967.

Kiehtreiber, Albert Conrad → Gütersloh, Albert Paris von

Kieseritzky, Ingomar von, * 21. 2. 1944 Dresden; Gymnas., Requisiteur am Goetheanum Dornach, Buchhändler in Berlin, dann Göttingen, 1973 freier Schriftsteller in Berlin. – Satir. Erzähler mit Neigung zum Phantast.-Grotesken und Absurden in der Beckett-Nachfolge; setzt in freier, unchronolog. Assoziation nur die Sprache als Realität. Auch absurdphantast. Hörspiele.

W: Ossip und Solobev oder Die Melancholie, E. 1968; Tief oben, R. 1970; Das eine wie das andere, R. 1971; Liebes-Paare, Dial. 1973; Trägheit oder Szenen aus der Vita Activa, R. 1978; Die ungeheuerliche Ohrfeige, R. 1981; Obsession, E. 1984; Tristan und Isolde im Wald von Moros, Dial. 1987 (m. K. Bellingkrodt).

Kilchner, Ernst → Bernoulli, Karl Albrecht

Kinau, Hans → Fock, Gorch

Kinau, Jakob, 28. 8. 1884 Hamburg-Finkenwerder – 14. 12. 1965 Hamburg; Volks-, Seefahrts- und Zollfachschule; Nordseefischer, Kapitän, Zollinspektor, im 1. Weltkrieg Kriegsmarine, lebte in Hamburg-Nienstetten. – Erzähler von See-, Fischer- und Bauernromanen aus s. Heimat. Hrsg. und Biograph s. Bruders Gorch Fock.

W: Die See ruft, R. 1924; Freie Wasser, R. 1926; Adjutant des Todes, Tgb. 1934; Gorch Fock, B. 1935; Freibeuter, R. 1938; Der Kampf um die Seeherrschaft, Schr. 1938; Den Göttern aus der Hand gesprungen, R. 1939; Undeichbar Land, R. 1942; Leegerwall, R. 1950.

Kinau, Rudolf, 23. 3. 1887 Hamburg-Finkenwerder – 19. 11. 1975 Hamburg; 7 Jahre Fischer, 20 Jahre Schreiber in der Hamburger Fischhalle, dann freier Schriftsteller in Finkenwerder. – Plattdt. Erzähler aus dem Fischerleben Finkenwerders mit schlichtem, überlegenem Humor. Auch niederdt. und hochdt. Drama und Hörspiel.

W: Sternkiekers, Sk. 1917; Blinkfüer, Sk. 1918; Thees Bott dat Woterküken, R. 1919; Lanterne, E. 1920; Strandgoot, Sk. 1921; Hinnik Seehund, R. 1923; Dörte Jessen, R. 1925; Muscheln, Sk. 1927; Schreben Schrift, E. 1929; Frische Fracht, Sk. 1931; Kamerad und Kameradin, Rdn. 1939; Ein fröhlich Herz, E. 1941; Mien bunte Tüller, En. 1948; Sünnschien un gooden Wind!, Sk. 1953; De beste Freid, En. 1970.

Kind, Johann Friedrich (Ps. Oscar), 4. 3. 1768 Leipzig – 25. 6. 1843 Dresden; 1786–90 Stud. Jura, Leipzig; 1790–92 Akzessist am Justizamt Delitzsch, 1792 Dresden, 1793–1814 Advokat ebda.; 1813 Gründer e. Dichtertees, aus dem der ›Dresdner Liederkreis‹ hervorging. Ab 1814 freier Schriftsteller, Redakteur und Hrsg. – Führender Vertreter der Dresdner Pseudoromantik, als Erzähler, Dramatiker, Lyriker und Romanzendichter, Modedichter. Bekannt durch s. Libretti zu K. M. v. Webers ›Der Freischütz‹ (nach A. Apel) und K. Kreutzers ›Nachtlager von Granada‹.

W: Dramatische Gemälde, Drr. 1802; Das Schloß Aklam, Dr. 1803; Leben und Liebe Rynot's und seiner Schwester Minona, R. II 1804f.; Malven, En. II 1805; Tulpen, En. VII 1806–10; Roswitha, En. IV 1811–16; Van Dycks Landleben, Dr. 1817; Gedichte, V 1817–25; Lindenblüthen, En. IV 1818f.; Erzählungen und kleine Romane, V 1820–27; Theaterschriften, IV 1821–27; Der Frei-

schütz, Op. 1822; Schön Ella, Tr. 1825; Das
Nachtlager von Granada, Op. 1834.
L: H. A. Krüger, Pseudoromantik, 1904.

Kinder, Hermann, ★ 18. 5. 1944
Thorn; Jugend in Franken und
Hessen, Stud. Germanistik, 1972
Dr. phil., Akadem. Rat Univ.
Konstanz. – Vf. brutal offener
Romane aus dem Erleben von
Akademikern der skept. Genera-
tion und der Studentenrevolte.
W: Der Schleiftrog, R. 1977; Du mußt nur die
Laufrichtung ändern, E. 1978; Vom Schwei-
nemut der Zeit, R. 1980; Der helle Wahn, R.
1981; Der Mensch, ich Arsch, Prosa 1983;
Liebe und Tod, En. 1983.

Kindermann, Balthasar (Ps.
Kurandor), 10. 4. 1636 Zittau –
12. 2. 1706 Magdeburg, 1654
Stud. Theologie Wittenberg,
1657 Magister, 1659 Konrektor in
Altbrandenburg, 1664 Rektor ebda., 1667 Diakonus in Magdeburg, 1672 Pfarrer ebda. – Barockdichter, Lyriker, Erzähler
mit Ansätzen zu individuellen Gestalten, Satiriker und Lehrdichter;
Verf. e. Redekunst und e. Poetik.
W: Unglückselige Nisette, E. 1660; Der
Deutsche Redner, Schr. 1660 (n. 1974, 1981);
Schoristen-Teuffel, Sat. 1661; Die Böse Sieben, Sat. 1662; Der Deutsche Poet, Poetik
1664 (n. 1973).

Kinkel, Johann Gottfried, 11. 8.
1815 Oberkassel b. Bonn – 12. 11.
1882 Zürich, Stud. Theologie und
Philol. 1831–34 Bonn, dann bis
1835 Berlin, 1837 Privatdozent
für Kirchengeschichte ebda. 1837/
38 Reise: Schweiz, Südfrankr.,
Italien. Nach Rückkehr Verkehr
mit Geibel, Freiligrath, Simrock
und Müller von Königswinter sowie im ›Maikäferbund‹. 1839 Religionslehrer Gymnas. Bonn,
1841 Hilfsprediger Köln. 1843 ⚭
Johanna Matthieux geb. Mockel
(† 1858). Übertritt zur philosoph.
Fakultät wegen freisinn. Einstel-

lung. 1846 ao. Prof. für Kunst-
und Kulturgeschichte Bonn. 1848
Mitgl. der preuß. Nationalversammlung, bei der republikan.
Linken. Teilnahme am bad.-
pfälz. Aufstand. Dabei 29. 6. 1849
verwundet, gefangen, vom
Kriegsgericht zu lebensläng.
Zuchthaus verurteilt. Haft in
Naugard, dann Spandau, dort
Nov. 1850 von K. Schurz befreit
und nach England gerettet. 1851/
52 Amerikareise, 1853 Prof. für
dt. Lit. am Hyde Park College,
London. 1866 Prof. für Archäolo-
gie und Kunstgeschichte Poly-
technikum Zürich. Verkehr mit J.
Burckhardt und C. F. Meyer. –
Dichter des 19. Jh., mehr senti-
mentaler Epigone der Klassik und
Romantik als polit. Jungdeut-
scher. Formglatte, aber schwache
polit. Lyrik, mißglückte dramat.
Versuche, lyr. Novellen und bes.
Versepen.
W: König Lothar von Lothringen, Tr. (1842);
Gedichte, 1843; Otto der Schütz, Ep. 1846;
Erzählungen, 1849 (m. Joh. K.); Nimrod, Tr.
1857; Gedichte, 2. Slg. 1868 (daraus Der
Grobschmied von Antwerpen, Ep. 1872);
Mosaik zur Kunstgeschichte, 1876; Tanagra,
Idyll 1883; Selbstbiographie, hg. R. Sander
1931.
L: J. Joesten, 1904; W. Heynen, Diss. Bonn
1921; A. R. de Jonge, G. K. as political and
social thinker, Diss. N. Y. 1926; H. Rösch-
Sondermann, 1982.

Kinsky, Bertha Gräfin → Suttner, Bertha von

Kipphardt, Heinar, 8. 3. 1922
Heidersdorf/Schles. – 18. 11. 1982
Angelsbruck b. Erding/Obb.;
Stud. Medizin; Dr. med.; Soldat
in Rußland; Assistenzarzt in Düsseldorf u. 1949 Ost-Berlin;
1950–59 Chefdramaturg am Ost-
berliner Dt. Theater, 1959 Dramaturg in Düsseldorf, 1960 freier
Schriftsteller in München, 1970/
71 Chefdramaturg Kammerspiele
München, dann Arzt e. Nerven-

klinik ebda. – Phantasiereicher Dramatiker; auch Erzähler und Lyriker. Satir.-zeitkrit. Dramen um Ereignisse des letzten Weltkriegs und aktuelles Geschehen mit sozialer Analyse der Figuren. Auch Dokumentarstücke, szen. Reportagen und Collagen mit zunehmendem radikal sozialist. Engagement.

W: Entscheidungen, Dr. (1952); Shakespeare dringend gesucht, Lsp. 1954; Der staunenswerte Aufstieg und Fall des Alois Piontek, Tragikom. (1956); Die Stühle des Herrn Szmil, Lsp. (1958); Der Hund des Generals, Sch. 1963; Die Ganovenfresse, En. 1964; In der Sache J. Robert Oppenheimer, Dr. 1964; Joel Brand, Dr. 1965; Die Nacht, in der der Chef geschlachtet wurde, Dr. (1967); Die Soldaten, Dr. 1968 (nach J. M. R. Lenz); Sedanfeier, Dr. (1970); Das Leben des schizophrenen Dichters Alexander M., FSsp. 1976; März, R. 1976 (als Dr. 1980); Der Mann des Tages, En. 1977; Angelsbrucker Notizen, G. 1977; Zwei Filmkomödien, 1979; Traumprotokolle, Prosa 1981; Bruder Eichmann, Dr. 1982. – Stücke, II 1973f.; Theaterstücke, II 1978–81.
L: A. Stock, 1987.

Kirchhoff, Bodo, * 6. 7. 1948 Hamburg; Stud. Psychol. u. Pädagogik Frankfurt/M., Dr. phil; freier Schriftsteller in Hamburg und Frankfurt/M. – Dramatiker und Erzähler um psychopatholog. Probleme menschl. Identität und Isolation mittels absurder Chiffren, Leitmotive und Sprachspiele.

W: Ohne Eifer, ohne Zorn, N. 1979; Das Kind, Dr. (1979); An den Rand der Erschöpfung weiter, Dr. (1980); Body-Building, E., Dr., Ess. 1980; Die Einsamkeit der Haut, Prosa 1981; Wer sich liebt, Dr. 1981; Glücklich ist, wer vergißt, Dr. (1982); Zwiefalten, R. 1983; Mexikanische Novelle, N. 1984; Dame und Schwein, En. 1985; Ferne Frauen, En. 1987.

Kirchhoff, Hans Wilhelm, um 1525 Kassel – um 1603 Spangenberg, 1543–54 Landsknecht, Stud. Marburg, Gehilfe s. Vaters als Amtsverwalter in Kassel, 1584 Burggraf zu Spangenberg. – Ko-

mödien- und Schwankdichter, bekannt durch s. Kompendium dt. Schwänke ›Wendunmuth‹ mit angefügter Moral in Reimen.

W: Wendunmuth, VII 1563–1603 (n. H. Österley, V 1869 BLV 95–99); Militaris disciplina, Schr. 1602 (n. B. Gotzkowsky 1976); Kl. Schriften, hg. ders. 1981.

Kirchmair, Thomas → Naogeorg(us), Thomas

Kirsch, Hans-Christian (Ps. Frederik Hetmann), * 17. 2. 1934 Breslau; kam 1945 nach Thüringen; floh 1949 nach Westdeutschland; 1954 Stud. Volkswirtschaft Frankfurt/M.; bereiste mehrere europ. Länder; Handelsschullehrer in Wiesbaden, Redakteur in München. – Vielseitiger, produktiver Schriftsteller anfangs in Imitation der Beatniks, dann routinierter Vielschreiber von Sach-, Reise- und Jugendbüchern.

W: Mit Haut und Haar, R. 1961; Blues für Ari Loeb, Jgb. 1961: Die zweite Flucht, E. 1963; Bericht für Telemachos, R. 1964; Jahrgang 1934, R. 1964; Amerika-Saga, Jgb. 1964; Die Wölfe, R. 1967; Einladung nach Spanien, Reiseb. 1968; Deutschlandlied, R. 1969; Einladung nach Irland, Reiseb. 1971; Bob Dylan, B. 1976; Und küßte des Scharfrichters Tochter, R. 1978; Bildung im Wandel, Schr. 1979; Drei Frauen zum Beispiel, B. 1980; Tilman Riemenschneider, B. 1981; Reise in die Anderswelt, M. 1981; Bettina und Achim, B. 1983; Die Freuden der Fantasy, Schr. 1984; Siddhartas Weg, B. 1986.

Kirsch, Rainer, * 17. 7. 1934 Döbeln/Sachsen, Lehrerssohn, Stud. Gesch. und Philos. Halle und Jena, 1957 relegiert: Arbeit in Drukkerei, Chemiewerk, LPG., 1960–63 freier Schriftsteller, 1963–65 Stud. Literaturinstitut ›J. R. Becher‹ Leipzig, freier Schriftsteller in Halle. – Lyriker mit teils krit. Gedichten zum Problem der sozialist. Entwicklung der DDR, teils in Zusammenarbeit mit s. Frau Sarah K.; auch

Hörspiel, Drama, Essay, Kinderbuch, Übs.

W: Gespräch mit dem Saurier, G. 1965 (m. S. K.); Der Soldat und das Feuerzeug, K. (1967); Kopien nach Originalen, Ess. 1974; Das Wort und seine Strahlung, Ess. 1976; Auszog das Fürchten zu lernen, Ausw. 1978; Amt des Dichters, Ess. 1979; Ausflug machen, G. 1980.

Kirsch, Sarah, geb. Bernstein, * 16. 4. 1935 Limlingerode/Harz, Tochter e. Fernmeldetechnikers, Arbeit in e. Zuckerfabrik, Stud. Biologie Halle, 1963–65 Stud. Literaturinstitut ›J. R. Becher‹ Leipzig, freie Schriftstellerin in Halle, 1968 Ost-Berlin. Kurze Ehe mit Rainer K. Im Anschluß an den Biermann-Protest Parteiausschluß und Aug. 1977 Umzug nach West-Berlin, 1978/79 Villa Massimo, Rom. – Vitale Natur- und Liebeslyrik als Selbstdarstellung von starker Leidenschaft; Bilder aus Natur, Umwelt und Märchen von starker Suggestivität in melanchol. Idyllen und teils erot. verschlüsselter Zeitkritik.

W: Gespräch mit dem Saurier, G. 1965 (m. R. K.); Die betrunkene Sonne, Kdb. 1966; Landaufenthalt, G. 1967; Gedichte, 1969; Zaubersprüche, G. 1973; Die Pantherfrau, En. 1974; Es war dieser merkwürdige Sommer, G. 1974; Rückenwind, G. 1976; Erklärungen einiger Dinge, Prosa 1978; Drachensteigen, G. 1979; La Pagerie, Prosa 1980; Katzenkopfpflaster, Ausw. 1981; Erdreich, G. 1982; Katzenleben, G. 1984; Landwege, G.-Ausw. 1985; Irrstern, Prosa 1986.

Kirschner, Aloisia (Lula) → Schubin, Ossip

Kirschweng, Johannes, 19. 12. 1900 Wadgassen a. d. Saar – 22. 8. 1951 Saarlouis, Priesterseminar Trier, Stud. kathol. Theologie Freiburg/Br. und Bonn, 1924 Priesterweihe, 1924–34 Kaplan in Bernkastel und Bad Neuenahr, dann freier Schriftsteller in Wadgassen. – Erzähler und Lyriker von christl.-kathol. Grundhaltung; in s. histor. Romanen und Novellen und in humorvollen Kleinstadt- und Dorfgeschichten Heimatdichter des Saarlandes.

W: Der Überfall der Jahrhunderte, N. 1928; Der goldene Nebel, M. 1930; Aufgehellte Nacht, En. 1931; Zwischen Welt und Wäldern, En. 1933; Der Nußbaum, N. 1934; Geschwister Sörb, E. 1934; Der Widerstand beginnt, E. 1934; Die blaue Kerze, E. 1935; Das wachsende Reich, R. 1935; Feldwache der Liebe, R. 1936; Odilo und die Geheimnisse, E. 1937; Ernte eines Sommers, En. 1938; Die Fahrt der Treuen, E. 1938; Der harte Morgen, E. 1938; Der Neffe des Marschalls, R. 1939; Lieder der Zuversicht, G. 1940; Das Tor der Freude, Cusanus-R. 1940; Der Trauring, E. 1940; Trost der Dinge, Ess. 1940; Der ausgeruhte Vetter, En. 1942; Spät in der Nacht, G. 1946; Das unverzagte Herz, Aufs. 1947 – GW, X 1974–84.
L: W. Haberl, Diss. Innsbr. 1965; P. Neumann, hg. 1980.

Kirst, Hans Hellmut, * 5. 12. 1914 Osterode/Ostpr.; Dramaturg, 1933 Berufssoldat der Reichswehr, Kriegsteilnehmer, zuletzt Oberleutnant, bis 1945, dann Straßenarbeiter, Landwirt, Gärtner, Filmkritiker und freier Schriftsteller; Reisen durch Europa und Afrika, lebt in Feldafing/Starnberger See. – Vf. spannender, zeitkrit. verbrämter Unterhaltungsromane; erfolgr. naturalist.-humorist. Landserromane.

W: Wir nannten ihn Galgenstrick, R. 1950; Sagten Sie Gerechtigkeit, Captain?, R. 1952 (u. d. T. Letzte Station Camp 7, 1966); Aufruhr in einer kleinen Stadt, R. 1953; 08/15, R.-Trilogie III 1954 f.; Die letzte Karte spielt der Tod, R. 1955; Gott schläft in Masuren, R. 1956; Keiner kommt davon, R. 1957; Mit diesen meinen Händen, R. 1957; Kultura 5 und der Rote Morgen, R. 1958; Glück läßt sich nicht kaufen, R. 1959; Fabrik der Offiziere, R. 1960; Kameraden, R. 1961; Die Nacht der Generale, R. 1962; 08/15 heute, R. 1963; Bilanz der Traumfabrik, St. 1963; Aufstand der Soldaten, R. 1965; Aufstand der Offiziere, Dr. (1966); Die Wölfe, R. 1967; Deutschland, deine Ostpreußen, Es. 1968; Kein Vaterland, R. 1968; Faustrecht, R. 1969; H. Rühmann, B. 1969; Held im Turm, R. 1970; Verdammt zum Erfolg, R. 1971; Verurteilt zur Wahrheit, R. 1972; Verfolgt vom Schicksal, R. 1973; Alles hat seinen Preis, R. 1974; Die Nächte der langen Messer, R. 1975; Generalsaffären, R. 1977; 08/15 in der Partei, R.

1978; Der Nachkriegssieger, R. 1979; Der
unheimliche Freund, R. 1979; Ende '45, R.
1982; Blitzmädel, R. 1984; Das Schaf im
Wolfspelz, Aut. 1985; Der unheimliche Mann
Gottes, R. 1987.
L: H. H. K., 1979.

Kirsten, Wulf, ★ 21. 6. 1934
Klipphausen b. Meißen; versch.
Berufe, 1960–64 Stud. Pädagogik
Leipzig, 1965 Verlagslektor in
Weimar. – Lyriker unsentimenta-
ler, z. T. iron. Landschaftsbilder
in experimenteller Sprachmon-
tage.
W: Poesiealbum 4, G. 1968; Satzanfang, G.
1970; Ziegelbrennersprache, G. 1975; Der
Landgänger, G. 1976; Der Bleibaum, G.
1977; Die Erde bei Meißen, G. 1987.

Kisch, Egon Erwin, 29. 4. 1885
Prag – 31. 3. 1948 ebda., Inge-
nieurstud. Th Prag, 1904 Journa-
list, 1912 Englandreise, 1913/14
Mitarbeiter am ›Berliner Tageblatt‹ und Dramaturg Berlin. 1918
Kommunist in Wien, Führer der
Roten Garde. 1919 zu 3 Mon.
Haft verurteilt und ausgewiesen.
1920 Frankreichreise, 1921 nach
Berlin. Weite und abenteuerl.
Reisen: Rußland, Afrika, USA,
China. 1933 in der Nacht des
Reichstagsbrandes in Berlin verhaftet, als tschech. Staatsbürger
nach Prag abgeschoben, Redakteur ebda. 1934 Reisen: Spanien,
Belgien, Niederlande sowie Mel-
bourne/Australien, 1935 in Paris;
1937/38   Rotspanienkämpfer.
1939 Emigration nach New York,
1940–46 nach Mexiko; 1946
Rückkehr nach Prag. – Tschech.-
jüd. Schriftsteller dt. Sprache,
Meister der lebensnahen, sachl.
Reportage; begründete die Reportage als Literaturform des sozialist.-gesellschaftskrit. Kampfes.
W: Aus Prager Gassen und Nächten, Rep.
1912; Der Mädchenhirt, R. 1914; Die Abenteuer in Prag, R. 1920; Der rasende Reporter,
Rep. 1925; Hetzjagd durch die Zeit, Rep.
1926; Zaren, Popen, Bolschewiken, Ber.

1927; Asien gründlich verändert, Ber. 1932;
China geheim, Ber. 1944; Geschichten aus
sieben Ghettos, 1934; Abenteuer in fünf Kon-
tinenten, 1934; Landung in Australien, Ber.
1937; Entdeckungen in Mexiko, Rep. 1945. –
GW, IX 1960–83; Nichts ist erregender als die
Wahrheit, Ausw. II 1979; Briefe a. d. Bruder
Paul u. a. d. Mutter, 1978.
L: E. Utitz, 1956; E. Reinhardt, Diss. Wien
1958; D. Schlenstedt, D. Reportage b. E. E.
K., 1959; ders., ²1972; Ch. E. Siegel, 1973; H.
L. Arnold, hg. 1980; K. Schanne, Anschläge,
1983; D. Schlenstedt, 1985; K. Haupt, H.
Wessel, 1985; E. Prokosch, 1985; Bibl.: Prag,
1959.

Kiwus, Karin, ★ 9. 11. 1942 Ber-
lin; Stud. Publizistik, Germani-
stik, Politologie Berlin, 1970 M.
A., 1971–73 wiss. Assistentin
Akad. der Künste ebda., 1973–75
Lektorin in Frankfurt/M., dann
Sekretärin der Akad. der Künste
Berlin, 1978 Gastdozentin Univ.
of Texas, Austin. – Lyrikerin der
neuen   Subjektivität,   sensible
Schilderung persönl. Erfahrun-
gen ohne Generalisierung, mit
Wortwitz und Sprachsatire.
W: Von beiden Seiten der Gegenwart, G.
1976; Angenommen später, G. 1979; 39 Ge-
dichte, 1981.

Klabund, (d. h. Wandlung; eig.
Alfred Henschke), 4. 11. 1890
Crossen a. d. Oder – 14. 8. 1928
Davos; Apothekerssohn, Kindheit in Crossen und Frankfurt/O.,
16jähr. lungenkrank, seither häufig in Schweizer Sanatorien,
Gymnas. Frankfurt/O., Stud. Lit.
und Philos. München und Lausanne ohne Abschluß, dann freier
Schriftsteller in München, Berlin
und der Schweiz, Freundschaft
mit G. Benn; moral. und polit.
Skandale, Prozeß wegen Gotteslästerung; ∞ 1925 in 2. Ehe die
Schauspielerin C. Neher. Rastloses und z. T. flüchtiges Schaffen
angesichts des Todes. – Lyriker,
Dramatiker und Erzähler zwischen Impressionismus und Expressionismus,   trotz   vielseit.

Formbegabung meist lockerober-
flächl. im Stil, Nähe zu Heine und
Wedekind; Vorliebe für erot.
Themen. Ungemein stimmungs-
u. formenreiche, farbige Lyrik
von ekstat. und symbol. Versen
bis zu volksliedhaften Gedichten,
Balladen, Chansons und Zeitgedichten von teils leidenschaftl.,
teils spieler. Haltung und profa-
nen wie myst.-tiefgründigen
Themen. Erzähler expressionist.
lyr. Kurzromane mit teils autobiograph., teils hist. und meist
stark erot. Stoffen, am erfolgreichsten der Eulenspiegel-Ro-
man ›Bracke‹. Vf. zauberhaft
leichter lyr. Komödien; Virtuoser
Nachdichter des chines. ›Kreide-
kreises‹ sowie chines., jap. und
pers. Lyrik nach engl. und franz.
Übss.

W: Morgenrot! Klabund! Die Tage däm-
mern! G. 1913; Klabunds Karussell, Schww.
1914; Soldatenlieder, 1914; Der Marketen-
derwagen, E. 1915; Dumpfe Trommel und
berauschtes Gong, Übs. 1915; Die Himmelsleiter, G. 1916; Li tai-pe, Übs. 1916; Moreau,
R. 1916; Irene oder Die Gesinnung, G. 1917;
Die Krankheit, E. 1917; Mohammed, R.
1917; Das Sinngedicht des persischen Zeltma-
chers, G. 1917; Bracke, R. 1918; Die Geisha
O-sen, G. 1918; Der Feueranbeter, Nachdicht. 1919; Montezuma, Ball. 1919; Der
himmlische Vagant, G. 1919; Dreiklang, G.
1920; Die Nachtwandler, Dr. 1920; Das Blu-
menschiff, Übs. 1921; Franziskus, R. 1921;
Heiligenlegenden, 1921; Lao-tse, Übs. 1921;
Geschichte der Weltliteratur in einer Stunde,
1921; Das heiße Herz, Ball. 1922; Spuk, R.
1922; Pjotr, R. 1923; Der Kreidekreis, Sp.
1925; Lesebuch, G. u. Prosa, 1925; Das laster-
hafte Leben des weiland weltbekannten Erz-
zauberers Christoph Wagner, 1925; Gedichte, 1926; Die Harfenjule, G. 1927; Das
Kirschblütenfest, Sp. 1927; Borgia, R. 1928;
Totenklage, Sonn. 1928; X Y Z, Sp. 1928;
Dichtungen aus dem Osten, III 1929; Rasputin, R. 1929; Novellen von der Liebe, 1930;
Der Rubin, R. hg. A. Reidt 1985. – GW, VI
1930; Der himmlische Vagant, Ausw. 1968;
Briefe an e. Freund, 1963.
L: G. Benn, Totenrede für K., 1928; H. Grothe, 1933; J. Tatzel, Diss. Wien 1954; O.
Horn, Diss. Jena 1954 (m. Bibl.); S. L. Gil-
man, Form und Funktion, 1971; G. v. Kaulla,
Brennendes Herz K., 1971; ders., Und ver-
brenn' in seinem Herzen, 1984.

Klage, Die, in vielen Hss. dem
Nibelungenlied angefügte mhd.
Dichtung des 13. Jh., wohl um
1215 in Bayern (Passau?) entstanden. Trotz stoffl. Wiederholung
des Nibelungenlieds und häuf.
wörtl. Anklängen von diesem
formal (4360 vierheb. Reimpaarverse, nicht Strophen) und geistig
weit entfernt; ohne bes. Höhe-
punkte, oft monoton. Inhaltl.
notwendiger Abschluß des Nibelungenlieds; bringt die Totenklage über die gefallenen Helden bei
ihrer Bestattung an Etzels Hof
und bei den Hinterbliebenen in
Bechelaren und Worms, auch die
weiteren Schicksale der Überlebenden. Mehrfach wird Kriemhild entlastet und der tote Hagen
beschuldigt, Urheber des ganzen
Unheils zu sein; ihn trifft weniger
Klage als Fluch.
A: A. Holtzmann 1859 (Hs. C); K. Bartsch
1875, n. 1964 (Hs. B, m. Lesarten); A. Edzar-
di 1875 (Hs. B); K. Lachmann [15]1960 (Photo-
mech. Nachdr. 1960) (Hs. A); M.ch. F. H.
von der Hagen, n. 1919; F. Ostfeller 1854.
L: A. Ursinus, Die Hss.verhältnisse der K.,
Diss. Halle 1908; K. Getzuhn, Unterss. z.
Sprachgebrauch u. Wortschatz der K., 1914;
J. Körner, 1920; A. Günzburger, 1983; Bibl.:
W. Krogmann/U. Pretzel, [4]1966.

Klaj, Johann (gen. Clajus der Jüngere), 1616 Meissen – 1656 Kitzin-
gen/Main; Stud. ev. Theologie
1636 Leipzig, später Wittenberg,
dort u. a. Schüler des Poetikers A.
Buchner. 1644 als Privatlehrer
nach Nürnberg, stiftete dort 1644
mit s. Freund Harsdörffer den
›Pegnesischen Blumenorden‹,
1647 Lehrer an der Lateinschule
St. Sebald. 1650 Pfarrer in Kitzingen. – Bedeutender Barockdichter aus dem Nürnberger Kreis,
schrieb oratorien-ähnliche lyr.-
deklamator. Dramen geistl. Inhalts, die im Wechsel von Chorgesang und Sprecher in den Kirchen aufgeführt wurden; damit

Schöpfer e. nachfolgelosen Oratorienform. Lyriker mit geistl. Liedern, und Schäferlyrik von virtuosem Sprach- und Formenreichtum und verblüffender Klangmalerei. Auch Schäferepik, mytholog. Verzierte Idyllen und allegor. Festspiel.

W: Aufferstehung Jesu Christi, Orat. 1644; Höllen- und Himmelfahrt Jesu Christi, Orat. 1644; Pegnesisches Schäfergedicht, G. 1644 (m. Ph. Harsdörffer); Weyhnacht-Andacht, G. 1644; Der Leidende Christus, Orat. 1645; Engel- und Drachenstreit, Orat. 1645; Fortsetzung der Pegnitz-Schäferey, G. 1645 (m. S. Birken); Herodes der Kindermörder, Orat. 1645; Lobrede der Teutschen Poeterey, R. 1645; Andachts Lieder, G. 1646; Freudengedichte Der seligmachenden Geburt Jesu Christi, Orat. 1650 (n. DLE Rhe. Barockdrama Bd. 6, 1934); Irene, Ber. II 1650; Das ganze Leben Jesu Christi, 1651. – Redeoratorien u. Lobrede der Teutschen Poeterey, n. C. Wiedemann 1965; Friedensdichtungen u. kleinere poet. Schrr., hg. ders. 1968.
L: A. Franz, 1908; C. Wiedemann, 1966.

Klein, Julius Leopold, 1810 Miskolcz/Ungarn – 2. 8. 1876 Berlin, Stud. Medizin, auch Geschichte, Philol. und Naturwiss. Wien und Berlin, dazwischen wiederholt Reisen nach Italien, auch Griechenland; freier Schriftsteller und Kritiker in Berlin, 1838 Schriftleiter der ›Baltischen Blätter‹. – Epigonaler Dramatiker. Vf. e. grundlegenden, unvollendeten ›Geschichte des Dramas‹.

W: Maria von Medici, Dr. 1841; Luines, Dr. 1842; Zenobia, Dr. 1847; Kavalier und Arbeiter, Dr. 1850; Voltaire, Lsp. 1862; Strafford, Dr. 1862; Dramatische Werke, VII 1871 f. Geschichte des Dramas, XIII 1865–76.
L: M. Glatzel, J. L. K. als Dramatiker, 1914.

Klein-Haparash, Jacob, 12. 12. 1897 Czernowitz – 11. 10. 1970 Natanya/Israel; im 1. Weltkrieg österr. Kavallerieoffizier, Stud. Jura Czernowitz, 1920–40 Journalist in Rumänien, dann versch. Berufe, mehrfach verhaftet, Untergrundarbeit, ab 1946 in Israel. – Erzähler vom jüd. Schicksal in der Donaumonarchie.

W: Durch fünf Länder im Sattel, Ber. 1935; Viel Blut um Radost, R. 1937; Der vor dem Löwen flieht, R. 1961; Krug und Stein, Anek. 1962; Die Wette, R. 1964.

Kleine Rosengarten, Der → Laurin

Kleist, Ewald Christian von 7. 3. 1715 Gut Zeblin b. Köslin/Pomm. – 24. 8. 1759 Frankfurt/Od., Gutsbesitzerssohn, 1725 Jesuitenschule Cron, 1730 Gymnas. Danzig, 1731 Stud. Jura. Philos. und Mathematik Königsberg. 1 Jahr auf dem Familiengut, dann 1736 auf Rat Verwandter dän., 1740 preuß. Offizier im Heer Friedrichs II. In der Garnison Potsdam Bekanntschaft mit Gleim und Ramler, in Berlin mit Nicolai; von ihnen zur Lyrik angeregt. 1744 und 1745 im böhm. Feldzug, 1749 Hauptmann; 1752/53 preußischer Werbeoffizier in der Schweiz, in Zürich Bekanntschaft mit Bodmer, Breitinger, Hirzel u. Geßner. 1756 Major. 1758 in Leipzig enge Freundschaft mit Lessing (Vorbild für dessen Tellheim in ›Minna v. Barnhelm‹, Adressat der ›Briefe, die neueste Literatur betreffend‹), Bekanntschaft Gellerts und Weißes. 1758 auf dem österr., 1759 auf dem franz., dann russ. Kriegsschauplatz. Starb an den Folgen e. Verwundung in der Schlacht von Kunersdorf (12. 8. 1759). – Philosoph. Naturdichter der Aufklärung, begann mit anakreont. Liedern, gab dann unter Einfluß von Thomsons ›Seasons‹ und Klopstocks ›Messias‹ das Hexameter-Idyll ›Der Frühling‹, trotz Reihung malender Einzelbeschreibungen Vorbote e. neuen Naturgefühls. Ferner preuß.-patriot. Gedichte, klassizist. Oden und Versepik.

W: Der Frühling, G. 1749; Gedichte, 1756;

Ode an die preuß. Armee, 1757; Neue Gedichte, 1758; Cissides und Paches, Ep. 1759. – SW, hg. K. v. Ramler II 1760; hkA, A. Sauer III 1881 f. (n. 1968); SW, hg. J. Stenzel 1971; G. Wolf 1982.
L: H. Guggenbühl, Diss. Zürich 1948; H. Stümbke, Diss. Gött. 1949.

Kleist, Heinrich (Wilhelm) von, 18. 10. 1777 Frankfurt/O. – 21. 11. 1811 Wannsee b. Potsdam; aus preuß. Offiziersfamilie, Großneffe Ewald von K.s, Sohn e. preuß. Stabsoffiziers, nach Tod des Vaters 1788 in Berlin im Haus des Predigers S. Catel; Franz. Gymnas.; Juni 1792 Eintritt in das 2. Gardebataillon Potsdam, 1793 Tod der Mutter, Teilnahme an der Belagerung von Mainz 1793 und am Rheinfeldzug 1796; Bekanntschaft mit Fouqué. 1797 Leutnant, April 1799 freiwill. Ausscheiden aus dem Dienst, Verlöbnis mit Wilhelmine von Zenge (1802 gelöst). April 1799 Stud. Philos., Physik, Mathematik, Staatswiss. Frankfurt/O. Unter Einfluß von Kants Erkenntniskritik, die s. am Rationalismus orientierten Anschauungen erschütterte, Aug. 1800 Aufgabe des Stud. Herbst 1800 Reise nach Würzburg mit L. Brockes. In Berlin vorübergehend Volontär im Finanzdepartement. Mai 1801 mit s. Stiefschwester Ulrike über Dresden nach Paris. Dez. 1801 – Okt. 1802 1. Schweizer Reise, Verkehr mit Geßner, Zschokke; Plan e. einfachen Lebens als Landwirt. Erkrankte auf der Deloseainsel im Thuner See und wurde in Bern von Ulrike abgeholt. Nov. 1802 – Febr. 1803 bei Wieland in Oßmannstedt und in Weimar; Bekanntschaft Goethes und Schillers, dann in Leipzig u. Dresden. Aug. – Nov. 1803 2. Schweizer Reise und Aufenthalt in Paris, dort seel. Zusammenbruch, Vernichtung s. Papiere und des ›Guis-

kard‹-Manuskripts, plante den Truppen Napoleons zur Invasion Englands beizutreten, wurde jedoch von St. Omer nach Mainz zurückgebracht, ebda. bis Juni 1804, dann nach Potsdam und Mai 1805 Königsberg, Eintritt in den Staatsdienst, den er Jan. 1807 wieder verließ. Vor Berlin von Franzosen verhaftet und bis Juli 1807 als Spion auf Fort de Joux im franz. Jura gefangengehalten, Aug. 1807 – April 1809 in Dresden, Verkehr mit A. Müller, G. H. Schubert, Tieck, Varnhagen; Hrsg. des ›Phöbus‹. Reiste 1809 zu den österr. Schlachtfeldern, Aufenthalt in Prag, wo er e. nationale Zs. ›Germania‹ plante. Nach der Niederlage von Wagram Febr. 1810 nach Berlin zurück, dort mit A. Müller Hrsg. der ›Berliner Abendblätter‹, die zunächst erfolgr. waren, dann wegen Zensurschwierigkeiten eingestellt wurden. Mitgl. der Christl.-Dt. Tischgesellschaft in Berlin. Unterm Eindruck s. persönl. Scheiterns als Dichter und Journalist sowie der polit. Niederlage der Nation Freitod am Wannsee zusammen mit der unheilbar kranken Henriette Adolfine Vogel. – Bedeutendster, durchaus eigengeprägter Dramatiker, Erzähler und Lyriker zwischen Klassik u. Romantik; Dichter des sich absolut setzenden und dann an der Wirklichkeit scheiternden Gefühls. Durchbrach in s. Tragödien das apollin. Harmoniestreben der dt. Klassik durch die Darstellung der vom Verstand nicht mehr kontrollierten dionys. Leidenschaften (›Penthesilea‹; Goethe: ›Verwirrung des Gefühls‹); in s. affektreichen, musikal. aufgebauten Dramen Gestalter des unüberbrückbaren trag. Zusammenstoßes von Idee oder Bewußtsein (in-

Klemm 434

nerer Weltvorstellung) und Wirklichkeit, Individuum und Schicksal, die erst in der Idee staatl. Gerechtigkeit zum Ausgleich gebracht werden (›Prinz von Homburg‹). Neben extremen Gefühlslagen auch reiche Nuancierung von seel. Zwischenstufen und Übergängen bes. in den auf dem Gegensatz der Geschlechter basierenden Dramen und teils romant. inspirierten Schauspielen (›Käthchen von Heilbronn‹). Mit den aus e. lit. Wettstreit entstandenen ›Zerbrochenen Krug‹ Schöpfer e. der wenigen zeitlosen dt. Komödien. In s. in ihrem straffen Bau unübertroffenen handlungsr. Novellen Schilderung extremer Grenzsituationen in strengsachl., doch rhythm. vibrierender Sprache von äußerster Prägnanz und Konzentration des Worts. Ferner meisterhafte Anekdoten in epigrammat. zugespitzter Form, tiefgründige Essays (›Über das Marionettentheater‹) und polit.-patriot. Lyrik.

W: Die Familie Schroffenstein, Dr. 1803; Amphitryon, Lsp. 1807; Penthesilea, Tr. 1808; Phöbus, Ein Journal für die Kunst, XII 1808 (Faks. 1986); Berliner Abendblätter, 2 Jge. 1810/11 (Faks. 1925, 1960); Erzählungen, II 1810f. (enth. Michael Kohlhaas, Die Marquise von O., Das Erdleben in Chili, Die Verlobung in San Domingo, Das Bettelweib von Locarno, Der Findling, Die heilige Caecilie, Der Zweikampf); Das Käthchen von Heilbronn, Dr. 1810; Der zerbrochene Krug, K. 1811; Hinterlassene Schriften, hg. L. Tieck 1821 (enth. u. a. Der Prinz von Homburg, Dr.; Die Hermannsschlacht, Dr.; Robert Guiskard, Dr.-Fragm.); GS, hg. L. Tieck III 1826; Politische Schriften u. a. Nachträge, hg. R. Köpke 1862. – Werke, hg. G. Minde-Pouet, R. Steig u. E. Schmidt V 1904f., n. VIII 1936ff.; SW u. Briefe, hg. H. Sembdner II ⁸1985, hg. I.-M. Barth u. a. IV 1987ff; Dokumente, hg. ders. II 1984.

L: O. Brahm, ²1911; H. Meyer-Benfey, 1911; ders., D. Drama H. v. K.s, II 1911–13; W. Herzog, ²1914; P. Witkop, 1922; F. Gundolf, 1922; J. Rouge, Paris 1922; W. Muschg, 1923; F. Braig, 1925; O. Walzel, H. v. K.s Kunst, 1928; G. Fricke, Gefühl und Schicksal bei H. v. K., 1929; R. Ayrault, Paris 1934; C. Lugowski, Wirklichkeit und Dichtung, 1936; F.

Martini, K. u. d. geschichtl. Welt, 1940; H. M. Wolff, K. als polit. Dichter, Berkeley 1947; I. Kohrs, D. Wesen d. Tragischen i. Drama H. v. K.s, 1951; H. M. Wolff, 1954; H. Sembdner, H. v. K.s Lebensspuren, 1957; F. Koch 1958; G. Blöcker, 1960; H. Ide, D. junge K., 1961; W. Silz, Philadelphia 1961; R. Ibel, 1961; E. L. Stahl, H. v. K.'s dramas, Oxf. ²1961; H. Mayer, 1962; H. H. Holz, Macht u. Ohnmacht d. Sprache, 1962; C. Hohoff, ⁵1963; R. Michaelis, 1965; H. Sembdner, H. v. K.s Nachruhm, 1967; S. Streller, D. dram. Werk H. v. K.s, 1967; W. Müller-Seidel, Versehen und Erkennen, ²1967; J. Geary, Philadelphia 1968; H. v. K. (üb. s. Dichtgn.), hg. H. Sembdner 1969; H. Reske, Traum u. Wirklichk. i. Wk. H. v. K.s, 1969; K. Gerlach, III 1971–77; W. Müller-Seidel, hg. ²1973; H. Delbrück, K.s Weg zur Komödie, 1974; K. Mommsen, K.s Kampf m. Goethe, 1974; H. Sembdner, 1974; J. Schmidt, 1974; R. E. Helbling, N.Y. 1975; Th. Scheufele, D. theatral. Physiognomie d. Drr. K.s, 1975; R. Dürst, ²1977; H. J. Kreutzer, D.dichter. Entw. H. v. K.s, ²1977; D. Dyer, The stories of K., Lond. 1977; K. Birkenhauer, 1977; I. Graham, 1977; P. Horn, H. v. K.s En., 1978; L. Hoverland, 1978; R. Loch, 1978; K. Kanzog, Edition u. Engagement, II 1979; J. M. Ellis, Chapel Hill 1979; P. Dettmering, ²1979; E. Siebert, Bb. 1980; A. Ugrinsky, hg. 1980; P. Horn, K.-Chronik, 1980; K.s Drr., hg. W. Hinderer 1981; K.s Aktualität, hg. W. Müller-Seidel 1981; M. Robert, Un homme inexprimable, Paris 1981; P. Fischer, 1982; H. F. Weiss, 1984; H. Sembdner, In Sachen K., ²1984; K. Günzel, 1985; W. Hettche, H. v. K.s Lyrik, 1986; E. Borchardt, Myth. Strukturen, 1987; Bibl.: H. Sembdner, 1966.

Klemm, Wilhelm (Ps. Felix Brazil), 15. 5. 1881 Leipzig – 23. 1. 1968 Wiesbaden; Buchhändlerssohn, Stud. Medizin München, Erlangen, Leipzig, Kiel; Assistent Leipzig. Übernahm 1909 die Fa. Otto Klemm. 1914–18 Oberarzt im Westen. Leitete ab 1919 die Kommissionsbuchhandlung C. F. Fleischer in Leipzig. 1921–37 geschäftsführender Gesellschafter des Alfred Kröner Verlags, 1927–55 auch Leiter der Dieterichschen Verlagsbuchhandlung. Seit 1945 in Wiesbaden. – Lyriker des Expressionismus aus dem Kreis um ›Die Aktion‹. Begann unter dem Eindruck des 1. Weltkriegs mit Antikriegslyrik; Suche nach e. neuen Gemeinschaftsgefühl.

W: Gloria!, G. 1915; Verse und Bilder, G. 1916; Aufforderung, G. 1917 (n. 1961); Entfaltung, G. 1919; Ergriffenheit, G. 1919; Traumschutt, G. 1920; Verzauberte Ziele, G. 1921; Die Satanspuppe, G. 1922; Geflammte Ränder, G. 1964. – Ich lag in fremder Stube, Ges. G. 1981.
L: J. Brockmann, Diss. Kiel 1961; H. J. Ortheil, 1979.

Klenke, Wilhelmine von → Chézy, Helmina

Klepper, Jochen, 22. 3. 1903 Beuthen a. d. Oder – 11. 12. 1942 Berlin; Pfarrerssohn; Stud. Theologie; Journalist in Berlin; schied mit s. jüd. Frau und deren Tochter, um sie vor dem KZ zu bewahren, freiwillig aus dem Leben. – Feinsinniger, in tiefem Glauben wurzelnder Erzähler u. Lyriker. Bedeutender Vertreter des christl. hist. Romans. Stellt in s. Roman ›Der Vater‹ um Friedrich Wilhelm I. von Preußen das ird. Geschehen als Abbild göttl. Ordnung dar. Ergreifend und sprachl. wirksam sind K.s Tagebuchaufzeichnungen ›Unter dem Schatten deiner Flügel‹ und Briefe.

W: Der Kahn der fröhlichen Leute, R. 1933; Der Vater, R. 1937; In tormentis pinxit, 1938; Der Soldatenkönig und die Stillen im Lande, 1938; Kyrie, G. 1938; Der christliche Roman, Abh. 1940; Die Flucht der Katharina von Bora, R.-Fragm., hg. K. Pagel 1951; Unter dem Schatten deiner Flügel, Tg. 1956; Überwindung, Tg. 1958; Nachspiel, En., Ess. u. G., 1960; Gast und Fremdling, Br. 1961; Das Ende, Tb. 1962; Ziel der Zeit, Ges. G. 1962. – Briefwechsel 1925–42, hg. E. G. Riemschneider 1973.
L: R. Wentorf, 1964; ders., hg. 1967; K. Ihlenfeld, ²1967; I. Jonas, hg. 1967; E. G. Riemschneider, 1975; R. Thalmann, 1977; B. Mascher, 1977; A. Lubos, 1978; H. Grosch, 1982; G. Imhoff, 1982.

Klingemann, Ernst August Friedrich, 31. 8. 1777 Braunschweig – 25. 1. 1831 ebda.; Carolinum Braunschweig, Stud. Jura und Philos. Jena (b. Fichte, Schelling, A. W. Schlegel; Bekanntschaft C. Brentanos); 1800 Hrsg. der Zs. ›Memnon‹, kurz Beamter, 1813–26 und 1830/31 Dramaturg und Theaterdirektor der Bühne, ab 1826 Hofbühne Braunschweig, anfangs mit Sophie Walter. ∞ Elise Anschütz, Schauspielerin. 1829 auch Prof. am Collegium Carolinum Braunschweig. Gab 19. 1. 1829 die 1. öffentl. Auff. von Goethes ›Faust‹. Kunstreisen durch Dtl. – Romant. Dramatiker und Vf. von Ritterromanen. Gilt neuerdings als Vf. der ›Nachtwachen. Von Bonaventura‹ (→ Wetzel, K. F. G.).

W: Wildgraf Eckard von der Wölpe, R. II 1795; Die Maske, Tr. 1797; Romano, R. II 1800 f.; Nachtwachen. Von Bonaventura, R. 1804 (n. F. Schultz 1909 u. ö.); Heinrich von Wolfenschiessen, Tr. 1806; Theater, III 1808–20; Martin Luther, Dr. (1809) Faust, Tr. 1815; Vorlesungen für Schauspieler, 1818; Kunst und Natur, Reisetgb. III 1819–28; Ahasver, Tr. 1827. – Dramat. Werke, II 1817 f.; VIII 1818–21.
L: H. Kopp, 1901; H. Burath, 1948; D. Sölle-Nipperdey, Unters. z. Struktur der ›Nachtwachen‹ des B., 1959; J. L. Sammons, The Nachtwachen von Bonaventura, Den Haag, 1965; J. Schillemeit, Bonaventura, 1973; H. Fleig, Zersprungene Identität, 1974; ders., Literar. Vampirismus, 1985; vgl. *L* zu → Wetzel, K. F. G.

Klingen, Walther von → Walther von Klingen

Klingen, Walther von → Walther von Klingen

Klinger, Friedrich Maximilian (seit 1780) von, 17. 2. 1752 Frankfurt/M. – 9. 3. 1831 Dorpat; Sohn e. Konstablers († 1760) und e. Waschfrau; in armen Verhältnissen aufgewachsen, Freistelle am Gymnas., 1774–76 Stud. Jura, Theol., Lit. Gießen, teilweise mit Unterstützung s. Jugendfreundes und lit. wie menschl. Vorbildes Goethe, den er 1776 in Weimar besuchte. Reiste 1776/77 als

Schauspieler und Theaterdichter mit der Seylerschen Truppe. 1778 in österr. Militärdienst. Bekanntschaft mit Stolbergs und Miller, Aufenthalt in Emmendingen bei Goethes Schwager Schlosser, durch den er e. Leutnantstelle erhielt, 1780 über Hamburg nach Petersburg, dort im Militärdienst, rasch Offizier, dann Generalleutnant. Begleitete Großfürst Paul nach Italien. Begegnung mit Heinse; 1785 Chef des russ. Kadettenkorps in Petersburg, 1803–17 Kurator der Univ. Dorpat, um die er sich verdient machte. – Neben J. M. R. Lenz bedeutendster Dramatiker des Sturm und Drang, dem K.s gleichnamiges Drama (urspr. ›Der Wirrwarr‹, von C. Kaufmann umbenannt) den Namen gab. Verbindet in s. kraftgenial., anfangs formal von Goethes ›Götz‹, später gedankl. stärker von Rousseau beeinflußten Jugenddramen kühne Verherrlichung von überschäumender Kraft und Leidenschaft mit revolutionärer Sozial- und Kulturkritik. Ungewöhnl. Charakterisierung, dramat. dichte Situationen bei freiem, lockerem Aufbau mit wild übersteigertem, stark rhetor.-deklamator. Sprachstil, der auf den jungen Schiller wirkte. In den späteren Stücken nach 1776 Vermeidung jugendl. Unausgeglichenheiten und sorgfältigerer Aufbau: Zurücknahme der ekstat. Sprache in Satire und Ironie, Aufgabe irrationaler Züge unter Einfluß von Kant und Voltaire. Im Alter um 1790–1800 Vf. philos. Romane von realist.-skept. Haltung als Ergebnis vielseit. Welterfahrung.

W: Otto, Dr. 1775; Das leidende Weib, Dr. 1775; Die Neue Arria, Dr. 1776; Simsone Grisaldo, Dr. 1776; Sturm und Drang, Dr. 1776; Die Zwillinge, Dr. 1776; Der Derwisch, K. 1780; Plimplamplasko, Sat. 1780

(n. 1966); Stilpo und seine Kinder, Dr. 1780; Die falschen Spieler, Lsp 1782; Elfride, Dr. 1783; Konradin, Dr. (1784); Fausts Leben, Thaten und Höllenfahrt, R. 1791 (n. 1910, 1958); Geschichte Giafars des Barmeciden, R. II 1792–94; Geschichte Raphaels de Aquillas, R. 1793; Der Faust der Morgenländer, R. 1797; Sahir, R. 1798; Geschichte eines Teutschen der neuesten Zeit, R. 1798; Der Weltmann und der Dichter, R. 1798; Betrachtungen und Gedanken über verschiedene Gegenstände der Welt und der Litteratur, III 1803–05 (n. 1947, Aus. 1967). – Theater, IV 1786 f.; Werke, XII 1809–16; SW, XII 1842, n. IV 1976; Wke, hkA. hg. S. L. Gilman u. a. XXI 1975 ff., AW, VIII 1878–80; Dramat. Jugendwerke, hg. H. Berendt u. K. Wolff III 1912–14; Ausw., hg. H. J. Geerdts II ²1964; Lebensspuren, hg. G. Ueding 1981.
L: M. Rieger, II 1880–96; W. Kurz, K.s Sturm und Drang, 1913; E. Sturm, K.s philos. Romane, 1916; O. Palitzsch, 1924; E. Volhard, F. M. K.s philos. Romane, 1930; M. Waidson, F. M. K.s Stellg. z. Geistesgesch. s. Zeit, 1939; H. Steinberg, Stud. z. Schicksal und Ethos b. K., 1941, n. 1969; M. Lanz, K. und Shakespeare, Diss. Zürich 1941; E. Krippner, Diss. Wien 1950; E. Kleinstück, 1960; O. Smoljan, 1962; Ch. Hering, 1966; H. Segeberg, F. M. K.s Romandichtg., 1974; F. Osterwalder, D. Überwindg. d. Sturm u. Drang i. Wk. F. M. K.s, 1979; D. Hill, K.'s novels, 1982.

Klinger, Kurt, ★ 11. 7. 1928 Linz; Stud. Theaterwiss. Germanistik Wien, 1964 Dramaturg in Frankfurt/M., 1970 Hannover, 1973 Graz und 1975–77 Zürich, 1979 Hrsg. der Zs. ›Lit. u. Kritik‹. – Österr. Dramatiker, Lyriker, Essayist und Hörspielautor.

W: Harmonie aus Blut, G. 1951; Der goldene Käfig, Dr. (1952); Odysseus muß wieder reisen, Dr. (1954); Auf der Erde zu Gast, G. 1956; Das kleine Weltkabarett, Dr. (1958); Das Garn des Schicksals, Ausw. 1959; Die neue Wohnung, Lsp. (1960); Studien im Süden, Ess. 1965; La sera, Dr. (1965); Die vierte Wand, En. 1966; Helena des Euripides, Dr. (1969); Entwurf einer Festung, G. 1970; Schauplätze, Dr. 1971; Konfrontationen, Ess. 1974; Löwenköpfe, G. 1977; Theater und Tabus, Ess. 1984.

Klingnau, Steinmar von → Steinmar von Klingnau

Klipstein, Editha (geb. Blaß), 13. 11. 1880 Kiel – 27. 5. 1953 Laubach/Ob. Hessen, Tochter des

Archäologen Prof. F. W. Blaß. In Halle aufgewachsen, unternahm weite Reisen durch Europa, 1905–14 zur Malerin ausgebildet, ⚭ 1909 den Maler Felix K. († 1941), lebte auf dem Ramsberg b. Laubach als Mittelpunkt zahlr. gesellschaftl. und geistiger Verbindungen (Freundeskreis um Rilke). – Essayistin und Erzählerin, fand erst spät und unter Einfluß franz. Prosaisten (Flaubert, Proust) zum eig. lit. Werk, so ›Anna Linde‹ in der Tradition des gesellschaftl. Entwicklungs- u. Bildungsromans.

W: Anna Linde, R. 1935; Sturm am Abend, Nn. 1938; Der Zuschauer, R. 1942; Die Bekanntschaft mit dem Tode, R. 1947; Gestern und Heute, Ess. 1948; Das Hotel in Kastilien, N. 1951.

Kloepfer, Hans, 18. 8. 1867 Eibiswald – 27. 6. 1944 Köflach, Sohn e. schwäb. Arztes, Schulen Eibiswald und Graz. Stud. Medizin Graz, 1894 prakt. Arzt und Werksarzt in Köflach/Steiermark. – Eng mit s. steiermärk. Heimat verbundener Erzähler und Lyriker von verhaltener Kraft, bedeutender österr. Mundartdichter.

W: Vom Kainachboden, E. 1912; Aus dem Sulmtale, E. 1922; Gedichte, 1924; Gedichte in steirischer Mundart, 1924; Aus alter Zeit, E. 1933; Eibiswald, E. 1933; Neue Gedichte in steirischer Mundart, 1935; Aus dem Bilderbuch meines Lebens, Aut. 1936; Joahrlauf, G. 1937; Steirische Geschichten, En. 1937; Bergbauern, En. 1938. – GW, V 1935–37.
L: H. Oswald, Diss. Wien 1982.

Klopstock, Friedrich Gottlieb, 2. 7. 1724 Quedlinburg – 14. 3. 1803 Hamburg; Sohn e. wohlhabenden Advokaten und späteren Gutspächters, christl.-pietist. Erziehung auf dem Gut Friedeburg; Gymnas. Quedlinburg und 1739–45 Schulpforta, 1745/46 Stud. Theol. Jena, seit 1746 Leipzig im Kreis der ›Bremer Beiträge‹, die den Anfang des ›Messias‹

druckten; früher Entschluß zum Dichterberuf; Hauslehrer in Langensalza, unerwiderte Liebe zur Schwester s. Freundes J. Chr. Schmidt (›Fanny-Oden‹), 1750 Aufenthalt als Gast Bodmers in Zürich, endet mit Entfremdung, da Bodmer statt des seraph. Jünglings e. weltläufigen, lebensfrohen Dichter in K. erkannte. 1751 durch Vermittlung von Graf Bernstorff Berufung nach Kopenhagen, durch Friedich V. von Dänemark Titel und Gehalt e. Legationsrats. ⚭ 1754 Meta (eig. Margarethe) Moller aus Hamburg, die ebenfalls lit. tätig war († 1758). 1759–63 vorübergehende Aufenthalte in Halberstadt, Braunschweig und Quedlinburg. Nach dem Tod des Königs folgte er 1770 Graf Bernstorff nach Hamburg, wo er bis zu s. Tod lebte. 1770 Reise nach Karlsruhe als Gast des Markgrafen Karl Friedrich von Baden, besuchte in Göttingen den ›Hain‹, wo er enthusiast. gefeiert wurde, und in Frankfurt den jungen Goethe, ⚭ 1791 Elisabeth von Winthem, e. Nichte Metas. S. Begräbnis war e. Huldigungsfeier der Nation. – Als Epiker, Lyriker und Dramatiker Initiator des dt. Irrationalismus und der Erlebnisdichtung überhaupt. Er löste die in rationalist. Einseitigkeit und Rokokotändeleien befangene dt. Dichtung zu neuer dichter. Kraft aus der Tiefe des Gefühls und des persönl. Bekenntnisses, gab dem Dichterwort e. neue relig. und nationale Sendung und e. priesterl.-seher. Weihe und erweiterte die dichter. Ausdrucksmöglichkeiten der dt. Sprache durch neue Gefühlshaltigkeit, Musikalität, Bilder und neue Wortprägungen wie durch die geniale Anverwandlung antiker Metren u. freier Rhythmen. S.

Kluge   438

großes, heute ob s. Längen u. s.
Monotonie fast unlesbares, hand-
lungsarmes bibl. Epos ›Der Messias‹ entspringt dem persönl., undogmat. Gotteserlebnis e. gläubigen Herzens und galt den Zeitgenossen bei Erscheinen der ersten
Gesänge als Offenbarung e. neuen
Gefühlskultur, litt jedoch bei s.
langsamen Fortschreiten an Er-
lahmung der dichter. Kraft und
war bei s. Abschluß durch andere
Strömungen überholt. Es führt
den vollendet durchgebildeten
klass. Hexameter in die dt. Epik
ein. S. von echter Empfindung
getragenen meist reimlosen Oden
in schwierigen antiken Metren
und s. pathet. Gedichte in freien
Rhythmen dagegen erheben sich
zu hymn. Höhe und überpersönl.
Aussage; sie fanden erst in Hölderlin wieder e. kongenialen
Nachfolger. In s. teils relig., teils
nationalen idealisierenden Dramen (›Bardieten‹ im Gefolge der
Bardenpoesie) Schöpfer des patriot.-heroischen Weihespiels
nach Stoffen aus german. Mythos
und german. Frühzeit. Auch
Volkserzieher (›Gelehrtenrepublik‹), Sprachforscher und Ortho-
grahiereformer. Der Weimarer
Klassik gegenüber im Alter ableh-
nend.

W: Der Messias, Ep., Gesang 1–3 (1748 in
›Bremer Beiträge‹), 1–5 1751, 1–10 1755,
11–15 1768, 16–20 1773 (vollst., überarb.
1780 u. 1800); Der Tod Adams, Tr. 1757 (n.
F. Strich 1924); Geistliche Lieder, II 1758–69;
Salomo, Tr. 1764; Hermanns Schlacht, Dr.
1769; Oden und Elegien, 1771 (n. J. Fechner
1974); Oden, 1771 (n. F. Muncker u. J. Pawel
II 1889); David, Tr. 1772; Die deutsche Ge-
lehrtenrepublik, 1774; Über die deutsche
Rechtschreibung, 1778; Hermann und die
Fürsten, Dr. 1784 Hermanns Tod, Dr. 1787.
– Werke, XII 1798–1817; SW, X 1844f., GW,
hg. F. Muncker IV 1887; AW, hg. K. A.
Schleiden ²1962; Wke u. Briefe, hKA XL
1974ff. (n. Bibl., 1975); Briefe von und an
K., hg. J. M. Lappenberg 1867, n. 1970;
Briefw. m. d. Grafen Stolberg, hg. J. Behrens
1964, m. Meta K., hg. F. u. H. Tiemann
1980.

L: E. Bailly, Étude sur la vie et les œuvres de
K., Paris 1888; O. Koller, 1889; F. Muncker,
²1900; K. Wöhlert, D. Weltbild in K.s Mes-
sias, 1915, n. 1975; A. Köster, K. u. d.
Schweiz, 1923; A. E. Berger, K.s Sendung,
1924; E. Elster, 1924; G. C. L. Schuchard,
Stud. z. Verskunst d. jg. K., 1927; W. Lich,
K.s Dichterbegriff, Diss. Ffm. 1934; H. Kin-
dermann, K.s Entdeckung d. Nation, 1935;
F. Beissner, K.s vaterländ. Dramen, 1942; K.
Kindt, ²1948; M. Freivogel, 1954; K. A.
Schleiden, K.s Dichtungstheorie, 1954; R.
Baudusch-Walker, K. als Sprachwiss. u. Or-
thographiereformer, 1958; G. Kaiser, 1962;
H. T. Betteridge, K.s Briefe, 1963; K. L.
Schneider, K. u. d. Erneuerg. d. dt. Dich-
terspr. i. 18. Jh., ²1965; A. Bogaert, Paris
1965; G. Kaiser, ²1975; W. Große, Stud. z.
K.s Poetik, 1977; H.-G. Werner, hg. 1978; H.
L. Arnold, hg. 1981.

Kluge, Alexander, * 14. 2. 1932
Halberstadt; Stud. Jura, Gesch.
und Kirchenmusik Marburg,
Frankfurt/M. und München
(1956 Dr. jur.), Referendar, Anwalt in München und Berlin,
Kurzfilmproduzent und -regis-
seur, 1962 Mitbegründer (m. E.
Reitz) des Filminstituts an der Ulmer Hochschule für Gestaltung,
bis 1971 Dozent ebda.; ab 1966
vorwiegend Spielfilmautor und
-regisseur in München. – Lakon.
Erzähler anfangs mit halbdokumentar. Stoffen aus NS-Zeit und
Krieg in kühler Berichtform,
dann Wendung zum experimentellen, gesellschaftskrit. Film aus
der Gegenwart.

W: Die Universitäts-Selbstverwaltung, Schr.
1958; Lebensläufe, En. 1962 (erw. 1986);
Schlachtbeschreibung, R. 1964 (u. d. T. Der
Untergang der sechsten Armee, 1969); Ab-
schied von gestern, Film 1966; Die Artisten in
der Zirkuskuppel – ratlos, Film 1968; Die
unbezähmbare Leni Peickert, Film (1970);
Willi Tobler und der Untergang der 6. Flotte,
FSsp. (1971); Lernprozesse mit tödlichem
Ausgang, En. 1973; Die Reise nach Wien,
Film (1973); Öffentlichkeit und Erfahrung,
St. 1973 (m. O. Negt); Gelegenheitsarbeit
einer Sklavin, Film 1974; In Gefahr und größ-
ter Not bringt der Mittelweg den Tod, Film
(1975); Der starke Ferdinand, Film (1976);
Neue Geschichten, Prosa II 1977–84; Die Pa-
triotin, Film 1979; Der Kandidat, Film (1980);
Geschichte und Eigensinn, St. 1981 (m. O.
Negt); Macht der Gefühle, Film (1983); Der

Angriff der Gegenwart auf die übrige Zeit, Film (1985); Vermischte Nachrichten, Film (1986).
L: R. Lewandowski, 1980; ders., D. Filme v. A. K., 1980; Th. Böhm-Christl, hg. 1983 (m. Bibl.); H. L. Arnold, hg. 1985 (m. Bibl.); S. Carp, Kriegsgeschn., 1987.

Kluge, Kurt, 29. 4. 1886 Leipzig – 26. 7. 1940 Fort Eben Emael b. Lüttich; Sohn e. Lehrers, Vorfahren Waffenschmiede; 1914 Soldat, 1916 schwer verwundet. Kunstschule Dresden und Leipzig, gründete e. eigene Erzgießerei in Leipzig. 1921 Prof. für Erzguß an der Akad. für bildende Künste Berlin; richtungsweisende Metallforschungen in Dtl., Italien, Griechenland und Türkei. Starb auf e. Frontreise. Umfangr. Werk als Radierer, Maler und Bildhauer; vielseitige mus. Begabung; kam erst im reifen Mannesalter 1929 zur Lit. – Phantasievoller Erzähler in der Stiltradition des bürgerl. Spätrealismus von philos. Weltsicht und verinnerlichtem, weisem Humor in der Art Jean Pauls und W. Raabes. Schildert in s. oft autobiograph. bedingten Romanen und Erzählungen dt. Handwerkertum und dt. Tüchtigkeit mit Vorliebe für grübler., seltsame Käuze wie den Herrn Kortüm, der in s. Verbindung von skurrilem Grübler, phantast. Pläneschmied, tatkräftigem Organisator und versponnen-humorvollem Weisen e. Urbild des Deutschen schlechthin darstellt. Auch Lyriker und Dramatiker; kunstwiss. Schriften.
W: Ewiges Volk, Dr. 1933; Der Glockengießer Christoph Mahr, R. 1934; Die silberne Windfahne, R. 1934; Die Ausgrabung der Venus, K. (1934); Die gefälschte Göttin, N. 1935 (erw. 1950); Der Nonnenstein, Nn. 1936; Das Flügelhaus, R. 1937 (mit Ch. Maher u. D. silb. Windfahne veränd. u. d. T. Der Herr Kortüm, 1938); Das Gold von Orlas, Dr. (1937); Nocturno, E. 1939; Die Zaubergeige, R. 1940; Gedichte, 1941; Grevasalvas, R. 1942; Lebendiger Brunnen, Br. hg. Carla

K. u. M. Wackernagel 1952; Die Sanduhr, Nl. 1966.
L: Dank an K. K., 1940; H. Lauer, Der Herr Kortüm, Diss. Münster 1947; K. K. z. s. 70. Geb.tag, 1956.

Knapp, Albert, 25. 7. 1798 Tübingen – 18. 6. 1864 Stuttgart, 1814 theolog. Seminar Maulbronn, 1816 Stift Tübingen. 1820 Vikar in Stuttgart-Feuerbach, 1821 Gaisburg, 1825 Sulz, 1831 Prediger in Kirchheim unter Teck, 1836 Diakonus der Hospitalkirche Stuttgart, 1837 Archidiakon der Stiftskirche ebda., 1845 als Nachfolger G. Schwabs Stadtpfarrer der Leonhardskirche ebda. und Dekan. – Evangel. Theologe, relig. Lyriker und geistl. Lieddichter des 19. Jh. von warmer Empfindung und formaler Glätte.
W: Christliche Gedichte, II 1829; Neuere Gedichte, II 1834; Hohenstaufen, G. 1839; Gedichte, N. F. 1842; Gedichte, 1854; Herbstblüthen, G. 1859; Bilder der Vorwelt, G. 1862; Geistliche Lieder, Ausw. 1864; Gesammelte prosaische Schriften, II 1870–75.
L: J. Knapp, 1867; K. Gerok, 1879; M. Knapp, 1912; J. Roeßle, 1947.

Knauth, Joachim, * 5. 1. 1931 Halle, Sohn e. Ingenieurs, Stud. 1950/51 Jura Leipzig, 1951–55 Germanistik Leipzig; Dramaturg in Meißen, ab 1958 Berlin, ab 1962 freier Schriftsteller ebda. – Vf. satir. Schauspiele und Komödien nach hist. Stoffen und aus der DDR-Gegenwart. Bearbeiter fremder Stoffe; Märchenstücke.
W: Heinrich VIII., Dr. 1955; Der Tambour und sein Herr König, Dr. (1957); Wer die Wahl hat, K. (1958); Die sterblichen Götter, K. (1960); Badenweiler Abgesang, K. (1960); Die Kampagne, K. 1963; Pietro Aretino, Dr. (1966); Die schwarze Hand, Dr. (1974); Stükke, 1973; Vier Theatermärchen, 1980.

Knebel, Karl Ludwig von, 30. 11. 1744 Schloß Wallerstein b. Nördlingen – 23. 2. 1834 Jena; Stud. Jura Halle, 1763 Fähnrich in

Potsdam, Verkehr mit Gleim, Ramler, Mendelssohn und Nicolai; 1773 Anna Amalia in Weimar vorgestellt, 1774 Prinzenerzieher. Dez. 1774 Bekanntschaft mit Goethe in Frankfurt (Anlaß für dessen Berufung nach Weimar). Major im Ruhestand in Jena, Ansbach, Weimar und Nürnberg, 1798 in Ilmenau und seit 1805 dauernd in Jena. Freund der Klassiker, Mitarbeiter an den ›Horen‹. – In s. Schriften weniger durch s. lyr. und epigrammat. Versuche als durch Übs. des Properz (1798) und Lukrez (1821) bekannt.

W: Sammlung kleiner Gedichte, 1815; Saul, Tr. 1829; Lit. Nachlaß und Briefwechsel, III 1835f.; Briefw. m. Goethe, hg. G. E. Guhrauer II 1851; m. s. Schwester Henriette, hg. H. Düntzer 1858; Zur dt. Lit. und Geschichte, hg. H. Düntzer II 1858.
L: H. v. Knebel-Döberitz, 1890; H. v. Maltzahn, 1929; R. Otto, Diss. Jena 1968.

Kneip, Jakob, 24. 4. 1881 Morshausen/Hunsrück. – 14. 2. 1958 Mechernich/Eifel; Bauernsohn; Gymnas. Koblenz; zuerst in der Landwirtschaft tätig; dann Priesterseminar Trier; Stud. Philol. Bonn, London und Paris; begründete 1912 mit W. Vershofen und J. Winckler in Bonn den ›Bund der Werkleute auf Haus Nyland‹; gab mit diesen die Z.s ›Quadriga‹ (später ›Nyland‹) heraus; Freundschaft mit G. Engelke und H. Lersch; 20 Jahre im höheren Schuldienst, zuletzt in Köln; gründete mit A. Paquet den ›Rheinischen Dichterbund‹; lebte seit 1941 in Pesch b. Mechernich; 1947 Gründer und Präsident des ›Rheinischen Kulturinstituts‹ in Koblenz; starb an den Folgen e. Eisenbahnunfalls. – Volks- und naturnaher Erzähler, Lyriker und Essayist aus dem Kreis der Arbeiterdichtung. Erlebnisnahe Gedichte u. Entwicklungsromane

aus der heimatl. Welt und dem bäuerl. Alltag neben relig. Zyklen. Hatte großen Erfolg mit dem fröhl. Hunsrück-Roman ›Hampit der Jäger‹. Autobiograph. Züge trägt die Romantriologie ›Porta Nigra‹.

W: Bekenntnis, G. 1917; Der lebendige Gott, Ep. 1919; Hampit der Jäger, R. 1927; Porta Nigra, R. 1932 (Forts. Feuer vom Himmel, 1936 u. Der Apostel, 1955); Bauernbrot, G. 1934; Frau Regine, R. 1942; Das Siebengebirge, Ess. 1941; Weltentscheidung des Geistes am Rhein, Ess. 1953; Gesammelte Gedichte, 1953; Johanna, eine Tochter unserer Zeit, E. 1954; Der neue Morgen, G. 1958.
L: H. Saedler, 1923; M. Rockenbach, 1924; P. Staffel, Diss. Bonn 1948; H. Knebel, 1982.

Knigge, Adolf Franz Friedrich Freiherr von, 16. 10. 1752 Schloß Bredenbeck b. Hannover – 6. 5. 1796 Bremen; Erziehung durch Privatlehrer, 1769–72 Stud. Jura Göttingen; 1771 zum Hofjunker und Assessor bei der Kriegs- und Domänenkammer Kassel ernannt, trat die Stelle 1772 an. Widmete sich dann der Bewirtschaftung s. verschuldeten Güter. Freimaurer. 1777 auf Goethes Vorschlag weimar. Kammerherr in Hanau und 1780 Frankfurt/M. 1780–84 Mitgl. des aufklärer. Illuminatenordens. 1783 Schriftsteller in Heidelberg, dann Hannover. 1790 Oberhauptmann der braunschw.-lüneburg. Regierung in Bremen und Scholarch der Domschule ebda. – Satir., didakt. und polit.-pädagog. Schriftsteller der Aufklärung von nüchterner und z. T. platter Komik. Dramen nach franz. Vorbildern; Reiseromane mit kom. Elementen und kulturhistor. Wert dank guter Beobachtung des zeitgenöss. Lebens; Adelssatiren, Predigten und Traktate u. a. zur Verteidigung der Franz. Revolution. Übs. Rousseaus (1786–90) u. a. Berühmt durch s. Erziehungsbuch

›Über den Umgang mit Menschen‹ mit prakt., z. T. pedant. Lebensweisheit aus dem Geist und der bürgerl. Gesellschaftsethik der Aufklärung.

W: Theaterstücke, II 1779f.; Der Roman meines Lebens, IV 1781–83; Geschichte Peter Clausens, Sat. III 1783–85; Kleine poetische und prosaische Schriften, II 1784f.; Die Verirrungen des Philosophen, R. II 1787; Über den Umgang mit Menschen, II 1788 (n. 1922, 1987); Geschichte des armen Herrn von Mildenburg, R. III 1789–97; Das Zauberschloß, R. 1790; Benjamin Noldmanns Geschichte der Aufklärung in Abyssinien, R. II 1791; Des seeligen Herrn Etatsraths Samuel Conrad von Schaafskopf hinterlassene Papiere, Sat. 1792 (n. 1965); Politisches Glaubensbekenntnis mit Hinsicht auf die Französische Revolution, Schr. 1792 (n. 1968); Die Reise nach Braunschweig, R. 1792 (n. 1972); Geschichte des Amtsraths Gutmann, R. 1794. – Schriften, XII 1804–06; SW, hg. P. Raabe XXII 1978; Ausw. hg. H. Voegt 1968.
L: K. Goedeke, 1844; J. Popp, Diss. Mchn. 1931; B. Zaehle, K.s ›U. m. M.‹ u. s. Vorläufer, 1933; J.-D. Kogel, K.s ungewöhnl. Empfehlungen z. Aufkl. u. Rev., 1979; K. Mitralexi, Üb. d. Umgang m. K., 1984.

Knittel, John (eig. Hermann Knittel), 24. 3. 1891 Dharwar/Indien – 26. 4. 1970 Maienfeld/Graubünden; Sohn e. Basler Missionars, Schulbesuch in Basel u. Zürich, Kaufmann in London, Reisen durch Europa und Afrika, bes. Ägypten, freier Schriftsteller in La Tour de Peilz, seit 1933 in Ein Shems b. Kairo bzw. Maienfeld/Graubünden; Begründer u. Leiter des Institute of Oriental Psychology. – Romancier und Dramatiker, schrieb zunächst in engl., dann dt. Sprache zahlr., meist in exot. Milieu spielende Abenteuer- und Gesellschaftsromane, denen die spannende, zuweilen kriminalist. Problemstellung und gut gezeichneten Charaktere sowie der flüssige, gelegentl. auch sentimental-pathet. Darstellungsstil e. große internationale Leserschaft sicherten.

W: The Travels of Aaron West, R. 1920 (d. 1922, u. d. T. Kapitän West, 1949); A. Tra-

veller in the Night, R. 1924 (Der Weg durch die Nacht, d. 1926); Therese Etienne, R. 1927 (als Dr. 1950); Der blaue Basalt, R. 1929; Abd-el-Kader, R. 1930 (als Dr. Protektorat, 1935); Der Commandant, R. 1933; Via mala, R. 1934 (Dr. 1937); El Hakim, R. 1936; Amadeus, R. 1939; Terra Magna, R. II 1948; Jean Michel, R. 1953; Arietta, R. 1959.
L: E. Knöll, Diss. Wien 1950.

Knobelsdorff-Brenkenhoff, Nataly von → Eschstruth, Nataly von

Knöller, Fritz, 13. 1. 1898 Pforzheim – 20. 3. 1969 München; Vater Geschäftsmann, Stud. Philos., Philol., Kunstgesch. und Geschichte Heidelberg, Freiburg/Br. und München; 1923 Dr. phil.; Soldat in beiden Kriegen; Kritiker, Wanderbühnendramaturg und seit 1926 freier Schriftsteller in München. – Erzähler, Lyriker und Dramatiker. Bühnenbearbeitungen zahlr. Komödien Goldonis.

W: So und so, so geht der Wind, K. 1926; Liebesqualen, Dr. 1928; Männle, R. 1934; Die trotzige See, N. 1943; Das siebenjährige Reich, Dr. 1946; Die Fremde vom Meer, En. 1947; Polter, E. 1948; Knotenpunkt X, En. 1958; Stadt ohne Vergangenheit, R. 1961.

Knoop, Gerhard Ouckama (Ps. Gerhard Ouckama), 9. 6. 1861 Bremen – 6. 9. 1913 Innsbruck, Chemiestud., Textilingenieur in Mühlhausen/Elsaß, dann Moskau, seit 1911 München. Verkehr mit Rilke, Th. Mann und Ricarda Huch. – Erzähler der Neuromantik, schrieb psycholog. Zeit- und Entwicklungsromane von starker geistiger Dialektik. Prosa aus eigenwill. Verbindung von kräftigem Humor, Satire und Ironie.

W: Die Karburg, Tgb. 1897; Die Dekadenten, R. 1898; Die erlösende Wahrheit, R. 1899; Das Element, R. 1901; Outsider, Nn. 1901; Die Grenzen, R. II 1903–05, Hermann Osleb, R. 1904; Nadeshda Bachini, R. 1906; Der Gelüste Ketten, Nn. 1907; Aus den Papieren des Freiherrn von Skarpl, E. 1909; Verfalltag, R. 1911; Die Hochmögenden, R.

1912; Unter König Max, R. 1913; Das A und das O, R. 1915.
L: I. Repis, Diss. Mchn. 1951.

Knorr von Rosenroth, Christian, 15. 7. 1636 Altraudten/Schles. – 4. 5. 1689 Gut Groß-Albersdorf/Sulzbach, Stud. Jura, Philos. und Theologie Leipzig (1655–60) und Wittenberg (1660–63), Magister, Bildungsreise durch Frankreich, England und Holland. Beschäftigung mit alchemist.-kabbalist. Studien, 1665 Rückkehr in die Heimat. Kam 1666 an den Hof des Pfalzgrafen Christian August von Sulzbach, 1668–89 dessen Hofrat, Minister und Kanzler. – Dichter der Barockzeit, schrieb metaphernreiche geistl. Lieder (›Morgenglanz der Ewigkeit‹), Festspiele sowie kabbalist. Schriften.

W: Kabbala Denudata, Schr. II 1677–84; Aufgang der Artzney-Kunst, Schr. II 1683 (n. 1971); Neuer Helicon, G. u. Sp. 1684.
L: K. Salecker, 1931.

Kobell, Franz Ritter von, 19. 7. 1803 München – 11. 11. 1882 ebda., pfälz. Künstlerfamilie; 1820–23 Stud. Jura, dann Mineralogie Landshut. 1823 Adjunkt beim Konservatorium der mineralog. Staatssammlungen; 1826 ao., 1834 o. Prof. der Mineralogie München; Mitgl. der Bayr. Akad. der Wiss., Forschungsreisen in Griechenland, Italien, Frankreich, Holland, Belgien und Dtl. Jagdbegleiter des Königs Maximilian II. Mineraloge, Gelehrter. Erfinder der Galvanographie. – Gewandter Dialektlyriker in oberbayr. gleichwie pfälz. Mundart voll Lebensfreude, Naturgenuß, Heimatliebe und Humor. Ferner Epen, Dialekterzählungen, Jagdgeschichten, Volksstücke und Erinnerungen.

W: Triphylin, G. 1839; Gedichte in hochdeutscher, oberbayr. und pfälz. Mundart, II

1839–41; Schnadahüpfln und Sprüchln, 1846 (n. 1976); Gedichte, hdt. 1852; Die Urzeit der Erde, Ep. 1856; Wildanger, En. 1859; P'älzische G'schichte', En. 1863; G'schpiel, Vst. u. G. 1868; Schnadahüpfln und Gschichtln, 1872; Erinnerungen in Gedichten und Liedern, 1882. – AW, hg. G. Goepfert 1972.
L: K. Haushofer, 1884; L. v. Kobell, 1884; A. Dreyer, 1904.

Koch, Eoban → Hessus, Helius Eobanus

Koch, Ernst (Ps. Eduard Helmer, Leonhard Emil Hubert), 3. 6. 1808 Singlis/Hessen – 24. 11. 1858 Luxemburg; Stud. Marburg und Göttingen, 1831 Referendar, 1835 Ausscheiden aus dem Staatsdienst, Fremdenlegionär in Spanien, 1837 Konversion zum Katholizismus, 1850 Lehrer in Luxemburg. – Lyriker und Erzähler; bekannt s. Marburger Erinnerungen und Plaudereien im Stil Jean Pauls ›Prinz Rosa Stramin‹.

W: Prinz Rosa Stramin, Tg. 1834 (n. 1966); Aus dem Leben eines bösen Jungen, Aut. 1847; Gedichte, 1859. – GW, II 1873.
L: H. Froeb, 1925.

Koch, Werner, ★ 4. 8. 1923 Mühlheim/Ruhr; Soldat, Stud. Kulturredakteur und Theaterkritiker in Köln, dann Leiter der Abt. Kultur beim Fernsehen ebda. – Erzähler bes. bibl. Stoffe in mod. Gewand und e. Utopie des unentfremdeten Lebens.

W: Sondern erlöse uns von dem Übel, R. 1959; Pilatus, R. 1959; Der Prozeß Jesu, Ber. 1967; See-Leben I, R. 1971; Wechseljahre oder See-Leben II, R. 1975; Jenseits des Sees, R. 1979; Intensivstation, E. 1983; Diesseits von Golgatha, R. 1986.

Kochem, Martin von, 12. 12. 1634 Cochem/Mosel – 10. 9. 1712 Waghäusel b. Bruchsal. 1653 Kapuziner, Lektor; 1682–85 erzbischöfl. Visitator für Mainz, 1689–96 Volksmissionar in Österreich und Böhmen, 1698–1700 Kommissar für Trier. – Bedeutender Volksprediger und Erbauungsschriftsteller im Rheinland und in Österreich, von großem Einfluß auf die kath. geistl. Lit. der Folgezeit.

W: Kinderlehrbüchlein, 1666; Leben und Leiden Jesu Christi, 1677; Kirchenhistorie, II 1693; Lehrreicher History- und Exempel-Buch, IV 1696–99; Meßerklärung, 1697 (lat., d. 1702); Gebetbuch für Soldaten, 1698; Der Liliengarten 1698; Legenden der Heiligen 1705; Geistlicher Baumgarten, 1709; Exempelbuch, 1712.
L: H. Stahl, 1909; J. C. Schulte, 1910; W. Kosch, ²1921; L. Signer, 1963.

Koebsell, Eberhard → Laar, Clemens

Kögl, Ferdinand (Ps. Ferd. Hansen, Tom Tenk), 17. 5. 1890 Linz a. d. D. – 21. 2. 1956 Wien, Stud. Musik Salzburg und Wien; Redakteur, 1946 Generalsekretär des ›Verbandes der demokrat. Schriftsteller und Journalisten Österreichs‹ in Wien, 1947 Prof. – Österreich. Erzähler und Dramatiker mit herzl. Einfühlung in das Milieu der ›kleinen Leute‹; auch Essayist.

W: Schmiere, K. 1926; Geheimnis eines großen Geigers, R. 1932; Namenlos, R. 1932; Heinz Kartner spielt nicht mehr mit, R. 1933; Ratten am Theater, R. 1934; Die Besessenen der Maske, R. 1934; Silberflöte, R. 1945; Musik der kleinen Tage, R. 1946; Das Bildnis einer Verschollenen, R. 1947; Die Gottesgeige, R. 1948.

Köhler, Erich, * 28. 12. 1928 Karlsbad; versch. Handwerksberufe, Landarbeiter in Mecklenburg, Bergmann, 1958–61 Stud. Lit.-Institut J. R. Becher Leipzig, Schriftsteller im Spreewald. – Begabter Erzähler parabelhafter Novellen um Einzelgänger und phantast. Abenteuergeschichten mit Sozialkritik.

W: Das Pferd und sein Herr, E. 1956; Die Teufelsmühle, E. 1959; Schatzsucher, R. 1964; Nils Harland, En. 1968; Die Lampe, Dr. (1970); Der Geist von Cranitz, Dr. (1972); Der Krott, N. 1976; Hinter den Ber-

gen, R. 1976; Reise um die Welt in acht Tagen, E. 1979; Kiplag Geschichten, En. 1980; Hartmut und Joana, E. 1981.

Kölwel, Gottfried, 16. 10. 1889 Beratzhausen/Oberpfalz – 21. 3. 1958 Gräfelfing b. München; aus bayr.-rhein. Familie; Mittelschule München; Stud. Philol. ebda.; weite Reisen durch Europa; freier Schriftsteller in München, dann in Gräfelfing und Fischbachau. – Heimat- und naturverbundener, sprachgewandter Lyriker, Erzähler und Dramatiker. Idyll., ursprüngl. Dichter der süddt. Landschaft, bes. des Dorfes und der Kleinstadt; Anlehnung an G. Keller und A. Stifter. In den feingestalteten Erinnerungen ›Das Jahr der Kindheit‹ mit der Fortsetzung ›Die schöne Welt‹ zeigt sich K. der Prosa Mörikes und Carossas verwandt. Volksstücke aus dem heimatl. Leben; daneben auch Hörspiele.

W: Gesänge gegen den Tod, G. 1914; Erhebung, G. 1918; Bertolzhausen, En. 1925; Volk auf alter Erde, En. 1929; Das fremde Land, R. 1930; Der vertriebene Pan, R. 1930 (u. d. T. Franz Sebas, 1940); Der tödliche Sommer, En. 1931; Der Hoimann, Sch. 1933; Das Jahr der Kindheit, Aut. 1935 (u. d. T. Das glückselige Jahr, 1941); Der geheimnisvolle Wald, R. 1938; Der gute Freund, En. 1938; Der Bayernspiegel, Nn. II 1941; Der verborgene Krug, R. 1944 (u. d. T. Aufstand des Herzens, 1952); Münchner Elegien, G. 1946; Gedichte, 1949; Die Stimme der Grille, En. 1950; Das Himmelsgericht, En. 1951; Wir Wehenden durch diese Welt, G.-Ausw. 1959; Als das Wunder noch lebte, En. 1960. – Prosa, Dramen, Verse, III 1962–64.

König, Alma Johanna (Ps. Johannes Herdan), 18. 8. 1887 Prag – 1942 KZ Minsk, Tochter e. öst. Offiziers, ∞ Baron von Ehrenfels, o/o; lebte in Wien, 27. 5. 1942 ins Vernichtungslager Minsk verschleppt. – Vielgelesene, ausdrucksstarke Erzählerin und Lyrikerin von strengem Versmaß.

W: Die Windsbraut, G. 1918; Der heilige Palast, R. 1922; Die Lieder der Fausta, G.

1922; Eiszeit des Herzens, Dr. 1925; Liebesgedichte, 1930; Leidenschaft in Algier, R. 1931; Sonette für Jan., 1946; Der jugendliche Gott, R. 1947 (u. d. T. Nero, 1985); Sahara, Nn. 1951; Vor dem Spiegel, Aut. 1978.

König, Barbara, * 9. 10. 1925 Reichenberg/Nordböhmen, 1944 Gestapohaft, seit 1945 in Dtl. Journalistin, 1950 in USA, seit 1958 freie Schriftstellerin in München und Dießen/Ammersee. – Erzählerin handlungsarmer, verschlüsselter, poet. Romane in vager, schwebender Prosa, teils um Identitätsprobleme.

W: Das Kind und sein Schatten, E. 1958; Kies, R. 1961; Die Personenperson, R. 1965; Abschied von Olga, FSsp. (1969); Spielerei bei Tage, En. 1970; Schöner Tag, dieser 13., R. 1973; Der Beschenkte, R. 1980; Ich bin ganz Ohr, H. 1984.

König, Eberhard, 18. 1. 1871 Grünberg/Schles. – 26. 12. 1949 Berlin, Stud. Archäol. u. Philol. ebda. u. Göttingen, Dramaturg in Berlin, dann freier Schriftsteller in Frohnau/Mark. – Idealist. Dramatiker und Erzähler mit Stoffen aus dt. Geschichte und Sage.

W: Filippo Lippi, Tr. 1899; Gevatter Tod, Dr. 1900; Wielant der Schmied, Dr. 1906; Stein, Fsp. 1907; Fridolin Einsam, R. 1911; Dietrich von Bern, Dr. III 1917–22; Thedel von Wallmoden, R. 1926.
L: M. Treblin, ²1924.

König, Johann Ulrich, 8. 10. 1688 Eßlingen – 14. 3. 1744 Dresden, Beamtensohn, Gymnas. Stuttgart, Stud. Theol. Tübingen, Jura Heidelberg, Reisebegleiter e. Grafen in Brabant und 1710–16 Hamburg, dort 1715 mit Brockes und Richey Mitbegr. der Teutschübenden Gesellschaft und an der Oper tätig, dann Leipzig, Weißenfels, 1719 Geheimsekretär und Hofpoet Dresden, 1729 Hofrat und Zeremonienmeister ebda. als Nachf. Bessers. – Typ des spätbarocken Hofdichters mit

Versen und Gelegenheitsgedichten zu Hoffesten. Unter Einfluß des franz. Klassizismus Abkehr vom barocken Schwulst. Ferner Singspiele und Operntexte.

W: Theatralische, Geistliche, Vermischte und Galante Gedichte, 1713; Die getreue Alceste, Op. 1719; Heinrich der Vogler, Sgsp, 1719; Der gedultige Socrates, Op. 1721; August im Lager, Ep. 1731; Gedichte, 1745.
L: M. Rosenmüller, Diss. Lpz. 1896.

König, Joseph → Rumohr, Carl Friedrich von

König Laurin → Laurin

König Rother, um 1150–1160 (oder um 1196) entstandenes 1. sog. Spielmannsepos, von e. unbekannten Dichter (vermutl. Geistlichen) evtl. in Regensburg in mittelfränk. Sprache für bayr. adlige Kreise verfaßt. Inhaltl. e. Brautwerbungssage mit doppeltem Entführungsmotiv: Die vergebl. Werbung K. R.s aus Bari/Unteritalien um die Tochter des byzantin. Kaisers Konstantin, die Befreiung der gefangenen Brautwerber u. Entführung der Prinzessin durch K. R. in der Verkleidung als Kaufmann, ihre Rückentführung durch e. als Kaufmann verkleideten byzantin. Spielmann und ihre schließl. gewaltsame Rückeroberung nach e. Sieg Rothers über Konstantins Recken. Stoffl. Zusammenhang mit der Osantrix-Sage. Evtl. Schlüsselroman nach hist. Ereignissen (Werbung Rogers II. von Sizilien 1143–49 oder Heinrichs VI. um 1192/97?). Stilist. Verbindung realist. und kom.-burlesker Elemente; steht der höheren Epik nahe. Zahlr. Neubearbeitungen.

A: T. Frings und J. Kuhnt 1922, ²1961; J. de Vries 1922, ²1974; U. Meves 1979. – *Übs.:* G. Kramer, 1961.
L: F. Pogatscher, 1913; H. Suolahti, 1926; K. Siegmund, Zeitgesch. und Dichtg. i. K. R.,

1959; Ch. Gellinek, 1968; G. Dinser, Kohärenz u. Struktur, 1975; F. Urbanek, Kaiser, Grafen u. Mäzene i. K. R., 1976; U. Meves, 1976.

Köppen, Edlef (Ps. Joachim Felde), 1. 3. 1893 Genthin/Brandenburg – 21. 2. 1939 Gießen; Stud. Germanistik u. Philos. Kiel und München, 1914 Kriegsfreiwilliger, Studienabschluß, Verlagsarbeit, 1932 Leiter der Funkstunde Berlin, 1933 Entlassung und Berufsverbot; Kritiker unter Ps. – Pazifist. Lyriker aus dem Kreis um ›Die Aktion‹ und antimilitarist. Erzähler, der im Montageroman die Propagandalügen bloßstellte.
W: Der Bericht, 1925; Willkommen und Abschied, E. 1925; Heeresbericht, R. 1930 (n. 1976); Andreas der Stumme, E. 1933.

Koeppen, Wolfgang, * 23. 6. 1906 Greifswald; Jugend in Ostpreußen; versch. Berufe; Stud. Theaterwiss., Lit. und Philos. in Hamburg, Greifswald, Berlin und Würzburg; dann Journalist, Dramaturg, Schauspieler und Filmautor, Redakteur am Berliner ›Börsen-Courier‹; Reisen nach Italien, Frankreich, Spanien, USA und der Sowjetunion; längere Zeit in den Niederlanden; dann in München, 1982 Gastdozent für Poetik Frankfurt/M. – Sprachgewandter, formal vielseitiger Erzähler; wendet innerhalb der Romane bisweilen e. film. Montagetechnik an; stilist. von Dos Passos und Faulkner angeregt. Analysiert in s. Romanen negative Zeiterscheinungen in unerbittl., unkonventioneller Form. ›Tauben im Gras‹ gibt e. Querschnitt durch aktuelle Probleme der ersten Nachkriegszeit, dargestellt an den Schicksalen mehrerer Menschen e. Alltags in München. Wandte sich nach zwiespältiger Aufnahme s. Erzählwerke dem reportagehaften Reisebericht zu.
W: Eine unglückliche Liebe, R. 1934; Die Mauer schwankt, R. 1935 (u. d. T. Die Pflicht, 1939); Tauben im Gras, R. 1951; Das Treibhaus, R. 1953; Der Tod in Rom, R. 1954; Nach Rußland und anderswohin, Reiseber. 1958; Amerikafahrt, Reiseb. 1959; Reisen nach Frankreich, Reiseb. 1961; Romanisches Café, Prosa 1972; Jugend, Prosa 1976; Die elenden Skribenten, Ess. 1981. – GW, hg. M. Reich-Ranicki VI 1986.
L: W. Jens, Melancholie u. Moral, 1963; D. Erlach, Stockh. 1973; M. Koch, 1973; U. Greiner, hg. 1976; J.-P. Mauranges, 1978, H. Buchholz, E. eigene Wahrheit, 1982; C. Hanbidge, The transformation of failure, 1983; R. L. Gunn, Art and politics, 1983; H.-U. Treichel, Fragment ohne Ende, 1984; E. Oehlenschläger, hg. 1987.

Körner, (Karl) Theodor, 23. 9. 1791 Dresden – 26. 8. 1813 Gadebusch/Meckl.; Sohn von Schillers Freund Christian Gottfried K.; in lit. Kreisen aufgewachsen. Kreuzschule Dresden; 1808–10 Stud. Bergakad. Freiberg, Stud. Philos., Gesch., Naturwiss. Leipzig (wegen Duell verwiesen), ab 1810 Berlin. 1811 über Karlsbad nach Wien, dort Verkehr mit W. v. Humboldt, F. Schlegel, A. Müller und J. v. Eichendorff. 1812 Verlobung mit der Schauspielerin Antonie Adamberger (1790–1867); nach Erfolg der ›Zriny‹-Uraufführung 1813 Theaterdichter am Hofburgtheater. 19. 3. 1813 in Lützows Freischar, April 1813 Leutnant und Adjutant Lützows, 7. 6. bei e. Überfall in Kitzen schwer verwundet. Heilung in Karlsbad, fiel am 26. 8. 1813 b. Rosenberg an der Straße von Gadebusch und Schwerin. Bei Wöbbelin begraben. – Dichter der Befreiungskriege von e. durch große Sprachgewandtheit geförderten großen, aber unkontrollierten Produktivität. Als Dramatiker Vf. erfolgr., konventionell-anspruchsloser Lustspiele unter Einfluß Kotzebues und Schillerepigone mit pathet.-deklamator. Tragödien um eth. Konflikte. Wurde nach blasser, unselbständiger Jugendlyrik berühmt durch melod.-volkstüml. und schwungvolle patriot. Zeit- und Kriegslieder aus dem unmittelbaren Erlebnis der Befreiungskriege (›Lützows wilde Jagd‹), die, durch s. frühen Heldentod verklärt, zum Gemeingut nationalist.-patriot. Kreise des 19. Jh. wurden.

W: Knospen, G. 1810; Sühne, Dr. (1912); Der Nachtwächter, K. (1812); Zwölf freie deutsche Gedichte, 1813; Leyer und Schwerdt, G. 1814; Poetischer Nachlaß, II 1814 f.; Zriny, Tr. 1814; Dramatische Beiträge, III 1815; Tagebuch und Kriegslieder aus dem Jahre 1813; hg. W. E. Peschel 1893; Werke, hg. A. Steinberg II 1908; Werke, hg. H. Spiero II 1912; SW, hg. E. Wildenow II 1913; Briefwechsel mit den Seinen, hg. A. Weldler-Steinberg 1910.
L: W. Peschel u. E. Wildenow, II 1898; E. Zeiner, K. als Dramatiker, 1900; L. Burmeister, 1909; J. J. Struker, Beitr. z. krit. Würdigung d. dramat. Dichtung T. K.s, Diss. Münster 1910; E. Kammerhof, 1911; K. Berger, 1912; O. F. Scheurer, K. als Student, 1924; Bibl.: W. Peschel, 1891.

Körner, Wolfgang, * 26. 10. 1937 Breslau; Jugend in der DDR, ab 1952 BR; Arbeit in e. Werkkunstschule, der Sozialverwaltung, dann Geschäftsführer der Volkshochschule Dortmund, Mitgl. der Dortmunder ›Gruppe 61‹. – Vf. leicht kolportagehafter, gesellschaftskrit. Romane und Erzählungen aus der Arbeitswelt. Auch Jugendbuch.

W: Versetzung, R. 1966; Nowack, R. 1969; Die Zeit mit Harry, En. 1971; Ein freier Schriftsteller, Es. 1973; Wo ich lebe, En. 1975; Der Weg nach drüben, R. 1976; Und jetzt die Freiheit, R. 1977; Die Zeit mit Michael, E. 1978; Büro Büro, R. 1983.

Körner, Wolfgang Hermann bzw. J. Wolfgang, * 30. 6. 1941 Sindelfingen; Stud. TH München und Berlin, Bauingenieur ebda u. Ägypten, dann Neumagen/Mosel. – Vf. krit., antibürgerl. Romane und Erzählungen von leicht karikierendem Humor mit spieler. Assoziationen.

W: Normalfälle, En. 1967; Krautgärten, R. 1970; Die Verschwörung von Berburg, R. 1971; Katt im Glück, R. 1973; Die ägyptischen Träume, En. 1980; Die Nilfahrt, E. 1984; Der Eremit, E. 1985; Das Weinschiff, E. 1987.

Koestler, Arthur, engl.-dt. Schriftsteller, 5. 9. 1905 Budapest – 3. 3. 1983 London (Freitod); Sohn e. jüd.-ungar. Kaufmanns u. e. Österreicherin, Jugend in Ungarn, Österreich und Dtl.; Oberrealschule Baden b. Wien; 1922–26 Stud. Naturwiss. TH Wien, 1926 Siedler in Palästina, 1926–29 Auslandskorrespondent im Nahen Osten, 1929/30 in Paris, Mitarbeiter führender dt. Zeitungen, 1930 Redakteur bei Ullstein in Berlin, 1931 Teilnahme an der Polarexpedition mit der ›Graf Zeppelin‹, 1931 in Spanien, 1932/33 Journalist in Rußland, 1931–37 Mitglied der KP. Ging 1933 nach Paris und in die Schweiz. 1936 Korrespondent u. Agent im Span. Bürgerkrieg, 4 Monate gefangen, zum Tode verurteilt und ausgetauscht, in Frankreich interniert und geflüchtet. Diente 1940 freiwillig in der franz., 1941/42 in der brit. Armee, lebte meist in London. Sprach bis 1922 vorwiegend ungar., seit 1940 engl., schrieb bis 1940 dt. – Erzähler, Essayist und Journalist, Vf. erfolgr. polit. Romane in konzentrierter Sprache um eth. Probleme und Konflikte in der Politik, autobiograph. Schriften u. polem. Essays über s. persönl. Enttäuschungen durch die versch. Ideologien, bes. die jede individuelle Regung unterdrückenden Formen des Totalitarismus. Schildert schließl. in Reportagen und halbwiss. Sachbüchern als unablässig Fragender die

Sehnsucht des Menschen nach e. höheren sozialen u. relig.-metaphys. Bindung.

W: Spanish Testament, Ber. 1938 (d. 1938); The Gladiators, 1939 (d. 1948); Darkness at Noon, R. 1940 (Sonnenfinsternis, d. 1946); Scum of the Earth, Ber. 1941 (Abschaum der Erde, d. 1971); Arrival and Departure, R. 1943 (Ein Mann springt in die Tiefe, d. 1945); Thieves in the Night, R. 1946 (d. 1949); The Yogi and the Commissar, Ess. 1945 (d. 1950); Twilight Bar, Dr. 1945; The Structure of a Miracle, Es. 1949; Insight and Outlook, Es. 1949; Promise and Fulfilment, Ess. 1949; The Age of Longing, 1951 (Gottes Thron steht leer, d. 1951); Arrow in the Blue, Aut. 1953 (d. 1953); The Invisible Writing, Aut. 1953 (Die Geheimschrift, d. 1955); The Sleepwalkers, St. 1959 (d. 1959); The Lotus and the Robot, Ber. 1960 (Von Heiligen und Automaten, d. 1961); The Act of Creation, St. 1964 (Der göttliche Funke, d. 1966); The Ghost in the Machine, St. 1967 (d. 1968); Drinkers of Infinity, Essays 1955–67, 1968; The Case of the Midwife Toad, St. 1971 (Der Krötenküsser, d. 1972); The Roots of Coincidence, Sb. 1971 (d. 1972); The Call Girls, R. 1972 (Die Herren Call-Girls, d. 1973); The Challenge of Chance, St. 1973; The Heel of Achilles, Ess. 1974; The 13. Tribe, St. 1976 (d. 1976); Janus – a Summing up, St. 1978; Der Mensch, Irrläufer der Evolution, Schr. 1978; Die Armut der Psychologie, Ess. 1980; Als Zeuge der Zeit, Aut. 1982; Stranger on the Square, Aut. 1984 (m. Cynthia K.) (d. 1984). – Works, 1965 ff. – *Übs.:* Diesseits von Gut und Böse, Ess. 1965; Ges. autobiographische Schriften, III 1970 ff.
L: J. Nevada, Lond. 1948; J. Atkins, Neville 1956; P. A. Huber, 1962; J. Calder, Chronicles of Conscience, Lond. 1968; W. Mays, 1973; M. A. Sperber, hg. 1977; G. Mikes, 1983.

Kofler, Werner, * 23. 7. 1947 Villach/Kärnten; Jugend in Kärnten, Schriftsteller in Wien. – Erzähler experimenteller, z. T. autobiogr. Prosa mit Collage und Montage um Probleme der Sozialisation.

W: Örtliche Verhältnisse, G. u. Prosa 1973; Guggile, E. 1975; Ida H., E. 1978; Aus der Wildnis, En. 1980; Konkurrenz, R. 1984; Amok und Harmonie, Prosa 1985.

Kokoschka, Oskar, 1. 3. 1886 Pöchlarn/Do. – 21. 2. 1980 Villeneuve b. Montreux; aus Prager Künstlerfamilie, Kindheit und Ju-

gend in Wien, 1908/09 Kunstgewerbeschule ebda. 1910/11 Mitgl. des ›Sturm‹-Kreises in Berlin, ab 1911 wieder Wien, 1913 Italienreise, 1915 Kriegsfreiwilliger in Rußland, 1918–24 Prof. der Kunstakad. Dresden, Freundschaft mit Walter Hasenclever u. a. Lebte 1931–34 in Wien, 1934–38 in Prag; 1938 Emigration nach England. Seit 1954 in Villeneuve/Genfer See, sommers Dozent in Salzburg. E. der bedeutendsten österr. Maler des 20. Jh., auch Bühnenbildner. – Daneben Schriftsteller, bes. mit ekstat. Dramen im Gefolge des Expressionismus von e. jede Logik überwuchernden bildstarken Phantasie und emotionellen Fülle in bibl. Sprache. Auch Erzählungen und Essays von kraftvoller, knorriger Sprache und phantast. Assoziationen sowie reimlose Lyrik.

W: Sphinx und Strohmann, Dr. (1907, u. d. T. Hiob, 1917); Die träumenden Knaben, Dicht. 1908; Der brennende Dornbusch, Dr. (1911); Dramen und Bilder, 1913; Der gefesselte Kolumbus, Dicht. 1916; Mörder, Hoffnung der Frauen, Dr. 1916; Vier Dramen, 1919; Spur im Treibsand, En. 1956; Mein Leben, Aut. 1971. – Schriften 1907–55, hg. H. M. Wingler 1956; Das schriftliche Werk, hg. H. Spielmann IV 1973–77; Briefe, III 1984–86.
L: P. Westheim, 1913; E. Hofmann, 1947; H.-M. Wingler, 1956 u. 1957; O. Kamm, K. u. d. Theater, Diss. Wien 1958; B. Bultmann, 1959; Bekenntnis zu K., hg. J. P. Hodin 1962; F. Schmalenbach, 1967; R. Brandt, Figuration u. Komposition i. d. Drr. O. K.s, 1968; J. P. Hodin, 1968 u. 1971; G. J. Lischka, 1972; A. Reisinger, 1978; H. I. Schvey, Detroit 1982; W. J. Schweiger, D. jge. K., 1983; ders., O. K. u. ›Der Sturm‹, 1986; N. Werner, hg. 1986; O. K. Symposion, 1986.

Kolb, Annette, 2. 2. 1870 München – 3. 12. 1967 ebda.; Tochter e. Gartenbauarchitekten des Münchener Botan. Gartens u. e. franz. Pianistin; Jugend in München; versuchte während des 1. Weltkriegs von der Schweiz aus für den Frieden zu wirken; dann in

Badenweiler; 1933 Emigration nach Paris; im 2. Weltkrieg zuerst in der Schweiz, dann USA, kehrte 1945 nach Europa zurück; lebte seitdem abwechselnd in Badenweiler und in Paris, zuletzt München. – Feinfühlende, geistreiche Erzählerin, Essayistin, Übs. und Publizistin. Sowohl Dtl. als auch Frankreich verbunden, bemühte sie sich um e. Verständigung beider Völker. In ihren Essays, krit. Betrachtungen über Lit. und Musik und Auseinandersetzungen mit kulturellen und gesellschaftl. Zeitproblemen, z. T. in franz. Sprache, zeigt sich am deutlichsten das franz. Element. Die Romane, in denen sie bes. Frauengestalten psycholog. wirksam darstellt, schildern das Leben der aristokrat. Gesellschaft, bes. des süddt. Adels vor dem 1. Weltkrieg.

W: Sieben Studien, Ess. 1906; Das Exemplar, R. 1913; Wege und Umwege, Ess. 1914; Die Last, R. 1918; Dreizehn Briefe einer Deutsch-Französin, 1921; Zarastro. Westliche Tage, Tg. 1922; Spitzbögen, En. 1925; Wera Njedin, En. u. Sk. 1925; Daphne Herbst, R. 1928; Versuch über Briand, Es. 1929; Kleine Fanfare, Ess. 1930; Beschwerdebuch, Ess. 1932; Die Schaukel, R. 1934; Festspieltage in Salzburg, Es. 1937; Mozart, B. 1937; Glückliche Reise, Tg. 1940; F. Schubert, B. 1941; König Ludwig II. und Richard Wagner, St. 1947; Blätter in den Wind, Ausw. 1954; Memento, Erinn. 1960; Zeitbilder, Prosa 1964; Die Romane, 1968.

L: D. Rauenhorst, 1969; E. Benyoetz, A. K. u. Israel, 1970; R. Lemp, 1970.

Kolbe, Uwe, * 17. 10. 1957 Ost-Berlin; lebt ebda. – Vf. kühl iron. Landschafts- und Liebesgedichte.

W: Hineingeboren, G. 1980; Abschiede, G. 1981; Bornholm II, G. 1986.

Kolbenheyer, Erwin Guido, 30. 12. 1878 Budapest – 12. 4. 1962 München; Sohn e. ungarndt. Ministerialarchitekten; Gymnas. Eger, Stud. Philos., Naturwiss. und Psychologie Wien; 1905 Dr.

phil., gab nach lit. Erfolgen den Plan e. Hochschullaufbahn auf, ab 1919 freier Schriftsteller in Tübingen, ab 1932 in München-Solln, 1926 Mitgl. der Preuß. Dichterakad., nach dem 2. Weltkrieg für 5 Jahre Schreibverbot, ab 1945 in Schledersloh/Bayern, zuletzt in Gartenberg b. Wolfratshausen/Obb. – Versuchte als Dichter und Philosoph e. biolog. unterbaute, myst.-antiindividualist. und unidealist. Lebenslehre von der notwendigen Unterordnung des einzelnen in Art und Volk darzustellen, die in ihrer völk., antikrichl. und gegen die klass.-romant. und rationalen Einflüsse auf das dt. Wesen ausgerichteten Tendenz dem Nationalsozialismus entgegenkam. In s. Werken stark gedankl. bestimmt: Erzähler farbiger hist. Romane bes. aus der Zeit der dt. Mystik in archaisierender Sprache mit altertüml. Bildern (Anlehnung ans Lutherdt.) aus tiefer Einfühlung in Geist, Erlebnis- und Gefühlswelt der dargestellten Epoche; daneben auch (z. T. satir.) Gegenwartsromane. In Weltanschauungsdramen mit meist hist. Stoffen antikirchl. Tendenz. Auch myst.-dunkle Gedankenlyrik und weltanschaul. Studien.

W: Giordano Bruno, Dr. 1903 (u. d. T. Heroische Leidenschaften, 1929); Amor Dei, R. 1908; Meister Joachim Pausewang, R. 1910; Montsalvasch. R. 1912; Ahalibama, En. 1913; Paracelsus, R.-Tril.: Die Kindheit des Paracelsus, 1917; Das Gestirn des Paracelsus, 1922, Das dritte Reich des Paracelsus, 1926; Der Dornbusch brennt, G. 1922; Die Bauhütte. Elemente einer Metaphysik der Gegenwart, Schr. 1925; Das Lächeln der Penaten, R. 1927; Lyrisches Brevier, 1928; Die Brücke, Dr. 1929; Jagt ihn – ein Mensch, Dr. 1931; Reps, die Persönlichkeit, R. 1932; Weihnachtsgeschichten, 1933; Gregor und Heinrich, Dr. 1934; Neuland, Schr. 1935; Klaas Y, der große Neutrale, En. 1936; Das gottgelobte Herz, R. 1938; Vox humana, G. 1940; Bauhüttenphilosophie, Schr. 1942; Götter und Menschen, Dr.-Tetralogie 1944; Seba-

stian Karst über sein Leben und seine Zeit,
Aut. II 1957f. – GW, VIII 1938–41; Ges.
Ausg. letzter Hand, XIV 1957ff.; Der dichterische Nachlaß, hg. E. Frank 1973; Theoretischer Nachlaß, hg. ders. 1978.
L: C. Wandrey, 1934; H. Gumbel, 1938; B.
Meder, Paris, 1941; H. Wehring, K.s Verhältnis zum Drama, 1941; F. Koch, ²1953; E.
Frank, Jahre d. Glücks, Jahre d. Leids, 1969;
Bibl.: H. Vetterlein (Euphorion 40, 1939).

Kolbenhoff, Walter (eig. Walter
Hoffmann), * 20. 5. 1908 Berlin,
Arbeitersohn, 1922 Fabrikarbeiter, 1925 als Straßensänger durch
Europa, Nordafrika und Kleinasien. 1930 Journalist in Berlin,
1933 Emigration über Holland
nach Dänemark, dort 1942 Soldat, 1944 amerikan. Gefangenschaft, 1946 Journalist in München, Rodenkirchen b. Köln,
Germering b. München. – Erzähler von sozialkrit. Zeitromanen
aus Kriegs- und Nachkriegszeit,
Hörspielautor.
W: Untermenschen, R. 1933; Moderne Ballader, G. 1936 (dän.); Von unserm Fleisch und
Blut, R. 1947; Heimkehr in die Fremde, R.
1949; Die Kopfjäger, R. 1960; Das Wochenende, Rep. 1970; Schellingstraße 48, Erinn.
1984.
L: G. Schultheiß, D. Muse als Trümmerfrau,
Diss. Ffm. 1984.

Kolleritsch, Alfred, * 16. 2. 1931
Brunnsee/Steiermark; Stud. Philos., Germanistik, Dr. phil.,
Gymnasialprof. in Graz, Präs. des
Grazer ›Forum Stadtpark‹, 1961
Hrsg. der Zs. ›Manuskripte‹. –
Vf. intellektueller stat. Romane
um Macht und Anarchie; philos.
Lyrik der Dialektik von Trauer
und Hoffnung.
W: Pfirsichtöter, R. 1972; Die grüne Seite, R.
1974; Einübung in das Vermeidbare, G. 1978;
Im Vorfeld der Augen, G. 1982; Absturz ins
Glück, G. 1983; Gespräche im Heilbad, Prosa
1985; Augenlust, G. 1986.

Kolmar, Gertrud (eig. Gertrud
Chodziesner), 10. 12. 1894 Berlin
– 1943 (?), jüd. Großbürgerfamilie, Lehrerin- und Sprachexamen,

Erzieherin in Dijon, dann in Berlin lebend, März 1943 verschleppt
und in e. Vernichtungslager verschollen. – Lyrikerin von strenger
Spiritualität, starkem, kosm. Naturgefühl, anschaul., elementarer
oder visionärer Bildkraft und großer Formenvielfalt mit Neigung
zu Reimlyrik, Zyklenbildung und
volksliedhaften wie balladesken
Tönen; Sprachlich in der Tradition verwurzelt (Nähe zur Droste). Vorliebe für zarte Stimmungen der Einsamkeit, Sehnsucht
und Naturnähe. Hauptthemen
sind neben der Natur das (ungeborene) Kind und die Tiere.
W: Gedichte, 1917; Preußische Wappen, G.
1934; Die Frau und die Tiere, G. 1938; Welten, G. 1947; Das lyrische Werk, 1955 (erw.
1960); Eine Mutter, E. 1965 (u. d. T. Eine
jüdische Mutter, 1978); Briefe an die Schwester Hilde, 1970; Frühe Gedichte/Wort der
Stummen, G. 1980; Gedichte, Ausw. 1983.
L: H. Byland, Diss. Zürich 1971.

Kommerell, Max, 25. 2. 1902
Münsingen/Württ. – 25. 7. 1944
Marburg/L., Arztsohn, Jugend in
Waiblingen und Cannstatt, Stud.
Germanistik, 10 Jahre unter Einfluß St. Georges, bereiste mit ihm
Schweiz und Italien, entzog sich
bei zunehmender Persönlichkeitsentfaltung mehr s. Vorherrschaft
bis zum Bruch 1930. 1930 Habilitation für dt. Lit.-wiss. Frankfurt/
M., zuletzt o. Prof. Marburg. –
Dichter und Lit.-wissenschaftler
von leichter Beherrschung
versch. Formen, zeigt in s. Schaffen die zunehmende Verselbständigung vom Vorbild Georges.
Formenreiche symbol. Lyrik um
traditionelle Grundthemen (Verhältnis Mensch-Natur), z. T.
iron. Erzählungen von der Bedrohtheit des Menschen. Barocke
Dramenstoffe nach Vorbild Calderóns, Nähe zu Hofmannsthal.
Übs. von Michelangelo (1931)
und Calderón (II 1946). Als Es-

sayist und Lit.-wissenschaftler bemüht um Hinführung zum Verständnis der Gestalten und Werke
durch Verbindung von geistesgesch. Deutung mit Interpretation.

W: Der Dichter als Führer in der dt. Klassik,
Abh. 1928; H. v. Hofmannsthal, Rd. 1930;
Leichte Lieder, G. 1931; Jean Paul, Abh. 1933;
Das letzte Lied, G. 1933; Dichterisches Tagebuch, G. 1935; Mein Anteil, G. 1938; Das
kaiserliche Blut, Dr. 1938; Der Lampenschirm aus den drei Taschentüchern, E. 1940;
Geist und Buchstabe der Dichtung, Ess. 1940;
Lessing und Aristoteles, Abh. 1940; Die Le-
benszeiten, G. 1942; Gedanken über Gedichte, Ess. 1943; Mit gleichsam chinesischem
Pinsel, G. 1946; Die Gefangenen, Tr. 1948;
Kasperlespiele, 1948; Dichterische Welterfahrung, Ess. 1952; Hieronyma, E. 1954; Briefe
und Aufzeichnungen, hg. I. Jens 1967; Essays, Notizen, poetische Fragmente, hg. dies.
1969; Gedichte, Gespräche, Übertragungen,
1973.
L: J. W. Storck, 1985 (m. Bibl.).

Kompert, Leopold, 15. 5. 1822
Münchengrätz/Böhm. – 23. 11.
1886 Wien, jüd. Eltern, ärml.
Kindheit im Getto, 1832 Gymnas.
Jungbunzlau (Mitschüler vom M.
Hartmann und I. Heller), begann
1832 Stud. Philos. Prag, wegen
Mittellosigkeit 1838 Fußreise
nach Wien, 1839 Hofmeister bei e.
Kaufmann ebda. Pußta-Aufent-
halt, Journalist in Preßburg,
1843–47 Hofmeister bei Graf An-
drassy in Ungarn, 1848 Stud. Medizin Wien, Journalist ebda., 1852
wieder Erzieher, später freier
Schriftsteller ebda. – In s. melanchol. Gettoerzählungen anschaul.
und kulturhistor. bedeutsamer
Schilderer jüd. Lebens in realist.
Treue und psycholog. Feinheit.
Eintreten für Assimilierung des
Judentums und Rassenversöh-
nung.

W: Aus dem Ghetto, En. 1848; Böhmische
Juden, En. 1851; Am Pflug, R. II 1855; Neue
Geschichten aus dem Ghetto, En. II 1860;
Geschichten einer Gasse, II 1865; Zwischen
Ruinen, R. III 1875; Franzi und Heini, R. II
1881. – SW, X 1906.
L: P. Amann, K.s lit. Anfänge, 1907, n. 1975.

Konjetzky, Klaus, * 2. 5. 1943
Wien; Stud. Gesch., Philos., Germanistik München, Verlagslektor
ebda. – Lyriker und Erzähler des
reduzierten Lebens.

W: Grenzlandschaft, G. 1966; Perlo peis ist
eine isländische Blume, En. 1971; Poem vom
grünen Eck, G. 1975; Die Hebriden, G. 1979;
Hauskonzert in h, Dr. (1981); Am anderen
Ende des Tages, R. 1981.

Konrad von Ammenhausen,
Ende 13./Anfang 14. Jh., aus Am-
menhausen/Thurgau; Mönch und
Leutpriester in Stein am Rhein;
reiste in versch. Gegenden Frankreichs. – S. 1337 verfaßte Übs. des
›Schachzabelbuchs‹ nach Jacobus
de Cessolis ›Solacium ludi scac-
corum‹ folgt genau der lat. Vorlage, doch mit bedeutender Erweiterung durch Erzählungen aus
dem Altertum und Zusätze aus
klass. lat. und kirchl. Autoren sowie eigenen Erfahrungen und Beobachtungen. Interessante Quelle
für die Kulturgesch. s. Zeit aus
den Kreisen der Kleinbürger,
Bauern und Mönche, gibt anhand
der versch. Figuren des Schach-
spiels e. allegor. Schau vieler
Stände; geht auch dem Ursprung
des Spiels nach. Betont kirchl.
Einstellung.

A: F. Vetter 1892.

Konrad Fleck → Fleck, Konrad

Konrad von Fußesbrunnen,
niederösterr. Dichter, Ende 12./
Anfang 13. Jh.; Laie aus der Gegend von Krems; urkundl. zwischen 1182 und 1186. Schrieb um
1200 die ›Kindheit Jesu‹, e. dt.
Nachdichtung des apokryphen
Evangeliums der ›Infantia Jesu‹;
straffte jedoch den Stoff und run-
dete ihn zu e. Einheit ab, metr.-
stilist. in der Nachfolge des frühen
Hartmann von Aue. Krasser Realismus neben tiefem Wunderglau-

ben. Beeinflußte Konrad von Heimesfurt, Rudolf von Ems u. a.

A: K. Kochendörffer 1881; H. Fromm u. K.
Grubmüller 1973.

Konrad von Heimesfurt, vermutl. 1. Hälfte des 13. Jh.; aus
Hainsfahrt b. Oettingen/Bayern,
urkundl. 1198–1212 im Hochstift
Eichstätt. – Geistl. Dichter in höf.
Stil unter Einfluß Konrads von
Fußesbrunnen. Des Bischofs Me-
lito von Sardes ›De transitu Mariae virginis‹ ist Vorbild s. ›Himmelfahrt Mariä‹ (›Von unser
vrouwen hinvart‹) in einfacher,
sich dem Alltägl. nähernder Darstellung, das apokryphe ›Evangelium Nicodemi‹ für s. ›Urstende‹
(Auferstehung) um Christi Lei-
densgesch. bis zur Auferstehung
mit moral. Erörterungen.

A: Himmelfahrt: F. Pfeiffer (Zs. f. dt. Altert.
8) 1851; Urstende: K. A. Hahn, Ged. d. 12. u.
13. Jh. 1840; beide hg. K. Gärtner u. a. 1987.
L: F. Kramm, Diss. Freib. 1882; L. Kunze,
Diss. Göttingen 1920.

Konrad, Pfaffe, Mitte 12. Jh.,
vermutl. Hofbeamter der herzogl. Kanzlei in Regensburg; übs.
u. erweiterte um 1170 (1135?) im
Auftrag Heinrichs des Löwen die
altfranz. ›Chanson de Roland‹ unter Ausmerzung national-franz.
Züge, zuerst lat., dann in dt.
Reimpaaren. Vorhöf., an der
›Kaiserchronik‹ geschulter Stil u.
Vorliebe für Schlachtenschilderungen; Betonung des Kampfes
im Sinne des Kreuzzugsgedan-
kens als Auseinandersetzung zwischen Gottesstreitern und Ungläubigen. Aus dem Heldenepos
wurde e. christl. Märtyrerlegen-
de; Karl als Idealbild des christl.
Herrschers, der unter bes. göttl.
Schutz steht. Weiterleben des ›R.‹
in Strickers ›Karl‹, im 5. Teil des
›Karlmeinet‹ und im ›Buch vom
hl. Karl‹.

A: C. Wesle ³1985; F. Maurer 1940 (DLE, n.
1964); D. Kartschoke II 1971 (m. Übs.); H.
Richter 1981; Faks. Heidelberger Hs., hg. W.
Werner, H. Zirnbauer 1970. – Übs.: R. O.
Ottmann 1891, D. Kartschoke 1970.
L: W. Golther, 1887; E. Schulze, Wirkungen
u. Verbreitung d. dt. Rolandslieds, Diss.
Hbg. 1927; E. Färber, Höf. u. Spielmänn. i.
R. des P. K., Diss. Erl. 1934; A. Bieling, D.
dt. R. i. Spiegel d. franz. R., Diss. Gött. 1936;
A. Zastrau, D. dt. R. als nationales Problem,
Diss. Königsberg 1937; G. Fliegner, Geistl. u.
weltl. Rittertum im R., Diss. Bin. 1937; G.
Glatz, D. Eigenart d. P. K. i. d. Gestaltung s.
christl. Heldenbildes; Diss. Freib. 1949; D.
Kartschoke, D. Datierg. d. dt. R., 1965; H.
Backes, Bibel u. Ars praedicandi i. R., 1966;
V. Mertens, 1971; H. Richter, Komm. z.
Rolandslied, 1972; M. Ott-Meimberg,
Kreuzzugsepos od. Staatsroman, 1980.

Konrad von Regensburg →
Konrad, Pfaffe

Konrad von Würzburg, 1220/
30 Würzburg – 31. 8. 1287 Basel;
bürgerl. Herkunft. gründl. lat.
Schulbildung, erst Fahrender,
dann lange Berufsdichter im Auftrag geistl. und bürgerl. Mäzene
in Basel. Beziehungen zu Straßburger und Basler Patriziern. –
Bedeutendster, vielseitiger, sehr
produktiver Epigone der höf.
Klassik in der Zeit des untergehenden Rittertums; Formtalent in
der Nachfolge Gottfrieds von
Straßburg mit komplizierter Metrik, geblümtem Stil und breiter
Gelehrsamkeit in allen dichter.
Formen, daher von den Meistersingern zu den 12 Meistern gerechnet. Zu s. größeren Epen gehören der Freundschaftsroman
›Engelhard‹, das Aventiurenepos
›Partonopier und Meliur‹ und der
unvollendete ›Trojanerkrieg‹
(bzw. ›Buoch von Troye‹, nach
Bénoit de Sainte Maure oder e.
lat. ›Exidium Troiae‹), zur Klein-
epik Novellen, Legenden und Sagen, zur Lyrik Sommer-, Winter-
und Taglieder, polit., moral. und
relig. Sprüche, e. relig. und e.
Minneleich. Meisterhafte Form

zeigen s. kleineren prägnanten Verserzählungen wie die Gesch. vom gegessenen Herzen ›Herzmaere‹, die Allegorie ›Der Welt Lohn‹, die unhöf. hist. Novelle ›Heinrich von Kempten‹ (›Otte mit dem Barte‹), u. die Lohengrinsage ›Der Schwanritter‹. Zu den beliebtesten Heiligengeschichten des MA. gehören ›Alexius‹, ›Silvester‹ und ›Pantaleon‹ sowie der den Legenden am nächsten stehende Marienhymnus ›Die goldene Schmiede‹. Mit dem ›Turnier von Nantheiz‹ Begründer der Wappendichtung.

A: Die goldene Schmiede, hg. E. Schröder ²1969; Trojanerkrieg, hg. A. v. Keller 1858 (BLV 44. n. 1965); Partonopier und Meliur, hg. K. Bartsch 1871, n. 1970; Klage der Kunst, hg. E. Joseph 1885; Engelhard, hg. P. Gereke ³1982, M. Haupt ²1978; I. Reiffenstein 1982; Silvester, hg. P. Gereke 1925; Alexius, hg. P. Gereke 1926; Pantaleon, hg. P. Gereke 1927, W. Woesler ²1974; Kleinere Dichtungen, hg. E. Schröder III ³1959.
L: G. O. Janson, Stud. üb. d. Legendendichtungen K.s v. W., Diss. Marb. 1902; H. Laudan, D. Chronologie d. Werke d. K. v. W., 1906; O. Deter, Zum Stil K.s v. W., Diss. Jena 1922; F. Ulrich, Darstellung u. Stil d. Legenden K.s v. W., Diss. Greifswald 1924; H. Butzmann, Stud. z. Sprachstil K.s v. W., 1930; A. Moret, Lille 1932 u. 1933; E. Rast, Diss. Hdlbg. 1936; E. Essen, D. Lyrik K.s v. W., Diss. Marb. 1938; W. Kluxen, Stud. üb. d. Nachwirkung K.s v. W., 1948; M. Brauneck, D. Lieder K.s v. W., Diss. Mchn. 1965; W. Monecke, Stud. z. ep. Technik K.s v. W., 1968; I. Leipold, D. Auftraggeber u. Gönner K.s, 1976; T. R. Jackson, The legends of K., 1983.

Konsalik, Heinz G. (eig. Heinz Günther), * 28. 5. 1921 Köln; Sohn e. Versicherungsdirektors, Stud. Medizin, Theaterwiss., Germanistik Köln, München, Wien, im 2. Weltkrieg Kriegsberichter, dann Journalist, Lektor, Redakteur, ab 1951 freier Schriftsteller, lebt in Bad Honnef. – Bestsellerautor der Trivialliteratur mit rd. 100 klischeehaften Romanen aus Krieg, Zeitgeschichte und Ärztewelt.

W: Der Arzt von Stalingrad, R. 1956; Strafbataillon 999, R. 1959; Liebesnächte in der Taiga, R. 1966; Liebe am Don, R. 1970; Frauenbataillon, R. 1981; Promenadendeck, R. 1985; Sibirisches Roulette, R. 1986.
L: H. Puknus u. a., 1981.

Konstanz, Heinzelin von → Heinzelin von Konstanz

Kopisch, August, 26. 5. 1799 Breslau – 3. 2. 1853 Berlin, Kaufmannssohn; Gymnas. Breslau, 1815 Maler in Dresden, 1817 Kunstakademie Prag und Wien, 1819 Aufenthalt in Breslau, bis 1823 Stud. Dresden, bis 1828 als Maler in Italien; Verkehr mit Platen, Donizetti, Cameromo, entdeckte mit E. Fries die Blaue Grotte b. Capri. Seit 1833 in Berlin, Hofmarschallamt, 1844 Prof., ∞ 1851. – Humorvoller, volkstüml. Liederdichter der späten Romantik mit Vorliebe für Stoffe aus Sagen, Märchen, Schwänken u. a. Volksgut, vielfach vertont u. z. T. heute noch lebendig (›Heinzelmännchen von Köln‹, ›Der Nöck‹, ›Der Mäuseturm‹); auch Novellist, Dramatiker und Übs. aus dem Ital. (Dante, 1842).

W: Gedichte, 1836; Agrumi, Übs. 1838; Allerlei Geister, G. 1848; Die königlichen Schlösser und Gärten zu Potsdam, hg. H. Bötticher 1854; Der Träumer, hg. ders. 1914; Heitere Gedichte, hg. E. Lissauer 1924. – GW, hg. K. Bötticher V 1856; Ausw. hg. H. Schuhmacher 1946, M. Landmann 1960.
L: P. Bornefeld, Diss. Münster 1912.

Kopp, Josef Vital, 1. 11. 1906 Beromünster – 22. 9. 1966 Luzern; Stud. kath. Theol. und klass. Philol., Priester, Prof. für klass. Philol. Gymnasium Luzern. – Erzähler hist. Romane aus vor- und frühchristl. Zeit; Essayist.

W: Sokrates träumt, R. 1946; Brutus, R. 1950; Die schöne Damaris, R. 1954; Die Launen des Pegasus, R. 1958; Der sechste Tag, R. 1961; Entstehung und Zukunft des Men-

schen, Es. 1961; Die Tochter Sions, R. 1966;
Der Forstmeister, R. 1967; Die letzten Tage
meines Lebens, Refl. 1975.
L: K. Fehr, 1968; D. Schönbächler, Erfahrg.
d. Ambivalenz, 1975.

Korff, Friedrich Wilhelm, * 29.
12. 1939 Hohenlimburg/Weser;
Stud. Germanistik und Philos.
Heidelberg und Basel, Dr. phil.
habil., Privatdozent, dann Prof.
für Philos. Hannover. – Vf. be-
schreibungsstarker Erzählungen
an der Grenze von Realität und
Phantastik.
W: Der Katarakt von San Miguel, En. 1974;
Drachentanz, Prosa 1981; Auswege, En.
1983.

Korn, Renke, * 14. 12. 1938 Un-
na/Westf., seit 1963 in Berlin, ab
1967 freier Schriftsteller. – Hörspielautor und Dramatiker mit
Soziogrammen aus der Arbeitswelt in naturalist. Darstellung.
W: Verteidigung eines Totengräbers, H.
(1966); Die Sonne ist nicht mehr dieselbe, H.
(1967); Die Überlebenden, Dr. (1967); Partner, Dr. (1970); Flucht nach Hinterwiesen-
thal, Dr. (1971); Freizeit, Dr. (1973); Der
Alte, FSsp. (1975); Die Reise des Engin Oez-
kartal von Nevsehir nach Herne und zurück,
Dr. 1976.

Kornfeld, Paul, 11. 12. 1889 Prag
– Jan. (?) 1942 KZ Lodz; seit 1916
freier Schriftsteller in Frankfurt/
M., 1925 Dramaturg bei Reinhardt in Berlin, 1928–32 am Hess.
Landestheater Darmstadt; zurückgezogenes Leben. 1933 Emigration nach Prag; 1941 ebda. verhaftet und im Vernichtungslager
Lodz ermordet (Jude). – Bühnenwirksamer expressionist. Dramatiker; stellt anfangs in s. lyr.-ek-
stat. Erlösungsdramen unter Verzicht auf sachl. und psycholog.
Kausalität den Wesenskern des
Menschen als Seelenträger in s.
Ewigkeitsbezug dar. Später
Übergang zur leichteren psycholog. Komödie, skept. Zukunfts-
satire, typisierendem Charakter-

stück und Historiendrama (›Jud
Süß‹). Schrieb im Exil e. iron.-
zyn. Gesellschaftsroman.
W: Die Verführung, Tr. 1916; Legende, E.
1917; Himmel und Hölle, Tr. 1919; Der ewi-
ge Traum, K. 1922; Palme oder Der Ge-
kränkte, K. 1924; Sakuntala, Dr. 1925 (nach
Kālidāsa); Kilian oder Die Gelbe Rose, K.
1926; Jud Süß, Tr. (1931); Blanche oder Das
Atelier im Garten, R. 1957; Revolution mit
Flötenmusik, Krit. Schr. 1977.
L: M. Maren-Grisebach, Weltanschauung u.
Kunstform i. Frühwerk P. K.s, Diss. Hbg.
1960.

Kortum, Karl Arnold, 5. 7. 1745
Mühlheim/Ruhr – 15. 8. 1824 Bochum, Apothekerssohn, Gymnas. Dortmund, 1763–67 Stud.
Medizin Duisburg, 1766 Dr.
med., prakt. Arzt in Mülheim/R.,
ab 1771 Bochum, 1797–1802 auch
Bergarzt ebda. Mitarbeiter an
Zss. und Gründer e. hermet. Al-
chemisten-Gesellschaft. – Volkstüml. Satiriker und kom. Epiker,
Verf. grotesk-kom. Heldengedichte in Knittelversen, die er
selbst mit Holzschnitten illustrierte, am erfolgreichsten mit der
›Jobsiade‹, der Lebensbeschreibung e. verbummelten Theolo-
giekandidaten als Satire auf dt.
Spießertum und Studentenleben
(mehrfach als Oper: A. Barkhau-
sen 1936, J. Haas 1943; illustr. v.
W. Busch 1874). Schüler Wielands und Vorläufer W. Buschs.
Auch Märchen, Gelegenheitsgedichte und populäre medizin. und
hist. Schriften.
W: Der Märtyrer der Mode, Ep, 1778; Leben,
Meynungen und Thaten von Hieronimus
Jobs dem Kandidaten, Ep. 1784 (Teil I; erw.
u. d. T. Die Jobsiade, III 1799, n. 1906, 1956,
1980); Die magische Laterne, hg. III
1784–1787; Adams Hochzeitsfeier, Ep. 1788.
– Lebensgeschichte, von ihm selbst erzählt,
hg. K. Deicke 1910.
L: K. Deicke, 1893; H. Dickerhoff, D. Entstehg. d. Jobsiade, Diss. Münst. 1908; E.
Tegeler, 1931; M. Axer, Diss. Bonn 1951.

Kosegarten, Gotthard Ludwig
Theobul (Ps. Tellow), 1. 2. 1758

Grevesmühlen/Mecklenburg –
26. 10. 1818 Greifswald; Stud.
Theologie Greifswald; Hauslehrer versch. adl. Familien in Pommern und auf Rügen; 1785 Rektor in Wolgast; 1792 Propst in Altenkirchen/Rügen; 1808 Dozent für Geschichte Greifswald; 1816 Prof. der Theologie und Pastor an der Jakobskirche ebda. – Seinerzeit beliebter und erfolgr., empfindsamer, oft schwülstiger Lyriker; auch Dramatiker und Übs. Bes. günstige Aufnahme fanden die beiden ep.-idyll. Dichtungen ›Die Inselfahrt‹ und ›Jucunde‹. Beeinflußte durch s. meist süßl. Legenden G. Kellers ›Sieben Legenden‹. Als Dramatiker ohne Bedeutung.

W: Gesänge, 1776; Wunna oder Die Tränen des Wiedersehns, Sch. 1780; Gedichte, II 1788; Poesien, III 1798–1802; Memnons Bildsäule, 1799; Ebba von Medem, Tr. 1800; Jucunde von Castel, Ep. II 1802; Legenden, II 1804; Die Inselfahrt, oder Aloysius und Agnes, Ep. 1804; Dichtungen, VIII 1812–15 (verm. XII 1824–27).
L: H. Franck, 1887.

Kotta, Leo F. → Flake, Otto

Kotzebue, August von 3. 5. 1761 Weimar – 23. 3. 1819 Mannheim; Sohn e. Legationsrats; Gymnas. Weimar; 1777–79 Stud. Jura Duisburg u. Jena; 1780 Advokat in Weimar; 1781 Sekretär des Generalgouverneurs von Petersburg; 1781 geadelt, Präsident des Gouvernementsmagistrats von Estland; nahm 1790 s. Entlassung; privatisierte in Paris u. Mainz; zog sich 1795 auf s. Landgut b. Reval zurück; 1797–99 Theaterdichter in Wien; ging 1799 nach Weimar; kehrte 1800 nach Rußland zurück, dort verhaftet u. nach Sibirien geschickt, auf Grund s. Dramas ›Der alte Leibkutscher Peters III.‹ nach 4 Monaten von Zar Paul zurückberufen u. zum Direktor des Dt. Theaters in Petersburg ernannt;

1801 als Kollegienrat entlassen; 1802–06 in Berlin, Hrsg. des ›Freimütigen‹; preuß. Kanonikus u. Mitgl. der Akademie; dann wieder nach Petersburg, Hrsg. der antinapoleon. Zss. ›Die Biene‹ u. ›Die Grille‹; 1813 russ. Generalkonsul in Königsberg, dann im russ. Hauptquartier; 1816 Staatsrat für Auswärt. Angelegenheiten in Petersburg; 1817 persönl. Berichterstatter Zar Alexanders I. über die Zustände in Dtl.; hielt sich in Berlin, Weimar, München u. Mannheim auf; gab e. ›Literarisches Wochenblatt‹ heraus, das ihm durch s. Verspottung der patriot. Burschenschaften den Haß der Liberalen einbrachte; wurde von dem fanat. Jenaer Theologiestudenten K. L. Sand in s. Wohnung überfallen und erstochen. – Sehr fruchtbarer u. geschickter, aber meist oberfläch. Dramatiker. Beherrschte zur Goethezeit mit s. teils sentimentalen, teils frivolen Unterhaltungsstücken die dt. Bühne. Vollendeter Techniker u. stets auf Bühnenwirksamkeit bedacht. Großen Erfolg u. Ruhm brachte ihm das Schauspiel ›Menschenhaß und Reue‹. Ferner hist. u. autobiograph. Schriften, erzählende Prosa u. Gedichte.

W: Die Leiden der Ortenbergischen Familie, R. II 1785f.; Ildegerte, Königin von Norwegen, N. 1788; Menschenhaß und Reue, Sch. 1789; Die gefährliche Wette, R. 1790; Doctor Bahrdt mit der eisernen Stirn, Sch. 1790; Der Papagoy, Sch. 1792; Die edle Lüge, Sch. 1792; Die jüngsten Kinder meiner Laune, VI 1793–97; Schauspiele, V 1797; Der alte Leibkutscher Peters des Dritten, Sch. 1799; Die beiden Klingsberg, Lsp. 1801; Gustav Wasa, Sch. 1801; Das merkwürdigste Jahr meines Lebens, Aut. II 1801 (n. W. Promies 1965); Almanach dramatischer Spiele, XXXI 1803–33; Die deutschen Kleinstädter, Lsp. 1803 (n. H. Schumacher 1964); Gedichte, II 1818. – Sämtl. Werke, XLIV 1827–29; Theater, XL 1840f.; Ausgew. prosaische Schriften, XLV 1942f.; Schauspiele, hg. u. komm. J. Mathes 1972; Briefw. m. C. A. Böttiger, hg. B. Maurach 1987.
L: J. Minor, 1894; E. Jäckh, 1899; G. Rabany,

1903; L. T. Thompson, 1929; E. Zdenek, Diss. Wien 1949; R. L. Kahn, Diss. Toronto 1950; H. Mathes-Thierfelder, Diss. Mchn 1953; C. Köhler, Diss. Bln 1955; K. H. Klingenberg, Iffland u. K. als Dramatiker, 1962; J. Mathes, D. Sprache i. d. frühen Drr. K.s, Diss. Basel 1968; G. Giesemann, K. i. Rußld., 1971; F. Stock, K. i. lit. Leben d. Goethezt., 1971; A. Denis, La fortune litt. et théâtrale de K. en France, Paris III 1976; D. Maurer, 1979; P. Kaeding, 1986.

Kovacs, R. W. L. → Weiskopf, Franz Carl

Krämer, Karl Emerich (Ps. George Forestier, Georg Jontza, André Fourban, Gerhard Rustesch), 31. 1. 1918 Düsseldorf – 28. 2. 1987 ebda.; Stud. Germanistik u. Politik (Dr. phil.), Verlagsleiter, Verleger, Werbeberater in Düsseldorf. – Bekannt durch s. angeblich aus der Hinterlassenschaft e. in Indochina verschollenen Fremdenlegionärs publizierten Gedichte. Auch Romane, Erzählungen, Lyrik, Laienspiel.

W: Mit beiden Händen, G. 1947; Ich schreibe mein Herz in den Staub der Straße, G. 1952; Im Regen der über Europa fällt, R. 1953; Stark wie der Tod ist die Nacht, ist die Liebe, G. 1954; Nur der Wind weiß meinen Namen, G. 1959; Nachtgeländer, G. 1966; Als hätten meine Fingerspitzen Augen, G. 1973; Hätt' ich das Wort, das Wahrheit heißt, G. 1984.

Krämer-Badoni, Rudolf, ⋆ 22. 12. 1913 Rüdesheim/Rh.; Gymnas. Geisenheim; Stud. Philol. Frankfurt/M.; 1938 Dr. phil.; Journalist; dann freier Schriftsteller in Wiesbaden. – Konservativer Erzähler und Essayist in traditionellen Formen mit humorist.-satir. Elementen. Kurzgeschichten meist aus der kleinbürgerl. Welt.

W: Jacobs Jahr, R. 1943; In der großen Drift, R. 1949; Mein Freund Hippolyt, R. 1951; Der arme Reinhold, R. 1951; Liebe denkt nicht an sich, Nn. 1954; Die Insel hinter dem Vorhang, R. 1955; Über Grund und Wesen der Kunst, Schr. 1960; Das kleine Buch vom Wein, 1961; Kunst und Automation, Schr. 1961; Vorsicht, gute Menschen von links, Ess. 1962; Bewegliche Ziele, R. 1962; Igna-

tius von Loyola, B. 1964; Die Last, katholisch zu sein, Ess. 1967; Deutschland, deine Hessen, Plaud. 1968; Anarchismus, St. 1970; Mein beneidenswertes Leben, Aut. 1972; Die niedliche Revolution, 1973; Gleichung mit einer Unbekannten, R. 1977; Zwischen allen Stühlen, Erinn. 1985.

Kraft, Werner, ⋆ 4. 5. 1896 Braunschweig; Stud. Philol. Berlin, Freiburg und Hamburg; 1925 Promotion in Frankfurt/M.; arbeitete in der Dt. Bücherei Leipzig; 1927 Bibliotheksrat an der Provinzbibliothek Hannover; emigrierte 1933 nach Schweden; dann nach Paris; ließ sich 1934 in Jerusalem nieder. – Gedankentiefer, sprachgewandter Lyriker, Romancier und Essayist; bedeutender Kritiker und Interpret dt. Dichtung.

W: Wort aus der Leere, G. 1937; Gedichte II, 1938; Gedichte III, 1946; Figur der Hoffnung, G. 1955; Karl Kraus, B. 1956; Wort und Gedanke, Ess. 1959; Der Wirrwarr, R. 1960; R. Borchardt, B. 1961; Augenblicke der Dichtung, Ess. 1963; Gespräche mit M. Buber, 1966; Zeit aus den Fugen, Aufz. 1968; Rebellen des Geistes, Ess. 1968; F. Kafka, Ess. 1968; Spiegelung der Jugend, Aut. 1973; Bewältigte Gegenwart, G. 1973; Das Ja des Neinsagers, B. 1974; Das sterbende Gedicht, G. 1976; Eine Handvoll Wahrheit, Aphor. 1977; Der Chandos-Brief, Ess. 1977 (m. Bibl.); Über Gedichte und Prosa, Ess. 1979; St. George, St. 1980, Heine, der Dichter, St. 1983; Goethe, Ess. 1986.

Kralik, Richard, Ritter von Meyrswalden (Ps. Roman). 1. 10. 1852 Eleonorenheim/Böhmerwald – 5. 2. 1934 Wien; kam früh nach Linz; 1870 Stud. Jura Wien, Philol. Bonn und Geschichte Berlin; 1878 Studienaufenthalt in Griechenland und Italien, dort Konversion zum röm.-kath. Glauben; dann in Wien; Vorkämpfer der kath. Bewegung; Mitbegründer des ›Verbandes kath. Schriftsteller‹. Begründer und Leiter des ›Gralbundes‹. – Vielseitiger Dramatiker, Erzähler, Lyriker; auch Kultur- und Literaturhistoriker, Erzähler, Lyriker; auch Kultur- und Literaturhistoriker, Essayist, Hrsg. und Erneuerer mehrerer Spiele des MA., Epen, Sagen und Legenden. Außerdem philos., polit., soziolog. und religionsprogrammat. Schriften. Vom Naturalismus ausgehend; strebte nach e. Wiederbelebung des Volkhaften und der Antike, daneben Betonung der kath. österr. Tradition mit german.-christl. Prägung. Von R. Wagner und Calderón angeregt, setzte er sich für den Festspielgedanken ein.

W: Büchlein der Unweisheit, G. 1884; Deutsche Puppenspiele, 1884; Das Mysterium vom Leben und Leiden des Heilands, Osterfestsp. III 1895; Prinz Eugenius, Ep. 1895; Das deutsche Götter- und Heldenbuch, VI 1900–04; Das Veilchenfest zu Wien, Dr. 1905; Donaugold, Dr. 1905; Revolution, Drr. 1908; Der heilige Gral, Dr. 1912; Österreichische Geschichte, 1913; Allgemeine Geschichte der neuesten Zeit, VI 1914–23; Die Weltliteratur im Licht der Weltkirche, 1916; Tage und Werke, Aut. II 1922–27; Münchhausen, R. 1930.
L: H. M. Truxa, 1905; A. Innerkofler, ²1912; E. Raybould, 1934.

Kramer, Theodor, 1. 1. 1897 Niederhollabrunn/Niederösterr. – 3. 4. 1958 Wien; Sohn e. Landarztes; Stud. Staatswiss. Wien; im 1. Weltkrieg schwere Verwundung; Beamter, Buchhändler, freier Schriftsteller; emigrierte 1939 nach England, 1943 Bibliothekar am Technical College in Guildford; kehrte 1957 nach Österreich zurück. – Österr. Lyriker der Neuen Sachlichkeit. Herbe, sozialkrit. Gedichte aus dem Leben der Heimat- und Arbeitslosen auf den Landstraßen, das K. aus eigener Erfahrung kannte. Gleichfalls eigenes Erleben in den Kriegsgedichten und in Gedichten der Emigration.

W: Die Gaunerzinke, G. 1929; Wir lagen in Wolhynien im Morast, G. 1931; Mit der Ziehharmonika, G. 1936; Verbannt aus Österreich, G. 1943; Die untere Schenke, G. 1946; Wien 38. Die grünen Kader, G. 1946; Lob der Verzweiflung, G. 1947; Vom schwarzen Wein, G.-Ausw. 1956; Einer bezeugt es, G.-Ausw. 1960; Orgel aus Staub, G. 1983; Ges. Gedd., III 1984ff.
L: K. Kaiser, hg. 1983, ²1984.

Kramp, Willy, 18. 6. 1909 Mühlhausen/Elsaß – 19. 8. 1986 Schwerte-Villigst. Sohn e. westpreuß. Eisenbahnbeamten; 1919 ausgewiesen; Oberrealschule Stolp/Pommern; Stud. Philol. Bonn, Berlin und Königsberg; Dr. phil.; 1936–39 im höheren Schuldienst in Ostpreußen; 1939 Heerespsychologe, 1942 Studienrat e. Heeresfachschule; 1943 Soldat, kam 1945 als Leutnant in sowjet. Kriegsgefangenschaft; Heimkehr 1950; 1950–57 Leiter des Evang. Studienwerks Villigst und freier Schriftsteller bei Schwerte/Ruhr. – Gestaltungsreicher, feinsinn. Erzähler mit Romanen um Menschen, die ihr schweres Schicksal meistern, oft vor dem Hintergrund s. ostpreuß. Heimat (›Die Fischer von Lissau‹); oder der Kriegsgefangenenlager in der Sowjetunion. Auch Dramatiker, Essayist und Übs.

W: Die ewige Feindschaft, R. 1932; Die Herbststunde, E. 1937; Wir sind Beschenkte, En. 1939; Die Fischer von Lissau, R. 1939; Die Jünglinge, R. 1943; Die Prophezeiung, E. 1951; Die Purpurwolke, R. 1953; Was ein Mensch wert ist, En. 1953; Spiele der Erde, Ess. 1956; Die treuen Helfer, Ess. 1957; Das Lamm, E. 1959; Das Wespennest, E. 1959; Die Welt des Gesprächs, Ess. 1962; Brüder und Knechte, Ber. 1965; Über die Freude, Ess. 1968; Der letzte Feind, Aufz. 1969; Gorgo oder die Waffenschule, En. 1970; Herr Adamek und die Kinder der Welt, R. 1977; Zur Bewährung, R. 1978; Das Versteck, E. 1984; Ich habe gesehen, G. 1985.

Kranewitter, Franz, 18. 12. 1860 Nassereith/Tirol – 4. 1. 1938 Innsbruck; Franziskanerzögling in Hall; Stud. Germanistik Innsbruck; Schriftleiter der ›Tiroler Wochenschrift‹ und freier Schrift-

steller ebda.; nahm an den inner-
polit. Kämpfen in Österreich leb-
haften Anteil. – Heimatverbundener, psycholg. tiefschürfender
Dramatiker; auch Epiker und Lyriker; philos. von Goethe und
Schopenhauer beeinflußt; den radikalen ›Jung-Tirolern‹ nahestehend. Vf. vor allem hist. und urwüchs. bäuerl. Volksstücke.
Auch Mundartdichter.

W: Lyrische Fresken, G. 1888; Kulturkampf,
Ep. 1890; Um Haus und Hof, Vst. 1895;
Michel Gaißmayr, Tr. 1899; Andre Hofer,
Sch. 1902; Wieland der Schmied, Dr. (1904);
Die sieben Todsünden, Drr. VII 1905–25
(Ausw. 1962); Die Teufelsbraut, K. (1911);
Das Liebesmahleln, K. (1918); Die Jungfern-
prefektin, R. 1918; Der Honigkrug, K.
(1918); Bruder Ubaldus, Tr. 1919; Das Eß-
körbl, K. (1919); Emle, Dr. (1922). – GW,
1933; Erzählungen I, 1978; Fall und Ereignis,
Drr. 1980.
L: J. Wick, Diss. Wien 1937; F. Wagerer,
Diss. Wien 1948; J. Holzner, 1985.

Kratter, Franz, 27. 5. 1757 Ober-
dorf/Lech – 8. 11. 1830 Lemberg.
Stud. Dillingen, Kassierer in
Lemberg, Sekretär in Wien, 1795
Direktor des Theaters in Lemberg
u. Gutsbesitzer. – Dramatiker und
Erzähler, e. der ersten Vertreter
der josephin. Aufklärung.

W: Der Augarten in Wien, G. 1782; Gespräch
von Liebe und Glückseligkeit, 1784; Der junge Maler am Hofe, R. III 1785; Das Schleifer-
mädchen aus Schwaben, R. II 1790; Die
Kriegskameraden, Lsp. 1791; Das Mädchen
von Marienburg, Dr. 1795; Eginhard und
Emma, Dr. 1801; Die Sklavin von Surinam,
Dr. 1803. – Schauspiele, 1795–1804.

Kraus, Karl, 28. 4. 1874 Jitschin/
Böhmen – 12. 6. 1936 Wien; Sohn
e. jüd. Papierfabrikanten, kam
1877 nach Wien, konvertierte zur
kath. Kirche, die er nach 1918
wieder verließ. Stud. Jura und
Philos. ebda., Versuche als Schauspieler; dann Journalist, Literaturkritiker, Mitarbeiter der ›Neuen
Freien Presse‹, lehnte aber das An-
gebot e. festen Anstellung ab und
gründete 1899 ›Die Fackel‹ (n.

XXXX 1976), die er bis 1936 herausgab, anfangs mit Beiträgen
von Strindberg, Trakl, Werfel u.
a. dreimal monatl., ab 1911 in un-
regelmäß. Abständen und nur mit
eigenen Beiträgen. Zahlr. Vorträge und szen. Lesungen in Berlin
und Wien. Entdecker und Förderer von Kokoschka, Trakl, Werfel, E. Lasker-Schüler u. a. – Bedeutender österr. Journalist,
Schriftsteller und Zeitkritiker von
außergewöhnl. sprachl. Feinge-
fühl und großer polem.-satir. Begabung. Auch in s. teils satir., teils
prophet. Dramen und s. scharfge-
schliffenen Aphorismen in erster
Linie schonungsloser und radikal
aggressiver Kulturkritiker vom
rein eth. Standpunkt bei wechselnder polit. Haltung; im Grunde
eth. Pazifist. Erzieher zu e. neuen
wachen Sprachbewußtsein und zu
e. reinen, log. und gepflegten Stil,
orientierte er s. gefürchtete Lit.-
Kritik vornehml. an der Sprache
selbst, deren Reinheit ihm als
Maßstab für die Sauberkeit der
Haltung galt, und entlarvte mit
feinem Spürsinn sprachverder-
bende Journalistik, Mache u. Mode mit künstler. Anspruch, Phrase
und Lüge sowie Günstlingswirt-
schaft in Presse und Lit. und ver-
nichtete diese mit ätzendem Witz.
S. meisterhaften Essays in klarer,
schöner Prosa und s. Dichtungen
gingen durchweg aus der ›Fackel‹
hervor. S. Dichterruhm gründet
vornehml. auf dem satir. Anti-
kriegsdrama vom Untergang der
österr. Vorkriegsgesellschaft ›Die
letzten Tage der Menschheit‹ und
auf dem unter dem Eindruck des 1.
Weltkriegs entstandenen dramat.
Satiren, die in der Bitterkeit und
Schärfe des Angriffs nur mit Swift
vergleichbar sind. Auch Übs. Offenbachs und Bearbeiter Shakespeares. Anfangs räuml. auf Wien

begrenzt, wirkte er später stark auf das ganze dt. Schrifttum.

W: Die demolierte Literatur, Ess. 1896; Sittlichkeit und Kriminalität, Ess. 1908; Sprüche und Widersprüche, Aphor. 1909; Die Chinesische Mauer, Ess. 1910; Heine und die Folgen, Es. 1910; Pro domo et mundo, Aphor. 1912; Nestroy und die Nachwelt, Es. 1912; Worte in Versen, G. IX 1916–30; Die letzten Tage der Menschheit, Dr. 1919; Weltgericht, Ess. 1919; Nachts, Aphor. 1919; Ausgewählte Gedichte, 1920; Literatur, Opte, 1921; Untergang der Welt durch schwarze Magie, Ess. 1922; Wolkenkuckucksheim, Sp. 1923 (nach Aristophanes); Traumstück, Dr. 1923; Traumtheater, Sp. 1924; Epigramme, 1927; Die Unüberwindlichen, Dr. 1928; Literatur und Lüge, Ess. 1929; Zeitstrophen, G. 1931; Die Sprache, Ess. 1937. – Werke, hg. H. Fischer XIV + III 1952–70; AW, III 1971, X 1974; Frühe Schriften, II 1979; Schriften, hg. C. Wagenknecht XII 1986ff.; Briefe an S. N. v. Borutin, II 1974.

L: B. Viertel, 1921; M. Rychner, 1924; L. Liegler, ²1933; R. v. Schaukal, 1933 (m. Bibl.); E. Rollett, 1934; H. Hahnl, K. K. u. d. Theater, Diss. Wien 1948; W. Kraft, 1952 u. 1956; H. Kohn, 1961; J. Stephan, Satire u. Sprache, 1964; Ch. J. Wagenknecht, D. Wortspiel b. K. K., 1965; P. Schick, 1965; F. Jenaczek, Zeittafeln z. Fackel, 1965; C. Kohn, 1966; W. A. Iggers, Haag 1967; F. Field, The Last Days of Mankind, Lond. 1967; H. Weigel, 1968 u. 1986; C. Kohn, K. K. als Lyriker, Paris 1969; dies. 1974; H. Zohn, N. Y. 1971; J. M. Fischer, 1974; V. Bohn, Satire u. Kritik, 1974; W. Kraft, Das Ja des Neinsagers, 1974; H. Arntzen, K. u. d. Presse, 1975; H. L. Arnold, hg. 1975 (m. Bibl.); E. Kaufholz, hg. Paris 1975 (m. Bibl.); Th. Szasz, Baton Rouge 1976; A. Pfabigan, K. u. d. Sozialism., 1976; J. Quack, Bemerkgn. z. Sprachverständnis v. K. K., 1976; G. Stieg, D. Brenner u. d. Fackel, 1976; K. Grimstad, Masks of the prophet, Toronto 1982; K. K. in neuer Sicht, hg. S. P. Scheichl u. E. Timms 1985; M. Horowitz, Bb. 1986; K. K. u. s. Nachwelt, hg. M. Horowitz, 1986; R. Merkel, 1986; E. Timms, Yale 1986; K. Krolop, Sprachsatire als Zeitsatire, 1986; K.-Hefte, 1977ff.; Bibl.: O. Kerry, ²1970; S. P. Schluch, 1975.

Krechel, Ursula, * 4. 12. 1947 Trier; Stud. Germanistik, Theaterwiss., Kunstgesch. Dr. phil; Dramaturgin, dann freie Schriftstellerin in Frankfurt/M. – Lyrikerin und Erzählerin aus der Frauenbewegung; eleg. Protest gegen jegl. Unterdrückung.

W: Erika, Dr. (1973); Selbsterfahrung und Fremdbestimmung, Ess 1975; Nach Mainz!,

G. 1977; Verwundbar wie in den besten Zeiten, G. 1979; Zweite Natur, R. 1981; Lesarten, Ess. 1982; Rohschnitt, G. 1983; Vom Feuer lernen, G. 1985.

Kreisler, Georg, * 18. 7. 1922 Wien; ab 1938 Exil in Hollywood und New York, Musikstud., Kabarettist und Chansonnier in New York und Wien, seit 1976 Berlin. – Vf. makabrer Kabarettsongs und Chansons von schwarzem Humor, satir. Sketches und musikal. Komödien; Interpret eigener Kompositionen.

W: Zwei alte Tanten tanzen Tango, G. 1961; Der guate alte Franz, G. 1962; Sodom und Andorra, Parod. 1962; Lieder zum Fürchten, G. 1964; Nichtarische Arien, G. 1966; Polterabend, K. (1966); Hölle auf Erden, K. (1967); Ich weiß nicht, was soll ich bedeuten, Slg. 1973; Taubenvergiften für Fortgeschrittene, Slg. 1983; Worte ohne Lieder, Sat. 1986; Ist Wien überflüssig?, Sat. 1987.

Krell, Max, 24. 9. 1887 Hubertusburg – 11. 6. 1962 Florenz; Sohn e. Obermedizinalrats; Stud. München, Leipzig und Berlin; Reisen durch Mittel- und Südeuropa; Lektor, Theaterkritiker und freier Schriftsteller in Berlin; im Dritten Reich emigriert; später in Florenz. – Vielseitiger, gewandter Erzähler, auch Übs., Hrsg. und Funkautor, anfangs unter Einfluß des Expressionismus.

W: Das Meer, E. 1919; Die Maringotte, R. 1919; Entführung, N. 1920; Der Spieler Cormick, R. 1922; Der Henker, N. 1924; Orangen in Ronco, R. 1930; Die Tanzmarie, N. 1949; Der Regenbogen, R. 1950; Schauspieler des Lieben Gottes, N. 1951; Die Dame im Strohhut, N. 1952; Das alles gab es einmal, Aut. 1961; Das Haus der roten Krebse, R. 1962; Schömberger Auslese, E. 1964.

Kretschmann, Lili von → Braun, Lily

Kretzer, Max, 7. 6. 1854 Posen – 15. 7. 1941 Berlin; Sohn e. verarmten ehemal. Hotelbesitzers; mit 13 Jahren Fabrikarbeiter, dann Porzellan- und Schildermalergehilfe; lernte früh das soziale Elend der Arbeiter kennen; verunglückte auf e. Bau, begann auf s. Krankenlager zu dichten; Autodidakt; schließl. freier Schriftsteller und Mitarbeiter der sozialdemokrat. Presse; lebte, trotz vieler Veröffentlichungen stets in materieller Not, in Berlin-Charlottenburg. – Erzähler des konsequenten Naturalismus im Sinne Zolas mit zahlr. Romanen, Novellen und Skizzen; auch Dramatiker. Bahnbrecher des naturalist. Milieuromans. Bes. Bedeutung kommt s. sozial anklagenden Romanen um die soziale und relig. Not des Großstadtproletariats zu. S. frühestes Werk, ›Die beiden Genossen‹, behandelte als e. der ersten die sozialist. Bewegung im dt. Roman. Wichtigster Roman ›Meister Timpe‹ um den verzweifelten Kampf e. dem Untergang geweihten Berliner Handwerksmeisters gegen die großbetriebl. Konkurrenz. Das künstler. Niveau dieses Werks erreichte K. nur noch in dem Roman Berliner Arbeitsloser ›Das Gesicht Christi‹, sonst sank er immer mehr zur Vielschreiberei und Kolportage ab.

W: Die beiden Genossen, R. 1880; Die Betrogenen, R. II 1882; Die Verkommenen, R. II 1883; Gesammelte Berliner Skizzen, 1883; Meister Timpe, R. 1888 (n. 1949); Bürgerlicher Tod, Dr. 1888; Die Bergpredigt, R. 1890; Das Gesicht Christi, R. 1896; Großstadtmenschen, Sk. 1900; Der Holzhändler, R. II 1900; Treibende Kräfte, R. 1903; Familiensklaven, R. 1904; Der Mann ohne Gewissen, R. 1905; Söhne ihrer Väter, R. 1907; Reue, R. 1910; Stehe und wandle, R. 1913; Der irrende Richter, R. 1914; Gedichte, 1914; Posen, R. 1927; Der Rückfall des Dr. Horatius, R. 1935; Ohne Gott kein Leben, Schr. 1938; Berliner Erinnerungen, Aut. 1939.
L: J. E. Kloß, ²1906; G. Keil, 1929; H. May, Diss. Köln 1931; K. Haase, Diss. Würzburg 1953; H. Watzke, Diss. Wien 1958.

Kreuder, Ernst, 29. 8. 1903 Zeitz – 24. 12. 1972 Darmstadt; Oberre-

alschule in Offenbach; Banklehrling; Stud. Philos., Lit. und Kriminalistik in Frankfurt/M.; Werkstudent in e. Eisenbergwerk; Ziegel- und Bauarbeiter; Mitarbeiter der ›Frankfurter Zeitung‹; 1926/27 Wanderung durch die Balkanländer; 1932/33 Redakteur des ›Simplizissimus‹ in München; 1934–40 als freier Schriftsteller zurückgezogen in Eberstadt und Darmstadt; im 2. Weltkrieg Soldat bei der Flakartillerie; 1945 am. Gefangenschaft; zuletzt in Darmstadt-Mühltal. – Surrealist. Erzähler, mod. Romantiker; von E. T. A. Hoffmann und Eichendorff beeinflußt; humorist.-subjektiver, phantasievoller Außenseiter, geht von den herkömml. Formen der Dichtung ab. Die Kritik an s. Zeit, bes. am 2. Weltkrieg u. s. Folgen, läßt K. sich e. gewaltlosen, geläuterten Traumwelt zuwenden. Hier findet sich e. anarch. Sekte in K.s Hauptwerk ›Die Unauffindbaren‹ oder auch e. Anzahl junger Menschen der ›Gesellschaft vom Dachboden‹. Daneben auch Gedichte und Essays zur Lit.

W: Die Nacht des Gefangenen, Kgn. 1939; Das Haus mit den drei Bäumen, En. 1944; Die Gesellschaft vom Dachboden, E. 1946; Schwebender Weg, En. 1947; Die Unauffindbaren, R. 1948; Herein ohne anzuklopfen, E. 1954; G. Büchner, Es. 1955; Sommers Einsiedelei, G. 1956; Agimos oder die Weltgehilfen, R. 1959; Spur unter Wasser, E. 1963; Tunnel zu vermieten, En. 1966; Hörensagen, R. 1969; Der Mann im Bahnwärterhaus, R. 1973.
L: E. K. Von ihm/Über ihn, hg. Ch. Stoll u. B. Goldmann 1974 (m. Bibl.).

Krieger, Arnold, 1. 12. 1904 Dirschau/Weichsel – 9. 8. 1965 Frankfurt/M.; Sohn e. Mittelschuldirektors, Jugend in Thorn, Stud. Philol. Greifswald, Göttingen u. Berlin, lebte meist in Stettin, nach 1945 in der Schweiz, lange in Afrika, dann Darmstadt und

Locarno. – Zeitkrit., für humanitäre Ideale und e. revolutionäres Christentum eintretender Erzähler u. Dramatiker mit Neigung zu schriftsteller. Routine, Klischee und reißerischen Effekten; am erfolgreichsten s. Afrika-Buch ›Geliebt, gejagt und unvergessen‹.

W: Mann ohne Volk, R. 1934 (u. d. T. Hendrik und Sannah, 1957); Christian de Wet, Dr. 1936; Der dunkle Orden, R. 1940; Das erlösende Wort, G. 1941; Das Urteil, R. 1942; So will es Petöfi, R. 1942 (u. d. T. Mein Leben gehört der Liebe, 1949; Sein Leben war Liebe, 1956); Das schlagende Herz, G. 1944; Terra adorna, R. 1954; Geliebt, gejagt und unvergessen, R. 1955; Das Haus der Versöhnung, R. 1956; Der Scheidungsanwalt, R. 1957; Reichtum des Armen, G. 1958; Hilf uns leben, Cordula! R. 1959; Stärker als die Übermacht, Schr. 1961; Der Kuckuck und die Zerreißprobe, R. 1963; Abseits, wer ist's, Ausw. 1969; Du in der Welt, Ges. Liebesg. 1974; Elegien, II 1975–84; Dramen, III 1981–83.

L: F. Seefeldt, 1966; Erinn. an A. K., 1977; A. K., 1979.

Krischke, Traugott, * 14. 4. 1931 Mährisch-Schönberg; Stud. Wien und Göttingen; 1958 Lektor in Hamburg, Redakteur in München. – Lit. inspirierter Dramatiker und Fernsehspielautor; Hrsg. und Biograph Ö. v. Horváths.

W: Kreuze am Horizont, Dr. (1959); Die Liebenden von Vouvray, Lsp. (1967); Das Mißverständliche im Leben des Herrn Knöbel, FSsp. (1968); Bericht einer Offensive, FSsp. (1969); Der Ruhetag, Dr. (1982).

Kriwet, Ferdinand, * 3. 8. 1942 Düsseldorf. Avantgardist. Experimentator der konkreten und visuellen Poesie mit montierten Sehtexten und stereophonen Hörtexten.

W: Rotor, 1961; Sehtexte, II 1963f.; Leseratenfänge, 1965; Durch die Runse auf den Redder, 1965; Oos is Oos, H. (1969); One two two, H. (1969); Apollo Amerika, H. (1970); Stars, III 1971; Modell Fortuna, 1972; Com. Mix., 1972; Campaign, 1973; Radioball, H. (1975); Radioselbst H. (1979); Radio, H. (1983).

Kröger, Theodor, 1897 St. Petersburg – 24. 10. 1958 Klosters-Platz b. Davos; Sohn e. Fabrikbesitzers, Dr. Ing. u. Reserveoffizier, 1914 wegen Fluchtversuchs nach Dtl. nach Sibirien verbannt, kam nach 4 Jahren nach Berlin zurück, 1945 Kuraufenthalt in der Schweiz, dann bis zu s. Tod b. Davos. – Erzähler; gestaltete in s. weitverbreiteten Roman ›Das vergessene Dorf‹ s. Erlebnisse in Sibirien.

W: Das vergessene Dorf, R. 1934; Heimat am Don, R. 1937; Kleine Madonna, E. 1938; Der Schutzengel, E. 1939; Lächelnd thront Buddha, R. 1949; Vom Willen gemeißelt, R. 1951; Schatten der Seele, R. 1952; Natascha, R. 1960.

Kröger, Timm, 29. 11. 1844 Haale b. Rendsburg/Holstein – 29. 3. 1918 Kiel; Sohn e. Großbauern; bis 1864 Landwirt in Haale; Autodidakt; 1865–68 Stud. Jura und Nationalökonomie Kiel, Zürich, Leipzig und Berlin; 1873 Assessor in Calbe a. d. Saale; 1874 Kreisrichter in Angerburg; 1875 Staatsanwaltsgehilfe in Marienburg; 1876–79 Rechtsanwalt und Notar in Flensburg, 1879–92 in Elmshorn; Freundschaft mit D. v. Liliencron; 1892–1903 Justizrat in Kiel; 1903 freier Schriftsteller ebda. – Schlicht-gemütvoller, heimatverbundener nieder-dt. Erzähler. Meisterhafter, anschaul. Darsteller des Bauernlebens in Holstein, mit feiner Herausarbeitung der versch. Charaktere, mit bes. Vorliebe für stille Sonderlinge, daneben auch für die menschenleere Einsamkeit der Natur. In Landschaftsschilderungen z. T. von Storm beeinflußt. Formvollendet sind bes. s. tiefempfundenen, harmon. späten Novellen.

W: Eine stille Welt, En. 1891; Der Schulmeister von Handewitt, N. 1894; Hein Wieck, En. 1899; Leute eigener Art, Nn. 1904; Um den Wegzoll, Nn. 1905; Der Einzige und seine Liebe, N. 1905; Heimkehr, Sk. 1906; Mit dem Hammer, Nn. 1906; Das Buch der guten Leute, Nn. 1908; Aus alter Truhe, En.

1908; Des Reiches Kommen, Nn. 1909; Aus dämmernder Ferne, Aut. 1924. – Novellen, Ges.-Ausg. VI 1914.

L: G. Falke, 1906; J. Bödewadt, 1916; F. Schriewer, 1924; W. Hacker, Diss. Marb. 1930.

Kröpcke, Karol → Krolow, Karl

Kroetz, Franz Xaver, ⋆ 25. 2. 1946 München; Schauspielstud., Hilfsarbeiter, Kraftfahrer, Spielleiter und Schauspieler am Volkstheater Gmund, 1971 Regieassistent Darmstadt, 1972 Hausautor Städt. Bühne Heidelberg; 1972–80 KP-Mitglied, lebt seit 1974 in Kirchberg/Chiemsee und München. – Vf. naturalist., wortkarg-lakon. bayr. Volksstücke in der Nachfolge von M. Fleißer mit präzisen Zustandsschilderungen aus der sozialen Unterschicht und um vergebliche Liebesgeschichten der sozial, psych. und phys. Benachteiligten, Hilflosen und Ohnmächtigen in z. T. drast. Vulgärvokabular ohne wesentl. dramaturg. Formkraft oder formale Originalität. Reduktion des Dialogischen und Theatralischen auf Sprachlosigkeit und Kommunikationsschwierigkeiten. Seit 1972 polit. Volkstheater zur Entwicklung e. soz. Bewußtseins.

W: Hilfe, ich werde geheiratet, Lsp. 1969; Hartnäckig, Dr. (1971); Heimarbeit, Dr. (1971); Michis Blut, Dr. (1971); Wildwechsel, Dr. (1971); Männersache, Dr. (1972); Stallerhof, Dr. (1972); Globales Interesse, K. (1972); Herzliche Grüße aus Grado, Dr. (1973); Wunschkonzert, Dr. (1973); Der Mensch Adam Deigl und die Obrigkeit, FSsp. (1974); Weitere Aussichten ..., FSsp. (1974); Oberösterreich. Dolomitenstadt Lienz. Maria Magdalena, Münchner Kindl, Drr. 1974; Geisterbahn, Dr. (1975); Lieber Fritz, Dr. (1975); Das Nest, Dr. (1975); Reise ins Glück, H. (1975); Heimat, Dr. (1976); Sterntaler, Dr. (1977); Agnes Bernauer, Dr. (1977); Chiemgauer Geschichten, En. 1977; Mensch Meier, Dr. (1979); Der stramme Max, Dr. (1980); Bilanz, Dr. (1980); Wer durchs Laub geht, Dr. (1981); Der Mondscheinknecht, R. II 1981–83; Nicht Fisch nicht Fleisch. Verfassungsfeinde. Jumbo-

Track, 3 Drr. 1981; Furcht und Hoffnung der BRD, Dr. 1984; Nicaragua-Tagebuch, R. 1986; Der Nusser, Dr. (1986); Der Weihnachtstod, Dr. (1986); Bauern sterben, Dr. 1987. – Drei Stücke, 1971; Vier Stücke, 1972; Stücke, 1974; Ges. Stücke, 1975; Drei neue Stücke, 1976 u. 1979; Weitere Aussichten, Slg. 1976; Frühe Prosa. Frühe Stücke, 1983; Sämtl. Stücke, III 1987.

L: E. Panzer, 1976; R.-P. Carl, 1978 (m. Bibl.); F. X. K., 1978 (Text u. Kritik 57); O. Riewoldt, hg. 1983 (m. Bibl.); R. W. Blevins, N. Y. 1983.

Krolow, Karl (Ps. Karol Kröpke), ⋆ 11. 3. 1915 Hannover; Sohn e. Verwaltungsbeamten, Gymnas. Hannover, 1935–41 Stud. Germanistik, Romanistik, Philos. und Kunstgeschichte Göttingen und Breslau. Seit 1942 freier Schriftsteller, bis 1951 in Göttingen, dann in Hannover, seit 1956 in Darmstadt. 1960/61 Gastdozent für Poetik der Univ. Frankfurt/M., 1972 Präsident der Dt. Akad. für Sprache und Dichtung. – Fruchtbarer Lyriker unter Einfluß O. Loerkes, W. Lehmanns und der franz. Surrealisten von vollendeter Leichtigkeit, Schwerelosigkeit der Form, vibrierender Musikalität der Sprache, tänzer. Rhythmus und teils transparenter, teils bewußt herber Bildlichkeit. Anfangs reine Natur- und Landschaftslyrik von hintergründiger Sinnenhaftigkeit, Liebes- und Zeitgedichte voll Trauer und Ironie, dann zunehmend reimlose experimentelle Gedichte mit abstrakter Metaphorik, schließl. unpathet., melanchol. Alltagsbeobachtungen und skept. Betrachtungen sowie erot. Gedichte. Auch Essayist, Feuilletonist, Kritiker und Übs. franz. und span. Lyrik.

W: Hochgelobtes, gutes Leben, G. 1943; Gedichte, 1948; Heimsuchung, G. 1948; Auf Erden, G. 1949; Die Zeichen der Welt, G. 1952; Von nahen und fernen Dingen, Prosa, 1953; Wind und Zeit, G. 1954; Tage und Nächte, G. 1956; Fremde Körper, G. 1959; Tessin, Es. 1959; Aspekte zeitgenössischer deutscher Lyrik, Es. 1961; Ausgewählte Ge-

dichte, 1962; Unsichtbare Hände, G. 1962; Schattengefecht, Ess. 1964; Landschaften für mich, G. 1966; Poetisches Tagebuch, Aufz. 1966; Unter uns Lesern, Feuill. 1967; Minuten-Aufzeichnungen, Prosa 1968; Neue Gedichte, 1968; Alltägliche Gedichte, 1969; Nichts weiter als Leben, G. 1970; Bürgerliche Gedichte, 1970; Zeitvergehen, G. 1972; Deutschland, deine Niedersachsen, Es. 1972; Ein Gedicht entsteht, Ess. 1973; Lesebuch, Ausw. 1975; Der Einfachheit halber, G. 1977; Das andere Leben, E. 1979; Sterblich, G. 1980; Herbstsonett mit Hegel, G. 1981; Im Gehen, Prosa 1981; Zwischen Null und unendlich, G. 1982; Melanie, E. 1983; Herodot oder der Beginn der Geschichte, G. 1983; Schönen Dank und vorüber, G. 1984; Nacht-Leben, Prosa 1985; In Kupfer gestochen, Prosa 1987. – Ges. Gedd., III 1965–85.
L: Üb. K. K., hg. W. H. Fritz 1972; A. Rümmler, D. Entw. d. Metaphorik i. d. Lyrik K. K.s, 1972; G. Kolter, D. Rezeption westdt. Nachkriegslyrik, 1977; R. Paulus, Lyr. u. Poetik K.s, 1980 (m. Bibl.); H. S. Daemmrich, Messer u. Himmelsleiter, 1980; K. K., 1983 (Text u. Kritik 77); R. Paulus, G. Kolter, 1983 (m. Bibl.); M. Beckerle, 1984; Bibl.: R. Paulus, 1972.

Kronauer, Brigitte, ✳ 29. 12. 1940 Essen; bis 1971 Lehrerin in Aachen und Göttingen; lebt in Hamburg. – Vf. von Prosaskizzen und Romanen um weibl. Erleben mit detaillierten Alltagsschilderungen.
W: Der unvermeidliche Gang der Dinge, En. 1974; Die Revolution der Nachahmung, Prosa 1975; Vom Umgang mit der Natur, En. 1977; Frau Mühlenbeck im Gehäus, R. 1980; Die gemusterte Nacht, En. 1981; Rita Münster, R. 1983; Berittener Bogenschütze, R. 1986; Aufsätze zur Literatur, Ess. 1987.

Kroneberg, Eckart, ✳ 10. 6. 1930 Stünzhain/Thür.; Abitur, Landwirtschaftslehre; Wanderjahre, 1951–56 Stud. Theol. und Philos.; ging aus der DDR nach West-Berlin, wiss. Referent, dann Leiter des ev. Forums für Lit. und Kunst ebda. – Erzähler mit Stoffen aus der Situation des geteilten Nachkriegsdtl.; Dramatiker und Essayist.
W: Der Grenzgänger, R. 1960; Keine Scherbe für Hiob, R. 1964; Professor Kappa, Dr. (1968); Zum Beispiel Marokko, Reiseb. 1970; Die Kraft der Schlange, R. 1975.

Krüger, Bartholomäus, um 1540 Sperenberg/Mark – nach 1597 Trebbin; 1580–97 als Stadtschreiber und Organist ebda. nachweisbar. – Evangelischer Schuldramatiker und Schwankdichter der Reformationszeit. Vf. e. wirksamen weltl. Spiels über die Verurteilung e. unschuldigen Landsknechts durch bäuerl. Richter und e. lit. und kulturhist. wertvollen geistl. Spiels. Sammelte aus dem Volksmund s. Gegend Schwänke um den Spaßvogel Hans Clauert, e. Eulenspiegel aus Trebbin; gab diese als ›Hans Clawerts Werckliche Historien‹ heraus.
W: Eine schöne vnd lustige newe Action Von dem Anfang vnd Ende der Welt . . ., Dr. um 1579 (n. J. Tittmann, in Schauspiele des 16. Jh., 1868); Ein Newes Weltliches Spiel, Wie die Pewrischen Richter, einen Landsknecht vnschuldig hinrichten laßen . . ., Dr. um 1579 (n. J. Bolte 1884); Hans Clawerts Werckliche Historien, Schw. 1587 (n. 1882).
L: O. Pniower, 1897.

Krüger, Hermann Anders, 11. 8. 1871 Dorpat/Estl. – 10. 12. 1945 Neudietendorf/Thür., Schulen in Herrnhut und Gnadenfrei. Stud. Theologie, dann Geschichte, Geographie, Nationalökonomie u. Germanistik Leipzig, 1909 Prof. für dt. Sprache u. Lit. Hannover, seit 1921 Bibliotheksdirektor in Gotha und Weimar. – Vf. relig. Erziehungsromane sowie lit.-hist. Schriften.
W: Ritter Hans, Dr. 1897; Pseudoromantik, St. 1904; Gottfried Kämpfer, R. II 1904f. (n. 1957); Der Kronprinz, Dr. 1907; Kaspar Krumbholtz, R. II 1909f.; Der junge Raabe, B. 1911; Deutsches Literatur-Lexikon, 1914; Sohn und Vater, Aut. 1922.
L: L. Bäte, 1941.

Krüger, Michael, ✳ 9. 12. 1943 Wittgendorf b. Zeitz; Verlagslektor in München, 1981 Hrsg. der Zs. ›Akzente‹, seit 1986 Verlagsleiter. – Lyriker mit Gedankenlyrik der Sprachskepsis und der Zeichensuche im Alltag; Erzähler und Essayist.

W: Reginapoly, G. 1976; Diderots Katze, G. 1978; Nekrologe, G. 1979; Lidas Taschenmuseum, G. 1981; Aus der Ebene, G. 1982; Stimmen, G. 1983; Wiederholungen, G. 1983; Was tun?, E. 1984; Die Dronte, G. 1985; Warum Peking?, E. 1986; Zoo, G. 1986; Wieso ich?, E. 1987.

Krüss, James (Ps. Markus Polder, Felix Ritter), ★ 31. 5. 1926 Helgoland; wollte Lehrer werden, PH Braunschweig und Lüneburg, im Krieg bei der Luftwaffe, 1949 freier Schriftsteller in München, dann Kanarische Inseln. – Bedeutender Kinder- und Jugendbuchautor von Einfallsreichtum und kindgerechter Originalität. Bilderbuchverse, Nonsenseverse, Fabeln, Hörspiele, realist., surrealist. und sozialkrit. Kinderbücher.

W: Der goldene Faden, Leg. 1946; Der Leuchtturm auf den Hummerklippen, E. 1956; Die glücklichen Inseln hinter dem Winde, En. 1958; Mein Urgroßvater und ich, E. 1959; Der wohltemperierte Leierkasten, G. 1961; Florentine und die Tauben, E. 1961; Timm Thaler, E. 1962; 3 × 3 an einem Tag, Bb. 1963; Adler und Taube, En. 1964; ABC und Phantasie, G. 1964; James' Tierleben, G. 1965; Briefe an Pauline, E. 1968; Bienchen, Trinchen, Karolinchen, G. 1968; Geschichten aus allen Winden, En. 1973; Paquito, E. 1978; Timm Thalers Puppen, E. 1979; Das neue Papageienbuch, IV 1980f.; Florian auf der Wolke, E. 1981.

Kuba (eig. Kurt Barthel), 8. 6. 1914 Garnsdorf b. Chemnitz – 12. 11. 1967 Frankfurt/M.; Arbeitersohn, Dekorationsmaler, 1933 Emigration nach Prag, Leiter e. Laienspielgruppe, 1938 über Polen nach England, dort Land- und Bauarbeiter. 1946 Rückkehr nach Dtl.: Redakteur, Kulturfunktionär, 1950–58 Volkskammer-Abgeordneter, 1954 Mitgl. des Zentralkomitees der SED, Freund Ulbrichts; lebte seit 1957 in Warnemünde; 1959 Chefdramaturg am Volkstheater Rostock, 1960 Dr. h. c. – Sozialist. Lyriker von

geringer sprachl. Formkraft, doch vordergründiger Gesinnung in Agitprop, Stalinhymnen und Traktorenlyrik; e. Art Parteidichter der SED. Auch Dramen und Drehbücher.

W: Gedichte vom Menschen, Dicht. 1948; Kantate auf Stalin, G. 1949; Klaus Störtebeker, Dr. 1959; Gedichte, 1961; Brot und Wein, G. 1961; Terra incognita, Dr. 1964; Wort auf Wort wächst das Lied, G. 1969; Zack streitet sich mit der ganzen Welt, R. 1982. – GW, 1970 ff.
L: D. Schiller, Diss. Bln. 1965; E. Scherner, Ich hab den Morgen oftmals kommen sehen, 1975; Tausend neue Träume, hg. R. Barthel 1986.

Kubin, Alfred, 10. 4. 1877 Leitmeritz/Böhmen – 20. 8. 1959 Zwickledt b. Schärding/Oberösterr.; Sohn e. Obergeometers; Gymnas. Leitmeritz; Photographenlehre; ab 1898 Kunstgewerbeschule Salzburg und Kunstakad. München; 1905–08 Studienreisen in die Schweiz, nach Frankreich, Italien und auf den Balkan; ab 1906 Maler, Zeichner, Illustrator und freier Schriftsteller auf Schloß Zwickledt am Inn. – Eigenwilliger Erzähler und Essayist. Wendet sich wie in s. graph. Werk auch in s. expressionist. Romanen gerne dem Traumhaften, Hintergründigen, Unheimlichen und Dämonischen zu, so in s. Hauptwerk ›Die andere Seite‹, dem phantast.-symbol. Roman e. Traumreichs.

W: Die andere Seite, R. 1909; Der Guckkasten, En. 1925; Dämonen und Nachtgesichte, Aut. 1926; Vom Schreibtisch eines Zeichners, Ess. 1939; Abenteuer einer Zeichenfeder, 1941; Nüchterne Balladen, 1949; Phantasien im Böhmerwald, 1951; Aus meiner Werkstatt, Prosa, hg. U. Riemerschmidt 1973; Die wilde Rast. Briefe an H. Koeppel, hg. W. Boll 1973; Aus meinem Leben – Ges. Prosa, hg. U. Riemerschmidt 1974; Briefw. m. F. v. Herzmanovsky-Orlando, 1983.
L: P. F. Schmidt, 1924; K. Otte u. P. Raabe, 1957; A. Hewig, Phantast. Wirklichkeit, 1967; W. K. Müller-Thalheim, Erotik u. Dämonie i. Wk. A. K.s, 1970; P. Baum, hg. 1977; P. Raabe, hg. 1977; H. Bisanz, 1977; O.

Breicha, hg. 1978; G. Roggenbruck, D. Groteske i. Wk. A. K.s, 1979; Bibl.: A. Horodisch, 1962.

Kuby, Erich, ★ 28. 6. 1910 Baden-Baden; Landwirtssohn, Stud. Volkswirtschaft Hamburg, Erlangen, München; Journalist, Soldat; 1947 Chefredakteur der Zs. ›Der Ruf‹, dann Journalist (›Süddeutsche Zeitung‹, ›Die Welt‹, ›Stern‹, ›Spiegel‹) in München – Erzähler, Zeitkritiker, Dramatiker, Hörspiel- und Drehbuchautor, leidenschaftl. Kritiker der bundesdt. Verhältnisse.

W: Das ist des Deutschen Vaterland, Ber. 1957; Rosemarie, R. 1958; Nur noch rauchende Trümmer, Tg. 1959; Alles im Eimer, Ber. 1960; Sieg! Sieg!, R. 1961; F. J. Strauß, B. 1963; Im Fibag-Wahn, Rep. 1962; Richard Wagner & Co, B. 1963; Die Russen in Berlin 1945, Rep. 1965; Die deutsche Angst, St. 1969; Mein Krieg, Aufz. 1975; Verrat auf deutsch, St. 1982; Das Ende des Schreckens, Ber. 1984; Als Polen deutsch war, Schr. 1986.

Kuckhoff, Adam, 30. 8. 1887 Aachen – 5. 8. 1943 Berlin-Plötzensee; Stud. Volkswirtschaft, Philos. und Germanistik, 1912 Dr. phil.; Schauspieler und Dramaturg in Elberfeld und Frankfurt/M., 1928/29 Schriftleiter der Zs. ›Die Tat‹; 1930–32 Dramaturg und Spielleiter Staatl. Schauspielhaus Berlin, dann Lektor und freier Schriftsteller, Filmdramaturg; nach 1933 aktiver Widerstandskämpfer der Gruppe ›Rote Kapelle‹; 1942 verhaftet und hingerichtet. – Sozialist. Erzähler, Dramatiker und Kunsttheoretiker.

W: Der Deutsche von Bayencourt, Dr. 1915 (als Roman 1937); Disziplin, K. 1921; Scherry, R. 1931; Till Eulenspiegel, Dr. 1941. – Ausw., hg. G. Wiemers 1970; Fröhlich bestehn, Ausw. 1986.
L: I. Drewitz, 1968.

Kudrun (Gudrun), um 1230/40 wohl im bayr.-österr. Raum entstandenes mhd. Heldenepos e.

unbekannten fahrenden Berufsdichters, nur in der Ambraser Hs. überliefert; Umformung e. von e. Lied des Ostseeraumes ausgehenden älteren Hilde-Epos (mit trag. Ausgang) in höf. Geist; stilist. und sprachl. in der Nachfolge des Nibelungenlieds (Kudrunstrophe); daneben stoffl. Entlehnungen aus dem Herbortlied und Gottfrieds ›Tristan‹. Werbung und Entführung über See sind wichtigste Motive der in 3 Teilen durch 3 Generationen führenden Geschichte Kudruns, der Tochter Hildes und Hetels und Braut Herwigs, die durch dessen Nebenbuhler Hartmut entführt, nach e. Sieg des Entführers über ihre ihn verfolgenden Angehörigen, bei diesem gefangengehalten, endl. doch nach e. weiteren Schlacht befreit und Herwig vermählt wird. Die K. zeigt keine Idealgestalten, sondern wirklichkeitsnahe, deutl. geprägte Persönlichkeiten. Viele harte, gewaltsame Züge, gegenüber dem Nibelungenlied nur im versöhnl. Ende milder.

A: E. Martin ²1911; K. Bartsch ⁵1965; B. Symons ⁴1964; E. Sievers ²1955; F. H. Bäuml 1969. – *Übs.:* H. A. Junghans ²1938; K. Simrock u. F. Neumann 1958.
L: F. Panzer, Hilde – G., 1901; n. 1978; J. Benedict, 1902; M. Kübel, 1929; M. J. Hartsen, Die Bausteine des G.-Epos, Diss. Bonn 1941; ders., Das G.-Epos, 1942; M. Wege, Diss. Mainz 1953; F. Hilgers, D. Menschendarstellung i. d. K., 1960; J. Carles, Paris 1963; H. Siefken, Überindiv. Formen u. d. Aufbau d. K.-Epos, 1966; W. Hoffmann, 1967; R. Wisniewski, ²1968; Nibelungenlied u. K., hg. H. Rupp 1976; H. Maisack, K. zw. Spanien u. Byzanz, 1978; I. R. Campbell, Cambr. 1978; T. Nolte, 1985.

Kübler, Arnold, 2. 8. 1890 Wiesendangen b. Winterthur – 27. 12. 1983 Zürich; Stud. Geologie, dann Bildhauer; Schauspieler; später Schriftleiter, schließl. Chefredakteur 1924–41 der ›Zürcher Illustrierten‹, 1941–57 der

Zs. ›Du‹ in Zürich. – Gemüthafter Schweizer Erzähler ansprechender, farbiger, meist humorvoller u. von menschl. Verständnis getragener Romane. Bedeutende autobiograph. Entwicklungsromane. Auch Dramatiker und Epiker.

W: Schuster Aiolos, K. 1922; Der verhinderte Schauspieler, R. 1934; Das Herz, die Ecke, der Esel und andere Geschichten, En. 1939; Oeppi von Wasenwachs, R. 1943; Oeppi der Student, R. 1947; Oeppi und Eva, R. 1951; Velodyssee, Ep. 1955; Stätten und Städte, Ess. 1963; Oeppi der Narr, R. 1964; Paris-Bâle à pied, Reiseb. 1967; Sage und schreibe, G. 1969.

Küfer, Bruno → Scheerbart, Paul

Kügelgen, Wilhelm von, 20. 11. 1802 St. Petersburg – 25. 5. 1867 Ballenstedt; Sohn des Malers Gerhard v. K.; Kunststud. in Dresden und Rom; 1827–29 in Rußland; 1834 Hofmaler, ab 1853 Kammerherr Herzog Karl Alexanders von Anhalt-Bernburg in Ballenstedt. – Berühmter Memoirenschreiber. In den erst nach s. Tode erschienen ›Jugenderinnerungen eines alten Mannes‹, einem der bekanntesten Memoirenwerke der dt. Lit., schildert er das höf. und bürgerl. Leben zu Anfang des 19. Jh., von Dresden u. kleineren mittel-dt. Fürstenhöfen aus betrachtet. In dem oft mit feinem Humor und bisweilen auch leichter Ironie geschriebenen Werk zeigt sich s. Erzählertalent; es ist e. Spiegel der Weisheit, Güte und menschl. Größe des vom Alter auf die Jugendjahre Zurückblickenden.

W: Jugenderinnerungen eines alten Mannes, Aut. 1870 (n. 1970); Lebenserinnerungen des Alten Mannes in Briefen an s. Bruder Gerhard 1840–1867, hg. P. S. v. K. u. J. Werner 1923; Der Dankwart, M. 1924; Zwischen Jugend und Reife des Alten Mannes 1820–40, hg. J. Werner 1925.

Kühn, August (eig. Rainer Zwing), * 25. 9. 1936 München;

Optikschleiferlehre; Reporter, Kabarettist, Angestellter, freier Schriftsteller in München. – Vf. realist. Sozialromane (Betriebs-, Generations-, Schelmenromane) aus dem bayr. Proletarier-, Arbeiter- und Kleinbürgermilieu unter dem Aspekt polit. Bewußtseinsbildung und Identitätssuche, in dialektnaher Sprache.

W: Westendgeschichten, Prosa 1972; Der bayerische Aufstand, Vst. (1973); Eis am Stecken, R. 1974; Zwei in einem Gewand, Dr. (1974); Zeit zum Aufstehen, R. 1975; Massbierien, Sat. 1977; Münchner Geschichten, En. 1977; Jahrgang 22, R. 1977; Fritz Wachsmuths Wunderjahre, R. 1978; Die Vorstadt, R. 1981; Deutschland – ein lauer Sommer, Reiseb. 1985; Meine Mutter 1907, R. 1986.

Kühn, Dieter, * 1. 2. 1935 Köln, Stud. Germanistik, Anglistik Freiburg, München, Bonn, Dr. phil., lebt in Düren. – Vielseitiger Erzähler fiktionaler u. dokumentar. Prosa zu Problemen der Vergangenheit und der Gegenwart; erfolgr. halbdokumentar. lit. u. hist. Biographien mit imaginären Alternativen. Kinderbuch-, Hörspiel- und Funkautor. Zeitkrit. Dramen.

W: N, E. 1970; Präparation eines Opfers, Dr. (1970); Ausflüge im Fesselballon, R. 1971; Musik & Gesellschaft, Ess. 1971; Grenzen des Widerstands, Ess. 1972; Siam-Siam, E. 1972; Simulation, Dr. (1972); Die Präsidentin, R. 1973; Unternehmen Rammbock, St. 1974; Mit dem Zauberpferd nach London, Kdb. 1974; Festspiel für Rothäute, E. 1974; Luftkrieg als Abenteuer, Schr. 1975; Stanislaw der Schweiger, R. 1975; Goldberg-Variationen, H.e 1976; Op de Parkbank, H. 1976; Ein Schrank wird belagert, Dr. 1976; Josephine, B. 1976; Ich Wolkenstein, B. 1977; Ludwigslust, En. 1977; Herbstmanöver, Dr. (1977); Löwenmusik, Ess. 1979; Der Herr der fliegenden Fische, M. 1979; Und der Sultan von Oman, E. 1979; Wildwuchs, Dr. (1979); Gespräch mit dem Henker, Dr. (1979); Auf der Zeitachse, Prosa 1980; Galaktisches Rauschen, H.e 1980; Herr Neidhart, B. 1981; Im Zielgebiet, Dr. (1982); Der wilde Gesang der Kaiserin Elisabeth, B. 1982; Schnee und Schwefel, G. 1982; Ein Tanz mit Mata Hari, Dr. (1983); Die Kammer des schwarzen Lichts, R. 1984; Carabu tanzt, En. 1983; Der

Himalaya im Wintergarten, En. 1984; Flaschenpost für Goethe, Prosa 1985; Der Parzival des Wolfram von Eschenbach, Übs. u. Es. 1986; Bettines letzte Liebschaften, E. 1986.

Kühne, (Ferdinand) Gustav, 27. 12. 1806 Magdeburg – 22. 4. 1888 Dresden; Sohn e. Ratszimmermeisters; kam 1818 nach Berlin; Gymnas. ebda.; 1826–30 Stud. Literaturgesch. und Philos.; Mitarbeiter der ›Preußischen Staatszeitung‹; 1832 Redaktionssekretär der ›Wissenschaftlichen Jahrbücher‹ in Leipzig; 1835–42 Schriftleiter der ›Eleganten Welt‹ ebda.; erwarb 1846 von A. Lewald die Zs. ›Europa‹, die er bis 1859 in Leipzig leitete; dann freier Schriftsteller in Dresden. – Gewandter Erzähler, auch Lyriker und Dramatiker; anfangs in der Nachfolge Tiecks, dann mit jungdt. Tendenz. Vf. auf eingehenden Studien aufgebauter hist. Romane, bedeutender histor.-krit. Schilderungen und zeitgeschichtl. interessanter Memoiren.

W: Novellen, 1831; Eine Quarantäne im Irrenhause, N. 1835; Weibliche und männliche Charaktere, Sk. II 1838; Klosternovellen, II 1838; Portraits und Silhouetten, II 1843; Schillers Demetrius, fortgesetzt, 1859; Mein Tagebuch in bewegter Zeit, Aut. 1863; Christus auf der Wanderschaft, Leg. 1870; Wittenberg und Rom, Nn. II 1876. – GS, XII 1862–67.
L: E. Pierson, 1890; K. Wolf, Diss. Gött. 1925; K. Haß, 1973.

Kühnelt, Hans Friedrich, * 20. 3. 1918 Bozen; Ingenieur, Schauspieler, dann freier Schriftsteller in Wien. – Anfangs Lyriker, später Dramatiker mit iron.-romant. Komödien und aktuellen Zeitstücken.

W: Das Traumschiff, G. 1949; Der Steinbruch, Dr. (1950); Make up, Dr. (1950); Ein Tag mit Edward, K. (1953); Es ist später, als du denkst, Dr. (1957); Eusebius und die Nachtigall, K. (1959); Straße ohne Ende, Dr. (1963); Geliebtes schwarzes Schaf, K. (1967); Ursomos, K. (1977).

Kühner, Otto Heinrich, * 10. 3. 1921 Nimburg-Kaiserstuhl/Baden; Dramaturg und Rundfunklektor in Stuttgart, Schriftsteller in Kassel. – Erzähler, Nonsense-Lyriker, Dramatiker und Hörspielautor. Bekannt bes. durch s. Kriegsroman ›Nikolskoje‹ und heiter-liebenswerte Satiren auf die Gegenwart.

W: Am Rande der Großstadt, G. 1953; Nikolskoje, R. 1953; Mein Zimmer grenzt an Babylon, H.e 1954; Dann kam die Stille, En. 1956; Wahn und Untergang, Geschichte des 2. Weltkriegs, 1956; Die Verläßlichkeit der Ereignisse, En. 1958; Das Loch in der Jacke des Grafen Bock von Bockenburg, R. 1959; Aschermittwoch, R. 1962; Die Heiratsannonce, R. 1966; Pastorale 67, H. 1968; Pummerer, G. 1969; Narrensicher, G. 1972; Der Freiheit eine Allee, G. 1974; Lebenslauf eines Attentäters, R. 1975; Blühender Unsinn, G. 1978; 24 Stunden deutsche Ortszeit, Rep. 1979; Pummerers verblümte Halbwahrheiten, G. 1979; Dreierlei Wahrheiten über einen Volkshelden, En. 1980; Trost des Lächelns, G. 1981; Wozu noch Gedichte, G. 1983; Der Pappkamerad und die Strohpuppe, R. 1984.

Kükelhaus, Heinz, 12. 2. 1902 Essen – 3. 5. 1946 Bad Berka/Thür., Internat in Hamburg, 1918 Wanderleben, als geflüchteter Fremdenlegionär in Span. Marokko, im Rifkrieg verwundet, Arbeiter im Ruhrbergbau, 1931 Siedler in Bischofsberg/Ostpr.; zuletzt freier Schriftsteller in Niederkrossen b. Kahla/Thür. – Vf. von meist auf eig. Erleben beruhenden Abenteuerromanen, auch Lyriker und Dramatiker.

W: Erdenbruder auf Zickzackfahrt, R. 1931; Armer Teufel, R. 1933; Gott und seine Bauern, R. 1934; Mensch Simon, R. 1937; Justinia, K. 1938; Das Mädchen von Melilla, R. 1938; Auferstehung, Dr. 1939; Thomas der Perlenfischer, R. 1941; Weihnachtsbäume für Buffalo, R. 1943; Gedichte, 1948.

Kuen, Johannes → Khuen, Johannes

Künkel, Hans, 7. 5. 1896 Stolzenberg b. Landsberg/Warthe – 17. 11. 1956 Bad Pyrmont, aus

märk. Fischer- u. Bauerngeschlecht. Freiwilliger im 1. Weltkrieg; Stud. Würzburg, Dr. phil.,
Studienrat in Harburg-Wilhelms-
burg und Frankfurt/Oder, Oberstudiendirektor in Wolfenbüttel.
– Landschaftsverbundener, in Geschichte u. humanist. Tradition
wurzelnder Erzähler und Vf.
weltanschaul.-philos. Abhandlungen über das Problem der inneren Bewältigung des menschl.
Schicksals; auch Dramatiker.

W: Das große Jahr, Abh. 1922; Schicksal und
Willensfreiheit, Abh. 1924; Die Sonnenbahn,
Schr. 1926; Anna Leun, R. 1932; Schicksal
und Liebe des Niklas von Cues, R. 1936;
Kaiphas, Dr. 1938; Ein Arzt sucht seinen
Weg, R. 1939; Die arge Ursula, E. 1940;
Laszlo, E. 1941; Der Mensch und die Mächte
im Kampf um die Weltgestaltung, Schr.
1948; Das Labyrinth der Welt, R. 1951.

Küpper, Heinz, * 10. 11. 1931
Euskirchen; Stud. Germanistik
und Gesch. Bonn und Berlin;
Gymnasiallehrer in Münstereifel.
– Erzähler aus dem Erleben der
jungen Kriegs- und Nachkriegsgeneration; Fernsehspiele.

W: Wörterbuch der dt. Umgangssprache, VI
1963–70; Simplicius 45, R. 1963; Reclams
Fremdwörterbuch, 1964; Milch und Honig,
R. 1965; Ein Mädchen, FSsp. (1970); Vier
Tage unentschuldigt, FSsp. (1971); Illustrier-
tes Lexikon der dt. Umgangssprache, VIII
1982–84.

Kürenberg, Joachim von (eig.
Eduard Joachim von Reichel), 21.
9. 1892 Königsberg – 3. 11. 1954
Meran; Offizierssohn; Gardeoffi-
zier, dann Diplomat in Konstan-
tinopel, Rom und Wien; Stud. in
Königsberg, Berlin, Zürich und
Heidelberg; später Dramaturg in
Bremen, Brünn, Düsseldorf und
Wien; 1930 freier Schriftsteller;
ging 1935 in die Schweiz, nach
dem Kriege nach Bernried/Ober-
bayern und Hamburg. – Erzähler,
Dramatiker und Essayist. Vf. bio-
graph. Romane um bedeutende
Persönlichkeiten des 19./20. Jh.

W: Essays, 1925; Mord in Tirol, Dr. 1930;
Der Maulwurf, Dr. 1931; Die graue Emi-
nenz, R. 1932; Menzel, die kleine Exzellenz,
R. 1935; Krupp, R. 1935; War alles falsch?, B.
1940; Katharina Schratt, R. 1941; Das Son-
nenweib, R. 1941; Die Kaiserin von Indien,
R. 1947; Bella donna, R. 1950.

Kürenberger, Der, mhd. Dichter, Mitte 12. Jh.; ältester namentl. bekannter Lyriker dt.
Sprache; aus österr. ritterl. Geschlecht, wohl aus der Linzer Gegend. S. 15 erhaltenen volkslied-
haft-balladesken Lieder stehen ge-
sondert vom gesamten übrigen
Minnesang. Am Heldenlied, der
frühhöf. Kunst, geschult, ferne
der provenzal. Dichtung und der
höf. Minnetheorie, ledigl. den altertüml. Liedern Dietmars nahe.
Charakterist. ist neben dem ep.
Hintergrund das Verhältnis der
Geschlechter. Werbende ist die
Frau; sie sucht die Liebe des Mannes. Das ›Falkenlied‹ spricht vom
Sehnen der Verlassenen nach dem
entfernten Geliebten im Bilde e.
entflogenen Falken. Meist einfach
gebaute, einstroph. Lieder, z. T.
auch mit Assonanzen, in ›des
Kürnberges wîse‹, der Nibelungenstrophe. Nach den redenden
Personen unterscheiden sich Frau-
en- und Männerstrophen. Inhaltl.
Verbindung zweier Strophen zu
e. ›Wechsel‹, Gespräch zwischen
Mädchen und Ritter.

A: MF; G. Agler-Beck, Amsterd. 1978.
L: B. K. Bühring, D. K.-Liederbuch, Progr.
Arnstadt, 1901 f.; H. Bretschneider, D. K.-
Lit., Diss. Würzb. 1908; Ch. Schmid, D.
Lieder d. K.-Slg., 1980.

Kürnberger, Ferdinand, 3. 7.
1821 Wien – 14. 10. 1879 München; Sohn e. Laternenanzünders
und e. Gemüsehändlerin; Piari-
sten- und Benediktinerzögling;
Stud. Philos. und Philol. Wien;
liberaler Publizist; mußte während der Revolution von 1848

nach Dtl. fliehen; nahm 1849 an dem Dresdener Aufstand teil, deswegen 9 Monate Festungshaft; war in Hamburg, Bremen und Frankfurt/M.; kehrte 1864 nach Österreich zurück; 1865–67 in Graz; dann nach Wien; dort 1867–70 Sekretär der Dt. Schillerstiftung; seit 1877 wieder in Graz, zuletzt München. – Geistvoller, z. T. satir. österr. Publizist, Kritiker und bes. Feuilletonist von treffsicherem Urteil; feinsinniger Erzähler und Dramatiker des Realismus. In s. ersten Roman, dem ›Amerika-Müden‹, stellt er N. Lenaus Enttäuschung in der Neuen Welt dar, angeregt von s. eigenen Auswandererschicksal. Realist., gedankenreiche, tief-herbe Novellen. Die Aufsätze ›Siegelringe‹ weisen mit prophet. Scharfblick auf das Ende der österr. Monarchie hin.

W: Catilina, Dr. 1854; Der Amerika-Müde, R. 1855 (n. 1982); Novellen, III 1861 f.; Siegelringe, Aufs. 1874; Der Haustyrann, R. 1876; Literarische Herzenssachen, Ess. 1877 (n. 1959); Löwenblut, N. 1892; Das Schloß der Frevel, R. II 1904; 50 Feuilletons, 1905 (Ausw. hg. K. Riha 1967); Dramen, XII 1907. – GW, hg. O. E. Deutsch IV 1910; Briefe an e. Freundin, 1907, n. 1975; Briefe e. polit. Flüchtlings, 1920.

L: G. A. Mulfinger, 1903; H. Wittibschlager, Diss. Wien 1923; H. Meyer, 1929; G. Nachtigall, Diss. Wien 1947; R. Wessely, Diss. Wien 1948; W. Immergut, Diss. Wien 1952; H. Arnold, Diss. Lpz. 1966; W.-D. Kühnel, F. K. als Lit.theoretiker, 1970; A. Wildhagen, D. polit. Feuilleton F. K.s, 1985.

Kugler, Franz Theodor (Ps. Franz Theodor Erwin), 19. 1. 1808 Stettin – 18. 3. 1858 Berlin; Kaufmannssohn; 1826 Stud. Philos. und Kunstgesch. Berlin und Heidelberg; trat in die Berliner Bauakademie ein; 1833 Prof. für Kunstgesch. in Berlin; Freund Reinicks; Schwiegersohn Hitzigs; seit 1842 Redakteur des ›Kunstblattes‹ (ab 1850 ›Deutsches Kunstblatt‹); 1843 Geheimrat im Kultusministerium; Schwiegervater P. Heyses; s. Haus war Mittelpunkt des Berliner lit. Lebens und des ›Tunnels über der Spree‹, dort verkehrten Eichendorff, Geibel, Storm, Fontane u. v. a. – Lyriker, Dramatiker und Erzähler. Volkstüml. s. Lied ›An der Saale hellem Strande‹. Als Historiker bekannt durch die von Menzel illustrierte ›Geschichte Friedrichs des Großen‹. Mit T. Fontane Hrsg. des Jahrbuchs ›Argo‹. Auch Vf. wiss. Werke zur Kunstgeschichte.

W: Skizzenbuch, G. 1830; Legenden, 1831; Gedichte, 1840; Geschichte Friedrichs des Großen, 1840; Belletristische Schriften, 1850 (erw. VIII 1851 f.); Liederhefte, 1852.
L: E. Kaletta, Diss. Bresl. 1937.

Kuh, Anton, 12. 7. 1890 Wien – 18. 1. 1941 New York, lebte in Wien, Berlin, ab 1938 Exil in USA. – Wiener Feuilletonist und Satiriker.

W: Juden und Deutsche, Schr. 1921; Von Goethe abwärts, Ess. 1922 (u. d. T. Aphorismen, 1963); Der unsterbliche Österreicher, Schr. 1930; Luftlinien, Ausw. R. Greuner 1981; Zeitgeist im Literatur-Café, Ausw. U. Lehner 1983.

Kuhlmann, Quirinus, 25. 2. 1651 Breslau – 4. 10. 1689 Moskau; Kaufmannssohn; bis 1673 Stud. Jura Jena, auch theosoph. Studien; ging nach den Niederlanden; geriet in Amsterdam unter Einfluß des relig. Schwärmers J. Roth; beschäftigte sich in Leiden mit den Schriften J. Böhmes; dort ausgewiesen, durchzog die Niederlande, England und Frankreich; 1671 ›Kaiserl. Hofpoet‹; ging schließl. nach Rom, um den Papst für s. Lehre zu begeistern; wollte als ›Jesueliter‹ und ›Prinz Gottes‹ e. neues Weltreich gründen; 1678 nach Konstantinopel, um den türk. Sultan zu überzeugen, entging dabei mit knapper

Not dem Tode, kehrte nach Amsterdam zurück; reiste zur Gewinnung von Anhängern 1689 nach Rußland; von Geistlichen der dt. reformierten Kirche Rußlands denunziert; wegen s. prophet. Gebarens, anstöß. Weissagungen und e. Aufruhrversuches verhaftet und auf Befehl des Moskauer Patriarchen verbrannt. – Gefühlsreicher, ausdruckskräftiger geistl. Lyriker des Barock. In s. myst. Ekstase verstiegen, meist in visionärer Schwärmerei völlig verworren.

W: Epigramme, 1666; Himmlische Libes-Küsse, G. 1671 (n. B. Biehl-Werner 1971); Lehrreiche Weißheit-Lehr-Hof-Tugend-Sonnenblumen Preißwürdigster Sprüche . . ., 1671; Geschicht-Herold oder freudige und traurige Begebenheiten Hoher und Nidriger Persohnen, 1673; Der Kühlpsalter, G. III 1684–86 (n. R. L. Bearle, II 1971, NdL).
L: K. Eschrich, Diss. Greifswald 1929; R. Flechsig, Diss. Bonn 1952; H. P. Müssle, Diss. Mchn. 1953; C. V. Bock, 1957; W. Dietze, 1963.

Kuhnert, Adolf-Artur, 4. 7. 1905 Braunschweig – 1. 8. 1958 Sulzfeld a. M.; Jugend in Kassel; Müllermeister, Packer u. Hafenarbeiter; Stud. Naturwiss. Hamburg; freier Schriftsteller in Dresden; 1935–40 Reporter beim Rundfunk. Reisen in nord. Länder; 1940–45 Hausautor der ›Terra‹-Filmgesellschaft; lebte in Hohenfeld b. Kitzingen. – Vielseitiger Erzähler, Dramatiker, Film- und Hörspielautor. S. Hauptwerk ist ›Die große Mutter vom Main‹ um das Leben e. kinderreichen Mutter als Sinnbild der fruchtbaren Mainlandschaft.

W: Paganini, R. 1929; Handel um Agla, R. 1929; Kriegsfront der Frauen, R. 1929; Der Wald, E. 1929; Fische im Fjord, R. 1930; Die Männer von St. Kilda, R. 1931; Karjane, Geliebte unseres Sommers, R. 1933; Die große Mutter vom Main, R. 1935; Die Frühlingswolke, E. 1935.

Kulka, Georg, 5. 6. 1897 Weidling b. Wien – 29. 4. 1929 Wien;

im 1. Weltkrieg Reserveoffizier, Stud. Philos., Buchhersteller, Kaufmann; Freitod. – Lyriker aus dem Umkreis des Expressionismus mit Vorliebe für Neologismen und e. auf statist. Überraschungen beruhenden Texttheorie.

W: Der Stiefbruder, Aufz. u. G. 1920; Der Zustand K. Kraus, 1920; Requiem, G. 1921. – Aufzeichnung und Lyrik, hg. H. Kasack, H. Kreuzer 1963, ²1985; Das Gesamtwk., hg. G. Sauder 1987.

Kulmus, Luise Adelgunde Victorie → Gottsched, Luise Adelgunde Victorie

Kunert, Günter, * 6. 3. 1929 Berlin; 1946/47 Stud. Hochschule für angewandte Kunst Berlin-Weißensee; freier Schriftsteller, Zeichner und Maler in Ost-Berlin, gefördert von J. R. Becher und B. Brecht. 1972 Gast in Austin/Texas. 1977 im Gefolge des Bierman-Protests SED-Parteiausschluß. Lebt seit Okt. 1979 mit Ausreisevisum der DDR bei Itzehoe. 1981 Gastdozent für Poetik Frankfurt/M. – Vf. herb-lakon. Verse, Lieder und Balladen über NS-Vergangenheit und Kriegserleben, dann engagierte Lehrgedichte und warnende polem. Zeitgedichte in der Brecht-Nachfolge; Erzähler satir. Romane, grotesk-iron. Kurzgeschichten, provozierender Parabeln und mod. Märchen zur illusionslosen Darstellung vorgefundener Zustände und der Widersprüche der Existenz. Sanfte Ironie zwischen Zweifel und Widerspruch, Resignation und Pessimismus. Auch Hörspiel, Fernsehspiel, Filmdrehbuch, Kinderopern.

W: Wegschilder und Mauerinschriften, G. 1950; Der ewige Detektiv, Sat. 1954; Unter diesem Himmel, G. 1955; Der Kaiser von Hondu, FSsp. 1959; Tagwerke, G. 1961; Das kreuzbrave Liederbuch, G. 1961; Erinnerung

an einen Planeten, G. 1963; Tagträume, Prosa 1964; Der ungebetene Gast, G. 1965; Unschuld der Natur, G. 1966; Verkündigung des Wetters, G. 1966; Im Namen der Hüte, R. 1967; Die Beerdigung findet in aller Stille statt, En. 1968; Kramen in Fächern, En. 1968; Warnung vor Spiegeln, G. 1970; Ortsangaben, Prosa 1971; Karpfs Karriere, FSsp. (1972); Tagträume in Berlin und andernorts, Ausw. 1972; Offener Ausgang, G. 1972; Gast aus England, E. 1973; Die geheime Bibliothek, Prosa 1973; Ehrenhändel, H. (1974); Im weiteren Fortgang, G. 1974; Der andere Planet, Reiseb. 1974; Der Mittelpunkt der Erde, En. 1975; Warum schreiben, Ess. 1976; Jeder Wunsch ein Treffer, Kdb. 1976; Kinobesuch, En. 1976; Ein anderer K., H. 1977; Unterwegs nach Utopia, G. 1977; Heinrich von Kleist, Rd. 1978; Verlangen nach Bomarzo, G. 1978; Camera obscura, Prosa 1978; En englisches Tagebuch, Prosa 1978; Die Schreie der Fledermäuse, Ausw. 1979; Ziellose Umtriebe, Prosa 1979; Unruhiger Schlaf, G. 1979; K. lesen, Ausw. 1979; Abtötungsverfahren, G. 1980; Verspätete Monologe, Prosa 1981; Futuronauten, Dr. (1981); Diesseits des Erinnerns, Ess. 1982; Briefwechsel, H. (1983); Stilleben, G. 1983; Leben und Schreiben, Ess. 1983; Zurück ins Paradies, En. 1984; Vor der Sintflut, Ess. 1985; Berlin beizeiten, G. 1987.
L: D. Jonsson, Widersprüche, Hoffnungen, 1978; Bibl.: N. Riedel I, 1987.

Kunze, Reiner, * 16. 8. 1933 Oelsnitz/Erzgeb.; Bergarbeitersohn, 1951–55 Stud. Philos. und Publizistik Leipzig, 1955–59 wiss. Assistent mit Lehrauftrag ebda.; trat nach Schwierigkeiten zurück; handwerkl. Arbeit; 1961/62 in der Tschechoslowakei, dann freier Schriftsteller in Greiz/Thür. Protestierte 1968 gegen Besetzung der ČSR. Nach offizieller Kritik Boykott u. nach Erscheinen der ›Wunderbaren Jahre‹ in der BR. Okt. 1976 Ausschluß aus dem DDR-Schriftstellerverband; April 1977 Ausreise in die BR, lebt in Erlau. – Vielseitiger Lyriker anfangs mit schlicht-volkstüml. Versen von Böhmen und der Musik inspiriert, z. T. Anklänge an Brecht. Nach 1962 zunehmend hintergründige Ironie in sicheren Pointen, Individualismus und Subjektivität, Warnung vor der Kollektivierung des Individuums. Gedichte um Liebe, Kunsttheorie, Weihnacht und Kindheit in äußerst knapper Diktion. In Kurzprosa Entlarvung des Alltags im Obrigkeitsstaat. Übs. tschech. Lyrik und Dramatik. Auch Kinderbuch.
W: Vögel über dem Tau, G. 1959; Aber die Nachtigall jubelt, G. 1962; Widmungen, G. 1963; Sensible Wege, G. 1969; Der Löwe Leopold, Kdb. 1970; Zimmerlautstärke, G. 1972; Brief mit blauem Siegel, G. 1973; Die wunderbaren Jahre, Prosa 1976; Das Kätzchen, G. 1979; auf eigene Hoffnung, G. 1981; Gespräch mit der Amsel, G. 1984; Eines jeden einziges Leben, G. 1986.
L: J. P. Wallmann, hg. 1977; R. Wolff, hg. 1983.

Kurandor → Kindermann, Balthasar

Kurella, Alfred (Ps. B. Ziegler, Viktor Rörig, A. Bernard), 2. 5. 1895 Brieg/Schles. – 12. 6. 1975 Ostberlin; Arztsohn, Jugend im Rheinland; Kunstgewerbeschule München. Mitgl. der Wandervogel-Bewegung, Soldat im 1. Weltkrieg, 1917 Mitgl. der kommunist. Arbeiterjugend, 1918 Mitgl. der KPD. Maler und Graphiker, Lehrer und Redakteur in Berlin, häufige Reisen in die UdSSR (1919 u. ö.), 1932–33 Chefredakteur der ›Monde‹ in Paris, 1934–54 Bibliothekar in Moskau, Mitarbeiter der Zss. ›Das Wort‹, ›Internationale Literatur‹ und ›Freies Deutschland‹. Seit 1954 kommunist. Kulturfunktionär in der DDR, 1955 Prof. und Direktor des Instituts für Lit. und Kritik in Leipzig, 1957–63 Leiter der Kommission für Fragen der Kultur beim Politbüro der SED, Mitgl. des Zentralkommittees der SED. – Vorwiegend revolutionärer, polit.-sozialist. Schriftsteller, Kritiker, kulturpolit. Essayist und Übs. aus dem Russ. und Franz. Romane aus der NS-Zeit.

W: Mussolini ohne Maske, Rep. 1931 (u. d. T. Kennst du das Land, 1962); Lenin, B. 1934; Wo liegt Madrid, En. 1938; Ich lebe in Moskau, Mem. 1947; Die Gronauer Akten, R. 1954; Der Mensch als Schöpfer seiner selbst, Ess. 1958; Kleiner Stein im großen Spiel, R. 1961; Zwischendurch, Ess. 1961; Dimitroff contra Göring, St. 1964; Das Eigene und das Fremde, Ess. 1968.

Kurtz, Melchior → Kästner, Erich

Kurz (bis 1848 Kurtz), Hermann, 30. 11. 1813 Reutlingen – 10. 10. 1873 Tübingen; Kaufmannssohn aus Handwerkerfamilie, nach frühem Tod des Vaters (1826) und der Mutter (1830) ärml. Jugend. Zum Pfarrer bestimmt. Stud. Theologie 1827–31 Seminar Maulbronn u. a. bei D. F. Strauß, 1831–35 am Stift Tübingen, dort Umgang mit D. F. Strauß, Uhland und Pfizer; zunehmend literarhist. Stud. 1835/36 Vikar in Ehningen b. Böblingen, nach Glaubenskrise 1836 freier Schriftsteller und Journalist in Stuttgart; Umgang mit Mörike, Schwab, Kerner, Lenau. 1845–48 Redakteur in Karlsruhe, 1848–54 Redakteur des demokrat. ›Beobachters‹ in Stuttgart, wegen s. aufrecht demokrat. Gesinnung in mehrere polit. Prozesse verwickelt, 1851 ∞ Marie von Brunnow; ständige Geldsorgen; 1854 freier Schriftsteller, 1858–62 nervenleidend in Obereßlingen, 1862 Kirchheim unter Teck; Freundschaft mit P. Heyse. 1863 Unterbibliothekar der Univ.-Bibliothek Tübingen. Vater von Isolde K. – Frührealist. Erzähler aus der schwäb. Schule, begann mit Gedichten unter Einfluß Mörikes und zahlr. Übss. (engl. Lyrik, Ariost, Th. Moore, Chateaubriand, Cervantes, Gottfried von Straßburg). S. Novellen sind genrehafte Kleinbilder aus s. schwäb. Heimat von launigem Humor und realist. Umweltschilderung. Bedeutend als Vf. kulturhist. Romane in der Nachfolge Scotts und Hauffs aus der schwäb. Geschichte aufgrund genauer Quellenstudien und meisterhafte psycholog. Einfühlung. Mithrsg. des ›Dt. Novellenschatzes‹ mit P. Heyse. Ferner lit.-hist. Studien, u. a. Entdecker der Verfasserschaft der Grimmelshausens ›Simplizissimus‹.

W: Gedichte, 1836; Genzianen, Nn. 1837; Dichtungen, 1839; Schillers Heimatjahre, R. 1843 (n. 1959); Der Sonnenwirt, R. 1854 (n. 1980); Der Weihnachtsfund, E. 1856; Erzählungen, II 1858 f.; Zu Shakespeares Leben und Schaffen, Schr. 1868; Lisardo, R. hg. H. Kindermann 1919 – GW, hg. P. Heyse X 1874 f.; SW, hg. H. Fischer XII 1904; Briefw. m. E. Mörike, hg. H. Kindermann 1919.
L: E. Sulger-Gebing, 1904; I. Kurz, 1906, ³1929; H. Kindermann, H. K. u. d. dt. Übs.-Kunst d. 19. Jh. 1918; H. Kustermann, Diss. Wien 1946; M. Schlinghoff, Diss. Marb. 1949.

Kurz, Isolde, 21. 12. 1853 Stuttgart – 5. 4. 1944 Tübingen; Tochter von Hermann K.; Kindheit in Obereßlingen und ab 1863 in Tübingen, nach Tod des Vaters Übersetzerin in München; lebte 1877–1914 mit der Mutter und ihren Brüdern in Florenz, ab 1915 wieder in München, Dr. phil. h. c., mit Ernst von Mohl Reise nach Griechenland; ab 1943 in Tübingen. – Lyrikerin und bes. Erzählerin des poet. Realismus unter Einfluß von P. Heyse, C. F. Meyer und A. Böcklin mit ausgeprägtem Formgefühl sowie Lebensform und Geist der südeurop. Völker, bes. der ital. Renaissance, doch auch ihrer schwäb. Heimat verbunden. Schrieb bes. farbensatte, stimmungsträchtige herbe Novellen aus Volk und Landschaft Italiens, ferner Romane, Gedichte, Legenden, Biographien, geistreiche Aphorismen und im Alter mehr Erinnerungsbücher.

W: Gedichte, 1889; Florentiner Novellen, 1890; Phantasien und Märchen, 1890; Italienische Erzählungen, 1895; Von dazumal, Erinn. 1900; Genesung, E. 1901; Die Stadt des Lebens, Es. 1902; Im Zeichen des Steinbocks, Aphor. 1905; Neue Gedichte, 1905; Hermann Kurz, B. 1906; Lebensfluten, Nn. 1907; Die Kinder der Lilith, Dicht. 1908; Florentinische Erinnerungen, Ess. 1909; Wandertage in Hellas, Schr. 1913; Cora, En. 1915; Schwert aus der Scheide, G. 1916; Aus meinem Jugendland, Aut. 1918; Im Traumland, 1919; Legenden, 1921; Nächte von Fondi, R. 1922; Vom Strande, Nn. 1925; Leuke, Dicht. 1925; Der Despot, R. 1925; Der Caliban, R. 1925; Die Liebenden und der Narr, N. 1925; Meine Mutter, B. 1926; Die Stunde des Unsichtbaren, En. 1927; Der Ruf des Pan, Nn. 1928; Ein Genie der Liebe, R. 1929; Vanadis, R. 1931; Aus dem Reigen des Lebens, G. 1933; Die Nacht im Teppichsaal, E. 1933; Die Pilgerfahrt nach dem Unerreichlichen, Aut. 1938; Das Haus des Atreus, E. 1939. – GW, VI 1925 ff.; VIII 1938.
L: O. E. Hesse, 1931; C. Nennecke, D. Frage nach dem Ich i. Werk von I. K., Diss. Mchn. 1958.

Kurz, Joseph Felix von (gen. Bernardon), 22. 2. 1717 Kempten – 2. 2. 1784 Wien; Wanderschauspieler in Hanswurstrollen; kam 1754 wieder nach Wien; 1760 Prag; 1765 München, 1767 Köln, 1770 Wien, dann Polen, hier geadelt; zuletzt wieder in Wien. – Fruchtbarer und erfolgr. Dramatiker mit rd. 300 Komödien, die mit ihren vielen Ausschmückungen wie Pantomimen, Feuerwerk u. a. großen Beifall fanden.
W: Der sich wider seinen Willen taub und stumm stellende Liebhaber, Lsp. 1755; Bernardon, die getreue Prinzeßin Pumphia, und Hanns Wurst der tyrannische Tartar-Kulikan, Lsp. 1756 (n. 1856); Hans Wurst, Lsp. 1761; Die Hofmeisterin, Lsp. 1764.
L: F. Raab, 1899; O. Rommel, 1935; U. Birbaumer, II 1971.

Kusenberg, Kurt (Ps. Hans Ohl u. Simplex), 24. 6. 1904 Göteborg/Schweden – 3. 10. 1983 Hamburg; Sohn e. dt. Ingenieurs; Jugend ab 1906 in Lissabon; kam 1914 nach Wiesbaden, 1917–22 nach Bühl/Baden; Stud. Kunstgeschichte München, Berlin und Freiburg; Dr. phil.; Reisen durch Italien und Frankreich; 1930 Kunstkritiker an der ›Weltkunst‹ und ›Vossischen Zeitung‹; 1935–43 stellv. Chefredakteur der Zs. ›Koralle‹ in Berlin; 1947 freier Schriftsteller und Lektor in München und Hamburg, 1958 Hrsg. von Rowohlts Monographien. – Erfolgr., stilsicherer Erzähler, Essayist und Übs. Verbindet in s. humorvollen, skurrilen Erzählungen, Kurzgeschichten und Satiren Wirkliches mit Phantastischem; mitunter Anklänge an E. T. A. Hoffmann. Vf. von Hör- und Singspielen.
W: La Botella, En. 1940; Der blaue Traum, En. 1942; Herr Crispin reitet aus, E. 1948; Das Krippenbüchlein, Ess. 1949; Die Sonnenblumen, En. 1951; Mal was anderes, En. 1954; Wein auf Lebenszeit, En. 1955; Mit Bildern leben, Ess. 1955; Im falschen Zug, En. 1960; Er kommt weit her, H. (1960); Nicht zu glauben, En. 1960; Der Traum des Sultans, H. (1963); Zwischen unten und oben, En. 1964; Gespräche ins Blaue, Dial. 1969; Ges. Erzählungen, 1969; Heiter bis tükkisch, En. 1974.

Kusz, Fitzgerald (eig. Rüdiger K.), * 17. 11. 1944 Nürnberg; Stud. Germanistik, Anglistik Erlangen; 1971 Studienrat in Nürnberg. – Nürnberger Mundartlyriker und Vf. von Nürnberger Dialektpossen, Schwänken u. Volkskomödien, die wegen schichtenspezif. Sprachgebärden auch in andere Mundarten übertragbar sind.
W: Morng sixtäs suwisu nimmä, G. 1973; Schweig, Bub, Vst. (1976); Selber Schuld, Dr. (1977); Stinkwut, Dr. (1979); Saupreißn, Dr. (1981); Derhamm is derhamm, Vst. (1982); Unkraut, Dr. (1983); Seid mei uhr nachm mond gähd, G. 1984; Burning love, Dr. (1984); Höchste Eisenbahn, Dr. (1985); Irrhain, G. 1987; Stücke aus dem halben Leben, 1987.

Kutzleb, Hjalmar, 23. 12. 1885 Siebleben b. Gotha – 19. 4. 1959 Weilburg; Vater Kaufmann; Stud.

Geschichte, Germanistik und Geographie Marburg und Leipzig, 1912 Studienrat in Berlin, 1919 in Minden, 1935 Prof. f. Geschichte am Pädagog. Institut Weilburg a. d. L., später am Gymnas. ebda., seit 1949 im Ruhestand. – Aus der Jugendbewegung hervorgegangener, W. Raabe nahestehender Erzähler und Jugendbuchautor mit Stoffen aus der dt. Geschichte und Vorgeschichte und kräftig humorvollen sowie gegen das Kleinstadtleben gerichteten satir. Zügen.

W: Die Söhne der Weißgerberin, R. 1925; Haus der Genesung, R. 1932; Morgenluft in Schilda, R. 1933; Der erste Deutsche, R. 1934; Das letzte Gewehr, R. 1938; Grimmenstein, R. 1939; Pfingstweide, R. 1942; Die vergessenen Schlüssel, N. 1943; Jugendpfade, Mem. 1948; Die Lücke im Stammbaum, R. 1953.

Kyber, Manfred, 1. 3. 1880 Riga – 10. 3. 1933 Löwenstein/Württ.; Sohn e. Gutsbesitzers; kam 1900 nach Dtl.; Stud. Philos. Leipzig; lebte in Berlin, dann Stuttgart; Theaterkritiker am ›Schwäbischen Merkur‹. Schriftsteller in Löwenstein b. Heilbronn. Anhänger der Anthroposophie R. Steiners und Bekenner e. ›Christentums des Grals‹, setzte sich nachdrücklich für Tierschutz und pazifist. Ideen ein. – Vielgelesener feinfühlender Erzähler, Lyriker und Dramatiker (Mysterien- und Märchenspiele). Schrieb auch Satiren und Grotesken. Sehr beliebt s. Märchen und Tiergeschichten, die die Tiere zwar in ihrer eigenen Welt erfassen, sie aber mit menschl. Zügen ausstatten, um auf die Empfindung der Kreatur und Fehler der Menschen ihr gegenüber hinzuweisen, heiter-ernste Lehren (mit Anklängen an Lafontaine) mit häufig iron.-persiflierendem Unterton.

W: Der Schmied vom Eiland, G. 1908; Unter Tieren, En. 1912; Genius astri, G. 1918; Märchen, 1920; Grotesken, 1922; Im Gang der Uhr, Nn. 1922; Einführung in das Gesamtgebiet des Okkultismus, 1923; Neue Tiergeschichten, 1926; Puppenspiel, M. 1928; Die drei Lichter der kleinen Veronika, R. 1929; Ges. Tiergeschichten, 1934; Ges. Märchen, 1935. – Das M. K.-Buch 1969.
L: G. v. Karger, 1939; I. Günther, Diss. Wien 1954; A. Brieger, In 12. Stunde, 1973.

Kyser, Hans, 23. 7. 1882 Graudenz/Westpr. – 24. 10. 1940 Berlin; Kaufmannssohn, Stud. Germanistik, Philos. und Geschichte Berlin, dem Friedrichshagener Kreis G. Hauptmanns nahestehend, im 1. Weltkrieg Berichterstatter, dann Direktor des von ihm gegr. Schutzverbandes Dt. Schriftsteller in Berlin, Verlagsleiter bei S. Fischer ebda., auch Dramaturg, Film- und Theaterregisseur. – Begann als Lyriker und Erzähler – später vorwiegend zeitbedingter Dramatiker, auch Hörspiel- und Drehbuchautor.

W: Einkehr, G. 1909; Der Blumenhiob, R. 1909; Medusa, Tr. 1910; Titus und die Jüdin, Tr. 1911; Charlotte Stieglitz, Sch. 1915; Das Gastmahl des Domitian, R. 1929; Schicksal um Yorck, Sch. 1933; Rembrandt vor Gericht, Dr. 1933; Schillers deutscher Traum, Sch. 1935; Der große Kapitän, Sch. 1935.

Laar, Clemens (eig. Eberhard Koebsell), 15. 8. 1906 Berlin – 7. 6. 1960 ebda.; Stud. Neuphilol. und Geschichte Berlin und Leipzig; Journalist in Berlin; 1932 freier Schriftsteller; Freitod. – Erfolgr. Erzähler zahlr. Gesellschafts-, bes. Reiter-Romane.

W: Die grauen Wölfe, R. 1932; … reitet für Deutschland, R. 1935; Meines Vaters Pferde, R. 1951; Garde du Corps, R. 1953; Amour Royal, R. 1955; Ritt ins Abendrot, R. 1956; Des Kaisers Hippodrom, R. 1959; Morgen, R. 1960.

Laber, Hadamar von → Hadamar von Laber

Lackner, Stephan, *21. 4. 1910
Paris; Dr. phil., ab 1933 Exil in
Paris, ab 1939 Kalifornien, lebt in
Santa Barbara. – Erzähler, Lyriker
und Dramatiker. Freund und Bio-
graph Max Beckmanns.

W: Die weite Reise, G. 1937; Der Mensch ist
kein Haustier, Dr. 1937 (n. 1977); Jan Hei-
matlos, R. 1939 (n. 1981); In letzter Instanz,
Dr. 1948; Gruß von unterwegs, G. 1952; Max
Beckmann, B. 1962; Der weise Professor Vir-
rus, Sat. 1963; Mögliche und unmögliche
Geschichten, En. 1975; Der geteilte Mantel,
R. 1979; Requiem für eine Liebe, R. 1980.

Laederach, Jürg, *20. 12. 1945
Basel; Stud. Anglistik, Romanistik, Musikwiss. in Zürich, Paris
und Basel, freier Schriftsteller ebda. – Erzähler absurder Geschichten um artifizielle Figuren in Rollenprosa von groteskem Humor;
monolog. Dramen der Modifika-
tionen.

W: Einfall der Dämmerung, En. 1974; Im
Verlauf einer langen Erinnerung, R. 1977;
Das ganze Leben, R. 1978; Ein milder Winter,
Dr. (1978); Die Lehrerin, Dr. (1978); Witt-
genstein in Graz, K. 1979; Ein sanfter Sommer, Dr. (1980); Emanuel, Dr. (1980); Heirat
und Tod, Dr. (1980); Das Buch der Klagen,
En. 1980; Fahles Ende kleiner Begierden,
Drr. 1981; Nach Einfall der Dämmerung, En.
1982; Proper Operation, Dr. (1982); 69 Arten
den Blues zu spielen, Prosa 1984; Tod eines
Kellners, Dr. (1985); Flugelmeyers Wahn, R.
1986; Körper brennen, Dr. (1986; m. A. Mü-
ry); Der Zweite Sinn, Es. 1987.

Lämmle, August Julius, 3. 12.
1876 Oßweil b. Ludwigsburg – 8.
2. 1962 Leonberg/Württ.; Bauernsohn; Gymnasium in Ludwigsburg, Lehrerseminar in Eßlingen; Stud. Tübingen;
1896–1909 Dorfschullehrer, Kantor und Organist; 1910–19 an höheren Schulen; 1919–23 mit kulturellen Aufgaben betraut; 1923–37
Leiter der Abt. ›Volkstum‹ im
Landesamt für Denkmalpflege;
1939 Vorsitzender des Bundes für
Heimatschutz Württemberg; lebte in Leonberg; 1951 Prof. h. c. –
Schwäb. Heimatdichter, volks-

tüml. humorvoller Erzähler, Lyriker und Schwankdichter, großenteils in Mundart. Vf. volkskundl. Schriften.

W: Schwobabluat, G. 1913; Oiges Brot, G.
1914; Junker Goldmacherlein, En. 1918; Das
alte Kirchlein, En. u. G. 1926; Schwäbisches
und Allzuschwäbisches, En. 1936; Die Reise
ins Schwabenland, 1937 (u. d. T. Der Goldene Boden, 1953); Es leiselet im Holderbusch,
G. 1938; Der Herrgott in Allewind, En. 1939;
Unterwegs, Aut. 1951; Greif zu, mein Herz!,
Aut. 1956; F. Silcher, B. 1956; Schwäbische
Miniaturen, 1957; Was mir lieb ist, G. 1958;
Menschen – nur Menschen, En. 1959; Sie
bauen eine Brücke, Ess. 1960; Fünfundacht-
zigmal um die Sonne gefahren, G. 1961; Lud-
wigsburger Erinnerungen, 1961.

Lafontaine, August Heinrich Julius (Ps. Gustav Freier, Miltenberg u. a.), 20. 10. 1758 Braunschweig – 20. 4. 1831 Halle/Saale;
Sohn e. Malers; franz. Emigran-
tenfamilie; Stud. Theologie
Helmstedt; Hauslehrer, 1786
Hofmeister bei Oberst von Thad-
den, 1789 Feldprediger in dessen
Regiment, gab dieses Amt 1801
auf und zog sich auf e. kleines Gut
b. Halle zurück; erhielt als Günstling Friedrich Wilhelms III. e. Ka-
nonikat am Magdeburger Dom-
stift. – Überaus fruchtbarer Mo-
deerzähler, schrieb über 160 Bän-
de, meist trivial-sentimentale Familienromane.

W: Klara du Plessis und Klairant, R. 1795 (n.
1986); Familiengeschichten, XII 1797–1804;
Kleine Romane und moralische Erzählungen,
XII 1801–10; Dramatische Werke, 1805;
Walther, R. 1813; Die Pfarre an der See, R. II
1816; Die Wege des Schicksals, R. II 1820 f.;
Die Stiefgeschwister, R. III 1822.
L: J. G. Gruber, 1833; F. Rummelt, Diss.
Halle 1914; H. Ishorst, 1935.

Lagarde, Paul Anton de (eig.
Bötticher), 2. 11. 1827 Berlin – 22.
12. 1891 Göttingen; Stud. Theologie, Philos. und oriental. Sprachen Berlin und Halle; wurde von
s. Großtante E. de Lagarde adoptiert; habilitierte sich 1851; reiste
1852/53 nach London und Paris;

1854–68 Gymnasiallehrer in Berlin; seit 1869 Prof. der oriental. Sprachen u. Theologie in Göttingen; zuletzt Geh. Regierungsrat. – Gedankentiefer, sprachgewandter Lyriker. Verfaßte daneben zahlr. polit.-patriot. Schriften und wiss. Werke.

W: Arica, Abh. 1S51; Gesammelte Abhandlungen, 1866; Persische Studien, 1884; Gedichte, 1885; Deutsche Schriften, 1886; Am Strande, G. 1887; Purim, Abh. 1887; Septuaginta-Studien, 1891; Gesammelte Gedichte, 1897.

L: A. de Lagarde, 1894; M. Krammer, 1919; R. Breitling, 1927; F. Krog, 1930; W. Hartmann, 1933; R. W. Lougee, Cambr. Mass. 1962.

Lalebuch (Narrenbuch), im Elsaß Ende 16. Jh. entstandenes, 1597 gedrucktes anonymes Volksbuch; Sammlung vielfach umlaufender Schwänke, mit denen verschiedene Städte einander neckten, aus unterschiedl. Quellen, doch einheitlich zusammengefaßt. Erschien 1598 auch unter dem bekannteren Titel ›Die Schiltbürger‹, e. künstler. schwachen Erweiterung und sprachl. Veränderung; spätere Bearbeitungen (›Grillenvertreiber‹ 1603; ›Hummelnvertreiber‹ 1650) sanken gegenüber dem ›L.‹ sehr ab. Schildert die Streiche und Narrheiten der Laleburger: krit. Selbstverspottung des Bürgers, bes. des Spießbürgertums, durch groteske Übersteigerung.

A: K. Bahder 1914. Nhd. W. Henning 1962, H. Wiemken 1962, K. Pannier 1972; W. Wunderlich 1982.

L: W. Hesse, D. Schicksal d. L. i. d. dt. Lit., Diss. Breslau 1929; S. Ertz, Diss. Köln 1965; P. Honegger, D. Schiltbürgerchronik, 1982.

La Motte-Fouqué, Friedrich Baron de → Fouqué, Friedrich Baron de la Motte

Lampe, Friedo, 4. 12. 1899 Bremen – 2. 5. 1945 Klein-Machnow

b. Berlin; Stud. Germanistik und Kunstgeschichte, 1928 Dr. phil.; Volksbibliothekar in Hamburg und Stettin; dann Lektor in Berlin; von russ. Soldaten irrtüml. erschossen. – Empfindungsreicher Erzähler und Lyriker, auch Kritiker und Hrsg. Neigung zur surrealist. Darstellung, mag. Realismus und romant. Sprache; Einflüsse von H. Bang und E. v. Keyserling.

W: Am Rande der Nacht, R. 1934 (u. d. T. Ratten und Schwäne, 1949); Das dunkle Boot, G. 1936; Septembergewitter, R. 1937; Von Tür zu Tür, En. 1945. – Das Gesamtwerk, 1955, n. 1986.

Lampel, Peter Martin (eig. Joachim Friedrich Martin Lampel), 15. 5. 1894 Schönborn/Schlesien – 22. 2. 1965 Hamburg; Pfarrerssohn; 1914 Kriegsfreiwilliger, später Fliegeroffizier; Freikorpskämpfer im Baltikum und in Schlesien; Oberleutnant bei der Schutzpolizei in Thüringen; ab 1920 Stud. Philos., Staatswiss. und Jura Breslau; Berlin und München; künstler. Ausbildung an der Münchener Akademie; dann Sportlehrer, Buchhändler, Jugendhelfer und Journalist; 1930/31 Mitarbeiter am Aufbau des Freiwill. Arbeitsdiensts; 1933 Verbot s. Werke. Emigrierte 1935 über die Schweiz, den Balkan, Indien und Australien in die USA; dort Kunstmaler; nach 1949 freier Schriftsteller in Hamburg. – Erzähler und Dramatiker. Hatte vor s. Emigration mit ›Verratene Jungen‹, e. Roman um unverstandene Jugendliche, und mit Tendenzstücken sensationelle Erfolge.

W: Jungen in Not, Ber. 1928; Verratene Jungen, R. 1929; Giftgas über Berlin, Sch. 1929; Revolte im Erziehungshaus, Sch. 1929; Alarm im Arbeitslager, Sch. 1933; Jörg Christoph, ein Fähnrich, R. 1935; Helgolandfahrer, E. 1952; Wir fanden den Weg, 1955; Drei Söhne, Dr. 1959.

L: P. M. L., 1965 (m. Bibl.).

Lamprecht, Pfaffe, moselfränk. Geistlicher, Anfang 12. Jh., wohl aus Trier, lebte vermutl. auch in Köln. – Vf. e. lehrhaften, moralisierenden und erweiternden Versbearbeitung des Buches ›Tobias‹, von der nur der Anfang erhalten ist. Ebenfalls nur Bruchstücke (›Vorauer A.‹) sind von L.s ›Alexander‹ vorhanden, der nach dem franz. Alexanderlied des Albéric de Besançon etwa 1120–30 entstand. Von e. unbekannten Geistl. um 1160 weitergeführt und stilist. in frühhöf. Sinn erneuert (›Straßburger A.‹). E. Zwischenstufe stellt e. Bearbeitung mit fabulösen Zusätzen, der ›Basler A.‹, dar. 1. dt. Bearbeitung e. antiken Stoffs in geistl. Sinn und 1. weltl. dt. Epos. Einfluß auf Heinrich von Veldeke und Eilhart.

A: Tobias: H. Degering (Beitr. z. Gesch. d. dt. Sprache u. Lit. 41), 1916, H. E. Müller 1923; Alexander: K. Diemer, Dt. Gedichte des 11. u. 12. Jh., 1849; R. M. Werner, BLV 154, 1881 (Basler A.); K. Kinzel, 1884 (Vorauer u. Straßburger A.); H. E. Müller 1923 (Straßburger A.); F. Maurer in DLE, 1940, n. 1964 (Vorauer A.); I. Ruttmann 1974 (Straßburger A., m. Übs.).
L: J. Kuhnt, Diss. Greifsw. 1915; E. Sitte, Die Datierung von J.s ›A.‹, Diss. Halle 1940, n. 1973; E. Czerwonka, D. Basler A., Diss. Bln. 1958; W. Fischer, D. Alexanderliedkonzeption d. Pf. L., 1964.

Lamprecht von Regensburg, *um 1215; bayr. Franziskaner. Schrieb um 1240, vor dem Eintritt ins Kloster, aber schon in Verbindung mit Berthold von Regensburg, das ›Sanct Francisken Leben‹, eine wörtl. Übs. der ›Vita S. Francisci‹ des Thomas von Celano. Schrieb nach s. Aufnahme als Bruder auf Anregung s. Provinzials Gêrhart um 1250 die gleichfalls gereimte dt. Bearbeitung des Traktats von der ›Filia Syon‹, ›Tochter Syon‹, eine Allegorie von der Vereinigung der menschl. Seele mit Christus.

A: K. Weinhold 1880.

Lancelot → Lanzelot

Landauer, Gustav, 7. 4. 1870 Karlsruhe – 2. 5. 1919 München; Kaufmannssohn, Stud. Germanistik und Philos. Heidelberg, Berlin und Straßburg, sozialist. Journalist, ∞ Lyrikerin H. Lachmann; schloß sich 1919 den Münchener Kommunisten an, Mitgl. der Räterepublik; im Gefängnis ermordet. – Sozialist., unter Kropotkins Einfluß stehender Erzähler, Kulturkritiker und Übersetzer. Verfechter des Rätegedankens.

W: Der Todesprediger, R. 1893 (n. 1978); Macht und Mächte, Nn. 1903; Die Revolution, Schr. 1908; Aufruf zum Sozialismus, 1911; Vorträge über Shakespeare, II 1920. – Ausw., hg. H.-J. Heydorn 1968, U. Linse 1974, M. Buber 1977.
L: G. L., hg. M. Buber II 1929; W. Kalz, 1967; Ch. B. Maurer, Call to revolution, Detroit 1971; R. Link-Salinger, Indianapolis 1977.

Lander, Jeanette, *8. 9. 1931 New York; 1958 B. A., ab 1960 in West-Berlin, 1966 Dr. phil.; Anglistin, 1966–69 Redakteurin, 1976 Villa Massimo, Rom; lebt in Berlin. – Erzählerin um jüd. Frauenschicksale der Gegenwart in z. T. eigenwilliger Sprache; auch Hör- und Fernsehspiel.

W: W. B. Yeats, Abh. 1967; E. Pound, Abh. 1968; Ein Sommer in der Woche der Itke K., R. 1971; Auf dem Boden der Fremde, R. 1972; Ein Spatz in der Hand, En. 1973; Die Töchter, R. 1976; Der letzte Flug, E. 1978; Ich, allein, R. 1980.

Landesmann, Heinrich → Lorm, Hieronymus

Landgrebe, Erich, 18. 1. 1908 Wien – 25. 6. 1979 Salzburg; Kaufmannssohn; Wiener Akademie für Angewandte Kunst, dann Hochschule für Welthandel; 1930 Kaufmannslehrling in Hamburg; Leiter e. Reisebüros, dann freier Schriftsteller und Maler; ging

1931 nach USA; dort Nachtarbeiter, Korrespondent, Adressenschreiber, Tellerwäscher und Photograph; 1933 Rückkehr nach Wien; 1940 Kriegsberichterstatter in Rußland und Afrika; 1943 am. Gefangenschaft; schließlich Direktor des P. Zsolnay-Verlags; lebte in Salzburg-Elsbethen. – Lyriker und Erzähler von Zeitromanen mit autobiograph. Zügen und biograph. Malerromanen. Hörspielautor.

W: Das junge Jahr, G. 1934; Adam geht durch die Stadt, R. 1936; Peter Halandt, R. 1937; Die neuen Götter, R. 1939; Gebratene Äpfel, En. 1940; Mit dem Ende beginnt es, R. 1951; Die Nächte von Kuklino, R. 1952; In sieben Tagen, R. 1954; Ein Maler namens Vincent, R. 1957; Das ferne Land des Paul Gauguin, R. 1959; Narr des Glücks, R. 1962; Geschichten, Geschichten, Geschichten, 1965; Rückkehr ins Paradies, En. 1978.

Landsberger, Artur, 26. 3. 1876 Berlin – 4. 10. 1933 ebda.; Stud. Jura Berlin; Dr. jur.; lebte als Anwalt ebda.; Freitod. – Fruchtbarer Erzähler und Kritiker mit spannungsreichen Romanen, meist aus der Berliner Halb- und Unterwelt. Auch Jagdbücher und Betrachtungen über den Satanismus.

W: Lu, die Kokotte, R. 1912; Haß, R. 1915; Die neue Gesellschaft, R. 1917; Wie Satan starb, R. 1919; Frau Dirne, R. 1920; Gott Satan oder das Ende des Christentums, 1923; Raffke & Cie., R. 1924; Berlin ohne Juden, R. 1926; Justizmord, R. 1928. – Berliner Romane, VIII 1918.

Landwirt, Jakov → Lind, Jakov

Lang, Isaac → Goll, Yvan

Lang, Karl Heinrich (ab 1808) Ritter von, 7. 7. 1764 Balgheim/Schwaben – 26. 3. 1835 Ansbach, Pfarrerssohn, 1782–85 Stud. Jura Altdorf; Sekretär württemb. Fürsten, 1795 Archivar in Bayreuth, 1806 Kreisdirektor in Ansbach, 1810–15 Reichsarchivdirektor in München, 1817 freier Schriftsteller. – Polit.-histor. Schriftsteller, Satiriker und Memoirenschreiber von geistreich verschnörkeltem, anekdot. Stil.

W: Merkwürdige Reise ... (Hammelburger Reisen), Sat. 1818–33 (n. F. Hartmann 1882); Memoiren, II 1842 (n. W. Petersen 1910, H. Haussherr 1957, Faks. 1984).
L: A. v. Raumer, 1923.

Lang, Othmar Franz, * 8. 7. 1921 Wien, lebt ebda. – Erfolgreicher österr. Erzähler amüsanter, oft hintergründ. Unterhaltungsromane u. vielgelesener Jugendbücher. Auch Hörspielautor.

W: Campingplatz Drachenloch, Jgb. 1953; Der Aquarellsommer, R. 1955; Die Männer von Kaprun, Jg.-R. 1955; Das Leben ist überall, Jgb. 1956; Siebzehn unter einem Dach, R. 1959; Das tägliche Wunder, R. 1959; Vom Glück verfolgt, R. 1962; Man ist nur dreimal jung, R. 1963; Alle Schafe meiner Herde, R. 1964; Paradies aus zweiter Hand, R. 1965; Rache für Königsgrätz, R. 1966; Sekt am Vormittag, R. 1967; Die olympischen Spiele des Herrn Peleonis, R. 1969; Warum zeigst du der Welt das Licht?, Jgb. 1974; Alle lieben Barbara, Jgb. 1975; Regenbogenweg, R. 1976; Rufe in den Wind, Jgb. 1979; Geh nicht nach Gorom-Gorom, R. 1981.

Lang, Siegfried, 25. 3. 1887 Basel – 25. 2. 1970 ebda.; Dr. phil., Bibliothekar. – Sprachl. feinsinniger Lyriker vorwiegend mit zeitlosen Themen; begabter Übs.

W: Gedichte, 1906; Neue Gedichte, 1912; Gärten und Mauern, G. 1922; Die fliehende Stadt, G. 1926; Versenkungen, G. 1932; Elegie, G. 1936; Vom andern Ufer, Ges. G. 1944; Gedichte und Übertragung, 1950.
L: S. Temperli, 1983.

Langbein, August Friedrich Ernst, 6. 9. 1757 Radeberg b. Dresden – 2. 1. 1835 Berlin; Amtmannssohn; Fürstenschule in Meißen; 1777–80 Stud. Jura Leipzig; Mitarbeiter an Bürgers ›Musenalmanach‹; 1781 Vizeaktuar in Großenhain; 1785 Advokat in Dresden; 1786–1800 Kanzlist beim Geh. Archiv ebda.; ging

1800 nach Berlin, wurde dort 1820 Zensor für belletrist. Werke. – Humorist. Lyriker und Erzähler bes. mit schwankhaften Balladen und meist kom., frivolen Romanen und Erzählungen. Modeerfolg.

W: Gedichte, 1788; Schwänke, II 1791 f.; Der graue König, R. 1803; Franz und Rosalie, R. 1808; Der Sonderling und seine Söhne, R. 1809; Märchen und Erzählungen, 1821; Herbstrosen, 1829; Sämtl. Gedichte, IV 1838. – Sämtl. Schriften, XXXI 1835–37.
L: H. Jess, 1902, n. 1977.

Lange, Hartmut, * 31. 3. 1937 Berlin; Tagebauarbeiter in Senftenberg, 1957–60 Stud. Filmhochschule Babelsberg, Dramaturg in Ostberlin, 1965 Flucht über Jugoslawien nach Westberlin, Dramaturg an der Schaubühne ebda., 1975 Schloßpark- und Schillertheater ebda. – Anfangs sozialist. Dramatiker in der Brecht-Nachfolge mit zeitbezogener, gesellschaftskrit. Thematik auch in Abwandlungen hist. Stoffe, dann zunehmend Diskussionsstücke um modellhafte Situationen. Auch Hörspiel und Bühnenbearbeitung bes. Shakespeares.

W: Marski, K. 1965; Senftenberger Erzählungen, Dr. (1967); Die Erlösung des Gelehrten Ch'ien Wan-hsuean, Dr. (1967); Der Hundsprozeß/Herakles, Drr. 1968; Die Gräfin von Rathenow, Dr. 1969 (nach H. v. Kleist); Die Ermordung des Aias, Dr. 1971; Trotzki in Coyoacan, Dr. (1972); Staschek oder Das Leben des Ovid, Dr. (1973); Die Revolution als Geisterschiff, Ess. 1973; Rätselgeschichten, Kdb. 1973; Jenseits von Gut und Böse, Dr. (1975); Vom Werden der Vernunft, Dr. (1976); Frau von Kauenhofen, K. (1977); Pfarrer Koldehoff, Dr. (1979); Die Selbstverbrennung, R. 1982; Deutsche Empfindungen, Tg. 1983; Gerda Achternach, Dr. (1983); Die Waldsteinsonate, Nn. 1984; Das Konzert, N. 1986. – Theaterstücke 1960–72, 1973; Texte für das Theater 1960–76, 1977.
L: W. Schivelbusch, Sozialist. Dr. nach Brecht, 1974.

Lange, Horst, 6. 10. 1904 Liegnitz – 6. 7. 1971 München; Stud.

am Bauhaus Weimar, dann Kunstgesch. und Germanistik Berlin u. Breslau. Seit 1931 freier Mitarbeiter für Presse und Rundfunk. Gehörte zum Kreise der Zs. ›Die Kolonne‹. 1933 ∞ Oda Schaefer. Im 2. Weltkrieg Pionier, verwundet. Nach 1945 in Mittenwald u. seit 1950 München. Auch Zeichner und Maler. – Lyriker, Erzähler u. Dramatiker, anfangs unter Einfluß des Expressionismus (G. Heym), mit Neigung zum Naturmyth.-Irrationalen. Schildert die Wirkungen der Landschaft und Natur auf den Menschen und die geheimnisvolle Macht des Todes. Gestaltet das Erleben und Erleiden des heutigen Menschen und beschreibt vor dem Hintergrund der Oderlandschaft die Kraft der dämon. Mächte und seel. Abgründe.

W: Nachtgesang, G. 1928; Zwölf Gedichte, 1933; Die Gepeinigten, E. 1933; Die Heimkehr, H. 1933; Schwarze Weide, R. 1937; Gesang hinter den Zäunen, G. 1938; Auf dem östlichen Ufer, En. 1939; Ulanenpatrouille, E. 1940; Die Leuchtkugeln, En. 1944; Das Lied des Pirols, E. 1946; Windsbraut, En. 1947; Gedichte aus zwanzig Jahren, 1948; Am kimmerischen Strand, En. 1948; Ein Schwert zwischen uns, R. 1952; Verlöschende Feuer, R. 1956; Aus dumpfen Fluten kam Gesang, G. 1958; Tagebücher aus dem 2. Weltkrieg, 1979.
L: A. Lubos, 1967.

Lange, Oda → Schaefer, Oda

Lange, Samuel Gotthold, 22. 3. 1711 Halle/Saale – 25. 6. 1781 Laublingen; Sohn e. Theologieprofessors; Stud. Theologie Halle; Prediger in Laublingen b. Halle; 1755 Inspektor des Kirchen- und Schulwesens im Saalekreis. Anakreont. Lyriker des Halleschen Dichterkreises. Anfangs Anhänger Gottscheds, stiftete 1733 gemeinsam mit I. J. Pyra e. ›Gesellschaft zur Förderung der dt. Sprache, Poesie und Bered-

samkeit‹; stellte sich später mit
Pyra gegen die Gottsched-Schule,
suchte den Reim durch antike
Versmaße zu verdrängen. Beider
durch e. herzl. Freundschaftskult
ausgezeichnete Gedichte gab
Bodmer 1745 heraus. Sehr bekannt wurde L.s metr. Übs. der
Oden des Horaz (1752), die e. ver-
nichtende Kritik Lessings traf.

W: Thyrsis' und Damons freundschaftliche
Lieder, hg. J. J. Bodmer, 1745 (m. I. J. Pyra;
n. 1885 u. 1966); Horatzische Oden, G. 1747
(Faks. 1971); Eine wunderschöne Historie
von dem gehörnten Siegfried dem Zweiten,
Sat. 1747; Poetische Betrachtungen über die
sieben Worte des sterbenden Erlösers, 1757;
Sammlung gelehrter und freundschaftlicher
Briefe, II 1769 f.
L: J. Richter, Diss. Greifsw. 1919; H. Gep-
pert, Diss. Hdlbg. 1923.

Langenbeck, Curt, 20. 6. 1906
Elberfeld – 5. 8. 1953 München;
Fabrikantensohn; Gymnas.; indu-
strielle Ausbildung in der väterl.
Fabrik, dann in den USA, der
Schweiz und Frankreich; nach
Rückkehr mehrjähr. Stud. an dt.
Univ. 1935 Erster Dramaturg am
Staatstheater Kassel, dann Chefdramaturg am Staatstheater München. – Dramatiker, Erzähler und
Theoretiker, bemüht um die dichter. Erneuerung des Dramas, bes.
der großen dt. Geschichtstragö-
die, ›aus dem Geist der Zeit‹ und
in Anknüpfung an die antike Tragödie, deren Chor neu in das
mod. heroische Drama eingefügt
und neuartig behandelt werden
sollte. Schrieb Dramen meist nach
hist. Stoffen. Überzeitl. ist s.
symbol. Drama ›Das Schwert‹.
Zeitweilig nationalsozialist. Ideen
verbunden, die sich auch in s. Reden zeigten.

W: Bianca und der Juwelier, K. (1933); Alexander, Tr. 1934; Heinrich VI., Tr. 1936; Der
getreue Johannes, Dr. 1937; Der Hochverrä-
ter, Tr. 1938; Wiedergeburt des Dramas aus
dem Geist der Zeit, Rd. 1940; Das Schwert,
Tr. 1940; Frau Eleonore, N. 1941.
L: M. Lotsch, Diss. Hbg. 1958.

Langenfeld, Friedrich Spee von
→ Spee von Langenfeld, Friedrich

Langer, Anton, 12. 1. 1824 Wien
– 7. 12. 1879 ebda.; Schottengym-
nasium, Schüler des Dialektdichters B. Sengschmitt; Stud. Wien;
Mitarbeiter an Bäuerles ›Theater-
zeitung‹; gründete in Hernals das
Theater ›Arena[. seit 1850 Hrsg.
des satir.-dialekt. Volksblatts
›Hans Jörgel von Gumpoldskir-
chen‹. – Gemüt- und humorvoller
österr. Volksschriftsteller mit
vorzügl. Beherrschung der
Mundart in Romanen, Lustspielen und Possen.

W: Der letzte Fiaker, R. III 1855; Wiener
Volksbühne, IV 1859–64; Die Schweden vor
Wien, R. 1862; Frei bis zur Königsau, R. II
1865; Kaisersohn und Baderstochter, R. 1871;
Der Eingemauerte, R. 1871; Der Herr Gevat-
ter von der Straße, Lsp. 1876.
L: K. Jagersberger, Diss. Wien 1948.

Langer, Rudolf, * 6. 11. 1923
Neisse/Schles.; lebt in Ingolstadt.
– Formkonservativer, neobieder-
meierl. Lyriker aus Natur, Leiden
und Erinnerung.

W: Ortswechsel, G. 1973; Überholvorgang,
G. 1976; Gleich morgen, G. 1978; Das Narrenschiff schwankt, G. 1987.

Langewiesche, Marianne, 16.
11. 1908 Ebenhausen b. München
– 4. 9. 1979 München; Tochter des
Verlegers Wilhelm L.-Brandt; zuerst Fürsorgerin, dann Journalistin; bereiste den Balkan, Italien,
Spanien, Frankreich und die Niederlande; ∞ Dramaturg und Bühnenautor Heinz Kuhbier (Coubier); wohnte in Ebenhausen. –
Erzählerin meist hist. Romane,
oft mit dem Hintergrund mediter-
raner Landschaften. Größter
Erfolg mit dem Roman ›Königin
der Meere‹ um 1200 Jahre Geschichte Venedigs. In der Verbindung von Historie und Lokalem

Übergang zum Städte- und Landschaftsporträt ballad. Stils.

W: Die Ballade der Judith van Loo, R. 1938; Königin der Meere, R. 1940; Die Allerheiligen-Bucht, R. 1942; Castell Bô, N. 1947; Die Bürger von Calais, R. 1949; Der Ölzweig, R. 1952; Der Garten des Vergessens, N. 1953; Venedig, Schr. 1962; Ravenna, St. 1964; Wann fing das Abendland zu denken an, St. 1970; Spuren in der Wüste, St. 1970.

Langgässer, Elisabeth, 23. 2. 1899 Alzey – 25. 7. 1950 Rheinzabern. Jugend in Alzey, Darmstadt, Mainz und Worms. Lehrerin. Seit 1929 in Berlin. ⚭ 1935 Philosophen Wilhelm Hoffmann. Dem Dichterkreis um die Zs. ›Die Kolonne‹ nahestehend. 1936 als Halbjüdin Schreibverbot. 1948 Rückkehr in ihre rheinpfälz. Heimat. – E. L. gibt in ihren Gedichten, Erzählungen und Romanen e. neuen kath. Weltbild Ausdruck, scheut sich dabei aber nicht, die Dogmen auf ihre Weise auszulegen und das Sündhafte realist. und abstoßend zu schildern. Sie zeigt den Menschen im Kampf zwischen Gott und Satan. Ihre ersten, in der rhein. Heimat spielenden Werke zeigen den Einfluß der Naturkräfte auf den Menschen, während ihre späteren Gestalten ganz in der christl. Tradition wurzeln. Die Sprache ist bild- und symbolhaft. Die von W. Lehmann beeinflußten naturmyth. Gedichte künden in ekstat. hymn. Form von den Mysterien und der Erlösungssehnsucht des im Dämonischen verstrickten Menschen. In den letzten beiden Romanen findet sie e. neuen realist.-surrealist. und relig.-mag. Stil.

W: Der Wendekreis des Lammes, G. 1924; Proserpina, E. 1932; Triptychon des Teufels, En. 1932; Die Tierkreisgedichte, 1935; Der Gang durch das Ried, R. 1936; Das unauslöschliche Siegel, R. 1946; Der Laubbaum und die Rose, G. 1947; Der Torso, 1947; Kgn. 1947; Kölnische Elegie, G. 1948; Das Labyrinth, En. 1949; Metamorphosen, G. 1949; Märki-

sche Argonautenfahrt, R. 1950; Geist in den Sinnen behaust, Ess. 1951; ... soviel berauschende Vergänglichkeit, Br. 1954; Das Christliche der christlichen Dichtung, Ess. u. Br. 1961. – GW, V 1959–64; Ausgew. En. 1979; Werkausg., 1981 ff.

L: E. Horst, Diss. Mchn. 1956; G. Behrsing, Diss. Mchn. 1957; J. Perfahl, Diss. Wien 1957; E. Augsberger, 1962; H. Meyer, Diss. Köln 1973; J. P. J. Maassen, Die Schrecken d. Tiefe, Leiden 1973; F. Hetmann, Schlafe, meine Rose ..., 1986; Bibl.: A. W. Riley, 1970.

Langmann, Philipp, 5. 2. 1862 Brünn – 27. 5. 1931 Wien; Arbeiter, Autodidakt.; Stud. TH Brünn; 1885 Fabrikleiter, 1890 Beamter; 1897 freier Schriftsteller, zog 1900 nach Wien; dort bis 1914 Journalist. Naturalist. Erzähler und Dramatiker in der Nachfolge G. Hauptmanns mit Anklängen an Anzengruber. Meisterhafte Milieuschilderungen.

W: Arbeiterleben, Nn. 1893; Realistische Erzählungen, 1895; Ein junger Mann, En. 1895; Bartel Turaser, Dr. 1897; Verflogene Rufe, Nn. 1899; Gertrud Antreß, Dr. 1900; Herzmarke, Dr. 1901; Leben und Musik, R. 1904; Erlebnisse eines Wanderers, Nn. 1911; Ein fremder Mensch, E. 1914.

L: R. Riedl, Diss. Wien 1947.

Langner, Ilse (eig. Ilse Siebert), 21. 5. 1899 Breslau – 16. 1. 1987 Darmstadt; Tochter e. Oberstudiendirektors; 1928 Reisen in die Sowjetunion, die Türkei und nach Frankreich; ⚭ Fabrikant Dr. W. Siebert († 1954); 1933 Reise nach China, Japan und USA; spätere Reisen in Europa und 1960/61 Ostasien; zeitweilig in Paris, West-Berlin, Ibiza, Darmstadt. – Sozialkrit. und pazifist. Dramatikerin und Erzählerin, kämpft gegen Nationalhaß und Vorurteile. Zeitgeschichtl. Probleme auch in ihren Griechendramen.

W: Frau Emma kämpft im Hinterland, Dr. (1928); Katharina Henschke, Sch. (1930); Die Heilige aus USA, Dr. (1931); Das Gionsfest, N. 1934; Amazonen, K. (1936); Die purpurne Stadt, R. 1937 (Neufassg. 1952); Die große Zauberin, Dr. (1938); Klytämnestra, Tr.

(1947); Rodica, N. 1947; Iphigenie kehrt heim, Dr. 1948; Zwischen den Trümmern, G. 1948; Sylphide und der Polizist, Dr. (1950); Das Wunder von Amerika, Dr. (1951); Der venezianische Spiegel, Dr. (1952); Cornelia Kungström, Dr. (1955); Sonntagsausflug nach Chartres, R. 1956; Chinesisches Tagebuch, 1960; Die Zyklopen, R. 1960; Japanisches Tagebuch, 1961; Ich lade Sie ein nach Kyoto, Ber. 1963; Drei Pariser Stücke, 1974; Dramen I, 1983; Flucht ohne Ziel, R. 1984.
L: E. Johann, hg. 1979.

Lanzelot, sog. ›Prosa-L.‹, ältester dt. Prosaroman, 1. Hälfte 13. Jh., um die Liebe zwischen Lanzelot und Ginevra, der Gemahlin des Königs Artus, wohl auf Grundlage e. verlorenen franz. Prosaversion. Der Stoff vorher auch von Chrestien de Troyes und Ulrich von Zatzikhofen als höf. Roman behandelt. L. als Muster e. höf. Ritters sowohl in s. Tapferkeit als auch in s. Minne gegenüber e. verheirateten Dame. Vielgelesenes Werk des Hochma. Neubearbeitung durch Ulrich Füetrer in Titurelstrophen und auch in Prosa.
A: H. O. Sommer VII 1909–13; R. Kluge II 1948–63 (DTM 42).
L: T. P. Cross u. W. A. Nitze, 1930; G. Hutchings, 1938; F. Lot, Paris 1954; P. Tilvis, Helsinki 1957; U. Ruberg, Raum u. Zeit im Prosa-L., 1965; R. Voß, 1969.

La Roche, Sophie von, geb. Gutermann von Gutershofen, 6. 12. 1731 Kaufbeuren – 18. 2. 1807 Offenbach/M.; Arzttochter aus Augsburger Patrizierfamilie; kam 1743 nach Augsburg; hielt sich zeitweilig in Biberach, erst bei ihrem Großvater, dann bei der Familie ihres Vetters C. M. Wieland auf, der ihr schwärmer. Jugendliebe entgegenbrachte; mit dem ital. Arzt Bianconi verlobt; ⚭ 1754 den Kurmainzer Hofrat Georg Michael Frank von Lichtenfels, gen. La Roche († 1789), der 1762 Gutsverwalter bei s. Gönner

Graf Stadion wurde und seit 1771 als Geheimer Konferenzrat des Kurfürsten von Trier in Thal-Ehrenbreitstein bei Koblenz lebte; 1771/72 Verkehr mit Goethe, der sie und ihre Tochter Maximiliane (›Maxe‹, später verh. Brentano) sehr verehrte; nach dem Abschied ihres Gatten 1780 zuerst in Speyer, dann in Offenbach; unternahm mehrere Reisen, so 1799 nach Weimar (auch b. Wieland in Ossmannstädt). Großmutter der Geschwister Brentano. – Vielgelesene Erzählerin der Aufklärung; gedankl. und formal von Rousseau und Richardson beeinflußt; erzielte mit ihren empfindsamen Briefromanen, bes. mit der ›Geschichte des Fräuleins von Sternheim‹ ungewöhnl. Erfolg. Dieser Roman, den Goethe sehr lobte und der den ›Werther‹ mitbeeinflußte, sollte durch den Triumph der Tugend über das Laster erzieherisch wirken.
W: Geschichte des Fräuleins von Sternheim, R. hg. C. M. Wieland II 1771 (n. F. Brüggemann 1938, n. 1983); Rosaliens Briefe an ihre Freundin, II 1780 f.; Moralische Erzählungen, II 1782–84; Die glückliche Reise, E. 1783; Briefe an Lina, 1785–97; Neuere moralische Erzählungen, 1786; Geschichte von Miß Lony, 1789; Rosalie von Cleberg auf dem Lande, R. 1791; Schönes Bild der Resignation, II 1795 f.; Fanny und Julia, R. II 1802; Melusinens Sommerabende, hg. C. M. Wieland 1806. – Briefe an d. Gräfin E. zu Solms-Laubach, hg. K. Kampf 1965; Lebensbild in Briefen, hg. M. Maurer ²1985.
L: K. Ridderhoff, 1895; W. Spickernagel, 1912; W. Milch, 1935; J. Sachs, 1985; B. Heidenreich, 1986; I. Wiede-Behrendt, Lehrerin des Schönen, 1987.

L'Arronge, Adolf, 8. 3. 1838 Hamburg – 25. 5. 1908 Kreuzlingen b. Konstanz; Sohn des Schauspielers Eberhard L'A.; Stud. am Konservatorium Leipzig; Musiker in Hamburg und Leipzig, 1860 Kapellmeister in Danzig und Köln; brachte 1860 in Köln s. erste Oper auf die Bühne; seit 1866 Leiter der Krolloper in Berlin; 1869–72 Redakteur der ›Gerichtszeitung‹ ebda.; 1874–78 Direktor des Lobe-Theaters in Breslau; kaufte 1881 in Berlin das Friedrich-Wilhelmstädtische Theater und leitete es 1883–94 mit großem Erfolg. – Fruchtbarer und lange erfolgr. Bühnenautor mit Lustspielen, bes. Berliner Lokalpossen, voll naiv-volkstüml. Humors.

W: Mein Leopold, Vst. (1873); Alltagsleben. Vst. (1873); Hasemanns Töchter, Lsp. (1877); Doktor Klaus, Lsp. (1878); Wohltätige Frauen, Lsp. (1879). – Dramat. Werke, VIII 1879–86 (erw. IV 1908).

Lasker-Schüler, Else, 11. 2. 1869 Elberfeld – 22. 1. 1945 Jerusalem; Tochter e. jüd. Bankiers und Architekten und Urenkelin e. westfäl. Rabbiners, mütterlicherseits span.-jüd. Abstammung, ⚭ 1894 den Arzt Dr. Berthold Lasker, 1899 o/o, lebte in Berlin/Halensee, 1901–11 ⚭ Herwarth Walden, Hrsg. der Zs. ›Sturm‹; unstetes bohèmehaftes Wanderleben. Befreundet mit P. Hille, T. Däubler, F. Marc, G. Trakl, G. Benn, F. Werfel und R. Schickele; gefördert von K. Kraus. 1933 Emigration in die Schweiz, 1934 nach Jerusalem, dann Ägypten, wieder in Zürich, ab 1937 wieder Jerusalem. Starb verarmt. – Lyrikerin, Erzählerin und Dramatikerin aus dem Umkreis des Expressionismus, zu dessen Vorläufern sie ihr dichter. Vorbild Peter Hille rechnet. Als Dichterin, der der dichter.-schwärmer. Zustand wichtiger ist als das Gedicht, vereint sie in ihrer rein vom Gefühl getragenen, vorwiegend improvisator. Kunst e. unstillbares Fernweh und endlos schweifende Phantasie mit tiefer jüd.-myst. Religiosität, glühende Sinnlichkeit mit exot. Farbenpracht und

oriental. Märchenzauber in myth. Überhöhung. Daneben anfangs symbolist. Züge, naturalist.-realist. Versuche (›Die Wupper‹ aus der Industriewelt mit z. T. plattdt. Dialogen), erdgebundener Humor und Vorliebe fürs Phantast.-Groteske. Von der althebr. Bibeldichtung inspirierte apokalypt. Bilderfluten in freien Rhythmen und reimlosen Versen. Auch Zeichnerin und Illustratorin ihrer Gedichte.

W: Styx, G. 1902; Der siebente Tag, G. 1905; Das Peter Hille-Buch, 1906; Die Nächte Tino von Bagdads, Nn. 1907; Die Wupper, Dr. 1909; Meine Wunder, G. 1911; Mein Herz, R. 1912; Hebräische Balladen, 1913; Essays, 1913; Gesichte, Ess. 1913; Der Prinz von Theben, En. 1914; Die gesammelten Gedichte, 1917; Der Malik, E. 1919; Die Kuppel, G. 1920; Der Wunderrabbiner von Barcelona, 1921; Theben, G. 1923; Ich räume auf!, Schr. 1925; Arthur Aronymus, Dr. 1932; Konzert, Ess. u. G. 1932; Das Hebräerland, Prosa 1937; Mein blaues Klavier, G. 1943; Ichundich, Dr. 1980. – Gesamtausgabe, X 1910–20; Dichtungen und Dokumente, 1951; GW, III 1959–62, VIII 1986; Sämtl. Gedichte, 1966; Briefe, hg. M. Kupper II 1969; Briefe an Karl Kraus, 1959; Exilbriefe an S. Schocken, 1987.

L: F. Goldstein, D. expressionist. Stilwelle i. Werk d. E. L.-S., Diss. Wien 1936; W. Kraft, 1951; G. Guder, 1966; J. P. Wallmann, 1966; M. Schmid, hg. 1969; D. Bänsch, 1971; H. W. Cohn, Cambr. 1974; E. Klüsener, 1980; S. Bauschinger, 1980; J. Hessing, 1985.

Lassang, Iwan → Goll, Yvan

Laßwitz, Kurd (Ps. Velatus), 20. 4. 1848 Breslau – 17. 10. 1910 Gotha; 1866–73 Stud. Mathematik und Naturwiss. Berlin und Breslau; dazwischen 1870 im Feldzug gegen Frankreich; 1874 Gymnasiallehrer in Breslau; ging 1875 nach Ratibor; 1876 nach Gotha; 1884 Professortitel. – Geistreicher Erzähler naturwiss.-philos. Romane, die oft ins Phantast.-Utop. gehen, mit Anklängen an J. Verne. Auch Essayist und wiss. Schriftsteller um erkenntnistheoret. Grundfragen der

Naturwiss. im Geiste Kants; Darstellung geschichtl. Zusammenhänge zwischen Naturwiss. und Philos.

W: Bilder aus der Zukunft, En. II 1878; Seifenblasen, M. 1890; Auf zwei Planeten, R. II 1897 (n. 1984); Wirklichkeiten, St. 1899; Aspira, R. 1905; Nie und nimmer, M. II 1907; Seelen und Ziele, St. 1908; Sternentau, M. 1909.

L: H. Roob, 1981 (m. Bibl.).

Lattmann, Dieter, *15. 2. 1926 Potsdam; Offiziersfamilie, Seekadett, Kriegsgefangenschaft, Buchhandelslehre, 1947–60 Verlagstätigkeit, Lektor in München; freier Schriftsteller, Funkautor und Verlagsberater ebda.; 1968 Präsident der Bundesvereinigung dt. Schriftstellerverbände, 1969 Initiator, Organisator u. 1969–74 1. Vorsitzender des Verbands dt. Schriftsteller (VS); verdient um die soziale Besserstellung der dt. Autoren. Mehrere Reisen, bes. in die UdSSR. 1972–80 SPD-Bundestagsabgeordneter. Wohnt in München. – Erzähler realist. Romane bes. aus der Verlagswelt; Essayist, Kritiker und Hörspielautor.

W: Die gelenkige Generation, Feuill. 1957; Ein Mann mit Familie, R. 1962; Mit einem deutschen Paß, Reiseb. 1964; Zwischenrufe, Ess. 1967; Schachpartie, R. 1968; Die Einsamkeit des Politikers, Schr. 1977; Die lieblose Republik, Aufz. 1981; Die Brüder, R. 1985.

Lau, Fritz, 10. 8. 1872 Möltenort b. Kiel – 5. 7. 1966 Glückstadt. Niederdt. Erzähler von Romanen u. humorvollen Schwänken aus dem Alltag der Arbeiter, Häusler und Fischer an der Unterelbe.

W: Katenlüd, E. 1909; Ebb un Flot – Glück un Not, En. 1911; Brandung, En. 1913; Elsbe, R. 1918; Drees Dreesen, R. 1923; Kinnerland, En. 1927; Von em un ehr, En. 1932; Wat mi so över'n Weg löp, En. 1932; Jungs un Deerns von de Waterkant, En. 1933; Wat löppt de Tiet, Ausgew. En. 1962.

Laube, Heinrich Rudolf Constanz, 18. 9. 1806 Sprottau/ Schles. – 1. 8. 1884 Wien; Sohn e. Maurermeisters. Gymnas. Glogau u. Schweidnitz, ab 1826 Stud. ev. Theol. Halle, 1827/28 Kirchengesch. u. Lit. Breslau (Dr. phil.), bis 1831 Hauslehrer in Jäschkowitz b. Breslau; wandte sich der Lit., dem Theater und Journalismus zu, kam 1832 nach Leipzig, dort 1833/34 (u. 1842–44) Redakteur der ›Zeitung für die elegante Welt‹, e. führenden Organs des Jungen Dtl. 1833 Italienreise mit Gutzkow, 1834 wegen liberaler Publikationen aus Sachsen verwiesen, in Berlin in 9monatiger Untersuchungshaft, Schriftenverbot, 1835 in Naumburg und Kösen, ⚭ 1836 in Berlin die Witwe Prof. Hänels, 18 Monate Haft im Schloß des befreundeten Fürsten Pückler-Muskau. 1839 Reise nach Paris, durch Frankreich und nach Algier. 1843 Journalist in Leipzig, 1845 in Wien. 1848 Mitgl. der Frankfurter Nationalversammlung für die Stadt Elnbogen, Anschluß an das Zentrum und die erbkaiserl. Partei, März 1849 Austritt. 1849–67 durch Vermittlung der Reichsminister von Schmerling Direktor des Wiener Burgtheaters, 1869/70 Leiter des Leipziger Stadttheaters, 1871–79 (mit Unterbrechung 1874/75) Leiter des 1871 von ihm gegründeten Wiener Stadttheaters. – Vielseitiger, vitaler und fruchtbarer Dramatiker, Erzähler und Journalist des Jungen Dtl. Begann mit meist hist. Jambendramen in der Schillernachfolge, dann Prosadramen von teils polit.-emanzipator. Tendenz (Kritik an Hofleben, Zensur und polit.-relig. Bevormundung), später Schwinden der polit. Tendenz bei e. durch langjähr. Bühnenpraxis verfeinerten dramat. Technik. Am erfolgreichsten ›Die Karlsschüler‹ und ›Graf Essex‹. Auch Bearbeitungen franz. Konversationsstücke von Sardou, Scribe, Augier u. a. In hist. Romanen u. Novellen, Zeitromanen und Reisenovellen ebenfalls unter Einfluß der Julirevolution und des Polenaufstandes; polit. Programmschriften des Jungen Dtl. In s. Erinnerungen u. Theaterkritiken und -schriften spiegelt sich e. Großteil dt. Theatergesch. s. Zeit.

W: Das junge Europa, R. V 1833–37 (Faks. 1973); Das neue Jahrhundert, Schr. II 1833 (Faks. II 1973); Reisenovellen, VI 1834–37 (Ausw. 1965, Faks. V 1973); Moderne Charakteristiken, II 1835; Die französische Revolution von 1789 bis 1836, 1836 (Faks. 1973); Geschichte der deutschen Literatur, IV 1839 f.; Französische Lustschlösser, III 1840; Die Bandomire, R. 1842; Der Prätendent, E. 1842; Gräfin Chateaubriant, R. III 1843; Drei Königstädte im Norden, II 1845; Monaldeschi, Dr. 1845; Die Karlsschüler, Dr. 1846; Novellen, 1846 f.; Rokoko, Lsp. 1846; Die Bernsteinhexe, Dr. 1847; Gottsched und Gellert, Lsp. 1847; Struensee, Dr. 1847; Paris 1847, 1848; Das erste deutsche Parlament, III 1849 (n. 1978); Prinz Friedrich, Dr. 1838; Graf Essex, Dr. 1856; Montrose, der schwarze Markgraf, Dr. 1859; Der deutsche Krieg, R. IX 1863–66; Das Burgtheater, 1868; Böse Zungen, Dr. 1868; Demetrius, Dr. 1869; Das norddeutsche Theater, 1872; Erinnerungen, II 1875–78; Das Wiener Stadt-Theater, 1875; Die Böhminger, R. III 1880; Louison, N. 1882; Der Schatten-Wilhelm, E. 1883; F. Grillparzers Lebensgeschichte, 1884; Theaterkritiken und dramaturgische Aufsätze, II 1906. – Dramatische Werke, XIII 1845–76; GS, XVI 1875–82; GW, hg. H. H. Houben I 1908 f.; AW, X 1906; Schriften über Theater, hg. E. Stahl-Wisten 1959; C. Birch-Pfeiffer und H. L. im Briefwechsel, 1917.

L: H. Bossnitz, L. als Dramatiker, Diss. Breslau 1906; G. Altmann, L.s Prinzip d. Theaterleitung, 1908, n. 1978; K. Nolle, Diss. Münster, 1915; M. Moormann, D. Bühnentechnik H. L.s, 1917, n. 1978; W. Lange, H. L.s Aufstieg, 1923; E. Ziemann, H. L. als Theaterkritiker, 1934; M. Dürst, 1951.

Laube, Horst, ＊21. 1. 1939 Brüx/Tschechoslowakei; Dramaturg in Wuppertal und Frankfurt a. M., 1976 Präsident der Dt.

Akad. der darstellenden Künste ebda. – Dramatiker mit parabelhaften Stücken aus der Gegenwart.

W: Der Dauerklavierspieler, Dr. (1974); Ella fällt, R. 1976; Der erste Tag des Friedens, Dr. (1977); Endlich Koch, K. (1980); Finale in Smyrna, Dr. (1985); Anhöhe im Wald, E. 1986.

Lauber, Cécile, geb. Dietler, 13. 7. 1887 Luzern – 16. 4. 1981 ebda. Tochter des Direktionspräsidenten der Gotthardbahn; aus alter Solothurner Familie; Schule Luzern; Stud. Musik Lausanne; ⚭ 1913 Dr. E. Lauber; hielt sich in England und Italien auf; lebte in Luzern. – Schweizer Erzählerin u. Lyrikerin von starker Verbundenheit mit der Natur, der Kreatur u. naturnahen Menschen.

W: Die Erzählung vom Leben und Tod des Robert Duggwyler, R. 1922; Die Versündigung an den Kindern, E. 1924; Die Wandlung, R. 1929; Der Gang in die Natur, E. 1930; Chinesische Nippes, En. 1931; Der dunkle Tag, Nn. 1933; Die Kanzel der Mutter, Leg. 1936; Geschenk eines Sommers, N. 1938; Stumme Natur, R. 1939; Tiere in meinem Leben, E. 1940; Nala, E. 1942; Land deiner Mutter, R. IV 1946–57; Gesammelte Gedichte, 1955; In der Gewalt der Dinge, R. 1961; – GW, VI 1970–72; Ausw. 1968.

Lauckner, Rolf, 15. 10. 1887 Königsberg – 27. 4. 1954 Bayreuth; Sohn e. Stadtbaurats, Stiefsohn H. Sudermanns; Schule Dresden; Stud. Jura und Staatswiss. Lausanne, München, Königsberg und Würzburg; 1913 Dr. jur. et rer. pol.; mehrere Reisen, bes. in die Mittelmeerländer; 1919–23 Leiter der Zs. ›Über Land und Meer‹ in Stuttgart, Dramaturg ebda.; dann in Wien; ab 1925 freier Schriftsteller in Berlin. – Fruchtbarer Dramatiker und Lyriker, auch Übs. und Bearbeiter. Anfangs Expressionist (›Der Sturz des Apostels Paulus‹). Später in hist. Dramen und Tragödien Berührung mit der NS-Ideologie.

W: Gedichte, 1912; Der Sturz des Apostels Paulus, Dr. 1918; Christa, die Tante, K. 1918; Predigt in Litauen, Dr. 1919; Wahnschaffe, Dr. 1920; Die Reise gegen Gott, Dr. 1923; Bernhard von Weimar, Dr. 1933; Der Hakim weiß es, K. 1936; Der letzte Preuße, Tr. 1937; Wanderscheidt sucht eine Frau, K. 1938; Der Ausflug nach Dresden, K. (1943); Die Flucht des Michel Angelo, Dr. (1944); Caesar und Cicero, Dr. (1947); Hiob, Dr. (1949); Der Gesang des Wächters, G. 1950. – Ausgew. Bühnendichtungen, 1962.

Laufenberg, Heinrich von → Heinrich von Laufenberg

Lauff, Joseph (ab 1913) von, 16. 11. 1855 Köln – 22. 8. 1933 Haus Krein b. Bad Kirchen/Mosel; 1877 bis 1898 preuß. Offizier, 1898–1903 Dramaturg am Wiesbadener Hoftheater. – Anschaul. heimatverbundener Erzähler mit rhein. Romanen sowie belanglosen Hohenzollern-Dramen.

W: Jan van Calker, Ep. 1887; Die Overstolzin, Ep. 1890; Klaus Störtebeker, Ep. 1893; Regina coeli, R. 1894; Der Mönch von Sankt Sebald, R. 1896; Der Burggraf, Sch. 1897; Kärrekiek, R. 1902; Marie Verwahnen, R. 1902; Der Heerohme, Dr. 1902; Pittje Pittjewitt, R. 1903; Sankt Anne, R. 1908; O du mein Niederrhein, R. 1930; Spiegel meines Lebens, Aut. 1932.

Laukhard, Friedrich Christian, 7. 6. 1758 Wendelsheim/Unterpfalz – 28. 4. 1822 Kreuznach; Predigerssohn; Stud. Theol. Gießen und Göttingen; 1783 Magister und Dozent in Halle; vagabundierte, wurde preuß. Soldat; 1792 von den Franzosen gefangen; geriet in die Revolutionsarmee; kehrte 1795 nach vielen Abenteuern nach Dtl. zurück; zuletzt Privatlehrer. – Gab realist. anschaul., kulturgeschichtl. interessante Beschreibungen s. Erlebnisse.

W: Leben und Schicksale von ihm selbst beschrieben, Aut. V 1792–1802 (n. V. Petersen II 1908, H. Schnabel 1912, W. Becker 1956); Erzählungen und Novellen, II 1800.
L: P. Holzhausen, 1902; S. Fischer, Diss. Jena 1983.

Laun, Friedrich → Schulze, Friedrich August

Lauremberg, Johann (Ps. Hans Willmsen u. L. Rost), 26. 2. 1590 Rostock – 28. 2. 1658 Sorø/Insel Seeland; Sohn e. Prof. der Medizin; 1608–12 Stud. Mathematik und Literaturgesch. Rostock; 1610 Magister; Reisen nach Holland, England, Frankreich und Italien; 1613–16 Stud. Medizin Paris und Reims; 1616 Dr. med.; 1618 Rückkehr nach Rostock; dort Prof. der Dichtkunst; 1623 vom dän. König als Prof. der Mathematik an die Ritterakad. nach Sorø berufen. – Gewandter Satirendichter; Schöpfer der dt. Satire. Schrieb in niederdt. Sprache mit frischem, oft derbem Ton. Scharfe Kritik an den Übelständen der heim. Dichtkunst; Spott auf das Modeunwesen in Kleidung und Sitte s. Zeit und die Nachahmung des Fremden.

W: Pompejus magnus, Tr. 1610; Satyrae, 1630; Triumphus Nuptialis Danicus, 1635; Veer Schertz-Gedichte in nedderdütsch gerimet, 1652 (u. d. T. De nye poleerte Utiopische Bockes-Büdel 1700; n. J. M. Lappenberg, BLV. 58, 1861; W. Braune, NdL. 16/17, 1879, hs. Fassg. hg. E. Schröder 1909); Die Geschichte Arions, 1655; Graecia Antiqua, 1661. – Plattdt. Possen (Niederdt. Jb. 3 u. 11), 1877 u. 1886; Hs. Nachlaß (ebda. 13), 1888.
L: H. Weimer, L.s Scherzgedichte, Diss. Marb. 1899; K. Peter, D. Humor i. d. nddt. Dichtgn. J. L.s, 1967.

Laurentius von Schnüffis oder Schnifis (eig. Johann Martin), 24. 8. 1633 Schniffis/Vorarlberg – 7. 1. 1702 Konstanz; erst fahrender Schüler; später Schauspieler in Wien und Innsbruck; Stud. Theologie ebda.; Günstling Erzherzog Ferdinand Karls; trat 1665 in das Kapuzinerkloster in Zug ein; von Kaiser Leopold I. zum Dichter gekrönt.– Volkstüml. Lyriker und Liederkomponist des Barock.

Selbständiger Nachfahr Spees und der Pegnitzschäfer.

W: Philotheus, Oder deß Miranten wunderlicher Weeg nach der Ruhseeligen Einsamkeit, R. 1665 (hg. E. Thurnher 1960); Mirantisches Flötlein, G. 1682 (hg. A. Daiger 1960); Mirantische Wald-Schallmey, G. 1688; Mirantische Maultrummel, G. 1690; Mirantische Mayen-Pfeiff, G. 1692; Futer über die Mirantische Maul-Trummel, G. 1699; Mirantische Wunder-Spiel der Welt, G. III 1701. – Nun zeige mir dein Angesicht, Ausw., hg. E. Thurnher 1961; Gedichte, Ausw., hg. U. Herzog 1972.
L: H. D. Groß, Diss. Wien 1942.

Laurin (oder Der Kleine Rosengarten), märchenhaftes mhd. Heldenepos aus der Dietrichsage, 13. Jh. Berichtet vom Eindringen Dietrichs von Bern in den Rosengarten des Zwergenkönigs L., s. listigen Überwältigung durch diesen und s. Befreiung durch Künhild, die von L. entführte Schwester s. Gefährten Dietleib. Urform in Reimpaaren, vermutl. von e. unbekannten Tiroler Fahrenden um 1250; in versch., verwandten, aber stark voneinander abweichenden Fassungen erhalten. Verbindung spielmänn. u. höf. Züge. E. Forts. bildet der ›Walberan‹.

A: K. Müllerhoff, Dt. Heldenbuch I, 1866 (n. K. Stackmann 1948); G. Holz 1897; F. Dahlberg 1948 (2 unbekannte Fassungen). – *Übs.:* R. Zoozmann 1924.

Lautensack, Heinrich, 15. 7. 1881 Vilshofen/Bayern – 10. 1. 1919 München; Stud. TH München, 1904–07 Kabarettist, Schüler F. Wedekinds, ab 1907 in Berlin freier Schriftsteller, Filmautor und 1912/13 Hrsg. der Zs. ›Bücherei Maiandros‹; 1914–17 Soldat, ab 1918 in geistiger Umnachtung. – Kraftvoller antiklerikaler Lyriker mit Brettlliedern und naturalist. Dramatiker mit starkem Lokalkolorit. Vf. bühnenwirksamer Komödien um die Befreiung

der Erotik von Heuchelei und Konvention. Auch Nachdichtungen franz. Romane und Novellen.

W: Medusa, K. 1904; Der Hahnenkampf, K. 1908; Dokumente der Liebesraserei, G. 1910; Die Pfarrhauskomödie, K. 1911; Das Gelübde, K. 1916; Altbayrische Bilderbogen, hg. A. R. Meyer 1920; Leben, Taten und Meinungen des sehr berühmten russ. Detektivs Maximow, E. 1920 – Das verstörte Fest, GW 1966.
L: W. L. Kristl, Und morgen steigt e. Licht herab, 1962; F. Brunner, 1983.

Lavant, Christine (eig. Christine Habernig, geb. Thonhauser), 4. 7. 1915 Groß-Edling b. St. Stefan/Kärnten – 7. 6. 1973 Wolfsberg/Kärnten; Tochter e. Bergarbeiters; Volksschule, nach harter Kindheit Strickerin im Heimatdorf; lebte zuletzt halb blind und taub in St. Stefan im Lavanttal. – Eigenwillige, formstrenge und zum Myst. neigende Lyrikerin. Erzählungen bes. um Kinder aus einfachen Verhältnissen, die körperl. Leiden und seel. Kämpfe durchzustehen haben. Ihre erste Erzählung ›Das Kind‹ spiegelt C. L.s eigenes Kindheitserleben.

W: Das Kind, E. 1948; Die unvollendete Liebe, G. 1949; Das Krüglein, E. 1949; Baruscha, En. 1952; Die Rosenkugel, E. 1956; Die Bettlerschale, G. 1956; Spindel im Mond, G. 1959; Der Pfauenschrei, G. 1962; Nell, En. 1969; Gedichte, 1972; Kunst wie meine ist nur verstümmeltes Leben, Nl. 1978.
L: J. Strutz, Diss. Graz 1976; G. Lübbe-Grothues, hg. 1984.

Lavater, Johann Kaspar, 15. 11. 1741 Zürich – 2. 1. 1801 ebda.; Sohn e. Arztes und Regierungsrats; 1754–62 Gymnas. Zürich, seit 1759 in der theolog. Klasse; Schüler Bodmers und Breitingers; 1762 als Geistlicher ordiniert; erregte bald darauf Aufsehen durch e. Schrift gegen die Tyrannei und Ungerechtigkeit des Züricher Landvogts F. Grebel, zog sich dadurch die Feindschaft der Züricher Aristokratie zu; reiste 1763 mit H. Füßli und F. Heß nach Pommern, traf dabei mit Gellert, Mendelssohn, Ramler, Klopstock, Gleim u. a. zusammen; nach der Rückkehr 1764 in Zürich lit. tätig; 1769 Diakonus an der Waisenhauskirche ebda.; 1775 Pfarrherr; 1778 Diakon und 1786 Pfarrer an der Peterskirche; 1786 Reise nach Göttingen und Bremen, 1793 auf Einladung des Ministers Bernstorff nach Kopenhagen; trat in der Folgezeit den Gewalttaten des franz. Direktoriums und auch den harten Maßregeln seiner Kantonsregierung energ. entgegen; deshalb 1799 verhaftet und nach Basel deportiert; erlangte aber nach wenigen Wochen wieder die Freiheit und konnte nach Zürich zurückkehren; wurde hier am 26. 11. 1800 während der Eroberung der Stadt durch Masséna bei der Hilfeleistung an verwundeten Soldaten von e. feindl. Kugel getroffen, starb nach 15monat. schwerem Leiden. Freundschaft mit Goethe, Herder, Hamann und Sturz. – Schweizer philos.-theolog. Schriftsteller der Empfindsamkeit, phantasievoller und gemüthafter geistl. Lyriker, Epiker, Dramatiker und Erbauungsschriftsteller; stilist. kraftvoll-leidenschaftl.; zur Schule Klopstocks gehörig; unkrit., enthusiast. Wegbereiter des relig. Irrationalismus und des Sturm und Drang. Begründer der physiognom. Forschung, wirkte den Ideen des Rationalismus und der Aufklärung entgegen.

W: Schweizer Lieder, 1767; Aussichten in die Ewigkeit, IV 1768–78; Christliche Lieder, 1771; Geheimes Tagebuch, II 1772f.; Physiognomische Fragmente zur Beförderung der Menschenkenntnis und Menschenliebe, IV 1775–78 (n. 1968–70); Abraham und Isaak, Dr. 1776; 100 geistliche Lieder, 1776; Poesien, II 1781; Neue Sammlung geistlicher Lieder und Reime, 1782; Pontius Pilatus, IV 1782–1785; Jesus Messias, Dicht. IV 1783–1786; Lieder für Leidende, 1787; Briefe an Goethe, 1833. – SW, VI 1834–38; Ausw. J. K. Orelli VIII 1841–44, E. Stähelin IV 1943; Briefw. mit Hamann, 1894; m. Goethe, 1901. *L*: F. W. Bodemann, ²1877; F. Muncker, 1883; H. Funck, 1902; C. Janentzky, 1916 u. 1928; O. Guinaudeau, Paris 1924; A. Vömel, ²1927; E. v. Bracken, 1932; O. Farner, 1938; T. Hasler, 1942; M. Lavater-Sloman, Genie des Herzens, ⁵1955; K. Radwan, D. Sprache, L.s, 1972.

Lavater-Sloman, Mary, 14. 12. 1891 Hamburg – 5. 12. 1980 Zürich; Tochter e. Reeders; kam 1910 nach St. Petersburg; ⚭ Ingenieur E. Lavater aus Zürich; ging 1912 nach Moskau; floh 1918 in die Schweiz; lebte in Ascona; 1920–22 in Athen; dann in Winterthur, zuletzt wieder in Ascona. – Erfolgr. Erzählerin biograph. und hist. Romane mit anschaul. Schilderungen der Kultur und des gesellschaftl. Lebens. Bedeutend sind vor allem ihre Romanbiographien.

W: Der Schweizerkönig, R. 1935; Henri Meister, R. 1936; Genie des Herzens, Lavater-B. 1939; Katharina und die russische Seele, B. 1941; Die große Flut, R. 1943; Wer singt, darf in den Himmel gehen, R. 1948; Einsamkeit, Droste-B. 1950; Lucrezia Borgia und ihr Schatten, B. 1952; Pestalozzi, B. 1954; Herrin der Meere, Elisabeth I.-B. 1956; Madame und die Jahrtausende, St. 1958; Der strahlende Schatten, Eckermann-B. 1959; Wer sich der Liebe vertraut, Nn. 1960; Triumph der Demut, B. 1961; Der Gerichtstag, Aut. 1962; Jeanne d'Arc, B. 1963; Fünf romantische Novellen, 1965; Ein Schicksal, Christine-B. 1966; Das Gold vom Troja, Schliemann-B. 1969; Löwenherz, R. 1972; Der vergessene Prinz, R. 1973; Gefährte der Königin, B. 1977. *L*: Bibl.: R. Kirchhof, E. Weber 1978.

Leander, Richard → Volkmann, Richard von

Leb, Hans, 7. 2. 1909 Hüttenberg/Kärnten – 19. 9. 1961 Villach; Stud. Architektur Wien; lebte in Föderlach/Kärnten; dann in Villach-Zauchen/Kärnten als Architekt, Graphiker und Schriftsteller. – Talentierter, stilgewandter österr. Lyriker und Erzähler.

W: Die Anrufung, G. 1939; Die Mutter, N. 1943; Der unsterbliche Tag, G. 1946; Herzschlag der Erde, R. 1948; Die Enthüllung, G. 1948.

Lebert, Hans, * 9. 1. 1919 Wien; Fabrikantensohn, 1935 Gesangsstud., 1938 Opernsänger, ab 1946 freier Schriftsteller in Baden b. Wien. – Österr. Erzähler, Lyriker und Dramatiker von urspr. Sprachkraft. S. realist., spannenden zeitkrit. Romane behandeln das Problem e. ungesühnten Schuld aus der Zeit des Dritten Reichs.

W: Ausfahrt, En. 1952; Das Schiff im Gebirge, E. 1955; Die Wolfshaut, R. 1960; Der Feuerkreis, R. 1971.
L: K. Arrer, Diss. Salzb. 1975.

Lebrecht, Peter → Tieck, Ludwig

Leder, Rudolf → Hermlin, Stephan

Lederer, Joe, 12. 9. 1907 Wien – 30. 1. 1987 München; humanist. Gymnasium ebda.; Schauspielerin, Sekretärin bei e. Schriftsteller; später freie Schriftstellerin. Reisen durch Europa; längere Zeit in China; emigrierte 1936 nach London; dann abwechselnd in London u. München. – Erfolgr. Erzählerin temperamentvoller Unterhaltungsromane. Auch Jugendbuchautorin und Journalistin.

W: Das Mädchen George, R. 1928; Musik, R. 1930; Drei Tage Liebe, R. 1931; Bring mich heim, R. 1932; Unter den Apfelbäumen, R. 1934; Blatt im Wind, R. 1935; Blumen für Cornelia, R. 1936; Ein einfaches Herz, R. 1937; Fanfan in China, Jgb. 1938 (u. d. T. Entführt in Schanghai, 1958); Heimweh nach Gestern, N. 1951; Letzter Frühling, R. 1955; Unruhe des Herzens, R. 1956; Sturz ins Dunkel, R. 1957; Die törichte Jungfrau, R. 1960; Von der Freundlichkeit der Menschen, En.

1964; Tödliche Leidenschaft, R. 1978; Ich liebe dich, En. 1979.

Ledie, Emil → Seidl, Johann Gabriel

Ledig, Gert, * 4. 11. 1921 Leipzig; Elektrotechniker; 1939 freiwill. Soldat, Offiziersanwärter; nach Verwundung Schiffsbauingenieur; 1945 bis 1950 Arbeiter, Kaufmann und Kunstgewerbler in München; 1950 Dolmetscher im am. Hauptquartier in Österreich; 1953 Ingenieur in Salzburg; ab 1957 freier Schriftsteller, 1963 Leiter e. Nachrichtenbüros in München. – Zeit- und gesellschaftskrit., realist. Erzähler, auch Dramatiker und Hörspielautor mit Stoffen aus dem 2. Weltkrieg.

W: Die Stalinorgel, R. 1955; Die Vergeltung, R. 1956; Faustrecht, R. 1957 (als Dr. 1958); Das Duell, H. 1958 (auch u. d. T. Der Staatsanwalt, 1958).

Le Fort, Gertrud Freiin von (Ps. G. von Stark, Petrea Vallerin), 11. 10. 1876 Minden/Westf. – 1. 11. 1971 Oberstdorf. Aus franz.-ital. Hugenottenfamilie, Vater preuß. Oberst, Jugend auf Gut Bök/Müritzsee, Meckl. und in versch. Garnisonsstädten; Stud. ev. Theol., Gesch. u. Philos. Heidelberg (Schülerin von E. Troeltsch, dessen ›Glaubenslehre‹ sie 1925 herausgab), Marburg und Berlin. 1926 in Rom Übertritt zum Katholizismus. Zahlr. längere Aufenthalte in Italien. Lebte 1918–39 in Baierbrunn/Isartal, dann in Oberstdorf/Allgäu, wohin sie nach e. Aufenthalt in der Schweiz (1946–49) zurückkehrte. 1956 Dr. theol. h. c. München. – Bedeutende Lyrikerin und Essayistin von streng kath. Glaubenshaltung und mit vorwiegend relig. Themen in meist hist. Stoffen. In ihren Gedichten Erneuerung der frei-rhythm. Hymnen von starker, an Nietzsche geschulter Sprachgewalt und ausdrucksstarker, ekstat. Bibelsprache; Preis der röm.-kath. Kirche als Ordnungsmacht, des dt. Reichsgedankens und der Sendung des Reichs in der Heilsgesch. In geschichtstheolog. Romanen von dichter. klarer, verhaltener Sprache meist hist. Stoffe und Motive der Glaubensentscheidung, relig. Sinngebung von Leid und Opfer, Auseinandersetzung der Kirche mit dem Geist des Unglaubens und menschl. Schwäche sowie psycholog. Darstellung von seel. Entwicklungen wie trag. Seelenkonflikten bes. aus dem Erleben der Frau. Auch Novellen, Legenden u. Chronikerzählungen von klarem Aufbau und symbol. Sprache vornehml. um Wesen und Aufgabe der Frau als Jungfrau, Braut und Mutter, als Bewahrerin und Opfernde in der göttl. Heilsordnung, mit der sich auch die Essays befassen. Deutung der Welt und der Gesch. unter dem Blickpunkt göttl. Gnade.

W: Lieder und Legenden, 1912; Hymnen an die Kirche, G. 1924; Das Schweißtuch der Veronika, R. II 1928–46 (der römische Brunnen; Der Kranz der Engel); Der Papst aus dem Ghetto, R. 1930; Die Letzte am Schafott, N. 1931; Hymnen an Deutschland, G. 1932; Die ewige Frau, Es. 1934; Das Reich des Kindes, Leg. 1934; Die Magdeburgische Hochzeit, R. 1938; Die Opferflamme, E. 1938; Die Abberufung der Jungfrau von Barby, N. 1940; Das Gericht des Meeres, E. 1943; Die Consolata, E. 1947; Unser Weg durch die Nacht, Ess. 1949; Gedichte, 1949; Den Heimatlosen, G. 1950; Die Krone der Frau, Mon. 1950; Die Tochter Farinatas, Nn. 1950; Aufzeichnungen und Erinnerungen, 1951; Gelöschte Kerzen, En. 1953; Am Tor des Himmels, N. 1954; Die Frau des Pilatus, N. 1955; Der Turm der Beständigkeit, N. 1957; Die Frau und die Technik, Ess. 1959; Die letzte Begegnung, N. 1959; Das fremde Kind, E. 1961; Aphorismen, 1962; Die Tochter Jephtas, Leg. 1964; Hälfte des Lebens, Erinn. 1965; Das Schweigen, Leg. 1967; Woran ich glaube, Ess. 1968; Der Dom, E. 1968; Unsere liebe Frau vom Karneval, Leg. 1975; Der Kurier der Königin, R. 1976. – Erzählende Schriften, III 1956; Die Erzählungen, 1966; Briefw. m. A. M. Miller, 1976.

L: M. Eschbach, Die Bedeutung G. v. L. F.s in unserer Zeit, 1948 (m. Bibl.); M. Mayr, Diss. Innsbr. 1948; E. Berg, D. Menschenbild d. G. v. L. F., Diss. Zürich 1949; A. Waltmann, D. Prosawerke G. v. L. F.s, Diss. Münster 1949; H. Jappe, 1950; K. J. Groensmit, Diss. Nymwegen 1950; G. v. L., F., Werk und Bedeutung, 1950; H. Kuhlmann, Vom Horchen und Gehorchen, 1950; E. Schmalenberg, Diss. Marb. 1956; G. Kranz, 1959; H. Brugisser, 1959; A. Focke, 1960; N. Heinen, ²1960 (m. Bibl.); I. O'Boyle, N. Y. 1965; H. Bach, hg. 1976; G. Kranz, 1976; E. Biser, Überredg. z. Liebe, 1980; E. v. La Chevallerie, 1983.

Legis, René → Sigel, Kurt

Lehmann, Arthur-Heinz, 17. 12. 1909 Leipzig – 28. 8. 1956 b. Rosenheim; freier Schriftsteller in Eiberg b. Kufstein/Tirol; bis 1955 Inhaber des Schwingen-Verlags in Rosenheim; verunglückte bei e. Autounfall tödlich. – Sehr erfolgr. Erzähler, bekannt bes. durch s. humorvollen Bücher über Pferde und Menschen.

W: Methusalem auf Rädern, R. 1937; Rauhbautz will auch leben, 1938; Rauhbautz wird Soldat, 1939; Hengst Maestoso Austria, E. 1940; Die Unschuld zu Pferd, N. 1942; Die Stute Deflorata, E. 1948; Die ewige Herde, E. 1950; Das Dorf der Pferde, R. 1951; Glück auf vier Beinen, E. 1953; Herz am langen Zügel, R. 1957; Maestoso Orasa, E. 1958 (u. d. T. Hengst Orasa, 1959).

Lehmann, Traugott → Zur Mühlen, Hermynia

Lehmann, Wilhelm, 4. 5. 1882 Puerto Cabello/Venezuela – 17. 11. 1968 Eckernförde; Kaufmannssohn, Kindheit u. Jugend in Hamburg-Wandsbek. Stud. mod. Sprachen, Naturwiss. u. Philos. Tübingen, Straßburg, Berlin u. Kiel. Bis 1947 Studienrat in Kiel, Wickersdorf u. Eckernförde u. a. Freier Schriftsteller in

Eckernförde. Ausgedehnte Reisen in Europa. Befreundet mit O. Loerke u. M. Heimann. – Begann mit Romanen u. Erzählungen mit eigenwilligen, unkonventionellen Fabeln u. idyll., humorist. u. lyr. Zügen, bes. um das Verhältnis reifer Menschen zur jungen Generation. S. enge Naturverbundenheit bestimmt s. eigenwillige, mag.-realist. Naturlyrik von rational kühlem, knappem Ausdruck. Vom sinnenhaften Erlebnis der Welt ausgehend, begründete er in symbolreicher, bildkräftiger Sprache e. Art Naturmystik. Hinter dem künstl. u. äußerl. Wesen der Zivilisation versucht er die wesentl., entscheidenden Kräfte aufzuzeigen, die das Menschenleben u. die Natur bestimmen. Als Motive s. Gedichte verwendet er oft Märchen-, Sagen- u. Mythenstoffe. Auch Essayist. Starker Einfluß auf die junge dt. Lyrik.

W: Der Bilderstürmer, R. 1917; Die Schmetterlingspuppe, R. 1918; Weingott, R. 1921; Vogelfreier Josef, E. 1922; Der Sturz auf die Erde, E. 1923; Der bedrängte Seraph, E. 1924; Die Hochzeit der Aufrührer, E. 1934; Antwort des Schweigens, G. 1935; Der grüne Gott, G. 1942; Entzückter Staub, G. 1946; Bewegliche Ordnung, Ess. 1947; Verführerin, Trösterin, En. 1947; Bukolisches Tagebuch, 1948; Noch nicht genug, G. 1950; Mühe des Anfangs, Aut. 1952; Ruhm des Daseins, R. 1953; Überlebender Tag, G. 1954; Der stumme Laufjunge, En. 1956; Dichtung als Dasein, Ess. 1956; Meine Gedichtbücher, G. 1957; Kunst des Gedichts, Ess. 1961; Abschiedslust, G. 1962; Dauer des Staunens, En. 1963; Linien des Lebens, Es. 1963; Der Überläufer, R. 1964; Sichtbare Zeit, G. 1967; Michael Lippstock, N. 1979. – SW, III 1962; GW, VIII 1982 ff.
L: H. Bruns, 1962 (m. Bibl.); Gegenw. d. Lyrischen, hg. W. Siebert 1967; H. D. Schäfer, 1969; K. Graucob, 1970; D. A. Scrase, 1972; J. Jung, Mythos u. Utopie, 1975.

Lehnau → Kiaulehn, Walther

Leifhelm, Hans, 2. 2. 1891 Mönchen-Gladbach – 1. 3. 1947 Riva am Gardasee; Sohn e. Faßbinders,

aus westfäl. Bauerngeschlecht; Gymnas. M.-Gladbach; Stud. Philos., Volkswirtschaft und Naturwissenschaft Straßburg, Wien und Berlin; bereiste 1913 mit s. Freund H. Lersch Italien; Soldat im 1. Weltkrieg; 1918 Dr. phil.; 1918–22 Verlagsredakteur; Schriftleiter der Zs. ›Wieland‹; 1923–30 Berufsberater in Graz, dann kurze Zeit beim Landesarbeitsamt in Dortmund; 1932/33 Leiter der Gewerkschaftsschule in Düsseldorf; 1933–35 freier Schriftsteller in Graz; 1935 Lektor an der Univ. Palermo; 1938/39 Lehrtätigkeit in Rom, 1939–42 an der Univ. Padua; 1942–47 schwerkrank in Riva. – Stimmungsvoller, naturverbundener Lyriker. Aus den bildhaften, rhythm. ausdrucksstarken Gedichten spricht liebevolle Versenkung und elementares Erleben der Natur, bes. der heimatl. Landschaft. Erzählungen und Skizzen vor allem um Österreich und s. Bewohner. Nachdichter bes. ital. Lyrik, u. a. des ›Liebesgesangs‹ des hl. Franziskus von Assisi.

W: Hahnenschrei, G. 1926; Gesänge von der Erde, G. 1933; Steirische Bauern, En. 1935; Lob der Vergänglichkeit, G. 1949. – Sämtliche Gedichte, hg. N. Langer 1955; Gesammelte Prosa, hg. ders. 1957.
L: I. Bröderer, Diss. Wien 1963.

Leip, Hans, 22. 9. 1893 Hamburg – 6. 6. 1983 Fruthwilen/Schweiz; Sohn e. Hafenarbeiters. Fuhr in den Schulferien auf Fischdampfern. Im 1. Weltkrieg Offizierswärter, dann Schwimmlehrer, Journalist, Redakteur, Graphiker u. Zeichner für die Zs. ›Simplizissimus‹. Viele Reisen. Nahm im Krieg gegen den Nationalsozialismus Stellung, bes. in dem nach e. Bombenangriff entstandenen ›Lied vom Schutt‹. Lebte im 2.

Weltkrieg bei Innsbruck, dann in Fruthwilen/Schweiz. Auch Maler; illustriert die meisten s. Werke selbst. – S. Romane u. Erzählungen schildern lebendig u. spannend das Leben der Seeleute u. Küstenbewohner mit Abenteuerlust u. e. natürl., romant. Lebensgefühl. In volkstüml. gemütvollderbem u. besinnl. Ton weiß er eigene Erlebnisse u. fremde Welten eindringl. zu beschreiben. S. Gedichte sind meist in iron. oder volksliedhaftem Ton gehalten u. ähneln oft den Seemannsshanties (›Lili Marleen‹, 1915). Auch Dramatiker.

W: Laternen, die sich spiegeln, En. 1920; Der Pfuhl, R. 1923; Godekes Knecht, R. 1925; Der Nigger auf Scharhörn, E. 1927; Die Nächtezettel der Sinsebal, G. 1927; Miß Lind und der Matrose, R. 1928; Die getreue Windsbraut, E. 1929; Die Blondjäger, R. 1929; Untergang der Juno, E. 1930; Die Lady und der Admiral, R. 1933; Segelanweisung für eine Freundin, 1933; Jan Himp und die kleine Brise, R. 1934; Fähre 7, R. 1937; Die kleine Hafenorgel, G. 1937 (erw. Die Hafenorgel, 1948, 1977); Begegnung zur Nacht, E. 1938; Liliencron, B. 1938; Die Bergung, E. 1939; Das Muschelhorn, R. 1940; Idothea, K. 1941; Kadenzen, G. 1942; Die Laterne, G. 1942; Eulenspiegel, G. 1942; Der Gast, E. 1943; Heimkunft, G. 1947; Der Mitternachtsreigen, G. 1947; Das Buxtehuder Krippenspiel, 1947; Drachenkalb singe, R. 1949; Die Sonnenflöte, R. 1952; Barrabas, Dr. 1952; Die Groggespräche des Admirals von und zu Rabums, En. 1953; Der große Fluß im Meer, R. 1954; Des Kaisers Reeder, R. 1956; Bordbuch des Satans, Chronik der Freibeuterei, 1959; Glück und Gischt, En. 1960; Hol über, Cherub, Ausgew. En. 1960; Die Taverne zum musischen Schellfisch, R. 1963; Am Rande der See, En. 1967; Garten überm Meer, G. 1968; Aber die Liebe, R. 1969; Das Tanzrad, Aut. 1979; Das H. L.-Buch, 1983.
L: H. L., hg. R. Italiaander 1958 (m. Bibl.); Bibl.: B. Richter, 1968.

Leisegang, Dieter, 25. 11. 1942 Wiesbaden – 21. 3. 1973 Offenbach (Freitod); Stud. Philos.; Dr. phil.; Lehrbeauftragter für Ästhetik Werkkunstschule Offenbach. – Stark reflexiver Lyriker der Neuen Subjektivität. Essayist, Übs. und Lyrik-Hrsg.

W: Brüche, G. 1964; Überschreitungen, G. 1965; Interieurs, G. 1966; Hoffmann am Fenster, G. 1969; Unordentliche Gegend, Aphor. G. 1971; Dimension und Totalität, Es. 1972; Lücken im Publikum, Es. 1972; Aus privaten Gründen, G. Aphor. 1973; Lauter letzte Worte, G. u. Miniaturen 1980.

Leisewitz, Johann Anton, 9. 5. 1752 Hannover – 10. 9. 1806 Braunschweig; Sohn e. Weinhändlers; Gymnas. Celle; 1770–74 Stud. Jura Jena; mit Bürger, Hölty und Boie befreundet; Mitgl. des Göttinger Hainbundes; 1775 Anwalt in Braunschweig; Verkehr mit Lessing; ging 1776 nach Berlin; Freundschaft mit Nicolai; 1785 Landschaftssekretär in Braunschweig. 1780 in Weimar Umgang mit Goethe, Wieland u. Herder; ⚭ 1781 Sophie Seyler. 1785 Erzieher des Erbprinzen Karl von Braunschweig-Lüneburg; 1790 Kanonikus und Regierungsmitgl.; 1801 Geh. Justizrat; 1805 Präsident des Obersanitätskollegiums; Reformator des braunschweig. Armenwesens. – Dramatiker. S. einziges, für die Sturm- und Drang-Periode charakterist. Trauerspiel ›Julius von Tarent‹ um den Liebesstreit e. verfeindeten Brüderpaars hatte, obwohl es bei dem Ackermann-Schröderschen Preisausschreiben den ›Zwillingen‹ von F. M. Klinger unterlag, doch großen Erfolg. Andere dramat. Entwürfe blieben unausgeführt und wurden, außer e. kleinen Lustspielszene, nach L.s Tod auf s. Wunsch verbrannt.

W: Julius von Tarent, Tr. 1776 (n. R. M. Werner 1889); Tagebücher, hg. H. Mack u. J. Lochner II 1916–20 (n. 1976). – Sämtl. Schriften, 1838; Werke, hg. A. Sauer 1883; Briefe an s. Braut, hg. H. Mack 1906.
L: G. Kraft, 1894; W. Kühlhorn, 1912; P. Spycher, D. Entstehungs- und Textgesch. v. L.s J. v. T., Diss. Zürich 1951; J. Sidler, 1966; P. W. Noble, Diss. Wisconsin 1976; I. Kolb, Herrscheramt u. Affektkontrolle, 1983.

Leitgeb, Josef, 17. 8. 1897 Bi-
schofshofen/Salzburg – 9. 4. 1952
Innsbruck; Tiroler Abstammung;
Jugend ab 1899 in Innsbruck;
Gymnas. ebda.; im 1. Weltkrieg
bei den Tiroler Kaiserjägern; nach
1918 Stud. Jura; 1925 Dr. jur.;
Reisen nach Italien; erst Volks-
schul-, später Hauptschul- und
Fachlehrer; Professor h. c.; im 2.
Weltkrieg Hauptmann in der
Ukraine; seit 1945 Stadtschulin-
spektor in Innsbruck. – Feinfühlender Lyriker und Erzähler. In s.
formvollendeten, bildhaften Gedichten mit Anklängen an G.
Trakl und R. M. Rilke zeigen sich
s. starkes Erleben heimatl. Landschaft und s. Gefühl der Allver-
bundenheit. Der Zyklus erzählen-
der Sonette ›Läuterungen‹ trägt
autobiograph. Züge. Das Erlebnis des 2. Weltkrieges spiegelt sich
in ›Lebenszeichen‹. Als Erzähler
früh bekannt durch den Roman
›Kinderlegende‹ um den Leidens-
weg e. als ›Hexer‹ verfolgten Tiroler Hirtenjungen. E. feinsinnigen Bericht über eigenes Kindheitserleben gibt ›Das unversehrte
Jahr‹.

W: Gedichte, 1922; Kinderlegende, R. 1934;
Musik der Landschaft, G. 1935; Christian und
Brigitte, R. 1936; Läuterungen, G. 1938; Vita
somnium breve, G. 1943; Von Blumen, Bäu-
men und Musik, Ess. 1947; Das unversehrte
Jahr, R. 1948; Kleine Erzählungen, 1951; Le-
benszeichen, G. 1951; Sämtliche Gedichte,
1953; Abschied u. fernes Bild, En. 1959.
L: H. Schinagl, Diss. Innsbruck 1954; J.
Wolf, 1966.

Leitich, Ann Tizia, verh. Kor-
ningen, 25. 1. 1897 Wien – 3. 9.
1976 ebda.; Tochter des Schriftstellers Prof. Albert L.; Lehrerinnenbildungsanstalt Wien; Stud. in
Des Moines/USA; mehrere Jahre
Korrespondentin österr. und dt.
Zeitungen in New York und Chicago, ging dann zurück nach
Wien. – Erfahrene österr. Kultur-

historikerin, lebendige Erzählerin
und Essayistin. Chronistin Wiens
und des alten Österreich.

W: Die Wienerin, St. 1939; Wiener Biedermeier, 1940; Amor im Wappen, R. 1941;
Verklungenes Wien, 1942; Drei in Amerika,
R. 1946; Vienna gloriosa, St. 1946; Der Lie-
beskongreß, R. 1951; Augustissima, B. 1953
(u. d. T. Maria Theresia, 1963); Der Kaiser
mit dem Granatapfel, R. 1955; Metternich
und die Sibylle, R. 1960; Premiere in London,
B. 1962; Eine rätselhafte Frau, B. 1967.

Leitner, Karl Gottfried Ritter
von, 18. 11. 1800 Graz – 20. 6.
1890 ebda.; Sohn e. Rechnungsrats, aus alter Adelsfamilie Steiermarks; 1818–22 Studium Jura
Graz; Gymnasiallehrer in Cilli
und Graz; 1836 Erster Sekretär der
Landstände Steiermarks; seit 1854
freier Schriftsteller; vorübergehend in Italien, 1858–64 Kurator
des Grazer ›Johanneums‹; 1880
Dr. phil. h. c. – Empfindsamer
Lyriker und schlichter Erzähler,
auch Dramatiker, bes. bekannt
durch s. Balladen.

W: Gedichte, 1825; König Tordo, Dr. (1830);
Leonore, Op. (1835); Herbstblumen, G.
1870; Novellen und Gedichte, 1880. – Gedichte, hg. A. Schlossar 1909.
L: J. Goldscheider, 1880; R. M. Werner,
1909.

Lemnius, Simon (eig. Simon
Lemm-Margadant), lat. Dichter,
Humanist, 1511 Lehnhof Guat b.
Münsterthal/Graubünden – 24.
11. 1550 Chur; harte Jugend; kam
1532/33 nach München und Ingolstadt; Stud. seit 1533 in Wittenberg unter Melanchthon; erregte 1538 durch dem Kurfürsten
von Mainz gewidmete Epigramme den Unwillen Luthers, der L.
relegieren ließ; L. rächte sich von
Halle aus durch neue Epigramme
gegen Luther und durch die ›Monachopornomachia‹ (Mönchshu-
renkrieg); 1542 Lehrer der humanist. Nicolaischule in Chur. Starb
an der Pest. – Gewandter Dichter

und Übs., durch die Univ. Bologna zum Dichter gekrönt. Übs. als erster die ›Odyssee‹ ins Lat. (1543). Verherrlicht in s. Hauptwerk die Tapferkeit der Schweizer im Kampf gegen Maximilian I.

W: Epigrammatum libri tres, 1538; Monachopornomachia, 1539; Amorum libri IV, 1542; Libri IX de bello Suevico ab Helvetiis et Rhaetis adversus Maximiliam Caesarem gesto (hg. P. Plattner 1874; d. ders. 1882). *L:* C. R. v. Höfler, 1892; P. Merker, 1908; L. Mundt, L. u. Luther, II 1983.

Lenard, Alexander, 9. 3. 1910 Budapest – 13. 4. 1972 Dona Emma/Brasilien, Stud. Medizin Wien und Rom, 1936–53 in Rom, dann Arzt in Blumenau/Brasilien. – Lyriker und Erzähler in dt. und ungar. Sprache; Übs. von A. A. Milnes ›Winnie the Pooh‹ ins Lat.

W: Andrietta, G. 1949; Die Leute sagen, G. 1949; Ex Ponto, G. 1954; Die Kuh auf dem Bast, En. 1963; Sieben Tage Babylonisch, Es. 1964; Ein Tag im unsichtbaren Haus, Aut. 1970.

Lenau, Nikolaus (eig. Nikolaus Franz Niembsch, Edler von Strehlenau), 13. 8. 1802 Csatád/Ungarn – 22. 8. 1850 Oberdöbling b. Wien; aus alter preuß.-schles. Familie, Sohn e. Offiziers und Kameralherrschaftsbeamten († 1807) und e. dt.-ungar. Mutter, die ihn verwöhnte; nach deren 2. Ehe (1811) mit dem Arzt Dr. Karl Vogel ab 1818 im Haus s. Großvaters in Stockerau aufgewachsen. 1812–15 Piaristengymnas. Pest, 1819/20 Stud. ruhelos wechselnd Philos., Jura und Medizin Wien und 1821 Preßburg ohne Abschluß, dazwischen 1 Semester Ackerbau in Ungar.-Altenburg. In Wien Umgang mit Bauernfeld, Feuchtersleben, Grillparzer, Grün u. a., auch mit den Musikern Strauß (Vater) und Lanner; selbst guter Geigenspieler. Nach Tod der Mutter (1829) und durch e. Erbschaft (1830) finanziell unabhängig, ging er 1831 nach Stuttgart, Freundschaft mit dem Schwäb. Dichterkreis (Schwab, Uhland), Gast Kerners, gewann Cotta als Verleger, 1831 Forts. s. Medizinstud. in Heidelberg (Burschenschafter). Vor der Promotion 1832 europamüde nach USA, wo er in den Wäldern Pennsylvanias Grundbesitz erwarb und e. Farm gründen wollte; kehrte 1833 gescheitert und enttäuscht zurück. Seither abwechselnd in Wien, im Salzkammergut und in Württemberg. E. unglückl. Liebe zu Sophie, der Frau s. Freundes Max Löwenthal, 1834, steigerte s. Melancholie. Das Verlöbnis mit der Sängerin Karoline Unger löste er wieder. 1844 Verlobung mit Marie Behrends, e. Patriziertochter aus Frankfurt/M. Okt. 1844 kurz vor der Hochzeit geistiger Zusammenbruch. Zunächst in der Irrenanstalt Winnental/Württ., dann in Oberdöbling b. Wien. – Eigenständiger Lyriker und Versepiker der Spätromantik unter Einfluß von Lyrikern des 18. Jh. (Klopstock, Hölty, Jacobi, Bürger). Neben Leopardi und Byron der 3. große Dichter des Weltschmerzes, in s. weichen und tiefen Gemüt geprägt durch das Gefühl der Melancholie, innerer Zerrissenheit, Heimatlosigkeit und seel. Einsamkeit, der Ungeborgenheit und Ruhelosigkeit. Dunkle Lyrik von großer Klangfülle, Musikalität und tiefem, echtem, aber subjektivem Naturgefühl durch intensive Naturbeseelung: überträgt s. eigene subjektive Stimmung und s. persönl. Leiderfahrung auf Naturgeschehen und Landschaft; daher Vorliebe für die weite Einsamkeit der Pußta-Steppe, herbstl. Waldbil-

der und dunkle, schilfige Teiche
(›Schilflieder‹) und naturnahe
Völker als Stimmungsträger für s.
Klagen um den Verlust der Jugend, der Liebe und des Glaubens,
um Tod und Vergänglichkeit; daneben exot. Töne bei ungar. (Zi-
geuner-) und am. Stoffen. Gelegentl. übersteigerte Bilderfülle,
sentimentale und rhetor. Züge. S.
locker aufgebauten, inhaltl.-epi-
gonalen u. formal zwitterhaften
ep.-dramat. Dichtungen und
weltanschaul. Versepen um monumentale Stoffe der Weltlit.
überforderten s. Gestaltungskraft
und erhalten ihren Wert erst durch
ihre z. T. gelungenen lyr. Teile.

W: Gedichte, 1832; Faust, Dr. 1836; Savona-
rola, Ep. 1837; Neuere Gedichte, 1838; Die
Albigenser, Ep. 1842; Gedichte, 1844; Nachlaß, hg. A. Grün 1851 (enth. Don Juan, Ep.).
– SW, hg. A. Grün IV 1855; SW u. Briefe,
hkA., E. Castle VI 1910–23, n. W. Dietze II
1970; SW, Briefe, hg. H. Engelhard 1959; L.
und die Familie Löwenthal, Br., Gespr. u. G.,
hg. E. Castle II 1906; Briefe an S. v. Löwenthal, hg. P. Härtling 1968.
L: A. X. Schurz, II 1855 (1. Bd. n. E. Castle
1913, 1975); L. Roustan, 1898; E. Castle,
1902; L. Reynaud, 1905; J. Schick, L. und die
Schwäb. Dichter, 1908; E. Greven, L.s Naturdichtung, 1910; H. Bischoff, L.s Lyrik, II
1920 f.; E. Korn, Diss. Prag 1925; M. Schaerf-
fenberg, L.s Dichtwerk als Spiegel der Zeit,
1935; V. Errante, Mail. 1935; E. Bellanca,
Pessimismo e religione nell'ultimo L., Palermo 1935; K. Schuster, Glaube u. Zweifel b.
L., Diss. Wien 1950; K. Deschner, Diss.
Würzb. 1951; H. Vogelsang, N. L.s Lebens-
tragödie, 1952; W. Martens, Bild und Motiv
im Weltschmerz, 1957; J. Turóczi-Trostler,
1961; H. Schmidt, N. Y. 1971; A. Mádl, Auf
L.s Spuren, 1982; R. Hochheim, N. L. Gesch.
s. Wirkg., 1982; H. Schmidt-Bergmann,
Ästhetizismus u. Negativität, 1984; Vergle-
chende Lit.forschg., hg. A. Mádl, A. Schwob
1984; Bibl.: R. Hochheim, Budapest 1983.

Lengefeld, Caroline von → Wolzogen, Caroline von

Lentz, Georg, ⋆ 21. 6. 1928 Blan-
kenhagen b. Rostock; Verleger,
Lektor und Journalist in München, Wien, Zürich, an der Côte
d'Azur und der Loire. – Anfangs

Sachbuchautor, dann Erzähler
unterhaltender Romane bes. aus
dem Berliner Kriegs- und Nach-
kriegsmilieu.

W: Leitfaden für Preußen in Bayern, 1958;
Knaurs Buch der Hobbies, 1965; Aber das
Fleisch ist schwach, Sb. 1965; Muckefuck, R.
1976; Kuckucksei, R. 1977; Molle mit Korn,
R. 1979; Weiße mit Schuß, R. 1980; Heißer
April, R. 1982; Trennungen, R. 1983; Ein
Achtel Rouge, E. 1985; Der Herzstecher, R.
1987.

Lenz, Hermann (Karl), ⋆ 26. 2.
1913 Stuttgart; Sohn e. Studienrats; Stud. Germanistik, Archäologie und Kunstgeschichte München und Heidelberg; Soldat, am.
Kriegsgefangenschaft; 1950–72
Sekretär des Süddt. Schriftstellerverbandes in Stuttgart, seit 1976
in München; 1986 Gastdozent für
Poetik in Frankfurt. – Erzähler
und Lyriker. Nach s. verhalten-
träumer. Frühwerken Zuwendung zur Realität in ›Der russische
Regenbogen‹ mit scharfer Charakterisierung der Gestalten und
schlichter Sprache, dann wieder
lyr.-impressionist. Bilder e. in
Selbstbeobachtung zerfallenden
Bürgertums in e. Art mag. Realismus. Vorliebe für das Unzeit-
gemäß-Biedermeierliche.

W: Das stille Haus, E. 1947; Das doppelte
Gesicht, En. 1949; Die Abenteurerin, E.
1952; Der russische Regenbogen, R. 1959;
Nachmittag einer Dame, R. 1961; Spiegel-
hütte, R. 1962; Die Augen eines Dieners, R.
1964; Verlassene Zimmer, R. 1966; Andere
Tage, R. 1968; Im inneren Bezirk, R. 1970;
Der Kutscher und der Wappenmaler, R.
1972; Dame und Scharfrichter, E. 1973. Neue
Zeit, R. 1975; Der Tintenfisch in der Garage,
E. 1977; Tagebuch vom Überleben und Leben, R. 1978; Die Begegnung, R. 1979; Der
innere Bezirk, R. 1980; Zeitlebens, G. 1981;
Erinnerung an Eduard, E. 1981; Ein Fremdling, R. 1983; Stuttgart, Prosa 1983; Der Letzte, E. 1984; Der Wanderer, R. 1986; Leben
und Schreiben, Vorlesg. 1986; Bilder aus
meinem Album, Prosa 1987.
L: H. u. I. Kreuzer, hg. 1981.

Lenz, Jakob Michael Reinhold,
12. 1. 1751 Seßwegen/Livland –

24. 5. 1792 Moskau; Sohn e. Predigers u. späteren Generalsuperintendenten. Kam 1759 nach Dorpat, 1768–71 Stud. Theol. ebda. und Königsberg, durch Kant auf Rousseau verwiesen, 1771 als Hofmeister der Barone von Kleist in Straßburg, dort entscheidende Bekanntschaft mit Goethe, Herder, Jung-Stilling, Salzmann u. a.; unerwiderte Neigung zu Friederike Brion; folgte März 1776 Goethe ungerufen nach Weimar, wo er sich die Gunst des Hofes durch s. exzentr., unbeherrschtes Wesen und e. Pasquill auf die Herzogin Amalie verscherzte. Seither unstetes Wanderleben; ging über das Rheinland in die Schweiz. Gast Lavaters; ab 1778 erste Anzeichen e. langsam zunehmenden Geisteskrankheit. 1778 in Emmendingen bei Goethes Schwager Schlosser, nach e. Ausbruch s. Wahnsinns von s. Bruder zu den Eltern nach Riga heimgeholt; dort nach gesundheitl. Besserung Hofmeister; 1781 nach Petersburg und Moskau, wo er in großem Elend starb. – Neben Klinger bedeutendster Dramatiker des dt. Sturm und Drang und dessen typ. Vertreter in Leben und Dichtung: kraftgenial. Leidenschaft bei innerer Lebensschwäche. S. an Goethes ›Götz‹ anschließenden, chaot. unausgeglichenen Dramen revoltieren formal gegen den herkömml. Aufbau und die Konvention der Guckkastenbühne und zeigen in realist. ungebundener Form mit Stationentechnik und ep. Szenenfolgen Ansätze zu der später bei Büchner, Grabbe und Brecht wieder aufgenommenen Bauform. Hervorragende Wiedergabe oberflächl. Lebens in Kurzszenen und scharf umrissenen, typ. Charakteren mit echt dichter. Zügen, jedoch vergebl. Versuche zur Verbindung kom. und trag. Elemente. Betont revolutionäre sozial- und kulturkrit. Haltung gegen Adel und Offizierskorps. Auch volkstüml. schlichter, verhaltener Lyriker, Erzähler von Novellen und e. Briefromans in der ›Werther‹-Nachfolge sowie Theatertheoretiker unter dem Eindruck Shakespeares. In s. Verbindung von Phantastik, Reflexion und Ironie wie in s. Lebensgefühl Vorläufer der Romantik.

W: Die Landplagen, G. 1769; Lustspiele nach dem Plautus für das dt. Theater, Übss. 1774; Anmerkungen übers Theater, Es. 1774; Der Hofmeister, K. 1774; Das leidende Weib, Tr. 1775; Die Freunde machen den Philosophen, Lsp. 1776; Zerbin, N. (1776); Der neue Menoza, K. 1776 (n. W. Hinck 1965); Petrach, G. 1776; Die Soldaten, Lsp. 1776 (n. E. McInnes 1977); Die beiden Alten, Dr. 1776; Flüchtige Aufsätze, hg. Kayser 1776; Der Landprediger, N. (1777); Der Engländer, Dr. 1777; Der Waldbruder, R.-Fragment, 1797; Pandæmonium Germanicum, Sat. 1819 (n. E. Schmidt 1896); Der verwundete Bräutigam, hg. C. L. Blum 1845. – GS, hg. L. Tieck III 1828; GS, hg. F. Blei V 1909–13; GS, hg. E. Levy IV 1909, ²1917; Werke u. Schriften, hg. B. Titel u. H. Haug II 1966f.; GS, hg. R. Daunicht IV 1967ff.; Wke u. Briefe, hg. S. Damm III 1987; Briefe von und an L., hg. A. Freye u. W. Stammler II 1918, n. 1969.
L: M. N. Rozanov, 1909; I. Kaiser, Diss. Erl. 1917; H. Kindermann, L. u. d. dt. Romantik, 1925; P. Heinrichsdorff, L.' relig. Haltung, 1932; W. Wien, L.' Sturm und Drang-Dramen innerhalb s. relig. Entwicklung, Diss. Gött. 1935; G. Unger, L.' Hofmeister, Diss. Gött. 1949; E. Genton, Paris 1966; R. Girard, Paris 1968; O. Rudolf, 1970; J. Osborne, 1975; G. Liebman Parrinello, Morale e società nell' opera di J. M. R. L., Neapel 1976; C. Hohoff, 1977; E. M. Inbar, Shakesp. i. Dtl., 1982; H. S. Madland, Non-Aristot.drama in 18th cent. Germany, 1982; J.-C. Chantre, Les considerations relig. et esth. d'un Stürmer u. Dränger, 1982; W. H. Preuß, Selbstkastration od. Zeugg. neuer Kreatur, 1983; E. Unglaub, Das m. d. Fingern deutende Publicum, 1983; J. Guthrie, L. u. Büchner, 1984; T. Menke, L.-Erzn. i. d. dt. Lit., 1984; I. Stephan, H. G. Winter, E. vorübergehendes Meteor? L. u. s. Rezeption i. Dtl., 1984; S. Damm, Vögel, die verkünden Land, 1985; H.-G. Winter, 1987.

Lenz, Siegfried, *17. 3. 1926 Lyck/Masuren; Beamtensohn, zu

Kriegsende bei der Marine, ab 1945 in Hamburg; Stud. Philos. Lit. und Anglistik ebda; 1950/51 Feuilletonredakteur der ›Welt‹ ebda.; ab 1951 Funkautor und freier Schriftsteller ebda. Aktives polit. Engagement für die SPD. – Zeitnaher realist.-symbolist. Erzähler, Essayist, Dramatiker und Hörspielautor von zeitkrit., z. T. satir. Grundhaltung um Probleme der Einsamkeit des mod. Menschen, s. Scheitern, Bewährung, Schuld und Verantwortung. In Kurzgeschichten Vorliebe für Anekdote und leise Groteske. S. ›Deutschstunde‹ ist e. der erfolgreichsten Zeitromene der jüngsten Vergangenheit.

W: Es waren Habichte in der Luft, R. 1951; Duell mit dem Schatten, R. 1953; So zärtlich war Suleyken, En. 1955; Das schönste Fest der Welt, H. 1956; Der Mann im Strom, R. 1957; Jäger des Spotts, Kgn. 1958; Brot und Spiele, R. 1959; Das Feuerschiff, En. 1960; Zeit der Schuldlosen, Dr. 1962; Stadtgespräch, R. 1963; Lehmanns Erzählungen, En. 1964; Der Gesandte, H. (1964); Das Gesicht, K. 1964; Der Spielverderber, En. 1965; Die Enttäuschung, H. (1966); Das Labyrinth, H. (1967); Haussuchung, H.e 1967; Deutschstunde, R. 1968; Leute von Hamburg, Prosa 1969; Beziehungen, Ess. 1970; Die Augenbinde, Dr. 1970; Ges. En. 1970; Nicht alle Förster sind froh, Dr. (1972); Das Vorbild, R. 1973; Der Geist der Mirabelle. En. 1975; Einstein überquert die Elbe bei Hamburg, En. 1975; Die frühen Romane, 1976; Heimatmuseum, R. 1978; Drei Stücke, 1980; Der Verlust, R. 1981; Elfenbeinturm und Barrikade, Ess. 1983; Ein Kriegsende, E. 1984; Exerzierplatz, R. 1985; Das serbische Mädchen, En. 1987. – Erzählungen, III 1986.
L: S. L., 1966; D. Schriftsteller S. L., hg. C. Russ 1973; W. J. Schwarz, 1974; T. Reber, ²1976; S. L., 1976 (Text u. Kritik 52, m. Bibl.); W. Baßmann, ²1978; B. O. Murdoch, M. Read, Lond. 1978; H. Wagener, ⁴1984; R. Wolff, hg. 1985.

Leonhard, Kurt, * 5. 2. 1910 Berlin; Stud. Kunstgeschichte; Verlagslektor in Eßlingen. – Realist., formgewandter Lyriker und Essayist. Hrsg. und Übs., bes. aus dem Franz.

W: Die heilige Fläche, Ess. 1947; Augen-

schein und Inbegriff, Ess. 1953; Gegenwelt, G. 1956; Silbe, Bild und Wirklichkeit, Ess. 1957; Moderne Lyrik, Es. 1963; Wort wider Wort, G. 1973; Gegengedichte, G. 1982.

Leonhard, Rudolf, 27. 10. 1889 Lissa/Posen – 19. 12. 1953 Berlin; Stud. Germanistik, dann Jura Göttingen u. Berlin; Freiwilliger im 1. Weltkrieg; später vor e. Kriegsgericht gestellt; 1918/19 Teilnahme an der Revolution, aktiver Anhänger K. Liebknechts; dann freier Schriftsteller in Berlin (›Weltbühne‹); Lektor des Verlags ›Die Schmiede‹; 1927 Übersiedlung nach Frankreich; bei Kriegsausbruch 1939 interniert; kam als Widerstandskämpfer in das Gefängnis von Castres; Flucht nach Marseille, 1944 Rückkehr nach Paris; ging 1950 nach Ost-Berlin. – Expressionist. Lyriker, Dramatiker, Erzähler und Essayist, auch realist. Schriftsteller mit linksradikaler Tendenz.

W: Der Weg durch den Wald, G. 1913; Angelische Strophen, 1913; Barbaren, G. 1914; Über den Schlachten, G. 1914; Polnische Gedichte, 1918; Beate und der große Pan, R. 1918; Kampf gegen die Waffe, 1919; Katilinarische Pilgerschaft, G. 1919; Die Prophezeiung, G. 1922; Spartakussonette, 1922; Die Insel, G. 1923; Segel am Horizont, Dr. 1925; Tragödie von Heute, Dr. 1927; Führer und Co., K. 1935; Geiseln, Tr. 1947; Deutsche Gedichte, 1947; Le Vernet, G. 1961; R. L. erzählt, Ausw. 1955; Prolog zu jeder kommenden Revolution, G.-Ausw. 1984. – AW, IV 1961–70.
L: Freunde über R. L., hg. M. Scheer 1958; R. Stöber, Diss. Halle 1963; B. Jentzsch, 1984 (m. Bibl.).

Leppa, Karl Franz, * 28. 1. 1893 Budweis/Böhmen; Stud. Germanistik Prag u. Wien; 1928–42 Leiter der Büchereien in Karlsbad; 1933–38 Mitherausgeber der Monatsschrift ›Der Ackermann aus Böhmen‹, 1937–44 der Zs. ›Das deutsche Erbe‹; ließ sich 1945 in Weißenburg/Bayern nieder. – Lyriker, bes. in der Mundart, Erzähler und sudetendt. Folklorist.

W: Kornsegen, G. 1922; An deutschen Gräbern, G. 1923; Hans Watzlik, B. 1929; Antonia, E. 1932; Der letzte Frühling, E. 1938; Der dunkle Gott, E. 1942; Züricher Elegie, E. 1948.

Lerbs, Karl, 22. 4. 1893 Bremen – 27. 11. 1946 Untertiefenbach b. Sonthofen (Freitod); freier Schriftsteller; zeitweilig Dramaturg. – Fruchtbarer Erzähler, Dramatiker, Übs. und Drehbuchautor. Vf. und Sammler von Anekdoten.

W: Die tote Schwadron, En. 1916; Die Erscheinung, En. 1920; Anekdoten, II 1926–38; Der Völkerspiegel, 1939; Die deutsche Anekdote, 1944; Manuel, R. 1946; Pointen, Anek. 1962.

Lernet-Holenia, Alexander 21. 10. 1897 Wien – 3. 7. 1976 ebda.; Sohn e. Marineoffiziers; Nachkomme franz.-belg. Auswanderer und e. alten Kärntner Familie; Mittelschule Wien; im 1. Weltkrieg Kavallerieoffizier; danach freier Schriftsteller; viele Reisen; war längere Zeit in Südamerika; kehrte 1939 nach Österreich zurück; Oberleutnant im 2. Weltkrieg; verwundet, dann Chefdramaturg bei der Heeresfilmstelle; wohnte in St. Wolfgang am See/Salzkammergut. 1969–72 Präsident des Österr. PEN-Clubs. – Vielseitiger Lyriker, Erzähler, Dramatiker und Essayist, meist mit Stoffen aus altösterr. Gesellschafts- und Offiziersleben. Übs. aus dem Ital., Span. und Franz. In s. Lyrik anfangs Anlehnung an Pindar, Rilke und Hölderlin; später eigengeprägte Gestaltung, teilweise in antikem Versmaß. Unter dem erzählenden Werk herrschen elegante Unterhaltungsromane, Abenteuer-, Liebes- und Detektivgeschichten vor, spannend und stilist. anspruchslos geschrieben und sich bisweilen dem Phantastischen, der Traumwelt zuwen-

dend. Daneben stehen ernstere, stilist. bedeutendere Erzählungen. Als Dramatiker mit bühnenwirksamen Stücken von den dt. Klassikern, Schnitzler und Hofmannsthal, techn. auch von H. Bahr beeinflußt.

W: Pastorale, G. 1921; Demetrius, Dr. 1926; Österreichische Komödie, Dr. 1926; Olla potrida, Dr. 1927; Das Geheimnis Sankt Michaels, G. 1927; Erotik, Dr. 1927; Parforce, Lsp. 1928; Die nächtliche Hochzeit, Dr. 1929; Die Abenteuer eines jungen Herrn in Polen, R. 1931; Ljubas Zobel, R. 1932 (u. d. T. Die Frau im Zobel, 1954); Ich war Jack Mortimer, R. 1933; Jo und der Herr zu Pferde, R. 1933; Die Goldene Horde, G. 1933; Die Frau des Potiphar, Dr. 1934; Die Standarte, R. 1934; Der Herr von Paris, E. 1935; Der Baron Bagge, E. 1936; Die Auferstehung des Maltravers, R. 1936; Der Mann im Hut, R. 1937; Strahlenheim, R. 1938; Ein Traum in Rot, R. 1939; Mars im Widder, R. 1941; Beide Sizilien, R. 1942; Der 27. November, E. 1946; Die Trophäe, G. 1946; Span. Komödie, Dr. 1948; Die Inseln unter dem Winde, R. 1952; Die drei Federn, E. 1953; Der Graf Luna, R. 1955; Das Finanzamt, E. 1955; Das Goldkabinett, E. 1957; Die vertauschten Briefe, R. 1958; Die Schwäger des Königs, Sch. 1958; Prinz Eugen, R. 1960; Mayerling, En. 1960; Naundorff, R. 1961; Das Halsband der Königin, R. 1962; Das Bad an der belgischen Küste, En. 1963; Drei Reiterromane, 1963; Götter und Menschen, En. 1964; Die weiße Dame, R. 1965; Theater, Drr. 1965; Pilatus, R. 1967; Die Hexen, R. 1969; Das Finanzamt, K. (1969); Die Geheimnisse des Hauses Oesterreich, R. 1971; Wendekreis der Galionen, R.e 1972; Konservatives Theater, Drr. 1973.
L: E. Jank, A. L.-H.s Dramen, Diss. Wien 1950; I. Kowarna, D. erz. Werk v. A. L.-H., Diss. Wien 1950; A. L.-H. 70 Jahre, 1967 (m. Bibl.); P. Pott, 1972; F. Müller-Widmer, 1980.

Lersch, Heinrich, 12. 9. 1889 Mönchen-Gladbach – 18. 6. 1936 Remagen; Sohn e. Kesselschmieds, selbst Kesselschmied. Wanderungen als Handwerksbursche durch Belgien, Holland, Österreich, Schweiz u. Italien. Selbstbildung durch Volksbildungsabende u. Lektüre. Schon früh erste Gedichte. Teilnahme am 1. Weltkrieg, verschüttet, Rückkehr in die Heimat. Bis 1925 in s. Beruf tätig, dann freier

Schriftsteller, ab 1932 in Bodendorf/Ahr, wegen s. Lungenleidens oft auf Capri. Anhänger des Nationalsozialismus, den er verkannte – In s. anfängl. ekstat. u. glühenden Gedichten schildert er s. Erleben als Arbeiter. Er proklamiert die Verbundenheit aller Werktätigen, ruft zu echter Brüderlichkeit auf u. wendet sich gegen die Unterdrücker, ohne die marxist. Lehre zu vertreten. Als gläubiger Katholik versucht er das Christentum u. sozialist. Ideen miteinander zu verbinden. Während des Weltkrieges verfaßte er feurige patriot. Kriegsgedichte u. besang die Freiheit u. Gleichheit aller Deutschen. In der Nachkriegszeit verfiel er wegen der zerrütteten wirtschaftl. Verhältnisse dem Klassenhaß. S. letzten Werke sind vor allem teils autobiograph. Romane um Arbeiterschicksale.

W: Abglanz des Lebens, G. 1914; Kriegsgedichte, X 1915–19; Herz! aufglühe dein Blut, G. 1916; Deutschland!, G. 1918; Wir Volk, G. 1924; Mensch im Eisen, G. 1925; Neue Erzählungen u. Gedichte, 1926; Manni, En. 1926; Capri, G. 1927; Stern und Amboß, G. 1927; Hammerschläge, R. 1930; Die Pioniere von Eilenburg, R. 1934; Mit brüderlicher Stimme, G. 1934; Mut und Übermut, En. 1934; Im Pulsschlag der Maschinen, Nn. 1935. – Das dichterische Werk, 1937; Briefe u. Gedichte a. d. Nl., 1939; Skizzen und Erzählungen a. d. Nl., 1940; Siegfried u. a. Romane a. d. Nl., 1941. AW, hg. J. Klein II 1965 f.; Briefw. m. M. L. Schroeder, 1978. *L:* C. Weber, 1936; H. Eiserlo, Diss. Bonn 1938; Chor der Freunde, hg. O. Gmelin 1939; B. Sieper, 1939; H. L., hg. F. Hüser 1959 (m. Bibl.).

Lerse, Heinrich → Weinrich, Franz Johannes

Lessing, Gotthold Ephraim, 22. 1. 1729 Kamenz/Oberlausitz – 15. 2. 1781 Braunschweig; Pfarrerssohn; Stadtschule Kamenz, 1741–46 Fürstenschule St. Afra in Meißen (vorzügl. Ausbildung in alten Sprachen); Sept. 1746 Stud.

Medizin, seit Ostern 1748 Theol. Leipzig. Umgang mit E. Schlegel, Ch. F. Weiße und s. Vetter C. Mylius sowie bei lebhafter Anteilnahme am Theater bes. mit der Neuberschen Truppe. Nov. 1748 freier Schriftsteller und Journalist in Berlin, u. a. Rezensent bei der ›Vossischen Zeitung‹, Hrsg. von deren Beilage ›Das Neueste aus dem Reiche des Witzes‹, Redakteur der ›Beiträge zur Historie und Aufnahme des Theaters‹ und, als Nachfolger von Mylius, der ›Berlinischen privilegierten Zeitung‹. Kontroverse mit S. G. Lange. 1751/52 in Wittenberg zur Erlangung der Magisterwürde, dann wieder in Berlin, 1754 Beginn der Herausgabe der ›Theatral. Bibliothek‹, 1755 Potsdam, 1755 nach Leipzig, Verkehr mit der Kochschen Theatergesellschaft. Als Reisebegleiter e. jungen Leipziger Kaufmanns 1756 über Hamburg und Bremen nach Amsterdam, wegen Beginn des 7jähr. Kriegs Abbruch und Umkehr nach Leipzig; hier in Schulden und Not. Ab Mai 1758 wieder in Berlin, mit F. Nicolai und M. Mendelssohn Hrsg. der ›Briefe, die neueste Litteratur betreffend‹. Herbst 1760–65 Sekretär des Generals v. Tauentzien in Breslau, klass. Stud.; Literaturstreit mit C. A. Klotz. In der Hoffnung auf e. Anstellung als Bibliothekar durch Friedrich II. 1765 wieder in Berlin, Frühjahr 1767 Ruf an das Dt. Nationaltheater in Hamburg als Dramaturg, Berater und Kritiker; nach Scheitern des Unternehmens Gründung e. Buchhandlung mit C. J. Bode und Plan e. Italienreise als Nachfolger Winckelmanns, 1770 Leiter der Bibliothek in Wolfenbüttel. 1775/76 in Wien Besuch bei s. Braut. Lit. unergiebige Reise nach Italien mit Herzog

Leopold von Braunschweig, ∞ 1776 Eva König, die 1778 im Kindbett starb. Ernennung zum Hofrat, Fehde mit Hauptpastor J. M. Goeze in Hamburg. Starb vereinsamt bei e. Besuch in Braunschweig. – Hauptvertreter und zugleich Vollender und Überwinder der Aufklärung in der dt. Lit. Aufrichtiger Charakter von durchdringendem Intellekt, geist. Unabhängigkeit, ernstem eth. und künstler. Bewußtsein und unbestechl. Wahrheitsliebe. Meister der klaren, schlagkräftigen und witzig-iron. Prosa. Dichter, Denker und Kritiker. Nach den einseitigen Versuchen Gottscheds in Theorie und Praxis Schöpfer des neuen dt. Dramas und Begründer des dt. bürgerl. Trauerspiels (›Miss Sara Sampson‹, ›Emilia Galotti‹), aber auch des gehobenen Charakterlustspiels (›Minna von Barnhelm‹) und des weltanschaul. Ideendramas (›Nathan der Weise‹) als Ausdruck aufgeklärter Toleranz. Trotz der eigenen Geringschätzung s. dichter. Fähigkeiten vorbildl. in Aufbau, Technik, Dialog und Charakterzeichnung; frühester dt. Dramatiker, dessen Werke sich ohne Unterbrechung bis in die Gegenwart hinein auf der Bühne lebendig erhielten. Auch Fabeldichter und Epigrammatiker. In s. ›Literaturbriefen‹ führender u. gefürchteter Kritiker der zeitgenöss. Lit. mit Wendung gegen Gottschedianismus und die Antike verfälschenden franz. Klassizismus und zu Shakespeare (17. Brief). Bahnbrechender Ästhetiker und Literaturtheoretiker, gab in s. gegen Winckelmanns ästhet. Prinzipien gerichteten ›Laokoon‹ e. aus dem jeweiligen Material in Raum bzw. Zeit und der dadurch bedingten Wirkung auf den Betrachter abge-

leitete Abgrenzung der Dichtung als Kunst des zeitl. Nacheinander und der bildenden Kunst als Kunst des räuml. Nebeneinander und entwickelte in der ›Hamburgischen Dramaturgie‹ anhand der Hamburger Aufführungen s. bis in die Gegenwart wirkende Auseinandersetzung mit den Regeln des franz. Klassizismus und der Poetik des Aristoteles: Klärung des Katharsis-Begriffs u. der Frage der 3 Einheiten, gemäßigtes Eintreten für Shakespeare und Verwerfung der christl. Märtyrertragödie als undramat. Im Alter stark angegriffene religionsphilos. Schriften im Sinne e. ›Christentums der Vernunft‹. Begründer des klass. Humanitätsideals; Wegbereiter u. Lehrmeister der dt. Klassik.

W: Der junge Gelehrte, Lsp. (1747, gedr. 1754); Der Freygeist, Lsp. (1749); Die Juden, Lsp. (1749); Die alte Jungfer, Lsp. 1749; Beyträge zur Historie u. Aufnahme des Theaters, IV 1750; Kleinigkeiten, G. 1751; Schriften, VI 1753–55; Theatralische Bibliothek, IV 1754–58; Miß Sara Sampson, Tr. 1755 (komm. K. Eibl 1971); Briefe die Neueste Litteratur betreffend, XXIV 1759–65; Fabeln, III 1759; Doktor Faust, Dr.-Fragm. (1759, gedr. 1780); Philotas, Tr. 1759; Der Schatz, Lsp. 1764; Laokoon, oder Über die Grenzen der Mahlerey und Poesie, 1766; Hamburgische Dramaturgie, II 1767–69 (n. u. komm. O. Mann ²1963); Minna von Barnhelm, Lsp. 1767 (komm. J. Hein 1970); Briefe antiquarischen Inhalts, II 1768 f.; Wie die Alten den Tod gebildet, Schr. 1769; Emilia Galotti, Tr. 1772 (komm. J.-D. Müller 1971); Zur Geschichte der Litteratur aus den Schätzen der Wolfenbüttelschen Bibliothek, VI 1773–81; Eine Duplik, 1778; Eine Parabel, 1778; Von dem Zwecke Jesu und seiner Jünger, Fragm. 1778; Anti-Goeze, XI 1778; Ernst und Falk, Dial. 1778 (n. I. Contiades 1968); Nathan der Weise, Dr. 1779 (komm. P. Demetz 1966; P. v. Düffel 1972); Die Erziehung des Menschengeschlechts, 1780; Fragmente des Wolfenbüttelschen Ungenannten, hg. 1784. – Sämtl. Schriften, hkA., hg. K. Lachmann u. F. Muncker XXIII ³1886–1924, n. 1968 (m. Bibl.); Werke, hg. J. Petersen u. W. v. Olshausen XXV 1925–35, n. 1967; GW, hg. P. Rilla X 1954–58, ²1968; Wke., hg. u. komm. O. Mann III 1969 f., hg. H. G. Göpfert VIII 1970–79; Wke u. Briefe, hg. W. Barner u. a. XII 1985 ff.; Briefe von und an G. E. L., hg. F.

Muncker 1904–07; Briefe, Ausw., hg. J. Petersen 1912; Briefw. m. Mendelssohn u. Nicolai üb. d. Trauersp., hg. R. Petsch 1910, J. Schulte-Sasse 1972; Briefw. m. E. König, 1979. Gespräche, hg. F. v. Biedermann 1924, R. Daunicht 1971.
L: E. Schmidt, II 1884–92 (n. 1983); G. Kettner, K.s Dramen, 1904; R. M. Werner, 1908 (n. G. Witkowski ³1929); A. Buchholtz, Gesch. d. Familie L., II 1909; W. Oehlke, L. u. s. Zeit, II 1919; C. Schrempf, L. als Philosoph, 1921; G. Fittbogen, D. Religion L.s 1923; J. Clivio, L. u. d. Problem d. Tragödie, 1928; F. Gundolf, 1929; A. E. Berger, 1929; H. Leisegang, L.s Weltanschauung, 1931; B. v. Wiese, 1931; A. M. Wagner, 1931; M. Kommerell, L. u. Aristoteles, 1940; F. Leander, L. als ästhet. Denker, 1942; H. Schneider, 1951; A. Baumann, Stud. z. L.s Literaturkritik, Diss. Zürich 1951; E. M. Szarota, L.s Laokoon, 1959; O. Mann, ²1961; H. Schneider, D. Buch L., 1961; W. Drews, 1962; H. B. Garland, Lond. ²1962; W. Ritzel, 1966; L.s Leben u. Wk. i. Daten u. Bildern, hg. K. Wölfel 1967; E. Brock-Sulzer, 1967; H. Rempel, Trag. u. Kom. i. dramat. Schaffen L.s, ²1967; H. Steinmetz, L., Dok. z. Wirkgesch. 1969; K. Briegleb, L.s Anfänge, 1971; L., Dok. z. Wirkgsgesch., hg. E. Dvoretzky 1971; O. Mann, L.–Komm. II 1971; F. A. Brown, N. Y. 1971; J. Schröder, 1972; P. Rilla, L. u. s. Zeitalter, ³1973; H. Seeba, D. Liebe z. Sache, 1973; M. Hoensbroech, D. List d. Kritik, 1976; P. H. Neumann, D. Preis d. Mündigkeit, 1977; A. Neuhaus-Koch, 1977; L. Wessel, L's theology, Haag 1977; L. i. heutiger Sicht, hg. E. P. Harris 1977; M. Bollacher, 1978; D. Hildebrandt, 1979; G. Hillen, L.-Chronik, 1979; K. S. Guthke, ³1979; A. M. Reh, D. Rettg. d. Menschlichk., 1981; L. heute, hg. E. Dvoretzky 1981; F. J. Lamport, L. and the drama, Oxf. 1981; D. Bild L.s i. d. Gesch., hg. H. Göpfert 1981; W. Rüskamp, Dramaturgie ohne Publikum, 1984; M. Durzak, 1984; N. Altenhofer, L. oder D. Risiko d. Aufklärg., 1985; G. Ter-Nedden, L.s Trauerspiele, 1986; P. Pütz, D. Leistung d. Form, 1986; J. Jacobs, 1986; W. Barner u. a. ⁵1987; Bausteine z. e. Wirkungsgesch. G. E. L., hg. H.-G. Werner 1987; Bibl.: S. Seifert, 1973; D. Kuhles, 1987.

Lettau, Reinhard, ★ 10. 9. 1929 Erfurt, Stud. Germanistik, Philos. und vergl. Literaturwiss. Heidelberg und Harvard, 1960 Dr. phil. ebda. 1960–65 Dozent des Smith College in Northampton, Mass.; 1965 freier Schriftsteller in West-Berlin, 1967 Prof. für dt. Lit. San Diego/USA. – Erzähler skurriler Kurzgeschichten von

graziöser, aus dem Realen ins Surrealist.-Absurde sich steigernder Fabulierkunst und altväterl. gedrechseltem Stil. Später zunehmend Polemik und radikales polit. Engagement.
W: Schwierigkeiten beim Häuserbauen, En. 1962; Auftritt Manigs, En. 1963; Die Gruppe 47, Abh. 1967; Feinde, En. 1968; Gedichte, 1968; Täglicher Faschismus, St. 1971; Immer kürzer werdende Geschichten, G. u. Prosa 1973; Frühstücksgespräche in Miami, Szen. 1977; Zerstreutes Hinausschaun, Ess. 1980.

Leuchtenberg, Carl Johann → Mendelssohn, Peter de

Leutelt, Gustav, 21. 9. 1860 Josefsthal b. Gablonz/Böhmen – 17. 2. 1947 Seebergen b. Gotha; Sohn e. Oberlehrers; Lehrerseminar Leitmeritz; bereiste die Schweiz und Dtl.; Lehrer in Josefsthal, später Oberlehrer in Unter-Maxdorf; nach s. Pensionierung 1922 in Rosenthal, zuletzt Gablonz. – Sudetendt. Heimatdichter. Erzähler der Wälder des Isergebirges mit vollendeten Landschaftsschilderungen in klass. Stil. Tiefes Naturgefühl.
W: Schilderungen aus dem Isergebirge, 1899; Die Königshäuser, R. 1906; Das zweite Gesicht, R. 1911; Hüttenheimat, R. 1919; Aus den Iserbergen, En. 1920; Der Glaswald, R. 1925; Das Buch vom Walde, 1928; Bilder aus dem Leben der Glasarbeiter, En. 1929; Siebzig Jahre meines Lebens, Aut. 1930; Johannisnacht, En. 1931. – GW, III 1934–36.
L: R. Herzog, 1925; A. Schmidt, 1938.

Leutenegger, Gertrud, ★ 7. 12. 1948 Schwyz; Kindergärtnerin, Kustodin im Nietzsche-Haus Sils-Maria, 1976–79 Regiestud. Zürich, Regieassistentin in Hamburg, Schriftstellerin in La Crettaz/Schweiz. – Schweizer Erzählerin der Neuen Sensibilität mit poet. Beschreibungs- und Bewußtseinsprosa, in der Realität, Traum und Phantasie nahtlos ineinander übergehen; Neigung zu dunklen Bildern und gesuchten Wendungen.

W: Vorabend, R. 1975; Ninive, R. 1977; Lebewohl, Gute Reise, Dr. 1980; In Salomons Garten, G. 1980; Gouverneur, R. 1981; Komm ins Schiff, E. 1983; Das verlorene Monument, Ess. 1985; Kontinent, E. 1985.

Leuthold, Heinrich, 9. 8. 1827 Wetzikon b. Zürich – 1. 7. 1879 Burghölzli b. Zürich; Sohn e. armen Sennen; Stud. Jura, Lit. und Philos. Zürich und Basel; Lehrer in Lausanne; ging als Reisebegleiter nach Südfrankreich u. Oberitalien; kam 1857 nach München; Verkehr mit Geibel, der ihn lit. einführte; Mitgl. des Münchener Dichterkreises; 1860 Redakteur der ›Süddeutschen Zeitung‹ in München, 1862 in Frankfurt/M.; 1864 Schriftleiter der ›Schwäbischen Zeitung‹ in Stuttgart, 1865 Rückkehr nach München, verfiel 1877 in Wahnsinn und mußte in e. Irrenanstalt b. Zürich gebracht werden. – Formvollendeter und techn. gewandter Schweizer Lyriker von Gedankentiefe und starker Naturverbundenheit, von glühender Leidenschaftlichkeit und freiheitl. Gesinnung; dichtete in allen Strophenformen und Versmaßen. Ursprüngl. von Platon und der Antike beeinflußt; bald aber nahmen s. oft ungleichwertigen, meist schwermütigen Gedichte den Charakter eigener Prägung an. Gewandter Übs. franz. Lyrik.

W: Fünf Bücher französischer Lyrik in deutscher Nachdichtung, 1862 (m. E. Geibel); Penthesilea, Ep. 1868; Die Schlacht bei Sempach, Ep. 1870; Gedichte, 1879. – Ges. Dichtungen, hg. G. Bohnenblust III 1914.
L: A. W. Ernst, ²1893; M. Plüß, Diss. Bern 1908; W. Zimmermann, 1918; K. E. Hoffmann, 1935; H. Schneider, D. freundschaftl. Begegnung H. L.s u. E. Geibels, 1961.

Leutner, Ernst → Raupach, Ernst

Levin, Julius, 21. 1. 1862 Elbing – 29. 1. 1935 Brüssel. Lernte Geigenbau in Paris; Journalist und Korrespondent ebda.; Stud. Medizin, Dr. med.; Arzt in Berlin; Musiker und Geigenbauer, 1933 Emigration nach Belgien. – Essayist und Erzähler unterhaltsamhintergründiger Romane aus der Vorkriegszeit.

W: Das Lächeln des Herrn von Golubice-Golubicki, R. 1915 (n. 1983); Zweie und der liebe Gott, R. 1919; Die Großfürstin, R. 1921; J. S. Bach, Es. 1930; Gedichte, 1936.

Levin, Rahel → Varnhagen von Ense, Rahel

Levy, Julius → Rodenberg, Julius

Lewald, Fanny (eig. Fanny Stahr), 24. 3. 1811 Königsberg – 5. 8. 1889 Dresden; Tochter des jüd. Kaufmanns Markus, der später den Namen L. annahm; trat 1828 zum ev. Glauben über, um e. Theologen heiraten zu können. bereiste 1831 Frankreich und 1845 Italien; ⚭ 1854 den Kunstkritiker Adolf Stahr. – Erfolgreiche fruchtbare Erzählerin vielgelesener Unterhaltungsromane. Ging vom Zeitroman der G. Sand aus; kämpfte für die Frauenemanzipation in liberaldemokrat., jungdt. Sinn und stellte sich dadurch in Gegensatz zu I. Hahn-Hahn, die dasselbe Ziel auf aristokrat. Wege zu erreichen suchte und deswegen von F. L. im Roman ›Diogena‹ verspottet wurde. Am bedeutendsten unter ihren Werken sind die ostpreuß. Erzählungen und die Memoiren.

W: Clementine, R. 1842; Jenny, R. 1843; Eine Lebensfrage, R. 1845; Italienisches Bilderbuch, 1847 (n. 1967); Diogena, R. 1847; Prinz Louis Ferdinand, R. III 1849; Erinnerungen aus dem Jahr 1848, II 1850 (Ausw. 1969); Dünen- und Berggeschichten, 1851; Deutsche Lebensbilder, En. IV 1856; Neue Romane, V 1859–64; Meine Lebensgeschichte, Aut.

VI 1861–63 (Ausw. 1980); Gesammelte Novellen, 1862; Von Geschlecht zu Geschlecht,
R. II 1964–66; Stella, R. III 1883; Die Familie
Darner, R. III 1888; Gefühltes und Gedachtes,
Tg. hg. L. Geiger 1900; Römisches Tagebuch, hg. H. Spiero 1927. – GW, XII
1871–74.
L: M. Weber, Diss. Zürich 1921; M. Stein-
hauer, Diss. Bln. 1937.

Lewin, Georg → Walden, Herwarth

Lichnowsky, Mechtilde Fürstin
von, geb. Gräfin von und zu Ar-
co-Zinneberg, 8. 3. 1879 Schloß
Schönburg/Niederbayern – 4. 6.
1958 London; Nachfahrin der
Kaiserin Maria Theresia; österr.
Klosterschule; ∞ 1904 den Diplomaten Karl Max Fürst von L.,
ging mit ihm nach s. Ernennung
zum dt. Botschafter 1912–14 nach
London, stand in dieser Zeit im
Mittelpunkt des gesellschaftl. und
künstler. Lebens der engl. Haupt-
stadt; lebte nach dem 1. Weltkrieg
in Berlin, München, auf e. Gut in
der Tschechoslowakei und in
Südfrankreich; ∞ 1937 nach dem
Tod ihres Gatten ihren ersten Verlobten, den engl. Major Peto; lebte zuletzt in London, engl. Staats-
angehörige. – Sprachl. gewandte,
gedankentiefe Lyrikerin, Erzählerin, Dramatikerin und Essayistin
mit feiner Einfühlung in die Natur, die menschl., bes. kindl. und
kreatürl. Seele und in soziolog.
Probleme, dabei in ihrer kultivierten, witzigen, gedankl. scharfen
Sprache von K. Kraus beeinflußt.
Weltoffene, demokrat. Kosmo-
politin.
W: Götter, Könige und Tiere in Ägypten,
1912; Ein Spiel vom Tod, Dr. 1913; Der
Stimmer, E. 1915 (u. d. T. Das rosa Haus,
1936); Gott betet, G. 1916; Der Kinderfreund, Dr. 1918; Geburt, R. 1921; Der
Kampf um den Fachmann, Es. 1924; Halb
und halb, Feuill. 1926; Das Rendezvous im
Zoo, N. 1927; An der Leine, R. 1929; Kindheit, Aut. 1934; Der Lauf der Asdur, Aut.
1936; Delaide, R. 1937; Gespräche in Sybaris,

Dial. 1946; Worte über Wörter, Ess. 1949;
Zum Schauen bestellt, Ausw. 1953; Heute
und vorgestern, G. u. Prosa 1958 (m. Bibl.).

Lichtenberg, Georg Christoph,
1. 7. 1742 Oberramstadt b. Darmstadt – 24. 2. 1799 Göttingen; 18.
Kind e. Generalsuperintendenten;
seit s. Kindheit infolge e. unglückl. Sturzes bucklig; Gymnas.
Darmstadt; 1763–66 Stud. Mathematik u. Naturwiss. Göttingen;
1770 ao. Prof. der Experimental-
physik; 1769 u. 1774/75 Reisen in
England; Verkehr mit G. Forster
u. a.; 1775 o. Prof. der Naturwiss.
Göttingen; 1777 Entdeckung der
sog. L.schen elektr. Figuren; redigierte ab 1778 den ›Götting. Taschenkalender‹, zu dem er e. große Anzahl wiss. und populär-phi-
los. Aufsätze schrieb; 1780 mit G.
Forster Gründung des ›Götting.
Magazins‹; zog sich infolge körperl. Leiden in s. letzten Lebensjahren ganz zurück. – Geistr. Satiriker der dt. Aufklärung, griff in
s. witzigen, klass. klaren, natürl.
und stilist. gewandten Schriften
Lavaters Physiognomik, die
Empfindsamkeit, den Sturm und
Drang, Mystizismus, Aberglauben und die relig. Intoleranz schonungslos scharf an. Erster großer
Meister des Aphorismus in Dtl.
Bahnbrechend für die dt. Kunst-
kritik ist s. Erklärung der Kupferstiche Hogarths.
W: Über Physiognomik, wider die Physio-
gnomen, 1778; Ausführliche Erklärung der
Hogarthischen   Kupferstiche,   XIV
1794–1835; Aus L.s Nachlaß, hg. A. Leitz-
mann 1899; Aphorismen, hg. A. Leitzmann
V 1902–08 (n. 1968). – Vermischte Schriften,
hg. L. Ch. Lichtenberg u. F. Kries IX
1800–06 (n. 1971), VIII 1844–47; Werke, hg.
K. R. Goldschmit-Jentner 1947; GW, hg. W.
Grenzmann II 1949f.; Schriften u. Briefe, hg.
W. Promies IV 1968–72, dazu Komm. II
1973ff. Schriften u. Briefe, hg. F. H. Mautner
V 1983; Briefe, hg. A. Leitzmann u. K.
Schüddekopf III 1901–04, n. 1966; Briefw.,
hg. U. Joost, A. Schöne IV 1983ff.; Briefe an
J. F. Blumenbach, hg. A. Leitzmann 1921;

Briefe an die Freunde, hg. W. Spohr 1928; L. i. Engl., hg. H. L. Gumbert II 1977; London-Tg., hg. ders. 1979; L. u. Holland, hg. ders. 1978.
L: W. Berendsohn, Stil u. Form d. Aphor. L.s, 1912; E. Bertram, 1919; P. Hahn, G. C. L. u. d. exakten Wiss., 1927; W. Grenzmann, 1938; O. Deneke, 1944; P. Rippmann, 1953; A. Schneider, Paris II 1954f.; R. Trachsler, Diss. Zürich 1956; C. Brinitzer, 1956 (m. Bibl.); H. Schöffler, 1956; J. P. Stern, Bloomington 1959; W. Promies, 1964, ²1987; P. Requadt, ²1964; F. H. Mautner, 1968; A. Verrecchia, Florenz 1971; Aufklärg. üb. L., 1974; G. Fischer, L'ische Denkfiguren, 1982; A. Schöne, Aufklärg. a. d. Geist d. Elementarphysik, 1982; D. Goetz, ²1984; Bibl.: R. Jung, 1972.

Lichtenstein, Alfred, 23. 8. 1889 Berlin – 25. 9. 1914 Vermandovillers b. Reims; Gymnas. Berlin; Stud. Jura ebda.; 1913 Dr. jur. Erlangen; 1913 Einjährig-Freiwilliger in e. bayr. Infanterieregiment; 1914 bei Kriegsbeginn im Feld, fiel kurz darauf an der Westfront. – Expressionist. Lyriker und Erzähler; in s. Grundstimmung der Trauer und Bedrohung von J. v. Hoddis beeinflußt.
W: Die Geschichte des Onkel Krause, Kdb. 1910; Die Dämmerung, G. 1913; Gedichte und Geschichten, hg. K. Lubasch II 1919. – Ges. Gedichte, hg. K. Kanzog 1962; Ges. Prosa, hg. ders. 1966.

Lichtenstein, Ulrich von → Ulrich von Lichtenstein

Lichtwer, Magnus Gottfried, 30. 1. 1719 Wurzen b. Leipzig – 7. 7. 1783 Halberstadt; Sohn e. Appellationsgerichtsrats; 1737–41 Stud. Jura Leipzig, dann in Wittenberg auch Philos.; Dr. jur. et phil.; Privatdozent in Wittenberg; 1749 Referendar bei der Landesregierung in Halberstadt, zugleich Kanonikus des Moritzstiftes; lebte sehr zurückgezogen; 1752 Regierungsrat; 1763 Konsistorialrat, zuletzt noch Kriminal- und Vormundschaftsrat. – Bedeutendster Fabeldichter der Aufklärungszeit

nach Gellert, lange Zeit volkstümlich.
W: Vier Bücher Äsopischer Fabeln, 1748; Das Recht der Vernunft, G. 1758; Schriften, hg. E. L. M. v. Pott 1828 (n. J. Minor 1886, DNL. 73).

Lied vom Hürnen Seyfrid → Hürnen Seyfrid, Lied vom

Lienert, Meinrad, 21. 5. 1865 Einsiedeln/Schweiz – 26. 12. 1933 Küsnacht b. Zürich; Sohn e. Notars bäuerl. Abstammung; Benediktinerzögling in Einsiedeln; kam früh nach Lausanne; 1883–86 Stud. Jura Heidelberg, München und Zürich; kehrte 1888 nach Einsiedeln zurück; wurde Gerichtsschreiber, 1890 Notar ebda.; 1894 Schriftleiter des ›Einsiedler Anzeigers‹, 1899 der Zürcher Tageszeitung ›Die Limmat‹, 1919 der ›Zürcher Volkszeitung‹. – Der Natur und dem Volksleben verbundener Dialektlyriker, auch Erzähler und Dramatiker aus der bäuerl. Welt voll Humor und Lebensweisheit.
W: Flüehblüemli, En. 1890; Geschichten aus den Schwyzerbergen, 1894; 's Schwäbelpfyffli, G. 1906 (erw. III 1913–20); Das war eine goldene Zeit, Aut. 1907; Schweizer Sagen und Heldengeschichten, 1914; 's Schlaraffeland, G. 1927; Der doppelte Matthias und seine Töchter, R. 1929; Us Härz und Heimed, G. 1933; Die Bergkirschen, Kdb. 1937.
L: E. Eschmann, 1916; P. Suter, 1918; G. Bohnenblust, 1935; R. Schwab, Diss. Fribourg 1940; Gedenkschrift, 1940; W. Kälin, 1965.

Lienhard, Friedrich, 4. 10. 1865 Rothbach/Elsaß – 30. 4. 1929 Weimar. Stud. Philos. u. Theol. Straßburg u. Berlin. Hauslehrer u. Journalist. Nach Aufenthalt in Berlin seit 1917 in Weimar. 1920–29 Hrsg. der Zs. ›Der Türmer‹. – Lyriker, Dramatiker, Erzähler und Programmatiker der Heimatkunst; wendet sich gegen den Naturalismus u. den Einfluß

der Großstadt, bes. von Berlin,
auf die Dichtung. Tritt ähnl. wie
A. Bartels u. H. Sohnrey für e.
neuromant. Heimatdichtung ein,
die das Landleben, dt. Volkstum
u. die geschichtl. Vergangenheit
des dt. Volkes verherrlicht. S.
bes. im MA. u. in der Reformationszeit spielenden hist. Dramen
sind oft pathet., schablonenhaft u.
nicht überzeugend. Dagegen er-
zielten s. polem., gegen den Materialismus der Zeit gerichteten
idealist. u. klassizist. Romane e.
nachhaltige Wirkung vor allem
auf das Bürgertum.

W: Naphtali, Dr. 1888; Weltrevolution, Dr.
1889; Die weiße Frau, R. 1889; Lieder eines
Elsässers, 1895; Wasgaufahrten, Reiseb.
1895; Till Eulenspiegel, Dr.-Tril. 1896–1900;
Gottfried von Straßburg, Dr. 1897; Die Vor-
herrschaft Berlins, Schr. 1900; König Arthur,
Tr. 1900; Münchhausen, Dr. 1900; Neue
Ideale, Ess. 1901; Thüringer Tagebuch, 1903;
Wartburg-Trilogie (Heinrich von Ofterdin-
gen, Die heilige Elisabeth, Luther auf der
Wartburg), Dr. III 1903–06; Wieland der
Schmied, Dr. 1905; Wege nach Weimar, Ess.
VI 1905–08; Das klassische Weimar, Es. 1908;
Oberlin, R. 1910; Der Spielmann, R. 1913;
Lebensfrucht, G. 1915; Der Einsiedler und
sein Volk, R. 1915; Jugendjahre, Erinn. 1918;
Westmark, R. 1919; Der Meister der Mensch-
heit, Ess. III 1919–21; Meisters Vermächtnis,
R. 1927. – GW, XV 1924–26.
L: F. Schultz, 1915; P. Bülow, 1923; K. Kö-
nig, F. L.s Weg v. Grenzland z. Hochland,
1929; E. Barthel, 1941.

Liepman, Heinz (Ps. Jens C.
Nielsen), 27. 8. 1905 Osnabrück –
6. 6. 1966 Agarone/Tessin; Jugend bis 1921 in Hamburg, dann
Bielefeld, versch. Berufe; Dramaturg in Frankfurt/M. und 1927
Hamburg, Kammerspiele. Volontär der Frankfurter Zeitung.
1933 Bücherverbrennung und
Haft, 1934 Flucht nach Holland,
1935 Frankreich, 1936 England,
1937 U.S.A., Journalist, 1943–47
der ›Time‹, 1947 deren Korrespondent in Hamburg, 1958 bei
der ›Welt‹, ab 1961 in der
Schweiz. – Erzähler kunstloser

antifaschist. Dokumentarromane
(auch engl.), Dramatiker und Essayist.

W: Die Hilflosen, R. 1930; Der Frieden brach
aus, R. 1930; Das Vaterland, R. 1933;
. . . wird mit dem Tode bestraft, R. 1935;
Case History, R. 1950 (Der Ausweg, d.
1961); Karlchen, R. 1964.

Liliencron, Detlev von (eig.
Friedrich Adolf Axel Freiherr von
L.), 3. 6. 1844 Kiel – 22. 7. 1909
Alt-Rahlstedt b. Hamburg; Sohn
e. Zollverwalters und e. am. Ge-
neralstochter (geb. von Harten);
verträumte Kindheit. Trat in
preuß. Militärdienst. 1863 Offizier in Mainz, 1864 beim Feldzug
gegen Polen; im Krieg 1866 bei
Nachod/Böhmen und 1870 im
franz. Feldzug bei St. Rémy verwundet. 1871 Verlobung in Cö-
then. 1875 wegen Verschuldung
Austritt aus der Armee. Ohne Erfolg in Amerika in versch. Berufen (Sprachlehrer, Pianist, Stallmeister), nach s. Rückkehr Ge-
sangslehrer in Hamburg. 1878 ⚭
Helene Freiin von Bodenhausen
(o/o 1885), Vorbereitung auf den
Verwaltungsdienst, 1882 Hardes-
vogt auf der nordfries. Insel Pell-
worm, 1884 Kirchspielvogt in
Kellinghusen/Holst. Nach Scheidung ⚭ 1887 Auguste Brandt
(o/o 1892); Austritt aus dem Amt
wegen Schulden; freier Schriftsteller in München (Umgang mit
O. J. Bierbaum u.a.), Berlin und
Altona, 1890 Gründung der ›Gesellschaft für modernes Leben‹,
1889–99 in Ottensen b. Hamburg
(Freundschaft mit R. Dehmel,
Falke, Spiero u. a.), 1899 ⚭ Anna
Michael, lebte ab 1901 in Alt-
Rahlstedt mit e. Ehrengehalt von
Wilhelm II. Dr. phil. h. c. Kiel,
erfolgr. Vortragsreisen. – Als Lyriker konsequentester Vertreter
des dt. Impressionismus, Bahnbrecher e. neuen wirklichkeitsna-

hen, gegenständl.-ursprüngl. u. unreflektierten Dichtung im Gegensatz zum klass.-romant. Epigonentum s. Zeit. Meister des ungekünstelten, in knappen Strichen sinnl. die Details erfassenden lyr. Augenblicksbildes von individuellem Ausdruck, starker Unmittelbarkeit, Farbigkeit (Lautmalerei), Bewegtheit und z. T. symbol. Tiefe mit Themen aus Gesch., Phantasieerleben, Natur, Liebe, Soldatenleben, Alltag und s. norddt. Heimat. Kunstvoller Beherrscher auch strenger lyr. Strophenformen wie Stanze und Siziliane. Daneben Balladendichter und Erzähler anfangs unter Einfluß Storms und Turgenevs, dann realist.-impressionist. Kriegsnovellen. Als Dramatiker und Romancier sowie als Versepiker mit s. nur in lyr. Partien wirksamen ›kunterbunten‹ Epos ›Poggfred‹ weniger erfolgr. Stärkster Einfluß auf die mod. Lyrik der Jh.-Wende.

W: Adjutantenritte, G. 1883; Knut, der Herr, Dr. 1885; Die Rantzow und die Pogwisch, Dr. (1886); Der Trifels und Palermo, Tr. 1886; Eine Sommerschlacht, Nn. 1886; Arbeit adelt, Dr. 1887; Breide Hummelsbüttel, R. 1887; Die Merowinger, Tr. 1888; Unter flatternden Fahnen, En. 1888; Gedichte, 1889; Der Mäcen, En. 1889; Der Haidegänger, G. 1890; Krieg und Frieden, En. 1891; Neue Gedichte, 1893 (u. d. T. Nebel und Sonne, 1900); Kriegsnovellen, 1895; Poggfred, Ep. 1896 (erw. 1908); Gesammelte Gedichte, III 1897–1900; Mit dem linken Ellbogen, R. 1899; Könige und Bauern, Nn. 1900; Roggen und Weizen, Nn. 1900; Aus Marsch und Geest, Nn. 1901; Bunte Beute, G. 1903; Die Abenteuer des Majors Glöckchen, Nn. 1904; Balladenchronik, 1906; Leben und Lüge, Aut. 1908; Gute Nacht, G. 1909; Letzte Ernte, Nn. 1909. – Werke, IX 1898–1900; SW, XV 1904 f.; GW, hg. R. Dehmel VIII 1911 f., ²1922; AW, IV 1930; AW, hg. H. Stern 1964; Werke, hg. B. v. Wiese II 1977; Ausgew. Briefe, hg. R. Dehmel II 1910; Briefe, Ausw. H. Spiero 1927; Briefe an H. Friedrichs, hg. H. Friedrichs 1910; Briefe an H. v. Bodenhausen, hg. H. Spiero 1925.
L: F. Böckel, L. im Urteile zeitgenöss. Dichter, 1904 P. Remer, 1904; O. J. Bierbaum, ²1910; H. Benzmann, ²1912; H. Spiero, 1913;

H. Maync, 1920; I. Wichmann, L.s lyr. Anfänge, Diss. Kiel 1922; J. Elema, Stil u. poet. Charakter b. L., Diss. Groningen 1937; H. Leip, 1938; J. Royer, Diss. Paris III 1977; H. Stolte, 1980.

Lilienfein, Heinrich, 20. 11. 1879 Stuttgart – 20. 12. 1952 Weimar; Sohn e. Hofrats und Notars; Gymnasium Stuttgart; 1898–1902 Stud. Philos. und Geschichte Tübingen und Heidelberg; Dr. phil.; 1902 freier Schriftsteller in Berlin; ⊗ 1905 Malerin Hanna Erdmannsdörffer, nach deren Tod 1910 ihre Schwester Sophie; lehnte 1910 e. Ruf an das Stuttgarter Hoftheater ab. Im 1. Weltkrieg im Felde; ab 1920 Generalsekretär der Dt. Schillerstiftung in Weimar. – Klassizist. Dramatiker mit hist.-sagenhaften wie zeitgeschichtl.-mod. Themen. In Erzählungen meisterhafte Milieuschilderung. Ferner Dichterbiographien.

W: Kreuzigung, Dr. 1902; Maria Friedhammer, Dr. 1904; Der Stier von Olivera, Dr. 1910; Die große Stille, R. 1912; Ein Spiel im Wind, R. 1916; Hildebrand, Dr. 1918; Die feurige Wolke, R. 1919; Die Geisterstadt, R. 1929; Nacht in Polen 1812, Dr. 1929; Das fressende Feuer, R. 1932; Tile Kolup, Dr. 1935; Die Stunde Karls XII., Dr. 1938; In Fesseln – frei, Schubart-R. 1938; Licht und Irrlicht, En. 1943; Besuch aus Holland, K. 1943; Bettina, B. 1949; Anna Amalia, B. 1949.
L: R. Germann, 1926; A. A. Kochmann, 1929; M. Clewing, Diss. Erlangen 1954.

Lind, Jakov (eig. J. Landwirt), * 10. 2. 1927 Wien; aus ostjüd. Familie, 1938 Flucht nach Holland; lebte teils unter Decknamen in Dtl., nach Kriegsende 1945 in Israel, 1950 Stud. am Max Reinhardt-Seminar Wien; versch. Berufe, auch Journalist, seit 1954 in London, schreibt seit 1969 engl. – Vf. grotesk-phantast., absurder Romane, Erzählungen u. apokalypt. Visionen, Spuk- und Alpträume aus e. unmenschl. Zeit in e. eigenwillig durchgeformten Sprache.

W: Eine Seele aus Holz, En. 1962; Landschaft in Beton, R. 1963; Die Heiden, Dr. 1965; Das Sterben der Silberfüchse, H. 1965; Anna Laub, H. 1965; Eine bessere Welt, R. 1966; Angst und Hunger, H.e 1968; Counting My Steps, Aut. 1969 (Selbstporträt, d. 1970); Twenty-eight days return, Reiseb. 1971 (Israel, d. 1972); Numbers, Aut. 1972 (Nahaufnahme, d. 1973); Der Ofen, En. 1973; Travels to the Enu, R. 1982 (d. 1983); The Inventor, R. 1987.

Lindau, Paul, 3. 6. 1839 Magdeburg – 31. 1. 1919 Berlin; Pfarrerssohn; 1857–59 Stud. Philos. und Lit.-Gesch. Halle, Leipzig und Berlin, 1860–64 auch Geschichte in Paris; Dr. phil.; leiter versch. Zeitungen in Düsseldorf, Leipzig und Berlin. 1895–99 Intendant des Meininger Hoftheaters; 1899–1903 Direktor des Berliner Theaters; 1904/05 des Dt. Theaters, schließlich 1. Dramaturg der Kgl. Schauspiele Berlin. – Fruchtbarer Erzähler von Berliner Zeit- und Gesellschaftsromanen nach derzeit aktuellen Affären, Dramatiker in der Nachfolge von Dumas und Sardou, Kritiker, Essayist und Feuilletonist.

W: Harmlose Briefe eines deutschen Kleinstädters, II 1870f.; Theater, IV 1873–81; Gesammelte Aufsätze, 1875; Johannistrieb, Dr. 1878; Herr und Frau Bewer, N. 1882; Der Zug nach dem Westen, R. II 1886; Arme Mädchen, R. II 1888; Spitzen, R. II 1888; Der Andere, Dr. (1893); Die blaue Laterne, R. II 1907; Illustrierte Romane und Novellen, X 1909–12; Nur Erinnerungen, Aut. II 1916. *L:* F. Mehring, 1890; G. Hartwich, 1890; V. Klemperer, ²1909; A. Eismann-Lichte, Diss. Münster 1981.

Lindau, Rudolf von, 10. 10. 1829 Gardelegen – 14. 10. 1910 Paris; Sohn e. Geistlichen; Bruder Paul L.s; Stud. Philol. Berlin, Montpellier und Paris; 1855 Dr. phil.; bis 1859 Hauslehrer in Paris, dann Sekretär von J. Barthélemy Saint-Hilaire; bereiste 1859–69 Indien, China und Japan, z. T. in diplomat. Diensten; nahm 1870 am Feldzug gegen Frankreich als Se-

kretär e. württemberg. Prinzen teil; 1871 Botschaftsattaché in Paris; 1879 Vortragender Rat; 1885 Geheimer Legationsrat; 1892 in Konstantinopel als Reichsvertreter bei der Schuldenverwaltung der Türkei. – Spätrealist. Erzähler von Romanen und Novellen mit eindrucksvollen Schilderungen der Gesellschaft oder triebhafter Charaktere sowie von Berichten aus fremden Kulturen. Anklänge an Turgenev und Mérimée.

W: Un voyage autour du Japon, 1864; Erzählungen und Novellen, II 1873; Robert Ashton, R. II 1877; Schiffbruch, Nn. 1877; Gordon Baldwin, R. 1878; Gute Gesellschaft, R. II 1879; Die kleine Welt, Nn. 1880; Wintertage, Nn. 1883; Der Gast, R. 1883; Zwei Seelen, R. 1888; Martha, R. 1892; Ges. Romane und Novellen, VI 1892f.; Reiseerinnerungen, 1895; Aus China und Japan, 1896; Türkische Geschichten, 1897. *L:* H. Spiero, 1909.

Linde, Otto zur → Zur Linde, Otto

Lindemayr, Maurus (eig. Kajetan L.), 17. 11. 1723 Neukirchen/Oberösterr. – 19. 7. 1783 ebda.; zuerst Sängerknabe im Benediktinerstift Lambach; 1749 Priester, 1752 Prior ebda.; 1760 Pfarrer in Neukirchen. – Begründer der mundartl. Bauerndichtung in Österreich; Vf. reslist.-derber Dialektkomödien in aufklärer. Sinne mit moralist. Tendenz.

W: Der singende Büßer, 1768; Dichtungen in der oberenns. Volksmundart, 1822; Sämtl. Dichtungen in obderenns. Mundart, hg. P. P. Schmieder 1875; Lustspiele und Gedichte in oberösterr. Mundart, hg. H. Anschober 1930.

Lindener, Michael, um 1520 Leipzig – 7. 3. 1562 Friedberg; Stud. in Leipzig; durchwanderte Tirol und Süddtl.; Korrektor, später auch Schulmeister, 1553 in Nürnberg, 1553–56 Ulm, dann Augsburg, 1557 Wittenberg; wegen Totschlags hingerichtet. –

Weltoffener, überlegen-heiterer Schwankdichter; bisweilen derb; legt mit scharfer Ironie gesellschaftl. Übelstände s. Zeit bloß. Kritik am Feudaladel und am kathol. Klerus. Auch hist. und protestant.-theolog. Schriften. Evtl. Übs. von H. Bebels Fazetien (1558).

W: Die Erste Theyl, Katzipori, Schw. 1558 (hg. F. Lichtenstein, BLV 163, 1883); Rastbüchlein, Schw. 1558 (hg. ders., BLV 163, 1883).

Lindner, Albert, 24. 4. 1831 Sulza/Thüringen – 4. 2. 1888 Dalldorf b. Berlin; 1852–56 Stud. Philol. Jena; 1857–60 Hauslehrer in Pommern; 1862 Gymnasiallehrer in Prenzlau, später Spremberg, 1864–67 Rudolstadt; dann freier Schriftsteller und Privatlehrer in Berlin; 1872 Bibliothekar des Dt. Reichstags; Vorleser Kaiser Wilhelms I.; 1875 entlassen; starb in e. Irrenanstalt. – Anfangs sehr erfolgr. Dramatiker im hist. Stil; geriet immer mehr in epigonenhafte Theatralik.

W: Dante Alighieri, Dr. 1855; William Shakespeare, Sch. 1864; Brutus und Collatinus, Tr. 1867; Katharina II., Tr. 1868; Die Bluthochzeit, Tr. 1871; Marino Falieri, Tr. 1875; Don Juan d'Austria, Dr. 1875; Völkerfrühling, N. 1881; Das Rätsel der Frauenseele, En. 1882; Der Reformator, Dr. 1883.
L: F. Koch, 1914, n. 1978.

Lindner, Johannes, * 23. 11. 1896 Moosburg b. Klagenfurt; Nachkomme des Bauernführers Jörg L.; Beamter in Klagenfurt; lebt in Moosburg. – Balladendichter.

W: Erde, Mensch, Gott, G. 1923; Moosburger Passion, Heimatb. 1925.

Lingg, Hermann von, 22. 1. 1820 Lindau – 18. 6. 1905 München; Anwaltssohn; Gymnas. Kempten, 1837–43 Studium der Medizin München, Berlin, Prag und Freiburg/Br.; Dr. med.; 1846 Mi-

litärarzt der bayr. Armee in Augsburg, Straubing und Passau; 1851 krankheitshalber pensioniert; in München von E. Geibel in den Münchener Dichterkreis eingeführt; Mitgl. des ›Krokodil‹; Jahresgehalt von König Maximilian II. Joseph. – Kraftvoller Lyriker und Epiker. Anschaul., liedhaft schlichte, z. T. eigenartig düstereleg. Gedichte von lebendiger Phantasie und Naturverbundenheit; meisterhafte hist. Balladen. Epiker bes. mit hist. Stoffen, am bekanntesten ›Die Völkerwanderung‹ mit gewaltigen, farbenprächt. Einzelbildern, doch Schwächen im Aufbau. Als historisierender Dramatiker und Erzähler weniger erfolgr.

W: Gedichte, 1854; Die Völkerwanderung, Ep. III 1865–68; Vaterländische Balladen und Gesänge, 1868; Zeitgedichte, 1870; Dunkle Gewalten, Ep. 1872; Der Doge Candiano, Dr. 1873; Schlußsteine, G. 1878; Byzantinische Novellen, 1881; Jahresringe, G. 1889; Dramatische Dichtungen, II 1897–99; Meine Lebensreise, Aut. 1899. – Ausgew. Gedichte, 1905.
L: A. Sonntag, 1908; F. Port, 1912; E. Pfaff, Diss. Gießen 1925; H. Rothärmel, Diss. Mchn. 1925; W. Knote, Diss. Würzb. 1936; M. Zschiesche, Diss. Bresl. 1940.

Linke, Johannes, 8. 1. 1900 Dresden – Februar 1945 im Osten vermißt; Sohn e. Eisenbahnbeamten, aus sächs.-thüring. Handwerkerfamilie; Gymnas. Dresden; 1918 Kriegsfreiwilliger an der Westfront; dann Schreiber, Gärtner, Fabrikarbeiter und Übs.; 1928 pädagog. Ausbildung; Volksschullehrer in Eichigt b. Hundsgrün/Vogtland, später Eckensdorf b. Bayreuth; lebte zuletzt in Lichtenegg/Bayr. Wald; im 2. Weltkrieg wieder Soldat. – Empfindungsreicher Erzähler und Lyriker. Bekannt durch s. Bauernromane aus s. Wahlheimat, dem Bayr. und Böhmerwald.

W: Das festliche Jahr, G. 1928; Der Baum, G.

1934; Ein Jahr rollt übers Gebirg, R. 1934; Lohwasser, R. 1935; Wälder und Wäldler, E. 1936 (m. K. Linke); Das Totenbrünnel, En. 1940; Losnächte, En. 1941; Die wachsende Reut, En. 1944.

Lins, Hermann, *5. 8. 1932 Wachstedt b. Erfurt; seit 1950 in der BRD, wohnt in Frankfurt/M. – Berichtet in s. Prosaarbeiten symbolhaft vom unversöhnl. Urgegensatz zweier imaginärer Lebensformen und extremer Möglichkeiten des Lebens. Anklänge an E. Jünger.

W: Vor den Mündungen, Ber. 1961; Brevier für wasserarme Städte, R. 1966.

Lipiner, Siegfried (urspr. Salomo), 24. 10. 1856 Jaroslao/Galizien – 30. 12. 1911 Wien; Gymnas. Tarnow und Wien; Stud. Philos. Wien, Leipzig und Straßburg; 1881 Bibliothekar des österr. Reichsrats in Wien; 1894 Regierungsrat. – Schwungvoller Epiker und Dramatiker; Mickiewicz-Übs.

W: Der entfesselte Prometheus, Ep. 1876; Renatus, Ep. 1878; Buch der Freude, 1880; Merlin, Op. 1886; Adam. Hippolytos, Drr. 1912 (n. 1974); Der neue Don Juan, Dr. 1914.

Lipinski-Gottersdorf, Hans, *5. 2. 1920 Leschnitz/Oberschles.; Sohn e. Erbscholtiseibesitzers; Landwirt; Soldat, verwundet, kam in Gefangenschaft; nach dem Krieg Fabrikarbeiter; jetzt freier Schriftsteller in Köln-Höhenberg. – Kraftvoller Erzähler mit Stoffen bes. aus s. oberschles. Heimat; nüchtern-schlichte Sprache.

W: Wanderung im dunklen Wind, E. 1953; Fremde Gräser, R. 1955; Alle Stimmen der Erde, E. 1955; Gesang des Abenteuers, En. 1956; Finsternis über den Wassern, E. 1957; Stern der Unglücklichen, En. 1958; Ende des Spiels, E. 1959; Wenn es Herbst wird, E. 1961; Die Prosna-Preußen I: Das Dominium, R. 1968; Die letzte Reise der Pamir, En. 1970; Vorweihnachtszeit, En. 1971.

Lippl, Alois Johannes (Ps. Blondel vom Rosenhag), 21. 6. 1903 München – 8. 10. 1957 Gräfelfing b. München; Bankbeamter; dann freier Schriftsteller; Oberspielleiter am Bayr. Rundfunk in München; nach dem 2. Weltkrieg Präsident der Bayr. Landesjugendrings; 1948–53 Intendant des Bayr. Staatsschauspiels München; lebte zuletzt in Gräfelfing. – Begann mit Laienspielen, schrieb dann bes. bayr. Volksstücke, volkstüml. Komödien, Mysterien- und Märchenspiele im Bilderbogenstil; schließlich Romancier. Auch Drehbuch- und Hörspielautor.

W: Das Überlinger Münsterspiel, 1924; Introitus, Sp. 1925; Das Spiel von den klugen und törichten Jungfrauen, 1926; Das Erler Andreas-Hofer-Spiel, 1927; Die Prinzessin auf der Erbse, Sp. 1928; Auferstehung, Sch. 1929; Die Insel, Sp. 1930; Der heimliche Bauer, K. 1932; Die Pfingstorgel, K. 1933; Der Passauer Wolf, K. 1935; Der blühende Lorbeer, Sch. 1936; Der Holledauer Schimmel, K. 1937; Der Engel mit dem Saitenspiel, K. 1938; Das Schloß an der Donau, K. 1944; Saldenreuther Weihnacht, R. 1954; Der unverletzliche Spiegel, R. 1955; Der Umweg zum Glück, R. 1956.

Liscow, Christian Ludwig, 26. 4. 1701 Wittenburg/Mecklenb. – 30. 10. 1760 Gut Berg b. Eilenburg/Sachsen; Predigerssohn; Gymnas. Lübeck; 1718–22 Stud. Theologie, Jura, Philos. und Lit. Rostock, Jena und Halle; 1736 Legationssekretär des Herzogs Karl Leopold von Mecklenburg in Paris; 1740 Privatsekretär des preuß. Gesandten, Grafen v. Danckelmann, 1741 des sächs. Gesandten, Grafen Brühl; dann Kabinettssekretär; 1745 Kriegsrat in Dresden; 1749 wegen Kritik an der Regierungspolitik verhaftet, 1750 entlassen; lebte zuletzt auf dem Gut s. Gattin b. Eilenburg. – Geistreicher, sprachgewandter Satiriker von klarer Gedankenführung und elegantem Prosastil; verspottete die Torheiten s. Zeit.

W: Briontes der jüngere, Sat. 1732; Die Vortrefflichkeit und Nothwendigkeit der Elenden Skribenten, Sat. 1734 (n. 1968); Sammlung satyrischer und ernsthafter Schriften, 1739; Schriften, hg. K. Müchler III 1806; Werke, hg. A. Holder 1901; Ausw. J. Manthey 1968.
L: B. Litzmann, 1883; P. Richter, Rabener u. L., 1884.

Liselotte von der Pfalz (eig. Elisabeth Charlotte, Herzogin von Orléans), 27. 5. 1652 Heidelberg – 8. 12. 1722 Saint-Cloud; Tochter des Kurfürsten Karl Ludwig von der Pfalz; bei ihrer Tante, der Kurfürstin Sophie von Hannover, erzogen; aus polit. Gründen 1671 ⚭ Herzog Philipp I. von Orléans, Bruder Ludwigs XIV. von Frankreich; bewahrte am franz. Hofe ihr urwüchsiges, schlichtes Wesen und ihre dt. Sprache. Nach dem Tode ihres Bruders machte Ludwig wegen s. Verwandtschaft mit L. Ansprüche auf e. Teil des pfälz. Gebietes geltend und ließ es 1689 völlig verwüsten. L. wurde 1701 Witwe, sie erlebte nach dem Tod des Königs 1715 noch die Regentschaft ihres Sohnes. – Berichtet in ihren originellen, natürl.-lebendigen, bisweilen auch offenherzig derben Briefen über das heuchler. Leben am franz. Hof und von ihrer Erschütterung über das schlimme Schicksal der geliebten pfälz. Heimat.

A: Briefe, hg. L. Holland VII 1867–82; E. Bodemann III 1891 u. 1895; R. Friedemann 1903; H. F. Helmolt II 1908; W. Langewiesche ⁶1964.
L: A. Barine, Paris 1909; F. Strich, 1912 u. 1925; J. Wille, ⁴1926; M. Knoop, 1962; Bibl.: H. F. Helmolt, 1909.

Lissauer, Ernst, 10. 12. 1882 Berlin – 10. 12. 1937 Wien; Kaufmannssohn; von jüd. Kaufleuten aus Portugal und Osteuropa abstammend; Stud. Philos. Leipzig und München; ab 1906 freier Schriftsteller in Berlin; während des 1. Weltkriegs Landsturmmann; zeitweilig Leiter der ›Dt. Karpathen-Zeitung‹ und der Feld-Zs. ›Front‹; schrieb 1914 den weitverbreiteten ›Haßgesang gegen England‹, von dem er sich später distanzierte; lebte ab 1924 in Döbling b. Wien. – Symbol.-pathet. Lyriker und Dramatiker von expressionist. Metaphorik und pantheist. Grundhaltung, betont deutsch und freireligiös, mit Vorliebe für große Ereignisse der preuß. Geschichte und künstler. Persönlichkeiten. Formale Anklänge an C. F. Meyer. Strebte in s. oft freirhythm. Lyrik zuerst aus der Großstadt fort nach e. Hinwendung zur Natur, später nach Verinnerlichung des Menschen. Auch Prosaschriftsteller.

W: Der Acker, G. 1907; Der Strom, G. 1912; 1813, G. 1913; Der brennende Tag, G. 1916; Die ewigen Pfingsten, G. 1919; Bach, G. 1919; Der inwendige Weg, G. 1920; Eckermann, Dr. 1921; Yorck, Sch. 1921; Gloria A. Bruckners, G. u. Prosa 1921; Flammen und Winde, G. 1922; Von der Sendung des Dichters, Ess. 1922; Festlicher Werktag, Aufs. 1922; Das Weib des Jephta, Dr. 1928; Luther und Thomas Münzer, Dr. 1929; Der Weg des Gewaltigen, Dr. 1931; Zeitenwende, G. 1936; Die Steine reden, Dr. 1936.
L: G. K. Brand, 1923.

List, Margarete → Zur Bentlage, Margarete

List, Rudolf, *11. 10. 1901 Leoben/Steiermark; Gastwirtssohn; Stud. Germanistik und Kunstgesch. Graz; seit 1924 Redakteur der ›Leobener Zeitung‹; 1929 Feuilletonredakteur der Wiener ›Reichspost‹ und Kunstberichterstatter für dt. Blätter; 1939–40 Schriftleiter des ›Nikolsburger Kreisblatts‹; 1940–45 Feuilletonredakteur in Brünn, ab 1946 Leoben, jetzt in Graz. – Heimatverbundener Lyriker, Erzähler und Essayist.

W: Gedichte, 1931; Tor aus dem Dunkel, G. 1935; Der Knecht Michael, R. 1936 (u. d. T. Michael, 1948); Der große Gesang, R. 1941; Wort aus der Erde, G. 1943; Karl Postl-Sealsfield, B. 1944; Glück des Daseins, Ess. 1944; Herbstliches Lied, G. 1948; Traumheller Tag, G. 1949; Beschwörung, E. 1951; Trost der Welt, G. 1952; Gesammelte Gedichte, 1957; Himmel der Heimat, E. 1957; H. Leifhelm, Es. 1957; Silberne Nacht, En. 1961; Unter unversehrten Sternen, G. 1965.

Lobsien, Wilhelm, 30. 9. 1872 Foldingbro/Schleswig – 26. 7. 1947 Niebüll; Sohn e. Zollbeamten; 1890–93 im Lehrerseminar von Tondern; Lehrer in Hoyer; 1896 Konrektor in Kiel. – Fruchtbarer Erzähler der Nordsee und der Halligen, mit Anklängen an Storm und Liliencron.

W: Strandblumen, G. 1894; Wellen und Winde, Nn. 1908; Pidder Lyng, R. 1910; Der Halligpastor, R. 1914; Heilige Not, E. 1914; Landunter, R. 1921; Halligleute, R. 1925; Klaus Störtebeker, E. 1926; Jürgen Wullenweber, E. 1930; Der Heimkehrer, R. 1941; Segnende Erde, R. 1942; Wind und Woge, En. 1947; Koog und Kogge, N. 1950.

Lobwasser, Ambrosius, 4. 4. 1515 Schneeberg/Erzgeb. – 27. 11. 1585 Königsberg; Stud. Jura Leipzig; 1535 Magister ebda.; längere Zeit auf Reisen; 1557 Kanzler in Meißen, 1563 Prof. der Rechte in Königsberg, dann Rat und Hofgerichtsassessor. – Geistl. Dichter. S. Übertragung der franz. Psalmenbearbeitung von C. Marot und T. Beza war bes. in reformierten Kreisen weit verbreitet.

W: Der Psalter des Königlichen Propheten Davids, Übs. II 1573; Hymni Patrum, Übs. 1578; G. Buchanan, Tragödia von der Enthauptung Johannis, genannt Calumnia, Übs. 1583; Deutsche epigrammata, 1612.

Locher, Jacob, gen. Philomusus, Ende Juli 1471 Ehingen/Donau – 4. 12. 1528 Ingolstadt; kam 1483 nach Ulm; Stud. in Basel, 1488

Freiburg, 1489 Ingolstadt; 1492/93 in Italien; kam 1495 nach Freiburg, dort 1497 von Maximilian I. als Dichter gekrönt; 1498 Prof. der Dichtkunst in Ingolstadt, geriet hier in Streit mit dem Scholastiker Zingel, in Freiburg mit U. Zasius; wurde 1506 entlassen und ging nach Ingolstadt zurück. – Humanist, Dramatiker und Übs. Der Scholastik und dem älteren Humanismus, bes. Wimpfeling gegenüber setzte er sich entschieden für die antiken röm. Dichter ein. Philolog. wichtig ist s. Horazausgabe, die erste in Dtl. S. in Anlehnung an Celtis verfaßten Dramen sind von geringer Bedeutung. Die freie lat. Übs. von S. Brants ›Narrenschiff‹ verhalf Brant und L. selbst zur Berühmtheit.

W: Tragedia de Thurcis et Suldano, 1497; S. Brant, Stultifera navis, Übs. 1497.
L: M. Lettner, Diss. Wien 1951; J. Reischl, Diss. Wien 1951.

Lodemann, Jürgen, * 28. 3. 1936 Essen; Dr. phil., Literaturredakteur beim Südwestfunk Baden-Baden. – Erzähler volkstümlicher, derbdraller Romane z. T. in Dialekt und Umgangssprache; auch Volksstück.

W: Anita Drögemöller, R. 1975; Lynch und das Glück im Mittelalter, R. 1976; Phantastisches Plastikland, Reiseb. 1977; Im deutschen Urwald, En., Ess., G. 1978; Der Gemüsekrieg, E. 1979; Ahnsberch, K. 1980; Der Solljunge, R. 1982; Luft und Liebe, En. 1984; Das Himmelstier, R. 1985; Siegfried, R. 1986; Der Beistrich, Dr. (1987).

Loeben, Otto Heinrich Graf von (Ps. Isidorus Orientalis), 18. 8. 1786 Dresden – 3. 4. 1825 ebda.; Sohn e. sächs. Ministers; 1804–07 Stud. Jura Wittenberg u. Heidelberg; Freundschaft mit Eichendorff, Görres, Arnim und Brentano; lebte später in Wien und bei Fouqué in Nennhausen; nahm

1813 am Krieg gegen Napoleon teil; lebte dann in Dresden und bei s. Mutter in Görlitz; erlitt 1822 e. Gehirnschlag, wurde von J. Kerner magnet. behandelt. – Pseudoromant.-sentimentaler Lyriker und Dramatiker. In s. z. T. schwärmer. ep. Werken Anklänge an Fouqué.

W: Guido, R. 1808 (n. 1979); Blätter aus dem Reisebüchlein eines andächtigen Pilgers, G. 1808; Gedichte, 1810; Der Schwan, G. 1816; Romantische Darstellungen, 1817; Ritterehre und Minnedienst, E. 1819; Erzählungen, II 1822–1824; Ausgew. Gedichte, hg. R. Pissin 1906 (n. 1966).

L: R. Pissin, 1905; H. Kummer, 1929, n. 1973; G. Matzner, Diss. Wien 1953.

Löffelholz, Franz → Mon, Franz

Löhndorff, Ernst Friedrich (Ps. Peter Dandoo), 13. 3. 1899 Frankfurt/M. – 16. 3. 1976 Waldshut; ging mit 14 Jahren zur See; während des 1. Weltkriegs in Mexiko interniert; dann Plantagenarbeiter, Siedler, Fischer und Ladendiener ebda.; später Soldat und Offizier in der Armee der aufständ. Yaqui-Indianer; Reisen nach Ägypten und dem Sudan, Brasilien und Mittelamerika; Fremdenlegionär in Afrika, entfloh und begab sich auf Goldsuche in Alaska und Walfang im Eismeer, dann auf Orchideen-, Diamanten- und Platinjagd in Amerika; kehrte nach Bremen zurück; lebte in Laufenburg/Baden. – Erfolgr. Erzähler exot. Abenteuer- u. Unterhaltungsromane meist um s. eigenen Erlebnisse.

W: Bestie Ich in Mexiko, R. 1927; Afrika weint, Tg. 1930; Satan Ozean, R. 1930; Blumenhölle am Jacinto, R. 1931; Amineh, R. 1932; Der Narr und die Mandelblüte, R. 1935; Geld, Whisky und Frauen, R. 1935; Tropensymphonie, R. 1936; Unheimliches China, R. 1939; Old Jamaica Rum, R. 1949; Ultima Esperanza, R. 1950; Gelber Strom, R. 1954; Wen die Götter streicheln, R. 1954; Schwarzer Hanf, R. 1956; Der Weg nach Dien Bien Phu, R. 1957; Glück in Manila, R. 1958; Sturm über Kenia, R. 1960.

Loën, Johann Michael Freiherr von, 11. 12. 1694 Frankfurt/M. – 24. 7. 1776 ebda.; preuß. Regierungspräsident in der Grafschaft Tecklenburg; Großonkel Goethes. – Lyriker und moral.-didakt. Erzähler der Aufklärung; Wegbereiter des bürgerl.-realist. Romans.

W: Der redliche Mann am Hofe, R. 1740 (Ausg. von 1742 n. 1966); Gesammelte kleine Schriften, IV 1750–52; Moralische Gedichte, 1751.

Löns, Hermann (Ps. Fritz von der Leine), 29. 8. 1866 Kulm/Westpr. – 26. 9. 1914 b. Loivre vor Reims; Sohn e. Gymnasiallehrers; väterlicherseits aus westfäl. Bauerngeschlecht, mütterlicherseits aus westfäl. Apothekerfamilie; kam früh nach Deutsch-Krone; Schule in Münster/Westf.; Stud. Naturwiss. und Medizin Münster, Greifswald und Göttingen ohne Abschluß; 1891 Redakteur in der Pfalz, 1893–1902 am ›Hannoverschen Anzeiger‹, redigierte gleichzeitig 1898–1901 die Zs. ›Niedersachsen‹; trat 1902 von der kath. zur protestant. Kirche über; teilte s. unstetes Leben zwischen Zeitung und Jagd; 1902–1904 Schriftleiter der ›Hannoverschen Allgemeinen Zeitung‹, 1904–07 am ›Hannoverschen Tageblatt‹, 1907–09 an der ›Schaumburg-Lippischen Landeszeitung‹ i. Bückeburg; scheiterte in zwei Ehen, 1912–1914 freier Schriftsteller in Hannover; längere Zeit in Österreich, der Schweiz und im niederländ. Grenzgebiet; meldete sich 1914 freiwillig an die Front, fiel beim ersten dt. Sturmangriff auf Reims. In der Lüneburger Heide begraben. – Dichter der Lüneburger Heide von starker Stimmungskraft. Bedeutend vor allem durch s. elementare, genaue Beobachtung der Natur; einer der frühesten und besten dt. Tierschilderer. S. oft düsteren, spukhaften u. stark sinnl. Romane werden von dem tiefsinn.-hintergründ. Wesen der niedersächs. Bauern bestimmt. S. volksliednahe Lyrik und s. Balladen fanden bes. in der Jugendbewegung weite Verbreitung, häufige Vertonung.

W: Mein goldenes Buch, G. 1901; Mein grünes Buch, Sk. 1901; Mein braunes Buch, Sk. 1906; Was da kreucht und fleugt, Sk. 1909; Mümmelmann, E. 1909; Aus Wald und Heide, Sk. 1909; Der letzte Hansbur, R. 1909; Mein blaues Buch, Ball. 1909; Da hinten in der Heide, R. 1910; Der Wehrwolf, R. 1910; Der kleine Rosengarten, G. 1911; Das zweite Gesicht, R. 1911; Mein buntes Buch, Sk. 1913; Die Häuser von Ohlenhof, R. 1917; Leben ist Sterben, Werden, Verderben, Tg. hg. K.-H. Janßen, G. Stein 1986. – SW, hg. F. Castelle VIII 1924; Nachgelassene Werke, hg. W. Deimann II 1928; Werke, hg. ders. V. 1960; AW, V 1986.
L: T. Pilf, 1916; H. Schauerte, 1920; F. Castelle, 1920; W. Spickernagel, 1920; K. Eilers, Diss. Rostock 1926; E. W. Saltzwedel, 1930; E. Löns, III 1927–42; K. Müller-Hagemann, 1934; W. Deimann, 1935; A. Kutscher, 1943; W. Deimann, D. andere L., 1965; J. Klein, 1966; H. Dugall, 1966; U. Kothenschulte, L. als Journalist, 1968; Das kleine L.-Buch, hg. J. Bergenthal 1973; M. Anger, 1978.

Loerke, Oskar, 13. 3. 1884 Jungen/Weichsel – 24. 2. 1941 Berlin-Frohnau, aus kinderreicher westpreuß. Bauernfamilie; Gymnas. Graudenz, Forst- und Landwirtschaftslehre, 1903 Stud. Germanistik, Philos., Musik und Gesch. Berlin. 1914 Reise nach Nordafrika und Italien; freier Schriftsteller und Dramaturg beim Bühnenvertrieb F. Bloch, seit Herbst 1917 bis zu s. Tod Lektor bei S. Fischer in Berlin, Mitarbeiter der ›Neuen Rundschau‹, Entdecker und Förderer zahlr. dt. Dichter. – Bedeutender dt. Lyriker von hoher Musikalität und elementarem, dem Myth.-Magischen offenen kosm. Naturgefühl in Natur- und Land-

schafts-, aber auch Großstadtgedichten, und starker Geistigkeit in kulturkrit. Zeitgedichten. Jeden äußeren Effekt meidende, daher an e. kleinen Kreis gewandte, handwerkl. saubere Formen von tiefer, esoter. verfeinerter lyr. Aussage; Darstellung des Seienden in metaphernfreier Selbstaussprache der Dinge. Auch grübler., teils psycholog. Erzähler bes. in ep. Kurzform mit Stilnähe zu Jean Paul. Als geistreicher Essayist Deuter dt. Dichter und Musiker mit hoher Auffassung von Künstler- und Dichtertum. Starker Einfluß auf die mod. Naturlyrik bei W. Lehmann, E. Langgässer, K. Krolow u. a.

W: Vineta, E. 1907; Franz Pfinz, E. 1909; Der Turmbau, R. 1910; Wanderschaft, G. 1911; Gedichte, 1915; Gedichte, 1916 (u. d. T. Pansmusik, 1929); Chimärenreiter, Nn. 1919; Das Goldbergwerk, N. 1919; Der Prinz und der Tiger, E. 1920; Der Oger, R. 1921; Die heimliche Stadt, G. 1921; Zeitgenossen aus vielen Zeiten, Ess. 1925; Der längste Tag, G. 1926; Atem der Erde, G. 1930; Der Silberdistelwald, G. 1934; Das unsichtbare Reich, Es. 1935; Der Wald der Welt, G. 1936; Anton Bruckner, Mon. 1938; Der Steinpfad, G. 1938; Hausfreunde, Ess. 1939; Kärntner Sommer 1939, G. 1939; Die Abschiedshand, G. hg. H. Kasack 1949; Das alte Wagnis des Gedichts, Ess. 1961; Essays über Lyrik, 1965. – Gedichte und Prosa, hg. P. Suhrkamp II 1958; Reden und kleinere Aufsätze, hg. H. Kasack 1957; Tagebücher 1903–39, hg. H. Kasack 1955; Reisetagebücher, hg. H. Ringleb, 1960; Der Bücherkarren, Krit. hg. H. Kasack 1964; Literarische Aufsätze aus der ›Neuen Rundschau‹, hg. R. Tgahrt 1967; Die Gedichte, hg. P. Suhrkamp 1984.
L: H. Kasack, 1951; U. Dorn, Diss. Mchn. 1954; E. Naused, Diss. Gött. 1956; D. König, L.s Gedd., Diss. Marb. 1963; H. Mehner, Diss. Köln 1964; O. L., Katalog 1964; W. P. Schnetz, 1967; W. Gebhard, O. L.s Poetologie, 1968; H. Nicolet, D. ›verlorene‹ Zeit, 1969; E. Lozza, D. Prosaepik O. L.s, 1972; M. Samuelson-Koenneker, Lille 1982.

Löscher, Hans (eig. Gustav L.), 19. 4. 1881 Dresden – 7. 5. 1946 ebda.; Sohn e. Polizeikommissars; Jugend im Erzgebirge; 1904–10 Stud. Germanistik und

Gesch. Leipzig, Dr. phil.; Mittelschullehrer, dann Schulrat in Magdeburg, verlor als Sozialdemokrat 1933 s. Stellung, Ruhestand in Dresden. – Erzähler. S. spät entstandenen Romane in klarer Sprache sprechen von menschl. Größe und Reife; betrachtet von der Warte des weisen älteren Menschen aus.

W: Alles Getrennte findet sich wieder, R. 1937; Das befreite Herz, R. 1939; Der schöne Herr Lothar, R. 1957.

Loest, Erich (Ps. Hans Walldorf, Waldemar Nass), * 24. 2. 1926 Mittweida/Sachsen. 1944/45 Soldat, Arbeiter, 1947–50 Redakteur an der ›Leipziger Volkszeitung‹, ab 1950 freier Schriftsteller in Leipzig. Machte sich mißliebig durch s. krit. Haltung, 1953 Ausschluß aus dem Schriftstellerverband, 1957–64 in Haft in Bautzen, dann in Leipzig, seit März 1981 in Osnabrück. – Anfangs als Erzähler in Stil u. Thematik (Kriegsgeschehen) der ›Kahlschlaglit.‹ nahestehend; später mehr aktuelle gesellschaftl. Probleme mit detaillierten Beschreibungen des DDR-Alltags. Unter Ps. Kriminalromane.

W: Jungens, die übrig blieben, R. 1950; Nacht über dem See. En. 1950; Liebesgeschichten, 1951; Die Westmark fällt weiter, R. 1952; Sportgeschichten, 1953; Das Jahr der Prüfung, R. 1954; Aktion Bumerang, En. 1957; Ich war Dr. Ley, Sat. 1966 (erw. 1971; u. d. T. Die Mäuse des Dr. Ley, 1984); Der grüne Zettel, R. 1967; Öl für Malta, En. 1968; Der Abhang, R. 1968; Schattenboxen, R. 1973; Etappe Rom, En. 1975; Es geht seinen Gang, R. 1977; Pistole mit sechzehn, En. 1978; Swallow, mein wackerer Mustang, R. 1980; Durch die Erde ein Riß, Aut. 1981; Der 4. Zensor, Schr. 1984; Völkerschlachtdenkmal, R. 1984; Herzschlag, E. 1984; Zwiebelmuster, R. 1985; Saison in Key West, Slg. 1986; Froschkonzert, R. 1987 (auch Dr., 1987).

Loetscher, Hugo, * 22. 12. 1929 Zürich; Stud. Philos., Soziologie, Wirtschaftsgesch. und dt. Lit. Pa-

ris und Zürich, 1956 Dr. phil., Literaturkritiker in Zürich, 1959–61 Redakteur der Zs. ›Du‹; Fernsehautor in Zürich. Reisen in Afrika und Lateinamerika. – Vf. allegor.-satir. Romane und hintergründiger Parabeln zur Situation der Zeit. Auch Dramatiker und Reisebuch.

W: Schichtwechsel, Dr. (1960); Abwässer, R. 1963; Die Kranzflechterin, R. 1964; Noah, R. 1967; Schule der Kannibalen, K. (1968); Zehn Jahre Fidel Castro, Ber. 1969; Der Immune, R. 1975; Wunderwelt, Reiseb. 1979; Herbst in der Großen Orange, Reiseb. 1982; Der Waschküchenzettel, En. 1983; H. L.-Lesebuch, 1984 (m. Bibl.); Die Papiere des Immunen, R. 1986.

Löwen, Johann Friedrich, 13. 9. 1727 Clausthal – 23. 12. 1771 Rostock; Stud. Jura Helmstedt und Göttingen; ging 1751 nach Hamburg, Verkehr mit Hagedorn; 1757 Theatersekretär in Berlin; 1767 Gründer des Nationaltheaters und Theaterdirektor in Hamburg; berief Lessing als Dramaturgen und Kritiker; nach s. Scheitern 1768 Registrator in Rostock. – Vielseitiger Lyriker, Dramatiker und Theaterhistoriker der Aufklärung in der Nachfolge Klopstocks, Wielands und Rabeners.

W: Die Spröde, Sp. 1748; Poetische Nebenstunden in Hamburg, 1752; Oden und Lieder, 1757; Satyrische Versuche, 1760; Poetische Werke, 1760; Mißtrauen und Zärtlichkeit, Lsp. 1763; Geschichte des dt. Theaters, 1766 (n. 1905); Romanzen, 1769; Geistliche Lieder, 1770. – Ges. Schriften, IV 1765 f.
L: O. D. Potkoff, 1904.

Löwenhalt, Jesaias – Rompler von Löwenhalt, Jesaias

Logau, Friedrich Freiherr von (Ps. Salomon von Golaw), Juni 1604 Brockuth b. Nimptsch/ Schlesien – 24. 7. 1655 Liegnitz; aus altem schles. Geschlecht; Sohn e. Gutsbesitzers; 1614–24 Gymnas. in Brieg; Page der Herzogin von Brieg; ab 1625 Stud. Jura Frankfurt/O.; durch Kriegsunruhen mehrfach unterbrochen.; verwaltete dann s. Familiengut; kam durch den Krieg in große Not; 1644 Kanzleirat, später Regierungsrat am Hofe des Herzogs Ludwig von Brieg; ging mit diesem 1654 nach Liegnitz; seit 1648 als ›Der Verkleinernde‹ Mitgl. der ›Fruchtbringenden Gesellschaft‹. – Bedeutendster dt. Epigrammatiker des 17. Jh.; unter Einfluß von J. Owen. Vf. zahlr., dichter. und kulturhist. wertvoller, satir.zeitkrit., patriot. und sittl.-relig. Sinngedichte von prägnanter, oft dem Mundartl. naher Sprache und vollendeter Form gegen Krieg, Sittenverwilderung, konfessionelle Intoleranz, soziale Ungerechtigkeit, bürgerl. Laster, Modeunwesen und Fremdtümelei. Durch Lessing wiederentdeckt.

W: Erstes Hundert Teutscher Reimen-Sprüche, 1638 (n. 1940); Deutscher Sinn-Getichte Drey Tausend, 1654 (n. 1972). – Sinngedichte, hg. E. Eitner 1872, n. 1968; Ausw. U. Berger 1967.
L: P. Hempel, D. Kunst F. v. L.s, Diss. Bln. 1917, n. 1967; J. Baumeister, Der Gedankengehalt d. Epigr. L.s, Diss. Erl. 1922; A. H. Fritzmann, 1983.

Lohengrin, mhd. höf. Roman, um 1285, aus 2 Teilen von versch. Vf., vermutl. e. Fahrenden aus Thüringen und e. bayr. Ministerialen, in e. Weiterbildung der Titurelstrophe, abgefaßt. Nachahmung der in Wolfram von Eschenbachs ›Parzival‹ eingefügten L.-(Schwanritter-)Sage; realist.-unromant., doch von ritterl. Geiste getragen. Erweiterung durch den Bericht über 2 Kriegszüge Heinrichs I. Anklänge an Wolframs ›Willehalm‹. Hauptquelle für R. Wagners gleichnam. Musikdrama, das den Stoff volkstüml. machte.

A: H. Rückert 1858, n. 1970; Th. Cramer 1971.
L: E. Elster, Diss. Lpz. 1884; F. Panzer, 1894; R. Heinrichs, 1905; O. Rank, Die L.-Sage, 1911, n. 1970; A. Kerdelhué, 1986.

Lohenstein, Daniel Casper von (eig. Daniel Casper, 1670 als ›von L.‹ geadelt), 25. 1. 1635 Nimptsch/Schles. – 28. 4. 1683 Breslau; Sohn e. Zolleinnehmers u. Ratsherrn; ab 1643 Gymnas. Breslau, ab 1651 Stud. Jura Leipzig u. Tübingen, Promotion 1655; Bildungsreise durch Dtl., Holland, die Schweiz, Österreich bis Graz, wo er wegen Pestgefahr Umkehrte. ⚭ 1657 die reiche Elisabeth Hermann. Anwalt in Breslau, ab 1668 Regierungsrat in Oels, 1670 Syndikus von Breslau, 1675 Gesandter in Wien, Protosyndikus und Kaiserl. Rat. – Bedeutender Dichter des Spätbarock (sog. 2. Schles. Schule) von leidenschaftl. erregtem Pathos und prunküberladener Sprache. Steigert die galante Sinnlichkeit Hofmannswaldaus zum Pathet.-Heroischen. Dramatiker unter Einfluß von Seneca und Gryphius mit blutrünst.-erot. Stücken nach hist. und pseudohist. Stoffen voll erregend gesteigerter intrigenhafter Handlung und wilder Leidenschaft mit grellen Bühneneffekten; Darstellung des christl.-stoischen Barockheroismus gegenüber e. blinden Schicksal und angesichts unentrinnbarer Tragik, Grausamkeit, Qual, Folter und Vernichtung. Verbindung nationaler und zeitgeschichtl. Themen mit reicher histl., philos. und ethnograph. Gelehrsamkeit im unvollendeten, abenteuerl.-pseudohist., von Exkursen über aktuelle Gedanken überwucherten Schlüsselroman ›Arminius‹. Auch formglatte und bildstarke Lyrik.

W: Ibrahim, Tr. 1653; Cleopatra, Tr. 1661 (n. F. Bobertag, DNL 36, 1885, W. Voßkamp 1968); Agrippina, Tr. 1665; Epicharis, Tr. 1665; Ibrahim Sultan, Tr. 1673; Sophonisbe, Tr. 1680 (n. W. Flemming, DLE, Rhe. Barockdrama I, 1931, W. Voßkamp 1968); Großmütiger Feldherr Arminius oder Hermann nebst seiner Durchlauchtigen Thusnelda in einer Staats-, Liebes- und Heldengeschichte, R. II 1689f. (n. E. M. Szarota II 1973). – Sämtliche Trauerspiele, hg. G. G. Just, BLV 292–94, 1953–57; Gedichte, Ausw. G. Henninger 1961.

L: K. Müller, Beiträge z. Leben u. Dichten L.s, 1882, n. 1977; O. Muris, Technik und Sprache i. d. Trauerspielen v. L., Diss. Greifsw. 1911; H. Müller, Stud. über d. Lyrik L.s, Diss. Greifsw. 1921; W. Martin, D. Stil i. d. Dramen L.s, Diss. Lps. 1927; L. Laporte, L.s ›Arminius‹, 1927; M.-O. Katz, Z. Weltanschauung D. C. v. L.s, Diss. Breslau 1933; M. Wehrli, D. barocke Geschichtsbild i. L.s ›Arminius‹, 1938; F. Schaufelberger, D. Tragische in L.s Trauerspielen 1945; H. Jacob, L.s Romanprosa, Diss. Bln. 1949; K. G. Just, D. Trauerspiele L.s, 1961; E. Verhofstadt, Brügge 1964; G. E. P. Gillespie, L.'s Historical Tragedies, Columbus 1966; W. Voßkamp, Zeit- u. Geschichtsauffassg. i. 17. Jh. b. Gryphius u. L., 1967; G. Spellerberg, Verhängnis. u. Gesch., 1970; D. Kafitz, L.s Arminius, 1970; B. Asmuth, 1971; ders., L. u. Tacitus, 1971; G. Pasternack, Spiel u. Bedeutg., 1971; K.-H. Mulagk, Phänomene d. polit. Menschen, 1973; D. Welt d. D. C. v. L., 1978; A. Martino, 1978; Stud. z. Wk. D. C. v. L., hg. G. Gillespie 1983 (Daphnis 12); Bibl.: H. v. Müller (in: Werden u. Wirken, Fs. f. K. Hiersemann, 1924).

Lohmeier, Georg, ∗9. 7. 1926 Loh b. Erding (Obb.), Stud. Philol. u. Theol. Freising, Philol. u. Gesch. München. Freier Schriftsteller. – Vf. problemloser bayr. Volksstücke für Funk u. Fernsehen ohne Aktualitätsbezug mit treffsicheren Charakteren.

W: Die Fremde, H. (1955); Die Tochter des Bombardon, FSsp. (1962); Gebt euch nicht der Trauer hin, H. (1963); Die Stadterhebung, FSsp. (1964); Die Überführung, H. (1964); Meine Frau die Philosophin, FSsp. (1968); Königlich Bayerisches Amtsgericht, FS-Serie (1968–70); Liberalitas Bavariae, Schr. 1971; Das Familienfest, FSsp. 1973; Geschichten für den Kronleinstadel, 1974; Die Reform, FSsp. (1974); G'spensterg'schichten, En. 1976; Bayerisches für Christenmenschen, 1984.

Lohmeyer, Wolfgang, ∗15. 11. 1919 Berlin. Stud. Germanistik, Verlagslektor in München. – Vf. sprachl. wenig eigenständiger, oft vordergründiger Dramen und Romane über Massenwahn, Machtmißbrauch u. gesellschaftl. Außenseitertum, z. T. in Bilderbogenform. Auch Hörspiele und Lyrik.

W: Cautio Criminalis, Dr. (1966, Neufassg. 1968); In Lemgo 89, FSsp. (1966); Abseits, FSsp (1970); Die Hexe, R. 1976; Der Hexenanwalt, R. 1979; Das Kölner Tribunal, R. 1981; Nie kehrst du wieder, gold'ne Zeit, R. 1985.

Lommer, Horst, 19. 11. 1904 Berlin-Lichterfelde – 17. 10. 1969 Lübeck; Stud. Univ. und Schauspielschule Berlin; Schauspieler in Gera, Königsberg, Düsseldorf, Köln und 1929–45 Staatstheater Berlin, dann freier Schriftsteller in Berlin, Frankfurt/M. und Lübeck. – Anfangs Lustspielautor und satir. Lyriker und Dramatiker, dann erfolgr. Vf. beachtl. sozialkrit. Fernsehspiele, die mit viel Ironie und Komik Spießertum und kleinbürgerl. Denk- und Verhaltensweisen in allen Schichten der Wohlstandsgesellschaft aufzeigen.

W: Ein unverwüstlicher Bursche, R. 1938 (m. J. Scheu); Das Tausendjährige Reich, G. 1946; Der General, Dr. 1946; Von Zeit zu Zeit, G. u. Szen. 1949; Das letzte Aufgebot, FSsp. (1959); Zur letzten Instanz, FSsp. (1960); Schönes Wochenende, FSsp. (1962); Das Glück läuft hinterher, FSsp. (1963); Ich fahre Patschold, FSsp. (1964); Mach's Beste draus, FSsp. (1964); Geibelstraße 27, FSsp. (1966); Zug der Zeit, FSsp. (1967); Kollege Bindelmann, FSsp. (1969); Geschäfte mit Plückhahn, FSsp. (1971).

Loos, Cécile Ines, 4. 2. 1883 Basel – 21. 1. 1959 ebda.; Tochter e. Organisten; knapp einjährig Vollwaise; kam zu Pflegeeltern nach Bern, 1891 Internat; Höhere Töchterschule; 1901 Erzieherin bei e. dt. Adelsfamilie in der Schweiz, dann bei e. engl. Lord; kam mit dessen Familie auch nach

Schottland und Irland; Reisen nach Italien und Palästina; arbeitete während des 2. Weltkriegs auf e. Schweizer paläontolog. Sekretariat; lebte danach in Einsamkeit und materieller Not; kam in das Basler Bürgerspital, starb dort nach e. Unfall. – Phantasiereiche Schweizer Erzählerin, bes. von Frauen- und Kinderromanen um das Problem menschl. Leids und der Einsamkeit. Verbindung realist., visionärer, sarkast. und surrealist. Elemente; Einfluß asiat. Philosophie.

W: Matka Boska, R. 1929; Die Rätsel der Turandot, R. 1931; Die leisen Leidenschaften, R. 1934; Der Tod und das Püppchen, R. 1939; Hinter dem Mond, R. 1942; Konradin, R. 1943; Jehanne, R. 1946; Leute am See, E. 1951; Verzauberte Welt, Ausw. 1985.

Lorbeer, Hans, 15. 8. 1901 Klein-Wittenberg – 7. 9. 1973 Piesteritz. Sohn e. Dienstmädchens, Fabrikarbeiter, 1928 Mitbegründer des ›Bundes proletar.-revolutionärer Schriftsteller‹, 1933 verhaftet, KZ, 1945 Bürgermeister von Piesteritz, 1951 freier Schriftsteller ebda. – Sozialist. Lyriker u. Erzähler, teils mit hist. Stoffen.

W: Gedichte eines jungen Arbeiters, 1925; Wacht auf, En. 1928; Ein Mensch wird geprügelt, R. 1930 (russ: u. d. T. Der Spinner, d. 1959); Die Gitterharfe, G. 1948; Des Tages Lied, G. 1948; Die Rebellen von Wittenberg. R.-Tril. 1956–63; Chronik in Versen, G. 1971. – GW, 1974ff.
L: D. Heinemann, 1977.

Lorenzen, Rudolf, *5. 2. 1922 Lübeck; Handlungsgehilfe in Hamburg und Bremen; Kriegsdienst u. Gefangenschaft in Rußland; Kunst- und Werbefachschule; ∞ die Schriftstellerin Annemarie Weber; seit 1955 freier Schriftsteller in Westberlin. – Humorvoll-satir. Erzähler der Wirtschaftswunderzeit.

W: Alles andere als ein Held, R. 1959; Die Beutelschneider, R. 1962; Die Arche, E. 1963; Grüße aus Bad Walden, R. 1980.

Loriot (eig. Bernhard Victor Christoph-Karl von Bülow), *12. 11. 1923 Brandenburg; Vater Polizeioffizier; Offizier, 1947–49 Kunststud. Hamburg, seit 1950 freier Karikaturist mit erfolgr. Cartoonserien, lebt in Ammerland/Starnberger See. – Ironiker und Satiriker aus der Verbindung von Cartoons mit ihren unverwechselbar knollennasigen Figuren und Sprache in der Parodie klischeehafter Redeweisen, vor allem in ironischen ›Ratgebern‹ der Lebenshilfe u. a. m.

W: GW, IV 1983.

Loris → Hofmannsthal, Hugo von

Lorm, Hieronymus (eig. Heinrich Landesmann), 9. 8. 1821 Nikolsburg/Mähren – 3. 12. 1902 Brünn; von Kindheit an sehr kränklich; kam früh nach Wien; ab 15. Lebensjahr gelähmt, halb blind, verlor das Gehör; erblindete in späteren Jahren völlig; mußte 1846 wegen e. satir. Schrift nach Berlin flüchten; kehrte 1848 als Journalist nach Wien zurück; 1856–72 in Baden b. Wien, 1873–92 in Dresden; ab 1892 in Brünn. – Formglatter Lyriker mit pessimist. Zügen; Anklänge an Schopenhauer. Als Erzähler von Zeitromanen und Novellen ohne größere Bedeutung. Auch Essayist.

W: Abdul, Ep. 1852; Am Kamin, En. II 1857; Novellen, III 1864–93; Gedichte, 1873; Die Alten und die Jungen, Dr. 1875; Vor dem Attentat, R. 1884; Die schöne Wienerin, R. 1886; Das Leben kein Traum, R. 1887; Der grundlose Optimismus, Es. 1894; Nachsommer, G. 1896; Ausgewählte Briefe, hg. E. Friedegg 1912.
L: K. Kreisler, 1922; J. Straub, 1960.

Lotar, Peter, 12. 2. 1910 Prag – 12. 7. 1986 Baden b. Zürich, zweisprachig aufgewachsen; Stud. Kulturgesch. und Schauspielkunst Berlin; Schauspieler ebda., Breslau, 1933 Prag; 1939 Flucht in die Schweiz, Schauspieler und Regisseur ebda., 1946 Verlagsdramaturg in Basel, 1950 freier Schriftsteller. – Dramatiker, Erzähler und Hörspielautor aus humanist. Grundhaltung.

W: Die Wahrheit siegt, Dr. (1943); Das Bild des Menschen, Dr. 1953; F. Schiller, B. 1955; Aller Menschen Stimme, H. (1963); Der Tod des Präsidenten, Dr. (1966); Eine Krähe war mit mir, R. 1978; Das Land, das ich dir zeige, R. 1985.

Lothar, Ernst (eig. Ernst Lothar Müller), 25. 10. 1890 Brünn – 30. 10. 1974 Wien; Bruder von Hans Müller(-Einigen). Stud. Jura Wien; 1914 Dr. jur.; 1914–25 Staatsanwalt und Hofrat im österr. Handelsministerium in Wien; nach freiwill. Rücktritt 1925–33 Theaterkritiker der ›Neuen Freien Presse‹; 1933–35 Gastregisseur des Burgtheaters; 1935–38 als Nachfolger M. Reinhardts Direktor des Theaters in der Josefstadt; emigrierte 1938 in die USA; 1940–44 Prof. für vergl. Lit. Colorado-College; kehrte 1945 nach Wien zurück; ab 1948 Regisseur am Wiener Burgtheater u. bei den Salzburger Festspielen. – Erfolgr. österr. Erzähler u. Essayist. Bevorzugt in s. Gesellschafts- und Zeitromanen aus der zusammengebrochenen Donaumonarchie erot.-psychol. Probleme in der Nachfolge A. Schnitzlers.

W: Der ruhige Hain, G. 1908; Macht über alle Menschen, R.-Tril. 1921–24; Ich!, Dr. 1923; Der Kampf um das Herz, R. 1928; Die Mühle der Gerechtigkeit, R. 1933; Romanze F-Dur, R. 1935; Nähe und Ferne, Ess. 1937; Der Engel mit der Posaune, R. 1944 (d. 1946); Die Tür geht auf, Nn. 1945; Heldenplatz, R. 1945; Die Rückkehr, R. 1949; Verwandlung durch Liebe, R. 1951; Das Weihnachtsgeschenk, Nn. 1954; Die bessere Welt, Ess. 1955; Das Wunder des Überlebens, Aut. 1960; Unter anderer Sonne, R. 1961; Macht und Ohnmacht des Theaters, Ess. 1968. – AW, VI 1961–68.

Lothar, Rudolf, (eig. R. Spitzer), 23. 2. 1865 Budapest – 2. 10. 1943 ebda.; Stud. Jura Wien, dann Philos. und Philol. Jena, Rostock und Heidelberg; 1891 Mitarbeiter der ›Freien Presse‹ in Wien; seit 1898 Hrsg. der ›Wage‹, 1907–12 Redakteur des Berliner ›Lokal-Anzeigers‹, gründete dort 1912 e. ›Komödienhaus‹; Reisen nach Frankreich, Italien, Schweiz und Amerika. – Sehr fruchtbarer Erzähler und Bühnenschriftsteller, bes. erfolgr. mit Lustspielen, Opern- und Operettentexten. Auch Kritiker und Essayist.

W: Der verschleierte König, Dr. 1891; König Harlekin, Sp. 1900; Das Wiener Burgtheater, 1900; Tiefland, Op. 1904; Kurfürstendamm, R. 1910; Die drei Grazien, Lsp. 1910 (m. O. Blumenthal); Der Herr von Berlin, R. 1910; Die Seele Spaniens, 1916; Casanovas Sohn, Lsp. (1920); Der Werwolf, Lsp. (1921); Die Kunst des Verführens, 1925; Der gute Europäer, Lsp. (1927); Friedemann Bach, Op. (1931); Der Papagei, Lsp. (1931); Besuch aus dem Jenseits, Dr. 1931.

Lothringen, Elisabeth von → Elisabeth von Nassau-Saarbrücken

Lotichius (Lottich), Petrus L. Secundus, 2. 11. 1528 Niederzell b. Schlüchtern/Hessen – 22. 10. 1560 Heidelberg; Sohn e. Landwirts; in Frankfurt/M. erzogen; Stud. ab 1544 Medizin in Marburg, später Philol. in Wittenberg unter Camerarius und Melanchthon, flüchtete mit diesem 1546 nach Magdeburg; nahm unter Kurfürst Johann Friedrich am Schmalkald. Krieg teil; 1547 wieder nach Wittenberg; Reisebegleiter in Frankreich; Stud. in Padua und Bologna, schwere Erkrankung durch

e. versehentl. genossenen Liebestrank; 1557 Rückkehr nach Dtl.; 1558 Prof. der Medizin in Heidelberg. – Bedeutender, gefühlvoller und ausdrucksstarker neulat. Lyriker, von s. Zeitgenossen mit Tasso verglichen. Wetteiferte in s. Liebeslyrik mit Ovid und Vergil. Besang auch das klass. Italien und bibl. Begebenheiten.

W: Elegiarum liber et carminum libellus, 1551 (d. E. G. Köstlin 1826); Poemata, 1563 (n. P. Burmann II 1754). – Ausw. K. Heiler 1926.

L: A. Ebrard, 1883; S. Zon, 1983.

Lotz, Ernst Wilhelm, 6. 2. 1890 Kulm/Westpr. – 26. 9. 1914 b. Bouconville/Frankreich; Lehrerssohn; Jugend in Köslin, Karlsruhe, Wahlstatt/Schlesien, Plön und Berlin; Kadettenkorps; 1909–11 Fähnrich in Straßburg, 1911/12 Handelsschule; 1912 Volontär in Hamburg, 1913 freier Schriftsteller in Berlin; an der Westfront gefallen. – Lyriker im Zusammenhang des Frühexpressionismus mit ungekünstelten Versen jugendl. Aufbruchstimmung unter Einfluß Rimbauds.

W: Und schöne Raubtierflecken, G. 1913; Wolkenüberflaggt, G. 1917; Prosaversuche und Feldpostbriefe, hg. H. Draws-Tychsen 1955.

Lou, Henry → Andreas-Salomé, Lou

Low, Hanns → Tralow, Johannes

Lublinski, Samuel, 18. 2. 1868 Johannisburg/Ostpreußen – 26. 12. 1910 Weimar; Buchhändler; ging 1899 nach Verona; kehrte 1905 nach Dtl. zurück; freier Schriftsteller in Berlin und Dresden, zuletzt Weimar. – Ideenreicher Dramatiker, Erzähler, Soziologe, Ästhetiker und Religionsphilosoph. E. der bedeutendsten Vertreter des neuklass. Dramas

neben P. Ernst und W. v. Scholz, bevorzugt hist. Tragödien, von Hebbels Problemstellung ausgehend. Als Literaturhistoriker eigenwillig; scharfer Kritiker des Naturalismus (begann selbst mit naturalist. Milieudramen) und Impressionismus; stellte dem rel. Relativismus s. Zeit die Forderung neuer Sittlichkeit gegenüber.

W: Jüdische Charaktere bei Grillparzer, Hebbel und O. Ludwig, Abh. 1898; Literatur und Gesellschaft, IV 1899f.; Neu-Deutschland, Ess. 1900; Der Imperator, Tr. 1901; Gescheitert, Nn. 1901; Hannibal, Tr. 1902; Elisabeth und Essex, Tr. 1903; Die Entstehung des Judentums, Aufs. 1903; Vom unbekannten Gott, Abh. 1904; Die Bilanz der Moderne, Ess. 1904 (n. 1974); Peter von Rußland, Tr. 1906; Gunther und Brunhild, Tr. 1908; Shakespeares Problem im Hamlet, Abh. 1908; Der Ausgang der Moderne, Abh. 1909 (n. 1976); Kaiser und Kanzler, Tr. 1910; Der urchristliche Erdkreis und Mythos, II 1910; Nachgelassene Schriften, 1914.

L: A. Hugle, 1913.

Lucidarius (Der große L.), um 1190 entstandene mhd. christl. Weltkunde mit allem derzeit bekannten geistl. und weltl. Wissen; im Auftrag Herzog Heinrichs von Braunschweig von s. Kaplanen nach lat. Quellen (bes. Honorius Augustodunensis) in niederdt. Sprache mit hochdt. Elementen zusammengetragen. Lehrbuch in Form e. Prosadialogs zwischen dem fragenden Jünger und dem antwortenden Meister (dieser als Erlauchter, Lichtbringer Bezeichnete gab dem Werk den Namen). Weiteste Verbreitung im späten MA. und wichtige Quelle zur ma. Weltanschauung. Bearbeitungen der folgenden Zeit mit Anpassung an die Fortschritte der Wissenschaft. Die späteren Drucke machten die Kosmographie zu Volksbüchern.

A: F. Heidlauf, DTM. 28, 1915.

L: K. Schorbach, 1894; F. Heidlauf, Diss. Bln. 1915.

Lucka, Emil, 11. 5. 1877 Wien –
15. 12. 1941 ebda.; Stud. in Wien;
dort Beamter, dann freier
Schriftsteller. – Österr. Erzähler,
Dramatiker und Essayist, oft
myst.-romant.; bevorzugte in s.
Romanen ma.-hist. Stoffe. Ferner
philos. Schriften und kulturhist.
Betrachtungen.

W: Otto Weininger, B. 1905; Tod und Leben,
R. 1907; Isolde Weißhand, R. 1908; Adrian
und Erika, R. 1910; Winland, Nn. 1912; Die
drei Stufen der Erotik, Ess. 1913; Grenzen der
Seele, Ess. II 1916; Heiligenrast, R. 1918; Die
steinernen Masken, Nn. 1924; Am Stern-
brunnen, R. 1925; Die Blumen schweigen,
N. 1929; Tag der Demut, R. 1929; Michelangelo, Es. 1930; Der blutende Berg, R. 1931;
Der Impresario, R. 1957.

Ludolf von Sachsen, lat. Mystiker, um 1300 – 10. 4. 1377 Straßburg; ursprüngl. Dominikaner;
seit 1340 Kartäuser in Straßburg-
Königshofen; später in Koblenz
und Mainz, schließlich wieder
Straßburg. – S. ›Leben Jesu‹ beeinflußte stark die Entwicklung
des christl.-relig. Lebens.

W: Medidationes vitae Iesu Christi, 1474 (n.
Rigellot, IV 1878ff.).
L: O. Karrer, 1926; M. I. Bodenstedt, Diss.
Washington 1944.

Ludus de Antichristo (Spiel
vom Antichrist), lat. Festspiel e.
unbekannten oberdt. Geistlichen
(aus Tegernsee?) um 1160 oder
1190; in e. Hs. des Klosters Tegernsee erhalten; geschrieben
nach dem ›Libellus de Antichristo‹
des lothring. Abtes Adso von
Toul. Handlungsreiches, bühnen-
wirksames Spiel e. bedeutenden
Dichters patriot. Gesinnung.
Dargestellt wird der Triumph des
dt. Kaisers (Barbarossa), der die
Welt erobert; wohl gewinnt der
Antichrist alle Fürsten, wird dann
aber von dem Kaiser besiegt; dieser huldigt ihm, durch Schein-
wunder getäuscht, und verfällt
daher dem Untergang; am Ende

steht die Rettung des Kaisers
durch das Eingreifen Gottes und
der endgültige Fall des Antichrist.

A: F. Wilhelm ²1930; L. Benninghoff 1922
(lat.-dt.); R. Engelsing 1968 (lat.-dt.); G.
Vollmann-Profe 1981 (lat.-dt.). – *Übs.:* F.
Vetter 1914; G. Hasenkamp ¹1961; K. Lan-
gosch, Polit. Dichtung um Kaiser Friedrich
Barbarossa, 1934.
L: P. Steigleider, Diss. Bonn 1938.

Ludwig (urspr. Cohn), Emil, 25.
1. 1881 Breslau – 17. 9. 1948 Mos-
cia b. Ascona/Schweiz; Sohn des
jüd. Augenarztes H. Cohn, der
1883 den Namen Ludwig an-
nahm; Stud. Jura; Dr. jur.; trat
1902 zum Christentum über;
1904/05 in e. Handelshause tätig;
weite Reisen; ging 1906 in die
Schweiz; 1914 Journalist in London; während des 1. Weltkrieges
in Konstantinopel und Wien; gab
1922 nach der Ermordung W. Rathenaus das Christentum öffentl.
auf; freier Schriftsteller in Ascona,
1940–45 in den USA. – Vf. journalist., unwissenschaftl., aber
spannender Romanbiographien
um die Schicksale großer Menschen aufgrund genauer Quellenstudien mit wirkungsvoller Montage von Zitaten und mod. psycholog. Analysen. Zieht die seel.
Entwicklung und Stimmung s.
Helden ihren äußerl. Taten vor. S.
Biographien hatten ungewöhnl.
Erfolg und wurden in viele Sprachen übersetzt. Daneben erst neuromant. Dramen, später Romane,
kunsttheoret. und hist. Essays
und Übss.

W: Ein Friedloser, Dr. 1903; Napoléon, Dr.
1906; Der Spiegel von Shalot, Dr. 1907; Manfred und Helena, R. 1911; Diana, R. 1918;
Goethe, B. III 1920; Rembrandts Schicksal,
B. 1923; Genie und Charakter, B.n 1924;
Napoléon, B. 1925; Wilhelm II., B. 1926;
Bismarck, B. 1926; Der Menschensohn,
1928; Juli 1914, Ber. 1919; Michelangelo, B.
1930; Lincoln, B. 1930; Geschenke des Lebens, Aut. 1931; Historische Dramen, II
1931; Schliemann, B. 1932; Hindenburg, B.
1935; Cleopatra, B. 1937; Roosevelt, B. 1938;

Quartett, R. 1938; Simon Bolivar, B. 1939; Das Schicksal König Edwards VIII., 1939; Drei Diktatoren, 1939; Über das Glück, Ess. 1939; Beethoven, B. 1943; Stalin, B. 1945; Der entzauberte Freud, 1946; Othello, R. 1947. – GW, V 1945 f.

L: W. Mommsen, Legitime und illegitime Geschichtsschreibung, 1930; N. Hansen, Der Fall E. L., 1930; Bibl.: E. L. Books, engl. 1947.

Ludwig, Otto, 12. 2. 1813 Eisfeld/Werra – 25. 2. 1865 Dresden; Vater Stadtsyndikus u. herzogl. sächs. Hofadvokat († 1825). Schon als Kind kränkl., schwere Jugend durch frühen Tod der Eltern (1831 Tod s. Mutter). 1828 Gymnas. Hildburghausen, 1831 Lyzeum Saalfeld; sollte nach dem Willen s. Onkels Kaufmann werden; Kaufmannslehre, Okt. 1839 Stud. Musik Leipzig bei Mendelssohn-Bartholdy mit e. Stipendium des Herzogs von Meiningen, Herbst 1840 aus Gesundheitsgründen nach Eisfeld zurück. Wendung zur Dichtung. Zog Sommer 1842 wieder nach Leipzig, Frühjahr 1843 nach Dresden, dann 1844–49 in Meißen, Niedergarsebach b. Meißen und Leipzig, ab Sept. 1849 endgültig in Dresden. Zurückgezogenes, äußerl. ereignisloses Leben. ⚭ 1852 Emilie Winkler. Erhielt 1856 durch Vermittlung Geibels e. Pension von Maximilian II. von Bayern. Durch L. Devrient Verkehr mit Gutzkow, Langer, L. Richter u. a.; seit 1860 dauerndes schweres Nervenleiden. – Dichter des ›poet. Realismus‹ (von L. geprägter Begriff); trotz großer Begabung durch e. geradezu trag. sich auswirkende überkrit. Einstellung an dichter. Schaffen und der Vollendung vieler Skizzen und Fragmente gehindert. Am bedeutsamsten als Erzähler anfangs von spätromant. Novellen im Stil Tiecks und E. T. A. Hoffmanns, dann von humorvoll.-realist.

Dorfgeschichten (›Die Heiterethei‹) mit Nachwirkung auf die Heimatkunst und des trag. Romans ›Zwischen Himmel und Erde‹ mit meisterhafter bohrender Psychologie und Vorwegnahme naturalist. Züge. Rang in Verkennung s. eigentl. ep. Begabung intensiv um das Drama, obwohl ihm hier nur s. Schicksalstragödie ›Der Erbförster‹ Erfolg brachte und die dramat. Gestaltung des ›Agnes Bernauer‹-Stoffes ihn in zahlr. Versionen zeitlebens begleitete. S. ausgedehnten und tiefgründigen grübler.-eigenwilligen literar-theoret. Stud. bes. über das Drama (›Shakespeare-Studies‹) brachten schließl. das eigene lit. Schaffen ganz zum Erliegen. Polemik gegen Schillers Dramen.

W: Die wahrhaftige Geschichte von den drei Wünschen, M. (1842); Maria, E. (1843); Die Emanzipation der Domestiken, E. (1843); Hanns Frei, Dr. (1843); Die Torgauer Heide, Sp. (1843); Die Rechte des Herzens, Tr. (1845); Die Pfarrose, Tr. (1847); Das Fräulein von Scuderi, Dr. (1848); Der Erbförster, Tr. 1853; Die Heiterethei, E. (1854); Die Makkabäer, Tr. 1854; Zwischen Himmel u. Erde, R. 1856; Shakespeare-Studien, hg. M. Heydrich 1871 (n. A. Stern II 1891). – GS, hg. A. Stern u. E. Schmidt VI 1891; Werke, hg. A. Bartels VI 1900, A. Eloesser II 1908 (n. 1978); SW, hkA, hg. P. Merker VI 1912–22 (unvollst.). Forts. Dt. Akad. d. Wiss. Berlin 1961 ff.; Romane u. Romanstudien, hg. W. J. Lillyman 1977; Briefe, Bd. I, hg. K. Vogtherr 1935; Tagebücher, hg. ders. 1936.

L: R. Müller-Ems, O. L.s Erzählungskunst, ²1909; K. Adams, O. L.s Theorie d. Dramas, Diss. Greifsw. 1912; H. Fresdorf, D. Dramentechnik O. L.s, Diss. Straßb. 1915; L. Mis, Les œuvres dramatiques d'O. L., Lille II 1922–25; L. Weeber, O. L.s Kunst psycholog. Darstellung, Diss. Prag 1926; R. Adam, Der Realismus O. L.s, Diss. Münster 1938; W. Greiner, 1941; H.-H. Reuter, O. L. als Erzähler, Diss. Jena 1957; A. Meyer, D. ästhet. Anschauungen O. L.s, 1957; W. Leuschner-Meschke, D. unvoll. dram. Lebenswerk e. Epikers, 1958; E. Witte, O. L.s Erzählkunst, Diss. Gött. 1959; W. Pallus, Grundzüge d. Dramentheorie O. L.s, Diss. Greifsw. 1960; W. H. McCain, Between Real and Ideal, Chapel Hill 1963; L. Quattrocchi, L'Aquila 1974; O. L.-Kalender (ab 1938 O. L.-Jahrbuch), hg. W. Greiner XIII 1929–41 (Bibl. in Bd. 3–5, 1931–33).

Ludwig, Paula, 5. 1. 1900 Altenstadt bei Feldkirch/Vorarlberg – 27. 1. 1974 Darmstadt; Tochter e. schles. Tischlergesellen und e. Österreicherin; lebte nach der Trennung der Eltern bei der Mutter auf dem Dorf und in Linz; 1919 München, 1923–33 Berlin; dann in Ehrwald/Tirol; Freundschaft mit Yvan Goll; emigrierte 1938 nach Frankreich, 1940 nach Spanien, dann über Portugal nach Brasilien; Malerin in São Paulo; kehrte 1953 nach Europa zurück; lebte im Rheinland, zuletzt in Darmstadt. – Feinfühlende, gemütstiefe, naturverbundene Lyrikerin und Prosaschriftstellerin von hoher eigener Sprach- und Verskunst; in ihren Versen durch Hölderlin, Rilke und bes. den Expressionismus angeregt. Bevorzugte Frauen- und Mutterlieder; Erzählungen aus dem Traumbereich.

W: Die selige Spur, G. 1919; Der himmlische Spiegel, G. 1927; Dem dunklen Gott, G. 1932; Traumlandschaft, Prosa 1935; Buch des Lebens, Prosa, 1936; Gedichte, 1958; Träume, Aufz. 1962. – Gedichte, Ges.-Ausg. 1986.
L: H. Zuegg, Diss. Innsbr. 1972.

Ludwigslied, ahd. ep. Dichtung, e. unbekannten Geistlichen wohl 881 in rheinfränk. Mundart. Verherrlicht den Sieg des Königs Ludwig III. über die Normannen bei Saucourt (881). Hervorhebung eth., bes. christl. Motive. Deutung aller Geschehnisse von relig. Standpunkt aus als unmittelbares Eingreifen Gottes. Ältestes erhaltenes hist. Lied der dt. Lit. und erste freie dt. Reimdichtung ohne lat. oder geistl. Grundlage. Geschrieben in 2- und 3teil. gereimten Otfried-Strophen und in knapper, schlichter Sprache. Inhaltl. verwandt mit der gleichzeit. lat. hist. Lieddichtung.

A: E. v. Steinmeyer, D. kl. ahd. Sprachdenkmäler, 1916, n. 1963; W. Braune u. K. Helm, Ahd. Lesebuch, ¹⁴1965.
L: H. Naumann, Diss. Halle 1932.

Lübbe, Axel, 18. 12. 1880 Littfinken/Ostpreußen – 15. 12. 1963 Schöneiche; 1900–10 aktiver Offizier; Stud. ohne Abschluß; nahm am 1. Weltkrieg teil; ⚭ Paula Epstein; seit 1919 freier Schriftsteller in Untermünstertal/Baden und in Freiburg/Br.; zuletzt in Schöneiche b. Berlin – Lyriker, Erzähler und Dramatiker meist um psycholog.-soziale Probleme s. Zeit. Auch Übs. bes. Dantes.

W: Terzinen, 1919; Phönix, R. 1920; Menschen und Mächte, Nn. 1920; Gottes Geheimnis über meiner Hütte, R. 1923; Ein preußischer Offizier, R. 1923; Der Kainsgrund, R. 1926; Der Verwandlungskünstler, E. 1928; Erbe, R. 1948.

Lützkendorf, Felix, *2. 2. 1906 Leipzig-Lindenau; Offizierssohn; Kadettenanstalt Naumburg, Lehrerseminar Leipzig; akad. Sportlehrer; Stud. Germanistik, Geschichte und Philos.; 1931 Dr. phil.; 1933 Feuilletonredakteur der ›Neuen Leipziger Zeitung‹, 1934 Schriftleiter der ›Berliner Nachtausgabe‹; dann Chefdramaturg der Volksbühne; Drehbuchautor der Ufa; 1940 Kriegsberichterstatter; lebt seit 1950 in München. – Vielseitiger Dramatiker, Erzähler, Funk- und Drehbuchautor. In s. Frühwerk pathet.-idealist.; später mehr unterhaltend.

W: Grenze, Sch. (1932); Opfergang, Dr. 1934; Alpenzug, Dr. 1936; Märzwind, R. 1938; Liebesbriefe, Lsp. 1939; Wiedergeburt, G. 1943; Geliebte Söhne, Sch. (1944); Wir armen Hunde, Sch. (1946); Brüder zur Sonne, R.-Tril.: I: Die dunklen Jahre, R. 1955; II: Und Gott schweigt, R. 1956; III: Feuer und Asche, R. 1958 (einbänd. Ausg. u. d. T. Die Jahre des Zorns, 1965); Die Eisscholle, K. (1958); Prusso und Marion, Jgb. 1959; Sühnetermin, R. 1960; Die Wundmale, R. 1962; Die Fahrt nach Abendsee, Dr. (1963); Dallas, 22. November, Dr. 1965; Florentiner Spitzen, R.

1967; Die schöne Gräfin Wedel, R. 1974; Ich Agnes eine freie Amerikanerin, R. 1976; Fremdlinge sind wir, Ges. G. 1983.

Luserke, Martin, 3. 5. 1880 Berlin – 1. 6. 1968 Meldorf; Sohn e. Architekten schles.-westfäl. Herkunft; Lehrerausbildung in den Anstalten der Herrnhuter Brüdergemeine; Stud. Mathematik und Philol. Jena; 1906 Lehrer am thüring. Landerziehungsheim Haubinda; Mitbegründer der ›Freien Schulgemeinde Wickersdorf‹ in Thüringen; im 1. Weltkrieg als Unteroffizier verwundet, franz. Gefangenschaft, nach 2 Jahren über die Schweiz ausgetauscht; nach Kriegsende wieder Schulleiter in Wickersdorf; gründete 1925 auf der Nordseeinsel Juist e. eigene ›Schule am Meer‹, die nach 1933 aufgelöst wurde; kaufte sich dann e. niederländ. Küstenschiff ›Krake‹, befuhr mit diesem im Sommer die Nord- und Ostsee und lebte im Winter in Küstenstädten; 1939 Lehrer am Gymnas., dann freier Schriftsteller in Meldorf/Holstein. – Fruchtbarer Erzähler und Essayist. Zahlr. Romane und Novellen von der Schiffahrt und dem Meer, bes. aus der hist. sowie aus der myth., übernatürl. und spukhaften Welt der Nordsee und ihrer Küste. Bes. verdient um die Förderung des Laienspiels. Meisterhafter Geschichtenerzähler aus dem Stegreif.

W: Shakespeare-Aufführungen als Bewegungsspiele, St. 1921; Zeltgeschichten, En. II 1925–30; Das Laienspiel, Schr. 1930; Seegeschichten, 1932; Hasko, R. 1935; Groen Oie, E. 1935; Die Ausfahrt gegen den Tod, E. 1936; Obadjah und die ZK 14, R. 1936; Windvögel in der Nacht, En. 1936; Wikinger, R. II 1938–41; Reise zur Sage, 1940; Pan, Apollon, Prospero, St. 1959; Am Rande der bewohnbaren Welt, En. Ausw. 1976.
L: M. Kießig, Diss. Lpz. 1936.

Luther, Martin, 10. 11. 1483 Eisleben – 18. 2. 1546 ebda.; aus thüring. Bauerngeschlecht, Vater Bergmann, zuletzt Hüttenherr und Ratsherr von Mansfeld († 1530); Schulbesuch in Mansfeld, ab 1497 in Magdeburg, 1498–1501 in Eisenach, unterstützt von s. Base Ursula Cotta. 1501 Stud. Philos. Erfurt, 1505 Magister ebda., Vorlesungen über Aristoteles; nach e. erschütternden Erlebnis während e. Gewitters Abbruch des angefangenen Jurastud. und 17. 7. 1505 Eintritt in das Augustinerkloster ebda. 2. 5. 1507 Priester, 1508 Prof. der Moraltheol. in Wittenberg, philosoph. u. theolog. Vorlesungen. 1509 wieder in Erfurt, 1510/ 11 Romreise, 1512 Dr. theol. und als Nachfolger für J. v. Staupitz Prof. für Bibelerklärung in Wittenberg. 31. 10. 1517 Thesenanschlag in Wittenberg, Beginn der Reformation, 1518 Verhör durch Cajetan in Augsburg, 1519 Leipziger Disputation mit Eck, 1521 in päpstl. Bann, April 1521 auf dem Reichstag zu Worms geächtet. Fand durch Kurfürst Friedrich den Weisen von Sachsen 1521/22 Schutz und Zuflucht auf der Wartburg als ›Junker Jörg‹, dort Abfassung s. Schriften und Übss.; erneutes öffentl. Auftreten gegen Bilderstürmer und die aufständ. Bauern, ⚭ 13. 6. 1525 die ehemalige Nonne Katharina v. Bora, Bruch mit Erasmus (1525) und Zwingli (1529). 1529 beim Marburger Religionsgespräch, während des Reichstags zu Augsburg 1530 auf der Veste Coburg, 1546 zur Schlichtung der mansfeld. Erbhändel nach Eisleben. Tod durch Schlaganfall. Beigesetzt in der Schloßkirche von Wittenberg. – Neben s. überragenden Bedeutung für die Kirchengesch. ebenfalls von entscheidender Bedeutung für die dt. Sprach- und Lit.-

gesch. Durch s. Bibelübs. (NT.
1522, Gesamtbibel VI 1534; Ausg.
1. Hd. 1545, n. hg. H. Volz II
1972) aus dem Urtext wesentl.
Förderer e. einheitl. nhd. Schriftsprache auf der Grundlage der
obersächs. Kanzleisprache. Verband die bisherigen Bestrebungen
zur Schaffung e. übermundartl.
Gemeinsprache (Kanzleisprache,
kaiserl. Verkehrssprache, Buch-
druckerdt.) von e. günstigen Ort
aus (Mitteldtl.) und zu e. günstigen hist. Zeitpunkt (weite Ver-
breitungsmöglichkeit durch den
Buchdruck) mit dem Vorteil, das
meistgelesene Schriftwerk in dt.
Sprache vorzulegen, und mit s.
ungeheuren persönl. Sprachgewalt, die an der Herzhaftigkeit,
Unmittelbarkeit und Frische der
Volkssprache geschult war, um
die größte Breiten- u. Tiefenwir-
kung zu erreichen. S. mehr sinn-
getreue als wörtl. Übs. überwindet das Humanistendt. der bisherigen Versuche und legt den größten Wert auf e. allg. verständl.,
volkstüml. Sprache mit reichen
umgangssprachl. Wendungen
und Sprichwörtern. Auch in son-
stigen teils ernsten reformator.,
exeget. und katechet., teils polem. Schriften und Reden realist.-
drast., klare, zwingende und bildhaft-plast. Prosa mit z. T. derbem
Humor und aggressivem Spott.
Initiator e. ungeheuren Fülle von
reformator. Streitschriften. Gab
dem liturg. Gemeindegesang im
Gottesdienst e. neue Bedeutung
und förderte die protestant. Kir-
chenlieddichtung durch rd. 40 eigene wortgewaltige Kirchenlieder von fester Glaubenskraft,
schlichter, eingängiger volkslied-
hafter Form und volkstüml. Bildhaftigkeit (›Ein feste Burg‹, ›Aus
tiefer Not‹). Auch Förderer der in
der Reformationszeit beliebten

Fabeldichtung durch e. Prosaübs.
äsop. Fabeln. Stärkster Ausdruck
s. schlichten und wahrhaftigen
Persönlichkeit sind s. zahlr. Briefe
und die z. T. mitgeschriebenen
Tischreden.

W: Sermon von den gutten wercken, 1520 (n.
N. Müller NdL. 95–94, 1891); Von der Frey-
heyt eyniß Christen menschen, 1520 (n. L. E.
Schmitt NdL. 18, ³1954); An den Christlichen
Adel deutscher Nation, 1520 (n. NdL. 4,
1877; Faks. 1961); De captivitate Babylonica
Ecclesiae, 1520 (Faks. 1961); Eyn trew vor-
manung zu allen Christen, 1522; An den Bock
zu Leipzig, 1522; An der Murnarr, 1522;
Vom Eelichen Leben, 1522; Von welltlicher
vberkeytt, 1523; Von der Ordnung des Got-
tesdienstes in der Gemeinde, 1523; An die
Radherrn aller stedte deutsches lands, 1524;
Wider die Mordischen und Reubischen Rot-
ten der Bawren, 1525; Ein Sendbrieff von
dem harten büchlin widder die bauren, 1525;
Wider die himmlischen Propheten, 1525; Er-
mahnung zum Frieden auf die zwölf Artikel
der Bauern, 1525; De servo arbitrio, 1525;
Deudsch Catechismus, 1529; Sendbrief von
Dolmetschen, 1530 (n. K. Bischoff ²1965);
Etliche Fabeln aus dem Esopo verdeudscht,
1530 (n. W. Steinberg NdL. 76, ³1961); War-
nung an seine liebe Deutschen, 1531; Von der
Winkelmesse und Pfaffenweihe, 1533 (b.
NdL. 77, 1883); Wider Hans Worst, 1541 (n.
NdL. 28, 1880); Von den Jüden und jren
Lügen, 1543. – Werke, (Weimarer) Krit.
Ges.-Ausg., hg. J. Knaake, G. Kawerau u. a.
CXII 1883–1983; Werke, hg. A. E. Berger III
1917; AW, hg. H. H. Borcherdt u. G. Merz
VI + VII ³1948 ff.; AW, hg. A. Leitzmann u.
O. Clemen VIII ³1962–68; Ausgew. Schrr.,
hg. K. Bornkamm u. a. VI 1983; L. Deutsch
hg. K. Aland X 1957 ff.; Die dt. geistl. Lieder,
hg. G. Hahn 1967; Kirchenlieder, hg. J.
Heimrath 1983; Geistl. Lieder u. Kirchenge-
sänge, hg. M. Jenny 1985; Briefe an Freunde
u. die Familie, hg. A. Beutel 1987.
L: A. E. Berger, III 1895–1921; J. Köstlin, II
⁵1903; H. Denifle, IV ²1904–09; A. Hausrath,
II ³1914; G. Buchwald, ³1917; W. Walther,
L.s Dt. Bibel, 1917; G. Roethe, M. L.s Bedeutung f. d. dt. Lit., 1917; O. Scheel, II
³⁴1921–30; H. Grisar, III ³1924 f.; E. Hirsch,
L.s dt. Bibel, 1923; H. Preuß, 1931 u. 1947; J.
Meisinger, L., e. Meister, d. dt. Fabel u. d. dt.
Sprichworts, 1934; G. Baesecke, L. als Dich-
ter, 1935; F. Messerschmid, D. Kirchenlied
L.s, Diss. Tüb. 1937; A. Centgraf, M. L. als
Publizist, Diss. Bln. 1940; H. Lilje, ³1952; R.
Thiel, ³1952; H. Bornkamm, L. im Spiegel d.
dt. Geistesgesch., 1955; K. Aland, Hilfsbuch
z. L.-Stud., ²1957; O. Thulin, Bb. 1958; G.
Ritter, ⁶1959; H. Bornkamm, L.s geist. Welt,
⁴1960; G. Wunsch, L. u. d. Gegenw., 1961;
H. Strohl, L. jusqu'en 1520, Paris 1962; E.
Arndt, L.s dt. Sprachschaffen, 1962; P. Alt-

haus, D. Theologie M. L.s 1962; G. Ebeling, 1964; H. Lilje, 1964; ders., Bb. 1964; H. Bornkamm, L. als Schriftst., 1965; F. Lau, ²1966; R. Friedenthal, ³1968; H. Boehmer, D. jge. L., ⁶1971; K. Aland, M. L. i. d. mod. Lit., 1973; A. G. Dickens, The German Nation and M. L., Lond. 1974; F. Kur, L.-Chronik, 1976; L. Febvre, 1976; H. Bornkamm, M. L. i. d. Mitte s. Lebens, 1979; H. Wolf, 1980; H. G. Haile, N. Y. 1980; R. H. Bainton, ⁷1980; H. Diwald, 1982; H. Mayer, 1982; H. A. Oberman, 1982; B. Lohse, ²1982; W. v. Loewenich, 1982; J. M. Tood, Lond. 1982; J. Rogge, 1982; A. van Dülmen, L.-Chronik, 1983; G. Bott u. a., hg., Bb. 1983; G. Börnert u. a., hg. 1983; G. Wendelborn, 1983; H. Fausel, ²1983; M. Lienhard, Paris 1983; M. Brecht, I ²1983, II 1986; H. Junghans, hg. II 1983; G. Brendler, hg. 1985; V. Press, D. Stievermann, hg. 1986; R. Thiel, 1986; R. Schwarz, 1986; Bibl.: G. Kawerau u. O. Clemen, ²1929; J. Benzing, 1966; H. Wolf, Germanist. L.-Bibl., 1985.

Luther, Otto Jens → Rehn, Jens

Lutwin (Liutwin), Anfang 14. Jh., österr. (?) Geistlicher. S. Adamslegende in Reimen ist die bedeutendste dt. Nachdichtung der lat. ›Vita Adae et Evae‹.

A: K. Hofmann u. W. Meyer 1881 (BLV 153); M.-B. Halford 1984.

Lutz, Joseph Maria, 5. 5. 1893 Pfaffenhofen a. d. Ilm – 3. 8. 1972 München; Landwirtschaftl. Hochschule Freising, Techn. Hochschule München; lebte in Prambach bei Illmünster/Oberbayern, dann München. – Erzähler, Dramatiker und Lyriker; Vf. heiterer Gedichte, Erzählungen, Volksstücke und Hörspiele z. T. in Mundart; auch Folklorist. Bayer. Heimatdichter mit Anklängen an L. Thoma und L. Christ.

W: Junge Welten, G. 1913; Neue Gedichte, 1926; Der Zwischenfall, R. 1929 (als Lsp. 1933); Die Erlösung Kains, Dr. 1932; Der Brandner Kaspar schaut ins Paradies, Lsp. (1934); Der Geisterbräu, Lsp. 1937; Der unsterbliche Lenz, N. 1940; Lachender Alltag, E. 1942; Das himmelblaue Fenster, R. 1948; Vater unser, G. 1948; Der Bogen, G. 1948; Vertrautes Land, vertraute Leut, G. 1956; Liebe kleine Welt, En. 1962; Oberammergau, Bb. 1970; Die schönsten Geschichten, Ausw. 1974.

Lux, Joseph August, 8. 4. 1871 Wien – 23. 7. 1947 Salzburg; Stud. in Wien, München, London und Paris; setzte sich um 1900 für die von W. Morris und Ruskin ausgehende Geschmackskultur ein; 1921 Übertritt zum kath. Glauben; Mitbegründer der ›Bildungsschule‹ in Hellerau b. Dresden und der Kralik-Gesellschaft in Wien; seit 1930 Leiter der ›Lux-Spielleute Gottes‹ zur Erneuerung des relig. und nationalen Mysterienspiels; während der dt. Besetzung Österreichs im KZ Dachau, dann in Salzburg. – Österr. Lyriker, Dramatiker, Erzähler und Essayist; auch Biograph und Musikschriftsteller. Betonung des österr. Gedankens und des Katholizismus als Kulturträger.

W: Wiener Sonette, G. 1900; Grillparzers Liebesroman, 1912; Lola Montez, R. 1912; Franz Schuberts Lebenslied, R. 1914; Das große Bauernsterben, R. 1915; Auf deutscher Straße, R. 1918; Der himmlische Harfner, R. 1925; Beethovens unsterbliche Geliebte, R. 1926; Franz Liszt, R. 1929; Der Spielmann Gottes, Sp. (1930); Goethe, R. 1937; Es wird ein Wein sein, R. 1946.

Lycosthenes → Spangenberg, Wolfhart

Maass, Edgar, 4. 10. 1896 Hamburg – 6. 1. 1964 Paterson, New Jersey; Kaufmannssohn; Bruder von Joachim M., 1915 Soldat an der Westfront, Stud. Chemie TH Hannover und München, Dr. chem.; Chemiker und Schriftsteller in München und Leipzig, ab 1926 in versch. Städten der USA, 1934–38 in Hamburg, dann in Lincoln Park/New Jersey. – S. ersten, erfolgr. Erzählungen und Romanen liegen meist eigene Kriegserlebnisse zugrunde; später vor allem Vf. hist.-biograph. Romane, teilweise zuerst in USA veröffentlicht; auch Hörspielautor.

W: Novemberschlacht, E. 1935; Der Auftrag, E. 1936; Verdun, R. 1936; Werdelust, R. 1937; Im Nebel der Zeit, R. 1938; Lessing, B. 1938; Das große Feuer, R. 1939; Don Pedro und der Teufel, R. 1941; Der Traum Philipps II., R. 1944; Kaiserliche Venus, R. 1946; Der Arzt der Königin, R. 1947; Der Fall Daubray, R. 1957 (u. d. T. Eine Dame von Rang, 1964).

Maass, Joachim, 11. 9. 1901 Hamburg – 15. 10. 1972 New York; Kaufmannssohn, Bruder von Edgar M.; Gymnas. Hamburg; 3 Jahre kaufmänn. Volontär; vorübergehend Redakteur bei der ›Vossischen Zeitung‹ in Berlin; dann freier Schriftsteller in Altona; mehrere Reisen ins Ausland; längere Zeit in Portugal; 1939 Emigration in die USA; seit 1939 Lektor, später Prof. für mod. dt. Lit. am Mount Holyoke College in South Hadley, Mass.; kehrte 1951 nach Dtl. zurück; dann wieder nach New York; Mithrsg. der ›Neuen Rundschau‹ in Stockholm. – Erzähler von starkem psycholog. Einfühlungsvermögen; eigenwilliger Lyriker, gedankenvoller Essayist und talentierter Übs., bes. aus dem Portugies. In der sprachl. Spannkraft und der Neigung zur Ironie Nähe zu Th. Mann. Vor allem Zeit- und hist. Romane z. T. mit autobiograph. Zügen.

W: Johann Christian Günther, Dr. 1925; Bohème ohne Mimi, R. 1930; Der Widersacher, R. 1932; Borbe, E. 1934; Die unwiederbringliche Zeit, R. 1935; Auf den Vogelstraßen Europas, Reiseb. 1935; Stürmischer Morgen, R. 1937; Ein Testament, R. 1939; Das magische Jahr, R. 1944; Der unermüdliche Rebell, B. 1949; Die Geheimwissenschaft der Literatur, Schr. 1949; Des Nachts und am Tage, G. 1949; Schwierige Jugend, E. 1952; Der Fall Gouffé, R. 1952; Kleist, die Fackel Preußens, B. 1957; Der Zwillingsbruder, K. (1960, auch u. d. T. Das Leben nach dem Tode); Zwischen Tag und Traum, Ausw. 1961; Die Stunde der Entscheidung, Drr. 1965.
L: Bibl.: G. Schaaf, 1970.

Mack, Lorenz, ∗ 17. 6. 1917 Ferlach/Kärnten, war Büchsenmacher, nach s. Rückkehr aus dem 2. Weltkrieg freier Schriftsteller in Ferlach und St. Veit. – Österr. Erzähler von herben, holzschnitthaften Romanen, Novellen und Kurzgeschichten, bes. aus dem Bauernleben des Balkan; auch Hörspielautor.

W: Das Glück wohnt in den Wäldern, R. 1952; Das gottlose Dorf, R. 1953; Die Saat des Meeres, R. 1954; Räuberhauptmann Schneck, R. 1954; Auf den Straßen des Windes, R. 1955; Die Brücke, R. 1958; Sohn der Erde, R. 1959; Hiob und die Ratten, R. 1961; Weihnachtslegende, E. 1963; An jenem Samstag, E. 1965; Die Weihnachtsballade, E. 1965; Die Hunnenbrunner, R. 1974; Der Fall Bergmoser, R. 1978; Der Tod des Krämers, R. 1982.

Mackay, John Henry (Ps. Sagitta), 6. 2. 1864 Greenock/Schottland – 21. 5. 1933 Berlin-Charlottenburg; kam im 2. Lebensjahr nach Dtl.; erst Buchhändler; 1884 Stud. Lit.- und Kunstgesch. Kiel, Leipzig und Berlin; reiste 1886 nach Portugal; 1887 nach England; ließ sich 1888 in der Schweiz nieder; 1891 in Rom; in Zürich Verkehr mit K. Henckell; zog 1892 nach Berlin; kurz in Saarbrücken; zuletzt in Berlin-Charlottenburg. – Sozialist. Erzähler, Lyriker und Biograph in der Nachfolge M. Stirners, dessen Biographie er schrieb und dessen individualist. Anarchismus er mit der sozialen Auffassung der Naturalisten verband. S. Werke wurden im wilhelmin. Deutschland aufgrund des Sozialistengesetzes z. T. verboten. Bekannt durch s. Sportroman ›Der Schwimmer‹. A. Holz stellte J. H. M. im Drama ›Sozialaristokraten‹ dar.

W: Anna Hermsdorf, Tr. 1886; Sturm, G. 1888; Die Anarchisten, R. 1891; Die Menschen der Ehe, En. 1892; Die letzte Pflicht, E. 1893; Max Stirner, B. 1898; Der Schwimmer, R. 1901 (n. 1982); Der Sybarit, Prosa 1903;

Gedichte, 1909; Der Puppenjunge, R. 1926 (n. 1975); Staatsanwalt Sierlin, Nn. 1928; Ehe, Sk. 1930. – GW, VIII 1911, I 1928; Ausw. K. Schwedhelm 1980.
L: E. Mornin, Kunst u. Anarchismus, 1983.

Mader, Helmut, 13. 5. 1932 Oderberg/Schles. – 26. 8. 1977 Düsseldorf. Stud. Germanistik und Jura, Schriftsteller in Waiblingen, Verlagslektor in Düsseldorf. – Modernist. Lyriker in der Benn-Nachfolge. Auch Essayist.
W: Lippenstift für die Seele, G. 1955; Selbstporträt mit Christopher Marlowe, G. 1965.

Maetz, Max → Wiesinger, Karl

Magdeburg, Mechthild von → Mechthild von Magdeburg

Magelone, Die schöne, dt. Volksbuch, nach dem Franz. zuerst in der 2. Hälfte des 15. Jh. bearbeitet; in Veit Warbecks Übersetzung von 1527–1536 (Faks. 1975) gedruckt. Berichtet von der neapolitan. Prinzessin M., Gemahlin Peters von Provence, die sich im Leid und unter Schicksalsschlägen standhaft bewährt.
A: J. Bolte 1894.
L: L. Mackensen, 1927.

Magiera, Kurtmartin, 24. 1. 1928 Liegnitz – 27. 9. 1975 Minden. Verwaltungsangestellter in Berlin. – Erzähler um Alltagsprobleme durchschnittl. Christen.
W: Ich heiße nicht Robertino, R. 1957; Im Paradies neun, R. 1958; Tag und Nacht, N. 1959; Kleines Mädchen Hoffnung, R. 1961; Dann sag doch, was er tun soll, E. 1963; Befragung um Mitternacht, En. 1966; Liddl, Eichhorn und andere, R. 1969; Was der Juli nicht kocht, kann der September nicht braten, En. 1975.

Mahlmann, Siegfried August, 13. 5. 1771 Leipzig – 16. 12. 1826 ebda.; Krämerssohn; Fürstenschule Grimma, Stud. Jura, Phi-

los. und Lit. Leipzig; Hauslehrer bei e. Livländer, mit ihm auf Europareise, 1799 Buchhändler in Leipzig, seit 1805 ebda. Hrsg. der ›Zeitung für die elegante Welt‹, seit 1810 auch der ›Leipziger Zeitung‹. – Dramatiker, Erzähler und Lyriker, Vf. leichter, z. T. volkstüml. Lieder und Gedichte.
W: Erzählungen und Märchen, II 1802; Herodes vor Bethlehem, Parod. 1803; Marionettentheater, Spp. 1806; Gedichte, 1825; Sämmtl. Schriften, VIII 1839f.
L: E. B. Richter, Diss. Lpz. 1934.

Mai und Beaflor, mhd. Verserzählung, 2. Hälfte 13. Jh.; von e. unbekannten Vf., wohl Ritter des bayr.-österr. Sprachgebiets. Legendenhafte Erzählung von Ehe, Verleumdung, unschuldiger Verfolgung und schließl. Glück e. röm. Königstochter (Genoveva-Motiv) nach Stilvorbild Hartmanns und Gottfrieds.
A: F. Pfeiffer 1848, n. 1974.
L: O. Wächter, Diss. Jena 1889; F. Schultz, Diss. Kiel 1890; E. Scheunemann, 1934; H. Rau, D. Sprache v. M. u. B., Diss. Mchn. 1946.

Maler Müller → Müller, Friedrich

Malkowski, Rainer, * 26. 12. 1939 Berlin; bis 1971 Werbefachmann, dann Schriftsteller in Brannenburg/Bayern, 1980 Villa Massimo-Stipendium. – Als Lyriker melanchol. Idyllen von der Alltagssprache ausgehend, mit stilist. Glätte und gedankl. Präzision.
W: Was für ein Morgen, G. 1975; Einladung ins Freie, G. 1977; Vom Rätsel ein Stück, G. 1980; Zu Gast, G. 1983; Was auch immer geschieht, G. 1986.

Malß, Karl, 2. 12. 1792 Frankfurt/M. – 3. 6. 1848 ebda., Stud. Gießen, 1819 Festungsarchitekt Koblenz, ab 1827 Direktor des Frankfurter Stadttheaters. – Be-

gründer des Frankfurter Lokal-
stücks.

W: Der alte Bürgerkapitän, Posse 1820; Das
Stelldichein im Tivoli, Lsp. 1832; Die Land-
partie nach Königstein, Lsp. 1832; Herr
Hampelmann im Eilwagen, Posse 1833.
L: O. Herborm, Diss. Münster 1927.

Manger, Jürgen von, * 6. 3. 1923
Koblenz; Abitur 1941, Schauspielunterricht, 1945 Schauspieler
in Hagen, Bochum, Gelsenkirchen; 1954–56 Stud. Jura Köln
und Münster. Gastspielreisen. –
Schriftsteller, Kabarettist und
Vortragskünstler, parodiert in der
von ihm 1962 geschaffenen, im
Grunde gefühl- und sprachlosen
Figur des Adolf Tegtmeier in hei-
ter-nachdenkl. Stegreifsketches
die Sprech- und Erlebnisweisen
der Kohlenpott-Kumpels, ihre
Deformierung durch erstarrte
Sprachklischees aus Behörden-
deutsch und Bildungssprache und
darüber hinaus allg. die defor-
mierte Empfindungswelt des
›kleinen Mannes‹.

W: Bleibense Mensch, Sk. 1966.

Mangold, Christoph, * 17. 3.
1939 Basel; Journalist ebda. –
Schweizer Erzähler und Lyriker.

W: Manöver R. 1962; Agenda, Prosa 1979;
Rückkehr aus der Antarktis, R. 1977; Zden-
ka, R. 1980; Keine Angst, wir werden be-
wacht, G. 1982.

Mann, Erika, 9. 11. 1905 München – 27. 8. 1969 Zürich; älteste
Tochter von Thomas M., Schauspielausbildung bei M. Reinhardt;
Engagements in Berlin, München
und Hamburg, 1925–28 ∞ G.
Gründgens, emigrierte mit ihrer
Familie 1933 in die Schweiz, reiste
mit dem von ihr gegründeten an-
tinazist. Kabarett ›Die Pfeffer-
mühle‹ durch Europa; 1935 ∞ W.
H. Auden, 1936 nach USA, Journalistin und Drehbuchautorin; Sekretärin, Beraterin und Assisten-

tin Th. Manns; wohnte in Pacific
Palisades, Cal., dann in Kilchberg
b. Zürich. – Erzählerin und Essayistin, Biographin ihres Vaters,
Jugendbuchautorin.

W: Stoffel fliegt übers Meer, E. 1932; Muck
der Zauberonkel, E. 1934; Zehn Millionen
Kinder, Schr. 1938 (n. 1986); Das letzte Jahr,
Ber. 1956; Die Zugvögel, E. 1959; Briefe und
Antworten, hg. A. Z. Prestel II 1984f.

Mann, Heinrich, 27. 3. 1871 Lü-
beck – 12. 3. 1950 Santa Monica,
Kalifornien; Bruder von Thomas
M.; besuchte das Katharineum
Lübeck, Buchhandelslehre in
Dresden und Tätigkeit im S. Fi-
scher-Verlag, Berlin. Stud. ebda.
und München; auch Versuche als
Maler, dann freier Schriftsteller.
1893 nach Paris, lebte dann bis
1898 in Italien (bes. Palestrina und
Florenz) mit s. Bruder Thomas
M. und wieder in München, seit
1925 in Berlin, ∞ in 2. Ehe Nelly
Kroeger. Rege publizist. Tätigkeit. 1930 Präsident der Preuß.
Akad. der Künste. Sektion für
Dichtung. 1933 Schriftenverbot.
Emigration in die Tschechoslowakei, dann nach Frankreich (Paris und Nizza) und 1940 über Spanien nach Kalifornien. Starb kurz
vor s. Rückkehr nach Dtl. 1961 in
Berlin-Ost bestattet. – Fruchtbarer Erzähler, Dramatiker und Essayist im Übergang von anfängl.
Naturalismus zu neuromant. und
expressionist. Zügen und
schließl. zur Neuen Sachlichkeit.
In s. fast durchweg polit. engagierten Romanen und Novellen
leidenschaftl. Gesellschaftskritiker des niedergehenden Bürgertums der Wilhelmin. Aera, der
Weimarer Republik und der NS-
Zeit nach Stilvorbild der franz.
Gesellschaftskritiker des 18./19.
Jh., z. T. mit scharfer Satire und
grotesker Übertreibung s. Bür-
gerhasses, doch stets auch in

Pamphlet und Karikatur zielsicher. Auch in den weniger unversöhnl. (z. T. erot. betonten) Zeitgemälden aus der dekadenten Welt der Hochfinanz, Aristokratie, Presse, Politik und Kunst sowie in s. hist. Romanen um Figuren gesteigerten Lebensgefühls und Genußstrebens versteckte Gesellschaftskritik. Gegner von Nationalismus und Militarismus, Verfechter e. vernunftbegründeten ›humanist. Sozialismus‹, Vorkämpfer e. demokrat.-sozialist. Neuordnung Dtls. mit Neigung zum Kommunismus und e. neuen Europäertums u. a. in zahlr. polit.-aktuellen Essays und Streitschriften. Weniger erfolgr. als Dramatiker. Im Alter zunehmend skeptischer und versöhnlicher. Bedeutsam als geist. Vermittler franz. Kultur und Lit.; frühes Eintreten für dt.-franz. Freundschaft.

W: In einer Familie, R. 1893; Das Wunderbare, Nn. 1897; Im Schlaraffenland, R. 1900; Die Göttinnen oder Die drei Romane der Herzogin von Assy, R. III 1903; Die Jagd nach Liebe, R. 1903; Flöten und Dolche, Nn. 1905; Eine Freundschaft, Ess. 1905; Professor Unrat, R. 1905; (u. d. T. Der blaue Engel, 1948); Mnais und Ginevra, En. 1906; Schauspielerin, N. 1906; Stürmische Morgen, Nn. 1906; Zwischen den Rassen, R. 1907; Die Bösen, N. 1908; Die kleine Stadt, R. 1909; Die Rückkehr vom Hades, Nn. 1911; Schauspielerin, K. 1911; Die große Liebe, Dr. 1912; Madame Legros, Dr. 1913; Die Armen, R. 1917; Brabach, Dr. 1917; Bunte Gesellschaft, Nn. 1917; Drei Akte, Drr. 1918; Der Untertan, R. 1918; Der Weg zur Macht, Dr. 1919; Die Ehrgeizige, N. 1920; Macht und Mensch, Ess. 1920; Die Tote, Nn. 1921; Der Jüngling, Nn. 1924; Abrechnungen, N. 1924; Das gastliche Haus, K. 1924; Kobes, N. 1925; Der Kopf, R. 1925; Liliane und Paul, N. 1926; Mutter Marie, R. 1927; Eugénie oder Die Bürgerzeit, R. 1928; Sie sind jung, N. 1929; Sieben Jahre, Ess. 1929; Die große Sache, R. 1930; Geist und Tat, Ess. 1931; Ein ernstes Leben, R. 1932; Die Welt der Herzen, Nn. 1932; Die Jugend des Königs Henri Quatre, R. 1935; Es kommt der Tag, Ess. 1936; Die Vollendung des Königs Henri Quatre, R. 1938; Lidice, R. 1943; Ein Zeitalter wird besichtigt, Aut. 1946; Der Atem, R. 1949; Empfang bei der Welt, R. 1950; Eine Liebesgeschichte, N. 1953; Unser natürlicher Freund,

Ess. 1957; Die traurige Geschichte von Friedrich dem Großen, R.-Fragm. 1960. – Ges. Romane und Novellen, XII 1916; AW, hg. A. Kantorowicz XIII 1953–61; GW, XIII 1959ff., GW, XXV 1966ff.; Ausw. X 1976; Briefe an K. Lemke u. K. Pinkus, 1964, an L. Ewers, 1980; Briefw. m. Th. Mann, 1968, erw. 1984.

L: H. Sinsheimer, 1921; W. Schröder, 1931; K. Lemke, 1946; H. Ihering, 1951; A. Kantorowicz, H. u. Thomas M., 1956; U. Weisstein, 1962 (m. Bibl.); L. Winter, H. M. u. s. Publikum, 1965; K. Schröter, Anfänge H. M.s, 1965; ders., 1967 u. 1971; R. N. Linn, N. Y. 1967; K. Lemke, 1970; A. Banuls, 1970; H. L. Arnold, hg. 1971; M. Holona, D. Essayistik H. M.s, Bresl. 1971; D. Roberts, Artistic consciousness and political conscience, 1971; H. M., hg. A. Abusch 1971; H. König, 1972; R. Werner, Skeptizismus, Ästhetizismus, Aktivismus, 1972; K. Matthias, hg. 1973; H. Dittberner, 1974; R. Wittig, D. Versuchg. d. Macht, 1976; A. Banuls, Z. erz. Wk. H. M.s, 1976; R. Werner, hg., H. M., Texte z. s. Wirkgsgesch., 1977; W. Herden, Geist u. Macht, ²1976; S. Anger, hg. ²1977; V. Ebersbach, 1978; W. F. Schoeller, Künstler u. Ges., 1978; M. Sechi, Lecce 1978; G. Loose, D. jge. H. M., 1979; N. Hamilton, The brothers M., Yale 1979; J. Haupt, 1980; D. Gross, The writer and society, Atlantic Highlands 1980; H. Koopmann, P.-P. Schneider, hg. 1983; W. Berle, H. M. u. d. Weim. Rep., 1983; R. Wolff, 1984; ders., hg. 1985; J. Fest, Die unwissenden Magier, 1985; Bibl.: E. Zenker, 1967.

Mann, Klaus (Heinrich Thomas), 18. 11. 1906 München – 22. 5. 1949 Cannes (Selbstmord); Sohn von Thomas M.; Odenwaldschule; 1925 Theaterkritiker, Schauspieler und Journalist in Berlin, emigrierte 1933 nach Amsterdam, dort Hrsg. der Emigrantenzs. ›Die Sammlung‹, dann Kabarettist in Zürich, Paris, Budapest, Salzburg, Prag; 1936 nach USA, Journalist, 1938 Beobachter im Span. Bürgerkrieg, 1942 Hrsg. der Zs. ›Decision‹; am. Soldat und Kriegskorrespondent in Italien. – Publizist, Erzähler, Dramatiker und Essayist, seit 1939 meist in engl. Sprache. In s. unterschiedl., stark vom eigenen Erleben geprägten Werk zwischen Dokumentation, Zeitkritik und Satire schwankend. Bewußt salopper

Stil. Anfangs provozierende Erotik, später demokrat. Rationalismus und Europagedanke.

W: Vor dem Leben, Nn. 1925; Anja und Esther, Sch. 1925; Kindernovelle, 1926; Der fromme Tanz, R. 1926; Abenteuer, Nn. 1929; Alexander, R. 1930; Auf der Suche nach einem Weg, Ess. 1931; Treffpunkt im Unendlichen, R. 1932; Kind dieser Zeit, Aut. 1932; Flucht in den Norden, R. 1934; Symphonie Pathétique, R. 1935; Mephisto, R. 1936; Vergittertes Fenster, N. 1937; Der Vulkan, R. 1939; The Turning Point, Aut. 1942 (Der Wendepunkt, d. 1952); A. Gide, B. 1943 (d. 1948); Die Heimsuchung des europ. Geistes, Aufs., hg. M. Gregor-Dellin 1973; Mit dem Blick nach Deutschland, polit. Schr. hg. M. Grunewald 1985. – Werke in Einzelausg., VII 1963ff.; Briefe u. Antworten, hg. M. Gregor-Dellin II 1975.
L: Th. Mann u. a., K. M. z. Gedächtnis, 1950; H. J. Baden, Lit. u. Selbstmord, 1965; W. Dirschauer, K. M. u. d. Exil, 1973; E. Kerker, Weltbürgertum, Exil, Heimatlosigkeit, 1977; P. T. Hoffer, N. Y. 1978; E. Spangenberg, Karriere e. Romans, 1982; B. Weil, 1983; U. Naumann, 1984; R. Wolff, hg. 1984; M. Grunewald, II 1984; H. L. Arnold, hg. 1987; Bibl.: F. Kroll, 1976; M. Grunewald, 1984.

Mann, Thomas, 6. 6. 1875 Lübeck – 12. 8. 1955 Kilchberg b. Zürich; aus altem Lübecker Patriziergeschlecht, Sohn e. wohlhabenden Getreidegroßhändlers und Senators (†1891), mütterlicherseits auch portugies.-kreol. Blut, Bruder von Heinrich M. Schulbesuch bis zur mittleren Reife; nach dem Tod des Vaters 1893 Übersiedlung nach München; Volontär e. Versicherungsgesellschaft, 1894 Mitarbeiter am ›Simplizissimus‹, hörte hist., lit., volkswirtschaftl. u. a. Vorlesungen. Freier Schriftsteller. 1895–97 Italienaufenthalt (meist Rom und Palestrina) mit s. Bruder Heinrich, 1899 Redakteur des ›Simplizissimus‹, dann freier Schriftsteller. ∞ 1905 Katja Pringsheim, Tochter e. Prof. aus Münchner Gelehrten- u. Bankiersfamilie, lebte in Oberammergau, Tölz, 1912 in Davos, 1914–33 wieder in München. Anläßl. einer Vortragsreise 1933 Emigration über Holland, Belgien und Frankreich in die Schweiz, nach Küsnacht/Zürichsee; mit K. Falke Hrsg. der Zs. ›Maß und Wert‹ (1937–39); Ging 1939 nach USA, Gastprof. an der Princeton Univ. in New Jersey, dann in Pacific Palisades, Kalifornien, 1944 am. Staatsbürger. Nach dem Krieg versch. Reisen nach Dtl., ab 1952 Wohnsitz in Kilchberg/Zürich. Dr. h. c. verschiedener am. und europ. Universitäten, 1929 Nobelpreis. – Bedeutendster dt. Erzähler des 20. Jh., gab dem mod. dt. Roman den Anschluß an die Weltlit. und erweiterte die Aussagemöglichkeiten der traditionellen erzähler. Großformen insbes. des dt. Bildungsromans u. des realist. Romans durch die Spielweisen der iron. Brechung, der Selbstparodie des Romans, dessen Form den neuen Inhalten nicht gewachsen ist, neue Formen der Zeitbehandlung und kunstvolle Verwendung symbol. Leitmotive. Im wesentl. Vertreter des großen psycholog. Romans und der psycholog. Novelle. Begann unter Einfluß von Schopenhauers Pessimismus, Nietzsches Lebensauffassung, R. Wagners Musik, des Ästhetizismus und des russ.-franz. Realismus als psycholog.-realist. Analytiker des dekadenten dt. Großbürgertums im naturalist. beeinflußter Problemstellung und impressionist. lockeren Novellen von äußerst sensibler, fein differenzierender Seelenschilderung bes. überfeinerter, krankhafter und dekadenter Charaktere voll romant. Todessehnsucht, u. griff bereits früh sein Zentralthema von Kunst und Geist als Erscheinungsformen der Krankheit und Dekadenz und von der einsamen

Stellung des Künstlers als Außenseiter in der saturierten bürgerl. Gemeinschaft auf. Wandte sich dann zur rationalist.-iron. und psycholog. humanisierenden Neuinterpretation myth. Stoffe mit mod. Problematik als e. eigenständigen Romanform in kühl-sachl. referierender, beziehungsreicher od. auch außerordentl. flexibler, in der iron. Grundhaltung fast manirierter Prosa. Somit reicht die Spannweite s. Werkes vom bürgerl. Familienroman (›Buddenbrooks‹) über den Zeitroman (›Der Zauberberg‹) und die hochgeistige Auseinandersetzung mit dem Genieproblem und dem Gegensatz Kunst und Welt (›Dr. Faustus‹, mit Zügen Nietzsches) bis zur Mythenparodie (Josephs-Romane) und zum iron. Schelmenroman (›Felix Krull‹). In zahlr. lit., philos., kulturkrit. und (nach anfangs unpolit. Haltung) auch polit. Essays aus wacher Anteilnahme an allen Strömungen s. Zeit feinsinniger Deuter des abendländ. Kulturerbes und weltoffener Erzieher zu Humanität und Demokratie. T. M.-Archiv der Dt. Akad. d. Künste Berlin und der Eidgenöss. TH Zürich.

W: Der kleine Herr Friedemann, Nn. 1898; Buddenbrooks, R.1901; Tristan, Nn. 1903 (daraus: Tonio Kröger, 1914); Bilse und ich, E. 1906; Fiorenza, Dr. 1906; Königliche Hoheit, R. 1909; Der Tod in Venedig. N. 1913; Das Wunderkind, Nn. 1914; Friedrich und die große Koalition, St. 1915; Betrachtungen eines Unpolitischen, Es. 1918; Herr und Hund. Gesang vom Kindchen, Idyllen, 1919; Wälsungenblut, E. 1921; Bekenntnisse des Hochstaplers Felix Krull, 1922 (erw. 1936; Neufassg. 1954); Rede und Antwort, Ess. 1922; Novellen II 1922; Goethe und Tolstoj, Abh. 1923; Von deutscher Republik, Ess. 1923; Der Zauberberg, R. II 1924; Bemühungen, Ess. 1925; Lübeck als geistige Lebensform, Rd. 1926; Pariser Rechenschaft, Ess. 1926; Unordnung und frühes Leid, N. 1926; Mario und der Zauberer, N. 1930; Die Forderung des Tages, Ess. 1930; Goethe als Reprä-

sentant des bürgerlichen Zeitalters, Rd. 1932; Joseph und seine Brüder, R. IV 1933–42 (Die Geschichten Jakobs, 1933; Der junge Joseph, 1934; Joseph in Ägypten, 1936; Joseph, der Ernährer, 1942); Leiden und Größe der Meister, Ess. 1935; Freud und die Zukunft, Ess. 1936; Freud, Goethe, Wagner, Ess. 1937; Achtung, Europa!, Ess. 1938; Dieser Friede, Ess. 1938; Schopenhauer, Ess. 1938; Das Problem der Freiheit, Ess. 1939; Lotte in Weimar, R. 1939; Die vertauschten Köpfe, Leg. 1940; Deutsche Hörer!, Rdn. 1944; Adel des Geistes, Ges. Ess. 1945; Leiden an Deutschland, Tg. 1946; Deutschland und die Deutschen, Rd. 1947; Doktor Faustus, R. 1947; Nietzsches Philosophie im Lichte unserer Erfahrung, Rd. 1948; Neue Studien, Ess. 1948; Ansprache im Goethejahr, 1949; Die Entstehung des Doktor Faustus, Es. 1949; Goethe und die Demokratie, Ess. 1949; Michelangelo in seinen Dichtungen, Abh. 1950; Meine Zeit, Rd. 1950; Der Erwählte, R. 1951; Altes und Neues, Prosa 1953; Die Betrogene, E. 1953; Versuch über Schiller, 1955; Nachlese, Prosa 1956; Erzählungen, 1958. – GW, X 1925; Werke, X 1929 ff.; Werke, Stockholmer Ges.-Ausg. XII 1938–56; GW, XII 1955, XII 1960; XIII 1974; Frankfurter Ausg., XX 1980 ff.; Das erzähler. Wk., XII 1967; Das essayist. Wk., VIII 1968; Reden und Aufsätze, II 1965; Aufsätze, Reden, Essays, hg. H. Matter VIII 1985 ff.; Sämtl. Erzählungen, 1971; Briefe, hg. E. Mann III 1961–65; Briefe an P. Amann, 1959; an E. Bertram, 1960; Briefwechsel m. K. Kerényi, 1945 u. 1960; m. R. Faesi, 1962; m. W. v. Molo, 1963; m. H. Mann, 1968, erw. 1984; m. H. Hesse, 1968; m. H. F. Blunck, 1969; m. G. Bermann Fischer, 1972; m. O. Grautoff u. I. Boy-Ed, 1975; m. A. Neumann, 1977; Die Briefe: Regesten u. Register, hg. H. Bürgin u. a. IV 1977–87; Tagebücher, hg. P. de Mendelssohn VIII 1977 f.; Notizen, hg. H. Wysling 1973; Frage u. Antwort, Interviews, hg. V. Hansen, G. Heine 1983.

L: A. Bauer, T. M. u. d. Krise d. bürgerl. Kultur, 1946; The Stature of T. M., hg. C. Neider 1947; J. Fougère, 1948; G. Lukács, 1949 (³1957); B. Blume, T. M. u. Goethe, 1949; H. Mayer, 1950; H. Hatfield, 1951; J. Lesser, T. M. i. d. Epoche s. Vollendung, 1952; L. Leibrich, 1954; F. Lion, ²1955; R. Faesi, 1955; J. M. Lindsay, Lond. 1955; H. Stresau, 1955; R. H. Thomas, Oxf. 1956; E. Mann. Das letzte Jahr, 1956; A. Kantorowicz, Heinrich u. T. M., 1956; B. Tecchi, Turin, 1956; H. M. Wolff, 1957; E. Heller, 1959; M. Flinker, T. M.s polit. Betrachtungen i. Lichte d. heut. Zeit, Haag 1959; A. Bauer, 1960; A. Hellersberg-Wendriner, Mystik der Gottesferne, 1960; P. Altenberg, D. Romane T. M.s, 1961; K. Sontheimer, T. M. u. d. Deutschen, 1961; H. Eichner, ²1961; V. Admoni u. T. Silman, Leningr. 1961; M. Deguy, Paris 1962; Vollendung u. Größe T. M.s, hg. G. Wenzel 1962; H. Hatfield, hg. N. Y. 1963; H.

Stresau, 1963; K. Schröter, 1964; W. A. Berendsohn, 1965; I. Diersen, ⁵1965; K. Hamburger, D. Humor b. T. M., ²1965; H. Lehner, Das T. M.-Buch, hg. M. Mann 1965; A. White, Edinb. 1965; R. Baumgart, D. Ironische u. d. Ironie i. d. Wkn. T. M.s, ²1966; E. Middell, 1966; I. Feuerlicht, 1966 u. N. Y. 1968; A. Banuls, T. M. u. s. Bruder Heinrich, 1968; K. Hermsdorf, T. M.s Scheleme 1968; J. Scharfschwerdt, T. M. u. d. dt. Bildungsroman, 1968; H. Haug, Erkenntnisekel, 1969; E. Kahler, The Orbit of T. M., Princeton 1969; K.-J. Rothenberg, D. Probl. d. Realismus b. T. M., 1969; T. M. i. Urteil s. Zeit, hg. K. Schröter 1969; I. Jonas, T. M. u. Italien, 1969; R. Karst, 1970; H. J. Maître, 1970; P. Pütz, T. M. u. d. Tradition, 1971; L. Voss, 1971; E. Nündel, D. Kunsttheorie T. M.s, 1972; W. Hellmann, D. Geschichtsdenken d. frühen T. M., 1972; P. Hübinger, T. M. u. d. Univ. Bonn, 1973; W. A. Berendsohn, T. M. u. d. Seinen, 1973; H. Bürgin, H. O. Mayer, T. M.-Chronik, ²1974; L. Leibrich, Paris 1974; T. J. Reed, Oxf. 1974; P. de Mendelssohn, Der Zauberer, D. Leben d. dt. Schriftstellers Th. M. 1975; W. Koopmann, 1975; ders., hg. 1975; H. Vaget, D. Baronuw, T. M., Stud. z. Frag. d. Rezeption, 1975; T. Hollwerk, 1975; E. Heftrich, Üb. T. M., II 1975–82; T. M. (üb. s. Dichtgn.), hg. H. Wysling III 1975–81; P. Fix u. a., D. erz. Wk. T. M.s, 1976; E. Neumeister, T. M.s frühe Erzn., ³1977; H. Jendreiek, 1977; T. E. Apter, Lond. 1978; C. Becagli, Mail. 1978; Wk. u. Wirkg. T. M.s i. uns. Epoche, hg. H. Brandt, H. Kaufmann 1978; N. Hamilton, The brothers M., Yale 1978; H. Anton, D. Romankunst T. M.s, ³1979; I. Diersen, T. M.s ep. Wk., ²1979; H. Mayer, 1980; H. Koopmann, D. Entw. d. intellektualen Romans b. T. M., ²1980; M. Swales, Lond. 1980; C. Cases, Pordenone 1982; E. Hilscher, ⁴1983; V. Hansen, 1984; R. G. Renner, Lebens-Werk, 1984; H. Vaget, T. M.-Kommentar z. sämtl. Erzn., 1984; R. Wolff, hg., T. M., Erzn. u. Novn., 1984; R. Winston, 1985; H. Kurzke, 1985; ders., hg. 1985; J. Fest, D. unwissenden Magier, 1985; H. Wisskirchen, Zeitgesch. i. Roman, 1986; M. Reich-Ranicki, T. M. u. die Seinen, 1987. Bibl.: G. Jacob, 1926; H. Bürgin, 1959; K. W. Jonas, Minneapolis II 1955–67, II 1972–79; H. Matter, II 1972.

Mansfeld, Michael (eig. Eckart Heinze), 4. 2. 1922 Lissa/Posen – 26. 5. 1979 Rosenheim. Schauspielschüler und Stud. Theaterwiss. Berlin, 1941 Soldat, russ. Kriegsgefangenschaft, dann versch. Berufe; seit 1949 Journalist, 1953 Reise durch USA. – Publizist, Drehbuchautor, zeitkrit. Romancier und Dramatiker, spä-

ter vorwiegend mit Dokumentarstücken fürs Fernsehen.

W: Sei keinem untertan, R. 1957; Einer von uns, Dr. (1960); Tod im Katalog, Dr. (1962); Unser Bungalow, Dr. (1963); Wo blieb Friedrich Weißgerber, FSsp. (1965); Der Reichstagsbrandprozeß, Dr. 1967; Bonn, Koblenzer Straße, R. 1967; Max Hölz, FSsp. (1972).

Manuel, Hans Rudolf, 1525 Erlach/Schweiz – 23. 4. 1571 Morges/Waadt, Sohn von Nikolaus M., 1560 in den Rat eingetreten, ab 1562 Landvogt in Morges. – Dichter u. Zeichner, Vf. derber Fastnachtsspiele auf Unsitten der Zeit.

W: Vom edeln Wein und der trunkenen Rotte, Sp. 1548 (n. T. Odinga 1892); Gründliche Warnung an ein lobliche Eidgnoßschaft, G. 1557.

Manuel (eig. Alleman, gen. Deutsch), Nikolaus, um 1484 Bern – 28. 4. 1530 ebda. Maler; Mitgl. der Berner Regierung; 1512–28 Mitgl. des Großen Rats; machte 1522 den Zug der Schweizer nach Italien, den Sturm auf Novara und die Schlacht b. Pavia mit. Kehrte nach der Schlacht von Bicocca nach Bern zurück. 1523 Landvogt in Erlach; 1528 Mitglied des Kleinen Rats und des Chorgerichts. – Schweizer Dichter und Maler, Staatsmann und Vorkämpfer der Reformation. Dieser dienten auch s. Dichtungen und polem. Schriften in Prosa, bes. die eigenwill., kräftigwitzigen, volkstüml. Fastnachtspiele, die bald über die Grenzen der Schweiz hinaus Verbreitung fanden.

W: Vom pabst, vnd siner priesterschafft; Underscheid zwischen dē Papst, vnd Christū Jesum, Spp. 1524 (hg. F. Vetter 1923; A. E. Berger, DLE. Rhe. Reformation 5, 1935); Ein hüpsch nüw lied vnd verantwortung deß Sturms halb beschähen zů Piggoga, 1524; Der Ablaß Krämer, Sp. 1525 (hg. P. Zinsli 1960); Barbali, Dial. 1526; Fabers und Eggen Badenfart, G. 1526; Send brieff von der Messz, kranckheit, Schr. 1528; Ein hüpsch new Spil von Elsy trag den Knaben, 1529 (Verfasserschaft abgestritten!). – SW, hg. J. Bächtold 1878; Erste reformator. Dichtungen, hg. F. Vetter 1917; Briefe, hg. R. Wustmann 1900. *L:* L. Stumm, 1925; C. v. Mandach u. H. Koegler, 1941; D. Baud-Bovy, 1941; C.-A. Beerli, Genf 1953; J.-P. Tardent, 1967; N. M., hg. C. Menz, H. Wagner 1979.

Marchi, Otto, ⋆ 13. 4. 1942 Luzern; Stud. Gesch. und Lit. Zürich; Dr. phil.; Redakteur in Luzern. – Schweizer Erzähler mit Beschreibungen aus der Alltagswelt.
W: Schweizer Geschichte für Ketzer, St. 1971; Rückfälle, R. 1978; Sehschule, R. 1983.

Marchwitza, Hans, 25. 6. 1890 Scharley b. Beuthen – 17. 1. 1965 Potsdam; Bergarbeitersohn, 1910 Bergarbeiter im Ruhrgebiet, im 1. Weltkrieg Unteroffizier, 1920 KP-Mitgl.; Arbeiterkorrespondent des ›Ruhr-Echo‹, 1930 Mithrsg. der Zs. ›Die Linkskurve‹; 1933 Emigration – über die Schweiz, Spanien (1936–38 Offizier der Internationalen Brigade) und Frankreich (1939–41 interniert) nach New York; 1946 Rückkehr nach Stuttgart, dann Babelsberg, Kulturfunktionär der DDR, 1950/51 Botschaftsrat in Prag, Dr. h. c. – Vf. wenig erregender, kunstlos-naiver polit.-sozialkrit. Romane aus sozialist. Sicht mit stark autobiograph. Anteil; Renommier-Proletarier der sozialist. Literaturkreise.
W: Sturm auf Essen, R. 1930 (erw. 1952); Walzwerk, R. 1932; Die Kumiaks, R. 1934; Janek, En. 1934; Wetterleuchten, G. 1942; Meine Jugend, R. 1947; In Frankreich, Rep. 1949; Unter uns, En. 1950; Die Heimkehr der Kumiaks, R. 1952; Roheisen, R. 1955; Die Kumiaks und ihre Kinder, R. 1959; Gedichte, 1965; In Frankreich. In Amerika, Reiseb. 1971. – Werke in Einzelausg., IX 1957–62. *L:* Kamst zu uns aus d. Schacht, hg. F. Marke 1980.

Marginter, Peter, ⋆ 26. 10. 1934 Wien; Stud. Jura und Staatswiss.

Wien, Dr. jur. et rer. pol., Bankbeamter und Industriesyndikus in Wien, 1971 Kulturattaché in der Türkei, 1975 in London, ab 1978 im Außenministerium Wien. – Vf. skurril-phantast. Romane und makabrer Erzählungen um österr. Beamte und Sonderlinge im Stil von Herzmanowsky-Orlando.
W: Der Baron und die Fische, R. 1966; Der tote Onkel, R. 1967; Leichenschmaus, En. 1969; Königrufen, R. 1973; Zu den schönsten Aussichten, R. 1978; Das Rettungslos, R. 1983; Der Kopfstand des Antipoden, R. 1985.

Margul-Sperber, Alfred (eig. Alfred Sperber), 23. 9. 1898 Storošinez – 4. 1. 1967 Bukarest. 1920–24 Paris u. New York, 1924 Journalist u. Redakteur in der Bukowina, 1932 Fremdsprachenkorrespondent in Burdujeni, 1940 Privatlehrer in Bukarest, nach 1945 freier Schriftsteller ebda. – Bedeutendster dt. sprachiger Lyriker Rumäniens. Ausgehend vom Expressionismus, gelangt er zu größerer Formstrenge; Neigung zum Sinnspruch. Auch Übs. (Eminescu, T. Arghezi) u. Essayist.
W: Der Blizzard, G. 1922; Gleichnisse der Landschaft, G. 1934; Geheimnis und Verzicht, G. 1939; Zeuge der Zeit, G. 1951; Ausblick und Rückschau, G. 1955; Mit offenen Augen, G. 1956; Taten und Träume, G. 1959; Unsterblicher August, G. 1959; Sternstunden der Liebe, G. 1963; Aus der Vorgeschichte, G. 1964. – Ausw. 1975, 1977.

Marius, Felix → Kalckreuth, Friedrich Ernst Adolf Karl Graf von

Markwart, Leslie → Zwerenz, Gerhard

Marlitt, Eugenie (eig. E. John), 5. 12. 1825 Arnstadt – 22. 6. 1887 ebda.; Stud. 1844–46 Gesang am Wiener Konservatorium; Sängerin in Sondershausen, Leipzig,

Wien, Linz und Graz; mußte infolge Gehörschadens ihren Beruf aufgeben; 1853 Vorleserin und Gesellschafterin der Fürstin von Schwarzburg-Sondershausen; ab 1863 freie Schriftstellerin in Arnstadt. – Sehr erfolgr. Erzählerin rührseliger, von sozialen Anliegen ausgehender Frauen-Unterhaltungsromane von platter Schwarz-Weiß-Zeichnung. Erstdruck meist in der ›Gartenlaube‹.

W: Goldelse, R. 1867; Das Geheimnis der alten Mamsell, R. II 1868 (n. 1971); Die Reichsgräfin Gisela, R. II 1869; Thüringer Erzählungen, 1869; Das Haideprinzeßchen, R. II 1872; Die zweite Frau, R. II 1874 (n. 1975); Im Hause des Kommerzienrates, R. II 1877 (n. 1977); Die Frau mit den Karfunkelsteinen, R. II 1885. – Ges. Romane u. Novellen, X 1888–90.
L: B. Potthast, Diss. Köln 1926; H. Schenk, D. Rache d. alten Mamsell, 1986; J. Schönberg, Frauenrolle u. Roman, 1986.

Marnau, Alfred (Fred), ✶24. 4. 1918 Preßburg; seit 1939 in London. – Lyriker u. Romancier. Versucht traditionelle Formen mit neuem Erfahrungsgehalt zu erfüllen. Auch Übs. (J. Webster).

W: Gedichte, 1948; Der steinerne Gang, R. 1948; Das Verlangen nach der Hölle, R. 1952; Räuber-Requiem, G. 1961; Polykarp und Zirpelin Imperator, R. 1987.

Marner, Der, urkundl. zwischen 1231 und 1267, mhd. gelehrter Spruch- und Liederdichter bürgerl. schwäb. Abstammung; Beziehungen zu Herzog Friedrich dem Streitbaren von Österreich, Graf Hermann von Henneberg und Bischof Bruno v. Olmütz; um 1270 als blinder Greis ermordet. – Schrieb Tage-, Tanz- und einige Minnelieder in klarer Sprache, Sprüche über Politik, Religion, Kunst und Sitte in der Walther-Nachfolge sowie mehrere lat. Vagantenlieder, Rätsel, Parabeln u. ä. Galt als e. der 12 Gründer des Meistersangs.

A: P. Strauch 1876, n. 1965; C. v. Kraus, Dt. Liederdichter d. 13. Jh., 1951 ff.
L: P. Strauch, Diss. Straßb. 1876; F. Fischer, 1876.

Marschall, Josef, 2. 10. 1905 Wien – 24. 11. 1966 Eisenstadt; Fabrikantensohn, Kindheit in Perchtoldsdorf, Gymnas. und Werkstud. (Klass. Philol.) Wien, 1932 Dr. phil., seither Bibliothekar der Universitätsbibliothek Wien, Soldat im 2. Weltkrieg, russ. Gefangenschaft bis 1947, dann Oberstaatsbibliothekar in Wien. – Mit der österr. Landschaft bes. des Burgenlandes verbundener Erzähler von Musikerromanen und bilderreicher, formbewußter Lyriker, an Weinheber und Werfel geschult.

W: Der Dämon, E. 1930; Die vermählten Junggesellen, R. 1931; Der Fremde, R. 1940; Herbstgesang, G. 1949; Wir Lebendigen, G. 1952; Schritt im Unendlichen, G. 1953; Alles Atmende, G. 1955; Die Vertreibung aus dem Paradies, E. 1956; Flöte im Lärm, G. 1961; Erwartungen, Nn. 1964; Fahrt ans Ufer, G. 1966.

Martens, Kurt, 21. 7. 1870 Leipzig – 16. 2. 1945 Dresden; Sohn e. Geh. Regierungsrats; Jugend in Tharandt; Stud. Jura Leipzig, Heidelberg und Berlin; 1893–96 Referendar, dann freier Schriftsteller in Leipzig; Mitbegründer und Vorsitzender der Lit. Gesellschaft ebda.; Dr. jur.; lebte 1898 in Dresden, 1899–1927 in München, dann wieder in Dresden; beging nach dem schweren Luftangriff Selbstmord. – Teils iron. Erzähler von scharfer Beobachtung; erst zeitkrit., dann bes. hist. und kulturhist. Romane u. Novellen, daneben literarhist. Schriften, Dramen und Essays.

W: Roman aus der Décadence, 1898; Die Vollendung, R. 1902; Katastrophen, Nn. 1904; Kreislauf der Liebe, R. 1906; Jan Friedrich, R. 1916; Schonungslose Lebenschronik, Aut. II 1921–24; Gabriele Bach, R. 1935; Die junge Cosima, R. 1937; Forsthaus Ellermoor, R. 1937; Verzicht und Vollendung, R. 1941; Die Abenteuer des Grafen Benjowski, R. 1949.

Marti, Hugo (Ps. Bepp), 23. 12. 1893 Basel – 20. 4. 1937 Davos; Stud. Philol. Bern, Berlin und Königsberg; Dr. phil.; 1922–37 Feuilletonchef des ›Bunds‹ in Bern. – Als Erzähler vom Myth.-Legendären ausgehend; strebte nach eth.-ästhet. Idealen. Auch feinsinn. Lyriker; Dramatiker und Biograph.

W: Das Haus am Haff, R. 1922; Das Kirchlein zu den sieben Wundern, Leg. 1922; Ein Jahresring, R. 1925; Der Kelch, G. 1925; Rumänisches Intermezzo, E. 1926; Rumänische Mädchen, Nn. 1928; Notizblätter, 1928; Eine Kindheit, Aut. 1929; Herberge am Fluß, Sch. (1931); Davoser Stundenbuch, N. 1935; R. v. Tavel, B. 1935.
L: C. Günther, 1938.

Marti, Kurt, * 31. 1. 1921 Bern; Stud. Jura und Theol. Bern und Basel; 1961–83 reformierter Pfarrer in Bern. – Experimenteller Lyriker, teils in Berndeutsch und Umgangssprache, mit Nähe zur Konkreten Poesie; Verbindung von Formexperiment und Sprachspielerei mit Zeitkritik, polit.-sozialem Engagement und christl. Predigt. Auch iron. Erzählungen und theolog. Schriften.

W: Boulevard Bikini, G. 1959; Republikanische Gedichte, 1959; Dorfgeschichten 1960, Gedichte am Rand, 1963 (u. d. T. Geduld und Revolte, 1984); Wohnen zeitaus, En. 1965; Gedichte, alfabeete & cymbalklang, G. 1966; Rosa Loui, G. 1967; Leichenreden, G. 1969; Abratzky oder Die kleine Brockhütte, Prosa 1971; Undereinisch, G. 1973; Zum Beispiel: Bern 1972. Tg. 1973; Gedichte am Rand, 1974; Die Riesin, R. 1975; Nancy Neujahr & Co, G. 1976; Zärtlichkeit und Schmerz, Prosa, 1979; Abendland, G. 1980; Bürgerliche Geschichten, En. 1981; Widerspruch für Gott und Menschen, Ess. 1982; Schon wieder heute, Ausgew. G. 1982; Ruhe und Ordnung, Aufz. 1984; Tagebuch mit Bäumen, Tg. 1985; Für eine Welt ohne Angst, Leseb. 1985; O Gott!, Ess. 1986; Mein barfüßig Lob, G. 1987; Nachtgeschichten, En. 1987.

Martin von Kochem → Kochem, Martin von

Martin, Johann → Laurentius von Schnüffis

Marut, Ret → Traven, Bruno

Marwitz, Roland, 10. 2. 1896 Stettin – 7. 10. 1961 München; Schauspieler in Berlin, dann Regisseur u. Dramaturg in Bonn, Magdeburg und (1947) Passau, ab 1934 freier Schriftsteller, seit 1944 in Rittsteig b. Passau und Ebenhausen, ab 1954 Mitarbeiter des Bayr. Rundfunks in München. – Dramatiker und Romancier und feinsinniger Lyriker.

W: Ewig Europa!, Dr. 1929; Dänische Ballade, Dr. 1932; Scherben bringen Glück!, K. 1933; Tanz im Thermidor, Dr. 1941; Napoleon muß nach Nürnberg, Dr. 1946; Nachklang, G. 1946; Paradies ohne Schlange, K. 1947; Der nackte Berg, Dr. 1953; Der Maulwurf und die Schwalbe, R. 1961; Die Wandlung, E. 1963.

Maschmann, Melita, * 10. 1. 1918 Berlin; Stud. Philos., Journalistin, lebt in Indien. – Phantasievolle, gewandte Erzählerin von Zeitromanen mit z. T. didakt. Zügen unter Einfluß von Th. Wilder.

W: Das Wort hieß Liebe, R. 1955; Der Dreizehnte, R. 1960; Die Aschenspur, R. 1961; Fazit, Aut. 1963; Der Tiger singt Kirtana, Rep. 1967; Indiras Schwestern, Rep. 1971.

Masen (Masenius), Jakob, 23. 3. 1606 Dahlem/Jülich – 27. 9. 1681 Köln; seit 1629 Jesuit; lehrte 14 Jahre Rhetorik und Poetik in Emmerich und Köln; 1641 in Münster, 1652 in Aachen, 1654–57 in Düsseldorf, Prediger in Köln, Paderborn und Trier. – Bedeutender Jesuitendramatiker des Barock. Regte mit s. ›Sarcotis‹ J. Milton zu dessen ›Paradise lost‹ an. Auch exakter und objektiver Historiker, scharfer geistl. Polemiker und Vf. pädagog. Schriften sowie e. weitverbreiteten Werks über die Theorie des Dramas. Diese bestimmte das Jesuitendrama in der 2. Hälfte des 17. und am Anfang des 18. Jh. Klass. Vertreter der allegor. Darstellung und der ›arguta adulatio‹.

W: Ollaria, K. (1647); Bacchi schola eversa, K.; Mauritius orientis imperator, Tr.; Josaphatus, Tragikom. (1647); Androphilus, Tragikom. (1647); Telesbius, K. (1647); Ars nova argutiarum, 1649; Speculum Imaginum Veritatis occultae, 1650; Dux viae ad vitam puram, 1651; Palaestra eloquentiae ligatae, III 1654–57; Rusticus imperans sive Mopsus, K. (1664, Der Schmied als König, d. J. Großer 1947).
L: N. Scheid, 1898.

Matejka, Peter, * 19. 12. 1949 St. Pölten, lebt in Hendlgraben b. Stößing/Niederösterr. und Wien, Mitgl. des Grazer ›Forums Stadtpark‹. – Experimenteller Lyriker und Erzähler im Gefolge der Wiener Gruppe; pop-artige Prosa mit Dialektformen und parodist. Zitaten; auch Hörspiel.

W: Kuby – eine Schöpfung, Prosa 1971; Was bisher geschah, H. (1971); Der Halbmond von Gagging, Prosa 1984.

Matthies, Frank-Wolf, * 4. 10. 1951 Berlin; versch. Berufe in der DDR, polit. Untersuchungshaft, 1977 freier Schriftsteller in Ost-Berlin, 1980 erneut verhaftet, Anfang 1981 mit Ausreisevisum in West-Berlin. 1983/84 Villa Massimo, Rom. – In Lyrik und Prosa Montage von Stilen und Motiven.

W: Morgen, G. u. Prosa 1979; Unbewohnter Raum mit Möbeln, Prosa 1980; Für Patricia im Winter, G. 1981; Tagebuch Fortunes, Prosa 1985; Stadt, Prosa 1987.

Matthies, Kurt, 11. 9. 1901 Pinneberg – 7. 2. 1984 Elmshorn/Pinneberg; Gymnas. Altona, Stud. Köln; Wanderjahre als Landarbeiter in Mittel- und Süddtl. 4 Jahre Soldat, dann in Pinneberg/Holst. – Natur- und landschaftsverbundener Lyriker, wurde auch durch sein Kriegstagebuch aus dem Osten bekannt.

W: Literarische Begegnungen, 1947; Ich hörte die Lerchen singen, Tg. 1956; Zwischen Stund und Stunde, G. 1957; Summe des Wanderns, Prosa 1959.

Matthisson, Friedrich von, 23. 1. 1761 Hohendodeleben b. Magdeburg – 12. 3. 1831 Wörlitz/Anhalt; Schule in Klosterberge; 1778 Stud. Theologie, dann Philol. Halle; 1781–84 Lehrer am Philanthropin Dessau; Informator e. livländ. Grafen; reiste mit diesem nach Hamburg (Verkehr mit Klopstock, Voß, Claudius), 1785 Heidelberg und Mannheim; 2 Jahre am Genfer See; 1790 Erzieher in Lyon; 1794 Vorleser und Reisebegleiter der Fürstin Luise von Anhalt-Dessau; bereiste mit ihr Tirol, die Schweiz u. Italien; lernte auf diesen Reisen Herzog (später König) Friedrich von Württemberg kennen; von diesem 1809 geadelt und 1811 zum Theaterintendanten ernannt; ab 1812 Oberbibliothekar in Stuttgart; trat 1828 in den Ruhestand und zog sich 1829 nach Wörlitz b. Dessau zurück. – Sentimentaler klassizist. Lyriker, wenig origineller, doch formglatter, rhetor. Epigone Klopstocks und Hallers. Von s. Zeitgenossen sehr gelobt, selbst von Wieland und Schiller, der ›den Wohllaut und die sanfte Schwermut s. Verse‹ und s. Kunst der Landschaftsschilderung pries. S. Gedicht ›Adelaide‹ von Beethoven vertont.

W: Lieder, 1781 (u. d. T. Gedichte, 1787); Erinnerungen, V 1810–15; Das Dianenfest bei Bebenhausen, G. 1813. – Schriften, VIII 1825–29; Literarischer Nachlaß, hg. F. R. Schoch IV 1832; Gedichte, hkA., hg. G. Bölsing II 1912f. (BLV 257, 261).
L: W. Krebs, 1912; A. Heers, 1913; J. Wehner, Diss. Münster, 1914.

Matusche, Alfred, 8. 10. 1909 Leipzig – 31. 7. 1973 Karl-Marx-Stadt (Chemnitz); Arbeitersohn, TH, bis 1933 Rundfunkarbeit; freier Schriftsteller in Ost-Berlin. – Sozialist. Dramatiker, dessen stark reflexive Werke menschl. Grundsituationen projizieren.

W: Die Dorfstraße, Dr. 1955; Nacktes Gras, Dr. 1958; Van Gogh, Dr. (1966); Das Lied meines Weges, Dr. (1969). – Dramen, 1971.

Maurer, Georg, 11. 3. 1907 Sächsisch-Regen/Rumänien – 4. 8. 1971 Leipzig; Lehrerssohn, 1926–32 Stud. Kunstgesch., Germanistik und Philos. Leipzig und Berlin; Kunstkritiker; Soldat, russ. Gefangenschaft, 1946 freier Schriftsteller und 1955–70 Dozent am Institut für Lit. und Kritik in Leipzig. – Sozialist. Lyriker mit an Hölderlin und Rilke geschulter, hymn., metaphernreicher Verssprache anfangs aus christl., dann sozialist. Gedankenwelt. Auch Essayist und Übs. rumän. Dichtung (Caragiale, Dramen 1954).

W: Ewige Stimmen, G. 1936; Gesänge der Zeit, G. 1948; 42 Sonette, G. 1953; Die Elemente, G. 1955; Gedichte aus 10 Jahren, 1956; Der Dichter und seine Zeit, Ess. 1956; Lob der Venus, Son. 1958; Poetische Reise, G. 1959; Drei-Strophen-Kalender, G. 1961; Gestalten der Liebe, G. 1964; Stromkreis, G. 1964; Variationen, G. 1965 (daraus: Im Blick der Uralten, 1965); Gespräche, G. 1967; Essay II 1968–73; Kreise, G. 1970; Erfahrene Welt, G. 1972; Unterm Maulbeerbaum, Ausgew. G. 1977; Was vermag Lyrik, Ess. 1982. – Wke, II 1987.

L: Dichtung ist deine Welt, hg. G. Wolf 1973.

Maurina, Zenta, lett. Essayistin, 15. 12. 1897 Lejasciems/Lettl. – 25. 4. 1978 Bad Krozingen; Arzttochter, dreisprachig aufgewachsen; 1897 Umsiedlung nach Grobina. Schule Liepāja, Stud. balt. Philol. Riga, 1938 Dr. phil. Studienreisen nach Florenz, Paris u. Heidelberg. Seit 1944 Exil in Dtl.

und ab 1946 Uppsala/Schweden, ab 1965 in Bad Krozingen. – Feinsinnige Essayistin und Interpretin großer Dichter und Denker aus dem Geist der Liebe. Auch philos. Essays, Romane und Erzählungen in lett. und dt. Sprache.

W: Daži pamata motīvi Raina mākslā, Es. 1928; Jānis Poruks un romantisms, Es. 1929; Dostojevskis, Es. 1929 (d. 1952); Baltais ceļš, Es. 1935; Dzīves apliecinātāji, Es. 1936; Friča Bārdas pasaules uzskats, Schr. 1938; Saules meklētāji, Ess. 1938; Dzīves vilcienā, R. 1941 (Im Zuge des Lebens, d. 1947); Prometeja gaismā, Ess. 1942; Trīs brāli, R. 1946; Sirds mozaika, Ess. 1947 (Mosaik des Herzens, d. 1947); Gestalten und Schicksale, Ess. 1949; Die weite Fahrt, Aut. 1951; Denn das Wagnis ist schön, Aut. 1953; Um den Menschen willen, Ess. 1955; Cilvēces sargi, Ess. 1955; Begegnung mit E. Ney, Es. 1956; Die eisernen Riegel zerbrechen, Aut. 1957; Septiņi viesi, En. 1957 (Sieben Gäste, d. 1961); Auf der Schwelle zweier Welten, Ess. 1959; Über Liebe und Tod, Ess. 1960; Nord- und südliches Gelände, Tg. 1962; Welteinheit und die Aufgabe des einzelnen, Ess. 1963; Die Aufgabe des Dichters in unserer Zeit, Ess. 1965; Jahre der Befreiung, Tg. 1965; Verfremdung und Freundschaft, Ess. 1967; Birkenborke, Benjamin, En. 1967; Porträts russischer Schriftsteller, Ess. 1968; Pasaules vārtos, Tg. 1968; Abenteuer des Menschseins, Tg. 1970; Der Mensch das ewige Thema des Dichters, Es. 1972 (m. Bibl.); Tod im Frühling, En. 1972; Dzīves jēgu meklējot, Ess. 1973; Kleines Orchester der Hoffnung, Ess. 1974; Meine Wurzeln sind im Himmel, Ess. 1979; Briefe aus dem Exil, 1980. – Kopoti raksti (W), II 1939f.

L: O. Schempp, Das Herz hat Flügel, 1957; Buch der Freundschaft, 1967; Füllhorn der Blüten, hg. M. Fethke 1972; Z. M. zu Ehren, 1978; I. Sigg, 1983.

Maurus → Hrabanus Maurus

Mauthner, Fritz, 22. 11. 1849 Hořitz b. Königgrätz/Böhmen – 29. 6. 1923 Meersburg/Bodensee; kam früh nach Prag; Stud. Jura ebda.; 1876 Mitarb. des ›Berliner Tageblatts‹, Schriftleiter am ›Magazin für Literatur‹; seit 1895 Feuilletonredakteur des ›Berliner Tageblatts‹; Teilnehmer am Berliner Naturalismus, Mitbegründer der Freien Bühne, zog 1905 nach Freiburg/Br., ab 1909 freier Schriftsteller in Meersburg; gab dort seit 1911 die ›Bibliothek der Philosophen‹ heraus. – Erst sozialist. Dramatiker und Erzähler von Gesellschaftsromanen, dann Übergang zum hist. Roman und philos. Abhandlungen. Großer Erfolg mit satir. Studien, die den Stil hervorragender dt. Dichter s. Zeit parodierten.

W: Nach berühmten Mustern, Par. 1878; Vom armen Franischko, R. 1879; Der neue Ahasver, R. II 1882; Schmock, Sat. 1883; Berlin W, R. III 1886–90; Hypatia, R. 1892; Der Geisterseher, R. 1894; Die böhmische Handschrift, R. 1897; Beiträge zu einer Kritik der Sprache, III 1901 f.; Erinnerungen, Aut. 1918 (u. d. T. Prager Jugendjahre, 1969); Der Atheismus und seine Geschichte im Abendlande, IV 1920–23; Wörterbuch der Philosophie, III 1923 ff. – Ausgew. Schriften, VI 1919; Sprache und Leben, Aus. 1986.
L: T. Kappstein, 1926; W. Eisen, F. M.s Kritik d. Sprache, 1929; G. Weiler, M.s Critique of Language, Cambr. 1970; J. Kühn, Gescheiterte Sprachkritik, 1975; W. Eschenbacher, F. M. u. d. dt. Lit. um 1900, 1977.

Maximilian I., Deutscher Kaiser, 22. 3. 1459 Wiener-Neustadt – 12. 1. 1519 Wels/Oberösterr.; Sohn Kaiser Friedrichs III.; ⚭ 1477 Maria, Tochter Herzog Karls des Kühnen von Burgund († 1482); wurde 1493 Kaiser, ⚭ im gleichen Jahre Bianca Maria Sforza von Mailand. Förderer des Humanismus. – Mitverfasser der autobiograph.-allegor. Versdichtung ›Teuerdank‹, in deren Mittelpunkt M.s Brautwerbung um Maria von Burgund steht, und die s. Kaplan, Melchior Pfinzing aus Nürnberg, redigierte und 1517 herausgab; wegen der graph. Ausstattung e. wertvolles Zeugnis zeitgenöss. Buchkultur. M. beteiligte sich auch an der Abfassung e. ähnl. allegor. Prosabiographie über s. Jugend und s. Vaters Leben, ›Weißkunig‹, redigiert von s. Geheimschreiber Max Treitzsauerwein aus Ehrentreitz, jedoch erst 1775 erschienen. Da-

neben auch Schriften über Kriegstaktik, Jagd, Baukunst und Gärtnerei. Bedeutungsvoll ist auch die unter M.s Obhut von Hans Ried 1504–14 zusammengestellte Sammlung von Epen und Heldengedichten im ›Ambraser Heldenbuch‹.

W: Die geuerlicheiten vnd eins teils der geschichten des löbliche streitbaren und hochberümbten helds und Ritters Tewrdanncks, 1517 (n. K. Goedeke, 1878, S. Laschitzer, 1887, Faks 1968); Der Weiß Kunig, entst. 1515, gedr. 1775 (n. hg. A. Schultz 1887; Faks., hg. H. T. Musper u. a. II 1957, Faks. 1985); Freydal (hg. Q. v. Leitner 1880).
L: J. Strobl, 1907; L. Baldaß, 1922; P. Diederichs, 1932; E. Breitner, 1939; G. E. Waas, 1941; R. Buchner, 1959; H. Fichtenau, D. junge M., 1959; H. Wiesflecker, V 1971 ff.; J.-D. Müller, Gedechtnus: Lit. u. Hofges. um M., 1982.

May, Karl (Ps. Karl Hohenthal u. a.), 25. 2. 1842 Hohenstein-Ernstthal/Sachsen – 30. 3. 1912 Radebeul b. Dresden; Sohn e. armen Webers; bis zum 5. Jahr blind; Jugend in kümmerl. Verhältnissen; Volksschullehrer, wegen Diebstahls entlassen; 7½ Jahre im Gefängnis wegen Eigentumsvergehen und Betrügereien aus finanzieller Notlage; Redakteur von Familienblättern, kam allmählich wieder zu Ansehen und Wohlstand; lebte seit 1883 in Blasewitz, seit 1896 in Radebeul. Früh im Orient; Amerikareisen z. T. legendär. – Begann mit erzgebirg. Dorfgeschichten, schrieb dann anonyme Kolportageromane niedrigsten Niveaus. Seit 1874 rasch bekannt und beliebt durch s. phantast.-exot. Abenteuerromane, die vor allem unter den Indianerstämmen Nordamerikas und im Vorderen Orient spielen, obwohl er die von ihm bis in alle Einzelheiten farbig beschriebenen Landschaften selbst z. T. nie gesehen hatte. In den Mittelpunkt der oft mit e. gewissen wilden Ro-

mantik und detektiv. Reizen ge-
würzten spannenden Geschichten
von sentimentaler Heldenmoral,
unrealist. Gerechtigkeitsglauben
und primitiver Psychologie stellt
er fest entwickelte Typen von
Helden, die die Verbrecher moral.
und körperl. überwinden, den unschuldig Verfolgten aber groß-
müt. Hilfe angedeihen lassen. K.-
M.-Museum Bamberg.

W: Im fernen Westen, R. 1880; Das Waldrös-
chen, R. VI 1882 (Faks. 1970); Der verlorene
Sohn, R. VI 1883–85 (Faks. 1970); Die Wü-
stenräuber, R. 1885; Der Weg zum Glück, R.
VI 1886 f. (Faks. 1971); Helden des Westens,
R. 1890; Die Bärenjäger, R. 1891; In den
Schluchten des Balkan, E. 1892; Von Bagdad
nach Stambul, E. 1892; Durch die Wüste, R.
1892; Der Schut, R. 1892; Winnetou, R. III
1893–1910; Old Shurehand, R. 1894; Der
Schatz im Silbersee, R. 1894 (Faks. 1973); Im
Lande des Mahdi, R. 1895; Das Vermächtnis
des Inka, R. 1895; Im Reiche des silbernen
Löwen, E. II 1898–1902; Die Liebe des Ula-
nen, R. V 1901 f. (Faks. 1972); Mein Leben
und Streben, Aut., hg. E. A. Schmid, 1910
(u. d. T. Ich, 1917, n. H. Plaul 1976). – AW,
LXX, 1892 ff.; GW, LXV 1913–45, LXIII
1948 ff., LXX 1961 ff.

L: E. Weber, 1903; E. A. Schmid, 1918; L.
Gurlitt, 1919; O. Forst-Battaglia, 1930,
²1966; K. H. Dworczak, ³1950; A. Schmidt,
Sitara u. d. Weg dorthin, 1963; W. Raddatz,
1965; H. Wollschläger, 1965; H. Stolte, 1969;
Jb. d. K. M.-Ges., 1970 ff.; F. Maschke, K.
M. u. E. Pollmer, 1973; H. Stolte u. G.
Klußmeier, A. Schmidt & K. M., 1973; G.
Oel-Willenborg, Von dt. Helden, 1973; I.
Bröning, D. Reiseerz. K. M.s, 1973; Schrif-
ten z. K. M., 1975; R. Braumann, hg. 1976;
T. Ostwald, ⁴1977; G. Klußmeier, hg. 1978;
H. Stolte, ²1979; V. Böhm, ²1979; Ch. F.
Lorenz, 1981; H. Schmiedt, hg. 1983; A.
Deeken, S. Majestät das Ich, 1983; F. Gündo-
gar, Triviallit. u. Orient, 1983; H. L. Arnold,
hg. 1984; R. Frigge, D. erwartbare Abenteu-
er, 1985; H. Schmiedt, ²1987; M. Lowsky,
1987; G. Ueding, hg. 1987.

Mayer, Christian → Amery, Carl

Mayer, Karl (Friedrich Hartmann), 22. 3. 1786 Neckarbischofsheim – 25. 2. 1870 Tübingen; aus altwürttemberg. Beamtenfamilie, Stud. Jura Tübingen,
1809–17 Advokat in Heilbronn;
Reisen durch Dtl. und Österreich,

1818 Assessor in Ulm und Eßlingen, 1824–43 Oberamtsrichter in
Waiblingen, 1833 liberaler Abgeordneter im Landtag, 1843–57
Oberjustizrat in Tübingen.
Freund von Uhland, Kerner und
Schwab. – Naturverbundener Lyriker der Schwäb. Schule, pflegte
bes. das kleine landschaftl. Natur-
bild.

W: Lieder, 1833 (verm. u. d. T. Gedichte,
²1840, ³1864); L. Uhland, seine Freunde und
Zeitgenossen, Erinn. II 1867.

Mayröcker, Friederike, verh.
Heindl, ★ 20. 12. 1924 Wien; seit
1946 Engl.-Lehrerin in Wien,
Mitgl. der ›Wiener Gruppe‹. –
Vertreterin der Konkreten Poesie
unter Einfluß Max Benses, des
Surrealismus und der écriture au-
tomatique; ›Poet. Texte‹ mit spie-
ler. Montage und Variation des
Wortmaterials unabhängig von
der Syntax. Experimentelle Hör-
spiele in Zusammenarbeit mit E.
Jandl und handlungslose Prosa aus
Bild, Traum und Erinnerung.

W: Larifari, Prosa 1956; Tod durch Musen,
Prosa 1966; Sägespäne für mein Herzbluten,
G. 1967; Minimonsters Traumlexikon, Prosa
1968; Fünf Mann Menschen, H.e 1971 (m. E.
Jandl); Fantom Fan, Prosa 1971; Sinclair So-
fokles, der Baby-Saurier, Kdb. 1971; Arie auf
tönernen Füßen. Metaphysische Theater,
1972; je ein umwölkter gipfel, E. 1973; Blaue
Erleuchtungen, G. 1973; Meine Träume – ein
Flügelkleid, Kdb. 1974; Gefälle, H. (1974); In
langsamen Blitzen, G. 1974; Das Licht in der
Landschaft, E. 1975; Schriftungen, Prosa
1975; Fast ein Frühling des Markus M., Prosa
1976; Heiße Hunde, Prosa 1977; Rot ist unten, G. u. Prosa 1977; Heiligenanstalt, Prosa
1978; Schwarmgesang, Szen. 1978; Ausgew.
Gedichte, 1979; Ein Lesebuch, Ausw. 1979;
Pegas das Pferd, Kdb. 1980; Die Abschiede,
Prosa, 1980; Gute Nacht, guten Morgen, G.
1982; Magische Blätter, Prosa 1983; Das An-
heben der Arme bei Feuersglut, Ausw. 1984;
Reise durch die Nacht, Prosa 1984; Das Herz-
zerreißende der Dinge, Prosa 1985; Winter-
glück, G. 1986.
L: H. L. Arnold, hg. 1984; S. J. Schmidt, hg.
1984.

Mechow, Karl Benno von, 24. 7.
1897 Bonn – 11. 9. 1960 Emmen-

dingen; Sohn e. preuß. Obersten; Gymnas. Baden-Baden und Freiburg/Br.; Freiwilliger und später Ulanenoffizier im 1. Weltkrieg; Stud. Philos., Volks- und Landwirtschaft München und Freiburg; bis 1927 Landwirt auf e. Hof im Kreis Schwiebus/Brandenburg; seit 1928 Kleinsiedler in Krainburg a. Inn; zog 1934 nach Brannenburg/Obb.; 1934–45 mit P. Alverdes Hrsg. der Zs. ›Das Innere Reich‹; zuletzt in Freiburg/Br., zeitweilig in geistiger Umnachtung. – Feinfühliger, formvollendeter Erzähler von männl. Verhaltenheit in der Darstellung innerer oder zwischenmenschl. Konflikte; Anklänge an Fontane und bes. Stifter. Gründet s. Romane meist auf eigene Erfahrungen und Erlebnisse, schildert bes. die Verbundenheit von Mensch, Landschaft und Natur im Leben auf dem Lande. S. Hauptwerk, der Roman ›Vorsommer‹, ist die beseelte, verhaltenreine Geschichte der Begegnung zweier Menschen auf e. ostdt. Gutshof. Der Reiterroman ›Das Abenteuer‹ spiegelt s. eigenes Fronterleben in Rußland im Jahre 1915 wider. Die Erzählung ›Auf dem Wege‹ berichtet von Leiden und Wandlung einiger Menschen im Baltikum kurz nach der Oktoberrevolution.

W: Das ländliche Jahr, R. 1929; Das Abenteuer, R. 1930; Der unwillkommene Franz, E. 1932; Vorsommer, R. 1933; Sorgenfrei, E. 1934; Leben und Zeit, Erinn. 1938; Novelle auf Sizilien, 1941; Glück und Glas, E. 1942; Der Mantel und die Siegerin, E. 1942; Auf dem Wege, E. 1956.
L: R. H. Carsten, Stockholm 1942.

Mechtel, Angelika (eig. A. Eilers), ✶ 26. 8. 1943 Dresden; Jugend im Rheinland, München und Würzburg; freie Schriftstellerin in München; Mitgl. der Dortmunder ›Gruppe 61‹, ∞ W. Ei-

lers, lebt in Einsbach/Bayern. – Gesellschaftskrit. Erzählerin mit reportagenahen, teils makabren Stoffen aus der Arbeitswelt und aus dem Leben der kleinen Leute in der Industriegesellschaft; auch Lyrik und Hörspiel.

W: Gegen Eis und Flut, G. 1963; Die feinen Totengräber, En. 1968; Kaputte Spiele, R. 1970; Friß Vogel, R. 1972; Das gläserne Paradies, R. 1973; Die Blindgängerin, R. 1974; Die Träume der Füchsin, En. 1976; Wir sind arm, wir sind reich, R. 1977; Die andere Hälfte der Welt, R. 1980; Maxie Möchtegern, Jgb. 1981; Gott und die Liedermacherin, R. 1983; Janne und der Traumabschneider, R. 1985; Das Mädchen und der Pinguin, Prosa 1986.

Mechthild von Hackeborn, 1241 Burg Helfta b. Eisleben – 19. 11. 1299 Kloster Helfta; aus begütertem Adelsgeschlecht; Schwester der Gertrud v. H.; trat 1248 in das Zisterzienserinnenkloster Ridersdorf ein, das später nach Helfta verlegt wurde. Umfassende Bildung; Meisterin des liturg. Chorals und Vorsängerin der Gottesdienste. Auf Grund ihrer Erzählungen zeichneten ihre Schwester und e. Unbekannte M.s Visionen auf. Das gesamte Werk, zu dem M. selbst nur einige Briefe schrieb, wurde als ›Liber specialis gratiae‹ (nach 1292) in 7 Teile geordnet.

A: Revelationes Gertrudianae et Mechtildianae, II 1877; R. L. J. Bromberg, 1965. – *Übs.:* J. Müller 1880, H. U. v. Balthasar 1955.

Mechthild von Magdeburg, um 1207/10 – 1282/83 Kloster Helfta b. Eisleben; wohl aus niedersächs. Geschlecht; reiche weltl. Bildung, bes. mit der weltl. Dichtung vertraut; hatte ab 12. Jahr Visionen; um 1230 Begine in Magdeburg. Zahlr. weitere myst. Gesichte, hielt diese 1250–65 schriftl. fest, gab sie ihrem Beichtvater Heinrich von Halle, damals Lektor der Dominikaner in Ruppin, der sie zu 6 Teilen e. Buchs bearbeitete, zu denen später noch e. 7. Sammlung kam. Trat 1270 unter Heinrichs Einfluß in das gleichfalls von Dominikanern pastorierte Zisterzienserinnenkloster Helfta über, in dem gleichzeitig Gertrud von Hackeborn, Mechthild von Hackeborn und Gertrud die Große lebten. – Bedeutendste dt. Mystikerin. Die Sprache ihres Werkes ›Das fließende Licht der Gottheit‹ ist bildhaft, gefühlsbetont, schwärmer.; Mischung von Versen und Prosa; erinnert an die Formen des höf. Minnesangs; auch Anklänge an Richard von St. Viktor; tiefe Kenntnis theolog. Lehren. Das niederdt. Original des Werks ist nicht erhalten, dagegen e. spätere lat. Übs. Bedeutend ist die hochdt. Übs. des Heinrich von Nördlingen (1345).

A: P. Gall-Morel 1869, n. 1980; W. Schleußner 1929. – *Übs.:* J. Müller 1881, W. Oehl 1911, R. Ziegler 1927, M. Schmidt 1955. *L:* H. Stierling, Diss. Gött. 1907; G. Lüers, 1926; J. Ancelet-Hustache, 1927; E. Zinter, Zur myst. Stilkunst, M.s v. M., Diss. Jena 1931; H. J. Rubbert, 1936; M. Molenaar, 1946; H. Neumann, Problemata M.iana, 1947; E. Becker, Diss. Gött. 1952.

Meckauer, Walter, 13. 4. 1889 Breslau – 6. 2. 1966 München. Sohn e. Versicherungsdirektors; 1910/11 Bankangestellter in Peking; Stud. Philol. Breslau; Dr. phil.; Bibliothekar, Redakteur, Dramaturg und Verleger; emigrierte 1933 nach Italien, später in die Schweiz, 1947 in New York; kehrte 1953 nach München zurück. Freund C. Hauptmanns. – Erzähler, Dramatiker und Essayist. Hatte großen Erfolg mit s. China-Romanen, die chines. Lokalkolorit und chines. Mythen verwenden.

W: Die Bergschmiede, Nn. 1916; Der Höllenfahrer, Nn. 1917; Genosse Fichte, K. 1919; Wesenhafte Kunst, Ess. 1919; Die Bücher des Kaisers Wutai, R. 1928; Wolfgang und die Freunde, R. 1949; Komplexe, K. (1950); Die Sterne fallen herab, R. 1952; Venus im Labyrinth, R. 1953; Viel Wasser floß den Strom hinab, R. 1957; Gassen in fremden Städten, R. 1959; Das Reich hat schon begonnen, Dr. 1959; Fremde Welt, G. 1959; Heroisches Tagebuch, G. 1960; Der Baum mit den goldenen Früchten, En. 1964. *L:* J. Zeuschner, hg. 1959.

Meckel, Christoph, * 12. 6. 1935 Berlin; Stud. Malerei und Graphik Freiburg/Br. und München, Reisen durch Europa, Amerika, Afrika, Australien; lebt abwechselnd in Berlin und Oetlingen b. Basel. – Surrealist. Lyriker von teils vordergründig-verspielter, teils mag.-suggestiver Sprache u. skurril-märchenhafter Thematik, die auch s. graph. Bildzyklen zugrunde liegt. Auch grotesk-absurde Traumprosa und Hörspiel.

W: Tarnkappe, G. 1956; Hotel für Schlafwandler, G. 1958; Nebelhörner, G. 1959; Manifest der Toten, Prosa 1960; Im Land der Umbramauten, Prosa 1961; Wildnisse, G. 1962; Dunkler Sommer und Musikantenknochen, E. 1964; Tullipan, E. 1965; Lyrik, Prosa, Graphik, Ausw. 1966 (m. Bibl.); Die Notizen des Feuerwerkers Christopher Magalan, Prosa 1966; Bei Lebzeiten zu singen, G. 1967; Der Wind, der dich weckt, der Wind im Garten, H. 1967; Der glückliche Magier, En. 1967; Die Dummheit liefert uns ans Messer, G. 1967 (m. V. v. Törne); In der Tinte, G. 1968; Eine Seite aus dem Paradiesbuch, H. 1969; Die Balladen des Thomas Balkan, Ball. 1969; Die Geschichte der Geschichten, E. 1971; Lieder aus dem Dreckloch, G. 1972; Bockshorn, R. 1973; Kranich, E. 1973; Wen es angeht, G. 1975; Die Gestalt am Ende des Grundstücks, Prosa 1975; Nachtessen, G. 1975; Licht, E. 1978; Erinnerungen an J. Bobrowski, St. 1978; Säure, G. 1979; Ausgew. Gedichte, 1979; Suchbild, E. 1980; Nachricht für Baratynski, E. 1981; Werkauswahl, ²1981 (m. Bibl.); Der wahre Muftoni, E. 1982; Ein roter Faden, Ges. En. 1983; Souterrain, G. 1984; Bericht zur Entstehung einer Weltkomödie, Aut. 1985; Plunder, Prosa 1986; Das Buch Jubal, G.-Zykl. 1987; Anzahlung auf ein Glas Wasser, G. 1987. *L:* U. M. Gutzschahn, 1979.

Meerfahrt, Die Wiener, 2. Hälfte 13. Jh., Gedicht e. unbekannten (deutsch-böhm.?) Fahrenden (Ps.

Der Freudenleere) vermutl. in oder um Prag. Humorvolle Schilderung e. Gelages Wiener Bürger, die sich in der Trunkenheit statt auf dem Söller e. Wirtshauses auf stürmischer See wähnen und dabei e. Kumpanen ›über Bord‹, d. h. auf das Straßenpflaster werfen.

A: K. Schädel 1842; R. Newald 1930.

Megerle, Johann Ulrich → Abraham a Sancta Clara

Mehring, Walter, 29. 4. 1896 Berlin – 3. 10. 1981 Zürich; Sohn des Schriftstellers Sigmar M.; 1914/15 Stud. Kunstgeschichte Berlin und München; Mitbegründer des Berliner Dada; 1915–17 Mitgl. des ›Sturm‹-Kreises; gründete 1920 in Berlin das linksradikale ›Polit. Cabaret‹, schrieb Kabarett-Texte für M. Reinhardts ›Schall und Rauch‹; seit 1921 Korrespondent dt. Zeitungen in Paris; 1928–33 wieder in Berlin, dann in Wien; 1938 von der SS an der Schweizer Grenze gefaßt, konnte aber entkommen; 1939 in Frankreich interniert; floh 1940 aus dem franz. Lager Saint Cyprien über La Martinique nach den USA; später wieder Rückkehr nach Europa, in Ascona, dann Zürich. – Geistreicher Lyriker, Erzähler, Dramatiker und Satiriker. Anfangs expressionist. Lyriker, dann aggressiv-polit., polem. und humanist.-sozialist. Kabarettdichter, dessen berühmte, schonungslos zeit- und gesellschaftskrit. Songs die bürgerl. Moral angriffen. Glossierte später den Ungeist und Rassenwahn des Dritten Reichs.

W: Die Frühe der Städte, Dr. (1916); Das politische Cabaret, G. 1920; Das Ketzerbrevier, 1921; Europäische Nächte, Rev. 1924; In Menschenhaut, aus Menschenhaut ..., En. 1924 (n. 1977); Algier, Nn. 1927; Paris in Brand, R. 1927; Der Kaufmann von Berlin, Dr. 1929; Die Gedichte, Lieder und Chansons, 1929; Arche Noah SOS, G. 1931; Die höllische Komödie, Dr. 1932; ... und Euch zum Trotz, G. 1934; Müller, Chronik einer deutschen Sippe, 1935; Die Nacht des Tyrannen, R. 1937; Die verlorene Bibliothek, Aut. 1952 (erw. 1964); Verrufene Malerei, Es. 1958; Der Zeitpuls fliegt, Ausw. 1958; Morgenlied eines Gepäckträgers, G. 1959; Berlin-Dada, Erinn. 1959; Das Neue Ketzerbrevier, G. 1962; Kleines Lumpenbrevier, G. 1965; Briefe aus der Mitternacht, G. 1971; Großes Ketzerbrevier, G. 1974; Wir müssen weiter, Aut. 1979. – Werke, IX 1978 ff.
L: F. Hellberg, 1983; H. L. Arnold, hg. 1983 (Text u. Kritik 78, m. Bibl.); P. Kiefer, Bildungserlebnis u. ökonom. Bürde, 1986.

Meichsner, Dieter, * 14. 11. 1928 Berlin; Gymnas. ebda.; 17jähr. 1945 Wehrdienst; Stud. Gesch. und Anglistik Berlin; 1955 freier Schriftsteller ebda.; 1966 Chefdramaturg, 1968 Hauptabteilungsleiter Fernsehspiel beim NDR Hamburg. – Verbindet in s. zeitkrit. Erzählwerk Tatsachenbericht mit Romanhaftem; in zahlr. zeitkrit. Hör- und Fernsehspielen unpathet.sachl. Darstellung aktueller sozialer und polit. Probleme z. T. in offener Form.

W: Versucht's noch mal mit uns, E. 1948; Weißt du, warum?, R. 1952; Die Studenten von Berlin, R. 1954; Das Rikchen von Preetz, G. (1959); Arbeitsgruppe: Der Mensch, H. (1960); Besuch aus der Zone, H. (1961); Nachruf auf Jürgen Trahnke, FSsp. (1961); Morgengebet, H. (1962); Freundschaftsspiel, FSsp. (1964); Preis der Freiheit, FSsp. (1965); Das Arrangement, FSsp. (1965); Wie ein Hirschberger Dänisch lernte, FSsp. (1968); Der große Tag der Berta Laube, FSsp. (1969); Alma mater, FSsp. (1969); Kennen Sie Georg Linke?, FSsp. (1971); Seltsamer Tod eines Filialleiters, FSsp. (1971); Eiger, FSsp. (1974); Eintausend Milliarden, FSsp. (1974); Rentenspiel, FSsp. (1977); Bergpredigt, FSsp. (1983).

Meidinger-Geise, Inge, * 16. 3. 1923 Berlin, Dr. phil., 1946 ⚭ Dr. K. Medinger; seit 1943 Journalistin in Erlangen. – Unpathet. Lyrikerin; Erzählerin um Gewissensproblematik; Literaturkritikerin.

W: Helle Nacht, G. 1955; Welterlebnis in deutscher Gegenwartsdichtung, St. II 1956; Perspektiven deutscher Dichtung, 1957 ff.; Die Freilassung, R. 1958; Das Amt schließt um Fünf, En. 1960; Saat im Sand, G. 1963; Gegenstimme, G. 1970; Quersumme, G. 1975; Ordentliche Leute, En. 1976; Kontrapunkte, G. 1978; Jenseits der Wortmarken, G. 1982.

Meidner, Ludwig, 18. 4. 1884 Bernstadt/Schles. – 14. 5. 1966 Darmstadt;   Kaufmannssohn; 1903–05 Königl. Kunstschule Breslau, 1906/07 Académie Julian und Córmon in Paris; 1912 Gründung des Klubs ›Die Pathetiker‹; nahm am 1. Weltkrieg teil; Maler und Graphiker der expressionist. Künstlergruppe ›Sturm‹. 1924/25 Lehrer für Malerei und Plastik in Berlin-Charlottenburg. 1933 wurden s. Arbeiten aus den deutschen Museen entfernt und verbrannt; tauchte 1939 als Studienrat in Köln unter; 1939 Emigration nach England; kehrte 1953 nach Dtl. zurück; lebte in Marxheim b. Hofheim/Taunus, dann Darmstadt. – Erzähler, Lyriker und Essayist. Schrieb erst expressionist. Prosa. S. Erlebnisse 1916–18 im Felde brachten ihn zur Abfassung relig. Hymnen und Aufsätze.

W: Im Nacken das Sternemeer, Dicht. 1918; Septemberschrei, Dicht. 1920; Gang in die Stille, 1929; Hymnen und Lästerungen, Dicht. 1959; Dichter, Maler u. Cafés, Nl. 1973.
L: T. Grochowiak, 1966; J. P. Hodin, 1973.

Meier, Gerhard, * 20. 6. 1917 Niederbipp, Kanton Bern; Autodidakt, Arbeiter und Angestellter in e. Lampenfabrik, 1970 freier Schriftsteller in Niederbipp. – Schweizer Lyriker und Erzähler mit kunstvoll-schlichter, assoziativer Reflexions- und Beschreibungsprosa aus Einzelbildern und imaginären Monologen und Dialogen: Gleichzeitigkeit des Ungleichzeitigen im Bewußtsein.

W: Das Gras grünt, G. 1964; Im Schatten der Sonnenblumen, G. 1967; Kübelpalmen träumen von Oasen, Prosa 1969; Es regnet in meinem Dorf, Prosa 1971; Einige Häuser nebenan, G. 1973; Der andere Tag, Prosa 1974; Papierrosen, Sk. 1976; Der Besuch, R. 1976; Der schnurgerade Kanal, R. 1977; Toteninsel, R. 1979; Borodino, R. 1982; Die Ballade vom Schneien, R. 1985.
L: F. Hoffmann, Heimkehr ins Reich der Wörter, 1982.

Meier, Herbert, * 29. 8. 1928 Solothurn, Stud. Germanistik u. Philos. Basel, daneben Schauspielausbildung unter E. Ginsberg u. K. Horwitz; Aufenthalt in Wien und Paris; 1951/52 Dramaturg und Schauspieler am Städtebund - Theater - Biel - Solothurn, Stud. Fribourg, Dr. phil.; seither freier Schriftsteller in Zürich. – Erzähler, Lyriker und Dramatiker von knapper, poet. Sprache; Übs. Claudel, Schehadé und Giraudoux. Hörspielautor.

W: Die Barke von Gawdos, Dr. 1954; Herodias tanzt noch, Sch. 1956; Kaiser Jovian, K. 1956; Dem unbekannten Gott, Orat. 1956; Siebengestirn, G. 1956; Jonas und der Nerz, Dr. (1959); Ende September, R. 1959; Kallondji, K. (1960); Der verborgene Gott, Barlach-St. 1963; Verwandtschaften, R. 1963; Skorpione, FSsp. 1964; Sequenzen, G. 1969; Stiefelchen – ein Fall, R. 1970; Rabenspiele, Dr. (1971); Anatomische Geschichten, En. 1973; Stauffer-Bern, Dr. (1974); Dunant, Dr. (1976); Bräker, K. (1978); Schlagt die Laute, Sz. (1982).

Meier, Leslie → Rühmkorf, Peter

Meier Helmbrecht → Wernher der Gartenaere

Meinhold, Wilhelm, 27. 2. 1797 Netzelkow/Usedom – 30. 11. 1851   Berlin-Charlottenburg; Pfarrerssohn; harte Jugend bei e. Stiefmutter; 1813–15 Stud. Theologie, Philos. und Philol. Greifswald; einige Jahre Hauslehrer, 1820 Rektor der Stadtschule Usedom, 1921 Pfarrer in Koserow/Usedom, 1826 in Krummin b.

Wolgast, 1844 in Rehwinkel b. Stargard. Mußte 1850 wegen s. Hangs zum Katholizismus s. Amt niederlegen; ging auf e. Ruf Friedrich Wilhelms IV. von Preußen nach Charlottenburg. – Erfolgr. Erzähler, Lyriker und Dramatiker des hist. Realismus, bekannt durch s. angeblich aus alten Kirchenbüchern stammenden, in Wirklichkeit aber von ihm erfundenen und künstl. in Geist und Sprache des 17. Jh. gehaltenen Roman ›Maria Schweidler, die Bernsteinhexe‹.

W: St. Otto, Ep. 1826; Maria Schweidler, die Bernsteinhexe, R. 1843 (n. 1978); Sidonia von Bork, die Klosterhexe, R. 1847 (n. 1908). – GS, IX, 1846–59; Briefe, hg. W. Bethke 1935 (m. Bibl.).
L: H. Kleene, M.s Bernsteinhexe, Diss. Münster 1912; K. Trammer, Diss. Würzb. 1923; R. Leppla, 1928, n. 1967; I. Rysan, Diss. Chicago 1948.

Meinloh von Sevelingen, 12. Jh., aus Söflingen bei Ulm; Minnesänger der frühromanisierenden Richtung; in der Form altertüml., der Kürnbergergruppe nahestehend, mit umfangreichen pompösen Strophen; zeigt sich in mehreren Liedern schon völlig mit der Minnetheorie der Provenzalen vertraut.

A: MF.

Meisl, Karl, 30. 6. 1775 Laibach – 8. 10. 1853 Wien; Stud. in Laibach und Wien; 1794 Fourier im Regiment Graf Thurn; 1803 Akzessist bei der Hofkriegsbuchhaltung; 1805 Marine-Unterkriegskommissär; einige Jahre in dem Hofkriegsrätl. Marine-Department, schließlich Rechnungsrat bei der Hofkriegsbuchhaltung; lebte nach s. Pensionierung 1841 in Wien. – Sehr fruchtbarer, humorvoller österr. Volksdramatiker. Hauptvertreter der Wiener Lokalposse. Vorläufer F. Raimunds. Schrieb auch Parodien von Tragödien, Opern, Ballette und Zauberspiele.

W: Carolo Carolini, Vst. 1801; Orpheus und Euridice, Vst. 1813; Amors Triumph, Vst. 1817; Der lustige Fritz oder Schlaf, Traum und Besserung, Vst. 1818; Die Fee aus Frankreich, Vst. 1822. – Theatralisches Quodlibet, Drr. VI 1820; Neuestes theatralisches Quodlibet, Drr. IV 1824 f.

Meißen, Heinrich von → Frauenlob

Meissinger, Karl August, 30. 4. 1883 Gießen – 14. 11. 1950 Gauting b. München; Stud. Theologie und Philol. Gießen und Straßburg; Dr. phil., Lic. theol.; 1922–33 Gymnasiallehrer in Frankfurt/M.; 1933 wegen ›polit. Unzuverlässigkeit‹ entlassen; blieb weiterhin Mithrsg. der Weimarer Luther-Ausgabe; lebte seit 1936 in Gauting b. München; seit 1945 führend in der ›Una-Sancta‹-Bewegung tätig; gründete e. ›Institut für Reformationsforschung‹ und übernahm 1948 dessen Leitung. – Historiker, Biograph und Erzähler bes. hist. u. kulturgeschichtl. Romane.

W: Friedrich List, B. 1930; Helena, Schillers Anteil am Faust, Schr. 1934; Der Abenteurer Gottes, R. 1935; Roman des Abendlandes, 1939; Der verborgene Stern, R. 1941; Erasmus von Rotterdam, B. 1942; Angelika Wingerath, R. 1949.

Meißner, Alfred von, 15. 10. 1822 Teplitz – 29. 5. 1885 Bregenz (Selbstmord); Enkel von August Gottlieb M.; Stud. Medizin Prag; schloß sich hier an die Dichter des ›Jungen Böhmen‹ an; 1846 in Leipzig, 1847 Paris, 1848 wieder Prag; Mitgl. des revolutionären Nationalausschusses; nahm dann in Frankfurt/M. an radikalen Bestrebungen teil; 1849 erneut in Paris, 1850 London; seit 1869 in Bregenz. 1884 geadelt. – Erzähler,

Lyriker und Dramatiker mit Nähe zum Jungen Deutschland; bes. Zeit- und Unterhaltungsromane, Novellen und Reiseschriften, z. T. in Zusammenarbeit mit F. Hedrich. Zeitgeschichtlich wertvoll s. Selbstbiographie u. die Erinnerungen an Heine.

W: Gedichte, 1845; Ziska, Ep. 1846; Im Jahr des Heils 1848, G. 1848; Der Freiherr von Hostiwin, R. II 1855 (erw. u. d. T. Sansara, VI 1858); Revolutionäre Studien aus Paris, II 1849; Heinrich Heine, B. 1856; Seltsame Geschichten, II 1859; Zur Ehre Gottes, R. II 1860; Neuer Adel, R. III 1861; Schwarzgelb, R. VIII 1862–64; Die Kinder Roms, R. VI 1870; Norbert Norson, R. 1883; Geschichte meines Lebens, Aut. II 1884; Mosaik, Nl. II 1886. – GS, XVIII 1871–73.
L: R. Humborg, 1911; H. C. Ade, Diss. Mchn. 1914.

Meißner, August Gottlieb, 3. 11. 1753 Bautzen – 18. 2. 1807 Fulda; Sohn e. Regimentsquartiermeisters; Stud. Jura Wittenberg und Leipzig; 1785 Prof. der Ästhetik und klass. Lit. Prag; 1805 Konsistorialrat und Lyzeumsdirektor in Fulda. – Hauptvertreter des hist. Unterhaltungsromans am Ende des 18. Jh. in der Nachfolge s. Lehrers Wieland. Von geringer Bedeutung s. Ritterdramen, Lustspiele und Operetten.

W: Skizzen, XIV 1778–96; Johann von Schwaben, Sch. 1780; Erzählungen und Dialoge, III 1781–89; Alcibiades, R. IV 1781–88; Bianca Capello, R. II 1785; Masaniello, R. 1785; Novellen des Ritters von St. Florian, Übs. 1786; Kriminal-Geschichten, 1796 (n. 1977); Leben des Julius Caesar, II 1799. – SW, hg. F. Kuffner LVI 1811 f.
L: A. Fürst, 1894; H. Braune, Diss. Lpz. 1935.

Meißner, Leopold Florian, 10. 6. 1835 Wien – 29. 4. 1895 ebda.; Polizeibeamter; später Advokat in Wien. – Österr. Erzähler. S. Skizzen nach dem Leben geben e. treues Bild s. Heimat und ihrer Menschen. S. ›Evangelimann‹ diente W. Kienzl als Stoff für s. Oper.

W: Aus den Papieren eines Polizeikommissärs, Sk. V 1892–94.

Meister, Die sieben weisen, beliebtes ma. Volksbuch, auf e. ind. Urfassung zurückgehend, in Prosaübss. des 15. Jh. nach lat. Vorlagen und in versch. dt. Versbearbeitungen erhalten. E. Prinz darf, um drohendes Unheil abzuwenden, 7 Tage lang nicht sprechen. S. Stiefmutter, die ihn vergebl. verführen wollte, beschuldigt ihn bei s. Vater der Verführung. Er soll hingerichtet werden, doch s. Erzieher schieben die Vollstreckung des Urteils durch Erzählen von 7 Geschichten jeweils um 1 Tag hinaus. Ihre Erzählungen handeln von der Schlechtigkeit der Frau und werden tägl. von der Verleumderin mit Geschichten von bösen Männern erwidert.

A: L. Holland 1860; G. Schmitz 1974.
L: H. Fischer, Diss. Greifsw. 1902; J. Schmitz, D. ältest. Fassungen d. dt. Romans v. d. s. w. M., Diss. Greifsw. 1904; M. Schmidt, Neue Beitr. z. Gesch. der s. w. M., Diss. Köln 1928.

Meister, Ernst, 3. 9. 1911 Hagen-Haspe/Westf. – 15. 6. 1979 ebda.; Stud. Theol., Philos., Germanistik und Kunstgesch.; Soldat; 1939–60 kaufmänn. Angestellter in Hagen-Haspe. – dann freier Schriftsteller ebda. – Lyriker in der surrealist.-symbolist. Tradition mit äußerst verkürzter, epigrammat. zugespitzter, zunehmend hermet. Sprache fern mod. Experimenten. Verbindet in kurzen Versen anspielungsreiche Dunkelheit mit scharfen Visionen und weitet die Beschreibung des Konkreten zu innerer Bedeutsamkeit. Auch lyr. Hörspiele.

W: Ausstellung, G. 1932; Unterm schwarzen Schafspelz, G. 1953; Dem Spiegelkabinett gegenüber, G. 1955; Der Südwind sagte zu mir, G. 1955; . . . und Ararat, G. 1956; Fermate, G. 1956; Zahlen und Figuren, G. 1958; Pythiusa, G. 1958; Lichtes Labyrinth, G. 1959; Der Bluthänfling, E. 1959; Die Formel und die Stätte, G. 1960; Flut und Stein, G. 1961; Schieferfarbene Wasser, H. (1964); Ge-

dichte 1932–1964, Ausw. 1964; Das Glück, H. (1966); Ein Haus für meine Kinder, Dr. (1966); Zeichen um Zeichen, G. 1968; Es kam die Nachricht, G. 1970; Sage vom Ganzen den Satz, G. 1972; Im Zeitspalt, G. 1976; Ausgew. Gedichte, 1977, erw. 1979; Wandloser Raum, G. 1979.
L: H. Arntzen, J. P. Wallmann, hg. 1985.

Melanchthon (gräzisiert aus Schwarzerd), Philipp, 16. 2. 1497 Bretten/Baden – 19. 4. 1560 Wittenberg; Sohn e. pfalzgräfl. Waffenschmieds; über s. Mutter mit Reuchlin verwandt; kam früh nach Pforzheim; seit 1509 Stud. in Heidelberg, 1511 Baccalaureus; Hauslehrer der Söhne des Grafen Löwenstein; ab 1512 Stud. in Tübingen; 1514 Magister, las über aristotel. Philos., griech. und lat. Klassiker; 1518 auf Reuchlins Empfehlung Prof. der griech. Sprache in Wittenberg; befreundete sich mit Luther, begleitete ihn 1519 zur Leipziger Disputation; 1519 Baccalaureus der Theologie und in die theolog. Fakultät versetzt; ⚭ 1520 Katharina Krapp; Teilnahme am Marburger Gespräch 1529; an den Reichstagen zu Speyer 1529 und Augsburg 1530, am Konvent in Schmalkalden 1537 und an versch. Religionsgesprächen zwischen 1535 und 1541; geriet gelegentl. in theolog. Meinungsverschiedenheiten mit Luther. – Bedeutender Humanist, Schüler des Erasmus. E. der bedeutendsten und unentbehrlichsten Mitarbeiter Luthers bei der Bibelübersetzung; war diesem in der Beherrschung der klass. Sprachen und in der Quellenkenntnis überlegen. Hatte hervorragenden Anteil an der Abfassung der ›Confessio Augustana‹; verfaßte deren Schutzschrift, die ›Apologie‹. Führte Aristoteles, den Luther ablehnte, wieder in die Theologie ein. Näherte sich in s. Lehre vom Abendmahl Calvin, in anderem dem Katholizismus, daher als Haupt der sogen. ›Philippismus‹ vom strengen Luthertum angegriffen. Schuf in den ›Loci communes‹ die erste ev. Ethik. Reformierte das Schul- und Bildungswesen (›Praeceptor Germaniae‹) und war an der Neuerrichtung protestant. Hochschulen (Marburg, Königsberg, Jena) beteiligt. Schrieb neben s. Lehr- und Erziehungswerken auch Kirchenlieder in lat. Sprache.

W: Apologia pro Luthero, 1521; Loci communes rerum theologicarum, 1521 (n. Th. Kolde ⁴1925); Epitome doctrinae christianae, 1524; Der Unterricht der Visitatoren, 1528 (n. H. Lietzmann 1912); Confessio Augustana, 1530 (m. Apologie; n. P. Tschackert 1901); De potestate Papae, 1537; Reformatio Wittenbergensis, 1545; Gedichte, hg. C. Oberhey 1862; Declamationes, hg. K. Hartfelder 1891–95. – Opera, XXVIII 1834–60 (in Corpus Reformatorum, n. 1964), dazu Supplementa Melanchthoniana, VI 1910–1927, n. 1967; Werke, hg. R. Stupperich VII 1951–75; Briefe, hg. O. Clemen 1926; Briefwechsel, hg. H. Scheible LXXX 1977 ff.
L: K. Hartfelder, 1889; G. Ellinger, 1902; H. Maier, An der Grenze der Philos., 1909; H. Engelland, 1931; F. Hildebrandt, Cambr. 1946; C. H. Manschreck, 1958; H. Sick, M. als Ausleger des AT., 1959; A. Sperl, 1959; R. Stupperich, 1960; P. M., hg. W. Elliger 1961; E. Wolf, 1961; R. Stupperich, D. unbekannte M., 1961; L. Stern, II 1963; W. Maurer, D. jge. M., II 1968 f.; Bibl.: W. Hammer, II 1967–69.

Melikow, Loris → Hofmannsthal, Hugo von

Melissus, Paulus (eig. Paul Schede), 20. 12. 1539 Mellrichstadt/Franken – 3. 2. 1602 Heidelberg; Stud. Lit. in Erfurt, Jena und Wien; von Ferdinand I. 1564 als Dichter gekrönt und geadelt; ging nach des Kaisers Tod nach Prag, dann nach Wittenberg und Leipzig; vom Bischof von Würzburg an dessen Hof berufen; später wieder nach Wien; wurde von Maximilian II. und Rudolf II. zu einigen Botschaftsdiensten im Ausland verwandt; lebte vorübergehend in Frankreich und Italien, 1582 England, überreichte dort Elisabeth I. s. Gedichte; kam dann wieder nach Frankreich und zuletzt nach Heidelberg. – Berühmter Humanist. Neulat. Lyriker und Komponist, schrieb flüssige, persönl. lat. (bes. Liebes-)Gedichte in vorbarockem Stil. Große Verbreitung und Nachahmung fanden die 1572 in dt. Reime übersetzten Psalmen nach Beza und Marot. Von s. dt. Gedichten nur wenige erhalten.

W: Cantiones, G. 1566; Die Psalmen Davids, Übs. 1572 (n. M. H. Jellinek 1896); Schediasmata, G. 1574; Schediasmatum reliquiae, G. 1575; Epigrammata, 1580; Odae Palatinae, G. 1588; Meletemata, G. 1595.
L: O. Taubert, 1864; P. de Nolhac, 1923 (franz.).

Melk, Heinrich von → Heinrich von Melk

Mell, Max, 10. 11. 1882 Marburg/Drau – 13. 12. 1971 Wien; Sohn des Direktors des Staatl. Blindeninstituts Wien. Jugend in Marburg und Wien; Stud. Philol., bes. Germanistik ebda. 1905 Dr. phil. Im 1. Weltkrieg Artilleriesoldat an der Ost- und Südfront. Freier Schriftsteller in Wien, Freundschaft mit H. v. Hofmannsthal und H. Carossa. – Österr. Dichter jenseits lit. Strömungen, geprägt durch humanist. Geisteserbe, christl. Tradition, altösterr. Kultur, barocke Überlieferung, heimatl.-naturverbundenem Volkstum und klassizist. Formbewußtsein; mit den Grundthemen Glaube, Liebe und Vergebung aus der Anerkennung des Göttl. im Menschen. In s. Frühzeit von Hofmannsthal u. Rilke beeinflußt. Naturverbundener Lyriker von spröden, doch musikal. Versen; Erzähler mit fast schmuckloser, strenger Prosa von

zuchtvoller Zurückhaltung und gelegentl. mundartl. Tönung mit Stoffen aus Legende, Heimat, Geschichte und Gegenwart. Am bedeutendsten als Dramatiker mit großer Formenvielfalt von volksnahen Krippen- und Legendenspielen im Knittelvers bis zur hohen Tragödie nach antikem Muster und Neudeutung von Stoffen der Weltlit. Auch Essayist und Übs.

W: Lateinische Erzählungen, 1904; Die drei Grazien des Traumes, Nn. 1906; Jägerhaussage, Nn. 1910; Das bekränzte Jahr, G. 1911; Barbara Naderers Viehstand, N. 1914; Gedichte, 1919 (erw. 1929 u. 1953); Das Wiener Kripperl von 1919, Sp. 1921; Die Osterfeier, Vers-N. 1921; Das Apostelspiel, 1923; Das Schutzengelspiel, 1923; Ein altes deutsches Weihnachtsspiel, 1924; Morgenwege, N. 1924; Das Nachfolge-Christi-Spiel, 1927; Die Sieben gegen Theben, Tr. 1932; Das Spiel von den deutschen Ahnen, Dr. 1935; Das Donauweibchen, En. u. M. 1937; Steirischer Lobgesang, Prosa, 1939; A. Stifter, Es. 1940; Verheißungen, En. 1943; Gabe und Dank, En. 1949; Das Vergelt's Gott, M. 1950; Der Nibelunge Not, Dr. 1951; Aufblick zum Genius, Rdn. 1955; Jeanne d'Arc, Dr. 1957; Paracelsus und der Lorbeer, Dr. (1964); Der Garten des Paracelsus, Dr. 1974; Spiegel des Sünders, En. 1976; Der Spiegel der Jahreszeiten, G. 1976; Mächte zwischen den Menschen, En. 1978. – Prosa, Dramen, Verse, IV 1962; M. M. als Theaterkritiker, hg. M. Dietrich 1983; Briefw. m. H. v. Hofmannsthal, 1982.
L: J. K. Mourek, D. Spiel i. dramat. Schaffen M. M.s, Diss. Wien 1946; M. I. Gröger, M. M.s Novellen, Diss. Wien 1946; O. Haindl, D. dramat. Schaffen M. M.s, Diss. Wien 1949; I. Emich, 1957; G. Stix, Mythos, Tragik, Christentum, Rom 1959; Licht aus der Stille, Fs. 1962; R. Stahel, M. M.s Trag., 1967; C. H. Binder, 1978; Begegnung m. M. M., 1982; Tragik u. Harmonie, hg. C. H. Binder 1984.

Melusine, → Thüring von Ringoltingen

Mendelssohn, Moses, 6. 9. 1729 Dessau – 4. 1. 1786 Berlin; Lehrerssohn aus armen Verhältnissen; kam 14jähr. nach Berlin; fristete notdürftig s. Leben; von jüd. Ärzten in das Stud. der Sprachen eingeführt, bildete sich größtenteils aber selbständig weiter; 1750 Erzieher der Söhne des Seidenfabrikanten Isaak Bernhard; 1754 Buchhalter u. Korrespondent; trat nach Bernhards Tod als Gesellschafter der Witwe B. in das Geschäft ein; 1754 Freundschaft mit Lessing, der ihn in die Lit. einführte und dessen ›Nathan der Weise‹ er mit anregte; korrespondierte mit Kant; auch mit Nicolai befreundet. – Popularphilosoph von klarem Gedankengang und leichtverständl. Sprache, verbreitete die Grundgedanken der Aufklärung: Toleranzidee, Unsterblichkeitsgedanke, Monotheismus, Gleichberechtigung der Konfessionen, Emanzipation des Judentums, Gewissensfreiheit; durch Locke, Shaftesbury und Wolff angeregt, von Maimonides und Leibniz beeinflußt. In s. ästhet. Ansichten wesentl. von der Moral bestimmt. Trat als Religionsphilosoph und leidenschaftl. Verfechter des Monotheismus mit der 1763 von der Berliner Akad. gekrönten ›Abhandlung über die Evidenz in den metaphysischen Wissenschaften‹ hervor, 1767 mit ›Phädon‹ und 1785 mit den ›Morgenstunden‹, die den Beweis der göttl. Existenz erbringen sollten. In den ›Philosophischen Gesprächen‹ Verteidigung der optimist. Weltanschauung Leibniz' gegenüber Voltaire.

W: Philosophische Gespräche, 1755; Briefe über die Empfindungen, 1755; Betrachtungen über die Quellen und Verbindungen der schönen Künste und Wissenschaften, 1757; Über die Hauptgrundsätze der schönen Künste und Wissenschaften, 1757; Betrachtungen über das Erhabene und Naive in den schönen Wissenschaften, 1757; Abhandlung über die Evidenz in den metaphys. Wissenschaften, 1763; Phädon, Oder Über die Unsterblichkeit der Seele, 1767; Philosophische Schriften, II 1771; Jerusalem, 1783; Morgenstunden, oder Vorlesungen über das Dasein Gottes, 1785; An die Freunde Lessings, 1786; Kleine philos. Schriften, 1789. – GS, hg. G. B. Mendelssohn VII 1843–45; GS, Jubilä-

umausg., hg. I. Elbogen u. a. V von XVI 1929–32; GS XX 1970 ff.; Schriften zur Philosophie, Ästhetik und Apologetik, hg. M. Brasch II 1881, n. 1968; Ästhetische Schriften (Ausw.), hg. O. F. Best 1974; Briefw. mit Lessing, hg. R. Petsch 1910; Brautbriefe, hg. I. Elbogen, 1936; Briefe an F. Nicolai, hg. A. Altmann 1973.

L: M. Kayserling, ²1888; H. Kornfeld, 1896; L. Goldstein, 1904; B. Berwin, 1919; B. Badt-Strauß, 1929; F. Bamberger, 1929; H. Lemle, Diss. Würzburg, 1932; O. Zarek, 1936; L. Richter, 1948; M. M. Simon, Lond. 1952; S. Hensel, D. Familie M., ¹⁸1929, bearb. 1959; G. Ebell, Diss. Zürich 1966; G. Nador, 1969; H. Kupferberg, Die Mendelssohns, 1973; A. Altmann, Alabama 1973; J.-P. Meier, L'esthétique de M. M., Paris II 1978; J. H. Schoeps, 1979; K.-W. Segreff, M. M. u. d. Aufklärungsästhetik, 1984; M. Albrecht, hg. 1986; Bibl.: H. M. Z. Meyer, 1965.

Mendelssohn, Peter de (Ps. Carl Johann Leuchtenberg), 1. 6. 1908 München – 10. 8. 1982 ebda.; Sohn e. Goldschmieds, Jugend in Hellerau, Internatsbesuch in Straußberg b. Berlin, 1929 Schriftsteller in Berlin, emigrierte 1933 nach Paris, 1935 nach England, ⊙ Hilde Spiel, nach 1945 Presseberater der Brit. Kontrollkommission in Dtl., 1950–70 wieder in England, Kritiker, Journalist und Rundfunkberichterstatter in London, dann Schriftsteller in München. 1975 Präs. der Dt. Akad. für Sprache und Dichtung. – Romancier und Essayist, auch in engl. Sprache. Hervorragender Übs. Biograph und Hrsg. Th. Manns.

W: Fertig mit Berlin?, R. 1930; Krieg und Liebe der Kinder, N. 1930; Paris über mir, R. 1932; Schmerzliches Arkadien, E. 1932; Das Haus Cosinsky, R. 1934; Wolkenstein, R. 1935; Der Zauberer, Ess. 1948; Das zweite Leben, R. 1948; Einhorn singt im Regen, Aufs. 1952; Der Geist in der Despotie, Ess. 1953; Marianne, R. 1954; Churchill, B. 1957; Zeitungsstadt Berlin, St. 1959; Inselschicksal England, St. 1965; S. Fischer und sein Verlag, B. 1970; Das Gewissen und die Macht, St. 1971; Von dt. Repräsentanz, Ess. 1972; Das Gedächtnis der Zeit, Fr. 1974; Der Zauberer, Th. Mann-B. II 1975; Unterwegs mit Reiseschatten, Ess. 1977; Die Kathedrale, R. 1983.

L: Unterwegs. P. d. M. z. 70. Geb., 1978 (m. Bibl.).

Menge, Wolfgang, * 10. 4. 1924 Berlin; Abitur, Soldat; Journalist und Reporter in Hamburg, 1957 Ostasienkorrespondent, lebt in Berlin. – Film- und Fernsehspiel-Autor mit sicherem Empfinden für aktuelle Themen in reißerischer Darstellung; auch Kriminalromane und -spiele (›Tatort‹).

W: Zeitvertreib, Dr. (1962); Eines schönen Tages, FSsp. (1964); Der Mitbürger, FSsp. (1966); Begründung eines Urteils, FSsp. (1966); Die Dubrow-Krise, FSsp. (1969); Fragestunde, FSsp. (1969); Sessel zwischen Stühlen, FSsp. (1970); Das Millionenspiel, FSsp. (1970); Der verkaufte Käufer, Sb. 1971; Smog, FSsp. (1973); Ein Herz und eine Seele, FSsp.e II 1974f. (als Dr. u. d. T. Der tote Otto, 1975); Planübung, FSsp. (1977); Grüß Gott, ich komm von drüben, FSsp. (1978); Ein Mann von gestern, FSsp. (1980); So lebten sie alle Tage, FSsp.e 1984.

Menzel, Gerhard, 29. 9. 1894 Waldenburg/Schles. – 4. 5. 1966 Comano/Tessin; Kaufmannssohn, Banklehre, nach dem 1. Weltkrieg Bankbeamter und Juwelier in Waldenburg, 1925 Kinobesitzer in Gottesberg v. Waldenburg, seit 1928 freier Schriftsteller in Berlin, dann in Wien, 1946 in Bad Reichenhall, seit 1952 wieder in Berlin. – Realist. Dramatiker u. Erzähler um Themen aus Geschichte und Zeitgeschehen, erfolgr. Drehbuchautor.

W: Toboggan, Dr. 1928; Fernost, Dr. 1929; Bork, Dr. 1930; Wieviel Liebe braucht der Mensch, R. 1932; Flüchtlinge, R. 1933; Scharnhorst, Sch. 1935; Fahrt der Jagtiku, Jgb. 1937; Der Unsterbliche, Sch. 1940; Kehr wieder Morgenröte, Pilatus-R. 1952.

Menzel, Herybert, 10. 8. 1906 Obornik/Posen – Febr. 1945 Tirschtiegel/Posen (gefallen), Sohn e. Postbeamten, Stud. 2 Semester Jura Breslau und Berlin; freier Schriftsteller in Tirschtiegel. – Zeitbedingter nationalsozialist. Erzähler um das ›Grenzmarkerleben‹ und SA-Lyriker.

W: Im Bann, G. 1930; Umstrittene Erde, R.

1930; Der Grenzmark-Rappe, En. u. G. 1933; Gedichte der Kameradschaft, 1936; Ruf von der Grenze, Kantate 1937.

Menzel, Wolfgang, 21. 6. 1798 Waldenburg/Schles. – 23. 4. 1873 Stuttgart; Arztsohn, Stud. Philos., Geschichte und Lit. 1818 in Jena, 1819 in Bonn, Burschenschafter, 1820–24 als Flüchtling in Aargau/Schweiz, mit F. List Hrsg. der ›Europ. Blätter‹ (1824f.); lebte seit 1825 in Stuttgart, 1825–49 Hrsg. des Literaturblatts zum Cottaschen ›Morgenblatt‹, gab 1836–46 auch die ›Dt. Vierteljahrsschrift‹ und 1852–69 e. eigenes ›Literaturblatt‹ heraus; 1831 und 1848 Landtagsabgeordneter. – Einflußr. Kritiker, bekannt durch s. Polemik gegen Goethe und s. Stellungnahme gegen das Junge Deutschland, die dessen Verbot veranlaßte. Dramatiker und Erzähler der späten Romantik, Vf. hist. und lit.-hist. Schriften.

W: Deutsche Streckverse, 1823; Moosrosen, Taschenb. 1826 (enth. Der Popanz, Lsp); Die deutsche Literatur, II 1828 (IV ²1836, n. 1981); Rübezahl, Dr. 1829; Narcissus, Dr. 1830; Furore, R. 1851; Deutsche Dichtung von der ältesten bis auf die neueste Zeit, III 1858f.; Denkwürdigkeiten, hg. Konrad M. 1877.
L: E. Harsing, Diss. Münster 1909; F. Jahn, 1928; E. Jenal, 1937; W. Winkler, Diss. Breslau 1938; E. Schuppe, 1952.

Merck, Johann Heinrich (Ps. Johann Heinrich Reimhardt der Jüngere), 11. 4. 1741 Darmstadt – 27. 6. 1791 ebda.; Apothekerssohn; Stud. in Gießen, Erlangen und an der Malerakad. Dresden; Reisebegleiter e. jungen Edelmanns, Hofmeister; ⚭ 1766 in Genf Luise Charbonnier; 1767 Sekretär bei der Geheimkanzlei in Darmstadt; 1768 Kriegszahlmeister; führte 1771 Goethe in s. Freundeskreis ein; 1774 Kriegsrat; Reisen nach Rußland (1773), Holland (1784/

85), Schweiz (1786/87), 1778 Reisebegleiter Anna Amalias; 1779 Gast in Weimar; Kritiker der ›Frankfurter Gelehrten Anzeigen‹, Mitarbeiter an Wielands ›Teutschem Merkur‹ und Nicolais ›Allg. Dt. Bibliothek‹; geriet in schlechte Vermögensverhältnisse, aus denen ihn selbst fürstl. Hilfe nicht retten konnte; glaubte dadurch auch s. Ehre zerstört und wählte deshalb den Freitod. – Geistvoller Kritiker im Sturm und Drang von umfassender Bildung und scharfem, zu zyn. Spott neigendem Intellekt. Neigung zu iron. Rationalismus, doch durch s. Nähe zu den Darmstädter Empfindsamen auch dem Irrationalismus offen, mit großem Einfluß auf Herder, Goethe u. a. hervorragende Dichter s. Zeit. S. eigenen Werke, teils lehrhafte, teils iron. Gedichte, kleinere Romane und Fabeln, sind von geringer Bedeutung.

W: Rhapsodie, 1773; Paetus und Arria, 1775; Lindor, G. III 1781. – Werke. Briefe, hg. A. Henkel u. H. Kraft II 1968; Ausgew. Schriften, hg. A. Stahr 1840 (n. 1965); Briefe u. Briefw. in Ausw., hg. K. Wolff II 1909; Ausw. H. Voegt 1973; Briefe an Anna Amalia und Herzog Carl August, hg. H. G. Gräf 1911.
L: W. Michel, 1941; H. Prang, 1949; H. Bräuning-Oktavio, Goethe u. J. H. M., 1970; N. Haas, Spätaufklärg., 1975.

Mereau, Sophie, geb. Schubert, 28. 3. 1770 Altenburg – 31. 10. 1806 Heidelberg; Tochter e. Obersteuerbuchhalters; ⚭ 1793 F. E. K. Mereau, Bibliothekar u. späteren Professor in Jena; o/o 1801; ⚭ 29. 10. 1803 Clemens Brentano; lebte mit ihm in Marburg, dann Jena, ab 1805 Heidelberg; starb an den Folgen e. Entbindung. – Erzählerin handlungsarmer, stark reflexiver romant. Romane. Ihre Lyrik ist unselbständig und weniger bedeutend.

Mitarbeiterin an Schillers Musenalmanach.

W: Das Blütenalter der Empfindung, R. 1794 (n. H. Moens 1982); Gedichte, II 1800–02; Amanda und Eduard, R. II 1803; Bunte Reihe kleiner Schriften, 1805; G. Boccaccio: Fiammetta, Übs. 1806; Briefw. m. C. Brentano, hg. H. Amelung II ²1939, D. v. Gersdorff 1981; Briefe an H. v. Arnstein, hg. K. Schenk zu Schweinsberg 1985.
L: A. Hang, Diss. Ffm. 1934; D. v. Gersdorff, 1984.

Merkel, Garlieb Helwig, 21. 10. 1769 Lodiger/Livland – 9. 5. 1850 Gut Depkinshof b. Riga; Pfarrerssohn; Beamter und Hauslehrer; ging 1797 nach Weimar; 1800 in Berlin; mußte 1806 in s. Heimat fliehen, kehrte 1816 nach Berlin zurück. – Rationalist. Erzähler und konservativer, polem. Publizist, Gegner Goethes und der Romantik bes. in der mit A. v. Kotzebue gegründeten Zeitung ›Der Freymüthige‹ (1803–07) und in den ›Briefen an ein Frauenzimmer . . .‹

W: Erzählungen, 1800; Briefe an ein Frauenzimmer über die neuesten Produkte der schönen Literatur in Deutschland, XVI 1801–03; Sämtl. Schriften, III 1808; Darstellungen und Charakteristiken aus meinem Leben, II 1839f.; Thersites, Erinn., hg. M. Müller-Jabusch 1921. – Ausw., hg. H. Adameck 1959.

Merker, Emil, 7. 4. 1888 Mohr b. Podersam/Böhmen – 23. 7. 1972 Ebratshofen b. Lindau; Sohn e. Häuslers und Dorfschneiders; kam 10jähr. mit s. Familie nach Komotau; Gymnas. ebda.; Stud. Naturwiss. Prag; Dr. phil.; 1915–1935 Prof. an der Höheren Forstschule in Reichstadt/Böhmen; dann freier Schriftsteller in Nestomitz b. Aussig; ⚭ 1945 Helene Hoffmann; Ausweisung aus der Tschechoslowakei; nahezu erblindet; lebte bis 1948 in bescheidenen Verhältnissen in Ginselried/Bayr. Wald, zog dann nach Moosbach/Allgäu; zuletzt Ebratshofen, Kr. Lindau. – Schwerblüt. sudetendt. Lyriker und Erzähler von tiefem Verständnis für menschl.-seel. Not und eigenwilliger, bildstarker Sprache mit Anklängen an Stifter. Grundthema s. von starkem Naturgefühl getragenen, in die sudetendt. Landschaft eingebetteten Werkes ist die Läuterung der menschl. Seele in Leid und Einsamkeit. Nach dem Urbild s. Schwester gestaltete M. den Roman ›Der Weg der Anna Illing‹ vom Schicksal e. sudetendt. Dorfschneiderstochter, die in tapferer Selbstüberwindung ihr Leben ihren beiden Brüdern opfert und nach deren Tod im Leid besteht. E. Bericht s. eigenen Lebens gab er in ›Unterwegs‹. Biograph Stifters und Flauberts.

W: Der junge Lehrer Erwin Moser, R. 1930; Verzückte Erde, G. 1931; Die Kinder, R. 1932; Der Kreuzweg, G. 1934; Der Weg der Anna Illing, R. 1938; Der Bogen, G. 1940; Der Winter in Buchberg, E. 1942; Die wilden Geheimnisse, R. 1943; Herbst, R. 1947; Die große Trunkenheit, R. 1950; Unterwegs, Aut. 1951; Front wider den Tod, R. 1954; Das brennende Staunen, G. 1958; Im Widerschein des Glücks, E. 1958; Neue Gedichte, 1958; Aufbrechende Welt, R. 1959; Drinnen und Draußen, Ess. 1962; Böhmisches Erzgebirge, Erinn. 1965.

L: E.-M. Thaler, Diss. Salzb. 1979.

Merseburger Zaubersprüche, zwei ahd. Zauberformeln, wohl im 10. Jh. auf das leere Vorsatzblatt e. Missales des 9. Jh. der Bibliothek des Domkapitels zu Merseburg aufgezeichnet, doch vor 750 entstanden. Einzige rein heidn. dt. Sprachdenkmäler. Beide Sprüche in Stabreimen beginnen mit e. ep. Bericht über die in e. ähnl. Fall geschaffene Abhilfe und enden mit e. mag. Beschwörungsformel: der erste zur Befreiung von Gefangenen, der zweite zur Heilung e. lahmen Pferdes. Der Lösezauber greift auf die Tätigkeit der germ. Idisen, Schlacht-

jungfrauen, zurück; der Heilsegen erinnert an die Kraft der germ. Götter, bes. die Allmacht Wodans, dessen Besprechen allein die Heilung erreichte, die zwei Paare von Göttinnen vergebl. versuchte.

A: W. Braune u. K. Helm, Ahd. Lesebuch, [16]1979.

Merswin, Rulman, 1307 Straßburg – 18. 6. 1382 ebda.; aus alter Patrizierfamilie; Kaufmann u. Wechsler in Straßburg; dann ganz relig. Meditation zugewandtes Leben; Förderer der Bewegung der ›Gottesfreunde im Oberland‹; stiftete 1366 das Johanniterhaus zum ›Grünenwörth‹, zog sich im Alter dorthin zurück. – Mystiker, stark gefühlsbetont, von Tauler, Seuse und Ruusbroec beeinflußt. Vermutl. Vf. der Schriften unter dem Namen des ›Gottesfreundes im Oberland‹: mystische Predigten und Traktate, erfundene biograph. Erzählungen u. a.

A: Vier anfangende Jahre. Des Gottesmannes Fünfmannenbuch, hg. Ph. Strauch 1927; Neun-Felsen-Buch, hg. ders. 1929.

L: E. Dehnhart, Diss. Marb. 1940; W. Rath, D. Gottesfreund v. Oberland, ²1955.

Merz, Carl (eig. Carl Czell), 30. 1. 1906 Kronstadt/Siebenbürgen – 31. 10. 1979 Kirchberg/Niederösterr. (Freitod); Dipl.-Kaufmann, Schauspieler in versch. Städten, ab 1924 Kabarettist in Wien. – Mitautor des kabarettist. Monologs ›Der Herr Karl‹. In s. zeitkrit. gefärbten Unterhaltungsromanen Meister versteckter Pointierung. Auch Essays, Hörspiele u. Drehbücher für Film u. Fernsehen.

W: Eisrevue, R. 1959; Blattl vor'm Mund, Ess. II 1959–61 (m. H. Qualtinger); Traumwagen aus zweiter Hand, R. 1961; Der Herr Karl, Dr. 1962 (m. H. Qualtinger); An der lauen Donau, Drr. 1965 (m. H. Qualtinger); Die Hinrichtung, Dr. (1965, m. H. Qualtinger); Kurzer Prozeß, Drehb. (1967, m. M. Kehlmann); Jenseits von Gut und Krankenkasse, En. 1968; Passion eines Politikers, FSsp. (1972); Der Opernnarr, R. 1973.

Meschendörfer, Adolf, 8. 5. 1877 Kronstadt/Siebenbürgen – 4. 7. 1963 ebda.; Kaufmannssohn; Handelsakademie; Stud. Germanistik und ev. Theologie Straßburg, Wien, Budapest, Heidelberg, Klausenburg und Berlin; Gymnasiallehrer in Kronstadt; 1907–14 Hrsg. der kulturpolit. Zs. ›Karpathen‹; 1926–42 Direktor des Honterus-Gymnas. in Kronstadt; 1937 Dr. phil. h. c. – Vielseitiger Erzähler und Dramatiker mit Stoffen aus s. siebenbürg. Heimat; auch Übs. Große Verdienste um das Kulturleben der Siebenbürger Sachsen.

W: Michael Weiß, Sch. 1919; Leonore, R. 1920; Gedichte, 1930; Die Stadt im Osten, R. 1931; Dramen, 1931; Der Büffelbrunnen, R. 1935; Siebenbürgen, Land des Segens, Aut. 1937; Zauber der Heimat, Nn. 1944; Siebenbürgische Geschichten, 1947.

Meyer, Alfred Richard (Ps. Munkepunke), 4. 8. 1882 Schwerin – 9. 1. 1956 Lübeck; Stud. Jura Marburg, Würzburg, Göttingen, Jena und Berlin; Verlagsbuchhändler, Lektor und Redakteur meist in Berlin, zuletzt in Lübeck. – Verleger der frühen expressionist. Lyriker; Übs. (Ossian, Verlaine), formgewandter u. geistreicher Erzähler u. Lyriker.

W: Würzburg im Taumel, G. 1911; Das Kidronsquellchen, G. 1913; Flandrische Etappe, N. 1917; Der große Munkepunke, Ausw. 1924; Die Vitrine, G. 1928; Munkepunkes 50 törichte Jungfrauen, G. 1932; Die maer von der musa expressionistica, Schr. 1948; Wenn nun wieder Frieden ist, G. 1948.

L: G. G. Kobbe, 1933 (m. Bio-Bibl.); A. R. M., Katalog M. Edelmann 1963; Bibl.: P. Josch (Philobiblon 26, 1982).

Meyer, Conrad (seit 1877 auch) Ferdinand, 11. 10. 1825 Zürich – 28. 11. 1898 Kilchberg b. Zürich.

Aus alter, wohlhabender Patrizierfamilie; sensibler, früh neurot. und melanchol. Sohn e. Regierungsrats († 1840) und e. streng kalvinist., schwermütigen Mutter (Selbstmord 1856); Gymnas. Zürich, 1843 zur weiteren Ausbildung bei Lausanne, Einfluß des Historikers L. Vuillemin; Stud. Jura Zürich, private hist. und philolog. Studien, auch Beschäftigung mit Malerei. 1852 in der Nervenheilanstalt Préfargier bei Neuenburg, nach der Entlassung in Neuenburg, 1853 nach Lausanne, 1854 nach Zürich zurück. Nach e. Erbschaft wirtschaftl. unabhängig; mit s. Schwester Betsy, die s. Haushalt führte, 1857 Reisen nach Paris, München und 1858 Italien, bes. Rom (maßgebl. Einflüsse aus der Kunsterleben). 1860 wieder in der Schweiz, Engelberg und Lausanne, wo er sich als Dozent niederlassen wollte. Gelangte nach mißglückten Versuchen erst um 1870 zu innerl. Festigung und Selbstvertrauen im dichterischen Schaffen. Zweisprachig gebildet, entschied sich erst unter dem Eindruck des Krieges 1870/71 für den dt. Sprach- und Kulturkreis. Bis 1875 an versch. Orten der Schweiz, bes. auf dem Seehof zu Meilen. 5. 10. 1875 ⚭ Luise Ziegler, Tochter e. Obersten. Erneute Italienreise, ab 1877 zurückgezogen in Kilchberg b. Zürich; Dr. h. c. Zürich, 1892/93 Nervenheilanstalt Königsfelden, geisteskrank bis zu s. Tod. – Neben Gotthelf und Keller dritter großer schweizer. Erzähler und Lyriker des 19. Jh., am stärksten vom roman. Sprach- u. Formgefühl geprägt. Begann mit hist. Balladen und wandte sich in s. außerordentl. plast., der bildenden Kunst nahen Lyrik von individueller Gefühlsaussage zum objektiven symbolist. Dinggedicht als distanziertem, erst in unermüdl. Feilen hervorgebrachten aristokrat. ästhet. Kunstwerk. Als Erzähler neben hist. und legendenhaften Versepen und e. hist. Roman vornehmlich Meister der streng geformten, meist durch Rahmenform gedämpften u. distanzierten hist. Novelle von kunstvoller, prägnanter und bildstarker Stilisierung und symbol. Vertiefung mit Stoffen meist aus den von ihm (gewissermaßen als Kompensation eigener Lebensschwäche) bevorzugten lebensstarken Zeitaltern der Hochrenaissance und der Glaubenskriege mit ihren großen Ereignissen und vitalen, selbstherrl. und gewalttätigen Gestalten: Historie als bewußtes Ausweichen vor mod. Lebensproblematik und vorgeprägter Stoff mit größerer Möglichkeit zu kunstvoller Ausarbeitung und monumentaler Stilisierung in opt. konzipierten, bildstarken dramat. Szenen. Vorliebe für das Motiv sittl. Gewissensentscheidung in moralfreier, gewaltsamer Umwelt.

W: Zwanzig Balladen von einem Schweizer, 1864; Balladen, 1867; Romanzen und Bilder, G. 1871; Huttens letzte Tage, Ep. 1871; Engelberg, Ep. 1872; Das Amulet, N. 1873; Georg Jenatsch, R. II 1876 (später u. d. T. Jürg Jenatsch); Der Schuß von der Kanzel, N. 1877; Der Heilige, N. 1879; Gustav Adolfs Page, N. 1882; Plautus im Nonnenkloster, N. 1882; Gedichte, 1882 (erw. 1892); Das Leiden eines Knaben, N. 1883; Die Hochzeit des Mönchs, N. 1884; Die Richterin, N. 1885; Novellen, II 1885; Die Versuchung des Pescara, N. 1887; Angela Borgia, N. 1891; Unvollendete Prosadichtungen, hg. A. Frey II 1916. – SW, hg. H. Maync u. E. Ermatinger XIV 1925; SW, hg. R. Faesi IV 1929; SW, hkA., hg. H. Zeller u. A. Zäch XV 1958ff.; VII 1962ff.; Werke, hg. H. Engelhard II 1960; Briefe, hg. A. Frey II 1908; hg. O. Schulhess 1927; Briefw. m. L. v. François, hg. A. Bettelheim 1905; m. G. Keller, 1908; m. J. Rodenberg, hg. A. Langmesser 1918.

L: L. Frey, C. F. M.s Gedichte und Novellen, 1892; E. Korrodi, 1912; R. d'Harcourt, 1913; W. Brecht, C. F. M. u. d. Kunstwerk s.

Gedichtsammlung, 1918; M. Nußberger, 1919; T. Bohnenblust, Anfänge d. Künstlertums v. C. F. M., Diss. Bern 1922; E. Everth, 1924; A. Frey, ⁴1925; H. Maync, 1925; K. Lusser, C. F. M., das Problem s. Jugend, 1926; F. F. Baumgarten, ²1948; R. Faesi, ²1948; R. Fischer, 1949; H. v. Lerber, 1949; H. Henel, The Poetry of C. F. M., Madison 1954; L. Hohenstein, 1957; L. Wiesmann, 1958; W. D. Williams, The Stories of C. F. M., Lond. 1962; M. Pensa, Bologna 1963; G. Brunet, C. F. M. et la nouvelle, Paris 1967; P. Øhrgaard, Koph. 1968; A. Zäch, 1973; G. Hertling, C. F. M.s Epik, 1973; S. Onderdelinden, D. Rahmenerz. C. F. M.s, Leiden 1974; D. A. Jackson, 1975; F. Kittler, D. Traum u. d. Rede, 1977; M. Burkhard, Boston 1978; K. Fehr, ²1980; ders., 1983; T. V. Laane, Imagery in C. F. M.s Prose Works, 1983.

Meyer, E. Y. (eig. Peter Meyer), * 11. 10. 1946 Liestal b. Basel; Jugend in Biel, Stud. Philos. und Germanistik Bern, Primarlehrer in Ittingen, 1973 freier Schriftsteller in Bern. – Vf. kompromißlos krit. Heimaterzählungen offener Form mit präziser Beschreibung der Banalität in komplizierten Schachtelsätzen; Entlarvung der Idylle als mysteriöse Gefahr. Auch Essay und Hörspiel.

W: Ein Reisender in Sachen Umsturz, En. 1972; Spitzberg, H. (1972); In Trubschachen, R. 1973; Eine entfernte Ähnlichkeit, En. 1975; Die Rückfahrt, R. 1977; Die Hälfte der Erfahrung, Ess. 1980; Plädoyer, Schr. 1982; Sundaymorning, Dr. 1984.

L: B. v. Matt, hg. 1983 (m. Bibl.).

Meyer, Gustav → Meyrink, Gustav

Meyer-Eckhardt, Victor, 22. 9. 1889 Hüsten/Westf. – 2. 9. 1952 Breyell/Niederrhein; Sohn eines Kunstmalers; Stud. in Münster; Dr. phil.; Bibliothekar in Düsseldorf; weite Reisen, dann freier Schriftsteller in Leutherheide. – Von antiker Kunst und humanist. Kultur bestimmter Erzähler hist. Romane und Novellen mit symbol. Zügen; auch Lyriker und Dramatiker; lehnte den chaot. Expressionismus scharf ab.

W: Der Bildner, G. 1921; Dionysos, Dicht. 1924; Die Möbel des Herrn Berthélemy, R. 1924; Die Gemme, Nn. 1926; Das Marienleben, Dicht. 1927; Stern über dem Chaos, Nn. 1936; Menschen im Feuer, Nn. 1939; Orpheus, G. 1939; Der Graf Mirabeau, Nn. 1940; Die Zecher von Famagusta, En. 1940; Der Herr des Endes, R. 1948; Madame Sodale, R. 1950; Der Herzog von Enghien, Nl. 1973.

Meyer-Förster, Wilhelm, 12. 6. 1862 Hannover – 17. 3. 1934 Berlin; Stud. Jura, dann Kunstgeschichte Leipzig, Wien, Berlin und München; ⚭ 1890 Schriftstellerin Elsbeth Blasche; lebte 1890–98 in Paris, dann in Berlin-Grunewald; 1904 erblindet. – Erzähler und Dramatiker, wurde schon während s. Studiums durch die Satire ›Die Saxo-Saxonen‹ berühmt. Bis heute erfolgreich blieb s. sentimentales Rührstück ›Alt-Heidelberg‹, e. Dramatisierung s. Romans ›Karl Heinrich‹.

W: Die Saxo-Saxonen, R. 1886; Unsichtbare Ketten, Dr. (1890); Kriemhild, Dr. (1891); Alltagsleute, R. 1897; Karl Heinrich, R. 1899; Alt-Heidelberg, Sch. 1903; Süderssen, R. 1903; Durchlaucht von Gleichenberg, R. 1923.

Meyer von Knonau, Johann Ludwig, 5. 7. 1705 Zürich – 31. 10. 1805 Gut Knonau b. Zürich; Jugend in holl. Kriegsdiensten; Landwirt auf s. Gut Knonau, auch Maler; Gerichtsherr ebda. – Fabeldichter der Aufklärung.

W: Ein halbes Hundert Neuer Fabeln, 1744.

Meyer-Wehlack, Benno, *17. 1. 1928 Stettin; Bauhilfsarbeiter, Verlagsbote, Regieassistent, Dramaturg der Fernsehspielabteilung beim Südwestfunk; 1962 freier Schriftsteller in Charlottenburg. – Fernseh- und Hörspielautor, beleuchtet in s. zeitnahen, trotz einfacher Sprache und geringem Aufwand wirkungsvollen Spielen die Schicksale einfacher Menschen.

W: Die Versuchung, H.e 1958; Zwei Hörszenen, 1958; Die Nachbarskinder, H. (1960); Das goldene Rad, H. (1961); Kreidestriche ins Ungewisse, H. (1962); Stück für Stück, FSsp. (1964); Neun Monate, H. (1968); Im Kreis, FSsp. (1970); Modderkrebse, Dr. 1971; Ein Vogel bin ich nicht, FSsp. (1971); Herlemanns Traum, FSsp. (1972); Ulla, FSsp. (1974); Die Sonne des fremden Himmels, H.e 1978; Pflastermusik, En. 1982.

Meyern, Wilhelm Friedrich von (eig. Meyer), 26. 1. 1762 Ansbach – 13. 5. 1829 Frankfurt/M.; Stud. Jura, Philol., Geschichte und Naturwiss. in Altdorf und Erlangen; österr. Offizier; 1807 Gesandtschaftsattaché auf Sizilien; 1813 beim Generalstab, dann wieder Diplomat in Rom und Madrid; zuletzt in Frankfurt. – Erzähler e. phantast. Romans zur Verherrlichung des Freimaurertums.

W: Dya-Na-Sore oder Die Wanderer, R. III 1787 (n. 1979); Die Regentschaft, Tr. 1895; Hinterlassene kleine Schriften, III 1842.
L: A. Schmidt, Dya Na Sore, 1958.

Meyfart, Johann Matthäus, 9. 11. 1590 Jena – 26. 1. 1642 Erfurt; Pastorssohn, Stud. Theol. Jena und Wittenberg, 1617 Prof. am Akad. Gymnas. Coburg, 1623 Direktor ebda.; 1633 Prof., Dekan und 1634 Rektor in Erfurt. – Evangel. Theologe, Prediger, Erbauungsschriftsteller, Vf. geistl. Lieder (›Jerusalem, du hochgebaute Stadt‹) und e. Rhetorik. Gegner der Hexenprozesse.

W: Tuba poenitentium prophetica, Pred. 1625; Tuba novissima, Pred. 1626 (n. 1980); Das himmlische Jerusalem, Schr. 1627; Das höllische Sodoma, Schr. 1630; Das Jüngste Gericht, Schr. 1632; Teutsche Rhetorica, Schr. 1634 (n. 1977); Christliche Erinnerung, Schr. 1636.
L: Ch. Hallier, 1982; E. Trunz, 1987.

Meyr, Melchior, 28. 6. 1810 Ehringen b. Nördlingen – 22. 4. 1871 München; Bauernsohn; Lateinschule Nördlingen, Gymnas. Ansbach und Augsburg; Stud. Jura München, ging unter Schellings Einfluß zur Philos. über; Weiterstudium in Erlangen, dort Verkehr mit Rückert; Dr. phil.; lebte in München, 1840–52 Berlin, dann wieder München. – Fruchtbarer Erzähler, Dramatiker und Lyriker, Vf. philos. Schriften. Hatte großen Erfolg mit den lebensnahen novellist. Charakterbildern aus s. Heimat ›Erzählungen aus dem Ries.‹ Vorläufer der Heimatkunst. S. Gedichte, Tragödien, Romane und religionsphilos. Werke fanden weniger Zustimmung.

W: Wilhelm und Rosina, G. 1835 (n. 1967); über die poetischen Richtungen unserer Zeit, Schr. 1838; Franz von Sickingen, Dr. 1851; Erzählungen aus dem Ries, Nn. 1856 (n. 1904); Gedichte, 1857; Neue Erzählungen aus dem Ries, IV 1859; Vier Deutsche, R. III 1861; Novellen, 1863; Ewige Liebe, R. II 1864; Erzählungen, 1867; Dramatische Werke, 1868.
L: H. Gluck, 1914; B. Gramse, Diss. Danzig 1935; J. Leonhardt, Diss. Bresl. 1938.

Meyrink (urspr. Meyer), Gustav, 19. 1. 1868 Wien – 4. 12. 1932 Starnberg/Obb.; Sohn des württ. Ministers Carl Freih. von Varnbüler und der bayr. Hofschauspielerin Marie Meyer; Gymnas. München, Hamburg und Prag; Stud. Handelsakademie Prag; 1889–1902 Bankier in Prag; 1903 Redakteur des ›Lieben Augustin‹ in Wien, Mitarbeiter des ›Simplicissimus‹; erhielt 1917 vom bayr. König das Recht, sich nach e. Vorfahren offiziell Meyrink zu nennen; trat 1927 vom Protestantismus zum Mahājāna-Buddhismus über. Freundschaft mit A. Kubin. – Phantasievoller, erfolgr. okkultist. romant. Erzähler; beeinflußt von E. T. A. Hoffmann und E. A. Poe. Vorläufer Kafkas u. mod. Traum- und Visionsdichtung. S. in farbiger Sprache geschriebenen Romane und Novellen bes. aus der gespen-

stig-hintergründigen Atmosphäre des alten Prag stellen Grotesk-Absurdes und Myst.-Unheimliches nebeneinander, mischen schwermütigen Ernst, grausige Vision, iron. Scherz und bittere Satire gegen Spießertum, Heuchelei und Bürokratie der Jh.-Wende und steigern sich später zu apokalypt. Visionen von Revolution und Weltuntergang; messian. Ideen und buddhist. Lehren neben alten Prager Lokalsagen, z. B. vom Golem. Auch zeitkrit. Feuilletonist, Lustspielautor (in Zusammenarbeit mit Roda Roda) und Übs. von Dickens.

W: Der heiße Soldat, En. 1903; Orchideen, En. 1904; Das Wachsfigurenkabinett, En. 1908; Des deutschen Spießers Wunderhorn, Nn. III 1913 (n. 1971); Der Golem, R. 1915 (n. 1979); Das grüne Gesicht, R. 1916; Fledermäuse, Nn. 1916; Walpurgisnacht, R. 1917 (n. 1977); Der Engel vom westlichen Fenster, R. 1920 (n. 1966; eig. von F. A. Schmid Noerr, unter M.s Namen publ.); Der weiße Dominikaner, R. 1921 (n. 1978); An der Schwelle des Jenseits, Schr. 1923; Goldmachergeschichten, En. 1925; Das Haus zur letzten Latern, Nl. 1973. – GW, VI 1917.
L: M.-E. Thierfelder, Diss. Mchn. 1953; E. Frank, 1957; S. Schödel, Diss. Erl. 1965; M. Lube, Diss. Graz 1970; H. Abret, 1976; G. M., hg. Y. Caroutch, Paris 1976; M. Lube, 1980; M. Qasim, 1981; C. Mathière, La dramaturgie de G. M., Paris 1985; E. Aster, 1980.

Meysenbug, Malwida Freiin von, 28. 10. 1816 Kassel – 26. 4. 1903 Rom; Ministerstochter aus Hugenottenfamilie, die 1825 geadelt wurde; nahm 1848 Partei für die Freiheit des Volkes; fand sich während ihres Besuchs der Frauenhochschule in Hamburg in ihrem Kampf um Arbeiter- und Frauenbildungsfragen bestärkt; wegen Briefwechsels mit revolutionären Politikern und Pädagogen 1852 aus Berlin ausgewiesen; ging freiwillig nach England, bis 1859 in London Erzieherin, Sprachlehrerin und Berichterstatterin für polit. Zeitungen. Beziehungen zu polit. Emigranten, bes. K. Schurz und A. Herzen; ging mit dessen Tochter 1861 nach Paris, später nach Florenz, Rom und Ischia; kam ab 1872 öfter nach Bayreuth zu R. Wagner; 1876/77 mit F. Nietzsche in Sorrent; seit 1877 Schriftstellerin in Rom; Freundschaft mit bedeutenden Persönlichkeiten (Liszt, Garibaldi, R. Rolland, Fürst Bülow u. a.). – Strebt als Erzählerin nach ästhet.-sittl. Veredlung des Menschen. Vf. sehr interessanter Memoiren.

W: Eine Reise nach Ostende, 1849; Memoiren einer Idealistin, III 1876 (n. 1985); Stimmungsbilder, 1879; Phädra, R. III 1885; Ges. Erzählungen, 1885; Der Lebensabend einer Idealistin, Aut. 1898. – GW, hg. B. Schleicher V 1920; Ausw., hg. H. G. Schwark 1984; Briefw. m. Nietzsche, 1905; Briefe, hg. B. Schleicher 1920; Im Anfang war die Liebe, Br. 1926; Briefw. m. L. S. Ruhl, hg. B. Schleicher 1929, m. R. Rolland, hg. dies. 1932; Briefe an J. u. G. Kinkel, hg. S. Rossi 1982.
L: E. Reicke, 1912; B. Schleicher, 1929, 1932 u. 1947; G. Vivant, Un esprit cosmopolite au XIXe siècle, Paris 1932, n. 1976; M. Schwarz, 1933; G. Meyer-Hepner, 1948.

Michael, Friedrich, 30. 10. 1892 Ilmenau/Thür. – 22. 6. 1986 Wiesbaden; Arztsohn; Stud. Theaterwissenschaft Leipzig; Dr. phil.; freier Schriftsteller und Theaterkritiker; redigierte 1929/30 die von der Dt. Gesellschaft für Auslandsbuchhandel hrsg. Zs. ›Das Deutsche Buch‹; seit 1933 Mitarbeiter des Insel-Verlags, 1942 Prokurist, 1945–60 Leiter der Wiesbadener Zweigstelle, lebte in Wiesbaden. – Sprachgewandter Erzähler charmant-humorvoller Romane, Lyriker, Dramatiker, bes. Komödienautor, und Essayist. Bekannt durch s. Komödie ›Der blaue Strohhut‹.

W: Die Anfänge der Theaterkritik in Deutschland, Schr. 1918; Deutsches Theater, Schr. 1923 (u. d. T. Geschichte des deutschen

Theaters, 1969); Die gut empfohlene Frau, R. 1932; Flucht nach Madras, R. 1934; Blume im All, G. 1940; Silvia und die Freier, R. 1942; Der blaue Strohhut, Lsp. 1942; Große Welt, K. 1943; Ausflug mit Damen, K. (1946); In kleinstem Kreis, E. 1947; So müßte man sein, K. (1961); Von der Gelassenheit, Ess. 1965; Gastliches Haus, Ess. 1967; So ernst wie heiter, Ess. 1983; Der Leser als Entdecker, Ess. 1983; Altes Erlebnis erneuern, En., G. 1986.

Michel, Robert, 24. 2. 1876 Chabeřice/Böhmen – 11. 2. 1957 Wien-Penzing; Sohn e. Hofökonomiebeamten, mütterlicherseits tschech. Abstammung; Kadett in Prag; zuletzt Major; zeitweilig in Bosnien und der Herzegowina; im 1. Weltkrieg an mehreren Fronten; daneben im Auftrag des österr. Außenministeriums in den besetzten Gebieten des Ostens tätig; 1918 Leiter des Burgtheaters in Wien mit H. Bahr und M. Devrient; lebte in Wien. – Böhm. Erzähler und Dramatiker mit expressionist. Tendenz; auch Folklorist und Übs. aus dem Tschech. und Slowen. Sucht die bosn.-oriental. Welt zu erschließen

W: Die Verhüllte, Nn. 1907; Der steinerne Mann, R. 1909; Mejrima, Dr. 1909; Geschichten von Insekten, 1911; Das letzte Weinen, Nn. 1912; Die Häuser an der Džamija, R. 1915; Briefe eines Hauptmanns an seinen Sohn, 1916; Der weiße und der schwarze Beg, Lsp. (1917); Briefe eines Landsturmleutnants an Frauen, 1918; Gott und der Infanterist, Leg. 1919; Der heilige Candidus, Dr. 1919; Jesus im Böhmerwald, R. 1927; Die geliebte Stimme, R. 1928; Die Burg der Frauen, R. 1934; Potemkin, B. 1938; Halbmond über der Narenta, E. 1940; Die Augen des Waldes, R. 1946; Die allerhöchste Frau, R. 1947; Die Wila, R. 1948.

Michelsen, Hans Günter, ✱ 21. 9. 1920 Hamburg; Offizierssohn, 1939–49 Wehrdienst und russ. Kriegsgefangenschaft, 1952/53 Dramaturg in Trier, Rundfunkmitarbeiter in München; 1960–62 Pressechef des Schillertheaters Berlin, dann freier Schriftsteller in Frankfurt/M.; 1973 Schauspieler am Stadttheater Bremerhaven. –

Vf. wortkarger, figurenarmer, hintergründiger Dramen in Nähe zu Beckett, deren Figuren menschl. Situationen und Verhaltensweisen im Modell, in bewußt abgegriffener Alltagssprache vorführen und in e. Schwebezustand ausklingen lassen.

W: Lappschieß/Stienz, Drr. 1963; Feierabend 1 und 2, Drr. (1963 in: Spectaculum 6); Episode, H. (1964); Drei Akte/Helm, Drr. 1965; Frau L., Dr. (1967); Zu Hause, FSsp. (1968); Planspiel, Dr. (1969 in: Spectaculum 13); Drei Hörspiele, 1971; Sein Leben, Dr. (1977); Alltag, Dr. (1978); Kindergeburtstag, Dr. (1981); Von der Maas bis an die Memel, Dr. (1987).

Mickel, Karl, * 12. 8. 1935 Dresden; Arbeitersohn, 1953–59 Stud. Volkswirtschaft Berlin, wiss. Mitarbeiter des Verlags Die Wirtschaft, 1959–63 Redakteur des Zs. ›Junge Kunst‹; Dozent für Wirtschaftsgesch. in Ost-Berlin, 1971 Mitarbeiter des ›Berliner Ensembles‹, Dozent Schauspielschule Berlin. – Vf. satir. Kabarettsketches u. -szenen in der Brechtnachfolge und metaphernreicher, prätentiöser, im Ton skept. Lyrik von betonter Formbewußtheit und Kunstfertigkeit in Traditionsbezug zu Antike und Goethezeit; wegen mangelnder Volkstümlichkeit getadelt.

W: Lobverse und Beschimpfungen, G. 1963; Vita nova mea, G. 1966; Nausikaa, Dr. (1968); Einstein/Nausikaa, Drr. 1974; Eisenzeit, G. 1975; Gelehrtenrepublik, Ess. 1976; Odysseus in Ithaka, G. 1976; Palmström als Programmierer, G. 1977.
L: U. u. R. Heukenkamp, 1985.

Miegel, Agnes, 8. 3. 1879 Königsberg – 26. 10. 1964 Bad Salzuflen. Kaufmannstochter, Kindheit in Königsberg, 1894–96 in e. Pensionat in Weimar, 1899 in Paris, ab 1902 Internat der Clifton High School Bristol/England; Studienreisen nach Frankreich und Italien; Journalistin in Berlin,

ab 1917 freie Schriftstellerin in Königsberg; 1920–26 Schriftleiterin der ›Ostpreußischen Zeitung‹ ebda., 1924 Dr. h. c., ab 1933 Mitglied der Dt. Akad. der Dichtung. Schrieb e. Gedicht auf Hitler. Nach dem 2. Weltkrieg bis 1946 in e. dän. Flüchtlingslager, dann in Schleswig-Holstein, ab 1948 in Bad Nenndorf. – Lyrikerin und Erzählerin aus christl. Weltbild mit herben, volksliednahen Gedichten und balladesken Novellen um Landschaft und Menschen ihrer ostpreuß. Heimat in traditionellen Formen und bildstarker Sprache. Von B. von Münchhausen geförderte bedeutendste dt. Balladendichterin des 20. Jh. In ihrer innerl. Dichtung treten Ereignisse und Charaktere zurück gegenüber e. trag.-schwermütigen Stimmungskunst um die ewigmenschl. Grundthemen Natur, Kindheit, Heimat, Liebe, Kampf und Tod, mit Steigerung des Realen ins Unheiml.-Hintergründige.

W: Gedichte, 1901; Balladen und Lieder, 1907 (u. d. T. Frühe Gedichte, 1939); Gedichte und Spiele, 1920; Geschichten aus Alt-Preußen, En. 1926 (daraus: Die Fahrt der sieben Ordensbrüder, E. 1933); Die schöne Malone, E. 1926; Spiele, Drr. 1927; Gesammelte Gedichte, 1927; Kinderland, Aut. 1930; Dorothee. Heimgekehrt, En. 1931 (erw. u. d. T. Noras Schicksal, 1936); Herbstgesang, G. 1932; Der Vater, Aut. 1933; Kirchen im Ordensland, G. 1933 (erw. u. d. T. Ordensdome, 1941); Gang in die Dämmerung, En. 1934; Unter hellem Himmel, Erinn. 1936; Das Bernsteinherz, En. 1937; Katrinchen kommt nach Hause, En. 1937; Wunderliches Weben, En. 1940; Ostland, G. 1940; Im Ostwind, En. 1940; Mein Bernsteinland und meine Stadt, Dicht. 1944; Du aber bleibst in mir. Flüchtlingsgedichte, 1949; Gesammelte Gedichte, 1949; Die Blume der Götter, En. 1949; Die Meinen, Erinn. II 1951; Der Federball, En. 1951; Truso, En. 1958; Mein Weihnachtsbuch, En. 1959; Heimkehr, En. 1962. – GW, VII 1952–65; Ausw. 1965, 1977; Gedichte a. d. Nl., 1979.
L: M. Schuchow, 1929; P. Fechter, 1933; K. Plenzat, 1938 (m. Bibl.); Stimmen der Freunde, 1939; I. Meidinger-Geise, A. M. u. Ostpreußen, 1955; E. Krieger, 1959; Leben, was

war ich dir gut, hg. R. M. Wagner 1965; A. Piorreck, 1967; K.-D. Hoffmann, D. Menschenbild b. A. M., 1969; E. Riemann, 1975; Bibl.: A. Podlech, 1973.

Miehe, Ulf, * 11. 5. 1940 Wusterhausen/Dosse; Buchhändlerlehre, 1961 Verlagslektor in Gütersloh, 1965 West-Berlin, dann freier Schriftsteller, Drehbuchautor und Filmregisseur in München. – Vf. filmischer Kriminalromane.

W: Die Zeit in W. und anderswo, En. 1968; Ich hab noch einen Toten in Berlin, R. 1973; Puma, R. 1976; Lilli Berlin, R. 1981.

Mikeleitis, verh. Ehlers, Edith (Ps. Edzar Schumann), 27. 2. 1905 Posen – 8. 7. 1964 Stuttgart; 1918 vertrieben, Übersiedlung nach Schlesien; Lyzeum und Lehrerinnenseminar; Stud. Philol., Staatsexamen; ging 1936 nach Berlin, dann in Braunschweig, Hamburg und Darmstadt, zuletzt Berlin-Wannsee. – Erzählerin mit Vorliebe für hist. und literarhist. Gestalten; auch Märchen und Dramen.

W: Hohe Wanderung, N. 1937; Das andere Ufer, R. 1938; Die Königin, Luise-R. 1940; Das ewige Bildnis, J. Böhme-R. 1942; Die Sterne des Kopernikus, E. 1943; Das Herz ist heilig, En. 1947; Die blaue Blume, K. Schelling-R. 1948; Ariel, N. 1949; Der große Mittag, Nietzsche-R. 1954; Der Engel vor der Tür, Rembrandt-R. 1962.

Miles, Rudolf → Henz, Rudolf

Miller, Arthur Maximilian, * 16. 6. 1901 Mindelheim/Schwaben, Lehrer; freier Schriftsteller in Kornau b. Oberstdorf. – Bayr.-schwäb. Erzähler um Heimat, Natur u. Glaube, oft mit hist. Stoffen. Auch volkstüml. schlichte Lyrik.

W: Herr Jörg von Frunsberg, E. 1928; Jungfer Josephe und Meister Balthasar Degenhart, En. 1929; Das Jahr der Reife, R. 1931; Schwäbische Gedichte, 1934; Martin und Marlene, E. 1935; Die Brüder, R. 1938; Die Hammerschmiede, R. 1938; Der Engel des Tales, En. 1943; Die Botin, E. 1948; B. Zink, B. 1948; Die Glaskugel, M. 1949; Der Dunkelstern, E. 1949; Die glücklichen Meister, En. 1949; Die Kelter Gottes, R. 1950; Die Poggermühle, E. 1955; Die Glückshaube, R. 1955; Der Affe des Bischofs, N. 1957; Der Becher der Gestirne, G. 1959; Der Herr mit den drei Ringen, R. 1959; Der glückliche Hannibal, R. 1960; Die Abenteuer des Fuhrmanns Jeremias, Jgb. 1960; Bist du es?, R. 1963; Crescentia von Kaufbeuren, B. 1968; Das Haus meiner Kindheit, Aut. 1972; Die Vorausgegangenen, Ess. 1973; Briefe der Freundschaft an G. von Le Fort, 1976; Der Sternenbaum, R. 1977.

Miller, Johann Martin, 3. 12. 1750 Ulm – 21. 6. 1814 ebda.; Predigerssohn; 1770 Stud. Theologie Göttingen; Anschluß an den ›Hain‹; Freundschaft mit Hölty, Boie u. a.; 1774 einige Monate in Leipzig, begleitete 1775 Klopstock von Göttingen nach Hamburg; Bekanntschaft mit M. Claudius; dann Rückkehr nach Ulm, bis 1780 Vikar am Gymnasium ebda.; 1780–83 Prediger in Jungingen b. Ulm; daneben ab 1781 Prof. erst des Naturrechts, dann der griech. Sprache, ab 1797 der katechet. Theologie am Ulmer Gymnas.; 1783 Münsterprediger in Ulm, dann Konsistorialrat und Frühprediger an der Dreifaltigkeitskirche; 1810 Dekan von Ulm. – Lyriker und Erzähler der Empfindsamkeit. Vf. überschwengl.-sentimentaler Briefromane, bes. der moralisierenden Klostergeschichte ›Siegwart‹, die die Empfindsamkeit der Wertherzeit ins Maßlose übersteigerte. Lyriker mit frischen, vielgesungenen Liedern mit volksliedhaften Anklängen, am bekanntesten ›Was frag ich viel nach Geld und Gut‹. Auch zahlr. Predigtbücher.

W: Beitrag zur Geschichte der Zärtlichkeit, R. 1776; Briefwechsel dreier akademischer Freunde, R. II 1776 f.; Predigten fürs Landvolk, III 1776–84; Siegwart, R. II 1776 (Faks. II 1971); Geschichte Karls von Burgheim und Emiliens von Rosenau, R. IV 1778 f.; Gedichte, 1783; Die Geschichte Gottfried Walthers, eines Tischlers, und des Städtleins Erlenburg, R. II 1786. – Ausw., hg. A. Sauer 1893. *L:* H. Kraeger, 1893; H. Strauß, Der Klosterroman, Diss. Mchn. 1921.

Miltenberg → Lafontaine, August Heinrich Julius

Mirbt, Rudolf, 24. 2. 1896 Marburg – 4. 12. 1974 Feldkirchen-Westerham; Sohn e. Kirchenhistorikers; Stud. Göttingen und Gießen ohne Abschluß; Buchhändler; 1934 Leiter der Mittelstelle für dt. Auslandsbüchereiwesen; 1945 freier Schriftsteller; 1953 Fachberater für mus. Erziehung an den Höheren Schulen in Kiel. – Dramatiker und Laienspieldichter, verdienter Förderer des Laienspiels.

W: Die Bürger von Calais, Sp. 1924; Passion, Sp. 1932; Die Reportage des Todes, Sp. 1932; Das Feiertags-Spiel, 1932.
L: H. Kaiser, Begegnungen u. Wirkungen, 1956.

Mirza Schaffy → Bodenstedt, Friedrich von

Mitterer, Erika, *30. 3. 1906 Wien; besuchte die Mittelschule und Fachkurse für Volkspflege ebda.; zeitweilig Fürsorgerin; seit 1924 mit R. M. Rilke, an den sie ihre ersten Gedichte sandte, bekannt und im Briefwechsel; ⚭ 1937 Dr. Fritz Petrowsky; lebt in Wien. – Österr. Lyrikerin und Erzählerin. In ihren formschönen, klangvollen Gedichten ursprüngl. von Rilke abhängig. Romane von traditionsgebundener Form um soziale und erot. Probleme.

W: Dank des Lebens, G. 1930; Charlotte Corday, Dr. (1932); Höhensonne, E. 1933; Gesang der Wandernden, G. 1935; Der Fürst der Welt, R. 1940; Begegnung im Süden, R. 1941; Wir sind allein, R. 1945; Briefwechsel in Gedichten mit R. M. Rilke, 1950; Die nackte Wahrheit, R. 1951; Kleine Damengröße, R. 1953; Wasser des Lebens, R. 1953; Ges. Gedichte, 1956; Tauschzentrale, R. 1958; Weihnacht der Einsamen, En. u. G. 1968; Klopfsignale, G. 1970; Entsühnung des Kain, G. 1974; Alle unsere Spiele, R. 1977; Das verhüllte Kreuz, G. 1985.

Mitternacht, Johann Sebastian, 1613 Hardesleben/Thür. – 25. 7.

1679 Zeitz; 1633 Stud. Theol. Wittenberg, 1636 Hofmeister, 1638–41 Pfarrer in Teutleben, 1642 Rektor in Bautzen, 1647 in Plauen, 1667 Superintendent in Zeitz. – Protestant. Schuldramatiker und Lyriker.

W: Feuer-Heiße Liebesflammen, G. 1653; Der unglückselige Soldat und vorwitzige Barbirer, Tr. 1662; Politica Dramatica, Dr. 1667. – Dramen, hg. M. Kaiser 1972.
L: M. Kaiser, 1972; N. Sorg, Restauration u. Rebellion, 1980.

Möller, Eberhard Wolfgang (Ps. Anatol Textor), 6. 1. 1906 Berlin – 1. 1. 1972 Bietigheim; Sohn e. Bildhauers, Stud. Philos., Theater-, Lit.-, Musikwiss. u. Gesch. in Berlin, 1929 erster großer Theatererfolg mit ›Douaumont‹, 1932 SA-Mitglied, 1933 Dramaturg in Königsberg, 1934 Theaterreferent im Propagandaministerium, 1935 in den Reichskultursenat berufen, 1937 Gebietsführer der HJ z. b. V., ab 1939 bei e. Propagandakompanie, 1942 Frontbewährung; fand nach 1945 in Dtl. wenig Resonanz u. lebte zurückgezogen in Bietigheim/ Württ. – Lyriker, Dramatiker, Erzähler. Schrieb neben besinnl. Versen chor.-dramat. Weihedichtungen für große nationale Feierstunden u. zeitpolit. Dramen. E. der meistgespielten Dramatiker des 3. Reiches. Nach 1945 nur noch erzähler. Werke u. e. Tagebuch veröffentlicht.

W: Aufbruch in Kärnten, Dr. (1928); Douaumont, Dr. 1929; Luther, Dr. (1933); Rothschild siegt bei Waterloo, Dr. 1934; Die erste Ernte, G. 1934; Der Insterburger Ordensfeier, Fsp. 1934; Berufung der Zeit, Kantaten 1935; Das Schloß in Ungarn, R. 1935; Volk und König, Schw. 1935; Panamaskandal, Dr. (1930) 1936; Kalifornische Tragödie, (1930) 1936; Frankenburger Würfelspiel, 1936; Der Sturz des Ministers, Dr. 1937; Der Admiral, Nn. 1937; Der Untergang Karthagos, Dr. 1938; Der Führer, Jgb. 1938; Der Reiterzug, Szenen 1939; Das brüderliche Jahr, G. 1941; Das Opfer, Fsp. 1941: Die Maske des Krieges, Ess. 1941; Die Frauen von Ragusa, R. 1952; Die Geliebte des Herrn Beaujou, R. 1954; Chicago, R. 1963; Doppelkopf, R. 1966; Die Söhne des Mars, Nn. 1970; Russisches Tagebuch, 1972.

Möllhausen, Balduin, 27. 1. 1825 Jesuitenhof b. Bonn – 28. 5. 1905 Berlin. Erlernte in Pommern die Landwirtschaft; wanderte 1850 nach Amerika aus; schloß sich 1851 der Expedition des Herzogs Paul von Württemberg in die Rocky Mountains an, wurde jedoch unter die Omahaindianer verschlagen und begleitete diese einige Monate auf ihren Jagdzügen; Teilnehmer e. weiteren Expedition als Zeichner und Topograph; 1854 Rückkehr nach Dtl.; durch A. v. Humboldt Kustos der kgl. Bibliotheken in Potsdam; 1857/58 3. Reise in unbekannte Gegenden Nordamerikas. – Vf. von 45 gefühlvollen Trivialromanen und 80 Novellen, die meist gleichfalls in Amerika spielen und Anklänge an Sealsfield, Cooper und Gerstäcker zeigen.

W: Tagebuch einer Reise vom Mississippi nach den Küsten der Südsee, 1858; Reise in den Felsengebirgen Nord-Amerikas, 1861; Der Halbindianer, R. 1861; Das Mormonenmädchen, R. VI 1864; Der Hochlandpfeifer, R. VI 1868; Die Kinder des Sträflings, R. 1876 (n. 1974); Der Schatz von Quivira, R. 1880; Haus Montague, R. III 1891; Der Vaquero, R. 1898. – Illustr. Romane, Reisen und Abenteuer, hg. D. Theden XXX 1906–08.
L: P. A. Barba, Philadelphia 1914.

Mönch Felix, Gedicht e. Thüringer Zisterziensers aus dem 13. Jh. Berichtet von e. Mönch, den der herrl. Gesang e. Vogels in den Wald lockt. Bei der Rückkehr glaubt er, dem Vogel e. Vormittag gefolgt zu sein, doch vergingen in der Zwischenzeit 100 Jahre. Als Legende im dt. MA. öfter behandelt, u. a. von Caesarius von Heisterbach.

A: E. Mai 1912 (Acta germanica, N. R. 4).
L: F. Müller, Diss. Erlangen 1913.

Mönch von Salzburg → Hermann von Salzburg

Mönnich, Horst, * 8. 11. 1918 Senftenberg/Lausitz; Stud.; Soldat, Kriegsgefangenschaft, Redakteur, Schriftsteller in Breitbrunn am Chiemsee. – Zeitnaher Erzähler, Fernseh- und Hörspielautor und Reiseschriftsteller.

W: Die Zwillingsfähre, G. 1942 (m. Günther M.); Russischer Sommer, Tg. 1943; Die Autostadt, R. 1951; Der Kuckucksruf, En. 1952; Das Land ohne Träume, Ber. 1954; Erst die Toten haben ausgelernt, E. 1956; Kopfgeld, H. (1959); Die Jubiläumsschrift, H. (1960, in: Hörspielbuch 1960); Reise durch Rußland, Ber. 1961; Der vierte Platz, Ber. 1962; Am Ende des Regenbogens, H. (1963); Hiob im Moor, H. 1966; Einreisegenehmigung, Ber. 1967; Ahnenerbe, FSsp. (1969); Aufbruch ins Revier, Rep. 1971; Quarantäne, H. 1971; Erinnerungstod, H. (1974); Die Reise zum Futa-Paß, H. (1974); Reise in eine neue Welt, Rep. 1978 (u. d. T. Jugenddorf, 1984); Am Ende des Regenbogens, H.e 1980.

Mörike, Eduard, 8. 9. 1804 Ludwigsburg – 4. 6. 1875 Stuttgart; Sohn e. Kreismedizinalrats († 1817); Lateinschule Ludwigsburg, kam 1817 nach Stuttgart, 1818 ins Seminar nach Urach; Freundschaft mit W. Hartlaub, W. Waiblinger und L. Bauer. 1822 im Tübinger Stift; Liebe zu ›Peregrina‹ (Maria Meyer), Freundschaft mit D. F. Strauß. 1826 Vikar in Nürtingen u. a. Orten, 1827/28 beurlaubt, lit. Tätigkeit, vorübergehend Redakteur der Franckschen Damenzeitung, 1829 Pfarrverweser in Pflummern und Plattenhardt, Verlobung mit Luise Rau, 1833 wieder gelöst. Dezember 1829–34 Vikar in versch. Gemeinden (Owen, Ochsenwang, Weilheim u. a.), 1834–43 Pfarrer in Cleversulzbach b. Weinsberg (Umgang mit Kerner), lebte mit s. Mutter und Schwester Clara, 1843 pensioniert, kurz in Schwäb. Hall, dann 1844–51 Bad Mergentheim; ⚭

1851 Margarethe von Speeth, Tochter e. Oberstleutnants, unglückl. Ehe; Trennung 1873. 1851–66 Lehrer für Literatur am Katharinenstift für Mädchen in Stuttgart, 1855 Hofrat, 1856 Prof. 1867–69 Aufenthalt in Lorch, 1870/71 in Nürtingen, dann zurückgezogenes Leben in Stuttgart. – Bedeutendster dt. Lyriker zwischen Romantik und Realismus und Hauptvertreter des schwäb. Biedermeier. S. an Goethe, der Romantik und dem Volkslied geschulte, zartinnige Lyrik von plast. Bildkraft und starker, doch sensibler Musikalität verbindet inniges Naturgefühl und Gefühlsaussprache mit e. an der Antike gebildeten hohen Formbewußtsein und oft klass. Metren, findet jedoch ihren Höhepunkt in naiv anmutenden, volksliedhaft schlichten Liedern. Verdichtung des Naturerlebnisses in rasch volkstüml. gewordenen myth. Gestalten und Elementargeistern und Neigung zur biedermeierl. Idylle bei allem Wissen um menschl. Bedrohung, das der heiteren Verklärtheit und dem sanften Humor s. Verse oft e. leichten Mollton gibt. Phantasiereiche, ebenfalls oft mythenbildende Naturballaden u. Erneuerung der ep. Idylle neben frühen Formen des gegenständl. in sich ruhenden Dinggedichts. Als Erzähler am ausgewogensten in spieler. Märchen und der geschlossenen Novelle, so bes. der meisterhaften Künstlernovelle ›Mozart auf der Reise nach Prag‹ um Schönheit, Heiterkeit und Bedrohung des Künstlertums. Im großen, von Goethes ›Wilhelm Meister‹ beeinflußten romant.-realist. Künstlerroman ›Maler Nolten‹, dessen 2. Fassung unvollendet blieb, weniger erfolgr.

Kongenialer Übs. griech. u. röm. Lyrik (Anakreon, Theokrit, Catull) u. stimmungsvoller Briefschreiber.

W: Maler Nolten, R. II 1832 (2. Fassg. unvollendet, hg. J. Klaiber 1887); Gedichte, 1838 (verm. 1848); Classische Blumenlese, Übs. 1840; Idylle vom Bodensee oder Fischer Martin und die Glockendiebe, 1846; Das Stuttgarter Hutzelmännlein, M. 1853; Theokritos, Bion und Moschos, Übs. 1855 (m. F. Notter); Mozart auf der Reise nach Prag, N. 1856 (komm. R. B. Farrell, Lond. 1960); Vier Erzählungen, 1856; Anakreon, Übs. 1864. – Werke u. Briefe, hkA hg. H.-H. Krummacher u. a. XV 1966ff.; GS, IV 1878; Werke, hg. R. Krauß VI [2]1910; Werke, hg. H. Maync III [2]1914; SW, hg. H. G. Göpfert [5]1976; SW, hg. G. Baumann III [2]1960 (m. Biografie); Briefe, hg. K. Fischer u. R. Krauß II 1903 f.; hg. F. Seebaß 1939; hg. W. Zemp 1949; hg. G. Baumann 1960; Unveröffentlichte Briefe, hg. F. Seebaß [2]1945; Briefe an M. v. Speeth, hg. M. Bauer 1906; an L. Rau, hg. W. Eggert-Windegg 1911; hg. H. W. Rath [2]1921; hg. F. Kemp 1965; an W. Hartlaub, 1938; Briefwechsel mit M. v. Schwind, 1890, hg. W. Rath 1918; mit H. Kurz, 1885, hg. H. Kindermann 1919; mit T. Storm, 1891, hg. H. W. Rath 1919; mit F. T. Vischer, hg. R. Vischer 1926; Zeichnungen, hg. H. Meyer 1952.
L: W. Eggert-Windegg, [2]1919; O. Harnack, 1911; D. F. Heilmann, M.s Lyrik und das Volkslied, 1913; H. Walder, M.s Weltanschauung, 1922; H. Hieber, M.s Gedankenwelt, 1923; P. A. Merbach, 1925; H. Maync, [4]1927; V. Sandomirsky, E. M. Sein Verhältnis zum Biedermeier, Diss. Erl. 1935; A. Goes, 1938 u. ö.; W. Zemp, 1939; G. Schütze, M.s Lyrik, Diss. Münster 1940; W. von Niebelschütz, 1948; H. Meyer, 1950; B. von Wiese, 1950, u. 1979; H. Emmel, M.s Peregrinadichtung, 1952; M. Koschlig, Bb. 1954; M. Mare, Lond. 1957; S. S. Prawer, M. u. s. Leser, 1960; B. Tecchi, Rom 1962; G. Storz, 1967; H. Meyer, [3]1969; H. Steinmetz, M.s Erzählgn., 1969; H. Unger, M.-Kommentar, 1970; H. Slessarew, N. Y. 1970; D. Barnouw, Entzückte Anschaug., 1971; H. E. Holthusen, 1971; R. v. Heydebrand, M.s Gedichtwerk, 1972. C. Hart Nibbrig, Verlorene Unmittelbarkeit, 1973; C. L. Cingolani, 1973; B. Zeller, hg. 1975 (Kat.); V. G. Doerksen, hg. 1975; G. v. Graevenitz, 1978; H.-U. Simon, M.-Chronik, 1981; P. Labaye, Le symbolisme de M., 1982; B. Mayer, E. M.s Prosaerzn. 1985; dies., 1987; P. Lahnstein, 1986.

Moering, Richard → Gan, Peter

Moers, Hermann, *31. 1. 1930 Köln, kaufmänn. Ausbildung; Postbeamter und versch. andere

Berufe. – Dramatiker und produktiver Hörspielautor; in s. symbol. Spielen an S. Beckett u. a. mod. Strömungen orientiert.

W: Im Haus des Riesen, Sch. (1961); Koll, Sch. (1962); Zur Zeit der Distelblüte, Sch. 1962; Das Obdach, H. (1963); Der Klinkenputzer, Dr. (1963); Der kleine Herr Nagel, Dr. (1964); Liebesbriefe, R. 1964; Molly, H. (1966); Die Werbung, H. (1966); Situationen, Dr. (1968); Am Ziel aller Träume, FSsp. (1970); Gesellschaftsspiel, Dr. (1970); Die Reise nach Unisonien, E. 1985.

Moeschlin, Felix, 31. 7. 1882 Basel – 4. 10. 1969 ebda.; Lehrerssohn; Stud. Naturwiss. ebda. und Zürich; ging nach Berlin; längere Zeiten in Schweden; dort ∞ Malerin Elsa Hammar; ließ sich auf s. Gutshof in Zürich-Uetikon nieder. Große Reisen, u. a. nach Amerika; 1915–20 Redakteur der Monatsschrift ›Schweizerland‹, dann Mitarbeiter der Basler ›Nationalzeitung‹ und der ›Eidgenössischen Glossen‹, Hrsg. der Wochenschrift ›Das Flugblatt‹, Schriftleiter der ›Tat‹. Dr. phil. h. c.; 1941–47 Nationalrat; lebte in Brissago/Tessin. – Schweizer Erzähler von starker Darstellungskraft mit Gegenwartsromanen, bes. aus dem skandinav. Raum, um allg.-menschl. Fragen und Probleme der mod. Zivilisation. Daneben einzelne hist. Romane.

W: Die Königschmieds, R. 1909; Hermann Hitz, R. 1910; Der Amerika-Johann, R. 1912; Der glückliche Sommer, R. 1920; Wachtmeister Vögeli, R. 1922; Die Revolution des Herzens, Dr. 1925; Barbar und Römer, R. 1931; Der schöne Fersen, R. 1937; Wir durchbohren den Gotthard, R. II 1947–49; Wie ich meinen Weg fand, Aut. 1953; Morgen geht die Sonne auf, R. 1958; Das Blumenwunder, En. 1960.

L: Ch. Wamister, 1982.

Möser, Justus, 14. 12. 1720 Osnabrück – 8. 1. 1794 ebda.; Sohn e. Konsistorialpräsidenten; 1740–42 Stud. Jura u. Philol. Jena u. Göttingen; 1743 Sekretär, 1744 Sach-

walter der Landstädte in Osnabrück; 1747 Anwalt des Staats in Rechtsstreitigkeiten; dann Sekretär, 1755 Syndikus der Ritterschaft; während des 7jähr. Kriegs diplomat. Missionen in England und Frankreich; 1763 in London; erreichte e. starke Herabsetzung der auferlegten Kontributionen; 1761 (offiziell 1768) Ratgeber des minderjährigen Regenten von Osnabrück, e. Sohnes Georgs III. von England; bis 1781 Konsulent der engl. Krone; 1768 Geh. Referendar, Mitgl. der Regierung; 1783 Geh. Justizrat. – Staatswiss. Publizist, Essayist und Geschichtschreiber. Begründete 1766 die ›Wöchentl. Osnabrückischen Intelligenzblätter‹, war deren Leiter bis 1782. Stellte aus s. Beiträgen dazu 1774 u. d. T. ›Patriotische Phantasien‹ e. Auswahl zusammen, voll Gedankenreichtum, psycholog. Tiefe und Klarheit, polit. und volkswirtschaftlich. Überzeugungskraft, sittl. Ernst und auch Humor. In s. organ. Volks- u. Geschichtsbetrachtung und s. Rückgriff auf bäuerl. Brauchtum Nähe zum Sturm und Drang. Als Dramatiker unbedeutend.

W: Versuch einiger Gemälde von den Sitten unserer Zeit, 1747; Arminius, Tr. 1749; Harlekin oder Verteidigung des Grotesk-Komischen, Es. 1761 (n. H. Boetius 1968); Osnabrückische Geschichte, II 1768 (III a. d. Nl., hg. J. P. Stüve 1824); Patriotische Phantasien, IV 1774–78; Über die deutsche Sprache und Literatur, Schr. 1781; Vermischte Schriften, II 1797f. – SW, VIII 1798, hg. B. R. Abeken X 1842f.; hkA. hg. Akad. d. Wiss. Gött. XIV 1943ff.; AW, hg. F. Berger 1978; Briefe, hg. E. Beins u. W. Pleister 1939.
L: U. Brünauer, 1933; P. Klassen, 1936; K. Brandi, 1944; L. Bäte, 1961; U. Lochter, J. M. u. d. Theater, 1967; W. F. Sheldon, 1970; J. B. Knudsen, Cambr. 1986.

Mohr, Josef, 11. 12. 1792 Salzburg – 5. 12. 1848 Wagrain im Pongau; Stud. Theol.; 1817–19 Hilfsgeistlicher in Oberndorf b.

Salzburg; 1837 Vikar in Wagrain. – Dichtete am 24. 12. 1818 das Weihnachtslied ›Stille Nacht, heilige Nacht‹, das s. Freund, der Arnsdorfer Organist F. Gruber, am gleichen Tag vertonte. 1833 kam das Lied durch Zillertaler Sänger nach Leipzig und wurde von hier aus weiter verbreitet. Vermutl. Erstdruck im Leipziger kath. Gesangbuch von 1838.

L: F. Peterlechner, 1918; P. Gallico, The Story of ›Silent Night‹, N. Y. 1967.

Molden, Paula → Preradović, Paula von

Molitor, Jan → Müller-Marein, Josef

Molo, Walter Reichsritter von, 14. 6. 1880 Sternberg/Mähren – 27. 10. 1958 Hechendorf b. Murnau. Aus altem schwäb. Adelsgeschlecht, Jugend in Wien, Gymnas. ebda., Stud. Maschinenbau und Elektrotechnik TH ebda. und München, Dipl.-Ing. bei Siemens u. Halske, 1904–13 Obering. im Patentamt Wien, dann freier Schriftsteller in Berlin, 1928–30 Präsident der Preuß. Dichterakademie. Seit 1933 mehrfach angegriffen, lebte er zurückgezogen auf s. Hof b. Murnau/Obb. – Erfolgr. Erzähler der Zwischenkriegszeit mit breitangelegten hist. Romanen, bes. Biographien großer Deutscher in heroischidealist. Sicht und aus dem Glauben an die Sonderstellung des kämpfer. Genies. Dramat. bewegte Darstellung von expressiver Sprache, spätere Neuauflagen in abgeschwächtem Pathos. Weniger erfolgr. mit oft zykl. gesellschaftskrit. Gegenwartsromanen, hist. Dramen und Lyrik.

W: Als ich die bunte Mütze trug, Sk. 1904; Wie sie das Leben zwangen, R. 1906; Klaus Tiedemann, der Kaufmann, R. 1908 (u. d. T. Lebenswende, 1918, u. d. T. Das wahre Glück, 1928); Schiller-Roman, IV 1912–16; Fridericus, R. 1918; Luise, R. 1919; Das Volk wacht auf, R. 1921 (alle 3 zus. u. d. T. Ein Volk wacht auf, 1922); Bobenmatz, R. III 1925 (u. d. T. Der Menschenfreund, 1947); Legende vom Herrn, 1927; Mensch Luther, R. 1928; Zwischen Tag und Traum, Rd. u. Ess. 1930; Ein Deutscher ohne Deutschland, F. List-R. 1931; Holunder in Polen, R. 1933; Der kleine Held, R. 1934; Eugenio von Savoy, R. 1936; Geschichte einer Seele, Kleist-R. 1938 (u. d. T. Ein Stern fiel in den Staub, 1958); Die Affen Gottes, R. 1950; Zum neuen Tag, Aut. 1950; So wunderbar ist das Leben, Aut. 1957; Wo ich Frieden fand, Erinn. 1959. – GW, III 1924; Briefw. m. Th. Mann, hg. J. F. G. Grosser 1963.

L: H. M. Elster, 1920; F. C. Munck, 1924; G. Ch. Rassy, 1936; K. O. Vitense, 1938; W. v. M. z. 70. Geb.tag, 1950 (m. Bibl.); Bibl.: G. Küntzel (Jb. d. Akad. d. Wiss. u. d. Lit. 47, 1959).

Molzahn, Ilse, geb. Schwollmann, 20. 6. 1895 Kowalewo/Posen – 13. 12. 1981 Berlin; Künstler. Ausbildung an der Frauenschule Leipzig, 1919 ∞ Joh. M., der als ›entarteter‹ Maler 1938 in die U.S.A. emigrierte; lebte in Magdeburg, Breslau, zuletzt in Berlin-Grunewald. – Journalistin, Erzählerin und Hörspielautorin.

W: Der schwarze Storch, R. 1936; Nymphen und Hirten tanzen nicht mehr, R. 1938; Haben Frauen Humor?, Es. 1939; Töchter der Erde, R. 1941; Schnee liegt im Paradies, R. 1953; Dieses Herz will ich verspielen, G. 1977.

Mombert, Alfred, 6. 2. 1872 Karlsruhe – 8. 4. 1942 Winterthur/Schweiz; Stud. Jura in Heidelberg, Leipzig, München, Berlin; Dr. jur.; 1899–1906 Rechtsanwalt in Heidelberg, seit 1906 freier Schriftsteller ebda., auch philos. und naturwiss. Stud. 1933 als ›Nichtarier‹ aus der Preuß. Akad. ausgeschlossen. Lehnte trotz persönl. Bedrohung die Emigration ab, wurde 1940 ins KZ Gurs/Südfrankreich verschleppt, nach vergebl. Bemühungen Carossas Okt. 1941 durch Hans Reinhart als

schwer Erkrankter befreit, starb
jedoch an den Folgen der Haft.
Freundschaft mit R. Benz, M.
Buber, H. Carossa, R. Pannwitz
und O. Loerke. – Frühexpressionist. Lyriker und Dramatiker aus
dem Kreis der ›Kosmiker‹ unter
Einfluß Nietzsches mit hymn.-
pathet., ekstat., doch unmelod.,
oft zykl. (›symphonisch‹) komponierten Versdichtungen von großer Bildfülle um kosm. Visionen
und myth. Gestalten. Verbindet
in s. myth. Kosmologie gnost.
Elemente, Seelenwanderungs-
vorstellungen und Visionen der
schöpfer. Urkräfte in Geistes- und
Menschheitsgeschichte im materiellen wie im seel. Bereich. Ab
1929 Wandlung vom Unendlichen zu menschl. Problemen und
Sorgen.

W: Tag und Nacht, G. 1894; Der Glühende,
G. 1896; Die Schöpfung, G. 1897; Der Denker, G. 1901; Die Blüte des Chaos, G. 1905;
Der Sonne-Geist, G. 1905; Acon, Dr.-Tril.:
Aeon der Weltgesuchte, 1907, Aeon zwischen den Frauen, 1910, Aeon von Syrakus,
1911; Der himmlische Zecher, G.-Ausw.
1909 (erw. 1951); Der Held der Erde, Dicht.
1919; Musik der Welt aus meinem Werk, G.
1919; Atair, G. 1925; Aiglas Herabkunft, Dr.
1928; Aiglas Tempel, Dr. 1931; Sfaira der
Alte, Dicht. II 1936–41 (n. 1958). – Dichtungen, hkA hg. E. Herberg III 1964; Ausw., hg.
H. Hennecke 1952; Briefe an R. u. I. Dehmel,
hg. H. Wolffheim 1956; Briefe 1893–1942,
hg. B. J. Morse 1961; Briefe an Vasanta, hg.
B. J. Morse 1965; an F. K. Benndorf, hg. P.
Kersten 1975.
L: F. K. Benndorf, 1932 (m. Bibl.); R. Benz,
1947; E. Herberg, D. Sprache A. M.s, Diss.
Hbg. 1960; U. Weber, 1967 (m. Bibl.).

Mon, Franz (eig. Franz Löffelholz), * 6. 5. 1926 Frankfurt/M.;
Stud. Germanistik, Gesch. und
Philos.; Dr. phil., Verlagslektor
in Frankfurt/M. – Als experimenteller Autor e. führender dt. Vertreter der ›konkreten Poesie‹ mit
Zitatmontagen, Lettergraphiken,
Abschreiten lexikal. Felder und
Verwendung von Sprachklischees
als solchen; Mischformen von Er-

zählung, Lyrik und Dialog, daneben Drama, Hörspiel und Essays.

W: Artikulationen, G. u. Ess. 1959; Spiel
Hölle, Dr. (1962); Sehgänge, G. 1964; Lesebuch, Ausw. 1967 (erw. 1972); Prinzip Collage, hg. 1968 (m. H. Neidel); Herzzero, R.
1968; das gras wies wächst, H. (1969); Texte
über Texte, Ess. 1970; bringen, um zu kommen, H. (1971); Antianthologie, hg. 1974 (m.
H. Heissenbüttel); Hören und Sehen verge-
hen, H. 1978; Fallen lieben, G. u. Prosa 1981;
Wenn zum Beispiel nur einer in einem Raum
ist, H. 1982; Hören ohne aufzuhören, G. u.
Prosa 1982.
L: H. L. Arnold, hg. 1978 (m. Bibl.).

Montanus, Martin(us), * um
1537 Straßburg. – Vf. von Dramen, Novellen, Satiren und Fabeln sowie von zwei aus Boccaccios ›Decameron‹ und älteren dt.
Quellen, z. B. H. Sachs, schöp-
fenden Schwanksammlungen.
›Weg kürzter‹ und als Fortsetzung
zu J. Freys ›Gartengesellschaft‹
das ›Ander theyl der Gartengesel-
schaft‹. Betonte das erot., lebens-
bejahende Element.

W: Weg kürzter, 1557 (n. J. Bolte 1899, n.
1972); Das Ander theyl der Gartengesell-
schaft, um 1559 (n. J. Bolte 1899, n. 1972);
Thedaldus, 1560; Von zweien Römern Tito
Quinto Fuluio und Gisippo, Dr. um 1565;
Der untrew Knecht, Dr. um 1565.

Montfort, Hugo von → Hugo
von Montfort

Moosdorf, Johanna, * 12. 7. 1911
Leipzig, ⚭ Dozent Paul Bernstein
(1944 im KZ Auschwitz ermordet), 1946/47 Hrsg. der lit. Zs.
›März‹ in Leipzig, 1950 Flucht
nach West-Berlin, Schriftstellerin
ebda. – Vf. zeitbezogener Romane und Erzählungen um das autobiogr. bestimmte Thema der Verlorenheit des Menschen in Diktatur und Krieg.

W: Brennendes Leben, G. 1947; Das Bildnis,
R. 1947; Nachspiel, N. 1948; Zwischen zwei
Welten, Nn. 1948; Flucht nach Afrika, R.
1952; Die Nachtigallen schlagen im Schnee,
R. 1954; Der Himmel brennt, R. 1955;
Schneesturm in Worotschau, N. 1957; Ne-

benan, R. 1961; Die lange Nacht, E. 1963;
Der blinde Spiegel, H. (1963); Christian, H.
(1963); Fahrt nach Matern, Dr. (1963); Die
Andermanns, R. 1969; Die Freundinnen, R.
1977; Neue Gedichte, 1983.
L: J. M., 1965 (m. Bibl.).

Morgenstern, Christian, 6. 5.
1871 München – 31. 3. 1914 Meran; Sohn e. Kunstprof. aus niederdt. Malerfamilie; Jugend ab
1884 in Breslau; Stud. Volkswirtschaft und Jura, später Philos. und
Kunstgesch. ebda.; Reisen nach
Norwegen, Schweiz, Italien; 1893
an Tbc erkrankt, oft in Heilstät-
ten; ab 1894 Redakteur, Journalist
und Schriftsteller in Berlin, ∞
1910 Margareta Gosebruch;
Freundschaft mit F. Kayssler und
den Brüdern Hart. Lebte zuletzt in
Südtirol, wo er s. Krankheit erlag.
– Als Lyriker bekannt weniger
durch s. ernste, gedankentiefe und
gottsucher. Liebes- und Seelenly-
rik (anfangs unter Einfluß Nietzsches, später im Anschluß an die
Anthroposophie R. Steiners), als
durch s. burlesken, grotesk-phantast. Verse wie die Sammlungen
›Galgenlieder‹ und ›Palmström‹
von hintergründigem, tiefsinnig-
skept. Humor, iron. Witz,
menschl. Satire und e. äußerst
empfindl. Sprachgefühl, das die
Sinnbilder wörtl. nimmt und die
Klangbilder in sinnfreier Analogie
und grotesker Umdeutung ab-
wandelt. Auch Aphoristiker und
Übs. von Strindberg, Ibsen,
Bjørnson und Hamsun.
W: In Phantas Schloß, G. 1895; Horatius
travestitus, Parod. 1897; Auf vielen Wegen,
Lyr. 1897; Ich und die Welt, G. 1898; Ein
Sommer, G. 1900; Und aber ründet sich ein
Kranz, G. 1902; Galgenlieder, 1905; Melancholie, G. 1906; Einkehr, G. 1910; Palm-
ström, G. 1910; Ich und Du, G. 1911; Wir
fanden einen Pfad, G. 1914; Palma Kunkel,
G. 1916; Stufen, Prosa 1918; Der Gingganz,
G. 1919; Epigramme und Sprüche, 1920;
Mensch Wanderer, 1927. – Werke, Ausw. II
1960; GW, 1965; Sämtl. Dichtungen, XVII
1971–80; Jubiläumsausg., IV 1979; Wke u.

Briefe, IX 1987ff.; Ein Leben in Briefen, hg.
Margareta M. 1952; Alles um des Menschen
willen, Ges. Br., hg. dies. 1962.
L: A. Mack, Diss. Zürich 1930; B. F. Martin,
C. M.s Dichtgn. in ihren myst. Elementen,
1931, n. 1978; H. Giffei, M. als Mystiker,
1931; R. Steiner, 1935; M. Bauer, [5]1954; F.
Hiebel, 1957; M. Beheim-Schwarzbach,
1964; J. Walter, Sprache u. Spiel i. Ch. M.s
Galgenliedern, 1966; H. Gumtau, 1971; A.
Steffen, 1971; E. P. Hofacker, Boston 1978;
B.-U. Kusch, 1982; Ch. Palm, Stockh. 1983;
E. Kretschmer, D. Welt d. Galgenlieder,
1984; ders., 1985; M. Bauer, 1985; M. Cu-
reau, 1986.

Morgenthaler, Hans, 4. 6. 1890
Burgdorf/Schweiz – 16. 3. 1928
Bern; Sohn e. Juristen, 1909 Stud.
Botanik u. Geologie Zürich; 1917
Forschungsreise in Siam, 1922
lungenkrank in Arosa und Davos,
starb an Lungentuberkulose.
Neurotiker mit Willen zur Krank-
heit. – Schweizer Lyriker und
Prosaschriftsteller von anarch.
Ichbezogenheit.
W: Ihr Berge, Prosa 1916; Matahari, Reiseb.
1921; Ich selbst, Prosa 1922; Woly, R. 1924;
In der Stadt, Prosa 1950 (n. 1981); Hamo, der
letzte fromme Europäer, Ausw. 1982;
Briefw. m. H. Hesse, 1983.
L: R. Kuster, 1984.

Morgner, Irmtraud (eig. Irmtraud Elfriede Schreck), *22. 8.
1933 Chemnitz, 1952–56 Stud.
Germanistik Leipzig, 1956–58 Re-
daktionsassistentin der Zs. ›Neue
Dt. Lit.‹, seit 1958 freie Schriftstellerin in Ost-Berlin. – Sozialist.
Erzählerin zumeist um Alltags-
konflikte zwischen Beruf u. Privatleben und um die Frauenemanzipation in witziger Montage von
Realistik und Phantastik.
W: Das Signal steht auf Fahrt, E. 1959; Ein
Haus am Rand der Stadt, R. 1962; Hochzeit in
Konstantinopel, R. 1969; Gauklerlegende, E.
1971; Die wundersame Reise Gustavs des
Weltfahrers, R. 1973; Leben und Abenteuer
der Trobadora Beatriz nach Zeugnissen ihrer
Spielfrau Laura, R. 1974; Amanda, R. 1983.

Moritz, Karl Philipp, 15. 9. 1756
Hameln – 26. 6. 1793 Berlin; Mu-

sikerssohn aus sehr ärml. Verhältnissen, pietist. Elternhaus; mühselige Jugend, Hutmacherlehrling in Braunschweig, Gymnas. Hannover, Schauspieler bei Wandertruppen und unter Ekhof in Gotha; Stud. Theol. Erfurt und Wittenberg, Lehrer am Philantropium Dessau, dann am Militärwaisenhaus Potsdam und am Grauen Kloster in Berlin, ab 1784 Prof. am Köllnischen Gymnas. ebda., auch Schriftleiter der ›Vossischen Zeitung‹; 1782 Reise nach England, 1786 nach Italien, dort Bekanntschaft mit Goethe; vorübergehend in Weimar zu regem Gedankenaustausch; 1789 Prof. für Altertumskunde an der Kunstakad. Berlin. – Erzähler zwischen Aufklärung, Irrationalismus und Romantik. Schuf in s. autobiograph., vom Pietismus beeinflußten Roman ›Anton Reiser‹ e. der bedeutendsten, ehrlichsten und psycholog.-tiefgründigsten Selbstzeugnisse s. Epoche. Weniger bedeutend der myst.-allegor. Roman ›Andreas Hartknopf‹ und das (1. dt.) Schicksalsdrama ›Blunt‹. Daneben metr. Studien über den Unterschied zwischen dt. und antikem Vers, philos., psycholog., mytholog. und ästhet. Schriften; Vf. e. Darstellung der klass. dt. Ästhetik aufgrund s. Unterhaltungen mit Goethe.

W: Blunt, oder der Gast, Dr. 1781; Beiträge zur Philosophie des Lebens, 1781; Magazin für Erfahrungsseelenkunde, X 1783–93 (n. 1979); Reisen eines Deutschen in England, 1783 (n. O. zur Linde 1903); Anton Reiser, R. IV 1785–90 (n. W. Martens 1972); Andreas Hartknopf, R. 1786 (Faks. 1968); Denkwürdigkeiten, II 1786 ff.; Versuch einer deutschen Prosodie, Schr. 1786 (n. 1975); Über die bildende Nachahmung des Schönen, Schr. 1786 (n. S. Auerbach 1888); Fragmente aus dem Tagebuch eines Geistersehers, Schr. 1787 (Faks. 1968); Andreas Hartknopfs Predigerjahre, R. 1790 (Faks. 1968); Götterlehre oder Mythologische Dichtungen der Alten, Schr. 1791 (n. 1979); Vorlesungen über den Stil, 1791 (hg. J. J. Eschenburg 1808); Reisen eines

Deutschen in Italien, III 1792 f.; Die neue Cecilia, Schr. 1794 (Faks. 1962); Launen und Phantasien, hg. K. F. Klischnig 1796. – Werke, II 1974, III 1981, XXX 1986 ff.; Schriften zur Ästhetik und Poetik, hg. H. J. Schrimpf 1962.
L: M. Dessoir, K. P. M. als Ästhetiker, 1889; H. Henning, 1908; C. Ziegler, 1913; E. Naef, M.' Ästhetik, Diss. Zürich 1930; F. Müffelmann, K. P. M. u. d. dt. Sprache, 1930; R. Fahrner, K. P. M.' Götterlehre, 1932; R. Minder, D. relig. Entw. v. K. P. M., 1936 (u. d. T. Glaube, Skepsis u. Rationalismus, 1974); E. Catholy, K. P. M. u. d. Ursprünge d. dt. Theaterleidenschaft, 1962; A. J. Bisanz, D. Urspr. d. Seelenkrankh. b. K. P. M., 1970; T. P. Saine, D. ästhet. Theodizee, 1971; U. Hubert, K. P. M. u. d. Anfge. d. Romantik, 1971; J. Fürnkäs, D. Urspr. d. psychol. Romans, 1977; M. Boulby, Toronto 1979; H. J. Schrimpf, 1980; Insel-Almanach 1981; K. P. M.-Lesebuch, hg. U. Nettelbeck 1986.

Moriz von Craon (Craûn), Versnovelle e. unbekannten rheinpfälz. Dichters um 1215, wohl nach e. verlorenen franz. Quelle um e. kom. Liebesabenteuer des franz. Minnesängers M. von C. († 1196). Iron., unhöf. Züge; lehrhafte Betrachtungen über die Minne; stilist. oft etwas schwerfällig.

A: E. Schröder ⁴1920; U. Pretzel ⁴1973.
L: K. Stackmann, Diss. Hbg. 1948; R. Harvey, Lond. 1961.

Morré, Karl, 8. 11. 1832 Klagenfurt – 20. 2. 1897 Graz; Stud. Jura; 1855–83 Staatsbeamter in Graz u. Bruck; trat wegen e. Augenleidens in den Ruhestand; 1886 liberaler Abgeordneter im steir. Landtag; 1891 im österr. Reichstag. – Steirischer Volksschriftsteller. Vf. mehrerer Volksstücke im Stil Anzengrubers, unter denen ›'s Nullerl‹ berühmt wurde. Trat in sozialreformer. Schriften bes. für das ländl. Proletariat ein.

W: Die Familie Schneck, Vst. 1881; Die Frau Räthin, Vst. 1884; 's Nullerl, Vst. 1885; Der Glückselige, Vst. 1886; Gedichte und humoristische Vorträge, hg. L. Harand 1899; Peter Jakob, Vst. (1901).
L: M. Besozzi, 1905; K. Hubatschek, 1932; L. Klingenböck, Diss. Wien 1949.

Morren, Theophil → Hofmannsthal, Hugo von

Morshäuser, Bodo, * 28. 2. 1953 Berlin, lebt ebda. – Lyriker und Erzähler der Berliner Szene in mehrschichtiger Prosa.

W: Alle Tage, G. 1979; Die Berliner Simulation, E. 1983; Blende, E. 1985; Nervöse Leser, E. 1987; Revolver, En. 1988.

Morungen, Heinrich von → Heinrich von Morungen

Moscherosch, Johann Michael (Ps. Philander von Sittewald), 5. 3. 1601 Willstädt b. Straßburg – 4. 4. 1669 b. Worms; aus span. Adelsfamilie, Stud. Straßburg, Bekanntschaft mit Bernegger, Zincgref u. a.; Reisen in Frankreich und Dtl. Amtmann in Kassel, 1656 Kriegs- und Kirchenrat in Hanau, seit 1645 als ›Der Träumende‹ Mitgl. der Fruchtbringenden Gesellschaft. – Barocker Erzähler und Satiriker, gab in s. auf eigenen Erlebnissen z. Z. des 30jähr. Krieges beruhenden ›Gesichten‹ in Ichform e. kulturgeschichtl. wertvolle Zeitsatire in der Tradition der humanist. Narrensatire mit sittl. ernster, patriot., deutschtümelnder Tendenz gegen die höf. Welt, so bes. gegen die Modetorheit im ›Alamode-Kehraus‹ und die realist. gezeichnete Freibeuterei im ›Soldatenleben‹. 1. Teil nach Vorlage der ›Sueños‹ Quevedos, 2. Teil selbständig.

W: Sex centuriae epigrammatum, 1630; Les Visiones de Don Francesco de Quevedo Villegas oder Wunderbare satyrische Gesichte, Sat. 1640 (Ausw., hg. F. Bobertag 1884, DNL 32, n. 1964); Insomnis cura parentum, 1643 (n. L. Pariser 1893, NdL 108f.); De Patientia (1643), hg. L. Pariser 1897 (n. 1976). *L:* L. Pariser, Diss. Mchn. 1891; W. Hinze, 1903; J. Cellarius, D. polit. Anschauungen M.s, Diss. Ffm. 1925; S. F. L. Grunwald, 1969; W. E. Schäfer, 1982; W. Kühlmann, W. E. Schäfer, Frühbarocke Stadtkultur a. Oberrhein, 1983; Bibl.: A. Bechtold, 1922.

Mosen, Julius, 8. 7. 1803 Marieney/Vogtland – 10. 10. 1867 Oldenburg; Lehrerssohn; Gymnas. Plauen; Stud. Jura Jena und Leipzig; Italienreise; 1831 Aktuar in Kohren; 1834 Advokat in Dresden, Verkehr mit L. Tieck, E. v. Brunow, K. Förster; 1844–48 Dramaturg am Oldenburger Hoftheater; seit 1846 krank; schließlich völlig gelähmt. – Volkstüml. Erzähler, Lyriker (›Andreas Hofer‹), Balladendichter, Vf. stark gedankl. Versepen wie ›Das Lied vom Ritter Wahn‹, Gestaltung e. alten ital. Sage, und des hist. Epos ›Ahasver‹ sowie epigonaler hist. Dramen, bei denen die dramat. Gestaltung gegenüber der Rhetorik zurücktritt.

W: Das Lied vom Ritter Wahn, Ep. 1831; Gedichte, 1836; Novellen, 1837; Ahasver, Ep. 1838; Der Kongreß zu Verona, R. II 1842; Theater, Drr. 1842; Bilder im Moose, Nn. II 1846; Der Sohn des Fürsten, Tr. 1855. – SW, VIII 1863 (verm. VI 1880); Gedichte, hg. P. Friedrich 1898; J. M.-Buch, hg. A. Findeisen 1912. *L:* P. Heuss, Diss. Mchn. 1903; W. Mahrholz, 1912, n. 1978; K. Basse, M.s Theorie d. Tragödie, Diss. Münster 1915; F. Wittmer, Stud. z. M.s Lyrik, Diss. Mchn. 1924; F. A. Zimmer, 1938.

Mosenthal, Salomon Ritter von (Ps. Friedrich Lehner), 14. 1. 1821 Kassel – 17. 2. 1877 Wien; Kaufmannssohn; 1840 Stud. TH Karlsruhe; Umgang mit J. Kerner und G. Schwab; 1843 Erzieher in Wien; 1850 im österr. Staatsdienst, 1867 Bibliothekar und Regierungsrat. – Wirkungsvoller Dramatiker, bekannt vor allem durch s. sehr erfolgr., rührsel. Volksschauspiel ›Deborah‹, Librettist für O. Nicolais ›Lustige Weiber von Windsor‹ und Opern von F. v. Flotow und H. Marschner.

W: Die Sklaven, Dr. 1847; Deborah, Vst. 1849; Cäcilie von Albano, Dr. 1851; Der Sonnwendhof, Vst. 1857; Die deutschen Comödianten, Tr. 1863; Maryna, Dr. 1871; Die Sirene, Kom. 1875. – GW, VI 1878.

Moser, Friedrich Karl Freiherr von, 18. 12. 1723 Stuttgart – 11. 11. 1798 Ludwigsburg; Sohn des Staatsrechtlers u. Publizisten Johann Jakob M.; Stud. Jura Jena; trat 1747 in hessen-homburg. Staatsdienste; 1767 Reichshofrat in Wien, 1767 geadelt; 1770 Verwalter der kaiserl. Herrschaft Falkenstein; 1772 Minister und Kanzler in Hessen-Darmstadt, 1780 auf eig. Antrag entlassen; kehrte 1781 nach Württemberg zurück. – Griff in s. Klopstocks ›Messias‹ unglückl. nachahmenden Erzählung ›Daniel in der Löwengrube‹ den servilen Beamtenstand an. Daneben staatsrechtl. Schriften gegen Despotismus u. höf. Sittenlosigkeit, bes. das epochemachende Werk gegen die Tyrannei der Fürsten und ihrer Minister ›Der Herr und der Diener‹.

W: Der Herr und der Diener, geschildert mit patriotischer Freiheit, Schr. 1759; Daniel in der Löwengrube, E. 1763; Reliquien, 1766; Von dem deutschen Nationalgeiste, Schr. 1766; Patriotisches Archiv, XIV 1784–94.
L: K. Witzel, 1929; H. H. Kaufmann, 1931; A. Stirken, D. Herr u. d. Diener, 1984.

Moser, Gustav von, 11. 5. 1825 Spandau – 23. 10. 1903 Görlitz; 1843–56 preuß. Offizier, dann Landwirt, als freier Schriftsteller auf Gut Holzkirch; 1881 Hofrat, ab 1889 in Görlitz. – Vf. von rd. 70 Unterhaltungslustspielen, z. T. mit L'Arronge, v. Schönthan, Trotha u. a.

W: Er soll dein Herr sein, Lsp. 1860; Wie denken Sie über Rußland, Lsp. 1861; Ultimo, Lsp. 1874; Der Veilchenfresser, Lsp. 1874; Der Hypochonder, Lsp. 1877; Der Bibliothekar, Lsp. 1878; Krieg im Frieden, Lsp. 1881 (m. E. v. Schönthan); Lustspiele, XXII 1872–97; Vom Leutnant zum Lustspieldichter, Mem. hg. H. v. M. 1908.

Moser, Hans Albrecht, 7. 9. 1882 Görz – 25. 11. 1978 Bern; Fabrikantensohn; Stud. Musik Basel, Köln u. Berlin; länger in der Künstlerkolonie Worpswede; Klavierlehrer in Bern. – Kulturkrit. Aphoristiker u. Erzähler.

W: Die Komödie des Lebens, Aphor. u. Kurzgesch. 1926; Das Gästebuch, Aphor. 1935; Geschichten einer eingeschneiten Tafelrunde, 1935; Alleingänger, En. 1943; Über die Kunst des Klavierspiels, Schr. 1947; Aus dem Tagebuch eines Weltunglaubigen, 1954; Vineta, R. 1955; Regenbogen der Liebe, E. 1959; Ich und der andere, Tg. 1962; Erinnerungen eines Reaktionärs, Aphor. u. Tg. 1965; Thomas Zweifel, E. 1968; Aus meinem Nachlaß und anderes, 1971; Der Fremde, E. 1974; Auf der Suche, Erinn. 1975.
L: J. Steiner, 1966.

Moser, Tilmann, * 1938 Villingen; Psychoanalytiker in Munstertal/Schwarzwald. – Erzähler mit feinfühlig differenzierten Beobachtungen in artist. Formulierung.

W: Lehrjahre auf der Couch, Aut. 1974; Gottesvergiftung, Aut. 1976; Grammatik der Gefühle, R. 1979; Stufen der Nähe, E. 1981; Familienkrieg, E. 1982; Eine fast normale Familie, Dr. 1984; Kompaß der Seele, Schr. 1984; Romane als Krankengeschichten, Ess. 1985; Das erste Jahr, E. 1986.

Mostar, Gerhart Herrmann (eig. Gerhart Herrmann), 8. 9. 1901 Gerbitz b. Bernburg/Anhalt – 8. 9. 1973 München; Sohn e. Lehrers und Kirchenmusikdirektors; Gymnas. Bernburg und Hamburg, Lehrerseminar Quedlinburg; Lehrer u. Stud. in Halle; ab 1921 Redakteur in Bochum, Berlin und München; wanderte ein Jahr auf dem Balkan; ab 1925 freier Schriftsteller, zeitweilig Redakteur und Mitarbeiter der sozialist. Zs. ›Vorwärts‹ in Berlin; 1933 wurden s. Bücher öffentl. verbrannt; Emigration nach Österreich; später Schweiz, Italien und Balkan, hier Journalist, Schauspieler, Regisseur, Übersetzer und Hauslehrer; kehrte 1945 nach Dtl. zurück; ließ sich in Bayern nieder, Gründer und Leiter des polit.-satir. Kabaretts ›Die Hinterbliebenen‹; siedelte dann nach Stuttgart über; 1948–54 Gerichtskommentator am Südd. Rundfunk ebda.; ∞ 1949 Katharina Strohbach; Schriftsteller in Leonberg/Württ., dann München. – Vielseitiger, populärer Erzähler, polit.-satir. Dramatiker, humorist. Feuilletonist und Kabarettist. Am meisten bekannt und beliebt durch s. sozialkrit., vom Mitgefühl mit den Verurteilten getragenen Gerichtsreportagen und als Vf. heiterer Plaudereien.

W: Der Aufruhr des schiefen Calm, R. 1929; Der schwarze Ritter, R. 1933; Meier Helmbrecht, Dr. 1947; Der Zimmerherr, Dr. 1947; Putsch in Paris, Sch. 1947; Schicksal im Sand, R. 1948; Im Namen des Gesetzes, Ber. 1950; Prozesse von heute, Ber. 1950; Das Recht auf Güte, Ber. 1951; Und schenke uns allen ein fröhliches Herz, R. 1953; Weltgeschichte – höchst privat, En. 1954; Bis die Götter vergehn, E. 1955; Unschuldig verurteilt, Ber. 1956; In diesem Sinn Dein Onkel Franz, G. 1956; Nehmen Sie das Urteil an?, Ber. 1957; In diesem Sinn die Großmama, G. 1958; Die Arche Mostar, Ess. 1959; Das Wein- und Venusbuch vom Rhein, 1960; In diesem Sinn ihr Knigge II, G. 1961; Liebe vor Gericht, Ber. 1961; Das kleine Buch vom großen Durst, G. 1963; In diesem Sinn wie Salomo, G. 1965; Liebe, Klatsch und Weltgeschichte, G. 1966; In diesem Sinn Ihr Herrmann Mostar, G. 1966; Dreimal darfst du raten, 1968. *L:* W. Samelson, Den Haag 1966.

Motte-Fouqué, Friedrich Baron de la → Fouqué, Friedrich Baron de la Motte

Mügeln, Heinrich von → Heinrich von Mügeln

Mügge, Theodor, 8. 11. 1806 Berlin – 18. 2. 1861 ebda. Kaufmann, Artillerist und Oberfeuerwerker in Erfurt; reiste 1825 vergebl. nach Amerika, um für Bolivar zu kämpfen; ging nach London und Paris; Stud. ab 1826 Philos., Geschichte und Naturwiss. Berlin; anschließend Zss.-Mitar-

beiter; 1848 an der Gründung der Berliner ›Nationalzeitung‹ beteiligt, deren Feuilleton er zeitweilig redigierte. – Fruchtbarer Unterhaltungs- und Reiseschriftsteller mit Vorliebe für Natur und Kultur des Nordens. Auch s. Novellen u. meist hist. Romane bevorzugen die nord. Länder als Hintergrund.

W: Novellen und Erzählungen, III 1836; Novellen und Skizzen, III 1838; Streifzüge in Schleswig-Holstein, II 1839; Die Schweiz, III 1847; Der Voigt von Silt, R. II 1851; Afraja, R. 1854; Leben und Lieben in Norwegen, II 1856; Romane, XVIII 1857–62; Der Prophet, R. 1860. – Ges. Novellen, XV 1836–45; Ges. Romane, XXXIII 1862–67. *L:* H. Willich, Diss. Gött. 1923; R. Glöckel, M.s Novellentechnik, Diss. Mchn. 1927.

Mühl, Karl Otto, * 16. 1. 1923 Nürnberg; Soldat in Afrika, Kriegsgefangenschaft, Angestellter e. Metallwarenfabrik, dann Exportkaufmann in Wuppertal. – Erzähler, Dramatiker und Hörspielautor mit krit. Milieustudien und Psychogrammen aus kleinbürgerl. Gesellschaft und Arbeitswelt.

W: Rheinpromenade/Rosenmontag, Drr. 1974; Siebenschläfer, R. 1975; Kur in Bad Wiessee, Dr. (1976); Wanderlust, Dr. (1977); Hoffmanns Geschenke, Dr. (1978); Die Reise der alten Männer, Dr. (1980); Trumpeners Irrtum, R. 1981; Kellermanns Prozeß, Dr. (1982).

Mühlberger, Josef, 3. 4. 1903 Trautenau/Böhmen – 2. 7. 1985 Eislingen; Arbeitersohn; Stud. Lit. Prag und Uppsala; Dr. phil., 1928–30 Mithrsg. der sudetendt. Kultur-Zs. ›Witiko‹, Reisen durch Griechenland, Dalmatien und Schweden; Gymnasiallehrer in Trautenau; 1936–45 Publikationsverbot; Soldat an versch. Fronten; kam aus Kriegsgefangenschaft nach Göppingen-Holzheim; dort freier Schriftsteller; dann Redakteur in Eislingen/Fils.

– Vielseitiger Erzähler, Lyriker und Dramatiker. Schlichte, rhythm. Prosa von starker Atmosphäre u. Naturnähe. Im Mittelpunkt s. Werke stehen Landschaft und Geschichte s. sudetendeutschen Heimat, das Erlebnis Dalmatiens u. des 2. Weltkrieges. Übs. tschech. Lyrik.

W: Aus dem Riesengebirge, En. 1929; Singende Welt, G. 1929; Fest des Lebens, Nn. 1931; Hus im Konzil, R. 1931; Alle Tage trugen Silberreifen, G. 1931; Die Knaben und der Fluß, E. 1934; Wallenstein, Dr. 1934; Die große Glut, R. 1935; Schelm im Weinberg, Lsp. 1935; Die purpurne Handschrift, Nn. 1947; Der Regenbogen, En. 1947; Der Schatz, N. 1949; Pastorale, R. 1950; Im Schatten des Schicksals, R. 1950; Der Galgen im Weinberg, N. 1951; Requiem, Dr. 1951; Verhängnis und Verheißung, R. 1952; Die Brücke, N. 1953; Buch der Tröstungen, En. 1953; Die schwarze Perle, N. 1954; Die Vertreibung, En. 1955; Licht über den Bergen, R. 1956; Ich wollt', daß ich daheime wär, En. 1959; Griechischer Oktober, Reiseb. 1960; Lavendelstraße, G. 1962; Herbstblätter, Ess. 1963; Das Ereignis der 3000 Jahre, Reiseb. 1963; Die Staufer, B. 1965; Das Tal der Träume, R. 1966; Tschechische Literaturgeschichte, St. 1970; Denkwürdigkeiten des aufrechten Demokraten Aloys Hasenörl, R. 1973; Zwei Völker in Böhmen, Schr. 1973; Bogumil, R. 1980; Geschichte der deutschen Literatur in Böhmen, St. 1981; Das Paradies des Herzens, En. 1982; Der Hohenstaufen, Schr. 1984.

Mühsam, Erich, 6. 4. 1878 Berlin – 10. 7. 1934 KZ Oranienburg. Jugend in Lübeck; erst Apotheker; ab 1901 freier Schriftsteller; 1902 Redakteur der anarchist. Zs. ›Der arme Teufel‹ in Friedrichshagen, 1905 des ›Weckruf‹ in Zürich; 1911–19 Hrsg. der ›Zs. für Menschlichkeit‹, ›Kain‹; nahm im Nov. 1918 an der bayr. Revolution teil; 1919 Mitgl. des Zentralrats der Bayr. Räterepublik; von e. Münchener Standgericht zu 15 Jahren Festung verurteilt, 1919–24 im Gefängnis; darauf revolutionäre Tätigkeit, 1926–31 Hrsg. der Zs. ›Fanal‹; 1933 in das KZ Oranienburg b. Berlin gebracht, starb dort infolge von

Mißhandlungen. – Sozialist. Lyriker, Dramatiker und Essayist. S. stilist. dem Expressionismus verpflichteten, anklagenden u. radikal anarchist. Gedichte blieben oft in überhöhtem Pathos stecken.

W: Die Eigenen, R. 1903; Die Wüste, G. 1904; Die Hochstapler, Lsp. 1906; Der Krater, G. 1909; Wüste, Krater, Wolken, G. 1914; Die Freivermählten, Dr. 1914; Brennende Erde, G. 1920; Judas, Dr. 1921; Revolution, G. 1925; Staatsräson, Dr. 1928; Namen und Menschen, Aut. 1949. – AW, II 1958, erw. [2]1961, II 1978; II 1983; Gesamtausg., hg. G. Emig V 1977ff.; Streitschriften, 1984; Briefe an Zeitgenossen, 1978; Briefe, hg. G. W. Jungblut II 1984.

L: K. Mühsam, 1935; H. Hug, 1974; E. M., 1977 (m. Bibl.); W. Teichmann, hg. 1978; W. Haug, 1979; R. Kauffeldt, Lit. u. Anarchie, 1983; Ch. Hirte, 1984; A. Souchy, 1984.

Müller, Artur (Ps. Arnolt Brecht), 26. 10. 1909 München – 11. 7. 1987. Buchhändler; 1933 8 Monate KZ und Gefängnis; ab 1936 freier Schriftsteller; 1939 Soldat; 1944 Mitgl. e. bayr. Widerstandsbewegung; 1945 in Abwesenheit zum Tode verurteilt; 1950–52 Chefdramaturg des Theaterverlags Desch in München; 1952 Dramaturg am Bayer. Staatsschauspiel München; ab 1953 Chefdramaturg des Hess. Rundfunks, 1953–58 Programmdirektor des Hess. Fernsehens in Frankfurt/M. Lebte in Gröbenzell b. München. – Erzähler, Dramatiker und Hörspielautor. Im formstrengen dramat. Frühwerk Shakespeares Königsdramen nahestehend; später Behandlung zeitgeschichtl. Probleme.

W: König und Gott, Tr. 1935; Das östliche Fenster, R. 1936; Cromwell, Dr. 1938; Traumherz, R. 1938; Am Rande einer Nacht, R. 1940; Fessel und Schwinge, Ges. Drr. 1942; Die wahrhaft Geliebte, N. 1943; Die verlorenen Paradiese, R. 1950; Das vielbegehrte Sesselchen, R. 1952; François Cenodoxus, Dr. 1954; Die letzte Patrouille, Dr. 1958; Die Sonne, die nicht aufging, Trotzki-B. 1959; Die Deutschen, St. 1972; Marx, FSsp. (1974).

Müller, Bastian (eig. Robert Friedrich Wilhelm M.), *22. 8. 1912 Leverkusen; Bauernsohn; Maurer, 17jähr. Wanderungen durch Frankreich und Italien, als freier Schriftsteller vorübergehend in Worpswede, nach dem Krieg Filmdramaturg in Berlin, dann in Gstadt am Chiemsee. – Realist.-zeitkrit. Erzähler und Hörspielautor.

W: Die grünen Eidechsen, N. 1935; Die Eulen, E. 1939; Leben ohne Traum, R. 1940; Christine, R. 1942; Ach, wie ist's möglich dann, En. 1944; Hinter Gottes Rücken, R. 1947; Bruder, geh und läut die Glocke, R. 1948; Liebesgeschichten, En. 1965.

Müller, Ernst Lothar → Lothar, Ernst

Müller, Friedrich, gen. Maler Müller, 13. 1. 1749 Kreuznach – 23. 4. 1825 Rom; Sohn e. Bäckers u. Wirts; verlor 11jähr. seinen Vater, mußte daher früh den Besuch des Gymnasiums aufgeben; begann bald zu malen; kam durch Vermittlung von Freunden 1766 (oder 1767) zu e. 4jähr. Lehrzeit nach Zweibrücken zu dem Hofmaler K. Manlich; Kupferstecher im Dienste des Herzogs Christian IV. von der Pfalz-Zweibrücken, fiel beim Hof in Ungnade; ging 1774 nach Mannheim; dort Umgang mit v. Dalberg, v. Gemmingen und dem Verleger Schwan; Mitgl. der ›Dt. Gesellschaft‹; 1777 kurfürstl. Kabinettsmaler; ging 1778 mit Unterstützung der kurfürstl. Regierung und u. a. auch Goethes nach Rom; Schriftsteller u. Maler ebda.; aus finanziellen Schwierigkeiten Antiquar und Fremdenführer; 1780 während e. Krankheit Konversion zum Katholizismus; 1798 wegen antirepublikan. Tätigkeit aus Rom verwiesen und ausgeplündert; kehrte später heiml. zurück. Schließl.

Pension von Ludwig I. von Bayern, der ihn 1805 zum bayr. Hofmaler ernannte. – Erzähler, Lyriker und Dramatiker des Sturm und Drang. Begann mit antiken und bibl. Idyllen in der Nachfolge Gessners und Klopstocks, fand aber in den lebendigen pfälz. Idyllen der Folgezeit zu e. volksnahen Realismus, auch mit Neigung zum Derben. Wandte sich später romant.-ritterl. Themen zu. Bevorzugt in s. Lyrik Ballade und Volkslied; häufig patriot. Verse. Leidenschaftl. Dramen. Gestaltung des Faust-Stoffs in mehreren Werken versch. Gattung.

W: Der Satyr Mopsus, Idylle 1775; Bacchidon und Milon, Idylle 1775; Die Schaaf-Schur, Idylle 1775; Das Nußkernen, G. (1776); Balladen, 1776; Fausts Leben dramatisiert, 1778 (n. 1881, 1979); Adams erstes Erwachen und erste seelige Nächte, Idylle 1778; Niobe, Dr. 1778. – Werke, hg. L. Tieck u. a. III 1811 (n. 1982); Dichtungen hg. H. Hettner II 1868 (n. 1968); Werke, hg. M. Oeser II 1916–18; Idyllen, hg. O. Heuer II 1914, P.-E. Neuser 1977.
L: B. Seuffert, 1877; A. Luntowski, 1908; W. Renwanz, M. M.s Lyrik und Balladendichtung, Diss. Greifsw. 1922; W. Oeser, 1925; F. Denk, 1930; F. A. Schmidt. M. M.s dramat. Schaffen, Diss. Gött. 1936; U. Dönnges, M. M.s Prosastil, Diss. Tüb. 1960; M. M.-Almanach, 1980 (m. Bibl.); Bibl.: F. Meyer, 1912.

Müller, Hans (Ps. Müller-Einigen), 25. 10. 1882 Brünn – 8. 3. 1950 Einigen a. Thuner See; Bruder von E. Lothar, Stud. Wien, Dr. jur. und phil., ab 1932 weite Reisen, u. a. Chefdramaturg in Hollywood, zuletzt in Einigen. – Erfolgr. Dramatiker und Erzähler, Vf. von Libretti (›Im Weißen Rößl‹) und Drehbüchern.

W: Die lockende Geige, G. 1904; Die Puppenschule, Dr. 1907; Träume und Schäume, Nn. 1911; Könige, Dr. 1915; Der Schöpfer, Dr. 1918; Die Sterne, Dr. 1919; Der Tokaier, Lsp. 1924; Große Woche in Baden-Baden, Lsp. 1929; Im Weißen Rößl, Lsp. 1930; Der Kampf ums Licht, Dr. 1937; Eugenie, Dr. 1938; Geliebte Erde, Reiseb. 1939; Das Glück da zu sein, R. 1940; Der Spiegel der Agrippina, N. 1941; Schnupf, E. 1943; Jugend in

Wien, R. 1945; Die Menschen sind alle gleich, En. 1946; Märchen vom Glück, Lsp. 1948.

Mueller, Harald (Waldemar), * 18. 5. 1934 Memel; Jugend in Holstein; Hafenarbeiter und Dolmetscher in Hamburg; Schauspielausbildung in München; Dramaturg in Berlin, 1974 freier Schriftsteller. – Als Dramatiker Vertreter des Brutaltheaters mit krit. Stücken über den Verfall des Menschlichen in Gruppenmechanismen, Aggressionen und Klischeedenken in den Randzonen der mod. Gesellschaft unter Verwendung naturalist. Effekte. Auch Übs. (G. B. Shaw).

W: Großer Wolf/Halbdeutsch, Drr. 1970; Die Moral der Ruth Halbfaß, Film (1971, m. V. Schlöndorff); Strandgut, Dr. (1973); Stille Nacht, Dr. (1974); Der plötzliche Reichtum der armen Leute von Kombach, Film (1975, m. V. Schlöndorff); Winterreise, Dr. (1977); Henkersnachtmahl, K. (1979); Frankfurter Kreuz, Dr. (1979); Die Trasse, Dr. (1980); Der tolle Bomberg, Dr. (1982); Totenfloß, Dr. (1986); Ein seltsamer Kampf um die Stadt Samarkand, Dr. (1986); Bolero, Dr. (1987).

Müller, Heiner, * 9. 1. 1929 Eppendorf/Sachsen; nach 1945 Angestellter im Landratsamt Waren/Meckl., Journalist, 1954/55 wiss. Mitarbeiter des Dt. Schriftstellerverbands. 1958 Mitarbeiter am Gorki-Theater Berlin, 1959 freier Schriftsteller in Ost-Berlin, ⚭ Inge Schwenkner (13. 3. 1925 Berlin – 1. 6. 1966 ebda.), Dramatikerin. – Sozialist. Dramatiker in der Brecht-Nachfolge anfangs mit chronikhaften Gegenwartsstükken aus der sozialist. Arbeitswelt (in Zusammenarbeit mit s. Frau), dann, nachdem deren Ironie Schwierigkeiten machte, mit aktualisierenden Neufassungen bes. antiker und traditioneller Stoffe. Bearbeiter und Übs. fremder Stücke.

W: Der Lohndrücker/Die Korrektur, Drr. 1959; Klettwitzer Bericht, Dr. (1959); Die

Umsiedlerin oder Das Leben auf dem Lande, Dr. (1961); Der Bau, Dr. (1965, nach E. Neutsch); Philoktet/Herakles 5, Drr. 1966; Prometheus, Dr. (1969, nach Aischylos); Ödipus Tyrann, Dr. 1969 (nach Sophokles); Lanzelot, Libr. (1969, nach E. Švarc); Weiberkomödie, K. (1971, nach Aristophanes); Macbeth, Dr. (1972, nach Shakespeare); Horatier, Dr. (1973); Zement, Dr. (1974, nach Gladkov); Geschichten aus der Produktion, Drr., G., Prosa II 1974; Die Schlacht, Dr. 1975; Traktor, Dr. (1975); Theater-Arbeit, Ess. 1975; Die Bauern, K. 1976; Germania Tod in Berlin, Dr. 1977; Leben Gundlings, Drr. 1977; Mauser, Dr. 1978; Die Hamletmaschine, Dr. 1978; Der Auftrag, Dr. (1980, nach A. Seghers); Quartett, Dr. (1982, nach Choderlos de Laclos); Rotwelsch, Ess. 1982; Verkommenes Ufer: Dr. (1983); Shakespeare Factory, Drr. II 1984; Anatomie Titus Fall of Rome, Dr. (1985, nach Shakespeare); Russische Eröffnung, Szen. (1985); Bildbeschreibung, Dr. (1985); Interviews, 1986. – Werkausgabe, VII 1974–83; Stücke, 1975.

L: M. Silberman, Amsterd. 1980; G. Schulz, 1980; G. Wieghaus, 1981 u. 1984; T. Girshausen, Realismus u. Utopie, 1981; H. L. Arnold, hg. 1982 (m. Bibl.); M. Streisand, Diss. Bln. 1983; A. A. Teraoka, The Silence of Entropy, 1985.

Müller, Johann Gottwerth (gen. M. von Itzehoe), 17. 5. 1743 Hamburg – 23. 6. 1828 Itzehoe; Arztsohn; 1762 Stud. Medizin Helmstedt; 1772–74 Buchhändler in Hamburg; ab 1783 als Privatlehrer in Itzehoe. – Satir. Erzähler der Aufklärungszeit, in der Nachfolge der engl. Humoristen des 18. Jh. S. Roman ›Siegfried von Lindenberg‹ verspottet die Vertreter der Geniezeit.

W: Gedichte, II 1770f.; Der Ring, E. 1777; Siegfried von Lindenberg, R. 1779 (n. 1966, 1984); Komische Romane, VIII 1784–91; Sara Reinert, R. 1796; Ferdinand, R. 1809.

L: A. Brand, 1901, n. 1976; A. Ritter, hg. 1978 (m. Bibl.).

Müller, Wilhelm (gen. Griechen-Müller), 7. 10. 1794 Dessau – 30. 9. 1827 ebda.; Sohn e. Schneiders; Gymnas. Dessau; 1812–16 Stud. Philol. Berlin; Mitgl. der ›Berlinischen Gesellschaft für deutsche Sprache‹; 1813 Gardejäger der Befreiungskriege; 1817/18 Reisebegleiter in Italien; 1819 Lehrer Gymnas. Dessau; 1820 auch herzogl. Bibliothekar ebda.; 1822–27 Hrsg. der ›Bibliothek der dt. Dichter des 17. Jh.‹; reiste 1822 nach Dresden zu Tieck, 1824 zu Goethe nach Weimar, 1827 nach Württemberg zu Kerner, Schwab und Uhland; 1826 Redakteur der ›Enzyklopädie‹ von Ersch und Gruber. – Volkstüml. naturverbundener Lyriker der Spätromantik. S. vom Volkslied, Eichendorff u. der Schwäb. Schule angeregten schlichten Wander-, Tafel- u. bes. Rollenlieder (›Am Brunnen vor dem Tore‹, ›Im Krug zum grünen Kranze‹, ›Das Wandern ist des Müllers Lust‹, ›Ich hört ein Bächlein rauschen‹ u. a.) wurden teilweise von Schubert als ›Müllerlieder‹ und auch in der ›Winterreise‹ vertont. Hauptvertreter des dt. lit. Philhellenismus. Auch Reiseschriftsteller, Essayist und Übs.

W: Rom, Römer und Römerinnen, Br. II 1820; 77 Gedichte aus den hinterlassenen Papieren eines reisenden Waldhornisten, II 1821–24; Lieder der Griechen, V 1821–24; Neugriechische Volkslieder, Übs. 1825; Der Dreizehnte, Nn. 1826; Lyrische Reisen und epigrammatische Spaziergänge, 1827; Vermischte Schriften, hg. G. Schwab V 1830. – Gedichte, hg. J. T. Hatfield 1906; Tagebuch u. Briefe, hg. P. S. Allen u. J. T. Hatfield, Chicago 1903; Gedichte u. Briefe, hg. P. Wahl 1931; Ausw., hg. H.-R. Schwab 1986. *L:* B. Hake, Diss. Bln. 1908; Z. Flamini, 1908; A. J. Becker, Diss. Münster, 1908; G. Caminade, Les chants des Grecs, 1913; H. Lohre, 1927; A. P. Cottrell, W. M.s lyr.songcycles, Chapel Hill 1970; C. C. Baumann, Penns. 1981.

Müller, Wolfgang (gen. von Königswinter), 15. 3. 1816 Königswinter – 29. 6. 1873 Neuenahr; Arztsohn; 1827–35 Gymnas. Düsseldorf; 1835–39 Stud. Medizin Bonn und Berlin; Umgang mit Freiligrath, Simrock und Kinkel, in Dresden Bekanntschaft mit Tieck; 1839–41 Militärchirurg in Düsseldorf; ging 1842 nach Paris,

Verkehr mit Heine, Dingelstedt und Herwegh; dann Arzt in Düsseldorf; 1848 Mitgl. des Frankfurter Parlaments; später freier Schriftsteller; ab 1869 in Wiesbaden. – Lyriker, Versepiker, Erzähler, Dramatiker, Märchen- u. Balladendichter aus s. rhein. Heimat und rhein. Leben.

W: Rheinfahrt, Ep. 1846; Gedichte, 1847; Die Maikönigin, E. 1852; Johann von Werth, E. 1856; Zum stillen Vergnügen, En. II 1865; Der Einsiedler von Sanssouci, Lsp. 1865; Die Rose von Jericho, Tr. 1865. – Dichtungen eines rhein. Poeten, VI 1871–76; Dramatische Werke, VI 1872. *L:* P. L. Jäger, Diss. Köln 1923; H. Becker, Diss. Münster 1924; T. Metternich, 1933; P. Luchtenberg, II 1959.

Müller-Guttenbrunn, Adam (Ps. Ignotus, Franz Josef Gerhold), 22. 10. 1852 Guttenbrunn/ Banat – 5. 1. 1923 Wien; bäuerl. Abstammung; Gymnas. Temesvar und Hermannstadt, ab 1870 Handelsakademie Wien; 1873–79 im österr. Staatsdienst in Linz; dann Telegraphenbeamter in Wien; 1886–92 Feuilletonredakteur und Kritiker der Wiener ›Deutschen Zeitung‹; 1892–96 Direktor des Raimund-Theaters ebda.; 1898–1903 des Stadttheaters Wien; bemüht um e. nationale Erneuerung der Wiener Bühne. Ab 1912 Hrsg. des ›Schwäbischen Hausfreunds‹; dann freier Schriftsteller; 1919 großdeutscher Abgeordneter im österr. Nationalrat. – Dramatiker und Erzähler, bes. mit Stoffen aus Geschichte u. Kultur, Schicksal u. Volksleben s. donauschwäb. Heimat. Neben lit., volkskundl. und theatergeschichtl. Schriften mehrere Aufsätze zum Kampf um das Recht s. Heimat.

W: Frau Dornröschen, R. 1884; Die Dame in Weiß, R. 1907; Götzendämmerung, Sk. 1908; Der kleine Schwab', E. 1909; Die Glocken der Heimat, R. 1910; Der große Schwabenzug, R. 1913; Barmherziger Kaiser!, R. 1916; Joseph der Deutsche, R. 1917; Meister Jakob und seine Kinder, R. 1918 (n. 1978); Lenau-Trilogie: I: Sein Vaterhaus, R. 1919, II: Dämonische Jahre, R. 1920, III: Auf der Höhe, R. 1920 (n. 1975–77); Der Roman meines Lebens, 1927. – GW, VIII 1976–79; Feuilletons, III 1978–81; In der Sommerfrische, Feuill. 1982; Briefe, hg. R. Brandsch 1939. *L:* F. Milleker, 1921; F. E. Gruber, 1921; H. Veres, 1927; R. Hollinger, 1942; L. Pfniß, 1943; R. S. Geehr, 1973; H. Weresch, II 1975; N. Berwanger, Bukarest 1976.

Müller-Marein, Josef (Ps. Jan Molitor), 12. 9. 1907 Marienheide b. Köln – 17. 10. 1981 Thimory/Loiret, Frankr.; ab 1932 Musikkritiker, 1935 an der ›Vossischen Zeitung‹, nach 1945 Kapellmeister u. Reporter, ab 1946 Redakteur u. 1957–68 Chefredakteur der ›Zeit‹; lebte in Stöckte b. Winsen, später Paris u. an der Loire. – Neben Feuilletons u. Reportagen Vf. amüsanter humorist. Erzählungen.
W: Die Bürger und ihr General, Tg. 1959; Deutschland im Jahre 1, Rep. 1960; Der Entenprozeß, E. 1961; Tagebuch aus dem Westen, 1963; Das musikalische Selbstporträt, Schr. 1963 (m. H. Reinhardt); In der Zeit-Lupe belichtet, Feuill. 1964; Wer einmal in die Tüte bläst, E. 1967; Deutschland deine Westfalen, Sb. 1972.

Müller-Partenkirchen (auch Müller-Zürich), Fritz, 24. 2. 1875 München – 4. 2. 1942 Hundham b. Miesbach/Obb.; Sohn e. Spediteurs; Kaufmann, Bücherrevisor, Handelsschullehrer; große Reisen; Stud. Volkswirtschaft in Zürich; als freier Schriftsteller in Cannero am Langensee/Schweiz; ließ sich 1924 auf dem Brüala-Hof b. Hundham nieder. – Humorvoller Erzähler von Romanen und Novellen um heimatverbundene Menschen in ihrer Beziehung zum mod. Leben; behandelt daneben kaufmänn.-industrielle Stoffe. Auch Kulturglossen, kleine Skizzen, Plaudereien und Dialektdichtungen.

W: Kramer und Friemann, R. 1920; München, En. 1925; Die Kopierpresse, R. 1926; Kaum genügend, En. 1927; Das verkaufte Dorf, R. 1928; Frauenlob, En. 1929; Cannero, En. 1930; Gesang im Zuchthaus, En. 1933; Die Firma, R. 1935; Der Kaffeekönig, R. 1939; Der Pflanzer, En. 1942.

Müller-Schlösser, Hans, 14. 6. 1884 Düsseldorf – 21. 3. 1956 ebda.; freier Schriftsteller in Düsseldorf; 1945–48 künstler. Leiter des Kleinen Theaters ebda. – Sehr erfolgr. Dramatiker; humorvoll und von scharfer Beobachtung; s. drast.-treffend charakterisierten Gestalten erwiesen sich als sehr bühnenwirksam, bes. in s. rhein. Volkskomödie ›Schneider Wibbel‹, die er auch in Romanform herausgab. Daneben Romane, Erzählungen, Schwänke, Kurzgeschichten und Schnurren mit rhein. Hintergrund.
W: Schneider Wibbel, K. 1914; Jan Krebsereuter, R. 1919; Eau de Cologne, Schw. 1920; Der Rangierbahnhof, Vst. 1921; Hopsa, der Floh, R. 1922; Schneider Wibbels Tod und Auferstehung, R. 1938; Das Zinnkännchen, E. 1941; Der Sündenbock, K. (1947).

Müllner, (Amadeus Gottfried) Adolf, 18. 10. 1774 Langendorf b. Weißenfels – 11. 6. 1829 Weißenfels; Sohn e. Amtsprokurators und der jüngsten Schwester G. A. Bürgers; Kindheit in Weißenfels u. Langendorf; 1788–93 Schulpforta; 1796–98 Stud. Jura Leipzig; 1798–1815 Advokat in Weißenfels; ⚭ 1802 Amalie von Logau; 1805 Dr. jur.; gründete 1810 in Weißenfels e. Privattheater; 1817 Hofrat. 1820–25 Leiter des Tübinger Literaturblatts zu Cottas ›Morgenblatt‹, 1823 Hrsg. der Zs. ›Hecate‹, 1826–29 Redakteur der ›Mitternachtszeitung‹. – Hauptvertreter der an Schillers ›Braut von Messina‹ und Z. Werners ›Der 24. Februar‹ anknüpfenden romant. Schicksalstragödie mit s. techn. geschickten, aber auf bloßen Theatereffekt berechneten Tragödien ›Der 29. Februar‹, ›Die Schuld‹ und ›König Yngurd‹, die in ganz Dtl. außerordentl. erfolgr. waren, vielfach nachgeahmt und dann rasch vergessen wurden. Anfangs auch Erzähler und Lustspieldichter nach franz. Vorbild; später rücksichtslos-aggressiver Theaterkritiker.

W: Der Incest, R. 1799; Der 29. Februar, Tr. 1812; Spiele für die Bühne, 1815; Die Schuld, Tr. 1816; Schauspiele, IV 1816f.; König Yngurd, Tr. 1817; Die Albaneserin, Dr. 1820; Vermischte Schriften, II 1824–26; Dramat. Werke, XII 1828–30.
L: R. F. Hugle, Zur Bühnentechnik M.s, Diss. Münster 1921; O. Weller, Diss. Würzb. 1922; S. Koch, M. als Theaterkritiker, Journalist und lit. Organisator, Diss. Köln 1939.

Münch-Bellinghausen, Eligius Frhr. von → Halm, Friedrich

Münchhausen, Börries Freiherr von (Ps. H. Albrecht), 20. 3. 1874 Hildesheim – 16. 3. 1945 Windischleuba b. Altenburg; aus dem Geschlecht des ›Lügenbarons‹, Sohn e. Kammerherrn, Jugendjahre auf väterl. Gütern b. Göttingen, Hannover und Altenburg. 1895–99 Stud. Jura und Staatswiss. Heidelberg, Berlin, München und Göttingen; Reisen nach Italien und Dänemark, Wanderungen durch Dtl. Im 1. Weltkrieg Rittmeister im Osten, ab 1916 beim Auswärt. Amt, ab 1920 auf s. Familienbesitz als Gutsherr, Domherr und Kammerherr. 1897–1923 Hrsg. des ›Göttinger Musenalmanachs‹. Freitod. – Bedeutendster dt. Balladendichter des 20. Jh.; Erneuerer und Theoretiker der bei Strachwitz und Fontane ausgebildeten Balladenform in eigenem, durchaus diesseitigem ritterl., z. T. junkerhaftiron. und allem Irreal-Myth. abholdem Geist mit Stoffen aus Heldensage, Märchen, Bibel, Legen-

de, Geschichte, auch Gegenwart oder eig. Erfindung. Meisterhafte lautmaler. Gestaltung; Einbeziehung des Heiter-Schwankhaften. Daneben Erzählungen, Memoiren, ritterl. Lyrik u. Lieder aus neuromant. Lebensgefühl; von der Jugendbewegung begeistert aufgenommen.

W: Gedichte, G. 1897; Juda, G. 1900; Balladen, G. 1901; Ritterliches Liederbuch, 1903; Das Herz im Harnisch, G. 1911; Die Standarte, G. 1916; Schloß in Wiesen, G. 1921; Fröhliche Woche mit Freunden, E. 1922; Meisterballaden, Schr. 1923; Das Balladenbuch, 1924; Drei Idyllen, 1924; Idyllen und Lieder, 1928; Das Liederbuch, 1928; Lieder um Windischleuba, 1929; Idyllen, 1933; Die Garbe, Aufss. 1933; Geschichten aus der Geschichte, E. 1934. – Das dichterische Werk, II 1950ff.
L: C. Enders, B. v. M. u. d. dt. Ballade, 1914; H. Spiero, 1927.

Münster, Clemens (Ps. Markus Schröder), * 15. 1. 1906 Cochem/Mosel; Stud. Physik, Mathematik, Chemie Münster und München, 1928 Dr. phil., 1929–34 Univ.-Assistent Jena und Bonn, 1934–45 wiss. Mitarbeiter bei Zeiss in Jena, 1945–49 Mithrsg. der ›Frankfurter Hefte‹, 1949 Hauptabteilungsleiter im Bayr. Rundfunk, 1954–71 Fernsehdirektor ebda. – Stark reflexiver Erzähler um Probleme der polit. und gesellschaftl. Verantwortung des mod. Menschen in klarer, disziplinierter Prosa; zeitkrit. Fernsehspiele um Gewissenskonflikte.

W: Dasein und Glauben, Es. 1948; Das Reich der Bilder, Ess. 1949; Mengen, Massen, Kollektive, Ess. 1952; Bericht von den Inseln, FSsp. (1964); Scherben, R. 1964; Rette sich, wer kann, FSsp. (1968); Aufstand der Physiker, En. 1968; Der Zeuge, FSsp. (1971).

Münster, Thomas, * 24. 9. 1912 Mönchengladbach, Stud. Germanistik und Kunstgesch., dann Diplombauingenieur. – Erzähler abenteuerl.-handlungsreicher Romane aus Geschichte und Folklore

Südeuropas und Reiseschriftsteller.

W: Sprich gut von Sardinien, Ess. 1958; Die
sardische Hirtin, R. 1960; Kreta hat andere
Sterne, Ess. 1960; Des Kaisers arme Zigeuner, R. 1962; Partisanenstory, R. 1963; Zi-
geuner-Saga, Sb. 1969; Arpad der Zigeuner,
E. 1973; Einladung nach Kreta, Ess. 1975.

Müthel, Eva, 3. 2. 1926 Nord-
hausen/Thüringen – 17. 8. 1980
Kesselbach b. Idstein. Journalistin
in Weimar. Stud. Soziologie und
Germanistik Jena; wegen staatsfeindl. Propaganda 1948 zu 25
Jahren Zuchthaus verurteilt, 1954
amnestiert, seither in West-Berlin. – Erzählerin e. polit. Wider-
standsromans, gesellschaftskrit.
Dramatikerin, Hörspiel- u.
Rundfunkautorin.

W: Für dich blüht kein Raum, R. 1957; Tod
für bunte Laternen, Dr. (1963).

Muhr, Adelbert, 9. 11. 1896 Wien
– 10. 3. 1977 ebda.; 1914–17 Stud.
Lit. und Psychologie ebda.; Beamter der Donau-Dampfschiff-
fahrtsgesellschaft, 1930 Journalist
und Schriftsteller in Wien. –
Österr. Erzähler, Dramatiker, Essayist und Hörspielautor, gen.
›Dichter der Ströme‹.

W: Der Sohn des Stromes, R. 1946; Die Stürme, Nn. 1947; Zwischen Moldau und Donau, 1948; Theiß-Rhapsodie, R. 1949; Die
Botschaft des Ohio, R. 1952; Und ruhig flie-
ßet der Rhein, Reiseb. 1953; Sie haben uns alle
verlassen, R. 1956; In der Zaubersonne der
Rhône, Reiseb. 1959; Die letzte Fahrt, R.
1963; Schienen und Schiffe, G. u. Prosa, 1972;
Das Lied der Donau, E. 1976.

Mumelter, Hubert, 26. 8. 1896
Bozen – 24. 9. 1981 ebda.; aus
alter Südtiroler Familie; Gymnas.
Bozen, Offizier im 1. Weltkrieg;
Stud. Jura, Medizin und Philos.
Innsbruck; 1921 Dr. jur.; Rechts-
anwalt; dann freier Schriftsteller
und Skilehrer in Völs am Schlern.
Weite Reisen nach Nordafrika
und Spitzbergen; ⚭ Imma Jank-

Rubatscher; ließ sich in St. Kon-
stantin b. Völs am Schlern nieder.
– Heimatverbundener Lyriker
und Erzähler aus der Berg- und
Sportwelt und aus der Geschichte
Tirols. Daneben Berg-, Ski- und
Strandfibeln mit lustigen Reimen.

W: Zwei ohne Gnade, R. 1931 (u. d. T.
Oswald und Sabine, R. 1938); Gedichte,
1933; Skifibel, 1933; Die falsche Straße, R.
1934; Bergfibel, 1934; Strandfibel, 1938;
Schatten im Schnee, R. 1940; Dolomitenle-
gende, E. 1948; Maderneid, R. 1951; Gedichte 1940–50, 1952; Wein aus Rätien, En. 1954.
L: Bekenntnis zum Schlern, 1971 (m. Bibl.).

Mundstock, Karl, *26. 3. 1915
Berlin, Metallarbeiter, 2 Jahre
Haft im 3. Reich, Soldat, danach
freier Schriftsteller in Ost-Berlin.
– Sozialist. Erzähler aus Krieg und
Widerstand. Auch Reportagen,
Kinder- und Jugendbücher.

W: Der Messerkopf, E. 1950; Helle Nächte,
R. 1952; Bis zum letzten Mann, En. 1957; Die
Stunde des Dietrich Conradi, E. 1958; Sonne
in der Mitternacht, E. 1959; Die alten Karten
stimmen nicht mehr, Rep. 1960; Tod an der
Grenze, R. 1969; Wo der Regenbogen steigt,
Sk. 1970; Frech und frei, G. 1970; Meine 1000
Jahre Jugend, Aut. 1981.

Mundt, Theodor, 19. 9. 1808
Potsdam – 30. 11. 1861 Berlin;
Sohn e. Rechnungsbeamten;
Stud. Philos. und Philol. Berlin;
1832 Mitredakteur der ›Blätter für
literarische Unterhaltung‹ in
Leipzig; freundschaftl. Beziehungen zu Charlotte Stieglitz; 1835
Leiter des ›Literarischen Zodia-
kus‹; von den gegen das ›Junge
Deutschland‹ gerichteten Verfolgungen und Zensurkämpfen mit
betroffen; 1836/37 Redakteur der
›Dioskuren‹, 1838–44 des ›Freiha-
fen‹, 1840–43 des ›Pilot‹; zog 1839
nach Berlin; ⚭ d. Schriftstellerin
Klara Müller (Ps. Luise Mühl-
bach); habilitierte sich 1842 an der
Univ. Berlin; 1848 ao. Prof. der
Geschichte und Lit. in Breslau;
1850 Bibliothekar der Universi-

tätsbibliothek Berlin. – Geistreicher Erzähler, Literaturhistoriker, -theoretiker und -kritiker des ›Jungen Deutschland‹, verflachte nach anfängl. radikal-jungdt. Tendenzen bei umfangr. Schaffen zu hist. Romanen, Reiseberichten u. populärwiss. Schriften.

W: Das Duett, R. 1831; Madelon, N. 1832; Die Einheit Deutschlands, Schr. 1832 (Faks. 1973); Moderne Lebenswirren, R. 1834; Madonna, R. 1835; Charlotte Stieglitz, B. 1835; Die Kunst der dt. Prosa, Schr. 1837 (n. 1968); Charaktere und Situationen, Ess. II 1837; Spaziergänge und Weltfahrten, Reiseb. III 1838 f.; Völkerschau auf Reisen, 1840; Thomas Müntzer, R. III 1841; Geschichte der Literatur der Gegenwart, 1842; Die Geschichte der Gesellschaft, 1844; Carmela oder die Wiedertaufe, R. 1844; Ästhetik, Schr. 1845 (n. 1966); Mendoza, R. II 1846 f.; Dramaturgie, II 1847 f.; Die Matadore, R. II 1850; Kleine Romane, II 1857; Graf Mirabeau, R. IV 1858; Czar Paul, R. VI 1861.

L: O. Draeger, 1909; H. Quadfasel, M.s lit. Kritik, Diss. Hdlbg. 1932; E. C. Cumings, Women in the Life and Works of T. M., Diss. Chicago 1936.

Mungenast, Ernst Moritz, 29. 11. 1898 Metz – 3. 9. 1964 Stuttgart; Sohn e. Architekten altösterr. Herkunft; Gymnas. Metz; im 1. Weltkrieg in Garderegimentern an der Westfront, mehrfach verwundet; Lazarett in Berlin; Stud. Germanistik und Kunstgeschichte Berlin; 1924–32 Redakteur, Korrespondent und Reporter des ›Berliner Tageblatts‹; ab 1925 freier Schriftsteller in Stuttgart, 1946–53 in Metz, dann wieder Stuttgart. – Gestaltenreicher, scharf charakterisierender Erzähler breit angelegter, farbiger Romane aus Volkstum und Geschichte Lothringens. S. Hauptwerk, der Roman ›Der Zauberer Muzot‹, schildert an e. vielköpfigen Metzer Familie das lothring. Volksschicksal im 19. und 20. Jh.

W: Asta Nielsen, B. 1928; Christoph Gardar, R. 1935; Die Halbschwester, R. 1937; Der Kavalier, R. 1938; Der Pedant oder Die Mädchen in der Au, R. 1939; Der Zauberer Mu-

zot, R. 1939; Cölestin, R. 1949; Hoch über den Herren der Erde, R. 1950; Die ganze Stadt sucht Günther Holk, R. 1954; Tanzplatz der Winde, R. 1957.

Munier-Wroblewski, geb. Wroblewska, Mia, 20. 2. 1882 Schleck/Lettland – 19. 10. 1965 Itzehoe; seit 1932 in Dtl., lebte in Falkensee in der Mark und in Fürstenberg/Mecklenburg; zuletzt in Süderlügum/Holstein. – Heimatverbundene balt. Erzählerin mit Romanen aus kurländ. Geschichte sowie volkstümlich-schlichten biograph. und autobiograph. Erzählungen.

W: Und doch!, R. 1917; Schwester Ursula, R. 1920; Unter dem wechselnden Mond, R. VI 1927–32 (n. 1956); Der Mensch lebt nicht vom Brot allein, R. 1933; Gottes Zeit ist die allerbeste Zeit, En. 1935; Sankt Brigitten, E. 1939; Zeitenwende, R. 1941; Olaf Braren, R. 1949; Wind drüber weht, Aut. 1957; Frühe Gestalten, Aut. 1958; Immortella, Sk. 1959; Königin von Neapel, E. 1960; Schimmernd wie die Kaurimuschel, R. 1964.

Munk, Christian → Weisenborn, Günther

Munk, Georg (eig. Paula Buber, geb. Winkler), 14. 6. 1877 München – 11. 8. 1958 Venedig; Gattin Martin Bubers. – Erzählerin stark meditativer Romane und Erzählungen unter Einfluß der dt. Romantik.

W: Die unechten Kinder Adams, E. 1912; Irregang, R. 1916; Sankt Gertrauden Minne, Leg. 1921; Die Gäste, E. 1927; Am lebendigen Wasser, R. 1952; Muckensturm, R. 1953; Geister und Menschen, En. 1961.

Munkepunke → Meyer, Alfred Richard

Murer, Jos(ias), 1530–1580; Glasmaler und Graphiker in Zürich, 1578 Amtmann in Winterthur. – Schweizer Dramatiker; Volksdramen mit Stoffen des A. T.

W: Naboth, Dr. 1556; Belägerung der Statt Babylon, Dr. 1559; Der jungen Mannen Spiegel, Dr. 1560; Absolom, Dr. 1565; Hester, Dr. 1567; Ufferständnus unsers Herren, Dr. 1567; Zorobabel, Dr. 1575. – Sämtl. Dramen, hg. H.-J. Adomatis u. a. II 1974.

Murner, Thomas, 24. 12. 1475 Oberehnheim/Elsaß – vor dem 23. 8. 1537 ebda. Wurde 1490 Franziskaner; 1497 Priesterweihe; humanist. gebildet; Stud. Univ. Paris, Freiburg/Br., Krakau, Prag, Straßburg u. Basel (1498 Magister artium, 1509 Dr. theol., 1519 Dr. jur.); lehrte an versch. Univ.; mehrfach wegen satir. Schriften u. als Gegner der Reformation ausgewiesen; um 1520 Guardian s. Klosters in Straßburg u. Speyer. Ging 1523 auf Einladung Heinrichs VIII. nach England, übersetzte dessen Streitschrift gegen Luther. Von Maximilian I. zum Dichter gekrönt. 1525 aus dem Elsaß durch aufständ. Bauern vertrieben, 1526 Pfarrer in Luzern, dort durch Züricher und Berner Behörden verwiesen, ging 1529 in s. Heimat zurück, ab 1533 bis zu s. Tod als Pfarrer in Oberehnheim. – Bedeutendster dt. Satiriker des 16. Jh. von außerordentl. Fruchtbarkeit und lit. Vielseitigkeit. In s. schonungslosen allg. Satiren auf soziale, moral. und kirchl. Mißstände der Zeit in Versform mit eingängigen Gleichnissen und Allegorien Nachfolger Geilers von Kaisersberg und bes. S. Brants, an dessen ›Narrenschiff‹ er sich z. T. wörtl. anlehnt. Benutzt meist das beliebte Narrenmotiv und führt sich selbst als Beschwörer oder Kanzler der Narren in die Handlung ein; verbindet sprudelnde Phantasie mit reichem Witz u. bewußter Volkstümlichkeit der Sprache. Als Hauptvertreter und Wortführer der kath. Reformationssatire im Kampf gegen Luther und s. Lehre mutig und aggressiv in s. Polemik, doch maßlos und derb in s. Spott. Streit mit den Humanisten durch s. Gegenschrift zu Wimphelings ›Germania‹. Auch Vf. ernster, humanist., theolog. und didakt. Schriften u. a. über Logik, Metrik und Rechtswiss. in dt. und lat. Sprache und Übs. von Vergils ›Aeneis‹ (1515). Als typ. Vertreter s. Jh. von größtem kulturgesch. Interesse.

W: Germania nova, Schr. 1502 (n. K. Schmidt 1874); Chartiludium logicae, 1507; Narrenbeschwörung, Sat. 1512 (hg. M. Spanier 1894); Der schelmen Zunft, Sat. 1512 (hg. E. Matthias 1890, M. Spanier 1925); Ein andechtig geistliche Badenfahrt, Schr. 1514 (hg. E. Martin 1887); Die Mühle von Schwindelsheim und Gredt Müllerin Jahrzeit, Sat. 1515 (hg. E. Albrecht 1883, G. Bebermeyer 1923); Die Geuchmatt, Sat. 1519 (hg. W. Uhl 1896, E. Fuchs 1931); An den großmechtigsten Adel tütscher Nation, Streitschr. 1520 (hg. E. Voß 1899); Eine christliche und briederliche Ermahnung, Streitschr. 1520; Von dem großen Lutherischen Narren, Streitschr. 1522 (n. P. Merker 1918, A. E. Berger, DLE. Rhe. Ref. 2, 1933). – AW, hg. G. Balke 1890 (DNL 17); Dt. Schriften, hg. F. Schultz IX 1918–31; Prosaschriften gegen die Reformation, hg. W. Pfeiffer-Belli 1928.
L: T. v. Liebenau, D. Franziskaner T. M., 1913; G. Schumann, 1917; P. Merker, M.-Studien, 1917; J. Lefftz, D. volkstüml. Stilelemente i. M.s Satiren, 1915; P. Scherrer, M.s Verhältnis z. Humanismus, Diss. Mchn. 1930; F. Landmann, M. als Prediger, 1935; A. Erler, T. M. als Jurist, 1956; J. Schutte, Schympff Red, 1973; E. Bernstein, D. 1. dt. Äneis, 1973.

Muron, Johannes → Keckeis, Gustav

Musäus, Johann Karl August, 29. 3. 1735 Jena – 28. 10. 1787 Weimar; Sohn e. Landrichters; kam früh nach Eisenach u. Allstedt; 1754–58 Studium der Theologie Jena; 1763 Pagenerzieher in Weimar; 1769 Gymnasialprofessor ebda. – Moral.-satir. Erzähler der Aufklärung. Schrieb als Schüler Wielands Romane gegen lit. Modetorheiten, so gegen Lavater in ›Physiognomische Reisen‹, gegen affektierte Empfindsamkeit und gegen den sentimentalen Richardson-Enthusiasmus in ›Der deutsche Grandison‹. Bearbeiter franz. Novellen. Durch die Sammlung und künstler. Ausgestaltung s. prägnanten und sprachl. klaren, z. T. iron. ›Volksmärchen‹, die in weiteste Kreise drangen, Vorläufer der Brüder Grimm. Bekämpfte als Rezensent die flache ›Werther‹-Nachahmung.

W: Grandison der Zweite oder Geschichte des Herrn von N., R. III 1760–62 (Umarb. u. d. T. Der deutsche Grandison, II 1781 f.); Das Gärtnermädchen, Opte. 1771; Physiognomische Reisen, R. IV 1778 f.; Volksmärchen der Deutschen, VIII 1782–86 (n. P. Zaunert 1912, 1961, N. Miller 1976); Freund Heins Erzählungen, En. 1785; Nachgelassene Schriften, hg. A. v. Kotzebue 1791.
L: E. Geschke, Diss. Königsberg 1910; A. Ohlmer, M. als satir. Romanschriftsteller, Diss. Mchn. 1912; E. Jahn, D. ›Volksmärchen d. Dt.‹, 1914; A. Richli, 1957; E. Mayr, Diss. Innsbruck 1958; B. M. Carvill, D. verführte Leser, 1985.

Muschg, Adolf, * 13. 5. 1934 Zollikon b. Zürich; Halbbruder des Literarhistorikers Walter Muschg; Stud. Germanistik und Anglistik Zürich und Cambridge, 1959 Dr. phil., Lehrer, Funkredakteur, 1962–64 Lektor für Dt. in Tokio, 1964–67 Assistent Univ. Göttingen, 1968–70 Dozent Cornell Univ., Ithaca, N. Y., 1970 ao. Prof. für dt. Sprache u. Lit. ETH Zürich, lebt in Kilchberg. – Produktiver, vielseitiger Vf. traditioneller Romane und Erzählungen von interessantem Aufbau und virtuosem, iron.-satir. Stil bes. aus der Welt der Außenseiter, später mehr um gesellschaftl. Zeitfragen wie Macht und Schuld.

W: Im Sommer des Hasen, R. 1965; Gegenzauber, R. 1967; Fremdkörper, En. 1968; Rumpelstilz, Dr. 1968; Mitgespielt, R. 1969; Das Kerbelgericht, H. 1969; Die Aufgeregten von Goethe, Dr. 1970; Liebesgeschichten, En. 1972; Albissers Grund, R. 1974; Kellers Abend, Dr. (1975); Entfernte Bekannte, En. 1976; G. Keller, B. 1977; Watussi, Dr. (1977);

Noch ein Wunsch, E. 1979; Besprechungen, Ess. 1980; Baiyun, R. 1980; Literatur als Therapie, Es. 1981; Leib und Leben. En. 1982; Übersee, H.e 1982; Ausgew. Erzählungen, 1983; Kulturgeschichten, Ess. 1984; Das Licht und der Schlüssel, R. 1984; Goethe als Emigrant, Ess. 1986; Der Turmhahn, En. 1987; Empörung durch Landschaften, Ess. 1988.
L: J. Ricker-Abderhalden, hg. 1979; R. Voris, 1984; M. Dierks, 1987.

Muschler, Reinhold Conrad, 9. 8. 1882 Berlin – 10. 12. 1957 ebda.; Sohn e. bayer. Hofopernsängerpaares; musikal. Ausbildung unter E. Humperdinck; Stud. Medizin, dann Botanik; Forschungsreisen nach Nordafrika, Süd- und Westeuropa; 1907 Dr. phil. und Assistent am Botan. Museum in Berlin; seit 1920 freier Schriftsteller ebda. – Erzähler sentimentaler Unterhaltungsromane bes. aus Künstler- und Gelehrtenkreisen. Auch Biographien u. wiss. Schriften.

W: Douglas Webb, R. 1921; Der lachende Tod, R. 1922; Bianca Maria, R. 1924; Der Weg ohne Ziel, R. 1925; Richard Strauss, B. 1925; Basil Brunin, R. 1926; Friedrich der Große, B. 1926; Liebelei und Liebe, R. 1932; Klaus Schöpfer, R. 1933; Die Unbekannte, N. 1934; Liebe in Monte, R. 1934; Der Geiger, R. 1935; Diana Beata, R. 1938; Das Haus der Wünsche, N. 1948; Die am Rande leben, R. 1954; Gast auf Erden, R. 1955; Im Netz der Zeit, R. 1956. – GW, VI 1931.
L: H. M. Plesske, 1957.

Musil, Robert (Edler von), 6. 11. 1880 Klagenfurt – 15. 4. 1942 Genf; Sohn e. Waffenfabrikdirektors und späteren Hochschulprofessors; Kindheit in Steyr. Militärerziehungsanstalt Mährisch-Weißkirchen, wurde Offizier, dann Stud. Maschinenbau Brünn. 1901 Ingenieur. 1902/03 Assistent der Techn. Hochschule Stuttgart; Stud. Philos., Psychol. und Mathematik Berlin; 1908 Dr. phil.; Schwanken zwischen Univ.-Laufbahn und Schriftstellerberuf. 1911–14 Bibliothekar der Techn.

Hochschule Wien, 1914 Redakteur der ›Neuen Rundschau‹; im 1. Weltkrieg bis 1916 österr. Hauptmann an der Italienfront, dann Hrsg. e. Soldatenzeitung, zuletzt im Kriegspressequartier, 1918/19 Chef des Bildungsamtes im Heeresministerium; bis 1922 Beamter, dann freier Schriftsteller, 1931–33 wieder in Berlin, dann in Wien, Theaterkritiker der ›Prager Presse‹, des ›Wiener Morgen‹ und des ›Tag‹. 1938 Emigration über Italien nach Zürich, lebte zuletzt unbeachtet, einsam und fast mittellos in Genf. Starb an Gehirnschlag. – Bedeutender Erzähler, Essayist und Dramatiker. Begann nach wenig erfolgr. psycholog. Novellen um die Wandlung von Gefühlen, dem Pubertätsroman ›Die Verwirrungen des Zöglings Törleß‹, dramat. und essayist. Arbeiten mit s. umfangr., unvollendeten Zeit- und Gesellschaftsroman der untergehenden Donaumonarchie ›Der Mann ohne Eigenschaften‹, auf dem s. Ruf als Neuerer der Romanform und scharfsichtiger Analytiker der zeitgenöss. Gesellschaft, ihrer Träger als Exponenten von Ideologien, ihrer Struktur und ihrer Psychologie, beruht. Breiteste Grundlage in e. Fülle atmosphär. dicht geschilderter und psycholog. scharf gedeuteter Figuren aus den verschiedensten Kreisen im Wien der Vorkriegszeit. Eigenwillige, halb unausgesprochene Ironie als tragendes Gestaltungselement. Zerbrechen der herkömml. Romanform durch e. breit angelegte Diskussion, wiss.-kulturkrit. Abhandlungen und geistreiche Essays betonen den stark reflexiven, mehr essayist. als dichter. Charakter des Werkes. Weiteste Wirkung weniger auf das mod. Romanschaffen als auf die lit. Diskussion um die zeitgemäße Romanform.

W: Die Verwirrungen des Zöglings Törleß, R. 1906; Vereinigungen, Nn. 1911; Die Schwärmer, Dr. 1921; Grigia, N. 1923; Die Portugiesin, N. 1923; Vinzenz und die Freundin bedeutender Männer, K. 1924; Drei Frauen, Nn. 1924; Rede zur Rilke-Feier, 1927; Der Mann ohne Eigenschaften, R. III 1930–43; Nachlaß zu Lebzeiten, Ess. 1936; Über die Dummheit, Rd. 1937; Theater, Ess. 1965; Der deutsche Mensch als Symptom, Es. 1967. – GW, hg. A. Frisé III 1952–57; II bzw. IX 1978; Tagebücher, hg. ders. II 1977, ²1983; Briefe, hg. ders. II 1981; Briefe nach Prag, 1971.
L: R. Lejeune, 1942; K. Riskamm, Diss. Wien 1948; K. Marko, R. M. u. d. 20. Jh., Diss. Wien 1953; W. Berghahn, D. essayist. Erzähltechnik R. M.s, Diss. Bonn 1956; J. Strelka, Kafka, M., Broch, 1959; R. M., hg. K. Dinklage 1960 u. 1970; B. Pike, Ithaca 1961; E. Kaiser u. E. Wilkins, 1962; W. Berghahn, 1963; W. Bausinger, Stud. z. e hkA. v. R. M.s Roman ›D. M. o. E.‹, 1964; R. Rieth, M.s frühe Prosa, Diss. Tüb. 1964; M. Scharang, M.-Dramaturgie u. Bühnengesch., Diss. Wien 1965; D. Kühn, Analogie u. Variation, 1965; U. Karthaus, D. Andere Zustand, 1965; G. Baumann, 1965; S. Bauer u. I. Drevermann, Stud. z. R. M., 1966; W. Rasch, Üb. R. M.s Roman ›D. M. o. E.‹, 1967; H. Gumtau, 1967; E. Albertsen, Ratio u. ›Mystik‹ i. Wk. R. M.s, 1968; J. Kühne, D. Gleichnis, 1968; U. Schelling, Identität u. Wirklichk. b. R. M., 1968; R. v. Heydebrand, D. Reflexionen Ulrichs, ²1969; G. Müller, Dichtg. u. Wiss., Uppsala 1971; M.-L. Roth, 1972; A. Reniers-Servranckx, 1972; D. Goltschnigg, Myst. Tradition i. Roman R. M.s, 1973; B. Röttger, Erzählexperimente, 1973; G. Schneider, Unters. z. dramat. Wk. R. M.s, 1973; R. L. Roseberry, 1974; R. Schneider, D. problematisierte Wirklichk., 1975; J. Schmidt, Ohne Eigenschaften, 1975; S. Mulot, D. jge. M., 1977; F. G. Peters, N. Y. 1978; F. A. Holmes, R. M. ›D. M. o. E.‹, 1978; U. Baur, E. Castex, hg. 1980; A. Frisé, Plädoyer f. R. M., 1980; H. Arntzen, M.-Kommentar, II 1980–82; D. S. Luft, Berkeley 1980; M.-L. Roth, Paris 1980; G. Baumann, 1981; R. v. Heydebrand, hg. 1982; E. de Angelis, Turin 1982; H. L. Arnold, hg. ³1983; H. Arntzen, Satir. Stil, ³1983; H.-G. Pott, 1984; R. Willemsen, 1985; E. Heftrich, 1986; J.-P. Cometti, Paris 1986; M.-L. Roth, Paris 1987; P. Payne, 1987; Bibl.: J. C. Thöming, 1968; M. L. Roth, 1984; Zs.: M.-Forum, 1975ff.

Muskatblüt, Ende 14./1. Hälfte 15. Jh.; Fahrender, wohl aus Ostfranken; mehrere Reisen in Süddtl.; Teilnahme an den Hussitenkriegen 1420–31. – Meistersinger; Vf. allegor.-gelehrsamer geistl. Lieder unter scholast. und myst. Einfluß, reflektierend-belehrender Minnelieder in der Tradition des Minnesangs u. polit. u. didakt. Zeitgedichte.

A: E. v. Groote 1852.
L: A. Veltman, D. polit. Gedichte M.s, Diss. Bonn 1902; T. Meyer, M.s Marienlieder, Diss. Marburg 1924; S. Junge, Stud. z. Leben u. Mundart d. Meistersingers M., Diss. Greifsw. 1932; E. Kiepe-Willms, D. Spruchdichtgn. M.s, 1976.

Muspilli (= Weltbrand; Titel vom 1. Hrsg. J. Schmeller), ahd. Stabreimdichtung e. (oder mehrerer) bayr. Geistlichen Anfang des 9. Jh., nach e. lat. Predigt. Erzählt vom Schicksal der menschl. Seelen und vom Weltuntergang. Zwei getrennte Berichte gleichen sich den versch. Auffassungen über das künftige Erleben der Seele an: der 1. Teil schildert den Kampf der Engel und Teufel um die Seele unmittelbar nach dem Tode, den Kampf des Elias mit dem Antichrist u. den Untergang der Welt durch Feuer. Der 2. Teil berichtet vom Jüngsten Gericht, das erst die Entscheidung über die letzte Zukunft bringt. Stark theolog. Anklänge in lehrhaften Elementen und auch predigtart. Stellen; daneben Spannung durch wirkungsvolle Schilderungen bes. der Schrecken des Weltbrands. Verfallsform der alliterierenden Dichtung, bisweilen mit Endreim und Prosa durchsetzt; rhetor. Stil; wuchtig-dramat.; häufig volkstüml. Wendungen. 106 Zeilen (ohne Anfang und Schluß) erhalten.

A: E. v. Steinmeyer, Kl. ahd. Sprachdenkmäler, 1916, n. 1963; W. Braune u. K. Helm, Ahd. Lesebuch, ¹⁶1979.
L: C. Minis, Ms., Form u. Sprache d. M., 1966; W. Mohr, W. Haug, Zweimal M., 1977; H. Finger, Unters. z. M., 1977.

Mutius, Dagmar von, * 17. 10. 1919 Oslo, Diplomatentochter, Schriftstellerin u. Buchhändlerin in Heidelberg. – Erzählerin unpolit. gesehener Gegenwartsstoffe unter menschl. Aspekt.

W: Wetterleuchten, E. 1961; Grenzwege, E. 1964; Wandel des Spiels, R. 1966; Versteck ohne Anschlag, E. 1975; Einladung in ein altes Haus, En. 1980; Verwandlungen, E. 1981; Draußen der Nachtwind, En. 1986.

Mylius, Christlob, 11. 11. 1722 Reichenbach/Pulsnitz – 7. 3. 1754 London; Pfarrerssohn; Vetter Lessings; Stud. Medizin Leipzig; Hrsg. der ›Bemühungen zur Beförderung der Kritik und des guten Geschmacks‹, des ›Freygeist‹ und des ›Naturforscher‹; ab 1748 in Berlin, Leiter der ›Vossische Zeitung‹, des ›Wahrsager‹ und ab 1751 der ›Kritischen Nachrichten aus dem Reiche der Gelehrsamkeit‹. – Bedeutender Journalist; Lustspieldichter in der Nachfolge J. C. Krügers und franz. Dramatiker.

W: Die Ärzte, Lsp. 1745; Der Unerträgliche, Lsp. 1746; Der Kuß, Sp. 1748; Die Schäferinsel, Lsp. (1749); Vermischte Schriften, hg. G. E. Lessing 1754.
L: E. Thyssen, Diss. Marb. 1912; R. Trillmich, Diss. Lpz. 1914; D. Hildebrandt, 1981.

Mynona → Friedlaender, Salomo

Nabl, Franz, 16. 7. 1883 Lautschin/Böhm. – 19. 1. 1974 Graz. Gutsherrn- u. Forstratssohn, ab 1886 in Wien, Stud. Jura, Philos. und Germanistik ebda., dann freier Schriftsteller, 1919 in Baden b. Wien; 1924–27 Redakteur in Graz, seit 1934 Schriftsteller ebda. 1943 Dr. h. c. Graz. – Bedeutender österr. Erzähler von behutsamer, leiser Sprache, meisterhafter Komposition, herbem, eindringl. Realismus und echtem Stifterschen Naturgefühl in der Tradition des 19. Jh. Schildert mit tiefer Menschenkenntnis und gedankl. Reichtum Wandlungen der menschl. Seele und zwischenmenschl. Beziehungen in Romanen und Novellen um Lebens-, Familien- und Gesellschaftskrisen mit dämon. Unterton. Auch Dramatiker.

W: Hans Jäckels erstes Liebesjahr, R. 1908; Narrentanz, Nn. 1911 (Ausw. u. d. T. Charakter, 1975); Ödhof, R. 1911 (n. 1975); Das Grab des Lebendigen, R. 1917 (u. d. T. Die Ortliebschen Frauen, 1936, n. 1981); Der Tag der Erkenntnis, Nn. 1919; Die Galgenfrist, R. 1921; Schichtwechsel, K. 1929; Ein Mann von gestern, R. 1935; Das Meteor, Nn. 1935; Der Fund, E. 1937; Steirische Lebenswanderung, Aut. 1938; Mein Onkel Barnabas, E. 1946; Johannes Krantz, R. 1948 (erw. 1958); Das Rasenstück, En. u. Ess. 1953; Der erloschene Stern, En. 1962; Die zweite Heimat, Aut. 1963; Spiel mit Blättern, Aut. 1973; Vaterhaus, R. 1974; Meine Wohnstätten, Aut. 1975. – AW, IV 1965; Meistererzn., 1978.
L: E. Ackerknecht, 1938; J. Rieder, D. ep. Schaffen F. N.s, Diss. Wien 1949; K. Bartsch u. a., hg. 1980.

Nachbar, Herbert, 12. 2. 1930 Greifswald – 25. 5. 1980 Ost-Berlin; Sohn e. Fischers, 1950–53 Stud. Medizin Berlin, dann Journalist und Verlagslektor, seit 1955 freier Schriftsteller, seit 1959 auf der Insel Ummanz vor Rügen. – Sozialist. Erzähler bes. aus dem Leben der Ostseefischer.

W: Der Mond hat einen Hof, R. 1957; Die gestohlene Insel, E. 1958; Die Hochzeit von Länneken, R. 1960; Der Tod des Admiral, En. 1960; Oben fährt der große Wagen, En. 1963; Haus unterm Regen, R. 1965; Ein Feldherr sucht seine Mutter, Rep. 1965; Meister Zillmann, E. 1965; Ein dunkler Stern, R. 1973; Der Weg nach Samoa, E. 1976; Helena und die Heimsuchung, En. 1981; Die große Fahrt, E. 1982.
L: G. Caspar u. a., hg. 1982.

Nadel, Arno, 3. 10. 1878 Wilna – nach 12. 3. 1943 Auschwitz; Mechanikerssohn, seit 1895 Berlin, Lehrer und Komponist ebda., 1916 Chordirigent e. Synagoge.

Jude, mit s. Frau vergast. – Philos.-relig. Lyriker und Dramatiker e. hymn. Diesseits- und Erospreises unter Einfluß ostjüd. Mystik. Ekstat.-hymn. Zyklendichtungen.

W: Um dieses alles, G. 1914; Cagliostro, Dr. 1914; Adam, Dr. 1917; Der Sündenfall, Szen. 1920; Der Ton, G. 1921 (erw. 1926); Der weissagende Dionysos, G. 1959.

Nadler, Karl Christian Gottfried, 19. 8. 1809 Heidelberg – 26. 8. 1849 ebda.; Stud. Jura Heidelberg und Berlin, ab 1834 Advokat in Heidelberg. – Pfälzer Mundartdichter.

W: Fröhlich Pfalz, Gott erhalt's, G. 1847; Guckkastenlied vom großen Hecker, 1848.

Nadolny, Burkhard, 15. 10. 1905 Petersburg – 2. 7. 1968 Chieming/ Chiemsee; Sohn e. Botschafters, Stud. Jura Genf, Berlin, London, Marburg und Jena. Reisen durch Europa und Nahen Osten, bis zum 2. Weltkrieg in versch. Berufen, 1942–45 Soldat, NWDR-Redakteur, dann freier Schriftsteller in Chieming am Chiemsee. – Vf. z. T. psycholog. u. utop.-polit. Novellen und Romane; auch Reiseschriftsteller, Biograph, Hörspielautor.

W: Das Gesicht im Spiegel, Nn. 1948; Michael Vagrant, R. 1948; Thrake, Reiseb. 1949; Konzert der Fledermäuse, R. 1952; Prinzessin Anthaja, R. 1958; Der Fall Cauvenburg, R. 1962; Louis Ferdinand, B. 1967.

Nadolny, Isabella, geb. Peltzer, ★ 26. 5. 1917 München, ⚭ Burkhard N., lebt in Chieming am Chiemsee. – Verf. e. heiteren Familienromans; Biographien, Feuilletons, Übs.

W: Liebenswertes an den Männern, Feuill. 1958; Ein Baum wächst übers Dach, R. 1959; Seehamer Tagebuch, 1962; Vergangen wie ein Rauch, B. 1964; Allerlei Leute auch zwei Königinnen, Ess. 1967 (erw. u. d. T. Durch fremde Fenster, 1987); Der schönste Tag, En. 1980.

Nadolny, Sten, ✱29. 7. 1942 Zehdenick b. Templin; Sohn von Burkhard u. Isabella N., Stud. Gesch., Dr. phil., Lehrer, dann Aufnahmeleiter beim Film in Berlin. – Vf. von Reiseromanen.

W: Netzkarte, R. 1981; Die Entdeckung der Langsamkeit, R. 1983.

Naogeorg(us), Thomas (eig. Thomas Kirchmair, Kirchmayer oder Kirchmeyer), 1511 Hubelschmeiß b. Straubing – 29. 12. 1563 Wiesloch/Bad; Stud. Jura und Theol. Ingolstadt und Tübingen, seit 1530 feuriger Anhänger Luthers, 1535 Pfarrer in Sulza, 1541 in Kahla. Nach e. Dogmenstreit mit Luther und Melanchthon wegen Prädestinations- und Abendmahlslehre unstet in Süddtl. und Schweiz: Kaufbeuren, Zürich, Bern, Basel, Stuttgart, Eßlingen, zuletzt Pfarrer in Wiesloch. – Neulat. Dichter, Reformationsdramatiker, Epiker und Polemiker, maßgebl. für die Entwicklung des lat. Schuldramas zum protestant. Tendenzdrama. Scharfer und leidenschaftl. Gegner des Papsttums (bes. ›Pammachius‹) in Dramen von kühner dichter. Phantasie, schlagkräftiger Gestaltung und scharfer Satire. Später mehr bibl. Dramen. Übs. u. a. von Plutarch und Sophokles.

W: Pammachius, Tr. 1538 (n. J. Bolte, E. Schmidt 1891; d. J. Menius 1539); Mercator seu judicium, Tr. 1540 (n. J. Bolte: Drei Schauspp. v. sterb. Menschen, 1927, BLV 269–70; d. 1540); Incendia seu Pyrgopolinices, Dr. 1541 (d. 1541); Hamanus, Tr. 1543 (d. J. Chryseus 1546); Carmen de bello Germanico, 1548; Epitome ecclesiasticorum dogmatum, Schr. 1548; Agricultura sacra, Ep. 1550; Hieremias, Tr. 1551 (d. W. Spangenberg 1603); Judas Iscariotes, Dr. 1552; Regnum papisticum, Ep. 1553 (d. 1555); Satyrarum libri quinque, 1555. – SW, hg. H.-G. Roloff X 1975ff.

L: L. Theobald, 1908; P. H. Diehl, Diss. Mchn. 1915; G. Hauser, Diss. Wien 1926.

Narrenbuch → Lalebuch

Naso, Eckart von, 2. 6. 1888 Darmstadt – 13. 11. 1976 Frankfurt, Offizierssohn, Stud. Jura Göttingen, Berlin, Halle, Breslau; 1912 Dr. jur.; im 1. Weltkrieg Offizier, verwundet; 1916 Sekretär, 1918 Dramaturg, zuletzt bis 1945 Chefdramaturg Staatl. Schauspielhaus Berlin, 1950 Wiesbaden, 1953 Chefdramaturg Frankfurt/M., 1954–57 Stuttgart, dann freier Schriftsteller in München und Frankfurt. – Begann als Dramatiker; dann Erzähler von Novellen und biograph. Romanen, bes. aus dem alten Preußen, Frankreich und der Antike um interessante Gestalten oder Konflikte in sachl., klarer Prosa.

W: Chronik der Giftmischerin, R. (u. d. T. Pariser Nokturno, 1952); Seydlitz, R. 1932; Die Begegnung, R. 1936; Moltke, B. 1937; Preußische Legende, E. 1939; Der Rittmeister, N. 1942; Der Halbgott, R. 1949; Die große Liebende, R. 1950; Ich liebe das Leben, Aut. 1953; Liebe war sein Schicksal, R. 1958; Flügel des Eros, R. 1960; Eine charmante Person, R. 1962; Glückes genug, Aut. 1963; Caroline Schlegel, R. 1969.

Nassau-Saarbrücken, Elisabeth von → Elisabeth von Nassau-Saarbrücken

Nathusius, Marie, 10. 3. 1817 Magdeburg – 22. 12. 1857 Neinstedt, Predigerstochter; ⚭ 1841 Philipp N., Fabrikant in Althaldensleben. Reisen in Süd- u. Westeuropa. Seit 1850 Gut Neinstedt b. Thale/Harz, Gründerin e. Knabenrettungshauses ebda. – Vf. christl. Jugendschriften, volkstüml. Novellen und Lieder (›Alle Vögel sind schon da‹).

W: Tagebuch eines armen Fräuleins, E. 1853; Die alte Jungfer, E. 1857; Elisabeth, E. II 1858. – GS, XV 1858–67.

L: E. Gründler, ²1909.

Naubert, Benedikte, geb. Hebenstreit, 13. 9. 1756 Leipzig – 12. 1. 1819 ebda., Tochter e. Mediziners, ⚭ Gutsbesitzer L. Holderieder in Naumburg, 2. Ehe mit Kaufmann Joh. G. N. ebda., ab 1818 Leipzig. – Vielgelesene, außerordentl. fruchtbare Unterhaltungsschriftstellerin ihrer Zeit mit über 50 meist histor. Romanen. Ihre Märchen dienten romant. Erzählern als Quelle.

W: Heerfort und Klärchen, R. II 1779 (n. 1982); Geschichte Emmas, R. II 1785; Hermann von Unna, R. II 1788; Neue Volksmärchen der Deutschen, V 1789–93; Briefe, hg. N. Dorsch 1986.

L: K. Schreinert, 1941, n. 1969.

Neander, Joachim, 1650 Bremen – 31. 5. 1680 ebda., Stud. Theologie Heidelberg, 1674 Rektor der Lateinschule Düsseldorf, 1679 Pastor in Bremen. – Reformierter Kirchenliederdichter und inniger pietist. Lyriker mit 57 z. T. selbst vertonten Liedern, u. a. ›Lobe den Herren, den mächtigen König der Ehren‹.

W: Glaub- und Liebes-Übung, G. 1680 (erw. 1707 u. 1721).

L: J. F. Iken, 1880; W. Nelle, 1904; L. Esselbrügge, Diss. Marb. 1921.

Nebel, Gerhard, 26. 9. 1903 Dessau – 23. 9. 1974 Stuttgart. Jugend im Rheinland, Stud. Philos. und klass. Philol. u. a. bei Jaspers und Heidegger, Dr. phil., bis 1933 Studienrat in Westdtl. Länger in Ägypten und Ostafrika. Im 2. Weltkrieg an der ital. Front. Griechenlandreisen. Freier Schriftsteller in Weingartshof b. Ravensburg, dann Steinkirchen b. Schwäb.-Hall. – Philos. Schriftsteller, eigenwiliger, stark subjektiver Essayist und konservativer Kulturkritiker mit Nähe zu s. Freund E. Jünger. Bemüht um e. Erneuerung des Menschen anfangs aus antikem, dann aus protestant.-christl. Geist.

W: Feuer und Wasser, Ess. 1939; Von den Elementen, Ess. 1947; Tyrannis und Freiheit, Ess. 1947; Bei den nördlichen Hesperiden, Tg. 1948; Griechischer Ursprung, St. 1948; An der Mosel, Ess. 1948; Ernst Jünger, Schr. 1949; Auf ausonischer Erde, Tg. 1949; Unter Partisanen und Kreuzfahrern, Tg. 1950; Weltangst und Götterzorn, Abh. 1951; Die Reise nach Tuggurt, Es. 1952; Das Ereignis des Schönen, Abh. 1953; Phäakische Inseln, Reiseb. 1954; Die Not der Götter, Schr. 1957; An den Säulen des Herakles, Reiseb. 1957; Homer, Schr. 1959; Pindar und die Delphik, Schr. 1961; Orte und Feste, Ess. 1962; Hinter dem Walde, Ess. 1964; Zeit und Zeiten, Schr. 1965; Portugiesische Tage, Reiseb. 1966; Die Geburt der Philosophie, Schr. 1967; Meergeborenes Land, Reiseb. 1968; Sokrates, Schr. 1969; Sprung von des Tigers Rücken, Es. 1970; Hamann, St. 1973.

Nebel, Otto, 25. 12. 1892 Berlin – 12. 9. 1973 Bern; Stud. Baugewerbeschule Berlin, Bauführer und -zeichner; Schauspieler Lessingtheater Berlin, 1914 Soldat, 1918 Mitarbeit an H. Waldens Zs. ›Der Sturm‹. 1933 Emigration in die Schweiz, abstrakter Maler, 1951–55 Schauspieler in Bern. – Experimenteller Lyriker mit Expressionismus mit Zitatenmontagen und assoziativen Collagen als alogischen rhythm. Wortfugen.

W: Das Rad der Titanen, G. 1957; Unfeig, G. 1960; Zuginsfeld, G. 1974. – Das dichterische Werk, hg. R. Radrizzani III 1979.

Neidhart Fuchs, Schwanksammlung des 14./15. Jh. in rd. 4000 Versen um Neidhart von Reuenthal, der hier als die Bauern verspottender Ritter am Wiener Hof gezeigt wird.

A: F. Bobertag 1888 (DNL II, n. 1964).

L: E. Jöst, Bauernfeindlichkeit, 1976.

Neidhart von Reuental, um 1190 (?) – vor 1246; bayr. Ritter, Lehnsträger unter Herzog Otto II., Teilnehmer an der Kreuzfahrt von 1227/28, fiel um 1231 in Bayern in Ungnade und fand Zuflucht bei Friedrich II. von Österreich, erhielt e. Gut bei Melk, später Lengenbach b. Tulln. – Mhd. Minnesänger, am höf. Minnesang geschult, durchbrach dessen enge höf. Fesseln als 1. Vertreter der an volkstüml. Traditionen anknüpfenden sog. ›höf. Dorfpoesie‹, die das Bauerntum in den Minnesang einführt und ihre Reize aus dem Kontrast von höf. Sprache und Form mit bäuerl.-derbem Inhalt bezieht. Schöpfer des lit. ländl. Tanzliedes. Schrieb seit rd. 1210 dramat. bewegte Sommerlieder für den Bauerntanz auf dem Anger in einfacher Strophenform mit Jahreszeiten-Eingang und meist Dialog von Mutter und tanzlustiger Tochter sowie Winterlieder im Troubadour-Stil für den Tanz in der Bauernstube mit Winter- oder Liebesklage als Einleitung und krass-realist. bäuerl. Tanz- und Streitszenen, in denen oft N. selbst als Liebhaber auftritt, als effektvolle Bauernsatire voll iron. Spottes auf die übermütigen Bauernburschen. Ferner persönl. Lyrik und Kreuzlieder. Große Nachwirkung auf den Minnesang des 13. Jh. und bis ins 16. Jh.; vielfach nachgeahmtes Vorbild zahlr. fälschl. unter s. Namen gehender Bauernsatiren (Pseudo-N.e). Lit. Nachleben als Bauernfeind oder von Bauern verspotteter Ritter in zahlr. N.-Schwänken (›N. Fuchs‹, 14./15. Jh.) und -Spielen.

A: F. Keinz ²1910; M. Haupt ²1923, n. 1986; E. Wießner ⁴1984; A. T. Hatto, R. J. Taylor, Manchester 1958; S. Beyschlag 1975 (m. Übs.); E. Rohloff, N.s Sangweisen II 1962. – *Übs.:* K. Ameln, W. Rößler 1927; H. Lomnitzer 1975.
L: S. Singer, N.-Stud. 1920; H. W. Bornemann, N.-Probleme, 1937; W. Weidmann, Stud. z. Entw. v. N.s Lyrik, 1947; E. Wießner, Kommentar zu N.s Liedern, 1954; ders., Vollst. Wb. z. N.s Liedern, 1956; K. Winkler, 1956; E. Simon, Cambr./Mass. 1966; D. Boueke, Materialien z. N. – Überlieferg., 1967; D. Lendle, Typus u. Variation, Diss. Freib. 1972; E. Simon, Boston 1975; B. Frisch, D. erot. Motive, 1976; J. Schneider, Stud. z. Thematik u. Struktur, 1976; P. Giloy-Hirtz, Deformation d. Minnesangs, 1982; – H. Birkhan, hg. 1983; H. Brunner, hg. 1986.

Neidhartspiel, dt. Fastnachtskomödie des Spät-MA, ältestes erhaltenes weltl. Lustspiel der dt. Lit., handelt in Gesprächsform von e. groben Scherz der Bauern gegenüber → Neidhart von Reuental, indem sie das von ihm gefundene u. der Herzogin gemeldete Veilchen zu deren Entsetzen mit Kot vertauscht haben. ›Kleines St. Pauler N.‹ oder ›Neidhart mit dem Veilchen‹ (um 1350) als Fragment aus Stift St. Paul/Kärnten erhalten. ›Großes (Tiroler) N.‹ (15. Jh.) mit 2800 Versen und 103 Personen 1516 in Eger aufgeführt; danach e. grobes, bürgerl. ›Kleines (Nürnberger) N.‹ (15. Jh.) und das des H. Sachs von 1557.

A: A. v. Keller, Fastnachtsspiele, III 1853–58; J. Margetts, 1982.
L: K. Gusinde, Neidh. m. d. Veilchen, 1899.

Neifen, Gottfried von → Gottfried von Neifen

Nelissen-Haken, Bruno, 5. 11. 1901 Hamburg – 16. 5. 1975 ebda., Sohn e. Kapitäns, Stud. Jura Hamburg, Jena und Würzburg, 1930 Referent beim Arbeitsamt in Hamburg, nach s. Entlassung bei Lüneburg, 1934 in Berlin, Baden-Baden, dann Hamburg. – Begann mit sozialkrit. Romanen, bes. über das Thema der Arbeitslosigkeit, und war dann erfolgr. mit heiter und volkstüml. erzählten Tiergeschichten und Unterhaltungsromanen. Auch Drehbuch- und Hörspielautor.

W: Der Fall Bundhund, R. 1930; Herrn Schmidt sein Dackel Haidjer, E. 1935; Der freche Dackel Haidjer, E. 1936; Das große Hundespiel, E. 1938; Du hast gut trillern, Lerche, En. 1939 (u. d. T. So kömmt man eben zu Wohlstand, 1953); Besuch aus den Wäldern, En. 1942; Der Peerkathener Mädchenraub, R. 1942; Die heidnische Insel, E. 1956; Alle Häuser meines Lebens, R. 1958; Ein Dackel namens Fidibus, E. 1963.

Nelken, Dinah (eig. Bernhardina Nelken-Ohlenmacher), * 16. 5. 1900 Berlin, Schauspielerstochter, Autodidaktin, 1936 Emigration nach Wien, 1938 auf Korčula, dann Italien, illegal in Rom; seit 1950 freie Schriftstellerin in West-Berlin. – Vf. unterhaltsamer Romane teils sozialkrit. Tendenz. Auch Kurzgeschichten u. Drehbücher.

W: Ich an Dich, R. 1938 (m. R. Gero); Ich an mich, R. 1952; Spring über deinen Schatten, spring!, R. 1956 (Neufassg. u. d. T. Geständnis einer Leidenschaft, 1962); Addio amore . . ., R. 1957; Von ganzem Herzen, R. 1964; Das angstvolle Heldenleben einer gewissen Fleur Lafontaine, R. 1971; Die ganze Zeit meines Lebens, Ausw. 1977.

Nerlich, Marcel → Rys, Jan

Nestroy, Johann Nepomuk, 7. 12. 1801 Wien – 25. 5. 1862 Graz, Sohn e. Hof- und Gerichtsadvokaten, Stud. Jura Wien, 1822 Opernsänger am Hoftheater Wien, Aug. 1823 Dt. Theater Amsterdam (hier auch schon Sprechrollen in Lustspielen), 1825 Theater Brünn, Mai 1826 Graz, zunehmend in kom. Sprechrollen, Aug. 1831 bei Direktor Carl im Theater an der Wien, 1845 unter dems. im Leopoldstädter Theater, 1854–60 dessen Leiter; ab 1860 im Ruhestand in Ischl und Graz. Unübertroffen als kom. Charakterschauspieler s. Zeit. – Österr. Lustspieldichter des Biedermeier, erfolgreichster Vertreter des Wiener Volkstheaters in der Tradition von Stranitzky, Hafner und Raimund. In s. beschwingten und stark improvisierten Volksstücken und Lokalpossen mit Gesangseinlagen in Dialekt und Hochsprache Schilderer des vormärzl. Wien mit scharfer Ironie, boshafter Satire, desillusionierender Skepsis, urwüchsiger Komik und rücksichts-

losem Spott auf die Schwächen und Auflösungserscheinungen in der Gesellschaft s. Zeit, auf polit. und bürgerl. Zeitgeist und die zeitgenöss. Lit. Übergang zum Volksstück der Vorstadtbühnen, Feenmärchen und v. Raimunds romant.-humorist. Phantasiekomödien zum realist.-satir. sozialen Tendenzstück Anzengrubers. Dialekt, Witz mit Vorliebe für aphorist. Sentenzen und Wortspiele. Dank eigener Erfahrung äußerste Bühnenwirksamkeit bei drast. Handlungsfülle und glänzender Charakterschilderung: formte s. Stücke unbekümmert um lit. Fixierung jeweils den Schauspielern und Zeitereignissen angepaßt um. Unter s. 83 Stücken kluge und gelungene Parodien auf Grillparzer, Holtei, Meyerbeer, Hebbel und Wagner. In s. Hauptwerken unsterbl. Theatergut.

W: Der konfuse Zauberer, 1832; Robert der Teuxel, Parod. 1833; Der böse Geist Lumpazivagabundus oder Das liederliche Kleeblatt, 1835; Weder Lorbeerbaum noch Bettelstab, Parod. 1835; Eulenspiegel, 1835; Die beiden Nachtwandler, 1836; Das Haus der Temperamente, 1837; Zu ebener Erde und erster Stock, 1838; Der Färber und sein Zwillingsbruder, 1840; Die verhängnisvolle Faschingsnacht, 1841; Der Talisman, 1843 (n. H. Herles 1971); Liebesgeschichten und Heiratssachen, 1843; Einen Jux will er sich machen, 1844; Der Zerrissene, 1845; Das Mädel aus der Vorstadt, 1845; Die schlimmen Buben in der Schule, 1847; Unverhofft, 1848; Der Unbedeutende, 1849; Der alte Mann mit der jungen Frau, 1849; Judith und Holofernes, Parod. 1849; Freiheit in Krähwinkel, 1849; Kampl, 1852; Tannhäuser, Parod. 1852; Umsonst, 1857. – GW, hg. V. Chiavacci, L. Ganghofer XII 1890f.; SW, hkA, hg. O. Rommel, F. Brukner XV 1924–30 (m. Biogr.), hg. J. Hein u. a. XIV 1977ff.; GW, hg. O. Rommel, VI 1948ff., ²1962; Werke, hg. O. M. Fontana 1962; Komödien, hg. F. H. Mautner III 1970; VV. Ges. Briefe, hg. F. Brukner 1938; Briefe, hg. W. Obermaier 1977.

L: L. Langer, N. als Satiriker, 1908; K. Kraus, N. u. d. Nachwelt, 1912, n. 1975; O. Rommel, 1930 (= SW Bd. 15); M. Bührmann, N.s Parodien, Diss. Kiel 1933; F. H. Mautner, 1937, erw. 1974; A. Hämmerle, Komik, Satire u. Humor b. N., Diss. Fribourg 1947; O.

Forst de Battaglia, ²1962; O. Basil, 1967; S. Brill, D. Komödie d. Sprache, 1967; R. Preisner, 1968; K. Kahl, 1970; J. Hein, Spiel u. Satire i. d. Komödie J. N.s, 1970; W. E. Yates, Cambr. 1972; F. H. Mautner, 1974; H. Schwarz, Bb. 1977; B. Hannemann, 1977; H. Weigel, ²1977; J. Charrue, Paris II 1979; G. Conrad, 1982 (m. Bibl.); H. Ahrens, Bis z. Lorbeer . . ., 1982; H. Bachmaier u. a., 1984; Zs.: Nestroyana, 1979 ff.

Neuber(in), Friederike Coroline, geb. Weißenborn, 9. 3. 1697 Reichenbach i. V. – 30. 11. 1760 Laubegast b. Dresden, Anwaltstochter, 1718 ⚭ Schauspieler Joh. Neuber; Schauspielerin in der Spiegelbergschen Gesellschaft, seit 1725 Prinzipalin e. eig. Truppe, seit 1727 bes. als ›Hofkomödianten‹ in Leipzig. Verbindung mit Gottsched, Mylius, Weiße, Lessing und J. U. v. König; in Zusammenarbeit mit Gottsched bemüht um Hebung und Literarisierung des verwilderten dt. Theaters nach klassizist. franz. Vorbild und aufklärer. Geschmack. 1737 in Leipzig Verbannung des Hanswurst in e. symbol. Spiel. Tourneen und Gastspielreisen durch ganz Dtl. bis (1740) Petersburg. 1741 Bruch mit Gottsched, den sie in der Burleske ›Der allerkostbarste Schatz‹ verspottete, seit 1743 von Mißgeschick verfolgt, doch 1748 Urauff. von Lessings ›Der junge Gelehrte‹ in Leipzig. 1750 Auflösung der Truppe; Versuche e. Neubildung und e. Gastspiels in Wien scheiterten. Starb in tiefer Armut. – Berühmteste Schauspielerin ihrer Zeit. Schrieb selbst bes. programmat.-pathet. Vorspiele, Schäferspiele u. Gelegenheitsgedichte.

W: Ein deutsches Vorspiel, 1734 (n. A. Richter, 1897, n. 1968); Die von der Weisheit wider die Unwissenheit beschützte Schauspielkunst, Vorsp. 1736; Vorspiel, die Verbannung des Harlekin vom Theater behandelnd, 1737; Der allerkostbarste Schatz, Sp. 1741; Das Schäferfest oder die Herbstfreude, Lsp. 1753 (n. DLE. Rhe. Barockdr. 3, 1935).

L: J. F. v. Reden-Esbeck, 1881; H. Sasse, Diss. Freib. 1937; H. Zießler, 1957.

Neukirch, Benjamin, 27. 3. 1665 Roniken/Schles. – 15. 8. 1729 Ansbach, Ratsherrnsohn, Stud. 1684–87 Jura Frankfurt/O., Halle u. Leipzig, 1687 Anwalt in Breslau. Hielt seit 1691 Vorlesungen über Poesie u. Beredsamkeit Frankfurt/O. u. Halle. Reisebegleiter u. Hofmeister, 1703–17 Prof. der Berliner Ritterakademie; 1718 Erbprinzenerzieher in Ansbach, Hofrat ebda. – Modedichter des schles. Hochbarock aus dem Kreis um Hofmannswaldau und Hrsg. e. Sammlung der Dichtungen aus dessen Kreis (VII, 1695–1727, n. NdL., N. F., 1961 ff.) mit bedeutsamer Einleitung. Wandte sich später unter Einfluß von Canitz rationalist. franz. Vorbild zu und gab Satiren nach Boileau, moral.-philos. Versepisteln, geistl. Dichtungen, Briefsteller und e. Alexandriner-Übs. von Fénélons ›Télémaque‹ (1727–39).

W: Galante Briefe und Gedichte, 1695; Satyren und poetische Briefe, 1732. – Ausw.: DNL 39.
L: W. Dorn, 1897.

Neumann, Alfred, 15. 10. 1895 Lautschin/Westpreußen – 3. 10. 1952 Lugano, Sohn e. Holzindustriellen, Jugend in Berlin, Rostock und franz. Schweiz; 1913 ff. Stud. München, Dr. phil., Lektor bei Georg Müller, 1924 ⚭ dessen Tochter; Weltkriegsteilnehmer, 1918–20 Dramaturg der Kammerspiele München und Fiesole, 1933–38 ebda. 1938 Emigration nach Nizza, 1941 Los Angeles und Beverly Hills/Kalifornien; US-Staatsbürger; 1949 Rückkehr nach Florenz, zuletzt Lugano. – Vielgelesener Erzähler effektreich aktualisierter psycholog. Geschichtsromane um polit. Intrigen, menschl. Verwirrung sowie gesellschaftskrit. und zeitgeschichtl. Themen mit rationalist. Analyse von Ehrgeiz, Machtgier, Diktatur und polit. Fanatismus in ihren psycholog. Ursachen und ihren Auswirkungen, zentriert um Moral- und Freiheitsprobleme. Stilistisch in der realist. Tradition des 19. Jh. mit Zügen geschickter Kolportage. Auch Dramatiker, Lyriker und Übs. (Musset, Lamartine, de Vigny u. a.).

W: Die Lieder vom Lächeln und der Not, G. 1917; Die Heiligen, Leg. 1919; Neue Gedichte, 1920; Rugge, En. 1920; Lehrer Taussig, E. 1924; Die Brüder, R. 1924; Der Patriot, E. 1925 (auch Dr.); König Haber, E. 1926 (als Dr. Haus Danieli, 1923); Der Teufel, R. 1926; Rebellen, R. 1927; Königsmaske, Dr. 1928; Guerra, R. 1929; Frauenschuh, Tragikom. 1929; Der Held, R. 1930; Narrenspiegel, R. 1932; Marthe Munk, R. 1933; Kleine Helden, En. 1934; Neuer Cäsar, R. 1934; Kaiserreich, R. 1936; Königin Christine von Schweden, B. 1936; Die Goldquelle, R. 1938; Volksfreunde, R. 1941 (u. d. T Das Kind von Paris, 1952); Es waren ihrer sechs, R. 1944; Der Pakt, R. 1949; Viele heißen Kain, E. 1950. – Ausw., hg. G. Stern 1979; Briefw. m. Th. Mann, 1977.

Neumann, Gerhard, ⋆ 16. 10. 1928 Rostock, 1946 nach Rückkehr aus der Kriegsgefangenschaft 3 Jahre Lehrer, dann Gelegenheitsarbeiter in versch. Berufen, seit 1953 freier Schriftsteller in Wiesbaden. – Lyriker von knapper und strenger Diktion; Literaturkritiker.

W: Wind auf der Haut, G. 1956; Salziger Mond, G. 1958.

Neumann, Margarete, ⋆ 19. 2. 1917 Pyritz/Pomm. Stud. Sozialpädagog. Seminar Königsberg, bis 1945 Fürsorgerin in Heilsberg; Neubäuerin in Mecklenburg, Schweißerin in Halle; seit 1952 freie Schriftstellerin in Neubrandenburg. – Konventionelle sozialist. Erzählerin. Auch Lyrik u. Kinderbuch.

W: Der Weg über den Acker, R. 1955; Lene Bastians Geschichte, Nn. u. Sk. 1956; Der lange Weg, En. 1958; Brot auf hölzerner Schale. G. 1959; Elisabeth, En. 1960; Der Wasserträger, E. 1960; Der Totengräber, R. 1963; Und sie liebten sich doch, R. 1966; Am Abend vor der Heimreise, En. 1974; Die Webers, R. 1976; Windflöte, En. 1978; Land der grüngoldenen Berge, Reiseb. 1986.

Neumann, Robert, 22. 5. 1897 Wien – 3. 1. 1975 München. Vater Ingenieur, Mathematikprof., Bankdirektor und sozialdemokrat. Politiker; Stud. Medizin, Chemie und Germanistik. Wien; Buchhalter, Bankbeamter, Devisenhändler, Schokoladenfabrikdirektor, erfolglos Schriftsteller; Weltreise als Matrose. Mai 1933 wurden s. Bücher öffentl. verbrannt. Febr 1934 Emigration nach England; Schriftsteller im ›Plague House‹, Cranbrook/ Kent, dann in Locarno. Vizepräsident des Internationalen PEN-Clubs. – Vielseitiger Schriftsteller. Geistvoll-iron. Erzähler der Neuen Sachlichkeit mit plast. und spannenden polit.-satir. oder gesellschaftskrit. Zeitromanen, straffen Novellen und desillusionierenden psycholog. Romanbiographien in teils konziser, teils bewußt salopper und zyn. Sprache mit z. T. erot. Zügen. Berühmt durch s. erstaunl. Nachahmungstalent als Parodist mod. dt. Dichter. Auch Drama und Hörspiel.

W: Gedichte, 1919; 20 Gedichte, 1923; Mit fremden Federn, Parod. 1927 (II 1955); Die Pest von Lianora, Nn. 1927; Jagd auf Menschen und Gespenster En. 1928; Sintflut, R. 1929; Hochstapler-Novelle, 1930 (u. d. T. Die Insel der Circe, 1952); Passion, En. 1930; Panoptikum, En. 1930; Karriere, R. 1931; Das Schiff Espérance, E. 1931; Unter falscher Flagge, Parod. 1932; Die Macht, R. 1932; Sir Basil Zaharoff, R. 1934; Struensee, R. 1935 (u. d. T. Der Favorit der Königin, 1953); Die blinden Passagiere, N. 1935; Eine Frau hat geschrien, R 1938 (u. d. T. Die Freiheit und der General, 1958); An den Wassern von Babylon, R. 1945 (engl. 1939); Tibbs, R. 1948 (engl. 1942); Kinder von Wien, R. 1948 (engl. 1946); Bibiana Santis, R. 1950 (engl. 1945);

Die Puppen von Poshank, R. 1952; Mein altes Haus in Kent, Aut. 1957; Die dunkle Seite des Mondes, R. 1959; Olympia, R. 1961; Festival, R. 1962; Die Parodien, 1962; Ein leichtes Leben, Aut. 1963; Die Staatsaffäre, Parod. 1964; Der Tatbestand, R. 1965; Karrieren, En. 1966; Luise, Dr. (1968); Die Begnadigung, FSsp. (1968); Vielleicht das Heitere, Tg. 1968; Dämon Weib /Vorsicht Bücher / Nie wieder Politik, Parod. III 1969; Deutschland, deine Österreicher, Es. 1970; Oktoberreise mit einer Geliebten, R. 1970; Emigration, FSsp. (1970); Ein unmöglicher Sohn, R. 1972; 2×2=5, Parod. 1974; Ausw., 1975. *L:* R. N. Stimmen d. Freunde, 1957 (m. Bibl.); U. Scheck, D. Prosa R. N.s, 1985.

Neumark, Georg, 6. 3. 1621 Langensalza/Thür. – 8. 7. 1681 Weimar; 1640 Hauslehrer in Kiel, Stud. 1643–48 Jura Königsberg (Verkehr mit S. Dach), über Danzig, Thorn und Hamburg 1651 nach Weimar, Bibliothekar, Archivsekretär und Pfalzgraf ebda. 1653 Mitgl., 1656 Sekretär der Fruchtbringenden Gesellschaft als Der Sprossende, 1679 Mitgl. des Pegnes, Blumenordens. – Barokker weltl. und geistl. Lyriker (›Wer nur den lieben Gott läßt walten‹). Geschichtsschreiber der Fruchtbringenden Gesellschaft. Auch Romane u. Schäfereien.

W: Poetisch- und Musikalisch Lustwäldchen, G. 1652; Fortgepflanzter Musikalisch-Poetischer Lustwald, G. 1657; Poetischer und historischer Lustgarten, E. 1666; Poetische Tafeln, Poetik 1667 (n. 1971); Der Neu-Sprossende Teutsche Palmbaum, St. 1668. *L:* F. Knauth, 1881; G. Claussnitzer, Diss. Lpz. 1924.

Neumarkt, Johannes von → Johannes von Neumarkt

Neustadt, Heinrich von → Heinrich von Neustadt

Neutsch, Erik, *21. 6. 1931 Schönebeck/Elbe; Arbeitersohn, 1950–53 Stud. Journalistik Leipzig, 1953 Journalist und Redakteur in Halle, 1960 freier Schriftsteller ebda. – Sozialist. Erzähler mit teils krit. Erzählungen aus der Industriewelt im Rahmen des sog. Bitterfelder Programms.

W: Die Regengeschichte, E. 1960; Bitterfelder Geschichten, En. 1961; Die zweite Begegnung, E. 1961; Spur der Steine, R. 1964; Die anderen und ich, E. 1970; Karin Lenz, Libr. (1971); Auf der Suche nach Gatt, R. 1973; Der Friede im Osten, R. IV 1974–87; Heldenberichte, En. 1976; Fast die Wahrheit, Ess. 1979; Zwei leere Stühle, N. 1979; Forster in Paris, E. 1981.

Nibelungenlied, von e. unbekannten bayr.-österr. (Passauer?) Dichter (Kleriker?, Konrad?) von höf. und lit. Bildung um 1200 verfaßtes, 1. und bedeutendstes mhd. Heldenepos, nach der Nibelungensage. In 3 Haupt- und 30 anderen Hss. u. Fragmenten erhalten. Vermutl. Verbindung e. älteren Gedichts von Siegfrieds Tod mit e. solchen vom Burgunderuntergang. Dem 2. Teil liegen hist. Tatsachen zugrunde (Vernichtung der Burgunder durch die Hunnen 436, Attilas Tod 453). Verquickung mit sagenhaften und mytholog. Elementen; Vermischung von heidn. und christl. Anschauungen, doch bleiben die Helden im Grunde germ.-heroische Gestalten; Altheldisches neben höf.-ritterl. Verhalten, Zucht und Maß. Höf. Motive bes. im Minnedienst; Minne wird zum Ausgangspunkt der Tragik, starke Leidenschaften bestimmen die Handlung; Liebe u. Haß, wenn auch durch die höf. Sitte eingedämmt, elementare Triebkräfte des Handelns; dazu tritt als weiteres Grundmotiv die Treue der Gatten, der Vasallen, der Freunde, und die unbedingte Folge von Schuld und Sühne: die Schuld der Burgunder an Siegfrieds Tod sühnen diese mit ihrem Untergang; Krimhild sühnt die Schuld am Untergang ihres eigenen Geschlechts gleichfalls mit ihrem

Tode. Für keine der einander gegenüberstehenden Gruppen nimmt der Dichter Partei; beide stehen unter der gleichen unerbittl. Macht des Schicksals, die zu zeigen er in erster Linie bestrebt ist. Gegenüber der bisweilen schleppenden Darstellung des 1. Teils zeichnet sich der Handlungsablauf der 2. Hälfte durch dramat. Bewegung aus. Das N. zeigt sich formal regelmäßig, in der Nibelungenstrophe (4 Langzeilen, paarweise gereimt). E. Fortsetzung bildet die → ›Klage‹.

A: K. Lachmann ⁶1960; F. Zarncke 1856; K. Bartsch III 1870–80 (hg. H. de Boor ²¹1979); P. Piper 1889; E. Sievers 1921; Paralleldruck d. Hss. A, B, C, hg. M. Batts 1971; U. Pretzel 1973 (m. Übs.). – *Übs.:* Simrock 1827 (n. D. Kralik ⁹1954); K. Bartsch 1867; A. Schroeter ²1902; H. Stolte ²1956; H. de Boor 1959; F. Genzmer 1960; H. Brackert 1970; M. Bierwisch 1983.

L: F. Panzer, 1912, 1945, 1954 u. 1955; H. Fischer, 1914; F. Wilhelm, 1916; E. Tonnelat, 1926; H. Hempel, 1926; M. Thorp, Oxf. 1940; H. Schneider, 1947; B. Wachinger, Stud. z. N., 1960; G. Weber, 1963; W. Krogmann, D. Dichter d. N., 1962; W. A. Mueller, The N. Today, Chapel Hill 1962; B. Nagel 1965; F. Neumann, D. N. in s. Zeit 1967; D. G. Mowatt, H. Sacker, Toronto 1968; W. Schröder, 1968; H. Bekker, Toronto 1973; A. Heusler, Nibelungensage u. N., ⁷1973; O. Ehrismann, hg. 1973; W. Falk, D. N. in s. Epoche, 1974; O. Ehrismann, D. N. i. Dtl., 1975; H. Rupp, hg. 1976; K. H. R. Borghart, 1977; W. Hoffmann, ⁵1982; L. Mackensen, 1984; W. McConnell, Boston 1984; O. Ehrismann, 1987; T. M. Andersson, Lond. 1987; J. Heinzle, 1987; E. Bender, N. u. Kudrun, 1987.

Nick, Dagmar (eig. D. Braun), * 30. 5. 1926 Breslau, Tochter des Komponisten u. Musikkritikers Edmund N.; grapholog. Ausbildung; lebte in Berlin, München, Lenggries, Nahariya/Israel und wieder München. – Lyrikerin von gemäßigter Modernität; trotz Musikalität Gefahr epigonaler Stimmungslyrik. Auch Hörspiele, Reisebücher, Essays u. Übss.

W: Märtyrer, G. 1947; Das Buch Holofernes, G. 1955; In den Ellipsen des Mondes, G. 1959;

Die Flucht, H. (1959); Das Verhör, H. (1960); Einladung nach Israel, Reiseb. 1963; Einladung nach Rhodos, Reiseb. 1967; Zeugnis und Zeichen, G. 1969; Sizilien, Reiseb. 1976; Fluchtlinien, G. 1978; Götterinseln der Ägäis, Reiseb. 1981; Gezählte Tage, G. 1986.

Niclas von Wyle → Wyle, Niklas von

Nicolai, Friedrich, 18. 3. 1733 Berlin – 8. 1. 1811 ebda., Buchhändlerssohn, Gymnas. Berlin und Halle; 1749–52 Buchhandelslehre in Frankfurt/O., autodidakt. Bildung. 1752 Eintritt in Verlag und Buchhandlung s. Vaters in Berlin, ab 1758 deren Leiter. Durch s. ›Briefe über den itzigen Zustand . . .‹ Bekanntschaft mit Lessing und M. Mendelssohn; verband sich mit beiden zu großen lit. Unternehmungen; ›Bibliothek der schönen Wissenschaften‹ (IV 1757 f.). ›Briefe, die neueste Litteratur betreffend‹ (XXIV 1759–65, n. IV 1967) und ›Allg. dt. Bibliothek‹ (CVI 1765–92). Machte s. Buchhandlung um 1755–70 zum Mittelpunkt geistigen Lebens. 1781 große Reise durch Dtl. und Schweiz. 1784 Mitglied der Akad. der Wiss. München und 1799 Berlin. – Produktiver, einflußreicher Schriftsteller und Verleger der dt. Aufklärung. Als Organisator und Mittelpunkt der Berliner Aufklärung stark doktrinärer Literaturpapst, nach 1770 in starrer und rücksichtsloser Abwehr gegen jede Art des Irrationalismus, oben er vergebl. verunglimpft. Daher als reaktionär angefeindet und von Goethe, Herder, Jung-Stilling, Tieck und Fichte verspottet. Schrieb satir. Romane gegen Pietismus, Orthodoxie und Empfindsamkeit (›Nothanker‹) und Parodien auf Goethes ›Werther‹ wie Herders Volksliederslg.; kulturgeschichtl. bedeutsamer, ge-

nau beobachtender Reiseschriftsteller.

W: Briefe über den itzigen Zustand der schönen Wissenschaften in Dtl., 1755 (n. G. Ellinger 1894); Beschreibung der kgl. Residenz-
städte Berlin und Potsdam, 1769 (n. III 1968);
Das Leben und die Meinungen des Herrn M.
Sebaldus Nothanker, R. III 1773–76 (n. 1938,
1960, 1967); Freuden des jungen Werthers, R.
1775 (n. 1972); Eyn feyner kleyner Almanach, Parod. II 1777f. (n. J. Bolte 1918); Beschreibung einer Reise durch Dtl. und die
Schweiz, XII 1783–96; Geschichte eines dik-
ken Mannes, R. II 1794 (n. 1972); Leben und
Meinungen Sempronius Gundiberts, E. 1798;
Vertraute Briefe von Adelheid B. an ihre
Freundin Julie S., 1799 (n. 1982); Philosophische Abhandlungen, II 1808; Leben und lit.
Nachlaß, hg. G. v. Goeckingk, 1820. – GW,
hg. B. Fabian u. a. XI 1985ff.; Kritik ist
überall . . ., Ausw. 1987.
L: K. Aner, 1912; M. Sommerfeld, F. N. u.
d. Sturm u. Drang, 1921; F. C. A. Philips,
Haag 1926; W. Streuß, F. N. u. d. krit.
Philos., 1927; G. Sichelschmidt, 1971; H.
Möller, Aufklärg. i. Preußen, 1974; P. Mol-
lenhauer, N.s Satiren, Amsterd. 1977; B. Fabian, hg. 1983 (m. Bibl.); H. Heckmann,
1984.

Nicolai, Philipp, 10. 8. 1556
Mengeringhausen/Waldeck – 26.
10. 1608 Hamburg; Stud. Theol.;
Prediger in Unna/Mark; Pfarrer
in Hamburg, zuletzt Hauptpastor
an der Katharinenkirche. – Erbauungsschriftsteller u. Kirchenlieddichter (›Wie schön leuchtet der
Morgenstern‹).

A: Freudenspiegel des ewigen Lebens, G.
1599 (n. R. Eckart 1909).
L: J. Kirchner, 1907; V. Schultze, 1908; R.
Eckart, 1909; W. Hess, D. Missionsdenken b.
P. N., 1962.

Niebelschütz, Wolf (Friedrich
Magnus) von, 24. 1. 1913 Berlin –
22. 7. 1960 Düsseldorf. Schles.
Uradel, Offizierssohn, Jugend in
Magdeburg, Gymnas. Schulpfor-
ta, Stud. Geschichte und Kunst-
gesch. Wien und München;
Kunstkritiker bis 1937 bei der
›Magdeburg. Zeitung‹, 1937–40
›Rhein.-Westfäl. Zeitung‹ in Es-
sen. 1940–45 Soldat, dann freier
Schriftsteller in Hösel b. Düssel-

dorf. – Erzähler von weitausla-
denden phantast. Romanen aus
Barock und MA. von verschroh-
kelter Handlungsführung und,
dem Thema angemessen, preziö-
sem oder wuchtigem Stil; unter
Einfluß Hofmannsthals, fern lit.
Tagesmoden. Musikal. Lyriker in
strengen Formen und Dramatiker.

W: Preis der Gnaden, G. 1939; Verschneite
Tiefen, E. 1940; Die Musik macht Gott allein,
G. 1942; Posaunen-Konzert, G. 1947; Der
blaue Kammerherr, R. II 1949; Eulenspiegel
in Mölln, K. 1950; Sternen-Musik, G. 1951;
R. Gerling, B. 1954; Die Kinder der Finster-
nis, R. 1959; Freies Spiel des Geistes, Rdn. u.
Ess. 1961; Gedichte und Dramen, 1962; Über
Dichtung, Ess. 1979; Barbadoro, E. 1982;
Über Barock und Rokoko, Ess. 1982; Auch
ich in Arkadien, Nl. 1987.
L: M. Kotthaus, Diss. Bonn 1957.

Niebergall, Ernst Elias (Ps. E.
Streff), 13. 1. 1815 Darmstadt –
19. 4. 1843 ebda., Sohn e. Kam-
mermusikers; Gymnas. Darmstadt, 1832–35 Stud. Theologie
Gießen, ebda. Verkehr mit G.
Büchner, den er aus Darmstadt
kannte, u. K. Vogt, doch echtes
Kneipenleben ohne politische
Umtriebe; Burschenschaftler.
Herbst 1835 theolog. Fachexa-
men, dann Hauslehrer in Die-
burg, 1840 Lehrer am Schmitz-
schen Knaben-Institut Darmstadt. Richtete sich durch Trunk-
sucht zugrunde. – Bedeutender
Biedermeier-Humorist, volkstüml. Dramatiker und Mundartdichter mit sehr erfolgr. Darmstädter Lokalpossen in hess. Mundart mit meisterhaftem Ortskolo-
rit. Überzeitl. wirkende Verbindung von Charakterkomödie und
Zeitsatire auf das dt. Spießertum.
Spannende und effektvolle Erzählungen aus volkstüml. Überlieferung oder Parodien pseudoromant. Autoren.

W: Des Burschen Heimkehr oder Der tolle
Hund, Lsp. 1837; Datterich, Lsp. 1841 (n. V.

Klotz 1963). – Dramat. Werke, hg. G. Fuchs 1894 (m. Biogr.); Ges. Erzählungen, hg. F. Harres 1896; Erzählende Werke, hg. K. Essel- born III 1925.
L: K. Esselborn, 1922; G. Hensel, Rede auf N., 1965.

Niembsch, Nikolaus Franz Edler von Strehlenau → Lenau, Nikolaus

Nieritz, Gustav, 2. 7. 1795 Dresden – 16. 2. 1876 ebda., Lehrerssohn, 1814 Lehrer, 1831 Oberlehrer, 1841–64 Schuldirektor ebda. – Volks- und Jugendschriftsteller, Verf. von über 100 beliebten und vielgelesenen Jugenderzählungen. Begründer des ›Sächsischen (ab 1850: Deutschen) Volkskalenders‹ (1842–77).
W: Die Schwanenjungfrau, E. 1829; Das Pomeranzenbäumchen, E. (1830); Alexander Menzikoff, E. 1834; Der kleine Bergmann, E. 1834; Selbstbiographie, 1872. – Ausw. d. Erzählungen f. d. Jugend, XXVIII 1890–92; Ausgew. Volkserzählungen, hg. A. Stern 1906.
L: E. Seifert, Diss. Wien 1945.

Niese, Charlotte (Ps. Lucian Bürger), 7. 6. 1854 Burg auf Fehmarn – 8. 12. 1935 Altona-Ottensen; Pfarrerstochter, lebte in Riesebye und Eckernförde, seit 1869 in Altona. Lehrerin; größere Reisen. – Vf. von humorist. u. sentimentalen Romanen und Erzählungen aus Heimat und Geschichte.
W: Cajus Rungholt, R. 1886; Auf halbverwischten Spuren, En. 1888; Bilder und Skizzen aus Amerika, 1891; Aus dänischer Zeit, Sk. II 1892–94; Licht und Schatten, En. 1895; Geschichten aus Holstein, 1896; Die braune Marenz, En. 1897; Auf der Heide, R. 1898; Der Erbe, E. 1899; Vergangenheit, R. 1902; Die Klabunkerstraße, R. 1904; Revenstorfs Tochter, En. 1905; Von Gestern und Vorgestern, Erinn. 1924. – Ges. Romane u. En., hg. F. Castelle VIII 1922.

Nietzsche, Friedrich Wilhelm, 15. 10. 1844 Röcken b. Lützen – 25. 8. 1900 Weimar; Sohn e. protestant. Pfarrers, nach dessen Tod (1849) ausschließl. von Frauen erzogen; kam 1850 nach Naumburg, 1858–64 Schulpforta, 1864/ 65 Stud. klass. Philol. Bonn, folgte s. Lehrer W. Ritschl nach Leipzig, wo er 1868 R. Wagner kennenlernte, den er anfangs verehrte u. bis zur Entfremdung 1876 wiederholt in Triebschen besuchte. Auf Empfehlung Ritschls 1869 noch vor s. Promotion ao. Prof. der klass. Philol. in Basel, 1870 Ordinarius (Umgang mit J. Burckhardt). Im Krieg 1870/71 freiwilliger Krankenpfleger; aus Gesundheitsgründen (Nerven- u. Augenleiden) 1876/77 vorläufig, 1879 endgültig im Ruhestand, bis 1889 ruhelos und mit äußerster Willensanspannung an der Vollendung s. Werkes schaffend an versch. Orten der Schweiz und Italiens (Rapallo, S. Margherita, Sorrent, Mentone, Genua, Nizza, Turin, Sils-Maria), 1882 Begegnung mit L. Andreas-Salomé in Rom, nach s. Zusammenbruch und Ausbruch der Geisteskrankheit (paralyt. Anfall in Turin Jan. 1889) zuerst in der Irrenanstalt in Basel, dann in Pflege bei s. Mutter und s. Schwester Elisabeth Förster-N. in Jena, Naumburg und seit 1897 Weimar; bis zu s. Tod in zunehmender geistiger Umnachtung. – Bedeutendster und einflußreichster dt. Philosoph der letzten Jh.-Wende; auch Essayist, Aphoristiker u. Lyriker. Maßgebl. Kulturkritiker des ausgehenden 19. Jh. und bahnbrechender Überwinder der idealist. Philos. durch psycholog. Analyse idealist.-moral. Scheinwerte (Askese, Mitleid, Nächstenliebe, Christentum u. Sozialismus), denen er nach radikaler Umwertung aller (bes. christl.) Werte und Zerstörung bisher gültiger Lebensziele e. neue, von Schopenhauer beeinflußte positive, kraft- u. wil-

lensbetonte vitalist. Lebensphilos.
e. aristokrat. Herrenmoral (im
Gegensatz zur bisherigen Skla-
venmoral) auf der Grundlage von
Trieb, Instinkt und Machtstreben
(Lehre vom Übermenschen und
der ewigen Wiederkehr des Gleichen) gegenübergestellt. Wegbereiter des mod. Atheismus und Neu-
deuter der antiken Kultur aus dem
Wechselspiel apollin. und dionys.
Elemente. Neben der weltweiten
Wirkung s. Philos. auf die Weltanschauung des 20. Jh. auch für
die Lit.gesch. von Belang als un-
systemat.-aphorist. Denker, der
s. Schriften weitgehend in ästhet.,
dichter. Formen oder Kunstprosa
vorlegte. Lyriker in gebundener
Form und freien Rhythmen mit
oft monumentalem, hymn., farbigem Pathos (Dionysos-Dithy-
ramben) u. dunklen Bildern mit
gelegentl. übersteigerter Metaphorik in den Gleichnisreden ›Also sprach Zarathustra‹ neben
formvollendeten u. klangvollen
lyr. Gedichten von sensibler impressionist. Stimmungskunst bes.
in der Schilderung von Licht- u.
Farbenwirkungen und nuancen-
reichen Übergängen von sinnl. u.
seel. Stimmungen. Meister des
gedankentiefen, z. T. bewußt einseitigen iron. Aphorismus in epigrammat. prägnanter Sprache,
dem die scharf zugespitzte, ener-
gisch pointierte Formulierung
einzelner Erkenntnisse in dialekt.-
paradoxer Form und antithet. Anordnung wichtiger war als das systemat. Gedankengebäude. E.
›Empedokles‹-Drama (1870/71)
blieb Fragment. Gedankl. von
epochenmachender Wirkung auf
die gesamte dt. und Weltlit. bes.
vom Naturalismus bis zum Expressionismus (Brandes, Holz,
Wedekind, T. Mann, Rilke, George, Dehmel, Mombert, Benn

u. a.), formal am stärksten die impressionist.-neuromant. Dichtung beeinflussend. Seit 1894 N.-
Archiv in Weimar, seit 1924 N.-
Gesellschaft ebda.

W: Homer und die klassische Philologie,
1869; Die Geburt der Tragödie aus dem Geiste der Musik, 1872; Unzeitgemäße Betrachtungen, 1873–76; Menschliches, Allzumen-
schliches, II 1878; Der Wanderer und sein
Schatten, 1880; Morgenröthe, 1881; Die
fröhliche Wissenschaft, 1882; Also sprach Zarathustra, 1883–85; Jenseits von Gut und
Böse, 1886; Zur Genealogie der Moral, 1887;
Der Antichrist, 1888; Götzendämmerung,
1889; Gedichte und Sprüche, 1898; Ecce homo, 1908; Der Wille zur Macht, Nl. hg. E.
Förster-N. u. P. Gast 1901 (erw. 1906). –
Gesamtausgabe XVI, 1895–1904; Werke XX
1905 ff.; hg. E. Förster-N. u. R. Oehler XI
1906 ff.; XXIII, 1920–29 (Musarion-Ausga-
be); IX, 1922 (Klassiker-Ausgabe); XII,
1930 ff.; Werke u. Briefe, hkA. IX 1933–42
(unvollst.); SW, krit. hg. G. Colli u. M.
Montinari XXX 1967 ff.; Werke u. Briefe,
Ausw. hg. K. Schlechta III ²1982; Briefe III,
1900–05; Ges. Briefe, V 1902–09; Briefw.,
krit. hg. G. Colli u. M. Montinari XX
1975 ff.; Sämtl. Briefe, VIII 1986; Briefe an
Peter Gast, 1908; an Mutter und Schwester,
1909, ³1926; Briefwechsel mit F. Overbeck,
1916; mit E. Rohde, 1929; N.-Register, hg.
R. Oehler 1949, n. 1965; N.-Index, hg. K.
Schlechta ²1967.
L: E. Förster-N., III 1895–1902; R. M. Mey-
er, 1913; K. J. Obenauer, 1924; A. H. J.
Knight, Some Aspects of the Life and Work
of N., Cambr. 1933, n. 1967; J. Klein, D.
Dichtung N.s, 1936; C. C. Brinton, Cambr.,
Mass. 1941; A. Cresson, Paris 1942; D. Halé-
vy, Paris 1944; R. Lombardi, Rom 1945; A.
v. Martin, N. und Burckhardt, ³1945; E.
Salin, Jacob Burckhardt u. N. ²1948; F. G.
Jünger, 1949; G. Bianquis u. a., 1950; L.
Zahn, 1950; F. v. d. Leyen, F. N. u. d. dt.
Sprache, 1950; A. Mittasch, N. als Naturphi-
losoph, 1952; H. M. Wolff, 1956; K. Löwith,
N.s Philos. d. ewigen Wiederkunft des Glei-
chen, 1956; A. Kremer-Marietti, Thèmes et
structures dans l'œuvre de N., Paris 1957; F.
Mehring u. G. Lukács, 1957; C. Andler, Paris
III 1958; F. A. Lea, The Tragic Philosopher,
Lond. 1958; W. F. Taraba, N. als Dichter,
1959; K. Schlechta, Der Fall N., ²1959; E.
Fink, N.s Philosophie, 1960; M. Heidegger,
II 1961; E. F. Podach, F. N.s Werke d. Zu-
sammenbruchs, 1961; ders., Ein Blick in Notizbücher N.s, 1963; K. Schlechta, A. An-
ders, 1962; E. Heftrich, 1962; K. Ulmer,
1962; E. Biser, Gott ist tot, 1962; G. Deleuze,
Paris 1962; K. Jaspers, N. u. d. Christentum,
³1963; ders., ⁴1970; J. Chaix-Ruy, Paris 1963;
H. Hultberg, D. Kunstauffassung N.s, 1964;
E. Bertram, ⁸1965; A. C. Danto, N. Y. 1965;

R. J. Hollingdale, Lond. ²1966; B. Hillebrand, Artistik u. Auftrag, 1966; F. Würzbach, 1966; W. M. Salter, N. Y. 1967; L. Klages, D. psycholog. Errungenschaften N.s, ⁴1968; E. Fink, ²1968; K.-H. Volkmann-Schluck, Leben und Denken, 1968; W. A. Kaufmann, Princeton ³1969; I. Frenzel, ⁴1970; W. Müller-Lauter, 1971; G. Rohrmoser, N. und d. Ende der Emanzipation, 1971; E. Kunne-Ibsch, D. Stellung N.s in d. Entw. d. mod. Lit. wiss., 1972; N. Studien, Intern. Jb. f. d. N.-Forsch., 1972ff.; H. Röttges, N. u. d. Dialektik der Aufklärung, 1972; R. F. Krummel, N. u. d. dt. Geist, II 1974–83; R. J. Hollingdale, London 1974; H. Steffen, hg. 1974; K. Schlechta, N.-Chronik, 1975; P. Pütz, ²1975; C. P. Janz, III 1978f. J. P. Stern, Lond. 1978; N. u. d. dt. Lit., hg. B. Hillebrand II 1978; M. Pasley, hg. Lond. 1978; G. Colli, Nach N., 1980; R. Hayman, Lond. 1980, d. 1985; W. Ross, D. ängstl. Adler, 1980; Begegnungen m. N., hg. S. L. Gilman 1981; J. P. Stern, 1982; G. Abel, 1984; R. Löw, 1984; H. Althaus, 1985; P. Grundlehner, The Poetry of F. N., N. Y. 1986; A. Nehamas, Princeton 1986; H. Ottmann, 1987; R. Knodt, 1987. Bibl.: H. W. Reichert u. K. Schlechta, Chapel Hill 1969.

Nikolaus von Jeroschin, 1. Hälfte 14. Jh., wohl aus Jeroschin/Krs. Johannisburg, Deutschordenskaplan in Königsberg und später auf der Marienburg, übersetzte auf Veranlassung der Hochmeister Luder von Braunschweig und Dietrich von Aldenburg die ›Vita Sancti Adalberti‹ nach Johannes Canaparius (um 1328, fragmentar. erhalten) u. die lat. ›Cronica terre Prussie‹ (1326) des Peter von Dusburg als ›Kronike von Prûzinlant‹ (um 1340) in über 27 000 Versen in lebendiger, anschaul. und bilderreicher ostmitteldeutscher Sprache, Höhepunkt der Deutschordensdichtung.

A: E. Strehlke, 1861 (Scriptores rerum Prussicarum I).
L: W. Ziesemer, N. v. J. u. s. Quelle, 1907.

Nikolaus von Wyle → Wyle, Niklas von

Nithart von Reuental → Neidhart von Reuental

Nizon, Paul, * 19. 12. 1929 Bern, Sohn e. russ. Emigranten, Stud. Kunstgesch. Bern u. München, 1957 Dr. phil., Museumsassistent in Bern, Kunstkritiker der ›Neuen Zürcher Zeitung‹, 1960 Stipendiat in Rom, Schriftsteller in Zürich, seit 1977 Paris; 1984 Gastdozent für Poetik Frankfurt. – Erzähler; nach anfängl. Kurzprosa längere, detailreiche Prosastücke ohne Handlung u. Figuren von unkonventioneller Erzählweise im Stil der Selbstbefragung.

W: Die gleitenden Plätze, Prosa 1959; Canto, R. 1963; Diskurs in der Enge, Es. 1970; Im Hause enden die Geschichten, Prosa 1971; Swiss made, Ess. 1971; Untertauchen, E. 1972; Stolz, R. 1975; Aber wo ist das Leben?, Prosa 1983; Das Jahr der Liebe, R. 1984; Am Schreiben gehen, Rd. 1985; Essays, 1986.
L: M. Kilchmann, hg. 1985 (m. Bibl.).

Noack, Barbara (eig. Barbara Wieners-Noack), * 28. 9. 1924 Berlin; lebt in Starnberg. – Vf. humorvoll plaudernder Unterhaltungsromane um Liebe, Ehe u. Ferienglück.

W: Die Zürcher Verlobung, R. 1955; Italienreise – Liebe inbegriffen, R. 1957; Valentine heißt man nicht, R. 1957; Ein gewisser Herr Ypsilon, R. 1961; Geliebtes Scheusal, R. 1963; Danziger Liebesgeschichte, E. 1964; Was halten Sie vom Mondschein?, E. 1966; . . . und flogen achtkantig aus dem Paradies, R. 1969; Ferien sind schöner, En. 1974; Der Bastian, R. 1974; Das kommt davon, wenn man verreist, R. 1977; Auf einmal sind sie keine Kinder mehr, R. 1978; Eine Handvoll Glück, R. 1982; Ein Stück vom Leben, R. 1984.

Nördlingen, Heinrich von → Heinrich von Nördlingen

Noll, Dieter, * 31. 12. 1927 Riesa, Apothekersohn, 1943 Flakhelfer, später Soldat, Stud. Germanistik, Kunstgesch. u. Philos. Jena, 1950 Redakteur der Zs. ›Aufbau‹ u. Journalist; seit 1952 freier Schriftsteller in Ost-Berlin. – Sozialist. Erzähler; begann mit Reportagen u. Kurzgeschichten zum Aufbau der DDR; erfolgr. mit e. breit angelegten Entwicklungsroman vom Wandlungsprozeß e. im faschist. Geist erzogenen jungen Generation.

W: Neues vom lieben, närrischen Nest, Rep. 1952; Die Dame Perlon, Rep. 1953; Die Abenteuer des Werner Holt, R. II 1960–63; Kippenberg, R. 1979; In Liebe leben, G. 1985.

Nonnenmann, Klaus, *9. 8. 1922 Pforzheim; Kriegsteilnehmer, Stud. Philol., freier Schriftsteller in Gaienhofen/Bodensee und Pforzheim. – Erzähler und Feuilletonist mit feinem Humor und zeitkrit.-parodist. Tendenz.

W: Die sieben Briefe des Doktor Wambach, R. 1959; Vertraulicher Geschäftsbericht, En. u. Sp. 1961; Teddy Flesh, R. 1964; Herbst, En. 1977.

Nordau, Max (eig. Max Simon Südfeld), 29. 7. 1849 Budapest – 22. 1. 1923 Paris. Stud. Medizin. Lebte erst in Österreich, siedelte 1880 nach Paris über, wo er bis zu s. Tod lebte. – Gehörte mit Th. Herzl zu den Begründern des Zionismus, Erzähler, Kritiker, Publizist, Dramatiker, positivist.-materialist.-sozialist. Kultur- u. Zeitkritiker des Fin-de-siècle.

W: Aus dem wahren Milliardenlande, St. II 1878; Vom Kreml zur Alhambra, St. II 1880; Der Krieg der Millionen, Tr. 1881; Paris unter der 3. Republik, 1881; Die konventionellen Lügen der Kulturmenschheit, 1883; Paradoxe, 1885; Die Krankheit des Jahrhunderts, R. II 1889; Gefühlskomödie, R. 1891; Entartung, St. II 1892 f.; Das Recht zu lieben, Dr. 1894; Die Kugel, Dr. 1894; Drohnenschlacht, R. II 1898; Doktor Kohn, Tr. 1898; Morganatisch, R. 1904; Mahâ-rôy, Nn. 1904; Zur linken Hand, R. 1908; Der Sinn der Geschichte, 1909.
L: A. u. M. Nordau, N. Y. 1943; M. Ben-Horin, N. Y. 1957.

Nordström, Clara, 18. 1. 1886 Karlskrona/Schweden – 7. 2. 1962 Mindelheim, Tochter e. Arztes, kam 1903 nach Dtl., ∞ Siegfried von Vegesack, lebte zuletzt in Dießen/Ammersee. – Vf. zahlr. Romane aus Schweden; Übs. aus dem Schwed.

W: Tomtelilla, R. 1923; Kajsa Lejondahl, R. 1935; Frau Kajsa, R. 1935; Roger Björn, R. 1935; Lillemor, R. 1936; Der Ruf der Heimat, R. 1938; Bengta, R. 1941; Sternenreiter, R. 1946; Kristof, R. 1955; Mein Leben, Aut. 1957; Der Findling von Sankt Erikshof, R. 1961; Die höhere Liebe, R. 1963.

Nossack, Hans Erich, 31. 1. 1901 Hamburg – 2. 11. 1977 ebda.; Sohn e. Importeurs, Gymnas. Hamburg, Stud. bis 1922 Philos. und Jura Jena, dann Fabrikarbeiter, Reisender, kaufm. Angestellter, Journalist; trat 1933 in die Firma s. Vaters ein. Seit früher Jugend schriftsteller. Arbeiten, die, im 3. Reich verboten, 1943 in Hamburg verbrannten. Seit 1956 freier Schriftsteller in Aystetten b. Augsburg, seit 1952 Darmstadt, seit 1965 Frankfurt/M., dann Hamburg; 1967/68 Gastdozent für Poetik Univ. Frankfurt/M. – Vom Existentialismus beeinflußter Dichter aus dem Erlebnis des 2. Weltkrieges auf der Suche nach neuen Ausdrucksmöglichkeiten. Eigenwilliger monolog. Erzähler kurzer, intellektualer Romane mit mehrfachen Spiegelungen und z.T. surrealist. und kafkaesken Elementen in kühler, beherrschter, glasklarer Prosa, bes. um das Motiv des Ausbruchs aus der bürgerl. Welt u. Gesellschaft ins Unversicherbare, um die Gespaltenheit und Beziehungslosigkeit des mod. Menschen (Nähe zu Camus). Trotz realist. Präzision im einzelnen an ›Fakten‹ desinteressiert; formal Vorliebe für fingierten Bericht u. parabelhafte Prosa. Auch Lyrik, Drama, Essay und Übs. (J. Cary 1949, S. Anderson 1958).

W: Gedichte, 1947; Nekyia, E. 1947; Interview mit dem Tode, En. 1948 (u. d. T. Dorothea, 1950, daraus: Der Untergang,

1961); Die Rotte Kain, Dr. (1950); Spätestens im November, R. 1955; Der Neugierige, E. 1955; Die Hauptprobe, Dr. 1956; Spirale, R. 1956 (daraus: Unmögliche Beweisaufnahme, 1959); Der jüngere Bruder, R. 1958 (erw. 1973); Nach dem letzten Aufstand, R. 1961; Ein Sonderfall, Dr. 1963; Begegnung im Vorraum, En. 1963; Das kennt man, E. 1964; Sechs Etüden, Kgn. 1964; Das Mal und andere Erzählungen, 1965; Das Testament des Lucius Eurinus, E. 1965; Die schwache Position der Literatur, Rdn. u. Aufs. 1966; Der Fall d'Arthez, 1968; Dem unbekannten Sieger, R. 1969; Pseudoautobiographische Glossen, Prosa 1971; Die gestohlene Melodie, R. 1972; Bereitschaftsdienst, R. 1973; Ein glücklicher Mensch, R. 1975; Um es kurz zu machen, Ess. 1975; Dieser Andere, Ausw. 1976. – Die Erzn., 1987.

L: C. Schmid, Monolog. Kunst, 1968 (m. Bibl.); Über H. E. N., hg. C. Schmid 1970; J. Kraus, The Missing Link, 1976; K. G. Esselborn, Ges.-krit. Lit. nach 1945, 1977; J. Kraus, 1981.

Noth, Ernst Erich (eig. Paul Krantz), 25. 2. 1909 Berlin – 15. 1. 1983 Bensheim/Bergstr.; ärml. Jugend als unehel. Kind; 1927 nach 8 Mon. Untersuchungshaft im ›Steglitzer Schülermordprozess‹ freigesprochen; Odenwaldschule, 1930 Stud. Germanistik Frankfurt, Mitarbeiter der ›Frankfurter Zeitung‹; März 1933 Flucht nach Frankreich, Mitarbeiter franz. Zss., 1941 Flucht nach New York, 1942–48 Leiter des dt. sprachigen Dienstes von NBC, 1949–63 Prof. für vergleichende Literaturwiss. Oklahoma und Milwaukee, Gründer und Hrsg. von ›Books abroad‹. 1964 Rückkehr nach Frankreich, Aix-en-Provence und Sorbonne, 1971–74 Honorarprof. Frankfurt. – Erzähler sozialkrit. Reportagen und oft autobiogr. Prosa; lit.krit. Essays und polit. Streitschriften.

W: Die Mietskaserne, R. 1931 (n. 1982); Der Einzelgänger, R. 1936; La voie barrée, R. 1937 (Weg ohne Rückkehr, d. 1982); Le désert; R. 1939; Le passé nu, R. 1965; Erinnerungen eines Deutschen, Aut. 1971.

Notker I. Balbulus (d. h. der Stammler), um 840 in oder bei Jonschwil/St. Gallen – 6. 4. 912 St. Gallen, aus vornehmer Familie, wurde früh Mönch im Benediktinerkloster St. Gallen, zeitweilig Lehrer und Bibliothekar ebda. Gelehrter und Dichter. – Lyriker mit rd. 40 lat. Sequenzen (um 885/86) z. T. zu eigenen Melodien, 1. dt. Sequenzendichter (nach roman. Vorbildern), selbst Vorbild für Ratpert u. a. Sequenzendichter wie die weltl. und geistl. Lyrik überhaupt. Schrieb ferner als Monachus Sangallensis e. sagen- und anekdotenhaftes Erzählbuch ›Gesta Caroli Magni‹ (883), e. fragmentar. erhaltene ›Vita St. Galli‹ in Dialogform, e. ›Sermo St. Galli‹, e. Einführung in die bibel-theolog. Lit. (›Notacio‹), e. Formelbuch mit Urkunden- und Briefmustern, e. Martyrologium, 4 Hymnen auf St. Stephanus und mehrere Briefgedichte. Ohne Sicherheit zugeschrieben werden ihm ferner 3 Fabeln, 2 Briefgedichte, 52 Distichen, e. Prosadialog u. a. m. sowie der Klosterschwank ›Der Wunschbock‹. Seliggesprochen. Schilderung s. Lebens in Ekkehards IV. ›Casus St. Galli‹.

A: Hymnen und Sequenzen: P. v. Winterfeld, Mon. Germ. Hist. Poetae 4, 1899; C. Blume, Analecta hymnica 51 u. 53, 1908–11; W. v. d. Steinen, 1948. Gesta; Ph. Jaffé, Bibl. rerum Germ. 4, 1867; G. Meyer v. Knonau, 1918; G. H. Pertz, Mon. Germ. Hist. Script. 2, ²1925; H. F. Haefele, ebda. Bd. 12, 1959. Vita St. Galli: K. Strecker, Mon. Germ. Hist. Poetae 4, 1899. Wunschbock: Mon. Germ. Hist. Poetae 2. – *Übs.:* Lyrik: P. v. Winterfeld, Dt. Dichter d. lat. MA., ⁴1922; W. v. d. Steinen, 1960. Gesta: W. Wattenbach, Geschichtsschreiber d. dt. Vorzeit 26, ⁵1912, n. 1965; K. Brügmann, 1914.

L: J. Werner, N.s Sequenzen, 1901; S. Singer, D. Dichterschule v. St. Gallen, 1922; W. v. d. Steinen, II 1948, ²1978.

Notker III. Labeo (d. h. der Großlippige, auch Teutonicus, der Deutsche, gen.), um 950 – 29. 6. 1022 St. Gallen; aus vornehmem Thurgauer Geschlecht, früh Mönch im Benediktinerkloster St. Gallen, Neffe u. Schüler Ekkehards I., Leiter der Klosterschule ebda., die unter ihm ihre Hochblüte erreichte, berühmter Gelehrter s. Zeit und bedeutender Lehrer (u. a. Ekkehards IV.); starb an der Pest, die das Heer Heinrichs II. aus Italien eingeschleppt hatte. – Polyhistor. Vf. e. dt. Schrift über die Musik (›De musica‹) nach Boethius und kleinerer lat. Schriften über Rhetorik, Logik und Mathematik (›De syllogismis‹, ›De partibus logicae‹, ›De interpretatione‹). Bes. Übs. e. Reihe von Unterrichtswerken für s. Schüler in sorgfältiger dt.-lat. Mischprosa (dt. mit lat. Brocken) und gewissenhaft ausgeklügelter phonet. dt. Rechtschreibung auf Grundlage des zeitgenöss. Alemannisch mit Bezeichnung für Silbenlängen und Betonung. Erhalten sind Psalter, Aristoteles (Kategorien, Hermeneutik), Boethius (›De consolatione philosophiae‹) und Martianus Capella (›De nuptiis Philogiae et Mercurii‹), verloren Cato, Terenz (›Adria‹), Vergil (›Bucolica‹) und das Buch Hiob. Durch Feinheit und Beweglichkeit der Sprache wichtig für die Ausbildung der ahd. Prosa; bemüht um dt. Fachausdrücke. Stärkste Sprachleistung s. Zeit.

A: Schriften, hg. P. Piper, III ²1885; Werke, hg. E. H. Sehrt, T. Starck, XIII 1933 ff.; D. Wke., Neue Ausg. 1986 ff.
L: P. Hoffmann, D. Mischprosa N.s, Diss. Gött. 1910, n. 1967; H. Naumann, N.s Boethius, 1913; E. Luginbühl, Stud. z. N.s Übs.-kunst, Diss. Zürich 1933, n. 1970; P. Hoffmann, D. ma. Mensch, ²1937; A. K. Dolch, N.-Stud., N. Y. 1950–53; E. H. Sehrt, N.-Glossar, 1962.

Novak, Helga M(aria), ＊8. 9. 1935 Berlin, Stud. Philos. u. Journalistik Leipzig, Monteurin, La-

borantin, Buchhändlerin, 1961 Heirat nach Island, Arbeit in e. Teppichweberei u. e. Fischfabrik ebda.; seit 1967 in Frankfurt/M. – Sozialkrit. Lyrikerin u. Erzählerin. Herber, rauher Ton u. Vorliebe für unpersönl. Formen (Ballade, Moritat) kennzeichnen ihre Lyrik. Bestandsaufnahme beschädigter Subjektivität auch in den Prosaarbeiten mit ihrem einprägsamen lapidaren Staccato-Stil reiner Aussagesätze. Ferner Hörspiele.

W: Ballade von der reisenden Anna, G. 1965; Colloquium mit vier Häuten, G. u. Ball. 1967; Geselliges Beisammensein, Prosa 1968; Wohnhaft im Westend, Ber. 1970 (m. H. Karasek); Auf der Suche nach Berenike, H. (1971); Aufenthalt in einem irren Haus, En. 1971; Balladen vom kurzen Prozeß, G. 1975; Die Landnahme von Torre Bela, Prosa 1976; Margarete mit dem Schrank, G. 1978; Die Eisheiligen, R. 1979; Palisaden, En. 1980; Vogel federlos, R. 1982; Grünheide Grünheide, G. 1983; Legende Transsib, G. u. Prosa 1985.

Novalis (eig. Georg Philipp Friedrich Freiherr von Hardenberg), 2. 5. 1772 Gut Oberwiederstedt b. Mansfeld – 25. 3. 1801 Weißenfels. Sohn e. sächs. Gutsbesitzers und Salinendirektors und e. pietist. Mutter, von Jugend auf schwächl.; erst Hauslehrer, 1788 Gymnas. Eisleben. Okt. 1790 Stud. Philos. in Jena bei Reinhard, Schiller und Fichte, 1791 Jura in Leipzig (F. Schlegel) und 1792 Wittenberg. Nov. 1794 im Verwaltungsdienst der Kreishauptmannschaft Tennstedt/Sa.; 15. 3. 1795 Verlobung mit der 13jährigen Sophie von Kühn (†19. 3. 1797 Jena an Schwindsucht). Febr. 1796 Akzessist und Salinenauditor im Salinenamt Weißenfels bei s. Vater, häufige Besuche am Krankenlager Sophies in Jena, Verkehr mit den Romantikern ebda. Seit 1. 12. 1797 Stud. Bergakad. Freiberg/

Sa. bei A. G. Werner; Dez. 1798 Verlobung mit der Berghauptmannstochter Julie von Charpentier. Mai 1799 Salinenassessor in Weißenfels; Verkehr mit Tieck u. d. Schlegels. 6. 12. 1800 Ernennung zum Amtshauptmann im Thüring. Bergkreis, doch seit Aug. 1800 an der todbringenden Schwindsucht erkrankt. – Größter frühroman. Lyriker und Erzähler des Jenaer Kreises, Erfinder des Symbols der Blauen Blume. Dichter e. mag. Traumwirklichkeit, die den Traum als Wirklichkeit und die Wirklichkeit als Traum erfaßt, voll Ahnungen und Andeutungen (›mag. Idealismus‹). Verbindet in höchst melod., schwermüt. Sprache tiefe Innerlichkeit, gläubige Phantasie und myst. Todessehnsucht. In s. 6 ›Hymnen an die Nacht‹ (1797) in rhythm. Prosa religiös-myst. Verherrlichung der verstorbenen Geliebten in Todeserotik, ähnl. in Marienlyrik. Volkstümlicher s. ›Geistl. Lieder‹ (›Wenn ich ihn nur habe‹, ›Wenn alle untreu werden‹). Phantast.-allegor. Erzähler (›Die Lehrlinge zu Sais‹), gab in s. fragmentar. Bildungsroman ›Heinrich von Ofterdingen‹ e. romant. Gegenstück zum bürgerl. ›Wilhelm Meister‹ als Apotheose universaler Poesie. Trat im programmat. kulturphilos. Aufsatz ›Die Christenheit oder Europa‹ (1799) für e. kathol. geeintes Abendland im ma. Sinne ein. In s. intuitiven, aphorist. ›Fragmenten‹ (1798 im ›Athenäum‹ als ›Blütenstaub‹) Versuch e. irrational. romant. Philosophie und Weltanschauung aus Ahnung und Traum unter Einfluß der Mystik; Hinwendung zu e. romant. Universalismus mit e. Einheit aus Religion, Poesie, Natur- und Staatslehre. S. Schriften erschienen bei Lebzeiten nur im ›Athenäum‹ und Schlegel-Tiecks Almanachen.

W: Schriften, hg. F. Schlegel, L. Tieck u. E. v. Bülow, III 1802–46; hg. J. Minor, IV ⁸1923; hkA., hg. P. Kluckhohn, R. Samuel, IV 1929, ²1960–75, VI ³1977ff. (m. Briefen); Werke, komm. G. Schulz ²1981; hg. H. J. Mähl u. a. III 1978–87ff.; Briefw. mit F. Schlegel, hg. M. Preitz 1957.
L: H. Lichtenberger, Paris 1912; R. Samuel, D. poet. Staats- u. Geschichts-Auffassg. d. N., 1925, n. 1975; H. Ritter, N.s Hymn. a. d. Nacht, 1930, 1974; A. Carlsson, D. Fragmente d. N., 1939; H. Kamla, N.s Hymn. a. d. Nacht, Koph. 1954; M. Besset, N. et la pensée mystique, Paris 1947; E. Hederer, 1949; M. Beheim-Schwarzbach, ³1953; Th. Haering, N. als Philosoph, 1954; B. Haywood, Cambr., Mass. 1959; W. Vordtriede, N. u. d. franz. Symbolisten, 1963; H. Ritter, D. unbekannte N., 1967; E. Heftrich, 1969; G. Schulz, 1969; ders., hg. 1970, ²1986; R. Faber, 1970; H. Link, Abstraktion u. Poesie i. W. d. N., 1971; J. Neubauer, Bifocal vision, Chapel Hill 1971; F. Hiebel, ²1972; R.-P. Janz, Autonomie u. soziale Funktion der Kunst, 1973; K. Ruder, Z. Symboltheorie des N., 1974; E.-G. Gäde, Eros u. Identität, 1974; N. (üb. s. Dichtgn.), hg. H.-J. Mähl 1976; M. E. Schmid, 1976; D. F. Mahoney, D. Poetisierg. d. Natur b. N., 1980; J. Neubauer, Boston 1980; J. Haslinger, D. Ästhetik d. N., 1981; H. Kurzke, Romantik u. Konservatismus, 1983; ders., 1988; B. Müller, 1985.

Nowotny, Joachim, * 16. 6. 1933 Reitschen/Oberlausitz; Zimmermannslehre, 1954–58 Stud. Germanistik Leipzig, Verlagslektor, 1962 Schriftsteller, 1967 Dozent am Literaturinstitut Leipzig. - Realist.-heiterer Erzähler von Alltagsgewohnheiten und Gegenwartsproblemen der DDR; auch Kinderbuch und Hörspiel.

W: Hochwasser im Dorf, E. 1963; Hexenfeuer, E. 1965; Labyrinth ohne Schrecken, E. 1967; Der Reise im Paradies, R. 1969; Sonntag unter Leuten, E. 1970; Ein gewisser Robel, R. 1976; Schäfers Stunde, En. 1985.

Nüchtern, Hans, 25. 12. 1896 Wien – 9. 1. 1962 ebda., Stud. ebda. und Lund (Dr. phil.), Dramaturg, Redakteur, 1924–38 Prof. der Staatsakad. und Lehrer am Reinhardt-Seminar; 1946 lit. Direktor des Österr. Rundfunks.

– Lyriker, Erzähler und Hörspielautor von feiner Sensibilität. Entwicklung über Neuromantik u.
Expressionismus zu e. beseelten
Realismus.

W: Wie mir's tönt von ungefähr, G. u. Ball.
1918; Der Haß gegen die Stadt, R. 1921;
Gesang vom See, G. 1932; Buch der Brüder
von St. Johann, G. 1933; Perchtoldsdorfer
Frühling, G. 1934; Nur ein Schauspieler, N.
1935; Die wilde Chronik, G. 1936; Passion
der Stille, G. 1946; Die Apostel, G. 1946;
Verwirrung um Inge, N. 1947; Hornwerk
und Glockenspiel, Sp. 1947; Die ewige Melodie, R. 1947; Das Herz des Hidalgo, R. 1947;
Zwischen den Zeiten, G. 1950; Das Wunder
von Mundisheim, R. 1952; Der steinerne
Psalter, G. 1961.

**Oberammergauer Passions-
spiel,** Spiel um das Leben und
Leiden Jesu, nach e. im Pestjahr
1633 abgelegten relig. Gelübde
von der Dorfgemeinschaft Ober-
ammergau/Obb. ab 1634 alle 10
Jahre aufgeführt. Der älteste erhaltene Text von 1662 geht auf das
Augsburger Passionsspiel von St.
Ulrich u. Afra aus dem 15. Jh. und
e. Spiel des Augsburger Meistersingers Sebastian Wild um 1566
zurück. Später mehrfach überar-
beitet, u. a. von F. Rosner 1750
(›Passio nova‹), J. A. Draisenberg
1860. Der Text des heutigen
Spiels zeigt e. Mischung des barocken Stils des 17. mit dem realist.
des 19. Jh.

A: hkA. O. Mausser 1910; O. Weiß 1910; F.
Feldigl 1929; Passio nova, hkA. S. Schaller
1974.
L: E. Devrient, ³1880; K. Trautmann, 1890;
C. Ettmayr, 1910; H. Diemer, 1910; J. A.
Daisenberger, 1934; E. Schwerdt, 1934; S.
Schaller, 1950; O. u. W. Proebst, 1950; R.
Fink u. H. Schwarzer, D. ewige Passion,
1970.

Oberg(e), Eilhart von → Eilhart
von Oberg(e)

Oberkofler, Joseph Georg, 17. 4.
1889 St. Johann-Ahrn/Südtirol –

12. 11. 1962 Innsbruck; aus Bauerngeschlecht, 1901 Gymnas. Brixen, dann Trient; Stud. Theologie, dann Philos. und Jura Innsbruck, 1920 Dr. jur. Weltkriegsteilnehmer. 1923 Schriftleiter des
›Landsmann‹ in Bozen, dann Verlagsredakteur der Tyrolia in Innsbruck, lebte ebda.; Prof. h. c. –
Männl.-ausdrucksstarker Südtiroler Dichter aus Geschichte,
Volkstum und Bauernleben s.
Bergheimat und kath. Volkstradition, schrieb Bergbauernromane
und -novellen aus Geschichte und
Gegenwart, hymn. u. volksliedhafte Lyrik sowie Bühnenspiele.

W: Stimmen aus der Wüste, G. 1918; Gebein
aller Dinge, G. 1921; Die Knappen von Pret-
tau, E. 1921; Triumph der Heimat, G. 1925;
Sebastian und Leidlieb, R. 1926; Ein Niko-
lausspiel, 1930; Drei Herrgottsbuben, En.
1934; Nie stirbt das Land, G. 1937; Das Stier-
horn, R. 1938; Das raube Gesetz, R. 1938;
Der Bannwald, R. 1939; Die Flachsbraut, R.
1942; Und meine Liebe, die nicht sterben
will, G. 1948; Verklärter Tag, G. 1950; Wo
die Mutter ging, Erinn. 1960.
L: F. Lutka, Diss. Wien 1939; H. Zodl, D.
dichter. Form d. Lyrik O.s, Diss. Wien 1943;
L. Haindl, D. ep. Werk O.s, Diss. Innsbr.
1949; I. Harrasser, D. lyr. Werk O.s, Diss.
Innsbr. 1971.

Oberlin, Urs, * 30. 3. 1919 Bern,
Stud. Zahnmedizin; Arzt in Zürich. – Lyriker mit mediterranen
Themen u. Vf. e. konturarmen,
episodenreichen Schülerromans
vor zeitgeschichtl. Hintergrund.
Auch (Übs. (P. Valéry, C. Pa-
vese).

W: Tagmond über Sizilien, Reiseb. 1950;
Eos. G. 1951; Feuererde, R. 1952; Gedichte,
1956; Zuwürfe, G. 1964; Kalibaba, R. 1969;
Alle sind niemand, G. 1972.

Obermayer → Blumauer, Aloys

Oelfken, Tami (eig. Marie Wilhelmine Oe.; Ps. Gina Teelen),
25. 6. 1888 Blumenthal/Unterwe-
ser – 7. 4. 1957 München; Lehrerin, Anschluß an den Worpswe-

der Kreis; Leiterin e. mit Hilfe der Radikalsozialisten errichteten mod. privaten Versuchsschule in Berlin, die 1933 aufgehoben wurde. 1933 Emigration und vergebl. neue Versuche in Paris und London. Lebte bei Freunden, u. a. in Überlingen. – Lyrikerin und Erzählerin von frischem Plauderton, bekannt als Jugendschriftstellerin.

W: Nickelmann erlebt Berlin, R. 1930; Peter kann zaubern, Kdb. 1932; Matten fängt den Fisch, Fsp. (1936); Tine, R. 1940 (u. d. T. Maddo Clüver, 1947); Fritz Seidenohr Kdb. 1941; Die Persianermütze, R. 1942; Fahrt durch das Chaos, Tgb. 1946 (u. d. T. Das Logbuch, 1948); Die Sonnenuhr, Nn. 1946; Zauber der Artemis, G. 1948; Die Kuckucksspucke, R. 1948; Traum am Morgen, R. 1950; Der wilde Engel, R. 1951; Stine von Löh, N. 1953.

Oelschläger, Adam → Olearius, Adam

Oelschlegel, Gerd, ✱ 28. 10. 1926 Leipzig, Soldat im 2. Weltkrieg, Stud. Kunstakademie Leipzig, 1947 Stud. Bildhauerei bei G. Marcks in Hamburg, Schriftsteller ebda. – Neorealist. Dramatiker der 2. Nachkriegsgeneration, erstrebt ›objektives Theater‹ als naturalist. Schilderung menschl. Befindlichkeit; Fernsehspiele aus der dt. Gegenwart.

W: Romeo und Julia 1952, H. (1953; als Dr. Zum guten Nachbarn, 1954; auch u. d. T. Romeo und Julia in Berlin, 1957); Die tödliche Lüge, Dr. (1956); Staub auf dem Paradies, K. (1957); Einer von sieben, Dr. (1961); Stips, H. (1961); Ein Lebenswerk, H. (1961); Sonderurlaub, FSsp. (1963); Die Gardine, FSsp. (1964); Das Haus FSsp. (1965); Das Experiment, FSsp. (1966); Hochspannung, FSsp. (1967); Die Tauben, FSsp. (1969); Letzte Sektion, Dr. (1986).

Österreich, Eleonore von → Eleonore von Österreich

Oesterreich, Axel von → Ambesser, Axel von

Ofterdingen, Heinrich von → Heinrich von Ofterdingen

Ohl, Hans → Kusenberg, Kurt

Okopenko, Andreas, ✱ 15. 3. 1930 Kaschau/Ostslovakei, Kindheit in slovak. u. karpathoukrain. Dörfern u. Kleinstädten; kam 1939 nach Wien, Chemiestud. ebda., Betriebsabrechner, seit 1968 freier Schriftsteller ebda. – Als Lyriker u. Erzähler ausgehend von der Erfahrung des Großstadtalltags, die er z. T. surrealist. verfremdet; artist.-verspielte Sprachbehandlung, oft mit leicht satir. Einschlag. Auch Nonsense-Verse, Hörspiele u. aleator. Lexikon-Romane.

W: Grüner November, G. 1957; Seltsame Tage, G. 1963; Die Belege des Michael Cetus, E. 1967; Warum sind die Latrinen so traurig, G. 1969; Lexikon einer sentimentalen Reise zum Exporteurtreffen in Druden, R. 1970; Orte wechselnden Unbehagens, G. 1971; Der Akazienfresser, Parod. 1973; Warnung vor Ypsilon, En. 1974; Meteoriten, R. 1976; Vier Aufsätze, Ess. 1979; Gesammelte Lyrik, 1980; Kindernazi, R. 1984.

Olearius, Adam (eig. Adam Oelschläger), um 1599 (getauft 16. 8. 1603) Aschersleben – 22. 2. 1671 Gottorp; Schneiderssohn, Stud. Jura Leipzig, Assessor, 1630 Konrektor ebda., Rat bei Herzog Friedrich III. von Holstein-Gottorp, Sekretär und Sprachkundiger bei dessen Gesandtschaften nach Rußland und Persien 1633–35 und 1635–39 (mit P. Fleming); 1643 Reise nach Moskau; Hofmathematiker und 1650 Hofbibliothekar in Gottorp. 1651 Mitgl. der Fruchtbringenden Gesellschaft als ›Der Vielbemühte‹. – Verf. e. berühmten und kulturgesch. wichtigen Reisebeschreibung s. Orientreise und der 1. dt. Übs. pers. Lit. (Saʿdīs ›Gulistan‹), auch Festspiel. Geschichtsschreiber.

W: Offt begehrte Beschreibung Der Newen Orientalischen Reise, 1647 (n. H. v. Staden

1927 u. 1936, E. Meissner 1959, D. Lohmeier 1971); Persianischer Rosenthal, Sa'dī-Übs. 1654 (n. 1970); Kurtzer Begriff einer Holsteinischen Chronic, 1663; Historia der Cleopatra, 1666. – Ausw.: DNL 28, 1885.
L: E. Grosse, Progr. Aschersleben 1867.

Omeis, Magnus Daniel, 6. 9. 1646 Nürnberg – 22. 11. 1708 Altdorf, Predigerssohn, 1664–67 Stud. Theologie Altdorf und 1668 Straßburg, Hauslehrer in Wien, seit 1674 in Altdorf, 1677 Prof. der Moral, 1699 der Poesie ebda.; 1667 Mitgl. (als Norischer Damon), 1697 Oberhirte des Pegnes. Blumenordens. 1691 kaiserl. Hof- und Pfalzgraf. – Geistl. Lyriker und Poetiker des Barock unter Einfluß von Opitz, Birken und Hofmannswaldau.
W: De Germanorum veterum theologia et religione pagana, 1693; De praecipuis veterum Germanorum virtutibus, 1695; Gründliche Anleitung zur Teutschen accuraten Reim- und Dicht-Kunst, 1704; Geistliche Gedicht- und Lieder-Blumen, G. 1706.

Ompteda, Georg Freiherr von (Ps. Georg Egestorff), 29. 3. 1863 Hannover – 10. 12. 1931 München; Sohn e. Hofmarschalls, Patenkind Georgs V. von Hannover, 1883–92 sächs. Husarenoffizier, Reisen in Skandinavien, Frankreich, Italien, 1892 Berlin, 1895 Dresden, 1897 Kammerherr ebda., dann freier Schriftsteller in Meran, später München. – Erzähler von Gesellschafts-, Militär-, Alpen- und Liebesromanen unter Einfluß des franz. Naturalismus, bes. Maupassants, am bedeutendsten als realist. Schilderer vom wirtschaftl. Niedergang des dt. Adels in s. Trilogie ›Dt. Adel um 1900‹. Später durchschnittl. Unterhaltungsromane. Übs. Maupassants (X 1898 ff.).
W: Freilichtbilder, N. 1891; Drohnen, R. 1893; Deutscher Adel um 1900 (Sylvetter von Geyer, R. II 1897, Eysen, R. II 1899, Cäcilie von Sarryn, R. II 1902); Der Zeremonienmei-

ster, R. 1898; Aus großen Höhen, R. 1903; Herzeloyde, R. 1905; Wie am ersten Tag, R. 1908; Excelsior, R. 1909; Es ist Zeit, R. 1921; Der jungfräuliche Gipfel, R. 1927; Sonntagskind, Aut. 1928.

Opitz, Karlludwig, ★ 19. 2. 1914 Stadtamhof, Soldat, nach 1945 Journalist, freier Schriftsteller in Hamburg. – Vf. antimilitarist., reportagenaher Romane aus der Landserperspektive. Lange Zeit westl. Renomierautor der DDR; s. letzter Roman schildert satir. e. Funktionärskarriere in der DDR. Auch Dramen u. Fernsehspiele.
W: Der Barras, R. 1953; Mein General, R. 1955; Im Tornister: ein Marschallstab!, Sat. 1959; O du mein Deutschland, Kgn. u. Feuill. 1960; Ist doch kein Wunder, Dr. (1961); Made in Germany, Dr. (1962); Bolsche-Vita, R. 1966.

Opitz, Martin, 23. 12. 1597 Bunzlau – 20. 8. 1639 Danzig, Sohn e. Metzgers und Ratsherrn, Gymnas. Breslau und Beuthen, Stud. Jura u. Philos. 1618 Frankfurt/O., 1619 Heidelberg (im gleichgesinnten Kreis mit W. Zincgref). 1620 Flucht vor dem Krieg nach Holland (D. Heinsius), 1621 nach Jütland. 1622 Gymnasialprof. in Weißenburg/Siebenbürgen; 1623 herzogl. Rat in Liegnitz. 1625 Dichterkrönung durch Ferdinand II. in Wien. 1626–32, obwohl Protestant. Sekretär und Leiter der Geh. Kanzlei des gegenreformator. Kaiserl. Kammerpräsidenten Burggraf Karl Hannibal von Dohna in Breslau. 1627 in Prag als ›von Boberfeld‹ vom Kaiser geadelt; 1629 als ›Der Gekrönte‹ Mitgl. der Fruchtbringenden Gesellschaft. 1630 in Paris Verkehr mit Hugo Grotius. 1633 Diplomat im Dienst der Herzöge von Liegnitz und Brieg. Zog 1635 nach Danzig, 1636 von Wladislaw zum Königl. Hofhistoriographen ernannt, dann Königl. Sekretär ebda. Starb an der Pest. – Maßgebl. dt. Dichter und Poetiker des Barock, Vertreter e. ›frühbarocken Klassizismus‹, erstrebte durch s. Dichtungsreform den Anschluß der bisher provinziellen dt. Dichtung an die westeurop. Lit. Organisator e. neuen dt. Bildungslit. Legte in s. auf Scaliger, Ronsard, Heinsius, Horaz u. a. zurückgehenden, bis ins 18. Jh. gültigen Poetik die Grundlage der dt. Verslehre und beseitigte die herrschende Verwirrung, indem er gemäß dem akzentuierenden Charakter der dt. Sprache im Gegensatz zu den romanischen den regelmäßigen Wechsel (Alternation) betonter und unbetonter (statt langer und kurzer) Silben forderte. Erstrebte Regelmäßigkeit und Klarheit der Form und Gattung nach roman. Vorbild und gab in s. eigenen, stilist. und formal geschickten und seinerzeit vielbewunderten Dichtung ohne bes. Tiefe oder Originalität die Muster dafür. Zuerst lat. Gelegenheitsgedichte, dann weltl. und geistl. Lyrik, große, reflektierende Alexandriner-Lehrgedichte e. christl. Stoizismus und modische Hirtendichtung. Schrieb auch den Text der 1. dt. Oper (›Dafne‹ nach Rinuccini, Musik H. Schütz). Hrsg. des ›Annoliedes‹ 1629 sowie Übs. und Bearbeiter holländ., franz. und ital. Werke als Formmuster: Heinsius (1619), Seneca ›Troerinnen‹ (1625), J. Barclay ›Argenis‹ (II 1626–31), Ph. Sidney ›Arcadia‹ (1629, n. 1971), H. Grotius (1631), Sophokles ›Antigone‹ (1636) und Psalter (1637).

W: Aristarchus, Schr. 1617; Zlatna, G. 1623; Teutsche Poemata, 1624 (n. NdL 189ff., 1902, n. 1968; Faks, 1975); Buch von der Deutschen Poeterey, 1624 (n. NdL I, ⁷1962 u. N. F. 8, 1963); Dafne, Op. 1627; Schaefferey

von der Nimpfen Hercynie, 1630 (n. 1969, Faks, 1976); Vesuvius, Lehrged. 1633; Trost Gedichte in Widerwertigkeit Dess Krieges, 1633; Judith, Op. 1635 (nach Salvadori, n. M. Sommerfeld 1933). – Opera poetica, 1646 (n. Peking 1939); GW, hg. G. Schulz-Behrend V 1968ff.; Jugendschriften vor 1610, hg. J.-U. Fechner 1970; Ausw.: J. Tittmann, 1869; H. Oesterley, 1889 (DNL 27); Geistl. Poemata, hg. E. Trunz 1966; Weltl. Poemata, hg. E. Trunz II 1967–75.

L: F. Gundolf, 1923; R. Alewyn, Vorbarokker Klassizismus, 1926, n. 1962; H. Max, M. O. als geistl. Dichter, 1931; U. Bach, 1959; B. Ulmer, N. Y. 1971; J. L. Gellinek, D. weltl. Lyrik d. M. O., 1973; M. Szyrocki, ²1974 (m. Bibl.); K. Garber, 1976; R. D. Hacken, The religious thought of M. O., 1976; R. Drux, M. O. u. s. poet. Regelsystem, 1976; B. Bekker-Cantarino, Amsterd. 1982.

Oppeln-Bronikowski, Friedrich von, 7. 4. 1873 Kassel – 9. 10. 1936 Berlin; Offizierssohn, preuß. Soldatenfamilie, Kindheit in der Niederlausitz, Kadett, 1892–96 Husarenoffizier in Kassel, nahm wegen e. Reitunfalls s. Abschied; Abitur, Stud. Berlin, 1898 Schriftsteller, 1901–05 in Italien und Schweiz, dann bis 1914 Berlin, 1914–19 im Generalstab, 1920–23 im Auswärtigen Amt. Reisen in Europa und Vorderasien. – Verf. von Romanen und Erzählungen aus dem Militär und aus preuß. Geschichte, kulturgesch., biograph., histor. und archäolog. Studien. Übs. von Stendhal (X 1903ff.), Maeterlinck (1898ff.), de Coster (1910ff.), Friedrich II. (1912ff.) u. a.

W: Aus dem Sattel geplaudert, 1898; Fesseln und Schranken, R. 1905 (u. d. T. Der Rebell, 1908); Zwischen Lachen und Weinen, N. 1912; Abenteurer am Preuß. Hofe 1700–1800, 1927; D. F. Koreff, B. 1927; Liebesgeschichten am Preuß. Hofe, 1928; Schlüssel und Schwert, R. 1929; Archäolog. Entdeckungen im 20. Jh., Schr. 1931; Der Baumeister des preuß. Staates, 1934; Der große König, 1934; Der alte Dessauer, 1936.

Orabuena, José (eig. Hans Sochaczewer), 10. 8. 1892 Berlin – 16. 2. 1978 Ascona/Schweiz; Sohn e. jüd. Kaufmanns, Kaufmannslehre; im 1. Weltkrieg Pressevertreter; 1916–18 in Wilna Begegnung mit dem Ostjudentum; 1918 Redakteur und Journalist in Berlin; seit 1928 im Ausland: Dänemark, 1938 Manchester, Holland, ab 1950 Ascona/Tessin. 1952 Konversion zum Katholizismus. – Empfindungstiefer Erzähler von Romanen um hohes Menschentum, von kraftvoll-edler, gepflegter Sprache, die bisweilen an Carossa oder Stifter erinnert. Stellt in ›Groß ist deine Treue‹ das verunstaltete Bild des jüd. Menschen richtig durch rein künstler. Gestaltung des Alltäglichen der jüd. Gemeinschaft.

W: Kindheit in Cordoba, Erinn. 1951; Glück und Geheimnis, B. 1957; Groß ist deine Treue, R. 1959; Rauch oder Flamme, R. 1960; Ebenbild, Spiegelbild, Erinn. 1962; Auch Gram verzaubert, R. 1962; Zur Geschichte meines Wilna-Romans, 1963; Im Tale Josaphat, Aut. 1964; Das Urlicht, R. 1971; Tragische Furcht, R. 1980; Henri Rousseau, R. 1984.

Orendel, mittelfränk. Epos, um 1190 entstanden, doch nur in e. Fassung des 15. Jh. erhalten; Legende vom ›grauen Rock‹ Christi und s. Auffindung und Überführung nach Trier durch O., auch dessen Brautwerbung in Jerusalem, Abenteuer und frommes Leben im Alter. Sprachl. ungelenk, eintönig in burlesker Art erzählt. Anklänge an Spielmannsdichtung und Heldensage, daneben Verwertung zeitgeschichtl. Ereignisse.

A: A. E. Berger 1888, n. 1974; H. Steinger 1935; L. Denecke II 1972; W. J. Schröder, Spielmannsepen 2, 1976. – *Übs.:* K. Simrock 1845.
L: H. Harkensen, 1879; E. Teuber, Zur Datierung des mhd. ›O.‹, Diss. Gött. 1954; K. H. Kühnert, D. Gesch. v. Rock Christi, 1979.

Orff, Luise, → Rinser, Luise

Orientalis, Isidorus → Loeben, Otto Heinrich Graf von

Ortheil, Hanns-Josef, *5. 11. 1951 Köln, Stud. Musikwiss., Philos., Germanistik u. vergl. Lit.-wiss., Dr. phil., Literaturwissenschaftler in Mainz u. Stuttgart. – Essayist u. Erzähler aus der psycholog. Situation der Nachkriegsgeneration, z. T. im Stil des phantast. Realismus.

W: Wilhelm Klemm, B. 1979; Fermer, R. 1979; Der poetische Widerstand im Roman, St. 1980; Mozart, Es. 1982; Hecke, E. 1983; Jean Paul, B. 1984; Köder, Beute und Schatten, Es. 1985; Schwerenöter, R. 1987.

Ortner, Eugen, 26. 11. 1890 Glaishammer b. Nürnberg – 19. 3. 1947 Traunstein; Oberlehrerssohn, Stud. München und Leipzig, Kriegsteilnehmer im 1. Weltkrieg, Aushilfslehrer, Kabarettist, dann Journalist, seit 1928 freier Schriftsteller in München. – Dramatiker mit bühnensicheren sozialen Dramen und Volksstücken, anfangs Nähe zu G. Hauptmann und Wedekind. Erzähler umfassender kulturhistor. Romane, Romanbiographien und Novellen z. T. in altertümelnder Chroniksprache. Essayist.

W: Französinnen ohne Geschlecht, R. 1920; Jean braucht ein Milieu, Dr. 1925; Meier Helmbrecht, Tr. 1928; Michael Hundertpfund, Tr. 1929; Insulinde, Dr. 1929; Das Recht der Anna Glaser, Vst. (1929); Jud Süß, Dr. (1933); A. Dürer, B. 1934; Moor, Vst. 1934; Die Herreninsel, Nn. 1935; Balthasar Neumann, R. 1937; Ein Mann kuriert Europa, Kneipp-R. 1938; Geschichte der Fugger, R. II 1939f. (I: Glück und Macht der Fugger, II: Das Weltreich der Fugger); G. F. Händel, R. 1942; J. Chr. Günther, R. 1948; Celestina, Dr. (1948).

Ortner, Hermann Heinz, 14. 11. 1895 Bad Kreuzen/Oberösterr. – 18. 8. 1956 Salzburg, Kaufmannssohn, Kaufmannslehrling, 1914 Eleve am Landestheater Linz/Do.; bis 1916 Akad. für Musik und Darstellende Kunst Wien, 1920 Direktor der Reichenberger Festspiele, 1921–23 Stud. Wien,

1927 Dramaturg ebda. 1930–32 Balkanreisen, 1932 Südfrankreich u. Nordafrika, Schriftsteller in Baden b. Wien, später Aigen b. Salzburg. – Bühnensicherer Dramatiker von anschaul. Gestaltung auch mit surrealist. Mitteln. Wiederbeleber ma. und barocker Theaterformen.

W: Vaterhaus, Dr. (1919); Die Peitsche, Dr. (1925); Päpstin Johanna, Dr. (1926); Tobias Wunderlich, Dr. 1929; Sebastianlegende, Dr. 1929; Schuster Anton Hitt, Dr. 1932; Stefan Fadinger, Dr. 1933; Beethoven, Dr. 1935; Matthias Grünewald, En. 1935; Himmlische Hochzeit, Dr. 1936; Isabella von Spanien, Dr. 1938; Das Paradiesgärtlein, K. 1940; Veit Stoß, Dr. 1941; Himmeltau, K. 1943; Der Bauernhauptmann, Dr. 1943; Alles für Amai, Dr. (1944).
L: H. Spirk, Diss. Graz 1954.

Ortnit, mhd. Heldenepos um 1225 im Hildebrandston, vom gleichen ostfränk. Verf. wie der ›Wolfdietrich‹ A.; schildert auf Grundlage e. niederdt. Hertnid-Liedes die Brautfahrt des Langobardenkönigs O. nach Tyrus unter dem Schutz s. Vaters, des Zwergenkönigs Alberich, u. O.s Tod im Drachenkampf als Rache des Syrerkönigs.

A: A. Amelung, O. Jänicke, Dt. Heldenbuch 3, 1871; J. Lunzer 1906 (BLV). – *Übs.:* K. Pannier, ²1927.
L: A. Mock, Diss. Bonn 1924; K. z. Nieden, 1930; E. Waehler, Diss. Wien 1932; W. Dinkelacker, 1972; C. Schmid-Cadalbert, 1986.

Ossowski, Leonie, * 15. 8. 1925 Röhrsdorf/Niederschlesien; Gutsbesitzerstochter, nach 1945 in Thüringen, Schwaben und 1960–80 Mannheim versch. Berufe, dann in Berlin. – Vielseitige Erzählerin unprätentiöser Milieuromane mit sozialkrit. Hintergrund als Anwältin der Schwachen und der Sozialfälle und Protest gegen steife Bürgerlichkeit. Auch Drehbücher.

W: Stern ohne Himmel, R. 1956; Wer fürchtet sich vorm schwarzen Mann, R. 1967;

Mannheimer Erzählungen, En. 1974; Weichselkirschen, R. 1976; Die große Flatter, R. 1977; Blumen für Magritte, En. 1978; Liebe ist kein Argument, R. 1981; Wilhelm Meisters Abschied, R. 1982; Neben der Zärtlichkeit, R. 1984; Wolfsbeeren, R. 1987.

Osterspiel von Muri, ältestes vollständig dt. geistl. Spiel; im frühen 13. Jh. im Aargau entstanden; nur in Bruchstücken erhalten; in der Art des höf. Epos; metr. gewandt in vierhebigen Reimpaaren; Verbindung geistl. und weltl. Szenen.

A: R. Froning, DNL 14, 1, 1891; E. Hartl, DLE Rhe. Drama d. MA., 1937, n. 1969; F. Ranke 1944; Faks. N. Halder II 1967. – *Übs.:* R. Meier, 1962.
L: W. Danne, Diss. Bln. 1955.

Osterspiel, Redentiner oder Lübecker, von dem Zisterziensermönch Peter Kalff oder e. Lübekker Geistlichen im mecklenburg. Kloster Redentin im Zusammenhang mit der Pest in Lübeck um 1464 verfaßt; vom Innsbrucker Osterspiel und den Tiroler Passionsspielen beeinflußt; anschaul.-volkstümlich, wirklichkeitsnah, in s. urwüchsigen Humor oft derb.

A: W. Krogmann ²1964; B. Schottmann 1975 (m. Übs.); Faks. A. Freybe 1892. – *Übs.:* G. Struck 1920; W. Krogmann 1931; H. Wittkowsky 1975.
L: E. Spener, Die Entstehung des R. O.s, Diss. Marburg 1922; W. Gehl, Metrik des R. O.s, Diss. Rostock 1923; L. Humburg, 1966.

Osterspiel, Rheinisches, um 1450 in der Mainzer Gegend entstanden; in dt. Reimpaaren mit lat. Spielanweisung; umfangreichstes der Osterspiele. In s. Mittelpunkt steht der Ostergedanke, während die kom.-burlesken Auftritte zurückgedrängt wurden.

A: H. Rueff 1925.

Oswald, Sankt (Sant Oswalt uz Engellant), um 1170 entstandenes mittelfränk. Spielmannsepos, berichtet von O.s Brautwerbung durch e. Raben, von s. Brautraub, s. Wundertaten und frommem Lebenswandel. Weicht von der hist. und legendären Überlieferung des hl. Oswald (604–642) in weitem Maße ab.

A: Münchner O.: G. Baesecke 1907, n. 1977; M. Curschmann 1974; Wiener O.: G. Baesecke 1912; G. Fuchs 1920, n. 1977. *L:* H. W. Keim, Diss. Bonn 1912; F. Losch, Diss. Mchn. 1928; M. Curschmann, D. Münchener O. u. d. dt. spielmänn. Epik, 1964 (m. Bibl.).

Oswald von Wolkenstein, 2. 5. 1377(?) Schloß Schöneck/Pustertal(?) – 2. 8. 1445 Burg Hauenstein a. Schlern, aus südtiroler Freiherrngeschlecht, ging mit 10 Jahren aus Abenteuerlust in die Fremde, als Koch, Ruder- und Pferdeknecht, Spielmann in Preußen, Litauen, Schweden, Rußland, Rumänien, Türkei (Armenien, Persien?), Spanien, Böhmen und Ungarn; sprach 10 Sprachen. Geriet nach s. Heimkehr 1407 in e. erst 1427 beendeten Erbschaftsstreit, umschwärmte gleichzeitig s. Gegnerin Sabine Jäger, verh. Hausmann, mit Berechnung und Leidenschaft, wurde durch sie in den Kerker gelockt (1421–23). Als Vertrauter König Sigismunds 1415 auf dem Konzil in Konstanz und 1416 in Paris; 1415 Reise in diplomat. Auftrag nach England, Schottland, Portugal und Aragon. 1417 ⚭ Margarete von Schwangau. Auch im seßhaften Alter polit. Wirken. In s. genialischen, eigenwilligen Wesen und unbänd. Lebensdrang Vorklang renaissancehafter Willensmenschen. – Bedeutendster dt. Dichter des Spät-MA., sprengt durch dramat. Bewegtheit, Realismus, individuelles Naturgefühl und erlebnishaft-subj. Grundton die höf. Formen des Minnesangs und spiegelt in s. leidenschaftl. persönl. Gedichten s. abenteuerl. Leben. Schrieb echte Liebeslyrik von frischer Sinnlichkeit mit volkstüml. Elementen, oft in Dialogform, sinnl. derbe Tagelieder, drast. Zech- und burleske Tanzlieder, Lebensbeichten, aber auch geistl. (bes. Marien-)Lyrik um Weltabkehr und Jenseitsgedanken. Musikal. reizvolle eigene Melodien mit Anklängen an Volkslied und Meistersang.

A: J. Schatz ²1904; m. Melod.: ders. u. O. Koller 1902, n. 1959 (Denkm. d. Tonkunst i. Österr. 9, 1); K. K. Klein ³1987. – *Übs.:* J. Schrott, 1886; L. Passarge, 1891; H. Witt 1968; K. J. Schönmetzler 1979; zweispr. B. Wachinger, K. J. Schönmetzler 1964 u. 1967. *L:* W. Marold, Diss. Gött. 1927; A. v. Wolkenstein-Rodenegg, 1930; J. Schatz, Spr. u. Wortschatz d. Gedd. O.s, 1930; C. H. Lester, Z. lit. Bedeutg. O.s, 1949; E. Schwarke, Diss. Hbg. 1949; A. Engelmann, Diss. Mchn. 1951; N. Mayr, D. Reiselieder u. Reisen O.s, 1961; U. Müller, Dichtung u. Wahrheit in d. Liedern O.s, 1968; H. P. Treichler, Stud. z. d. Tageliedern O.s, Diss. Zürich 1968; E. Timm, D. Überlfrg. d. Lieder O.s, 1972; G. F. Jones, N. Y. 1973; E. Kühebacher, hg. 1974; A. Schwob, 1977; A. Robertshaw, 1977; F. Bravi, Bozen 1977; H.-D. Mück, U. Müller, hg. 1977; U. Müller, hg. 1980; L. Okken, H.-D. Mück, D. satir. Lieder O.s, 1981; W. Röll, 1981; W. Röll, Kommentar, 1985; K. Baasch, H. Nürnberger, 1986.

Otfried von Weißenburg, um 800 Elsaß – um 870 Weißenburg; um 820–30 Schüler des Hrabanus Maurus in Fulda, belesen und vertraut mit der theolog. und Kirchenväterlit. Mönch, Priester u. Schulmeister im Kloster Weißenburg/Elsaß. – Erster namentl. bekannter dt. Dichter, Verf. der 1. großen ahd. Reimdichtung, e. Ludwig dem Dt. gewidmeten Evangelienharmonie in 5 Büchern, ›Liber evangeliorum‹, ›Evangelienbuch‹ oder ›Krist‹ gen. (vollendet 863–71), in südrheinfränk. Mundart und paarweise zu Langversen verbundenen endreimenden Vierhebern mit german. freier Senkungsfüllung, wegweisend durch die Verwendung des aus lat. Hymnendichtung entlehnten Endreims in dt. Sprache. Darstellung von Leben und Leiden Jesu von der Geburt bis zur Himmelfahrt aufgrund der 4 Evangelien nach der Vulgata und der übl. Bibelkommentare im Predigtstil und nach den für die Predigt gedachten Perikopentexten gegliedert. Offene Form mit zahlr. symbol. und theolog.-moral. Auslegungen und erbaul. Exkursen zwischen den einzelnen Kapiteln mit wörtl. und allegor. Textdeutung. Verbindung von christl.-mönch. Geist mit Nationalstolz, doch weniger volkstüml. als der ›Heliand‹, mit mehr idyll.-lyr. Grundton. Nacheiferung gegenüber klass. Vorbildern mit wichtiger Apologie der Anwendung dt. Sprache im Vorwort. Vorbild für die um Eindeutschung des Christentums bemühte ahd. Lit. und für die gesamte ahd. Reimdichtung; breite Wirkung in der geistl. Lit. der Zeit. Hs. der Wiener Nationalbibl. mit O.s eigenhänd. Korrekturen (Faks. 1972).

A: J. Kelle III 1856–81, n. 1963; O. Erdmann 1882, ⁶1973 v. L. Wolff; P. Piper II ²1882–87, n. 1982. – *Übs.:* J. Kelle, 1870, n. 1966; R. Fromme, 1928.
L: H. Bork, Chronolog. Stud. zu O.s Ev., 1927; H. de Boor, Unters. z. Sprachehandlg. O.s, 1928; D. A. McKenzie, Stanford 1946; N. Mayr, Diss. Innsbruck 1959; W. Haubrichs, Ordo als Form, 1969; W. Kleiber, 1971; R. Patzlaff, 1974; U. Ernst, 1975; W. Kleiber, hg. 1978; E. Hellgardt, D. exeget. Quellen v. O., 1981; Bibl.: J. Belkin, J. Meier 1975.

Otloh, um 1010 bei Tegernsee – 23. 11. 1072(?) Regensburg, in Tegernsee und Hersfeld ausgebildet, Weltgeistlicher bei Freising, wurde 1032 Mönch und Lehrer der Klosterschule St. Emmeram in Regensburg, war 1062–66 in Fulda. – Vf. lat. Heiligenlegenden, e. Autobiographie (›Liber de temptationibus‹) und lat. Hymnen, schrieb nach 1067 ›O.s Gebet‹, dessen gekürzte dt. Fassung e. der ältesten dt. Gebete darstellt.

A: Migne, Patrol. Lat. 146, auch 90 u. 122; Analecta hymnica 47 u. 50; Mon. Germ. Hist. Scriptores 4, 11, 15 u. 30.
L: H. Schauwecker, 1965; H. Röckelein, 1986.

Ott, Arnold, 5. 12. 1840 Vevey – 30. 9. 1910 Luzern, Stud. Medizin Tübingen, Zürich, Wien und Paris, 1867 Arzt in Schaffhausen, 1876–1900 in Luzern. 1871 Sanitätshauptmann. – Schweizer Dramatiker mit pathet.-rhetor. Historiendramen u. patriot. Festspielen in der Nachfolge Schillers und der Meininger; auch Lyriker, Theaterkritiker und polit. Publizist.

W: Konradin, Dr. (1887); Agnes Bernauer, Dr. 1889; Rosamunde, Tr. 1892; Die Frangipani, Tr. 1897; Karl der Kühne und die Eidgenossen, Vst. 1897; Grabesstreiter, Tr. 1898; Untergang, Dr. (1898); Festdrama . . . , 1901; Gedichte, 1902; St. Helena, Dr. 1904; Hans Waldmann, Dr. 1904. – Dichtungen, hg. K. E. Hoffmann VI 1945–49.
L: E. Haug, 1924; W. Stokar, 1940; Ch. Brütsch, A. O. als Tagesschriftst., Diss. Fribourg 1949.

Ott, Wolfgang, ✶ 23. 6. 1923 Pforzheim, ging mit 17 Jahren zur Marine, arbeitete nach Kriegsende als Holzfäller, freier Schriftsteller und Journalist in Stuttgart und München. – Bekannt durch s. Roman über s. Erlebnisse bei der Kriegsmarine.

W: Haie und kleine Fische, R. 1956; Die Männer und die Seejungfrau, R. 1960; Villa K., R. 1962; Ein Schloß in Preußen, R. 1981; Die Grafen Cronsberg, R. 1983; Der junge Cronsberg, R. 1984; Amazonas, R. 1987.

Otte, Meister, 12./13. Jh., hess. oder thüring. Dichter, geistl. gebildeter Laie vielleicht an der bayr. Hofkanzlei. – Vf. der mhd. Verslegende ›Eraclius‹ (um 1210; 5000 Verse) nach Gautier d'Arras vom byzantin. Kaiser E. und s. Wiedergewinnung des hl. Kreuzes.

A: H. F. Maßmann 1842; H. Graef 1883; W. Frey 1983.

L: E. Schröder (Sitzgsber. d. Bayr. Akad. d. Wiss.), 1924; F. Maertens, Diss. Gött. 1927.

Otten, Karl, 29. 7. 1889 Oberkrüchten b. Aachen – 20. 3. 1963 Minusio b. Locarno, Stud. 1910–14 Soziologie und Kunstgesch. München, Bonn und Straßburg, Freundschaft mit E. Mühsam, H. Mann, C. Sternheim, F. Blei. 1912 Albanien-Griechenland-Reise. Wurde aus Idealismus Kommunist. 1914 als Kriegsgegner im Gefängnis, Arbeitssoldat. 1918 Hrsg. der Zs. ›Der Friede‹ in Wien. 1924–33 Redakteur und Schriftsteller in Berlin. 12. 3. 1933 Emigration über Spanien, 1936 nach England, bes. London. 1944 erblindet. Seit Ende 1958 Locarno. – In s. Frühzeit Expressionist, Mitarbeiter der ›Aktion‹ und der ›Menschheitsdämmerung‹, dann Läuterung zum stark gedankl. Lyriker der strengen Form, Erzähler in klarer Diktion und Dramatiker. Hrsg. expressionist. und jüd. Dichtung.

W: Die Reise durch Albanien 1912, Reiseb. 1913; Die Thronerhebung des Herzens, G. 1918; Der Sprung aus dem Fenster, En. 1918; Lona, R. 1920; Der Fall Strauß, Stud. 1925; Prüfung zur Reife, R. 1928; Eine gewisse Victoria, R. (1930); Der schwarze Napoleon, B. 1931; Die Expedition nach St. Domingo, Dr. (1931); Der unbekannte Zivilist, R. (1932; Buch: 1981); Torquemadas Schatten, R. 1938; Der ewige Esel, Kdb. 1949; Die Botschaft, R. 1957; Der Ölkomplex, Dr. 1959; Herbstgesang, G. 1961; Wurzeln, R. 1963.

L: B. Zeller, E. Otten, hg. 1982.

Otto von Botenlauben, Graf von Henneberg, um 1180–1244

(?) Kloster Frauenrode b. Kissingen, Sohn Graf Poppos VI. von Henneberg, benannt nach Stammburg Botenlauben b. Kissingen; im Gefolge Heinrichs VI. in Italien, 1197 Kreuzzugsteilnehmer, blieb bis 1220 in Palästina, ⚭ ebda. Gräfin Beatrix, Tochter e. franz. Seneschalls. Zog sich 1234 nach Verkauf s. Burg B. ans Bistum Würzburg ins Kloster Frauenrode zurück. – Minnesänger, schrieb oft einstrophige Minne- und Tagelieder, Kreuzzugslieder und e. Leich.

A: C. v. Kraus, Dt. Liederdichter d. 13. Jh., 1952. – *Übs.:* J. Leusser, 1929.

L: O. Stöckel, 1882; F. Eisner, Progr. Cilli 1912; H. K. Schuchard, Diss. Philadelphia 1940.

Otto von Freising, um 1114/15 – 22. 9. 1158 Morimond b. Langres, Sohn des Markgrafen Leopold III. von Österr. und der hl. Agnes, Enkel Heinrichs IV. und Onkel Barbarossas; jung Propst des Stifts Klosterneuburg, Stud. bis um 1133 Paris; Zisterziensermönch in Morimond; 1135 Abt des Stifts Heiligenkreuz, 1138 Bischof von Freising. Anhänger der Staufer; 1145 in diplomat. Mission Konrads III. in Rom; 1147–49 Heerführer beim Kreuzzug. – Größter dt. Historiker des MA. aus dem Hochgefühl der Stauferzeit. Vf. e. geschichtsphilos. Weltchronik ›Historia de duabus civitatibus‹ (1143–46) nach Augustins Lehre von den 2 Reichen und e. Biographie Barbarossas ›Gesta Friderici I. imperatoris‹ (1157/58).

A: Hist.: A. Hofmeister [2]1912, W. Lammers 1960 (m. Übs.); Gesta: G. Waitz, B. v. Simson [3]1912, F. J. Schmale 1965 (m. Übs.). – *Übs.:* Geschichtsschreiber d. dt. Vorzeit 57 u. 59, [2]1939; Hist.: A. Schmidt 1972.

L: J. Hashagen, 1900; J. Schmidlin, D. gesch.-philos. u. kirchenpolit. Weltanschauung O.s 1906; H. Pozor, D. polit. Haltg. O.s, 1937; A. Hartings, Diss. Bonn 1943; O., hg. J. A. Fischer 1958; O. 1158–1958, Rom 1958;

Mémorial O., Morimond 1962; H.-W.
Goetz, D. Geschichtsbild O.s v. F., 1984.

Otto, Herbert, * 15. 3. 1925 Breslau; Soldat, Kriegsgefangenschaft, 1949 Antifazentralschule
Moskau, Dramaturg u. Verlagslektor in der DDR, freier Schriftsteller in Kleinmachnow b. Berlin. – Vf. klischeehafter, sprachl.
konventioneller Romane von
zum Kollektiv domestizierten
Außenseitern.

W: Die Lüge, R. 1956 (bearb. 1965); Republik
der Leidenschaft, Rep. 1961; Griechische
Hochzeit, E. 1964; Zeit der Störche, R. 1966;
Zum Beispiel Josef, R. 1971; Die Sache mit
Maria, R. 1976; Der Traum vom Elch, R.
1984.

Otto-Peters, Luise, 26. 3. 1819
Meißen – 13. 3. 1895 Leipzig,
1848–50 Hrsg. der 1. dt. ›Frauen-
zeitung‹, 1855 Gründerin u. ab
1875 Präsidentin des ›Allg. dt.
Frauenvereins‹, 1855–95 Mithrsg.
der Frauenzs. ›Neue Bahnen‹, ∞
Schriftsteller A. Peters. – Vf. heute vergessener Romane u. Erzählungen um polit. u. soziale Zeitfragen u. hist. Stoffe. Schriften
zur Frauenemanzipation.

W: Ludwig der Kellner, R. II 1843; Schloß
und Fabrik, R. IV 1846; Lieder eines deutschen Mädchens, 1847; Römisch und
deutsch, R. IV 1847; Zwei Generationen, R.
III 1852; Aus der alten Zeit, Nn. II 1860;
Mädchenbilder aus der Gegenwart. Nn.
1864; Neue Bahnen, R. II 1864; Die Idealisten, R. IV 1867; Aus vier Jahrhunderten, En.
1883; Mein Lebensgang, G. 1893.

Ottokar von Steiermark, eig.
Ottacher ouz der Geul, früher
fälschl. O. von Horneck gen., um
1265–27. 9. 1320(?), aus ritterbür-
tigem Ministerialengeschlecht im
Dienst der Herrn von Lichtenstein, wohl zeitweise Fahrender,
ab 1304 urkundl. in guten Verhältnissen in Steiermark seßhaft.
Kriegszüge und diplomat. Reisen.
Umfassende lit. Bildung. – Steir.

Dichter und Geschichtsschreiber,
Verf. e. (verlorenen) ›Kaiserchronik‹ von Assur bis Friedrich II. u.
e. ›Steir. Reimchronik‹ (1301–19)
über die Geschichte Österreichs
1246–1309 in fast 100 000 Versen
nach hist. und dichter. Quellen in
Stilnachahmung des höf. Epos.
Berühmteste dt. Reimchronik des
13. Jh., von lit. Wert.

A: J. Seemüller, Mon. Germ. Hist., Dt.
Chron. 5,1–2, 1890–93, n. 1962ff.
L: A. Krüger, Stilgesch. Unters. zu O., 1938;
M. Loehr, D. steir. Reimchronist 1946; E.
Kranzmayer, 1950.

Ottwalt, Ernst (eig. Ernst Gott-
walt Nicholas), 13. 11. 1901 Zipp-
now/Pommern – 24. 8. 1943 bei
Archangelsk; Pfarrerssohn; Jugend in Brandenburg und Halle,
1921/22 Stud. Jura Jena, Bekanntschaft mit B. Brecht und Bekenntnis zum Marxismus. 1933
Flucht über Dänemark und Prag
1934 nach Moskau, Nov. 1936 ebda. Verhaftung und Deportation
nach Sibirien; starb im Lager. –
Vf. polit. links engagierter Repor-
tageromane u. Agitprop-Filme.

W: Ruhe und Ordnung, R. 1929 (n. 1977);
Denn sie wissen, was sie tun, R 1931;
Deutschland erwache!, Schr. 1932; Kuhle
Wampe, Drehb. 1932 (m. B. Brecht); Die
letzten Dinge, E. 1936. – Schriften, hg. A. W.
Mytze 1976.
L: A. W. Mytze, 1977.

Ouckama, Gerhard → Knoop,
Gerhard Ouckama

Overhoff, Julius, 12. 8. 1898
Wien – 8. 8. 1977 Neustadt/
Weinstr.; Stud. Jura; Angestellter
e. Industriebetriebs in Frankfurt/
M., dann in Ludwigshafen. – Lyriker, Erzähler und Essayist mit
starker humanist. Bindung an das
Erbe der Antike. Reisebücher mit
s. Frau Edith O.

W: Die Pflugspur, G. 1935, erw. 1962; Eine
Familie aus Megara, E. 1946, erw. 1961; Europäische Inschriften, En., Ess. u. G. 1949;

Der Verrat des Afschin, R. 1950; Reise in Lateinamerika, Tg. 1953; Die Welt mit Dschingiz-Chan, R. 1959; Das Haus im Ortlosen, E. 1960; Die Herabkunft der Ganga, Tg. 1964; Rechenschaft eines Verantwortungsbewußten, Schr. 1969; Südsee, Reiseb. 1978; Wintertage auf Malta, Reiseb. 1979; Tage am Nil, Tg. 1981.

Owlglaß, Dr. (eig. Hans Erich Blaich), 19. 1. 1873 Leutkirch/Allg. – 29. 10. 1945 Fürstenfeldbruck b.München; Vater Stadtschultheiß. Stud. Medizin München, Tübingen und Heidelberg, 1899–1904 Assistenzarzt, dann Facharzt für Lungenleiden 1905–31 in Stuttgart, dann in Fürstenfeldbruck; ab 1896 Mitarbeiter und 1912–24 sowie 1933–35 Schriftleiter des ›Simplicissimus‹. – Besinnlich humorvoller Lyriker und Erzähler, auch Übs. u. Hrsg.

W: Der saure Apfel, G. 1904; Hinter den sieben Schwaben her, E. 1926; Lichter und Gelichter, En. 1931; Stunde um Stunde, G. 1933; Im letzten Viertel, G. 1942; Seitensprünge, G. 1942; Tempi passati, G. 1947. – AW, 1981 (m. Bibl.).

Päpstin Johanna → Schernberg, Dietrich

Panitz, Eberhard, *16. 4. 1932 Dresden; Schaffnerssohn, Stud. Pädagogik Leipzig, Verlagslektor, Volkspolizist, 1959 freier Schriftsteller in Ost-Berlin. – Populärer DDR-Autor, anfangs Jugendschriften und Reportagen bes. aus Südamerika, dann zeitpolit. umrahmte Frauenromane. Auch Drehbücher.

W: Käte, E. 1955; Cristobal und die Insel, En. 1963; Der siebente Sommer, Rep. 1967; Die sieben Affären der Dona Juanita, R 1972; Die unheilige Sophia, R. 1975; Meines Vaters Straßenbahn, E. 1979; Die verlorene Tochter, En. 1979; Eiszeit, E. 1983.

Panizza, Oskar, 12. 11. 1853 Kissingen – 30. 9. 1921 Bayreuth.

Hugenottenfamilie, Gymnas. Schweinfurt und München, 1876–80 Stud. Medizin München. Reisen in Frankreich und England. 1882–84 Irrenarzt in München. 1890 Anschluß an den Kreis um ›Die Gesellschaft‹. 1895 Gefängnis wegen Religionsvergehens, 1901 Prozeß wegen Majestätsbeleidigung in München. Seit 1904 in e. Sanatorium bei München. – Seinerzeit vielbeachteter Verf. phantast. Erzählungen im Stil Poes, neuromant. Lyriker in der Heine-Nachfolge, Dramatiker und schonungslos gehäss. Satiriker gegen alle Bindungen.

W: Düstre Lieder, G. 1886; Londoner Lieder, G. 1887; Dämmerungsstücke, En. 1890; Aus dem Tagebuch eines Hundes, 1892; Visionen, Sk. u. En. 1893; Der teutsche Michel und der römische Papst, Schr. 1894; Der heilige Staatsanwalt, K. 1894; Das Liebeskonzil, Tr. 1895 (n. 1982); Dialoge im Geiste Huttens, 1897 (n. 1979); Das Haberfeldtreiben im bairischen Gebirge, Schr. 1897; Psichopatia criminalis, Schr. 1898; Nero, Tr. 1899; Visionen der Dämmerung, 1914. – Ausw. hg. H. Prescher 1964 (m. Bibl.); Der Korsettenfritz, Ges. En. 1981; Ausw., hg. M. Bauer 1986.
L: F. Lippert, In memoriam O. P., 1925; P. D. G. Brown, 1983; M. Bauer, 1984 (m. Bibl.).

Panka, Heinz Hermann, *8. 12. 1915 Osterode/Ostpr.; Stud. Jura Königsberg, Dr. jur., lebt in Hamburg. – Nüchtern-verhaltener Erzähler von Zeitromanen und Kurzgeschichten aus dem Alltag.

W: An Liebe ist nicht zu denken, R. 1955; Ein Windhund, R. 1956; Auf der Brücke, En. 1957.

Pannwitz, Rudolf, 27. 5. 1881 Crossen/Oder – 23. 3. 1969 Astano b. Lugano; Lehrerssohn, Gymnas. Berlin, Stud. Philos., Altphilol. und Germanistik, auch Sanskrit. ebda. und Marburg. Erzieher im Haus des Soziologen G. Simmel, dann im Haus des Malerehepaares Lepsius. Kurze Zeit in

Agnetendorf im Riesengebirge freier Schriftsteller, vom Militärdienst aus gesundheitl. Gründen befreit. Kontakt mit dem Kreis um S. George, mit Wolfskehl, Hofmannsthal, Mombert, Däubler und Verwey. Gründete 1904 mit O. zur Linde die Zs. ›Charon‹. Zurückgezogenes Leben, 1921–48 auf der Insel Koločep vor Ragusa, seit 1948 in Ciona-Carona b. Lugano. – Dichter und Denker, Kulturphilosoph und -kritiker unter Einfluß Nietzsches und Georges. Erstrebt e. neue Einheit von Philos., Wiss. und Kunst; erblickt in der gegenwärt. Menschheitsentwicklung e. letzten Aufstieg. In s. Essays krit. Stellungnahme zu aktuellen polit., kulturellen u. geist., auch pädagog. Fragen anfangs in betont erzieher. Absicht. In s. hymn.-myth. Lyrik wie in s. eigenwilligen, tiefenlotenden, Religion u. Metaphysik verbindenden dunklen lyr.-ep. und ep.-dramat. Dichtungen und Visionen stark von s. Vorbildern Nietzsche und George bestimmte Erneuerung und Preisung des Mythos.

W: Prometheus, Ep. 1902; Landschaftsmärchen aus Crossen an der Oder, 1902; Psyche, N. 1905; Kultur, Kraft, Kunst, 1906; Der Volksschullehrer und die deutsche Sprache, 1907; Der Volksschullehrer und die deutsche Kultur, 1909; Die Erziehung, 1909; Das Werk der deutschen Erzieher 1909; Zur Formenkunde der Kirche, 1912; Dionysische Tragödien, 1913; Die Krisis der europäischen Kultur, 1917 (n. 1947); Deutschland und Europa, 1918; Aufruf an Einen! 1919; Baldurs Tod, Dr. 1919; Das Kind Aion, Dicht. II 1919; Die deutsche Lehre, Dicht. 1919; Der Geist der Tschechen, Schr. 1919; Mythen, IX 1919–21; Grundriß einer Geschichte meiner Kultur 1881–1906, Aut. 1921; Die Erlöserinnen, Sch. 1922; Das Geheimnis, Dicht. 1922; Orplid, E. 1923; Staatslehre, 1926; Kosmos Atheos, II 1926; Urblick, G. 1926; Hymnen aus Widars Wiederkehr, 1927; Das neue Leben, E. 1927; Trilogie des Lebens, 1929; Logos, Eidos, Bios, 1930; Die deutsche Idee Europa, Schr. 1931; Der Ursprung und das Wesen der Geschlechter, 1936; Nietzsche und die Verwandlung des Menschen, Schr. 1943; Der

Friede, Schr. 1950; Der Nihilismus und die werdende Welt, Ess. 1951; Beiträge zu einer europäischen Kultur, Ess. 1954; Landschaftgedichte, 1954; König Laurin, Ep. 1956; Der Übergang von heute zu morgen, Aufs. u. Vortr. 1958; Kadmos, Dicht. 1960; Der Aufbau der Natur Schr. 1961; Wasser wird sich ballen, ges. G. 1963; Verwey und St. George, St. 1965; Gilgamesch, Sokrates, Schr. 1966; Ostern, G. 1968; Das Werk des Menschen, Schr. 1968; Ariadne oder Die zweimal Erlöste, Dr. 1970; Der Gott der Lebenden, Schr. 1973. – Ausw. E. Jaeckle, 1983; Briefw. m. A. Vewey, 1976.
L: P. Wegwitz, Einführung in das Werk von R. P., 1927; R. P. 50 Jahre, hg. H. Carl 1931; E. Jäckle, 1937 (m. Bibl.); B. Geyer, Diss. Wien 1943; H. Wolffheim, 1961; U. Ruckser, 1970 (m. Bibl.); A. Guth, Paris 1973.

Panter, Peter → Tucholsky, Kurt

Paoli, Betty (eig. Barbara Elisabeth Glück), 30. 12. 1815 Wien – 5. 7. 1894 Baden b. Wien, Tochter e. Militärarztes und e. Belgierin, nach Tod des Vaters ärml. Jugend. 1833–35 mit der Mutter in Rußland, 1843–48 Gesellschafterin der Fürstin Schwarzenberg. Viele Reisen. Seit 1852 in Wien. Bekanntschaft mit E. Bauernfeld und M. v. Ebner-Eschenbach. – Österr. Lyrikerin, Erzählerin und Essayistin mit tiefempfundenen, formstrengen Gedichten von starker Individualität, leiser Melancholie und fraul. Innerlichkeit, Theaterkritik und bedeutende Übss. (russ. franz.).

W: Gedichte, 1841; Nach dem Gewitter, G. 1943; Die Welt und mein Auge, En. III 1844; Romancero, Ep. 1845; Neue Gedichte, 1850; Lyrisches und Episches, 1855; Neueste Gedichte, 1870; Grillparzer und sein Werk, B. 1875; Gedichte, hg. M. v. Ebner-Eschenbach 1895; Ges. Aufsätze, hg. H. Bettelheim-Gabillon, 1908 (n. 1975).
L: R Missbach, Diss. Mchn. 1923; A. A. Scott, Lond. 1927.

Paquet, Alfons, 26. 1. 1881 Wiesbaden – 8. 2. 1944 Frankfurt/M.; Oberrealschule ebda.; Londoner Handelsschule; 1901 Kaufmann in Berlin; 1902 Redakteur in Mühlhausen/Thür.; ab 1903 Stud. Nationalökonomie Heidelberg, München und Jena; 1908 Dr. phil.; bereiste Sibirien, USA, Syrien und Kleinasien; lebte in Dresden-Hellerau, zuletzt freier Schriftsteller in Frankfurt/M. – Hymn. Lyriker von W. Whitman angeregt. S. farbigen Reiseberichte zeigen scharfe Beobachtung und Aufgeschlossenheit für soziale Probleme und weltpolit. Strömungen. Auch gefühlvolle, ep. breite Dramen mit z. T. expressionist. Zügen und zahlr. Essays.

W: Lieder und Gesänge 1902; Auf Erden, G. 1906, erw. 1908; Kamerad Fleming, R. 1911, erw. 1926; Held Namenlos, G. 1912; Li oder Im neuen Osten, En. 1912; Limo, Dr. 1913; Erzählungen an Bord, 1913; In Palästina, Reiseb. 1915; Der Geist der russischen Revolution, Ber. 1919; Im kommunistischen Rußland, Br. 1919; Die Botschaft des Rheines, 1922, erw. 1941; Delphische Wanderung, Reiseb. 1922; Die Prophezeiungen, En. 1923; Rom oder Moskau, Ess. 1923; Der Rhein, eine Reise, 1923; Fahnen, Dr. 1923; Markolph, Dr. 1924; Amerika, G. 1924; Sturmflut, Dr. 1926; Städte, Landschaften und ewige Bewegung, Reiseb. 1927 (Neufassg. u. d. T. Weltreise eines Deutschen, 1934); Frau Rath Goethe und ihre Welt, Abh. 1931; Fluggast über Europa, Reiseb. 1935; Amerika unter dem Regenbogen, Schr. 1938; Erwähnung Gottes, G. 1938; Gedichte, hg. A. v. Bernus 1956. – GW, III 1970.
L: A. P., Katalog 1981.

Paracelsus (Philippus Aureolus Paracelsus Theophrastus Bombastus von Hohenheim), Arzt, Naturforscher und Philosoph; 10. 11. 1493 Einsiedeln/Schweiz – 24. 9. 1541 Salzburg; aus altem schwäb. (mit Hohenheim b. Stuttgart belehntem) Adelsgeschlecht; Sohn e. Klosterarztes; ab 1502 bei Benediktinern in Villach/Kärnten ausgebildet; dann Stud. bes. in Ferrara; dort Promotion; Reisen durch ganz Europa; erregte nach s. Rückkehr in Dtl. durch glückl. Kuren großes Aufsehen. Dozent in Freiburg/Br. und Straßburg; in Basel Bekanntschaft mit Erasmus

von Rotterdam. 1527 Stadtarzt und Prof. in Basel; erste Vorlesungen in dt. Sprache; verließ nach e. Streit mit dem Magistrat 1528 Basel; 1534 in Innsbruck; 1537 in Ulm; ging hierauf nach Villach, Augsburg, München, Breslau und Wien. – Im Mittelpunkt s. Werkes stehen die medizin. Schriften. Suchte mit s. theosoph. und naturphilos. fundierten Lehre der menschl. Erkenntnis neue Wege zu weisen. Die enge Verbindung von Theologie und Naturwiss. führte zu e. Art ›Pansophie‹. Nach s. Tod wurden s. Werke ins Lat. übersetzt und durch Zusätze verfälscht. Großer Einfluß auf die Mystik.

A: SW, hg. J. Huser 1589–91, n. XI 1968ff.; K. Sudhoff, W. Matthießen, K. Goldammer, 2 Reihen, 1922ff.; Studienausg., hg. W. E. Peuckert V 1965–69, ²1976. – *Übs.:* B. Aschner IV 1926–32, n. 1976f.; Ausw. H. Kayser ³1980.
L: K. Sudhoff, P.-Forschung, II 1887–89; H. Magnus, 1906; E. Wolfram, 1920; F. Gundolf, ²1928; H. E. Sigerist, 1932; K. Sudhoff, 1936; F. Strunz, ²1937; F. Lejeune, 1941; F. Spunda, ²1941; W. E. Peuckert, 1943; H. M. Pachter, N. Y. 1951; K. Goldammer, 1953; ders., hg. 1968; H. Blaser, Nova Acta Paracelsica, 1953; A. Vogt, 1956 (m. Bibl.); W. Pagel, D. medizin. Weltbild des P., 1962; D. Kerner, 1965; G. Eis, Vor u. nach P., 1965; G. v. Boehm-Bezing, Stil u. Syntax b. P., 1966; O. Zekert, 1968; E. Kaiser, 1969; J. Hemleben, 1973; H. Schipperges, 1974; Kreatur u. Kosmos, hg. R. Dilg-Frank 1981; Bibl.: K. Sudhoff, ²1958, K.-H. Weimann, 1962.

Paretti, Sandra (eig. Irmgard Schneeberger), *5. 2. 1935 Regensburg; Stud. Germanistik und Musik München, 1960 Dr. phil., Journalistin in München, 1967 Schriftstellerin in Zürich. – Vf. erfolgr. Unterhaltungsromane.

W: Rose und Schwert, R. 1967; Lerche und Löwe, R. 1969; Purpur und Diamant, R. 1971; Der Winter, der ein Sommer war, R. 1972; Die Pächter der Erde, R. 1973; Der Wunschbaum, R. 1975; Das Zauberschiff, R. 1977; Maria Canossa, R. 1979; Das Echo Deiner Stimme, Prosa 1980; Paradiesmann, R. 1983.

Passional, von e. unbekannten, dem Deutschherrenorden nahestehenden Geistlichen, der vermutl. auch das ›Väterbuch‹ verfaßte, um 1300 geschriebene umfangr. Legendensammlung; Zusammenfassung der Legendenlit. in über 100 000 Versen in 3 Büchern. Hauptquelle ist die ›Legende aurea‹ des Jacobus a Voragine (bes. für das 2. und 3. Buch); von hohem dichter. Niveau und höf. Stil, sachl. und unpathet.; in lebendiger Sprache und regelmäßigen, reinen Reimen. In s. höf. Kunstform bes. durch Rudolf von Ems angeregt. Einfluß auf die spätere Ordensdichtung u. a. Legendensammlungen.

A: K. A. Hahn 1845 (Buch 1 u. 2); F. K. Köpke 1852 (Buch 3); Marienlegenden, hg. F. Pfeiffer ²1863, H.-G. Richert 1965.
L: E. Tiedemann, 1909; G. Thiele, 1936; H.-G. Richert, Wege u. Formen d. P.überlieferg., 1978.

Pastior, Oskar, *20. 10. 1927 Hermannstadt/Rumänien, dt. Herkunft, 1945–49 in Arbeitslager der Sowjetunion deportiert, dann Arbeiter in Hermannstadt, 1955 Stud. Germanistik Bukarest, 1960 Rundfunkredakteur, blieb 1968 in der BR, seit 1969 Schriftsteller in Berlin, 1980 Villa Massimo-Stipendium, Rom. – Experimenteller Lyriker mit zweckfreien, alog. Sprachspielereien jenseits grammat., semant. und floskelhafter Erstarrung und traditionellen Gattungsgrenzen. Auch Hörspiel und Übs. a. d. Rumän.

W: Offene Worte, G. 1964; Gedichte, 1966; Vom Sichersten ins Tansendste, G. 1969; Gedichtgedichte, G. 1973; Höricht, G. 1975; Fleischeslust, Prosa 1976; An die Neue Aubergine, Prosa 1976; Ein Tangopoem, G. 1978; Der krimgotische Fächer, G. 1978; Wechselbalg, G. 1980; O. P./F. Petrarca: 33 Gedichte, 1983; Anagrammgedichte, 1985; Lesungen mit Tinnitus, G. 1986; Jalousien aufgemacht, Ausw. 1987.

Paul, Jean → Jean Paul

Paul, Wolfgang, *8. 12. 1918 Berlin, Jugend in Dresden, 1937–45 Soldat, 1945 Theaterkritiker u. freier Schriftsteller in Dresden, nach Schreibverbot 1948 Journalist u. freier Schriftsteller in Westberlin; längere Reisen in Europa u. im Nahen Osten. – Erzähler, Hörspiel- u. Sachbuchautor mit Stoffen aus Krieg u. Nachkriegszeit.

W: Dresden 1953, R. 1953; Tele-Visionen, Ess. 1958; Phantastische Augenblicke, Kgn. 1962; Kampf um Berlin, Sb. 1962; Zum Beispiel Dresden, Sb. 1964; Einladung ins andere Deutschland, Sb. 1967; Deutschland in den siebziger Jahren, Sb. 1972; Entscheidung im September, Sb. 1974; Erfrorener Sieg, Sb. 1975; Der Endkampf um Deutschland, Sb. 1976; Der Heimatkrieg, Sb. 1980; Dresden, Sb. 1986.

Pauli, Johannes, nach 1450 Pfedersheim/Elsaß – um 1530 Thann/Oberelsaß. Jüd. Herkunft, wurde früh Christ. Franziskaner, 1479 in Thann; 1499 Prediger im Konvent Oppenheim, dann Guardian im Barfüßerkloster Bern; 1506–10 in Straßburg; 1514 Lesemeister in Schlettstadt; später in Villingen; 1518 in Thann. – Spätscholastiker. Übs. 1520 Geilers von Kaiserberg Predigten über Brants ›Narrenschiff‹ ins Dt. zurück. S. Hauptwerk ist die 693 Predigtmärlein umfassende volkstüml. Exempel- u. Schwanksammlung ›Schimpf (= Scherz) vn Ernst‹, nach antiken und zeitgenöss. geistl. und weltl. Quellen und aus mündl. Überlieferung; drast.-bildhaft, daneben auch lehrhaft gestaltet und mit moral. Nutzanwendungen versehen. Verspottung menschl. Fehler und Schwächen.

W: Schimpf vn Ernst, 1522 (hg. A. Oesterley, BLV 85, 1866, n. Amsterd. 1967; J. Bolte, II 1923f.); Die Predigten, hg. R. G. Warnock 1970.

Paulsen, Rudolf, 18. 3. 1883 Berlin-Steglitz – 30. 3. 1966 Berlin; Sohn des Philosophen und Pädagogen Friedrich P.; Gymnas. Berlin; Stud. Philos., Altphilol. und Kunstgeschichte Erlangen, Berlin und Kiel; gründete mit O. zur Linde und R. Pannwitz 1904 die Dichtervereinigung ›Charon‹. lebte in Berlin-Steglitz. – Empfindungstiefer Lyriker von eigengeprägter Form; Erzähler und Essayist, von Langbehn und Lagarde beeinflußt. Relig. betontes kosm. Gefühl, vereinigt mit antiker Philos. und persönl. Stimmungen; Annäherung an den nationalsozialist. ›Mythos‹.

W: Gespräche des Lebens, G. 1911; Lieder aus Licht und Liebe, G. 1911; Im Schnee der Zeit, G. 1922; Die kosmische Fibel, G. 1924; Die hohe heilige Verwandlung, G. 1925; Der Mensch an der Waage, Aufs. 1926; Aufruf an den Engel, Aufs. 1927; Das verwirklichte Bild, E. 1929; Das festliche Wort, G. 1935; Mein Leben, Aut. 1936; Wann der Tag getan, G. 1936; Wiederkehr der Schönheit, Aufs. 1937; Vergangenheit und Ahnung, G. 1942; Musik des Alls und Lied der Erde, Ausw. 1954; Träume des Tritonen, G. 1955.

Paulus, Helmut, 29. 4. 1900 Genkingen b. Reutlingen – 17. 7. 1975 Winnetka/Illinois; Pfarrerssohn; Gymnas. Böblingen; Buchhändler; 1919–20 Stud. Germanistik Tübingen; 1939 Archivar am Schiller-Nationalmuseum Marbach; ging nach USA, lebte dort in Winnetka, Ill. – Erfolgr. Erzähler, bes. von hist. und Heimat-Romanen; auch Lyriker.

W: Die Geschichte von Gamelin, R. 1935; Mutterschaft, G. 1935; Der Ring des Lebens, R. 1937, bearb. 1952; Der große Zug, R. 1938; Ein Weg beginnt, R. 1940; Frieder und Anna, R. 1943; Die kleine Gartenwelt, G. 1943; Geliebte Heimat, En. 1943, erw. 1956; Die Träumenden, En. 1947; Die drei Brüder, R. 1949; Die tönernen Füße, R. 1953; Amerikaballade, Ep. 1957.

Pauper, Angelus → Schreyer, Lothar

Pausewang, Gudrun, *3. 3. 1928 Wichstadtl/Ostböhmen, Stud. Pädagog. Institut Wiesbaden, Lehrerin in Hessen, 1956–64 Zeichenlehrerin Dt. Schule Temàco/Chile, 1968–72 in Kolumbien, dann Hessen. – Vf. anschaul.-spannender, episodenreicher Unterhaltungsromane aus exot. Milieu. Auch Jugendbuch.

W: Rio Amargo, R. 1959; Der Weg nach Tongay, E. 1965; Plaza Fortuna, R. 1966; Bolivianische Hochzeit, R. 1968; Guadalupe, R. 1970; Die Entführung der Doña Agata, R. 1971; Aufstieg und Untergang der Insel Delfina, R. 1973; Karneval und Karfreitag, R. 1976; Wie gewaltig kommt der Fluß daher, R. 1978; Die Freiheit des Ramon Acosta, R. 1981; Die letzten Kinder von Schewenborn, E. 1983; Kinderbesuch, R. 1984; Pepe Amado, R. 1986; Die Wolke, Jgb. 1987.

Pedretti, Erica, *25. 2. 1930 Sternberg/Mähren; Jugend in Mähren, ab 1945 Schweiz, Kunstgewerbeschule Zürich; 1950–52 Goldschmiedin in New York, dann Celerina/Engadin und 1974 La Neuveville b. Bern. – In monolographafter Prosa Verarbeitung des Kontrasts von Vergangenheit und Gegenwart. Auch Hörspiel.

W: Harmloses, bitte, Prosa 1970; Badekur, H. (1970); Heiliger Sebastian, R. 1973; Veränderung, R. 1977; Sonnenaufgänge Sonnenuntergänge, En. 1984; Valerie, E. 1986.

Pellegrin → Fouqué, Friedrich Baron de la Motte

Penzoldt, Ernst, 14. 6. 1892 Erlangen – 27. 1. 1955 München; Sohn e. Univ.-Prof.; Gymnas. Erlangen; Stud. Kunstakad. Weimar u. Kassel; Bildhauer und freier Schriftsteller in München-Schwabing; während beider Weltkriege im Sanitätsdienst; 1953 dramaturg. Berater des Münchener Residenztheaters. – Vielseitiger, geist- und gemütvoller Erzähler, Dramatiker, Lyriker und Essayist mit Nähe zu Jean Paul und Anregungen von Dikkens, Claudius, Platen, Montaigne und Lichtenberg. Eleganter, graziöser Stil, Formgewandtheit, Bilder- u. Phantasiereichtum, weiser Humor; Liebe zum Kauzigen u. Idyllische spricht bes. aus s. Roman ›Die Powenzbande‹, Esprit, Charme und künstler. Verständnis aus den zahlr. Causerien u. Essays.

W: Der Gefährte, G. 1922; Idyllen, 1923; Der Schatten Amphion, Idyllen 1924; Der Zwerg, R. 1927 (u. d. T. Die Leute aus der Mohrenapotheke, 1938); Der arme Chatterton, R. 1928; Etienne und Luise, N. 1929 (als Dr. 1930); Die Powenzbande, R. 1930; Die Portugalesische Schlacht, Nn. 1930 (als Dr. 1931); So war Herr Brummell, K. (1933); Kleiner Erdenwurm, R. 1934; Idolino, E. 1935; Zwölf Gedichte, 1937; Der dankbare Patient, Ess. 1937; Korporal Mombour, E. 1941; Episteln, 1942; Die Reise in das Bücherland, E. 1942; Die verlorenen Schuhe, K. 1946; (als Buchausg. u. d. T. Der Diogenes von Paris, 1948); Tröstung, Ess. 1946; Zugänge, N. 1947; Der Kartoffelroman, 1948; Der gläserne Storch, K. 1950; Squirrel, E. 1954 (als Dr. 1955); Die Liebende, Prosa a. d. Nl. 1958. – GS in Einzelbänden, IV 1949–62; Die schönsten Erzählungen, V. 1981.

L: E. Heimeran, 1942; Leben u. Werk von E. P., hg. U. Lentz-P. 1962; H. Wernicke, Diss. Marburg 1964; U. Lentz-P., Bb. 1984.

Perfall, Anton Freiherr von, 11. 12. 1853 Landsberg am Lech – 3. 11. 1912 München; Stud. Philos. und Geschichte München; ∞ die Schauspielerin Magda Irrschick; begleitete diese auf Gastspiel-Weltreisen; wurde Hofrat und ließ sich in Schliersee nieder. – Fruchtbarer Erzähler von Gesellschafts- und Jagd-Romanen.

W: Dämon Ruhm, R. II 1889; Gift und Gegengift, R. 1890; Das verlorene Paradies, R. 1895; Die Krone, E. 1896; An der Tafel des Lebens, R. 1902; Aus Berg und Tal, En. 1902; Kraft und Liebe, R. 1904; Das Gesetz der Erde, R. 1905; Aus meinem Jägerleben, 1906; Der Jäger, En. 1910; Meine letzten Waidmannsfreuden, En. u. Sk. 1914. – Ges. Jagd- u. Berggeschichten, 1909; Auf der Wurzhütte u. a. jagdl. En., hg. H. B. Freiherr v. Cramer-Klett 1963.

Perinet, Joachim, 20. 10. 1763 Wien – 9. 2. 1816 ebda.; Schau-

spieler; seit 1782 an Wiener Dilettantenbühnen; 1785–97 am Leopoldstädter Theater; 1798–1803 am dortigen Theater auf der Wieden; ab 1803 wieder an der Leopoldstädter Bühne. – Fruchtbarer Dramatiker, Vf. vieler erfolgr. Ritterdramen, Lustspiele, Zauberpossen, Travestien und Parodien, gewandter Bearbeiter von Volksdramen P. Hafners; erweiterte diese mit von W. Müller komponierten Liedern zu Singspielen, die weite Verbreitung fanden (›Das Neusonntagskind‹, darin ›Wer niemals e. Rausch gehabt‹).

W: Sinngedichte, 1788; Kaspars Zögling, Sgsp. 1791; Der Fagottist, Sgsp. 1791 (n. DLE Rhe. Barock Bd. 1); Pizichi, Sgsp. 1792; Der Page, Lsp. 1792; Das Neusonntagskind, Sgsp. 1794; Die Schwestern von Prag, Sgsp. 1794; Hamlet, Travestie 1807; Vittoria Ravelli, der weibliche Rinaldo, Sch. 1808; Der Feldtrompeter, Sgsp. 1808; Kora die Sonnenjungfrau, Op. 1813.

Perkonig, Josef Friedrich, 3. 8. 1890 Ferlach/Kärnten – 8. 2. 1959 Klagenfurt; Sohn e. Graveurs; Volksschullehrer in versch. Dörfern s. Heimat; nahm am 1. Weltkrieg und den Kärntner Befreiungskämpfen gegen die Südslawen teil; 1920–22 kulturpolit. Arbeit; Mittelschullehrer, 1922 Prof. an der Lehrerbildungsanstalt Klagenfurt. – Österr. Erzähler, Dramatiker und Essayist; Hörspiel- und Drehbuchautor und Übs. aus dem Slowenischen. Gab in s. zahlr., plast. gestalteten, wirklichkeitsnahen, teils trag., teils humorvollen Romanen und Novellen ein anschaul. Bild s. Kärntner Bergheimat, ihrer Bewohner und der aus ihrer Grenzlage entstandenen Probleme.

W: Maria am Rain, Nn. 1919; Heimat in Not, R. 1921; Dorf am Acker, Nn. 1926; Bergsegen, R. 1928 (u. d. T. Auf dem Berge leben, 1934); Mensch wie du und ich, R. 1932 (Neufassg. 1954); Honigraub, R. 1935; Der Gusla-

spieler, R. 1935; Nikolaus Tschinderle, Räuberhauptmann, R. 1936; Lopud, Insel der Helden, R. 1938 (u. d. T. Liebeslied am Meer, 1955); Die Erweckung des Don Juan, R. 1949; Patrioten, R. 1950; Heller Bruder, dunkle Schwester, E. 1951; Maturanten, R. 1951; Ev und Christopher, R. 1952; Ein Laib Brot, ein Krug Milch, Nn. 1960. – AW, VIII 1965–69.
L: E. Nussbaumer, 1965 (= AW Bd. I).

Perutz, Leo, 2. 11. 1884 Prag – 25. 8. 1957 Bad Ischl; Fabrikantensohn; Stud. in Prag; im 1. Weltkrieg als Offizier schwer verwundet; freier Schriftsteller in Wien; 1938 Emigration nach Tel Aviv/Palästina. – Einfallsreicher Dramatiker und Erzähler eindrucksvoller und spannender hist. oder abenteuerl.-phantast. Romane von sparsamer, schmuckloser Sprache, in denen er Begebenheiten und Gestalten in den Bereich des Unheimlichen versetzt.
W: Die dritte Kugel, R. 1915 (n. 1978); Zwischen neun und neun, R. 1918 (n. 1978); Das Gasthaus zur Kartätsche, R. 1920; Der Marques de Bolibar, R. 1920 (n. 1986); Der Meister des jüngsten Tages, R. 1923 (n. 1977); Turlupin, R. 1924 (n. 1984); Wohin rollst du, Äpfelchen, R. 1928 (n. 1987); Herr erbarme dich meiner, Nn. 1930 (n. 1985); St. Petri-Schnee, R. 1933 (n. 1987); Der schwedische Reiter, R. 1930 (n. 1980); Nachts unter der steinernen Brücke, R. 1953 (n. 1978); Der Judas des Leonardo, R. 1959.
L: M. Murayama, Diss. Wien 1979; D. Neuhaus, Erinnerg. u. Schrecken, 1984.

Pestalozzi, Johann Heinrich, 12. 1. 1746 Zürich – 17. 2. 1827 Brugg; aus altem ital. Geschlecht, das sich im 16. Jh. in Zürich niedergelassen hatte; Sohn e. Chirurgen; verlor früh den Vater; Stud. 1764 Theol. dann Jura Zürich, Umgang mit Lavater, Füßli u. a. Erlernte die Landwirtschaft bei e. Verwandten in Richterschwyl, dann bei e. Gutsbesitzer in Kirchberg b. Burgdorf/Kanton Bern; ⚭ Anna Schulthheß; erwarb 1767 e. Stück Heideland auf dem Birrfeld/Aargau, gründete e. Kolonie ›Neuhof‹, errichtete dort 1775 e.

Erziehungsanstalt für 50 arme Kinder, mußte sie aber schon 1780 wegen Mangel an ökonom. Geschick auflösen; lebte dann bis 1798 sehr dürftig in Neuhof; 1798 Schriftleiter des ›Helvet. Volksblatts‹. 1798 Leiter e. Heims für 80 Kriegswaisen in Stans, das nach 1 Jahr aufgegeben werden mußte; 1800 Eröffnung e. weiteren Anstalt in Burgdorf, 1804 verlegt nach Münchenbuchsee; übergab sie 1805 dem Pädagogen Fellenberg und gründete e. neue in Yverdon, die er 20 Jahre lang leitete und berühmt machte; ging nach ihrer Auflösung 1825 zu e. Enkel nach Neudorf zurück. – Großer schweizer. Erzieher und Sozialreformer, durch Rousseau angeregt. Realist. anschaul. Volksschriftsteller mit bedeutender Nachwirkung, u. a. auf Gotthelf; berühmt vor allem s. Volkserziehungsbuch ›Lienhard und Gertrud‹, e. romanhafte Schilderung des Lebens e. Handwerkerfamilie innerhalb des bäuerl. Kreises und der dörfl. Armut; schlichte Sprache.
W: Die Abendstunde eines Einsiedlers, 1780; Lienhard und Gertrud, R. IV 1781–87; Christoph und Else, E. 1782; Meine Nachforschungen über den Gang der Natur in der Entwicklung des Menschengeschlechts, 1797; Wie Gertrud ihre Kinder lehrt, R. 1801; Buch der Mütter, 1803; An die Unschuld, 1815; Meine Lebensschicksale, Aut. 1826. – SW, hg. L. W. Seyffarth XII 1899–1902; SW, hkA., hg. A. Buchenau, E. Spranger u. H. Stettbacher XXIV 1927ff.; SW, Jubiläumsausg., hg. E. Boßhart u. a. X 1944–47; Gedenkausg., hg. P. Baumgartner V 1946–49; Ausw., hg. A. Haller IV 1946; Wke, II 1977; Sämtl. Briefe, hg. E. Dejung, H. Stettbacher u. a. XIII 1946–71.
L: H. Morf, IV 1868–89, n. 1966; M. Konzelmann, 1926; H. Schönebaum, IV 1927–42; ders., 1954; A. Haller, P.s Leben i. Briefen und Berichten, 1927; A. Heubaum, ³1929; P. Natorp, ⁶1931; W. Guyer, 1932; A. Zander, 1932; A. Hirn, 1941; J. Reinhart, ⁵1945; S. Hirzel, 1946; E. Otto, 1948; K. Müller, 1952, n. 1967; M. Lavater-Sloman, 1954; H. Schönebaum, 1954; K. Silber, 1957; Th. Ballauf, Vernünftiger Wille u. gläubige Liebe, 1957

(m. Bibl.); H. Walther, P. im Alter, 1958; Th. Litt, ²1961; E. Spranger, P.s Denkformen, ³1966; H. Ganz, ²1966; F. Hofmann, 1966; A. Rang, Der polit. P., 1967; M. R. Heafford, Lond. 1967; F. Delekat, ³1968; M. Liedtke, 1968; W. Bauer, Die Kinder u. die Armen, 1969; M. Soëtard, Bb. 1987; Bibl.: A. Israel, III 1903 f. (in Mon. Germ. Paed., fortges. v. W. Klinke, 1923); J.-G. Klink, 1969.

Peter von Arberg, Graf, geistl. Liederdichter des 14. Jh., wohl aus dem Nassauischen oder der Schweiz. – Vf. von 3 geistl. Tageliedern der Kolmarer Liederhandschrift.

A: K. Bartsch, Meisterlieder der Kolmarer Hs., BLV 68, 1862.

Peterich, Eckart, 16. 12. 1900 Berlin – 13. 4. 1968 Florenz, Sohn e. Bildhauers, Journalist in Genf, Rom und Athen; bereiste Europa, Afrika, Vorderasien und Amerika; Korrespondent in Paris und Rom, 1959 Leiter der Dt. Bibliothek in Mailand und 1960 in Rom, 1962 Programmdirektor des Goethe-Instituts München; ab 1963 freier Schriftsteller in Taching/Obb. – Lyriker, Dramatiker, kultivierter, kosmopolit. Essayist u. Übs. bes. Dantes. Neben dem antiken Erbe auch christl. Geist u. bes. der Kunst u. Kultur Italiens verbunden.

W: Kleine Mythologie, II 1937 f. (Die Götter und Helden der Griechen, Die Götter und Helden der Germanen); Die Theologie der Hellenen, 1938; Sonette einer Griechin, G. 1940; Göttinnen im Spiegel der Kunst, 1941; Vom Glauben der Griechen, 1942; Nausikaa, Dr. 1947; Die Heimkehr, Ep. 1949; Gedichte 1933–45, 1949; Der Schreiber, K. 1949; Liebesliederbuch, 1949; Pariser Spaziergänge, 1954; Italienischer Alltag, 1955; Griechenland, Reiseb. 1956; Italien, Reiseb. III 1958–63; Alkmene, Lsp. 1959; Ein Fischzug, G. 1959; Ges. Gedichte, 1967; Fragmente aus Italien, hg. H. Melchers 1969.

Peters, Friedrich Ernst, 13. 8. 1890 Luhnstedt/Holstein – 18. 2. 1962 Schleswig, Volksschulseminar Uetersen; im 1. Weltkrieg

Soldat; 5 Jahre franz. Kriegsgefangenschaft; 1923 Taubstummenoberlehrer; bis 1955 Direktor der Landesgehörlosenschule in Schleswig. – Feinsinniger heimatverbundener Lyriker, Erzähler (auch niederdt.) und Essayist von starker Naturverbundenheit und schwerblütigem Grüblertum.

W: Totenmasken, G. 1934; Der heilsame Umweg, R. 1938; Licht zwischen zwei Dunkeln, G. 1938; Preis der guten Mächte, Erinn. 1941; Die Wiederkehr des Empedokles, Ess. 1941; Zweierlei Gnaden, G. 1941; Kleine Erzählungen, 1942; Die dröge Trina, E. 1946; Bangen und Zuversicht, G. 1947; Im Dienst der Form, Ess. 1947; Baasdörper Krönk, St. 1975. – AW, II 1958.

Petersen, Jan (eig. Hans Schwalm), 2. 7. 1906 Berlin – 11. 11. 1969 ebda.; Kaufmann, Dreher, 1930 KPD-Mitgl., 1931–33 Leiter, 1933–35 Vorsitzender des ›Bundes proletar.-revolut. Schriftsteller Dtls.‹, 1933–45 Leiter e. Widerstandsgruppe antifaschist. Schriftsteller u. Hrsg. der illegalen Zs. ›Stich und Hieb‹. Exil in der Schweiz, Frankreich u. England, 1940/41 in Kanada interniert, 1946 Rückkehr nach Berlin; 1951–53 Vorsitzender der ›Volksbühne‹ ebda. – Sozialist. Erzähler mit Stoffen aus dem Widerstand der Arbeiterschaft u. der Emigration; daneben Tagebuch u. Reiseschilderungen.

W: Unsere Straße, Ber. 1936; Sache Baumann und andere, R. 1948 (engl. 1939); Und ringsum Schweigen, En. 1949 (engl. 1940); Der Fall Dr. Wagner, N. 1954; Yvonne, E. 1958; Er schrieb es in den Sand, En. u. Kgn. 1960 (erw. u. d. T. Geschichten aus neun Ländern, 1964); Die Bewährung, Ber. 1970.

Petrowsky, Erika → Mitterer, Erika

Petruslied, ältestes dt. Kirchenlied, Ende des 9. Jh. in Bayern, wohl von e. Geistlichen verfaßt. – Bittgesang an Petrus für Notzei-

ten, vermutl. bei Wallfahrten gesungen; von strengem Rhythmus
und ebenmäßigem Bau; der lat.
Hymnendichtung verwandt; besteht aus 3 Strophen von je 2 Versen mit dem ›Kyrie eleison‹ als
Refrain.

A: E. v. Steinmeyer, D. kleineren ahd.
Sprachdenkmäler, 1916, n. 1963; W. Braune
u. K. Helm, Ahd. Lesebuch, ¹⁶1979.

Petzold, Alfons, 24. 9. 1882
Wien – 25. 1. 1923 Kitzbühel/Ti-
rol; Arbeitersohn; mußte jung
trotz gesundheitl. Schäden
schwere Arbeit verrichten; Lehre
in e. Metallschleiferei; mit 15 Jahren Bauhilfsarbeiter; später
Fabrikarbeiter, Laufbursche,
Kellner, Fensterputzer u. a.,
schwer lungenleidend im Sanatorium Alland b. Wien. – Österr.
Erzähler und Lyriker. Bedeutender Arbeiterdichter. Wegbereiter
der sozialist. Lit. Österreichs im
20. Jh. Ein Gesellschaftsbild s.
Zeit gibt der autobiograph. Roman ›Das rauhe Leben‹. In s. herb-
schlichten, eindringl. Gedichten
von Heine und der Lyrik des Vormärz beeinflußt; anfangs soziale
u. Kriegslyrik von tiefer Menschenliebe, dann Ringen um relig.
Verklärung.

W: Trotz alledem, G. 1910; Seltsame Musik,
G. 1911; Memoiren eines Auges, Sk. 1912;
Der Ewige und die Stunde, G. 1912; Erde, R.
1913; Krieg, G. 1914; Der heilige Ring, G.
1914; Der stählerne Schrei, G. 1916; Von
meiner Straße, Nn. 1917; Der feurige Weg,
R. 1918; Das rauhe Leben, Aut. 1920 (n.
1979); Menschen im Schatten, En. 1920; Das
Buch vom Gott, G. 1920; Der Totschläger,
En. 1921; Das Lächeln Gottes, G. u. Br. 1923;
Sevarinde, R. 1923. – Gedichte und Erzählungen, hg. H. Sauer 1924, ²1947; Pfad aus der
Dämmerung, Ausw. 1947; Ein Bruder so wie
du, Ausw. 1957; Einmal werden sich die Tage
ändern, Ausw. 1959.
L: M. Salzner, Diss. Wien 1943; H. Exenber-
ger u. a., 1972 (m. Bibl.); F. Patzer, hg. 1982.

Pfaffe Amis → Stricker, Der

Pfaffe von Kalenberg → Frankfurter, Philipp

Pfaffe Konrad → Konrad, Pfaffe

Pfaffe Lamprecht → Lamprecht, Pfaffe

Pfau, (Karl) Ludwig, 25. 8. 1821
Heilbronn – 12. 4. 1894 Stuttgart,
Sohn e. Gärtners, Stud. Paris Heidelberg u. Tübingen; 1848 Begründer des 1. dt. Karikaturblatts
›Eulenspiegel‹, aktiver Teilnehmer an der Revolution, mußte in
die Schweiz flüchten, ab 1852
Übs. u. Schriftsteller in Paris,
1863 Rückkehr nach Dtl., Redakteur des Stuttgarter ›Beobachter‹
u. Mitarbeiter liberaler Zeitungen. – Vf. volkstüml. schlichter
Verse nach Vorbild Bèrangers u.
polit. Zeitgedichte von demokrat.
Gesinnung. Daneben ästhet. u.
krit. Schriften sowie Übs. aus
dem Franz.

W: Gedichte, 1847 (erw. 1894); Stimmen der
Zeit, G. 1848; Deutsche Sonette auf das Jahr
1850, 1849; Freie Studien, Ess. II 1865 f.; Literarische und historische Skizzen, 1888; Kunst
und Kritik, Schr. IV 1888.
L: E. Weinstock, 1975.

Pfeffel, Gottlieb Konrad, 28. 6.
1736 Kolmar – 1. 5. 1809 ebda.
Gymnas. Kolmar; 1751–53 Stud.
Jura Halle; 1757 erblindet; ⚭
1759; gründete 1773 in Kolmar e.
akadem. Erziehungsinstitut für
ev. adelige Jugendliche; 1803 Präsident des ev. Konsistoriums ebda. – Beliebter gesellschaftskrit.
Fabeldichter in der Nachfolge
Gellerts und franz. Vorbilder.
Auch launig-poet. Erzählungen
mit pädagog.-aufklär. Tendenz
und einige Dramen. Einzelne Gedichte wurden volkstümlich,
z. B. ›Die Tabakspfeife‹.

W: Poetische Versuche, III 1761 f. (erw. XI
1802–20); Philemon und Baucis, Dr. 1763;

Theatralische Belustigungen, V 1765–74; Lieder, 1778; Fabeln, 1783 (n. J. Minor 1884); – Prosaische Versuche, XI 1810–24; Ausgew. Fabeln und poet. Erzählungen, hg. A. Buhl 1908, H. Hauff II 1861; Skorpion u. Hirtenknabe, Ausw. 1970.
L: J. M. Bopp, 1917; C. D. Klein, 1936; L. Becker, Diss. Halle 1950; E. Guhde, 1964 (m. Bibl.).

Pfeiffer, Hans, *22. 2. 1925 Schweidnitz, 1946 Lehrer, 1952–56 Stud. Philos. u. Germanistik Leipzig, wiss. Assistent ebda., freier Schriftsteller in Grimma, ab 1966 Dozent am Lit.institut J. R. Becher in Leipzig. – Dramatiker, Erzähler u. Essayist aus dem weiteren Kreis um E. Bloch. Vf. bühnenwirksamer Stücke um zeitgeschichtl. u. gesellschaftl. Probleme. Auch Hör-, Fernsehspiele u. Kriminalromane.

W: Nachtlogis, Dr. (1956); Laternenfest, Dr. 1958; Hamlet in Heidelberg, Dr. (1958); Sperrzone, E. 1959; Zwei Ärzte, Dr. (1959); Die dritte Schicht, Dr. (1960); Die Mumie im Glassarg, St. 1960; Schuld sind die andern, Dr. (1961); Schüsse am Hochmoor, En. 1961; Teufel im Paradies, FSsp. (1962); Sieben Tote suchen einen Mörder R. 1964; Mord ohne Motiv?, R. 1965; Begegnung mit Herkules, K. (1966); Thomas Müntzer, Dr. u. R. 1975.

Pfintzing (Pfinzing), Melchior, 25. 11. 1481 Nürnberg – 24. 11. 1535 Mainz; Patrizierssohn; seit 1512 Propst in Nürnberg, ab 1521 in Mainz; Geheimschreiber → Maximilians I. Überarbeitete dessen autobiograph. Epos ›Teuerdank‹ (1517) und erklärte dessen Allegorien in e. ›Schlüssel‹.

Pfizer, Gustav, 29. 7. 1807 Stuttgart – 19. 7. 1890 ebda.; Sohn e. Obertribunaldirektors; Stud. in Tübingen; bereiste Italien; redigierte seit 1836 die ›Blätter zur Kunde der Literatur des Auslandes‹, seit 1838 e. Teil des Stuttgarter ›Morgenblatts‹. 1847–72 Prof. am Obergymnasium; 1849 Abgeordneter. – Lyriker und Epiker

der Schwäb. Schule, von Schiller beeinfl. Übs. Byrons (IV 1835–39) und Bulwers (XV 1838–1843).

W: Gedichte, 1831; Gedichte, Neue Sammlung, 1835; Martin Luthers Leben, B. 1836; Dichtungen, 1840; Der Welsche und der Deutsche, Schr. 1844.
L: B. Frank, Diss. Tüb 1912.

Pforr → Antonius v. P.

Philander von Sittewald → Moscherosch, Johann Michael

Philesius → Ringmann, Matthias

Philipp, Bruder, † 1345, mittelfränk. Kartäusermönch, aus der unteren Lahngegend; lebte in Seitz b. Cilli/Steiermark. – Schrieb nach der ›Vita beatae virginis Mariae et salvatoris rhythmica‹ das umfangr., sehr beliebte und weitverbreitete Gedicht ›Marienleben‹ in einfacher, dialektnaher Darstellung; über 10000 Verse.

A: H. Rückert 1853 (n. Amsterd. 1966). – Übs.: W. Sommer 1859.
L: J. Haupt, 1871; L. Gailit, P.s Marienleben, Diss. Mchn. 1935; G. Asseburg, P.s Marienleben, Diss. Hbg. 1964.

Philipp Frankfurter → Frankfurter, Philipp

Philipp, (Hugo) Wolfgang, 2. 2. 1883 Dortmund – 18. 3. 1969 Zürich, Fabrikantensohn, Stud. Germanistik u. Kunstgesch. Berlin; 1923 Oberregisseur und Intendant, 1927 Theaterdirektor in Dresden; 1933 Emigration nach Zürich; lebte in Hinteregg b. Zürich. – Vielseitiger Dramatiker, oft humorvoller Erzähler und Lyriker.

W: Ver sacrum, G. 1917; Mit ihm sein Land Tirol, Tr. 1918; Der Herr in Grün, Nn. 1919; Der Clown Gottes, Tr. 1921; Der Sonnenmotor, E. 1922; Melodie der Fremde, G. 1945; Auf den Hintertreppen des Lebens, R. 1946; Melodie der Heimkehr, G. 1947; Apoll Lehmann, R. 1960; Lehmanns Flohzirkus, R. 1973; Zürcher Testament, 1975.

L: R. Heuer, 1973 (m. Bibl.); Bibl.: E. Benyoetz, 1975.

Philippi, Fritz, 5. 1. 1869 Wiesbaden – 20. 2. 1932 ebda.; Sohn e. Maschinenschlossermeisters; Stud. Theol. Berlin, Tübingen und Marburg; 1897 Pfarrer in Breitscheid; 1904 Strafanstaltsgeistlicher in Dietz/Lahn; 1910 Pfarrer, später Dekan und Landeskirchenrat in Wiesbaden. – Erzähler, Lyriker und Dramatiker. S. Romane verarbeiten s. Erfahrungen aus den Strafanstalten oder schildern die Bauern des Westerwaldes.

W: Hasselbach und Wildendorn. En. 1902; Unter den langen Dächern, En. 1906; Menschenlied, G. 1906; Adam Notmann, R. 1906; Westerwälder Volkserzählungen, 1906; Vom Weibe bist du, R. 1911; Pfarrer Hellmund, Sch. 1913; Wendelin Wolf, R. 1916; Weltflucht, R. 1920; Niemandsland, R. 1923; Mose, Dr. 1924; Pfarrer Hirsekorns Zuchthausbrüder, R. 1925; Aus dem Westerwald, ges. En. 1927.
L: W. Knevels, 1929.

Philomusus → Locher, Jacob

Picard, Jacob (Ps. J. P. Wangen), 11. 1. 1883 Wangen/Allgäu – 1. 10. 1967 Konstanz; Dr. jur., Rechtsanwalt in Konstanz; 1940 Emigration über Asien nach den USA; lebte lange in New York; dann wieder am Bodensee. – Konservativ-relig. jüd. Lyriker; Erzähler um das Schicksal jüd. Bauern in Süddtl. In der Lyrik ursprüngl. expressionist.-ekstat.; später maßvoller, strenger, zuweilen resignierend-wehmütig.

W: Das Ufer, G. 1913; Erschütterung, G. 1920; Der Gezeichnete, En. 1936; Der Uhrenschlag, G. 1961; Die alte Lehre, En. 1963.

Picard, Max, 5. 6. 1888 Schopfheim/Baden – 3. 10. 1965 Neggio b. Lugano; aus alter Aargauer Familie; Stud. Medizin Freiburg, Kiel, Berlin und München; Dr.

med.; Assistent an der Universitätsklinik Heidelberg; hörte dort philos. Vorlesungen; bis 1918 Arzt in München; dann freier Schriftsteller in Brissago/Tessin, später Caslano/Tessin; seit 1955 in Neggio b. Lugano. – Kulturphilosoph und Schriftsteller. Begann mit Werken der Kunstbetrachtung und kam dann über die Betrachtung des Menschenbildes zu dessen zeitkrit. Deutung. Sieht den Weg zur Rettung des mod. Menschen in der Rückkehr von der ›Flucht vor Gott‹.

W: Das Ende des Impressionismus, Schr. 1916; Der letzte Mensch, Dicht. 1921; Das Menschengesicht, 1930; Die Flucht vor Gott, 1934; Die Grenzen der Physiognomik, 1939; Die unerschütterliche Ehe, Schr. 1942; Hitler in uns selbst, Schr. 1946; Die Welt des Schweigens, Schr. 1948; Zerstörte und unzerstörbare Welt, Reiseb. 1951; Der Mensch und das Wort, Schr. 1955; Tag und Nacht, Br. 1967; Briefe an den Freund K. Pfleger, 1970; Das alte Haus in Schopfheim, Erinn. 1974; Fragmente a. d. Nl., 1978.
L: M. P. z. 70. Geburtstag, hg. W. Hausenstein u. B. Reifenberg 1958 (m. Bibl.).

Pichler, Adolf, Ritter von Rautenkar, 4. 9. 1819 Erl b. Kufstein, Tirol – 15. 11. 1900 Innsbruck. Gymnas. Innsbruck; Stud. Philos. und Jura ebda., Naturwiss. und Medizin in Wien, 1848 Hauptmann der akadem. Tiroler Schützenkompanie im Kampf gegen die Italiener; dafür 1877 geadelt; 1849 Gymnasiallehrer in Innsbruck; Teilnehmer an den Kämpfen in Schlesien; 1885 in Berlin; 1859 Suppleant, 1867–89 Prof. der Mineralogie und Geologie in Innsbruck. Freund Hebbels. – Ursprüngl. österr. Lyriker und Verserzähler mit kraftvoller, plast. Sprache; enge Bindung an s. Tiroler Heimat und an die Natur. Als Lyriker nach früher polit. Lyrik in Hymnen und Epigrammen hervorragend. Weniger bedeutsam als Dramatiker.

W: Frühlieder aus Tirol, 1846; Aus dem wälsch-tirolischen Kriege, Aut. 1849; Lieder der Liebe, G. 1852; Gedichte, 1853; Hymnen, 1855, erw. 1858; Aus den Tirolerbergen, Prosa 1861; Rodrigo, Dr. 1862; Allerlei Geschichten aus Tirol, 1867; In Lieb' und Haß, G. 1869; Marksteine, Ep. 1874; Fra Serafico, Ep. 1879; Vorwinter, G. 1885; Zu meiner Zeit, Aut. 1892; Spätfrüchte, G. 1896; Jochrauten, En. II 1897; Das Sturmjahr, Aut. 1903. – Ges. Erzählungen, VI 1897f.; GW, XVII 1904–08; Briefw. m. A. Brandl, hg. J. Holzner 1983.

L: S. M. Prem, 1889; K. W. v. Dalla Torre, 1899; J. E. Wackernell, 1925; K. H. Huber, Diss. Wien 1960.

Pichler, Karoline, geb. von Greiner, 7. 9. 1769 Wien – 9. 7. 1843 ebda.; Tochter e. Hofrats; Ausbildung bes. in mod. und klass. Sprachen und Lit.; ∞ 1796 den späteren Regierungsrat Andreas P.; führte den lit. Salon ihrer Eltern fort, der zum Treffpunkt der romant. und vormärzl. Kreise, zum Mittelpunkt des Alt-Wiener kulturellen Lebens wurde; 1837 verwitwet, lebte dann in Wien bei ihrer Tochter von Pelzeln und deren Kindern. Mit Dorothea Schlegel befreundet. – Volkstüml. österr. Erzählerin zahlr. meist patriot. Romane mit Stoffen aus der österr. Geschichte von breiter Schilderung, aber nur flacher Darstellung der Charaktere. Auch in der weitschweifigen Lyrik Bevorzugung hist. Themen, gleichfalls in den oft steifen Dramen, die zum großen Teil im Burgtheater gespielt wurden. Den ersten größeren Erfolg brachte der in antiker Nachahmung stehende und in der Technik von Wieland abhängige Briefroman ›Agathokles‹. Von Bedeutung sind ihre ›Zeitbilder‹, lit. interessant auch die 1844 erschienenen ›Denkwürdigkeiten‹.

W: Idyllen, 1803; Agathokles, R. 1808; Erzählungen, II 1812; Gedichte, 1814; Dramatische Dichtungen, II 1815–18; Die Belagerung Wiens, R. III 1824; Die Schweden in Prag, R. 1827; Friedrich der Streitbare, R. IV 1831; Zeitbilder, II 1839–41; Denkwürdigkeiten

aus meinem Leben, Aut., hg. F. Wolf IV 1844 (komm. E. K. Blümml II 1914). – SW, XXIV 1813–20, LIII 1820–40, LX 1828–44; Ausw., hg. K. Adel 1970.

L: L. Jansen, 1936; G. Prohaska, Diss. Wien 1947.

Pickel, Konrad → Celtis, Konrad

Pietsch, Johann Valentin, 23. 1. 1690 Königsberg – 29. 7. 1733 ebda.; 1705–13 Stud. Philos. und Medizin Königsberg und Frankfurt/O.; 1715 Arzt in Königsberg, 1717 Prof. der Poesie ebda.; 1719 Hofrat und Leibmedikus ebda.; später Oberlandphysikus; Lehrer Gottscheds; Freund Bessers und Neukirchs. – Höf. Gelegenheitsdichter. S. Preisgedicht auf Prinz Eugen verhalf ihm für einige Zeit zu Ruhm und Ansehen.

W: Über den ungarischen Feldzug des Prinzen Eugen, G. 1717; Gesamlete Poetische Schriften, 1725; Gebundene Schriften, hg. J. G. Bock 1740.

L: J. Hülle, 1903, n. 1979.

Pillau, Horst, * 21. 7. 1932 Wien; Bühnen-, Funk- u. Fernsehautor in Berlin, dann München. – Erfolgr. mit problemlosen Berliner Volksstücken, die den kleinen Mann mit dem ›goldenen Herzen‹ in zeittyp. Situationen zeigen. Auch Filmautor.

W: Der Kaiser vom Alexanderplatz, Dr. (1964), R. 1985; Drei Stücke aus Berlin, 1968 (m. C. Flatow); Brautwerbung, Dr. (1971); Länderkampf, Dr. (1971); Zerfall einer Großfamilie, FSsp. (1974); Polizisten sind auch Menschen, Dr. (1975); Familien-Bande, R. 1982; Die Geisterbehörde, R. 1983.

Piontek, Heinz, * 15. 11. 1925 Kreuzburg/Oberschlesien; 1943–45 Kriegsdienst, danach versch. Berufe; Stud. Philos. Germanistik und Kunstgeschichte; ∞ 1951 Gisela Dallmann; freier Schriftsteller in Dillingen/Donau, seit 1961 in München. – In erster Linie Naturlyriker von exaktem, suggestiv verdichtetem, trotz

großen Wortreichtums bewußt
einfachem Stil; später bei erweiterter Thematik zu lakon. Pointierung u. stärker reflektierten Ausdeutung auch metaphys. Fragen
neigend. Scharfes Erfassen und
präzise Formulierung zeichnen
die Prosastücke u. die formal un-
prätentiösen Romane um die exi-
stenzielle Problematik des mod.
Dichters aus. Auch Hörspielautor, Essayist u. Übs. (Keats);
Hrsg. von Anthologien.

W: Die Furt, G. 1952; Die Rauchfahne, G.
1953 (erw. 1956); Vor Augen, En. 1955; Was-
sermarken, G. 1957; Buchstab, Zauberstab,
Ess. 1959; Weißer Panther, H. (1962); Mit
einer Kranichfeder, G. 1962; Kastanien aus
dem Feuer, Kgn. 1963; Die Zwischenlan-
dung, H. (1963); Klartext, G. 1966; Die mittleren Jahre, R. 1967; Außenaufnahmen, En.
1968 (m. Bibl.); Liebeserklärungen in Prosa,
1969; Männer, die Gedichte machen, Ess.
1970; Tot oder lebendig, G. 1971; Die Erzählungen, 1971; Helle Tage anderswo, Reiseb.
1973; Ges. Gedichte, 1975; Leben mit Wörtern, Ess. 1975 (m. Bibl.); Dichterleben, R.
1976; Wintertage, Sommernächte, Ges. En.
1977; Das Schweigen überbrücken, Ausw.
1977; Träumen, Wachen, Widerstehen, Aufz.
1978; Dunkelkammerspiel, Szen. 1978; Ges.
Erzählungen, 1978; Wie sich Musik durch-
schlug, G. 1978; Das Handwerk des Lesens,
Ess. 1979; Juttas Neffe, R. 1979; Vorkriegszeit, G. 1980; Was mich nicht losläßt, G.
1981; Zeit meines Lebens, Aut. 1984; Helldunkel, G. 1987. – Wke, VI 1981ff.
L: Üb. H. P., 1966.

Pirckheimer (Pirkheimer), Willibald, 5. 12. 1470 Eichstätt – 22.
12. 1530 Nürnberg; 1488–95
Stud. Jura in Padua und Pavia; seit
1495 in Nürnberg; 1496–1523
Ratsherr ebda.; große Reisen,
häufig in diplomat. Sendung; be-
fehligte 1499 die Nürnberger
Truppen im Reichskrieg gegen
die Schweizer; Kaiserl. Rat; widmete s. letzten Lebensjahre ausschließl. der Wiss.; Förderer der
süddt. Renaissancekunst; Verkehr
mit Reuchlin, Erasmus, Celtis,
Hutten, bes. mit Dürer; trat anfangs für Luther ein, entfremdete
sich aber der Reformation immer

mehr. – E. der einflußreichsten
Wortführer des Humanismus; tätiger, diesseitsbetonter Optimist.
Kämpfer gegen die Scholastik;
half durch Vermittlung der Lehren des Aristoteles, Platons und
der Stoa zur Herausbildung e. humanist. begründeten Weltbildes;
machte die griech. Schriftsteller
durch Übs. ins Lat. weiten Kreisen bekannt. Als geistiger Anreger und Ratgeber von weit größerer Bedeutung denn als (bes. hist.
und satir.) Schriftsteller. Auch naturwiss. Studien.

W: Historia belli Suitensis, 1499 (hg. K. Rück
1895; d. E. Münch 1826); Apologia seu poda-
grae laus, 1510 (d. M. M. Mayer 1884, lat.-dt.
W. Kirsch 1987); De vera Christi carne et vero
ejus sanguine ad J. Oecolampadium respon-
sio, 1526; Germaniae es variis scriptoribus
perbrevis explicatio, 1530; Opera, hg. Gold-
ast, 1610 (n. E. Reicke 1907 u. 1969); Briefwechsel, hg. E. Reicke u. a. III 1940ff.
L: A. Reimann, Diss. Bln. 1890 u. 1944; P.
Merker, 1923; E. Reicke, 1930; H. M. Frh.
von u. zu Aufseß, 1969; W. P. 1470/1970, hg.
W.-P.-Kuratorium 1970 (m. Bibl.); W. P.
Eckert u. Ch. v. Imhoff, 1971; N. Holzberg,
1981.

Piwitt, Hermann Peter, * 28. 1.
1935 Hamburg, Stud. Soziologie
u. Lit.wiss. Frankfurt/M. u. Berlin, 1963/64 am Lit. Colloquium
Berlin, 1971 Villa-Massimo-Stipendiat in Rom; freier Schriftsteller in Hamburg. – Vf. skurriler,
oft banal-hintersinnig witziger
Prosastücke aus präzis gezeichneten realist. Details, Erinnerungs-
spuren u. ä. Essayist.

W: Herdenreiche Landschaften, Prosa 1965;
Das Bein des Bergmanns Wu, Ess. 1971;
Rothschilds, R. 1972; Boccherini und seine
Bürgerpflichten, Ess. 1976; Die Gärten im
März, R. 1979; Deutschland-Versuch einer
Heimkehr, Slg. 1981; Der Granatapfel, R.
1986.

Planitz, Ernst Edler von der, 3.
3. 1857 Norwich, Connecticut –
24. 1. 1935 Berlin; Sohn e. 1848
ausgewanderten schwäb. Gutsbesitzers; wurde nach dessen Tod

nach Europa geschickt; Stud. in München und Paris; Auslandsberichterstatter; Chefredakteur, dann freier Schriftsteller in Berlin. – Epiker und Dramatiker. Forderte im Gegensatz zum Naturalismus e. ideal. Realismus auf nationaler Basis.

W: Der Dragoner von Gravelotte, Ep. 1886; Ein Königsmärchen, Ep. 1887; Die Weiber von Weinsberg, Ep. 1898; Die Hexe von Goslar, Ep. 1900; Heldin des Alltags, R. 1924; Als Spion in Frankreich, R 1925; Das Geheimnis der Frauenkirche, R. III 1925; Novellen, 1925.

L: J. Schneiderhan, 1928.

Planner-Petelin, Rose (eig. Hedi Zöckler), 13. 8. 1900 Triest – 30. 6. 1969 Bovenden/Göttingen; ∞ den Verleger Paul Zöckler; lebte in München. – Erzählerin, deren von Natur- und Heimatverbundenheit bestimmte, im Religiösen wurzelnde Romane und Novellen meist in den Ländern der früheren Donaumonarchie spielen. Auch Jugendbücher und Hörspiele.

W: Ferien in Posen, E. 1935; Das heilige Band, R. 1938; Der Fährmann an der Weichsel, N. 1940; Und dennoch blüht die Erde, R. 1941; Kärntner Sommer, Nn. 1942; Der Wutzl, Jgb. 1946; Wulfenia, R. 1947 (u. d. T. Nino Kottlacker, 1966); Der Doktor von Titinow, R. 1958; Der seltsame Nachbar, Jgb. 1959; Gäste im Schloß, R. 1961; Valentin und die Löwenprinzessin, Jgb. 1961; Das Kind aus Aquileja, E. 1963; Micha und Miran, R. 1965; Rückkehr von der Insel, R. 1969.

Platen, August Graf von (eig. v. Platen-Hallermünde), 24. 10. 1796 Ansbach – 5. 12. 1835 Syrakus. Aus alter, verarmter, von Rügen stammender Adelsfamilie; Sohn e. Oberforstmeisters; 1806 Eintritt in bayr. Kadettenkorps in München; 1810 Page am kgl. Hof, 1814 Unterleutnant; Teilnahme am Frankreichfeldzug; ab 1818 unbefristeter Urlaub. Litt stark unter s. ausgeprägt homoerot. Veranlagung. 1816 Reise in die Schweiz, Bekanntschaft H. Zschokkes. 1819 Stud. Jura, Sprachen, Philos. und Naturwiss. Würzburg u. 1819–26 Erlangen, u. a. bei Schelling und G. H. Schubert, Freundschaft mit Liebig. Besuchte Jean Paul, J. Grimm, Goethe und Rückert. 1824 Italienreise mit nachfolgendem Arrest wegen Urlaubsüberschreitung. Bis 1826 Bibliothekar in Erlangen; ging dann in freiwilliger Verbannung für immer nach Italien, wo er in Neapel mit Kopisch, in Rom mit Waiblinger verkehrte. Seit 1828 kleine Pension von Ludwig I. von Bayern; 1832/33 und 1834 vorübergehend wieder in München, 1834/35 in Florenz, von wo er vor der Cholera floh. Starb am Fieber in Syrakus. Grab im Garten der Villa Landolina. – Lyriker der Nachromantik von großer Formbegabung, meisterhafter Beherrschung strenger antiker, roman. und oriental. Versmaße (Ode, Sonett, Ghasel) und leidenschaftl. Schönheitssuche auf dem Hintergrund innerer Unruhe, Zerrissenheit und pessimist. Grüblertums. Erstrebte e. Verklärung und Überhöhung des Daseins in ästhet. verfeinerter Form. Neben s. klassizist. Lyrik bedeutende polit. satir. Zeitgedichte (u. a. Polenlieder) stimmungsvolle hist. Balladen (›Das Grab im Busento‹) und Romanzen. Weniger erfolgr. in Dramen wie s. von Aristophanes beeinflußten satir. Literaturkomödien gegen die Schicksalstragödie (›Die verhängnisvolle Gabel‹) und romant. Veräußerlichung (›Der romantische Ödipus‹). Auch Versepiker u. Historiker.

W: Ghaselen, 1821; Lyrische Blätter, 1821; Vermischte Schriften, 1822; Neue Ghaselen, 1823; Schauspiele, II 1824–28; Sonette aus

Venedig, 1825; Die verhängnisvolle Gabel, Lsp. 1826; Gedichte, 1828 (verm. 1834); Der romantische Ödipus, Lsp. 1829; Die Liga von Cambrai, Dr. 1833; Geschichten des Königreichs Neapel 1414–43, Abh. 1833; Die Abassiden, Ep. 1835; Gedichte aus dem ungedruckten Nachlasse, 1839, verm. 1841; Dramat. Nachlaß, hg. E. Petzet, 1902 (n. 1968); Poet u. lit. Nachlaß, hg. J. Minckwitz II 1852. – GW, 1839, VII 1843–52; SW, hkA. hg. M. Koch u. E. Petzet XII 1910, n. VI 1969; Wke, hg. K. Wölfel, J. Link II 1982ff.; Tagebücher, hg. G. v. Laubmann u. L. v. Scheffler II 1896–1900, n. 1969; Briefwechsel, hg. L. v. Scheffler u. P. Bornstein IV 1911–31, n. 1973.
L: P. Besson, Paris 1894; M. Koch, P.s Leben und Schaffen, 1909; H. Renck, P.s polit. Denken und Dichten, 1910; R. Schlösser, II 1910–13; G. Gabetti, P.e la bellezza come ideale morale, Genua 1916; K. Steigelmann, P.s Ästhetik, 1925; H. F. Dollinger, P.s Antlitz, 1927; H. Jobst, Über d. Einfluß d. Antike auf d. Dichtung P.s, 1928; H. L. Stoltenberg, P.s Oden u. Festgesänge, 1929; V. Jirát, P.s Stil, Prag 1933; W. Heuß, P.s dramat. Werk, 1935; Gedächtnisschrift d. Univ.bibl. Erlangen, hg. E. Stollreither 1936; H. H. Lewald, P.s geistiges Bild, Diss. Köln 1958; J. Link, Artist. Form u. ästhet. Sinn in P.s Lyrik, 1971; H.-J. Teuchert, P. i. Dtl., 1980; Bibl.: F. Redenbacher, ²1972.

Platter, Felix, 28. 10. 1536 Basel – 28. 7. 1614 ebda.; Sohn des Schriftstellers Thomas P.; Stud. in Basel und Montpellier; 1571 Prof. der Medizin und Stadtarzt in Basel; Begründer der Anatomie und des botan. Gartens ebda. – Erzähler, bes. von Reiseberichten (nach Sigmaringen 1577, Stuttgart 1596, Hechingen 1598). Lyriker und Autobiograph.
A: Lebensbeschreibung, hg. A. Fechter 1840 (n. H. Boos 1878, H. Kohl 1913).
L: R. Hunziker, Diss. Basel 1939; J. Karcher, 1949.

Platter, Thomas (der Ältere), 10. 2. 1499 Grächen b. Visp/Wallis – 26. 1. 1582 Basel, Sohn armer Eltern; zuerst Ziegenhirt; durchzog Dtl. als fahrender Schüler; war Seilergehilfe in Basel; Stud. ebda.; 1529 Teilnahme am Kappelerkrieg auf protestant. Seite; Gymnasiallehrer in Basel; später Korrektor in e. Buchdruckerei und

Landwirt; Prof. für Hebr. an der Univ., dann für Griechisch am Pädagogium Basel; 1535 Besitzer e. Buchhandlung und Druckerei ebda.; 1541–78 Leiter der städt. Schule. – Humanist. Gelehrter. S. anschaul. Selbstbiographie, e. der bedeutendsten des 16. Jh., ist kulturhist. von großem Wert. Verschollen ist das Drama ›Der Wirt zum dürren Ast‹.
A: Lebensbeschreibung, hg. A. Fechter 1840 (n. H. Boos 1878, H. Kohl 1912, W. Muschg 1944); Briefe an s. Sohn Felix, hg. A. Burckhardt 1890.
L: A. L. Schnidrig, 1955; R. A. Houriet, Bex 1960.

Pleier, Der, mhd. Dichter, 13. Jh., aus der Grafschaft Pleien bei Salzburg; wohl Fahrender ritterl. Herkunft. – Schrieb in der Tradition des höf. Epos zwischen 1260 und 1280 drei umfangr., stilist. einfache Reimerzählungen aus dem Kreis der Artussage; Epigone Strickers, Hartmanns, Gottfrieds, Wolframs u. a.
A: Garel vom blühenden Tal, hg. M. Walz 1892, W. Herles 1981; Tandareis und Flordibel, hg. F. Khull 1885; Meleranz, hg. K. Bartsch, BLV 60, 1861, n. 1974.
L: J. L. Riordan, The Pleier's Place in the German Arthurian Lit., Diss. Univ. of California 1944; A. Wolff, Diss. München 1967; P. Kern, D. Artusromane d. P., 1981.

Plenzdorf, Ulrich, * 26. 10. 1934 Berlin, Arbeitersohn; 1954/55 Stud. Philos. Leipzig, 1955–58 Bühnenarbeiter bei der Defa, 1958/59 Wehrdienst, 1959–63 Stud. Filmhochschule, seit 1963 Szenarist bei der Defa; lebt in Ostberlin. – Drehbuchautor und Erzähler e. das Verhältnis Individuum-Gesellschaft im Sozialismus problematisierenden mod. Werther-Paraphrase im schnoddrigen Beat-Jargon.
W: Die neuen Leiden des jungen W., R. 1973 (auch Dr.); Die Legende von Paul und Paula, Drehb. 1974; Karla, Filmtexte 1978; Legende

vom Glück ohne Ende, R. 1979; Gutenacht-geschichte, E. 1983; Kein runter, kein fern, E. 1984; Buridans Esel. Legende vom Glück ohne Ende, Drr. 1986; Filme, Drehbb. 1986. *L:* A. Flaker, Modelle d. Jeans-Prosa, 1975; I. H. Reiss, U. P.s Gegen-Entwurf zu Goethes ›W.‹, 1977; P.s ›N. L. d. j. W.‹, hg. P. J. Brenner 1982; S. Mews, 1984.

Plessen, Elisabeth Gräfin, * 15. 3. 1944 Sierhagen/Holst.; aus altem Adelsgeschlecht, Jugend auf Schloß Sierhagen, Stud. Germanistik Berlin, 1971 Dr. phil., lebt ebda. – Autobiogr. getönte Prosa der Auseinandersetzung mit Adel und Herkunft und der Ichfindung.
W: Fakten und Erfindungen, Diss. 1971; Mitteilung an den Adel, R. 1976; Kohlhaas, R. 1979; Zu machen, daß ein gebraten Huhn aus der Schüssel laufe, Prosa 1981; Stella Polare, R. 1984.

Pleyer, Wilhelm, 8. 3. 1901 Eisenhammer b. Kralowitz/Böhmen – 14. 12. 1974 Starnberg; Sohn e. Hammerschmieds; Obergymnas. Duppau b. Karlsbad; Stud. Philos., Geschichte, Philol. und Kunstgesch. Dt. Universität Prag; 1924–26 Redakteur der Zss. ›Rübezahl‹ und ›Norden‹. 1926–29 Gaugeschäftsführer der Dt. Nationalpartei in der Tschechoslowakei; 1929 Dr. phil.; 1929–43 Schriftleiter des ›Gablonzer Tageblatts‹, des ›Reichenberger Tagesboten‹ und der ›Sudetendt. Monatshefte‹. 1945 Flucht nach Süddtl.; von den Amerikanern an die Tschechoslowakei ausgeliefert; dort 1 Jahr im Gefängnis und Lazarett; 1947 nach Bayern abgeschoben; seitdem in Söcking b. Starnberg. – Völkisch bestimmter, im Dritten Reich sehr erfolgr. Erzähler und Lyriker. S. ersten Gedichte und Romane waren leicht-humorvoll; später polit.-kämpferisch, von sudetendt. Interessen geleitet. Einige s. Grenzlandromane tragen au-

tobiograph. Züge. Im Vordergrund des Nachkriegswerks stehen deutschnationale Tendenzen und die Interessen der Heimatvertriebenen aus dem Sudetenland.
W: Jugendweisen, G. 1921; Till Scheerauer, R. 1932 (bearb. u. d. T. Tal der Kindheit, 1940, Wege der Jugend, 1959, u. Der Heiniweg, 1952); Deutschland ist größer!, G. 1932; Der Puchner, R. 1934; Die Brüder Tommahans, R. 1937; Im Gasthaus zur deutschen Einigkeit, En. 1937; Das Abenteuer Nikolsburg, En. 1944; Wir Sudetendeutschen, Ess. 1949; Dennoch, G. 1951; Spieler in Gottes Hand, R. 1951 (auch u. d. T. Das Spiel von Rottenberg); Aber wir grüßen den Morgen, Aut. 1953; Hirschau und Hockewanzel, Schw.-Slg. 1957; Aus Winkeln und Welten, En. 1962.
L: W. Wien, 1939; V. Karell, 1962.

Plievier, Theodor (urspr. Ps. Plivier), 12. 2. 1892 Berlin – 12. 3. 1955 Avegno/Schweiz; Sohn e. Arbeiters, aus kinderreicher Familie; mußte schon mit 12 Jahren selbst für s. Unterhalt sorgen; verließ 1909 s. Elternhaus und vagabundierte durch Dtl., Österr.-Ungarn, Rußland und die Niederlande; 1914–18 in der Kriegsmarine; Teilnahme am Matrosenaufstand in Wilhelmshaven; Redakteur des Organ des Soldatenrats; Fischer, Anstreicher, Barmixer, Viehtreiber und Goldwäscher in Südamerika, auch Koch in e. Kupfermine und Sekretär des dt. Vizekonsuls in Pisagua; in Dtl. Publizist, Redner und Übersetzer; 1933 Emigration über Prag, Schweiz, Paris und Schweden nach Moskau; Angehöriger des Nationalkomitees ›Freies Deutschland‹. kam 1945 mit der Roten Armee nach Dtl. zurück; ging zuerst nach Berlin, später nach Weimar, dort Vorsitzender des ›Kulturbunds zur demokrat. Erneuerung Deutschlands‹ und Lizenzträger des Kiepenheuer-Verlags; 1947 Übersiedlung nach Wallhausen am Bodensee; zuletzt in Avegno bei Lugano. – Typ. sozialist. Erzähler der Neuen Sachlichkeit mit weitverbreiteten Tatsachenromanen zwischen Reportage und ep. Dichtung aufgrund eigenen Erlebens oder dokumentar. Angaben. In alle Kultursprachen übersetzt wurde s. Romantrilogie über Hitlers Feldzug im Osten (Stalingrad – Moskau – Berlin), e. realist. Chronik der Kämpfe des 2. Weltkriegs in Rußland, s. Katastrophen und den dt. Zusammenbruch, aufgebaut auf Augenzeugenberichten und Aufzeichnungen beider Gegner. In den früheren Romanen Darstellung des Seekriegs 1914–18.

W: Des Kaisers Kulis, R. 1929 (Neufassg. 1949; Dr. 1930); Zwölf Mann und ein Kapitän, Nn. 1929; Haifische, K. (1930); Der Kaiser ging, die Generäle blieben, R. 1932; Der 10. November 1918, R. 1935; Die Seeschlacht am Skagerrak, Dr. (1935); Das große Abenteuer, R. 1936; Im Wald von Compiègne, E. 1939; Das Tor der Welt, E. 1942; Der Igel, E. 1942; Stalingrad, R. 1945; Im letzten Winkel der Erde, R. 1946; Haifische, R. 1946; Eine deutsche Novelle, 1947; Das gefrorene Herz, En. 1947; Der Seefahrer Wenzel und die Töchter des Casa Isluga, R. 1951; Moskau, R. 1952; Berlin, R. 1954. – Wke, 1981ff.
L: H. Wilde, 1965 (m. Bibl.); D. H. Sevin, Individuum u. Staat, 1972; Bibl.: H.-H. Müller u. a. 1987.

Pludra, Benno, ＊1. 10. 1925 Mückenberg/Lausitz; 1942 Seemannsschule Hamburg, 1946 Neulehrerkurs Riesa, 1948 Stud. Germanistik, Gesch. u. Kunstgesch. Halle u. Berlin, 1950 Journalist u. Redakteur; seit 1952 freier Schriftsteller in Potsdam-Nedlitz. – Sozialist. Erzähler optimist. Kinder- u. Jugendbücher, z. T. mit Einbeziehung gesellschaftspolit. Gegenwartskonflikte; später mehr exot.-abenteuerl. Thematik. Betont die natürl. Entstehung sozialen Verhaltens aus der aktiven Lebenseinstellung von Kindern.

W: Sherrif Teddy, R. 1956; Haik und Paul, E. 1956; Lütt Matten und die weiße Muschel, E. 1963; Die Reise nach Sundevit, E. 1965; Tambari, R. 1969; Insel der Schwäne, E. 1980; Das Herz des Piraten, R. 1986.

Pocci, Franz Graf von, 7. 3. 1807 München – 7. 5. 1876 ebda.; Sohn eines Generalleutnants und Oberhofmeisters und einer bekannten bildenden Künstlerin; 1825–28 Stud. Jura Landshut und München; Akzessist ebenda; 1830 Zweiter Zeremonienmeister Ludwigs I. von Bayern; begleitete den König und den Kronprinzen Maximilian auf mehreren Reisen nach Italien; 1834 ∞ Gräfin Albertine von Marschall; 1847 Hofmusikintendant; 1854 Dr. phil. h. c.; 1863 Oberzeremonienmeister; 1864 Oberstkämmerer. – Vielseit. talentierter Dichter, Zeichner und Musiker der Spätromantik. Vf. zahlr. Märchen, Lieder, Marionetten- und Schattenspiele, bes. Puppenkomödien für das Kasperltheater und kurze Kindergeschichten in den ›Münchener Bilderbogen‹ meist mit eigenen Illustrationen. Bekannt auch durch s. Illustration fremder Werke.

W: Märchen, III 1837–39; Dichtungen, 1843; Alte und neue Jägerlieder, 1843 (m. F. v. Kobell); Alte und neue Studentenlieder, 1845; Alte und neue Kinder-Lieder, 1852 (m. K. v. Raumer); Neues Kasperltheater, 1855; Gevatter Tod, Dr. 1855; Der Staatshämorrhoidarius, Sat. 1857; Lustiges Komödienbüchlein, VI 1859–77; Der Karfunkel, Dr. 1860; Der wahre Hort, Dr. 1864; Herbstblätter, 1867. – Sämtl. Kasperl-Komödien, hg. E. Schmidt III 1909; Ausw. M. Kesting 1965, L. Krafft 1970, M. Nöbel 1977 u. 1981.
L: H. Holland, 1890; A. Dreyer, 1907; G. Schott, Diss. Mchn. 1911; F. Wolter, 1925; A. Lucas, Diss. Münster 1929; Bibl.: F. Graf v. P., 1926.

Poche, Klaus (Ps. Nikolaus Lennert, Georg Nikolaus), ＊18. 11. 1927 Halle; Schriftsteller und Drehbuchautor in Ost-Berlin, seit 1979 in der BR. – Erzähler mit anfangs sozialist. Themen, dann zunehmend individuellen menschl.-seel. Problemen.

W: Der Zug hält nicht im Wartesaal, R. 1965; Atemnot, R. 1978.

Podewils, Sophie Dorothee Gräfin, 16. 2. 1909 Bamberg – 5. 10. 1979 Starnberg; lebte auf Schloß Schweißung/Sudeten, dann Schloß Hirschberg b. Weilheim/Obb. und Eberfing/Rotsee. – Schrieb formstarke und sensible Gedichte und feinsinnige, oft hintergründige Erzählungen und Romane sowie Essays.

W: Die geflügelte Orchidee, R. 1941; Wanderschaft, R. 1948; Spur der Horen, G. 1948; Reiter in der Christnacht, E. 1949; Der Dunkle und die Flußperle, E. 1950; Die Hochzeit, E. 1955; Physis und Physik, Ess. 1959; Schattengang, R. 1982.

Pörtner, Paul, 25. 1. 1925 Wuppertal-Elberfeld – 16. 11. 1984 München; Wehrdienst u. Kriegsverwundung, 1 Jahr Krankenhausaufenthalt; Theatertätigkeit in Wuppertal u. Remscheid, 1951–58 Stud. Germanistik, Romanistik u. Philos. Berlin, daneben versch. Berufe, seit 1958 freier Schriftsteller in Zürich, dann München. – Experimentierfreudiger Dramatiker, Hörspielautor u. Erzähler. Begann mit Lyrik, schrieb dann neben formal durchgebildeteren Schauspielen vor allem das Publikum aktiv einbeziehende, variable sog. ›Mitspiele‹, in denen e. einfaches Szenarium, festgelegte Charaktere u. Requisiten als Absprungbasis zum Improvisieren dienen. Als Erzähler von beachtl. Sprachphantasie zwischen den Extremen sich verselbständigender burlesker Wortkaskaden u. genauer Wiedergabe ›gängiger‹ umgangssprachl. Versatzstücke, Klischees, Redensarten zur entlarvenden Kennzeichnung der Mentalität u.

sprachspieler. Unverbindlichkeit. Ferner theoret. Schriften, bes. zur Theaterpraxis, u. Übss. (A. Jarry, J. Tardieu, A. Frénaud).

W: Lebenszeichen, G. 1956; Wurzelwerk, G. 1960; Variationen für zwei Schauspieler, Dr. (1960); Sophie Imperator, Dr. (1961); Mensch Meier, Dr. (1961); Tobias Immergrün, R. 1962; Drei, Dr. (1962); Die Sprechstunde, H. (1963); Scherenschnitt, Dr. 1964; Kreisverkehr, H. (1964); Gestern, R. 1965; Entscheiden Sie sich!, Dr. (1965); Der Spielautomat, Dr. (1967); Evokationen, H. (1967); Einkreisung eines dicken Mannes, En. 1968; Mascha, Mischa und Mai, Dr. (1968); Was sagen Sie zu Erwin Mausz?, H. 1968; Test Test Test, Dr. (1972); Spontanes Theater, Ess. 1972; Polizeistunde, Dr. (1974).

Poethen, Johannes, *13. 9. 1928 Wickrath/Niederrhein; in Köln, Schwaben und Bayern aufgewachsen; Stud. Germanistik Tübingen; freier Schriftsteller in Hirschau b. Tübingen, Mitarbeiter des Süddt. Rundfunks in Stuttgart. – Formreicher Lyriker mit Neigung zum Myth.-Traumhaften, bisweilen kindl.-spieler., häufiger ins Abstrakte ausweichend.

W: Lorbeer über gestirntem Haupt, G. 1953; Risse des Himmels, G. 1956; Stille im trockenen Dorn, G. 1958; Ankunft und Echo, G. 1961; Gedichte, 1963; Wohnstatt zwischen den Atemzügen, G. 1966; Kranichtanz, Ber. 1967; Im Namen der Trauer, G. 1969; Aus der unendlichen Kälte, G. 1970; Gedichte 1946–1971, 1973; Rattenfest im Jammertal, G. 1976; Der Atem Griechenlands, Ess. 1977; Ach Erde du alte, G. 1981; Auch diese Wörter, G. 1985; Urland Hellas, Prosa 1987.

Pohl, Gerhart, 9. 7. 1902 Trachenberg/Schlesien – 15. 8. 1966 Berlin; Sohn e. Sägewerkbesitzers; Gymnas. Breslau; Jugendbewegung; Stud. Germanistik Breslau und München; Verlagslektor in Berlin; 1923–30 Hrsg. der kulturpolit. Kampfzs. ›Die neue Bücherschau‹. Reisen in die Mittelmeerländer; 1932 freier Schriftsteller in Wolfshau/Riesengebirge; 1945 kommissar. Bürgermeister ebda.; Freund G. Hauptmanns. 1946–50 Lektor in Ost-Berlin, dann in West-Berlin. – Erzähler, Dramatiker und Essayist. S. Romane und Erzählungen behandeln meist menschl. Probleme und haben häufig s. schles. Heimat als Hintergrund, tragen teilweise auch autobiograph. Züge.

W: Partie verspielt, En. 1929; Kampf um Kolbenau, Dr. (1930); Kuhhandel, K. (1932); Der Ruf, E. 1934; Die Brüder Wagemann, R. 1936; Sturz der Göttin, E. 1938; Der verrückte Ferdinand, R. 1939; Schlesische Geschichten, 1942; Die Blockflöte, R. 1948 (u. d. T. Harter Süden. 1957); Bin ich noch in meinem Haus?, Hauptmann-B. 1953; Engelsmasken, En. 1954; Fluchtburg, R. 1955; Wanderungen auf dem Athos, Reiseb. 1960; Südöstliche Melodie, Prosa 1963.

L: W. Hofmann, 1962 (m. Bibl.).

Polder, Markus → Krüss, James

Polenz, Wilhelm von, 14. 1. 1861 Schloß Obercunewalde/Oberlausitz – 13. 11. 1903 Bautzen; Sohn e. sächs. Kammerherrn und Klostervogts; Gymnas. Dresden, dann Militärdienst; Stud. Jura Berlin, Breslau und Leipzig; Gerichtsreferendar in Dresden; Verlobung mit e. Engländerin; schied aus dem Staatsdienst, widmete sich danach bes. der Lit.; Stud. Geschichte Berlin und Freiburg; erwarb das Rittergut Leuba; Übersiedelung auf s. Stammschloß Obercunewalde; lebte sommers ebda., winters in Berlin; mehrere Reisen, 1902 in die USA. – Ursprüngl. vom Naturalismus, Zola u. Tolstoj beeinflußter Erzähler und Dramatiker der Heimatkunst mit starkem psycholog. und sozialem Einfühlungsvermögen; zeigt in s. kultur- und sozialkrit. Romanen bäuerl. Leben, Schicksal und wirtschaftl. Not der Gründerjahre. Anschaul., lebensechte und in ihrer erbarmungslosen Wahrheit ergreifende Zeitbilder, bes. in s. Hauptwerk ›Der

Büttnerbauer‹ vom Untergang e. Bauerngeschlechts.

W: Sühne, R. II 1890; Die Versuchung, St. 1891; Heinrich von Kleist, Dr. 1891; Preußische Männer, Dr. (1891); Die Unschuld, Nn. 1892; Der Pfarrer von Breitendorf, R. III 1893; Karline, Nn. u. G. 1894; Der Büttnerbauer, R. 1895; Reinheit, N. 1896; Der Grabenhäger, R. II 1897; Andreas Bockholdt, Tr. 1898; Thekla Lüdekind, R. II 1899; Heimatluft, Dr. (1900); Liebe ist ewig, R. 1901; Junker und Fröhner, Tr. 1901; Wurzellocker, R. II 1902; Das Land der Zukunft, Reiseber. 1903; Erntezeit, G. 1904; Glückliche Menschen, R.-Fragm. 1905. – GW, hg. A. Bartels X 1909.

L: H. Ilgenstein, 1904; A. Bartels, 1909; E. v. Mach, 1912; W. Tholen, Diss. Köln 1924; H. Krause, Diss. Mchn. 1937; M. Salyámosy, Budapest 1985.

Polgar, Alfred, 17. 10. 1873 Wien – 24. 4. 1955 Zürich; Sohn e. Musiklehrers und Komponisten; Klavierbauerlehre; schrieb dann Gerichts- u. Parlamentsberichte und Theaterkritiken in Wien; ab 1925 Theaterkritiker für die ›Weltbühne‹ und das ›Tagebuch‹ in Berlin; 1933–38 wieder in Wien, dann in der Schweiz und Frankreich; 1940 Emigration von Paris über Spanien in die USA; am. Staatsbürger, lebte in New York; nach dem Kriege mehrere Europareisen. – Meister der feingeschliffenen kleinen Prosa u. als lebensbejahender Moralist hervorragender Satiriker. Vf. treffender lit.- u. kulturkrit. Skizzen, Essays u. Kritiken, auch geistvoller gesellschaftskrit. Novellen und Lustspiele.

W: Der Quell des Übels, Nn. 1908; Goethe im Examen, Lsp. 1908 (m. E. Friedell); Bewegung ist alles, Nn. u. Sk. 1909; Soldatenleben im Frieden, Lsp. 1910 (m. E. Friedell); Hiob, Nn. 1912; Kleine Zeit, Ess. 1919; Gestern und Heute, Nn. 1922; An den Rand geschrieben, Ess. 1926; Orchester von oben, Ess. 1926; Ja und Nein, Krit. IV 1926 f. (hg. W. Drews 1956); Ich bin Zeuge, Ess. 1928; Schwarz auf Weiß, Ess. 1929; Hinterland, Ess. 1929; Bei dieser Gelegenheit, Ess. 1930; Die Defraudanten, K. 1931 (nach V. Kataev); Ansichten, 1933; In der Zwischenzeit, Ess. 1935; Der Sekundenzeiger, Ess. 1937; Handbuch des Kritikers, 1938; Geschichten ohne Moral, Ausw. 1943; Im Vorübergehen, Ausw. 1947; Andererseits, En. (Ausw.) 1948; Begegnung im Zwielicht, En. 1951; Standpunkte, Sk. 1953; Im Lauf der Zeit, En. 1954. – Fensterplatz, Ausw. 1959; Auswahl, 1968; Bei Lichte betrachtet, Ausw. 1970; Kleine Schrr., VI 1982–86; Lieber Freund, Br. 1981. *L*: R. Schwedler, Diss. Hbg. 1973; U. Weinzierl, Er war Zeuge, 1977 u. 1985; E. Philippoff, 1980; U. Weinzierl, 1985.

Pontanus, Jacobus (eig. Jakob Spanmüller), 1542 Brüx/Böhmen – 25. 11. 1626 Augsburg; 1564 Eintritt in den Jesuitenorden in Prag; Stud. Prag und 1566 Dillingen; seit 1581 Gymnasiallehrer in Augsburg. – Humanist. geschulter Dichter und Jesuitendramatiker. Schrieb Gedichte in lat. und griech. Sprache unter Stileinfluß Vergils und Ciceros; schrieb Schuldramen, bes. Tragödien, und rhetor. Werke. Von bes. Bedeutung sind s. Poetik, bes. des Jesuitendramas, und s. Schulbücher, die für den Unterricht in großen Teilen Europas viele Jahrzehnte lang Verwendung fanden. S. ›Progymnasmata‹ in klass. Sprache wurden noch im 18. Jh. in kath. wie in ev. Schulen benutzt. S. daneben zusammengestellten Geschichten sind eher als Anekdoten denn als Fazetien zu betrachten.

W: Progymnasmata latinitatis sive dialogi, IV 1588–94; Poeticarum institutionum libri III, 1594 (enth. auch die Dramen).

Ponten, Josef, 3. 6. 1883 Raeren b. Eupen – 3. 4. 1940 München; Sohn e. Bauunternehmers bäuerl. Abkunft; Stud. Architektur, Kunstgeschichte, Philos., Geschichte und Geographie in Genf, Bonn, Berlin und Aachen; Dr. phil; ⚭ 1908 Julia Freiin von Broich; Kraftfahrer im 1. Weltkrieg; von früher Jugend an häufig auf Reisen: Griechenland, Italien, Rußland, Afrika und Amerika;

Journalist, ab 1920 freier Schriftsteller in München. – Temperamentvoller Erzähler u. Reiseschriftsteller. Baut s. Werke auf wiss. Erfahrung und starkem ästhet. Empfinden auf; vor allem die Landschaftsbeschreibungen zeigen neben geograph. Sachkenntnis reiche künstler. Gestaltungskraft. Zeigte in s. Frühwerk Interesse an psycholog. Problemen junger Menschen; wandte sich dann der Geschichte der Kulturmächte und deren Auseinandersetzungen zu, bes. dem Auslanddeutschtum. Stilist. Entwicklung vom Expressionismus zu e. sachl. Realismus.

W: Jungfräulichkeit, N. 1906; Siebenquellen, R. 1909; Peter Justus, R. 1912; Griechische Landschaften, II 1914 (Neufassg. 1924); Der babylonische Turm, R. 1918; Die Insel, N. 1918; Die Bockreiter, N. 1919; Der Meister, N. 1919; Salz, R. II 1921 f.; Studien über A. Rethel, 1922; Der Gletscher, N. 1923; Der Urwald, N. 1924; Die Studenten von Lyon, R. 1928; Europäisches Reisebuch, 1928; Seine Hochzeitsreise, N. 1930; Volk auf dem Wege, R. VI 1933–42; Landschaft, Liebe, Leben, Nn. 1934 (m. Aut.); Novellen 1937. *L*: W. Schneider, 1924; F. M. Reifferscheidt, 1925; N. Adler, Diss. Bonn 1939; M. Hockauf, Diss. Wien 1939; J. P. v. Broich, 1941; J. W. Dyck, Diss. Ann Arbor 1957.

Pontus und Sidonia → Eleonore von Österreich

Poot, Linke → Döblin, Alfred

Popp, Augustin → Waldeck, Heinrich Suso

Poss, Alf, ✱ 2. 8. 1936 Ulm, 1957/ 58 Stud. Philos. New York University, 1959–63 Stud. Publizistik Hochschule für Gestaltung Ulm, 1964 am Lit. Colloquium Berlin, lebt in München. – Vf. von Spieltexten ohne Fabel oder individualisierte Charaktere aus teils grotesken, teils monotonen Ritualen u. Wortlitaneien, die in reale

Handlung mit Schockwirkung münden. Auch Hörspiel, ›Action Prosa‹ u. Übs. (G. B. Shaw).

W: Eine Sprecherin und zwei Sprecher, H. (1969); Zwei Hühner werden geschlachtet, Dr. 1969; Hinausgeschwommen, Prosa 1970; Wie ein Auto funktionierte, Dr. (1972).

Postel, Christian Heinrich, 11. 10. 1658 Freiburg/Hadeln – 22. 3. 1705 Hamburg; Predigerssohn; kam 1675 nach Hamburg; 1680–83 Stud. Jura in Leipzig und Rostock; bereiste England, Frankreich, Italien und die Niederlande; Advokat in Hamburg. – Beliebter Dichter von Operntexten; Hauptvertreter der Hamburger Operndichtung; im Geschmack s. Zeit; bemüht um klare, verständl. Sprache. Bedeutend s. nationales Heldenepos.

W: Die heilige Eugenia, Op. 1688; Kain und Abel, Op. 1689; Xerxes in Abydos, Op. 1689; Die schöne und getreue Ariadne, Op. 1691; Der große König der afrikanischen Wenden, Gensericus, Op. 1693; Der königliche Prinz aus Polen, Sigismundus, Op. 1693; Der wunderbar vergnügte Pygmalion, Op. 1694; Medea, Op. 1695; Gemütsergötzung, Epigr. 1698; Die listige Juno, Ep. 1700; Der große Wittekind, Ep., hg. C. F. Weichmann 1724.
L: S. Olsen, Amsterd. 1973; Bibl.: dies., Amsterd. 1974.

Posthius, Johann, 15. 10. 1537 Germersheim – 24. 6. 1597 Mosbach; Stud. Medizin Heidelberg; Dr. med.; Reisen durch Frankreich und Italien; Feldarzt Herzog Albas in den Niederlanden; Stadtarzt in Würzburg; Leibarzt des Fürstbischofs Julius Echter von Mespelbrunn; 1585 in Heidelberg Lehrer des jungen Kurfürsten Friedrich IV., später dessen Leibarzt. – Bedeutender neulat. Dichter.

W: Parerga poetica, 1580.

Postl, Karl Anton → Sealsfield, Charles

Prechtler, Otto (eig. Johann Jakob P.), 21. 1. 1813 Grieskirchen/Oberösterr. – 6. 8. 1881 Innsbruck; Stud. Philos. und Geschichte Linz und Wien; Beamter; 1856–66 Grillparzers Nachfolger als Archivdirektor im Finanzministerium. – Lyriker und Epiker der klass.-romant. Richtung. Als Dramatiker Epigone Grillparzers und Halms.

W: Dichtungen, 1836; Die Kronenwächter, Dr. (1844); Gedichte, 1844; Die Schule des Königs, Dr. (1844); Das Kloster am See, G. 1847; Ein Jahr in Liedern, G. 1849; Die Rose von Sorrent, Dr. 1849; Zeitlosen, G. 1855; Sommer und Herbst, G. 1870; Zeit-Accorde, G. 1873; Edelweiß, G. 1882.

Preczang, Ernst, 16. 1. 1870 Winsen a. d. Luhe b. Hamburg – 22. 7. 1949 Sarnen/Schweiz; Proletarierkind; Buchdrucker; 1924 Mitbegründer, dann Cheflektor der ›Büchergilde Gutenberg‹. 1933 Emigration in die Schweiz. – Sozialist. Erzähler, Lyriker und Dramatiker von einfacher Sprache.

W: Sein Jubiläum, Dr. 1897; Der verlorene Sohn, Dr. 1900; Im Strom der Zeit, G. 1908, erw. 1929; Der leuchtende Baum, Nn. 1925; Zum Lande der Gerechten, R. 1928; Ursula, R. 1931; Steuermann Padde, R. 1940; Ausw., hg. H. Herting 1969.

Preissler, Helmut, * 16. 12. 1925 Cottbus; Lehrer ebda., 1955–57 Stud. Lit.institut J. R. Becher Leipzig, 1958 Kulturarbeit im Eisenhüttenkombinat Ost; 1965 Mitarbeiter am Kleisttheater Frankfurt/O., 1967 Redakteur der ›Neuen Dt. Lit.‹ in Ost-Berlin. – Sozialist. Lyriker mit Songs, Kantaten, Agitprop-Versen u. bes. didakt. Erzählgedichten: Einfluß Brechts. Auch Funk- u. Bühnenautor.

W: Stimmen der Toten, G. 1957; Stimmen der Lebenden, G. 1958; Stimmen aus den Brigaden der sozialistischen Arbeit, G. 1960; Stimmen der Nachgeborenen, G. 1961; Sommertexte, G. 1968; Glück soll dauern, G. 1971; Gedichte, 1973; Erträumte Ufer, G. 1979.

Prellwitz, Gertrud, 5. 4. 1869 Tilsit – 13. 9. 1942 Oberhof/ Thür.; Kindheit in Königsberg; Lehrerin in Schmargendorf u. Woltersdorf b. Erkner/Berlin; Stud. Theologie und Lit. Berlin, dann freie Schriftstellerin, zuletzt in Blankenburg/Harz und Oberhof. – Erzählerin, Dramatikerin und Essayistin. Strebt nach e. Vereinigung der klass. und german. Überlieferung und e. Erneuerung des klass. Stils der Dichtung; setzt sich in Romanen mit der Jugendbewegung auseinander, die sie in relig.-myst. Sinne beeinflußte. Im Spätwerk anthroposoph. Elemente.

W: Oedipus, Tr. 1898; Der religiöse Mensch und die moderne Geistesentwicklung, Ess 1905 (u. d. T. Unsere neue Weltanschauung, 1921); Michel Kohlhas, Tr. 1905; Vom Wunder des Lebens, Ess. 1909; Die Tat!, Dr. 1912; Seine Welt, Lsp. 1912; Der Kaisertraum, Dr. 1916; Weltsonnenwende, Dr. (1919); Drude, R. III 1920–26; Sonne über Deutschland!, R. 1926; Das eigene Ich, R. 1928; Lebensanfänge, Erinn. 1929; Treue, R. 1930; Pfingstflammen, R. 1932.

Preradović, Paula von, 12. 10. 1887 Wien – 25. 5. 1951 ebda.; Offizierstochter, Enkelin von Petar P.; Jugend in Pola an der Adria; von den Englischen Fräulein in St. Pölten erzogen. Bekanntschaft mit E. v. Handel-Mazzetti; weite Reisen; seit 1914 wieder in Wien; 1916 ∞ Gesandtschaftsattaché und Redakteur Dr. Ernst Molden; mit diesem zusammen im Dritten Reich wegen Teilnahme an der Widerstandsbewegung verfolgt. – Natur- und landschaftsverbundene Erzählerin u. Lyrikerin, verbindet südslaw. Musikalität u. Formstrenge; von ihrer engen Bindung an die kath. Glaubenswelt her bestimmt. Verfaßte den Text der neuen österr. Bundeshymne.

W: Südlicher Sommer, G. 1929; Dalmatinische Sonette, 1933; Lob Gottes im Gebirge, G. 1936; Pave und Pero, R. 1940; Ritter, Tod und Teufel, G. 1946; Königslegende, E. 1950; Verlorene Heimat, G. 1951; Die Versuchung des Columba, N. 1951; Schicksalsland, G. 1952. – Ges. Gedichte, III 1951–52; GW, hg. K. Eigl 1967 (m. Bibl.).
L: E. Molden, 1955; R. Vospernik, Diss. Wien 1961.

Presber, Rudolf, 4. 7. 1868 Frankfurt a. M. – 1. 10. 1935 Rehbrücke b. Potsdam; Sohn des Schriftstellers Hermann P.; Gymnasium Frankfurt und Karlsruhe; Stud. Philos., Lit.- und Kunstgesch. Freiburg und Heidelberg; Dr. phil.; Journalist in Frankfurt; 1894–98 Redakteur der ›Frankfurter Zeitung‹; ab 1899 in Berlin; Feuilletonredakteur der ›Post‹, Schriftleiter der ›Arena‹ und der ›Lustigen Blätter‹, Chefredakteur von ›Über Land und Meer‹; später freier Schriftsteller in Berlin. – Sehr fruchtbarer und erfolgr., gewandter, humorvoller Erzähler; auch Dramatiker, Lyriker und Feuilletonist. Bearbeiter der Dramen Calderons.

W: Das Fellahmädchen, Nn. 1896; Von Leutchen, die ich liebgewann, Sk. 1905; Von Kindern und jungen Hunden, Sk. 1906; Die sieben törichten Jungfrauen, E. 1907; Der Tag von Damaskus, Nn. 1913; Mein Bruder Benjamin, R 1919; Der silberne Kranich, R. 1921; Die Fuchsjagd, Lsp. 1924; Die Zimmer der Frau v. Sonnenfels, N. 1924; Haus Ithaka, R. 1926; Der Mann im Nebel, R 1928; Die Witwe von Ephesus, R. 1930; Ein delikater Auftrag, En. 1934; Eine tüchtige Kraft, R. 1934; Ich gehe durch mein Haus, Aut. 1935; Der bunte Kreis, Ausw. 1937.
L: W. Clobes, 1910.

Preußler, Otfried, ✶ 20. 10. 1923 Reichenberg/Böhmen; Lehrer, ab 1963 Volksschulrektor in Rosenheim, 1970 Schriftsteller in Bayern. – Vf. erfolgr. Kinderbücher mit entmythologisierender Darstellung slaw. u. dt. Sagenthemen. Daneben Hörspielbearbeitungen, Laienspiele für Kinder, Fernseh-Puppenfilme u. Übs.

W: Der kleine Wassermann, Kdb. 1956; Die kleine Hexe, Kdb. 1957; Bei uns in Schilda, Kdb. 1958; Thomas Vogelschreck, Kdb. 1959; Der Räuber Hotzenplotz, Kdb. 1962; Das kleine Gespenst, Kdb. 1966; Die Abenteuer des starken Wanja, Kdb. 1968; Krabat, Jgb. 1971; Neues vom Räuber Hotzenplotz, Kdb. 1972; Hotzenplotz 3, Kdb. 1973; Die Flucht nach Ägypten, R. 1978; Hörbe und sein Freund Zwottel, Kdb. 1983.
L: O. P. z. 50. Geb., hg. H. Pleticha 1973; D. Larese, hg. 1975.

Printz, Wolfgang Caspar, 1641 Waldthurn/Oberpfalz – 1717 Sorau; Stud. Theol., dann Musiker in Österreich, Ungarn, Italien, Schlesien, 1665 Kantor in Sorau. – Erzähler von Musikerromanen in der Tradition Grimmelshausens und des Schelmenromans. Auch Satiren und Musikgesch.

W: Musicus Vexatus, R. 1690; Historische Beschreibung der edelen Sing- und Klingkunst, Schr. 1690; Musicus Magnanimus, R. 1691; Musicus Curiosus, R. 1691. – AW, hg. H. K. Krausse III 1974 ff.

Procopius von Templin, um 1609 Templin/Mark Brandenburg – 22. 11. 1680 Linz/Donau; aus protestant. Bürgerfamilie wurde Katholik, 1628 Kapuziner in Raudnitz, Wien, Znaim, Budweis, Passau u. a. O.; 1651 in Rom. – Bedeutender Kanzelredner und geistl. Liederdichter.

W: Mariae Hilf Ehrenkränzlein, G. 1642; Mariae Hilf Lobgesang, G. 1659; Gnadenlustgarten, G. 1661; Lignum vitae, Pred. 1665; Homo bene moriens, G. 1666; Eucharistiale, 1666; Mariale, 1667; Sanctorale, 1667; Paschale Pentecostale, II 1667–69; Catechismale, VI 1674–79; St. Ehrentraut, G. 1679.
L: V. Gadient, 1912; A. Kober, D. Mariengedichte d. P. v. T., Diss. Münster 1925.

Prutz, Robert Eduard, 30. 5. 1816 Stettin – 21. 6. 1872 ebda.; Kaufmannssohn; Gymnas. Stettin; 1834–38 Stud. Philos., Geschichte und Philol. Berlin, Bres-

lau und Halle; ging 1840 nach Dresden, 1841 nach Halle; 1843–48 Redakteur des ›Lit. Taschenbuchs‹ ebda.; 1845 wegen Majestätsbeleidigung angeklagt, aber begnadigt; kam 1846 nach Berlin; 1847 Dramaturg des Stadttheaters in Hamburg; 1849–59 ao. Prof. der Literaturgeschichte in Halle; 1851 mit Wolfsohn Gründer der Zs. ›Deutsches Museum‹; zuletzt freier Schriftsteller in Stettin. – Stark polit.-sozial tendenziöser Lyriker, Erzähler und Dramatiker. Behandelte in s. Dramen meist hist. Themen; hatte mit s. sozialen Romanen und den meist epigonenhaften patriot. Gedichten wenig Erfolg.

W: Gedichte, II 1841–43; Der Goettinger Dichterbund, Abh. 1840 (n. 1970); Die politische Wochenschule, K. 1845; Geschichte des deutschen Journalismus, 1845 (n. 1971); Das Engelchen, R. III 1851 (n. 1970); Der Musikantenturm, R. III 1855; Oberndorf, R. III 1862; Herbstrosen, G. 1865; Buch der Liebe, G. 1869. – Dramat. Werke, IV 1847–49; Schriften zur Lit. u. Politik, hg. B. Hüppauf 1973; Ausw. H. Kircher, 1975, I. Pepperle 1981.
L: G. Büttner, 1913; R. P.-Gedenkbuch, 1916; E. Hohenstatter, Üb. d. polit. Romane v. R. P., Diss. Mchn. 1918; K. H. Wiese, O.' Ästhetik u. Lit.-Kritik, Diss. Halle 1934; R. Lahme, Z. lit. Praxis bürgerl. Emanzipationsbestrebgn., 1977.

Pückler-Muskau, Hermann Fürst von, 30. 10. 1785 Schloß Muskau/Oberlausitz – 4. 2. 1871 Schloß Branitz b. Kottbus; 1792–96 Herrnhuter Institut Uhyst b. Bautzen, dann Pädagogium Halle; 1801 Stud. Jura Leipzig; 1802 Leutnant im sächs. Garde du Corps in Dresden; nahm 1804 als Rittmeister s. Abschied; bereiste Frankreich und Italien; 1811 durch den Tod s. Vaters Standesherr von Muskau; 1813 als Major in russ. Diensten, wurde Oberstleutnant, Adjutant des Herzogs von Sachsen-Weimar und Gouverneur von Brügge; reiste nach Friedensschluß nach England und erhielt dort erste Anregungen zu den großartigen Gartenanlagen, die er später in Muskau ausführen ließ; ⚭ 1817 e. Tochter des Fürsten Hardenberg; 1822 in den Fürstenstand erhoben; 1827 o/o; extravagante Reisen nach England und Frankreich; 1835 Algerien; 1837 Ägypten, Kleinasien und Griechenland; verkaufte 1845 die Herrschaft Muskau, lebte dann an versch. Orten Italiens und Dtls.; schließl. auf Schloß Branitz. – Vielgelesener, geistreich-eleganter, oft fein iron. Reiseschriftsteller. Hatte erste große Erfolge mit Berichten über s. Reisen nach England, Frankreich und Holland u. d T. ›Briefe eines Verstorbenen‹; schilderte auch alle s. anderen Reisen, doch wurden diese Reisebilder immer schwächer. Berühmt wurden auch die den Muskauer Park beschreibenden ›Andeutungen über Landschaftsgärtnerei‹.

W: Briefe eines Verstorbenen, Tg. IV 1830–32 (n. N. Y./Lond. IV 1968, m. Bibl., II 1986); Andeutungen über Landschaftsgärtnerei, 1834 (n. 1977, Faks. 1987); Tutti Frutti, Schr. V. 1834; Jugend-Wanderungen, 1835; Vorletzter Weltgang von Semilasso, Reiseb. III 1835; Semilasso in Afrika, Reiseb. V 1836; Südöstlicher Bildersaal, III 1840 f.; Aus Mehemed Ali's Reich, Reiseb. III 1844 (n. 1985); Die Rückkehr, Reiseb. III 1846–48; Briefwechsel und Tagebücher, hg. L. Assing IX 1873–76 (n. 1971); Frauenbriefe von u. an P.-M., hg. H. Conrad 1912; Briefe aus d. Schweiz., hg. C. Linsmayer 1981; Liebesbriefe, hg. G. Seitz 1986. – Ein großes Leben, Ausw. 1968.
L: L. Assing, II 1873 f.; I. Gaab, Diss. München, 1922; J. Langendorf-Brandt, 1922; F. Zahn u. R. Kalwa, 1928; E. M. Butler, Lond. 1929; A. Weller, 1933; A. Ehrhard, 1935; L. Weber, Diss. Wien 1949; G. F. Hering, Ein großer Herr, 1968; H Graf v. Arnim, E. Fürst unter d. Gärtnern, 1981.

Püterich von Reichertshausen, Jakob, um 1400 München – 1469 ebda.; Patrizierssohn; 1420 Teil-

nehmer an d. Heerfahrt Siegmunds gegen die Hussiten; bereiste Brabant, Ungarn und Italien; Freundschaft mit Oswald von Wolkenstein, Ulrich Füetrer und Hans Hartlieb; später Landrichter und bayr. Hofrat. – S. wenigen Lieder und Reden gingen verloren, erhalten ist der ›Ehrenbrief‹ (1462) an die Erzherzogin Mechthild zu Rottenburg in der Titurelstrophe, e. wichtige literarhist. Quelle über die in s. Besitz befindl. Bücher (ma. Ritterepen).

A: A. Götte 1899; F. Behrend und R. Wolkan 1920.
L: A. Götte, 1899.

Puganigg, Ingrid (eig. I. Roth-Kapeller), ★ 22. 1. 1947 Gassen/Kärnten; lebt in Hoechst/Vorarlberg. – Erzählerin an der Grenze von profanem Alltag und surrealem Rätsel.

W: Es ist die Brombeerzeit, G. 1978; Fasnacht, R. 1981; La Habanera, R. 1984.

Pulver, Max, 6. 12. 1889 Bern – 13. 6. 1952 Zürich; Apothekerssohn; Stud. in Straßburg, Leipzig u. Freiburg/Br. (Dr. phil.) sowie Psychologie in Paris; 1914–24 freier Schriftsteller in München, zuletzt wieder in der Schweiz. – Neuromant. Schweizer Lyriker, Erzähler, Dramatiker und Übersetzer. Bedeutender Graphologe.

W: Selbstbegegnung, G. 1916; Robert der Teufel, Dr. 1917; Auffahrt, G. 1919; Das große Rad, K. 1921; Die weiße Stimme, G. 1924; Himmelpfortgasse, R. 1927; Symbolik der Handschrift, 1930; Neue Gedichte, 1939; Übergang, G. 1946; Erinnerungen an eine europäische Zeit, 1953.

Pump, Hans W., 9. 3. 1915 Tantow b. Stettin – 7. 7. 1957 Esmarkholm b. Schleswig; Fürsorger in Hamburg. – Sprachl. prägnanter gesellschaftskrit. Erzähler. Gestaltet Schicksale von Alltagsmenschen und deren Erleben der Kriegs- und Nachkriegsjahre unter Betonung des sozialen Moments, oft auch des Hinter- und Abgründigen. Meisterhafte Naturbeschreibung und prägnante Charakteristik. Stilist. Anklänge an W. Faulkner.

W: Vor dem großen Schnee, R. 1956; Die Reise nach Capuascale, R. 1957; Gesicht in dieser Zeit, En. 1958.

Puschmann, Adam Zacharias, 1532 Görlitz – 4. 5. 1600 Breslau; ursprüngl. Schneidergeselle; seit 1555 in Nürnberg; 6 Jahre lang von H. Sachs unterrichtet, in die Sängerzunft als Meistersinger aufgenommen; später Kantor in Görlitz und Privatlehrer in Breslau. – Bedeutender Musiktheoretiker und Historiker des Meistersangs. Schrieb daneben Meisterlieder und e. Komödie.

W: Gründlicher Bericht des Deudschen Meistergesangs, 1571 (hg. R. Jonas 1888), erw. 1584 (hg. G. Münzer 1907, n. 1970); Elogium reverendi viri J. Sachs, 1576; Comedie von dem Patriarchen Jakob, Joseph und seinen Brüdern, 1592; Singebuch, hg. G. Münzer 1907.
L: R. Hahn, Diss. Lpz. 1980; ders., Die löbl. Kunst, Breslau 1984.

Pustkuchen, (-Glanzow), Johann Friedrich Wilhelm, 4. 2. 1793 Detmold – 2. 1. 1834 Wiebelskirchen b. Ottweiler; Lehrerssohn; Stud. Theologie Göttingen; Lehrer, Geistlicher Redakteur und Hrsg. der pädag. Zs. ›Levana‹. – Lyriker und Erzähler ohne größere Bedeutung. Erregte durch s. anonym vor Goethes ›Wanderjahren‹ erschienene christl. Parodie von Goethes ›Wilhelm Meister‹ großes Aufsehen.

W: Die Poesie der Jugend, En. 1817; Wilhelm Meisters Wanderjahre, V. 1821–28 (n. L. Geiger V 1913); Wilhelm Meisters Tagebuch, 1822; Gedanken einer frommen Gräfin, 1822.
L: L. Geiger, Goethe u. P., ²1914.

Puttkammer, Alberta von, geb. Weise, 5. 5. 1849 Groß-Glogau/

Schlesien – 13. 4. 1923 Baden-Baden; ⚭ 1865 Staatssekretär Maximilian v. P.; lebte in Kolmar und Straßburg; ab 1907 in Baden-Baden. – Formvollendete Lyrikerin in der Nachfolge C. F. Meyers; schrieb meist Balladen u. Lieder.

W: Kaiser Otto III., Dr. 1883; Dichtungen, 1885; Accorde und Gesänge, G. 1889; Offenbarungen, G. 1894; Aus Vergangenheiten, G. 1899; Die Ära Manteuffel, 1904 (m. M. v. P.); Jenseits des Lärms, G. 1904; Mit vollem Saitenspiel, G. 1912; Aus meiner Gedankenwelt, Ess. 1913; Mehr Wahrheit als Dichtung, Mem. 1919.

Pyra, Immanuel Jakob, 25. 7. 1715 Kottbus – 14. 7. 1744 Berlin; Sohn e. Advokaten; 1734–38 Stud. Theologie Halle; gründete ebda. e. ›Poetische Gesellschaft‹ mit s. Freund S. G. Lange; lebte bei diesem in Laublingen; Hauslehrer an versch. Orten; 1742 Konrektor am Köllnischen Gymnasium Berlin; geriet 1736 in Streit mit Gottsched, den er scharf angriff. – Unter pietist. Einfluß stehender Lehrdichter, Lyriker und Übs.; Vf. bes. relig.-gefühlsbetonter Dichtungen, in Nachahmung der Antike meist in reimlosen Versen. Im Mittelpunkt s. Werke stehen Gott, Tugend und Freundschaft. In s. Ablehnung e. einseitig rationalist. Dichtkunst Vorläufer Klopstocks.

W: Der Tempel der wahren Dichtkunst, G. 1737; Erweis, daß die Gottschedianische Sekte den Geschmack verderbe, Schr. II 1743 f. (n. 1974); Thirsis und Damons feundschaftliche Lieder, G., hg. J. J. Bodmer 1745 (m S. G. Lange; hg. A. Sauer 1885, n. 1968).
L: G. Waniek, 1882.

Pyrker von Oberwart (Felsö-Eör), Johann Ladislaus, 2. 11. 1772 Lángh b. Stuhlweißenburg/Ungarn – 2. 12. 1847 Wien; Sohn e. Gutsverwalters; Gymnas. Stuhlweißenburg; Stud. in Fünfkirchen; Sekretär e. Adligen in

Italien; trat 1792 in das Zisterzienserstift Lilienfeld/Niederösterr. ein; Stud. Theologie in St. Pölten; 1796 zum Priester geweiht; 1798 Leiter der Stiftsökonomie, dann Stiftskämmerer; 1807–11 Pfarrer in Türnitz; 1812 Abt des Stiftes Lilienfeld; 1818 Bischof von Zips; 1821 Patriarch von Venedig; 1827 Erzbischof von Erlau. – Lyriker und Legendendichter, daneben kraftvoller, patriot.-hist. Dramatiker; Versepiker klassizist. Stils in der Nachahmung Vergils. Weithin von Klopstock abhängig.

W: Historische Schauspiele, 1810; Tunisias, Ep. 1820; Rudolph von Habsburg, Ep. 1825; Bilder aus dem Leben Jesu und der Apostel, 1842 f.; Lieder der Sehnsucht nach den Alpen, G. 1845, verm. 1846. – SW, III 1832–34; Ausw., hg. E. J. Görlich 1958; Mein Leben, 1772–1847, hg. A. P. Czigler 1966 (m. Bibl.).

Qualtinger, Helmut, 8. 10. 1928 Wien – 29. 9. 1986 ebda. Medizinstud.; Journalist, Schauspieler, fast 10 Jahre (bis 1961) zusammen mit Carl Merz Hauptvertreter des Wiener Nachkriegskabaretts (›Das Wiener Brettl‹), seither oft Gastrollen und Tourneen. – Vf. gesellschaftskrit. Satiren mit Wiener Dialekteinfärbung. Schuf u. verkörperte als Schauspieler in s. mit C. Merz verfaßten Einakter ›Der Herr Karl‹ die Figur des miesen Jedermann; starke Wirkung aus dem Kontrast der Selbst-Demaskierung e. charakterlosen Opportunisten u. des Wiener Tonfalls mit s. bes. Charme. Später auch in Fortbildung des kabarettist. Sketches abendfüllende Stücke zwischen Posse u. Parabel voll schwarzen Humors mit Anklängen an Nestroy. Meister der indirekten, abgefeimt-treffsicheren Typenschilderung.

W: Blattl vor'm Mund, Feuill. II 1959–61 (m. C. Merz); Glasl vorm Aug, Feuill. 1960 (m. G. Bronner u. C. Merz); Der Herr Karl, Dr. 1962 (m. C. Merz); Die Hinrichtung, Dr. 1963 (m. C. Merz); Alles gerettet, Dr. 1963 (m. C. Merz); An der lauen Donau, Drr. 1965 (m. C. Merz); Kassel, ein Deutscher, Dr. (1971); Q.s beste Satiren, 1973; Schwarze Wiener Messe, Dial. 1973; Der Mörder und andere Leut', Szen. 1975; Das letzte Lokal, Sat. 1978; Die rot-weiß-rote Rasse, Sat. 1979; Drei Viertel ohne Takt, Sat. 1980; Halbweltheater, Sat. 1981.

Queri, Georg, 30. 4. 1879 Friedberg/Obb. – 21. 11. 1919 München; Journalist in München, Mitarbeiter am ›Simplicissimus‹ und ›Jugend‹, berühmt durch unverblümt realist. Reportagen aus dem ländl. Bayern fern folklorist. Schönfärberei. Im 1. Weltkrieg Kriegsberichterstatter des ›Berliner Tageblattes‹. – In Romanen, Erzählungen und Volkskomödien Schilderer des unverfälschten Bayernvolks.

W: Die Schnurren des Rochus Mang, En. 1910; Der wöchentliche Beobachter von Polykarpszell, En. 1911; Von kleinen Leuten und hohen Obrigkeiten, En. 1914; Kriegsbüchl aus dem Westen, En. 1915; Die Pfeif', Slg. 1917; Bayrisches Komödiebüchl, 1918; Der Kapuziner, R. 1920. – Das G. Q.-Buch, 1953.

Quindt, William, 22. 10. 1898 Hildesheim – 29. 12. 1969 Marquartstein/Obb.; Schule Hildesheim, Journalist im In- und Ausland, als Pressechef versch. Zirkusunternehmen Reisen durch Europa, Afrika und Indien. Seit 1933 freier Schriftsteller. Wohnte bis 1956 in Blankenese, dann Marquartstein/Obb. – Vf. von Tiergeschichten und Abenteuerromanen.

W: Der Tiger Akbar, R. 1933; Der Wildpfad, R. 1936; Die Straße der Elefanten, R. 1939; Bambino, R. 1940; Sehnsucht nach Juana, R. 1943; Die fremden Brüder, En. 1948; Das Kind im Affenhaus, En. 1949; Götter und Gaukler, R. 1954; Gerechtigkeit, R. 1958; Die Bestie, En. 1962.

Raabe, Wilhelm (bis 1857 Ps. Jakob Corvinus), 8. 9. 1831 Eschershausen b. Braunschweig – 15. 11. 1910 Braunschweig; Sohn e. Justizbeamten, kam 1831 nach Holzminden, 1840–42 Gymnas. ebda., 1842–45 Stadtschule Stadtoldendorf und 1845–49 Gymnnas. Wolfenbüttel; 1849 Buchhandelslehre, u. a. bei der Creutzschen Buchhandlung in Magdeburg. Vergebl. Versuch, die Reifeprüfung nachzuholen; hörte 1854 in Berlin philos. und hist. Vorlesungen. Freier Schriftsteller, seit 1856 in Wolfenbüttel, Mitarbeiter an ›Westermanns Monatsheften‹. Sommer 1859 Reise über Leipzig, Dresden, Prag, Wien, Süddtl. und das Rheinland. 1862–70 in Stuttgart, Umgang mit F. W. Hackländer, W. Jensen, J. G. Fischer. ⚭ 1862 Bertha Leiste. Juli 1870 nach Braunschweig. Mit L. Hänselmann, W. Brandes u. a. im ›Bund der Kleiderseller‹, Dr. h. c. Tübingen, Göttingen, Berlin. – Bedeutender Erzähler des poet. Realismus von durchaus eigenem Form- und Stilwillen, geprägt von e. tiefen, leiderfahrenen Pessimismus, der sich jedoch trotz s. Wissens um den Zwiespalt zwischen Menschen und Welt und um die Vergeblichkeit menschl. Mühen u. die Nöte des Daseins s. innere Freiheit bewahrt; daher getragen von e. versöhnl., überwindenden, hintergründigen Humor und Vorliebe für abseitige schrullige Käuze. S. aus der Tiefe des Gemüts erwachsene Erzählkunst ist trotz der vorwiegenden Rückschau und hist. Themen (bes. der Novellen) keine romant. Flucht in versponnene Vergangenheit und Innerlichkeit, sondern oft verbunden mit iron. Kulturkritik an der materialist. Veräußerlichung s. Zeit. Wuchernder, humorist.-

iron. Stil unter Einfluß L. Sternes, Jean Pauls, Thackerays u. Dikkens'. Nach den breiten, idyll. Schilderungen des Provinz- u. Kleinstadtlebens aus der Wolfenbütteler Epoche und zunehmender Verdüsterung in den Stuttgarter Jahren dichter. Höhepunkt im abgeklärten, heiter gelösten, lebensweisen Alterswerk der Braunschweiger Zeit vom stillen Heldentum und klagloser Selbstüberwindung.

W: Die Chronik der Sperlingsgasse, R. 1857; Ein Frühling, E. 1858; Halb Mär, halb mehr, En. u. Sk. 1859; Die Kinder von Finkenrode, En. 1859; Der heilige Born, R. II 1861; Nach dem großen Kriege, E. 1861; Unseres Herrgotts Canzlei, E. II 1862; Verworrenes Leben, Sk. u. Nn. 1862; Die Leute aus dem Walde, R. III 1863; Der Hungerpastor, R. III 1864; Ferne Stimmen, En. 1865; Drei Federn, E. 1865; Abu Telfan, R. III 1868; Der Regenbogen, En. II 1869; Der Schüdderump, R. III 1870; Der Dräumling, E. 1872; Deutscher Mondschein, En. 1873; Christoph Pechlin, E. II 1873; Meister Autor, E. 1874; Horacker, N. 1876; Krähenfelder Geschichten, En. III 1879; Wunnigel, E. 1879; Deutscher Adel, E. 1880; Alte Nester, R. 1880; Das Horn von Wanza, E. 1881; Fabian und Sebastian, E. 1882; Prinzessin Fisch, E. 1883; Villa Schönow, E. 1884; Pfisters Mühle, R. 1884; Unruhige Gäste, R. 1886; Im alten Eisen, E. 1887; Das Odfeld, E. 1889; Der Lar, E. 1889; Stopfkuchen, R. 1891; Gutmanns Reisen, E. 1892; Die Akten des Vogelsangs, R. 1896; Hastenbeck, E. 1899; Altershausen, R.-Fragm. 1911; Ges. Gedichte, hg. W. Brandes 1912. – SW, hg. W. Fehse XVIII 1913–16 (n. hg. XV 1923); SW, hkA., hg. K. Hoppe XXV 1951–85; AW, hg. K. Hoppe IV 1961–63, P. Goldammer u. H. Richter VI 1964ff.; Wke i. Ausw., hg. H.-W. Peters IX 1981; Sämtl. Briefe, II 1982; Briefe 1862–1910, hg. W. Fehse 1940. *L:* W. Brandes, 1901; H. A. Krüger, D. junge R., 1911; H. Spiero, R.-Lexikon, 1927; ders., 1931; A. Suchel, 1931; K. Bauer, R.s Welt und Werk in Bildern, 1931; W. Fehse, 1937; L. Kientz, Paris 1939; M. Tinnefeld, R.s Menschengestaltung, 1939; A. Suchel, R.s Novellenkunst, 1948; S. Hajek, D. Mensch u. d. Welt i. Werk W. R.s, 1950; H. Pongs, 1958; H. Helmers, D. bildenden Nächte i. d. Romanen W. R.s, 1960; ders., ²1978 (m. Bibl.); K. Hoppe, W. R. als Zeichner, 1960; ders., 1967; ders., 1968 (m. Bibl.); G. Mayer, D. geist. Entwicklung W. R.s, 1960; B. Fairely, 1961; E. Beaucamp, Lit. als Selbstdarstellung, 1968; R. in neuer Sicht, hg. H. Helmers 1968; G. Witschel, R.-Integrationen, 1969; E. Klopfenstein, Erzähler u. Leser bei W. R., Diss. Bern 1969; H. Oppermann, 1970 (m. Bibl.); P. Detroy, 1970; G. Matschke, 1974; P. Derks, R.-Stud., 1976; H. Junge, ²1978; U. Heldt, Isolation u. Identität, 1980; L. A. Lensing, H.-W. Peter, hg. 1981; H. S. Daemmrich, Boston 1981; H. Kolbe, 1981; Revisionen, Fs. 1981; W. T. Webster, Wirklichk. u. Illusion, 1982; A. Klein, 1983; J. L. Sammens, Princet. 1987; Bibl.: H. M. Schultz, 1931; E. A. Roloff, 1951; F. Meyen, ²1973 (SW, Erg.-Bd.).

Rabanus Maurus → Hrabanus Maurus

Rabener, Gottlieb Wilhelm, 17. 9. 1714 Wachau b. Leipzig – 22. 3. 1771 Dresden; Sohn e. Rittergutsbesitzers und Anwalts; Fürstenschule Meißen; Freundschaft mit Gellert und Gärtner; ab 1734 Stud. Jura, Philos. und Lit. Leipzig; arbeitete erst bei e. Steuereinnehmer; 1741 Revisor ebda.; Mitarbeiter der ›Bremer Beiträge‹ und an Schwabes ›Belustigungen des Verstandes und Witzes‹; 1753 Obersteuersekretär in Dresden; 1763 Steuerrat ebda. – Satir. Schriftsteller der Frühaufklärung. S. Heiterkeit gründet sich auf Wohlwollen und Redlichkeit; vermeidet grundsätzl. scharfe Angriffe. Richtet sich nicht gegen bestimmte Einzelpersonen, sondern lediglich gegen versch. Gruppen des Bürgerstands. S. Werk förderte die geist. u. sittl. Bildung des dt. Bürgertums.

W: Sammlung satyrischer Schriften, IV 1751–55; Briefe, hg. C. F. Weiße 1772 (n. 1972). – Sämtliche Schriften, VI 1777; SW, hg. E. Ortlepp IV 1839; Ausw., hg. A. Holder 1888, H. Kunze ²1968; Briefe, hg. C. F. Weisse 1772, n. 1972.
L: P. Richter, R. u. Liscow, 1884; J. Mühlhaus, Diss. Marburg 1908; W. Hartung, 1911; K. Kühne, Diss. Bln. 1914; M. Hoffmann, Diss. Halle 1924; H. Wyder, Diss. Zürich 1953; A. Biergann, G. W. R.s Satiren, Diss. Köln 1961.

Rabenschlacht, mhd. Epos, um 1270, von e. anonymen Dichter in Österreich wohl nach e. älteren Vorlage verfaßt; behandelt ungeschickt, oft weitschweif. und sentimental die Schlacht bei Ravenna mit dem Tod der Söhne König Etzels und Dietrichs Sieg über Ermenrich.

A: E. Martin, Dt. Heldenbuch Bd. 2, 1866; nhd. L. Rückmann 1890.
L: Boesche, Diss. Mchn. 1905; T. Steche, 1939; R. von Premerstein, 1957.

Rachel, Joachim, 28. 2. 1618 Lunden/Dithmarschen – 3. 5. 1669 Schleswig; Sohn des gekrönten Dichters und Hauptpastors Mauritus R.; Gymnas. Hamburg, Stud. Philol. Rostock (bei A. Tscherning) und Dorpat; bis 1651 als Hauslehrer auf e. livländ. Gutshof; 1652 Rektor in Heide/Dithmarschen, 1660 in Norden/Ostfriesland, 1667 in Schleswig. – Satiriker der Opitz-Schule von klass. Gelehrsamkeit, beeinflußt von Juvenal u. Persius. S. Satiren in gereimten Alexandrinern wenden sich gegen Unsitten der Zeit und Mißachtung der Dichtkunst.

W: Teutsche satyrische Gedichte, 1664, erw. 1666 u. 1668 (n. K. Drescher 1903); Zwei satyrische Gedichte, n. d. Hs. hg. A. Lindqvist 1920.
L: A. Sach, 1869; B. Berndes, Diss. Lpz. 1896; H. Klenz, 1899.

Radecki, Sigismund von (Ps. Homunculus), 19. 11. 1891 Riga – 13. 3. 1970 Gladbeck/Westf., Mittelschule Petersburg. Seit 1917 in Dtl.; Stud. Bergakad. Freiburg/Sa. Reisen nach Frankreich, Italien, Skandinavien, 1914 Bewässerungsingenieur in Turkestan; nach dem 1. Weltkrieg Elektroingenieur in Berlin, dann 3 Jahre Schauspieler u. Zeichner; in Wien Freundschaft mit K. Kraus, 1926 nach Berlin zurück, wurde 1931 kath., seit 1946 freier Schriftsteller in Zürich. – In s. Essays u. liebenswürdig plaudernden Feuilletons voll heiter-

philos. Lebensweisheit, Meister
der kleinen Form in der Nachfolge von K. Kraus, doch ohne polem.-satir. Schärfe. Übs. aus dem
Russ. (u. a. Gogol', III 1940–42)
und Engl.

W: Der eiserne Schraubendampfer Hurri-
cane, En. 1929; Nebenbei bemerkt, En. 1936;
Die Welt in der Tasche, Feuill. 1939; Alles
Mögliche, Ess. 1939; Wort und Wunder, Ess.
1940; Wie kommt das zu dem, Ess. 1942
(Neubearb. u. d. T. Im Vorübergehen, 1959);
Was ich sagen wollte, Feuill. 1946; Der runde
Tag, Ess. 1947; Wie ich glaube, Ess. 1953;
Weisheit für Anfänger, Feuill. 1956; Das
Schwarze sind die Buchstaben, Ess. u. Feuill.
1957; Bekenntnisse einer Tintenseele, En. u.
Erinn. 1957; Ein Zimmer mit Aussicht, Ess.,
Sk. u. Übs. 1961; Gesichtspunkte, Ess. u.
Feuill. 1964; Im Gegenteil, Ess. 1966.
L: M. Mehlmickel, Diss. Bln. 1962; S. v. R.,
1981.

Radvanyi, Netty → Seghers,
Anna

Raeber, Kuno, ★ 20. 5. 1922
Klingnau/Schweiz; Stud. Philos.,
Geschichte und Lit. Zürich, Genf,
Basel und Paris; 1950 Dr. phil.;
1951 Direktor der Schweizer
Schule in Rom; 1952 Assistent am
Leibniz-Kolleg Tübingen; 1955
am Europa-Kolleg Hamburg; seit
1959 freier Schriftsteller in München, 1967–68 Poet in Residence
in Oberlin, Ohio. – Klarer, stark
gedankl. Lyriker, experimenteller
Erzähler von beachtl. Sprachphantasie mit Neigung zur symbol.
Verschlüsselung und myth.
Phantasmagorie; Hörspielautor
und Reiseschriftsteller.

W: Gesicht im Mittag, G. 1950; Die verwandelten Schiffe, G. 1957; Die Lügner sind ehrlich, R. 1960; Gedichte, 1960; Calabria, Reisesk. 1961; Flußufer, G. 1963; Mißverständnisse, En. 1968; Alexius unter der Treppe, R.
1973; Reduktionen, G. 1981; Das Ei, R. 1981;
Abgewandt Zugewandt, G. 1985.

Raffalt, Reinhard, 15. 5. 1923
Passau – 16. 6. 1976 München;
Stud. Musik, Theol. und Kunst-
gesch. Musikhochschule Leipzig,

Hochschule Passau u. Tübingen,
Dr. phil.; Journalist und Rund-
funkmitarbeiter, 1951 Korre-
spondent kath. Zeitungen in
Rom, 1954–60 Direktor der Dt.
Bibliothek ebda., Mitarbeiter Dt.
Kulturinstitute; Reisen im Nahen
und Fernen Osten, dann wieder
Korrespondent am Vatikan. –
Reiseschriftsteller, Funkautor und
Dramatiker von betont kath.
Grundhaltung.

W: Concerto Romano, Schr. 1955; Drei Wege durch Indien, Reiseb. 1957; Eine Reise
nach Neapel, Schr. 1957; Fantasia Romana,
Schr. 1959; Wir fern ist uns der Osten?, Reiseb. 1961; Der Nachfolger, Dr. 1962; Sinfo-
nia Vaticana, Schr. 1966; Das Gold von Bayern, K. 1966; Wohin steuert der Vatikan?,
Schr. 1973.

Rahel (Levin) → Varnhagen von
Ense, Rahel

Raimar, Freimund → Rückert,
Friedrich

Raimund, Ferdinand Jakob (eig.
Raimann), 1. 6. 1790 Wien – 5. 9.
1836 Pottenstein/Niederösterr.;
Sohn e. eingewanderten böhm.
Drechslermeisters; 1804 Zucker-
bäckerlehrling; frühe Neigung
zur Schauspielkunst, zuerst seit
1808 bei Wandertruppen in Preßburg und Ödenburg, 1814–17 unter J. A. Gleich am Josefstädter
und 1817–30 am Leopoldstädter
Theater in Wien, seit 1816 als Regisseur, 1828–30 als Direktor.
Nach unglückl. Ehe 1820–22 mit
Aloisa Gleich 1821 unbürgerl. Le-
bensbund mit Antonie Wagner.
Nach erfolgr. Schauspielerkarrie-
re, anfangs in klass., dann in kom.
Charakterrollen seit 1823 Wendung zum Bühnendichter; strebte
in Verkennung s. Begabung vergebl. nach der hohen Tragödie,
später Gastrollen in München,
Hamburg, Berlin und Wien. Zog

sich 1834 auf s. Gut Gutenstein zurück. Tod durch Selbstmord aus Furcht vor den Folgen e. Hundebisses. – Bedeutender österr. Dramatiker auf dem Höhepunkt der barock-romant. Tradition des Wiener Volkstheaters mit Märchen- u. Zauberstücken von eth.-erzieher. Gehalt und seel. Tiefe. Verband romant. Realismus, echten, tiefen Humor mit melanchol. Grundtönen, reine Märchenwelt mit moral. Allegorien bes. auf Treue, Maßhalten und Redlichkeit als menschl. Grundtugenden, und führte unter Einflüssen verschiedenster Herkunft (Volkstradition, Altwiener Zauberstück, Stegreifspiel, Lokalposse, Tragödienparodie, Gesangsstück, Maschinenkomödie und bürgerl. Schauspiel) die Altwiener Volksposse zur Höhe e. echt volkstüml., zugleich ungemein breitenwirksamen und doch anspruchsvollen Bühnendichtung mit Neigung zum Gesamtkunstwerk. Vorläufer und zeitweilig Rivale Nestroys.

W: Der Barometermacher auf der Zauberinsel, Posse (1823); Der Diamant des Geisterkönigs, K. (1824); Das Mädchen aus der Feenwelt oder Der Bauer als Millionär, K. (1826, komm. U. Helmensdorfer 1966); Moisasur's Zauberfluch, K. (1827); Die gefesselte Phantasie, K. (1928); Der Alpenkönig und der Menschenfeind, K. (1828); Die unheilbringende Zauber-Krone, Tragikom. (1829); Der Verschwender, K. (1834). – SW, hg. J. N. Vogl IV 1837; C. Glossy u. A. Sauer III 1881; hkA., hg. F. Brukner, E. Castle u. a. VI 1924–34, n. 1974; hg. F. Schreyvogel 1960; GW, hg. G. Pichler II 1960, O. Rommel 1962; Liebesbriefe, hg. F. Brukner 1914. *L:* K. Fuhrmann, R.s Kunst und Charakter, 1913; R. Smekal, 1920; F. Gürster, Diss. Mchn. 1920; A. Möller, 1923; K. Vancsa, 1936; O. Rauscher, 1936; R.-Almanach, hg. R.-Gesellschaft 1936ff.; H. Kindermann, 1940; W. Erdmann, 1943; O. Rommel, 1947; H. Olles, Diss. Ffm. 1954; J. Michalski, N. Y. 1968; H. Politzer, 1970; J. Hein, 1970; G. Wiltschko, R.s Dramaturgie, 1973; L. V. Harding, The dramatic art of F. R. and J. Nestroy, Haag 1974; K. Kahl, ²1977; J. Hein, D. Wiener Volkstheater, 1978; D. Prohaska, R. and Vienna, Lond. 1984; R. Wagner, 1985.

Rainalter, Erwin Herbert, 6. 6. 1892 Konstantinopel – 29. 10. 1960 Wien; Sohn eines österr. Postbeamten. Schulbesuch in Saloniki u. Krems/Donau, Stud. Germanistik Wien, freier Schriftsteller u. Schreiber bei e. Rechtsanwalt, seit 1918 Journalist in Salzburg u. Wien; Feuilletonredakteur am ›Wiener Mittag‹ u. ›Salzburger Volksblatt‹, Redakteur der ›Neuen Freien Presse‹, seit 1924 Theaterkritiker am ›Neuen Wiener Tagblatt‹, vorübergehend in Berlin, dann wieder in Wien. – Unterhaltender Erzähler bes. biograph. Romane aus österr. Geschichte u. aus der Tiroler Bauernwelt.

W: Der dunkle Falter, G. 1911; Die Menagerie, Nn. 1920; Die verkaufte Heimat, R. 1928; Sturm überm Land, R. 1932; Der Sandwirt, R. 1935; Das große Wandern, R. 1936; Gestalten und Begegnungen, En. 1937; In Gottes Hand, R. 1937; Mirabell, R. 1941; Geschichten von gestern und heute, En. 1943; Der römische Weinberg, R. 1948; Die einzige Frau, R. 1949; Das Mädchen Veronika, R. 1950; Die Seele erwacht, R. 1951; Arme schöne Kaiserin, R. 1954; Hellbrunn, R. 1958; Kaisermanöver, R. 1960.

Rakette, Egon H., * 10. 5. 1909 Ratibor/Oberschles.; Stud. Architektur in Dessau und Paris; Verwaltungsbeamter; Soldat und Kriegsberichterstatter im 2. Weltkrieg; 1948 Ministerialbeamter; 1949–54 beim Bundesrat in Bonn; lebt in Oberwinter a. Rh. – Erzähler bes. von schles. Heimatromanen; auch Lyriker und Hörspielautor.

W: Morgenruf, G. 1935; Drei Söhne, R. 1939; Planwagen, R. 1940; Anka, R. 1942; Heimkehrer, R. 1947; Mit 24 liegt das Leben noch vor uns, Nn. 1952; Schymanowitz oder Die ganze Seligkeit, R. 1965; Die Bürgerfabrik, R. 1970; Bauhausfest mit Truxa, R. 1973.

Ramler, Karl Wilhelm, 25. 2. 1725 Kolberg – 11. 4. 1798 Berlin; Sohn eines Akzisen-Kontrolleurs; Stud. Theologie, Medizin und

Philol. Halle und Berlin; 1746/47 Hauslehrer; 1748–90 Prof. der Logik an der Berliner Kadettenanstalt; 1750 Hrsg. der ›Kritischen Nachrichten aus dem Reiche der Gelehrsamkeit‹; 1790–96 Leiter des Berliner Nationaltheaters. Freund E. v. Kleists, Lessings und Nicolais. – Lyriker der Aufklärung. Wurde durch s. streng in antikem Versmaß gedichteten Oden formales Vorbild der Dichter s. Zeit. Änderte deren Werke eigenmächtig nach s. Geschmack u. verwandte sie so in weitverbreiteten Anthologien. Verdient um die Wiedererweckung Logaus.

W: Das Schachspiel, G. 1753; Der Tod Jesu, Kantate 1755; Geistliche Kantaten, 1760; Oden, 1767; Lyrische Gedichte, 1772; Kurzgefaßte Mythologie, III 1790 f. – Poet. Werke, hg. L. F. G. v. Göckingk II 1800 f., n. 1979; Briefwechsel mit Gleim, hg. C. Schüddekopf 1906.
L: C. Schüddekopf, 1886; A. Pick, 1887; A. Charisius, 1921.

Rank, Joseph, 10. 6. 1816 Friedrichsthal/Böhmerwald – 27. 3. 1896 Wien; Landwirtssohn; Stud. Philos. und Jura Wien; Hofmeister ebda.; flüchtete wegen Zensurvergehens nach Straßburg; dann nach Leipzig, 1848 ins Frankfurter Parlament gewählt; zog 1850 nach Stuttgart (Verkehr mit Uhland), 1851 nach Frankfurt/M., Schriftleiter des ›Volksfreunds‹ ebda.; 1854 Hrsg. des ›Sonntagsblatts‹ in Weimar; 1859/60 in Nürnberg; 1861 Rückkehr nach Wien; bis 1879 Sekretär der Hofoper und des Stadttheaters; 1882–85 zus. mit Anzengruber Schriftleiter der ›Heimat‹. – Böhm. Erzähler und Folklorist; anschaul. und wirklichkeitsnaher Schilderer der Natur und des Lebens s. Heimat.

W: Aus dem Bömerwalde, En. 1842; Florian, E. II 1853; Das Hofer-Käthchen, E. 1854; Achtspännig, R. II 1857; Aus Dorf und Stadt, En. II 1859; Im Klosterhof, R. II 1875; Erinnerungen aus meinem Leben, Aut. 1896. – AW, VII 1859 f.
L: W. Gulhoff, Diss. Breslau 1938.

Raschke, Martin, 4. 11. 1905 Dresden – 24. 11. 1943 Rußland; Beamtensohn; Stud. in München, Berlin und Leipzig; 1929–32 mit A. A. Kuhnert Hrsg. der Zs. ›Die Kolonne‹ in Dresden, ab 1932 freier Schriftsteller ebda.; fiel als Kriegsberichterstatter im Osten. – Gewandter Erzähler, gab in s. Roman ›Die ungleichen Schwestern‹ e. anschaul. Bild s. Heimatstadt. Hörspielautor.

W: Fieber der Zeit, R. 1930; Der Erbe, E. 1935; Der Wolkenheld, R. 1936; Wiederkehr, E. 1937; Die ungleichen Schwestern, R. 1939; Der Pomeranzenzweig. E. 1940; Tagebuch der Gedanken, 1941; Zwiegespräch im Osten, 1943. – Ausw., hg. D. Hoffmann 1963 (m. Bibl.).

Rasp, Renate (eig. R. Rasp-Budzinski), ★ 3. 1. 1935 Berlin, Tochter e. Schauspielers; Stud. Malerei Kunstakad. München; Gebrauchsgraphikerin, dann freie Schriftstellerin in München und Cornwall. – Erzählerin und Lyrikerin von kalter, schonungsloser Präzision im sprachl. Ausdruck; stellt die Abstrusität des Alltäglichen mit Motiven der Trivialerotik und Selbstentfremdung im Sinne e. Ästhetik des Grausamen dar.

W: Ein ungeratener Sohn, R. 1967; Eine Rennstrecke, G. 1969; Chinchilla, Sat. 1973; Junges Deutschland, G. 1978; Zickzack, R. 1979.

Raspe, Rudolf Erich, 1737 Hannover – 1794 Muckross/Irland; Stud. in Göttingen und Leipzig; 1767 Professor und Bibliothekar in Kassel; floh 1775 nach Aufdeckung e. von ihm verübten Unterschlagung nach England. Bergbauingenieur ebda. – Durch s.

engl. Übs. u. Bearbeitung der im ›Vademecum für lustige Leute‹, 8. u. 9. Teil (1781–83) erschienenen Münchhauseniaden, die G. A. Bürger 1786 rückübersetzte, Initiator des rasch erweiterten Volksbuchs.

W: Baron Munchhausen's Narrative of his Mervellous Travels and Campaigns in Russia, 1785 (n. 1895, 1969).
L: R. Hallo, 1934; J. P. Carswell, The Prospector, Lond. 1950 (u. d. T. The Romantic Rogue, N. Y. 1950); W. R. Schweizer, Münchhausen, 1969.

Rathenow, Lutz, * 22. 9. 1952 Jena; 1973–77 Stud. Germanistik und Gesch. Jena; 1977 exmatrikuliert, dann Regieassistent und freier Schriftsteller in Ost-Berlin; Puliziert in der BR. In Lyrik, Prosa und Hörspiel surrealist. Satiriker der pervertierten Macht und Bürokratie.

W: Mit dem Schlimmsten wurde schon gerechnet, Prosa 1980; Zangengeburt, G. 1982; Im Lande des Kohls, N. 1982; Boden 411, Drr. 1984; Keine Tragödie, Dr. (1986); Ostberlin, Prosa 1987 (m. H. Hauswald).

Ratpert aus Zürich, lat. Dichter, um 890 n. Chr. St. Gallen; Mönch in St. Gallen; Vorsteher der dortigen Klosterschule. – Vf. des 1. Teils der ›Casus Sancti Galli‹, meist eleg. lat. Hymnen und des ›Lobgesangs auf den heiligen Gallus‹ in dt. Sprache, erhalten in e. lat. Übers. → Ekkeharts IV., der auch die Fortsetzung zu R.s ›Casus Sancti Galli‹ schrieb.

A: Casus Sancti Galli, hg. Meyer, Knonau 1872; Lobgesang auf den heiligen Gallus, hg. P. Osterwalder 1982.
L: S. Singer, D. Dichterschule v. St. Gallen, 1922.

Rauchfuß, Hildegard Maria, * 22. 2. 1918 Breslau, Sängerin, Bankangestellte, Buchhalterin, freie Schriftstellerin in Leipzig. – Erzählerin mit kleinbürgerl. Milieudarstellung.

W: Gewitter überm großen Fluß, Nn. 1952; Wenn die Steine Antwort geben, R. 1953; Besiegte Schatten, R. 1954; Die weißen und die schwarzen Lämmer, R. 1959; Die grünen Straßen, R. 1963; Schlesisches Himmelreich, R. 1968; Versuch es mit der kleinen Liebe, G. 1970; War ich zu taktlos, Felix? R. 1976; Fische auf den Zweigen, R. 1980; Schlußstrich, R. 1986.

Raupach, Ernst (Ps. Em. Leutner), 21. 5. 1784 Straupitz b. Liegnitz – 18. 3. 1852 Berlin; Predigerssohn; Stud. Theologie Halle; Hauslehrer in Wiersewitz; 1805–14 Erzieher in Rußland; 1816–22 Prof. für Geschichte und Lit. an der Kaiserl. Bildungsanstalt in St. Petersburg; ging 1822 nach Italien, 1824 nach Weimar, dann nach Berlin. – Fruchtbarer, seinerzeit sehr erfolgr. Modedramatiker; Schiller-Epigone mit 117 theatral., auf Effekt eingerichteten, phrasenhaften, meist hist. Dramen; Lustspiele im Stil Kotzebues. Länger hielt sich das rührselige Volksdrama ›Der Müller und sein Kind‹.

W: Dramatische Dichtungen, 1818; Die Leibeigenen, Tr. 1826; Der Nibelungenhort, Dt. 1834; Der Müller und sein Kind, Vst. 1835; Tassos Tod, Tr. 1835; Dramatische Werke komischer Gattung, IV 1829–35, ernster Gattung, XVI 1835–43 (enthält die Hohenstaufen, Drr. VIII 1837).
L: E. Wolff, R.s Hohenstaufendramen, Diss. Lpz. 1912; C. Bauer, R. als Lustspieldichter, Diss. Breslau 1913; E. Riemann, R.s drmat. Werke ernster Gattung, Diss. Mchn. 1926.

Rausch, Albert H. → Benrath, Henry

Rausch, Jürgen, * 12. 4. 1910 Bremen, Stud. Philos. Heidelberg u. Jena; Promotion u. Habilitation in Jena; Kriegsteilnehmer, 1945–47 Kriegsgefangenschaft in Italien, nach s. Rückkehr freier Schriftsteller in Stuttgart, dann Bonn; 1962 Prof. für Philos. Pädagog. Hochschule Bonn, 1964 Rektor Pädagog. Hochschule

Rheinland. – Lyriker und kulturkrit. Essayist aus dem Umkreis
von E. Jünger u. Heidegger, bemüht um das neue Menschenbild
des techn. Zeitalters.

W: Nachtwanderung, R. 1949; E. Jüngers
Optik, Ess. 1951; In einer Stunde wie dieser,
Tg. 1953; Die Sünde wider die Zeit, Ess.
1957; Der Mensch als Märtyrer und Mon-
strum, Ess. 1957; Reise zwischen den Zeiten,
Reiseber. 1965; Lob der Ebene, G. 1974; Gedichte, 1978; Der Eindringling, E. 1978.

Rebenstein, A. → Bernstein,
Aaron

Rebhun (Rebhuhn), Paul, um
1505 Waidhofen a. d. Ybbs/Nie-
derösterr. – 1546 Ölsnitz (oder
Voigtsberg/Sachsen); Sohn e.
Rotgerbers; kam früh nach Sachsen; Stud in Wittenberg; lebte
zeitw. im Hause Luthers, Freundschaft mit Melanchthon; Schulmeister in Kahla und Zwickau;
1538 Rektor und Pfarrer in Plau-
en; 1543 auf Luthers Empfehlung
Pfarrer und Superintendent in
Ölsnitz und Voigtsberg. – Volkstüml. Reformationsdramatiker,
e. der bedeutendsten Vertreter des
protestant. Schuldramas; führte in
dieses den fünffüßigen Jambus
und den vierfüß. Trochäus ein. In
s. sorgfältigen Versbehandlung
und klassizist. Tendenz Vorgänger von Opitz.

W: Ein Geystlich spiel von der Gottfürchti-
gen und keuschen Frawen Susannen, 1536,
erw. 1544 (hg. K. Goedeke 1849, J. Tittmann
1869, H.-G. Roloff 1967); Ein Hochzeitspil
auff die Hochzeit zu Cana Galileae, 1538;
Klag des armen Manns vnd Sorgenvol, Dial.
1540. – Dramen, hg. H. Palm, BLV 49, 1859,
n. 1969.
L: R. Kreczy, P. R.s Reform der dt. Verskunst, Diss. Wien 1938; P. F. Casey, 1986.

Rechte, Vom, um 1140 in Kärnten entstandenes mhd. Gedicht
von einfacher, kraftvoll-anschaul.
Sprache, doch mit bildl. Ausdrücken u. Gleichnissen; wohl

alemann. Herkunft; an die Land-
bevölkerung gerichtete Reimpre-
digt e. Priesters; Morallehre von
der göttl. Ordnung und dem
menschl. Leben. Wohl von glei-
chem Vf. wie das Gedicht ›Die
Hochzeit‹.

A: A. Waag, Kleine dt. Ged. des XI. und XII.
Jh. ³1916.
L: S. Speicher, 1986.

Reck-Malleczewen, Friedrich
Percyval, 11. 8. 1884 Gut Malle-
czewen/Ostpreußen – 17. 2. 1945
KZ Dachau; Sohn e. Gutsbesitzers; Stud. Medizin; Dr. med.; an-
thropolog. Stud. am Anatom. Institut in Königsberg/Pr. Bereiste
Westeuropa, 1912/13 Nord- und
Südamerika, 1925 Afrika, dann
freier Schriftsteller in Pasing, zuletzt auf s. Gut Poing/Obb. 1933
Konversion zum Katholizismus.
1944 verhaftet; starb an Typhus
im KZ. – Erzähler und Essayist
mit schroff gegensätzl. Darstellungsweise. Griff in der hist. ge-
tarnten Studie ›Bockelson‹ den
Massenwahn des Nationalsozialismus an. Auch Jugendschriften.

W: Die Dame aus New York, R. 1921; Sif, R.
1926; Jean Paul Marat, R. 1929; Des Tieres
Fall, R. 1930; Hundertmark, E. 1934; Ein
Mannsbild namens Pauck, R. 1935; Sophie
Dorothee, St. 1936; Bockelson, St. 1937;
Charlotte Corday, St. 1937; Der Richter, R.
1940; Spiel im Park, R. 1943; Das Ende der
Termiten, Es. 1946; Tagebuch eines Ver-
zweifelten, 1947; Diana Pontecorvo, R. 1948.
L: A. Kappeler, 1955; ders., E. Fall v. Pseu-
dologia phantastica, II 1975.

Recke, Elisabeth (Elisa) von der,
geb. Reichsgräfin von Medem,
1. 6. 1756 Schloß Schönburg/
Kurland – 13. 4. 1833 Dresden, ⚭
1777 Magnus Baron v. d. R., später o/o; am Hof von Mitau an der
Entlarvung Cagliostros beteiligt
u. dadurch berühmt; Reisen durch
Rußland u. Dtl., 1804–07 mit
Tiedge in Italien. Wohnsitz auf
Schloß Löbichau b. Altenburg,

1819 Dresden. Freundin Lavaters u. Jung-Stillings. – Vf. autobiograph. Schriften, Reisebücher u. Lyrik.

W: Geistliche Lieder, 1780; Nachricht von des berüchtigten Cagliostro Aufenthalt in Mitau, Schr. 1787; Gedichte, 1806; Tagebuch einer Reise durch einen Teil Deutschlands und durch Italien, IV 1815–17; Aufzeichnungen und Briefe aus ihren Jugendtagen, hg. P. Rachel 1900; Tagebücher und Briefe aus ihren Wanderjahren, hg. P. Rachel 1902; Mein Journal, hg. J. Werner 1927; Tagebücher und Selbstzeugnisse, hg. C. Träger 1984.
L: M. Geyer, Der Musenhof in Löbichau, 1882; L. Brunier, ³1885.

Redentiner Osterspiel → Osterspiel, Redentiner.

Reding, Josef, * 20. 3. 1929 Castrop-Rauxel; bei Kriegsende Soldat; Stud. Germanistik, Psychologie u. Anglistik, Werkstudent; Studienaufenthalt in den USA; lebt in Dortmund. Leitend in der kathol. Jugendbewegung. – Der Arbeiterlit. nahestehender vielseit. Erzähler, bekannt durch s. an am. Vorbildern geschulten, meist an eigenes Erleben anknüpfenden short stories. Auch Jugendbuch-, Hörspielautor und Übs.

W: Friedland, R. 1956; Nennt mich nicht Nigger, Kgn. 1957; Wer betet für Judas?, Kgn. 1958; Allein in Babylon, Kgn. 1960; Die Minute des Erzengels, En. 1961; Erfindungen für die Regierung, Sat. 1962; Papierschiffe gegen den Strom, Kgn., Aufs. u. H. 1963; Reservate des Hungers, Tg. 1964; Ein Scharfmacher kommt, Kgn. 1967; Zwischen den Schranken, En. 1967 (m. Bibl.); Die Anstandsprobe, En. 1973; Menschen im Ruhrgebiet, Rep. 1974; Ach- und Krachtexte, Jgb. 1976; Schonzeit für Pappkameraden, Kgn. 1977; Kein Platz in kostbaren Krippen, Kgn. 1979; Menschen im Müll, Tgb. 1983; Und die Taube jagt den Greif, Kgn. 1985.
L: H. Gunnemann, hg. 1979.

Redwitz, Oskar Freiherr von, 28. 6. 1823 Lichtenau b. Ansbach – 6. 7. 1891 Heilanstalt St. Gilgenberg b. Bayreuth. Gymnas. in Weißenburg, Zweibrücken und Speyer; 1844–46 Stud. Philos. und

Jura Erlangen und München; Rechtspraktikant in Kaiserslautern und Speyer; 1850 Stud. Philol. Bonn; 1851/52 Prof. für dt. Lit. und Ästhetik in Wien; 1853–61 Bewirtschaftung s. Güter; zog 1861 nach München; liberaler Abgeordneter ebda.; 1872 auf s. Besitzung Schillerhof b. Meran. Endete als Morphinist. – Spätromant. Epigone mit süßl.-romant., z. T. patriot. Versdichtungen, Romanen und hist. Dramen. Vielbeachtet, dann aber verpönt war s. romant. Versnovelle ›Amaranth‹. Von der streng kath. Tendenz dieser Dichtung ging R. später bes. in dem naturphilos. Epos ›Odilo‹ bewußt ab.

W: Amaranth, Dicht. 1849 (n. 1923); Sieglinde, Tr. 1854; Thomas Morus, Tr. 1856; Der Doge von Venedig, Tr. 1863; Hermann Stark, R. III 1869; Odilo, Ep. 1878; Hymen, R. 1887.
L: M. M. Rabenlechner, O. v. R.s relig. Entwicklungsgang, 1897; B. Lips. 1908.

Regau, Thomas (eig. Karl Heinz Stauder), 3. 7. 1905 Nürnberg – 11. 4. 1969 Garatshausen b. Tutzing, Nervenarzt in München, befreundet mit Peter Bamm. – Erzähler mit Sinn für Zwiespältigkeiten u. Absonderlichkeiten unserer Zeit aus humanist. Sicht. Reiseschriftsteller und zeitkrit. Essayist, der vor den Gefahren der Technik warnt.

W: Chinesische Seide. E. 1950; Thomas Morus, Sch. 1951; Nausikaa, Sch. 1951; Medizin auf Abwegen, Ess. 1960; Gast der Götter, Reiseb. 1962; Streifzüge durch das südliche Italien, Reiseb. 1964; Hetärengespräche 1965, Sat. 1965; Menschen nach Maß, Ess. 1965; Der Traum vom Menschen, Ess. 1966; Taggeschichten, Nachtgeschichten, En. 1968; Der Rückzug Gottes, Ess. 1968.

Regenbogen, Barthel, mhd. bürgerl. Minnesänger u. Spruchdichter Ende 13. Jh.; Schmied in Mainz; maß sich um 1300 dort mit s. berühmten Zeitgenossen Heinrich von Meißen (Frauenlob) in dichter. Wettstreit. Vorläufer des Meistersangs.

A: F. H. v. d. Hagen, Minnesinger 2, 1838, n. 1963; K. Bartsch, v. Golther, Dt. Liederdichter, ⁴1901.
L: H. Kaben, Diss. Greifsw. 1930.

Regensburg, Berthold von → Berthold von Regensburg

Regensburg, Lamprecht von → Lamprecht von Regensburg

Reger, Erik (eig. Hermann Dannenberger), 8. 9. 1893 Bendorf a. Rh. – 10. 5. 1954 Wien; Sohn e. Grubenaufsehers; Stud. Geschichte, Lit. und Sprachen in Bonn, München und Heidelberg; Soldat im 1. Weltkrieg; 1917–19 engl. Gefangenschaft; 1919–1927 Techniker, Buchhalter, Verwalter, Bilanzkritiker und Pressereferent bei Krupp in Essen; später Theaterkritiker, Referent des Kölner Rundfunks und Journalist; 1933–36 in der Schweiz; dann Rückkehr nach Dtl.; Verlagsangestellter in Berlin; 1945–1954 Hrsg. des ›Tagesspiegel‹. – Vielseitiger, zeitkrit. Erzähler, bes. erfolgr. mit Reportageromanen aus dem Rhein-Ruhrgebiet, z. T. satir. Schlüsselromanen. Später Romane vom rhein. Alltagsleben oder von menschl. Leid und Leidenschaften.

W: Union der festen Hand, R. 1931; Das wachsame Hähnchen, R. 1932; Schiffer im Strom, R. 1933; Lenz und Jette, R. 1935; Napoleon und der Schmelztiegel, R. 1935; Heimweh nach der Hölle, R. 1937; Kinder des Zwielichts, R. 1941; Der verbotene Sommer, R. 1941; Urbans Erzählbuch, En. 1943; Vom künftigen Deutschland, Ess. 1947; Zwei Jahre nach Hitler, Ess. 1947; Raub der Tugend, N. 1955.

Regler, Gustav, 25. 5. 1898 Merzig – 14. 1. 1963 Neu-Delhi; Buchhändlerssohn, Soldat im 1. Weltkrieg; Stud. Heidelberg u.

München, Dr. phil.; 1928 Kommunist. Lehrer, Reporter, Mitarbeiter an ›Berliner Tageblatt‹ u. ›Fürther Morgenpresse‹. 1933 Emigration nach Paris, Teilnahme am Span. Bürgerkrieg und Verwundung, 1939 in Frankreich interniert, 1940 Flucht über USA nach Mexiko. 1952 Rückkehr nach Dtl. Lebte in Worpswede, dann in Mexiko. – Romanschriftsteller und Essayist, auch Lyriker und Hörspielautor.

W: Zug der Hirten, R. 1929; Wasser, Brot und blaue Bohnen, R. 1932; Der verlorene Sohn, R. 1933; Im Kreuzfeuer, R. 1934 (n. 1986); Die Saat, R. 1936; The Great Crusade, R. 1940 (Das große Beispiel, d. 1976); Vulkanisches Land, Ber. 1947; Sterne der Dämmerung, R. 1948; Aretino, R. 1955; Das Ohr des Malchus, Aut. 1958; Juanita, R. 1986.
L: Begegn. m. G. R., 1978; A. Diwersy, 1983; R. Schock, 1984; U. Grund, hg. 1985.

Regnart, Jacob, um 1540 Douai – 16. 10. 1599 Prag; Sängerknabe am Hof in Wien; 1564 Tenor der kaiserl. Hofkapelle; 1573 Lehrer der Chorknaben; 1579 Vizekapellmeister am kaiserl. Hof zu Prag; 1582 Kapellmeister des Erzherzogs Ferdinand in Innsbruck; ab 1595 wieder kaiserl. Vizekapellmeister in Prag. – Vorbarokker Liederdichter und Komponist mit Anklängen an die ital. Renaissancelyrik. Hrsg. bedeutender u. weitverbreiteter Liedersammlungen.

W: Kurtzweilige Teutsche Lieder, III 1576–79 (n. hg. R. Eitner, Publikationen der Ges. f. Musikforschung, XIX, 1887); Neue kurtzweilige Teutsche Lieder, 1580 (Ausw. H. Osthoff 1928).

Rehberg, Hans, 25. 12. 1901 Posen – 20. 6. 1963 Duisburg. Lebte längere Zeit in Pieskow in der Mark; zog 1941 nach Ochelhermsdorf, Kr. Grünberg/Schles., dann nach Hohenschäftlarn im Isartal; zuletzt in Duisburg. – Fruchtbarer, stark umstrittener Dramatiker und Hörspielautor mit unpathet., bühnenwirksamen Bearbeitungen hist. und biograph. Stoffe. Im 3. Reich mit s. – obwohl unheroischen, vermenschlichenden – Preußendramen sehr erfolgreich.

W: Cecil Rhodes, Sch. (1930); Johannes Kepler, Sch. (1933); Der große Kurfürst, Sch. 1934; Der Tod und das Reich, Sch. 1934; Friedrich I., K. 1935; Friedrich Wilhelm, I., Sch. 1935; Friedrich der Große, Sch. II 1936 f. (Kaiser und König, Der Siebenjährige Krieg); Die Königin Isabella, Dr. 1939; Heinrich und Anna, Sch. 1942; Karl V., Sch. 1943; Die Wölfe, Dr. (1944); Heinrich VII., Dr. (1947); G. J. Caesar, Dr. (1949); Bothwell und Maria, Tr. (1949); Elisabeth und Essex, Tr. 1949; Wallenstein, Dr. (1950); Der Opfertod, Sch. (1951); Der Gattenmord, Dr. (1953); Der Muttermord, Dr. (1953); Königsberg, Fsp. (1955), Rembrandt, Sch. (1956); Kleist, Dr. (1957); Christiane, Dr. (1957).
L: O. F. Gaillard, Diss. Rostock 1941.

Rehfisch, Hans José (Ps. Georg Turner, René Kestner), 10. 4. 1891 Berlin – 9. 6. 1960 Schuls/Unterengadin. Stud. Jura. Philos. und Staatswiss. Berlin, Heidelberg und Grenoble; Dr. jur et rer. pol.; Soldat im 1. Weltkrieg; Richter, Rechtsanwalt, Syndikus e. Filmgesellschaft und Theaterdirektor in Berlin; Leitete 1931–33 mit E. Künneke und auch 1951–53 den Verband dt. Bühnenschriftsteller und Komponisten; im 3. Reich inhaftiert; 1936 Emigration nach Wien; 1938 nach London; dort Metallarbeiter; während des 2. Weltkriegs Dozent für Soziologie in New York; ab 1950 in Hamburg, zeitweilig auch in München. – Vielseitiger Dramatiker von ungewöhnl. theatersicherer Begabung in der Gestaltung, bes. polit-aktueller Stoffe mit gesellschaftskrit. Tendenz, oft ins Histor. projiziert. Ursprüngl. dem Expressionismus anhängend, später realist. Darstellung. Auch Hörspielautor u. Romancier.

W: Die goldenen Waffen, Sch. 1913; Die Heinkehr, Sch. (1918); Der Chauffeur Martin, Tr. 1920; Das feindliche Leben, Sch. (1921); Deukalion, Sch. 1921; Erziehung durch Kolibri, K. 1922; Wer weint um Juckenack?, K. 1924; Nickel und die 36 Gerechten, K. 1925 (Neuf. 1954); Duell am Lido, K. 1926; Razzia, Tragikom. 1927; Der Frauenarzt, Sch. 1929 (Neuf. 1951); Die Affäre Dreyfus, Dr. (1929, m. W. Herzog); Brest-Litowsk, Sch. (1930); Der nackte Mann, Sch. (1931); Wasser für Canitoga, Sch. 1932; Der Verrat des Hauptmanns Grisel, Sch. (1933); Doktor Semmelweis, Sch. (1934) (Neuf. Der Dämon, 1951); Lysistrata, K. 1951; Die Hexen von Paris, R. 1951; Oberst Chabert, Sch. 1956; Lysistratas Hochzeit R. 1959; Bumerang, Sch. 1960; Jenseits der Angst, Dr. (1962). – Sieben Dramen, 1961; AW, IV 1967.

Rehfues, Philipp Joseph von, 2. 10. 1779 Tübingen – 21. 10. 1843 Gut Römlinghofen b. Bonn; Bürgermeisterssohn; Stud. Theologie Tübingen; 1801 Hauslehrer in Livorno; später in diplomat. Mission der Königin von Neapel in München; 1807 Bibliothekar des württ. Kronprinzen Wilhelm in Stuttgart; Reisen durch Frankreich und Spanien; 1814 Gouverneur von Koblenz, anschließend Kreisdirektor in Bonn; 1818–42 Kurator der Univ. ebda. – Erzähler erst anschaul. Reisebeschreibungen, dann spannender hist. Romane in der Nachfolge Scotts mit großartigen Naturschilderungen und scharfer Charakteristik der Personen; erst von Jean Paul, später von Goethe beeinflußt. Auch patriot. Schriften.

W: Gemählde von Neapel und seinen Umgebungen, Reiseb. III 1808; Briefe aus Italien, IV 1809 f.; Die Brautfahrt in Spanien, R. II 1811; Spanien nach eigner Ansicht, Reiseb. IV 1813; Reden an das deutsche Volk, II 1814; Scipio Cicala, R. IV, 1832; Die Belagerung des Castells von Gozzo, R. II 1834; Die neue Medea, E, 1836.
L: I. E. Heilig, Diss. Breslau 1941.

Rehmann, Ruth (eig. R. Schonauer), ★ 1. 6. 1922 Siegburg/Bonn; aus Pastorenfamilie; Dolmetscherschule Hamburg. Stud. Kunstgeschichte, Archäologie und Germanistik Bonn und Marburg, Musik in Berlin, Köln und Düsseldorf; Reisen in Frankreich, Afrika, Italien und Griechenland. Lebt in Altenmarkt/Obb. – Erzählerin und Hörspielautorin mit Stoffen aus dem exakt beobachteten Alltag kleiner Leute und der NS-Vergangenheit.

W: Illusionen, R. 1959; Ein ruhiges Haus, H. (1960); Flieder aus Malchien, H. (1964); Die Leute im Tal, R. 1968; Paare, En. 1978; Der Mann auf der Kanzel, R. 1979; Abschied von der Meisterklasse, R. 1985; Die Schwaigerin, R. 1987.

Rehn, Jens (eig. Otto Jens Luther), 18. 9. 1918 Flensburg – 3. 1. 1983 Berlin. Bis 1936 Konservatorium, 1937 Kriegsmarine, bis 1943 Seeoffizier, 1943–47 Gefangenschaft, freier Schriftsteller u. Komponist, seit 1950 Programmleiter und Redakteur der Literaturabteilung beim Berliner Rundfunk. – Existentialist. Erzähler von Romanen u. Erzählungen, die parabelhaft die extreme Grenz-Katastrophensituation des Menschen aufzeigen. Auch Hörspielautor.

W: Nichts in Sicht, E. 1954; Feuer im Schnee, R. 1956; Die Kinder des Saturn, R. 1959; Der Zuckerfresser, En. 1961; Nichts Außergewöhnliches, H. (1963); Das einfache Leben oder die schnelle Tod, E. 1969; Das neue Bestiarium der deutschen Literatur, Sat. 1970; Morgen Rot, R. 1976; Die weiße Sphinx, R. 1978; Nach Jan Mayen, En. 1981.

Reichel, Eduard Joachim von → Kürenberg, Joachim von

Reichersberg, Gerhoh von → Gerhoh von Reichersberg

Reichertshausen, Jakob Püterich von → Püterich von Reichertshausen, Jakob

Reicke, Georg, 26. 9. 1863 Königsberg – 7. 4. 1923 Berlin. Stud. Jura Königsberg und Leipzig; 5

Jahre Hilfsarbeiter im Ev. Oberkirchenrat. 1890 Konsistorialassessor in Danzig, 1897 Konsistorialrat u. Justitiar beim Konsistorium von Brandenburg, darauf 2 Jahre im Dienst des Reichsversicherungsamtes, 1903 Zweiter Bürgermeister von Berlin. – Realist. Erzähler, Lyriker u. Dramatiker, Memoirenschreiber.

W: Winterfrühling, G. 1901; Das grüne Huhn, R. 1902; Im Spinnenwald, R. 1903; Märtyrer, Dr. 1903; Schusselchen, Dr. 1905; Der eigene Ton, R. 1907; Blutopfer, Dr. 1917; Sie, Lsp. 1920; Der eiserne Engel, R. 1923.

L: H. Spiero, 1923.

Reicke, Ilse, * 4. 7. 1893 Berlin; Bürgermeisterstochter; Stud. in Berlin, Heidelberg und Greifswald; ⚭ den Schriftsteller Hans v. Hülsen; leitete 1919–21 die ›Neue Frauen-Zeitung‹ in Berlin; Dozentin ebda.; lebte in Augsburg, später in Fürth. – Erzählerin bes. von Frauenromanen, Lyrikerin und Biographin. Essays zur Frauenbewegung.

W: Das schmerzliche Wunder, G. 1914; Der Weg nach Lohde, R. 1919 (u. d. T. Leichtsinn, Lüge, Leidenschaft, 1930); Berühmte Frauen der Weltgeschichte, Ess. 1930; Das Schifflein Alfriede, R. 1933; Treue und Freundschaft, R. 1935; Das Brautschiff, R. 1943; B. von Suttner, B. 1952.

Reimann, Brigitte, 21. 7. 1933 Burg b. Magdeburg – 20. 2. 1973 Ost-Berlin, Lehrerin, versch. Berufe, ⚭ Schriftsteller S. Pitschmann, seit 1960 in Hoyerswerde/Sachsen, seit 1966 Neubrandenburg. – Erzählerin u. Hörspielautorin bes. um individuelle Anpassungsschwierigkeiten in der sozialist. Arbeitswelt u. den dt. Ost-West-Gegensatz.

W: Die Frau am Pranger, E. 1956; Das Geständnis, E. 1960; Ankunft im Alltag, E. 1961; Die Geschwister, E. 1963; Das grüne Licht der Steppen, Reisetg. 1965; Franziska Linkerhand, R. 1974; Die geliebte, die verfluchte Hoffnung, Tg. u. Br. 1984.

Reimann, Hans (Ps. Hans Heinrich, Hanns Heinz Vampir, Artur Sünder, Andreas Zeltner, Max Bunge), 18. 11. 1889 Leipzig – 13. 6. 1969 Schmalenbeck b. Hamburg. Stud. in Berlin; im 1. Weltkrieg an der galiz. und an der Sommefront; 1924–29 Hrsg. der satir. Zs. ›Das Stachelschwein‹; war in Prag, Wien, Frankfurt/M., Bernried am Starnberger See und München; im 2. Weltkrieg an der Ostfront und im hohen Norden; ließ sich in Schmalenbeck b. Hamburg nieder. Seit 1952 Hrsg. der ›Literazzia‹. – Satir.-grotesker Erzähler, Parodist, Dramatiker und Feuilletonist, z. T. in sächs. Mundart.

W: Die Dame mit den schönen Beinen, Grot. 1916; Tyll, Aut. 1918; Sächsische Miniaturen, V 1921–31; Der Ekel, K. 1924 (m. T. Impekoven); Komponist wider Willen, R. 1928; Vergnügliches Handbuch der deutschen Sprache, 1931 (erw. 1964); Quartett zu dritt, R. 1932; Die Feuerzangenbowle, K. 1936 (m. H. Spoerl); Das Buch vom Kitsch, 1936; Reimann reist nach Babylon, Aufz. 1956; Der Mogelvogel, R. 1957; Mein blaues Wunder, Aut. 1959.

Reimar → Reinmar

Reimhardt der Jüngere, Johann Heinrich → Merck, Johann Heinrich

Reimmichl (eig. Sebastian Rieger), 28. 5. 1867 St. Veit/Defereggen – 2. 12. 1953 Heiligkreuz b. Hall/Tirol; Bauernsohn; Priesterseminar Brixen. 1891 Kooperator in Dölsach, leitete seit 1898 den ›Tiroler Volksboten‹, zeitweise auch die ›Brixener Chronik‹ und gab seit 1925 ›Reimmichls Volkskalender‹ heraus. Später Expositus und Monsignore in Heiligkreuz b. Hall. – Vielgelesener Tiroler Volksschriftsteller.

W: Aus den Tiroler Bergen, E. 1898; Alpenglühen En. 1921; Das Geheimnis der Waldhoferin, E. 1922; Das Auge der Alpen, E. 1924;

Esau und Jakob, E. 1925. – Der Pfarrer von Tirol, Ausw. 1972 (m. Biogr.).

Reinacher, Eduard, 5. 4. 1892 Straßburg – 16. 12. 1968 Stuttgart-Bad Cannstatt; Sohn e. Bauunternehmers, Stud. Philos. Straßburg, 1914–16 Sanitäter im Krieg, 1917/18 Redakteur in Straßburg, 1919 freier Schriftsteller, Dramaturg des Kölner Senders. Lebte in Köln u. Ludwigshafen a. B., später Aichelberg b. Eßlingen. – Formal eigenständiger, sprachgewaltiger Dramatiker, Erzähler u. Lyriker, auch Übs. und Hörspieldichter.

W: Die Hochzeit des Todes, En. u. G. 1921; Der Bauernzorn, Drr. 1922; Runolds Ahnen, G. 1923 (u. d. T. Die Lure, 1942); Todes Tanz, Dicht. 1924; Elsässer Idyllen und Elegien, 1925; Der Haß von Lichtenstein, Tr. 1925; Harschhorn und Flöte, G. 1926; Waiblingers Austrieb, N. 1926; Bohème in Kustenz, R. 1929; Der Narr mit der Hacke, H. 1931; Silberspäne, G. 1931; Zyklen und Jamben, G. 1931; Im blauen Dunste, G. 1933; An den Schlaf, G. 1938; Der starke Beilstein, E. 1938; Der Taschenspiegel, Nn. 1943; Der Millionengärtner, Lsp. 1951; Agnes Bernauer, Dr. 1962; Zum Sehenden Auge, Dr. 1964; Am Abgrund hin, Erinner. 1972 (m. Bibl.); Aschermittwochsparade, R. 1973.

L: Bibl.: G. Reinacher, 1984.

Reinbot von Durne, 1. Hälfte 13. Jh., Oberpfälzer (aus Wörth/Donau?); Hofdichter (und Schreiber?) Ottos II. von Bayern; schrieb zwischen 1231 u. 1236 in Ottos Auftrag, wohl nach e. lat. oder franz. Vorlage als Seitenstück zu Wolframs ›Willehalm‹ die höf. Legende vom ›Heiligen Georg‹, die inhaltl. weitgehend mit dem ahd. Georgslied übereinstimmt, aber merkl. erweitert und durch romanhafte und erbaul. Züge in höf.-ritterl. Sinn ausgeschmückt wurde.

A: F. Vetter 1896; C. von Kraus 1907.
L: H. Dallmayr. D. Stil der R. v. D., Diss. Mchn. 1953.

Reindl, Ludwig Emanuel, 16. 2. 1899 Brunnthal/Obb. – 4. 6. 1983

Konstanz; Stud. Germanistik, 1926–34 Feuilletonredakteur der ›Magdeburgischen Zeitung‹, 1934 der ›Vossischen Zeitung‹, Berlin, 1934–45 Chefredakteur der Zs. ›Die Dame‹, bis 1947 ›Das Kunstwerk‹, 1948 Feuilletonredakteur des ›Südkuriers‹ in Konstanz. – Lyriker u. Essayist.

W: Die Sonette vom Krieg, 1922; Hymnen, 1922; Deutsche Elegien, 1924; Sonette, 1925; Tanzende, G. 1948; Herbstlaub, G. 1960; Zuckmayer, B. 1962.

Reinecker, Herbert, *24. 12. 1914 Hagen/Westf., Beamtensohn; Journalist, Soldat, Presseagentur; freier Schriftsteller in Kempfenhausen b. Starnberg. – Drehbuchautor. In s. erfolgr. Fernsehspielen und Kriminalserien (›Der Kommisar‹, ›Derrick‹) bemüht um den Eindruck von Lebensechtheit durch Detailnaturlismus, aber z. T. klischeehafte Charakterzeichnung. Auch Zeitstükke, Romane, Kurzgeschichten, Jugendbücher u. Hörspiele.

W: Der Mann mit der Geige, E. 1939; Das Dorf bei Odessa, Sch. (1942); Vater braucht eine Frau, Drehb. (1952); Kinder, Mütter und ein General, R. 1953 (Drehb. 1954); Canaris, Drehb. (1954); Taiga, R. 1958, Nachtzug, Sch. (1963); Es führt kein Weg zurück, FSsp. (1963); Unser Doktor, E. 1964; Karussell zu verkaufen, H. 1964 (m. C. Bock); Der Tod läuft hinterher, FSsp. (1967); Babeck, FSsp. (1968 f.); Der Kommissar, Kgn. 1970; 11 Uhr 20, R. 1970 (auch FSsp); Der Kommissar läßt bitten, Kgn. 1971; Das Mädchen von Hongkong, R. 1973; Feuer am Ende des Tunnels, R. 1974; Ein bißchen Halleluja, En. 1981.

Reineke Fuchs → Reinke de Vos

Reinfrank, Arno, *9. 7. 1934 Mannheim, Arbeitersohn, Journalist, 1951 Paris, seit 1955 freier Schriftsteller in London. – Polit. u. sozialkrit. engagierter Lyriker unter Einfluß H. Heines, später in s. ›Poesie der Fakten‹ Einbeziehung der Wiss. Auch Prosa, Hörspiele u. Drehbücher.

W: Vor der Universität, G. 1959; Pfennigweisheiten, G. u. Fabeln 1959; Die Pulverfabrik, Fn. 1960; Fleischlicher Erlaß, G. u. Komm. 1961; Vorübergehende Siege, G. 1963; Die Davidschleuder, G. 1966; Deutschlandlieder zum Leierkasten, Ball 1968; Rauchrichtung, G. 1970; Geschichten aus Ithopien, Fab. 1971; Ein Nebbich singt, G. 1971; Für ein neues Deutschland, G. 1971; Mutationen, G. 1973; Der weiße Kater, G. 1974; Kopfstand der Pyramide, G. 1974; Fernsehabend, G. 1975; Der goldene Helm, E. 1976; Kernanalyse, G. 1983; Heuschrecken am Horizont, G. 1984.

Reinfried von Braunschweig, anonymes mhd. Versepos; unvollendeter, umfangr. höf. Abenteuerroman, vermutl. von e. bürgerl. Schweizer aus der Bodenseegegend, Nachahmer Konrads von Würzburg, Gottfrieds von Straßburg u. a. Freie Umgestaltung der Sage von Heinrich des Löwen Kreuzfahrt. Regelmäßiger Versbau u. reiche Gelehrsamkeit; höf. Gesinnung.

A: K. Bartsch, BLV 109, 1871.
L: K. Eichhorn, 1892; G. Dittrich-Orlovius, 1971; B. Koelliker, 1975.

Reinhart, Hans 18. 8. 1880 Winterthur – 4. 6. 1963 ebda., Stud. Heidelberg, Berlin, Leipzig, Zürich u. Paris, 1909 Indienreise, Mitgl. der ›Anthroposoph. Gesellschaft‹, seit 1914 freier Schriftsteller in Winterthur. Mit A. Mombert befreundet, dessen Befreiung aus dem KZ er 1941 erreichte. – Lyriker u. Dramatiker; auch Märchen, Essays u. Übs.

W: Frührot, G. 1902; Alfred Mombert, Es. 1903; Der Garten des Paradieses, Dr. 1909 (n. Andersen); Mein Bilderbuch ohne Bilder, Dicht. 1917; Ges. Dichtungen, IV 1921–23; Ausgew. Gedichte, 1929; Ausgew. Werke, III 1930 f.; Das Gärtlein des stillen Knaben, M. u. Leg. 1940; Daglar, Dicht. 1942; Der Schatten, Dr. (1948, n. Andersen); Das dramat. Werk, 1953.
L: H. R. in s. Werk, 1941.

Reinick, Robert, 22. 2. 1805 Danzig – 7. 2. 1852 Dresden; Vater Großkaufmann; seit 1825 Maler in Berlin, Verkehr mit Chamisso, Eichendorff, Kugler, Hitzig; 1828 in Nürnberg, 1831 in Düsseldorf, Bekanntschaft mit Mendelssohn-Bartholdy u. Immermann. 1838–41 in Italien, dann in versch. Bädern, seit 1844 in Dresden. – Volkstüml. Erzähler des Biedermeier u. spätromant. Lyriker.

W: Lieder eines Malers mit Randzeichnungen seiner Freunde, 1838 (n. 1919); Lieder, 1844; Deutscher Jugendkalender, X 1847–58; Märchen-, Lieder- u. Geschichtenbuch, 1873; Aus Biedermeiertagen, Br., hg. J. Höffner 1910. *L:* R. Müller, Diss. Wien 1922; H. Hassbargen, 1932.

Reinig, Christa, * 6. 8. 1926 Berlin, Fabrikarbeiterin, Blumenbinderin, nach Abendabitur 1953–57 Stud. Kunstgesch. u. Archäologie ebda., Assistentin am Märk. Museum Berlin, blieb nach der Verleihung des Bremer Lit.preises 1964 in der BRD, 1965/66 Villa-Massimo-Stipendiatin, lebt in München. – Lyrikerin von unpathet., lakon. Stil unter Einfluß Brechts. Holzschnittartige Gedichte von balladeskem Ton, später z. T. epigrammat. verkürzt oder sarkast. provokativ, um das bildhaft chiffrierte Thema der Verweigerung gegenüber jegl. Totalitätsanspruch u. Konformismus. Knappe Situationswiedergabe korrespondiert mit dem Ausbruch ins Imaginäre. Prosa und Romane, neuerl. mehr zum Skurrilen u. Satirischen mit feminist. Thematik tendierend, sowie Hörspiele in poet. Montagetechnik.

W: Die Steine von Finisterre, G. 1960; Der Traum meiner Verkommenheit, Prosa 1961; Gedichte, 1963; Drei Schiffe, En. u. Dial. 1965; Kleine Chronik der Osterwoche, H. (1965); Tenakeh, H. (1965); Das Aquarium, H (1967); Wisper, H. (1968); Schwabinger Marterln, Spr. 1968; Orion trat aus dem Haus, Kgn. 1968; Schwalbe von Olevano, G.

1969; Das große Bechterew-Tantra, Prosa 1970; Papantscha-Vielerlei, Anth. 1971; Hantipanti, Kdb. 1972; Die himmlische und die irdische Geometrie, R. 1975; Entmannung, R. 1976; Müßiggang ist aller Liebe Anfang, G. 1979; Der Wolf und die Witwen, En. u. Ess. 1980; Mädchen ohne Uniform, E. 1981; Die Prüfung des Lächlers, Ges. G. 1980; Die ewige Schule, En. 1982; Sämtliche Gedichte, 1984; Ges. Gedichte 1960–79, 1985; Ges. Erzählungen, 1986.

Reinke de Vos, mittelniederdt. Tierepos; nach e. niederländ. moralisierenden Bearb. des ›Reinaerde‹ durch Hinrick van Alkmar entstandene Übs., durch an alle Kapitel angehängte Glossen prosaisch erklärt; vermutl. von Lübecker Geistlichen geschrieben, 1498 in Lübeck gedruckt und bald weit verbreitet. Beliebt vor allem durch die immer wieder siegende Schlauheit des Fuchses, der alle Tiere bis hinauf zu ihrem König, dem Löwen, überlistet. Hinter den Eigenschaften der Tiere verbergen sich zahlr. menschl. Schwächen, die scharf verspottet werden; vor allem die Mängel jener Zeit tauchen hier auf, so die willkürl. Fürstenherrschaft und Rechtsprechung sowie die Mißstände unter dem kath. Klerus. Ausgangspunkt für Gottscheds Prosafassung (1752) und über diese auch für Goethes Epos (1793).

A: F. Prien 1887, n. A. Leitzmann ³1960; J. Goossens 1983. – *Übs.:* D. W. Soltau, 1803; n. 1964; K. Langosch, 1967. *L:* A. Graf, D. Grundlage d. R., Diss. Würzb. 1912; U. Schwab, Neapel 1967; J. Goossens, T. Sodmann, hg. 1980; H. Kokott, 1981; T. W. Best, Boston 1983; M. Frey, 1986.

Reinmar der Alte → Reinmar von Hagenau

Reinmar von Brennenberg, Minnesänger, † vor 1276; aus bayer. Ministerialengeschlecht, im Dienste des Bischofs von Regensburg. – Minnesänger, Vf. e.

Anzahl phantasievoller, bilderreicher Minnesprüche und einiger an Walther erinnernder Minnelieder. Wurde später als ›Ritter Bremberger‹ zum Helden der Minnesängernovelle ›Herzemaere‹.

A: C. v. Kraus, Dt. Liederdichter d. 13. Jh., II 1951–58 (m. Komm.).
L: A. Kopp, 1908.

Reinmar von Hagenau, auch R. der Alte, zwischen 1160 und 1170 – vor 1210; wahrscheinl. aus Ministerialengeschlecht aus Hagenau/Elsaß oder aus Oberösterr.; urkundl. nicht nachgewiesen; lebte wohl seit rd. 1190 lange am Wiener Hof, wohl als Hofdichter (Nachruf auf Leopold V. von Österreich erhalten); Teilnahme an e. Kreuzzug (vermutl. 1190). – Bedeutender konventioneller Minnesänger und Lehrmeister des hohen Minnesangs im 13. Jh.; schuf durch s. außergewöhnl. Sprachbeherrschung und s. maßvollen Stil die vorbildl. klass. Form. S. leidenschaftslose Dichtung bleibt subtile Reflexion der inneren Regungen, gedämpfter Ausdruck des Empfindens (›mâze‹), mit feinen Nuancierungen des Gefühls u. dem weichen Grundton melanchol. Resignation. Minne und Treue finden nur selten Belohnung, doch nur das menschl. Gefühl, Sehnsucht und ideales Streben als Erhöhung des eigenen Wertes ist wichtig; Naturempfindung bleibt R. fremd. Lit. Streit mit s. Schüler Walther, ausgelöst durch dessen Persiflage auf R.s Lieder.

A: . MF; C. v. Kraus III 1919.
L: K. Burdach, R. d. A. u. Walther, ²1928, n. 1976; W. Bulst, Diss. Hdlbg. 1934; M. Haupt, R. d. A. u. Walther, Diss. Gießen 1938; M. Beutler, Lit. Beziehungen zw. R. v. H. u. Walther, Diss. Tüb. 1960; F. Maurer, Die Pseudoreimare, 1966; W. Schmaltz, 1975; M. Stange, Amsterd. 1977; W. E. Jackson, R.'s women, Amsterd. 1981.

Reinmar von Zweter, um 1200 – um 1260; vermutl. Rheinländer aus Zeutern b. Heidelberg. Kam früh (um 1227) nach Österreich, lernte dort Walthers Kunst kennen; ging um 1235 vom Wiener Hof nach Prag an den Hof Wenzels; um 1241 nach Köln und Mainz; unruhiges Wanderleben; in Eßfeld b. Ochsenfurt begraben. – Späthöf. Spruchdichter mit 229 Sprüchen in der Nachfolge Walthers. Im Mittelpunkt s. mehr didakt. als lyr., klaren und bildhaften Werks stehen s. polit. Sprüche, in denen er sich gegen die Übergriffe des Papstes und der Geistlichkeit wendet, später auch gegen Kaiser Friedrich II. Daneben auch eth. und epigonale Minnesprüche sowie e. relig. Leich. Galt den Meistersingern als e. der 12 alten Meister.

A: G. Roethe 1887, n. 1967.
L: E. Bonjour, R. v. Z. als polit. Dichter, 1922, n. 1970.

Reinowski, Werner, *13. 10. 1908 Bernburg, Arbeitersohn, Tischlerlehre, seit 1952 freier Schriftsteller in Rottlebrode. – Linientreuer sozialist. Erzähler um soziale Konflikte bes. aus der Arbeitswelt.

W: Der kleine Kopf, R. 1952; Vom Weizen fällt die Spreu, R. 1952; Der Ungeduldige, R. 1960; Diese Welt muß unser sein, R. 1953; Die Versuchung, R. 1956; Der heitere Heinrich, R. 1956; Das Lied vom braven Mann, En. 1958; Zwei Brüder, R. 1959; Des Bruders Schuld, R.1961; Hochzeit über Jahr und Tag. R. 1964; Zivilcourage, R. 1969; Unbequeme Freundin, R. 1973.

Reinshagen, Gerlind, *4. 5. 1926 Königsberg; Stud. Pharmazie, in versch. Apotheken tätig; lebte in Halle, Kiel, Halberstadt, Braunschweig, heute in Westberlin. – Hörspielautorin u. Dramatikerin mit realist. Milieuschilderungen aus der mod. Arbeitswelt,

NS- und Nachkriegszeit. Milieuromane.

W: Nachtgespräch, H. (1964); Das Milchge-
richt, H. (1965); Doppelkopf. Leben und Tod
der Marilyn Monroe, Drr. 1971; Sonntags-
kinder, Dr. (1976); Das Frühlingsfest, Drr.
1980; Himmel und Erde, Dr. 1981; Rovinato,
R. 1981; Eisenherz, Dr. (1982); Die flüchtige
Braut, R. 1984; Die Clownin, Dr. 1985;
Tanz, Marie, Dr. (1986); Die Feuerblume,
Dr. (1987). – Ges. Stücke, 1986.

Reisiger, Hans, 22. 10. 1884
Breslau – 29. 4. 1968 Garmisch-
Partenkirchen; Stud. Jura und
Philos. Berlin und München;
1907–11 freier Schriftsteller in
Florenz und Rom; dann in München; Teilnahme am 1. Weltkrieg;
später in der Schweiz; ab 1933 in
Tirol, 1938–45 in Berlin; ab 1946
in Stuttgart; 1947 Dr. phil. h. c.;
1959 Prof. h. c. – Erzähler von
psycholog. und biogr.-hist. Romanen. Meisterhafter Übs. aus
dem Engl. und Franz.

W: Stille Häuser, Nn. 1910; Maria Marleen,
R. 1911; Jakobsland, R. 1913; Totenfeier, G.
1916; Junges Grün, Nn. 1919; Santa Caterina
da Siena, N. 1921; Unruhiges Gestirn, R.
Wagner-R. 1930; Ein Kind befreit die Königin, Maria Stuart-R. 1939; J. G. Herder, B.
1942; Aeschylos bei Salamis, E. 1952; Literarische Porträts, 1969.

Rellstab, Ludwig (Ps. Freimund
Zuschauer), 13. 4. 1799 Berlin –
28. 11. 1860 ebda.; Sohn e. Musi-
kalienhändlers; Gymnas. Berlin,
Kriegsschule ebda.; Artillerieoffizier und Lehrer der Mathematik
u. Geschichte an e. Brigadeschule;
nahm 1821 s. Abschied und lebte
in Frankfurt/Oder, Dresden, Heidelberg und Bonn; 1823 Schriftsteller in Berlin; 1826 Musikkritiker und polit. Schriftleiter der
›Vossischen Zeitung‹; 1830–40
Hrsg. e. eigenen Musikzeitschrift
›Iris‹. – Erzähler, bes. von hist.
Unterhaltungsromanen und Novellen. Auch Vf. von Opernlibretti. Einige s. Gedichte (›Leise

flehen meine Lieder‹) von Schubert vertont.

W: Karl der Kühne, Dr. 1824; 1812, R. IV
1834 (n. H. H. Houben 1932); Der Wild-
schütz, R. 1835; Empfindsame Reisen, II
1836; Aus meinem Leben, Aut. II 1861. – GS,
XXIV 1860f.
L: L. R. Bengert, Diss. Lpz. 1918; E. König,
Diss. Breslau 1938; W. Franke, D. Theaterkritiker L. R., 1964.

Remarque, Erich Maria (eig.
Erich Paul Remark), 22. 6. 1898
Osnabrück – 25. 9. 1970 Locarno,
Sohn e. Buchbinders; Lehrerseminar Osnabrück; ab 1916 Soldat
im 1. Weltkrieg, mehrfach verwundet; dann Junglehrer, Kaufmann; 1922 Journalist in Hannover, 1925 Redakteur der Zs.
›Sport im Bild‹ in Berlin; lebte
später meist im Ausland, erst in
Frankreich, 1931 in Ascona/
Schweiz, 1933 wurden s. Bücher
in Dtl. öffentl. verbrannt; 1938
wurde ihm die dt. Staatsbürger-
schaft aberkannt. Ging 1939 nach
New York; 1947 Bürger der
USA; seit 1948 abwechselnd in
Porto Ronco/Ascona und New
York. – Äußerst erfolgr., aber
auch umstrittener antifaschist.
und antimilitarist. Romancier mit
unmittelbar zeitbezogenen, gesellschaftskrit. Themen in span-
nendem Kolportagestil. Wurde
1929 durch s. realist. Kriegsroman ›Im Westen nichts Neues‹, e.
nüchterne Darstellung des 1.
Weltkriegs und des Grauens
des sinnlosen Völkermordens,
schlagartig weltberühmt. Zu e. 2.
Besteller wurde der Roman e.
1938/39 in Paris lebenden Emigranten ›Arc de Triomphe‹. Auch
in den späteren, oft trag. gestimmten Werken gewandter,
packender Schilderer lebensnaher, schicksalsgeprägter Gestalten
und spannend-effektvoller Ereignisse.

W: Im Westen nichts Neues, R. 1929; Der

Weg zurück, R. 1931; Three Comrades, R. 1937 (d. 1938); Flotsam, R. 1941 (Liebe deinen Nächsten, d. 1941); Arch of Triumph, R. 1946 (d. 1946); Spark of Life, R. 1952 (d. 1952); Zeit zu leben und Zeit zu sterben, R. 1954; Die letzte Station, Sch. 1956; Der schwarze Obelisk, R. 1956; Der Himmel kennt keine Günstlinge, R. 1961; Die Nacht von Lissabon, R. 1963; Schatten im Paradies, R. 1971.

L: I. Wegner, Diss. Jena 1965; A. Antkowiak, 1965, ²1977, n. 1983; E. M. R. zum 70. Geburtstag, 1968; F. Baumer, 1976; Chr. R. Barker, R. W. Last, Lond. 1979; Bibl.: C. R. Owen, Amsterd. 1984.

Rendl, Georg, 1. 2. 1903 Zell am See – 10. 1. 1972 Salzburg; Sohn e. Bienenzüchters; 1920 Bewirtschaftung e. Bienenfarm, ging 1923 nach Jugoslawien; nach s. Rückkehr Arbeiter im Bergwerk, in Ziegelöfen, auch Glasbläser und Bahnarbeiter; später Prof. h. c., freier Schriftsteller u. Bienenzüchter in St. Georgen/Salzburg. – Vf. in eigenem Erleben und in Landschaft u. Volkstum s. Heimat wurzelnder Erzählungen und Romane, relig. Dramen, Hörspiele, Laienspiele u. Jugendbücher.

W: Der Bienenroman, 1931; Vor den Fenstern, R. 1932; Darum lob ich den Sommer, R. 1932; Der Berufene, R. 1934; Satan auf Erden, R. 1934; Die Glasbläser, R. III 1935–37; Elisabeth, Kaiserin von Österreich, Dr. 1937; Paracelsus, Dr. 1938; Ein fröhlicher Mensch, R. 1939; Die Reise zur Mutter, R. 1940; Kain und Abel, Dr. 1945; Ich suche die Freude, R. 1948; Ein Mädchen, R. 1954.

Renfranz Hans Peter, ⋆19. 6. 1941 Posen; Fernsehredakteur in Mainz. – Dramatiker, Hörspielautor und Erzähler aus dem Kleinstadtleben Schleswig-Holsteins.

W: Machtwechsel, En. 1976; Das Dorf, R. 1978; Einladung an einen Helden, En. 1979; Das Haus meines Vaters, R. 1980; Die Stadt, R. 1981.

Renker, Gustav, 12. 10. 1889 Zürich – 23. 7. 1967 Langnau; Jugend in Kärnten; Gymnas. Villach; Stud. Musikwiss. und Lit. Wien;

Dr. phil.; Kapellmeister in Graz, Wien u. Gmunden; im 1. Weltkrieg Berichterstatter an der Alpenfront; Redakteur in Graz, Schlesien, Hamburg u. 1919–29 Bern. Reisen nach Italien, Westeuropa und in die Sahara; seit 1947 Schriftleiter der Berner Zeitung ›Der Bund‹; wohnte in Langnau im Emmental. – Anschaul., eindrucksvoller Erzähler, bes. von abenteuerl. Bergerlebnissen. Auch Tier-, Entwicklungs-, hist. und biograph. Romane.

W: Einsame vom Berge, R. 1918; Heilige Berge, R. 1921; Der See, 1926; Das Tier im Sumpf, R. 1932; Finale in Venedig, Wagner-R. 1933; Vogel ohne Nest, R. 1936; Das Dorf ohne Bauer, R. 1938; Der Weg über den Berg, R. 1942; Der Mönch von Ossiach, R. 1948; Aus Federfuchsers Tintenfaß, Aut. 1951; Die blauen Männer von Cimolan, R. 1954; Höllriegel, R. 1954; Was der alte Teppich erzählte, N. 1955; Der Teufel von Saletto, R. 1956; Jan und Vitus, R. 1956; Licht im Moor, R. 1957; Große Berge, kleine Hütten, Ber. 1960; Fische fallen vom Himmel, En. 1961; Acht Hunde und mehr, En. 1965; Verkanntes Schlangenvolk, Ber. 1966.

Renn, Ludwig (eig. Arnold Friedrich Vieth von Golssenau), 22. 4. 1889 Dresden – 21. 7. 1979 Berlin; Sohn e. Prinzenerziehers aus sächs. Uradel; Kindheit in der Schweiz und Italien; 1910 Fahnenjunker, 1911 Offizier; 1919/20 Polizeioffizier; 1921–23 Stud. Jura, Nationalökonomie; 1928 Mitgl. der KPD; bis 1932 Sekretär des ›Bundes proletar.-revolutionärer Schriftsteller‹ in Berlin; Hrsg. der ›Linkskurve‹; 1929/30 Reisen in die Sowjetunion; 1933 verhaftet und zu 2½ Jahren Gefängnis verurteilt; 1936 Flucht in die Schweiz; 1936/37 Stabschef e. Internat. Brigade im Span. Bürgerkrieg; 1939 illegal in Frankreich; 1939–47 Exil in Mexiko; 1940/41 Prof. in Morelia/Mexiko; 1947 Heimkehr in die DDR; Prof. für Anthropologie und Direktor des Kulturwiss.

Instituts der TH Dresden; freier Schriftsteller in Ostberlin. – Sozialist. Erzähler zeitdokumentar. Berichte und antimilitarist. Kriegsromane oft autobiograph. Charakters. Später Jugenderzählungen.

W: Krieg, R. 1928; Nachkrieg, R. 1930; Rußlandfahrten, Ber. 1932; In vorderster Linie, 1933; Vor großen Wandlungen, R. 1936; Adel im Untergang, Aut. 1944; Morelia, Ber. 1950; Vom alten und neuen Rumänien, Ber. 1952; Trini, Jgb. 1954; Der spanische Krieg, Ber. 1955; Der Neger Nobi, Jgb. 1955; Meine Kindheit und Jugend, Aut. 1957; Krieg ohne Schlacht, R. 1957; Auf den Trümmern des Kaiserreiches, R. 1961; Inflation, R. 1963; Ausweg, Ber. 1967; In Mexiko, Ber. 1979; Anstöße in meinem Leben, Aut. 1980. – GW, X 1964–70.
L: L. R. z. 70. Geburtstag, 1959 (m. Bibl.); A. Auer, 1964; P. Toper, 1965; J. Schild, Diss. Jena 1966; E. Mertens, Diss. Münster 1981.

Repkow, Eike von → Eike von Repkow

Reschke, Karin, ⁎17. 9. 1940 Krakau; Jugend in Berlin, Angestellte ebda. – Erzählerin von Frauenschicksalen mit feminist. Tendenz.

W: Memoiren eines Kindes, R. 1980; Verfolgte des Glücks, B. 1982; Dieser Tage über Nacht, E. 1984; Margarete, E. 1987.

Rettenbacher (Rettenpacher), Simon, 19. 10. 1634 Aigen b. Salzburg – 10. 5. 1706 Kremsmünster; Stud. Theol. in Salzburg, Padua, Siena und Rom; trat 1661 in den Benediktinerorden in Kremsmünster ein; 1664 Priester, dann Lehrer ebda.; 1668–71 Leiter des Stiftsgymnasiums; 1671–75 Prof. für Geschichte und Ethik in Salzburg, Leiter des Univ.-Theaters; dann Bibliothekar s. Abtei; bis 1689 auch Pfarrer in Fischlham. – Schuldramatiker und Lyriker, Historiker u. Chronist. Hauptvertreter des hochbarocken lat. Benediktinerdramas; zeigt neben klass. Strenge barocke Bewe-

gung und Musikalität in über 20 nur z. T. gedruckten Dramen, die er z. T. selbst komponierte. Unter den über 6000 lat. Gedichten mit Anklängen an Horaz stehen neben relig. Betrachtungen viele patriot. Dichtungen. S. rd. 100 dt. Gedichte erinnern in ihrem inniggemüthaften Ton an Fleming und Spee. Auch theol. und hist. Schriften.

W: Innocentia dolo circumventa seu Demetrius, Dr. 1672 (n. W. Flemming, DLE Rhe. Barockdrama Bd. 2, 1930); Ineluctabilis vis fatorum seu Atys, Dr. 1673; Perfidie punita seu Perseus, Dr. 1674; Annales monasterii Cremifanensis, Chron. 1677; Misonis Erythraei ludrica et satyrica, 1678; Prudentia victrix seu Ulysses, Dr. 1680; Herzog Welf, Dr. 1682; Consilia Sapientiae, Übs. 1682; D. H. Villegas, Sapiens in suo secessu, Übs. 1682; Frauen-Treu, Dr. 1682; Dramata selecta, Ausw. 1684; Sacrum connubium sive Theandri et Leucothoes sancti amores, 1700; Flamma divina amoris, 1703. – Lyrische Gedichte in lat. Sprache, hg. T. Lehner 1905; Deutsche Gedichte, hg. R. Newald 1930; Die Satiren, hg. L. Klinglmair 1970.
L: T. Lehner, 1900 u. 1905; H. Pfanner, Das dramat. Werk S. R.s, Diss. Innsbr., 1954.

Reuchlin, Johannes (gräzisiert Kapnion, Capnio), 29. 1. 1455 Pforzheim – 30. 6. 1522 Stuttgart; Stud. Freiburg/Br., Basel, Paris, Poitiers und Orléans, Dr. jur.; 1481 Lizentiat des röm. Rechts in Tübingen; begleitete 1482 und 1490 Graf Eberhard im Bart nach Rom; dann Berater des Grafen und Mitgl. des württ. Hofgerichts; 1492 von Friedrich III. geadelt; verließ 1496 Stuttgart, in Heidelberg im Dienst des Kurfürsten Philipp von der Pfalz; 1498 Italienreise im Auftrag des Kurfürsten; 1499 Rückkehr nach Stuttgart; Rechtsanwalt und schwäb. Bundesrichter ebda., floh 1520 nach Ingoldstadt; Prof. für griech. und hebr. Sprache ebda.; 1521 Prof. in Tübingen. Gegner der Reformation, nahm die Priesterweihe. Wurde in weiten

Kreisen, vor allem bei den Humanisten, bekannt durch den sog. R.schen Streit mit dem zur kath. Kirche konvertierten Juden Johannes Pfefferkorn, dessen von den Kölner Dominikanern unterstütztes Verlangen nach Verbrennung und Verbot aller jüd. Bücher R. strikt ablehnte. Pfefferkorn griff darauf R. in s. ›Handspiegel‹ an, den dieser mit der Schrift ›Augenspiegel‹ erwiderte. Der Streit dehnte sich zu e. Kampf zwischen humanist. und scholast. Weltanschauung aus u. führte zu den ›Epistolae obscurorum virorum‹. – Neben Erasmus bedeutendster Humanist, Vf. wichtiger sprachwiss. und gräzist. Werke; als Begründer der althebr. Studien in Dtl. bes. Verdienste um die wiss. Erschließung des A. T. S. hebr. Werke blieben lange Zeit maßgebend. Als Dichter Begründer der neulat. Schuldramas in Dtl. Oft aufgeführt wurden s. dramat. Satire ›Sergius‹ und der Schwank ›Henno‹, den H. Sachs 1531 als Fastnachtsspiel verdeutschte.

W: De verbo mirifico, Schr. 1494 (Faks. 1964); Scenica progymnasmata oder Henno, Schw. (1497; d. H. Sachs, hg. K. Preisendanz 1922; zweispr. H. C. Schnur 1970); Sergius, Sat. 1504; De rudimentis hebraicis, Schr. 1506 (n. 1974); Augenspiegel, Schr. 1511 (Faks. 1961); De arte cabbalistica, Schr. 1517 (Faks. 1964); De accentibus et orthographia linguae hebraicae, Schr. 1518. – Komödien, hg. H. Holstein 1888; Briefwechsel, hg. L. Geiger 1875 (n. 1962). – *Übs.:* Gutachten über das jüdische Schrifttum, hg. A. Leinz 1965. *L:* L. Geiger, 1871; Festschrift der Stadt Pforzheim, 1922; J. R., Festgabe s. Vaterstadt Pforzheim, 1955; K. Preisendanz, Festgabe J. R., 1955; M. Brod, 1965; H. Holstein, J. R.s Komödien, ²1973; Bibl.: J. Benzing, 1955.

Reuental, Neidhart von → Neidhart von Reuental

Reusner, Nikolaus, 2. 2. 1545 Löwenberg/Schlesien – 12. 4. 1602 Jena; seit 1560 Stud. in Wittenberg und Leipzig; 1566 Lehrer; 1572 Rektor in Lauingen/Donau; 1583 Prof. der Rechte in Straßburg, 1589 in Jena. – Fruchtbarer und vielseitiger lat. Lyriker. Daneben jurist., hist., biograph., philos. und naturwiss. Werke.

W: Icones sive imagines vivae literis clarorum virorum, 1580; Icones sive imagines virorum literis illustrium, 1581 (n. 1973).

Reuter, Christian, (getauft 9. 10.) 1656 Kütten b. Halle – um 1712 vermutl. Berlin; Bauernsohn; Stud. ab 1688 erst Theologie, dann Jura in Leipzig; verspottete s. dortige Wirtin als ›Frau Schlampampe‹ und ihren Sohn als ›Schelmuffsky‹; deswegen für 2 Jahre (später endgültig) vom Stud. relegiert. Ging 1697 nach Dresden; 1700 Sekretär e. Kammerherrn; kam 1703 nach Berlin, dort schließl. Gelegenheits- und Festspieldichter. – Humorist.-satir., volkstüml. Dramatiker und Erzähler zwischen Barock und bürgerl. Aufklärung von kulturhist. Bedeutung. Gab mit s. ›Schelmuffsky‹ den ersten humorist. durchgeformten bürgerl. Schelmenroman der dt. Lit. mit realist. Charakterzeichnung und derbkom. Zeit- und Standeskritik. Satir. Komödien nach Muster Molières.

W: L'honnête femme oder Die Ehrliche Frau zu Plißine, K. 1695 (n. G. Ellinger 1890; n. 1924); La maladie et la mort de l'honnête femme, das ist: Der ehrlichen Frau Schlampampe Krankheit und Tod, K. 1696 (n. G. Witkowski 1905, W. Flemming, DLW Rhe. Barockdrama Bd. 4, 1931); Schelmuffskys Warrhafftige Curiöse und sehr gefährliche Reisebeschreibung Zu Wasser und Lande, 1696 (n. A. Schullerus 1885, R. Zoozmann 1905, P. v. Polenz ²1956 NdL; 2. Fassg. II 1969 f., n. W. Hecht 1957, E. Haufe ²1977; Letztes Denck- u. Ehren-Mahl der weyland gewesenen Ehrlichen Frau Schlampampe, Sat. 1697 (n. G. Witkowski 1905); Graf Ehrenfried, K. 1700 (n. W. Hecht, 1961 NdL.); Die Frolockende Spree, Fsp. 1703; Mars und Irene, Fsp. 1703; Das Glückselige Brandenburg, Kant. 1705; Letzter Zuruf, 1705; Pas-

sionsgedanken, Orat 1708 (n. hg. W. Flemming, 1932). – Lust- und Singspiele, hg. G. Ellinger 1890; Werke, hg. G. Wirke, hg. G. Witkowski II 1916; Ausw. G. Jäckel ²1965; Schlampampe, K.-Ausw., Hg. R. Tarot 1966.
L: F. Zarncke, 1884; E. Dehmel, Sprache u. Stil bei R., Diss. Jena, 1929; F. J. Schneider, 1936; G. Tonelli, Turin 1960; W. Hecht, 1966.

Reuter, Fritz, 7. 11. 1810 Stavenhagen/Meckl. – 12. 7. 1874 Eisenach; Bürgermeisterssohn; ab 1824 Gymnas. Friedland; 1831 Stud. Jura Rostock und Jena; nach dem Hambacher Fest 1833 in Berlin verhaftet, als Mitgl. e. Jenaer Burschenschaft 1836 zum Tode verurteilt; von Friedrich Wilhelm III. zu 30jähr. Festungshaft begnadigt; nach 7 Jahren Haft unter schweren körperl. Leiden in Silberberg, Glogau, Magdeburg, Graudenz und Dömnitz Amnestie; danach mehrere Jahre lang landwirtschaftl. tätig, dann auf Wanderschaft; 1850 Privatlehrer in Treptow/Pommern; 1856–63 in Neubrandenburg; 1864 Reise nach Griechenland und Palästina; schließl. freier Schriftsteller in Eisenach. Nach dem unerwarteten Erfolg der plattdt. Gedichte ›Läuschen un Rimels‹ widmete er sich ganz der Dialektdichtung. – Bedeutendster Vertreter des großen realist. plattdt. Romans; e. der urwüchsigsten Erzähler des 19. Jh.; Schilderer des bäuerl. und kleinbürgerl. Lebens s. mecklenburg. Heimat, bes. in ›Ut mine Stromtid‹, daneben auch in dem heiteren Zeitbild der Franzosenherrschaft 1813 in s. Heimatstadt ›Ut de Franzosentid‹; Zeichner charakterist. nieder-dt. Typen; krit.-realist. Darsteller s. Zeit (›Ut mine Festungstid‹, ›Kein Hüsung‹); kraftvoll-schwerblüt., derb-humorvoll. In s. Verbindung von Ernstem und Komischem Anklänge an Dickens.

W: Läuschen un Rimels, G. II 1853–59; De Reis' nah Belligen, G. 1855; Kein Hüsung, Ep. 1858; Olle Kamellen, En. VII 1860–68 (darin: Ut de Franzosentid, 1860; Ut mine Festungstid, 1862; Ut mine Stromtid, III 1863–64; Dörchläuchting, E. 1866; De mekkelnbörgschen Montecchi un Capuletti oder De Reis' nah Konstantinopel, 1868); Hanne Nüte, Ep. 1860; Schurr-Murr, En. u. Sk. 1861. – SW, hg. A. Wilbrandt XVII 1862–78, C. F. Müller XVIII 1905, H. B. Grube XII ²1927, K. Th. Gaedertz u. C. W. Neumann VIII ²1927, W. Seelmann u. H. Brömse XII ³1939; GW u. Briefe, hg. K. Batt VIII 1967; Briefe, hg. O. Weltzien 1913; Briefe an s. Verleger, hg. U. B. Minssen III 1975–77. – Wke, hochdt. F. u. B. Minssen III 1975–77.
L: K. T. Gaedertz, 1890 u. 1906, ²1923; A. Römer, 1895; P. Warncke, ³1910; W. Seelmann, 1910; R. Dohse, 1910; H. Eekholt, Unters. üb. d. Romantechnik F. R.s, Diss. Münster 1913; K. F. Müller, F. R.s ep. Entwicklung, Diss. Freib. 1923; F. Griese, ¹⁴1942; H. Hunger, 1948; R. Landweber, D. Gestaltung v. Mensch u. Welt b. F. R., Diss. Bonn 1949; J. Hunger, 1952; F. Börgers, D. Erzählform F. R.s, Diss. Bonn 1953; H. J. Gerhard, 1956; F. R. Fs., 1960 (m. Bibl.); K. Batt, 1967; W. Finger-Hum, F. R. als Zeichner u. Maler, 1968 (m. Bibl.); F. R. in d. Weltlit., hg. ders. IV 1970 f. (m. Bibl.); H. C. Christiansen, 1975; ders., hg. Amsterd. 1975; M. Töteberg, 1978; F. R. i. d. Lit.kritik s. Zeit, hg. A. Huckstädt 1983; ders., Bb. 1986; Bibl.: ders., 1982.

Reuter, Gabriele, 8. 2. 1859 Alexandria/Ägypten – 14. 11. 1941 Weimar; Tochter e. Großkaufmanns; 1864 in Dessau, dann wieder in Alexandria; Lyzeum, ab 1872 Breymann'sches Institut in Wolfenbüttel; kam nach dem Tode ihres Vaters 1873 nach Neuhaldensleben; zog mit ihrer Mutter 1880 nach Weimar, 1895 nach München, 1899 nach Berlin, zuletzt wieder nach Weimar. In München aktiv in der Frauenbewegung tätig; dann Schriftstellerin. – Gewandte Erzählerin, behandelt in ihren einst vielgelesenen Romanen Probleme der mod. Frau, ihre Stellung in der Gesellschaft und ihre Erziehung. Großes Aufsehen erregte ihr früher Roman ›Aus guter Familie‹, e. kulturhist. interessante, realist.-offene Schilderung des Leidenswegs eines Mädchens. Psycholog. Darstellung weibl. Charaktere; großes Verständnis für die soziale und seel. Notlage der Frauen.

W: Glück und Geld, R. 1888; Kolonistenvolk, R. 1891; Aus guter Familie, R. 1895; Frau Bürgelin und ihre Söhne, R. 1899; Ellen von der Weiden, R. 1900; Liselotte von Reckling, R. 1904; M. von Ebner-Eschenbach, B. 1904; A. von Droste-Hülshoff, B. 1905; Wunderliche Liebe, Nn. 1905; Der Amerikaner, R. 1907; Das Tränenhaus, R. 1909; Frühlingstaumel, R. 1911; Die Jugend eines Idealisten, R. 1917; Die Herrin, R. 1918; Großstadtmädel, En. 1920; Vom Kinde zum Menschen, Aut. 1921; Benedikta, R. 1923; Irmgard und ihr Bruder, R. 1930; Vom Mädchen, das nicht lieben konnte, R. 1933; Grüne Ranken um alte Bilder, R. 1937.
L: F. Alimadad-Mensch, 1984.

Reventlow, Franziska (eig. Fanny) Gräfin zu, 18. 5. 1871 Husum – 25. 7. 1918 Muralto/Tessin; Tochter e. preuß. Landrats, Jugend in Lübeck und Hamburg, 1892–1909 in München-Schwabing, dann Ascona; übte versch. Berufe aus. Typ. Erscheinung der Münchner Bohème der Vorkriegszeit. – Vf. von charmantheiteren Romanen u. satir. gefärbten Schilderungen der damaligen Münchner Gesellschaft.

W: Ellen Olestjerne, R. 1903; Von Paul zu Pedro, R. 1912; Herrn Dames Aufzeichnungen, R. 1913; Der Geldkomplex, R. 1916; Das Logierhaus zur schwankenden Weltkugel, Nn. 1917. – GW, hg. Else R. 1925; Briefe, hg. Else R. 1929, n. 1975; Tagebücher 1895–1910, hg. Else R. 1971; Romane, 1976; Autobiographisches, hg. Else R. 1980.
L: L. Szekely, 1979 (m. Bibl.).

Rexhausen, Felix, * 31. 12. 1932 Köln, Stud. Polit. wiss. u. Volkswirtschaft (Dr. rer. pol.) ebda., Journalist, Redakteur beim WDR u. ›Spiegel‹, freier Schriftsteller in Hamburg. – Vf. zumeist zeitkrit. Satiren mit teils kaberettist. unterhaltsamem, teils parodist. kalauerndem Einschlag.

W: Mit deutscher Tinte, Br. u. Ansprachen 1965; Lavendelschwert, Sat. 1966; Gedichte

an Büllbül, G. 1968; Die Sache, Sat. 1968; Vom großen Deutschen, Sat. 1969; Dem Neuen ist Seife egal. Dr. (1970). Germania unter der Gürtellinie, Sat. 1970; Wie es so geht, En. 1974; So und so, En. 1976.

Rexroth, Franz von (Ps. H. Torxer, Peter von Hundscheidt), 27. 8. 1900 Saarbrücken – 3. 8. 1969 Wiesbaden; freier Schriftsteller in Wiesbaden. – Lyriker u. Erzähler. Übs. aus dem Franz. (A. Rimbaud, 1954).

W: Die Versuche des Professors Schöpfer, R. 1935; Der Landsknechtsführer Sebastian Scheftlin, B. 1940; Bretagne, Schr. 1942; Die Schwestern, G. 1947; Atmoricana, Schr. 1961.

Rezzori (d'Arezzo), Gregor von, * 13. 5. 1914 Czernowitz/Bukowina. In Rumänien und Österreich aufgewachsen; Stud. Bergbau in Leoben u. Malerei in Wien; kam 1938 nach Berlin; versch. Berufe, lebte nach dem Krieg u. a. in Bad Tölz/Obb. und auf Schloß Gebsattel üb. Rothenburg o. d. Tauber, dann in San Felice/Circeo und in der Toskana. – Fabulierfreudiger, schalkhaft iron., stilist. brillanter Erzähler bes. der Welt Südosteuropas zur Zeit der Donaumonarchie; auch Essayist, Rundfunk- und Drehbuchautor.

W: Maghrebinische Geschichten, En. 1953; Ödipus siegt bei Stalingrad, R. 1954; Männerfibel, Ess. 1955; Ein Hermelin in Tschernopol, R. 1958; Idiotenführer durch die deutsche Gesellschaft, IV 1962; Die Toten auf ihre Plätze!, Tg. 1966; 1001 Jahr Maghrebinien, En. 1967 (u. d. T. Neue maghrebinische Geschichten, 1972); Der Tod meines Bruders Abel, R. 1976; In gehobenen Kreisen, R. 1978; Greif zur Geige, Frau Vergangenheit, R. 1978; Memoiren eines Antisemiten, R. 1979; Der arbeitslose König, M. 1981; Die Marchesa, En. 1986; Kurze Reise übern langen Weg, E. 1986.

Rheinisches Osterspiel → Osterspiel, Rheinisches

Richartz, W. E. (eig. Walter Erich von Bebenburg), 14. 5.

1927 Hamburg – 1. 3. 1980 Klingenberg/Main (Freitod); 1946–55 Stud. Naturwiss. München u. Hamburg, 3 Jahre in USA; Chemiker in Buchschlag bei Frankfurt/M. 1979 freier Schriftsteller. – Vf. unschemat. Erzählungen z. T. um soziolog. Phänomene aus der Alltags- und Bürowelt. Auch Hörspiel, Essay und Übs.

W: Meine vielversprechenden Aussichten, En. 1966; Prüfungen eines braven Sohnes, E. 1966; Tod den Ärzten, R. 1969; Noface, R. 1973; Das Leben als Umweg, En. 1976; Büroroman, R. 1976; Der Aussteiger, E. 1979; Vorwärts ins Paradies, Ess. 1979; Reiters westliche Wissenschaft, R. 1980; Vom Äußersten, En. 1986.

Richter, Hans Werner, * 12. 11. 1908 Bansin/Usedom; Sohn e. Fischers; Buchhändler in Swinemünde u. seit 1927 Berlin; 1933/ 34 in Paris. 1934 Chauffeur und Tankwart, seit 1936 wieder Buchhändler in Berlin, 1940–43 Soldat in Polen, Frankreich, Italien, 1943–45 Gefangenschaft in USA, seit 1946 freier Schriftsteller, 1946/47 mit A. Andersch Hrsg. der sozialist. Zs. ›Der Ruf‹, Initiator der ›Gruppe 47‹, seit 1952 Schriftleiter der Zs. ›Die Literatur‹, 1956 Gründer des ›Grünwalder Kreises‹, lebt in München und Berlin. – Zeitkrit. Romancier mit Themen aus Kriegs- u. Nachkriegszeit. Auch Hörspiel und Kinderbuch.

W: Die Geschlagenen, R. 1949; Sie fielen aus Gottes Hand, R. 1951; Spuren im Sand, R. 1953; Du sollst nicht töten, R. 1955; Linus Fleck oder Der Verlust der Würde, R. 1959; Menschen in freundlicher Umgebung, Sat. 1965; Karl Marx in Samarkand, Reiseb. 1967; Blinder Alarm, En. 1970; Deutschland, deine Pommern, St. 1970; Rose weiß, Rose rot, R. 1971; Briefe an einen jungen Sozialisten, Aut. 1974; Die Flucht nach Abanon, E. 1980; Die Stunde der falschen Triumphe, R. 1981; Ein Julitag, R. 1982; Im Etablissement der Schmetterlinge, Ess. 1986.
L: E. Embacher, 1975, n. 1985; H. A. Neunzig, hg. 1979.

Richter, Johann Paul Friedrich → Jean Paul

Richter, Joseph (Ps. F. A. Obermayr), 16. 3. 1749 Wien – 16. 6. 1813 ebda., Stud. Philos.; zuerst Kaufmann, dann Journalist und freier Schriftsteller. Mitarbeiter an der ›Gelehrten Real-Zeitung‹. – Hrsg. des Wiener Witzblattes ›Briefe eines Eipeldauers an seinen Herrn Vetter in Kakran‹ (1785–97 und 1802–1813); auch Dramatiker und Lyriker.

W: Bildergalerie katholischer Misbräuche, 1784 (n. 1913); Bildergalerie klösterlicher Misbräuche, 1784 (n. 1913). – Sämtliche Schriften, SII 1813; Eipeldauer Briefe, Ausw. hg. E. v. Paunel II 1917, hg. L. Plakolb 1970.

Richter, Manfred, * 16. 10. 1929 Dresden, 1950 Stud. Akad. für Musik u. Theater Dresden u. Schauspielschule Berlin, 1954 Lehrerprüfung. 1956–59 Stud. Lit.institut ›J. R. Becher‹ Leipzig. Dramaturg am Dt. Nationaltheater Weimar u. Landestheater Dessau, zuletzt freischaffender Filmautor ebda. – Sozialist. Dramatiker bes. um Extremsituationen vor zeitgeschichtl. Hintergrund.

W: Das Zauberfaß, M. Sp. 1957; Kommando von links, Dr. (1958); Der Tag ist nicht zu Ende, Dr. (1961); Die Insel Gottes, Dr. 1962; Der Eisriese, Dr. (1974); Das Ei in der Trompete, R. 1980.

Riedel, Otto, * 10. 7. 1908 Zwikkau, Stud. Germanistik, Gesch., Kunstgesch. u. Theologie Marburg u. Leipzig; 1934 Pfarrer in Härtensdorf/Sachsen, seit 1955 in Zwickau. Mitgl. der bekennenden Kirche. – Vorwiegend geistl. Lyriker. Erzähler u. Essayist aus kulturellem Traditionsbewußtsein u. christl. Verantwortungsgefühl.

W: Ein Gottesjahr, G. 1940; Der Bildschnitzer von Zwickau, R. 1945; Der Baumeister, R. 1948; Hilfe in Not, Kgn. 1951; Im Schatten

Gottes, G. 1951; Kleiner Reigen, G. 1952; Im Spiegel, En. 1959; Auf Tod und Leben, En. u. G. 1960; Es schließt sich der Ring, G. 1961; Gewissensnot, R. 1964; Überraschungen, En. 1968; Der Zukunft verschworen, R. 1975; Siehe, welch ein Mensch, R. 1978.

Riegel, Werner, 19. 1. 1925 Danzig – 11. 7. 1956 Hamburg, Soldat, zweimal verwundet, nach 1945 versch. Berufe. 1952–56 mit P. Rühmkorf Hrsg. der hektographierten Zs. ›Zwischen den Kriegen‹. – Vertreter der Kriegsgeneration, deren Verbitterung u. Pessimismus sich in s. den Reim provokant einsetzenden Lyrik u. polem.-aggressiven Prosa artikuliert.

W: Heiße Lyrik, G. 1956 (m. P. Rühmkorf); Gedichte und Prosa, 1962.

Rieger, Franz, ∗ 23. 1. 1923 Riedau/Oberösterr.; Volksbibliothekar in Linz, lebt in Oftering, 1979 Prof. h. c. – Erzähler detailreicher, halbmyth. Romane aus dem Dorfleben als Parabeln der Existenz.

W: Ein Zweikampf, En. 1964; Paß, R. 1973; Die Landauer, R. 1974; Feldwege, R. 1976; Der Kalfakter, R. 1978; Zwischenzeit Karman, R. 1979; Vierfrauenhaus, R. 1981; Schattenschweigen, R. 1985; Internat in L., R. 1986.

Rieger, Sebastian → Reimmichl

Riehl, Wilhelm Heinrich von, 6.35. 1823 Biebrich/Rh. – 16. 11. 1897 München; Sohn e. Schloßverwalters; Gymnas. Wiesbaden und Weilburg; Stud. Theologie, Philos. und Musik Marburg, Göttingen und Gießen Kulturgesch. Bonn; 1844 Journalist in Gießen; Redakteur in Frankfurt, Karlsruhe, Wiesbaden; Mitgl. des Frankfurter Parlaments; Leiter des Hoftheaters in Wiesbaden; 1851 Schriftleitung der ›Allgem. Zeitung‹ in Augsburg; 1854 Prof. der Staatswiss. in München; 1859–92

Ordinarius für Kulturgeschichte ebda.; 1883 geadelt; 1885 Direktor des kgl. Nationalmuseums München; 1889 Geh. Rat. – Bedeutendster dt. Kulturhistoriker des 19. Jh. E. der Begründer e. selbständigen Gesellschaftslehre und wiss. Volkskunde in Dtl. Knüpfte mit s. Arbeiten auf dem Gebiet der dt. Volks- und Altertumskunde an die philol.-histor. Erkenntnisse der Romantik an. Ergänzte s. wiss. Arbeit durch dichter. Gestaltung dieser verwandter Stoffe. Schilderte viele Jhh. dt. Kulturgeschichte in meisterhaften realist. Novellen von bürgerl. Lebensanschauung.

W: Geschichte vom Eisele und Beisele, R. 1848; Die bürgerl. Gesellschaft, 1851; Land und Leute, 1854; Die Familie, 1855; Wanderbuch, 1869 (alle 4 zus. u. d. T. Naturgeschichte des Volkes als Grundlage einer dt. Social-Politik, IV 1853–69; n. 1925–30); Musikalische Charakterköpfe, Sk. III 1853–78; Culturgeschichtliche Novellen 1856; Die Pfälzer, Sk. 1857; Culturstudien aus drei Jahrhunderten, 1859; Die deutsche Arbeit, 1861; Geschichten aus alter Zeit, II 1863 f. (Ausw. H. Löwe 1955); Neues Novellenbuch, 1967; Am Feierabend, Nn. 1880; Lebensrätsel, Nn. 1888; Kulturgeschichtliche Charakterköpfe, Sk. 1891; Religiöse Studien eines Weltkindes, 1894; Ein ganzer Mann, R. 1897. – Geschichten und Novellen, VII 1898–1900 (n. VII 1923); Durch 1000 Jahre, Nn. hg. H. Löwe IV 1937, n. 1969.

L: H. Simonsfeld, 1898; B. J. L. Schmidt, Diss. Straßburg, 1913; M. Janke, W. H. R.s Kunst d. Novelle, Diss. Breslau 1918; T. Matthias, Gehalt und Kunst R.scher Novellistik, 1925; K. Ruprecht, R.s kulturgeschichtl. Novellen, Diss. Königsberg 1936; K. Trenz, W. H. R.s Wiss. v. Volke, 1937; R. Müller-Sternberg, R.s Volkslehre, 1939; H. Belz, Diss. Hdlbg. 1945; V. v. Geramb, 1954 f.; P. Thiergen, W. H. R. i. Rußl., 1978.

Riemer, Johannes, 11. 2. 1648 Halle – 10. 9. 1714 Hamburg; Stud. Theol. Jena; 1678 Prof. für Politik, Poetik und Rhetorik Gymn. Weißenfels als Nachfolger Ch. Weises, 1687 Pfarrer in Osterwieck, 1691 Superintendent in Hildesheim und 1704 Hauptpastor in Hamburg als Nachfolger

B. Schupps. – Vf. witzig – satir. Romane, frühaufklärer. Dramen für Schul- und Wanderbühnen, polit., rhetor. und theol. Schriften.

W: Der glückliche Bastard, Dr. 1678; Der Erz-Verleumder und Ehe-Teuffel von Schottland, Tr. 1679; Der Politische Maul-Affe, R. 1679 (n. 1979); Lustiger Hoff-Parnassus, Dr. 1679; Die politische Colica, R. 1680; Lustige Rhetorica, Schr. 1681; Der politische Stock-Fisch, R. 1681 (u. d. T. Der verliebte Solande, 1687); Vom gequälten Liebes-Siege, Dr. 1681; Der Simplicianische Hasen-Kopf, R. 1683 (n. 1978); Amor Der Tyranne, K. 1685. – Wke, hg. H. Krause V 1979 ff.

L: A. F. Kölmel, Diss. Hdlbg. 1914; H. Krause, Feder kontra Degen, 1979.

Riemerschmid, Werner, 16. 11. 1895 Maria-Enzersdorf/Niederösterr. – 16. 4. 1967 Wien, Stud. Wien; Dr. jur., dann Hochschule für Musik u. darstellende Kunst ebda. Unter Wildgans in der dramaturg. Abteilung des Burgtheaters, 1928–45 Dramaturg u. Spielleiter am Wiener Rundfunk, dann freier Schriftsteller in Mödling b. Wien – Erzähler, Lyriker u. Dramatiker. Auch Hörspielautor u. Übs.

W: Das Buch vom lieben Augustin, R. 1930; Das verzauberte Jahr, G. 1936; Die Frösche von Sumpach, R. 1939; Der Bote im Zwielicht, G. 1942; Neben den Geleisen, En. 1944; Schatten, R. 1947; Ergebnisse, G. 1953; Zwischen Hades und Olymp, K. 1955; Froh gelebt und leicht gestorben, Sk. 1958; Euer Ruhm ist nicht fein, R. 1962; Steinbrüche, G. 1965.

Riemkasten, Felix, 8. 1. 1894 Potsdam, Handwerkerssohn, Stud. Berlin; 1919–31 Beamter in Braunschweig, seit 1932 freier Schriftsteller in Berlin-Zehlendorf, dann in Stuttgart. – Vf. polit.-zeitkrit. Romane, Novellen u. Gedichte, oft humorvoll-satir. gefärbt, später auch Jugendbücher u. Yoga-Lehrbücher.

W: Alle Tage Gloria, Nn. 1927; Der Bronze, R. 1930; Genossen, R. 1931; Der Götze, R.

1932; Ein Kind lebt in die Welt hinein, Nn. 1934; Weggetreten, R. 1934; Der Bund der Gerechten, Jgb. 1935; Drei Brüder, R. 1936; Die junge Frau Greven, R. 1937; Die Wunschlandreise, R. 1938; Ali, der Kater, Humoreske 1938; Ein Mann ohne Aufsicht, R. 1940; Das vierte Leben, Schr. 1949; Gespenster in Ebensbach, Jgb. 1961; Die verborgene Kraft, Schr. 1967.

Rieple, Max, 12. 2. 1902 Donaueschingen – 16. 1. 1981 ebda.; Stud. Jura u. Kunstgesch. Heidelberg, Freiburg/Br. und München. Kaufmann in Donaueschingen, Präsident der Gesellschaft der Musikfreunde in Donaueschingen u. Leiter der Donaueschinger Musiktage. – Schwäb. Lyriker, Erzähler, Essayist und Reiseschriftsteller; Übs. franz. Lyrik.

W: Das französische Gedicht, Anth. 1947; Land um die junge Donau. Es. 1951; Reiches Land am Hochrhein. Es. 1953; Lilie und Lorbeer, Übs. 1952; Ausgewählte Gedichte, 1953; Damals als Kind, Nn. u. G. 1955; Bodensee-Sonette, G. 1955; Die vergessene Rose, Sagen 1957 (erw. 1961); Goldenes Burgund, Reiseb. 1961; Erlebter Schwarzwald, Reiseb. 1962; Malerisches Elsaß, Reiseb. 1964; Die Räderspur, G. 1964; Geheimnisvolle Bretagne, Reiseb. 1965; Der Hochschwarzwald, Reiseb. 1965; Sonne über dem Neckarland, Schr. 1966; Wiedersehen mit Südtirol, 1966; Auf tausend Treppen durchs Tessin, Reiseb. 1970; Die oberitalienischen Seen, Reiseb. 1972.

L: D. Larese, 1967.

Rietenburg, Burggraf von, Ende 12. Jh., vor 1185, wohl Sohn des 1174/77 verstorbenen Burggrafen Heinrich III. von Regensburg und jüngerer Bruder des Burggrafen von Regensburg. – Minnesänger der Übergangszeit zu roman. Formen, dichtete bereits nach provenzal. Muster in Kurzzeilen; noch anspruchslose, unbeholfene Nachahmung mit schleppenden Reimen. 7 Strophen, davon 2 im Wechsel, erhalten; weniger Gefühl als Reflexion um Frauendienst und Treueversicherung.

A: MF.

Rigisepp → Camenzind, Josef
Maria

Rilke, Rainer (René) Maria, 4.
12. 1875 Prag – 29. 12. 1926 Val
Mont b. Montreux; väterlicherseits aus nordböhm. Bauerngeschlecht, mütterlicherseits aus e.
Prager Bürgerfamilie. Sohn e.
Militär-, später Eisenbahnbeamten. Übersensibler Knabe; sollte
die Offizierslaufbahn einschlagen
und besuchte 1886–91 die Militär-
anstalt St. Pölten, 1891/92 die Mi-
litär-Oberrealschule in Mährisch-
Weißkirchen; verschlossen u. als
Einzelgänger   zum   Gemein-
schaftsleben ungeeignet. Nach s.
Austritt 1891/92 auf der Handelsakademie Linz, 1892–95 Vorbereitung auf die Reifeprüfung
durch   Privatunterricht,   dann
Stud. Kunst- und Literaturgeschichte in Prag. 1897–99 in München (1897 Bekanntschaft mit L.
Andreas-Salomé) und Berlin.
Entschluß zu Berufslosigkeit und
reinem Dichterdasein. Reisen
nach Italien (1899 Florenz, Via-
reggio) und (mit L.-Andreas-Sa-
lomé) nach Rußland (Mai 1899,
Sommer 1900), Begegnung mit
Tolstoj. Erlebnis des Ostens, der
Weite russ. Landes und myst.-or-
thodoxer Frömmigkeit. Ließ sich
1900 in Worpswede nieder, ∞
1901 die Bildhauerin Clara West-
hoff, übersiedelte jedoch 1902
nach Auflösung der Ehe nach Paris und besuchte Italien, Dänemark u. Schweden. Seit Sept.
1905 in Paris, Bekanntschaft mit
Rodin, 1905/06 8 Monate dessen
Privatsekretär bis zum Bruch
1906. In Paris entstanden ›Die
Aufzeichnungen des Malte Laurids Brigge‹. Unter Druck e. inneren Krise erneutes Wanderleben,
1910/11 Reise nach Nordafrika
und Ägypten, 1912/1913 nach

Spanien; 1911/12 auf Schloß Dui-
no b. Triest als Gast der Fürstin
Marie von Thurn u. Taxis; hier
entstanden die ersten ›Duineser
Elegien‹. Im 1. Weltkrieg vorwiegend in München, kurze Zeit
beim österr. Landsturm, zeitweilig im Wiener Kriegsarchiv, jedoch aus Gesundheitsgründen
entlassen. Nach Kriegsende in der
Schweiz, u. a. in Soglio, Locarno,
Schloß Berg am Irchel, 1922 in
Schloß Muzot b. Siders/Wallis,
wo er die ›Duineser Elegien‹ ab-
schloß. Er starb an Leukämie. In
Raron/Wallis beigesetzt. – Bedeutendster und einflußreichster dt.
Lyriker der 1. Hälfte des 20. Jh.,
erschloß der Dichtung neue Bereiche des Sagbaren. Entscheidend geprägt von der dämmernden Zwielichtigkeit s. Prager Heimat, dem Erlebnis Rußlands und
der melod. Weichheit der slaw.
Sprachen, vom franz. Symbolismus und der Formstrenge der
bild. Kunst bes. Rodins. Begann
nit preziöser Formkunst im Stil
des dekadenten fin de siècle von
stimmungsvoller,   konturloser
Sehnsucht und Schwermut, erreichte s. größte Breitenwirkung
mit dem balladesk-heroischen
›Cornet‹, s. 1. lyr. Höhepunkt im
›Stundenbuch‹ als Ausdruck melod.-träumerischer, bilderreicher
doch unverbindl. neuromant.
Stimmung in virtuoser Sprache
(Vorliebe für Enjambement).
Vollzog unter Einfluß Rodins mit
den ›Neuen Gedichten‹ die Wendung vom Verschwommen-Ge-
fühlvollen zum präzisen objektiv-
gestalthaften Dinggedicht mit
völliger Preisgabe des lyr. Ichs an
die aus ihrem Wesen heraus erfaß-
ten Dinge und gelangte nach e.
schweren seel. Krise in der Begegnung mit der Existenzphilosophie
Kierkegaards und der Aufgabe s.

bisher geborgenen, gotterfüllten
Weltbildes, deren Niederschlag
›Malte Laurids Brigge‹ darstellt,
zu der kühnen, harten freirhythm.
Form der stark gedankl. myth.
überhöhten ›Duineser Elegien‹
und der ›Sonette an Orpheus‹ als
Gipfel s. Schaffens, Verarbeitung
und Überwindung der Existenz-
problematik des 20. Jh. zu e. neu-
en, positiven Weltbild. Durch s.
hervorragende   Sprach-   und
Formbegabung   meisterhafter
Übs.: L. Labé, Michelangelo, E.
Barret-Browning,   Mallarmé,
Verlaine, A. Gide, P. Valéry, Ja-
cobsen u. a.; auch Lyrik in franz.
Sprache.

W: Leben und Lieder, G. 1894; Wegwarten,
G. 1895f.; Larenopfer, G. 1896; Jetzt und in
der Stunde unseres Absterbens, Dr. 1896;
Traumgekrönt, G. 1897; Im Frühfrost, Dr.
(1897) Advent, G. 1898; Ohne Gegenwart,
Dr. 1898; Am Leben hin, Nn. u. Sk. 1898;
Mir zur Feier, G. 1899 (u. d. T. Die frühen
Gedichte, 1909); Zwei Prager Geschichten,
En. 1899; Vom lieben Gott und Anderes, En.
1900 (u. d. T. Geschichten vom lieben Gott,
1904); Das Buch der Bilder, G. 1902; Die
letzten, Nn. 1902; Das tägliche Leben, Dr.
1902; Worpswede, Schr. 1903; Auguste Rodin, St. 1903, erw. 1913; Das Stunden-Buch,
G. 1905; Die Weise von Liebe und Tod des
Cornets Christoph Rilke, 1906; Neue Gedichte, II 1907f.; Requiem, G. 1909; Die Aufzeichnungen des Malte Laurids Brigge, R. II
1910; Das Marien-Leben, G. 1913; Duineser
Elegien, 1923; Sonette an Orpheus, 1923;
Vergers suivi des Quatrains Valaisans, G.
1926; Les fenêtres, G. 1927; Les roses, G.
1927; Erzählungen und Skizzen aus der Frühzeit, 1928; Ewald Tragy, E. 1929; Verse und
Prosa aus dem Nachlaß, 1929; Briefe und
Tagebücher aus der Frühzeit, 1931; Über
Gott, zwei Briefe, 1933; Späte Gedichte,
1934; Gedichte 1909–26, 1953. – GW, VI
1927; AW, II 1938, III 1966; Ges. Gedichte, IV
1930–34, I 1962; Gedichte in franz. Sprache,
1949; SW, VI 1955–66, XII 1975; Aus R.s
Nachlaß, IV 1950; Briefe 1899–1926, VI
1929–37, Ausw. II 1950, I ²1966; Briefe an A.
Rodin, 1928; an e. jungen Dichter, 1929; an e.
junge Frau, 1930; an s. Verleger, 1934, erw. II
1949; an eine Freundin, 1944; an Frau Gudi
Nölke, 1953; an S. Nádherný v. Borutin,
1973; an Gräfin Sizzo, 1977; an N. Wunderly-
Volkart, II 1977; an A. Juncker, 1979; an E.
Norlind, 1985; an K. u. E. v. d. Heydt, 1987;
Briefw. mit M. v. Thurn und Taxis, II 1951;
L. Andreas-Salomé, 1952; A. Gide, 1952 (d.

1957); Benvenuta, 1954; Merline, 1954; K.
Kippenberg, 1954; E. Verhaeren, 1955; A.
Gallarati Scotti, 1956; I. Junghanns, 1959; H.
v. Hofmannsthal, 1975; H. v. Nostitz, 1976;
R. v. Ungern-Sternberg, 1980; A. Forrer,
1982; M. Zwetajewa/B. Pasternak, 1983; St.
Zweig, 1987; R. Ullmann u. E. Delp, 1987.
L: L. Andreas Salomé, 1928; P. Zech, 1930;
H. E. Holthusen, R.s Sonette an Orpheus,
1937; ders. ¹⁰1970; M. Sievers, D. bibl. Moti-
ve in d. Dichtung, R. M. R.s, 1938, n. 1967;
E. M. Butler, Cambr. 1946; K. Kippenberg,
R. M. R.s Duineser Elegien u. Sonette an
Orpheus, 1946; dies., ²1948; D. Bassermann,
Der späte R., ²1948; ders., Der andere R.,
1961; W. Kohlschmidt, 1948; E. v. Schmidt-
Pauli, 1948; A. Carlsson, Gesang ist Dasein,
1949; F. Klatt, ²1949; N. Wydenbruck, Lond.
1949; K. J. Hahn, 1949; H. Kreutz, R.s Dui-
neser Elegien, 1950; J. R. von Salis, R. M. R.s
Schweizerjahre, ³1952; W. Günther, Weltin-
nenraum, ²1952; P. Demetz, R.s Prager Jahre,
1953; E. Simenauer, 1953; H. W. Belmore,
R.s Craftsmanship, Lond. 1954; R. Guardini,
R.s Deutung des Daseins, 1954; J.-F. Angel-
loz, 1955; E. Buddeberg, 1955; O. F. Boll-
now, ²1956; H. Berendt, R. M. R.s Neue
Gedichte, 1957; F. Wood, Minneapolis 1958;
H. Mörchen, R.s Sonette an Orpheus, 1958;
N. Fuerst, Phases of R., Bloomington 1958;
H. E. Holthusen, 1958; A. Robinet de Cléry,
Paris 1958; H. F. Peters, Seattle 1960; U.
Fülleborn, D. Strukturproblem d. späten Ly-
rik R.s, 1960; W. L. Graff, R.s lyr. Summen,
1960; R. Guardini, R. M. R.s Deutung des
Daseins, ²1961; B. Halda, Paris 1961; B. Alle-
mann, Zeit u. Figur b. spten R., 1961; Ch.
Dédéyan, R. et la France, Paris II 1961f.; E.
C. Mason, 1964; ders., Lebenshaltung u.
Symbolik b. R. M. R., Oxf. ²1964; V. Hell,
Paris 1965; P. Desgraupes, Paris 1965; S.
Mandel, Carbondale/Ill. 1965; I. Schnack,
Bb. ²1966; H. Schlötermann, 1966; K. A. J.
Batterby, R. and France, Lond. 1966; B. L.
Bradley, R. MM. R.s Neue Gedichte, II
1967–76; J. Steiner, R.s Duineser Elegien,
²1969; W. Seifert, D. ep. Werk R. M. R.s,
1960; A. Bauer, 1970; W. Müller, R. M. R.s
Neue Gedichte, 1971; R. in neuer Sicht, hg.
K. Hamburger 1971; J. Ryan, Umschlag u.
Verwandlung, 1972; A. Stephens, R. M. R.s
Gedichte an die Nacht, Lond. 1972; R. Jayne,
The Symbolism of Space and Motion, 1972;
H. Imhoff, R.s ›Gott‹, 1973; H. Engelhardt,
1973; A. Stephens, R.s Malte l. B., 1974; I. H.
Solbrig u. a., hg. 1975; H. Kunisch, ²1975; I.
Schnack, R-Chronik, II 1975; K. Hambur-
ger, 1976; T. J. Casey, Lond. 1976; N. Fürst,
R.i.s. Zeit, 1976; H. F. Peters, N. Y. 1977; A.
Stahl u. a., R-Kommentar, II 1978f.; K. E.
Webb. R. and Jugendstil, Chapl Hill 1978; F.
Baron, hg. Lawrence 1980; W. Leppmann,
1981; E. Schwarz, hg. 1983; K.-D. Hähnel,
1984; O. H. Olzien, 1984; H. Nalewski, Bb.
1985; D. A. Prater, E. klingendes Glas, 1986;
R. Görner, hg. 1987; R. Marx, 1987; Bibl.: F.

Hünich, 1935; G. Schroubek, 1951; W. Ritzer, 1951; R.-Katalog d. Slg. R. v. Mises, hg. P. Obermüller u. H. Steiner 1966.

Rinckart (Rinckart, Rinkart), Martin, 23. 4. 1586 Eilenburg/ Sachsen – 8. 12. 1649 ebda.; Sohn e. Küfers, 1601 Stud. in Leipzig; 1610 Kantor in Eisleben; 1611 Diakonus ebda.; 1613 Pfarrer in Erdeborn; poeta laureatus; 1617 Archidiakonus in Eilenburg. – Geistl. Barockdichter, berühmt durch das Lied ›Nun danket alle Gott‹, 1630 anläßl. der Jahrhundertfeier des Augsburger Bekenntnisses verfaßt. Auch 7 (3 erhaltene) apologet. Dramen um die Geschichte der Reformation.

W: Der Eißlebische Christliche Ritter, Dr. 1613 (n. Ndl. 53/54, 1883); Indulgentiarius Confusus oder Eißlebisch-Mansfeldische Jubel-Comoedia, 1618 (n. 1885); Monetarius Seditiosus oder . . . Der Müntzerische Bawrenkrieg, K. 1625; Jesu Hertz-Büchlein, G. 1636; Die Meißfische Thränensaat, G. 1637. – Geistl. Lieder, hg. H. Rembe, u. J. Linke 1886 (m. Bibl.).
L: E. Michael, R. als Dramatiker, Diss. Lpz. 1894; W. Büchting, 1903; K. Schreinert, D. Dramen R.s, 1928; A. Brüssau, 1936.

Ringelnatz, Joachim (eig. Hans Bötticher), 7. 8. 1883 Wurzen – 17. 11. 1934 Berlin; Sohn des Jugendschriftstellers Georg Bötticher; Gymnas. Leipzig bis Sekunda; ging dann ohne Wissen s. Eltern als Schiffsjunge zur See. Später versch. Berufe, 1909 Hausdichter des Münchener ›Simplizissimus‹, Bibliothekar beim Vater des Dichters B. v. Münchhausen; 1914–18 bei der Marine. Nach dem Kriege arbeitslos; Archivangestellter; 1920 Rückkehr in den Münchener ›Simplizissimus‹; von H. v. Holzogen für die Berliner Kleinkunstbühne ›Schall und Rauch‹ entdeckt; trat bis 1933 mit Vorträgen eigener Gedichte auf; auch Maler. – Humorist. Lyriker, auch Erzähler. Meister der

Unsinn und Tiefsinn, Witz, Zeitsatire mischenden Kabarett-Lyrik. Sänger geistvoller, grammat. eigenwilliger Seemannsmoritaten. Verbirgt hinter Derb-Rauhem, Iron.-Moralist., Spieler.-Groteskem tiefes Empfinden, Schwermut u. Sarkasmus. Schildert daneben s. abenteuerl. Leben in autobiograph. Werken.

W: Schnupftabakdose, G. 1912 (m. R. J. M. Seewald); Ein jeder lebt's, Nn. 1913; Turngedichte, 1920; Kuttel Daddeldu, G. 1920, erw. 1923; Die Woge, En. 1922; Geheimes Kinder-Spiel-Buch, G. 1924; Nervosippopel, G. 1924; Reisebriefe eines Artisten, 1927, Allerdings, G. 1928; Als Mariner im Krieg, Prosa 1928; Flugzeuggedanken, G. 1929; Mein Leben bis zum Kriege, Aut. 1931; Kinder-Verwirr-Buch, 1931; Gedichte dreier Jahre, 1932; Die Flasche und mit ihr auf Reisen, G. 1932; Gedichte, Gedichte, 1934; Der Nachlaß, 1935; Kasperle-Verse, 1939. – und auf einmal steht es neben dir, Ges. G. 1950; Reisebriefe an M., hg. L. Ringelnatz 1964, 1975; Das Gesamtwerk, hg. W. Pape VII 1982–85.
L: G. Schulze, 1937; R. als Maler, 1953; Himmelsbrücke u. Ozean, J. R., e. malender Dichter, hg. W. Schumann 1961; H. Günther, 1964; W. Pape, 1974; Bibl.: W. Kayser u. H. P. des Coudres, 1960.

Ringleb, Heinrich, 23. 10. 1906 Berlin – 8. 5. 1973 Heidelberg, Stud. Germanistik, Kunstgesch. u. Philos. Hamburg (Dr. phil.), 1939–45 Soldat, 1956 Lehrbeauftragter u. 1961 Lektor am Dolmetscher-Institut der Univ. Heidelberg. – Erzähler u. Hörspielautor mit Nähe zum Surreal-Phantastischen.

W: Antje, Vers-E. 1936; Das kleine Leben, En. 1941; Der Junker von Warrenthin, E. 1942; Die Entrückung, E. 1947; Die Kinder des Todes, R. 1948; Herr Konrad, R. 1948; Der Kuckucksruf, R. 1953; Henley's Insel, R. 1954.

Ringmann, Matthias (Ps. Philesius), 1482 Schlettstadt (?) – 1511 ebda.; Bauernsohn; Stud. in Heidelberg und bei Wimpheling in Freiburg, dann in Paris Griechisch, Mathematik und Kosmographie; 1503 Korrektor in Straßburg; Schulmeister in Colmar; 1504 wieder in Straßburg, eröffnete dort e. Privatschule; reiste 1505 nach Italien; nach s. Rückkehr Korrektor in Straßburg; ab 1507 in St. Dié/Lothringen als Gelehrter und Revisor in e. Druckerei. – Elsäss. humanist. Dichter, Gelehrter und Übs. Vf. neulat. Gedichte, kosmograph. Schriften und e. ›Grammatica figurata‹. S. Übers. von Caesars ›Commentarii de bello gallico‹ stand mit am Anfang der humanist. Übss. Noch stark an ma. Denken gebunden.

W: Cosmographiae introductio, 1507; Grammatica figurata, 1509 (Faks. F. P. v. Wieser 1905).

Ringoltingen, Thüring von → Thüring von Ringoltingen

Ringwaldt, Bartholomäus, 28. 11. 1532 Frankfurt/Oder – 9. 5. 1599 Langenfegd b. Zielenzig/Neumark; Stud. ev Theologie Wittenberg; 1557 Pfarrer, ab 1566 in Langenfeld. – Vielgelesener Lehrdichter von scharfer Beobachtung und anschaul., satir.-moralist. Sittenschilderer, warnt vor den Höllenstrafen als Folge sündigen Lebens; auch Vf. weitverbreiteter geistl. Lieder (›Herr Jesu Christ, du höchstes Gut‹, ›Es ist gewißlich an der Zeit‹) sowie des eindrucksvollen realist. ›Speculum mundi‹.

W: Der 91. Psalm, G. 1577; Newezeitung: So Hanns Fromman mit sich auß der Hellen vnnd dem Himel bracht hat, 1582 (erw. u. d. T. Christliche Warnung des Trewen Eckarts, 1588, n. 1977); Die Lauter Warheit, 1585; Christlicher Rosengardt, 1585; Speculum mundi, Dr. 1590. – Geistliche Lieder, hg. H. Wendeburg 1858.
L: F. Sielek, 1899; E. Krafft, D. ›Speculum mundi‹ des B. R., 1915, n. 1977.

Rinkart, Martin → Rinckart, Martin

Rinser, Luise * 30. 4. 1911 Pitzling/Obb., Stud. Psychologie u. Pädagogik München, ∞ 1939 den Opernkapellmeister Schnell (gef. 1943 in Rußland), 1934–39 Lehrerin, dann freie Schriftstellerin, im 3. Reich Berufsverbot. 1944 verhaftet und wegen ›Wehrkraftzersetzung‹ angeklagt. 1945–53 freie Mitarbeiterin der ›Neuen Zeitung‹ in München, ∞ 1953 den Komponisten Carl Orff, 1959 o/o; lebte in Dießen/Ammersee, dann bei Rom. 1984 Bundespräs.-Kandidatin der Grünen. – Als Erzählerin von Romanen und Novellen um Liebe und Ehe, um die Sinngebung des Lebens und Fragen von Schuld und Sühne psycholog. Deuterin mod. Mädchen- und Frauengestalten und geistigseel. Entwicklungen junger Menschen bei wachsender Hinwendung zu christl.-relig. Fragen (Ringen von Glauben und Unglauben) und e. moral. Engagement, das trotz der Einbeziehung der dunklen Seiten des Lebens gelegentlich zu süßl.-erbaul. Zügen führt. Auch Funk- und Fernsehautorin sowie Essayistin.

W: Die gläsernen Ringe, E. 1941; Gefängnis-Tagebuch, 1946; Erste Liebe, En. 1946; Jan Lobel aus Warschau, E. 1948; Hochebene, R. 1948; Die Stärkeren, R. 1948; Martins Reise, E. 1949; Mitte des Lebens, R. 1950; Daniela, R. 1953; Die Wahrheit über Konnersreuth, Schr. 1954; Der Sündenbock, R. 1955; Ein Bündel weißer Narzissen, En. 1956; Abenteuer der Tugend, R. 1957 (zus. m. Mitte des Lebens u. d. T. Nina, 1961); Geh fort, wenn du kannst, E. 1959; Der Schwerpunkt, Ess. 1960; Die vollkommene Freude, R. 1962; Vom Sinn der Traurigkeit, En. 1962; Septembertag, E. 1964; Gespräche über Lebensfragen, Aufs. 1966; Ich bin Tobias, R. 1966; Baustelle, Tg. 1970; Grenzübergänge, Tg. 1972; Hochzeit der Widersprüche, Br. 1973; Wie, wenn wir ärmer würden, Sb. 1974; Dem Tode geweiht?, Ber. 1974; Der schwarze Esel, R. 1974; Bruder Feuer, Jgb. 1974; Wenn die Wale kämpfen, Reiseb. 1976; Der verwundete Drache, B. 1977; Kriegsspielzeug, Tg. 1978; Khomeini, St. 1979; Den Wolf umarmen, Aut. 1981; Winterfrühling, Tg. 1982; Mirjam, R. 1983; Im Dunkeln singen,

Tg. 1985; Geschichten aus der Löwengrube, En. 1986; Silberschuld, R. 1987.
L: L. Hoffmann, Jenseits der Nacht, Luxemburg 1964; A. Scholz, Syracuse/N. Y. 1968; L. R., Fs. 1971, erw. 1976 (m. Bibl.); H.-R. Schwab, hg. 1986 (m. Bibl.).

Risse, Heinz, * 30. 3. 1898 Düsseldorf. Gymnas. ebda., 1915–18 Soldat; Stud. Nationalökonomie und Philos. Marburg, Frankfurt u. Heidelberg, Promotion bei A. Weber, seit 1922 in der Wirtschaft tätig, Wirtschaftsprüfer, längerer Auslandsaufenthalt, lebt in Solingen. – Verf. zeitnaher Romane und Erzählungen um die weltanschaul. Problematik des mod. Menschen aus spannungsvoller Verbindung von präzise geschilderter Realität und hintergründigem Irrationalem; oft gleichnishaft und z. T. didakt.; auch kulturkrit. Essayist.

W: Irrfahrer, N. 1948; Wenn die Erde bebt, R. 1950; So frei von Schuld, R. 1951; Fledermäuse, E. 1951; Schlangen in Genf, E. 1951; Die Grille, En. 1953; Dann kam der Tag, R. 1953; Belohne dich selbst, Fabeln 1953; Simson und die kleinen Leute, E. 1954; Sören der Lump, R. 1955; Fördert die Kultur, Ess. 1955; Große Fahrt und falsches Spiel, R. 1956; Wuchernde Lianen, E. 1956; Einer zuviel, R. 1957; Gestein der Weisen, Ess. 1957; Die Stadt ohne Wurzeln, E. 1957; Buchhalter Gottes, En. 1958; Fort gehts wie auf Samt, En. 1962; Ringelreihen, R. 1963; Public Relations, Dial. 1964; Feiner Unfug auf Staatskosten, Ess. 1963; Macht und Schicksal einer Leiche, En. 1967.
L: H. R. 70 Jahre, 1968.

Rist, Johann, 8. 3. 1607 Ottensen/ Holstein – 31. 8. 1667 Wedel b. Hamburg; Predigerssohn; Stud. Theologie Rinteln und Rostock; 1633 Lehrer in Heide/Holst.; 1635 Pfarrer in Wedel; 1645 von Kaiser Ferdinand III. als Dichter gekrönt, 1653 geadelt; Kirchenrat; 1645 als ›Daphnis aus Cimbrien‹ Mitgl. des Pegnitzordens, 1647 als ›Der Rüstige‹ Mitgl. der Fruchtbringenden Gesellschaft; stiftete 1660 den ›Elbschwanenorden‹ in

Hamburg; Streit mit Zesen. – Dramatiker und Lyriker, bedeutendster Vertreter des Frühbarock in Norddtl.; Opitz-Schüler, Vf. zahlr. weltl. Gedichte und geistl. Lieder von starker Ausdruckskraft, frischem Ton und tiefem Naturgefühl (›O Ewigkeit, du Donnerwort‹). Ferner Dramen und allegor. Friedens-Festspiele.

W: Irenaromachia, Dr. 1630 (n. DLE Rhe. Barockdrama Bd. 6, 1933); Perseus, Tr. 1634; Musa Teutonica, G. 1634; Poetischer Lust-Garte, G. 1638; Himmlische Lieder, V 1641 f. (n. 1976); Das Friede wünschende Teütschland, Sch. 1647 (n. H. M. Schletter 1864, H. Stümcke 1915); Sabbathische Seelenlust, G. 1651; Neüer Teütscher Parnass, G. 1652 (n. 1978); Das Friedejachtzende Teutschland, Fsp. 1653 (n. H. M. Schletter 1864); Geistliche Poetische Schriften, III 1657–1659; Monatsgespräche, VI 1663–68. – Dichtungen, hg. K. Goedeke u. E. Götze, 1885; SW, hg. E. Mannack X 1967 ff.
L: Th. Hansen, 1872, n. 1973; A. Rhode, 1907; W. Krabbe, J. R. u. d. dt. Lied, Diss. Bln. 1910; A. M. Floerke, J. R. als Dramatiker, Diss. Rostock 1918; O. Kern, J. R. als weltl. Lyriker, 1920, n. N. Y. 1968; R. Kipphahn, J. R. als geistl. Lyriker, Diss Hdlbg. 1924; A. Jericke, J. R.s Monatsgespräche, 1928; O. Heins, J. R. u. d. niederdt. Drama d. 17. Jh., 1930; H. Friese, Brich an, du schönes Morgenlicht, 1961.

Ritter, Felix → Krüss, James

Robert, Paul → Zech, Paul

Roberthin, Robert, 3. 3. 1600 Saalfeld/Ostpr. – 7. 4. 1648 Königsberg; Stud. in Königsberg, Leipzig und Straßburg; Freund von Opitz; Hauslehrer; Reisen nach den Niederlanden, Frankreich, England und Italien; 1637 Sekretär am Hofgericht in Königsberg; später Oberhofsekretär und kurfürstl. brandenburg. Rat bei der preuß. Regierung. – Mittelpunkt des Königsberger Dichterkreises (›Kürbishütte‹); Lyriker; Vf. Geistl. und weltl. Lieder um die Vergänglichkeiten des Irdischen.

A: Gedichte (in H. Albert, Arien, VIII 1638–50; n. DNL 30, 1883).

Robinson, Therese → Talvj

Roda Roda, Alexander (eig. Sandór Friedrich Rosenfeld), 13. 4. 1872 Puszta Zdenci/Slavonien – 20. 8. 1945 New York; Sohn e. Gutsdirektors; 1892 Einjährig-Freiwilliger bei der Artillerie in Agram, Soldat, dann bis 1902 Offizier; bereiste den Balkan, Italien und Spanien; ging 1904 nach Pommern, 1905 nach Berlin; 1906 nach München; 1909 Berichterstatter in Belgrad, 1912 auf dem Balkan, 1914–18 Kriegsberichterstatter an allen österr. Fronten; lebte dann in Tirol; 1920 wieder in München; Vortragsreisen in Nordamerika und Westeuropa; emigrierte 1933 nach Österreich, 1938 in die Schweiz, 1940 nach USA. – Volkstüml., fruchtbarer humorist.-satir. Erzähler, Dramatiker und Essayist. Zeigte in Romanen, Anekdoten und Komödien die Schwächen der ehemal. Donaumonarchie und bes. ihres Offizierkorps auf.

W: Der gemütskranke Husar, En. 1903; Soldatengeschichten, II 1904; Eines Esels Kinnbacken, Schw. 1906; Der Schnaps, der Rauchtabak und die verfluchte Liebe, R. 1908; Schummler, Bummler, Rossetummler, En. 1909; Der Feldherrnhügel, Lsp. 1910 (m. C. Rößler); Bubi, Lsp. 1912 (m. G. Meyrink); Irrfahrten eines Humoristen, Aut. 1920; Die sieben Leidenschaften, R. 1921; R. R.s Roman, Aut. 1925; Der Ehegarten und andere Geschichten, 1925; Der Knabe mit den 13 Vätern, R. 1927; Die Panduren, R. 1935; Die rote Weste, Anekdot. 1945. – AW, III 1933 f.; Das große R. R.-Buch, hg. Elisabeth R. R. ³1963.

L: R. Hackermüller, 1987.

Rodenbach, Zoë von → Sacher-Masoch, Leopold Ritter von

Rodenberg, Julius (eig. Levy), 26. 6. 1831 Rodenberg/Hessen – 11. 7. 1914 Berlin; 1848–50 Gym-

nas. Rinteln; 1851–54 Stud. Jura Heidelberg, Göttingen und Berlin; 1855 Journalist in Paris; 1856 Dr. jur.; weilte in England und Italien; zog 1862 nach Berlin; Redakteur ebda.; gab 1867–74 mit Dohm die belletrist. Zs. ›Der Salon‹ und seit 1874 die von ihm gegr. ›Deutsche Rundschau‹ heraus; 1890 Prof., 1910 Dr. phil. h. c. – Erst romant. Lyriker. Später realist., lebendiger Feuilletonist. Legte mit s. frischen Berichten die Grundlage zu zahlr. ansprechenden, erfolgr. Wander- und Skizzenbüchern. Auch Feuilletonist, Lyriker, Erzähler, Dramatiker und Biograph zwischen Spätromantik und bürgerl. Realismus.

W: Fliegender Sommer, G. 1851; König Haralds Totenfeier, 1853; Lieder, 1854; Pariser Bilderbuch, Reiseb. 1856; Kleine Wanderchronik, Reiseb. II 1858; Alltagsleben in London, 1860; Die Insel der Heiligen, Reiseb. II 1860; Die Straßensängerin von London, R. 1863; Die neue Sündfluth, R. IV 1865; In deutschen Landen, Sk. 1873; Wiener Sommertage, 1875; Die Grandidiers, R. III 1879; Lieder u. Gedichte, 1880; Bilder aus dem Berliner Leben, III 1885–88; Erinnerungen aus der Jugendzeit, II 1899; Aus der Kindheit, Erinn. 1907; Tagebücher, Ausw. hg. E. Heilborn 1919; Briefw. m. G. Brandes, 1980. *L*: H. Spiero, 1921; I. Klocke, Diss. Marb. 1925; W. Haacke, J. R. u. d. Dt. Rundschau, 1950.

Rodt, Rudolf → Eichrodt, Ludwig

Roehler, Klaus, * 25. 10. 1929 Königsee/Thüringen; kam 1947 nach Westdtl.; 1954–57 Stud. Geschichte Erlangen. Freier Schriftsteller u. Kritiker in Frankfurt/M., dann Verlagslektor in Berlin u. seit 1974 in Darmstadt. – Lebensnaher Erzähler der zorn. jungen Lit. von scharfer Beobachtung und diszipliniertem Stil. Zeichnet die jungen Menschen unserer Zeit gerne als Einsame, Unverstandene oder analysiert in fiktiven Kurzbiographien bür-

gerl. Atavismen; oft iron.; Stilex-
perimente aus Scheu vor Vereinfachung. Auch Rundfunkautor.

W: Triboll, Kgn. 1956 (m. G. Elsner); Das
Geschrei, Dr. (1956); Die Würde der Nacht,
En. 1958; Ein angeschwärzter Mann, En.
1966; Ein Blick in die Zukunft, En. 1978;
Achtung Abgrund, En. 1985.

Rößler, Carl, 25. 5. 1864 Wien –
16. 2. 1948 London. Schauspieler
(u. d. Ps. Franz Reßner) in Berlin,
1908 freier Schriftsteller in München, emigrierte 1938 nach London. – Vf. erfolgr. Lustspiele.

W: Der reiche Jüngling, Tr. 1905; Hinterm
Zaun, K. 1908; Im Klubsessel, Lsp. 1910 (m.
L. Heller); Der Feldherrnhügel, Lsp. 1910 (m.
Roda Roda); Die fünf Frankfurter, Lsp. 1912;
Die beiden Seehunde, Lsp. 1917; Der heilige
Crispin, Lsp. 1924; Die drei Niemandskin-
der, R. 1926; Wellen des Eros, R. 1928.

Röttger, Karl, 23. 12. 1877 Lüb-
becke/Westf. – 1. 9. 1942 Düssel-
dorf-Gerresheim; Schuhmacher-
sohn; Lehrerseminar, 1898–1908
Lehrer. Seit 1906 in Berlin zum
Kreis um Otto zur Linde zählend;
1909–11 Mithersg. der Zs. ›Charon‹, 1911–14 Hrsg. der Zs. ›Die
Brücke‹, 1911–14 Vortragsreisen,
seit Ende 1915 wieder Lehrer in
Düsseldorf. – Neuromantiker.
Neben pädagog. und religionswiss. Schriften und Essays über
Kunst u. Lit. schrieb er Ideendramen u. bes. Gedichte, legendenhafte Romane u. Novellen, Spiele
und Legenden von lyr. und
myst.-gottsucherischer Grundhaltung in bilderreicher, visionär
entrückter Sprache.

W: Wenn deine Seele einfach wird, G. 1909;
Tage der Fülle, G. 1910; Die Lieder von Gott
und dem Tod, G. 1912; Christuslegenden,
1914; Der Eine und die Welt, Leg. 1917; Die
Religion des Kindes, Abh. 1918; Die Allee,
Nn. 1918; Haß, Dr. 1918; Das Gastmahl der
Heiligen, Leg. 1920; Der Schmerz des Seins,
En 1921; Simson, Dr. 1921; Der treue Johan-
nes, Dr. 1922; Die Heimkehr, Dr. 1926; Das
Herz in der Kelter, R. 1927; Das Buch der
Gestirne, En. 1933; Kaspar Hausers letzte
Tage, R. 1933; Der Heilige u. sein Jünger, R.

1934; Das Unzerstörbare. Aut. 1937. – AW,
II 1958.
L: W. Behrens, Diss. Jena 1939; K. R., Kata-
log 1977.

Rogge, Alma, 24. 7. 1894 Bruns-
warden/Oldenburg – 7. 2. 1969
Bremen-Rönnebeck; aus alter
Bauernfamilie. Stud. Lit.- u.
Kunstgesch. Göttingen, Berlin,
München, Hamburg, Dr. phil.
Schriftleiterin der Zs. ›Niedersachsen‹ in Bremen, Redakteurin
u. freie Schriftstellerin ebda. –
Niederdt. Heimat- u. Dialekt-
dichterin, schrieb vor allem Erzählungen und Novellen, auch
naturalist. Charakterstücke,
volkstüml. Lustspiele u. Gedichte.

W: Up de Freete, Lsp. 1918; De Straf, Erzn.
1924; In de Möhl', Dr. 1930; Leute an der
Bucht, En. 1935; Wer bietet mehr?, Lsp.
(1936); Dieter u. Hille, E. 1936; Hinnerk mit
'n Hot, En. 1937; In der weiten Marsch, E.
1939; Theda Thorade, E. 1948; Hochzeit ohne Bräutigam, R. 1952; Seid lustig im Leben,
En. 1953; Schmuggel an der Bucht, Lsp.
1955; An Deich und Strom, Ausw. 1958;
Fröhlich durchleuchtet, En. 1965; Land, aus
dem ich geboren bin, G. 1970.

Roggenbuck, Rolf, * 8. 10. 1934
Hamburg, 1964 Stud. Hochschule für Bildende Künste ebda.,
versch. Reisen, Graphiker u. Jazzmusiker, 1960 München, lebt in
Hamburg. – Experimenteller Erzähler in der Nachfolge von J.
Joyce u. Arno Schmidt mit erzähltechn. Neuerungen unter Einbeziehung der Hamburger Um-
gangssprache und e. selbsterfun-
denen Slangs.

W: Der Nämlichkeitsnachweis, R. 1967; Der
achtfache Weg, R. 1971.

Rollenhagen, Gabriel (Ps. Angelus Lohrber è Liga), 22. 3. 1583
Magdeburg – um 1621 ebda.;
Sohn des Dichters Georg R.; ab
1602 Stud. Jura Leipzig; 1605 Protonotar des Magdeburger Dom-

kapitels. – Gewandter, erfolgr. neulat. Lyriker. Vf. der Liebesko-mödie ›Amantes amentes‹ mit eingestreuten derben plattdt. Ge-sprächen.

W: Juvenilia, G. 1606; Amantes amentes, K. 1609; Nucleus emblematum selectissimo-rum, II 1610–13 (Sinnbilder, d. 1983); Nova Epigrammata, 1619.
L: T. Gaedertz, 1881.

Rollenhagen, Georg, 22. 4. 1542 Bernau – 20. 5. 1609 Magdeburg; Sohn e. Tuchmachers; verlor früh den Vater; ab 1555 Ausbildung in Prenzlau, 1558 in Magdeburg; 1560 Privatlehrer in Mansfeld u. Magdeburg; ging dann nach Wit-tenberg; Stud. unter Melan-chthon; 1563 Rektor in Halber-stadt; ging mit s. Zöglingen 1565 erneut nach Wittenberg; 1567 Ma-gister der Philos. u. Prorektor in Magdeburg; 1573 auch Prediger ebda. – Dramatiker und satir.-di-dakt. Dichter des Späthumanis-mus. Vf. nach älteren Vorlagen lehrhaft bearbeiteter dt. Schuldra-men nach antiken Mustern mit bibl. Stoffen und reformator. Ge-sinnung. S. Hauptwerk ist das umfangr. moralsatir. Tierepos ›Froschmeuseler‹ (seit 1566), an-geregt durch die pseudohomeri-sche Schilderung des Krieges zwi-schen Fröschen und Mäusen, das die Begebenheiten s. Zeit vom luther. Standpunkt aus darstellt.

W: Der Ertzvaters Abrahams Leben vnd Glauben, Sch. 1569; Tobias, Sch. 1576 (hg. J. Bolte, NdL. 285–87, 1930); Der Hinckende Both, 1589; Vom reichen Manne und armen Lazaro, Sch. 1590 (hg. J. Bolte, NdL. 270–73, 1929); Wie des Terentij sechs Lateinische Co-moedien angeordnet vnd … sein gespielet worden, 1592; Froschmeuseler, Ep. 1595 (n. K. Goedeke II 1876; nhd. W. Wolf 1931).
L: J. Bolte, Quellenstud. z. G. R., 1929; E. Bernleithner, Humanismus u. Reformation i. Werke G. R.s, Diss. Wien 1954; R. Richter G. R.s Froschmeuseler, 1975.

Rollett, Hermann, 20. 8. 1819 Baden b. Wien – 30. 5. 1904 ebda.

Arztsohn; 1837–42 Stud. Philos., Kunstgesch. u. Pharmazie Wien, 1845–54 als Zensurflüchtling meist auf Reisen in Thüringen, Bayern u. 1848 Schweiz, 1855 nach Baden zurück, wo er einige städt. Ämter verwaltete, 1870 Schulrat, 1876 Stadtarchivar. – Polit. Lyriker u. Dramatiker, Vertreter des Jungen Österreich u. Deutschkatholizismus.

W: Frühlingsboten aus Österreich, G. 1845; Wanderbuch eines Wiener Poeten, 1846; Re-publikanisches Liederbuch, hg. 1848; Kampf-lieder, 1848; Dramatische Dichtungen, III 1851; Gedichte, 1865; Offenbarungen, G. 1869; Erzählende Dichtungen, 1873; Mär-chengeschichten aus dem Leben, 1894; Be-gegnungen, Mem. 1903.
L: L. Katscher, 1894.

Roman → Kralik, Richard

Rombach, Otto, 22. 7. 1904 Heilbronn – 19. 5. 1984 Bietig-heim; Sohn e. Malers, in Bietig-heim aufgewachsen, sollte Lehrer werden, nach Stud. Magistratsbe-amter und Redakteur in Frank-furt/M., Mitarbeiter der ›Frank-furter Zeitung‹, dann Redakteur, Leiter e. Rundfunk-Zs. und freier Schriftsteller in Berlin, ⚭ 1930, seit 1945 in Bietigheim/Württ. Zahlr. Reisen durch Europa. 1969 Prof. h. c. – Begann als Dramati-ker und Hörspieldichter und war dann bes. mit s. phantasie- u. hu-morvoll gestalteten kulturhist. Romanen erfolgr., die inhaltl. z. T. ineinander greifen. Auch Lyri-ker u. Reiseschriftsteller.

W: Der Brand im Affenhaus, Nn. 1928; Ga-zettenlyrik, G. 1928; Apostel, Dr. 1928; Es gärt in Deutschland, R. 1929; Der Münster-sprung, Dr. (1933); Adrian, der Tulpendieb, R. 1936; Der standhafte Geometer, R. 1938 (u. d. T. Cornelia, 1952); Der junge Herr Alexius, R. 1940; Vittorino oder Die Schleier der Welt, R. 1947; Der Jüngling und die Pilgerin, R. 1949; Der Sternsaphir, R. 1949; Gordian und der Reichtum des Lebens, R. 1952; Tillmann und das andere Leben, R. 1956; Ägyptische Reise, Reiseb. 1957; Anna von Oranien, R. 1960; Alte Liebe zu Frankreich, Reiseb. 1962; Der gute König René, R. 1964; Italienische Reisen, Reiseb. 1967; Deutsch-französische Vignetten, Ess. 1969; Atem des Neckars, Reiseb. 1971; Peter der Taxasgraf, R. 1972; Wieder in Frankreich, Reiseb. 1973; Vorwärts, rückwärts, meine Spur, Aut. 1974; Glückliches Land am Bodensee und Neckar, Reiseb. 1977; Das was Dich trägt, ruht in Dir selbst, Ess. 1979; Der Goldene Meilenstein, Reiseb. 1984.

Rompler von Löwenhalt, Jesaias (Ps. Wahrmund von der Tannen), um 1610 Dinkelsbühl/Franken – nach 1672 Magister in Straßburg; Reisebegleiter württemberg. Herzöge; 1645 von Philipp von Zesen als ›Der Freie‹ in die Rosenzunft der ›Teutschgesinnten Genossenschaft‹ aufgenommen; mit J. M. Schneuber 1631 Gründer der ›Aufrichtigen Tannengesellschaft‹ in Straßburg als Sammelpunkt süddt. protestant. Schriftsteller. – Barocklyriker mit eigentüml. Sprache. Meist Gelegenheitsgedichte.

W: Erstes gebüsch Reim-getichte, 1647.
L: A. H. Kiel, Diss. Amsterdam 1940.

Roquette, Otto, 19. 4. 1824 Krotoschin/Posen – 18. 3. 1896 Darmstadt; Sohn e. Landgerichtsrats, kam 1834 nach Bromberg; 1846–50 Stud. Philol. und Geschichte Heidelberg, Berlin und Halle; Reisen in die Schweiz und Italien; zog 1852 nach Berlin; 1853 Lehrer in Dresden; ab 1857 wieder in Berlin; 1862 Prof. der Literaturgeschichte an der Kriegsakademie; 1867 an der Gewerbeakademie ebda.; seit 1869 am Polytechnikum Darmstadt; 1893 Geh. Hofrat. – Phantasiereicher, heiterliebenswürdiger Lyriker (›Noch ist die blühende, goldene Zeit‹). Auch jungdt. Erzähler, Dramatiker, Literarhistoriker und Autobiograph. Weitverbreitet s. Versepos ›Waldmeisters Brautfahrt‹.

W: Waldmeisters Brautfahrt, Ep. 1851; Liederbuch, 1852 (u. d. T. Gedichte 1859); Haus

Haidekuckuck, Ep. 1855; Heinrich Falk, R. III 1858; Erzählungen, 1859; Neue Erzählungen, 1862; Dramatische Dichtungen, II 1867–76; Novellen, 1870; Welt und Haus, Nn. II 1871–1875; Euphrosyne, R. 1877; Das Buchstabirbuch der Leidenschaft, R. II 1878; Im Hause der Väter, R. 1878; Die Prophetenschule, R. II 1879; Neues Novellenbuch, 1884; Siebzig Jahre, Aut. II 1894; Von Tag zu Tage, Nl. 1896.

Rose, Felicitas (eig. Rose Felicitas Moersberger, geb. Schliewen), 31. 7. 1862 Arnsberg/Westf. – 22. 6. 1938 Müden a. d. Oertze b. Celle, lebte ebda. – Vf. vielgelesener Heimatromane von den Halligen und aus der norddt. Heide.

W: Heideschulmeister Uwe Karsten, R. 1909; Pastor Verden, R. 1912; Meerkönigs Haus, R. 1917; Das Lyzeum in Birkholz, R. 1917; Der Mutterhof, R. 1918; Der Tisch der Rasmussens, R. 1920; Der graue Alltag und sein Licht, R. 1922; Erlenkamps Erben, R. 1924; Die Erbschmiede, R. 1926; Der hillige Ginsterbusch, R. 1928; Die Wengelohs, R. 1929; Das Haus mit den grünen Fensterläden, R. 1930; Die vom Sunderhof, R. 1932; Wien Sleef, der Knecht, R. 1934; Die jungen Eulenrieds, R. 1936. – GW, VIII 1939.

Rosegger, Peter (Ps. P. K. = Petri Kettenfeier), 31. 7. 1843 Alpl b. Krieglach/Obersteiermark – 26. 6. 1918 Krieglach; Sohn e. armen Gebirgsbauern; Hirtenknabe; lernte bei e. alten, entlassenen Waldschulmeister lesen und schreiben; 1858 Lehre bei e. wandernden Schneider in Kathrein am Hauenstein; Autodidakt; sandte s. ersten lit. Skizzen an die Grazer ›Tagespost‹ ein; durch die Vermittlung des Schriftleiters dieser Zeitung 1864 Buchhändler in Laibach; nach s. Scheitern in diesem Beruf 1865–69 Akademie für Handel und Industrie in Graz; durch e. Stipendium weitere Studien und Reisen; kam 1870 nach Norddtl., in die Niederlande und die Schweiz, 1872 nach Italien; gründete 1876 in Graz die Monatsschrift ›Heimgarten‹. lebte von da an in Graz und in Krieglach; mehrere Vortragsreisen, Mitgl. des Herrenhauses. – Vielgelesener volkstüml., gemüthafter und humorvoller Erzähler. Realist., heimatverbundener Volksschriftsteller der Steiermark mit volkserzieher. Zügen. Die Richtung s. lit. Schaffens wurde von s. Vorbildern, den Kalendergeschichten L. Anzengrubers und B. Auerbachs, bestimmt. Schildert anschaul. Landschaft und Menschen s. Heimat und ihre Sitten. Bes. beliebt und verbreitet waren s. autobiograph. Schriften. Wandte sich auch Themen aus der österr. Geschichte und sozialen und erzieher., später bes. relig. Fragen zu. S. frühe, unlit. Sprache zeigt noch mundartl. Färbung.

W: Zither und Hackbrett, G. 1870; Geschichten aus Steiermark, 1871; Geschichten aus den Alpen, II 1873; Das Volksleben in Steiermark, En. II 1875; Die Schriften des Waldschulmeisters, Aut. 1875; Streit und Sieg, Nn. II 1876; Waldheimat, Aut. 1877; Mann und Weib, En. II 1879; Heidepeter's Gabriel, R. 1882; Der Gottsucher, R. II 1883; Jakob der Letzte, R. 1888; Allerhand Leute, En. 1888; Der Schelm aus den Alpen, En. II 1890; Peter Mayr, der Wirt an der Mahr, R. 1893; Das ewige Licht, R. 1896; Durch!, En. 1897; Mein Weltleben, Aut. 1898; Idyllen in einer untergehenden Welt, 1899; Erdsegen, R. 1900; Als ich noch der Waldbauernbub war, En. III 1902; I. N. R. I., R. 1905; Wildlinge, En. 1906; Die Försterbuben, R. 1908; Lasset uns von liebe reden, En. 1909; Mein Lied, G. 1911; Die beiden Hänse, R. 1912. – Schriften in steirischer Mundart, III 1884–96; Ausgew. Schriften, XXX 1894; GW, XL 1913–16; AW, VI 1928–30, hg. K. Eigl. IV 1964; Briefw. m. F. Hausegger, 1924; m. A. Silber-. stein, 1929; m. H. v. Reinighaus, 1974.

L: A. V. Svoboda, 1885; H. u. H. Möbius, 1903; A. Vulliod, 1912 (d. 1913); A. Frankl, 1914; A. Schlossar, 1921; R. Plattensteiner, 1922; E. Ertl, 1923; S. B. Claes, 1924; T. Bruns, Diss. Münster 1930; O. Kohlmeyer, 1933; G. Obpacher, Diss. Wien 1935; F. Berger, Diss. Wien 1941; F. Pock, 1943; K. Burghardt, Diss. Wien 1943; R. Latzke, II 1943–53; O. Janda, ²1948; A. Katterfeld, 1949; A. Haller, ²1953; P. A. Keller, 1963; F. Haslinger, 1964 (m. Bibl.); W. Bunte, P. R. u. d. Judentum, 1977; A. Schimpl, Diss. Salzb. 1976; W. Zitzenbacher, 1978; H. Hegenbarth, 1983; Ch. Anderle, 1983.

Rosei, Peter, *17. 6. 1946 Wien; Sohn e. Bahnbeamten, Stud. Jura Wien, 1968 Dr. jur., 1969–71 Sekretär des Malers E. Fuchs, Leiter e. Schulbuchverlags, 1972 freier Schriftsteller in Bergheim b. Salzburg und Wien. – Melanchol. Erzähler anarch. Bewußtseins- und Stimmungslagen in ausgefeilt schöner Sprache; setzt Verweigerung und das radikal Sinnlose gegen Rationalität und Fortschrittsglauben.

W: Landstriche, En. 1972; Bei schwebendem Verfahren, R. 1973; Wege, En. 1974; Entwurf für eine Welt ohne Menschen, Prosa 1975; Der Fluß der Gedanken durch den Kopf, Prosa 1976; Wer war Edgar Allan?, R. 1977; Alben, Prosa 1977; Nennt mich Tommy, E. 1978; Von Hier nach Dort, R. 1978; Chronik der Versuche, ein Märchenerzähler zu werden, En. 1979; Regentagstheorie, G. 1979; Das Lächeln des Jungen, G. 1979; Das schnelle Glück, R. 1980; Frühe Prosa, 1981; Die Milchstraße, R. 1981; Versuch, die Natur zu kritisieren, Ess. 1982; Reise ohne Ende, Aufz. 1982; Komödie, E. 1984; Mann & Frau, E. 1984; 15000 Seelen, R. 1985; Die Wolken, E. 1986; Der Aufstand, E. 1987.

Rosen, Erwin (eig. Erwin Carlé), 7. 6. 1876 Karlsruhe – 21. 2. 1923 Hamburg, ließ sich nach abenteuerl. Leben in Hamburg nieder. – Vf. anschaul. Abenteuerromane u. -geschichten vielfach aufgrund eigenen Erlebens.

W: In der Fremdenlegion, Mem. 1909; Der König der Vagabunden, En. 1910; Der deutsche Lausbub in Amerika, Mem. III 1911–13; Yankee-Geschichten, Nn. 1912; Cafard, Dr. 1914; Teufel Geld, Erinn. 1920; Orgesch, F. 1921; Allen Gewalten zum Trotz, Mem. 1922. – Erlebnisbücher, V. 1924.

Rosendorfer, Herbert (Ps. Vibber Togesen), *19. 2. 1934 Bozen, ab 1939 in München, 1943–48 in Kitzbühel, Stud. Bühnenbild Kunstakad., später Jura in München, 1965–66 Gerichtsassessor in Bayreuth, seit 1967 Amtsgerichtsrat in München. – Phantasievoller, fabulierfreudiger Erzähler mit Sinn für hintergründig skurrile, treffsicher persiflierende Komik. Das Bedrohliche verbirgt sich unter sprachl. Schnörkeln. Auch dramat. Versuche im Stil K. Valentins.

W: Die Glasglocke, E. 1966; Der Ruinenbaumeister, R. 1969; Bayreuth für Anfänger, Schr. 1969; Der stillgelegte Mensch, En. 1970; Scheiblgrieß, Dr. (1971); Aechtes Münchner Olympiabuch, 1971; Über das Küssen der Erde, En. u. Ess. 1971; Mein Name ist Urlappi, Sz. (1971); Deutsche Suite, R. 1972; Herbstliche Verwandlungen, Ess. 1972; Skaumo, E. 1976; Großes Solo für Anton, R. 1976; Stephanie und das vorige Leben, R. 1977; Der Prinz von Homburg, B. 1978; Eichkatzelried, En. 1972; Das Messingherz, R. 1979; Am Zoll, Dr. (1979); Ball bei Thod, En. 1980; Ballmanns Leiden, R. 1981; Vorstadt-Miniaturen, Szen. 1982; Das Zwergenschloß, En. 1982; Briefe an die chinesische Vergangenheit, R. 1983; Der Traum des Intendanten, Ess. 1984; Vier Jahreszeiten in Yrwental, R. 1986; Die Kellnerin Anni, Dr. (1987); Das Gespenst der Krokodile, En. 1987. *L:* B. Weder, 1978; F. Sopha, 1980.

Rosenfeld, Sandór Friedrich → Roda Roda, Alexander

Rosengarten, Der (Der große R., Der R. von Worms), mhd. Heldenepos um 1250 in der verkürzten Nibelungenstrophe. In 3 versch. Fassungen erhalten. Schildert e. Zwölfkampf zwischen Siegfried und Dietrich von Bern und s. Recken um den Eintritt zum Rosengarten und den Sieg Dietrichs. Zur Zentralgestalt wird der Mönch Ilsan, der das Ritterwesen in Haudegentum verkehrt.

A: W. Grimm 1836 (Fassg. C); A. v. Keller, BLV 87, 1867 (Fassg. A); G. Holz 1893 (Fassg. A, D u. F, krit.). – *Übs.:* K. Simrock 1843. *L:* C. Brestowsky, 1929; E. Benedikt, Unters. zu den Epen vom W. R., Diss. Wien 1951.

Rosengarten, Der Kleine → Laurin

Rosenow, Emil, 9. 3. 1871 Köln – 7. 2. 1904 Berlin-Schöneberg; Sohn e. Schuhmachermeisters;

früh Vollwaise; Buchhändlerlehrling, Bankangestellter; 1892 Chefredakteur des sozialdemokrat. ›Chemnitzer Beobachters‹; 1898 jüngster Abgeordneter des dt. Reichstags; 1898 Redakteur der ›Rheinisch-Westfälischen‹ Arbeiterzeitung in Dortmund; 1900 Übersiedelung nach Berlin. – Sozialist. Dramatiker, vom Naturalismus beeinflußt; auch Kulturhistoriker und Erzähler. Bühnenwirksame Dramen um die Not der niederen Stände in der wilhelmin. Zeit. Bekannt vor allem durch die satir. sächs. Dialektkomödie aus dem Kleinbürgerleben ›Kater Lampe‹.

W: Wider die Pfaffenherrschaft, II 1904 f.; Kater Lampe, I. 1906; Die im Schatten leben, Dr. 1912; Gesamelte Dramen, 1912. *L:* J. Lentner, Diss. Wien 1937.

Rosenplüt (Rosenblüth, Rosenblut), Hans, gen. Der Schnepperer, um 1400 Nürnberg – um 1470 ebda.; Gelbgießer, 1444 Büchsenmacher der Stadt Nürnberg; nahm an der Fehde Nürnbergs gegen den Markgrafen Albrecht Achilles von Brandenburg teil; setzte sich gegen die Fürsten für die bürgerl. Rechte ein; focht 1450 in der Schlacht bei Hambach mit; soll im Nürnberger Kloster des Predigerordens verstorben sein. – Ältester Meistersinger Nürnbergs; neben H. Folz bedeutendster Vertreter des volkstüml. Fastnachtsspiels vor H. Sachs. Nahm in den oft derben Spielen zu aktuellen und polit. Fragen Stellung; verwandte in ihnen häufig das durch ihn zur Kunstform geprägte Priamel. S. groben, zotenhaften Versschwänke, aufgebaut auf älterem Erzählgut, richteten sich bes. gegen die Sündenangst des MA. Daneben zahlr. Sprüche und hist.-polit. auch relig.-moral.

Reimreden, 18 lyr. ›Weingrüße‹
und ›Weinsegen‹, auch erzählende
Gedichte sowie ernste geistl. Gedichte u. Lobsprüche.

W: Lobspruch auf Nürnberg, 1447 (n. hg. G.
W. K. Lochner, 1854); Ausw. in Fastnachtsspiele, hg. A. v. Keller, BLV 28–30 u. 35,
1853–55.
L: J. Demme, Stud. über H. R., Diss. Münster 1906; H. v. Schüching, Vorstud. z. e.
krit. Ausg. d. Dichtungen v. H. R., Diss.
Harvard 1952; H. Filip, Diss. Mchn. 1953; J.
Reichel, 1985.

Rosmer, Ernst (eig. Elsa Bernstein, geb. Porges), 28. 10. 1866
Wien – 12. 7. 1949 Hamburg;
Tochter e. Musikdirektors; vorübergehend Schauspielerin; ∞
1890 den Rechtsanwalt und
Schriftsteller Max Bernstein;
während des 3. Reiches im KZ
Theresienstadt. – Ursprüngl. naturalist. Dramatikerin. Erstrebte
in hist. Trauerspielen e. neue
Form der großen Tragödie. Auch
Erzählungen und Gedichte.

W: Wir drei, Dr. 1893; Dämmerung, Dr.
1893; Königskinder, Msp. 1895; Tedeum, K.
1896; Themistokles, Tr. 1897; Mutter Maria,
Tr. 1900; Merete, Dr. 1902; Johannes Herk-
ner, Dr. 1904; Nausikaa, Tr. 1906; Maria
Arndt, Sch. 1908; Achill, Tr. 1910.
L: K. Wiener, D. Dramen E. R.s, Diss. Wien
1923; U. Zophoniasson-Baierl, 1985.

Rosner, Karl Peter, 5. 2. 1873
Wien – 6. 5. 1951 Berlin. Buchhandelslehrling in Leipzig. Journalist in Berlin, seit 1900 Redakteur der ›Gartenlaube‹, später
Schriftleiter der Cotta'schen Monatsschrift ›Der Greif‹, 1915–18
Kriegsberichterstatter im Hauptquartier des dt. Kronprinzen.
1919–34 Geschäftsführer der Berliner Zweigniederlassung des
Cotta-Verlags. – Erzähler u. Novellist.

W: Der Ruf des Lebens, E. 1902; Georg
Bangs Liebe, R. 1906; Der Puppenspieler, R.
1907; Die Beichte des Herrn Moritz von Cle-
ven, R. 1919; Der König, R. 1921; Befehl des
Kaisers, R. 1924; Comteß Ramee, R. 1931;
Die Versuchung des Joos Utenhoven, R.
1933; Im Zauberkreis, R. 1947.

Rost, Johann Christoph, 7. 4.
1717 Leipzig – 19. 7. 1765 Dresden; Stud. Jura, Philos. und Lit.
Leipzig; 1742–43 Redakteur in
Berlin; 1744 Sekretär u. Bibliothekar des Grafen Brühl; 1760
Obersteuersekretär in Dresden. –
Lyriker, Epiker und Satiriker, Vf.
leichter, frivoler Schäfererzählungen. Ursprüngl. Bewunderer und
Nachahmer Gottscheds, griff diesen dann aber in den Satiren ›Das
Vorspiel‹ und ›Der Teufel‹ scharf
an.

W: Schäfererzählungen, 1742, erw. 1744 u.
ö.; Das Vorspiel, Sat. 1742 (n. F. Ulbrich
1910, 1968); Der Teufel, G. 1753; Die schöne
Nacht, G. 1754 (Faks. 1965); Vermischte Gedichte, 1769.
L: G. Wahl, 1902; H. Kormann, Diss. Erl.
1965.

Rost, L. → Lauremberg, Johann

Roswitha von Gandersheim →
Hrotsvith von Gandersheim

Rot(h), Di(e)ter, ＊21. 4. 1930
Hannover; Maler Bildhauer, Designer in der Schweiz, der Bundesrepublik und Island. – Vf. konkreter Texte; kombiniert Sprach-
u. Bildmaterialien in Sehtexten
(Video-Fiction) mit z. T. ver-
trackt-humorist. Einschlag.

W: Die blaue flut, 1967; Mundunculum,
1967; 80 wolken, 1967; Die gesamte Scheiße,
1968; Noch mehr Scheiße, 1968; poetrie 5–1,
Zs. 1969; GW, XX 1970ff.; GW, 2. Teil, XX
1977ff.; Essays, VI 1971; Frische Scheiße,
1972; Das Tränenmeer, II 1973; Ausw., hg.
O. Wiener 1973.
L: D. Schwarz, 1981 (m. Bibl.).

Roth, Eugen, 24. 1. 1895 München – 28. 4. 1976 ebda.; Sohn e.
Publizisten; Gymnas.; Kriegsfreiwilliger; 1914 schwer verwundet;
Stud. Germanistik, Geschichte
und Kunstgeschichte München;
1922 Dr. phil.; Reisen nach Norwegen, Griechenland und Afrika;
1927–33 Redakteur der ›Münche-

ner Neuesten Nachrichten‹, dann freier Schriftsteller in München. – Lyriker und Erzähler. Sehr erfolgr. mit s. heiter-besinnl., treffsicher formulierten, witzig-satir. Versbüchern von tiefem Wissen um die Welt, um den Menschen und s. Fehler und Unzulänglichkeiten.

W: Die Dinge, die unendlich uns umkreisen, G. 1918; Erde, der Versöhnung Stern, G. 1920; Der Ruf, G. 1923; Monde und Tage, G. 1929; Ein Mensch, G. 1935; Die Frau in der Weltgeschichte, G. 1936; Traum des Jahres, G. 1937; Die Fremde, En. 1938 (erw. u. d. T. Das Schweizerhäusl, 1950); Recht, E. 1939; Der Wunderdoktor, G. 1939; Der Weg übers Gebirg, E. 1941; Der Fischkasten, En. 1942; Einen Herzschlag lang, En. 1942; Die schöne Anni, En. 1947; Mensch und Unmensch, G. 1948; Eugen Roths Tierleben, G. II 1948 f. (bearb. 1973); Rose und Nessel, G. 1951; Abenteuer in Banz, En. 1952; Der Stachelbeeren-Till, Kdb. 1953; Heitere Kneipp-Fibel, G. 1954; Gute Reise!, G. 1954; Sammelsurium, Prosa 1955; Lausbubentag, Kdb. 1956; Unter Brüdern, En. 1958; Neue Rezepte vom Wunderdoktor, G. 1959; Täglich unterwegs, G. 1959; Der Schrift und Druckkunst Ehr und Macht, G. 1960; Lebenslauf in Anekdoten, 1962; Der letzte Mensch, G. 1964; Zum steten Angedenken, Es. 1964; München – so wie es war, Bb. 1965; Ins Schwarze, G. 1968; Erinnerungen eines Vergeßlichen, 1972; Alltag und Abenteuer, En. 1974. – SW, V bzw. VIII 1977.

L: R. Flügel, 1957.

Roth, Friederike, * 6. 4. 1948 Sindelfingen; Stud. Philos. und Linguistik Stuttgart, Dr. phil., 1975 Lehrbeauftragte Fachhochschule Eßlingen, 1979 Hörpsieldramaturgin in Stuttgart; 1983 Villa Massimo-Stipendium. – Lyrikerin von mag. Wortkunst und sanfter Ironie; in Drama und Hörspiel vergebl. Liebesversuche aus Wunsch und Traum in lyr. überhöhter Prosa; spracharttist. Prosa um das Verhältnis von Leben und Kunst.

W: Tollkirschenhochzeit, G. 1978; Ordnungsträume, E. 1979; Schieres Glück, G. 1980; Klavierspiele, Dr. 1981; Ritt auf die Wartburg, K. 1982; Das Buch des Lebens, Prosa II 1983 f.; Nachtschatten, H. (1984); Krötenbrunnen, Dr. 1984; Die einzige Ge-

schichte, Dr. (1985); Das Ganze ein Stück, Dr. (1987); Schattige Gärten, G. 1987.

Roth, Gerhard, * 24. 6. 1942 Graz; Stud. Medizin; Mitarbeiter der Zs. ›manuscripte‹; Organisationsleiter im Rechenzentrum Graz, 1978 freier Schriftsteller ebda. – Österr. experimenteller Erzähler u. Dramatiker; am eindrucksvollsten dort, wo er anomale Geisteszustände sprachl. fixiert. Ab 1974 Wendung zu detailreichem traditionellem Erzählen problemat. Bewußtseinslagen und zum Konversationsstück.

W: Die autobiographie des albert einstein, R. 1972; Der Ausbruch des Ersten Weltkriegs, En. 1972; Der Wille zur Krankheit, R. 1973; Lichtenberg, Dr. (1973); Der große Horizont, R. 1974; Ein neuer Morgen, R. 1976; Sehnsucht, Dr. (1977); Dämmerung, Dr. (1977); Winterreise, R. 1978; Menschen Bilder Marionetten, Slg. 1979; Der stille Ozean, R. 1980; Circus Saluti, E. 1981; Lichtenberg, Sehnsucht, Dämmerung, Drr. 1983; Landläufiger Tod, R. 1984; Dorfchronik, E. 1984; Erinnerungen an die Menschheit, Dr. (1985); Am Abgrund, E. 1986.

Roth, Joseph, 2. 9. 1894 Schwabendorf b. Brody/Ostgalizien – 27. 5. 1939 Paris; Sohn jüd. Eltern, s. Vater starb im Wahnsinn, Stud. Philos. u. dt. Lit. Lemberg u. Wien; Freiwilliger im 1. Weltkrieg, als österr.-ungar. Offizier in russ. Gefangenschaft. Ab 1918 Journalist in Wien u. ab 1921 Berlin, 1923–32 Korrespondent der ›Frankfurter Zeitung‹, ständig auf Reisen in zahlr. Großstädten Europas, Jan. 1933 Emigration nach Wien, Salzburg, Marseille, Nizza u. bes. Paris, wo er bis zu s. Tode vorwiegend lebte. Verfiel aus Verzweiflung dem Trunk und starb in e. Armenhospital. – Österr. Erzähler anfangs in der Nachfolge des franz. und russ. psycholog. Realismus (Balzac, Stendhal, Flaubert, Gogol', L. N. Tolstoj, Dostoevskij), später stärker unter Einfluß des Wiener Impressionismus (Hofmannsthal, Schnitzler); verbindet Fabulierfreude und wache krit.-iron. Intelligenz mit der düster-schwermütigen, resignierenden Grundstimmung e. Heimatlosen u. Entwurzelten. Hauptthema s. meist in österr. Offiziers- u. Beamtenfamilien spielenden Ronane ist die Trauer über den Untergang der (bei aller Kritik wehmutvoll erinnerten) Donaumonarchie. Daneben zeitkrit. Romane um die Schwachen und Hilflosen (bes. Typen des Ostjudentums) in der mod. Zivilisation und scharfe Ironie gegenüber der polit. Krisensituation s. Zeit; schließl. Wendung zu relig., christl. Sinngebung des Leidens.

W: Hotel Savoy, R. 1924; Die Rebellion, R. 1924; April, E. 1925; Der blinde Spiegel, F. 1925; Juden auf Wanderschaft, Ess. 1927; Die Flucht ohne Ende, Ber. 1927; Zipper und sein Vater, R. 1928; Rechts und Links, R. 1929; Hiob, R. 1930; Panoptikum, Ess. 1930; Radetzkymarsch, R. 1932; Der Antichrist, R. 1934; Tarabas, ein Gast auf dieser Erde, R. 1934; Die hundert Tage, R. 1936; Beichte eines Mörders, R. 1936; Das falsche Gewicht, R. 1937; Die Kapuzinergruft, R. 1938; Die Geschichte der 1002. Nacht, R. 1939; Die Legende vom heiligen Trinker, E. 1939; Das Spinnennetz, R. 1967; Perlefter, R.-Fragm. 1978. – Werke, hg. H. Kesten III 1956, IV 1976; Romane und Erzn., IV 1982; Der Neue Tag, Feuill., hg. I. Sültemeyer 1970; Briefe 1911–39, hg. H. Kesten 1971; Berliner Saisonbericht, Repp. 1984.

L: H. Linden, hg. 1949; F. Hackert, Kulturpessimismus u. Erzählform, 1967; I. Plank, J. R. als Feuilletonist, Diss. Erl. 1968; H. Scheible, 1971; C. Magris, Lontano da dove, Turin 1971; D. Bronsen, 1974; W. R. Marchand, J. R. u. völk.-nationale Wertbegriffe, 1974; W. Sieg, Zwischen Anarchismus u. Fiktion, 1974; ›Text + Kritik‹, Sondernr. J. R., 1974; J. R. u. d. Tradition, hg. D. Bronsen 1975; I. Sültemeyer, D. Frühwerk. J. R.s, 1976; J. R. Katalog 1979; M. Reich-Ranicki, 1979; R. Koester, 1982; H. Nürnberger, ²1982; M. Willerich-Tocha, Rezeption als Gedächtn., 1984; E. Steinmann, V. d. Würde d. Unscheinbaren, 1984; K. Pauli, 1985; K. Westermann, 1987.

Rothe, Hans, 14. 8. 1894 Meißen – 1. 1. 1978 Florenz; Thomasschule Leipzig; Stud. in Edinburgh, München, Leipzig und Berlin; 1920–25 Dramaturg am Schauspielhaus in Leipzig, 1926–30 am Dt. Theater Berlin; 1932/33 bei der Ufa in Berlin; 1934 Emigration nach Italien, England, Frankreich, Spanien und USA; 1947/48 Prof. für Drama Univ. of North Carolina; 1949–53 Prof. in Miami. Zuletzt in Florenz. – Dramatiker, Hörspielautor, Übs., Essayist und Romancier, bekannt durch s. neue, auf J. G. Robertsons Forschungen begründete, umstrittene Übs. von Shakespeare-Dramen in e. der Gegenwart angepaßten Sprache (1921 ff., IX 1955–58).

W: Keiner für alle, K. 1928; Der brennende Stall, K. 1928; Verwehte Spuren, H. (1935); Der Kampf um Shakespeare, 1936; Wen die Götter verderben wollen, Dr. (1939); Ankunft bei Nacht, Dr. 1941; Sainte Eugénie, Dr. (1941); Der finstere Süden, Sch. (1943); Die eigene Meinung, Dr. (1944); Neue Seite, 1947; Beweise das Gegenteil, R. 1949; Ankunft bei Nacht, R. 1949; Shakespeare als Provokation, 1961; Die Vitrine, H. (1966).

Rothe, Johannes, um 1360 Kreuzberg a. d. Werra – 5. 5. 1434 Eisenach; Stadtschreiber in Eisenach; Priester und Schulmeister ebda.; später Kanonikus und Kaplan der Landgräfin Anna. – Spätma. Lehrdichter und Geschichtsschreiber, schuf in s. ›Ritterspiegel‹ das Idealbild des christl. Ritters und seiner eth. und sozialen Pflichten in der spätma. Gesellschaft.

W: Eisenacher Rechtsbuch (hg. P. Rondi in Germanenrechte, N. F. 3, 1950); Das Leben der heiligen Elisabeth, um 1420 (hg. J. B. Mencken in Script. rerum German. 2, 1728); Passio Christi (hg. A. Heinrich 1906, n. 1977); Das Lob der Keuschheit (hg. H. Neumann, DTM 38, 1934); Der Ritterspiegel, nach 1410 (hg. K. Bartsch in BLV 53, 1860; H. Neumann 1936); Düringische Chronik, 1421 (hg. R. v. Liliencron in Thüring. Geschichtsquellen 3, 1859); Ratsgedichte (hg. H. Wolf 1971).

L: J. Petersen, D. Rittertum i. d. Darstellung

d. J. R., 1909; K. Zander, Diss. Halle 1921; L. Ahmling, Liber devotae animae, Diss. Hbg. 1932.

Rother, König → König Rother

Rubatscher, Maria Veronika, *23. 1. 1900 Hall b. Innsbruck, aus Tiroler Bauerngeschlecht, Jugend in Brixen, 1918 Lehrerinnenexamen in Krems a. d. Donau; Volks- u. Bürgerschullehrerin in St. Pölten u. Südtirol. Bei der Italienisierung Südtirols aus dem Schuldienst entlassen; Erzieherin in Meran, Udine, Rom u. Gröden, lebt heute in Brixen. – In der Welt des Tiroler Volkstums und kath. Frömmigkeit wurzelnde Lyrikerin, Erzählerin, Essayistin u. Biographin.

W: Maria Ward, B. 1927; Agnes, E. 1930; Der Lusenberger, R. 1930; Sonnwend, R. 1932; Perle Christi, R. 1933 (u. d. T. Margarita von Cortona, 1938); Luzio und Zingarella, E. 1934; Altgrödner Geschichten, 1935; Das lutherische Joggele, R. 1935; Wie der König seine Soldaten warb, En. 1936 (u. d. T. Und sie folgten ihm, 1948); Meraner Mär, E. 1936 (u. d. T. Liebeslied aus Meran, 1950); Der Ritt in die Liebe, N. 1947; Die Thurnwalder Mutter, R. 1950; Genie der Liebe, Bodelschwingh-B. 1954; Es war einmal ein Schützenfest, En. 1958.

L: A. M. Leitgeb, Diss. Innsbr. 1980; J. Maurer, 1981.

Rubeanus → Crotus Rubeanus

Rubiner, Ludwig (Ps. Ernst Ludwig Grombeck), 12. 7. 1881 Berlin – 26. 2. 1920 ebda. Freier Schriftsteller in Berlin, Mitarbeiter an F. Pfemferts ›Aktion‹ und R. Schickeles ›Weißen Blättern‹; Aufenthalt in Paris, während des 1. Weltkriegs in der Schweiz. – Lyriker des Expressionismus, auch Lit.-Theoretiker; als sozialkrit. Essayist Vertreter e. sozialist. Humanitätsdenkens. Hrsg. revolutionärer Dichtungen und Übs. Voltaires (II 1913).

W: Die indischen Opale, R. 1911; Kriminal-

sonette, 1913 (m. F. Eisenlohr u. L. Hahn; n. 1962 m. Bibl.); Das himmlische Licht, G. 1916; Der Mensch in der Mitte, Ess. 1917; Die Gewaltlosen, Dr. 1919. – Ausw. K. Schuhmann 1976, K. Petersen 1980 (m. Bibl.), W. Haug 1987.

Rudolf, Graf → Graf Rudolf

Rudolf von Ems, um 1200 Hohenems/Vorarlberg – zwischen 1250 und 1254 auf e. Italienzug unter Konrad IV.; Ministeriale der Herren von Montfort; von hoher lit. Bildung. – E. der fruchtbarsten mhd. Epiker; stilist. Epigone bes. Gottfrieds u. Wolframs in gelehrt-manieriertem Stil und betont sittl.-relig. Haltung. Begann mit legendenhaften Versromanen wie ›Der guote Gêrhart‹, Preis bürgerl. Demut und Frömmigkeit in der Gestalt e. Kölner Kaufmanns, und der christl. ausgelegten Buddhalegende ›Barlaam und Josaphat‹ von der Bekehrung heidn. Herrscher durch e. frommen Einsiedler, wandte sich in ›Alexander‹ und ›Willehalm von Orlens‹ dem höf. Ritterroman mit sittl.-relig. Lehrhaftigkeit zu und schuf in s. auf der Bibel aufbauenden, unvollendeten ›Weltchronik‹ s. verbreitetstes Werk, e. Vorbild zahlr. späterer Chroniken.

W: Der guote Gêrhart, um 1255 (hg. J. A. Asher 1962, ²1971; nhd. K. Tober 1959); Barlaam und Josaphat, um 1230 (hg. F. Pfeiffer, 1943, n. 1965); Alexander, um 1230–1235 (hg. V. Junk, BLV 272 u. 274, II 1928f., n. 1970); Willehalm von Orlens, um 1238 (hg. V. Junk 1905); Weltchronik, (hg. G. Ehrismann 1915, n. 1967).

L: F. Krüger, 1885 u. 1896; G. Ehrismann, Stud. üb. R. v. E., 1919; A. Elsperger, Das Weltbild R.s v. E., Diss. Erl. 1939; C. von Kraus, Text u. Entstehung v. R.s Alexander, 1940; E. Kopp, Diss. Bln. 1957; R. Wisbey, D. Alexanderbild R.s v. E. 1966; X v. Ertzdorff, 1967; H. Brackert, 1968; R. Schnell 1969; I. v. Tippelskirch, D. Weltchronik, d. R., 1979.

Rudolf von Fenis, wahrscheinl. Graf Rudolf II von Neuenburg, urkundl. zwischen 1158 und 1192 nachweisbar, † vor 1196. – Erster schweizer. Minnesänger, übernahm direkt provenzal. Gut; Schüler u. Wesensverwandter der Romanen, deren stürm. Minneklage er milderte u. entsinnlichte. Übernahm gelegentl. Strophen aus versch. Liedern und verband sie mit Hilfe eigener Dichtung zu neuen Liedern. In der Form vor allem Nachfolger Folquets von Marseille und Peire Vidals, deren Strophen er sich teilweise zu eigen machte oder frei übertrug. Im Mittelpunkt s. Lieder steht die unerwiderte Minne und deren Leid. Stimmungsvolle Bereicherung der Lieder, Natureingänge.

A: MF.
L: E. Baldinger, 1923 (Neujahrsbl. d. Lit. Ges. Bern, N. F. 1).

Rudolf, Günter, * 11. 11. 1921 Essen, lebt in München. – Lyriker, Erzähler und Dramatiker mit Neigung zum sketchartigen, klischeehaft karikierenden Zeitstück. Auch Hör- u. Fernsehspiel.

W: Schwarz schreit die Sonne, G. 1947; Die Stunde der Unschuldigen, Sch. (1956); Die erste Lehre, FSsp. (1963); Liselotte von der Pfalz, R. 1966; Rosenblumendelle, Sch. (1968); Die Spaghetti-Bande, R. 1977; Bittere Sünde, R. 1980.

Rücker, Günther, * 2. 2. 1924 Reichenberg, 1942 Soldat; Kriegsgefangenschaft, 1947–49 Theaterhochschule Leipzig, 1949–51 Funkregisseur ebda., seit 1951 in Berlin, freier Mitarbeiter der DEFA. – Sozialist. Bühnen-, Funk-, Film- u. Fernsehautor, bevorzugt in s. Hörspielen die Form des Gedankenmonologs.

W: Unternehmen Teutonenschwert, Drehb. (1958); Der Platz am Fenster, H. (1961); Der Fall Gleiwitz, Drehb. (1961, m. W. Kohlhaase); Requiem für einen Lampenputzer, H. (1962); Die besten Jahre, Drehb. (1965); Der Herr Schmidt, Dr. 1970; Das Porträt einer dicken Frau, H. (1971); Sieben Takte Tango,

H. e. u. K. 1979; Anton Popper, En. 1986; Alles Verwandte, Nn. 1987.

Rückert, Friedrich (Ps. Freimund Raimar), 16. 5. 1788 Schweinfurt – 31. 1. 1866 Neuses b. Coburg; Sohn e. Rentamtmanns bäuerl. Herkunft; Jugend in bescheidenen Verhältnissen; ab 1802 Gymnas. Schweinfurt; 1805 Stud. Jura und Philol. Würzburg und 1808 Heidelberg; 1809 vergebl. Versuch, im österr. Heer gegen Napoleon zu kämpfen; 1811 Habilitation in Jena; Vorlesungen über oriental. und griech. Mythologie; 1812 Gymnasiallehrer in Hanau; 1813 Privatlehrer in Würzburg, 1814 auf der Bettenburg bei Hofheim; 1815 Redakteur von Cotas ›Morgenblatt‹ in Stuttgart; reiste 1817 nach Italien, 1818 nach Wien, lernte dort bei J. von Hammer-Purgstall die arab., türk. und pers. Lit. und Sprache kennen; zog 1819 nach Coburg; 1821 ⚭ Luise Wiethaus-Fischer († 1857); 1822–25 Redakteur des ›Frauentaschenbuchs‹; 1826 ao. Professor der oriental. Sprachen in Erlangen; 1841 o. Prof. in Berlin; zog sich 1848 auf das Familiengut s. Gattin in Neuses zurück. – Fruchtbarer spätromant. Lyriker und sprachgewandter Übs. Zu s. Lyrik der Befreiungsjahre in den ›Geharnischten Sonetten‹ und einigen dichter. wertvollen Gedichten gesellt sich viel biedermeierl. Dichtung von großer Form- u. Sprachvirtuosität bei belangloser Aussage; berühmt vor allem der an s. Braut gerichtete Zyklus ›Liebesfrühling‹. Auch Kinderlieder und -märchen, handlungsarme hist. Dramen und e. versifiziertes ›Leben Jesu‹. Große Verdienste durch s. Erschließung oriental. Dichtung für die dt. Bildung. Meisterhafte Nachdichtungen aus dem Arab., Ind., Chines. und Pers., geniale Beherrschung oriental. Strophenformen (Makame, Einführung des Ghasels in Dtl.). Durch die Übss. zu eigener Schöpfung von Erzählungen, Fabeln und Sprüchen ›Weisheit des Brahmanen‹ in klass. Alexandrinern angeregt.

W: Deutsche Gedichte, 1814; Napoleon, K. II 1815–18; Kranz der Zeit, G. 1817; Östliche Rosen, G. 1822; Die Verwandlungen des Ebu Seid von Serug oder die Makamen des Hariri, Übs. II 1826–37; Nal und Danajanti, Übs. 1828; Schi-King, Übs. 1833; Gesammelte Gedichte, VI 1834–38; Die Weisheit des Brahmanen, G. VI 1836–1839; Sieben Bücher Morgenländischer Sagen und Geschichten, II 1837; Firdausi: Rostem und Suhrab, Übs. 1838; Brahmanische Erzählungen, 1839; Leben Jesu, Dicht. 1839; Saul und David, Dr. 1843; Kaiser Heinrich IV., Dr. II 1844; Herodes der Große, Dr. II 1844; Liebesfrühling, G. 1844; Christofero Colombo, Dr. II 1845; Lieder und Sprüche aus dem Nachlaß, 1867; Kindertotenlieder, 1872. – GW, XII 1867–69; AW, hg. G. Ellinger II 1897, C. Beyer VI 1900, E. Gross u. E. Hertzer III 1910, n. 1979, J. Kühn 1959, A. Schimmel II 1987; Poet. Tagebuch 1850–66, hg. M. Rückert 1888; Nachlese, hg. L. Hirschberg II 1910f.; Briefe, hg. R. Rückert II 1977.

L: F. Muncker, 1890; G. Voigt, R.s Gedankenlyrik, 1891; L. Magon, D. junge R., 1914; R. Ambros, R. als Dramatiker, Diss. Wien 1922; H. Meister, 1928; M. Duttle, R.s Verskunst, Diss. Würzb. 1937; E. Witzig, Diss. Zürich 1948; H. Prang, 1963 (m. Bibl.); ders., hg. R.-Studien I, 1964; C. Kranz, F. R. u. d. Antike, 1965; A. Schimmel, 1987; Bibl.: R. Uhrig, 1979; R. Rückert, 1980.

Ruederer, Josef, 15. 10. 1861 München – 20. 10. 1915 ebda. Kaufmann in Berlin, dann Stud. in München; freier Schriftsteller, 1896 Mitbegründer des Intimen Theaters ebda. – Naturalist. Dramatiker mit Stoffen aus dem Alltags- und Bauernleben Oberbayerns in kräftiger, oft stark satir. Darstellung; auch Erzähler von ausgeprägter Eigenart.

W: Ein Verrückter, R. 1894; Die Fahnenweihe, K. 1895; Tragikomödien, Nn. II 1897–1906; Wallfahrer-, Maler- u. Mördergeschichten, En. 1899; Die Morgenröte, K. 1905; Wolkenkuckucksheim, K. 1909; Der Schmied von Kochel, Tr. 1911; Das Erwa-

chen, R.-Fragm. 1916. – Wke, hg. H.-R. Müller V 1987.

L: E. Gudenrath, Diss. Mchn. 1924; M. Dirrigl, Diss. Mchn. 1949.

Rühm, Gerhard, 12. 2. 1930 Wien, Realgymnasium ebda., Stud. Musik Wien u. Beirut, Reisen durch Europa u. den Vorderen Orient, Komponist in Wien, seit 1954 vorwiegend lit. tätig, Mitgl. der ›Wiener Gruppe‹, seit 1964 in Berlin, dann Köln; Prof. Hochschule für bild. Künste Hamburg; auch Zeichner. – E. der Hauptvertreter der konkreten Dichtung. Experimentelle, konstruktivist. Einstellung; laborierender Umgang mit der Sprache, deren Materialcharakter radikal in den Vordergrund gestellt wird mit dem Ziel e. Erweiterung des Sprachbewußtseins, aber auch um neue, unverbrauchte Wirkungsmöglichkeiten zu erproben. Formal vielseitiges Werk: Lautgedichte, visuelle Texte, parodist. Chansons, Wiener Dialektgedichte, z. T. mit makabrem Einschlag, konkrete Theaterstücke ohne Fabel oder Identifikationsmöglichkeit, Märchen, Hörspiele, Text- u. Fotomontagen u.a.

W: Hosn, rosn, baa, G. 1959 (m. F. Achleitner u. H. C. Artmann); Konstellationen, G. 1960; Rund oder oval, Dr. (1961); Die Wiener Gruppe, Slg. 1967 (m. F. Achleitner, H. C. Artmann, K. Bayer, o. Wiener; erw. 1985); Rhythmus r, H. 1968; Fenster, Texte 1955–66, 1968; Thusnelda-Romanzen, 1968; Ges. Gedichte u. visuelle Texte, 1970; DA, Kdb. 1970; Knochenspielzeug, M. u. Fabeln, 1970; Die frösche und andere texte, 1971; Ophelia und die Wörter, Drr. 1972; Mann und Frau, Text 1972; Wahnsinn, Texte 1973; Wintermärchen, H. (1976); Salome, H. (1981); Wald, H. (1983); Text, Bild, Musik, Slg. 1984; Zeichnungen, 1987.

Rühmkorf, Peter (Ps. Leslie Meier), ⋆ 25. 10. 1929 Dortmund; Stud. 1951–58 Lit., Kunstgesch. und Psychologie Hamburg; 1955 Chinareise, 1958–63 Verlagslektor Hamburg, 1964/1965 Villa Massimo, Rom, 1969/70 Gastdozent Univ. of Texas, dann freier Schriftsteller in Hamburg; 1980 Gastdozent für Poetik Frankfurt, 1983 Paderborn. – Lyriker von betont mod. Lebensgefühl. Vereint in s. Versen Hymnisches mit Ironischem, Schwieriges mit Schlichtem; in s. Neigung zur Parodie u. Persiflage auch häufig aggressiv-blasphem. und frivol. Als Dramatiker umstritten.

W: Heiße Lyrik, G. 1956 (m. W. Riegel); Irdisches Vernügen in g, G. 1959; Wolfgang Borchert, B. 1961; Kunststücke, G. 1962; Über das Volksvermögen, Abh. 1967; Was heißt hier Volsinii?, Sch. 1969; Lombard gibt den Letzten, Sch. 1972; Die Jahre, die ihr kennt, Erinn. 1972; Die Handwerker kommen, Dr. 1974; Walther von der Vogelweide, Klopstock und ich, Ess. 1975; Ges. Gedichte, 1976; Phönix voran, G. 1977; Strömungslehre, Ess. 1978; Haltbar bis Ende 1999, G. 1979; Auf Wiedersehen in Kenilworth, M. 1980; agar agar zauzaurim, Es. 1981; Kleine Flekkenkunde, Prosa 1982; Der Hüter des Misthaufens, M. 1983; Bleib erschütterbar und widersteh, Ess. 1984; Außer der Liebe nichts, G.-Ausw. 1986; Komm raus, Ausw. 1987.
L: T. Verweyen, Theorie der Parodie, 1973; P. Bekes, M. Bielefeld, 1982; H. Uerlings, D. Gedd. P. R.s, 1984; Bibl.: E. Ihekweazu, 1984.

Rütt, Ursula, * 4. 12. 1914 Oppeln, Musikstud.; 1935 Sekretärin, im 2. Weltkrieg Fabrikarbeiterin; lebt in Darmstadt. – Lyrikerin und Erzählerin effektvoller gesellschaftskrit. Romane.

W: In Sachen Mensch, R. 1955; Der schwarze Regen, N. 1958; Nachtgesellschaft, P. 1959; Balzacs deutscher Freund, B. 1972.

Rüttenauer, Benno, 2. 2. 1855 Oberwittstadt/Baden – 7. 11. 1940 München; Stud. Philol. Freiburg, Paris und Aix; Dr. phil.; Gymnasiallehrer 1877 in Freiburg/Br.; 1878 in Mannheim; Reisen in die Schweiz, Italien, Belgien, Frankreich und Marokko. Seit 1903 in München. – Formal konservativer Erzähler ein-

falls- und gedankenreicher Romane und Novellen von roman. Esprit.

W: Prinzessin Jungfrau, R. 1910; Der Kardinal, R. 1912; Graf Roger Rabutin, R. 1912; Die Enkelin der Liselotte, R. 1912; Alexander Schmälzle, R. II 1913; Tankred, R. 1913; Bertrade, R. 1918; Pompadour, Nn. 1921; Der nackte Kaiser, Nn. 1927; Frau Saga, Leg. 1930.

Ruf (Ruof, Ruef), Jakob, um 1500 Zürich – 1558 ebda.; Stud. Medizin; Stadtwundarzt und Steinschneider in Zürich. – E. der ersten Schweizer Dramatiker, schrieb bes. moral. Dramen über bibl. Stoffe mit antipäpstl. Tendenz und über Themen aus der Schweizer Geschichte.

W: Die beschreybüg Jobs, Dr. 1535; Vom wol- vnd übelstand einer loblichen Eidgnoschafft, Sp. 1538 (u. d. T. Etter Heini uss dem Schwitzerland, n. H. M. Kottinger 1847); Ein huipsch nuiw spil von deß herren wingarten, 1539; Ein hüpsch nüwes Spil von Josephen den frommen Jüngling, 1540; Ein hüpsch vnd lustig spyl von dem frommen vnd ersten Eydgenossen Wilhelm Tellen, 1545 (n. J. Bächtold, Schweizer Schauspiele 3, 1893); Das lyden vnsers Herren Jesu Christi, Sp. 1545 (n. B. Thoran 1984); Ein nüw vnd lustig Spyl von der erschaffung Adams vnd Heua, 1550 (n. H. M. Kottinger 1848); Lazarus, Sp. 1952; Geistl. Spiel von der Geburt Christi, 1552.
L: R. Wildhaber, Diss. Basel 1929.

Rugge, Heinrich von → Heinrich von Rugge

Rulman Merswin → Merswin, Rulman

Rumohr, Carl Friedrich von (Ps. Joseph König), 6. 1. 1785 Reinhardsgrimma b. Dresden – 25. 7. 1843 Dresden; aus reicher protestant. Adelsfamilie Holsteins; Gymnas. Holzminden; Stud. Kunstgesch. Göttingen; zog nach Dresden, konvertierte zum kath. Glauben; Verkehr mit Tieck; mehrmals in Italien, dazwischen auf s. Besitzungen in Kopenhagen, in den Niederlanden und Berlin; Freundschaft mit Friedrich Wilhelm IV. von Preußen und Christian VIII. von Dänemark; 1834 dän. Kammerherr; richtete 1835/36 die Kupferstichsammmung der Kgl. Bibliothek in Berlin ein; lebte zuletzt in Lübeck und Dresden. – Kunst- und Kulturhistoriker, Erzähler und Memoirenschreiber. Mitbegründer der dt. Kunstwissenschaft auf philolog.-hist. Grundlage; exakter Urkundenforscher. S. zahlr. Novellen zeigen den Einfluß L. Tiecks.

W: Italienische Novellen, 1823; Geist der Kochkunst, 1823 (n. C. G. v. Maaßen 1922, n. 1966); Italienische Forschungen, III 1826–31 (n. J. v. Schlosser 1920); Deutsche Denkwürdigkeiten aus alten Zeiten, R. IV 1832; Drey Reisen nach Italien, Aut. 1832; Novellen, III 1833–35; Schule der Höflichkeit, II 1834f. (n. 1982); Kynalopekomachia, Ep. 1835; Briefe an R. v. Langer, hg. F. Stock 1919; Briefe, hg. F. Stock 1943.

Rumpler von Löwenhalt → Rompler von Löwenhalt, Jesaias

Runge, Erika, * 22. 1. 1939 Halle, Beamtentochter, Stud. Lit. u. Theaterwiss. Berlin, Saarbrükken, Paris u. München (Dr. phil.); Fernsehjournalistin u. Filmautorin; Mitgl. der ›Gruppe 61‹; lebt in Berlin – Polit. engagierte Journalistin; bekannt durch authent. Sozialreportagen u. halbdokumentar., Situationsbericht u. Interview verbindende sozialkrit. Fernsehfilme bes. aus der Arbeitswelt.

W: Bottroper Protokolle, 1968; Warum ist Frau B. glücklich?, FSsp. (1968); Frauen. Versuche zur Emanzipation, 1969; Ich heiße Erwin und bin 17 Jahre, FSsp. (1970); Reise nach Rostock, DDR, Ber. 1971; Ich bin Bürger der DDR, FSsp. (1973); Südafrika, Dok. 1974; Michael, FSsp. (1975); Opa Schulz, FSsp. (1976); Berliner Liebesgeschichten, En. 1987.

Runge, Philipp Otto, 23. 7. 1777 Wolgast/Pommern – 2. 12. 1810

Hamburg; Sohn e. Großkaufmanns und Reeders; von Kosegarten unterrichtet, zum Kaufmann bestimmt; Lehre in Hamburg im Geschäft s. ältesten Bruders Johann Daniel; folgte dann s. Neigung zur Malerei; Ausbildung in Hamburg und Kopenhagen, seit 1801 in Dresden; von Tieck zur Romantik geführt und für die Dichtkunst gewonnen; trat durch s. Konkurrenzstück ›Der Kampf Achills mit den Flußgöttern‹ in Beziehung zu Goethe; seit 1803 wieder in Hamburg. – R. zeichnete für die Brüder Grimm die beiden plattdt. Märchen ›Von dem Fischer un syner Fru‹ und ›Der Machandelboom‹ auf. Auch Gedichte als Paraphrasen mehrerer s. Bilder.

W: Farbenkugel, Schr. 1810 (n. 1959); Hinterlassene Schriften, hg. D. Runge II 1840f. (n. 1965); Schriften, Fragmente, Briefe, hg. E. Forsthoff 1938; Briefe und Schriften, hg. P. Betthausen 1982. Briefe, hg. K. F. Degner 1940; Briefwechsel m. Goethe; hg. H. v. Maltzahn 1940; m. Brentano, hg. K. Feilchenfeldt 1974.
L: W. Roch 1909; S. Krebs, 1909; P. F. Schmidt, 1923; O. Böttcher, 1937; H. E. Gerlach, 1938; K. Privat, 1942; G. Berefelt, 1961; R. M. Brisanz, German Romanticism and P. O. R., Dekalb, Ill. 1970; G. S. Kallienke, D. Verh. v. Goethe u. R., 1973; Ch. Franke, P. O. R. u. d. Kunstansichten Wackenroders u. Tiecks, 1974; S. W. Mathieu, 1977; W. Hoffmann, hg. 1977; W. Brodersen u. a., 1978; T. Leinkauf, Kunst u. Reflexion, 1987.

Ruodlieb, ältester Roman des dt. MA, nur in 18 Bruchstücken erhalten; 1030–1050 vermutl. von e. unbekannten Geistlichen in Tegernsee in lat. leonin. Hexametern geschrieben; ohne rhetor. u. metr. Feinheiten. Realist. Schilderung des Lebens und der Abenteuer e. jungen Ritters in s. Erfahrungen in versch. Lebenslagen und Menschenkreisen. Verbindung von Historischem mit Motiven aus Märchen und Heldensage und

volkstüml. Elementen. In der Lit.
s. Zeit einmaliges Werk; Bild frühen höf. Denkens; daneben auch Bauernepisoden, Neueinführung der Dorf- und Familiengeschichte. Feine Charakterisierung der Personen; Betonung moral. Werte und menschl. Empfindens.

A: F. Seiler 1882; E. H. Zeydel, Chapel Hill 1959 (m. engl. Übs. u. komm.); G. B. Ford, Leiden 1965 (m. engl. Übs.); Faks. W. Haug II 1974–85; Lat.-dt. F. P. Knapp 1977. – *Übs.:* M. Heyne 1897; P. von Winterfeld, Dt. Dichter des lat. MA., ⁴1922; K. Langosch, Waltharius, R., Märchenepen, ²1960.

L: S. Singer, 1924; W. Braun, Stud. z. R., 1962.

Ruof, Jakob → Ruf, Jakob

Rychner, Max, 8. 4. 1897 Lichtensteig/Schweiz – 10. 6. 1965 Zürich; Gymnas. Zürich; 1916–21 Stud. Geschichte, Latein und Lit. Zürich und Bern; 1922 Dr. phil.; Studienreisen nach Frankreich, Italien und Dtl.; 1922–32 Leiter der Neuen ›Schweizer Rundschau‹; 1933 Feuilletonredakteur bei der ›Kölnischen Zeitung‹; 1933–37 Sonderkorrespondent der ›Neuen Züricher Zeitung‹; 1937–39 beim ›Bund‹ in Bern; seit 1939 Feuilletonchef der Züricher Zeitung ›Die Tat‹. – Bedeutender Schweizer Essayist, Literarhistoriker, Kritiker und Lyriker aus der Geborgenheit der abendländ. Kultur- u. Lit.-Tradition, bemüht um die Wahrung von deren Werten; auch Hrsg. und Übs. aus dem Franz., bes. Valérys.

W: C. G. Gervinus, Diss. 1922; Karl Kraus, B. 1924; Freundeswort, G. 1941; Zur europäischen Literatur zwischen zwei Weltkriegen, Ess. 1942; Schläferin, G. 1943; Glut und Asche, G. 1945; Zeitgenössische Literatur, Ess. 1947; Welt im Wort, Ess. 1949; Die Ersten, G. 1949; Sphären der Bücherwelt, Ess. 1957; Das Buchenherz, N. 1957; Arachne, Ess. 1957; Antworten, Ess. 1961; Bedachte und bezeugte Welt, Slg. 1962 (m. Bibl.); Zwischen Mitte und Rand, Ess. 1964; Aufsätze zur Literatur, 1966; Briefwechsel m. C. J. Burckhardt, hg. C. Mertz-Rychner 1970.

L: U. Schneider, Diss. Ffm. 1971; Bibl.: W. Siebert, 1986.

Rys, Jan (eig. Marcel Nerlich), 22. 7. 1931 Ostrava/Böhmen – 22. 11. 1986; kam 1948 über Österreich in die Bundesrepublik; lebte in Harburg, seit 1960 in Wien und Unterrabnitz/Burgenland. – Ausdrucksstarker Erzähler und Hörspielautor von prägnanter Formulierung, behandelt zeitnahe Themen.

W: Pfade im Dickicht, R. 1955; Grenzgänger, H. 1960 (auch als Dr.); Das Verhör von Prag, H. (1960); 53 Schritte, H. (1961); Die Toten dürfen nicht sterben, H. (1961); Verhöre, H. (1962); Zurück, H. (1963); Aufbruch, H. (1965); Vertreibung, H. (1965); Liebesspiel, H. (1965); Franta, H. (1965); Irrläufer, H. (1966); Die Männer mit den Steinen, H. (1968); Interview mit einer bedeutenden Persönlichkeit, H. (1969); Das neue Maghrebinien, H. (1973).

Saalfeld, Martha (eig. Martha vom Scheidt), 15. 1. 1898 Landau/Pfalz – 14. 3. 1976 Bergzabern/Pfalz. Stud. Kunstgesch. und Philos., später Botanik Heidelberg, ⚭ den Maler und Graphiker Werner vom Scheidt; 1933–45 Veröffentlichungsverbot; Apothekerassistentin u. a. in Worms, Düsseldorf, Babenhausen; 1945–48 in Wasserburg a. Inn; freie Schriftstellerin in Bergzabern. – Naturverbundene Lyrikerin und phantasiereiche Erzählerin zwischen Traum und Realität.

W: Gedichte, 1931; Staub aus der Sahara, Sch. 1932; Beweis für Kleber, Tragikom. (1932); Deutsche Landschaft, G. 1946; Idyll in Babensham, En. 1947; Der Wald, E. 1949; Pan ging vorüber, R. 1954; Anna Morgana, R. 1956; Herbstmond, Ges. G. 1958; Mann im Mond, R. 1961; Judengasse, R. 1965; Isi, R. 1970; Gedichte und Erzählungen, 1973.

Saar, Ferdinand von, 30. 9. 1833 Wien – 24. 7. 1906 Döbling b. Wien. Verlor in frühester Kind-

heit s. Vater; im Hause des Großvaters erzogen; Schottengymnas.
Wien; 1849 Kadett in der kaiserl.
Armee; 1854 Offizier; 1859 Teilnahme am ital. Feldzug, dann
Austritt aus der Armee; 1859
freier Schriftsteller in Wien u.
Döbling; 1873 Reise nach Rom;
lebte nach s. Rückkehr 1873/74 in
Ehrenhausen/Steiermark; dann
wieder Wien; ∞ 1881; lebte abwechselnd in Wien u. auf den
mähr. Schlössern Blausko und
Raitz der befreundeten Familie
Salm-Reifferscheidt; 1903 in das
Herrenhaus berufen; Freitod wegen schwerer Krankheit. – Realist.-psycholog., stark pessimist.
Erzähler und eleg. Lyriker der
Dekadenz. Fein beobachtender,
nuancenreicher Schilderer der
Wiener Gesellschaft des ausgehenden 19. Jh. mit schwermüt.
Stimmung. Verwandtschaft zu
Storm in der schlichten Schönheit
s. kultivierten Novellen, die auf
den Wiener Impressionismus hin-
deuten. In s. eleg. Lyrik von Lenau, Grün und Grillparzer beeinflußt. Als Dramatiker ohne Bedeutung.

W: Kaiser Heinrich IV., Dr. II 1865–67; Inno-
cens, E. 1866; Die Steinklopfer, E. 1874; Die
Geigerin, N. 1875; Novellen aus Österreich,
1877 (erw. II 1897); Gedichte, 1882; Schicksale, Nn. 1889; Frauenbilder, Nn. 1892; Schloß
Kostenitz, N. 1893; Wiener Elegien, G. 1893;
Requiem der Liebe, Nn. 1895; Herbstreigen,
Nn. 1897; Nachklänge, G. u. Nn. 1899; Camera obscura, Nn. 1901; Hermann und Dorothea, Ep. 1902; Tragik des Lebens, Nn.
1906. – SW, hg. J. Minor XII 1909; Das
erzähler. Werk, hg. J. F. Fuchs III 1959; Krit.
Texte u. Deutgn., hg. K. K. Polheim 1980 ff.;
Ausw. ders. 1983, H. Jacobi 1982; Briefwechsel m. Marie Fürstin zu Hohenlohe, hg. A.
Bettelheim 1910, m. M. v. Ebner-Eschen-
bach, hg. H. Kindermann 1957, m. A. Alt-
mann, hg. J. Charue 1984.
L: Minor, 1898; A. Bettelheim, 1908; S.
Leicht, F. v. S. als Novellist, Diss. Münster
1923; K. Pfitzner, F. v. S.s Lyrik, Diss. Wien
1930; M. Lukas, 1947; J. Gassner, 1948; E. v.
Klass, D. analyt. Aufbau d. Novellen F. v.
S.s, Diss. Ffm. 1953; F. K. Ritter v. Stockert,
Z. Anatomie d. Realismus, 1970; J. Charue,

Diss. Paris 1976; K. Egit, 1981; K. K. Polheim, hg. 1984; Bibl.: H. Kretzschmar, 1965.

Saaz, Johannes von → Johannes
von Tepl

Sabinus, Georg (eig. G. Schuler),
23. 4. 1508 Brandenburg – 2. 12.
1560 Frankfurt/Oder. Stud. Wittenberg, Freund Melanchthons.
1533 Italienreise. 1538 Prof. der
Rhetorik Frankfurt/Oder, Königsberg und wieder Frankfurt/
Oder. Brandenburgischer Rat
und Diplomat. – Humanist, Philologe und Historiker; neulat. Lyriker mit anmutigen Elegien, Epigrammen und gefühlsechten Liebesgedichten.

W: Elegiae, 1550; Poemata, 1544 u. 1558.

Sacher, Friedrich (Ps. Fritz Silvanus), 10. 9. 1899 Wieselburg/Nie-
derösterr. – 22. 11. 1982 Wien;
Lehrerssohn; Benediktinerzögling in Melk; Stud. Wien; Dr.
phil.; 1919–33 Hauptschullehrer
in Klosterneuburg; seit 1934 freier
Schriftsteller in Wien. – Österr.
Lyriker und Erzähler bes. mit
Kurzprosa. Liebevoller Darsteller
des Kleinen, Unscheinbaren in
Natur und Menschenleben. Auch
Essayist.

W: Stadt in Blüten, G. 1927; Die weiße Amsel
Gottes, N. 1927; Die kleinen Märchen und
Anekdoten, 1928; Neue Gedichte, 1930; Die
neue Lyrik in Österreich, Ess. 1932; Der Lyri-
ker Josef Weinheber, Ess. 1934; Maß und
Schranke, G. 1937; Mensch in den Gezeiten,
G. 1937; Die Ernte, En. 1938; Das Buch der
Mitte, Ges. G. 1939; Unterm Nußbaum, En.
1943; Die Wende, E. 1944; Die Silberkugel,
En. 1948; Spätlese, G. 1961; Unterm Regen-
bogen, En. 1962; Wechselnd wolkig, Prosa
1974; Ährenlese, G. 1977; 1946 oder Das
Pumpenhaus, R. 1981. – GS, III 1932–34;
AW, III 1964.

Sacher-Masoch, Alexander, 18.
11. 1901 Witkowitz/Mähren – 17.
8. 1972 Wien; Stud. Wien und
Graz; Dr. phil.; 1938–45 Emigra-

tion, dann in Wien. – Österr. Erzähler um altösterr. Schicksale; Übs. a. d. Ungar. und Serbokroat.

W: Zeit der Dämonen, G. 1946; Die Parade, R. 1946; Beppo und Pule, R. 1948; Abenteuer eines Sommers, En. 1948; Piplatsch träumt, En. 1949; Es war Ginster, E. 1952; Vierbeinige Geschichten, Tierb. 1953; Die Ölgärten brennen, R. 1956; Plaotina, En. 1963.

Sacher-Masoch, Leopold Ritter von (Ps. Charlotte Arand u. Zoë von Rodenbach), 27. 1. 1836 Lemberg – 9. 3. 1895 Lindheim/Hessen; Sohn des Polizeichefs von Galizien; ab 1848 dt. Unterricht in Prag; Stud. Jura, Geschichte und Mathematik Prag und Graz; Dr. jur.; 1857 Dr. phil. habil.; Prof. in Lemberg, dann freier Schriftsteller; ⚭ 1873 Aurora von Rümelin (Ps. Wanda von Dunachev); 1880 Redakteur der ›Belletristischen Blätter‹ in Budapest, 1881–85 der Revue ›Auf der Höhe‹ in Leipzig, und 1890–91 der ›Neuen Badischen Landeszeitung‹ in Mannheim; 1886 o/o, ⚭ dann Hulda Meister; lebte zuletzt in Lindheim. – Fruchtbarer, vielseitiger Erzähler, am besten in s. bunten, lebensnahen galiz. und Juden-Geschichten. Die späteren Romane und Novellen sind oft erfüllt von perverser Erotik, der S.-M. den Namen gab. Als Lustspielautor erfolglos.

W: Eine galizische Geschichte, R. 1858 (u. d. T. Graf Donski, 1863); Der letzte König der Magyaren, R. III 1867; Die geschiedene Frau, R. II 1870; Das Vermächtnis Kains, Nn. IV 1870–77 (Teil I n. u. d. T. Don Juan von Kolomea, 1985); Venus im Pelz, R. 1870 (n. 1968); Falscher Hermelin, En. II 1873–79; Liebesgeschichten aus verschiedenen Jahrhunderten, III 1874–77; Die Messalinen Wiens, En. 1874; Die Ideale unserer Zeit, R. IV 1875; Galizische Geschichten, Nn. II 1877–81 (n. 1985); Judengeschichten, En. 1878; Die Seelenfängerin, R. II 1886; Polnische Ghetto-Geschichten, 1886; Die Schlange im Paradies, R. III 1890; Jüdisches Leben, Prosa 1890 (n. 1985); Bühnenzauber, R. II

1893; Grausame Frauen, En. VI 1907; Souvenirs, Mem. 1985.
L: K. F. v. Schlichtegroll, 1901; E. Hasper, Diss. Freib. 1933; R. Federmann, 1961; K. Perutz, 1981; M. Farin, hg. 1984.

Sachs, Hans, 5. 11. 1494 Nürnberg – 19. 1. 1576 ebda.; Sohn des Schneiders Jörg S.; bis 1509 Lateinschule Nürnberg, dann Schuhmacherlehrling, ab 1511 als Geselle auf Wanderschaft durch ganz Dtl., von dem Weber Lienhard Nunnenbeck in München im Meistersang unterrichtet, zeitweilig Jagdgehilfe am Hof Kaiser Maximilians I. in Innsbruck, trat in Frankfurt/M. erstmals als Meistersinger auf. Aufenthalt in Aachen, Osnabrück und Lübeck, 1516 Rückkehr über Leipzig und Erfurt nach Nürnberg. Schuhmachermeister und Krämer ebda., ⚭ 1519 Kunigunde Kreutzer († 1560) aus Wendelstein, kinderreiche u. glückl. Ehe, ⚭ 1561 die 27jähr. Witwe Barbara Harscher. Aktives Mitgl. der Meistersingerzunft, Freund angesehener Humanisten (u. a. W. Pirckheimers). Grab auf dem Johannisfriedhof in Nürnberg. – Außerordentl. fruchtbarer Lyriker und Dramatiker; Höhepunkt des Meistersangs und des Fastnachtsspiels; Vf. von rd. 200 Dramen, 1800 Spruchgedichten und 4275 Meisterliedern, mit denen er humanist. Bildungsgut dem kleinbürgerl. Handwerkertum s. Zeit vertraut machte, indem er von krass-stoffl. Interesse geleitet und ohne feineres Formgefühl alle nur denkbaren ihm bei s. umfangr. Lektüre (Übs. antiker u. ital. Autoren, Chroniken, Bibel, ma. Ritterepik, Fabel u. Schwanklit., Volksbücher) begegnenden Stoffe in s. einfachen, derben Knittelverse umsetzte. In s. meist biedermoral. Spruchgedichten in Reim-

paaren von fester Hebungszahl
u. a. frühes Eintreten für Luther
und die Reformation (Allegorie
›Wittenberg. Nachtigall‹), ebenso
in s. volkstüml., z. T. recht derben Dialogen mit deutl. Schlußmoral. S. humorvollen, oft anstößigen Schwänke und Fastnachtsspiele benutzen trotz lebendiger
Charakteristik und gutem Lokalkolorit vielfach wiederkehrende
typisierte Figuren. Weniger erfolgr. mit umfangr., lit. an-
spruchsvolleren Dramen u. Tragödien für die Meistersingerbüh-
ne oft nach antiken, bibl. oder ma.
Stoffen ohne tieferen Sinn für dramat. Handlungsgestaltung und
Aufbau. Zu Lebzeiten gepriesenes
Vorbild, nach jahrhundertelanger
Verachtung durch Barock u. Aufklärung vom Sturm und Drang
(Goethe), Romantik u. R. Wagner wiederentdeckt und überschätzt, bleibt S. bei allem bewußt
Handwerksmäßigen s. Kunst e.
reizvoller Charakter u. e. gebore-
ner Erzähler.

W: Das hofgesind Veneris, Fastnachtssp.
(1517); Die Wittenbergisch Nachtigall, G.
1523; Disputation zwischen einem Chorherrn
und Schuhmacher, Dial. 1524; Lucretia, Dr.
(1527); Lobspruch der Stadt Nürnberg, G.
1530; Schlaraffenland, Schw. (1530); Das
Narrenschneiden, Fastnachtssp. (1534); Der
hürnen Seufrid, Dr. (1537, n. E. Götze ²1967,
NdL. N. F. 19); Der Schwanger Pauer, Fastnachtssp. (1544); Der Teufel mit dem alten
Weib, Fastnachtssp. (1545); Ein Epitaphium
oder Klagred ob der Leych M. Luthers, G.
1546; Die Enthauptung Johannis, Dr. (1550);
Der farend Schüler im Paradeiß, Fastnachtssp. (1550); Das Kelberbrüten, Fastnachtssp. (1551); Der wüterich Herodes, Tr.
(1552); Der Fortunatus mit dem Wunschhütlein, Tr. (1553); Die vngleichen Kinder Evä,
Dr. (1553); Tristrant mit Isalde, Tr. (1553); S.
Peter mit der geiß, Schw. (1555); Sanct Peter
mit den landsknechten im himel, Schw.
(1556); Tragedia König Sauls, Dr. (1557);
Tragedia von Alexander Magno, Dr. (1558);
Die verkert Tischzucht Grobiani, Schw.
(1563); Summa aller meiner Gedicht von 1514
bis 1567, 1567; Sehr Herrliche Schöne vnd
warhaffte Gedicht, V 1558–79. – Werke,
hkA., hg. A. v. Keller u. E. Götze XXVI
1870–1908 (BLV.; m. Bibl., n. 1964); Sämtl.

Fastnachtsspiele, hg. E. Götze VII 1880–87
(NdL.); Sämtl. Fabeln und Schwänke, hg. E.
Götze u. K. Drescher VI 1893–1913 (n. H. L.
Markschies ³1955ff., NdL.); AW, hg. P.
Merker u. R. Buchwald II ²1923f. (n. 1961);
Werke, hg. K. M. Schiller II ³1972; Fast-
nachtsspiele, Ausw. hg. T. Schumacher
²1970; Dichtungen, Ausw. K. Goedeke u. J.
Tittmann III ³1973.

L: E. Götze, 1890; R. Genée, ²1902 (n. 1971);
E. Geiger, H. S. als Dichter i. s. Fastnacht-
spielen, 1904; F. Eichler, D. Nachleben d. H.
S., 1904; E. Geiger, H. S. als Dichter i. s.
Fabeln u. Schwänken, 1908; H. Paetzold, H.
S.' künstler. Entwicklung, Diss. Bresl. 1921;
P. Landau, 1924; H. Cattanès, Les Fastnachtspiele de H. S., Northampton 1924; M. Herrmann, D. Bühne d. H. S., II 1923f.; N. K.
Johansen, Den dramatiske Technik in H. S.
ens Fastelavnsspil, Kopenh. 1937; K. Stuhlfauth, D. Bildnisse d. H. S., 1939; H. U.
Wendler, 1953; E. Geiger, D. Meistergesang
d. H. S., 1956; G. Filice, I Fastnachtsspiele di
H. S., Neapel 1960; W. Theiss, Exemplar.
Allegorik, 1968; B. Könneker, 1971; B. Balzer, Bürgerl. Reformationspropaganda,
1973; K. Wedler, 1976; H. S. u. Nürnberg,
hg. H. Brunner u. a. 1976; Th. Cramer u. a.,
hg. 1978. H. Krause, D. Drr. d. H. S., 1979;
M. E. Müller, D. Poet d. Moralität, 1985;
Bibl.: E. Weller, 1868, n. 1966; N. Holzberg,
1976.

Sachs, Nelly, 10. 12. 1891 Berlin
– 12. 5. 1970 Stockholm; 1940
Flucht nach Schweden, lebte seither in Stockholm; 1966 Nobelpreis für Lit. (m. S. J. Agnon). –
Aus der Verbundenheit mit dem
Schicksal und der lit. Tradition
des jüd. Volkes entstand ihr lyr.
Werk: männl. herbe, metaphernreiche, freirhythm.-psalmodie-
rende Lyrik zwischen Trauer über
die Erniedrigung des Menschen
und paradoxer Zuversicht gemäß
e. myst.-relig. Grundkonzeption.
Geheimnis des Leidens u. Ster-
bens u. die Wiederherstellung der
Sprache. Nähe zur Emblematik in
Bild- u. Motivverknüpfungen,
die sich bes. im stark ellipt. verkürzten Spätwerk nicht vom Ein-
zelgedicht her entschlüsseln.
Auch szen. Dichtungen meditati-
ven Charakters. Übs. schwed.
Lyrik.

W: Legenden und Erzählungen, 1921; In den

Wohnungen des Todes, G. 1947; Sternverdunkelung, G. 1949; Eli, Sp. 1950; Und niemand weiß weiter, G. 1957; Flucht und Verwandlung, G. 1959; Fahrt ins Staublose, Ges. G. 1961; Zeichen im Sand, Drr. 1962; Ausgewählte Gedichte, 1963; Glühende Rätsel, G. 1964; Späte Gedichte, 1965; Die Suchende, G. 1966; Verzauberung, Drr. 1970; Suche nach Lebenden, G. 1971; Teile dich Nacht, G. 1971. – D. Buch d. N. S., hg. B. Holmquist 1977; Briefe, hg. R. Dinesen u. a. 1984.
L: N. S. zu Ehren, 1961 und 1966 (m. Bibl.); O. Lagercrantz, 1967; D. Buch der N. S., hg. B. Holmquist 1968 (m. Bibl.); N. S., 1969 (Text + Kritik 23); P. Kersten, D. Metaphorik i. d. Lyrik v. N. S., 1970; P. Sager, Diss. Bonn 1970; G. Bezzel-Dischner, Poetik d. mod. Gedichts. Z. Lyrik v. N. S., 1970; B. Keller-Stocker, D. Lyrik v. N. S., Diss. Zürich 1973; W. A. Berendsohn, 1974; L. Hardegger, 1975; Ch. Vaerst, Dichtgs.- u. Sprachreflexion, 1977; U. Klingmann, Relig. u. Religiosität, 1980; E. Bahr, 1980; E. K. Cervantes, Strukturbezüge, 1982; H. Falkenstein, 1984.

Sachse, Johann Christoph, 13. 11. (8.?) 1761 (1762?) b. Weimar – 20. 6. 1822 Teplitz; Sohn e. leibeigenen Hirten, späteren Schulmeisters; Wanderungen durch Dtl. u. Holland; 1800 Bibliotheksdiener in Weimar, von Goethe gefördert. – Vf. kulturgeschichtl. interessanter Lebenszeugnisse aus Tagebuchaufzeichnungen als nüchternes, z. T. unfreiwillig humorvolles Bild der dt. Zeitverhältnisse aus der Perspektive des einfachen Volkes.
W: Der deutsche Gil Blas, 1822 (n. 1983).

Sachsen, Ludolf von → Ludolf von Sachsen

Sachsenheim, Hermann von → Hermann von Sachsenheim

Sachsenspiegel → Eike von Repgow

Sack, Gustav, 28. 10. 1885 Schermbeck b. Wesel – 5. 12. 1916 Finta Mare b. Bukarest (gefallen); Lehrerssohn; 1906–10 Stud. Germanistik u. a. Greifswald, Mün-

ster und Halle; unstetes Leben; 1911 in Rostock, Einjähriger ebda., 1913 Stud. in München; 1914 Soldat an versch. Fronten, zuletzt in Rumänien, als Leutnant schwer verwundet. – Frühexpressionist. Erzähler und Lyriker unter Einfluß Nietzsches; Irrationalist und Individualist auf der Suche nach e. neuen Wertordnung der Menschheit. Die im Grunde autobiograph. Romane zeigen rege Phantasie, leidenschaftl. Temperament und Neigung zu Reflexionen.
W: Ein verbummelter Student, R. 1917 (n. 1987); Ein Namenloser, R. 1919; Die drei Reiter, Sämtl. G. 1913/14, 1958. – GW, hg. P. Sack II 1920; Ausw., hg. H. Harbeck 1958; Prosa, Briefe, Verse, 1962.
L: F. G. Wansch, Diss. Wien 1968; K. Eibl, D. Sprachskepsis im Werk G. S.s, 1970; P. Sack, 1971.

Sängerkrieg auf der Wartburg → Wartburgkrieg

Sahl, Hans, * 20. 5. 1902 Dresden, Stud. Philos., Kunst- und Literaturwiss. München, Dr. phil.; in Berlin Kritiker der ›Lit. Welt‹ und ›Neuen Rundschau‹, 1933 über Frankreich 1941 nach USA, 1947 in New York als Theaterkritiker und ständiger Korrespondent europ. Zeitungen. – Neben s. Lyrik, e. szen. Oratorium und e. autobiograph. Zeitroman vor allem Übs. der mod. am. und engl. Dramatik (Wilder, T. Williams, A. Miller u. a.).
W: Jemand, Orat. (1938); Die hellen Nächte, G. 1941; Die Wenigen und die Vielen, R. 1959; Wir sind die Letzten, G.-Ausw. 1976; Hausmusik, Dr. (1981); Memoiren eines Moralisten, Aut. 1983; Der Mann im Stein, G. 1985; Umsteigen nach Babylon, En. 1987. – GW, VIII 1983ff.
L: E. W. Skwara, 1986.

Saiko, George Emmanuel, 5. 2. 1892 Seestadtl/Erzgeb. – 23. 12. 1962 Rehawinkel b. Wien; Stud.

Kunstgesch., Archäologie, Psychologie und Philos., Dr. phil. Wien; 1939 Mitarbeiter u. 1945–50 Leiter der graph. Slg. ›Albertina‹, danach Privatgelehrter u. freier Schriftsteller in Wien. – Vf. gesellschaftskrit., psycholog. Romane und Novellen e. mag. Realismus bes. aus dem Österreich von 1919–38. Auch Essayist.

W: Auf dem Floß, R. 1948; Der Mann im Schiff, R. 1955 (vollst. 1971); Giraffe unter Palmen, En. 1962; Der Opferblock, En. 1962; Erzählungen, 1972. – SW, V 1985 ff.
L: H. Rieder, D. mag. Realismus, 1970.

Sailer, Sebastian (eig. Johann Valentin S.), 17. 2. 1714 Weißenhorn/Bayern – 7. 3. 1777 Marchthal/Donau; Prämonstratenser im Kloster Obermarchthal, Pfarrer in Dieterskirch; beliebter Kanzelredner u. Wanderprediger von volkstüml., schlagfertigem Witz. – Erster bedeutender oberschwäb. Dialektdichter; dramatisierte Volksschwänke und trug s. burlesken bibl. Stücke mit Gesangsbeilagen auch selbst vor.

W: Die Schöpfung der ersten Menschen, der Sündenfall und dessen Strafe, K. (1743) 1826 (n. 1965); Adam und Evens Erschaffung und ihr Sündenfall, 1783 (Faks. 1977); Die Erschaffung der Welt und der Sündenfall, 1811; Schriften im schwäb. Dialekt, hg. S. Bachmann 1819 (n. K. D. Haßler ⁴1893, Faks. 1976); Die bibl. u. weltl. Komödien, hg. Dr. Owlgläß 1914 (in: Alte deutsche Schwänke); Jubiläumsausg., hg. L. Locher 1965.
L: M. Gerster, 1933; L. Lohrer-Bäuerle, S. S.s Komödien, Diss. Gießen 1943.

Sakowski, Helmut, ∗ 1. 6. 1924 Jüterbog; 1941–43 Forstlehre, Soldat, 1947–49 Fachschule für Forstwirtschaft, 1951–61 Förster; dann freier Schriftsteller in Neustrelitz. – Erfolgreicher sozialist. Fernseh- u. Bühnenautor um Probleme beim Aufbau des Sozialismus bes. auf dem Lande, z. T. mit plakativ vereinfachender Tendenz.

W: Die Entscheidung der Lene Mattke, FSsp. (1958 H. u. Dr. 1959); Zwei Frauen, En. 1959; Steine im Weg, FSsp. (1960 Neufassg. 1961, Dr. 1962); Weiberzwist u. Liebeslist, FSsp. u. Dr. (1961); Sommer in Heidkau, FSsp. (1964 als Dr. Letzter Sommer in Heidkau, 1965); Wege übers Land, FSsp. 1969; Zwei Zentner Leichtigkeit, En. u. Rep. 1970; Die Verschworenen, FSsp. (1971); Daniel Druskat, R. 1976; Verflucht und geliebt, R. 1981.

Salat, Hans, 1498 Sursee/Kanton Luzern – 20. 10. 1561 Freiburg/Üchtland; Seiler und Wundarzt; 1522–27 im franz. Heer in Italien; kämpfte 1529 in der Schlacht bei Kappel gegen die Protestanten, dann Gerichtsschreiber und Chronist in Luzern. 1540 als Anhänger der Franzosen amtsentsetzt, dann Reisläufer, 1544–47 Schulmeister in Freiburg/Üchtland, schließl. Wundarzt, Alchimist und Astrolog ebda. – Als Polemiker bedeutendster Vertreter der kath. Schweiz neben Murner. Schrieb polit. Lieder, Streitschriften, Satiren und Dramen gegen die Reformation und gegen Zwingli.

W: Der Tanngrotz, 1531; Triumphus Herculis Helvetici, Sat. 1532; Chronik, 1536; Der verlorene Sohn, Dr. 1537 (Bearb. C. v. Arx, 1935); Büchlein in Warnungsweise an die 13 Orte, 1538.
A: J. Baechtold 1876.
L: P. Cuoni, Diss. Zürich 1938; K. Müller, 1967.

Salice-Contessa → Contessa, Karl Wilhelm

Salis-Seewis, Johann Gaudenz Freiherr von, 26. 12. 1762 Schloß Bothmar b. Malans/Schweiz – 29. 1. 1834 ebda.; aus altem Adelsgeschlecht; beim Dichter Pfeffel in Kolmar erzogen; 1785 Hauptmann der Schweizergarde in Versailles; Günstling Marie Antoinettes; 1789–90 Reisen in den Niederlanden und Dtl., Besuch bei Goethe, Schiller und Herder in Wei-

mar. Verbrachte die Revolutions-
jahre als Privatmann in Paris; ging
1793 nach Chur, vermittelte den
Anschluß Graubündens an die
Schweiz; Flucht vor der österr.
Besatzung; 1815 Kantons-, 1816
eidgenöss. Oberst; zog 1817 nach
Malans. – Klassizist. Schweizer
Dichter mit formsicherer, weh-
mütigzarter Natur- und Heimat-
lyrik; Nähe zu Hölty u. s. Freund
Matthisson.

W: Gedichte, hg. F. Matthisson 1793. –
Sämtl. Gedichte, hg. E. Korrodi 1937, C.
Erni 1964.
L: R. Friedmann, Diss. Zürich 1917; E. Jenal,
1924; A. E. Cherbuliez, 1935.

Sallet, Friedrich von, 20. 4. 1812
Neiße – 21. 2. 1843 Reichau b.
Nimptsch; Offizierssohn; Kindheit in Breslau; 1824 im Kadettenkorps in Potsdam; 1829 Leutnant
in Mainz; 1830 wegen e. satir.
Novelle gegen das Militär kas-
siert; nach 2 Monaten Haft begnadigt; 1834 Kriegsschule Berlin;
Stud. Philos. und Geschichte ebda.; nahm 1838 s. Abschied; ∞
1841; ließ sich in Breslau nieder. –
Spätromant. Lyriker und Erzähler. In s. Hauptwerk ›Laienevan-
gelium‹, e. mod. Evangelienharmonie in Jamben, sah er in der
menschl. Gottwerdung die höchste Aufgabe des Christentums
und stellte dafür e. neues Sittlich-
keitssystem auf, das aber von der
Kirche als atheist. verworfen
wurde.

W: Gedichte, 1835; Funken, Aphor. u. Epigr.
1837; Contraste und Paradoxen, Nn. 1838;
Die wahnsinnige Flasche, Ep. 1838; Laien-
evangelium, G. 1842; Ges. Gedichte, 1843. –
Sämtl. Schriften, hg. T. Paur, V 1845–48,
²1873.
L: M. Hannes, Dies.Mchn. 1915; O. Hundertmark, Diss. Würzb. 1916; E. Reichl,
Diss. Lpz. 1925; G. Kraus, Diss. Freib.
1956.

Salman und Morolf (Salomon
und Markolf), mhd. Spielmanns-

epos e. anonymen rheinfränk. Vf.
um 1180/90 in der sog. Morolf-
strophe, berichtet im Anschluß an
talmud.-byzantin. Überlieferungen als schwankhafte Unterhaltung von der zweimaligen Entführung Salmes, der schönen Gattin Salomons, und deren Wieder-
auffindung und Rückgewinnung
durch dessen listig,-bauern-
schlauen Bruder Morolf. Nur in
e. jüngeren, erweiterten Fassung
(um 1300?) erhalten. Andere Bearbeitungen wie e. anonymes
rhein. Spruchgedicht ›Salomon
und Markolf‹ des 14. Jh., das Fastnachtsspiel des H. Folz (Ende 15.
Jh.) und das Volksbuch (Druck
1482) gehen auf e. lat. ›Dialogus
Salomonis et Marcolfi‹ (hg. W.
Benary 1914) aus dem 12. Jh. zurück.

A: F. Vogt 1880, n. 1968; W. J. Schröder,
Spielmannsepen II, 1976; A. Karnein 1979;
Spruchged.: W. Hartmann 1934.
L: E. Polcynska, Posen 1968; A. Wishard,
Oral Formulaic Composition, 1984.

Salomon und Markolf → Salman und Morolf

Salomon, Ernst von, 25. 9. 1902
Kiel – 9. 8. 1972 Stöckte b. Win-
sen/Luhe; Sohn e. Rittmeisters;
Kadett in Karlsruhe und Berlin-
Lichterfelde; nach dem 1. Weltkrieg Teilnehmer an den Kämpfen im Baltikum und in Oberschlesien; 1922 wegen Beihilfe zur
Ermordung Rathenaus zu 5 Jahren Zuchthaus verurteilt. Beteiligt am Kapp-Putsch und bei
schleswig-holstein. Bauernauf-
ständen; 1945–46 in e. am. Lager
interniert; viele Reisen; lebte in
Stöckte b. Winsen a. d. Luhe und
auf Sylt. – Sarkast. Erzähler bes.
autobiograph. und zeitdokumentar. Romane. Am bekanntesten
der umstrittene Bericht ›Der Fragebogen‹, e. Autobiographie s.

Weges von 1919 bis 1945. Auch Drehbuchautor.

W: Die Geächteten, R. 1930; Die Stadt, R. 1932; Die Kadetten, Aut. 1933; Nahe Geschichte, Ess. 1936; Boche in Frankreich, R. 1950 (erw. u. d. T. Glück in Frankreich, 1966); Der Fragebogen, R. 1951; Das Schicksal des A. D., R. 1960; Die schöne Wilhelmine, R. 1965; Deutschland, deine Schleswig-Holsteiner, Feuill. 1971; Die Kette der tausend Kraniche, Reiseber. 1972; Der tote Preuße, R. 1973.

Salomon, Horst, 6. 5. 1929 Pillkallen/Ostpr. – 20. 6. 1972 Gera; Sohn e Landarbeiters; Gymnas. Allenstein; 1945–50 FDJ-Funktionär u. 1951–58 Bergmann in Thüringen; 1958–61 Stud. Lit.-Institut ›J. R. Becher‹ Leipzig, dann wieder im Bergbau; lebte in Gera. – Sozialist. Agitprop-Lyriker u. Dramatiker mit z. T. in Kollektivarbeit entstandenen milieuechten, optimist. -humorvollen Lehrstücken aus der sozialist. Arbeitswelt u. a. gegen Routine- u. Prestigedenken.

W: Getrommelt, geträumt und gepfiffen, G. 1960; Vortrieb, Dr. (1961); Katzengold, Dr. (1964); Der Lorbaß, Lsp. (1967); Auf höherer Ebene, Dr. (1968); Genosse Vater, Dr. (1969).

Salten, Felix (eig. Siegmund Salzmann), 6. 9. 1869 Budapest – 8. 10. 1945 Zürich; Stud. in Wien; Burgtheaterkritiker der ›Wiener Allgemeinen Zeitung‹, Feuilletonredakteur der ›Zeit‹ in Wien; 1906 Redakteur der Berliner ›Morgenpost‹, 1933 Theaterreferent der Wiener ›Neuen Freien Presse‹. 1938 Emigration in die USA (Hollywood); seit s. Rückkehr nach Europa in Zürich. – Fruchtbarer österr. Erzähler von Gesellschafts- und hist. Romanen und Novellen sowie zahlr. Tiergeschichten, am meisten bekannt und beliebt ›Bambi‹. Daneben mehrere erfolgr., z. T. naturalist. Dramen und Essays. S.s Verfas-

serschaft der erot. ›Lebensgeschichte‹ (1906, n. 1969) der Wiener Dirne Josefine Mutzenbacher ist nicht erwiesen.

W: Die Hinterbliebene, Nn. 1899; Der Gemeine, Sch. 1901; Die Gedenktafel der Prinzessin Anna, N. 1902; Der Schrei der Liebe, N. 1905; Wiener Adel, Ess. 1905; Vom andern Ufer, Drr. 1908; Die Geliebte Friedrichs des Schönen, Nn. 1908; Olga Frohgemuth, E. 1910; Die Wege des Herrn, Nn. 1911; Wurstelprater, Feuill. 1911; Die klingende Schelle, R. 1915; Prinz Eugen, E. 1915; Kinder der Freude, Drr. 1917; Das Burgtheater, Schr. 1922; Bambi, Tierb. 1923; Der Hund von Florenz, R. 1923; Neue Menschen auf alter Erde, Reiseb. 1925 (n. 1986); Martin Overbeck, R. 1927; Freunde aus aller Welt, R. 1931; Florian, R. 1933; Kleine Brüder, Tierb. 1935; Bambis Kinder, Tierb. 1940; Renni, der Retter, Tierb. 1941; Die Jugend des Eichhörnchens Perri, Tierb. 1942; Djibi, das Kätzchen, Tierb. 1945. – GW, VI 1928–32.
L: K. Riedmüller, Diss. Wien 1950.

Salus, Hugo, 3. 8. 1866 Böhmisch-Leipa – 4. 2. 1929 Prag; Sohn e. Tierarztes; Stud. Medizin Dt. Univ. Prag; Dr. med.; 1. Assistent für Hygiene; gynäkolog. Fachausbildung; seit 1895 Frauenarzt in Prag. – Seinerzeit hochgeschätzter Lyriker und Erzähler. Vf. satir. und sentimentaler Gedichte in gefälliger Form sowie formvollendeter Novellen oft mit erot. Anklang.

W: Gedichte, 1898; Neue Gedichte, 1809; Ehefrühling, G. 1900; Susanna im Bade, Sch. 1901; Ernte, G. 1903; Novellen des Lyrikers, 1903; Das blaue Fenster, Nn. 1906; Die Blumenschale, G. 1908; Trostbüchlein für Kinderlose, N. 1909; Schwache Helden, Nn. 1910; Seelen und Sinne, Nn. 1913; Vergangenheit, Nn. 1921; Die Harfe Gottes, G. 1928.
L: H. Wocke, 1916; H. Kletzander, Diss. Salzb. 1977.

Salvatore, Gaston, * 29. 9. 1941 Valparaiso/Chile; kam 1965 in die BR, Stud. Soziologie West-Berlin; aktive Teilnahme an APO und Studentenunruhen, 1969 9 Mon. Gefängnisstrafe; wieder in Chile, Rom, freier Schriftsteller in Berlin und Venedig. – Lyriker, Erzähler und Dramatiker von linkspolit. Engagement in der Darstellung der Dialektik der Revolution. Librettist für H. W. Henze.

W: Der langwierige Weg in die Wohnung der Natascha Ungeheuer, G. 1971; Büchners Tod, Dr. 1972; Wolfgang Neuss, B. 1974; Freibrief, Dr. (1977); Tauroggen, Dr. (1977); Der Kaiser von China, E. 1979; Waldemar Müller, Prosa 1982; Stalin, Dr. 1987.

Salzburg, Hermann von → Hermann von Salzburg

Salzmann, Siegmund → Salten, Felix

Sancta Clara, Abraham a → Abraham a Sancta Clara

Sander, Ernst, 16. 6. 1898 Braunschweig – 4. 7. 1976 Freiburg/Br.; Kaufmannssohn; Stud. Berlin und Rostock; Dr. phil.; Verlagslektor und Redakteur in Hamburg; freier Schriftsteller in Badenweiler, dann Freiburg. 1970 Prof. h. c. – Erzähler, Lyriker, Dramatiker, Biograph, Essayist und meisterhafter Übs. bes. aus dem Franz.

W: Die Lehrjahre des Herzens, R. 1931; Das goldene Kalb, K. (1932, nach A.-R. Lesage); Genie ohne Geld, Sch. (1933); Das harte Land, G. 1947; Drei Schicksale, Nn. 1948; Maupassant, B. 1951; Die Schuld des Jonathan Bradford, E. 1952; Das dalmatinische Abenteuer, R. 1952; Ein junger Herr aus Frankreich, R. 1958; Die Schwestern Napoleons, R. 1959; Eine Nuß und sieben Millionen, Anekdoten 1959; Die Spur im Schnee, En. 1966.

Santa Clara, Abraham a → Abraham a Sancta Clara

Saphir, Moritz Gottlieb (eig. Moses S.), 8. 2. 1795 Lovas-Berény b. Pest – 5. 9. 1858 Baden b. Wien; Kaufmannssohn; Stud. jüd. Theologie Prag; dann im väterl. Geschäft; Stud. klass. Philol. Pest; Kritiker an Bäuerles ›Theaterzei-

tung‹ in Wien; 1826–29 in Berlin Schriftleiter der ›Berliner Schnellpost‹, des ›Berliner Courier‹ und des ›Berliner Theateralmanachs auf das Jahr 1828‹; machte sich in Berlin unbeliebt; Festungshaft; kurze Zeit in Paris; Hoftheaterintendanzrat in München; seit 1834 in Wien, 1837 Gründer und bis 1858 Hrsg. der satir. Zs. ›Der Humorist‹; mehrere Reisen als Vortragskünstler, auch ins Ausland. – Humorist. Schriftsteller, Feuilletonist, Lit.- u. Theaterkritiker, dessen boshafter Witz seinerzeit gefürchtet wurde, heute aber nur noch seicht und fade anmutet.

W: GS, IV 1832; Schriften, X 1862 f., XXVI 1880; Ausw. II 1902, I 1978.
L: S. Kösterich, Diss. Ffm. 1934; I. Müller, Diss. Mchn. 1940.

Sapper, Agnes, geb. Brater, 12. 4. 1852 München – 19. 3. 1929 Würzburg; Tochter e. Politikers; ∞ 1875 Stadtschultheiß S.; lebte als Witwe in Würzburg. – Gemüthafte Erzählerin, bes. von Jugendschriften. Volkstüml. Schilderung versch. Kindergestalten, oft innerhalb e. harmon. Familienlebens. Am populärsten wurde ›Die Familie Pfäffling‹, die von den Schicksalen e. kinderreichen süddt. Musikerfamilie erzählt.

W: Das erste Schuljahr, E. 1895; Gretchen Reinwalds letztes Schuljahr, E. 1901 (zus. u. d. T. Gretchen Reinwald, 1901); Das kleine Dummerle, En. 1904; Die Familie Pfäffling, E. 1907; Lies'chens Streiche, E. 1907; Frau Pauline Brater, B. 1908; Werden und Wachsen, 1910; Ein Gruß an die Freunde meiner Bücher, Aut. 1922.
L: A. Herding-Sapper, 1931.

Sauter, Ferdinand, 6. 5. 1804 Werfen/Salzburg – 30. 10. 1854 Hernals b. Wien; Sohn e. fürsterzbischöfl. Rats; humanist. Ausbildung; Kaufmann in Wels und Wien; Beamter der niederösterr. Brandschaden-Assekuranz-Gesellschaft in Wien; starb an der Cholera. – Österr. Lyriker, Vf. heiterer Lieder, oft schwermütiger Gedichte und polit. Dichtungen.

A: Gedichte, hg. J. v. d. Traum 1855; Gedichte, a. d. Nl. hg. K. v. Thaler 1895; Gedichte, Gesamtausg., hg. W. Börner 1918; F. S.s Leben u. Gedichte, hg. H. Deissinger u. O. Pfeiffer 1927.

L: J. Buchowiecki, 1972 (m. Bibl.).

Schacht, Ulrich, *9. 3. 1951 Frauengefängnis Hoheneck b. Stollberg/Sachsen, Jugend in Wismar, Stud. Theol. Rostock und Erfurt, versch. Berufe, 1973 drei Jahre Haft wegen ›staatsfeindl. Hetze‹, dann in Hamburg. – Lyriker mit Natur- und Zeitgedichten von rhythm. Sprache, anfangs unter Einfluß Bobrowskis.

W: Traumgefahr, G. 1981; Scherbenspur, G. 1983; Brandenburgische Konzerte, En. 1986.

Schack, Adolf Friedrich (seit 1876) Graf von, 2. 8. 1815 Brüsewitz b. Schwerin – 14. 4. 1894 Rom. Sohn e. Diplomaten und Großgrundbesitzers. 1834 bis 1838 Stud. Jura, oriental. Sprachen und Lit. Bonn, Heidelberg und Berlin. Orientreise. Trat 1838 in preuß. Staatsdienst, am Kammergericht Berlin. 1839/40 krankheitshalber in Spanien. Mecklenburg. Gesandtschaftsattaché in Frankfurt/M., bis 1852 Geschäftsträger in Berlin. Reisebegleiter des Großherzogs in den Orient. 1852–54 wieder in Spanien. Lebte seit 1855 auf Einladung König Max II. in München. Enge Beziehung zum Münchner Dichterkreis; Kunstmäzen und Gründer der Schack-Galerie ebda. – Epigonaler Lyriker, Dramatiker und Erzähler des Münchner Kreises in der klass.-romant. Tradition. Formkunst im Stil Rückerts und Platens. Bedeutend als Übs.

(u. a. Ferdausī) sowie als Kenner der span. und arab. Lit., die er in Übss. und Darstellungen bekannt machte.

W: Geschichte der dramatischen Literatur und Kunst in Spanien, III 1845 f.; Spanisches Theater, Übs. II 1845; Heldensagen des Firdusi, Übs. 1851; Epische Dichtungen des Firdusi, Übs. II 1853; Stimmen vom Ganges, ind. Sage 1857; Romanzero der Spanier und Portugiesen, Übs. 1860 (m. E. Geibel); Poesie und Kunst der Araber in Spanien und Sizilien, II 1865; Gedichte, 1867; Lothar, Ep. 1872; Die Pisaner, Dr. 1872; Nächte des Orients, Ep. 1874; Strophen des Omar Chijam, Übs. 1878; Die Plejaden, Ep. 1881; Lotosblätter, G. 1882; Ein halbes Jahrhundert, Erinn. III 1888; Geschichte der Normannen in Sicilien, II 1889; Episteln und Elegieen, 1894. – GW, VI 1882 f., X 1897–99; Nachgel. Dichtungen, hg. G. Winkler 1896.

L: F. W. Rogge, 1885; E. Brenning, 1885; H. Lambel, 1885; E. Walter, Diss. Bresl. 1907; M. Azmi, 1934; D. Stautner, Diss. Mchn. 1935; O. Schoen, Diss. Bresl. 1938.

Schädlich, Hans-Joachim, *8. 10. 1935 Reichenbach/Vogtland; Stud. Germanistik Berlin und Leipzig, Dr. phil., 1959–76 Mitarbeiter der Ost-Berliner Akad. der Wiss.; nach dem Biermann-Protest Ende 1976 entlassen und Dez. 1977 mit Ausreisevisum nach Hamburg, freier Schriftsteller in West-Berlin. – Vf. von Erzählungen und Skizzen um das Verhältnis von Individuum und Machthabern in bezug auf den Alltag der DDR in hochlit., präziser Prosa von stilist. Vielfalt. Übs. aus dem Niederländ.

W: Versuchte Nähe, En. 1977; Der Sprachabschneider, Kdb. 1980; Tallhover, R. 1986; Ostwestberlin, Prosa 1987.

Schäfer, Hans Dieter, *7. 9. 1939 Berlin; Stud. Germanistik, Dr. phil., Akadem. Rat Univ. Regensburg. – Lyriker anfangs aus erinnerter Vergangenheit, dann zunehmende Einbeziehung der Alltagsbanalitäten und menschl. Entfremdung. Kritiker.

W: Fiktive Erinnerungen, G. 1968; W. Lehmann, Abh. 1969; Das Familienmuseum, Prosag. 1972; Das gespaltene Bewußtsein, Ess. 1981; Dem Leben ganz nah, G. 1982.

Schaefer, Oda (eig. O. Lange, geb. Kraus), * 21. 12. 1900 Berlin-Wilmersdorf; balt. Herkunft, aus der Familie W. von Kügelgens; Stud. Graphik und Kunstgewerbe Berlin, Graphikerin; 1926–31 in Liegnitz; ∞ 1923 Maler Prof. A. S.-Ast, ∞ 1933 den Schriftsteller Horst Lange; längere Zeit in Berlin, 1945 Mittenwald, seit 1950 München. – Formgewandte Lyrikerin und Erzählerin; schuf zarte, farbige u. melod. Gedichte, die ihre tiefe Naturverbundenheit zeigen oder aber in Beziehung zu ihrem eigenen Schicksal stehen. Auch Erzählungen von lyr. Grundton. Ferner Hörspielautorin, Modeschriftstellerin und Kritikerin.

W: Die Windharfe, G. 1939; Irdisches Geleit, G. 1946; Die Kastanienknospe, En. 1947; Kranz des Jahres, G. 1948; In die Nacht hinein, H. (1952); Katzenspaziergang, Feuill. 1956; Grasmelodie, G. 1959; Ladies only, Feuill. 1963; Und fragst du mich, was mit der Liebe sei…, Feuill. 1968; Auch wenn du träumst, gehen die Uhren, Aut. 1970; Der grüne Ton, G. 1973; Die Haut der Welt, En. 1976; Die leuchtenden Feste über der Trauer, Mem. 1977; Wiederkehr, G.-Ausw. 1985.

Schäfer, Walter Erich, 16. 3. 1901 Hemmingen b. Leonberg/Württ. – 28. 12. 1981 Stuttgart; Landwirtssohn, Landwirt, dann Stud. Philos. und Germanistik Tübingen, Dr. phil.; Dozent für Theatergeschichte und Lit. Musikhochschule Stuttgart. Dramaturg ebda., 1934–38 in Mannheim, 1938–45 in Kassel, 1949–72 Generalintendant der Württ. Staatstheater Stuttgart. – Dramatiker der Neuen Sachlichkeit mit bühnensicheren Volksstücken, Lustspielen und polit.-histor. Dramen aus dt. Geschichte mit männl.-nationaler Grundhaltung.

Auch Novellist und Hörspielautor.

W: Echnaton, Tr. 1925; Die 12 Stunden Gottes, En. 1926; Letzte Wandlung, Nn. 1928; Malmgreen, H. (1928); Richter Feuerbach, Dr. 1931; Der 18. Oktober, Dr. 1932; Schwarzmann und die Magd, Dr. 1933; Der Kaiser und der Löwe, Dr. 1935; Die Reise nach Paris, Lsp. 1936; Die Kette, Dr. 1938; Theres und die Hoheit, Lsp. 1940; Der Leutnant Vary, Dr. 1940; Claudia, Dr. (1942; auch u. d. T. Das Feuer); Die Verschwörung, Dr. (1949); Aus Abend und Morgen, Dr. (1952); Die Grenze, Dr. (1955); Wieland Wagner, B. 1970; Die Stuttgarter Staatsoper 1950–1972; Ber. 1972; Bühne eines Lebens, Mem. 1975; Kleine Wellen auf dem Fluß des Lebens, Anek. 1976; Die Mutter des Schauspielers, R. 1982. – Schauspiele, 1967; Hörspiele, 1967.
L: W. E. S., Fs. 1971.

Schäfer, Wilhelm, 20. 1. 1868 Ottrau/Hessen – 19. 1. 1952 Überlingen/Bodensee. Aus Schwälmer Bauerngeschlecht, Sohn e. Häuslers und Bäckers. Jugend in Gerresheim b. Düsseldorf; 1885–88 Lehrerseminar in Mettmann; Volksschullehrer 1888 bis 1891 in Vohwinkel, 1891–96 in Elberfeld. Reisen nach Frankreich und Schweiz. 1898 freier Schriftsteller in Berlin unter dürftigsten Verhältnissen; Freundschaft mit R. Dehmel und P. Scheerbart. 1900–15 in Vallendar, Hrsg. der Zs. ›Die Rheinlande‹. Seit 1915 in Ludwigshafen/Bodensee, 1918 Überlingen. 1924 Dr. h. c. Marburg. Zahlr. Preise und Ehrungen. – Volkstüml. Erzähler und Dramatiker; begann mit naturalist. Bauerngeschichten unter Einfluß Bjørnsons und wandte sich zu e. klass. Erzählkunst in lakon.-sachl., bildstarker Prosa. Meister der dichter. durchgeformten Anekdote als handlungsstarker und stimmungshafter Kurzform der Novelle meist mit histor. Stoffen. Vorbild: J. P. Hebel. Biograph. und kulturgeschichtl. (bes. Künstler-)Romane und Novellen mit starker Volks-

und Landschaftsverbundenheit. Verfechter e. undogmat. dt. Protestantismus. Gestaltet in s. ›Dreizehn Büchern der deutschen Seele‹ die innere Geschichte s. Volkes von german. Heldenzeit zum 1. Weltkrieg.

W: Mannsleut, En. 1894; Jakob und Esau, Dr. 1896; Anekdoten, 1907; Die Halsbandgeschichte, E. 1910; 33 Anekdoten, 1911; Karl Stauffers Lebensgang, R. 1913; Die unterbrochene Rheinfahrt, E. 1913; Lebenstag eines Menschenfreundes, Pestalozzi-R. 1915; Die begrabene Hand, Anekdoten 1918; Die 13 Bücher der deutschen Seele, Schr. 1922; Winckelmanns Ende, N. 1925; Hölderlins Einkehr, N. 1925; Huldreich Zwingli, R. 1926; Neue Anekdoten, 1926; Der Hauptmann von Köpenick, R. 1930; Deutsche Reden, 1933; Mein Leben, Aut. 1934 (erw. u. d. T. Rechenschaft, 1948); Anckemanns Tristan, N. 1937; Wendekreis neuer Anekdoten, 1937; Meine Eltern, 1937; Theoderich, König des Abendlandes, Ep. 1939; Hundert Histörchen, 1940; Spätlese alter und neuer Anekdoten, 1942; Altmännersommer, En. 1942; Novellen, 1943; Der Gottesfreund, Ep. 1948; Die Biberburg, E. 1950; Die Anekdoten, 1950; Frau Millicent, E. 1952.
L: Bekenntnis zu W. S., hg. O. Doderer 1928; F. Stuckert, 1935; J. Antz, 1937; G. K. Eten, Diss. Marb. 1938; G. v. Loos, D. Nn. S.s, Diss. Wien 1939; W. Hamacher, Der Stil in W. S.s ep. Prosa, Diss. Bonn 1951; Bibl.: C. Höfer, II 1937–43.

Schäferdiek, Willi, * 19. 1. 1903 Mülheim/Ruhr; Arbeitersohn; Schreinerlehre; dann Bankbeamter, Buchhändler u. a. Berufe; schließl. Dramaturg bei den Rundfunksendern Köln, Saarbrücken und Berlin; im 2. Weltkrieg Soldat und am. Gefangenschaft; danach freier Schriftsteller in Siegburg. – Vielseitiger Dramatiker und Erzähler. Erhebt in s. Frühwerk Anklage gegen Staat und Gesellschaft; im Mittelpunkt späterer Romane stehen hist. Gestalten wie Th. Münzer, Napoleon oder Maximilian von Mexiko. Vf. mehrerer Hörspiele.

W: Mörder für uns, Dr. 1927; Ende der Kreatur, En. 1930; Der Trommler Gottes, Sch (1933); Zuma, N. 1935; Matthias Tobias, Dr. 1938; Marina zwischen Strom und Moor, R.

1939; Wer ist mit im Spiel, K. (1939); Der Kaiser von Mexiko, Sch. (1940); Kleines Bilderbuch der Kindheit, 1944; Richter Lynch, Tr. 1944; Jedermann, Dr. (1948); Der Leibarzt seiner Majestät, E. 1951; Rebell in Christo, R. 1953.

Schaeffer, Albrecht, 6. 12. 1885 Elbing – 5. 12. 1950 München; Sohn e. Architekten. Kindheit und Jugend in Hannover, Gymnas. ebda., 1905–11 Stud. klass. u. dt. Philol. München, Marburg u. Berlin. 1911/12 Redaktionsvolontär in Eberswalde. Ab 1913 freier Schriftsteller in Hannover; 1915 kurz beim Landsturm, dann in Berlin, 1919–31 in Neubeuern b. Rosenheim, seit 1931 Rimsting/Chiemsee. 1939 Emigration über Kuba nach USA. Gründete mit s. Frau in Cornwall on Hudson e. Heim für Emigrantenkinder. Nov. 1950 Rückkehr nach Dtl. – Formbewußter Lyriker, Dramatiker, Erzähler und Essayist aus dem weiteren George-Kreis, von hoher Sprachkultur, geschult an den klass.-humanitären Idealen der Antike und an Hölderlin. Anfangs ästhetisierende Nachempfindung antiker Stoffe, dann zunehmender Einfluß ma.-myst. Gottsuchertums, Wiederaufnahme des klass. dt. Bildungsromans (›Helianth‹) und dämon.-makabrer Züge der dt. Romantik; im stärker reflexiven Spätwerk Wendung zu mytholog. Themen. Formstrenger, wortgewaltiger Übs. von O. Wilde (1915), Verlaine (1922), Apuleius (1926) u. Homer (1927 f.).

W: Amata, G. 1911; Die Meerfahrt, G. 1912 (erw. u. d. T. Der göttliche Dulder, 1920); Attische Dämmerung, G. 1914; Die Mütter, Dr. 1914; Heroische Fahrt, G. 1914; Kriegslieder, 1914; Des Michael Schwertlos vaterländische Gedichte, 1915; Mosis Tod, Dicht. 1915; Josef Montfort, R. 1918 (u. d. T. Das nie bewegte Herz, 1931); Gudula, E. 1918; Elli oder Sieben Treppen, R. 1919; Der Raub der Persefone, Dicht. 1920; Helianth, R. III 1920–24; Gevatter Tod, Ep. 1922; Die Saalborner Stanzen, G. 1922; Der Reiter mit dem Mandelbaum, Leg. 1922; Der Reiter mit dem Mandelbaum, Leg. 1922; Parzival, Ep. 1922; Die Wand, Dr. 1922; Lene Stelling, E. 1922; Legende vom verdoppelten Lebens-Alter, 1923; Das Gitter, E. 1923; Die Treibjagd, N. 1923; Regula Kreuzfeind, Leg. 1923; Abkunft und Ankunft, Dicht. 1923; Dichter und Dichtung, Ess. 1923; Demetrius, Tr. 1923; Fidelio, N. 1924; Die Marien-Lieder, 1924; Kritisches Pro domo, Ess. 1924; Konstantin der Große, Tr. 1925; Der Falke und die Wölfin, En. 1925; Der verlorene Sohn, K. 1925; Der Gefällige, Lsp. 1925 (nach Diderot); Das Prisma, En. 1925; Die Schuldbrüder, E. 1926 (u. d. T. Die Geschichte der Brüder Chamade, 1928); Der Apfel vom Baum der Erkenntnis, E. 1927; Der goldene Wagen, Leg. 1927; Mitternacht, Nn. 1928; Kaiser Konstantin, R. 1929; Gedichte, 1931; Das Opfertier, En. 1931; Der Roßkamm von Lemgo, R. 1933 (u. d. T. Janna du Cœur, 1949); Der General, E. 1934; Das Haus am See, G. 1934; Heimgang, N. 1934; Cara, R. 1936 (bearb. 1948); Aphaia, Schr. 1937; Ruhland, R. 1937; Kaniswall, N. 1938; Die Geheimnisse, Parabeln 1938 (erw. als Die goldene Klinke, 1950); Rudolf Erzerum, R. 1945; Enak oder das Auge Gottes, E. 1948; Mythos, Ess., hg. W. Ehlers 1958. *L*: W. Muschg, D. dichter. Charakter, 1929; A. S., Gedächtnisausstellung Marbach, Katalog 1960; W. Breuer, Diss. Bonn 1961; I. Hausmann, Diss. Köln 1961; Bibl.: W. Ehlers, 1935.

Schäuffelen, Konrad Balder, * 16. 6. 1929 Ulm, Stud. Psychiatrie u. Neurologie (Dr. med.), Psychotherapeut in München. – Vf. konkreter Texte spieler. Art, z. T. mit Sprachdeformationen.

W: raus mit der sprache, G. 1969; Deus ex skatola, R. 1975; Gegen Stände Sätze, Schr. 1979.

Schaffner, Jakob, 14. 11. 1875 Basel – 25. 9. 1944 Straßburg, Gärtnerssohn, früh verwaist, Erziehung im Haus des Großvaters in Wyhlen und pietist. Armenanstalt Beuggen. Schusterlehrling in Basel; wanderte als Geselle durch Deutschland, Holland, Belgien, Frankreich, zeitweilig Fabrikarbeiter; autodidakt. Bildung (hörte Vorlesungen in Basel), schließl. freier Schriftsteller, seit 1911 in Dtl., lange in Berlin. Anschluß an NS. Bewegung. Opfer e. Fliegerangriffs. – Realist., autobiograph. bestimmter Erzähler, z. T. in Mundart, unter Einfluß G. Kellers, Nietzsches und Dostoevskijs mit Bildungs- und Erziehungsromanen um starke Charaktere aus der Welt der Handwerker und Kleinbürger. Grundtyp des rastlosen ewigen Wanderers, der um seel. Bewältigung s. religiösen und eth. Konflikte ringt (›Johannes‹-Tetralogie). Auch Landschaftsbücher.

W: Irrfahrten, R. 1905 (u. d. T. Die Irrfahrten des Jonathan Bregger, 1912); Die Laterne, Nn. 1907; Die Erlhöferin, R. 1908; Hans Himmelhoch, E. 1909; Konrad Pilater, R. 1910 (Neufassg. 1922); Der Bote Gottes, R. 1911; Die goldene Fratze, Nn. 1912; Das Schweizerkreuz, N. 1916 (Neufassg. u. d. T. Das Liebespfand, 1927); Der Dechant von Gottesbüren, R. 1917; Die Weisheit der Liebe, R. 1919; Kinder des Schicksals, R. 1920; Johannes, R. II 1922; Das Wunderbare, R. 1923; Die Glücksfischer, R 1925; Der Kreiselspieler, En. 1925 (Neufassg. u. d. T. Der Luftballon, 1936); Das große Erlebnis, R. 1926; Der Kreislauf, G. 1927; Verhängnisse, Nn. 1927; Der Mensch Krone, R. 1928; Föhnwind, Nn. 1928; Die Jünglingszeit des Johannes Schattenhold, R 1930; Liebe und Schicksal, Nn. 1932; Eine deutsche Wanderschaft, R. 1933; Nebel und Träume, Nn. 1934; Larissa, R. 1935; Der Gang nach St. Jakob, E. 1937; Berge, Ströme und Städte, Schr. 1938; Kampf und Reife, R. 1939; Bekenntnisse, G. 1940; Das kleine Weltgericht, Dr. 1943; Das Tag- und Nachtbuch von Glion, G. 1943. – GW, VI 1925; Meister-Novellen, 1936; Stadtgänge, Frühe En. 1979. *L*: A. Matthey, Diss. Marb. 1934; P. Fässler, Diss. Zürich 1937; A. Wettstein, 1938; H. Bänzinger, Heimat u. Fremde, 1958; K. Schmid, Unbehagen im Kleinstaat, 1963.

Schaffy, Mirza → Bodenstedt, Friedrich von

Schaidenreißer, Simon (gen. Minervius), um 1505–73 München, Stadtschreiber, 1532 Lehrer der Poesie, 1538–73 Unter-Richter ebda. – 1. dt. Übs. von Homers ›Odyssee‹, in frischer, urwüchsiger Prosa mit eingestreuten Versen.

W: Odyssea, Übs. 1537 (n. F. Weidling 1911,
Faks. 1986); Paradoxa, 1538.
L: M. Betz, Homer, S., H. Sachs, Diss.
Mchn. 1912; W. Zehetmeier, Diss. Mchn.
1962.

Schallenberg, Christoph Dietrich von, 31. 1. 1561 Schloß Pi-
berstein/Mühlviertel – 25. 4. 1597
Wien; Stud. Jura Tübingen, Padua, Bologna und Siena; reiste
nach Sizilien; Höfling und österr.
Offizier; erlag e. schweren Verwundung im Türkenkrieg. – Barocklyriker; schrieb erst heitere,
anspruchslose lat. Verse, dann oft
spieler. dt. Gedichte mit volksliedhaften Elementen.
A: Gedichte, hg. H. Hurch (BLV. 253), 1910;
H. Cysarz, DLE. Rhe. Barocklyrik 1, 1935.
L: C. Pauli, Diss. Wien 1942.

Schallück, Paul, 17. 6. 1922 Wa-
rendorf/Westf. – 29. 2. 1976 Köln;
russ. Mutter, dt. Vater. Wollte
urspr. kath. Missionar werden;
nach dem Krieg Stud. Philos.,
Germanistik, Gesch. und Theaterwiss. Münster und Köln;
1949–52 Theaterkritiker, dann
Journalist und freier Schriftsteller
in Köln, Mitgl. der ›Gruppe 47‹;
seit 1971 Chefredakteur der Kulturzs. ›Dokumente‹. – Vf. zeitkrit. Romane und Erzählungen
um die Bewältigung der polit.
Vergangenheit; auch Essayist,
Fernseh- und bes. Hörspielautor.
W: Wenn man aufhören könnte zu lügen, R.
1951; Ankunft null Uhr zwölf, 1953; Die
unsichtbare Pforte, R. 1954; Weiße Fahnen
im April, E. 1955; Engelbert Reineke, R.
1959; Zum Beispiel, Ess. 1962; Don Quichot-
te in Köln, R. 1967; Karlsbader Ponys, E.
1968; Hierzulande und anderswo, Ess. 1974;
Countdown zum Paradies, Dr. 1976; Dein
Bier und mein Bier, E. 1976; Bekenntnisse
eines Nestbeschmutzers, En. 1977. – Gesamtausgabe, 1976ff.

Schalmey, Peter, *30. 4. 1949
Frankfurt a. M., lebt in München;
1982/83 Villa Massimo-Stipendium. Erzähler mod. psycholog.

Romane um menschl. Beziehungen mit spieler. romant. Fiktions-
ironie.
W: Meine Schwester und ich, R. 1977; Versuchte Liebe, R. 1979; Der Praktikant, R.
1986.

Schaper, Edzard (Hellmuth), 30.
9. 1908 Ostrowo/Prov. Posen –
29. 1. 1984 Bern; Sohn e. Militär-
beamten; ostfries. Mutter; 1920
Glogau, später Hannover, Gymnas. ebda. Musikstud. Regieassistent und Schauspieler in Herford,
Minden und Stuttgart. Zeitweilig
Gärtner. 1927/28 auf e. dän. Ost-
seeinsel. 1929 als Matrose 1 Jahr
auf e. Fischdampfer (Island, Eismeer). 1930–40 freier Schriftsteller und Korrespondent in Estland
(Reval und Baltischport), ⚭ ebda.
1940 Flucht nach Finnland (von
den Sowjets wie vom Dt. Volks-
gerichtshof in Abwesenheit zum
Tode verurteilt), seit 1944 finn.
Staatsbürger, 1944 Übersiedlung
nach Schweden, Waldarbeiter,
dann Sekretär ebda., seit 1947 in
Zürich, später Brig/Wallis. 1951
Übertritt zur kath. Kirche. – Realist. Erzähler der Gegenwart von
überkonfessionellem christl.
Ethos mit hist. und zeitgeschichtl.
Stoffen bes. aus Ost- und Nordeuropa in traditioneller, zum
überzeitl. Symbol erhöhter Form
um den Widerstreit innerer und
äußerer Mächte (Freiheit, Glaube,
Gewissen und Macht), christl.
Gewissensentscheidungen und
den Kampf der Kirche mit atheist.
Staatsmächten. Zunehmend Ver-
lagerung der Handlung in inner-
seelische Bereiche. Auch Hör-
und Fernsehspiel. Übs. skandinav. Autoren.
W: Der letzte Gast, R. 1927; Die Bekenntnisse
des Försters Patrik Doyle, R. 1928; Die Insel
Tütarsaar, R. 1933 (bearb. 1953); Erde über
dem Meer, R. 1934; Die Arche, die Schiffbruch erlitt, E. 1935; Die sterbende Kirche,

R. 1936; Das Leben Jesu, B. 1936; Das Lied der Väter, E. 1937; Der Henker, R. 1940 (u. d. T. Sie mähten gewappnet die Saaten, 1956); Der große, offenbare Tag, E. 1949; Der letzte Advent, R. 1949; Stern über der Grenze, E. 1950; Die Freiheit des Gefangenen, R. 1950; Die Macht der Ohnmächtigen, R. 1951 (beide zus. u. d. T. Macht und Freiheit, 1961); Der Mensch in der Zelle, Schr. 1951; Hinter den Linien, En. 1952; Untergang und Verwandlung, Ess. 1952; Der Mantel der Barmherzigkeit, E. 1953; Um die neunte Stunde, E. 1953; Der Gouverneur, R. 1954; Bürger in Zeit und Ewigkeit, Aut. 1956; Die letzte Welt, R. 1956; Attentat auf den Mächtigen, R. 1957; Unschuld der Sünde, E. 1957; Die Eidgenossen des Sommers, E. 1958; Das Tier, R. 1958; Der Held, B. 1958; Die Geisterbahn, E. 1959; Der vierte König, R. 1961; Die Söhne Hiobs, En. 1962; Verhüllte Altäre, Rdn. 1962; Der Aufruhr des Gerechten, R. 1963; Dragonergeschichte, N. 1963; Der Gefangene der Botschaft, H. u. FSsp. (1964); Das Feuer Christi, Dr. 1965; Ges. Erzählungen, 1965; Wagnis der Gegenwart, Rdn. 1965; Schattengericht, En. 1967; Schicksale und Abenteuer, En. 1968; Die Heimat der Verbannten, E. 1968; Am Abend der Zeit, R. 1970; Taurische Spiele, R. 1971; Sperlingsschlacht, R. 1972; Aufstand und Ergebung, R. e. 1973; Degenhall, R. 1975; Die Reise unter dem Abendstern, R. 1976; Geschichten aus vielen Leben, En. 1977; Ausw. M. Wörther, 1987.

L: E. Heimgartner, Diss. Zürich 1958; H. Kucera, Diss. Innsbr. 1964; Dank an E. S., 1968 (m. Bibl.); L. Besch, Gespräche m. E. S., 1968 (m. Bibl.); I. Sonderegger-Kummer, Transparenz d. Wirklichkeit, 1971.

Scharang, Michael, ⋆ 3. 2. 1941 Kapfenberg/Steiermark; Stud. Wien (Dr. phil.), freier Schriftsteller ebda. – Österr. Prosa- u. Hörspielautor unter Einfluß der Wiener Gruppe u. P. Handkes; verbindet sprachanalyt. Einstellung mit polit. Engagement. Auch Essays u. Fernsehspiele.

W: Verfahren eines Verfahrens, Prosa 1969; Schluß mit dem Erzählen, Prosa 1970; Zur Emanzipation der Kunst, Ess. 1971; Geschichte zum Schauen, H. (1971); Ansprache eines Entschlossenen an seine Unentschlossenheit, H. (1971); Einer muß immer parieren, Schr. 1973; Charly Traktor, R. 1973; Ein Verantwortlicher entläßt einen Unverantwortlichen, FSsp. 1974; Bericht an das Stadtteilkommitee, En. 1974; Der Sohn eines Landarbeiters, R. 1976; Der Lebemann, R. 1979; Das doppelte Leben, Drehb. 1981; Harry. Eine Abrechnung, E. 1984; Die List der Kunst, Ess. 1986.

Scharfenberg, Albrecht von → Albrecht von Scharfenberg

Scharpenberg, Margot (eig. Margot Wellmann), ⋆ 18. 12. 1924 Köln. Diplom-Bibliothekarin ebda; seit 1962 in New York. – Lyrikerin mit sparsamen, spröden Gedichten mod. Prägung; auch seelenanalyt. Kurzgeschichten.

W: Gefährliche Übung, G. 1957; Spiegelschriften, G. 1961; Brandbaum, G. 1965; Ein Todeskandidat, Kgn. 1970; Mit Sprach- und Finger-Spitzen, G. 1970; Einladung nach New York, Ber. 1972; Spielraum, G. 1972; Spuren, G. 1973; Fröhliche Weihnachten und andere Lebensläufe, En. 1974; Neue Spuren, G. 1975; Fundfigur, G. 1977; Fundort Köln, G. 1979; Domgespräch, G. 1980; Fallende Farben, G. 1983.

Scharrelmann, Wilhelm, 3. 9. 1875 Bremen – 18. 4. 1950 Worpswede; Kaufmannssohn; Lehrerseminar Bremen; 1896–1905 Volksschullehrer in Seehausen und Bremen, später in anderen Städten; ab 1920 freier Schriftsteller, ab 1928 in Worpswede. – Fruchtbarer Erzähler von feinem Empfinden, tiefer Religiosität und starkem Stimmungsreichtum. Beschreibt anschaul. die niederdt. Menschen, bes. aus unteren städt. Bevölkerungsschichten, und s. heimatl. Landschaft. Auch Vf. von Märchen und Fabeln, Kinder- und Tierbüchern.

W: Michael Dorn, R. 1909; Piddl Hundertmark, R. 1912; Geschichten aus der Pickbalge, 1916; Neue Pickbalge, E. 1919; Täler der Jugend, E. 1919; Selige Armut, R. 1920; Jesus der Jüngling, R. 1920; Die erste Gemeinde, R. 1921; Das Fährhaus, R. 1928; Hinnerk der Hahn, R. 1930; Tiere, klug wie Menschen, E. 1946; Die Hütte unter den Sternen, R. 1947; Die schöne Akelei, M. 1948.

Scharrer, Adam, 13. 7. 1889 Kleinschwarzenlohe/Bayern – 2. 3. 1948 Schwerin; Hirtensohn, bis 1929 Metallarbeiter, dann freier Schriftsteller in Berlin; im Spartakusbund und der KPD tätig; Re-

dakteur der ›Kommunist. Arbeiterzeitung‹. 1933 Emigration in
die Tschechoslowakei; 1934–45 in
der Sowjetunion. – Sozialist. Erzähler von z. T. autobiograph.
bestimmten Romanen aus dem
bäuerl. und proletar. Dasein.

W: Vaterlandslose Gesellen, R. 1930; Der
große Betrug, R. 1931; Maulwürfe, R. 1933;
Der Hirt von Rauhweiler, R. russ. 1933 (d.
1942); Familie Schuhmann, R. 1939; Dorfgeschichten, einmal anders, 1948. – GW,
1961 ff.

Schaukal, Richard (seit 1918)
von, 27. 5. 1874 Brünn – 10. 10.
1942 Wien; Kaufmannssohn,
Gymnas. Brünn, 1892–96 Stud.
Jura Wien, Dr. jur.; 1897 Verwaltungsdienst in Mähren, ab 1903
Wien, 1905 Statthaltereisekretär
ebda., 1908 Europareise; Vor-
stand des Präsidialbüros im Ministerium für öffentl. Arbeiten
Wien. 1918 als Sektionschef pensioniert. – Österr. Lyriker, Erzähler und Essayist zwischen Décadence, Ästhetizismus und Impressionismus von betont konservativer, aristokrat. Haltung, starkem
Traditionsbewußtsein, hoher
Formkunst und edler Sprache unter Einfluß der franz. Symbolisten, die er übersetzte. In s. Lyrik
Wandlung vom prätentiösen Jugendstil mit Todesstimmungen
der Décadence zu schlichten, weichen und musikal. Tönen. Dämon.-romant. Erzählungen, Essays, Literaturkritik, Aphorismen, Bekenntnis- und Erinnerungsbücher.   Unbedeutende
Dramen. Übs. von Gautier, Verlaine, Barbey d'Aurevilly, Flaubert, Mérimée, Duhamel und
Shakespeare. Sch.-Gesellschaft
Wien seit 1929.

W: Gedichte, 1893; Rückkehr, Dr. 1894; Verse, 1896; Meine Gärten, G. 1897; Tristia, G.
1898; Tage und Träume, G. 1900; Sehnsucht,
G. 1900; Von Tod zu Tod, Nn. 1902; Vorabend, Dr. 1902; Mimi Lynx, N. 1904; Aus-

gew. Gedichte, 1904; E. T. A. Hoffmann, B.
1904 (erw. 1923); W. Busch, B. 1904; Kapellmeister Kreisler, N. 1906; Großmutter, E.
1906; Eros Thanatos, Nn. 1906; Leben und
Meinungen des Herrn Andreas von Balthes-
ser, R. 1907 (n. 1986); Schlemihle, Nn. 1908;
R. Dehmels Lyrik, Abh. 1908; Buch der Seele, G. 1908; Verse, G. II 1909; Vom Geschmack, Ess. 1910; Vom unsichtbaren Königreich, Ess. 1910; Neue Verse, 1912; Zettel-
kasten eines Zeitgenossen, Aphor. 1913; Kin-
dergedichte, 1913; Herbst, G. 1914; Kriegslieder aus Österreich, G. II 1914 f.; 1914,
Eherne Sonette, G. 1914 (verm. u. d. T.
Eherne Sonette 1914, 1915); Standbilder und
Denkmünzen 1914; G. 1915; Heimat der Seele, G. 1916; Heimat, Prosa 1917; Erlebte Gedanken, 1918; Gedichte, 1918; Jahresringe, G.
1922; A. Stifter, B. 1925; Gezeiten der Seele,
G. 1926; Gedanken, 1931; K. Kraus, B. 1933;
Herbsthöhe, G. 1933; Erkenntnisse und Betrachtungen, 1934; Beiträge zu einer Selbstdarstellung, 1934 (m. Bibl.); Von Kindern,
Tieren und erwachsenen Leuten, En. 1935;
Einsame Gedankengänge, 1947; Frühling ei-
nes Lebens, Erinn. 1949; Wie ganz bin ich
dein eigen, G. 1960. – Werke, hg. L. v.
Schaukal u. a. VI 1960–67.
L: K. Mayer, R. v. S.s Weltanschauung,
Diss. Wien 1960; M. Maurer, Diss. Innsbr.
1972.

Schaumann, Ruth, 24. 8. 1899
Hamburg – 13. 3. 1975 München.
Offizierstochter; Jugend in Hage-
nau/Elsaß, 7 Jahre in Hamburg;
veröffentlichte mit 15 Jahren ihre
ersten Gedichte; ging 1917 nach
München; ab 1918 Kunstgewerbeschule ebda., Schülerin J. Wak-
kerles; seit 1920 vielfältig künstler. tätig; konvertierte 1924 zum
Katholizismus; ⚭ Dr. Friedrich
Fuchs, Redakteur der Zs. ›Hochland‹ (5 Kinder); 1948 verwitwet
in München. – Fruchtbare, vielseitige Schriftstellerin, Graphikerin und Bildhauerin. Ihre Lyrik
und ihre Erzählungen zeigen reiche Empfindungskraft, tiefes Gefühl, Naturverbundenheit und
vor allem starke kath. Religiosität. Mit der kindl. Welt der Märchen und Sagen eng verbunden.
Ihr persönl. geprägter, schlichter
Stil zeugt von ästhet. Formempfinden, tendiert später aber gele-

gentl. zum Kunstgewerblichen. In der Lyrik überwand sie bald e. anfängl. Neigung zum Expressionismus. Illustrierte viele ihrer Bücher selbst.

W: Die Kathedrale, G. 1920; Der Knospengrund, G. 1924; Die Rose, G. 1927; Die Kinder und die Tiere, G. 1929; Der blühende Stab, En. 1929; Amei, Aut. 1932 (erw. 1949); Der Krippenweg, G. 1932; Yves, R. 1933; Der singende Fisch, En. 1934; Der Major, R. 1935; Der schwarze Valtin und die weiße Osanna, R. 1938; Die Übermacht, R. 1940; Die Silberdistel, E. 1941; Die Uhr, R. 1946; Elise, R. 1946 (u. d. T. Die Geächtete, 1956); Kleine Schwarzkunst, G. 1946; Klage und Trost, G. 1947; Seltsame Geschichten, 1947; Ländliches Gastgeschenk, G. 1948; Der Jagdhund, R. 1949; Die Karlsbader Hochzeit, R. 1953; Die Kinderostern, 1954; Die Taube, R. 1955; Akazienblüte, En. 1959; Die Sternnacht, G.-Ausw. 1959; Die Haarsträhne, R. 1959; Das Arsenal, Aut. 1968; Am Krippenrand, G. 1969; Mensch unter Menschen, Ausw. 1976.

L: R. Hetsch, 1934; R. N. Maier, Diss. Ffm. 1935; M. Herzog, Diss. Innsbr. 1960; L. Tanzer, D. Lyrik R. S.s, Diss. Innsbr. 1972.

Schauwecker, Franz, 26. 3. 1890 Hamburg – 31. 5. 1964 Günzburg; Sohn e. Oberzollinspektors, Stud. in München, Berlin und Göttingen, Soldat im 1. Weltkrieg, versch. Berufe, dann freier Schriftsteller in Berlin und Günzburg/D. – Erzähler, Dramatiker und Lyriker, bekannt durch s. Kriegsbücher aus dem Erlebnis des 1. Weltkriegs.

W: Im Todesrachen, R. 1919 (u. d. T. Frontbuch, 1927); Weltgericht, E. 1920; Ghavati, R. 1920; Hilde Roxh, R. 1922 (u. d. T. Die Geliebte, 1930); Aufbruch der Nation, R. 1930; Der Spiegel, G. 1930; Die Entscheidung, Dr. 1933; Der Panzerkreuzer, R. 1938; Der weiße Reiter, R. 1944.

Schede, Paul → Melissus, Paulus

Scheer, Maximilian (eig. Walter Schlieper), 22. 4. 1896 Hahn/Rhl. – 3. 2. 1978 Berlin; Stud. Theaterwiss. u. Lit. Köln; Kritiker u. Journalist ebda.; 1933 Emigration nach Paris u. 1941 USA, 1947 Rückkehr; Chefredakteur der Zs.

›Ost und West‹, 1949–52 Abteilungsleiter am Berliner Rundfunk u. Deutschlandsender, lebte in Ost-Berlin. – Sozialist. Erzähler, Funk-, Film- u. Bühnenautor, sowie Essayist; bekannt geworden durch polit.-aktuelle Reportagen.

W: Blut und Ehre, Ess. 1937; Fahrt an den Rhein, R. 1948; Begegnungen in Europa und Amerika, Rep. 1949; Lebenswege in unseren Tagen, Ess. 1952; Schwarz und Weiß am Waterberg, Rep. 1952; Sechzehn Bund Stroh, En. 1953; Ethel und Julius, R. 1954; Spieler, Rep. 1955; Arabische Reise, Rep. 1957; Hassan und der Scheich, Sp. 1960; Indische Tage und arabische Erzählungen, 1960; So war es in Paris, Aut. 1964; Das Verhör am Nil, Rep. 1969; In meinen Augen, Aut. 1977.

Scheerbart, Paul (Ps. Bruno Küfer), 8. 1. 1863 Danzig – 15. 10. 1915 Berlin; Zimmermannssohn; Stud. Philos. und Kunstgesch. Leipzig, Halle, München und Wien; ging 1887 nach Berlin; befaßte sich dort erst mit Religionsgesch.; gründete 1892 den ›Verlag dt. Phantasten‹ ebda. – Vielseitiger, doch qualitativ ungleichwertiger phantast. Erzähler. S. skurrilen Phantasien voll grotesken Humors übersteigen teilweise zeitgeschichtl. Erscheinungen oder wenden sich von der Welt des Wirklichen der Unendlichkeit des Kosmos zu und streben nach e. Annäherung an die ›Weltseele‹. Oft finden sich Komik und philos. Suchen eng vereint. In manchen anfängl. Romanen und s. Lyrik Vorläufer des Expressionismus (Mitarbeit am ›Sturm‹). Auch z. T. parodist. oder persiflierende Kurzdramen im Brettl-Stil.

W: Tarub, R. 1897; Ich liebe Dich!, R. 1897; Der Tod der Barmekiden, R. 1897; Na prost!, R. 1898; Rakkóx, der Billionär, R. 1900 (n. 1976); Die Seeschlange, R. 1901; Liwûna und Kaidôh, R. 1902; Die große Revolution, R. 1902; Immer mutig!, R. II 1902; Machtspäße, Nn. 1904 (n. 1981); Der Kaiser von Utopia, R. 1904; Revolutionäre Theater-Bibliothek, Drr. 1904; Münchhausen und Clarissa, R.

1906; Katerpoesie, G. 1909; Die Entwicklung des Luftmilitarismus, Schr. 1901 (n. 1982); Das Perpetuum mobile, E. 1910 (n. 1977); Astrale Noveletten, 1912; Lesabéndio, R. 1913; Glasarchitektur, Schr. 1914 (n. 1971, m. Bibl.); Das graue Tuch und zehn Prozent weiß, R. 1914 (n. 1986); Von Zimmer zu Zimmer, Br. 1921 (n. 1977). – Ausw. hg. C. Mumm 1955; Dichterische Hauptwerke, hg. E. Harke, 1962; Ges. Arbeiten f. d. Theater, hg. M. Rausch II 1977; GW, X 1986ff.
L: E. Mondt, 1912; C. Ruosch, 1970; H. v. Gemmingen, P. S. astrale Lit., 1976; H. Bär, Natur u. Ges. b. P. S., 1977; E. Wolff, Utopie u. Humor, 1982; Bibl.: K. Lubasch u. A. R. Meyer 1930.

Schefer, Leopold, 30. 7. 1784 Muskau/Oberlausitz – 16. 2. 1862 ebda.; Arztsohn; Gymnas. Bautzen; philos. u. mathemat. Stud. in Muskau, erlernte dort auch klass. und oriental. Sprachen; Vertrauter des Fürsten Pückler-Muskau, 1808–45 Generalverwalter von dessen Gütern; 1816–19 Reisen nach England, Österreich, Italien, Griechenland u. Kleinasien. – Bilderreicher didakt. Lyriker, von dessen weitschweifigen, meist schwülstigen Werken aber nur das pantheist. ›Laienbrevier‹ weiten Einfluß gewann. Daneben gemüthafter, naturverbundener Erzähler.
W: Gedichte, 1811; Novellen, V 1825–29; Neue Novellen, IV 1831–35; Laienbrevier, G. II 1834f.; Kleine Romane, VI 1836f.; Mahomet's Türkische Himmelsbriefe, 1840. – AW, XII 1845f., ²1857.
L: E. Brenning, 1884; H. Laub, D. Naturgefühl i. S.s ausgew. Werken, Diss. Wurzb. 1922; A. Lenhard, Z. Erzählprosa L. S.s, 1975; B. Clausen, Zu allem fähig, II 1985.

Scheffel, Joseph Viktor (seit 1876) von, 16. 2. 1826 Karlsruhe – 9. 4. 1886 ebda.; Sohn e. Majors und Oberbaurats; Gymnas. Karlsruhe; Stud. Jura 1843/44 München, 1844/45 Heidelberg, 1845/46 Berlin, 1846/47 Heidelberg. Burschenschafter. 1848 jurist. Staatsexamen, 1849 Dr. jur.; Sekretär des bad. Bundestagsgesandten Welcker in Frankfurt.

1850 Rechtspraktikant in Heidelberg, 1850/51 in Säckingen, dann 1851/52 Bruchsal. 1852 Italienreise (in Rom bei Eggers und Heyse) als Malerpoet; 1853 Rückkehr nach Karlsruhe, Austritt aus dem Staatsdienst. Wanderleben als freier Schriftsteller am Bodensee, bei St. Gallen, 1854/55 Heidelberg. 1855 Italien- und Südfrankreichreise; Winter 1856/57 in München, Verbindung zum Münchner Dichterkreis. 1857–59 Fürstenbergischer Bibliothekar in Donaueschingen. 1860 Erkrankung. 1863 bei Frhr. von Laßberg in Meersburg, beim Großherzog von Sachsen-Weimar auf der Wartburg. Seit 1864 in Karlsruhe; 1864 ⚭ Baronesse von Malsen (1867 geschieden). 1865 sächs. Hofrat. Seit 1872 zuletzt mit seel. Erkrankung in s. Villa auf der Mettnau b. Radolfzell/Bodensee. – Seinerzeit außerordentl. beliebter epigonaler Lyriker, Versepiker und Erzähler von volkstüml. farbiger und gemütvoll-humoriger Gestaltung in romant. verklärten hist. Stoffen. Riesenerfolg des ›Ekkehard‹. Vf. bekannter launiger und frisch-fröhl. Kneip- und Kommerslieder von formaler Glätte (›Alt Heidelberg, du feine‹. ›Im schwarzen Walfisch zu Askalon‹. ›Als die Römer frech geworden‹. ›Wohlauf, die Luft geht frisch und rein‹); verbindet freiheitl. nationale Gesinnung mit romant. Natur- und Wanderfreude. Vorläufer der sog. Butzenscheibenpoesie. Germanist. Studien. Lieblingsschriftsteller des gehobenen Bürgertums im ausgehenden 19. Jh.; S.bund in Wien seit 1900, Dt. S.bund in Karlsruhe seit 1924; S.-Museum Karlsruhe und Radolfszell.

W: Der Trompeter von Säckingen, Ep. 1854; Ekkehard, R. 1855; Frau Aventiure, G. 1863;

Juniperus, N. 1866; Gaudeamus!, G. 1868; Bergpsalmen, Dicht. 1870; Das Waltarilied, Übs. 1875; Der Heini von Steier, Dicht. 1883; Hugideo, E. 1884; Reise-Bilder, 1887; Gedichte aus dem Nachlaß, 1887; Aus Heimat und Fremde, G. 1892; Meister Conrad, R.-Fragm. hg. W. Kremser 1925; Irene von Spilimberg, R.-Fragm. hg. F. Panzer 1931. – GW, hg. J. Proelß VI 1907; Nachgelassene Dichtungen, hg. ders. 1908; Werke, krit. Ausg. hg. F. Panzer IV 1919, ²1925; Briefe an Schweizer Freunde, hg. A. Frey 1898; an K. Schwanitz, 1906, an A. v. Werner, 1915, ins Elternhaus, hg. W. Zentner V 1926–67; an F. Eggers, hg. G. Ruge 1936; Briefwechsel mit Großherzog Karl Alexander, 1928, mit P. Heyse, hg. C. Höfer 1932.
L: G. Zernin, ²1887; J. Proelß, 1887; L. v. Kobell, 1901; E. Boerschel, S. u. E. Heim, ²1916; W. Grebe, Diss. Münster 1918; J. A. Beringer, S., d. Zeichner u. MMaler, 1925; W. Klinke, 1948; M. Lechner, Diss. Mchn. 1962; R. Selbmann, Dichterberuf i. bürgerl. Zeitalter, 1982; G. Mahal, 1986; Bibl.: A. Breitner, 1912.

Scheffer, Thassilo von, 1. 7. 1873 Preußisch Stargard – 27. 11. 1951 Berlin; Sohn e. Gutsbesitzers; Kindheit auf dem väterl. Besitz in Ostpreußen; wegen schwerer Erkrankung mit 13 Jahren in den Süden; Gymnas. Baden-Baden; Stud. Jura und Germanistik Straßburg, Königsberg und Freiburg/Br.; Dr. phil. 1900; lebte dann in Süddtl., Berlin und Italien; zuletzt wieder in Berlin. – Zuerst formgewandter Lyriker; dann in erster Linie Übs. u. Deuter antiker, bes. griech. Dichtung. Kenner und Vermittler der Werke Homers. Übs. auch aus dem Franz.

W: Stufen, G. 1896; Die Eleusinien, G. 1898; Seltene Stunden, G. 1898; Neue Gedichte, 1907; Homer, Ilias, Übs. 1913 (Neufassg. 1938); Homer, Odyssee, Übs. 1918 (Neufassg. 1938); Griechische Heldensagen, 1924; Römische Götter- und Heldensagen, 1926; Dionysiaka des Nonnos, Übs. II 1926–30; Die Homerischen Götterhymnen, Übs. 1927 (bearb. 1948); Germanische Göttersagen, 1931; Die Kyprien, Ep. 1934; Die Kultur der Griechen, Abh. 1935; Hesiod, Sämtl. Werke, Übs. 1938; Die Gedichte, 1939; Die Argonauten des Apollonius von Rhodos, Übs. 1940; Hellenische Mysterien und Orakel, Abh. 1940; Pseudohomer: Froschmäusekrieg, Übs. 1941; Vergil, Aeneis, Übs. 1943; Wende

und Wandlung, G. 1947; Ovids Metamorphosen, Übs. 1948.

Scheffler, Johannes → Angelus Silesius

Scheibelreiter, Ernst, 13. 11. 1897 Wien – 3. 3. 1973 ebda.; Mittelschule u. Stud. Naturwiss. und vergl. Sprachwiss. ebda.; lebte ebda. – Erfolgr. naturverbundener österr. Erzähler, Lyriker, Dramatiker, Essayist, Vf. von Kinderbüchern und Hörspielen.

W: Aufruhr im Dorf, Dr. (1928); Hirten um den Wolf, Dr. (1930); Freundschaft mit der Stille, G. 1932; Die Nonne von Lissabon, Dr. (1934); Freundschaft mit der Stille, G. 1935; Rudi Hofers grünes Jahrzehnt, R. 1934; Der Liebe Schattenspiel, R. 1936; Die Flucht aus dem Philisterfrieden, R. 1937 (u. d. T. Lump, der Fuchs, 1945); Das Königreich auf dem Wiesenhang, R. 1939; Das Krumauer Jahr, G. 1939; Gastgeschenke, G. 1946; Der Weg durch die bittre Lust, R. 1946; Unselige Begegnung, R. 1947; Die Arche Noah, M. 1948; Das Nessosgewand, R. 1949; Das fremde Nest, E. 1954; Menschen unter Trümmern und Splittern, G. 1972.
L: B. Heigl, Diss. Salzb. 1979.

Scheidt (Scheid, Scheit, Scheyt), Kaspar, um 1520–65 Worms. Onkel und Lehrer Fischarts, Lehrer in Worms. – Moralist und Lehrdichter, Vf. e. dt. Übs. von Dedekinds lat. Jugendgedicht ›Grobianus‹ in Reimpaaren von lebendiger Sprache mit breiter, volkstüml. moralisierender Erweiterung, der das Werk s. Verbreitung und Beliebtheit verdankte.

W: Grobianus, Von groben sitten und unhoeflichen geberden, Übs. 1551 (n. G. Milchsack 1882, NdL. 34 f.; H. E. Müller 1920; B. Könneker 1979); Lobrede von wegen des Meyen, 1551 (n. P. Strauch 1929, NdL. 268 f.); Fröhliche Heimfart, 1552 (n. P. Strauch 1926).
L: A. Hauffen, 1889; K. Hedicke, S.s Fröhliche Heimfahrt, Diss. Halle 1903; A. Schauerhammer, Mundart u. Heimat K. S.s, 1908.

Scheidt, Martha vom → Saalfeld, Martha

Schein, Johann Hermann, 20. 1.
1586 Grünhain b. Zwickau – 19.
11. 1630 Leipzig. Pfarrerssohn,
1599 Sängerknabe der Dresdner
Hofkapelle. Gymnas. Schulpforta, Stud. Leipzig; 1615 Hofkapellmeister in Weimar, 1616 Thomaskantor in Leipzig, Amtsvorgän-
ger J. S. Bachs. Einfluß auf Opitz,
Lehrer von P. Fleming u. S. Dach.
– Komponist und Dichter des
Frühbarock, schrieb die Texte s.
Gesellschaftslieder und weltl. Lieder selbst und vertonte sie mit
frischer Melodik in Mischung dt.
und italien. Stile.

W: Venus Kräntzlein, G. 1609; Musica bosca-
reccia, Wald Liederlein, G. III 1621–32; Dilet-
ti pastorali, Hirten Lust, G. 1624. – Gesamtausg., hg. A. Prüfer, VII 1901–23.
L: A. Prüfer, 1895; ders., J. H. S. u. d. weltl.
dt. Lied d. 17. Jh., 1908; H. Rauhe, Diss.
Hbg. 1960.

Scheit, Caspar → Scheidt,
Kaspar

Schelling, Caroline von, geb.
Michaelis, 2. 9. 1763 Göttingen –
7. 9. 1809 Maulbronn; Tochter
des Orientalisten J. D. Michaelis;
⚭ 1784 den Bergarzt Böhmer in
Clausthal; lebte nach dessen Tod
1788 in Göttingen, Marburg und
1790 in Mainz, dort mit G. Forster
befreundet und in Verbindung
mit den Klubbisten, die mit der
franz. Besatzung sympathisierten;
nach der Eroberung der Festung
durch die Preußen 1793 verhaftet
und in Königstein/Taunus inhaftiert; freundschaftl. Beziehungen
zu F. Schlegel, ⚭ 1796 dessen
Bruder August Wilhelm; nach
friedl. Trennung von ihrem 2.
Gatten (1801) ⚭ 1803 Friedrich
Wilhelm S., folgte diesem nach
Würzburg. – Bedeutendste Frauengestalt der dt. Romantik, gesellschaftl. Mittelpunkt des frühromant. Jenaer Kreises. Hatte An-

teil an mehreren Aufsätzen ihres
Gatten A. W. Schlegel, auch an
dessen erster Shakespear-Übs.;
1801 Übs. e. franz. Singspiels;
schrieb Rezensionen belletrist.
Werke. Am interessantesten ihre
geistreichen Briefe.

A: Caroline, Briefe aus der Frühromantik,
hg. G. Waitz II 1871 (Nachtr. 1882; verm. E.
Schmidt II 1913, n. 1970).
L: J. Janssen, 1875; B. Zade, Stockh. 1914; B.
Allason, Bari 1920; L. Shorowitz, Diss. Köln
1921; M. Schauer, 1922; G. Mielke, Diss.
Greifsw. 1925; A. Apt, Diss. Königsb. 1936;
Th. v. Düring, 1942; T. Schmidt, C. S.s
ästhet. Lebensform, Diss. Hbg. 1952; G. F.
Ritchie, 1968; R. Murtfeld, 1973; E. Man-
gold, 1973; E. Kleßmann, 1976; I. Brandes,
1978; G. Dischner, 1979.

Schenk, Eduard von, 10. 10.
1788 Düsseldorf – 26. 4. 1841
München; Sohn e. staatl. Generaldirektors; Stud. Jura in Landshut;
konvertierte 1817 zum Katholizismus, Dr. jur.; 1825 Ministerialrat;
1828 Minister des Innern; verlegte
die Landshuter Univ. nach München. 1831 gestürzt; wurde darauf
Regierungspräsident in der Oberpfalz, später Reichsrat in München. – Hist. Dramatiker, Epigone Schillers und der Romantiker.

W: Canovas Tod, G. 1822; Kaiser Ludwigs
Traum, Fsp. 1826; Belisar, Tr. 1827; Schau-
spiele, III 1829–35. – Briefwechsel zwischen
Ludwig I. v. Bayern u. E. v. S. (1823–41), hg.
M. Spindler 1930.
L: V. Goldschmidt, Diss. Marb. 1909; K. W.
Donner, Diss. Münster 1913; J. Weyden,
1932.

Schenk, Gustav, 28. 9. 1905 Hannover – 3. 5. 1969 Ebersteinburg
b. Baden-Baden, Handwerkerssohn; 10 Jahre auf Wanderschaft
durch Europa u. Afrika; Presse-
photograph in Paris, 1932/33 Au-
ßenkorrespondent der ›Kölnischen Zeitung‹ ebda.; ließ sich in
Worpswede nieder; gefördert von
St. Zweig u. A. Döblin. – Erzähler u. Essayist von bildkräftiger
Sprache zwischen Dichtung u.

Reportage. Verbindet in s. vielseitigen Werk als Reaktion auf e. rein mechanist.-technolog. Weltbild naturphilos. Spekulation u. Träumerisch-Visionäres mit exakter Naturbeschreibung. Zuletzt vorwiegend populärwiss. Bücher.

W: Pagel im Glück, R. 1934 (Neufassg. u. d. T. Das wunderbare Leben, 1942); Das leidenschaftliche Spiel, Ess. 1936; Ein Hausbuch für das Puppenspiel, 1937; Aron oder das tropische Feuer, Schr. 1937; Die Unbezähmbaren, Schr. 1937; Straßen der Unrast, R. 1939; Schatten der Nacht, Schr. 1939; Der Ort der zwölf Winde, E. 1940; Dokumente einer Liebe, E. 1940; Vom Flusse der Welt, Es. 1940; Traum und Tat, Aut. 1943; Vom Tau der Sonne, Schr. 1948; Gesichter aus Worpswede, Ess. 1953; Das Buch der Gifte, Sb. 1954; Vor der Schwelle der letzten Dinge, Sb. 1955; Und die Erde war wüst und leer, R. 1957; Der Bettler Purwin, Aut. 1958; Panik, Wahn, Besessenheit, Sb. 1958; Sie war dabei, Sb. 1959; Die Bärlapp-Dynastie, Sb. 1960; Der Mensch, Sb. 1961; Die Erde, Sb. 1962; Die Grundlagen des 21. Jahrhunderts, Schr. 1963; Das unsichtbare Universum, Sb. 1964; Am Anfang war das Paradies, Sb. 1967.

Schenk, Johannes, * 2. 6. 1941 Berlin; Jugend in Worpswede, 1955–62 zur See, dann Bühnenarbeiter in West-Berlin, 1969 Mitgründer des Kreuzberger Straßentheaters; weite Reisen. – Farbige, sprachl. saloppe Lyrik und Prosa aus dem Seemannsleben und eig. Abenteuerlust mit sozialkrit. Akzenten.

W: Fisch aus Holz, Dr. 1967; Bilanzen und Ziegenkäse, G. 1968; Zwiebeln und Präsidenten, G. 1969; Transportarbeiter Jakob Kuhn, Dr. 1972; Die Genossin Utopie, G. 1973; Das Schiff, Dr. 1974; Jona, Poem 1976; Zittern, G. 1977; Die Stadt im Meer, En. 1977; Der Schiffskopf, En. 1978; Für die Freunde an den Wasserstellen, G. 1980; Gesang des bremischen Privatmannes J. J. D. Meyer, Poem 1982; Café Americain, G. 1985.

Schenkendorf, Max von, 11. 12. 1783 Tilsit – 11. 12. 1817 Koblenz; Offizierssohn; 1798 Stud. Jura Königsberg; auf e. Gut tätig; Weiterstud. 1804; 1806 Kammerreferendar in Königsberg; 1807 mit Arnim, Fichte u. a. Hrsg. der Zs.

›Vesta‹, 1808 der ›Studien‹. 1812 in Karlsruhe, Verkehr mit Frau von Krüdener; durch e. Duell rechtshändig gelähmt; 1813 im preuß.-russ. Generalstab; nahm in Frankfurt/M. an der allgem. Volksbewaffnung teil; 1815 preuß. Regierungsrat in Koblenz. – S. patriot.-ritterl. Lyrik aus den Freiheitskriegen ist getragen von ernster Sittlichkeit und der Begeisterung für e. erneuertes dt. Kaisertum, z. T. aber auch schwärmer., myst.-sentimental. Einflüssen der Romantik. Versch. s. Lieder wurden volkstüml.

W: Christliche Gedichte, 1814; Gedichte, 1815; Poetischer Nachlaß, 1832; Sämtl. Gedichte, 1837. – Werke, hg. E. Groß 1910; Gedichte, hg. ders. 1912.
L: E. Heinrich, 1866; E. Knake, 1890; E. v. Klein, Diss. Wien 1908; dies., 1915; A. Köhler, Diss. Marb. 1915.

Schenzinger, Karl Aloys, 28. 5. 1886 Neu-Ulm – 4. 7. 1962 Prien/ Chiemsee. Apothekerlehre, dann Stud. Medizin Freiburg, München und Kiel; Arzt in Hannover, 1923–25 in New York, seit 1928 freier Schriftsteller. – Erfolgr. V. romanartiger Monographien zur Gesch. der techn., naturwiss. und industriellen Entwicklung.

W: Hinter Hamburg, R. 1929; Man will uns kündigen, R. 1931; Hitlerjunge Quex, R. 1932; Anilin, R. 1936; Metall, R. 1939; Atom, R. 1950; Schnelldampfer, R. 1951; Bei I. G.-Farben, R. 1953; 99% Wasser, R. 1956; Magie der lebenden Zelle, R. 1957.

Scherenberg, Christian Friedrich, 5. 5. 1798 Stettin – 9. 9. 1881 Berlin-Zehlendorf; Kaufmannssohn; Gymnas. Stettin; 1817–19 in Berlin heiml. Ausbildung als Schauspieler durch P. A. Wolff; 1821 Expedient und Privatsekretär; verlor s. Vermögen und mußte wieder Handlungsgehilfe werden; ging 1837 erneut nach Berlin; dort Mitgl. der Dichtergesell-

schaft ›Tunnel über der Spree‹.
1855 Bibliothekar im Kriegsministerium. – Patriot. Lyriker. Schuf realist., oft zu breite und z. T. formlose Schlachtenschilderungen in Versen. Von s. Zeitgenossen sehr geschätzt, verlor er bald an Bedeutung.

W: Gedichte, 1845 (verm. 1869); Ligny, G. 1849; Waterloo, G. 1849; Leuthen, G. 1852; Abukir, G. 1854; Hohenfriedberg, G. 1869. – Ausgew. Dichtungen, hg. H. Spiero 1914. *L:* Th. Fontane, 1885; R. Ulich, 1915; E. Klein, Diss. Marb. 1916; E. Kohler, D. Balladendichtung im Berliner ›Tunnel über der Spree‹, 1940.

Scherer, Joseph → Weyrauch, Wolfgang

Schernberg, Dietrich (auch Theodoricus S.), Priester des Bistums Mainz und 1483–1502 kaiserl. Notar in Mühlhausen/Thür.; verfaßte unter Benutzung des Theophilus-Spiels u. des Alsfelder Passionsspiels um 1485 das ›Spiel von Frau Jutten‹, e. motivgeschichtl. bedeutsames geistl. Versdrama: Jutta soll 855 als Johann VIII. den päpstl. Thron bestiegen, ihr wahres Geschlecht durch ihre Niederkunft während e. Prozession verraten und dann durch baldigen reuevollen Tod ihr Unrecht gebüßt haben.

A: E. Schröder 1911; M. Lemmer 1971. *L:* F. R. Haage, Diss. Marb. 1891; W. Kraft, Diss. Ffm. 1925.

Scheye, Ruth → Hoffmann, Ruth

Scheyt, Caspar → Scheidt, Kaspar

Schickele, René (Ps. Sascha), 4. 8. 1883 Oberehnheim/Elsaß – 31. 1. 1940 Vence b. Nizza; Sohn e. dt. Weingutsbesitzers und e. Französin; humanist. Gymnas., seit 1901 Stud. Naturwiss. und Philol.

Straßburg (1902 Gründung der Zs. ›Der Stürmer‹ mit O. Flake u. E. Stadler, 1903 ›Der Merker‹), München, Paris und Berlin, Redakteur und Lektor ebda., Verlagsleiter und Hrsg. des ›Neuen Magazin für Literatur‹. ⚭ 1904 Anna Brandenburg, freier Schriftsteller, Reisen durch Europa, Nordafrika und Indien; 1909 Pariser Korrespondent, später Chefredakteur der Straßburger ›Neuen Zeitung‹, während des 1. Weltkriegs in Zürich, 1915–19 Hrsg. der ›Weißen Blätter‹, durch die er mit allen jungen Autoren der Zeit in Kontakt kam, lebte 1920–32 in Badenweiler; 1932 erneute Emigration an die franz. Riviera (Sanary-sur-Mer), kurze Zeit interniert. – Fruchtbarer Erzähler, Lyriker und Dramatiker im Gefolge des Expressionismus, geprägt durch s. innerl. zwiespältiges Grenzländertum und e. seltsame Verbindung von franz. Esprit, Triebhaftigkeit u. Gründlichkeit; zeitlebens Kosmopolit u. leidenschaftl. Kämpfer gegen Krieg u. nationale Vorurteile, für e. dt.-franz. Verständigung und e. europ. Kultureinheit. S. Drama ›Hans im Schnakenloch‹, der Roman ›Der Fremde‹ und die breitangelegte Elsaß-Trilogie ›Erbe am Rhein‹ schildern die trag. Situation des sich zwei Nationen zugehörig fühlenden Menschen. In s. anfangs vom Jugendstil, später vom Expressionismus, schließl. von der Neuen Sachlichkeit beeinflußten, zunehmend realist. Erzählwerk in leichtem, treffsicherem und graziösem Stil der elsäss. Landschaft u. Geschichte wie s. Wahlheimat, der Provence, gleichermaßen verbunden; auch zeitkrit. u. satir. Züge. Als Lyriker von den franz. Symbolisten (Rimbaud, Verlaine) und C. Péguy beeinflußt. Auch geistreiche lit. u. zeitkrit. Essays, Tagebücher und Übs. aus dem Franz.

W: Sommernächte, G. 1902; Pan, G. 1902; Mon Repos, G. 1905; Der Ritt ins Leben, G. 1906; Der Fremde, R. 1909; Weiß und rot, G. 1910; Meine Freundin Lo, E. 1911 (erw. 1931); Das Glück, N. 1913; Schreie auf dem Boulevard, Ess. 1913; Die Leibwache, G. 1914; Benkal, der Frauentröster, R. 1914; Trimpopp und Manasse, E. 1914; Mein Herz, mein Land, G. 1915; Hans im Schnakenloch, Sch. 1916; Aïssé, N. 1916; Der 9. November, Ess. 1919; Die Genfer Reise, Ess. 1919; Die Mädchen, En. 1920; Am Glockenturm, Sch. 1920; Wir wollen nicht sterben!, Ess. 1922; Die neuen Kerle, K. 1924; Das Erbe am Rhein, R.-Tril.: Maria Capponi, 1925, Blick auf die Vogesen, 1927, Der Wolf in der Hürde, 1931; Symphonie für Jazz, R. 1929; Die Grenze, Ess. 1932; Himmlische Landschaft, Prosa 1933; Die Witwe Bosca, R. 1933; Liebe und Ärgernis des D. H. Lawrence, Ess. 1934; Die Flaschenpost, R. 1937; Le retour, E. 1938 (Heimkehr, d. 1939). – Werke, hg. H. Kesten III 1960 f. (m. Bibl.), IV 1975; Romane u. En., II 1983.
L: J. W. Storck, 1971; F. Bentmann, ²1976; G. Renaud, Diss. Paris 1976; J. Meyer, Vom elsäß. Kunstfrühling, 1981; A. Finck u. a., hg. 1984.

Schiebelhuth, Hans, 11. 10. 1895 Darmstadt – 14. 1. 1944 Long Island b. New York, Sohn e. Postbeamten; 1913 Stud. Philol. und Kunstgesch. München, Offizier im 1. Weltkrieg, dann Wiederaufnahme des Stud.; stand dem George-Kreis nahe; Mitbegründer der Vereinigung ›Die Dachstube‹ in Darmstadt, Theaterkritiker ebda.; lebte außerdem in Italien und 1926–29 sowie ab 1937 in den USA. – Nachexpressionist. Lyriker und Essayist; bekannt aber vor allem als Übs. von Th. Wolfe.

W: Klänge des Morgens, G. 1912; Wegstern, G. 1921; Schalmei vom Schelmenried, G. 1932; Th. Wolfe, Übs. III 1932–37; In memoriam H. S., G. 1949; Wir sind nicht des Ufers, G. 1957; Lyrisches Vermächtnis, G. 1957. – Werke, hg. M. Schlösser II 1966 f. (m. Bibl.).
L: F. Usinger, 1967.

Schieber, Anna, 12. 12. 1867 Eßlingen – 7. 8. 1945 Tübingen; aus schwäb. Kaufmannsfamilie; Haustochter; Angestellte in e. Kunsthandlung; größere Reisen; im 1. Weltkrieg Krankenpflegerin in e. Lazarett; wohnte lange in Stuttgart-Degerloch; in der Jugend- und Volksbildungsarbeit tätig; starb an e. (versehentl.?) Überdosis Schlaftabletten. – Gemüthafte, warmherzige Erzählerin mit Liebe zur Heimat, inniger Religiosität und feinem Humor. Vf. vielgelesener Kindergeschichten.

W: Sonnenhunger, En. 1903; Alle guten Geister, R. 1907; Röschen, Jaköble und andere kleine Leute, Kdb. 1907; ... und hätte der Liebe nicht, En. 1912; Ludwig Fugeler, R. 1918; Die Erfüllung, En. 1924; Bille Hasenfuß, Kdb. 1926; Das große Ich, R. 1930; Geschichten von gestern und heute von mir und dir, 1930; Doch immer behalten die Quellen das Wort, Aut. 1932; Wachstum und Wandlung, Schr. 1935; Der Weinberg, E. 1937; Das große Angesicht, Aut. 1938; Aller Menschen Tag und Stunde, En. 1958; Heimkehr zum Vater, En. u. G. 1961.

Schiefer, Hazie → Sigel, Kurt

Schiestl-Bentlage, Margarete → Zur Bentlage, Margarete

Schikaneder, Johann Emanuel, 1. 9. 1751 Straubing – 21. 9. 1812 Wien; Sohn e. Lakaien, Jugend u. Gymnas. Regensburg. 1773 Schauspieler in Wandertruppen, 1775 Regisseur, Sänger, Musiker und Theaterdichter in Innsbruck. 1778 Leiter e. eigenen Truppe in Augsburg, Stuttgart, Nürnberg, 1780 Salzburg (Freundschaft mit der Familie Mozart). 1785 Schauspieler und Sänger am Nationaltheater Wien. 1787 Leiter des Hoftheaters Regensburg, 1789 des Freihaus-Theaters Wien. 1801 Gründer und Leiter des Theaters an der Wien. 1807 Theaterdirektor in Brünn; seit 1809 verarmt. Starb in Elend und Wahnsinn. – Dramatiker mit zahlr. Lust- und

Singspielen, Zauberopern, Lokal- und Ritterstücken mit derbdrast. wie romant. Elementen und reicher Benutzung theatral. und bühnentechn. Effekte. Bekannt einzig als Librettist für Mozarts ›Zauberflöte‹ (1791).

A: Sämtl. theatral. Werke, II 1792.
L: E. v. Komorzynski, 1951; K. Honolka, Papageno, 1983.

Schildbürger → Lalebuch

Schiller (Johann Christoph) Friedrich (ab 1802) von, 10. 11. 1759 Marbach/Württ. – 9. 5. 1805 Weimar; Sohn des Wundarztes, württ. Werbeoffiziers u. späteren Verwalters der herzogl. Hofgärten auf der Solitude Johann Caspar S. (1723–96) und der Gastwirtstochter Elisabeth Dorothea S., geb. Kodweiß (1732–1802) aus Marbach. Kindheit u. Jugend in ärml. Verhältnissen in Marbach, ab 1762 in Ludwigsburg, ab 1764 in Lorch (ab 1765 Dorfschule ebda.) und ab 1766 in Ludwigsburg. 1767–73 Lateinschule ebda. Plan des Theologiestud. Seit 1773 auf Befehl Herzog Karl Eugens Besuch der Militär-Pflanzschule (später Karlsschule gen.) auf der Solitude; anfangs jurist., nach Verlegung der Karlsschule nach Stuttgart ab 1776 medizin. Stud.; strenge militär. Zucht unter Abschluß von der Außenwelt. Nach Studienabschluß 1780 schlechtbezahlter Regimentsmedicus in Stuttgart; kraftgenial. Leben. Wegen Anwesenheit bei der sensationellen Uraufführung der ›Räuber‹ in Mannheim (13. 1. 1782) und e. 2. Reise nach Mannheim ohne Urlaub Arreststrafe, später Schreibverbot. 22. 9. 1782 Flucht nach Mannheim zusammen mit dem Musiker A. Streicher; Fortsetzung der Flucht nach Frank-

furt/M. bis zur Rückkehr des Intendanten v. Dalberg bei völliger Mittellosigkeit. Nach erneuter Ablehnung des in Oggersheim umgearbeiteten ›Fiesko‹ durch Dalberg Dez. 1782 – Juli 1783 Zuflucht unter falschem Namen (Dr. Ritter) auf dem Gut der Henriette von Wolzogen in Bauerbach b. Meiningen; Entstehung von ›Kabale und Liebe‹ und Beginn des ›Don Carlos‹. Juli 1783 Rückkehr nach Mannheim, 1. 9. 1783–1. 9. 1784 Theaterdichter des Nationaltheaters und Mitgl. der Dt. Gesellschaft ebda., längere Krankheit; Umgang mit Charlotte von Kalb; Bühnenbearbeitung von ›Fiesko‹ und ›Kabale und Liebe‹. 1785 Gründung der Zs. ›Rheinische Thalia‹ (später ›Thalia‹). Nach der sehr enttäuschenden Entlassung vom Theater April 1785 auf Einladung Christian Gottfried Körners (Vater von Theodor K.) nach Leipzig. Dort, in Gohlis, Loschwitz u. Dresden Arbeit am ›Don Carlos‹. Trotz herzl. Freundschaft (›Lied an die Freude‹) Streben nach Selbständigkeit; 20. 7. 1787 Übersiedlung nach Weimar, Umgang mit Herder, Wieland, Charlotte von Kalb u. a.; hist. Arbeiten. Jan. 1789 Berufung als unbesoldeter ao. Prof. für Gesch. in Jena (16. 5. 1789 Antrittsvorlesung; ›Was heißt und zu welchem Ende studiert man Universalgeschichte?‹). 22. 2. 1790 ⚭ Charlotte von Lengefeld (†1826). Weiterhin trotz geringer Besoldung in steter Schuldennot; Brotschriftstellertum als Übs. und Hrsg. von Memoirenwerken u. Ä. Jan. 1791 infolge früher Entbehrungen und anhaltender Überarbeitung erste schwere Erkrankung (krupöse Pneumonie); seither häufige Rückfälle und ständige Todesnähe. Sommer

1791 Kur in Karlsbad u. Erfurt. Überwindung der finanziellen Notlage durch e. 3jähr. Stipendium des Erbprinzen Christian Friedrich von Augustenburg, das S. zum Stud. zeitgenöss. Philos., bes. Kants, benutzt. Philos.-ästhet. Neubegründung s. Kunstauffassung. Aug. 1793 – Mai 1794 Reise in die schwäb. Heimat (Heilbronn, Ludwigsburg, Stuttgart). In Jena Freundschaft mit W. v. Humboldt. Seit Juli 1794 ständig sich vertiefende Freundschaft mit Goethe, den S. zu neuem Schaffen anregt. Die letzten, äußerl. ereignisarmen Jahre sind e. Triumph des Willens über den phys. Verfall: 1795–97 Hrsg. der ›Horen‹ (n. P. Raabe VII 1959) und 1796–1800 des ›Musen-Almanachs‹ (n. V 1969); philos. Gedankenlyrik; 1796 Xenienjahr und Beginn des ›Wallenstein‹ (bis 1799), 1797 Balladenjahr; 1799 Umzug nach Weimar, ›Maria Stuart‹ (bis 1800) und ›Lied von der Glocke‹. Theaterarbeit; Übs. bzw. Bearbeitung von Shakespeares ›Macbeth‹ (1800), Gozzis ›Turandot‹ (1802) u. Racines ›Phaedra‹ (1805); 1800/01 ›Jungfrau von Orleans‹; 1802 geadelt; 1802/03 ›Braut von Messina‹, 1803/04 ›Wilhelm Tell‹. Mai 1804 triumphale Reise nach Berlin, Ablehnung e. Berufung. 1805 Beginn des ›Demetrius‹. Tod durch akute Lungenentzündung. 1827 Überführung s. sterbl. Überreste in die Weimarer Fürstengruft. – Lyriker, Dramatiker, Erzähler, Ästhetiker u. Historiker; im Gegensatz zu Goethe von reflexiv-dualist. Weltgefühl mit gedankl.-sentimentaler statt naturnah-naiver Grundhaltung. Als Lyriker von Klopstock ausgehend, im wesentl. philos. Gedankenlyriker in e. der Erhabenheit der behandelten Ideen angemessenen Pathos, anfangs nicht ohne die Gefahr e. künstl. übersteigerten Rhetorik, von ausgeglichener Harmonie erst in den großen Weltanschauungsgedichten der Reifezeit. Gibt als Balladendichter parabelhafte moralist. Exempelfälle ohne Bezug zum Numinosen. Durch s. antithet. Weltverständnis naturgemäß zum Dramatiker bestimmt. In s. 1. Periode 1781–84 sozialkrit. Sturm-und-Drang-Dramen von der Auflehnung des Einzelnen gegen e. Despotie und s. Streben nach Freiheit, das ihn wiederum in Schuld verstrickt, bis die sittl. Weltordnung durch Aufgabe der äußeren Freiheit zugunsten e. metaphys. inneren Freiheit wiederhergestellt wird. In der 2. Periode 1785–96, die weitgehend mit hist., ästhet. u. philos. Studien ausgefüllt ist, vollzieht sich, ablesbar aus den vielfachen Umformungen des ›Don Carlos‹, die Wandlung zu den auch formal vollendeten idealist. Jambendramen der Reifezeit ab 1796, die mit meisterhafter Beherrschung der dramat. Mittel im Individuellen das Typische und Gesetzmäßige auch und gerade in der Gesch. aufzeigen und in der menschl. Läuterung u. Überwindung des Schicksals den Weg zur inneren Freiheit weisen. Am wenigsten überzeugend in der abstrakt-konstruierten, aber nachfolgereichen Form des Schicksalsdramas (›Die Braut von Messina‹), in s. klass. Meisterwerken dagegen bewußt auch jede Neigung zu s. jugendl. Schwarz-Weiß-Manier unterdrückend. Während S. s. Erzählwerke mit kriminalist. Stoffen als Broterwerb verachtete, galten s. philos.-ästhet. Schriften vorwiegend den eth. Aufgaben der Kunst; in s.

Untersuchung ›Über naive u. sentimentalische Dichtung‹ legte er den Grund für e. bis in die Gegenwart fortwirkende Typologie des dichter. Schaffens. Nach dem Gegenschlag auf die einseitige Übersteigerung der idealist.-pathet. Elemente durch die S.-Epigonen des 19. Jh. bahnt sich erst in der Gegenwart e. objektive Wertschätzung des Dichters an. S.-Nationalmuseum Marbach/Neckar; Gedenkstätten u. Goethe-S.-Archiv Weimar.

W: Versuch über den Zusammenhang der thierischen Natur des Menschen mit seiner geistigen, Diss. 1780; Die Räuber, Sch. 1781, bearb. 1782 (Mannheimer Soufflierbuch, hg. H. Stubenrauch u. G. Schulz 1959); Anthologie auf das Jahr 1782, 1782 (Faks. 1973); Die Verschwörung des Fiesko zu Genua, Tr. 1783; Kabale und Liebe, Tr. 1784 (Mannheimer Soufflierbuch, hg. H. Kraft 1963); Verbrecher aus Infamie, E. (1785; später u. d. T. Verbrecher aus verlorener Ehre); Don Carlos, Infant von Spanien, Tr. 1787 (n. P. Böckmann 1973); Der Geisterseher, E. 1788; Geschichte des Abfalls der vereinigten Niederlande von der spanischen Regierung, 1788; Was heißt und zu welchem Ende studiert man Universalgeschichte?, Rd. 1789; Euripides: Iphigenie in Aulis, Übs. 1790; Geschichte des dreyßigjährigen Krieges, III 1791–93; Kleinere prosaische Schriften, IV 1792–1802; Über den Grund des Vergnügens an tragischen Gegenständen, 1792; Über Anmuth und Würde, 1793; Über die ästhetische Erziehung des Menschen, (1795); Über naive und sentimentalische Dichtung, (1795 f.); Gedichte, II 1800–03 (Faks. 1924); Wallenstein, Dr. II 1800; W. Shakespeare: Macbeth, Übs. u. Bearb. 1801; Maria Stuart, Tr. 1801; Die Jungfrau von Orleans, Tr. 1802; Gozzi: Turandot, Übs. 1802; Die Braut von Messina, Tr. 1803; Wilhelm Tell, Sch. 1804; Demetrius, Fragm. (1805; Faks. 1959); Die Huldigung der Küste, Sp. 1805; J. Racine: Phädra, Übs. 1805; L.-B. Picard: Der Parasit, Übs. 1806; L.-B. Picard: Der Neffe als Onkel, Übs. 1807. – SW, hg. Ch. G. Körner XII 1812–1815, verb. 1835; Sämmtl. Schriften, hkA. K. Goedeke XVII 1867–76; SW Säkular-Ausg., hg. E. v. d. Hellen XVI 1904 f.; SW, hkA. hg. O. Güntter u. G. Witkowski XX 1910 f., n. 1925; Horen-Ausg., hg. C. Schüddekopf u. C. Höfer XXII 1910–26; hg. L. Bellermann XV ²1922 (n. B. v. Wiese 1936 f.); SW, Nationalausg. hkA. XLIV 1943 ff.; SW, hg. G. Fricke, H. Stubenrauch u. H. G. Göpfert V ⁴1980 f.; Wke u. Briefe, hg. K. H. Hilzinger u. a. XII 1987 ff.; Briefe, hg. F. Jonas VII 1892–96; F. S. über s.

Dichtungen, hg. B. Lecke II 1969 f.; Briefwechsel zwischen S. und Goethe, hg. H. G. Gräf u. A. Leitzmann III 1912, n. ³1965, hg. E. Staiger 1966, m. Körner, hg. K. Goedeke ²1874, L. Geiger IV 1895 f., m. W. v. Humboldt, hg. A. Leitzmann 1900, hg. S. Seidel II 1962; S. und die Romantiker, Briefe und Dokumente, hg. H. H. Borcherdt 1948; Gespräche, hg. J. Petersen 1911, hg. F. v. Biedermann ³1961.

L: A. Streicher, 1836 (vollst. hg. u. erw. H. Kraft 1974); J. Minor, II 1890; R. Weltrich, 1899; M. Hecker u. J. Petersen, S.s Persönlichkeit, III 1904–09 (n. 1976); O. Harnack, ³1905; L. Bellermann, S. s Dramen, II ⁵1919; P. Böckmann, S. s Geisteshaltung, 1925 (n. 1967); O. Güntter, Bb. 1925; K. Berger, II ¹⁵1925; E. Kühnemann, ⁷1927; G. Fricke, D. relig. Sinn d. Klassik S.s, 1927 (n. 1968); F. A. Hohenstein, 1927; F. Strich, ²1928; H. Cysarz, 1934 (n. 1967); ders., D. dichter. Phantasie F. S.s, 1959; H. Schneider, 1934; H. Pongs, S.s Urbilder, 1935; E. Tonnelat, Paris 1935; G. Storz, Das Drama F. S.s, 1938; ders., ⁴1968; B. v. Wiese, Die Dramen S.s, 1938; E. Spranger, S.s Geistesart, 1941; E. Müller, Der junge S., 1947; K. May, 1948; H. B. Garland, Lond. 1949; W. Witte, Oxf. 1949; M. Gerhard, 1950; H. Nohl, 1954; E. L. Stahl, Oxf. 1954; Jb. d. Dt. Schillerges., hg. F. Martini u. a. 1957 ff.; B. Zeller, Bb. 1958; G. v. Wilpert, S.-Chronik, 1958; F. Burschell, 1958; ders. 1968 (beide m. Bibl.); W. Dilthey, 1959; H. Jaeger, Urbana, 1959; A. Raabe, Idealist. Realismus, 1962; D. Regin, Freedom and Dignity, Den Haag 1965; N. Oellers, S. Gesch. s. Wirkg., 1967; H. Koopmann, S.-Komm., II 1969; R. Buchwald, ⁵1966; W. F. Mainland, S. and the Changing Past, Lond. ²1966; E. Staiger, 1967; M. Dyck, D. Gedichte S.s, 1967; H. B. Garland, Oxf. 1969; K. L. Berghahn, Formen d. Dialogführung in S.s klass. Dramen, 1970; R. D. Müller, S. and the Ideal of Freedom, Lond. ²1970; F. Heuer, Darstellung d. Freiheit, 1970; ders., S.s frühe Dramen, 1971; S. – Zeitgenosse aller Epochen, hg. M. Oellers II 1970–76; G. Sautermeister, Idyllik u. Dramatik im Werk F. S.s, 1971; G. Ueding, S.s Rhetorik, 1971; K. L. Berghahn u. R. Grimm, hg. 1972; M. Jolles, 1973; J. Graham, S.s Drama, Lond. 1974; dies., 1974; K. L. Berghahn, hg. 1975; H. Koopmann, II ³1977; B. v. Wiese, ⁴1978; G. Kaiser, Von Arkadien nach Elysium, 1978; S.s Dramen, hg. W. Hinderer 1979; G. Ruppelt, S.i. ns. Dtl., 1979; P. Lahnstein, 1981; J. D. Simons, Boston 1981; W. Wittkowski, hg. 1982; L. Sharpe, S. and the Hist. Character, Oxf. 1982; K. L. Berghahn, 1986; Bibl.: H. Marcuse, 1925; W. Vulpius, II 1959–67; P. Wersig (1964–74), 1977.

Schindler, Alexander Julius →
Traun, Julius von der

Schirmbeck, Heinrich, *23. 2. 1915 Recklinghausen. Buchhändler in Frankfurt/M., dann Journalist und Werbeleiter, 1941–45 Soldat; 1952 freier Rundfunkessayist in Frankfurt (1955–67) und Darmstadt. – Vf. von phantast. Erzählungen und Ideenromanen von allg.-menschl. Problematik und Aktualität, mit starkem Interesse an Fragen der mod. Naturwiss. Anfangs vorwiegend romant. Motive; später geglückte Verbindung romanhaften Geschehens mit naturwiss.-philos. Essays u. Betrachtungen.

W: Die Fechtbrüder, En. 1944; Gefährliche Täuschungen, E. 1947 (erw. u. d. T. Der junge Leutnant Nikolai, R. 1958); Das Spiegellabyrinth, En. 1948; Ärgert dich dein rechtes Auge, R. 1957; Die Nacht vor dem Duell, En. 1964; Die Formel und die Sinnlichkeit, Ess. 1964; Ihr werdet sein wie Götter, Sb. 1966; Aurora, En. 1968; Träume und Kristalle, En. 1968; Tänze und Ekstasen, En. 1973; Schönheit und Schrecken, Ess. 1977; Die Pirouette des Elektrons, En. 1980; Franz Nauen, B. 1980.
L: Lit. u. Wiss.: D. Werk H. S.s, hg. K. A. Horst u. F. Usinger 1968 (m. Bibl.).

Schirmer, David, 29. 5. 1623 Pappendorf b. Freiberg/Sachsen – Aug. 1687 Dresden; Stud. Philos. und Lit. Leipzig und Wittenberg; 1647 Mitgl. der ›Deutschgesinnten Genossenschaft‹; 1656–82 kurfürstl. Bibliothekar u. Hofballettdichter in Dresden. – Lyriker und Dichter von Operntexten; Opitzschüler.

W: Rosen-Gepüsche, G. 1650 (u. d. T. Singende Rosen, 1654); Poetische Rosen-Gepüsche, G. 1657; Lobgesang von Jesu Christo, G. 1659; Poetische Rauten-Gepüsche, G. 1663.
L: E. Kunath, Diss. Lpz. 1922; W. Sonnenberg, Diss. Gött. 1932; A. J. Harper, 1977.

Schirnding, Albert von, *9. 4. 1935, Regensburg; Stud. klass. Philol. Gymnasiallehrer in München. – Lyriker behutsamer Selbstversicherung; Essayist, Kritiker und Übs. (Hesiod, Lukian).

W: Falterzug, G. 1956; Blüte und Verhängnis, G. 1958; Bedenkzeit, G. u. Prosa, 1977; Durchs Labyrinth der Zeit, Ess. 1979; Linien des Lesens, Ess. 1982.

Schlaf, Johannes, 21. 6. 1862 Querfurt – 2. 2. 1941 ebda.; Kaufmannssohn, 1874 Gymnas. Magdeburg, 1884 Stud. Philol. Halle und 1885 Berlin; Freundschaft und Zusammenarbeit mit Arno Holz bes. Winter 1888/89 in Pankow. Seit 1893 mit schwerem Nervenleiden in versch. Heilanstalten. 1895 in Magdeburg, seit 1904 freier Schriftsteller in Weimar (Freundschaft mit P. Ernst). Annäherung an die NS-Bewegung. Seit 1937 wieder in Querfurt. – Erzähler und Dramatiker, zusammen mit A. Holz theoret. und prakt. Begründer des konsequenten dt. Naturalismus in gemeinsam verfaßten Musterbeispielen naturalist. Lit. (›Papa Hamlet‹, ›Die Familie Selicke‹) und in s. Hauptwerk, dem düsteren Drama ›Meister Oelze‹. Später auf Grund s. weicheren, gemüthaften Veranlagung Übergang zu e. lyr. Impressionismus; Bruch mit A. Holz. Liebevolle, idyll. Schilderung dt. Kleinstadtlebens in ›Dingsda‹ (= Querfurt). Verbindung von Nationalbewußtsein mit Naturschwärmerei. Schließlich myst. Gedanken- und Weltanschauungsdichtung mit natur-philos. Spekulationen. Schwärmte von e. grundlegenden Wandlung des polit. und relig. Lebens. Übs. von Balzac, Zola und Whitman. J. S.-Gesellschaft und S.-Museum Querfurt.

W: Papa Hamlet, Nn. 1889 (m. A. Holz); Die Familie Selicke, Dr. 1890 (m. A. Holz); Neue Gleise, Nn. 1892 (m. A. Holz); In Dingsda, Prosalyr. 1892; Meister Oelze, Dr. 1892; Frühling, Prosalyr. 1896; Gertrud, Dr. 1898; Die Feindlichen, Dr. 1899; Stille Welten, Sk. 1899; Novellen, III 1899–1901; Das dritte Reich, R. 1900; Die Suchenden, R. 1902; Peter Boies Freite, R. 1903; Der Kleine, R.

1904; Die Nonne, Nn. 1905; Weigand, Dr.
1906; Novalis und S. v. Kühn, Stud. 1906;
Der Prinz, R. II 1908; Am toten Punkt, R.
1909; Das absolute Individuum und die Vollendung der Religion, Schr. 1910; Aufstieg, R.
1911; Religion und Kosmos, Schr. 1911;
Mutter Lise, R. 1914; Tantchen Mohnhaupt,
Nn. 1914; Die Erde – nicht die Sonne, Schr.
1919; Miele, E. 1920; Seele, G. 1922; Die
Wandlung, R. 1922; Das Gottlied, G. 1922; J.
S.-Buch, hg. L. Bäte u. a. 1922; Kosmos und
kosmischer Umlauf, Schr. 1927; Neues aus
Dingsda, G. 1933; Vom höchsten Wesen, Es.
1935; Aus meinem Leben, Aut. 1941. – AW,
II 1934–40.
L: J. S., Leben u. Werk, hg. L. Bäte u. a.
1933; F. Fink, 1937; S. Berger, 1941; H.-G.
Brands, Theorie u. Stil d. sog. ›konsequenten
Naturalismus‹, 1978; Bibl.: L. Hempe, 1938.

Schleef, Einar, * 17. 1. 1944 San-
gershausen/Harz, Jugend in der
DDR, Bühnenbildner und Regis-
seur in Ost-Berlin, 1976 in West-
Berlin. – Als Erzähler präziser
Darsteller des DDR-Alltags in
jargondurchsetzter Sprache.
Auch Dramatiker.
W: Der Fischer und seine Frau, Kinderdr.
(1975); Gertrud, R. II 1980–84; Die Bande,
En. 1982; Wezel, Dr. (1983); Berlin ein Meer
des Friedens, Dr. (1983); Die Schauspieler,
Dr. 1986; Schlangen, E. 1986; Mütter, Dr.
(1986, m. H.-U. Müller-Schwefe).

Schlegel, August Wilhelm (seit
1815) von, 5. 9. 1767 Hannover –
12. 5. 1845 Bonn; Sohn von Johann Adolf S., Neffe von Johann
Elias S., Bruder von Friedrich S.;
Lyzeum Hannover, 1786 Stud.
Göttingen erst Theol., dann Philol. bei C. G. Heyne; Umgang
mit G. A. Bürger; 1791–95 Hauslehrer in Amsterdam, 1795 nach
Jena, bis 1797 Mitarbeiter an
Schillers ›Horen‹, dem ›Musen-
Almanach‹ u. an der Jenaer ›Allg.
Lit-Zeitung‹. 1796 Habilitation
als Privatdozent, 1798 ao. Prof. in
Jena. ∞ 1. 7. 1796 in Braunschweig Caroline Böhmer, geb.
Michaelis, die nach der 1803 er-
folgten Scheidung Schelling hei-
ratete. 1798–1800 mit Friedrich S.
Hrsg. der romant. Zs. ›Athenae-

um‹. 1801 Privatgelehrter in Ber-
lin, seit 1804 Reisebegleiter und
lit. Berater der Mme de Staël in
Coppet am Genfer See, in Italien,
Frankreich, Skandinavien und
England. 1808 Vorlesungen in
Wien. 1812 mit Mme de Staël
Flucht vor Napoleon, 1815 Besuch in Paris bis zu ihrem Tod
1817. 1813–16 Geh. Sekretär des
Kronprinzen Bernadotte von
Schweden. 1816/17 Stud. Sanskrit. in Paris, 1818 Prof. für
Kunst- und Lit.-Gesch. in Bonn,
wo er die altind. Philol. begründete; u. a. Lehrer H. Heines;
Hrsg. der ›Ind. Bibliothek‹ (III
1823–30); ∞ 1819 Sophie Paulus,
getrennt lebend. – Dichter und
Schriftsteller der romant. Bewegung, doch zeitlebens im Schatten
s. geist. und dichter. weit überle-
genen Bruders stehend und selbst
mehr nachempfindende, obzwar
virtuose Formbegabung; als
Dichter unbedeutend, stark gedankl. und wenig schöpferisch,
mehr akadem. Bildungsdichtung:
Lyriker in der Nachfolge Bürgers
(bes. Sonette), Balladendichter in
der Schiller-Nachfolge, klassizist.
Dramatiker (›Ion‹) unter Einfluß
Goethes. Romantiker mehr durch
s. Eintreten für die Ideen s. Bruders als deren Systematiker und
Popularisator. Bedeutend als Interpret (u. a. Aufsätze über Goethes ›Römische Elegien‹ u. ›Hermann und Dorothea‹) und als Kritiker in s. lit., ästhet. u. philos.
Anschauungen, sowie als Literarhistoriker aus romant. Sicht; wegweisend für das Stud. oriental.
Sprachen u. Lit. Dank s. Formvirtuosität glänzender Übs. Dantes,
Calderóns und bes. Mitarbeiter
der nach ihm und L. Tieck be-
nannten Shakespeare-Übs. (17
Stücke v. A. W. S.).
W: Shakespeare: Dramatische Werke, Übs.

IX 1797–1810; Athenaeum, Zs. hg. III 1798–1800 (Faks. E. Behler 1960 u. 1970; Ausw. C. Grützmacher II 1969); Gedichte, 1800; Ehrenpforte u. Triumphbogen für den Theater-Präsidenten von Kotzebue, Sat. 1800; Charakteristiken und Kritiken, II 1801 (m. F. S.); Musen-Almanach für das Jahr 1802, hg. 1802 (m. L. Tieck; Faks. 1967); Ion, Sch. 1803; Spanisches Theater, Übs. II 1803–09; Blumensträuße ital., span. u. portugies. Poesie, Übs. 1804; Über dramatische Kunst und Litteratur, Vorles. III 1809–11 (hg. G. V. Amoretti II 1923, n. 1960); Observation sur la langue et la littérature provençales, Abh. 1818 (n. 1971); Kritische Schriften, II 1828; Vorlesungen über schöne Litteratur und Kunst, hg. J. Minor III 1884 (n. 1968); Geschichte der deutschen Sprache und Poesie, hg. J. Körner 1913. – Poetische Werke, II 1811; SW, hg. E. Böcking XII 1846f. (n. 1971); Œuvres écrites en français, hg. ders. III 1846 (n. 1971); Opuscula quae latine scripta reliquit, hg. ders. 1848 (n. 1971); AW, hg. E. Sauer 1922; Krit. Schriften u. Briefe, hg. E. Lohner VII 1962–74; Ausw. E. Staiger 1962; Bonner Vorlesungen, hg. F. Jolles IV 1971ff.; Briefw. m. W. v. Humboldt, hg. A. Leitzmann 1908, m. Schiller und Goethe, hg. J. Körner u. E. Wieneke 1926; Briefe von und an A. W. S., hg. J. Körner II 1930; Krisenjahre der Frühromantik, Br. hg. J. Körner III 1937–58.
L: R. Genée, A. W. S. u. Shakespeare, 1903; O. Brandt, 1919; J. Körner, Romantiker u. Klassiker, 1924, n. 1974; A. Besenbeck, Kunstanschauung u. Kunstlehre A. W. S.s 1930 (n. 1967); P. de Pange, A. W. S. et Mme de Staël, Paris 1938 (d. *1949); B. v. Brentano, 1942, ³1986; W. Richter, 1954; M. E. Atkinson, A. W. S. as a Translator of Shakespeare, Oxf. 1958; F. Finke, D. Brüder S. als Literarhistoriker, Diss. Kiel 1961; C. Nagavayara, A. W. S. in Frankr., 1966; P. Gebhardt, A. W. S.s' Shakespeare-Übs., 1970; R. W. Ewton, The Lit. Theories of A. W. S., Den Haag 1972; H. M. Paulini, A. W. S. u. d. vgl. Lit.wiss., 1985; R. Schirmer, 1987.

Schlegel, Caroline → Schelling, Caroline von

Schlegel, Dorothea von, 24. 10. 1763 Berlin – 3. 8. 1839 Frankfurt/ M.; Tochter Moses Mendelssohns; 1783 ⚭ Bankier Simon Veit; o/o 1798; lebte mit Friedrich S. in Jena und Paris (wurde hier protestant.), ⚭ ihn 1804; wurde 1808 mit ihm kath.; 1829 verwitwet, lebte sie seit 1831 bei ihrem Sohn aus 1. Ehe, dem Maler Phi-

lipp Veit, in Frankfurt/M. – Erzählerin u. Vf. geistreicher Briefe. Durch ihren fragmentar. Roman ›Florentin‹, e. Nachahmung des ›Wilhelm Meister‹, fand Eichendorff Anregungen zu s. Roman ›Ahnung und Gegenwart‹. Übs. von Mme de Staëls ›Corinne‹ (IV 1807f.). In Wien Mittelpunkt e. lit. Kreises.
W: Florentin, R. 1801 (n. P. Kluckhohn 1933, L. Weissberg 1986); Briefwechsel mit ihren Söhnen, hg. M. Raich II 1881, m. Friedrich S., hg. H. Finke 1923; Briefe, hg. J. Körner 1926.
L: E. Hirsch, 1902; F. Deibel, 1905; M. Hiemenz, 1911; H. Finke, Über Friedrich und D. S., 1918; E. Mayer, Diss. Freiburg 1922; H. Abt., Diss. Ffm. 1924.

Schlegel, Friedrich (seit 1815) von, 10. 3. 1772 Hannover – 12. 1. 1829 Dresden; Sohn von Johann Adolf S., Neffe von Joh. Elias S., Bruder August Wilhelm S.s; Kaufmannslehre in Leipzig, ab 1788 Vorbereitung aufs Stud. 1790 Stud. Jura Göttingen, 1791–94 Philos., Altphilol. und Kunstgesch. Leipzig. Lebte in Berlin, Freundschaft mit Schleiermacher und Dorothea Veit (⚭ 1804); 1796 nach Jena, dort Umgang mit Novalis und Tieck; nach s. Kritik des ›Musen-Almanachs‹ Bruch mit Schiller; Mitarbeiter an Wielands ›Merkur‹ und an der ›Berliner Monatsschrift‹, mit s. Bruder Hrsg. der romant. Zs. ›Athenaeum‹ (1798–1800; Faks. 1960 u. 1970); 1801 Habilitation, Privatdozent in Jena. Lebte 1802–04 mit Dorothea in Paris, wo er Sanskrit u. a. oriental. Sprachen studierte, 1803–05 die Zs. ›Europa‹ (Faks. 1963) herausgab u. philos. u. lit.-gesch. Vorlesungen hielt, dann in Köln. 1808 Übertritt zum Katholizismus. Nach Reisen in Dtl., Holland, Frankreich und der Schweiz 1808 Sekretär der Wiener Hof- u.

Staatskanzlei, 1809 im Hauptquartier Erzherzogs Karl, 1812/13
Hrsg. des ›Deutschen Museum‹
(Faks. IV 1974), mit A. Müller u.
F. v. Gentz Redakteur der ›Ar-
mee-Zeitung‹ und Hrsg. des
›Österr. Beobachters‹, hielt Vorlesungen über Geschichte u. Lit.;
1815–18 Legationsrat bei der
Österr. Gesandtschaft am Bundestag in Frankfurt/M., Teilnehmer an den Beratungen des Wiener Kongresses. 1820–23 in Wien
Hrsg. der konservativen Zs.
›Concordia‹ (Faks. 1967), hielt
wiss. Vorträge in Dresden, wo er
durch e. Schlaganfall starb. – Als
Kritiker, Dichter, Ästhetiker, Literaturtheoretiker und -historiker
geistiger Führer u. fruchtbarer
Anreger der dt. Frühromantik.
Vielseitiger, geistreicher Programmatiker romant. Lebens-
und Kunstphilos. von sensiblem
Empfinden für die psycholog., relig. u. weltanschaul. Problematik
des mod. Geistes. Selbst weniger
schöpfer. Dichter als anregender
Denker. Weder s. stark reflexiven
Gedichte und s. blasses, klassizist.-barockes Drama ›Alarcos‹
noch s. kaum verschlüsselter autobiograph. erot. Roman ›Lucinde‹, der mit s. Versuch der Vereinigung sinnl. und geistiger Liebe e. Skandalerfolg erzielte, sind
s. bleibenden Leistungen, wenn
auch bedeutender als die s. Bruders, sondern die kulturphilosoph. u. krit. Schriften und Fragmente sowie die sprachl. prägnanten, pointiert-paradoxen Aphorismen, die e. Verbindung von
Dichtung, Philos. u. Religion an-
streben, die romant. Dichtung
theoret. begründen, die Verbind-
lichkeit des antiken Vorbilds auf-
heben u. die wiss. Literaturgesch.
einleiten. Fern jeder Systematisie-
rung bieten sie das bedeutendste

und einflußreichste Bild romant.
Geistes. Im Gegensatz zu den
willkürl.-subjektiven Schriften
der Frühzeit nach der Konversion,
die e. stärkere Ausrichtung an
ma.-christl. Vorbilder zur Folge
hat, verblassend.

W: Die Griechen und die Römer, Abh. 1797
(enthält als Teil 1: Über das Studium der
griechischen Poesie, hg. P. Hankamer 1947);
Geschichte der Poesie der Griechen und Römer, 1798; Lucinde, R. 1799 (n. K. K. Polheim 1975); Charakteristiken und Kritiken, II
1801 (m. A. W. S.); Alarcos, Tr. 1802; Über
die Sprache und Weisheit der Indier, Abh.
1808 (n. 1977); Gedichte, 1809; Über die
neuere Geschichte, Vorles. 1811; Geschichte
der alten und neuen Litteratur, Vorles. II 1815
(n. M. Speyer u. W. Kosch 1911); Philosophie des Lebens, Vorles. 1828; Philosophie
der Geschichte, Vorles. II 1829; Philosophische Vorlesungen aus den Jahren 1804–06,
hg. C. J. H. Windischmann II 1836 f.; Prosaische Jugendschriften, hg. J. Minor II 1882;
Cours d'histoire universelle, hg. J.-J. Anstett,
Trevoux II 1939; – SW, X 1822–25 (n. E. Bök-
king, XV 1846); Krit. Ausg., hg. E. Behler
u. a. XXXV 1958 ff.; Neue philosophische
Schriften, hg. J. Körner 1935; Kritische
Schriften, hg. W. Rasch ³1971; Schriften und
Fragmente, hg. E. Behler, 1956; Literary No-
tebooks 1797 to 1801, hg. H. Eichner, Lond.
1957, u. d. T. Literar. Notizen, 1980; Wke,
hg. W. Hecht II 1980; Dichtungen u. Aufs.,
hg. W. Rasch 1984; Briefe an A. W. S., hg. O.
F. Walzel 1890; an Ch. v. Stransky, hg. M.
Rottmanner II 1907–11, n. 1975; von und an
F. u. Dorothea S., hg. J. Körner 1926; Brief-
wechsel m. Dorothea S., hg. H. Finke 1923;
Krisenjahre der Frühromantik, Br. hg., J.
Körner III 1936–58; Briefwechsel m. Novalis,
hg. M. Preitz 1957.

L: K. Enders, 1913; H. Finke, Über F. u.
Dorothea S., 1918; J. Körner, Romantiker u.
Klassiker, 1924; B. von Wiese, 1927; O.
Mann, Der junge F. S., 1932; A. Schlagden-
hauffen, F. S. et son groupe, 1934; V. Grön-
bech, F. S.'s Arene 1791–1808, Koph. 1935; J.
Körner, F. S.'s philos. Lehrjahre, 1935; L.
Wirz, F. S.'s philosoph. Entwicklung, 1939;
J.-J. Anstett, La pensée religieuse de F. S.,
Diss. Paris 1941; K. A. Horst, Ich und Gnade,
1951; W. Mettler, D. junge F. S. u. d. griech.
Lit., 1955; F. Finke, D. Brüder S. als Literar-
historiker, Diss. Kiel 1961; G. P. Hendrix, D.
polit. Weltbild F. S.s, 1962; H. Nüsse, D.
Sprachtheorie F. S.s, 1962; K. Briegleb, Äs-
thet. Sittlichkeit, 1962; E. Klin, D. frührom-
mant. Lit.theorie F. S.s, Breslau 1964; K. K.
Polheim, Die Arabeske, 1966; H. Behler,
1966; W. Weiland, D. junge F. S., 1968; R.
Belgardt, Romant. Poesie, Den Haag 1970;
E. Huge, Poesie u. Reflexion. d. Ästhetik
des frühen F. S., 1971; F. N. Mennemeier, F.

S.s Poesiebegriff, 1971; K. Peter, Idealismus als Kritik, 1973; H. Schanze, Romantik u. Aufkl., ²1976; K. Peter, 1978; H. Dierkes, Lit.gesch. als Kritik, 1980, W. Michel, Ästh. Hermeneutik u. frühromant. Kritik, 1982; K. Behrens, F. S.s Gesch.philos., 1984; C. Ciano, 1985.

Schlegel, Johann Adolf (Ps. Hanns Görg), 18. 9. 1721 Meißen – 16. 9. 1793 Hannover; Sohn e. Apellationsrats; Stud. Theol. Leipzig; Hauslehrer, 1751 Diakonus und Lehrer in Schulpforta; 1754 Oberpfarrer und Prof. in Zerbst; ging 1759 nach Hannover, war dort zuletzt Generalsuperintendent. Vater von August Wilhelm und Friedrich S. – Relig. Lyriker und Lehrdichter. Mitbegründer der ›Bremer Beiträge‹. S. durch eigene Zusätze erweiterte Übs. der ›Einschränkung der schönen Künste auf einen einzigen Grundsatz‹ des Batteux, die 1751 erschien (n. 1976), gewann seinerzeit großen Einfluß.

W: Sammlung geistlicher Gesänge, III 1766–72; Fabeln und Erzählungen, hg. K. C. Gärtner 1769 (Faks. 1965); Vermischte Gedichte, II 1787–89.
L: H. Bieber, 1912, n. 1967; J. S. Rutledge, 1974.

Schlegel, Johann Elias, 17. 1. 1719 Meißen – 13. 8. 1749 Sorø/Dänemark. Bruder von Joh. Adolf S. 1733–39 Schulpforta (Mitschüler Klopstocks). 1739–42 Stud. Jura Leipzig (Verkehr mit Gellert und Kästner, Mitarbeiter Gottscheds an dessen ›Dt. Schaubühne‹ und s. ›Beiträgen‹). 1743 Privatsekretär des sächs. Gesandten in Kopenhagen. 1745/46 ebda. Hrsg. der Zs. ›Der Fremde‹, Mitarbeiter der ›Bremer Beiträge‹. 1748 Prof. der Ritterakademie Sorø.– Dramatiker der Aufklärung, anfangs nach franz. Regeln in der Schule Gottscheds, später unter Einfluß Shakespeares, dessen Anerkennung und Geltung in

Dtl. er anbahnte. Als Kritiker und Dichtungstheoretiker im Gefolge der Schweizer und Vorläufer Lessings, überwand die Belehrung und Regelkorrektheit der Bildungsdichtung zugunsten frischen dramat. Lebens.

W: Vergleichung Shakespeares und Andreas Gryphs (1741; Faks. H. Powell 1964); Canut, Tr. 1746 (n. H. Steinmetz 1980); Gedanken zur Aufnahme des dänischen Theaters (1747); Die stumme Schönheit, Lsp. 1747 (n. W. Hecht in Komedia I, 1962); Theatralische Werke, 1747 Der Triumph der guten Frauen, Lsp. 1748; Werke, hg. J. H. Schlegel, V 1761–70 (n. 1971; enth. u. a. Orest und Pylades, Tr.; Dido, Tr.; Hermann, Tr.; Lukretia, Tr.; Der geschäftige Müßiggänger, Lsp.; Die Braut in Trauer, Tr.); Ästhet. u. dramaturg. Schriften, hg. J. v. Antoniewicz 1887 (n. 1968); AW, hg. W. Schubert 1963.
L: J. Rentsch, Diss. Erl. 1890; E. Wolff, ²1892; J. W. Eaton, 1929; H. Rodenfels, S.s Lustspiele, Diss. Bresl. 1938; H. Schonder, 1941; E. M. Wilkinson, Oxf. 1945, ²1973; J. Salzbrunn, Diss. Gießen 1957; W. Schubert, Diss. Lpz. 1959; P. Wolf, 1964; L. Quattrocchi, Rom 1965; W. Geissler, Diss. Jena 1968; W. Paulsen, J. E. S. u. d. Rok., 1977; G.-M. Schulz, D. Überwind. d. Barbarei, 1980.

Schlehdorn (eig. Friedrich Everling), 5. 9. 1891 St. Goar – 31. 3. 1958 Menton. Diplomatenlaufbahn; Jurist in Berlin, bis 1933 im Reichstag, lebte in Düsseldorf und Metzingen/Württ., zuletzt in Menton (franz. Riviera). – Vf. von graziösen Romanen, Essays und Kurzgeschichten bes. aus der Welt des Rokoko in flüss., oft geistr. Plaudereien.

W: Regierungsrat Julius, Kgn. 1942; Der Flüchtling du Chène, R. 1948; Die Silhouette, E. 1948; Die drei Putten, R. 1950; Das Pendel schwingt, R. 1951; Die eiserne Rose, R. 1953; Die zärtliche Treppe, R. 1954; Gourmandise und Gastlichkeit, Es. 1957; Die Sphinx und der Regierungsrat, En. 1957.

Schleich, Carl Ludwig, 19. 7. 1859 Stettin – 7. 3. 1922 Saarow b. Berlin. Stud. Medizin, Assistent unter Virchow; 1889 eigene chirurg. Klinik; 1899 Prof.; 1900 Leiter der Chirurg. Abteilung im Krankenhaus Groß-Lichterfelde.

Sanitätsrat; Erfinder der Lokalanästhesie. – Feinsinniger Erzähler und Essayist, bes. erfolgr. s. Erinnerungen.

W: Von der Seele, Ess. 1910; Es läuten die Glocken, Ess. 1912; Echo meiner Tage, G. 1914; Vom Schaltwerk der Gedanken, Ess. 1916; Spaziergänge in Natur und Geisteswelt, hg. F. Siebert 1916; Erinnerungen an Strindberg, 1917; Das Ich und die Dämonien, Ess. 1920; Die Weisheit der Freude, 1920; Bewußtsein und Unsterblichkeit, Vortr. 1920; Aus der Heimat meiner Träume, G. 1920; Besonnte Vergangenheit, Aut. 1921; Ewige Alltäglichkeiten, Ess. 1922; Novellen, 1922. – Dichtungen, 1924; Aus dem Nachlaß und Erlebtes, Erdachtes, Erstrebtes, hg. W. Goetz 1924–28.

Schlemihl, Peter → Thoma, Ludwig

Schlesinger, Klaus, *9. 1. 1937 Berlin; Volksschule, Chemielaborant, Ingenieurschule, 1963–69 Journalist, dann freier Schriftsteller in Ost-Berlin, seit März 1980 mit DDR-Ausreisevisum in West-Berlin. – Vf. leicht surrealer Erzählungen aus DDR und Berlin mit melanchol. Analyse seel. Zwangssituationen. Dialektnahe Dialoge. Auch Hörspiel, Drehbuch, Reportage.

W: Michael, R. 1971 (auch u. d. T. Capellos Trommel); Hotel oder Hospital, Rep. 1973 (auch u. d. T. Südstadtkrankenhaus Rostock); Ikarus, Drehb. 1975; Alte Filme, E. 1975; Berliner Traum, En. 1977; Leben im Winter, E. 1980; Matulla und Busch, E. 1984.

Schlier, Paula, *12. 3. 1899 Neuburg/Donau. 1926 Mitarbeiterin der Zs. ›Der Brenner‹, 1932 Konversion zur kath. Kirche; 1934–42 Leiterin e. Nervensanatoriums; 1942–45 in Gestapohaft; lebte in Tutzing am Starnberger See, dann in Bad Heilbrunn. – Vf. eigentüml. relig.-visionärer Traumdichtungen.

W: Petras Aufzeichnungen, Mem. 1926; Chorónoz. Ein Buch der Wirklichkeit in Träumen, 1927; Der kommende Tag, Dicht. 1948; Legende zur Apokalypse, Dicht. 1949;

Die mystische Rose, Dicht. 1949; Das Menschenherz, En. 1954; Die letzte Weltenmacht, Dicht. 1958; Morgen ist der Tag des Erwachens, G. 1967.

Schlögl, Friedrich, 7. 12. 1821 Wien – 7. 10. 1892 ebda.; Handwerkerssohn; Gymnas. in Wien; 1840–49 Militärkanzleibeamter, 1850–70 Hofkriegsamtsbuchhalter ebda.; Reiseberichterstatter in der Schweiz und Ägypten; Feuilletonist des ›Neuen Wiener Tagblatts‹. Mitarbeiter des Wiener Witzblatts ›Figaro‹, gründete 1876 und redigierte dessen Beilage ›Wiener Luft‹. – Humorist. österr. Erzähler und Folklorist. Schuf kulturhist. interessante, anschaul. Bilder aus dem Wien des 19. Jh., bes. aus kleinbürgerl. Schichten.

W: Wiener Blut, Sk. 1873 (N. F. u. d. T. Wiener Luft, 1876, u. Wienerisches, 1883); Alte und neue Historien von Weiner Weinkellern, Weinstuben und vom Weine überhaupt, 1875; Aus Alt und Neu Wien, Vortr. 1882; Wien, Sk. 1887; GS, III 1891; Aus meinem Felleisen, 1894.
L: P. Rosegger, 1893; J. Newald, 1895; F. Negrini, Diss. Wien 1957.

Schmeltzl, Wolfgang, um 1500 Kemnat/Oberpfalz – nach 1560. Zuerst in Amberg, 1542 Schulmeister am Schottenkloster Wien, zeitweilig Lutheraner, um 1550 kath. Pfarrer ebda. zu St. Lorenz auf dem Steinfelde. – 1. und fast einziger Vertreter des dt. Schuldramas in Österreich und Wien mit 7 erhaltenen Stücken nach bibl. Themen ohne bes. künstler. Wert. Kulturgeschichtl. bedeutsam sein frisch schildernder ›Lobspruch der Stadt Wien‹ und sein Epos des Ungarnzugs von 1556 in Reimpaaren. Ferner e. 4stimmige Liederslg. von 1544.

W: Comoedia des verlorenen Sohnes, Dr. 1540 (n. 1955, NdL. 323); Aussendung der zwelff poten, Dr. 1542; Judith, Dr. 1542; Comoedia der Hochzeit Cana Galilee, Dr. 1543; Comedi von dem plintgeborn Sonn, Dr. 1543; David und Goliath, Dr. 1545; Lobspruch der Stadt Wien, 1548 (n. M. Kuppitsch, 1849); Samuel und Saul, Dr. 1551 (n. F. Spengler, 1883); Zug in das Hungerland, Ep. 1556. – Ausw., hg. E. Triebnigg 1915. *L:* F. Spengler, 1883.

Schmid, Christoph (seit 1837) von, 15. 8. 1768 Dinkelsbühl – 3. 9. 1854 Augsburg; aus armer Familie; Stud. Theol. Dillingen, Schüler J. M. Sailers; von ihm zum Schreiben angeregt; 1795 Schulbenefiziat und Schulinspektor in Thannhausen, 1816 kath. Pfarrer in Oberstadion/Württ.; 1827 Domherr zu Augsburg; 1832 Kirchenscholarch; starb an Cholera. – Einst vielgelesener Jugendschriftsteller. S. gemüthaften, leicht u. einfach dargestellten Schriften, meist aus der Ritteroder Legendenwelt, besitzen oft schlichten Humor und führen stets zum Sieg des Tugendhaften über das Böse.
W: Biblische Geschichte für die Kinder, VI 1801; Genovefa, Kdb. 1810; Die Ostereyer, Kdb. 1816; Erzählungen für Kinder und Kinderfreunde, IV 1821–29; Rosa von Tannenburg, Kdb. 1825; Neue Erzählungen für Kinder und Kinderfreunde, IV 1832–38; Erinnerungen aus meinem Leben, IV 1853–57 (n. H. Schiel 1953); Nachgelassene Schauspiele für die Jugend und ihre Freunde, hg. A. Werfer 1863; Briefe und Tagebuchblätter, hg. ders. 1868. – GS, XXIV 1841–46, XXVIII 1885; Erzählungen für die Jugend, IV 1947 f.; Erzählungen, II 1979 f.; Erinnerungen und Briefe, hg. H. Pörnbacher 1968.
L: J. Schneiderhan, 1899; F. Brutscher, Diss. Mchn. 1917; E. Dreesen, Diss. Bonn 1926; R. Adamski, Diss. Breslau 1932; C. v. S. u. seine Zeit, hg. H. Pörnbacher 1968; J. Wille, D. Jugenderzn. C. v. S.s, 1969.

Schmid, Hermann (seit 1876) von, 30. 3. 1815 Waizenkirchen/ Oberösterr. – 19. 10. 1880 München; Beamtensohn; Gymnas. ebda.; Stud. Jura ebda.; Dr. jur.; 1843 Aktuar, später Stadtgerichtsassessor in München; 1850 aus polit. Gründen pensioniert, arbeitete darauf in e. Anwaltskanzlei und schrieb Romane für

die ›Gartenlaube‹. Direktor des Münchener Gärtnerplatztheaters; Prof. für Lit.-gesch. am Konservatorium ebda. – Fruchtbarer Volksschriftsteller, Vf. hist. Romane, Erzählungen aus dem bayr. Volksleben, Tragödien und Volksstücke.
W: Dramatische Schriften, II 1853; Der Kanzler von Tirol, R. III 1862; Mütze und Krone, R. V 1869; Der Tatzelwurm, Vst. 1873; Columbus, Dr. 1875; Die Auswanderer, Vst. 1875; Vineta oder Die versunkene Stadt, M. 1875; Rose und Distel, Dr. 1876; Die Z'widerwurz'n, Vst. 1878; Der Stein der Weisen, R. 1880; Der Loder, Vst. 1880. – GS, L 1867–84.

Schmid, Ludwig Ferdinand von → Draumor

Schmid Noerr, Friedrich Alfred (Zusatzname nach s. Mutter), 30. 7. 1877 Durlach/Baden – 12. 6. 1969 Percha, Sohn e. Landesökonomierats, Stud. Germanistik, Naturwiss., Jura, Philos. und Volkswirtschaft Freiburg/Br., Heidelberg, Straßburg u. Berlin; 1906 Privatdozent für Philos. und Ästhetik Heidelberg; weite Reisen; ab 1917 in München, ab 1918 Privatgelehrter und freier Schriftsteller in Percha b. Starnberg. – Dichterphilosoph mit kultur-, geschichts- und religionsphilos. Werken, Erneuerung des Mythos als Urform volkstüml. Dichtung und Vermittlung zwischen altgerman. und christl. Glaubenswelt. Lyrik, Drama, Erzählung.
W: Die Gefangenen, Dr. 1908; F. H. Jacobi, B. 1908; Mönch und Philister, Vortr. 1909; Auf Abbruch, K. 1910; Straßen und Horizonte, G. 1917; Ecce homo, Dr. 1918; Der Engel vom westlichen Fenster, R. 1927 (erschien u. d. Namen G. Meyrinks); Das Leuchterweibchen, N. 1928; Frau Perchtas Auszug, R. 1928; Der Drache über der Welt, M. 1932; Ehre und Glück des Volkes, Abh. 1933 (vor Erscheinen verboten); Unserer guten Frauen Einzug, R. 1936; Dämonen, Götter und Gewissen, Abh. 1938; Das Lächeln des Gottes, En. 1939; Bienchen, En. 1939 (u. d. T. Die

Glücklichen, 1942); Liebe, du Lebendige, G. 1939; Tegernseer Seelfrauenspiel, 1946; Das Licht der Gefangenen, En. 1947; Ewige Mutter Europa, Schr. 1949 (u. d. T. Unzerstörbares Europa, 1952); Der Kaiser im Berg, R. 1953; Lieben und Wandern in schwäbischer Landschaft, G. 1955; Die Hohenstaufen, Abh. 1955; Das Freiburger Drachenzahnweh, E. 1957; Der Durlacher Zwiewelewick, E. 1959; Ein Leben im Gedicht, G. 1962; Der Mystiker, Schr. 1967.

Schmidli, Werner, * 30. 9. 1939 Basel; Chemielaborant, länger in Australien, freier Schriftsteller in Basel. – Schweizer Erzähler in problemlos traditionellem Stil; Darstellung von Arbeitermilieus, Konsumgesellschaft, Ausbruchsversuchen und Ehekrisen mit unaufdringl. Gesellschaftskritik.

W: Der Junge und die toten Fische, En. 1966, Meinetwegen soll es doch schneien, R. 1967; Das Schattenhaus, R. 1969; Mir hört keiner zu, H. 1971; Fundplätze, R. 1974; Gustavs Untaten, En. 1976; Zellers Geflecht, R. 1979; Ganz gewöhnliche Tage, R. 1981; Warum werden Bäume im Alter schön, R. 1984; Der Mann am See, R. 1985; Hasenfratz, R. 1987.

Schmidt, Alfred Paul, * 31. 3. 1941 Wien; Journalist und Rundfunkmitarbeiter in Graz. – Experimenteller Vf. handlungsloser, anarch.-assoziierender Prosa in Anlehnung an Jazz-Improvisationen mit Sprachspielereien ohne Sprachkritik.

W: Bester jagt Spengler, Prosa 1971; Als die Sprache noch stumm war, Prosa 1974; Das Kommen des Johnnie Ray, R. 1976; Geschäfte mit Charlie, En. 1977; Fünf Finger im Wind, R. 1978; Affentheater, Dr. (1980); Der Sonntagsvogel, R. 1982; Die Fleischbank, Dr. (1984).

Schmidt, Arno, 18. 1. 1914 Hamburg – 3. 6. 1979 Celle; Sohn e. Polizeibeamten, Schulen in Hamburg, Görlitz u. Breslau; 1933 Stud. Mathematik u. Astronomie ebda., das er aus polit. Gründen abbrach; seit 1934 kaufmänn. Angestellter e. Textilfirma in Greiffenberg, ⚭ 1937, 1940–45 Krieg und Gefangenschaft, lebte

1946–50 in Cordingen/Lüneb. Heide, engl. Dolmetscher an der Polizeischule Benefeld, seit 1947 freier Schriftsteller; versch. Wohnorte; 1950/51 Gau-Bickelheim, 1951–55 Kastel/Saar, 1955–58 Darmstadt, seit Ende 1958 Bargfeld/Kr. Celle. – Intellektueller Erzähler der Gegenwart von eigenwilliger Phantasie und bizarrem, geistreichem Humor; radikaler Avantgardist auf der Suche nach neuen, zeitgemäßen und den Bewußtseinsvorgängen (bzw. dem, was sie beeinflußt) angemessenen Erzählformen unter Verwendung von Montage, Rastermethode, innerem Monolog, additor. Prinzip und verblüffendem Wortwitz in e. äußerst konzentrierten, z. T. bis zur Manier übersteigerten Sprache. In s. Romanen treten Plot- und Handlungselemente hinter der Zustandsbeschreibung und Inventarisierung von Welt und der Reflexion von Erfahrungsbruchstücken zurück. Psychoanalyse und Sprachspiel verbindende Anspielungstechnik und phonet., oft verballhornende Orthographie. Biograph. Fouqués; lit.-hist. Essayist; Übs. (E. Hunter, St. Ellin, J. F. Cooper, W. Faulkner, E. A. Poe u. a.).

W: Leviathan, En. 1949; Brand's Haide, En. 1951; Aus dem Leben eines Fauns, R. 1953 (zus. als R.-Trilogie u. d. T. Nobodaddy's Kinder, 1963); Die Umsiedler, En. 1953; Kosmas, E. 1955; Das steinerne Herz, R. 1956; Die Gelehrtenrepublik, R. 1957; Fouqué und einige seiner Zeitgenossen, B. 1958; Dya na sore, Ess. 1958; Rosen & Porree, En. 1959; Kaff auch Mare crisium, R. 1960; Belphegor, Ess. 1961; Sitara und der Weg dorthin, St. 1963; Kühe in Halbtrauer, En. 1964; Die Ritter vom Geist, En. 1965; Trommler beim Zaren, Sk. u. Ess. 1966; Der Triton mit dem Sonnenschirm, Ess. 1969; Zettels Traum, R. 1970; Nachrichten von Büchern und Menschen, Ess. II 1971; Die Schule der Atheisten, Novellen-Comödie 1972; Abend mit Goldrand, R. 1975; Julia, oder die Gemälde, R.-Fragm. 1983; Deutsches Elend, Ess.

1984; denn Wallflower heißt Goldlack, Ess. 1984. – Das erzähler. Werk, VIII 1985; Briefe an W. Steinberg, 1985; Briefw. m. A. Andersch, 1985, m. W. Michels, 1986.
L: R. Bull, Bauformen d. Erzählens b. A. S., 1970; Bargfelder Bote, Materialien zum Werk A. S.s, 1972ff.; H. Stolte u. G. Klußmeier, A. S. & K. May, 1973; J. Drews u. H.-M. Bock, Der Solipsist in der Heide, 1974; W. Proß, 1980; B. Blumenthal, 1980; H. Thomé, Natur u. Gesch. i. Frühwk., 1981; J. Huerkamp, Gekettet an Daten u. Namen, 1981, R. Finke, D. Herr ist Autor, 1982; M. Minden, Cambr. 1982; B. Hinrichs, Utop. Prosa, 1984; H.-M. Bock, hg. 1984–87; H. L. Arnold, hg. ⁴1986; M. M. Schardt, hg. 1986; Bibl.: H.-M. Bock, ²1979; M. M. Schardt, 1986.

Schmidt, Eduard → Claudius, Eduard

Schmidt (gen. Schmidt von Werneuchen), Friedrich Wilhelm August, 23. 3. 1764 Fahrland b. Potsdam – 26. 4. 1838 Werneuchen b. Berlin; Stud. Theologie Halle; Prediger am Invalidenhaus Berlin; 1795 Pfarrer in Werneuchen. – Idyllendichter. Suchte, bes. in dem von ihm 1796/97 herausgegebenen ›Kalender der Musen und Grazien‹ den Natürlichkeitston J. H. Voß' weiterzubilden, verfiel dabei in e. sehr platten Naturalismus, den Goethe in ›Musen und Grazien in der Mark‹ verhöhnte. Hrsg. versch. Musenalmanache.
W: Graf Wolf von Hohenkrähen, Ball. 1789; Gedichte, 1797; Neueste Gedichte, der Trauer um geliebte Tote gewidmet, 1815; Musen und Grazien in der Mark, G. hg. L. Geiger 1889. – Ausw., hg. G. de Bruyn 1981.

Schmidt, Johannes → Weidenheim, Johannes

Schmidt, Otto Ernst → Ernst, Otto

Schmidt, Uve, * 14. 11. 1939 Wittenberg/Elbe; Stud. Kunsthochschule Ostberlin; 1959 Relegierung und Übersiedlung in die BRD; lebt in Linz Österr.; dann

Frankfurt/M. – Lyriker und Prosaautor von humorvoll-aggressivem Sprachwitz.
W: Mit Rattenflöten, G. 1960; Puppenpalmarum, G. 1961; Die Eier, R. 1961; Schöne Gegend mit Figuren, G. u. Prosa 1965; Ende einer Ehe, Prosa 1978; Die Russen kommen, R. 1982; Ei häwwe dream, Prosa 1984.

Schmidt, Wilhelm → Schmidtbonn, Wilhelm

Schmidt-Barrien, Heinrich (eig. Heinrich Adolf Schmidt), * 19. 1. 1902 Uthlede; Pastorensohn, Großhandelslehre, 1926–29 Buchhändler in Breslau, 1932–41 Leiter der Kulturabt. Böttcherstraße Bremen, Soldat, freier Schriftsteller bei Bremen, 1957–82 Dramaturg am Niederdt. Theater Bremen. – Erzähler, Dramatiker und Hörspielautor mit norddt. Stoffen ohne provinzielle Enge, z. T. niederdt.
W: Ihr Kleinmütigen, R. 1943; Der Mann ohne Gesicht, N. 1950; Tanzgeschichten, Nn. 1954; Babuschka, Dr. 1955; 17 Tage Hurrikan, E. 1963; Lessing im Walde, N. 1966; Strandgut, R. 1980; Not oder Brot, R. 1987. – Werke, V 1975.

Schmidt-Kaspar, Herbert, * 25. 4. 1929 Reichenberg/Böhmen; Stud. Germanistik Regensburg u. München; Schul- u. Internatsdienst, 1963–67 dt. Schule Beirut, dann in München. – Erzähler mit zum Exemplar.-Parabelhaften tendierenden Romanen bes. um die Problematik geschichtl. Schuld. Skept. getönte Gedichte.
W: Wie Rauch von starken Winden, R. 1958; Schnee im Oktober, E. 1960; Die Erkenntnisse Ajuts des Bären, G. 1961; Der Herr Ziem, R. 1964; Der Mord an Daniel, R. 1968; Die Nachbarn hinter der Wand, Sat. 1977; Das Geschenk, En. 1978.

Schmidtbonn, Wilhelm (eig. Wilhelm Schmidt), 6. 2. 1876 Bonn – 3. 7. 1952 Bad Godesberg. Kaufmannssohn. Gymnas., Konservatorium Köln; Stud. Philos. u. Lit. Bonn, Göttingen, Zürich. Buchhändler in Gießen. 1906–08 Dramaturg am Düsseldorfer Schauspielhaus unter L. Dumont, Schriftleiter der Zs. ›Masken‹, ebda., freier Schriftsteller in Bayern, Tirol, Norddeutschland, zuletzt Bonn und Bad Godesberg. Im 1. Weltkrieg Kriegsberichterstatter. Weite Reisen und Wanderungen durch Dtl., Tirol und Schweiz. – Bodenständiger Dramatiker, Erzähler und Lyriker von rhein. Heiterkeit, tiefer Menschlichkeit, Religiosität und feiner Psychologie. Herber, unsentimentaler Grundton mit romant. Einschlag. Hervorragende Schilderung heimatl. Landschaft und naturverbundener schlichter Menschen. Wandte sich als Dramatiker vom Naturalismus zur Neuromantik (›Mutter Landstraße‹), mit Nähe zu P. Ernst und W. v. Scholz. Fabulierfreudiger und gestaltenreicher Erzähler von Märchen, Sagen und Legenden mit z. T. phantast. Zügen.

W: Mutter Landstraße, Dr. 1901; Uferleute, En. 1903; Raben, En. 1904; Der Heilsbringer, Leg. 1906; Der Graf von Gleichen, Dr. 1908; Der Zorn des Achilles, Tr. 1909; Hilfe! Ein Kind ist vom Himmel gefallen, Tragik. 1910; Der spielende Eros, Schw. 1911; Lobgesang des Lebens, G. 1911; Der verlorene Sohn, Dr. 1912; Der Wunderbaum, Leg. 1913; Die Stadt der Besessenen, Dr. 1915; Der Geschlagene, Dr. 1920; Die Schauspieler, Lsp. 1921; Die Fahrt nach Orplid, Dr. 1922; Garten der Erde, M. 1922; Der Pfarrer von Mainz, Dr. 1922; Der Verzauberte, R. 1924 (u. d. T. Der Pelzhändler, 1926); Die Geschichten von den unberührten Frauen, 1926; Mein Freund Dei, R. 1928; Der dreieckige Marktplatz, R. 1935; An einem Strom geboren, Aut. 1935; Hü Lü, R. 1937; Anna Brand, R. 1939; Albertuslegende, 1948.
L: M. Rockenbach, 1926; H. Saedler, 1926; F. Mühlenbruch, Diss. Bonn 1952; T. E. Reber, Diss. Köln 1969.

Schmied, Wieland, ✱ 5. 2. 1929 Frankfurt/M., Sohn e. Philosophieprof. und der Erzählerin Gertrud von den Brincken; 1948–56 Stud. Jura und Kunstgesch. Wien, Dr. jur., Redakteur in Wien, 1960 Lektor im Insel-Verlag Frankfurt/ M., 1963 Direktor der Kestner-Gesellschaft Hannover, 1973–75 Hauptkustos der Nationalgalerie Berlin, 1978 Direktor des Berliner Künstlerprogramms des DAAD, 1981 auch der Internat. Sommerakademie Salzburg. 1986 Prof., Kunstakad. München. – Lyriker aus myth. Denken mit Neuformungen uralter Symbole menschl. Grundsituationen in der Nachfolge E. Pounds. Auch Kritiker, Kunstschriftsteller und Essayist.

W: Von den Chinesen zu den Kindern, Ess. 1957; Landkarte des Windes, G. 1957; Fenster ins Unsichtbare, Ess. 1960; Das Poetische in der Kunst, Es. 1960; Links und rechts die Nacht, Ausw. 1962; Wein von den Gräbern, G. 1962; Seefahrerwind, G. 1963; Worte für Worte, G. 1964; Der Zeichner A. Kubin, St. 1967; Neue Sachlichkeit und magischer Realismus in Deutschland 1918–1933, St. 1969; R. Hausner, St. 1970; E. Brauer, St. 1972; C. D. Friedrich, St. 1973; Malerei nach 1945, St. 1975; Nach Klimt, Ess. 1979; Schach mit M. Duchamp, G. 1980.

Schmied-Kowarzik, Gertrud → Brincken, Gertrud von den

Schmirger, Gertrud → Ellert, Gerhart

Schmitthenner, Adolf, 24. 5. 1854 Neckarbischofsheim/Baden – 22. 1. 1907 Heidelberg; Pfarrerssohn; Gymnas. in Karlsruhe; 1872–76 Stud. Theol. Tübingen, Leipzig, Heidelberg und Berlin; Vikar in Brötzingen, Kippenheim, Lahr, Heidelberg und Karlsruhe; 1883–93 Pfarrer in Neckarbischofsheim; ab 1893 Stadtpfarrer und Dozent am Predigerseminar in Heidelberg. – Erzähler realist., bisweilen düsterderber Romane und psycholog. fein gezeichneter Novellen.

W: Psyche, E. 1890; Novellen, 1896; Leonie, R. 1899; Neue Novellen, 1901; Das deutsche Herz, R. 1908; Die sieben Wochentage, En. 1909; Vergessene Kinder, En. 1910; Aus Dichters Werkstatt, Aufs. 1911; Treuherzige Geschichten, 1912; Vier Novellen, 1913. – Schicksale zwischen Berg und Strom, Ausw. 1956.
L: E. Frommel, 1924.

Schmitz, Hermann Harry, 12. 7. 1880 Düsseldorf – 8. 8. 1913 Münster am Stein, Sohn e. Industriellen; Kaufmannslehre, dann lit. tätig; freier Mitarbeiter der satir. Zs. ›Simplizissimus‹; seit s. 17. Lebensjahr lungenkrank, beging Selbstmord. – Erzähler mit harmlos einsetzenden, nach dem Prinzip der grotesken Überdrehung gebauten Geschichten im Stil des ›schwarzen Humors‹.
W: Der Säugling und andere Tragikomödien, En. 1911; Buch der Katastrophen, En. 1916 (n. O. Jägersberg 1966).

Schmolck (Schmolke), Benjamin, 21. 12. 1672 Brauchitschdorf b. Liegnitz – 12. 2. 1737 Schweidnitz; Pfarrerssohn; Diakonus und Pastor, später Kirchen- und Schulinspektor in Schweidnitz. – Fruchtbarer relig. Lyriker (›Was Gott tut, das ist wohlgetan‹).
W: Heilige Flammen . . ., 1704; Sinn-reiche Trost- und Trauer-Schriften, G. III 1729 f. – Sämtliche Trost- und Geistreiche Schrifften, II 1740–44; Lieder u. Gebete, hg. L. Grote 1855; hg. K. F. Ledderhose 1857.
L: K. Kobe, 1907; R. Nicolai, Diss. Lpz. 1909.

Schmückle, Georg, 18. 8. 1880 Eßlingen – 8. 9. 1948 Stötten/ Württ.; Stud. Jura Tübingen; Dr. jur.; Richter, Staatsanwalt, später Fabrikleiter; Gaukulturwart und Direktor des Schiller-Nationalmuseums in Marbach; lebte lange in Stuttgart-Bad Cannstatt. – Erzähler, Dramatiker und Lyriker der NS-Zeit.
W: Gedichte, 1918; Engel Hiltensperger, R. 1929 (Dr. 1936); Die rote Maske, Nn. 1933;

Mein Leben, Aut. 1936; Vittoria Accorombona, N. 1938; Das Rätsel des Anton Brück, Nn. 1940; Heinrich IV., Sch. 1940; Nero und Agrippina, Sch. 1941.
L: F. Luger, Diss. Wien 1942.

Schnabel, Ernst, 26. 9. 1913 Zittau – 21. 1. 1986 Berlin; Gymnas. Zittau; verließ mit 17 Jahren die Schule; 1931–45 Matrose auf allen Weltmeeren, reiste in allen Erdteilen; während des 2. Weltkriegs bei der dt. Kriegsmarine; 1946–50 Chefdramaturg, 1951–55 Intendant des Nordwestdt. Rundfunks Hamburg; dann freier Schriftsteller in Hamburg. 1962–65 Rundfunk-, 1965–68 Fernsehredakteur ebda.; lebte in Westberlin. – Vielseitiger Erzähler. In s. frühen Romanen Schilderer seemänn. Lebens. In späteren Romanen mod., psychologisierende Einkleidung antiker Mythen. Erschloß in Reportagen und Features der Funkdichtung neue Wege. Auch Drehbuchautor, Librettist und Übs. aus dem Engl.
W: Die Reise nach Savannah, R. 1939; Nachtwind, R. 1942; Schiffe und Sterne, En. 1943; In jenen Tagen, Drehb. 1947 (m. H. Käutner); Sie sehen den Marmor nicht, En. 1949; Interview mit einem Stern, R. 1951; Die Erde hat viele Namen, Ber. 1955; Der sechste Gesang, R. 1956; Anne Frank, Ber. 1958; Ich und die Könige, R. 1958; Fremde ohne Souvenir, En. 1961; Das Floß der Medusa, Libr. 1969; Hurricane, E. u. Rep. 1972; Auf der Höhe der Messingstadt, En. 1979.

Schnabel, Johann Gottfried (Ps. Gisander), 7. 11. 1692 Sandersdorf b. Bitterfeld – nach 1750; Pfarrerssohn; früh verwaist. Barbier- und Chirurgenlehre; 1708 Feldscher unter Prinz Eugen im Span. Erbfolgekrieg in Holland. Zeitweilig in Hamburg. Größere Reisen mit dem Grafen zu Stolberg. 1724–42 Chirurg und Beamter an dessen Hof, 1731 bis 1741 Hrsg. der Zeitung ›Stolbergische Sammlung neuer und merkwürdiger Weltgeschichte‹ ebda. – Vielgelesener Erzähler zwischen Barock und Aufklärung, bes. mit s. ›Insel Felsenburg‹, die nach engl. Vorbild Elemente aus Robinsonade, Gesellschaftsutopie und barockem Ritterroman vereinigt. Bedeutendste dt. Robinsonade des 18. Jh.; Vorklang der Empfindsamkeit. Ferner galante Romane und e. Biographie des Prinzen Eugen.

W: Wunderliche Fata einiger Seefahrer, insonderlich Alberti Julii, eines geborenen Sachsens ... auf der Insel Felsenburg, R. IV 1731–43 (bearb. L. Tieck, VI 1827; n. H. Ulrich 1902, M. Greiner 1959, P. Gugisch 1966, M. Vosskamp 1969, V. Meid 1979); Der im Irr-Garten der Liebe herum taumelnde Cavalier, R. 1738 (n. P. Ernst 1907, H. Mayer 1968).
L: A. Kippenberg, Robinson i. Dtl., 1892; F. K. Becker, D. Romane J. G. S.s, Diss. Bonn 1911; K. Schröder, S.s Insel Felsenburg, Diss. Marb. 1912; F. Brüggemann, Utopie und Robinsonade, n. 1978; K. Werner, D. Stil v. J. G. S.s ›Insel Felsenburg‹, Diss. Bln. 1950; I. Weinhold, Diss. Bonn 1964; H. Bierfreund, 1965; R. Allerdissen, D. Reise als Zuflucht, 1975; R. Haas, Lesend wird s. d. Bürger d. Welt bewußt, 1977.

Schnack, Anton, 21. 7. 1892 Rieneck/Unterfranken – 26. 9. 1973 Kahl a. M.; Sohn e. Gerichtsvollziehers; Stud. Philos. München; jahrelang Journalist und Feuilletonredakteur in Darmstadt, Mannheim und Frankfurt/M.; Weltreisen; Teilnahme an beiden Weltkriegen; 1945 in am. Gefangenschaft; nach der Rückkehr in Kahl am Main/Unterfranken. – Lyriker und Erzähler. Schrieb anfangs ausdrucksvolle expressionist. Gedichte, wandte sich nur kurz dem Roman zu und wurde dann zum Meister der Kleinprosa, in der er s. reichen, vielseit. Einfälle liebevoll und amüsant gestaltet. Auch Hörspiele.

W: Strophen der Gier, G. 1919; Die tausend Gelächter, 1919; Der Abenteurer, G. 1919; Tier rang gewaltig mit Tier, G. 1920; Kalender-Kantate, G. 1934; Kleines Lesebuch, En.

1935; Die 15 Abenteurer, En. 1935; Die Flaschenpost, G. 1936; Zugvögel der Liebe, R. 1936; Der finstere Franz, R. 1937; Die bunte Hauspostille, Sk. 1938 (veränd. u. d. T. Die Angel des Robinson, 1946); Jugendlegende, 1939; Begegnungen am Abend, En. 1940; Arabesken um das ABC, Sk. 1946 (u. d. T. Buchstabenspiel, 1954); Mädchenmedaillons, Sk. 1946; Mittagswein, G. 1948; Phantastische Geographie, En. 1949; Das Fränkische Jahr, E. 1951; Die Reise aus Sehnsucht, En. 1954; Flirt mit dem Alltag, En. 1956; Brevier der Zärtlichkeit, Sk. 1956; Weinfahrt durch Franken, Prosa u. G. 1965.

Schnack, Friedrich, 5. 3. 1888 Rieneck/Unterfranken – 6. 3. 1977 München; Bruder von Anton S.; Sohn e. Gerichtsvollziehers; Oberrealschule Würzburg; Bankbeamter ebda.; Hauslehrer, dann Angestellter in der Elektroindustrie; im 1. Weltkrieg Soldat in der Türkei; 1918/19 auf der Insel Prinkipo im Marmarameer interniert; 1923–26 Journalist in Dresden und Mannheim; 1926 freier Schriftsteller; 1930 große Reise nach Madagaskar, lebte dann in Hellerau, in Süddtl. und der Schweiz, ab 1959 in Baden-Baden, zuletzt in München. – Feinempfindender Erzähler und farbig-bilderreicher Lyriker. Im Mittelpunkt s. Dichtung steht die Natur. In den frühen Romanen bildete das Naturerleben noch den Rahmen für Menschenschicksale, später traten die Menschen gegenüber der Natur immer mehr in den Hintergrund, bis S. zur reinen Naturdichtung fand. Daneben schildert er gern die Zauberwelt der Märchen und Träume. Auch in Romanen und Erzählungen ist s. Sprache zart.-lyr.

W: Das kommende Reich, G. 1920; Vogel Zeitvorbei, G. 1922; Der Zauberer, G. 1922; Das blaue Geisterhaus, G. 1924; Sebastian im Wald, R. 1926; Beatus und Sabine, R. 1927; Die Orgel des Himmels, R. 1927 (zus. bearb. als R.-Tril. u. d. T. Die brennende Liebe, 1935); Das Zauberauto, E. 1928; Das Leben der Schmetterlinge, Dicht. 1928 (bearb. 1958); Der Sternenbaum, R. 1930 (u. d. T.

Das Waldkind, 1939); Goldgräber in Franken, R. 1930; Auf ferner Insel, Reiseb. 1931 (erw. u. d. T. Große Insel Madagaskar, 1942); Das neue Land, R. 1932; Klick aus dem Spielzeugladen, Jgb. 1933; Der erfrorene Engel, R. 1934; Die wundersame Straße, R. 1936 (bearb. 1953); Sibylle und die Feldblumen, Dicht. 1937; Klick und der Goldschatz, Jgb. 1938; Gesammelte Gedichte, 1938 (erw. u. d. T. Die Lebensjahre, 1951); Cornelia und die Heilkräuter, Dicht. 1939; Der glückselige Gärtner, R. 1940 (erw. 1950; u. d. T. Dornie vom Amselberg, 1955); Clarissa mit dem Weidenkörbchen, Dicht. 1945; Der Maler von Malaya, Reiseb. 1951; Aurora und Papilio, R. 1956; Das Waldbuch, 1960; Traum vom Paradies, Schr. 1962; Heitere Botanik, G. 1962; Fränkisches Universum, E. 1967; Petronella im Bauerngarten, En. 1970; Die schönen Tage des Lebens, 1971; Traumvogelruf, G. 1973. – GW, VIII 1950–54, II 1961. *L:* H. E. Frank, Diss. Wien 1940; A. Hölzl, Diss. Wien 1942; B. Link, 1955.

Schneckenburger, Max, 17. 2. 1819 Thalheim/Württ. – 3. 5. 1849 Burgdorf b. Bern; Kaufmannssohn; Reisen nach England und Frankreich; Teilhaber e. Eisengießerei in Burgdorf. – S. bekanntes Lied ›Die Wacht am Rhein‹ entstand 1840, als e. Besetzung des linken Rheinufers durch Frankreich drohte. Nationallied wurde es 1870/71 durch die Vertonung K. Wilhelms.
W: Deutsche Lieder, hg. K. Gerok 1870.

Schneider, Georg (Ps. Erno P. Scheidegg), 15. 4. 1902 Coburg – 24. 11. 1972 München; Soldat im 1. u. 2. Weltkrieg; 1922 Lehrer, später Rektor in Coburg; 1933 Schreibverbot. 1945–50 Mitgl. der Verfassungsgebenden bayer. Landesversammlung u. FDP-Abgeordneter des Landtags; lebte in Düsseldorf u. München. – Formstrenger Lyriker mit ungebrochenem Verhältnis zur Tradition; Erzähler, Essayist, Übs.
W: Die Barke, G. 1925; 20 Gedichte, 1940; Fuge über ein kleines Thema von R. M. Rilke, G. 1944; Nur wer in Flammen steht, G. 1946; Das Blumengärtlein, G. 1949; Atem der Jahre, ges. G. 1960; Am Grenzstein, G. 1965;

Mirabell Prünelle, R. 1966; Einladung nach Südtirol, Prosa 1969; Nach verschollenen Noten, G. 1969.

Schneider, Hansjörg, * 27. 3. 1938 Aarau; Stud. Germanistik Basel, Dr. phil.; Schauspieler und Schriftsteller in Basel. – Schweizer Volksdramatiker, z. T. in Mundart.
W: Die Ansichtskarte, E. 1972; Sennentuntschi, Dr. (1972); Brod und Wein, Dr. (1973); Der Erfinder, Dr. (1973); Der Schütze Tell, Dr. (1975); Der Bub, R. 1976; Der liebe Augustin, Dr. (1979); Ein anderes Land, Kgn. 1982; Züglete, Dr. (1982); Wüstenwind, Aufz. 1984.

Schneider, Michael, * 4. 4. 1943 Königsberg; Stud. Naturwiss., Philos., Soziologie Freiburg, Berlin, Paris, 1973 Dr. phil.; Journalist. 1975–78 Dramaturg in Wiesbaden, freier Schriftsteller ebda. – Als Erzähler, Dramatiker, Gesellschafts- und Kulturkritiker Analytiker emanzipativer Fehlentwicklungen und der Studentenbewegung.
W: Neurose und Klassenkampf, Diss. 1973; Die lange Wut zum langen Marsch, Abh. 1975; Das Spiegelkabinett, N. 1980; Den Kopf verkehrt aufgesetzt, Ess. 1981; Luftschloß unter Tage, Dr. (1982); Nur tote Fische schwimmen mit dem Strom, Ess. 1984; Die Wiedergutmachung, Dr. 1985; Die Traumfalle, Nn. 1987.

Schneider, Peter, * 21. 4. 1940 Lübeck; Jugend in Süddtl., Stud. Germanistik und Gesch. Freiburg, seit 1961 West-Berlin. Aktive Teilnahme an der Studentenrevolte; zeitweilig Berufsverbot. – Erzähler, Essayist und Drehbuchautor mit dem Ziel emanzipator. polit. Aufklärungsarbeit über das Verhältnis von Lit. und Politik.
W: Ansprachen, Rdn. 1970; Lenz, E. 1973; Schon bist du ein Verfassungsfeind, E. 1975; Atempause, Ess. 1977; Die Wette, En. 1978; Messer im Kopf, Drehb. 1979; Die Botschaft des Pferdekopfs, Ess. 1981; Der Mauerspringer, E. 1982; Der Mann auf der Mauer,

Drehb. (1982); Totoloque, Dr. 1985; Vati, E. 1987; Deutsche Ängste, Ess. 1987.

Schneider, Reinhold, 13. 5. 1903 Baden-Baden – 6. 4. 1958 Freiburg/Br.; Sohn e. protestant. Hotelbesitzers u. e. kath. Mutter; kath. erzogen. Nach Abitur Versuch als Landwirtschaftseleve, dann kaufmänn. Ausbildung in e. Dresdner Druckerei, daneben autodidakt. Weiterbildung, bes. in span. u. portugies. Lit. 1928/29 Reisen nach Portugal, Italien, Spanien, Frankreich, England u. Skandinavien, 1932–37 freier Schriftsteller in Potsdam und Berlin, seit 1938 in Freiburg/Br., 1938 Rückkehr zur kath. Kirche; im Dritten Reich trotz Schreibverbot rege lit. Tätigkeit als bedeutender Vertreter des geistigeth. Widerstandes gegen den Nationalsozialismus; kurz vor Kriegsende wegen Hochverrats angeklagt. Dr. h. c. Freiburg und Münster. Winter 1957/58 Reise nach Wien. Jahrelanges Leiden, starb an den Folgen e. Sturzes. – Bedeutender kath. Lyriker, Erzähler, Dramatiker, Essayist, Historiker und Kulturphilosoph; verbindet in s. stark gedankl. ausgerichteten Werk e. von Schwermut getöntes christl.-humanist. Traditionsbewußtsein mit e. scharfen Blick für die geistigen, kulturellen, eth. und polit. Probleme der Zeit, die er in ständigem Rückgriff auf die Geschichte mit ihren Machtkämpfen, Glaubenszwisten und innerseel. Konflikten als e. ewiges Ringen um Verwirklichung christl. Daseins im Irdischen und e. immerwährendes Weltgericht deutet. Grundthema s. umfangr. Werkes von über 120 Titeln, dessen ästhet. Werte mehr in der bildkräftigen, geistig konzentrierten Spra-

che als in der Erfüllung der lit. Formen liegen, ist daher die Antinomie von weltl. Macht und göttl. Gnade.
W: Das Leiden des Camoes, B. 1930; Portugal, Reisetgb. 1931; Philipp II., B. 1931; Das Erdbeben, En. 1932; Fichte, B. 1932; Die Hohenzollern, B. 1933; Auf Wegen deutscher Geschichte, Reiseb. 1934; Das Inselreich, Abh. 1936; Kaiser Lothars Krone, B. 1937; Las Casas vor Karl V., E. 1938; Corneilles Ethos in der Ära Ludwigs XIV., St. 1939; Sonette, 1939; Elisabeth Tarakanow, E. 1939; Theresia von Spanien, B. 1939; Macht und Gnade, Ess. 1940; Das Vaterunser, En. 1941; Der Abschied der Frau von Chantal, En. 1941; Die dunkle Nacht, En. 1943; Der Dichter vor der Geschichte, Ess. 1943; Apokalypse, G. 1946; Kleists Ende, Ess. 1946; Gedanken des Friedens, Ess. 1946; Die neuen Türme, G. 1946; Taganrog, E. 1946; Weltreich und Gottesreich, Vortr. 1946; Der Tod des Mächtigen, E. 1946; Der Mensch und das Leid in der griechischen Tragödie, Ess. 1947; Der Dichter vor der hereinzubrechenden Zeit, Ess. 1947; Herz am Erdsaume, G. 1947; Im Schatten Mephistos, Ess. 1947; Dämonie und Verklärung, Ess. 1947; Lessings Drama, Ess. 1948; Der Widerschein, En. 1948; Schriften zur Zeit, Ess. 1948; Die große Krone, En. 1948; Der Kronprinz, Dr. 1948; Der Stein des Magiers, En. 1949; Das Spiel vom Menschen. Belsazar, Drr. 1949; Der große Verzicht, Dr. 1950; Der Traum des Eroberers. Zar Alexander, Drr. 1951; Vom Geschichtsbewußtsein der Romantik, Ess. 1951; Die Tarnkappe, Sch. 1951; Innozenz und Franziskus, Dr. 1952; Über Dichter und Dichtung, Ess. 1953; Herrscher und Heilige, Ess. 1953; Der fünfte Kelch, En. 1953; Das getilgte Antlitz, En. 1953; Die Sonette von Leben und Zeit, dem Glauben und der Geschichte, G. 1954; Verhüllter Tag, Aut. 1954; Erbe und Freiheit, Vortr. 1955; Der Friede der Welt, Schr. 1956; Die silberne Ampel, R. 1956; Der Balkon, Aut. Sk. 1957; Winter in Wien, Tgb. 1958; Pfeiler im Strom, Ess. 1958; Der ferne König, En. 1959; Innozenz III., B. 1960; Schicksal und Landschaft, Ess. 1960; Gelebtes Wort, St. 1961; Allein der Wahrheit Stimme will ich sein, Betracht. 1962; Erfüllte Einsamkeit, Ess. 1963; Begegnung und Bekenntnis, Ess. 1963; Verpflichtung und Liebe, Ess. 1964; Tagebuch 1930–35, 1983. – AW, IV 1953; GW, X 1977–81; Briefwechsel m. L. Ziegler, 1960, m. E. Przywara, 1963, m. B. v. Heiseler, 1965; m. W. Bergengruen, 1966; Briefe an einen Freund, 1961.
L: H. U. v. Balthasar, 1953 (m. Bibl.); J. Rast, D. Widerspruch, 1959; G. Adolf-Altenberg, Mail. 1962; E. Schmidt, Diss. Wien 1964; B. Scherer, Diss. Fribourg 1964; ders., Tragik vor dem Kreuz, 1966; L. Bossle, Utopie u. Wirklichkeit im polit. Denken v. R. S., 1965; M. van Look, Jahre d. Freundsch. m. R.

S., 1965; O. Caeiro, Cordoba 1970; I. Zimmermann, 1966; ders., D. späte R. S., 1973; R. S., hg. F. A. Schmitt u. B. Scherer ²1973; E. M. Landau, 1977; K. W. Reddemann, 1978; P. Meier, Form u. Distanz, 1978; E. Blattmann, 1979; C. P. Thiele, hg. 1980; Widerruf oder Vollendung, 1981; I. Zimmermann, 1983; E. Blattmann u. a., hg. 1985; F. Baumer, 1987.

Schneider, Rolf, * 17. 4. 1932 Chemnitz; 1951–55 Stud. Germanistik Halle; 1955–58 Redakteur der kultur.-polit. Zs. ›Aufbau‹, dann freier Schriftsteller in Schöneiche b. Berlin; 1976 nach dem Biermann-Protest Repressalien und 1979 Ausschluß aus dem Schriftstellerverband. – Hörspielautor, Dramatiker u. realist.-satir. Erzähler bes. um moral.-polit. Konflikte in der Auseinandersetzung mit Faschismus und westdt. Nachkriegsrestauration in vielen Formen, z. T. unter weitgehender Benutzung lit. Vorlagen und Stilvorbilder. Auch Fernsehspiel, Lyrik u. Nachdichtungen.

W: Das Gefängnis von Pont L'Evêque, H. (1957); Aus zweiter Hand, Parodien 1958; Prozeß Richard Waverley, Dr. (1961); Brücken und Gitter, En. 1965; Die Tage in W., R. 1965; Zwielicht, H. (1966); Prozeß in Nürnberg, Dr. 1968; Dieb und König, Sch. 1969; Der Tod des Nibelungen, R. 1970; Einzug ins Schloß, K. (1970); Stimmen danach, H.e 1970; Pilzomelett und andere Nekrologe, En. 1974; Die Reise nach Jaroslaw, R. 1975; Das Glück, R. 1976; November, R. 1979; Unerwartete Veränderung, En. 1980; Die Mainzer Republik, Dr. (1980); Sommer in Nohant, Dr. (1981); Marienbader Intrigen, H.e 1985; Joseph Fouché, zu dienen, K. (1986).

Schneider-Schelde, Rudolf (eig. R. Schneider), 8. 3. 1890 Antwerpen – 18. 5. 1956 München; aus e. schwäb. Familie; Schulbesuch und Stud. in Dtl.; seit 1917 freier Schriftsteller in Berlin, dann in München; im Dritten Reich wurden s. Werke verboten und verbrannt; 1945 Sekretär der dt. Gruppe des PEN-Clubs; 1949–51 stellv. Intendant

und Programmdirektor des Bayer. Rundfunks in München. – Fruchtbarer, gewandter Erzähler vieler Romane und Novellen um mod. Probleme. Außerdem mehrere Dramen, bes. Lustspiele; auch Hörspiele.

W: Sekunde der Freiheit, Dr. (1922); Kaber, N. 1923; Jagd auf Toren, E. 1923; Die Straße des Gelächters, En. 1925; Bluff, Lsp. (1925); Ring mit rotem Stein, N. 1926; Der Frauenzüchter, R. 1928; Vettern, Lsp. (1927); Alexander der Arme, Lsp. (1928); Kies bekennt Farbe, R. 1930; In jenen Jahren, R. 1935; Zweierlei Liebe, R. 1936; Ehen und Freundschaften, R. 1937; Die Liebesprobe, Lsp. (1940); O diese Kinder, K. (1941); Offenes Fenster, R. 1944; Ein Mann im schönsten Alter, R. 1955.

Schnell, Robert Wolfgang, 8. 3. 1916 Barmen – 1. 8. 1986 Berlin; Sohn e. Bankbeamten; Stud. Musik Köln, als Maler Autodidakt; Hilfsarbeiter, 1938–41 Laborant, dienstverpflichtet ins Steueramt, dann Inspizient am Landestheater Schneidemühl u. Opernregisseur in Den Haag; 4 Monate Soldat, Desertion; nach dem Krieg Mitbegründer u. Leiter der Ruhr-Kammerspiele, Regisseur am Dt. Theater Berlin; ab 1951 u. a. Drehbuchautor u. bis 1954 Redakteur der satir. Zs. ›Ulenspiegel‹; gründete 1959 m. G. B. Fuchs u. G. Anlauf in Berlin-Kreuzberg die Galerie die zinke (bis 1961); Maler, Schauspieler u. freier Schriftsteller in Westberlin. – Realist. Erzähler mit z. T. authent. Stoffen bes. aus der Welt der kleinen Leute, kauzigen Außenseiter, beschädigten u. gescheiterten Randgestalten als letztes poesiefähiges Residuum in e. kommerzialisierten Gesellschaft. Auch Lyrik, Drama, Essay, Hör- und Fernsehspiel, Kinderbuch sowie Übs.

W: Wahre Wiedergabe der Welt, Sat. 1961; Mief, En. 1963 (u. d. T. Die Farce von den Riesenbrüsten, 1969); Geisterbahn, R. 1964

(Neufassg. 1973); Muzes Flöte, En. u. G. 1966; Erziehung durch Dienstmädchen, R. 1968; Der Laster geringstes, Sch. 1968; Pulle und Pummi, Kdb. 1969; Junggesellenweihnacht, En. 1970; Das verwandelte Testament, En. 1973; Vier Väter, En. 1973; Des Försters tolle Uhr, Kdb. 1974; Eine Tüte Himbeerbonbons, En. 1976; Die heitere Freiheit und Gleichheit, En. 1978; Sind die Bären glücklicher geworden?, En. 1983; Der Weg einer Pastorin ins Bordell, En. 1984.

Schnepperer, Der → Rosenplüt, Hans

Schniffis, Laurentius → Laurentius von Schnüffis

Schnitter, Johannes → Agricola, Johannes

Schnitzler, Arthur, 15. 5. 1862 Wien – 21. 10. 1931 ebda.; Sohn des Kehlkopfspezialisten u. Prof. Johann S., Stud. Medizin Wien, 1885 Dr. med., ab 1886 Arzt am k. k. Allg. Krankenhaus und Assistent an der Poliklinik, dann prakt. Arzt; Bekanntschaft mit S. Freud. Widmete sich zunehmend lit. Arbeiten und lebte als freier Schriftsteller in Wien. – Als Dramatiker und Erzähler typ. Repräsentant des Wiener Impressionismus, der die dekadente großbürgerl. Gesellschaft des Wiener fin de siècle mit ihrer müden Resignation und abgeklärten Melancholie, der graziösen Leichtigkeit, e. zwischen Traum und Wirklichkeit wechselnden, verschwimmenden Konturlosigkeit und e. oft bedrückenden Lebensüberdruß und Todessehnsucht in entscheidenden Situationen mit glänzender psycholog., z. T. psychoanalyt. Beobachtung, iron. Skepsis und eth. Relativismus darstellt. Neigung zum Episodenhaften und Bevorzugung kleinerer Formen (szen. Einakter, stimmungshafte Novellen); in größeren Formen versagt z. T. die Gestal-

tungskraft. Vorliebe für psycholog. Durchleuchtung spielerischer erot. Situationen ohne echtes gefühlsmäßiges Engagement (Liebelei, Verführung) aus der Auffassung von der Vergänglichkeit des Gefühls und Überwiegen der meisterhaft in allen Nuancen und Zwischentönen geschilderten Stimmung über die Handlung. Nur im Frühwerk und nach dem 1. Weltkrieg auch gelegentl. Einbeziehung sozialer Probleme; zuletzt eth. Engagement in der Forderung nach Überwindung des gleichgültigen Ästhetentums zugunsten verantwortungsbewußter, illusionsfreier Lebensführung. In s. kultivierten Stil an franz. Lit. (Flaubert, Maupassant) geschult; in ›Leutnant Gustl‹ und ›Fräulein Else‹ frühe Anwendung des inneren Monologs. Skandalerfolg mit der zyn. Diagnose des Trieblebens in den satir. Dialogen des ›Reigen‹. E. der meistgespielten dt. Dramatiker in der Zeit vor dem 1. Weltkrieg.

W: Anatol, Dr. 1893; Das Märchen, Sch. 1894; Sterben, N. 1895; Liebelei, Sch. 1896; Freiwild, Sch. 1898; Die Frau des Weisen, Nn. 1898; Das Vermächtnis, Sch. 1899; Der grüne Kakadu. Paracelsus. Die Gefährtin, Drr. 1899; Reigen, Dial. 1900; Der Schleier der Beatrice, Sch. 1901; Lieutenant Gustl, N. 1901; Frau Berha Garlan, R. 1901; Lebendige Stunden, Drr. 1902; Der einsame Weg, Sch. 1904; Die griechische Tänzerin, Nn. 1905; Zwischenspiel, K. 1906; Der Ruf des Lebens, Sch. 1906; Marionetten, Drr. 1906; Dämmerseelen, Nn. 1907; Der Weg ins Freie, R. 1908; Komtesse Mizzi oder Der Familientag, K. 1909; Der junge Medardus, Dr. 1910; Das weite Land, Tragikom. 1911; Masken und Wunder, Nn. 1912; Die Hirtenflöte, N. 1912; Professor Bernhardi, K. 1912; Frau Beate und ihr Sohn, N. 1913; Komödie der Worte, Drr. 1915; Die große Szene, Sch. (1915); Fink und Fliederbusch, K. 1917; Doktor Gräsler, Badearzt, E. 1917; Casanovas Heimfahrt, N. 1918; Die Schwestern oder Casanova in Spa, Lsp. 1919; Komödie der Verführung, 1924; Fräulein Else, N. 1924; Die Frau des Richters, N. 1925; Traumnovelle, 1926; Der Gang zum Weiher, Dramat. G. 1926; Der Geist im Wort und der Geist in der Tat, Ess. 1927; Spiel im

Morgengrauen, N. 1927 (n. 1973); Buch der
Sprüche und Bedenken, Aphor. 1927; Therese, R. 1928; Im Spiel der Sommerlüfte, Sch.
1930; Flucht in die Finsternis, N. 1931;
Traum und Schicksal, Nn.-Ausw. 1931; Die
kleine Komödie, Nn. 1932; Abenteuer-No-
velle, 1937; Über Krieg und Frieden, Schr.
1939; Das Wort, Dr.-Fragm. 1966; Jugend in
Wien, Aut. 1968; Frühe Gedichte, 1969; Zug
der Schatten, Dr.-Fragm., 1970; Ritterlichkeit, Dr.-Fragm. 1975. – GW, VII 1912 (erw.
IX 1922f.), XV 1977–79; Die erzählenden
Schriften, II 1961; Die dramatischen Werke,
II 1962; Aphorismen und Betrachtungen, hg.
R. O. Weiss 1967; Entworfenes und Verwor-
fenes, Nl. 1977; Briefe, II 1981–84; Briefwechsel m. O. Brahm, hg. O. Seidlin 1975,
m. G. Brandes, hg. K. Bergel 1956, m. H. v.
Hofmannsthal, hg. T. Nickl u. H. Schnitzler
1964; m. O. Waissnix, hg. dies. 1970; m. M.
Reinhardt, hg. R. Wagner 1971; m. R. Au-
ernheimer, Chapel Hill 1972, m. A. Sand-
rock, hg. R. Wagner 1975; m. H. Bahr, hg.
D. G. Daviau, Chapel Hill 1978; Tagebücher,
X 1981 ff.
L: H. Landsberg, 1904; T. Reik, A. S. als
Psycholog, 1913; J. Körner, A. S.s Gestalten
u. Probleme, 1921; R. Specht, 1922; S. Lipt-
zin, N. Y. 1932; R. Plaut, A. S. als Erzähler,
Diss. Basel 1936; B. Blume, D. nihilist. Welt-
bild S.s, Diss. Stuttgart 1936; A. Fuchs, 1946;
H. Singer, Zeit und Gesellschaft i. Werke A.
S.s, Diss. Wien 1948; R. Müller-Freienfels,
D. Lebensgefühl i. A. S.s Dramen, Diss.
Ffm. 1954; L. Lantin, Traum u. Wirklichkeit
i. d. Prosadichtung A. S.s, 1958; E. Jandl, D.
Novellen A. S.s, Diss. Wien 1950; Journal of
the International A. S. Research Association,
Birmingham/N. Y. 1961 ff.; O. Schnitzler,
Spiegelbild der Freundschaft, 1962; Studies in
A. S., hg. H. W. Reichert u. H. Salinger,
Chapel Hill 1963; G. Baumann, 1965; F. Der-
ré, Paris 1966; G. Just, Ironie u. Sentimentali-
tät in d. erz. Dicht. A. S.s, 1968; W. H. Rey,
1968; R. Urbach, 1968, ders., S.-Komm.,
1974; C. Melchinger, Illusion u. Wirklichk. i.
dramat. Werk A. S.s, 1968; H. U. Lindken,
Interpretationen zu A. S., 1970, ders., Diss.
Salzb. 1972; K. Kilian, D. Komödien A. S.s,
1972; M. Swales, Oxf. 1973; E. L. Offer-
manns, 1973; H. Rieder, 1973; A. Fritsche,
Dekadenz i. Wk. A. S., 1974; G. Selling, D.
Einakter u. Einakterzyklen, Amsterd. 1975;
H. Scheible, 1976; ders., A. S. u. d.Aufkl.,
1977; R.-P. Janz, K. Laermann, 1977; H.
Schnitzler u. a., hg. 1981, n. 1984; H. Schei-
ble, hg. 1981; R. M. Werner, Impressionism.
als lit. hist. Begr., 1981; B. L. Schneider-
Halvorson, The Late Dram. Works, 1983;
H.-U. Lindken, 1984; R. Allerdissen, 1984;
P. W. Tax, hg. 1984; R. Wagner, ²1984; R.
Wolff, hg. 1985; Akten d. intern. Sympos. A.
S., hg. G. Farese 1985; M. L. Perlmann, 1987;
Bibl.: R. H. Allen, Chapel Hill 1966; J. G.
Berlin (1965–77), 1978; G. Neumann u. J.
Müller, D. Nachlaß A. S.s, 1969.

Schnüffis, Laurentius von →
Laurentius von Schnüffis

Schnurre, Wolfdietrich, *22. 8.
1920 Frankfurt/M.; Sohn e. Bi-
bliothekars, Jugend in Berlin,
Gymnas. ebda. 1939–45 Soldat,
seit 1946 wieder in Berlin,
1946–49 Film- u. Theaterkritiker
der ›Dt. Rundschau‹, 1947 Mitbegründer und bis 1951 Mitgl. der
›Gruppe 47‹. Seit 1950 freier
Schriftsteller in Berlin. – Vielseitiger, in s. Frühwerk für die Aus-
gangssituation der dt. Nach-
kriegslit. repräsentativer Autor
und aggressiver, radikal anti-
ideolog. Moralist unter dem Eindruck der Kriegs- und Nachkriegszeit mit Neigung zu skurriler Verspieltheit, eigenwill. Groteske u. scharfer Satire. Begann
mit zeitkrit. Kurzgeschichten in
stilisierter Alltagssprache, deren
Stärke im Weglassen liegt, Fabeln
u. humorvollen Tiergeschichten,
schrieb später stark satir. u. epigrammat. lyr. Gedichte, fiktive
Tagebücher, Essays u. Feuilletons, Hör- und Fernsehspiele,
z. T. Kinderbücher.
W: Rettung des deutschen Films, Streitschr.
1950; Die Rohrdommel ruft jeden Tag, En.
1950; Sternstaub und Sänfte, Sat. 1953 (u. d.
T. Aufzeichnungen des Pudels Ali, 1962); Die
Blumen des Herrn Albin, E. 1955; Kassiber,
G. 1956; Abendländer, G. 1957; Protest im
Parterre, En. 1957; Eine Rechnung, die nicht
aufgeht, En. 1958; Als Vaters Bart noch rot
war, R. 1958; Das Los unserer Stadt, R. 1959
(Auszug u. d. T. Rapport des Verschonten,
1968); Man sollte dagegen sein, En. 1960;
Funke im Reisig, En. 1963; Schreibtisch unter
freiem Himmel, Ess. 1964; Kassiber, Neue G.
1964; Ohne Einsatz kein Spiel, En. 1964; Die
Erzählungen, 1966 (m. Bibl.); Spreezimmer
möbliert, H.e 1967; Was ich für mein Leben
gern tue, Prosa 1967; Die Zwengel, Kb. 1967;
Richard kehrt zurück, R. 1970; Schnurre heiter, Ausw. 1970; Der Spatz in der Hand, ges.
Fabeln u. G. 1971; Ich frag ja bloß, Dialoge
1973; Der wahre Noah, E. 1974; Zigeuner-
ballade, E. 1975; Eine schwierige Reparatur,
E. 1976; Ich brauch dich, En. 1976; Erzählungen 1945–65, 1977; Der Schattenfotograf,

Aufz. 1978; Kassiber und neue Gedichte, G. 1979; Ein Unglücksfall, R. 1980; Gelernt ist gelernt, Rdn. 1984. – Erzählungen, II 1979, X 1980.
L: Interpretationen z. W. S. En., 1970.

Schöfer, Erasmus, ⋆ 4. 6. 1931 Altlandsberg b. Berlin; Fabrikarbeiter, Stud. Germanistik, Linguistik, 1962 Dr. phil.; Übersetzer, Schriftsteller in Köln, Organisator und Editor mod. Arbeiterliteratur, 1969/70 Mitgründer des Werkkreises Literatur der Arbeitswelt. Verfechter e. realist., antikapitalist. Klassenlit. – Erzähler und Hörspielautor von ideolog. Engagement bei stilist. Unausgeglichenheit.
W: Die Sprache Heideggers, Diss. 1962; Vielleicht bin ich morgen schon eine Leiche, Dr. (1971); Drei Stücke, Drr. 1978; Erzählungen von Kämpfen, Zärtlichkeit und Hoffnung, En. 1979; Der Sturm, E. 1981; Tod in Athen, R. 1986; Flieg Vogel stirb, Ess. 1987.

Schönaich, Christoph Otto Freiherr von, 11. 6. 1725 Amtitz b. Gruben/Niederlausitz – 15. 11. 1807 ebda.; 1745–47 sächs. Offizier; 1752 wegen s. belanglosen Epos ›Hermann‹ von Gottsched in Leipzig zum Dichter gekrönt; lebte erblindet auf s. Gut Amtitz. – Epiker und Dramatiker der Gottsched-Schule; Gegner Klopstocks und Lessings.
W: Hermann oder das befreyte Deutschland, Ep. 1751; Die ganze Ästhetik in einer Nuß oder Neologisches Wörterbuch, 1754 (n. A. Köster II 1898–1900, n. 1968); Heinrich der Vogler, Ep. 1757; Montezuma, Tr. 1763.
L: C. Ladendorf, Diss. Lpz. 1897.

Schönaich-Carolath, Emil Prinz von, 8. 4. 1852 Breslau – 30. 4. 1908 Schloß Haseldorf/Holstein; Gymnas. Wiesbaden; 1870/71 Stud. Lit. und Kunstgesch. Zürich; 1872–74 Dragonerleutnant; 1875 Reise nach Rom, 1876 nach Ägypten; ⚭ 1887 Katharina von Knorring; lebte dann auf s.

Schlössern in Dänemark und Holstein. – Neuromant. formglatter Lyriker und Erzähler, anfangs von stark düsterer Stimmung, dann relig.-sittl. Tendenz. In der Lyrik zuerst in der Nachfolge Freiligraths und Eichendorffs. S. farb. Novellen wurden von Storm beeinflußt.
W: Lieder an eine Verlorene, G. 1878; Thauwasser, E. 1881; Dichtungen, 1883; Geschichten aus Moll, En. 1884; Bürgerlicher Tod, N. 1894; Der Freiherr. Regulus. Der Heiland der Tiere, Nn. 1896; Gedichte, 1903; Lichtlein sind wir. Die Kiesgrube. Die Wildgänse, Nn. 1903. – GW, VII 1907.
L: H. Friedrich, 1903; A. Lohr, 1907; V. Klemperer, 1908; H. Seyfarth, 1909; G. Schüler, 1909; E. Becker, 1927.

Schöne Magelone, Die → Magelone, Die schöne

Schönherr, Karl, 24. 2. 1867 Axams/Tirol – 15. 3. 1943 Wien; Sohn e. Dorflehrers; früh verwaist; harte Jugendjahre in Schlanders/Vinschgau; Gymnas. Bozen; Stud. erst Germanistik und Medizin Innsbruck, ab 1891 Medizin Wien; Dr. med.; 1896 prakt. Arzt in Wien; seit 1905 freier Schriftsteller auf s. Landsitz Telfs in Tirol und in Wien. – Stark heimat- u. volksverbundener österr. Dramatiker, Lyriker und Erzähler des Naturalismus, Vf. erfolgr. Dramen von straffer Handlung in Anknüpfung an das Volksstück, schlagkräft. Heimat- und Bauerndramen um erdverwurzelte, oft holzschnitthaft derbe Menschen der Tiroler Bergwelt u. deren elementare Leidenschaften und Schicksale in wortkarger Bauernsprache; zieht oft bewegte Mimik und Gestik der Rede vor. Tendenz zur Heroisierung, völk. Romantisierung und symbolist. Stilisierung; Widersprüche durch Überschneidung von S.s streng kath. und bewußt dt.-nationaler Haltung. Weniger erfolgr. mit Thesen- und Problemdramen mit rein menschl., sozialen oder psycholog. Anliegen und echter Empfindung. Auch aus S.s ärztl. Erfahrung schöpfende Seelendramen mit Anklängen an Ibsen und Hauptmann.

W: Tiroler Marterln für abg'stürzte Bergkraxler, G. 1895; Innthaler Schnalzer, G. 1895; Allerhand Kreuzköpf', En. 1895; Der Judas von Tirol, Dr. (1897); Die Bildschnitzer, Tr. 1900; Sonnwendtag, Dr. 1902 (Neufassg. 1905; u. d. T. Die Trenkwalder, 1914); Karnerleut', Dr. 1905; Caritas, En. 1905; Familie, Sch. 1906; Erde, K. 1908; Das Königreich, Dr. 1908; Glaube und Heimat, Tr. 1911; Aus meinem Merkbuch, Nn. 1911; Tiroler Bauernschwänke, 1913; Schuldbuch, En. 1913; Der Weibsteufel, Dr. 1914; Volk in Not, Dr. 1916; Frau Suitner, Dr. 1916; Narrenspiel des Lebens, Dr. 1918; Kindertragödie, 1919; Der Kampf, Dr. 1920 (u. d. T. Vivat Academia!, 1922; u. d. T. Haben Sie zu essen, Herr Doktor?, 1930); Es., Sch. 1923; Der Komödiant, Dr. 1924; Die Hungerblokkade, Dr. 1925 (u. d. T. Der Armen-Doktor, 1927); Passionsspiel, 1933; Die Fahne weht, Sch. 1937. – GW, IV 1927 (n. 1947); GW, hg. V. Chiavacci II 1948; Gesamtausgabe, III 1967–74.
L: J. Eckardt, S.s, Glaube u. Heimat, 1911; R. Sedlmaier, S. u. d. österr. Volksstück, 1920; M. Lederer, 1925; A. Bettelheim, 1928; M. Scherer, K. S. als Erzähler, Diss. Wien 1937; C. Haschek, K. S. als Erzähler, Diss. Innsbruck 1947; K. Paulin, 1950; T. Schuh, Diss. Innsbr. 1967.

Schönlank, Bruno, 31. 7. 1891 Berlin – 1. 4. 1965 Zürich; Sohn e. sozialdemokrat. Politikers und Publizisten; verlor früh s. Vater; Gymnas. und Ackerbauschule; Landwirt und Fabrikarbeiter; als Handwerksbursche auf Wanderschaft; dann Ausbildung und Arbeit im Buchhandel; Mitarbeiter sozialdemokrat. Zeitungen. Freier Schriftsteller in Berlin; 1933 Emigration in die Schweiz, lebte in Zürich. – Sozialist. Lyriker, auch Dramatiker und Erzähler, vor allem aber Vf. von Texten für proletar. Sprechchöre. Übs. aus dem Russ. (Tolstoj).

W: In diesen Nächten, G. 1917; Ein goldner Ring. Ein dunkler Ring, G. 1919; Blutjunge Welt, G. 1919; Brennende Zeit, Tr. 1920; Erlösung, Sp. 1920; Verfluchter Segen, Dr. 1921; Großstadt, Chorwerk 1923; Der Moloch, Chorwerk 1923; Sei uns, du Erde!, G. 1925; Agnes, R. 1929; Das Klassenlos, Vst. 1930; Fiebernde Zeit, Sprechchöre 1935; Laß Brot mich sein, G. 1940; Mein Tierparadies, G. 1949; Funkenspiel, G. 1954.

Schönthan, Edler von Pernwald, Franz, 20. 6. 1849 Wien – 2. 12. 1913 ebda.; Bruder von Paul S.; 1867–71 Marineoffizier; Schauspieler in Dessau u. a. Städten, zuletzt am Residenztheater in Berlin; dort 1879 Theaterdichter; 1883/84 Oberregisseur am Wiener Ringtheater; ging 1885 nach Brünn b. Wien, 1888 nach Blasewitz b. Dresden; ab 1896 in Wien. – Sehr erfolgr. österr. Dramatiker, dessen Lustspiele und Schwänke ohne bes. künstler. Wert, vor allem der ›Raub der Sabinerinnen‹, um 1900 sehr beliebt waren.

W: Das Mädchen aus der Fremde, Lsp. 1880; Sodom und Gomorrha, Schw. 1880; Der Schwabenstreich, Lsp. 1883; Der Raub der Sabinerinnen, Schw. 1885 (m. Paul S.); Die goldene Spinne, Schw. 1886; Renaissance, Lsp. 1897 (m. F. Koppel-Ellfeld).

Schönthan, Edler von Pernwald, Paul, 19. 3. 1853 Wien – 5. 8. 1905 ebda.; Jugend in Wien; 1887–90 Redakteur der ›Lustigen Blätter‹ in Berlin; 1892 Feuilletonredakteur beim ›Neuen Wiener Tagblatt‹ und 1902 an der ›Abendpost‹ der amtl. ›Wiener Zeitung‹. – Österr. Erzähler und Dramatiker, Vf. zahlr. meist humorist. Romane und Novellen, zum großen Teil aus der Wiener Welt, auch Bühnenstücke. Zusammen mit s. Bruder Franz Vf. des sehr beliebten Schwanks ›Der Raub der Sabinerinnen‹ (1885).

W: Kleine Humoresken, VII 1882–87 (m. Franz S.); Zimmer Nr. 18, Schw. 1886; In Sturm und Not, Lsp. 1888; Welt- und Kleinstadtgeschichten, 1889; Ringstraßenzauber, Sk. 1894; Wiener Luft, En. 1897; Das Fräulein, R. 1903.

Schönwiese, Ernst, * 6. 1. 1905 Wien; Stud. Jura, Philos. und Germanistik ebda.; Dr. phil.; Redakteur, Volkshochschuldozent, 1954–70 Programmdirektor beim Österr. Rundfunk; Gründer und Hrsg. der Literaturzs. ›das silberboot‹. 1955 Prof. h. c.; 1972–78 Präsident des österr. PEN-Zentrums. – S. von west-östl. Mystik beeinflußte, formal klass. Lyrik kreist um das Phänomen der Liebe zum Mitmenschen wie zu Gott. Auch Essayist, Erzähler u. Funkautor.

W: Der siebenfarbige Bogen, G. 1947; Ausfahrt und Wiederkehr, G. 1947; Nacht und Verheißung, G. 1950; Das Bleibende, G. 1950; Das unverlorene Paradies, G. 1951; Requiem in Versen, G. 1953; Stufen des Herzens, G. 1956; Traum und Verwandlung, G. 1959; Baum und Träne, G. 1962; Geheimnisvolles Ballspiel, G. 1965; Odysseus und der Alchimist, G. 1968; Literatur in Wien zwischen 1930 und 1980, Ess. 1980; Versunken in den Traum, G.-Ausw. 1984; Antworten in der Vogelsprache, G. 1987.

L: J. Strelka, Rilke, Benn, S., 1960; Weisheit der Heiterkeit, Fs. 1978; J. P. Strelka, hg. 1986.

Scholtis, August (Ps. Alexander Bogen), 7. 8. 1901 Bolatitz/Oberschlesien – 26. 4. 1969 Berlin, Sohn e. Häuslers und Musikanten; Maurer; 7 Jahre Kanzleischreiber des Fürsten Lichnowsky; versch. Posten in Güterverwaltungen, Behörden, Banken; 4 Jahre arbeitslos; Journalist und Schriftsteller in Berlin. – Kraftvoller, oft sarkast.-derber Erzähler aus dem Leben, bes. einfacher Menschen, und der Geschichte s. oberschles. Heimat. Wandte sich gegen verblendeten Nationalismus. Auch Dramatiker und Lyriker.

W: Ostwind, R. 1932; Der müde Krieg in Borodin, Dr. (1932); Baba und ihre Kinder,

R. 1934; Jas, der Flieger, R. 1935; Der Kürbis, K. (1936); Schlesischer Totentanz, En. 1938; Das Eisenwerk, R. 1939; Die Begegnung, En. 1940; Die mährische Hochzeit, R. 1940; Die Zauberkrücke, E. 1948; Die Fahnenflucht, N. 1948; Der hl. Jarmussek, En. 1949; Die Katze im schlesischen Schrank, En. 1958; Ein Herr aus Bolatitz, Aut. 1959; Reise nach Polen, Ber. 1962; Schloß Fürstenkron, R. 1987.

Scholz, Hans, * 20. 2. 1911 Berlin, Sohn e. Rechtsanwalts, Stud. Kunstgesch. und Malerei in Berlin, seit 1935 freier Künstler, später freier Schriftsteller in Berlin; 1963–76 Feuilletonchef des ›Tagesspiegels‹ ebda. – Begann mit Essays und erzielte dann mit s. Roman über Berlin e. nachhalt. Erfolg; auch Drehbuch- u. Hörspielautor.

W: Am grünen Strand der Spree, R. 1955; Schkola, N. 1956; Berlin, jetzt freue Dich, Sk. 1960; An Havel, Spree und Oder, H. 1962; Der Prinz Kaspar Hauser, Rep. 1964; Südost hin und zurück, Reiseb. 1970; Wanderungen und Fahrten in der Mark Brandenburg, Reiseb. III 1973–75; Th. Fontane, B. 1978.

Scholz, Wilhelm von, 15. 7. 1874 Berlin – 29. 5. 1969 Konstanz; aus schles. Familie; Sohn des letzten Finanzministers Bismarcks; Gymnas. Berlin und seit 1890 Konstanz; Stud. Philos. und Lit.-Wiss. Berlin, Kiel, Lausanne und München; 1897 Dr. phil.; 1894/95 Leutnant in Karlsruhe; dann in München, Weimar, Oberhambach/Bergstraße und auf Gut Seeheim b. Konstanz; 1916–22 Dramaturg und Spielleiter am Hof-, später Landestheater in Stuttgart; 1926–28 Präsident der Preuß. Dichterakad.; 1944 Dr. phil. h. c. Heidelberg; 1949 Präsident, 1951 Ehrenpräsident des Verbandes dt. Bühnenschriftsteller; lebte auf s. ererbten Landgut Seeheim am Bodensee. – Äußerst fruchtbarer Dramatiker, Erzähler, Lyriker und Essayist. Begann als Lyriker

in der Nachfolge Liliencrons, erwies bald s. Neigung zum Neuro-
mantischen u. offenbarte in s.
formstrengen Gedichten e. starken Sinn für räuml. und zeitl.
Unendlichkeit, für Geheimnisse
und Wunder von unbekannter
Tiefe. Als Dramatiker durch s.
Vorbild Hebbel und die neuklassi-
zist. Bestrebungen s. Freundes P.
Ernst von der ursprüngl. lyr.-
symbol. Richtung zu e. ausge-
prägteren klassizist. Form geführt. Auch in den Dramen Hinwendung zum Geheimnisvollen,
Hintergründ.-Übersinnl., zu e.
traumhaft okkulten Zwischenreich, wohl an s. Studium der dt.
Mystik anknüpfend. Betonung
der Macht des Schicksals, vor allem des Zufalls, bes. in den späteren oft ep. breiten Erzählungen
mit oft ma. Stoffen (›symbol.
Realismus‹).

W: Frühlingsfahrt, G. 1896; Hohenklingen,
G. 1898; Der Besiegte, Dr. 1899; Der Gast,
Sch. 1900; Der Spiegel, G. 1902; Droste-
Hülshoff, B. 1904; Hebbel, B. 1905; Der Jude
von Konstanz, Tr. 1905; Meroë, Tr. 1906;
Der Bodensee, Sk. 1907; Deutsche Mystiker,
1908; Vertauschte Seelen, K. 1910; Gefährliche Liebe, Sch. 1913; Neue Gedichte, 1913;
Gedanken zum Drama, Schr. 1915; Die Unwirklichen, En. 1916; Der Dichter, Aufss.
1917; Die Feinde, Sch. 1917; Städte und
Schlösser, 1918; Die Beichte, En. 1919; Der
Wettlauf mit dem Schatten, Sch. 1922; Vin-
cenzo Trappola, Nn. 1922; Zwischenreich,
En. 1922; Die Häuser, G. 1923; Die gläserne
Frau, Sch. 1924; Erzählungen, Aut. 1924; Wanderungen, Aut. 1924; Der Zufall, Ess. 1924
(erw. u. d. T. Der Zufall und das Schicksal,
1935, erw. 1950); Lebensdeutung, Aphor.
1924; Perpetua, R. 1926; Das Jahr, G. 1927;
Das unterhaltsame Tagebuch, 1928; Der Weg
nach Ilok, R. 1930; Unrecht der Liebe, R.
1931; Die Pflicht, N. 1932 (dramat. u. d. T.
Ayatari, 1944); Berlin und Bodensee, Aut.
1934; Eine Jahrhundertwende, Aut. 1936; Die
Gefährten, Nn. 1937; Die Frankfurter Weihnacht, Dr. 1938; An Ilm und Isar, Aut. 1939;
Lebensjahre, G. 1939; Claudia Colonna, Sch.
1941; Stürmende Jugend, B. 1944 (erw. u. d.
T. Friedrich Schiller, 1956); Ges. Gedichte,
1944; Ewige Jugend, Sch. 1949; Irrtum und
Wahrheit, Aphor. 1950; Das Säckinger
Trompeterspiel, Dr. 1955; Das Drama, Abh.
1956; Das Inwendige, Nn.-Ausw. 1958; Zwi-

schenwelten, Nn.-Ausw. 1962; Mein Thea-
ter, Aut. 1964; Theodor Dorn, R. 1967. –
GW, V 1921–23, V 1924; Ausgew. Schau-
spiele, 1964.
L: B. Sturm, 1902; E. A. Regener, 1904; F.
Droop, 1922; E. Bleuler, Diss. Fribourg
1929; R. Vanzini, Diss. Venedig 1936; A. M.
Reis, Diss. Bonn 1939; R. Gramich, Diss.
Mchn. 1958.

Schopenhauer, Johanna, geb.
Trosiener, 9. 7. 1766 Danzig – 17.
4. 1838 Weimar; Tochter e. Kaufmanns und Senators; ∞ 1784
Großkaufmann Heinrich Floris
S.; Mutter von Arthur u. Adele
S.; zog 1806 verwitwet nach Weimar, hielt e. lit. Salon ebda.;
1828–37 in Bonn, dann wieder in
Weimar. – Erzählerin von Romanen, Novellen und Reisebeschreibungen.

W: Reise durch England und Schottland,
Erinn. II 1818 (Ausw. L. Plakolb 1965); Gabriele, R. III 1819 f. (n. 1985); Die Tante, R. II
1823; Erzählungen, VIII 1825–28; Sidonia, R.
III 1827 f.; Nachlaß, II 1839. – Sämtl. Schriften, XXIV 1830 f.; Damals in Weimar! Erinnerungen u. Briefe vor und an J. S., hg. H. H.
Houben 1924; Ihr glücklichen Augen, Erinn.
u. Br. 1978; Im Wechsel der Zeiten, Erinn.,
Tgb., Br. 1986.
L: L. Frost, 1905; O. Eichler, Diss. Lpz. 1923;
A. Brandes, Diss. Ffm. 1930; K. Schleucher,
1978; G. Dworetzki, 1987.

Schoppe, Amalie, geb. Weise, 9.
10. 1791 Burg auf Fehmarn – 25.
9. 1858 Shenectady/New York;
Arzttochter; kam früh nach Hamburg, gründete dort e. Erziehungsinstitut; ∞ 1811 Dr. jur. F.
H. S., 1829 verwitwet; nahm sich
1832–35 des jungen Hebbel an;
seit 1851 bei ihrem Sohn in USA.
– Fruchtbare Roman- und Jugendschriftstellerin; Unterhaltungsschriftstellerin.

W: Gesammelte Erzählungen und Novellen,
III 1827–36; Zeitlosen, Nn. II 1837; Erinnerungen aus meinem Leben, II 1838; Der Prophet, R. III 1846.
L: K. Schleucher, 1978.

Schottel(ius), Justus Georg, 23.
6. 1612 Einbeck – 25. 10. 1676

Wolfenbüttel. Pfarrerssohn, 1627 Gymnas. Hildesheim, 1630 Gymnas. Hamburg; Stud. Jura 1633 Leiden, 1636–38 Wittenberg. 1638–46 Hofmeister bei Herzog August von Braunschweig (Erzieher Anton Ulrichs von Br.). Dr. jur. in Helmstedt. Herzogl. Rat in Wolfenbüttel, 1653 Hof-, Kammer- und Konsistorialrat und Diplomat ebda. Mitgl. des Pegnes. Blumenordens als ›Fontano‹, der Fruchtbringenden Gesellschaft als ›Der Suchende‹. – Dichter (bes. Lyriker und Dramatiker), Sprachgelehrter, Grammatiker und Poetiker des Barock. Eintreten für Reinerhaltung der Sprache gegenüber mod. Fremdwörterkult und Festigung der Hochsprache durch e. normative Grammatik wie den (von Leibniz aufgegriffenen) Plan e. Dt. Wörterbuchs. Sprachhistoriker. Als Metriker in der Opitz-Nachfolge. Eigene Dichtungen belanglos.

W: Lamentatio Germaniae exspirantis. Der nunmehr hinsterbenden Nymphen Germaniae elendeste Todesklage, G. 1640; Teutsche Sprachkunst, Schr. 1641, erw. 1651 Der Teutschen Sprach Einleitung, Schr. 1643; Teutsche Vers- oder Reim-Kunst, Abh. 1645 (n. 1976); Fruchtbringender Lustgarte, Dicht. 1647 (n. M. Burkhard 1967, m. Bibl.); Neu erfundenes Freudenspiel, genannt Friedens Sieg, 1648 (n. F. E. Koldewey 1900); Ausführliche Arbeit von der Teutschen Haubt-Sprache, Abh. 1663 (n. W. Hecht II 1967); Jesu Christi Nahmens-Ehr, Schr. 1666; Ethica, Schr. 1669 (n. 1980). – SW, hg. J. L. Lindberg 1973ff.
L: A. Schmarsow, Leibnitz u. Sch., 1877; F. E. Koldewey, 1899; J. J. Berns, Kat. 1976.

Schrader, Julie, 9. 12. 1881 Hannover – 19. 11. 1939 Oelerse b. Lehrte (Freitod); Hausdame in großbürgerl. Familien. – Vf. naiv-bekenntnishafter Gedichte von unfreiwilliger Komik (ähnl. F. Kempner), zweier Dramen und e. frivolen erot. Tagebuchs, alle von zweifelhafter Echtheit.

W: Willst Du still mich kosen, G. 1968; Links am Paradies entlang, G. 1969; Ich bin deine Pusteblume, Tg. 1971; Pusteblümchens Moritaten, 1973; Das Eroticon des welfischen Schwans, G. 1974; Correspondencen, Br. 1974; Über den Sternen, da wehen die Palmen, G. 1975; Genoveva und Der Cassernower, Drr. 1975; Bethlehem und Gänsebrust, Ausw. 1985.

Schramm, Godehard, *24. 12. 1943 Konstanz; Stud. Slawistik, Germanistik, Gesch. Erlangen; Schriftsteller in Nürnberg. – Polit.-gesellschaftskrit. Lyriker und engagierter Erzähler, Essayist und Reiseschriftsteller in manieriert inszenierter, kunsthandwerkl. Prosa im Stil E. Jüngers. Auch Hörspiel und Kritik.

W: Schneewege, G. 1966; Nürnberger Bilderbuch, G. u. Prosa 1970; Lokalanzeigen, Prosa 1973; Meine Lust ist größer als mein Schmerz, G. 1975; Nachts durch die Biscaya, Prosa 1978; Mit glühender Geduld, G. 1980; Heimweh nach Deutschland, Reiseb. 1981; Der Traumpilot, R. 1983.

Schreckenbach, Paul, 6. 11. 1866 Neumark/Thüringen – 27. 6. 1922 Klitzschen b. Torgau; aus alter Pfarrerfamilie; Stud. Theol. und Gesch. Halle und Marburg; Lehrer der Brüdergemeine in Niesky/Schlesien; 1894 Dr. phil. in Leipzig; 1896 Pfarrer in Klitzschen b. Torgau. – Erzähler gründl. fundierter hist. Romane mit patriot.-eth. Tendenzen.

W: Die von Wintzingerode, R. 1905; Der böse Baron von Krosigk, R. 1907; Der getreue Kleist, R. 1910; Der König von Rothenburg, R. 1910; Um die Wartburg, R. 1912; Die letzten Rudelsburger, R. 1913; Markgraf Gero, R. 1916.

Schreiber, Hermann (Ps. L. Bühnau, L. Berneck, L. Barring, L. Bassermann), *4. 5. 1920 Wiener Neustadt, Sohn e. Buchhändlers, 1938–40 Stud. Germanistik; Romanistik, 1944 Dr. phil.; 1940–45 Soldat; 1946–51 Redakteur u. Chefredakteur der Wochenschrift ›Geistiges Frankreich‹

im franz. Informationsdienst; lebte u. a. in Baden b. Wien, seit 1962 in München. – Vf. flüssig geschriebener historischer Romane und Novellen, in Zusammenarbeit mit s. Bruder Georg S. auch hist. Sachbücher. Jugendbuch- und Hörspielautor; Übs. a. d. Franz.

W: Sturz in die Nacht, R. 1951; Einbruch ins Paradies, R. 1954; Versunkene Städte, Sb. 1955 (m. Georg S.); Mysten, Maurer und Mormonen, Sb. 1956 (m. Georg S.); Throne unter Schutt und Sand, Sb. 1957 (m. Georg S.); Auf den Flügeln des Windes, R. 1958; Sinfonie der Straße, Sb. 1959; Die Nacht auf dem Monte Castello, Nn. 1960; Land im Osten, Ber. 1961; Die Zehn Gebote, Sb. 1962; Der Plan auf altem Segeltuch, Jgb. 1963; An den Quellen der Nacht, En. 1964; Casanova, B. 1964; Das Abenteuer der Ferne, Sb. 1966; Paris, Sb. 1967; Vom Experiment zum Erfolg, Sb. 1969; Die Stuarts, Sb. 1970; Geschichte(n) ohne Feigenblatt, 1971; Verkehr, Sb. 1972; Capitain Carpfanger, R. 1973; Die Hunnen, Sb. 1976; Kaiserwalzer, R. 1976; Auf den Spuren der Goten, Sb. 1977; Der verkommene Regent, R. 1977; Die Bastion des Ruhms, R. 1978; Das Schiff aus Stein, Sb. 1979; Die Vandalen, Sb. 1979; Der verratene Traum, R. 1979; Halbmond über Granada, Sb. 1980; Mein Sarg bleibt leer, En. 1980 (m. Bibl.); Auf den Spuren der Hugenotten, Sb. 1983; Die Deutschen und der Osten, Sb. 1984; Geschichte der Päpste, Sb. 1985.

Schreyer, Lothar (Ps. Angelus Pauper), 19. 8. 1886 Blasewitz b. Dresden – 18. 6. 1966 Hamburg; Kunstmalerssohn; Stud. Jura Heidelberg, Berlin und Leipzig, Dr. jur.; 1911–18 Dramaturg am Dt. Schauspielhaus Hamburg; 1919 Gründer u. bis 1921 Leiter der ›Kunstbühne‹ in Berlin; 1921–23 Prof. am Bauhaus in Weimar; leitete mit anderen 1924–27 die Wegschule in Berlin und Dresden; 1928–31 Redakteur bei der Hanseat. Verlagsanst. in Hamburg. 1933 Konversion zum Katholizismus. – Begann als expressionist. Dramatiker im Kreis um H. Walden u. den ›Sturm‹; dann von der christl. Mystik bestimmter Er-

zähler und Essayist, auch Kunstschriftsteller und Lyriker.

W: Jungfrau, Dr. 1917; Meer. Sehnte. Mann, Dr. 1918; Kreuzigung, Dr. 1920; Die Liebe der heiligen Elisabeth, Leg. 1933; St. Christophorus, Leg. 1936; Der Falkenschrei, R. 1940; Der Untergang von Byzanz, R. 1940; Expressionistisches Theater, Erinn. 1948; Die Vollendeten, B. 1949; Anbetung des göttl. Kindes, Sp. 1950; Die Vogelpredigt, Sp. 1951; Agnes und die Söhne der Wölfin, R. 1956; Erinnerungen an Sturm und Bauhaus, 1956; Siegesfest in Karthago, R. 1961; Abstrakte christliche Kunst, Erinn. 1962.

Schreyer, Wolfgang, * 20. 11. 1927 Magdeburg, Sohn e. Kaufmanns; Kriegsdienst; 1948–50 Drogist, 1950–52 Geschäftsführer e. chem.-pharmazeut. Fabrik; dann freier Schriftsteller in Magdeburg. – Vf. erfolgr. Kriminal- u. Abenteuerromane z. T. aufgrund authent. hist. Materials oder eigener Erlebnisse. Auch Drama, Hör- u. Fernsehspiel, Drehbuch, Dokumentarbericht.

W: Großgarage Südwest, R. 1952; Mit Kräuterschnaps und Gottvertrauen, R. 1953; Unternehmen Thunderstorm, R. 1954; Die Banknote, R. 1955; Der Traum des Hauptmanns Loy, R. 1956; Das grüne Ungeheuer, R. 1959; Tempel des Satans, R. 1960; Preludio 11, R. 1964; Fremder im Paradies, R. 1966; Der gelbe Hai, R. 1969; Der Adjutant, R. 1972; Der Resident, R. 1973; Schwarzer Dezember, R. 1977; Die Entführung, E. 1979; Der Reporter, R. 1980; Die Suche, R. 1981; Die fünf Leben des Dr. Gundlach, R. 1982.

Schreyvogel, Joseph (Ps. Thomas West u. Karl August West), 27. 3. 1768 Wien – 28. 7. 1832 ebda.; 1793 Mitarbeiter an Alxingers ›Österr. Wochenschrift‹; ging wegen revolutionär. Verdachts ins Exil nach Jena; dort Verkehr mit Schiller und Arbeit an der ›Jenaer Literaturzeitung‹; 1802–04 Hoftheatersekretär in Wien; 1807–09 Hrsg. des Wiener ›Sonntagsblatt‹; 1814–32 Dramaturg des Burgtheaters; starb an Cholera. – Gewandter, formsicherer Dramatiker, Erzähler und Übs. Wirkte als Vertreter e. klassizist. Kunstanschauung auf die österr. Dichtung, bes. auf Grillparzer. S. Bearbeitungen span. Dramen und Shakespeares trugen viel zur Hebung des Burgtheaters bei.

W: Biographie Schiller's, 1810; Calderón: Das Leben ein Traum, Dr. 1816; Moreto: Donna Diana, Lsp. 1819; Don Gutierre, Tr. 1834 (nach Calderón). – GS, IV 1829; AW, 1910; Tagebücher 1810–23, hg. K. Glossy II 1903.

L: R. Schaider, Die Erzählgn. J. S.s, Diss. Graz 1969.

Schreyvogl, Friedrich, * 17. 7. 1899 Mauer b. Wien – 11. 1. 1976 Wien; Urgroßneffe des Burgtheaterleiters Joseph S., Gymnas. Meidling; Stud. Staatswiss. Wien; 1922 Dr. rer. pol.; 1927 Dozent und 1932 Prof. für Dramaturgie und Lit. an der Akad. für Musik und darstellende Kunst, 1931 auch am Reinhardt-Seminar; 1935–38 Konsulent der österr. Staatstheater; 1936 Gründer der österr. Länderbühne mit H. Becka. 1953/54 Chefdramaturg am Theater in der Josephstadt; 1954–59 zweiter Direktor des Burgtheaters, 1959–61 Chefdramaturg ebda. – Lyriker, Dramatiker, Erzähler und Essayist in der österr. Tradition; gibt in s. Romanen breite Zeitgemälde aus der Zeit vor dem 1. Weltkrieg und entwickelt den österr. Gedanken. Dramatiker mit hist. und religiösen Stoffen; Drehbücher, Operntexte, Bühnenbearbeitungen und Übs. Kritiker; kulturund staatspolit. Schriften.

W: Singen und Sehnen, G. 1917; Klingen im Alltag, G. 1918; Friedliche Welt, G. 1920; Karfreitag, Dr. 1920; Das Lebensspiel des Amandus, R. 1920 (u. d. T. Sinfonietta, 1929); Der zerrissene Vorhang, Dr. 1920; Auferstehung, Dr. 1921; Der Antichrist, R. 1921; Flöte am Abend, G. 1921; Das Mariazeller Muttergottesspiel, Vst. 1924; Katholische Revolution, Ess. 1924; Ruf in die Nacht, G. 1925; Das brennende Schiff, Dr. 1926; Der

dunkle Kaiser, Dr. 1926; Johann Orth, Dr. 1928 (u. d. T. Habsburger-Legende, 1933); Die geheime Gewalt, G. 1928; Tristan und Isolde, R. 1930; Die Entdeckung Europas, Ess. 1931; Liebe kommt zur Macht, R. 1932; Tod in Genf, Dr. 1933; Vom Glück der deutschen Sprache, Ess. 1933; Grillparzer, R. 1935 (u. d. T. Sein Leben ein Traum, 1937); Brigitte und der Engel, R. 1936; Der Gott im Kreml, Dr. 1937; Heerfahrt nach Osten, R. 1938 (u. d. T. Die Nibelungen, 1940); Das Liebespaar, K. 1940; Eine Schicksalssymphonie, R. 1941; Die kluge Wienerin, K. 1941; Die weiße Dame, K. 1942; Der Friedländer, R. II 1943; Der Sohn Gottes, R. 1948; Der weiße Mantel, Dr. (1952); Das fremde Mädchen, R. 1955; Zwischen Nacht und Morgen, R. 1955; Wir Kinder Gottes, G. 1957; Die Dame in Gold, R. 1957; Venus im Skorpion, R. 1961; Ein Jahrhundert zu früh, R. 1964; Das Burgtheater, Schr. 1965; Die große und die kleine Welt, Drr. 1970.

L: H. Thalhammer, 1932; G. Niesner, Diss. Wien 1960.

Schriber, Margrit, * 4. 6. 1939 Luzern. – Schweizer Erzählerin aus dem alltägl. Frauenleben mit präziser Beobachtung und prägnanter Sprache.

W: Aussicht gerahmt, R. 1976; Außer Saison, En. 1977; Kartenhaus, R. 1978; Vogel flieg, R. 1980; Luftwurzeln, En. 1981; Muschelgarten, R. 1984; Tresorschatten, R. 1987.

Schröder, Friedrich Ludwig, 3. 11. 1744 Schwerin – 3. 9. 1816 Rellingen/Holst.; Sohn e. Organisten († 1744) und der Schauspielerin Sophie Charlotte S., wurde 1759 ebenfalls Schauspieler in der Truppe s. Stiefvaters K. E. Akkermann; ließ sich 1764 in Hamburg nieder, übernahm 1771 nach Ackermanns Tod als Mitdirektor (1771–80) die Leitung der Hamburger Bühne und kehrte, nach e. Gastspielreise durch Dtl. und s. Tätigkeit am Wiener Burgtheater (1781–85), 1785–98 und 1811/12 wieder dorthin zurück. Lebensabend auf s. Gut in Rellingen. – Bedeutend und bahnbrechend als Schauspieler, der e. neuen Natürlichkeit in Sprache und Gestik statt des deklamator. Pathos zum

Durchbruch verhalf, bes. Shakespeare-Darsteller; Vf. zahlr. meist unselbständiger bürgerl. Tragödien, Rührstücke und Lustspiele.

W: Dramatische Werke, hg. E. v. Bülow, IV 1831.
L: B. Litzmann, II 1890–94 u. 1904; H. Wernekke, 1916; P. F. Hoffmann, 1939; D. Hadamczik, 1961.

Schröder, Markus → Münster, Clemens

Schröder, Rudolf Alexander, 26. 1. 1878 Bremen – 22. 8. 1962 Bad Wiessee/Obb.; aus Bremer Kaufmannsfamilie, 1887–97 Gymnas.; frühe lit. Neigung; ging 1897 nach München, gründete 1899 in München mit A. W. Heymel und O. J. Bierbaum die Zs. ›Die Insel‹ u. 1902 den Insel-Verlag; ging für ein Jahr nach Paris; 1905–08 in Berlin, dann Innenarchitekt in Bremen, auch Landschaftsmaler u. Graphiker. Gründete 1913 mit H. v. Hofmannsthal, R. Borchardt u. a. die ›Bremer Presse‹. Ab 1935 zurückgezogen in Bergen/Chiemsee; wurde unter dem Nationalsozialismus zum Vertreter der bekennenden Kirche. 1942 Lektor der ev. Landeskirche in Bayern, seit 1946 Mitgl. der Landessynode. Bedeutender Bibliophile; Präsident der Dt. Bibliophilengesellschaft und der Dt. Shakespeare-Gesellschaft, Dr. h. c. München, Tübingen, Frankfurt/ M., Rom. – Als Lyriker, Erzähler, Essayist und Übs. von urbaner, weltoffener Geistigkeit und ästhet. Empfinden. Hüter und Bewahrer der antik-humanist. und abendländ.-christl. Bildungstradition; geschult an der Antike und der europ. Klassik. In s. eigenen, weniger melod. als plast.-bildhaften Lyrik von strenger Geschlossenheit und zurückhaltender Aussage. Entwicklung von den ästhetizist.-jugendstilhaften Anfängen über neuromant.-symbolist. Einflüsse und klass. strenges Formbewußtsein in Elegie, Ode und Sonett zu relig. Lyrik aus christl. Ethos. Bedeutendster Erneuerer des protestant. dt. Kirchenlieds im 20. Jh., z. T. im Anschluß an Formen und Texte des 16. Jh. In s. Essays und Reden Interpret. klass. Dichtung und lit. Probleme. Sprachl. meisterhafte, sinn- u. versgetreue Übss. und Nachdichtung griech., lat., engl., franz. und fläm. Dichtung: Homer (›Odyssee‹ 1910, ›Ilias‹ 1943), Vergil (›Georgica‹ 1924, ›Eclogen‹ 1926, ›Aeneis‹ 1953), Horaz (1935), Cicero, Shakespeare, Racine, Molière, Pope, T. S. Eliot, R. Duncan, G. Gezelle, S. Streuvels u. a. R. A. S.-Archiv der Stadtbibl. München.

W: Unmut, G. 1899; Empedocles, G. 1900; Lieder an eine Geliebte, G. 1900; Sprüche in Reimen, G. 1900; An Belinde, G. 1902; Sonette zum Andenken an eine Verstorbene, 1904; Elysium, G. 1906; Die Zwillingsbrüder, G. 1908; Hama, G. u. En. 1908; Deutsche Oden, 1910 (Neufassg. 1913); Elysium, Ges. G. 1912; Heilig Vaterland, G. 1914; Audax omnia perpeti, G. 1922; Der Herbst am Bodensee, G. 1925; Widmungen und Opfer, G. 1925; Mitte des Lebens, G. 1930; Jahreszeiten, G. 1930; Der Wanderer und die Heimat, E. 1931; Racine und die dt. Humanität, Ess. 1932; Aus Kindheit und Jugend, Aut. 1935; Gedichte, Ausw. 1935; Zur Naturgeschichte des Glaubens. Kunst und Religion, Abh. 1936; Dichtung und Dichter der Kirche, Ess. 1936 (erw. 1964); Die Kirche und ihr Lied, Ess. 1937; Ballade vom Wandersmann, G. 1937; Ein Lobgesang, G. 1937 (erw. 1939); Oster-Spiel, 1938; Die Aufsätze und Reden, II 1939; Kreuzgespräch, G. 1939; Die weltlichen Gedichte, 1940; Luther und sein Lied, Vortr. 1942; Der Mann und das Jahr, Dial. 1946; Christentum und Humanismus, Abh. 1946; Auf dem Heimweg, G. 1946; Weihnachtslieder, G. 1946; Gute Nacht, G. 1947; Alten Mannes Sommer, G. 1947; Stunden mit dem Wort, 1948; Die geistlichen Gedichte, 1949; Neue Gedichte, 1949; Unser altes Haus, Erinn. 1951; Parabeln aus den Evangelien, G. 1951; Hundert geistliche Gedichte, 1951; Das Sonntagsevangelium in Reimen, Dicht. 1952; Meister der Sprache, Ess. 1953; Aus meiner Kindheit, Aut. 1953; Fülle des Daseins,

Ausw., hg. S. Unseld 1958; Abendstunde, Gespräche 1960. – GW, VIII 1952–65; AW, hg. J. Pfeiffer III 1965 f.; Freundeswort, Briefw. m. S. Stehmann, 1962.
L: Werke und Tage, Fs. hg. E. L. Hauswedell u. K. Ihlenfeld, 1938; H. Lüftl, Diss. Wien 1939; L. Denkhaus, 1947; dies., Wir sollen aber Frieden haben, 1968 (m. Anh.: Briefe); K. Ihlenfeld, 1953; K. Berger, Die Dichtung R. A. S.s, 1954; R. Adolph, 1958; Leben u. Werk v. R. A. S., hg. ders. 1958; R. A. S., hg. K. Ihlenfeld 1963; R. Wentorf, 1965; M. Krauss, hg. 1977; W. Augustiny, 1978; H. Lölkes, 1983; Bibl.: R. Adolph, 1953.

Schröer, Gustav, 14. 1. 1876 Wüstegiersdorf/Schlesien – 17. 10. 1949 Weimar; Sohn e. Leinewebers und Maschinenwärters; Lehrer in Thüringen; 1920 Jugendpfleger; 1922 Schriftleiter beim ›Thüringer Landbund‹ in Weimar; ab 1928 Hrsg. der Zs. ›Die Pflugschar‹; letzte Jahrzehnte in Weimar. – Beliebter Volks- und Heimatschriftsteller. Erzähler herber, kraftvoller Romane aus dem mitteldt. Bauern- und Kleinstadtleben. Vf. von Volksstücken und Jugendschriften, anfängl. auch Kriegsgeschichten.
W: Der Freibauer, R. 1913; Die Flucht von der Murmanbahn, E. 1917; Der Heiland vom Binsenhofe, R. 1918; Peter Lorenz, E. 1918; Die Leute aus dem Dreisatale, R. 1920; Kinderland, En. u. Sk. 1925; Der Hohlofenbauer, R. 1927; Heimat wider Heimat, R. 1929; Um Mannesehre, R. 1932; Der Streiter Gottes, R. 1933; Die Lawine von St. Thomas, R. 1939; Die Wiedes, R. 1940.
L: R. Braun, 1935.

Schroers, Rolf, 10. 10. 1919 Neuß/Rh. – 8. 5. 1981 Altenberge b. Münster; Beamtensohn; Stud. Philol. Münster und Berlin; Soldat im 2. Weltkrieg, lebte dann bei Oldenburg; Mitarbeiter der ›Frankfurter Allgemeinen‹, 1955–57 Verlagslektor, dann freier Schriftsteller in Obenroth b. Eitorf/Sieg; seit 1965 Chefredakteur der Zs. ›liberal‹, 1968–80 Direktor der Theodor Heuß-Akademie in Niederseßmar. – Erzähler

spannend-makabrer Zeitromane aus Kriegs- und Nachkriegszeit, Essayist, Hörspielautor und Kritiker von existentialist. Position her; zeitweilig Mitgl. der ›Gruppe 47‹; auch Fernsehautor und Vf. zeitpolit. Glossen.
W: T. E. Lawrence, St. 1949; Die Feuerschwelle, R. 1952; Der Trödler mit den Drahtfiguren, R. 1952; Jakob und die Sehnsucht, R. 1953; In fremder Sache, E. 1957; Herbst in Apulien, Reiseb. 1958; Der Partisan, Schr. 1961; Auswahl der Opfer, H. 1962; Kreuzverhör, H. 1963; Im Laufe eines Jahres, Tg. 1964; Aus gegebenem Anlaß, Feuill. 1964; Der Fall Trinkhelm, H. (1965); Standrecht, H. (1965); Köder für eine Dame, H. (1968); Meine deutsche Frage, Ess. 1979; Der Hauptmann verläßt Venedig, Ges. En. 1980.

Schubart, Christian Friedrich Daniel, 24. 3. 1739 Obersontheim/Württ. – 10. 10. 1791 Stuttgart. Sohn e. Pfarrvikars und Präzeptors; ab 1740 in Aalen. 1753 Gymnas. Nördlingen, 1756 Gymnas. Nürnberg. 1758 Stud. Theologie Erlangen, vom Vater aus dem Schuldgefängnis zurückberufen. Hauslehrer, Präzeptor, 1764 Organist in Geislingen, ⚭ Helene Bühler; 1769 Organist in Ludwigsburg, Kapellmeister am württemberg. Hof ebda. 1773 wegen ungezügelten Charakters, lockerer Lebensführung (Ehebruch) und respektlos satir. Veröffentlichungen vom Herzog amtsentsetzt und landesverwiesen. Aufenthalte in Heilbronn, Mannheim, München. 1774 Gründer der bes. gegen die Jesuiten gerichteten, freisinnigen Zeitung ›Deutsche Chronik‹ in Augsburg. 1775 nach erneuter Ausweisung in Ulm. 23. 1. 1777 vom Herzog Karl Eugen durch den Klosteramtmann Scholl auf württemberg. Boden nach Blaubeuren gelockt und dort verhaftet. Bis 27. 5. 1787 auf der Festung Hohenasperg eingekerkert. 1787 begna-

digt und, gesundheitlich gebrochen, zum Theater- und Musikdirektor des Stuttgarter Hofes ernannt. Fortsetzung s. Zeitung als
›Vaterlandschronik‹ (1787–91).
Unausgeglichener, genialischer
Charakter von vielseitiger, auch
musikal. Begabung. – Bedeutender Lyriker zwischen Empfindsamkeit und Klopstock einerseits
und der teils volksliednahen, bekenntnishaften, teils pathet.-
schwungvollen Lyrik des Sturm
und Drang andererseits; von leidenschaftl. polit. Anklage (›Die
Fürstengruft‹, ›Kaplied‹, ›Der Gefangene‹); starker Einfluß auf den
jungen Schiller. Daneben volkstüml. schlichte Töne. Polit. und
polem. Publizist, Journalist, Memoirenschreiber und Erzähler.
Schiller verdankt S. den Stoff zu
den ›Räubern‹.

W: Zaubereien, G. 1766; Die Baadcur, G.
1766; Todesgesänge, G. 1767; Deutsche
Chronik, Zs. V 1774–78 (Faks. IV 1975);
Neujahrsschilde in Versen, G. 1775; Gedichte
aus dem Kerker, 1785; Sämmtliche Gedichte,
II 1785f.; Friedrich der Einzige, G. 1786;
Vaterländische Chronik, Zs. V 1787–91; Leben und Gesinnungen, II 1791–93 (n. C. Träger 1980); Vermischte Schriften, hg. L. Schubart II 1812. – GS, VIII 1839f.; Gedichte,
hkA, hg. G. Hauff 1884; Ideen zur Ästhetik
der Tonkunst, hg. R. Walter 1924 (n. 1986);
Ausw. K. Gaiser 1929, U. Wertheim u. H.
Böhm ³1965, P. Härtling 1968, 1976; Briefe,
hg. D. F. Strauß II 1849, n. 1978; U. Wertheim, H. Böhm 1984.
L: D. F. Strauss, II ²1878; G. Hauff, 1885; E.
Holzer, 1902; S. Nestriepke, S. als Dichter,
1910; E. Schairer, S. als polit. Journalist,
1914, n. 1984; E. Thorn, Genius in Fesseln,
1935; O. Schimpf, C. F. D. S. u. d. dt. Lied,
Diss. Marb. 1950; P. Lahnstein, Bürger und
Poet, 1966; U. Keppler, Botschaft e. trunkenen Lebens, 1972; W. F. Schoeller, 1979; K.
Honolka, 1985; H. Müller, Postgaul u. Flügelroß, 1985.

Schubert, Hans (eig. H. Morgenstern), 17. 2. 1905 Wien – 22.
10. 1965 ebda.; langjährig Hausautor des Wiener Theaters in der
Josefstadt. – Vf. unambitionier-
ter, bühnensicherer Volksstücke

u. Lustspiele an der Grenze zum
Schwank; auch Funk-, Fernseh-
u. Filmautor.

W: Vorstadtkomödie, (1934); Krach im Hin-
terhaus, Vst. (1936); Stadtpark, Vst. (1950);
Mit besten Empfehlungen, Lsp. (1961); Die
Fernsehfamilie Leitner, FSsp. 1963 (m. F.
Eckhardt).

Schuder, Rosemarie (eig. R.
Hirsch), *24. 7. 1928 Jena, 1947
Journalistin, 1957 u. 1959 Italien-
reisen; freie Schriftstellerin in
Ost-Berlin. – Erfolgr. Erzählerin
bes. mit hist. Romanen um
Künstler oder Wissenschaftler als
Exponenten e. Zeit tiefgreifender
gesellschaftl. u. geistiger Ausein-
andersetzungen.

W: Die Strumpfwirker, E. 1953; Ich hab's
gewagt, E. 1954; Der Ketzer von Naumburg,
R. 1955; Meine Sichel ist scharf, E. 1955;
Paracelsus, E. 1955; Der Sohn der Hexe, R.
1957; In der Mühle des Teufels, R. 1959; Der
Tag von Rocca di Campo, E. 1959; Die Störche von Langenbach, E. 1961; Die Gefesselte,
R. 1962; Die zerschlagene Madonna, R. 1965;
Tartuffe 63, R. 1965; Die Erleuchteten, R.
1968; Paracelsus und der Garten der Lüste, R.
1972; Agrippa und das Schloß der Zufriede-
nen, R. 1977; Serveto vor Pilatus, R. 1982.

Schübel, Theodor, *18. 6. 1925
Schwarzenbach/Saale/Oberfran-
ken; 1943 Soldat, Kriegsgefangenschaft; 1948–51 Ausbildung
zum Industriekaufmann, danach
in der Industrie; 1960–63 Fernsehdramaturg in München; freier
Schriftsteller in Schwarzenbach. –
Dramatiker u. Fernsehautor anfangs unter Einfluß Brechts. Die
Zeitkritik in s. späteren Werken
ist z. T. unreflektiert u. nicht frei
von Klischees. Auch Hörspielautor, Roman u. Übs.

W: Der Kürassier Sebastian und sein Sohn,
Dr. (1958); Spielsalon, FSsp. (1962); Besuch
am Nachmittag, FSsp. (1963); Karl Sand, Dr.
(1964); Wo liegt Jena?, Dr. (1965); Der Wohltäter, K. (1968); Karneval, Dr. (1978); Keller-
jahre, R. 1982; Damals im August, R. 1983;
Bischoff – Eine Karriere, R. 1987.

Schücking, Levin, 6. 9. 1814
Schloß Clemenswerth b. Sögel/

Westf. – 31. 8. 1883 Bad Pyrmont; Sohn e. Amtmanns und Richters u. der Dichterin Katharina Sch., geb. Busch; Gymnas. zu Münster/Westf. und Osnabrück; ab 1831 mit A. von Droste-Hülshoff befreundet; 1833–37 Stud. Jura Münster, Heidelberg und Göttingen; 1837 freier Schriftsteller in Münster; 1841 durch Vermittlung der Droste Bibliothekar des Frhr. von Laßberg auf der Meersburg; 1842/43 Hauslehrer beim Fürsten Wrede in Salzburg; ⚭ 1843 Luise, Freiin von Gall (Bruch mit der Droste); 1843 Schriftleiter an der Augsburger ›Allgemeinen Zeitung‹; 1845–52 der ›Kölner Zeitung‹; reiste 1846/47 und 1864 nach Italien, 1862 nach England; 1854 auf Schloß Sassenburg in Westfalen; 1855 in Münster, zuletzt in Bad Pyrmont. – Fruchtbarer, realist.-klarer Erzähler von abenteuerl. kulturhist. Romanen und Novellen, bes. aus der Adels- und Bauernwelt s. westfäl. Heimat um 1800, und aus der Gegenwart. Einflüsse von W. Scott u. den Jungdeutschen. Auch Dramatiker und Übs. aus dem Engl. und Franz.

W: Das malerische und romantische Westfalen, Schr. 1841 (m. F. Freiligrath, n. 1977); Der Dom zu Köln und seine Vollendung, Schr. 1842; Die Ritterbürtigen, R. III 1846; Ein Sohn des Volkes, R. II 1849; Der Bauernfürst, R. II 1851; Paul Bronckhorst, B. III 1858 (n. 1962); Die Marketenderin von Köln, R. III 1861 (n. 1962); Annette von Droste, B. 1861 (n. ³1964); Luther in Rom, R. III 1870; Krieg und Frieden, Nn. III 1872; Herrn Didier's Landhaus, R. III 1872; Lebenserinnerungen, II 1886. – Ges. Erzählungen und Novellen, VI 1859–66; Ausgew. Romane, XXIV 1864–72; Briefe von A. von Droste-Hülshoff u. L. S., hg. Th. Schücking 1893 (n. R. C. Muschler 1928); Briefe von L. S. u. Luise v. Gall, hg. R. C. Muschler 1928.
L: K. Pinthus, 1911; J. Hagemann, L. S.'s Jugendjahre u. lit. Frühzeit, 1911; ders., 1959; H. A. Schulte, Diss. Münster 1916; J. Rastmann, Diss. Breslau 1937; J. Simmermacher, Diss. Hdlbg. 1945.

Schütt, Peter, * 10. 12. 1939 Basbeck/Niederelbe; Stud. Germanistik und Gesch. Hamburg, Dr. phil., Assistent, 1967 freier Schriftsteller in Hamburg. – Linksangagierte polit. Agitationslyrik, Prosa, Szenen, Straßentheater und Reportagen.

W: Sicher in die Siebziger Jahre, G. 1969; Friedensangebote, G., Prosa, Sat. 1971; Vietnam 30 Tage danach, Rep. 1973; Zur Lage der Nation, G. u. Prosa 1974; Beziehungen, G. 1978; Zwei Kontinente, G. 1979; Zwischen Traum und Alltag, G. 1981; Entrüstet Euch, G. 1982; Was von den Träumen bleibt, G. 1983.

Schütz, Helga, * 2. 10. 1937 Falkenhain/Schlesien; Gärtnerlehre, 1955–58 Arbeiter- und Bauernfakultät Potsdam, 1958–62 Stud. Filmhochschule Babelsberg; Dramaturgin, freie Schriftstellerin in Ost-Berlin. – Erzählerin im Stil J. Bobrowskis; humorvolle Darstellung schles. Landlebens und Auseinandersetzung mit der NS-Vergangenheit. Auch Filmdrehbücher.

W: Vorgeschichten oder Schöne Gegend Probstein, R. 1970; Das Erdbeben bei Sangershausen, En. 1972; Festbeleuchtung, R. 1974; Jette in Dresden, R. 1977 (auch u. d. T. Mädchenrätsel); Julia oder Erziehung zum Chorgesang, R. 1980; Martin Luther, E. 1983; In Annas Namen, R. 1987.

Schütz, Stefan, * 19. 4. 1944 Memel; Schauspielersohn, Jugend und Schauspielschule Berlin; Schauspieler, Regieassistent am Berliner Ensemble und Dt. Theater; 1981/82 Dramaturg in Wuppertal; 1982 freier Schriftsteller in West-Berlin. – Dramatiker mit Stoffen aus Mythologie, Antike und Weltlit. um zeitgenöss. Probleme wie den Konflikt von Gefühl und Macht in anfangs klassizist., dann expressiver Sprache.

W: Odysseus' Heimkehr, Dr. (1972); Fabrik im Walde, Dr. (1975); Die Amazonen, Dr. (1977, auch u. d. T. Antiope und Theseus); Odysseus' Heimkehr/Fabrik im Walde/

Kohlhaas/Helioisa und Abaelard, Drr. 1977; Stasch/Majakowski/Der Hahn, Drr. 1978; Heloisa und Abaelard/Antiope und Theseus/ Odysseus Heimkehr, Drr. 1979; Laokoon/ Kohlhaas/Gloster, Drr. 1980; Sappa/Die Schweine, Drr. 1981; Medusa, Prosa 1986; Die Seidels (Groß & Gross), Dr. (1986).

Schütz, (Christian) Wilhelm von (gen. Sch.-Lacrimas), 13. 4. 1776 Berlin – 9. 8. 1847 Leipzig; Stud. Jura, bis 1811 Landrat in der Neumark, lebte auf s. Gut Ziebingen b. Frankfurt/Oder, später Dresden; Verkehr mit Tieck, Kleist u. a., 1833 Konversion zum Katholizismus. – Klassizist.-romant. Dramatiker, Kritiker und Historiker.

W: Lacrimas, Tr. 1803; Nioba, Tr. 1807; Der Graf und die Gräfin von Gleichen, Tr. 1807; Graf von Schwarzenberg, Dr. 1812; Karl der Kühne, Dr. 1819; Dramatische Wälder, Drr. 1821. – Frühe Stücke, hg. C. Grawe 1984.
L: F. Hiebel, Diss. Wien 1922; H. Sembdner, 1974 (m. Bibl.).

Schulenburg, Werner von der (Ps. Gerhard Werner), 9. 12. 1881 Pinneberg/Holstein – 29. 3. 1958 Neggio b. Lugano; aus Gutsbesitzers- und Offiziersfamilie; 1892–99 Kadett in Plön und Groß-Lichterfelde; 1901–04 Offizier in Weißenburg/Elsaß; Stud. Kulturgesch., Philos. und Jura München, Leipzig und Marburg; Dr. jur. et phil.; bei der Dt. Gesandtschaft in Bern tätig; im 1. Weltkrieg auf mehreren Kriegsschauplätzen; lange im Tessin; reiste in Europa und Übersee; war im 3. Reich in Italien und nahm in Rom an der dt. Widerstandsbewegung teil; zuletzt in Bad Schachen und Lugano. – Gewandter Erzähler zeitgeschichtl. und hist. Romane und Novellen, bes. aus Italien, auch Komödiendichter, Biograph und Übs. aus dem Ital.

W: Stechinelli, R. II 1911; Sanssouci, Lsp. 1912; Hamburg, R. II 1912–14 (1: Don Juan im Frack; 2: Antiquitäten); Meine Kadetten-Erinnerungen, 1919; Malatesta, R. 1923;

Briefe vom Roccolo, N. 1924; Der junge Jacob Burckhardt, B. 1926; Jesuiten des Königs, R. 1927; Sonne über dem Nebel, R. 1934; Land unter dem Regenbogen, R. 1934; Schwarzbrot und Kipfel, K. (1935); Diana im Bade, K. (1936); Der graue Freund, R. 1938; Hinter den Bergen, E. 1944; Artemis und Ruth, E. 1947; Beglänzte Meere, N. 1947; Der König von Korfu, R. 1950; Der Papagei der Konsulin, R. 1952; Der Genius und die Pompadour, R. 1954; Crème à la cocotte, R. 1956; Das Mädchen mit den Schifferhosen, E. 1957; Tre Fontane, E. 1961.

Schullern, Ritter von und zu Schrattenhofen, Heinrich (Ps. Paul Ebenberg), 17. 4. 1865 Innsbruck – 16. 12. 1955 ebda.; Sohn e. Bezirksschulinspektors und Schriftstellers; Stud. Medizin, Romanistik und Malerei; war prakt., dann Militär-Arzt; zuletzt Generalstabsarzt in Innsbruck. – Österr. Erzähler, bes. hist. Romane aus s. Heimat; auch Dramatiker und Lyriker.

W: Im Vormärz der Liebe, R. 1900; Ärzte, R. 1902; Katholiken, R. 1904; Streiflichter, N. u. Gesch. 1908; Jung-Österreich, R. II 1910; Vom Blühen und Verderben, R. 1912; Berggenossen, En. 1914; In der Bergheimat, G. 1925; Kleinod Tirol, R. 1927; Boccaccio auf Schloß Tirol, R. 1932; Erinnerungen eines Feldarztes aus dem Weltkrieg, 1934; Der Herzog mit der leeren Tasche, R. 1948.
L: K. Paulin, 1960.

Schulmeister von Eßlingen (Heinrich von E.), 2. Hälfte 13. Jh. (belegt um 1280–89), wohl vagierender Kleriker aus Eßlingen. – Schwäbischer Spruchdichter in der Walther-Nachfolge, von scharfer Sprache gegen Rudolf von Habsburg, und Minnesänger.

A: C. v. Kraus, Dt. Liederdichter d. 13. Jh. 1952.

Schulte, Michael (Ps. Max Puntila), *22. 4. 1941 München, Schriftsteller ebda.; weite Reisen. – Erzähler amüsant absurder Nonsensgeschichten. Hrsg. von Chr. Morgenstern und K. Valentin.

W: Karl Valentin, St. 1968; Die Dame, die Schweineohren nur im Liegen aß, En. 1970; Drei Nonnen gekentert, Prosa 1972; Goethes Reise nach Australien, En. 1976; Elvis Tod, R. 1980; Geschichten von unterwegs, En. 1981; Bambus Coca-Cola Bambus, Reiseb. 1982; Karl Valentin, B. 1982; Apfel, Prosa 1986.

Schulz, Max Walter, ★ 31. 10. 1921 Scheibenberg/Erzgeb.; 5 Jahre Soldat, 1946–49 Stud. Pädagogik Leipzig; Lehrer; 1957 Student, später Dozent u. seit 1964 Direktor des Instituts für Lit. ›J. R. Becher‹ in Leipzig, 1983 Hrsg. der Zs. ›Sinn und Form‹. Orthodoxer Lit.-Funktionär der DDR. – Sozialist. Erzähler e. optimist. Entwicklungsromans vom Lebensweg e. dt. Arbeitersohns mit konventionellen ep. Mitteln.

W: Wir sind nicht Staub im Wind, R. 1962; Stegreif und Sattel, Ess. 1967; Triptychon mit sieben Brücken, R. 1974; Der Soldat und die Frau, N. 1978; Pinocchio und kein Ende, Ess. 1978; Die Fliegerin, E. 1981.

Schulze, Ernst (Konrad Friedrich), 22. 3. 1789 Celle – 29. 6. 1817 ebda.; 1806 Stud. Theol. und Philol. Göttingen; 1812 Dr. phil. habil.; 1813/14 freiwill. Jäger; starb früh an den Folgen e. schweren Erkältung. – Eleg. Lyriker, dessen Stanzenepos ›Die bezauberte Rose‹ viele Nachahmer fand. Das romant. Gedicht ›Cäcilia‹ entstammt der Liebe zu s. schon 1812 verstorbenen Braut Cäcilie Tychsen.

W: Gedichte, 1813; Cäcilie, G. 1813; Die bezauberte Rose, Ep. 1818; Cäcilia, Ep. II 1818f.; Psyche, M. 1820. – Sämtl. poet. Schriften, hg. F. Bouterwek IV 1818–20; Sämtl. poet. Werke, hg. H. Marggraff V ²1855; Poet. Tagebuchblätter, hg. H. Draws-Tychsen 1965.
L: A. Silbermann, 1902; F. Hoffmann, 1910.

Schulze, Friedrich August (Ps. Friedrich Laun, Felix Wohlgemuth, Jeremias Helldunkel u. a.), 1. 6. 1770 Dresden – 4. 9. 1849

ebda., Bankierssohn; Kreuzschüler in Dresden; 1797–1800 Stud. Jura Leipzig; ging dann nach Dresden zurück; 1804/05 Redakteur der ›Abendzeitung‹ ebda.; 1807 Sekretär bei der Dresdner Landes-Ökonomie-Deputation; 1820 Kommissionsrat. – Äußerst fruchtbarer Unterhaltungsschriftsteller des pseudoromant. Dresdner Kreises, am bekanntesten ›Der Mann auf Freiersfüßen‹. E. Erzählung aus dem mit Apel herausgegebenen ›Gespensterbuch‹ lieferte den Stoff zu Webers ›Freischütz‹. Auch Lustspieldichter.

W: Das kurze Bein, E. 1796; Der Mann auf Freyersfüßen, R. 1800; Gespensterbuch, IV 1810–12 (m. J. A. Apel); Wunderbuch, III 1815–17 (m. J. A. Apel); Die Luftschlösser, R. II 1823; Gedichte, 1824; Memoiren, III 1837. – GS, hg. L. Tieck VI 1843f.
L: A. Krumbiegel, Diss. Greifswald 1912; Ch. Quelle, Diss. Lpz. 1925; S. Skalitzky, 1934.

Schumann, Edzar → Mikeleitis, Edith

Schumann, Gerhard, ★ 14. 2. 1911 Eßlingen, Sohn e. Studienrats, Stud. Germanistik Tübingen, 1935 Reichskultursenator, 1939–42 Infanteriezug- und Kompanieführer, nach Verwundung in Rußland 1942 Chefdramaturg in Stuttgart, 1944 wieder Soldat, bis 1948 Kriegsgefangenschaft, jetzt Schriftsteller und Verleger in Bodman. – Lyriker in traditionsbewußten Formen und Dramatiker. Im 3. Reich auch polit. Dichtung v. den Reichsgedanken.

W: Ein Weg führt ins Ganze, G. 1933; Wir aber sind das Korn, G. 1936; Schau und Tat, G. 1938; Gudruns Tod, Tr. 1943; Die große Prüfung, G. 1953; Freundliche Bosheiten, G. 1955; Die Tiefe trägt, G. 1957; Stachel-Beeren-Auslese, G. 1960; Leises Lied, G. 1962; Der Segen bleibt, G. 1968; Besinnung, Es. 1974; Bewahrung und Bewährung, G. 1976; Herbstliche Ernte, G. 1986.

Schumann, Valentin, um 1520
Leipzig – nach 1559; Sohn e.
Buchhändlers;   Handwerker;
Landsknecht 1542/43 in den Tür-
kenfeldzügen;   Wanderungen
durch Thüringen, Süddtl. und die
Schweiz; schließl. Schriftgießer in
Nürnberg. – Kräft.-humorvoller,
oft derber Schwankdichter. Daneben auch zwei steife ritterl. Lie-
besromane.

W: Nachtbüchlein, Schw. II 1558f. (hg. J.
Bolte 1893, BLV 197; n. 1976; Ausw., bearb.
G. Albrecht 1959).

Schupp(ius), Johann Balthasar,
1. 3. 1610 Gießen – 26. 10. 1661
Hamburg. Sohn e. Ratsherrn,
1625 Stud. Philosophie und Theologie Marburg. Weite Reisen
durch Süddtl. (1628) und Ostsee-
provinzen. 1631 Magister in Rostock. 1634 Reisebegleiter e. Adligen nach Holland. 1634–46 Prof.
der Geschichte und Beredsamkeit
Marburg, 1643 Pastor ebda., 1645
Dr. theol., 1646 Hofprediger,
Konsistorialrat, 1647/48 Delegierter des Landgrafen von Hessen bei den Friedensverhandlun-
gen in Münster. 1649 Hauptpastor in Hamburg. – Volkstüml.
protestant. Prediger u. Moralsati-
riker des Barock mit kräftigen,
derben Angriffen auf Schäden und
Laster s. Zeit mit eingeflochtenen
Schwänken und Erzählungen; an-
tihöfisch. Geistl. Lyriker von aufrichtiger mannhafter Frömmigkeit. Didakt. und pädagog.
Schriftsteller. Eintreten für Pflege
der Muttersprache.

W: Morgen- und Abendlieder, G. 1655;
Freund in der Noth, E. 1657 (n. W. Braune
1878, NdL 9); Salomo oder Vorbild eines
guten Regenten, 1657; Corinna, Sat. 1660 (n.
C. Vogt 1911, NdL 228f.); Lehrreiche
Schriften, 1663; Der teutsche Lehrmeister.
Vom Schulwesen, hg. P. Stötzner II 1891;
Streitschriften, hg. C. Vogt 1910f. (NdL
222–227).
L: P. Stötzner, 1891; J. Lühmann, 1907, n.
1968; H. E. Wichert, N. Y. 1952.

Schurek, Paul, 2. 1. 1890 Hamburg – 22. 5. 1962 ebda.; Kindheit
in Glashütte/Sachsen, 1898 wieder Hamburg; Mechanikerlehr-
ling; als Geselle auf Wanderschaft;
Ingenieurschule Hamburg; dann
als Techniker und Ingenieur; im 1.
Weltkrieg Funker; viele Jahre Ge-
werbeschuloberlehrer in Hamburg. – Erfolgr., humorvoller,
auch nachdenkl. Erzähler und Vf.
von Volksstücken und Schwänken in Hamburger Mundart, die
teilweise auch ins Hochdeutsche
übertragen wurden.

W: Düwel un Dichter, Sk. 1920; De rode
Heben, E. 1921; Stratenmusik, K. 1922; Der
Hamburger Brand, E. 1922 (u. d. T. Die
brennende Stadt, 1926; Neufassg. als R.
1943); Grisemumm, Sk. 1925; Käuze, K.n
1926; Snider Nörig, K. 1927; Gack, de Mann,
de keen Tied hett, Schw. 1928; Lünkenlarm,
K. 1929; Pott will heiraden, Schw. 1932; Kasper kummt na Hus, K. 1932; Das Leben geht
weiter, R. 1940; De politische Kannegeter, K.
(1945); Begegnungen mit Ernst Barlach, Ber.
1946, erw. 1954; Nichts geht verloren, R.
1949; Der Tulpentrubel, K. 1951; Öl aus der
Hölle, E. 1959.
L: Bibl.: U.-T. Lesle, 1979.

Schussen, Wilhelm (eig. Wilhelm Frick), 11. 8. 1874 Kleinwi-
naden b. Schussenried/Württ. – 5.
4. 1956 Tübingen; Sohn e. Bauern
und Gastwirts; lange Volksschullehrer in Schwäbisch Gmünd; bereiste Europa; Lektor in München; lebte in Ludwigsburg, dann
in Tübingen. – Erzähler und Lyriker, humorvoller Schilderer
schwäb. Kleinstadtlebens. Auch
Essays.

W: Vinzenz Faulhaber, R. 1907; Medard
Rombold, R. 1913; Höschele der Finkler, E.
1918; Der Roman vom Doktor Firlefanz, R.
1922; Der abgebaute Osiander, R. 1925; Die
Geschichte des Apothekers Johannes, R.
1935; Aufruhr um Rika, R. 1938; Tübinger
Symphonie, Ess. 1949; Anekdote meines Lebens, 1953.

Schuster, A. → Huch, Rudolf

Schuster, Emil, * 4. 2. 1921
Schifferstadt. Nach dem Abitur

Wehrdienst und Gefangenschaft, dann Besuch der Pädagog. Akad.; Volksschullehrer, jetzt in Schifferstadt i. d. Pfalz. – Realist., unpathet. Erzähler aus Kriegs- und Nachkriegserleben. Auch Hörspielautor.

W: Die Staffel, R. 1958; Randfiguren, R. 1960; Drei Frauen, En. 1982; Die Leidenschaft, am Leben zu bleiben, R. 1987.

Schuster, Paul, * 20. 2. 1930 Hermannstadt/Siebenbürgen, Redakteur der dt. Zs. ›Neue Literatur‹ in Bukarest, seit 1972 in West-Berlin. – Sozialist. rumäniendt. Erzähler mit Neigung zur iron. Verfremdung.

W: Rübezahl und der Glaserjockl, Msp. 1954; Der Teufel und das Klosterfräulein, E. 1955; Strahlenlose Sonne, N. 1961; Fünf Liter Tzuika, R. II 1961–65; Februarglut, N. 1964; Alte Sachsen, neue Brillen, En. 1964; Yoko und Tadashi, E. 1965.

Schutting, Jutta, * 25. 10. 1937 Amstetten/Niederösterr.; Dr. phil., Gymnasiallehrerin in Wien. – Als Erzählerin Darstellung sensibler Gedanken, Gefühle, Ängste, Träume und Erinnerungen angesichts scheinbar belangloser Dinge in präziser, stark gedankl. konstruierter Prosa; auch iron. Gesellschaftskritik und abstrakte Sprachreflexion. Wortreiche Lyrik.

W: Baum in O., Prosa 1973; In der Sprache der Inseln, G. 1973; Tauchübungen, Prosa 1974; Parkmord, En. 1975; Lichtungen, G. 1976; Sistiana, En. 1976; Steckenpferde, Prosa 1977; Am Morgen vor der Reise, R. 1978; Salzburg retour, E. 1978; Der Vater, E. 1980; Der Wasserbüffel, En. 1981; Liebesgedichte, G. 1982; Liebesroman, R. 1983; Das Herz eines Löwen, En. 1985; Hundegeschichte, E. 1986; Traumreden, G. 1987.

Schwab, Gustav, 19. 6. 1792 Stuttgart – 4. 11. 1850 ebda. Sohn eines württ. Hofrats. 1809–14 Stud. Theol., Philos. und Philol. Tübingen; Burschenschafter; Freundschaft mit Uhland, Kerner und K. Mayer. 1815 Norddtl.-Reise; 1816 Repetent in Tübingen. 1817 Prof. für alte Sprachen Gymnas. Stuttgart. 1827–37 Redakteur am lit. Teil des ›Morgenblatts‹, 1833–38 mit Chamisso am ›Dt. Musenalmanach‹ ebda. 1837 Pfarrer in Gomaringen b. Tübingen, reiste 1839 in die Schweiz, 1840 an den Rhein, 1841 nach Dänemark und Schweden. 1841 Pfarrer, 1842 Dekan in Stuttgart, 1845 Oberkonsistorial- und Oberstudienrat. 1847 Dr. theol. h. c. Tübingen. – Spätromant.-biedermeierl. Lyriker des Schwäbischen Dichterkreises mit Neigung zu volkstüml., sangbaren Liedern, Studentenliedern, Balladen und Romanzen in der Uhland-Nachfolge (›Der Reiter und der Bodensee‹, ›Das Gewitter‹). Wiedererwecker verborgenen Kulturguts. Bedeutend und am nachhaltigsten bekannt als Hrsg. und Nacherzähler klass. und dt. Sagen und Volksbücher. Übs. Lamartines (1826); Hrsg. Hölderlins.

W: Neues dt. allg. Commers- und Liederbuch, 1815; Romanzen aus dem Jugendleben Herzog Christophs von Württemberg, 1819; Gedichte, II 1828 f.; Buch der schönsten Geschichten und Sagen, II 1836 f.; Deutsche Volksbücher, III 1836 f. (n. III 1978); Wanderungen durch Schwaben, 1837 (Ausw., hg. G. Schlientz 1973); Gedichte, 1838 (n. G. Klee 1882); Die schönsten Sagen des klassischen Altertums, III 1838–40 (n. III 1975); Schillers Leben, 1840; Briefw. m. d. Brüdern Stöber, hg. K. Walter 1930.
L: C. T. Schwab, 1883; W. Schulze, S. als Balladendichter, 1914; G. Stock, S.s Stellg. i. d. zeitgenöss. Lit., Diss. Münster 1916.

Schwaiger, Brigitte, * 6. 4. 1949 Freistadt/Oberösterr.; Stud. Germanistik, Psychol. und Hispanistik Wien, Madrid und Linz; Englischlehrerin, Schauspielerin, Verlagssekretärin, 1975 freie Schriftstellerin in Wien. – Vf. autobiogr.-selbsttherapeut. Erzählungen um Realitätsverlust in der Leistungsgesellschaft und Generationsprobleme. Auch Drama und Hörspiel.

W: Nestwärme, Dr. (1978); Steiererkostüm/Büroklammern/Kleines Kammerspiel/Liebesversuche, Drr. (1977); Wie kommt das Salz ins Meer, R. 1977; Mein spanisches Dorf, En. 1978; Lange Abwesenheit, E. 1980; Der Himmel ist süß, Erinn. 1984.

Schwalm, Hans → Petersen, Jan

Schwarz, Georg, * 16. 7. 1902 Nürtingen/Württ.;   Gymnas. Nürtingen; Stud. Philol. Tübingen; Buchhändler; Wanderschaft; im 2. Weltkrieg Soldat in e. Strafkompanie; freier Schriftsteller in München-Solln. – Erzähler, bes. aus schwäb. Vergangenheit, und Lyriker. Auch Hörspiel und Essay.

W: Mythischer Morgen, G. 1934; Jörg Ratgeb, R. 1937; Pfeffer von Stetten, R. 1939; Froher Gast am Tisch der Welt, G. 1940; Tage und Stunden aus dem Leben e. leutseligen, gottfröhlichen Menschenfreundes, der Johann Friedrich Flattich hieß, R. 1940; Die Heimkehr des Melchior Hoffmann, E. 1944; Die ewige Spur, Ess. 1946; Der Ring der Peregrina, E. 1947; Rund um den Weinberg, En. 1947; Unter einem Baum, G. 1949; Makarius, R. 1950; Unterm Hundsstern, E. 1951; Die Liebesranke, G. 1956; Der Feuerreiter, En. 1959; Figaro! Figaro! Figaro!, Rossini-B. 1962; Georg Heym, Es. 1963; L. Uhland, Es. 1964; Tätowierte Geschichten, 1966; Das Sommerschiff, G. 1967; Sizilien ist mehr als eine Insel, Reiseb. 1972.

Schwarz, Helmut, * 31. 5. 1928 Wien; Stud. Theaterwiss. Wien, (1952 Dr. phil.); 1951 Dramaturg u. Regisseur am Burgtheater, 1960 Leiter der Schauspielschule des Max-Reinhardt-Seminars ebda. – Österr. Dramatiker mit aktuellen Problemstücken um weltanschaul. Stoffe; Tendenz zum Diskussionstheater.

W: Arbeiterpriester, Dr. 1956; Das Aushängeschild, Dr. (1959); Die Beförderung, Dr. 1963; Regie, Schr. 1965; Das Fehlurteil, Dr. (1966); Auftrag Gerechtigkeit, Drr. 1971; François, der Henker wartet, Dr. (1976).

Schwarz, Sibylle, 14. 2. 1621 Greifswald – 31. 7. 1638 ebda.; Tochter e. Bürgermeisters und Landrats, Mitgl. des Nürnberger Pegnitzordens. – Vielseitige, ungewöhnl. frisch-natürl. Barocklyrikerin in der Opitz-Nachfolge.

W: Deutsche Poetische Gedichte, II 1650 (n. H. W. Ziefle 1980).
L: K. Gassen, 1921; H. W. Ziefle, 1975.

Schwarze, Hans Dieter, * 30. 8. 1926 Münster/Westf., Schauspieler und erfolgr. Bühnen- und Fernsehregisseur; Dramaturg der Kammerspiele in München, 1967–72 Intendant des Westfäl. Landestheaters Castrop-Rauxel, 1975–76 Intendant des Schauspielhauses Nürnberg. – Dramatiker und Lyriker.

W: Wenn ich ein Vöglein wär, Dr. (1953); Hanswurstiade, Sp. (1954); Aloys Korp, Dr. (1954); Tröste, blasse Straße, G. 1956; Heimweh nach dem Weiten, B. 1957; Faustens Ende, Dr. (1957); Der Mohr von Brandenburg, Dr. (1960); Jeder ist Columbus, Reisesk. 1965; Mersche von Tilbeck, Sp. 1966; Madame belieben zu lächeln, Dr. (1967); Sterben üben – was sonst, G. 1973; Sag mir, wenn ich sterben muß, FSsp. (1974); Mein lieber Wilhelm, Prosa, 1982; Ein wunderlicher Kerl, Dr. (1986). – Kurz vorm Finale, Slg. 1986.

Schwarzerd, Philipp → Melanchthon, Philipp

Schwarzkopf, Nikolaus, 27. 3. 1884 Urberach b. Darmstadt – 17. 10. 1962 Darmstadt; Sohn e. Pflasterers und e. Näherin; Volksschule und Lehrerseminar; 20 Jahre Volksschullehrer; seit 1924 freier Schriftsteller in Darmstadt. – Liebevoller Schilderer des Kleinen in Natur und Menschenleben, bes. der Kleinstädter und Handwerker in z. T. romant. Verklärung.

W: Greta Kunkel, R. 1913; Das kleine Glück, E. 1915; Maria vom Rheine, E. 1919; Riesele, E. 1920; Der schwarze Nikolaus, R. 1925; Judas Iskariot, E. 1925; Amorsbronn, E. 1928; Der Barbar, R. 1930; Die silbernen

Trompeten, R. 1935; Der Storch, E. 1938; Der Feldhäfner, R. 1941; Musik am Sonntag, En. 1948; Matthis der Maler, R. 1953.

Schwedhelm, Karl, ★ 14. 8. 1915 Berlin. Stud. Lit. Berlin; Buchhandelslehre; 1941–45 Soldat; seit 1947 Lektor, seit 1955 Leiter der lit. Abteilung im Südt. Rundfunk Stuttgart, lebt in Winnenden/Württ. – Lyriker, Übs. franz. (M. Desbordes-Valmore, 1947) und engl. Lyrik, Hörspielautor und Kritiker.

W: Fährte der Fische, G. 1955.

Schweikart, Hans, 1. 10. 1895 Berlin – 1. 12. 1975 München, Realgymnas. Berlin; Schauspieler; 1918–23 an Reinhardts Dt. Theater in Berlin; ab 1923 in München; 1923–29 Schauspieler u. Regisseur der Kammerspiele, 1934–38 Oberspielleiter am Residenztheater; 1947–62 Intendant der Münchener Kammerspiele. – Erfolgreicher Dramatiker, auch Erzähler.

W: Zwischenfall vor dem Theater, R. 1934; Lauter Lügen, K. (1937); Ich brauche dich, K. (1941); Nebel, Sch. (1947); Darf ich Sie eine Minute sprechen?, FSsp. (1964).

Schwiefert, Fritz, 4. 12. 1890 Berlin – 31. 1. 1961 ebda.; Sohn eines Kaufmanns, Stud. München, Berlin und Freiburg, 1917–46 an der Preuß. Staatsbibliothek in Berlin, zuletzt Bibliotheksrat, dann freier Schriftsteller und Theaterkritiker beim Berliner ›Telegraf‹ und ›Tagesspiegel‹. – Humorvoller Bühnenschriftsteller u. Erzähler; Drehbuchautor u. Übs. aus dem Franz. u. Russ.

W: Marguerite durch drei, Lsp. (1930); Der Stich in die Ferse, K. (1934); Derby, K. (1934); Frackkomödie, K. (1939); Zwei Ehen mit Cora, R. 1960.

Schwieger (Schwiger), Jakob, 1624 Altona – vor 1663 Glück-

stadt (?); Stud. Theol. in Wittenberg; kam 1654 nach Hamburg, Mitglied von Zesens ›Rosenzunft‹ als ›Der Flüchtige‹; 1657 in dän. Militärdienst; ging wieder nach Hamburg, dann nach Glückstadt. – Barocklyriker mit frischen, sangbaren Gedichten; neigt zu Genrehaftem.

W: Liebes-Grillen, G. II 1654 (verm. IV 1656); Lustiges Lust-Kämmerlein, G. 1655; Des Flüchtigen Flüchtige Feld-Rosen, G. 1655; Wandlungs Lust, G. 1656; Adeliche Rose, G. 1659; Die verführte Schäferin Cynthie, 1660.

Schwitters, Kurt (Ps. Kurt Merz Schwitters), 20. 6. 1887 Hannover – 8. 1. 1948 Ambleside/Westmoreland. 1909–14 Stud. Kunstakad. Dresden. Seit 1915 in Hannover. 1920 Begegnung mit H. Arp. Gründer und Hrsg. der dadaist. Zs. ›Merz‹; Mitarbeiter des ›Sturm‹. Vortragsreisen. 1937 Emigration nach Norwegen, 1940 Flucht vor der Gestapo nach England, dort Porträtmaler. – Maler, bes. von Collagen (Merz-Bildern), und Dichter in Verbindung zum Dadaismus mit grotesk-phantast., humorvollen Gedichten und Prosatexten z. T. aus Trivialelementen, später auch unter Verwendung konventioneller Formen; daneben dramat. Szenen, Manifeste u. satir. Essays. Vielseitiger, gleich stark von konstruktivist. u. spieler. Impulsen bestimmter Experimentator, der keinerlei Materialtabuisierung oder verfestigte Werthierarchien anerkannte. Mit s. Technik der – oft bewußt provokativen – Sichtbarmachung des Banalen u. Antizipationen unsemant. Poesie bedeutender Anreger der neueren Kunstentwicklung.

W: Anna Blume, G. 1919; Memoiren Anna Blumes in Bleie, Dicht. 1922; Die Blume Anna, G. 1923; Auguste Bolte, Prosa 1923 (n. 1966); Die Märchen vom Paradies, 1924; Fa-

milie Hahnepeter, Kdb. 1924; Die Scheuche,
M. 1925; Veilchen, G. 1931; Ursonate, 1932.
– Anna Blume und ich, Ausw., hg. E.
Schwitters 1965; Emils blaue Augen, Grotes-
ken, hg. E. Schwitters u. F. Lach 1971; Das
lit. Werk, hg. F. Lach V 1973–81; Briefe, hg.
E. Nündel 1974.
L: O. Nebel, 1920; H. Arp, 1949; H. Berg-
ruen, Paris 1954; S. Themerson, K. S. in
England, 1958; K. T. Steinitz, 1963; dies.,
Berkeley 1968; W. Schmalenbach, 1967 (m.
Bibl.); F. Lach, 1971; K. S., Text u. Kritik 35/
36, 1972; B. Scheffer, Anfänge experimentel-
ler Lit., 1978; E. Nündel, 1981; K. S.-Alman-
ach, 1982ff.; J. Elderfield, 1987.

Scultetus, Andreas (Scholtz),
1622/23 Bunzlau – 25. 4. 1647
Troppau. Schuhmacherssohn,
Konvertit. 1639–42 Jesuitengymnas. Breslau (zusammen mit Angelus Silesius), 1644 Brünn. Lehrer am Jesuitenkolleg Troppau. –
Religiöser Lyriker des Barock in
der Opitz-Nachfolge mit pathet.-
schwungvollen Jugendgedichten.
Von Lessing entdeckt und gepriesen.
W: Friedens Lob- und Krieges Leid-Gesang,
G. 1641; Österliche Triumph Posaune, G.
1642 (n. 1922); Blutschwitzender und todes-
ringender Jesu, G. 1643; Gedichte, hg. G. E.
Lessing 1771, Nachlesen von J. G. Jachmann
1774, H. Scholtz 1783.
L: K. Schindler, 1930, n. 1977.

Sealsfield, Charles (eig. Karl Anton Postl), 3. 3. 1793 Poppitz b.
Znaim/Mähren – 26. 5. 1864 Unter den Tannen b. Solothurn/
Schweiz; Bauernsohn aus konser-
vativ-kath. Familie; Untergym-
nasium Znaim; von s. Mutter
zum Geistlichen bestimmt; als
Konventstudent des Kreuzher-
renordens 1808–15 Stud. Philos.
und Theol. Prag u. a. bei B. Bolz-
ano; 1813 Noviziat des Klosters;
1814 Priesterweihe; später Verwaltungsaufgaben als Ordensse-
kretär; dadurch private Kontakte
zu frühliberal-nationalen Kreisen;
verstärkter innenpolit. Druck ab
1819 u. private Gründe führen
1823 zur Flucht in die Schweiz,

dann USA; als polit. Emigrant
Annahme der am. Staatsbürger-
schaft unter dem Ps. Ch. S.; Reisen zw. Philadelphia u. New Orleans. 1826 Rückkehr nach Dtl.;
polit. Mittlerdienste zw. USA,
Frankr., Österr. u. Dtl.; 1826/27
in London, journalist. Tätigkeit;
1827–30 erneut in USA, vermutl.
Reise nach Mexiko, Ansiedlung
in Louisiana; 1830 Redakteur des
›Courrier des Etats-Unis‹ in New
York; Korrespondent in London
u. Paris; Sekretär der Königin
Hortense der Niederlande; ab
1832/33 am. Gastbürger u.
Schriftsteller in der Schweiz;
1837, 1853–58 weitere Aufenthalte in USA; bis 1860 wechselnde
Aufenthalte in Zürich, Schaffhausen, Baden u. a. vor allem aus gesundheitl. Gründen; ab 1858 Bürger Solothurns. Erst s. Nachlaß
offenbarte s. wirkl. Namen. –
Unter Einfluß des frühliberalen
Gedankenguts der öster.-kath.
Spätaufklärung, das S. als vorbildl. in der demokrat. Verfassung der USA verwirklicht findet, ferner der polit. Spannungen
von Restauration u. national-libe-
ralen Vorstellungen wird der
Emigrant S. anfängl. zum polit.
engagierten Journalisten u. Reiseschriftsteller mit konservativ-li-
beralem Urteil. Danach, beeinflußt von Cooper, Chateaubriand, Scott und zeitgenöss.
Amerikadarstellungen, frührealist. Erzähler mit polit.-pädagog.
Vorstellungen. Stellt in zahlr. Romanen das Werden der demokrat.
Staatsform in Mexiko und der
am. Frontier-Zone an der harmon.
Veränderung von Mensch
u. Landschaft dar im Vergleich
zur angebl. gesellschaftl. Fehlent-
wicklung in den Neuenglandstaa-
ten. Krit. gezeichnetes gesellschaftl.-polit. Panorama gegen-

über den polit., soz., wirtschaftl. Zuständen in Europa. Themat. u. formal zykl. Komposition des Romanwerks verdeutlicht Modellcharakter der gesellschaftl. polit. Vorstellungen e. konservativ-bürgerl. Agrargesell. Vor allem die weitere industriewirtschaftl. Entwicklung mit den soz. Folgen stellt s. Denkmodell in Frage. Frühe Werke in engl. u. dt. Sprache. Über die Einarbeitung e. Fülle von ethnograph., geograph. u. zeitgesch. Fakten Verstärkung der realist. Erzählweise, in Verbindung mit aufklärer., empfindsamen u. romant. Zügen. Zeichnung menschl. Typen versch. Schichten. Kraftvoll-anschauliche Sprachgestaltung, reich an geograph.-naturkundl. Termini, Amerikanismen u. Hispanismen, bes. in der unstilisierten direkten Rede. Darstellungsform des Nebeneinander. Bewußte Distanzierung vom zeitgenöss. lit. Leben. Trotz gesellschaftl. Zurückhaltung in Amerika u. Europa viel gelesener Autor. Erster bedeutender Schilderer der am. Gesellschaft u. Landschaft.

W: Die Vereinigten Staaten von Nordamerika, II 1827; Austria as it is, 1828; Tokeah, or the white rose, R. II 1829 (d. erw.: Der Legitime und die Republikaner, III 1833); Der Virey und die Aristokraten, R. III 1835; Lebensbilder aus beiden Hemisphären, R.e VI 1835–37 (Morton, II 1835; Ralph Doughby, 1835; Pflanzerleben, 1836; Die Farbigen, 1836; Nathan, 1837); Die deutsch-amerikanischen Wahlverwandtschaften, R. IV 1839 f.; Das Cajütenbuch, R. II 1841; Süden und Norden, R. III 1842 f.; Die Grabesschuld, E. 1873. – GW, XVIII 1843–46, XV 1845 f.; SW, hg. K. J. R. Arndt XXVIII 1972 ff. (m. Bibl.); Ausw., hg. O. Rommel VIII 1909–21, hg. H. Conrad VII 1917; Ges.-Ausg. der am. Romane, hg. F. Riederer V 1937 (m. L.-Lexikon). *L:* A. B. Faust, 1897; O. Hackel, 1911; M. Djordjević, 1931, n. 1978; H. Zimpel, K. P.s Romane i. Rahmen ihrer Zeit, Diss. Ffm. 1941; E. Castle, 1943, 1947, u. Der große Unbekannte, 1952, 1955; G. Berger, Diss. Wien 1945; E. Aufderheide, D. Amerika-Erlebnis i. d. Romanen Ch. S.s, Diss. Gött. 1946; E. Arns, Diss. Bonn 1955; A. Ritter,

Diss. Kiel 1969; G. Punitzer, Diss. Wien 1970; P. Krauss, Diss. Aix 1973; H. Fritz, D. Erzählweise i. d. Romanen, 1976; T. Ostwald, hg. 1976; C. S.s Wke. i. Spiegel d. lit. Krit., hg. R. F. Spiess 1977; A. Ritter, [2]1978; F. Schüppen, 1981; J. Schuchalter, Frontier and Utopia, 1986; Bibl.: O. Heller u. T. H. Leon, St. Louis 1939; F. Bornemann u. H. Freising, 1966; A. Ritter (1966–75), 1976.

Sebestyén, György, ** 30. 10. 1930 Budapest, Stud. Ethnographie Budapest, 1947 Lit.- u. Theaterkritiker; Dramaturg, dann Redakteur ebda.; Mitbegründer des Petőfi-Kreises; 1956 Emigration nach Österreich; Schriftsteller u. Journalist in Wien. – Erzähler von verhaltener Leidenschaft u. starker Sprachdisziplin; mod. Erzähltechnik mit surrealist. Elementen. Sucht die Zeitgeschichte in der Brechung am Einzelschicksal oder Episodischen sichtbar zu machen.

W: Die Türen schließen sich, R. 1957; Der Mann im Sattel, R. 1961; Die Schule der Verführung, R. 1964; Flötenspieler und Phantome, Reiseber. 1965; Anatomie eines Sieges, Ber. 1967; Thennberg, N. 1969; Berengar und Berenice, E. 1971; Die Auferstehung des Stefan Stefanow, FSsp. (1971); Agnes und Johanna, Dr. 1972; Das Leben als schöne Kunst, Prosa 1975; Behausungen, Ess. 1975; Parole Widerstand, Ess. 1977; Studien zur Literatur, Ess. 1980; Albino, R. 1984; Die Werke der Einsamkeit, R. 1986.

Seeger, Bernhard, ** 6. 10. 1927 Roßlau/Elbe; Sohn e. Schlossers; 1941 Lehrerbildungsanstalt; Soldat, sowjet. Kriegsgefangenschaft; 7 Jahre Neulehrer in e. märk. Dorf; Zeitungskorrespondent; freier Schriftsteller in Potsdam. – Erzähler im Stil des sozialist. Realismus u. Vf. von Fernsehserien um die Kollektivierung der Landwirtschaft. Auch Lyrik, Hörspiel, Reportage.

W: Millionenreich und Hellerstück, G. 1956; Sturm aus Bambushütten, Rep. 1956; Wo der Habicht schießt, En. 1957; Wie Jasgulla zu seinem Recht kam, En. 1960; Herbstrauch, R. 1961; Hannes Trostberg, Die Erben des

Manifestes, FSsp. (1968); Der Harmonika-spieler, R. 1981; Menschenwege, R. II 1986f.

Seeliger, Ewger (eig. Ewald Gerhard S.), 11. 10. 1877 Rathau b. Breslau – 8. 6. 1959 Cham/ Oberpfalz; 1899 Lehrer an der Dt. Schule in Genua und 1901 in Hamburg; seit 1906 freier Schriftsteller ebda., später am Walchensee und in Cham. – Erzähler, Dramatiker und Balladendichter.

W: Der Stürmer, R. 1904; Über den Watten, R. 1905; Der Schrecken der Völker, R. 1908; Mandus Frixens erste Reise, R. 1909 (u. d. T. Bark Fortuna, 1930); Tropische Seegeschichten, 1910; Die Weiber von Löwenberg, Dr. 1911; Peter Voß, der Millionendieb, R. 1913; Frau Lenens Scheidung, R. 1913; Das Paradies der Verbrecher, R. 1914; Das sterbende Dorf, R. 1914; Die Abenteuer der vielgeliebten Falsette, R. 1918; Junker Schlörks tolle Liebesfahrt, R. 1919; Die Zerstörung der Liebe, R. 1921; Die Diva und der Diamant, R. 1922; 2 richtige Menschen, R. 1931.

Seewald, Richard, 4. 5. 1889 Arnswalde/Pommern – 29. 10. 1976 München; 1909 Stud. Architektur München, wandte sich als Autodidakt der Malerei zu, 1924–31 Prof. an der Kölner Werkschulen, 1931–53 in Ronco/ Tessin; 1954–58 Prof. der Akad. der Schönen Künste in München; lebte in Ronco und München; Reisen im Mittelmeerraum. – Vf. von Reisebüchern, Romanen u. kunsttheoret. Essays, oft mit eigenen Illustrationen, auch verständnis- und humorvolle Tierbücher sowie Marionettenspiele.

W: Tiere und Landschaften, 1921; Zu den Grenzen des Abendlandes, Reiseb. 1936; Verwandlungen der Tiere, 1943; London, 1945; Symbole, Zeichen des Glaubens, 1946; Giotto, Es. 1950; Petrus, E. 1952; Die rollende Kugel, R. 1957; Das griechische Inselbuch, 1958; Der Mann, der ein Snob war, R. 1959; Das toskanische Hügelbuch, 1960; Im Anfang war Griechenland, Ess. 1961; Das Herz Hollands, Reiseb. 1962; Der Mann von gegenüber, Erinn. 1963; Neumond über meinem Garten, 1970; Stupor Mundi – 13 Alle-gorien zum Leben des Staufers Friedrich II., 1974; Die Zeit befiehlts, Erinn. 1977.
L: A. Sailer, 1977.

Seghers, Anna (eig. Netty Radvanyi geb. Reiling), 19. 11. 1900 Mainz – 1. 6. 1983 Ost-Berlin; Tochter e. Antiquitätenhändlers; 1918 Abitur; Stud. Gesch., Kunstgesch. und Sinologie Heidelberg; 1924 Dr. phil.; mehrere Auslandsreisen; 1925 ⊙⊙ den ungar. Schriftsteller Laszlo Radvanyi; 1928 Mitgl. der KPD; 1933 Emigration nach Frankreich; 1934 Reise nach Wien; während des Bürgerkriegs in Spanien, Rednerin in Madrid; floh 1940 aus Paris in das unbesetzte Frankreich; 1941 nach Mexiko; 1947 Rückkehr nach Ost-Berlin; Vizepräsidentin des ›Kulturbundes zur demokrat. Erneuerung Dtl.s‹, 1952–78 Vorsitzende des DDR-Schriftstellerverbandes; Reise in die UdSSR; lebte in Berlin-Adlershof. – Sozialist. Erzählerin; Sprecherin des Proletariats. Schrieb ihr 1. Werk, e. wirkungsvolle gleichnishafte Schilderung der Revolte besitzloser Fischer gegen ihre Ausbeuter, im herben Stil der ›Neuen Sachlichkeit‹. Spätere Romane und Erzählungen ausdrucksschwächer, themat. stark von der kommunist. Ideologie bestimmt. Darstellerisch überzeugend bleiben neben der in formaler Hinsicht e. Sonderstellung einnehmenden autobiograph. Erzählung ›Der Ausflug der toten Mädchen‹ die Zeitromane aus der Zeit des Dritten Reichs ›Das siebte Kreuz‹ und ›Transit‹. Auch Essayistin.

W: Der Aufstand der Fischer von St. Barbara, E. 1928; Auf dem Wege zur Amerikanischen Botschaft, En. 1930; Die Gefährten, R. 1932; Der Kopflohn, R. 1933; Der Weg durch den Februar, R. 1935; Die Rettung, R. 1937; Das siebte Kreuz, R. 1942; Visado de tránsito, R. 1944 (Transit, d. 1948); Der Ausflug der toten Mädchen, En. 1946; Die Toten bleiben jung,

R. 1949; Die Hochzeit von Haiti, Nn. 1949; Die Linie, En. 1950; Die Kinder, En. 1951; Der Mann und sein Name, En. 1953; Der erste Schritt, E. 1953; Frieden der Welt, Rdn. u. Aufss. 1953; Der Bienenstock, ges. En. II 1953, III 1963; Brot und Salz, En. 1958; Die Entscheidung, R. 1959; Das Licht auf dem Galgen, E. 1961; Karibische Geschichten, 1962; Über Tolstoi. – Über Dostojewskij, Ess. 1963; Das Neue und das Bleibende, Ess. 1964; Die Kraft der Schwachen, En. 1965; Geschichten von heute und gestern, 1966; Das wirkliche Blau, E. 1967; Das Vertrauen, R. 1968; Über Kunstwerk und Wirklichkeit, Ess. IV 1970–79; Überfahrt, R. 1971; Sonderbare Begegnungen, En. 1973; Willkommen, Zukunft, Rdn. 1975; Steinzeit. Wiederbegegnung, En. 1977; Das Argonautenschiff, E. 1978; Die Macht der Worte, Rdn., Br. 1979; Drei Frauen aus Haiti, En. 1980. – GW, VIII 1951–55, XIV 1975–80, X 1977; Erzählungen, Ausw. II 1964, I 1968; Briefw. m. W. Herzfelde, 1986.
L: L. Rilla, ²1955; E. Hinckel, 1956; M. Ranicki, Warschau 1957; A. S., Fs. 1960; I. Diersen, 1965; K. F. de Gomez, Mexiko 1971; A. S. Text u. Kritik 38, 1973 (m. Bibl.); K. Batt, hg. 1975 (m. Bibl.); E. Haas, Ideologie u. Mythos, 1975; F. Albrecht, ²1975; P. Roos u. a., hg. 1977; K. Sauer, 1978; F. Wagner, Der Kurs auf die Realität, ²1978; ders., 1980; H. Neugebauer, ⁶1980; K. Batt, ²1980; L. A. Bangerter, The bourgeois proletarian, 1980; A. S., Mainzer Weltlit., 1981; W. Buthge, 1982; C. Degemann, A. S. i. d. westdt. Lit.-kritik, 1985; K. J. LaBahn, A. S. Exile lit., 1985; Bibl.: J. Scholz, 1960; A. A. Volgina, Moskau 1964.

Seidel, Georg → Ferber, Christian

Seidel, Heinrich, 25. 6. 1842 Perlin/Meckl. – 7. 11. 1906 Groß-Lichterfelde b. Berlin, Pfarrerssohn, ab 1851 in Schwerin. Stud. 1860–62 Polytechnikum Hannover, 1866 Gewerbeakademie Berlin. 1868 Ingenieur e. Maschinenfabrik, 1872 e. Eisenbahngesellschaft ebda. (konstruierte das Hallendach des Anhalter Bahnhofs), seit 1880 freier Schriftsteller. 1902 Dr. h. c. Rostock. Vater von H. W. Seidel. – Erzähler aus dem kleinbürgerl. Leben mit optimist.-humorvollen Kleinstadtidyllen und Vorstadtgeschichten von liebenswürdiger Kleinmale-

rei um die Zentralfigur Leberecht Hühnchen, später zum Roman zusammengeschlossen.
W: Blätter im Winde, G. 1872; Aus der Heimath, Nn. 1874; Vorstadt-Geschichten, Nn. 1880; Leberecht Hühnchen, En. 1882; Idyllen und Scherze, G. 1884; Wintermärchen, 1885; Neues von Leberecht Hühnchen, En. 1888; Ein Skizzenbuch, En. 1889; Glockenspiel, G. 1889; Leberecht Hühnchen als Großvater, En. 1890; Neues Glockenspiel, G. 1893; Von Perlin nach Berlin, Aut. 1894; Kinkerlitzchen, 1895; Die Musik der armen Leute, Rdn. 1896; Leberecht Hühnchen, R. 1899 (vollst.); Gedichte, Gesamtausg. 1903; Kinderlieder und Geschichten, 1903. – GS, XX 1888–1907; GW, V 1925; Erzählende Schriften, VII 1899 f.; Erzählungen u. Gedd., Ausw. 1981.
L: A. Biese, F. Reuter, H. S., 1891; H. W. Seidel, Erinn. an H. S., 1912.

Seidel, Heinrich Wolfgang, 28. 8. 1876 Berlin – 22. 9. 1945 Starnberg; Sohn des Dichters Heinrich S.; Stud. Theol. und Germanistik Marburg, Leipzig und Berlin; ∞ 1907 s. Kusine, die Dichterin Ina S.; 1907–14 Pfarrer am Lazarus-Diakonissenhaus in Berlin; 1914–23 in St. Maria Magdalenen in Eberswalde; 1923–34 im Dt. Dom in Berlin; seit 1934 im Ruhestand; freier Schriftsteller in Starnberg. – Gemüthafter, besinnl. Erzähler. Vf. feinsinniger, z. T. humorvoller Romane und Novellen von großem Sprachreichtum und hoher Gestaltungskraft mit Vorliebe für die Grenzbereiche des Seltsam-Unheimlichen u. Dämonischen.
W: Erinnerungen an Heinrich Seidel, 1912; Der Vogel Tolidan, En. 1913; Die Varnholzer, R. 1918; Das vergitterte Fenster, R. 1918; George Palmerstone, R. 1922; Das Erwachen, En. 1922; Der Mann im Alang, E. 1924; Genia, En. 1927; Abend und Morgen, Nn. 1934; Krüsemann, R. 1935; Das Seefräulein, E. 1937; Das Unvergängliche, Aufs. 1937; Th. Fontane, B. 1940; Das Antlitz vor Gott. Ess. 1941; Aus dem Tagebuch der Gedanken und Träume, 1946; Briefe 1934–1944, hg. I. Seidel 1964; Drei Stunden hinter Berlin, Br., hg. I. Seidel ³1951.

Seidel, Ina, 15. 9. 1885 Halle a. d. Saale – 3. 10. 1974 Ebenhausen bei

München; Tochter eines Arztes, Enkelin des Ägyptologen Georg Ebers, Schwester von Willy S.; kam 1886 nach Braunschweig, später nach Marburg/Lahn, 1897 nach dem Tod ihres Vaters nach München; ⚭ 1907 ihren Vetter, den Pfarrer und Schriftsteller Heinrich Wolfgang S., Sohn des Dichters Heinrich S.; lebte bis 1914 in Berlin, 1914–23 in Eberswalde, dann wieder bis 1934 in Berlin; seit 1934 in Starnberg am See; seit 1945 verwitwet. Ihr Sohn schreibt unter dem Ps. Simon Glas und Christian Ferber. – Bedeutende neuromant. Erzählerin und Lyrikerin von starkem fraul.-mütterl. Gefühl, weibl. einfühlsamer Psychologie und protestant.-humanem Ethos; verbindet als bedeutendste dt. protestant. Erzählerin der Gegenwart kosm. Naturfrömmigkeit und echtes, relig. Engagement. In ihren Gedichten von reicher, z. T. auch schlichter, wohllautender Sprache enge Verbindung zur Natur u. Nähe zur Romantik. Gestaltet in ihrer erzählenden Dichtung realist. Geschehen neben Unwirkl.-Traumhaftem. Vorliebe für kindl. und fraul. Erlebnisbereiche. Ihre biograph.-hist. Romane sind gekennzeichnet durch exakte, treue Detailwiedergabe, psycholog. Durchdringung und klare Erfassung geist. Probleme versch. geschichtl. Zeiträume. Auch Essayistin.

W: Gedichte, 1914; Neben der Trommel her, G. 1915; Das Haus zum Monde, R. 1917 (fortges. als Sterne der Heimkehr, 1923, zus. u. d. T. Das Tor der Frühe, 1952); Weltinnigkeit, G. 1918; Das Labyrinth, R. 1922; Sterne der Heimkehr, R. 1923; Die Fürstin reitet, N. 1926; Neue Gedichte, 1927 (erw. u. d. T. Die tröstliche Begegnung, 1933); Brömseshof, R. 1928; Renée und Rainer, E. 1928; Der vergrabene Schatz, En. 1929; Das Wunschkind, R. II 1930; Der Weg ohne Wahl, R. 1933; Dichter, Volkstum und Sprache, Ess. 1934; Meine Kindheit und Jugend, Aut. 1935; Gesammelte Gedichte, 1937; Lennacker, R. 1938; Unser Freund Peregrin, E. 1940; A. v. Arnim, B. 1944; Bettina, B. 1944; C. Brentano, B. 1944; Die Vogelstube, Ess. 1946; Gedichte, 1949; Osel, Urd und Schummei, E. 1950 (erw. u. d. T. Vor Tau und Tag, 1962); Die Geschichte einer Frau Berngruber, E. 1953; Die Versuchung des Briefträgers Federweiß, E. 1953; Das unversehrte Erbe, R. 1954; Die Fahrt in den Abend, E. 1955; Gedichte, 1955; Michaela, R. 1959; Quartett, En. 1963; Die alte Dame und der Schmetterling, En. 1964; Frau und Wort, Ess. 1965; Lebensbericht 1885–1923, Aut. 1970; Sommertage, En. 1973; Aus den schwarzen Wachstuchheften, Nl. 1980.
L: C. di San Lazzaro, 1938; B. Häussermann, Diss. Tüb. 1952; I. S., Festschrift 1955; K. A. Horst, 1956 (m. Bibl.); G. Müller, D. Lyrik I. S.s, Diss. Mchn. 1957; W. Wien, Die ersten und die letzten Bilder, 1966; C. Ferber, Die Seidels, 1982.

Seidel, Willy, 15. 1. 1887 Braunschweig – 29. 12. 1934 München; Sohn e. Prof. der Medizin, Bruder von Ina S.; Kindheit und Schule in Braunschweig, Marburg und München; Stud. Germanistik und Naturwiss. Freiburg/Br., Jena und München; Dr. phil.; mehrere Reisen nach Übersee; zuletzt in München. – Phantas. humorvoller Erzähler von Romanen und Novellen, meist mit exot. Hintergrund, gutem Einfühlungsvermögen in die Menschen fremder Länder, oft aber auch Neigung zum Unheimlichen, Grotesken.

W: Absalom, Leg. 1911; Der Sang der Sakîje, R. 1914; Der Buschhahn, R. 1921; Der neue Daniel, R. 1921; Der Käfig, N. 1925; Die ewige Wiederkunft, Nn. 1925; Schattenpuppen, R. 1927; Alarm im Jenseits, Nn. 1927; Larven, N. 1929; Die magische Laterne des Herrn Zinkeisen, R. 1929; Jossa und die Junggesellen, R. 1930; Der Tod des Achilleus, En., hg. I. Seidel 1936.
L: J.-E. Buschkiel, Diss. Freib. 1954.

Seidl, Johann Gabriel (Ps. Meta Communis, Emil Ledie u. a.), 21. 6. 1804 Wien – 18. 7. 1875 ebda.; Sohn e. Advokaten; Gymnas. Wien; Stud. Jura ebda.; Mitarbeiter der Dresdener ›Abendzeitung‹. 1829 Gymnasialprof. in

Cilli; 1840 Kustos des Münz- und Antikenkabinetts und Zensor in Wien; 1848/49 Prof. am Josephstädter Gymnas.; 1856–71 Kaiserl. Hofschatzmeister; 1867 Regierungsrat; 1874 Hofrat. – Österr. Lyriker, Erzähler und Dramatiker, auch Folklorist und Hrsg. von Almanachen. Bekannt als Textdichter der alten österr. Kaiserhymne ›Gott erhalte‹.

W: Dichtungen, III 1826–28; Flinserln, G. III 1828–30 (u. d. T. Gedichte in niederösterreichischer Mundart, 1844); Bifolien, Dicht. 1836; Laub und Nadeln, En. II 1842; 's letzti Fensterln, Sz. 1876; Drei Jahrl'n nach'm letzt'n Fensterln, Sz. 1876. – GS, hg. H. Max VI 1877–81.
L: K. Fuchs, 1904; F. E. Hirth, 1904.

Seifried Helbling, auch ›Kleiner Lucidarius‹, österr. Zeitsatire e. unbekannten ritterl. Vf. der Zwettler Gegend, zwischen 1282 u. 1300; nach e. Gestalt des Werks benannt; auf der Kenntnis Strikkers und Neidharts aufgebaut; enthält 15 Gedichte, z. T. in Gesprächsform, wobei der Dichter die Fragen s. Knappen beantwortet. Zeigt die polit., sozialen und kulturellen Zeitverhältnisse Österreichs, Sitten, Ereignisse und Mängel jener Zeit. Realist., anschaul. Sprache mit mundartl. Anklängen.

A: J. Seemüller 1886.
L: J. Seemüller, Stud. zum ›Kl. Lucidarius‹, 1883; H. Heitzeler, Progr. Reutlingen 1888; U. Liebertz-Grün, 1981.

Seladon → Greflinger, Georg

Selbmann, Fritz, 29. 9. 1899 Lauterbach/Hessen – 26. 1. 1975 Ost-Berlin; Bergarbeiter, Soldat, 1922 KPD-Mitglied, 1932 KPD-Reichstagsabgeordneter, 1933–45 im KZ, nach 1945 Wirtschaftsfunktionär in der DDR, 1950–55 Minister für Schwerindustrie, 1958 stellv. Vorsitzender der staatl. Plankommission, dann freier Schriftsteller. – Vf. teils kolportagehafter Romane um Konflikte beim Aufbau des Sozialismus in der DDR.

W: Die lange Nacht, R. 1961; Die Heimkehr des Joachim Ott, E. 1962; Der Mann und sein Schatten, R. 1962; Die Söhne der Wölfe, R. 1965; Alternative, Bilanz, Credo, Aut. 1970; Der Mitläufer, R. 1972; Das Schreiben und das Lesen, Ess. 1974.

Selinko, Annemarie (eig. A. Kristiansen), 1. 9. 1914 Wien – 28. 7. 1986 Kopenhagen; Tochter e. Rittmeisters; Journalistin; 1938 ⚭ dän. Diplomat E. Kristiansen, lebte in Kopenhagen. – Vf. lit. belangloser heiterer Unterhaltungsromane, darunter der Welterfolg ›Désirée‹ vom Aufstieg der Tochter e. kleinen Marseiller Seidenhändlers zur schwed. Königin.

W: Ich war ein häßliches Mädchen, R. 1937; Morgen ist alles besser, R. 1938; Heute heiratet mein Mann, R. 1940; Désirée, R. 1951.

Serner, Walter (eig. Walter Seligmann), 15. 3. 1889 Karlsbad/Böhmen – April(?) 1942 Vernichtungslager im Osten; Stud. Rechte Wien u. Greifswald (1913 Dr. jur.); gehörte in Zürich 1918 zu den Dadaisten des ›Café Voltaire‹ um H. Ball; 1915/16 Hrsg. der nihilist. Zs. ›Sirius‹ u. 1919 des ›Zeltwegs‹ (m. O. Flake u. T. Tzara), der letzten Züricher Dada-Produktion; häufig auf Reisen, lebte in Genf, Paris, in den 30er Jahren als verheirateter Lehrer in Prag; April 1942 ins KZ Theresienstadt deportiert, von dort in e. Vernichtungslager. S. Biographie steckt voller Mystifikationen, Gerüchten und Legenden. – Österr. Erzähler mit böswitzigen Detektivgeschichten u. zyn.-nihilist. Prosagrotesken aus der Halb- und Unterwelt; ferner schneidend formulierte, z. T. zyn.-provokante Aphorismen.

W: Zum blauen Affen, En. 1920 (n. 1964); Letzte Lockerung manifest dada, Aphor. 1920 (n. 1964); Der elfte Finger, En. 1923; Der Pfiff um die Ecke, En. 1925; Die Tigerin, E. 1925 (n. 1971); Posada oder der große Coup im Hotel Ritz, Dr. 1927; Die tückische Straße, En. 1927. – Werke, VII 1927; Das ges. Werk, VIII 1976–84; Ausw., hg. A. Matthes 1972.

Seume, Johann Gottfried, 29. 1. 1763 Poserna b. Weißenfels – 13. 6. 1810 Teplitz/Böhm.; armer Bauernsohn; Gymnas. Leipzig; Stud. Theologie ebda., unbefriedigt abgebrochen. 1781 auf e. Parisreise von hess. Werbern aufgegriffen, den von Landgraf Friedrich II. an England verkauften Truppen eingereiht und nach USA und Kanada verschifft. 1783 bei der Rückkehr in Bremen desertiert, fiel preuß. Werbern in die Hände; 2 vergeb. Fluchtversuche aus Emden, schließl. Urlaub auf Kaution, die er abverdient. 1787 Privatsprachlehrer in Leipzig, daneben jurist. und philol. Studien, 1792 Magister und Hofmeister ebda., 1793 Sekretär des russ. Generals Igelström in Warschau, bei der poln. Revolution russ. Leutnant. 1796 wieder Sprachlehrer in Leipzig, dann Korrektor bei Göschen in Grimma. Machte 1801/02 s. berühmten Spaziergang nach Syrakus, 1805 e. Reise nach Rußland, Finnland, Schweden. Am Lebensabend arm und krank; starb bei e. Kuraufenthalt. – Vf. kulturhistor. wichtiger Memoiren und Reiseschilderungen in klarer, präziser und sachl. Prosa unter bes. Berücksichtigung der sozialen, wirtschaftl. und kulturellen Verhältnisse fremder Länder. Vorläufer Postls und Gerstäckers. S.s Eintreten für e. polit.-kämpfer. Lit. in der aufklärer. Tradition blieb ohne Resonanz.

Auch Autobiographie, Drama, Aphorismen und herbe Lyrik (volkstüml. ›Wo man singet, laß dich ruhig nieder‹).

W: Einige Nachrichten über die Vorfälle in Polen i. J. 1794, Ber. 1796; Obolen, II 1796–98; Rückerinnerungen, 1797 (m. K. L. H. v. Münchhausen); Gedichte, 1801; Spaziergang nach Syrakus im Jahre 1802, Reiseber., III 1803 (n. R. Kaiser 1985); Mein Sommer 1805, Reiseber. 1806 (n. P. Goldammer 1968); Miltiades, Dr. 1808; Nachlaß, 1811; Apokryphen, Aphor. 1811 (n. H. Schweppenhäuser 1966); Mein Leben, Aut. 1813 (Fortges. v. C. A. H. Clodius; n. R. M. Kully 1972). – SW, XII 1826 f.; Pros. u. poet. Werke, X 1879; Werke, hg. K.-H. Klingenberg II 1965, ³1977, hg. J. Drews 1987; Prosaschriften, hg. W. Kraft 1962.
L: O. Planer, C. Reissmann, ²1904; H. J. Willimsky, S. als Reiseschriftst., Diss. Greifsw. 1936; K. A. Findeisen, 1938; G. Heine, D. Mann, d. nach Syrakus spazieren ging, ²1942; I. Stegman, 1973; M. Ingenmey, L'illuminismo pessimistico di S., Venedig 1978; G. Kostenecki, 1979.

Seuren, Günter, *18. 6. 1932 Wickrath/Rhld., Handwerkersohn, seit 1955 Journalist u. Filmkritiker; lange in Düsseldorf, dann in der Schweiz; z. Z. in München. – Stilsicherer, formgewandter Erzähler aus dem Umkreis der Kölner Gruppe der ›Neuen Realisten‹ mit zeitkrit. Tendenz und iron. unterkühlter Sprache um Probleme des Erwachsenwerdens und der Vergangenheitsbewältigung, z. T. in vielfacher erzähltechn. Brechung. Daneben anfangs auch surrealist. gestimmte Lyrik im Parlandoton; Hörspiel- u. Drehbuchautor.

W: Winterklavier für Hunde, G. 1961; Das Gatter, R. 1964; Lebeck, R. 1966; König Lasar, H. (1967); Das Kannibalenfest, R. 1968; Rede an die Nation, Sat. 1969; Ich töte, FSsp. (1970); Der Abdecker, R. 1970; Der Jagdherr liegt im Sterben, G. 1974; Die fünfte Jahreszeit, R. 1979; Abschied von einem Mörder, E. 1980; Der Angriff, E. 1982; Die Asche der Davidoff, R. 1985.

Seuse (latinisiert Suso), Heinrich, 21. 3. 1295 (?) Konstanz od. Überlingen – 25. 1. 1366 Ulm; Sohn eines Konstanzer Patriziers, nannte sich nach s. Mutter; 1308 Novize bei den Konstanzer Dominikanern; um 1324 Stud. in Köln bei Meister Eckart; um 1330 Lektor der Theol. im Konstanzer Inselkloster; seit 1335 in oberrhein. und schweizer. Frauenklöstern tätig; reiste um 1338 als Prediger in die Niederlande; 1339–46 verbannt in Dießenhofen; 1343/44 Prior s. Mutterklosters ebda.; ab 1348 im Konvent Ulm. 1831 selig gesprochen. – Mystiker, von Thomas von Aquin und Meister Eckart abhängig, aber ohne die pantheist. Züge Eckarts; Meister der Passionsmystik. S. Hauptwerk, das sog. ›Exemplar S.s‹, zerfällt in 4 Teile: S.s ›Leben‹, 1. Autobiographien in dt. Sprache (teils biograph., teils lehrhaft, von der Nonne E. Stagel begonnen und von H. S. weitergeführt), das gedankenreiche ›Büchlein der Wahrheit‹ (um 1326) um die Lehre der Gelassenheit, das im MA. zu den am weitesten verbreiteten Büchern zählende ›Büchlein der ewigen Weisheit‹ (um 1328; erw. lat. als ›Horologium eternae sapientiae‹ 1333 f.) und das von ihm in s. späten Lebensjahren selbst zusammengestellte ›Briefbüchlein‹ (erweitert zum ›Großen Briefbuch‹); daneben sind noch versch. gefühlsinnig-schwärmer. Predigten S.s erhalten; s. Verfasserschaft des ›Minnebüchleins‹ von den Schmerzen Mariae ist unsicher. Die Sprache des dichter. Begabtesten der dt. Mystiker ist zartlyr. und bilderreich, zeigt in manchen Formen Anklänge an die Minnedichtung.

W: Schriften, nhd. hg. H. S. Denifle 1880; Deutsche Schriften, 1482; hg. K. Bühlmeyer 1907 (n. 1961; nhd. G. Hofmann 1966, A. Gabele ²1980); Horologium, hg. P. Künzle 1977.
L: M. Diepenbrock, ⁴1884; W. Oehl, 1910;

A. Fischer, 1936; K. Gröber, 1941; J. Bühlmann, Christuslehre und Christusmystik des H. S., 1942; J.-A. Bizet, H. S. et le déclin de la scolastique, Paris 1946; ders., S. et le Minnesang, Paris 1948; F. W. Wentzlaff-Eggebert, 1947; F. Zoepfl, 1947; B. Molinelli-Stein, Diss. Tüb. 1967; U. Joeressen, D. Terminologie d. Innerlichkeit, 1983.

Sevelingen, Meinloh von → Meinloh von Sevelingen

Sewfrid, Lied vom Hürnen → Hürnen Seyfrid, Lied vom

Sexau, Richard, 11. 1. 1882 Karlsruhe – 23. 8. 1962 München; Sohn e. Großkaufmanns, Stud. München, Bern, Berlin und Heidelberg, 1905 Promotion. Reisen durch Europa und Nordafrika, mehrere Jahre im Diplomat. Dienst; freier Schriftsteller und Privatgelehrter auf Landsitz Ascholding/Isar. – Erzähler z. T. mit weltanschaul. bestimmtem gesellschaftskrit. Einschlag, und Historiker, Publizist und Rundfunkautor.

W: Der Tod im deutschen Drama des 17. und 18. Jh., Abh. 1906 (n. 1976); Märztrieb, R. 1911; Ein Vermächtnis, R. 1912; Brigitta, R. 1917; Venus und Maria, R. II 1932 f.; Kaiser oder Kanzler, Szen. 1936; Gemeistertes Leben, Nn. 1957; Fürst und Arzt, B. 1963.

Seyfried, Lied vom Hürnen → Hürnen Seyfrid, Lied vom

Seyppel, Joachim (Hans), * 3. 11. 1919 Berlin, Sohn e. Angestellten; 1939–43 Stud. Germanistik u. Philos. Berlin, Lausanne u. Rostock (Dr. phil.); Schauspieler, Landarbeiter; als Soldat wegen Wehrzersetzung 9 Monate in Haft; nach Kriegsende Dozent u. freier Schriftsteller in Berlin; 1949/50 u. 1951–60 Lehrtätigkeit in USA, zuletzt Gastprof. für Germanistik; freier Schriftsteller in West-Berlin, 1966 Mithrsg. der lit. Zs. ›Diagonale‹. 1973 Übersiedlung in die DDR, 1979 Ausschluß aus dem DDR-Schriftstellerverband und Ausreise nach Hamburg. – Zeitkrit. Erzähler von eigenwilligem Temperament; mischt in s. häufig an der Nahtstelle zwischen Ost u. West spielenden, iron.-zeitgeschichtl. oder satir. Romanen Realistisches u. Phantastisches. Auch Essays, Dramen, Reportagen und Übs. aus dem Engl.

W: Flugsand der Tage, R. 1947; W. Faulkner, B. 1962; G. Hauptmann, B. 1962; Abendlandfahrt, R. 1963; T. S. Eliot, B. 1963; Nun o Unsterblichkeit, Rep. 1964; Columbus Bluejeans, R. 1965; Als der Führer den Krieg gewann, Sat. 1965; Hellas, Geburt einer Tyrannis, Rep. 1968; Torso Conny der Große, R. 1969; Ein Yankee in der Mark, Rep. 1970; Griechisches Mosaik, Rep. 1970; Wer kennt noch Heiner Stuhlfauth, R. 1973; Umwege nach Haus, Tg. 1974; Abschied von Europa, R. 1975; Gesang zweier Taschenkalender, E. 1976; Die Unperson, Dr. (1980); Die Mauer, R. 1981; Ich bin ein kaputter Typ, Rep. 1982; Hinten weit in der Türkei, Reiseb. 1983 (m. T. Rilsky); Ahnengalerie, St. 1984.

Sieben weisen Meister, Die → Meister, Die sieben weisen

Siebert, Ilse → Langner, Ilse

Sieburg, Friedrich, 18. 5. 1893 Altena/Westf. – 19. 7. 1964 Gärtringen/Württ.; Kaufmannssohn; Gymnas. Düsseldorf; Stud. Philos., Gesch. und Nationalökonomie Heidelberg, München, Freiburg/Br. u. Münster; im 1. Weltkrieg Fliegeroffizier; 1919 Dr. phil.; freier Schriftsteller in Berlin; 1923–39 Korrespondent der ›Frankfurter Zeitung‹ in Kopenhagen, Paris, London, Afrika und im Fernen Osten, 1940–43 deren Feuilletonredakteur; 1939/40 und 1943–45 Botschaftsrat im Dienst des Auswärtigen Amtes in Brüssel, Paris, Rom, Madrid, Lissabon; 1948–55 Mithrsg. der Zs. ›Die Gegenwart‹; seit 1956 Leiter des Literaturblatts der ›Frankfur-

ter Allgemeinen‹. 1953 Prof. h. c.; lebte in Tübingen und Stuttgart, zuletzt in Gärtringen/Württ. – Erzähler, Lyriker und Essayist von geistreichem, gepflegtem Stil, bes. erfolgr. als Biograph bedeutender Gestalten aus der franz. Gesch. Konservativer Literaturkritiker von feinem Stil- und Taktgefühl. Übs. aus dem Franz. und Dän.

W: Die Erlösung der Straße, G. 1920; Oktoberlegende, En. 1924; Gott in Frankreich?, Ess. 1929, erw. 1954; Vergessene Historie, Ber. II 1931; Die rote Arktis, Ber. 1932; Es werde Deutschland, Schr. 1933; Robespierre, B. 1935, erw. 1958; Neues Portugal, Reiseber. 1937; Afrikanischer Frühling, Ber. 1938; Blick durchs Fenster, Ess. 1939, erw. 1956; Die stählerne Blume, Reiseb. 1940; Schwarzweiße Magie, Schr. 1949; Unsere schönsten Jahre, Ess. 1950; Was nie verstummt, Es. 1951; Geliebte Ferne, Ess. 1952; Kleine Geschichte Frankreichs, 1953 (u. d. T. Französische Geschichte, 1964); Die Lust am Untergang, Ess. 1954; Nur für Leser, Ess. 1955; Napoleon, B. 1956, erw. 1974; Chateaubriand, B. 1959; Helden und Opfer, En. 1960; Lauter letzte Tage, Ess. 1961; Eine Maiwoche in Paris, E. 1961; Im Licht und Schatten der Freiheit, Bb. 1961; Gemischte Gefühle, Feuill. 1964; Verloren ist kein Wort, Ess. 1966; Nicht ohne Liebe, Ess. 1967; Das Geld des Königs, B. 1974; Zur Literatur, Schrr. II 1981; Abmarsch in die Barbarei, Schrr. 1983. *L:* M. Miehlnickel, Diss. Bln. 1962; Schreiben ist Leben. Zum 70. Geburtstag v. F. S., 1963 (m. Bibl.).

Sigeher, Meister, 2. Hälfte 13. Jh., oberdt. Bürgerlicher unbekannter Heimat, führte e. Ritterleben; zeitweilig am böhm. Hof Wenzels I. und Ottokars, deren Politik seine Sprüche begleiten. – Polit. Spruchdichter nach Vorbild Reinmars von Zweter, Vf. relig. Lieder und e. Marienliedes nach lat. Vorlage.

A: H. P. Brodt 1913, n. 1977.

Sigel, Kurt (Ps. René Legis, Hazie Schiefer), ✶3. 8. 1931 Frankfurt/M.; Schriftsetzerlehre, Schriftsetzer, Typograph, Retuscheur u. Graphiker in Frankfurt.

– Lyriker zunächst mit unkontrollierter Metaphorik; dann Wendung zu e. lakon., knappen u. genauen Sprache von praller Bildlichkeit u. assoziativem Wortwitz mit Elementen des Bänkelsängerischen, u. a. in polit. engagierten Gedichten, verspielten Nonsensversen, satir. unverblümten Mundartgedichten im Frankfurter Dialekt u. Textmontagen. Erzähler mit Neigung zum schwarzen Humor; daneben Parodien.

W: Traum und Speise, G. 1958; Sperrzonen, G. 1960; Flammen und Gelächter, G. 1965; Feuer, de Maa brennt, G. 1968; Kurswechsel, En. 1968; Knigge verkehrt, Parodien 1970; Lieder & Anschläge, G. 1970; Kannibalisches, En. 1972; Zuschdänd in Frankfurt, G. 1975; Koltikow, R. 1977; Gegenreden – Quergebabbel, G. 1978.

Sigenot, kleines mhd. Heldenepos im Bernerton aus dem Kreis der Dietrichsage, von der Überwältigung Dietrichs durch den Riesen S. und s. Befreiung durch Meister Hildebrand mit Hilfe des Zwergenherzogs Eggerich. Früher Albrecht von Kemenaten zugeschrieben. Erhalten in e. älteren Fassung (alemann, um 1250) als Einleitung zum Eckenlied und e. jüngeren Fassung (um 1350 Elsaß), dort durch zahlr. Märchenmotive aufgeschwellt.

A: Ält. S.: J. Zupitza, Dt. Heldenbuch 5, 1870; Jg. S.: A. C. Schöner, 1928.

Silesius, Angelus → Angelus Silesius

Silvanus, Fritz → Sacher, Friedrich

Simmel, Johannes Mario, *7. 4. 1924 Wien; Stud. Chemie ebda.; nach Kriegsende Dolmetscher der am. Militärregierung, dann Journalist; zahlr. Reisen; freier Schriftsteller in Starnberg/Obb., seit 1972 in Monte Carlo. –

Österr. Erzähler, auch Dramatiker, Jugendbuch- und Drehbuchautor. Vf. bes. gegenwartsbezogener bzw. in die jüngste Vergangenheit zurückgreifender, durch Themenstellung und Handlungsablauf sensationeller Unterhaltungsromane. Als erfolgreichster dt. Bestsellerautor der Gegenwart oft verfilmt.

W: Begegnung im Nebel, En. 1947; Mich wundert, daß ich so fröhlich bin, R. 1949; Das geheime Brot, R. 1950; Ich gestehe alles, R. 1953; Gott schützt die Liebenden, R. 1957; Affäre Nina B., R. 1958; Es muß nicht immer Kaviar sein, R. 1960; Bis zur bitteren Neige, R. 1962; Liebe ist nur ein Wort, R. 1963; Der Schulfreund, Sch. 1964; Lieb Vaterland, magst ruhig sein, R. 1965; Alle Menschen werden Brüder, R. 1967; Und Jimmy ging zum Regenbogen, R. 1970; Der Stoff, aus dem die Träume sind, R. 1971; Die Antwort kennt nur der Wind, R. 1973; Niemand ist eine Insel, R. 1975; Hurra, wir leben noch, R. 1978; 22 Zentimeter Zärtlichkeit, E. 1979; Wir heißen euch hoffen, R. 1980; Die Erde bleibt noch lange jung, En. 1981; Bitte, laßt die Blumen leben, R. 1983; Die im Dunkeln sieht man nicht, R. 1985; Doch mit den Clowns kamen die Tränen, R. 1987.

L: A. Weber, D. Phänomen S., 1977; W. Langenbucher, hg. 1978; M. Schmiedt-Schomaker, 1979.

Simplex → Kusenberg, Kurt

Simpson, William von, 19. 4. 1881 Rittergut Georgenburg in Nettienen/Ostpr. – 11. 5. 1945 Scharbeutz/Holst. Landwirtschaftl. Eleve; Student; Husarenoffizier, zeitweilig in Dt.-Südw.-Afrika; dann Gutsbesitzer in Ostpreußen; 1913 Landstallmeister e. Sennergestüts im Teutoburger Wald; Reisen auf den Balkan und in den Orient; nach dem 1. Weltkrieg 5 Jahre in Brasilien; dann in Berlin, zuletzt in der Rominter Heide. – Sehr erfolgr. Erzähler ostpreuß. Familienromane, gibt e. breitangelegtes Kulturbild ostpreuß. Großgrundbesitzer aus der Zeit Wilhelms II. Auch Reiseschriftsteller.

W: Im Sattel vom Ostseestrand bis zum Bosporus, Reiseb. 1915; Die Barrings, R. 1937; Der Enkel, R. 1939.

Simrock, Karl, 28. 8. 1802 Bonn – 18. 7. 1876 ebda., Gymnas. Bonn, 1818 Stud. Jura und Germanistik ebda. (bei A. W. Schlegel und E. M. Arndt), 1822 in Berlin bei K. Lachmann. 1823 in preuß. Staatsdienst, 1826 Referendar, 1830 wegen e. Gedichts auf die Julirevolution entlassen. Zog 1832 auf sein Weingut Menzenberg b. Bonn. Germanist. Studien. 1850 Prof. für dt. Sprache und Lit. Bonn. – Germanist und Dichter, bedeutend als Vermittler und Verbreiter altgerman.-nord. und ma. dt. Lit. in zahlr. Übs. und dichter. Neugestaltungen. Auch selbständiger Lyriker in der Nachfolge Uhlands, bes. mit Balladen, Gesellschaftsliedern und Schwänken. Sagensammler.

W: Das Nibelungenlied, Übs. II 1827 (n. D. Kralik 1954, A. Heusler 1964); Hartmann: Der arme Heinrich, Übs. 1830; Gedichte Walthers v. d. Vogelweide, Übs. II 1833; Wieland der Schmied, Sage 1835; Rheinsagen, Slg. 1837; Deutsche Volksbücher, hg. 1839ff. (XIII 1845–67; Bd. 8: Die deutschen Volkslieder, Slg. 1851, Nachdruck o. J.); Wolfram: Parzival und Titurel, Übs. II 1842; Das Heldenbuch, Übs. VI 1843–49; Gedichte, 1844; Kerlingisches Heldenbuch, 1848; Die Edda, Übs. 1851 (n. G. Neckel 1926); Bertha. Die Spinnerin, Dicht. 1853; Handbuch der Deutschen Mythologie, 1853; Gottfried v. Straßburg: Tristan und Isolde, Übs. II 1855; Legenden, 1855; Heliand, Übs. 1856; Lieder der Minnesinger, Übs. 1857; Beowulf, Übs. 1859; Gedichte, 1863; Deutsche Kriegslieder, 1870; Dichtungen, 1872. – AW, hg. G. Klee XII 1907.
L: N. Hocker, ²1884, n. 1971; H. Naumann, 1944; W. Ottendorff-S., D. Haus S., ²1954; H. Moser, 1976; D. Pinkwart, hg. 1979.

Sinclair, Emil → Hesse, Hermann

Sined der Barde → Denis, Johann Nepomuk Cosmas Michael

Singenberg, Ulrich von → Ulrich von Singenberg

Sittenfeld, Konrad → Alberti, Konrad

Sittewald, Philander von → Moscherosch, Johann Michael

Skasa-Weiß, Eugen (Ps. O. Skalberg), 22. 2. 1905 Nürnberg – 17. 10. 1977 London; Stud. Germanistik und Theaterwiss. Kiel, Königsberg und Köln, Redakteur ebda., dann freier Schriftsteller und Journalist in Grafing/Obb. – Vf. heiterer und iron. pointierter Feuilletons über liebenswerte menschl. Schwächen in geistreichem Plauderton.

W: Quartett in kurzen Hosen, En. 1956; Die schnarchenden Gazellen, Feuill. 1959; Verspielte Tänze – kleiner Flirt, Feuill. 1959; ... selbst in den besten Tierkreisen, Feuill. 1960; Die lausige Phantasie, En. 1961; Und sie bewegt sich noch, Feuill. 1962; Graf Erlenbar, En. 1962; Mütter, Schicksal großer Söhne, Ess. 1966; Monate machen Geschichte, Feuill. 1966; Verliebt und heiter, En. 1967; Gärten, die erreichbaren Paradiese, Bb. 1968; Zimmerherr mit schwarzer Katze, En. 1969; Deutschland, deine Franken, Feuill. 1971; Heitere Botanik!, Geuill. 1975; Von hinten besehen, Feuill. 1984.

Skowronnek, Fritz (Ps. Fritz Bernhard, Hans Windek), 20. 7. 1858 Schuiken b. Goldap/Ostpr. – Juli 1939 Berlin; Försterssohn; Stud. in Königsberg (Dr. phil.); Lehrer, Journalist, seit 1898 freier Schriftsteller in Berlin. – Erzähler von Jagdgeschichten und Unterhaltungsromanen; auch Dramatiker.

W: Masurenblut, En. 1899; Der Erbsohn, R. 1901; Wie die Heimat stirbt, En. 1902; Der Kampf um die Scholle, R. 1906; Mit Büchse und Angel, Ber. 1908; Der Sonntagsjäger, R. 1909; Der Hungerbauer, R. 1912; Lebensgeschichte eines Ostpreußen, Aut. 1923.

Skutsch, Karl Ludwig, 19. 7. 1905 Breslau – 18. 8. 1958 Berlin. Sohn e. Philologieprof.; Stud. Archäologie und Kunstgesch. Breslau; 1930 Dr. phil.; lebte in Berlin-

Zehlendorf. – Als Lyriker, Erzähler und Essayist Bewahrer antiken Geistesguts.

W: Musche, Nn. 1929; Dichterische Weisung, G. 1939, erw. 1947; Das Fortleben der Antike in den Dichtern, Ess. 1947; Europäische Legende, R. 1948.

Slezak, Leo, 18. 8. 1873 Mährisch-Schönberg – 1. 6. 1946 Rottach am Tegernsee; Unterreal- und Werkmeisterschule; Maschinenschlosser; Stud. Gesang bei Prof. A. Robinson in Brünn; 1901–05 Opern-, 1905–26 k. k. Kammersänger an der Wiener Hofoper; daneben ständig Gastspiele in New York und London; sang als Heldentenor an fast allen größeren Bühnen Europas; filmte ab 1932 und wurde als Film-Komiker weitbekannt; 1934 von der Staatsoper pensioniert; lebte zuletzt in Wien und am Tegernsee. – Beliebter humorist. Autobiograph.

W: Meine sämtl. Werke, 1922; Der Wortbruch, Aut. 1928; Der Rückfall, Aut. 1940; Mein Lebensmärchen, Aut., hg. Margarete S. 1948. – Mein lieber Bub, Br., hg. Walter S. 1966.
L: S. Klinenberger, 1910.

Smidt, Heinrich (Ps. Smidt von Altona), 18. 12. 1798 Altona – 3. 9. 1867 Berlin, Sohn e. Kapitäns, 10 Jahre Seemann, dann Stud. Jura u. Lit. Kiel u. Berlin, 1834 Mitarbeiter der ›Staatszeitung‹ ebda.; 1848 Archivar u. Bibliothekar im Kriegsministerium. – Vf. zahlr. lit. anspruchsloser, doch wirklichkeitsnah erzählter Seeromane u. -geschichten; daneben hist. Romane, Jugendbücher, Dramen sowie e. Autobiographie.

W: Erzählungen, III 1826–28; Seemannssagen und Schiffermärchen, II 1835f.; Mein Seeleben, Aut. III 1837; Das Loggbuch, R. III 1844; Michael de Ruiter, R. IV 1846; Devrient-Novellen, 1852; Jan Blaufink, R. II 1864; Halbdeck und Fockmast, R. 1868.

Söhle, Karl, 1. 3. 1861 Ülzen/ Niedersachsen – 13. 12. 1947 Dresden; Sohn e. Amtsrentmeisters; Kindheit in Hankensbüttel; 1872–75 Gymnas. Lingen a. d. Ems und Salzwedel; Seminar in Wunsdorf; bis 1885 Lehrer in der Lüneburger Heide; dann am Dresdener Konservatorium; mit F. Avenarius befreundet; Musikkritiker u. Schriftsteller in Dresden; 1917 Prof. h. c. – Erzähler von Musikerromanen, schildert die Einwirkung der Musik auf das Leben einfacher Menschen oder berichtet von großen Musikern.

W: Musikantengeschichten, En. 1898; Musikanten und Sonderlinge, En. 1900 (zus. u. d. T. Musikanten-Geschichten, 1905); Sebastian Bach in Arnstadt, E. 1902; Schummerstunde, En. 1904; Mozart, Dr. 1907; Der heilige Gral, E. 1911; Der verdorbene Musikant, R. 1918; Die letzte Perfektionierung, N. 1924.

Soest, Johann von → Johann von Soest

Sohnrey, Heinrich, 19. 6. 1859 Jühnde b. Göttingen – 26. 1. 1948 Neuhaus b. Holzminden. Dorfschule in Jühnde, Präparandenanstalt Ahlden/Aller, 1876 Lehrerbildungsseminar Hannover; 1879 Lehrer; 1885 Stud. Göttingen und Berlin; Schriftleiter der ›Freiburger Zeitung‹ in Freiburg/Br. und der Zs. ›Das Land‹ in Berlin; Hrsg. der ›Dt. Dorfzeitung‹ (1898–1918) und von ›Sohnreys Dorfkalender‹ (1902–32). 1907 Prof. h. c. – Fruchtbarer, ursprüngl. Erzähler von Dorfgeschichten und Romanen aus dem Bauernleben; auch Vf. von Volksstücken sowie Schriften zur Heimatpflege.

W: Die Leute aus der Lindenhütte, En. II 1886f.; Die hinter den Bergen, En. 1894; Der Bruderhof, E. 1898; Rosmarin und Häckerling, En. 1900; Die Dorfmusikanten, Vst. 1902; Grete Lenz, E. 1909; Düwels, Dr. 1909; Die Lebendigen und die Toten, R. 1913 (u. d. T. Fußstapfen am Meer, 1929); Herzen der

Heimat, En. 1919; Gewitter, Dr. 1929; Wulf
Alke, R. 1933.
L: F. W. Brepohl, Ponta Grossa ²1932; K.
Schöpke, 1949.

Solger, Reinhold, 17. 7. 1817
Stettin – 11. 1. 1866 Washington.
Stud. Philos. und Gesch. Halle
und Greifswald; war in England
und Frankreich; 1848 Teilnahme
an der Revolution in Berlin und
Baden; Exil in der Schweiz, England, Frankreich und USA; zuletzt in Washington. – Erzähler,
Lyriker, Satiriker.

W: Die Geschichte von Hanns von Katzenfin-
gen, Ep.-Fragm. 1848; Anton in Amerika, R.
II 1862 (n. 1928).
L: M. A. Dickie, Diss. Pittsburg/Pa. 1930.

Sommer, Ernst, 29. 10. 1888
Iglau/Mähren – 20. 9. 1955 London; Stud. Medizin, Kunstgesch.
u. Jura Wien, 1912 Dr. jur.;
1920–38 Rechtsanwalt in Karlsbad; Stadtrat ebda.; 1938 Emigration nach England; freier Schriftsteller u. ab 1947 Anwalt für internationales Recht in London. – Vf.
hist. Romane u. erfolgr. Biographien in Romanform.

W: Gideons Auszug, R. 1912; Der Aufruhr,
N. 1920; Der Fall des Bezirksrichters Fröh-
lich, Groteske 1922; Die Templer, R. 1935;
Botschaft aus Granada, 1937 (n. 1987); Ein
Mönch aus der Touraine, R. 1940 (u. d. T.
Doktor Rabelais, 1953); Revolte der Heili-
gen, R. 1944 (n. 1979); Die Sendung Thomas
Münzers, B. 1948; Villon, B. 1949; Erpresser
aus Verirrung, R. 1949; Das Fräulein von
Paradis, R. 1951; Das Leben ist die Fülle,
nicht die Zeit, Hutten-St. 1955; Antinous, R.
1955. – Der Aufruhr, Ausw. 1976 (m. Bibl.).
L: V. Macháčková-Riegerová, Prag 1970.

Sommer, Harald, * 12. 12. 1935
Graz; Arztsohn, Gymnas. ebda.;
gehörte zur progressiven Grazer
Gruppe um P. Handke u. W. Bau-
er; lebte in München, dann freier
Schriftsteller in St. Martin i. Stm.
– Österr. Dramatiker mit sozial-
psycholog. gesellschaftskrit.
Stücken von teils neoverist., teils
freierer (Dialekt-)Gestaltung.

W: Die Leut, Dr. (1969); Der Sommer am
Neusiedler See, Dr. (1971); Triki-traki, Dr.
(1971); Die Hure Gerhild, Dr. (1971); Das
Stück mit dem Hammer, Dr. (1973); Ich be-
tone, daß ich nicht das geringste an der Regierung auszusetzen habe, Dr. (1973); Ein un-
heimlich starker Abgang, Dr. 1974.

Sommer, Siegfried (Ps. Blasius),
* 23. 8. 1914 München; Handwerkerssohn, Volksschule; Elektriker; nach schwerem Lungenleiden
jahrelang arbeitslos, 1941–45
Wehrdienst in Rußland, dann
Journalist und Schriftsteller in
München. – Volkstüml. Erzähler
feuilletonist. Kurzgeschichten,
Lokalglossen und gesellschaftskrit. Romane aus dem Alltag der
kleinen Leute in salopper, mundartnaher Sprache mit Vorliebe für
seltsame Käuze.

W: Blasius geht durch die Stadt, Kgn. IV
1950–1953; Das Beste von Blasius, Kgn.
1953; Und keiner weint mir nach, R. 1953;
Das Letzte von Blasius, Kgn. 1955; Meine 99
Bräute, R. 1956; Der unverwüstliche Blasius,
Kgn. 1957; Blasius in allen Gassen, Kgn.
1959; Blasius, der letzte Spaziergänger, Kgn.
1960; Ein Jahr geht durch die Stadt, Kgn.
1962; Das große Blasius-Buch, Kgn. 1967;
Karussell, Kgn. 1967; Marile Kosemund, Dr.
1968; Meine 99 Stories, 1968; Sommer-
Sprossen, Kgn. 1969; Die Tage vergehn,
Kgn. 1970; Wanderer, kommst du nach
München, Kgn. 1971; Kinder, wie die Zeit
vergeht, Kgn. 1973; Das kommt nie wieder,
Erinn. 1976; Das gabs nur einmal, Erinn.
1978; Es ist zu schön, um wahr zu sein, Erinn.
1979; Also sprach Blasius, Kgn. 1980.

Sonnenburg, Friedrich von →
Friedrich von Sonnenburg

Sonnenfels, Josef (seit 1797)
Reichsfreiherr von, 1733 Nikols-
burg/Mähren – 25. 4. 1817 Wien.
Sohn des getauften jüd. Orientalisten Alois Wiener (eig. Perlin Lip-
mann), der 1746 als ›Edler von
Sonnenfels‹ geadelt wurde.
1749–54 Soldat in Kärnten, Ungarn und Wien; Stud. Jura ebda.
1763 Prof. der polit. Wiss. ebda.,
Hofrat, 1772 Sekretär und 1811
Präsident der Akad. der bildenden

Künste ebda. Freund Mendelssohns. – Hauptvertreter der josephin. Aufklärung; Publizist und Kritiker. Verfechter aufgeklärter Prinzipien im Rechts-, Polizei und Finanzwesen, in Kunst, Kultur und Philos. Eintreten für Abschaffung der Folter und für Gewerbefreiheit. In s. Wochenschrift ›Der Mann ohne Vorurtheil‹ (1765–67, 1769 und 1775) wie in s. ›Briefen über die Wienerische Schaubühne‹ (IV 1768). Wirken im Sinne Gottscheds für e. Reinigung der Lit. und des Theaters von Hanswurstiaden, Stegreifpossen u. a. Formen des Volkstheaters; Einsatz für e. regelmäßige Tragödie nach franz. Vorbild.

W: Der Vertraute, Zs. 1764; Der Mann ohne Vorurtheil, Zs. 1765–75; Gesammelte Schriften, I 1765; Grundsätze der Polizey-, Handlungs- und Finanzwissenschaft, III 1765–76; Das weibliche Orakel, Zs. 1767; Theresie und Eleonore, Zs. 1767; Briefe über die Wienerische Schaubühne, 1768 (n. A. Sauer, 1884); Über die Liebe des Vaterlandes, 1771 (n. 1882); Über die Abschaffung der Tortur, 1772. – GS, X 1783–87; Ges. kleine Schriften, 1783; Briefe, hg. H. Rollet 1874.

L: W. Müller, 1882; F. Kopetzky, 1882; K.-H. Osterloh, 1970.

Sonnenschein, Hugo, (Ps. Sonka), 25. 5. 1890 Kyjov/Mähren – 1953 Zuchthaus Mirov; Vagabund, Obdachloser, Anarchist, Freund Werfels und Ehrensteins, Journalist in Wien, kommunist. Redner und 1929 Funktionär im österr. Schriftstellerverband. Jan. 1945 von den Russen aus Auschwitz befreit und wegen Kollaboration zu 20 Jahren Haft verurteilt. – Linksexpressionist. Lyriker mit Dinggedichten, metaphernreichen Hymnen und polit. Agitationslyrik.

W: Slowakische Leider, G. 1909; Ichgott, Massenrausch und Ohnmacht, G. 1910; Geuse einsam und unterwegs, G. 1912; Mein Becher wider die Schwere der Welt, G. 1914; Die Legende vom weltverkommenen Sonka,

Dicht. 1920; Aufruhr und Macht zur Freiheit, G. 1921. – Die Fesseln meiner Brüder, Ausw. 1984.

Sonnleitner, A. Th. (eig. Alois Tlučhoř), 25. 4. 1869 Daschitz b. Pardubitz/Böhmen – 2. 6. 1939 Perchtoldsdorf b. Wien; Benediktinerzögling in Melk; Stud. Philol. Wien; Dr. phil.; Fachlehrer in Wien; später Direktor e. Bürgerschule ebda. – Böhm. Erzähler, schrieb bes. weitverbreitete Jugendbücher, daneben pädagog. und sozialpolit. Schriften, auch Märchen und Gedichte. In s. Hauptwerk, dem Roman ›Die Höhlenkinder‹, gab er e. kindertüml., einprägsames Bild der Entwicklung menschl. Kultur.

W: Der Bäckerfranzel, E. 1907; Die Grille und ihre Schwester Lotti, E. 1908; Der Universalerbe, E. 1908; Das Märchen in der Seele des Kindes, St. 1913; Die Höhlenkinder im Heimlichen Grund, R. 1918; Die Höhlenkinder im Pfahlbau, R. 1919; Die Höhlenkinder im Steinhaus, R. 1920; Koja, E. III 1921–25; Die Hegerkinder, E. III 1923–28; Dr. Robin-Sohn, E. 1929.

Sorge, Reinhard Johannes, 29. 1. 1892 Rixdorf b. Berlin – 20. 7. 1916 bei Ablaincourt/Somme; Sohn e. Stadtbauinspektors. Jugend und Gymnas. Berlin, ab 1909 Jena, ab 1910 Stud. Rechte ebda.; freier Schriftsteller, 2 Italienreisen; ⚭ Febr. 1913; Sept. 1913 in Rom Konversion zum Katholizismus; bis 1914 in Flüelen/Schweiz; ab 1914 Soldat. Gefallen. – Dramatiker u. Lyriker des Expressionismus, Initiator des gegen Naturalismus und Materialismus der Zeit sich auflehnenden lyr.-ekstat. Weltanschauungsdramas in s. frühexpressionist., visionär-traumnahen, monologartigen Spiel ›Der Bettler‹, Versuch e. über den Wortsinn hinausgehenden Gestaltung in ›Symbolen der Ewigkeit‹ und Aufruf zur Erneuerung des Menschen. Nach der Konversion Hinwendung zum relig. Weihspiel und Erneuerung des ma. Mysterienspiels als Ausdruck e. neuen myst. Gläubigkeit und hymn. relig. Kurzepen.

W: Der Bettler, Dr. 1912; Guntwar. Die Schule eines Propheten, Dr. 1914; Metanoeite. Drei Mysterien, 1915; König David, Sch. 1916; Mutter der Himmel, Ep. 1917; Gericht über Zarathustra, Vision 1921; Mystische Zwiesprache, 1922; Der Sieg des Christos, Dr. 1924; Preis der Unbefleckten, Dicht. 1924; Nachgelassene Gedichte, 1925; Der Jüngling. Die frühen Dichtungen, 1925. – Werke, hg. H. G. Rötzer III 1962–67.
L: W. Spael, 1921; M. Rockenbach, 1923; M. Becker, 1924; S. Sorge, 1927; M. S. Humfeld, 1929; J. Kröll, Diss. Bln. 1942; E. Kawa, 1949; H. G. Rötzer, Diss. Erl. 1961; C. Lucques, Le poids du monde, Paris 1962.

Soyfer, Jura (Ps. Jura), 8. 12. 1912 Charkov – 16. 2. 1939 KZ Buchenwald, Sohn jüd. Industrieller, die nach der Oktoberrevolution nach Wien emigrierten; 1930 Stud. Germanistik und Gesch. Wien; 1934 Mitgl. der KPÖ; 1938 beim Versuch, in die Schweiz zu entkommen, verhaftet. KZ Dachau und Buchenwald. – Polit. Lyriker u. Dramatiker in der Tradition des Wiener Volkstheaters; schrieb in den Jahren e. verschärften Theaterzensur (1936/37) für die Kleinkunstbühne treffsicher-pointierte sketchähnl. Kurzdramen. Geistvoller, einfallsreicher Zeitkritiker mit an Nestroy u. Brecht geschulten satir. Mitteln gegen bürgerl. Borniertheit u. polit. Illusionismus.

W: Vom Paradies zum Weltuntergang, Drr. u. Kleinkunst, bearb. u. hg. O. Tausig 1947 (u. d. T. Von Paradies und Weltuntergang, hg. W. Martin 1962); Der Lechner-Edi. Astoria, Drr. 1974. – Das Gesamtwerk, hg. H. Jarka 1980, III 1984.
L: F. Herrmann, Diss. Wien 1950; P. Langmann, Sozialismus. u. Lit., 1986; H. Jarka, 1987.

Soyka, Otto, 9. 5. 1882 Wien – 2. 12. 1955 ebda.; lebte in Wien. –

Österr. Dramatiker und Erzähler psycholog. gestalteter Novellen und Romane, oft mit detektiv. Motiven. Auch moralphilos. Studien.

W: Herr im Spiel, R. 1910; Die Söhne der Macht, R. 1912; Revanche, K. 1912; Geldzauber, K. 1913; Der entfesselte Mensch, R. 1919; Im Joch der Zeit, R. 1920; Der Seelenschmied, R. 1921; Das Experiment, R. 1923; Der Geldfeind, R. 1923; Eva Morsini, R. 1923; Der Mann in der Kulisse, R. 1926; Überwinder, Nn. 1926; Fünf Gramm Liebeszauber, R. 1931; Das Geheimnis der Akte K., R. 1934.

Späth, Gerold, ∗ 16. 10. 1939 Rapperswil/Schweiz; aus alter Orgelbauerfamilie, Ausbildung zum Exportkaufmann in Zürich, Vevey, London und Fribourg, seit 1968 freier Schriftsteller in Rapperswil, Stipendienaufenthalte in Berlin und Rom. – Schweizer Erzähler von überbordender Phantasie und rabelaisscher, barocker Sprachkraft in der Darstellung der fassadenhaften, engen, kleinbürgerl. Spießerwelt einerseits, der Schelme, Abenteurer und Außenseiter andererseits. Auch Novelle und Hörspiel.

W: Unschlecht, R. 1970; Stimmgänge, R. 1972; Zwölf Geschichten, En. 1973, (u. d. T. Heißer Sonntag, 1982); Die heile Hölle, R. 1974; Balzapf, R. 1977; Phönix, En. 1978; Ende der Nacht, En. 1979; Commedia, R. 1980; Von Rom bis Kotzebue, Reiseb. 1982; Sacramento, En. 1983; Sindbadland, En. 1984; Verschwinden in Venedig, En. 1986.

Spangenberg, Cyriakus, 7. 6. 1528 Nordhausen – 10. 2. 1604 Straßburg; Sohn des Dichters Johann S.; Stud. in Wittenberg bei Luther und Melanchthon; 1546 Rektor in Eisleben; 1550 Pfarrer ebda.; Generaldekan von Mansfeld; floh von dort und war zuletzt in Straßburg. – Kirchenlieddichter und Vf. bibl. Dramen.

W: Formularbüchlein, 1555 (n. H. Rembe 1897); Christliches Gesangsbüchlein, 1568; Mansfeldische Chronica, 1572 (n. E. Leers u.

C. Rühlmann II 1912f.); Von dem Cananei-schen Weiblein, K. 1589; Von der Musica und den Meistersängern, Schr. 1598 (n. A. v. Keller 1861, BLV. 62, n. 1966); Briefwechsel, hg. H. Rembe 1887.

Spangenberg, Wolfhart (Ps. Ly-costhenes Psellionores Andreope-diacus), um 1570 Mansfeld – um 1636 Buchenbach b. Künzelsau; Sohn des Dichters Cyriakus S.; Stud. in Tübingen; 1597 Korrek-tor in Straßburg; 1611 Pfarrer in Buchenbach. – Dramatiker; Vf. einiger Stücke aus dem Bauern- u. Soldatenleben. Übs. antiker und neulat. Dramen. Am erfolgreich-sten s. Tierdichtung ›Ganßkönig‹, die den kath. Heiligendienst par-odiert.

W: Ganßkönig, Sat. 1607; Geist und Fleisch, Lsp. 1608; Glückswechsel, Dr. 1613; Mam-mons Sold, Dr. 1614; Singschul, Lsp. 1615; Esel König, Sat. 1625. – Ausgew. Dicht., hg. E. Martin 1887; Griech. Dramen in dt. Bear-beitung, hg. O. Dähnhardt II 1896 f.; SW, hg. A. Vizkelety IX 1971–82.

L: J. Schwaller, Diss. Straßb. 1914; G. Skop-nik, D. Straßburger Schultheater, 1935; H. Jonas, Diss. Potsd. 1973.

Spanmüller, Jakob → Pontanus, Jacobus

Speckmann, Diedrich, 12. 2. 1872 Hermannsburg b. Celle – 28. 5. 1938 Fischerhude b. Bremen. Stud. Theol. Tübingen, Leipzig, Erlangen und Göttingen; Pfarrer in Grasberg b. Worpswede; zu-letzt Schriftsteller in Fischerhude. – Volkstüml. Erzähler stilist. ein-facher Heimatromane aus Nieder-sachsen, bes. aus der Heide.

W: Heidehof Lohe, R. 1906; Das goldene Tor, R. 1907; Geschwister Rosenbrock, E. 1911; Jan Murken, E. 1922. – Heideerzählun-gen, VIII 1921.

Spee von Langenfeld, Fried-rich, 25. 2. 1591 Kaiserswerth b. Düsseldorf – 7. 8. 1635 Trier; Sohn e. Amtmanns; Jesuitengym-nasium Köln, 1610 Jesuit in Trier;

1613 Magister; um 1621 Priester-weihe, dann Lehrer der Philos., Grammatik und Moral am Kölner Jesuitenkollegium; Lehrer an Je-suitenschulen in Speyer, Worms und Mainz; 1625/26 Philosophie-prof. in Paderborn, 1629 Dom-prediger ebda., dann in Franken, bes. Seelsorger in Bamberg u. Würzburg, Beichtvater vieler als Hexen gebrandmarkter und zum Tode verurteilter Frauen; ohne Möglichkeit zu helfen hatte er in 2 Jahren 200 Unschuldige zum Scheiterhaufen zu führen. Daher Vf. e. Schrift gegen Hexenprozes-se, auf Grund deren solche Greuel in Würzburg und Braunschweig abgeschafft wurden. 1631 Prof. der Moraltheologie in Köln; 1633 in Trier, dort bei der Pflege pest-kranker Soldaten in e. Lazarett an-gesteckt und starb nach kurzer Zeit. – Größter kath. relig. Lyri-ker des Barock. S. geistl. Lieder zeigen tiefe Innigkeit, Naturver-bundenheit, Frömmigkeit und myst. Jesusliebe neben schäferl. und hochbarocken Zügen bes. nach span. Vorbildern. Auch An-klänge an ältere Volkslieder. Wir-kung auf die Romantiker (Bren-tano).

W: Cautio Criminalis, Schr. 1631 (n. 1971; d. J. F. Ritter ²1967); Güldenes Tugend-Buch, Schr. 1649 (n. 1968); Trvtz Nachtigal, G. 1649 (hg. A. Weinrich 1908, G. O. Arlt ²1967, G. R. Dimler, Wash. 1981). – Sämtl. Schriften, hkA., hg. E. Rosenfeld III 1968 ff.; D. anon. geistl. Lieder vor 1623, hg. M. Härting 1979.

L: J. B. Diel, ²1901; T. Ebner, 1898; A. Becker, Die Sprache S.s, 1912; W. Kosch, ²1921; F. Zoepfl, 1947; K. Schwarz, 1948; T. van Stockum, 1949; I. Rüttenauer, 1951; H. Zwetsloot, F. S. u. d. Hexenprozesse, 1954; E. Rosenfeld, 1958; dies., Neue Stud. zur Lyrik v. F. v. S., Mail. 1963; S. Bankl, Diss. Wien 1959; K. Keller, ²1969; G. R. Dimler, S.s Trutznachtigall, 1973; J.-F. Ritter, 1977; W. Rupp, 1986; K.-J. Miesen, 1987; Bibl.: G. R. Dimler (Daphuis Bd., 1984).

Speer, Daniel, Oktober 1636 Breslau – 5. 12. 1707 Göppingen;

in Ungarn ansässig; kam 1661 als Flüchtling nach Stuttgart; Stadtpfeifer, Kantor u. Kollaborator in Göppingen. – Stark autobiograph. bestimmter Erzähler des Barock, verbindet in s. Romantrilogie nach Art der Simpliziaden den Stil barocker Reisebeschreibung mit der pikaresken Erzähltradition.

W: Ungarischer oder Dacianischer Simplicissimus, R. 1683 (n. B. Eggert 1923); Türkischer Vagant, R. 1683; Simplicianischer Lustig-Politischer Haspel-Hannß, R. 1684; Grundrichtiger Unterricht der musikalischen Kunst, Schr. 1697 (n. 1974).

Spener, Philipp Jakob, 13. 1. 1635 Rappoltsweiler/Elsaß – 5. 2. 1705 Berlin; Sohn e. Rates; 1654–56 Informator pfälz. Prinzen; 1659 Stud. Theol. Straßburg, Basel, Genf und Tübingen; 1663 Freiprediger am Straßburger Münster, 1666 Pfarrer und Senior in Frankfurt/M.; 1686 Oberhofprediger in Dresden; 1691 Probst an der Nikolaikirche in Berlin und Konsistorialrat. – Hauptvertreter des dt. Pietismus, dessen Schriften e. Reform von Theol. und Kirche erstrebten. S. Forderungen nach besserer Kenntnis der Bibel, Besserung der einseitigen dogmat. Bildung der Theologen und nach e. tätigen Christentum finden sich bes. in der Schrift ›Pia Desideria‹.

W: Pia Desideria, Schr. 1675 (n. K. Aland ³1964); Die allgemeine Gottesgelehrtheit aller gläubigen Christen, Schr. 1680; Erfordertes Theologische Bedenken, Schr. 1690; Das nötige und nützliche Lesen Der Heiligen Schrift, Schr. 1704; Geistreiche Gesänge, 1708. – Schriften, hg. E. Beyreuther XII 1979ff.; Hauptschriften, hg. P. Grünberg 1889; Wenn du könntest glauben, Br.-Ausw., hg. H.-G. Feller 1960.
L: P. Grünberg, III 1893–1906; M. Peter, 1935; K. Aland, 1943; H. Appel, 1964; D. Blaufuß, ²1980.

Spengler, Lazarus (Ps. Hans Bechler?), 13. 3. 1479 Nürnberg –

7. 9. 1534 ebda. Ratsschreiber ebda., Freund Luthers und Pirckheimers. – Als Dichter bes. relig. Lyriker; in Flugschriften Eintreten für Luther.

W: Gespräch eines Fuchses und eines Wolfes, 1523; Schutzrede und christliche Antwort, o. J.
L: H. v. Schubert, 1934; O. Tyszko, Beitr. z. d. Flugschrr. S.s, Diss. Gießen 1939.

Speratus, Paulus (eig. Paul Offer von Spretten), 13. 12. 1484 Rötlen b. Ellwangen – 12. 8. 1551 Marienwerder; Stud. Theol. Paris und Italien; 1506 Priester in Dinkelsbühl, 1519 Domprediger in Würzburg; trat 1520 zu Luther über, kam nach Salzburg und Wien, hier 1522 eingekerkert; dann in Iglau/Mähren, nach Anklage durch den Bischof von Olmütz erneut ins Gefängnis; sollte verbrannt werden, von e. Kämmerer des Königs und Jan von Kuhnstedt befreit; 1524 bei Luther in Wittenberg; wurde auf dessen Empfehlung Hofprediger in Königsberg; 1529 Bischof von Pomesanien. – Luther. Kirchenlieddichter (›Es ist das Heil uns kommen her‹).

L: P. Tschackert, 1891; M. Graf, 1917.

Sperber, Manès, dt.-franz. Schriftsteller, 12. 12. 1905 Zablotow/Polen – 5. 2. 1984 Paris; ostjüd. Abstammung; Jugend in Galizien und seit 1916 Wien, Stud. Psychologie ebda., Mitarbeiter A. Adlers bis zum Bruch (1931); 1927–33 Individualpsychologe in Berlin; 1933 Emigration über Jugoslawien nach Frankreich; 1927 Mitgl. der KP, löste sich 1937 von ihr; 1940 Freiwilliger der franz. Armee, 1943 in der Schweiz interniert, 1945 erst Lektor, dann Verlagsdirektor in Paris. – Romancier und brillanter, geistreicher polit.-lit. Essayist. Gibt in s. Romantrilogie ›Wie eine Träne im Ozean‹ in film.-episodenhafter Erzähltechnik eine Chronik s. eigenen Passion u. s. Abrechnung mit dem Kommunismus und Totalitarismus.

W: A. Adler, St. 1926; Zur Analyse der Tyrannis. Das Unglück begabt zu sein, Ess. 1939; Der verbrannte Dornbusch, R. 1950; Plus profond que l'abîme, R. 1950; Die verlorene Bucht, R. 1955 (alle 3 zus. u. d. T. Wie eine Träne im Ozean, 1961); Le talon d'Achille, Ess. 1957 (Die Achillesferse, d. 1960); Zur täglichen Weltgeschichte, Ess. 1967; A. Adler, Schr. 1970; Leben in dieser Zeit, Ess. 1972; Die Wasserträger Gottes, Aut. 1974; Zur Analyse der Tyrannis, Ess. 1975; Die vergebliche Warnung, Aut. 1975; Bis man mir Scherben auf die Augen legt, Aut. 1977 (alle 3 zus. u. d. T. All das Vergangene); Individuum und Gemeinschaft, St. 1978; Churban, Ess. 1979; Nur eine Brücke zwischen Gestern und Morgen, St. 1980; Essays zur täglichen Weltgeschichte, Ess. 1981; Ein politisches Leben, Gespr. 1984; Geteilte Einsamkeit, Ess. 1985; Der schwarze Zaun, Nl. 1986.
L: Schreiben in dieser Zeit, 1976 (m. Bibl.); A. Pfaffenholz, 1984.

Sperr, Martin, *14. 9. 1944 Steinberg/Niederbayern; Lehrersohn; kaufmänn. Lehre München, 1962/63 Schauspielstud. Max-Reinhardt-Seminar Wien; Schauspieler u. Regieassistent in Wiesbaden, Bremen, Berlin; 1967 Schauspieler u. Hausautor Kammerspiele München, dann freier Schriftsteller in Unterschnittenkofen, 1972–77 schwerkrank. – Dramatiker der Nachkriegszeit mit sozialkrit. Stücken in atmosphär. dichter Bilderbogentechnik, stilisiertem Dialekt u. brisanter Thematik; schonungslos ehrl., knapp umrissene Schilderung typ., als gefährl. erkannter Verhaltensweisen mit realist. Mitteln, aber in modellhafter Absicht. Auch Fernseh- u. Hörspielautor.

W: Jagdszenen aus Niederbayern, Dr. (1966; Prosafassg. u. d. T. Jagd auf Außenseiter, 1971); Landshuter Erzählungen, Dr. (1967; Münchner Freiheit, Dr. (1971; zus. u. d. T. Bayrische Trilogie, 1972); Koralle Meier, Dr.

(1970); Der Räuber Mathias Kneissl, FSsp. 1971; Adele Spitzeder, FSsp. (1972; m. P. Raben); Die Spitzeder, Dr. (1977); Willst du Giraffen ohrfeigen, mußt du Niveau haben, G. u. En. 1980.

Spervogel (d. h. Sperling), 2. Hälfte 12. Jh./Anfang 13. Jh. (?), gebildeter Fahrender wohl aus niederem Adel oder Ministeriale. – Mhd. Spruchdichter vor Walther, schrieb didakt. Sprüche und schlagkräftige Priameln für die höf. Gesellschaft von formaler Glätte mit reinen Reimen. Die unter s. Namen überlieferten Strophen zerfallen in 3 Gruppen, von denen die 2., ältere e. Dichter → Herger (auch Kerling der Älterer bzw. Anonymus Spervogel gen.), die jüngere e. unbekannten sog. ›jüngeren S.‹ zugeschrieben wird.

A: MF; C. v. Kraus, Dt. Liederdichter d. 13. Jh., 1952.
L: S. Anholt, D. sog. Spervogelsprüche, Amsterd. 1937.

Speyer, Wilhelm, 21. 2. 1887 Berlin – 1. 12. 1952 Riehen bei Basel; Fabrikantensohn; Landeserziehungsheim Haubinda; Stud. Jura und Philos. München, Straßburg und Berlin; Soldat im 1. Weltkrieg; lebte am Starnberger See, in Italien, 1933–36 Holland und Österreich, 1936–40 Frankreich; 1940–49 Emigrant in USA (Kalifornien); 1949 Rückkehr nach Europa, wohnte zuletzt in Oberbayern, Südfrankreich und der Schweiz. – Erfolgr. Erzähler, bes. Jugendschriftsteller u. Dramatiker. ›Das Glück der Andernachs‹ ist e. Roman vom Schicksal e. jüd. Familie im Berlin der Bismarckzeit.

W: Oedipus, R. 1907; Das fürstliche Haus Herfurth, R. 1914 (u. d. T. Sibyllenlust, 1928); Der Revolutionär Dr. 1919; Karl V., 1919; Mynheer van Heedens große Reise, R. 1921; Rugby, K. 1921; Schwermut der Jahreszeiten, E. 1922; Südsee, Sch. 1923; Frau von Hanka, R. 1924; Charlott etwas verrückt, R. 1927; Der Kampf der Tertia, E. 1927; Nachtgesichte, En. 1928; Es geht. Aber es ist auch danach!, Sch. 1929; Die goldene Horde, R. 1930; Napoleon, Sch. (1930); Ich geh aus und du bleibst da, R. 1931; Roman einer Nacht, 1932; Der Hof der schönen Mädchen, R. 1935; Zweite Liebe, R. 1936; Die Stunde des Tigers, Jgb. 1939; Das Glück der Andernachs, R. 1947 (n. 1983); Andrai und der Fisch, R. 1951.

Spiel vom Antichrist → Ludus de Antichristo

Spiel von Frau Jutten → Schernberg, Dietrich

Spiel, Hilde Maria Eva, * 19. 10. 1911 Wien, Stud. Philos. Wien, Promotion 1936, ging 1936 nach England, 1936 ⚭ Peter de Mendelssohn; Journalistin und Korrespondentin mehrerer dt. Blätter in London, 1946 Wien, 1947/48 Berlin, wieder London, seit 1963 in Wien. 1962 Prof. h. c. – In Romanen und Novellen atmosphär. dichte, psycholog. sensitive Darstellung der Empfindungswelt in gepflegtem Stil. Theaterkritikerin, Feuilletonistin und Essayistin, Übs. aus dem Engl.

W: Kati auf der Brücke, R. 1933; Verwirrung am Wolfgangsee, R. 1935 (u. d. T. Sommer am Wolfgangsee, 1961); Flöte und Trommeln, R. 1947 (alle 3 zus. u. d. T. Frühe Tage, 1986); Der Park und die Wildnis, Ess. 1953; Welt im Widerschein, Ess. 1960; Fanny Arnstein oder Die Emanzipation, B. 1962; Lisas Zimmer, R. 1965; Rückkehr nach Wien, Tg. 1968; Städte und Menschen, Feuill. 1971; Kleine Schritte, Ess. 1976; Mirko und Franca, E. 1980; Die Früchte des Wohlstands, R. 1981; In meinem Garten schlendernd, Ess. 1981; Englische Ansichten, Ess. 1984; Der Mann mit der Pelerine, En. 1985.

Spielberg, Hanns von → Zobeltitz, Hanns von

Spielhagen, Friedrich, 24. 2. 1829 Magdeburg – 25. 2. 1911 Berlin; Sohn e. Regierungsbeamten; Kindheit in Stralsund; ab 1847 Stud. Jura und Philol. Berlin,

Bonn und Greifswald; 1852 Hauslehrer; 1854 Gymnasiallehrer und Schriftleiter in Leipzig; 1860–62 in Hannover, Feuilletonredakteur der ›Zeitung für Norddeutschland‹, dann Redakteur der ›Deutschen Wochenschrift‹ in Berlin; 1878–84 Hrsg. von ›Westermanns Monatsheften‹; zog schließl. nach Charlottenburg. – Erzähler, Dramatiker und Lyriker, Theoretiker des Romans und Dramas. Seinerzeit führender Romancier. S. pathet., tendenziösen, polit. liberalen Zeit- und Gesellschaftsromane spiegeln die Entwicklung Dtl.s in der 2. Hälfte des 19. Jh.; ihre breite, stoffl. spannungsreiche Handlung ist in bewußter Technik gestaltet. Stimmungsvoller u. dichter. reicher in s. Novellen. Vom Naturalismus heftig bekämpft.

W: Clara Vere, N. 1857; Auf der Düne, N. 1858; Problematische Naturen, R. 1861 (n. 1965); Durch Nacht zum Licht, R. IV 1862; In der zwölften Stunde, R. 1863; Die von Hohenstein, R. IV 1864; In Reih und Glied, R. V 1867; Hans und Grete, E. 1868; Unter Tannen, Nn. 1868; Hammer und Amboß, R. V 1869; Allzeit voran, R. III 1872; Was die Schwalbe sang, R. II 1873; Liebe für Liebe, Sch. 1875; Sturmflut, R. III 1876; Platt Land, R. III 1879; Quisisana, N. 1879; Angela, R. II 1881; Beiträge zur Theorie und Technik des Romans, 1883 (n. 1967); Uhlenhans, R. II 1884; Gerettet, Sch. 1884; Die Philosophin, Sch. 1887; Was will das werden?, R. III 1887; Noblesse oblige, E. 1888; Ein neuer Pharao, R. 1889; Finder und Erfinder, Aut. II 1890; Gedichte, 1892; Sonntagskind, R. III 1893; Stumme des Himmels, R. II 1895; Susi, R. II 1895; Selbstgerecht, R. 1896; Zum Zeitvertreib, R. 1897; Mesmerismus. Alles fließt, Nn. 1897; Herrin, N. 1898; Neue Beiträge zur Theorie und Technik der Epik und Dramatik, 1898 (Faks. 1967); Neue Gedichte, 1899; Opfer, R. 1899; Frei geboren, R. 1900. – GW, XXI 1866 f.; SW, X 1870–72, XI 1871–74; Sämmtl. Romane, XXIX 1895–1904; Ausgew. Romane, X 1907–10; Meisterromane, III 1929.

L: H. u. J. Hart, 1884; G. Karpeles, 1889; H. Henning, 1910; V. Klemperer, Die Zeitromane F. S.s, 1913, n. 1973; H. Schierding, Unters. üb. d. Romantechnik F. S.s, Diss. Münster 1914; M. Geller, F. S. s, Theorie u. Praxis d. Romans, 1917, n. 1973; H. Hochfelder, Diss. Erl. 1954; C. Heidrich, Diss. Lpzg. 1959; C. Müller-Donges, D. Novellenwerk

F. S.s, 1970; G. Rebing, Der Halbbruder des
Dichters, 1972.

Spies, Johann → Faustbuch

Spieß, Christian Heinrich, 4. 4.
1755 Helbigsdorf b. Freiberg/
Sachsen – 17. 8. 1799 Schloß
Bezdjekau b. Klattau/Böhmen;
wandernder Komödiant, später
Gesellschafter u. Wirtschaftsdi-
rektor des Grafen Künigl; zuletzt
geisteskrank. – Fruchtbarer Erzähler und Dramatiker, e. Hauptvertreter des Räuber-, Ritter- und
Schauerromans.

W: Biographien der Selbstmörder, 1785; Klara von Hoheneichen, Sch. 1790; Das Peter-
männchen, R. II 1791 f.; Der alte Überall und
Nirgends, R. II 1792 f.; Der Löwenritter, R.
IV 1794–96; Die zwölf schlafenden Jungfrau-
en, R. III 1794–96; Biographien der Wahnsin-
nigen, IV 1795 f. (Ausw. H. Promies 1977). –
SW, XI 1840 f.
L: C. Quelle, Diss. Lpz. 1925.

Spindler, Karl (Ps. C. Spinalba,
Max Hufnagl), 16. 10. 1796 Breslau – 12. 7. 1855 Bad Freiersbach/
Baden; Sohn von Schauspielern;
war mit s. Eltern früh in Wien,
Frankfurt/M. und Straßburg;
kurzer franz. Kriegsdienst; wandernder Komödiant; ab 1824
Schriftsteller in der Schweiz, Tirol und Süddtl., reiste durch
Frankreich und Italien. – Erfolgr.,
phantasievoller Erzähler von interessanten, breiten Kulturbildern
im Stile Scotts. Kam aus Not zur
Vielschreiberei hist. Romane und
Novellen. Hrsg. des Taschenbuchs ›Vergißmeinnicht‹.

W: Der Bastard, R. III 1826; Der Jude, R. IV
1827; Der Jesuit, R. III 1829; Der Invalide, R.
V 1831; Der König von Zion, R. III 1837;
Schildereien, En. II 1842; Fridolin Schwert-
berger, R. IV 1844 (n. 1982); Für Stadt und
Land, En. II 1849. – SW, CII 1831–54; Aus-
gew. Romane, XXXIV 1875 f.
L: J. König, 1908.

Spitta, Karl Johann Philipp, 1. 8.
1801 Hannover – 28. 9. 1859
Burgdorf; Sohn e. Buchhalters;
1815–18 Uhrmacherlehrling;
1821–24 Stud. Theol. Göttingen,
Verkehr mit Heine; dann Hauslehrer in Lüne, Kollaborator in
Sudwalde; 1830 Garnisonspfarrer
in Hameln; 1837 Pastor in Wa-
chold; 1847 Superintendent in
Wittingen, 1853 Peine, 1859
Burgdorf. – Geistl. Lyriker, Vf.
feinempfundener, formvollendeter Lieder (›Bei dir, Jesu, will ich
bleiben‹).

W: Psalter und Harfe, G. II 1833–43; Nachge-
lassene geistliche Lieder, hg. A. Peters 1861;
Lieder aus der Jugendzeit, 1898.
L: K. K. Münkel, 1861; H. v. Redern, 1905.

Spitteler, Carl (Ps. Carl Felix
Tandem), 24. 4. 1845 Liestal b.
Basel – 29. 12. 1924 Luzern; Sohn
e. Landschreibers und Oberrich-
ters väterlicherseits bäuerl. Herkunft, mütterlicherseits aus alter
Brauerfamilie; Jugend in Bern;
ging nach Streit mit s. Vater 1864
nach Luzern, ab 1865 Stud. Jura
Basel, dann obwohl Atheist, protestant. Theologie Zürich und
1867/68 Heidelberg, 1871 wieder
in Basel, verließ s. Landpfarre in
Graubünden; 1871–79 Lehrer im
Haus e. finn. Generals Standert-
skjöld in balt. Adelskreisen von
Petersburg und Finnland, 1879 an
e. Mädchenschule in Bern,
1881–85 Lehrer in Neuveville.
Journalist in Basel, 1890–92 Feuil-
letonredaktion der ›Neuen Zürcher Zeitung‹. 1892 durch Erbschaft von s. Schwiegereltern unabhängig, zog 1893 als freier
Schriftsteller nach Luzern, 1905
Dr. phil. h. c. Zürich. Trat bei
Beginn des 1. Weltkriegs in s. Rede ›Unser Schweizer Standpunkt‹
für e. unbedingte Neutralität der
Schweiz ein, daher von Dtl.
mehrfach scharf angegriffen. 1919
Nobelpreis. Freund J. V. Wid-

manns. Einsame, aristokrat.-stolze u. kühle Natur. – Schweizer Epiker, Erzähler, Lyriker und Essayist. Als Erneuerer des Epos (in rhythm. Prosa oder 6füß. Jamben) Gestalter e. vom Pessimismus Schopenhauers beeinflußten, unchristl., trag.-skept. und myth.-heroischen Weltbildes und e. Nietzsche verwandten Lebensgefühls in monumentaler Form, in e. andrängenden Fülle von Bildern, kosm. Visionen und phantast. Einfällen und herber, bewußt unlyr. Sprache. S. philosoph. Epik, Preis des aristokrat. Menschen im Kampf um Schönheit und Wahrheit, gegen Bosheit, Vermassung u. das dunkle Schicksal, erhöht menschl. Züge zu besserer Distanzierung ins Mythische und deutet Mythisches in mod. Alltagserleben um. Weniger bedeutend mit anderen abstrakt-kosm. Dichtungen sowie mit s. Lustspielen. Daneben romant. Liebeslyriker, beachtenswerter Balladendichter, Satiriker, Vf. naturalist. Erzählungen im Sekundenstil (›Conrad der Leutenant‹) und psycholog. Romane mit direkter Wirkung auf Freuds Psychoanalyse (›Imago‹) u. bedeutender Kritiker und Essayist.

W: Prometheus und Epimetheus, Ep. II 1881 (Neufassg. u. d. T. Prometheus der Dulder, 1924); Extramundana, Dicht. 1883 (bearb. 1905); Schmetterlinge, G. 1889; Der Parlamentär, Lsp. 1889; Friedli der Kolderi, E. 1891; Literarische Gleichnisse, 1892; Gustav, E. 1892; Der Ehrgeizige, Lsp. 1892; Balladen, 1896; Der Gotthard, 1897; Lachende Wahrheiten, Ess. 1898; Conrad der Leutenant, E. 1898; Olympischer Frühling, Ep. IV 1900–05 (Neufassg. II 1910); Glockenlieder, G. 1906; Imago, R. 1906; Gerold und Hansli, die Mädchenfeinde, E. 1907; Meine Beziehungen zu Nietzsche, 1908; Meine frühesten Erlebnisse, 1914; Rede über Gottfried Keller, 1919. – GW, hg. G. Bohnenblust, W. Altwegg u. R. Faesi XI 1945–58; Briefwechsel m. A. Frey, hg. L. Frey 1933; Krit. Schriften, hg. W. Stauffacher 1965.

L: C. Meissner, 1912; F. Weingartner, ²1913; W. A. Berendsohn, Der Stil C. S.s, 1923; M.

Widmann, C. S.s Leben, 1925; T. Roffler, 1926; R. Gottschalk, 1928; R. Faesi, 1933; G. Bohnenblust, 1938 u. 1946; J. Fränkel, 1945; F. Witz, Zum 100. Geburtstag C. S.s, 1945; R. Faesi, S. als Seher und Zeitgenosse, 1945; F. Buri, Prometheus u. Christus, 1945; L. Beringer, C. S. i. d. Erinnerung s. Freunde, 1947; W. Stauffacher, S.s Lyrik, 1950; C. A. Loosli, Erinnerungen an C. S., 1956; P. Baur, Z. Bewertung v. S.s Poesie, 1964; O. Rommel, S.s ›Olymp. Frühling‹, 1965; L. Quattrocchi, S. narratore, Rom 1968; J. H. Wetzel, 1969; Hommage an C. S., hg. H. Weder 1971; W. Stauffacher, 1973; J. H. Wetzel, 1973; P. Wegelin, S.s Schweizer Standpunkt, 1981.

Spitzer, Rudolf → Lothar, Rudolf

Spoerl, Alexander, 3. 1. 1917 Düsseldorf – 16. 10. 1978 Rottach-Egern; Sohn von Heinrich S., Stud. Maschinenbau TH Berlin, lange Dramaturg, bis 1945 Ingenieur, dann freier Schriftsteller in Rottach-Egern, dann Biogna di Breganzona b. Lugano. – Humorist. Erzähler in Nachfolge s. Vaters; auch Essayist, Hörspielautor und Vf. heiterer Sachbücher über Technik und Hobbies.

W: Der eiserne Besen, R. 1949 (m. Heinrich S.); Memoiren eines mittelmäßigen Schülers, R. 1950; Ich habe nichts damit zu tun, R. 1951 (u. d. T. Der Mann, der keinen Mord beging, 1958); Ein unbegabter Liebhaber, R. 1952; Moral unter Wasser, Kgn. 1953; Bürgersteig, R. 1954; Gentlemen in Unterhosen, Ess. 1955 (u. d. T. Gentlemen können es selbst, 1965); Auf dem Busen der Natur, R. 1956; Matthäi am letzten, R. 1960; Kleiner Mann baut im Tessin, R. 1963; Mensch im Auto, Sb. 1967; Die anderen Leute, R. 1967; Menschen dritter Klasse?, Ber. 1968; Das große Auto-ABC, Sb. 1970; Computerbuch, Sb. 1971; Ein unbegabter Ehemann, R. 1972; Der alphabetische Herr, R. 1973; Pachmayr, R. 1975.

Spoerl, Heinrich, 8. 2. 1887 Düsseldorf – 25. 8. 1955 Rottach-Egern; Stud. Jura Marburg, Berlin, Bonn und München; Dr. jur.; 1919–37 Rechtsanwalt in Düsseldorf, dann freier Schriftsteller in Berlin; seit 1941 in Rottach-Egern am Tegernsee. – Sehr erfolgr. Erzähler humorvoller Unterhaltungsromane und heiterer Erzählungen.

W: Die Feuerzangenbowle, R. 1933; Wenn wir alle Engel wären, R. 1936; Der Maulkorb, R. 1936 (als Lsp. 1938); Man kann ruhig darüber sprechen, En. 1937; Der Gasmann, R. 1940; Das andere Ich, R. 1942; Die weiße Weste, K. 1946; Die Hochzeitsreise, E. 1946; Der eiserne Besen, R. 1949 (m. Alexander S.); Ich vergaß zu sagen, En. 1956. – GW, 1963, 1978, IV 1981.

Sprickmann, Anton Matthias, 7. 9. 1749 Münster/Westf. – 20. 11. 1833 ebda.; 1766–69 Stud. Jura Göttingen; 1774 Regierungsrat in Münster; 1778/79 Prof., seit 1803 auch Richter ebda.; Freund Bürgers und später Annettes von Droste-Hülshoff; 1814 Prof. in Breslau; 1817–29 an der Univ. in Berlin. – Dramatiker u. Erzähler, ursprüngl. in Beziehung zum Göttinger Hainbund. Schrieb Schauspiele im Stil des Sturm und Drang.

W: Die Wilddiebe, Op. 1774 (m. W. Stühle); Die natürliche Tochter, Lsp. 1774; Der Tempel der Dankbarkeit, Vorsp. 1775; Eulalia, Dr. 1777; Der Schmuck, Lsp. 1779; Der wiss.-jurist. Nachlaß, hg. G. Goldschmidt 1979.
L: J. Venhofen, Diss. Münster 1910; H. Jansen, Aus d. Gött. Hainbund. Overbeck u. S., 1933; J. Hasenkamp, Diss. Münster 1956.

Springenschmid, Karl (Ps. Beatus Streitter), 19. 3. 1897 Innsbruck – 5. 3. 1981 Salzburg; aus Handwerker- und Bauernfamilie; Lehrerseminar, Weltkriegsteilnehmer, erst Volks-, dann Hauptschullehrer in Salzburg-Aigen. – Erzähler volkstüml. Heimat- u. Unterhaltungsromane und Vf. von Jugendbüchern und Laienspielen.

W: Das Bauernkind, R. 1926; Der Sepp, R. 1931; Am Seil von Stabeler Much, R. 1933; St. Egyd auf Bretteln, En. 1935; Ein Mensch unterwegs, R. 1955; Engel in Lederhosen, En. 1959; Die sizilianische Venus, R. 1959; Signorina N. N., Jgb. 1960; Die Meraner Traubenkur, E. 1962; Die Ochsen und der

Capitano, En. 1962; Sieben Takte Liebe, R. 1963; Christl von der Fürleghütte, E. 1965; Salerno mit Herz, En. 1966.

Spunda, Franz, 1. 1. 1890 Olmütz/Mähren – 1. 7. 1963 Wien; aus schles. Tuchmacherfamilie; Gymnas. Olmütz; Stud. Philos., Germanistik und Romanistik Wien, Berlin und München, dann ma. Philos., Mystik und Alchemie in Paris; 1913 Dr. phil.; 1914–17 Kriegsteilnehmer; seit 1918 Gymnasialprof. in Wien; mehrere Reisen in den Orient, mit Th. Däubler nach Griechenland, Seit 1945 freier Schriftsteller. – Erzähler, Lyriker und Übs. ital. Dichter. Befaßte sich intensiv mit okkulten Problemen, mit der Mysterienweisheit des Altertums, Gnostik u. Mystik. Bekannte sich zu e. ›mag. Idealismus‹.

W: Hymnen, G. 1919; Astralis, G. 1920; Devachan, R. 1921; Der gelbe und der weiße Papst, R. 1923; Der magische Dichter, Ess. 1923; Das ägyptische Totenbuch, R. 1924; Gottesfeuer, G. 1924; Paracelsus, Mon. 1925; Griechische Reise, Reiseb. 1926; Baphomet, R. 1930; Minos, R. 1931; Griech. Abenteuer, R. 1932; Eleusinische Sonette, G. 1933; Romulus, R. 1934; Wulfila, R. 1936; Alarich, R. 1937; Das Reich ohne Volk, R. 1938; Griechenland, 1938 (u. d. T. Fahrt zu den alten Göttern, 1956); Tyrann Gottes, R. 1940; Das Weltbild des Paracelsus, 1941; Der Herr vom Hradschin, R. 1942; Geschichte der Medici, 1944; Verbrannt von Gottes Feuer, R. 1949; Clara Petacci, R. 1952; Hellas' Fackel leuchtet!, R. 1953; Römischer Karneval, R. 1953; Giorgiones Liebeslied, R. 1955; Herakleitos, R. 1957; Legenden und Fresken von Berg Athos, Schr. 1962.

Spyri, Johanna, geb. Heußer, 12. 6. 1827 Hirzel, Kanton Zürich – 7. 7. 1901 Zürich; Arzttochter; Jugend z. T. am Genfer See; ⚭ 1852 Rechtsanwalt und Stadtschreiber Bernhard S. († 1884); lebte in Zürich. – Vielgelesene Schweizer Erzählerin fein beobachteter, schlichter, auf ev.-relig. Gefühl gegründeter Jugendschriften, oft mit liebenswürdig-idyll. Humor und unaufdringl. erzieher. Ernst. Die Gestalt ihrer Heidi wurde weltweit bekannt.

W: Ein Blatt auf Vronys Grab, E. 1871; Nach dem Vaterhause, En. 1872; Aus früheren Tagen, En. 1873; Ihrer keins vergessen, E. 1873; Geschichten für Kinder und auch für solche, die Kinder liebhaben, En. XVI 1879–95 (darunter Heidis Lehr- und Wanderjahre, 1881; Heidi kann brauchen, was es gelernt hat, 1881; Heimatlos, 1881; Gritli, 1887; Aus den Schweizer Bergen, 1891); Im Rhonetal, E. 1880; Am Sonntag, E. 1881; Verschollen, nicht vergessen, E. 1882; Sina, E. 1884; Verirrt und gefunden, E. 1887 (u. d. T. Aus dem Leben, 1900); Die Stauffer-Mühle, E. 1901. – Volksschriften, II 1891; Briefw. m. C. F. Meyer, hg. H. u. R. Zeller 1977.
L: M. Paur-Ulrich, 1927 u. 1940, F. Caspar, 1968; G. Thürer, 1982.

Stach, Ilse von (eig. I. S. von Goltzheim), 17. 2. 1879 Haus Pröbsting b. Borken/Westf. – 22. 8. 1941 Münster/Westf.; Tochter e. Rittergutsbesitzers; lebte in Berlin, Rom und Leipzig; ⚭ 1911 Prof. Martin Wackernagel; zuletzt in Westfalen. – Dramatikerin und Erzählerin aus kathol. Weltsicht.

W: Der heilige Nepomuk, Dr. 1909; Die Sendlinge von Voghera, R. 1910; Hans Elderfing, R. 1915; Genesius, Tr. 1919; Griseldis, Dr. 1921; Petrus, Dr. 1924; Der Rosenkranz, G. 1929; Der Petrus-Segen, Erinn. 1940; Wie der Sturmwind fährt die Zeit, G. 1948.

Stade, Martin, * 1. 9. 1931 Haarhausen/Thür.; Maurersohn, Rundfunkmechaniker, Dreher, Kranführer, FDJ-Funktionär bis 1958; seit 1969 freier Schriftsteller, 1971/72 Stud. Literatur-Institut Leipzig, lebt in Rerik/Meckl. – DDR-Erzähler mit Stoffen aus dem fröhlichen LPG-Landleben und preuß. Geschichte.

W: Der himmelblaue Zeppelin, En. 1970; Vetters fröhliche Fuhren, E. 1973; Der König und sein Narr, R. 1975; 17 schöne Fische, En. 1976; Der närrische Krieg, R. 1981; Der Windsucher, En. 1983; Der junge Bach, R. 1985.

Stadler, Ernst Maria Richard, 11. 8. 1883 Colmar/Elsaß – 30. 10.

1914 bei Zandvoorde b. Ypern. Sohn e. Staatsanwalts, späteren Kurators der Univ. Straßburg. Gymnas. ebda. Ostern 1902 Stud. Germanistik, Romanistik und vergl. Sprachwiss. ebda.; Herbst 1902/03 Militärdienst. 1902 Mitarbeiter der von s. Freund R. Schickele hrsg. Zs. ›Der Stürmer‹. 1904 Fortsetzung des Stud. in München. 1906 Dr. phil. Straßburg. 1906–08 Rhodes' Scholar (Stipendiat) in Oxford. 1908 Habilitation für dt. Philol. Straßburg. Öfter in England. 1910 Dozent, 1912 Prof. der Univ. libre Brüssel. 1912 Baccalaureus literarum Oxford. 1914 Reserveoffizier im Westen; starb auf dem Schlachtfeld. – Formstrenger Lyriker des Frühexpressionismus neben Heym und Trakl unter Einfluß W. Whitmans und des franz. Symbolismus, anfangs auch dem George-Kreises. Einflußreich auf den Expressionismus durch s. Sprache, s. neue rhythm.-hymn. Formen und s. modernen Themen: Aufbruch e. neuen Lebensgefühls und e. neuen Willens aus der Tiefe. Ferner lit. hist. Schriften, Essays u. Kritiken. Hrsg. der Shakespeare-Übs. Wielands in dessen Akad.-Ausgabe (1909–11). Übs. von Balzac (1913), F. Jammes (1913) und Péguy.

W: Präludien, G. 1905; Wielands Shakespeare, Abh. 1910; Der Aufbruch, G. 1914. – Dichtungen, hg. K. L. Schneider, II 1954 (m. Bibl.); Dichtungen, Schriften, Briefe, hg. ders. u. K. Hurlebusch 1983.
L: H. Naumann, 1920; K. Kraft, Diss. Ffm. 1933; H. Rölleke, Die Stadt b. S., Heym u. Trakl, 1966; K. L. Schneider; D. bildhafte Ausdruck i. d. Dichtn. G. Heyms, G. Trakls u. E. S.s, ³1968; H. Thomke, Hynm. Dichtung im Espressionismus, 1971; H. Gier, D. Entstehg. d. dt. Express., 1977.

Stahl, Hermann, * 14. 4. 1908 Dillenburg/Westerwald. Harte Jugend; Stud. an der Staatshoch-

Stahr   760

schule für angewandte Kunst in
München unter E. Preetorius;
Bühnenbildner und Maler, 1933
als ›entartet‹ angeprangert, dann
freier, auch offiziell anerkannter
Schriftsteller im Westerwald; Reisen nach Italien und Frankreich;
seit 1937 in Dießen/Ammersee. –
Stimmungsreicher Erzähler und
Lyriker; auch Feuilletonist und
Hörspielautor. In s. Frühwerk na-
turverbunden, romant.; behandelt die seel. Not bes. junger
Menschen, die durch menschl.
Größe überwunden wird. Später
Zeichnung des mod. Menschen in
s. Hetze und s. oft lieblosen Umgebung und autobiograph. Zeitromane in lyr., bilderreicher, anschaul. Prosa.

W: Traum der Erde, R. 1937; Vor der ange-
lehnten Tür, E. 1937; Die Orgel der Wälder,
R. 1939; Der Läufer, N. 1939; Überfahrt, G.
1940; Die Heimkehr des Odysseus, R. 1940;
Gras und Mohn, G. 1942; Licht im Brunnen-
grund, En. 1942; Langsam steigt die Flut, R.
1943; Eine ganz alltägliche Stimme, Nn. u.
En. 1947; Die Spiegeltüren, R. 1951; Wohin
du gehst, R. 1954; Wolkenspur, G. 1954;
Wildtaubenruf, R. 1958; Jenseits der Jahre, R.
1958; Tage der Schlehen, R. 1960; Genaue
Uhrzeit erbeten, Kgn. 1961; Ocker, H. 1961;
Strand, R. 1963; Türen aus Wind, R. 1969;
Gedichte aus vier Jahrzehnten, 1977; Das
Pfauenrad, R. 1979.
L: J. Schäfer, Diss. Bonn 1959.

Stahr, Adolf, 22. 10. 1805 Prenz-
lau/Uckermark – 3. 10. 1876
Wiesbaden; Sohn e. Feldpredigers; Stud. in Halle; Lehrer am
Pädagogium ebda.; 1836 Konrektor und Prof. in Oldenburg; 2.
Ehe mit Fanny Lewald. – Erzähler, Lyriker sowie Literar- und
Kunsthistoriker.

W: Ein Jahr in Italien, Reiseb. III 1847–50; Die
Republikaner in Neapel, R. III 1849; Weimar
und Jena, II 1852; G. E. Lessing, B. II 1859;
Bilder aus dem Alterthume, IV 1863–67;
Goethes Frauengestalten, II 1865–68; Ein
Winter in Rom, 1869 (m. F. Lewald); Ein
Stück Leben, 1869; Aus der Jugendzeit, Aut.
II 1870–77; Kleine Schriften zur Litteratur
und Kunst, IV 1871–75; Aus A. S.s Nachlaß,
Br., hg. L. Geiger 1903.

L: P. Hackmann, A. S. u. d. Oldenb. Theater, 1974.

Stahr, Fanny → Lewald, Fanny

Stainhöwel, Heinrich → Steinhöwel, Heinrich

Stamm, Karl, 29. 3. 1890 Wä-
denswil/Zürichsee – 21. 3. 1919
Zürich; seit 1910 Lehrer in Lipper-
schwendi, 1914–17 in Zürich. –
Schweizer Lyriker von Naturverbundenheit und Menschenliebe
mit expressionist. Anklängen.

W: Das Hohe Lied, G. 1913; Aus dem Tornister, G. 1915 (m. M. Brom u. P. H. Burkhard); Der Aufbruch des Herzens, G. 1919. –
Dichtungen, hg. E. Gubler II 1920; Briefe,
hg. ders. 1931.
L: P. Müller, Diss. Zürich 1922.

Stavenhagen, Fritz, 18. 9. 1876
Hamburg – 9. 5. 1906 ebda. Kut-
scherssohn; kärgl. Jugend, Volksschule Hamburg. Drogist ebda.,
Finkenwerder und Greußen/
Thür. Autodidakt. Fortbildung;
Journalist in Hamburg, 1902
München, 1903 Berlin, von O.
Brahm unterstützt, und Emden,
1904 Hamburg, als Dramaturg
ans Schillertheater berufen, jedoch nach längerem Leiden früh-
zeitig verstorben. – Bodenständiger niederdt. Dramatiker unter
Einfluß des Naturalismus (Anzengruber, G. Hauptmann, Wedekind); nach hochdt. Anfängen
Begründer des ernsten neunie-
derdt. Dramas von selbständiger
Charakteristik mit realist. Tragödien um Generationsprobleme,
den Ehrbegriff und Standesfra-
gen. Später unter Einfluß des
Wiener Volksstücks heitere Mär-
chen- und Volkskomödien. Auch
Erzähler.

W: Jürgen Piepers, Vst. 1901; Der Lotse, Dr.
1901; Grau und Golden, En. u. sk. 1904;
Mudder Mews, Dr. 1904; De dütsche Michel,
K. 1905; De ruge Hoff, K. 1906.

L: A. Bartels, 1907; H. Jochimsen, S.s künstler. Entw., Diss. Hbg. 1922; J. Plate, Diss. Münster 1923; C. Stolle, F. S.s ›Mudder Mews‹, 1926, n. 1968; A. Becker, 1927; W. J. Schröder, 1937.

Steffen, Albert, 10. 12. 1884 Murgenthal/Schweiz – 13. 7. 1963 Dornach. Lebte länger in Berlin und München, begegnete 1907 R. Steiner; seit 1920 Mitgl., seit 1925 Vorsitzender der Anthroposoph. Gesellschaft R. Steiners und Leiter der Sektion für Schöne Wissenschaften an der Freien Hochschule für Geisteswissenschaft Goetheanum in Dornach b. Basel; Hrsg. der Zs. ›Das Goetheanum‹ (1921 ff.). – Schweizer Lyriker, Erzähler, Dramatiker und Essayist. Schildert in s. Romanen unter Einfluß der Psychologie Dostoevskijs den seel. Aufstieg des Menschen aus dem krassen Materialismus des bürgerl. Alltags zu e. innerl. Freiheit und Brüderlichkeit. In späteren Werken starker anthroposoph. Einschlag und myst. religiöse Weltschau aus manichäist. gnost. und buddhist. Elementen.

W: Ott, Alois und Werelsche, R. 1907; Die Bestimmung der Roheit, R. 1912; Die Erneuerung des Bundes, R. 1913; Der Auszug aus Ägypten. Die Manichäer, Drr. 1916; Der rechte Liebhaber des Schicksals, R. 1916; Sibylla Mariana, R. 1917; Die Heilige mit dem Fische, Nn. 1919; Weg-Zehrung, G. 1921 (erw. 1927); Die Krisis im Leben des Künstlers, Ess. 1922; Kleine Mythen, 1923; Das Viergetier, Dr. 1925; Begegnungen mit R. Steiner, Ess. 1926; Hieram und Salomo, Dr. 1927; Der Chef der Generalstabs, Dr. 1927; Der Sturz des Antichrist, Dr. 1928; Wildeisen, R. 1929; Gedichte, 1931; Sucher nach sich selbst, R. 1931; Goethes Geistgestalt, Ess. 1932; Das Todeserlebnis des Manes, Dr. 1934; Adonis-Spiel, 1935; Der Tröster, G. 1935; Friedenstragödie, Dr. 1936; Fahrt ins andere Land, Dr. 1938; Buch der Rückschau, Ess. 1939; Pestalozzi, Dr. 1939; Selbsterkenntnis und Lebensschau, Ess. 1940; Wach auf, du Todesschläfer, G. 1942; Ruf am Abgrund, Dr. 1943; Märtyrer, Tr. 1944; Epoche, G. 1944; Krisis, Katharsis, Therapie, Ess. 1944; Karoline von Günderode, Tr. 1946; Wiedergeburt der schönen Wissenschaften, Ess. 1946; Novellen, 1947; Spätsaat, G. 1947; Barrabas, Dr. 1949; Am Kreuzweg des Schicksals, G. 1952; Alexanders Wandlung, Dr. 1953; Oase der Menschlichkeit, R. 1954; Krankheit nicht zum Tode, G. 1955; Lin, Dr. 1957; 33 Jahre, R. 1959; Dichtung als Weg zur Einweihung, Ess. 1960; Die Mission der Poesie, R. 1962; Im Sterben auferstehen, G. 1964; Dante und die Gegenwart, Ess. 1965; Gegenwartsaufgaben der Menschheit, Ess. 1966; Geist-Erwachen im Farben-Erleben, Ess. 1968; Geistesschulung und Gemeinschaftsbildung, Ess. 1974. – AW, IV 1984.
L: A. v. Sybel-Petersen, 1934; Das A.-S.-Buch, hg. P. Bühler, 1944; A. S., Alm. 1947; H. Schmidt, Diss. Wien 1950; F. Strich, 1955; F. Hiebel, 1960; A. S., 1964; R. Meyer, 1963; D. Werke d. Dichters A. S., hg. H. Brons-Michaelis, 1968.

Steffen, Ernst S(iegfried), 15. 6. 1936 Heilbronn – 10. 12. 1970 Karlsruhe (Autounfall); Vater Trinker; Jugend in Heimen; als Rückfalltäter (Autodiebstahl, kleinere Eigentumsdelikte) 13 Jahre im Gefängnis, wo er zu schreiben begann; 1967 begnadigt; Fernsehvolontär beim Saarländischen Rundfunk, dann beim Südwestfunk Baden-Baden; wohnte seit 1969 in Gernsbach. – Lyriker, Prosa- u. Hörspielautor, geprägt von der Erfahrung der Unfreiheit u. Kontaktlosigkeit; am eindrucksvollsten dort, wo er sachl. u. sparsam Situationen oder Stimmungen aus der Häftlingsperspektive registriert.
W: Lebenslänglich auf Raten, G. 1969; Rattenjagd, Prosa 1971; 75, FSsp. (1972).

Steffens, Heinrich (Henrik), 2. 5. 1773 Stavanger/Norwegen – 13. 2. 1845 Berlin; Sohn e. dt. Chirurgen aus Holstein und e. Dänin; Schule ab 1779 in Helsingör, ab 1785 in Roskild und seit 1789 in Kopenhagen; 1790–93 Stud. Naturwiss. Kopenhagen; 1794 naturwiss. Forschungsreise durch Norwegen; 1795 in Hamburg; 1796 naturwiss. Vorlesungen in Kiel; hörte ab 1798 in Jena Schellings Vorlesungen über Naturphilos.;

Umgang mit den dt. Romantikern; ab 1800 Stud. Geologie Freiberg/Sachsen; 1802 Rückkehr nach Kopenhagen, hielt dort philos. Vorlesungen; 1804 Prof. für Naturphilos. und Mineralogie in Halle, dann in Hamburg und Lübeck; 1811 Prof. für Physik in Breslau; lebhaftes Eintreten für die dt. Erhebung; 1813/14 Freiwilliger im Krieg gegen Frankreich; Übertritt zur kath. Kirche, bald Rückkehr zum Protestantismus; 1832 als Prof. für Naturphilos. nach Berlin berufen; schließl. Geh. Regierungsrat. – Naturphilosoph und -forscher mit stark relig. Tendenz. Vertreter der romant. Naturphilos.; von Spinoza, Fichte und Schelling beeinflußt. Brachte die dt. romant. Anschauung nach Dänemark. Die anschaul. erzählenden Dichtungen zeigen gleichfalls national-konservative, sittlich-relig. Haltung; hervorragende Naturschilderungen. Kulturhist. wichtige Autobiographie.

W: Beyträge zur innern Naturgeschichte der Erde, 1801; Grundzüge der philos. Naturwissenschaft, 1806; Über die Idee der Universitäten, 1809 (n. E. Spranger 1910); Die gegenwärtige Zeit, II 1817; Cariccaturen des Heiligsten, II 1819–21; Anthropologie, II 1822 (n. H. Poppelbaum 1922); Die Familien Walseth und Leith, Nn. III 1826f. (erw. V 1830); Die vier Norweger, Nn. IV 1827f.; Polemische Blätter, II 1829–35; Malkolm, R. II 1831; Novellen, XVI 1837f.; Die Revolution, R. III 1837; Christliche Religionsphilosophie, II 1839; Was ich erlebte, Aut. X 1840–44 (Ausw. F. Gundolf 1908, W. A. Koch 1956); Nachgelassene Schriften, 1846.
L: R. Petersen, Koph. 1881 (d. 1884); F. Karsen, H. S.' Romane, 1908; E. Rosenstock, 1931; V. Waschnitius, 1939; I. Moeller, Oslo 1948 (d. 1962); F. Paul, 1973; W. Abelein, H. S.s polit. Schrr., 1977; H. Hultberg, Koph. 1981.

Steguweit, Heinz (Ps. Lambert Wendland), 19. 3. 1897 Köln – 25. 5. 1964 Halver; Sohn e. Ölhändlers; Kaufmannslehrling; 1916 an der Somme schwer verwundet, zeitweilig erblindet; nach dem 1. Weltkrieg Stud. Handelswiss.; Bankbeamter; seit 1925 freier Schriftsteller in Köln, später in Halver/Westf.; im Dritten Reich Landesleiter der Reichsschrifttumskammer. – Frischer, volkstüml., humorvoller Dramatiker (bes. Laienspiel), Lyriker und Erzähler, nach chauvinist. gefärbten Entwicklungsromanen aus der Frontgeneration bes. mit heiterzarten Liebesnovellen. Auch Jugendbuch.

W: Du – die Sonne kommt, G. 1925; Das Laternchen der Unschuld, E. 1925; Der Soldat Lukas, E. 1926; Die Gans, Sp. 1927; Der Tumult um den Schüler Sadowski, R. 1929; Der Jüngling im Feuerofen, R. 1932; Der Herr Baron fährt ein, Lsp. 1934; Heilige Unrast, R. 1934; Die törichte Jungfrau, R. 1937; Das Stelldichein der Schelme, En. 1937; Die weißen Schwäne, En. 1940; Es weihnachtet sehr, En. 1941; Wohltun bringt Zinsen, Sp. 1949; Das unvorsichtige Mädchen, R. 1949; Der schwarze Mann, R. 1950; Die Meerjungfrau Mareli, R. 1951; Arnold und das Krokodil, R. 1954; Liane und der Kavalier, E. 1958; Alles wegen Pascha, Jgb. 1963; Der blaue Brief, E. 1964; Der Freßkorb, Sp. 1966.

Stehr, Hermann, 16. 2. 1864 Habelschwerdt/Schlesien – 11. 9. 1940 Oberschreiberhau/Schlesien; Sohn e. Sattlers. Ärml. Jugend; Präparandenanstalt Landeck; Lehrerseminar Habelschwerdt. Ab 1887 Volksschullehrer. Aufgrund s. ersten Veröffentlichungen von s. Behörden gemaßregelt und auf die entlegensten Walddörfer versetzt, zuletzt in Dittersbach b. Waldenburg. Ab 1915 freier Schriftsteller in Warmbrunn im Riesengebirge, ab 1926 in Schreiberhau. – Realist.-psycholog. Erzähler unter Einfluß des Naturalismus, der schles. Mystik und der heimatl. Märchen- und Sagenwelt, doch trotz s. Bindung an Land u. Leute s. Heimat durch den Ernst u. die Tiefe s. Fragestellung die Heimatkunst überwindend. S. grübler. Romane und Erzählungen in starker, bildhafter Sprache schildern in myst. Innenschau gottsucher. Menschen s. Heimat und ihr Ringen um e. harmon. relig. Weltanschauung als Halt und Überwindung der bitteren Schicksalsschläge. Auch Lyriker und Dramatiker.

W: Auf Leben und Tod, En. 1898; Der Schindelmacher, N. 1899; Leonore Griebel, R. 1900; Das letzte Kind, E. 1903; Meta Konegen, Dr. 1904; Der begrabene Gott, R. 1905; Drei Nächte, R. 1909; Geschichten aus dem Mandelhause, R. 1913 (vollst. u. d. T. Das Mandelhaus, 1953); Das Abendrot, Nn. 1916; Der Heiligenhof, R. II 1918; Lebensbuch, G. 1920; Die Krähen, Nn. 1921; Wendelin Heinelt, M. 1923; Das entlaufene Herz, N. 1923; Peter Brindeisener, R. 1924; Wanderer zur Höhe, En. 1925; Der Geigenmacher, E. 1926; Das Märchen vom deutschen Herzen, En. 1926; Der Graveur, E. 1928; Das Geschlecht der Maechler, R.-Tril.: Nathanael Maechler, 1929, Die Nachkommen, 1933, Damian oder Das große Schermesser, hg. W. Meridies 1944; Mythen und Mären, En. 1929; Meister Cajetan, N. 1931; Mein Leben, Aut. 1934; Der Mittelgarten, G. 1936; Das Stundenglas, Rdn. u. Tg. 1936; Der Himmelsschlüssel, N. 1939. – GW, IX 1924, XII 1927–36; Zwiesprache über den Zeiten, Br. u. Dok., hg. U. Meridies-S. 1946; Briefw. m. M. Oehlke, hg. W. Meridies 1963.

L: H. Wocke, 1923; W. Meridies, 1924; ders., 1964; W. Köhler, 1927; W. Milch, 1934; Das H. S.-Buch, hg. H. C. Kaergel, 1934 (m. Bibl.); H. Boeschenstein, 1935; K. E. Freitag, Diss. Groningen 1936; E. Mühle, 1937; G. Blanke, S.s Menschengestaltung, 1939; H. Sturm, Wirklichkeit u. hohe Welt, 1941; W. Baumgart, ³1943; H. S., hg. F. Richter 1964; Wege zu H. S., hg. W. Meridies 1964; W. Meridies, 1964; Bibl.: F. Richter (Jhrb. d. Fr.-Wilh.-Univ. Breslau 10, 1965).

Steiermark, Ottokar von → Ottokar von Steiermark

Steigentesch, August Ernst Freiherr von, 12. 1. 1774 Hildesheim – 30. 12. 1826 Wien; Sohn e. kurmainz. Ministers; 15jähr. im österr. Militärdienst; von Metternich gefördert; 1804 diplomat. Mission in Hessen-Kassel; 1809 in Preußen; 1813 Obrist und Generaladjutant des Fürsten Schwarzenberg; dann Generalmajor; ab 1814 Gesandter in Skandinavien, der Schweiz und Rußland; 1818 Geheimrat und Militärbevollmächtigter Österreichs am Bundestag in Frankfurt; 1820 Gesandter in Turin; Teilnehmer am Kongreß in Verona. – Geistreich-frivoler Dramatiker neben Kotzebue u. Bauernfeld; auch Erzähler u. Lyriker.

W: Die Versöhnung, Lsp. 1795; Dramatische Versuche, II 1798; Gedichte, 1799; Loth, E. 1802; Das Landleben, Lsp. 1803; Keratophoros, M. 1805; Marie, R. 1812; Lustspiele, III 1813; Märchen, 1813; Erzählungen, 1823. – GS, V 1819.

L: W. Eilers, Diss. Lpz. 1905.

Steiger, Dominik, * 18. 10. 1940 Wien, Sohn e. Bäckermeisters; nach 1958–61 Fremdenlegionär in Algerien; 1961–63 Gelegenheitsarbeiter in Frankreich; 1963/64 Orientreise (Türkei, Persien, Pakistan, Indien); 1964 in Wien Begegnung mit K. Bayer, G. Rühm u. O. Wiener, seitdem freier Schriftsteller ebda. – Österr. Prosaautor mit unbekümmert naiv erzählten Kurzgeschichten, in denen er lit. Klischees u. falsche Tonlagen der Sprache parodiert.

W: Die verbesserte große sozialistische Oktoberrevolution, Fs. 1967; Wunderpost für Co-Piloten, En. 1968; Hupen Joly fährt Elektroauto, En. 1969.

Stein, Charlotte von, geb. von Schardt, 25. 12. 1742 Weimar – 6. 1. 1827 ebda.; Hofmarschallstochter; Hofdame der Herzogin Amalie; ⚭ 1764 den herzogl. Stallmeister Friedrich Freiherr v. S., unglückl. Ehe; lernte Nov. 1775, bereits Mutter von 7 Kindern, den um 7 Jahre jüngeren Goethe kennen, der sich bald leidenschaftl. in sie verliebte. Dieses Verhältnis hatte großen Einfluß auf Goethes Leben und Schaffen, endete aber 1788 nach Goethes

Rückkehr aus Italien, bes. wegen s. Verbindung zu Christiane Vulpius. 1793 Witwe. Nach vielen Jahren bahnte sich wieder e. gewisse Freundschaft zwischen Goethe und S. an, die bis zu deren Tode fortdauerte. – Dramatikerin. In ihrer Tragödie ›Dido‹ richtet die Enttäuschte peinl. Angriffe gegen Goethe. Ihre Briefe an Goethe wurden nie veröffentlicht; sie forderte sie von ihm zurück und verbrannte sie.

W: Rino, Sch. (1776); Dido, Tr. (1794, hg. H. Düntzer 1867). – Goethes Briefe an C. v. S., hg. J. Petersen II 1923, hg. J. Fränkel III ²1960–62.

L: H. Düntzer, II 1874; E. Hoefer, 1878; J. Petersen, III 1907; W. Bode, 1910; I. Boy-Ed, 1916; L. Voß, 1921; J. C. de Buisonjé, Diss. Utrecht, 1923; A. Nobel, 1939; E. Redslob, 1943; B. Martin, 1949; M. Susmann, 1951; W. Hof, Wo sich der Weg im Kreise schließt, 1957, n. 1979; D. Maurer, 1986.

Stein, Marius → Janitschek, Maria

Steinach, Bligger von → Bligger von Steinach

Steinberg, Werner (Ps. Udo Grebnitz), * 18. 4. 1913 Neurode/ Schlesien; Lehrerbildungsanstalt; Leiter e. antifaschist. Widerstandsgruppe in Breslau, 1934–37 in Haft, dann Kontorist u. Buchhändler; 1945 Wirtschaftsjournalist, 1946–48 Hrsg. der ›Zukunft‹ u. der ›Weltpresse‹, 1949 Chefredakteur der ›Schles. Rundschau‹; 1956 Übersiedlung in die DDR; freier Schriftsteller in Dessau. – Lyriker u. realist. Erzähler bes. mit zeitgeschichtl. Romanen aus Krieg u. Nachkriegsdtl. Später Kriminal- und utop. Romane.

W: Husarenstreich der Weltgeschichte, R. 1940; Herz unter Tag, R. 1941; Gib einmal uns noch Trunkenheit, G. 1944; Schwarze Blätter, R. 1953; Der Tag ist in die Nacht verliebt, Heine-R. 1957; Als die Uhren stehenblieben, R. 1957; Einzug der Gladiatoren, R. 1958; Wasser aus trockenem Brunnen, R.

1962; Ohne Pauken und Trompeten, R. 1965 (alle 4 zus. u. d. T. Deutschland-Zyklus 1963–65); Hinter dem Weltende, R. 1961; Und nebenbei ein Mord, R. 1968; Ikebana, R. 1971; Die Augen der Blinden, R. 1973; Pferdewechsel, R. 1974; Die Mördergrube, R. 1986.

Steinbömer, Gustav → Hillard, Gustav

Steiner, Franz Baermann, 12. 10. 1909 Prag – 27. 11. 1952 Oxford, Stud. semit. Sprachen Prag, 1935 Promotion; 1936 Emigration nach England; seit 1939 Dozent am Institute of Social Anthropology in Oxford. – Lyriker von meditativ feierl., oft visionärer Sprache und Aphoristiker unter Einfluß des Orients, Hölderlins, Rilkes und Momberts.

W: Unruhe ohne Uhr, G. 1954; Eroberungen, G. 1964.

L: A. Fleischli, Diss. Fribourg 1970.

Steiner, Jörg, * 26. 10. 1930 Biel/ Schweiz, versch. Berufe; Lehrerseminar Bern, Lehrer für Schwererziehbare, dann Volksschullehrer, 1955–60 Verlagsleiter in Biel, 1970–72 künstler. Berater am Stadttheater Basel, 1976 Stadtrat in Biel. – Verbindet in s. Erzählwerk in lebendiger Sprache visionäre Phantasie und krasse Realität. Auch Lyriker und Rundfunkautor.

W: Episoden aus Rabenland, G. 1956; Eine Stunde vor Schlaf, E. 1958; Abendanzug zu verkaufen, Prosa 1961; Strafarbeit, R. 1962; Der schwarze Kasten, G. 1965; Ein Messer für den ehrlichen Finder, R. 1966; Auf dem Berge Sinai sitzt der Schneider Kikrikri, Prosask. 1969; Schnee bis in die Niederungen, E. 1973; Als er noch Grenzen gab, G. 1976; Das Netz zerreißen, R. 1982; Olduvai, En. 1985.

Steinhövel, Peregrinus → Blei, Franz

Steinhöwel, Heinrich, 1412 Weil der Stadt/Württ. – 1482 Ulm, Stud. Medizin Wien und Padua,

Dr. med. ebda. 1443 Stadtarzt in Eßlingen, ab 1450 Ulm, Leibarzt des Grafen Eberhard von Württemberg. – Bedeutender Übs. des dt. Frühhumanismus, bemüht um sinngemäße, doch freie dt. Wiedergabe. Am erfolgreichsten mit den Prosafabeln s. ›Esopus‹.

W: Historie von der Kreuzfahrt Herzog Gottfrieds, Übs. (um 1461, nach Robertus Monachus; Historia Hierosolymitana); Apollonius von Tyros, Übs. 1471 (n. C. Schröder 1873); Griseldis, Übs. 1471 (nach Boccacio i. d. lat. Fassung Petrarcas; n. C. Schröder 1873); Büchlein von der Pestilenz, Schr. 1473 (n. A. C. Klebs, K. Sudhoff 1926); Deutsche Chronik, 1473; Von den sinnrychen erluchten Wyben, Übs. 1473 (nach Boccaccios De claris mulieribus; n. K. Drescher 1895, BLV); Guiscardo und Sigismunda, Übs. 1473 (nach Boccaccio i. d. lat. Fassung L. Brunis); Spiegel des menschlichen Lebens, Übs. 1475 (nach Rodericus de Arevalo); Esopus, Fabelslg. 1476 ff. (nach Petrus Alfonsi, Poggio u. a.; n. H. Oesterley 1873, BLV 117, u. E. Vouillème 1922).
L: W. Borvitz, D. Übs.-technik H. S.s, 1914, n. 1972; K. Sudhoff, 1926; U. Hess, H. S.s ›Griseldis‹, 1975.

Steinke, Udo, * 2. 5. 1942 Litzmannstadt (Łódź); kam 1947 in die DDR, Stud. Germanistik, 1966 Dr. phil., Lektor in Leipzig; ab 1968 in München versch. Berufe, Redakteur e. Lehrerzeitung, ab 1979 in Husum. – Vf. geschmackl. umstrittener, forcierter Romane und Novellen mit krit.-satir. Darstellung der dt. Nachkriegsgesellschaft.

W: Ich kannte Talmann, En. 1980; Die Buggenraths, R. 1981; Horsky, Leo, R. 1982; Doppeldeutsch, En. 1984; Mannsräuschlein, E. 1985; Bauernfangen, R. 1986.

Steinmann, Hans-Jürgen, * 4. 9. 1929 Sagan/Schlesien; Luftwaffenhelfer, 1945–47 sowjet. Kriegsgefangenschaft; 1948–50 Chemiearbeiter im Leunawerk, 1951 Publizist in Schwerin, 1958–61 Stud. Lit.institut ›J. R. Becher‹ Leipzig, dann freier Schriftsteller in Schwerin, später in Leipzig. – Sozialist. Erzähler

aus dem Erlebnis der Kriegsgefangenschaft u. des Wiederaufbaus; auch Reportagen.

W: Brücke ins Leben, En. 1953; Die größere Liebe, R. 1959; Über die Grenze, N. 1963; Stimmen der Jahre, E. 1963; Träume und Tage, R. 1971; Zwei Schritte vor dem Glück, R. 1978.

Steinmar von Klingnau, Berthold, 2. Hälfte 13. Jh. (urkundl. 1251–93), evtl. Schweizer Ministeriale aus Klingenau/Aargau und aus dem Kreis um Walther von Klingen. Bei der Belagerung Wiens 1276 im Gefolge Rudolfs von Habsburg. – Mhd. Minnesänger und Lyriker aus der Übergangszeit zwischen altem, höf. Minnesang und mod. naturalist.-dörperl. Dichtung. Verbindet Hohe und Niedere Minne sowie Minneparodien in eigenwill. Form von meisterl. Sprachbehandlung. Vf. des 1. Zech- und Schlemmerlieds der dt. Lit.

A: K. Bartsch, Schweiz. Minnesänger, 1886; W. Golther, Dt. Liederdichter, 1929; C. v. Kraus, Dt. Liederdichter d. 13. Jh., 1952.
L: A. Neumann, 1885; R. Meißner, 1886; E. Aity, Diss. Münster, 1947.

Steinwert, Johann → Johann von Soest

Stelzhamer, Franz, 29. 11. 1802 Großpiesenham bei Ried/Oberösterr. – 14. 7. 1874 Henndorf b. Salzburg, Bauernsohn; Gymnas. Salzburg; 1825–29 Stud. Jura Graz; Hauslehrer in Bielitz/Schlesien; 1831 Stud. an der Akad. der bildenden Künste in Wien; theolog. Ausbildung im Priesterseminar Linz; schloß sich nach kurzer Zeit e. wandernden Schauspielertruppe in Passau an; durchzog nach deren Auflösung jahrelang Bayern und Österreich und trug dort s. Gedichte vor; ⚭ 1845 u. ließ sich als freier Schriftsteller in Ried, später in Salzburg nieder;

durch finanzielle Not jedoch gezwungen, immer wieder umherzuziehen und Vortragsabende als ›Piesenhamer Franz‹ abzuhalten. Erhielt 1862 e. staatl. Ehrensold; 1868 2. Ehe, wohnte seither in Henndorf. – Bedeutendster südostdt.-österr. Dialektdichter mit frischen, ursprüngl., humorvollen, oft auch tiefsinnige Gedichten in österr. Dialekt. Auch stimmungsvolle hochdt. Dichtungen.

W: Lieder in obderennsischer Volksmundart, 1837; Neue Gesänge in obderennsischer Volksmundart, 1841; Gedichte 1855. – Ausgew. Dichtungen, hg. P. K. Rosegger IV 1884; Mundartl. Dichtungen, hg. N. Hanrieder u. G. Weitzenböck II 1897–1900; Ausgew. Dichtungen in oberösterr. Mundart, hg. R. Greinz 1905; AW, hg. L. Hörmann II 1913; Ausgew. Dichtungen, hg. L. Kober 1948.
L: R. Plattensteiner, 1903; M. Burckhard, 1905; A. Zötl, II 1931–37; H. Commenda, 1952; F. Braumann, 1973.

Stemmle, Robert Adolf, 10. 6. 1903 Magdeburg – 24. 2. 1974 Baden-Baden; Lehrerseminar, 1923–27 Lehrer in Magdeburg, Stud. Berlin; Mitbegründer des Kabaretts ›Die Katakombe‹ (m. W. Finck) ebda., Regieassistent bei M. Reinhardt, 1931 freier Regisseur, Dramaturg u. Autor für Bühne u. Film; 1946 Kabarettleiter in München; 1946–48 Dozent Schauspielschule der Kammerspiele ebda.; 1949–51 Leiter der Berliner Hörspielabteilung des NDR; zuletzt freier Schriftsteller, Film- u. Fernsehregisseur in Westberlin. – Einfallsreicher Erzähler mit Vorliebe für Rekonstruktion aufsehenerregender Kriminalfälle; Bühnen-, Hörspiel- u. Drehbuchautor, der Stoffe der Weltlit. bearbeitete; später bes. Fernseh-Dokumentarserien.

W: Hans Dampf, K. 1932; Der Mann, der Sherlock Holmes war, R. 1937; Tamerlan, R. 1940; Die Flöte, 1940; Aus heiterem Himmel, 1942; Affaire Blum, R. 1948; Reise ohne Wiederkehr, R. 1951; Onkel Jodokus und

seine Erben, R. 1953; Hier hat der Spaß ein Ende. En. 1957; Ich war ein kleiner Pg., R. 1958; Der Fall Jakubowski, FSsp. (1964); Der Fall Kaspar Hauser, FSsp. (1966); Recht oder Unrecht, FSsp. (1970 f.).

Stenbock-Fermor, Alexander Graf, 30. 1. 1902 Mitau/Livland – 8. 5. 1972 Westberlin; Sohn e. Gutsbesitzers; 1920 Emigration nach Dtl., 1922/23 Bergarbeiter im Ruhrgebiet, Wandlung zum Marxisten; Ausbildung im Buchhandel u. Verlagswesen, 1926 Eugen Diederichs Verlag Jena; 1929 freier Schriftsteller, 1933 in ›Schutzhaft‹; 1945 Soldat, 1945/46 Oberbürgermeister von Neustrelitz; ab 1947 Film- u. Fernsehautor in Westberlin. – Sozialist. Erzähler authent. Berichte aus der Weimarer Republik; Film- u. Fernsehautor.

W: Meine Erlebnisse als Bergarbeiter, Ber. 1928; Freiwilliger Stenbock, Ber. 1929; Deutschland von unten, Reiseber. 1931; Das Haus des Hauptmanns von Messer, E. 1933; Schloß Teerkuhlen, E. 1942; Henriette, E. 1949.

Stephan, Hanna, 2. 6. 1902 Dramburg/Pommern – 12. 4. 1980 Osterode/Harz; Jugendzeit in Westfalen; Stud. Philol. Berlin und Marburg; Dr. phil.; Studienassessorin; wohnte in Osterode im Harz. – Erzählerin erst mit hist. Stoffen, dann auch mod. Fragen. Auch Lyrik, Jugendbuch und Hörspiel.

W: Frau Oda, R. 1937; König ohne Reich, R. 1939; Die glückhafte Schuld, E. 1940 (u. d. T. Gregorius auf dem Stein, 1968); Das Glockenspiel, Nn. 1948; Psyche, R. 1948; Die gläserne Kugel, R. 1950; Engel, Menschen und Dämonen, R. 1951; Ein Tag Unendlichkeit, R. 1956; Ungewöhnliche Tiergeschichten, 1964.

Stern, Adolf (eig. Adolf Ernst S.), 14. 6. 1835 Leipzig – 15. 4. 1907 Dresden; 1852 Stud. Geschichte, vergl. Sprachwiss., Lit.- u. Kunstgesch. Leipzig u. Jena (Dr. phil.); lebte u. a. in Weimar,

Schandau u. Dresden; 1868 Prof. der Lit.- u. Kulturgesch. am Polytechnikum ebda.; 1903 Geh. Hofrat. – Bürgerl.-liberaler Lit.historiker, Essayist, Vf. von Reiseskizzen, Lyriker, Versepiker, Dramatiker; Erzähler kulturhist. Romane u. Novellen.

W: Gedichte, 1855; Poetische Erzählungen, 1855; Brouwer und Rubens, Dr. 1861; Bis zum Abgrund, R. II 1861; Am Königssee, Nn. 1863; Historische Novellen, 1866; Johannes Gutenberg, Ep. 1872; Neue Novellen, 1875; Wanderbuch, Sk. II 1878; Aus dunklen Tagen, Nn. 1879; Zur Literatur der Gegenwart, Ess. 1880; Die letzten Humanisten, R. 1881; Ohne Ideale, R. II 1882; Drei venezianische Novellen, 1886; Camoens, R. 1886; O. Ludwig, B. 1891; Die Wiedergefundene, N. 1891; Wolfgangs Römerfahrt, Ep. 1896; Die Ausgestoßenen, R.-Fragm. II 1896; Ausgew. Novellen, 1897; Vier Novellen, 1900. – AW, VI 1906, VIII 1908.

L: R. Stiller, 1901; A. Bartels, 1905.

Stern, Julius → Sturm, Julius

Stern, Maurice Reinhold von, 15. 4. 1860 Reval – 28. 10. 1938 Ottensheim b. Linz/Donau; Sohn des Dichters Karl v. S.; Gymnas. Dorpat; 1876–79 russ. Offiziersaspirant, dann Bahnbeamter und Journalist in Reval; ging 1881 nach Dtl.; 1882 Arbeiter in USA; Stud. Philos. Zürich; Redakteur ebda.; mußte 1898 nach USA flüchten; ab 1903 in Oberösterreich. – Lyriker, Epiker, Dramatiker und Essayist. Begann mit sozialist. Gedichten und wandte sich dann der Natur- und Heimatdichtung zu. Auch weltanschaul. Schriften.

W: Proletarierlieder, 1885 (u. d. T. Stimmen im Sturm, 1888); Von jenseits des Meeres, Sk. 1890; Ausgew. Gedichte, 1891; Walter Wendrich, R. 1895; Blumen und Blitze, G. 1902; Lieder aus dem Zaubertal, 1905. – Ges. Erzählungen, 1906; Ges. Gedichte, 1906.
L: F. Haslinger, 1938; D. Horn, Diss. Wien 1940; I. Paulus, Diss. Innsbr. 1954.

Sternberg, Alexander von → Ungern-Sternberg, Alexander Freiherr von

Sterneder, Hans, 7. 2. 1889 Eggendorf/Niederösterreich – 24. 3. 1981 Bregenz; unehel. Sohn e. Gutsbesitzers; Kindheit auf dem Dorfe; Gymnas.; zog 1910–12 als Wanderbursche durch mehrere Länder Europas; Bahnbeamter; Lehrerbildungsanstalt; einige Jahre Lehrer; schließl. freier Schriftsteller in Gloggnitz am Semmering, dann in Bregenz. – Österr. Erzähler und Lyriker. Entwicklungs- und Landstreicher-Romane oft von romant. Stimmung. Anfängl. ar.-german. Tendenzen, später Wendung zu e. kosm.-astrolog. Naturglauben.

W: Der Bauernstudent, R. 1921; Der Wunderapostel, R. 1924; Der Sang des Ewigen, R. 1928; Der seltsame Weg des Klaus Einsiedel, R. 1933; Der Edelen Not, N. 1938; Die große Verwandlung, Sp. 1957; Also spricht die Cheopspyramide, R. 1968.
L: F. A. Weisse, Diss. Wien 1941.

Sternheim, Carl, 1. 4. 1878 Leipzig – 3. 11. 1942 Brüssel; Sohn e. Bankiers (auch Theaterkritikers und Besitzers e. Tageszeitung); Kindheit in Hannover, ab 1894 Berlin; bis 1897 Gymnas.; 1897–1902 Stud. Philos., Psychologie und Jura München, Göttingen, Leipzig und Berlin. 1900–07 1. Ehe. Freier Schriftsteller mit wechselndem Wohnsitz, ab 1903 in München, gründete dort mit F. Blei die Zs. ›Hyperion‹ (1908 f.), 1907–27 2. Ehe mit Thea Bauer, lebte 1912/13 in Belgien, 1914 Harzburg, 1915 Königstein/Taunus, 1916 in Brüssel, 1917 Scheveningen, nach 1918 in der Schweiz, ab 1920 in Uttwil/Bodensee, 1921 Dresden, 1924 am Bodensee und in Berlin, dann endgültig nach Brüssel emigriert. 1930 3. Ehe mit Pamela Wedekind. Zuletzt nervenkrank, einsam und vergessen. – Sozialkrit. expressionist. Dramatiker und Erzähler. In s. karikierenden Komödien verbisener Satiriker der bourgeoisen Gesellschaft der wilhelmin. Zeit (›juste milieu‹), die er auch in den proletar. Unterschichten als lediglich von Geld- und Machtgier beherrscht und alles Tun und Fühlen, auch Liebe und Ehe, danach ausrichtend darstellt. Ätzender, kalt-iron. Spott auf die bürgerl. ›philiströsen‹ Konventionen, Ideale und den Besitztrieb verschleiernden Ideologien; Entlarvung der menschl. Rede als wohlberechnete, vom Egoismus bestimmte Phrase in e. eigenwilligen, epigrammat. zugespitzten und geballten, später leicht manierierten ›nackten‹ Sprache ohne jede Differenzierung; ähnl. Telegrammstil in s. Erzählungen. Typenhaft abstrahierte und marionettenhaft agierende Figuren in spannungs- und kontrastreichen Szenen ohne jede individuelle psycholog. Charakterisierung, obwohl selbst extremer Individualist. Später auch hist. Dramen. S. rein von Philisterhaß und Satire getragenen, bis 1928 zeitweilig verbotenen Stücke sind trotz Fehlens des sonst auch in der Komödie eigenen Humors und menschl. Wärme in ihren (allerdings z. T. zeitgebundenen) sozialkrit. Anliegen außerordentlich wirksam.

W: Der Heiland, K. 1898; Fanale!, Dr. 1901; Judas Ischarioth, Tr. 1901; Don Juan, Tr. 1905 (Neufassg. 1909); Ulrich und Brigitte, Dr. 1907; Die Hose, Lsp. 1911; Die Kassette, K. 1912; Bürger Schippel, K. 1913; Der Snob, K. 1914; Der Kandidat, K. 1914 (nach Flaubert); Busekow, N. 1914; ›1913‹, Sch. 1915; Napoleon, N. 1915; Das leidende Weib, Dr. 1915 (nach F. M. Klinger); Der Scharmante, Lsp. 1915; Der Geizige, K. 1916 (nach Molière); Schuhlin, E. 1916; Die drei Erzählungen, 1916; Tabula rasa, Sch. 1916; Meta, E. 1916; Mädchen, En. 1917; Perleberg, K. 1917 (später u. d. T. Der Stänker); Posinsky, E. 1917; Chronik von des 20. Jahrhunderts Beginn, Nn. II 1918 (erw. III 1926–28); Prosa, 1918; Vier Novellen, 1918; Ulrike, E. 1918; Die deutsche Revolution, 1919; Die Marquise

von Arcis, Sch. 1919 (nach Diderot); Europa, R. II 1919f.; Berlin oder Juste milieu, Ess. 1920; Der entfesselte Zeitgenosse, Lsp. 1920; Manon Lescaut, Sch. 1921; Tasso oder Kunst der Juste milieu, Ess. 1921; Fairfax, E. 1921; Der Nebbich, Lsp. 1922; Der Abenteurer, K. 1922; Libussa, des Kaisers Leibroß, E. 1922; Gauguin und Van Gogh, Ess. 1924; Das Fossil, Dr. 1925; Oscar Wilde, Dr. 1925; Lutetia, Ess. 1926; Die Schule von Uznach oder Neue Sachlichkeit, Lsp. 1926; Die Väter oder Knock out, Lsp. (1928); J. P. Morgan, Schw. 1930; Aut Caesar aut nihil, K. 1930; Vorkriegseuropa im Gleichnis meines Lebens, Aut. 1936. – Gesamtwerk, hg. W. Emrich XI 1963–76; GW, hg. F. Hofmann VI 1963–68; Ausw., hg. W. Emrich u. M. Linke IV 1973f.; Briefe, hg. W. Wendler II 1987.

L: F. Blei, Wedekind, S. u. d. Theater, 1915; M. Georg, 1923; G. Manfred, 1923; F. Eisenlohr, 1926; R. Billetta, Diss. Wien 1950; J. Mittenzwei, Diss. Jena 1952; T. Barisch, Diss. Bln. 1956; H. Karasek, 1965; W. Wendler, 1966; W. G. Sebald, 1969; C. S.s Dramen, hg. J. Schönert 1975; R. Billetta, 1975; W. Freund, D. Bürgerkom. C. S.s, 1976; M. Linke, 1979; W. Wendler, hg. 1980 (m. Bibl.); M. Durzak, hg. 1982; Czucka, Idiom d. Entstellung, 1982; R. W. Williams, 1982; B. Dedner, Boston 1982; H. L. Arnold, hg. 1985.

Stettenheim, Julius, 2. 11. 1831 Hamburg – 30. 10. 1916 Berlin-Lichterfelde; Musikersohn; kaufmänn. Ausbildung; 1857 Journalist in Berlin, 1862 in Hamburg, 1867 wieder in Berlin. – Geistr. humorist.-satir. Autor. Schöpfer des kom. Kriegsberichterstatters ›Wippchen‹.

W: Die letzte Fahrt, Sp. 1861; Die Hamburger Wespen, Ber. II 1863; Die Berliner Wespen, Ber. II 1869; Wippchen's sämmtliche Berichte, XVI 1878–1903; Humoresken und Satiren 1896; Wippchens Tage- und Nachtbuch, Aut. 1911. – Ausw. 1960.

Steub, Ludwig, 20. 2. 1812 Aichach/Obb. – 15. 3. 1888 München; Beamtensohn; Stud. Jura und Philol.; Rechtsanwalt und Notar in München. – Humorvoller Erzähler von Reisebeschreibungen und Novellen; Ethnologe und Kulturhistoriker.

W: Bilder aus Griechenland, Sk. II 1841; Drei Sommer in Tirol, Reiseb. 1846 (n. III 1977); Deutsche Träume, R. 1858; Altbayerische

Kulturbilder, 1869; Gesammelte Novellen, 1881; Mein Leben, Aut. 1883.

Stickelberger, Emanuel, 13. 3. 1884 Basel – 16. 1. 1962 St. Gallen; Sohn e. Bankdirektors aus alter Basler Patrizierfamilie; Realgymnas. Locarno; 1897–99 Handelsschule Bellinzona und Neuenburg; 1900 Angestellter; 1909 Gründer eigener chem. Werke in Basel und Haltingen; Reisen nach Dtl., Nordeuropa, Spanien und Südamerika; 1929 Dr. phil. h. c.; seit 1948 freier Schriftsteller in Uttwil am Bodensee auf s. ›Hochhus‹ im Wolfenschießen b. Engelberg. – Schweizer Erzähler meist lebendiger, anschaul. hist. Romane von wiss. Treue, bes. um starkgeprägte Gestalten aus der Geschichte der Schweiz (Spätma., Reformationszeit) und der protestant. Kirche. Auch Lyriker und Dramatiker. Steht in der Tradition Kellers und Gotthelfs, bes. aber C. F. Meyers, dessen Werke den seinen wesensverwandt sind.

W: Konrad Widerhold, R 1917; Der Stein der Weisen, E. 1919; Der Papst als Brautwerber, N. 1922; Der Späher im Escorial, E. 1923; Ferrantes Gast, Nn. 1924; Zwingli, R. 1925; Reformation. Ein Heldenbuch, 1928; Gedichte, 1929; Der graue Bischof, R. 1930; Calvin, Darst. 1931; Zwischen Kaiser und Papst, R. 1934; Tile Kolup, K. 1934; Im Widerschein, Nn. 1936; Der Reiter auf dem fahlen Pferd, R. 1937; Holbein-Trilogie, R. III 1942–46; Neue Gedichte, 1947; Der Großmajor von Cully, E. 1948; Dichter im Alltag, Schr. 1952; Das Wunder von Leyden, R. 1956. – GW, XII 1947–56.

L: H. Burte, 1933; P. Lang, 1944; G. Bohnenblust, 1944; R. A. Schröder, 1954; E. S. Festgabe z. 75. Geburtstag, 1959 (m. Bibl.); A. W. Martin, 1959.

Stieler, Karl, 15. 12. 1842 München – 12. 4. 1885 ebda.; Sohn des berühmten bayr. Hofmalers Joseph S.; Jugend in Tegernsee; Stud. Jura München und Heidelberg; in München Mitarbeiter der ›Fliegenden Blätter‹; weite Reisen; 1869 Dr. jur.; 1882 Archiv-Assessor in München. – Ursprüngl., frischer, humorvoller oberbayer. Dialektdichter, bes. Lyriker und Reiseschriftsteller.

W: Bergbleameln, G. 1865; Weil's mi' freut!, G. 1876; Habt's a Schneid!?, G. 1877; Elsaß-Lothringen, Reiseb. 1877; Um Sunnawend!, G. 1878; In der Sommerfrisch', G. 1883; Ein Winter-Idyll, 1885; Natur- und Lebensbilder aus den Alpen, 1886; Von Dahoam, Dicht. 1889. – Ges. Gedichte in oberbayr. Mundart, 1907; Ges. Gedichte, hochdt., 1908; GW, III 1908; AW, hg. K. A. v. Müller u. R. Pikola 1957; Ausw. G. Goepfert 1975 (m. Bibl.).

L: K. v. Heigel, 1890; A. Dreyer, 1905; G. Goepfert, hg. 1985; R. Pikola, 1986.

Stieler, Kaspar (seit 1705) von (Ps. Filidor der Dorfferer), 25. 3. 1632 Erfurt – 24. 6. 1707 ebda.; Stud. Medizin Leipzig, Erfurt, Gießen, Stud. Theol. und Jura in Königsberg. 1654–57 brandenburg. Kriegsdienste, 1658–61 Reisen, 1662 Stud. Jura Jena. Sekretär im Dienst thüring. Fürsten: 1662–66 Schwarzburg-Rudolstadt, 1666–76 Eisenach, 1678–80 Jena, 1680–84 Weimar; 1685–89 Holstein-Wiesenburg. 24. 2. 1663 ⚭ Regina Sophie Breitenbach († 27. 9. 1676), 15. 5. 1677 ⚭ Christine Margarethe Cotta. Als ›Der Spate‹ 1668 Mitgl. der Fruchtbringenden Gesellschaft. – Barocker Lyriker, Dramatiker und Sprachforscher (Lexikograph). Frische, lebensvolle Kriegs-, Liebes- und Studentenlyrik in ›Die Geharnschte Venus‹ (von A. Köster als Vf. der sinnvoll gruppierten Slg. erwiesen). Inszenierung und Abfassung von Schauspielen (wahrsch. 1665–67 in Rudolfstadt; 1680 u. 1684 in Weimar). Als Sekretär und Sprachforscher Vf. e. Reihe stilist., grammatikal., lexikal. Handbücher und e. Poetik.

W: Die Geharnschte Venus, G. 1660 (n. Th. Raehse NdL. 74/75 1888, C. Höfer 1925, n.

1976); Filidors Trauer-, Lust- und Mischspiele, 1665 (Vf.schaft wahrsch.); Teutsche Sekretariats-Kunst, 1673/74; Der Teutsche Advokat, 1678; Bellemperie, Tr. 1680; Willmut, Lsp. 1680; Die Dichtkunst des Spaten, Poetik (1685, hg. H. Zeman 1975); Der Teutschen Sprache Stammbaum und Fortwachs, oder teutscher Sprachschatz, 1691 (n. III 1968); Zeitungs Lust und Nutz, 1695 (n. G. Hagelweide 1969). – GS, hg. H. Zeman IV 1968 ff. *L*: A. Köster, D. Dichter d. Geharn. Venus, 1897; C. Höfer, D. Rudolstädter Festspiele, 1904; J. Bolte, E. ungedr. Poetik K. S.s, 1926; H. Zeman, Diss. Wien 1965.

Stifter, Adalbert, 23. 10. 1805 Oberplan/Böhmerwald – 28. 1. 1868 Linz/Donau; Sohn e. Leinewebers und Flachshändlers († 1817), von den Großeltern erzogen, 1818–26 Gymnas. der Benediktinerabtei Kremsmünster, 1826–30 Stud. Wien zuerst Jura, dann Mathematik, Naturwiss. und Gesch., aus Examensangst ohne Abschluß; wollte Landschaftsmaler werden; Unterhalt durch Privatunterricht. Hauslehrer in Wiener Adelshäusern (u. a. bei Fürst Metternich), unglückl. Liebe zur Kaufmannstochter Fanny Greipl, ∞ 1837 Amalie Mohaupt, Modistin; Verkehr mit Grillparzer, Lenau, Grün, Zedlitz u. a. 1848 Übersiedlung nach Linz, 1850 Schulrat und Inspektor der oberösterr. Volksschulen, zuerst mit Freude und Eifer, dann durch lästige Verwaltungsarbeiten, Schwierigkeiten mit den Behörden, Krankheit und dauernde finanzielle Bedrängnis verbittert und in Konflikt mit s. lit. Berufung. Ab 1865 als Hofrat im Ruhestand. Ab 1863 unheilbar krank (wahrscheinl. Leberkrebs); in e. Anfall starker Schmerzen kurz vor dem natürl. Tod Selbstmordversuch. – Größter österr. Erzähler, erwachsen aus der bürgerl. Welt des Biedermeier, doch nach romant. Anfängen geprägt vom klass. Bildungs- und Humani-

tätsideal. Verbindet tiefes kosm. Naturgefühl mit ernster Auffassung vom Dichterberuf, hohem Ethos des Maßes, der Ehrfurcht und der sittl. Reinheit, relig. Weltfrömmigkeit und strengste künstler. Selbstzucht. Sieht den Menschen wie die Natur unter dem ›sanften Gesetz‹ der Welt, erkennt in liebevoller Versenkung im Kleinen, Unscheinbaren und Stillen das wahrhaft Edle und Große u. überwindet in vollendeten Landschaftsschilderungen voll Harmonie in der Wechselbeziehung von Mensch und Natur wie in der Darstellung des Zeitlos-Vollkommenen und Reinen e. hintergründig drohendes, trag. Schicksalsbewußtsein; schildert bewußt einfache Charaktere von seel. Ausgeglichenheit und starker Intensität des Gefühls. S.s stimmungsdichte, doch sachl. klare Prosa ist an der Sprache des späten Goethe geschult. Nach frühem Erfolg s. meist zuerst 1840–46 in Zss. und Almanachen erschienenen Erzählungen, die S. erst später in Sammelbände ordnete, lange vergessen und erst im 20. Jh. in s. stillen, doch keineswegs idyll. Größe auch s. reifen, abgeklärten Bildungsromans ›Der Nachsommer‹ und des böhm. Geschichtsepos ›Witiko‹ wiederentdeckt.

W: Wien und die Wiener in Bildern aus dem Leben, Sk. 1844 (m. C. E. Langer, C. F. Langer u. a.); Studien, En. VI 1844–50 (enth. Der Condor, 1840; Feldblumen, 1841; Das Haidedorf, 1840; Der Hochwald, 1842; Die Narrenburg, 1843; Die Mappe meines Urgroßvaters, 1841 [Neufassg. 1870, hg. F. Hüller 1939]; Abdias, 1842; Das alte Siegel, 1843; Brigitta, 1843; Der Hagestolz, 1844; Der Waldsteig, 1845; Zwei Schwestern, 1846; Der beschriebene Tännling, 1845); Bunte Steine, En. II 1853 (enth. Granit [urspr. Die Pechbrenner]; Kalkstein, 1848 [urspr. Der arme Wohltäter]; Turmalin, 1852 [urspr. Der Pförtner im Herrenhause]; Bergkrystall, 1845 [urspr. Der Heilige Abend]; Katzensilber; Bergmilch, 1843 [urspr. Wirkungen eines

weißen Mantels]); Der Nachsommer, R. III
1857; Witiko, R. III 1865–67; Erzählungen,
hg. J. Aprent II 1869 (enth. Prokopus 1848;
Die drey Schmiede ihres Schicksals, 1844;
Der Waldbrunnen, 1866; Nachkommenschaften, 1864; Der Waldgänger, 1847; Der
fromme Spruch, 1866; Der Kuß von Sentze,
1866; Zuversicht, 1846; Zwei Witwen, 1860;
Die Barmherzigkeit; Der späte Pfennig, 1843;
Der Tod einer Jungfrau, 1847); Vermischte
Schriften, hg. J. Aprent II 1870; Julius, E. hg.
F. Hüller 1950. – SW, hkA. hg. A. Sauer, F.
Hüller u. G. Wilhelm XXV 1901–72; Werke
u. Briefe, hkA. hg. A. Doppler, W. Frühwald
XXXVIII 1978ff.; GW, hg. M. Stefl VII
1939ff. (VI 1959); Werke, hg. ders. IX
1950–60; Pädagog. Schriften, hg. T. Rutt
1960; Die Schulakten A. S.s, hg. K. Vancsa
1955 u. K. G. Fischer II 1962; Leben und
Werke in Briefen u. Dokumenten, hg. K. G.
Fischer 1962; Briefe, hg. J. Aprent III 1869;
Ausw. F. Seebaß 1936, M. Enzinger 1947, H.
Schumacher 1947, G. Fricke 1949; Jugend-
briefe, hg. G. Wilhelm u. M. Enzinger 1954.
L: E. Alker, G. Keller u. S., 1923; A. v.
Grolman, S.s Romane, 1926 (u. d. T. Vom
Kleinod in allen Zeiten, 1952); J. Bindtner,
1928; O. Pouzar, Ideen u. Probleme in S.s
Dichtungen, 1928; F. Gundolf, 1931; A. Markus, D. Tod A. S.s, 1934; K. J. Hahn, 1938; J.
Kühn, D. Kunst S.s, ²1943; C. Helbling,
1943; G. Wilhelm, 1943; E. Lunding, Koph.
1946; A. v. Winterstein, 1946; K. Privat,
1946; F. Novotny, A. S. als Maler, ³1947; E.
Böger, A. S. u. uns. Zeit, 1947; E. A. Blak-
kall, Cambr. 1948; C. Hohoff, 1949; J. Michels, ³1949; H. Kunisch, 1950; M. Enzinger,
A. S.s Studienjahre, 1950; ders., Ges. Aufss.
z. A. S., 1967; ders., A. S. i. Urteil s. Zeit,
1968; W. Kosch, ²1952 (m. Bibl.); L. Hohenstein, 1952; A. R. Hein, n. 1952; U. Roedl,
Bb. 1955; ders., ²1958; ders. ³1969; K. Steffen, 1955; J. Aprent, ²1955; J. Müller, 1956;
O. Jungmair, A. S.s Linzer Jahre, 1958; H.
Augustin, A. S. u. d. christl. Weltbild, 1959;
ders., A. S.s Krankheit u. Tod, 1964; K. G.
Fischer, Pädagogik des Menschenmöglichen,
1962; ders. (hg.) 1962; H. A. Glaser, D. Restauration des Schönen, 1965; S. Gröble,
Schuld u. Sühne im Werk A. S.s, 1965; W.
Rehm, Nachsommer, ²1966; E. Bertram,
Stud. zu A. S.s Novellentechnik, ²1966; J.
Mühlberger, 1966; E. Staiger, S. als Dichter
d. Ehrfurcht, ²1967; G. Weippert, S.s ›Witiko‹, 1967; A. Großschopf, Bb. 1967; A. S.,
hg. L. Stiehm 1968; H. Mettler, Natur in S.s
frühen ›Studien‹, 1968; E. Kläui, Gestaltung
u. Formen d. Zeit i. Werk A. S.s, 1969; H.-U.
Rupp, S.s Sprache, 1969; C. Buggert, Figur
u. Erzähler, 1970; P. H. Zoldester, A. S.s
Weltanschauung, 1970; T. Rutt, A. S., Der
Erzieher, 1970; M. Kaiser, 1971; H.-D. Irmscher, 1971; J.-L. Bandet, Paris 1974; M.
Gump, N. Y. 1974; M. Selge, 1976; R. Wildbolz, 1976; U. Naumann, 1979; P. Märki,
1979; F. Novotny, A. S. als Maler, 1979; M.

u. E. Swales, Cambr. 1984; Bibl.: J. Grün-
feld, 1931; W. Kosch u. M. Stefl, 1953; W.
Heck, 1954; E. Eisenmeier, III 1964–83.

Stigel(ius), Johann, 13. 5. 1515
Gotha – 11. 2. 1562 Jena. Stud.
Wittenberg (bei Melanchthon)
und Jena. Kaiserl. poeta laureatus.
1542 Prof. für Latein in Wittenberg, 1549 Jena. – Neulat. Dichter
mit poet. Darstellung relig., zeitgeschichtl. und autobiograph.
Stoffe. Mittelpunkt des Witten-
berger Humanistenkreises.
W: Poematum libri, IX 1566–72.
L: H. Pflanz, S. als ev. Theologe, Diss. Bresl.
1936.

Stiller, Klaus, *15. 4. 1941
Augsburg; Stud. Germanistik u.
Romanistik München, Grenoble,
Berlin; 1963/64 Gast des ›Lit. Colloquium‹ Berlin; Schriftsteller in
West-Berlin; 1981 Literatur-
dakteur am RIAS Berlin. – Erzähler von stark sprachmimet. bestimmtem Stil, nutzt Collage-
technik bes. zur Entlarvung polit.
verhängnisvoller Sprech- u.
Denkweisen. Auch Hörspiel und
Übs.
W: Die Absperrung, En. 1966; H, Protokoll
1970; Tagebuch eines Weihbischofs, Prosa
1972; Die Faschisten, Nn. 1976; Traumberu-
fe, Prosa 1977; Weihnachten, R. 1980; Das
heilige Jahr, R. 1986.

Stilling, Heinrich → Jung-Stilling, Johann Heinrich

Stinde, Julius (Ps. Alfred de Valmy u. a.), 28. 8. 1841 Kirch-Nü-
chel b. Eutin – 5. 8. 1905 Olsberg/
Ruhr. Gymnas. Eutin; 1858 Apothekerlehre; Stud. Chemie Kiel,
Gießen und Jena; Dr. phil.;
1863–66 Werkführer chem. Fabriken in Hamburg; 1864–75 Redakteur ebda.; weite Reisen (Balkan,
Ägypten); 1876 Übersiedlung
nach Berlin. – Humorist. Erzähler
und Dramatiker, Vf. heimatl. nie-

derdt. Volksstücke; später humorvoll-iron. Unterhaltungsromane um die Berliner Kleinbürgerfamilie Buchholz. Auch Mundartdichter.

W: In eiserner Faust, R. 1872; Alltagsmärchen, Nn. 1873; Hamburger Leiden, Schw. 1875; Tante Lotte, Lsp. 1875; Aus der Werkstatt der Natur!, III 1880; Waldnovellen 1881; Buchholzen's in Italien, E. 1883; Die Familie Buchholz, R. III 1884–86 (n. 1974); Frau Buchholz im Orient, R. 1888; Humoresken, 1892; Der Liedermacher, R. 1893; Ut'n Knick, En. 1894; Wilhelmine Buchholz' Memoiren, 1895; Hôtel Buchholz, R. 1897; Emma, das geheimnisvolle Hausmädchen, R. 1904 (n. 1974); Zigeunerkönigs Sohn, Nn. 1910.
L: R. M. Meyer, 1905.

Stockhausen, Juliana von, *21. 12. 1899 Lahr/Baden; aus bad. Offiziersfamilie; höhere Töchterschule; ⚭ 1924 Ferdinand Maria Graf von Gatterburg (†1950); lebte 1924–32 b. Wien; seit 1932 auf Schloß Eberstadt b. Osterburken/ Odenwald. – Bildkräftige Erzählerin bes. historischer und biogr. Romane, angeregt durch E. von Handel-Mazzetti. Schildert vor allem süddt. und österr. Menschen der versch. Schichten.

W: Das große Leuchten, R. 1918; Brennendes Land, R. 1920; Die Lichterstadt, R. 1921; Die Soldaten der Kaiserin, R. 1924; Greif, R. II 1927f.; Meister Albert und der Ritter, R. 1932; Eine Stunde vor Tag, R. 1933; Paul u. Nanna, R. 1935; Die güldene Kette, R. 1938; Die Nacht von Wimpfen, En. 1941; Im Zauberwald, R. 1943; Im Schatten der Hofburg, Mem. 1952; Geliebte Nanina, E. 1954; Bitteres Glück, R. 1955; Wilder Lorbeer, R. 1964; Lady Fritze, R. 1967; Der Mann in der Mondsichel, R. 1970; Die abenteuerlichen Reisen des Philipp Franz von Siebold, R. 1975; Auf Immerwiedersehen, Ess. 1977.

Stöber, Adolf, 7. 7. 1810 Straßburg – 8. 11. 1892 Mühlhausen; Sohn des Dichters Ehrenfried S.; Gymnas. Straßburg; 1827–31 Stud. Theologie ebda.; 1839/40 Lehrer in Oberbronn und Mühlhausen/Elsaß. 1840 Stadtpfarrer, seit 1860 Präsident des reform.

Konsistoriums ebda. – Elsäss. Lyriker, Reiseschriftsteller, Erzähler und Vf. theolog. Schriften.

W: Alsatisches Vergißmeinnicht, G. 1825 (m. August Stöber); Gedichte, 1845; Reisebilder aus der Schweiz, II 1850–57; Reformatorenbilder, 1857; Spiegel deutscher Frauen, Ess. 1892.
L: K. Walter, 1943.

Stöber, August, 9. 7. 1808 Straßburg – 9. 3. 1884 Mühlhausen; Sohn des Dichters Ehrenfried S.; Stud. Theol. und Philos. Straßburg; 1838 Privatlehrer in Oberbronn; 1841–73 Oberlehrer in Buchsweiler und Mühlhausen/Elsaß; später Oberstadtbibliothekar und Konservator des hist. Museums ebda.; 1878 Dr. phil. h. c. – Elsäss. Lyriker, Folklorist, Literarhistoriker und Dialektdichter, von Schiller und den Romantikern beeinflußt.

W: Alsatisches Vergißmeinnicht, G. 1825 (m. Adolf S.); Gedichte, 1842 (erw. 1873); Oberrheinisches Sagenbuch, 1842; Alsatia, Jhrb. XI 1850–76; Die Sagen des Elsaß, 1852 (n. K. Mündel II 1892–96); Erzählungen, Märchen, Humoresken, Phantasiebilder und kleinere Volksgeschichten, 1873.
L: H. Ehrismann, 1887; K. Walter, 1943.

Stöber, Daniel Ehrenfried (Ps. Vetter Daniel und Gradaus), 9. 3. 1779 Straßburg – 28. 12. 1835 enda.; Notarssohn; Stud. Jura Straßburg; 1801/02 Erlangen, dann Paris; 1806 Notar in Straßburg; später Advokat ebda.; Verkehr mit Hebel. – Elsäss. Lyriker, Dramatiker und Literaturhistoriker. Übs. franz. Dramen. Am bekanntesten s. Gedichte in elsäss. Mundart. Bemüht um Pflege und Erhaltung der dt. Sprache im Elsaß. Hrsg. des ›Alsatischen Taschenbuchs‹ 1807/08; 1817 Gründer der Zs. ›Alsa‹.

W: Lyrische Gedichte, 1811; Gedichte, 1814; Neujahrsbüchlein in Elsässer Mundart, G. 1818; Daniel oder Der Straßburger auf der Probe, Lsp. 1823; Vie de F. Oberlin, B. 1825;

Feodor Polsky, Dr. 1872. – Sämtl. Gedichte und kleinere prosaische Schriften, III 1835 f.

Stöger, August Karl, *19. 1. 1905 Bad Ischl, Sohn e. Salzarbeiters; Volks-, später Hauptschullehrer im Salzkammergut; 1958 Prof. h. c.; lebt in Bad Ischl. – Österr. Erzähler von schlichter, leicht dialektgefärbter Sprache bes. mit breit handlungsreichen Heimatromanen um bäuerl., naturverbundene Menschen. Auch Hörspiel und Jugendbuch.

W: Die Magd, En. 1937 (erw. u. d. T. In den dunklen Nächten, 1953); Die Kranewitterbrüder, R. 1938; Gefährlicher Sommer, R. 1951; Junges Blut in kalter Welt, R. 1953; Urlaub nach dem Süden, R. 1954; Der Mann vom Schattwald, R. 1957; Das unheimliche Haus, E. 1957; Marsch ins Ungewisse, R. 1972.

Stoeßl, Otto, 2. 5. 1875 Wien – 15. 9. 1936 ebda.; Arztsohn; Stud. Jura und Philos. Wien; 1899 Dr. jur.; 1900 Journalist; ab 1906 Beamter in der österr. Staatsbahn; ab 1923 im Ruhestand als freier Schriftsteller in Wien. Stand P. Ernst und K. Kraus nahe. – Gemüthafter, stimmungsvoller österr. Erzähler, formstrenger Lyriker, Dramatiker und Essayist. S. ernsten, feinsinnigen, oft schwermütigen, z. T. von weisem Humor erfüllten Werke berichten ep. breit und mit liebevoller Würdigung auch der kleinen Dinge und Begebenheiten bes. von der bürgerl. Welt des alten Österreich. Essays über große Schweizer und österr. Dichter.

W: Kinderfrühling, Nn. 1904; G. Keller, Es. 1904; C. F. Meyer, Es. 1906; In den Mauern, E. 1907; Sonjas letzter Name, 1908; Negerkönigs Tochter, E. 1910; Egon und Danitza, E. 1911; Allerleirauh, Nn. 1911; Morgenrot, R. 1912; Lebensform und Dichtungsform, Ess. 1914; Unterwelt, Nn. 1917; Das Haus Erath, R. 1920 (n. 1983); Der Hirt als Gott, Dr. 1920; Sonnenmelodie, R. 1923 (n. 1977); Opfer, Nn. 1923; A. Stifter, St. 1925; Nachtgeschichten, En. 1926 (u. d. T. Menschendäm-

merung, 1929); Der Kurpfuscher, R. 1987. – GW, IV 1933–38.

L: K. Riedler, Diss. Zürich 1939; M. Maetz, Diss. Wien 1948; H. Mreule, Diss. Wien 1948.

Stolberg-Stolberg, Christian Graf zu, 15. 10. 1748 Hamburg – 18. 1. 1821 Schloß Windebye b. Eckernförde. Sohn e. dän. Kammerherrn, Bruder von Friedrich Leopold zu S.-S. Stud. mit ihm zusammen 1770–72 Halle, 1772–74 Göttingen Jura und Lit.; Mitgl. des Göttinger Hains. Mit s. Bruder in Kopenhagen, Kammerjunker ebda. 1775 mit ihm zu Goethe nach Frankfurt/M.; gemeinsame Schweizerreise (Lavater). 1777–1800 Amtmann in Tremsbüttel/Holst. Dann Verwalter s. Güter auf Schloß Windebye b. Eckernförde. – Lyriker und Dramatiker (Singspiele) zwischen Sturm und Drang und Klassizismus; patriot. und Liebeslyrik unter Einfluß Klopstocks und des Göttinger Hains; seinem Bruder nicht ebenbürtig, doch fein nachempfindender Übs. (Griech. Gedichte, 1782; Sophokles, II 1787).

W: Gedichte, 1779 (m. F. L. zu S.); Schauspiele mit Chören, 1787 (m. dems.); Die weiße Frau, G. 1814; Vaterländische Gedichte, 1815 (m. F. L. zu S.); GW, XX 1820–25 (m. dems.; n. 1974); Briefw. m. Klopstock, hg. J. Behrens 1964.

Stolberg-Stolberg, Friedrich Leopold Graf zu, 7. 11. 1750 Schloß Bramstedt/Holst. – 5. 12. 1819 Schloß Sondermühlen b. Osnabrück. Sohn e. dän. Kammerherrn, Bruder von Christian zu S.-S.; bis 1776 Stud. Jura und Lit. Göttingen, Mitgl. des Göttinger Hains, in Hamburg Bekanntschaft von Klopstock und Claudius. 1775 Freundschaft mit Goethe in Frankfurt; gemeinsame Reise mit ihm und s. Bruder in die Schweiz (Lavater). Später stärkerer Anschluß an Hamann, Jacobi und Herder. 1776–79 fürstl.lübeck. Gesandter am dän. Hof, seit 1781 meist in Eutin wohnhaft, wohin er J. H. Voß berief. ⚭ Agnes von Witzleben († 1789), ⚭ 1790 Sophie von Redern. 1789–91 dän. Gesandter in Berlin; 1791/92 Reise durch Dtl., Schweiz, Italien. 1793–1800 Kammerpräsident in Eutin. 1800 Niederlegung aller Ämter, Rückzug ins Privatleben, Übersiedlung nach Münster, ebda. aufsehenerregender Übertritt zur kath. Kirche mit s. Familie; daraufhin Bruch mit J. H. Voß. 1812 in Tatenhausen b. Bielefeld, dann auf s. Gut Sondermühlen b. Osnabrück. – Christl.-patriot. und pathet.-revolutionärer Lyriker (bes. Oden und Hymnen), anfangs unter Einfluß Klopstocks und im Stil des Sturm und Drang, später unter dem Eindruck von J. H. Voß, schließl. romant. Schwärmer. Auch Dramen um antike Stoffe (mit langen Chören); Erzähler, Reiseschriftsteller und Kirchenhistoriker; bedeutend als Homer-Übs. Im Ganzen der bedeutendere der Brüder, die ihre Werke oft gemeinsam publizierten.

W: Freiheits-Gesang aus dem 20. Jh., G. 1775; Homers Ilias, Übs. II 1778; Gedichte, 1779 (m. Ch. zu S.); Jamben, G. 1784; Timoleon, Tr. 1784; Schauspiele mit Chören, 1787 (m. Ch. zu S.); Die Insel, R. 1788 (Faks. 1966); Reise in Deutschland, der Schweiz, Italien und Sicilien, IV 1794 (n. J. Janssen II 1877, 1971); Auserlesene Gespräche des Platon, Übs. III 1796 f.; Vier Tragödien des Aeschylos, Übs. 1802; Die Gedichte von Ossian, Übs. III 1806; Geschichte der Religion Jesu Christi, XV 1806–18; Vaterländische Gedichte, 1815 (m. Ch. zu S.); Psalmen-Übs., hg. K. Löffler, 1918; Numa, R.-Fragm., hg. J. Behrens 1968; Fülle des Herzens, frühe Prosa, hg. ders. 1970. – GW, XX 1820–25 (m. Ch. zu S.; n. 1974); Ausw. A. Sauer, II 1891–95 (DNL); O. Hellinghaus, 1921; Oden und Lieder hg. T. Haecker 1923; Briefe an Voß, hg. O. Hellinghaus 1891; Briefw. m. Klopstock, hg. J. Behrens 1964; Briefe, hg. ders. 1966.
L: J. H. Hennes, III 1870–76 (n. 1971); W.

Keiper, S.s Jugendpoesie, 1893 (n. 1972); J. Janssen, II ³1910 (n. 1970); H. Cardauns, 1919; O. Hellinghaus, 1920; I. Bronisch, D. relig. Entwicklung d. Grafen F. L. zu S., Diss. Münster 1924; E. Holtz, F. L. S.s Odenlyrik, Diss. Greifsw. 1924; P. Brachin, Le cercle de Münster, Lyon 1952.

Stolper, Armin, ∗ 23. 3. 1934 Breslau; Sohn e. Lokführers, Stud. Philos. und Germanistik Jena, 1953–67 Dramaturg in Senftenberg, Dramaturg und freier Schriftsteller in Ost-Berlin – Vielseitiger Dramatiker und Erzähler mit verfremdenden Bühnenadaptionen klass. und mod. (bes. russ.) Lit. um Probleme der Parteilichkeit und Wissenschaft und satir. Prosa im Stil E. T. A. Hoffmanns.

W: Stücke, Drr. 1974; Narrenspiel will Raum, Ess. 1977; Der Theaterprofessor, En. 1977; Concerto dramatico, Dr. 1977; Die Karriere des Seiltänzers, En. 1979; Lausitzer Trilogie, Drr. 1980; Weißer Flügel, schwarz gerändert, G. 1982; Poesie trägt einen weißen Mantel, G. 1982; Geschichten aus dem Giebelzimmer, En. 1983.
L: M. Sailer, Diss. Halle 1981.

Stoltze, Friedrich, 21. 11. 1816 Frankfurt a. M. – 28. 3. 1891 ebda.; Gastwirtssohn; Kaufmann; Hauslehrer; nahm 1848 an der Revolution teil; mußte in die Schweiz fliehen; dann wieder in Frankfurt, seit 1852 Hrsg. der ›Frankfurter Krebbelzeitung‹, 1860–66 und seit 1872 auch der ›Frankfurter Laterne‹ (n. 1981). – Frankfurter Dialektdichter. Auch hochdt. Lyriker und Erzähler. S.-Museum Frankfurt.

W: Gedichte, 1841; Gedichte in Frankfurter Mundart, II 1864–71; Novellen und Erzählungen in Frankfurter Mundart, II 1880–85; GW, V 1892–1900; Werke in Frankfurter Mundart, hg. F. Grebenstein ³1977.
L: J. Proelss, 1904, bearb. G. Vogt 1978; Bibl.: A. Estermann 1983.

Stomps, Victor Otto (Ps. VAUO), 26. 9. 1897 Krefeld – 4. 4. 1970 Berlin, Jugend in Berlin, Freiwilliger im 1. Weltkrieg;

Stud. Jura, Germanistik und Psychologie, Hilfsdramaturg bei der Ufa, Banklehrling; 1926 zus. m. J. Gebser Gründer des im Handpressendruck betriebenen Verlags Die Rabenpresse mit den Zss. ›Der Fischzug‹ (1926) und ›Der weiße Rabe‹ (1932–34); 1936 Zwangsverkauf; 1938/39 Verleger der bibliophilen Slg. ABC (z. T. auf Packpapier); Regimentskommandeur im 2. Weltkrieg, Gefangenschaft in Reims, dann Verlagslektor; gründete 1949 in Frankfurt a. M., später Stierstadt/Taunus und leitete bis 1967 den Verlag Eremiten-Presse mit den Zss. ›Konturen‹ (1952–54) und ›Streit-Zeit-Schrift‹ (1956–65); 1967 Gründer des Verlags Neue Rabenpresse in Berlin. – Vf. skurriler Fabelgeschichten und Essayist.

W: Der geheime Leierkasten, 1932; Die Fabel vom Peter Lech, 1934; Die Fabel von Paul und Maria, 1936; Fabeln der Traumgesichte, 1947; Der streitbare Pegasus, 1955; Subjektive Bilder, Ess. 1960; Gelechter, Aut. 1962; Artistisches ABC, 1964; Babylonische Freiheit, R. 1965; Sprichwörter und ihre Enkel, 1967; Fabel vom Bahndamm, 1977.
L: Guten Morgen, VAUO, Fs. 1962; Das große Rabenbuch, Fs. 1977.

Storch, Ludwig, 14. 4. 1803 Tuhla/Thüringen – 5. 2. 1881 Kreuzwertheim a. M.; Arztsohn, Kaufmannslehrling; Stud. Theologie Göttingen; unruhiges Wanderleben. – Fruchtbarer Erzähler bes. hist. Romane.

W: Kunz von Kauffung, R. III 1828; Der Freiknecht, R. III 1830–32; Der Glockengießer, E. 1832; Der Freibeuter, III 1834; Der Jakobsstern, IV 1836–38; Thüringische Chronik, IV 1841 f.; Ein deutscher Leinweber, Sk. IX 1846–50; Leute von gestern, B. III 1852. – Ausgew. Romane und Novellen, XXXI 1855–62.

Storm, Theodor, 14. 9. 1817 Husum/Schleswig – 4. 7. 1888 Hademarschen/Holst.; Sohn e. Advokaten aus alter Patrizierfa-

milie. Gelehrtenschule Husum und Gymnas. Lübeck, 1837–42 Stud. Jura Kiel mit Theodor und Tycho Mommsen; 1843 Advokat in Husum, ⚭ 1846 s. Base Konstanze Esmarch (†1865); wurde 1852 von den Dänen aus polit. Gründen entlassen und mußte s. Heimat verlassen; unbesoldeter Assessor im preuß. Staatsdienst in Potsdam, Umgang mit Kugler, Fontane, Eichendorff und Heyse; 1856 Richter in Heiligenstadt, 1864 Landvogt in dem nun dt. gewordenen Husum. ⚭ 1866 Dorothea Jensen, 1867 Amtsrichter in Husum, 1874 Oberamtsrichter und 1879 Amtsgerichtsrat. Ab 1880 im Ruhestand in Hademarschen. – Dichter des poet. Realismus von betont stimmungshaftlyr. Grundhaltung. Als Lyriker in der Nachfolge der Spätromantik und s. Freundes Mörike Schöpfer liedhaft-inniger, schlichter und melod. Bekenntnislyrik von starker Stimmungshaftigkeit und zugleich zart andeutender Verhaltenheit und leiser Wehmut um norddt. Landschaft, Natur und Meer, Leidenschaft, Liebe und Ehe. Bei hohem Formbewußtsein Abneigung gegen jede Art der Gedankendichtung. Auch als Erzähler in s. 58 Novellen vorwiegend lyr. Stimmungskünstler, doch Entwicklung von der oft eigenes Erleben und Vergangenes eleg.-melanchol. verklärenden, z. T. sentimentalen Erinnerungsnovelle und den lyr. Stimmungsnovellen, Skizzen und Augenblicksbildern der Frühzeit zu stärker handlungsbetonter, realist. Schicksalsnovelle und schließlich zu der auch sprachl. verdichteten, teils archaisierenden hist. Chroniknovelle vom einsamen Kampf des Menschen gegen dämon. Elemente und e. vorgegebenes

Schicksal mit herben, trag. Zügen und männl. gefaßter, todesbewußter Haltung ohne jede christl. Erlösungs- u. Jenseitshoffnung.

W: Liederbuch dreier Freunde, G. 1843 (m. T. u. Th. Mommsen); Sommergeschichten und Lieder, Nn. u. G. 1851 (enth. u. a. Der kleine Häwelmann; Immensee; Posthuma, Marthe und ihre Uhr); Gedichte, 1852 (erw. 1856, 1864, 1885); Im Sonnenschein, Nn. 1854; Ein grünes Blatt, Nn. 1855 (enth. Angelika); Hinzelmeier, N. 1857; In der Sommer-Mondnacht, Nn. 1860; Drei Novellen, 1861; Im Schloß, N. 1863; Auf der Universität, N. 1863 (u. d. T. Lenore, 1865); Zwei Weihnachtsidyllen, Nn. 1865; Drei Märchen, 1866 (u. d. T. Geschichten aus der Tonne, 1873); Von Jenseit des Meeres, N. 1867; In St. Jürgen, N. 1868; Novellen, 1868; Zerstreute Kapitel, Nn. u. G. 1873; Novellen und Gedenkblätter, 1874 (enth. u. a. Viola tricolor; Lena Wies); Waldwinkel. Pole Poppenspäler, Nn. 1875; Ein stiller Musikant. Psyche. Im Nachbarhause links, Nn. 1876; Aquis submersus, N. 1877; Renate, N. 1878; Carsten Curator, N. 1878; Neue Novellen, 1878; Eekenhof. Im Brauerhause, Nn. 1880; Drei neue Novellen, 1880; Der Herr Etatsrath. Die Söhne des Senators, Nn. 1881; Hans und Heinz Kirch, N. 1883; Zwei Novellen, 1883; Zur Chronik von Grieshuus, N. 1884; John Riew'. Ein Fest auf Haderslevhuus, Nn. 1885; Vor Zeiten, 1886; Bötjer Basch, N. 1887; Ein Doppelgänger, N. 1887; Bei kleinen Leuten, Nn. 1887; Ein Bekenntniß, N. 1888; Es waren zwei Königskinder, N. 1888; Der Schimmelreiter, N. 1888. – Sämmtl. Schriften, XIX 1868–89; SW, hkA. A. Köster VIII 1919 f.; SW, hg. F. Böhme IX 1936, hg. C. Jenssen II 1958, P. Goldammer IV ³1972, D. Lohmeier IV 1986 ff.; Briefe, hg. G. Storm, IV 1915–17, hg. P. Goldammer II 1972; Ein rechtes Herz, Br. hg. B. Loets 1945; Briefe an F. Eggers, hg. H. W. Seidel 1911; Briefwechsel mit Mörike, hg. J. Baechtold 1891, H. W. Rath 1919; H. u. W. Kohlschmidt 1978; mit P. Heyse, hg. G. J. Plotke II 1917 f., hg. C. A. Bernd III 1969–74; mit H. Seidel, hg. H. W. Seidel 1921; mit G. Keller, hg. A. Köster ⁴1924. P. Goldammer ²1967; mit L. Pietsch, hg. V. Pauls ²1943; mit T. Fontane, hg. E. Gülzow 1948, J. Steiner 1981; mit Th. Mommsen, hg. H.-E. Teitge 1966; mit E. Schmidt, hg. K. E. Laage II 1972–76; mit E. Esmarch, hg. A. T. Alt 1979; mit W. Petersen, hg. B. Coghlan 1984; mit H. u. L. Brinkmann, hg. A. Stahl 1987.

L: P. Schütze, 1887 (hg. E. Lange ⁴1925); G. Storm, II 1912 f.; T. Rockenbach, T. S.s Chroniknovellen, 1916; B. Litzmann, 1917; H. Jess, 1917; R. Pitrou, Paris 1920; A. Biese, ³1921; E. Steiner, 1921; J. A. Alfero, La lirica di S., Palermo 1924; ders., S. novelliere, Palermo 1928; W. Kayser, Bürgerlichkeit u. Stammestum in S.s Novellendichtung, 1938;

H. Heitmann, 1940; E. D. Wooley, Studies in S., Bloomington 1942; F. Stuckert, 1955; ders., ³1966; L. Prinzivalli, Palermo 1958; F. Böttger, 1959; E. A. McCormick, T. S.s Novellen, Chapel Hill 1964; C. A. Bernd, T. S.s Craft of Fiction, Chapell Hill ²1966; V. Knüfermann, Diss. Münster 1967; Wege z. neuen Verständnis T. S.s, hg. K. E. Laage 1968; P. Goldammer, 1968; T. J. Rogers, Techniques of Solipsism, Cambr. 1970; I. Schuster, 1971; H. Vinçon, 1972 u. 1973; A. T. Alt, N. Y. 1973; H. Müller, T. S.s Lyrik, 1975; D. Artiss, Amsterd. 1978; K. E. Laage, ²1980; ders., 1985; M. K. Altmann, 1980; M. T. Peischl, D. Dämonische i. Wk. T. S.s, 1983; P. M. Boswell, Leicester 1985; H. Ahrens, 1987; W. Freund, 1987; Bibl.: H.-E. Teitge, 1967.

Storz, Gerhard (Ps. Georg Leitenberger), 19. 8. 1898 Rottenacker/Württ. – 30. 8. 1983 Leonberg; Pfarrerssohn, Stud. Altphilol. und Germanistik (1923 Dr. phil.), 1923–35 Spielleiter an versch. Theatern, dann im Schuldienst, 1947 Oberstudiendirektor am Gymnas. Schwäb. Hall, 1958–64 Kultusminister von Baden-Württemberg, seit 1964 Honorarprof. für dt. Philol. in Tübingen, 1966–72 Präsident der Dt. Akad. für Sprache und Dichtung. Wohnte in Leonberg/Württ. – Feinsinniger, konservativer Erzähler, Essayist u. Literaturhistoriker.

W: Das Theater in der Gegenwart, Es. 1927; Laienbrevier über den Umgang mit der Sprache, 1937 (u. d. T. Umgang mit der Sprache, 1948); Der Lehrer, R. 1937; Das Drama F. Schillers, St. 1938; Musik auf dem Lande, E. 1940; Der immerwährende Garten, E. 1940; Gedanken über die Dichtung, St. 1941; Die Einquartierung, E. 1946; Jeanne d'Arc und Schiller, St. 1947; Reise nach Frankreich, E. 1948; Goethe-Vigilien, Ess. 1953; Sprache und Dichtung, St. 1957; Der Dichter Friedrich Schiller, St. 1959; Figuren und Prospekte, Ess. 1963; E. Mörike, St. 1967; Die schwäbische Romantik, St. 1967; Der Vers in der neueren deutschen Dichtung, St. 1970; H. Heines lyrische Dichtung, St. 1971; Klassik und Romantik, St. 1972; Im Laufe der Jahre, Aut. 1973; Sprachanalyse ohne Sprache, St. 1975; Zwischen Amt und Neigung, Aut. 1976; Capriccios, Ess. 1978; Das Wort als Zeichen und Wirklichkeit, Ess. 1980; Karl Eugen, B. 1981; Deutsch als Aufgabe und Vergnügen, Schr. 1984.

Storz, Oliver, * 30. 4. 1929 Mannheim, Sohn von Gerhard S.; Stud. Neuphilol. u. Philos. Tübingen, 1955 Referendar an höheren Schulen; 1957–59 Lit.- u. Theaterkritiker der ›Stuttgarter Zeitung‹; 1960–64 Dramaturg, Produzent u. Autor der Bavaria Atelier GmbH München; 1974 Prof. für Theorie des Theaters Musikhochschule Stuttgart; wohnt in Deining b. München. – Iron.-zeitkrit. Erzähler von knapp-realist. Stil, Autor von Fernsehspielen z. T. nach lit. Vorlagen.

W: Jack Mortimer, FSsp. (1961, n. nach A. Lernet-Holenia); Der Schlaf der Gerechten, FSsp. (1962 nach A. Goes); Lokaltermin, En. 1962; Der doppelte Nikolaus, FSsp. (1964); Der Fall Rouger, FSsp. (1964, nach W. E. Schäfer); Prüfung eines Lehrers, FSsp. (1968); Die Beichte, FSsp. (1970); Lisa, FSsp. (1974); Nachbeben, R. 1977; Das 1001. Jahr, FSsp. (1979); Ritas Sommer, En. 1984; Die Nebelkinder, R. 1986.

Strabo → Walahfrid Strabo

Strachwitz, Moritz Graf von, 13. 3. 1822 Peterwitz b. Frankenstein/Schles. – 11. 12. 1847 Wien. Sohn e. Rittmeisters und späteren Landrats. Stud. Jura Breslau und Berlin (1843f.); Burschenschafter, Mitgl. des ›Tunnels über der Spree‹, Referendar in Grottkau. Privatmann auf s. Gütern Peterwitz und Schloß Schebetau/Mähren (1844 Besuch Geibels ebda.). Von schwacher Gesundheit; 1845 erfolglose Erholungsreise nach Skandinavien, 1847 nach Italien; starb auf der Rückreise. – Temperamentvoller Lyriker und Balladendichter bes. mit heroisch-ritterl. und patriot. Balladen aus der held. Welt nord. Sage und Geschichte unter Einfluß Platens und Geibels in spätromant. Stil (›Das Herz von Douglas‹). Einfluß auf die Erneuerung der held. Ballade

im 19. Jh. u. die Balladendichtung Fontanes.

W: Lieder eines Erwachenden, G. 1842; Neue Gedichte, 1848; Gedichte, Gesamtausg. 1850. – Sämtl. Lieder u. Balladen, hg. H. M. Elster 1912.

L: A. K. Tielo, 1902, n. 1977; K. Danzig, Diss. Lpz. 1932; H. Gottschalk, S. u. d. Entw. d. held. Ball., Diss. Bresl. 1940; M. M. Strachwitz, 1982.

Strahl, Rudi, * 14. 9. 1931 Stettin, Schlossersohn, Volksarmee-Offizier, Redakteur der satir. Zs. ›Eulenspiegel‹, seit 1961 freier Schriftsteller in Ost-Berlin. – Erfolgr. Dramatiker der DDR mit leichten, vorwiegend unideolog. Unterhaltungsstücken aus dem Alltag der DDR; auch humorist. Unterhaltungsromane und satir.-erot. Lyrik.

W: Souvenirs, Souvenirs, G. 1961; Mit tausend Küssen, G. 1964; Aufs Happy-End ist kein Verlaß, R. 1966; Der Krösus von Wölkenau, R. 1967; Du und ich und Klein-Paris, R. 1968; Ewig und drei Tage, K. 1970; In Sachen Adam und Eva, K. 1970; Nochmal ein Ding drehen, K. 1972; Wie die ersten Menschen, K. (1972); Eva und kein Ende, K. (1973); Ein irrer Duft von frischem Heu, K. (1975); Stükke, 1976; Flüsterparty, K. (1978); Er ist wieder da, K. (1979); Der Schlips des Helden, Drr. 1981; Das Blaue vom Himmel, Dr. (1984); Lustspiele, Einakter und szenische Miniaturen, Drr. 1985.

Stramm, August, 29. 7. 1874 Münster – 1. 9. 1915 bei Horodec/ Rußland. Stud. Berlin und Halle, ebda. 1909 Dr. phil. Postbeamter, zuletzt Postdirektor im Reichspostministerium. Lebte in Berlin-Karlshorst. Seit 1913 Freund und Mitarbeiter H. Waldens an der Zs. ›Der Sturm‹. Bei e. Sturmangriff an der Ostfront gefallen. – Lyriker und Dramatiker der Frühexpressionismus, erregte Aufsehen durch s. radikal verkürzten Sprachstil in Annäherung an den Dadaismus. Verfasser von handlungsarmen, sog. Schrei-Dramen in auf ekstat. Ausrufe reduzierter Sprache; Schöpfer e. neuen, ganz auf Rhythmus und das Einzelwort als Kunstwerk gestellten Lyrik.

W: Rudimentär, Dr. 1914; Sancta Susanna, Dr. 1914; Die Haidebraut, Dr. 1914; Du, G. 1915; Erwachen, Dr. 1915; Kräfte, Dr. 1915; Geschehen, Dr. 1916; Die Unfruchtbaren, Dr. 1916; Die Menschheit, G. 1917; Tropfblut, G. 1919; Dichtungen, II 1920f.; Welt-Wehe, G. 1922; Dein Lächeln weint, Ges. G. 1956. – Das Werk, hg. R. Radrizzani 1963 (m. Bibl.).
L: H. Jansen, 1928; C. Hering, Diss. Bonn 1950; E. Bozzetti, Diss. Köln 1961; J. D. Adler, J. J. White, hg. 1979.

Stranitzky, Joseph Anton, 10. 9. (?) 1676 Steiermark (?) – 19. 5. 1726 Wien, Sohn e. Lakaien, früh verwaist; 1699 Besitzer e. Marionettentheaters in München, Augsburg u. Nürnberg; 1706 Prinzipal e. Wiener Schauspieltruppe, mit der er 1711 das neue Kärntnertortheater bezog u. sich gegen die Konkurrenz der ital. Truppe durchsetzte; daneben Zahnarzt. – Begründer der Alt-Wiener Volkskomödie mit s. in Anlehnung an ital. Opernlibretti geschaffenen Haupt- u. Staatsaktionen, in die er als drast.-kom. Element die Figur des Hanswurst einführte.

A: Wiener Haupt.-Staatsaktionen, hg. F. Hohmeyer 1907; R. Payer von Thurn II 1908–10 (Schriften d. lit. Vereins in Wien, Bd. 10 u. 13), F. Brukner 1933.
L: B. Schindler, Diss. Wien 1946; O. Rommel, D. Alt-Wiener Volkskomödie, 1952; M. Wölfel, Diss. Wien 1964; R. Urbach, D. Wiener Komödie, 1973.

Straßburg, Gottfried von → Gottfried von Straßburg

Straßburger Alexander → Alexander, Straßburger

Stratz, Rudolf, 6. 12. 1864 Heidelberg – 17. 10. 1936 Gut Lambelhof b. Chiemsee; Sohn e. Großkaufmanns; Stud. Gesch. und Philos. Leipzig, Berlin und Göttingen; 1885–87 Offizier in Darmstadt; 1887 Stud. Gesch. Heidelberg; große Reisen in Europa und nach Afrika; 1890 freier Schriftsteller in Berlin; 1891–93 Kritiker der ›Kreuzzeitung‹; zog 1895 nach Ziegelhausen b. Heidelberg; seit 1906 in Lambelhof/Oberbayern. – Erzähler und Dramatiker. Um 1900 viel gelesener Unterhaltungsschriftsteller mit häufig nationalist. Romanen aus Offizierskreisen. Führend im dt. Bergroman. Auch Vf. von Lebenserinnerungen. Dramat. Versuche unbedeutend.

W: Der blaue Brief, Lsp. 1891; Unter den Linden, R. 1893; Arme Thea!, R. 1896; Friede auf Erden, E. 1896; Der weiße Tod, R. 1897; Montblanc, R. 1899; Alt-Heidelberg, du feine…, R. 1902; Du bist die Ruh', R. 1905; Der du von dem Himmel bist, R. 1906; Herzblut, R. 1908; Du Schwert an meiner Linken, R. 1912; Seine englische Frau, R. 1913; König und Kärrner, R. 1914; Das deutsche Wunder, R. 1916; Schloß Vogelöd, R. 1921; Deutschlands Aufstieg und Niedergang, III 1921f.; Kinder der Zeit, R. 1924; Schwert und Feder, Aut. 1927; Reisen und Reifen, Aut. 1927; Eliza, R. 1928; Karussell Berlin, R. 1931; Die um Bismarck, R. 1932; Der Weltkrieg, 1933.

Strauß, Botho, *2. 12. 1944 Naumburg; Stud. Theaterwiss., Germanistik, Soziologie Köln u. München; Theaterkritiker, 1967–70 Redakteur der ›Theater heute‹, 1970/71 Dramaturg an der Berliner ›Schaubühne‹, 1976 Villa Massimo, Rom; Schriftsteller in Berlin. – Psycholog. feinfühliger Dramatiker und Erzähler e. sinnentleerten Lebens: Vereinzelung und Wirklichkeitsflucht des Menschen in Betriebsamkeit und Geschwätz, Illusionszerstörung mit makabrem Humor.

W: Die Hypochonder, Dr. 1972; Bekannte Gesichter, gemischte Gefühle, K. 1974 (beide zus. 1979); Marlenes Schwester, En. 1975; Trilogie des Wiedersehens, Dr. 1976; Die Widmung, E. 1977; Groß und klein, Dr. 1978; Rumor, R. 1980; Paare Passanten, En. 1981; Kalldewey, Farce 1981; Der Park, Dr. 1983; Der junge Mann, R. 1984; Diese Erinnerung an einen, der nur einen Tag zu Gast

war, G. 1985; Die Fremdenführerin, Dr.
1986; Niemand anderes, Prosa 1987.
L: L. Adelson, Crisis of subjectivity, Amsterd. 1984; H. L. Arnold, hg. 1984; M. Sand-
hack, Jenseits des Rätsels, 1986; H. Herwig,
Verwünschte Beziehungen, 1986; U. Kapit-
za, Bewußtseinsspiele, 1987; V. Plümer, Z.
Entw. u. Dramaturgie d. Drr. v. B. S., 1987;
M. Radix, hg. 1987.

Strauß, Emil, 31. 1. 1866 Pforz-
heim – 10. 8. 1960 Freiburg/Br.;
aus österr. Musiker- und badi-
schem Pfarrergeschlecht; Sohn eines Schmuckwarenfabrikanten;
Gymnas. Pforzheim, Mannheim,
Karlsruhe und Köln; 1886–90
Stud. Philos., Lit.-Gesch. und
Nationalökonomie Freiburg,
Lausanne u. Berlin; befreundet
mit M. Halbe, R. Dehmel und G.
Hauptmann, bes. mit E. Gött;
1890–92 mit diesem zusammen
landwirtschaftl. Tätigkeit bei
Schaffhausen und Breisach; 1892
Auswanderung nach Brasilien,
Kolonist in Blumenau und Vorsteher e. Knabenschule in Sao
Paulo; Rückkehr nach Europa; ⚭
1901; ging 1903 in die Schweiz;
1904 nach Überlingen/Bodensee,
1907 nach Kappelrodeck/Baden;
1911–15 in Hellerau b. Dresden;
1918 erneute landwirtschaftl. Tätigkeit im Hegau; zog sich 1925
nach Freiburg/Br. zurück, dort
und zeitweilig in Badenweiler bis
zu s. Tode; 1926 Dr. h. c. Freiburg; 1956 Prof. h. c. – In s. formal traditionellen, teils realist.,
teils neuromant.-besinnl. Novellen von kraftvoller, klarer klang-
reicher Sprache und starkem
Ethos psycholog. feinsinniger
Gestalter menschl. Schicksals in
Scheitern oder Bewährung voll
idealist. Strebens nach Sittlichkeit
und Selbstüberwindung, Humanität und Harmonie. Auch Dramatiker.
W: Menschenwege, Nn. 1899; Don Pedro,
Tr. 1899 (Neufassg. 1914); Der Engelwirt, E.

1901; Freund Hein, R. 1902; Kreuzungen, R.
1904; Hochzeit, Sch. 1908; Hans und Grete,
Nn. 1909; Der nackte Mann, R. 1912; Der
Spiegel, E. 1919; Der Schleier, N. 1920 (als
Nn.-Slg. 1930); Vaterland, Dr. 1923; Das
Riesenspielzeug, R. 1935; Lebenstanz, R.
1940; Dreiklang, En. 1949; Ludens, Aut.
1955. – GW, 1949 ff.; Menschenwege, Ausw.
1978.
L: F. Endres 1936; H. Meder, D. erzählenden
Werke v. E. S., Diss. Ffm. 1938; K. Brem,
Diss. Mchn. 1942; L. Fischer, Diss. Freib.
1951; A. Abele, Diss. Mchn. 1955; E. S. z. 90.
Geburtstag, Fs. 1956.

Strauß, Ludwig, 28. 10. 1892 Aachen – 11. 8. 1953 Jerusalem;
Stud. Lit., Dramaturg Schauspielhaus Düsseldorf. 1929–33
Dozent für dt. Literaturgeschichte
in Aachen. Ging 1935 als Landar-
beiter und Lehrer nach Israel; zu-
letzt an der Univ. Jerusalem. –
Lyriker, Erzähler und Literarhi-
storiker in dt. und hebr. Sprache,
eng mit jüd. Tradition verbun-
den, Übs. neuhebr. und jidd. Lit.
ins Dt.; Freund H. Carossas und
A. Schaeffers, mit dem er das
Jahrbuch ›Leukothea‹ herausgab.
W: Wandlung und Verkündung, G. 1918;
Der Reiter, E. 1929; Nachtwache, G. 1933;
Heimliche Gegenwart, G. 1952; Wintersaat,
Aphor. 1953; Fahrt und Erfahrung, En. u.
Aufz. 1959. – Dichtungen u. Schriften, hg.
W. Kraft 1963 (m. Bibl.).
L: B. Witte, hg. 1982.

Strauß und Torney, Lulu von,
20. 9. 1873 Bückeburg – 19. 6.
1956 Jena, aus fries.-niedersächs.
Geschlecht, Tochter e. General-
majors und Kammerherrn. Reisen durch Europa. ⚭ 1916 Verleger Eugen Diederichs, seither in
Jena. – Lyrikerin mit Natur- und
Stimmungsliedern und bes. formstrengen Balladen; bedeutendste
dt. Balladendichterin des 20. Jh.
neben A. Miegel. Bodenständige
Erzählerin mit hist. Romanen,
Novellen und Erinnerungen aus
der niederdt. Landschaft mit ihren
schwerblütigen, bäuerl. Menschen. Auch Übs. und Hrsg.

W: Gedichte, 1898; Bauernstolz, Nn. 1901; Balladen und Lieder, 1902; Aus Bauernstamm, R. 1902; Eines Lebens Sühne, N. 1904; Ihres Vaters Tochter, R. 1905; Der Hof am Brink. Das Meerminneke, Nn. 1907; Lucifer, R. 1907; Neue Balladen und Lieder, 1907; Sieger und Besiegte, Nn. 1909; Judas, R. 1911 (u. d. T. Der Judashof, 1937); Aus der Chronik niederdeutscher Städte, Schr. 1912; Reif steht die Saat, Ball. 1919; Der jüngste Tag, R. 1922; Das Fenster, N. 1923 (u. d. T. Das Kind am Fenster, 1938); Der Tempel, Sp. 1924; Das Leben der Heiligen Elisabeth, B. 1926; Deutsches Frauenleben in der Zeit der Sachsenkaiser und Hohenstaufen, Schr. 1927; Vom Biedermeier zur Bismarckzeit, B. 1932; Schuld, E. 1940; Das verborgene Antlitz, Erinn. 1943. – Ausw.: Tulipan, 1966; Briefw. m. Th. Heuß, 1965.
L: C. Zander. Diss. Greifsw. 1951.

Streckfuß, Karl (Ps. Leberecht Fromm), 10. 9. 1778 Gera – 26. 7. 1844 Berlin; Stud. Jura. Erzieher, jurist. Beamter; schließlich Geheimer Oberregierungsrat, preuß. Staatsrat. – Lyriker, Erzähler und Dramatiker; bedeutend als Übs. ital. Dichter.
W: Ruth, G. 1805; Maria Belmonte, Tr. 1807; Klementine Wallner, R. 1811; Erzählungen, 1813; Ariosts Rasender Roland, Übs. V 1818–20; Tassos Befreites Jerusalem, Übs. II 1822; Dantes Göttliche Komödie, Übs. III 1824–26.
L: K. Streckfuß, 1941.

Strehlenau, Edler von → Lenau, Nikolaus

Stresau, Hermann, 19. 1. 1894 Milwaukee, Wisc. – 21. 8. 1964 Göttingen; Stud. Berlin, München u. Göttingen; 1929–33 städt. Bibliothekar in Berlin, dann freier Journalist und Übs. ebda.; nach dem Krieg freier Schriftsteller, Theater- u. Lit.kritiker in Göttingen. – Erzähler von nüchtern-präziser Darstellung; authent. Aufzeichnungen aus Krieg und Nachkrieg. Daneben lit. wiss. Schriften; Übs. Faulkners u. a.
W: J. Conrad, Schr. 1937; Die Erben des Schwertes, R. 1940; Adler über Gallien, R. 1942; An der Werkbank, Ber. 1947; Von Jahr zu Jahr, Tg. 1948; Das Paradies ist verriegelt, R. 1954; Th. Mann, Schr. 1963.

Stricerius, Johannes → Stricker, Johannes

Stricker, Der, mhd. bürgerl. Dichter, 1. Hälfte 13. Jh., aus Franken; Fahrender; meist in Österreich lebend; † um 1250. – Steht zwischen höf. und bürgerl. Lit., Freund der Bauern und Gegner des Adels. S. bedeutendstes Werk, die 1. dt. Schwanksammlung der ›Pfaffe Amîs‹, erzielte große Wirkung; viele der listigen, oft menschl. Schwächen, ma. Wundersucht und Aberglauben entlarvenden Schwänke wurden in spätere Schwankbücher übernommen. Weniger geglückt s. höf. Epen nach Vorbild Hartmanns, bes. der Artusroman ›Daniel vom blühenden Tal‹ nach versch. Vorlagen. Daneben Erneuerung des ›Rolandslieds‹ des Pfaffen Konrad als ›Karl der Große‹ mit Verflachung des Heroischen. Auch Vf. von didakt. ›bîspeln‹ und ›maeren‹, Beispielreden bzw. kleinen Verserzählungen mit beigefügter Moral meist nach lat. oder franz. Quellen.
A: Kleinere Gedichte, hg. K. H. Hahn 1839; Karl, hg. K. Bartsch 1857, n. 1965; Daniel, hg. G. Rosenhagen 1894, n. 1976, M. Resler 1983. – Pfaffe Amîs, hg. H. Lambel (En. u. Schwänke, ²1883), K. Kamihara 1978, Faks. K. Heiland 1912; Maeren, hg. G. Rosenhagen 1934, H. Mettke 1959; Bîspel, hg. U. Schwab 1959; Tierbîspel, hg. dies. ³1983; Verserzählungen, hg. H. Fischer II ⁴1979; Von übelen wiben, hg. W. W. Moelleken 1970; Lehrgedichte, hg. ders. Chapel Hill 1970; Die Kleindichtg., hg. ders. V 1973–78.
L: L. Jensen, Über d. S. als Bîspeldichter, 1885; J. J. Amann, 1901; S. L. Wailes, Stud. z. Kleindichtg. d. S., 1981.

Stricker, Johannes (Stricerius), um 1540 Grobe/Holstein – 23. 1. 1598 Lübeck, Stud. Wittenberg, Pfarrer in Cismar und Grobe, 1584 am Burgkloster b. Lübeck. –

Realist. Dramatiker in s. niederdt. Jedermann-Drama ›De düdesche Schlömer‹ gegen die Sitten des Holsteiner Adels. Scharfe Charakteristik, tiefes religiöses Gefühl.

W: Geistliche Comödie vom erbärmlichen Falle Adams und Evae, Sp. 1570, hochdt. 1602; De düdesche Schlömer, Sp. 1584; hochdt. 1588 (n. J. Bolte, 1889, A. E. Berger, DLE Rhe. Ref. 6, 1936) Luthers Katechismus, niederdt. Übs. 1594.

Strittmatter, Erwin, ＊14. 8. 1912 Spremberg; Bäckerssohn; Bäcker; Kellner, Chauffeur, Tierwärter und Hilfsarbeiter; desertierte als Soldat im 2. Weltkrieg; 1945 wieder Bäcker; 1947 Amtsvorsteher von 7 Gemeinden der Sowjetzone; Zeitungsredakteur und freier Schriftsteller; 1959 1. Sekretär und ab 1961 Vizepräsident des Dt. Schriftstellerverbandes der DDR; lebt als Mitgl. e. LPG in Dollgow/Brandenburg. – Sozialist. Erzähler und Dramatiker. Bevorzugt Entwicklungsromane bäuerl.-proletar. Menschen mit autobiograph. Elementen und den naiven Erzählstandpunkt. Später vor allem Kurzprosa mit neuer konkret-sinnl., poet. Qualität.

W: Ochsenkutscher, R. 1950; Eine Mauer fällt, En. 1953; Katzgraben, K. 1954 (erw. 1958); Tinko, R. 1954; Paul und die Dame Daniel, E. 1956; Der Wundertäter, R. III 1957–80; Pony Pedro, E. 1959; Die Holländerbraut, Dr. 1961; Ole Bienkopp, R. 1963; Schulzenhofer Kramkalender, Kgn. u. Sk. 1966; Ein Dienstag im September, En. 1969; Dreiviertelhundert Kleingeschichten, Kgn. 1971; Die blaue Nachtigall, En. 1972; Meine Freundin Tina Babe, En. 1977; Sulamith Mingedö, En. 1977; Damals auf der Farm, En.-Ausw. 1977; Als ich noch ein Pferderäuber war, En. 1982; Wahre Geschichten aller Ard(t), Tg. 1982; Der Laden, R. II 1983–87; Grüner Juni, E. 1985; Lebenszeit, Ausw. 1987.

L: Bibl.: E. S. zum 50. Geburtstag, 1962; E. S., 1977, ²1984.

Strittmatter, Eva, ＊8. 2. 1930 Neuruppin; 1947–51 Stud. Germanistik und Romanistik Ost-Berlin, ⚭ Erwin S.; Redakteurin der ›Neue Dt. Lit.‹, freie Schriftstellerin in Dollgow/Brandenburg. – Lyrikerin mit schlichter, konventioneller Naturlyrik mit märchen- und traumhaften Zügen; auch Kinderbücher.

W: Ich mach' ein Lied aus Stille, G. 1973; Ich schwing' mich auf die Schaukel, G. 1974; Ich wart' auf dich im Abendwind, G. 1974; Mondschnee liegt auf den Wiesen, G. 1975; Briefe aus Schulzenhof, Prosa 1977; Zwiegespräch, G. 1980; Heliotrop, G. 1982; Poesie, Prosa 1983; Atem, G. 1987.

Strobl, Karl Hans, 18. 1. 1877 Iglau/Mähren – 10. 3. 1946 Perchtoldsdorf b. Wien; Kaufmannssohn; Gymnas. Iglau; Stud. Philos. und Jura Prag (Dr. jur.); 1898–1913 im Staatsdienst; 1901 Finanzkommissär in Brünn; weite Reisen durch Europa, Nordafrika und die asiat. Randgebiete des Mittelmeers; Hrsg. der Zs. ›Der Turmhahn‹; im 1. Weltkrieg als Kriegsberichterstatter an fast allen Fronten; seit 1918 freier Schriftsteller in Perchtoldsdorf. – Fruchtbarer, vielseitiger nationaler Erzähler meist hist. und zeitgeschichtl. Romane, anfangs bes. vom Kampf der Deutschböhmen in den sudetendt. Grenzlanden. Bekannt durch s. phantast. Romane und Spukgeschichten in der Nachfolge von E. A. Poe und E. T. A. Hoffmann. Auch Memoiren.

W: Aus Gründen und Abgründen, Sk. 1901; Die Vaclavbude, R. 1902; Der Fenriswolf, R. 1903; Der Schipkapaß, R. 1908 (u. d. T. Die Flamänder von Prag, 1932); Der brennende Berg, R. 1909; Eleagabal Kuperus, R. II 1910; Bismarck, R. III 1915–19; Verlorene Heimat, Aut. 1920; Der Goldberg, R. 1926; Die Wünschelrute, R. III 1927; Die Fackel des Hus, R. 1929; Od, R. 1930; Prag, Ess. 1931; Goya und das Löwengesicht, R. 1931; Kamerad Viktoria, R. 1933; Prozeß Borowska, R. 1934; Feuer im Nachbarhaus, R. 1938; Erinnerungen, III 1942–44; Böhmisches Glas, R. 1969.

L: A. Altrichter, 1927; R. A. Thalhammer, 1937; G. Wackwitz, Diss. Halle 1981.

Strub, Urs Martin, ★ 20. 4. 1910
Olten/Schweiz; Stud. Medizin
Zürich; Ausbildung als Psychia-
ter; Chefarzt am Sanatorium in
Kilchberg; lebt in Zürich. – Ge-
dankentiefer Lyriker mit aus-
drucksvollen, feinempfundenen
Gedichten um Natur und Welt,
mit kosm. Weite, aber auch um
Probleme menschl. Seins und die
Tiefen der geistig-seel. Kräfte.

W: Frühe Feier, G. 1930; Die 33 Gedichte,
1941; Der Morgenritt, G. 1944; Lyrik, 1946;
Lyrische Texte, G. 1953; Die Wandelsterne,
G. 1955; Signaturen, Klangfiguren, G. 1964.

Strubberg, Friedrich Armand
(Ps. Frédéric Armand), 18. 3.
1806 Kassel – 3. 4. 1889 Genhau-
sen; Sohn e. Tabakkaufmanns;
1822 kaufmänn. Ausbildung in
Bremen; ging 1826 wegen e. Duells nach Amerika; kehrte 1829
nach Dtl. zurück; Kaufmann im
väterl. Geschäft; mußte 1837,
wieder infolge e. Duells, erneut
nach Nordamerika fliehen; Stud.
Medizin in Louisville; Dr. med.;
Arzt in Texas; 1846 Direktor des
›Fürstenvereins‹ ebda.; Gründer der Städte Neubraunfels und
Friedrichsburg; kämpfte gegen
Mexiko; ging 1848 nach Arkansas; 1854 nach Dtl. zurück; 12 Jahre in Kassel Anwalt des Kurfürsten Friedrich Wilhelm I. in dessen Vermögensstreit mit Preußen;
kam dann nach Hannover, 1884
nach Gelnhausen. – Erzähler exot.
Romane von s. Erlebnissen und
Abenteuern und von ethnogr. Beobachtungen in Nordamerika.
Nachahmer Coopers und Sealsfields, die er aber bei weitem nicht
erreichte. S. Dramen sind ohne
Bedeutung.

W: Bis in die Wildnis, Sk. IV 1858; Amerikanische Jagd- und Reiseabenteuer, 1858; An
der Indianergrenze, R. IV 1859; Sclaverei in
Amerika, R III 1862; Aus Armands Frontier-
leben, Aut. III 1868; Der Krösus von Phila-

delphia, R. IV 1870; Der Freigeist, Sch. 1883.
– Ausgew. Romane, V 1894–96.
L: P. A. Barba, Philadelphia 1913.

Struck, Karin, ★ 14. 5. 1947
Schlagtow/Meckl.; Arbeitertoch-
ter, ab 1953 in der BR.; Fabrik,
Stud. Düsseldorf, Schriftstellerin
in Anspach/Taunus, Münster und
Hamburg. – Vf. stark autobiograph. Frauenromane um Hoffnungen und Enttäuschungen auf
der Suche nach Selbstverwirklichung, Glück, Liebe, Mutterschaft und soz. Aufstieg. Zunehmende Gefahr hohler Versprach-
lichung.

W: Klassenliebe, R. 1973; Die Mutter, R.
1975; Lieben, R. 1977; Trennung, E. 1978;
Die liebenswerte Greisin, E. 1978; Kindheits
Ende, Tg. 1982; Zwei Frauen, Prosa 1982;
Finale, R. 1984; Glut und Asche, R. 1985.
L: H. Adler, H. J. Schrimpf, hg. 1984.

Strübe, Hermann → Burte, Hermann

Strutz, Herbert, 6. 6. 1902 Klagenfurt – 1. 10. 1973 ebda.; Sohn
e. Kunstschlossers; Buchhändler;
Musikstud.; Komponist und Pianist; 1934 Lektor im Österreich.
Bundesverlag; seit 1945 Kunstkritiker der ›Kärntner Volkszeitung‹
in Klagenfurt. – Naturnaher, sin-
nenfreudiger Kärntner Lyriker;
Erzähler in der Hamsun-Nachfol-
ge. Auch Heimat- u. Kinderbuch.

W: Wanderer im Herbst, G. 1932; Die ewigen
Straßen, R. 1933; Die Glockenwache, En.
1936; Tag für Tag, R. 1939; Gnade der Heimat, G. 1941; Wasser des Lebens, En. 1947;
Unter dem Sternenhimmel, En. 1949; Gesicht im Weiher, G. 1952; Vor dem Dunkel-
werden, G. 1959; Das Netz des Wasser-
manns, En. 1959; Der Mond hat keine gute
Zeit, G. 1959; Staub unter Sternen, En. 1965;
Bedrängtes Dasein, G. 1967; Kärnten, 1972.

Stuart, C. F. → Flaischlen, Cäsar

Stubenberg, Johann Wilhelm
von, 1619–12. 4. 1663, Protestant
aus steir. Adelsgeschlecht, Jugend

in Böhmen (?); Reisen in Dtl., seit 1648 Mitgl. der Fruchtbringenden Gesellschaft als ›Der Unglückse-lig-Seelige‹; lebte auf Schloß Schallburg b. Melk. – Vf. e. religionspolit. Traktats u. e. lat. Abhandlung über Pferdezucht; bedeutend als Übs. zeitgenöss. ital. Heldenromane, die die Barocklit. beeinflußten. Mittelpunkt e. lit. Freundeskreises (W. H. von Hohberg, C. R. von Greiffenberg u. a.).

W: Pallavicini: Samson, Übs. 1657; Biondi: Eromena, Übs. 1667.
L: T. Ransch, Diss. Wien 1949; M. Bircher, 1968.

Stucken, Eduard, 18. 3. 1865 Moskau – 9. 3. 1936 Berlin. Sohn e. dt.-am. Großkaufmanns. Gymnas. Dresden, Handelslehrling in Bremen, Stud. Naturwiss. und Philol. Dresden (Assyriologe und Ägyptologe). An der Seewarte Hamburg tätig. 1890/91 Teilnehmer e. Expedition nach Syrien. Wohnte seither in Berlin. 1898 Reise nach Korfu, Kaukasus, Krim, später Italien und England. – Erzähler, Lyriker und Dramatiker der Neuromantik unter Einfluß des Jugendstils mit bes. Vorliebe für exot. Stoffe mit myst.-phantast. Elementen, Mythen und Sagen aus Orient, Abendland und Neuer Welt. Farbenprunkende, melod. Sprache und kunstvolle Reime in Versdramen wie formschöne Balladen, Romanzen und Elegien. 7 Gralsdramen aus dem Artusstoff; Neuformung der Brunhildensage. Haupterfolg mit der Trilogie ›Die weißen Götter‹ vom Untergang der Azteken.

W: Die Flammenbraut. Blutrache, Dicht. 1892; Astralmythen, IV 1896–1907; Yrsa, Dr. 1897; Balladen, 1898; Hine-Moa, Sagen, 1901; Gawân, Dr. 1902; Lanvâl, Dr. 1903; Myrrha, Dr. 1908; Lanzelot, Dr. 1909; Astrid, Dr. 1911; Romanzen und Elegien, 1911; Merlins Geburt, Dr. 1913; Die Opferung des Gefangenen, Sp. 1913; Der Ur-

sprung des Alphabets, Schr. 1913; Die Hochzeit Adrian Brouwers, Dr. 1914; Tristan und Ysolt, Dr. 1916; Das Buch der Träume, G. 1916; Die weißen Götter, R. IV 1918–22; Das verlorene Ich, Tragik. 1922; Larion, R. 1926; Polynesisches Sprachgut in Amerika und in Sumer, Schr. 1927; Im Schatten Shakespeares, R. 1929; Giuliano, R 1933; Die Insel Perdita, G. 1935; Adilis und Gyrid. Ein Blizzard, En. 1935; Die segelnden Götter, E 1937; Gedichte, 1938.
L: W. Schmitz, Stud. z. Stil E. S.s, Diss. Köln 1948; I. L. Carlson, 1978.

Sturm, Julius (Ps. Julius Stern), 21. 7. 1816 Köstritz/Thüringen – 2. 5. 1896 Leipzig. 1837–41 Stud. Theologie Jena; bis 1843 Hauslehrer in Heilbronn, dort Bekanntschaft mit J. Kerner und N. Lenau; Erzieher des Erbprinzen Heinrich XIV. Reuß-Schleiz in Meiningen; Prof.; 1850 Pfarrer in Göschitz b. Schleiz, 1857–85 in Köstritz; 1878 Kirchenrat ebda.; 1885 im Ruhestand. – Spätromant., relig. Lyriker. Vf. von patriot. Gedichten, Fabeln und Märchen.

W: Gedichte, 1850; Fromme Lieder, III 1852–92; Stilles Leben, G. 1865; Israelit. Lieder, G. 1867; Spiegel der Zeit in Fabeln, 1872; Gott grüße dich, G. 1876; Das Buch für meine Kinder, M. 1877; Märchen, 1881; Natur, Liebe, Vaterland, G. 1884; Palme und Krone, G. 1888. – Werke und Briefe, 1916; Ausw., 1928.
L: F. Hoffmann, 1899; A. Sturm, 1916.

Sturz, Helf(e)rich Peter, 16. 2. 1736 Darmstadt – 12. 11. 1779 Bremen. 1754–57 Stud. Jura und Lit. Jena, Göttingen und Gießen, 1760 Sekretär in Glückstadt, 1762 Sekretär des Grafen Bernstorff in Kopenhagen, 1763 im Außenministerium ebda. Freundschaft mit Klopstock. 1766 Legationssekretär. 1768 Legationsrat Christians VII. von Dänemark; dessen Begleiter nach Hamburg (Bekanntschaft mit Lessing), London (S. Johnson, Garrick) und Paris (Helvétius, D'Alembert, Marmontel). 1770 in der dän. Generalpostdirektion. Im Gefolge d. Struensee-Affäre 1772 entlassen. Privatmann in Glückstadt und Altona, 1775 oldenburg. Staatsrat. – Bedeutender Prosaschriftsteller des 18. Jh. mit anschaul. Reisebriefen, kleinen Essays, Biographien und Charakteristiken s. Freunde (für Boies ›Dt. Museum‹) in gepflegter, klass. Prosa von präziser Form. Auch Erzähler von Anekdoten, Kritiker, Satiriker und Übs. e. ›Edda‹ aus dem Franz.

W: Julie, Dr. 1767; Erinnerungen aus dem Leben des Grafen J. H. E. von Bernstorff, 1777; Schriften, II 1779–82 (n. 1971); Ausw., hg. F. Blei 1904, R. Riemeck 1948, K. W. Becker 1976.
L: M. Koch, 1879; L. Langenfeld, D. Prosa d. H. P. S., Diss. Köln 1935; A. Schmidt, 1939; J. Hahn, 1976; J.-U. Fechner, 1981.

Stymmel(ius), Christoph (Stummel), 22. 10. 1525 Frankfurt/Oder – 19. 2. 1588 Stettin, Superintendent ebda. – Dramatiker der Reformationszeit, Vf. der durch Gnaphäus angeregten, derbrealist., kulturgeschichtl. interessanten Komödie ›Studentes‹ (1545) vom liederl. Studentenleben, ferner e. ›Isaac‹ (1613) und bibl. Epen in lat. Sprache (›Adam und Eva‹, ›Kain‹, ›Nimrod‹) nach Vorbild Vergils.

L: F. R. Lachmann, D. ›Stud.‹ u. ihre Bühne, 1926 (m. Übs.).

Suchensinn, fahrender Sänger wohl aus Bayern, 1390 und 1392 am bayr. Hofe nachweisbar. Mhd. Meistersänger, schrieb Frauen- und Marienlyrik (Grundthema: Lob der reinen Frau) für höf. Zuhörer. Bürgerl., doch herzl. Ton mit lehrhaftem Einschlag. 20 Lieder und 1 Spruch erhalten.

A: E. Pflug, 1908, n. 1977.

Suchenwirt, Peter (d. h. Such den Wirt), um 1320 – nach 1395,

österr. Fahrender, erst in Österreich, dann am Hof Ludwigs von Ungarn, des Burggrafen Albrecht von Nürnberg, seit 1372 in Wien. 1377 Begleiter Herzog Albrechts III. von Österreich auf s. Preußenfahrt, über die er e. Reimrede verfaßte, dann am Hof in Wien. Hausbesitzer ebda. – Wichtigster Vertreter der Herolds- und Wappendichtung. Vf. von 16 Ehrenreden über adlige Gönner und ritterl. Zeitgenossen mit allegor. Deutung ihrer Wappen. Spruchdichter mit Reimreden in der Art s. Freundes Heinrich der Teichner in allegor., geblümtem Stil über geistl., histor. und moraldidakt. Themen. Polit. Zeitgedichte und Lehrgedichte über den Verfall des Rittertums.

A: A. Primisser, 1827; 5 unedierte Ehrenreden, hg. G. E. Frieß, 1878.
L: F. Kratochwil, 1871; O. Weber, Diss. Greifsw. 1937; S. C. Van D'Elden, 1976.

Sudermann, Daniel, 24. 2. 1550 Lüttich – 1631 Straßburg; Sohn e. Kunstmalers; Erzieher in hochadel. Häusern; 1585 Gouverneur der ev. Erziehungsanstalt Bruderhof in Straßburg; 1594 Vikar ebda., Schwenkfeldianer. – Frühbarocker geistl. Lyriker u. Erbauungsschriftsteller. Vf. myst. beeinflußter Kirchenlieder und Spruchgedichte.

W: Über die fürnembsten Sprüche deß Hohen Lieds Salomonis, 1622; Eine schöne Lehr von den sieben Graden oder Staffeln der vollkommenen Liebe, 1622.
L: M. Pieper, 1986.

Sudermann, Hermann, 30. 9. 1857 Matziken, Kr. Heydekrug/Memelland – 21. 11. 1928 Berlin; Landwirtssohn; Gymnas. Tilsit, Stud. Gesch. u. Philos. Königsberg und Berlin; 1881/82 Schriftleiter am ›Deutschen Reichsblatt‹; dann Hauslehrer bei H. Hopfen;

schließl. freier Schriftsteller in Königsberg, Dresden, Berlin und auf s. Landsitz Blankensee b. Trebbin. – Erfolgr. Dramatiker und Erzähler des Naturalismus. Um die Jahrhundertwende als Dramatiker G. Hauptmann an Bedeutung gleichgesetzt; erwies sich diesem gegenüber aber bald als oberflächl., sentimental u. klischeehaft. Übte in s. Dramen meist Kritik an unsozialem Verhalten und sittl. Verderbnis der bürgerl. Gesellschaft. Am franz. Konversationsstück geschult; gründete die Wirkung s. Stücke vor allem auf s. hervorragende Dramentechnik mit effektvollen Theatermitteln u. spannender Handlungsführung. Der Wirklichkeit näher, tiefer wurzelnd und eher plast. gestaltet sind S.s Erzählungen und Romane aus dem Volksleben der ostpreuß. Landschaft. Regte den mod. Entwicklungsroman in entscheidendem Maße an mit dem Roman um das Schicksal e. jungen Bauern ›Frau Sorge‹. Gleich diesem schließen sich auch die ›Litauischen Geschichten‹ vom Leben einfacher Menschen der großen Tradition des bürgerl. Realismus an.

W: Im Zwielicht, En. 1886; Frau Sorge, R. 1887; Geschwister, Nn. 1888; Der Katzensteg, R. 1890; Die Ehre, Dr. 1890 (n. 1982); Sodom's Ende, Dr. 1891; Johanthes Hochzeit, E. 1892; Heimat, Sch. 1893 (n. 1980); Es war, R. 1894; Die Schmetterlingsschlacht, K. 1895; Das Glück im Winkel, R. 1896; Morituri, Drr. 1896; Johannes, Tr. 1898; Die drei Reiherfedern, Dr. 1899; Johannisfeuer, Dr. 1900; Es lebe das Leben!, Dr. 1902; Stein unter Steinen, Dr. 1905; Das Blumenboot, Dr. 1905; Das Hohe Lied, R. 1908; Der Bettler von Syrakus, Tr. 1911; Die indische Lilie, E. 1911; Der gute Ruf, Dr. 1913; Die Lobgesänge des Claudian, Dr. 1914; Die entgötterte Welt, Dr. 1915; Litauische Geschichten, En. 1917 (n. 1979); Die Raschhoffs, Dr. 1919; Der Hüter der Schwelle, Lsp. (1921); Das deutsche Schicksal, Drr. III 1921; Das Bilderbuch meiner Jugend, Aut. 1922 (n. 1981); Wie die Träumenden, Dr. 1923; Die Denkmalsweihe,

Dr. (1923); Der tolle Professor, R. 1926 (n. 1978); Der Hasenfellhändler, Dr. 1927; Die Frau des Steffen Tromholt, R. 1928; Purzelchen, R. 1928. – Romane und Novellen, VI 1919 (Ges. Ausg. X 1930); Dramat. Werke, VI 1923; Ausw. H. Reinoss 1971; Briefe H. S.s an s. Frau 1891–1924, hg. I. Leux 1932. *L:* K. Busse, 1927; L. Goldstein, Wer war S.?, 1929; F. Steinberg, Triest 1931; I. Leux, 1931; E. Wellner, G. Hauptmann u. H. S. im Konkurrenzkampf, Diss. Wien 1949; H. S., hg. T. Duglor 1958; W. T. Rix, hg. 1980; H. Reinoß, hg. 1986.

Südfeld, Max Simon → Nordau, Max

Süskind, Patrick, ⋆26. 3. 1949 Ambach/Starnberger See; Stud. Geschichte München und Aix-en-Provence, Drehbuchautor in München. – Dramatiker und Erzähler e. konventionellen histor. Romans von Hoffmannscher Phantasie und imponierender Stilkunst.

W: Der Kontrabaß, Dr. (1981); Das Parfüm, R. 1985; Kir Royal, FSsp. 1986 (m. H. Dietl); Die Taube, E. 1987.

Süskind, W(ilhelm) E(manuel), 10. 6. 1901 Weilheim/Oberbayern – 17. 4. 1970 Tutzing, aus schwäb. Familie; Gymnas. München, Stud. ebda.; bis 1932 freier Schriftsteller; 1933–42 Hrsg. der Zs. ›Die Literatur‹; dann Redakteur am Literaturblatt der ›Frankfurter Zeitung‹, seit 1949 polit. Redakteur der ›Süddeutschen Zeitung‹ in München; lebte in Ambach/Starnberger See. – Erzähler, bes. um Probleme und Schicksale junger Menschen, Essayist und Kritiker. Übs. aus dem Engl. und Franz.

W: Das Morgenlicht, E. 1925; Tordis, En. 1927; Jugend, R. 1930; Mary und ihr Knecht, R. 1932; Vom ABC zum Sprachkunstwerk, Schr. 1940; Pferderennen, Schr. 1950 (erw. 1970); Die Mächtigen vor Gericht, Rep. 1963; Abziehbilder, Feuill. 1963; Dagegen hab' ich was, Schr. 1969.

Süßkind von Trimberg, 2. Hälfte 13. Jh., wohl Jude aus

Trimberg b. Würzburg. – Mhd. Spruchdichter, traditionsgebunden in Form und Stil bei inhaltl. Neigung zu Deismus u. sozialer Emanzipation. 6 Sprüche erhalten. Vermutl. einziger jüd. Dichter des dt. HochMA.

A: C. v. Kraus, Dt. Liederdichter d. 13. Jh., 1952.

Suhrkamp, Peter (eig. Johann Heinrich S.), 28. 3. 1891 Kirchhatten/Oldenburg – 31. 3. 1959 Frankfurt/M.; Bauernsohn; 1911–14 Lehrer; Weltkriegsteilnehmer, Stud. Germanistik, wieder Lehrer, 1921–25 Dramaturg und Regisseur in Darmstadt, kam 1930 als Journalist zu Ullstein nach Berlin, 1933 als Redakteur der ›Neuen Rundschau‹ zu S. Fischer. Seit 1936 Leiter des Verlags, 1944 10 Monate im KZ. Gründete 1950 e. eigenen Verlag. – Essayist, Erzähler und Hrsg. (A. Stifter, M. Claudius).

W: Munderloh, En. 1957; Der Leser, Ess. 1960; Ausgew. Schriften, II 1951–56; Briefe an die Autoren, 1961; Briefw. m. H. Hesse, hg. S. Unseld 1969.
L: S. Unseld, 1975; F. Voit, 1975.

Supper, Auguste, geb. Schmitz, 22. 1. 1867 Pforzheim – 14. 4. 1951 Ludwigsburg; Gastwirtstochter; Jugend in Calw/Schwarzwald; ⚭ 1888 Finanzrat Dr. S. (†1911); lebte in Calw und Stuttgart, zuletzt in Ludwigsburg. – Gemüthafte Heimaterzählerin mit Schwarzwälder Dorfgeschichten um einfache Menschen von schlichtem Stil, tiefer Religiosität und Sinn für Humor. Auch Lyrikerin.

W: Der Mönch von Hirsau, E. 1898; Da hinten bei uns, En. 1905; Lehrzeit, R. 1909; Holunderduft, En. 1910; Herbstlaub, G. 1912; Die Mühle im kalten Grund, R. 1912; Der Mann im Zug, En. 1915; Der Herrensohn, R. 1916; Das hölzerne Schifflein, En. 1924 (u. d. T. Die große Kraft der Eva Auerstein, 1937); Muscheln, En. 1927; Auf alten

Wegen, En. 1928; Der Gaukler, R. 1929; Die Mädchen vom Marienhof, R. 1931; Aus halbvergangenen Tagen, Aut. 1937; Der Krug des Brenda, R. 1940; Schwarzwaldgeschichten, 1954; Glücks genug, En. 1957.

Surminski, Arno, ★20. 8. 1934 Jäglack/Ostpreußen; kam 1947 als Waise nach Schleswig-Holstein, Lehre im Anwaltsbüro, 2 Jahre Kanada, Wirtschaftsjournalist in Hamburg. – Erzähler nüchterner, leicht spött.-idyll. Dorfgeschichten aus Ostpreußen in Krieg und Vertreibung.

W: Jokehnen, R. 1974; Aus dem Nest gefallen, E. 1977; Kudenow, R. 1978; Fremdes Land, R. 1980; Wie Königsberg im Winter, En. 1981; Polninken, R. 1984; Gewitter im Januar, En. 1986.

Susman, Margarete, verh. von Bendemann, 14. 10. 1872 Hamburg – 16. 1. 1966 Zürich. Stud. Philol. München und Berlin; ging nach Frankfurt/M.; ab 1933 in Zürich; Dr. phil. h. c. – Philos.-relig. Lyrikerin, auch Essayistin, Deuterin der Liebe und des christl. Glaubens.

W: Mein Land, G. 1901; Neue Gedichte, 1907; Das Wesen der modernen deutschen Lyrik, Ess. 1910; Vom Sinn der Liebe, Ess. 1912; Die Liebenden, Dicht. 1917; Lieder von Tod und Erlösung, G. 1922; Frauen der Romantik, Ess. 1929 (erw. 1960); Das Buch Hiob und das Schicksal des jüd. Volkes, Es. 1946; Deutung einer großen Liebe, Es. 1951; Aus sich wandelnder Zeit, G. 1953; Gestalten und Kreise, Ess. 1953; Deutung biblischer Gestalten, Ess. 1955; Die geistige Gestalt G. Simmels, Es. 1959; Ich habe viele Leben gelebt, Erinn. 1964; Vom Geheimnis der Freiheit, Es. 1965.
L: W. Nigg, 1959; Auf gespaltenem Pfad, hg. M. Schlösser 1964 (m. Bibl.).

Suso → Seuse, Heinrich

Suso Waldeck, Heinrich → Waldeck, Heinrich Suso

Suttner, Bertha Freifrau von, geb. Gräfin Kinsky (Ps. B. Oulot), 9. 6. 1843 Prag – 21. 6. 1914 Wien; Tochter e. Feldmarschall-leutnants; mütterlicherseits mit Th. Körner verwandt; ⚭ 1876 den Ingenieur und Schriftsteller Baron Arthur Gundaccar v. S. (†1902); mit ihm 10 Jahre in Tiflis, lange auf Reisen und dann auf Schloß Harmansdorf b. Eggenberg/Niederösterreich. 1891 Gründerin der Österr. Gesellschaft der Friedensfreunde (seit 1964 S.-Gesellschaft); Vizepräsidentin des Internationalen Friedensbureaus in Bern. 1905 Friedenspreis der Nobel-Stiftung. – Österr. Erzählerin und Memoirenschreiberin. Erregte größtes Aufsehen mit ihrem berühmten Roman ›Die Waffen nieder!‹, e. Kundgebung der mod. Friedensbewegung. Dasselbe Ziel verfolgen die gleichnamige Monatsschrift (1892/99) u. a. Schriften, Gesellschaftsromane um soziale u. eth. Fragen.

W: Inventarium einer Seele, R. 1883; Ein schlechter Mensch, R. 1885; High-life, R. 1886; Die Waffen nieder!, R. II 1889 (u. 1977); Das Maschinenzeitalter, Abh. 1890; An der Riviera, R. 1892 (u. d. T. La Traviata, 1898); Eva Siebeck, R. 1892; Trente-et-Quarante, R. 1893; Vor dem Gewitter, R. 1894; Hanna, R. 1894; Einsam und arm, R. II 1896; Der Kaiser von Europa, R. 1897; Schach der Qual, Dr. 1898; Die Haager Friedensconferenz, Tg. 1900; Martha's Kinder, R. 1903; Randglossen zur Zeitgeschichte, 1906; Memoiren, 1909; Der Menschheit Hochgedanken, R. 1911; Der Kampf um die Vermeidung des Weltkriegs, Ges. Aufs., hg. A. H. Fried II 1917. – GS, XII 1906f.; Ausw. 1982.
L: L. Katscher, 1903; A. H. Fried, 1908; H. Kaut, 1950; I. Reicke, 1952; J. Stollreiter, 1959; B. Kempf, 1964, 1979; B. Hamann, 1986.

Syberberg, Rüdiger, 6. 2. 1900 Köln-Mühlheim – 29. 4. 1978 Garmisch; Realgymnasium Köln; Stud. Philos. Bonn und Leipzig; mehrere Auslandsreisen; 1923–25 Dramaturg in Düsseldorf, dann Kaufmann u. Journalist. Zog 1939

nach München-Pasing; im 2. Weltkrieg Unteroffizier; lebte in Diessen/Ammersee, dann Berlin. – Erzähler und Dramatiker bes. um relig. Probleme des Menschseins aus christl. Lebensgefühl.

W: Peter Anemont, R. 1939; Ich komme in der Nacht, E. 1940 (bearb. 1959); Die unverlierbare Herberge, Dr. (1946); Lilith, Dr. (1946); Abendländische Tragödie, Dr. (1947); Josip und Joana, Dr. (1950); Wenn das Korn stirbt, Dr. (1953); Hoffen auf morgen, Tragik. (1954); Der Mann, der sowieso sterben wollte, E. 1954; Daß diese Steine Brot werden, R. 1955; In solchen Nächten, N. 1956; Der Narr, Dr. (1961); Die Gefangenen, Dr. 1964.

Sylva, Carmen → Carmen Sylva

Sylvanus, Erwin, 3. 10. 1917 Soest/Westf. – 27. 11. 1985 ebda.; Arbeitsdienst, Soldat, verwundet, 1954 Schriftsteller in Völlinghausen/Möhne b. Soest und seit 1978 Aegina/Griechenland; Mitgl. der Dortmunder ›Gruppe 61‹. – Ursprüngl. Lyriker und Erzähler, dann Vf. vielbeachteter, formal von Pirandello beeinflußter ›tachistischer‹ Dramen um menschl. Probleme unserer Zeit (Rassenwahn, soziale Ungerechtigkeit und Gleichgültigkeit). Auch Hörspielautor.

W: Der Krieg, E. 1942; Der Dichterkreis, E. 1943; Die Muschel, G. 1947; Der Paradiesfahrer, R. 1949; Hirten auf unserem Felde, Sp. 1956; Korczak und die Kinder, Dr. 1959; Zwei Worte töten, Dr. (1959); Unterm Sternbild der Waage, Dr. (1960); Der rote Buddha, Dr. (1961); Der 50. Geburtstag, Sp. (1962); Der Scharrett weht, Dr. (1964); Die Treppe, Dr. (1965); Jan Palach, Dr. (1972); Drei Stücke, 1972; Sanssouci, Dr. (1974); Victor Jara, Dr. (1977); Die Juden, Dr. (1979); Vier Stücke, 1980; Exil, Dr. (1981).

Szabo, Wilhelm, *30. 8. 1901 Wien. Tischlerlehrling, Lehrerbildungsanstalt St. Pölten; 1921–39 Lehrer an versch. Schulen im niederösterr. Waldviertel; 1939–45 freier Schriftsteller; dann Oberschulrat und Hauptschuldi-

rektor in Weitra/Niederösterr.;
seit 1967 im Ruhestand in Wien. –
Heimat- u. formal traditionsver-
bundener österr. Lyriker; ernste,
schlichte, oft eleg. Gedichte aus
dem Erlebnis der Landschaft und
des Dorflebens.

W: Das fremde Dorf, G. 1933; Im Dunkel der
Dörfer, G. 1940; Der Unbefehligte, G. 1947;
Herz in der Kelter, G. 1954; Landnacht, G.
1966; Schnee der vergangenen Winter, G. u.
Prosa 1966; Schallgrenze, G. 1974; Lob des
Dunkels, G. 1981; Zwielicht der Kindheit, G.
1986.

Szenessy, Mario, 14. 9. 1930
Zrenjanin/Jugoslawien – 11. 10.
1976 Pinneberg/Holst.; ab 1942
Szeged/Ungarn, Stud. Slawistik
u. Germanistik ebda.; Russisch-
lehrer; seit 1963 in Dtl. (Tübingen, Westberlin, Pinneberg). –
Ungar. Erzähler dt. Sprache von
stilist. Raffinement u. spieler.
Witz, z. T. mit zeitgeschichtl.
Stoffen im Wechsel von akkurater
Beschreibungsprosa u. parodist.
Einschüben, Wortkaskaden, Exkursen ins Skurril-Bizarre oder in
wissenschaftl. Akribie. Auch Essayist.

W: Verwandlungskünste, R. 1967; Otto der
Akrobat, En. 1969; Lauter falsche Pässe, R.
1971; Der Hut im Gras, R. 1973; Der Hellseher, R. 1974; In Paris mit Jim, En. 1977.

Szyszkowitz, Gerald, * 22. 7.
1938 Graz, Stud. Wien (Dr. phil.),
1962–68 Theaterregisseur in der
BRD, 1968–72 in Graz; Leiter der
Hauptabteilung Fernsehspiel u.
Unterhaltung beim Österr. Fernsehen Wien. – Handwerkl. sicherer Dramatiker mit aktueller polit. u. sozialer Thematik in tradi-
tionell realist. Darstellung. Später
herkömml. Familienromane mit
Fontane-Anleihen.

W: Genosse Brüggemann, Dr. (1967); Com-
mander Carrigan, Dr. (1968); Der Fladnitzer,
Dr. (1970); Waidmannsheil, Dr. (1971); Der
Thaya, R. 1981; Seitenwechsel, R. 1982;
Osterschnee, R. 1983; Furlani, R. 1985.

Tagger, Theodor → Bruckner,
Ferdinand

Talander → Bohse, August

Talhoff, Albert, 31. 7. 1890 Solothurn – 10. 5. 1956 Luzern. Besuchte die Theaterschulen von
Reinhardt und Martersteig; Regisseur in Hertenstein; freier
Schriftsteller in Ludwigshöhe am
Starnberger See, zuletzt in Engel-
berg/Schweiz. – Schweizer Erzähler, Dramatiker und Lyriker
mit dem O-Mensch-Pathos des
Expressionismus. S. hymn., visionären, lyr.-ep. und chor.-dra-
mat. Dichtungen bewegen sich
um menschl., weltanschaul. Probleme.

W: Nicht weiter – o Herr!, Dr. 1919; Sintflut,
Dr. (1922); Passion, Dicht. 1923; Totenmal,
Dicht. 1930; Heilige Natur, Dicht. u. 1935;
Messe am Meer, G. 1940; Weh uns, wenn die
Engel töten, R. 1945; Des Bruders brüderli-
cher Gang, R. 1947; Vermächtnis, R. 1951;
Der unheimliche Vorgang, R. 1952; Es ge-
schehen Zeichen, R. 1953.
L: In memoriam A. T., 1956.

Talvj (eig. Therese Albertine
Luise von Jacob, verh. Robinson),
26. 1. 1797 Halle – 13. 4. 1870
Hamburg; Professorentochter,
1806–16 in Char'kov u. Petersburg, dann Halle; Reisen nach Europa; 1837–39 Palästina; lebte in
Boston, Mass., 1840–64 New
York, ab 1869 Hamburg. – Erzählerin und Übs.; als Volkskundle-
rin Vertreterin e. lit. Panslawis-
mus.

W: Psyche, En. 1825; Die Volkslieder der
Serben, Übs. II 1825f.; Versuch einer ge-
schichtlichen Charakteristik der Volkslieder
germanischer Nationen, Abh. 1840; Die
Unächtheit der Lieder Ossians, Es. 1847; He-
loise, E. 1852; Die Auswanderer, En. II 1852;
Fünfzehn Jahre, Ess. II 1868; Ges. Novellen,
II 1874.
L: L. Wagner, 1897.

Tandem, Carl Felix → Spitteler,
Carl

Tannhäuser (mhd. Tanhuser), um 1205 – nach 1267, aus e. wohl in Bayern oder Franken ansässigen Rittergeschlecht, 1228/29 Teilnehmer am Kreuzzug Friedrichs II., 1231–33 am Cyrischen Krieg. Weite Wanderfahrten als fahrender Sänger. Zeitweise zusammen mit Neidhart am Wiener Hof Herzog Friedrichs des Streitbaren von Österreich; verschwendete die von ihm erhaltenen reichen Güter und war nach dessen Tod (1246) arm und ohne Bleibe. Kurz bei Otto II. von Bayern und Konrad IV. – Mhd. Minnesänger und realist. Lyriker, verbindet in s. kunstvollen Liedern außerordentliche Gelehrsamkeit (Fremdwörtersucht) mit Lebensnähe und Humor, Abenteuer und Sagen mit Zeitgeschichte (in stauf. Sicht). Schrieb meist parodist. übertreibende Minnelieder ohne die Ethik der Hohen Minne, höf. Tanzleiche in Kontrast zu derbländl. Schilderung (Einfluß Neidharts, doch ohne Bauernsatire), volkstüml. Tanzlieder sowie Sprüche über eigene Lebenserfahrung. E. ›Hofzucht‹ wird ihm fälschlich zugeschrieben. Breite Nachwirkung. Wurde erst später durch e. im 14./15. Jh. unter s. Namen überlieferte Reihe von Bußliedern zum Helden der Volkssage vom Venusberg, die seit dem 15. Jh. in Balladen, dann bei Tieck, Wagner u. a. fortlebt.

A: S. Singer 1922; J. Siebert 1934 (n. 1968); H. Lomnitzer u. U. Müller 1973 (Hs. C. u. J., m. Bibl.).
L: J. Siebert, 1934, n. 1980; M. Lang, 1936; A. N. Ammann, T. i. Venusberg, 1964; J. W. Thomas, Chapel Hill 1974; D. R. Moser, D. T.-Legende, 1977; J. M. Clifton-Everest, The Tragedy of Knighthood, Oxf. 1979.

Taschau, Hannelies, * 26. 4. 1937 Hamburg; Jugend in Süddtl., dann in Essen. Reisen nach Portugal, Griechenland, Spanien; 1962–64 in Paris, seither Journalistin; lebt in Hameln. – Lyrikerin und Erzählerin. Sensitive u. präzise Beobachterin der problemat. Situation des einzelnen im Spannungsfeld gesellschaftl. Normen. Dominierend ist die vergebl. Suche nach gültigen Lebensformen, die meist an sozialen Außenseitern beschrieben wird.

W: Verworrene Route, G. 1959; Kinderei, R. 1960; Die Taube auf dem Dach, R. 1967; Gedichte, 1969; Strip, En. 1974; Luft zum Atmen, G. 1977; Landfriede, R. 1978; Doppelleben, G. 1979; Erfinder des Glücks, R. 1981; Gefährdung der Leidenschaft, G. 1984; Nahe Ziele, En. 1985; Wundern entgegen, G. 1986.

Tau, Max, 19. 1. 1897 Beuthen/Oberschles. – 13. 3. 1976 Oslo; Stud. Philol. Hamburg, Berlin und Kiel; 1928 Dr. phil.; Lektor im Verlag Cassirer, Berlin; 1938 Emigration nach Norwegen; 1942 Flucht nach Schweden; 1945 Cheflektor in Oslo. – Als Erzähler und Essayist bemüht um Frieden und Völkerversöhnung insbes. zwischen Norwegen u. Dtl.; Hrsg. der internationalen ›Friedensbibliothek‹.

W: Epische Gestaltung, Ess. 1928; Landschafts- und Ortsdarstellung Th. Fontanes, Abh. 1928; Glaube an den Menschen, R. 1948; Denn über uns ist der Himmel, R. 1955; Albert Schweizer und der Friede, Ess. 1955; Das Land, das ich verlassen mußte, Aut. 1961; Ein Flüchtling findet sein Land, Aut. 1964; Auf dem Weg zur Versöhnung, Aut. 1968.
L: Fs. f. M. T., 1961 (Mitt. d. Beuthener Gesch.- u. Museumsvereins H. 23); Freundesgabe f. M. T., 1967; L. Stiehm, 1968 (m. Bibl.).

Taube, Otto Freiherr von, 21. 6. 1879 Reval – 30. 6. 1973 Gauting b. München; Jugend auf Gut Jewarkant/Estland. Kam 1892 mit s. Eltern nach Kassel; 1895 nach Weimar; Stud. Jura in Leipzig und Kunstgeschichte in Halle; Dr. jur.

et phil.; Reisen durch Süd-, West-
und Nordeuropa, Afrika und
Rußland; Regierungsreferendar in
Schlesien; später im Goethe-Na-
tionalmuseum in Weimar tätig; ab
1910 freier Schriftsteller; Freundschaft mit Hofmannsthal und R.
A. Schröder; 1949 Dr. theol. h. c.;
Lektor der ev. Landeskirche; lebte
seit 1921 in Gauting b. München.
– Formvollendeter Lyriker anfangs unter Einfluß Georges und
D'Annunzios, dann Übergang
von ästhet. zu eth. Haltung; tradi-
tionsbewußter Erzähler von hist.
Romanen, bes. vom Untergang
eines balt. Adelsgeschlechts, und
meisterhaften romant., phantast.-
grotesken Novellen; Kulturhistoriker und Essayist, Vertreter e.
protestant. Humanismus. Übs.
bes. aus dem Russ. und aus den
roman. Sprachen.

W: Verse, 1907; Gedichte und Szenen, 1908;
Neue Gedichte, 1911; Der verborgene
Herbst, R. 1913; Adele und der Dichter, Nn.
1919; Die Löwenprankes, R. 1921; Rasputin,
B. 1924; Das Opferfest, R. 1926; Der Haus-
geist, E. 1931; Baltischer Adel, En. 1932; Die
Metzgerpost, R. 1936; Das Ende der Königs-
marcks, En. 1937; Wanderlieder, G. 1937;
Geschichte unseres Volkes, II 1938–42; Wir-
kungen Luthers, Ess. 1939; Vom Ufer, da wir
abgestoßen, G. 1947; Die Wassermusik, E.
1948; Im alten Estland, Aut. 1949; Die Hoch-
zeit, N. 1950; Wanderjahre, Aut. 1950; Dr.
Alltags phantastische Aufzeichnungen. En.
1951; Das Drachenmärchen, 1953; Lob der
Schöpfung, G. 1954; Brüder der oberen
Schar, Bn. 1955; Selig sind die Friedbereiter,
G. 1956; Der Minotaurus, R. 1959; Zeugnis,
G. 1960; Begegnungen und Bilder, Aut.
1967; Stationen auf dem Wege, Aut. 1969;
Kalliope Miaulis, E. 1969. – AW, 1959.
L: L. Denkhaus, 1949; W. Bergengruen,
1959; C. J. Burckhardt, 1969; R. Lemp, hg.
1979.

Taucher, Franz, * 23. 11. 1909
Eggenberg b. Graz; Hilfsarbeiter,
Fensterputzer; Assistent am
Volkskunde-Museum in Graz;
1941–43 Feuilletonredakteur der
›Frankfurter Zeitung‹; 1943
Schreibverbot; nach dem Krieg
Chefredakteur der ›Wiener Büh-

ne‹; lebt in Wien. – Österr. Erzähler und Essayist.

W: Weit aus der Zeit, R. 1947; Die Heimat
und die Welt, Ess. 1948; Von Tag zu Tag,
Ess. 1948; Aller Tage Anfang, R. 1953; Wo-
her du kommst, Aut. 1956; Die wirklichen
Freuden, Ess. 1958; Schattenreise, Aut. 1973;
Frankfurter Jahre, Aut. 1977; Damals in
Wien, Aut. 1981.

Tauler, Johannes, um 1300
Straßburg – 16. 6. 1361 ebda.,
Bürgersohn, seit 1315 Dominikaner; theolog. Stud. im Kloster Straßburg, dann Ordens-
hochschule Köln (Schüler Meister
Eckharts, Mitschüler Seuses).
Um 1330 Rückkehr nach Straßburg. Prediger und Seelsorger ebda. Bekanntschaft mit Heinrich
von Nördlingen und Margarete
Ebner, 1338 bis um 1346 Prediger
in Basel, 1339 und 1344 auch
kurzfristig in Köln. Von 1347 bis
zu s. Tod wieder in Straßburg. –
Bedeutender Volksprediger der
dt. Mystik von edlem Pathos und
ergreifender, bilderreicher Sprache. Betonte neben der spekulativen Mystik Eckharts und Seuses
in mehr lehrhafter, volkstüml.
Haltung die Ethik und prakt. Religiosität (Predigt, Seelsorge) und
stimmte in s. gemütvollen Predigten das myst. Gedankengut
nach Sprache und Inhalt auf das
Aufnahmevermögen einfacher
Hörer ab. Breite Nachwirkung;
Drucke s. Predigten ab 1498. Neben 80 erhaltenen echten Predigten und einigen Briefen sind unter
T.s Namen zahlr. unechte Traktate überliefert.

A: F. Vetter, 1910, n. 1968; A. L. Corin, II
Liège 1924–29; Ausw. L. Naumann, 1914. –
Nhd. Übs. von W. Oehl, 1919; W. Lehmann,
II ²1923; L. Naumann, 1923, n. 1980; G.
Hofmann, 1961.
L: G. Siedel, D. Mystik T.s, 1911; D. Helan-
der, J. T. als Prediger, Lund 1923; A. Korn,
T. als Redner, 1928; K. Grunewald, Stud. z.
T.s Frömmigkeit, 1930; F. W. Wentzlaff-
Eggebert, Stud. u. Lebenslehre, T.s, 1939; J.
T., Gedenkschrift zum 600. Todestag, hg. E.

Filthaut, 1961; I. Weilner, J. T.s Bekehrungsweg 1961; A. Bizet, Paris 1968; S. Dussart-Debèvfe, D. Spr. d. Predigten T.s, 1969; G. Wrede, Unio mystica, Stockh. 1974.

Tauschinski, Oskar Jan, ∗ 8. 6. 1914 Zabokruki/Galizien; Sohn e. Juristen, Kindheit in Wien u. Lemberg; Gymnas. Danzig, seit 1933 in Wien. 1939 in poln. Armee, dt. Kriegsgefangenschaft, 1940 Buchhalter in Wien. 1944 Gestapohaft. Nach Kriegsende Keramiker, freier Schriftsteller ü. Übs. in Wien. – Vf. biograph. Jugendbücher (M. Curie, B. v. Suttner) zeitkrit. Essays und e. Romans über die Pervertierung der Moral u. den Ausverkauf aller menschl. Werte zwischen beiden Weltkriegen. Übs. von J. Andrzejewski, S. J. Lec u. a.

W: Wer ist diese Frau?, Jgb. 1955; Zwielichtige Geschichten, 1957; Die Liebenden sind stärker, Jgb. 1962; Talmi, R. 1963; Frieden ist meine Botschaft, Ess. 1964; Zwischen Wiental und Alserbach, Ess. 1968; Der Jüngling im Baumstamm, Jgb. 1969; Die Variation, R. 1973.

Tavel, Rudolf von, 21. 12. 1866 Bern – 18. 10. 1934 ebda.; aus alter Berner Patrizierfamilie; Stud. Jura Lausanne, Leipzig, Berlin und Heidelberg; Philos. und Geschichte Bern; Dr. phil.; 1891 Schriftleiter beim ›Berner Tagblatt‹, 1892–1917 auch Leiter des ›Berner Heim‹ und ab 1917 der Familienzs. ›Die Garbe‹. – Volkstüml., gewandter Schweizer Dramatiker und humorvoller Erzähler meist in Berner Mundart mit Stoffen aus der Berner Geschichte. Verbindung trag.-heroischer und idyll. Züge. S. Volksstücke wurden einst oft aufgeführt. Bekannt auch durch s. geschichtl. Heimaterzählungen.

W: Ja gäll, so geit's, En. 1901; Der Houpme Lombach, E. 1903; Götti und Gotteli, N. 1906; Der Schtärn vo Buebebärg, N. 1907; D' Frou Kätheli und ihri Buebe, E. 1910; Gueti

Gschpanne, E. 1912; Die heilige Flamme, E. 1917; Heinz Tillmann, R. 1919; Heimgefunden, En. 1921; Simeon und Eisi, E. 1922; D'Haselmuus, E. 1922; Im alten Füfefüfzgi, E. 1923; Di gfreutischti Frou, K. 1923; Unspunne, E. 1924; Ds verlorne Lied, E. 1926; Veterane-Zyt, R. 1927; Am Kaminfüür, E. 1928; Der Frondeur, R. 1929; Der Heimat einen ganzen Mann!, Fsp. 1930; Amors Rache, E. 1930; Ring i der Chetti, E. 1931; Schweizer daheim und draußen, En. 1932; Meischter und Ritter, R. 1933; Geschichten aus dem Bernerland, En. 1934; R. v. T. erzählt aus seinem Leben, Erinn. 1971.

L: H. v. Lerber, 1941; dies., 1954; E. M. Bräm, 1944; H. Marti, ³1955; G. Küffer, Vier Berner, 1963.

Teelen, Gina → Oelfken, Tami

Teichner, Heinrich der → Heinrich der Teichner

Tellow → Kosegarten, Gotthard Ludwig Theobul

Tepl, Johannes von → Johannes von Tepl

Tergit, Gabriele (eig. Elise Reifenberg), 4. 3. 1894 Berlin – 25. 7. 1982 London, aus großbürgerl. jüd. Familie, Dr. phil., Journalistin, bes. Gerichtsreporterin beim ›Berliner Tageblatt‹, 1933 Emigration über Prag und Palästina nach (1938) London. – Vf. Berliner Großstadtromane und Familienromane.

W: Käsebier erobert den Kurfürstendamm, R. 1931 (n. 1977); Effingers, R. 1951 (n. 1978); Etwas Seltenes überhaupt, Erinn. 1983.

Terramare, Georg (eig. Georg Eisler von Terramare), 2. 12. 1889 Wien – 4. 4. 1948 La Paz/Bolivien; Sohn e. Wiener Industriellen und e. Wiener Philol. Wien und Cambridge; Reisen in Europa und nach Palästina; Dr. phil.; Regisseur an versch. Bühnen Europas; lebte meist in Wien; 1938 Emigration nach La Paz; Gründung e.

›Österr. Bühne‹ ebda. – Neuromant. Erzähler und Dramatiker.

W: Brutus, Dr. 1906; Goldafra, Dr. 1910; Die ehemals waren, Nn. 1911; Der Liebesgral, R. 1913; Mutter Maria, Dr. 1916; Das Mädchen von Domremy, R. II 1921 (Neufassg. u. d. T. Die Magd von Domremy, 1925); Ein Spiel vom Tode, Sch. 1923; Stimmen am Wege, E. 1924; Irmelin, Leg. 1925; Therese Krones, Dr. 1959.

Tersteegen, Gerhard, 25. 11. 1697 Moers – 3. 4. 1769 Mülheim/ Ruhr; Gymnas.; konnte wegen Armut nicht Geistlicher werden; Kaufmannslehre; Bandweber; ab 1728 Wanderprediger und relig. Schriftsteller; Haupt der niederrhein. Erweckungsbewegung des 18. Jh.; widmete sich nur noch der Erbauung der Seelen. – Sehr beliebter, stimmungsvoller Dichter pietist. formvollendeter, doch schlichter Lieder. Wurzelt in Mystik und Pietismus. Vf. von 584 Epigrammen und gereimten Betrachtungen über Prophetenworte. Bedeutender Prediger. Viele s. 111 Lieder wurden in alle ev. Gesangbücher aufgenommen (›Ich bete an die Macht der Liebe‹, ›Gott ist gegenwärtig‹ u. a.). Fand teilweise Anregung bei Angelus Silesius.

W: Geistliches Blumengärtlein inniger Seelen, G. 1729 (n. 1969); Auserlesene Lebensbeschreibungen heiliger Seelen, III 1733–53; Geistliche Brosamen, Pred. II 1769–73; Gesammelte Briefe, II 1773–75. – GS VIII 1844f.; Wke., hg. A. Löschhorn, W. Zeller 1980ff. Geistliche Lieder, hg. G. Nelle 1897; Ausw. W. Nigg 1948; G. Koepper 1955. L: R. Zwetz, Diss. Jena 1915; H. Forsthoff, Diss. Bonn 1918; G. Wolter, Diss. Marb. 1929; W. Blankenagel, Diss. Köln 1934; A. Löschhorn, 1946; F. Weinhandl., 1955; G. della Croce, 1979.

Tetzner, Lisa, 10. 11. 1894 Zittau – 2. 7. 1963 Carona-Lugano/ Schweiz; Arzttochter; zog 1918–20, der Jugendbewegung folgend, märchenerzählend durch Dtl. ⚭ 1924 Kurt Kläber. 1927 Leiterin des Jugend- u. Kinder-

funks Berlin. 1933 Emigration nach Lugano; befreundet mit H. Hesse. – Gemütvolle, unsentimentale Erzählerin; Vf. zeitkrit. Bücher über die Not der europ. Jugend im 2. Weltkrieg.

W: Vom Märchenerzählen im Volke, Erinn. 1919; Aus Spielmannsfahrten und Wandertagen, Erinn. 1923; Im Land der Industrie zwischen Rhein und Ruhr, Erinn. 1923; Hans Urian, Kdb. 1931; Was am See geschah, Jgb. 1938; Die Kinder aus Nummer 67, Jgb. IX 1940–47; Das war Kurt Held, B. 1961; Aus der Welt des Märchens, St. 1965. L: D. Märchen u. L. T., hg. H. L. T. 1966.

Teuerdank → Maximilian I.

Textor, Anatol → Möller, Eberhard Wolfgang

Thelen, Albert Vigoleis (Ps. Leopold Fabrizius), * 28. 9. 1903 Süchteln/Niederrhein; Gymnas. Viersen ohne Abschluß; Textilfachschule Krefeld; 1925–28 Stud. Köln, Münster; wanderte 1931 durch Europa; länger in Holland, dann auf Mallorca; 1939 in Frankreich, von dort Flucht nach Portugal; ging 1947 in die Niederlande, 1953 nach Ascona/Schweiz; dann Lausanne und 1986 Viersen; Prof. h. c. – Humorvoller, formgewandter Erzähler von autobiograph. Schelmenromanen und Lyriker. Vorliebe für Spott und Parodie. Übs. bes. aus dem Portugies.

W: Schloß Pascoaes, G. 1942; Die Insel des zweiten Gesichts, R. 1953; Vigolotria, G. 1954; Der Tragelaph, G. 1955; Der schwarze Herr Bahßetup, R. 1956; Glis-Glis, Sat. 1963; Runenmund, G. 1963; Im Glas der Worte, G. 1979.

Thenior, Ralf, * 4. 6. 1945 Bad Kudowa/Schlesien; lebt in Hebern. – Lyriker der neuen Sensibilität mit knappen Momentaufnahmen von Sonderlingen und genrehaften Alltagssituationen; Neigung zu Pointe, Collage, Sprachspiel und experimenteller Poesie.

W: Traurige Hurras, G. u. Prosa 1977; Sprechmaschine Pechmarie, G. 1979; Der Abendstern, wo ist er hin, E. 1982; Radio Morgenbeck, En. 1984; Die Nachtbotaniker, En. 1985.

Theobaldy, Jürgen, * 7. 3. 1944 Straßburg; Jugend in Mannheim, Kaufmannslehre, Stud. P. H. Freiburg und Heidelberg, Univ. Heidelberg und Köln, lebt seit 1974 in West-Berlin; 1977 Villa Massimo, Rom. – Lyriker der neuen Sensibilität, von am. Pop-Lyrik beeinflußt, mit privaten, subjektiven Gelegenheits- und Liebesgedichten aus dem Alltag und in Umgangssprache; zunehmend Selbstreflexion und Formbewußtheit bei polit. Resignation der desillusionierten Studentengeneration.

W: Sperrsitz, G. 1973; Blaue Flecken, G. 1974; Zweiter Klasse, G. 1976; Veränderung der Lyrik, Es. 1976 (m. G. Zürcher); Sonntags Kino, R. 1978; Drinks, G. 1979; Schwere Erde, Rauch, G. 1980; Spanische Wände, R. 1981; Die Sommertour, G. 1983; Midlands. Drinks, G. 1984; Das Festival im Hof, En. 1985.

Theologia Deutsch → Frankfurter, Der

Theuerdank → Maximilian I.

Thieß, Frank, 13. 3. 1890 Eluisenstein b. Uexküll/Livland – 22. 12. 1977 Darmstadt; Baumeisterssohn; Kaufmannsfamilie; ab 1893 in Dtl.; Gymnas. Berlin und Aschersleben; Stud. Germanistik, Geschichte und Philos. Berlin und Tübingen; 1913 Dr. phil.; im 1. Weltkrieg Soldat, dann 1915–19 außenpolit. Redakteur am ›Berliner Tageblatt‹; 1920/21 Dramaturg u. Regisseur der Volksbühne Stuttgart; 1921–23 Theaterkritiker in Hannover. Ab 1923 freier Schriftsteller winters in Berlin,

sommers Steinhude. 1933 (Bücherverbrennung) über Wien nach Rom, später Wien, Bremen, 1952 Darmstadt. 1952–54 Hrsg. der ›Neuen Literarischen Welt‹. – Fruchtbarer Erzähler von scharfem Intellekt und virtuoser, effektvoller Darstellung mit kultivierten, sensiblen Romanen und Novellen um psycholog. und erot. Konflikte u. Verwirrungen (Grenzsituationen des Seelen- und Trieblebens, Geschwisterliebe, Jugendpsychologie, Spannungen zwischen Natur und Kultur, Trieb und Intellekt), histor. Kulturbilder aus Übergangszeiten, sittl. Verfall des Bürgertums und das Wachsen starker Persönlichkeiten. Romanhafte Tatsachenberichte. Auch Dramen. Vielseitiger kulturphilos. und -krit. Essayist von europ. Gesinnung.

W: Der Tanz als Kunstwerk, St. 1920; Der Tod von Falern, R. 1921; Angelika ten Swaart, R. 1923; Die Verdammten, R. 1923; Das Gesicht des Jahrhunderts, Ess. 1923; Der Leibhaftige, R. 1924; Der Kampf mit dem Engel, En. 1925; Narren, Nn. 1926; Das Tor zur Welt, R. 1926; Abschied vom Paradies, R. 1927; Frauenraub, R. 1927 (u. d. T. Katharina Winter, 1949); Erziehung zur Freiheit, Ess. 1929; Der Zentaur, R. 1931; Die Geschichte eines unruhigen Sommers, En. 1932; Die Zeit ist reif, Rdn. 1932; Johanna und Esther, R. 1933 (u. d. T. Gäa, 1957); Der Weg zu Isabelle, R. 1934; Tsushima, R. 1936; Stürmischer Frühling, R. 1937; Die Herzogin von Langeais, Tr. 1938; Das Reich der Dämonen, R. 1941 (erw. 1968); Caruso, R. II 1942–46 (I: Neapolitanische Legende, II: Caruso in Sorrent); Puccini, Schr. 1947; Tödlicher Karneval, Dr. (1948); Vulkanische Zeit, Rdn. 1949; Ideen zur Natur- und Leidensgeschichte der Völker, Abh. 1949; Die Straßen des Labyrinths, R. 1951; Tropische Dämmerung, Nn. 1951; Die Wirklichkeit des Unwirklichen, Es. 1955; Geister werfen keinen Schatten, R. 1955; Die griechischen Kaiser, R. 1959; Sturz nach oben, R. 1961; Verbrannte Erde, Aut. 1963; Freiheit bis Mitternacht, Aut. 1965; Plädoyer für Peking, Rb. 1966; Der schwarze Engel, Nn. 1966; Der Tenor von Trapani, E. 1967; Zauber und Schrecken, En. 1969; Dostojewski, Es. 1971; Jahre des Unheils, Tgb. 1972; Der Zauberlehrling, R. 1975.
L: L. Langheinrich, 1933; F. T., Werk u. Dichter, hg. R. Italiaander 1950; E. Sander,

1950; E. Alker u. a., F. T. z. 75. Geburtstag, 1965.

Thoma, Ludwig (Ps. Peter Schlemihl), 21. 1. 1867 Oberammergau – 26. 8. 1921 Rottach/ Tegernsee, Sohn e. Oberförsters, Kindheit in Forsthaus; Gymnas. Landstuhl und München, Stud. Forstwiss. Aschaffenburg, dann Jura München, und Erlangen, Dr. jur.; Praktikant in Traunstein, 1893–97 Rechtsanwalt in Dachau, Mitarbeiter an ›Jugend‹ und ›Simplizissimus‹, 1897–99 Anwalt in München. 1899 Redakteur am ›Simplizissimus‹, 1907 Mithrsg. des ›März‹, schließl. freier Schriftsteller in München und Rottach. Im 1. Weltkrieg Krankenpfleger an der russ. Front. – Volkstüml., kraftvoll-bodenständ. Erzähler, Dramatiker und Lyriker zwischen Naturalismus und Heimatkunst, auch in lebensechter Mundart. Derber, behagl. breiter Humor und liebevoller Spott; Vorliebe für Gesellschaftskritik in Satire, Ironie und Polemik mit Tendenz gegen Scheinmoral, Spießertum, Preußentum und bes. Klerikalismus. Schrieb oberbayr. Dorf- und Kleinstadtgeschichten, Idyllen wie trag. Bauernromane, Volksstücke und Bauerntragödien. Am bekanntesten s. einfallsreichen Lausbubengeschichten. Auch Memoiren.

W: Agricola, En. 1897; Witwen, Lsp. (1900); Assessor Karlchen, En. 1901; Die Medaille, K. 1901; Grobheiten, G. 1901; Die Lokalbahn, K. 1902; Neue Grobheiten, 1903; Lausbubengeschichten, 1905 (Forts.; Tante Frieda, 1907); Andreas Vöst, R. 1906; Peter Schlemihl, G. 1906; Kleinstadtgeschichten, 1908; Moritaten, 1908; Briefwechsel eines bayerischen Landtagsabgeordneten, Sat. 1909 (Fortsetzung: Jozef Filsers Briefwexel, 1912); Moral, K. 1909; Erster Klasse, K. 1910; Lottchens Geburtstag, Lsp. 1911; Der Wittiber, R. 1911; Magdalena, Vst. 1912; Das Säuglingsheim, Lsp. 1913; Nachbarsleute, Sk. 1913; Der Postsekretär im Himmel, Sk. 1914; Heilige Nacht, Leg. 1916; Altaich, R.

1918; Erinnerungen, 1919; Der Jagerloisl, R. 1921; Der Ruepp, R. 1922; Münchnerinnen, R. 1923; Leute, die ich kannte, Erinn. 1923; Stadelheimer Tagebuch, 1923. – GW, VII 1922, VIII 1956, VI 1968; AW, III 1956; Theater. Sämtl. Bühnenstücke, 1964; Ausgew. Briefe, hg. J. Hofmiller, M. Hochgesang, 1927; Ein Leben in Briefen, hg. A. Keller 1963; Briefw. m. I. Taschner, hg. R. Lemp 1971; Unbek. Briefe, hg. R. Lemp 1979. *L:* F. Dehnow, 1925; H. Halmbacher, ²1935; W. Ziersch, ²1936; E. Cornelius, 1936 u. dramat. Schaffen L. T.s, Diss. Bresl. 1939; E. Hederer, 1941; E. Stemplinger, 1948; R. Rothmaier, 1949; R. Lehner, Diss. Mchn. 1953; F. Heinle, 1963; R. Ziersch, 1964; G. Thumser, 1966; L. T. z. 100. Geburtstag, 1967; M. Fritzen, Diss. Ffm. 1970; P. Haage, 1975; J. P. Sandrock 1975; B. F. Steinbruckner, Boston 1978; H. Ahrens, 1983; R. Lemp, 1984 (m. Bibl.); J. Dewitz, L. T. et le théâtre populaire, 1985.

Thomas von Kempen (a Kempis, eig. Thomas Hemerken), 1379 oder 1380 Kempen/Niederrhein – 25. 7. 1471 St. Agnetenberg b. Zwolle, Handwerkerssohn. 1392 Eintritt in die Schule der Brüder vom gemeinsamen Leben in Deventer, Schüler des Florentius Radewijn, Sängerknabe ebda. 1386/87 Eintritt in das Augustiner-Chorherrenstift St. Agnetenberg; 1414 Priesterweihe. 1429 wegen e. Interdikts Verlegung des Klosters nach Lünekerk b. Harlingen; 1432 e. Jahr bei s. kranken Bruder b. Arnheim, dann wieder Agnetenberg. Zweimal Subprior, dann Novizenmeister, auch Kopist und Prediger ebda. – Fruchtbarster Schriftsteller der ›devotio moderna‹ in lat. Sprache unter Einfluß von G. Groote und Radewijn. Vf. zahlr. asket. Traktate, homilet. und histor. Schriften, bes. Biographien von Führern der ›devotio moderna‹ in idealist. Darstellung als Vorbild zur Nachahmung; ferner e. Chronik s. Klosters, e. myst. Schrift ›De elevatione mentis‹ und rd. 44 rhythm. geschickte Hymnen und religiöse Gedichte zur

Privatandacht. Berühmt durch das Andachts- und Erbauungsbuch ›De imitatione Christi‹ in schlichter Reimprosa, nächst der Bibel e. der meistgelesenen Bücher der Welt, bei dem es jedoch nicht feststeht, ob T. der Vf. oder nur Bearbeiter nach lat. Vorlage von G. Groote oder Gerson ist. Verbindung myst. und weltabgeschiedener Frömmigkeit mit der Auffassung von der Ruhe des Menschen in Gott.

A: Opera omnia, hg. M. J. Pohl, VII 1902–22 (d. J. P. Silbert, IV 1834); Gebete u. Betrachtungen üb. d. Leben Christi, hg. H. Pohl, ³1913; Das Liliental, d. J. Rebholz 1920; Betrachtungen über die Menschwerdung Christi, hg. L. Dombrowski 1937; Das Rosengärtlein, hg. W. Kröber 1947; Asketische Schriften, d. W. Meyer, 1950 ff. – Imitatio: hg. u. komm. F. Kern 1947; H. Schiele, ²1952; F. Eichler (lat. u. dt.), 1966 (d. F. Braun 1935; J. Casper 1947; O. Bardenhewer 1948; P. Mons 1950; H. Harder ²1979).
L: L. Schütz, T.-Lexikon, 1895 (n. 1969); P. Paulsen, 1898; W. G. Roring, Utrecht 1902; A. Klöckner, Lebensbeschreibg. d. Th. v. K., 1921; C. Richstaetter, 1939; E. Iserloh, 1971; A. Ampe, Paris 1973.

Thomas, Adrienne (eig. Hertha Adrienne Strauch, verh. Deutsch), 24. 6. 1897 St. Avold/Lothr. – 7. 11. 1980 Wien; Kaufmannstochter, Jugend in St. Avold und Metz; ab 1919 Berlin; Gesang- und Schauspielstud. 1933 verboten; Emigration: 1932 Schweiz, 1934 Frankreich, 1935 Österreich, 1938 Frankreich (1940 interniert), 1940 New York ∞ Politiker Julius Deutsch, ab 1947 wieder Wien. – Vf. zeitkrit. Unterhaltungsromane von scharfer Beobachtung, Witz und origineller Naivität. Ihr 1. Roman wurde Welterfolg.

W: Die Katrin wird Soldat, R. 1930; Dreiviertel Neugier, R. 1934; Katrin, die Welt brennt, R. 1936; Andrea, R. 1937; Viktoria, R. 1938; Wettlauf mit dem Traum, R. 1939; Von Johanna zu Jane, R. 1939; Reisen sie ab, Mademoiselle, R. 1944 (n. 1982); Ein Fenster am East River, R. 1945.

Thomas, Johann (Ps. Matthias Johnson), 28. 8. 1624 Leipzig – 2. 3. 1679 Altenburg; 1650 Prof. der Rechte Jena; 1653 Gesandter des Herzogs v. Sachsen-Altenburg; Hofbeamter u. Diplomat; 1668 Konsistorialpräsident, Kanzler des Herzogtums. – T.s einziges lit. Werk, e. sich über die Gattungsnormen des Zeitgeschmacks hinwegsetzender Schäferroman, beschreibt in e. kunstvollen Mischung von Vers u. Prosa das Glück s. kurzen Ehe; unpathetische, zuweilen drastisch-realist. Schilderung der Reiseerlebnisse u. des häusl. Lebens der Liebenden.

W: Gedoppelte Liebes-Flamme/Oder Außführliche Beschreibung des Treuverbundenen Schäfers und der Schäferinnen Damons und Lisillen, R. 1663 (erw. u. d. T. Damon und Lisillen Keuscher Liebeswandel 1672, n. H. Singer u. H. Gronemeyer 1966).

Thomasin von Zerklaere (Zirclaere), um 1186 Friaul – vor 1238 Aquileja, aus dem ital. Ministerialengeschlecht der Cerclaria (Cerchiari), von gelehrt.-theolog. Bildung, Domherr in Aquileja am Hofe des Bischofs Wolfger. – Mhd. Lehrdichter, schrieb e. verlorene provenzal. Minnelehre (nach 1200) und um 1215/16 auf Grund mündl. Überlieferung, der Bibel und lat. Moralphilosophen das 1. umfangreiche mhd. Lehrgedicht ›Der welsche Gast‹ (10 Bücher, 14749 Verse) in Reimpaaren von bewußt einfacher und klarer, kräftiger Umgangssprache: Erziehungs-, Bildungs-, Ritterlehre, Tugend- (staete, maze, milte, reht) und Lasterlehre für den Ritterstand, doch von überständischer Bedeutung, anhand von Vorbildern bekannter Helden. Erstrebt moral. Besserung durch besseres Wissen. Langanhaltende Wirkung und weite Verbreitung, bes. in Hss. mit wohl

auf T.s eigene Anregung zurückgehenden Illustrationen.

A: H. Rückert 1852 (n. 1965); F. W. v. Kries
IV 1984f.
L: F. Ranke, Sprache u. Stil d. ›W. G.‹, 1908;
H. Teske, 1933; J. Müller, Stud. z. Ethik u.
Metaphysik d. T. v. Z., 1935; Ch. Spartz,
Diss. Köln 1961; F. W. v. Kries, Texthist.
Stud. z. Welschen Gast, 1967; D. Rocher,
Lille II 1977; W. Röcke, Feudale Anarchie u.
Landesherrschaft, 1978; E. J. F. Ruff, 1982.

Thoor, Jesse (eig. Peter Karl Höfler), 23. 1. 1905 Berlin – 15. 8.
1952 Lienz/Tirol; Sohn e. Tischlers; Kindheit in Österreich u.
Berlin; Zahntechnikerlehre, dann
versch. Berufe; Trampfahrten
durch Süd- u. Mitteleuropa, Mitglied der KPD; 1933 Emigration
nach Wien; 1938 über Brünn nach
London. – Dichter mod. Vagan-
tenlyrik in Nachfolge Villons u.
Rimbauds. In s. Liedern aus der
Arbeiterwelt verbinden sich klass.
Strophenbau u. Umgangssprache
zu e. künstler. Form sozialer Anklage.

W: Sonette, 1948; Die Sonette und Lieder, hg.
A. Marnau 1956; Dreizehn Sonette, hg. W.
Sternfeld 1958. – Das Werk, hg. M. Hambur-
ger 1965; Gedichte, hg. P. Hamm 1975.
L: G. Thom, Rufer ohne Fahne, 1986.

Thor, Johannes u. Tristan →
Goll, Yvan

Thorwald, Jürgen (eig. Heinz
Bongartz), * 1. 11. 1915 Solingen;
Lehrersohn; Gymnas. Rheinhau-
sen; 1935–40 Stud. Medizin, Philos., Geschichte Köln, Berlin, Tübingen; 1940–44 Kriegsteilnehmer, 1948–51 Redakteur der Zs.
›Christ u. Welt‹; freier Schriftsteller in Walchstatt/Obb., seit 1958
in Beverly Hills, Calif. u. Suvi-
gliana/Schweiz. – Produktiver
Sachbuchautor mit erfolgr. populärwiss. Reportagen aus Zeitgeschichte, Medizin u. Kriminalistik. Schließlich Kriminalromane.

W: Es begann an der Weichsel, Rep. 1949;
Das Ende an der Elbe, Rep. 1950 (zus. u. d. T.
Die große Flucht, 1962); Wen sie verderben
wollen, Rep. 1952 (erw. u. d. T. Die Illusion,
1974); Das Jahrhundert der Chirurgen, Sb.
1956; Das Weltreich der Chirurgen, Sb. 1957
(zus. u. d. T. Die Geschichte der Chirurgie,
1965); Die Entlassung, Ber. 1960; Macht und
Geheimnis der frühen Ärzte, Sb. 1962; Das
Jahrhundert der Detektive, Sb. 1964; Die
Stunde der Detektive, Sb. 1966 (zus. u. d. T.
Die gnadenlose Jagd, 1973); Die Traum-Oa-
se, Ber. 1968; Die Patienten, Sb. 1971; Das
Gewürz, Sb. 1978; Der Mann auf dem Kliff,
R. 1980; Die Monteverdi Mission, R. 1982;
Tödliche Umarmung, R. 1984; Im zerbrech-
lichen Haus der Seele, Sb. 1986.

Thrasolt, Ernst (eig. Joseph Matthias Tressel), 12. 5. 1878 Beurig/
Saar – 20. 1. 1945 Berlin. Stud.
Theologie; 1904 kath. Priester;
Seelsorger im Rheinland; 1914 im
Sanitätsdienst und an der belg.
und franz. Front; 1919 bei der Bal-
tikumexpedition des Freiherrn
von der Goltz; seit 1920 Waisen-
hauspfarrer in Berlin-Weißensee.
Freund des Großstadtapostels C.
Sonnenschein. Hrsg. versch. Zss.
Aktiver Vertreter der kath. Er-
neuerungsbewegung; Vorkämpfer der Friedensbewegung, als
›berüchtigter Pazifist‹ von der Gestapo verfolgt. – Feinsinniger,
pantheist.-relig. Lyriker, Erzähler
und Publizist.

W: De profundis, G. 1908; Stillen Menschen,
G. 1909; Witterungen der Seele, G. 1911;
Mönche und Nonnen, G. 1922; Die schöne
arme Magd, G. 1922; In memoriam, G. 1922;
Behaal meech liew, G. 1922; Gottlieder eines
Gläubigen, G. 1923; Die Witwe, N. 1925;
Carl Sonnenschein, B. 1930; Eia Susanni, G.
1930; Heiliges Land, G. 1930; Fänk beim Bo'r
unn, G. 1935.
L: H. Bächmann, 1938; W. Ottendorf-Sim-
rock, 1959 (m. Bibl.).

Thümmel, Moritz August von,
27. 5. 1738 Gut Schönefeld/Sach-
sen – 26. 10. 1817 Coburg. Klosterschule Roßleben; Stud. Jura
Leipzig, Freundschaft mit Kleist
und Gellert; 1761 Kammerjunker
des Erbprinzen, 1768–83 Minister

und Geheimer Rat des inzwischen zur Regierung gelangten Herzogs Ernst Friedrich von Sachsen-Coburg-Gotha; 1771 Reisen in Österreich, 1772 und 1775 in den Niederlanden und Frankreich, 1777 nach Italien; 1779 ⚭ die Witwe e. s. Brüder; zog sich 1783 von allen Amtsgeschäften zurück und lebte seitdem in Gotha und auf s. Gut Sonneborn. – Seinerzeit sehr beliebter Humorist., zuerst auch satir.-erot. Erzähler des Rokoko mit kom. Epen in der Nachfolge Wielands. Reiseschriftsteller in der Art des engl. Reiseromans u. im Stil Sternes. Feiner Beobachter und gewandter Schilderer mit Neigung zu halbverhüllter Sinnlichkeit und Frivolität. Übs. a. d. Franz.

W: Wilhelmine oder Der vermählte Pedant, E. 1764 (n. P. Menge 1917); Die Inoculation der Liebe, E. 1771; Kleine Poetische Schriften, 1782; Reise in die mittäglichen Provinzen von Frankreich im Jahre 1785–86, X 1791 bis 1805 (n. C. Höfer 1913); Der heilige Kilian und das Liebespaar, hg. F. F. Hempel, 1818. – SW, VII 1811–20; VIII 1853f.; IV 1880.
L: R. Kyrieleis, T.s ›Reise‹, 1908, n. 1968; H. Rochocz, T.s ›Wilhelmine‹, Diss. Lpz. 1921; H. Heldmann, Diss. Erlangen, 1964; G. Sauder, D. reisende Epikuräer 1968; R. Allerdissen, D. Reise als Flucht, 1975.

Thüring von Ringoltingen, um 1415–83, Schultheiß von Bern, verdeutschte 1456 für Markgraf Rudolf von Hochberg nach franz. Quelle die Erzählung von der ›Schönen Melusine‹ (Druck 1474): Der mit der Meerfee glückl. vermählte Graf Raymond von Poitiers verliert diese, als er ihr gegen s. Gelübde nachspürt. Später Volksbuch.

A: K. Schneider 1958.
L: H. Frölicher, Diss. Zürich 1889; H.-G. Roloff, Die Melusine des T. v. R., 1970; K. Ruh, D. Melusine d. T. v. R., 1985.

Thürk, Harry, * 8. 3. 1927 Zülz/Oberschles.; Handelsschulabsolvent, Kriegsteilnehmer, Journa-

list; 1956–58 Korrespondent in Peking, dann freier Schriftsteller in Weimar. – An Hemingway u. a. westl. Autoren geschulter Vf. unsentimentaler Abenteuer- u. Kriegsromane; bevorzugt aktuelle Zeitthemen aus anti-imperialist. Sicht. Drehbücher.

W: Nacht und Morgen, En. 1950; Treffpunkt große Freiheit, En. 1954; Die Herren des Salzes, R. 1956; Die Stunde der toten Augen, R. 1957; Der Narr und das schwarzhaarige Mädchen, R. 1958; Das Tal der sieben Monde, R. 1960; Der Wind stirbt vor dem Dschungel, R. 1962; Lotos stürbt von brennenden Teichen, R. 1962; Die weißen Feuer von Hongkong, R. 1964; Pearl Harbour, Ber. 1965; Der Tod und der Regen, R. 1967; Der Tiger von Shangri-La, R. 1970; Amok, R. 1974; Des Drachen grauer Atem, R. 1975; Der Gaukler, R. II 1979.

Tian → Günderode, Karoline von

Tieck, Ludwig (Ps. Peter Lebrecht, Gottlieb Färber); 31. 5. 1773 Berlin – 28. 4. 1853 ebda.; Sohn eines Seilermeisters, 1782–92 Gymnas. Berlin, Freundschaft mit W. Wackenroder; wollte Schauspieler werden, auf Wunsch s. Eltern 1792 Stud. Theologie u. Philol. Halle, 1792–95 Gesch. u. (bes. engl.) Lit. Göttingen, mit W. Wackenroder 1 Semester in Erlangen, Kunstwanderungen und Besuche in Bamberg und Nürnberg. 1797 in Berlin, arbeitete für F. Nicolais rationalist. Erzählungsreihe ›Straußfedern‹, ⚭ 1798 Amalie Alberti, Pfarrerstochter († 1837), 1799 in Jena im Kreis der Frühromantiker: Novalis, A. W. und F. Schlegel, Brentano, Schelling, Fichte; Bekanntschaft mit Schiller und Goethe. 1801–03 in Dresden, Umgang mit H. Steffens; dann auf Schloß Ziebingen bei Frankfurt/O., 1804/05 Italienreise; längere Krankheit in München; Aufenthalt in Rom und Florenz, 1808

Versuche in Wien oder München Fuß zu fassen, 1810 in Baden-Baden, 1813 in Prag, 1817 in Frankreich und England, intensive Shakespeare-Studien. Ab 1819 in Dresden, ab 1825 Hofrat und Dramaturg des Hoftheaters ebda.; hielt berühmte Leseabende. Seit 1840 Jahresgehalt von Friedrich Wilhelm IV., 1841 Ruf nach Berlin als Vorleser des Königs, Geh. Hofrat und Berater der Kgl. Schauspiele. Lebte in Berlin und Potsdam, bahnbrechende Inszenierungen bes. der Dramen Shakespeares. – Vielseitiger, in allen Gattungen gewandter Dichter der Frühromantik, neben A. W. u. F. Schlegel deren Mitbegründer, Förderer und Popularisator. Phantasievoller, leicht schaffender Autor von e. eigenart. Verbindung von rationalist. Ironie, Humor und Sinn für die dämon. Untergründigkeit des Daseins. Begann als empfindsamer Erzähler mit Unterhaltungs- und Schauerromanen, schrieb dann romantisierende Kunstmärchen und romant. Dichtungen und Erzählungen, aus e. neuen, sehnsüchtigen Verhältnis zur Kunst und zum dt. MA. Auch undramat. Lesedramen, Märchenspiele von wuchernder Phantastik und z. T. satir. Lustspiele. Am bedeutendsten für die Entwicklung der dt. Novelle mit s. formvollendeten hist. und zeitkrit. Novellen zwischen Romantik und biedermeierl. Realismus. Im Alter bes. Hrsg. (Novalis, Kleist, Solger, Lenz, Volksbücher), Übs. (Shakespeare, Cervantes, Minnesang) und Kritiker.

W: Abdallah, E. 1795; Peter Lebrecht, E. 1795; Geschichte des Herrn William Lovell, R. III 1795f. (n. II 1813, 1961); Ritter Blaubart, Msp. 1797; Der gestiefelte Kater, Msp. 1797; Herzensergießungen eines kunstliebenden Klosterbruders, 1797 (m. W. Wackenro-

der, n. 1948); Volksmärchen, hg. III 1797 (enth. u. a. Der blonde Eckbert); Die sieben Weiber des Blaubart, E. 1797; Alla-Moddin, Sch. 1798; Almansur, Idyll 1798; Franz Sternbalds Wanderungen, R. II 1798 (n. 1966); Der Abschied, Tr. 1798; Prinz Zerbino, Msp. 1799; Romantische Dichtungen, II 1799/1800 (enth. u. a. Leben und Tod der heiligen Genoveva, Tr.); Cervantes: Don Quixote, Übs. IV 1799–1800; Minnelieder aus dem Schwäbischen Zeitalter, neu bearb. u. hg. 1803 (n. 1966); Kaiser Octavianus, Lsp. 1804; Alt-Englisches Theater, Übs. II 1811; Phantasus, M., En., Drr. u. Nn. III 1812–16; Deutsches Theater, hg. II 1817; Gedichte, III 1821–23 (vollst. 1841, n. 1967); Novellen, VII 1823–28; Der Aufruhr in den Cevennen, N. 1826; Der junge Tischlermeister, N. II 1836; Vittoria Accorombona, R. II 1840 (n. 1973). – Sämmtl. Schriften, XII 1799; Schriften, XXVIII 1828–54 (n. 1966f.), XII 1985ff.; Ausw. G. L. Klee III 1892; E. Berend VI 1908; H. Kasack u. A. Mohrhenn II 1943; M. Thalmann IV 1963–66; Kritische Schriften, IV 1848–52 (n. 1974); Nachgelassene Schriften, hg. R. Köpke II 1855 (n. 1974); Briefwechsel mit F. A. Brockhaus, hg. H. Lüdeke, 1928, mit den Brüdern Schlegel, hg. ders. 1930, E. Lohner, 1972; m. Solger, hg. P. Matenko, N. Y. 1933; m. S. Tieck, hg. E. H. Zeydel u. a. ²1967.

L: R. Köpke, 1855, n. 1970; J. Budde, Z. romant. Ironie b. T., 1907; M. Thalmann, Probleme d. Dämonie in T.s Schriften, 1919, n. 1978; E. Görke, D. junge T. u. d. Aufklärung, 1926, n. 1967; E. H. Zeydel, T. and England, 1931; R. Lieske, T.s Abwendung von der Romantik, 1933, n. 1967; ders., 1936; E. H. Zeydel, Princeton 1935, n. 1971; R. Minder, Paris 1936; J. Körner, Krisenjahre der Frühromantik, III 1936–1958; M. Thalmann, 1955 u. 1960; J. Hienger, Romantik u. Realismus; Spätwk. L. T.s, Diss. Köln 1955; J. Heinichen, D. späte Nov.wk T.s, Diss. Hdlbg. 1963; J. Trainer, Haag 1964; Ch. Gneuss, D. späte T. als Zeitkritiker, 1971; T. (üb. s. Dichtgn.), hg. U. Schweikert III 1971; R. Stamm, T.s späte Novn., 1973; Ch. Franke, 1974; J. Lambert, L. T. dans les lettres franç., Louvain 1976; W. Segebrecht, hg. 1976; J. P. Kern, 1977; E. Ribbat, 1978; W. J. Lillyman, Reality's dark dream, 1979; K. Günzel, König d. Romantik, 1981; I. Kreuzer, Märchenform u. indiv. Gesch.; 1983; P. Wesollek, D. Weltumsegler s. Inneren, 1984; R. Paulin, Oxf. 1985; ders., 1987.

Tiedge, Christoph August, 14. 12. 1752 Gardelegen/Altmark – 8. 3. 1841 Dresden; Sohn e. Rektors; Gymnas. Magdeburg; Stud. Jura Halle; 1776 Hauslehrer in Ellrich; zog 1784 nach Halberstadt zu s. Freund Gleim; 1792–99 Erzieher und Privatsekretär des Domherrn von Stedern auf Schloß Reinstadt b. Quedlinburg; Reisebegleiter der Gräfin Elisa von der Recke, mit der er 1819 nach Dresden zog. – Lehrdichter und Lyriker des dt. Klassizismus, auch Vf. von Episteln. Berühmt s. vielgelesenes, von Schiller und Kant beeinflußtes, rationalist. Lehrgedicht ›Urania‹. Einige volkstüml. Gedichte gerieten bald in Vergessenheit.

W: Die Einsamkeit, G. 1792; Episteln, 1796; Urania über Gott, Unsterblichkeit und Freiheit, G. 1801; Elegien und vermischte Gedichte, II 1803–07; Das Echo oder Alexis und Ida, G. 1812. – Werke, hg. A. G. Eberhard VIII 1823–29, X 1823–33; Leben u. poet. Nachlaß, hg. K. Falkenstein IV 1841.
L: R. Kern, Diss. Gött. 1895; H. Schwabe, Diss. Lpz. 1923.

Tiefborer, Immanuel → Gumppenberg, Hanns von

Tiger, Theobald → Tucholsky, Kurt

Till Eulenspiegel → Eulenspiegel, Till

Timm, Uwe (Hans Heinz), ★ 30. 3. 1940 Hamburg; Kürschnerssohn, Kürschner, Stud. Philos. und Germanistik München und Paris, 1971 Dr. phil., dann Soziologie und Volkswirtschaft; freier Schriftsteller in München, Mithrsg. der ›Literar. Hefte‹ und der Autoren-Edition. – Anfangs polit. Lyriker, dann realist. Romane aus Studentenbewegung und dt. Kolonialzeit. Hörspiel, Kinderbuch.

W: Widersprüche, G. 1971; Heißer Sommer, R. 1974; Wolfenbüttelstraße 53, G. 1977; Morenga, R. 1978; Kerbels Flucht, R. 1980; Der Mann auf dem Hochrad, E. 1984; Der Schlangenbaum, R. 1986.

Tinzmann, Julius, 4. 4. 1907 Berlin – 20. 4. 1982 ebda.; 1923/24 Schüler von P. Klee und L. Mo-

holy-Nagy am Dessauer Bauhaus, dann Maler, später versch. Berufe, im 3. Reich Kameramann; seit Kriegsende freier Schriftsteller in Berlin. – Vf. zahlr. Hör- und Fernsehspiele um gängige Zeitthemen; bekannt durch s. Roman-Trilogie ›Das Klavier‹ um das Schicksal e. ehemals ostdt. Familie.

W: Ein schöner Tag, FSsp. (1961); Das Klavier: I: Ich bin ein Preuße, R. 1968; II: Deutschland, Deutschland, R. 1968; III: Die Fahne hoch, R. 1969.

Titurel, Jüngerer → Albrecht von Scharfenberg

Titz (Titius), Johann Peter, 10. 1. 1619 Liegnitz/Schles. – 7. 9. 1689 Danzig; Gymnas. Breslau und Danzig; 1639–44 Stud. Jura Rostock und Königsberg; zog 1645 nach Danzig; 1648 Konrektor am Mariengymnasium ebda.; 1652 Prof. für Eloquenz, später auch für Poesie. – Barocklyriker und Erzähler in der Nachfolge von Opitz.

W: Zwey Bücher Von der Kunst Hochdeutsche Verse und Lieder zu machen, Abh. 1642 (n. 1969); Lucrezia, Ep. 1643; Leben auß dem Tode oder Grabes Heyrath zwischen Gaurin und Rhoden, E. 1644; Poetisches Frauenzimmer, G. 1647. – Deutsche Gedichte, hg. L. H. Fischer 1887.

Tkaczyk, Wilhelm, 27. 2. 1907 Hindenburg/Oberschles. – 2. 12. 1982 Ost-Berlin; Fabrik- und Gelegenheitsarbeiter, 1926 KP-Mitgl., versch. Berufe, nach 1933 kurz in Haft, 1939 Soldat, Kriegsgefangenschaft, 1946 Ost-Berlin, bis 1972 Bibliothekar beim Kulturbund der DDR. – Arbeiterlyriker mit iron.-satir. Versen sozialist. Hoffnung.

W: Fabriken – Gruben, G. 1932; Wir bauen uns eigne Himmelwiesen, G. 1958; Auf dieser Erde, G. 1963; Regenbogenbaldachin, G. 1969; Der Tag ist groß, G. 1972; Lastkahn mit bunter Fracht, G. 1977; Meine Wolken sind irdisch, G. 1981; Rundflüge im Abendrot, G. 1983.

Tlučhoř, Alois → Sonnleitner, A. Th.

Törne, Volker von, 14. 3. 1934 Quedlinburg – 30. 12. 1980 Münster; Stud. Sozialwiss., 3 Jahre Bauarbeiter, dann Werbeleiter der Aktion Sühnezeichen in Berlin. – Stilist. u. themat. in der Nachfolge Brechts stehender Zeitkritiker. Zentralthema s. meist moritatenhaften, sprachl. bewußt einfachen Gedichte und Lieder sind die Fragwürdigkeit der geltenden Werte und der Protest gegen Krieg und Militarismus.

W: Fersengeld, G. 1962; Nachrichten über den Leviathan, G. u. Prosa, 1964; Die Dummheit liefert uns ans Messer, G. 1967 (m. Ch. Meckel); Wolfspelz, G. 1968; Kopfüberhals, G. 1979; Im Lande Vogelfrei, Ges. G. 1981.

Törring, Josef August Graf von, 1. 12. 1753 München – 9. 4. 1826 ebda.; Stud. Jura Ingolstadt; 1773 Hofkammerrat; 1779–85 Oberlandesreg.-Rat; 1799–1801 Präsident der Landesdirektion; 1817 Präsident des Staatsrats. – Hauptvertreter des Ritterdramas in Bayern.

W: Agnes Bernauerin, Tr. 1780 (n. DNL 138, 1891); Kaspar der Thorringer, Dr. 1785.

Toller, Ernst, 1. 12. 1893 Samotschin b. Bromberg – 22. 5. 1939 New York; Kaufmannssohn, Stud. Jura Grenoble, Kriegsfreiwilliger im 1. Weltkrieg, nach schwerer Verwundung 1916 entlassen, Fortsetzung des Studiums in München und Heidelberg. 1918 Teilnahme am Streik der Munitionsarbeiter in München, 1918 Vorstandsmitgl. des Zentralrats der Arbeiter-, Bauern- und Soldatenräte Bayerns. Als Beteiligter an der Bayr. Räterepublik 1919

durch das Standgericht zu 5 Jahren Festungshaft in Niederschönenfeld verurteilt. 1933 Emigration über Schweiz, Frankreich (1935) und England (1936) nach USA. Lebte dort in schweren Verhältnissen; Selbstmord in Depression. – Expressionist. Dramatiker von revolutionärem Pathos, Hauptvertreter des in den 20er Jahren aufsehenerregenden aktivist. Dramas mit radikalsozialistischer Tendenz. Schrieb anklagende Antikriegsstücke und grelle, aufrüttelnde Zeitstücke in intellektuell strafferer Sprache, bes. gegen die Unterdrückung des Menschen durch die Maschine; Ringen um e. neue, gerechtere und menschlichere Sozialordnung, Einsicht in die menschl. Mängel der Revolution. Später Beruhigung zu Läuterung, Geduld und Opferwillen. Auch Lyriker und Erzähler.

W: Die Wandlung, Dr. 1919; Der Tag des Proletariats, Chorwerk 1921; Masse Mensch, Dr. 1921; Gedichte der Gefangenen, 1921; Die Maschinenstürmer, Dr. 1922; Der deutsche Hinkemann, Dr. 1923 (u. d. T. Hinkemann, 1924); Der entfesselte Wotan, K. 1923; Das Schwalbenbuch, G. 1924; Justiz, Aut. 1927 (n. 1979); Hoppla, wir leben!, Dr. 1927; Feuer aus den Kesseln, Dr. 1930; Quer durch, Reiseb. 1930 (n. 1981); Eine Jugend in Deutschland, Aut. 1933; Briefe aus dem Gefängnis, 1935; Pastor Hall, Dr. 1939. – Ausgew. Schriften, 1959; Prosa, Briefe, Dramen, Gedichte, 1961; GW, V 1978.

L: F. Droop, 1922; P. Signer, 1924; H. Liebermann, 1939; W. A. Willibrand, Norman/Oklah. 1941 u. Iowa 1946; W. Malzacher, Diss. Wien 1960; T. Bütow, D. Konflikt zw. Revolution u. Pazifismus, 1975; C. ter Haar, 1977; R. Eichenlaub, Paris II 1977; M. Pittock, Boston 1979; W. Frühwald, J. Spalek, D. Fall T., 1979; J. Hermand, hg. 1981; W. Rothe, 1983; A. Lixl, E. T. u. d. Weim. Republik, 1986; R. Dove, Revolutionary Socialism in the Work of E. T., 1986; Bibl.: J. M. Spalek, Charlottesville, Va. 1968.

Torberg, Friedrich (eig. Friedrich Kantor-Berg), 16. 9. 1908 Wien – 10. 11. 1979 ebda.; wohnte bis 1924 ebda.; Stud. Philos. Prag; emigrierte 1938 in die Schweiz, wohnte in Zürich und Paris; 1939 Freiwilliger der tschechoslowak. Armee in Frankreich; 1940 Flucht über Spanien und Portugal nach Amerika; zuerst in Los Angeles, 1944 in New York; 1951 Rückkehr nach Wien. Prof. h. c. 1954–65 Hrsg. der österr. Monatsschrift ›Forum‹. – Österr. Erzähler und Lyriker. Behandelt in s. Romanen und Novellen meist zeitnahe Fragen: Macht, Diktatur und Gewissen. Anlehnung an M. Brod, sprachlich an K. Kraus, in der Lyrik an Rilke. Übs. von E. Kishon.

W: Der ewige Refrain, G. 1929; Der Schüler Gerber hat absolviert, R. 1930 (Neubearb. 1954); ... und glauben, es wäre die Liebe, R. 1932; Die Mannschaft, R. 1935 (n. 1968); Abschied, R. 1937; Mein ist die Rache, E. 1943; Hier bin ich, mein Vater, R. 1948; Die zweite Begegnung, R. 1950; Lebenslied, G. 1958; Pamphlete, Parodien und Post Scripta, 1964; Das 5. Rad am Thespiskarren, Krit. II 1966f.; Golems Wiederkehr, En. 1968; Süßkind von Trimberg, R. 1972; Die Tante Jolesch, En. 1975; Die Erben der Tante Jolesch, En. 1978; A propos, Ess. 1981; In diesem Sinne, Br. 1981; Kaffeehaus ·ist überall, Briefw. 1982; Pegasus im Joch, Briefw. 1983; Auch das war Wien, R. 1984; Der letzte Ritt des Jockeys Matteo, N. 1985; Auch Nichtraucher müssen sterben, Feuill. 1986. – GW, XIV 1962–82; Briefw. m. A. Mahler-Werfel, 1987.
L: J. Strelka, hg. 1978; F.-H. Hackel, Z. Sprachkunst F. T.s, 1984.

Tornius, Valerian, 22. 3. 1883 Rybinsk/Gouv. Jaroslavl – 19. 7. 1970 Leipzig; Arztsohn; Gymnas. Riga, Stud. Germanistik, Philos., Gesch. Leipzig; 1909 Dr. phil., freier Schriftsteller ebda. – Vf. populärer, einfühlsamer hist. u. kulturhist. Romane, Biographien u. Essays, meist als Resultate s. Goethe-Forschungen aus dem dt. 18. Jh. Übs. von Gogol, Turgenev, Gor'ki.

W: Goethe als Dramaturg, Es. 1909; Die Empfindsamen in Darmstadt, Ess. 1910; Der goldene Christus, R. 1912; Salons, Ess. II 1913; Abenteurer, B.n 1919; Elisa, R. 1925; Der Bund mit Schiller, St. 1927; Zwischen Hell und Dunkel, R. 1934; Deutsches Rokoko, Abh. 1935; Iwan der Schreckliche und seine Frauen, R. 1937; Goethe, B. 1949; Chiemsee-Sonette, R. 1957; Wolfgang Amadé, R. 1957; Baltisches Nocturno, En. 1962; Musik – mein Leben, En. 1962.

Torsi, Tristan → Goll, Yvan

Tovote, Heinz, 12. 4. 1864 Hannover – 14. 2. 1946 Berlin; Sohn e. Rentners; Stud. Philos., Lit. und neue Sprachen Göttingen, München und Berlin; ab 1890 Schriftsteller, meist in Berlin-Schöneberg. – Erzähler nach Vorbild Maupassants, dessen Niveau er aber nicht erreichte. S. Romane und Novellen behandeln meist erot. Themen aus der dekadenten Berliner Gesellschaft mit sozialer Tendenz.

W: Im Liebesrausch, R. 1890; Fallobst, R. 1890; Frühlingssturm, R. 1891; Ich, Nn. 1892; Mutter, R. 1892; Heimliche Liebe, Nn. 1893; Das Ende vom Liede, R. 1894; Heißes Blut, Nn. 1895; Abschied, Nn. 1898 (u. d. T. Die rote Laterne, 1900); Frau Agna, R. 1901; Klein Inge, Nn. 1905; Nicht doch! ..., Nn. 1908; Lockvögelchen, Nn. 1910; Durchs Ziel, R. 1914; Aus einer deutschen Festung im Kriege, Aut. 1915; Die Scheu vor der Liebe, R. 1921; Um Eveline, R. 1924.

Trakl, Georg, 3. 2. 1887 Salzburg – 4. 11. 1914 Krakau; Sohn e. Eisenhändlers, kunstliebendes, doch unlit. Elternhaus, daher früher Anschluß an die gleichgeartete Schwester Margarethe. Gymnas. Salzburg (bis 7. Klasse), 3 Jahre Pharmaziepraktikant in Salzburg, 1908–10 Stud. Pharmazie Wien, seither an Drogengenuß gewöhnt, später süchtig. Wurde Militärapotheker, 1912 im Garnisonsspital Innsbruck, Bekanntschaft mit L. v. Ficker, Hrsg. des ›Brenner‹, in dem T.s frühe Lyrik erschien, mit K. Kraus und A. Loos. Rastlos, menschenscheu und unfähig zu e. geordneten bürgerl. Dasein, floh er vor versch. Arbeitsstellen. 1914 am Sterbelager s. Schwester in Berlin; Bekanntschaft mit E. Lasker-Schüler. 1914 Sanitätsleutnant in Galizien. Durch die Grauen der Schlacht von Grodek an den Rand des Wahnsinns getrieben, zur Beobachtung ins Garnisonsspital Krakau gesandt, wo er an e. Überdosis von Drogen starb (Selbstmord?). – Bedeutender österr. Lyriker des Frühexpressionismus von eigenwilliger, schwer zugängl. Sprach- und Bilderwelt in kalten, dunklen Farben; nach spätimpressionist. Anfängen unter Einfluß des franz. Symbolismus (Baudelaire, Rimbaud, Verlaine). Verkündet in düsteren Visionen, prophet. Bildern aus e. Traumwirklichkeit und weichen, musikal. Versen das kommende Chaos s. untergangsreifen, unheilschwangeren Zeit in Tönen klagender Sehnsucht, tiefer Trauer, Schwermut und Resignation. Themen sind die Dämonie des Lebens, das Böse, Schuld, Leid, Vergänglichkeit, Tod und Auflösung. Anfangs subjektive, gereimte Bekenntnislyrik, dann ›absolute‹, freirhythmische Hymnik mit Lockerung des log.-syntakt. Gefüges bis zu beliebiger Austauschbarkeit der Bilder. Großer Einfluß auf die expressionist. Lyrik und die dt. Lyrik nach 1945.

W: Gedichte, 1913; Sebastian im Traum, G. 1915; Die Dichtungen, hg. K. Roeck 1919; Der Herbst des Einsamen, G. 1920; Gesang der Abgeschiedenen, G. 1933; Aus goldenem Kelch, Jugenddichtungen, hg. E. Buschbeck 1939; Die Dichtungen, hg. K. Horwitz 1945; Offenbarung und Untergang, Prosadicht. 1947. – GW, hg. W. Schneditz III 1948 ff.; Dichtgn. u. Briefe, hkA. hg. W. Killy u. H. Szklenar II 1969.
L: E. Buschbeck, 1917; E. Vietta, 1947; E. Lachmann, Kreuz u. Abend, 1954; T. Spoerri, 1954; A. Focke, 1955; K. Simon, Traum und Orpheus, 1957; H. Goldmann, Katabasis, 1957; Erinnerung an G. T., hg. L. v. Ficker, ²1959; L. Dietz, D. lyr. Form G. T.s 1959; H. Szklenar, 1960; G. T. in Zeugnissen d. Freunde, hg. W. Schneditz, ²1960; W.

Falk, Leid u. Verwandlung, 1961; E. G. Bleisch, 1964; T. J. Casey, Manshape that shone, Oxf. 1964; O. Basil, 1965; W. Killy, ³1967; R. Blaß, 1968; H.-G. Kemper, G. T.s Entwürfe, 1969; R. D. Schier, D. Spr. G. T.s 1970; A. Hellmich, Klang u. Erlösg., 1971; R. Rovini, La fonction poétique de l'image dans l'œuvre de G. T., Nizza 1971; E. Philipp, 1971; H. Lindenberger, N. Y. 1971; H. Wetzel, Klang u. Bild, ³1972; J.-M. Palmier, Situation de G. T., Paris 1972; Ch. Saas, 1974; A. Finck, Lille 1974; H. Gumtau, 1975; E. Bolli, G. T.s dunkler Wohllaut, 1978; H. Esselborn, 1981; F. M. Sharp, The poet's madness, Ithaca 1981; F. Fühmann, ²1982; K. Pfisterer-Burger, Zeichen u. Sterne, 1983; R. Detsch, G. T.s poetry, Univ. Park 1983; J. Zuberbühler, Der Tränen nächtige Bilder, 1984; G. Kleefeld, D. Gedicht als Sühne, 1985; H. L. Arnold, hg. ⁴1985; E. Leiva-Merikakis, G. T.s Poetry of Atonement, 1987; Bibl.: W. Ritzer, 1956; ders., 1983; H.-G. Kemper, 1987.

Tralow, Johannes (Ps. Hanns Low), 2. 8. 1882 Lübeck – 27. 2. 1968 Ost-Berlin. Kaufmänn. Lehre; Reisen nach Ägypten und in den Nahen Osten; Chefredakteur des ›Lübecker Tageblatts‹; Direktor eines Theaterverlags in Berlin; Regisseur ebda., in Nürnberg, Köln, Frankfurt/M. und Hamburg; 1933 freier Schriftsteller in Gauting b. München, zuletzt in Ost-Berlin. 1951–60 Präsident des dt. PEN-Zentrums Ost u. West. – Vf. klassizist. hist. Versdramen und wiss. unterbauter hist. Romane; unter Ps. Kriminal- u. farbige Abenteuerromane.

W: Das Gastmahl zu Pavia, Dr. 1910; Peter Fehrs Modelle, Sch. 1912; Die Mutter, Dr. (1914); König Neuhoff, R. 1929; Gewalt aus der Erde, R. 1933 (u. d. T. Cromwell, 1947); Flibustier vor Verakruz, R. 1937 (u. d. T. Wind um Tortuga, 1948); Roxelane, R. 1944; Irene von Trapezunt, R. 1947; Boykott, R. 1950 (u. d. T. Das Mädchen von den grünen Insel, 1960); Malchatun, R. 1952; Aufstand der Männer, R. 1953; Der Eunuch, R. 1956; Der Beginn, En. u. Drr. 1958; Kepler und der Kaiser, R. 1961; Mohammed, R. 1967.
L: J. T., hg. H. Stötzer 1968 (m. Bibl.).

Tramin, Peter von (eig. Peter Tschugguel), 9. 5. 1932 Wien – 14. 7. 1981 ebda.; Stud. Jura u. Wirtschaftswiss.; Bankkaufmann in Wien. – Vf. surrealist., witzig-grotesker Erzählungen von oft makabrem Humor. In s. an der stilist. u. formalen Präzision von Doderers Dialog- u. Handlungsführung orientierten Romanen krit. Beobachter der Wiener Nachkriegsszene u. phantasievoller Wanderer zwischen den Zeiten.

W: Die Herren Söhne, R. 1963; Die Tür im Fenster, R. 1967; Bürgerrecht, H. (1969); Taschen voller Geld, En. 1971.

Tranchirer, Raoul → Wolf, Ror

Traun, Julius von der (eig. Alexander Julius Schindler); 26. 9. 1818 Wien – 16. 3. 1885 ebda., Stud. Philos., dann Chemie u. Mathematik ebda. Chemiker in Steyr, dann Stud. Jura; 1850–54 im Staatsdienst, 1861 Reichsratsabgeordneter in Wien; ab 1870 bis zu s. Tod abwechselnd ebda. u. Leopoldskron b. Salzburg. – Vf. volksnaher, patriot., epigonal-romant. Gedichte u. Lieder, deren schlichter Ton auch in s. Versepen wiederkehrt. Vertreter e. geistigpolit., zuweilen anti-konfessionellen Liberalismus.

W: Theophrastus Paracelsus, Dr. 1858; Gedichte, II 1871; Salomon, König von Ungarn, Ep. 1873; Toledaner Klingen, G. 1876; Die Äbtissin von Buchau, Nn. 1877; Der Schelm von Bergen, N. 1879; Goldschmiedkinder, R. 1880; Der Liebe Müh' umsonst, Nn. 1884; Oberst Lumpus, R. 1888.

L: F. Kostjak, 1928; S. Haider, Diss. Wien 1951.

Traven, Bruno (Ps., auch Traven Torsvan, Hal Croves), 1882 (?) – 26. 3. 1969 Mexico City; Kindheit u. Jugend unbekannt; wahrscheinl. identisch mit dem 1907–15 als Regisseur u. Schauspieler an dt. Bühnen, dann als revolutionärer Publizist tätigen Ret Marut (Ps. für Richard Maurhut?); ab 1917 Hrsg. der Zs. ›Der Ziegelbrenner‹; 1919 wegen Beteiligung an der Münchener Räterepublik verhaftet; Flucht nach Mexiko; dort ab 1923 in versch. Berufen; 1951 als Hal Croves eingebürgert; lebte bis zu s. Tod in Mexico City. – Vielbeachteter exot. Erzähler, dessen urspr. dt. geschriebene, abenteuerl.-sozialkrit. Romane und Erzählungen sehr anschaulich und in einfacher, sachlicher Sprache das Leben der einfachen Menschen in Lateinamerika innerhalb ihrer oft trostlosen und grausamen Umgebung schildern. Soziale Anklage gegen Unterdrückung und Ausbeutung.

W: Das Totenschiff, R. 1926; Der Schatz der Sierra Madre, R. 1927; Die Baumwollpflükker, R. 1928; Land des Frühlings, Reiseb. 1928; Der Busch, En. 1928 (u. d. T. Der Banditendoktor, 1958); Die Brücke im Dschungel, R. 1929; Die weiße Rose, R. 1929; Regierung, R. 1931; Der Karren, R. 1932 (erw. Neubearb. u. d. T. Die Carreta, 1953); Der Marsch ins Reich der Caoba, R. 1933; Sonnen-Schöpfung, Leg. 1936; Die Rebellion der Gehenkten, R. 1936; Die Troza, R. 1936; Ein General kommt aus dem Dschungel, R. 1940; Macario, Leg. 1950; Der dritte Gast, En. 1958; Aslan Norval, R. 1960; Khundar, Leg. 1963. – Erzählungen, hg. W. Sellhorn II 1968; Werkausg., XVIII 1977–82.

L: R. Recknagel, 1966 (erw. 1971; m. Bibl.); ders. 1977 bzw. 1983; M. Baumann, New Mexiko 1976; J. Stone, Los Altos 1977; G. Heidemann, Postlagernd Tampico, 1977; W. Wyatt, Lond. 1980, dt. 1982; F. Hetmann, 1983; K. S. Guthke, 1984; W. Pogorzelski, Aufklärg. i. Spätwerk B. T.s, 1985; E. Schürer, P. Jenkins, hg. Lond. 1986.

Trebitsch, Siegfried, 21. 12. 1869 Wien – 3. 6. 1956 Zürich; Sohn e. Großindustriellen; Offizier; weite Reisen; freier Schriftsteller in London, seit 1940 in Zürich. – Erzähler und Dramatiker, schrieb vor allem Unterhaltungslit.; bekannt durch s. Übs. der Dramen G. B. Shaws (XII 1946–48).

W: Genesung, R. 1902; Weltuntergang, N. 1903; Das Haus am Abhang, R. 1906; Ein letzter Wille, Sch. 1907; Ein Muttersohn, Dr. 1911; Der Tod und die Liebe, N. 1913; Die Last des Blutes, N. 1921; Das Land der Treue, Sch. 1926; Mord im Nebel, R. 1931; Die

Rache ist mein, En. 1934; Heimkehr zum Ich, R. 1936; Der Verjüngte, R. 1937; Aus verschütteten Tiefen, G. 1947; Die Frau ohne Dienstag, E. 1948; Die Heimkehr des Diomedes, R. 1949; Chronik eines Lebens, Aut. 1951.
L: A. Trebitsch, 1914.

Treitzsauerwein, Max → Maximilian I.

Trenker, Luis, * 4. 10. 1892 St. Ulrich/Südtirol; Stud. Architektur TH Wien; Architekt, dann Bergführer, Schauspieler, ab 1931 Filmregisseur und freier Schriftsteller, 1927–40 in Berlin, dann in Bozen-Gries und München. – Vf. erfolgr. abenteuerl. Romane, Erzählungen und realist. Lebensschilderungen aus der Bergwelt.
W: Berge in Flammen, R. 1931; Kameraden der Berge, Erinn. 1932 (erw. Neufassung 1971); Der Rebell, R. 1933; Der verlorene Sohn, R. 1934; Leuchtendes Land, R. 1937; Der Feuerteufel, R. 1940; Hauptmann Ladurner, R. 1940; Sterne über den Gipfeln, R. 1942; Heimat aus Gottes Hand, R. 1948; Duell in den Bergen, R. 1951; Glocken über den Bergen, R. 1952; Sonne über Sorasass, R. 1953; Schicksal am Matterhorn, R. 1957; Das Wunder von Oberammergau, R. 1960; Sohn ohne Heimat, R. 1960; Der Kaiser von Kalifornien, R. 1961; Mein Südtirol, Bb. 1965; Alles gut gegangen, Aut. 1965; Luis Trenker erzählt aus seinem Leben, 1972; Vom Glück eines langen Lebens, Aut. 1973; Sperrfort Rocca Alta, Erinn. 1977; Mutig und heiter durchs Leben, En. 1982.

Trentini, Albert von, 10. 10. 1878 Bozen – 18. 10. 1933 Wien; aus alter Adelsfamilie Südtirols; Stud. Jura Wien; Dr. jur.; im österr. Verwaltungsdienst, zuletzt Sektionschef im Innenministerium in Wien. – Neuromant. österr. Erzähler und Dramatiker um Themen wie Grenzlanddeutschtum, Liebe und (bes. im Spätwerk) Religion.
W: Der große Frühling, R. 1908; Comtesse Tralala, R. 1911; Lobesamgasse 13, R. 1911; Der letzte Sommer, R. 1913; Candida, R. 1916; Unser Geist, R. 1916; Ehetag, R. 1920; Goethe. Der Roman von seiner Erweckung, II 1922; Das Paradies, Tr. 1924; Die Geburt

des Lebens, R. 1924; Flucht ins Dunkle, E. 1926; Der Webstuhl, R. 1927. – GW, III 1927 f.

Tressel, Joseph Matthias → Thrasolt, Ernst

Trimberg → Süßkind von Trimberg, → Hugo von Trimberg

Trimm, Thomas → Welk, Ehm

Trojan, Johannes, 14. 8. 1837 Danzig – 23. 11. 1915 Rostock; Kaufmannssohn; Stud. Medizin Göttingen und Germanistik Berlin und Bonn; Journalist; 1862–1909 Mitarbeiter am Berliner ›Kladderadatsch‹, 1886 dessen Chefredakteur; Freund H. Seidels; Prof. Dr. phil. h. c.; zuletzt in Rostock. – Gemütvoller, humorist. Erzähler und Lyriker. Vf. liebevoller Kinderlieder und Jugendschriften, von Memoiren sowie Werken über die dt. Pflanzenwelt, bes. die dt. Wälder.
W: Beschauliches, G. 1870; Gedichte, 1883; Scherzgedichte, 1883; Von drinnen und draußen, G. 1888; Von Strand und Heide, Sk. 1888; Für gewöhnliche Leute, G. u. Prosa 1893; Von einem zum andern, Ges. En. 1893; Hundert Kinderlieder, 1899; Auf der andern Seite, Sk. 1902; Berliner Bilder, Sk. 1903; Erinnerungen, 1912.

Troll, Thaddäus (eig. Hans Bayer), 18. 3. 1914 Stuttgart – 5. 7. 1980 ebda. (Freitod). Gymnas. ebda.; 1932–38 Stud. Germanistik, Theater-, Kunstgesch. u. Zt.-Wiss. Tübingen, München, Leipzig; Dr. phil.; 1938–45 Wehrdienst, dann Redakteur u. Journalist; seit 1948 freier Schriftsteller in Stuttgart. – Humorist, Theaterkritiker u. Feuilletonist; Vf. gemütvoller, humorist.-zeitkrit. Romane, Aufsätze u. heiter-iron. Betrachtungen über das Menschlich-Allzumenschliche.
W: Kleiner Auto-Knigge, En. 1954; Theater von hinten, Aphor. 1955; Sehnsucht nach

Nebudistan, R. 1956; Herrliche Aussichten, R. 1959; Reise ins Abenteuer, En. 1960; Auf ewig Dein, Sat. 1961 (u. d. T. Liebste Emilie, 1985); Hilfe – die Eltern kommen!, R. 1964; Warum Theater?, Aufs. 1967; Deutschland deine Schwaben, Ber. 1968; Preisend mit viel schönen Reden, Ber. 1972; Kapuzinerpredigten, Ess. 1972; Kleine Lesereise, Ess. 1972; Warum die Schwaben anders sind, Abh. 1974; Wie man ein böß alt Weib wird, ohne seine Tugend zu verlieren, Sat. 1974; Fallobst, En. 1975; O Heimatland, G. 1976; Der Entaklemmer, K. 1976 (n. Molière); Der himmlische Computer, En. 1978; Der Tafelspitz, E. 1979; Das große T. T.-Lesebuch, 1981.

Truchseß von St. Gallen → Ulrich von Singenberg

Tscherning, Andreas, 18. 11. 1611 Bunzlau – 27. 9. 1659 Rostock; Sohn e. Kürschnermeisters; flüchtete vor den Dragonern des Grafen Dohna 1630 nach Görlitz; Stud. seit 1635 Lit. in Rostock; Privatlehrer in Breslau; 1644 Prof. der Poesie in Rostock. – Barocklyriker in Nachfolge s. Lehrers Opitz, auch Fabeldichter und Poetiker.

W: Deutsche und lateinische Gedichte, II 1634; Lob des Weingottes, G. 1634; Deutscher Getichte Früling, G. 1642; Schediasmatum Liber Unus, G. 1644; Vortrab Des Sommers Deutscher Gedichte, G. 1655; Unvorgreiffliches Bedencken über etliche mißbräuche in der deutschen Schreib- und Sprachkunst, insonderheit der edlen Poeterey, Schr. 1659.
L: H. H. Borcherdt, 1912.

Tucholsky, Kurt (Ps. Kaspar Hauser, Peter Panter, Theobald Tiger, Ignaz Wrobel), 9. 1. 1890 Berlin – 21. 12. 1935 Hindås b. Göteborg/Schweden. Kaufmannssohn, Gymnas. Berlin; Stud. Jura Berlin, Jena, Genf. Seit 1913 Mitarbeiter der ›Schaubühne‹ (später ›Weltbühne‹); im 1. Weltkrieg im Schipper-Bataillon. 1923 kurz Bankvolontär in Berlin. 1924 Korrespondent in Paris. 1926 nach S. Jacobsohns Tod Hrsg. der ›Weltbühne‹, Mitarbei-

ter von C. v. Ossietzky. 1929 Emigration nach Schweden. 1933 Ausbürgerung und Bücherverbrennung in Dtl. Beging aus Verzweiflung über die Erfolge der Nazis Selbstmord. – Humorvoller und geistreich-iron. Moralist und Zeitkritiker der Weimarer Republik, Vertreter e. linksorientierten, pazifist. Humanismus im Kampf gegen jede Art von Spießertum, Reaktion, bürgerl. Lethargie, Justiz, Militarismus und Nationalismus u. schärfster Polemiker gegen den Nationalsozialismus. Typisch Berliner Humor mit aggressiven, treffsicheren Pointen, in satir.-kabarettist. Kleinlyrik, Chansons, Szenen und satir. Prosa mit bes. Vorliebe für Wortwitze in der Umgangssprache (Nähe zu Heine). Erzähler von liebenswürdigem Humor, Idylliker, Feuilletonist und Kritiker.

W: Rheinsberg. Ein Bilderbuch für Verliebte, E. 1912; Der Zeitsparer, Grotesken 1914; Fromme Gesänge, 1919; Träumereien an preuß. Kaminen, 1920; Ein Pyrenäenbuch, Reiseb. 1927; Mit 5 PS, 1928; Das Lächeln der Mona Lisa, Feuill. 1929; Deutschland, Deutschland über alles, Polemik, 1929 (m. J. Heartfield, Faks. 1964, 1973); Schloß Gripsholm, R. 1931; Lerne lachen ohne zu weinen, 1931; Christoph Columbus, K. 1932 (m. W. Hasenclever). – AW, hg. F. J. Raddatz V 1956–58, II 1965; GW, hg. M. Gerold-T. u. F. J. Raddatz, III 1960 f., Ergänzungsbd. 1985; X 1975; Ausgew. Briefe 1913–1935, hg. ders. 1962; Briefe aus dem Schweigen, 1977; Die Q-Tagebücher, 1978; Briefe an Mary, 1982. L: K.-P. Schulz, 1959; F. J. Raddatz, Bb. 1961; K. Kleinschmidt, ²1964; H. L. Poor, N. Y. 1968; M. Doerfel, 1969; K. T., ²1976 (Text u. Kritik) G. Zwerenz, 1979; I. Ackermann, hg. 1981; H. Prescher, ²1982; B. P. Grenville, 1983; W. J. King, K. T. als polit. Publ., 1983; B. W. Wessling, 1985; A. Austermann, 1985; R. v. Soldenhoff, hg. 1985.

Tügel, Ludwig, 16. 9. 1889 Hamburg – 25. 1. 1972 Ludwigsburg; Sohn e. Generaldirektors; Jugendjahre in Hamburg; 1907 Schiffbauerlehrling, dann Kaufmann, Zeichenlehrer u. a. Berufe;

nahm an beiden Weltkriegen teil, zuletzt als Hauptmann; 1937/38 Vortragsreisen durch Schweden, Norwegen, Finnland und die balt. Länder; seit 1928 freier Schriftsteller in Ludwigsburg. – Realist. Erzähler mit Neigung zum Magisch-Überwirklichen, Spukhaften, zum hintergründigen Geschehen im ›Zwischenreich‹. Starke Bindung an s. niederdeutsche Heimat. Stand anfangs stilist. dem Expressionismus nahe, später Anklänge an den erzähler. Ton W. Raabes.

W: Kolmar, E. 1921; Jürgen Wullenweber, E. 1926; Der Wiedergänger, R. 1929; Die Treue, E. 1932; Sankt Blehk oder Die große Veränderung, R. 1934; Pferdemusik, R. 1935; Frau Geske auf Trubernes, E. 1936; Lerke, E. 1937; Der Brook, E. 1938, Die Freundschaft, En. 1939; Der Kauz, E. 1942; Auf der Felsentreppe, En. 1948; Das alte Pulverfaß, En. 1948; Die Charoniade, R. 1950 (u. d. T. Auf dem Strom des Lebens, 1961); Die Dinge hinter den Dingen, En. 1959; Der Unfall, E. 1963 (zus. m. Die Treue u. d. T. Bodevar erzählt, 1964); Die See mit ihren langen Armen, En. 1965; Ein ewiges Feuer, R. 1973.
L: H. Stolte, 1964.

Tügel, Tetjus (eig. Otto T.), ⋆ 18. 11. 1892 Hamburg. Maler; lebte lange in Worpswede; jetzt in Oese b. Bremervörde. – Lyriker und Erzähler mit Novellen und Romanen bes. um Frauen- und bäuerl. Gestalten s. niederdt. Heimat.

W: Nicht nur wir, G. 1921; Erdensingsang, G. 1930; Lamm im Wolfspelz, R. 1941; Gold im Nebel, R. 1944; Daß ich so schlicht verbliebe, G. 1946; Ödlandfrauen, En. 1947; Der Teufel der schönen Frauen, Nn. 1949; Gedichte, 1949; Ein Herz kommt um, R. 1951; Ich gegen mich, R. 1954; Ungestüm und still geworden, G. 1965.

Türheim, Ulrich von → Ulrich von Türheim

Türlin → Heinrich u. → Ulrich von dem Türlin

Tüvari, Tessa → Ingrisch, Lotte

Tumler, Franz, ⋆ 16. 1. 1912 Gries b. Bozen; Sohn e. Gymnasialprof.; kam 1913 nach dem Tod s. Vaters in die Heimat der Mutter, nach Ried im Innkreis; Lehrerbildungsanstalt Linz; bis 1935 Lehrer in Landschulen, dann freier Schriftsteller in Hagenberg b. Pregarten; 1941–45 bei der dt. Marine in den Niederlanden, Frankreich und an der dt. Küste; seit s. Rückkehr in Altmünster/Oberösterr., Linz und Berlin. – Österr. Erzähler und Lyriker von behutsam gedämpftem Stil unter Einfluß Stifters. Zieht menschl. Probleme und Beziehungen äußerem Geschehen vor, führt aus dem Realen in e. stimmungsgetragene Überwirklichkeit. Dabei wird ihm auch das Kleine, Unbedeutende wichtig. Die in der Zeit der dt. Besetzung Österreichs entstandenen Schriften bejahten dieses Ereignis in völk. Sinne.

W: Das Tal von Lausa und Duron, E. 1935; Die Wanderung zum Strom, E. 1937; Der Ausführende, R. 1937; Im Jahre 38, En. 1939; Der Soldateneid, E. 1939; Der erste Tag, E. 1940; Anruf, G. 1941; Auf der Flucht, E. 1943; Landschaften des Heimgekehrten, G. 1948; Der alte Herr Lorenz, R. 1949; Heimfahrt, R. 1950; Das Hochzeitsbild, E. 1953; Ein Schloß in Österreich, R. 1953; Der Schritt hinüber, R. 1956; Der Mantel, E. 1959; Volterra. Wie entsteht Prosa?, 1962; Nachprüfung eines Abschieds, E. 1964; Aufschreibung aus Trient, R. 1965; Welche Sprache ich lernte, G. 1970; Das Land Südtirol, Ess. 1971; Sätze von der Donau, G. 1972; Pia Faller, E. 1973; Landschaften und Erzählungen, Ausw. 1974.
L: Arsenal, hg. P. Demetz u. a. 1977; W. Wiener, Diss. Salzb. 1980; Arunda, Fs. 1982; H. D. Zimmermann, hg. 1986.

Tuotilo (Tutilo), um 850 bei St. Gallen – 24. 4. 913 (?) St. Gallen, aus freiem Alemannengeschlecht, Presbyter, Schreiber, Bibliothekar und Magister im Kloster St. Gallen. Reisen im Auftrag des Klosters. Auch Künstler, Elfenbeinschnitzer, Architekt, Komponist und Musiker. – Vf. dt. und lat. Tropen in Prosa als Ausschmückung der Liturgie z. T. mit eigenen Melodien, vielleicht auch des berühmten Ostertropus ›Quem queritis‹, doch wohl kaum Erfinder des Tropus.

A: L. Gautier, Hist. de la poésie liturgique. Les tropes I, 1886; C. Blume, Analecta hymnica 49, 1906.
L: E. G. Rüsch, 1953.

Turek, Ludwig, 28. 8. 1898 Stendal – 9. 11. 1975 Ost-Berlin; Arbeitersohn, Schriftsetzerlehre, versch. Berufe. Im 1. Weltkrieg als Deserteur länger in Haft: KPD-Mitglied; 1930–32 in der Sowjetunion, 1933 Emigration nach Frankreich, ab 1940 in Dtl. am Widerstand beteiligt; lebte seit Kriegsende in Ost-Berlin. – Vf. sozialist.-agitator. Romane u. Reportagen, die in reißerischem Ton die Solidarität der Werktätigen gegen Faschismus und Kapitalismus beschwören.

W: Ein Prolet erzählt, Aut. 1930 (n. 1980); Die letzte Heuer, R. 1935; Klar zur Wende, Aut. 1947; Die Freunde, E. 1947; Anna Lubitzke, R. 1952; Mittelstürmer Werner Schwing, R. 1954; Palermo auf richtigem Kurs, E. 1955; Freund oder Feind?, En. 1956; Die Flucht des Grüngesichtigen, En. 1959; Ich war kein Duckmäuser, Kdb. 1965; Die Liebesfalle, En. 1970.

Turel, Adrien, 5. 6. 1890 Petersburg – 29. 6. 1957 Zürich; Sohn e. Prof. für franz. Sprache; Kindheit in der Schweiz, Gymnas. Berlin; Stud. Gesch. und Psychol. ebda. 1934 Rückkehr in die Schweiz; lebte bis zu s. Tod in Zürich. – Schweiz. Lyriker und Essayist, engagierter Anhänger e. Philos. des ›Ultratechnoikums‹, ausgelöst durch die techn.-atomare ›Weltrevolution‹ als epochale Wende im moral. Reifeprozeß menschl. Mündigwerdens und als moderne Verwirklichung des relig. Erbes der christl. Botschaft.

W: Es nahet gen den Tag, G. 1918; Selbsterlösung, Ess. 1919; Christi Weltleidenschaft, Dicht. 1924; Keinen Gott als nur die Menschheit! Ess. 1929; Die Eroberung des Jenseits, Es. 1930; Bachofen – Freud, St. 1938; Weltleidenschaft, G. 1940; Dein Werk soll deine Heimat sein, R. 1942; Vom Mantel der Welt, G. 1947; Von Altamira bis Bikini, Ess. 1949; Rußlands und Amerikas Wettlauf zur Eroberung des Jenseits, Es. 1950; Ergreif das Heute, G. 1954; Bilanz eines erfolglosen Lebens, Aut. 1956; Die dritte und letzte Stufe der Weltrevolution, Es. 1957; … und nichts fiel auf ein gutLand, Aufss. 1958; Bilanz II – Rechenschaftsbericht eines ewig Arbeitslosen, Aut. 1959; Die 12 Monate des Dr. Ludwig Stulter, R. 1959; Weltsaite Mensch, G. 1960; Heldentum und Ohnmacht des Bailli de Suffren, R. 1961.
L: H. Eberhardt, Experiment Übermensch, 1984.

Turner, Georg → Rehfisch, Hans José

Turrini, Peter, *26. 9. 1944 Maria Saal/Kärnten; Holzfäller, Stahl- u. Lagerarbeiter, Werbetexter u. Hotelsekretär in Italien; 1971 freier Schriftsteller in Wien. – Dem Grazer Kreis u. W. Bauer nahestehender Dramatiker der österr. Avantgarde; transponiert das herkömml. Volksstück, z. T. im Wiener Vorstadtidiom, in die mod. Konsumgesellschaft u. legt deren Gewaltstrukturen bloß. S. Hervorhebung von sozialer Intoleranz, offener Brutalität und Manipulation hat provozierende, pessimist., antiklerikale Züge. Lebensekel bei gleichzeitig überbetonter Sinnlichkeit, Aktion statt Reflexion und Charakteristika s. ungleichwertigen Dramen. Vergröbernde Bearbeitungen älterer Vorlagen. Seit 1974 vorwiegend Film und Fernsehspiel.

W: Zero, Zero, Dr. (1971); Sauschlachten, Dr. (1972); Erlebnisse in der Mundhöhle, R. 1972; Rozznjogd (Rattenjagd), Dr. 1973; Der tollste Tag, Dr. 1973 (n. Beaumarchais); Kindsmord, Dr. (1973); Die Wirtin, K. (1973, n. Goldoni); Der Dorfschullehrer, FSsp. 1974 (m. W. Pevny); Die Alpensaga, FSsp. III 1980 (m. W. Pevny); Josef und Maria, Dr. (1980); Ein paar Schritte zurück, G.

1980; Die Bürger, Dr. (1982); Es ist ein gutes Land, Rdn. 1986. – T.-Lesebuch, II 1978–83.

Tutilo → Tuotilo

Ude, Karl, * 14. 1. 1906 Düsseldorf; Stud. Philos., Germanistik, Theater-, Kunst- u. Musikgesch. Bonn, Marburg, München u. Paris; seit 1926 in München; seit 1946 Hrsg. der lit. Zs. ›Welt und Wort‹. – Erzähler und Essayist, Kulturkritiker u. Feuilletonist; am Stil des 19. Jh. orientierter Vf. heiterer Skizzen und sprachlich z. T. epigonaler Novellen.

W: Das Ringen um die Franziskus-Legende, N. 1932; Hier Quack!, R. 1933; Schelme und Hagestolze, En. 1940; Die Pferde auf Elsenhöhe, En. 1942; Die Rettung, E. 1943; Das Rollschuhlauf-Büchlein, Sk. 1948; Otto von Taube, F. 1964; Besondere Kennzeichen, B.n 1964; München leuchtete, Mon. 1979.

Überzwerch, Wendelin (eig. Karl Fuß), 25. 11. 1893 Memmingen/Allgäu – 5. 3. 1962 Wilhelmsdorf/Kr. Ravensburg; Stud. Theol. und Philos. Tübingen; Dr. phil.; Bibliothekar, dann freier Schriftsteller in Wilhelmsdorf/ Württ. – Humorvoller schwäb. Erzähler und Lyriker, z. T. im Dialekt; bekannt durch s. Schüttelreime.

W: Aus dem Ärmel geschüttelt, G. 1935; Reimchen, Reimchen, schüttle dich!, G. 1936; Ein seltsam Ding ist doch der Leib, En. 1939; Hundert Punkte, En. 1940; Der Rettichschwanz, G. 1940; Das Viergestirn, R. 1950; Uff guat schwäbisch, G. 1951; Mr ka' nia wissa, G. 1954; Einsteigen ... Türen schließen, G. 1955; Kosmisches Schaufenster, G. 1956; Gaisburger Marsch, G. u. Prosa 1962.

Uechtritz, Friedrich von (Ps. A. Fahne), 12. 9. 1800 Görlitz – 15. 2. 1875 ebda.; Stud. Jura Leipzig; 1828 Assessor in Trier und Düsseldorf; 1833 Oberlandesgerichtsrat; 1858 pensioniert. – Epigona-

ler hist. Dramatiker in Nachfolge von Schiller und Shakespeare und Erzähler relig. grübler. Romane.

W: Chrysostomus, Dr. 1823; Alexander und Darius, Tr. 1827; Rosamunde, Tr. 1834; Albrecht Holm, R. VII 1852f.; Der Bruder der Braut, R. III 1860; Eleazar, R. III 1867.
L: H. v. Sybel, 1884; W. Steitz, 1909; K. Meyer, 1911.

Uhland, Ludwig, 26. 4. 1787 Tübingen – 13. 11. 1862 ebda., Sohn e. Univ.-Sekretärs; 1801–08 Stud. Jura und Philol. Tübingen; Verkehr mit J. Kerner, K. Mayer, Varnhagen und Oehlenschläger; 1810 Dr. jur. 1810/11 Parisreise zu eingehendem Stud. altdt. und altfranz. Hss.; Bekanntschaft mit Chamisso und Koreff. 1811 Anwalt in Tübingen; Verkehr mit G. Schwab. 1812–14 provisor. Sekretär des Justizministeriums Stuttgart, nach freiwill. Ausscheiden 1814 wieder Anwalt in Stuttgart. 1819–39 liberaler Abgeordneter im württ. Landtag (1819ff. für Tübingen, 1826ff. für Stuttgart), aktiver Vertreter der Liberalen in den Verfassungskämpfen. 1820 ⚭ Emilie Vischer. 1829 ao. Prof. für dt. Sprache und Lit. Tübingen; gab 1833 s. Professur auf, als den oppositionellen Professoren die gleichzeitige Ausübung ihres Mandats von der Regierung untersagt wurde. Seit 1839 Privatgelehrter in Tübingen. 1848 liberaler Abgeordneter der Nationalversammlung in der Frankfurter Paulskirche, 1849 im Rumpfparlament in Stuttgart. – Bedeutendster Vertreter der schwäb. Spätromantik, mit biedermeierl. Zügen. Volkstüml., naturnaher, inniger Lyriker von feinem Klanggefühl mit meist sangbaren Gedichten um allg.-gültige, überpersönl. Empfindungen im Anschluß an das Volkslied (›Die Kapelle‹, ›Der gute Kamerad‹, ›Der Wirtin

Töchterlein‹). Zahlr. Vertonungen (Schubert, Schumann, Liszt, Brahms). Bedeutend als Romanzen- und Balladendichter von urwüchsiger, kräftiger und schlichter Sprache, plast. Gestaltung und gefühlsstarkem Ausdruck mit Stoffen aus Geschichte u. nord.-roman. Sagen (›Die Rache‹, ›Des Sängers Fluch‹, ›Schwäbische Kunde‹, ›Bertran de Born‹, ›Das Glück von Edenhall‹). Bis 1817 auch polit.-patriot. Lyrik. Weniger erfolgreich als Dramatiker mit nationalen und histor. Stoffen. Bedeutende Verdienste um dt. Volkskunde und Germanistik (neben den Brüdern Grimm deren Mitbegr.) durch Wiederbelebung mhd. Dichtung, Sagenforschung und die 1. wiss. kommentierte Sammlung von Volksliedern.

W: Gedichte, 1815; Vaterländische Gedichte, 1817; Ernst, Herzog von Schwaben, Dr. 1818; Ludwig der Baier, Dr. 1819; Walther von der Vogelweide, Abh. 1822; Sagenforschungen, 1836; Alte hoch- und niederdt. Volkslieder, hg. II 1844ff. (n. 1968); Dramatische Dichtungen, 1846; Gedichte und Dramen, 1863; Schriften zur Geschichte der Dichtung und Sage, VIII 1865–73; Tagebuch 1810–20, hg. J. Hartmann, ²1898. – GW, hg. H. Fischer, VI 1892, n. 1977; Werke, hg. A. Silbermann, II 1908, hg. H.-R. Schwab II 1983, hg. H. Fröschle, W. Scheffler, IV 1980–84; Gedichte, krit. hg. E. Schmidt, J. Hartmann, II 1898; Briefe, hg. J. Hartmann, IV 1911–16; Briefw. n. J. v. Lassberg, hg. F. Pfeiffer 1870.

L: F. Notter, 1863; K. Mayer, II 1867; E. Uhland, 1874; H. Haag, U. D. Entwicklg. d. Lyrikers, Diss. Tüb. 1907; W. Reinöhl, U. als Politiker, 1911; H. Schneider, 1920; ders., U.s Gedd. u. d. dt. MA., 1921; W. Heiske, L. U.s Volksliederslg., 1929; A. Thoma, U.s Volksliederslg., 1929; H. Moser, 1950; G. Schwarz, 1964; M. Wieser, La fortune d' U. en France, Paris 1972; H. Froeschle, 1973.

Uhse, Bodo, 12. 3. 1904 Rastatt/ Baden – 2. 7. 1963 Berlin; Offizierssohn; 1921 Redaktionsvolontär; 1927–30 aktiv in der NSDAP tätig; 1931 Kommunist; 1933 Emigration nach Paris; 1936 Kommissar im Span. Bürger-

krieg; 1940 nach Mexiko; 1948 Rückkehr über Leningrad nach Ost-Berlin; 1949–58 Chefredakteur der lit. Zs. ›Aufbau‹ ebda., 1963 der Zs. ›Sinn und Form‹. – Sozialist. Erzähler antifaschist. Romane.

W: Söldner und Soldat, R. 1935; Die erste Schlacht, E. 1938; Leutnant Bertram, R. 1943; Wir Söhne, R. 1948; Die heilige Kunigunde im Schnee, En. 1949; Die Brücke, En. 1952; Die Patrioten, R. 1954; Tagebuch aus China, 1956; Mexikanische Erzählungen, 1957; Reise in einem blauen Schwan, En. 1959; Gestalten und Probleme, Ess. 1959; Das Wandbild, E. 1960 (erw. u. d. T. Sonntagsträumerei in der Alameda, 1963); Im Rhythmus der Conga, Reiseb. 1962. – GW in Einzelausg., VI 1974–83.

L: K. Walther, 1984; G. Caspar, hg. 1984.

Ulfilas → Wulfila

Ulitz, Arnod, 11. 4. 1888 Breslau – 12. 1. 1971 Tettnang/Württ.; Sohn e. schles. Eisenbahnbeamten und e. Schwäbin; Jugend 1895–1905 in Kattowitz; Stud. Germanistik und neue Sprachen Breslau; 1913–33 Studienrat ebda.; im 1. Weltkrieg Soldat, später Offizier in Rußland, dessen Bewohner und Landschaft ihm starke Eindrücke hinterließen, mehrmals verwundet; 1945 aus Schlesien vertrieben; dann in Tettnang/ Württ. – In s. Frühwerk expressionist. Ankläger des Verfalls in den Jahren nach dem 1. Weltkrieg. Schildert in dem Roman ›Ararat‹ die Vernichtung der alten Welt und die Entstehung e. neuen Zeit. Der Roman ›Aufruhr der Kinder‹ und mehrere Novellen um Erziehungsfragen zeigen Verständnis für das kindl. Seelenleben. In späteren Erzählungen vor allem Darsteller s. schles. Heimat. Auch Lyriker.

W: Die vergessene Wohnung, Nn. 1915; Die Narrenkarosse, Nn. 1916; Der Arme und das Abenteuer, G. 1919; Ararat, R. 1920; Die ernsthaften Toren, Nn. 1922; Die Bärin, R. 1922; Das Testament, R. 1924; Der Lotse, G.

1924; Barbaren, R. 1925; Christine Munk, R.
1926; Aufruhr der Kinder, R. 1929; Die Un-
mündigen, Nn. 1931; Eroberer, R. 1934; Der
Gaukler von London, R. 1938; Der wunderbare Sommer, R. 1939; Der große Janja, R.
1939; Hochzeit! Hochzeit!, E. 1940; Die Braut
des Berühmten, R. 1942; Bittersüße Bagatel-
len, Sk. 1948; Das Teufelsrad, En. 1949.
L: A. M. Kosler, 1959.

Ullmann, Regina, 14. 12. 1884
St. Gallen – 6. 1. 1961 München;
Tochter e. Stickerei-Exporteurs;
kam nach dem Tod ihres Vaters
nach Bayern; trat 1911 zur kath.
Kirche über; lebte mit der Mutter
in München; dort seit 1908
Freundschaft mit R. M. Rilke und
Verkehr mit H. Carossa, I. Seidel
u. a. Dichtern. 1937 Rückkehr
nach St. Gallen. – Relig., schwer-
blütige schweizer. Erzählerin und
Lyrikerin. Im kath. Glaubensle-
ben verwurzelt, erzählt sie in
poet. Sprache aus der Welt des
Kleinen, Bescheidenen, Stillen.
Formeinflüsse Stifters, Kellers
und Carossas.
W: Feldpredigt, Dr. 1907; Von der Erde des
Lebens, Dicht. 1910; Gedichte, 1919; Die
Landstraße, En. 1921; Die Barockkirche, En.
1925; Vier Erzählungen 1930; Vom Brot der
Stillen, En. II 1932; Der Apfel in der Kirche,
En. 1934; Der Engelskranz, En. 1942; Ma-
donna auf Glas, En. 1944; Erinnerungen an
Rilke, 1945; Der ehrliche Dieb, En. 1946;
Von einem alten Wirtshausschild, En. 1949;
Schwarze Kerze, En. 1954. – GW, II 1960;
Erzählungen, Prosastücke, Gedichte, II 1978.
L: B. Huber-Bindschedler, 1943; W. Tappo-
let, 1955; J. Scherer, Diss. Innsbr. 1958; E.
Delp, 1962.

Ulrich von Etzenbach (früher
Eschenbach gen.), 2. Hälfte des
13. Jh., Bürgerlicher (Fahrender?)
aus Nordböhmen, von geistl.-ge-
lehrter Bildung, lebte am Hof König Ottokars II. und Wenzels II.
von Böhmen in Prag. – Mhd. höf.
Epiker in der Stilnachfolge Wolframs, schrieb e. märchenhaften
Minneroman um Alexander d.
Gr. ›Alexander‹ (um 1271–86,
28 000 Verse) nach Walthers von

Châtillon ›Alexandreis‹ und Leos
›Historia de preliis‹, e. höf. Bearbeitung des ›Herzog Ernst‹ (d.
nach 1286) mit lehrhaften Zügen
und e. gelehrte polit. Legendendichtung ›Wilhelm von Wenden‹
(um 1289/90, 9000 Verse) nach
lat. Quelle mit der Eustachius-Le-
gende.
A: Alexander: W. Toischer 1888 (BLV. 183,
n. 1974); Wilhelm: ders. 1876; H.-F. Rosenfeld, 1957; Ernst: F. v. d. Hagen, Dt. Gedichte d. MA. I, 1808.
L: W. Toischer, Üb. d. Sprache U.s v. E.,
1888; E. Jahncke, Stud. z. Wilh. v. Wenden,
Diss. Gött. 1903; H. Paul, Diss. Bln. 1914;
M. Hühne, D. Alexanderepen Rud. v. Ems
u. U.s v. E., 1939; W. Dziobek, Diss. Bresl.
1940; R. Kohlmayer, U. v. E. ›Wilh. v. Wenden‹, 1974.

Ulrich von Gutenburg, Ende
12. Jh. († vor 1220), aus Adelsgeschlecht im Oberelsaß (Gutenburg, Krs. Rappoltsweiler) oder
der Pfalz (Guttenberg b. Edenko-
bern). – Rheinfränk. Minnesänger
in der Nachfolge Friedrichs von
Hausen, von spieler., gedanken-
armer Formkunst. Vf. des 1. dt.
Minneleichs als Übertragung e.
geistl. Form auf die Minnedichtung.
A: MF.
L: F. Hoppe, Progr. Nikolsburg 1886.

Ulrich von Lichtenstein, 1198
Lichtenstein/Steiermark – um
1276; Ministeriale, Sohn e. Käm-
merers; ritterl. Erziehung am Hof
des Markgrafen von Istrien, 1223
Ritter, 1227 Romfahrt, dann Beginn s. abenteuerl. Venusfahrt
(Turnierreise als Frau Venus
durch Friaul, Kärnten, Krain,
Steiermark, Österreich, Böhmen); 1240 e. Artusfahrt durch
Steiermark, Österreich und Böhmen. ⚭ Bertha von Weizenstein.
Anhänger Friedrichs des Streitbaren, später Rudolfs von Habsburg. Hoher Beamter von großer

Aktivität: 1241 Truchseß der Steiermark, 1245 Landrichter und Landeshauptmann ebda. – Empfindsamer Minnesänger und Epiker, schrieb in s. höf. Roman ›Frauendienst‹ (1255), – e. im dt. MA. einzigartigen, für die Einsicht in die Realität des Minnedienstes kulturhistor. wertvollen Biographie in Reimstrophen mit Lied- und Briefeinlagen – die Geschichte s. Minnedienstes, den er in schwärmer.-phantast. Abenteuersucht aus konventioneller Theorie in die Praxis übertrug und dabei größte Opfer, groteske Situationen und kom. Effekte nicht scheute. Vf. ferner e. Minnelehre ›Frauenbuch‹ (1257) als Streitgespräch in Reimpaaren zwischen e. Dame und e. Ritter über den Verfall höf. Zucht sowie von 57 meist im ›Frauendienst‹ enthaltenen Liedern, bes. höf. Tanzliedern und 2 Tageliedern im Stil der hohen Minne.

A: Th. G. v. Karajan, K. Lachmann 1841, n. 1974; R. Bechstein 1888; Lieder: C. v. Kraus, Dt. Liederdichter d. 13. Jh., 1952; Frauendienst: U. Peters 1973 (Ausz.).
L: R. Becker, Wahrheit u. Dichtg. i. U.s Frauendienst, 1888; H. Arens, U.s Frauendienst, 1939; M. Schereth, Stud. z. U. v. L., Diss. Würzb. 1950; J. Ruben, Diss. Hbg. 1969; U. Peters, Frauendienst, 1971.

Ulrich, Schenk von Winterstetten → Ulrich von Winterstetten

Ulrich von Singenberg, urkundl. 1209–28, aus Thurgauischen Ministerialiengeschlecht mit Stammburg bei Bischofszell an der Sitter; wie s. Vater Truchseß von St. Gallen. – Epigonaler Schweizer Minnesänger im Anschluß an die höf. Tradition, Schüler Walthers. Schrieb Minnelieder von glatter, spieler. Form u. Sprüche über moral., soziale und polit. Zeitverhältnisse.

A: K. Bartsch, Schweizer Minnesänger, 1886; C. v. Kraus, Dt. Liederdichter d. 13. Jh., 1951.
L: W. Stahl, Diss. Rost. 1907; Schiendorfer, 1983.

Ulrich von Türheim, um 1195 – um 1250?, aus schwäb. Adelsgeschlecht nahe Augsburg, gefördert von Heinrich VII., Freund des Reichsverwesers Konrad von Winterstetten und Rudolfs von Ems. – Mhd. Epiker, Epigone des höf. Romans in Abhängigkeit von Gottfried von Straßburg und Wolfram von Eschenbach als unerreichten Vorbildern. Schrieb e. nur fragmentar. erhaltene, vergröbernde dt. Bearbeitung des ›Cligès‹ von Chrestien de Troyes als ›Clîes‹ (um 1230), e. Fortsetzung von Gottfrieds ›Tristan‹ (um 1235, 3800 Verse) mit der Isolde-Weißhand-Geschichte nach Eilhard von Oberge, und im Alter den ›Rennewart‹ (nach 1243, 36 500 Verse), Fortsetzung von Wolframs ›Willehalm‹ nach franz. Chansons de geste.

A: Clîes, hg. A. Bachmann (Zs. f. dt. Altert. 32), 1888; Tristan, hg. T. Kerth 1979; Rennewart, hg. A. Hübner ²1964.
L: E. K. Busse, 1913; R. Wildermuth, Diss. Tüb. 1952; W. Müller, Diss. Bln. 1957; C. Westphal-Schmidt, Stud. z. Rennewart, 1979.

Ulrich von dem Türlin, 13. Jh., Bürgerlicher wohl aus St. Veit/Kärnten und Verwandter Heinrichs v. d. T. – Mhd. Epiker, typ. Wolfram-Epigone, dichtete zwischen 1261 und 1269 nach Andeutungen in Wolframs ›Willehalm‹ als Vorgeschichte zu diesem e. höf. Roman ›Willehalm‹ von rd. 10 000 Versen um Jugend, Gefangenschaft und Befreiung Willehalms und s. Hochzeit mit Arabelle/Kyburg. Oft verworrene Exkurse. Widmung an König Ottokar II. von Böhmen. In mehrfa-

chen, auch eigenen Bearbeitungen überliefert, in Prosaauflösungen des 15. Jh. mit Wolframs ›Willehalm‹ vereint.

A: S. Singer 1893, n. 1968.
L: H. G. Klinkott, Diss. Greifsw. 1911; E. Popp, D. Sprache U.s v. d. T., 1937; R. Wildermuth, Diss. Tüb. 1952; W. Schröder, Arabel-Stud., III 1982–84; ders., D. Wolfram-Epigone U. v. d. T. u. s. Arabel, 1985.

Ulrich von Winterstetten, Schenk v. W., urkundl. 1241–80, aus vornehmem schwäb. Ministerialengeschlecht, Enkel des Reichsverwesers Konrad v. W., 1258 Kanonikus in Augsburg, 1280 Domherr ebda. – Mhd. Minnesänger der Spätzeit u. realist. Lyriker, dichtete 1240–70 40 höf. Minne- und Wächterlieder mit künstl. Bau und Reimspiel neben Parodien und Spottliedern sowie 5 Tanzleiche mit höf. Minneklage als Eingang und dann ländl. Tanzlieder von lebhaftem Rhythmus in Stilnähe zu Neidhart und Tannhäuser mit Übergang zum Volkslied.

A: J. Minor 1882; C. v. Kraus, Dt. Liederdichter d. 13. Jh., 1951f.
L: A. Selge, Stud. üb. U. v. W., Diss. Gött. 1929; G. Streicher, Minnesangs Refrain, 1984.

Ulrich von Zatzikhofen (Zazikoven), aus Zätzikon im Thurgau, urkundl. 1214 als Leutpriester in Lommis/Thurgau, evtl. aus der Umgebung der Grafen von Toggenburg. – Mhd. Epiker, Vf. e. ›Lanzelot‹-Romans (um 1194) nach franz. Quelle aus dem Besitz e. Geisel, wohl unter Einfluß von Eilharts ›Tristan‹ und Heinrichs von Veldeke ›Eneit‹, evtl. auch Hartmanns ›Erec‹, doch noch ganz in vorhöf. Stil zur Unterhaltung ohne höhere Absicht, ungefügte, lockere, rohstoffl. Häufung von Abenteuern mit grobsinnl. Minneanschauung.

Einfache Sprache mit volkstüml. Wendungen. Nachfolgelos, da die spätere Lanzelot-Dichtung nochmals auf die franz. Quelle zurückgriff.

A: K. A. Hahn 1845 (n. 1965 m. Bibl.); R. Kluge 1948 (Prosafassg.); Engl. Übs. u. Erl. v. K. G. T. Webster, hg. R. S. Loomis, N. Y. 1951.
L: O. Hannink, Vorstud. z. e. Neuausg., Diss. Gött. 1914; W. Richter, D. Lanzelot d. U. v. Z., 1934; A. Trendelenburg, Diss. Tüb. 1955; W. Haug, Das Land, von welchem niemand wiederkehrt, 1978.

Ungar, Hermann, 20. 4. 1893 Boskovice/Mähren – 28. 10. 1929 Prag; jüd. Fabrikantensohn; 1911 Stud. Orientalistik, Philos., Jura Berlin, München u. Prag; 1914–16 Soldat, schwer verwundet; 1918 Dr. jur.; Rechtsanwalt, Schauspieler, Bankangestellter, seit 1921–28 Handels-Attaché in Berlin. – Romancier und Dramatiker; Vf. meist autobiograph. gefärbter Darstellungen der Konfrontation von Jugend und Erotik mit der brüchigen bürgerl. Moral e. klassenbewußten Gesellschaft; mit der klaren Diktion s. analyt. Psychogramme stilist. Nähe zu Kafka.

W: Knaben und Mörder, En. 1920; Die Verstümmelten, R. 1923 (n. 1981); Die Ermordung des Hauptmanns Hanika, E. 1925; Die Klasse, R. 1927 (n. 1973); Der rote General, Sch. (1928); Die Gartenlaube, K. 1930; Colberts Reise, En. 1930. – Ausw., hg. M. Linke 1971.
L: N. Klemenz, 1971.

Unger, Hellmuth, 10. 2. 1891 Nordhausen/Harz – 13. 7. 1953 Freiburg/Br.; Stud. Medizin, Würzburg, Rostock, Halle u. Leipzig; Dr. med.; 1917 Augenarzt in Berlin. – Produktiver Dramatiker expressionist. Thematik, bes. aber Vf. wiss. fundierter Ärzte- und Forscherbiographien in reportagehaftem Stil.

W: Die Lieder der hellen Tage, G. 1912; Sieg!, Nn. 1916; Kentaurin, Dr. 1919; Der verlorene Sohn, Dr. 1919; Morells Milliarden, R. 1921; Mammon, Dr. 1922; Passagiere, R. 1928; Die Schweizer Reise, R. 1934; Wunder und Geheimnis, En. 1935; Vom Siegeszug der Heilkunde, Abh. 1936; Sendung und Gewissen, R. 1936; Germanin, Ber. 1938; Unvergängliches Erbe, B. 1941; W. C. Röntgen, B. 1949; L. Pasteur, B. 1950; Narkose, B. 1951; Virchow, B. 1953.

Ungern-Sternberg, Alexander Freiherr von (Ps. Alexander von Sternberg), 22. 4. 1806 Schloß Noistfer b. Reval/Estland – 24. 8. 1868 Dannewalde b. Stargard. Stud. Jura, Philos. u. Lit. Dorpat; 1829 in St. Petersburg; ging 1830 nach Dresden, Verkehr mit Tieck; 1831 Reisen in Süddtl.; zog 1832 nach Mannheim; Reisen: Schweiz, Italien u. Österreich; 1842 in Berlin; 1848 Frankfurt/ M.; 1850 Dresden u. zuletzt Gramzow/Uckermark. – Vf. spannender, aber meist oberflächl., oft auch frivoler Unterhaltungsromane sowie hist. und gesellschaftskrit. Romane.

W: Die Zerrissenen, R. 1832; Lessing, N. 1834; Novellen, 1835; Galathee, R. 1836; Fortunat, M. 1838; Diane, R. III 1842; Der Missionär, R. II 1842; Paul, R. III 1845; Susanne, R. II 1846; Royalisten, R. II 1848; Die gelbe Gräfin, R. II 1848; Braune Märchen, 1850 (n. 1985); Erinnerungsblätter, V 1855 ff.; Die Dresdener Galerie, En. II 1857 ff.; Dorothee von Kurland, R. III 1859; Elisabeth Charlotte, Herzogin von Orléans, R. III 1861; Künstlerbilder, En. III 1861; Peter Paul Rubens, R. 1862. – Kleine Romane und Erzählungen, III 1862; Die Doppelgängerin, Ausw. 1982.
L: A. Molsberger, Diss. Halle 1929; E. Weil, 1932, n. 1967.

Unruh, Friedrich Franz von, 16. 4. 1893 Berlin – 16. 5. 1986 Merzhausen b. Freiburg/Br.; Generalssohn; 1904 Kadett; 1910–19 Offizier; als Hauptmann im 1. Weltkrieg schwer verwundet; Stud. Philos., Gesch. und Naturwiss. Freiburg/Br., Heidelberg u. Marburg; 1924–32 Journalist; seither freier Schriftsteller in Merzhausen bei Freiburg/Br. – Formvollende-

ter Erzähler u. gedankenreicher Essayist. Verfolgte in s. Frühwerk, erschüttert vom 1. Weltkrieg, gleich s. Bruder Fritz v. U. pazifist. Ideen u. fand zu der Haltung des preuß. Offiziers zurück. Themat. u. stilist. Nähe zu Binding. Im Spätwerk Chronist der Auflösung gesellschaftl. Formen u. eth. Bindungen.

W: Stufen der Lebensgestaltung, Ess. 1928; Nationalsozialismus, Ess. 1931; Der Tod und Erika Ziska, E. 1937; Die Heimkehr, N. 1938; Der innere Befehl, E. 1939; Der Verräter R. 1941; Der Patriot wider Willen, N. 1944; Die Sohnesmutter, E. 1946; Die jüngste Nacht, E. 1948; Der Spiegel, E. 1951; Tresckow, N. 1952; Die Apfelwiese, E. 1957; Sechs Novellen, 1958; Nach langen Jahren, Nn. 1960; Die Schulstunde, N. 1963; Wo aber Gefahr ist, Erinn. 1965; Ehe die Stunde schlug, Erinn. 1967; Die Nacht von Mantua, E. 1968; Und was wird mit uns?, Ess. 1969; Der Besuch, En. 1971; T. Riemenschneider, E. 1973; Klage um Deutschland, Ess. 1973; Schlußbericht, Ess. 1974; Die unerhörte Begebenheit, Ess. 1976; Liebe wider Willen, Nn. 1979; Das Liebespaar, Nn. 1979; Jahrtausendwende, Ess. 1983.
L: H. Pongs, Ist d. Novelle heute tot?, 1961.

Unruh, Fritz von (Ps. Fritz Ernst), 10. 5. 1885 Koblenz – 28. 11. 1970 Diez/Lahn, Generalssohn; in der Kadettenschule Plön zusammen mit den Hohenzollernprinzen erzogen, bis 1911 bei der Garde-Infanterie, im 1. Weltkrieg Ulanenoffizier, wurde in den Materialschlachten des 1. Weltkriegs zum Pazifisten; Stud. Berlin. Lebte auf dem Familiensitz Oranien b. Diez/Lahn und in der Schweiz, ging 1932 nach Italien und Frankreich, dort 1940 interniert, vor dt. Einmarsch Flucht nach New York, Maler und Schriftsteller ebda., ⚭ 1940 Friederike Schaffer. 1952 Rückkehr nach Diez, doch 1955 vereinsamt und verbittert zurück nach New York; dann in Atlantic City, New Jersey, wo er 1962 bei e. Flutkatastrophe Haus u. Besitz verlor, zu-

letzt Diez. Zahlr. Preise und Ehrungen. – Dt. Dramatiker und Erzähler, begann mit Preußendramen im Kleiststil um Probleme
militär. Gehorsams, deren Aufführung von Wilhelm II. z. T.
verboten wurde. Gab in ›Ein Geschlecht‹ e. pathet.-ekstat. Aufruf
gegen Krieg und Gewaltherr-
schaft in gewaltsam dunkler Sprache mit hymn. Beschwörung von
Mütterlichkeit und Menschenver-
brüderung, e. Hauptwerk des Expressionismus mit den eth. und
polit. Forderungen e. humanitä-
ren Idealismus. Später Beruhigung zu sachl.-realist. Stil in Dramen und Romanen. Zahlr. Reden
in pazifist.-humanitärem Sinn.

W: Jürgen Wullenweber, Dr. (1910); Offiziere, ·Dr. 1912; Louis Ferdinand, Prinz von
Preußen, Dr. 1913; Ein Geschlecht, Tr. 1917
(2. Teil: Platz, 1920); Vor der Entscheidung,
Dr. 1919; Opfergang, E. 1919 (n. 1966); Ro-
sengarten, Dr. (1921); Stürme, Dr. 1922;
Stirb und werde, Rd. 1922; Vaterland und
Freiheit, Rd. 1923; Reden, 1924; Flügel der
Nike, Reiseb. 1925; Heinrich aus Andernach,
Fsp. 1925; Bonaparte, Dr. 1927; Phaea, K.
1930; Zero, K. 1932; Politeia, Rd. 1933; Europa, erwache, Rd. 1936; Der nie verlor, R.
1948; Friede auf Erden, Rd. 1948; Rede an die
Deutschen, 1948; Seid wachsam, Rd. 1948;
Die Heilige, R. 1952; Fürchtet nichts, R.
1953; Wilhelmus von Oranien, Dr. (1953);
Duell an der Havel, Dr. 1954; 17. Juni, Dr.
(1954); Mächtig seid ihr nicht in Waffen, Rdn.
1957; Der Sohn des Generals, Aut. 1957; Dramen, Ausw. 1960; Wir wollen Frieden, Rdn.
1962; Kalypso, Sch. (1966); Friede in USA?,
R. 1967; Im Haus des Prinzen, Aut. 1968;
Odysseus auf Ogygia, Dr. 1968; Kaserne und
Sphinx, R. 1969. – SW, hg. H. M. Elster u. a.
XX 1970 ff.
L: F. Engel, 1922; W. Geyer, 1924; R. Meister, 1925, n. 1967; A. Kronacher, N. Y.
²1946; F. Rasche, 1960 (m. Ausw.); I. Götz,
Tradition u. Utopie, 1975; D. Kasang, Wil-
helminism. u. Expressionism., 1980; B. Roll-
ka, hg. 1985.

Urzidil, Johannes, 3. 2. 1896
Prag – 2. 11. 1970 Rom; Sohn e.
Eisenbahnbeamten; Gymnas.
Prag; Stud. Philol. ebda.; im 1.
Weltkrieg Soldat in der österr.
Armee; 1921–32 Pressebeirat der

Dt. Gesandtschaft in Prag;
Freundschaft mit Kafka u. Werfel;
1939 Emigration nach Großbritannien; 1941 Auswanderung
nach New York; schrieb dort anfangs für Londoner tschech. Blätter, seit 1951 Mitarbeiter der
›Stimme Amerikas‹ ebda. – Naturverbundener Lyriker, stark autobiograph. Erzähler von kräftiger und doch sensibler Prosa und
gedankentiefer Essayist. Anfangs
Expressionist. Auch in s. reifen
Werk noch starke Bindungen an s.
böhmische Heimat. Übs. aus dem
Engl.

W: Sturz der Verdammten, G. 1919; Die
Stimme, G. 1930; Goethe in Böhmen, Ess.
1932 (erw. 1962); Der Trauermantel, E. 1945;
Die Verlorene Geliebte, Nn. 1956; Die Mem-
nonssäule, G. 1957; Neujahrsrummel, En.
1957; Das Glück der Gegenwart, Es. 1958;
Denkwürdigkeiten von Gibacht, E. 1958;
Das große Halleluja, R. 1959; Prager Trypty-
chon, En. 1960; Magische Texte, En. 1961;
Das Elefantenblatt, En. 1962; Geschenke des
Lebens, Ausw. 1962 (m. Bibl.); Amerika und
die Antike, Ess. 1964; Entführung, En. 1964;
Da geht Kafka, Ess. 1965; Die erbeuteten
Frauen, En. 1966; Bist Du es, Ronald?, En.
1968; Väterliches aus Prag und Handwerkli-
ches aus New York, Aut. 1969; Die letzte
Tombola, En. 1971; Morgen fahr' ich heim,
Ausw. 1971; Bekenntnis eines Pedanten, En.
u. Ess. 1972 (m. Bibl.).
L: W. Jonckhere, Diss. Amsterdam 1960; G.
Trapp, 1967; H. Pistorius, Diss. Wien 1978;
Ch. Helling, Udine 1981; P. Herren, Behar-
ren u. Verwandeln, 1981.

Usinger, Fritz, 5. 3. 1895 Fried-
berg/Hessen – 9. 12. 1982 ebda.
Im 1. Weltkrieg Soldat in Serbien;
verwundet; Stud. Germanistik,
Philos. und Romanistik München, Heidelberg und Gießen;
1921 Dr. phil.; Studienrat an
versch. hess. Gymnas.; Reisen in
die Schweiz, nach Italien, Frankreich und Belgien; 1949 Ruhestand; Rückkehr nach Friedberg.
– Feinsinniger, empfindungsreicher Lyriker in der klass. Tradition. Einfluß Hölderlins, Georges
und Rilkes. Schrieb Hymnen,

Elegien, Sonette und Oden, bes. um das Verhältnis des einzelnen zur Welt und das Gottes zu den Dingen. Vielseitiger Essayist; Übs. aus dem Franz.

W: Der ewige Kampf, G. 1918; Große Elegie, G. 1920; Das Wort, G. 1931; Die Stimmen, G. 1934; Geist und Gestalt, Ess. 1939 (erw. 1941); Medusa, Ess. 1940; Gedichte, 1940; Hermes, G. 1942; Das Glück, G. 1947; Das Wirkliche, Ess. 1947; Hesperische Hymnen, G. 1948; Zur Metaphysik des Clowns, Ess. 1952; F. Schiller und die Idee des Schönen, Ess. 1955; Niemandsgesang, G. 1957; Welt ohne Klassik, Ess. 1960; Der Stern Vergeblichkeit, G. 1962; Pentagramm, G. 1965; Notizbuch, 1966; G. Benn und die Medizin, Ess. 1967; Tellurium, Ess. 1967; Canopus, G. 1968; Dichtung als Information, Ess. 1970; Die Verwandlungen, Ess. 1971; Der Planet, Ess. 1972; Galaxis, G. 1975; Merkbücher, Aphor. 1976; Gesänge jenseits des Glücks, G. 1977; Rose und Lotos, Prosa 1978; Rückblick und Vorblick, Ess. 1979; Grund und Abgrund, G. 1979; Miniaturen, Ess. 1980; Das Sichtbare und das Unsichtbare, Ess. 1980. – Wke, hg. S. Hagen VI 1985ff.
L: G. Bäumer, 1947; H. A. Seelbach, 1949; F. Schmahl, 1951; S. Hagen, 1973; Die Götter lesen nicht hg. S. Hagen 1975 (m. Bibl.); C. R. Barker, D. dichter. Weltbild F. U.s, 1978.

Usteri, Johann Martin, 12. 4. 1763 Zürich – 29. 7. 1827 Rapperswil; Kaufmannssohn; Lehrling im Geschäft s. Vaters; 1783/84 große Reise durch Dtl., die Niederlande und Frankreich; lernte Goethe, Klopstock und Claudius kennen; trat in das väterl. Geschäft ein; widmete sich nach dem Tod s. Vaters der Kunst und dem öffentl. Leben. 1803 Mitgl. des Großen, 1815 des Kleinen Rats, Zensor. – Humorvoller schweizer. Idyllendichter; schrieb meist in Züricher Mundart. Berühmt wurde s. Lied ›Freut euch des Lebens‹ (1793); bekannt auch die Mundartidylle ›De Vikari‹.

W: Künstler Lieder, II 1809; Die Schweizer-Reise, G. X 1813–22. – Dichtungen in Versen und Prosa, hg. D. Heß III 1831, ³1877; Erzählungen, 1878; Dichterischer und künstlerischer Nachlaß, hg. K. Escher 1896.
L: P. Suter, 1901; A. Nägeli, Diss. Zürich 1907; Schweizer Biedermeier, hg. E. Korrodi, 1935.

Uz, Johann Peter, 3. 10. 1720 Ansbach – 12. 5. 1796 ebda.; Goldschmiedssohn; früh verwaist; 1739–43 Stud. Jura, Philos. und Gesch. Halle; Freundschaft mit Gleim; 1748–60 Sekretär beim Justizkollegium in Ansbach; 1763 Assessor des Kaiserl. Landgerichts in Nürnberg; 1790 Direktor des Landgerichts ebda.; Wirkl. Geheimer Justizrat. – Bedeutendster dt. Anakreontiker, preist in anmutigen Wein- u. Liebesliedern und zierl. Verserzählungen e. heiteren, harmon. Lebensgenuß. Wandte sich von der leichten Weise Gleims ab und ging zu e. ernsten Odenstil über. Auch moral. und relig. Lehrdichtungen, bes. unter Einfluß Shaftesburys. S. Ode ›Theodicee‹ ist e. Paraphrase der Grundgedanken des gleichnam. Werks von Leibniz. Übs. Anakreon (gemeinsam mit Götz) und Horaz.

W: Lyrische Gedichte, 1749; Der Sieg des Liebesgottes, Ep. 1753; Lyrische u. a. Gedichte, 1755; Versuch über die Kunst fröhlich zu seyn, G. 1760. – Sämtl. Poetische Werke, II 1768 (n. A. Sauer 1890, n. 1968); Briefe an einen Freund, hg. A. Henneberger 1866; Briefwechsel m. Gleim, hg. C. Schüddekopf 1899.
L: E. Petzet, ²1930; P. Khaeser, 1973; H. R. Zeltner, Diss. Zürich 1973; N. E. Warde, 1978.

Vadianus, Joachim (eig. Joachim von Watt), 29. 11. 1484 St. Gallen – 6. 4. 1551 ebda. 1502 Stud. in Wien bei Celtis und Cuspinianus; als Nachfolger von Celtis 1512 Prof. der Philos. und Poetik, seit 1516 auch der klass. Philol. in Wien; 1514 in Linz von Maximilian I. zum Dichter gekrönt; führender Wiener Humanist; kehrte 1518 nach St. Gallen zurück; hielt lit.-hist. Vorträge, die u. d. T. ›De poetica et carminis ratione‹ veröffentlicht wurden. Stadtarzt, Magistratsmitgl. und 1526 Bürgermeister. Mit dem ihm befreundeten Zwingli Gründer der ev. Kirche in St. Gallen. – Bedeutender schweizer. Humanist. Schrieb lat. Versdichtungen; Vf. protestant. Streitschriften und e. Chronik der Äbte von St. Gallen. Hrsg. lat. Schriften des MA. und s. Zeitgenossen. Wird neuerdings auch als Vf. der 1521 erschienenen reformator. Flugschrift ›Karsthans‹ betrachtet, e. Streitgespräch zwischen T. Murner, Studeus und ›Karsthans‹, das mit dem Sieg dieses mit gesunden Menschenverstand begabten und für die Reformation eintretenden Bauern endet.

W: Minusculae poeticae, Dicht. 1512; Gallus pugnans, K. 1514 (d. 1959); Helvetii Aegloga, cui titulus Faustus, Schr. 1517; De poetica et carminis ratione, Vortr. 1518 (hg., d. u. Komm. P. Schäffer III 1973–77); – Dt. hist. Schriften, hg. E. Götzinger III 1875 bis 1879; Vadianische Briefsammlung, hg. E. Arbenz u. H. Wartmann, VII 1890–1913; Karsthans, hg. H. Burckhardt, 1910; Lat. Reden, hg. u. d. M. Gabathuler 1953.
L: E. Götzinger, 1895; H. Burckhardt, Diss. Freib. 1910; W. Ehrenzeller, 1924; J. Ninck, 1936; W. Naef, 1944; V.-Studien, hg. W. Naef V 1945–55; W. G. Wieser, Diss. Wien 1949; H. R. Hilty, 1951; B. Hertenstein, 1975; C. Bonorand, 1980.

Väterbuch, Das, um 1280, weitverbreitete anonyme mhd. Legendensammlung mit 21 540 Versen, wohl von demselben geistl. Vf. aus dem Deutschritterorden wie das ›Passional‹, enthält 120 Legenden von frühchristl. Mönchen, Asketen in der Wüste, Kirchenvätern und Büßern nach den von Hieronymus begr. ›Vitae patrum‹ und der ›Legenda aurea‹ des Jacobus de Voragine als Vorbilder für Buße und Einkehr. Stil höf. Dichtung. Nach dem ›Passional‹ umfassendstes und bedeutendstes Werk der mhd. Legendenlit.

A: K. Reißenberger 1913, n. 1964.
L: K. Hohmann, Beitr. z. V., 1909.

Valentin, Karl (eig. Valentin Ludwig Fey), 4. 6. 1882 München – 9. 2. 1948 ebda.; Schauspieler, Volkskomiker in Kneipen, Kabaretts und Kleinkunstbühnen Münchens; trat mit s. Partnerin Lisl Karlstadt auch auf Gastspielen in Berlin, Wien, Zürich u. a. bes. in s. eigenen, urwüchsig-volkstüml. Stegreifkomödien auf, die hintergründig-absurden Unsinn, falsch angesetzte und zur Unlogik umschlagende Logik und aggressive Zeitkritik mit grotesken Wortspielen verbinden. Einfluß auf B. Brecht und das absurde Drama.

W: K. V.-Buch, 1932; Brillantfeuerwerk, 1938; Valentinaden, 1941; Lachkabinett, 1950; Der Knabe Karl, 1951; Panoptikum, 1952. – GW, II 1961–69; IV 1981; Alles von K. V., hg. M. Schulte 1978; Geschriebenes von u. an K. V., hg. E. Münz 1978; K. V.s Filme 1978.
L: W. Hausenstein, D. Masken K. V.s, 1948, erw. 1958; K. K. Wolter, 1958; M. Schulte, 1968; B. Valentin, 1971; H. Schwimmer, 1977; K. Pemsel, 1981; M. Schulte, 1982; K. V., 1982; A. Seegers, Komik b. K. V., 1983; K. Zeyringer, D. Komik K. V.s, 1984; D. Wöhrle, D. kom. Zeiten des Herrn V., 1985; M. Glasmeier, 1987.

Valentin, Thomas, 13. 1. 1922 Weilburg/Lahn – 22. 12. 1980 Lippstadt; Stud. Lit., Gesch., Philos. und Psychologie Gießen u. München; 1947–62 Lehrer u. Dozent in Lippstadt/Westf.; 1964–66 Chefdramaturg Städt. Theater Bremen; seither freier Schriftsteller in Lippstadt und Cefalù/Sizilien. – Als Erzähler und Dramatiker engagierter Zeitanalytiker, insbes. durch s. pädagog. Erfahrungen angeregt, der Konfrontation der Jugend mit der älteren Generation. Präzise Charakterzeichnungen aus Verhaltensweisen und Sprachgestus unter meisterl. Dialogführung, die s. Diagnosen gesellschaftl. Mißstände e. fast protokollar. Authentizität verleiht; Vorliebe für pralle Szenerie und die Jargons der versch. sozialen Schichten. Dem Unbehagen an der menschl. Isoliertheit in der Gesellschaft steht e. hohes Ethos der Selbstbesinnung gegenüber. Auch Kinderbücher und Fernsehspiele.

W: Hölle für Kinder, R. 1961; Die Fahndung, R. 1962; Die Unberatenen, R. 1963; Dr. 1965 (m. R. Muller); Nachtzüge, En. 1964; Paulas Menagerie, En. 1966; Rotlicht, En. u. H.e 1967; Natura morta, R. 1967 (u. d. T. Stilleben mit Schlangen, 1979); Kater im Theater, Kdb. 1968; Der Fisch im roten Halstuch, R. 1969; Der Hausfreund, K. (1969); Ginster im Regen, En. 1971; Anna und Toto, FSsp. (1972); Jugend einer Studienrätin, En. u. G. 1974; Familienbande, Dr. (1974); Grabbes letzter Sommer, R. 1980; Niemandslicht, G. 1980; Schnee vom Ätna, En. 1981.

Valmy, Alfred de → Stinde, Julius

Varnhagen von Ense, Karl August, 21. 2. 1785 Düsseldorf – 10. 10. 1858 Berlin; Arztsohn, ab 1794 in Hamburg, 1800–08 Stud. Medizin u. Philos. in Berlin (b. Fichte und A. W. Schlegel; Verkehr mit Chamisso), Halle und Tübingen. 1809 Offizier im österr. Heer, bei Wagram verwundet. 1810 Adjutant des Fürsten Bentheim in Paris, 1812 Adjutant des russ. Generals von Tettenborn. 1814 Begleiter des preuß. Staatskanzlers Hardenberg zum Wiener Kongreß und nach Paris. 1814 ⚭ Rahel Levin. 1816 bis 1819 preuß. Ministerresident in Karlsruhe, wegen liberal-demokrat. Haltung 1819 als Geh. Legationsrat verabschiedet. Ließ sich in Berlin nieder und hielt mit s. Frau den berühmten lit. Salon, Mittelpunkt von Dichtern und Gelehrten der Spätromantik. – Publizist, Dramatiker, Erzähler, Lyriker und Biograph, bedeutend bes. durch s. kulturhistor. wichtigen, nicht immer zuverlässigen und z. T. entstellenden Denkwürdigkeiten und Tagebücher, die durch s. Begegnungen mit zahlr. Zeitgenossen e. Fundgrube zur Zeitgeschichte bilden. 1804–06 Hrsg. des ›Musenalmanachs‹ mit Chamisso.

W: Erzählungen und Spiele, 1807 (m. W. Neumann); Die Versuche und Hindernisse Karls, R. 1809; Deutsche Erzählungen, 1815; Vermischte Gedichte, 1816; Goethe in den Zeugnissen der Mitlebenden, 1823; Biographische Denkmale, V 1824–30; Die Sterner und die Psitticher, N. 1831; Rahel, Erinn. 1833 (n. III 1972); Denkwürdigkeiten und vermischte Schriften, IX 1837–59 (u. d. T. Denkwürdigkeiten des eigenen Lebens, hg. J. Kühn II 1922f., hg. K. W. Becker II 1971); Tagebücher, XIV 1861–70 (Register 1905; n. 1971); Blätter aus der preuß. Geschichte, V 1868f.; Biographische Portraits, 1871 (n. 1971). – Ausgew. Schriften, XIX ³1887; Literaturkritiken, hg. K. F. Gille 1977; Wke, hg. K. Feilchenfeldt, IV 1987ff.; Briefe an e. Freundin, 1860; Briefw. m. A. v. Humboldt, 1860, m. Rahel, VI 1874f. (n. 1971), m. Fürst Pückler-Muskau, 1874, m. K. Rosenkranz, hg. A. Warda 1926, m. I. P. V. Troxler, hg. I. Belke 1953; Briefe an. R. M. Milnes, 1965. *L:* C. Misch, V. i. Beruf u. Politik, 1925; F. Römer, V. als Romantiker, Diss. Bln. 1934; K. Feilchenfeldt, V. als Historiker, 1970; D. Bähtz, Diss. Halle 1981; T. H. Pickett, The Unseasonable Democrat, 1985.

Varnhagen von Ense, Rahel (geb. Levin), 26. 5. 1771 Berlin – 7. 3. 1833 ebda.; Tochter e. jüd. Kaufmanns; wohnte in Paris, Frankfurt/M. und Prag; Übertritt zum Christentum, 1814 ⚭ Karl August V. v. E. Ihr berühmter Salon in Berlin war Treffpunkt bekannter Literaten und Künstler. – Bedeutende Frauengestalt der Romantik mit starkem Einfluß auf das lit. Leben.

W: Briefe u. Aufzeichnungen, hg. K. A. V. v. E. 1833, III 1834; Galerie von Bildnissen aus R. V.s Umgang und Briefwechsel, hg. K. A. V. v. E. II 1836; Lichtstreifen und Glutwege, Aufzeichnungen, hg. R. E. Steiner 1968; Briefw. m. K. A. V. v. E., hg. L. Assing VI 1874f. (n. 1971); Briefe von und an R. V., Ausw., hg. A. Weidler-Steinberg 1912; Briefwechsel mit A. v. Marwitz, hg. H.

Meisner 1925; Briefw., hg. F. Kemp IV 1966–68, ²1979; Briefw. m. P. Wiesel, 1982; Briefw. m. K. Graf von Finckenstein, hg. G. de Bruyn 1986. – GW, hg. K. Feilchenfeldt u. a. X 1983.
L: O. Berdrow, ²1902; E. Graf, 1903, n. 1976; E. Key, ³1920; L. Feist 1927; C. Albarus, Diss. Jena 1930; C. May, 1949; H. Arendt, 1959; H. Scurla, 1963, n. 1980; C. Malraux, Paris 1980; B. Hahn, U. Isselstein, hg. 1987.

Vegesack, Siegfried von, 20. 3. 1888 Gut Blumbergshof b. Womar/Livland – 26. 1. 1974 Burg Weißenstein/Bayr. Wald, Sohn e. Richters u. Gutsbesitzers; Gymnas. Riga, Stud. Geschichte Dorpat, Heidelberg, Berlin, München; im 1. Weltkrieg Journalist in Schweden u. Berlin; 1. Ehe mit der Erzählerin Clara Nordström. Ab 1918 freier Schriftsteller u. Landwirt auf der Raubritterburg Weißenstein b. Regen/Bayr. Wald. März 1933 Schutzhaft, dann Emigration bis 1934 Schweden, 1936–38 Südamerika. 1938 Rückkehr nach Dtl., 1941–44 Wehrmachtsdolmetscher in Rußland, dann wieder Weißenstein. – Lyriker und bes. Erzähler mit eindrucksvollen Schilderungen vom Leben und Untergang des balt. Adels. Auch Drama, Hörspiel, Feuilleton, Kinderbuch, Tiergeschichten und Übs. russ. Klassiker.

W: Die kleine Welt vom Turm gesehn, G. 1925; Das fressende Haus, R. 1932; Baltische Trilogie, R. III 1933–35 (Blumbergshof, Herren ohne Heer, Totentanz in Livland; u. d. T. Die baltische Tragödie, 1938); Meerfeuer, R. 1936; Unter fremden Sternen, Reiseb. 1938; Das Kritzelbuch, G. u. En. 1939; Aufruhr in der Quebrada, E. 1940; Der Lebensstrom, G. 1943; Kleine Hausapotheke, G. u. En. 1944; Das ewige Gericht, Dicht. 1946; Der Pfarrer im Urwald, E. 1947; Das Unverlierbare, G. 1947; Zwischen Staub und Sternen, En. 1947; Das Weltgericht von Pisa, E. 1947; In dem Lande der Pygmäen, G. 1953; Der letzte Akt, R. 1957; Der Pastoratshase, En. 1957; Tanja, En. 1959; Vorfahren und Nachkommen, Br. u. Aufz., hg. 1960; Südamerikanisches Mosaik, Reiseb. 1962; Jaschka und Janne, En. 1965; Als Dolmetscher im Osten, Erinn. 1965; Der Waldprophet, En. 1967; Die Über-

fahrt, R. 1967; Die Welt war voller Tanten, E. 1970; Die roten Atlasschuhe, Sk. 1973.
L: F. Baumer, 1974.

Veghe, Johannes, um 1431/32 Münster/Westf. – 21. 9. 1504 ebda.; Bürgerssohn, Mitgl. der Brüder vom gemeinsamen Leben in Münster, 1469 Rektor des Fraterhauses Rostock, 1475 dass. in Münster, 1481 des Schwesterhauses Niesink b. Münster. – Bedeutendster niederdt. Prediger, Anhänger der Devotio moderna, verbindet in s. freien Sinn Humanismus und Mystik. Vf. von 24 volkstüml. niederdt. Predigten und Ansprachen, 2 geistl. Liedern sowie allegor. Prosatraktaten mit realist. Bildkraft und meisterhafter Sprachbeherrschung.

A: Predigten, hg. F. Jostes 1883; Geistl. Weingarten, hg. H. Rademacher 1940; Unser Blumenbettchen, hg. ders., 1938.
L: H. Triloff, D. Traktate u. Predigten J. V.s, 1904; H. Rademacher, Mystik u. Humanismus b. J. V., Diss. Münst. 1935; H. Junge, Diss. Hamburg 1955.

Velatus → Laßwitz, Kurd

Veldeke, Heinrich von → Heinrich von Veldeke

Venator → Crotus Rubeanus

Vershofen, Wilhelm, 25. 12. 1878 Bonn – 30. 4. 1960 Tiefenbach/Allgäu; aus rhein. Handwerkerfamilie; dt. und engl. Schulen; Kaufmannslehre; Stud. Philos., Germanistik und Kunstgesch.; Dr. phil.; Gymnasiallehrer in Jena; Stud. Volkswirtschaft; seit 1908 Hrsg. der ›Jenaer Vierteljahreshefte‹. 1912 Gründer des ›Bundes der Werkleute auf Haus Nyland‹ mit J. Kneip u. J. Winckler; Mitgl. des Dichterkreises ›Quadriga‹. 1916 Syndikus der Handelskammer Sonneberg; 1918 Leiter des Verbands der Thüringer Spielwarenindustrie; 1919–23 Vorsitzender der wirtschaftl. Organisation der dt. Porzellanindustrie; 1921 Dozent, 1923 Prof. für Wirtschaftswiss. an der Handelshochschule Nürnberg, 1958 Dr. oec. h. c. – Fruchtbarer Erzähler bes. wirtschaftl.-sozialer Themen; auch Schilderer der Industriewelt und der heimatl. Landschaft. Einzelne philos. Werke.

W: Wir drei, G. 1904 (m. J. Kneip u. J. Winckler); Der Fenriswolf, R. 1914; Das Weltreich und sein Kanzler, R. 1917; Swennenbrügge, R. 1928; Rhein und Hudson, Grotesken 1929; Poggeburg, R. 1934; Zwischen Herbst und Winter, R. 1938; Seltsame Geschichten, E. 1938; Das Jahr eines Ungläubigen, Tg. 1942; William, der Landedelmann, E. 1948; Erlebnis und Verklärung, Es. 1949; Das silberne Nixchen, E. 1951; Der große Webstuhl, Ep. 1954; Philosophische Schriften, 1967.

L: Wie sie ihn erlebten, W. V. z. Ged., hg. G. Bergler 1965.

Vesper, Bernward, 1. 3. 1938 Gifhorn – 15. 5. 1971 Hamburg (Freitod); Sohn von Will V., gelangte aus dem reaktionären Elternhaus in die linksradikale außerparlamentar. Opposition, Leiter des linken Voltaire-Verlags in Berlin, Drogenreise durch Europa; beging in der Psychiatrischen Klinik Selbstmord. – S. unvollendeter Romanessay beschreibt in unausgeglichener Sprache Ausbruch und Ichsuche der aufbegehrenden Nachkriegsjugend.

W: Die Reise, Fragm. 1977.

Vesper, Guntram, * 28. 5. 1941 Frohburg/Sachsen; seit 1957 in der BRD; Arbeiter, 1963 Stud. Germanistik und Medizin Gießen u. Göttingen; Landwirt ebda. und Steinheim/Vogelsberg; 1978/79 Villa Massimo, Rom. – Vf. geschickt montierter Kurzprosa; Genrebilder des ländl. Milieus, die er aus Banalitäten, Vorurteilen, Denk- u. Sprachklischees as-

soziativ zu prägnanten Bildern gesellschaftl. Zwänge u. menschl. Verhaltensweisen verknüpft. In s. Lyrik illusionslose Beschreibung der menschl. Beziehungslosigkeit. Hör- und Fernsehspiele.

W: Fahrplan, G. 1964; Je elementarer der Tod, desto höher die Geschwindigkeit, G. 1964 (m. W. P. Schnetz); Gedichte, 1965; Kriegerdenkmal ganz hinten, En. 1970; Nördlich der Liebe und südlich des Hasses, En. 1979; Die Illusion des Unglücks, G. 1980; Nordwestpassage, Poem 1980; Die Inseln im Landmeer, G. 1982 (erw. 1984); Landeinwärts, Ausw. 1984; Frohburg, G. 1985; Laterna magica, E. 1985.

Vesper, Will, 11. 10. 1882 Wuppertal-Barmen – 14. 3. 1962 Gut Triangel, Kr. Gifhorn; Abitur 1904; 1906 ∞ Käte Waentig; Stud. Germanistik und Gesch. München; Verlagsberater ebda.; 1911 freier Schriftsteller in Hohenschäftlarn/Isartal; 1913/14 Florenz; im 1. Weltkrieg Soldat bei der Landwehr; wiss. Hilfsarbeiter im großen Generalstab; 1918–20 Feuilletonchef der ›Deutschen Allgemeinen Zeitung‹. 1923–43 Hrsg. der Zs. ›Die Schöne Literatur‹ (ab 1931 ›Die Neue Literatur‹). Im Dritten Reich Mitglied der Dichterakademie; ab 1936 Landwirt in Triangel/Hannover. – Als Erzähler, Lyriker, Dramatiker und Vf. von Jugendbüchern Vertreter e. volkhaft-nationalen Gesinnung z. T. in Übereinstimmung mit dem Nationalsozialismus. Hinwendung zur dt. Kultur auch in s. hist. Stoffen, bes. aus Germanen- und Reformationszeit. Einfache, schlichte Sprache, z. T. Erneuerung des Sagastils. Bearb. und Übs. ma. Dichtungen (Parzival, 1911; Tristan, 1911; Nibelungen, 1924; Gudrun, 1925). Hrsg. von Anthologien. Fand nach 1945 kaum noch Leser.

W: Der blühende Baum, G. 1916; Martin Luthers Jugendjahre, Nn. 1918; Gute Geister,

M. 1921; Die Wanderung des Herrn Ulrich von Hutten, R. 1922; Der Pfeifer von Niclashausen, E. 1924; Der arme Konrad, E. 1924; Der Heilige und der Papst, N. 1928; Sam in Schnabelweide, E. 1931; Das harte Geschlecht, R. 1931; Kranz des Lebens, G. 1934; Geschichten von Liebe, Traum und Tod, Ges. Nn. 1937; Kämpfer Gottes, En. 1938; Im Flug durch Spanien, Reiseb. 1943; Seltsame Flöte, En. 1958; Letzte Ernte, En. 1962. – GW, hg. B. Vesper VI 1963ff.
L: M. Kreml, Diss. Wien 1941; W. V., hg. W. Jantzen 1957.

Viebig, Clara, 17. 7. 1860 Trier – 31. 7. 1952 Berlin-Zehlendorf; Tochter e. Oberregierungsrats; Jugend in Düsseldorf und auf dem Land in Westpreußen; kam 1883 nach Berlin, Stud. Gesang Musikhochschule ebda.; 1896 ⚭ Verlagsbuchhändler Fritz Th. Cohn; im Dritten Reich bis zum Tode ihres Mannes schweren Verfolgungen ausgesetzt; ab 1942 Mittelwalde; 1945 aus Schlesien vertrieben; lebte bis zu ihrem Tode in sehr bescheidenen Verhältnissen in Berlin-Zehlendorf. – Bedeutende naturalist. Erzählerin. Behandelt die Abhängigkeit des Menschen von der Natur, den Einfluß des Milieus auf Entwicklung und Schicksal. Meisterhafte, realist. Skizzierung menschl. Charaktere, bes. von Frauen aus dem Volke, sozial-krit. Züge. Stimmungsvolle, gefühlsbetonte Landschaftsschilderungen. Ihre Dramen hatten nur geringeren Erfolg.

W: Kinder der Eifel, Nn. 1897; Barbara Holzer, Dr. 1897; Rheinlandstöchter, R. 1897; Das Weiberdorf, R. 1900; Das tägliche Brot, R. II 1900; Die Wacht am Rhein, R. 1902; Das schlafende Heer, R. 1904; Der Kampf um den Mann, Drr. 1905; Einer Mutter Sohn, R. 1906; Absolvo te!, R. 1907; Das Kreuz im Venn, R. 1908; Das letzte Glück, Dr. 1909; Die vor den Toren, R. 1910; Töchter der Hekuba, R. 1917; Unter dem Freiheitsbaum, R. 1922; Die Pasion, R. 1926; Die mit den tausend Kindern, R. 1929; Charlotte von Weiß, R. 1930; Prinzen, Prälaten und Sanskulotten, R. 1931; Menschen unter Zwang, R. 1932; Insel der Hoffnung, R. 1933; Der Vielgeliebte und die Vielgehaßte, R. 1935; Berli-

ner Novellen, 1952. – AW, VI 1911, VIII 1922.
L: G. Scheuffler, 1927; S. Wingenroth, Diss. Freib. 1936; U. Michalska, Posen 1968.

Viertel, Berthold, 28. 6. 1885 Wien – 24. 9. 1953 ebda.; Kaufmannssohn; Gymnas. Wien und Zürich; Stud. Philos. u. Gesch. Wien; Mitarbeiter des ›Simplicissimus‹ und der ›Fackel‹ von K. Kraus; 1912 Mitgründer und bis 1914 Dramaturg der Wiener ›Volksbühne‹. im 1. Weltkrieg Reserveoffizier in Serbien und Galizien; 1917/18 Schriftleiter am ›Prager Tagblatt‹, 1918 Spielleiter des Staatstheaters Dresden; 1922 Inszenierungen an versch. Bühnen Berlins; 1923 Mitbegründer des experimentellen Theaters ›Die Truppe‹. 1926 Regisseur in Düsseldorf; 1928 Drehbuchautor in Hollywood; 1931 Rückkehr nach Dtl.; 1934 Frankreich, England und 1938 USA; Filmregisseur in Hollywood; 1947/48 antifaschist. Propaganda im BBC London, 1948 Rückkehr nach Wien; 1948/49 Inszenierungen in Zürich, Wien, Berlin, 1951 für die Salzburger Festspiele. – Österr. Lyriker, Erzähler und Dramatiker, anfangs im Zeichen des Expressionismus. In späteren Werken Auseinandersetzung mit dem Faschismus. Übs. aus dem Am.

W: Die Spur, G. 1913; Die Bahn, G. 1921; K. Kraus, Es. 1921; Die schöne Seele, K. 1925; Das Gnadenbrot, R. 1927; Fürchte dich nicht, G. 1941; Der Lebenslauf, G. 1946. – Dichtungen und Dokumente, hg. E. Ginsberg 1956; Schriften zum Theater, hg. G. Heidenreich 1970; Daß ich in dieser Sprache schreibe, Ges. G. 1981.
L: F. Pfäfflin, 1969; J. Mayerhöfer, hg. 1975.

Vieser, Dolores (eig. Wilhelmine Aichbichler, geb. Wieser), * 18. 9. 1904 Hüttenberg/Kärnten; Landwirtstochter; 1934 ⚭ Gutsbesitzer und Schriftsteller Otto A.; lebt in Bruckendorf/Kärnten. – Gemüt-

hafte österr. Erzählerin aus Leben
und Vergangenheit ihrer Heimat;
Nähe zu E. v. Handel-Mazzetti.

W: Das Singerlein, R. 1928; Der Gurnitzer,
R. 1931; Der Märtyrer und Lilotte, R. 1933;
Hemma von Gurk, R. 1938; An der Eisen-
wurzen, En. 1948; Aelia, eine Frau aus Rom,
R. 1952; Licht im Fenster, R. 1953; Die Trau-
ermesse, R. 1961.

Vieth von Golssenau, Arnold
Friedrich → Renn, Ludwig

Villers, Alexander von, 12. 4.
1812 Moskau – 16. 2. 1880 Wien;
Sohn franz. Emigranten; Buchdrucker in Leipzig, Dresden und
Paris; Bekanntschaft mit Liszt; besuchte erst in späteren Jahren das
Gymnas.; Stud. Jena und Leipzig;
1843 Diplomat im sächs. Staatsdienst; in Frankfurt, Paris und
Berlin tätig; 1853 Legationssekretär in Wien; 1860–70 Legationsrat
ebda. – S. reichen Beobachtungen, Stimmungen und Erfahrungen legte er in klass., souverän-
weltmänn. Briefen an s. Freunde
nieder.

W: Briefe eines Unbekannten, hg. R. Graf
Hoyos 1881 (erw. II 1887; verm. hg. K. Graf
Lanckoroński 1910; M. Gideon 1948; P. Mül-
ler 1983).

Vineta, Ludolf → Wienbarg, Ludolf

Vintler, Hans von, 2. Hälfte 14.
Jh. – 1419; aus Bozener Patriziergeschlecht, 1407 Gerichtspfleger
in Stein, 1416 Amtmann, 1417
Gesandter des Herzogs von Tirol
in Venedig. – Mhd. Lehrdichter,
schrieb um 1411 auf Schloß Run-
kelstein e. Tugendlehre in 10172
Reimversen ›Die pluemen der tugent‹ nach Fra Tommaso Gozza-
dinis ›Fiori de virtù‹ (um 1300).
Gegenüberstellung von 18 Tugenden und 17 Lastern in Beispielen aus Geschichte und Sage; Kri-

tik an den Adelssitten. 1486 als
›Flores virtutum‹ gedruckt.

A: I. v. Zingerle 1874 (n. 1968).
L: H. Sander, 1892.

Virginal, Die, dt. Dietrich-Epos
um 1300 e. unbekannten alemann.
Vf. (früher: Albrecht von Kemna-
ten) im Bernerton; vereint nach e.
älteren Original Riesen-, Zwer-
gen- und Drachenabenteuer um
die Befreiung der Zwergenköni-
gin V. durch Dietrich von Bern
und s. Waffenmeister Hildebrand.
Versch. Fassungen nach dems.
Original liegen vor in ›Dietrichs
erste Ausfahrt‹ und ›Dietrich und
seine Gesellen‹.

A: J. Zupitza, Dt. Heldenbuch 5, 1870.
L: E. Schmidt, Zur Entstehungsgesch. u.
Vf.frage d. V., 1906, n. 1974.

Vischer, Friedrich Theodor (Ps.
P. U. Schartenmayer, Deutobold
Symbolizetti   Alegoriowitsch
Mystifizinsky), 30. 6. 1807 Ludwigsburg – 14. 9. 1887 Gmunden
a. Traunsee; Pfarrerssohn, Gymnas. Stuttgart, 1821 Seminar
Blaubeuren, 1825 Stud. Theologie und Philos. Tübingen;
Freundschaft mit E. Mörike und
D. F. Strauß. 1830 Vikar in Horr-
heim b. Vaihingen, 1831 Repetent
in Maulbronn; 1832/33 Dtl.-Rei-
se; 1833 Repetent in Tübingen,
1836 Privatdozent für Philos. und
Ästhetik ebda., 1837 ao., 1844 o.
Prof. 1839/40 Italien- und Grie-
chenland-, 1843 Italienreise. 1844
wegen allzu freimütiger Antritts-
rede für 2 Jahre suspendiert. 1848
Abgeordneter der gemäßigten
Linken in der Frankfurter Nationalversammlung. 1855 Prof. am
Polytechnikum Zürich, 1866–77
Prof. für Lit. und Ästhetik Polytechnikum Stuttgart, 1866–69
auch Tübingen. 1870 persönl.
geadelt. Freund G. Kellers, beeinflußte dessen Umarbeitung des

›Grünen Heinrich‹. – Aufrechter, streitbarer Publizist von antiklerikaler, pantheist. Weltanschauung und wirkungsvoller Sprache. Philosoph und Ästhetiker auf dem Übergang von Hegel zu e. psycholog. Realismus. Geistr. Essayist, Literarhistoriker und Kritiker. Humorist.-satir. Erzähler in der Nachfolge Jean Pauls, doch ohne echte dichter. Kraft. Verbreitet s. originelle und grotesk-schalkhafte Stud. vom tragikom. Kampf mit der Tücke des Objekts ›Auch Einer‹. Vf. e. Parodie von ›Faust II‹. Humorist. Lyriker und Epigrammatiker.

W: Über das Erhabene und Komische, Abh. 1837 (n. 1967); Kritische Gänge, II 1844, N. F. VI 1860–73 (n. 1921 f.); Ästhetik oder Wissenschaft des Schönen, III 1846–57 (n. VI 1922 f.); Faust. Der Tragödie 3. Teil, Parod. 1862 (n. 1978); Epigramme aus Baden-Baden, 1867; Der deutsche Krieg 1870–71, Ep. 1873; Goethes Faust, Abh. 1875; Auch Einer, R. II 1879; Altes und Neues, III 1881 f.; N. F. 1889; Lyrische Gänge, 1882; Nicht Ia, Lsp. 1884; Festspiel zur Uhlandfeier, 1887; Allotria, Dichtn. 1892; Vorträge, VI 1898–1905. – Dichter. Werke, V 1917; AW, hg. Th. Kappstein III 1920; Briefw. m. Mörike, hg. R. Vischer 1926, m. D. F. Strauß, hg. A. Rapp II 1952 f.
L: J. E. v. Günthert, 1889; I. Frapan, 1889; M. Dietz, 1893; J. G. Oswald, V. als Dichter, 1896; O. Keindl, 1907 (m. Bibl.); A. Rapp, F. Th. V. u. d Politik, 1911; Th. Klaiber, 1920; O. Hesnard, Paris 1921; H. Glockner, F. Th. V. u. d. 19. Jh., 1931; E. Volhard, Zwischen Hegel u. Nietzsche, 1932; H. Kipper, D. Lit.-kritik V.s, Diss. Gießen 1941; G. Kotowski, F. T. V. u. d. polit. Idealismus, Diss. Bln. 1951; F. Schlawe, 1959; W. Oelmüller, F. T. V. u. d. Probl. d. nachhegel. Ästhetik, 1959; W. Göbel, 1983.

Vischer, Melchior (Ps. Emil Fischer), 7. 1. 1895 Teplitz-Schönau/Böhmen – 21. 4. 1975 Berlin; Stud. Germanistik, Kunstgesch., Philos., Mathematik Prag; Soldat, Journalist in Prag, 1923–27 Dramaturg und Regisseur an versch. Bühnen. Starb vergessen und verarmt. – Produktiver Erzähler und Dramatiker des Dadaismus und Expressionismus

mit explosiven Wortballungen in erot.-exot. Novellen; später histor. Romane und Jugendbücher.

W: Sekunde durch Hirn, E. 1920 (n. 1987); Strolch und Kaiserin, R. 1921; Der Hase, E. 1922 (n. 1987); Der Teemeister, E. 1922; Die Falle, E. 1924; Peke-Wotaw, Jgb. 1940; Jan Hus, B. II 1940. – Ausw. H. Geerken 1976.

Vitoduranus → Johannes von Winterthur

Vitus, Maximilian (eig. M. V. Ertl), 13. 4. 1897 Gauting/Starnberger See – 24. 1. 1968 Stockdorf b. München; zunächst Schauspieler. – Bayer. Mundartdramatiker des oberbayer. Volks- und Bauerntheaters mit rd. 30 ländl. Lustspielen u. Bauernkomödien bes. für das Tegernseer Volkstheater. S. dramaturg. einfachen Stücke beziehen ihre Wirkung aus der lakon. Diktion, dem Sprachwitz des Dialekts und dem drast. Humor.

W: Amor im Paradies, K. (1930); Das Prämienkind, K. (1932); Das Herz in der Lederhose, K. (1933); Die drei Eisbären, K. (1933); Alles in Ordnung, K. (1933); St. Pauli in St. Peter, K. (1938); Mausi, K. (1943); Die falsche Katz, K. (1952); Thomas auf der Himmelsleiter, K. (1953); Nix für ungut, K. (1956); Der Hausfreund, K. (1958); Der Vatertag, K. (1959); Sag die Wahrheit, K. (1960).

Voelkner, Benno, 3. 9. 1900 Danzig – 21. 1. 1974 Schwerin; Arbeitersohn, Klempnerlehre, 1917 Soldat, Bergmann im Ruhrgebiet, dann versch. Berufe in Skandinavien, Holland und den USA; KP-Mitgl., ab 1933 im Widerstand; zog 1945 nach Mecklenburg; seit 1950 freier Schriftsteller in Schwerin. – Den Arbeitern u. Bauern verbundener Erzähler der ostelb. Landschaft; beschreibt die Umwälzungen der bäuerl. Lebens seit 1900, dann, der sozialist. Parteilinie folgend, die Bodenreform nach 1945.

W: Leben um Leben, R. 1937; Die drei Gerechten, R. 1939; Jacob Ow, R. 1951; Die Tage werden heller, R. 1952; Zinneck und Lulu, E. 1954; Die Leute von Karvenbruch, R. 1955; Die Liebe der Gerda Hellstedt, R. 1957; Das Tal des zornigen Baches, R. 1957; Die Bauern von Karvenbruch, R. 1959; Die Schande, R. 1965.

Vogel, Traugott, 27. 2. 1894 Zürich – 31. 1. 1975 ebda.; Sohn e. Gärtners, Stud.Germanistik Zürich und Genf; Lehrer in Zürich. – Von lit. Strömungen unbeeinflußter schweizer. Erzähler; Vf. gemüthafter Mundartgeschichten, besinnl. Idyllen, Jugendbücher und sprachl. u. formal einfacher Romane, die der Überschätzung intellektueller u. materieller Werte e. Welt schlichter Menschlichkeit gegenüberstellen; Stileinfluß von Gotthelf.

W: Unsereiner, R. 1924; Ich liebe, du liebst, R. 1926; Der blinde Seher, R. 1930; Spiegelknöpfler, Jgb. II 1932; Der Engelkrieg, En. 1939; Anna Foor, R. 1944; Schuld am Glück, En. 1951; Der rote Findling, R. 1955; Täilti Liebi, En. 1961; Die verlorene Einfalt, R. 1965; Hüt und früener, En. 1966; Leben und Schreiben, Aut. 1975.
L: E. Arnet, 1954; T. V. – Freundesgabe, 1964.

Vogelweide → Walther von der Vogelweide

Vogl, Johann Nepomuk, 7. 2. 1802 Wien – 16. 11. 1866 ebda.; Kaufmannssohn; 1819–59 Beamter der niederösterr. Landstände; 1845 Dr. phil. h. c.; Freundschaft mit F. Stelzhamer, E. von Bauernfeld, E. von Feuchtersleben; Reisen nach Ungarn. – Fruchtbarer, gemütvoller österr. Lyriker und Balladendichter der Wiener Spätromantik. Auch Dramatiker, Erzähler und Folklorist. Hrsg. mehrerer Almanache.

W: Balladen und Romanzen, III 1835–41; Lyrische Blätter, 1836; Volksmärchen, 1837; Klänge und Bilder aus Ungarn, Dicht. 1839; Erzählungen eines Großmütterchens, 1840; Neuer Liederfrühling, G. 1841; Schatten, En.

1844; Domsagen, 1845; Soldatenlieder, G. 1849; Blumen, Romanzen, Lieder und Sprüche, 1852; Neue Gedichte, 1856; Schenken- und Kellersagen, 1858; Twardowski, der polnische Faust, Volksb. 1861; Aus dem Kinderparadiese, G. 1861; Aus dem alten Wien, Dicht. 1865. – Ausgw. Dichtungen, hg. R. Kleinecke 1911.
L: R. J. Binder, 1907, n. 1975.

Vogt, Walter, * 31. 7. 1927 Zürich; Stud. Medizin; Röntgenarzt in e. Berner Krankenhaus, dann in e. Nervenklinik tätig; Psychiater in Muri b. Bern. – Vf. skept.iron. Studien aus dem Ärzte- u. Krankenhausmilieu als Zerrbild e. organisierten Gesellschaft; am angelsächs.-schwarzen Humor und dem pointierten sanft-sarkast. Stil Dürrenmatts geschulter Satiriker von sprachl. Präzision und bizarrmakabrer Phantasie.

W: Husten, En. 1965 (erw. 1968); Höhenluft, Posse (1966); Wüthrich, R. 1966; Melancholie, R. 1967; alle irrenhäuser sind gelb, G. 1967; Der Vogel auf dem Tisch, E. 1968; Spiele der Macht, FSsp. 1972; Klartext, G. 1973; Der Wiesbadener Kongreß, R. 1973; Briefe aus Marokko, Reiseb. 1974; Der Irre und sein Arzt, En. 1974; Die roten Tiere von Tsavo, En. 1976; Schizogorsk, R. 1977; Booms Ende, En. 1979; Vergessen und Erinnern, R. 1980; Altern, R. 1981; Metamorphosen, Prosa 1984; Maskenzwang, En. 1985; Der Garten der Frau des Mannes der Noah hieß, Ausgew. En. 1987.

Voigt-Diederichs, Helene, 26. 5. 1875 Gut Marienhoff b. Ekkernförde – 3. 12. 1961 Jena; Tochter e. Gutsbesitzers; 1898 ⚭ Eugen Diederichs, Verleger in Leipzig, ab 1904 Jena; 1911 o/o; Reisen durch Dtl., Italien, England, Spanien, dann in Braunschweig, seit 1931 in Jena ansässig. – Lyrikerin und besonders Erzählerin einer erdgebundenen, naturalist.-unsentimentalen Heimatkunst; scharfe Beobachtung u. herbe Schilderung des ländl. Volkslebens in Schleswig-Holstein, bes. um trag. Schicksale ärml. bäuerl. Frauengestalten voll

Volkmann   824

echten weibl. Mitgefühls. Reisebeschreibungen und Erinnerungen.

W: Schleswig-Holsteiner Landleute, En.
1898; Abendrot, En. 1899; Unterstrom, G.
1901; Regine Vosgerau, R. 1901; Leben ohne
Lärmen, Nn. 1903; Dreiviertel Stund vor
Tag, R. 1905; Aus Kinderland, En. 1907; Nur
ein Gleichnis, En. 1909; Wandertage in England, Reiseb. 1912; Wir in der Heimat, Sk.
1916; Luise, E. 1916; Zwischen Himmel und
Steinen, Reiseb. 1919; Mann und Frau, Nn.
1922; Auf Marienhoff, Erinn. 1925; Schleswig-Holsteiner Blut, En. 1926; Ring um Roderich, R. 1929; Der grüne Papagei, En. 1934;
Aber der Wald lebt, E. 1935; Sonnenbrot, Sk.
1936; Gast in Siebenbürgen, Tg. 1936; Vom
alten Schlag, En. 1937; Das Verlöbnis, R.
1942; Strauß im Fenster, Sk. 1945; Der Zaubertrank, En. 1948; Die Bernsteinkette, En.
1951; Waage des Lebens, R. 1952.

L: J. Blomenröhr, Diss. Münster 1941.

Volkmann, Richard von (Ps. Richard Leander), 17. 8. 1830 Leipzig – 28. 11. 1889 Jena; Sohn e.
Prof. der Medizin; Jugend in Dorpat; Stud. Medizin Halle, Gießen
und Berlin; 1857 Privatdozent in
Halle; 1863 Prof.; 1967 General-
arzt der preuß. Armee; in den
Feldzügen 1866 und 1870/71
wichtige chirurg. Tätigkeit; 1885
von Kaiser Wilhelm I. geadelt;
von Papst Pius IX. nach Rom berufen; große Verdienste um die
Einführung der antisept. Wund-
behandlung; Begründer der mod.
wiss. Orthopädie. – Bedeutender
Erzähler von stimmungsreichen,
formvollendeten volkstüml.
Kunstmärchen; auch Lyriker. Vf.
medizin. Schriften.

W: Träumereien an französischen Kaminen,
M. 1871 (n. 1978); Aus der Burschenzeit,
Dicht. 1876; Gedichte, 1877; Kleine Ge-
schichten, 1884; Alte und neue Troubadour-
Lieder, 1889. – SW, 1899.

L: F. Krause, 1890; H. Debrunner, 1932.

Vollmer, Walter, 2. 7. 1903
Abermund-Westrich b. Dort-
mund – 17. 2. 1965 Arnsberg;
Lehrerssohn; 1922 Reifeprüfung;
Bauhandwerker und Bergmann;

Stud. Clausthal, Philol. Leipzig
und Münster; Rundfunkdrama-
turg und Journalist; 1929–33 Stud.
Theologie Münster, dann freier
Schriftsteller in Arnsberg/Westf.
– Humorvoller Erzähler, schildert
vor allem das Leben im Ruhrgebiet.

W: Das Rufen im Schacht, En. 1926; Die
Ziege Sonja, R. 1934; Die Schenke zur ewigen Liebe, R. 1935; Der Gang zum Nobis-
krug, R. 1938; Die Pöttersleute, R. 1940; Das
Traumschiff, E. 1941; Die verlorene Seele, R.
1947; Die Weltreise zur Fröhlichen Morgen-
sonne, M. 1950; Johannisfest auf Sieben-
planeten, M. 1950.

Vollmöller, Karl Gustav, 7. 5.
1878 Stuttgart – 18. 10. 1948 Los
Angeles; Stud. Archäologie und
klass. Philol. in Paris, Berlin,
Athen und Bonn, Dr. phil. Film-
pionier, Auto- und Flugzeugkon-
strukteur und -sportler; grandsei-
gneurhaftes Leben als Kosmopolit
in Berlin, Paris, Venedig (1919,
Palazzo Vendramin) und Basel,
schließl. beim Film in Hollywood. – Neuromant. Lyriker, Erzähler und Dramatiker, Mitgl. des
George-Kreises. Frühe Lyrik im
Jugendstil unter Einfluß Georges,
Mallarmés und D'Annunzios,
später Gedankenlyrik. Bekannt
durch den Welterfolg s. Dramas
›Das Mirakel‹ in der Zirkusinsze-
nierung mit Massenregie durch
M. Reinhardt (Zirkus Busch,
Berlin 1914). Übs.

W: Parcival, Die frühen Gärten, G. 1903;
Catherina, Gräfin von Armagnac, Dr. 1903;
Assüs, Fitne und Sumurud, Tr. 1904; Der
deutsche Graf, K. 1906; Wieland, Sp. 1910;
Das Mirakel, Dr. 1912; Venezianisches Aben-
teuer, Dr. (1912); Cocktail, K. (1930); La
Paiva, Dr. (1931); Gedichte, Ausw., hg. H.
Steiner 1960.

L: R. Boehringer, hg. 1957.

Volz, Hans → Folz, Hans

Vom Hürnen Seyfrid → Hürnen Seyfrid, Lied vom

Voß, Johann Heinrich, 20. 2. 1751 Sommersdorf b. Waren/ Mecklenburg – 29. 3. 1826 Heidelberg; Sohn e. armen Pächters, durch gedrückte Jugendverhältnisse zeitlebens Demokrat und Gegner des Feudalabsolutismus. 1766 Gymnas. Neubrandenburg, 1769 Hauslehrer in Ankershagen. Ermöglichte sich unter großen Mühen 1772 das Stud. der Theologie, dann Philol. und Lit. Göttingen (bei Chr. Heyne); Verkehr mit Boie, Hölty, Claudius; Gründung des Göttinger Hains. 1774 Besuch bei Klopstock in Hamburg und bei den Eltern Boies in Flensburg (⚭ 1777 deren Tochter Ernestine). 1775 als Nachfolger Boies Redakteur des ›Göttinger Musenalmanachs‹ (1776–80) in Wandsbek (Verkehr mit Claudius); 1778 Rektor in Otterndorf/ Hadeln, 1782 dass. in Eutin (Verkehr mit s. Jugendfreund F. L. Graf zu Stolberg); 1786 Hofrat eb. da. Nach Pensionierung 1802 Privatgelehrter in Jena, von Goethe wegen s. Kenntnis antiker Metrik geschätzt. Zog 1805 mit e. Ehrensold des Großherzogs von Baden nach Heidelberg. Im Alter als streitbarer, engstirniger und prinzipientreuer Verfechter e. starren, rationalen Klassizismus unversöhnl. Angriffe gegen die Heidelberger Romantiker (Brentano, Arnim, Görres, Creuzer), gegen F. L. Stolbergs Übertritt zum Katholizismus und Goethes Sonettendichtung. – Dichter und Übs. des 18. Jh. unter Einfluß Klopstocks und Herders. Begann mit steifen und nüchternen, z. T. volkstüml. Gedichten (›Des Jahres letzte Stunde‹) und Idyllen mit anschaul.-realist. Schilderung des zeitgenöss. Landlebens, z. T. in niederdt. Mundart. Dann Epiker und Idylliker (›Der 70. Geburts-

tag‹, 1781, ›Luise‹, 1783, beide im Musenalm.) als Vorläufer von Goethes ›Hermann und Dorothea‹. Bis heute gültig als Homer-Übs., sorgfältig bemüht um Wahrung von Metrum, Wort und Sinn. Gab dem dt. Klassizismus e. breitwirkende Grundlage. Spätere Übss. allzu pedant. in Wort- und Verstreue.

W: Homers Odyssee, Übs. 1781; Die 1001 Nacht, Übs. II 1781–85 (a. d. Franz.); Gedichte, II 1785–95; Virgils Landbau, Übs. 1789; Homers Werke, Übs. IV 1793; Mythologische Briefe, Schr. II 1794; Luise, Idyll 1795 (n. 1912); Des Virgilius Ländliche Gedichte, Übs. IV 1797 bis 1800; Verwandlungen nach Ovidius, Übs. II 1798; Idyllen, 1801 (n. 1968); Sämtliche Gedichte, VI 1802 (n. 1969); Des Horatius Werke, Übs. II 1806; Shakespeares Schauspiele, Übs. IX 1818–29 (m. s. Söhnen); Wie ward Fritz Stolberg ein Unfreier?, Streitschr. 1819 (n. 1984); Aristophanes Werke, Übs. III 1821; Propertius Werke, Übs. 1830. – Sämtl. poet. Werke, hg. A. Voß 1835, V 1850; Werke, hg. H. Voegt ²1976; Briefe, hg. A. Voß IV 1829–33, ²1840; Briefw. m. J. A. Schulz, 1960; Briefe an Goeckingk, hg. G. Hay 1976.
L: W. Herbst, II 1872–76 (n. 1970); H. Grantzow, 1909; C. Kuhlmann, 1914; L. Benning, V. u. s. Idyllen, Diss. Marb. 1916; Voßische Hausidylle, hg. L. Bäte 1925; J. H. V.-Gedächtnisschr., 1926; G. Hay, 1971; C. D. Hahn, 1977; G. Häntzschel, J. H. V. Homerübs., 1977; H. Fröschle, 1985.

Voß, Julius von, 24. 8. 1768 Brandenburg – 1. 11. 1832 Berlin; Offiziersohn; 1782 Eintritt in die preuß. Armee; Teilnehmer an den poln. Kriegen; Leutnant; mußte 1798 den Abschied nehmen; freier Schriftsteller. Größere Reisen nach Italien, Frankreich und Schweden; lebte meist in Berlin. – Geistreicher Erzähler zahlr. Sitten- und Zeitromane von geringem lit. Wert, aber kulturhist. Interesse, da sie Einblicke in alle Schichten der Bevölkerung Berlins um 1800 geben. Lustspiele aus dem Berliner Kleinbürgertum.

W: Der travestirte Nathan der Weise, Posse 1804 (n. 1985); Ignaz von Jalonsky, R. II 1806; Lustspiele, IX 1807–17; Die Maitresse, R. 1808; Der Strahlower Fischzug, Lsp. 1822;

Der Schutzgeist, R. 1822; Die Schildbürger, R. 1823; Faust, Tr. 1823 (n. G. Ellinger 1890); Neuere Lustspiele, VII 1823–27; Der lustige Bruder, R. 1824; Das Mädchenduell, R. 1826; Der Großinquisitor von Portugal, R. 1833. – Kleine Romane, X 1811–16; Die Eintagslit. der Goethezeit, hg. L. L. Albertsen 1975. *L:* J. Hahn, 1910.

Voß, Richard, 2. 9. 1851 Neugrape b. Pyritz – 10. 6. 1918 Berchtesgaden/Obb.; Gutsbesitzerssohn; in s. Jugend große Reisen, bes. in Italien; schloß sich 1870 als Johanniter dem dt. Heere an, nach Verwundung für weiteren Dienst untaugl.; Stud. Philos. Jena und München; freier Schriftsteller in der Villa Falconieri in Frascati b. Rom und in Berchtesgaden, 1884 Bibliothekar der Wartburg; 1888 Nervenheilanstalt Wien; dann bis zu s. Tode in Frascati und Berchtesgaden. – Äußerst produktiver, seinerzeit sehr beliebter Erzähler und Dramatiker von lebhafter, oft ungezügelter Phantasie und leidenschaftl., meist unnatürl. und überladener Sprache. S. pikantsentimentalen Unterhaltungsromane u. Sittenstücke sind bewußt auf den Massengeschmack angelegt.

W: Unfehlbar, Sch. 1874; Luigia Sanfelice, Tr. 1882; Regula Brandt, Dr. 1883; Die Sabinerin, En. 1889; Schuldig!, Dr. 1892; Der König, Sch. 1896; Villa Falconieri, R. II 1896; Südliches Blut, Nn. 1900; Römisches Fieber, R. 1902; Ein Königsdrama, R. II 1903; Alpentragödie, R. 1909; Zwei Menschen, R. 1911; Tragödie der Zeit, R. 1913; Sphinx, R. 1913; Mit Weinlaub im Haar, R. 1915; Brutus, auch Du, R. 1916; Das Haus der Grimani, R. 1917; Aus einem phantastischen Leben, Aut. 1920. – AW, V 1922–25.
L: M. Goldmann, 1890; O. Pach, 1898; H. W. Thiemer, Diss. Lpz. 1923; E. Thiele, Diss. Köln 1923; H. Thiergärtner, Diss. Ffm. 1936.

Vrîdanc → Freidank

Vries, Berend de, 3. 12. 1883 Emden – 25. 11. 1959 ebda.; Realschule ebda.; Telegraphenbeamter, zuletzt Inspektor ebda. – Erzähler und Lyriker, schildert Landschaft und Bewohner s. Heimat, z. T. in plattdt. Mundart.

W: Marsch und Meer, G. 1920; Die Meerorgel, G. 1923; Jahreskreis, G. 1926; Schipp ahoi, G. 1926; Inselfrühling, Wanderb. 1934; Der Pfingstbusch der Bark Confidentia, En. 1934; Das Logbuch des Ostindienfahrers, E. 1943; Dat Schipp Mannigfual, G. 1953.

Vring, Georg von der, 30. 12. 1889 Brake in Oldenburg – 29. 2. 1968 München; Seemannsfamilie; Lehrerseminar Oldenburg, 1912–14 Kunstschule Berlin; im 1. Weltkrieg Offizier, 1918–19 am. Kriegsgefangenschaft in Südfrankreich. 1919–28 Zeichenlehrer am Gymnas. Jever, nach lit. Erfolg freier Schriftsteller, Maler und Rundfunkmitarbeiter in Cavigliano b. Locarno, Wien, ab 1930 Stuttgart, 1943 Schorndorf/Württ. und seit 1951 München. – Realist. Erzähler mit Themen aus Krieg, Gefangenschaft und Heimkehr; später Abenteuer- und Unterhaltungsromane aus Geschichte und Gegenwart; Kriminalromane. Volksliedhaft musikal., naturnahe und stimmungshafte Liebes- und Naturlyrik in schlichter, farbiger Sprache. Auch Hörspiel und Übs. (Maupassant, Verlaine, Jammes, engl. Lyrik).

W: Südergast, G. 1925; Der Zeuge, N. 1927; Soldat Suhren, R. 1927; Adrian Dehls, R. 1928; Camp Lafayette, R. 1929; Verse, 1930; Station Marotta, R. 1931; Der Wettlauf mit der Rose, R. 1932; Einfache Menschen, Nn. 1933; Der Schritt über die Schwelle, Nn. 1933; Das Blumenbuch, G. 1933; Schwarzer Jäger Johanna, R. 1934; Die Geniusmuschel, R. 1935; Die Spur im Hafen, R. 1936; Der Büchsenspanner des Herzogs, R. 1937; Die spanische Hochzeit, R. 1938; Bilderbuch einer jungen Mutter, G. 1938; Der Goldhelm, R. 1938; Die Werfthäuser von Rodewarden, R. 1937 (auch u. d. T. Das Meisterschiff); Dumpfe Trommel, schlag an!, G. 1939; Die kaukasische Flöte, R. 1939; Der ferne Sohn, E. 1942; Verse für Minette, G. 1947; Magda Gött, R. 1948; Und wenn du willst, vergiß!, R. 1950; Der Diebstahl von Piantacon, R. 1952; Abendfalter, G. 1952; Kleiner Faden

Blau, G. 1954; Die Wege tausendundein,
Aut. 1955; Die Lieder, G. 1956; Der Jongleur,
En. 1958; Geschichten aus einer Nuß, En.
1959; Der Schwan, G. 1961; Der Mann am
Fenster, G. 1964; Gedichte, Ausw. 1965; Ge-
sang im Schnee, G. 1967. – Gedichte und
Lieder, Ausw. 1979.
L: G. v. D. V., Katalog 1971.

Vulpius, Christian August, 23. 1.
1762 Weimar – 26. 6. 1827 ebda.;
Stud. Philos. und Lit.-Gesch. Jena
und Erlangen; 1788 Privatsekretär
des Freiherrn von Soden in Nürnberg; dann beim Grafen von
Egloffstein in München; Privatgelehrter in Bayreuth, Würzburg,
Erlangen und Leipzig; 1790 nach
Weimar, dort 1797 durch Goethes
Vermittlung Theater-, später Bi-
bliotheks-Sekretär; dann Registrator; 1806 Schwager Goethes;
1816 Großherzogl. Rat. – Seinerzeit vielgelesener Unterhaltungsschriftsteller. Hauptvertreter des
phantast. Räuber- und Schauerromans. S. ›Rinaldo Rinaldini‹ wurde das Vorbild vieler Räuberro-
mane. Außerdem Vf. zahlr. unbe-
deutender Bühnenstücke und
volkstüml. Lieder.
W: Abentheuer des Ritters Palmendos, R.
1784; Blondchens Geschichte, R. 1787; Skizzen aus dem Leben galanter Damen, IV
1789–93; Romantische Geschichten der Vorzeit, X 1792–98; Rinaldo Rinaldini, der Räuberhauptmann, R. III 1798 (n. 1974); Orlando
Orlandino, R. II 1802; Lucindora die Zauberin, E. 1810 (n. 1973); Briefe an N. Meyer,
hg. A. Leitzmann 1925.

Wackenroder, Wilhelm Heinrich (Ps. Ernst Winter), 13. 7.
1773 Berlin – 13. 12. 1798 ebda.,
Sohn e. Geh. Kriegsrats und Ju-
stizministers; Friedrichswerdersches Gymnas., Mitschüler und
Freund L. Tiecks; Ostern 1793
Stud. Jura Erlangen mit Tieck; begeisterte sich auf gemeinsamen
Kunstwanderungen nach Bam-

berg und Nürnberg für altdt.
Baukunst. Herbst 1793/94 Stud.
Göttingen (Reisen nach Kassel
und Salzdahlum); 1796 Besuch
der Dresdner Galerie. Kammer-
gerichtsassessor in Berlin. – Frühvollendeter bedeutender Kunstschriftsteller der dt. Frühromantik, von großem Einfluß auf romant. Lebensgefühl und Kunstauffassung (Nazarener) im Hin-
blick auf Natur- und Landschafts-
erleben, dichter. Wiederentdek-
kung ma. Kunst und Lit. sowie
die Verschmelzung der Künste.
Versuchte das subjektiv-innerl.
Kunsterleben als Kunstandacht
ins Religiöse zu lenken. Bedeutsamer Einfluß auf die Entwicklung
Tiecks, mit dem er an mehreren
Werken (wohl auch ›Franz Sternbalds Wanderungen‹) zusammen-
arbeitete.
W: Herzensergießungen eines kunstliebenden
Klosterbruders, Schr. 1797 (n. O. Walzel
1921, H. H. Borcherdt 1949); Phantasien über
die Kunst, für Freunde der Kunst, Schr. 1799
(m. L. Tieck; n. 1983). – Werke u. Briefe, hg.
F. v. d. Leyen II 1910; Werke u. Briefe, 1938
(n. 1967); hg. G. Heinrich 1984; Sämtl.
Schriften, hg. K. O. Conrady 1968.
L: P. Koldewey, W. u. s. Einfluß auf Tieck,
1904; E. Gülzow, 1929; V. Santoli, Rieti
1930; J. Ronge, Paris 1934; G. Fricke, W.s
Religion der Kunst, 1948; B. Tecchi, 1762
(m. Bibl.); H. Lippuner, W, Tieck u. d. bild.
Kunst, 1965; E. Hertrich, Joseph Berglinger,
1969; M. Frey, D. Künstler u. s. Wk. b. W.
H. W. u. E. T. A. Hoffmann, 1970; J. Kiel-
holz, W.s Schriften üb. Musik, 1972; M.
Bollacher, W. u. d. Kunstauffassung d. früh.
Romantik, 1983.

Wackernagel, Ilse → Stach, Ilse

Waechter, Friedrich Karl, ＊3.
11. 1937 Danzig; Lehrerssohn, ab
1945 in Schleswig-Holstein,
Kunstschule Hamburg, Ge-
brauchs- und Werbegraphiker in
Freiburg, Schriftsteller in Frank-
furt/M. – Vf. einfallsreicher Kinderbücher und -stücke mit Neigung zum Skurril-Grotesken;

emanzipatorisches Mitmach-
theater.

W: Der Anti-Struwwelpeter, Kdb. 1970;
Tischlein deck dich, Kdb. 1972; Die Beine-
macher, Dr. (1974); Schule mit Clowns, Dr.
(1975); Kiebich und Dutz, Dr. (1979); Der
Mann aus dem Meer, Dr. (1985).

Wagenfeld, Karl, 5. 4. 1869 Lü-
dinghausen/Westf. – 19. 12. 1939
Münster/Westf.; Sohn e. Eisenbahnbeamten; Seminar Waren-
dorf; 1899–1925 Volksschullehrer
in Recklinghausen u. Münster/
Westf.; Geschäftsführer des Westf-
fäl. Heimatbundes. Seit 1926
Hrsg. der ›Heimatblätter der Roten Erde‹; 1929 Dr. h. c. Münster.
– Niederdt. Epiker u. Dramatiker; Erneuerer der niederdt. relig.
Dichtung; begann mit Bauerntragödien und schrieb dann relig.
Versepik und Mysterienspiele mit
z. T. expressionist. Zügen. Erfor-
scher des Volkstums s. westfäl.
Heimat. Schlichte Sprache, einfache, offene Form.

W: 'n Öhm, En. 1905; ne' Göpps vull, E.
1909; Daud un Düwel, E. 1912; Dat Gewit-
ter, Dr. 1912; Weltbrand, G. 1915; De Anti-
christ, E. 1916; Hatt giegen hatt, Dr. 1917;
Usse Vader, Dicht. 1918; Luzifer, Dr. 1920;
Altwestfälische Bauernhochzeit, Vst. 1921;
Schützenfest, Vst. 1922; In der Spinnstube,
Vst. 1934. – GW, hg. F. Castelle u. A. Aulke
III 1954–83.
L: A. Kracht, Diss. Rostock 1932; K. W.-
Festgabe, 1939 (m. Bibl.); F. Wippermann,
1941; J. Wibbelt, ³1957.

Waggerl, Karl Heinrich, 10. 12.
1897 Bad Gastein – 4. 11. 1973
Wagrain/Salzburg; Sohn e. Zim-
mermanns, Bauerngeschlecht,
ärml. Jugend; Lehrerseminar
Salzburg, im 1. Weltkrieg Offizier, italien. Kriegsgefangenschaft
bis 1920; danach freier Schriftsteller in Wagrain. – Österr. Heimaterzähler mit Romanen und Novellen aus dem bäuerl. Dorf- und
Landleben s. Bergheimat, anfangs
unter starkem Einfluß K. Ham-

suns. Warmherziger, sinnenfreu-
diger Schilderer des Lebens einfacher Menschen im natürl. Jahres-
lauf mit guter Naturbeobachtung
und besinnl. Humor. Zunehmend
liebenswürdiger, fabulierfreudiger Meister der kleinen Form ohne größeren Aufbau. Aphoristiker. Auch Zeichner und Graphiker.

W: Brot, R. 1930; Schweres Blut, R. 1931;
Das Wiesenbuch, 1932; Du und Angela, En.
1933; Das Jahr des Herrn, R. 1933; Mütter, R.
1935; Wagrainer Tagebuch, 1936; Kalender-
geschichten, En. 1937; Feierabend, En. 1944;
Die Pfingstreise, En. 1946; Fröhliche Armut,
En. 1948; Heiteres Herbarium, G. 1950; Drei
Erzählungen, 1950; Lob der Wiese, 1950;
Und es begab sich, E. 1953; Die grünen
Freunde, En. 1955; Liebe Dinge, Pros. 1956;
Wanderung und Heimkehr, Aut. 1957; Klei-
ne Münze, Aphor. 1957; Der Leibsorger, E.
1958; Die Kunst des Müßiggangs, Es. 1959;
Ein Mensch wie ich, Aut. 1963; Kraut und
Unkraut, En. 1968; Der ländliche Lebens-
kreis, Aphor. 1968; Die Traumschachtel,
Kdb. 1968; Salzburger Land, Ess. 1969; Wag-
rainer Bilderbuch, Sk. 1973. – GW, V
1948–52; SW, II 1970, ²1972; Briefe, hg. L.
Besch 1976.
L: R. Bayr, 1947; H. Arens, 1951; D. Larese,
D. Lebenshaus, 1955; M. Willinger. 1957; K.
H. W., hg. L. Besch 1967; H. P. Treiber, D.
Romankunst K. H. W.s, Diss. Wien 1973; G.
Schinke, 1987; Bibl.: hg. O. Müller Verlag
1967.

Wagner, Christian, 5. 8. 1835
Warmbronn/Württ. – 15. 2. 1918
ebda.; Sohn e. Schreiners; Lehrerseminar; Arbeit auf väterl. Hof;
Bauer in Warmbronn. – Von lit.
Strömungen unberührter Dichter
s. heimatl. Landschaft mit Versen
von schlichter Eindringlichkeit,
ergreifender, bildhafter Kraft u.
voll myth.-hintergründigen Ah-
nens.

W: Sonntagsgänge, G. u. M. 1884 (n. 1976);
Weihegeschenke, G. 1893; Neuer Glaube, G.
1894; Neue Dichtungen, G. 1897; Ein Blu-
menstrauß, G. 1906 (n. 1968); Späte Garben,
G. 1909; Eigenbrötler, Erinn. 1915 (n. 1976).
– Gedichte, hg. H. Hesse 1913 (n. 1980); Ges.
Dichtungen, ²1918; Gedichte, hg. U. Kei-
cher, 1973; Briefw. m. H. Hesse, ²1977.
L: R. Weltrich, 1898; E. Aberle, Requiem f.
C. W., 1924; H. Hermann, F. Pfäfflin, 1977;
D. Dichter C. W., 1983.

Wagner, Ernst, 2. 2. 1769 Roßdorf/Rhön – 25. 2. 1812 Meiningen; Predigerssohn; Stud. Jura Jena; Gerichtsaktuar; Privatsekretär u. Verwalter des Freiherrn von Wechmar in Roßdorf; 1805 durch Jean Pauls Vermittlung Kabinettssekretär des Herzogs von Sachsen-Meiningen. – Geistr. Erzähler mit humorist., sentimentalen, phantast. Elementen. Im Stil Nähe zu Jean Paul. Versuche im Lustspiel.

W: Willibalds Ansichten des Lebens, R. II 1805; Die reisenden Maler, R. II 1806; Reisen aus der Fremde in die Heimath, R. II 1808f., m. Anh.: Historisches ABC eines vierzigjährigen hennebergischen Fibelschützen, 1810; Ferdinand Miller, R. 1809; Isidora, R. 1812. – Sämtl. Schriften, hg. F. Mosengeil XII 1827f.
L: K. Weber, Diss. Erl. 1924; G. Neumann, Diss. Lpz. 1924.

Wagner, Hanns (Ps. Joannes Carpentarius), 1522 Bremgarten/Aargau – 1590 Solothurn; Stud. Freiburg/Br., 1544 Lateinlehrer in Solothurn, 1559 auch Organist und 1585 Ratsherr ebda. – Humanist. Lyriker und Dramatiker in lat. und dt. Sprache.

A: SW, hg. R. M. Kully III 1981f. (m. Biogr.).

Wagner, Heinrich Leopold, 19. 2. 1747 Straßburg – 4. 3. 1779 Frankfurt/M., Kaufmannssohn, Stud. Jura Straßburg, Jugendfreund Goethes ebda., 1773 Hofmeister in Saarbrücken, seit 1774 Frankfurt/M. Sommer 1776 Dr. jur. Straßburg, dann Anwalt in Frankfurt/M., ∞ e. 18 Jahre ältere Witwe; Verkehr mit Goethe. – Typ. Dramatiker des Sturm und Drang neben Klinger und Lenz, doch weniger bedeutend. Anfangs unter Einfluß Wielands, dann Nachahmer Goethes, den er durch Indiskretionen verletzte, bes. in s. Farcen und Satiren. Vf. naturalist. greller, doch nicht tief-

gehender Dramen mit einzelnen guten Charakterstudien in offener Form, bes. um soziale Mißstände und Ungerechtigkeiten s. Zeit durch Klassengegensätze (Adel, Offiziere, Bürgertum). Am bekanntesten s. Tragödie ›Die Kindermörderin‹, v. Goethe als Plagiat an den Gretchenszenen des ›Urfaust‹ betrachtet. Übs. von Montesquieu, Mercier, Shakespeares ›Macbeth‹ (1779) u. a. m.

W: Phaeton, Romanze, 1774; Confiskale Erzählungen, 1774; Prometheus, Deukalion und seine Rezensenten, Sat. 1775; Der wohltätige Unbekannte, Dr. 1775; Die Reue nach der That, Dr. 1775; Die frohe Frau, Sp. (1775); Die Königskrönung, Dr. (1775); Die Kindermörderin, Tr. 1776 (n. E. Schmidt 1883, J.-U. Fechner 1983; bearb. u. d. T. Evchen Humbrecht oder Ihr Mütter merkts Euch!, 1779); Leben und Tod Sebastian Silligs, R. 1776; Briefe die Seylerische Schauspielgesellschaft ... betreffend, 1777; Apolls Abschied von den Musen, Sp. 1777; Voltaire am Abend seiner Apotheose, Sat. 1778 (n. B. Seuffert 1881); Theaterstücke, 1779. – GW, hg. L. Hirschberg 1923.
L: E. Schmidt, ²1879; J. Froitzheim, Goethe u. W., 1889; J. Werner, Gesellsch. in lit. Form, 1977; E. Genton, 1981.

Wagner, Richard, 22. 5. 1813 Leipzig – 13. 2. 1883 Venedig; Sohn e. Polizeiaktuars; Schule Dresden und Leipzig; Musikstud. Univ. Leipzig; Kompositionsunterricht beim Thomaskantor T. Weinlig; 1833 Chordirektor in Würzburg; 1834 Musikdirektor in Magdeburg; ∞ 1836 Schauspielerin Minna Planer († 1866), von der er sich nach unglückl. Ehe 1861 trennte; 1836 Musikdirektor am Stadttheater Königsberg; 1837 Kapellmeister in Riga; floh wegen Schulden 1839 über England nach Frankreich; lebte 1839–42 in Paris in materieller Not; 1843 Hofkapellmeister in Dresden; wegen Teilnahme am Maiaufstand 1849 steckbriefl. gesucht; Flucht über Weimar und Paris nach Zürich, leidenschaftl. Liebe zu Mathilde

Wesendonk; 1858 Abreise von Zürich nach Luzern, Venedig, 1860 Brüssel, dann Paris (Theaterskandal der Tannhäuser-Urauff.); nach s. Amnestie Rückkehr nach Dtl.; 1861–63 in Wien; während e. Aufenthalts in Stuttgart 1864 von Ludwig II. von Bayern nach München berufen; machte sich dort aber beim Volk unbeliebt und mußte daher 1865 ins Landhaus Triebschen b. Luzern ausweichen; von 1869 bis zum Bruch 1872 Freundschaft mit Nietzsche; ⊙ 1870 Cosima von Bülow, Tochter F. Liszts; 1872 Übersiedlung nach Bayreuth; 1876 Einweihung des dortigen Festspielhauses mit dem ›Ring‹; nach vielen erfolgr. Aufführungen 1882 Erholungsreise nach Venedig; erlag dort im Palazzo Vendramin e. Herzschlag; Beisetzung im Garten s. Hauses Wahnfried in Bayreuth. – Über s. Bedeutung als Komponist und Musiktheoretiker hinaus zugleich Dichter, Lyriker, Erzähler, Essayist und Librettist. In seinen Musikdramen Schöpfer des in der Antike vorgeprägten Gesamtkunstwerks als komplexe, alle Sinne einbeziehende Vereinigung von Dichtung, Musik, Schauspiel- und Bildkunst zu einheitlicher Wirkung, verbunden mit dem Gedanken des nationalrelig. Weihespiels als e. völk. Gemeinschaftserlebens; darin letzter Höhepunkt und Erfüller romant. Vorstellungen. In s. musikal. wie dichter. Schaffen stark von der Romantik beeinflußt: Vorliebe für ma. Stoffe, Volksdichtung, nationalen Mythos, doch ebenfalls unter dem Eindruck jungdt. Gedankenguts, Feuerbachs, von Schopenhauers Pessimismus und zeitgenöss. Psychologie. Erstrebte die Überwindung des glaubens- u. götterlosen naturwiss. Zeitalters in der Kunst. In s. stabreimenden, Kernszenen reihenden Musikdramen aus dem Gegensatz von sinnenfroher Welthingabe und myst.-pessimist. Erlösungssehnsucht virtuose Technik der Leitmotive.

W: Die Feen, Op. (1833); Das Liebesverbot Op. (1836); Rienzi, der letzte der Tribunen, Op. 1840; Ein deutscher Musiker in Paris, 1840 f.; Der fliegende Holländer, Op. 1841; Tannhäuser und der Sängerkrieg auf der Wartburg, Op. 1845 (Pariser Bearb. 1861); Siegfrieds Tod, Dr. 1848; Kunst und Revolution, Schr. 1849; Lohengrin, Op. 1850; Das Kunstwerk der Zukunft, Abh. 1850; Oper und Drama, III 1852; Eine Mitteilung an meine Freunde, 1852; Der Ring des Nibelungen, 1853 (komp. IV 1854–74); Tristan und Isolde, Op. 1859; Die Meistersinger von Nürnberg, Op. 1862 (komp. 1867); Über das Dirigieren, 1869; Das Judentum in der Musik, Schr. 1869; Beethoven, 1870; Parsifal, Op. 1877 (komp. 1882); Mein Leben, Aut. 1911 (hg. C. Coler II 1958, vollst. hg. M. Gregor-Dellin 1963); Das braune Buch, Tg. 1975. – Gesammelte Schriften und Dichtungen, XVI 1871 ff., n. 1976, hg. W. Golther X 1914; GS, hg. J. Kapp XIV 1914; Dichtungen u. Schriften, hg. D Borchmeyer X 1982; Werke, hg. V. v. Sekkendorf 1954 ff. – Ges. Briefe 1830–50, hg. E. Kastner u. J. Kapp II 1914; Briefe 1835–1865, 1953; Sämtl. Briefe, 1967 ff.; Briefe, hg. H. Kesting 1983; Briefe an H. v. Bülow, hg. O. Thode 1916; Briefe an M. Wesendonk, hg. J. Kapp ¹⁴1927; Briefwechsel mit Liszt, II 1887; mit Minna W., II 1908; mit Ludwig II., hg. O. Strobel V 1936–39.

L: W. Tappert, 1903 (n. 1968); M. Koch, III 1907–18 (m. Bibl.); K. F. Glasenapp, VI ⁶1908–23; E. v. Schrenck, 1912; O. Walzel, 1913; H. St. Chamberlain, ⁷1923; G. Adler, ²1923; A. Lorenz, D. Geheimnis d. Form bei R. W., IV 1924–33; G. A. Hight, Lond. II 1925; S. Scheffler, II 1928; A. Drews, Der Ideengehalt von R. W.s dramat. Dichtungen, 1930; E. Bücken, 1933; E. Newmann, A Life of R. W., IV 1933–46; E. Preetorius, ³1949; P. A. Loos, 1952; G. G. Wieszner, R. W., der Theaterreformer, 1953; C. von Westernhagen, 1956, erw. ²1968; J. Bertram, Mythos, Symbol, Idee in R. W.s Musikdramen, 1957; I. Maione, Il dramma di W., Neapel ²1959; H. Mayer, 1959 (m. Bibl.); ders. 1967; M. Schneider, Paris 1960; J. M. Stein, Detroit 1960; W. G. Armando, 1962; H. v. Stein, Dichtung und Musik im Werk R. W.s, 1962; W. Panofsky, Bb. 1963; R. W. Gutman, 1970; C. Dahlhaus, 1971; M. Hürlimann, 1972; M. Gregor-Dellin, 1972 u. 1973; H. Mayer, 1978; F. Oberkogler, 1978; P. Wapnewski, 1978 u. ²1983; R. Taylor, Lond. 1979; M. Gregor-Dellin, 1980, 1982, 1983; R. Furness, W. and Lit., Manch. 1982; D. Ingenschay-Goch, R. W.s neu erfundener Mythos, 1982; O. G. Bauer, 1982; D. Borchmeyer, D. Theater R. W.s, 1987; D. Schickling, Abschied v. Walhall, 1983; D. della Porta, Turin 1983; D. Ruland, Künstler u. Gesellsch., 1986; W.-Hdb., hg. U. Müller, P. Wapnewski 1986; R. Sabor, 1987; Bibl.: N. Österlein, IV 1882–95; L. Frankenstein, 1912; J. Kapp, ³²1929; H. Barth, 1956, 1961, 1968, 1979; H. Klein, 1979.

Waiblinger, Wilhelm Friedrich, 21. 11. 1804 Heilbronn/Neckar – 17. 1. 1830 Rom; Beamtensohn; Gymnas. Stuttgart; 1822–26 Stud. Theol., Philos. u. Philol. Tübingen; Freundschaft mit Hölderlin, Mörike, G. Schwab u. a.; Reisen nach Italien; 1826 Übersiedlung nach Rom; freier Schriftsteller; Umgang mit Platen; verfiel in Armut und schwere Krankheit, die ihn bald hinwegraffte. – Klassizist., phantasiebegabter Erzähler, empfindungstiefer, genialischer Lyriker und Dramatiker. Satiriker gegen die Romantik. Anfangs von Hölderlin abhängig. Aus s. Begeisterung für die Antike heraus entstanden s. glutvollen, philhellen. Gedichte und Epen, im sinnl. Reichtum s. Sprache mit Lord Byron vergleichbar. Früh vollendet, gelangte er nicht zur völligen Reife.

W: Phaeton, R. II 1823 (n. 1979); Lieder der Griechen, G. 1823 (n. 1979); Vier Erzählungen aus der Geschichte des jetzigen Griechenlands, En. 1826; Anna Bullen, Tr. 1829 (n. 1979); Blüthen der Muse aus Rom, G. 1829; Taschenbuch aus Italien und Griechenland, II 1829f.; Gedichte, hg. E. Mörike 1844; Liebe und Haß, Tr., hg. A. Fauconnet 1914. – GW, hg. H. v. Canitz IX ²1842f.; Werke u. Briefe, hkA hg. H. Königer V 1980ff.; AW, hg. P. Friedrich 1922; Die Tagebücher 1821–26, hg. H. Meyer 1956.
L: K. Frey, 1904; J. Ruland, 1922; O. Görner, Diss. Lpz. 1925; G. Hagenmeyer, W.s Ged. aus Italien, 1930, n. 1967; H. Behne, 1948; L. S. Thompson, Chapel Hill 1953; J. Höppner, Diss. Hbg. 1953; D. Allekotte, 1978; H.-U. Simon, hg. 1979; Bibl.: L. Mygdales, 1976.

Walahfrid Strabo (Strabo = der Schielende), um 808 Schwaben –

18. 8. 849 in der Loire; früh Mönch im Kloster Reichenau, um 826–829 Schüler des Hrabanus Maurus in Fulda. 829–838 Kaplan der Kaiserin Judith und Erzieher Karls des Kahlen am Hof Ludwigs des Frommen. 838 Abt des Benediktinerstifts Reichenau; mußte 840 als Anhänger Lothars von Ludwig dem Dt. nach Speyer fliehen, kehrte nach Aussöhnung 841 als Abt zurück. Ertrank auf e. Gesandtschaftsreise zu Karl dem Kahlen in der Loire. – Ma. dt. Dichter und Theologe, schrieb neben theolog. Werken (exeget. und hagiograph. Schriften: ›Vita S. Galli‹, ›Vita S. Othmari‹) lat. Gedichte; geistliche Lyrik, Gelegenheits- und Hofgedichte in der karoling. Tradition, u. a. e. ›Visio Wettini‹ (um 826) und ›De imagine Tetrici‹, 2 lat. Heiligenleben in Versen ›De vita Mammae‹ und ›De beati Blaithmaic vita‹ sowie e. ›Liber de cultura hortorum‹ oder ›Hortulus‹, e. allegor. Gedicht über den Gartenbau mit lebendiger Schilderung des Reichenauer Klostergartens. E. der bedeutendsten Vertreter der Karoling. Renaissance.

A: Migne, Patrol. Lat. 113/114; Liber de exordiis, hg. A. Knöpfler 1899; Gedichte: E. Dümmler, Mon. Germ. Hist., Poetae 2, 1884 (Übs. P. v. Winterfeld, Dt. Dichter d. lat. MA., ⁴1922); Hortulus, hg. K. Sudhoff 1926; W. Näf, M. Gabathuler 1942 (dt.-lat.); C. Roccaro, Palermo 1979; Visio Wettini, hg. D. A. Traill 1974 (m. Übs.).
L: A. Jundt, Cahors 1900; L. Eigl, 1908; D. Kultur d. Abtei Reichenau, hg. K. Beyerle II 1925ff.; E. Schröter, 1926, n. 1973; C. Genewein, Des W. Hortulus, Diss. Mchn. 1947.

Walberan → Laurin

Waldeck, Heinrich Suso (eig. Augustin Popp), 3. 10. 1873 Wscherau/Böhmen – 4. 9. 1943 St. Veit/Mühlviertel; Lehrerssohn; Gymnas. Pilsen u. Komotau, Finanzbeamter; 1895 Eintritt in den Orden der Redemptoristen in Eggenburg/Niederösterr.; 1900 Priesterweihe, 1904 Weltpriester; Kaplan in der Steiermark; Aufenthalt in Dresden; Seelsorger und Religionslehrer in Wien; seit 1926 Anstaltsgeistlicher des Lainzer Spitals ebda.; bis 1938 im Österr. Rundfunk seelsorger. tätig (›Geistliche Stunde‹); lebte ab 1939 bis zu s. Tode zurückgezogen im Ordenskloster St. Veit in Österr. – Bedeutender österr. Lyriker und Erzähler von knapper, prägnanter und eindringl. Sprache. In s. Lyrik Gestalter e. dämon. Naturgefühls unter Einfluß Trakls, das auch das Häßliche und Dunkle als Bestandteil des Kosmos anerkennt. Myst.-relig. Lieder, Hymnen und Mariengedichte.

W: Die Legende vom Jäger und Jägerlein, 1926; Die Antlitzgedichte, G. 1929; Lumpen und Liebende, R. 1930; Hildemichel, M. 1933; Die milde Stunde, G. 1933; Weihnacht beim Waldschneider, Msp. 1936; Marguerite, En. 1947; Balladen, 1948. – GW, hg. F. S. Brenner 1948.

L: R. List, 1933; A. Schiffkorn, 1953 u. 1980; K. Zelewitz, Diss. Salzb. 1970.

Walden, Heinrich → Gleich, Joseph Alois

Walden, Herwarth (eig. Georg Lewin), 16. 9. 1878 Berlin – 31. 10. 1941 Saratov/UdSSR; Stud. Musikwiss. Italien und Berlin, ⚭ 1901 Else Lasker-Schüler, 1912 Nell Roslund; 1910 Gründer der Wochenss. ›Der Sturm‹. Wandte sich in den 20er Jahren dem Kommunismus zu, 1932 als Sprachlehrer nach Moskau, dort 1941 verhaftet; starb im Gefängnis. – Musiker, Kunstkritiker u. Schriftsteller; verfaßte expressionist. Dramen und Romane sowie Abhandlungen zur Theorie des Expressionismus, für den er in Vortragsabenden, Kunstausstellungen und

als Redakteur und Verleger eintrat.

W: Das Buch der Menschenliebe, R. 1916; Einblick in Kunst, Ess. 1917; Weib, Dr. 1917; Erste Liebe, Dr. 1918; Die Beiden, Dr. 1918; Sünde, Dr. 1918; Letzte Liebe, Dr. 1918; Kind, Tr. 1918; Menschen, Tr. 1918; Die Härte der Weltenliebe, R. 1918; Unter den Sinnen, R. 1919; Die neue Malerei, Ess. 1919; Im Geschweig der Liebe, G. 1925.

L: L. Schreyer u. N. Walden, Der Sturm, 1954 (m. Bibl.); L. Schreyer, Erinnerungen an Sturm u. Bauhaus, 1957; N. Walden, 1963; G. Brühl, H. W. u. d. Sturm, 1983.

Waldinger, Ernst, 16. 10. 1896 Wien – 1. 2. 1970 New York; Sohn e. Lederhändlers; Gymnas. Wien; 1915 als Kriegsfreiwilliger schwer verwundet; Stud. Gesch., Germanistik und Kunstgesch. Wien; Promotion 1921; ⚭ e. Nichte S. Freuds; 1922 Verlagsangestellter in Wien; dann versch. Berufe; 1938 Emigration in die USA; erst in New York, später Saratoga Springs; im 2. Weltkrieg im am. Staatsdienst; 1947–65 Prof. am Skidmore College in Saratoga Springs. – Lyriker mit Nähe zu J. Weinheber; klass. klare, bildhafte, gepflegte, oft zarte Sprache, von K. Kraus beeinflußt; auch in s. Gedichten aus Amerika stark der niederösterr. Landschaft verbunden.

W: Die Kuppel, G. 1934; Der Gemmenschneider, G. 1936; Die kühlen Bauernstuben, G. 1946; Musik für diese Zeit, G. 1946; Glück und Geduld, G. 1952; Zwischen Hudson und Donau, G.-Ausw. 1958; Gesang vor dem Abgrund, G. u. Ess. 1961; Ich kann mit meinem Menschenbruder sprechen, G. 1965.

Waldis, Burkart, um 1490 Allendorf/Hessen – 1556 Abterode/Hessen, erst Franziskanermönch in Riga; kehrte von e. Romfahrt, auf der er um Hilfe gegen die Protestanten bitten sollte, als Protestant (1524) zurück, heiratete und lebte als Zinngießer in Riga, 1536–38 wegen polit.-relig. Umtriebe in Gefangenschaft des Dt.

Ordens. 1541 Stud. Wittenberg, 1542 Rückkehr nach Hessen, 1544 Pfarrer in Abterode. – Polem.-satir. Schriftsteller der Reformationszeit. Bes. mit s. 1527 uraufgeführten niederdt. Fastnachtsspiel vom verlornen Sohn e. der ersten dichterisch bedeutenden dt. Reformationsdramatiker, unter Einfluß des Humanismus. Eintreten für Luthers Lehre von der Rechtfertigung durch den Glauben statt der Werkgerechtigkeit. Beliebter Fabeldichter mit 400 breit erzählten, humorvollen, z. T. obszönen gereimten Fabeln und Schwänken: Einfluß auf Rollenhagen, Hagedorn, Gellert und Zachariae. Ferner Streitgedichte gegen Herzog Heinrich d. J. von Braunschweig (1542, hg. F. Koldewey 1883), Bearbeitung des ›Theuerdank‹ (1553) und des Psalters (1553).

W: De Parabell vam verlorn Szohn, Sp. 1527 (n. G. Milchsack, 1881, u. DLE Rhe. Ref. Bd. 5, 1935); Esopus, Fabeln, 1548 u. 1555 (n. H. Kurz III 1862, J. Tittmann, II 1882, n. 1968).

L: G. Milchsack, 1881; E. Martens, Entstehungsgesch. v. B. Waldis' Esop, Diss. Gött. 1907; H. Lindemann, Diss. Jena 1922; G. E. T. Bezzenberger, 1984.

Waldmann, Dieter, 20. 5. 1926 Greifswald – 5. 12. 1971 Bühlertal/Baden; Sohn e. Prof. der Tierheilkunde; mit s. Eltern Emigration nach Argentinien; Rückkehr nach Dtl. Stud. Philos., Germanistik, Romanistik Freiburg/Br.; versch. Berufe. Journalist in Südamerika, ab 1966 Chefdramaturg beim Südwestfunk-Fernsehen Baden-Baden. – Dramatiker mit Neigung zum Spiel auf zwei versch. Ebenen, Vermengung von Traum- und realer Welt oder sprachl.-szen. einfallsreicher Harlekinade im Gefolge der Commedia dell'arte mit mod. Zeitkritik; als Fernsehautor Vorliebe für en-

gagierte Sozialreportagen z. T. mit iron. Sicht.

W: Der blaue Elefant, Sch. (1959); Von Bergamo bis morgen früh, K. (1960); Zwei schwarze Mäuse, Sch. (1960); Das Dorf, H. (1961); Atlantis, K. 1962; Wind, K. (1962); Beobachtung eines alten Mannes, FSsp. (1964); Die Eroberung, H. (1964); Das Fahrrad, FSsp. (1965); Die Schwätzer, K. (1965); Das ausgefüllte Leben des Alexander Dubronski, H. (1965; FSsp. 1967); Der fremde Gast, H. (1966); Das Fräulein, FSsp. (1967); Der Unfall, FSsp. (1968); Schrott, FSsp. (1969); Hürdenlauf, FSsp. (1969); Eine große Familie, FSsp. (1970); Dreht Euch nicht um, der Golem geht 'rum, FSsp. (1971).

Wallisch, Friedrich, 31. 5. 1890 Mährisch-Weißkirchen – 7. 2. 1969 Wien; Arztsohn; Stud. Medizin Wien; Dr. med.; Prof.; zeitweilig Journalist u. alban. Generalkonsul in Wien; weite Reisen in Europa u. Übersee; lebte in Wien. – Österr. Erzähler, Dramatiker, Lyriker u. Publizist, Vf. handlungsreicher, realist. Romane in gepflegter Sprache. Hist. Schriften bes. über Südosteuropa.

W: Der Adler des Skanderbeg, Reiseb. 1914; Die Pforte zum Orient, Reiseb. 1917; Narrenspiegel der Liebe, En. 1918; Sensation, Dr. 1920 (m. C. Zeska); Der rote Bart, Nn. 1921; Träume, Nn. 1921; Die Flammenfrau, R. 1922; Genius Lump, R. 1922; Die Gewalt, R. 1925; Der Atem des Balkans, Reiseb. 1928; Neuland Albanien, Reiseb. 1930; Die Flagge Rot-Weiß-Rot, Abh. 1942; Die Rosenburse, Nn. 1944; Vier Wochen Bad Ammer, R. 1948; Der Schmuck der Wiedstett, R. 1951; Das Prantnerhaus, R. 1953; Der König, R 1954; Diese Tage der Freude, G. 1957; Spiegel der Zeiten, Nn. 1957; Vom Glück des Sammelns, Schr. 1958; Die Geschichten vom weißen Kadi, En. 1961; Dschungel, R. 1962; Spanische Romanze, E. 1966; Sein Schiff hieß Novara, B. 1966.

Walloth, Wilhelm, 6. 10. 1856 Darmstadt – 8. 7. 1932 München. Stud. Chemie Darmstadt, Philos. Heidelberg, dann freier Schriftsteller, seit 1896 in München. – Vf. hist.-naturalist. Romane u. Dramen, auch Gedichte u. psycholog. Romane.

W: Das Schatzhaus des Königs, R III 1883; Kaiser Tiberius, R. II 1889; Neue Dramen,

1891; Semiramis, Dr. 1891; Die Krone der Königin Zenobia, E. 1924; Sokrates, Dr. 1927; Sappho und Lydia, Dr. 1930.
L: G. Ludwigs, 1891; E. Wendelberger, Diss. Mchn. 1953.

Wallraff, Hans Günther, ★ 1. 10. 1942 Burscheid b. Köln; Buchhändlerlehre, Wehrdienst, dann Arbeiter in versch. Berufen; Redakteur u. Journalist in Frankfurt/ M. u. Köln; 1974 wegen Protestdemonstration in Athen 3 Monate Haft. Wegen unkonventioneller Recherchiermethoden mehrere Prozesse. – Engagierter Aktionsjournalist, der eigene Erfahrungen aus dem Arbeitsalltag bundesdt. Konzerne in realist. Reportagen verwertet; detaillierte, kommentarlose Faktenschilderung; Plädoyers für die Verbesserung der Lage der Arbeitnehmer und gegen die sozialen Abhängigkeitsmechanismen.

W: Wir brauchen Dich, Rep. 1966 (u. d. T. Industriereportagen, 1970); Nach-Spiele, szen. Dok. (1968); 13 unerwünschte Reportagen, 1969; Von einem, der auszog und das Fürchten lernte, Ber. 1970; Neue Reportagen, 1972; Das Kraftwerk, H. (1972; m J. Hagen; u. d. T. Was wollt ihr denn, ihr lebt ja noch, Ber. 1973); Ihr da oben – wir da unten, Rep. 1973 (m. B Engelmann); Ermittlungen gegen Unbekannt, FSsp. (1974); Unser Faschismus nebenan, Rep. 1975 (m. E. Spoo); Aufdeckung einer Verschwörung, Rep. 1976; Die Reportagen, Slg. 1976; Der Aufmacher, Rep. 1977; Zeugen der Anklage, Rep. 1979; Ganz unten, Rep. 1985; Akteneinsicht, Ber. 1987; Vom Ende der Eiszeit, Ess. 1987.
L: R. Dithmar, G. W.s Industriereportagen, 1973; In Sachen W., hg. Chr. Linder ²1977; H. Bessermann, 1979; U. Hahn, M. Töteberg 1979.

Walser, Martin, ★ 24. 3. 1927 Wasserburg/B.; Sohn e. Gastwirts; Flakhelfer, Gefangenschaft; 1946–51 Stud. Lit., Philos. u. Gesch. Tübingen. Dr. phil., 1949–57 Rundfunkredakteur in Stuttgart; lebt seit 1957 am Bodensee; Mitglied der ›Gruppe 47‹. 1973 Gastdozent in USA, 1980 Gastdozent für Poetik Frankfurt/

M.; linkspolit. Engagement außerhalb der Lit.-Sphäre. – Vf. iron., aggressiv-zeitkrit. Hörspiele, Romane, Erzählungen und Dramen um das Verhältnis des einzelnen zu Gesellschaft u. Lebensstil der Gegenwart, bes. in s. Trilogie um Anselm Kristlein (›Halbzeit‹, ›Das Einhorn‹, ›Der Sturz‹), e. Schilderung von gesellschaftl. Aufstieg u. Fall in der dt. Wohlstands- u. Leistungshierarchie der Nachkriegszeit als sarkast. Fabel e. sozialdarwinist. Daseinskampfes. Konflikte von Rollenverhalten und Ichverwirklichung, Erfolgstreben und Glücksvorstellung ohne Lösung.

W: Ein Flugzeug über dem Haus, En. 1955; Ehen in Philippsburg, R. 1957; Halbzeit, R. 1960; Der Abstecher, Dr. (1961); Beschreibung einer Form, F. Kafka, St. 1961; Eiche und Angora, Dr. 1962; Lügengeschichten, En. 1964; Überlebensgroß Herr Krott, Dr. 1964; Der schwarze Schwan, Dr. 1964; Erfahrungen und Leseerfahrungen, Ess. 1965; Das Einhorn, R. 1966; Die Zimmerschlacht, Dr. 1967; Heimatkunde, Ess. 1968; Welche Farbe hat das Morgenrot, H. (1969); Fiction, E. 1970; Ein Kinderspiel, Dr. 1970; Aus dem Wortschatz unserer Kämpfe, Szen. 1971; Die Gallistl'sche Krankheit, R. 1972; Der Sturz, R. 1973; Wie und wovon handelt Literatur, Ess. 1973; Das Sauspiel, Dr. 1975; Jenseits der Liebe, R. 1976; Ein fliehendes Pferd, N. 1978 (als Dr. 1985); Wer ist ein Schriftsteller, Ess. 1978; Der Grund zur Freude, Spr. 1978; Seelenarbeit, R. 1979; Das Schwanenhaus, R. 1980; Selbstbewußtsein und Ironie, Rdn. 1981; In Goethes Hand, Dr. 1982; Brief an Lord Liszt, R 1982; Liebeserklärungen, Ess. 1983; Meßmers Gedanken, Aphor. 1985; Brandung, R. 1985; Heilige Brocken, Prosa u. G. 1986; Geständnis auf Raten, Ess. 1986; Die Amerikareise, Rb. 1986; Die Ohrfeige, K. 1987; Dorle und Wolf, N. 1987. – Ges. Stücke, 1971, 1986; Ges. Geschichten, 1983.
L: T. Beckermann, 1970 u. 1972; W. J. Schwarz, 1971; K. Pezold, 1971; J. W. Preuß, 1972; M. W. (Text und Kritik 41/42), 1974 (m. Bibl.); H. Doane, Ges. pol. Aspekte i. M. W.s Kristlein-Tril., 1978; W. Brändle, D. dram. Stücke M. W.s, 1978; A. Waine, 1978 u. 1980; K. Siblewski, hg. 1981 (m. Bibl.); U. Hick, M. W.s Prosa, 1983; Bibl.: H. Sauereßig u. T. Beckermann, 1970.

Walser, Robert, 15. 4. 1878 Biel – 25. 12. 1956 Herisau; Sohn e.

Buchbinders in Biel; 1892–95 Banklehre in Biel; in Stuttgart erfolgloser Versuch als Schauspieler. 1904 Bankangestellter in Zürich; 1905–13 mit s. Bruder, dem Maler Karl W., freier Schriftsteller in Berlin; 1913 Rückkehr nach Biel; 1921–29 u. a. Archivar in Bern; seit 1929 als schizophren in Heilanstalten, von 1933 bis zu s. Tod in der Nervenheilanstalt Herisau. – Schweizer Lyriker und lyr. gestimmter Erzähler von umständl., z. T. barock verspieltem Stil und liebenswürdiger, skurrilromant. Ironie. Meister der poet. ›kleinen Prosa‹ mit impressionist. Miniaturen aus dem Alltagsleben; läßt hinter betulich-idyll. Diesseitsfreude und verträumter Heiterkeit unvermittelt vieldeutig und paradox das Abgründige e. Nachtwelt aufscheinen. Vorläufer und Geistesverwandter F. Kafkas, der W. schätzte.

W: Fritz Kochers Aufsätze, E. 1904; Geschwister Tanner, R. 1907; Der Gehülfe, R. 1908; Jakob von Gunten, R. 1909; Gedichte, 1909; Aufsätze, 1913; Geschichten, En. 1914; Kleine Dichtungen, En. 1914; Kleine Prosa, 1917; Der Spaziergang, N. 1917; Poetenleben, Ber. 1918; Seeland, En. 1919; Die Rose, Ess. 1925; Gedichte, 1944. – Dichtungen in Prosa, hg. C. Seelig V 1953–62; GW, hg. J. Greven XIII 1966–74; Das Gesamtwerk, hg. ders. XII 1978; SW, hg. ders. XX 1984ff.; Die Romane u. Eren., VI 1984; Briefe, 1975; Aus dem Bleistiftgebiet, Nl. III 1985f.
L: O. Zinniker, 1947; C. Seelig, 1957; H. Bänziger, Heimat u. Fremde, 1958; J. Greven, Diss. Köln 1960; R. Mächler, 1966; G. C. Avery, Inquiry and testament, Philadelphia 1966; N. Naguib, 1970; R. Lauener, 1970; D. Rodewald, 1970; F. K. Strebel, D. Iron. i. R. W.s Prosa, 1971; Provokation u. Idylle, hg. J. Greven 1971; H. Holderegger, 1973; M. Jürgens, 1973; D. Grenz, D. Romane R. W.s, 1974; U. Herzog, R. W.s Poetik, 1974; W. Baur, Sprache u. Existenz, 1974; R. Mächler, 1976; W. Lüssi, 1977; K. Kerr, hg. III 1978f.; H. Ehbauer, Monolog. Spiel, 1978; P. Hamm, hg. 1980; D. Borchmeyer, Dienst u. Herrschaft, 1980; E. Camenzind-Herzog, 1981; M. Suter, D. Lebensquelle, 1984; G. Stefani, D. Spaziergänger, 1985; J. Amann, 1985; C. Schmidt-Hellerau, Der Grenzgänger, 1987; P. Chiarini u. H. D.

Zimmermann, hg. 1987; Bibl.: E. Wilbert-Collins, 1967.

Walter, Otto F(riedrich), * 5. 6. 1928 Rickenbach/Solothurn, Verlegerssohn, Gymnas., Buchhändlerlehre Zürich, Volontär in Köln, seit 1951 im Verlagswesen, ab 1956 Lektor des Walter-Verlags, Olten; 1967–73 Verlagsleiter in Darmstadt, seither in Oberbipp/Schweiz. – Realist. Schweizer Erzähler von herb verhaltener, sachl. Sprache. Vf. wenig erfolgr. Stücke um Möglichkeiten menschl. Selbstverwirklichung in dieser Zeit. Zunehmend krit. Engagement in Montageromanen zu aktuellen Problemen.

W: Der Stumme, R. 1959; Herr Tourel, R. 1962; Elio oder Eine fröhliche Gesellschaft, Dr. 1965; Die Katze, Dr. (1967); Die ersten Unruhen, R. 1972; Die Verwilderung, R. 1977; Wie wird Beton zu Gras, R. 1979; Das Staunen der Schlafwandler am Ende der Nacht, R. 1983.

Walter, Silja, * 23. 4. 1919 Rikkenbach/Solothurn; Schwester von Otto F. W.; 1933–38 Seminar Menzingen, Stud. Lit. Fribourg; seit 1948 Nonne im Kloster Fahr in Unterengstringen/Zürich. – Vf. von Gedichten, Oratorientexten u. relig. Spielen um Tod u. Auferstehung; Erzählungen um den Sinn klösterl. kontemplativen Lebens in heutiger Zeit.

W: Die ersten Gedichte, 1944 (erw. u. d. T. Gedichte, 1950); Wettinger Sternsingerspiel, 1955; Die hereinbrechende Auferstehung, E. 1960; Beors Bileams Weihnacht, E. 1961; Gesammelte Spiele, 1963; Der Fisch und Bar Abbas, E. 1967; Würenloser Chronikspiel, 1970; Der Tanz des Gehorsams, E. 1970; Das Kloster am Rande der Stadt, Ber. 1971; Die Schleuse, R. 1973; Die Scheol tanzt, Sp. 1973; Tanz vor dem Herrn, Sp. 1974; Das Hymnenjahr, G. 1975; Stern in der Kugel, E. 1984; Die Feuertaube, G. 1985. – Ges. Gedichte, 1972.
L: M. Röthlisberger, 1977; T. Kramer, D. Mensch zw. Individuum u. Kollektiv, 1977.

Waltharius manu fortis (d. h. Walther mit der starken Hand),

Waltharilied, lat. Hexameterepos Ende des 9. oder 10. Jh. von umstrittener, wohl geistl. Verfasserschaft: nach Ekkehards IV. ›Casus St. Galli‹ hat er selbst e. ›Vita Waltharii manu fortis‹ Ekkehards I. umgearbeitet; Prologschreiber Geraldus (Presbyter in Straßburg?), der das Werk e. Bischof Erchambald (von Straßburg, 965–991?) widmet, galt zeitweilig als mögl. Vf. Gegenstand ist die german. Walthersage: die Flucht Walthers von Aquitanien und s. Verlobten Hiltgunt von Burgund aus der Gefangenschaft als Geiseln am Hofe Etzels, Walthers Kämpfe mit dem Frankenkönig Gunther und s. Vasallen am Wasichenstein bei Niedersteinbach/Elsaß, die Versöhnung und glückl. Heimkehr. Evtl. Übs. oder stilist. lat. Bearbeitung e. german. Heldenliedes (6. Jh?) mit Umbiegung des trag. Schlusses; andere Versionen in engl. Waldere-Fragmenten und e. mhd. Fragment des 13. Jh. Frische, spannende Erzählform mit humorvollen und grotesken Zügen, Verbindung german. und christl. Elemente; meisterhafte Beherrschung der lat. Sprache mit Stileinflüssen der röm. Epiker.

A: K. Strecker, ³1951 (Mon. Germ. Hist., Poetae 6); lat./dt.: H. Ronge, 1934; P. Vossen, 1947; K. Langosch ²1960. – Übs.: P. v. Winterfeld, 1897 (auch in: Dt. Dichter d. lat. MA., ⁴1922); H. Althof, 1902; F. Genzmer, 1957; Kommentar: J. W. Beck, Groningen 1908.
L: F. Panzer, D. Kampf am Wasichenstein, 1948; K. Schickedanz, Stud. z. Walthersage, Diss. Würzb. 1949; R. Katscher, Diss. Lpz. 1958; W u. Walthersage, hg. E. E. Ploss 1969; H. Geurts, Diss. Bonn 1969; K. Langosch, 1973; H. Eisner, D. Vf.-frage d. W., 1973; A. Önnerfors, D. Vf.schaft d. W., 1979; D. M. Kratz, Mocking epic, Madrid 1980.

Walther von Klingen, um 1215 – 1. 3. 1286 Basel, Ministeriale aus Thurgauer Freiherrngeschlecht, mit Stammsitz Klingnau/Aargau, befreundet mit Rudolf von Habsburg. – Minnesänger; 8 Lieder von äußerer Formkunst erhalten.

A: K. Bartsch, Schweiz. Minnesänger, 1886; C. v. Kraus, Dt. Liederdichter d. 13. Jh., 1951 ff.

Walther von der Vogelweide, um 1170 vermutl. Niederösterreich – um 1230 bei Würzburg (?); aus besitzlosem Ministerialengeschlecht von niederem Adel, vermutl. Klosterschüler. Erlernte den Minnesang von oder bei Reinmar von Hagenau, lebte seit rd. 1190 in Wien am Hof Herzog Leopolds V. und Friedrichs I. Unter Leopold VI. verließ er Wien und begann 1198 s. Wanderleben, das ihn durch ganz Europa an versch. Höfe führte. Zunächst bei Philipp von Schwaben, dessen Krönung zu Mainz er beiwohnte, nach Philipps Ermordung 1208 auf seiten s. Gegners Otto IV., für den er gegen den Papst Partei nahm, um 1200 und 1207 länger auf der Wartburg bei Hermann von Thüringen, später bei Markgraf Dietrich von Meißen. Zusammentreffen mit Wolfram von Eschenbach. 1203 kurz in Wien. Urkundlich belegt ist ein Geldgeschenk des Bischofs Wolfger von Passau an W. zum Kauf e. Mantels am 12. 11. 1203 in Zeiselmauer/Niederösterr. Seit rd. 1213 Beziehungen zu Friedrich II. von Hohenstaufen, vermutl. zeitweise Erzieher von dessen Sohn Heinrich; erhielt 1220 von ihm e. kleines Lehen in oder bei Würzburg. S. Teilnahme am Kreuzzug von 1228, für den er in s. Liedern eintrat, ist nicht belegt, ebenso s. Beisetzung im Kreuzgang des Neumünsters von Würzburg. – Bedeutendster dt. Lyriker der mhd. Klassik, vereint die lehrhafte Spruchdichtung der Fahrenden mit dem ritterl. Minnesang in virtuoser Sprach- u. Verskunst, knappen und treffsicheren Bildern und dem überall spürbaren, humorist. und iron., melanchol. wie tiefrelig. Züge einschließenden Ausdruck s. starken Persönlichkeit von hohem Ethos. S. Minnesang erweitert die in s. Anfängen noch verpflichtende traditionelle Enge der höf. Standeskunst unter Beibehaltung der hohen Formkraft durch Einbeziehung auch der ›niederen Minne‹ zu allg.-gültiger, zeitloser u. zugleich persönl.-erlebnishafter Liebesdichtung von echter u. tiefer Gefühlsaussage mit schlichten, fast volksliednahen Zügen (›Under der linden‹) und seinerzeit vielgerühmter Musikalität (Melodien nur z. T. erhalten). Später Rückkehr zum höf. Frauendienst; daneben relig. Gedichte (Marienleich), Kreuzzugslyrik und bittere Altersverse. S. kraftvoll-männl. didakt. und polit. Spruchdichtungen behandeln in hohem sittl. Ernst neben allg. eth. bes. polit. Zeitfragen, nehmen entschieden Stellung für e. starkes dt. Kaisertum, e. zielbewußte Rechtspolitik und gegen die Ansprüche des Papsttums. Galt den Meistersingern als e. der 12 alten Meister.

A: W. Wilmanns u. V. Michels ⁴1924; K. Lachmann u. C. v. Kraus ¹³1965; H. Paul u. A. Leitzmann ¹⁰1965; F. Maurer II ³⁻⁴1969–74; J. Schaefer, 1972 (m. Übs.). – *Übs.:* R. Zoozmann ²1918; K. Pannier 1940; H. Böhm ³1964; P. Stapf, ³1963; mhd. u. nhd. F. Maurer 1972.

L: R. Menzel, 1865 (n. 1970); W. Wilmanns, 1882 (n. V. Michels ²1916); A. E. Schönbach, 1890 (n. H. Schneider ⁴1923); K. Burdach, 1900; ders., Reinmar d. A. u. W., ²1928; C. v. Kraus, W. v. d. V. als Liebesdichter, 1925; K.-H. Halbach, W. v. d. V. u. d. Dichter v. Minnesangs Frühling, 1927; H. Naumann, Das Bild W.s v. d. V., 1930; G. Gerstmeyer, W. v. d. V. i. Wandel d. Jhh., 1934, n. 1977; M. Hechtle, 1937; C. Bützler, Unters. z. d. Melodien W.s, Diss. Köln 1940; H. Böhm, 1942; K. K. Klein, Z. Spruchdichtung u.

Heimatfrage W.s v. d. V., 1952; A. Stöckli, 1953; K.-H. Schirmer, Die Strophik W.s v. d. V., 1956; J. Wiegand, Z. lyr. Kunst W.s, 1956; M. Schulte, Neapel 1961; J. Schaefer, W. v. d. V. u. Frauenlob, 1966; C. v. Kraus, ²1966; G. F. Jones, N. Y. 1968; F. K. Scheibe, N. Y. 1969; H. Heger, D. Lebenszeugnis W.s, 1970; Th. Mühlhause-Vogeler, 1970; W. v. d. V., hg. S. Beyschlag, 1971; H. Maurer, Die polit. Lieder W.s v. d. V., ³1972; H.-U. Rump, 1974; H. F. Friedrichs, ²1979; S. Obermeier, 1980; H. Kuhn, Minnelieder W.s, 1982; T. McFarland u. a. 1982 (Oxf. German St. 13); K. H. Halbach, ³1983; Bibl.: W. Leo, 1880 (erg. 1971); M. G. Scholz, 1969.

Wangen, J. P. → Picard, Jacob

Wangenheim, Gustav von, 18. 2. 1895 Wiesbaden – 5. 8. 1975 Ost-Berlin; Sohn des Schauspielers Eduard von Winterstein; Landwirtschaftseleve, Gardegrenadier, Schauspielschüler bei M. Reinhardt, Soldat, 1922 KP-Mitgl.; 1924–33 Regisseur u. Schauspieler in Wien u. Berlin; 1931 Gründung der ›Truppe 31‹, für die W. kommunist.-agitator. Stücke schrieb; 1933–45 Emigrant in der UdSSR; 1945–47 Intendant des Dt. Theaters in Ost-Berlin, seither Regisseur u. Drehbuchautor ebda. – Sozialist. Dramatiker mit antifaschist. Agitpropstücken im Stile Brechts u. Piscators u. dokumentar. Collagen als Mittel des Klassenkampfes. In der DDR regimekonformer Schilderer der Aufbauprobleme.

W: Mann Fjodor, Dr. (1921); Die Mausefalle, K. (1931); Da liegt der Hund begraben, Dr. (1932); Wer ist der Dümmste?, K. (1932); Das Urteil, Dr. (1933); Helden im Keller, Sch. (1934); Die Friedensstörer, Sch. (1938); Fährmann wohin?, En. u. G. 1941; Die Maus in der Falle, K. (1948); Du bist der Richtige, K. (1950); Auch in Amerika . . . , Sch. (1950); Wir sind schon weiter, Sch. (1951); Studentenkomödie, 1959; Die vertauschten Brüder, Sch. (1960). – Im Kampf geschrieben, Ausw. 1962; Da liegt der Hund begraben, Ausgew. Drr. 1974.

Wangenheim, Inge von, geb. Franke, ★ 1. 7. 1912 Berlin; Schauspielerin der Piscator-Gruppe und der ›Truppe 31‹ G. v. W.s, 1930 KP-Mitgl., 1933 Emigration nach Moskau, Schauspielerin und Journalistin ebda., ab 1945 in Ost-Berlin, Rudolstadt und Weimar, auch Regisseurin und Malerin. – Sozialist. Erzählerin und Essayistin um das Thema der Gemeinschaft von Intelligenz und Arbeitern.

W: Mein Haus Vaterland, Erinn. 1950; Auf weitem Feld, Erinn. 1954; Am Morgen ist der Tag ein Kind, R. 1957; Einer Mutter Sohn, R. 1958; Professor Hudebraach, R. 1961; Das Zimmer mit den offenen Augen, R. 1965; Die Verschwörung der Musen, Ess. 1971; Die Probe, R. 1973; Die tickende Bratpfanne, Erinn. 1974; Von Zeit zu Zeit, Ess. 1975; Spaal, R. 1979; Die Entgleisung, R. 1981; Mit Leib und Seele, Ess. 1982; Schauplätze, Bb. 1983. – GW, 1975ff.

Wanner, Paul, * 27. 7. 1895 Schwäb. Hall; 1909–13 Seminare Maulbronn u. Blaubeuren, Tübinger Stift, Gymnasiallehrer in Stuttgart; freier Schriftsteller ebda. – Kinderbuchautor u. Vf. hist. Volksschauspiele, meist für Natur- u. Laientheater, in denen er trotz der gattungsspezif. Drastik in Sprache u. Aktion und der humorvoll–derben Farbigkeit dramaturg. geschickt u. wirkungsvoll über den Rahmen des herkömml. Volkstheaters hinausgeht.

W: P. G. (Prisonnier de Guerre), Sch. (1930); Zweierlei Blut, Sch. (1936); Der Baumeister Gottes, Sch. 1937; Die Weiber von Schorndorf, Lsp. (1940); Der Schneider von Ulm, (1949); Die Stadt aus Trümmern, Dr. (1950); Das Riedlinger Bauernspiel, (1950); Der Leonberger Landtag, Sch. 1957; Andreas Hofer, Dr. (1962); Der Spion von Aalen, Sch. (1964); Schwäbische Weibertreu, K. (1967); Der Schmied von Illingen, Sch. (1967); Kleider machen Leute, Sch. (1970 nach G. Keller); Das Heiratskarussell, K. (1975); Die sieben Schwaben, K. (1978); Erlebtes und Geträumtes, En. 1981.

Warbeck, Veit → Magelone, Die schöne

Wartburgkrieg, um 1260 in Thüringen entstandenes stroph.

mhd. Gedicht zweier unbekannter Verfasser um e. sagenhaften Sängerkrieg auf der Wartburg bei Eisenach, an dem Wolfram von Eschenbach, Walther von der Vogelweide, Reinmar von Zweter, der tugendhafte Schreiber und Heinrich von Ofterdingen teilgenommen haben sollen, wohl hervorgerufen durch e. gemeinsamen Besuch Wolframs und Walthers am Hof des Mäzens Landgraf Hermann von Thüringen um 1205 und evtl. mit histor. Kern. Der 1. Teil ist e. Streitgedicht um den besten Fürsten als Fürstenlob Hermanns, der metrisch abweichende 2. Teil e. Rätselwettkampf, in dem die tiefe Religiosität Wolframs über die teufl. Zauberei Klingsors siegt. In mehreren Versionen erhalten. Nachleben in Wagners ›Tannhäuser‹ 1845.

A: K. Simrock, 1858 (m. Übs.; n. E. Hopfmann 1919); T. A. Rompelman, Amsterd. 1939.

L: O. Oldenburg, Diss. Rost. 1892; H. Baumgarten, Diss. Gött. 1934; F. Mess, Heinr. v. Ofterdingen, W., 1963.

Waser, Maria, geb. Krebs, 15. 10. 1878 Herzogenbuchsee/Bern – 19. 1. 1939 Zürich; Arzttochter; Stud. Gesch. u. Germanistik Lausanne u. Bern; 1901 Dr. phil.; 1902–04 Reisen u. Studien in Italien, später in Frankreich, Dtl., England, Griechenland; ⚭ den Archäologen Otto W., ihren Lehrer in Zürich; mit ihm Hrsg. der Kulturzs. ›Die Schweiz‹. – Schweizer Erzählerin gemütstiefer Frauenromane, beschwingter Erzählungen u. lebensnaher Biographien. Gewandter Stil, starke künstler. Empfindung.

W: Die Geschichte der Anna Waser, R. 1913; Scala Santa, Nn. 1918; Von der Liebe und vom Tode, Nn. 1920; Wir Narren von gestern, R. 1922; J. V. Widmann, B. 1927; Wege zu Hodler Es. 1927; Wende, R. 1929 Land unter Sternen, R. 1930; Sinnbild des

Lebens, Aut. 1936; Vom Traum ins Licht, G.
1939; Nachklang, Ausw. a. d. Nachl. 1944. –
Gedichte, Briefe, Prosa, hg. E. Gamper 1946.
L: H. Weilemann, 1934; M. W. z. Gedächt-
nis, 1939; E. Gamper, Frühe Schatten, frühes
Leuchten, 1945; G. Küffer, 1971.

Wassermann, Jakob, 10. 3. 1873
Fürth – 1. 1. 1934 Alt-Aussee/
Steiermark, Sohn e. jüd. Ge-
mischtwarenhändlers, Realschule
Fürth, Kaufmannslehrling, dann
entbehrungsreiches Leben als
freier Schriftsteller, Bruch mit der
Familie, Sekretär bei E. v. Wolzogen in München und Redakteur
am ›Simplizissimus‹ ebda., ⚭ e.
Wiener Unternehmerstochter; ab
1898 in und bei Wien, zuletzt Alt-
Aussee. Freund von Hofmannsthal, Schnitzler und Th. Mann. –
Neuromant. Erzähler von außerordentl. breiter internationaler
Wirkung durch s. virtuosen,
spannend erzählten Zeitromane e.
psycholog. Realismus mit geschickter Handlungs- und Kon-
fliktverkettung und eindringl.
psycholog.-psychoanalyt.
Durchleuchtung von Menschen
und Gesellschaft der Zeit, bes.
auch jüd. Lebens. Durch gefährl.
Bevorzugung sensationeller Stoffe und überschäumende, bes. das
Hintergründige, Myst.-Magische
umkreisende Phantasie wie Einbeziehung romant. Züge gelegentl. Neigung zu Kolportage. In
s. Grundhaltung von Dostoevskij
beeinflußt: Überwindung der
Herzensträgheit, Veredelung des
Menschen durch Leid und der
Welt durch Güte, leidenschaftl.
Suche nach Gerechtigkeit. Eindrucksvolle Novellen; in Essays
bemüht um Erhaltung und Pflege
dt. Kulturguts.

W: Schläfst du, Mutter?, Nn. 1897; Die Juden
von Zirndorf, R 1897; Die Geschichte der
jungen Renate Fuchs, R. 1900; Der Moloch,
R. 1903; Der nie geküßte Mund, Nn. 1903;
Die Kunst der Erzählung, Es. 1904; Alexan-

der in Babylon, R. 1905; Die Schwestern,
Nn. 1906; Caspar Hauser oder Die Trägheit
des Herzens, R. 1908 (n. 1983); Die Masken
Erwin Reiners, R. 1910; Der Literat, Es.
1910; Der goldene Spiegel, Nn. 1912; Der
Mann von 40 Jahren, R. 1913; Deutsche Charaktere und Begebenheiten, Ess. II 1915–24;
Das Gänsemännchen, R 1915 (n. 1977); Christian Wahnschaffe, R. II 1919 (Neufassg.
1932); Der Wendekreis, Nn. u. R.e IV
1920–24; Mein Weg als Deutscher und Jude,
1921; Laudin und die Seinen, R. 1925; Der
Aufruhr um den Junker Ernst, E. 1926 (n.
1977); Lebensdienst, Stud. 1928; Der Fall
Maurizius, R. 1928 (n. 1975); Chr. Columbus, B. 1929 (n. 1977); Hofmannsthal der
Freund, Es. 1930; Etzel Andergast, R. 1931
(n. 1979); Bula Matari, Stanley-B. 1932;
Selbstbetrachtungen, 1933; Joseph Kerkho-
vens dritte Existenz, R. 1934 (n. 1982); Tagebuch aus dem Winkel, En. u. Ess. 1935 (n.
1986); Olivia, R. 1937; Bekenntnisse und Begegnungen, hg. P. Stöcklein 1950; Engelhart
oder Die zwei Welten, R. 1973. – GW, VII
1944–48; GW, 1971 ff.; Schläfst du, Mutter,
En. Ausw. 1984; Deutscher und Jude, Rdn.
Ausw. 1984; Briefe an s. Braut u. Gattin Julie,
1949; Geliebtes Herz, Briefe, hg. A. Beranek
1948.

L: J. Wassermann-Speyer, 1923; W. Gold-
stein, 1929; A. L. Sell, D. metaphys.-realist.
Weltbild J. W.s, 1932, n. 1976; S. Bing ²1933;
M. Karlweis, Amsterd. 1935; J. C. Blankena-
gel, The Writings of J. W., Boston 1942 (m.
Bibl.); R. Kreutzer, D. dualist. Gestaltungs-
prinzip b. J. W., Diss. Bonn 1950; W. Voege-
li, Diss. Zürich 1956; G. Stix, Trakl. u. W.,
Rom 1968; J. W. hg. E. Ammon 1973 (m.
Bibl.); D. Rodewald, hg. 1984.

Watt, Joachim von → Vadianus,
Joachim

Watzlik, Hans, 16. 12. 1879 Un-
terhaid/Südböhmen – 24. 11.
1948 Gut Tremmelhausen b. Regensburg; Postmeisterssohn; Lateinschule Budweis, Lehrerbildungsanstalt Prag; 1899 Reifeprüfung; bis 1905 Unterlehrer in An-
dreasberg, 1906 in Kalsching;
Fachlehrer in Neuern/Böhmen;
1921–45 freier Schriftsteller ebda.;
kam 1945 als Flüchtling nach Bayern. – Fruchtbarer Erzähler phantasievoller teils barock-leiden-
schaftl., teils schelmenhaft heiterer Romane, Novellen und Märchen aus Leben, Volkstum und

Gesch. des Böhmerwaldes mit Vorliebe für Sagen, Spuk, Naturdämonie und Groteskes.

W: Im Ring des Ossers, En. 1913; Der Alp, R. 1914; Phönix, R. 1916; O Böhmen, R. 1917; Aus wilder Wurzel, R. 1920; Fuxloh, R. 1922; Des Sankt Martini Haus, Sch. 1925; Stilzel, der Kobold des Böhmerwaldes, E. 1926; Nordlicht, E. 1926; Ridibunz, M. 1927; Das Glück von Dürnstauden, R. 1927; Böhmerwaldsagen, 1929; Faust im Böhmerwald, N. 1930; Der Pfarrer von Dornloh, R 1930; Der Riese Burlebauz, M. 1931; Die Leturner Hütte, R. 1933; Der Teufel wildert, R. 1933; Der Rückzug der Dreihundert, R. 1936; Die Krönungsoper, R. 1937; Balladen, 1938; Der Meister von Regensburg, R. 1939; Roswitha, E. 1940; Die Bärentobler, E. 1941; Hinterwäldler, E. 1941; Ein Stegreifsommer, R. 1944; Der Verwunschene, R. 1957. *L:* K. F. Leppa, 1920; Aus H. W.s Land, hg. E. Hadina, R. Hohlbaum, S. Skalitzky u. a. 1929; E. Fiedler, Diss. Wien 1950; V. Karell, 1959; C. Cajka, 1969.

Weber, Annemarie, * 8. 6. 1918 Berlin; 1936 Buchhändlerlehre, 1945–48 Dolmetscherin der Brit. Militärregierung; Journalistin und Lektorin ebda. ⊙ Schriftsteller R. Lorenzen; lebt in Berlin. – Vf. autobiograph. geprägter, unsentimentaler Romane um Frauenschicksale in Krieg u. Nachkriegszeit; plast. Charaktere, lebhafte Handlungen u. iron.-satir. Situationen.

W: Seid gut zu den Frauen, Feuill. 1955; Ehret die Männer, Feuill. 1957; Korso, R. 1961; Westend, R. 1966; Roter Winter, R. 1969; Der große Sohn von Wulkow, R. 1972; Die jungen Götter, R. 1974; Rosa oder Armut schändet, R. 1978.

Weber, Friedrich Wilhelm, 25. 12. 1813 Alhausen/Westf. – 5. 4. 1894 Nieheim/Höxter; Stud. Philol. u. Medizin Greifswald u. Breslau; dort Freundschaft mit G. Freytag; Reisen nach Wien, Rom, Neapel, Paris; 1846–67 Arzt in Driburg u. Kurarzt in Bad Lippspringe; 1861 Preuß. Zentrums-Abgeordneter. – Wuchtiger Epiker mit hist. Stoffen, in tiefem kath. Glauben u. Empfinden wur-

zelnd. S. Hauptwerk, die lyr.-ep. Dichtung ›Dreizehnlinden‹ über die Einführung des Christentums bei den Sachsen, war e. Hausbuch des 19. Jh. und beeinflußt von Scheffel. Balladen u. Romanzen in der Nachfolge L. Uhlands. Übs. Tennyson (1869–74), Moore, Tegnér, Runeberg, Öhlenschläger u. a.

W: Dreizehnlinden, Ep. 1878 (n. W. Kosch 1925, 1963); Gedichte, 1881 (¹1963); Marienblumen, G. 1885; Goliath, Ep. 1892; Das Leiden unseres Heilands, G. 1892; Herbstblätter, G. 1895. – Ges. Dichtungen III 1922. *L:* J. Schwering, 1900, 1932; K. Hoeber, ³1908; H. Keiter, ⁷1912; H. Lingen, D. Dichtersprache W.s, Diss. Münster 1924; B. L. Tibesar, W.s ›Dreizehnlinden‹, ⁹1925; M. Buchner, 1940; E. Weber, 1947; Bibl.: H. Gunnemann, 1963.

Weber, Karl Julius, 21. 4. 1767 Langenburg/Württ. – 20. 7. 1832 Kupferzell/Württ.; Sohn e. Rentbeamten; Stud. Jura Erlangen; Hofmeister in der franz. Schweiz; Reisen durch Frankreich; 1792–1802 Privatsekretär des Grafen Erbach-Schönberg in Mergentheim; Reise mit dem Erbgrafen von Ysenburg-Büdingen; Hofrat; 1803 gemütskrank; 1804–30 Privatgelehrter in Jagsthausen, Weikersheim, Künzelsau; 1820–24 Abgeordneter in der württ. Ständekammer; ab 1830 in Kupferzell. – Satir. Feuilletonist. Im Geist der franz. Aufklärung gebildet, mit scharfem, skept. Verstand und genauer Beobachtung; äußerst belesen, flicht er viele Anekdoten und humorvolle Einfälle in s. Werke ein. S. oft frivoler Spott richtet sich bes. gegen den Adel und die Kirche des MA.

W: Die Möncherei, Schr. III 1819 f.; Das Ritterwesen, Schr. III 1822–24; Deutschland, Schr. IV 1826–28; Demokritos, Schr. VI 1832–36 (n. 1967). – SW, XXX 1834–44; Ausw., hg. H. Knudsen 1926. *L:* E. Ludwig, 1927.

Wechsler, David, *28. 12. 1918
Zürich, Sohn e. Filmproduzen-
ten, aus poln.-schweizer. und
jüd.-protestant. Mischehe. Stud.
Geschichte, Dr. phil., seit 1945
Drehbuchautor (›Die Gezeichneten‹) und Schriftsteller in Zürich.
– Gestaltet als Erzähler und Dramatiker in zurückhaltendem Realismus mit psycholog. Einfühlung bes. das jüd. Schicksal im 20.
Jh.

W: Sie fanden eine Heimat, R. 1953; Spiel
ohne Regeln, R. 1955; Ein Haus zu wohnen,
R. 1961; Wege zu Rahel, Dr. (1961); Ein
Bündel blauer Briefe, E. 1962; Der neue Himmel, Dr. (1962); Adrienne, Dr. (1980).

Weckherlin, Georg Rudolf, 15.
9. 1584 Stuttgart – 13. 2. 1653
London, Sohn e. hohen Hofbe-
amten; 1601–04 Stud. Jura Tübingen; Bildungsreise durch Dtl.,
Frankreich, England; 1609 herzogl. Sekretär u. Hofdichter in
Stuttgart; 1620 Sekretär der dt.
Kanzlei Friedrichs V. von der
Pfalz in London, Vertrauter Jakobs I. und Karls I. von England,
1625–41   Unterstaatssekretär,
1644–49 Parlamentssekretär für
auswärtige Angelegenheiten. W.s
Nachfolger unter Cromwell war
Milton. – Frühbarocker Lyriker,
Vorläufer von Opitz, erstrebte
erstmals die Übernahme ausländ.
Renaissance-Dichtungsformen
auf dt. Lyrik und schrieb unter
Einfluß der franz. Pléjade (Ronsard, Du Bellay) höf.-pathet. Gelegenheitsdichtungen und hoch-
gestimmte   Gesellschaftslieder
und -oden für e. höf. Publikum,
anfangs nach volkstüml. dt. Metrik, später nach Opitz' Versre-
form. Stoffl. Originalität und frische, eigenwill. Note.

W: Oden und Gesänge, G. II 1618f.; Gaistli-
che und weltliche Gedichte, 1641. – Sämtl.
Gedichte, hg. H. Fischer III 1894–1907 (BLV,
n. 1968).
L: A. Müller, W. u. d. Pléjade, Diss. Mchn.

1925; H. Gaitanides, Diss. Mchn. 1936; L. W.
Forster, 1944; Ch. Wagenknecht, W. u.
Opitz, 1971; S. Weimar-Kluser, 1971.

Weckherlin, Wilhelm Ludwig →
Wekhrlin

Wedekind, Frank, 24. 7. 1864
Hannover – 9. 3. 1918 München,
Sohn e. ostfries. Arztes und e.
ungar.-kaliforn. Schauspielerin.
Jugend auf Schloß Lenzburg/Aar-
gau, bis 1883 (Abitur) Gymnas.
Aarau; Jurastud., Journalist. Reisen in Frankreich und England;
1886 Reklamechef der Firma
Maggi in Kempthal b. Zürich;
Verkehr mit Henckell, Mackay
und C. Hauptmann. 1888 Zirkus-
sekretär beim Zirkus Herzog,
dann freier Schriftsteller in Zü-
rich, Paris und seit 1890 meist
München. Seit 1896 Mitarbeiter
am ›Simplizissimus‹ (1899/1900
Festungshaft wegen Majestätsbeleidigung), Dramaturg am Schauspielhaus München, Schauspieler
in s. Dramen. 1901/02 Regisseur,
Rezitator und Lautensänger im
Kabarett ›Die 11 Scharfrichter‹.
1906 ⚭ Mathilde (Tilly) Newes,
Schauspielerin. 1906 Mitgl. des
Dt. Theaters Berlin, dann wieder
Schriftsteller in München. –
Geistreich-satir. und exzentr.
Dramatiker, stilist. zwischen Naturalismus und Expressionismus,
mit der iron.-zyn. Grundhaltung
des antibürgerl. Bohemiens und
Moralisten. Vorliebe für burleske
und grotesk karikierende Stücke
um den Konflikt zwischen Geist
und Fleisch, in denen W. als Bürgerschreck übersteigert provozierend die Verfallserscheinungen in
der Gesellschaft des fin de siècle
und die konventionell erstarrte,
lebens- und erosfeindl. bürgerl.
Scheinmoral als heuchler. Unmoral anprangert und ihre e. starkes,

sinnenfreudiges und erot. freies Triebleben mit Freude am Körperlich-Schönen und am Abenteuer als Emanzipation des Fleisches gegenüberstellt. Dies scheint ihm nur noch bei den Außenseitern der Gesellschaft (Bohemiens, Dirnen, Zirkusmenschen, Verbrechern und Hochstaplern) vertreten, daher Schwarz-Weiß-Zeichnung von Spießern und Unbürgerlichen als Extreme s. engen Weltbildes und dauernd Zensurschwierigkeiten wegen angebl. unmoral. Szenen. Vorwegnahme von Stil- und Bauformen des expressionist. Dramas (Überrealismus, Typenhaftigkeit, lockere Szenenfolge) im Rückgriff auf Sturm und Drang und Büchner. Wirkung bis zu B. Brecht. Auch Erzählungen mit emanzipator. Tendenz. In s. Lyrik satir. Brettllieder, Bänkelsang-Balladen und Chansons mit sarkast. Angriffen auf das Spießbürgertum.

W: Frühlings Erwachen, Dr. 1891; Der Erdgeist, Tr. 1895 (auch u. d. T. Lulu, 1903); Die Fürstin Russalka, En. 1897; Der Kammersänger, Dr. 1899; Der Liebestrank, K. 1900; Der Marquis von Keith, Dr. 1901; König Nicolo oder So ist das Leben, Dr. 1902; Mine-Haha, E. 1903; Die Büchse der Pandora, Tr. 1904; Hidalla oder Sein und Haben, Dr. 1904 (u. d. T. Carl Hetmann, der Zwergriese, 1911); Die vier Jahreszeiten, G. 1905; Feuerwerk, En. 1906; Totentanz, Dr. 1906 (u. d. T. Tod und Teufel, 1909); Musik, Dr. 1908; Oaha, Dr. 1908; Die Zensur, Dr. 1908; Schloß Wetterstein, Dr. 1910; Franziska, Dr. 1912; Simson oder Scham und Eifersucht, Dr. 1914; Bismarck, Dr. 1916; Herakles, Dr. 1917; Lautenlieder, 1920. – GW, hg. A. Kutscher, J. Friedenthal IX 1912–21; AW, hg. F. Strich V 1924; Werke, hg. M. Hahn III 1969; Stücke, hg. B. F. Sinhuber 1970; Briefe, hg. F. Strich II 1924; Prosa, Dramen, Verse, hg. H. Maier II 1960–64, III 1977; Die Tagebücher, hg. G. Hay 1986.
L: H. Kempner, ²1911; Das W.-Buch, hg. J. Friedenthal 1914; P. Fechter, 1920; A. Kutscher, III 1922–31 (gekürzt K. Ude 1964); F. Dehnow, 1922; H. M. Elster, 1922; K. F. Proost, Amsterd. 1928; F. Gundolf, 1954; A. Kujat, D. späten Dramen W.s, Diss. Jena 1959; K. Ude, 1968; S. Gittleman, N. Y. 1968; F. Rothe, 1968; G. Seehaus, F. W. u. d.

Theater, 1973; ders., 1974; J. Friedmann, F. W.s Drr. n. 1900, 1975; A. Best, Lond. 1975; K. Völker, ²1977; A. Höger, 1979; H. Wagener, 1979; H.-J. Irmer, ²1979; A. K. Kuhn, In Dialog b. F. W., 1981; H. Vinçon, 1987.

Weerth, Georg, 17. 2. 1822 Detmold – 30. 7. 1856 Havanna, Sohn e. Generalsuperintendenten, Gymnas. 1836 Kaufmannslehrling in Elberfeld, 1839–41 Buchhalter in Köln, 1842 in Bonn (Umgang mit Kinkel und Simrock), 1843 in London (F. Engels), 1845–47 in Brüssel (K. Marx). 1848/49 Feuilletonredakteur der von Marx und Engels geleiteten kommunist. ›Neuen Rheinischen Zeitung‹. Starb auf e. Spanien-Amerika-Reise am Tropenfieber. – Als Lyriker, Erzähler, Feuilletonist und Satiriker sozialist. Gesellschaftskritiker und Karikaturist des dt. Spießers wie des dt. Junkertums, z. T. im Stil Heines und Dickens'.

W: Humoristische Skizzen aus dem deutschen Handelsleben (1845–1848, n. B. Kaiser 1949); Leben und Taten des berühmten Ritters Schnapphahnski, R. 1849. – SW, hg. B. Kaiser V 1956f.; AW, hg. S. Unseld II 1963; AW, hg. B. Kaiser ⁴1976; Vergessene Texte, hg. J.-W. Goette II 1975.
L: K. Weerth, 1930; M. Lange, 1957; W. Böttger, Diss. Lpz. 1962; S. V. Turaev, Moskau 1963; F. Vaßen, 1971; G. W., 1974; K. Hotz, 1976.

Wegner, Armin T(heophil), 16. 10. 1886 Elberfeld – 17. 5. 1978 Rom; 1908 Stud. Jura Breslau, Zürich, Berlin; 1913 Dr. jur.; Schauspielschüler bei Reinhardt; 1914–17 Sanitätsdienst an der Ostfront; nach weiten Reisen durch Südeuropa (1927 mehrmonatiger Aufenthalt in der UdSSR) und den Nahen Osten Redakteur der Zs. ›Der neue Orient‹; im Dritten Reich wurden s. Werke und Schriften verboten u. öffentl. verbrannt; als Pazifist und wegen Protestes gegen die Judenverfolgung 7 Jahre in Gefängnissen und KZ; Emigration nach England und Palästina; 1941–43 Dozent für dt. Sprache und Lit. in Padua; lebte auf Stromboli und in Rom. – Lyriker, anfangs unter Einfluß des Expressionismus mit pathet.-ekstat. Großstadtlyrik und Erzähler mit exot. Stoffen. Wendet sich in Schriften und Reden gegen den Mißbrauch der staatl. Gewalt.

W: Zwischen zwei Städten, G. 1909; Das Antlitz der Städte, G. 1917; Weg ohne Heimkehr, Prosa, 1919; Der Knabe Hüssein, N. 1921; Der Ankläger, Schr. 1921; Die Verbrechen der Stunde, Schr. 1922 (n. 1982); Das Geständnis, R. 1922; Die Straße mit den tausend Zielen, G. 1924; Das Zelt, Reiseb. 1927; Moni, R. 1929; Fünf Finger über Dir, Reiseb. 1930 (n. 1979); Maschinen im Märchenland, Reiseb. 1932; Die Silberspur, 1952; Fällst du, umarme auch die Erde, G. u. Pros. 1974; Odyssee der Seele, Ausw. 1976; Am Kreuzweg der Welten, Ausw. 1982.
L: R. M. G. Nickisch, 1982; J. Wernicke-Rothmayer, 1982; M. Rooney, 1984; Bibl.: H. Bieber, ²1973.

Wehner, Josef Magnus, 14. 11. 1891 Bermbach/Röhn – 14. 12. 1973 München; Lehrerssohn; Gymnas. Fulda; Stud. Philol. Jena und München; Schauspieler, Spielleiter von Arbeiterbühnen, Klavierspieler in Kinos; im 1. Weltkrieg Freiwilliger an der franz., ital. und serb. Front; vor Verdun schwer verwundet; Schriftleiter und Theaterkritiker in München; Reisen nach Italien und Griechenland; seit 1943 freier Schriftsteller in München und Tutzing am Starnberger See. – Idealist. Erzähler, Dramatiker und Biograph. Im kath. Glaubensgut verwurzelt; doch Neigung zu Übersinnl. und Mystik. Verkünder der Idee des ›Reiches‹. Läßt den starken Eindruck s. Kriegserlebnisse in versch. Romanen nachklingen. Wegen Nähe zum Nazismus nach 1945 ohne Widerhall.

W: Der Weiler Gottes, Ep. 1921; Der blaue Berg, R. 1922 (u. d. T. Erste Liebe, 1941; Forts.: Die Hochzeitskuh, R. 1928); Struensee, R. 1924; Das Gewitter, Dr. 1926; Land ohne Schatten, Reiseb. 1930; Sieben vor Verdun, R. 1930; Das unsterbliche Reich, Aufs. 1933; Mein Leben, Aut. 1934; Geschichten aus der Rhön, 1935; Hindenburg, B. 1935; Stadt und Festung Belgerad R. 1936; Hebbel, B. 1938; Als wir Rekruten waren, E. 1938; Elisabeth, E. 1939; Echnaton und Nofretete, E. 1940; Das goldene Jahr, 1943; Blumengedichte, 1950; Der schwarze Kaiser, R. 1951; Mohammed, R. 1952; Johannes der Täufer, Dr. 1953; Die schöne junge Lilofee, M. 1953; Das Fuldaer Bonifatiusspiel, 1954; Der Kondottiere Gottes, R. 1956; Erde, purpurne Flamme, G. 1962.

Weidenheim, Johannes (eig. Johannes Schmidt), *25. 4. 1918 Topolya/Serbien. Dreisprachig aufgewachsen, Lehrer, Journalist u. Holzfäller, Kriegsteilnehmer; freier Schriftsteller in Stuttgart, dann Solingen. – Erzähler farbiger Romane und Novellen bes. aus der Atmosphäre des europ. Südostens.

W: Nichts als ein bißchen Musik, R. 1947 (u. d. T. Nur ein bißchen Musik, 1959); Kale Megdan, R. 1948; Das türkische Vaterunser, R. 1955; Der verlorene Vater, E. 1955; Das späte Lied, E. 1956; Treffpunkt jenseits der Schuld, R. 1956; Seltene Stunden, En. 1957; Morgens zwischen vier und fünf, En. 1958; Maresiana, En. 1960; Gelassen bleibt die Erde aufgetischt, G. 1961; Lebenslauf der Katharina D., R. 1963; Mensch, was für eine Zeit, R. 1968.

Weidlich, Hansjürgen, *18. 3. 1905 Holzminden/Weser; 1922–27 Angestellter, Fabrikarbeiter u. Autoschlosser in Hannover, 1927–32 versch. Berufe in Pittsburgh/USA u. New York; 1932–40 freier Schriftsteller in Berlin, bis 1945 Soldat, dann freier Schriftsteller in Knesebeck/Hann., Lutterloh und Hamburg. – Hörspielautor u. unaufdringl. Erzähler der scheinbar nebensächl. Dinge, mit denen er unter bes. Einfühlung in die jugendliche Psyche der materialisierten Gesellschaft in humorist., sprachl.

knapper Form die inneren Reichtümer des Menschen entgegenhält.

W: Felix contra USA, R. 1934; Ich bin auch nur ein Mensch, R. 1935; Kleine Männer, R. 1942; Ordnung muß sein, En. 1955; Der abenteuerliche Bandscheibe, En. 1956; Der Knilch und sein Schwesterchen, En. 1958; Geschichten mit Herz, 1960; Versetzung zweifelhaft, E. 1962; Herr Knilch und Fräulein Schwester, En. 1965; Ich komme vom Mond, En. 1969; Es fing an mit Lenchen, Erinn. 1972; Geschichten der Liebe, En. 1974.

Weigand, Wilhelm, 13. 3. 1862 Gissigheim/Baden – 20. 12. 1949 München; Bauernsohn; Stud. Philos., roman. Philol. und Kunstgesch. Brüssel, Paris und Berlin; seit 1889 Kunstfreund u. Sammler in München; Beziehungen zum Leibl-Kreis; 1904 Mitbegründer der ›Süddt. Monatshefte‹; 1917 Prof.-Titel. – Fruchtbarer neuromant., der fränk. Landschaft verbundener Erzähler, Dramatiker, Lyriker, Biograph und Essayist in gepflegter, adeliger Sprache. Aus der Tradition des poet. Realismus und roman. Kunst- und Formenwelt heraus Gegner des Naturalismus. Übs. aus dem Franz.

W: Die Frankenthaler, R. 1889; Gedichte, 1890; Essays, 1891; Der neue Adel, Lsp. 1893; F. Nietzsche, Es. 1893; Dramat. Gedichte, 1894; Sommer, G. 1894; Macht, Dr. 1895; Der zwiefache Eros, En. 1896; Die Renaissance, Drr. II 1899; Moderne Dramen, II 1900; Florian Geyer, Tr. 1901; Stendhal, Es. 1903; Novellen, II 1904–06; Der Abbé Galiani, Ess. 1908 (erw. 1948); Der Gürtel der Venus, Tr. 1908; Montaigne, Es. 1911; Stendhal u. Balzac, Ess. 1911; Könige, Sch. 1912; Der Ring, Nn. 1913; Weinland, Nn. 1915; Die Löffelstelze, R. 1919; Wunnihun, R. 1920; Die ewige Scholle, R. 1927; Die Fahrt zur Liebesinsel, R. 1928; Von festlichen Tischen, Nn. 1928; Die Gärten Gottes, R. 1930; Die rote Flut, R. 1933; Helmhausen, R. 1938; Weg und Welt, Aut. 1940; Der Ruf am Morgen, R. 1941; Venus in Kümmelburg, R. 1942.
L: H. Ueberschaer, W. W.s hist. Dramen, Diss. Breslau 1920.

Weigel, Hans, ★29. 5. 1908 Wien; humanist. Bildung; Volon-

tär der ›Lit. Welt‹ Berlin, 1934 Kabarettist und freier Schriftsteller in Wien; 1938–45 Emigrant in der Schweiz; seither wieder in Wien, bis 1963 Theaterkritiker ebda., dann freier Schriftsteller. – Österr. Dramatiker, Erzähler, Kritiker und Feuilletonist. Amüsanter, iron., oft auch tiefsinniger Plauderer. Übs. Molières.

W: Axel an der Himmelstür, Lsp. (1926); Barrabas und der 50. Geburtstag, Tr. 1946; Das himmlische Leben. N. 1946; Der grüne Stern, R. 1946; Das wissen die Götter, K. 1947; Hölle oder Fegefeuer, Tragikom. (1948); Angelica, Dr. (1948); Die Erde, Dr. (1948); Unvollendete Symphonie, R. 1951; O du mein Österreich, Reiseb. 1955; Masken, Mimen und Mimosen, Ess. 1958 (u. d. T. Apropos Theater, 1974); Flucht vor der Größe, Ess. 1960; Tausend und eine Premiere, Ess. 1961 (erw. II 1983); Lern dieses Volk der Hirten kennen, Schr. 1962; Apropos Musik, Ess. 1965; J. Nestroy, B. 1967; K. Kraus, B. 1968; Wohl dem, der lügt, Musical, 1968 (m. R. Stolz); Vorschläge für den Weltuntergang, Sat. 1969; Götterfunken mit Fehlzündung, Ess. 1971; Die Leiden der jungen Wörter, Antiwörterbuch, 1974; Der exakte Schwindel, Sat. 1977; Das Land der Deutschen mit der Seele suchend, Feuill. 1978; In memoriam, Ess. 1979; Große Mücken, kleine Elefanten, Feuill. 1980; Ad absurdum, Sat. 1980; Apropos Musik, Ess. 1982; Das Schwarze sind die Buchstaben, Feuill. 1983; H. W. für Anfänger, Ausw. 1983; Nach wie vor Wörter, Ess. 1985; Man kann nicht ruhig darüber reden, Schr. 1986.

Weigel, Valentin, 1533 Naundorf/Sachsen – 10. 6. 1588 Zschopau/Erzgebirge; Stud. Theol. und Philos. Leipzig und Wittenberg; 1558 Magister; seit 1567 luther. Pfarrer in Zschopau. – Mystiker. Pflegte heiml. myst.-theosoph. Anschauungen. In der Nachfolge des Platonismus, Neuplatonismus und der dt. Mystik Entwicklung e. Idealismus, der schon dem idealist. Monismus des 19. Jh. den Weg bereitete. S. Schriften, lange nach s. Tode herausgegeben, zeigen erst s. spiritualist. Haltung. Sie wurden 1624 öffentl. verbrannt, brachten ihm aber viele Anhänger ein.

W: Von der seligmachenden Erkenntnis Gottes, 1613; Nosce te ipsum, 1615; Dialogus de Christianismo, 1616; Der güldene Griff, 1616; Kirchen- oder Hauspostill, 1618. – Sämtl. Schriften, hg. W. E. Peuckert u. W. Zeller 1962ff.; *AW,* hg. S. Wollgast 1977. *L:* A. Israel, 1888; H. Maier, 1926; W. Zeller, 1940 (n. 1965); H. Krodel, Diss. Erl. 1948; F. Lieb, V. Ws. Kommentar z. Schöpfgsgesch., 1962; G. Wehr, 1979.

Weinert, Erich, 4. 8. 1890 Magdeburg – 20. 4. 1953 Berlin; Ingenieurssohn; 1905–08 Schlosserlehre; Dreher, Lokomobilbauer; 1909/10 Kunstgewerbeschule Magdeburg, 1910–12 Kunsthochschule Berlin; Zeichenlehrer Akad. Berlin; Maler, Graphiker und Buchillustrator; Soldat im 1. Weltkrieg; 1921 Rezitator und Kabarettdichter in Berlin; 1924 kommunist. Agitator; Mitarbeiter zahlr. kommunist. Blätter; 1930 Reise in die Sowjetunion; 1933 Exil in der Schweiz und Frankreich; 1935 nach Moskau; 1937/38 Teilnahme am Span. Bürgerkrieg; 1943–45 Präsident des ›Nationalkomitees Freies Dtl.‹; 1946 Rückkehr nach Ostberlin; Vizepräsident der Zentralverwaltung für Volksbildung in der DDR. – Polit.-satir. Lyriker und Publizist. Auch Übs. aus dem Russ.

W: Der Gottesgnadenhecht, G. 1923; Affentheater, G. 1925; Polit. Gedichte, 1928; Rot Front, G. 1936; Stalin spricht, G. 1942; Der Tod fürs Vaterland, En. u. Sz. 1942; Gegen den wahren Feind, G. 1944; Rufe in die Nacht, G. 1947; Das Zwischenspiel, G. 1950; Gedichte, 1950; Camaradas, En. 1951. – GW, IX 1955–60; Ges. Gedichte, VIII 1970ff.; Ausw., 1976. *L:* B. Kaiser, 1951; E. W., 1965; D. Posdzech, 1973; W. Preuß, ⁴1978; Bibl.: H. Schurig, 1959.

Weinheber, Josef, 9. 3. 1892 Wien – 8. 4. 1945 Kirchstetten b. St. Pölten, Sohn e. Metzgers u. Viehhändlers, später Gastwirts, Kindh. in Purkersdorf u. Ottakring; nach Tod der Eltern u.

Geschw. 6 Jahre im Waisenhaus Mödling, Gymnas. ebda., dann in der Metzgerei einer Tante. Mühevolle autodidakt. Bildung. 1911–32 Postbeamter, zuletzt Inspektor des Post- und Telegrafendienstes in Wien. 1919 1. Ehe, 1920 geschieden. Seit 1925 Reisen in Frankreich, Italien, Dalmatien, Dtl. und Schweiz. 2. Ehe mit Hedwig Krebs. 1927 Übertritt zum Protestantismus. Seit 1932 freier Schriftsteller, ab 1936 in s. Landhaus in Kirchstetten/Niederösterr. Schloß sich zeitweilig ohne näheres polit. Engagement dem Nationalsozialismus an, der s. Ruhm förderte, den er seit 1943 aber innerl. ablehnte. Starb bei Annäherung der russ. Armee an e. Überdosis Schlafmittel (Freitod?). – E. der bedeutendsten österr. Lyriker des 20. Jh., von hoher Formkunst und Sprachkultur wie gedankl. Tiefe, geprägt vom antiken wie klass.-dt. Bildungserlebnis (Hölderlin) und abendländ.-humanist. Tradition. Großer Formenreichtum: von Hymnen u. Oden in freien Rhythmen und heroisch-pathet. Sprache, den strengen klass. und roman. Formen (Sonettenkranz), spannungsgeladener, leidenschaftl. Gedankenlyrik über zarte eleg. oder idyll. Stimmungsbilder aus Landschaft und Kultur Wiens wie schlicht liedhafte ›reine‹ Lyrik naturhafter Musikalität bis hin zu bodenständiger Spruchdichtung, volkstüml. Kalenderversen u. Mundartgedichten. Niveaugefälle von höchster Sprachkunst bis spielerisch-artist. Experimenten und mittelmäß. Nachahmung, anfangs bes. unter Einfluß der österr. Impressionisten und Symbolisten. Grundthema ist die Überwindung der bedrängenden Widersprüche s. leidenschaftl.,

maßlosen Natur und des abendländ. Kulturverfalls durch traditionsbewußten Adel der Gesinnung, Maß und Form im Kunst-
schaffen. In Romanen stark autobiograph. Züge. Auch Landschaftsmaler.   W.-Gesellschaft
Wien.

W: Der einsame Mensch, G. 1920; Von beiden Ufern, G. 1923; Das Waisenhaus, R.
1925; Boot in der Bucht, G. 1926; Der Nachwuchs, R. (1927); Adel und Untergang, R.
1934; Wien wörtlich, G. 1935 (n. 1972); Späte
Krone, G. 1936; O Mensch, gib acht, Kal.
1937; Zwischen Göttern und Dämonen, G.
1938; Kammermusik, G. 1939; Hier ist das
Wort, G. 1947; Über die Dichtkunst, Ess.
1949. – SW, hkA., hg. J. Nadler V 1953–56;
SW, hg. F. Jenaczek VII 1970 ff.; Briefe an
Maria Mahler, 1952; Briefe an Sturm, hg. P.
Zugoswki 1956.
L: J. W., hg. A. Luser 1935; F. Koch, 1942; F.
Sacher, D. Lyriker J. W., ²1949; L. Stuhr-
mann, 1949; Bekenntnis zu J. W., hg. H.
Zillich 1950; E. Finke, 1951; L. Stuhrmann,
1951; J. Nadler, 1952; P. Göbbels, Diss.
Freib. 1961; R. Ibel, Mensch d. Mitte, 1962;
F. Feldner, 1965; E. Kranner, Als er noch
lebte, 1967; O. K. Perfler, Diss. Wien 1967;
Bibl.: H. Bergholz, 1953.

Weinrich, Franz Johannes (Ps.
Heinrich Lerse), 7. 8. 1897 Hannover – 24. 12. 1978 Ettenheim b.
Freiburg i. Br.; kaufmänn. Lehre;
Zeitungsträger,   Dachdecker,
kaufmänn. Angestellter; im 1.
Weltkrieg schwer verwundet; gehörte um 1920 zur Gruppe expressionist. Katholiken um die Zs.
›Der Weiße Reiter‹; lebte in Breisach, dann in Lahr/Baden. – Kath.
Dramatiker, Lyriker und Erzähler, Vf. von Heiligen-Biogra-
phien, relig. Sprechchören und
Spielen. Wiederbelebung der Le-
genden- und Mysterienspiele für
kath. kirchl. Feiern.

W: Himmlisches Manifest, Dicht. 1919; Ein
Mensch, Dr. 1920; Der Tänzer Unserer Lieben Frau, Sp. 1921; Mit Dir ertanze ich den
nächsten Stern, G. 1921; Spiel vor Gott, Dr.
1922; Columbus, Tr. (1923); Das Tellspiel
der Schweizer Bauern, 1923; Mittag im Tal,
G. 1924; Die Meerfahrt, E. 1926; Mater ecclesia, Chorwerk 1928; Die Magd Gottes, Dr.
1928; Die hl. Elisabeth von Thüringen, B.

1930; Litanei vom Leiden Christi, Dicht.
1931; Der Kinderkreuzzug, Dr. 1931; Die
Löwengrube, R. 1932; Legende vom Glauben, Sprechchöre 1933; Der Reichsapfel, G.
1934; Die Marter unseres Herrn, E. 1935; Der
hl. Bonifatius, B. 1935; Maranatha, Sp. 1936;
Die hl. Lioba, B. 1937; Der Rosenkranz von
A. D. 1942, G. 1946; Trost in der Nacht, G.
1947; Das Gastmahl des Job, Dr. (1948); Der
Kreuzritter, Sp. 1950; Die wunderbare Herberge, G. 1950.

Weise, Christian (Ps. Catharinus
Civilis u. a.), 30. 4. 1642 Zittau –
21. 10. 1708 ebda., Sohn e. aus
Böhmen vertriebenen protestant.
Gymnasiallehrers, Stud. 1660–63
Theol., Philos., Jura und Medizin
Leipzig, 1663 Magister, 1668 Sekretär des Grafen Leiningen in
Halle, 1670 Erzieher bei Graf Asseburg in Amfurt, 1670 Prof. der
Eloquenz und Poesie Gymnas.
Weißenfels, 1678 Rektor des
Gymnas. Zittau. – Schuldramatiker und Komödiendichter zwischen Barock und Aufklärung mit
rd. 61 witzigen, technisch ge-
konnten Stücken nach bibl., hist.
und lit. Stoffen als Erziehung der
Schüler zu ›polit.‹, d. h. weltmänn. Lebensform. Auch Possen
und Ballette. Erzähler von didakt., moralsatir. Romanen mit
pikaresken und schwankhaften
Elementen, die menschl. und soziale Schwächen als Torheiten
enthüllen. Flüssige, doch platte
geistl. und weltl. Lyrik zu moral.
Erbauung; frische Gesellschaftslieder. Zahlr. Lehrbücher, bes.
der Rhetorik. Gegner des hochbarocken Schwulststils und Vorläufer der bürgerl.-moral. Aufklärung, verfiel vom realist. z. T.
in platt. didakt., seichten und
nüchternen, schulmeisterl. Stil.

W: Überflüßige Gedanken der grünenden Ju-
gend, G. II 1668–74 (n. M. v. Waldberg 1914;
NdL 242–45); Die drey Hauptverderber in
Deutschland, R. 1671; Die drey ärgsten Ertz-
Narren In der gantzen Welt, R. 1672 (n. W.
Braune 1878, NdL 12–14); Die Drey Klüg-
sten Leute in der gantzen Welt, R. 1675; Der

Grünen Jugend Nothwendige Gedancken, G. 1675; Der politische Näscher, R. 1676; Politischer Redner, Schr. 1677; Bäurischer Machiavellus, K. 1681 (n. DNL 39, 1884, n. komm. W. Schubert 1966); Reiffe Gedancken, Drr. u. G. 1682; Von Einer zweyfachen Poeten-Zunfft, K. 1683; Trauer-Spiel vom dem Neapolitanischen Haupt-Rebellen Masaniello, Tr. 1683 (n. R. Petsch 1907, NdL 216–18); Zittauisches Theatrum, Drr. 1683; Neue Jugend-Lust, Drr. 1684; Der niederländische Bauer, Dr. 1685 (n. DLE Rhe Aufkl. 1, 1938, n. H. Burger 1969); Die unvergnügte Seele, Dr. 1690 (n. ebda.); Curiöse Gedancken Von Deutschen Versen, Schr. II 1691 (Faks. 1968); Die böse Catherine, K. (um 1693, n. DNL 39, 1884); Der verfolgte Lateiner, Dr. (1696, n. DLE Rhe. Aufkl. 1, 1938); Die triumphierende Keuschheit, Dr. (o. J.; n. M. v. Waldberg 1914, NdL 142–45); Regnerus, Ulvida, Drr., hg. W. v. Unwerth 1914 (n. 1977). – SW, hg. J. D. Lindberg XXV 1971 ff.
L: R. Becker, C. W.s Romane, Diss. Bln. 1910; H. Schauer, C. W.s bibl. Dramen, Diss. Lpz. 1919; H. Haxel, Stud. z. d. Lustspp. C. W.s, Diss. Greifsw. 1932; W. Eggert, 1935; K. Schaefer, Das Gesellschaftsbild in den dichter. Werken C. W.s, Diss. Bln. 1960; J. Wich, Diss. Erl. 1962; H. A. Horn, C. W. als Erneuerer d. dt. Gymnas., 1966; G. Frühsorge, D. polit. Körper, 1974; K. Zeller, Pädagogik u. Drama, 1980.

Weisenborn, Günther (Ps. Eberhard Foerster, Christian Munk), 10. 7. 1902 Velbert/Rheinld. – 26. 3. 1969 Berlin; Stud. Medizin u. Philol. Köln u. Bonn; ging 1928 nach Berlin, 1930 als Farmer und Postreiter nach Argentinien, schrieb nach Verbot s. Werke (1933) unter Ps.; 1935 Lokalreporter in New York, 1940 Dramaturg, 1941–42 Rundfunkmitarbeiter und Widerstandskämpfer in Berlin, 1942–45 Zuchthaus, 1945 Bürgermeister von Luckau, unter Dramaturg am Hebbel-Theater Berlin, 1951 Chefdramaturg der Kammerspiele Hamburg. 1956 und 1961 Chinareise. 1945–47 Hrsg. der satir. Zs. ›Ulenspiegel‹. – Dramatiker und Erzähler der Gegenwart mit erfolgr., zeitkrit.-satir. Dramen oft um hist. Stoffe oder Themen wie Krieg, Widerstandsbewegung und kapitalist. Gesellschaftsordnung mit zuneh-

mender Neigung zum Sozialismus. Einfluß Brechts; bemüht um handfestes Rollentheater und ›ortlose Dramaturgie‹, d. h. gesprochene Dekoration. Zeitkrit. Romane.
W: U-Boot S 4, Tr. (1928); SOS oder die Arbeiter von Jersey, Dr. (1929); Die Mutter, Dr. (1931, m. B. Brecht, nach Gor'kij); Barbaren, R. 1931; Das Mädchen von Fanö, R. 1935; Die Neuberin, Dr. (1935); Die Furie, R. 1937; Die guten Feinde, Dr. (1938); Die Illegalen, Dr. 1946; Babel, Dr. 1947; Memorial, Erinn. 1948; Historien der Zeit, Drr. 1947; Ballade vom Eulenspiegel, vom Federle und von der dicken Pompanne, Dr. 1949; Die spanische Hochzeit, K. 1949; Drei ehrenwerte Herren, K. 1953; Zwei Engel steigen aus, K. (1954); Dramatische Balladen, Drr. 1955; Das verlorene Gesicht, Dr. 1956 (Neufassg. u. d. T. Lofter oder D. v. G. 1959); Auf Sand gebaut, R. 1956; Der dritte Blick, R. 1956; Die Familie von Nevada, Dr. (1958; auch u. d. T. Die Familie von Makabah); Göttinger Kantate, Rev. 1958; 15 Schnüre Geld, Dr. 1959 (nach Chu Su Chen); Der Verfolger, R. 1961; Am Yangtse steht ein Riese auf, Reiseb. 1961; Der gespaltene Horizont, Reiseb. 1964; Das Glück der Konkubinen, Sch. (1965); Die Clowns von Avignon. Klopfzeichen, Drr. 1982; Einmal laß mich traurig sein, Br. 1984. – Theater, Drr. IV 1964–67.
L: I. Brauer, 1971 (m. Bibl.).

Weiskopf, Franz Carl (Ps. Petr Buk, F. W. L. Kovacs) 3. 4. 1900 Prag – 14. 9. 1955 Ost-Berlin; Sohn e. dt. Bankangestellten, Gymnas. Prag, Stud. Germanistik u. Gesch. ebda.; 1923 Dr. phil.; Mitgl. der KP; Journalist 1928 in Berlin, 1932 UdSSR-Reise; seit 1933 in Prag; 1939 Emigration über Paris in die USA; aktiver Antifaschist; 1950–52 tschechoslowak. Botschafter in Peking; ab 1953 in der DDR; Mit-Hrsg. der Zs. ›Neue Deutsche Literatur‹. – Vf. optimist.-sozialist. Reisereportagen; Chronist der soz. Mißstände unter der tschech. u. slowak. Arbeiter- u. Bauernschaft.
W: Es geht eine Trommel, G. 1923; Umsteigen ins 21. Jahrhundert, Rep. 1927; Der Traum des Friseurs Cimbura, E. 1930; Zukunft im Rohbau, Rep. 1932; Die Versuchung, R. 1937 (u. d. T. Lissy, 1954); Him-

melfahrtskommando, R. 1945; Vor einem neuen Tag, R. 1947; Abschied vom Frieden, R. 1950; Kinder ihrer Zeit, R. 1951 (u. d. T. Inmitten des Stroms, 1955); Die Reise nach Kanton, Rep. 1953; Literarische Streifzüge, Ess. 1956; Welt in Wehen, R.-Fragm. 1965. – GW, XI 1947–56; GW, hg. G. Weiskopf u. S. Hermlin VIII 1960.

L: G. Weiskopf u. a., Erinn. an e. Freund, 1963; F. Arndt, 1965; L. Václavek, Prag 1965 (m. Bibl.); I. Hiebel, 1974; P. Gallmeister, D. hist. R.e v. F. C. W., 1983.

Weismantel, Leo, 10. 6. 1888 Obersinn/Rhön – 16. 9. 1964 Rodalben b. Pirmasens, kränkl. 7. Kind e. Schneiders; Gymnas. Münnerstadt; Stud. Philol., Philos., Naturwiss. und Geographie Würzburg, 1914 Dr. phil., 1915–19 Studienrat Würzburg, dann freier Schriftsteller und Redakteur in München; 1924–28 Zentrumsabgeordneter im Bayr. Landtag. 1928 Gründer der ›Schule der Volkschaft‹ in Marktbreit zur Erforschung der seel.-geistigen Kräfte der versch. Kindesaltersstufen, 1936 von den Nazis geschlossen. Freier Schriftsteller in Würzburg, wegen aktiv kath. Haltung 1939 und 1944 in Gestapohaft. 1945–47 kommissar. Schulrat in Gemünden (Main), 1947–51 Prof. am Pädagogischen Institut Fulda, dann in Jugenheim/Bergstr. – Fruchtbarer kath. Erzähler und Dramatiker. Begann mit Mysterien-, Laien- und Festspielen als christl. Gemeinschaftstheater, dann stark gedankl. Romane mit breitem kulturhist. Kolorit anfangs in expressionist. Sprache und deutl. Symbolik bes. um Gottsucher-Gestalten, schließl. Künstlerromane. Volkserzieher-, kulturpolit. und heimatkundl. Schriften.

W: Mari Madlen, R. 1918; Die Reiter der Apokalypse, Drr. 1919; Der Wächter unter dem Galgen, Tr. 1920; Der Totentanz 1921, Sp. 1921; Das unheilige Haus, R. 1922; Das Spiel vom Blute Luzifers, Dr. 1922; Die

Kommstunde, Sp. 1924; Das alte Dorf, R. 1928; Elisabeth, B. 1931; Die Geschichte des Hauses Herkommer, R. 1932; Das Sterben in den Gassen, R. 1933; Gnade über Oberammergau, R. 1934; Mein Leben, Aut. 1936; Dill Riemenschneider, R. 1936; Eveline, R. 1937; Franz und Clara, R. 1938; Lionardo da Vinci, B. 1938; Gericht über Veit Stoß, R. 1939; Mathis Nithart, R. III 1940–43; Die Erben der lockeren Jeannette, N. 1940; Jahre des Werdens, Aut. 1940; Albrecht Dürer, R. II 1950.

L: E. Iros, 1929; L. W., Leben u. Werk, 1948 (m. Bibl.); F. Gerth, 1968.

Weiss, Ernst, 28. 8. 1884 Brünn – 15. 6. 1940 Paris. Jugend in Brünn, Stud. Medizin Wien u. Prag (1908 Dr. med.); Freund Kafkas; Chirurg in Bern, Berlin, Wien, 1912/13 als Schiffsarzt Fahrten nach Ostasien, im 1. Weltkrieg Regimentsarzt, 1919/20 in Prag, ab 1920 Berlin, emigrierte 1933 nach Prag, 1934 nach Paris, wo er sich bei Annäherung der dt. Truppen das Leben nahm. – Expressionist. Erzähler und Dramatiker mit z. T. autobiograph. Stoffen um Ärzteschicksale und Außenseiter in Grenzsituationen. Kunstloser Stil in konventionellen psychol. Romanen.

W: Die Galeere, R. 1913; Der Kampf, R. 1916 (n. d. T. Franziska, 1919); Tiere in Ketten, R. 1918; Mensch gegen Mensch, R. 1919; Stern der Dämmerung, R. 1920; Tanja, Dr. 1920; Das Versöhnungsfest, G. 1920; Nahar, R. 1922; Olympia, Dr. (1923); Atua, En. 1923; Die Feuerprobe, R. 1923; Männer in der Nacht, R. 1925; Der Fall Vukobrankovics, R. 1925 (n. 1970); Boëtius von Orlamünde, R. 1928 (u. d. T. Der Aristokrat, 1966); Georg Letham, R. 1931; Der Geisterseher, R. 1934; Der Gefängnisarzt, R. 1934 (n. 1969); Der arme Verschwender, R. 1936 (n. 1965); Der Verführer, R. 1938 (n. 1967); Der Augenzeuge, R. 1963. – GW, XVI 1982; Der zweite Augenzeuge, Ausw. 1978.

L: E. Wondrák, 1968 (m. Bibl.); M. Wollheim, Begegnung mit E. W., 1970; W. D. Elfe, Stiltendenzen i. Wk. v. E. W., 1971; U. Längle, Diss. Innsbr. 1981; P. Engel, hg. 1982; E. W., 1982 (Text u. Kritik 76); M. Versari, 1984; F. Maas, D. Dichter v. d. traur. Gestalt, 1986; Bibl.: K.-P. Hinze, 1977.

Weiß, Karl → Karlweis, C.

Weiß, Konrad, 1. 5. 1880 Rauen-
bretzingen b. Gaildorf/Württ. – 4.
1. 1940 München, Bauernsohn,
Stud. Philos., Theol., Kunstgesch. und Germanistik Tübingen, München und Freiburg/Br.;
1905–20 Redakteur der Zs.
›Hochland‹ in München, im Kreis
um C. Muth; seit 1920 Kunstkritiker der ›Münchner Neuesten
Nachrichten‹. Freundeskreis um
Hofmannsthal, Borchardt, Th.
Haecker, J. Pieper u. a. – Geistl.
Dichter des 20. Jh. von ausgesprochen kath. Grundhaltung, tiefer,
zu Mystik neigender Gedanklichkeit und eigenwilliger Kunst- und
Naturerfassung in bilderreicher,
esoter. dunkler Sprache, die aus
der Spannung zwischen Ding,
Wort und Symbol lebt. Christl.
Geschichtsdeutung; zykl. Lyrik,
Prosadichtungen, Dramen, Rei-
semeditationen und Kunstessays.
In der Wirkung auf e. kleinen
Kreis begrenzt.

W: Tantum dic verbo, G. 1919; Die cumäi-
sche Sibylle, G. 1921; Die kleine Schöpfung,
G. 1926; Das gegenwärtige Problem der Gotik, Es. 1927; Die Löwin, Prosa 1928 (n.
1985); Tantalus, Prosa 1928; Zum geschicht-
lichen Gethsemane, Ess. 1929; Das Herz des
Wortes, G. 1929; Der christliche Epimetheus,
Es. 1933; Konradin von Hohenstaufen, Tr.
1938; Das Sinnreich der Erde, G. 1939; Prosadichtungen, 1948; Gedichte, II 1948f.;
Deutschlands Morgenspiegel, Reiseb. II
1950; Das kaiserliche Liebesgespräch, Dr.
1951; Wanderer in den Zeiten, Reiseb., hg. F.
Kemp 1958. – Dichtungen und Schriften, hg.
F. Kemp 1961 ff.; Gedichte, 1980.
L: G. Ruf, Das dichter. Geschichtsbild bei K.
W., Diss. Freiburg 1953; C. F. Müller, 1965;
L. Verbeeck, 1970; H. P. Holl, Bild u. Wort,
1979; F. Kemp, hg. 1980.

Weiss, Peter, 18. 11. 1916 Nowa-
wes b. Berlin – 10. 5. 1982 Stockholm; Sohn e. jüd. Kaufmanns;
Jugend in Berlin und Bremen,
emigrierte 1934 über England
nach Prag (Besuch der Kunstakad. ebda.), 1939 über die
Schweiz nach Schweden. Zunächst Filmregisseur und Maler,
seit 1960 freier Schriftsteller in
Stockholm (1945 schwed. Staatsbürger); schrieb bis 1950 in
schwed. Sprache. – Begann als autobiograph. bestimmter Erzähler
in schwermütig versponnener,
verfeinerter Prosa. Vertreter e.
mag. Realismus in Anlehnung an
Joyce, Kafka und die Surrealisten.
Im Dramenwerk nach absurden
Anfängen themat. u. formal stark
von Brecht beeinflußt; s. größten
Erfolg, dem ›Marat/Sade‹, folgten polit. Lehrstücke sozialist. u.
antimilitarist. Tendenz, die über
die Diskussion von Revolution,
Subjektivismus und gesellschaftl.
Anpassung hinausgehen. S. dokumentar. fundierten Erörterungen philos., polit. und sozialer
Probleme, die Suche nach der
menschl. Identität teils in hist.
Entwicklungen, teils in Einzelschicksalen in e. Welt der Gewalt
u. des Terrors (›Gesang vom lusi-
tan. Popanz‹, ›Viet Nam Diskurs‹
u. a.) werden mit ihrer betont einfachen Sprache (Knittelverse) zu
episch vielfach gebrochenen, hist.
Bilderbögen zeitkrit. Agitations-
dramatik. Um 1970 Wendung
vom sozialist. Lehrtheater zu indi-
vid. hist. Bilderbögen um Revolutionäre; im Spätwerk imaginärer Erziehungsroman als Wunsch-
biographie. Übs. Strindbergs.

W: Från ö till ö, G. 1946 (Von Insel zu Insel, d.
1984); De besegrade, G. 1947 (Die Besiegten,
d. 1985); Der Turm, Dr. (1948); Die Versi-
cherung, Dr. (1952); Duellen, E. 1953 (Das
Duell, d. 1972); Der Schatten des Körpers des
Kutschers, E. 1960; Abschied von den Eltern,
E. 1961; Fluchtpunkt, R. 1962; Das Gespräch
der drei Gehenden, 1963; Nacht mit Gästen,
Dr. 1963; Die Verfolgung u. Ermordung des
Jean Paul Marat, Dr. 1964; Die Ermittlung,
Dr. 1965; Gesang vom lusitanischen Popanz,
Dr. 1967; Diskurs über … Viet Nam … Dr.
1968; Viet Nam Notizen, Reiseb. 1968; Wie
dem Herrn Mockinpott das Leiden ausgetrie-
ben wird, Dr. (1968); Rapporte, Ess. II
1968–71; Trotzki im Exil, Dr. 1970; Hölderlin, Dr. 1971; Die Ästhetik des Widerstands,

R. III 1975–81 (I 1983); Notizbücher, IV 1981 f.; Der neue Prozeß, Dr. 1984 (n. Kafka); – Dramen, II 1968; Stücke, II in III 1976; P. W. i. Gespräch, hg. R. Gerlach u. a. 1985. *L:* H. Rischbieter, 1967 (m. Bibl.); J. M. Carandell, Madrid 1968; Über P. W., hg. V. Canaris 1970; R. Meier, 1971; O. F. Best, 1971; M. Durzak, Dürrenmatt, Frisch, W., 1972; H. Lüttmann, D. Prosawke. v. P. W., 1972; P. W. (Text u. Kritik 37), 1973 (m. Bibl.); U. Paul, 1973; W. Kehn, V. Dante z. Hölderlin, 1973; M. Haiduk, ²1977; I. Schmitz, Dokumentartheater b. P. W., 1981; H. Vormweg, 1981; D. Maler P. W., 1982; R. Gerlach, hg. 1984; R. Hoffmann, P. W., Malerei…, 1984; J. Vogt, 1987.

Weiße, Christian Felix, 28. 1. 1726 Annaberg – 16. 12. 1804 Leipzig, Sohn e. Gymnasialdirektors, 1736 Gymnas. Altenburg, 1745–50 Stud. Philol. u. Theol. Leipzig (Verkehr mit Mylius, Lessing, Neuberin, Gellert, Rabener, Ekhof; Streit mit Gottsched), Hofmeister ebda., 1759 in Paris, 1761 Kreissteuereinnehmer in Leipzig; erbte 1790 das Rittergut Stötteritz b. Leipzig, wohnte sommers ebda. – Wandlungsfähiger und vielseitiger Schriftsteller der Aufklärung. Begann unselbständig mit anakreont. Liedern, dann Dramatiker im franz. Alexandrinerstil wie im Blankvers Shakespeares, beherrschte trotz Gottscheds Bühnenreform mit s. volkstüml. Rokoko-Singspielen mit Liedeinlagen die Leipziger Bühne (bes. ›Die Jagd‹, ›Der Teufel ist los‹ 1752, m. Musik von J. A. Hiller). Erfolgr. Jugendschriftsteller und Hrsg. der belehrenden Jugend-Zs. ›Der Kinderfreund‹ (XXIV 1775–82, Fortsetzung: ›Briefwechsel der Familie des Kinderfreundes‹, XII 1784 bis 1792). Hrsg. der ›(Neuen) Bibliothek der schönen Wiss. und der freien Künste‹ (1759–1804).

W: Scherzhafte Lieder, G. 1758 (n. 1965); Beytrag zum deutschen Theater, V 1759–68; Amazonenlieder, G. 1760; Kleine Lieder für Kinder, II 1766 f.; Komische Opern, III 1768–72; Kleine lyrische Gedichte, III 1772;

Trauerspiele, V 1776–80; Lustspiele, III 1783; Selbstbiographie, 1806. – Ausw. DNL 72, 1883. *L:* J. Minor, 1880; W. Hüttemann, Diss. Bonn 1912; C.-G. Zander, C. F. W. u. die Bühne, Diss. Mainz 1949; B. Hurrelmann, Jugendlit. u. Bürgerlichkeit, 1974.

Weißenborn, Theodor, * 22. 7. 1933 Düsseldorf; Stud. Germanistik, Romanistik, Philos., Bonn, Würzburg, Lausanne, Köln, Psychologie und Psychiatrie Köln; freier Schriftsteller in Oberkail b. Köln, dann Landscheid/Eifel. – Als Erzähler und Hörspielautor Zeit- u. Systemkritiker, der teils in iron., sprachl. bewußt einfachen Reportagen, teils in realist. Berichten Verhaltensweisen der gesellschaftl. Außenseiter u. Scheiternden darstellt und in e. Mischung von aktuell-lebensnahen Protokollen u. turbulent-grotesken Handlungsverwicklungen seziert.

W: Beinahe das Himmelreich, Kgn. 1963; Außer Rufweite, R. 1964; Eine befleckte Empfängnis, En. 1969; Die Stimme des Herrn Gasenzer, En. 1970; Gesang zu zweien in der Nacht, H. (1970); Handbuch für deutsche Redner, Sat. 1971; Krankheit als Protest, St. 1973; Das Liebe-Haß-Spiel, Kgn. 1973; Heimkehr in die Stille, E. 1975; Der Wächter des Wales, En. 1976; Geistlicher Nachlaß, G. 1977; Gesang zu zweien in der Nacht, Prosa 1977; Die Kälte, R. 1978; Als wie ein Rauch im Wind, R. 1979; Das Haus der Hänflinge, En. 1980; Zu den Kellergebrüchen, En. 1984; Das steinerne Meer, En. 1986.

Weißenburg, Otfried von → Otfried von Weißenburg

Weitbrecht, Karl (Ps. Gerhard Sigfrid), 8. 12. 1847 Neuhengstett b. Calw – 10. 6. 1904 Stuttgart; Pfarrerssohn; Stud. Theol. Tübingen; Vikar; 1876 Redakteur des ›Neuen Dt. Familienblatts‹. 1886 Rektor e. höheren Töchterschule in Zürich; Privatdozent; 1893 Prof. für Lit., Rhetorik und Ästhetik TH Stuttgart. – Lyriker; Dramatiker und Erzähler. Mit s.

Bruder Richard W. Vf. von schwäb. Geschichten. Auch Literaturhistoriker.

W: Was der Mond bescheint, G. 1873; Liederbuch, G. 1875; Gschichta-n aus-m Schwoba'land, En. 1877 (m. R. W.); Der Kalenderstreit von Sindringen, En. 1885; Sigrun, Tr. (1886); Schiller in seinen Dramen, Abh. 1897; Schwôbagschichta, En. III 1898 (m. R. W.); Das deutsche Drama, Abh. 1900; Schwarmgeister, Tr. 1900; Deutsche Literaturgeschichte des 19. Jahrhunderts, II 1901; Deutsche Literaturgeschichte der Klassikerzeit, 1902; Ges. Gedichte, 1903.

Weitbrecht, Richard, 20. 2. 1851 Heumaden/Stuttgart – 31. 5. 1911 Heidelberg; Pfarrerssohn; Stud. Theol. und Philos. Tübingen; Dr. phil.; Reisen in Italien; 1875 Repetent in Urach; 1878 Pfarrer in Mähringen b. Ulm, ab 1893 in Wimpfen am Neckar. – Vf. von Volks- und Jugendschriften, hist. und bes. Dialekt-Erzählungen, z. T. mit s. Bruder Karl W.

W: Gschichta-n aus-m Schwoba'land, En. 1877 (m. K. W.); J. Fischart als Dichter und Deutscher, Abh. 1879; Geschichte der deutschen Dichtung, 1880; Der Prophet von Siena, E. 1881; Feindliche Mächte, En. 1882; Der Bauernpfeifer, E. 1887; Allerhand Leut, En. 1888; Ketzergerichte, En. 1891; Neue Schwôbagschichte, En. VI 1893–99; Deutsche Art, En. 1900; In Treuen fest, Fsp. 1904; Der Leutfresser und sein Bub, E. 1905; Bohlinger Leute, R. 1910.

Weitling, Wilhelm Christian, 5. 10. 1808 Magdeburg – 22. 1. 1871 New York; Sohn e. Arbeiterin, Schneiderlehre; 1837–41 in Paris, Mitgl. des kommunist. ›Bund der Gerechten‹. 1841–43 Agitator in der Schweiz, 1843 verhaftet und 1845 abgeschoben; über Hamburg, London, Trier Brüssel nach Bruch mit Marx 1847 nach New York, 1848 wieder in Europa; 1849 Gründung e. Kommunisten-Kolonie in Dayton County, Idaho; 1850–54 Hrsg. der Zs. ›Republik der Arbeiter‹; wandte sich dann enttäuscht der Entwicklung von Textilmaschinen, e. Welt-

sprache u. der Astronomie zu. – Autodidakt u. Sozialutopist, der die Ablösung der industrialisierten Klassengesellschaft durch e. demokrat. Welt materieller Gleichheit forderte.

W: Die Menschheit, wie sie ist und wie sie sein sollte, Abh. 1838 (n. 1971); Garantien der Harmonie und Freiheit, Abh. 1842 (n. ³1955); Kerkerpoesien, 1844; Das Evangelium des armen Sünders, Abh. 1845 (n. 1971); Klassifikation des Universums, Schr. 1931; Theorie des Weltsystems, Abh. 1931.
L: W. Preuß, 1946; C. Wittke, Baton Rouge, 1950; G. M. Bravo, Turin, 1963; W. v. Moritz, 1981.

Wekhrlin, Wilhelm Ludwig (Ps. Anselmus Rabiosus), 7. 7. 1739 Stuttgart-Botnang – 24. 11. 1792 Ansbach; Pfarrerssohn; Gymnas. Stuttgart; Stud. Jura Tübingen; Schreiber in Ludwigsburg; Hofmeister in Straßburg und Paris; 1776 in Wien; dort ausgewiesen; lebte dann in Augsburg und Nördlingen; seit 1778 Hrsg. der Zeitung ›Das Felleisen‹ ebda.; 1787 wegen e. Schrift gefangengesetzt; zog 1792 nach Ansbach; Redakteur der ›Ansbachischen Blätter‹. – Satiriker und geistr., witziger Publizist der Aufklärung.

W: Denkwürdigkeiten von Wien, III 1776f.; Anselmus Rabiosus' Reise durch Ober-Deutschland, Schr. 1778; Chronologen, Ess. XII 1779–81; Das graue Ungeheuer, Ess. XII 1784–87; Die Einwilligung der Unterthanen zum Ländertausch, Schr. 1786; Hyperbolesche Briefe, Ess. VI 1788–90; Paragrafen, Ess. II 1791 (n. 1976). – Schriften, V 1978; Ausw., hg. F. W. Ebeling 1869.
L: G. Böhm, 1893; E. Donatin, Diss. Wien 1924; R. Fähler, Diss. Münster 1947; J. Mondot, II 1986.

Welk, Ehm (Ps. Thomas Trimm), 29. 8. 1884 Biesenbrow/Uckermark – 19. 12. 1966 Bad Doberan; Realschule; redaktionelle Ausbildung; Journalist; Reisen nach Übersee; bis 1934 Chefredakteur im Ullstein-Verlag; 1934–37 im Gefängnis und KZ

Oranienburg; seit 1937 freier Schriftsteller in Berlin; 1945–49 Leiter des Kulturamts Ückermünde und der Volkshochschule Schwerin; 1959 Dr. phil. h. c.; lebte zuletzt in Bad Doberan/ Mecklenburg. – Volkstüml. sozialist. Erzähler von Romanen und Tiergeschichten, Dramatiker und Drehbuchautor.

W: Belgisches Skizzenbuch, Reiseb. 1913; Gewitter über Gotland, Dr. 1926; Kreuznahme, Sch. 1927; Michael Knobbe, K. 1931; Die schwarze Sonne, B.n 1933; Die Heiden von Kummerow, R. 1937; Die Lebensuhr des Gottlieb Grambauer, R. 1938; Der hohe Befehl, R. 1939; Die wundersame Freundschaft. Das Buch von Tier und Mensch, Schr. 1940; Die stillen Gefährten, Tierb. 1943; Die Gerechten von Kummerow, R. 1943; Der Nachtmann, R. 1950; Mein Land, das ferne leuchtet, R. 1952; Tiere – Wälder – Junge Menschen, E. 1952 (m. J. Sieber); Im Morgennebel, R. 1953; Mutafo, En. 1955; Der wackere Kühnemann aus Puttelfingen, R. 1959; Stücke, 1964; Grand oder Das große Spiel, En. 1971; Der Pudel Simson, En. 1973. – Wke. IX 1964 ff.
L: E. Krull, Auf der Suche nach Orplid, 1959; E. W. zum 80. Geb., 1964; K. Reich, ⁴1980.

Wellershoff, Dieter, ✶ 3. 11. 1925 Neuß/Rh.; 1943 Arbeitsdienst, Militär, 1944 verwundet, 1945 Gefangenschaft; Studium Germanistik, Psychologie u. Kunstgesch. Bonn; 1952 Dr. phil. Verlagslektor; lebt in Köln; Gastdozent in München, Salzburg, Warwick/Engl. – Rundfunkautor mit Features und zeitkrit. Hörspielen in Gestalt von monologen Bewußtseinsströmen. Erzähler vom franz. Nouveau Roman beeinflußter zeitkrit. Romane, die gemäß den Maximen der von W. gegründeten ›Kölner Schule‹ Aktion u. Reflexion über das Handelnden zu e. neuen, nur objektive Gegebenheiten erfassenden Realismus als bewußtseinsveränderndem Faktor in der sich wandelnden Gesellschaft verbinden. Hrsg. v. G. Benn (GW, IV 1959–61). Essayist.

W: G. Benn, St. 1958; Der Minotaurus, H. (1960); Am ungenauen Ort, H. 1960 (enth. d. vorige); Anni Nabels Boxschau, Dr. 1962; Der Gleichgültige, Ess. 1963; Bau einer Laube, H. (1964); Ein schöner Tag, R. 1966; Literatur und Veränderung, Ess. 1969; Die Schattengrenze, R. 1969; Das Schreien der Katze im Sack, H.e 1970; Einladung an alle, R. 1972; Literatur und Lustprinzip, Ess. 1973; Doppelt belichtetes Seestück, En. u. G. 1974; Eskalation, FSsp. (1975); Die Auflösung des Kunstbegriffes, Ess. 1976; Die Schönheit der Schimpansen, R. 1977; Glücksucher, Drehb. 1979; Die Sirene, N. 1980; Das Verschwinden im Bild, Ess. 1980; Die Wahrheit der Literatur, Gespr. 1980; Der Sieger nimmt alles, R. 1983; Von der Moral verweicht, Ess. 1983; Die Arbeit des Lebens, Aut. 1985; Die Körper und die Träume, En. 1986; Wahrnehmung und Phantasie, Ess. 1987.
L: D. Schriftsteller D. W., hg. R. H. Thomas 1975; E. H. Vollmuth, 1979; H. Helmreich, 1982; H. L. Arnold, hg. 1985 (Text u. Kritik 88).

Wellm, Alfred, ✶ 22. 8. 1927 Neukrug/Polen; Fischersohn, 1944 Soldat, 1946–63 Lehrer und Schulrat in Mecklenburg, Schriftsteller bei Güstrow/DDR. – Kinderbuchautor und Vf. konventioneller Lehrer- und Erziehungsromane.

W: Pause für Wanzka, R. 1968; Pugowitza, R. 1975; Morisco, R. 1987.
L: H. Hormann, Diss. Greifsw. 1982.

Welter, Nikolaus, 2. 1. 1871 Mersch/Luxemburg – 13. 7. 1951 Luxemburg. Stud. Philol. Löwen, Berlin, Bonn, Paris; Dr. phil.; 1897 Gymnasial-Prof. in Diekirch, 1906 in Luxemburg; 1918–21 Unterrichtsminister von Luxemburg; 1922 Oberschulinspektor des Volksunterrichts. – Luxemburg. Literaturhistoriker, Dramatiker, Lyriker und Erzähler um heimatl. u. soziale Fragen.

W: F. Mistral, B. 1899; Griselinde, Dr. 1901; T. Aubanel, B. 1902; Frühlichter, G. 1903; Die Söhne des Öslings, Dr. 1904; Der Abtrünnige, Tr. 1905; Lene Frank, Dr. 1906; Professor Forster, Tr. 1908; In Staub und Gluten, G. 1909; Geschichte der französischen Literatur, 1909; Segnungen der Stunde, Tgb. 1910; Das Luxemburgische und sein Schrifttum, Abh. 1914; Über den Kämpfen,

G. 1915; Dantes Kaiser, Tr. 1922; Im Dienste, Erinn. 1925; Im Werden und Wachsen, E. 1926; Mundartliche u. hochdeutsche Dichtung in Luxemburg, Abh. 1929; Goethes Husar, Sch. 1932; Luxemburg, Dicht. 1936. – GW, V 1925.

L: A. Foos, 1935; N. Heinen, 1952.

Wendland, Lambert → Steguweit, Heinz

Wendler, Otto Bernhard, 10. 12. 1895 Frankenberg/Sachsen – 7. 1. 1958 Burg b. Magdeburg; Sohn e. Kupferschmieds, Soldat im 1. Weltkrieg, 1919 Lehrer, 1927 Schulleiter in Brandenburg a. d. Havel, 1933 entlassen, 1945 Schulrat, dann freier Schriftsteller in Burg. – Sozialist.-antimilitarist. Dramatiker und Romancier, auch Vf. von Drehbüchern, Hörspielen u. Jugendbüchern.

W: Theater eines Gesichts, Dr. 1925; Soldaten Marieen, R. 1929; Liebe, Mord und Alkohol, Dr. 1931; Ein Schauspieler geht durch die Politik, Dr. 1932; Drei Figuren aus einer Schießbude, R. 1932; Himmelblauer Traum eines Mannes, R. 1934; Sommertheater, R. 1936; Rosenball, R. 1937; Pygmalia, K. 1942; Die Glut in der Asche, Tragikom. 1950; Als die Gewitter standen, R. 1954.

Wenter, Josef, 11. 8. 1880 Meran – 5. 7. 1947 Rattenberg/Tirol. Stud. Germanistik München und Tübingen, dann Musikwiss. am Konservatorium Leipzig, Schüler Regers; Dr. phil.; im 1. Weltkrieg Oberleutnant bei den Tiroler Kaiserjägern; freier Schriftsteller in Innsbruck u. Baden b. Wien. – Österr. Dramatiker und Erzähler. Schrieb zuerst hist. Dramen unter Einfluß Hebbels u. Grillparzers, dann auch zeitgenöss. Stoffe; Burgtheaterdichter. Vf. von Tierromanen, die das Tier als Wesen eigener Artung naturwiss. genau und doch dichter. darstellen.

W: Saul Dr. (1908); Lionardo da Vinci, Dr. (1910); Canossa, Dr. (1916); Der deutsche Heinrich, Dr. (1919); Der sechste Heinrich, Dr. (1920); Johann Philipp Palm, Dr. (1923);

Der Kanzler von Tirol, Dr. (1925); Carneval im Juli, Lsp. (1928); Hochstapler, Lsp. (1928); Prinz Tunora, Lsp. (1930); Hofball in Schönbrunn, Singsp. (1930); Monsieur, der Kukkuck, R. 1930; Laikan, R. 1931; Spiel um den Staat, Dr. 1932; Der Traktor, Sch. (1933); Mannsräuschlin, R. 1933 (u. d. T. Situtunga, 1938); Geschichte und Ende Kaiser Heinrichs IV., Dr. (1934); Tiergeschichten, 1935; Saul, R. 1935; Salier und Staufer, N. 1936; Der Kanzler von Tirol. Die Landgräfin von Thüringen, Drr. 1936; Im heiligen Land Tirol, Reiseb. 1937; Tiere und Landschaften, En. 1937; Die schöne Welserin, Dr. 1938; Leise, leise, liebe Quelle, Aut. 1941; Kaiserin Maria Theresia, Sch. (1944). – Gesetz im Wandel, Drr. 1974.

L: H. Springer, Diss. Wien 1949; E. Trambauer, Diss. Wien 1950; M. Innerhofer, Diss. Innsbruck 1956; M. Völkl, Diss. Innsbr. 1973.

Werder, Diederich von dem, 17. 1. 1584 Werdershausen/Anhalt – 18. 12. 1657 Reinsdorf; Stud. Jura und Theol. Marburg, Reisen in Frankreich und Italien, bis 1622 Oberhofmarschall, Erzieher und Gesandter in Kassel, dann Schriftsteller auf s. Gut Reinsdorf b. Köthen, 1631–35 Regimentskommandeur Gustaf Adolfs, 1646 brandenburg. Kriegsrat und Amtshauptmann. 1620 Mitgl. der ›Fruchtbringenden Gesellschaft‹. – Vielseitiger Barocklyriker und Übs. von Tasso (1626, n. 1974) und Ariosto (1632–36).

W: Krieg und Sieg, Son. 1631; Bußpsalmen, 1632; Friedensrede, 1639.

L: G. Witkowski, 1887; G. Dünnhaupt, 1973.

Werfel, Franz, 10. 9. 1890 Prag – 26. 8. 1945 Beverly Hills/Calif.; Sohn e. wohlhabenden jüd. Kaufmanns, Stud. Prag (Freundschaft mit M. Brod u. F. Kafka), Leipzig und Hamburg. Nach einjähr. Militärdienst 1910 kurz Volontär in e. Speditionsunternehmen in Hamburg, 1911–14 Lektor des Verlags Kurt Wolff in Leipzig u. München; begründete mit W. Hasenclever u. K. Pinthus die Sammlung ›Der jüngste Tag‹

(1913–21) u. trat für G. Trakl ein. 1915–17 Soldat der österr. Armee in Ostgalizien. Nach kurzem Aufenthalt in Berlin 1917 freier Schriftsteller in Wien. Mai 1918 Propagandareise in die Schweiz. ∞ Alma Mahler, Witwe G. Mahlers. Reisen nach Italien (Venedig, Neapel, Santa Margherita), 1925 und 1929 in Ägypten u. Palästina. 1933 aus der Preuß. Dichterakademie ausgeschlossen, 1938 Emigration nach Frankreich, lebte in Paris und Sanary-sur-Mer, dann abenteuerl. Flucht vor den dt. Invasionstruppen zu Fuß über die Pyrenäen nach Spanien, dabei Aufenthalt in Lourdes (Gelübde). 1940 von Portugal aus nach Amerika, lebte dort in Beverly Hills/ Calif. – Fruchtbarer und erfolgr. Lyriker, Dramatiker und Erzähler von tiefrelig. Grundhaltung, Verkünder mitmenschl. und göttl. Liebe. Begann als unpolit. expressionist. Lyriker mit glutvoll-ekstat. u. visionären Gedichten der Weltbrüderschaft, des christl.-sozialen Mitleids und e. tiefen Gottsuchertums in vielfältigen z. T. vom österr. Impressionismus und W. Whitman beeinflußten, teils psalmod. Formen. Übergang von Gefühlspathos zu geistiger Pathetik in s. frühen, gleichfalls symbolisch-expressionist. Ideendramen des Pazifismus und der Verbrüderung sowie teils myst. Erlösungsdramen (Faustthema in ›Spiegelmensch‹). In späteren Dramen wie auch in dem seither vorwiegenden, anfangs psychoanalyt. beeinflußten Erzählwerk Wendung zum psycholog. u. hist. Realismus in hist. und relig. Stoffen mit metaphys.-relig. Transzendenz in Allegorien und Utopien (›Der Stern der Ungeborenen‹). Meisterhafte, formal traditionelle, doch effektbewußte Er-

zähltechnik und unerschöpfl. Erfindungsgabe. Bevorzugt die Darstellung des Glaubens im Leiden, Parallelen von Juden- und Christentum mit e. nach dem Lourdes-Erlebnis wachsenden Neigung zum Katholizismus. Auch dt. Bearbeitung der Libretti von Opern Verdis.

W: Der Weltfreund, G. 1911; Die Versuchung, Dr. 1913; Wir sind, G. 1913; Einander, G. 1915; Euripides: Die Troerinnen, Bearb. 1915; Gesänge aus den drei Reichen, G. 1917; Der Gerichtstag, G. 1919; Nicht der Mörder, der Ermordete ist schuldig, R. 1919; Der Besuch aus dem Elysium, Dr. 1920; Spielhof, N. 1920; Spiegelmensch, Dr. 1920; Bocksgesang, Dr. 1921; Schweiger, Dr. 1922; Beschwörungen, G. 1923; Die Mittagsgöttin, Sp. 1923; Verdi, R. 1924; Juarez und Maximilian, Dr. 1924; Paulus unter den Juden, Dr. 1926; Gedichte, 1927; Der Tod des Kleinbürgers, N. 1927; Geheimnis eines Menschen, Nn. 1927; Der Abituriententag, R. 1928; Barbara oder Die Frömmigkeit, R. 1929; Das Reich Gottes in Böhmen, Tr. 1930; Realismus und Innerlichkeit, Rd. 1931; Kleine Verhältnisse, N. 1931; Die Geschwister von Neapel, R. 1931; Die vierzig Tage des Musa Dagh, R. II 1933; Schlaf und Erwachen, G. 1935; Der Weg der Verheißung, Sp. 1935; Höret die Stimme, R. 1937 (u. d. T. Jeremias, 1956); Von der reinsten Glückseligkeit des Menschen, Rd. 1938; Der veruntreute Himmel, R. 1939; Gedichte aus 30 Jahren, 1939; Das Lied von Bernadette, R. 1941; Jacobowsky und der Oberst, K. 1944; Zwischen oben und unten, Ess. 1946; Stern der Ungeborenen, R. 1946; Gedichte aus den Jahren 1908–45, hg. E. Gottlieb u. F. Guggenheim 1946. – GW, VIII 1927–36; GW, hg. A. D. Klarmann XIV 1948–67.

L: H. Berendt, 1919; R. Specht, 1926 (m. Bibl.); E. Hunna, Die Dramen von F. W., Diss. Wien 1947; A. von Puttkammer, 1952 (m. Bibl.); E. Keller, 1958; F. Brunner, W. als Erzähler, Diss. Zürich 1955; C. Junge, D. Lyrik d. jg. W., Diss. Hbg. 1956; W. Braselmann, 1960; F. W., hg. L. B. Foltin, Pittsburgh 1961; dies. 1972; H. Meister F. W.s Dramen, Diss. Köln 1964; H. Rück, W. als Dramatiker, Diss. Marb. 1965; L. Zahn, 1966; D. Kuhlenkamp, W.s späte Romane, Diss. Ffm. 1971; L. B. Foltin, 1972; P. Wimmer, 1973; D. F. W. Buch, hg. P. S. Jungk 1986; ders., 1987.

Werner, Bruder → Wernher, Bruder

Werner, Priester → Wernher, Priester

Werner der Gärtner → Wernher
der Gartenaere

Werner, Bruno Erich, 5. 9. 1896
Leipzig – 21. 1. 1964 Davos/
Schweiz; Sohn e. Ingenieurs,
Stud. Lit.- u. Kunstgesch. München u. Berlin; 1914–18 Kriegsteilnehmer; Dr. phil.; Verkäufer
im Kunsthandel, 1926 Theater-
und Kunstkritiker in Berlin; 1929
bis 1943 Hrsg. der die Bauhaus-
Prinzipien propagierenden Kultur-Zs. ›die neue linie‹. Reisen
durch ganz Europa; 1945/46 Chef
der Kulturabt. des NWDR Hamburg, 1947–52 Feuilletonchef der
›Neuen Zeitung‹ in München;
1952–62 Kulturattaché in Washington; dann in München. 1962
Präsident des dt. PEN. – Essayist
u. Reiseschriftsteller, der s. Eindrücke in kulturhist. Zusammenhängen zu präzisen Bildern der
abendländ. Kultur verarbeitete. In
s. Romanen teils satir., teils verschlüsselte Darstellung der Situation der dt. Intelligenz während
der Vor- u. Nachkriegszeit.

W: Zwischen den Kriegen, Reiseb. 1940; Die
Galeere, R. 1949 (Neufassg. 1958); Kannst
Du Europa vergessen?, Reiseb. 1952; Die
Göttin, R. 1957; Die Zwanziger Jahre, Ber.
1962; Rendezvous mit der Welt, Reiseb.
1963.

Werner, Gerhard → Schulenburg, Werner von der

Werner, Walter, *22. 1. 1922
Vachdorf/Thür.; Kulturfunktionär, 1956–59 Stud. Lit.-Institut J.
R. Becher Leipzig; freier Schriftsteller in Untermaßfeld/Thür. –
Lyriker mit sprachl. straffen, einfachen u. bilderreichen Gedichten
über s. Thüringer Heimat, Reflexionen über s. Jugend u. die
Schrecken des Krieges, sowie sozialist. Bekenntnissen.

W: Licht in der Nacht, G. 1957; Dem Echo
nach, G. 1958; Bewegte Landschaft, G. 1959;
Sichtbar wird der Mensch, G. 1960; In den
Liedern geboren, G. 1963; Herz von Ahnung
weit..., G. 1963; Bann's Herz mitschreibt,
G. 1963; Die Strohalmflöte, En. 1965; Das
unstete Holz, G. 1970; Die verführerischen
Gedanken der Schmetterlinge, G. 1979; Das
Gras hält meinen Schatten, G. u. Prosa 1982
(m. Bibl.); Der Baum wächst durchs Gebirge, G. 1982.

Werner, (Friedrich Ludwig) Zacharias, 18. 11. 1768 Königsberg –
17. 1. 1823 Wien; Sohn e. Univ.-
Prof. für Geschichte (†1782) und
e. 1804 geisteskrank gestorbenen
Mutter; 1784–89 Stud. Jura und
Philos. Königsberg (bei Kant) ohne Abschluß, wurde Freimaurer,
1793 Kriegs- und Domänensekretär in Petrikau, 1796 untergeordneter Beamter in Warschau (Verkehr mit E. T. A. Hoffmann und
Hitzig); 1801–04 privatisierend in
Königsberg; 1805–07 Beamter in
Berlin (Verkehr mit Iffland,
Fichte, A. W. Schlegel). Nahm
1807 nach Scheitern s. 3. Ehe s.
Abschied, seither unstetes Wanderleben auf Reisen in Dtl. (1807/
08 bei Goethe in Weimar),
Schweiz (Coppet bei Mme de
Staël) und Frankreich. Erhielt e.
Jahresgehalt von dt. Fürsten; hess.
Hofratstitel. 1809–13 in Rom,
1810 Konversion zu e. überspannten Katholizismus, Widerruf s.
früheren Werke, Stud. Theol.,
1814 Priesterweihe in Aschaffenburg, dann erfolgr. Kanzelredner
in Wien, Ehrendomherr am Hof
des Fürstbischofs und Mitgl. des
Redemptoristenordens   ebda.
Starb lungenkrank im Augustinerkloster ebda. Ekstat., zerrissener Charakter, schwankend zwischen   Triebhaftigkeit   und
schwärmer. Mystizismus, intellektueller Kälte und virtuoser
Theatralik. – Romant. Dramatiker mit hist. Stoffen, ausgehend

von den späten Dramen Schillers
und den barocken Geschichtstra-
gödien, mit bes. Betonung des
Pathet.-Rhetor. und Theatralischen in lockeren, effektbedach-
ten Bilderfolgen myst.-allegor.
Tiefsinns. Mit s. ›24. Februar‹ Initiator der romant. Schicksalstragödie (Müllner, Houwald).
Nach der Konversion in myst.-
relig. Stücken künstler. verfla-
chend. Auch schwülst.-myst. Lyriker.

W: Vermischte Gedichte, 1789; Die Söhne
des Thales, Dr. II 1803 f. (n. W. J. Stein 1927);
Das Kreuz an der Ostsee, Tr. 1806; Martin
Luther oder die Weihe der Kraft, Tr. 1807;
Attila, König der Hunnen, Tr. 1808; Wanda,
Königin der Sarmaten, Tr. 1810; Die Weihe
der Unkraft, Dr. 1814; Der 24. Februar, Tr.
1815 (n. E. Kilian 1924); Cunegunde die Hei-
lige, Dr. 1815; Geistliche Übungen, 1818; Die
Mutter der Makkabäer, Tr. 1820. – Theater,
VI ²1816; Ausgew. Schriften, hg. Zedlitz,
Schütz u. a. XV 1840 f. (Faks. 1970); Dra-
men, hg. P. Kluckhohn 1937 (DLE Rhe.
Romantik 20, n. 1971); Briefe, hg. O. Floeck
II 1914; Tagebücher, hg. ders. II 1939 f. (BLV
289 f.).
L: E. Vierling, Nancy 1908; G. Gabetti, Il
dramma de Z. W., Torino 1916; P. Hankamer, 1920; F. Stuckert, D. Drama Z. W.s,
Diss. Gött. 1926; G. Carow, 1933; H. Breyer,
D. Prinzip v. Form u. Sinn i. Drama Z. W.s,
1933; C. Sommer, Die Entwicklung der Lyrik von Z. W., Diss. Jena 1954; L. Guinet, Z.
W. et l'ésotérisme maçonnique, Haag 1962;
ders., Caen 1964; G. Koziełek, Bresl. 1963
(m. Bibl.); ders. ebda. 1967; U. Beuth, Romant. Schauspiel, Diss. Mchn. 1979.

Wernher, Bruder (d. h. wohl
Mitgl. e. Bruderschaft von
Kreuzfahrern), um 1190 Österreich – um 1250; Fahrender, wohl
kaum Kleriker, bereiste Dtl. und
Österreich, Teilnahme am Kreuzzug von 1228/29 (?). – Mhd.
Spruchdichter und Schüler Walthers, dichtete zwischen 1217 und
1250 rd. 80 Sprüche von bildkräftiger Darstellung, meist polit.
Mahnungen zu den Kämpfen zwischen Kaiser, Papst und Fürsten,
voll Pessimismus und Weltverachtung. Anhänger Friedrichs II.

Von den Meistersängern zu den
12 alten Meistern gezählt.

A: K. Bartsch, Dt. Liederdichter, ⁷1914.
L: A. E. Schönbach (Sitzgsber. d. Wiener
Akad. d. Wiss., Phil.-hist. Kl. 148 u. 150),
1904 f.; P. Kemetmüller, Diss. Wien 1954; U.
Gerdes, 1973.

Wernher, Priester (Pfaffe), urkundl. 1172 als Kleriker in Augsburg. – Frühmhd. geistl. Dichter,
schrieb um 1170–72 auf Anregung
e. Priesters Manegold in bayr.
Mundart ›Driu liet von der maget‹
(3 Lieder von der Jungfrau Maria)
als empfindungsvolle ep. Preislie-
der mit Darstellung des Marienle-
bens (Verkündigung und Geburt;
Vermählung und Empfängnis;
Geburt Christi und Rückkehr aus
Ägypten) frei nach e. Pseudo-
Evangelium des 5. Jh. Wechsel
lyr. und gemütvoll belehrender
Partien in fast realist. Darstellung,
bilderreicher Sprache und regel-
mäßigem Versbau mit Assonanzen. Früher Versuch der Einbeziehung apokrypher Stoffe in bibl.
Epik und Vorläufer des Marien-
kultes.

A: C. Wesle 1927 (n. H. Fromm 1969); Übs.
u. Faks.: H. Degering 1925.
L: J. W. Bruinier, Diss. Greifsw. 1890; E.
Sievers, 1894; A. Schwinkowski, Diss. Kiel
1932; H. Fromm, Diss. Tüb. 1946; ders.,
Unters. z. Marienleben d. P. W., 1955 (m.
Bibl.); G. Lenger, Virgo-Mater-Mediatrix,
1980.

Wernher der Gartenaere, 2.
Hälfte 13. Jh., Fahrender unbekannter Herkunft (oberösterr.
Innviertel, Gardasee?), führte e.
unstetes Wanderleben. Gute
Kenntnis mhd. Dichtungen. –
Mhd. Erzähler, Vf. der Verserzählung vom ›Meier Helmbrecht‹
(zwischen 1246 und 1282) in 1922
Versen, der 1. dt. Dorfgeschichte:
e. haltloser Bauernsohn, der über
s. Stand hinaus nach ritterl.
Tracht und Lebensführung strebt,

wird Knappe e. Raubritters, entfremdet sich den Eltern, wird gefangengenommen, gerichtet, von den Eltern verstoßen und von den mißhandelten Bauern gehängt. Exempelfall für die Auflösung ma. Ständeordnung und das – sehr krit. und skept. betrachtete – Aufwärtsstreben, zugleich aber das Selbstbewußtsein des Bauerntums. Wolfram als Stilvorbild; realist. Milieudarstellung unter Einfluß Neidharts.

A: F. Panzer ⁹1974; K. Speckenbach 1974 (m. Übs.); Ch. E. Gough ²1947; U. Seelbach, Lond. 1985. – *Übs.:* J. Pilz, 1923; J. Hofmiller, 1930; J. Ninck, 1961; F. Bergemann, ³1965; H. Brackert, 1972; F. Tschirch, 1974. *L:* B. Sowinski, 1971; Bibl.: U. Seelbach, 1981.

Wernher von Elmendorf, 2. H. 12. Jh., Kaplan in Elmendorf im Oldenburgischen. – Vf. e. Lehrgedichts (um 1170) von 1211 Versen über das ma. Tugendsystem nach dem lat. ›Moralium dogma philosophorum‹ im Auftrag des Probstes Dietrich von Elmendorf in Heiligenstadt; erste Tugendlehre in dt. Sprache.

A: J. Bumke 1974.

Wernicke, Christian, Jan. 1661 Elbing – 5. 9. 1725 Kopenhagen; Sohn e. sächs. Stadtsekretärs und e. Engländerin; Schule Elbing und Thorn; ab 1680 Stud. Philos. und Poesie Hamburg u. Kiel; Hofmeister bei Graf Rantzau; 3 Jahre am mecklenburg. Hof; Reisen nach Frankreich u. England; zog 1796 nach Hamburg, Privatgelehrter, geriet mit den dortigen Literaten in Streit, bes. mit Postel, den er in s. ›Heldengedicht Hans Sachs‹ verspottete, und mit Hunold. 1708–23 dän. Gesandter in Paris. – Sprachgewandter höf. Epigrammatiker u. Satiriker. Anfangs Anhänger Hofmannswaldaus und des Schwulststils, richtete er später nach s. Begegnung mit der franz. Lit. s. Spottverse gegen die Ereignisse s. Zeit, bes. aber gegen den Schwulst des Spätbarock. Früher Verfechter des franz. rationalist. Klassizismus unter Einfluß Boileaus.

W: Überschrifte Oder Epigrammata, 1697 (verm. 1701, hg. R. Pechel 1909); Ein Heldengedicht, Hans Sachs genannt, 1702; Poetischer Versuch, G. 1704; Jugendgedichte, hg. L. Neubaur 1880. – Ausw., L. Fulda 1890 (DNL); W. Hartwig, 1984. *L:* J. Elias, Diss. Mchn. 1888; D. Neufeld, Diss. Jena 1922.

Werremeier, Friedhelm (Ps. Jacob Willenbourg), * 30. 1. 1930 Witten/Ruhr; Journalist, Gerichtsreporter, ab 1970 freier Schriftsteller in Bad Bevensen. – Vf. realist., reportagehafter Kriminalromane und Krimiserien für das Fernsehen um Hauptkommissar Trimmel.

W: Ich verkaufe mich exklusiv, R. 1968; Taxi nach Leipzig, R. 1970; Der Richter in Weiß, R. 1971; Platzverweis für Trimmel, R. 1972; Der Fall Heckenrose, R. 1975; Trimmel und Isolde, R. 1980.

Werthes, Friedrich August Clemens, 12. 10. 1748 Buttenhausen/Württ. – 5. 12. 1817 Stuttgart. Ausbildung in Mannheim, Düsseldorf, Lausanne, Venedig, Münster, Erfurt; Erzieher und Begleiter zweier junger Grafen Lippe-Alverdissen; Verehrer Wielands, Mitarbeit an dessen ›Teutschem Merkur‹; 1782 Prof. der Ästhetik an der Karlsschule in Stuttgart; 1783 Literat in Wien; 1784–91 Prof. in Pest, dann wieder in Stuttgart; Leiter des württ. Regierungsblatts; Hofrat. – Ästhetiker, klassizist. Lyriker, Dramatiker mit hist. Stoffen u. Erzähler. Übs. bes. aus dem Ital.

W: Hirtenlieder, G. 1772; Lieder eines Mädchens, G. 1774; Orpheus, Sgsp. 1775; C. Gozzi: Dramen, Übs. V 1777–79; Ariost: Der

Rasende Roland, Übs. 1778; Begebenheiten Eduard Bomstons in Italien, R. 1782; Rudolph von Habspurg, Sch. 1785; Niklas Zrini, Tr. 1790; Conradin von Schwaben, Tr. 1800; Das Pfauenfest, Sgsp. 1800; Hermione, Sch. 1801.
L: T. Herold, 1898.

Wessobrunner Gebet, ahd. Stabreimgedicht Ende 8./Anfang 9. Jh. in bayr. Mundart mit altsächs. oder angelsächs. Spuren. Knappe Darstellung von Weltanfang und Weltschöpfung in christl. Schau, mit heidn. Zügen untermischt, mit angehängtem Prosagebet um den rechten Glauben, das dem Denkmal den Namen gab (besser ›Wessobrunner Schöpfung‹ gen.). In e. Hs. von 814 aus Kloster Wessobrunn/Obb. unvollständig überliefert. Evtl. ältestes erhaltenes dt. Gedicht christl. Inhalts.
A: W. Braune, K. Helm, Ahd. Lesebuch, ¹³1958; E. Steinmeyer, Kl. ahd. Sprachdenkmäler, 1916; Faks.: E. Petzet, O. Glauning, Dt. Schrifttafeln I, 1910; U. Schwab, D. Sternrune im W. G., Amsterd. 1973.

West, Karl August → Schreyvogel, Joseph

West, Thomas → Schreyvogel, Joseph

Wetcheek, J. L. → Feuchtwanger, Lion

Wetzel, (Karl) Friedrich Gottlob, 14. 9. 1779 Bautzen – 29. 7. 1819 Bamberg. Stud. Medizin, dann Philos. Leipzig und Jena; Schriftsteller in mehreren Orten Thüringens und Sachsens; seit 1805 in Dresden, 1809 in Bamberg; Redakteur des ›Fränk. Merkur‹. – Patriot. Dramatiker und Lyriker, auch Satiriker. Die unter s. Namen veröffentl. Schriften waren nur wenig bekannt, weit mehr der bisher meist W. zugeschriebene,

neuerdings für E. A. F. → Klingemann beanspruchte skept.-myst. Roman ›Nachtwachen. Von Bonaventura‹ (1804).
W: Strophen, G. 1803; Schriftproben, G. 1814; Aus dem Kriegs- und Siegesjahre 1813, G. 1815; Jeanne d'Arc, Tr. 1817; Hermannfried, Tr. 1818; Ges. Gedichte und Nachlaß, hg. Z. Funck 1838.
L: F. Schultz, Der Vf. d. Nachtwachen v. Bonaventura, 1909; H. Trube, Diss. Ffm. 1928 (n. 1967); F. H. Ryssel, Diss. Ffm. 1939; R. Hunter-Lougheed, D. Nachtwachen v. Bonaventura, 1985; H. Fleig, Lit. Vampirismus, 1985; P. Kohl, D. freie Spielraum im Nichts, 1986; → Klingemann, E. A. F.

Weymann, Gert, ∗ 31. 3. 1919 Berlin; Buchhändlerssohn, 1937–45 Wehrdienst, Stud. 1943/44 während e. Lazarettaufenthalts in Berlin Theaterwiss. u. Germanistik, 1945–47 Regieassistent am Schloßpark-Theater Berlin und freier Regisseur u. a. in Berlin u. Nürnberg; lebt in Berlin. – Dramatiker mit aktuellen Stoffen aus Kriegs- und Nachkriegszeit; Hörspiel- und Fernsehautor, Journalist.
W: Generationen, Dr. (1955); Eh' die Brükken verbrennen, Dr. (1958); Der Ehrentag, Dr. (1960); Per Anhalter, H. (1963); Die Übergabe, H. (1965); Ein Weihnachtskind für Cherokee, H. (1967).

Weyrauch, Wolfgang (Ps. Joseph Scherer), 15. 10. 1907 Königsberg – 7. 11. 1980 Darmstadt; Sohn e. Landmessers. Jugend, Gymnas. u. Schauspielschule Frankfurt/Main; Schauspieler in Münster, Bochum, Harztheater Thale, dann Stud. Germanistik, Romanistik und Geschichte Berlin, 1933 Lektor ebda., 1940–45 Kriegsteilnehmer, sowjet. Gefangenschaft, 1946–48 Redakteur der satir. Zs. ›Ulenspiegel‹ in Berlin, 1950 Worpswede und 1952 Hamburg, 1950–58 Lektor bei Rowohlt ebda., seit 1959 freier Schriftsteller in Gauting b. München; 1960

Hörspieldramaturg des Norddt. Rundfunks Hamburg. Mitgl. der ›Gruppe 47‹; lebte in Darmstadt. – Aggressiver, zeitkrit. und bewußt engagierter Erzähler u. Hörspielautor mit experimentellen und avantgardist. Zügen. Verbindung von Realität und Vision in monologhafter, von Joyce angeregter Prosa.

W: Der Main, Leg. 1934; Strudel und Quell, R. 1938; Eine Inselgeschichte, E. 1939; Ein Band für die Nacht, Nn. 1939; Das Liebespaar, E. 1943; Auf der bewegten Erde, E. 1946; Von des Glücks Barmherzigkeit, G. 1946; Die Liebenden, E. 1947; Lerche und Sperber, G. 1948; Die Davidsbündler, E. 1948; An die Wand geschrieben, G. 1950; Die Minute des Negers, H. 1953; Bericht an die Regierung, H. 1953; Gesang um nicht zu sterben, G. 1956; Mein Schiff, das heißt Taifun, En. 1959; Anabasis, H. 1959; Das Jahr, Jgb. 1961; Totentanz, H. (1961); Dialog mit dem Unsichtbaren, H.e 1962; Das grüne Zelt. Die japanischen Fischer, H.e 1963; Die Spur, G. 1963; Komm, Dr. 1965; Unterhaltungen von Fußgängern, En. 1966; Etwas geschieht, Prosa 1966; Das erste Haus hieß Frieden, Ber. 1966; Ich bin einer, ich bin keiner, H. (1967); Geschichten zum Weiterschreiben, 1969; Wie geht es Ihnen, Prosa 1971; Ein Clown sagt, Jgb. 1971; Mit dem Kopf durch die Wand, En., G. u. H. 1971 (erw. 1977); Das Ende von Frankfurt am Main, En. 1973; Das Signal, H. (1974); Das grüne Zelt, H.e 1974; Gedichte, 1974; Beinahe täglich, En. 1975; Lieber T., G. 1976; Kalenderbuch, 1977; Das Komma danach, G. 1977; Fußgänger, Dr. (1977); Hans Dumm, En. 1978; Anders wärs besser, Jgb. 1982; Dreimal geköpft, G. 1983; Atom und Aloe, Ges. G. 1987.

Wezel, Johann Carl, 31. 10. 1747 Sondershausen/Thür. – 28. 1. 1819 ebda.; Sohn e. Hofkochs; Stud. Theol. Leipzig; Hauslehrer in Bautzen; Reisen nach London, Hamburg, Paris u. Wien; 1782 Theaterdichter ebda., dann freier Schriftsteller in Leipzig; ab 1786 geistig umnachtet in Sondershausen. – Romancier des Sturm u. Drang; von Fielding u. Sterne beeinflußt. Vf. grotesk-kom. u. satir., z. T. tief pessimist. Romane, die die geistigen Auseinandersetzungen der Aufklärung wider-

spiegeln. Lustspiele unter Einfluß von Marivaux.

W: Lebensgeschichte Tobias Knauts des Weisen, R. IV 1773–76 (Faks. 1971); Der Graf von Wickham, Tr. 1774; Belphegor, R. 1776 (n. 1984); Hermann und Ulrike, R. IV 1780 (Faks. 1971); Über Sprache, Wissenschaften und Geschmack der Deutschen, Abh. 1781; Wilhelmine Arend oder die Gefahren der Empfindsamkeit, R. 1782 (n. 1970); Versuch über die Kenntniß des Menschen, Abh. II 1784 f. (n. 1971); Kakerlak, R. 1784 (n. 1985); Prinz Edmund, Ep. 1785; Robinsons Kolonie, Abh. 1795. – Lustspiele, IV 1778–87; Kritische Schriften, hg. A. R. Schmitt III 1971–75 (m. Bibl.); Satir. En., 1983.

L: S. Krampe, Diss. Kgsbg. 1911; G. Kreymborg, Diss. Münster 1913; E. Delorme, Diss. Marb. 1928; K. Adel, 1968; H. P. Thurn, D. Roman d. unaufgeklärten Gesellschaft, 1973; W. Jansen, D. Groteske i. d. dt. Lit. d. Spätaufkl., 1980; R.-G. Strube, D. Physiognomie d. Unvernunft, 1980; Neues aus d. W.-Forschg., 1980; T. Joerger, Roman u. Emanzipation, 1981; P. S. McKnight, The Novels of J. K. W., 1981; D. Kremer, 1985.

Wibbelt, Augustin (Ps. Ivo), 19. 9. 1862 Vorhelm b. Münster/ Westf. – 14. 9. 1947 ebda.; Gutsbesitzerssohn; Stud. Theol. Münster, Würzburg, Freiburg i. Br.; 1889 Kaplan in Moers; 1899 Dr. phil.; 1907 Pfarrer in Mehr b. Cleve. Seit 1909 Hrsg. des Volkskalenders ›De Kiepenkerl‹. – Erzähler und Lyriker, häufig in münsterländ. Dialekt. Humorvoller Schilderer westfäl. Bauerntums der Jh.-Wende mit s. psycholog. und sozialen Problemen. Schlichte Naturlyrik und relig. Gedichte.

W: Drüke-Möhne, En. 1898; Mein Heiligtum, Tg. 1899; Wildrups Hoff, E. 1900; De Strunz, E. 1902; Hus Dahlen, E. 1903; Schulte Witte, E. II 1905 f.; De Pastor von Driebeck, E. 1908; Mäten-Gaitlink, G. 1909; De Järfschopp, E. 1911; Pastraoten-Gaoren, G. 1912; Dat veerte Gebott, E. 1912; Ut de feldgraoe Tied, R. II 1917 f.; In't Kinnerparadies, G. 1919; Die goldene Schmiede, G. 1925; In der Waldklause, M. III 1929–32; Gotteslerche, Gebetbuch 1933; Missa cantata, G. 1940; Der versunkene Garten, Aut. 1946. – GW, hg. P. J. Tembrink X 1953–60; Briefw. m. E. Nörrenberg, 1983.

L: A. Baldus, 1921; W. Bachmann, 1932; G. Schalkamp, Diss. Bonn 1933; B. Haas-Tenckhoff, 1948; S. Pohl, A. W. als niederdt. Lyriker, 1962; R. Schepper, Begegngn. m. A. W., 1978.

Wibmer-Pedit, Fanny, 19. 2. 1890 Innsbruck – 27. 10. 1967 Lienz/Ost-Tirol; Wirtstochter; Volksschule; Aufenthalt in Wien; ⚭ Alfons W.; lebte bis zu ihrem Tod in Lienz. – Österr. Volkserzählerin mit erfolgr. hist. Romanen und Dramatikerin.

W: Das eigene Heim, Vst. 1930; Die Hochzeiterin, R. 1930; Der brennende Dornbusch, R. 1930; Medardus Siegenwart, R. 1931; Über dem Berg, R. 1931; Die drei Kristalle, R. 1932; Die Pfaffin, R. 1934; Ritter Florian Waldauf, R. 1936 (u. d. T. Maximilians goldener Ritter, 1960); Eine Frau trägt die Krone, R. 1937; Familie Hölk, N. 1937; Heimkehr zur Scholle, R. 1937; Der goldene Pflug, N. 1938; Liebfrauenwunder, Leg. 1938; Der Wieshofer, R. 1939; Der erste Landsknecht, R. 1940; Die Welserin, R. 1940; Die Elbentochter, N. 1940; Der Kranz, Leg. 1946; Gewitter über Aldein, R. 1947; Die Dirnburg, R. 1949; Der Hochwalder, R. 1950; Gericht des Herzens, Sch. (1950); Der Perchtenstein, R. 1951; Der Brandleger, R. 1965; Margarete Maultasch, R. 1967.
L: E. Margreiter-Wilscher, Diss. Innsbr. 1983.

Wichert, Ernst, 11. 3. 1831 Insterburg/Ostpr. – 21. 1. 1902 Berlin; Stud. Gesch., dann Jura Königsberg; 1860 Kreisrichter in Pröküls; 1863 Stadtrichter in Königsberg, 1877 Oberlandesgerichtsrat; 1888 Kammergerichtsrat in Berlin; 1896 Geh. Justizrat; Dr. jur. h. c. Univ. Königsberg. – Erfolgr. Dramatiker mit hist. Dramen u. Lustspielen und Erzähler zahlr. Romane und Novellen, bes. aus der Geschichte Preußens.

W: Licht und Schatten, Sch. 1861; Aus anständiger Familie, R. III 1866; Ihr Taufschein, Lsp. 1867; Ein häßlicher Mensch, R. II 1868; Moritz von Sachsen, Tr. 1873; Ein Schritt vom Wege, Sch. 1873; Biegen oder brechen, Lsp. 1874; Das grüne Tor, R. III 1875; Litauische Geschichten, II 1881–90; Heinrich von Plauen, R. III 1881; Eine vornehme Schwester, R. 1883; Der Große Kurfürst in Preußen, R. V. 1886 f.; Der jüngste Bruder, R. II 1892; Blinde Liebe, N. 1895; Minister a. D., R. 1899; Richter und Dichter, Aut. 1899; Der Hinkefuß, Nn. 1901; Mütter, Nn. 1904. – GW, XVIII 1896–1902; GW, hg. P. Wichert III 1926 f.

L: M. Uhse, 1893; P. Wichert, 1923; M. Braun, Diss. Königsberg 1940.

Wickert, Erwin, *7. 1. 1915 Bralitz/Brandenburg. Sohn e. Pfarrers, Stud. Philos. u. Kunstgesch. Berlin, Heidelberg, polit. Wiss. in den USA; Dr. phil.; 1939–45 Reisen durch China, Japan, Korea; 1945–55 freier Schriftsteller in Heidelberg; 1955 Diplomat in Paris, 1960 im Auswärt. Amt Bonn, 1968 Gesandter in London, 1974 Botschafter in Bukarest, 1976–80 in Peking, dann Schriftsteller in Remagen. – Erzähler hist.-dokumentar. Romane aus China u. dem frühchristl. Rom mit der Tendenz, Geschichte als geistige Wahrheit der versch. Epochen darzustellen. Erfolgr. Hörspielautor mit Themen wie Verlorenheit des Daseins u. Selbstverwirklichung des Menschen.

W: Fata Morgana über den Straßen, En. 1938; Du mußt dein Leben ändern, R. 1949; Cäsar und der Phönix, H.e 1956; Robinson und seine Gäste, H. 1960; Der Klassenaufsatz. Alkestis, H.e 1960; Der Auftrag, R. 1961 (erw. u. d. T. Der Auftrag des Himmels, 1979); Der Purpur, R. 1965; Der verlassene Tempel, R. 1985; Der Kaiser und der Großhistoriker, H.e 1987.

Wickram, Jörg, um 1505 Kolmar – vor 1562 Burgheim a. Rh., unehel. Sohn e. Ratsvorsitzenden, wohl Handwerker und Gerichtsschreiber in Kolmar, 1546 Ratsdiener ebda. Erwarb 1546 die ›Colmarer Handschrift‹ (Meisterlieder); 1549 Gründer e. Meistersingerschule ebda. Verließ 1555 als Protestant s. kath. Vaterstadt und wurde Stadtschreiber in Burgheim. – Fruchtbarer, vielseitiger Dramatiker und Erzähler des 16. Jh.; Bearbeiter älterer Schweizer Fastnachtsspiele und Vf. eigener moralsatir. Spiele im Stil Gengenbachs sowie bibl. Dramen in der Schweizer Tradition. Bedeu-

tender Schwank- und Anekdoten-
sammler (›Rollwagenbüchlin‹) in
anschaul., knappem u. volkstüml. Stil. Mit 4 Originalwerken
(bes. ›Goldtfaden‹, Entwicklungsroman ›Knaben Spiegel‹)
Schöpfer e. galant.-höf., am
schnörkelhaften Briefstil geschulten neuen Prosastils und des dt.
Prosaromans überhaupt als Verbindung idealist. Stils mit realist.-
bürgerl. Weltsicht und Ethik
(Standesbewußtsein, Aufstiegs-
denken). Vorklang des 17. Jh.

W: Die Zehen alter, Sp. 1531 (Faks. 1980);
Das Narren giessen, Fastnachtsp. 1538; Der
trew Eckart, Fastnachtsp. 1538; Ritter Galmy
uß Schottland, R. 1539 (erneuert v. F. Fouqué, 1806); Spil von dem verlornen Sun,
1540; Ein new Faßnacht Spil, 1543; Ovid:
Metamorphosis, Übs. 1545 (nach Albrecht v.
Halberstadt); Tobias, Sp. 1551; Gabriotto
und Reinhard, R. o. J.; Der Jungen Knaben
Spiegel, R. 1554 (n. G. Fauth, 1917); History
von einem ungerahtnen Son, Dial. o. J.; Das
Rollwagenbüchlin, Schwänke 1555 (n. H.
Kurz 1865, Faks. 1968); Der Irr Reitend Bilger, Erbauungsb. 1556; Die Siben Hauptla-
ster, Schr. 1556; Von Guten und Bösen Nach-
baurn, R. 1556 (n. F. Podleiszek, DLE Rhe,
Volks- u. Schwankb. 7, 1933); Die Narren
beschwerung, Schwänke 1556; Der Goldtfa-
den, R. 1557 (n. C. Brentano, 1809; C.
Schüddekopf, 1911; R. Elchinger, 1923). –
SW, hg. J. Bolte, W. Scheel, VIII 1901–06
(BLV, n. 1974); SW, hg. H.-G. Roloff, XIV
1967 ff.
L: W. Scherer, D. Anfge. d. dt. Prosaro-
mans, 1877; H. Tiedge, Diss. Gött. 1904; G.
Fauth, J. W.s Romane, 1916; C. Lugowski,
D. Form d. Individualität i. Roman, 1932; W.
Metz, Diss. Hdlbg. 1945; G. Jaeke, Diss.
Tüb. 1954; R. John, Diss. Mchn. 1954; M.
Meucelin-Roeser, Diss. Basel 1955; R. Jaco-
bi, Diss. Bonn 1970; H. Christ, 1974; J.
Knopf, Frühzeit d. Bürgers, 1978.

Widmann, Joseph Viktor, 20. 2.
1842 Nennowitz/Mähren – 6. 11.
1911 Bern; Sohn e. ehemaligen
Mönchs und späteren protestant.
Pfarrers; Jugend in Liestal/
Schweiz; Pädagogium Basel;
Schüler Wackernagels; 1862–65
Stud. Theol., Philos. und Philol.
Basel, Heidelberg und Jena;
Freundschaft mit Spitteler; Reise

nach Italien; 1866 Organist und
Musikdirektor in Liestal; 1867
Pfarrhelfer; 1868 Mädchenschul-
direktor in Bern; 1880 Feuilletonredakteur des Berner ›Bund‹; Dr.
phil. h. c. ebda. – Geistr., oft auch
humorvoller Erzähler in kultiviertem Plauderton, Epiker, klassizist. Dramatiker und Lyriker
unter Einfluß Schopenhauers. Bedeutender Reiseschriftsteller. Vf.
von Operntexten.

W: Der geraubte Schleier, Dr. 1864; Iphigenie
in Delphi, Dr. 1865; Arnold von Brescia, Dr.
1867; Orgetorix, Dr. 1867; Buddha, Ep.
1869; Der Wunderbrunnen von Is, Ep. 1872;
An den Menschen ein Wohlgefallen, Dicht.
1876; Rektor Müslins italienische Reise, Ep.
1881; Aus dem Fasse der Danaiden, En. 1884;
Spaziergänge in den Alpen, Reiseb. 1885; Die
Patrizierin, R. 1888; Touristennovellen,
1892; Jenseits von Gut und Böse, Dr. 1893;
Jung und Alt, Nn. 1894; Bin der Schwärmer,
N. 1895; Die Weltverbesserer, Nn. 1896;
Sommerwanderungen und Winterfahrten,
Reiseb. 1897; Maikäferkomödie, Ep. 1897; J.
Brahms, B. 1898 (n. 1980); Sizilien u. andere
Gegenden Italiens, Reiseb. 1898; Moderne
Antiken, Drr. 1901; Der Heilige und die Tie-
re, Dicht. 1905. – Gedichte, 1912; Ausgew.
Feuilletons, hg. M. Widmann 1913; Feuille-
tons, hg. J. Fränkel 1964; Liebesbriefe des
jungen W., hg. M. Widmann 1921; Brief-
wechsel mit G. Keller, hg. M. Widmann
1922; mit H. Feuerbach u. R. Huch, 1965.
L: J. Fränkel, 1919 u. 1960 (m. Bibl.); E. u.
M. Widmann, II 1922–24; M. Widmann,
1922; W. Scheitlin, ²1925; M. Waser, 1927.

Widmer, Urs, * 21. 5. 1938 Basel; Stud. Germanistik u. Romanistik Basel, Montpellier, Paris,
Dr. phil.; Verlagslektor in Olten/
Schweiz u. Frankfurt; Literaturkritiker, Übs., freier Schriftsteller, 1973 Lehrbeauftragter der
Univ. ebda. – Phantasievoller
schweizer. Erzähler skurriler
Kurzromane, die als monströs-
phantast. Mischungen von Surrealem und erzähler. Akribie zu
parodist.-iron. Travestien lit.
Heldentums werden. Auch Hörspiele.

W: Alois, E. 1968; Die Amsel im Regen im
Garten, E. 1971; Das Normale und die Sehn-

sucht, Ess. u. En. 1972; Die lange Nacht der
Detektive, K. 1974; Die Forschungsreise, R.
1974; Sherlock Holmes letzter Fall, Dr.
(1974); Schweizer Geschichten, 1975; Die gel-
ben Männer, R. 1976; Vom Fenster meines
Hauses aus, En. 1977; Nepal, Dr. 1977; Stan
und Ollie in Deutschland, Dr. (1980); Züst,
Dr. 1980; Das enge Land, R. 1981; Liebes-
nacht, E. 1982; Der neue Noah, Dr. (1984);
Die gestohlene Schöpfung, E. 1984; Indianer-
sommer, E. 1985.

Wiechert, Ernst (Ps. Barany
Bjell), 18. 5. 1887 Forsthaus
Kleinort Krs. Sensburg/Ostpreu-
ßen – 24. 8. 1950 Rütihof b. Stäfa
a. Zürichsee; Försterssohn; zuerst
Hauslehrer, dann ab 1898 Gymnas.
Königsberg, 1905–11 Stud.
Naturwiss., Philol. und Philos.
ebda. Ab 1911 im höheren Schuldienst. Im 1. Weltkrieg als Leutnant verwundet. Bis 1933 wieder
Studienrat in Königsberg, dann
freier Schriftsteller in Ambach/
Starnberger See, ab 1936 Hof Ga-
gert b. Wolfratshausen. Wegen
Widerstands gegen den National-
soz. in Reden und Rundbriefen
1938 2 Monate KZ Buchenwald,
seither zurückgezogen unter Ge-
stapoaufsicht. Nach 1945 Vortragsreisen im Ausland (USA).
Seit 1948 in Uerikon. – Grüble-
risch-empfindsamer Erzähler, bestimmt durch das Erlebnis der
ostpreuß. Heimat mit ihrer
schwermütigen Landschaft u. ihrer grübler., einzelgänger. Menschen in der Auseinandersetzung
mit dunklen Naturmächten,
durch das Kriegserleben sowie
durch die tief empfundene christl.
Heilsbotschaft und die relig. Frage nach dem Sinn der Welt und
der Gerechtigkeit Gottes. Neigung zu Mystizismus und Sehnsucht nach e. wahren, sinnvollen
Menschentum und e. relig.-mo-
ral. Erneuerung des Menschen
von innen her. Darstellung empfindsamer, passiver Sonderlinge,

die von leidbewußter, pessimist.
Resignation zu neuer Sinnerfül-
lung des Lebens in tätiger Menschenliebe finden. Weltferne, sub-
jektiv-romant. Verklärung des
›einfachen Lebens‹ in der Natur
mit gefühlvollen und wehmüti-
gen Stimmungen. In s. weichen,
lyr. Stil von der Bibelsprache geprägt.

W: Die Flucht, R. 1916; Der Wald, R. 1922;
Der Totenwolf, R. 1924; Die blauen Schwin-
gen, R. 1925; Der Knecht Gottes Andreas
Nyland, R. 1926; Der silberne Wagen, Nn.
1928 (daraus: Geschichte eines Knaben, 1930,
Der Kinderkreuzzug, 1935); Die kleine Passion, R. 1929; Die Flöte des Pan, Nn. 1930;
Jedermann, R. 1932; Die Magd des Jürgen
Doskocil, R. 1932; Das Spiel vom deutschen
Bettelmann, 1933; Der Todeskandidat, Nn.
1934; Die Majorin, R. 1934; Hirtennovelle,
1935; Der verlorene Sohn, Dr. 1935; Das
heilige Jahr, Nn. 1936; Wälder und Menschen, Aut. 1936; Atli der Bestmann, Nn.
1938; Das einfache Leben, R. 1939; Die Jero-
minkinder, R. II 1945–47; Der Totenwald,
KZ-Ber. 1946; Totenmesse, G. 1946; Okay
oder Die Unsterblichen, K. 1946; Märchen, II
1946; Der Richter, E. 1948; Jahre und Zeiten,
Aut. 1948; Missa sine nomine, R. 1950; Der
Exote, R. 1951; Häftling 7188, Tg. u. Briefe,
hg. G. Kamin 1966. – SW, X 1957.
L: H. Ebeling, 1937; ders. 1947 (m. Bibl.); W.
v. Stein, 1937; A. Linzenbach, D. Sprache E.
W.s, Diss. Mchn. 1947; A. Pollerbeck, Diss.
Bonn 1947; H. Ebeling, 1947; Bekenntnis zu
E. W., 1947; C. Petersen, 1948; H. Fries,
1949; G. Pachl, Diss. Wien 1953; H. Ollesch,
¹1961; B. Albrecht, Diss. Wien 1960; H.-M.
Plesske, ²1969; J. Hattwig, D. 3. Reich i. Wk.
E. W.s, 1984; Bibl.: W. J. Mueller, EW.
1940; G. Reiner, Paris III 1972–76.

Wied, Elisabeth Prinzessin zu →
Carmen Sylva

Wied, Martina (eig. Alexandrine
Martina Augusta Schnabl), 10.
12. 1882 Wien – 25. 1. 1957 ebda.;
Juristentochter; Stud. Philol. und
Kunstgesch.; 1910 ⚭ den Fabrikanten Dr. S. Weisl; 1938 Emigration nach Großbritannien,
dort Lehrerin; 1950 Rückkehr
nach Wien. – Österr. Erzählerin,
Dramatikerin und neuromant.-
impressionist. Lyrikerin. Ihre

handlungsreichen, mehrschichtig-hintergründigen Romane erstreben e. eth. Sinngebung der chaot. Zeit und des menschl. Leidens.

W: Bewegung, G. 1919; Rauch über Sanct Florian, R. 1937; Das Einhorn, N. 1948 (n. 1964, m. Bibl.); Kellingrath, R. 1950; Das Krähennest, R. 1951; Jakobäa von Bayern, B. 1951; Die Geschichte des reichen Jünglings, R. 1952; Brücken ins Sichtbare, G. 1952; Der Ehering, N. 1954; Das unvollendete Abenteuer, N. 1955.

Wieland, Christoph Martin, 5. 9. 1733 Oberholzheim b. Biberach – 20. 1. 1813 Weimar, Sohn e. Pfarrers; Kindheit und Jugend in Biberach, 1747–49 pietist. Erziehung im Kloster Bergen b. Magdeburg, 1749 philos. Stud. in Erfurt bei Prof. Baumert, 1750 kurz in Biberach, empfindsame Jugendliebe zu s. Kusine Sophie von Gutermann, späterer von La Roche. 1750–52 Stud. Jura Tübingen ohne Abschluß, mit lit. Studien beschäftigt. 1752–54 auf Einladung Bodmers dessen Gast in Zürich, enttäuschte ihn, der in W. e. seraph. Sänger erwartet hatte, trennte sich von ihm und blieb als Hauslehrer bis 1758 ebda., 1759 in Bern, (später gelöste) Verlobung mit J. Bondeli, der späteren Freundin J. J. Rousseaus. 1760 Kanzleiverwalter, Senator u. Syndikus in Biberach, Umgang mit Graf Stadion auf Schloß Warthausen, dessen Sekretär Hofrat von La Roche und Sophie von La Roche. ⚭ 1765 Dorothea von Hillenbrand († 1801), e. Augsburger Patriziertochter. 1769 Prof. für Philos. an der kurmainz. Univ. in Erfurt, ab 1772 auf Veranlassung der Herzogin Anna Amalia am Weimarer Hof als Prinzenerzieher (Karl Augusts und Bernhards), danach Hofrat. Lebte seit 1775 mit Pension als Schriftsteller in Weimar und 1797–1803 auf s. Gut Oßmannstedt, Vater von 14 Kindern. Rege lit. Tätigkeit, 1773–1810 Hrsg. der ersten bedeutenden dt. lit. Zs. ›Der (ab 1790: neue) Teutsche Merkur‹. Im Weimarer Kreis beliebt, auch harmon. Verhältnis zu Goethe. – Bedeutendster Dichter der dt. Aufklärung neben Lessing, doch weniger krit.-analyt. Denker als empfindungsoffener, spieler.-iron. Schöngeist von außerordentl. Sprach- u. Formgewandtheit, rokokohafter Grazie, zierl. Eleganz und gefälligem Plauderton, die dem nüchternen Geist des Rationalismus ästhet. Reize verleihen. In s. enthusiast.-pietist. Jugenddichtungen von empath. Seelenschwärmerei Nachahmer Klopstocks und Bodmers. Schuf nach Abkehr von seinen empfindsam-relig. Anfängen weltmänn.-sinnenhafte Verserzählungen und galante Kleinepen im Geiste des Rokoko; stilsichere, phantasievolle, leichte und bewußt frivole Darstellung erot. Erlebnisse mit dem Gegensatz von asket. Tugend und sinnl. Genuß als Grundthema in wendigen, melodiösen Versen. Hauptvertreter der Graziendichtung; später anmutige, teils kom., teils phantasiereiche Verserzählungen (›Oberon‹) u. Dialoge in der Nachfolge Lukians. In s. ›Agathon‹ mit dem Ideal e. vernunftbeherrschten Sinnlichkeit Begründer des mod. dt. philos. Bildungsromans und Wegbereiter der dt. Klassik; erfolgreicher mit polit.-aktuellen Schlüsselromanen wie dem fürstenspiegelartigen Erziehungsroman ›Der Goldne Spiegel‹ und den humoristisch-satirischen ›Abderiten‹. Als Dramatiker Schöpfer empfindsamer Trauerspiele in Blankversen und Opernlibretti (›Alceste‹). Bedeutend durch seine besonders auf den Sturm und Drang wirkende Prosaübs. von 22 Dramen Shakespeares (VIII 1762–66) und durch s. Übs. antiker Autoren (Horaz, Satiren und Briefe IV 1782–86; Lukian, SW VI 1788; Euripides, ›Ion‹ u. ›Helena‹, 1803–05; Cicero, Briefe VII 1808–21) maßgebl. an der Wiederentdeckung der klass. Antike beteiligt. Auch in s. lit. Aufsätzen, Dokumenten s. umfassenden weltlit. Bildung und e. sicheren lit. Urteils, maßgebl. für die lit. Geschmacksbildung des 18. Jh. W.-Museum Weimar und Biberach.

W: Die Natur der Dinge, G. 1752; Anti-Ovid, G. 1752; Erzählungen, 1752; Briefe von Verstorbenen an hinterlassene Freunde, 1753; Abhandlung von den Schönheiten des Epischen Gedichts Der Noah, 1753; Der gepryfte Abraham, Ep. 1753; Sympathien, 1756; Empfindungen eines Christen, 1757; Lady Johanna Gray, Tr. 1758; Cyrus, Ep.-Fragm. 1759; Clementina von Porretta, Tr. 1760; Araspes und Panthea, Dial. 1760; Der Sieg der Natur über die Schwärmerey oder Die Abentheuer des Don Sylvio von Rosalva, R. II 1764 (n. 1963); Comische Erzählungen, 1765; Geschichte des Agathon, II 1766f. (Neufassg. 1773 u. 1798); Idris, Ep. 1768; Musarion oder Die Philosophie der Grazien, Ep. 1768; Beyträge zur Geheimen Geschichte des menschlichen Verstandes und Herzens, II 1770; Sokrates mainomenos oder Die Dialogen des Diogenes von Sinope, 1770; Die Grazien, G. 1770; Der Neue Amadis, Ep. II 1771; Der Goldne Spiegel, R. IV 1772 (n. 1972); Alceste, Sgsp. 1773; Die Wahl des Herkules, Sgsp. 1773; Die Abderiten, R. 1774 (Neufassg. u. d. T. Die Geschichte der A., II 1781); Der verklagte Amor, Ep. 1774; Geron, der Adelich, E. (1777); Oberon, Ep. 1780; Clelia und Sinibald, Ep. 1784; Geheime Geschichte des Philosophen Peregrinus Proteus, R. II 1791; Neue Götter-Gespräche, Dial. 1791; Gespräche unter vier Augen, Dial. 1799; Agathodämon, R. 1799; Aristipp, R. IV 1800f. – SW, XXXVI 1794–1802 (n. XV 1984); hg. J. G. Gruber LIII 1818–28 (n. H. Düntzer XL 1867–79); GS, hkA. hg. B. Seuffert u. a. XXIII 1909ff.; Werke, hg. F. Martini u. H.-W. Seiffert V 1964–68, hg. G.-L. Fink XII 1986ff.; Briefw., hg. H.-W. Seiffert 1963ff.
L: E. Ermatinger, Die Weltanschauung der jungen W., 1907; E. Hamann, W.s Bildungsideal, 1907; F. Budde, W. und Bodmer, 1910; H. Grudzinski, Shaftesburys Einfluß auf W., 1913; W. Bock, Die ästhetischen Anschauun-

gen W.s, 1921; K. Hoppe, Der junge W., 1930; A. Fuchs, Goethe et W. après les années d'Italie, 1932; J. Steinberger, W.s Jugendjahre, 1935; V. Michel, Paris 1938; F. Sengle, 1949; F. Beißner u. a., 1954; H. Vormweg, Die Romane Wielands, Diss. Bonn 1956; L. J. Parker, W.s dramat. Tätigkeit, 1961; D. M. van Abbé, Lond. 1961; W. Buddecke, C. M. W.s Entwicklungsbegriff, 1966; J. Jacobs, W.s Romane, 1969; S. R. Miller, D. Figur d. Erzählers i. W.s Romanen, 1970; C. Craig, Chapel Hill 1970; C. Sommer, 1971; J.-D. Müller, W.s späte Romane, 1971; B. Weyergraf, D. skept. Bürger, 1972; J. McCarthy, Fantasy and reality, 1974; K. Bäppler, D. philos. W., 1974; W. Paulsen, 1975; K. Stoll, 1978; J. McCarthy, Boston 1979; H. Schelle, hg. 1981 u. 1984; J. Hecker, ³1984; Bibl.: G. Günther, H. Zeilinger 1983; W. R. Deusch, W. i. d. zeitgenöss. Buchill., 1964.

Wieland, Ludwig, 28. 10. 1777 Weimar – 12. 12. 1819 ebda.; Sohn von Christoph Martin W.; Stud. Jura Jena und Erlangen; lebte in der Schweiz; 1809/10 Bibliothekar des Fürsten Esterházy; 1811 in Wien, später in Weimar und Jena; zeitweilig Redakteur. Freund von Kleist, Zschokke u. Gessner. – Dramatiker, bes. Lustspielautor und Erzähler.

W: Erzählungen und Dialogen, II 1803; Lustspiele, 1805; Die Belagerten, Dr. 1814.

Wiemer, Rudolf Otto, ∗ 24. 3. 1905 Friedrichroda, Mittelschullehrer in Liebenburg b. Goslar, jetzt Göttingen. – Fruchtbarer Erzähler, Laienspiel- u. Jugendbuchautor von holzschnitthafter Sprache, christl. Ethos und leise erzieher. Tendenz.

W: Herr Griesgram und Frau Musika, Sp. 1939; Gold und Brot, Sp. 1942; Die Räuber von Ukkelow, E. 1943; Das Alt-Wallmodener Krippenspiel, 1950; Das Brot, von dem wir essen, Sp. 1950; Die Brote von Stein, Sp. 1951; Die Gitter singen, En. 1951 (u. d. T. Die Generalin, 1960); Räuber und Musikanten, Sp. 1952; Der Mann am Feuer, En. 1953; Die Nacht der Tiere, Leg. 1957; Der Ort zu unseren Füßen, En. 1958; Pit und die Krippenmänner, E. 1960; Nicht Stunde noch Tag, R. 1961; Fremde Zimmer, En. 1962; Ernstfall, G. 1963; Stier und Taube, R. 1964; Der gute Räuber Willibald, Kdb. 1966; Helldunkel, En. 1967; Unsereiner, En. 1971; Wortwechsel, G. 1973; Zwischenfälle, En. 1975; Die

Angst vor dem Ofensetzer, En. 1975; Die Schlagzeile, R. 1977; Mahnke, R. 1979; Reizklima, En. 1979; Chance der Bärenraupe, G. 1980; Schnee fällt auf die Arche, R. 1981; Häuser, aus denen ich kam, Br. 1985; Es müssen nicht Männer mit Flügeln sein, En. u. G. 1986.
L: R. O. W., hg. C. H. Kurz 1985 (m. Bibl.).

Wienbarg, Ludolf (Ps. Ludolf Vineta), 25. 12. 1802 Altona – 2. 1. 1872 Schleswig; Sohn e. Schmieds; Stud. Theol., dann Philos. und Philol. Kiel, Bonn u. Marburg; Erzieher e. Grafen Bernstorff; Hauslehrer im Haag; 1829 Dr. phil., 1834 Privatdozent in Kiel; 1835 nach Frankfurt, dort mit K. Gutzkow Gründer der ›Dt. Revue‹; 1835 Schriftenverbot, ausgewiesen; 1842–46 Redakteur der ›Lit. u. krit. Blätter der Börsenhalle‹ in Hamburg; 1848 Freiwilliger im Feldzug gegen Dänemark; 1868 geisteskrank in der Irrenanstalt Schleswig. – Publizist, Ästhetiker, Biograph und Übs.; Theoretiker und Programmatiker des ›Jungen Dtl.‹, dem s. Widmung in den ›Ästhet. Feldzügen‹ den Namen gab.
W: Holland in den Jahren 1831 und 1832, Reiseb. II 1833 (n. 1973); Soll die plattdeutsche Sprache gepflegt oder ausgerottet werden?, Schr. 1834; Ästhetische Feldzüge, Abh. 1834 (n. 1919); Zur neuesten Litteratur, Abh. 1835 (n. 1973); Wanderungen durch den Thierkreis, Schr. 1835 (n. 1973); Tagebuch von Helgoland, 1838 (n. 1973); Die Dramatiker der Jetztzeit, Abh. 1839; Vermischte Schriften, 1840; Krieg und Frieden mit Dänemark, Schr. 1848; Geschichte Schleswigs, II 1861 f. – AW u. d. T. Ästhetische Feldzüge, hg. W. Dietze 1964 (m. Bibl.).
L: V. Schweizer, 1897; M. Bartholomey, 1912; G. Burkhardt, Diss. Hbg. 1956.

Wiener, Oswald, *5. 10. 1935 Wien; 1953–58 Stud. Jura, Musikwiss., afrikan. Sprachen, Mathematik ebda.; daneben 1952–59 Jazztrompeter; Freundschaft mit der ›Wiener Gruppe‹ K. Bayer, G. Rühm, H. C. Artmann; 1960–67 EDV-Spezialist; seit 1970 u. a.

Gastwirt in Berlin. – W. hat s. lit. Produktion bis 1959 (Gedichte, Essays, Prosa-Montagen) vernichtet. Die ›Verbesserung von Mitteleuropa‹ basiert auf s. Studien der theoret. u. praktischen Kybernetik, bes. der numer. Methode; aus Ansätzen und Bruchstücken von linguist. u. Denkexperimenten entwirft er e. Modell des durch die Kybernetik bewußtseinsveränderten Menschen in e. veränderten Gesellschaft.
W: Die Verbesserung von Mitteleuropa, R. 1969; Poetik im Zeitalter wissenschaftlicher Erkenntnistheorien, Schr. 1987.

Wiener Meerfahrt → Meerfahrt

Wiens, Paul, 17. 8. 1922 Königsberg – 6. 4. 1982 Ost-Berlin; jüd. Herkunft, Kindheit in Berlin, ab 1933 Schweiz, Italien, England u. Frankreich; 1939–42 Stud. Philos. u. Staatswiss. Lausanne und Genf; 1943 in Wien verhaftet, bis 1945 KZ Oberlanzendorf; nach Kriegsende Lehrer in Wien, 1947–50 Verlagslektor in Ost-Berlin; seither freier Schriftsteller ebda., 1982 Hrsg. der Zs. ›Sinn und Form‹. – Parteikonformer sozialist. Erzähler poet. dichter. Stimmungsbilder; erfolgr. Lyriker in der Nachfolge Brechts u. Bechers mit volksliedhaften, balladesken Gedichten. Übs. von Majakovskij.
W: Beredte Welt, G. 1953; Ein Denkmal für Dascha, Orat. 1960; Die Haut von Paris, N. 1960; Lucia Temi oder Der aufgeschobene Weltuntergang, E. 1961; Nachrichten aus drei Welten, G. 1964; Neue Harfenlieder, 1966; Dienstgeheimnis, G. 1968; Vier Linien aus meiner Hand, G. 1972.

Wiesinger, Karl (Ps. Claus Ritsch; Max Maetz), *13. 3. 1923 Linz/Donau, Sohn e. Dentisten, versch. Berufe, Zirkusgehilfe, Fabrikarbeiter; 1941 Soldat, 1942/43 und ab 1944 in Haft; 1946/47 Journalist u. Kunstkritiker, 1958 Dentist, lebt in Linz u. Vela Luka/ Jugoslawien. – Österr. sozialist. Dramatiker u. Erzähler, der in oft reißer. Manier die allg. polit. Verhältnisse in Österreich und im Kapitalismus angreift.

W: Jahrmarkt der Gefühle, Sch. (1954); Die von der Hoffnung leben, Sch. (1954); Der große Wugram, Sch. (1954); Gras für Büffel, Sch. (1955); X tritt 3=0, Sch. (1959); Dschingl, H. (1961); Lazar Kromlech, Sch. (1965); Die Tiere tun mir nichts, En. 1966; Erntefest, Sch. (1967); Achtunddreißig, R. 1967; Bauernroman, R. 1972; Der rosarote Straßenterror, R. 1974; Standrecht, R. 1976; Der Wolf, R. 1980.

Wiesner, Heinrich, *1. 7. 1925 Zeglingen b. Basel; Bauernsohn, Lehrerseminar Schiers; Lehrer in Reinach b. Basel. – Schweizer Lyriker und Erzähler lakon. Stils.

W: Der innere Wanderer, G. 1951; Leichte Boote, G. 1958; Lakonische Zeilen, Aphor. 1965; Lapidare Geschichten, En. 1967; Schauplätze, Chronik 1969; Der Jass, Dr. (1971); Die Kehrseite der Medaille, Aphor. 1972; Notennot, En. 1973; Das Dankschreiben, R. 1975; Der Riese am Tisch, R. 1979; Kürzestgeschichten, 1980.

Wigamur, anonymes mhd. Epos aus der Mitte des 13. Jh. von rd. 6000 Versen; primitive stoffl. Aneinanderreihung von Motiven und Episoden bes. aus der niederen Artusepik (Wirnt, Ulrich von Zatzikhofen) um e. Ritter W. durch e. ostfränk. Dichter.

A: F. H. v. d. Hagen, G. J. Büsching, Dt. Gedd. d. MA. I, 1808; z. T. auch C. v. Kraus. Mhd. Übungsbuch, ²1926.
L: G. Sarrazin, 1879; W. Linden, Diss. Halle 1920.

Wilbrandt, Adolf von, 24. 8. 1837 Rostock – 10. 6. 1911 ebda.; Sohn e. Universitätsprof.; Stud. Jura, Philos. und Gesch. Rostock, Berlin und München; Dr. phil.; 1859–61 Leitung der ›Süddt. Zeitung‹ in München; Reisen nach Italien und Frankreich; ab 1865 wieder in München, Verkehr mit Heyse. 1871 Umzug nach Wien; ∞ 1873 die Burgschauspielerin Auguste Baudius; 1881–87 Direktor des Burgtheaters; 1884 von Ludwig II. von Bayern geadelt; 1887 Übersiedlung nach Rostock. – Fruchtbarer Dramatiker, Lyriker und Erzähler. Schrieb zuerst e. Bildungsroman, später Problem- und Zeitromane, u. a. Schlüsselromane aus dem Münchener Künstlerleben. Literarhist. Forschungen über Kleist, Hölderlin und Reuter. In s. hist. Jambentragödien Schillerepigone, in s. Lustspielen von Freytag, in s. geschmackvollen Romanen und Novellen von Heyse beeinflußt.

W: H. v. Kleist, Abh. 1863; Geister und Menschen, R. III 1864; Der Lizentiat, R. III 1868; Novellen, 1869; Neue Novellen, 1870; Hölderlin, Abh. 1870; Gracchus, der Volkstribun, Tr. 1872; Jugendliebe, Lsp. 1873; Arria u. Messalina, Tr. 1874; Giordano Bruno, Tr. 1874; Gedichte, 1874; Fridolin's heimliche Ehe, N. 1875; Nero, Tr. 1876; Kriemhild, Tr. 1877; Meister Amor, R. II 1880; Novellen aus der Heimat, II 1882; Die Tochter des Herrn Fabricius, Sch. 1883; Neue Gedichte, 1889; Der Meister von Palmyra, Dr. 1889; Gespräche und Monologe, 1889; Hermann Ifinger, R. 1892; Die Osterinsel, R. 1895; Die Rothenburger, R. 1895; Die Eidgenossen, Sch. 1896; Hildegard Mahlmann, R. 1897; Hairan, Dr. 1900; Villa Maria, R. 1902; Erinnerungen, Aut. 1905; Aus der Werdezeit, Aut. 1907; König Teja, Tr. 1908; Opus 23, En. 1909; Hiddensee, R. 1910; Die Tochter, R. 1911.
L: V. Klemperer, 1907; E. Scharrer-Santen, 1912; R. Wilbrandt, 1937; F. Schramek, W.s Zeitromane, Diss. Wien 1950.

Wilde Mann, Der, mittelfränk. Dichter 2. Hälfte 12. Jh., aus der Kölner Gegend; Geistlicher oder bibelfester Laie, der als Bußprediger auftrat. Überliefert sind in Hss. des Kölner Kartäuserklosters das Moralgedicht ›von der girheide‹, rd. 400 Verse gegen die Laster, insbes. die Habsucht; eine ›Christliche Lehre‹ (200 Verse) über die Tugenden Demut u. Barmherzigkeit und die Legendendichtung ›Veronica‹ mit 660 Versen. Stark von Wernher vom Niederrhein beeinflußt, mit dem der W. M. früher identifiziert wurde, ohne allerdings dessen formale Gewandtheit zu erreichen.

A: W. Grimm, Wernher vom Niederrhein, 1839; K. Köhn 1891; B. Standring 1963.

Wildenbruch, Ernst von, 3. 2. 1845 Beirut/Syrien – 15. 1. 1909 Berlin; Sohn e. preuß. Generalkonsuls und späteren Gesandten, unebenbürt. Enkel des Prinzen Louis Ferdinand von Preußen. Kindheit in Berlin, 1851 Athen, 1852–57 Konstantinopel, 1858/59 Gymnas. Halle und Berlin, 1859–62 Kadett in Berlin, 1863–65 Gardeleutnant in Potsdam, bis 1870 Stud. Jura Berlin, Kriegsteilnehmer von 1866 und 1870/71; 1871 Referendar in Frankfurt/O., 1876 Richter in Eberswalde, seit 1877 im Auswärtigen Amt in Berlin, ab 1897 als Geh. Legationsrat. Ruhestand ab 1900 in Weimar und Berlin. 1892 Dr. phil. h. c. – Epigonaler, pathet.-rhetor. Dramatiker der wilhelmin. Zeit in der Schiller-Nachahmung, der sich trotz starker theatral. Züge und z. T. plast. Charaktere in schwungvoll-leidenschaftl. Posen und temperamentvollem, aber oberflächl. Wortrausch ohne künstler. Zucht oder seel. Vertiefung verliert. W.s seinerzeit bes. von den Meiningern vielgespielte Tragödien um hist. und patriot. Stoffe (bes. das Hohenzollern-Haus) vermittelten zwischen Klassizismus und Naturalismus und sind heute zu Recht vergessen; daneben naturalist. beeinflußte soziale Dramen (›Die Haubenlerche‹). Auch realist. Erzähler mit künstler., autobiograph. und sozialen Themen, Epiker mit Hel-denliedern auf 1870/71 und pathet. Balladendichter (›Hexenlied‹).

W: Vionville, Ep. 1874; Sedan, Ep. 1875; Der Meister von Tanagra, E. 1880; Die Karolinger, Tr. 1882; Harold, Tr. 1882; Väter und Söhne, Dr. 1882; Kindertränen, En. 1884 (n. 1972); Dichtungen und Balladen, 1884 (u. d. T. Lieder und Balladen, 1892); Das neue Gebot, Dr. 1886; Die Quitzows, Dr. 1888; Die Haubenlerche, Dr. 1891; Der neue Herr, Dr. 1891; Das edle Blut, E. 1893; Heinrich und Heinrichs Geschlecht, Tr. 1896; Tiefe Wasser, En. 1897; Die Tochter des Erasmus, Dr. 1900; Neid, E. 1900; Die Rabensteinerin, Dr. 1907; Letzte Gedichte, 1909. – GW, hg. B. Litzmann XVI 1911–24; AW, hg. H. M. Elster IV 1919.

L: J. Röhr, W. als Dramatiker, 1908; B. Litzmann, II 1913–16; A. Fries, 1920 (n. 1967); P. Blumenthal, Erinn. an W., 1924; H. M. Elster, 1934.

Wildermuth, Ottilie, geb. Rooschütz, 22. 2. 1817 Rottenburg/Neckar – 12. 7. 1877 Tübingen; Kriminalratstochter; Jugend in Marbach/Neckar; kam 1832 nach Stuttgart; 1843 ⚭ den Philologen Prof. Johann David W. in Tübingen; Verbindung mit J. Kerner, L. Uhland u. a.; seit 1870 Hrsg. des ›Jugendgartens‹. – Christl. Erzählerin und Jugendschriftstellerin. Zahlr. gemüthafte, meist breite Darstellungen, seinerzeit vielgelesen.

W: Bilder und Geschichten aus dem schwäbischen Leben, En. 1852; Neue Bilder und Geschichten aus Schwaben, En. 1854; Aus der Kinderwelt, En. 1854; Aus dem Frauenleben, En. 1855; Auguste, B. 1857; Aus Schloß und Hütte, En. 1861; Lebensrätsel, En. 1863; Jugendschriften, XXII 1871–1900; Aus Nord und Süd, En. 1874; Mein Liederbuch, 1877; Beim Lampenlicht, En. 1878; Schwäbische Pfarrhäuser, E. 1910. – Werke, VIII 1862; GW, X 1891–94; Ausw. 1977; Briefw. m. J. Kerner, 1961; m. ihrem Sohn Hermann, 1979.

L: A. Willms u. A. Wildermuth, 1888; O. W.s Leben, hg. von ihren Töchtern, ⁴1911.

Wildgans, Anton, 17. 4. 1881 Wien – 3. 5. 1932 Mödling b. Wien; aus alter österr. Juristenfamilie. Seereise nach Indien und

Australien. Hauslehrer, Journalist und Privatsekretär; Stud. Jura Wien, 2jähr. Gerichtspraxis am Oberlandesgericht Wien, dann ab 1912 freier Schriftsteller ebda. 1921–23 und 1930/31 Direktor des Wiener Burgtheaters. Dr. h. c. Wien. – Österr. Dichter zwischen Naturalismus, Impressionismus und e. lyr. Expressionismus unter Einfügung neuromant. und klass. Stilelemente. Ursprüngl. lyr. Begabung von klangvoller Sprache, österr. Gemüthaftigkeit und sozialem Empfinden. Frühe Lyrik unter Einfluß Baudelaires, Hofmannsthals und Rilkes, dann eigene herzenswarme und naturnahe Töne mit anmutiger Musikalität, bes. um erot. und soziale Themen. Als Dramatiker mit vielgespielten Stücken anfangs Naturalist, später unter Einfluß Strindbergs Wendung zu e. idealist. Realismus, schließl. Expressionismus (›Kain‹). Hexameterepos mit zeitgenöss. Stoff. Auch Essays und Reden.

W: Vom Wege, G. 1903; Herbstfrühling, G. 1909; Und hättet der Liebe nicht, G. 1911; Die Sonette an Ead, G. 1913; In Ewigkeit, amen, Dr. 1913; Armut, Tr. 1914; Österreichische Gedichte, 1915; Liebe, Tr. 1916; Mittag, G. 1917; 30 Gedichte, 1917; Dies irae, Tr. 1918; Kain, Tr. 1920; Die sämtlichen Gedichte, III 1923; Sonette aus dem Italienischen, 1924; Wiener Gedichte, 1926; Kirbisch oder Der Gendarm, die Schande und das Glück, Ep. 1927; Musik der Kindheit, Erinn. 1928; Gedichte um Pan. 1928; Buch der Gedichte, 1929; Rede über Österreich, 1930; Ich beichte und bekenne, Nl. 1933; Der junge W., Nl. 1951. – SW, hkA., hg. Lilly W., VII 1948–58; An einen jungen Freund, Briefe (an F. Winterholler) 1932; Briefw. m. Hofmannsthal, 1935, hg. N. Altenhofer 1971; Ein Leben in Briefen, hg. Lilly W., III 1937.
L: A. Dörfler, 1922; M. Mell, 1932; Das Buch um A. W., hg. J. Soyka, 1932; G. Schelbert-Büchi, Diss. Zürich 1943; R. Herger, W. als Dramatiker, Diss. Wien 1947; G. Zaleski, Die Lyrik von A. W., Diss. Wien 1948; A W., hg. H. Satter, 1949; G. Arnold, W. u. s. Freundeskreis, Diss. Wien 1949; L. Wildgans, W. u. d. Burgtheater, 1955; dies., D. gemeinsame Weg, 1960; H. Gerstinger, D. Dramatiker A. W., 1981.

Wildonie → Herrand von Wildonie

Wilk, Werner, 6. 9. 1900 Neubrandenburg – 14. 1. 1970 Berlin; Oberrealschule u. Technikum Berlin; Konstrukteur, bis 1927 Schauspieler, dann Redakteur, Werbeleiter, Verlagslektor und freier Schriftsteller, seit 1951 in Westberlin. – Erzähler spannender Romane und Novellen in verhaltener Sprache um das Thema menschl. Schuld und Sühne. Auch Lyrik, Hörspiel und Kritik.

W: Zwischen zwei Ufern, En. 1954; Der Verrat, N. 1957; Wunder werfen Schatten, R. 1958; Hellriegel, N. 1959; Hinab gen Jericho, R. 1960; Fortunas Gebrechen, En. 1962.

Wilker, Gertrud, geb. Hürsch, *18. 3. 1924 Solothurn; Stud. Germanistik, Psychol., Kunstgesch. Bern und Zürich, Dr. phil.; Bibliothekarin und Lehrerin in Bern, 1962–64 in USA; freie Schriftstellerin in Wabern und Herrenschwanden/Schweiz. – Schweizer Erzählerin von Familienromanen und Frauenschicksalen mit Reflexion und Sprachskepsis.

W: Der Drachen, Gespr. 1959; Elegie auf die Zukunft, R. 1966 (u. d. T. Wolfschatten, 1980); Collages USA, Ber. 1968; Einen Vater aus Wörtern machen, Kgn. 1970; Altläger bei kleinem Feuer, R. 1971; Jota, E. 1973; Winterdorf, En. 1977; Blick auf meinesgleichen, En. 1979; Nachleben, R. 1980.

Willamov, Johann Gottlieb, 15. 1. 1736 Mohrungen/Ostpr. – 6. 5. 1777 Petersburg; Pfarrerssohn; Stud. Theol., Mathematik und Philol. Königsberg; 1758 Gymnasialprof. Thorn; 1767 Direktor der dt. Schule in Petersburg; verlor diese Stellung und starb in Armut. – Dichtete im Stil Klopstocks und Ramlers Dithyramben zum Preise Friedrichs des Großen, Oden und Fabeln. Übs. Homer.

W: Dithyramben, 1763; Sammlung, oder nach der Mode: Magazin von Einfällen, 1763; Dialogische Fabeln, 1765; Der standhafte Ehemann, Lsp. (1789). – Sämmtl. Poet. Schriften, 1779.
L: R. Schreck, 1913.

Wille, Bruno, 6. 2. 1860 Magdeburg – 4. 9. 1928 Lindau-Aeschach; Beamtensohn; 1881–84 Stud. Theol., Philos., Mathematik und Naturwiss. Bonn und Berlin; 1885/86 Hauslehrer in Bukarest; Reise in die Türkei; 1888 Dr. phil.; 1889 Sprecher der freirelig. Gemeinschaft Berlin; 1890 Hrsg. der ›Freien Volksbühne‹ und 1894 der ›Neuen Freien Volksbühne‹ in Berlin; 1892 Leiter der Zs. ›Der Freidenker‹; 1900 Gründung des ›Giordano-Bundes‹, 1901 der ›Freien Hochschule‹ mit W. Bölsche in Berlin. – Romant. Lyriker und stark reflexiver, formal naturalist. Erzähler; Religionsphilosoph, pantheist. Gottsucher, Sozialist, Vf. weltanschaul.-freirelig. Schriften und Dichtungen.

W: Der Tod, Vortr. 1889; Das Leben ohne Gott, Vortr. 1889; Die sittliche Erziehung, Vortr. 1890; Einsiedler und Genosse, G. 1894; Philosophie der Befreiung durch das reine Mittel, Schr. 1894; Sibirien in Preußen, Schr. 1896; Einsiedelkunst aus der Kiefernheide, G. 1897; Offenbarungen des Wacholderbaums, R. 1901; Die freie Hochschule, Vortr. 1902; Das lebendige All, Schr. 1905; Der heilige Hain, G. 1908; Die Abendburg, R. 1909; Das Gefängnis zum Preußischen Adler, Aut. 1914; Aus Traum und Kampf. Mein sechzigjähriges Leben, Aut. 1920; Der Glasberg, R. 1920; Hölderlin und seine heimliche Maid, R. 1921; Die Maid von Senftenau, R. 1922; Der Maschinenmensch und seine Erlösung, R. 1930; Die Philosophie der Liebe, 1930. – GW, III 1929 f.
L: H. Mack, Diss. Gießen 1913; M. Jordan, 1939.

Williram, vor 1010 – 5. 1. 1085 Ebersberg, aus vornehmem fränk. Geschlecht, um 1020 Mönch in Fulda, um 1040 Scholastikus in Bamberg; von gelehrter Bildung; Beziehungen zum Hofe;

seit 1048 bis zu s. Tod Abt des Klosters Ebersberg/Obb.; energ. Organisator mit Streben nach polit. Laufbahn. – Schrieb um 1065 e. dreiteilige Paraphrase des Hohen Liedes in planvoller Ordnung; in der Mitte Vulgatatext, links lat. Paraphrase in leonin. Hexametern, rechts dt. (ostfränk.) Kommentar in Mischprosa. Feinsinnige Bemühung um dt. Ausdruck, Beibehaltung lat. theolog. Fachbegriffe. Deutung auf Christus und die Ecclesia. Weiteste Verbreitung und Nachwirkung (myst. Umarbeitung im ›Trudperter Hohen Lied‹, Drucke ab 1528). Ferner 16 Gedichte (›Versus ad regem‹) und Merkverse in elegantem, flüss. Latein und s. eigenen Epitaph.

A: J. Seemüller 1878; W. Braune, K. Helm, Ahd. Lesebuch, ¹³1958; Expositio in Canticis Canticorum, hg. E. H. Bartelmez, Phil. 1967, hg. W. Sanders 1971.
L: W. Scherer, 1867; F. Hohmann, 1930; W. Sanders, D. Leidener W., 1974; V. Schupp, Stud. z. W. v. E., 1978.

Willkomm, Ernst Adolf, 10. 2. 1810 Herwigsdorf b. Zittau – 24. 5. 1886 Zittau; Pfarrerssohn; Stud. Jura u. Philos. Leipzig; 1837–39 mit A. Fischer Hrsg. der ›Jahrbücher für Drama, Dramaturgie und Theater‹; 1845/46 Reisen in Italien; 1849 Kriegsberichterstatter im Feldzug in Schleswig-Holstein; 1849–52 Redakteur der ›Lübecker Zeitung‹; 1852–57 in Hamburg; zog 1881 nach Zittau. – Erzähler bes. von sozialen Romanen unter Einfluß des Jungen Dtl. Schrieb den 1. dt. Industriearbeiterroman u. lieferte in s. ›Europamüden‹ das Schlagwort für zeitgenöss. Pessimismus u. Amerikasehnsucht.

W: Julius Kühn, N. II 1833; Bernhard, Herzog von Weimar, Tr. 1833; Buch der Küsse, G. 1834; Die Europamüden, R. II 1838 (Faks. 1968); Eisen, Gold und Geist, R. III 1843;

Sagen und Märchen aus der Oberlausitz, II 1843; Weiße Sclaven, R. V. 1845; Rheeder und Matrose, R. 1857; Männer der Tat, R. IV 1861; Wunde Herzen, R. III 1874.
L: F. Hinnah, Diss. Münster, 1915; W. Imhof, D. Europamüde in d. dt. Erzählungslit., 1930.

Willmsen, Hans → Lauremberg, Johann

Wimpheling (Wimpfeling, Wympfeling), Jakob, 27. 7. 1450 Schlettstadt/Elsaß – 17. 11. 1528 ebda., Sohn e. Sattlermeisters, Stud. Jura und Theologie Freiburg/Br. (bei Geiler von Kaisersberg), Erfurt und Heidelberg; 1471 Prof., 1481 Rektor ebda., 1484 Domprediger in Speyer, 1489 Prof. der Poesie in Heidelberg, 1500 Pädagoge und Schriftsteller in Straßburg, ab 1515 Schlettstadt. – Humanist von leidenschaftl. Patriotismus (Eintreten für das Deutschtum im Elsaß), blieb trotz Beschwerden über kirchl. Mißstände bei Maximilian I. (›Gravamina‹) und freudiger Begrüßung Luthers kathol. Als 1. Vf. e. dt. Geschichte maßgebl. für die Neubesinnung auf dt. Vergangenheit. In s. lat. Komödie ›Stylpho‹ (entstanden 1480) von der Unwissenheit e. Geistlichen 1. Vertreter des Humanistendramas in Dtl. Ferner pädagog. Schriften.
W: Stylpho, K. 1494 (n. E. Martin 1884; H. Holstein 1892; lat./dt. H. C. Schnur 1971); Germania, Streitschr. 1501 (n. C. Schmidt 1875; übs. u. komm. E. Martin um 1885); Epitome rerum Germanicarum, Schr. 1505; Adolescentia, Abh. 1505 (komm. O. Herding 1965); In Iohannis Keiserspergii Theologi vitamque, B. 1510 (u. d. T. Das Leben des Johannes Geiler von Kaysersberg, hg. ders. 1970); Gravamina, Schr. 1520. – Pädagog. Schriften, hg. H. Freundgen 1892.
L: J. Knepper, 1902, n. 1965; E. v. Borries, 1926.

Winckelmann, Johann Joachim, 9. 12. 1717 Stendal – 8. 6. 1768 Triest; Sohn e. Flickschusters, dürftige Kindheit und Jugend; Gymnas. Berlin. 1738 Stud. Theol. Halle, Hauslehrer, dann 1741 Stud. Naturwiss. und Philol. Jena. 1743–48 Konrektor in Seehausen/Altmark; 1748 Bibliothekar bei Graf v. Brünn in Nöthnitz b. Dresden; Zeichenunterricht bei Oeser, Verkehr mit dem Altphilologen Heyne; zunehmendes Interesse an d. Antike. 1754 Konversion zum Katholizismus, um nach Rom zu kommen. 1755 Romreise mit Stipendien; Besuche in Neapel, Herculaneum, Paestum und Florenz. 1757/58 Bibliothekar des Kardinalstaatssekretärs Archinto in Rom, 1758 Bibliothekar und Kustos der Antikengalerie des Kardinals Albani; Sinekure f. ungestörtes Kunststud. 1763 Präsident der Altertümer in und um Rom und Scriptor der Vatikan. Bibliothek. Plante 1768 e. Besuchsreise nach Dtl., kehrte voll Unruhe und Ahnungen in Wien um und starb in Triest durch den Dolch e. Raubmörders. – Archäologe und Kunsthistoriker des Altertums, entwickelte sich vom Pietisten zum idealist. Ästheten und wurde zum Begründer der wiss. Archäologie, indem er die Denkmäler der Antike mit ungewöhnl. Einfühlung in e. stilgeschichtl. Zusammenhang ordnete. Bedeutender Schriftsteller durch s. dichterische, aus innerem Erleben gestaltete Kunstprosa. Von weitester Wirkung auf s. Jh. (Lessing, Goethe); maßgebl. für die Wendung vom galanten Antikebild des Barock und Rokoko zum idealist. Antikebild der dt. Klassik mit ihrem humanist. Griechenideal (statt der bisherigen Blickrichtung auf Rom) und dem klassizist. Schönheitsbegriff (›edle Einfalt und stille Größe‹).

W: Gedancken über die Nachahmung der Griechischen Werke in der Mahlerey und Bildhauer-Kunst, 1755 (n. 1962); Anmerkungen über die Baukunst der Alten, 1762 (n. 1964); Sendschreiben von den Herculanischen Entdeckungen, 1762 (n. 1964); Abhandlung von der Fähigkeit der Empfindung des Schönen, 1763; Nachrichten von den neuesten Herculanischen Entdeckungen, 1764 (n. 1964); Geschichte der Kunst des Alterthums, 1764 (n. 1966); Versuch einer Allegorie, besonders für die Kunst, 1766 (n. 1964); Anmerkungen über die Geschichte der Kunst des Alterthums, 1767 (n. 1966); Monumenti antichi inediti, II Rom 1767 f. (n. 1967); – Werke, XII 1808–24; ˌSW, hg. J. Eiselein XII 1825–29 (Faks. 1965); Kleine Schriften und Briefe, hg. H. Uhde-Bernays II 1925, hg. W. Senff 1960, hg. W. Rehm 1968; Briefe, hg. ders. u. H. Diepolder IV 1952–57. *L:* B. Vallentin, 1931; W. Zbinden, 1935; W. Watzoldt, ³1946; W. Rehm, Griechentum und Goethezeit, ²1952; A. Schulz, D. Bildnisse W.s, 1953; K. Justi, W. u. s. Zeirgenossen, III ³1956; H. Koch, 1957; W. Bosshard, 1960; A. Schulz, 1962; Mordakte W., hg. C. Pagnini 1965; W. E. Spengler, D. Begriff d. Schönen b. W., 1970; W. Leppmann, 1971, erw. 1986; Beitr. z. e. neuen W.-Bild, hg. B. Häsler 1973; T. Namowicz, D. aufklärer. Utopie, Warschau 1978; Bibl.: H. Ruppert, 1942 (n. 1968); H. Henning, 1967.

Winckler, Josef, 6. 7. 1881 Hopstern b. Rheine/Westf. – 29. 1. 1966 Neu-Frankenhorst b. Bensberg; Sohn e. Salinendirektors; Stud. Zahnheilkunde Bonn; Dr. med.; Zahnarzt in Mörs; Mitbegründer des lit. Bundes ›Werkleute auf Haus Nyland‹; seit 1932 freier Schriftsteller in Bensberg b. Köln. – Humorvoller, volkstüml.-bodenständiger Erzähler von reicher Phantasie und Fabulierfreude wie kernigem Humor und Neigung zum Anekdotischen, bes. bekannt durch s. launigderben westfäl. Schelmenroman ›Der tolle Bomberg‹. Lyrik um Erlebnisse des 1. Weltkriegs, wuchtige Hymnen auf die Errungenschaften der mod. Technik im Stil W. Whitmans suchen sich die Industriewelt myth.-lyr. zu erschließen. Mithrsg. des ›Rheinischen Athenäums‹, seit 1952 Hrsg. des ›Westfalenspiegels‹.

W: Wir drei!, G. 1904 (m. J. Kneip u. W. Vershofen); Eiserne Sonette, 1914; Mitten im Weltkrieg, G. 1915; Ozean, 1917; Irrgarten Gottes, G. 1922; Der tolle Bomberg, R. 1922; Der chiliastische Pilgerzug, E. 1923; Trilogie der Zeit, Dicht. 1924; Pumpernickel, En. 1926; Im Teufelssessel, En. 1928; Dr. Eisenbart, R. 1929; Eiserne Welt, G. 1930; Der Großschieber, R. 1933; Ein König in Westfalen, R. 1933; Adelaïde, E. 1936; Triumph der Torheit, En. 1938; Das Mutter-Buch, Versdicht. 1939; Im Schoß der Welt, Es. 1940; Der Westfalenspiegel, E. 1952; So lacht Westfalen, Aphor. 1955; Die Wandlung, G. 1957; Die heiligen Hunde Chinas, En. 1968; Die Operation, R. 1974. – AW, IV 1960–63; GW, VIII 1944 ff. *L:* H. Siegl, Diss. Wien 1941; J. W., Festgabe z. s. 75. Geburtstag, 1956.

Windhager, Juliane, 12. 10. 1912 Bad Ischl – 23. 11. 1986 Salzburg. Tochter e. Möbelfabrikanten, Gymnas. ebda. u. Pau/Frankreich; seit 1939 in Salzburg, 1978 Prof. h. c. – Österr. christl. Lyrikerin in der Nachfolge Trakls mit Themen aus Natur u. kathol. Volksleben des Salzburger Landes in frei ausschwingenden Versen von verhalten melanchol. Ton u. melod. Kraft.

W: Der Friedtäter, R. 1948; Der linke Engel, G. 1959; Die Disteltreppe, G. 1960; Staubflocken, H. (1965); Bahnhof ohne Namen, H. (1966); Talstation, G. 1967; Ein Schluck Lethe, H. 1969; Muscheltag, H. (1971); Schnee-Erwartung, G. 1979; Ein Engel in Oulu, En. 1984.

Windsbeke,   Windsbekin → Winsbeke

Windthorst, Margarete, 3. 11. 1884 Gut Haus Hesseln b. Halle/Westf. – 9. 12. 1958 Rothenfelde/Westf.;   Gutsbesitzerstochter; Stud. Münster; verbrachte fast ihr ganzes Leben auf dem elterl. Stammgut Haus Hesseln. – Erzählerin, bes. von westfäl. Heimatromanen, u. myst. Naturlyrikerin von tiefer kath. Frömmigkeit.

W: Gedichte, 1911; Die Seele des Jahres, Dicht. 1919; Zwergenmusik, M. 1921; Das

Jahr auf dem Gottesmorgen, Nn. 1921; Die Tau-Streicherin, R. 1922; Der Basilisk, R. 1924; Die Verkündigung, E. 1924; Die Nacht der Erkenntnis, E. 1925; Das grüne Königreich, E. 1930; Die Sieben am Sandbach, R. 1937 (u. d. T. Mit Leib und Leben, 1949); Die Lichtboten, En. 1938; Mit Lust und Last, R. 1940; Hoftöchter, En. 1947; Das erwählte Land, E. 1947; Menschen und Mächte, En. 1948; Zu Erb und Eigen, R. 1949; Das lebendige Herz, R. 1952; Weizenkörner, E. 1954; Erde, die uns trägt, R. 1964; Wege und Wanderungen, Nl. 1975; Briefe an I. Meidinger-Geise, 1978 (m. Bibl.).
L: H. Ballhausen, 1929; I. Meidinger-Geise, 1960.

Winiewicz, Lida, ✶ 17. 3. 1928 Wien; Rechtsanwaltstochter, Internat. Wirtschaftsschule, Gesangsausbildung in Wien; lebt ebda. – Österr. Dramatikerin u. Fernsehspielautorin mit themat. populären, z. T. spekulativen Stücken um Zeitprobleme.
W: Das Leben meines Bruders, Sch. (1960; FSsp. 1966); Regenzauber, K. (1961); Die Wohnung, FSsp. (1964); Die Flucht, Sch. (1965; m. E. Waldbrunn); Mrs. Jenkins, Sch. (1967); Der Fall Bohr, FSsp. (1967); Blaue Blüten, FSsp. (1969); Der Tag des Krähenflügels, FSsp. (1970); Keine Ehe wegen Liebe, Sch. (1970); Elternschule, Szen. II 1973f. (m. W. Spiel); Das Zimmer, Dr. 1977; Die Befragung des Machiavelli, FSsp. (1977); Späte Gegend, B. 1986.

Winkler, Eugen Gottlob, 1. 5. 1912 Zürich – 28. 10. 1936 München; Jugend in Stuttgart-Wangen; Stud. Romanistik, Germanistik u. Kunstgesch. München und Paris; Dr. phil.; Reisen in Italien; freier Schriftsteller in München; litt zuletzt unter Depressionen u. schied, e. Verhaftung befürchtend, freiwillig aus dem Leben. S. Werke wurden nach s. Tode von s. Freunden herausgegeben. – Essayist, Deuter europ. Dichter und Vf. sensibler Prosastücke von bildkräftiger, farbiger u. prägnanter Sprache. Lyriker unter Einfluß von P. Valéry mit betont gefühlskalten Versen von gemeißeltem Rhythmus.

W: Die Freundin des Prinzen Eugen, Schr. 1937; Der späte Hölderlin, Es. 1943. – GS, hg. H. Rinn u. J. Heitzmann II 1937; Dichtungen, Gestalten und Probleme, Nl. hg. W. Warnach 1956; Ausw., hg. H. Piontek 1985; Briefe 1932–36, hg. ders. 1949.
L: H. Salzinger, Diss. Hbg. 1967.

Winkler, Josef, ✶ 3. 3. 1953 Kamering b. Paternion, Kärnten; Handelsschule Villach; Stud. Germanistik und Philos. Klagenfurt, 1973–82 Verwaltungsangestellter ebda., dann freier Schriftsteller ebda. – Erzähler autobiogr. Kärntner Dorfromane als trotzigradikale, sprachbesessene Abrechnung mit s. Jugend und Befreiung vom Druck patriarchal. Verhältnisse.
W: Menschenkind, R. 1979; Der Ackermann aus Kärnten, R. 1980; Muttersprache, R. 1982 (alle 3 zus. u. d. T. Das wilde Kärnten, 1984); Die Verschleppung, Ber. 1984; Der Leibeigene, R. 1987.

Winnig, August, 31. 3. 1878 Blankenburg/Harz – 3. 11. 1956 Bad Nauheim; Sohn e. Totengräbers; 12 Jahre Maurergeselle; Gewerkschaftsführer und aktiver Sozialdemokrat; 1913 Vorsitzender des dt. Bauarbeiter-Verbands; 1918 Reichskommissar für Ost- und Westpreußen und Bevollmächtigter für das Baltikum; 1919 Oberpräsident in Ostpreußen; 1920 s. Amtes enthoben und aus der SPD ausgeschlossen, freier Schriftsteller; 1927 Mitbegründer der ›Altsozialisten‹; 1953 Dr. theol. h. c.; lebte zuletzt in Wöllingerode b. Goslar. – Erzähler, Publizist und Essayist. S. zahlr. autobiograph. Werke schildern s. Weg vom Marxismus zum Christentum.
W: Preußischer Kommiß, En. 1910; Frührot, Aut. 1919 (erw. 1924); Die ewig grünende Tanne, Nn. 1927; Der weite Weg, Aut. 1932; Wir hüten das Feuer, Aufs. u. Rdn. 1933; Heimkehr, Aut. 1935; Europa, Ess. 1937; Die Hand Gottes, Aut. 1938; Wunderbare Welt, R. 1938; Das Unbekannte, E. 1940; Käuze

und Schelme, En. 1940; In der Höhle, N. 1941; Das Buch der Wanderschaft, Aut. 1942; Aus zwanzig Jahren, Aut. 1948; Morgenstunde, Ges. En. 1958.
L: F. Gudehus, 1938.

Winsbeke (= der Windsbacher, v. Windsbach/Mittelfranken), mhd. Lehrgedicht um 1210/20 in oberdeutscher Sprache, enthält im 1. Teil die ritterl. Tugend- und Lebenslehre e. Vaters an s. Sohn, wohl von e. Ritter (von Windsbach?) verfaßt; im späteren 2. Teil die Belehrung des Vaters durch den Sohn mit Mahnung zu Weltentsagung, Buße und Sündenklage, wohl von e. geistl. Vf. – Nachahmung in der ›Winsbekin‹ als Dialog zwischen Mutter und Tochter um höf. Frauenideal und Minnelehre.
A: A. Leitzmann u. I. Reiffenstein ³1962.

Winsbekin → Winsbeke

Winterstetten, Ulrich von → Ulrich von Winterstetten

Wipo, lat. Dichter und Historiker, 1. Hälfte 11. Jh., aus Burgund. Hofkaplan Konrads II. und Heinrichs III. – Vf. e. sprachl. hervorragenden, anschaul.-klaren, zuverläss. Biographie Konrads II. (›Gesta Chuonradi imperatoris‹) und e. Totenklage auf dens. Für Konrads Sohn, Heinrich III., schrieb er moral. Denksprüche ›Proverbia‹ und als Glückwunsch zu dessen Thronbesteigung den Fürstenspiegel ›Tetralogus‹. Am bekanntesten s. Ostersequenz ›Victimae paschali laudes‹.
A: Pertz 1878 (in Mon. Germ. Hist., Diplom. reg. et imp. 2); H. Bresslau 1915 (in Mon. Germ. Hist., Script. rer. Germ. 61, ³1915; d. W. Pflüger u. W. Wattenbach (in Geschichtsschr. d. dt. Vorzeit 41, ⁴1925); W. Trillmilch 1968 (in Ausgew. Quellen z. dt. Gesch. d. MA 11).
L: Kaizl, Diss. Jena 1876.

Wirnt von Grafenberg, um 1200, oberfränk. Ritter, benannt nach Grafenberg zwischen Nürnberg u. Bayreuth; weilte länger in Meran. – Epigonaler mhd. höf. Epiker, schrieb e. Artusroman ›Wigalois‹ (richtiger: Gwigalois) oder der Ritter mit dem Rad‹ (11 780 Verse, vollendet vor 1209) von den Abenteuern des jungen Wigalois auf der Suche nach s. Vater Gawain. Sinnvolle Kombination von Motiven der höf. Epik mit ir.-kelt. Märchen- und Mythenzügen unter indirekter Benutzung e. verlorenen franz. Versromans. Lehrhafte Tendenz als ritterl. Tugendsystem zur Erlangung von Ruhm und Gotteshuld. Stilvorbild der 1. Hälfte: Hartmann von Aue, dann Wolfram. Frischer Erzählton und korrekte Verse. Großer Nachruhm und weiter Einfluß im SpätMA, 1472 Auflösung zum Volksbuch (Druck 1493; n. H. Melzer 1973).
A: J. M. N. Kapteyn 1926. – *Übs.:* W. Graf Baudissin 1848.
L: R. Bethge, 1881; R. Bauer, Stud. z. Wigalois des W., 1936, n. 1967; H. Wildt, Diss. Freib. 1953; W. Mitgau, Bauformen d. Erzählens im ›Wigalois‹, Diss. Gött. 1959; Ch. Cormeau, Wigalois u. Diu Crône, 1977.

Wirz, Otto, 3. 11. 1877 Olten/ Schweiz – 5. 9. 1946 Gunten/Thunersee; Sohn e. Ingenieurs; Stud. Technik München u. Darmstadt; Artillerieoffizier; 1907–08 Konstrukteur in Zürich, 1908 Experte am Eidgenöss. Patentamt in Bern; seit 1926 freier Schriftsteller in Zürich, dann Gunten. – Leidenschaftl.-grübler. Erzähler anfangs unter Einfluß Dostoevskijs und des Expressionismus; zeigt in den seel. Erschütterungen des mod. Menschen metaphys. Kräfte auf.
W: Gewalten eines Toren, R. II 1923; Novelle um Gott, N. 1925; Die geduckte Kraft, R. 1928; Das magische Ich, Abh. 1929; Prophet Müller-zwo, R. 1933; Lüthy, Lüthy & Co.,

N. 1935; Späte Erfüllung, R. 1936; Rebellion der Liebe, R. 1937; Maß für Maß, R.-Fragm. 1944; Der Eisenbrecher, E. 1959; Rebellen und Geister, R.-Fragm. 1965.

L: R. Maag, 1961; E. Schaub, 1971.

Witkowski, Maximilian Felix Ernst → Harden, Maximilian

Wittenweiler, Heinrich, 2. Hälfte 14./Anfang 15. Jh., * Lichtenstein/Toggenburg, aus dem Thurgauer Geschlecht von Wittenwil, zwischen 1387 u. 1395 als Magister und Advokat am bischöfl. Hofgericht in Konstanz bezeugt. Breite lit. Bildung. – Spätmhd. Satiriker und Lehrdichter im Anschluß an Neidhart, schrieb Anfang 15. Jh. das 1. kom. Epos in dt. Sprache, die Bauernparodie ›Der Ring‹ (9699 Verse) aufgrund des Schwanks ›Von metzen hochzit‹: die groteske Werbung und Hochzeit des Bauernburschen Bertschi Triefnas aus Lappenhausen mit der häßl. Mätzli Rüerenzumpf und die dabei entstehenden Raufereien zwischen den Dörfern Lappenhausen und Nissingen werden mit e. Fülle grotesker Personen und Episoden und grobübermütigem Spott auf Bauern- und Rittertum geschildert. Die lehrhafte Absicht als enzyklopäd. Darstellung rechten und falschen Handelns, Geißelung menschl. Torheit und Kompendium der Tugendlehre wird durch rote und grüne Farblinien der Hs. gestützt, die ernste und satir. Partien voneinander abheben. Bedeutendste realist. Dichtung des dt. SpätMA.

A: E. Wiessner 1931 (DLE; m. Kommentar v. dems., 1936; beide n. 1964); nhd. Übs. R. Bräuer 1983, H. Birkhan 1983.
L: M. Keller, Diss. Zürich 1936; W. Friedrich, Diss. Mchn. 1942; B. Sowinski, Der Sinn des Realismus in H. W.s ›Ring‹, Diss. Köln 1960; U. Gaier, Satire, 1967; W. Schlaffke, 1969; E. Wiessner, D. Wortschatz v. W.s Ring, 1970; B. Plate, 1977; R. R. Mueller,

Festival and Fiction, Amsterd. 1977; A. S. Andeanszky, Topos u. Funktion, 1978; J. Belitz, Stud. z. Parodie i. H. W.s Ring, 1978; K. Jürgens-Lichthove, H. W.s Ring i. Kontext hochhöf. Dichtg., 1980; C. W. Cross, Magister Ludens, Chapel Hill 1984.

Wittig, Joseph, 22. 1. 1879 Schlegel b. Neurode/Schlesien – 22. 8. 1949 Göhrde-Forst b. Lüneburg; Stud. Theol. Breslau; 1902 Priesterweihe; 1903–06 Kaplan in Lauban, Rom, Breslau; 1911 Prof. für Kirchengesch. in Breslau; 1925 Widerspruch zur kath. Kirche, s. ›Leben Jesu‹ u. a. Schriften auf dem Index; 1926 exkommuniziert u. emeritiert; ⚭ 1927; lebte dann in Neusorge/Schlesien; ab 1945 Westfalen. 1946 nach Aussöhnung mit der Kirche laisiert. – Relig. Volkserzähler. S. phantasiereichen und gemütstiefen Schriften fanden e. starke Verbreitung. Daneben theolog. Werke.

W: Papst Damasus I., Abh. 1902; Die Friedenspolitik des Papstes Damasus I., Abh. 1912; Herrgottswissen von Wegrain und Straße, En. 1922; Die Kirche im Waldwinkel, En. 1924; Leben Jesu in Palästina, Schlesien und anderswo, Aut. II 1925; Osterbrunnen, E. 1926; Karfunkel, Sk. 1948; Novemberlicht, Sk. 1948; Roman mit Gott, Aut. 1950.
L: L. Wolf, 1925; W. Mühlmann, 1929; G. Pachnicke, Diss. Breslau 1942; Das J.-W.-Buch, hg. P. M. Laskowsky, 1949.

Wittkop, Justus Franz, * 9. 6. 1899 Wiesbaden, Soldat im 1. Weltkrieg. Stud. in München (1926 Dr. phil.), freier Schriftsteller, daneben in versch. Berufen (Kellner, Hotelportier, Sprachlehrer) in Capri, Rom, Riviera, Paris, Riga und Berlin, seit 1945 in Homburg v. d. Höhe. – Erzähler bes. von tatsachengetreuen hist. Romanen und romanhaften Biographien; Kulturhistoriker.

W: Das Opfer des Kyrill Beg, R. 1935; Verfemte Schiffe, R. 1939 (u. d. T. Unterm Karibischen Mond, 1949); Gullivers letzte Reise, R. 1941; Fortuna und der Bruder des Schlafs, R. 1941; Der Frevel der Venus, Leg.

1943; Nächte neben der Tür, En. 1943; Pariser Tagebuch, F. 1948; Das war Searamouche, R. 1957; Ruf der Eule, R. 1960; Danton, R. 1961; Der Boulevard, Ess. 1965; Die Welt des Empire, Ess. 1968; Unter der schwarzen Fahne, Ess. 1973; Bakunin, B. 1974; J. Swift, B. 1976; Europa im Gaslicht, Ess. 1979; Graf Mirabeau, B. 1982.

Wittlinger, Karl, * 17. 5. 1922 Karlsruhe, Sohn e. Kunsttischlers, Soldat in Afrika, verwundet und kriegsgefangen, Stud. Anglistik Freiburg/Br., 1950 Dr. phil., Leiter e. Studentenbühne, 1952 Regisseur in Stuttgart, lebte in Lippertsreute u. Überlingen, Freiburg/Br., Berlin, Horben. – Vf. erfolgr., teils gesellschaftskrit., teils kabarettist. Lustspiele u. Fernsehstücke von geschicktem, bühnensicherem Aufbau.

W: Kennen Sie die Milchstraße?, K. (1956); Der Himmel der Besiegten, K. (1956); Junge Liebe auf Besuch, K. (1956; u. d. T. Der Geburtstag unserer Ehe, 1960); Kinder des Schattens, K. (1957); Lazarus, Dr. (1958); Zwei rechts, zwei links, K. (1960); Seelenwanderung, Sp. (1962); Zum Frühstück zwei Männer, K. (1962); Corinne und der Seebär, Lsp. (1966); Tante mit Schuß, Lsp. (1968); Scheibenschießen, Lsp. (1968); Warum ist es am Rhein so schön, K. (1970); Nachruf auf Egon Müller, Lsp. (1970); Narrenspiegel, FSsp. (1971; nach A. Neumann); Frohe Ostern, FSsp. (1972); Evarella, FSsp. (1973; m. W. Grassmann); Ein Badeunfall, FSsp. (1976); Tandem, FSsp. (1976); Feuerreiter, FSsp. (1979).

Wittmaack, Adolph, 30. 6. 1878 Itzehoe – 4. 11. 1957 Hamburg, lebte ebda., 1919 Gründer des ›Schutzverbandes dt. Schriftsteller‹ u. dessen 1. Vorsitzender. – Vf. realist. Handels- und Seefahrtsromane, die teils m. satir. Einschlag das Leben der Hamburger Gesellschaft schildern; auch Bühnenautor u. Essayist.

W: Butenbrink, R. 1909; Die kleine Lüge, R. 1911; Konsul Möllers Erben, R. 1913; Nackte Götter, R. 1920; Die Stunde der Calamaris, R. 1925; Ozean, R. 1937.

Wittstock, Erwin, 25. 2. 1899 Hermannstadt/Rumänien – 27.

11. 1962 Kronstadt; Pfarrerssohn; Stud. Jura Klausenburg und Bukarest; im 1. Weltkrieg Freiwilliger bei der ungar. Artillerie in Italien; Magistratsbeamter in Hermannstadt; Dr. phil. h. c.; Rechtsanwalt in Kronstadt. – Erzähler von Romanen und Novellen bes. aus dem Leben der Siebenbürger.

W: Zineborn, En. 1927; Bruder, nimm die Brüder mit, R. 1934; Die Freundschaft von Kockelburg, Nn. 1936; Station Onefreit. Herz an der Grenze, En. 1936; Das Begräbnis der Maio, N. 1937; Miesken und Riesken, E. 1937; ... abends Gäste..., En. 1938; Der Hochzeitsschmuck, E. 1941; Königsboden, Nn. 1943; Die Schiffbrüchigen, N. 1949; Die Töpfer von Agnethendorf, Sch. (1954); Siebenbürgische Novellen und Erzählungen, 1955; Freunde, E. 1956; Die Begegnung, N. 1958; Der verlorene Freund, En. 1958; Einkehr, Nn. 1958.

L: J. Wittstock, Chy 1974.

Wogatzki, Benito, * 31. 8. 1932 Berlin; Weber, Arbeiter- und Bauern-Fakultät, Stud. Publizistik Leipzig, Redakteur der Studentenzeitung ›Forum‹, dann freier Schriftsteller in Ost-Berlin. – Sozialist. Erzähler mit Stoffen aus der Nachkriegszeit und Vf. oft mehrteiliger Fernsehspiele um Probleme der Industrieproduktion und -planung.

W: Ein Tag eine Nacht, FSsp. (1965); Besuch aus der Ferne, FSsp. (1966); Die Geduld der Kühnen/Zeit ist Glück/Die Zeichen der Ersten, FSspp. 1969; Der Schmied und seine Frau, FSsp. (1969); Anlauf, FSsp. (1971); Der Preis des Mädchens, En. 1971; Romanze mit Amélie, R. 1977; Das Narrenfell, R. 1982.

Wohl, Louis de, 24. 1. 1903 Berlin – 2. 6. 1961 Luzern. Filmautor, Rundfunk- u. Fernsehreferent, Mitarbeiter von Zeitungen u. freier Schriftsteller. Reisen in alle Kontinente, während des Krieges in England, dann in Luzern. Dr. h. c. Boston. – Vf. quellentreuer, doch farbiger hist.-biograph. Romane bes. aus der Heilsgesch.

Vielgelesener Unterhaltungsschriftsteller, z. T. in engl.
Sprache.

W: Julian, R. 1947; Der Baum des Lebens, R.
1947; Attila, R. 1949; Licht über Aquino, R.
1950; Das ruhelose Herz, R. 1952; Das goldene Netz, R. 1953; Der Sieger von Lepanto, R.
1956; Johanna reitet voran, R. 1958; Der fröhliche Bettler, R. 1958; Die Zitadelle Gottes,
R. 1959; Ein Mädchen aus Siena, R. 1960;
Adam, Eva und der Affe, Ess. 1960; König
David. R. 1961.

Wohlgemuth, Otto, 30. 3. 1884
Hattingen/Ruhr – 15. 8. 1965 ebda.; Bergmannssohn, harte Jugend, über 20 Jahre Bergmann,
nach Lehrgängen 1923 Stadtbibliothekar u. Leiter der Volksbü-
chereien Buer u. Gelsenkirchen;
1933 zwangspensioniert; Freundschaft mit J. Winckler u. J. Kneip;
auch Zeichner. – Autodidakt. Arbeiterdichter mit kraftvoller, klarer Sprache, natur- u. erdver-
bunden, schwerblütigen Versen von der harten Arbeit unter
Tage und den Mythen der Tiefe, des Dunkels u. der Ruhrland-
schaft.

W: Gedichte, 1908; Neue Gedichte, 1909; Du
bist das Land, Dicht. 1916; Aus der Tiefe, G.
1922; Schlagende Wetter, En. 1923; Volk, ich
breche deine Kohle!, En. 1936; Hacke und
Meterstock, E. 1939; Des Ruhrlandes Rauch,
G. 1949; Eine seltsame Nacht. En. 1950; Im
Stollen, E. 1950; Lieder eines Ruhrkohlen-
bergmanns, G. 1956. – Aus seinen Gedichten,
1954.
L: M. Klaus, 1980; A. Overwien-Neuhaus,
1986.

Wohmann, Gabriele, geb. Gu-
yot, ✶ 21. 5. 1932 Darmstadt,
Pfarrerstochter, 1951–53 Stud.
neuere Sprachen und Musik
Frankfurt/M., ∞ 1953 Reiner W.,
1953–56 Lehrerin auf Langeoog
und in Darmstadt. Mitgl. der
›Gruppe 47‹. 1966 Reise in die
UdSSR; Stipendiatin der Villa
Massimo in Rom, lebte auf Nor-
derney, heute in Darmstadt. – Experimentelle Erzählerin sensibler

Geschichten aus dem Alltag von
Durchschnittsmenschen im Gefolge der Bewußtseinskunst J.
Joyces, V. Woolfs und K. Mans-
fields mit herber, knapper teils bewußt schockierender Sprache.

W: Mit einem Messer, En. 1958; Jetzt und nie,
R. 1958; Sieg über die Dämmerung, En.
1960; Trinken ist das Herrlichste, En. 1963;
Norwegian Wood, H. (1963); Komm Don-
nerstags, H. (1964); Die Gäste, H. (1965);
Hamster, Hamster, H. (1965); Abschied für
länger, R. 1965; Das Rendezvous, FSsp.
(1965); Große Liebe, FSsp. (1966); Erzählungen, 1966; Theater von innen, Ess. 1966; Die
Bütows, E. 1967; Ländliches Fest, En. 1968;
Von guten Eltern, Prosa 1969; Ernste Absicht, R. 1970; Treibjagd, En. 1970; Sonntag
bei den Kreisands, En. 1970; Selbstverteidi-
gung, En. u. Prosa 1971; Der Fall Rufus, E.
1971; Übersinnlich, E. 1972; Gegenangriff,
Prosa 1972; Habgier, En. 1973; Die Witwen,
FSsp. (1973); Entziehung – Materialien zu
einem Film, 1974; Paulinchen war allein zu
Haus, R. 1974; Kurerfolg, H. (1974); So ist
die Lage, G. 1974; Heiratskandidaten, FSsp.
(1975); Schönes Gehege, R. 1975; Ein Fall von
Chemie, E. 1975; Ein unwiderstehlicher
Mann, En. 1975; Endlich allein – endlich zu
zwein, E. 1976; Ausflug mit der Mutter, R.
1976; Böse Streiche, En. 1977; Das dicke
Wilhelmchen, En. 1977; Grund zur Aufre-
gung, G. 1978; Heiratskandidaten, FSsp. u.
H.e 1978 (H. als Dr. 1981); Der Nachtigall
fällt auch nichts Neues ein, H. 1978; Der
Nächste bitte!, E. 1978; Feuer bitte, Prosa
1978; Streit, En. 1978; Frühherbst in Baden-
weiler, R. 1978; Der Nachtigall fällt auch
nichts Neues ein, H.e 1979; Wanda Lords
Gespenster, H. 1979 (als Dr. 1980); Knob-
lauch am Kamin, E. 1979; Paarlauf, En. 1979;
Ausgew. Erzählungen, II 1979; Ach wie gut,
daß niemand weiß, R. 1980; Meine Lektüre,
Rez. 1980; Wir sind eine Familie, En. 1980;
Hilfe kommt mir von den Bergen, H. (1980);
Violas Vorbilder, E. 1981; Komm lieber Mai,
G. 1981; Stolze Zeiten, En. 1981; Ein günsti-
ger Tag, En. 1981; Das Glücksspiel, R. 1981;
Nachkommenschaften, FSsp. 1981; Plötzlich
in Limburg, K. (1981); Einsamkeit, En. 1982;
Ausgew. Gedichte, G. 1983; Der kürzeste
Tag des Jahres, En. 1983; Goethe, hilf!, En.
1983; Verliebt, oder?, En. 1983; Der Kirsch-
baum, E. 1984; Passau, Gleis 3, G. 1984; Ich
lese. Ich schreibe, Ess. 1984; Hebräer 11, 1,
H. 1985; Der Irrgast, En. 1985; Unterwegs,
Tg. 1986; Ges. Erzählungen, III 1986; Der
Flötenton, R. 1987.
L: K. Wellner, Leiden an der Familie, 1976;
T. Scheuffelen, hg. 1977 (m. Bibl.); I. Ferchl,
D. Rolle d. Alltäglichen, 1980; G. P. u. M.
Knapp, 1981; G. Häntzschel u. a., 1982; K.
Siblewski, 1982 (m. Bibl.); H. Wagener,
1986.

Wolf, Christa, *18. 3. 1929 Landsberg/Warthe; Kaufmannstochter, Gymnas. Landsberg, 1945 Umsiedlung nach Mecklenburg, 1949–53 Stud. Germanistik, Leipzig u. Jena; Mitarbeit im Schriftstellerverband, 1956–59 Verlagslektorin und Redakteurin in Ost-Berlin; 1959–62 in Halle, seither freie Schriftstellerin in Kleinmachnow b. Berlin, verh. mit G. Wolf; 1982 Gastdozentin für Poetik in Frankfurt. – Stilist. von Brecht u. A. Seghers beeinflußte sozialist. Erzählerin, deren Romane e. eigene, z. T. skept. Entwicklung ausdrücken, doch trotz e. gebrochenen Verhältnis zum progressiv-sozialist. Alltag von e. grundsätzl. Zugehörigkeitsgefühl geprägt sind. Sachl. Darstellung der Situation des gespaltenen Dtl. in ›Der geteilte Himmel‹, in enger Verknüpfung von privatem Schicksal u. polit. Spannungen.

W: Moskauer Novelle, 1961; Der geteilte Himmel, R. 1963; Anna Seghers, B. 1965; Nachdenken über Christa T., R. 1968; Lesen und Schreiben, Ess. u. Prosa II 1972–80; Till Eulenspiegel, E. 1974 (m. G. Wolf); Unter den Linden, En. 1974; Kindheitsmuster, R. 1976; Kein Ort. Nirgends, E. 1979; Fortgesetzter Versuch, Ess. 1979; Gesammelte Erzählungen, 1980; Voraussetzungen einer Erzählung, Rdn. 1983; Kassandra, E. 1983; Die Dimension des Autors, Ess. II 1987; Störfall, E. 1987.

L: Der geteilte Himmel, u. s. Kritiker, hg. M. Reso 1965; M. v. Salisch, Zw. Selbstaufgabe u. Selbstverwirklichg., 1975; H. J. Greif, 1978; A. Stephan, Amsterd. 1980 u. ³1987; K. Renoldner, Utopie u. Geschichtsbewußtsein, 1981; K. Sauer, hg. ²1983; G. Buehler, The Death of Soc. Realism, 1984; S. Hilzinger, Kassandra, ²1984; dies., 1986; H.-D. Weber, Üb. C. W.s Schreibart, 1984; M. Jurgensen, hg. 1984; Ch. W., ³1985 (Text u. Kritik 46, m. Bibl.); Erinnerte Zukunft, hg. W. Mauser 1986.

Wolf, Friedrich, 23. 12. 1888 Neuwied a. Rhein – 5. 10. 1953 Lehnitz b. Berlin; aus bürgerl. jüd. Familie; entfloh s. Elternhaus; ging nach München, um Maler zu werden, zu Fuß weiter nach Rom; wurde Schiffsjunge auf Rheindampfern; Stud. Philos. und Medizin Berlin und Bonn; Heilsarmee-Soldat; 1913 Dr. med.; 1913/14 Schiffsarzt; im 1. Weltkrieg Bataillonsarzt; schloß sich 1918 den Linkssozialisten an; 1919 Mitgl. des Arbeiter- und Soldatenrats in Dresden; 1920/21 Stadtarzt in Remscheid; 1922/23 Arzt in Hechingen, 1927 in Stuttgart; 1928 Mitgl. der KPD; 1931 Reise in die Sowjetunion; 1933 Emigration in die Schweiz, nach Skandinavien und Frankreich; kämpfte auf kommunist. Seite im Span. Bürgerkrieg; in Frankreich 1939 im Lager Vernet interniert; kam 1941 in die UdSSR, dort Propagandist im Rundfunk, an der Front und in Kriegsgefangenenlagern; 1945 Rückkehr nach Dtl. als russ. Truppenarzt; Teilnahme an e. kommunist. Zeittheater; 1949–51 Botschafter der DDR in Warschau; dann bis zu s. Tode in Ostberlin. – Sozialist. Dramatiker und Erzähler. Nach expressionist. Anfängen größter Erfolg mit ›Professor Mamlock‹ über die Judenverfolgung des Nationalsozialismus. Sonst blieben die sozialen Anklagen s. realist. Zeit- u. Revolutionsstücke meist im Agitatorischen stecken. Auch Lyrik und Hörspiel.

W: Der Löwe Gottes, Sch. (1917); Der Unbedingte, Sch. 1919; Das bist du, Sch. 1919; Die schwarze Sonne, K. 1921; Der arme Konrad, Sch. 1924; Mohammed, Orat. 1924; Der Sprung durch den Tod, E. 1925; Kreatur, R. 1925; Kolonne Hund, Sch. 1927; Kampf im Kohlenpott, En. 1928; Die Kunst ist Waffe, Ess. 1928; Cyankali. §218, Dr. 1929; Die Matrosen von Cattaro, Sch. 1930; Tai Yang erwacht, Sch. (1932); Professor Mamlock, Sch. 1935; Floridsdorf, Sch. 1935; Das trojanische Pferd, Sch. Moskau 1937; Zwei an der Grenze, R. 1938; KZ Vernet, En. 1941; Sieben Kämpfer vor Moskau, En. 1942; Der Russenpelz, E. 1942; Heimkehr der Söhne, N. 1944; Was der Mensch säet, Sch. 1946; Doktor Wanner, Sch. 1946; Patrioten, Sch.

1946; Märchen, 1946; Beaumarchais oder Die Geburt des Figaro, Sch. 1946; Die letzte Probe, Sch. 1946; Zeitprobleme des Theaters, Ess. 1947; Die Unverlorenen, Zwei Romane, 1951; Menetekel, E. 1952; Thomas Münzer, Dr. 1953; Aufsätze über Theater, 1957; Filmerzählungen, 1958. – Gesammelte Dramen, V 1946–49; AW, XIV 1951–60; GW, hg. E. Wolf u. W. Pollatschek XVI 1960–67; Briefw., hg. dies. 1968; Briefw. m. W. Wischnewskij, 1965.
L: F. W., hg. A. Kantorowicz, 1948; W. Pollatschek, D. Bühnenwerk F. W.s, 1958; ders. 1963; F. W., hg. W. Adling 1963; E. Günther, D. frühen Drr. F. W.s, Diss. Jena 1964; N. A. Selinger, Moskau 1966; C. Zalubska, D. lit.-theoret. Werdegang F. W.s, Posen 1968; U.-R. Sacksofsky, Diss. Köln 1972; G. Düwel, F. W. u. W. Wischnewski, 1974; W. Pollatschek, 1974; W. Jehser, 1982.

Wolf, Ror (Ps. Raoul Tranchirer), * 29. 6. 1932 Saalfeld/Thür.; Sohn e. Schuhhändlers, Abitur, 3 Jahre Bauarbeiter in der DDR u. Stuttgart; 1954–61 Stud. Lit. u. Soziologie Frankfurt u. Hamburg, 1961–63 Rundfunkredakteur in Frankfurt; freier Schriftsteller in Mainz u. Wiesbaden. – Vielseitiger Erzähler von vitaler Sprachkraft, mit der er aus iron. Distanz auf scheinbar ungeordnet-willkürl., doch grotesk präzise Weise versucht, die Doppelbödige menschl. Beziehungen u. Verhaltensweisen zu erfassen. Verfremdet das Gewohnte bis zum Unheimlich-Monströsen. Witzig-absurde Montagen u. Sprachspiele prangern die Denk- u. Verhaltensklischees an.
W: Das Lexikon der feinen Sitte, Prosa 1964; Fortsetzung des Berichts, R. 1964; Pilzer und Pelzer, R. 1967; Danke schön. Nichts zu danken, En. 1969; Punkt ist Punkt. Fußballspiele, Prosa 1971 (erw. 1973); mein famili, G. 1971; Der Chinese am Fenster, H. (1971); Die heiße Luft der Spiele, H. (1972); Die überzeugenden Vorteile des Abends, H. (1973); Die Stunde der Wahrheit, H. (1974); Keep out, FSsp. (1975); Auf der Suche nach Dr. Q, H.e 1976; Die Gefährlichkeit der großen Ebene, Prosa 1976; Die heiße Luft der Spiele, Prosa 1980; Das nächste Spiel ist immer das schwerste, G. u. Prosa 1982; Vielseitiger großer Ratschläger für alle Fälle der Welt, Collage 1983; Hans Waldmanns Abenteuer, G. 1985; Mehrere Männer, Kgn. u. Collagen 1987.

L: Über R. W., hg. L. Baier 1972 (m. Bibl.); T. Bündgen, Sinnlichkeit u. Konstruktion, 1985.

Wolfdietrich, anonymes mhd. Heldenepos aus meroving. Sagenkreis, um W., den Sohn Hugdietrichs (= Chlodwigs), der von s. Brüdern nach dem Tod s. Vaters als Bastard erklärt und von s. Erbe vertrieben, ausgesetzt, von dem treuen Berchtung von Meran gerettet wurde, von s. Abenteuern in der Verbannung, s. Rache am Tod Ortnits (Drachenabenteuer), s. Heirat mit dessen Witwe, der endl. Eroberung des väterl. Erbes und der Rache an den Verrätern. Nach e. vermutl. Ur-W. (um 1215?) erhalten in e. ostfränk. Fassung im Hildebrandston um 1230 (A) von dems. Vf. wie der → Ortnit. 3 weitere Fassungen: B (um 1250) erweitert die Vorgeschichte, C (2. Hälfte 13. Jh.) gibt e. höf. Stilisierung, D (um 1300, ›Großer W.‹) e. Zusammenfassung aller Versionen mit dem Ortnit-Stoff.
A: A. Amelung, O. Jänicke, Dt. Heldenbuch 3–4, 1871–73 (n. 1964); A. H. Schneider 1931; D. A. Holtzmann 1865 (n. 1968). – *Übs.:* K. Simrock, Kl. Heldenbuch, 1906.
L: H. Schneider, D. Gedichte u. d. Sage v. W., 1913; E. Schröder, 1931; K. Abels, Diss. Freib. 1965.

Wolfenstein, Alfred, 28. 12. 1883 Halle/Saale – 22. 1. 1945 Paris. Jugend in Berlin, Stud. Jura, Promotion, dann freier Schriftsteller in Berlin, 1916–22 München, emigrierte 1934 nach Prag, 1938 nach Paris, erneute Flucht und bei Annäherung der dt. Truppen 1940 3monatige Gefangenschaft, nach Entlassung ständige Flucht durch Frankreich und illegaler Aufenthalt unter falschem Namen in Paris. Schwere Herz- u. Nervenkrankheit. Selbstmord. – Expressionist. Lyriker, Dramatiker, Novellist und Theoretiker; Hrsg. der Jahrbücher ›Die Erhebung‹ 1919/20, Übs. von Shelley, Verlaine, Nerval.

W: Die gottlosen Jahre, G. 1914; Die Freundschaft, G. 1917; Der Lebendige, Nn. 1918; Die Nackten, Dr. 1918; Menschlicher Kämpfer, G. 1919; Der gute Kampf, Dicht. 1920; Sturm auf den Tod, Dr. 1921; Der Mann, Dr. 1922; Jüdisches Wesen und neue Dichtung, Es. 1922; Mörder und Träumer, Dr. 1923; Der Flügelmann, Dicht. 1924; Unter den Sternen, N. 1924; Der Narr der Insel, Dr. 1925; Bäume in den Himmel, Dr. 1926; Bewegungen, G. 1928; Die Nacht vor dem Beil, Dr. 1929; Celestina, Dr. 1929; Die gefährlichen Engel, En. 1936. – Wke, V 1982ff.
L: C. Mumm, 1955 (m. Ausw.); P. Fischer, 1968; G. Holtz, D. lyr. Dichtg. A. W.s, Diss. Bln. 1972.

Wolff, Julius, 16. 9. 1834 Quedlinburg – 3. 6. 1910 Berlin-Charlottenburg; Sohn eines Tuchfabrikanten; Stud. Philos. und Wirtschaftswiss. Berlin; Bildungsreisen im Ausland; übernahm die väterl. Fabrik; 1869 Gründer u. bis 1870 Leiter der ›Harz-Zeitung‹; 1870/71 Offizier der Landwehr; Privatmann und freier Schriftsteller in Berlin-Charlottenburg; 1904 Prof. – Seinerzeit sehr beliebter und erfolgr. ›Butzenscheiben‹-Lyriker in der Scheffel-Nachfolge; Erzähler, Dramatiker u. Versepiker mit Stoffen meist aus Geschichte und Sage in sentimentaler und unpsycholog., farbenreicher Darstellung.

W: Aus dem Felde, G. 1871; Till Eulenspiegel redivivus, Ep. 1874; Der Rattenfänger von Hameln, Ep. 1875; Schauspiele, 1877; Der wilde Jäger, Ep. 1877; Drohende Wolken, Sch. 1879; Tannhäuser, Ep. II 1880; Singuf, G. 1881; Der Sülfmeister, E. II 1883; Der Raubgraf, E. 1884; Lurlei, Ep. 1886; Das Recht der Hagestolze, R. 1888; Renata, Dicht. 1891; Der fliegende Holländer, Ep. 1892; Das schwarze Weib, R. 1894; Assalide, Dicht. 1896; Der Landsknecht von Cochem, Ep. 1898; Der fahrende Schüler, Dicht. 1900; Die Hohkönigsburg, E. 1902; Zweifel der Liebe, R. 1904; Das Wildfangrecht, E. 1907; Der Sachsenspiegel, Ep. 1909. – SW, hg. J. Lauff, XVIII 1912f.
L: A. Ruhemann, 1886; J. Hart, 1887; H. Schierenberg, Diss. Münster 1923.

Wolfgruber, Gernot, ✱ 20. 12. 1944 Gmünd/Niederösterreich; Lehrling, Hilfsarbeiter, Programmierer, 1968–74 Stud. Publizistik und Politologie Wien, 1976 freier Schriftsteller ebda. – Vf. unideolog., realist. Schilderungen des kleinbürgerl. Provinzlebens in s. Hoffnungslosigkeit und s. Illusionen. Auch Hör- und Fernsehspiel.

W: Auf freiem Fuß, R. 1975; Herrenjahre, R. 1976; Niemandsland, R. 1978; Der Jagdgast, Drehb. 1978; Ankunftsversuch, E. 1979; Verlauf eines Sommers, R. 1981; Die Nähe der Sonne, R. 1985.

Wolfram von Eschenbach, um 1170 Eschenbach (jetzt Wolframs-eschenbach) b. Ansbach/Mittelfranken – nach 1220 ebda.; wohl aus ostfränk. ritterl. Ministerialengeschlecht (oder aus bayr. Ministerialengeschlecht der Freiherrn von Eschenbach). Unbegütert, daher fahrender Dichter bes. im Gebiet von Main u. Odenwald bei s. Gönnern, den Grafen von Wertheim a. M. u. den Herren von Dürne auf Burg Wildenberg (b. Amorbach/Odenwald), wo Teile des ›Parzival‹ entstanden; 1203/04 und später wiederholt auch am Hof des Landgrafen Hermann von Thüringen, der ihn zum ›Willehalm‹ anregte (dort vermutl. um 1204 Zusammentreffen mit Walther von der Vogelweide); später nach Ausweis genauer Ortskenntnis länger im Südosten, bes. der Steiermark; schließl. wohl als Ministeriale des Grafen Boppo von Wertheim in Eschenbach seßhaft, verheiratet und Vater von Kindern. Vielseitige, autodidakt. lit. Bildung; Kenner der franz. Sprache, der höf. Dichtung wie der Heldendichtung. – Bedeutendster mhd. Epiker, dichterisch am tiefsten und schöpferisch am eigenwilligsten ausgeprägte Persönlichkeit neben

Hartmann und Gottfried. Neben s. 3 Epen als Hauptleistung stehen 8 frühe Minnelieder, davon 5 Tagelieder (mit ep. Eingang), die W. zum Schöpfer des dt. Tageliedes machen. S. Lyrik sprengt formal durch die Glut und Leidenschaft der Aussage wie inhaltl. durch den Preis der Ehe die höf. Form. S. männl. herbe, sucherische, doch auch von eigenwilligem Humor durchzogene Epik in verinnerlichender Schau u. bilderreichem, teils bewußt dunklem und anspielungsreichen Stil (daher von Gottfried abgelehnt) gipfelt in mehrfach überarbeiteten und ergänzten Gralsepos ›Parzival‹ (um 1200–10) in 16 Büchern auf der Grundlage der ›Contes de Graal‹ von Chréstien de Troyes und e. (evtl. fingierten) Provenzalen Kyôt mit Einbeziehung von Motiven u. Figuren verschiedenster, z. T. oriental. Herkunft; weniger Bildungs- u. Entwicklungsroman als Gesch. der stufenweisen Läuterung e. reinen Toren durch Gefahren, ritterl. Abenteuer, Liebesbegegnungen, Sünden und Glaubenszweifel zu echter christl. Demut und zum König der Gralsritterschaft auf dem myst. Munsalvaesche (Montsalvasch) um das wundertätige, lebenspendende Gralsheiligtum. Die irreführend ›Titurel‹ genannte stroph. Sigunedichtung, von der nur 2 Bruchstücke abgeschlossen wurden, greift die im Hauptwerk episodisch gestreifte Liebe von Sigune und Schionatulander auf; sie regte → Albrecht von Scharfenberg zum ›Jüngeren Titurel‹ an. Der vielleicht nur notdürftig abgeschlossene ›Willehalm‹ (um 1212–15 oder 1216–26?) nach der franz. Chanson de geste ›La bataille d'Aliscans‹ mit breiten Schlachtenschilderungen gibt das Bild e.

idealen, großmütigen christl. Ritters im Kampf gegen die (ebenfalls als edel dargestellten) Sarazenen. Zahlr. Hss. und Fortsetzungen bezeugen die breite Wirkung W.s im dt. MA.

A: K. Lachmann u. E. Hartl ⁸1965; A. Leitzmann V ⁴⁻⁷1956–61; G. Weber ⁴1981; Parzival und Titurel, hg. K. Bartsch u. M. Marti ⁴1927–32; hg. E. Martin II 1900–03, n. 1976 (m. Komm.); Titurel u. Lieder, hg. W. Mohr 1978 (m. Übs.); Willehalm, hg. H. Engels u. a. II 1970; hg. W. Schröder 1978; Willehalm und Titurel, hg. W. J. Schröder ²1973; Lyrik, hg. u. komm. P. Wapnewski 1972. – *Übs.:* T. Matthias II 1925; Parzival: W. Hertz ²1930, F. Knorr u. R. Fink 1940, G. Baumecker 1950, W. Stapel ⁵1980; W. Mohr 1977; W. Spiewok 1977; Parzival und Titurel: K. Simrock ⁶1883 (n. G. Klee 1907); Willehalm: F. Knorr u. R. Fink 1941; D. Kartschoke 1968; O. Unger 1973.

L: S. Singer, W.s Stil u. Stoffe des Parzival, 1917; ders., W.s Willehalm 1918; A. Schreiber, Neue Bausteine z. e. Lebensgesch. W.s v. E., 1922, n. 1975; W. Golther, Parzifal u. d. Gral, 1925; E. Karg-Gasterstadt, Zur Entstehungsgesch. d. Parzival, 1925; G. Weber, 1928; F. R. Schröder, D. Parzivalfrage, 1928; B. Mergell, II 1936–43; J. Fourquet, W. d'E. et le conte de Graal, 1938, n. 1966; S. Singer, W. und der Gral, 1939; J. Schwietering, W.s Parzival, 1941; ders., Parzivals Schuld, 1946; H. Schneider, Parzivalstudien, 1947; B. Mergell, D. Gral i. W.s Parzival, 1952; W. J. Schröder, D. Ritter zwischen Welt u. Gott, 1952; ders. 1963; R. Lowett, W.s v. E. Parzival i. Wandel d. Zeiten, 1955; M. F. Richey, Edinburgh 1957; B. Rahn, W.s Sigunendichtung, 1958; J. Bumke, W.s Willehalm, 1959; ders. ⁵1981; H.-J. Koppitz, W.s Religiosität, 1959; H. Sacker, An introd. to W.'s Parzival, Cambr. 1963; W.-Studien, hg. W. Schröder 1970 ff.; P. Wapnewski, D. Lyrik W.s, 1972; ders., W.s Parzifal, ²1982; H. Ragotzky, Stud. z. W.-Rezeption, 1972; H. Kratz, W.s Parzival, 1973; E. Nellmann, W.s Erzähltechnik, 1973; D. H. Green, L. P. Johnson, Approaches to W., 1978; H. Baier Gralsburg u. Minnegrotte, 1978; W. Mohr, 1979; L. B. Parshall, The Art of Narration in W's ›P.‹, Cambr. 1981; S. R. Christoph, W.s v. E. Couples, Amsterd. 1981; K. Bertau, 1983; H. Brall, Gralsuche u. Adelsheil, 1983; H.-W. Schäfer, Kelch u. Stein, ²1984; M. Wynn, W.s ›P.‹, 1984; Bibl.: F. Panzer, 1897; U. Pretzel u. W. Bachofer, ²1968; J. Bumke, 1970.

Wolfskehl, Karl, 17. 9. 1869 Darmstadt – 30. 6. 1948 Bayswater-Auckland/Neuseeland; aus reichem altjüd. Geschlecht Hessens; Stud. Germanistik Berlin, Leipzig und Gießen; Dr. phil.; Freundschaft mit S. George; gab mit diesem 1901–03 ›Deutsche Dichtung‹ in 3 Bänden heraus; seit 1894 Mitarbeiter an den ›Blättern für die Kunst‹, 1911 am ›Jahrbuch für die geistige Bewegung‹; freier Schriftsteller meist in München; s. Haus in Schwabing war Sammelpunkt des George-Kreises; 1933 Emigration nach Italien, 1938 nach Neuseeland. – Lyriker in der Nachfolge Georges mit Neigung zum Mag.-Mystischen, zum Myth.-Urtümlichen und zum Hymn.-Ekstat.; auch Essayist und bedeutender Übs., bemüht um die Pflege der Tradition alter dt. Dichtung.

W: Ulais, Dicht. 1897; Saul, Dr. 1905; Wolfdietrich und die rauhe Els, Dicht. 1907; Thors Hammer, Sp. 1908; Sanctus. Orpheus, Sp. 1909; Der Umkreis, G. 1927; Bild und Gesetz, Ess. 1930; Die Stimme spricht, G. 1934; An die Deutschen, G. 1947; Sang aus dem Exil, G. 1950; Hiob, G. 1950; Kalon bekawod namir, Nl. Amsterd. 1960. – Ges. Dichtungen, 1903; GW, hg. M. Ruben u. C. V. Bock, II 1960; Zehn Jahre Exil, Br., hg. M. Ruben 1959; Briefe u. Aufsätze 1925–33, hg. dies. 1966; Briefw. m. A. Verwey, 1968; m. F. Gundolf, II 1977.
L: E. Landau, Diss. Breslau 1928; E. Preetorius, 1949; K. W., hg. W. Euler u. H. R. Ropertz 1955 (m. Bibl.); P. T. Hoffmann, D. relig. Spätwerk K. W.s, Diss. Wien 1957; H. P. Berglar-Schroer, 1964; R. Bowert, Diss. Hbg. 1965; K. W., hg. M. Schlösser 1969; G. Grimm, K. W.s Hiob-Dichtg., 1972; K. W.-Kolloquium, 1983; Bibl.: M. Schlösser, 1971.

Wolken, Karl Alfred, *26. 8. 1929 Wangerooge, bis 1943 ebda., dann Schule im Harz, ab 1945 Süddtl.; 1949–59 Schreiner; ⚭ Elisabeth Gericke, Leiterin der Villa Massimo in Rom; 1960 für 1 Jahr ebda., freier Schriftsteller in Stuttgart; seit 1965 in Rom. – Lyriker von ungebrochenem Wirklichkeitsverhältnis, sinnl. Kraft und z. T. balladesken Zügen; auch vitaler, fabulierfreudiger Erzähler.

W: Halblaute Einfahrt, G. 1960; Die Schnapsinsel, R. 1961; Wortwechsel, G. 1964; Zahltag, R. 1964; Erzählungen, 1967; Klare Verhältnisse, G. 1968; Außer Landes, G. 1979; Die richtige Zeit zum Gehen, G. 1982; Eigenleben, G. 1987.

Wolkenstein, Oswald von → Oswald von Wolkenstein

Wollschläger, Hans, *17. 3. 1935 Minden; Pastorensohn; Jugend in Herford, Essen, Bonn, 1955–57 Stud. Musikakad. Detmold; seit 1957 Organist in Bamberg, 1963 freier Schriftsteller. – Erzähler, Essayist, Kritiker und Übs. (E. A. Poe, J. Joyce u. a.), Vf. e. auf versch. Sprach-, Realitäts- und Bewußtseinsebenen spielenden Montageromans im Stil A. Schmidts.

W: Karl May, St. 1965; Die Gegenwart einer Illusion, Ess. 1970; Die bewaffneten Wallfahrten gen Jerusalem, St. 1970; Herzgewächse oder Der Fall Adams, R. II 1983 ff.; Von Sternen und Schnuppen, Ess. 1984; In diesen geistfernen Zeiten, Prosa 1986.

Wolters, Friedrich, 2. 9. 1876 Uerdingen b. Krefeld – 14. 4. 1930 München; Kaufmannssohn, Stud. Freiburg/Br., München, Paris, Berlin, 1920 Prof. für mittlere u. neue Gesch. in Marburg, 1926 Kiel. – Schriftsteller u. Literarhistoriker, vor allem meisterhafter Übs. aus dem Mhd., Griech. u. Lat., e. der Wortführer des George-Kreises neben F. Gundolf, gab mit diesem 1910–12 das ›Jahrbuch für die geistige Bewegung‹ heraus.

W: Herrschaft und Dienst, Es. 1909; Melchior Lechter, Es. 1911; Wandel und Glaube, G. 1911; Der Wandrer, G. 1924; Der Donauübergang und Einbruch in Serbien 1915, Ber. 1925; Vier Reden über das Vaterland, 1927; St. George und die Blätter für die Kunst, B. 1930.

Wolzogen, Ernst Ludwig, Freiherr von, 23. 4. 1855 Breslau – 30. 8. 1934 München; Sohn e. Regierungsassessors, späteren Hoftheaterintendanten; Stud. Germanistik, Philos. u. Biologie Straßburg u. Leipzig; 1879–81 Vorleser des Großherzogs von Sachsen-Weimar; 1882 Verlagsredakteur in Berlin; 1893–99 in München, Gründer der Freien Literarischen Gesellschaft; 1899 Rückkehr nach Berlin; 1901 ebda. Gründer des ›Überbrettls‹ nach Vorbild der Pariser Kabaretts mit Angriffen bes. gegen die bürgerl. Moral; ⊙ 1902 Elsa Laura Seemann; Kunstreisen in Mittel- und Nordeuropa, seit 1905 in Darmstadt und Puppling in Oberbayern. – Geistr., witziger Erzähler und Dramatiker; Vf. unterhaltender humorist. Gesellschaftsromane, bes. aus der Aristokratie. Scharfe, treffende Milieuschilderung und witzige Zeitkritik in s. Lustspielen. Später Verfechter e. Dt. Christentums u. nord.-dt. Geistes.

W: Die Kinder der Excellenz, R. 1888; Die tolle Komteß, R. II 1889; Der Thronfolger, R. II 1892; Das Lumpengesindel, Tragikom. 1892; Der Kraft-Mayr, R. II 1897; Das dritte Geschlecht, R. 1899; Ein unbeschriebenes Blatt, Lsp. 1902; Verse zu meinem Leben, Aut. 1907; Der Bibelhase, E. 1908; Der Weg des Kreuzes, Drr. 1909–26 (Die Maibraut, König Karl, Fausti Himmelfahrt oder Der deutsche Teufel); Der Erzketzer, R. II 1911; Landsturm im Feuer, Aut. 1915; Wie ich mich ums Leben brachte, Aut. 1923; Wenn die alten Türme stürzen, R. 1925; Das Schlachtfeld der Heilande, R. 1926.
L: E. Engelhardt, 1939.

Wolzogen, Karoline Freifrau von, geb. von Lengefeld, 3. 2. 1763 Rudolstadt – 11. 1. 1847 Jena; Tochter e. Oberlandjägermeisters; 1784 ⊙ Geheimrat Freiherr von Beulwitz; lernte 1787 ihren späteren Schwager Schiller kennen, mit dem sie e. tiefe Freundschaft verband, 1793 o/o; ⊙ 1794 ihren Vetter Wilhelm von W., trat in nähere Beziehungen zum Weimarer Hof; nach dem Tod des

einzigen Sohnes 1825 Übersiedelung nach Jena. – Erfolgr. Vf. idealist. Romane und Erzählungen, Biographien Schillers.

W: Agnes von Lilien, Aut. II 1798; Erzählungen, II 1826f.; Schillers Leben, B. II 1830; Cordelia, R. II 1840; Aus einer kleinen Stadt, E. 1842; Literarischer Nachlaß, hg. K. Hase II 1848f.
L: H. Bierbaum, Diss. Greifswald 1909; S. Brock, Diss. Bln. 1914; E. Anemüller, Schiller u. d. Schwestern von Lengfeld, ²1938; C. Kahn-Wallerstein, Die Frau im Schatten, 1970.

Wondratschek, Wolf, * 14. 8. 1943 Rudolstadt/Thür.; Professorensohn, 1962–68 Stud. Philos., Lit. u. Soziologie Heidelberg, Göttingen u. Frankfurt/Main; 1970/71 in London; freier Schriftsteller in Frankfurt u. München; 1977/78 USA-Vortragsreise. – Experimenteller Prosa- u. Hörspielautor von sprachl. Prägnanz mit witzig verdichtete Aussageformeln mit gelegentl. Nähe zum aphorist. Feuilletonismus; analyt. Assoziationsstil mit scheinbar unzusammenhängenden Ketten lakon. kurzer Sätze, Zitatmontagen u. z. T. grotesken Gedankensprüngen, deren Sinn erst aus der Verknüpfung aller Inhalte entsteht. Eingängige, burschikose Lyrik der Auflehnung Enttäuschter; Übergang von polit. und Pop-Lyrik zu Neuer Sensibilität.

W: Freiheit oder Ça ne fait rien, H. (1967); Zufälle, H. (1968); Früher begann der Tag mit einer Schußwunde, Prosa 1969; Ein Bauer zeugt mit einer Bäuerin einen Bauernjungen, der unbedingt Knecht werden will, En. 1970; Zustände und Zusammenhänge, H. (1970); Einsame Leichen, H. (1970); Paul oder die Zerstörung eines Hör-Beispiels, H.e 1971; Akustische Beschreibungen, H. (1971); Omnibus, Prosa 1972; Maschine Nr. 9, H. (1973); Chuck's Zimmer, G. 1974; Das leise Lachen am Ohr des anderen, G. 1976; Männer und Frauen, G. 1978; Letzte Gedichte, 1980 (alle 4 zus. u. d. T. Chuck's Zimmer, 1982); Die Einsamkeit der Männer, Son. 1983; Carmen, G. 1986; Menschen Orte Fäuste, Rep. u. Ess. 1987.

L: W. W. (Text u. Kritik H. 1, 1971; K. Bullivant, Coventry 1973.

Wrobel, Ignaz → Tucholsky, Kurt

Wronski, Stefan → Hardekopf, Ferdinand

Wühr, Paul, * 10. 7. 1927 München; Lehrerausbildung, seit 1949 Volksschullehrer in Gräfelfing b. München. – Erzähler experimenteller Beschreibungsprosa, humorist. Lyriker und gesellschaftskrit. Hörspielautor. Auch Kinderbuch.

W: Gegenmünchen, Prosa 1970; Preislied, H. 1970; So spricht unsereiner, H.e 1973; Grüß Gott ihr Mütter ihr Väter ihr Töchter ihr Söhne, G. 1976; Rede, G. 1979; Das falsche Buch, R. 1983; Der faule Strick, Tg. 1987.

Wünsche, Konrad, * 25. 2. 1928 Zwickau/Sa.; 1945 Abitur, Stud. Philos., Kunstgesch. u. Archäologie Leipzig, Tübingen, Bonn; Museumsangestellter, Lehrer in Fritzdorf b. Bonn, Prof. in Berlin. – Vertreter des poet., teils absurden Theaters bei weitgehendem Verzicht auf realist. Elemente, mit symbol. Bedeutung und wortreicher Sprache.

W: Über den Gartenzaun. Von der Klagemauer, Drr. 1962; Die es trifft, H. (1963); Schemen entsprechend, G. 1963; Les Adieux oder Die Schlacht bei Stötteritz, Dr. (1964); Der Unbelehrbare, Dr. 1964; Jerusalem, Jerusalem, Dr. 1966; Gegendemonstration, H. (1967); Nein, H. (1969); Sendung, H. (1970); Dramaturgische Kommandos, Dr. (1971); Die Wirklichkeit des Hauptschülers, Ber. 1972; Ein blühender Garten, Dr. (1974, nach R. Walser); Schulregeln, Sb. 1980.

Würzburg, Johann u. Konrad von → Johann u. → Konrad von Würzburg

Wulfila (d. h. Wölfchen), griech. Ulfilas, um 311 an der unteren Donau – 383 Konstantinopel; aus vornehmem got. Geschlecht,

evtl. e. von kappadok. Kriegsgefangenen abstammende Mutter, wurde früh Christ, 341 von Eusebius von Nikomedien zum Bischof der oström. Kirche geweiht, 1. Missionar und Bischof der Westgoten in Südost-Europa; zuerst, z. T. unter Verfolgungen, 7 Jahre bei Stämmen jenseits der Donau, dann 33 Jahre Richter und geistl. Oberhaupt der Stämme am Balkan. Bekehrte große Teile der Westgoten zum Christentum und führte diese vor der Christenverfolgung Athanarichs nach Bulgarien, später vor den Hunnen ins oström. Reich. Als Begründer des german. Christentums von weitester Wirkung. Litt im Alter unter der Ablehnung des von ihm vertretenen Arianismus. – W. schuf mit s. um 369 begonnenen Übs. der Bibel ins Got., zu der er erst e. got. Schrift (griech. Alphabet mit lat. und run. Zeichen) und e. Schriftsprache schaffen mußte, das wichtigste got. und e. der frühesten german. Sprachdenkmäler überhaupt. Große Teile bes. des Neuen Testaments vor allem im ›Codex argenteus‹ in Uppsala, e. im 6. Jh. in Italien evtl. im Auftrag Theoderichs entstandenen prachtvollen Pergaments erhalten.

A: W. Streitberg ⁴1960; Faks.: Uppsala 1928.

Wyle, Niklas von, um 1410 Bremgarten/Aargau bis nach 1478 Stuttgart, aus Schweizer Adelsgeschlecht; Stadtschule Bremgarten, Stud. in Italien, Stadtschreiber in Radolfzell, 1445 Ratsschreiber in Nürnberg, 1449 dass. in Eßlingen; Lehrer der Stilistik und Rhetorik. 1469–78 Kanzler des Grafen Eberhard von Württemberg, auch Gesandter an ital. Höfen (bedeutsam für die dt.-ital. lit. Beziehungen). – Humanist, pflegte das Stud. der röm.

Klassiker und glich s. dt. Kunstprosa vollst. an lat. Syntax und
Stilistik an (Periodenbau). Verfaßte auf Anregung Gregors von
Heimburg und Enea Silvios 18 dt.
Prosa-Übss. von erzähler., philos., lehrhaften und polit. Schriften ital. Humanisten nach lat.
Vorlagen, so Enea Silvios ›Eurio-
lus und Lucretia‹ (1462) und Boccaccios ›Guiscardo und Sigismunda‹, ferner Werke von Poggio, Petrarca, F. Hemmerlin und e. Pseu-
do-Lukian. W.s ›Translatzen‹
oder ›Teutschungen‹ erschienen
zuerst 1461–78 in Einzeldrucken,
s. Gönnern gewidmet, und 1478
in Gesamtausgabe. Als 1. humanist. Übs. und Vorbild zahlr. zeitgenöss. Versuche bedeutsam für
die Entwicklung der dt. Kunstprosa. Hrsg. der Briefe Enea Silvios (1470).

A: Translationen, hg. A. v. Keller 1861 (BLV
57; n. 1965).
L: H. Nohl, D. Sprache d. N. v. W., Diss.
Hdlbg. 1887; R. Palleske, Progr. Landshut
1910; B. Strauß, 1912; R. Schwenk, Vorarb.
z. e. Biogr. d. N. v. W., 1978.

Wyss, Dieter, ★ 20. 12. 1923 Ad-
dis Abeba/Äthiopien; Dr. med.,
Psychologe u. Anthropologe an
der Univ. Würzburg. – Lyriker
von anfängl. starker, surrealer
Symbolik, dann in klass.-stren-
gen Formen mit archaisch-myth.
Bildern um die Themen von
Krieg, Gewalt und menschl. Beziehungslosigkeit durch gesellschaftl. Isolierung.

W: Der Surrealismus, Abh. 1949; Schlafende
Sonnen, G. 1953; Tanz durch's Infrarot, G.
1953; Zwischen Medizin und Philosophie,
Ess. 1957 (m. V. v. Weizsäcker); Strukturen
der Moral, Ess. 1968; Nadir, G. 1969; Beziehung und Gestalt, Abh. 1974.

Wyß, Johann David, (getauft) 28.
5. 1743 Bern – 11. 1. 1818 ebda.,
Pfarrer am Berner Münster. – Vf.
des ›Schweizerischen Robinson‹,

e. bis heute beliebten Jugendbuchs
mit geschickter Verquickung
abenteuerl. und kulturgeschichtl.
belehrender Züge.

W: Der Schweizerische Robinson, hg. J. R.
Wyß, IV 1812–27.

Wyß, Johann Rudolf, 13. 3. 1782
Bern – 31. 3. 1830 ebda.; Sohn
von Johann David W.; Stud. Theol. u. Philos. Bern, Tübingen,
Göttingen und Halle; 1805 Prof.
der Philos. in Bern, später Oberbibliothekar an der Berner Stadt-
bibliothek. – Schweizer Erzähler,
Vf. wiss. Schriften und Hrsg. von
schweizer. Volksschrifttum, verfaßte 1811 die Schweizer Hymne
›Rufst du, mein Vaterland‹. 1811
bis 1830 Mithrsg. des Musenalmanachs ›Die Alpenrosen‹.

W: Vorlesungen über das höchste Gut, Vortr.
II 1811; Idyllen, Volkssagen, Legenden und
Erzählungen aus der Schweiz, hg. II 1815–22;
Reise in das Berner Oberland, II 1816f. –
Ausw., hg. O. v. Greyerz, 1872.
L: R. Ischer, 1911.

Zachariae, Justus Friedrich Wilhelm, 1. 5. 1726 Frankenhausen/
Thür. – 30. 1. 1777 Braunschweig. Sohn e. Kammersekre-
tärs; 1743–46 Stud. Jura Leipzig,
1747 Göttingen. 1748 Lehrer,
1761 Prof. am Carolinum Braunschweig, 1775 Kanonikus ebda. –
Epiker der Aufklärung, als Student Anhänger Gottscheds und
Mitarbeiter an Schwabes ›Belustigungen‹, dann seit 1744 der ›Bremer Beiträge‹. Berühmt durch s.
Erstlingswerk, das kom. Heldengedicht ›Der Renommiste‹ in parodist. Rokokostil nach Vorbild
A. Popes, e. anschaul., humorist.
Satire auf das stutzerhafte Studentenleben in Leipzig und Jena.
Schwächer in späteren satir.-
kom. Versepen und bes. ernsten

ep. Dichtungen. Fabeldichter. Neubearbeiter dt. Volksbücher; Übs. von Miltons ›Verlorenem Paradies‹ (II 1760).

W: Der Renommiste, kom. Ep. (1744); Scherzhafte Epische Poesien, 1754 (enth. Das Schnupftuch); Die Tageszeiten, Ep. 1756; Der Tempel des Friedens, Ep. 1756; Murner in der Hölle, kom. Ep. 1757; Die vier Stufen des Weiblichen Alters, Ep. 1757; Lagosiade, kom. Ep. 1757; Die Schöpfung der Hölle, Ep. 1760; Fabeln und Erzählungen, 1771; Zwey schöne Neue Mährlein, Volksb. 1772; Tayti, Ep. 1777. – Poet. Schriften, IX 1763–65; Hinterlass. Schriften, hg. J. J. Eschenburg 1781.
L: H. Zimmer, 1892; O. H. Kirchgeorg, Diss. Greifsw. 1904; O. Bessenrodt, ²1926; H. Kaspar, D. kom. Epen v. Z., 1935; F. Meyen, Bremer Beiträger, 1962 (m. Bibl.).

Zahl, Peter-Paul, ★ 13. 3. 1944 Freiburg/Br.; Kindheit in Mecklenburg und Rheinland, Kleinoffsetdrucker, Mitgl. der ›Gruppe 61‹, 1967 Drucker und Verleger von Flugblättern und linken Zss. (›Spartakus‹) in Berlin, ging nach Überwachung 1972 in den Untergrund, 1972 nach Fluchtversuch und Schußverletzung e. Polizisten verhaftet, 1976 zu 15 Jahren Gefängnis verurteilt, 1982 vorzeitig entlassen, ging 1983 ins Ausland. – Vf. agitatorisch simplifizierender Politlyrik, iron. Erzählungen und Romane aus der Welt der Asozialen; Dramatiker.

W: Von einem, der auszog, Geld zu verdienen, R. 1970; Schutzimpfung, G. 1975; Eingreifende oder ergriffene Literatur, Es. 1976; Wie im Frieden, En. 1976; Die Barbaren kommen, G. u. Prosa 1976; Waffe der Kritik, Ess. 1976; Alle Türen offen, G. 1977; Die Glücklichen, R. 1979; Freiheitstriebtäter, G. u. Prosa 1979; Konterbande, Ges. G. 1982; Johann Georg Elser, Dr. 1982; Aber nein, sagte Bakunin und lachte laut, G. 1983.
L: Schreiben ist e. monolog. Medium, hg. R. Schnell 1979.

Zahn, Ernst, 24. 1. 1867 Zürich – 11. 2. 1952 ebda., Sohn e. Cafetiers. 1883 Kellnerlehrling bei s. Vater in der Bahnhofswirtschaft Göschenen, 1885 Genf, 1886 Hastings, 1887 Genua, 1888 Göschenen, 1900 Nachfolger s. Vaters

ebda. 1909 Dr. phil. h. c. Genf. Seit 1917 in Meggen/Vierwaldstätter See, winters in Zürich. – Schweizer Volksschriftsteller; vielgelesener und fruchtbarer realist. Erzähler aus der Schweizer Berg- und Bauernwelt, in sicherer, spannender Form mit sentimentalen Akzenten. Absinken zur Unterhaltungsliteratur. Auch Lyrik, Drama, Jugendbuch.

W: Herzens-Kämpfe, E. 1893 (u. d. T. Kämpfe, 1902); Erni Behaim, R. 1898; Herrgottsfäden, R. 1901; Albin Indergand, R. 1901; Die Clari-Marie, R. 1905; Helden des Alltags, Nn. 1906; Lukas Hochstraßers Haus, R. 1907; Einsamkeit, R. 1910; Die Frauen von Tannö, R. 1911; Die Liebe des Severin Imboden, R. 1916; Nacht, E. 1917; Das zweite Leben, R. 1918; Jonas Truttmann, R. 1921; Frau Sixta, R. 1926; Die Hochzeit des Gaudenz Orell, R. 1927; Gewalt über ihnen, R. 1929; Der Weg hinauf, R. 1935; Ins dritte Glied, R. 1937; Die tausendjährige Straße, R. 1939; Die große Lehre, R. 1943; Mütter, R. 1946; Mann des Friedens, R. 1946. – GW, XX 1. Serie 1909, 2. Serie 1925.
L: E. Kammerhoff, 1917; H. Spiero, 1927; K. Kohl, 1947.

Zand, Herbert, 14. 11. 1923 Knoppen b. Bad Aussee/Salzkammergut – 14. 7. 1970 Wien; Bauernsohn, Soldat im Osten, schwere Verwundung, ⚭ 1953, zeitweilig als Verlagslektor u. in der Kulturfilmproduktion tätig, freier Schriftsteller in Knoppen u. Wien. – Lyriker und Erzähler von gesellschaftskrit. und Kriegsromanen. Übs. von H. Miller, Poe, L. Durrell, Rimbaud u. a.

W: Die Sonnenstadt, R. 1947; Letzte Ausfahrt, R. 1953; Die Glaskugel, G. 1953; Der Weg nach Hassi el Emel, R. 1956; Erben des Feuers, R. 1961; Kerne des paradiesischen Apfels, Aufz. 1972; Demosthenes spricht gegen die Brandung, E. 1972; Träume im Spiegel, Ess. 1974. – GW, hg. W. Kraus VI 1971–73.

Zatzikhofen, Ulrich von → Ulrich von Zatzikhofen

Zech, Paul (Ps. Paul Robert, Timm Borah), 19. 2. 1881 Brie-

sen/Westpr. – 7. 9. 1946 Buenos
Aires, Sohn e. Lehrers, Stud.
Bonn, Heidelberg, Zürich, dann 2
Jahre freiwillig Bergarbeiter. Seit
1910 in Berlin Kommunalbeamter, 1913–23 Mithrsg. der Zs.
›Das neue Pathos‹ ebda.; Redakteur, Dramaturg, Lektor, Industriebeamter und Bibliothekar in
Berlin. 1933 fristlos entlassen.
1934 Emigration nach Südamerika. Seit 1937 in Buenos Aires seßhaft; Mitarbeiter der ›Dt. Blätter‹.
– Lyriker, Dramatiker, Erzähler,
inhaltlich durch s. sozialrevolutionäres Pathos der Arbeiterdichtung, stilistisch trotz starker Anklänge an den Expressionismus
mehr dem Impressionismus nahestehend. Gedichte in strengen
Formen als leidenschaftl. Anklage
gegen Verstädterung, Industrialisierung. Problemtiefe Dramen
um die menschl. Beziehungen.
Novellen und Romane um dumpfe Geschicke und Elementargewalten in dichter.-anschaul. und
erlebnisnaher Sprache. Formbegabter und äußerst einfühlsamer
Übs. franz. Lyrik und Prosa
(Rimbaud, Villon, Verhaeren,
Labé, Balzac, Vildrac).

W: Das schwarze Revier, G. 1909; Waldpastelle, G. 1910 (erw. u. d. T. Der Wald 1920);
R. M. Rilke, Schr. 1912; Schollenbruch, G.
1912; Die eiserne Brücke, G. 1914; Der
schwarze Baal, Nn. 1917; Der feurige Busch,
G. 1919; Das Grab der Welt, Prosa 1919; Das
Ereignis, Nn. 1919; Golgatha, G. 1920; Das
Terzett der Sterne, G. 1920; Omnia mea mecum porto, G. 1923; Die ewige Dreieinigkeit,
G. 1924; Die Reise um den Kummerberg, E.
1924; Das trunkene Schiff, Dr. 1924; Die
Geschichte einer armen Johanna, R. 1925;
Das törichte Herz, En. 1925; Neue Balladen
von den wilden Tieren, 1930; Bäume am Rio
de la Plata, G. 1935; Neue Welt, G. 1939;
Kinder vom Paraná, R. 1952; Die grüne Flöte
vom Rio Beni, En. 1955; Deutschland, dein
Tänzer ist der Tod, R. 1981; Menschen der
Calle Tuyuti, En. 1982; Vom schwarzen Revier zur neuen Welt, Ges. G. 1983; Michael
M. irrt durch Buenos Aires, R. 1985; Von der
Maas bis an die Marne, Tg. 1986. – Briefw.
m. St. Zweig, 1985.

L: P. Z., hg. F. Hüser, 1961 (m. Bibl.); A.
Hübner, D. Weltbild i. Dr. P. Z.s., 1975; A.
Spitta, P. Z. i. südam. Exil, 1978; H. W.
Panthel, 1987; Bibl.: W. B. Lewis, 1975.

Zedlitz, Joseph Christian Freiherr von, 28. 2. 1790 Schloß Johannisberg/Schlesien – 16. 3. 1862
Wien; Sohn e. fürstbischöfl. Landeshauptmanns; Gymnasium
Breslau, Mitschüler Eichendorffs;
1806 Kadett in Troppau, Husarenoberleutnant; 1810 Gutsbeamter, dann -besitzer; seit 1817 in
Wien und Pest; 1831–35 Reisen in
Süddtl., Rheinland und Italien;
1845 Geschäftsträger des Herzogs
von Nassau in Wien, 1851 auch
für einige kleine dt. Staaten. –
Spätromant. österr. Dramatiker,
Epiker und z. T. volkstüml. patriot. Lyriker, auch Übs. und Erzähler. In s. Dramen von spanischen Vorbildern abhängig.

W: Turturell, Tr. 1821; Zwey Nächte in Valladolid, Tr. 1825; Liebe findet ihre Wege,
Lsp. 1827; Todtenkränze, G. 1828; Gedichte,
1832; Waldfräulein, Ep. 1843; Soldaten-Büchlein, Schr. II 1849f. – Dramat. Werke,
IV 1830–36; AW, hg. O. Rommel, 1909.
L: O. Hellmann, 1910; F. Milleker, 1922.

Zeller, Eva, ★ 25. 1. 1923 Eberswalde b. Berlin; Kindheit in der
Mark Brandenburg, Stud. Germanistik u. Philos. Greifswald,
Marburg, Berlin; 1946–56 Lehrerin in der DDR, dann Südwestafrika, seit 1962 Düsseldorf, dann
Heidelberg. – Erzählerin, begann
mit metaphernreichen u. atmosphär. dichten Berichten von der
Rassenproblematik in Südwestafrika und deren menschl. u. sozialen Konflikten. Widerstand gegen traditionelle soziale Rollenverteilung auch in den europ. Erzählungen. In ihren herkömml.
Vorstellungen zuwiderlaufenden
Schilderungen Scheiternder deckt
sie iron. die Vielschichtigkeit der
menschl. Existenz auf.

W: Amely, Jgb. 1959; Kleines Herz in Afrika, Jgb. 1959; Kleines Herz in der großen Welt, Jgb. 1959; Umweg durch die Wüste, Jgb. 1962; Der Schuß, H. (1965); Unerwartete Begegnung, H. (1965); Die magische Rechnung, En. 1965; Der Sprung über den Schatten, R. 1967; Ein Morgen Ende Mai, En. 1969; Sage und schreibe, G. 1971; Der Turmbau, En. 1973; Lampenfieber, R. 1974; Fliehkraft, G. 1975; Die Hauptfrau, R. 1977; Auf dem Wasser gehn, G. 1979; Solange ich denken kann, R. 1981; Tod der Singschwäne, En. 1983; Nein und Amen, R. 1986.

Zemme, Oskar, * 22. 3. 1931 Zeiden b. Kronstadt/Siebenbürgen; 1939 nach Linz/Donau, Tapeziererlehre, seit 1954 Mitgl. des techn. Personals am Landestheater ebda. – Österr. Dramatiker in der Horváth-Nachfolge, schildert realist. die Konfliktsituationen im Kleinbürgermilieu, erfolglose Ausbruchsversuche und den Zwang zur Anpassung.
W: Die Hochzeit des Toten, Dr. (1954); Das Hochhaus, Dr. (1954); Streik der Angst, Dr. (1957); Das große Fischessen, Dr. (1959); Die Klingel, Dr. (1968); Didi, Dr. (1968, beide zus. u. d. T. Attentate, 1968); Die Abreise, Dr. (1969); Die Nachtwächter, Dr. (1969); Die Glückskonserve, Dr. (1969); Heimatland, Dr. (1979).

Zemp, Werner, 10. 11. 1906 Zürich – 16. 11. 1959 Mendrisio/Tessin; Sohn des Kunsthistorikers Josef Z., Stud. Germanistik u. Altphilol. München u. Zürich. Dr. phil., 1939–53 Gymnasiallehrer in Zürich. – Lyriker mit formvollendeten Gedichten klass. u. neuromant. Prägung. Übs. von Valéry.
W: Gedichte, 1937; Mörike, Ess. 1939; Gedichte, 1943 (verm. 1955); Das Hochtal, G. 1956. – Das lyrische Werk, Aufsätze, Briefe, hg. V. Haefeli 1967.
L: V. Haefeli, 1967.

Zenker, Helmut, * 11. 1. 1949 St. Valentin/Niederösterr.; Hilfsarbeiter; Lehrerausbildung Wien, Lehrer in Wien und Kufstein, 1973 freier Schriftsteller in Wien, 1969 Mitgründer der Zs. ›Wes-

pennest‹. – Österr. Erzähler e. lakon. Beschreibungsrealismus zur Enthüllung soz. Defekte und faschist. Elemente. Auch Lyrik, Kinderbuch, Hör- und Fernsehspiel.
W: Aktion Sauberkeit, G. u. Prosa 1972; Wer hier die Fremden sind, R. 1973; Kassbach, R. 1974; Köck, En. 1975; Relationen, G. 1975; Das Froschfest, R. 1977; Wahnsinnig glücklich, Dr. (1977); Der Gymnasiast, E. 1978; Die Entfernung des Hausmeisters, En. 1978; Schußgefahr, R. 1979 (m. M. Z.); Kottan ermittelt, FSspp. (1982–84); Februar, R. 1983; Zünden Bäume und Häuser an, R. 1984.

Zerkaulen, Heinrich, 2. 3. 1892 Bonn – 13. 2. 1954 Hofgeismar, Schusterssohn, Apotheker, 1914 Kriegsfreiwilliger, 1916 nach schwerer Erkrankung Journalist und Feuilletonredakteur in Düsseldorf, später Essen, 1923 lit. Leiter der Ausstellungen in Dresden, 1931 freier Schriftsteller ebda. Nach 1945 in Greiz, dann Witzenhausen. – Als volkstüml. Dichter e. lebensfrohen Menschentums von s. rhein. Heimat geprägt. Begann mit romantisierend spitzwegischer Lyrik, gelangte im 3. Reich zu Erfolgen mit Ehe-, Frauen- und histor. Romanen und Dramen.
W: Weiße Astern, G. 1912; Die Spitzweg-Gasse, Nn. 1918; Ursula Bittgang, R. 1921; Lieder vom Rhein, G. 1923; Rautenkranz und Schwerter, R. 1927; Die Welt im Winkel, R. 1928 (u. d. T. Der Strom der Väter, 1937); Musik auf dem Rhein, Beethoven-R. 1930; Osternothafen, R. 1931 (u. d. T. Anna und Sigrid, 1934); Die heimliche Fürstin, R. 1933; Jugend von Langemarck, Dr. 1933; Der arme Kumpel Doris, R. 1935; Der Sprung aus dem Alltag, K. 1935; Der Reiter, Dr. 1936; Herr Lukas aus Kronach, R. 1938; Erlebnis und Ergebnis, Aut. 1939; Der feurige Gott, Beethoven-R. 1943.
L: H. Wanderscheck, 1939; H. Grothe, D. Feier d. Lebens, 1942.

Zerklaere → Thomasin von Zerklaere

Zernatto, Guido, 21. 7. 1903 Treffen b. Villach/Kärnten – 8. 2.

1943 New York, Gutsbesitzerssohn, Jesuitengymnas. Kalksburg und St. Paul, Stud. Wien, Hrsg. der ›Kärntner Monatshefte‹ (1925 ff.), Redakteur der ›Österr. Monatshefte‹, Vizepräsident des Österr. Bundesverlags Wien, seit 1929 polit. tätig, 1934 Staatssekretär im Bundeskanzleramt der Regierung Schuschnigg. Bei der deutschen Besetzung 1938 Emigration über Tschechoslowakei, Schweiz, Frankreich, Portugal nach New York; Dozent ebda. – Österr. Lyriker und Erzähler, bes. mit eigenwilligen, holzschnitthaften Gedichten von ursprüngl., herber Bildkraft und kraftvoller, volkstüml. Sprache; Themen aus der erdnahen bäuerl. Welt als Gegensatz zur Großstadt. Polit. Publizist.

W: Gelobt sei alle Kreatur, G. 1930; Der Weg über den Berg, R. 1931; Die Sonnenuhr, G. 1933; Sinnlose Stadt, R. 1934; Die Wahrheit über Österreich, Schr. 1938; Der Jahrmarkt, G. 1946; Gedichte, Gesamtausg. 1950; ... kündet laut die Zeit, Nl. 1960; Die Sonnenuhr, Ges.-Ausg. d. Gedichte, 1961.
L: I. U. Zimmer, 1970; O. M. Drekonja, Diss. Salzb. 1971.

Zerzer, Julius, 5. 1. 1889 Mureck/Steierm. – 2. 11. 1971 Linz; Arztsohn, Jugend in Lienzen/Ennstal, Gymnas. Leoben und Graz, Stud. Neuphilol. Graz, 1914 Dr. phil. 1912 Studienreise nach England; ab 1914 Prof. der Oberrealschule Linz/Do., schließlich im Ruhestand ebda. – Dichter der oberösterr. Landschaft, Lyrik der beseelten dynam. Landschaft, die mit ihren Spannungen und Stimmungen die Seele des Menschen formt. Stark lyr., naturverbundener, an Stifter orientierter Erzähler mit Legenden, Künstlernovelle, histor. Erzählungen und Romanen.

W: Balladen, 1909; Kriegsmesse 1914, G. 1914; Das Drama der Landschaft, G. 1925;

Johannes, Leg. 1927; Stifter in Kirchschlag, E. 1929; Die Heimsuchung, Legg. 1931; Vor den Bergen, G. 1932; Das Bild des Geharnischten, E. 1934; Die weite Sicht, G. 1946; Die Himmelsrute, En. 1946; Der Kronenerbe, R. 1953.
L: E. Kurz, Diss. Innsbr. 1952.

Zesen, Philipp von (auch Caesius, Ps. Ritterhold von Blauen), 8. 10. 1619 Priorau b. Dessau – 13. 11. 1689 Hamburg, Predigerssohn, Gymnas. Halle, 1639–41 Stud. Wittenberg (bei A. Buchner) und Leiden, 1642 Magister. 1. 5. 1643 Gründer und (als Der Färtige) Vorsteher der ›Teutschgesinnten Genossenschaft‹ oder Rosenzunft in Hamburg. 1643 Reisen nach London, Haag und Paris, 1644/45 Holland, bes. Amsterdam. 1647 Köthen, 1648 Amsterdam, Wedel (J. Rist) und Dessau, 1649 wieder Holland. 1648 Mitgl. der Fruchtbringenden Gesellschaft als Der Wohlsetzende. 1653 Nürnberg (Harsdörffer), Regensburg (auf dem Reichstag von Kaiser Ferdinand geadelt) und Wien (?). 1655 Balt. Staaten, 1655–67 fast ständig in Holland. ⚭ 29. 6. 1672 Maria Becker, Leinwandhändlerin in Amsterdam. Seit 1683 ständig in Hamburg. Rastloses Leben, zuletzt in Armut, als 1. dt. Berufsschriftsteller, der nur von lit. Erträgnissen lebte. – Fruchtbarer Lyriker und Erzähler des dt. Barock von großer Experimentierfreude, reichen Interessen und geistiger Vielseitigkeit, doch übersteigertem Geltungsstreben als konsequenter Purist, Sprach-, Vers- und Orthographiereformer. Autobiograph. Elemente in s. psycholog. Seelenroman ›Adriat. Rosemund‹ (Z. als Markhold). Verbindung von Liebe und Staatsaktionen in heroischgalanten und Schäfer-Romanen. Freie Übs. franz. Romane. Unbedeutende Lyrik im Stil der Nürnberger. Ferner Poetik, histor., grammat. und metr. Schriften.

W: Melpomene, G. 1638; Hochdeutscher Helikon, Poetik 1640; Poetischer Rosen-Wälder Vorschmack, G. 1642; Frühlingslust, G. 1642; Adriatische Rosemund, R. 1645 (n. M. Jellinek 1899 NdL 160–63, n. 1970); Ibrahims ... und Der Beständigen Isabellen Wunder-Geschichte, Übs. 1645 (nach M. de Scudéry); Die Afrikanische Sofonisbe, R. III 1646 f. (nach Guerzan); Gekreutzigter Liebsflammen oder Geistlicher Gedichte Vorschmack, G. 1653; Hoch-deutscher Helikon, III 1656 (Faks. 1968); Moralia Horatiana, Übs. 1656 (Faks. 1963); Beschreibung der Stadt Amsterdam, 1664 (Faks. 1968); Das hochdeutsche helikonische Rosenthal, G. 1669 (Faks. 1968); Assenat, R. 1670 (n. 1967); Dichterisches Rosen- und Liljenthal, G. 1670; Simson, R. 1679. – SW, hg. F. van Ingen XVI 1970 ff. *L:* M. Gebhard, Diss. Straßb. 1888; K. Dissel, 1890; H. Körnchen, Z.s Romane, 1912, n. 1967; R. Ibel, D. Lyrik Z.s, Diss. Würzb. 1922; A. Gramsch, Z.s Lyrik, Diss. Marb. 1922; C. Stucki, 1933; H. Obermann, Stud. üb. Z.s Romane, Diss. Gött. 1933; P. Baumgartner, D. Gestaltg. d. Seelischen in Z.s Romanen, 1942; E. Lindhorst, Diss. Gött. 1955; R. Weber-Stockmann, D. Lieder P. v. Z.s, Diss. Hbg. 1962; V. Meid, Diss. Ffm. 1966; K. Kaczerowsky, Bürgerl. Romankunst i. Zeitalter d. Barock, 1969; F. v. Ingen, 1970 u. hg. 1972; J. Keller, D. Lyr. P. v. Z.s, 1983; Bibl.: K. F. Otto, 1972.

Ziegler und Kliphausen, Heinrich Anselm von → Zigler und Kliphausen, Heinrich Anselm von

Ziem, Jochen, * 5. 4. 1932 Magdeburg; Ingenieurssohn, Gymnas. Magdeburg, Stud. Germanistik Halle u. Leipzig; 1955 Praktikum bei Brecht im Berliner Ensemble, 1956 Bauhilfsarbeiter in der BRD; Journalist, Chefredakteur der Zs. ›DM‹, seit 1965 freier Schriftsteller in Berlin. – Zeitkrit. Dramatiker unter Einfluß von Albee u. Pinter; versucht, am Tatbestand der gesellschaftl. Kommunikationsunfähigkeit die Denk-, Sprach- u. Verhaltensweisen als inhumane Klischees zu enthüllen u. konfrontiert den bundesrepublikan. Kleinbürgeralltag mit aktuellen sozialen u. polit. Fragen.

W: Besuchstag, H. (1966); Die Einladung, Dr. (1967); Nachrichten aus der Provinz, Dr. (1967); Zahltage, En. 1968; Die Rückkehr, FSsp. (1969); Unternehmer, FSsp. (1970); Geld, H. (1970, u. d. T. Federlesen, FSsp. 1972); Die Versöhnung, Dr. (1971); Okke Dillens letzter Bericht, H. (1972); Die Klassefrau, En. 1974; Der Junge, E. 1980.

Ziesel, Kurt, * 25. 2. 1911 Innsbruck, Gymnas. ebda., Stud. Landwirtschaft Wien, kam 1933 nach Dtl., schloß sich anfangs der NS-Bewegung an; Journalist in München, Königsberg, Dortmund u. Hamburg, im Krieg Berichterstatter in Propagandakompanien, ging 1938 nach Österreich zurück. Reisen durch Europa, Syrien u. Palästina, heute freier Schriftsteller in Breitbrunn/Chiemsee. Hrsg. des rechtsextremen ›Dtl.-Magazins‹. – Vf. zeitkrit. Romane aus Kriegs- u. Nachkriegszeit, auch Lyrik u. Essay; Literatur- u. Theaterkritiker. Fragwürdige zeitpolit. u. antikommunist. Pamphlete.

W: Verwandlung der Herzen, R. 1938; Der kleine Gott, R. 1939; Stunden der Wandlung, Nn. 1940; Unsere Kinder, Nn. 1941; Aphrodite lächelt, R. 1950 (u. d. T. Die goldenen Tage, 1953); Und was bleibt, ist der Mensch, R. 1951; Daniel in der Löwengrube, R. 1952; Das Leben verläßt uns nicht, R. 1954; Solange wir lieben, R. 1956; Das verlorene Gewissen, Schr. 1958; Die verratene Demokratie, Streitschr. 1960; Der rote Rufmord, Schr. 1961; Die Literaturfabrik, Streitschr. 1962; Die Pressefreiheit in der Demokratie, Schr. 1962; Der endlose Tag, R. 1963; Der deutsche Selbstmord, Schr. 1963; Freiheit und Verantwortung, Schr. 1966; Die Sensation des Guten, Reiseb. 1966.

Zigler und Kliphausen, Heinrich Anselm von, 6. 1. 1663 Radmeritz/Oberlausitz – 8. 9. 1696 Liebertwolkwitz b. Leipzig; Vater Rittergutsbesitzer; Gymnas. Görlitz, dann Stud. Jura und Lit. Univ. Frankfurt/Oder. Bewirtschaftete die väterl. Rittergüter.

Stiftsrat in Wurzen. Starb lungenkrank. – Letzter großer Vertreter der heroisch-politischen Barockromans im Stil des hochbarocken Manierismus mit verwirrender Stoffülle, Liebeshandlungen, Festzügen, Schlachtschilderungen u. a. nach umfangreichen histor. und geograph. Quellenstud. Auch Lyriker, Heroidendichter im Stil Hofmannswaldaus und Historiker. Von breiter Wirkung auf die Modelit. s. Zeit, vielfach nachgeahmt. S. ›Asiat. Banise‹ wurde noch von J. G. Hamann 1724 ergänzt, vom jungen Goethe dramatisiert und von Lessing gelesen.

W: Die Asiatische Banise oder Das blutig doch muthige Pegu, R. 1689 (n. F. Bobertag, 1883 DNL. 37, Faks. 1967); Helden-Liebe der Schrifft Alten Testaments, Dicht. 1691; Täglicher Schau-Platz der Zeit, Schr. 1695; Historisches Labyrinth der Zeit, Schr. II 1701–18.
L: M. Pistorius, Diss. Lpz. 1928; E. Schön, D. Stil v. Z.s Asiat. Banise, Diss. Greifsw. 1933; W. Pfeiffer-Belli, D. Asiat. Banise, 1940; R. Röder, Barocker Realismus, Diss. Erl. 1948.

Zillich, Heinrich, * 23. 5. 1898 Brenndorf b. Kronstadt/Siebenbürgen, Sohn e. Zuckerfabrikdirektors; Gymnas. Kronstadt; 1916–18 österr. Kaiserjäger an der Alpenfront; 1919 rumänischer Offizier im Krieg gegen Ungarn; 1920–23 Studium Staatswissenschaft Berlin, 1923 Dr. rer. pol.; 1924–39 Gründer und Herausgeber der dt. Kulturzs. für Siebenbürgen ›Klingsor‹, gleichzeitig Redakteur anderer Zeitungen Siebenbürgens. Zog 1936 in die Nähe Münchens; seit 1938 freier Schriftsteller in Starnberg. 1937 Dr. phil. h. c. Göttingen. Im 2. Weltkrieg Hauptmann. – Erzähler und kulturpolit. Schriftsteller der Siebenbürgen-Deutschen. Begann mit volksliednaher, farbiger Natur- und Landschaftslyrik,

schrieb dann schwankhafte Geschichten, männl. ernste Novellen u. weitgespannte Zeitromane aus dem Völker-Nebeneinander Südosteuropas.

W: Attilas Ende, N. 1923 (Neufassg. 1938); Die Strömung, G. 1924; Siebenbürgische Flausen, En. 1925; Strömung und Erde, G. 1929; Der Toddergerch, En. 1930; Sturz aus der Kindheit, Nn. 1933; Der Urlaub, N. 1933; Komme, was will, G. 1935; Die Reinerbachmühle, N. 1935; Zwischen Grenzen und Zeiten, R. 1936; Der baltische Graf, N. 1937; Der Weizenstrauß, R. 1938; Flausen und Flunkereien, En. 1940; Die fröhliche Kelter, En. 1943; Grünk oder Das große Lachen, R. 1949; Der Sprung im Ring, R. 1953; Die Schicksalsstunde, Nn. 1956; Sturm des Lebens, Nn. 1956; Die große Glocke, En. 1963.
L: R. H. Carsten, Stockh. 1942; E. Katschinski, Diss. Marb. 1951; H. Z., Freundesgabe, 1958.

Zimmering, Max (Ps. Mix), 16. 11. 1909 Pirna/Sachsen – 15. 9. 1973 Ost-Berlin; Uhrmachersohn, bis 1932 Dekorateur, 1929 KP-Mtgl., 1933 Emigrant in Frankreich, Palästina, Tschechoslowakei, England, Australien, Mitarbeiter versch. Zss.; ab 1946 Redakteur in Dresden, Funktionär des Schriftstellerverbands, 1958–64 Leiter des Lit.-Instituts ›J. R. Becher‹ in Leipzig; dann freier Schriftsteller in Dresden. – Sozialist. Lyriker u. Jugendbuchautor mit agitator. Gedichten; polem.-pathet. Lyrik gegen Kapitalismus, Faschismus u. Militarismus; nach dem Krieg optimist. Befürwortung des neuen Lebens in der DDR.

W: Brand im Warenhaus, E. 1932; Das Land der Verheißung, R. 1937; Gedichte, 1943; Der Keim des Neuen, G. 1944; Im Antlitz der Zeit, G. 1948; Und fürchte nicht den Tag, G. 1950; Butje Pieter und sein Held, Thälmann-Jgb. 1951; Im herben Morgenwind, G. 1953 (erw. 1958); Phosphor und Flieder, R. 1954; Seht, wie uns die Sonne lacht, G. 1955; Es ruft der Tag, G. 1958; Dresdner Tagebuch, 1960; Das Maß der Zeit, G. 1969. – GW, hg. Kuba 1970 ff.

Zimnik, Reiner, * 13. 12. 1930 Beuthen/Oberschlesien, Beamtensohn; Stud. Kunstakad. München. 1961 Stipendium der Villa Massimo in Rom, lebt in München. – Erzähler und Illustrator phantasievoller, oft subtil-grotesker, unsentimental-poet. Bildergeschichten, deren naiv-hintergründiger Stil mit wenigen Strichen den ganzen kindl. Kosmos umreißt.

W: Jonas der Angler, M. 1954; Der Bär und die Leute, E. 1956; Der Kran, Kdb. 1956; Der stolze Schimmel, Kdb. 1956; Die Trommler für eine bessere Zeit, E. 1958; Geschichten vom Lektro, 1962; Neue Geschichten vom Lektro, 1964; Botschaft für den Kaiser, H. (1967); Die Maschine, H. (1969); Der kleine Millionär, Kdb. 1969; Prof. Daniel I. Kooperman's Entdeckung und Erforschung des Schneemenschen, E. 1971; Bills Ballonfahrt, Kdb. 1972; Sebastian Gsangl, Kdb. 1975; Das große R. Z.-Geschichtenbuch, 1980.

Zincgref, Julius Wilhelm, 3. 6. 1591 Heidelberg – 12. 11. 1635 St. Goar, Sohn e. kurfürstl. Rats, Stud. Jura Heidelberg, 1611–16 Studienreise: Schweiz, Frankreich, England, Holland; 1617 Dr. jur. Heidelberg, Generalauditor der Besatzung, verlor 1623 bei der Flucht vor Tilly seinen ganzen Besitz, vielfach umhergetrieben: Frankfurt/M., 1624 Sekretär des französischen Gesandten in Straßburg, Stuttgart, 1626 Worms, ⚭, Landschreiber in Kreuznach und Alzey, nach der Schlacht von Nördlingen 1634 geflohen. Starb bei s. Schwiegervater an der Pest. – Frühbarocker, humanist. Lyriker, Epigrammatiker und Sentenzensammler des Heidelberger Kreises um Opitz; gab 1624 ohne dessen Erlaubnis Opitz' ›Teutsche Poemata‹ mit einem Anhang (n. W. Braune 1879, NdL 15) 52 eigener u. a. Gedichte (Weckherlin, Melissus, Kirchner) als Vorbild frühbarocker Bildungslyrik heraus.

W: Facetiae Pennalium, 1618; Emblematum Ethico-Politicorum Centuria, Spr. 1619 (n. II

1986; u. d. T. Sapientia picta 1624); Eine Vermahnung zur Dapfferkeit, G. 1625 (u. d. T. Soldaten Lob, 1632); Der Teutschen Scharpfsinnige kluge Sprüch, Slg. 1626 (erw. II 1628–31, Ausw. 1982). – Ges. Schr., hg. D. Mertens, T. Verweyen VI 1978 ff.

L: R. Graupner, Diss. Lpz. 1922.

Zingerle, Edler von Sommersberg, Ignaz Vinzens, 6. 6. 1825 Meran – 17. 9. 1892 Innsbruck; Kaufmannssohn; Stud. Philosophie und Theologie 1842–44 Innsbruck und Trient; Gymnasiallehrer ebda.; Aufenthalt in Stuttgart. Bekanntschaft mit L. Uhland; 1858 Direktor der Univ.-Bibliothek Innsbruck; 1859 Prof. der Germanistik ebda.; 1850–53 Hrsg. der Zs. ›Phönix‹; 1890 geadelt. – Österr. Lyriker und Epiker. Erwarb sich große Verdienste um die Erforschung der Sprache und der Sagenwelt s. Tiroler Heimat.

W: Frühlingszeitlosen, G. 1848; Von den Alpen, G. 1850; Sagen aus Tirol, 1850 (²1891, Faks. 1969); Tirols Anteil an der deutschen Nationalliteratur im Mittelalter, Abh. 1850; Die Müllerin, E. 1853; Kinder- und Hausmärchen aus Süddeutschland 1854 (m. J. Zingerle); Der Maget Krone, Leg. 1864; Die deutschen Sprichwörter im Mittelalter, Abh. 1864 (Faks. 1972); Tirolische Weistümer, hg. V 1875–91 (m. K. T. v. Inama-Sternegg).

Zinkgref, Julius Wilhelm → Zincgref, Julius Wilhelm

Zinner, Hedda (Ps. Elisabeth Frank, Hannelore Lobesam), *20. 5. 1907 Wien, Vater Beamter, Schauspiel-Akademie Wien, Elevin am Raimund-Theater, dann Engagements Stuttgart, Baden-Baden, Breslau, Zwickau, 1929 Berlin. 1933 Emigration nach Wien, Prag, Gründung des linksgerichteten Kabaretts ›Studio 1934‹ ebda., ⚭ Fritz Erpenbeck, 1935 Moskau, seit 1945 in Ost-Berlin. – Sozialist. Dramatikerin, behandelt in meist bühnenwirksamen Dramen polit. Themen aus jüngster Vergangenheit in kommunist. Sicht. Auch Hörspiele, Libretti, Lyrik u. Romane.

W: Unter den Dächern, G. 1936; Caféhaus Payer, Dr. (1945); Fern und nah, G. 1947; Alltag eines nicht alltäglichen Landes, G. u. En. II 1950–53; Spiel ins Leben, Dr. (1951); Der Mann mit dem Vogel, Lsp. (1952); Der Teufelskreis, Dr. 1953; Nur eine Frau, R. 1954; General Landt, Dr. (1957); Lützower, Dr. 1958; Was wäre, wenn...?, K. 1959; Ravensbrücker Ballade, Dr. 1961; Elisabeth Trowe, Dr. 1967; Regina, R. 1968; Die Schwestern, R. 1970; Stücke, 1973; Fini, R. 1973; Erzählungen, 1975; Auf dem roten Teppich, Mem. 1978; Katja, R. 1981; Die Lösung, R. 1981; Arrangement mit dem Tod, R. 1984. – AW, 1983ff.

Zinzendorf (und Pottendorf), Nikolaus Ludwig Graf von, 26. 5. 1700 Dresden – 9. 5. 1760 Herrnhut, pietist. erzogen, 1710–16 Pädagogium Halle, Stud. 1716–19 Jura Wittenberg, Reisen nach Holland und Frankreich, 1721–27 Staatsdienst, kursächs. Hofrat, ∞ 1722 Gräfin Erdmute Dorothea v. Reuß-Ebersdorf, 1722 Gründer der Herrnhuter Brüdergemeine durch Ansiedlung der aus Mähren ausgewanderten Böhmischen Brüder auf s. Gut Berthelsdorf (Oberlausitz). 1734 luther. Geistlicher u. 1737 Bischof der mähr. Brüdergemeine. 1736 u. 1738 aus Sachsen ausgewiesen, wirkte er 1739 in Westindien, 1741–43 Nordamerika, 1751–55 London und kehrte 1755 nach Herrnhut zurück. – Vf. religiöse Schriften u. Reden u. über 2000 z. T. volkstüml. geistl. Lieder von pietistisch-süßlicher und schwärmer. Grundhaltung mit Neigung zu Jesuserotik (Jesu geh voran).

W: Sammlung Geist- u. Lieblicher Lieder, 1725; Christkatholisches Sing- u. Bethbüchlein, 1727; Teutsche Gedichte, 1735 (²1766, Faks. 1964); – Geistl. Gedichte, hg. A. Knapp 1845; H. Bauer, G. Burkhardt, 1900; Ausw. R. Delius, 1921; O. Herpel, 1925; Hauptschriften, hg. E. Beyreuther, G. Meyer VI 1962f.; Ergänzungsbde. zu d. Hauptschr., hg. dies. XIV 1964–84; Materialien u. Dokumente, hg. dies. XVIII 1968.

L: G. Reichel, 1911; O. Uttendörfer, 1912, 1929, 1935, 1940 u. 1952; H. G. Huober, Z.s Kirchenliederdichtg., 1934, n. 1967; R. Marx, Z. u. s. Lieder, 1936; S. Hirzel, Der Graf und seine Brüder, ³1950; Z.-Gedenkb., hg. E. Benz, H. Renkewitz 1951; J. R. Weinlick, Count Z., Nashville/Tenn. 1956; E. Beyreuther, III 1957–61; E. Beyreuther, 1965; G. Meyer, 1966; J. Reichel, Dichtgs.-theorie u. Spr. b. Z., 1969; P. Deghaye, La doctrine ésotérique de Z., Paris 1969; H. Bintz, 1979.

Zirclaere → Thomasin von Zerklaere

Zittrauer, Maria, * 10. 1. 1913 Bad Bruck b. Bad Gastein, Internat Salzburg, Wirtin in Bad Bruck. – Österr. Lyrikerin von schlichter, sachl. Sprache um Themen von Natur und Liebe.

W: Die Feuerlilie, G. 1954; Ich male mein Gedicht ans Tor der Gärten, G. 1977.

Zobeltitz, Fedor von, 5. 10. 1857 Schloß Spiegelberg/Kr. Sternberg – 10. 2. 1934 Berlin. Zunächst 1873 Offizier, dann Bewirtschaftung des väterl. Guts, siedelte nach Berlin über u. redigierte dort die ›Militärischen Blätter‹. Weite Reisen um die Erde. 1899 Vorsitzender der von ihm gegr. Gesellschaft der Bibliophilen, 1897–1909 Redakteur der ›Zs. für Bücherfreunde‹, seit 1904 Hrsg. der ›Neudrucke literarhistor. Seltenheiten‹. – Vf. von Gesellschaftsromanen aus der Welt des preuß. Adels- u. Offizierslebens der wilhelmin. Zeit, auch Dramen, hist. Erzählungen u. Memoiren.

W: Die Pflicht gegen sich selbst, R. II 1894; Der gemordete Wald, R. 1898; Besser Herr als Knecht, R. 1900; Der Herr Intendant, R. 1901; Ich hab' so gern gelebt, Mem. 1934. *L:* Von Büchern und Menschen, Fs. f. F. v. Z., 1927.

Zobeltitz, Hanns von (Ps. Hanns von Spielberg), 9. 9. 1853 Schloß Spiegelberg/Kr. Sternberg – 4. 4. 1918 Bad Oeynhausen; Gutsbesit-

zerssohn; 1870/71 Kriegsteilnehmer; 1872 Offizier; 1886 Lehrer an
der Kriegsakademie Potsdam; seit
1890 Redakteur von ›Daheim‹
und ›Velhagen und Klasings Monatsheften‹. – Erzähler von Unterhaltungsromanen, Novellen
und autobiograph. Schriften, Anschaulicher Schilderer s. märk.
Heimat.

W: Gräfin Langeweile – Ihr Bild, Nn. 1889;
Der Alte von Gütersloh, E. 1892; Rohr im
Winde, N. 1892; Die ewige Braut, R. 1894;
Arbeit, E. 1904; Der Bildhauer, R. 1906;
Glückslasten, R. 1909; Auf märkischer Erde,
R. 1910; Die herbe Gräfin, R. 1911; Sieg, R.
1912; Der Herr im Haus, R. 1914; Die Frau
ohne Alltag, R. 1914; Die Fürstin-Witwe, R.
1916; Im Knödelländchen und anderswo,
Aut. 1916.

Zoderer, Joseph, * 25. 11. 1935
Meran; nach Aufenthalten in
Österreich, Schweiz, USA und
Mexiko Schriftsteller in Teren-
ten/Südtirol. – Lyriker und Er-
zähler zurückhaltend-realist. Ro-
mane um Völkerprobleme in
Grenzländern.

W: S Maul auf der Erd, G. 1974; Die elfte
Häutung, G. 1975; Das Glück beim Hände-
waschen, R. 1976; Pappendeckel-Gedichte,
1979; Die Walsche, R. 1982; Lontano, R.
1984; Dauerhaftes Morgenrot, R. 1987.

Zöckler, Hedi → Planner-Petelin, Rose

Zoff, Otto, 9. 4. 1890 Prag – 14.
12. 1963 München; Sohn e. Mili-
tärbeamten; Kindheit u. Jugend in
Wien, Stud. Kunstgesch. Prag u.
Wien, Dr. phil., 1916/17 Lektor
bei S. Fischer, Berlin, 1919–23
Dramaturg u. Mitdirektor der
Münchner Kammerspiele unter
O. Falckenberg, dann am Lobe-
Theater Breslau, 1923–25 Verlagsdirektor in München, dann
freier Schriftsteller u. Regisseur,
ab 1932 in Italien. Emigrierte 1941
über Frankreich nach New York.
1949 zurück nach Dtl., danach

Korrespondent u. Kulturbericht-
erstatter in New York. – Begann
als Romanschriftsteller, später
vorwiegend Hörspielautor u.
Dramatiker des poet. Theaters,
bes. erfolgr. mit Bühnenbearbeitungen v. Eichendorff, Dickens,
Calderón, Goldoni, Gozzi u. a.,
auch histor. u. musikgeschichtl.
Werke.

W: Das Haus am Wege, R. 1913; Der Winter-
rock, R. 1919; Der Schneesturm, Dr. 1919;
Die Freier, Dr. (1923, nach Eichendorff); Die
Liebenden, R. 1929; Die Hugenotten, Schr.
1937; They Shall Inherit the Earth, Schr.
1943; König Hirsch, Dr. 1959 (nach Gozzi);
Die Glocken von London, Dr. 1960 (nach
Dickens); Die Geschwister Erskine, Dr.
(1962); Tagebücher aus der Emigration
1939–1944, hg. L. Zoff u. H.-J. Pavel 1968.

Zollinger, Albin, 24. 1. 1895 Zürich – 7. 11. 1941 ebda. Mechani-
kersohn, Jugend in Argentinien,
seit 1907 in der Schweiz; in Küsnacht ausgebildet, dann Lehrer in
versch. Orten des Kantons Zürich
u. in Zürich selbst, redigierte
1936/37 auch ›Die Zeit‹ in Bern. –
Sinnenstarker Schweizer Natur-
u. Gedankenlyriker u. Erzähler
bes. von Künstlerromanen in traditionellen Formen.

W: Die Gärten des Königs, M. 1921; Der
halbe Mensch, R. 1929; Gedichte, 1933;
Sternfrühe, G. 1936; Stille des Herbstes, G.
1938; Die große Unruhe, R. 1939; Haus des
Lebens, G. 1939; Pfannenstiel, R. 1940; Der
Fröschlacher Kuckuck, R. 1941; Bohnenblust
oder Die Erzieher, R 1942 (Pfannenstil 2. Tl.);
Das Gewitter, N. 1943; Labyrinth der Vergangenheit, N. 1950; Gedichte, hg. E. Staiger
1956. – GW, IV 1961 f; Werke, VI 1981–84;
Briefe, hg. S. Weimar 1987; Briefe an e.
Freund, 1955; an L. Hohl, hg. H. Weder 1965;
an s. 1. Frau, 1965.
L: P. Häfliger, Diss. Fribourg 1954; B. Albrecht, D. Lyrik A. Z.s, 1964; F. Müller,
1981; Bibl.: E. Wilbert-Collins, 1967.

Zschokke, Heinrich Daniel (Ps.
Johann von Magdeburg, L. Weber), 23. 3. 1771 Magdeburg – 27.
6. 1848 b. Aarau, Tuchmacher-
sohn, früh verwaist, bis 1787
Gymnas. Magdeburg, Hauslehrer

in Schwerin, Nov. 1788 Theaterdichter e. Wandertruppe. 1789–92
Stud. Jura, Theologie, Philos.
und Geschichte Frankfurt/Oder;
1792 Dr. phil.; Prediger in Magdeburg, 1792–95 Privatdozent für
Philos. Frankfurt/Oder. 1795/96
Wanderung durch Dtl., Frankreich, Schweiz. Dez. 1796 Leiter
e. Erziehungsanstalt in Reiche-
nau/Graubünden. 1798–1801
zahlr. Regierungsämter unter der
helvet. Regierung: 1798 im Kultusministerium, 1799 Statthalter
von Stans, Regierungskommissar
für Waldstätten, Lugano, Bellinzona und Basel. Winter 1801/02 in
Bern, Verkehr mit Pestalozzi, H.
v. Kleist und L. Wieland. 1802
Pächter von Schloß Biberstein b.
Aarau. 1804 Oberforst- u. Berg-
rat für Aargau. ⚭ 25. 2. 1805
Anna Nüsperli. Ab 1807 in Aarau,
ab 1818 auf s. Landhaus Blumen-
halde b. Aarau wohnhaft. 1814
Mitgl. des Großen Rats ebda. u. a.
Staatsämter, die er 1841 aufgab. –
Realist.-moral. Schweizer
Schriftsteller, anfangs im Stil der
volkstüml. Räuber- und Schauer-
romantik, dann mit hausbackenen
überkonfessionellen aufklärer.
Volkserzählungen im Stil W.
Scotts mit volkserzieher. Absicht
und oft um volkswirtschaftl. Fragen im Sinne des Liberalismus.
Unterhaltende Novellen und histor. Romane, auch Drama, histor. Schriften und Memoiren.
Hrsg. zahlr. volkserzieher. Zss.

W: Graf Monaldeschi, Tr. 1790; Abällino der
große Bandit, R. 1793 (als Tr. 1795); Kuno
von Kyburg, R. II 1795–99; Julius von Sassen,
Tr. 1796; Alamontade der Galeerensklave, R.
II 1803; Stunden der Andacht, Zs. VIII
1809–16; Das Goldmacher-Dorf, E. 1817 (n.
1973); Bilder aus der Schweiz, Schr. V
1824–26; Ausgewählte Schriften, XL 1825–28
(darin: Addrich im Moos, N. 1826); Die
Branntweinpest, E. 1837; Eine Selbstschau,
Aut. II 1842 (n. 1977). – GS, XXXVI
²1856–59; Sämtl. Novellen, hg. A. Vögtlin
XII 1904; Werke, hg. H. Bodmer XII 1910;

Ausw. G. Albrecht 1975; V. Michels 1980.
L: E. Zschokke, ³1875; M. Schneiderreit,
1904; C. Günther, H. Z.s Jugend- u. Bil-
dungsjahre, Diss. Zürich 1918; M. Prieger,
Z.s Erz.-kunst, Diss. Mchn. 1924; P. Schaff-
roth, Z. als Politiker u. Publizist, Diss. Bern
1949; H. Böning, 1983.

Zschorsch, Gerald, * 25. 12.
1951 Elsterberg/Vogtl.; 1968–70
in Jugendhaft wegen ›staatsfeindl.
Hetze‹ in der DDR, 1970–72
Theaterarbeit, 1972 erneute Haft,
1974 Ausweisung und Ausbürgerung aus der DDR; Schriftsteller
in Frankfurt; 1980 Villa Massimo
– Stipendium Rom. – Beschreibt
in sprachl. dürftigen Gedichten
und Kurzprosa polit. und persönl.
Erfahrungen in beiden dt.
Staaten.

W: Glaubt bloß nicht, daß ich traurig bin, G.
u. Prosa 1977 (erw. 1981); Schattenstadt, G.
u. Prosa 1978; Der Duft der anderen Haut, G.
1981; Klappmesser, G. 1983; Stadthunde, G.
1986; Sturmtruppen, G. 1987.

Zuchardt, Karl, 10. 2. 1887 Leipzig – 12. 11. 1969 Dresden; Buchhändlerssohn, Stud. Freiburg/
Br., Berlin und Leipzig, 1910 Dr.
phil.; Studienrat, 1916–18 Alep-
po/Syrien, 1919–25 Barcelona,
dann Dresden; 1940 freier
Schriftsteller, ab 1945 Dozent der
Musikhochschule und Techn.
Hochschule Dresden. – Dramatiker mit erfolgr. Komödien, dann
Erzähler bes. histor. Romane.

W: Erbschaft aus Amerika, K. 1936; Frisch
verloren, halb gewonnen!, Lsp. 1937; Die
Prinzipalin, K. 1938; Am nächsten Morgen,
K. (1941); Könige und Masken, Nn. 1941;
Held im Zwielicht, Dr. 1942; Umwege des
Schicksals, Nn. 1944; Primanerin Ruth Hof-
baur, R. 1947; Das Mädchen Salud, N. 1948;
Caesars Traum, K. 1948; Der Späßrutenlauf,
R. 1954; Wie lange noch, Bonaparte?, R.
1956; Stirb, du Narr!, R. 1960; Die Stunde der
Wahrheit, En. 1965.

Zuckmayer, Carl, 27. 12. 1896
Nackenheim a. Rhein – 18. 1.
1977 Visp/Schweiz; Sohn e. Fabrikanten, seit 1900 in Mainz,

1903–14 Gymnas. ebda., 1914–18 Kriegsfreiwilliger, zuletzt Leutnant im Westen, Stud. Naturwiss. Winter 1918/19 Frankfurt, Frühjahr 1919 Heidelberg. Herbst 1920 nach Berlin, Volontär und gelegentl. Regieassistent ebda., freier Schriftsteller. 1922 einige Monate in Lappland. Herbst 1922 Dramaturg am Stadttheater Kiel; Frühjahr 1923 entlassen. Herbst Dramaturg Schauspielhaus München. 1924 Dramaturg am Dt. Theater Berlin mit B. Brecht. Frühj. 1925 entlassen. Sommer 1925 ⊙ Alice von Herdan. Sommer 1926 Ankauf des Hauses ›Wiesmühle‹ in Henndorf b. Salzburg. 1932 polit. Hervortreten als Antifaschist, 1933 Aufführungsverbot, seither in Henndorf und oft in London. März 1938 nach Beschlagnahme s. Hauses durch Gestapo Emigration in die Schweiz. 1938/39 Chardonne am Genfer See. Herbst 1939 über Cuba nach USA; 6 Monate in Hollywood, dann Leiter einer Playwright-Class in New York. 1940 – Sommer 1946 Pächter der ›Backwoods-Farm‹ bei Barnard/Vermont, Farmer und Schriftsteller ebda. Nov. 1946 – April 1947 als Zivilangestellter der amerikan. Regierung zur Untersuchung des Kulturlebens in Dtl. und Österreich. Seit 1951 wechselnd zwischen Amerika und Europa, seit 1958 in Saas-Fee/Wallis. 1956 Dr. h. c.; zahlr. Preise und Ehrungen. – Erfolgreicher dt. Dramatiker, von vitalem Theatersinn, unerschöpfl. Handlungsreichtum und sinnenstarker Anschauungskraft mit plast.-ursprünglicher Menschengestaltung, starker Atmosphäre und sicherer Bühnenwirksamkeit. Vorliebe für Typen von überschäumender Lebenslust und unverhohlener Sinnenfreude, für handfesten Humor, derbdrast. Witz und Dialekt, daneben aber auch für verträumte Lyrismen. Begann mit extrem expressionist. Versuchen und fand sein eigentl. Gebiet rasch im derb-realist.-balladesken Volksstück von übermütiger Heiterkeit und lit. unbeschwerter, volkstüml. Kraftsprache; mit ›Der fröhliche Weinberg‹ Begründer der Neuen Sachlichkeit; im ›Schinderhannes‹ und ›Der Hauptmann von Köpenick‹ mit histor. Hintergrund und sozialsatirischen Zügen gegen Unterdrückung, Bürokratie und Militarismus. Daneben schwächere Historienspiele. Im Spätwerk nach dem Welterfolg von ›Des Teufels General‹ Neigung zum Zeitstück mit intellektueller Problematik um Vertrauenskrise und Glaubensverwirrung der Gegenwart, das durch symbol.-allegor. Züge und surrealist. Elemente überaktuelle Bedeutung erhält. Erzähler von geschickt gebauten psycholog. Liebes- und Eheromanen, Natur- und Stimmungsbildern. Auch Essays und konventionelle oder satir. Lyrik, ferner Bühnenbearbeitungen und Drehbücher.

W: Kreuzweg, Dr. 1921; Der fröhliche Weinberg, Lsp. 1925; Der Baum, G. 1926; Pankraz erwacht, Dr. (1925; auch u. d. T. Kiktahan oder die Hinterwäldler); Ein Bauer aus dem Taunus, En. 1927; Schinderhannes, Dr. 1927; Katharina Knie, Dr. 1929; Der Hauptmann von Köpenick, Dr. 1930; Die Affenhochzeit, N. 1932; Eine Liebesgeschichte, E. 1934; Der Schelm von Bergen, Dr. 1934; Salwàre oder Die Magdalena von Bozen, R. 1936; Ein Sommer in Österreich, E. 1937; Herr über Leben und Tod, R. 1938; Second Wind, Aut. 1940 (nur engl.); Der Seelenbräu, E. 1945; Des Teufels General, Dr. 1946; Gedichte, 1916–1948, 1948; Die Brüder Grimm, Es. 1948; Barbara Blomberg, Dr. 1949; Der Gesang im Feuerofen, Dr. 1950; Die Erzählungen, 1952 (daraus: Engele von Loewen, 1955); Herbert Engelmann, Dr. 1952 (Forts. d. Dramas v. G. Hauptmann); Ulla Winblad, Dr. 1953; Das kalte Licht, Dr. 1955; Die Fastnachtsbeichte, E. 1959; Gedichte, 1960;

Die Uhr schlägt eins, Dr. 1961; Der Kranichtanz, Dr. (1961); Mainzer Umzug, Libr. 1962 (m. P. Hindemith); Das Leben des Horace A. W. Tabor, Dr. 1964; Als wär's ein Stück von mir, Aut. 1966; Auf einem Weg im Frühling, En. 1970; Henndorfer Pastorale, Erinn. 1972; Der Rattenfänger, Sch. 1975; Aufruf zum Leben, Ess. 1976. – GW, IV 1947–52, IV 1960; Werkausg. X 1976; Briefw. m. K. Barth, *1980; Einmal, wenn alles vorüber ist, Br. u. Nl. 1981.
L: Fülle der Zeit, 1956 (m. Bibl.); A. J. Jacobius, Ann Arbor 1956; W. Adling, Diss. Lpz. 1957; P. Meinherz, Diss. Zürich 1960; I. Engelsing-Malek, Amor fati in Z.s Dramen, 1960; L. E. Reindl, Bb. 1962; A. J. Jacobius, Motive u. Dramaturgie i. Schsp. C. Z.s, 1971; C. Z.-Blätter, 1975ff.; Fs. f. C. Z., 1976; R. Lange, ²1976; Th. Ayck, 1977; A. Bauer, ²1977; C. Z. D. Bühnenwerk i. Spiegel d. Kritik, hg. B. Glauert 1977; Z.-Jb. 1978; S. Mews, Boston 1981; H. Wagener, 1983; H. Kieser, hg. 1986; Bibl.: A. J. Jacobius u. H. Kieser, 1971.

Zur Bentlage, Margarete (anfangs Schiestl-Bentlage), 24. 3. 1891 Hof Bentlage b. Menslage/Emsland – 16. 2. 1954 Garmisch, 5. Kind aus altem Bauerngeschlecht, bäuerl. Jugend; 1915 Kunstschule Nürnberg, Schülerin, 1916 Gattin des Graphikers Rudolf Schiestl, nach dessen Tod 1931 Schriftstellerin in Markkleeberg b. Leipzig, ⚭ Verleger Dr. Paul List, lebte in München u. Garmisch. – Erzählerin der heimatl. Emsniederung und ihrer bäuerl. Menschen von feiner Beobachtungs- und Einfühlungsgabe; ungesuchter Erzählton und würziger Humor zumal in der kleinen Welt enger novellist. Konflikte, doch auch ausgeweitet zu mag. Schicksalhaftigkeit.
W: Unter den Eichen, En. 1933; Das blaue Moor, R. 1934; Der Liebe Leid und Lust, En. 1936; Die Verlobten, R. 1938; Die erste Nacht, E. 1941; Irrfahrt bei Leipzig, E. 1941; Geheimnis um Hunebrook, R. 1944; Durchsonnte Nebel, En. 1946; Am Rande der Stadt, R. 1949; Das Tausendfensterhaus, R. 1954; M. z. B. erzählt, Sämtl. En. 1962.
L: D. Urbanek, Diss. Wien 1971.

Zur Linde, Otto, 26. 4. 1873 Essen – 16. 2. 1938 Berlin-Lichterfelde; Gastwirtssohn aus westfäl. Geschlecht; Stud. Philos. und Germanistik; Dr. phil.; mehrjähriger Studienaufenthalt in London; gründete 1904 mit R. Pannwitz die im Gegensatz zum Naturalismus stehende Dichtervereinigung und Zs. ›Charon‹, zu deren bedeutendsten Mitarbeitern auch R. Paulsen, K. Röttger, E. Lasker-Schüler, S. Friedlaender u. a. gehörten. – Lyriker, Essayist, Lit.- und Kulturhistoriker. Schuf in s. visionären Lyrik und in idealist.-pantheist. philos. Dichtungen e. nord.-urweltl. Mythos mit dem Ziel e. eth. Erneuerung. Formale Anknüpfung an A. Holz; Betonung des phonet. Rhythmus als Grundlage der Dichtung. Stellte sich vor allem gegen die Formkunst S. Georges. Nähe zum Volkslied; in s. ekstat. Ausdrucksweise auch expressionist. Züge.
W: Gedichte, Märchen und Skizzen, 1901; Fantoccini, 1902; Die Kugel. Eine Philos. in Versen, 1909 (verm. 1923); A. Holz und der Charon, Streitschr. 1911; Die Hölle oder Die neue Erde, 1921 f. (nur teilweise veröffentlicht). – GW, X 1910–24; Charon (Ausw.), hg. H. Hennecke 1952; Prosa, Gedichte, Briefe, hg. H. Röttger 1975.
L: R. Paulsen, 1912 u. 1916; R. Pannwitz, O. zur L. 60 Jahre, Fs. 1933; A. Verwey, Gedanken üb. O. zur L., 1933; M. Sadnikar, D. Sprache O. zur L.s, Diss. Wien 1934; R. Paulsen, Blätter und Briefe von O. zur L.s Grab, 1938; W. Kugel, Diss. Köln 1959; H. F. Röttger, 1970.

Zur Mühlen, Hermynia (Ps. Traugott Lehmann, Lawrence H. Desberry), 12. 12. 1883 Wien – 19. 3. 1951 Radlett/England; Tochter e. k. u. k. Gesandten, 1901 Lehrerexamen; wurde unter Einfluß M. Stirners Anarchistin; 1914 krankheitshalber in Davos, 1919 in Deutschland; 1924 Anklage wegen Hochverrat; 1933 in Wien, 1938 Emigration über die Tschechoslowakei nach England.

– Anfangs christl.-urkommunist., dann kompromißlos revolutionäre österr. Erzählerin, die in sprachl. einfachen, oft gleichnishaften Fabeln den Klassenkampf und die Solidarität der Arbeiter propagierte.

W: Was Peterchens Freunde erzählen, M. 1921; Märchen, 1922; Der Tempel, R. 1922; Schupomann Karl Müller, E. 1924; Der rote Heiland, E. 1924; Der Deutschvölkische, E. 1924; Kleine Leute, E. 1925; Das Schloß der Wahrheit, E. 1925; Die weiße Pest, R. 1926; Ende und Anfang, Aut. 1929; Im Schatten des elektrischen Stuhls, R. 1929; Reise durch ein Leben, R. 1933; Ein Jahr im Schatten, R. 1935; Fahrt ins Licht, Aut. 1936; Unsere Töchter die Nazinen, R. 1938; Als der Fremde kam, R. 1947; Insel der Verdammnis, R. 1955.

Zusanek, Harald, * 14. 1. 1922 Wien. Reinhardtseminar Salzburg, dann Regisseur, Prof. für Dramaturgie der Musikhochschule in Wien. – Österr. Lyriker u. Erzähler, bes. Hörspielautor u. Dramatiker.

W: Warum gräbst du, Centurio?, Dr. 1949; Die Straße nach Cavarcere, Dr. 1952; Bettlerin Europa, Dr. 1953; Die Schauspielerin, H. (1953); Jean von der Tonne, Dr. 1954; Ich reise, Agnes, R. 1956; Hinter der Erde, G. 1956; Schloß in Europa, Dr. 1960; Piazza, Dr. 1964; Die dritte Front, Dr. (1966); Pontius Pilatus, FSp. (1966, nach R. Caillois); Ich log die Wahrheit, FSp. (1972) – Die dritte Front, Drr. 1969.

Zweig, Arnold, 10. 11. 1887 Groß-Glogau/Schles. – 26. 11. 1968 Ost-Berlin; Sohn e. jüd. Sattlermeisters; 1907–11 Stud. Philos., neue Sprachen, Germanistik, Geschichte, Psychologie und Kunstgesch. Breslau, München, Berlin, Göttingen, Rostock, Tübingen; 1915–18 Soldat in Verdun und Serbien, dann Schreiber der Presseabteilung des Oberkommandos Ost in Kowno; 1919–23 freier Schriftsteller in Starnberg, dann Berlin. 1933 Flucht über Tschechoslowakei, Schweiz, Frankreich nach Haifa/Palästina.

Okt. 1948 Rückkehr nach Berlin-Niederschönhausen; Mitglied des SED-Kulturrats und des Kulturbundes zur demokrat. Erneuerung Dtl.s, 1950–53 Präsident der Dt. Akademie der Künste Berlin (Ost), 1957 Nachfolger B. Brechts als Präsident des dt. PEN-Zentrums Ost und West. Im Alter schweres Augenleiden. – Bedeutender Erzähler, Dramatiker und Essayist des psycholog. Realismus mit Vorliebe für das Erleben junger Menschen. Begann mit zarten, impressionist. Erzählungen um die innerseel. Problematik junger zivilisationskranker und übersensibler Intellektueller mit feinfühliger psycholog. Analyse. Überlegene iron. Sachlichkeit, elegante Stil- und Formkunst, verfeinerte Darstellung mit reichen Zwischentönen. Wurde durch das Erlebnis von Weltkriegs- und Nachkriegszeit zum bitteren Zeitkritiker und Humanisten, der in s. formvollendeten Romanen an Einzelschicksalen e. moral. Zeitanalyse um den Konflikt zwischen Individuum und Staat gab. Im Grischa-Zyklus (›Der große Krieg der weißen Männer‹) exakte Darstellung von Gesellschaft und Militärapparat im kaiserl. Dtl. mit antimilitarist. Tendenz. Bewußter Zionist und Sozialist, der s. Werke später z. T. in kommunist. Sinn überarbeitete. Weniger erfolgreich als Dramatiker.

W: Aufzeichnungen über eine Familie Klopfer, En. 1911; Die Novellen um Claudia, R. 1912; Abigail und Nabal, Tr. 1913; Ritualmord in Ungarn, Tr. 1914 (d. u. d. T. Die Sendung Semaels, 1918); Geschichtenbuch, Nn. 1916; Zweites Geschichtenbuch, En. 1923; Gerufene Schatten, En. 1923; Frühe Fährten, Nn. 1925; Lessing. Kleist. Büchner. Ess. 1925; Regenbogen, En. 1925 (daraus: Pont und Anna, 1928); Der Spiegel des großen Kaisers, N. 1926; Caliban, Es. 1927; Juden auf der dt. Bühne, Ess. 1927; Der Streit um den Sergeanten Grischa, R. 1927; Junge

Frau von 1914, R. 1931; Knaben und Männer, En. 1931; Mädchen und Frauen, En. 1931; De Vriendt kehrt heim, R. 1932; Spielzeug der Zeit, En. 1933; Bilanz der dt. Judenheit 1933, Es. 1934; Erziehung vor Verdun, R. 1935; Einsetzung eines Königs, R. 1937; Versunkene Tage, R. 1938; Bonaparte in Jaffa, Dr. 1939; Das Beil von Wandsbek, R. 1947; Allerleirauh, En. 1949; Ausgewählte Novellen, II 1952–55; Die Feuerpause, R. 1954; Soldatenspiele, Drr. 1956; Die Zeit ist reif, R. 1957; Traum ist teuer, R. 1962. – AW, XVI 1959–67; Briefw. m. S. Freud, hg. E. L. Freud 1968; m. L. Fürnberg, 1978; m. L. Feuchtwanger, II 1986.

L: Sinn und Form, Sonderh. A. Z., 1952 (m. Bibl.); J. Rudolph, 1955; P. Huys, Diss. Gent 1959; P. M. Toper, Moskau 1960; A. Z.-E. Almanach, 1962; E. Kaufmann, A. Z.s Weg z. Roman, 1967; G. Salamon, Boston 1975; G. V. Davis, A. Z. i. d. DDR, 1977; G. Wenzel, hg. 1978; E. Hilscher, °1978; D. R. Midgley, 1980 u. 1987; M. Wiznitzer, 1983; R. L. White, A. Z. in the USA, 1986; Bibl.: Z. V. Zitomirskaja, Moskau 1961; M. Rost II 1987.

Zweig, Max, * 22. 6. 1892 Proßnitz/Mähren; Vetter von Stefan Z.; Stud. Jura Wien; Dr. jur.; 1920–34 in Berlin, 1934–38 in Proßnitz; 1938 Emigration nach Israel; lebt in Jerusalem. – Dramatiker; bevorzugt in s. straff, formal konventionell gebauten Stükken hist. Stoffe von alttestamentl. Zeiten bis zur jüngsten Vergangenheit zur Darstellung humanitärer Ideen.

W: Ragen, Tr. 1925; Die Marranen, Dr. 1938; Saul, Dr. 1951; Franziskus, Dr. (1963); Davidia, Dr. 1972 (m. Bibl.); Auftrag und Freiheit eines Dichters, Aufz. 1987. – Dramen, II 1961–63; Frühe Dramen, 1976; Die Entscheidung Lorenzo Morenos, Drr. 1976; Der Generalsekretär, Drr. 1979.

Zweig, Stefan, 28. 11. 1881 Wien – 23. 2. 1942 Petropolis b. Rio de Janeiro, Sohn e. Industriellen, Stud. Philos., Germanistik und Romanistik Berlin und Wien, Dr. phil. Reisen: Europa, Indien, Nordafrika, Nord- und Mittelamerika. Im 1. Weltkrieg erst im Wiener Kriegsarchiv, dann als Kriegsgegner 1917/18 in Zürich; Freundschaft mit E. Verhaeren

und R. Rolland. 1919–34 meist in Salzburg; 1928 Rußlandreise. Seit 1935 2. Wohnsitz in England, 1938 Emigration dorthin, 1940 einige Monate bei New York, seit Aug. 1941 in Petropolis/Brasilien. Innerlich gebrochen, aus Schwermut über die Zerstörung des geistigen Europa, wählte er mit s. 2. Frau den Freitod. – Vielseitiger österr. Erzähler, Essayist, Biograph, Lyriker, Dramatiker von internationalem Rang, geringer künstler. Originalität, aber großer Formglätte. In s. Anfängen der Neuromantik und dem Wiener Impressionismus verpflichtet, von der Psychoanalyse Freuds beeinflußt und von pazifist.-humanist. Lebensgefühl bestimmt. Begann mit Lyrik im Stil der franz. Symbolisten und dt. Neuromantiker und preziösen Dramen, wurde dank s. außerordentl. Einfühlung zum hervorragenden Übs. und Vermittler fremder Lit. (Baudelaire, Verlaine, bes. Verhaeren und Rolland, Suarès u. a.), fand in der Freundschaft mit E. Verhaeren zu e. tiefen Kunstanschauung und zum Ethos weltweiter Geistigkeit und entwickelte seither in der ihm eigenen leidenschaftl. bewegten, bildkräftigen u. nuancierten Prosa s. beiden Hauptarbeitsgebiete: zuerst packende, psychoanalyt. Novellen um die Verwirrung der Gefühle; dann lebendige kulturhist. Biographien und Essays über schöpfer. Persönlichkeiten europ. Geschichte und Lit. Ferner große histor. Romane, Legenden und kulturgesch. bedeutsame Erinnerungen aus der Kultur der Donaumonarchie.

W: Silberne Saiten, G. 1901; Die frühen Kränze, G. 1906; Tersites, Tr. 1907; Erstes Erlebnis, En. 1911 (daraus: Brennendes Geheimnis, 1914); Das Haus am Meer, Dr. 1912; Jeremias, Dr. 1917; Angst, N. 1920; Drei

Meister, Ess. 1920; R. Rolland, B. 1921; Amok, Nn. 1922; Die Augen des ewigen Bruders, Leg. 1922; Die gesammelten Gedichte, 1924; Der Kampf mit dem Dämon, Ess. 1925; Sternstunden der Menschheit, Ess. 1927; Verwirrung der Gefühle, Nn. 1927; Drei Dichter ihres Lebens, Ess. 1928; J. Fouché, B. 1929; Die Heilung durch den Geist, Ess. 1931; Marie Antoinette, B. 1932; Maria Stuart, B. 1935; Die schweigsame Frau, Libr. 1935; Triumph und Tragik des Erasmus von Rotterdam, B. 1935; Baumeister der Welt, Ess. 1936; Begegnungen mit Menschen, Büchern, Städten, Aut. 1937; Magellan, B. 1938; Ungeduld des Herzens, R. 1938; Schachnovelle, N. 1941; Brasilien, St. 1941; Amerigo, B. 1942; Die Welt von gestern, Aut. 1942; Zeit und Welt, Ess. 1943; Balzac, B. 1946; Rausch der Verwandlung, R. 1982. – GW, hg. R. Friedenthal XXIX 1940–67; X 1981, V 1984; AW, II 1900; Tagebücher, 1984; Unbekannte Briefe aus der Emigration, hg. G. Selden-Goth 1964; Briefe an Freunde, 1978; Briefw. m. F. M. Zweig, 1951; m. R. Strauß, hg. W. Schuh 1957; m. M. Gorki, hg. K. Böttcher 1974; m. R. Auernheimer u. R. Beer-Hofmann, Columbia 1983; m. P. Zech, hg. D. G. Daviau 1984; m. H. Bahr, S. Freud, R. M. Rilke, A. Schnitzler, hg. D. A. Prater u. a. 1987.
L: E. Rieger, 1928; J. Romains, N. Y. 1941; F. M. Zweig, 1948; H. Hellwig, 1948; M. Gschiel, Diss. Wien 1953; I. Lent, D. Novellenwk. St. Z.s, Diss. Mchn. 1957; S. Z., hg. E. Fitzbauer 1959; H. Arens, ²1960; F. M. Zweig, Bb. 1961; A. Bauer, 1961; R. Dumont, St. Z. et la France, Paris 1967; S. Z. im Zeugnis s. Freunde, hg. H. Arens 1968; E. Allday, Lond. 1972; R. Dumont, Le théâtre de S. Z., Paris 1976; J. Strelka, 1981; D. Prater, ²1982; ders., hg. 1981; ders., hg. 1987; P. Grappin, hg. Paris 1982; M. H. Gelber, hg. 1983; M. Sonnenfeld, hg. Albany 1983; Bibl.: F. A. Hünich, E. Rieger, 1931 (Inselschiff 13/1932); Blätter d. S. Z.-Gesellsch. Wien 3, 1958; R. J. Klawiter, Chapel Hill 1965.

Zwerenz, Gerhard (Ps. Peer Tarrok), * 3. 6. 1925 Gablenz/Vogtland. Kupferschmiedlehre, 1943 Soldat, russ. Gefangenschaft, 1948 Volkspolizist in Zwickau, 1952 Stud. Philos. Leipzig, 1957 Flucht in die BRD; lebte in Köln, München, Frankfurt, Schmitten. 1970 Pornographie-Verleger. – Begann mit polit.-sozialen Zeitromanen aus der DDR in realist. Stil mit z. T. kolportagehaften Elementen; wurde populär durch s. satir.-erot. Schelmenroman

>Casanova< und bes. s. polem.-krit. Darstellungen der bundesrepublikan. Lebensbedingungen, in denen er kompromißlose Gesellschaftskritik mit Politpamphleten sozialistischer Zielsetzung verbindet.
W: Aristotelische und Brechtsche Dramatik, Schr. 1956; Aufs Rad geflochten, R. 1959; Die Liebe der toten Männer, R. 1959; Ärgernisse, Tg. 1961; Gesänge auf dem Markt, G. 1962; Wider die deutschen Tabus, Schr. 1962; Heldengedenktag, En. 1964; Walter Ulbricht, B. 1966; Casanova, R. 1966; Vom Nutzen des dicken Fells, En. 1968; Kupfer, K. (1968); Erbarmen mit den Männern, R. 1968; Die Lust am Sozialismus, Ess. 1969; Rasputin, R. 1970; Kopf und Bauch, R. 1971; Nicht alles gefallen lassen, En. 1972; Der plebejische Intellektuelle, Ess. 1972; Bericht aus dem Landesinnern, Ess. 1972; Die Erde ist unbewohnbar wie der Mond, R. 1973; Der Widerspruch, Aut. 1974; Vorbereitungen zur Hochzeit, En. 1975; Die Quadriga des Mischa Wolf, R. 1975; Die Westdeutschen, Sb. 1977; Wozu das ganze Theater, En. 1977; Das Großelternkind, R 1978; Ein fröhliches Leben in der Wüste, R. 1979; K. Tucholsky, B. 1979; Die Geschäfte des Herrn Morgenstern, Sat. 1980; Eine Liebe in Schweden, R. 1980; Salut für einen alten Poeten, R. 1980; Der Mann und das Mädchen, R. 1980; Der langsame Tod des R. W. Faßbinder, Ber. 1982; Venus auf dem Vulkan, R. 1982; Der Bunker, R. 1983; Die schönsten Lachgeschichten, En. 1985.

Zweter, Reinmar von → Reinmar von Zweter

Zwillinger, Frank Gerhard, * 29. 11. 1909 Wien; Beamtensohn, Stud. Germanistik, Philos. Wien, Dr. phil.; 1938 Emigration nach Frankreich, 1939 Dolmetscher in Saigon, 1941–45 Industrieller ebda., 1946–69 Fabrikant in Paris, seither freier Schriftsteller in Garches b. Versailles. – Österr. Lyriker mit tief empfundenen, sprachl. einfachen, das eigene Schicksal mit einbeziehenden Gedichten traditioneller Form; in Balladen und Dramen atmosphär. Dichte und wirkungsvolles Kolorit.

W: Roms Afrika-Politik, Schr. 1936; Dalmatinisches Bilderbuch, G. u. Prosa 1938; Wandel und Wiederkehr, G. 1950; Ein Mann namens Judas, Dr. (1955); Der magische Tanz, Ball. 1960; Calileo Galilei, Dr. 1962; Archimedes oder die Angeln der Welt, Tr. (1963); Ich sah die Jahre nur im Spiegel gehn G. 1963; Gedichte, III 1963; Der Streik Gottes, Lsp. (1967, auch u. d. T. Der Glockenstreik); Geist und Macht, Drr. 1973; Entzifferung, G. 1976; Ortung, G. 1976.

Zwing, Rainer → Kühn, August